PONS

[eXpress]

D1993216

Wörterbuch

▶ Englisch

Ernst Klett Sprachen
Barcelona · Budapest · London · Posen · Sofia · Stuttgart

PONS *eXpress* Wörterbuch
Englisch-Deutsch/Deutsch-Englisch

Bearbeitet von: Anette Dralle, Susanne Fayadh, Monika Finck, Richard Green, Rupert Livesey, Ursula Martini, Annette Menouar, Helen Moore, Astrid Proctor, Helen Willey, Angela Winkler
Features von: Rupert Livesey, Dr. Kurt Schwab, Anne Seaton, Amanda Seidel, Caroline Wilcox Reul
Illustrationen von: Terry McKenna, Anthony Morris
Landkarten von: Klett-Perthes, Gotha

Sprachdatenverarbeitung: Andreas Lang conTEXT AG für Informatik und Kommunikation, Zürich

2. Auflage 2003 (1,02)

Internet: www.pons.de
E-mail: info@pons.de

Redaktion Wörterbuch: Christiane MacKenzie
Bildredaktion und Features: Andrea Ender

Layout: Stefanie Langner, Stuttgart
Einbandgestaltung: Ira Häußler, Stuttgart
Logoentwurf: Erwin Poell, Heidelberg
Fotosatz: Dörr + Schiller GmbH, Stuttgart
Druck: Clausen und Bosse, Leck
Printed in Germany
ISBN 3-12-517812-6

▶ INHALT

▶ HINWEISE FÜR DIE BENUTZUNG

▶ Die Stichwörter

Das Wörterbuch führt nicht nur Wörter, sondern auch einzelne Buchstaben und Abkürzungen als Stichwörter auf, ebenso Kurzwörter, Mehrwortausdrücke und Eigennamen. Stichwörter sind in Blau gedruckt.

> **D, d** [diː] <*plural* D's, d's> ① D, d ② (*Schulnote*) ausreichend
>
> **GCSE** *Abkürzung von* **General Certificate of Secondary Education** (*Schulabschluss*) ≈ mittlere Reife
>
> **Abc** alphabet ['ælfəbet]
>
> **Abc-Schütze** (*umgangsspr*) school beginner
>
> **p and p** [ˌpiːən'piː] →**postage and packing** Porto und Verpackung
>
> **give-and-take** [ˌɡɪvən'teɪk] gegenseitiges Entgegenkommen, Kompromissbereitschaft
>
> **Danube** ['dænjuːb] Donau
>
> **Grieche**, **Griechin** Greek **Griechenland** Greece **griechisch** Greek

Stichwörter mit hochgestellten Ziffern

Stichwörter mit mehreren Wortarten erhalten für jede Wortart einen separaten Eintrag mit hochgestellter Ziffer.

> **show**[1] [ʃəʊ] <showed, shown> ① zeigen, vorzeigen; **show one's gratitude** sich dankbar zeigen; **show one's cards** [*oder* **hand**] seine Karten aufdecken; (…)
>
> **show**[2] [ʃəʊ] ① Schau, Darbietung; **on show** zur Besichtigung, ausgestellt ② Ausstellung, Messe; (…)
>
> **mat·ter**[1] ['mætə^r] ① (*in der Physik*) Materie, Stoff ② Sache, Angelegenheit; **business matters** geschäftliche Angelegenheiten; (…)
>
> **mat·ter**[2] ['mætə^r] von Bedeutung (**to** für); **it doesn't matter** es macht nichts; **it doesn't matter to me what you do** es ist mir egal, was du machst; **what does it matter?** was macht das [schon]?

Wenn ein Wort demnach gleichzeitig Substantiv, Verb und Adjektiv ist, dann wird dieses Wort dreimal aufgeführt:

limp[1] [lɪmp] hinken
limp[2] [lɪmp] Hinken; **walk with a limp** hinken, humpeln
limp[3] [lɪmp] ❶ schlaff ❷ *Blumen:* welk

Adjektiv und Adverb werden jedoch immer zusammen in einem Eintrag behandelt – hier wird die unterschiedliche Anwendung durch Beispiele erläutert.

enough[1] [ɪ'nʌf] ❶ genug, genügend; **is there enough cake?** ist genug Kuchen da?; **there's enough room** es ist Platz genug ❷ **this meat isn't cooked enough** das Fleisch ist nicht richtig durch ▶ IN WENDUNGEN: **good enough!** sehr gut!; **surprisingly enough** überraschenderweise — Adjektiv und Adverb

enough[2] [ɪ'nʌf] ❶ genug; **have enough** genug haben; **we've got enough to live on** es reicht uns zum Leben; **I had enough to do** ich hatte genug/alle Hände voll zu tun; **I've had enough** [**of your cheek**]! jetzt reicht's mir aber [werd' bloß nicht frech]! ❷ (*beim Essen*) **that's enough, thanks** danke, das reicht; **I've had enough, thank you!** danke, ich bin satt! ▶ IN WENDUNGEN: **enough is enough!** einmal muss auch genug sein!; **enough said!** mehr braucht man dazu nicht zu sagen! — Pronomen

Wörter von gleicher Wortart, aber mit sehr unterschiedlicher Bedeutung, erhalten ebenfalls je einen Eintrag mit hochgestellter Ziffer:

mole[1] [məʊl] Muttermal, Leberfleck
mole[2] [məʊl] Maulwurf

lighten[1] ['laɪtn] ❶ (*auch übertragen*) heller machen, aufhellen ❷ hell werden, sich aufhellen
lighten[2] ['laɪtn] leichter machen

nip¹ [nɪp] *von Weinbrand, Whisky:* Schlückchen

nip² [nɪp] ① Kniff; (*mit Zähnen*) Biss ② **there's a nip in the air** es ist ganz schön frisch ③ **it was nip and tuck** (USA) das war knapp

nip³ [nɪp] <nipped> ① **nip someone** jemanden zwicken ② *Frost, Kälte:* schneiden ③ **nip something in the bud** (*übertragen*) etwas im Keim ersticken ④ (*umgangsspr*) flitzen (...)

Wichtigste Wörter

Englische Wörter, die man auf jeden Fall lernen sollte, weil sie zum Grundwortschatz gehören, sind mit einer blauen Rasterung hervorgehoben:

against [əˈgenst] gegen; **be for or against something** für oder gegen etwas sein; **I'm not against it** ich habe nichts dagegen

age¹ [eɪdʒ] ① Alter; **at the age of** im Alter von; **over age** über der Altersgrenze; **under age** minderjährig; **come of age** volljährig werden; **come on, act your age!** komm schon, sei nicht so kindisch!; **feel one's age** sich alt fühlen ② Zeitalter, Epoche; **the Ice Age** die Eiszeit; **the Middle Ages** das Mittelalter; **in this day and age** heutzutage ③ (*umgangsspr*) **for ages** ewig lang; **be** [*oder* **take**] **ages** ewig brauchen

age² [eɪdʒ] alt werden [lassen], altern

aged¹ [eɪdʒd] im Alter von

aged² [ˈeɪdʒɪd] **the aged** die alten Leute

age-group Altersgruppe

Das Verb *to* **age** gehört nicht zum Grundwortschatz und ist daher nicht blau unterlegt

▶ Die alphabetische Anordnung

Bindestriche, Punkte, Kommas und Wortzwischenräume zählen nicht als Buchstaben; sie werden bei der alphabetischen Anordnung ignoriert.

air force Luftwaffe
air host·ess Stewardess
A Level *meist Plural* (GB) ≈Abitur; **what A Levels are you taking?** in welchen Fächern machst du deine A Levels [*oder* ≈ dein Abitur]?

a.m. *Abkürzung von* **ante meridiem** vormittags; **your appointment is at 7.30 a.m.** ihr Termin ist um 7.30 [vormittags]
Anglo-Saxon[1] ...

Eingeklammerte Buchstaben werden bei der alphabetischen Anordnung berücksichtigt. Die Klammern zeigen an, dass das Wort auch in einer Variante ohne den betreffenden Buchstaben existiert.

size [saɪz] ① Größe, Umfang (...)
◆ **size up** abschätzen
siz(e)·able ['saɪzəbl] beträchtlich, ansehnlich

Viele Substantive, die Tätigkeiten oder – im weitesten Sinne – Verhaltensweisen bezeichnen, existieren in männlicher und weiblicher Form; dasselbe gilt für Berufsbezeichnungen. Beide Formen werden an ihrer richtigen alphabetischen Stelle aufgeführt.

fire·man ['faɪəmən] <*plural* firemen> Feuerwehrmann **fire·place** ['faɪəpleɪs] Kamin **fire·proof** feuerfest, -sicher **fire·side** ['faɪəsaɪd] Platz um den Kamin; **by the fireside** am Kamin **fire·woman** ['faɪəwʊmən, *plural* 'faɪəwɪmɪn] <*plural* firewomen> Feuerwehrfrau

Zusammengesetzte Stichwörter, deren erster Wortteil gleich ist und die alphabetisch aufeinander folgen, werden in Gruppen zusammengefasst:

dining car ['daɪnɪŋkɑːʳ] Speisewagen **dining room** ['daɪnɪŋruːm] Ess-, Speisezimmer **dining table** ['daɪnɪŋteɪbl] Esstisch

Atem breath [breθ]; **wieder zu Atem kommen** regain breath; **den Atem anhalten** hold one's breath; **außer Atem sein** be out of breath **atemberaubend** breath-taking ['breθteɪkɪŋ] **atemlos** breathless ['breθləs] **Atemwege** respiratory tract ['rɪspɪrətᵊrɪ] ⚠ *singular* **Atemzug** breath [breθ]
Atheismus atheism ['eɪθɪɪzᵊm] **Atheist(in)** atheist ['eɪθɪɪst] **atheistisch** atheistical [eɪθɪ'ɪstɪkᵊl]

Ableitungen aus einem Wort werden ebenfalls in Gruppen zusammengefasst:

an·nounce [ə'naʊns] ❶ bekannt geben, ankündigen ❷ *im Radio:* ansagen ❸ *über Lautsprecher:* durchsagen ❹ *in der Zeitung:* anzeigen **an·nounce·ment** [ə'naʊnsmənt] ❶ Bekanntgabe, Ankündigung ❷ *im Radio:* Ansage ❸ *über Lautsprecher:* Durchsage ❹ *in der Zeitung:* Anzeige **an·noun·cer** [ə'naʊnsəʳ] Ansager(in)

Demut humility **demütig** humble **demütigen** humiliate **Demütigung** humiliation

Amerikanische Schreibvarianten

Die amerikanische Schreibung wird zweimal aufgeführt, einmal an alphabetischer Stelle und einmal im Eintrag mit der britischen Schreibung. Hierbei wird die alphabetische Anordnung durchbrochen:

de·fence, (USA) **defense** [dɪ'fens] ❶ (*auch im Sport*) Verteidigung; **in someone's defence** zu jds Rechtfertigung; **come to someone's defence** jemanden verteidigen; **speak** [*oder* **say**] **in someone's defence** für jemanden sprechen, jemanden verteidigen ❷ (*gegen Krankheit*) Schutz ❸ Befestigung, Schutzmaßnahme ❹ (*juristisch*) Verteidigung
de·fence·less [dɪ'fensləs] schutzlos

de·fense [dɪˈfens] (USA) ① (*auch im Sport*) Verteidigung; **in someone's defense** zu jds Rechtfertigung; **come to someone's defense** jemanden verteidigen; **speak in someone's defense** jemanden verteidigen ② Befestigung, Schutzmaßnahme ③ (*juristisch*) Verteidigung

Wenn britische und amerikanische Schreibweisen alphabetisch nebeneinander stehen, wird zuerst die britische Schreibweise aufgeführt:

axe[1], (USA) **ax** [æks] Axt, Beil ► IN WENDUNGEN: **get the axe** (*umgangsspr*) *Person:* entlassen werden, hinausgeworfen werden; *Projekt:* gestrichen werden; **have an axe to grind** persönliche Interessen verfolgen

be·hav·iour [bɪˈheɪvɪəʳ], (USA) **be·hav·ior** Benehmen, Verhalten (**to, towards** gegen); **be on one's best behaviour** sich von seiner besten Seite zeigen

light·ning [ˈlaɪtnɪŋ] Blitz; **flash of lightning** Blitz, Blitzschlag; **be struck by lightning** vom Blitz getroffen werden; **like lightning** wie der Blitz; **with lightning speed** blitzschnell **lightning rod**, (USA) **lightning conductor** Blitzableiter

light year [ˈlaɪtjɜːʳ, -jɪəʳ] Lichtjahr

Phrasal Verbs

Feste Verbindungen von Verb und Adverb bzw. Präposition, so genannte *Phrasal Verbs*, werden am Ende des Eintrags für das Grundverb in einer eigenen, alphabetisch geordneten Kategorie zusammengefasst. Um ein Auffinden des jeweiligen Phrasal Verbs zu erleichtern, ist jeder Phrasal-Verb-Eintrag mit einer Raute ◆ markiert. Jeder Phrasal-Verb-Eintrag fängt auf einer neuen Zeile an. Die alphabetische Reihenfolge fängt nach dem letzten Phrasal Verb wieder vom Grundverb an: so kommt **locker** erst nach **lock up** (und *nicht* nach **lock away**):

lock¹ [lɒk] ① *von Tür:* Schloss ② (*technisch*) Verschluss, Sperre ③ (*in Fluss, Kanal*) Schleuse
lock² [lɒk] ① ab-, zuschließen ② **lock someone in a room** jemanden in ein Zimmer einsperren ③ *Räder:* blockieren
◆ **lock away** ① wegschließen *Wertsachen* ② einsperren *Person*
◆ **lock in** einschließen, einsperren
◆ **lock out** aussperren
◆ **lock up** ① abschließen *Tür* ② wegschließen *Wertsachen* ③ einsperren *Person* ④ fest anlegen *Kapital*
locker [ˈlɒkəʳ] Schließfach; **locker room** Umkleideraum (in einer Sportanlage)

▶ Unregelmäßige Wortformen

Unregelmäßige Pluralformen, Verb- und Steigerungsformen werden in spitzen Klammern angegeben:

drink¹ [drɪŋk] <drank, drunk> ① trinken; (…)

goose [guːs] <*plural* geese> Gans

big [bɪg] <bigger, biggest> ① groß; *Kleidung:* breit, weit; *Mahlzeit:* reichlich ② kräftig gebaut; *Mensch:* groß ③ (*erwachsen*) groß; **when I'm big …** wenn ich groß bin … ④ **a big decision** eine wichtige Entscheidung ⑤ **I'm a big eater** ich esse gern und viel ⑥ **talk big** (*umgangsspr*) große Töne spucken

Die unregelmäßigen Formen erhalten an ihrer alphabetischen Stelle einen separaten Eintrag:

drank [dræŋk] *2. Form von* **drink**

geese [giːs] *Pluralform von* **goose**

Ausnahmen hiervon sind zusammengesetze Wörter (z. B. head<u>scarf</u>, under<u>go</u>), deren Pluralform aus Platzgründen keinen separaten Eintrag hat.

▶ Aufbau der Einträge – Wegweiser zur richtigen Übersetzung

Übersetzungen, die, nur durch Kommas getrennt, nebeneinander stehen, sind gleichbedeutend und somit austauschbar. Nach einem Strichpunkt „;" folgt eine andere Bedeutung des Stichworts.

▶ Arabische Ziffern

Die arabischen Ziffern (1 2 3 4 usw.) kennzeichnen die unterschiedlichen Bedeutungen und Anwendungen des Stichworts innerhalb einer Wortart. Diese Aufteilung eines Eintrags sowohl nach Bedeutung als auch nach Anwendungen soll das Suchen nach der richtigen Übersetzung erleichtern.

glad [glæd] 1 *Person:* froh (**about** über); **I am so glad** das freut mich; **she was glad to find somewhere to sit down** sie war froh, dass sie endlich sitzen konnte 2 **glad to meet you!** sehr angenehm! 3 **I'd be glad to!** aber gern!; **I'd be glad to help** ich helfe Ihnen gern 4 **be glad of something** für etwas dankbar sein **glad·ly** ['glædlɪ] gern(e)

nur 1 (*einschränkend*) only; **wenn nur …** if only …; **nicht nur …, sondern auch …** not only …, but also … 2 (*nichts außer*) nothing but; **immer nur Ärger** nothing but trouble ['trʌbl] 3 (*mit Verneinung*) **alle kommen, nur er nicht** everyone's coming except for him 4 (*bloß*) just; **nur weil** just because; **nur einmal** just once; **du brauchst es nur zu sagen** just say the word 5 (*fragend*) **warum tut er das nur?** why on earth [ɜːθ] does he do that?; **was hat er nur?** I wonder ['wʌndəʳ] what's wrong with him?

▶ Kursive Angaben

Bedeutungshinweise

Bedeutungshinweise sind oft notwendig bei Stichwörtern, die mehr als eine Bedeutung haben. Die Hinweise stehen hinter den arabischen Ziffern in runden Klammern. Sie geben an, für welche Bedeutung des Stichworts die Übersetzung gilt.

agent ['eɪdʒənt] 1 (*Substanz*) Mittel, Agens; (*Chemikalie*) Wirkstoff 2 (*Person*) Vertreter(in); *eines Künstlers:* Agent(in); **travel agent** Reisebüro[kaufmann, -kauffrau] 3 (*Spion*) Agent(in)

Heft ① (*zum Schreiben*) notebook ② (*Übungsheft*) exercise book ③ (*Broschüre*) booklet ④ *einer Zeitschrift:* issue, number

Sprachgebrauch

Weicht ein Stichwort von der neutralen Standardsprache ab, so wird dies in runden Klammern angegeben. Rhetorische Absichten in der Zielsprache werden ebenfalls gekennzeichnet. Stilangaben zu Beginn eines Eintrags oder einer arabischen Ziffer beziehen sich auf den gesamten Eintrag oder auf den gesamten Absatz:

mug[1] [mʌg] ① Becher; (*für Bier*) Krug; **a mug of tea** ein Becher Tee ② (*slang: Person*) Trottel ③ (*umgangsspr*) Visage, Fresse *slang*

abwertend	bezeichnet einen abwertenden Sprachgebrauch. Der Sprecher drückt damit seine abschätzige Haltung aus, z. B. *slut – Schlampe; swot – Streber(in); trash – Gesindel.*
gehoben	bezeichnet gehobenen Sprachgebrauch, sowohl in der gesprochenen als auch der geschriebenen Sprache, wie er bei gewählter Ausdrucksweise üblich ist, z. B. *public house, I should say yes*
ironisch	bezeichnet ironischen Sprachgebrauch. Der Sprecher meint eigentlich das Gegenteil dessen, was er sagt, z. B. *surprise, surprise! – was du nicht sagst!*
slang	Bezeichnet stark umgangssprachlichen, saloppen Sprachgebrauch oder die Ausdrucksweise bestimmter Gruppen, z. B. *damn, get laid.*
übertragen	bezeichnet übertragenen Sprachgebrauch. Das Wort oder die Wendung dient – in einem übertragenen Sinn- als Bild für das, was man ausdrücken will.
umgangsspr	bezeichnet umgangssprachlichen Sprachgebrauch, wie er zwischen Familienmitgliedern und Freunden in zwangloser Unterhaltung und in privaten Briefen verwendet wird, z. B. *cute, take the mickey out of someone, doof, flennen, Bruchbude.*
vulgär	Bezeichnet Wörter, die allgemein als vulgär gelten und daher tabu sind. Ihr Gebrauch erregt meist Anstoß.

Kollokatoren:

Mitunter ist es nicht möglich, für das Stichwort eine einzige, allgemein gültige Übersetzung anzugeben, weil es je nach Kontext anders übersetzt werden muss. In diesem Fall werden die verschiedenen Übersetzungen des Stichworts aufgeführt, wobei kursiv gedruckte Wörter den jeweiligen Kontext angeben, von dem die einzelne Übersetzung abhängt. Diese kursiven, etwas kleiner gedruckten Wörter sind so genannte Kollokatoren; darunter versteht man Wörter, die mit dem Stichwort eine enge, typische Verbindung eingehen und oft mit ihm zusammen vorkommen. Folgende Typen von Kollokatoren führen in diesem Wörterbuch zur richtigen Übersetzung – zur leichteren Orientierung sind diese auch auf der englisch-deutschen Sprachseite auf Deutsch angegeben:

In Verbeinträgen: typische Subjekte des Verbs oder des verbalen Ausdrucks stehen *vor* der Übersetzung

> **creak** [kriːk] *Holz:* knarren; *Tür:* quietschen
>
> **Stillstand** ① (*Halt*) standstill ② **zum Stillstand kommen** *Verkehr, Wirtschaft:* come to a standstill; *Blutung, Maschine, Motor:* come to a stop ③ **zum Stillstand bringen** *Verkehr, Wirtschaft:* bring to a stop **die Produktion zum Stillstand bringen** bring production to a standstill ④ (*Unterbrechung*) interruption [ɪntəˈrʌpʃᵊn]

In Verbeinträgen: typische direkte Objekte des Verbs stehen *nach* der Übersetzung

> **bind** [baɪnd] <bound, bound> ① binden (**to, on** an) ② verbinden *Wunde* ③ (*beim Kochen*) binden *Soße* ④ (*übertragen*) binden, verpflichten; **bind oneself to something** sich zu etwas verpflichten ⑤ *Zement:* fest, hart werden
>
> **pflücken** pick *Obst, Blumen*

In Adjektiveinträgen: Substantive, die häufig zusammen mit dem Adjektiv vorkommen, stehen *vor* der Übersetzung

> **evil**[1] [ˈiːvl] ① *Charakter:* schlecht, böse ② *Geruch:* übel, schlimm ③ *Beispiel:* schlecht, übel
>
> **anspruchslos** *Mensch:* modest; *Arbeit:* simple, easy; *Roman:* light

In Substantiveinträgen: typische Genitivanschlüsse stehen *vor* der Übersetzung

> **break·down** [ˈbreɪkdaʊn] ① Versagen, Ausfall, [Betriebs]Störung; *von Auto:* Panne ② (*übertragen*) Versagen, Scheitern
>
> **Ablehnung** refusal; *von Angebot, Stelle:* rejection; **auf Ablehnung stoßen** meet with disapproval

Grammatische Hinweise

Auf Abkürzungen jeglicher Art wurde in diesem Wörterbuch verzichtet, wie auch auf die Angabe der Wortklassen – dass es sich bei **show¹** um ein Verb handelt und bei **show²** um ein Substantiv, geht aus der Übersetzung und den Anwendungsbeispielen hervor.
Dennoch sind die Einträge mit wichtigen grammatischen Hinweisen versehen, die den korrekten, sicheren Umgang in der Fremdsprache ermöglichen. Diese sind ausgeschrieben, so dass sie verständlich bleiben. Das Warndreieck ⚠ macht zusätzlich auf besondere Fehlerquellen aufmerksam – zum Beispiel wenn es einen grammatischen Unterschied zwischen dem Deutschen und der englischen Übersetzung gibt.

Hausaufgabe (*in der Schule*) homework ⚠ *kein Plural;* **seine Hausaufgaben machen** do one's homework ⚠ *singular*

Neben den üblichen Kennzeichnungen wie *plural, singular,* etc. befinden sich auch ausführlichere Hinweise zu grammatischen Besonderheiten:

Ihr ① (*Anrede*) your; **ist das Ihres?** is this yours? ② (*Briefschluss*) **Ihr Robert Schuster** Yours, Robert Schuster ⚠ *immer großgeschrieben und mit Komma*

Hinweis zur Schreibung

jedoch however ⚠ *meist nachgestellt,* though ⚠ *immer nachgestellt;* **ich habe jedoch sehr wenig Zeit** I have very little time, however; **er möchte es jedoch versuchen** he'd like to try though

Hinweis zur Stellung des Wortes im Satz

Mathematik mathematics [mæθᵊm'ætɪks] ⚠ *mit Singular,* maths [mæθ] ⚠ *mit Singular;* **Mathematik ist mein Lieblingsfach** maths is my favourite subject **Mathematiker(in)** mathematician [mæθᵊmə'tɪʃᵊn] **mathematisch** mathematical [ˌmæθᵊm'ætɪkᵊl]

Die englische Übersetzung steht im Plural, sie wird jedoch nur im Singular verwendet – das heißt, das Verb dazu ist dann Singular.

▶ Regionale Angaben

Regionale Sprachvarianten werden mit den ovalen Länderkennzeichen versehen. Im Allgemeinen ist die Grundsprache der englischen Stichwörter sowie der englischen Übersetzungen auf der deutsch-englischen Sprachseite das britische Englisch. Wenn jedoch ein englisches Stichwort, oder eine Bedeutung dessen, oder eine Redewendung nur im britischen Englisch gebraucht wird, so steht dort das Länderkennzeichen (GB). Für ausschließlich amerikanisches Englisch und amerikanische Varianten wird das Länderkennzeichen (USA) benutzt:

fridge [frɪdʒ] (GB) (*umgangsspr*) Kühlschrank

ex·press·way [ɪk'spresweɪ] (USA) Autobahn

as·sem·bly [əˈsemblɪ] ❶ Versammlung ❷ (GB) (*in der Schule*) *meist tägliche Zusammenkunft von Schülern und Lehrern zur Morgenandacht;* **assembly hall** Aula ❸ (*politisch*) gesetzgebende Körperschaft ❹ (*technisch*) Montage, Zusammensetzen; **assembly line** Fließband, Montageband

fig·ure² [ˈfɪgəʳ] ❶ in Erscheinung treten; **he figured in a play** er trat in einem Stück auf ❷ (USA) meinen; **I figured he'd be late** ich dachte er würde zu spät kommen ❸ (*umgangsspr*) **that figures!** das hätte ich mir denken können!

bell [bel] ❶ Glocke, Schelle, Klingel; **answer the bell** die [Haus]Tür öffnen; **was that the bell?** hat es geklingelt [*oder* geläutet]? ❷ (*Telefon*) **give someone a bell** (GB) (*umgangsspr*) jemanden anrufen ❸ **this rings a bell** (*übertragen*) das kommt mir bekannt vor ► IN WENDUNGEN: **be saved by the bell** gerade noch mal davonkommen

ex·cla·mation [ˌekskləˈmeɪʃn] Ausruf; **exclamation mark,** (USA) **exclamation point** Ausrufezeichen

Außerdem gibt es Infoboxen zur Landeskunde der meisten englischsprachigen Länder:

high school (USA) weiterführende Schule

i Land & Leute In den USA haben die Schüler der **High School** und des **College** bestimmte Bezeichnungen. In der 9. Klasse heißen sie **Freshmen**, Schüler der 10. Klasse heißen **Sophomores**, in der 11. Klasse heißen sie **Juniors** und in der 12. Klasse werden sie **Seniors** genannt.

In der deutschen Sprachspalte wird außerdem das Schweizerdeutsch (CH) und das österreichische Deutsch (A) berücksichtigt:

Führerausweis (CH) driving licence

Obers (A) cream

Abwasch 1 (*Geschirr*) dishes ⚠ *plural* 2 (A) (*Spülstein*) sink

nur in den USA gebrauchter Ausdruck: **candy** Bonbon (USA)

nur in Großbritannien gebrauchter Ausdruck: **fridge** Kühlschrank (GB)

(A) nur in Österreich gebrauchter Ausdruck: **Marille, Jänner**

(CH) Ausdruck, der nur in der Schweiz gebraucht wird: **Natel**

▶ Beispiele

Die in Fettschrift gedruckten Anwendungsbeispiele sollen einen korrekten, idiomatischen Umgang mit der Fremdsprache ermöglichen – sowohl in der englischen Ausgangssprache, als auch bei der Übersetzung ins Englische. Es werden drei verschiedene Arten von Anwendungsbeispielen aufgeführt:

1.) Satzmuster, die zeigen, ob ein Verb als Objekt *jemanden* oder *etwas* hat, oder ob es reflexiv gebraucht wird:

ex·plain [ɪk'spleɪn] 1 **explain something [to someone]** [jemandem] etwas erklären (…) 6 **explain oneself** sich rechtfertigen (…)

abgewöhnen **sich etwas abgewöhnen** give up doing something; **jemandem etwas abgewöhnen** cure someone of something

irren (…) 2 **sich irren** be mistaken; (…)

freuen (…) 2 **sich über etwas freuen** be pleased [*oder* glad] about something (…)

2.) Feste Wortverbindungen – so gennante *Kollokationen*

Eimer 1 bucket, pail; **ein Eimer Wasser** a bucket[ful] of water (…)

einhalten (…) 4 **eine Frist/einen Termin einhalten** meet a deadline ['dedlaɪn]

Fassung (…) **jemanden aus der Fassung bringen** disconcert someone; (…)

3.) vollständige Formulierungen und Beispielsätze

ache² [eɪk] **my foot aches** mein Fuß tut mir weh; (...)

an ❶ (*räumlich*) to; **sie ging ans Fenster** she went to the window; (...)

ca·pable ['keɪpəbl] (...) **he is capable of anything** er ist zu allem fähig (...)

irren (...) **ich kann mich auch geirrt haben** I may have been mistaken; (...)

get (...) **can I get you a drink?** möchten Sie etwas trinken?; (...)

irgendwo somewhere; (...) **gibt es hier irgendwo einen Supermarkt?** is there a supermarket anywhere? (...)

► Präpositionale Ergänzungen

Steht ein Wort oft mit bestimmten Präpositionen zusammen, so werden diese in Klammern aufgeführt:

ab·sence ['æbsəns] ❶ *einer Person:* Abwesenheit (**from** von); (*von der Arbeit*) Fernbleiben; **on leave of absence** auf Urlaub ❷ (*von einer Sache*) Fehlen, Nichtvorhandensein ► IN WENDUNGEN: **absence makes the heart grow fonder** Abwesenheit verstärkt die Zuneigung

Studie ❶ (*Abhandlung*) essay (**über** on) ❷ (*Untersuchung*) report (**über, zu** on)

brag [bræg] prahlen (**of, about** mit)

plaudern ❶ (*plauschen*) chat (**über, von** about) ❷ (*ausplaudern*) talk

char·ac·ter·is·tic¹ [ˌkærəktə'rɪstɪk] charakteristisch, typisch (**of** für)

begeistert enthusiastic [ɪnˌθjuːzɪ'æstɪk] (**von** about)

Entstehen aus präpositionalen Ergänzungen kompliziertere Satzkonstruktionen, so wird in der Regel ein Anwendungsbeispiel gegeben.

▶ Phraseologischer Block

„▶ IN WENDUNGEN“ leitet einen Block von festen Wendungen ein. Dies sind in der Regel bildhafte Redewendungen, die sich nur schwer oder gar nicht auf die Grundbedeutung des Stichworts zurückführen lassen:

foot[1] [fʊt] <*plural* feet> ❶ Fuß; **on foot** zu Fuß; **get to one's feet** aufstehen; **set foot on** [*oder* **in**] **something** etwas betreten ❷ *von Bett:* Fußende ❸ (*Längenmaß*) Fuß (*30,48 cm*) ▶ IN WENDUNGEN: **be** [**back**] **on one's feet** (*nach einer Krankheit*) wieder auf den Beinen sein; **stand on one's own two feet** auf eigenen Füßen stehen; **put one's foot down** ein Machtwort sprechen; **put one's foot in it** ins Fettnäpfchen treten; **find one's feet** sich eingewöhnen

Decke ❶ (*Wolldecke*) blanket; (*Steppdecke*) quilt ❷ (*Zimmerdecke*) ceiling ▶ IN WENDUNGEN: **an die Decke gehen** blow one's top; **mit jemandem unter einer Decke stecken** be hand in glove with someone

▶ Infoboxen

Das Wörterbuch enthält im Wörterbuchteil drei verschiedene Arten von Infoboxen mit zusätzlichen Informationen:

1.) Informationen zu kulturellen Besonderheiten in englischsprachigen Ländern:

i Land & Leute Die Schüler der 6. Klasse einer höheren Schule in England, Wales und Nordirland legen eine Abschlussprüfung, das **A Level (Advanced Level)**, ab. Die meisten Schüler wählen drei Prüfungsfächer, obwohl es auch möglich ist, nur ein Fach zu nehmen. Mit diesen A Levels kann man dann an einer Universität studieren.

2.) Informationen zur Grammatik – z. B. zum Konjugieren von unregelmäßigen Verben:

? Grammatik **take — took — taken:**
Kate took the books back to library; Tom has taken a shower.

3.) Warnungen vor Fehlerquellen:

> **! Vorsicht Falle** **hear – listen to:** *to hear something* heißt etwas hören = mit den Ohren wahrnehmen; *to listen to something* heißt etwas zuhören = aufmerksam hören: *Sorry, I can't **hear** you; Peter is **listening to** the radio.*

▶ Deutsche Rechtschreibung

Sämtliche Übersetzungen sowie die Stichwörter der deutsch-englischen Sprachseite folgen der neuen deutschen Rechtschreibung, deren Neuregelung im Juli 1996 in Wien unterzeichnet wurde, sowie in Zweifelsfällen den Richtlinien der „Zwischenstaatlichen Kommission für deutsche Rechtschreibung".

▶ Englische Aussprache

Die Aussprache der englischen Stichwörter ist jeweils in eckigen Klammern direkt neben dem Stichwort angegeben.

Zur Bezeichnung der Aussprache wurden die Lautschriftzeichen des IPA (International Phonetic Alphabet) verwendet. Für die Umschrift der einzelnen Wörter haben wir das PONS Daniel Jones English Pronouncing Dictionary, 15th edition (1997) zugrunde gelegt.

Eine Erklärung der Lautschriftzeichen befindet sich auf den herausklappbaren Vorsatzseiten dieses Wörterbuchs.

A a

A <*plural* A's *oder* As>, a [eɪ] <*plural* a's> ❶ (*auch Musiknote*) A, a ❷ (*Schulnote*) eins, sehr gut

a [ə, *betont* eɪ], *vor Vokalen* an [ən, *betont* æn] ❶ *unbestimmter Artikel* ein, eine, ein; **she's a teacher** sie ist Lehrerin ❷ pro; **five pounds an hour** fünf Pfund pro [*oder* die] Stunde; **once a week** einmal in der Woche ❸ **half an hour** eine halbe Stunde; **many a student ...** (*gehoben*) manch ein [*oder* mancher] Student ... ❹ **as a professional, ...** als Profi, ...

aban·don [ə'bændən] ❶ verlassen *Mensch, Haus;* aussetzen *Baby;* im Stich lassen *Familie;* stehen lassen *Auto;* **abandon ship!** alle Mann von Bord! ❷ aufgeben *Hoffnung, Projekt;* **play/the game was abandoned** das Spiel wurde abgebrochen

ab·bey ['æbɪ] Abtei

ab·brevi·ation [əˌbriːvɪ'eɪʃn] Abkürzung

ab·di·cate ['æbdɪkeɪt] abdanken

abil·ity [ə'bɪlətɪ] ❶ Fähigkeit; **have the ability to do something** etwas können; **to the best of one's ability** nach besten Kräften ❷ (*Talent*) Begabung; **she has little artistic ability** sie ist künstlerisch nicht sehr begabt

able ['eɪbl] ❶ (*kompetent*) fähig, tüchtig; **be able to** können, in der Lage sein zu ❷ (*talentiert*) begabt

aboard [ə'bɔːd] an Bord; **all aboard!** alles einsteigen!

ab·ol·ish [ə'bɒlɪʃ] abschaffen ab·oli·tion [əbəl'ɪʃn] Abschaffung

Abo·rig·inal [ˌæbə'rɪdʒənl], Abo·ri·gi·ne [ˌæbə'rɪdʒɪnɪ] Ureinwohner(in) Australiens

> **i Land & Leute** Die **Aboriginal Flag** wurde zum ersten Mal bei der Demonstration zum „Aboriginal Day“ 1971 von dem Designer der Flagge, dem Künstler Harold Thomas, gehisst. Der schwarze, obere Teil soll das Volk der Aborigines darstellen, der rote Teil darunter symbolisiert die Erde und der gelbe Kreis in der Mitte ist die Sonne.

abort [ə'bɔːt] ❶ eine Fehlgeburt haben ❷ abtreiben *Embryo* ❸ abbrechen *Schwangerschaft, Mission* abor·tion [ə'bɔːʃn] ❶ Fehlgeburt ❷ Schwangerschaftsabbruch, Abtreibung

about [ə'baʊt] ❶ (*bezüglich*) *Thema, Buch:* von, über; *Sache:* in Bezug auf, betreffend; *Grund:* wegen; **what do you know about him?** was wissen Sie über ihn?; **a book about architecture** ein Buch über Architektur; **what's the film about?** wovon handelt der Film?; **what's this all about?** um was geht es hier? ❷ in, an; **the worst thing about my job is the commuting** das Schlimmste bei meinem Job ist das Pendeln ❸ **how about a coke?** wie wäre es mit einer Cola?; **what about going to the cinema this evening?** wie wäre es mit Kino heute Abend? ❹ *räumlich* herum, umher; **he walked about the room** er lief im Zimmer umher; **round about** ringsum ❺ (*nicht weit von*) **the fields about the house** die Felder um das Haus herum ❻ *örtlich* da; **there's no one about** es ist niemand da; **after a long illness, she's up and about** nach einer langen Krankheit ist sie wieder auf den Beinen; **there's a lot of 'flu about at the moment** die Grippe geht zurzeit um ❼ *zeitlich* um, gegen; **[at] about five o'clock** gegen fünf Uhr ❽ **it's just about to snow** es wird jeden Augenblick schneien; **he was about to leave the house** er wollte gerade aus dem Haus gehen ❾ (*umgangsspr*) ungefähr; **she was about 30** sie war um die 30; **that's about right** das kommt so ungefähr hin; **it's about six metres long** es ist zirka sechs Meter lang; **just about enough** gerade noch genug; **about my size** etwa meine Größe

above[1] [ə'bʌv] ❶ über, oberhalb; **above sea level** über dem Meeresspiegel ❷ oben; **from above** von oben; **as [mentioned] above** wie oben erwähnt ❸ (*in Rang, Bedeutung, Stellung*) höher; **she's a year above me in school** sie ist in der Klasse über mir ❹ mehr als; **above average** überdurchschnittlich; **persons aged 16 and above** Personen im Alter von 16 und älter ▸ IN WENDUNGEN: **above all** vor allem; **over and above** obendrein; **he is above it** er steht darüber; **it is above me** das ist mir zu hoch

above[2] [ə'bʌv] obig, oben erwähnt

abroad [ə'brɔːd] im/ins Ausland; **from**

abroad aus dem Ausland

abrupt [ə'brʌpt] ❶ plötzlich, abrupt ❷ *Verhalten:* schroff, barsch

ab·sence ['æbsəns] ❶ *einer Person:* Abwesenheit (**from** von); (*von der Arbeit*) Fernbleiben; **on leave of absence** auf Urlaub ❷ (*von einer Sache*) Fehlen, Nichtvorhandensein ▸ IN WENDUNGEN: **absence makes the heart grow fonder** Abwesenheit verstärkt die Zuneigung **ab·sent** ['æbsənt] abwesend, fehlend **ab·sen·tee** [ˌæbsən'tiː] Abwesende(r)

ab·sent-minded [ˌæbsənt'maɪndɪd] zerstreut, geistesabwesend

ab·so·lute ['æbsəluːt] absolut

ab·so·lute·ly ['æbsəluːtlɪ, *allein stehend* ˌæbsə'luːtlɪ] ❶ **absolutely nothing** absolut nichts ❷ **absolutely mad** völlig [*oder* vollkommen] verrückt ❸ **absolutely!** (*umgangsspr*) genau!, aber sicher!

ab·sorb [əb'sɔːb] ❶ aufsaugen *Flüssigkeit* ❷ (*übertragen*) verdauen, aufnehmen

ab·sorbed [əb'sɔːbd] (*übertragen*) vertieft

ab·surd [əb'sɜːd] absurd, unsinnig

abun·dant [ə'bʌndənt] ❶ reich (**in** an), üppig ❷ reichlich versehen (**with** mit)

abuse¹ [ə'bjuːz] ❶ missbrauchen *Macht* ❷ (*beleidigen*) beschimpfen *Person* ❸ quälen *Person, Tier*

abuse² [ə'bjuːs] ❶ Missbrauch (**of** von), Missstand ❷ (*Beleidigung*) Beschimpfung

abusive [ə'bjuːsɪv] beleidigend; **abusive language** Schimpfworte

aca·demic¹ [ˌækə'demɪk] ❶ akademisch ❷ wissenschaftlich, geistig ❸ **that is academic** das ist nicht direkt relevant

aca·demic² [ˌækə'demɪk] Akademiker(in)

acad·emy [ə'kædəmɪ] Akademie; **riding academy** Reitschule; **academy of music** Musikhochschule

ac·cel·er·ate [ək'seləreɪt] ❶ [sich] beschleunigen, schneller werden ❷ *Person im Fahrzeug:* Gas geben **ac·cel·er·ation** [əkˌselə'reɪʃn] Beschleunigung **ac·cel·er·ator** [ək'seləreɪtəʳ] (*am Auto*) Gaspedal

ac·cent ['æksənt] Akzent

ac·cept [ək'sept] ❶ annehmen, akzeptieren ❷ (*übertragen*) einverstanden sein, glauben; **to accept a fact/reality** eine Tatsache/die Realität anerkennen/gelten lassen

ac·cept·able [ək'septəbl] ❶ annehmbar ❷ angenehm, zufriedenstellend

ac·cept·ance [ək'septəns] ❶ Annahme, Entgegennahme ❷ Zustimmung, Einwilligung

ac·cess¹ ['ækses] ❶ Zutritt (**to** zu) ❷ **access road** Zufahrt[sstraße] ❸ **internet access** Internetzugriff

ac·cess² ['ækses] **access data** auf Daten zugreifen

ac·cess·ible [ək'sesəbl] zugänglich, erreichbar (**to** für)

ac·ces·sory [ək'sesərɪ] ❶ (*Person*) Mitschuldige(r) ❷ (*Gerät*) Zubehör

ac·ci·dent ['æksɪdənt] ❶ Zufall; **by accident** zufällig ❷ Unglück, Unfall; **in an accident** bei einem Unfall; **be accident-prone** zu Unfällen neigen **ac·ci·den·tal** [ˌæksɪ'dentl] zufällig, versehentlich

ac·com·mo·da·tion [əˌkɒmə'deɪʃn] Unterkunft, [Fremden]Zimmer

ac·com·pany [ə'kʌmpənɪ] (*auch musikalisch*) begleiten (**on** auf)

ac·com·plished [ə'kʌmplɪʃt] ❶ (*auch übertragen*) vollendet ❷ kultiviert, vielseitig

ac·cord ❶ Abkommen ❷ **with one accord** einstimmig ❸ **of one's own accord** von sich aus, von selbst **ac·cord·ance** [ə'kɔːdəns] **in accordance with** entsprechend, gemäß **ac·cord·ing** [ə'kɔːdɪŋ] **according to** laut, nach; **according to schedule** fahrplanmäßig, zeitplanmäßig

ac·cord·ing·ly [ə'kɔːdɪŋlɪ] dementsprechend, danach

ac·count¹ [ə'kaʊnt] ❶ Konto (**with** bei) ❷ Bericht; **give an account of something** über etwas Bericht erstatten, über etwas Rechenschaft ablegen; **she gave a full account of the affair** sie hat ausführlich über die Sache berichtet ❸ **accounts** *plural* (*in der Wirtschaft*) [Geschäfts]Bücher; **settle accounts with someone** (*auch übertragen*) mit jemandem abrechnen ❹ **on account of** wegen, auf Grund; **not on any account, on no account** auf keinen Fall ❺ **take into account** in Betracht ziehen, berücksichtigen ❻ **do something on one's own account** etwas auf eigene Faust tun

ac·count² [ə'kaʊnt] ❶ **account for something** etwas erklären, über etwas Rechenschaft ablegen; **how do you account for that?** wie erklären Sie [sich] das?; **that accounts for it** das ist die Erklärung dafür; **there's no accounting for tastes** über

Geschmack lässt sich streiten ② **young people account for a big percentage of our customers** junge Leute machen einen großen Prozentsatz unserer Kunden aus

ac·count·able [ə'kaʊntəbl] verantwortlich (**for** für, **to** gegenüber) ac·count·ancy [ə'kaʊntənsɪ] Buchhaltung ac·count·ant [ə'kaʊntənt] ① Steuerberater(in) ② Buchhalter(in)

ac·cu·mu·late [ə'kjuːmjʊleɪt] [sich] ansammeln

ac·cu·racy ['ækjərəsɪ] Genauigkeit

ac·cu·rate ['ækjərət] genau

ac·cu·sa·tion [ˌækjuː'zeɪʃn] ① Anklage ② Vorwurf

ac·cus·ative [ə'kjuːzətɪv] Akkusativ

ac·cuse [ə'kjuːz] ① anklagen, beschuldigen; **accuse someone of a crime** jemanden eines Verbrechens beschuldigen ② vorwerfen; **the teacher accused me of having copied my homework** die Lehrerin warf mir vor, meine Hausaufgaben abgeschrieben zu haben ac·cused [ə'kjuːzd] Angeklagte(r)

ac·cus·tomed [ə'kʌstəmd] **be accustomed** gewohnt sein (**to** an); **get accustomed** sich gewöhnen (**to** an)

ace¹ [eɪs] (*Spielkarte; beim Tennis*) Ass; **the ace of spades** das Pikass; **play/serve an ace** ein Ass spielen/schlagen

ace² [eɪs] (*umgangsspr*) **she's an ace volleyball player** sie ist eine erstklassige Volleyballspielerin; **ace!** spitze!

ache¹ [eɪk] Schmerz; **aches and pains** Schmerzen

ache² [eɪk] **my foot aches** mein Fuß tut mir weh; **I ache all over** mir tut alles weh

achieve [ə'tʃiːv] zu Stande bringen; erreichen, verwirklichen *Ziele;* erzielen *Erfolg*

achieve·ment [ə'tʃiːvmənt] ① Vollendung, Ausführung ② Leistung, Errungenschaft

acid¹ ['æsɪd] sauer; **acid rain** saurer Regen

acid² ['æsɪd] ① Säure ② (*Droge*) Acid

acid·ic [ə'sɪdɪk] sauer, säurehaltig acid·ity [ə'sɪdətɪ] Säure[grad]

ac·knowl·edge [ək'nɒlɪdʒ] ① anerkennen; **she's acknowledged to be an excellent pianist** sie gilt als eine exzellente Pianistin ② **the government has acknowledged that unemployment figures have not fallen** die Regierung hat zugegeben, dass die Arbeitslosenzahl nicht zurückgegangen ist ③ (*danken*) sich erkenntlich zeigen ④ **she didn't even acknowledge them!** sie hat sie gar nicht begrüßt!; **you should acknowledge his greeting** du solltest seine Begrüßung erwidern ⑤ **acknowledge the receipt of a letter** den Empfang eines Briefes bestätigen ac·knowl·edg(e)·ment [ək'nɒlɪdʒmənt] ① *von Macht:* Anerkennung (**of** zu); *von Verantwortlichkeit:* Bekenntnis; *eines Fehlers, einer Schuld:* Eingeständnis ② **acknowledgement of a letter** Empfangsbestätigung eines Briefes ③ Dank; **in acknowledgement of** zum Zeichen der Anerkennung für ④ **acknowledgements** Danksagung

ac·quaint [ə'kweɪnt] **acquaint someone with someone** jemanden mit jemandem bekannt machen; **acquaint someone with something** jemanden mit etwas vertraut machen; **are you acquainted with this software?** sind Sie mit dieser Software vertraut? ac·quaint·ance [ə'kweɪntəns] ① Bekannte(r) ② **make someone's acquaintance** jemandes Bekanntschaft machen

ac·quire [ə'kwaɪəʳ] ① erwerben ② sich aneignen *Kenntnisse;* **acquire a taste for something** Geschmack an etwas finden ③ **it's an acquired taste** es ist gewöhnungsbedürftig

ac·quit [ə'kwɪt] freisprechen

ac·ro·bat ['ækrəbæt] Akrobat(in) ac·ro·batic [ˌækrə'bætɪk] akrobatisch

across [ə'krɒs] ① [quer] über (*die Straße*) ② [quer] durch (*die Stadt*); **right across** quer durch ③ auf der anderen Seite (*der Straße*); **live across the street** gegenüber wohnen; **just across** gerade gegenüber ④ über (*die Grenze*) ⑤ **across the board** pauschal ⑥ **come across** herüberkommen ⑦ **come across someone** jemandem begegnen, auf jemanden stoßen; **come across something** auf eine Sache stoßen ⑧ **come across as [being] nervous** nervös wirken ⑨ **get something across to someone** jemandem etwas klar machen ⑩ **put across** verständlich machen ⑪ **swim across** herüber-/hinüberschwimmen ⑫ **ten metres across** zehn Meter breit ⑬ (*im Kreuzworträtsel*) **can you do 1 across?** weißt du 1 waagerecht?

act¹ [ækt] ① Handlung, Tat; **in the act of going** gerade dabei zu gehen; **act of God** höhere Gewalt ② (*im Theater*) Akt, Aufzug ③ **Act** [**of Parliament**] Gesetz ④ **the Acts** [**of the Apostles**] die Apostelgeschichte ⑤ **don't put on an act!** (*umgangsspr*) spiel doch kein Theater! ▸ IN WENDUNGEN: **caught in the act** auf frischer Tat ertappt; **get your act together!** reiß dich zusammen!; **get in on the act** mit von der Partie sein

act² [ækt] ① spielen *eine Rolle;* **don't act the innocent with me!** spiel mir hier nicht den Unschuldigen! ② sich benehmen, sich verhalten; **stop acting like an idiot** hör auf, dich wie ein Idiot aufzuführen! ③ handeln, tun, tätig werden (**as** als); **act for/on behalf of someone** für jemanden/in jemandes Namen handeln; **you must act quickly** Sie müssen schnell reagieren ④ **act on someone's advice** jemandes Ratschlag folgen ⑤ **act on something/someone** auf etwas/jemanden einwirken, etwas/jemanden beeinflussen ⑥ **act up** (*umgangsspr*) Ärger machen, sich schlecht benehmen

act·ing¹ ['æktɪŋ] stellvertretend, geschäftsführend

act·ing² ['æktɪŋ] Schauspielkunst

ac·tion ['ækʃn] ① Handeln, Tat; **take action** Schritte unternehmen, Maßnahmen ergreifen; **put a plan into action** einen Plan in die Tat umsetzen ② Klage, Prozess ③ Kampf, Kampfhandlung; **killed in action** gefallen ④ *von Roman:* Handlung ⑤ (*auch im Film*) Action; **where's the action?** (*slang*) wo geht's ab? ⑥ **in/out of action** in/außer Betrieb **action-packed** aktionsgeladen **action replay** Wiederholung

ac·tive ['æktɪv] ① aktiv, lebhaft; **take an active part in something** an etwas regen Anteil nehmen ② *Vulkan:* tätig

ac·tiv·ity [æk'tɪvətɪ] Tätigkeit, Aktivität

ac·tor ['æktəʳ] Schauspieler

ac·tress ['æktrɪs] Schauspielerin

ac·tual ['æktʃʊəl] wirklich, tatsächlich [vorhanden], eigentlich

ac·tual·ly ['æktʃʊlɪ] ① eigentlich, übrigens ② tatsächlich, wirklich

acute [ə'kjuːt] ① *Situation:* akut ② *Sinne:* scharf ③ *Winkel:* spitz ④ *Krankheit:* akut

ad [æd] (*umgangsspr*) ① [Zeitungs]Anzeige, Inserat, Annonce ② Reklame, Werbung

AD *Abkürzung von* **anno Domini** n. Chr.

adapt [ə'dæpt] ① anpassen (**to** an) ② bearbeiten *Roman* **adapt·able** [ə'dæptəbl] anpassungsfähig (**to** an) **ad·ap·ta·tion** [ˌædæp'teɪʃn] ① Anpassung (**to** an) ② *eines Textes:* Bearbeitung **adapter, adaptor** [ə'dæptəʳ] ① (*Gerät*) Adapter; **universal adaptor plug** Mehrfachstecker ② (*Person*) Bearbeiter(in)

add [æd] ① hinzufügen (**to** zu) ② **add to something** zu etwas beitragen, etwas vermehren *Probleme* ③ **add up** zusammenzählen, addieren; **her account of the affair doesn't add up** (*übertragen*) ihre Version der Sache reimt sich nicht; **add up to** sich belaufen auf

ad·dict ['ædɪkt] Süchtige(r), Abhängige(r) **ad·dic·ted** [ə'dɪktɪd] süchtig; **addicted to drugs** rauschgiftsüchtig **ad·dic·tion** [ə'dɪkʃən] Sucht

ad·di·tion [ə'dɪʃn] ① Beigabe, Zugabe ② Zusatz ③ (*in der Mathematik*) Addition ④ *zur Familie:* Zuwachs ⑤ **in addition** außerdem [noch], dazu; **in addition to** [zusätzlich] zu **ad·di·tional** [ə'dɪʃənl] zusätzlich, ergänzend; **additional charge** Preiszuschlag

ad·di·tive ['ædɪtɪv] *zu Lebensmittel:* Zusatz

ad·dress¹ [ə'dres] ① adressieren *Brief* ② anreden *Person;* eine Ansprache halten an *Publikum* ③ richten *Anfrage, Frage* (**to** an)

ad·dress² [ə'dres, (USA) 'ædres] ① Anrede, Ansprache ② Anschrift, Adresse

ad·dressee [ˌædre'siː] Empfänger(in), Adressat(in)

ad·equate ['ædɪkwət] ① ausreichend (**to** für) ② (*knapp genügend*) hinreichend ③ (*passend*) angemessen

ad·hes·ive¹ [əd'hiːsɪv] klebend, haftend; **adhesive plaster** Heftpflaster; **adhesive tape** Kleb[e]streifen

ad·hes·ive² [əd'hiːsɪv] Klebstoff

ad·jec·tive ['ædʒɪktɪv] Adjektiv, Eigenschaftswort

ad·journ [ə'dʒɜːn] vertagen (**for** um); **shall we adjourn to the bar?** (*humorvoll*) sollen wir in der Bar weitermachen?

ad·just [ə'dʒʌst] ① anpassen, abstimmen (**to** auf); [richtig] einstellen *Gerät;* **adjust** [**oneself**] **to something** sich einer Sache anpassen, sich auf eine Sache einstellen ② berichtigen *Rechnung* **ad·just·able** [ə'dʒʌstəbl] regulierbar, verstellbar **ad·just·ment** [ə'dʒʌstmənt] ① Anpassung, Angleichung ② *von Gerät:* Einstellung, Regulierung

ad·min·is·ter [əd'mɪnɪstəʳ] ① verwalten

Amt ❷ verabreichen *Medizin;* spenden, geben *Sakramente* ❸ **administer justice** Recht sprechen **ad·min·is·tra·tion** [ədˌmɪnɪ'streɪʃn] ❶ Verwaltung, Amtsführung ❷ Regierung, Amtszeit ❸ *von Medizin:* Eingeben ❹ *von Sakrament:* Spenden ❺ *von Eid:* Abnahme ❻ **administration of justice** Rechtspflege **ad·min·is·tra·tor** [əd'mɪnɪstreɪtəʳ] Verwalter(in), Leiter(in)

ad·mir·able ['ædmərəbl] bewundernswert, vortrefflich

ad·miral ['ædmərəl] Admiral

ad·mir·ation [ˌædmə'reɪʃn] Bewunderung (**of, for** für)

ad·mire [əd'maɪəʳ] bewundern (**for** wegen) **ad·mirer** [əd'mɪərəʳ] Bewunderer, Bewunderin

ad·mis·sion [əd'mɪʃn] ❶ Zutritt, Einlass; **gain admission to** Zutritt erhalten zu; **no admission!** Zutritt verboten! ❷ Eintritt[spreis]; **admission free** Eintritt frei ❸ Eingeständnis, Zugeständnis; **admission of guilt** Schuldbekenntnis; **by his own admission** wie er selbst zugibt

ad·mit [əd'mɪt] ❶ zugeben, eingestehen ❷ hereinlassen (**into** in), aufnehmen (**to** in); **this ticket admits two children** diese Entrittskarte ist für zwei Kinder; **be admitted to hospital** ins Krankenhaus eingeliefert werden ❸ (*für gültig erklären*) gestatten, erlauben **ad·mit·tance** [əd'mɪtns] Einlass, Zutritt; **no admittance!** Zutritt verboten!; **no unauthorised admittance** kein Zutritt für Unbefugte **ad·mit·ted·ly** [əd'mɪtɪdlɪ] zugegebenermaßen

ado·les·cence [ˌædə'lesns] Jugend, Pubertät

ado·les·cent¹ [ˌædə'lesnt] jugendlich

ado·les·cent² [ˌædə'lesnt] Jugendliche(r)

adopt [ə'dɒpt] ❶ adoptieren *Kind* ❷ billigen *Bericht* ❸ einnehmen *Einstellung, Haltung* ❹ übernehmen *Sitte* ❺ **adopted country** Wahlheimat ❻ **she has been adopted as a candidate by the Green Party** sie ist als Kandidatin für die Grünen aufgestellt worden **adop·tion** [ə'dɒpʃn] ❶ Adoption ❷ Annahme

ador·able [ˌə'dɔːrəbl] ❶ liebenswert ❷ reizend, entzückend **adore** [ə'dɔːʳ] ❶ anbeten, verehren ❷ (*umgangsspr*) sehr gern haben

adult¹ ['ædʌlt] ❶ Erwachsene(r) ❷ ausgewachsenes Tier

adult² ['ædʌlt] ❶ *Person:* erwachsen; **adult film** Film nur für Erwachsene ❷ *Tier:* ausgewachsen

adul·tery [ə'dʌltərɪ] Ehebruch

ad·vance [əd'vɑːns] ❶ vorrücken; **he advanced towards me** er kam auf mich zu ❷ Fortschritte machen ❸ vorschießen, vorstrecken *Geld*

ad·vance [əd'vɑːns] ❶ Vorrücken ❷ **make advances** (*übertragen*) Annäherungsversuche machen ❸ Fortschritt ❹ **any advance on $1000?** wer bietet mehr als $1000? ❺ Vorschuss, Vorauszahlung, Darlehen ❻ **in advance** im Voraus; **order in advance** vorbestellen **ad·vanced** [əd'vɑːnst] fortgeschritten; **in advanced years** im fortgeschrittenen Alter

ad·van·tage [əd'vɑːntɪdʒ] Vorteil; **to someone's advantage** zu jemandes Gunsten; **have an advantage over someone** jemandem gegenüber im Vorteil sein; **take advantage of** ausnutzen; **turn to advantage** Vorteil [*oder* Nutzen] ziehen aus

ad·ven·ture [əd'ventʃəʳ] Abenteuer; **adventure playground** Abenteuerspielplatz

ad·ven·tur·ous [əd'ventʃərəs] ❶ *Reise:* abenteuerlich ❷ *Person:* abenteuerlustig

ad·verb ['ædvɜːb] Adverb, Umstandswort

ad·vert ['ædvɜːt] (GB) (*umgangsspr*) ❶ [Zeitungs]Anzeige, Inserat, Annonce ❷ Reklame, Werbung **ad·ver·tise** ['ædvətaɪz] ❶ annoncieren, inserieren ❷ Reklame machen, Werbung betreiben ❸ **advertise for** inserieren für, durch eine Zeitungsanzeige suchen

ad·ver·tise·ment [əd'vɜːtɪsmənt, (USA) ˌædvər'taɪzmənt] ❶ [Zeitungs]Anzeige, Inserat, Annonce ❷ Reklame, Werbung; **TV advertisement** Fernsehreklame

ad·ver·tis·ing ['ædvəˌtaɪzɪŋ] Werbung, Reklame

ad·vice [əd'vaɪs] ⚠ *kein Plural und kein ‚a' oder ‚an'* Rat[schlag]; **a piece** [*oder* **bit**] **of advice** ein Rat; **act on someone's advice** jemandes Rat befolgen; **ask someone's advice** jemanden um Rat fragen **ad·vis·able** [əd'vaɪzəbl] ratsam, empfehlenswert

ad·vise [əd'vaɪz] raten, empfehlen; **be well advised** gut beraten sein **ad·viser** [əd'vaɪzəʳ] Berater(in)

aer·ial¹ ['eərɪəl] ❶ Luft-; **aerial view** Luftbild ❷ (*Kabel*) oberirdisch

aer·ial² ['eərɪəl] GB Antenne
aero·plane ['eərəpleɪn] Flugzeug
aero·sol ['eərəsɒl] Sprühdose
af·fair [ə'feəʳ] ① Angelegenheit, Sache ② **[love] affair** Verhältnis ③ Affäre, Skandal ④ **foreign affairs** auswärtige Angelegenheiten; **Secretary of State for Foreign Affairs** Außenminister(in)
af·fect [ə'fekt] ① beeinflussen, in Mitleidenschaft ziehen *Menschen* ② *Krankheit:* angreifen, befallen ③ **affect someone [deeply]** einen [tiefen] Eindruck auf jemanden machen **af·fected** [ə'fektɪd] geziert, affektiert **af·fec·tion** [ə'fekʃn] [Zu]Neigung, Liebe (**for, towards** zu) **af·fec·tion·ate** [ə'fekʃənət] ① liebevoll, herzlich ② **yours affectionately** herzlichst Dein[e]
af·firm·ative [ə'fɜːmətɪv] bejahend; **answer in the affirmative** mit „Ja" antworten
af·flu·ent ['æflʊənt] reich (**in** an); **affluent society** Wohlstandsgesellschaft
af·ford [ə'fɔːd] sich erlauben, sich leisten; **I can't afford it** ich kann es mir nicht leisten **af·ford·able** [ə'fɔːdəbl] leicht erschwinglich
afloat [ə'fləʊt] **keep/stay afloat** (*auch übertragen*) über Wasser bleiben
afraid [ə'freɪd] ① **be afraid** [sich] fürchten, Angst haben (**of** vor) ② **I'm afraid I have to go** ich muss leider gehen; **don't be afraid to ...** scheuen Sie sich nicht zu ...
Af·ri·ca ['æfrɪkə] Afrika
Af·ri·can¹ ['æfrɪkən] Afrikaner(in)
Af·ri·can² ['æfrɪkən] afrikanisch
after ['ɑːftəʳ] ① (*räumlich*) hinter, nach, hinter ... her ② (*zeitlich*) nach; **day after day** Tag für Tag; **the day after tomorrow** übermorgen; **time after time** immer wieder; **after hours** nach Geschäftsschluss; **after that** danach, nachher ③ nachdem; **after studying all evening, she decided to go out** nachdem sie den ganzen Abend gelernt hatte, beschloss sie auszugehen ④ hinterher, danach, nachher; **shortly after** kurz danach; **for days after** noch Tage danach ⑤ (*in einer Reihenfolge*) hinter; **one after another** einer nach dem anderen ⑥ (*als Grund*) auf Grund von, infolge, bei ⑦ **after all** schließlich, letzten Endes ⑧ (*als Gegensatz*) trotz
after·noon [ˌɑːftə'nuːn] Nachmittag; **during the afternoon** im Laufe des Nachmittags; **in the afternoon[s]** nachmittags, am Nachmittag; **at four in the afternoon** um vier Uhr nachmittags; **this afternoon** heute Nachmittag; **good afternoon!** guten Tag!
after·shock ['ɑːftəʃɒk] Nachbeben
after·thought ['ɑːftəθɔːt] nachträgliche Überlegung
after·wards ['ɑːftəwədz] danach, später
again [ə'gen] wieder, noch einmal, nochmals; **as much again** noch einmal so viel; **never again** nie wieder, nie mehr; **now and again** dann und wann; **over and over again, time and time again, again and again** immer wieder; **you can say that again!** (*übertragen*) das kannst du aber laut sagen!
against [ə'genst] gegen; **be for or against something** für oder gegen etwas sein; **I'm not against it** ich habe nichts dagegen
age¹ [eɪdʒ] ① Alter; **at the age of** im Alter von; **over age** über der Altersgrenze; **under age** minderjährig; **come of age** volljährig werden; **come on, act your age!** komm schon, sei nicht so kindisch!; **feel one's age** sich alt fühlen ② Zeitalter, Epoche; **the Ice Age** die Eiszeit; **the Middle Ages** das Mittelalter; **in this day and age** heutzutage ③ (*umgangsspr*) **for ages** ewig lang; **be** [*oder* **take**] **ages** ewig brauchen
age² [eɪdʒ] alt werden [lassen], altern
aged¹ [eɪdʒd] im Alter von
aged² ['eɪdʒɪd] **the aged** die alten Leute
age-group Altersgruppe
age·ism ['eɪdʒɪzm] Diskriminierung auf Grund des Alters
age limit Altersgrenze
agency ['eɪdʒənsɪ] Agentur, Vertretung; **government agency** Behörde, Dienststelle; **travel agency** Reisebüro
agenda [ə'dʒendə] Tagesordnung; **be on the agenda** auf der Tagesordnung stehen; **item on the agenda** Tagesordnungspunkt
agent ['eɪdʒənt] ① (*Substanz*) Mittel, Agens; (*Chemikalie*) Wirkstoff ② (*Person*) Vertreter(in); *eines Künstlers:* Agent(in); **travel agent** Reisebüro[kaufmann, -kauffrau] ③ (*Spion*) Agent(in)
ag·gra·vate ['ægrəveɪt] ① verschlimmern *Situation, Verletzung* ② ärgern, reizen *Person* **ag·gra·vat·ing** ['ægrəveɪtɪŋ] ärgerlich, lästig **ag·gra·va·tion** [ˌægrə'veɪʃn] Ärger
ag·gres·sion [ə'greʃn] Aggression, Angriff

ag·gres·sive [əˈgresɪv] aggressiv, angriffslustig **ag·gres·sor** [əˈgresəʳ] Angreifer(in)

agile [ˈædʒaɪl, USA ˈædʒl] beweglich, wendig

agi·ta·tion [ˌædʒɪˈteɪʃn] Erregung

ago [əˈgəʊ] vor; **three months ago** vor drei Monaten; **a long time ago** schon lange her; [**just**] **a moment ago** eben noch; **not long ago** vor kurzem, unlängst; **a while ago** vor einer Weile; **how long ago?** wie lange ist es her?

ag·on·iz·ing [ˈægənaɪzɪŋ] qualvoll **ag·ony** [ˈægənɪ] Qual; **bend over in agony** sich vor Schmerzen krümmen

agree [əˈgriː] ① (*Erlaubnis geben*) einverstanden sein (**to** mit), einwilligen (**to** in), übereinstimmen (**with** mit) ② (*in einer Meinung*) sich einigen, einig sein (**on** über); **I couldn't agree more** ich bin ganz deiner Meinung; **we'll just have to agree to differ** wir müssen uns eben darauf einigen, dass wir nicht einer Meinung sind; **we couldn't agree on how to do the experiment** wir konnten uns nicht darüber einigen, wie man das Experiment durchführt ③ **that steak didn't agree with me** das Steak ist mir nicht gut bekommen

agree·ment [əˈgriːmənt] ① Vereinbarung, Übereinkunft; **come to/reach an agreement with someone** sich mit jemandem einigen ② Zustimmung, Einverständnis ③ Vertrag, Abkommen

ag·ri·cul·ture [ˈægrɪkʌltʃəʳ] Landwirtschaft

aground [əˈgraʊnd] **run aground** auf Grund laufen

ahead [əˈhed] vor, voran, voraus; **ahead of** vor; **full speed ahead** volle Kraft voraus; **ahead of time** vorzeitig; **be ahead of someone** jemandem voraus sein; **be ahead of one's time** seiner Zeit voraus sein; **Frankfurt is one hour ahead of London** die Frankfurter Ortszeit liegt eine Stunde vor der in London; **get ahead** vorwärtskommen; **go ahead** voran-, vorausgehen, weitermachen, fortfahren; **go ahead and tell her** sag's ihr doch; **straight ahead** geradeaus; **way ahead** weit voraus

aid¹ [eɪd] **aid someone** jemandem helfen

aid² [eɪd] ① Hilfe; **come/go to someone's aid** jemandem helfen, jemandem zu Hilfe kommen; **give first aid** erste Hilfe leisten ② Unterstützung; **in aid of the local children's home** zu Gunsten des örtlichen Kinderheims ③ **what was that in aid of?** (*umgangsspr*) was soll denn das?

Aids, AIDS [eidz] *Abkürzung von* **Acquired Immune Deficiency Syndrome** Aids, Immunschwächekrankheit

aim¹ [eɪm] ① zielen (**at** auf, nach) ② richten *Waffe, Fernglas, Camera* (**at** auf) ③ (*übertragen*) **this programme is aimed at young people** dieses Programm ist für Jugendliche gedacht; **what are you aiming at?** worauf willst du hinaus? ④ **aim at doing/to do something** beabsichtigen, etwas zu tun

aim² [eɪm] ① Ziel; **take aim at** zielen auf, aufs Korn nehmen ② (*übertragen*) Zweck, Absicht

ain't [eɪnt] ① (*slang*) *Kurzform von* **am not, is not, are not**: **he ain't here** er ist nicht hier ② (*slang*) *Kurzform von* **has not, have not**: **I ain't told him yet** ich habe es ihm noch nicht gesagt; **you ain't seen nothing yet!** das war nichts! warte mal ab!

air¹ [eəʳ] ① Luft; **in the open air** unter freiem Himmel; **get/take some air** frische Luft schnappen ② **be on** [**the**] **air** *Radio:* senden ③ **by air** auf dem Luftweg, mit Luftpost, mit dem Flugzeug ▶ IN WENDUNGEN: **be up in the air** in der Schwebe sein; **clear the air** die Luft reinigen; **put on** [*oder* **give oneself**] **airs** sich wichtig machen

air² [eəʳ] lüften

air·bed [ˈeəˌbed] Luftmatratze

air-con·di·tioned [ˈeəkɔnˈdɪʃnd] klimatisiert **air-con·di·tion·ing** [ˈeəkənˈdɪʃnɪŋ] Klimaanlage

air·craft [ˈeəkrɑːft] Flugzeug **air·craft car·rier** Flugzeugträger

air·field [ˈeəfiːld] Flugplatz

air force Luftwaffe

air host·ess Stewardess

air·line [ˈeəlaɪn] Fluglinie, Fluggesellschaft

air·mail [ˈeəmeɪl] [per] Luftpost [schicken]

air·plane [ˈeəpleɪn] USA Flugzeug

air pollution Luftverschmutzung

air·port [ˈeəpɔːt] Flughafen

air raid Luftangriff

air·sick [ˈeəsɪk] luftkrank

air·tight [ˈeətaɪt] luftdicht

air-traffic controller Fluglotse

aisle [aɪl] ① *im Flugzeug, Kino:* Gang ② *einer Kirche:* Seitenschiff

ajar [əˈdʒɑːʳ] halboffen, angelehnt

alarm[1] [ə'lɑːm] ❶ Alarm; **alarm signal** Alarmsignal; **give the alarm** Alarm schlagen ❷ Beunruhigung, Besorgnis

alarm[2] [ə'lɑːm] beunruhigen, erschrecken

alarm clock Wecker

alarm·ing [ə'lɑːmɪŋ] beunruhigend, alarmierend

al·co·hol ['ælkəhɒl] Alkohol

al·co·holic[1] [ˌælkə'hɒlɪk] alkoholisch

al·co·holic[2] [ˌælkə'hɒlɪk] Alkoholiker(in)

alert[1] [ə'lɜːt] ❶ lebhaft, aufgeweckt ❷ wachsam

alert[2] [ə'lɜːt] ❶ Alarm[signal] ❷ **be on the alert** auf der Hut sein

alert[3] [ə'lɜːt] ❶ alarmieren *Feuerwehr* ❷ **alert someone to something** jemanden vor einer Sache warnen

A Level *meist Plural* (GB) ≈ Abitur; **what A Levels are you taking?** in welchen Fächern machst du deine A Levels [*oder* ≈ dein Abitur]?

> **i Land & Leute** Die Schüler der 6. Klasse einer höheren Schule in England, Wales und Nordirland legen eine Abschlussprüfung, das **A Level (Advanced Level)**, ab. Die meisten Schüler wählen drei Prüfungsfächer, obwohl es auch möglich ist, nur ein Fach zu nehmen. Mit diesen A Levels kann man dann an einer Universität studieren.

al·ge·bra ['ældʒɪbrə] Algebra

alias[1] ['eɪlɪəs] sonst [... genannt], alias

alias[2] ['eɪlɪəs] Deckname

alibi ['ælɪbaɪ] Alibi

alien[1] ['eɪlɪən] ❶ (*politisch*) Ausländer(in) ❷ außerirdisches Wesen

alien[2] ['eɪlɪən] ❶ außerirdisch ❷ ausländisch ❸ fremd; **killing living beings is alien to this religion** das Töten von Lebewesen liegt dieser Religion fern

alien·ation [ˌeɪlɪə'neɪʃn] ❶ Entfremdung ❷ *im Theater:* Verfremdung[seffekt]

alight[1] [ə'laɪt] ❶ **be alight** brennen, in Flammen stehen; **set alight** in Brand setzen [*oder* stecken]; **keep alight** nicht ausgehen lassen ❷ (*übertragen*) **his face was alight with anticipation** sein Gesicht strahlte vor Vorfreude

alight[2] [ə'laɪt] ❶ aussteigen (**from** aus) ❷ *Vogel:* landen

alike [ə'laɪk] ❶ ähnlich; **they look very alike** sie ähneln sich sehr ❷ gleich; **they are all alike** sie sind alle gleich ❸ in gleicher Weise, ohne Unterschied; **treat all men alike** alle Menschen gleich behandeln

alive [ə'laɪv] ❶ lebend[ig]; **is she still alive?** lebt sie noch?; **keep alive** am Leben erhalten; **alive and kicking** (*umgangsspr*) gesund und munter ❷ **be alive to something** sich einer Sache bewusst sein ❸ **be alive with something** von etwas wimmeln

al·kal·ine ['ælkəlaɪn] alkalisch

all[1] [ɔːl] ❶ *mit Plural* alle; **they took all [that] I had** sie nahmen alles was ich hatte; **all the children** alle Kinder; **all my friends** alle meine Freunde; **all of them** sie alle; **all of five minutes** ganze fünf Minuten ❷ *mit Singular* ganze(r, s); **all the butter** die ganze Butter; **all London** ganz London; **all day/night long** den ganzen Tag/die ganze Nacht hindurch; **all of it** alles; **all of Germany** ganz Deutschland ❸ *mit Possessivpronomen* all; **all my life** mein ganzes Leben [lang]; **for all her beauty** trotz [all] ihrer Schönheit ❹ **for all that** trotz allem ❺ *mit Superlativen* **richest of all** am reichsten; **I like that best of all** das mag ich am meisten ❻ **be all ears** ganz Ohr sein ❼ *mit Adjektiven* ganz; **all alone** ganz allein; **all dirty** ganz schmutzig ❽ **all round** rundum ❾ **all the same** trotzdem; **not as stupid as all that** gar nicht so dumm ❿ **I'm all for it** ich bin ganz dafür; **our plans are all set** unsere Pläne stehen fest

all[2] [ɔːl] ❶ alles; **above all** vor allem, vor allen Dingen; **after all** trotzdem, schließlich [und endlich]; **all in all** alles in allem, im Ganzen genommen; **all but** beinahe, fast; **all at once** plötzlich; **all the same** trotzdem; **all of a sudden** auf einmal; **all over [the place]** überall; **all over the world** in der ganzen Welt; **tremble all over** am ganzen Körper zittern; **all the time** die ganze Zeit; **all told** alles zusammengenommen, alles in allem; **at all** überhaupt; **for all that** trotzdem; **from all over** von überall her; **in all** insgesamt; **not at all** keineswegs, überhaupt nicht; **not at all!** keine Ursache!; **once and for all** ein für alle Mal; **if that's all there is to it** wenn's weiter nichts ist; **that's all I needed** das hat mir gerade noch gefehlt; **it's all very well for you to talk** du kannst gut reden ❷ (*im Sport*) **two all** zwei zu zwei ③ **give one's all** alles geben; **he isn't all there** er ist nicht ganz dicht; **all's well that ends well** Ende gut, alles gut

all clear [ˌɔːlˈklɪəʳ] Entwarnung

al·le·ga·tion [ˌælɪˈgeɪʃn] Behauptung

al·lege [əˈledʒ] behaupten

al·leged·ly [əˈledʒɪdlɪ] angeblich

al·le·goric [ˌælɪˈgɒrɪk], **al·le·gorical** [ˌælɪˈgɒrɪkl] allegorisch **al·le·gory** [ˈælɪgərɪ] Allegorie

al·ler·gic [əˈlɜːdʒɪk] (*auch übertragen*) allergisch (**to** gegen) **al·lergy** [ˈælədʒɪ] Allergie

al·ley [ˈælɪ] ① Gasse ② **blind alley** Sackgasse; (*übertragen*) ausweglose Lage ③ **bowling alley** Kegelbahn ④ **that's just up his alley** das ist genau seine Sache

al·liance [əˈlaɪəns] Bündnis

al·lied [ˈælaɪd] verbündet, alliiert; **the Allied forces** die Alliierten

al·li·ga·tor [ˈælɪgeɪtəʳ] ① Alligator ② **see you later, alligator** (*umgangsspr*) bis später

all-in [ɔːlˈɪn] ① einschließlich, gesamt ② **I'm all-in** (*umgangsspr*) ich bin völlig erledigt

al·lo·cate [ˈæləkeɪt] zuteilen, zuweisen **al·lo·ca·tion** [ˌæləˈkeɪʃn] Zuteilung, Zuweisung

al·lot [əˈlɒt] zuteilen **al·lot·ment** [əˈlɒtmənt] ① Zuteilung ② (GB) Parzelle, Schrebergarten

all-out [ɔːlˈaʊt] total; **to make an all-out attempt to do something** alles daransetzen, etwas zu tun

allow [əˈlaʊ] ① erlauben, gestatten; **are you allowed to smoke at home?** darfst du zu Hause rauchen? ② **allow oneself something** sich etwas gönnen [*oder* erlauben] ③ bewilligen, anerkennen ④ **allow for something** etwas berücksichtigen [*oder* in Betracht ziehen] ⑤ **allow past** vorbeilassen; **allow through** durchlassen **allow·ance** [əˈlaʊəns] ① Zuschuss; (*staatlich*) Beihilfe, Unterstützung; **family allowance** Kindergeld; **tax allowance** Steuerfreibetrag ② (USA) Taschengeld; **her parents give her a monthly clothing allowance** ihre Eltern geben ihr monatlich Geld für Kleidung ③ (*technisch*) Toleranz ④ **make allowance[s] for something** etwas berücksichtigen

all right [ˌɔːlˈraɪt] ① in Ordnung, okay; **are you feeling all right?** fehlt Ihnen etwas?; **that's all right** schon gut, gern geschehen ② **it was all right** es war ganz gut ③ **she was angry all right** sie war vielleicht sauer ④ **is that all right with you?** ist Ihnen das recht?

ally [ˈælaɪ] ① Bundesgenosse, Verbündete(r) ② (*historisch*) **the Allies** die Alliierten

al·mighty¹ [ɔːlˈmaɪtɪ] allmächtig

al·mighty² [ɔːlˈmaɪtɪ] **the Almighty** der Allmächtige

almond [ˈɑːmənd] Mandel[baum]

al·most [ˈɔːlməʊst] fast, beinahe

alone [əˈləʊn] ① allein ② **leave it alone!** lassen Sie es bleiben!; **leave me alone!** lass mich in Ruhe! ③ **let alone …** geschweige denn …

along¹ [əˈlɒŋ] entlang; **go along here** gehen Sie in diese Richtung; **the houses along this side of the street** die Häuser auf dieser Straßenseite

along² [əˈlɒŋ] ① weiter; **move along** weitergehen ② **she'll be along in a minute** sie wird gleich hier sein ③ **bring/take someone/something along** jemanden/etwas mitbringen/mitnehmen ④ **along with** zusammen mit ⑤ **get along well** sich gut verstehen (**with** mit); (*mit Arbeit*) gut vorankommen; **how are you getting along?** wie geht es Ihnen denn? ⑥ **all along** schon immer; **all along he's been lying to us** er hat uns die ganze Zeit belogen

along·side [əˌlɒŋˈsaɪd] [da]neben

aloof [əˈluːf] ① unnahbar, zurückhaltend ② **remain aloof** sich abseits halten

aloud [əˈlaʊd] laut; **read aloud** vorlesen

al·pha·bet [ˈælfəbet] Alphabet

al·pha·beti·cal [ˌælfəˈbetɪkl] alphabetisch

al·pine [ˈælpaɪn] alpin

Alps [ælps] *plural* **the Alps** die Alpen

al·ready [ɔːlˈredɪ] schon, bereits

Al·sa·tian [ælˈseɪʃn] (GB) Schäferhund

also [ˈɔːlsəʊ] auch, ebenfalls

al·tar [ˈɔːltəʳ] Altar

al·ter [ˈɔːltəʳ] ① [ab-, um-, ver]ändern ② sich [ver]ändern **al·ter·ation** [ˌɔːltəˈreɪʃn] ① Änderung; **subject to alteration** Änderungen vorbehalten ② *an Gebäude:* Umbau

al·ter·nate¹ [ɔːlˈtɜːnət] abwechselnd; **on alternate days** jeden zweiten Tag

al·ter·nate² [ˈɔːltəːneɪt] abwechseln lassen, [sich] abwechseln (**with** mit)

al·ter·nat·ing [ˈɔːltəneɪtɪŋ] wechselnd; **alternating current** Wechselstrom

al·ter·na·tive[1] [ɔːl'tɜːnətɪv] alternativ; **alternative route** Ausweichstrecke; **alternative suggestion** Gegenvorschlag

al·ter·na·tive[2] [ɔːl'tɜːnətɪv] Alternative; **there is no alternative** es gibt keine andere Möglichkeit; **I had no alternative** es blieb mir keine andere Wahl

al·ter·na·tive·ly [ɔːl'tɜːnətɪvlɪ] oder aber

alter·nator ['ɔːltəneɪtəʳ] ① Wechselstromgenerator ② *am Auto:* Lichtmaschine

al·though [ɔːl'ðəʊ] obgleich, obwohl

al·ti·tude ['æltɪtjuːd] Höhen[lage]

alto ['æltəʊ] <*plural* altos> Alt

al·to·gether [ˌɔːltə'geðəʳ] ① gänzlich, ganz und gar, völlig ② alles in allem, insgesamt, im Ganzen; **what she said is not altogether correct** was sie gesagt hat, ist nicht ganz richtig

al·ways ['ɔːlweɪz] immer, ständig; **as always** wie immer; **the customer is always right** der Kunde ist König; **he's always been shy** er war schon immer schüchtern

am [əm, *betont* æm] **I am** ich bin; **am I to understand that …** soll das bedeuten, dass …

a.m. *Abkürzung von* **ante meridiem** vormittags; **your appointment is at 7.30 a.m.** ihr Termin ist um 7 Uhr 30

ama·teur ['æmətəʳ] ① Amateur(in) ② (*als Kritik*) Dilettant(in)

amaze [ə'meɪz] verblüffen, sehr überraschen; **be amazed at** [*oder* **by**] erstaunt sein über **amaze·ment** [ə'meɪzmənt] Erstaunen, Verblüffung

amaz·ing [ə'meɪzɪŋ] erstaunlich

Am·azon ['æməzən] ① (*Fluss*) Amazonas ② (*Kriegerin*) Amazone; (*übertragen*) Mannweib

am·bas·sa·dor [æm'bæsədəʳ] Botschafter **am·bas·sa·dress** [æm'bæsədrɪs] Botschafterin

am·ber ['æmbəʳ] ① Bernstein ② *Verkehrsampel:* Gelb

am·bi·dex·trous [ˌæmbɪ'dekstrəs] beidhändig

am·bi·guity [ˌæmbɪ'gjuːətɪ] Mehrdeutigkeit, Zweideutigkeit **am·bigu·ous** [æm'bɪgjʊəs] mehrdeutig, zweideutig

am·bi·tion [æm'bɪʃn] Ehrgeiz **am·bi·tious** [æm'bɪʃəs] ehrgeizig

am·bu·lance ['æmbjʊləns] Krankenwagen

am·bush[1] ['æmbʊʃ] Hinterhalt; **lie in ambush** im Hinterhalt liegen

am·bush[2] ['æmbʊʃ] aus dem Hinterhalt überfallen

amen·ity [ə'miːnətɪ] ① öffentliche Einrichtung; **close to all amenities** in günstiger [Einkaufs- und Verkehrs]Lage ② **with all amenities** mit allem Komfort

Ameri·ca [ə'merɪkə] Amerika

> **i Land & Leute** Am 12. Oktober 1492 entdeckte Kolumbus Amerika. Seit 1971 wird dieser Tag, der **Columbus Day**, in den USA immer am zweiten Montag im Oktober gefeiert.

Ameri·can[1] [ə'merɪkən] Amerikaner(in)

Ameri·can[2] [ə'merɪkən] amerikanisch

> **i Land & Leute** Der **American football** ist ganz anders als der europäische Fußball, der in den USA **soccer** genannt wird. Der Ball hat zwei spitze Enden und wird nicht nur getreten, sondern auch geworfen. Jede Halbzeit fängt mit einem **kickoff** an, d. h. ein Spieler tritt den Ball, und seine Mitspieler versuchen, den Ball mit den Händen zu fangen, um damit zum Tor zu rennen. Die Gegenseite stoppt den Spieler mit dem Ball durch **tackling**, wobei man ihn mit den Armen festhält und zu Boden reißt.

Ameri·can·ism [ə'merɪkənɪzəm] amerikanischer Ausdruck, Amerikanismus

amid [ə'mɪd], **amidst** [ə'mɪdst] mitten unter, inmitten

am·mu·ni·tion [ˌæmjʊ'nɪʃn] Munition

am·nesty ['æmnəstɪ] Amnestie

among [ə'mʌŋ], **amongst** [ə'mʌŋst] unter, zwischen; **among other things** unter anderem; **they agreed among themselves** sie stimmten miteinander überein; **settle that among yourselves!** machen Sie das unter sich aus!

am·or·ous ['æmərəs] amourös, verliebt

amount[1] [ə'maʊnt] ① Betrag, Summe; **large amounts of money** beträchtliche Geldsummen ② Menge; **any amount of** beliebig viel

amount[2] [ə'maʊnt] ① **amount to something** *Betrag:* sich auf etwas belaufen, etwas betragen [*oder* ausmachen] ② **amount to something** *Person, Sache:* auf etwas hinauslaufen, etwas bedeuten; **amount to nothing** belanglos sein

am·pu·tate ['æmpjʊteɪt] amputieren

amuse [ə'mjuːz] ① belustigen, amüsieren; **be amused at** [*oder* **by**] **something** sich über etwas amüsieren ② **what's the best way to keep a group of young children amused?** wie unterhält man am besten eine Gruppe kleiner Kinder?; **he can amuse himself with the newspaper for a while** er kann sich mit der Zeitung eine Weile beschäftigen; **she amused herself by counting the tiles along the wall** sie hat sich die Zeit vertrieben, indem sie die Fliesen an der Wand gezählt hat **amu·se·ment** [ə'mjuːzmənt] ① Belustigung, Vergnügen (**at** über) ② Unterhaltung, Zeitvertreib **amu·se·ment ar·cade** Spielhalle **amus·ing** [ə'mjuːzɪŋ] amüsant, lustig (**to** für)

an [ən, *betont* æn] *unbestimmter Artikel* ① *vor Vokalen* **an egg** ein Ei; **a European** ein Europäer ② *vor einem stillen ‚h'* **an hour** eine Stunde

anaemic, (USA) **anemic** [ə'niːmɪk] blutarm; **he's very anaemic** er leidet unter Eisenmangel

an·aes·thetic, (USA) **an·esthetic** [[ˌænɪs'θetɪk] Betäubungsmittel

anal·ogy [ə'nælədʒɪ] Analogie

ana·lyse ['ænəlaɪz], (USA) **ana·lyze** ① analysieren ② (*übertragen*) untersuchen; auswerten *Bericht* **analy·sis** [ə'næləsɪs, *plural* ə'næləsiːz] <*plural* analyses> ① Analyse ② Untersuchung, Auswertung ③ Psychoanalyse **ana·lyst** ['ænəlɪst] Analytiker(in)

an·arch·ist ['ænəkɪst] Anarchist(in) **an·archy** ['ænəkɪ] Anarchie

anat·omy [ə'nætəmɪ] ① Anatomie ② (*übertragen*) Aufbau

an·ces·tor ['ænsestə^r^] Vorfahr **an·ces·tral** [æn'sestrəl] **ancestral home** Stammsitz

an·chor[1] ['æŋkə^r^] Anker; **at anchor** vor Anker; **cast** [*oder* **drop**] **anchor** Anker werfen; **weigh anchor** den Anker lichten

an·chor[2] ['æŋkə^r^] ① (*auch übertragen*) **anchor something** etwas verankern ② **they anchored in a bay surrounded by green hills** sie ankerten in einer Bucht umgeben von grünen Hügeln

an·chor·man ['æŋkəmæn] <*plural* anchormen> (*im Fernsehen*) Moderator

an·chor·woman ['æŋkəwʊmən] <*plural* anchorwomen> (*im Fernsehen*) Moderatorin

ancient ['eɪnʃənt] ① alt, antik ② (*humorvoll*) uralt

and [ən, ənd, *betont* ænd] und; **better and better** immer besser; **for days and days** tagelang; **years and years** jahrelang; **nice and warm** schön warm; **and so on** und so weiter [usw.]; **try and do it!** versuch's doch mal!; **wait and see** abwarten

anemic [ə'niːmɪk] (USA) blutarm

an·esthetic (USA) Betäubungsmittel

angel ['eɪndʒl] (*auch übertragen*) Engel

anger[1] ['æŋgə^r^] Ärger, Zorn; (*stärker*) Wut (**at** über); **in** [**a moment of**] **anger** im Zorn

anger[2] ['æŋgə^r^] wütend machen, [ver]ärgern

angle[1] ['æŋgl] ① Winkel; **at an angle** schräg; **at an angle of 45°** in einem Winkel von 45°; **at right angles to** im rechten Winkel zu ② (*übertragen*) Standpunkt, Position; **consider something from all angles** etwas von allen Seiten betrachten

angle[2] ['æŋgl] ausrichten, einstellen

ang·ler ['æŋglə^r^] Angler(in)

Ang·li·can[1] ['æŋglɪkən] Anglikaner(in)

Ang·li·can[2] ['æŋglɪkən] anglikanisch

ang·ling ['æŋglɪŋ] Angeln

Anglo [ˌæŋgləʊ] Anglo-, englisch

Anglo-Saxon[1] [ˌæŋgləʊ'sæksən] Angelsachse, Angelsächsin

Anglo-Saxon[2] [ˌæŋgləʊ'sæksən] angelsächsisch

angry ['æŋgrɪ] ① ärgerlich, zornig; **be angry at something** über etwas verärgert sein, sich über etwas ärgern; **be angry with someone** auf jemanden böse sein, sich über jemanden ärgern; **what are you angry about?** worüber ärgerst du dich? ② *Wunde:* entzündet ③ (*übertragen*) *Meer:* aufgewühlt

ani·mal ['ænɪml] (*auch übertragen*) Tier

ani·ma·ted ['ænɪmeɪtɪd] ① lebhaft, rege, angeregt ② **animated cartoon** [Zeichen]Trickfilm

ani·mos·ity [ˌænɪ'mɒsətɪ] Feindseligkeit, starke Abneigung (**against** gegen, **between** zwischen)

ankle ['æŋkl] Fußknöchel; **sprain one's ankle** sich den Fuß verstauchen **ankle-deep** knöcheltief, bis zum Knöchel **ankle sock** Söckchen

anklet ['æŋklɪt] Fußkettchen

an·ni·hi·late [ə'naɪəleɪt] ① vernichten, auslöschen ② (*übertragen*) am Boden zerstören

an·ni·ver·sary [ˌænɪˈvɜːsərɪ] Jahrestag; **wedding anniversary** Hochzeitstag

an·nounce [əˈnaʊns] ① bekannt geben, ankündigen ② *im Radio:* ansagen ③ *über Lautsprecher:* durchsagen ④ *in der Zeitung:* anzeigen **an·nounce·ment** [əˈnaʊnsmənt] ① Bekanntgabe, Ankündigung ② *im Radio:* Ansage ③ *über Lautsprecher:* Durchsage ④ *in der Zeitung:* Anzeige **an·noun·cer** [əˈnaʊnsəʳ] Ansager(in)

an·noy [əˈnɔɪ] ärgern; **be annoyed** sich ärgern; **he's very annoyed with you for taking the car without asking him** er hat sich über dich aufgeregt, weil du das Auto genommen hast, ohne ihn zu fragen; **get annoyed** sich aufregen **an·noy·ance** [əˈnɔɪəns] ① Ärger ② Belästigung, Plage **an·noy·ing** [əˈnɔɪɪŋ] lästig, ärgerlich; **the annoying thing is, [that] I can't do anything about it!** das Ärgerliche daran ist, dass ich gar nichts dagegen machen kann!

an·nual[1] [ˈænjʊəl] jährlich, im Jahr; **annual general meeting** Jahreshauptversammlung

an·nual[2] [ˈænjʊəl] ① Jahrbuch ② einjährige Pflanze

an·nual·ly [ˈænjʊəlɪ] jährlich, im Jahr

ano·nym·ity [ˌænəˈnɪmətɪ] Anonymität **anony·mous** [əˈnɒnɪməs] anonym

an·or·ak [ˈænəræk] Anorak

an·other [əˈnʌðəʳ] ① noch eine(r, s), ein weiterer, eine weitere, ein weiteres; **these cakes are delicious, have another** diese Kuchen sind köstlich, nimm dir noch einen; **shall we have another drink?** sollen wir noch was trinken?; **come and see me again in another week** kommen Sie in einer Woche nochmal; **after that, she didn't say another word** danach hat sie nichts mehr gesagt ② ein anderer; **at another time** zu einer anderen Zeit ③ **one thing leads to another** eines ergibt sich aus dem anderen; **one way or another** so oder so ④ **one another** einander, sich; **they love one another** sie lieben sich

an·swer[1] [ˈɑːnsəʳ] ① Antwort; **I did phone but there was no answer** ich habe angerufen, aber es hat sich niemand gemeldet; **in answer to** als Antwort auf ② *eines Problems:* Lösung

an·swer[2] [ˈɑːnsəʳ] ① **answer someone** jemandem antworten; **answer your aunt when she asks you a question!** antworte deiner Tante, wenn sie dich was fragt! ② beantworten, antworten auf *Frage, Brief* ③ **answer the door** die Tür öffnen ④ **answer the telephone** ans Telefon gehen ⑤ entsprechen *Beschreibung, Zweck;* erfüllen *Hoffnung, Wünsch* ⑥ **answer an accusation** zu einer Beschuldigung Stellung nehmen ⑦ **answer a prayer** ein Gebet erhören

◆ **an·swer back** widersprechen, frech sein; **don't answer back!** keine Widerrede!; **answer someone back** jemandem widersprechen, jemandem eine freche Antwort geben

◆ **an·swer for** verantwortlich sein für, verantworten; **answer for someone/something** für jemanden/etwas die Verantwortung übernehmen; **he has a lot to answer for** er hat einiges auf dem Gewissen; **answer for one's crimes** sich für seine Verbrechen verantworten

◆ **an·swer to** ① **answer to someone for something** jemandem für etwas Rechenschaft schuldig sein ② **answer to the controls** auf die Steuerung ansprechen ③ **answer to the name of …** auf den Namen … hören ④ **answer to a description** einer Beschreibung entsprechen

an·swer·able [ˈɑːnsərəbl] **be answerable to someone [for something]** jemandem gegenüber [für etwas] verantwortlich sein

answer·ing ma·chine [ˈɑːnsərɪŋ məˈʃiːn], **an·swer·phone** [ˈɑːnsərˌfəʊn] Anrufbeantworter

ant [ænt] Ameise

an·tag·on·ize [ænˈtægənaɪz] **antagonize someone** jemanden zu seinem Gegner machen

Ant·arc·tic [ænˈtɑːktɪk] **the Antarctic** die Antarktis; **Antarctic Circle** Südpolarkreis; **Antarctic Ocean** Südpolarmeer, südlicher Ozean

ante·na·tal [ˌæntɪˈneɪtl] vor der Geburt; **antenatal clinic** Klinik für werdende Mütter

an·tenna [ænˈtenə, *plural* ænˈteniː] ① <*plural* antennae> *bei Insekten:* Fühler ② <*plural* antennas> (*Radio, TV*) Antenne

an·them [ˈænθəm] Hymne

ant·hill [ˈænthɪl] Ameisenhaufen

anti [ˈæntɪ, (USA) ˈæntaɪ] gegen; **she's always so anti!** sie ist immer gegen alles! **anti-** Anti-, anti- **anti-air·craft** [ˌæntɪˈeəkrɑːft] Flugabwehr-; **anti-aircraft gun** Flak **anti·biotic** [ˌæntɪbaɪˈɒtɪk] Antibiotikum

an·tici·pate [ænˈtɪsɪpeɪt] ❶ erwarten; **anticipate trouble** mit Ärger rechnen ❷ (*zeitlich*) vorwegnehmen, zuvorkommen ❸ vorhersehen, voraussehen **an·tici·pa·tion** [ænˌtɪsɪˈpeɪʃn] ❶ Erwartung; **the best thing about Christmas is the anticipation** das Beste an Weihnachten ist die Vorfreude ❷ **in anticipation of something** im Voraus [*oder* in Erwartung] einer Sache

anti·cli·max [ˌæntɪˈklaɪmæks] Enttäuschung, Antiklimax **anti-clock·wise** [ˌæntɪˈklɒkwaɪz] entgegen dem Uhrzeigersinn **anti·cyc·lone** [ˌæntɪˈsaɪkləʊn] Hoch[druckgebiet] **anti·dote** [ˈæntɪdəʊt] Gegenmittel, Gegengift (**against, for** gegen) **anti·freeze** [ˈæntɪfriːz] Frostschutzmittel **anti·per·spir·ant** [ˌæntɪˈpɜːspərənt] Deodorant

an·tique¹ [ænˈtiːk] Antiquität; **antique dealer** Antiquitätenhändler(in)

an·tique² [ænˈtiːk] antik

an·tiquity [ænˈtɪkwətɪ] ❶ Altertum ❷ **antiquities** Altertümer

anti-racist [ˌæntɪreɪsɪst] antirassistisch **anti-Sem·itic** [ˌæntɪsɪˈmɪtɪk] antisemitisch **anti·sep·tic** [ˌæntɪˈseptɪk] antiseptisch, keimtötend **anti·so·cial** [ˌæntɪˈsəʊʃl] ❶ *Mensch:* unsozial, ungesellig ❷ *Verhalten:* asozial

ant·ler [ˈæntləʳ] Geweihsprosse; [**a pair of**] **antlers** [ein] Geweih

anxiety [æŋˈzaɪətɪ] ❶ Besorgnis, Angst[gefühl] (**for, about** um); **with anxiety** angstvoll, besorgt ❷ [dringender] Wunsch, Verlangen (**for** nach) **anxious** [ˈæŋkʃəs] ❶ besorgt, beunruhigt (**about** wegen) ❷ begierig (**for** nach), gespannt (**for** auf); **he seems very anxious to leave early** ihm scheint sehr daran gelegen, früh nach Hause zu gehen ❸ **anxious situation** beängstigende Situation; **an anxious time** eine Zeit des Bangens

any [ˈenɪ] ❶ *in Frage- und Bedingungssätzen, in verneinenden Sätzen* **have you any other questions?** haben Sie sonst noch Fragen?; **do you have any money with you?** haben Sie Geld bei sich?; **if it's any help** [**at all**] wenn das irgendwie hilft; **do you have any idea how much this costs?** hast du eine Ahnung was das hier kostet?; **not any** kein[e] ❷ (*egal welche*) irgendein[e]; **take any CD you fancy** such dir irgendeine CD aus [, die dir gefällt]; **which colour would you like? — any will do** welche Farbe möchtest du? — es ist egal, ich nehme irgendeine ❸ (*beliebig*) jede(r, s) beliebige; **come at any time** du kannst jederzeit kommen; **do it any way you like** mach es wie du willst ❹ **in any case, at any rate** auf jeden Fall ❺ *mit Steigerungsformen* noch; **any more?** noch mehr?; **it hasn't got any colder** es ist nicht kälter geworden; **they couldn't wait any longer** sie konnten nicht länger warten; **she didn't feel any better after his visit** sie fühlte sich nach seinem Besuch auch nicht besser ❻ **if any** wenn überhaupt

any·body [ˈenɪbɒdɪ] ❶ irgendjemand; **is anybody ill?** ist jemand krank?; **isn't there anybody who wants to go into town?** möchte denn niemand in die Stadt?; **if anybody** wenn [überhaupt] jemand; **if anybody interrupts me again, there'll be trouble!** wenn mich nochmal jemand unterbricht, gibt es Ärger! ❷ jeder [beliebige]; **anybody can do that** jeder kann das ❸ **anybody else** [irgend]ein anderer; **does anybody else want another cup of coffee?** will noch jemand noch eine Tasse Kaffee? ❹ **not anybody** niemand; (*einzelne Person*) keine(r, s) ▸ IN WENDUNGEN: **it's anybody's guess** das weiß keiner; **anybody who's anybody** jeder, der etwas auf sich hält

any·how [ˈenɪhaʊ] ❶ jedenfalls, trotzdem; **anyhow, you can try** du kannst es trotzdem versuchen; **he did it anyhow** er tat es doch ❷ irgendwie; **he does his work anyhow** er macht seine Arbeit mehr schlecht als recht; **she threw her things just anyhow into the cupboard** sie warf ihre Sachen ohne jegliche Ordnung in den Schrank

any·one [ˈenɪwʌn] →**anybody**

any·thing [ˈenɪθɪŋ] ❶ [irgend]etwas, jedes beliebige, alles; **is there anything new?** gibt's was Neues?; **is there anything left over?** ist noch was übrig?; **there isn't anything to eat!** es ist nichts zu essen da!; **she didn't say anything** sie hat nichts gesagt; **scarcely anything** fast nichts, kaum etwas; **take anything you like** nimm dir was du möchtest; **I would do anything** [**and everything**] **to help her** ich würde alles tun, um ihr zu helfen ② **he's even more pedantic today, if anything, than he used to be** er ist heute womöglich [*oder* eher] noch pedantischer als damals ③ **I wouldn't do it for anything** ich würde es um keinen Preis tun ④ **anything but** alles andere als; **did you have a good time? — anything but** habt ihr euch gut amüsiert? — von wegen! ⑤ **is there anything else I can do for you?** gibt es noch etwas, das ich für Sie tun kann?; **here's your salami, anything else?** hier ist die Salami, sonst noch etwas? ⑥ **the price is anything between 10 and 20 dollars** der Preis liegt irgendwo zwischen 10 und 20 Dollar ⑦ **it isn't anything like him** das sieht ihm überhaupt nicht ähnlich; **it's not worth anything like that** es ist bei weitem nicht so viel wert

any·way [ˈenɪweɪ] sowieso, trotzdem; **I didn't want to go anyway** ich wollte sowieso nicht gehen; **I did it anyway** ich tat es trotzdem; **anyway, to cut a long story short, …** auf jeden Fall [*oder* jedenfalls], um es kurz zu machen, …

any·where [ˈenɪweəʳ] ① irgendwo[hin], wo … auch [immer], überall [hin]; **are you going anywhere tomorrow?** gehen Sie morgen irgendwohin?; **anywhere you go** wohin Sie auch gehen; **he'll never get anywhere** er kommt nie auf einen grünen Zweig; **that won't get you anywhere** damit erreichen Sie gar nichts; **and don't go anywhere near that dog next door!** und komm mir nicht in die Nähe des Hundes von nebenan!; **if anywhere** wenn überhaupt [irgendwo]; **not anywhere** nirgendwo[hin], nirgends ② **it isn't anywhere near as nice** es ist bei weitem nicht so schön, es ist nicht annähernd so schön; **it isn't anywhere near the truth** es kommt der Wahrheit nicht im Geringsten nah

apart [əˈpɑːt] ① auseinander; **take apart** auseinander nehmen, zerlegen; **it just fell apart in my hands!** es ist mir in den Händen einfach auseinandergefallen!; **tell apart** auseinander halten können ② (*übertragen*) **the critics just took the play apart** die Kritiker haben das Stück einfach verrissen ③ getrennt; **live apart** getrennt leben ④ **apart from** abgesehen von, außer ⑤ zur Seite, abseits (**from** von); **set apart** beiseite legen; **stand apart** beiseite, abseits stehen (**from** von); **joking apart!** Spaß beiseite!

apart·heid [əˈpɑːtheɪt] Apartheid

apart·ment [əˈpɑːtmənt] (USA) Wohnung, Apartment

apa·thetic [ˌæpəˈθetɪk] apathisch, teilnahmslos **apa·thy** [ˈæpəθɪ] Apathie, Teilnahmslosigkeit (**about** gegenüber)

ape¹ [eɪp] Affe

ape² [eɪp] nachäffen

ap·er·ture [ˈæpətʃəʳ] ① Öffnung ② *von Photoapparat:* Blende

apolo·getic [əˌpɒləˈdʒetɪk] **she was apologetic about the room** sie hat sich für das Zimmer [mehrmals] entschuldigt; **stop being so apologetic!** hör auf, dich dauernd zu entschuldigen!; **we wrote an apologetic letter about the mistake** wir haben einen Brief geschrieben, in dem wir uns für den Fehler entschuldigt haben **apolo·gize** [əˈpɒlədʒaɪz] sich entschuldigen; **you should apologize to her for your behaviour** du solltest dich bei ihr für dein Benehmen entschuldigen; **we apologize for the delay in sending the order** für die Verzögerung bei der Lieferung der Waren möchten wir uns entschuldigen **apol·ogy** [əˈpɒlədʒɪ] ① Entschuldigung; **accept someone's apology** jemandem verzeihen; **please accept our apologies** wir bitten um Entschuldigung; **make one's apologies** sich entschuldigen; **offer someone an apology** jemanden um Verzeihung bitten; **I owe you an apology** ich muss mich bei Ihnen entschuldigen ② **an apology for a …** ein armseliges Exemplar eines/einer …

apostle [əˈpɒsl] Apostel

apos·trophe [əˈpɒstrəfɪ] Apostroph

ap·pal, (USA) **appall** [əˈpɔːl] entsetzen **ap·pal·ling** [əˈpɔːlɪŋ] entsetzlich, schrecklich

ap·par·atus [ˌæpəˈreɪtəs] Apparat, Gerät

ap·par·ent [əˈpærənt] ① offenbar, offensichtlich ② scheinbar

ap·par·ent·ly [əˈpærəntlɪ] anscheinend

ap·peal¹ [əˈpiːl] ① dringende Bitte (**for** um), Aufruf, Appell ② (*übertragen*) Anziehungskraft ③ (*vor Gericht*) Einspruch, Berufung

ap·peal² [əˈpiːl] ① sich wenden, appellieren (**to** an) ② (*übertragen*) zusagen, Anklang finden (**to** bei); **I don't think this music will appeal to them** ich glaube nicht, dass diese Musik ihnen gefallen wird ③ *vor Gericht:* Berufung einlegen (**against** gegen)

ap·peal·ing [ə'piːlɪŋ] ① *Blick:* flehentlich ② (*verlockend*) reizvoll, ansprechend

ap·pear [ə'pɪəʳ] ① erscheinen, auftauchen; **appear in court** vor Gericht erscheinen ② scheinen, den Anschein haben; **everything appears to be in order** alles scheint so weit in Ordnung zu sein ③ *Zeitung:* erscheinen, veröffentlicht werden; *Buch:* herauskommen ④ (*im Theater*) auftreten

ap·pear·ance [ə'pɪərəns] ① Erscheinen, Auftauchen; *von Schauspieler:* Auftritt; **make an appearance** sich zeigen ② Aussehen, Äußere(s) ③ **appearances** *plural* Anschein, Schein; **appearances can deceive** der Schein trügt; **to** [*oder* **from**] **all appearances** allem Anschein nach; **judge by appearances** nach dem Äußeren urteilen; **keep up appearances** den äußeren Schein wahren

ap·pen·di·ces [ə'pendɪsiːz] *Pluralform von* **appendix**

ap·pen·di·ci·tis [əˌpendɪ'saɪtɪs] Blinddarmentzündung **ap·pen·dix** [ə'pendɪks] <*plural* appendices> ① Anhang, Zusatz (**to** zu) ② (*medizinisch*) Blinddarm

ap·pe·tite ['æpɪtaɪt] ① Appetit; **she's got a huge appetite** sie hat einen gesunden Appetit ② (*übertragen*) Lust (**for** auf), Verlangen (**for** nach) **ap·pe·tizer** ['æpɪtaɪzəʳ] ① (*Essen*) Appetithappen ② (*Getränk*) Aperitif

ap·plaud [ə'plɔːd] Beifall klatschen, applaudieren **applause** [ə'plɔːz] Beifall, Applaus

apple ['æpl] Apfel ▸ IN WENDUNGEN: **the apple of someone's eye** jemandes Liebling; **the Big Apple** (*umgangsspr*) New York **apple juice** Apfelsaft **apple pie** gedeckter Apfelkuchen **apple sauce** Apfelmus

ap·pli·ance [ə'plaɪəns] Gerät, Apparat

ap·pli·cable ['æplɪkəbl] zutreffend, anwendbar (**to** auf) **ap·pli·cant** ['æplɪkənt] ① (*für Arbeitsstelle*) Bewerber(in) (**for** um) ② (*für Kredit*) Antragsteller(in) **ap·pli·ca·tion** [ˌæplɪ'keɪʃn] ① Anwendung; **the application of computer technology** der Einsatz von Computertechnologie ② Antrag (**for** auf), Gesuch; **file an application** einen Antrag, eine Anmeldung einreichen (**with** bei) ③ (*für Arbeitsplatz*) Bewerbung (**for** um); **letter of application** Bewerbungsschreiben; **application form** Bewerbungsformular, Antragsformular ④ *von Salbe:* Auftragen; **for external application only** nur zur äußerlichen Anwendung ⑤ Fleiß, Eifer (**in** bei)

ap·ply [ə'plaɪ] ① (*verwenden*) **apply something** etwas anwenden (**to** auf); benutzen, verwenden *Mittel* ② auftragen *Farbe, Salbe;* auflegen *Pflaster* ③ betätigen *Bremse* ④ sich beziehen, zutreffen (**to** auf), gelten (**to** für) ⑤ sich wenden (**to** an); **for more information, apply to the owner** Näheres beim Eigentümer ⑥ **apply oneself** [**to something**] sich [bei etwas] anstrengen ⑦ sich bewerben; **I am writing to apply for the position advertized** hiermit möchte ich mich für die ausgeschriebene Stelle bewerben ⑧ **apply for permission** eine Genehmigung beantragen (**for** um)

ap·point [ə'pɔɪnt] ① *als Korrespondent, Lehrer:* einstellen ② *zu einem Amt:* ernennen ③ verabreden, vereinbaren *Zeit, Ort* **ap·point·ment** [ə'pɔɪntmənt] ① Ernennung, Bestellung ② *bei einer Firma:* Stelle, Anstellung ③ Termin, Verabredung; **doctor's/dentist's appointment** Termin beim Arzt/Zahnarzt; **consultations by appointment** Sprechstunden nach Vereinbarung **appointment book** Terminkalender

ap·preci·ate [ə'priːʃɪeɪt] ① **appreciate something** etwas schätzen, für etwas dankbar sein; **I would appreciate it, if …** es wäre mir lieb, wenn … ② gut verstehen, gut begreifen; **I quite appreciate that …** ich verstehe ganz gut, dass … ③ anerkennen ④ *Aktien:* im Wert steigen **ap·preci·ation** [əˌpriːʃɪ'eɪʃn] ① Einschätzung ② Würdigung, Verständnis (**of** für) ③ Dank, Anerkennung ④ *von Wertpapier, Eigentum:* Wertzuwachs **ap·preci·ative** [ə'priːʃɪətɪv] ① verständnisvoll (**of** für) ② dankbar

ap·pre·hen·sion [ˌæprɪ'henʃn] Besorgnis **ap·pre·hen·sive** [ˌæprɪ'hensɪv] besorgt (**for** um, **of** wegen); **she's rather apprehensive about the exams** die Prüfungen liegen ihr ziemlich im Magen

ap·pren·tice [ə'prentɪs] Auszubildende(r), Lehrling, Lehrtochter (CH)

ap·proach[1] [ə'prəʊtʃ] ① sich nähern ② sich wenden, herantreten ③ zugehen auf; **slowly the lion approached us** langsam kam der Löwe auf uns zu; **she's approaching 40** sie geht auf die 40 zu ④ **approach a problem** an ein Problem herangehen

ap·proach[2] [ə'prəʊtʃ] ① Herannahen, Annäherung; **make approaches to someone** Annäherungsversuche bei jemandem machen ② (*auch übertragen*) Zugang; **approach road** Zufahrt[sstraße] ③ (*übertragen*) Weg, Methode (**to** zu), Einstellung (**to** zu) ④ Landeanflug

ap·proach·able [ə'prəʊtʃəbl] *Person:* umgänglich

ap·pro·pri·ate[1] [ə'prəʊprɪeɪt] passend, geeignet (**to, for** für); *Bemerkung:* angebracht; **the appropriate council office** das zuständige Verwaltungsbüro

ap·pro·pri·ate[2] [ə'prəʊprɪət] sich aneignen

ap·pro·val [ə'pru:vl] Zustimmung, Billigung, Genehmigung (**of** für, zu); **on approval** zur Ansicht, auf Probe; **does it meet with your approval?** sind Sie damit einverstanden?

approve [ə'pru:v] ① billigen, genehmigen; **approve of something** etwas zustimmen, mit etwas einverstanden sein, etwas billigen ② **she approved of my cake** sie fand meinen Kuchen gut

ap·proxi·mate [ə'prɒksɪmət] annähernd, ungefähr

ap·proxi·mate·ly [ə'prɒksɪmətlɪ] ungefähr, etwa

apri·cot ['eɪprɪkɒt] Aprikose

April ['eɪprəl] April; **April fool!** April, April!

apron ['eɪprən] Schürze

ap·ti·tude ['æptɪtju:d] ① Eignung; **aptitude test** Eignungsprüfung ② Begabung (**for** für)

Aquar·ius [ə'kweərɪəs] (*Sternzeichen*) Wassermann **aqua·tic** [ə'kwætɪk] im Wasser lebend, Wasser-

Arab[1] ['ærəb] Araber(in)

Arab[2] ['ærəb] arabisch

Ara·bian [ə'reɪbɪən] arabisch; **the Arabian Nights** Tausendundeine Nacht

Ara·bic[1] ['ærəbɪk] [das] Arabisch[e], arabische Sprache

Ara·bic[2] ['ærəbɪk] arabisch

ar·able ['ærəbl] bebaubar, Acker-

ar·bit·rary ['ɑ:bɪtrərɪ] willkürlich

ar·bi·tra·tion [ˌɑ:bɪ'treɪʃn] Schlichtung; **go to arbitration** einen Schlichter einschalten

> **i Land & Leute** Am **Arbor Day** werden in den USA traditionsgemäß Bäume gepflanzt. In einigen Bundesstaaten ist dieser Tag sogar ein gesetzlicher Feiertag.

arc [ɑ:k] Bogen

ar·cade [ɑ:'keɪd] Arkade, Bogengang; **amusement arcade** Spielhalle; **shopping arcade** Einkaufspassage

arch[1] [ɑ:tʃ] ① *von Gebäude:* Bogen ② **arch of the foot** Fußrücken, Spann

arch[2] [ɑ:tʃ] ① [sich] wölben ② **the cat arched its back** die Katze machte einen Buckel

ar·chae·ol·ogist [ˌɑ:kɪ'ɒlədʒɪst] Archäologe, Archäologin **ar·chae·ol·ogy** [ˌɑ:kɪ'ɒlədʒɪ] Archäologie

arch·bishop [ˌɑ:tʃ'bɪʃəp] Erzbischof

archer ['ɑ:tʃə^r] Bogenschütze **arch·ery** ['ɑ:tʃərɪ] Bogenschießen

archi·tect ['ɑ:kɪtekt] Architekt(in), Baumeister(in) **archi·tec·ture** ['ɑ:kɪtektʃə^r] Baukunst, Architektur

ar·chives ['ɑ:kaɪvz] *plural* Archiv

arch·way ['ɑ:tʃweɪ] Bogengang, gewölbter Eingang

arc·tic ['ɑ:ktɪk] arktisch, Polar-

Arc·tic ['ɑ:ktɪk] **the Arctic** die Arktis **Arc·tic Cir·cle** Polarkreis **Arc·tic Ocean** Nordpolarmeer

are [ə^r, *betont* ɑ:^r] **we are** wir sind; **you are** du bist, ihr seid, Sie sind; **they are** sie sind; **are you OK?** ist alles in Ordnung?

area ['eərɪə] ① (*auch übertragen*) Gebiet, Bereich; **postal area** Postbezirk; **area of responsibility** Verantwortungsbereich ② [Grund-, Boden]Fläche, Flächeninhalt ③ (*beim Fußball*) [**penalty**] **area** Strafraum **area code** Vorwahl

arena [ə'ri:nə] (*auch übertragen*) Arena

aren't [ɑ:^rnt] *Kurzform von* **are not, am not: we aren't in the phonebook** wir sind [*oder* stehen] nicht im Telefonbuch; **I'm wrong, aren't I?** ich habe mich geirrt, stimmt's?; **you are coming, aren't you?** du kommst doch mit, oder?; **aren't you coming** [**too**]? kommst du nicht mit?

ar·gu·a·bly ['ɑ:gju:əblɪ] **he's arguably the best** er ist wohl der Beste

ar·gue ['ɑ:gju:] ① diskutieren, sich auseinander setzen (**against** gegen); **she argued against rebuilding the road** sie hat sich gegen den Umbau der Straße eingesetzt ② sich streiten (**about** über) ③ ausführen, darlegen *Gesichtspunkt;* **argue that** behaupten, dass

ar·gu·ment ['ɑ:gjʊmənt] ① Auseinandersetzung; **he doesn't want an argument with you** er will nicht mit Ihnen streiten; **have an argument** sich streiten ② (*Begründung*) Argument

ar·gu·men·ta·tive [ˌɑːgjʊˈmentətɪv] *Person:* streitsüchtig

arid [ˈærɪd] trocken, dürr, wasserarm

Aries [ˈeəriːz] (*Sternzeichen*) Widder

arise [əˈraɪz] <arose, arisen> ① entstehen (**from, out of** aus) ② *Schwierigkeiten:* sich zeigen, sich ergeben; *Problem:* aufkommen

arisen [əˈrɪzn] *3. Form von* **arise**

ar·is·toc·racy [ˌærɪˈstɒkrəsɪ] Aristokratie **ar·is·to·crat** [ˈærɪstəkræt] Aristokrat(in)

arith·me·tic [əˈrɪθmətɪk] Arithmetik, Rechnen

ark [ɑːk] Arche; **Noah's ark** die Arche Noah

arm[1] [ɑːm] ① Arm; **take someone's arm** sich bei jemandem am Arm festhalten; **fall into each other's arms** sich in die Arme fallen; **they slept in each other's arms** sie schliefen eng umschlungen; **hold** [*oder* **keep**] **someone at arm's length** (*übertragen*) sich jemanden vom Leibe halten; **at/beyond arm's reach** (*auch übertragen*) auf Armeslänge/außer Reichweite; **with open arms** (*auch übertragen*) mit offenen Armen; **arm in arm** Arm in Arm ② *von Kleidung:* Ärmel ③ *von Stuhl:* Armlehne ▸ IN WENDUNGEN: **a list as long as your arm** eine ellenlange Liste; **that car cost us an arm and a leg!** das Auto hat uns ein Vermögen gekostet!

arm[2] [ɑːm] sich bewaffnen; **arming our military forces will cost too much** die Aufrüstung unserer Streitkräfte wird zu viel kosten

arm·chair [ˈɑːmˌtʃeəʳ] Sessel, Lehnstuhl

armed [ɑːmd] bewaffnet; **armed forces** Streitkräfte

arm·ful [ˈɑːmfʊl] Arm voll; **with an armful of flowers** mit einem Arm voll Blumen

ar·mor (USA), **ar·mour** [ˈɑːməʳ] ① Panzer, Panzerung ② (*historisch*) Rüstung; **suit of armour** Harnisch **ar·moured** [ˈɑːməd] gepanzert; **armoured vehicle** Panzerfahrzeug

arm·pit [ˈɑːmpɪt] Achselhöhle **arm·rest** [ˈɑːmrest] Armlehne

arms [ɑːmz] *plural* ① Waffen; **take up arms** zu den Waffen greifen; **arms control** Rüstungskontrolle; **arms race** Rüstungswettlauf ② **coat of arms** Wappen ▸ IN WENDUNGEN: **be up in arms about something** über etwas empört sein

army [ˈɑːmɪ] ① Armee, Heer; **army headquarters** Armeeoberkommando; **be in the army** beim Militär sein; **join the army** zum Militär gehen ② (*übertragen*) Menge, Heer

arose [əˈrəʊz] *2. Form von* **arise**

around [əˈraʊnd] ① ringsherum, rundherum; **all around** auf allen Seiten, überall ② (*umgangsspr*) in der Nähe; **is he around?** ist er da? ③ **he's been around!** der kennt sich aus! ④ **I really must get around to sorting those files** ich muss endlich mal die Ordner aussortieren ⑤ **have a look around** sich umsehen ⑥ um … herum, ringsum; **the young couple had their arms around each other** das junge Paar hielten sich umschlungen; **she had her arm around his neck** sie hatte ihren Arm um seinen Hals gelegt ⑦ ungefähr, etwa; **it's around £5** es kostet ungefähr [*oder* um die] £5 ⑧ **we've been all around the place** wir sind überall herumgelaufen; **somewhere around here** irgendwo hier

arouse [əˈraʊz] ① [auf]wecken ② erregen, erwecken *Interesse, Verdacht*

ar·range [əˈreɪndʒ] ① [an]ordnen, aufstellen ② verabreden, arrangieren; **we've arranged to meet this evening** wir haben uns für heute Abend verabredet; **they arranged for her to be picked up at midnight** sie haben dafür gesorgt, dass sie um Mitternacht abgeholt wird; **I've arranged for him to see the doctor** ich habe veranlasst, dass er zum Arzt geht; **have you got anything arranged for the weekend?** hast du am Wochenende etwas vor?; **as arranged** wie abgesprochen; **arrange it so that** richten Sie es so ein, dass ③ (*organisieren*) **I'll arrange the music for the party** ich werde mich um die Musik für die Party kümmern ④ umsetzen, bearbeiten *Musikstück*

ar·range·ment [əˈreɪndʒmənt] ① Anordnung, Gruppierung ② **make arrangements** Vorkehrungen treffen; ③ Abmachung, Vereinbarung; **by arrangement** nach Vereinbarung; **come to an arrangement** zu einer Einigung kommen ④ *eines Musikstücks:* Bearbeitung

ar·rest[1] [əˈrest] festnehmen, verhaften

ar·rest[2] [əˈrest] Verhaftung, Festnahme;

police have made several arrests die Polizei hat einige Leute festgenommen; **be under arrest** in Haft sein

ar·ri·val [əˈraɪvl] ① Ankunft, Eintreffen; *von Waren:* Eingang; **on arrival** bei Ankunft; **arrivals and departures** Ankunft/Abfahrt, Ankunft/Abflug; **arrivals board** Ankunftsanzeige ② (*Person*) Ankömmling; (*im Hotel*) neuer Gast

ar·rive [əˈraɪv] ① ankommen (**at, in** in), eintreffen; **arrive home** nach Hause kommen ② (*übertragen*) **the committee has arrived at a decision** der Ausschuss ist zu einer Entscheidung gekommen ③ Erfolg haben; **after very positive reviews, he felt that he'd arrived** nach sehr positiver Kritik hatte er den Eindruck, sich etabliert zu haben

ar·ro·gance [ˈærəgəns] Arroganz, Hochmut **ar·ro·gant** [ˈærəgənt] arrogant, überheblich

ar·row [ˈærəʊ] Pfeil

arse [ɑːs] (*vulgär*) Arsch **arse·hole** [ˈɑːshəʊl] (*vulgär*) Arschloch

ar·son [ˈɑːsn] Brandstiftung

art [ɑːt] ① Kunst; **work of art** Kunstwerk; **arts and crafts** *plural* Kunstgewerbe ② (*übertragen*) Kunstfertigkeit, Geschicklichkeit ③ **he's an arts student** er studiert Geisteswissenschaften

ar·tery [ˈɑːtərɪ] ① (*medizinisch*) Arterie, Schlagader ② (*übertragen*) Verkehrsader

ar·thri·tic [ɑːˈθrɪtɪk] arthritisch **ar·thri·tis** [ɑːˈθraɪtɪs] Gelenkentzündung, Arthritis

ar·ticle [ˈɑːtɪkl] ① Artikel, Gegenstand; **the finished article** das Endprodukt ② Aufsatz; **newspaper article** Zeitungsartikel ③ (*in der Grammatik*) Artikel, Geschlechtswort ④ (*im Gesetz*) Artikel, Paragraf ⑤ **the genuine article** das Wahre

ar·ticu·late[1] [ɑːˈtɪkjʊlət] ① *Person:* redegewandt ② *Bericht:* klar, deutlich ③ (*biologisch*) gegliedert

ar·ticu·late[2] [ɑːˈtɪkjʊleɪt] artikulieren, deutlich aussprechen

articulated [ɑːˈtɪkjʊleɪtɪd] **articulated bus** Gelenkbus; **articulated lorry** Sattelschlepper

ar·ti·ficial [ˌɑːtɪˈfɪʃl] ① künstlich; **artificial ice** Kunsteis; **artificial insemination** künstliche Befruchtung; **artificial intelligence** künstliche Intelligenz; **artificial leather** Kunstleder; **artificial leg** Beinprothese ② *Lächeln:* gekünstelt, unecht

art·ist [ˈɑːtɪst] ① Künstler(in) ② (*übertragen*) Könner(in)

art·iste [ɑːˈtiːst] Artist(in)

ar·tis·tic [ɑːˈtɪstɪk] ① künstlerisch, geschmackvoll ② kunstverständig; **she's very artistic** sie ist künstlerisch begabt

arty [ˈɑːtɪ] (*umgangsspr*) gewollt künstlerisch

as [əz, *betont* æz] ① **as … as** [eben]so … wie; **not as** [*oder* **so**] **… as** nicht so … wie; **he's as tall as I am** er ist [genau]so groß wie ich ② **as long as they don't make a noise, they can stay** solange sie keinen Krach machen, können sie bleiben ③ **as much** [**many**] … **as** ebenso viel[e] … wie, bis zu … ④ **we haven't had an answer as yet** bis jetzt [*oder* bisher] haben wir noch keine Antwort bekommen ⑤ **as well** auch; **as well as** sowie, dazu, [und] außerdem ⑥ **as far as** bis [zu], so viel, so weit ⑦ **I thought as much** das dachte ich mir doch ⑧ da, weil; **he had to stop as his phonecard had run out** er musste aufhören, da [*oder* weil] seine Telefonkarte abgelaufen war ⑨ als, während; **he cooked as she talked** er kochte während sie redete ⑩ [in der Art] wie, genauso wie, wie, als, als [ob]; **he spoke to me as he would to a child** er sprach mit mir wie mit einem Kind ⑪ **as it were** sozusagen, gleichsam ⑫ **as if** [*oder* **though**] als ob ⑬ **as … so** wie … so ⑭ **as soon as** sobald [als], sowie ⑮ **she's late, as usual** sie hat sich verspätet, wie immer ⑯ **everything stands as it was** alles bleibt beim Alten ⑰ **we'll discuss that as and when the problem arises** das werden wir dann besprechen, wenn das Problem auftaucht ⑱ als, in der Eigenschaft als; **as for** [*oder* **to**] was … anbetrifft, hinsichtlich ⑲ **as to whether** ob ⑳ **so as to** um zu; **so as to be sure** um sicher zu sein

as·cend [əˈsend] ① aufsteigen, ansteigen; **ascend something** etwas besteigen/ersteigen; **ascend the stairs** die Treppe hochgehen; **ascend the throne** den Thron besteigen ② *Ton:* steigen ③ (*übertragen*) aufsteigen **as·cent** [əˈsent] Aufstieg

ash[1] [æʃ] ① Asche ② **ashes** Asche, sterbliche Überreste

ash[2] [æʃ] Esche[nholz]

ashamed [əˈʃeɪmd] **be ashamed** sich schämen; **he was ashamed of his flat** er schämte sich [wegen] seiner Wohnung; **she was too ashamed to ask for help** sie schämte sich zu sehr, um Hilfe zu bitten; **you ought to be ashamed of yourself** du solltest dich schämen; **I'm ashamed to say that I didn't tell them** ich muss leider gestehen, dass ich es ihnen nicht erzählt habe

ashore [ə'ʃɔːʳ] **go ashore** an Land gehen

ash·tray Aschenbecher **Ash Wednesday** Aschermittwoch

Asia ['eɪʃə] Asien

Asian[1] ['eɪʃn] asiatisch **Asian**[2] ['eɪʃn] Asiat(in)

aside [ə'saɪd] ① beiseite, zur Seite; **put** [*oder* **set**] **aside** auf die Seite legen, beiseite legen; *Waren, Geld:* zurücklegen; **stand** [*oder* **step**] **aside** zur Seite gehen ② **aside from** abgesehen von, außer; [**all**] **joking aside!** Spaß beiseite!

ask [ɑːsk] ① fragen; **does anyone want to ask a question?** will jemand etwas fragen [*oder* eine Frage stellen]?; **we asked someone the time** wir haben jemanden nach der Zeit gefragt; **ask me another!** (*umgangsspr*) frag mich was Leichteres!; **I ask you!** ich muss schon sagen! ② sich erkundigen (**about, after, for** nach), sich informieren (**about** über) ③ einladen; **shall we ask them round to supper?** sollen wir sie zum Abendessen bei uns einladen?; **has he asked you out yet?** hat er dich schon um eine Verabredung gebeten? ④ bitten; **ask your mum for more pocket money!** frag deine Mutter, ob du mehr Taschengeld haben kannst!; **ask someone's advice** jemanden um Rat fragen; **can I ask you a favour?** kann ich Sie um einen Gefallen bitten?; **she asked him not to smoke in the flat** sie bat ihn, in der Wohnung nicht zu rauchen; **ask for permission** um Erlaubnis bitten ⑤ **he certainly asks a lot of his students** er verlangt wirklich viel von seinen Studenten ⑥ **he said it was mine for the asking** er sagte, ich könnte es gerne haben ⑦ **ask for trouble** Schwierigkeiten heraufbeschwören; **he's just asking for it** er fordert Ärger geradezu heraus; **you asked for it!** (*umgangsspr*) du hast es so gewollt! ⑧ verlangen *Preis;* **how much is he asking?** wieviel will er dafür haben?; **asking price** Verkaufspreis

asleep [ə'sliːp] schlafend; **be asleep** schlafen; **fall asleep** einschlafen

as·para·gus [ə'spærəgəs] Spargel

as·pect ['æspekt] Aspekt; **apart from the financial aspect, the project looks very good** abgesehen von der finanziellen Seite sieht das Projekt sehr gut aus

ass [æs] ① Esel ② (*übertragen*) **make an ass of oneself** sich lächerlich machen ③ (USA) (*vulgär*) Arsch; ④ **this film kicks ass!** dieser Film ist saustark!

as·sas·sin·ate [ə'sæsɪneɪt] ermorden **as·sas·sin·ation** [əˌsæsɪ'neɪʃn] Ermordung, Attentat; **the assassination of Kennedy** das Attentat auf Kennedy

as·sault[1] [ə'sɔːlt] ① [Sturm]Angriff, Überfall (**upon** auf) ② (*rechtlich*) tätlicher Angriff

as·sault[2] [ə'sɔːlt] ① angreifen, überfallen ② (*rechtlich*) angreifen, sich vergehen an

as·semble [ə'sembl] ① sich versammeln ② **assemble something** etwas montieren, zusammensetzen **as·sem·bly** [ə'semblɪ] ① Versammlung ② (GB) (*in der Schule*) *meist tägliche Zusammenkunft von Schülern und Lehrern zur Morgenandacht;* **assembly hall** Aula ③ (*politisch*) gesetzgebende Körperschaft ④ (*technisch*) Montage, Zusammensetzen; **assembly line** Fließband, Montageband

as·sent[1] [ə'sent] zustimmen

as·sent[2] [ə'sent] Zustimmung

as·sert [ə'sɜːt] ① behaupten, geltend machen ② **assert oneself** sich durchsetzen **as·ser·tion** [ə'sɜːʃn] ① Behauptung ② *von Recht:* Geltendmachung

as·sert·ive [ə'sɜːtɪv] bestimmt

as·sess [ə'ses] ① **assess someone/something** jemanden/etwas bewerten; **we'll have the house assessed** wir werden das Haus schätzen lassen; **the value was assessed at $500** der Wert wurde auf $500 festgesetzt [*oder* festgestellt] ② (*übertragen*) einschätzen **as·sess·ment** [ə'sesmənt] ① Feststellung, Festsetzung ② Ab-, Einschätzung ③ Bemessung, Veranlagung

as·set ['æset] ① (*übertragen*) Vorteil, Plus; **he's a real asset to the department** er ist eine echte Bereicherung für die Abteilung ② (*finanziell*) Aktivposten; **assets** *plural* Vermögen

ass·hole ['æsˌhəʊl] (USA) (*vulgär*) Arschloch

as·sign·ment [ˌə'saɪnmənt] zugewiesene

Aufgabe, Auftrag; **homework assignment** Hausaufgabe; **on assignment** im Auftrag, im Einsatz

as·sist [əˈsɪst] ① helfen ② mitwirken; **he can assist in the preparations** er kann bei den Vorbereitungen mitwirken; **he assisted at the opening ceremony** er hat bei der Eröffnungsfeier mitgeholfen **as·sist·ance** [əˈsɪstəns] Hilfe

as·sist·ant¹ [əˈsɪstənt] Assistent(in), Mitarbeiter(in); *im Laden:* Verkäufer(in)

as·sist·ant² [əˈsɪstənt] stellvertretend

as·so·ci·ate¹ [əˈsəʊʃɪət] ① Mitarbeiter(in) ② (*in der Wirtschaft*) Partner(in), Teilhaber(in)

as·so·ci·ate² [əˈsəʊʃɪət] verbündet, beigeordnet; **associate professor** (USA) außerordentlicher Professor, außerordentliche Professorin

as·so·ci·ate³ [əˈsəʊʃɪeɪt] ① zuordnen, in Zusammenhang bringen ② **associate with someone** mit jemandem verkehren; **he never did associate with us very much** er war nie besonders mit uns befreundet; **I cannot associate myself with these remarks** diesen Bemerkungen kann ich mich nicht anschließen

as·so·ci·ation [əˌsəʊsɪˈeɪʃn] ① Verband, Verein ② Umgang, Verkehr (**with** mit); **his association with the underworld** seine Beziehungen zur Unterwelt ③ Gedankenverbindung, Assoziation ④ **association football** Fußball, Soccer

as·sorted [əˈsɔːtɪd] gemischt **as·sort·ment** [əˈsɔːtmənt] Auswahl, Sortiment

as·sume [əˈsjuːm] ① voraussetzen, annehmen; **assuming that it is true** angenommen, es stimmt; **we cannot just assume that he's guilty** wir können nicht einfach davon ausgehen, dass er schuldig ist ② **assume a name** einen Namen annehmen; **assumed name** Deckname ③ **assume office** ein Amt antreten; **assume power** die Macht ergreifen; **assume responsibility** Verantwortung übernehmen **as·sump·tion** [əˈsʌmpʃn] ① *von Amt, Verantwortung:* Annahme, Übernahme ② Annahme, Voraussetzung; **on the assumption that …** unter der Annahme [*oder* Voraussetzung], dass …

as·sur·ance [əˈʃʊərəns] ① Zusicherung; **she gave me her assurance that …** sie versicherte mir, dass … ② Selbstsicherheit ③ (*in der Wirtschaft*) Versicherung; **life assurance** Lebensversicherung **as·sure** [əˈʃʊəʳ] ① versichern; **he assured her of his loyalty to the team** er hat ihr seine Loyalität zu der Mannschaft versichert [*oder* beteuert] ② **a rise in interest rates is assured** eine Zinserhöhung ist garantiert [*oder* sicher] ③ beruhigen; **I just want to assure myself that everything's turned off before I go out** bevor ich weggehe, will ich mich nur versichern, dass alles ausgeschaltet ist ④ (*in der Wirtschaft*) **assure one's life** eine Lebensversicherung abschließen

as·ter·isk [ˈæstərɪsk] Sternchen

as·ton·ish [əˈstɒnɪʃ] in Erstaunen versetzen, überraschen; **be astonished** erstaunt, überrascht sein (**at** über) **as·ton·ish·ing** [əˈstɒnɪʃɪŋ] erstaunlich **as·ton·ish·ment** [əˈstɒnɪʃmənt] Erstaunen, Verwunderung (**at** über)

as·trol·oger [əˈstrɒlədʒəʳ] Astrologe, Astrologin **as·trol·ogy** [əˈstrɒlədʒɪ] Astrologie

as·tro·naut [ˈæstrənɔːt] Astronaut(in)

as·tron·omer [əˈstrɒnəməʳ] Astronom(in) **as·tro·nomi·cal** [ˌæstrəˈnɒmɪkl] (*auch übertragen*) astronomisch **as·tron·omy** [əˈstrɒnəmɪ] Astronomie

as·tute [əˈstjuːt] schlau, scharfsinnig

asy·lum [əˈsaɪləm] ① Asyl; **apply for asylum** Asyl beantragen; **ask for asylum** um Asyl bitten; **asylum seeker** Asylbewerber(in) ② [Irren]Anstalt

at [ət] ① (*örtlich*) in, bei, an, auf, zu; **at church** in der Kirche; **at the next corner** an der nächsten Ecke; **at the dentist's** beim Zahnarzt; **at a distance** in einiger Entfernung; **at home** zu Hause; **at the office** im Büro; **at school** in der Schule; **at the station** auf dem Bahnhof; **at work** bei der Arbeit; **he's at work** er ist im Büro ② **at sign** (*Internet*) Klammeraffe ③ **at the sight of** beim Anblick; **at the sight of her, he screamed** als er sie sah, schrie er [vor Schock] ④ (*Art und Weise*) in, zu; **be at a loss** in Verlegenheit sein; **at his request** auf seine Bitte [hin] ⑤ (*zeitlich*) um, in, zu; **at midnight** um Mitternacht; **at night** in der Nacht; **at noon** mittags; **at the age of** im Alter von; **at Christmas** zu Weihnachten ⑥ (*Zustand*) in; **at peace** im Frieden; **at rest** in Ruhe; **I feel at ease** mir ist wohl zu Mute ⑦ (*Richtung*) nach, gegen, zu, an, auf; **aim at** zielen auf; **arrive at a decision** zu einer Entscheidung kommen; **be astonished at** erstaunt sein über; **he is mad at me** er ist wütend auf mich 8 (*bei Zahlangabe*) zu; **he drove at 150kph** er ist mit 150km/h gefahren; **bidding opened at $500,000** das erste Gebot war $500,000 9 **at all** überhaupt; **not at all** gar nicht, durchaus nicht; **not at all!** gern geschehen!; **at best** bestenfalls; **at first** zuerst; **at last** endlich; **at least** mindestens, wenigstens; **at most** höchstens; [**all**] **at once** sofort, auf einmal

ate [et, USA eɪt] *2. Form von* **eat**

athe·ist ['eɪθɪɪst] Atheist(in)

ath·lete ['æθliːt] Athlet(in), Leichtathlet(in), Sportler(in) **ath·letic** [æθ'letɪk] sportlich, athletisch **ath·letics** [æθ'letɪks] *mit Singular oder Plural* [Leicht]Athletik

At·lan·tic[1] [ət'læntɪk] Atlantischer Ozean, Atlantik

At·lan·tic[2] [ət'læntɪk] atlantisch; **on the Atlantic coast** an der Atlantikküste

at·las ['ætləs] Atlas

at·mos·phere ['ætməsfɪəʳ] (*auch übertragen*) Atmosphäre **at·mos·pheric** [ˌætməs'ferɪk] 1 atmosphärisch; **atmospheric pollution** Luftverschmutzung 2 (*übertragen*) stimmungsvoll

atom ['ætəm] 1 Atom 2 (*übertragen*) winzige Kleinigkeit; **not an atom of common sense** kein Fünkchen Verstand **atom bomb** Atombombe **atomic** [ə'tɒmɪk] atomar, Atom-; **atomic weight** Atomgewicht

atro·cious [ə'trəʊʃəs] 1 grausam 2 (*umgangsspr*) abscheulich, scheußlich **atro·city** [ə'trɒsətɪ] 1 Grausamkeit 2 Gräueltat

at·tach [ə'tætʃ] 1 anheften, befestigen (**to** an); (*einem Schriftstück*) beifügen 2 beilegen, beimessen *Bedeutung;* **attach value to** Wert legen auf 3 (*übertragen*) **she's attached herself to a very odd group** sie hat sich einer sehr merkwürdigen Gruppe angeschlossen 4 **she's very attached to her cats** sie hängt sehr an ihren Katzen **at·tach·ment** [ə'tætʃmənt] 1 Befestigung, Beifügung 2 Beilage, Anlage; *einer E-mail:* Anlage 3 (*übertragen*) Zuneigung 4 (*technisch*) Zusatzgerät

at·tack[1] [ə'tæk] 1 (*auch in Chemie*) angreifen 2 anpacken, in Angriff nehmen *Aufgabe* 3 *Krankheit:* befallen

at·tack[2] [ə'tæk] 1 Angriff (**on** auf, gegen) 2 *von Krankheit:* Anfall

at·tain [ə'teɪn] erreichen

at·tempt[1] [ə'tempt] versuchen

at·tempt[2] [ə'tempt] 1 Versuch; **make another attempt** es nochmals versuchen 2 **make an attempt on someone's life** einen Anschlag [*oder* ein Attentat] auf jemanden verüben

at·tend [ə'tend] 1 anwesend, zugegen sein; **attend a funeral/a meeting** einer Beerdigung/einer Versammlung beiwohnen; **attend a lecture** eine Vorlesung hören [*oder* besuchen]; **attend school** die Schule besuchen 2 betreuen, pflegen; *Arzt:* behandeln 3 sich kümmern; **attend to something** sich mit etwas befassen, sich um etwas kümmern; **attend to a customer** einen Kunden bedienen; **attend to one's duties** seine Pflicht erfüllen; **attend to an order** einen Auftrag ausführen 4 **the Queen was attended by Prince Charles** die Königin wurde von Prinz Charles begleitet **at·tend·ance** [ə'tendəns] 1 Anwesenheit; **regular attendance at school** regelmäßiger Schulbesuch; **attendance list** [*oder* **book**] Anwesenheitsliste 2 Teilnehmerschaft (**at** bei), Beteiligung (**at** bei, an); **the attendance at the meeting was poor** die Versammlung war schwach besucht **at·tend·ant** [ə'tendənt] 1 Wärter(in), Aufseher(in) 2 Begleiter(in) 3 Anwesende(r); **she's a regular attendant at church** sie geht regelmäßig in die Kirche

at·ten·tion [ə'tenʃn] 1 Aufmerksamkeit; **call** [*oder* **draw**] **someone's attention to something** jemanden auf etwas hinweisen; **pay attention** Acht geben, aufpassen; **pay attention to someone** jemandem aufmerksam zuhören, jemandem Beachtung schenken; **pay attention to something** etwas beachten, auf etwas achten; **for the attention of** zu Händen von 2 (*militärisch*) Habachtstellung; **stand to attention** stillstehen; **attention!** stillgestanden! 3 **attention, please! here is an announcement!** Achtung! es folgt eine Durchsage!

at·tent·ive [ə'tentɪv] 1 aufmerksam (**to** auf) 2 zuvorkommend, gefällig (**to** gegenüber)

at·tic ['ætɪk] Dachboden, Speicher; **in the attic** auf dem Dachboden

at·ti·tude ['ætɪtjuːd] Haltung, Einstellung (**towards** gegenüber)

at·tor·ney [ə'tɜːnɪ] 1 Bevollmächtigte(r)

② USA Rechtsanwalt, Rechtsanwältin

at·tract [əˈtrækt] ① (*auch übertragen*) anziehen ② erregen, auf sich lenken *Aufmerksamkeit;* **without attracting attention** unauffällig ③ (*übertragen*) reizen, anlocken **at·trac·tion** [əˈtrækʃn] ① (*auch in der Physik*) Anziehung ② Reiz, Zauber ③ (*Unterhaltung*) Attraktion, Zugnummer

at·tract·ive [əˈtræktɪv] ① anziehend ② (*übertragen*) *Person:* attraktiv; *Idee:* verlockend

auc·tion[1] [ˈɔːkʃn] Auktion, [öffentliche] Versteigerung

auc·tion[2] [ˈɔːkʃn] **auction something off** etwas versteigern

aud·ible [ˈɔːdəbl] hörbar, vernehmlich

audi·ence [ˈɔːdɪəns] ① Publikum, Zuhörer[schaft]; *Fernsehen:* Zuschauer; *Radio:* Hörer; *von Büchern:* Leser[kreis] ② *beim Papst:* Audienz

aud·ition[1] [ɔːˈdɪʃn] Vorsingen, Vorspielen, Vorsprechen, Vortanzen

aud·ition[2] [ɔːˈdɪʃn] vorsingen, vorspielen, vorsprechen, vortanzen [lassen]; **they're auditioning for the new film** sie suchen Schauspieler für den neuen Film

Au·gust [ˈɔːgəst] August; **in August** im August; **on August 10th** [*oder* **on 10th August**] am 10.August

aunt [ɑːnt, USA ænt] Tante

au·ral [ˈɔːrəl] Ohr-

Aus·tralia [ɒˈstreɪlɪə] Australien

i Land & Leute In Australien ist der 26. Januar ein nationaler Feiertag. Er heißt **Australia Day**, und man gedenkt der Gründung der ersten britischen Siedlung 1788 in Sydney Cove. Für die Ureinwohner, die Aborigines, ist es dagegen der Tag der Besetzung ihres Landes durch die Briten.

Aus·tral·ian[1] [ɒˈstreɪlɪən] Australier(in)

Aus·tral·ian[2] [ɒˈstreɪlɪən] australisch

Aus·tria [ˈɒstrɪə] Österreich **Aus·trian**[1] [ˈɒstrɪən] Österreicher(in) **Aus·trian**[2] [ˈɒstrɪən] österreichisch

auth·en·tic [ɔːˈθentɪk] authentisch, echt

author [ˈɔːθəʳ] ① Autor(in), Verfasser(in), Schriftsteller(in) ② (*übertragen*) Urheber(in) **author·ess** [ˈɔːθərɪs] Schriftstellerin

auth·ori·tar·ian [ɔːˌθɒrɪˈteərɪən] autoritär; **she has a very authoritarian manner** sie hat eine sehr gebieterische Art

auth·or·ity [ɔːˈθɒrətɪ] ① Befugnis, Vollmacht; **have** [**the**] **authority to do something** befugt [*oder* ermächtigt] sein, etwas zu tun; **without authority** unbefugt, unberechtigt; **parental authority** elterliche Gewalt ② **the authorities** die Verantwortlichen, Behörden; **local authority** GB örtliche Behörde, Kommunalverwaltung; **apply to the proper authority** sich an die zuständige Stelle wenden ③ Ansehen, Autorität ④ Autorität; **she's an authority on butterflies** sie ist eine Expertin für Schmetterlinge; **he's regarded as an authority in this field** er gilt als Experte auf diesem Gebiet ⑤ Quelle; **I have it on good authority that we're having chips for supper!** (*humorvoll*) ich weiß aus zuverlässiger Quelle, dass es Pommes zum Abendessen gibt

auth·or·ize [ˈɔːθəraɪz] ① bevollmächtigen, ermächtigen; **authorize someone** jemandem die Befugnis erteilen ② genehmigen, bewilligen; **be authorized** befugt, autorisiert sein (**to** zu)

au·to·bi·ogra·phy [ˌɔːtəbaɪˈɒgrəfɪ] Autobiografie

au·to·graph [ˈɔːtəgrɑːf] Autogramm

au·to·matic[1] [ˌɔːtəˈmætɪk] ① automatisch, selbsttätig; **automatic rewind** *von Kamera, Video:* Rückspulautomatik ② (*übertragen*) mechanisch **au·to·matic**[2] [ˌɔːtəˈmætɪk] ① Maschinenwaffe ② Automatikwagen

au·to·mo·bile [ˈɔːtəməbiːl] Auto[mobil]

au·tumn [ˈɔːtəm] (*auch übertragen*) Herbst; **in autumn** im Herbst **au·tum·nal** [ɔːˈtʌmnəl] herbstlich

aux·ili·ary [ɔːgˈzɪlɪərɪ] Hilfs-, zusätzlich; **auxiliary verb** Hilfszeitwort

avail [əˈveɪl] **of** [*oder* **to**] **no avail** vergebens

avail·able [əˈveɪləbl] ① verfügbar; **she won't be available after 4pm** sie steht nach 16 Uhr nicht mehr zur Verfügung; **make something available to someone** jemandem etwas zur Verfügung stellen; **by all available means** mit allen verfügbaren Mitteln ② (*in der Wirtschaft*) lieferbar, erhältlich; **no longer available** *Buch:* vergriffen; *Ware:* nicht mehr lieferbar

ava·lanche [ˈævəlɑːnʃ] (*auch übertragen*) Lawine

avenge [əˈvendʒ] rächen

av·enue [ˈævənjuː] ① Allee ② (*übertragen*)

Weg

av·er·age[1] ['ævərɪdʒ] Durchschnitt; **on** [**an**] **average** durchschnittlich, im Durchschnitt; **be above/below** [**the**] **average** über/unter dem Durchschnitt liegen; **law of averages** Wahrscheinlichkeitsgesetz

av·er·age[2] ['ævərɪdʒ] durchschnittlich, Durchschnitts-; **of average height** mittelgroß

av·er·age[3] ['ævərɪdʒ] ① **average** [**out**] im Durchschnitt betragen; **over the year the number of visitors averages out at about 2000 a week** im Jahr beträgt die Besucherzahl im Durchschnitt ungefähr 2000 pro Woche ② im Durchschnitt ausmachen ③ **he averages about $1200 a month** er verdient um die $1200 monatlich

aver·sion [ə'vɜːʃn] Abneigung, Aversion (**to** gegen)

avert [ə'vɜːt] ① abwenden *Blick, Gedanken* (**from** von) ② verhindern *Katastrophe*

avi·ation [ˌeɪvɪ'eɪʃn] Luftfahrt

avoid [ə'vɔɪd] vermeiden; **he always manages to avoid helping with the housework** er schafft es immer wieder, bei der Hausarbeit nicht dabei zu sein; **I managed to avoid hitting the other car** es gelang mir, dem anderen Auto auszuweichen; **try to avoid mentioning the subject** versuch, das Thema zu meiden; **avoid someone** jemanden meiden, jemandem ausweichen [*oder* aus dem Wege gehen] **avoid·able** [ə'vɔɪdəbl] vermeidbar

await [ə'weɪt] erwarten, warten auf

awake[1] [ə'weɪk] <awoke, awoken *oder* (USA) auch awaked> ① aufwachen; **they awoke at 6 this morning** sie sind um 6 heute Morgen wach geworden ② (*übertragen*) **the photo had awoken old memories** das Foto hatte alte Erinnerungen erweckt

awake[2] [ə'weɪk] ① wach, munter; **be awake** wach sein; **wide awake** hellwach ② (*übertragen*) **you must be awake to the dangers of the situation** du musst dir der Gefahren der Situation bewusst sein

award[1] [ə'wɔːd] Preis, Auszeichnung

award[2] [ə'wɔːd] ① zuerkennen, zusprechen ② verleihen *Preis*

aware [ə'weəʳ] bewusst; **I'm aware of that** ich bin mir dessen bewusst; **not that I'm aware of** nicht, dass ich wüsste **aware·ness** [ə'weənɪs] Bewusstsein

away [ə'weɪ] ① weg, fort; **go away** weggehen; **take away** wegnehmen ② entfernt, abseits; **far away** weit weg ③ abwesend; **away on business** geschäftlich unterwegs ④ **far and away** bei weitem; **right** [*oder* **straight**] **away** auf der Stelle, sofort; **do away with** abschaffen, beseitigen; **give** [**something**] **away** [etwas] verschenken; **don't give away our secret!** verrate unser Geheimnis nicht!; **give oneself away** sich verraten; **work away** unablässig arbeiten **away match** Auswärtsspiel

awe-in·spir·ing ['ɔːɪnˌspaɪərɪŋ] beeindruckend **awe·some** ['ɔːsəm] Ehrfurcht gebietend; **"what did you think of it?" – "awesome!"** (*slang*) „wie war's?" – „geil!"

aw·ful ['ɔːfl] ① furchtbar ② (*umgangsspr*) scheußlich **aw·fully** ['ɔːflɪ] furchtbar

awk·ward ['ɔːkwəd] ① *Person:* unbeholfen, ungeschickt ② *Gegenstand:* unhandlich ③ *Situation:* peinlich, unangenehm ④ *Frage:* schwierig, peinlich ⑤ *Zeitpunkt:* ungünstig; **he's at that awkward age** er ist jetzt in dem schwierigen Alter

awn·ing ['ɔːnɪŋ] ① Plane ② Markise

awoke [ə'wəʊk] *2. Form von* **awake**

awoken [ə'wəʊkən] *3. Form von* **awake**

axe[1], (USA) **ax** [æks] Axt, Beil ▶ IN WENDUNGEN: **get the axe** (*umgangsspr*) *Person:* entlassen werden; *Projekt:* gestrichen werden; **have an axe to grind** persönliche Interessen verfolgen

axe[2] [æks] (*übertragen*) radikal kürzen, abbauen

axis ['æksɪs, *plural* 'æksiːz] <*plural* axes> Achse

axle ['æksl] [Rad]Achse

aye [aɪ] (*im Parlament*) Jastimme; **the ayes have it** die Mehrzahl ist dafür

B b

B, b [biː] <*plural* B's, b's> ① B, b ② (*Musiknote*) H, h ③ (*Schulnote*) gut ④ **b. 1947** geboren 1947

babble ['bæbl] ① stammeln, lallen; **stop babbling like an idiot!** hör auf, Schwachsinn zu reden!; **they've been babbling away all morning** sie haben den ganzen Vormittag gequasselt ② *Wasser:* murmeln, plätschern

babe [beɪb] ① Kind; **as innocent as a newborn babe** unschuldig wie ein neugeborenes Kind ② (*umgangsspr*) Babe; **hey, babe!** hey, Süße!

ba·boon [bə'buːn] Pavian

ba·by ['beɪbɪ] ① Baby, Säugling; [**be going to**] **have a baby** ein Kind bekommen; **stop being such a baby** hör auf, dich wie ein kleines Kind zu benehmen ② (*umgangsspr*) Schätzchen ▸ IN WENDUNGEN: **be left holding the baby** die Sache am Hals haben **baby carriage** (USA) Kinderwagen

bach·elor ['bætʃələʳ] Junggeselle

back[1] [bæk] ① (*auch übertragen*) Rücken; **back of a book** Buchrücken; **back of the hand** Handrücken; **back to back** Rücken an Rücken; **it happened when my back was turned** (*auch übertragen*) es geschah, als ich anderweitig beschäftigt war; **behind someone's back** (*übertragen*) hinter jemandes Rücken; **with one's back to the wall** (*übertragen*) in der Klemme ② **back to front** verkehrt herum ③ **at the back of** hinter ④ (*im Auto*) Rücksitz; **you can get in the back and I'll get in the front** steig du hinten ein und ich setze mich nach vorne ⑤ *einer Münze, Seite:* Rückseite; **the back of the chair** die Rückenlehne ⑥ (*beim Fußball*) Verteidiger ▸ IN WENDUNGEN: **be glad to see the back of someone** froh sein, dass jemand weg ist; **I wish they'd get off my back!** ich wünsche, sie würden mich in Ruhe lassen; **get someone's back up** jemanden auf die Palme bringen; **know something like the back of one's hand** etwas wie die eigene Westentasche kennen; **put one's back into something** sich in eine Sache hineinknien; **she lives at the back of beyond** sie lebt mitten in der Walachei

back[2] [bæk] ① rückwärtig, hinter ② *Betrag:* rückständig ③ *Ort, Straße:* abgelegen, fern

back[3] [bæk] ① rückwärts, zurück (**from** von), hinten; **back and forth** hin und her; **did you get your sweater back?** hast du deinen Pullover zurückbekommen?; **I've just had a letter back from the bank** ich habe eben ein Antwortschreiben von der Bank bekommen ② **5 years back** vor fünf Jahren ③ **answer back** frech antworten, widersprechen ④ **go back on one's word** sein Versprechen nicht halten; **stand** [*oder* **keep**] **back!** zurück[bleiben]!

back[4] [bæk] ① [unter]stützen ② **back someone up** jemandem den Rücken decken, beistehen ③ zurückfahren *Auto;* **you'll have to back** [**the car**] **into that space** du wirst in die Parklücke zurücksetzen müssen ④ **back a horse/a winner** (*auch übertragen*) auf ein Pferd/einen Gewinner setzen

◆ **back away** zurückweichen

◆ **back down** klein beigeben

◆ **back on to** hinten angrenzen an

◆ **back out of** ① rückwärts herausfahren aus *Einfahrt* ② (*übertragen*) aussteigen aus

◆ **back up** ① zurückfahren *Auto* ② unterstützen, beistehen *Person;* bestätigen *Geschichte;* untermauern *Theorie* ③ sichern *Daten*

back·bencher [ˌbæk'bentʃə] (GB) Abgeordnete(r) (*ohne Position in der Regierung*)

back·bone ['bækbəʊn] (*auch übertragen*) Rückgrat **backcomb** toupieren *Haar* **back door** [ˌbæk'dɔːʳ] (*auch übertragen*) Hintertür

backer ['bækə] ① *von Projekt:* Geldgeber ② *von Pferd:* Wetter

back·fire [ˌbæk'faɪəʳ] ① *Auto:* fehlzünden ② (*übertragen*) *Plan:* schief gehen, (*Sache*) ins Auge gehen

back·ground ['bækgraʊnd] ① Hintergrund; (*auch übertragen*) Umwelt, Milieu ② (*übertragen*) berufliche Erfahrung, Aus-, Vorbildung ③ *eines Falls:* Zusammenhänge

back·hand ['bækhænd] (*beim Tennis*) Rückhand **back·handed** ['bækhændɪd] **backhanded compliment** zweischneidiges Kompliment **back·hander** ['bækhændəʳ] ① Schmiergeld ② (*im Sport*) Rückhandschlag

back·ing ['bækɪŋ] ① Unterstützung ② (*in der Musik*) Begleitung ③ (*Material*) Rücken[verstärkung]

back·lash ['bæklæʃ] Gegenreaktion **back·log** ['bæklɒg] Rückstände **back·pack**[1] ['bækpæk] Rucksack **back·pack**[2] ['bækpæk] mit dem Rucksack [ver]reisen **back·packer** Rucksacktourist(in) **back pay** Nachzahlung; **I've got three months' back pay due!** mir stehen noch drei

Monatsgehälter zu! **back seat** [bæk'siːt] Rücksitz; **take a back seat** (*übertragen*) sich zurückhalten; **back seat driver** besserwisserische(r) Beifahrer(in) **back·side** ['bæksaɪd] (*umgangsspr*) Hintern **back·stage** [bæk'steɪdʒ] hinter der Bühne **back street** ['bæk striːt] Seitenstraße **back·stroke** ['bækstrəʊk] Rückenschwimmen **back-up** ['bækʌp] (1) Unterstützung (2) (*Computer*) Sicherung

back·ward ['bækwəd] (1) rückwärtig, rückwärts gerichtet (2) *Kind:* zurückgeblieben (3) *Land:* rückständig **back·wards** ['bækwədz] rückwärts, zurück; **backwards and forwards** hin und her; **know something backwards** etwas in- und auswendig kennen **back·yard** [ˌbæk'jɑːd] Hinterhof

ba·con ['beɪkən] [durchwachsener] Speck

bac·teria [bæk'tɪərɪə] *plural* Bakterien

bad [bæd] <worse, worst> (1) schlecht; **in a bad mood** schlecht gelaunt; **a bad business** eine üble Sache (2) *Geruch:* übel (3) *Hund, Kind:* böse, schlimm (4) *Sturz:* böse (5) *Verletzung:* schlimm (6) *Erkältung, Fehler, Unfall:* schwer (7) *Lebensmittel:* verdorben; *Ei:* faul; **go bad** schlecht werden, verderben (8) (*slang*) toll, geil (9) **from bad to worse** immer schlimmer; **not** [**half**] **bad** (*umgangsspr*) [gar] nicht [so] übel; **he feels very bad about it** es tut ihm sehr Leid; **that is too bad!** das ist zu dumm!; **bad luck** Pech

badge [bædʒ] Abzeichen, Button

badg·er[1] ['bædʒəʳ] Dachs

badg·er[2] ['bædʒəʳ] plagen

bad·ly ['bædlɪ] <worse, worst> (1) schlecht, schlimm (2) arg, dringend; **want badly** dringend brauchen [*oder* benötigen] (3) **come off badly** schlecht wegkommen; **be badly off** finanziell schlecht dran sein (4) **badly beaten** vernichtend geschlagen

bad·min·ton ['bædmɪntən] Federball, Badminton

baf·fle ['bæfl] verblüffen, verwirren; **I am completely baffled** ich stehe vor einem Rätsel

bag [bæg] (1) Tasche, Handtasche (2) (*aus Papier, Plastik*) Tüte (3) (*zum Zuziehen*) Beutel (4) **a bag of cement** ein Sack Zement (5) **bags** *plural* Gepäck (6) **bags of** (*umgangsspr*) jede Menge ▸ IN WENDUNGEN: **let the cat out of the bag** die Katze aus dem Sack lassen; **old bag** (*umgangsspr*) alte Schachtel

bag·gage ['bægɪdʒ] [Reise]Gepäck **baggage car** Gepäckwagen **baggage check** Gepäckkontrolle **baggage check-in counter** Abfertigungs-, Abflugschalter **baggage (re)claim** Gepäckausgabe **baggage room** Gepäckaufbewahrung **baggage trolley**, (USA) **baggage cart** Kofferkuli

bag·gy ['bægɪ] (1) ausgebeult (2) (*modisch*) baggy, schlabberig

bag·pipes ['bægpaɪps] *plural* Dudelsack

bail[1] [beɪl] Bürgschaft, Kaution; **out on bail** durch Kaution auf freiem Fuß

bail[2] [beɪl] (1) **bail someone out** jemanden gegen Bürgschaft freibekommen; (*übertragen*) jemanden retten (2) schöpfen *Wasser*

bait[1] [beɪt] (1) mit einem Köder versehen (2) quälen *Menschen, Tier*

bait[2] [beɪt] (*auch übertragen*) Köder; **rise to** [*oder* **take**] **the bait** (*übertragen*) anbeißen

bake [beɪk] (1) backen *Kuchen;* **baked apple** Bratapfel; **baked beans** gebackene Bohnen in Tomatensoße; **baked potato** Ofenkartoffel, **Baked Potato** (2) (*durch Hitze*) härten, dörren; brennen *Ziegel* (3) (*übertragen*) braten; **I'm baking!** ich komme fast um vor Hitze! **baker** ['beɪkəʳ] Bäcker(in) **bak·ery** ['beɪkərɪ] Bäckerei **bak·ing**[1] ['beɪkɪŋ] Backen, Brennen **bak·ing**[2] ['beɪkɪŋ] glühend heiß

bal·ance[1] ['bæləns] (1) Waage (2) Gleichgewicht; **catch someone off balance** (*auch übertragen*) jemanden aus dem Gleichgewicht werfen; **be** [**thrown**] **off balance** (*auch übertragen*) das Gleichgewicht verloren haben (3) [innere] Ausgeglichenheit, Gleichmut (4) *von Wirtschaftsbüchern:* Bilanz; *vom Konto:* Kontostand ▸ IN WENDUNGEN: **in the balance** in der Schwebe; **on balance** alles in allem; **strike a balance between …** den Mittelweg finden zwischen …

bal·ance[2] ['bæləns] (1) balancieren (**on** auf) (2) das Gleichgewicht halten (3) ausgleichen; **balance the books** die Bücher bilanzieren (4) (*übertragen*) **balance something** etwas abwägen (**against, by, with** gegen)

bal·anced ['bælənst] *Person:* ausgeglichen

bal·cony ['bælkənɪ] Balkon

bald [bɔːld] (1) *Kopf:* kahl; **he's bald** er hat eine Glatze; **you're going bald on top!** du bekommst eine Glatze! (2) *Reifen:* abgefahren

bale [beɪl] *Heu:* Ballen

ball[1] [bɔːl] ① Ball; **keep one's eye on the ball** den Ball im Auge behalten; (*übertragen*) etwas im Auge behalten ② (*beim Billard*) Kugel ③ (*aus Kordel, Wolle*) Knäuel ④ **the ball of one's foot/hand** der Hand-/Fußballen ⑤ **balls** *plural* (*slang*) Eier ⑥ **balls!** (*slang*) Quatsch!, Scheiße! ▸ IN WENDUNGEN: **on the ball** auf Draht; **keep the ball rolling** das Gespräch in Gang halten; **set the ball rolling** den Stein ins Rollen bringen; **play ball** mitmachen; **the ball is in his court** jetzt ist er am Zug

ball[2] [bɔːl] [Tanz]Ball

bal·let ['bæleɪ] Ballett

bal·lis·tic [bə'lɪstɪk] ballistisch ▸ IN WENDUNGEN: **go ballistic** (*umgangsspr*) an die Decke gehen, in die Luft gehen

bal·loon [bə'luːn] ① Ballon ② Sprechblase

bal·lot[1] ['bælət] Abstimmung; **secret ballot** geheime Wahl; **ballot box** Wahlurne; **ballot paper** Wahlzettel, Stimmzettel

bal·lot[2] ['bælət] [geheim] abstimmen (**for** über); **the union balloted its members** die Gewerkschaft hat ihre Mitglieder abstimmen lassen

ball·point-pen [ˌbɔːlpɔɪnt'pen] Kugelschreiber

ball·room ['bɔːlrʊm] Ballsaal, Tanzsaal; **ballroom dancing** Gesellschaftstanz

bam·boo [bæm'buː] Bambus[rohr]

ban[1] [bæn] ① verbieten ② sperren *Spieler*

ban[2] [bæn] Verbot; **put a ban on something** etwas mit einem Verbot belegen; **lift a ban** ein Verbot aufheben

ba·nana [bə'nɑːnə] Banane

band[1] [bænd] ① Band ② *von Farbe:* Streifen ③ Band, [Musik]Kapelle ④ *von Räubern:* Bande

band[2] [bænd] zusammenbinden; **band together** sich zusammenschließen

ban·dage[1] ['bændɪdʒ] Bandage, Binde, Verband

ban·dage[2] ['bændɪdʒ] verbinden, bandagieren

band·stand ['bændstænd] Musikpavillon

band·wagon ['bændwægən] ▸ IN WENDUNGEN: **climb** [*oder* **jump**] **on the bandwagon** sich dranhängen, auf den fahrenden Zug aufspringen

bang[1] [bæŋ] ① [heftiger] Schlag ② [lauter] Knall ③ (*übertragen*) **go off with a bang** ein Bombenerfolg sein

bang[2] [bæŋ] ① knallen (**against** gegen); **I banged my knee on the step** ich bin mit dem Knie gegen die Treppe geknallt; **he banged his fist on the table** er schlug mit der Faust auf den Tisch; **she banged the phone down** sie knallte das Telefon hin ② **bang the door** die Tür zuschlagen, zuknallen; **the door banged behind him** die Tür knallte laut hinter ihm zu

bang[3] [bæŋ] heftig, mit lautem Knall; **go bang** knallen

bang[4] [bæŋ] peng!

bangle ['bæŋgl] Armreif, Armring

bangs [bæŋz] *plural* (*Frisur*) Pony

ban·is·ter ['bænɪstəʳ] Treppengeländer

bank[1] [bæŋk] ① *eines Flusses, Sees:* Ufer ② (*Abhang*) Böschung ③ *von Sand, Wolken:* Bank

bank[2] [bæŋk] ① Bank ② **blood bank** Blutbank

bank[3] [bæŋk] **bank money** Geld auf die Bank bringen, einzahlen; **where do you bank?** wo haben Sie Ihr Bankkonto?; **I bank with Lloyds** ich habe ein Konto bei Lloyds

bank[4] [bæŋk] *Flugzeug:* in die Kurve gehen

◆ **bank on**, **bank upon** sich verlassen auf, zählen auf

◆ **bank up** ① aufhäufen ② *Schnee:* sich anhäufen ③ *Wolken:* sich auftürmen

bank ac·count ['bæŋkəkaʊnt] Bankkonto **bank balance** Kontostand **bank card** Scheckkarte **bank code number** Bankleitzahl **bank holiday** (GB) [gesetzlicher] Feiertag; (USA) Bankfeiertag **bank·ing** ['bæŋkɪŋ] ① Bankwesen ② *von Flugzeug:* Schräglage ③ *einer Rennbahn:* Überhöhung **bank manager** Bankdirektor(in) **bank robbery** Banküberfall

bank·rupt ['bæŋkrʌpt] bankrott, zahlungsunfähig; **go** [*oder* **become**] **bankrupt** Bankrott gehen, in Konkurs gehen

bank statement [bæŋksteɪtmənt] Kontoauszug

ban·ner ['bænəʳ] ① Banner, Fahne ② Spruchband, Transparent

bap·tism ['bæptɪzəm] (*auch übertragen*) Taufe; **baptism of fire** Feuertaufe **Bap·tist** ['bæptɪst] Baptist(in) **bap·tize** [bæp'taɪz] taufen

bar[1] [bɑːʳ] ① Stange ② *von Schokolade:* Tafel

③ *von Gold:* Barren ④ **a bar of soap** ein Stück Seife ⑤ **behind bars** (*im Gefängnis*) hinter Gittern ⑥ (*übertragen*) Hindernis (**to** für), Schranke ⑦ (*in der Musik*) Taktstrich ⑧ (*gerichtlich*) **be called to the Bar** als Anwalt/Anwältin [vor Gericht] zugelassen werden ⑨ (*Kneipe*) Bar ⑩ (*Tresen*) Theke

bar[2] [bɑːʳ] ① verriegeln, zusperren *Tür, Fenster* ② [ver]sperren *Weg* ③ **bar someone from doing something** jemandem verbieten [*oder* untersagen], etwas zu tun; jemanden daran hindern, etwas zu tun; **he's been barred from the club** er hat Klubverbot

bar[3] [bɑːʳ] abgesehen von, außer; **bar none** ohne Ausnahme; **bar one** außer einem

bar·be·cue[1] ['bɑːbɪkjuː] ① Grill ② Grillfleisch ③ Grillparty

bar·be·cue[2] ['bɑːbɪkjuː] auf dem Rost braten, grillen

> **i Land & Leute** Feste, vor allem solche von Kirchen, Schulen und Vereinen, werden in den USA oft nach dem angebotenen Essen benannt. Ein **barbecue**, manchmal auch **cook-out** genannt, ist ein Grillfest. Bei einem **clam bake** werden — meistens am Strand — Steine durch ein Feuer erhitzt und mit Seetang bedeckt; anschließend werden darauf Muscheln gegart und gegessen. Bei einem **corn roast** brät man Zuckermaiskolben im Feuer und isst sie heiß mit Butter und Salz. Die freiwillige Feuerwehr gibt oft ein **pancake breakfast**, bei dem jeder für $2–3 so viele amerikanische Pfannkuchen mit Butter und Ahornsirup essen kann, wie er möchte.

barbed [bɑːbd] **barbed wire** Stacheldraht

bar·ber ['bɑːbəʳ] [Herren]Friseur

bar chart ['bɑː tʃɑːt] Balkendiagramm

bare[1] [beəʳ] ① nackt, bloß; **with one's bare hands** mit den bloßen Händen ② *Baum, Wand:* kahl ③ *Raum:* unmöbliert, leer ④ *Boden:* nackt ⑤ (*übertragen*) unverhüllt, offen; **the bare facts** die nackten Tatsachen

bare[2] [beəʳ] entblößen; **the dog bared its teeth** der Hund bleckte [*oder* fletschte] die Zähne

bare·foot [ˌbeə'fʊt], **bare·footed** [ˌbeə'fʊtɪd] barfuß **bare·ly** ['beəlɪ] kaum

bar·gain[1] ['bɑːgɪn] ① günstiges Angebot, Gelegenheitskauf; **it's a bargain at that price!** zu dem Preis ist das geschenkt!; **it's a bargain** es ist sehr günstig; **drive a hard bargain** (*auch übertragen*) hart handeln ② (*Abmachung*) **it's a bargain!** abgemacht! ③ (*übertragen*) **into the bargain** obendrein, noch dazu

bar·gain[2] ['bɑːgɪn] ① handeln (**for** um) ② (*übertragen*) **he got more than he bargained for** da hat er sich ganz schön was eingebrockt ③ **bargain on someone/something** auf jemanden/etwas zählen

barge[1] [bɑːdʒ] Lastkahn, Schleppkahn

barge[2] [bɑːdʒ] (*umgangsspr*) **barge in** dazwischenplatzen, sich einmischen; **barge into** hineinrennen in, hineinplatzen in

bark[1] [bɑːk] *eines Baums:* Rinde, Borke

bark[2] [bɑːk] Bellen ▶ IN WENDUNGEN: **his bark is worse than his bite** Hunde, die bellen, beißen nicht

bark[3] [bɑːk] ① *Hund:* bellen ② *Mensch:* anfahren; **bark at someone** jemanden anbellen ▶ IN WENDUNGEN: **you're barking up the wrong tree** du bist auf dem Holzweg

bar·ley ['bɑːlɪ] Gerste

bar·maid ['bɑːmeɪd] Bardame, Bedienung

bar·man ['bɑːmən] <*plural* barmen> Barmann, Barkeeper

barn [bɑːn] Scheune, Scheuer; (USA) Stall

bar·racks ['bærəks] Kaserne

bar·rel ['bærəl] ① Fass ② [Kanonen]Rohr, [Gewehr]Lauf ③ (*Maßeinheit für Öl*) Barrel ④ (*übertragen*) **he's a barrel of laughs** er ist ein richtiger Spaßvogel; **her job is not exactly a barrel of laughs** ihr Job macht ihr nicht gerade viel Spaß; **have someone over a barrel** jemanden in der Zange haben

bar·ren ['bærən] unfruchtbar

bar·ri·cade[1] [ˌbærɪ'keɪd] Barrikade

bar·ri·cade[2] [ˌbærɪ'keɪd] verbarrikadieren

bar·rier ['bærɪəʳ] ① Schranke, Sperre, Barriere ② (*übertragen*) Barriere, Hindernis (**to** für)

bar·ring ['bɑːrɪŋ] außer, ausgenommen; **barring accidents** falls nichts passiert

bar·ris·ter ['bærɪstəʳ] Barrister, Rechtsanwalt, -anwältin (*vor einem höheren Gericht zugelassen*)

base[1] [beɪs] ① (*auch in der Mathematik*) Basis, Grundlinie, Grundfläche, Grundzahl ② *von Lampe, Mikroskop, Mauer:* Fuß ③ *von*

Schrank, Statue: Sockel ④ Grund[lage], Basis, Ausgangspunkt ⑤ (*beim Militär*) Basis, Stützpunkt ⑥ (*beim Sport*) Mal, Standlinie ⑦ (*in der Chemie*) Base

base² [beɪs] **base metal** unedles Metall

base³ [beɪs] ① basieren, gründen (**on** auf); **be based on** sich stützen auf ② **the company is based in Frankfurt** die Firma hat ihren Hauptsitz in Frankfurt

base·ball ['beɪsbɔːl] Baseball

> **i Land & Leute** Für die Amerikaner ist **baseball** *der* Nationalsport. In meist riesigen Stadien treten zwei Mannschaften gegeneinander an, wobei immer eine Mannschaft **up** ist. Der **pitcher** (Werfer) der einen Mannschaft wirft den Ball, während der Spieler der anderen Mannschaft versucht, den Ball mit seinem Schläger zu treffen und ihn so weit wie möglich wegzuschlagen. Er versucht dann **runs** (Punkte) zu machen indem er nach Möglichkeit die vier **bases** (Platten) an den Ecken eines Quadrats erreicht, bevor die Gegenseite den Ball unter Kontrolle bekommt.

base·ment ['beɪsmənt] Kellergeschoss; (*im Kaufhaus*) Untergeschoss

ba·ses ['beɪsiːz] *Pluralform von* **basis**

bash¹ [bæʃ] (*umgangsspr*) heftig schlagen

bash² [bæʃ] ① heftiger Schlag ② **have a bash!** (*umgangsspr*) probier mal!

ba·sic ['beɪsɪk] ① Grund-, grundlegend ② grundsätzlich [wichtig], fundamental ③ *Kenntnisse, Einrichtungen:* elementar

ba·si·cally ['beɪsɪklɪ] im Grunde

basic salary Grundlohn **basic vocabulary** Grundwortschatz

ba·sin ['beɪsn] ① Schale ② Waschbecken, Schüssel

ba·sis ['beɪsɪs] <*plural* bases> ① Basis, Grundlage; **on a regular basis** regelmäßig; **we work on the basis of 'the customer is always right'** wir arbeiten nach dem Prinzip ‚der Kunde ist König' ② Grundbestandteil

bas·ket ['bɑːskɪt] Korb **basket·ball** Basketball

bass [beɪs] Bass

bas·soon [bə'suːn] Fagott

bas·tard ['bɑːstəd] ① uneheliches Kind, Bastard ② (*slang*) Schweinehund, Scheißkerl; **poor bastard** armes Schwein

bat¹ [bæt] Fledermaus ▶ IN WENDUNGEN: **blind as a bat** stockblind; **old bat** (*umgangsspr*) alte Hexe; **like a bat out of hell** wie eine Furie

bat² [bæt] Schlagholz, Schläger ▶ IN WENDUNGEN: **off one's own bat** auf eigene Faust

bat³ [bæt] <batted, batted> [mit dem Schlagholz] schlagen

bat⁴ [bæt] **don't bat your eyelashes at him like that!** hör auf, ihm schöne Augen zu machen!; **without batting an eyelid** ohne mit der Wimper zu zucken

batch [bætʃ] Stoß, Stapel

bated ['beɪtɪd] **with bated breath** mit angehaltenem Atem, voller Spannung

bath¹ [bɑːθ, (USA) bæθ] ① (*auch in Chemie*) Bad; **have** [*oder* **take**] **a bath** ein Bad nehmen ② Badewanne ③ (USA) **where can I find the bath?** wo finde ich das Badezimmer? ④ **baths** *plural* [Stadt]Bad, Badeanstalt, Hallenbad

bath² [bɑːθ] [sich] baden

bathe [beɪð] baden **bath·ing** ['beɪðɪŋ] Baden **bathing cap** Badekappe, Bademütze **bathing costume** Badeanzug **bathing trunks** *plural* Badehose

bath·robe ['bɑːθrəʊb] Bademantel

bath·room ['bɑːθruːm] ① Badezimmer ② (USA) **where's the bathroom?** wo ist die Toilette? **bath towel** Badetuch **bath·tub** ['bɑːθtʌb] Badewanne

baton ['bætən] ① (*Sport*) [Staffel]Stab ② (*Musik*) Taktstock ③ *der Polizei:* Schlagstock

bats·man ['bætsmən] <*plural* batsmen> Schlagmann

bat·ter¹ ['bætəʳ] ① verprügeln, zusammenschlagen; **he was battered to death** er wurde zu Tode geprügelt ② **batter down** niederschlagen; **batter in** einschlagen ③ trommeln; **batter at the door** gegen die Tür hämmern

bat·ter² ['bætəʳ] ① (*beim Kricket*) Schlagmann ② Teig (*zum Frittieren*); Pfannkuchenteig

bat·tered ['bætəd] *Auto, Hut:* verbeult

bat·tery ['bætərɪ] Batterie **battery charger** Ladegerät **battery hen** Batteriehuhn **battery-powered** batteriebetrieben

battle¹ ['bætl] ① Schlacht (**against** gegen, **of** bei), Gefecht (**for** um) ② (*übertragen*)

Kampf (**for** um); **the battle against cancer** der Kampf gegen Krebs; **I'm going to do battle with my physics homework** ich muss mich jetzt mit den Physikhausaufgaben rumschlagen; **that is half the battle** damit ist schon viel gewonnen

battle² ['bætl] kämpfen (**against** gegen, **for** um, **with** mit)

battle·field ['bætlfi:ld], **battle·ground** ['bætlgraʊnd] Schlachtfeld **battle·ship** ['bætlʃɪp] Schlachtschiff

bay¹ [beɪ] Bucht; **Bay of Bengal** Golf von Bengalen; **Hudson Bay** Hudsonbai

bay² [beɪ] **hold** [*oder* **keep**] **someone/something at bay** jemanden/etwas in Schach halten

bay³ [beɪ] bellen; **bay at someone/something** jemanden/etwas anbellen

bayonet [beɪənɪt] Bajonett

bay window Erkerfenster

bazaar [bəzɑ:] Basar

BC [ˌbi:'si:] *Abkürzung von* **before Christ** v. Chr.

be [bi:] <was *oder* were, been> ❶ sein; **I'm her sister** ich bin ihre Schwester; **she's a teacher** sie ist Lehrerin; **that's me** so bin ich ❷ (*Zustand*) sein, sich fühlen; **how are you?** wie geht es dir/Ihnen?; **I'm OK** mir geht es gut; **I'm hot** mir ist warm ❸ herrschen; **there was a terrible atmosphere** es herrschte eine schreckliche Stimmung ❹ (*beruflich*) werden; **what do you want to be?** was willst du mal werden?; **I want to be a lawyer** ich möchte Anwalt werden ❺ sein, sich befinden; **where's the toilet?** wo ist die Toilette?; **there's a good restaurant nearby** es gibt ein gutes Restaurant in der Nähe ❻ geschehen, sich ereignen; **when's the party?** wann findet die Party statt?; **when is our exam?** wann ist unsere Prüfung? ❼ gehören; **who's bag is this?** wem gehört diese Tasche?; **it's mine** es gehört mir ❽ betragen, kosten; **how much is that?** wie viel macht das? ❾ (*dürfen, sollen*) **tell them they are to register first** sag ihnen, sie müssen [*oder* sollen] sich zuerst anmelden; **you are not to go out without telling us!** du darfst nicht rausgehen, ohne es uns vorher zu sagen! ❿ *zur Bildung der Verlaufsform: + -ing* **what are you doing?** was machst du da?; **I'm doing my homework** ich mache meine Hausaufgaben ⓫ *zur Bildung des Passivs* werden; **he was made redundant** er wurde arbeitslos; **the house was built in 1872** das Haus wurde 1872 erbaut ⓬ **his wife-to-be** seine Zukünftige ⓭ **here you are!** bitte schön! ⓮ **how is it that ...?** wie kommt es, dass ...? ⓯ **be that as it may!** wie dem auch sei! ⓰ **let it be!** lass es sein!

beach [bi:tʃ] Strand

> **i Land & Leute** Da Australien eine Insel ist, wird es von **beaches** (Stränden) umgeben. An vielen Stränden gibt es rote und gelbe Fahnen – als Zeichen dafür, dass sie von Rettungsschwimmern überwacht werden. Manche Strände haben auch Netze, um die Schwimmer vor Haien oder **stingers** (Quallen) zu schützen. Stingers sind besonders giftige Quallen. Wird man von ihren Brennfäden berührt, muss die Wunde mit Essig ausgewaschen und wie ein Schlangenbiss versorgt werden. An den nordaustralischen Stränden und den Ufern von Flüssen weisen Warnschilder auf eine weitere Gefahr hin: Krokodile!

bead [bi:d] ❶ Perle ❷ Tropfen

beak [bi:k] Schnabel

beaker ['bi:kəʳ] Becher

beam¹ [bi:m] ❶ Balken ❷ **beam of light** [Licht]Strahl; **your headlights were on full beam** Ihre Scheinwerfer waren aufgeblendet ▸ IN WENDUNGEN: **be way off beam** völlig auf dem Holzweg sein

beam² [bi:m] **beam with joy** [übers ganze Gesicht] vor Freude strahlen

bean [bi:n] Bohne ▸ IN WENDUNGEN: **spill the beans** nicht dichthalten; **full of beans** voller Übermut

bear¹ [beəʳ] Bär

bear² [beəʳ] <bore, borne> ❶ tragen *Last, Namen, Waffe, Zeichen* ❷ (*veraltet*) **she bore him two daughters** sie schenkte ihm zwei Töchter ❸ tragen, [hervor]bringen *Frucht* ❹ [ein]bringen, eintragen *Zinsen, Geld* ❺ (*übertragen*) [v]ertragen, aushalten; **I can't bear it!** das halte ich nicht aus!; **I can't bear her!** ich kann sie nicht ausstehen [*oder* leiden] ❻ **it doesn't bear thinking about** der Gedanke allein ist zu schrecklich ❼ **bear to the right** sich rechts halten ❽ **bear someone a grudge** jemandem

grollen, jemandem böse sein (9) **bear someone/something in mind** jemanden/etwas berücksichtigen
◆ **bear down** sich stürzen, losgehen (**on** auf)
◆ **bear up** sich tapfer zeigen, standhaft bleiben; **he's bearing up well after his accident** ihm geht's ganz gut nach seinem Unfall
◆ **bear with** Geduld haben mit

bear·able ['beərəbl] erträglich

beard [bɪəd] Bart

bear·ing ['beərɪŋ] (1) **lose one's bearings** (*auch übertragen*) die Orientierung verlieren; **take one's bearings** sich orientieren (2) **have a bearing upon** [*oder* **on**] von Bedeutung sein für, Einfluss haben auf (3) (*technisch*) [Kugel]Lager (4) [Körper]Haltung, Verhalten

beast [bi:st] (1) [wildes] Tier (2) (*übertragen*) Biest

beast·ly ['-lɪ] gemein, scheußlich

beat[1] [bi:t] (1) Schlag[en] (2) Takt (3) *eines Polizisten:* Runde, Revier

beat[2] [bi:t] (*umgangsspr*) **I'm beat** ich bin fertig; **dead beat** völlig erledigt, total kaputt

beat[3] [bi:t] <beat, beat *oder* beaten> (1) schlagen *Tier;* [ver]prügeln *Menschen* (2) klopfen *Teppich* (3) schlagen *Eier, Takt* (4) (*beim Sport, Militär*) schlagen, besiegen; **it beats me** das ist mir ein Rätsel; **she beat me to the bill** beim Bezahlen kam sie mir zuvor (5) **you can't beat ...** es gibt nichts besseres als ..., es geht nichts über ... (6) *Herz:* pochen (7) *Regen:* peitschen (8) **beat it!** hau ab! ▸ In Wendungen: **beat about the bush** wie die Katze um den heißen Brei herumschleichen, um den heißen Brei herumreden; **beat a retreat** das Weite suchen
◆ **beat back** zurückschlagen
◆ **beat down** (1) einschlagen *Tür* (2) drücken, herunterhandeln *Preis* (3) *Sonne:* herunterbrennen (4) *Regen:* niederprasseln
◆ **beat off** abwehren, zurückschlagen
◆ **beat up** verdreschen, zusammenschlagen

beaten ['bi:tn] (1) geschlagen (2) *Weg:* ausgetreten (3) (*besiegt*) geschlagen (4) **off the beaten track** (*übertragen*) weit abgelegen

beat·ing ['bi:tɪŋ] (1) Prügel; **give someone a good beating** jemandem eine ordentliche Tracht Prügel verpassen (2) (*umgangsspr*) Niederlage

beau·tician [bju:'tɪʃn] Kosmetiker(in)

beau·ti·ful ['bju:tɪfl] *Sache, Frau:* schön, wunderschön; *Landschaft auch:* herrlich, wundervoll

beauty ['bju:tɪ] (1) Schönheit (2) Prachtexemplar (3) **Sleeping Beauty** Dornröschen

bea·ver[1] ['bi:vəʳ] (1) Biber (2) (*übertragen*) **eager beaver** Streber(in), Enthusiast(in)

bea·ver[2] ['bi:vəʳ] **beaver away at something** etwas eifrig bearbeiten

be·came [bɪ'keɪm] *2. Form von* **become**

be·cause [bɪ'kɒz] (1) weil, da (2) **because of** wegen; **because of her/him** ihretwegen/seinetwegen

beckon ['bekən] [zu]winken; **she beckoned the waiter over** sie winkte den Kellner zu sich; **he beckoned to the waiting student to follow him** er gab dem wartenden Studenten ein Zeichen, dass er ihm folgen sollte

be·come [bɪ'kʌm] <became, become> (1) werden; **what has become of your old school friends?** was ist aus deinen alten Schulfreunden geworden?; **become accustomed to someone/something** sich an jemanden/etwas gewöhnen (2) *Farbe, Kleidung, Stil:* **become someone** jemandem [gut] stehen

bed [bed] (1) Bett; **in bed** im Bett; **get into bed** sich ins Bett legen; **get out of bed** aufstehen; **get out of bed on the wrong side** (*übertragen*) mit dem falschen Fuß aufstehen; **go to bed** zu [*oder* ins] Bett gehen; **put to bed** zu Bett bringen; **double bed** Doppelbett; **go to bed with someone** (*umgangsspr*) mit jemandem schlafen (2) [Blumen]Beet (3) **river bed** Flussbett

bed and breakfast Zimmer mit Frühstück

bed·clothes [bedkləʊðz] *plural,* **bedding** ['bedɪŋ] Bettzeug, Bettwäsche

bedroom ['bedru:m] Schlafzimmer

bedside table ['bed,saɪd teɪbl] Nachttisch

bedsit ['bed,sɪt], **bed·sit·ter** [,bed'sɪtəʳ] Wohn-Schlaf-Zimmer, möbliertes Zimmer

bed·spread ['bedspred] Tagesdecke

bed·time ['bedtaɪm] Schlafenszeit; **it's bedtime** es ist Zeit ins Bett zu gehen

bee [bi:] Biene ▸ In Wendungen: **have a bee in one's bonnet** einen Fimmel haben

beech [bi:tʃ] Buche[nholz]

beef [bi:f] Rindfleisch

bee·hive ['bi:haɪv] Bienenstock **bee·keeper** ['bi:,ki:pəʳ] Imker(in), Bienenzüchter(in)

beeline [ˈbiːˌlaɪn] **make a beeline for something** schnurstracks auf etwas zugehen
been [biːn] *3. Form von* **be**
beer [bɪəʳ] Bier
beetle [ˈbiːtl] Käfer
beet·root [ˈbiːtruːt] rote Bete
be·fore[1] [bɪˈfɔːʳ] ① (*zeitlich*) vor; **the day before yesterday** vorgestern; **before long** bald ② **business before pleasure** erst die Arbeit, dann das Vergnügen ③ [schon] früher, vorher, zuvor; **the day before** am Tag vorher; **long before** lange vorher, viel früher; **have you been to America before?** waren Sie schon einmal in Amerika? ④ (*räumlich*) vor; **before my [very] eyes** vor meinen Augen
be·fore[2] [bɪˈfɔːʳ] bevor, ehe; **before you ask, …** ehe du fragst, …
be·fore·hand [bɪˈfɔːhænd] im Voraus, [schon] vorher
beg [beg] ① betteln [gehen] (**for** um) ② bitten [um] ③ **I beg your pardon?** wie bitte?; **I beg your pardon!** Verzeihung! ④ **I beg you not to do that!** ich flehe Sie an, tun Sie es nicht!
be·gan [bɪˈgæn] *2. Form von* **begin**
beg·gar [ˈbegəʳ] ① Bettler(in) ② (*umgangsspr*) Bürschchen, Kerl[chen]; **he's a cheeky little beggar** er ist rotzfrech; **you jammy beggar!** (*slang*) du Glückspilz!
be·gin [bɪˈgɪn] <began, begun> ① beginnen, anfangen; **begin again** [wieder] von vorn anfangen; **to begin with** erstens, zunächst; **he began by saying …** zuerst sagte er … ② **I couldn't even begin to understand what she was on about** ich hatte nicht die leiseste Ahnung wovon sie redete **be·gin·ner** [bɪˈgɪnəʳ] Anfänger(in)
be·gin·ning [bɪˈgɪnɪŋ] ① Beginn, Anfang; **in the beginning was the Word** am Anfang war das Wort; **this is the beginning of the end** (*auch übertragen*) das ist der Anfang vom Ende ② Ausgangspunkt, Ursprung; **at the very beginning** ganz am Anfang; **from the [very] beginning** von Anfang an; **from beginning to end** von Anfang bis Ende; **in the beginning** anfangs, am Anfang
be·gun [bɪˈgʌn] *3. Form von* **begin**
be·half [bɪˈhɑːf] **on behalf of** für, im Namen von
be·have [bɪˈheɪv] sich betragen, sich [gut] benehmen; **he doesn't know how to behave** er weiß sich nicht zu benehmen; **behave yourself!** benimm dich!
be·hav·iour, (USA) **be·hav·ior** [bɪˈheɪvɪəʳ] Benehmen, Verhalten (**to, towards** gegen); **be on one's best behaviour** sich von seiner besten Seite zeigen
be·hind[1] [bɪˈhaɪnd] ① hinter; **he has someone behind him** es steht jemand hinter ihm; **one behind the other** hintereinander ② **who's behind that scheme?** wer steckt hinter dem Plan?
be·hind[2] [bɪˈhaɪnd] [nach] hinten, dahinter; **be behind in** [*oder* **with**] **something** mit einer Sache im Rückstand [*oder* Verzug] sein; **fall** [*oder* **lag**] [*oder* **stay**] **behind** zurückbleiben
be·hind[3] [bɪˈhaɪnd] (*umgangsspr*) Hintern
be·ing[1] [ˈbiːɪŋ] *-ing Form von* **be**: **being an expert on the subject, …** da er ein Experte auf dem Gebiet war, …; **this being so, …** da dies [nun einmal] so ist, …
be·ing[2] [ˈbiːɪŋ] ① Dasein, Existenz ② [Lebe]Wesen, Geschöpf; **human being** Mensch ③ **for the time being** einstweilen, vorläufig ④ **come into being** entstehen
be·lated [bɪˈleɪtɪd] verspätet
Bel·gian[1] [ˈbeldʒən] Belgier(in)
Bel·gian[2] [ˈbeldʒən] belgisch **Bel·gium** [ˈbeldʒəm] Belgien
be·lief [bɪˈliːf] ① Glaube[n] (**in** an), Vertrauen (**in** zu); **beyond** [*oder* **past**] **all belief** unglaublich ② (*religiös*) Glaube[n] ③ Überzeugung; **to the best of one's belief** nach bestem Wissen und Gewissen
be·lieve [bɪˈliːv] ① glauben (**in** an); **they believe it's a ghost** sie halten es für ein Geist; **I believe so/not** ich glaube ja/nein; **believe it or not** ob du es glaubst oder nicht ② **believe in** Vertrauen haben zu ③ **would you believe it!** hätten Sie das für möglich gehalten!
bell [bel] ① Glocke, Schelle, Klingel; **answer the bell** die [Haus]Tür öffnen; **was that the bell?** hat es geklingelt [*oder* geläutet]? ② (*Telefon*) **give someone a bell** (GB) (*umgangsspr*) jemanden anrufen ③ **this rings a bell** (*übertragen*) das kommt mir bekannt vor ▶ IN WENDUNGEN: **be saved by the bell** gerade noch mal davonkommen
bel·low[1] [ˈbeləʊ] brüllen

bel·low² ['beləʊ] **he gave a bellow of rage** er brüllte vor Wut

belly ['belɪ] ① Bauch ② Magen **belly·ache¹** ['belɪˌeɪk] Bauchschmerzen, Bauchweh **belly·ache²** ['belɪˌeɪk] (*umgangsspr*) mächtig jammern, klagen **belly button** (*umgangsspr*) Bauchnabel **belly dancer** Bauchtänzerin

be·long [bɪ'lɒŋ] ① gehören; **it belongs to him** es gehört ihm ② **belong to a club** einem Klub/Verein angehören ③ **belong somewhere** hergehören; **that doesn't belong there!** das gehört nicht dahin!; **I belong here** hier ist mein Zuhause; **where does that belong?** wohin gehört das? **be·long·ings** [bɪ'lɒŋɪŋz] *plural* Eigentum, Habe, Sachen

be·low¹ [bɪ'ləʊ] unter, unterhalb; **below him** unter seiner Würde; **below ground** unter der Erde

be·low² [bɪ'ləʊ] [nach] unten, hinunter; **see below** siehe unten; **go below** unter Deck gehen

belt¹ [belt] ① Gürtel; **tighten one's belt** (*auch übertragen*) den Gürtel enger schnallen ② (*bes. beim Sport*) Gürtellinie; **below the belt** unter der Gürtellinie; (*übertragen*) unfair ③ Zone, [Anbau]Gebiet; **green belt** *einer Stadt:* Grüngürtel ④ **safety belt** Sicherheitsgurt; **fasten your seat belts!** anschnallen! ⑤ (*technisch*) Riemen ⑥ (*umgangsspr*) Schlag; **he gave the machine a good belt and it started working again** er schlug einmal kräftig auf den Automaten drauf, dann ging er wieder ⑦ **she's got ten years' experience under her belt** sie hat zehn Jahre Erfahrung hinter sich

belt² [belt] (*umgangsspr*) ① eilen; **he belted along the corridor** er raste den Gang entlang ② **belt someone/something** jemanden/etwas schlagen [*oder* hauen]

◆ **belt out** (*umgangsspr*) schmettern; **she belted out the national anthem on the piano** sie hämmerte die Nationalhymne auf dem Klavier

◆ **belt up** ① sich anschnallen ② (*slang*) die Klappe halten

bench [bentʃ] ① [Sitz]Bank ② Werkbank ③ (*beim Sport*) **be on the bench** auf der Reservebank sein ④ Richteramt, Gericht; **be on the bench** Richter sein

bend¹ [bend] <bent, bent> ① biegen, beugen, krümmen; **please do not bend** bitte nicht knicken; **bend something out of shape** etwas verbiegen ② (*übertragen*) **bend the law** das Gesetz beugen ③ sich biegen, sich krümmen; *Fluss, Straße, Bahn:* eine Biegung machen

◆ **bend back** [sich] zurückbiegen

◆ **bend down/over** ① sich bücken ② **bend over backwards for somebody** (*übertragen*) sich die Beine für jemanden ausreißen

bend² [bend] ① Biegung, Kurve ② **round the bend** (*umgangsspr*) verrückt; **he's driving me round the bend** er macht mich wahnsinnig

be·neath [bɪ'niːθ] ① unter, unterhalb ② **that's beneath him** das ist unter seiner Würde

bene·fi·cial [ˌbenɪ'fɪʃl] ① nützlich ② wohltuend

bene·fit¹ ['benɪfɪt] ① Wohltat, Gunst, Hilfe ② Nutzen, Vorteil; **for the benefit of** zum Nutzen von; **for the public benefit** im öffentlichen Interesse ③ (*finanziell*) Unterstützung, Beihilfe; **sickness benefit** Krankengeld; **unemployment benefit** Arbeitslosengeld ④ Benefizveranstaltung; (*im Theater*) Benefizvorstellung; **benefit concert/match** Benefizkonzert/-spiel

bene·fit² ['benɪfɪt] gut tun, nützen; **who will benefit from** [*oder* **by**] **this scheme?** wem wird der Plan nützen?, wer wird Nutzen aus diesem Plan ziehen?; **they benefited a great deal from their stay in Canada** sie haben von ihrem Aufenthalt in Kanada viel profitiert

bent¹ [bent] *2. und 3. Form von* **bend**

bent² [bent] **be bent on doing something** entschlossen sein, etwas zu tun

berry ['berɪ] Beere

ber·serk [bə'sɜːk] **go berserk** wild werden

berth [bɜːθ] ① *im Schiff:* Koje; *im Zug:* Schlafwagenplatz ② **give someone a wide berth** jemandem aus dem Weg gehen

be·side [bɪ'saɪd] ① (*örtlich*) neben, [nahe] an, [dicht] bei ② (*übertragen*) neben, verglichen mit ③ **be beside oneself** außer sich sein ④ **that is beside the point** [*oder* **question**] das hat nichts mit der Sache zu tun

be·sides¹ [bɪ'saɪdz] außer, abgesehen von

be·sides² [bɪ'saɪdz] außerdem; **besides being a mother, she's also a doctor** sie ist

Mutter und auch Ärztin

best[1] [best] *Superlativ von* **good** ① beste(r, s) ② **the best part of something** das meiste [*oder* der größte Teil] von etwas

best[2] [best] *Superlativ von* **well** ① am besten, am meisten ② **like best** am liebsten mögen ③ **as best you can** so gut du kannst ④ **you had best ...** am besten, du solltest ...

best[3] [best] **the best** der, die, das Beste ▸ IN WENDUNGEN: **make the best of it** das Beste aus der Sache machen; **at best** bestenfalls; **do one's best** sein Bestes, Möglichstes tun; **all the best!** alles Gute!

best-seller ['bestseləʳ] Bestseller

bet[1] [bet] <bet *oder* betted, bet *oder* betted> ① wetten; **he bet me five pounds** er wettete mit mir um fünf Pfund; **I bet you [ten pounds] that ...** ich wette mit dir [zehn Pfund], dass ... ② **you bet!** (*umgangsspr*) aber sicher!

bet[2] [bet] ① Wette; **make a bet [on something]** eine Wette [auf etwas] abschließen ② Wetteinsatz ③ **that's your best bet!** das wäre die beste Möglichkeit! ④ **it's a safe bet** das steht so gut wie fest

> **i Land & Leute** Die Australier sind für ihre Wettleidenschaft bekannt. Sie wetten beim Fußball, bei Pferderennen, bei Hunderennen, beim Hahnenkampf und bei Krebsrennen. Man sagt, sie würden sogar wetten, welche von zwei Fliegen schneller die Wand hochkrabbelt. **Two-Up** heißt ein Spiel, bei dem mit Hilfe eines Holzstückes, dem „kip", zwei Münzen in die Luft geworfen werden; man wettet dann bei welcher Münze „Kopf" oder „Zahl" oben liegen wird.

be·tray [bɪ'treɪ] ① verraten (**to** an); **betray someone/oneself** jemanden/sich verraten ② missbrauchen *Vertrauen*

bet·ter[1] ['betəʳ] *Komparativ von* **good** ① besser; **she's better than him** sie ist besser als er ② **I am getting better now** es geht mir [gesundheitlich] [wieder] besser ③ **the better part** [*oder* **half**] **of** der größere Teil, mehr als die Hälfte

bet·ter[2] ['betəʳ] *Komparativ von* **well** ① besser ② **I know better** da lasse ich mir nichts vormachen ③ **he thought better of it** er überlegte es sich noch einmal ④ **you had better go** du tätest besser daran, jetzt zu gehen; **you had better not!** das will ich dir nicht geraten haben!

bet·ter[3] ['betəʳ] ① **the better** der, die, das Bessere; **change for the better** sich zum Besseren wenden ② **get the better of someone** jemanden übertreffen ③ **all the better, so much the better** umso besser

bet·ter[4] ['betəʳ] [ver]bessern, übertreffen; **better oneself** sich [beruflich] verbessern, vorwärtskommen

be·tween [bɪ'twiːn] ① *räumlich und zeitlich* zwischen; **between seven and eight** zwischen sieben und acht ② **in between** dazwischen ③ zwischen, unter; **the money was divided between the three children** das Geld wurde unter den drei Kindern aufgeteilt ④ **they have twenty pounds between them** sie haben zusammen zwanzig Pfund ▸ IN WENDUNGEN: **between you and me** unter uns [gesagt]

be·ware [bɪ'weəʳ] **beware what you say!** gib Acht auf das, was du sagst!; **beware of the dog!** Achtung, bissiger Hund!

be·wil·der [bɪ'wɪldəʳ] verwirren, verblüffen
be·wil·der·ment [bɪ'wɪldəmənt] Verwirrung

be·yond [bɪ'jɒnd] ① (*auch übertragen*) jenseits, über ... hinaus ② *örtlich* nach, hinter ③ *zeitlich* länger als [bis], später als ④ **beyond belief** unglaublich ▸ IN WENDUNGEN: **be beyond someone** jemanden übertreffen; **that is beyond me** das geht über meinen Verstand

bias ['baɪəs] (*übertragen*) ① Neigung, Hang (**towards** zu), Vorliebe (**towards** für) ② Vorurteil **bias(s)ed** ['baɪəst] ① voreingenommen (**against** gegen) ② (*im Gericht*) befangen

Bible ['baɪbl] Bibel

bib·li·ogra·phy [,bɪblɪ'ɒgrəfɪ] Bibliografie

bicker ['bɪkəʳ] [sich] zanken (**about, over** um)

bi·cycle ['baɪsɪkl] Fahrrad; **ride a bicycle** Rad fahren

bid[1] [bɪd] <bid, bid> bieten (**for** auf)

bid[2] [bɪd] ① (*in einer Auktion*) Gebot ② (*Ausschreibung*) Preisangebot ③ Versuch

big [bɪg] <bigger, biggest> ① groß; *Kleidung:* breit, weit; *Mahlzeit:* reichlich ② kräftig gebaut; groß und kräftig ③ (*erwachsen*) groß; **when I'm big ...** wenn ich groß bin

… ④ **a big decision** eine wichtige Entscheidung ⑤ **I'm a big eater** ich esse gern und viel ⑥ **talk big** (*umgangsspr*) große Töne spucken

big shot ['bɪgʃɒt] (*umgangsspr*) Bonze

bike [baɪk] (*umgangsspr*) [Fahr]Rad

bike lane Radweg

bi·kini [bɪ'ki:nɪ] Bikini

bil·berry ['bɪlbərɪ] Heidelbeere, Blaubeere

bi·lin·gual [baɪ'lɪŋgwəl] zweisprachig

bill¹ [bɪl] Schnabel

bill² [bɪl] ① Rechnung; **the bill, please!** bitte zahlen! ② Plakat; **post no bills!** Plakate ankleben verboten! ③ Gesetzesvorlage, Gesetzentwurf; **pass a bill** ein Gesetz verabschieden ④ (USA) **dollar bill** $1 Banknote, Geldschein

bill³ [bɪl] **bill someone for something** jemandem etwas in Rechnung stellen

bill·board ['bɪlbɔ:d] Reklametafel

bill·fold ['bɪlfəʊld] (USA) Brieftasche

bil·liards ['bɪlɪədz] Billard[spiel]

bil·lion ['bɪlɪən] Milliarde

bin [bɪn] ① Behälter ② (GB) Mülleimer

bind [baɪnd] <bound, bound> ① binden (**to, on** an) ② verbinden *Wunde* ③ (*beim Kochen*) binden *Soße* ④ (*übertragen*) binden, verpflichten; **bind oneself to something** sich zu etwas verpflichten ⑤ *Zement:* fest, hart werden

◆ **bind together** zusammenbinden

◆ **bind up** verbinden *Wunde*

binder ['baɪndə^r] Hefter, Mappe **bind·ing**¹ ['baɪndɪŋ] bindend, verbindlich (**on** für)

bind·ing² ['baɪndɪŋ] *von Skiern:* Bindung

bin·ocu·lars [bɪ'nɒkjʊləz] [**pair of**] **binoculars** Fernglas

bio·chem·is·try [,baɪəʊ'kemɪstrɪ] Biochemie **bio·degrad·able** [,baɪəʊdɪ'greidəbl] biologisch abbaubar

bi·ogra·phy [baɪ'ɒgrəfɪ] Biografie, Lebensbeschreibung

bio·logi·cal [,baɪə'lɒdʒɪkl] biologisch **bi·ol·ogist** [baɪ'ɒlədʒɪst] Biologe, Biologin **bi·ol·ogy** [baɪ'ɒlədʒɪ] Biologie **bio·rhythm** ['baɪəriðəm] Biorhythmus

birch [bɜ:tʃ] Birke

bird [bɜ:d] ① Vogel; **bird of prey** Raubvogel ② (*slang*) Puppe, Biene ③ **early bird** Frühaufsteher(in) **birdcage** Vogelkäfig **bird's-eye view** [,bɜ:dzaɪ'vju:] Vogelperspektive **bird's nest** Vogelnest

birth [bɜ:θ] ① Geburt; **from his birth** von Geburt an; **give birth to** zur Welt bringen; (*übertragen*) ins Leben rufen; **date of birth** Geburtsdatum; **place of birth** Geburtsort ② Abstammung, Herkunft; **he's Canadian by birth** er ist gebürtiger Kanadier ③ (*übertragen*) Entstehung

birth certificate Geburtsurkunde

birth·day ['bɜ:θdeɪ] Geburtstag **birthday party** Geburtstagsfeier, Geburtstagsparty **birthday present** Geburtstagsgeschenk **birth·mark** Muttermal **birth·place** Geburtsort **birth·rate** Geburtenziffer

bis·cuit ['bɪskɪt] Keks; (USA) Brötchen

bishop ['bɪʃəp] ① Bischof ② (*Schach*) Läufer

bit¹ [bɪt] ① (*Pferde-*) Gebiss ② Bohrer ③ **take the bit between one's teeth** (*übertragen*) sich ins Zeug legen

bit² [bɪt] ① Stückchen; **a bit at a time, bit by bit** Stück für Stück, schrittweise ② **a bit** ein bisschen, ein Weilchen; **he's a bit better** es geht ihm etwas besser ③ **not a bit** kein bisschen, nicht im Geringsten ④ **do one's bit** seine Pflicht tun

bit³ [bɪt] (*Computer*) Bit

bit⁴ [bɪt] *2. Form von* **bite**

bite¹ [baɪt] ① Biss; **in two bites** in zwei Bissen ② Biss[wunde], Stich ③ **a bite to eat** ein kleiner Happen, Imbiss

bite² [baɪt] <bit, bitten> ① beißen; **bite one's nails** an den Nägeln kauen ② *Insekt:* stechen ③ [hinein-, zu]beißen (**into, at** in) ④ *Fisch:* anbeißen

◆ **bite off** abbeißen

bit·ing ['-ɪŋ] ① *Wind, Kälte:* schneidend ② *Worte:* scharf, beißend

bit·ten ['bɪtn] *3. Form von* **bite**

bit·ter¹ ['bɪtə^r] ① bitter ② (*übertragen*) *Nachricht, Tatsache:* hart, schwer ③ *Kritik:* scharf ④ *Wind:* eisig, rau; *Kälte:* streng ⑤ **to the bitter end** bis zum bitteren Ende

bit·ter² ['bɪtə^r] dunkles Bier

black¹ [blæk] ① schwarz ② (*übertragen*) *Zukunft:* dunkel, düster ③ *Hautfarbe:* dunkel[häutig] ④ **have something down in black and white** etwas schwarz auf weiß haben

black² [blæk] ① Schwarz, schwarze Farbe ② (*Person*) Schwarze(r) ③ **in the black** in den schwarzen Zahlen

◆ **black out** ① ohnmächtig werden ② verdunkeln *Zimmer*

black·berry [ˈblækbərɪ] Brombeere **black·bird** [ˈblækbɜːd] Amsel **black·board** [ˈblækbɔːd] Wandtafel **black·cur·rant** [ˌblækˈkʌrənt] schwarze Johannisbeere

blacken [ˈblækən] ① schwarz machen, schwärzen ② schwarz, dunkel werden

black eye [ˌblækˈaɪ] blaues Auge **black·head** [ˈblækhed] Mitesser **black ice** [ˌblækˈaɪs] Glatteis **black·mail**[1] [ˈblækmeɪl] Erpressung

black·mail[2] [ˈblækmeɪl] erpressen

black mark Tadel; (*in der Schule*) Eintrag

black·out [ˈblækaʊt] ① Stromausfall ② Bewusstlosigkeit ③ **news blackout** Nachrichtensperre **black pudding** Blutwurst **Black Sea** Schwarzes Meer **black sheep** (*übertragen*) schwarzes Schaf **black·smith** [ˈblæksmɪθ] [Huf]Schmied

blad·der [ˈblædəʳ] (*Körperteil*) Blase

blade [bleɪd] ① Klinge ② *eines Ruders, einer Säge:* Blatt; *eines Propellers:* Flügel ③ **blade of grass** Grashalm

blame[1] [bleɪm] ① die Schuld geben; **blame someone for something** jemandem an etwas die Schuld geben, jemanden für etwas verantwortlich machen ② Vorwürfe machen; **blame something on someone** jemandem wegen etwas Vorwürfe machen, jemandem etwas vorwerfen

blame[2] [bleɪm] Schuld; **bear the blame** Schuld haben; **lay the blame for something on someone** jemandem die Schuld an etwas geben; **take the blame for something** die Schuld für etwas auf sich nehmen

blame·less [ˈbleɪmlɪs] schuldlos

bland [blænd] ① *Antwort:* nichts sagend ② *Geschmack:* fad

blank[1] [blæŋk] ① leer, unbeschrieben; **blank space** freier Raum, frei gelassene Stelle ② **blank cheque** Blankoscheck ③ *Gesicht:* ausdruckslos ④ **look blank** verblüfft, verdutzt aussehen

blank[2] [blæŋk] ① (*auf Formular*) leere Stelle, freier Raum ② (*in der Lotterie*) Niete; **draw a blank** eine Niete ziehen ③ Platzpatrone

blank cartridge Platzpatrone

blan·ket[1] [ˈblæŋkɪt] [Woll]Decke ▸ IN WENDUNGEN: **wet blanket** (*slang*) Weichei *slang*

blan·ket[2] [ˈblæŋkɪt] allgemein, umfassend

blan·ket[3] [ˈblæŋkɪt] zudecken, einhüllen

blast[1] [blɑːst] ① Windstoß ② Knall, Explosion ③ **at full blast** auf vollen Touren

blast[2] [blɑːst] (*slang*) **blast [it]!** verflucht!

blast[3] [blɑːst] sprengen

blasted [ˈblɑːstɪd] (*slang*) verflixt, verdammt

blaze[1] [bleɪz] ① [lodernde] Flamme, Glut ② Feuer, Brand ③ heller Schein

blaze[2] [bleɪz] *Sonne:* brennen; *Feuer:* lodern

blazer [ˈbleɪzəʳ] Blazer

blaz·ing [ˈbleɪzɪŋ] ① brennend, lodernd; **blazing hot** glühend heiß ② (*übertragen*) *Augen:* funkelnd

bleach[1] [bliːtʃ] Bleichmittel

bleach[2] [bliːtʃ] bleichen

bleak [bliːk] ① *Landschaft:* kahl, öde ② *Wetter:* kalt, rau ③ (*übertragen*) *Aussichten:* trostlos, trübe

bleat [bliːt] *Schaf:* blöken; *Ziege:* meckern

bled [bled] *2. und 3. Form von* **bleed**

bleed [bliːd] <bled, bled> bluten (**from** von); **bleed to death** verbluten

bleed·ing[1] [ˈbliːdɪŋ] Blutung

bleed·ing[2] [ˈbliːdɪŋ] (*slang*) verdammt

bleep [bliːp] *Arzt:* anpiepsen **bleeper** [ˈblɪːpəʳ] Piepser

blem·ish [ˈblemɪʃ] ① Fehler, Mangel, Makel ② Hautfleck

blend[1] [blend] ① mischen *Tee, Kaffee, Tabak* ② sich [ver]mischen (**with** mit) ③ *Farben:* harmonieren (**with** mit)

blend[2] [blend] Mischung

blender [blendəʳ] Mixer

bless [bles] ① segnen ② **bless you!** Gesundheit! **blessed** [ˈblesɪd] ① gesegnet, [glück]selig, glücklich; **be blessed with** gesegnet sein mit ② heilig, selig ③ (*slang*) verflixt **bless·ing** [ˈ-ɪŋ] Segen ▸ IN WENDUNGEN: **a blessing in disguise** Glück im Unglück

blew [bluː] *2. Form von* **blow**

bli·mey [ˈblaɪmɪ] (*slang*) verdammt!

blind[1] [blaɪnd] ① blind; **be blind in one eye** auf einem Auge blind sein ② (*übertragen*) uneinsichtig, verständnislos (**to** gegenüber) ③ (*übertragen*) blind; *Wut:* blind; **blind panic** wilde Panik ④ *Kurve:* unübersichtlich

blind[2] [blaɪnd] ① Rollladen, Rollo ② **the blind** die Blinden

blind[3] [blaɪnd] ① blind machen, blenden

(**to** für) ② (*übertragen*) verblenden
blind·fold[1] ['blaɪndfəʊld] **blindfold someone** jemandem die Augen verbinden
blind·fold[2] ['blaɪndfəʊld] Augenbinde
blind spot ① (*im Auge*) blinder Fleck ② *vom Auto:* toter Winkel ③ (*übertragen*) schwacher Punkt
blink [blɪŋk] ① blinzeln; **blink one's eyes** mit den Augen zwinkern ② *Licht, Stern:* flimmern; *Licht:* blinken
blis·ter[1] ['blɪstəʳ] Blase
blis·ter[2] ['blɪstəʳ] ① *Haut:* Blasen bekommen ② *Farbe:* Blasen werfen
bliz·zard ['blɪzəd] Schneesturm
blob [blɒb] Tropfen, Klecks
block[1] [blɒk] ① (*aus Holz*) Klotz; (*aus Stein*) [Fels]Block ② (*zum Spielen*) Bauklötzchen ③ Wohnblock, Häuserblock; **block of flats** Wohnblock ④ (*übertragen*) Block, Gruppe
block[2] [blɒk] ① blockieren; [ver]sperren *Weg* ② verstopfen *Rohr* ③ stoppen *Ball*
◆ **block up** ① verstopfen; **my nose is all blocked up** meine Nase ist total verstopft ② versperren *Weg*
block·age ['blɒkɪdʒ] Verstopfung, Blockade
block letters *plural* Blockschrift
bloke [bləʊk] (*slang*) Kerl, Bursche
blond [blɒnd] *Mann:* blond **blonde**[1] [blɒnd] *Frau:* blond
blonde[2] [blɒnd] Blondine
blood [blʌd] Blut ▸ IN WENDUNGEN: **in cold blood** kaltblütig; **it made my blood boil** ich kochte vor Wut
blood donor Blutspender(in) **blood group** Blutgruppe **blood pressure** Blutdruck **blood·shed** ['blʌdʃed] Blutvergießen **blood·shot** ['blʌdʃɒt] blutunterlaufen **blood vessel** Blutgefäß
bloody ['blʌdɪ] ① blutig, blutend ② (*slang*) verdammt, verflucht; **he's bloody good!** er ist verdammt gut!
bloom[1] [bluːm] Blüte *auch übertragen;* **in [full] bloom** in [voller] Blüte
bloom[2] [bluːm] (*auch übertragen*) blühen
blos·som[1] ['blɒsəm] [Baum]Blüte; **in blossom** in [voller] Blüte
blos·som[2] ['blɒsəm] ① [auf]blühen ② (*übertragen*) erblühen, sich entfalten (**into** zu)
blot [blɒt] ① Fleck, Klecks ② (*übertragen*) Makel, Schandfleck **blotchy** ['blɒtʃɪ] fleckig
blot·ting ['blɒtɪŋ] **blotting pad** Schreibunterlage; **blotting paper** Löschpapier
blouse [blaʊz] Bluse
blow[1] [bləʊ] Schlag, Stoß; **without striking a blow** ohne jede Gewalt ▸ IN WENDUNGEN: **come to blows** sich in die Haare geraten
blow[2] [bləʊ] <blew, blown> ① *Wind:* wehen, blasen ② (*im Wind*) wegfliegen ③ pusten; blasen *heißes Getränk* ④ durchbrennen *Sicherung* ⑤ blasen *Instrument* ⑥ **blow one's nose** sich die Nase putzen ⑦ **blow the horn** hupen ⑧ **blow it!** (*umgangsspr*) verdammt noch mal!
◆ **blow away** ① (*im Wind*) wegfliegen ② wegwehen ③ (*slang*) abknallen *Mensch*
◆ **blow down** *Sturm:* umwehen
◆ **blow off** ① (*im Wind*) wegfliegen ② wegwehen
◆ **blow out** ① *Reifen:* platzen ② ausblasen *Streichholz*
◆ **blow up** ① aufblasen, aufpumpen *Luftballon, Luftmatratze* ② sprengen, in die Luft jagen *Gebäude* ③ vergrößern *Foto* ④ (*auch übertragen*) *Person:* explodieren
blow-dry ['bləʊˌdraɪ] föhnen
blower ['bləʊəʳ] ① Bläser ② Gebläse
blown [bləʊn] *3. Form von* **blow**
blow·out ['bləʊaʊt] ① *einer Sicherung:* Durchbrennen ② *eines Autos:* Reifenpanne ③ (*slang*) Schlemmerei
blue[1] [bluː] ① blau; **dark/light blue** dunkelblau/hellblau ② (*übertragen*) trübsinnig, schwermütig ③ *Witz:* unanständig, zweideutig; **blue movie** Pornofilm ▸ IN WENDUNGEN: **once in a blue moon** alle Jubeljahre [einmal]
blue[2] [bluː] ① Blau, blaue Farbe ② **blues** *plural* Trübsinn, Schwermut; **have the blues** Trübsal blasen ▸ IN WENDUNGEN: **out of the blue** aus heiterem Himmel, unerwartet
blue·berry ['bluːbərɪ] Blaubeere, Heidelbeere **blue cheese** Blauschimmelkäse
bluff[1] [blʌf] bluffen
bluff[2] [blʌf] Bluff; **I'd call his bluff** ich würde ihn auf die Probe stellen
blu·ish ['bluːɪʃ] bläulich
blun·der[1] ['blʌndəʳ] einen Bock schießen, sich blamieren
blun·der[2] ['blʌndəʳ] [dummer] Fehler, Schnitzer
blunt[1] [blʌnt] ① stumpf ② *Art:* geradeheraus, unverblümt

blunt[2] [blʌnt] ① stumpf machen ② (*übertragen*) abstumpfen
blunt·ly [blʌntlɪ] freiheraus, unverblümt
blur[1] [blɜːʳ] ① verwischen, verschmieren *Schrift* ② unscharf, verschwommen werden *Bild*
blur[2] [blɜːʳ] undeutliches, verschwommenes Bild, Fleck
blurb [blɜːb] *Buch:* Klappentext
blurred [blɜːd] verschwommen, unscharf
blurt [blɜːt] **blurt** [**something**] **out** [mit einer Sache] herausplatzen
blush [blʌʃ] erröten, [scham]rot werden (**with** vor)
board[1] [bɔːd] ① Brett, Diele ② [Anschlag-, Wand]Tafel; **bulletin board** (USA) schwarzes Brett ③ Spielbrett ④ Kost, Verpflegung ⑤ Ausschuss, Kommission; **school board** Schulbehörde ⑥ Bord; **on board** an Bord; **go on board ship** an Bord gehen ⑦ Pappe
board[2] [bɔːd] ① verschalen, dielen ② *Schiff, Flugzeug:* an Bord gehen ③ (GB) Internatsschüler(in) sein
boarder ['bɔːdəʳ] (GB) Internatsschüler(in)
boarding card Bordkarte **boarding house** Pension **boarding school** Internat
boardwalk (*am Strand*) hölzerne Uferpromenade

> **i Land & Leute** An der amerikanischen Ostküste gibt es bei Atlantic City eine breite Uferpromenade, den **Boardwalk**. Sie verbindet Strand, Hotels, Restaurants, Läden, Theater, Kinos, etc. Jedes Jahr im September findet im Convention Center auf dem Boardwalk die *Miss America Pageant* (Wahl der Miss America) statt.

boast [bəʊst] ① prahlen (**of, about** mit) ② sich rühmen **boast·ful** ['bəʊstfl] prahlerisch
boat [bəʊt] ① Boot ② Schiff ► IN WENDUNGEN: **in the same boat** im gleichen Boot
boat trip Bootsfahrt
bob[1] [bɒb] **to bob up and down on the water** auf dem Wasser schaukeln
bob[2] [bɒb] Bubikopf
bobble hat ['bɒbl,hæt] Bommelmütze
bobby ['bɒbɪ] (GB) (*umgangsspr*) Polizist(in)
bob·sled ['bɒbsled], **bob·sleigh** ['bɒbsleɪ] Bob
body ['bɒdɪ] ① Körper, Leib ② Rumpf ③ **dead body** Leiche, Leichnam ④ (*umgangsspr*) Person, Mensch ⑤ Gremium, Organ ⑥ Komplex, Material, Masse ⑦ (*Auto*) Karosserie ⑧ (*Physik*) Körper
body·guard ['bɒdɪgɑːd] Leibwächter(in)
body lotion Körperlotion
bog [bɒg] ① Sumpf, Morast, Moor ② (GB) (*umgangsspr*) Klo
◆ **bog down be bogged down** feststecken; (*übertragen*) sich festgefahren haben, sich festfahren
boggy ['bɒgɪ] sumpfig
boil[1] [bɔɪl] **be on the boil** kochen; **come to the boil** zu kochen anfangen; **bring something to the boil** etwas aufkochen lassen
boil[2] [bɔɪl] ① kochen, sieden ② (*übertragen: vor Wut*) kochen, schäumen (**with** vor); **make someone's blood boil** jemanden rasend machen
◆ **boil away** ① verkochen, verdampfen ② weiterkochen
◆ **boil down** ① dickflüssig werden ② **boil something down** etwas einkochen ► IN WENDUNGEN: **boil down to something** auf etwas hinauslaufen
◆ **boil over** ① überkochen ② (*übertragen*) sich zuspitzen; *Mensch:* explodieren
◆ **boil up** ① aufkochen ② (*übertragen*) *Wut:* sich steigern
boiler ['bɔɪləʳ] Warmwasserbereiter, Boiler
boil·ing [bɔɪlɪŋ] ① kochend, siedend; **boiling-point** (*auch übertragen*) Siedepunkt ② **boiling hot** (*umgangsspr*) *Wetter:* glühend heiß; *Essen:* kochend heiß
bois·ter·ous ['bɔɪstərəs] ① *Person:* ausgelassen ② *Party:* wild
bold [bəʊld] ① kühn, tapfer ② dreist; **as bold as brass** frech wie Oskar ③ *Farbe:* kräftig, *Muster:* auffällig; *Stil:* ausdrucksvoll ④ *Druck:* fett
bolt[1] [bəʊlt] ① [Tür]Riegel ② Bolzen ► IN WENDUNGEN: **a bolt from the blue** ein Blitz aus heiterem Himmel; **make a bolt for it** Fersengeld geben
bolt[2] [bəʊlt] ① davonstürzen, abhauen ② *Pferd:* durchgehen ③ verriegeln ④ verschrauben ⑤ **bolt down** hinunterschlingen
◆ **bolt upright** kerzengerade; **sit bolt upright** kerzengerade sitzen
bomb[1] [bɒm] Bombe ► IN WENDUNGEN: **go like a bomb** (*slang*) ein Bombenerfolg sein; **cost a bomb** (*slang*) ein Heidengeld kosten

bomb² [bɒm] ① bombardieren ② (USA) (*umgangsspr*) durchfallen
bomb cra·ter [ˈbɒmˌkreɪtəʳ] Bombenkrater
bomber [ˈbɒməʳ] ① Bomber, Bombenflugzeug ② Bombenattentäter(in)
bomb·ing [ˈbɒmɪŋ] Bombenabwurf
bombproof bombensicher **bomb·shell** [ˈbɒmʃel] ① Bombe ② (*übertragen*) Überraschung; **the news came like a bombshell** die Nachricht schlug ein wie eine Bombe
bone¹ [bəʊn] ① Knochen ② *von Fisch:* Gräte ▸ In Wendungen: **to the bone** bis auf die Knochen; **frozen to the bone** völlig durchgefroren; **be nothing but skin and bones** nur noch Haut und Knochen sein; **have a bone to pick with someone** mit jemandem ein Hühnchen zu rupfen haben; **bone dry, as dry as a bone** knochentrocken
bone² [bəʊn] entbeinen *Fleisch;* entgräten *Fisch*
◆ **bone up on** (*slang*) pauken, büffeln
bone idle (*slang*) stinkfaul
bon·fire [ˈbɒnfaɪəʳ] Freudenfeuer, Feuer im Freien
bon·net [ˈbɒnɪt] ① Haube ② *von Auto:* Motorhaube

> **i Land & Leute** **Bonnie Prince Charlie**, mit vollem Namen **Prince Charles Edward Stuart**, ist für viele Schotten noch immer ein romantischer Held. Er war der Enkel des Katholiken James II., des letzten Königs aus dem Hause Stuart. Er verlor seinen Thron als man 1688 William of Orange aus den Niederlanden, dem protestantischen Ehemann von James' Tochter Mary, die Königskrone anbot und ihn als William III. zum König krönte. Die **Jacobites** wollten wieder einen König aus dem Hause Stuart und überredeten Prince Charles dazu, einen Aufstand anzuführen. Charles kam dann 1745 aus dem Exil in Frankreich nach Schottland zurück und war anfangs auch erfolgreich. Doch wurde seine Armee 1746 in der „Battle of Culloden" (bei Inverness) vernichtend geschlagen. Nach vielen Abenteuern flüchtete Charles wieder nach Frankreich.

bo·nus [ˈbəʊnəs] Bonus, Gratifikation
bony [ˈbəʊnɪ] ① voller Knochen; *Fisch:* voller Gräten ② knöchern ③ knochendürr
boo¹ [buː] Buh[ruf]
boo² [buː] ① buhen ② **boo someone** jemanden auspfeifen, ausbuhen
boob¹ [buːb] (*umgangsspr*) ① Schnitzer, Fehler ② Brust
boob² [buːb] (*umgangsspr*) einen Schnitzer machen
booby prize Trostpreis
book¹ [bʊk] ① Buch ② Heft; **book of stamps** Briefmarkenheft; **book of tickets** Fahrscheinheft ③ **book of matches** [Streichholz]Heftchen ▸ In Wendungen: **be in someone's bad/good books** bei jemandem schlecht/gut angeschrieben sein; **in my book** meines Wissens nach
book² [bʊk] ① buchen ② aufschreiben *Verwarnung* ③ [vor]bestellen *Platz, Karte;* **be fully booked** ausgebucht sein; *Hotel:* voll belegt [*oder* ausgebucht] sein
◆ **book in** ① sich eintragen, absteigen (**at** in) ② eintragen; **book someone into a hotel** jemandem ein Hotelzimmer reservieren lassen
◆ **book up** **be booked up** ausgebucht sein, ausverkauft sein
book·case [ˈbʊkkeɪs] Bücherschrank
book·ing [ˈbʊkɪŋ] Buchung, Bestellung, Reservierung **booking office** Fahrkartenschalter, Vorverkaufsstelle
book·keep·ing [ˈbʊk ˌkiːpɪŋ] Buchhaltung, Buchführung
book·maker [ˈbʊkˌmeɪkəʳ] Buchmacher(in)
book·mark [ˈbʊkmɑːk] Lesezeichen **book·seller** [ˈbʊkˌseləʳ] Buchhändler(in) **book·shelf** <*plural* bookshelves> Bücherregal, Bücherbord **book·shop** Buchhandlung **book·stall** [ˈbʊkstɔːl] Bücherstand **book·store** [ˈbʊkstɔːʳ] (USA) Buchhandlung **book token** Büchergutschein
boom¹ [buːm] ① Brausen, Donnern ② Boom, Aufschwung, Hochkonjunktur
boom² [buːm] einen Aufschwung nehmen, in die Höhe schnellen; **be booming** florieren, boomen
boom³ [buːm] brausen, hallen, dröhnen
◆ **boom out** dröhnen
① in die Höhe treiben *Preise* ② ankurbeln ③ verstärken *Strom, Leistung*
boost² [buːst] ① Auftrieb; **give somebody/something a boost** jemandem/einer Sache Auftrieb geben ② *von Strom, Leistung:* Verstärkung

boot[1] [buːt] ① Stiefel ② (GB) Kofferraum ▶ IN WENDUNGEN: **give someone the boot** (*slang*) jemanden rausschmeißen; **the boot is on the other foot** es ist gerade andersherum

boot[2] [buːt] ① **boot something** einer Sache einen Fußtritt geben; **boot the ball** den Ball kicken ② hochladen *Computer*

booth [buːð] [Markt]Bude; **polling booth** [Wahl]kabine; [**tele**]**phone booth** Telefonzelle

boot·lace ['buːtleɪs] Schnürsenkel

boot·leg ['buːtleg] schwarz herstellen, schwarz verkaufen **boot·licker** ['buːtlɪkəʳ] Speichellecker(in)

booze[1] [buːz] (*umgangsspr*) saufen

booze[2] [buːz] (*umgangsspr*) ① Alkohol ② **booze-up** (*slang*) Sauferei

boozer ['buːzəʳ] (*umgangsspr*) ① Säufer(in) ② Kneipe

bor·der[1] ['bɔːdəʳ] ① Rand[streifen] ② [Landes]Grenze ③ (*im Garten*) Rabatte

bor·der[2] ['bɔːdəʳ] begrenzen, einfassen

◆ **border on** (*auch übertragen*) grenzen an

borderline case Grenzfall

bore[1] [bɔːʳ] bohren

bore[2] [bɔːʳ] langweilen; **bore someone to death** jemanden zu Tode langweilen; **be bored** sich langweilen

bore[3] [bɔːʳ] langweiliger Mensch, Langweiler

bore[4] [bɔːʳ] *2. Form von* **bear**

bore·dom ['bɔːdəm] Langeweile

bor·ing ['bɔːrɪŋ] langweilig

born [bɔːn] geboren; **be born** geboren werden; (*übertragen*) entstehen; **where were you born?** wo sind Sie geboren?; **he was born in 1988** er ist 1988 geboren; **he was born blind** er ist von Geburt blind

borne [bɔːn] *3. Form von* **bear**

bor·ough ['bʌrə] Bezirk, Stadt[gemeinde]

bor·row ['bɒrəʊ] borgen, leihen (**from** von)

bosom ['bʊzəm] (*auch übertragen*) Busen

boss[1] [bɒs] (*umgangsspr*) Boss, Chef

boss[2] [bɒs] **boss about** [*oder* **around**] herumkommandieren

bossy ['bɒsɪ] (*umgangsspr*) herrisch, rechthaberisch

bot·an·ical [bə'tænɪkl] botanisch **bot·an·ist** ['bɒtənɪst] Botaniker(in) **bot·any** ['bɒtənɪ] Botanik, Pflanzenkunde

both[1] [bəʊθ] beide, beides; **we both can go, we can both go** wir beide können gehen; **both** [**the**] **brothers** beide Brüder; **on both sides** auf beiden Seiten

both[2] [bəʊθ] **both … and** sowohl … als auch

bother[1] ['bɒðəʳ] ① Ärger, Schwierigkeiten ② Mühe ③ Plage

bother[2] ['bɒðəʳ] ① **bother someone** jemandem lästig sein, jemanden belästigen, ärgern ② aufregen, aus der Ruhe bringen ③ sich Sorgen machen (**about** um), sich kümmern (**about** um) ▶ IN WENDUNGEN: **bother** [**it**]! verflixt!; **don't bother!** bemühen Sie sich nicht!; **I can't be bothered!** ich habe keine Lust!

bottle[1] ['bɒtl] Flasche

bottle[2] ['bɒtl] in Flaschen füllen

◆ **bottle up** (*übertragen*) in sich hineinfressen

bottle bank Altglascontainer

bottleneck ['bɒtlnek] (*auch übertragen*) Engpass

bot·tom[1] ['bɒtəm] ① *auch eines Gewässers:* Boden, Grund ② unteres Ende, Fuß; **from top to bottom** von oben bis unten ③ Schiffsboden ④ (*übertragen*) Grundlage, Kern, Ursache ▶ IN WENDUNGEN: **at bottom** im Grunde; **from the bottom of my heart** aus tiefstem Herzen; **get to the bottom of something** einer Sache auf den Grund gehen

bot·tom[2] ['bɒtəm] unterste(r, s), niedrigste(r, s)

bought [bɔːt] *2. und 3. Form von* **buy**

boul·der ['bəʊldəʳ] Felsblock

bounce [baʊns] ① *Ball:* aufprallen ② springen ③ aufprallen lassen *Ball* ④ (*umgangsspr*) *Scheck:* platzen

◆ **bounce back** (*übertragen*) sich nicht unterkriegen lassen

◆ **bounce off** (*auch übertragen*) abprallen [von]

bouncer ['baʊnsəʳ] (*umgangsspr*) Rausschmeißer

bound[1] [baʊnd] springen

bound[2] [baʊnd] **be bound for** auf dem Weg sein nach, gehen nach; **homeward bound** auf der Heimreise, Heimfahrt

bound[3] [baʊnd] *2. und 3. Form von* **bind**

bound[4] [baʊnd] **bound hand and foot** an Hand und Fuß gefesselt; **be bound to do something** etwas bestimmt tun; **it was bound to happen** das musste so kommen

bound·ary ['baʊndrɪ] Grenze, Trennungslinie

bounds [baʊnd] **out of bounds** Betreten verboten; (*übertragen*) tabu; **within the bounds** innerhalb der Grenzen

bout [baʊt] ① *Grippe-:* Anfall ② (*Boxen*) Kampf

bow¹ [bəʊ] ① Schleife ② (*Waffe*) Bogen ③ *von Geige:* Bogen

bow² [baʊ] Bug

bow³ [baʊ] Verbeugung

bow⁴ [baʊ] ① sich verbeugen ② **bow one's head** den Kopf senken

bowl¹ [bəʊl] Schüssel, Schale

bowl² [bəʊl] ① [schwere] Holzkugel ② **bowls** *Kugelspiel auf dem Rasen*

bowl³ [bəʊl] ① werfen *Ball;* schieben, rollen *Kugel* ② Bowling spielen, werfen
◆ **bowl over** umwerfen, umstoßen; (*übertragen*) aus dem Konzept bringen; **be bowled over** sprachlos sein

bow-legged [ˌbəʊ'legd] o-beinig

bowler ['bəʊləʳ] ① (*Kricket*) Ballmann, Werfer ② (*Hut*) Melone

bowl·ing ['bəʊlɪŋ] ① Bowlingspiel ② (*Kricket*) Werfen des Balles

bowling alley Kegelbahn **bowling green** Rasenplatz für Bowling

bow tie Fliege

box¹ [bɒks] ① Schachtel ② Kiste, Karton ③ Dose, Büchse ④ (*im Theater*) Loge

box² [bɒks] **box on the ear** Ohrfeige

box³ [bɒks] ① in eine Schachtel packen ② boxen ③ **box someone's ears** jemanden ohrfeigen
◆ **box in** einklemmen; (*auch übertragen*) einengen

boxer ['bɒksəʳ] Boxer(in) **box·ing** ['bɒksɪŋ] Boxen, Boxsport **Box·ing Day** zweiter Weihnachtsfeiertag

> **i Land & Leute** In früheren Zeiten war es in Großbritannien üblich, dass die Lehrlinge nach dem ersten Weihnachtstag mit „boxes" (Schachteln) Trinkgelder bei den Kunden ihrer Meister einsammelten. Auch das Weihnachtsgeld für die Angestellten wurde als „Christmas box" bezeichnet. Deshalb heißt der 26. Dezember noch heute **Boxing Day**. In Irland heißt der 26. Dezember dagegen „St Stephen's Day".

boxing gloves Boxhandschuhe **boxing match** Boxkampf

box num·ber ['bɒksnʌmbəʳ] ① Chiffre[nummer] ② Postfach **box office** [Theater]Kasse

boy [bɔɪ] Junge ▶ IN WENDUNGEN: **my boy!** (*umgangsspr*) mein Lieber!; **old boy!** (*umgangsspr*) alter Junge!; **oh, boy!** Junge! Junge!

boy·friend ['bɔɪfrend] Freund **boy scout** Pfadfinder

bra [brɑː] Büstenhalter, BH

brace¹ [breɪs] ① [Zahn]Spange ② Strebe, Stütze ③ **braces** *plural,* **pair of braces** (GB) Hosenträger

brace² [breɪs] **brace oneself for something** sich auf eine Sache gefasst machen

brace·let ['breɪslɪt] Armband

bracket¹ ['brækɪt] ① Träger, Konsole ② Klammer; **in brackets** in Klammern ③ (*übertragen*) [**tax/income**] **bracket** [Steuer-/Einkommens]Klasse

bracket² ['brækɪt] einklammern

brag [bræg] prahlen (**of, about** mit)

brain [breɪn] ① Gehirn ② *meist plural* (*übertragen*) Verstand, Intelligenz; **rack one's brain**[**s**] sich den Kopf zerbrechen
brain·wash·ing ['breɪnwɒʃɪŋ] Gehirnwäsche **brain·wave** ['breɪnweɪv] Geistesblitz
brainy ['breɪnɪ] klug

brake¹ [breɪk] Bremse; **put on the brakes** die Bremsen betätigen, bremsen

brake² [breɪk] bremsen

bran [bræn] Kleie

branch [brɑːntʃ] ① Zweig, Ast ② Nebenfluss, [Fluss]Arm ③ *von Straße, Bahn:* Abzweigung, Nebenstrecke ④ (*übertragen*) Zweig, Abschnitt ⑤ *einer Firma:* Branche, Zweig
◆ **branch off** *Straße:* abzweigen; *Auto:* abbiegen

brand [brænd] ① Marke, Warenzeichen ② Brandmal

brand-new [ˌbrænd'njuː] [funkel]nagelneu

brandy ['brændɪ] Weinbrand

brass [brɑːs] ① Messing ② (*im Orchester*) **the brass** die Blechbläser ③ (*slang*) Geld, Zaster **brass band** Blaskapelle

brass·iere ['bræsɪəʳ] Büstenhalter

brat [bræt] (*abwertend*) Gör(e)

brave¹ [breɪv] tapfer, mutig

brave² [breɪv] **brave something** einer Sache mutig entgegentreten, trotzen; **brave**

it out mutig die Stirn bieten

brav·ery ['breɪvərɪ] Tapferkeit, [Wage]Mut

brawl¹ [brɔːl] Schlägerei

brawl² [brɔːl] sich zanken, sich streiten

bray [breɪ] *Esel:* iahen

bread [bred] Brot; **a loaf/piece/slice of bread** ein [Laib]/ein Stück/eine Scheibe Brot ▶ IN WENDUNGEN: **earn one's bread** sein Brot verdienen; **know which side one's bread is buttered** wissen, wo was zu holen ist **bread and butter** ① Butterbrot ② (*umgangsspr*) Lebensunterhalt **bread·bin** ['bredbɪn] Brotkasten **bread·crumb** ['bredkrʌm] ① Brotkrume ② **bread·crumbs** *plural* Paniermehl

breadth [bretθ] ① Breite ② Weite

bread·win·ner ['bredˌwɪnəʳ] Ernährer(in)

break¹ [breɪk] ① Bruch ② Lücke, Riss, Spalte ③ Unterbrechung, Pause, Urlaub; **without a break** ununterbrochen ④ (*in Schrift und Druck*) Absatz ⑤ Wechsel, Umschwung; **at break of day** bei Tagesanbruch ▶ IN WENDUNGEN: **give us a break!** (*umgangsspr*) halt mal die Luft an!; **bad break** Pech

break² [breɪk] <broke, broken> ① [zer]brechen, zerreißen; **be broken** kaputt, ruiniert sein ② ruinieren, zu Grunde richten ③ einschlagen *Fensterscheibe* ④ (*übertragen*) übertreten *Gesetz;* nicht halten *sein Wort, Versprechen;* nicht einhalten *Verabredung* ⑤ auflösen *Verlobung* ⑥ unterbrechen, abbrechen *Reise, Urlaub* ⑦ mitteilen, eröffnen; (*umgangsspr*) beibringen; **break the news to someone** jemandem etwas eröffnen ⑧ *Tag:* anbrechen, beginnen; *Unwetter:* hereinbrechen ⑨ *Wetter:* sich ändern, umschlagen

◆ **break away** ① abbrechen ② sich losreißen, sich lossagen (**from** von)

◆ **break down** ① aufhören zu funktionieren, kaputt gehen; *Auto:* eine Panne haben ② abbrechen, scheitern ③ (*übertragen*) brechen *Widerstand* ④ (*übertragen*) versagen, ausfallen; *Mensch:* zusammenbrechen

◆ **break in** ① einbrechen ② unterbrechen

◆ **break into** ① einbrechen in ② plötzlich beginnen mit ③ anbrechen *Geld*

◆ **break off** ① abbrechen ② (*übertragen*) aufheben, lösen *Verlobung* ③ (*in der Rede*) aufhören, abbrechen

◆ **break out** ① *Gefangener, Feuer, Krieg:* ausbrechen ② **break out in a rash** einen Ausschlag bekommen

◆ **break through** durchstoßen, durchbrechen

◆ **break up** ① aufbrechen ② auseinander nehmen ③ (*übertragen*) abbrechen *Veranstaltung;* [sich] auflösen *Versammlung* ④ unterteilen (**into** in), aufgliedern ⑤ in Stücke gehen, zerbrechen ⑥ *Schule:* aufhören; **when do you break up?** wann habt ihr Ferien?

break·able ['breɪkəbl] zerbrechlich **break·age** ['breɪkɪdʒ] ① Bruch[stelle] ② Bruch[schaden] **break-away** ['breɪkəweɪ] Absplitterung **break·down** ['breɪkdaʊn] ① Versagen, Ausfall, [Betriebs]Störung; *von Auto:* Panne ② (*übertragen*) Versagen, Scheitern ③ Nervenzusammenbruch **break·down service** Pannendienst

break·fast¹ ['brekfəst] Frühstück; **have breakfast** frühstücken

break·fast² ['brekfəst] frühstücken

> **i Land & Leute** In Amerika wird viel Wert auf ein großes **breakfast** (Frühstück) gelegt. Neben dem üblichen Frühstück gibt es oft Riesenportionen von Rühreiern, Speck oder Bratwurst und Bratkartoffeln. Am Wochenende isst man auch **pancakes**, eine Art dicke Pfannkuchen oder **French toast** (Brot, das in geschlagene Eier getaucht und kurz angebraten wird.)

break loose ① los-, abbrechen ② ausbrechen

break·neck ['breɪknek] **at breakneck speed** mit halsbrecherischer Geschwindigkeit **break·through** ['breɪkθruː] Durchbruch **break·up** ['breɪkʌp] ① Auf-, Zerbrechen, Zerreißen ② (*auch übertragen*) Zerfall, Auflösung ③ Zusammenbruch ④ *einer Ehe:* Zerrüttung; (*zwischen Freunden*) Bruch

breast [brest] Brust; (*auch übertragen*) Busen **breast·feed** ['brestfiːd] stillen *Säugling;* **breast-fed child** Brustkind **breast·stroke** ['breststrəʊk] Brustschwimmen

breath [breθ] ① Atem; **out of breath** außer Atem; **catch one's breath** verschnaufen; **take a deep breath** tief Luft holen; **bad breath** Mundgeruch ② **go out for a breath of air** frische Luft schnappen gehen; **breath of wind** Windhauch ▶ IN WENDUNGEN: **below** [*oder* **under**] **one's breath** leise, flüsternd

breathe [bri:ð] ① atmen ② **breathe again** [*oder* **freely**] (*übertragen*) aufatmen ③ (*übertragen*) flüstern; **don't breathe a word about ...** verrate kein Wort über ...
◆ **breathe in** einatmen

breather ['bri:ðəʳ] Atempause, Verschnaufpause; **take a breather** verschnaufen **bre·ath·ing** ['bri:ðɪŋ] Atmung **breathing space** Atempause, Ruhepause **breath·less** ['breθlɪs] außer Atem, atemlos **breath·tak·ing** ['breθteɪkɪŋ] atemberaubend

bred [bred] *2. und 3. Form von* **breed**

breed[1] [bri:d] <bred, bred> ① sich fortpflanzen, sich vermehren; **I was born and bred in England** ich bin in England geboren und aufgewachsen ② Junge bekommen ③ züchten *Vieh* ④ (*übertragen*) hervorbringen, erzeugen, die Ursache sein

breed[2] [bri:d] Zucht, Rasse, Art

breed·ing ['bri:dɪŋ] ① Fortpflanzung, Brüten ② *von Vieh:* Zucht ③ (*übertragen*) Erziehung ④ Benehmen, Bildung

breeze [bri:z] Brise
◆ **breeze in** fröhlich hereinschneien

brew [bru:] ① brauen *Bier* ② zubereiten *Getränk* ③ *Tee:* ziehen ④ (*übertragen*) *Gewitter, Böses:* sich zusammenbrauen, im Anzug sein, in der Luft liegen **brew·ery** ['brʊərɪ] Brauerei

bribe[1] [braɪb] Schmier-, Bestechungsgeld

bribe[2] [braɪb] bestechen

bri·bery ['braɪbərɪ] Bestechung; [**not**] **open to bribery** [un]bestechlich

brick [brɪk] ① Ziegel, Backstein ② (*Spielzeug*) Bauklotz
◆ **brick in**, **brick up** zu-, vermauern

brick·layer ['brɪkˌleɪəʳ] Maurer(in)

bride ['braɪd] Braut **bride·groom** ['braɪdgrʊm] Bräutigam **brides·maid** ['braɪdzmeɪd] Brautjungfer

bridge[1] [brɪdʒ] ① Brücke ② Kommandobrücke ③ Nasenrücken ④ (*Zahnprothese*) Brücke ⑤ (*Kartenspiel*) Bridge

bridge[2] [brɪdʒ] ① eine Brücke schlagen [*oder* bauen] über ② (*übertragen*) überbrücken

bridle[1] ['braɪdl] Zaum[zeug]

bridle[2] ['braɪdl] sich entrüstet wehren (**at** gegen)

bridle-path Reitweg

brief[1] [bri:f] ① kurz ② kurz gefasst, knapp; **in brief** in Kürze, kurz; **be brief** sich kurz fassen

brief[2] [bri:f] ① **brief someone** jemandem einen Auftrag geben ② einweisen, instruieren

brief·case ['bri:fkeɪs] Aktentasche, Aktenmappe **brief·ly** ['bri:flɪ] kurz, in Kürze, mit wenigen Worten

bright [braɪt] ① leuchtend, strahlend, hell ② *Wetter:* heiter, klar ③ glücklich, freudig ④ aufgeweckt, gescheit **brighten** ['braɪtn], **brighten up** ['braɪtn ʌp] ① aufhellen, [auf]polieren ② aufheitern, aufmuntern ③ *Himmel:* sich aufhellen ④ *Gesicht:* aufleuchten

brill ['brɪl] (*umgangsspr*) prima, toll, Spitze!

bril·liant ['brɪlɪənt] ① hell leuchtend ② (*übertragen*) glänzend, brillant; *Mensch:* geistreich ③ **that's brilliant!** das ist fantastisch!; (*ironisch*) na, super [*oder* toll]!

brim [brɪm] ① *von Gefäß:* Rand; **full to the brim** randvoll ② *von Hut:* Krempe **brim·ful** [ˌbrɪm'fʊl] randvoll; **he is brimful of ideas** er steckt voller Ideen

bring [brɪŋ] <brought, brought> ① [mit-, her]bringen ② einbringen *Gewinn;* erzielen *Preis* ③ **bring someone to do something** jemanden dazu bringen [*oder* bewegen], etwas zu tun ④ **bring to bear** anwenden (**on** auf), anbringen (**on** bei), geltend machen ▸ IN WENDUNGEN: **bring to an end** beenden; **bring to light** ans Licht bringen; **bring into play** ins Spiel bringen, ins Feld führen
◆ **bring about** verursachen
◆ **bring along** mitbringen
◆ **bring back** ① ins Gedächtnis [zurück]rufen ② zurückbringen *Gegenstand*
◆ **bring down** ① herunterbringen, herunterholen ② herabsetzen *Preis*
◆ **bring forward** ① vorbringen ② vorverlegen ③ zur Sprache bringen
◆ **bring in** ① (*finanziell*) einbringen ② hereinbringen ③ einführen ④ einbringen *Gesetzesvorlage*
◆ **bring off** ① retten, wegbringen ② zu Stande, zu Wege bringen
◆ **bring on** ① verursachen, bewirken ② (*Theater*) auftreten lassen ③ fördern, weiterbringen
◆ **bring out** ① klar, deutlich machen ② herausbringen *Buch* ③ auf den Markt bringen

Ware ④ **bring someone out of himself** jemandem die Hemmungen nehmen ⑤ **bring someone out in spots** bei jemandem einen Ausschlag verursachen

◆ **bring round** ① wieder zu Bewusstsein bringen ② umstimmen ③ bringen (**to** auf)

◆ **bring up** ① auf-, erziehen ② zur Sprache bringen ③ erbrechen ④ **bring up the rear** als Letzter kommen

brink [brɪŋk] (*auch übertragen*) Rand; **on the brink of disaster** am Rande des Abgrunds

brisk [brɪsk] ① lebhaft, munter ② *Schritte:* rasch, flott ③ *Wind:* frisch

Brit·ain ['brɪtn] Großbritannien

i Land & Leute Das Königreich England, das Königreich Schottland und das Fürstentum Wales bilden zusammen **Great Britain** (Großbritannien). Great Britain und Nordirland wiederum bilden zusammen das **United Kingdom** (Vereinigte Königreich). Der geografische Begriff **British Isles** (Britische Inseln) bezieht sich auf das Vereinigte Königreich mit zahlreichen Inseln (wie z. B. die Hebriden, die Orkneyinseln, die Shetlandinseln, die Insel Man, die Scilly Inseln, die Kanalinseln) und Irland (Eire).

Brit·ish [1] ['brɪtɪʃ] britisch

Brit·ish [2] ['brɪtɪʃ] **the British** die Briten

Briton ['brɪtn] Brite, Britin

broad [brɔːd] ① breit, weit ② allgemein, umfassend ③ grob, vage ④ großzügig, tolerant ⑤ klar, unmissverständlich; **broad hint** deutlicher Wink ⑥ *Dialekt:* breit ⑦ **broad daylight** helles Tageslicht

broad·cast [1] ['brɔːdkɑːst] Rundfunk-, Fernsehübertragung

broad·cast [2] ['brɔːdkɑːst] <broadcast, broadcast> ① (*Radio, TV*) senden, übertragen ② im Rundfunk, Fernsehen übertragen ③ (*umgangsspr*) an die große Glocke hängen, ausposaunen

broad·cast·ing ['brɔːdkɑːstɪŋ] Rundfunk-, Fernsehübertragung

broaden ['brɔːdn] [sich] verbreitern, [sich] erweitern

broad·ly ['brɔːdlɪ] ① allgemein; **broadly speaking** ganz allgemein gesehen ② (*hinweisen*) deutlich

broad-minded [ˌbrɔːd'maɪndɪd] tolerant

i Land & Leute Jeder kennt die berühmteste Straße in New York City: den **Broadway**. Es ist eine sehr breite und lange Hauptverkehrsstraße. An dieser Straße befindet sich das berühmte Theaterviertel mit dem gleichen Namen. Broadway steht für das große amerikanische Theater, und fast alle wichtigen Theaterstücke wurden hier gespielt. Theaterstücke, die nicht in diesem Viertel gezeigt werden, sind oft experimentelle oder billige Produktionen und werden als „off-Broadway plays" bezeichnet.

broc·coli ['brɒkəlɪ] Brokkoli

bro·chure ['brəʊʃəʳ] Broschüre

broke [1] [brəʊk] *2. Form von* **break**

broke [2] [brəʊk] (*slang*) abgebrannt, pleite

bro·ken [1] ['brəʊkn] *3. Form von* **break**

bro·ken [2] ['brəʊkn] ① kaputt, gebrochen, zerbrochen ② *Gesundheit:* zerrüttet ③ **broken English** gebrochenes Englisch; **broken sleep** unterbrochener Schlaf

broken-down *Maschine:* nicht betriebs-, gebrauchsfähig **broken-hearted** mit gebrochenem Herzen, untröstlich

brolly ['brɒlɪ] (GB) (*umgangsspr*) Schirm

bronze [1] [brɒnz] Bronze

bronze [2] [brɒnz] bronzen, bronzefarben

Bronze Age Bronzezeit

brooch [brəʊtʃ] Brosche

brood [1] [bruːd] (*auch abwertend*) Brut

brood [2] [bruːd] (*auch übertragen*) brüten (**on, over** über)

broody ['bruːdɪ] (*auch übertragen*) brütend

brook [brʊk] Bach

broom [bruːm] Besen **broom·stick** ['bruːmstɪk] Besenstiel

broth [brɒθ] [Fleisch]Brühe

brother ['brʌðəʳ] (*auch übertragen*) Bruder; **brother**[s] **and sister**[s] Geschwister

brother-in-law ['brʌðərɪnlɔː] <*plural* brothers-in-law> Schwager

brought [brɔːt] *2. und 3. Form von* **bring**

brown [1] [braʊn] braun

brown [2] [braʊn] Braun

brown [3] [braʊn] ① bräunen; anbraten *Fleisch* ② braun werden

brown bread Misch-, Graubrot **brown paper** ['braʊn'peɪpəʳ] Packpapier **brown rice** Naturreis

browse [braʊz] (*übertragen*) sich umsehen;

(*in Büchern*) [herum]schmökern

bruise[1] [bruːz] Bluterguss, blauer Fleck

bruise[2] [bruːz] **bruise onseself** einen blauen Fleck bekommen

brush[1] [brʌʃ] ① Bürste ② Pinsel ③ Besen

brush[2] [brʌʃ] ① bürsten; **brush one's teeth** sich die Zähne putzen ② fegen, kehren *Boden* ③ streifen *Körperteil*

◆ **brush aside** zur Seite schieben, abtun

◆ **brush away** abbürsten

◆ **brush off** ① abbürsten ② (*umgangsspr*) abblitzen lassen

◆ **brush up** ① aufkehren ② (*übertragen*) auffrischen

brush-off ['brʌʃɒf] **give someone the brush-off** (*umgangsspr*) jemandem eine Abfuhr erteilen

Brus·sels ['brʌslz] Brüssel **Brussels sprouts** *plural* Rosenkohl

bru·tal ['bruːtl] roh, brutal **brute** [bruːt] **by brute force** mit roher Gewalt

BSE *Abkürzung von* **bovine spongiform encephalopathy** BSE

bubble[1] ['bʌbl] [Luft-, Seifen]Blase

bubble[2] ['bʌbl] sprudeln, blubbern

◆ **bubble over** überfließen, übersprudeln

bubble bath Schaumbad **bubble gum** Bubblegum

bub·bly[1] ['bʌblɪ] ① sprudelnd ② quirlig

bub·bly[2] ['bʌblɪ] (*umgangsspr*) Schampus

buck [bʌk] (USA) (*slang*) Dollar ▶ IN WENDUNGEN: **pass the buck** die Verantwortung abschieben (**to** auf)

◆ **buck up** (*umgangsspr*) ① sich beeilen ② sich zusammenreißen ▶ IN WENDUNGEN: **buck someone up** jemandem Dampf machen, jemanden aufmuntern

bucket ['bʌkɪt] Eimer, Kübel ▶ IN WENDUNGEN: **kick the bucket** (*slang*) ins Gras beißen **bucket·ful** ['bʌkɪtfʊl] Eimer voll

> **i Land & Leute** Der **Buckingham Palace** in London ist der Hauptwohnsitz der britischen Königin, Elizabeth II. Der Palast hat über 600 Räume und wurde von 1821 bis 1830 für König George IV gebaut.

buckle[1] ['bʌkl] Schnalle, Spange

buckle[2] ['bʌkl] ① zuschnallen; **buckle your seatbelts** schnallt euch an ② sich werfen, sich verziehen

◆ **buckle down** **buckle down to something** etwas ernsthaft in Angriff nehmen

◆ **buckle up** sich anschnallen

bud [bʌd] Knospe ▶ IN WENDUNGEN: **nip in the bud** im Keim ersticken **bud·ding** ['bʌdɪŋ] (*übertragen*) angehend

buddy ['bʌdɪ] (USA) (*umgangsspr*) Kumpel

budge [bʌdʒ] ① sich von der Stelle rühren; **budge up!** rutsch mal rüber! ② sich bewegen

bud·geri·gar ['bʌdʒərɪgɑːʳ] Wellensittich

budget[1] ['bʌdʒɪt] Etat, Budget

budget[2] ['bʌdʒɪt] **budget for something** etwas im Haushaltsplan vorsehen

buf·falo ['bʌfələʊ] <*plural* buffalo(e)s> Büffel, Bison

buf·fer ['bʌfəʳ] Puffer

buf·fet ['bʊfeɪ] Büfett; **cold buffet** kaltes Büfett **buffet car** (GB) Speisewagen

bug[1] [bʌg] ① Wanze ② (*allgemein*) Insekt; (USA) Käfer ③ (*umgangsspr*) Bazillus ④ (*Abhörgerät*) Wanze

bug[2] [bʌg] ① eine Wanze einbauen in ② (*umgangsspr*) ärgern

bug·ger ['bʌgəʳ] (*slang*) Kerl, Bursche; (*als Schimpfwort*) Scheißkerl

◆ **bugger off** (*slang*) abhauen

◆ **bugger up** (*slang*) versauen

buggy ['bʌgɪ] ① Buggy ② (USA) Kinderwagen

build[1] [bɪld] Körperbau, Figur

build[2] [bɪld] <built, built> ① bauen ② auf-, erbauen, errichten

◆ **build in** einbauen, einplanen

◆ **build on** anbauen

◆ **build up** ① aufbauen, aufbessern ② steigern, erhöhen ③ bebauen ④ sich verdichten

builder ['bɪldəʳ] ① Bauarbeiter(in) ② Bauunternehmer

build·ing ['bɪldɪŋ] ① Bau[werk], Gebäude ② Bau, Bauen **building site** Baustelle **building society** Bausparkasse

build-up ['bɪldʌp] ① Reklame, Propaganda ② Steigerung ③ **a build-up of traffic** eine Verkehrsverdichtung

built [bɪlt] *2. und 3. Form von* **build** **built-in** ['bɪlt'ɪn] eingebaut **built-up** ['bɪltʌp] **built-up area** bebautes Gelände, geschlossene Ortschaft

bulb [bʌlb] ① [Blumen]Zwiebel, Knolle ② [Glüh]Birne

bulge[1] [bʌldʒ] Ausbuchtung, Beule

bulge[2] [bʌldʒ] anschwellen, sich wölben

bulg·ing [bʌldʒɪŋ] ① prall gefüllt ② **bulging eyes** Glotzaugen

bulk [bʌlk] ① Masse, Größe; **buy in bulk** en gros kaufen ② Hauptteil, Mehrzahl; **the bulk of the text** der größte Teil des Textes

bulky ['bʌlkɪ] ① umfangreich, massig ② unhandlich, sperrig

bull [bʊl] Stier, Bulle ▶ IN WENDUNGEN: **like a bull in a china shop** wie ein Elefant im Porzellanladen; **take the bull by the horns** den Stier bei den Hörnern packen

bull·dog ['bʊldɒg] Bulldogge

bull·doze ['bʊldəʊz] planieren **bull·dozer** ['bʊldəʊzəʳ] Planierraupe, Bulldozer

bul·let ['bʊlɪt] Gewehrkugel, Geschoss

bulletin board (USA) schwarzes Brett

bul·let·proof kugelsicher

bull·fight ['bʊlfaɪt] Stierkampf

bull·shit (*slang*) Scheiße; **bullshit!** Quatsch!

bully[1] ['bʊlɪ] Tyrann; (*in der Schule*) Rabauke

bully[2] ['bʊlɪ] einschüchtern, schikanieren

bum[1] [bʌm] (*umgangsspr*) Hintern

bum[2] [bʌm] (*slang*) Penner

bum[3] [bʌm] (*slang*) mies, erbärmlich, schlecht

◆ **bum around** (*slang*) rumgammeln

bumble-bee ['bʌmblbiː] Hummel

bump[1] [bʌmp] ① Stoß, Puff, Bums ② **bump on the head** Beule am Kopf ③ (*in der Straße*) Unebenheit

bump[2] [bʌmp] ① **bump something** gegen etwas stoßen, etwas rammen ② auffahren ③ anstoßen (**against, into** gegen, an) ④ rumpeln, holpern

◆ **bump off** (*slang*) um die Ecke bringen

bum·per ['bʌmpəʳ] Stoßstange

bumpy ['bʌmpɪ] holp(e)rig

bun [bʌn] ① (GB) süßes Brötchen ② [Haar]Knoten

bunch[1] [bʌntʃ] ① Büschel, Bündel ② **bunch of flowers** Blumenstrauß; **bunch of grapes** Weintraube; **bunch of keys** Schlüsselbund ③ (*umgangsspr*) Haufen; **a bunch of people** eine Menschengruppe

bunch[2] [bʌntʃ] ① **bunch together** zusammenfassen ② sich bauschen

bundle[1] ['bʌndl] (*auch übertragen*) Bündel, Paket

bundle[2] ['bʌndl] ① [zusammen]bündeln, zusammenbinden ② [unordentlich] [hinein]stopfen (**into** in) ③ verfrachten *Menschen* ④ **bundle away/off/out** [schnell] weg-/fort-/hinausbefördern ⑤ **bundle someone off to bed** jemanden ins Bett packen

bungle ['bʌŋgl] [ver]pfuschen, stümpern

bunk [bʌŋk] Koje

bunk bed Etagenbett, Stockbett

bunny ['bʌnɪ] (*Kindersprache*) Kaninchen

> **i Land & Leute** Das **Bunyip** ist ein australisches Monster, das angeblich in Sümpfen, Lagunen und Wasserlöchern haust. Dieses Fabelwesen tauchte ungefähr zur gleichen Zeit erstmals in den Erzählungen der Aborigines auf, als die europäischen Siedler Rinder nach Australien brachten. Wissenschaftler vermuten deshalb, dass die Aborigines sich vor dem Gebrüll der unbekannten Rinder, die sich im Schlamm von Wasserlöchern aufhielten, fürchteten. So soll die Vorstellung vom Sumpfmonster, dem Bunyip, entstanden sein.

bur·den[1] ['bɜːdn] (*auch übertragen*) Last

bur·den[2] ['bɜːdn] (*auch übertragen*) belasten

bureau ['bjʊərəʊ] **information** [*oder* **tourist**] **bureau** Auskunft

bur·ger ['bɜːgəʳ] Hamburger

bur·glar ['bɜːgləʳ] Einbrecher(in) **bur·glary** ['bɜːglərɪ] Einbruch[sdiebstahl] **burgle** ['bɜːgl] einbrechen in; **we were burgled** bei uns wurde eingebrochen

burn[1] [bɜːn] Brandwunde, Verbrennung

burn[2] [bɜːn] <burnt *oder* burned, burnt *oder* burned> ① verbrennen ② anzünden, in Brand stecken; **burn a hole in something** ein Loch in eine Sache brennen ③ verfeuern *Kohle;* brennen *Ziegel* ④ sich verbrennen *den Mund, die Finger* ⑤ anbrennen [lassen] *Speise* ⑥ *Hitze:* versengen, ausdörren ⑦ brennen, in Flammen stehen ⑧ *Licht:* brennen, eingeschaltet sein ⑨ (*übertragen*) darauf brennen (**to** zu) ⑩ (*vor Wut*) kochen, schäumen

◆ **burn down** ab-, niederbrennen

◆ **burn out** ① völlig ausbrennen/verbrennen, ausgehen ② *Sicherung:* durchbrennen

◆ **burn up** ① verbrennen ② (*übertragen*) verzehren ③ auflodern ④ verglühen

burn·ing ['bɜːnɪŋ] ① (*auch übertragen*)

brennend, glühend; **burning hot** glühend heiß ② (*übertragen*) leidenschaftlich, feurig

> **i Land & Leute** Den Geburtstag des schottischen Dichters Robert Burns (1759–96), den 25. Januar, feiern die Schotten mit der so genannten **Burns Night**. Dazu gibt es ein besonderes Essen: das „Burns Supper“. Es besteht aus haggis, neeps (Rüben) und mashed tatties (Kartoffelbrei). **Haggis** ist eine Art Hackbraten aus gewürzten Schafsinnereien, vermischt mit Hafer und Zwiebeln, die im Schafsmagen gekocht und später im Ofen gebacken werden.

burnt[1] [bɜːnt] *2. und 3. Form von* **burn**

burnt[2] [bɜːnt] verbrannt; **have a burnt taste** angebrannt schmecken

burp [bɜːp] (*umgangsspr*) rülpsen

bur·row[1] ['bʌrəʊ] Bau

bur·row[2] ['bʌrəʊ] ① sich einwühlen; graben ② (*übertragen*) sich vergraben (**into** in)

burst[1] [bɜːst] ① (*im Rohr*) Bruch ② Explosion ③ (*übertragen*) Ausbruch, Anfall; **burst of applause** Beifallssturm

burst[2] [bɜːst] <burst, burst> ① bersten, [zer]platzen, explodieren ② *Knospe:* aufbrechen; *Sturm:* ausbrechen ③ (*auch übertragen*) bersten, platzen (**with** vor); **be bursting with health** vor Gesundheit strotzen; **burst into tears** in Tränen ausbrechen ④ **burst open** aufbrechen ⑤ **be bursting to do something** darauf brennen, etwas zu tun ⑥ sprengen; **the river burst its banks** der Fluss trat über die Ufer

◆ **burst in** ① (*ins Zimmer*) hineinstürzen ② (*in ein Gespräch*) dazwischenplatzen

◆ **burst out** ausrufen, [plötzlich] schreien; **burst out crying/laughing** in Tränen/Lachen ausbrechen

bury ['berɪ] ① begraben, beerdigen ② ein-, vergraben ③ verbergen ► IN WENDUNGEN: **bury oneself in one's books** sich in seinen Büchern vergraben

bus [bʌs] <buses *oder* (USA) busses> ① Bus; **go by bus** mit dem Bus fahren ② (*umgangsspr: Auto, Flugzeug*) Kiste ► IN WENDUNGEN: **miss the bus** (*umgangsspr*) den Anschluss verpassen **bus driver** Busfahrer(in)

bush [bʊʃ] ① Busch, Strauch, Gebüsch ② (*in Afrika*) Busch ► IN WENDUNGEN: **beat about the bush** (*übertragen*) wie die Katze um den heißen Brei herumschleichen **bushy** ['bʊʃɪ] buschig

busi·ly ['bɪzɪlɪ] geschäftig, eifrig

busi·ness ['bɪznɪs] ① Handel, Gewerbe; **on business** geschäftlich ② Unternehmen, gewerblicher Betrieb ③ Aufgabe, Angelegenheit ④ **get down to business** zur Sache kommen; **mind your own business!** kümmern Sie sich um Ihre eigenen Angelegenheiten!; **that's none of your business!** das geht Sie nichts an!; **have no business to** kein Recht haben zu; **mean business** es ernst meinen **business address** Geschäftsadresse **business card** Visitenkarte **business hours** Geschäftszeit[en] **busi·ness·like** ['bɪznɪslaɪk] ① geschäftstüchtig ② praktisch [veranlagt], gewandt **busi·ness·man** ['bɪznɪsmæn] <*plural* businessmen> Geschäftsmann **business trip** Geschäftsreise **busi·ness·woman** ['bɪznɪswʊmən] <*plural* businesswomen> ['bɪznɪswɪmɪn] Geschäftsfrau

busker ['bʌskəʳ] Straßenmusikant(in)

bus service Busverbindung **bus station** Busbahnhof **bus stop** Bushaltestelle

bust[1] [bʌst] ① Busen ② (*in der Kunst*) Büste

bust[2] [bʌst] (*umgangsspr*) ① kaputt machen ② (USA) eine Razzia durchführen (in) ③ kaputt gehen ④ **go bust** Pleite gehen

bustle[1] ['bʌsl] **bustle about** sehr geschäftig tun

bustle[2] ['bʌsl] Geschäftigkeit, Eile

bust-up ['bʌstʌp] (*slang*) Krach, Streit

busy[1] ['bɪzɪ] ① beschäftigt; **be busy doing something** gerade etwas tun ② bewegt, belebt ③ *Straße:* verkehrsreich, belebt; *Tag:* voll ausgefüllt; *Mensch:* ausgelastet ④ *Telefon:* besetzt

busy[2] ['bɪzɪ] **busy oneself** sich beschäftigen (**with** mit)

but[1] [bʌt] ① aber, dennoch, [je]doch ② sondern ③ *nach Verneinung* **not only … but also** nicht nur …, sondern auch ④ als; **I had no alternative but to go** es blieb mir nichts anderes übrig als zu gehen ⑤ **but for** ohne; **but for my friends and family** wenn es meine Freunde und Familie nicht gegeben hätte

but[2] [bʌt] außer; **anything but** nichts weniger als; **nothing but** nichts als; **the last but one** der Vorletzte; **all but one** alle bis auf einen

butcher ['bʊtʃəʳ] Metzger(in), Fleischer(in); **butcher's shop** Fleischerei, Metzgerei

butt [bʌt] Zigarettenstummel
◆ **butt in** (*umgangsspr*) sich einmischen
◆ **butt into** (*umgangsspr*) **butt into the conversation** dazwischenplatzen

but·ter¹ ['bʌtəʳ] Butter

but·ter² ['bʌtəʳ] mit Butter bestreichen
◆ **butter up** **butter someone up** jemandem schmeicheln

butter dish Butterdose

but·ter·fly ['bʌtəflaɪ] ① Schmetterling ② (*Schwimmstil*) Schmetterlings-, Delphinstil

but·tock ['bʌtək] ① Hinterbacke ② *meist plural* Hinterteil, Gesäß

but·ton¹ ['bʌtn] ① Knopf; **press the button** auf den Knopf drücken ② **button mushroom** junger Champignon

but·ton² ['bʌtn] ① zuknöpfen ② **button your lip!** (*slang*) halt den Mund!
◆ **button up** ① [zu]knöpfen ② (*umgangsspr*) erledigen, fertigbringen *Aufgabe*

buy [baɪ] <bought, bought> ① kaufen, erwerben, erstehen; **buy at an auction** ersteigern ② lösen *Fahrkarte* ③ (*übertragen*) erkaufen (**with** mit) ④ **buy something** (*übertragen*) etwas akzeptieren, etwas glauben
◆ **buy back** zurückkaufen
◆ **buy in** einkaufen
◆ **buy off** (*umgangsspr*) abkaufen
◆ **buy out** auszahlen, aufkaufen
◆ **buy up** aufkaufen

buyer ['baɪəʳ] ① Käufer(in), Abnehmer(in) ② Einkäufer(in)

buzz¹ [bʌz] Summen, Brummen; **give someone a buzz** (*umgangsspr*) jemanden anrufen

buzz² [bʌz] ① summen, surren ② *Straße, Stadt:* lebendig, voller Leben sein ③ (USA) (*umgangsspr*) anrufen
◆ **buzz off** (*slang*) abhauen

buzzer ['bʌzəʳ] Summer

by¹ [baɪ] ① *örtlich* bei, an, neben; **by the sea** an der See; **sit by me** setz dich zu mir ② *örtlich* an … vorbei; **we came by your house yesterday** wir sind gestern an deinem Haus vorbeigekommen ③ *zeitlich* während, in, an; **by day** bei, am Tage, tagsüber ④ *zeitlich* vor, bis [zu]; **by tomorrow** bis morgen; **by now** bisher, bis jetzt; **by then** bis dahin ⑤ (*je*) **by the day** am Tag, täglich, pro Tag; **by the pound** pfundweise ⑥ von, durch, mit; **a tragedy by Shakespeare** eine Tragödie von Shakespeare; **by car/train/bus/plane** mit dem Wagen/dem Zug/dem Bus/dem Flugzeug ⑦ nach, von; **by name** dem Namen nach; **by the name of** unter dem Namen; **by nature** von Natur [aus] ⑧ (*nach einer Sache urteilen*) **what do you mean by that?** was meinen Sie damit? was wollen Sie damit sagen? ⑨ (*nacheinander*) **little by little** nach und nach; **one by one** einer nach dem andern; **step by step** Schritt für Schritt ► IN WENDUNGEN: [**all**] **by oneself** [ganz] allein, ohne Hilfe; **by chance** zufällig; **by the way** [*oder* **by**[**e**]] übrigens

by² [baɪ] ① *räumlich* vorbei; **I can't get by** ich kann [*oder* komme] nicht vorbei ② *zeitlich* **in days gone by** in vergangener, früherer Zeit ► IN WENDUNGEN: **stand by** in der Nähe sein, bereit sein; **put** [*oder* **lay**] **by** auf die Seite legen, sparen; **by and by** nach und nach; **by and large** im Großen und Ganzen

bye-bye ['baɪ'baɪ] auf Wiedersehen! tschüs(s)! **by·pass** ['baɪpɑːs] ① Umgehungsstraße ② (*Herz-*) Bypass **by·prod·uct** ['baɪprɒdʌkt] Nebenprodukt

C c

C, c [siː] <*plural* C's, c's> ① (*auch Musik*) C, c ② (*Schulnote*) befriedigend

cab [kæb] ① **taxi-cab** Taxe, Taxi; **go by cab** mit der Taxe fahren ② (*im Kran*) Führerstand ③ (*im Lastkraftwagen*) Führerhaus

cab·bage ['kæbɪdʒ] Kohl

cabby ['kæbɪ] (*umgangsspr*) Taxifahrer(in)

cabin ['kæbɪn] ① Hütte ② Wochenendhaus ③ Kabine, Kajüte ④ (*im Flugzeug*) Cockpit
cabin cruiser Motorboot mit Kabine

cabi·net ['kæbɪnɪt] ① Glasschrank, Vitrine ② Schrank, Kasten ③ *von Radio:* Gehäuse ④ **the Cabinet** (*in der Politik*) das Kabinett

cable¹ ['keɪbl] ① Tau, Drahtseil ② Telegramm ③ Kabel, Leitung ④ (*umgangsspr*)

Kabel[fernsehen]

cable² ['keɪbl] kabeln

cable car ① Seilbahn ② Straßenbahn **cable television** Kabelfernsehen

cab-rank ['kæbræŋk], **cab-stand** ['kæbstænd] Taxistand, Taxenstand

cackle ['kækl] gackern; (*übertragen*) plappern, kichern

cac·tus ['kæktəs] <*plural* cactuses, cacti> Kaktus

cadge [kædʒ] schnorren

Caesar·ian [sɪ'zeərɪən] **Caesarian [section]** Kaiserschnitt

café ['kæfeɪ] ① Café ② Restaurant **cafe·teria** [ˌkæfɪ'tɪərɪə] Selbstbedienungsrestaurant, Cafeteria

caf·fein(e) ['kæfiːn] Koffein

cage [keɪdʒ] ① Käfig ② (*Aufzug*) Kabine ③ (*im Bergbau*) Förderkorb **cagey** ['keɪdʒɪ] (*umgangsspr*) ① zurückhaltend ② (USA) gerissen

cake [keɪk] Kuchen ▸ IN WENDUNGEN: **be a piece of cake** (*umgangsspr*) kinderleicht sein

cal·cium ['kælsɪəm] Kalzium

cal·cu·late ['kælkjʊleɪt] ① berechnen ② (*übertragen*) schätzen, kalkulieren ③ (USA) annehmen, meinen **cal·cu·lated** ['kælkjʊleɪtɪd] berechnet, vorbedacht, absichtlich; **take a calculated risk** ein kalkulierbares Risiko eingehen **cal·cu·lat·ing** ['kælkjʊleɪtɪŋ] berechnend, überlegt

cal·cu·la·tion [ˌkælkjʊ'leɪʃn] Kalkulation, [Be]Rechnung **cal·cu·la·tor** ['kælkjʊleɪtəʳ] Taschenrechner

cal·en·dar ['kælɪndəʳ] Kalender

calf [kɑːf] <*plural* calves> [kɑːvz] ① Kalb ② Wade

call¹ [kɔːl] ① Ruf; **call for help** Hilferuf ② Anruf; **give someone a call** jemanden anrufen ③ (*für Flug*) Aufruf ④ An-, Nachfrage (**for** nach); **there's not much call for mosquito nets here** Moskitonetze sind hier kaum nötig ⑤ [kurzer] Besuch ⑥ *meist verneint* Anlass, Veranlassung (**for, to** zu); **he had no call to treat you like that** er hatte keinen Grund, dich so zu behandeln ⑦ **at call** bereit, verfügbar; **on call** auf Abruf, in Bereitschaft

call² [kɔːl] ① rufen; (*telefonisch*) anrufen; aufrufen *Namen;* **call someone names** jemanden be-, ausschimpfen ② holen, rufen *Arzt, Taxe* ③ wecken ④ nennen, bezeichnen; **be called after someone** nach jemandem heißen, genannt werden ⑤ betrachten, ansehen als, halten für ⑥ (*in ein Amt*) berufen ⑦ einberufen *Versammlung* ⑧ einlegen *Pause* ⑨ kurz besuchen, vorsprechen ▸ IN WENDUNGEN: **call attention to** aufmerksam machen auf; **call it a day** Feierabend machen; **call to mind** sich erinnern an; **call to order** zur Ordnung rufen; **call into question** in Frage stellen

◆ **call at** ① vorsprechen bei ② halten in *Ort;* anlaufen *Hafen; Flugzeug:* anfliegen

◆ **call back** zurückrufen

◆ **call for** ① fragen nach, ausrufen lassen *Person* ② (GB) abholen *Menschen* ③ benötigen, erfordern; **this calls for a celebration!** das muss unbedingt gefeiert werden! ④ **to be called for** *Paket, Brief:* postlagernd

◆ **call in** ① hereinrufen *Kinder* ② holen, zuziehen *Arzt* ③ vorsprechen (**on** bei)

◆ **call off** ① ab-, wegrufen ② absagen, abblasen *Veranstaltung*

◆ **call on** ① auf-, besuchen; **call on me at home/in my office** besuchen Sie mich zu Hause/in meinem Büro ② sich wenden an ③ **call on someone to do something** jemanden auffordern, etwas zu tun

◆ **call out** ① rufen, schreien ② [auf]rufen *Namen* ③ ausrufen *Haltestelle* ④ alarmieren *Feuerwehr* ⑤ zum Streiken auffordern

◆ **call up** ① anrufen ② ins Gedächtnis rufen ③ (*übertragen*) hervorrufen, wachrufen ④ einberufen *Truppen*

call-box ['kɔːlbɒks] Telefonzelle **caller** ['kɔːləʳ] ① Besucher(in) ② Anrufer(in)

call·ing ['kɔːlɪŋ] (*innerer Auftrag*) Berufung

calm¹ [kɑːm] ① Ruhe, Stille ② Windstille, Flaute ③ (*übertragen*) [innere] Ruhe

calm² [kɑːm] ① ruhig ② [wind]still ③ (*übertragen*) ruhig, friedlich

calm³ [kɑːm] beruhigen; **calm down** sich beruhigen; *Wind:* abflauen

cal·orie ['kælərɪ] Kalorie

calves [kɑːvz] *Pluralform von* **calf**

came [keɪm] *2. Form von* **come**

camel ['kæml] Kamel

cam·era ['kæmərə] Kamera, Fotoapparat

camp¹ [kæmp] [Zelt]Lager, Lagerplatz

camp² [kæmp] lagern, kampieren

◆ **camp out** zelten

cam·paign¹ [kæm'peɪn] ① Feldzug; (*über-*

tragen) Kampagne, Aktion ② (*politisch*) Wahlkampf

cam·paign^2 [kæm'peɪn] (*übertragen*) sich einsetzen (**for** für)

camper ['kæmpəʳ] ① (*Person*) Camper(in) ② (*Auto*) Campingbus, Wohnmobil **camp·fire** Lagerfeuer

camp·ing ['kæmpɪŋ] Zelten, Camping; **go camping** zelten[gehen]

camping ground ['kæmpɪŋgraʊnd] Camping-, Zeltplatz **camping van** ['kæmpɪŋvæn] Wohnmobil **camp·site** ['kæmpsait] Camping-, Zeltplatz

cam·pus ['kæmpəs] Universitätsgelände, Campus

can^1 [kæn] ① Kanne, Behälter ② [Konserven]Dose, Büchse ③ (USA) Mülleimer

can^2 [kæn] ① einmachen ② (USA) (*slang*) aufhören mit

can^3 [kən, *betont* kæn] <could> ① können; **I can't do it** ich kann es nicht tun; **I could have kissed her** ich hätte sie küssen können ② dürfen; **you can't go** du darfst nicht gehen; **can** [*oder* **could**] **I look at it?** darf ich es mir ansehen?

Canada ['kænədə] Kanada

> **i Land & Leute** Am 1. Juli feiern die Kanadier ihren Nationalfeiertag, den **Confederation Day** oder **Canada Day**.

ca·nal [kə'næl] Kanal

can·cel ['kænsl] ① [aus-, durch]streichen, ungültig machen ② entwerten *Briefmarke, Fahrschein* ③ rückgängig machen; stornieren *Auftrag* ④ absagen *Veranstaltung* **can·cel·la·tion** [ˌkænsə'leɪʃn] ① Streichung ② Entwertung ③ Absage ④ Kündigung ⑤ Annullierung; *von Auftrag:* Stornierung

can·cer ['kænsəʳ] (*Krankheit*) Krebs

> **i Land & Leute** Australien hat die höchste Erkrankungsrate an **skin cancer** (Hautkrebs) auf der Welt. Deshalb gibt es viele Vorbeugungsprogramme, die den sonnenliebenden Australiern die Gefahren von zu viel Sonnenbestrahlung bewusst machen sollen. Jedes Schulkind muss im Freien einen Sonnenhut tragen, und man bringt ihnen den Spruch bei: „to slip, slop, slap". Das bedeutet man soll ein Hemd anziehen (to slip), Sonnencreme auftragen (to slop) und einen Sonnenhut aufsetzen (to slap).

Can·cer ['kænsəʳ] (*Sternzeichen*) Krebs

can·did ['kændɪd] ① aufrichtig, ehrlich ② freimütig ③ *Fotografie:* unbemerkt aufgenommen

can·di·date ['kændɪdət] Kandidat(in), Bewerber(in)

candle ['kændl] Kerze; **light a candle** eine Kerze anzünden **candle·light** Kerzenlicht **candle·stick** Kerzenhalter, Leuchter

candy ['kændɪ] ① **sugar-candy** Kandis[zucker] ② (USA) Bonbon ③ ⚠ *kein Plural* (USA) Süßigkeiten **candy floss** ['kændɪˌflɒs] (GB) Zuckerwatte

cane^1 [keɪn] [Spazier-, Rohr]Stock

cane^2 [keɪn] [ver]prügeln

cane chair Rohrstuhl

cane sugar Rohrzucker

can·ned [kænd] ① eingemacht, Büchsen-, Dosen-; **canned meat** Büchsenfleisch; **canned milk** Büchsenmilch ② (*slang*) besoffen ③ **canned music** (*umgangsspr*) Musikberieselung

can·non ['kænən] Kanone, Geschütz

can·not ['kænɒt] *verneinte Form von* **can**: **she cannot swim** sie kann nicht schwimmen; **you cannot park here** hier dürfen Sie nicht parken

ca·noe^1 [kə'nuː] Kanu, Paddelboot

ca·noe^2 [kə'nuː] Kanu fahren, paddeln

ca·noe·ing [kə'nuːɪŋ] Kanufahren **ca·noe·ist** [kə'nuːɪst] Kanufahrer(in)

can opener ['kænˌəʊpənəʳ] Büchsen-, Dosenöffner

can't [kɑːnt] *Kurzform von* **cannot**

can·teen [kæn'tiːn] Kantine

can·vas ['kænvəs] ① Segeltuch ② Zeltleinwand ③ (*für Malerei*) Leinwand

can·vass ['kænvəs] ① werben *Kunden, Wähler* ② einen Wahlfeldzug führen ③ werben (**for** für), sich um Aufträge bemühen

can·yon ['kænjən] Schlucht

cap^1 [kæp] ① Mütze, Kappe, Haube ② Aufsatz, Deckel ③ *einer Flasche:* Verschluss

cap^2 [kæp] ① bedecken ② (*übertragen*) übertreffen

ca·pable ['keɪpəbl] ① fähig, tüchtig ② befähigt, geeignet ③ (*abwertend*) fähig (**of** zu); **he is capable of anything** er ist zu allem fähig ④ **be capable of walking** im Stande sein zu gehen, gehen können

ca·pac·ity [kəˈpæsətɪ] ① Inhalt, Volumen ② Fassungskraft, Fassungsvermögen; **filled to capacity** (*Theater*) voll [besetzt] ③ (*übertragen*) Umfang ④ Fähigkeit, Vermögen ⑤ Leistung[sfähigkeit] ⑥ Funktion; **in my capacity as** in meiner Eigenschaft als

cape¹ [keɪp] Umhang, Cape

cape² [keɪp] Kap; **Cape Horn/Cape of Good Hope** Kap Horn/Kap der guten Hoffnung

capi·tal¹ [ˈkæpɪtl] ① Kapital, Vermögen ② Hauptstadt ③ Großbuchstabe

capi·tal² [ˈkæpɪtl] ① **capital letter** Großbuchstabe ② **capital punishment** Todesstrafe ③ **capital crime** Kapitalverbrechen

capital investment Kapitalanlage

capi·tal·ism [ˈkæpɪtəlɪzəm] Kapitalismus

capi·tal·ist¹ [ˈkæpɪtəlɪst] Kapitalist(in)

capi·tal·ist² [ˈkæpɪtəlɪst] kapitalistisch

capi·tal let·ter [ˈkæpɪtl ˈletəʳ] Großbuchstabe **capital punishment** Todesstrafe

Cap·ri·corn [ˈkæprɪkɔːn] (*Sternzeichen*) Steinbock

cap·size [kæpˈsaɪz] kentern [lassen]

cap·sule [ˈkæpsjuːl] Kapsel

cap·tain¹ [ˈkæptɪn] ① (*in der Armee*) Hauptmann ② *eines Schiffs:* Kapitän ③ Flugzeugführer, -kapitän ④ (*im Sport*) Kapitän, Mannschaftsführer(in)

cap·tain² [ˈkæptɪn] **captain a team** eine Mannschaft führen

cap·tion [ˈkæpʃn] [Bild]Erklärung, Bildunterschrift

cap·tive¹ [ˈkæptɪv] gefangen; **hold/take captive** gefangen halten/nehmen

cap·tive² [ˈkæptɪv] Gefangene(r)

cap·tiv·ity [kæpˈtɪvətɪ] Gefangenschaft, Haft

cap·ture¹ [ˈkæptʃəʳ] ① Gefangennahme ② Eroberung

cap·ture² [ˈkæptʃəʳ] ① gefangen nehmen ② einfangen *Tier, Augenblick* ③ einnehmen, erobern *Stadt;* kapern *Schiff* ④ erbeuten *Preis, Stimmen;* an sich reißen *Aufmerksamkeit*

car [kɑːʳ] ① [Kraft]Wagen, Auto[mobil]; **by car** mit dem Wagen, Auto; **drive a car** einen Wagen/ein Auto fahren ② [Straßenbahn]Wagen; (USA) [Eisenbahn]Wagen, Waggon

cara·van [ˈkærəvæn] (GB) Wohnwagen

car bomb [ˈkɑːbɒm] Autobombe

car·bon·ated [ˈkɑːbəneɪtɪd] mit Kohlensäure **carbon dioxide** Kohlendioxyd **carbon monoxide** Kohlenmonoxyd

car-boot sale [ˈkɑːbuːtˌseɪl] *privater Flohmarkt, bei dem der Kofferraum als Verkaufsfläche dient*

card [kɑːd] ① Karte; **game of cards** Kartenspiel ② Pappe ③ **on the cards** wahrscheinlich, möglich

card·board [ˈkɑːdbɔːd] Pappe **cardboard box** Pappschachtel, Pappkarton

car deck [ˈkɑːˌdek] Autodeck

car·di·gan [ˈkɑːdɪgən] Strickjacke

cardinal number Kardinalzahl

card·phone [ˈkɑːdfəʊn] Kartentelefon **card table** Kartenspieltisch

care¹ [keəʳ] ① Sorgfalt, Achtsamkeit; **take care** vorsichtig sein, aufpassen; **take care!** mach's gut! ② **take care of something** etwas erledigen/aufbewahren ③ **take care of oneself** sich pflegen ④ (*für Auto, Garten*) Pflege, Wartung ⑤ (*für einen Mensch*) Fürsorge ⑥ Obhut; **in** [*oder* **under**] **someone's care** in jemandes Obhut

care² [keəʳ] ① sich sorgen (**about** über) ② *fragend und verneint* gern haben, mögen, Interesse haben an; **I don't care** das ist mir egal; (*neutraler*) das macht mir nichts aus ③ *fragend* **would you care to go for a walk?** würden Sie gerne spazieren gehen?

◆ **care for** ① sich kümmern um; **be cared for** versorgt sein ② Interesse haben an, Lust haben zu; **I don't much care for chocolate** ich mache mir nicht viel aus Schokolade

ca·reer [kəˈrɪəʳ] ① Laufbahn, Karriere ② Beruf

care·free [ˈkeəfriː] ohne Sorgen, sorglos

care·ful [ˈkeəfl] sorgfältig, achtsam, sorgsam; **be careful** vorsichtig sein, aufpassen **care·less** [ˈkeəlɪs] ① *Person, Arbeit:* nachlässig ② unachtsam (**of** gegen) ③ *Handlung, Bemerkung:* gedankenlos **care·less·ness** [ˈkeəlɪsnɪs] ① Unachtsamkeit, Nachlässigkeit ② Sorglosigkeit

care·taker [ˈkeəˌteɪkəʳ] ① Hausmeister ② **caretaker government** Interimsregierung

car ferry Autofähre

cargo [ˈkɑːgəʊ] <*plural* cargo(e)s> Fracht, [Schiffs]Ladung **cargo aircraft**, **cargo plane** Transportflugzeug

car hire ['kɑːˌhaɪəʳ] Autovermietung

car insurance ['kɑːɪnˌʃʊərəns] Kraftfahrzeugversicherung, Autoversicherung

car·ni·val ['kɑːnɪvl] ① Karneval, Fasching ② Rummel, Volksfest

> **i Land & Leute** Im Westen Londons findet im August auf den Straßen der **Notting Hill Carnival** statt. Den Höhepunkt bildet ein großer Umzug mit exotischen Kostümen und kunstvoll dekorierten Wagen. Begleitet wird das Ganze von lauter Livemusik, die größtenteils karibischen Ursprungs ist — entsprechend der multikulturellen Bevölkerung Londons und Großbritanniens.

car·ni·vor·ous [kɑː'nɪvərəs] Fleisch fressend

carol ['kærəl] Weihnachtslied **carol singers** Sternsinger

car park ['kɑːpɑːk] Parkplatz, Parkhaus

car·pen·ter ['kɑːpəntəʳ] Zimmermann, Tischler(in) **car·pen·try** ['kɑːpəntrɪ] Zimmerhandwerk, Zimmerarbeit

car·pet¹ ['kɑːpɪt] Teppich, Läufer

car·pet² ['kɑːpɪt] mit einem Teppich, einem Läufer belegen

car·riage ['kærɪdʒ] ① Wagen, Kutsche ② GB [Eisenbahn]Wagen **carriage·way** ['kærɪdʒ'weɪ] Fahrbahn

car·rier ['kærɪəʳ] [Last-, Gepäck-, Aus]Träger **carrier-bag** Tragetasche

car·rot ['kærət] Mohrrübe, Karotte

carry ['kærɪ] ① tragen ② überbringen *Nachricht* ③ [befördern *Güter* ④ bei sich] haben, [mit sich] führen, tragen ⑤ halten, stützen; aushalten *Gewicht, Last* ⑥ USA führen *Ware* ⑦ drucken, bringen *Nachrichten in Zeitungen* ⑧ (*bis zu einer bestimmten Entfernung*) tragen *Stimme*

◆ **carry along, carry away** ① wegtragen ② (*übertragen*) mitreißen, begeistern

◆ **carry off** ① wegschleppen, entführen ② gewinnen *Preis*

◆ **carry on** ① fortsetzen, weiterführen ② betreiben *Geschäft* ③ weitermachen (**with** mit) ④ (*umgangsspr*) sich aufregen, Theater machen (**about** wegen) ⑤ unaufhörlich reden

◆ **carry out** aus-, durchführen; halten *Versprechen;* wahrmachen *Drohung*

cart [kɑːt] Karren, [zweirädriger] Wagen ▶ IN WENDUNGEN: **put the cart before the horse** (*übertragen*) das Pferd am Schwanz aufzäumen

◆ **cart away, cart off** abtransportieren, wegbringen

car·ton ['kɑːtn] Karton, Pappschachtel; *Milch:* Tüte; *Zigaretten:* Stange

car·toon [kɑː'tuːn] ① [politische] Karikatur, Cartoon ② Zeichentrickfilm, Trickzeichnung, Trickbild

car·tridge ['kɑːtrɪdʒ] ① (*für Gewehr, Füllhalter*) Patrone ② (*für Fotografie*) Kassette ③ (*für Plattenspieler*) Tonabnehmer

cartwheel ['kɑːt'wiːl] [Wagen]Rad; **do** [*oder* **turn**] **a cartwheel** Rad schlagen

carve [kɑːv] ① schnitzen, meißeln ② [ein]ritzen, [ein]schneiden *Name* ③ aufschneiden, tranchieren *Fleisch*

◆ **carve up** einteilen, in Stücke schneiden

◆ **carve out** (*übertragen*) erkämpfen, erarbeiten

carv·ing [kɑːvɪŋ] Schnitzerei

> **i Land & Leute** **Tiki** oder **heitiki** sind Jadeschnitzereien der Maoris und stellen vermutlich den ersten Mann oder die erste Frau auf der Erde dar. Diese Schnitzereien zieren Maori-Siedlungen, und kleine **tikis** werden oft an einem Halsband getragen. Die Maori haben einzigartige Kunstformen entwickelt. Die Männer schnitzen Holzfiguren, und die Frauen weben. Ein anderes bedeutendes Kunsthandwerk ist das Tätowieren. Mit kleinen scharfen Meiseln werden kunstvolle Muster in die Haut geschlagen.

carving-knife Tranchiermesser

car·wash ['kɑːwɒʃ] Autowäsche, Autowaschanlage

case¹ [keɪs] ① Fall; [**just**] **in case** im Falle, für den Fall, dass; **in case of** im Fall; **in any case** auf jeden Fall ② (*Linguistik*) Fall, Kasus ③ (*juristisch*) Fall, Prozess

case² [keɪs] ① Schachtel, Kasten ② (*für Brille etc.*) Etui, Futteral ③ **pillowcase** Kopfkissenbezug ④ (*für Akten etc.*) Tasche, Mappe; **briefcase** Aktentasche

cash¹ [kæʃ] ① Bargeld ② (*Zahlung*) Barzahlung; **for cash, cash down** gegen [*oder* in] bar

cash² [kæʃ] ① einwechseln; einlösen *Scheck* ② [ein]kassieren, einziehen

◆ **cash in** einlösen; **cash in on** profitieren von, nach Kräften ausnutzen

cash desk Kasse **cash dispenser** ['kæʃ,di'spensə] Geldautomat

cash·ier [kæ'ʃɪəʳ] Kassierer(in)

cash pay·ment ['kæʃ,peɪmənt] Barzahlung **cash point** Geldautomat

cas·ser·ole ['kæsərəʊl] Kasserolle, Schmortopf

cas·sette [kə'set] Kassette **cassette recorder** Kassettenrecorder

cast[1] [kɑst] ① (*beim Angeln*) Wurf[weite], Auswerfen ② **plaster cast** Gipsverband ③ (*Schauspieler*) [Rollen]Besetzung, Ensemble

cast[2] [kɑst] <cast, cast> ① werfen; auswerfen *Netze, Angel* ② formen, gestalten ③ einteilen *Schauspieler* (**for** für); besetzen *Rolle* (**to** mit) ▶ IN WENDUNGEN: **cast an eye** [*oder* **a glance**] **at something** einen Blick auf etwas werfen; **cast a vote** seine [Wahl]Stimme abgeben ⑤ gießen *Gips, Metall*

◆ **cast aside** wegwerfen; (*übertragen*) fallen lassen *Person*

◆ **cast off** in See stechen

◆ **cast out** hinauswerfen, vertreiben

cast·ing ['kɑːstɪŋ] ① Guss ② (*im Theater*) Vorsprechen, Casting ③ (*bei einer Wahl*) Stimmabgabe

castle ['kɑːsl] ① Burg, Schloss ② (*Schach*) Turm

cast-off [,kɑːst'ɒf] **cast-offs** abgelegte Kleider

cas·ual ['kæʒʊəl] ① *Begegnung:* zufällig, unerwartet; *Bemerkung:* beiläufig ② *Bekanntschaft:* flüchtig ③ zwanglos; **casual wear** Freizeitkleidung ④ *Art, Geste:* lässig **casual labour**, **casual work** Gelegenheitsarbeit **casual labourer**, **casual worker** Gelegenheitsarbeiter(in)

casu·alty ['kæʒʊəltɪ] ① Un[glücks]fall; **casualty** [**ward**] (*im Krankenhaus*) Unfallstation ② Verunglückte(r), Verletzte(r); (*im Krieg*) Gefallene(r)

cat [kæt] Katze ▶ IN WENDUNGEN: **let the cat out of the bag** die Katze aus dem Sack lassen; **it's raining cats and dogs** es regnet in Strömen

cata·logue[1], (USA) **cata·log** ['kætəlɒg] Katalog, Verzeichnis

cata·logue[2], (USA) **cata·log** ['kætəlɒg] katalogisieren

cata·lyst ['kætəlɪst] Katalysator

ca·ta·ly·tic con·vert·er [,kætəlɪtɪk kən'vɜːtə] Katalysator

ca·tas·trophe [kə'tæstrəfɪ] Katastrophe **cata·strophic** [,kætə'strɒfɪk] katastrophal

catch[1] [kætʃ] <caught, caught> ① fangen ② auffangen *Flüssigkeit;* einfangen *Tier* ③ einholen *Person* ④ [fest]halten; einklemmen *Finger* ⑤ [noch] erreichen, erwischen *Zug, Bus* ⑥ ertappen, erwischen (**at** bei); **catch someone in the act** [*oder* **red-handed**] jemanden auf frischer Tat ertappen ⑦ hängen bleiben; **my coat got caught on a nail** ich bin mit meinem Mantel an einem Nagel hängen geblieben ⑧ sich holen, sich zuziehen *Krankheit; Gewohnheit:* annehmen; **catch** [**a**] **cold** sich einen Schnupfen holen ⑨ mitkriegen, hören *Gesprochenes* ⑩ **catch fire** Feuer fangen ▶ IN WENDUNGEN: **catch someone's eye** jemandes Blick, Aufmerksamkeit auf sich ziehen

catch[2] [kætʃ] ① *vom Ball:* Fangen ② (*auch übertragen*) Fang, Beute ③ (*Sport*) Fangball; (*Kinderspiel*) Fangen ④ *einer Brosche:* Verschluss ⑤ (*übertragen*) Haken, Nachteil

◆ **catch on** ① begreifen, verstehen ② Anklang finden

◆ **catch out** (*übertragen*) ertappen, erwischen

◆ **catch up** ① aufholen; **catch up with someone** jemanden einholen ② **catch up on** [*oder* **with**] **one's work** die Arbeit aufholen ③ **be caught up in something** in eine Sache verwickelt sein

catcher ['kætʃəʳ] (*auch Sport*) Fänger **catch·ing** ['kætʃɪŋ] ansteckend **catch question** Fangfrage

catch·up ['kætʃəp] (USA) Ket(s)chup **catchy** ['kætʃɪ] *Melodie:* eingängig

cat·egory ['kætɪgərɪ] Kategorie, Klasse

cater ['keɪtəʳ] Speisen und Getränke liefern

◆ **cater for** sorgen für; befriedigen *Bedürfnisse*

cater·ing ['keɪtərɪŋ] Versorgung mit Speisen und Getränken, Partyservice

cat·er·pil·lar ['kætəpɪləʳ] Raupe

ca·the·dral [kə'θiːdrəl] Kathedrale, Dom

Cath·olic[1] ['kæθəlɪk] katholisch

Cath·olic[2] ['kæθəlɪk] Katholik(in)

Ca·tholi·cism [kə'θɒləsɪzəm] Katholizismus

cattle ['kætl] Rind[vieh]; **10** [**head of**] **cattle** 10 Stück Rindvieh

cat·ty ['kætɪ] (*übertragen*) boshaft

caught [kɔːt] *2. und 3. Form von* **catch**

cauli·flower ['kɒlɪflaʊəʳ] Blumenkohl

cause[1] [kɔːz] ❶ Ursache ❷ Veranlassung, Grund (**for** zu); **be the cause of something** Anlass zu etwas sein ❸ Sache, Angelegenheit

cause[2] [kɔːz] ❶ verursachen; anrichten *Schaden* ❷ veranlassen ❸ hervorrufen *Überraschung*

cau·tion[1] ['kɔːʃn] ❶ Vorsicht, Bedachtsamkeit ❷ Verwarnung

cau·tion[2] ['kɔːʃn] ❶ warnen (**against** vor) ❷ verwarnen

cau·tious ['kɔːʃəs] vorsichtig, umsichtig

cave [keɪv] Höhle

cav·ern ['kævən] [große] Höhle

cav·ity ['kævɪtɪ] (*im Zahn*) Loch

CD-player CD-Gerät, CD-Spieler **CD-ROM player** [ˌsiːdiː'rɒmˌpleɪəʳ] CD-ROM-Laufwerk

cease [siːs] (*gehoben*) ❶ aufhören ❷ einstellen, aufhören mit

ceil·ing ['siːlɪŋ] ❶ [Zimmer]Decke ❷ (*finanziell*) oberste Grenze, Höchstpreis

cel·ebrate ['selɪbreɪt] ❶ (*kirchlich*) zelebrieren ❷ feiern **cel·ebrated** ['selɪbreɪtɪd] gefeiert, berühmt (**for** für, wegen) **cel·ebra·tion** [ˌselɪ'breɪʃn] Feier **celeb·rity** [sɪ'lebrətɪ] Prominente(r), Promi

ce·le·ry ['selərɪ] Stangensellerie

cell [sel] Zelle

cel·lar ['seləʳ] Keller

cel·list ['tʃelɪst] Cellist(in)

cello ['tʃeləʊ] <*plural* cellos> Cello

cel·lo·phane ['seləfeɪn] Zellophan

cell·phone ['selˌfəʊn], **cel·lu·lar phone** [ˌseljʊləʳ 'fəʊn] (USA) Handy

Celts [kelts *oder* selts] *plural* Kelten

i Land & Leute Als die Römer vor rund 2000 Jahren Britannien besetzten, war es von den **Celts** (Kelten) bewohnt. Nachdem die Römer wieder abgezogen waren, wanderten von Dänemark und Germanien aus die Angles (Angeln) und Saxons (Sachsen) im Süden Britanniens ein. Die Kelten blieben jedoch in Wales und Cornwall, und ihre Sprache wird noch heute in Wales gesprochen. In der Zwischenzeit ließ sich auf der Insel Man und im Westen Schottlands ein anderer Keltenstamm aus Irland nieder, so dass dort eine Form des „Irish Gaelic" (Gälisch) gesprochen wird.

ce·ment[1] [sɪ'ment] ❶ Zement ❷ Kitt, Bindemittel ❸ (*übertragen*) Band

ce·ment[2] [sɪ'ment] ❶ [aus]zementieren ❷ (*übertragen*) festigen

cem·etery ['semətrɪ] Friedhof

cen·sor[1] ['sensəʳ] Zensor

cen·sor[2] ['sensəʳ] zensieren, prüfen

cent [sent] Cent

cen·ten·ary [sen'tiːnərɪ], (USA) **cen·ten·nial** [sen'tenɪəl] Hundertjahrfeier, hundertjähriges Jubiläum

cen·ter ['sentəʳ] (USA) → **centre**

cen·ti·grade ['sentɪgreɪd] (*Thermometer*) Celsius; **degree centigrade** Grad Celsius **cen·ti·gram(me)** ['sentɪgræm] Zentigramm **centi·metre**, (USA) **cen·ti·meter** ['sentɪˌmiːtəʳ] Zentimeter

cen·tral[1] ['sentrəl] ❶ in der Mitte gelegen, zentral ❷ Haupt-

cen·tral[2] ['sentrəl] (USA) Zentrale, Vermittlung

cen·tral heating Zentralheizung **cen·tral locking** Zentralverriegelung **cen·tral reservation** (*auf Autobahn*) Mittel-, Grünstreifen **cen·tral station** Hauptbahnhof

cen·tre[1], (USA) **center** ['sentəʳ] ❶ Mittelpunkt, Zentrum; **centre of gravity** [*oder* **mass**] Schwerpunkt ❷ Zentrale, Zentralstelle ❸ Sitz, Herd ❹ (*Fußball*) **centre forward** Mittelstürmer

cen·tre[2], (USA) **center** ['sentəʳ] ❶ zentrieren ❷ sich konzentrieren (**on** auf) ❸ (*Sport*) zur Mitte abspielen

cen·tury ['sentʃərɪ] Jahrhundert

ce·ramics [sɪ'ræmɪks] ❶ Keramik ❷ Töpferwaren

cer·eal[1] ['sɪərɪəl] Getreide-

cer·eal[2] ['sɪərɪəl] ❶ **cereals** Getreide ❷ (*Cornflakes, Müsli etc.*) Getreideflocken, Frühstückszerealien

cer·emo·nial [ˌserɪ'məʊnɪəl] ❶ zeremoniell, feierlich ❷ förmlich **cer·e·mo·ny** ['serɪmənɪ] ❶ Zeremonie ❷ Förmlichkeit; **no ceremony, please!** bitte keine Umstände!

cer·tain ['sɜːtn] ❶ bestimmt, sicher; **for certain** bestimmt, [ganz] sicher; **make certain** sich vergewissern ❷ **be certain of something** überzeugt sein von etwas, sich einer

Sache sicher sein; **be certain, that ...** überzeugt [*oder* sich sicher] sein, dass ... ③ **a certain** ein(e) gewisse(r, s); **under certain circumstances** unter bestimmten Umständen

cer·tain·ly ['sɜːtnlɪ] ① sicher[lich], gewiss; **I certainly won't do it** ich tue es bestimmt nicht ② (*als Antwort*) aber sicher! **cer·tain·ty** ['sɜːtntɪ] ① Gewissheit, Sicherheit ② unbestrittene Tatsache

cer·ti·fi·cate [sə'tɪfɪkət] ① Zeugnis ② *vom Arzt:* Bescheinigung, Attest

cer·tify ['sɜːtɪfaɪ] ① bestätigen, bescheinigen; **this is to certify** hiermit wird bescheinigt ② beurkunden

CFC-free FCKW-frei

chain[1] [tʃeɪn] ① (*auch übertragen*) Kette ② Schmuck-, Halskette ③ **chains** Ketten, Fesseln; **in chains** in Ketten

chain[2] [tʃeɪn] [an]ketten, fesseln (**to** an)

◆ **chain up** anketten, an die Kette legen

chair[1] [tʃeəʳ] ① Stuhl, Sessel; **take a chair** Platz nehmen ② (*übertragen*) Lehrstuhl ③ Vorsitzende(r), Vorsitz

chair[2] [tʃeəʳ] den Vorsitz führen bei

chairlift Sessellift **chair·man** ['tʃeəmən] <*plural* chairmen> Vorsitzende(r); **act as chairman** den Vorsitz führen **chair·per·son** Vorsitzende(r) **chair·woman** ['tʃeəwʊmən, *plural* 'tʃeəwɪmɪn] <*plural* chairwomen> Vorsitzende

chalk [tʃɔːk] Kreide

chal·lenge[1] ['tʃælɪndʒ] ① Herausforderung ② schwierige Aufgabe, Problem

chal·lenge[2] ['tʃælɪndʒ] ① herausfordern ② fordern, beanspruchen, verlangen ③ in Frage stellen ④ *Aufgabe:* reizen

chal·leng·ing ['tʃælɪndʒɪŋ] ① herausfordernd ② schwierig

champ [tʃæmp] (*umgangsspr*) Meister(in)

cham·pagne [ʃæm'peɪn] Champagner

cham·pion[1] ['tʃæmpɪən] (*Sport*) Meister(in)

cham·pion[2] ['tʃæmpɪən] Meister-, Preis-

cham·pion·ship ['tʃæmpɪənʃɪp] Meisterschaft

chance[1] [tʃɑːns] ① Zufall; **by chance** zufällig, durch Zufall ② Möglichkeit, Chance ③ Aussicht, Gelegenheit; **give someone a chance** jemandem eine Chance geben; **not a chance!** keine Spur! ④ Wagnis, Risiko; **take a chance** es darauf ankommen lassen

chance[2] [tʃɑːns] zufällig

chance[3] [tʃɑːns] ① zufällig geschehen ② **chance it** es riskieren, wagen

◆ **chance on**, **chance upon** stoßen auf, zufällig finden

chan·cel·lor ['tʃɑːnsələʳ] Kanzler(in); **Chancellor of the Exchequer** (GB) Schatzkanzler(in)

change[1] ['tʃeɪndʒ] ① [Ver]Änderung; **change of address** Anschriftenänderung ② Wechsel; **change in the weather** Wetterwechsel, Wetterumschwung ③ Abwechslung; **for a change** zur Abwechslung ④ Wechselgeld; **can you give me change for a pound?** können Sie mir einen Pfund wechseln?; **small change** Kleingeld

change[2] ['tʃeɪndʒ] ① [ver]ändern (**into** in) ② tauschen; umtauschen *Ware;* [um]wechseln *Geld* ③ frisch überziehen *Bett;* anziehen *andere Kleider* ④ umschalten *Sender* ⑤ umsteigen *Zug, Bus* ⑥ wickeln *Baby* ⑦ **change hands** den Besitzer wechseln ⑧ **change one's mind** sich eines anderen besinnen, seine Meinung ändern ⑨ sich [ver]ändern, anders werden; **change for the better/worse** sich verbessern/sich verschlechtern ⑩ (*technisch*) austauschen *Teile* ⑪ (*Auto*) **change [gear]** schalten

◆ **change into** ① umwandeln in, verwandeln in ② sich verwandeln in ③ anziehen *Kleidung*

◆ **change over** ① die Stellung wechseln ② **change over to** übergehen zu, sich umstellen auf *neues System*

change·able ['tʃeɪndʒəbl] ① veränderlich ② wankelmütig

change-over ['tʃeɪndʒəʊvəʳ] Umstellung, Umschaltung, Übergang, Wechsel

chang·ing cubicle ['tʃeɪndʒɪŋ kjuːbɪkəl] Umkleidekabine **chang·ing room** ['tʃeɪndʒɪŋ ruːm] Umkleideraum

chan·nel ['tʃænl] ① Kanal; **the [English] Channel** der Ärmelkanal ② Rinne, Graben ③ (*Radio, TV*) Kanal ④ (*übertragen*) Weg, Verbindung, Vermittlung **Channel Tunnel** [Ärmel]Kanaltunnel

chaos ['keɪɒs] Chaos **cha·otic** [keɪ'ɒtɪk] chaotisch, wirr

chap [tʃæp] (*umgangsspr*) Kerl, Bursche

chapel ['tʃæpl] (*kirchlich*) Kapelle

chap·ter ['tʃæptəʳ] Kapitel

char·ac·ter ['kærəktəʳ] ① Charakter, Verhaltensweise ② Persönlichkeit, Person

(3) (*Theater*) Rolle (4) Schriftzeichen

char·ac·ter·is·tic¹ [ˌkærəktəˈrɪstɪk] charakteristisch, typisch (**of** für)

char·ac·ter·is·tic² [ˌkærəktəˈrɪstɪk] Kennzeichen, Merkmal

charge¹ [tʃɑːdʒ] (1) *oft plural* Kosten, Preis; **there's no charge** es kostet nichts, Eintritt frei; **free of charge** gratis, kostenlos (2) Gebühr, Taxe (3) Verantwortung; **be in charge of something** die Aufsicht über, die Verantwortung für etwas haben; **have charge of something** für etwas verantwortlich sein; **take charge of something** für etwas die Verantwortung übernehmen; **the person in charge** die verantwortliche Person (4) [Polizei]Aufsicht, Obhut (5) Schützling, Mündel (6) Anklage[punkt]; **bring a charge against someone** jemanden anklagen (7) (*militärisch*) Angriff[ssignal], Sturm (8) (*elektrisch*) Ladung

charge² [tʃɑːdʒ] (1) fordern, verlangen *Preis;* rechnen für *eine Ware, Arbeit;* **charge too much** zu viel berechnen (2) belasten mit *Abnehmer* (3) anvertrauen, beauftragen; **charge someone with something** jemanden mit etwas beauftragen (4) (*Anweisungen geben*) **charge someone** jemanden anweisen (5) zur Last legen, beschuldigen; **charge someone with something, charge something on someone** jemandem etwas vorwerfen (6) anstürmen; (*im Sport*) [an]rempeln; **charge [at] someone** jemanden angreifen, sich auf jemanden stürzen (7) laden *Schusswaffe;* aufladen *Batterie*

charity (organisation) [ˈtʃærətɪ (ˌɔːgənaɪˈzeɪʃn)] Wohltätigkeitsverein, karitative Organisation

charm¹ [tʃɑːm] (1) Amulett (2) Zauber, Charme

charm² [tʃɑːm] (1) verzaubern (2) bezaubern, entzücken; **charm something out of someone** jemandem etwas entlocken

charm·ing [tʃɑːmɪŋ] bezaubernd, charmant; **charming!** (*ironisch*) [wie] reizend!

chart¹ [tʃɑːt] (1) grafische Darstellung, Diagramm (2) Seekarte (3) Tabelle (4) **charts** Hitparade

chart² [tʃɑːt] (1) in einer Karte darstellen (2) entwerfen, skizzieren

char·ter flight [ˈtʃɑːtəʳ flaɪt] Charterflug

chase¹ [tʃeɪs] (1) Verfolgung (2) Jagd

chase² [tʃeɪs] (1) verfolgen, [nach]jagen (2) hetzen

◆ **chase about** herumrennen

◆ **chase after** nachjagen, hinterherrennen

◆ **chase away** weg-, verjagen, vertreiben

chat¹ [tʃæt] (1) Geplauder (2) (*im Internet*) Chat

chat² [tʃæt] plaudern, sich unterhalten

◆ **chat up chat someone up** (*umgangsspr*) jemanden anquatschen [*oder* anbaggern]

chat·ter¹ [ˈtʃætəʳ] (1) *Menschen:* schnattern, plappern (2) *Zähne:* klappern

chat·ter² [ˈtʃætəʳ] Geschnatter, Geplapper

chat·ter-box [ˈtʃætəʳˌbɒks] Plappermaul

chatty [ˈtʃætɪ] (1) redselig, geschwätzig (2) familiär, formlos

cheap [tʃiːp] (1) billig, preiswert; **dirt cheap** (*umgangsspr*) spottbillig; **on the cheap** sehr billig; **get off cheap** billig davonkommen (2) verbilligt (3) minderwertig, schlecht (4) *Stil:* kitschig (5) schäbig, gemein; **feel cheap** sich schäbig vorkommen

cheat¹ [tʃiːt] (1) betrügen (**of, out of** um); **cheat someone out of something** jemanden um etwas bringen [*oder* betrügen] (2) mogeln, betrügen

cheat² [tʃiːt] (1) Betrug, Schwindel (2) Betrüger(in), Schwindler(in)

check¹ [tʃek] (1) [Nach-, Über]Prüfung, Kontrolle (**on** über), Probe, [prüfender] Vergleich (2) (USA) (*Zeichen*) Haken (3) (*beim Schachspiel*) Schach; **be in check** im Schach stehen; **hold** [*oder* **keep**] **in check** (*auch übertragen*) in Schach halten (4) Hindernis, Widerstand; **act as a check on** hemmend [*oder* nachteilig] wirken auf (5) (*Textil*) Karo[muster], karierter Stoff (6) (USA) Scheck (7) (USA) (*im Restaurant*) Rechnung (8) (USA) Gepäckschein, Garderobenmarke

check² [tʃek] (1) hindern, zurückhalten, unterbinden; **check something** etwas zum Stillstand bringen, einer Sache Einhalt gebieten (2) eindämmen, hemmen; (*technisch*) drosseln (3) prüfen, kontrollieren, vergleichen (**by** mit) (4) anstreichen, markieren, abhaken *Punkt, Antwort* (5) ab-, aufgeben *Gepäck;* an der Garderobe abgeben *Hut* (6) **check someone** jemandem Schach bieten (7) übereinstimmen

◆ **check in** *Hotelgäste:* sich eintragen, ankommen; *Flugpassagiere:* einchecken

◆ **check off** abhaken, ankreuzen, [nach]zählen

◆**check out** ① *Hotelgäste:* die Rechnung bezahlen und abreisen; abholen *Gepäck* ② sich erkundigen nach, überprüfen; **check it out!** schau dir das mal an!

◆**check through** ① durchsehen, durchgehen ② durchchecken *Gepäck*

◆**check up** **check up on something** etwas im Einzelnen nachprüfen [*oder* genau vergleichen]

check·book ['tʃek,bʊk] (USA) Scheckheft

check-in desk ['tʃekin,desk] Abfertigungsschalter

check·list ['tʃek,lɪst] Kontrollliste

check·mate[1] ['tʃekmeɪt] [Schach]Matt

check·mate[2] ['tʃekmeɪt] matt setzen

check·out (*im Supermarkt*) Kasse

check·point ['tʃekpɔɪnt] Überwachungs-, Kontrollstelle **check·room** (USA) ① Gepäckaufbewahrung, Gepäckschalter ② (*im Hotel*) Gepäckraum **check·up** ['tʃekʌp] ① genaue Prüfung, Kontrolle ② (*medizinisch*) gründliche Untersuchung ③ (*technisch*) Nachuntersuchung

cheek [tʃiːk] ① Backe, Wange ② (*umgangsspr*) Unverschämtheit, Frechheit ▸ IN WENDUNGEN: **he said that tongue in cheek** das hat er nicht ernst gemeint **cheeky** ['tʃiːkɪ] (*umgangsspr*) frech, unverschämt

cheer[1] [tʃɪəʳ] ① Hoch, Hurra[ruf]; **give someone a cheer** jemanden hochleben lassen; **three cheers** ein dreifaches Hoch (**for** für) ② Jubel, Beifall[sruf] ③ **cheers!** prost!; (GB) *auch* tschüs(s)!, danke!

cheer[2] [tʃɪəʳ] ① **cheer someone** jemandem zujubeln, jemandem laut Beifall zollen ② **cheer at the news** sich über die Nachricht freuen, über die Nachricht jubeln

◆**cheer up** ① **cheer someone** [**up**] jemanden aufmuntern ② bessere Laune bekommen, Mut fassen; **cheer up!** Kopf hoch!

cheer·ful ['tʃɪəfʊl] ① fröhlich ② gut aufgelegt, aufgeräumt ③ erfreulich, angenehm ④ gefällig, entgegenkommend

cheer·io [,tʃɪərɪ'əʊ] (*umgangsspr*) tschüs(s)! mach's gut!

cheery ['tʃɪərɪ] heiter

cheese [tʃiːz] Käse **cheese·cake** Käsekuchen **cheesed-off** [,tʃiːzd'ɒf] (*umgangsspr*) angeödet

chee·tah ['tʃiːtə] Gepard

chef [ʃef] Küchenchef(in), Koch/Köchin

chemi·cal[1] ['kemɪkl] chemisch

chemi·cal[2] ['kemɪkl] Chemikalie

chem·ist ['kemɪst] ① Chemiker(in) ② (GB) Drogist(in); **dispensing chemist** Apotheker(in); **chemist's** [**shop**] Drogerie, Apotheke **chem·is·try** ['kemɪstrɪ] Chemie

cheque [tʃek] Scheck; **cash a cheque** einen Scheck einlösen; **make out a cheque for £100** einen Scheck über £100 ausstellen; **crossed cheque** Verrechnungsscheck; **traveller's cheque** Reisescheck **cheque book** Scheckbuch **cheque card** Scheckkarte

cherry ['tʃerɪ] ① Kirsche ② Kirschbaum **cherry blossom** Kirschblüte **cherry brandy** Kirschlikör **cherry stone** Kirschkern

chess [tʃes] Schach[spiel] **chess·board** Schachbrett **chess·man** <*plural* chessmen>, **chess·piece** Schachfigur

chest [tʃest] ① Kiste, Kasten, Truhe ② **chest of drawers** Kommode ③ Brust[kasten]; **that's a load off my chest** (*übertragen*) da fällt mir ein Stein vom Herzen

chest·nut[1] ['tʃesnʌt] ① Kastanie ② Kastanie[nbaum, Kastanienholz]

chest·nut[2] ['tʃesnʌt] kastanienbraun

chesty ['tʃestɪ] (*umgangsspr*) erkältet; *Husten:* rauh, tief

chew [tʃuː] kauen; **chew one's nails** an den Nägeln kauen **chew·ing-gum** ['tʃuːɪŋgʌm] Kaugummi

chick [tʃɪk] Küken, junger Vogel **chicken** ['tʃɪkɪn] ① Huhn, Hähnchen, Hühnchen ② (*slang*) Feigling

chicken·pox Windpocken

chief[1] [tʃiːf] <*plural* chiefs> ① Chef(in), [Ober]Haupt ② *eines Stammes:* Häuptling

chief[2] [tʃiːf] erste(r, s), oberste(r, s), führend, leitend

chief·ly ['tʃiːf,lɪ] hauptsächlich, besonders

child [tʃaɪld] <*plural* children> Kind **child abuse** ['tʃɑildəbjuːs] Kindesmisshandlung **child·birth** ['tʃaɪldbɜːθ] Geburt, Entbindung **child·hood** ['tʃaɪldhʊd] Kindheit **childish** ['tʃaɪldɪʃ] kindisch **child·less** ['tʃaɪldlɪs] kinderlos **child·like** ['tʃaɪlaɪk] kindlich **child minder** Tagesmutter **child·proof** kindersicher

chil·dren ['tʃɪldrən] *Pluralform von* **child** Kinder; **children's allowance** Kinderzulage **child** (**safety**) **seat** Kindersitz im Auto **child's play** Kinderspiel

chi·li ['tʃɪlɪ] (USA) Peperoni; (*Gewürz*) Chili

chill[1] [tʃɪl] ① Frost, Kälte ② Kältegefühl,

Frösteln ③ Erkältung ④ (*übertragen*) abgekühlte Atmosphäre

chill[2] [tʃɪl] kühlen

chil·li ['tʃɪlɪ] Peperoni; (*Gewürz*) Chili

chill out [ˌtʃɪl'aʊt] (*slang*) sich entspannen

chilly ['tʃɪlɪ] ① frostig, fröstelnd, kühl; **feel chilly** frösteln ② (*übertragen*) kühl

chime [tʃaɪm] ① *Glocken:* läuten ② *Uhr:* schlagen

◆**chime in** sich einschalten

chim·ney ['tʃɪmnɪ] Schornstein **chimney pot** Schornsteinaufsatz **chimney stack** Fabrikschornstein **chimney-sweep(er)** ['tʃɪmnɪˌswi:pəʳ] Schornsteinfeger(in)

chim·pan·zee [ˌtʃɪmpæn'zi:] Schimpanse

chin ['tʃɪn] Kinn; **chin up!** Kopf hoch!

china ['tʃaɪnə] Porzellan

China ['tʃaɪnə] China

Chi·nese[1] [tʃaɪ'ni:z] chinesisch

Chi·nese[2] [tʃaɪ'ni:z] ① Chinese, Chinesin ② [das] Chinesisch(e)

Chinese restaurant Chinarestaurant

chip [tʃɪp] ① Splitter, Span, Scherbe ② (*an Porzellan, Glas*) lädierte Stelle ③ **chips** (GB) Pommes frites; (USA) ⚠ Kartoffelchips ④ (*Computer*) Chip ▸ IN WENDUNGEN: **he has a chip on his shoulder** er fühlt sich ständig angegriffen **chipped** ['tʃɪpt] *Porzellan, Glas:* angestoßen, angeschlagen **chippy** ['tʃɪpɪ] (GB) (*umgangsspr*) [Fisch- und]Pommesbude

choc-ice ['tʃɒkˌaɪs] (*umgangsspr*) Eis mit Schokoladenüberzug

chock-a-block [ˌtʃɒkə'blɒk] (*umgangsspr*) gerammelt, gedrängt voll (**with** von)

choc·olate ['tʃɒklət] ① Schokolade; **bar of chocolate** Tafel Schokolade; **chocolate bar** Schoko[laden]riegel ② Praline

choice[1] ['tʃɔɪs] [Aus]Wahl; **by choice** vorzugsweise; **make a choice** eine [Aus]Wahl treffen; **I have no choice** es bleibt mir nichts anderes übrig

choice[2] ['tʃɔɪs] vorzüglich, ausgezeichnet, [aus]gewählt, ausgesucht

choir ['kwaɪəʳ] Chor

choke[1] [tʃəʊk] (*am Auto*) Choke

choke[2] [tʃəʊk] ① **choke someone** jemanden [er]würgen, ersticken ② (*technisch*) [ab]drosseln ③ [zu] ersticken [drohen], keine Luft bekommen, würgen

◆**choke back** **choke back the tears** die Tränen unterdrücken, herunterschlucken

◆**choke up** verstopfen, ersticken

choker ['tʃəʊkəʳ] Halsreif

cho·les·terol [kə'lestərɒl] Cholesterin

choose [tʃu:z] <chose, chosen> ① [aus]wählen, aussuchen ② vorziehen, lieber wollen, sich entscheiden für; **have to choose between** die Wahl haben zwischen **choos(e)y** ['tʃu:zɪ] (*umgangsspr*) wählerisch

chop[1] [tʃɒp] ① Hieb, Schnitt, Schlag ② Kotelett ▸ IN WENDUNGEN: **get the chop** (*slang*) rausgeschmissen werden

chop[2] [tʃɒp] ① [zer]hacken; spalten *Holz* ② hacken, hauen, schlagen (**at** nach)

◆**chop down** umhacken, umlegen; fällen *Baum*

◆**chop off** abhacken, umschneiden, umhauen

◆**chop up** zerkleinern **chop-chop** (*umgangsspr*) dalli, dalli! **chop·per** ['tʃɒpəʳ] ① Hackmesser ② (*umgangsspr*) Helikopter **chop·ping block** ['tʃɒpɪŋblɒk] Hackklotz, Block **chop·ping board** ['tʃɒpɪŋbɔ:d] Hackbrett

chop·sticks ['tʃɒpstɪks] *plural* Essstäbchen

chord ['kɔ:d] (*Musik*) Akkord ▸ IN WENDUNGEN: **strike a chord with someone** jemanden berühren; **strike the right chord** den richtigen Ton treffen

chore [tʃɔ:ʳ] ① unangenehme Arbeit ② *meist plural* Hausarbeit

chorus ['kɔ:rəs] ① Chor ② *von Lied:* Refrain

chose [tʃəʊz] *2. Form von* **choose**

chosen ['tʃəʊzn] *3. Form von* **choose**

Christ [kraɪst] ① Christus ② **Christ!** (*slang*) Herrgott! **christen** ['krɪsn] taufen **christen·ing** ['krɪsnɪŋ] Taufe

Chris·tian[1] ['krɪstʃən] christlich

Chris·tian[2] ['krɪstʃən] Christ(in)

Chris·ti·an·ity [ˌkrɪstɪ'ænətɪ] das Christentum **Christian name** Vorname

Christ·mas ['krɪsməs] Weihnachten; **at Christmas** an Weihnachten; **merry Christmas!** frohe Weihnachten!; **Father Christmas** der Weihnachtsmann **Christmas carol** Weihnachtslied **Christmas Day** der 1. Weihnachtstag (*25. Dez.*) **Christmas Eve** der Heilige Abend (*24. Dez.*) **Christmas pudding** Plumpudding **Christmas tree** Weihnachtsbaum, Christbaum

chronic ['krɒnɪk] ① (*medizinisch*) chronisch ② (*slang*) widerlich

chro·no·logi·cal [ˌkrɒnə'lɒdʒɪkl] chronologisch; **in chronological order** in zeitlicher Folge

chubby ['tʃʌbɪ] pausbäckig

chuck [tʃʌk] (*umgangsspr*) schmeißen

◆ **chuck away** (*umgangsspr*) ① wegwerfen *Sachen* ② verpassen, versäumen *Gelegenheit*

◆ **chuck in** (*umgangsspr*) aufgeben

◆ **chuck out** (*umgangsspr*) hinauswerfen

◆ **chuck up** (*umgangsspr*) kotzen *umgangsspr*, sich übergeben

chuckle ['tʃʌkl] kichern; **chuckle to oneself** in sich hineinlachen

chum [tʃʌm] [Schul]Kamerad; (*umgangsspr*) Kumpel

chunk [tʃʌŋk] Brocken, Klumpen **chunky** ['tʃʌŋkɪ] (*umgangsspr*) ① *Mensch:* untersetzt ② *Pullover:* dick

Chun·nel ['tʃʌnl] (GB) (*umgangsspr*) Kanaltunnel

> **i Land & Leute** **Chunnel** ist eine Zusammensetzung aus **Channel** und **tunnel** und bezeichnet den Tunnel unterhalb des Ärmelkanals, der Großbritannien und Frankreich verbindet.

church [tʃɜːtʃ] Kirche; **at** [*oder* **in**] **church** in der Kirche, beim Gottesdienst; **go to church** in die Kirche gehen, den Gottesdienst besuchen **church·goer** ['tʃɜːtʃˌgəʊəʳ] Kirchgänger(in) **church·yard** [ˌtʃɜːtʃ'jɑːd] Kirchhof

chute [ʃuːt] ① Rutsche, Rutschbahn ② (*umgangsspr*) Fallschirm

cider ['saɪdəʳ] Apfelwein, Most

cigar [sɪ'gɑːʳ] Zigarre

ciga·rette [ˌsɪgə'ret, (USA) 'sɪgəret] Zigarette **cigarette end**, (USA) **cigarette butt** Zigarettenstummel; (*umgangsspr*) Kippe

Cin·de·rella [ˌsɪndə'relə] Aschenbrödel, Aschenputtel

cin·ema ['sɪnəmə] Kino

cipher code ['saɪfəʳ kəʊd] Chiffrierschlüssel

circle[1] ['sɜːkl] ① Kreis; **full circle** rundherum, im Kreise ② **circle of friends** Freundes-, Bekanntenkreis ③ (*im Theater*) Rang; **dress circle** 1. Rang

circle[2] ['sɜːkl] ① umkreisen, sich bewegen um, umfahren, umgeben ② sich im Kreis bewegen; *Vogel, Flugzeug:* kreisen; **circle round something** um etwas fahren, segeln, fliegen

cir·cuit ['sɜːkɪt] ① Runde, Rundgang, Rundfahrt, Rundflug (**of** um), Rundreise ② (*Sport*) Rennbahn, Turnierrunde ③ Theaterring, Kinoring ④ (*elektrisch*) Stromkreis, Schaltung; **short circuit** Kurzschluss

cir·cu·lar ['sɜːkjʊləʳ] kreisförmig, rund **circular** (**letter**) Rundschreiben **circular saw** Kreissäge **cir·cu·late** ['sɜːkjʊleɪt] ① *auch Blut:* zirkulieren, umlaufen ② die Runde machen ③ in Umlauf setzen **cir·cu·la·tion** [ˌsɜːkjʊ'leɪʃn] ① [Blut]Zirkulation, Kreislauf ② *einer Zeitung:* Verbreitung, Auflage[nhöhe], Auflagenziffer; **with a wide circulation** mit hoher Auflage ③ [Geld]Umlauf; **put into circulation** in Umlauf setzen, in Verkehr bringen; **withdraw from circulation** außer Kurs setzen

cir·cum·stance ['sɜːkəmstəns] ① *meist plural* Umstände; **under the circumstances** unter diesen Umständen; **under no circumstances** auf keinen Fall; **that depends on the circumstances** das kommt darauf an ② **circumstances** Verhältnisse; **in difficult circumstances** in finanziellen Schwierigkeiten

cir·cus ['sɜːkəs] ① Zirkus ② (GB) Platz (*z. B. Piccadilly Circus*)

citi·zen ['sɪtɪzn] ① Bürger(in) ② Staatsangehörige(r)

cit·rus ['sɪtrəs] **citrus fruit** Zitrusfrucht

city ['sɪtɪ] ① [große, bedeutende] Stadt ② Zentrum, Altstadt, Geschäftsviertel, City

> **i Land & Leute** In den USA tragen viele **cities** (Großstädte) Spitznamen. So nennt man New York „Gotham" oder auch „The Big Apple". Los Angeles wird „The Big Orange" genannt oder „The City of the Angels". Chicago heißt „The Windy City". „The City of Brotherly Love" ist Philadelphia. Denver heißt wegen seiner Höhenlage „The Mile-High City" und Detroit wird in Bezug auf die Autoindustrie „Motor City" genannt.

city hall Rathaus

civil ['sɪvl] ① [staats]bürgerlich ② zivil[rechtlich] ③ zivil, bürgerlich ④ höflich, gesittet **ci·vil·ian**[1] [sɪ'vɪlɪən] Zivilist(in)

ci·vil·ian[2] [sɪ'vɪlɪən] Zivil-

civi·li·za·tion [ˌsɪvəlaɪ'zeɪʃn] Zivilisation, Kultur

civil marriage ['sɪvl 'mærɪdʒ] standesamtliche Trauung **civil rights** Bürgerrechte, bürgerliche Ehrenrechte **civil servant** Beamte(r) **civil service** Staatsdienst **civil war** Bürgerkrieg

claim[1] [kleɪm] ① Anspruch, Anrecht (**to** auf) ② Forderung ③ Behauptung; **make claims about something** Behauptungen über etwas aufstellen

claim[2] [kleɪm] ① Anspruch erheben auf ② beantragen; beanspruchen *Unterstützung* ③ behaupten ④ **claim attention** Aufmerksamkeit erfordern ⑤ **claim for something** sich etwas erstatten lassen

clam·ber ['klæmbəʳ] **clamber [up] somewhere** etwas [mühsam] [hoch]klettern

clammy ['klæmɪ] feucht[kalt]; **clammy hands** klamme Hände

clamp[1] [klæmp] Klammer, Zwinge; (*für Auto*) Parkkralle

clamp[2] [klæmp] [ver]klammern, festklemmen; **clamp a car** ein Auto mit einer Parkkralle festsetzen

clang[1] [klæŋ] *von Metall:* Klirren; *von Glocken:* Läuten

clang[2] [klæŋ] *Schwert, Metallgegenstand:* klirren; *Glocke:* läuten

clap[1] [klæp] <clapped, clapped> ① klatschen; **clap one's hands** in die Hände klatschen ② (*auch übertragen*) **clap someone on the shoulder** jemandem [freundschaftlich] auf die Schulter klopfen ③ **clap eyes on someone** jemanden erblicken

clap[2] [klæp] ① [lauter] Schlag; **clap of thunder** Donnerschlag ② [Hände]Klatschen, Beifall ③ (*auch übertragen*) **give someone a clap on the back** jemandem auf die Schulter klopfen

clap·per ['klæpəʳ] [Glocken]Klöppel

clar·ify ['klærɪfaɪ] klären; **clarify a statement** eine Äußerung näher erläutern

clar·ity ['klærətɪ] Klarheit

clash[1] [klæʃ] ① zusammenstoßen; **students clashed with police** es kam zu Zusammenstößen zwischen Studenten und der Polizei ② sich streiten, im Widerspruch stehen (**with** mit); *Persönlichkeit, Stil:* nicht zusammenpassen (**with** mit); *Farben:* sich beißen ③ *Termine:* sich überschneiden

clash[2] [klæʃ] ① Zusammenprall, Zusammenstoß ② (*übertragen*) Disharmonie; **a clash of opinions** eine Meinungsverschiedenheit ③ *von Interessen:* Kollision

clasp[1] [klɑːsp] ① umklammern (**to** an); **clasp someone in one's arms** jemanden in die Arme schließen; **clasp someone's hand** jemandem die Hand drücken ② *Schnalle:* befestigen, zuschnappen lassen

clasp[2] [klɑːsp] ① Verschluss ② Umklammerung

class[1] [klɑːs, (USA) klæs] ① Klasse; **first/second class ticket** Fahrschein erster/zweiter Klasse ② **in a class by itself, in a class of its own** von besonderer Qualität, einzigartig ③ **have class** Stil haben ④ [Gesellschafts]Klasse ⑤ [Unterrichts]stunde; **evening class** Abendkurs ⑥ (USA) **class of '94** Jahrgang '94

> **i Land & Leute** Obwohl es in Nordamerika nur eine Gesamtschule gibt, haben die besten Schüler und Schülerinnen die Möglichkeit, besondere Kurse zu belegen, die **regents classes, honors classes** oder **college prep classes** heißen. Solche Kurse bieten entweder Fächer wie Latein oder höhere Mathematik an, die normalerweise nur an der Universität angeboten werden. Manchmal werden diese Kurse auch an der Universität anerkannt.

class[2] [klɑːs, (USA) klæs] **class something** etwas einordnen, etwas in Gruppen einteilen

classic[1] ['klæsɪk] klassisch

classic[2] ['klæsɪk] Klassiker

clas·si·cal ['klæsɪkl] klassisch

clas·sics ['klæsɪks] *plural* Altphilologie

clas·si·fied ['klæsɪfaɪd] **classified ad[vertisement]** Kleinanzeige

clas·sify ['klæsɪfaɪ] klassifizieren, einteilen

class·mate ['klɑːsmeɪt] Klassenkamerad(in)

class·room ['klɑːsrʊm] Klassenzimmer

classy ['klɑːsɪ] (*umgangsspr*) klasse

clat·ter[1] ['klætəʳ] Klappern

clat·ter[2] ['klætəʳ] klappern; **clatter something** mit etwas klappern

clause [klɔːz] ① Satz ② (*juristisch*) Klausel

claw[1] [klɔː] ① Kralle, Klaue, [Krebs]Schere ② (*übertragen*) **get one's claws into someone** auf jemandem herumhacken

claw[2] [klɔː] ① **claw something** etwas zerkratzen ② **claw at something** nach etwas greifen

clay [kleɪ] Lehm, Ton

clean[1] [kliːn] ① sauber, rein; **keep clean**

sauber halten ② neu, unbenutzt; **make a clean start** (*übertragen*) noch einmal neu anfangen ③ (*übertragen*) makellos, unbefleckt; **have clean hands** eine reine Weste haben ④ *Bruch, Schnitt:* sauber; *Linien:* klar ⑤ anständig; **clean joke** salonfähiger Witz ⑥ **I clean forgot** das habe ich glatt[weg] vergessen ⑦ (*übertragen umgangsspr*) **come clean** auspacken *umgangsspr*

clean[2] [kliːn] ① reinigen, säubern, putzen ② **clean one's hands/teeth** sich die Hände waschen/die Zähne putzen

◆**clean down** **clean something down** etwas abwaschen

◆**clean out** gründlich sauber machen; ausmisten *Stall*

◆**clean up** ① **clean something up** etwas aufwischen, gründlich putzen ② aufräumen

cleaner [ˈkliːnə(r)] ① Putzfrau ② Reiniger, Reinigungsmittel ③ (*Geschäft*) **dry-cleaner's** Reinigung

clean·ing [ˈkliːnɪŋ] Reinigung, Säuberung

cleaning lady, **cleaning woman** Putzfrau

clean·ly [ˈklenlɪ] sauber

clear[1] [klɪə(r)] ① klar, rein; *Himmel:* wolkenlos ② *Foto:* scharf; *Abbild:* deutlich ③ verständlich; **clear instructions** eindeutige Anweisungen; **make oneself clear** sich klar [*oder* verständlich] machen ④ **clear majority** klare Mehrheit; **clear profit** Reingewinn ⑤ (*Weg, Straße*) frei; **keep something clear** etwas freihalten ⑥ (*übertragen*) **keep a clear head** einen kühlen Kopf bewahren; **a clear conscience** ein reines Gewissen ⑦ **all clear!** Gefahr vorbei!; **keep clear!** Vorsicht!

clear[2] [klɪə(r)] ① wegräumen, säubern; freimachen *Straße;* roden *Wald;* **clear the table** den Tisch abräumen ② leeren *Briefkasten* ③ freisprechen (**of** von) ④ freigeben, genehmigen lassen; **the plane was cleared for take-off** das Flugzeug wurde zum Start freigegeben ⑤ **clear one's throat** sich räuspern ⑥ *Wetter:* aufklaren; *Nebel:* sich auflösen

◆**clear away** ① **clear something away** etwas ab-/wegräumen ② sich auflösen *Nebel*

◆**clear off** ① begleichen *Schulden* ② (*umgangsspr*) **clear off!** hau ab!

◆**clear out** ① **clear something out** etwas ausräumen ② (*umgangsspr*) sich aus dem Staub machen

◆**clear up** ① **clear something up** etwas aufräumen ② **clear up a misunderstanding** ein Missverständnis klären ③ *Wetter:* aufklaren

clearance sale Räumungsverkauf

clear·ly [ˈklɪəlɪ] ① klar [und deutlich] ② offensichtlich; **it's clearly the case** das ist eindeutig der Fall

clef [klef] [Noten]Schlüssel

clench [klentʃ] zusammenpressen; ballen *Faust;* zusammenbeißen *Zähne*

clergy [ˈklɜːdʒɪ] Klerus, Geistlichkeit

cleri·cal [ˈklerɪkl] ① (*in der Kirche*) geistlich, klerikal ② Schreib- **clerical error** Schreibfehler **clerical work** Büroarbeit

clerk [klɑːk, (USA) klɜːrk] Büroangestellte(r)

clever [ˈklevə(r)] ① klug, gescheit ② schlau, clever ③ geschickt (**at** in); **be clever at something** Geschick bei etwas haben ④ *Gerät, Maschine:* raffiniert

clever clogs *plural,* **clever dick** (*umgangsspr*) Besserwisser(in)

clever·ness [ˈklevə(r)nɪs] ① Klugheit ② Geschicktheit ③ Raffinesse

click[1] [klɪk] Klicken

click[2] [klɪk] ① klicken ② *Tür, Schloss:* zuschnappen ③ (*umgangsspr*) **it's clicked!** ich hab's! ④ (*umgangsspr*) funken; **click with someone** mit jemandem gleich prima auskommen ⑤ **click one's tongue** mit der Zunge schnalzen

cli·ent [ˈklaɪənt] ① Klient(in); *von Rechtsanwalt:* Mandant(in) ② Kunde, Kundin

cliff [klɪf] Klippe

cli·mate [ˈklaɪmɪt] ① Klima ② (*übertragen*) Stimmung, Atmosphäre

cli·max[1] [ˈklaɪmæks] ① Höhepunkt ② Orgasmus

cli·max[2] [ˈklaɪmæks] seinen Höhepunkt erreichen

climb[1] [klaɪm] ① **climb a mountain** einen Berg besteigen [*oder* erklimmen] ② *Leiter, Stufen:* hinaufsteigen ③ klettern; **climb the tree** auf den Baum klettern ④ *Straße:* ansteigen ⑤ **climb into/out of the car** in/aus dem Wagen steigen

climb[2] [klaɪm] ① Aufstieg ② **the walk was quite a climb** der Spaziergang war eine richtige Kletterpartie

◆**climb down** ① hinab-/hinunterklettern ② (*übertragen*) nachgeben

climber [ˈklaɪmə(r)] Kletterer(in), Bergsteiger(in)

climb·ing ['klaɪmɪŋ] Klettern, Bergsteigen

clinch [klɪntʃ] (*im Boxen*) Clinch

cling [klɪŋ] <clung, clung> ① *Mensch, Tier:* sich klammern (**to** an); **cling together** [fest] zusammenhalten ② haften; *Staub:* sich absetzen

clingfilm ['kliŋfilm] Frischhaltefolie

cli·nic ['klɪnɪk] Klinik

cli·ni·cal ['klɪnɪkl] klinisch

clink [klɪŋk] klirren, klimpern

clip[1] [klɪp] ① **paperclip** Büroklammer; **hairclip** Haarklammer ② **clip round the ear** Ohrfeige

clip[2] [klɪp] <clipped> ① festklammern; **the pages were clipped together** die Seiten waren zusammengeheftet ② schneiden *Haar, Fingernägel;* scheren *Schaf;* knipsen *Fahrschein* ③ **clip someone's ear** jemandem eins hinter die Ohren geben

clip·board ['klipbɔːd] Klemmbrett

cloak [kləʊk] Umhang, [weiter] Mantel

cloak·room ['kləʊkrʊm] ① Garderobe ② (GB) Gäste-Toilette

clob·ber ['klɒbəʳ] (*umgangsspr*) Kram, Klamotten

clock [klɒk] Uhr; **it's ten o'clock** es ist 10 Uhr; **round the clock** rund um die Uhr
◆ **clock in** einstempeln
◆ **clock out** ausstempeln
◆ **clock up** ① zurücklegen *Entfernung* ② erreichen *Geschwindigkeit*

clock radio Radiowecker

clock·work ['klɒkwɜːk] Uhrwerk ▸ IN WENDUNGEN: **like clockwork** wie am Schnürchen

clog[1] [klɒg] Holzschuh

clog[2] [klɒg] ① **be clogged up** verstopft sein ② verstopfen, blockiert werden

clone[1] [kləʊn] Klon

clone[2] [kləʊn] klonen

close[1] [kləʊs] ① (*örtlich*) dicht, nahe; **close by, close to** in der Nähe; **close to the sea** nahe am Meer; **close to** dicht, nahe bei; **close to the ground** dicht am Boden ② **she's close to tears** sie ist den Tränen nahe ③ (*zeitlich*) nahe [bevorstehend]; **close on 9 [o'clock]** kurz vor 9 [Uhr] ④ **close relative** nahe(r) Verwandte(r); **he is a close friend of mine** er ist ein enger Freund von mir ⑤ *Spiel, Ergebnis:* knapp ⑥ sorgfältig; **after close consideration** nach reiflicher Überlegung ⑦ **pay close attention!** jetzt gut aufpassen!

close[2] [kləʊz] ① schließen, zumachen ② sperren *Straße;* stilllegen *Betrieb, Fabrik* ③ abschließen; schließen *Rede* ④ **close one's eyes** (*übertragen*) die Augen verschließen (**to** vor) ⑤ *Wunde:* sich schließen ⑥ *Betrieb:* schließen, zumachen
◆ **close down** ① *Betrieb:* stilllegen ② *Geschäft:* schließen
◆ **close off** **close something off** etwas abriegeln, etwas absperren
◆ **close up** ① **close something up** etwas [ver]sperren, etwas blockieren ② näher rücken

close[3] [kləʊz] [Ab]Schluss, Ende; **bring to a close** zu Ende bringen; **draw to close** zu Ende gehen

close[4] [kləʊs] (*in Straßennamen*) Hof

closed [kləʊzd] ① geschlossen, gesperrt **road closed!** Straße gesperrt! ② **the subject is closed** das Thema ist erledigt

close-down ['kləʊzdaʊn] Betriebsstilllegung

close·ly [ˌkləʊslɪ] ① dicht, eng ② genau

clos·ing ['kləʊzɪŋ] Schließung, Stilllegung

closing date Einsendeschluss

closing hour, closing time ① Geschäfts-/Ladenschluss ② Polizeistunde

clo·sure ['kləʊʒəʳ] [Ver]Schließen, Schließung

cloth [klɒθ] ① Tuch, Stoff ② Tuch, Lappen

clothe [kləʊð] ① **clothe someone** jemanden kleiden ② **clothe something** (*übertragen*) etwas [ein]hüllen

clothes [kləʊðz] *plural* Kleider, Kleidung; **put on/take off one's clothes** sich anziehen/ausziehen **clothes hanger** Kleiderbügel **clothes line** Wäscheleine **clothes peg, clothes·pin** Wäscheklammer

cloth·ing ['kləʊðɪŋ] Kleidung

cloud[1] [klaʊd] ① Wolke; **cloud of dust** Staubwolke ② (*übertragen*) Schatten, Drohung ▸ IN WENDUNGEN: **be on cloud nine** im siebten Himmel sein

cloud[2] [klaʊd] ① *Himmel:* verhängen ② (*übertragen*) trüben; **this problem is clouding our future** dieses Problem wirft einen Schatten auf unsere Zukunft
◆ **cloud over, cloud up** *Himmel:* [sich] bewölken

clouded ['klaʊdɪd] ① bewölkt, bedeckt ② (*übertragen*) trübe

cloud·less ['klaʊdlɪs] wolkenlos, ungetrübt

cloudy ['klaʊdɪ] ① *Himmel:* wolkig, bewölkt ② *Wetter, Flüssigkeit:* trübe

clown [klaʊn] ① Clown ② Tölpel

clown about, **clown around** (*übertragen*) den Clown spielen

club[1] [klʌb] ① Klub, Verein ② Keule, Knüppel ③ [Golf]Schläger ④ **clubs** ⚠ *plural* (*auf Spielkarten*) Kreuz; **the six of clubs** die Kreuzsechs ⑤ (*humorvoll*) **join the club!** ach, du auch!

club[2] [klʌb] <clubbed> ① **club someone/something** auf jemanden/etwas einknüppeln ② **club together** sich zusammentun

clue [kluː] Anhaltspunkt, Schlüssel (**to** zu); **he hasn't a clue** er hat keine Ahnung

clue·less ['kluːlɪs] (*umgangsspr*) ahnungslos

clump [klʌmp] ① [Erd]Klumpen, [Holz]Klotz ② [Baum]Gruppe

clumsy ['klʌmzɪ] ① schwerfällig; *Mensch, Bewegung:* unbeholfen ② unelegant; *Ausdrucksweise:* ungeschickt ③ taktlos; *Art:* plump

clung [klʌŋ] *2. und 3. Form von* **cling**

clus·ter ['klʌstəʳ] *Trauben, Beeren:* Traube; *Locken:* Büschel

◆clus·ter around sich scharen um

clutch[1] [klʌtʃ] ① fester Griff ② (*übertragen*) **fall into someone's clutches** jemandem in die Hände fallen ③ (*am Auto*) Kupplung

clutch[2] [klʌtʃ] ① **clutch someone/something** jemanden/etwas [er]greifen, jemanden/etwas umklammern ② greifen, schnappen (**at** nach) ▸ IN WENDUNGEN: **clutch at straws** sich an einen Strohhalm klammern

clut·ter ['klʌtəʳ] Wirrwarr, Unordnung

coach[1] [kəʊtʃ] ① Kutsche ② [Eisenbahn]Wagen ③ Reise[omni]bus ④ (*Sport*) Trainer(in)

coach[2] [kəʊtʃ] ① **coach someone** jemanden aufs Examen vorbereiten ② **coach someone** jemanden trainieren

coal [kəʊl] [Stein]Kohle[n] ▸ IN WENDUNGEN: **haul someone over the coals** jemandem die Leviten lesen

co·ali·tion [ˌkəʊə'lɪʃn] Koalition

coal-mine ['kəʊlmaɪn], **coal-pit** ['kəʊlpɪt] Kohlenbergwerk, Zeche **coal-miner** Bergmann

coarse [kɔːs] ① *Struktur, Haut:* grob ② *Mensch, Art:* ungehobelt, primitiv; **coarse joke** derber Witz

coast [kəʊst] Küste, Meeresufer; **on the coast** an der Küste ▸ IN WENDUNGEN: **the coast is clear** (*übertragen*) die Luft ist rein

coastal ['kəʊstl] Küsten-

coastguard Küstenwache

coastline Küstenlinie

coat[1] [kəʊt] ① Mantel ② *eines Tiers:* Fell, Pelz ③ **coat of paint** Anstrich

coat[2] [kəʊt] ① **coat something** etwas bestreichen (**with** mit) ② **coat something** etwas überziehen

coated ['kəʊtɪd] ① überzogen ② bedeckt (**with** mit) ③ beschichtet

coat hanger Kleiderbügel

coat·ing ['kəʊtɪŋ] ① Überzug, [äußere] Schicht ② Anstrich

coax [kəʊks] **coax someone** jemanden überreden ▸ IN WENDUNGEN: **coax something out of** [*oder* **from**] **someone** jemandem etwas abschmeicheln

cobble ['kɒbl] Kopfstein; **the street was cobbled** die Straße hatte Kopfsteinpflaster

cob·bler ['kɒbləʳ] Flickschuster ▸ IN WENDUNGEN: **a load of old cobblers** (*umgangsspr*) ein Haufen Mist

cob·web ['kɒbweb] Spinngewebe

cock [kɒk] ① Hahn ② [Vogel]Männchen ③ [Wasser]Hahn ④ (*slang*) Pimmel

cock·erel ['kɒkərəl] junger Hahn

cock·pit ['kɒkpɪt] Cockpit, Kanzel

cock·tail ['kɒkteɪl] Cocktail

cocky ['kɒkɪ] (*umgangsspr*) keck, frech

co·coa ['kəʊkəʊ] Kakao[pulver]

coco·nut ['kəʊkənʌt] Kokosnuss **coconut milk** Kokosmilch

cod [kɒd] <*plural* cod> Kabeljau, Dorsch

code[1] [kəʊd] Chiffre, Code

code[2] [kəʊd] **put something into code** etwas verschlüsseln, etwas chiffrieren

code name Deckname **code number** Kennnummer **code word** Kennwort

codi·fy ['kəʊdɪfaɪ] **codify something** etwas kodifizieren

cod·ing ['kəʊdɪŋ] Kodierung

co-edu·ca·tional [ˌkaʊˌedʒʊ'keɪʃnl], (*umgangsspr*) **co-ed** ['kəʊed] **co-educational/co-ed school** gemischte Schule

co·erce [kəʊ'ɜːs] **coerce someone** jemanden zwingen (**into** zu); **coerce someone into doing something** jemanden nötigen, etwas zu tun

co·exist [ˌkəʊɪg'zɪst] gleichzeitig [*oder* zusammen] [vorhanden] sein, nebeneinander bestehen (**with** mit)

cof·fee ['kɒfɪ] Kaffee **coffee bar** [kleines] Café **coffee bean** Kaffeebohne **coffee break** Kaffeepause **coffee cup** Kaffeetasse **coffee grinder** Kaffeemühle **coffee machine** Kaffeemaschine **coffee pot** Kaffeekanne **coffee shop** Café

cof·fin ['kɒfɪn] Sarg ▸ IN WENDUNGEN: **drive a nail into someone's coffin** jemandes Untergang sein

cog [kɒg] [Rad]Zahn ▸ IN WENDUNGEN: **be [just] a cog in the machine** [nur] ein Rädchen im Getriebe sein

cog·nac ['kɒnjæk] Kognak

co·habit [kəʊ'hæbɪt] ehelich zusammenwohnen

co·habi·ta·tion [ˌkəʊhæbɪ'teɪʃn] ❶ eheliches Zusammenwohnen ❷ Beischlaf

co·her·ent ['kəʊ'hɪərənt] ❶ zusammenhängend ❷ *Ausdrucksweise:* klar und verständlich ❸ *Argument:* stimmig

co·he·sive [kəʊ'hiːsɪv] ❶ kohäsiv ❷ *Einheit:* geschlossen ❸ *Argument:* stimmig

coil¹ [kɔɪl] ❶ **coil of rope/wire** aufgerolltes Seil/Rolle/Draht ❷ (*Empfängnisverhütung*) Spirale ❸ Windung

coil² [kɔɪl] ❶ **coil something [up]** etwas [auf]wickeln ❷ sich winden, sich zusammenrollen

coin¹ [kɔɪn] ❶ Münze ❷ (*übertragen*) **the other side of the coin** die Kehrseite der Medaille

> **i Land & Leute** Die Münzen in den USA haben besondere Namen. Ein US Dollar hat 100 **cents** und eine Ein-Cent-Münze heißt ein **penny**. Die Fünf-Cent-Münze heißt **nickel**. Eine Zehn-Cent-Münze wird **dime** genannt. Die 25-Cent-Münze ist ein **quarter** (Vierteldollar). Es gibt dann noch **half dollar** und **dollar coins**.

coin² [kɔɪn] prägen *Geld* ▸ IN WENDUNGEN: **to coin a phrase, …** …, um mich mal so auszudrücken

co·incide [ˌkəʊɪn'saɪd] ❶ (*räumlich*) sich decken ❷ (*zeitlich*) zusammenfallen ❸ (*übertragen*) übereinstimmen (**with** mit)

co·inci·dence [kəʊ'ɪnsɪdəns] ❶ Zusammentreffen ❷ Zufall; **what a coincidence!** was für ein Zufall!

co·inci·den·tal [kəʊˌɪnsɪ'dentl] zufällig

cold¹ [kəʊld] ❶ kalt; **be** [*oder* **feel**] **cold** frieren; **I am cold** mir ist kalt ❷ (*übertragen*) kühl; **be cold to someone** kühl zu jemandem sein ▸ IN WENDUNGEN: **give someone the cold shoulder** jemandem die kalte Schulter zeigen

cold² [kəʊld] ❶ Kälte; **[shivering] with cold** [zitternd] vor Kälte ❷ Erkältung; **catch [a] cold** sich erkälten ❸ (*übertragen*) **be left out in the cold** links liegen gelassen werden

cold-hearted [ˌkəʊld'hɑːtɪd] gefühllos, herzlos, kaltherzig

col·lab·or·ate [kə'læbəreɪt] ❶ zusammenarbeiten (**with** mit) ❷ (*mit dem Feind*) kollaborieren

col·lab·or·ation [kəˌlæbə'reɪʃn] ❶ Zusammenarbeit ❷ (*mit dem Feind*) Kollaboration

col·lab·or·ator [kə'læbəreɪtəʳ] ❶ Mitarbeiter(in) ❷ (*mit dem Feind*) Kollaborateur(in);

col·lapse¹ [kə'læps] ❶ *von Gebäude:* Einsturz ❷ (*auch übertragen*) *eines Menschen:* Zusammenbruch; *eines Plans:* Scheitern; *von Preisen:* Sturz

col·lapse² [kə'læps] ❶ *Gebäude:* zusammen-, einstürzen; *Gestell, Mensch:* zusammenbrechen ❷ einen [Nerven]Zusammenbruch haben ❸ *Plan:* scheitern; *Preis, Kurs* einbrechen

col·laps·ible [kə'læpsəbl] zusammenklappbar; **collapsible chair** Klappstuhl

col·lar¹ ['kɒləʳ] ❶ Kragen ❷ [Hunde]Halsband

col·lar² ['kɒləʳ] **collar someone** (*auch übertragen*) jemanden beim Kragen nehmen, jemanden schnappen

col·league ['kɒliːg] Kollege, Kollegin

col·lect¹ [kə'lekt] ❶ **collect something** etwas [ein]sammeln, etwas zusammentragen ❷ **collect someone/something** jemanden/etwas abholen ❸ sammeln *Briefmarken, Geld* ❹ **collect one's thoughts** seine Gedanken sammeln ❺ *Staub, Arbeit:* sich [an]sammeln; *Menschen:* sich versammeln ❻ eintreiben *Steuer, Schuld*

col·lect² ['kɒlekt] (USA) **call collect** ein R-Gespräch führen

collect call (USA) R-Gespräch

col·lected [kə'lektɪd] (*übertragen*) gefasst

col·lec·tion [kə'lekʃn] ❶ [An]sammlung, Sammeln ❷ Abholung, [Briefkasten]Leerung ❸ Eintreiben *Steuer* ❹ [Geld-/Spenden]Sammlung

col·lec·tive [kəˈlektɪv] ① gemeinsam, kollektiv ② **collective bargaining** Tarifverhandlungen

col·lec·tor [kəˈlektəʳ] Sammler(in)

col·lege [ˈkɒlɪdʒ] ① College ② [kleinere] Universität, Akademie, [Fach]Hochschule ③ Universitäts-/Schulgebäude

> **i Land & Leute** In Großbritannien ist ein **sixth-form college** ein College für 16–18-jährige Schüler, die oft von Schulen kommen, an denen es keine **sixth form** (≈ 12. Klasse) gibt. An dem College können sie dann ihre **A levels** (etwa: Abitur) machen.

col·lide [kəˈlaɪd] zusammenstoßen/-prallen (**with** mit)

col·li·sion [kəˈlɪʒn] Zusammenstoß/-prall

col·lo·quial [kəˈləʊkwɪəl] umgangssprachlich

co·lon [ˈkəʊlən] Doppelpunkt

co·lo·nel [ˈkɜːnl] Oberst

col·on·ize [ˈkɒlənaɪz] kolonisieren, besiedeln

col·ony [ˈkɒlənɪ] Kolonie, [An]Siedlung

col·our[1], USA **color** [ˈkʌləʳ] ① Farbe; **what colour is it?** was für eine Farbe hat es?; **change colour** die Farbe ändern ② Gesichtsfarbe; **be off colour** (*umgangsspr*) sich nicht wohl fühlen ③ Hautfarbe

col·our[2], USA **color** [ˈkʌləʳ] ① **colour something** etwas Farbe geben, etwas malen ② sich [ver]färben, erröten

colour-blind, USA **color-blind** farbenblind

coloured, USA **colored** [ˈkʌləd] farbig; **coloured pencil** Farbstift

col·our·fast, USA **col·or·fast** [ˈkʌləʳfɑːst] farbecht

col·ourful, USA **col·orful** [ˈkʌləfl] ① farbenreich/farbenprächtig ② (*übertragen*) bunt, lebendig

col·our·ing, USA **col·or·ing** [ˈkʌlərɪŋ] ① Färbung, Farbton ② [Gesichts-/Augen-/Haar-]Farbe ③ [**food**] **colouring** [Lebensmittel]Farbstoff

col·our·less, USA **col·or·less** [ˈkʌləlɪs] (*auch übertragen*) farblos

colour television, USA **color television** Farbfernsehen

col·umn [ˈkɒləm] ① (*auch übertragen*) Säule; **column of figures** Zahlenreihe ② Spalte, Kolumne; **gossip column** Klatschspalte

comb[1] [kəʊm] Kamm

comb[2] [kəʊm] ① **comb someone's/one's hair** jemandem/sich die Haare kämmen; striegeln *Pferd* ② (*übertragen*) durchkämmen/-suchen *Gelände*

com·bat[1] [ˈkɒmbæt] Kampf, Gefecht

com·bat[2] [ˈkɒmbæt] ① kämpfen ② **combat something** etwas bekämpfen

com·bi·na·tion [ˌkɒmbɪˈneɪʃn] ① Kombination, Zusammensetzung ② **combination lock** Kombinationsschloss

com·bine [kəmˈbaɪn] <combined> ① **combine something** etwas kombinieren, etwas verbinden ② sich verbinden, sich vereinigen (**with** mit)

com·bined [kəmˈbaɪnd] kombiniert

come [kʌm] <came, come> ① [an-/her-/herbei]kommen; **come here!** komm [mal] her!; **come and** [*oder* **to**] **see someone** jemanden besuchen; **come home** heimkommen, nach Hause kommen ② erreichen, gelangen (**to** zu) ③ werden; **come true** sich verwirklichen, in Erfüllung gehen ④ **come what may!** komme, was [da] wolle! ▸ IN WENDUNGEN: **I don't know whether I'm coming or going** ich weiß nicht, wo mir der Kopf steht; **it came home to me** es leuchtete mir ein; **come!** hör mal! hör zu!; **how come?** wieso? **in days to come** später einmal

◆ **come about** sich ereignen

◆ **come across** ① herüberkommen ② **come across someone** jemanden [zufällig] treffen ③ verstanden werden; *Rede:* gut ankommen

◆ **come along** ① mitkommen/-gehen; **come along with me!** komm mal mit! ② *Gelegenheit:* sich zufällig ergeben ③ (*übertragen*) **how's the patient coming along?** wie macht sich der Patient?; ④ *Arbeit:* vorangehen

◆ **come around, come round** ① [zufällig] vorbeikommen, gelegentlich wiederkommen ② nachgeben, einlenken; **come around to a way of thinking** sich einer Auffassung anschließen

◆ **come away** ① weggehen ② *Farbe, Papier:* abgehen

◆ **come back** ① zurückkommen, zurückkehren ② **I'll come back to that question later** auf die Frage werde ich später zurückkommen ③ **it all came back to me** es fiel mir plötzlich wieder ein ④ **come back into fashion** wieder modern sein

◆ come by ① **come by something** etwas kriegen ② vorbeikommen

◆ come down ① herunterkommen, heruntergehen (**to** bis) ② *Preis:* sinken ③ *Tradition:* überliefert werden ④ *Baum:* [ein]stürzen; *Schnee, Regen:* fallen ⑤ (*übertragen: sozial*) [ab]sinken; **they've come down in the world** sie haben einen Abstieg erlebt ▶ IN WENDUNGEN: **come down with influenza** sich die Grippe geholt haben; **come down in favour of someone** jemanden unterstützen

◆ come forward vortreten, sich freiwillig melden

◆ come from ① kommen von ② **come from something** *Schmerz, Problem:* von etwas verursacht werden ③ abstammen von; **where do you come from?** von wo kommst du her?

◆ come in ① hereinkommen, nähertreten; **come in!** herein! ② ankommen, eintreffen; *Zug:* einfahren ③ *Nachricht:* eintreffen ④ (*Sport*) **come in second** Zweiter werden ⑤ **come in handy** [*oder* **useful**] nützlich sein ⑥ **where do I come in?** und was ist mit mir?

◆ come into ① erben ② **come into sight** in Sicht kommen, auftauchen ③ **come into fashion** [*oder* **style**] Mode werden ▶ IN WENDUNGEN: **come into one's own** zeigen, was in einem steckt; **come into being** entstehen

◆ come of **nothing came of it** es ist nichts daraus geworden

◆ come off ① herunterfallen von; *Knopf:* abgehen ② sich ereignen, stattfinden ③ *Versuch:* gelingen **come off well** gut gelingen ▶ IN WENDUNGEN: **come off it!** nun mach aber, mal halblang!

◆ come on ① **come on!** komm schon! ② anfangen; *Dunkelheit:* hereinbrechen ③ (*Theater*) *Schauspieler:* auftreten

◆ come out ① herauskommen ② *Fleck:* herausgehen ③ hervorgehen; **come out of something** aus etwas hervorgehen ⑤ *Zeitung, Druckschrift:* erscheinen, herauskommen ⑥ **come out against** sich erklären gegen ⑦ **come out** [**on strike**] streiken ▶ IN WENDUNGEN: **come out with the truth** mit der Wahrheit herausrücken

◆ come over ① herüberkommen ② (*übertragen*) **what's come over you?** was ist in dich gefahren?

◆ come round ① zu Besuch vorbeikommen ② wieder zu sich kommen ③ **come round to doing something** dazu kommen, etwas zu tun ④ **she came round to my way of thinking** sie hat sich meiner Denkweise angeschlossen

◆ come through ① durchkommen ② überstehen *Krise*

◆ come to ① dazu kommen, führen zu; **that will come to nothing** das führt zu nichts; **come to a standstill** zum Stillstand kommen; **come to an end** zu Ende kommen, aufhören ② [wieder] zu sich kommen ③ **come to a decision** zu einer Entscheidung kommen; *Person:* sich entscheiden; **come to an agreement** zu einer Vereinbarung gelangen

◆ come under ① fallen unter ② (*übertragen*) **come under someone's influence** unter jemandes Einfluss geraten

◆ come up ① hochkommen, nach oben kommen, heraufkommen; *Sonne, Mond:* aufgehen ② *Frage, Thema:* aufkommen ③ **come up against** stoßen auf *Problem* ④ **come up to** reichen bis zu; **the water came up to his ankles** das Wasser reichte ihm bis zu den Knöcheln ⑤ **come up for sale** zum Verkauf kommen ⑥ **come up with a suggestion** vorschlagen ▶ IN WENDUNGEN: **something has come up** es ist etwas dazwischengekommen

◆ come upon ① *Schlaf, Krankheit:* **come upon someone** jemanden überfallen ② **come upon someone/something** auf jemanden/etwas stoßen

come·back ['kʌmbæk] (*im Theater, Film*) Comeback; **make a comeback** ein Comeback machen

com·edian [kə'mi:dɪən] Komiker(in)

com·edy ['kɒmədɪ] ① Lustspiel, Komödie ② komische Geschichte

come-on ['kʌmɒn] ① Lockmittel ② Einladung, Aufforderung

comet ['kɒmɪt] Komet

com·fort[1] ['kʌmfət] ① Trost, Beruhigung (**to** für) ② Komfort, Behaglichkeit; **live in comfort** in angenehmen Verhältnissen leben

com·fort[2] ['kʌmfət] **comfort someone** jemanden trösten, jemanden beruhigen

com·fort·able ['kʌmftəbl] ❶ bequem, gemütlich ❷ komfortabel, gut eingerichtet ❸ *Einkommen:* ausreichend ❹ *Patient:* ohne Beschwerden ❺ **feel comfortable** sich wohl fühlen; **make yourself comfortable!** machen Sie sich's bequem!

com·fort·ing ['kʌmfətɪŋ] tröstlich

com·fy ['kʌmfɪ] (*umgangsspr*) behaglich

com·ic[1] ['kɒmɪk] ❶ komisch ❷ spaßig, lustig

com·ic[2] ['kɒmɪk] ❶ Komiker(in) ❷ Comicheft

comi·cal ['kɒmɪkl] ❶ amüsant, lustig ❷ drollig, komisch

comic book Comicheft

comic strip Comic[strip]

com·ing[1] ['kʌmɪŋ] kommend, [zu]künftig; **in the coming week/month** kommende Woche, kommenden Monat

com·ing[2] ['kʌmɪŋ] **coming!** [ich] komme gleich! ►In Wendungen: **coming of age** Mündigwerden

com·ma ['kɒmə] Komma

com·mand[1] [kə'mɑːnd] ❶ Befehl; **at your command** zu Ihrer Verfügung ❷ Befehlsgewalt; **under someone's command** unter jemandes Befehl ❸ Führung ❹ **have a good command of English** gut Englisch können ❺ Herrschaft (**of** über)

com·mand[2] [kə'mɑːnd] ❶ **command someone to do something** jemandem befehlen, etwas zu tun ❷ kommandieren, befehligen ❸ verfügen über *Gelder, Wortschatz* ❹ **command someone's respect** jemandem Achtung einflößen ❺ **command a high price** hoch im Preis stehen

com·mander [kə'mɑːndəʳ] Kommandant, Befehlshaber

com·mand·ing [kə'mɑːndɪŋ] ❶ kommandierend, befehlshabend ❷ (*übertragen*) gebieterisch

com·mand·ment [kə'mɑːndmənt] Gebot; **the Ten Commandments** die Zehn Gebote

com·mem·or·ate [kə'meməreɪt] **commemorate someone/something** jemandes/einer Sache gedenken

com·mence [kə'mens] anfangen; **to commence doing something** beginnen, etwas zu tun

com·mend [kə'mend] **commend someone** jemanden loben (**on** wegen)

com·mend·able [kə'mendəbl] empfehlens-/lobenswert

com·ment[1] ['kɒment] ❶ Bemerkung (**on** über); **make a comment** eine Bemerkung machen ❷ Kommentar, Stellungnahme; **no comment!** kein Kommentar! ❸ Anmerkung

com·ment[2] ['kɒment] ❶ **comment on something** etwas kommentieren ❷ seine Meinung äußern (**on** über)

com·men·tary ['kɒməntrɪ] ❶ Kommentar (**on** zu) ❷ **running** [*oder* **live**] **commentary** Live-Reportage

com·men·tate ['kɒmənteɪt] kommentieren

com·men·ta·tor ['kɒmənteɪtəʳ] Kommentator(in)

com·merce ['kɒmɜːs] Handel

com·mer·cial[1] [kə'mɜːʃl] (*Radio, TV*) Werbespot

com·mer·cial[2] [kə'mɜːʃl] ❶ kaufmännisch, kommerziell, Handels-; **commercial interests** Geschäftsinteressen ❷ **commercial television** kommerzielles Fernsehen, Privatfernsehen ❸ (*abwertend*) *Musik, Film:* kommerziell

com·mis·sion[1] [kə'mɪʃn] ❶ Auftrag; **by commission** im Auftrag; **carry out a commission** einen Auftrag ausführen ❷ Ausschuss; **commission of enquiry** Untersuchungskommission; **European Commission** Europäische Kommission ❸ *von Waren, Kunst:* Bestellung, Auftrag ❹ (*beim Verkauf*) Provision

com·mis·sion[2] [kə'mɪʃn] ❶ **commission someone to do something** jemanden beauftragen, etwas zu tun ❷ **commission someone** (*beim Militär*) jemanden [zum Offizier] befördern

com·mit [kə'mɪt] ❶ begehen *Ehebruch, Verbrechen, (Selbst)Mord* ❷ **commit someone for trial** jemanden einem Gericht überstellen; **to have someone committed to an asylum** jemanden in eine Anstalt einweisen lassen ❸ **commit something** etwas festlegen (**to** auf) ❹ sich festlegen; **commit oneself to do** [*oder* **doing**] **something** sich verpflichten, etwas zu tun

com·mit·ment [kə'mɪtmənt] ❶ Verpflichtung; **family commitments** familiäre Verpflichtungen ❷ Engagement

com·mit·ted [kə'mɪtɪd] engagiert; **she's a committed Christian** sie ist eine überzeugte Christin

com·mit·tee [kəˈmɪtɪ] Ausschuss, Komitee

com·mon[1] [ˈkɒmən] ① gemein[sam]; **common interests** gemeinsame Interessen ② allgemein; *Tiere, Vögel, Sitten:* weit verbreitet; **be common practice** allgemein üblich sein; **it is common knowledge that...** es ist allgemein bekannt, dass... ③ gewöhnlich; **the common people** die einfachen Leute ④ ordinär, niedrig

com·mon[2] [ˈkɒmən] **have something in common** [**with someone**] etwas [mit jemandem] gemein haben; **have interests in common** gemeinsame Interessen haben

com·mon·ly [ˈkɒmənlɪ] gewöhnlich, im Allgemeinen

com·mon·place [ˈkɒmənpleɪs] alltäglich, uninteressant

common room Gemeinschaftsraum

common sense gesunder Menschenverstand

com·mu·nal [ˈkɒmjʊnl] ① kommunal, gemeindeeigen ② öffentlich ③ **communal living** Gemeinschaftsleben; **communal kitchen** Gemeinschaftsküche

com·muni·cate [kəˈmjuːnɪkeɪt] ① **communicate something** etwas mitteilen; übermitteln *Nachrichten;* vermitteln *Gefühl* ② übertragen *Krankheit* (**to** auf) ③ in Verbindung stehen (**with** mit), sich besprechen (**with** mit)

com·muni·ca·tion [kəˌmjuːnɪˈkeɪʃn] ① Verständigung, Kommunikation; *von Ideen, Information:* Vermittlung ② (*Brief, Nachricht*) Mitteilung (**to** an) ③ *von Krankheit:* Übertragung ④ Verbindung; **be in communication with someone** mit jemandem in Verbindung stehen ⑤ **means of communication** Kommunikationsmittel ⑥ [**tele**]**communications** Fernmeldewesen

com·mu·nism [ˈkɒmjʊnɪzəm] Kommunismus

com·mu·nist[1] [ˈkɒmjʊnɪst] Kommunist(in)

com·mu·nist[2] [ˈkɒmjʊnɪst] kommunistisch

com·mu·nity [kəˈmjuːnətɪ] ① Gemeinschaft ② **the community** die Allgemeinheit

community centre Gemeindehaus/Gemeindezentrum

community home Erziehungsheim

com·mute [kəˈmjuːt] pendeln

com·muter [kɒˈmjuːtəʳ] Pendler(in)

com·pact[1] [ˈkɒmpækt] ① **powder compact** Puderdose ② (USA) Kompaktwagen

com·pact[2] [kəmˈpækt] ① kompakt ② *Masse:* fest

com·pact[3] [kəmˈpækt] **compact something** etwas fest zusammenpressen

com·pact disc [ˌkəmpækt ˈdɪsk] Compact-Disc, CD; **compact disc** [*oder* **CD**] **player** CD-Spieler

com·pan·ion [kəmˈpænɪən] ① Begleiter(in), Gefährte, Gefährtin; **travelling companion** Reisebegleiter(in) ② Freund(in), Kamerad(in) ③ Gesellschafter(in), Betreuer(in)

com·pany [ˈkʌmpənɪ] ① Gesellschaft, Begleitung; **keep someone company** jemandem Gesellschaft leisten; **be good/bad/poor company** ein guter/schlechter Gesellschafter sein ② Gäste; **we're expecting company** wir erwarten Besuch ③ [Handels]Gesellschaft, Firma, Unternehmen ④ [Schauspiel]Truppe ⑤ (*Militär*) Kompanie ► IN WENDUNGEN: **two's company, three's a crowd** zu zweit ist es gemütlich, ein Dritter stört nur

com·par·able [ˈkɒmpərəbl] vergleichbar (**to, with** mit)

com·para·tive[1] [kəmˈpærətɪv] ① vergleichend ② relativ

com·para·tive[2] [kəmˈpærətɪv] Komparativ

com·para·tive·ly [kəmˈpærətɪvlɪ] vergleichsweise, verhältnismäßig

com·pare [kəmˈpeəʳ] ① **compare something** etwas vergleichen (**with, to** mit) ② gleichsetzen, auf eine Stufe stellen (**to** mit) ③ sich vergleichen [lassen] (**with** mit)

com·pari·son [kəmˈpærɪsn] Vergleich (**to, with** mit); **by/in comparison** vergleichsweise; **in comparison with** im Vergleich zu; **there is no comparison between them** sie lassen sich nicht vergleichen

com·part·ment [kəmˈpɑːtmənt] ① *im Schrank, Kühlschrank:* Fach ② *vom Zug:* Abteil

com·pass [ˈkʌmpəs] ① Kompass; **take a compass reading** den Kompass lesen ② **compasses** ⚠ *plural,* **a pair of compasses** ein Zirkel

com·pas·sion [kəmˈpæʃn] Mitleid/Mitgefühl; **have compassion for someone** Mitleid mit jemandem haben

com·pas·sion·ate [kəmˈpæʃənət] mitleid[s]voll, mitfühlend

com·pat·ible [kəmˈpætəbl] ① vereinbar, verträglich (**with** mit) ② passend; *Menschen:* zueinander passend ③ *Geräte:* kompatibel

com·pel [kəm'pel] <compelled> **compel someone to do something** jemanden [dazu] zwingen, etwas zu tun

com·pel·ling [kəm'pelɪŋ] ① zwingend ② (*übertragen*) verlockend, unwiderstehlich

com·pen·sate ['kɒmpənseɪt] ① **compensate someone for something** jemandem etwas ersetzen, jemanden für etwas entschädigen ② ersetzen, vergüten *Schaden;* **she was awarded £1,000 to compensate the damage** sie erhielt £1,000 Schadenausgleich ③ **compensate for something** etwas ausgleichen [*oder* kompensieren]

com·pen·sa·tion [ˌkɒmpen'seɪʃn] ① Entschädigung, Ersatz; **as** [*oder* **by way of**] **compensation for** als Ersatz, als Entschädigung für ② (USA) [Be]Zahlung, Entlohnung, Lohn, Gehalt

com·pete [kəm'piːt] ① konkurrieren (**for** um); **compete against/with each other** miteinander konkurrieren, sich gegenseitig Konkurrenz machen ② (*im Sport*) teilnehmen; **compete for the gold medal** um die Goldmedaille kämpfen; **compete against/with someone** gegen jemanden antreten, kämpfen

com·pet·ent ['kɒmpɪtənt] ① fähig, befähigt; [**not**] **competent to do something** [nicht] kompetent, etwas zu tun; *Service, Antwort:* angemessen ② (*juristisch*) zuständig

com·pe·ti·tion [ˌkɒmpə'tɪʃn] ① Wettbewerb, Wettkampf; **chess competition** Schachwettbewerb; *in Zeitungen:* Preisausschreiben ② Konkurrenz (**for** um); **be in competition with** im Wettbewerb stehen mit; **keen competition** scharfer Wettbewerb, harte Konkurrenz

com·peti·tive [kəm'petətɪv] ① Wettbewerbs-, Konkurrenz-; **competitive spirit** Wettbewerbsgeist, Konkurrenzgeist, Kampfgeist; **competitive sport** Leistungssport ② konkurrenzfähig

com·peti·tive·ness [kəm'petətivnəs] Wettbewerbsfähigkeit

com·peti·tor [kəm'petɪtəʳ] ① Mitbewerber(in) ② Konkurrent(in) ③ Wettkämpfer(in); **be a competitor** teilnehmen

com·pile [kəm'paɪl] ① zusammentragen *Material* ② zusammenstellen *Liste*

com·pla·cent [kəm'pleɪsnt] selbstzufrieden/selbstgefällig

com·plain [kəm'pleɪn] ① **complain of something** *Krankheit, Schmerzen:* über etwas klagen ② sich beschweren (**about** über); **stop complaining!** beklag dich nicht dauernd!, hör auf zu jammern!

com·plaint [kəm'pleɪnt] ① Klage, Beschwerde; **she has no cause for complaint** sie kann sich nicht beklagen; **make a complaint against** [*oder* **about**] **someone** sich über jemanden beschweren ② Beschwerden; **have a heart complaint** ein Herzleiden haben

com·ple·ment[1] ['kɒmplɪmənt] Ergänzung

com·ple·ment[2] ['kɒmplɪment] **complement something** etwas ergänzen, vervollständigen

com·ple·ment·ary [ˌkɒmplɪ'mentrɪ] Ergänzungs-, sich ergänzend; **complementary colours** Komplementärfarben

com·plete[1] [kəm'pliːt] ① vollständig, ganz; **the complete works of Shakespeare** die gesammelten Werke Shakespeares ② völlig; **complete beginner** blutiger Anfänger; **complete stranger** völlig Fremder ③ vollendet, fertig [gestellt] ④ **complete with** mitsamt, komplett mit

com·plete[2] [kəm'pliːt] ① **complete something** etwas beenden, abschließen; **complete a job** eine Arbeit fertig stellen ② **complete something** etwas vervollständigen ③ ausfüllen *Formular*

com·plete·ly [kəm'pliːtlɪ] ganz [und gar], vollkommen; **he's completely wrong** er irrt sich gewaltig

com·ple·tion [kəm'pliːʃn] ① Abschluss; *eines Projekts, einer Arbeit:* Fertigstellung; **on completion of** bei Beendigung; **on completion of the course you get a certificate** nach Abschluss des Kurses erhalten Sie eine Urkunde; **the work is nearing completion** die Arbeit steht [kurz] vor dem Abschluss ② *eines Formulars:* Ausfüllen

com·plex ['kɒmpleks] komplex; *Frage, Idee:* vielschichtig; *Problem, System:* kompliziert

com·plexion [kəm'plekʃn] ① Teint, Gesichtsfarbe ② (*übertragen*) Aspekt; **that puts a completely different complexion on things** so sehen die Dinge ganz anders aus

com·plex·ity [kəm'pleksətɪ] Komplexität, Kompliziertheit

com·pli·cate ['kɒmplɪkeɪt] **complicate**

something etwas komplizieren, [noch] komplizierter machen

com·pli·cated ['kɒmplɪkeɪtɪd] kompliziert

com·pli·ca·tion [ˌkɒmplɪ'keɪʃn] Komplikation

com·pli·ment¹ ['kɒmplɪmənt] ❶ Kompliment; **pay a compliment to someone, pay someone a compliment** jemandem ein Kompliment machen; [**give**] **my compliments to the chef** mein Lob [*oder* Kompliment] dem Koch ❷ **compliments** ⚠ *Plural* Grüße; **with the compliments of the management** mit den besten Empfehlungen der Geschäftsleitung

com·pli·ment² ['kɒmplɪment] **compliment something** wegen [*oder* zu] etwas ein Kompliment machen; **compliment someone on something** jemandem Komplimente wegen [*oder* zu] etwas machen

com·pli·men·tary [ˌkɒmplɪ'mentrɪ] ❶ Ehren-, Gratis-; **complimentary ticket** Frei-/Ehrenkarte ❷ schmeichelhaft

com·ply [kəm'plaɪ] einwilligen; **comply with something** etwas erfüllen; **comply with instructions/a request** den Anordnungen/einer Bitte nachkommen

com·po·nent [kəm'pəʊnənt] Bestandteil

com·pose [kəm'pəʊz] ❶ komponieren *Musik;* aufsetzen, abfassen *Brief;* verfassen *Rede, Gedicht* ❷ bilden; **be composed of** bestehen aus ❸ sammeln *Gedanken;* **compose oneself** sich beruhigen, sich fassen

com·posed [kəm'pəʊzd] gefasst, gelassen

com·poser [kəm'pəʊzəʳ] Komponist(in)

com·po·si·tion [ˌkɒmpə'zɪʃn] ❶ *von Musik:* Komposition; *eines Briefs:* Aufsetzen; *eines Gedichts:* Verfassen ❷ Zusammensetzung, Bildung ❸ [Schul]Aufsatz

com·po·sure [kəm'pəʊʒəʳ] Fassung, [Gemüts]Ruhe

com·pound¹ ['kɒmpaʊnd] ❶ zusammengesetzt, aus einzelnen Teilen bestehend ❷ (*in der Mathematik*) **compound fraction** Doppelbruch ❸ *eines Knochens* **compound fracture** komplizierter Bruch

com·pound² ['kɒmpaʊnd] Zusammensetzung

com·pound³ [kəm'paʊnd] verschlimmern *Schwierigkeiten, Verletzung*

com·pre·hend [ˌkɒmprɪ'hend] **comprehend something** etwas verstehen, einsehen

com·pre·hen·sible [ˌkɒmprɪ'hensəbl] verständlich, begreiflich

com·pre·hen·sion [ˌkɒmprɪ'henʃn] ❶ Verstehen, Begreifen; **beyond comprehension** unbegreiflich ❷ Verständnis (**of** für)

com·pre·hen·sive [ˌkɒmprɪ'hensɪv] *Angebot, Sammlung:* umfassend

> **i Land & Leute** In Großbritannien heißt eine Gesamtschule für 11- bis 18-jährige Schüler **comprehensive school.** Diese Gesamtschulen wurden in den sechziger Jahren eingeführt, um das selektive System von **grammar schools** (= Gymnasien) und **secondary modern schools** abzulösen. Somit sollten allen Kindern die gleichen Möglichkeiten gewährleistet werden. **Grammar schools** gibt es weiterhin, jedoch sind die meisten staatlichen Schulen in Großbritannien **comprehensive schools.**

com·press [kəm'pres] **compress something** etwas zusammendrücken, [zusammen]pressen

com·prise [kəm'praɪz] umfassen, bestehen aus

com·pro·mise¹ ['kɒmprəmaɪz] Kompromiss

com·pro·mise² ['kɒmprəmaɪz] ❶ einen Kompromiss schließen; **compromise with someone over something** mit jemandem einen Kompromiss über etwas schließen ❷ **compromise someone/something** jemanden/etwas kompromittieren; **compromise one's reputation** seinem guten Ruf schaden

com·pul·sion [kəm'pʌlʃn] Zwang

com·pul·sive [kəm'pʌlsɪv] Zwangs-, zwingend

com·pul·sory [kəm'pʌlsərɪ] obligatorisch; **compulsory subject** Pflichtfach

com·pute [kəm'pju:t] berechnen, errechnen

com·puter [kəm'pju:təʳ] Computer, Rechner

computer game Computerspiel

computer graphics *plural* Computergrafik

com·puter·ize [kəm'pju:təraɪz] **computerize something** etwas auf Computer umstellen *Firma, Methode;* etwas in einen Computer eingeben *Daten*

computer network Computernetzwerk

computer programmer Programmierer(in)

computer science Informatik **computer scientist** Informatiker(in) **computer virus** Computervirus

con[1] [kɒn] <conned> (*umgangsspr*) **con someone** jemanden übers Ohr hauen

con[2] [kɒn] ① Schwindel, Betrug ② **pros and cons** Für und Wider; **weigh up the pros and cons** Pro und Kontra abwägen

con·ceal [kən'siːl] **conceal something** etwas verstecken, verbergen (**from** vor)

con·cede [kən'siːd] ① **concede that…** einräumen/zugeben, dass… ② **concede something** etwas zugestehen; **concede a point** in einem Punkt nachgeben; **concede victory** sich geschlagen geben ③ abtreten *Recht, Land*

con·ceited [kən'siːtɪd] eingebildet

con·ceiv·able [kən'siːvəbl] denkbar, vorstellbar

con·ceive [kən'siːv] ① schwanger werden ② (*übertragen*) **conceive of something** sich etwas vorstellen

con·cen·trate[1] ['kɒnsəntreɪt] ① sich konzentrieren (**upon, on** auf); **concentrate all one's energies on something** sich ganz auf etwas konzentrieren ② **concentrate on doing something** sich darauf konzentrieren, etwas zu tun

con·cen·trate[2] ['kɒnsəntreɪt] Konzentrat

con·cen·tration [ˌkɒnsn'treɪʃn] Konzentration; **lacking in concentration** unkonzentriert

con·cept ['kɒnsept] Begriff, Vorstellung

con·cern[1] [kən'sɜːn] ① **it concerns…** es handelt von…; **the essay concerns love** in diesem Aufsatz geht es um die Liebe ② **concern someone/something** jemanden/etwas betreffen, angehen; **to whom it may concern** (*im Brief*) an die zuständige Stelle; **as concerns…** was … betrifft ③ **it concerns me** es beunruhigt mich

con·cern[2] [kən'sɜːn] ① Geschäft, Unternehmen ② Angelegenheit, Sache; **that is no concern of yours** das geht Sie nichts an ③ Sorge, Besorgnis (**over** wegen); **with deep concern** sehr besorgt

con·cerned [kən'sɜːnd] ① beteiligt (**in, with** an); **all concerned** alle Beteiligten; **the people concerned** die Betroffenen; **as far as I am concerned** was mich angeht, von mir aus ② besorgt (**about, at** wegen); **I was concerned at the news** die Nachricht beunruhigte mich

con·cern·ing [kən'sɜːnɪŋ] bezüglich, in Bezug auf

con·cert ['kɒnsət] ① Konzert; **concert hall** Konzertsaal ② (*übertragen*) **work in concert with** zusammenarbeiten mit

con·certed [kən'sɜːtɪd] gemeinsam, konzertiert

con·ces·sion [kən'seʃn] ① [behördliche] Konzession ② Zugeständnis; **make concessions to someone** jemandem Zugeständnisse machen

con·cise [kən'saɪs] kurz [und bündig], knapp; **be concise** sich knapp fassen

con·clude [kən'kluːd] ① beenden, schließen *Meeting, Rede;* abschließen *Vertrag* ② schließen, folgern (**from** aus); **what did you conclude?** was haben Sie daraus gefolgert? ③ *Geschichte, Film:* enden, aufhören

con·clud·ing [kən'kluːdɪŋ] abschließend, Schluss-

con·clusion [kən'kluːʒn] ① [Ab]Schluss; **in conclusion** schließlich, zum Abschluss ② *eines Vertrags:* Abschluss ③ Schluss[folgerung], Folgerung; **draw the conclusion from** den Schluss, die Folgerung ziehen aus; **come to a conclusion** zu einem Ergebnis kommen

con·clus·ive [kən'kluːsɪv] ① endgültig ② *Beweis:* eindeutig, schlüssig

con·crete[1] ['kɒnkriːt] ① Beton- ② (*übertragen*) real, konkret

con·crete[2] ['kɒnkriːt] Beton; **concrete mixer** Betonmischmaschine

con·cur·rent [kən'kʌrənt] ① gleichzeitig, zusammentreffend ② übereinstimmend

con·cus·sion [kən'kʌʃn] Gehirnerschütterung

con·demn [kən'dem] ① **condemn someone** jemanden verurteilen, verdammen ② (*juristisch*) verurteilen (**to** zu); **condemn someone to death** jemanden zum Tode verurteilen

con·dem·na·tion [ˌkɒndem'neɪʃn] Verdammung, Verurteilung

con·den·sa·tion [ˌkɒnden'seɪʃn] ① Kondensation ② Kondensat ③ Kondenswasser

con·dense [kɒn'dens] ① (*wissenschaftlich*) kondensieren ② **condense something** etwas kondensieren; **condensed milk** Kondens-, Büchsenmilch ③ (*übertragen*) **condense something** etwas zusammenfassen

Bericht, Rede usw.

con·de·scend [ˌkɒndɪˈsend] sich herablassen; **condescend to do something** sich dazu herablassen, etwas zu tun

con·de·scend·ing [ˌkɒndɪˈsendɪŋ] herablassend

con·di·tion¹ [kənˈdɪʃn] ❶ Bedingung, Voraussetzung (**of** für); **on condition** [**that**] unter der Voraussetzung[, dass]; **on** [*oder* **under**] **no condition** unter keinen Umständen, auf keinen Fall ❷ Zustand; **in good condition** in gutem Zustand, gut erhalten; **out of condition** in schlechtem Zustand ❸ (*Mensch*) **be in good condition** gut in Form sein; **be in/out of condition** eine gute/keine Kondition haben; **have a heart condition** ein Herzleiden haben ❹ **conditions** Zustände, Verhältnisse; **living/working conditions** Wohn-/Arbeitsbedingungen

con·di·tion² [kənˈdɪʃn] gewöhnen (**to** an)

con·di·tional [kənˈdɪʃənl] ❶ bedingt (**on** durch), abhängig (**on** von) ❷ (*Grammatik*) konditional, Konditional-; **conditional clause** Konditional-, Bedingungssatz

con·di·tion·er [kənˈdɪʃənəʳ] Pflegespülung

con·dom [ˈkɒndəm] Kondom

con·duct¹ [kənˈdʌkt] ❶ führen, leiten *Gespräch, Geschäft;* dirigieren *Orchester, Chor* ❷ leiten *Strom* ❸ **conduct oneself** sich betragen, sich benehmen

con·duct² [ˈkɒndʌkt] ❶ *eines Unternehmens:* Führung, Leitung ❷ *eines Menschen:* Verhalten, Betragen

con·duc·tor [kənˈdʌktəʳ] ❶ *von Orchester, Chor:* Dirigent(in) ❷ **bus/tram conductor** Schaffner(in) ❸ (USA) Zugführer(in) ❹ (*Physik*) [Wärme]Leiter; **lightning conductor** Blitzableiter

cone [kəʊn] ❶ Kegel; **traffic cone** Kegel ❷ **ice-cream cone** Eistüte ❸ [Tannen]Zapfen

confectionery [kənˈfektʃnərɪ] Süßwaren

con·fer [kənˈfɜːʳ] ❶ **confer a title on** [*oder* **upon**] **someone** jemandem einen Titel verleihen ❷ **confer with someone** sich mit jemandem beraten

con·fer·ence [ˈkɒnfərəns] ❶ Tagung, Konferenz ❷ Besprechung, Unterredung; **be in conference** bei einer Besprechung sein

con·fess [kənˈfes] ❶ **confess to something** etwas bekennen, gestehen; **confess one's feelings to someone** jemandem seine Gefühle gestehen ❷ seine Schuld, seinen Fehler eingestehen ❸ **I must confess** ich muss zugeben ❹ (*in der Kirche*) beichten

con·fes·sion [kənˈfeʃn] ❶ Bekenntnis, Geständnis; **I have a confession to make** ich muss dir etwas gestehen ❷ (*in der Kirche*) Beichte ❸ Bekenntnis, Konfession

con·fide [kənˈfaɪd] **confide something to someone** jemandem etwas anvertrauen; **confide in someone** sich jemandem anvertrauen

con·fi·dence [ˈkɒnfɪdəns] ❶ Vertrauen (**in** auf); **take someone into one's confidence** jemanden ins Vertrauen ziehen ❷ [**self-**]**confidence** Selbstsicherheit ❸ vertrauliche Mitteilung; **in strict confidence** streng vertraulich

con·fi·dent [ˈkɒnfɪdənt] ❶ überzeugt (**of** von, **that** dass), sicher, zuversichtlich (**of** dass) ❷ selbstsicher

con·fi·den·tial [ˌkɒnfɪˈdenʃl] *Mitteilung:* vertraulich

con·fid·en·tial·ly [ˌkɒnfɪˈdenʃəlɪ] im Vertrauen

con·fine [kənˈfaɪn] ❶ **confine someone/something to something** jemanden/etwas auf etwas beschränken; **confine oneself to doing something** sich darauf beschränken, etwas zu tun ❷ einsperren, gefangen halten (**in, to** in); **be confined to one's bed** ans Bett gefesselt sein

con·fine·ment [kənˈfaɪnmənt] ❶ Einsperren, Gefangenschaft; (*in ein Krankenhaus*) Einweisung ❷ (*bei Geburt*) Entbindung

con·firm [kənˈfɜːm] ❶ **confirm something** etwas bestätigen; **confirm one's suspicions** sich in seinem Verdacht bestätigt sehen ❷ **confirm someone** jemanden konfirmieren, jemanden firmen

con·fir·ma·tion [ˌkɒnfəˈmeɪʃn] ❶ Bestätigung ❷ Konfirmation, Firmung

con·firmed [kənˈfɜːmd] überzeugt; **confirmed bachelor** eingefleischter Junggeselle

con·fis·cate [ˈkɒnfɪskeɪt] **confiscate something** etwas beschlagnahmen

con·flict¹ [ˈkɒnflɪkt] Konflikt, Widerstreit; **be in conflict with someone/something** im Widerspruch zu jemandem/etwas stehen; **conflict of interests** Interessenkonflikt

con·flict² [kənˈflɪkt] kollidieren (**with** mit), im Widerspruch stehen (**with** zu); **their**

statements conflicted with each other ihre Aussagen standen im Widerspruch zueinander

con·flict·ing [kənˈflɪktɪŋ] *Gefühle:* widersprüchlich

con·form [kənˈfɔːm] ① übereinstimmen (**to** mit); **not conform to the regulations** den Vorschriften nicht entsprechen ② sich anpassen (**to** an)

con·front [kənˈfrʌnt] ① **confront someone with something** jemanden mit etwas konfrontieren ② **confront someone/something** jemandem/einer Sache entgegentreten

con·fuse [kənˈfjuːz] ① durcheinander bringen; **confuse the issue** den Sachverhalt unklar machen ② **confuse someone with someone** jemanden mit jemandem verwechseln

con·fused [kənˈfjuːzd] ① *Mensch:* verwirrt ② *Lage:* verworren, unklar

con·fusion [kənˈfjuːʒn] ① Verwirrung, Durcheinander; **throw everything into confusion** alles durcheinander bringen ② (*Emotionen*) Verwirrtheit ③ (*zwischen zwei Sachen*) Verwechs[e]lung ④ Verlegenheit

congenial [kəndʒiːnɪəl] *Mensch, Stimmung:* angenehm

con·gested [kənˈdʒestɪd] ① *Straße:* verstopft ② *Stadtviertel:* sehr dicht besiedelt ③ *Nase:* verstopft

con·gratu·late [kənˈgrætʃʊleɪt] **congratulate someone** jemandem Glück wünschen, jemandem gratulieren (**on** zu)

con·gratu·lation [kənˌgrætʃʊˈleɪʃn] Glückwunsch, Gratulation; **congratulations on passing the exam!** ich gratuliere zum bestandenen Examen!

con·gre·gate [ˈkɒŋgrɪgeɪt] zusammenkommen, sich versammeln (**round** um)

con·gre·ga·tion [ˌkɒŋgrɪˈgeɪʃn] [Kirchen]Gemeinde

con·gress [ˈkɒŋgres] Kongress, Tagung; **Congress** (USA) der Kongress

Con·gress·man [ˈkɒŋgresmən] <*plural* congressmen> Kongressabgeordnete(r)

Con·gress·woman [ˈkɒŋgreswʊmən, *plural* ˈkɒŋgreswɪmɪn] <*plural* congresswomen> Kongressabgeordnete

conical [ˈkɒnɪkl] konisch, kegelförmig

coni·fer [ˈkɒnɪfəʳ] Nadelbaum

co·nif·erous [kəˈnɪfərəs] Nadel-; **coniferous tree** Nadelbaum

con·junc·tion [kənˈdʒʌŋkʃn] ① Verbindung; **in conjunction with someone/something** in Verbindung mit jemandem/etwas ② (*Grammatik*) Bindewort

con·junc·ti·vitis [kənˌdʒʌŋktɪˈvaɪtɪs] Bindehautentzündung

con·jure [ˈkʌndʒəʳ] zaubern

◆ **conjure up** hervorzaubern; (*übertragen*) heraufbeschwören, beschwören *Geister*

con·jurer [ˈkʌndʒərəʳ] Zauberkünstler(in), Zauberer, Zauberin

con·jur·ing [ˈkʌndʒərɪŋ] Zaubern, Zauberei

conjuring trick Zauberkunststück

con·juror [ˈkʌndʒərəʳ] Zauberkünstler, Zauberer, Zauberin

conker [ˈkɒŋkəʳ] Rosskastanie

conk out (*umgangsspr*) ① versagen; *Auto:* stehen bleiben ② *Mensch:* umkippen, sterben

con·man [ˈkɒnmæn] <*plural* conmen> Schwindler, Hochstapler

con·nect [kəˈnekt] ① **connect someone/something** jemanden/etwas verbinden (**with** mit); anschließen *Telefon* (**with** an); **I'll connect you** ich verbinde (Sie) ② **connect something** etwas koppeln, kuppeln (**with** mit), etwas an-/einschalten ③ (*übertragen*) in Verbindung bringen; **these things are connected in my mind** diese Dinge gehören für mich zusammen; **be connected with** in Verbindung stehen mit ④ in Verbindung stehen (**with** mit) ⑤ *Zug:* Anschluss haben (**with** an)

con·nec·ted [kəˈnektɪd] ① verbunden ② *Mensch:* verwandt ③ (*übertragen*) zusammenhängend, logisch aufgebaut

con·nect·ing [kəˈnektɪŋ] **connecting flight** Anschlussflug

con·nec·tion, **con·nex·ion** [kəˈnekʃn] ① Verbindung ② (*Telefon, Zug*) Anschluss; **miss/catch a connection** einen Anschluss verpassen/erreichen ③ Zusammenhang; **in connection with** im Zusammenhang mit, in Bezug auf ④ **connection[s]** Beziehungen (**with** zu)

con·quer [ˈkɒŋkəʳ] ① erobern *Land;* besiegen *Gegner* ② bewältigen, überwinden *Schwierigkeiten;* bezwingen *Neugier, Schmerz*

con·science [ˈkɒnʃəns] Gewissen; **have something on one's conscience** etwas auf dem Gewissen haben; **have a clear/guilty**

conscience ein gutes/schlechtes Gewissen haben

con·scien·tious [ˌkɒnʃɪˈenʃəs] gewissenhaft

conscientious objector Kriegs-/Wehrdienstverweigerer

con·scious [ˈkɒnʃəs] 1 bewusst; **be conscious of something** sich einer Sache bewusst sein 2 absichtlich; *Entscheidung, Tat:* vorsätzlich 3 **he is [fully] conscious** er ist bei [vollem] Bewusstsein

con·scious·ness [ˈkɒnʃəsnɪs] 1 Bewusstsein; **lose/regain consciousness** das Bewusstsein verlieren/wiedererlangen 2 Wissen (**of** um)

con·scrip·tion [kənˈskrɪpʃn] 1 Einberufung 2 Wehrpflicht

con·secu·tive [kənˈsekjʊtɪv] aufeinander folgend, fortlaufend; **on three consecutive days** drei Tage hintereinander

con·sent[1] [kənˈsent] einwilligen (**to** in), einverstanden sein (**to** mit)

con·sent[2] [kənˈsent] Einwilligung (**to** in), Einverständnis (**to** mit); **give one's consent to something** seine Zustimmung zu etwas erteilen

con·se·quence [ˈkɒnsɪkwəns] 1 Konsequenz, Ergebnis; **in consequence** folglich; **in consequence of** infolge; **be the consequence of something** die Folge einer Sache sein 2 Bedeutung, Wichtigkeit; **of consequence** bedeutend, wichtig (**to** für); **of no consequence** unwichtig, unbedeutend

con·se·quent·ly [ˈkɒnsɪkwəntlɪ] folglich

con·ser·va·tion [ˌkɒnsəˈveɪʃn] 1 Erhaltung 2 Umweltschutz, Naturschutz; **conservation area** Naturschutzgebiet

con·ser·va·tive[1] [kənˈsɜːvətɪv] 1 konservativ, vorsichtig, zurückhaltend 2 **the Conservative Party** GB die Konservative Partei

Con·ser·va·tive[2] [kənˈsɜːvətɪv] GB Konservative(r)

con·ser·va·tory [kənˈsɜːvətrɪ] 1 Wintergarten 2 USA Konservatorium

con·serve [kənˈsɜːv] 1 erhalten, bewahren, konservieren 2 sparen *Kräfte*

con·sider [kənˈsɪdəʳ] 1 betrachten, erwägen; **she's considering her position** sie zieht ihre Stelle in Erwägung 2 überlegen, prüfen *Idee, Angebot;* **I'll have to consider it** ich muss mir das überlegen 3 berücksichtigen, bedenken *Kosten, Schwierigkeiten;* **all things considered** wenn man alles in Betracht zieht 4 betrachten als; **I consider him to be a friend** ich halte ihn für einen Freund 5 denken an; **consider Anne** denken Sie an Anne 6 *Idee, Möglichkeit:* in Betracht ziehen; **I consider that…** ich bin der Auffassung, dass…

con·sider·able [kənˈsɪdərəbl] beachtlich, beträchtlich

con·siderate [kənˈsɪdərət] rücksichtsvoll, aufmerksam (**to, towards** gegenüber)

con·sider·ation [kənˌsɪdəˈreɪʃn] 1 Überlegung; **I'll give it my consideration** ich werde es mir überlegen 2 Rücksicht (**for, of** auf); **out of consideration for** mit Rücksicht auf 3 **take something into consideration** etwas in Betracht ziehen, berücksichtigen; **in consideration of** im Hinblick, mit Rücksicht auf 4 **of no consideration [at all]** [völlig] belanglos, unerheblich

con·sidered [kənˈsɪdəd] überlegt

con·sider·ing [kənˈsɪdərɪŋ] 1 in Anbetracht; **considering that…** wenn man bedenkt, dass… 2 **… considering** wenn man… bedenkt 3 **yes it is, considering** ja, eigentlich schon

con·sist [kənˈsɪst] **consist of** bestehen aus; **consist in** bestehen in

con·sist·ency [kənˈsɪstənsɪ] 1 *von Meinung usw.:* Übereinstimmung, Folgerichtigkeit 2 *einer Masse:* Dichte, Konsistenz

con·sist·ent [kənˈsɪstənt] 1 *Meinung usw.:* übereinstimmend (**with** mit) 2 *Qualität, Leistung:* beständig, gleich bleibend 3 **be consistent about something** konsequent in etwas sein

consolation [ˌkɒnsəˈleɪʃn] Trost; **consolation prize** Trostpreis

con·sole[1] [kənˈsəʊl] **console someone** jemanden trösten (**for** über)

con·sole[2] [ˈkənˌsəʊl] (*im Musikstudio*) Schaltpult

con·soli·date [kənˈsɒlɪdeɪt] 1 **consolidate something** etwas stärken, festigen 2 *Firmen:* zusammenschließen

consolidation [kənˈsɒlɪdeɪʃn] 1 Festigung 2 *von Firmen:* Zusammenschluss

con·son·ant [ˈkɒnsənənt] Konsonant

conspicuous [ˌkɒnsˈpɪkjʊəs] auffallend; **be conspicuous by one's absence** durch Abwesenheit glänzen

conspiracy [ˌkɒns'pɪrəsɪ] Verschwörung, Komplott

con·stable ['kʌnstəbl] Polizist(in)

con·stant ['kɒnstənt] ① ständig, ununterbrochen ② gleich bleibend; **constant temperature** konstante Temperatur ③ **constant companion** treuer Gefährte

con·stant·ly ['kɒnstəntlɪ] [be]ständig, unaufhörlich

con·sti·tu·tion [ˌkɒnstɪ'tjuːʃn] ① Verfassung, Grundgesetz, Satzung ② Zusammensetzung, Struktur ③ Gesundheit, Konstitution ④ *eines Komitees:* Einrichtung

con·sti·tu·tional [ˌkɒnstɪ'tjuːʃənl] ① Verfassungs-; *Regierung, Vorgang:* verfassungsmäßig; **it's not constitutional** das ist verfassungswidrig ② (*in der Medizin*) konstitutionell

constrain [kən'streɪn] zwingen

con·strict [kən'strɪkt] ① **constrict something** etwas einengen; beschränken *Aktivitäten, Lebensstil* ② *Muskel:* sich zusammenziehen

con·struct [kən'strʌkt] ① aufbauen; erbauen *Gebäude* ② (*übertragen*) aufbauen; entwickeln *Theorie*

con·struc·tion [kən'strʌkʃn] ① Gebäude, Bau[werk] ② Bau; **construction work** Bauarbeiten; **be under** [*oder* **in course of**] **construction** im Bau sein ③ **sentence construction** Satzstellung

construc·tive [kən'strʌktɪv] konstruktiv

con·sul ['kɒnsl] Konsul

con·su·late ['kɒnsjʊlət] Konsulat

con·sult [kən'sʌlt] ① **consult someone** jemanden um Rat fragen, zu Rate ziehen; **consult a doctor** einen Arzt zu Rate ziehen ② nachschlagen in *Buch, Liste* ③ sich beraten; **consult with someone about something** sich mit jemandem über etwas beraten

con·sul·tant [kən'sʌltənt] ① Berater(in) ② Facharzt, -ärztin

con·sult·ing [kən'sʌltɪŋ] beratend; **consulting room** Sprechzimmer

con·sume [kən'sjuːm] ① konsumieren; verzehren *Nahrung* ② aufbrauchen; verbrauchen *Geld, Kraft;* in Anspruch nehmen *Zeit;* **be consumed with desire/jealousy** von Begierde/Eifersucht verzehrt werden ③ zerstören, vernichten; verzehren *Feuer*

con·sumer [kən'sjuːməʳ] Verbraucher(in); **consumer protection** Verbraucherschutz

con·sump·tion [kən'sʌmpʃn] Verbrauch, Konsum (**of** an); **fuel consumption** Brennstoffverbrauch

con·tact[1] ['kɒntækt] ① Kontakt, Berührung; **make contact** sich berühren ② (*Strom*) Kontakt; **make/break a contact** einen Kontakt herstellen/unterbrechen ③ (*übertragen*) Verbindung (**with** mit), Beziehung (**with** zu); **be in contact with someone** mit jemandem in Verbindung stehen; **I'll get in contact** ich melde mich ④ Kontaktperson

con·tact[2] ['kɒntækt] **contact someone** sich mit jemandem in Verbindung setzen, sich an jemanden wenden; **try to contact someone** versuchen, jemanden zu erreichen

contact lens Kontaktlinse

con·tagious [kən'teɪdʒəs] (*auch übertragen*) ansteckend

con·tain [kən'teɪn] ① **contain something** etwas enthalten ② **contain something** etwas [um]fassen, einschließen ③ beherrschen, zügeln *Gefühl;* **she could hardly contain herself** sie konnte sich kaum beherrschen ④ in Grenzen halten *Krankheit,* einschließen *Feind*

con·tainer [kən'teɪnəʳ] ① Behälter, Gefäß ② Container

con·tami·nate [kən'tæmɪneɪt] ① **contaminate something** etwas verschmutzen, verunreinigen ② (*radioaktiv*) **contaminate something** etwas verseuchen

con·tami·na·tion [kənˌtæmɪ'neɪʃn] ① Verschmutzung, Verunreinigung ② [radioaktive] Verseuchung

con·tem·plate ['kɒntempleɪt] ① betrachten ② **contemplate something** über etwas nachdenken ③ **contemplate doing something** daran denken, etwas zu tun

con·tem·pla·tion [ˌkɒntem'pleɪʃn] ① Betrachtung ② Nachdenken (**of** über)

con·tem·por·ary[1] [kən'temprərɪ] ① gleichzeitig; *Literatur, Autor:* zeitgenössisch ② modern; **contemporary art** moderne Kunst

con·tem·por·ary[2] [kən'temprərɪ] Zeit-/Altersgenosse, -genossin

con·tempt [kən'tempt] ① Verachtung ② **contempt of court** Missachtung des Gerichts

con·tend [kən'tend] ① (*im Wettbwerb*) kämpfen (**for** um) ② **contend that...** behaupten, dass...

◆ **contend with** fertig werden mit *Schwierigkeiten, Umständen usw.;* **have a lot to contend with** viel um die Ohren haben

con·tent[1] ['kɒntent] ① **contents** ⚠ *plural* Inhalt; **table of contents** Inhaltsverzeichnis ② *einer Substanz:* Gehalt

con·tent[2] [kən'tent] zufrieden (**with** mit); **be content to do something** bereit sein, etwas zu tun

con·tent[3] [kən'tent] **content oneself with something** mit etwas zufrieden sein, sich mit etwas begnügen

con·tented [kən'tentɪd] zufrieden (**with** mit)

con·tent·ment [kən'tentmənt] Zufriedenheit

con·test[1] [kən'test] ① bestreiten *Behauptung;* anfechten *Wahl* ② kämpfen um (**against** gegen); **to contest a seat** um einen Wahlkreis kämpfen

con·test[2] ['kɒntest] ① Kampf, Streit ② Wettkampf, Wettstreit (**for** um)

con·testant [kən'testənt] ① [Wettkampf]Teilnehmer(in) ② [Mit]Bewerber(in)

con·text ['kɒntekst] Zusammenhang, Kontext; **in/out of context** im/ohne Kontext; **in this context** in diesem Zusammenhang

con·ti·nent ['kɒntɪnənt] Festland, Kontinent; **the Continent** [Kontinental]Europa

con·ti·nen·tal [ˌkɒntɪ'nentl] kontinental, europäisch

con·tin·ual [kən'tɪnjʊəl] ständig, unaufhörlich

con·tin·ual·ly [kən'tɪnjʊəlɪ] immer wieder, ohne Unterbrechung

con·tinu·ation [kənˌtɪnjʊ'eɪʃn] ① Fortsetzung, Weiterführung ② Fortdauer, Fortbestand

con·tinue [kən'tɪnjuː] ① fortsetzen; weitermachen mit *Aktivität;* **continue to read** weiterlesen; **to be continued** Fortsetzung folgt; **continued on p.12** weiter auf Seite 12; **continue to do something** etwas weiterhin tun ② nicht aufhören, andauern; **the sunny weather continued** es blieb weiterhin sonnig; **continue with something** mit etwas fortfahren ③ weiterhin sein, sich weiterhin befinden; **continue in office** im Amt verbleiben; **continue in power** an der Macht bleiben ④ **continue on** [**one's way**] weiterfahren, weiterreisen

con·tinu·ous [kən'tɪnjʊəs] ① ununterbrochen, ständig ② kontinuierlich ③ (*Grammatik*) **continuous form** Verlaufsform

contour ['kɒntʊəʳ] Kontur

contra·cep·tion [ˌkɒntrə'sepʃn] Empfängnisverhütung

contra·cep·tive[1] [ˌkɒntrə'septɪv] empfängnisverhütend

contra·cep·tive[2] [ˌkɒntrə'septɪv] Verhütungsmittel

con·tract[1] ['kɒntrækt] Vertrag, Abkommen; **enter into** [*oder* **make**] **a contract** einen Vertrag abschließen

con·tract[2] [kən'trækt] ① *Muskel:* [sich] zusammenziehen; *Pupillen:* sich verengen ② sich zuziehen *Krankheit;* **contract something from someone** sich bei jemandem mit etwas anstecken ③ **contract to do something** sich vertraglich verpflichten, etwas zu tun

con·trac·tion [kən'trækʃn] ① Zusammenziehung; *von Pupille:* Verengung ② (*bei Geburt*) Wehe ③ Erkrankung (**of** an)

con·tra·dict [ˌkɒntrə'dɪkt] ① **contradict someone** jemandem widersprechen ② **contradict someone/something** zu jemandem/zu einer Sache im Widerspruch stehen

con·tra·dic·tion [ˌkɒntrə'dɪkʃn] Widerspruch, Widerrede

con·tra·dic·tory [ˌkɒntrə'dɪktərɪ] [sich] widersprechend, widerspruchsvoll

con·trary[1] ['kɒntrərɪ] ① entgegengesetzt; **contrary to** im Gegensatz zu; **contrary to nature** wider die Natur; **contrary to expectations** wider Erwarten ② *Mensch:* widerspenstig

con·trary[2] ['kɒntrərɪ] Gegenteil (**to** von); **on the contrary** im Gegenteil

con·trast[1] [kən'trɑːst] ① *Farbe, Stil:* sich [stark] abheben (**with** von), abstechen (**with** von, gegen) ② im Gegensatz stehen (**with** zu) ③ **contrast something with something** etwas mit etwas vergleichen, etwas einer Sache gegenüberstellen

con·trast[2] ['kɒntrɑːst] Gegensatz (**to** zu), Kontrast; **she's such a contrast to her brother** sie ist ganz anders als ihr Bruder; **in contrast to/with** im Gegensatz zu

con·trib·ute [kən'trɪbjuːt] ① **contribute something** etwas beitragen, mitwirken (**to** bei) ② spenden; **contribute to charity** für die Wohlfahrt spenden ③ **contribute to a**

newspaper für eine Zeitung schreiben

con·tri·bu·tion [ˌkɒntrɪˈbjuːʃn] ❶ Beitrag (**to** zu) ❷ Spende

con·trol[1] [kənˈtrəʊl] ❶ beherrschen, Kontrolle haben über; zügeln, mäßigen *Zorn;* **control oneself** sich beherrschen ❷ leiten, führen *Geschäft;* regeln *Verkehr* ❸ beaufsichtigen, überwachen *Arbeit;* regulieren *Temperatur*

con·trol[2] [kənˈtrəʊl] ❶ Herrschaft, Kontrolle (**of** über); **lose control of** [*oder* **over**] die Kontrolle verlieren über; **gain control over, get control of** die Herrschaft gewinnen über; **bring** [*oder* **get**] **under control** unter Kontrolle bringen ❷ *von Gefühlen:* Beherrschung; **lose control** [**of oneself**] die Selbstbeherrschung verlieren ❸ Aufsicht (**of, over** über); *einer Arbeit:* Überwachung ❹ *eines Geräts:* Regler, Schalter

control desk Schaltpult, Regiepult

con·trol·led [kənˈtrəʊld] kontrolliert

control panel Schalttafel; *eines Autos:* Armaturenbrett **control tower** Kontrollturm

con·tro·ver·sial [ˌkɒntrəˈvɜːʃl] strittig, umstritten; **be highly controversial** stark umstritten sein

con·tro·versy [ˈkɒntrəvɜːsɪ, kənˈtrɒvəsɪ] Kontroverse, Streit

con·veni·ence [kənˈviːnɪəns] ❶ Bequemlichkeit, Annehmlichkeit; **convenience foods** Fertiggerichte ❷ Annehmlichkeit, Komfort; **at your earliest convenience** möglichst bald; **at your** [**own**] **convenience** wenn es Ihnen recht ist [*oder* passt] ❸ [**public**] **convenience** (öffentliche) Toilette

con·veni·ent [kənˈviːnɪənt] ❶ praktisch, bequem ❷ (*zeitlich*) **when it is convenient for you** wenn es Ihnen recht ist

con·vent [ˈkɒnvənt] [Nonnen]Kloster

con·ven·tion [kənˈvenʃn] ❶ Sitte, Brauch ❷ Versammlung, Kongress; (USA) Parteitag ❸ (*politisch*) Abkommen, Vertrag

con·ven·tional [kənˈvenʃənl] ❶ konventionell ❷ üblich, herkömmlich; (*abwertend*) unoriginell

con·verge [kənˈvɜːdʒ] ❶ (*Mathematik*) konvergieren ❷ *Straßen:* zusammenlaufen ❸ (*übertragen*) *Meinungen usw.:* sich einander annähern

con·ver·sa·tion [ˌkɒnvəˈseɪʃn] Gespräch, Unterhaltung; **have a conversation with someone** mit jemandem ein Gespräch führen; **in conversation with** im Gespräch mit

con·verse [kənˈvɜːs] sprechen, sich unterhalten (**with** mit, **on** über)

con·ver·sion [kənˈvɜːʃn] ❶ Umwandlung (**from** von, **into** in) ❷ *von Gebäude:* Umbau ❸ *vom Fahrzeug:* Umrüstung ❹ *bei Zahlen:* Umrechnung; **conversion table** Umrechnungstabelle ❺ *von Person:* Bekehrung

con·vert [kənˈvɜːt] ❶ **convert something** etwas ver-, umwandeln (**into** in) ❷ umbauen *Haus;* umrüsten *Fahrzeug;* umstellen *Vorrichtung* ❸ (*bei Zahlen*) **convert something** etwas umrechnen ❹ (*Glaube*) **convert someone** [**to something**] jemanden [zu etwas] bekehren

con·vert·ible [kənˈvɜːtəbl] (*Auto*) Kabrio[lett]

con·vex [ˈkɒnveks] konvex

con·vey [kənˈveɪ] ❶ befördern, transportieren *Waren* ❷ vermitteln; übermitteln, überbringen *Nachricht, Grüße*

conveyor belt [kənˈveɪəʳbelt] Förderband

con·vict[1] [ˈkɒnvɪkt] Sträfling, Strafgefangene(r)

con·vict[2] [kənˈvɪkt] ❶ verurteilen; **convict someone of murder** jemanden wegen Mordes verurteilen ❷ überführen; **convict someone** [**of a crime**] jemanden [eines Verbrechens] überführen

con·vic·tion [kənˈvɪkʃn] ❶ Überführung, Verurteilung; **have a previous conviction** vorbestraft sein (**for** wegen) ❷ Überzeugung; **moral conviction** moralische Gesinnung

con·vince [kənˈvɪns] **convince someone** jemanden überzeugen (**of** von)

con·vinc·ing [kənˈvɪnsɪŋ] überzeugend

cook[1] [kʊk] Koch, Köchin

cook[2] [kʊk] ❶ **cook something** etwas zubereiten, braten, backen; **a cooked meal** eine warme Mahlzeit ❷ (*übertragen*) **cook the books** die Konten frisieren ❸ (*übertragen*) **what's cooking?** (USA) (*umgangsspr*) was gibt's Neues?

cook·book [ˈkʊkbʊk] (USA) Kochbuch

cooker [ˈkʊkəʳ] Kocher, Herd

cook·ery [ˈkʊkərɪ] Kochen, Kochkunst

cookery book Kochbuch

cookie [ˈkʊkɪ] ❶ (USA) Keks, Plätzchen ❷ (*übertragen*) **that's the way the cookie crumbles** so ist das nun mal

Pets

Haustiere

1	rabbit	Kaninchen
2	mouse	Maus
3	tortoise	Schildkröte
4	dog	Hund
5	hamster	Hamster
6	goldfish	Goldfisch
7	cat	Katze
8	turtle	Wasserschildkröte
9	guinea pig	Meerschweinchen
10	canary	Kanarienvogel
11	budgie, budgerigar	Wellensittich

Breeds of Dog

Hunderassen

1	St Bernard	Bernhardiner
2	boxer	Boxer
3	Yorkshire terrier	Yorkshireterrier
4	Alsatian	Schäferhund
5	poodle	Pudel
6	golden retriever	Golden Retriever
7	labrador	Labrador
8	English setter	English Setter
9	King Charles spaniel	King Charles Spaniel

cook·ing ['kʊkɪŋ] Kochen; **French cooking** die französische Küche

cool[1] [ku:l] ① kühl, frisch; **store in a cool place** kühl aufbewahren ② *Mensch:* kühl, zurückhaltend; **keep cool** Ruhe bewahren; **keep a cool head** einen kühlen Kopf behalten ③ (*übertragen umgangsspr*) prima, klasse ④ (*umgangsspr*) **a cool £50,000** runde [*oder* glatte] £50,000

> **i Land & Leute** Wie in jeder Sprache ändern sich auch im Englischen die Modeausdrücke für „sehr gut" oder „fantastisch". So gibt es z. B. das Wort **cool**, das auch im Deutschen verwendet wird. Junge Menschen benutzen aber immer häufiger andere Modeausdrücke, wenn sie etwas sehr gut finden: **dope**: *Those shoes are dope!*, **sweet**: *I'm getting a car. – Sweet!*, **tight**: *That new CD is tight!*, **wicked**: *that's a wicked jacket you've got on*; oder **phat**: *that's some phat rap!*.

cool[2] [ku:l] ① Kühle ② (*übertragen umgangsspr*) **blow** [*oder* **lose**] **one's cool** die Nerven verlieren

cool[3] [ku:l] ① **cool something** etwas abkühlen [lassen] ② **cool it!** (*umgangsspr*) nun mach mal halblang! ③ *Leidenschaft:* abkühlen; **their relationship has cooled** [**down/off**] ihre Beziehung ist abgekühlt

cool-headed [ˌku:l'hedɪd] besonnen

cool·ness ['ku:lnɪs] ① Kühle ② (*übertragen*) Kaltblütigkeit

co-op ['kəʊˌɒp] (GB) ① Genossenschaft ② (*Laden*) Konsum

co-op·er·ate [kəʊ'ɒpəreɪt] ① mitarbeiten, mitwirken (**in** an) ② **co-operate** [**with each other**] kooperieren, zusammenarbeiten

co-op·er·ation [kəʊˌɒpə'reɪʃn] Kooperation, Zusammenarbeit; **in co-operation with** in Zusammenarbeit mit

co-op·er·ative[1] [kəʊ'ɒpərətɪv] ① hilfsbereit, kooperativ ② genossenschaftlich

co-op·er·ative[2] [kəʊ'ɒpərətɪv] Genossenschaft, Kooperative

co-or·di·nate[1] [ˌkəʊ'ɔ:dɪnət] Koordinate

co-or·di·nate[2] [ˌkəʊ'ɔ:dɪneɪt] koordinieren, aufeinander abstimmen

co-or·di·na·tion [ˌkəʊˌɔ:dɪ'neɪʃn] Koordination, Koordinierung

cop[1] [kɒp] (*umgangsspr*) ① Polizist, Bulle ② **it's not much cop** (GB) es ist nichts Besonderes

cop[2] [kɒp] <copped> (*umgangsspr*) **cop it** Prügel einfangen

cope [kəʊp] zurechtkommen; **cope with someone/something** mit jemandem/etwas fertig werden

copier ['kɒpɪə^r] Kopierer, Kopiergerät

cop·per ['kɒpə^r] ① Kupfer ② (*umgangsspr*) Polizist(in)

copy[1] ['kɒpɪ] ① *eines Kunstwerks:* Nachbildung ② Kopie, Abschrift; *von Foto:* Abzug ③ Durchschrift, Durchschlag ④ [Werbe]Text ⑤ *eines Buchs:* Exemplar ⑥ (*Presse*) Stoff, Artikel

copy[2] ['kɒpɪ] ① **copy someone/something** jemanden/etwas nachahmen, nachmachen ② (*schreiben*) **copy something** [**down**] etwas abschreiben; **copy something out** etwas abschreiben, ins Reine schreiben ③ **copy something** etwas vervielfältigen; *Foto:* abziehen; *Kassette:* überspielen

copy·cat (*umgangsspr*) Nachahmer(in)

copy·right[1] ['kɒpɪraɪt] Urheber-/Verlagsrecht

copy·right[2] ['kɒpɪraɪt] **copyright something** etwas urheberrechtlich schützen

coral ['kɒrəl] Koralle

cord [kɔ:d] ① Leine, Kordel; (*Elektrokabel*) Schnur ② **umbilical cord** Nabelschnur ③ [**pair of**] **cords** Kordhose

cord·less drahtlos, schnurlos

cor·don ['kɔ:dn] Postenkette, Kordon

cor·du·roy ['kɔ:dərɔɪ] Cord-

core[1] [kɔ:^r] ① *eines Apfels, einer Birne:* Kerngehäuse ② (*übertragen*) Kern, [das] Inner[st]e; **to the core** bis ins Mark

core[2] [kɔ:^r] entkernen *Apfel, Birne*

core subject Pflichtfach

core time Kern[arbeits]zeit

cork[1] [kɔ:k] ① (*Material*) Kork ② (*Stöpsel*) Korken

cork[2] [kɔ:k] **cork** [**up**] **a bottle** eine Flasche ver-/zukorken

cork·screw ['kɔ:kskru:] Korkenzieher

corn [kɔ:n] Korn, Getreide; [**sweet**]**corn** (USA) Mais

corn·cob Maiskolben

cor·ner[1] ['kɔ:nə^r] ① Ecke; *Auge, Mund:* Winkel; **just round the corner** gleich um die Ecke ② Kurve ③ (*Plätzchen*) Winkel, Ecke

C

►IN WENDUNGEN: **tight corner** Klemme, schwierige Lage; **turn the corner** es überstehen, über den Berg kommen

cor·ner[2] ['kɔːnə^r] ① **corner someone** (*übertragen*) jemanden in die Enge treiben ② *Fahrzeug:* die Kurve nehmen

corn·flakes ['kɔːnfleɪks] *plural* Cornflakes

cornflower Kornblume

corny ['kɔːnɪ] (*umgangsspr*) kitschig, abgedroschen; *Witz:* doof

cor·on·ary ['kɒrənrɪ] Herzinfarkt

cor·on·ation [ˌkɒrə'neɪʃn] Krönung

cor·poral[1] ['kɔːpərəl] körperlich; **corporal punishment** körperliche Züchtigung

cor·poral[2] ['kɔːpərəl] Unteroffizier

cor·por·ate ['kɔːpərət] ① gemeinschaftlich; **corporate action** gemeinsames Vorgehen ② (*Wirtschaft*) gesellschaftlich, korporativ

cor·por·ation [ˌkɔːpə'reɪʃn] ① Gemeinde, Stadt ② (*Unternehmen*) Kapitalgesellschaft; (USA) Aktiengesellschaft

corpse [kɔːps] Leiche, Leichnam

cor·rect[1] [kə'rekt] ① richtig, korrekt; **that's correct** das stimmt ② *Antwort:* zutreffend ③ *Verhalten:* einwandfrei; *Kleidung:* vorschriftsmäßig, korrekt

cor·rect[2] [kə'rekt] verbessern, korrigieren, berichtigen

cor·rec·tion [kə'rekʃn] Berichtigung, Korrektur

cor·re·spond [ˌkɒrɪ'spɒnd] ① entsprechen, sich entsprechen; **correspond with** [*oder* **to**] **something** mit etwas übereinstimmen ② **correspond with someone** mit jemandem in Briefwechsel stehen [*oder* korrespondieren]

cor·re·spon·dence [ˌkɒrɪ'spɒndəns] ① Übereinstimmung (**with** mit) ② Schriftverkehr, Briefwechsel; **be in correspondence with** korrespondieren mit ③ Briefe; (*in der Zeitung*) Leserbriefe

cor·re·spon·dent [ˌkɒrɪ'spɒndənt] ① Briefpartner(in) ② (*Zeitung*) Korrespondent(in), Berichterstatter(in); **foreign correspondent** Auslandskorrespondent(in)

cor·re·spond·ing [ˌkɒrɪ'spɒndɪŋ] entsprechend

cor·ri·dor ['kɒrɪdɔː^r] Gang, Korridor

cor·rosion [kə'rəʊʒn] Korrosion

cor·ros·ive [kə'rəʊsɪv] zerfressend, -setzend

cor·ru·gated ['kɒrəgeɪtɪd] gewellt; **corrugated iron** Wellblech

cor·rupt[1] [kə'rʌpt] bestechlich, korrupt; **morally corrupt** moralisch verdorben, unehrenhaft

cor·rupt[2] [kə'rʌpt] **corrupt someone** jemanden verderben, korrumpieren

cor·rup·tion [kə'rʌpʃn] ① Bestechung, Korruption ② Käuflichkeit

cosi·ness ['kəʊzɪnɪs] Gemütlichkeit

cos·metic [kɒz'metɪk] kosmetisch; **cosmetic surgery** Schönheitschirurgie

cos·metics [kɒz'metɪks] *plural* Kosmetika

cost[1] [kɒst] <cost, cost> ① **cost someone something** jemanden etwas kosten; **how much does it cost?** wieviel kostet es?; **cost an arm and a leg** [*oder* **a small fortune**] (*übertragen*) sehr teuer sein ② (*übertragen*) [er]fordern *Zeit, Mühe;* **that will cost him dearly** das wird ihn teuer zu stehen kommen ③ einbringen, machen *Schaden, Ärger*

cost[2] [kɒst] ① Preis, Kosten; **cost of petrol** Benzinpreise; **without cost** kostenlos, gratis; **bear** [*oder* **pay**] **the cost** die Kosten tragen ② **costs** *plural* Ausgaben ③ (*übertragen*) Preis; **to one's cost** zu seinem Nachteil; **at the cost of** auf Kosten; **at all** [*oder* **any**] **costs** um jeden Preis

co-star [ˌkəʊ'stɑː^r] zweiter Hauptdarsteller, zweite Hauptdarstellerin

costly ['kɒstlɪ] kostspielig, teuer

cos·tume ['kɒstjuːm] ① Tracht; **national costume** Nationaltracht ② [**theatrical**] **costume** Kostüm ③ **costume-jewel**[**le**]**ry** Modeschmuck

cosy[1] ['kəʊzɪ] gemütlich, behaglich

cosy[2] ['kəʊzɪ] **tea-cosy** Tee-/Kaffeewärmer; **egg-cosy** Eierwärmer

cot [kɒt] ① (GB) Kinderbett ② (USA) Klapp-/Feldbett

cot·tage ['kɒtɪdʒ] kleines Landhaus, Ferienhaus

cottage cheese Hüttenkäse

cot·ton[1] ['kɒtn] ① Baumwolle ② **cotton** [**yarn**] Baumwollgarn; **cotton** [**fabric**] Baumwollstoff

cot·ton[2] ['kɒtn] Baumwoll-

◆**cotton on** (*umgangsspr*) etwas kapieren; **he's a bit slow in cottoning on** er ist etwas begriffsstutzig **cotton wool** ① (GB) Watte ② (USA) Rohbaumwolle

couch [kaʊtʃ] Couch, Liegesofa

couch·ette [kuː'ʃet] Liegewagenplatz

cough[1] [kɒf] Husten

cough[2] [kɒf] husten
◆ **cough up** ① aushusten ② (*umgangsspr*) herausrücken *Geld, mit der Wahrheit*

cough mixture Hustensaft **cough sweet** Hustenbonbon

could [kʊd] ① *3. Form von* **can** ② *konditional, fragend* könnte; **could you open the window?** könntest du das Fenster aufmachen?

coun·cil ['kaʊnsl] ① Rat[sversammlung] ② Stadtrat

council estate (GB) Siedlung des sozialen Wohnungsbaus

council flat, council house (GB) Sozialwohnung

Council of Europe Europarat

coun·sel[1] ['kaʊnsl] ① Beratung, Rat[schlag] ② [Rechts]Anwalt, Anwältin

coun·sel[2] ['kaʊnsl] ① beraten, raten; **counsel someone to do something** jemandem raten [*oder* empfehlen], etwas zu tun ② beraten

coun·sel·or ['kaʊnsələʳ] ① Berater(in) ② (USA) [Rechts]Anwalt, Anwältin

count[1] [kaʊnt] ① Zählung, [Be]Rechnung; **keep count of something** etwas [mit]zählen; **lose count** sich verzählen; (*übertragen*) den Überblick verlieren ② (*juristisch*) Anklagepunkt; **on all counts** in jeder Beziehung

count[2] [kaʊnt] ① zählen; **he can count to three** er kann bis drei zählen ② nachzählen; **count one's change** sein Wechselgeld nachzählen; **count the pennies** (*übertragen*) jeden Pfennig umdrehen ③ [mit]zählen; **not counting ...** abgesehen von ...; **not counting the others** die anderen nicht mitgerechnet ④ ins Gewicht fallen, wichtig sein; **money counts** Geld zählt; **that doesn't count** das macht nichts, das gilt nicht ⑤ **counting from now on** von jetzt an ⑥ betrachten; **count someone as a friend** jemanden als Freund ansehen; **count oneself lucky** sich glücklich schätzen können
◆ **count against** **count against someone** gegen jemanden sprechen
◆ **count down** ① den Countdown durchführen ② rückwärts zählen
◆ **count in** **count something in** mitrechnen, einschließen; **count me in!** ich mache mit!
◆ **count on** **count on someone** sich auf jemanden verlassen
◆ **count out** ① **count someone/something out** mit jemandem/etwas nicht rechnen ② abzählen, zusammenzählen *Geldstücke* ③ (*beim Boxen*) **count someone out** jemanden auszählen
◆ **count up** zusammenzählen

count[3] [kaʊnt] Graf, Gräfin

countdown ['kaʊntdaʊn] Countdown

counter[1] ['kaʊntəʳ] ① Ladentisch, Theke; (*bei der Bank, Post*) Schalter; **at the counter** an der Theke ② Zähler, Zählapparat ③ **sold over the counter** *Medikament:* rezeptfrei ▸ IN WENDUNGEN: **under the counter** unter dem Ladentisch, heimlich

counter[2] ['kaʊntəʳ] entgegengesetzt, entgegen; **counter to something** gegen etwas

counter[3] ['kaʊntəʳ] ① antworten auf; **counter someone** jemandem kontern ② kontern

counteract [ˌkɑːʊntər'ækt] entgegenwirken

counter·at·tack[1] ['kɑːʊntərətæk] Gegenangriff

counter·at·tack[2] ['kɑːʊntərətæk] einen Gegenangriff machen

counterclock·wise [ˌkaʊntə 'klɒkwaɪz] (USA) gegen den Uhrzeigersinn

counter·feit ['kaʊntəfɪt] gefälscht, falsch

counter·measure ['kaʊntəmeʒəʳ] Gegenmaßnahme

counter·part ['kaʊntəpɑːt] ① Gegenstück (**of** zu) ② Gegenüber

counterpro·duc·tive [ˌkaʊntəprə'dʌktɪv] kontraproduktiv

count·ess ['kaʊntɪs] Gräfin

count·less ['kaʊntlɪs] zahllos, unzählig

coun·try ['kʌntrɪ] ① Land; **the country** das Land, die Nation; **from all over the country** aus allen Teilen des Landes; **go to the country** (GB) Neuwahlen ausschreiben; **country of origin** Herkunfts-/Ursprungsland ② (*nicht in der Stadt*) Land[strich]; **he lives in the country** er lebt auf dem Land

coun·try·side ['kʌntrɪsaɪd] ① Landschaft, Gegend ② (*nicht in der Stadt*) Land; **in the country** auf dem Lande

county ['kaʊntɪ] ① (GB) Grafschaft, [Land]Kreis ② (USA) [Verwaltungs-, Regierungs]Bezirk eines US-Staates **county town** (GB) Bezirkshauptstadt

coupé ['kuːpeɪ] Schrägheck, Coupé

couple ['kʌpl] ① zwei, ein paar; **a couple of**

days zwei Tage, ein paar Tage ② Paar; **married couple** Ehepaar

cou·pon [ˈkuːpɒn] ① Gutschein ② Wettschein ③ Kupon; **reply coupon** Antwortschein

cour·age [ˈkʌrɪdʒ] Mut, Tapferkeit; **lose courage** den Mut verlieren; **pluck up** [*oder* **take**] **courage** Mut, sich ein Herz fassen

cou·rageous [kəˈreɪdʒəs] mutig, tapfer

cour·gette [kʊəˈʒet] Zucchini

cour·ier [ˈkʊrɪəʳ] Kurier, [Eil]Bote

course [kɔːs] ① Kurs, Lehrgang; **French course** Französischkurs[us] ② (*zeitlich*) Verlauf; **in the course of time** im Laufe der Zeit ③ *eines Schiffes, Flugzeugs:* Kurs; **set course for something** (*auch übertragen*) etwas ansteuern ④ *einer Linie, Straße:* Lauf ⑤ (*Sport*) Strecke, Bahn ⑥ (*Mahlzeit*) Gang ⑦ Verlauf; **the course of events** der Lauf der Dinge ⑧ (*übertragen*) Weg; **what course is open to him?** welche Möglichkeiten hat er? ⑨ **of course** natürlich, selbstverständlich, gewiss, sicher

court[1] [kɔːt] ① Gerichts[hof]; **in court** vor, bei Gericht; **bring to court** vor Gericht bringen ② (*Sport*) [Tennis]Platz, Spielfeld ③ [Fürsten]Hof, Hofstaat, Empfang bei Hof; **at court** bei Hof ④ Hof, Lichthof

court[2] [kɔːt] **court someone** jemandem den Hof machen, jemanden umwerben

cour·tesy [ˈkɜːtəsɪ] ① Höflichkeit, Freundlichkeit ② **by courtesy of** mit freundlicher Genehmigung von

court house Gerichtsgebäude **court room** Gerichtssaal

court·yard [ˈkɔːtjɑːd] Hof

cousin [ˈkʌzn] Cousin, Cousine

cover[1] [ˈkʌvəʳ] ① bedecken; (*mit einer Decke*) zudecken; **cover one's head** den Kopf bedecken; **the mountain was covered with** [*oder* **in**] **snow** der Berg war mit Schnee bedeckt; **she covered her face with her hands** sie verbarg das Gesicht in den Händen ② (*mit Versicherung*) **cover oneself against something** sich gegen etwas versichern ③ **cover someone** (*auch beim Sport*) jemanden decken; **cover one's tracks** seine Spuren verwischen ④ (*in den Medien*) **cover something** über etwas berichten ⑤ abdecken, behandeln *Aspekt, Thema*

◆ **cover for** **can you cover for me?** kannst du für mich einspringen?

◆ **cover up** ① **cover up — it's getting cold!** zieht euch warm an — es wird kalt! ② (*übertragen*) verheimlichen; **cover up a mistake** einen Fehler vertuschen ③ **cover up for someone** jemanden decken

cover[2] [ˈkʌvəʳ] ① *von Topf:* Deckel; *von Bett, Sofa usw.:* Decke ② *von Kissen, Bettdecke:* Überzug; *von Heft:* [Schutz]Hülle ③ Einband; **from cover to cover** von der ersten bis zur letzten Seite ④ Schutz, Zuflucht; (*auch militärisch*) Deckung; **take cover** in Deckung gehen ⑤ Versicherungsschutz; **take out cover against fire** eine Feuerversicherung abschließen

cover·age [ˈkʌvərɪdʒ] ① (*durch die Medien*) Berichterstattung (**of** über) ② (*durch Versicherung*) Deckung

cover charge [ˈkʌvətʃɑːdʒ] Kosten für ein Gedeck

covered [ˈkʌvəd] bedeckt, überdacht

cover·ing [ˈkʌvərɪŋ] ① Decke, Hülle ② **floor covering** Bodenbelag

cover story Titelgeschichte

cover-up [ˈkʌvərʌp] Verschleierung, Vertuschung

cow [kaʊ] ① Kuh ② (*übertragen*) **wait till the cows come home** warten bis man schwarz wird

cow·ard [ˈkaʊəd] Feigling

cow·boy [ˈkaʊbɔɪ] ① Cowboy ② (*übertragen umgangsspr*) Gauner, Schwindler

cow·shed [ˈkaʊʃed] Kuhstall

cozy [ˈkəʊzɪ] (USA) gemütlich, behaglich

crab [kræb] Krabbe, Krebs

crack[1] [kræk] ① *Fläche:* rissig werden; *Glas:* springen, einen Sprung bekommen ② *Zweige:* knacken, krachen; *Waffen:* knallen ③ *Stimme:* versagen ④ **get cracking!** los! voran! ⑤ zerbrechen *Vase, Teller, Fenster* ⑥ knacken *Nuss, Problem* ⑦ **crack a whip** mit einer Peitsche knallen ⑧ **he cracked his head on the pavement** (*umgangsspr*) er knallte mit dem Kopf aufs Pflaster ► IN WENDUNGEN: **crack a code** (*umgangsspr*) einen Kode knacken; **crack a joke** (*umgangsspr*) einen Witz reißen

◆ **crack up** ① zerbrechen ② (*umgangsspr*) durchdrehen, einen Nervenzusammenbruch haben

crack[2] [kræk] ① Sprung, Riss; (*im Boden*) Spalt, Ritze ② (*Geräusch*) Knall, Krach; **a**

crack of thunder ein Donnerschlag ③ (*umgangsspr*) Versuch; **have a crack at something** etwas versuchen ④ (*umgangsspr*) Witz, Spaß; **he made cracks about computer freaks** er hat Witze über Computerfreaks gemacht ⑤ (*Droge*) Crack ▶ IN WENDUNGEN: **at the crack of dawn** bei Tagesanbruch, im Morgengrauen; **give someone a fair crack of the whip** jemandem eine Chance geben

cracked [krækt] ① gesprungen, rissig ② (*umgangsspr*) verrückt

cracker ['krækəʳ] ① Knall-/Feuerwerkskörper; **Christmas cracker** Knallbonbon ② [salziger] Keks

crackle ['krækl] knistern, rascheln

crack·ling ['kræklɪŋ] Knistern, Rascheln

cradle[1] ['kreɪdl] (*auch übertragen*) Wiege; **right from the cradle** von klein auf; **from the cradle to the grave** von der Wiege bis zur Bahre

cradle[2] ['kreɪdl] wiegen; **cradle to sleep** in den Schlaf wiegen

craft [krɑːft] ① Handwerk, Kunstgewerbe ② Boot

crafts·man ['krɑːftsmən] <*plural* craftsmen> Handwerker

crafty ['krɑːftɪ] schlau

cram [kræm] <crammed> ① voll stopfen, voll packen; **she crammed the books into her bag** sie stopfte die Bücher in ihre Tasche; **her bag was crammed with books** ihre Tasche war mit Büchern voll gestopft ② *Leute:* hineinzwängen ③ (*umgangsspr*) pauken, büffeln

cramp [kræmp] Krampf

crane [kreɪn] ① Kranich ② Kran

crank ['kræŋk] ① Verrückte(r) ② *einer Maschine:* Kurbel

◆ **crank up** (*auch humorvoll*) ankurbeln

crash[1] [kræʃ] ① *Flugzeug, Computer:* abstürzen ② krachen; **crash into something** gegen etwas krachen [*oder* knallen] ③ **crash a car** einen Unfall [mit dem Auto] haben; **the car crashed into the wall** das Auto knallte gegen die Wand; **crash a plane** ein Flugzeug zum Absturz bringen; eine Bruchlandung machen ④ *Firma:* Pleite machen; *Börse:* zusammenbrechen

crash[2] [kræʃ] ① Krachen, Krach; **with a crash** mit einem Krach ② Unfall; *eines Flugzeugs:* Absturz; **a car crash** ein Autounfall, Zusammenstoß ③ *von Computer:* Programmabsturz, Systemabsturz ④ *einer Firma:* Zusammenbruch; (*an der Börse*) Crash

crash barrier Leitplanke **crash course** Intensivkurs **crash helmet** Sturzhelm **crash-land** [ˌkræʃ'lænd] bruchlanden **crash-land·ing** [ˌkræʃ'lændɪŋ] Bruchlandung

crate [kreɪt] Kiste

cra·ter ['kreɪtəʳ] Krater

crawl[1] [krɔːl] ① (*auch übertragen*) kriechen (**to** vor); *Kind:* krabbeln ② wimmeln (**with** von) ③ *Haut:* kribbeln ④ (*Schwimmen*) kraulen ⑤ *Auto:* im Schneckentempo fahren

crawl[2] [krɔːl] ① Kriechen ② *Auto:* **go at a crawl** im Schneckentempo fahren

crayon ['kreɪən] Zeichen-/Pastellstift

craze [kreɪz] Manie, fixe Idee; **the latest craze** der letzte Schrei

crazy ['kreɪzɪ] ① verrückt (**with** vor, **about** nach); **drive** [*oder* **send**] **someone crazy** jemanden wahnsinnig machen; **go crazy** verrückt werden ② versessen (**about** auf), wild (**about** nach)

creak [kriːk] *Holz:* knarren; *Tür:* quietschen

cream[1] [kriːm] ① Sahne, Rahm ② Creme ③ [Haut]Creme ④ (*übertragen*) **the cream** die Besten, die Elite

cream[2] [kriːm] cremefarben

cream[3] [kriːm] ① schaumig rühren *Eier, Butter* ② pürieren *Kartoffeln* ③ eincremen *Haut*

cream cheese Frischkäse

cre·ate [kriː'eɪt] ① **create something** etwas [er]schaffen, etwas ins Leben rufen ② verursachen; **create difficulties** Schwierigkeiten machen; **create a fuss** Theater, Tamtam machen (**about** um)

cre·ation [kriː'eɪʃn] ① [Er]Schaffung ② Werk, Kreation, Modeschöpfung ③ *von Verwirrung, Lärm:* Verursachung ④ **the Creation** die Schöpfung

cre·ative [kriː'eɪtɪv] kreativ, schöpferisch

cre·ator [kriː'eɪtəʳ] Schöpfer(in)

crea·ture ['kriːtʃəʳ] Geschöpf, Kreatur; **living creature** Lebewesen

crèche [kreɪʃ] Kinderhort

cre·den·tials [krɪ'denʃlz] *plural* ① Referenzen ② [Ausweis]Papiere

credi·bil·ity [ˌkredɪ'bɪlətɪ] Glaubwürdigkeit

cred·it[1] ['kredɪt] ① (*auf Bankkonto*) Guthaben, Haben ② (*Wirtschaft*) Kredit; **on credit** auf Kredit ③ Anerkennung; **take the credit for something** die Lorbeeren für etwas ernten; **give someone credit for something** jemandem etwas zutrauen/zuschreiben, jemandem etwas zugute halten ④ Ehre; **to someone's credit** zu jemandes Ehre; **do** [*oder* **be a**] **credit to someone/something** jemandem/etwas Ehre machen; **credit where credit is due** Ehre wem Ehre gebührt

cred·it[2] ['kredɪt] ① **credit someone/something** jemandem/etwas glauben; **I wouldn't have credited it!** das hätte ich nicht gedacht! ② **credit someone with something** jemandem etwas zutrauen ③ (*finanziell*) gutschreiben; **credit £50 to someone** jemandem £50 gutschreiben

credit card Kreditkarte

creep[1] [kriːp] <crept, crept> ① (*auch übertragen*) schleichen, kriechen ② **it makes my flesh creep** da bekomme ich eine Gänsehaut

creep[2] [kriːp] ① **he's a real creep** (*umgangsspr*) er ist ein widerlicher Typ ② **it gave me the creeps** dabei lief es mir eiskalt den Rücken runter

◆ **creep in** (sich) hineinschleichen; *Problem, Fehler:* sich einschleichen

cre·mate [krɪ'meɪt] einäschern *Leiche*

cre·ma·tion [krɪ'meɪʃn] Einäscherung

cre·ma·tor·ium [ˌkremə'tɔːrɪəm] Krematorium

crept [krept] *2. und 3. Form von* **creep**

crescent ['kreznt] Mondsichel, Halbmond

crest [krest] ① *von Hühnern:* Kamm ② Wappen ③ **crest of a hill** Bergkamm/Bergrücken

crew [kruː] ① *von Schiff usw.:* Besatzung, Mannschaft ② (*Sport*) Mannschaft

crib[1] [krɪb] ① Krippe ② (USA) Kinderbett ③ (*umgangsspr*) Spickzettel

crib[2] [krɪb] <cribbed> abschreiben, spicken

cricket ['krɪkɪt] ① Grille ② (*Sport*) Kricket

crime [kraɪm] ① Verbrechen ② (*übertragen*) Sünde, Schande

crimi·nal[1] ['krɪmɪnl] ① verbrecherisch, kriminell, strafbar ② (*übertragen umgangsspr*) schändlich

crimi·nal[2] ['krɪmɪnl] Verbrecher(in)

crim·son ['krɪmzn] purpurrot, blutrot

cripple[1] ['krɪpl] Krüppel

cripple[2] ['krɪpl] ① **cripple someone** jemanden zum Krüppel machen ② (*übertragen*) lahm legen

cri·ses ['kraɪsiːz] *Pluralform von* **crisis**

cri·sis ['kraɪsɪs] <*plural* crises> Krise

crisp[1] [krɪsp] ① *Gebäck:* knusprig; *Obst, Gemüse:* knackig ② *Luft:* frisch ③ *Bemerkung:* knapp; *Art:* forsch

crisp[2] [krɪsp] (GB) Kartoffelchip

crispy ['krɪspɪ] knusp[e]rig

critic ['krɪtɪk] Kritiker(in)

criti·cal ['krɪtɪkl] ① kritisch, bedenklich ② *Augenblick:* entscheidend

criti·cism ['krɪtɪsɪzəm] Kritik (**of** an, über)

criti·cize ['krɪtɪsaɪz] ① **criticize someone** jemanden kritisieren (**for** wegen) ② **criticize something** sich kritisch über etwas äußern

croak [krəʊk] ① *Frosch:* quaken ② *Rabe, Person:* krächzen

crock·ery ['krɒkərɪ] Geschirr

croco·dile ['krɒkədaɪl] Krokodil

crook [krʊk] ① (*umgangsspr*) Schwindler, Gauner ② **crook of one's arm** [Arm]Beuge

crooked ['krʊkɪd] ① gekrümmt, schief ② *Weg:* krumm ③ betrügerisch

crop [krɒp] ① Feldfrüchte, Getreide; **bring the crop[s] in** die Ernte einbringen ② Ertrag; **a good crop of apples** eine gute Apfelernte

◆ **crop up** auftauchen

cross[1] [krɒs] ① Kreuz; **the sign of the Cross** das Kreuzzeichen ② (*übertragen*) **have one's cross to bear** sein Kreuz tragen müssen

cross[2] [krɒs] sauer, böse

cross[3] [krɒs] ① **cross something** etwas kreuzen, überqueren; **cross the road** über die Straße gehen; **the bridge crosses the river** die Brücke führt über den Fluss ② **cross one's arms** die Arme verschränken; **cross one's legs** die Beine übereinander schlagen; **I'll keep my fingers crossed** (*übertragen*) ich drücke dir die Daumen! ③ sich bekreuzigen; **cross your heart!** Hand aufs Herz! ④ (*mit Stift*) **cross something** etwas ankreuzen ⑤ durchkreuzen, vereiteln *Plan* ⑥ **it crossed my mind that …** es ist mir eingefallen, dass … ► IN WENDUNGEN: **don't cross your bridges until you come to them** lass die Probleme auf dich zukommen

◆ **cross off, cross out** **cross something off** etwas [aus-/durch]streichen; (*übertragen*) etwas abhaken

◆ **cross out** durchstreichen *Wort, Name usw.*

cross-coun·try [ˌkrɒsˈkʌntrɪ] ① **cross-country skiing** Skilanglauf ② querfeldein

cross-examination Kreuzverhör **cross-examine** **cross-examine someone** jemanden ins Kreuzverhör nehmen

cross-eyed [ˈkrɒsaɪd] schielend; **be cross-eyed** schielen

cross·ing [ˈkrɒsɪŋ] ① Überquerung; (*mit einem Schiff*) Überfahrt ② *einer Straße, Bahn usw:* Kreuzung; (*für Fußgänger*) Übergang

cross-reference Verweis

cross·roads [ˈkrɒsrəʊdz] ⚠ *singular* ① Wege-/Straßenkreuzung ② (*übertragen*) Scheideweg **cross·walk** (USA) Fußgängerüberweg

cross·word [ˈkrɒswɜːd], **cross·word puzzle** [ˈkrɒswɜːd pʌzl] Kreuzworträtsel

crouch [kraʊtʃ] **crouch [down]** kauern, sich [nieder]kauern

crow¹ [krəʊ] Krähe

crow² [krəʊ] ① *Hahn, Baby:* krähen ② jubeln (**over** über) ③ (*abwertend*) **stop crowing about it!** hör auf damit anzugeben!

crowd¹ [kraʊd] ① [Menschen]Menge, Menschenmasse; (*bei Sport*) Zuschauer ② Gedränge, Gewühl ③ **go with the crowd** mit der Herde laufen

crowd² [kraʊd] ① *Menschen:* sich drängen; **be crowded with** wimmeln von; **crowd round something** sich um etwas herumdrängen; **they crowded into the tent** sie drängten sich in das Zelt ② *die Straße, einen Platz:* bevölkern

crowded [kraʊdɪd] gedrängt, überfüllt (**with** von); **crowded to capacity** bis auf den letzten Platz gefüllt

crown¹ [kraʊn] ① Krone; **the Crown** der König/die Königin ② [Sieger]Kranz ③ [Zahn]Krone

crown² [kraʊn] ① **crown someone** jemanden krönen; **crown someone king/queen** jemanden zum König/zur Königin krönen ② mit einer Krone versehen *Zahn* ③ (*übertragen*) **to crown it all** um der Sache die Krone aufzusetzen

cru·cial [ˈkruʃl] entscheidend; **at the crucial moment** im entscheidenden Augenblick

cru·ci·fix [ˌkruːsɪˈfɪks] Kruzifix

cru·ci·fixion [ˌkruːsɪˈfɪkʃn] Kreuzigung

cru·cify [ˈkruːsɪfaɪ] **crucify someone** jemanden kreuzigen; (*übertragen*) jemanden fertig machen

crude [kruːd] ① roh ② *Mensch:* grob, ungehobelt ③ *Witz, Bemerkung:* geschmacklos

cruel [krʊəl] ① grausam; *Mensch auch:* herzlos (**to** gegen) ② *Entscheidung, Umstände:* unbarmherzig

cruelty [ˈkrʊəltɪ] Grausamkeit; **cruelty to animals** Tierquälerei

cruise¹ [kruːz] ① eine Kreuzfahrt machen, kreuzen ② *Auto, Flugzeug:* mit Reisegeschwindigkeit fahren, fliegen

cruise² [kruːz] Kreuzfahrt, Schiffsreise

crumb [krʌm] ① Krümel, Krume ② (*übertragen*) **a crumb of** ein bisschen …, ein wenig …

crumble [ˈkrʌmbl] ① *Brot, Gebäck:* zerkrümeln, zerbröckeln ② *Gebäude:* zer-, verfallen

crumple [ˈkrʌmpl] ① zerknittern *Kleid*, eindrücken *Auto* ② (*umgangsspr*) **crumple [up]** *Mensch:* zusammenbrechen

crunch¹ [krʌntʃ] ① knabbern *Nüsse, Äpfel* ② *Schnee, Kies:* knirschen

crunch² [krʌntʃ] ① Krachen ② (*umgangsspr*) **when it comes to the crunch** wenn es darauf ankommt

crush¹ [krʌʃ] ① **crush something** etwas zerdrücken, zerquetschen ② zerstoßen *Eis* ③ [zer]knittern *Kleid* ④ (*übertragen*) zerstören, vernichten *Feind, Hoffnung;* unterdrücken *Menschen*

crush² [krʌʃ] ① Gedränge ② (*umgangsspr*) Schwärmerei; **have a crush on someone** (*umgangsspr*) in jemanden verknallt sein

crush·ing [krʌʃɪŋ] niederschmetternd; **crushing blow** ein vernichtender Schlag

crust [krʌst] [Brot]Kruste, Rinde

crusty [ˈkrʌstɪ] *Brot:* knusprig

crutch [krʌtʃ] (*auch übertragen*) Krücke; **be on crutches** an Krücken gehen

cry¹ [kraɪ] ① schreien, rufen; **cry for help** nach Hilfe schreien ② weinen, heulen; **cry one's eyes** [*oder* **heart**] **out** sich die Augen aus dem Kopf weinen

◆ **cry out** ① aufschreien; **cry out for help** nach Hilfe schreien ② **it's crying out for …** es schreit nach …

cry² [kraɪ] ① Schrei, Ruf; **cry for help** Hilfeschrei ② Weinen, Heulen; **have a good cry** sich ausweinen

crying¹ [ˈkraɪɪŋ] (*übertragen*) dringend; **it is a crying shame** es ist eine wahre Schande

crying[2] ['kraɪɪŋ] Weinen, Schreien

crys·tal ['krɪstl] Kristall

cub [kʌb] ① *eines Raubtiers:* Junge[s] ② (*Pfadfinder*) Wölfling

cube[1] [kju:b] ① Würfel; **ice cube** Eiswürfel; **sugar cube** Zuckerwürfel, Stück Würfelzucker ② (*Mathematik*) Kubikzahl, dritte Potenz; **cube root** Kubikwurzel

cube[2] [kju:b] ① würfeln, in Würfel schneiden *Fleisch, Kartoffeln usw.* ② (*Mathematik*) in die dritte Potenz erheben

cu·bic ['kju:bɪk] Kubik-; **cubic metre** Kubikmeter

cuckoo ['kʊku:] Kuckuck

cuckoo clock Kuckucksuhr

cu·cum·ber ['kju:kʌmbəʳ] [Salat]Gurke

cuddle[1] ['kʌdl] ① liebkosen; **cuddle someone** mit jemandem schmusen ② schmusen

cuddle[2] ['kʌdl] Umarmung; **give someone a cuddle** jemanden umarmen, mit jemandem schmusen

cue [kju:] ① Wink, Hinweis; (*Theater*) Stichwort; (*Musik*) Einsatz ② Billardstock, Queue ► IN WENDUNGEN: **take one's cue from someone** sich nach jemandem richten

cuff[1] [kʌf] ① Manschette ② (USA) Hosenaufschlag ③ **cuffs** *plural* Handschellen ► IN WENDUNGEN: **off the cuff** aus dem Stegreif

cuff[2] [kʌf] **cuff someone** jemanden ohrfeigen

cuff-link ['kʌflɪŋk] Manschettenknopf

cul-de-sac ['kʌldəsæk] (*auch übertragen*) Sackgasse

cul·ti·vate ['kʌltɪveɪt] ① bestellen *Feld* ② anbauen *Getreide, Obst usw.* ③ (*übertragen*) kultivieren, pflegen *Freundschaft;* entwickeln *Fähigkeit*

cul·tural ['kʌltʃərəl] kulturell

cul·ture ['kʌltʃəʳ] ① Kultur, Bildung; **culture shock** Kulturschock ② (*Biologie*) [Bakterien]Kultur

cul·tured ['kʌltʃəd] ① gebildet, kultiviert ② gezüchtet; **cultured pearl** Zuchtperle

cun·ning ['kʌnɪŋ] schlau, listig; (*umgangsspr*) gerissen

cup [kʌp] ① Tasse ② (*Sport, Wettbewerb*) Pokal ③ **that's not my cup of tea** (*umgangsspr*) das ist nicht gerade mein Fall

cup·board ['kʌbəd] Schrank

cuppa ['kʌpə] (*umgangsspr*) Tasse Tee

cur·able ['kjʊərəbl] heilbar

cure[1] ['kjʊəʳ] ① Heilung[sprozess], Heilmittel/Heilverfahren; (*übertragen*) Mittel (**for** gegen); **there is no cure for that** es gibt kein Mittel dagegen ② Kur, Behandlung; **take a cure at a spa** zur Kur gehen

cure[2] ['kjʊəʳ] ① heilen ② (*übertragen*) **cure something** einer Sache abhelfen ③ pökeln, einsalzen; räuchern *Fisch, Fleisch*

cur·few ['kɜ:fju:] Ausgangssperre, Ausgehverbot

curi·os·ity [ˌkjʊərɪ'ɒsətɪ] ① Neugier[de], Wissensdurst ② Seltenheit, Rarität

curi·ous ['kjʊərɪəs] ① neugierig, wissbegierig ② seltsam, eigenartig ③ (*umgangsspr*) komisch

curl[1] [kɜ:l] (*im Haar*) Locke

curl[2] [kɜ:l] ① **curl one's hair** die Haare in Locken legen; **curl one's lip** die Lippen kräuseln ② *Haare:* sich locken, sich kräuseln ◆ **curl up** ① *Insekt, Blatt usw.:* [sich] zusammenrollen ② **curl up laughing** Tränen lachen

curler ['kɜ:ləz] Lockenwickler

curly ['kɜ:lɪ] *Haar:* lockig, wellig; *Salat, Blatt:* kraus

cur·rant ['kʌrənt] ① Korinthe ② **redcurrant** rote Johannisbeere; **blackcurrant** schwarze Johannisbeere

cur·rency ['kʌrənsɪ] Währung; **foreign currency** Devisen

cur·rent[1] ['kʌrənt] ① *Monat, Jahr:* laufend; *Noten, Münzen:* im Umlauf befindlich; *Idee, Meinung:* verbreitet ② aktuell; **current affairs** *plural* Tagespolitik

cur·rent[2] ['kʌrənt] ① (*Fluss, Luft*) Strömung; **air current** Luftzug; **swim with/against the current** (*auch übertragen*) mit dem/gegen den Strom schwimmen ② (*Elektrizität*) Strom

current account Girokonto

cur·ricu·lum [kə'rɪkjʊləm, *plural* kə'rɪkjʊlə] <*plural* curricula> Studien-/Lehrplan

curricu·lum vitae [kə'rɪkjʊləm 'vi:taɪ] Lebenslauf

curry ['kʌrɪ] Curry; **curry powder** Currypulver

curse[1] [kɜ:s] ① Fluch; **be under a curse** unter einem Fluch stehen ② Verwünschung, Fluch

curse[2] [kɜ:s] ① verfluchen, verdammen

② fluchen ③ **cursed with noisy neighbours** mit lauten Nachbarn gestraft

cursor ['kɜːsəʳ] Cursor

cur·tain ['kɜːtn] ① Gardine, Vorhang; **draw the curtains** die Vorhänge zuziehen/aufziehen ② (*im Theater*) **the curtain rises/falls** der Vorhang geht auf/fällt

curve¹ [kɜːv] ① (*auch Mathematik*) Kurve ② (*von Fluss*) Biegung, Krümmung

curve² [kɜːv] sich krümmen; *Straße, Fluss:* eine Biegung machen

cushion¹ ['kʊʃn] Kissen, Polster

cushion² ['kʊʃn] ① (*übertragen*) schützen ② [ab]federn, abfangen *Fall, Stoß*

cus·tard ['kʌstəd] Vanillesoße

cus·tody ['kʌstədɪ] ① (*für ein Kind*) Sorgerecht ② Haft; **take someone into custody** jemanden verhaften ③ Obhut/Verwahrung

cus·tom ['kʌstəm] ① Sitte, Brauch ② Angewohnheit; **as was his custom** wie er es gewohnt war ③ Kundschaft, Kundenkreis

cus·tomer ['kʌstəməʳ] ① Kunde, Kundin; **regular customer** Stammkunde, Stammkundin ② **a queer customer** (*umgangsspr*) ein komischer Kauz

cus·toms ['kʌstəmz] *plural* Zoll; **clear customs** den Zoll passieren **customs clearance** Zollabfertigung **customs declaration** Zollerklärung **customs officer** Zollbeamter, Zollbeamtin

cut¹ [kʌt] ① Schnitt; **she had a cut on her forehead** sie hatte eine Schnittwunde auf der Stirn ② (*beim Frisör*) [Haar]Schnitt; **cut and blow-dry** Waschen, Schneiden, Fönen ③ **cut of meat** [Fleisch]stück; **cold cuts** Aufschnitt ④ *von Gehalt, Leistungen:* Kürzung; **cut in prices** Preissenkung ▶ IN WENDUNGEN: **she's a cut above the rest** sie ist den anderen um einiges überlegen

cut² [kʌt] ① geschnitten; **cut flowers** Schnittblumen ② (*übertragen*) reduziert, gekürzt; **cut-price goods** Waren zu herabgesetzten Preisen

cut³ [kʌt] <cut, cut> ① schneiden; *Wind a.:* pfeifen (**through** durch); **she cut her finger** sie hat sich in den Finger geschnitten; **have one's hair cut** sich die Haare schneiden lassen; **cut something in two** [*oder* **in half**] etwas halbieren; **cut something to pieces** etwas zerstückeln [*oder* in Stücke schneiden] ② mähen *Gras* ③ hacken, spalten *Holz* ④ zuschneiden *Stoff;* schneiden *Film;* **cut!** Schnitt! ⑤ abheben *Karten* ⑥ kürzen *Gehalt;* herabsetzen, reduzieren *Preise* ⑦ (*umgangsspr*) **cut school** die Schule schwänzen ⑧ (*slang*) Schluss machen, aufhören mit ⑨ **cut a tooth** zahnen ▶ IN WENDUNGEN: **cut corners** einsparen (**on** bei); **he cut me dead** er hat mich wie Luft behandelt; **cut and run** (*umgangsspr*) abhauen

◆ **cut across** **cut across the street** über die Straße laufen, die Straße überqueren ▶ IN WENDUNGEN: **cut across someone** jemandem widersprechen

◆ **cut away** weg-, abschneiden

◆ **cut back** ① kürzen *Lohn;* **we'll have to cut back on our spending** wir müssen unsere Ausgaben einschränken ② zurückschneiden, beschneiden *Baum, Hecke*

◆ **cut down** ① fällen *Baum* ② verringern, kürzen *Ausgaben;* **cut the costs down** die Kosten senken; **cut down on the work** bei der Arbeit kürzer treten; **you should cut down on smoking** du solltest weniger rauchen ▶ IN WENDUNGEN: **cut someone down to size** jemanden auf seinen Platz verweisen

◆ **cut in** ① unterbrechen; **don't cut in on me!** unterbrich mich nicht! ② *Autofahrer:* nach dem Überholen zu rasch einbiegen; **cut in in front of someone** jemanden schneiden ③ *Maschine:* sich einschalten

◆ **cut into** ① anschneiden *Torte, Braten* ② sich einschalten in *Gespräch* ③ (*übertragen*) angreifen *Reserven*

◆ **cut off** ① abschneiden, abhauen, abtrennen ② abschneiden *Weg;* **be cut off by the snow** durch den Schnee abgeschnitten sein ③ unterbrechen *Telefongespräch;* **he was cut off in the middle of a sentence** er wurde mitten im Satz unterbrochen ④ abstellen *Gas, Strom* ⑤ **cut someone off** jemanden enterben

◆ **cut out** ① ausschneiden; **she cut the picture out** sie schnitt das Bild aus ② (*übertragen*) streichen, weg-, auslassen; **cut out drinking/smoking** das Trinken/Rauchen aufgeben; **cut it out!** hör auf damit!; **cut out the boring part** den langweiligen Teil weglassen ③ zuschneiden *Stoff* ④ *Motor:* aussetzen ▶ IN WENDUNGEN: **be cut out for something** für etwas geschaffen sein; **have one's work cut out** alle Hände voll zu tun haben

◆ **cut short** ① abkürzen, unterbrechen *Weg* ② plötzlich beenden *Reise, Urlaub*

◆ **cut up** ① zerschneiden *Essen, Papier;* zerlegen *Fleisch* ② **she was very cut up about the situation** die Situation hat sie sehr mitgenommen

cut·back ['kʌtbæk] *von Personal:* Kürzung, Verminderung; *von Ausgaben:* Einschränkung

cute [kju:t] (USA) (*umgangsspr*) süß, niedlich; *Person:* hübsch

cut·lery ['kʌtlərɪ] Besteck

cut·let ['kʌtlɪt] ① Schnitzel; (*aus Hackfleisch*) Hacksteak ② (*vegetarisch*) Bratling

cut-offs ['kʌtɒfs] *plural* abgeschnittene Jeans [*oder* Hose]

cut-price **at cut-price** zu Schleuderpreisen

cut-rate verbilligt

cut-throat mörderisch, gnadenlos

cut·ting^{1} ['kʌtɪŋ] ① (GB) [Zeitungs]Ausschnitt ② *von Pflanzen:* Ableger

cut·ting^{2} ['kʌtɪŋ] ① *Kälte, Wind:* schneidend ② (*übertragen*) *Bemerkung:* beißend, verletzend ▶ IN WENDUNGEN: **be at the cutting edge of something** in etwas führend sein

CV [si:'vi:] *Abkürzung von* **curriculum vitae** Lebenslauf

cy·cle^{1} ['saɪkl] ① Kreis[lauf], Zyklus ② Periode ③ (*umgangsspr*) [Fahr]Rad

cy·cle^{2} ['saɪkl] Rad fahren, radeln

cy·cling ['saɪklɪŋ] Radfahren; **cycling shorts** Radlerhose

cy·clist ['saɪklɪst] Radfahrer(in)

cyl·in·der ['sɪlɪndəʳ] Zylinder

cym·bals ['sɪmblz] *plural* Becken

Cy·prus ['saɪprəs] Zypern

Czech^{1} [tʃek] tschechisch

Czech^{2} [tʃek] ① (*Person*) Tscheche, Tschechin ② (*Sprache*) [das] Tschechisch(e)

Czech Republic Tschechische Republik

Dd

D, d [di:] <*plural* D's, d's> ① D, d ② (*Schulnote*) ausreichend

dab^{1} [dæb] ① leicht berühren ② **he dabbed the wound with a cloth** er betupfte die Wunde mit einem Tuch

dab^{2} [dæb] **a dab of ice cream/sauce** ein bisschen Eis/Soße

dad ['dæd] (*umgangsspr*) Papa, Papi; **my dad's a computer specialist** mein Vater ist EDV-Spezialist

daddy ['dædi] Papi, Papa

daf·fo·dil ['dæfədɪl] Narzisse, Osterglocke

daft [dɑ:ft] (*umgangsspr*) dumm, blöd; **don't be daft!** red' kein dummes Zeug!

dag·ger ['dægəʳ] Dolch ▶ IN WENDUNGEN: **look daggers at someone** jemanden mit Blicken durchbohren

daily^{1} ['deɪlɪ] täglich

daily^{2} ['deɪlɪ] (*Zeitung*) Tageszeitung

dairy ['deərɪ] ① (*Fabrik*) Molkerei ② (*Geschäft*) Milchgeschäft

dairy produce Milchprodukte

daisy ['deɪzɪ] Gänseblümchen ▶ IN WENDUNGEN: **push up the daisies** (*slang*) die Radieschen von unten angucken; **as fresh as a daisy** taufrisch

dam [dæm] Staudamm, Talsperre

◆ **dam up** ① stauen *Fluss* ② (*übertragen*) aufstauen

dam·age^{1} ['dæmɪdʒ] ① Schaden ② **damages** ⚠ *plural* Schadenersatz; **sue for damages** wegen Schadenersatz klagen ▶ IN WENDUNGEN: **what's the damage?** (*umgangsspr*) was kostet der Spaß?

dam·age^{2} ['dæmɪdʒ] beschädigen *Gegenstand;* schaden *Ruf, Gesundheit;* **smoking damages your health** Rauchen schadet der Gesundheit

damn^{1} [dæm] ① **damn something** etwas verurteilen; verreißen *Buch, Film* ② **damn someone** jemanden verdammen ▶ IN WENDUNGEN: **damn it!** (*slang*) verdammt!; **I'll be damned if I go** ich denke nicht dran zu gehen

damn^{2} [dæm] **I don't give a damn** das ist mir piepegal; **he doesn't give a damn** er schert sich den Teufel [darum]

damn^{3} [dæm] (*slang*) verdammt; **the damn thing won't work!** das verfluchte Ding funktioniert nicht!

dam·na·tion [dæm'neɪʃn] Verdammung

damned [dæmd] ① (*umgangsspr*) verdammt ② **you're damned right!** (*umgangsspr*) da hast du völlig recht!

damp^{1} [dæmp] feucht

damp^{2} [dæmp] Feuchtigkeit

damp^{3} [dæmp] an-, befeuchten

dampen ['dæmpən] ❶ **dampen a cloth** ein Tuch anfeuchten ❷ drosseln, dämpfen *Begeisterung*

dance¹ [dɑːns] ❶ tanzen; **would you like to dance** [**with me**]? möchtest du [mit mir] tanzen? ❷ hüpfen; **dance for** [*oder* **with**] **joy** vor Freude tanzen

dance² [dɑːns] ❶ Tanz ❷ **there's a dance on at the town hall this evening** heute Abend findet eine Tanzveranstaltung in der Stadthalle statt

> **i Land & Leute** Am **Sadie Hawkins Day** wird in den meisten Schulen der USA ein Tanz veranstaltet, zu dem die Mädchen die Jungen einladen dürfen. Der Brauch geht auf einen Comic von Li'l Abner aus dem Jahr 1937 zurück. Darin durften die Frauen eines Dorfes die Männer jagen, und wenn ein Mann gefangen wurde, musste er seine Jägerin heiraten.

dancer ['dɑːnsəʳ] Tänzer(in)

danc·ing [dɑːnsɪŋ] Tanzen

dan·de·lion ['dændɪlaɪən] Löwenzahn

dan·druff ['dændrʌf] Schuppen

Dane [deɪn] Däne, Dänin

dan·ger ['deɪndʒəʳ] Gefahr (**to** für); **caution, danger!** Achtung, Lebensgefahr!; **in danger** in Gefahr; **out of danger** außer Gefahr; **be a danger to someone** eine Gefahr für jemanden darstellen; **be in danger of losing** Gefahr laufen zu verlieren

dan·ger·ous ['deɪndʒərəs] gefährlich; **it's too dangerous to cross the road here** es ist zu gefährlich, hier über die Straße zu gehen

danger zone Gefahrenzone

dangle ['dæŋgl] ❶ baumeln [lassen] ❷ (*übertragen*) **dangle something in front of someone** jemandem etwas in Aussicht stellen

Dan·ish¹ ['deɪnɪʃ] dänisch

Dan·ish² ['deɪnɪʃ] [das] Dänisch(e)

Danube ['dænjuːb] Donau

dare¹ [deəʳ] ❶ es wagen, sich trauen; **don't you dare !** untersteh dich!; **how dare you behave like that!** wie wagst du es, dich so zu benehmen!; **we wouldn't have dared to do that** wir hätten es nicht gewagt, so etwas zu tun ❷ herausfordern; **go on, I dare you to do it!** na los, mach schon! sei kein Feigling! ❸ **I dare say** [*oder* **daresay**] ich könnte mir denken, vermutlich

dare² [deəʳ] Herausforderung; **do something for a dare** etwas als Mutprobe tun

dar·ing¹ ['deərɪŋ] ❶ *Tat:* [toll]kühn, gewagt; *Mensch:* kühn ❷ *Kleidung:* gewagt

dar·ing² ['deərɪŋ] Wagemut

dark¹ [dɑːk] ❶ dunkel, finster; **be home before it gets dark** sei vor Einbruch der Dunkelheit zu Hause ❷ *Farbe, Haut, Haare:* dunkel; **dark blue** dunkelblau ❸ *Laune:* mutlos, niedergeschlagen ❹ *Gedanke:* finster; *Stimmung, Aussichten:* düster; **he gave her a dark look** er sah sie finster an ❺ (*übertragen*) verborgen, versteckt; **be a dark horse** ein stilles Wasser sein

dark² [dɑːk] ❶ (*Nacht*) Dunkelheit, Finsternis; **before dark** vor Einbruch der Dunkelheit; **after dark** nach Einbruch der Dunkelheit ❷ (*übertragen*) Dunkel; **be in the dark about something** keine Ahnung von etwas haben

darken ['dɑːkən] ❶ dunkel machen *Farbe* ❷ ver-, abdunkeln *Raum* ❸ *Himmel:* dunkel werden

dark·ness ['dɑːknəs] ❶ Dunkelheit, Finsternis; **the hall was in complete darkness** im Saal war es stockdunkel ❷ (*übertragen*) Düsterkeit

dar·ling ['dɑːlɪŋ] Liebling, Schatz

dart¹ [dɑːt] sausen, flitzen; *Fisch, Zunge:* schnellen

dart² [dɑːt] ❶ Sprung, Satz; **he made a dart for the door** er machte einen Satz Richtung Tür ❷ Pfeil ❸ **darts** ⚠ *mit Singular* Darts

dash¹ [dæʃ] ❶ sausen; **she dashed out of the house** sie stürzte aus dem Haus; **sorry, I must dash!** es tut mir Leid, aber ich habe es eilig! ❷ **dash off a letter/essay** einen Brief/Aufsatz in Eile kritzeln ❸ schlagen, prallen; **the boat was dashed against the rocks** das Boot schlug gegen die Felsen; **dash something to pieces** etwas zerschmettern ❹ (*übertragen*) **dash someone's hopes** jemandes Hoffnungen zunichte machen

dash² [dæʃ] ❶ **make a dash** losstürzen; **she made a dash for the door** sie stürzte zur Tür; **he made a dash for the exit** er raste Richtung Ausgang ❷ etwas, ein bisschen; **a dash of lemon juice** ein Schuss Zitronensaft (3) Gedankenstrich (4) (*Morsealphabet*) Strich

dash·board ['dæʃbɔːd] Armaturenbrett

data ['deɪtə] *plural* Daten, Angaben

data bank Datenbank

data processing Datenverarbeitung

date[1] [deɪt] (1) Datum; **what date will he arrive?** wann kommt er an?; **what is the date today?** welches Datum [*oder* den Wievielten] haben wir heute?; **date of birth** Geburtsdatum; **to date** bis heute (2) Termin, Zeitpunkt; **have you set a date for the wedding?** habt ihr euch einen Termin für die Hochzeit ausgesucht? (3) (*umgangsspr*) Verabredung; **have** [*oder* **make**] **a date** sich verabreden (4) **out of date** *Mode:* altmodisch; **this bread is out of date** das Haltbarkeitsdatum ist bei diesem Brot bereits abgelaufen (5) **up-to-date** auf dem neuesten Stand, aktuell

date[2] [deɪt] (1) datieren *Dokumente* (2) **the problem dates back to last year** das Problem fing im letzten Jahr an; **these pots date back to Roman times** diese Töpfe stammen aus der Römerzeit (3) (*umgangsspr*) **date someone** mit jemandem ausgehen

> **i Land & Leute** Beim **dating** in Amerika gibt es verschiedene Ausdrücke für eine Beziehung zwischen einem Mädchen und einem Jungen. „Seeing each other" heißt, dass zwei sich öfters verabreden, aber trotzdem frei sind, mit anderen Partnern auszugehen. „Going out", heißt sie sind fest befreundet. Wenn ein Junge an einem Mädchen Interesse hat, fragt er, ob sie mit ihm ausgehen will. *Do you want to go out sometime?* heißt aber nur *Sollen wir uns mal verabreden?*

date[3] ['deɪt] Dattel

dated ['deɪtɪd] altmodisch

daugh·ter ['dɔːtə^r] Tochter

daughter-in-law ['dɔːtərɪnlɔː] <*plural* daughters-in-law> Schwiegertochter

dawn[1] [dɔːn] (1) [Morgen]Dämmerung, Tagesanbruch; **at dawn** bei Tagesanbruch; **from dawn to dusk** von früh bis spät (2) (*übertragen*) Beginn; **at the dawn of a new era** an der Schwelle zu einer neuen Ära

dawn[2] [dɔːn] (1) dämmern; **the day dawned bright and cold** der Tag fing sonnig aber kalt an (2) (*übertragen*) *Idee:* aufkommen; *Zeitalter:* beginnen, anbrechen (3) **it dawned on me what he had meant** es dämmerte mir, was er gemeint hatte; **hasn't it dawned on him yet what's going on?** sieht er denn immer noch nicht, was los ist?

day [deɪ] (1) Tag; **what day of the week is it?** welchen Wochentag haben wir?; **every day** jeden Tag, täglich; **the day after tomorrow** übermorgen; **the day before yesterday** vorgestern; **the other day** kürzlich, neulich; **I saw her the day before I arrived here** ich sah sie am Tag bevor ich hier angekommen bin; **day of arrival** Ankunftstag; [**three times**] **a day** [dreimal] täglich; **all day** den ganzen Tag; **by day** am Tag(e), bei Tage; **at this time of day** zu dieser Stunde; **from day to day** von Tag zu Tag; **day after** [*oder* **by**] **day** Tag für Tag; **day in, day out** tagein, tagaus; **have a nice day!** [ich wünsche Ihnen] einen schönen Tag! (2) [**in**] **those days** damals; **these days** heute, heutzutage; **one day** eines Tages, einmal; **one of these days** eines Tages; **the present day** die Gegenwart; **up to this day** bis heute ► IN WENDUNGEN: **call it a day** Feierabend [*oder* Schluss] machen; **that'll be the day!** das möchte ich sehen!; **those were the days** das waren noch Zeiten; **it's not my day today!** heute ist nicht mein Tag!; **from day one** vom Anfang an; **at the end of the day, he just doesn't care!** ihm ist es letztendlich egal!; **that idea has had its day** die Idee ist schon Schnee von gestern [*oder* überholt]

daybreak Tagesanbruch

day·light ['deɪlaɪt] Tageslicht; **in broad daylight** am helllichten Tage ► IN WENDUNGEN: **that's daylight robbery!** das ist der reine Wucher!

day return [Tages]Rückfahrkarte

day·time Tag; **during** [*oder* **in**] **the daytime** bei Tage

day trip Tagesausflug

daze [deɪz] **in a daze** ganz benommen

dazed [deɪzd] **she was dazed by the news** sie war durch die Nachricht wie benommen

dazzle ['dæzl] blenden

dead[1] [ded] (1) tot, verstorben; **shoot**

someone dead jemanden erschießen; **strike someone dead** jemanden erschlagen ② *Materie:* unbelebt ③ *Glieder:* taub, abgestorben ④ *Sprache:* tot ⑤ *Maschine:* nicht in Betrieb ⑥ *Stadt:* tot; *Geschäft:* flau ⑦ *Schlaf:* tief ⑧ *Feuer:* aus; *Streichholz:* abgebrannt ⑨ (*elektrisch*) spannungslos; **go dead** *Telefon:* ausfallen ⑩ **dead slow!** Schritt fahren! ⑪ (*absolut*) **dead silence** Totenstille; **the dead centre** die genaue Mitte; **be in a dead faint** völlig bewusstlos sein ⑫ (*umgangsspr*) völlig; **dead tired** todmüde; **dead drunk** (*umgangsspr*) stockbesoffen; **be dead against something** völlig gegen etwas sein; **dead on target** genau ins Ziel; **you're dead right there!** da hast du vollkommen Recht!; **she was dead lucky** sie hat wahnsinnig Glück gehabt ▸ IN WENDUNGEN: **come to a dead stop** völlig zum Stillstand kommen; **he's dead from the neck up** (*umgangsspr*) er ist strohdumm; **I'm dead on my feet!** (*umgangsspr*) ich bin fertig!; **he's dead to the world** er ist in tiefem Schlaf; **I wouldn't be seen dead in that place** (*umgangsspr*) mich kriegst du nicht dahin; **those days are dead and gone** die Zeiten sind vorbei; **their affair is dead and buried** ihre Affäre ist längst vorbei; **as dead as a dodo** [*oder* **doornail**] mausetot; **over my dead body!** nur über meine Leiche!

dead² [ded] ① **the dead** die Toten; **it's enough to wake the dead!** damit könnte man die Toten wecken! ② **in the dead of night** mitten in der Nacht; **in the dead of winter** mitten im Winter

dead centre Mittelpunkt

dead end [ˌded'end] Sackgasse; **come to a dead end** (*übertragen*) in eine Sackgasse geraten

dead-end ['dedend] **dead-end street** Sackgasse; **dead-end job** Arbeitsplatz ohne Aufstiegsmöglichkeit

dead·line ['dedlaɪn] letzter Termin, Einsendeschluss; **fix** [*oder* **set**] **a deadline** eine Frist setzen; **meet the deadline** den Termin einhalten

dead·lock ['dedlɒk] völliger Stillstand; **come to** [*oder* **reach**] **a deadlock** sich festfahren

deadly ['dedlɪ] ① tödlich; **deadly sin** Todsünde ② (*umgangsspr*) todlangweilig

deaf¹ [def] taub (**to** für, gegen); **be deaf in one ear** auf einem Ohr taub sein; **deaf and dumb** taubstumm ▸ IN WENDUNGEN: **turn a deaf ear to something** von etwas nichts hören wollen; **her request fell on deaf ears** ihre Bitte fand kein Gehör; **be as deaf as a post** stocktaub sein

deaf² [def] **the deaf** die Tauben

deaf-aid Hörapparat

deafen ['defn] taub machen

deafen·ing ['defnɪŋ] ohrenbetäubend

deaf·ness ['defnɪs] Taubheit

deal¹ [di:l] <dealt> ① **deal** [**out**] **cards** Karten geben ② **deal someone a heavy blow** (*auch übertragen*) jemandem einen Schlag versetzen

deal² [di:l] ① Abkommen; **do a deal** zu einer Abmachung kommen; **make a deal** ein Abkommen treffen; **is it a deal?** sind wir im Geschäft?; **it's a deal!** abgemacht!; **a square deal** ein faires Geschäft ② (*übertragen*) **a raw** [*oder* **rough**] **deal** eine ungerechte Behandlung ③ [Karten]Geben; **who's deal is it?** wer gibt?; **it's your deal** du bist dran mit Geben ④ **big deal!** (*umgangsspr*) na und? ⑤ Menge; **a good** [*oder* **a great**] **deal of people** eine Menge Leute

deal³ [di:l] **she saw him a good deal** sie hat ihn ziemlich oft gesehen; **he's a good deal better than I am** er ist um einiges besser als ich

◆**deal in** ① **they deal in used cars** sie handeln mit Gebrauchtwagen ② (*Karten spielen*) **can you deal me in?** kann ich auch mitspielen?

◆**deal out** ① geben *Karten* ② verteilen *Spende*

◆**deal with** ① umgehen mit *Beziehungen* ② verhandeln mit; **they deal with a lot of Asian companies** sie machen mit vielen asiatischen Unternehmen Geschäfte ③ sich kümmern um; **can you deal with this problem for me?** kannst du dich für mich um dieses Problem kümmern? ④ **deal with someone** mit jemandem fertig werden; **deal with life at university** mit dem Universitätsleben zurechtkommen ⑤ handeln von; **the film deals with the American civil war** in dem Film geht es um den amerikanischen Bürgerkrieg

dealer ['di:ləʳ] ① Händler(in) (**in** mit); **she's an antique dealer** sie handelt mit Antiquitäten ② (USA) (*Börse*) Makler(in) ③ Kartengeber(in)

dealt [delt] →**deal**

dean [diːn] (*an Universitäten*) Dekan

> **i Land & Leute** In den USA werden die Namen von Schülern und Studenten, die besonders gute Noten bekommen haben, in Schul- oder Universitätszeitungen und manchmal auch in Tageszeitungen veröffentlicht. Diese Liste nennt man an Universitäten die **deans's list** und an Schulen **honor roll.** Schüler oder Studenten, die in diesen Listen stehen, werden bei der Bewerbung um einen Studienplatz an Universitäten oder bei der Arbeitssuche von Firmen oft bevorzugt.

dear[1] [dɪəʳ] ① lieb, teuer ② (*in der Briefanrede*) Liebe(r), Sehr geehrte(r); **Dear Mr X,** Sehr geehrter Herr X, ③ kostspielig, teuer

dear[2] [dɪəʳ] ① Liebling, Schatz; **give it to me, there's a dear** gib es mir, sei so lieb ② **oh dear!** oje!, ach du liebe Zeit!

dear·ly [dɪəʳlɪ] ① **dearly love to do something** etwas liebend gern tun ② **I love him dearly** ich liebe ihn von ganzem Herzen ③ teuer

death [deθ] ① Tod; **die a natural death** eines natürlichen Todes sterben; **die a violent death** eines gewaltsamen Todes sterben; **put someone to death** jemanden hinrichten; **at death's door** an der Schwelle des Todes; **burn/freeze/starve to death** verbrennen/erfrieren/verhungern ② Todesfall ③ (*übertragen*) Ende, Vernichtung; **die a death** zu Ende kommen ▸ IN WENDUNGEN: **it's a matter of life and death!** es geht um Leben und Tod!; **he'll be the death of me yet** er bringt mich noch ins Grab; **you'll catch your death of cold with no coat!** du wirst dir ohne Mantel den Tod holen!; **he looks like death warmed up** [*oder* (USA) **over**] er sieht aus wie eine Leiche; **a fate worse than death** ein schlimmes Schicksal

deathbed Totenbett

deathly tödlich

death penalty Todesstrafe

death row (USA) **be on death row** in der Todeszelle sitzen

de·bat·able [dɪ'beɪtəbl] *Frage:* umstritten, strittig

de·bate[1] [dɪ'beɪt] Debatte, Diskussion; **be open to debate** ein strittiger Punkt sein

de·bate[2] [dɪ'beɪt] **debate something** über etwas diskutieren [*oder* debattieren]

debit ['debɪt] belasten; **debit someone's account** jemandes Konto belasten

debt [det] Schuld; **I don't have any debts** ich bin schuldenfrei; **out of debt** schuldenfrei; **be in debt** verschuldet sein; **run** [*oder* **get**] **into debt** Schulden machen; **pay off a debt** eine Schuld abzahlen; **be in someone's debt** jemandem etwas schulden

dec·ade ['dekeɪd] Jahrzehnt, Dekade

de·caf ['diːkæf] (*umgangsspr*) koffeinfreier Kaffee

de·caf·fein·ated [ˌdiː'kæfɪneɪtɪd] *Kaffee:* koffeinfrei, entkoffeiniert

de·cath·lon [dɪ'kæθlən] Zehnkampf

de·cay[1] [dɪ'keɪ] ① sich zersetzen; *Essen, Zahn:* schlecht werden, verfaulen; *Leiche:* verwesen ② (*übertragen*) *Person, Schönheit:* verblühen, vergehen ③ *Reich, Zivilisation:* untergehen

de·cay[2] [dɪ'keɪ] ① Zersetzung; *Gebäude:* Zerfall; **tooth decay** Zahnfäule, Karies ② Niedergang, Verfall

de·ceased[1] [dɪ'siːst] verstorben

de·ceased[2] [dɪ'siːst] **the deceased** der, die Verstorbene

de·ceive [dɪ'siːv] ① täuschen, irreführen *Person;* **I don't want to deceive her** ich will sie nicht hintergehen ② *Worte, Geste:* trügen, einen falschen Eindruck erwecken

De·cem·ber [dɪ'sembəʳ] Dezember; **in December** im Dezember; **on December 25th** am 25. Dezember; **on a December morning** eines Morgens im Dezember

de·cent ['diːsnt] ① anständig ② (*umgangsspr*) ganz nett, [ganz] ordentlich, annehmbar

de·cide [dɪ'saɪd] ① beschließen, sich entscheiden (**between** zwischen); **decide on** sich entscheiden für; **decide in favour of something** zugunsten von etwas entscheiden; **she's decided against having a party** sie hat beschlossen, keine Party zu geben ② entscheiden; **you decide!** entscheide du!

deci·mal ['desɪml] Dezimal-; **decimal fraction** Dezimalbruch; **decimal point** Komma

de·ci·sion [dɪ'sɪʒn] ① Entscheidung (**over** über); **make a decision** eine Entscheidung treffen; **arrive at** [*oder* **come to**] **a decision** zu einer Entscheidung kommen ② Entschluss; (*von Komitee*) Beschluss

de·ci·sive [dɪˈsaɪsɪv] ① entscheidend, ausschlaggebend (**for** für) ② entschieden, entschlossen; *Person:* entschlussfreudig

deck [dek] ① Deck; **on deck** auf Deck ② **a deck of cards** ein Spiel Karten ③ **tape-deck** Tapedeck ④ **sun deck** (USA) Balkon [zur Sonnenseite] ▸ IN WENDUNGEN: **clear the decks** klar Schiff machen; **not playing with a full deck** (USA) nicht richtig ticken

deck chair Liegestuhl

dec·lar·ation [ˌdekləˈreɪʃn] ① Erklärung, Aussage; **give** [*oder* **make**] **a declaration** eine Erklärung abgeben ② (*Zoll*) Deklaration

de·clare [dɪˈkleəʳ] ① **declare something** etwas erklären, etwas bekannt geben; **declare war** [**on someone**] [jemandem] den Krieg erklären; **I declare this meeting closed** ich erkläre die Sitzung für geschlossen ② angeben, deklarieren *Waren;* **have you anything to declare?** haben Sie etwas zu verzollen?

de·cline[1] [dɪˈklaɪn] ① schlechter werden; **in declining health** bei schlechter werdender Gesundheit ② nachlassen, abnehmen, geringer werden ③ *Preise:* zurückgehen, sinken, fallen ④ **decline** [**someone's offer**] [jemandes Angebot] ablehnen

de·cline[2] [dɪˈklaɪn] ① Rückgang; **decline of the birth rate** Geburtenrückgang; **be on the decline** abnehmen ② *von Reich:* Untergang ③ *von Gesundheit:* Schwächung

de·con·tami·nate [ˌdiːkənˈtæmɪneɪt] **decontaminate something** etwas entgiften, entseuchen

de·con·tami·na·tion [ˌdiːkənˌtæmɪˈneɪʃn] Entseuchung, Entgiftung

dec·or·ate [ˈdekəreɪt] ① **decorate something** etwas dekorieren, schmücken, verzieren ② streichen, tapezieren *Wände, Zimmer* ③ (*mit einem Orden*) auszeichnen (**with** mit)

dec·ora·tion [ˌdekəˈreɪʃn] ① Verzierung, Dekoration ② *von Person:* Auszeichnung, Orden

dec·or·ator [ˈdekəreɪtəʳ] Maler(in), Tapezierer(in), Dekorateur(in); **interior decorator** Raumausstatter(in)

de·crease[1] [dɪˈkriːs] ① abnehmen; *Gesundheit:* nachlassen; *Menge:* abnehmen, zurückgehen ② *Preis, Wert:* sich verringern, reduzieren

de·crease[2] [ˈdiːkriːs] Rückgang; *von Gewicht usw.:* Abnahme, Verringerung (**in** an); **on the decrease** im Abnehmen; **decrease in population** Bevölkerungsrückgang

dedi·cate [ˈdedɪkeɪt] ① **dedicate a book/a building to someone** jemandem ein Buch/ein Gebäude widmen; **dedicate one's life to something** sein Leben einer Sache widmen; **this song is dedicated to Pete** dieses Lied ist für Pete ② **dedicate a church** eine Kirche weihen

dedicated [ˈdedɪkeɪtɪd] ① (*begeistert*) **she was a dedicated teacher** sie war eine engagierte Lehrerin ② hingebungsvoll; **she was dedicated to her father** sie hing sehr an ihrem Vater ③ **the building is dedicated to the memory of the President** das Gebäude wurde zum Gedenken an den Präsidenten errichtet

de·duct [dɪˈdʌkt] **deduct something** etwas abziehen (**from** von); einbehalten *Betrag*

de·duc·tion [dɪˈdʌkʃn] ① Abzug ② *vom Preis:* Rabatt, Nachlass ③ Schlussfolgerung

deed [diːd] ① Tat ② (*juristisch*) Übertragungsurkunde

deep [diːp] ① tief; **a two-metre deep trench** ein zwei Meter tiefer Graben; **she stood knee-deep in mud** sie stand bis zum Knie im Matsch ② (*extrem*) **deep sleep** Tiefschlaf; **deep green** dunkelgrün; **take a deep breath** tief einatmen; **he was deep in thought** er war in Gedanken versunken; **deep in debt** hoch verschuldet ③ [tief]sinnig, tiefgründig ④ (*übertragen*) schwer verständlich ▸ IN WENDUNGEN: **be in deep water** (*umgangsspr*) in der Tinte sitzen; **go off the deep end** aufbrausen; **still waters run deep** stille Wasser sind tief

deep-freeze [ˌdiːpˈfriːz] Tiefkühlschrank, Tiefkühltruhe **deep-frozen** [ˌdiːpˈfrəʊzn] tiefgefroren; **deep-frozen food** Tiefkühlkost

deep-fry fritieren

deep·ly [ˈdiːplɪ] [zu]tief[st]; **breathe deeply** atme tief ein; **she was deeply hurt by his remark** sie war durch seine Bemerkung schwer verletzt

deer [dɪəʳ] <*plural* deer> Hirsch, Reh; **red deer** Rotwild

de·feat[1] [dɪˈfiːt] ① (*im Krieg, Sport*) **defeat someone** jemanden schlagen ② ablehnen

Vorschlag ③ vereiteln, zunichte machen *Plan*

de·feat² [dɪ'fiːt] Niederlage; **suffer a defeat** eine Niederlage erleiden; **admit defeat** eine Niederlage gestehen

de·fect¹ ['diːfekt] Fehler, Defekt (**in** an)

de·fect² [dɪ'fekt] **defect to the enemy** zum Feind übergehen, überlaufen

de·fence, USA **defense** [dɪ'fens] ① (*auch im Sport*) Verteidigung; **in someone's defence** zu jds Verteidigung; **come to someone's defence** jemanden verteidigen; **speak** [*oder* **say**] **in someone's defence** für jemanden sprechen, jemanden verteidigen ② (*gegen Krankheit*) Schutz ③ Befestigung, Schutzmaßnahme ④ (*juristisch*) Verteidigung

de·fence·less [dɪ'fensləs] schutzlos

de·fend [dɪ'fend] ① (*auch juristisch*) **defend someone** jemanden verteidigen (**against** gegen) ② rechtfertigen *Handeln, Politik* ③ verteidigen *Titel*

de·fend·ant [dɪ'fendənt] Angeklagte(r)

de·fense [dɪ'fens] USA ① (*auch im Sport*) Verteidigung; **in someone's defense** zu jds Verteidigung; **come to someone's defense** jemanden verteidigen; **speak** [*oder* **say**] **in someone's defense** für jemanden sprechen, jemanden verteidigen ② Befestigung, Schutzmaßnahme ③ (*juristisch*) Verteidigung

de·fens·ive¹ [dɪ'fensɪv] ① **defensive measures** Schutzmaßnahmen; **defensive weapon** Verteidigungswaffe ② **be defensive** sich rechtfertigen

de·fens·ive² [dɪ'fensɪv] Defensive; **on the defensive** in der Defensive

de·fiant [dɪ'faɪənt] aufsässig; *Antwort:* trotzig

de·fine [dɪ'faɪn] ① **define something** etwas näher bestimmen, festlegen ② definieren *Wort* ③ **be clearly defined** sich klar abzeichnen

defi·nite ['defɪnət] ① bestimmt, sicher; **it's definite that…** es ist sicher, dass…; **for a definite period** für eine bestimmte Zeit ② *Plan:* fest ③ *Aussage:* klar, deutlich, unmissverständlich ④ **definite article** bestimmter Artikel

defi·nite·ly ['defɪnətlɪ] sicherlich, zweifellos; **are you going to accept? – definitely!** wirst du akzeptieren? – na klar!

defi·ni·tion [ˌdefɪ'nɪʃn] ① Definition ② scharfe Abgrenzung, Festlegung ③ [Bild-, Ton]Schärfe

de·frost [ˌdiː'frɒst] ① auftauen *Essen,* abtauen *Tiefkühltruhe* ② enteisen *Windschutzscheibe*

defy [dɪ'faɪ] <defied> **defy someone/something** [sich] jemandem/etwas widersetzen, trotzen; **defy convention** sich der Konvention widersetzen; **it defies belief!** es spottet jedem Verstand!

de·gree [dɪ'griː] ① Grad; **it's 25 degrees Celsius** es ist 25 Grad Celsius; **drop five degrees** um fünf Grad fallen ② (*Landeskunde*) **degree of latitude** Breitengrad; **degree of longitude** Längengrad ③ Maß; **by degrees** nach und nach, allmählich; **to a certain degree** bis zu einem gewissen Grad; **to some degree** einigermaßen; **to such a degree** in solchem Maße, dermaßen ④ **get one's degree** seinen Universitätsabschluss machen; **he has a degree in Geography** er ist Diplomgeograph; **study for a degree** studieren ⑤ **first/second degree murder** Mord/Totschlag

de·hy·drated [ˌdiːhaɪ'dreɪtɪd] Trocken-, pulverisiert; *Körper:* ausgetrocknet

de-ice [ˌdiː'aɪs] enteisen *Windschutzscheibe*

de·ject·ed [dɪ'dʒektɪd] bedrückt, niedergeschlagen

de·lay¹ [dɪ'leɪ] ① **delay doing something** etwas verschieben; aufschieben, etwas zu tun; **he delayed writing the letter** er schob den Brief auf; **don't delay!** verlieren Sie keine Zeit! ② **delay someone** jemanden aufhalten ③ verspäten *Abfahrt, Ankunft*

de·lay² [dɪ'leɪ] ① Verzögerung; **without delay** sofort, unverzüglich ② *vom Zug:* Verspätung; **a two-hour delay** eine zweistündige Verspätung

del·egate¹ ['delɪgət] ① **delegate something** [**to someone**] etwas [an jemanden] delegieren ② erteilen *Vollmacht*

del·egate² ['delɪgət] Delegierte(r), bevollmächtigte(r) Vertreter(in)

del·ega·tion [ˌdelɪ'geɪʃn] Abordnung, Delegation

de·lete [dɪ'liːt] ① **delete something** etwas streichen (**from** aus) ② löschen *Daten*

deli ['delɪ] (*umgangsspr*) Delikatessengeschäft, Feinschmeckerladen

de·lib·er·ate¹ [dɪ'lɪbəreɪt] ① **deliberate on something** über etwas nachdenken ② **deliberate a matter** sich über einen Fall beraten

de·lib·er·ate[2] [dɪˈlɪbərət] ① bewusst, absichtlich ② [wohl] überlegt, bedächtig

de·lib·er·ation [dɪˌlɪbəˈreɪʃn] ① Überlegung; **after due deliberation** nach reiflicher Überlegung ② Beratungen (**on** über)

deli·cacy [ˈdelɪkəsɪ] ① Feinheit, Zartheit ② *der Gesundheit:* Anfälligkeit ③ (*Takt*) Zart-, Feingefühl; **of great delicacy** heikel, schwierig ④ (*Essen*) Delikatesse

deli·cate [ˈdelɪkət] ① fein, zart, empfindlich ② *Gesundheit:* empfindlich, anfällig ③ *Situation:* heikel, schwierig ④ (*übertragen*) feinfühlig, zartfühlend ⑤ *Essen:* delikat

deli·ca·tessen [ˌdelɪkəˈtesn] Delikatessengeschäft

de·li·cious [dɪˈlɪʃəs] *Essen:* köstlich, lecker

de·light[1] [dɪˈlaɪt] **delight someone** jemanden erfreuen; **someone delights in doing something** es macht jemandem Spaß, etwas zu tun

de·light[2] [dɪˈlaɪt] Freude, Vergnügen; **to my delight** zu meiner Freude; **take delight in doing something** Freude [*oder* Spaß] haben, etwas zu tun

de·light·ful [dɪˈlaɪtfl] entzückend, reizend, bezaubernd

de·liver [dɪˈlɪvəʳ] ① [ab-, aus]liefern *Ware;* austragen, zustellen *Post;* **delivered free** frei Haus ② halten *Rede, Vortrag* ③ verkünden *Urteil* ④ zur Welt bringen *Baby* ⑤ werfen *Ball* ⑥ versetzen *Schlag* ⑦ **deliver someone [from something]** jemanden [von etwas] befreien ▸ IN WENDUNGEN: **but can he deliver the goods?** aber kann er das tun, was er verspricht?

de·liv·ery [dɪˈlɪvərɪ] ① [Aus]Lieferung; *von Post:* Zustellung; **on delivery** bei Lieferung; **take delivery of** in Empfang nehmen; **cash on delivery** per Nachnahme ② (*medizinisch*) Entbindung; **delivery room** Kreißsaal ③ *von Ball:* Wurf ④ (*mit der Faust*) Schlag

de·lude [dɪˈluːd] **delude someone** jemanden täuschen, irreführen; **delude someone into thinking something** jemanden dazu verleiten, etwas zu glauben; **delude oneself** sich etwas vormachen

del·uge[1] [ˈdeljuːdʒ] ① Überschwemmung ② **the Deluge** die Sintflut ③ (*übertragen*) Flut, Schwall

del·uge[2] [ˈdeljuːdʒ] (*auch übertragen*) überfluten, überschwemmen *Land*

de luxe [dɪˈlʌks] Luxus-

de·mand[1] [dɪˈmɑːnd] ① *Person:* fordern, verlangen; **he demanded to see his lawyer** er verlangte nach seinem Rechtsanwalt ② *Sache:* erfordern, verlangen

de·mand[2] [dɪˈmɑːnd] ① Forderung, Verlangen (**for** nach); **be in great demand** sehr gefragt sein; **on demand** auf Verlangen ② (*Geschäft, Industrie*) Bedarf, Nachfrage (**for** nach)

demi- [ˈdemɪ] halb-

democ·racy [dɪˈmɒkrəsɪ] Demokratie

demo·crat [ˈdeməkræt] Demokrat(in)

demo·cratic [ˌdeməˈkrætɪk] demokratisch

de·mol·ish [dɪˈmɒlɪʃ] ① abbrechen, niederreißen *Gebäude* ② zunichte machen *Hoffnung*

demo·li·tion [ˌdeməˈlɪʃn] Abbruch

de·mon [ˈdiːmən] Dämon

de·mon·strate [ˈdemənstreɪt] ① vorführen, demonstrieren *Gerät, Vorrichtung* ② **demonstrate something** etwas be-, nachweisen; (*mit Experimenten*) etwas zeigen ③ (*politisch*) demonstrieren ④ zeigen *Gefühle*

dem·on·stra·tion [ˌdemənˈstreɪʃn] ① Beweis[führung]; *von Gerät:* Vorführung; **give a demonstration of something** etwas demonstrieren ② (*politisch*) Kundgebung, Demonstration; **hold a demonstration** eine Demonstration veranstalten ③ *von Gefühlen:* Ausdruck

dem·on·stra·tor [ˈdemənstreɪtəʳ] (*politisch*) Demonstrant(in)

de·moral·ize [dɪˈmɒrəlaɪz] **demoralize someone** jemanden demoralisieren, entmutigen

den [den] ① *eines Tiers:* Höhle ② [Räuber]Höhle; **den of iniquity** Lasterhöhle ③ (*umgangsspr*) Bude

de·nial [dɪˈnaɪəl] **give an official denial [to something]** [etwas] offiziell dementieren

denim [ˈdenɪm] ① Jeansstoff ② **denims** ⚠ *plural* Jeans

Den·mark [ˈdenmɑːk] Dänemark

de·nomi·na·tor [dɪˈnɒmɪneɪtəʳ] Nenner; [**lowest**] **common denominator** [kleinster] gemeinsamer Nenner

de·nounce [dɪˈnaʊns] ① **denounce someone/something** jemanden/etwas heftig kritisieren, anprangern ② **denounce someone as a spy** jemanden beschuldigen, ein Spion zu sein

dense [dens] ① dicht, eng ② (*übertragen*) schwer von Begriff, beschränkt

dense·ly [densli] dicht; **a densely populated town** eine dicht bevölkerte Stadt

den·sity ['densəti] ① Dichte; **density of traffic** Verkehrsdichte; **population density** Bevölkerungsdichte ② (*Computer*) **single/double density disk** Diskette mit einfacher/doppelter Schreibdichte

dent[1] [dent] ① Beule, Delle ② **that'll make a dent in our holiday money** das wird ein Loch in unsere Urlaubskasse reißen

dent[2] [dent] ① eindrücken, -beulen ② (*übertragen*) **dent someone's self-esteem** jemandes Selbstachtung verletzen

den·tal ['dentl] Zahn-; **dental floss** Zahnseide

den·tist ['dentist] Zahnarzt, -ärztin; **at the dentist['s]** beim Zahnarzt

deny [dɪ'naɪ] <denied> ① bestreiten *Aussage;* (*vor Gericht*) leugnen ② verweigern, abschlagen *Wunsch;* **deny a request** eine Bitte abschlagen ③ **deny oneself** sich kasteien

de·odor·ant[1] [diː'əʊdərənt] desodorierend; **deodorant spray** Deospray

de·odor·ant[2] [diː'əʊdərənt] Deo[dorant]; **roll-on deodorant** Deoroller

de·part [dɪ'pɑːt] ① abreisen, abfahren, wegfahren; *Flugzeug:* abfliegen; **be ready to depart** startbereit sein ② (*übertragen*) abgehen, abweichen (**from** von)

de·part·ment [dɪ'pɑːtmənt] ① *von Laden, Firma:* Abteilung ② Amt; *von Regierung:* Ministerium ③ (*an Universität*) Institut

department store Warenhaus, Kaufhaus

de·par·ture [dɪ'pɑːtʃəʳ] ① Abreise, Abfahrt, Abflug; **he made a hasty departure** er ging in Eile weg ② **departures** ⚠ *plural* Abfahrt, Abflug ③ Abweichen (**from** von); **this song is a departure from their normal style** dieses Lied weicht von ihrem normalen Stil ab

departure gate Flugsteig, Gate

departure lounge Abflughalle

departure time Abfahrtszeit, Abflugzeit

de·pend [dɪ'pend] ① abhängen, abhängig sein (**on** von); **that** [*oder* **it all**] **depends** das kommt drauf an, je nachdem; **depending on the weather, we want to go for a picnic on Sunday** wenn das Wetter es erlaubt, wollen wir am Sonntag ein Picknick machen ② sich verlassen (**on, upon** auf); **depend upon it!** verlassen Sie sich darauf!

de·pend·able [dɪ'pendəbl] zuverlässig

de·pend·ant [dɪ'pendənt] Angehörige(r)

de·pend·ent [dɪ'pendənt] abhängig (**on** von); **be dependent on** abhängen von, abhängig sein von

de·pict [dɪ'pɪkt] ① abbilden *Landschaft, Person* ② schildern, beschreiben *Ort, Zeitalter*

de·ple·ted [dɪ'pliːtɪd] [erheblich] verringert *Ressourcen*

de·ploy [dɪ'plɔɪ] einsetzen *Kraft, Maschine;* stationieren *Raketen*

de·port [dɪ'pɔːt] ausweisen, abschieben, deportieren *Immigrant*

de·port·ation [ˌdiːpɔː'teɪʃn] Deportation, Abschiebung

de·portee [ˌdiːpɔː'tiː] Ausgewiesene(r), Deportierte(r)

de·pose [dɪ'pəʊz] absetzen *Regierung* (**from** von)

de·posit[1] [dɪ'pɒzɪt] ① **deposit something** etwas hinlegen, etwas hinstellen; absetzen *Mitfahrer* ② **deposit money in a bank account** Geld auf ein Konto einzahlen ③ (*geologisch*) ablagern (**on** auf)

de·posit[2] [dɪ'pɒzɪt] ① (*Bank*) Guthaben; **make a deposit** etwas einzahlen ② Sicherheit, Kaution; **leave** [*oder* **pay**] **a deposit** eine Anzahlung machen ③ *von Kalk usw.:* Ablagerung

deposit account Sparkonto

de·press [dɪ'pres] **depress someone** jemanden deprimieren, bedrücken

de·pressed [dɪ'prest] ① *Person:* deprimiert, niedergeschlagen ② (*wirtschaftlich*) flau, Not leidend; **depressed area** Notstandsgebiet

de·press·ion [dɪ'preʃn] ① (*auch medizinisch*) Depression ② Vertiefung, Senke, Mulde ③ (*wirtschaftlich*) Flaute, Krise; **the Depression** die Weltwirtschaftskrise ④ (*meteorologisch*) Tief[druckgebiet]

de·prive [dɪ'praɪv] **deprive someone of something** jemandem etwas entziehen; **prisoners are deprived of their freedom** Gefangenen wird die Freiheit entzogen; **the baby was depriving its parents of sleep** das Baby brachte seine Eltern um den Schlaf

depth [depθ] ① Tiefe; **at a depth of** in einer Tiefe von ② (*übertragen*) Kraft, Tiefe; **get out of one's depth** den Boden unter den Füßen verlieren; **depths** Tiefen; **in the depths of despair** in tiefster Verzweifelung ③ **in depth** eingehend, intensiv

dep·uty [ˈdepjʊtɪ] ① Stellvertreter(in) ② (*politisch*) Delegierte(r)

der·el·ict [ˈderəlɪkt] verfallen, verlassen

de·rive [dɪˈraɪv] ① **where does the town derive its name from?** woher kommt der Name der Stadt?; **derive benefit/profit from** Nutzen/Vorteile ziehen aus ② **someone derives pleasure from doing something** etwas bereitet jemandem Vergnügen ③ ab-, herleiten (**from** von)

de·roga·tory [dɪˈrɒgətrɪ] abfällig *Bemerkung*

de·scend [dɪˈsend] ① herab-, hinabsteigen; hinunter-, heruntergehen *Treppe;* **the lift descended slowly** der Aufzug fuhr langsam nach unten ② herfallen (**on, upon** über); **my parents-in-law are descending on us at Christmas** meine Schwiegereltern wollen uns an Weihnachten überfallen

◆**descend from** ① *Person:* abstammen von ② *Eigentum:* übergehen [*oder* vererbt werden] auf; *Brauch:* stammen von

de·scend·ant [dɪˈsendənt] Nachkomme, Abkömmling

de·scent [dɪˈsent] ① *von Person:* Abstieg ② Abstammung, Herkunft; **she's of Russian descent** sie ist russischer Abstammung ③ Überfall (**on, upon** auf)

de·scribe [dɪˈskraɪb] ① **describe something** etwas beschreiben, etwas schildern, darstellen ② **describe oneself** sich bezeichnen (**as** als) ③ beschreiben *Kreis*

de·scrip·tion [dɪˈskrɪpʃn] ① Beschreibung, Schilderung; **beyond description** unbeschreiblich; **answer to a description** einer Beschreibung entsprechen ② Bezeichnung ③ (*umgangsspr*) Art, Sorte; **of every description** jeder Art

de·sert[1] [dɪˈzɜːt] ① verlassen, im Stich lassen *Familie usw.;* **deserted street** verlassene Straße ② (*militärisch*) desertieren

des·ert[2] [ˈdezət] ① Wüste ② (*übertragen*) Einöde

desert island [ˈdezət aɪlənd] einsame Insel

de·serts [dɪˈzɜːts] *plural* **get one's [just] deserts** das bekommen, was man verdient

de·serve [dɪˈzɜːv] ① **deserve something** etwas verdienen; **he deserves to be punished** er hat seine Strafe verdient ② (*übertragen*) **deserve a medal** einen Orden verdienen

de·sign[1] [dɪˈzaɪn] ① Entwurf, Plan ② (*in der Mode*) Muster ③ Konstruktion; **at the design stage** in der Entwurfsphase ④ **by design** mit Absicht, absichtlich ⑤ **have designs on someone/something** es auf jemanden/etwas abgesehen haben

de·sign[2] [dɪˈzaɪn] ① **design something** etwas planen ② entwerfen, konstruieren *Maschine usw.* ③ **this language course is designed for beginners** dieser Sprachkurs ist für Anfänger bestimmt; **it's not designed to be used like that!** dafür ist es nicht vorgesehen!

de·signer [dɪˈzaɪnəʳ] ① Designer(in) ② Konstrukteur(in) ③ (*beim Theater*) Dekorateur(in)

de·sir·able [dɪˈzaɪərəbl] ① wünschens-, begehrens-, erstrebenswert ② *Haus:* reizvoll, attraktiv; *Person:* begehrenswert

de·sire[1] [dɪˈzaɪəʳ] ① **desire something** sich etwas wünschen ② begehren, verlangen nach *Person* ③ **it leaves much to be desired** das lässt viel zu wünschen übrig

de·sire[2] [dɪˈzaɪəʳ] ① Wunsch, Sehnsucht (**for** nach) ② Verlangen, Begehren (**for** nach)

desk [desk] ① Schreibtisch ② Rezeption; (*im Hotel*) Empfang; **ask at the information desk** sich bei der Auskunft erkundigen ③ (*Presse*) Ressort

desk lamp Schreibtischlampe

des·pair[1] [dɪˈspeəʳ] verzweifeln (**of** an); **despair of something** alle Hoffnung auf etwas aufgeben; **she despaired of ever seeing him alive again** sie hat die Hoffnung aufgegeben, ihn jemals lebendig wiederzusehen

des·pair[2] [dɪˈspeəʳ] Verzweiflung, Hoffnungslosigkeit; **in despair** verzweifelt; **she was driven to despair** sie war verzweifelt

des·per·ate [ˈdespərət] ① *Person:* verzweifelt ② *Lage:* hoffnungslos, ausweglos ③ (*übertragen*) extrem; **be in desperate need of something** etwas dringend benötigen ④ **I'm desperate to go to [*oder* desperate for] the loo!** (*umgangsspr*) ich muss unbedingt aufs Klo!

des·per·ation [ˌdespəˈreɪʃn] **in desperation** aus Verzweiflung; **drive someone to desperation** jemanden zur Verzweiflung bringen

des·pise [dɪ'spaɪz] **despise someone/something** jemanden verachten/etwas verschmähen

des·pite [dɪ'spaɪt] trotz

des·sert [dɪ'zɜ:t] Nachtisch, Dessert

des·ti·na·tion [ˌdestɪ'neɪʃn] *von Waren:* Bestimmung[sort]; *von Person:* Reiseziel; *von Zug:* Zielort

des·tine ['destɪn] **be destined to do something** dazu bestimmt sein, etwas zu tun; **it was destined to happen** es sollte so kommen

des·tiny ['destɪnɪ] Schicksal

de·stroy [dɪ'strɔɪ] ① **destroy something** etwas zerstören; kaputtmachen *Gegenstand;* vernichten *Dokumente, Ernte* ② einschläfern *Tier* ③ (*übertragen*) zunichte machen *Hoffnungen, Chancen*

de·struc·tion [dɪ'strʌkʃn] ① Zerstörung, Vernichtung ② (*übertragen*) Verwüstung

de·struc·tive [dɪ'strʌktɪv] zerstörerisch, destruktiv

de·tached [dɪ'tætʃt] ① *Meinung:* unvoreingenommen ② *Person:* kühl ③ **detached house** frei stehendes Haus

de·tail ['di:teɪl] Detail, Einzelheit; **in detail** im Einzelnen, im Detail; **in every detail** Punkt für Punkt; **go into details** auf Einzelheiten eingehen

de·tailed ['di:teɪld] ausführlich, detailliert

de·tain [dɪ'teɪn] **detain someone/something** jemanden/etwas zurückhalten, aufhalten; (*juristisch*) jemanden festnehmen, jemanden in Haft nehmen

de·tainee [ˌdi:teɪ'ni:] Häftling

de·tect [dɪ'tekt] **detect something** etwas bemerken; aufdecken *Fehler, Irrtum;* feststellen *Strahlung;* wahrnehmen *Bewegung*

de·tec·tion [dɪ'tekʃn] ① Auf-, Entdeckung, Feststellung ② *von Polizei:* Ermittlung; **escape detection** nicht gefasst werden

de·tec·tive [dɪ'tektɪv] Kriminalbeamte(r), Kriminalbeamtin, Detektiv(in)

detective novel Kriminalroman

de·ten·tion [dɪ'tenʃn] ① (*juristisch*) Haft, Gewahrsam ② (*in der Schule*) Nachsitzen

de·ter·gent [dɪ'tɜ:dʒənt] Reinigungsmittel; (*für Wäsche*) Waschmittel; (*für Geschirr*) Spülmittel

de·ter·mi·na·tion [dɪˌtɜ:mɪ'neɪʃn] ① Entschlossenheit ② Bestimmung (**of** von), Festlegung

de·ter·mine [dɪ'tɜ:mɪn] ① **determine something** etwas beschließen ② festlegen, festsetzen *Preis, Datum, Zeit* ③ bestimmen, entscheiden

de·ter·mined [dɪ'tɜ:mɪnd] entschlossen; **he is determined to go** er ist [fest] entschlossen hinzugehen

de·test [dɪ'test] **detest someone/something** jemanden/etwas verabscheuen, hassen

de·test·able [dɪ'testəbl] abscheulich, scheußlich

det·on·ate ['detəneɪt] zünden, detonieren; explodieren lassen *Bombe*

deton·ation [ˌdetə'neɪʃn] Zündung, Detonation

de·tour[1] ['di:tʊəʳ] Umleitung **make a detour** einen Umweg machen

de·tour[2] ['di:tʊəʳ] einen Umweg machen

deuce [dju:s] (*Tennis*) Einstand

de·value [ˌdi:'vælju:] **devalue something** etwas abwerten

dev·as·tate ['devəsteɪt] ① verwüsten *Stadt, Land* ② **she was devastated by the news** sie war von den Nachrichten zutiefst geschockt

dev·as·tat·ing ['devəsteɪtɪŋ] ① verheerend, vernichtend ② (*umgangsspr*) umwerfend

dev·as·ta·tion [ˌdevə'steɪʃn] Verwüstung

de·vel·op [dɪ'veləp] ① sich entwickeln (**from** aus, **into** zu); entwickeln *Film* ② entfalten, ausweiten *Idee* ③ bekommen *Krankheit* ④ *Talent:* sich entfalten ⑤ entstehen; **the software has developed a fault** bei der Software ist ein Defekt aufgetreten ⑥ (USA) sich herausstellen, sich zeigen; **it developed that …** es stellte sich heraus, dass…

de·vel·op·ing [dɪ'veləpɪŋ] **developing country** Entwicklungsland

de·vel·op·ment [dɪ'veləpmənt] Entwicklung; **development aid** Entwicklungshilfe

de·vi·ate ['di:vɪeɪt] abweichen, abkommen (**from** von)

de·vice [dɪ'vaɪs] Gerät, Vorrichtung ▶ In Wendungen: **leave someone to his own devices** jemanden sich selbst überlassen

devil ['devl] ① Teufel ② (*umgangsspr*) Teufelskerl; **lucky devil** Glückspilz ③ (*übertragen*) **like the devil** wie ein Verrückter; **run like the devil** wie ein geölter Blitz sausen; **work like the devil** wie ein Pferd schuften; **go to the devil!** geh zum Teufel!; **there'll**

be the devil to pay das dicke Ende kommt noch

de·vise [dɪ'vaɪz] **devise something** sich etwas ausdenken; schmieden *Plan*

de·vote [dɪ'vəʊt] widmen *Leben, Energie;* **she devoted most of her time to her family** sie widmete ihre Zeit fast ausschließlich ihrer Familie

de·voted [dɪ'vəʊtɪd] ① treu; **he was devoted to his dog** er hing sehr an seinem Hund ② *Elternteil:* hingebungsvoll, aufopfernd

de·vo·tion [dɪ'vəʊʃn] Hingabe (**to** an), Ergebenheit (**to** gegenüber)

de·vour [dɪ'vaʊə^r] **devour something** etwas verschlingen *Essen, Buch*

de·vout [dɪ'vaʊt] ① fromm, religiös ② aufrichtig, echt

dew [djuː] Tau

dia·betes [ˌdaɪə'biːtɪz] ⚠ *mit Singular* Diabetes

dia·betic¹ [ˌdaɪə'betɪk] Diabetiker(in)

dia·betic² [ˌdaɪə'betɪk] zuckerkrank

dia·bolic(al) [ˌdaɪə'bɒlɪk(l)] ① teuflisch ② (*umgangsspr*) widerlich, abscheulich

di·ag·nose ['daɪəgnəʊz] diagnostizieren *Krankheit*

di·ag·no·sis [ˌdaɪəg'nəʊsɪs, *plural* daɪəg'nəʊsiːz] <*plural* diagnoses> Diagnose

di·ag·onal [daɪ'ægənl] diagonal

dia·gram ['daɪəgræm] grafische Darstellung; (*Mathematik*) Diagramm

dial¹ ['daɪəl] ① (*Telefon*) Wählscheibe ② (*Radio, TV*) [Einstell]Skala ③ (*Uhr*) Zifferblatt

dial² ['daɪəl] <dialled> wählen; **dial direct** durchwählen

dia·lect ['daɪəlekt] Dialekt, Mundart

dial·ling code ['daɪəlɪŋkəʊd] Vorwahlnummer **dial·ling tone** ['daɪəlɪŋtəʊn] Amtszeichen, Wählton

dia·logue, (USA) **dia·log** ['daɪəlɒg] Dialog

di·am·eter [daɪ'æmɪtə^r] Durchmesser; **be one metre in diameter** einen Durchmesser von einem Meter haben

dia·mond ['daɪəmənd] ① Diamant; **rough diamond** Rohdiamant ② (*Figur*) Rhombus ③ (*Spielkarten*) Karo ④ (*Baseball*) Innenfeld

dia·per ['daɪpə^r] (USA) Windel

di·ar·rhoea, (USA) **di·ar·rhea** [ˌdaɪə'rɪə] Durchfall

diary ['daɪərɪ] ① Tagebuch ② Terminkalender

dice¹ [daɪs] ① Würfel; **play dice** Würfel spielen ② **no dice!** (USA) (*umgangsspr*) keine Chance!

dice² [daɪs] in Würfel schneiden ▸ IN WENDUNGEN: **dice with death** mit dem Tod(e) spielen

dicky-bird [dɪkɪbəːd] (*umgangsspr*) **to not say a dicky-bird to someone** jemandem kein Sterbenswörtchen verraten

dic·tate [dɪk'teɪt] ① diktieren *Brief* ② **dictate to someone** jemandem Vorschriften machen

dic·ta·tion [dɪk'teɪʃn] (*in der Schule, im Büro*) Diktat; **write a dictation** ein Diktat schreiben; **take a dictation** ein Diktat aufnehmen

dic·ta·tor [dɪk'teɪtə^r] Diktator(in)

dic·ta·tor·ship [dɪk'teɪtə^rʃɪp] Diktatur

dic·tion·ary ['dɪkʃənrɪ] Wörterbuch

did [dɪd] *2. Form von* **do**

didn't [dɪdnt] *Kurzform von* **did not**

die [daɪ] <died> ① sterben (**of** an); (*im Krieg*) fallen; **die of hunger** verhungern; **be dying** im Sterben liegen; **die a natural/violent death** eines natürlichen/gewaltsamen Todes sterben ② *Liebe:* vergehen, erlöschen ③ *Sitte:* aussterben, untergehen ▸ IN WENDUNGEN: **be dying to do something** darauf brennen, etwas zu tun; **I nearly died of shame!** ich habe mich zu Tode geschämt!; **die laughing** sich kaputtlachen

◆ **die away** nachlassen; *Wind, Lärm, Ärger:* sich legen

◆ **die down** ① *Sturm, Wind:* nachlassen; **the fire died down** das Feuer brannte herunter ② *Lärm:* schwächer werden ③ *Aufregung:* sich legen

◆ **die out** aussterben

die·sel ['diːzl] ① **diesel [engine]** Dieselmotor ② Dieselkraftstoff

diet¹ ['daɪət] ① Nahrung ② Diät; **keep to a strict diet** streng Diät halten; **put someone on a diet** jemandem eine Diät verordnen; **he is on a diet** er lebt Diät, er macht eine Abmagerungskur

diet² ['daɪət] Diät leben; (*zum Abnehmen*) eine Abmagerungskur machen

dietary fibre Ballaststoffe

dif·fer ['dɪfə^r] ① (*in Aussehen, Wesen*) verschieden sein, sich unterscheiden ② verschiedener, entgegengesetzter Meinung sein; **we differ on this point** in diesem Punkt sind wir verschiedener Meinung; **agree to differ** verschiedene Meinungen zugestehen; **I beg to differ** Verzeihung, da bin ich anderer Ansicht

dif·fer·ence ['dɪfrəns] ① Unterschied (**between** zwischen); **difference in age** Altersunterschied; **it was a party with a difference!** die Party war mal etwas ganz anderes!; **does it make any difference if ...?** macht es was aus, wenn ...? ② *von Preis, Summe:* Differenz; **pay the difference** den Rest bezahlen; **split the difference** sich auf halbem Wege einigen ③ **differences [of opinion]** Meinungsverschiedenheiten ④ **what's the difference?** (*umgangsspr*) was macht das schon?; **[it's the] same difference!** (*umgangsspr*) es ist dasselbe!; **it makes no difference to me, whether ...** es ist mir egal, ob ...

dif·fer·ent ['dɪfrənt] ① andere(r, s), anders (**from, to, than** als); **that's a different matter!** das ist etwas anderes!; **let's do something completely different** lass uns etwas ganz anderes machen ② verschieden, unterschiedlich; **in what way are they different?** wie unterscheiden sie sich?

dif·fi·cult ['dɪfɪkəlt] ① schwer, schwierig; *Lage:* heikel; **it's difficult to know whether he's right** es ist schwer zu sagen, ob er Recht hat ② *Person:* schwierig

dif·fi·culty ['dɪfɪkəltɪ] ① Schwierigkeit; **she had difficulty in understanding him** sie hatte Schwerigkeiten, ihn zu verstehen; **with difficulty** mit Mühe ② **be in difficulties** Schwierigkeiten haben; **get into difficulties** in Schwierigkeiten geraten

dig[1] [dɪg] <dug> ① ausgraben; graben *Loch* ② ausheben *Graben* ③ (*slang*) **dig someone/something** jemanden/etwas stark finden ▶ IN WENDUNGEN: **dig one's own grave** sein eigenes Grab schaufeln

◆ **dig around** (*umgangsspr*) **dig around for a book/pen** nach einem Buch/einem Kugelschreiber herumsuchen

◆ **dig for** **dig for gold** nach Gold graben

◆ **dig in** ① (*beim Essen*) zugreifen ② (*militärisch*) sich eingraben ▶ IN WENDUNGEN: **dig one's heels in** sich auf die Hinterbeine stellen

◆ **dig into** ① **dig into something** in etwas wühlen ② (*umgangsspr*) herfallen über *Essen* ▶ IN WENDUNGEN: **he's just digging himself into a hole** er gräbt sich selbst eine Grube

◆ **dig out** ① **dig something out** etwas ausgraben ② (*umgangsspr*) **have you dug out that photo yet?** hast du das Foto schon gefunden?

◆ **dig up** ① aufwühlen, umgraben *Erde, Garten* ② (*übertragen*) ausgraben *Vergangenheit*

dig[2] [dɪg] ① Stoß; **give someone a dig in the ribs** jemanden in die Rippen stoßen ② (*übertragen*) Seitenhieb; **she's always making digs at his clothes** sie macht ständig spitze Bemerkungen über seine Kleidung ③ (*Archäologie*) Ausgrabung

di·gest [dɪ'dʒest, daɪ'dʒest] ① **digest food** Essen verdauen ② (*übertragen*) geistig verarbeiten *Idee, Nachrichten*

di·gest·ible [dɪ'dʒestəbl] verdaulich

di·ges·tion [dɪ'dʒestʃən] Verdauung

digit ['dɪdʒɪt] ① Finger, Zehe ② (*mathematisch*) Ziffer

digi·tal ['dɪdʒɪtl] digital; **digital technology** Digitaltechnik; **digital watch** Digitaluhr

dig·ni·fied ['dɪgnɪfaɪd] würdevoll

dig·nity ['dɪgnətɪ] Würde; **beneath someone's dignity** unter jemandes Würde

dike [daɪk] ① [Wasser]Graben ② Deich, Damm

dili·gent ['dɪlɪdʒənt] ① fleißig ② sorgfältig, gewissenhaft

di·lute [daɪ'lu:t] ① **dilute something** etwas verdünnen (**with** mit) ② (*übertragen*) abschwächen, mildern *Effekt*

dim[1] [dɪm] ① *Licht:* schwach, dunkel ② *Farbe:* trüb, matt ③ *Umrisse:* undeutlich, verschwommen ④ *Erinnerung:* blass, verschwommen ⑤ (*umgangsspr übertragen*) schwer von Begriff ⑥ **take a dim view of something** nicht viel von etwas halten

dim[2] [dɪm] <dimmed> ① *Licht:* schwächer werden; **dim the lights** das Licht ausgehen lassen; **dim the headlights** abblenden ② verdunkeln *Raum* ③ *Gefühl:* nachlassen

di·men·sion [dɪ'menʃn, daɪ'menʃn] ① (*auch mathematisch*) Dimension ② Abmessung ③ **dimensions** *plural* Ausmaße

dim·in·ish [dɪ'mɪnɪʃ] ① nachlassen; *Zahl:* sich verringern, sich vermindern; verringern, vermindern *Zahl* ② *Einfluss, Effekt:*

abnehmen (**in** an)

dim·mer ['dɪmər] ① Dimmer ② (USA) Abblendschalter, Abblendvorrichtung

dine [daɪn] speisen; **dine out** auswärts speisen

diner ['daɪnər] ① Speisende(r) ② (*im Zug*) Speisewagen ③ (USA) Diner

> **i Land & Leute** In den USA ist ein **diner** eine Art Restaurant, das eine Theke und Nischen statt normalen Tischen hat. Ursprünglich hatten die Diners in den 50er Jahren Hamburger, Pommes und ähnliches Fast-Food auf der Speisekarte. Heute sind sie dafür bekannt, dass dort die Speisekarte „so lang wie ein Roman" ist und sie auch Sandwiches, Steaks, Hähnchen und Eiergerichte anbieten. Da viele Diners von griechischen Einwanderern betrieben werden, gibt es dort auch griechische Spezialitäten.

din·ghy ['dɪŋgɪ] Ding(h)i

dingy ['dɪndʒɪ] schmuddelig

dining car ['daɪnɪŋkɑːr] Speisewagen **dining room** ['daɪnɪŋruːm] Esszimmer, Speisezimmer **dining table** ['daɪnɪŋteɪbl] Esstisch

din·ner ['dɪnər] Hauptmahlzeit, [Mittag-/Abend]Essen; **after dinner** nach dem Essen; **at dinner** beim Essen; **be having one's dinner** zu Abend/Mittag essen; **for dinner** zum [Mittag-/Abend]Essen; **ask someone to dinner** jemanden zum [Mittag-/Abend]Essen einladen; **dinner is served!** bitte zu Tisch!

dinner jacket Smoking **dinner party** Abendgesellschaft **dinner table** Tafel **dinner time** Mittagessenszeit [*oder* Abendessenszeit]; **it's dinner time!** Zeit zum Essen!

dino·saur ['daɪnəsɔːr] Dinosaurier

dip[1] [dɪp] ① (*Soße*) Dip ② (*schwimmen*) **have** [*oder* **go for**] [*oder* **take**] **a dip** baden gehen

dip[2] [dɪp] <dipped> ① **dip something** etwas [ein]tauchen, [ein]tunken (**in** in) ② abblenden *Scheinwerfer* ③ **the sun dipped below the horizon** die Sonne verschwand [*oder* senkte sich] hinter dem Horizont
◆ **dip into** ① **dip into something** in etwas greifen ② **dip into one's savings** seine Ersparnisse angreifen ③ **dip into a book** einen kurzen Blick in ein Buch werfen ④ **dip one's toe[s] into something** seine Fühler nach etwas ausstrecken

di·ploma [dɪ'pləʊmə] Diplom (**in** in)

di·plo·macy [dɪ'pləʊməsɪ] Diplomatie

diplo·mat ['dɪpləmæt] Diplomat(in)

diplo·matic [ˌdɪplə'mætɪk] diplomatisch

diplomatically [ˌdɪplə'mætɪkli] diplomatisch

di·rect[1] [dɪ'rekt] ① direkt ② unmittelbar ③ *Zug:* durchgehend, direkt; **direct flight** Direktflug ④ *Bemerkung:* offen, deutlich

di·rect[2] [dɪ'rekt, daɪ'rekt] ① **direct something** etwas richten (**towards** auf); **could you direct me to the station, please?** könnten Sie mir bitte sagen, wo der Bahnhof ist?; **those words were directed at you** die Worte richteten sich an dich ② leiten *Organization* ③ Regie führen bei *Film* ④ regeln *Verkehr* ⑤ befehlen; **the magistrate directed him to pay his debts** der Richter wies ihn an, seine Schulden zu begleichen ⑥ adressieren, schicken *Brief* (**to** an) ⑦ dirigieren, leiten *Orchester* ⑧ (*ärztlich*) **as directed** wie verordnet

di·rec·tion [dɪ'rekʃn] ① Richtung; **sense of direction** Orientierungssinn ② Leitung, Führung; **under the direction of** unter [der] Leitung von ③ (*Theater, Film*) Regie ④ **directions** ⚠ *plural* Wegbeschreibung; **directions for use** Gebrauchsanweisung; **follow the directions** der Gebrauchsanweisung/Wegbeschreibung folgen

di·rect·ly [dɪ'rektlɪ] ① direkt, unmittelbar ② sofort, gleich ③ sobald wie

di·rec·tor [dɪ'rektər] ① Direktor(in), Leiter(in); **board of directors** Verwaltungsrat, Vorstand; **director general** Generaldirektor(in) ② (*Theater, Film*) Regisseur(in)

di·rec·tory [dɪ'rektərɪ] ① Adressbuch, Verzeichnis ② **telephone directory** Telefonbuch

directory enquiries *plural* Telefonauskunft

dirt [dɜːt] Schmutz, Dreck *auch übertragen;* **treat someone like dirt** jemanden wie Dreck behandeln

dirt-cheap [ˌdɜːt'tʃiːp] spottbillig

dirty[1] ['dɜːtɪ] ① schmutzig, verschmutzt; **dirty work** Schmutzarbeit ② *Witz:* unflätig, zotig ③ *Trick:* niederträchtig, gemein ④ stürmisch, windig; **dirty weather** Dreckwetter
▶ In Wendungen: **give someone a dirty look** jemandem einen bösen Blick zuwer-

fen; **play a dirty trick on someone** jemandem einen üblen Streich spielen

dirty² ['dɜːtɪ] **dirty something** etwas schmutzig machen, verschmutzen

dirty³ ['dɜːtɪ] ▶ IN WENDUNGEN: **do the dirty on someone** jemanden reinlegen

dis·abil·ity [ˌdɪsə'bɪlətɪ] Behinderung

dis·abled¹ [dɪs'eɪbld] *Person:* behindert; **disabled person** Behinderte(r)

dis·abled² [dɪs'eɪbld] **the disabled** die Behinderten

dis·ad·van·tage [ˌdɪsəd'vɑːntɪdʒ] Nachteil; **at a disadvantage** im Nachteil; **to someone's disadvantage** zu jemandes Nachteil; **put someone at a disadvantage** jemanden benachteiligen

dis·agree [ˌdɪsə'griː] ❶ nicht übereinstimmen (**with** mit), nicht einverstanden sein ❷ eine Meinungsverschiedenheit haben ❸ *Essen, Klima, Erlebnis:* schlecht bekommen; **fish disagrees with her** Fisch bekommt ihr nicht

dis·agree·able [ˌdɪsə'griːəbl] ❶ unangenehm, widerwärtig ❷ *Person:* unsympathisch

dis·agree·ment [ˌdɪsə'griːmənt] ❶ Streit, Meinungsverschiedenheit ❷ Unstimmigkeit, Uneinigkeit

dis·ap·pear [ˌdɪsə'pɪəʳ] verschwinden (**from** von, aus)

dis·ap·pear·ance [ˌdɪsə'pɪərəns] Verschwinden

dis·ap·point [ˌdɪsə'pɔɪnt] ❶ **disappoint someone** jemanden enttäuschen ❷ durchkreuzen, zunichte machen *Absicht, Plan*

dis·ap·pointed [ˌdɪsə'pɔɪntɪd] enttäuscht; **she was very disappointed with** [*oder* **in**] **you** sie war von dir sehr enttäuscht

dis·ap·point·ing [ˌdɪsə'pɔɪntɪŋ] enttäuschend

dis·ap·point·ment [ˌdɪsə'pɔɪntmənt] Enttäuschung

dis·ap·prove [ˌdɪsə'pruːv] dagegen sein; **disapprove** [*oder* **be disapproving**] **of someone/something** jemanden ablehnen/etwas missbilligen

dis·as·ter [dɪ'zɑːstəʳ] ❶ Katastrophe; **disaster area** Katastrophengebiet; **disaster film** Katastrophenfilm ❷ (*übertragen*) Fiasko

dis·as·trous [dɪ'zɑːstrəs] katastrophal, verheerend

disc, (USA) **disk** [dɪsk] ❶ (*Computer*) **disk** Diskette; (*hard disk*) Festplatte ❷ Scheibe ❸ (*Rückgrat*) Bandscheibe ❹ CD

dis·charge [dɪs'tʃɑːdʒ] ❶ entlassen *Patienten;* **she discharged herself from hospital** sie hat das Krankenhaus auf eigene Verantwortung verlassen ❷ abfeuern *Schuss* ❸ ausströmen lassen *Gas* ❹ freisprechen *Angeklagte(r)*

dis·ciple [dɪ'saɪpl] Jünger

dis·ci·pline¹ ['dɪsɪplɪn] ❶ Disziplin; (*Strafmaßnahme*) disziplinarische Maßnahme; **keep** [*oder* **maintain**] **discipline** die Disziplin aufrechterhalten ❷ (*Universität*) Lehrfach

dis·ci·pline² ['dɪsɪplɪn] **discipline someone** jemanden disziplinieren, jemanden bestrafen

disc jockey ['dɪskdʒɒkɪ] Diskjockey

dis·close [dɪs'kləʊz] ❶ **disclose something** etwas enthüllen ❷ bekannt machen, mitteilen *Information*

dis·clos·ure [dɪs'kləʊʒəʳ] Enthüllung, Mitteilung

disco ['dɪskəʊ] <*plural* discos> Disko

dis·con·nect [ˌdɪskə'nekt] ❶ **disconnect something** *Verbindung:* etwas trennen (**from** von); (*technisch*) etwas auskuppeln ❷ aus-, abschalten *Elektrizität* ❸ abstellen *Telefon, Wasser*

dis·con·nected [ˌdɪskə'nektɪd] ❶ unzusammenhängend; **she seemed disconnected from reality** sie schien von der Realität abgeschnitten ❷ abgeschaltet, abgestellt

dis·con·tinue [ˌdɪskən'tɪnjuː] ❶ aufgeben; abbrechen *Behandlung* ❷ aufgeben *Geschäft;* **discontinued line** ausgelaufene Serie ❸ einstellen *Klage*

dis·co·theque ['dɪskətek] Diskothek

dis·count¹ ['dɪskaʊnt] Nachlass, Rabatt (**on** auf); **at a discount** auf Rabatt; **discount for cash** Skonto bei Barzahlung

dis·count² ['dɪskaʊnt] nachlassen

dis·count³ [dɪs'kaʊnt] (*übertragen*) **discount something** etwas unberücksichtigt lassen *Meinung;* widerlegen *Beweis*

dis·cour·age [dɪ'skʌrɪdʒ] ❶ **discourage someone** jemanden entmutigen, mutlos machen; **become discouraged** den Mut verlieren ❷ **discourage someone from doing something** jemanden davon abhalten, etwas zu tun; **he tried to discourage her from going to the film** er versuchte sie davon abzubringen, in den Film zu gehen

dis·cover [dɪˈskʌvəʳ] **discover something** etwas entdecken, etwas finden; (*nach Suche*) etwas ausfindig machen

dis·covery [dɪˈskʌvərɪ] Entdeckung

dis·creet [dɪˈskriːt] diskret, rücksichtsvoll

dis·cre·tion [dɪˈskreʃn] ① Diskretion ② Ermessen; **leave something to someone's discretion** etwas in jemandes Ermessen stellen

dis·crimi·nate [dɪˈskrɪmɪneɪt] Unterschiede machen; **discriminate something** etwas unterscheiden (**from** von, **between** zwischen)

◆ **dis·crimi·nate against** (*wegen Hautfarbe*) diskriminieren, benachteiligen

dis·crimi·na·tion [dɪˌskrɪmɪˈneɪʃn] ① Unterscheidung ② Diskriminierung; **racial discrimination** Rassendiskriminierung

dis·cus [ˈdɪskəs] Diskus

dis·cuss [dɪˈskʌs] **discuss something** etwas diskutieren, besprechen

dis·cussion [dɪˈskʌʃn] ① Diskussion; **be under discussion** zur Diskussion stehen; **after much discussion** nach langen Diskussionen ② Besprechung, Beratung

dis·ease [dɪˈziːz] Krankheit; **contagious disease** ansteckende Krankheit

dis·eased [dɪˈziːzd] krank

dis·em·bark [ˌdɪsɪmˈbɑːk] von Bord gehen, ausschiffen

dis·grace[1] [dɪsˈgreɪs] ① Ungnade ② Schande (**to** für); **bring disgrace on someone** jemandem Schande machen; **be in disgrace** in Ungnade sein

dis·grace[2] [dɪsˈgreɪs] ① **disgrace someone** Schande über jemanden bringen; **be disgraced** blamiert sein ② **disgrace oneself** sich blamieren

dis·grace·ful [dɪsˈgreɪsfl] schändlich, skandalös

dis·guise[1] [dɪsˈgaɪz] ① **disguise oneself** sich verkleiden (**as** als); verstellen *Stimme;* tarnen *Gegenstand* ② verbergen *Irrtum*

dis·guise[2] [dɪsˈgaɪz] Verkleidung, Verstellung; **in disguise** verkleidet, maskiert

dis·gust[1] [dɪsˈgʌst] Ekel (**at** vor)

dis·gust[2] [dɪsˈgʌst] ① **disgust someone** jemanden anekeln, jemanden anwidern ② **be disgusted with someone** über jemanden empört sein

dis·gust·ing [dɪsˈgʌstɪŋ] ekelhaft, widerlich

dish [dɪʃ] ① Schüssel, Schale ② Gericht, Speise; **dish of the day** Tagesgericht ③ **dishes** ⚠ *plural* Geschirr; **do the dishes** Geschirr spülen ④ **satellite dish** Satellitenschüssel

◆ **dish out** ① **dish out food** Essen austeilen ② (*umgangsspr*) **you shouldn't dish it out if you can't take it** du kannst nur austeilen, selber aber überhaupt nichts einstecken

◆ **dish up** **dish up food** Essen servieren

dish·cloth [ˈdɪʃklɒθ] ① Spültuch ② Geschirrtuch

dis·hon·est [dɪsˈɒnɪst] unehrlich

dis·hon·esty [dɪsˈɒnɪstɪ] Unehrlichkeit

dis·hon·our[1], (USA) **dis·honor** [dɪsˈɒnəʳ] Schande, Unehre

dis·hon·our[2], (USA) **dis·honor** [dɪsˈɒnəʳ] entehren; nicht einhalten *Versprechen*

dish·washer Geschirrspülmaschine

dis·in·fec·tant [ˌdɪsɪnˈfektənt] Desinfektionsmittel

dis·in·te·grate [dɪsˈɪntɪgreɪt] auflösen, zersetzen, zerfallen

dis·in·ter·ested [dɪsˈɪntrəstɪd] ① desinteressiert ② unparteiisch, unvoreingenommen

disk [dɪsk] (USA) →**disc**

disk drive Diskettenlaufwerk

diskette [dɪsˈkæt] Diskette

dis·like[1] [dɪsˈlaɪk] **dislike somebody/something** jemanden/etwas nicht leiden können, nicht mögen; **dislike doing something** etwas ungern tun

dis·like[2] [dɪsˈlaɪk] Abneigung, Widerwille (**of, for** gegen); **take a dislike to something** eine Abneigung gegen etwas entwickeln

dis·lo·cate [ˈdɪsləkeɪt] aus-, verrenken; **she's got a dislocated shoulder** sie hat sich die Schulter verrenkt

disloyal [dɪsˈlɔɪəl] treulos; **he's disloyal to his friends** er ist seinen Freunden gegenüber nicht loyal

dis·mantle [dɪsˈmæntl] zerlegen, demontieren *Möbelstück usw.*

dis·may [dɪsˈmeɪ] Bestürzung; **in dismay** bestürzt

dis·miss [dɪsˈmɪs] ① entlassen *Angestellte* ② abtun *Thema;* verwerfen *These* ③ abweisen *Klage*

dis·missal [dɪsˈmɪsl] ① Entlassung, Kündigung ② *eines Themas:* Abtun; *einer These:* Ablehnung ③ *einer Klage:* Abweisung

dis·mount [ˌdɪsˈmaʊnt] (*vom Fahrrad, Pferd*) absteigen

dis·obedi·ence [ˌdɪsəˈbiːdjəns] Ungehorsam

dis·obedi·ent [ˌdɪsəˈbiːdjənt] ungehorsam

dis·obey [ˌdɪsəˈbeɪ] ① **disobey someone** jemandem nicht gehorchen ② **disobey an order** sich einem Befehl widersetzen

dis·order [dɪsˈɔːdəʳ] Unordnung, Durcheinander; **in disorder** durcheinander

dis·order·ly [dɪsˈɔːdəlɪ] ① unordentlich, unaufgeräumt ② *Menge:* aufrührerisch ③ *Benehmen:* undiszipliniert

dis·or·gan·ize [ˌdɪsˈɔːɡənaɪz] **disorganize something** etwas durcheinander bringen

dis·patch[1] [dɪˈspætʃ] ① abschicken, absenden, aufgeben *Brief, Paket* ② schnell erledigen *Aufgabe* ③ töten *Person, Tier*

dis·patch[2] [dɪˈspætʃ] ① Absendung; **dispatch** [**department**] Versand[abteilung] ② (*von einem Journalisten*) Bericht

dis·pel [dɪˈspel] <dispelled> vertreiben, zerstreuen *Befürchtung;* unterdrücken *Gefühl, Erinnerung*

dis·pens·able [dɪˈspensəbl] entbehrlich

dis·pense [dɪˈspens] ① **dispense something** etwas austeilen [*oder* verteilen] ② zubereiten, ausgeben *Arznei* ③ **dispense with something** auf etwas verzichten

dis·penser [dɪˈspensəʳ] (*Automat*) Spender; **cash dispenser** Geldautomat

dis·pirit·ed [dɪˈspɪrɪtɪd] mutlos, niedergedrückt

dis·place [dɪsˈpleɪs] ① ersetzen *Angestellte, Politiker* ② versetzen, verschieben *Gegenstand* ③ vertreiben; **displaced person** Vertriebene(r)

dis·play[1] [dɪˈspleɪ] ① [offen] zeigen, zur Schau stellen, ausstellen *Waren, Bilder* ② demonstrieren *Macht* ③ *Computer:* anzeigen

dis·play[2] [dɪˈspleɪ] ① Ausstellung; **be on display** ausgestellt sein ② (*Geschäft*) Auslage ③ *vom Computer:* Display, Anzeige ④ Zurschaustellung; **make a display of one's feelings** seine Gefühle zur Schau stellen

dis·please [dɪsˈpliːz] ① **displease someone** jemandem missfallen ② verstimmen, verärgern; **be displeased with someone** über jemanden verärgert sein

dis·pos·able [dɪˈspəʊzəbl] ① wegwerfbar, Einweg-; **disposable nappy** Wegwerfwindel ② verfügbar; **disposable income** verfügbares Einkommen

dis·posal [dɪˈspəʊzl] ① Beseitigung, Entsorgung; **waste-disposal unit** Müllschlucker ② **be at someone's disposal** jemandem zur Verfügung stehen

dis·pose of ① beseitigen, entsorgen *Müll* ② erledigen *Frage, Problem*

dis·pro·por·tion·ate [ˌdɪsprəˈpɔːʃənət] **be disproportionate to something** in keinem Verhältnis zu etwas stehen

dis·prove [ˌdɪsˈpruːv] widerlegen *Beweis, Theorie*

dis·put·able [dɪˈspjuːtəbl] anfechtbar, zweifelhaft

dis·pute[1] [dɪˈspjuːt] ① streiten (**with, against** mit, **on, about** über); **dispute something** sich über etwas streiten ② bestreiten, anfechten *Rechtsanspruch*

dis·pute[2] [ˈdɪspjuːt, dɪˈspjuːt] ① Meinungsverschiedenheit, Streit ② **industrial dispute, wage dispute** Tarifkonflikt ③ **beyond** [*oder* **past**] **dispute** unbestritten; **without dispute** zweifellos; **in dispute** strittig, fraglich; **settle a dispute** einen Streit beilegen

dis·quali·fi·ca·tion [dɪsˌkwɒlɪfɪˈkeɪʃn] ① Disqualifizierung ② (*Sport*) Ausschluss

dis·qual·ify [dɪsˈkwɒlɪfaɪ] ① disqualifizieren, ausschließen *Spieler* (**from** von) ② **disqualify someone from driving** jemandem den Führerschein entziehen

dis·re·gard[1] [ˌdɪsrɪˈɡɑːd] ① nicht beachten, ignorieren *Rat, Verwarnung* ② missachten *Gefahr*

dis·re·gard[2] [ˌdɪsrɪˈɡɑːd] ① Nichtbeachtung ② Missachtung ③ Geringschätzung; **she showed a total disregard for his feelings** ihr waren seine Gefühle völlig egal

dis·repu·table [dɪsˈrepjʊtəbl] verrufen, anrüchig

dis·re·pute [ˌdɪsrɪˈpjuːt] schlechter Ruf; **fall into disrepute** in Verruf kommen

dis·re·spect [ˌdɪsrɪˈspekt] Respektlosigkeit (**to** gegenüber)

dis·rupt [dɪsˈrʌpt] **disrupt something** etwas unterbrechen; stören *Klasse, Sitzung*

dis·rup·tion [dɪsˈrʌpʃn] Störung, Unterbrechung

dis·rup·tive [dɪsˈrʌptɪv] störend

dis·sat·is·fac·tion [ˌdɪsˌsætɪsˈfækʃn] Unzufriedenheit (**with** mit)

dis·sat·is·fied [dɪsˈsætɪsfaɪd] unzufrieden (**with** mit)

dis·sect [dɪˈsekt] ① sezieren *Leiche* ② zergliedern *Text;* **stop dissecting everything I say!** hör auf, alles was ich sage, auf die Goldwaage zu legen!

dis·sent¹ [dɪˈsent] anderer Ansicht sein (**from** als)

dis·sent² [dɪˈsent] Ablehnung

dis·solve [dɪˈzɒlv] ① auflösen *Tablette;* **it dissolves in water** es löst sich im Wasser auf ② scheiden *Ehe* ③ auflösen *Parlament;* aufheben *Versammlung* ▶ IN WENDUNGEN: **dissolve into thin air** sich in nichts auflösen; **dissolve into tears** in Tränen zerfließen

dis·tance [ˈdɪstəns] ① Entfernung, Distanz; **at** [*oder* **from**] **a distance** von fern, von weitem; **at some distance** in einiger Entfernung; **in the distance** in der Ferne; **it's within walking distance** es ist zu Fuß erreichbar ② Strecke; **cover a distance** eine Strecke zurücklegen ③ Abstand; **keep one's distance** Abstand halten; **keep someone at a distance** jemanden auf Distanz halten

dis·tant [ˈdɪstənt] ① weit entfernt, fern; **in the distant future** in ferner Zukunft ② *Verwandte(r)*: weitläufig, entfernt ③ (*übertragen*) zurückhaltend

dis·tant·ly [ˈdɪstəntlɪ] **distantly related** entfernt verwandt

dis·til·lery [dɪˈstɪlərɪ] Whisky-, Branntweinbrennerei

dis·tinct [dɪˈstɪŋkt] ① *Eigenschaft:* deutlich, klar, ausgeprägt ② verschieden; **as distinct from** im Unterschied zu ③ (*übertragen*) eigen, individuell

dis·tinc·tion [dɪˈstɪŋkʃn] ① Unterscheidung, Unterschied; **draw a distinction between** einen Unterschied machen zwischen ② Auszeichnung; **of distinction** ausgezeichnet, von Rang

dis·tinc·tive [dɪˈstɪŋktɪv] charakteristisch, unverwechselbar

dis·tin·guish [dɪˈstɪŋgwɪʃ] ① **distinguish something** etwas erkennen ② **distinguish between people/things** zwischen Personen/Dingen unterscheiden ③ **distinguish blue from green** Blau und Grün auseinander halten, Blau von Grün unterscheiden ④ **distinguish oneself** sich auszeichnen, sich hervortun

dis·tin·guished [dɪˈstɪŋgwɪʃt] ① von hohem Rang, hervorragend ② vornehm

dis·tract [dɪˈstrækt] ablenken; **don't distract her from her work** lenk sie bitte nicht von der Arbeit ab

dis·tracted [dɪˈstræktɪd] besorgt, beunruhigt; **she was distracted with worry about her missing son** sie war außer sich vor Sorge über ihren vermissten Sohn

dis·trac·tion [dɪˈstrækʃn] ① Unaufmerksamkeit; **she had an air of distraction about her** sie schien ziemlich unaufmerksam ② Ablenkung, Störung ③ **distractions** *plural* Zerstreuung ④ **she loved him to distraction** sie hat ihn wahnsinnig geliebt; **drive someone to distraction** jemanden wahnsinnig machen

dis·tress [dɪˈstres] ① Kummer, Verzweiflung; **be in great distress** sehr leiden ② Elend, Not; **a plane in distress** ein Flugzeug in Not

dis·trib·ute [dɪˈstrɪbjuːt] ① **distribute something** etwas verteilen [*oder* austeilen] (**to** an, **among** unter) ② vertreiben *Waren*

dis·tribu·tion [ˌdɪstrɪˈbjuːʃn] ① Verteilung, Zuteilung ② (*geschäftlich*) Vertrieb

dis·trict [ˈdɪstrɪkt] ① (*von Land*) Gebiet, Land[strich] ② (*von Stadt*) [Stadt]Viertel ③ [Verwaltungs]Bezirk

district attorney (USA) Bezirksanwalt, -anwältin

dis·trust¹ [dɪsˈtrʌst] Misstrauen (**of, towards** gegen)

dis·trust² [dɪsˈtrʌst] **distrust someone** jemandem misstrauen

dis·turb [dɪˈstɜːb] ① **disturb someone/something** jemanden/etwas stören, jemanden/etwas unterbrechen; **do not disturb!** bitte nicht stören!; **sorry to disturb you, but …** entschuldigen Sie bitte die Störung, aber … ② beunruhigen; **he was disturbed by what she said** was sie gesagt hat, hat ihn beunruhigt

dis·turb·ance [dɪˈstɜːbəns] ① Störung; **cause a disturbance** eine Ruhestörung verursachen ② **disturbances** *plural* Unruhen

dis·use [dɪsˈjuːs] **fall into disuse** außer Gebrauch kommen

ditch¹ [dɪtʃ] Graben

ditch² [dɪtʃ] ① (*umgangsspr*) abservieren *Person;* wegschmeißen *Gegenstand* ② **he's ditched his wife** er hat seine Frau sitzen lassen

ditto ['dɪtəʊ] genauso, ebenso; **I'd like a cup of tea — ditto** ich möchte eine Tasse Tee — ich auch

dive[1] [daɪv] <USA dove> ① einen Kopfsprung machen (**into** in) ② tauchen (**into** in) ③ (*übertragen*) **he dived into the crowd** er verschwand plötzlich in der Menge

◆ **dive in** hineinspringen

◆ **dive into** ① **she dived into her bag to find her address book** sie fischte in ihrer Tasche nach ihrem Adressbuch ② **dive into bed** sich ins Bett fallenlassen; **dive into a pub** in eine Kneipe stürzen

dive[2] [daɪv] ① Kopfsprung ② Tauchgang ③ (*von Flugzeug*) Sturzflug ④ (*umgangsspr*) Spelunke ⑤ (*umgangsspr*) **make a dive for something** sich auf etwas stürzen

diver ['daɪvər] Taucher(in), Turmspringer(in), Kunstspringer(in)

di·verse [daɪ'vɜːs] verschieden[artig]

di·ver·sion [daɪ'vɜːʃn] ① Umleitung ② (*übertragen*) Ablenkung; **create a diversion** ablenken

di·ver·sity [daɪ'vɜːsətɪ] Vielfalt

di·vert [daɪ'vɜːt] ① umleiten *Verkehr;* **the plane has diverted** das Flugzeug wurde umgeleitet ② ablenken; **he tried to divert her from the topic** er versuchte, sie vom Thema abzulenken

di·vide[1] [dɪ'vaɪd] (*zwischen Gruppen, Menschen*) Kluft

di·vide[2] [dɪ'vaɪd] ① sich teilen, sich gliedern; **divide something** etwas teilen (**into** in); **divide in half** halbieren; **be divided into** sich gliedern in ② auf-, verteilen *Geld* ③ **she divided the class into three groups** sie teilte die Klasse in drei Gruppen ein ④ (*mathematisch*) dividieren; **you can't divide 25 by 3** 25 lässt sich nicht durch 3 dividieren ⑤ (*übertragen*) entzweien *Familie, Partei;* **be divided over something** über etwas verschiedener Meinung sein

◆ **divide out divide something out** etwas aufteilen (**among** unter)

◆ **divide up** ① **divide up a cake** einen Kuchen aufteilen; **the flat is divided up into three rooms** die Wohnung ist in drei Zimmer aufgeteilt ② **the pupils divided up into groups of three** die Schüler teilten sich in Dreiergruppen ein

div·ing ['daɪvɪŋ] Tauchen; (*von Brett*) Kunstspringen

div·ing-board ['daɪvɪŋbɔːd] Sprungbrett

div·ing-suit ['daɪvɪŋsjuːt] Taucheranzug

di·vi·sion [dɪ'vɪʒn] ① [Ein-, Ver]Teilung; **division of labour** Arbeitsteilung ② (*mathematisch*) Division ③ (*in einer Firma*) Abteilung ④ (*Fußball*) Liga ⑤ (*Armee*) Division

di·vorce[1] [dɪ'vɔːs] [Ehe]Scheidung; **file** [*oder* **sue**] **for** [**a**] **divorce** [gegen jemanden] die Scheidung einreichen; **divorce proceedings** Scheidungsprozess

di·vorce[2] [dɪ'vɔːs] **get divorced** sich scheiden lassen; **he divorced his wife** er ließ sich von seiner Frau scheiden

di·vor·cee [dɪˌvɔː'siː] Geschiedene(r)

DIY *Abkürzung von* **do-it-yourself** Heimwerken; **DIY shop** Baumarkt

dizzy ['dɪzɪ] ① schwind(e)lig; **dizzy spell** Schwindelanfall; **somebody feels dizzy** jemandem ist schwindlig ② *Höhe:* schwindelerregend ③ **dizzy with joy** verrückt vor Freude

DNA *Abkürzung von* **desoxyribonucleic acid** DNS

do[1] [duː] <does, did, done> ① tun, machen; **what are you doing now?** was machst du nun? ② (*ausführen*) **do the housework** die Hausarbeit machen; **do the shopping** einkaufen gehen; **what can I do for you?** was kann ich für Sie tun?; **what do you want me to do?** und was soll ich tun? ③ durchnehmen, behandeln *Themen* ④ lösen *Rätsel* ⑤ (*richten*) **do one's hair** sich frisieren; **do one's nails** sich die Nägel lackieren; **I will do you next, sir** Sie kommen als Nächster dran ⑥ (*vollenden*) **the work's done now** die Arbeit ist gemacht ⑦ (*umgangsspr*) besuchen *Museum, Sehenswürdigkeiten* ⑧ fahren, machen *Geschwindigkeit, Entfernung;* **I do twenty lengths of the pool every morning** ich schwimme zwanzig Bahnen jeden Morgen ⑨ machen, kochen, vorbereiten *Essen;* **we don't do meals for small children** wir haben kein Essen für kleine Kinder ⑩ handeln; **he did right** er hat richtig gehandelt ⑪ vorankommen; **do well/badly at school** gut/schlecht in der Schule sein ⑫ **how are you doing?** wie geht es Ihnen?; **the business is doing well** dem Geschäft geht gut ⑬ gehen; **that will**

never do! das geht nicht!; **nothing doing** nichts zu machen; **it just isn't done!** das gehört sich nicht! ⑭ reichen; **one packet of pasta will do for the four of us** eine Packung Nudeln wird für uns vier reichen; **I'm not very hungry, a salad will do me** ich habe nicht viel Hunger, ein Salat würde mir genügen; **that'll do!** jetzt reicht's aber! ⑮ **it's nothing to do with him** das hat nichts mit ihm zu tun; **he wants nothing to do with her** er will mit ihr nichts zu tun haben ⑯ *zur Bildung von Fragen* **do you understand?** verstehen Sie?; *zur Bildung von verneinten Sätzen;* **I do not** [*oder* **don't**] **understand** ich verstehe nicht ⑰ *zur Betonung* **do stop the noise!** hör mit dem Lärm auf!; **but I do like it** aber es gefällt mir wirklich ⑱ *um die Wiederholung des Verbs zu vermeiden* **you speak better Italian than I do** Sie sprechen besser Italienisch als ich ⑲ *zur Bestätigung* **he lives in London, doesn't he?** er lebt doch in London?; **you don't know him, do you?** Sie kennen ihn nicht, oder? ⑳ *um bei Antworten das Verb zu ersetzen* **they speak English — do they really?** sie sprechen Englisch — wirklich?; **may I come in? — yes, do!** darf ich hereinkommen? — ja, bitte! ▸ IN WENDUNGEN: **do one's nut** (*umgangsspr*) ausflippen; **you've been done!** (*umgangsspr*) du bist reingelegt worden; **he's absolutely done [in]!** er ist völlig geschafft!

◆ **do away with** ① **do away with** ① abschaffen, vernichten ② (*umgangsspr*) umbringen, aus dem Wege räumen *Person*

◆ **do by** **do well/badly by someone** jemanden gut/schlecht behandeln

◆ **do down** (*umgangsspr*) **do someone/something down** jemanden/etwas schlecht machen

◆ **do for** ① fertig machen *Person;* **he's done for** er ist erledigt ② **that dress does nothing for her** das Kleid steht ihr überhaupt nicht

◆ **do in** ① (*slang*) **do someone in** jemanden um die Ecke bringen ② (*umgangsspr*) **be done in** fertig, geschafft sein ③ (*umgangsspr*) **you'll do your back in lifting that** du wirst deinem Rücken schaden, wenn du das hebst

◆ **do out** ① aufräumen, putzen *Zimmer, Schublade, Schrank* ② **her bedroom is done out in pink** ihr Schlafzimmer ist ganz in Pink ③ **do someone out of his job** jemanden um eine Stelle bringen

◆ **do over** (*slang*) **do someone over** jemanden zusammenschlagen

◆ **do up** ① **do a zip up** einen Reißverschluss zumachen ② zusammenpacken *Waren* ③ (*umgangsspr*) neu herrichten *Zimmer* ④ **do oneself up** sich zurechtmachen

◆ **do with** ① brauchen; **I could do with a cup of tea** ich könnte eine Tasse Tee vertragen; **I can't be doing with this noise** ich kann diesen Lärm nicht ertragen ② **what has that got to do with it?** was hat das damit zu tun? ③ **she didn't know what to do with herself** sie wusste nichts mit sich anzufangen

◆ **do without** ① **do without something** ohne etwas auskommen; **I can't do without my tea in the morning** auf meine Tasse Tee kann ich morgens nicht verzichten ② (*umgangsspr*) **I can do without his criticism** ich kann auf seine Kritik verzichten

do[2] [duː] <*pl* dos> ① (*umgangsspr*) Veranstaltung, Fete ② Sitte; **the dos and don'ts** was man tun und nicht tun sollte

dock[1] [dɒk] ① Dock, Kai ② **docks** ⚠ *plural* Hafen ③ (*juristisch*) **stand** [*oder* **be**] **in the dock** auf der Anklagebank sitzen

dock[2] [dɒk] *Schiff:* anlegen

dock·yard [ˈdɒkjɑːd] Werft

doc·tor[1] [ˈdɒktə^r] ① Arzt, Ärztin, Doktor(in); **go to the doctor** zum Arzt gehen ② (*Person mit akademischem Grad*) Doktor

doc·tor[2] [ˈdɒktə^r] ① (*übertragen*) frisieren *Bilanzen;* verfälschen *Dokumente* ② **doctor someone's drink** jemandem etwas ins Getränk mischen ③ (*umgangsspr*) kastrieren *Tier*

doc·tor·ate [ˈdɒktərət] Doktorgrad

docu·ment[1] [ˈdɒkjʊmənt] Urkunde, Dokument

docu·ment[2] [ˈdɒkjʊmənt] **document something** etwas dokumentieren; **his life is well documented** sein Leben ist gut belegt

docu·men·tary [ˌdɒkjʊˈmentərɪ] Dokumentarfilm

dodge [dɒdʒ] ausweichen *Schlag, Ball, Frage;* sich drücken vor *Arbeit;* umgehen *Steuer;* **he dodged out of sight** er verschwand blitzschnell

dodgy ['dɒdʒɪ] (*umgangsspr*) ① *Fussgelenk, Knie, Rücken etc.:* schwach ② *Situation:* verzwickt ③ *Maschine:* nicht einwandfrei

does [dʌz] *3. Person Singular Präsens von* **do**

doesn't ['dʌznt] *Kurzform von* **does not**

dog[1] [dɒg] Hund ▶ IN WENDUNGEN: **he's [as] sick as a dog** ihm ist hundeelend; **go to the dogs** vor die Hunde gehen; **fight like cat and dog** sich wie Hund und Katze vertragen; **be as happy as** [*oder* **be like**] **a dog with two tails** sich wie verrückt freuen; **let sleeping dogs lie** schlafende Hunde soll man nicht wecken

dog[2] [dɒg] <dogged> verfolgen *Person;* **be dogged by bad luck** vom Pech verfolgt werden

dog-eared ['dɒg,ɪərd] *Buch:* mit Eselsohren

doggy bag could I have a doggy bag for the rest of my pizza? könnten Sie mir den Rest der Pizza einpacken?

doghouse ① Hundehütte ② (*übertragen*) **be in the doghouse** in Ungnade sein

dog-tired [,dɒg'taɪəd] hundemüde

do·ing ['du:ɪŋ] Tun; **this is your doing** das ist dein Werk; **it was none of my doing** ich hatte nichts damit zu tun

do-it-your·self[1] ['du:ɪtjɔ:'self] Heimwerken

do-it-your·self[2] ['du:ɪtjɔ:'self] Bastler-, Hobby-

dole [dəʊl] (*umgangsspr*) Arbeitslosengeld, Stütze *umgangsspr;* **go** [*oder* **be**] **on the dole** stempeln gehen

doll [dɒl] Puppe; **doll's house** Puppenhaus

dol·lar ['dɒləʳ] Dollar

dolly ['dɒlɪ] (*Kindersprache*) Püppchen

dol·phin ['dɒlfɪn] Delfin, Delphin

dome [dəʊm] Kuppel

do·mes·tic [də'mestɪk] ① häuslich; **domestic appliance** Haushaltsgerät; **domestic science** Hauswirtschaftslehre ② (*politisch, wirtschaftlich*) Innen-, Binnen-; **domestic flight** Inlandsflug; **domestic policy** Innenpolitik ③ **domestic animals** Haustiere

domi·nant ['dɒmɪnənt] [be]herrschend, bestimmend; *Farbe, Kultur:* vorherrschend

domi·nate ['dɒmɪneɪt] dominieren; **dominate someone/something** jemanden/etwas beherrschen

do·nate [dəʊ'neɪt] spenden *Organe;* spenden, stiften *Geld*

do·na·tion [dəʊ'neɪʃn] ① Spenden, Stiften ② Spende

done[1] [dʌn] *3. Form von* **do**

done[2] [dʌn] ① **once the work is done, you can go** wenn die Arbeit getan [*oder* erledigt] ist, könnt ihr gehen ② *Essen:* fertig, gar ③ (*umgangsspr*) **I'm done** [**in**] ich bin erschöpft [*oder* kaputt]

don·key ['dɒŋkɪ] Esel ▶ IN WENDUNGEN: **donkey's years** eine Ewigkeit

donkey-work Dreckarbeit

do·nor ['dəʊnəʳ] Spender(in)

don't [dəʊnt] *Kurzform von* **do not**

doom[1] [du:m] Verhängnis, Schicksal

doom[2] [du:m] **be doomed** verloren sein; **be doomed to fail** zum Scheitern verurteilt sein

doomsday der Jüngste Tag; **until doomsday** noch eine Ewigkeit

door [dɔ:ʳ] Tür, Eingang; **live two doors away** zwei Häuser weiter wohnen; **next door** nebenan; **out of doors** draußen; **who's that at the door?** wer ist an der Tür?; **I'll show you to the door** ich begleite Sie hinaus ▶ IN WENDUNGEN: **show someone the door** jemanden vor die Tür setzen; **close the door on something** etwas unmöglich machen; **open the door to other possibilities** anderen Möglichkeiten Tür und Tor öffnen; **when one door closes, another opens** wenn eine Tür zugeht, geht eine andere auf

door·bell ['dɔ:bel] Türklingel **door·knob** Türklinke, Türgriff **door·mat** Fußmatte; (*übertragen*) Waschlappen **door·step** ['dɔ:step] Türstufe **door·way** ['dɔ:weɪ] ① Eingang ② (*übertragen*) Weg

dope[1] [dəʊp] ① (*umgangsspr*) Marihuana; (*Rauschgift* allgemein) Stoff ② (*umgangsspr*) Trottel

dope[2] [dəʊp] ① dopen *Pferde, Sportler* ② **dope a drink** einem Getränk ein Betäubungsmittel beimischen

dor·mi·tory ['dɔ:mɪtrɪ] ① Schlafsaal ② (USA) [Studenten]Wohnheim

dos·age ['dəʊsɪdʒ] Dosis, Dosierung

dose [dəʊs] Dosis; **in small doses** in kleinen Mengen ▶ IN WENDUNGEN: **like a dose of salts** in null Komma nichts

doss around (*slang*) **he just dosses around** er hängt einfach herum

doss down (*slang*) **you can doss down on**

our floor du kannst bei uns auf dem Boden pennen

dot[1] [dɒt] ① Punkt, Pünktchen ② **on the dot** auf die Minute

dot[2] [dɒt] <dotted> ① **dot something** etwas punktieren; **sign on the dotted line** unterschreiben ② (*übertragen*) übersäen (**with** mit) ▶ IN WENDUNGEN: **dot one's i's and cross one's t's** peinlich genau sein

dou·ble[1] ['dʌbl] ① doppelt, zweifach; **see double** doppelt sehen; **he's double your age** er ist doppelt so alt wie du ② Doppel-; **double murder** Doppelmord ③ **bend double** sich krümmen ④ (*übertragen*) zweideutig, scheinheilig; **have a double meaning** doppeldeutig sein; **lead a double life** ein Doppelleben führen

dou·ble[2] ['dʌbl] ① [das] Doppelte, [das] Zweifache ② Ebenbild, Doppelgänger(in) ③ (*theater, Film*) Double ④ (*Tennis*) Doppel[spiel] ⑤ **double or quits** doppelt oder nichts ⑥ **at the double** im Laufschritt

dou·ble[3] ['dʌbl] ① sich verdoppeln; **double something** etwas verdoppeln ② (*Theater, Film*) **double for someone** jemands Double sein ③ (*Kartenspiel*) verdoppeln

◆ **double back** kehrtmachen, zurückgehen

◆ **double up** ① **double up with laughter** sich vor Lachen krümmen ② **double up with someone** sich mit jemandem teilen *ein Zimmer;* gemeinsam benutzen *einen Gegenstand*

dou·ble bed Doppelbett **dou·ble-check** **double-check something** etwas doppelt prüfen **dou·ble-cross someone** mit jemandem ein Doppelspiel treiben **dou·ble-decker** Doppeldecker **dou·ble glazing** Doppelfenster **dou·ble-park** in der zweiten Reihe parken

dou·bles ['dʌblz] *singular oder plural* (*Sport*) Doppel

doubt[1] [daʊt] Zweifel (**about** an); **when in doubt** im Zweifelsfall; **cast doubt on something** etwas in Zweifel ziehen; **without [a] doubt** ohne Zweifel; **beyond [all] doubt** ohne [jeden] Zweifel; **have no doubt about something** etwas nicht bezweifeln

doubt[2] [daʊt] **doubt something** etwas bezweifeln; **she doubted him** sie zweifelte an ihm; **I doubt whether he will come** ich bezweifle, dass er kommen wird

doubt·ful ['daʊtfl] ① unsicher, zweifelhaft, ungewiss; **be doubtful about something** an etwas zweifeln; **look doubtful** skeptisch aussehen ② *Charakter:* zweifelhaft, zwielichtig

doubt·less ['daʊtlɪs] ohne Zweifel, zweifellos

dough [dəʊ] ① Teig ② (*slang*) Knete, Moneten

dough·nut ['dəʊnʌt] Doughnut

dove[1] [dʌv] Taube

dove[2] [doʊv] (USA) *2. Form von* **dive**

down[1] [daʊn] ① Daunen, Flaum ② **downs** ⚠ *plural* Hügelland

down[2] [daʊn] ① her-, hinunter, nach unten; **head down** mit dem Kopf nach unten; **up and down** auf und ab; **fall down** herunterfallen; **go down the hill** den Berg hinuntergehen; **he was walking down the street** er ging die Straße entlang; **down the ages** durch die Jahrhunderte [hindurch] ② (*statische Position*) unten; **down there** da unten; **the sun is down** die Sonne ist untergegangen; **he can't keep anything down** er behält nichts bei sich ③ (*an einem anderen Punkt*) **on the way down from London** auf dem Weg von London hierher; **down South** im Süden; **he lives down the street** er wohnt ein Stückchen weiter die Straße runter; **she's down the shops** (*slang*) sie ist einkaufen gegangen; **let's go down the pub** (*umgangsspr*) lasst uns in die Kneipe gehen ④ (*Computer*) ausgefallen ⑤ (*im Volumen, in der Menge*) **the price of fruit is down** die Obstpreise sind gefallen ⑥ (*in der Stärke*) **the wind died down** der Wind legte sich; **the fire burnt down** das Feuer ist ausgegangen; **the tyres are down** die Reifen sind platt; **be worn down** abgetragen sein ⑦ **write something down** etwas aufschreiben; **get something down** etwas notieren ⑧ (*angemeldet*) **be down for the next race** für das nächste Rennen gemeldet sein; **he put me down to do the washing-up** er hat mich zum Spülen eingeteilt ⑨ **he's down with flu** er liegt mit Grippe im Bett ▶ IN WENDUNGEN: **be down on someone** es auf jemanden abgesehen haben; **be down in the mouth** niedergeschlagen sein; **ups and downs** gute und schlechte Zeiten

down[3] [daʊn] ① **down tools** die Arbeit niederlegen ② **down a glass of beer** ein Glas

Bier runterkippen

down·fall [ˈdaʊnfɔːl] ❶ Sturz, Fall ❷ (*übertragen*) Ruin, Untergang

down·hill [ˌdaʊnˈhɪl] bergab, abwärts; **go downhill** bergab gehen; (*übertragen*) auf dem absteigenden Ast sein

down·load herunterladen, downloaden *Programm, Daten*

down·pour [ˈdaʊnpɔːʳ] Platzregen

down·right [ˈdaʊnraɪt] ❶ *Lüge:* glatt ❷ *Lügner:* ausgesprochen ❸ **she was downright rude** sie war ausgesprochen unverschämt

down·stairs[1] [ˌdaʊnˈsteəz] ❶ die Treppe hinunter; **your slippers are downstairs** deine Pantoffeln sind unten ❷ Parterre-; **the downstairs rooms** die unteren Zimmer

down·stairs[2] [ˌdaʊnˈsteəz] Parterre

down·stream [ˌdaʊnˈstriːm] stromabwärts

down·town [ˈdaʊntaʊn] (USA) **go downtown** in die Innenstadt gehen; **live downtown** im Zentrum wohnen; **downtown LA** LA Innenstadt

down under [daʊnˈʌndəʳ] (*umgangsspr*) Australien und Neuseeland

down·ward [ˈdaʊnwəd] ❶ nach unten; **lie face downward** [*oder* **downwards**] mit dem Gesicht nach unten liegen ❷ (*übertragen*) abwärts, bergab; **downward trend** Abwärtstrend

doze[1] [dəʊz] [vor sich hin] dösen

doze[2] [dəʊz] Nickerchen

◆ **doze off** einnicken

dozen [ˈdʌzn] Dutzend; **dozens of times** x-mal, tausendmal

draft[1] [drɑːft] ❶ Skizze, Entwurf ❷ (USA) Einberufung zum Wehrdienst

draft[2] [drɑːft] ❶ skizzieren, entwerfen *Plan, Vertrag* ❷ (USA) einziehen *Wehrpflichtige* ❸ **draft someone in to do something** jemanden beauftragen, etwas zu tun

drafty (USA) zugig; **it's drafty in here** hier zieht es

drag[1] [dræg] <dragged> ❶ **drag something** etwas schleppen; **drag one's feet** [mit den Füßen] schlurfen; **he dragged himself into work** er schleppte sich zur Arbeit; **the exhaust pipe's dragging on the ground** der Auspuff schleift auf dem Boden ❷ (*Computer*) [mit der Maus] ziehen ❸ *Zeit:* sich hinziehen, sich in die Länge ziehen ❹ **drag a river** den Fluss mit einem Schleppnetz absuchen ❺ **drag on a cigarette** an einer Zigarette ziehen ▸ IN WENDUNGEN: **drag one's heels** etwas schleifen lassen; **drag someone's name through the mud** jemanden/jemandes guten Namen in den Schmutz ziehen

◆ **drag away** ❶ **I had to drag her away from the shop** ich musste sie von dem Laden wegzerren ❷ **drag one's eyes away from the television** die Augen vom Fernsehen losreißen

◆ **drag behind** hinterherhinken

◆ **drag down** **drag something down** etwas herunterziehen

◆ **drag in** **drag something in** etwas hineinziehen

◆ **drag on** sich in die Länge ziehen, sich hinschleppen

◆ **drag out** in die Länge ziehen

◆ **drag up** ausgraben *Vergangenheit*

drag[2] [dræg] ❶ Luftwiderstand ❷ (*slang*) *einer Zigarette:* Zug ❸ (*umgangsspr*) **be in drag** *Mann:* Frauenkleidung tragen; **drag queen** Tunte ❹ **what a drag!** (*umgangsspr*) Mann, ist das langweilig!; so'n Mist!

dragon [ˈdrægən] Drache

drag·on·fly [ˈdrægənflaɪ] Libelle

drain[1] [dreɪn] ❶ Rohr, Abflussrohr ❷ **drains** ⚠ *plural* Kanalisation ❸ (*übertragen*) Belastung ▸ IN WENDUNGEN: **go down the drain** vor die Hunde gehen; **throw money down the drain** das Geld zum Fenster hinauswerfen

drain[2] [dreɪn] ❶ ablaufen; ableiten *Wasser* ❷ entwässern, trockenlegen *Land* ❸ abtropfen lassen *Gemüse, Nudeln*

◆ **drain away** ❶ *Wasser:* ablaufen ❷ (*übertragen*) *Geld:* dahinschwinden

◆ **drain off** ❶ abgießen ❷ abtropfen lassen *Geschirr, Gemüse*

drama [ˈdrɑːmə] Drama

dra·matic [drəˈmætɪk] ❶ dramatisch ❷ schauspielerisch

drank [dræŋk] *2. Form von* **drink**

draught, (USA) **draft** [drɑːft] ❶ [Luft]Zug, Zugluft; **there's a draught in here** hier zieht's ❷ **draughts** ⚠ *mit Singular* (GB) Damespiel ❸ **draught beer** Bier vom Fass, Fassbier

draughty [ˈdrɑːftɪ] zugig

draw[1] [drɔː] <drew, drawn> ❶ zeichnen, malen *Bild* ❷ **draw something** etwas ziehen (**from** aus); **draw the curtains** die Vorhänge zuziehen; **draw someone into something** jemanden in etwas hineinziehen ③ erregen *Interesse* ④ anlocken *Menge;* **be drawn to someone** sich zu jemandem hingezogen fühlen ⑤ **draw breath** einatmen; **draw a deep breath** tief Luft holen; **she drew deeply on her cigarette** sie zog tief an ihrer Zigarette ⑥ (*Los*) **draw first prize** den ersten Preis gewinnen; **Germany's been drawn against England in the World Cup** Deutschland muss gegen England in der Weltmeisterschaft spielen ⑦ (*Sport*) unentschieden spielen ⑧ **draw money from** Geld abheben von *Bank, Konto* ⑨ **draw to a close** dem Ende zugehen; **draw nearer** näher kommen ⑩ **draw comfort from something** sich mit etwas trösten ▸ IN WENDUNGEN: **draw the line at something** bei etwas die Grenze ziehen

◆ **draw apart** sich lösen, sich auseinander leben

◆ **draw aside** **draw someone aside** jemanden beiseite nehmen

◆ **draw away** ① losfahren ② *Läufer:* davonziehen ③ *Person:* sich entfernen ④ weglocken

◆ **draw in** ① *Zug:* einfahren ② *Tage:* kürzer werden ③ einziehen *Luft* ④ **be drawn into an argument** in eine Auseinandersetzung hineingezogen werden

◆ **draw off** ausziehen *Kleidung,* ablassen *Flüssigkeit*

◆ **draw on** ① sich stützen auf *Information* ② ziehen *Zigarette* ③ **as time drew on** mit der Zeit

◆ **draw out** ① **draw something out** etwas herausziehen ② in die Länge ziehen *Sitzung* ③ *Zug:* abfahren ④ *Tage:* länger werden

◆ **draw up** ① *Auto:* anhalten ② entwerfen, ausarbeiten *Plan, Vertrag;* aufsetzen *Testament;* aufstellen *Liste* ③ **draw up a chair** hol dir einen Stuhl ④ **draw oneself up** sich aufrichten

draw[2] [drɔː] ① (*Lotterie*) Ziehung; **it's the luck of the draw** (*übertragen*) man muss es nehmen wie es kommt ② (*beim Sport*) Unentschieden; **end in a draw** unentschieden ausgehen ▸ IN WENDUNGEN: **slow on the draw** schwer von Begriff; **be quick on the draw** schlagfertig sein

draw·back [ˈdrɔːbæk] Nachteil

drawer [ˈdrɔːʳ] ① Schublade ② Zeichner(in) ③ (*auf der Bank*) Aussteller(in)

draw·ing [ˈdrɔːɪŋ] Zeichnung

drawing board **go back to the drawing board** wieder von vorne anfangen **drawing pin** (GB) Reißzwecke

drawn [drɔːn] *3. Form von* **draw**

dread·ful [ˈdredfᵊl] furchtbar, schrecklich

dread·fully [ˈdredfᵊlɪ] sehr, schrecklich

dream[1] [driːm] ① Traum; **have a bad dream** schlecht träumen; **have a dream about something** von etwas träumen; **he walks around in a dream** er lebt in einer Traumwelt ② (*übertragen*) Traum, Gedicht, Wunder; **he was a real dream** (*umgangsspr*) er war ein richtiger Traummann; **we had a dream holiday** wir hatten einen Traumurlaub; **it went like a dream** (*umgangsspr*) es lief wie am Schnürchen; **it was beyond her wildest dreams** das hätte sie sich nicht träumen lassen

dream[2] [driːm] <dreamed *oder* dreamt, dreamed *oder* dreamt> träumen; **dream something** [von] etwas träumen

◆ **dream up** sich einfallen lassen, ausdenken

dreamt [dremt] *2. und 3. Form von* **dream**

drench [drentʃ] **be drenched to the skin** bis auf die Haut durchnässt sein

dress[1] [dres] ① sich anziehen, sich kleiden; anziehen *Kind;* **he's always well dressed** er ist immer gut gekleidet; **dressed to kill** (*übertragen*) todschick aufgemacht ② mit Kleidung versorgen *Person, Familie* ③ schmücken *Schaufenster* ④ verbinden *Wunde* ⑤ herrichten, vorbereiten *Essen* ⑥ anmachen *Salat*

◆ **dress up** ① sich fein machen ② sich verkleiden ③ (*übertragen*) ausschmücken, interessant machen *Thema, Idee;* frisieren *Tatsachen*

dress[2] [dres] ① Kleid ② **evening dress** Abendkleidung; **national dress** Nationalkleidung

dress·ing [ˈdresɪŋ] ① Verband ② [**salad**] **dressing** Salatsoße, Dressing

dressing-down [ˌdresɪŋˈdaʊn] (*umgangsspr*) **give someone a** [**good**] **dressing-down** jemandem eine Standpauke halten **dressing gown** Morgenrock

dress rehearsal Generalprobe

drew [druː] *2. Form von* **draw**

dribble[1] [ˈdrɪbl] ① traufeln *Soße, Dressing* ② *Baby, Person:* sabbern ③ (*im Sport*) dribbeln

dribble[2] ['drɪbl] ① Tröpfchen ② (*im Sport*) Dribbling

dried[1] [draɪd] *2. und 3. Form von* **dry**

dried[2] [draɪd] getrocknet; **dried fruit** Dörr-, Backobst; **dried milk** Milchpulver

drier, (USA) **dryer** ['draɪəʳ] **tumbler drier** [Wäsche]Trockner

drift[1] [drɪft] [Schnee]Verwehung

drift[2] [drɪft] ① getrieben werden, verweht werden ② **drift** [**off-course**] vom Kurs abweichen ③ (*übertragen*) **drift** [**along**] sich treiben lassen, planlos/ziellos umherwandern; **let things drift** die Dinge laufen lassen

◆ **drift apart** *Ehepaar:* sich auseinander leben

◆ **drift in** hereinschneien

◆ **drift off** ① **drift off to sleep** einschlafen ② (*umgangsspr*) sich verkrümeln

drill[1] [drɪl] Bohrer

drill[2] [drɪl] bohren (**for** nach); bohren *Loch*

drink[1] [drɪŋk] <drank, drunk> ① trinken; **drink to someone's health** auf jemandes Gesundheit trinken; **drink to someone/something** auf jemanden/etwas trinken; **you shouldn't drink and drive** man sollte nicht Alkohol trinken und dann Auto fahren ② *Tier:* saufen ③ (*umgangsspr*) **I'll drink to that!** jawohl!, der Meinung bin ich auch! ▶ IN WENDUNGEN: **drink someone under the table** jemanden unter den Tisch trinken

◆ **drink in** (*übertragen*) begierig aufnehmen *Worte, Atmosphäre* ◆ **drink up** austrinken

drink[2] [drɪŋk] Getränk; **have a drink** ein Gläschen trinken; **have a drink problem** ein Problem mit Alkohol haben

drinker ['drɪŋkəʳ] Trinker(in)

drinking water Trinkwasser

drip[1] [drɪp] <dripped> ① tropfen, tröpfeln (**from** von) ② (*übertragen*) triefen (**with** von)

drip[2] [drɪp] ① Tropfen, Tröpfeln ② Tropfgeräusch ③ (*medizinisch*) Tropf

drive[1] [draɪv] ① Fahrt; **go for a drive** ein bisschen [raus]fahren ② **drive**[**way**] Ein-, Ausfahrt; **she left the car in the drive** sie parkte das Auto in der Einfahrt ③ (*Computer*) [**disk**] **drive** Laufwerk ④ *von Maschine:* Antrieb, Triebwerk ⑤ (*im Sport*) heftiger Schlag, Stoß ⑥ (*psychologisch*) Trieb, Schwung, Unternehmungsgeist; **she's certainly got a lot of drive** sie hat jedenfalls viel Energie [*oder* Tatkraft] ⑦ Kampagne, Aktion

drive[2] [draɪv] <drove, driven> ① *Auto, Fahrer:* fahren; **can you drive?** kannst du fahren? [*oder* hast du einen Führerschein?]; **I drove to Cologne yesterday** gestern bin ich mit dem Auto nach Köln gefahren; **she drove him home** sie hat ihn nach Hause gefahren; **drive into a tree** gegen einen Baum fahren ② (*zwingen*) treiben; **she drove him to it** sie trieb ihn dazu; **she was driven by greed** Habgier hat sie angetrieben; **you shouldn't drive yourself too hard** du sollst dich nicht so hart herannehmen; **drive someone to suicide** jemanden in den Selbstmord treiben; **drive somebody out of their home** jemanden aus seiner Heimat vertreiben ③ **drive something somewhere** etwas irgendwohin treiben ④ antreiben *Maschine* ⑤ treiben *Tier* ⑥ einrammen *Pfahl;* einschlagen *Nagel* ▶ IN WENDUNGEN: **drive a hard bargain** harte Forderungen stellen; **drive something home to someone** jemandem etwas einbleuen; **drive someone up the wall** [*oder* **round the bend**] jemanden wahnsinnig machen

◆ **drive against** *Schnee, Regen, Wind:* peitschen; **the wind drove the rain against their faces** der Wind peitsche ihnen den Regen ins Gesicht

◆ **drive at what are you driving at?** worauf wollen Sie hinaus?

◆ **drive off** ① wegfahren ② wegjagen

◆ **drive up** ① **we drove up to the hotel entrance** wir sind zum Hoteleingang vorgefahren; **they drove from Munich up to Hamburg** sie sind von München nach Hamburg gefahren ② hochtreiben *Kosten*

drive-in Autokino

driven ['drɪvn] *3. Form von* **drive**

driver ['draɪvəʳ] Fahrer(in), Chauffeur(in)

driver's license (USA) Führerschein

driving[1] ['draɪvɪŋ] ① treibend ② heftig, stark; **driving rain** peitschender Regen

driving[2] ['draɪvɪŋ] Fahren; **drunken driving** Trunkenheit am Steuer

driving ban Führerscheinentzug **driving instructor** Fahrlehrer(in) **driving lesson** Fahrstunde **driving licence** (GB) Führerschein **driving test** Fahrprüfung

drizzle[1] ['drɪzl] nieseln

drizzle[2] ['drɪzl] Sprühregen

drop[1] [drɒp] ① Tropfen; **drop of rain** Regentropfen; **drop of blood** Blutstropfen ② ein bisschen, ein wenig, etwas; **would you like another drop of wine?** möchtest du noch einen Schluck Wein? ③ Sinken, Fallen; *von Land:* Abfall, Absturz ④ *von Menge, Qualität:* Rückgang; **drop in temperature** Temperaturrückgang, Temperatursturz ▸ IN WENDUNGEN: **he's had a drop too much** er hat zu tief ins Glas geschaut; **a drop in the ocean** [*oder* **bucket**] ein Tropfen auf den heißen Stein; **at the drop of a hat** auf der Stelle

drop[2] [drɒp] <dropped> ① fallen, herunterfallen; **drop something** etwas fallen lassen; **drop anchor** Anker werfen; abwerfen *Bomben* ② **I dropped everything and rushed to the hospital** ich ließ alles stehen und liegen und eilte zum Krankenhaus ③ fallen lassen *Freund, Freundin;* **she was dropped from the team** sie wurde aus der Mannschaft genommen ④ hineingeraten (**into** in); **you really dropped me in it!** (*übertragen*) da hast du mich ganz schön reingeritten ⑤ hin-, umfallen, zusammenbrechen, tot umfallen; **he nearly dropped with exhaustion** er fiel vor Erschöpfung fast tot um ⑥ schwächer werden, nachlassen; *Wind:* abflauen; *Temperatur:* fallen, sinken ⑦ niederlegen *Arbeit* ⑧ absetzen *Fahrgast* ⑨ auslassen *Buchstaben, Wort* ⑩ **let drop a remark** eine Bemerkung fallen lassen; **he let drop the news that he was leaving** er hat so nebenbei erwähnt, dass er vor hat, wegzugehen; **drop a hint** eine Andeutung machen ⑪ **drop a line to someone** jemandem ein paar Zeilen schreiben ▸ IN WENDUNGEN: **drop a brick** [*oder* **a clanger**] (*umgangsspr*) ins Fettnäpfchen treten
◆ **drop behind** zurückbleiben [hinter]
◆ **drop by**, **drop in** besuchen; **he dropped in** [*oder* **by**] **for a chat** er kam auf ein Schwätzchen vorbei
◆ **drop down** niedersinken, herunterfallen
◆ **drop off** ① herunterfallen; *Blätter:* abfallen ② **drop something off** etwas abgeben (**at** bei); **drop someone off** jemanden aussteigen lassen ③ einnicken ④ *Interesse:* nachlassen; *Geschäft:* zurückgehen
◆ **drop out** ① nicht mehr teilnehmen (**of** an); **he dropped out of university** er hat sein Studium abgebrochen ② [aus der Gesellschaft] aussteigen ③ (*im Sport, Wettbewerb*) ausscheiden
◆ **drop round** vorbeischauen

drop·out ['drɒpaʊt] ① Aussteiger(in), Studienabbrecher(in) ② (*abwertend*) Asoziale(r)

droppings ['drɒpɪŋz] *plural* Kot; *vom Pferd:* Pferdeäpfel; *eines Schafs:* Kötel

drought [draʊt] Trockenheit, Dürre[periode, Dürrezeit]

drove [drəʊv] *2. Form von* **drive**

drown [draʊn] ① ertrinken; **drown someone/something** jemanden/etwas ertränken; **drown one's sorrows** (*übertragen*) seine Sorgen ertränken ② (*übertragen*) übertönen *Geräusch;* ersticken *Gefühl*

drowsy ['draʊzɪ] ① schläfrig ② einschläfernd

drug[1] [drʌg] ① Medikament ② Droge, Rauschgift; **be on drugs** drogensüchtig sein; **I don't do drugs** (*umgangsspr*) ich nehme keine Drogen

drug[2] [drʌg] <drugged> ① **drug somebody's drink/food** jemandes Getränk/Essen etwas untermischen ② **drug somebody** jemanden betäuben [*oder* narkotisieren]

drug abuse Drogenmissbrauch

drug addict Drogensüchtige(r), Rauschgiftsüchtige(r) **drug addiction** Drogenabhängigkeit

drum[1] [drʌm] ① Trommel ② **drums** ⚠ *plural* Schlagzeug

drum[2] [drʌm] <drummed> ① trommeln; **drum one's fingers on the table** mit den Fingern auf dem Tisch trommeln ② einhämmern; **how can I drum it into him that he can't do that?** wie kann ich ihm einhämmern, dass er so was nicht machen darf?
◆ **drum up** auftreiben *Kunden, Unterstützung;* zusammentrommeln *Interesse;* **drum up business** die Werbetrommel rühren

drum·mer ['drʌməʳ] Trommler(in), Schlagzeuger(in)

drum·stick ['drʌmstɪk] ① Trommelstock ② *vom Geflügel:* Keule

drunk[1] [drʌŋk] *3. Form von* **drink**

drunk[2] [drʌŋk] ① betrunken; **get drunk** sich betrinken ② (*übertragen*) trunken (**with** vor)

drunk[3] [drʌŋk] Betrunkene(r), Säufer(in)

drunk·ard ['drʌŋkəd] Trinker(in)

drunken ['drʌŋkən] betrunken

dry[1] [draɪ] ① *Boden, Wetter, Humor:* trocken; *Holz:* dürr; *Wein:* herb, trocken; **"keep dry"** „vor Feuchtigkeit schützen"; **there wasn't a dry eye in the house** (*übertragen*) da blieb kein Auge trocken ② (*übertragen*) trocken, langweilig; **as dry as dust** pulvertrocken

dry[2] [draɪ] <dried> trocken werden; trocknen *Haare;* abtrocknen *Geschirr;* **dry one's eyes/hands** sich die Tränen abwischen/sich die Hände abtrocknen
◆ **dry out** austrocknen
◆ **dry up** ① abtrocknen; *Fluss:* austrocknen ② *Ideen:* versiegen

dry-cleaner's (*Geschäft*) chemische Reinigung

dryer ['draɪəʳ] Wäschetrockner; **spin dryer** Wäscheschleuder

drying-up ['draɪɪŋʌp] **you wash and I'll do the drying-up** du kannst spülen, und ich trockne ab

dual ['dju:əl] zweifach, doppelt

dual carriageway (GB) vierspurige Straße, Schnellstraße

dub [dʌb] <dubbed> synchronisieren *Film*

du·bious ['dju:bɪəs] ① zweifelhaft, fraglich ② verdächtig ③ ungewiss *Zukunft, Ergebnis* ④ unsicher, im Zweifel (**of, about** über)

duch·ess ['dʌtʃɪs] Herzogin

duck[1] [dʌk] Ente ▶ IN WENDUNGEN: **like water off a duck's back** wirkungslos, eindruckslos

duck[2] [dʌk] ① sich ducken; **duck one's head** den Kopf schnell einziehen ② **duck someone** jemanden [kurz] untertauchen

due[1] [dju:] ① (*erwartet*) **when is the train due?** wann soll der Zug ankommen?; **she's due back tomorrow** sie kommt morgen zurück [*oder* wir erwarten sie morgen]; **when is she due?** wann soll das Baby kommen?, wann ist es soweit? ② *Geld, Miete:* fällig, zahlbar ③ **the car's due for a service** das Auto muss demnächst zur Inspektion; **she's due for a promotion** sie ist mit einer Beförderung an der Reihe ④ **due to** auf Grund von, wegen, zurückzuführen auf; **there will be long delays due to bad weather** auf Grund schlechten Wetters kommt es zu längeren Wartezeiten; **it's due to her that …** es ist ihr zu verdanken, dass … ⑤ **he never received the recognition due to him** die ihm gebührende Anerkennung hat er nie bekommen ⑥ **due east** genau Ost ⑦ **after due consideration** nach reiflicher Überlegung; **in due course** zur rechten Zeit; **with due care** mit der nötigen Vorsicht

due[2] [dju:] ① **it's her due** es steht ihr zu; **to give him his due …** aber das muss man ihm lassen … ② **dues** ⚠ *plural* Abgaben, Gebühren, [Mitglieds]Beitrag

dug [dʌg] *2. und 3. Form von* **dig**

duke [dju:k] Herzog

dull[1] [dʌl] ① *Licht:* trüb, matt ② *Wetter:* grau ③ langweilig; **as dull as ditch water** sterbenslangweilig ④ *Person:* schwerfällig, langsam ⑤ *Schmerz:* dumpf

dull[2] [dʌl] ① lindern *Schmerz* ② abstumpfen *Sinne, Verstand*

dumb [dʌm] ① stumm ② schweigend, sprachlos (**with** vor); **be struck dumb** sprachlos sein ③ doof

dummy ['dʌmɪ] ① Attrappe, Schaufensterpuppe; (*von Buch*) Dummy ② (GB) (*für Baby*) Schnuller ③ (USA) (*abwertend*) Dummkopf

dump[1] [dʌmp] ① Müllhalde, Müllkippe ② (*abwertend umgangsspr*) Dreckloch ▶ IN WENDUNGEN: **be down in the dumps** (*umgangsspr*) deprimiert sein

dump[2] [dʌmp] ① (*unordentlich*) hinschmeißen; [hin]werfen, abladen *Abfall* ② ausladen, auskippen *Last* ③ (*umgangsspr*) **dump someone** mit jemandem Schluss machen *Freund, Freundin*

dump·ing ['dʌmpɪŋ] ① (*wirtschaftlich*) Dumping ② *von Abfall:* Abladen; **"no dumping!"** „Schutt abladen verboten!"

dump·ling ['dʌmplɪŋ] Knödel, Kloß

dune [dju:n] Düne

dunga·rees [ˌdʌŋgə'ri:z] *plural* Latzhosen

dun·geon ['dʌndʒən] Verlies

du·pli·cate[1] ['dju:plɪkət] doppelt, zweifach; **duplicate key** Zweitschlüssel

du·pli·cate[2] ['dju:plɪkət] Duplikat, Kopie

du·pli·cate[3] ['dju:plɪkeɪt] **duplicate something** etwas kopieren, etwas vervielfältigen

dur·able ['djʊərəbl] dauerhaft, haltbar; *Stoff, Material:* widerstandsfähig

dur·ation [djʊ'reɪʃn] Dauer, Laufzeit

dur·ing ['djʊərɪŋ] während

dusk [dʌsk] Abenddämmerung; **at dusk** bei Einbruch der Dunkelheit

dust[1] [dʌst] Staub; **give something a dust** etwas abstauben ▶ IN WENDUNGEN: **when**

the dust settles wenn die Wogen sich geglättet haben; **you couldn't see him for dust** der hat sich aber schnell aus dem Staub gemacht

dust[2] [dʌst] ① Staub wischen; **dust something** [**down** [*oder* **off**]] etwas abstauben ② **the cake was dusted with icing sugar** der Kuchen wurde mit Puderzucker bestaubt ▸ IN WENDUNGEN: **it's all done and dusted** es ist fertig

dust·bin ['dʌstbɪn] (GB) Mülltonne **dust·cart** (GB) Müllwagen

duster ['dʌstəʳ] Staubtuch

dust·man ['dʌstmən] <*plural* dustmen> Müllarbeiter **dust·pan** Kehrschaufel

dusty ['dʌstɪ] staubig, verstaubt

Dutch[1] [dʌtʃ] holländisch, niederländisch ▸ IN WENDUNGEN: **go Dutch** getrennte Kasse machen; **Dutch courage** angetrunkener Mut

Dutch[2] [dʌtʃ] ① Niederländisch(e) ② **the Dutch** die Niederländer

duty ['djuːtɪ] ① Pflicht (**to** gegenüber) ② Aufgabe, Obliegenheit; **be off duty** nicht im Dienst sein, dienstfrei haben; **be on duty** Dienst haben ③ Zoll

duty-free zollfrei

dwarf[1] [dwɔːf, *plural* dwɔːvz] <*plural* dwarves> Zwerg

dwarf[2] [dwɔːf] **dwarf someone/something** jemanden/etwas klein erscheinen lassen

dwell [dwel] <dwelt> wohnen, leben

dwelt [dwelt] *2. und 3. Form von* **dwell**

dwindle ['dwɪndl] *Hoffnung, Gewinn:* schwinden; **dwindle away to nothing** dahinschwinden

dye[1] [daɪ] Farbstoff

dye[2] [daɪ] **dye something** etwas färben

dy·ing ['daɪɪŋ] ① sterbend ② *Rasse:* aussterbend ③ *Zivilisation:* untergehend

dyke [daɪk] ① [Wasser]Graben ② Deich, Damm

dy·namic [daɪ'næmɪk] dynamisch

dyna·mite ['daɪnəmaɪt] Dynamit

E e

E, e [iː] <*plural* E's, e's> ① E, e ② (*Schulnote*) mangelhaft

each [iːtʃ] ① jede(r, s); **each** [**and every**] **one** jede(r, s) Einzelne; **each of you** jede(r) von euch ② **each other** einander, sich [gegenseitig]; **we help each other** wir helfen uns gegenseitig, wir helfen einander; **with each other** miteinander; **shake hands with each other** sich die Hand geben ③ je; **$3 each** $3 pro Stuck

eager ['iːgəʳ] ① eifrig ② begierig (**about, for** auf, nach); **she's very eager to see you again** sie wartet sehnsüchtig darauf, dich wiederzusehen; **he's eager to leave early** er will früh los; **she's very eager to please** sie ist bemüht, alles richtig zu machen

eager·ness ['iːgəʳnəs] Eifer, Ungeduld

eagle ['iːgl] Adler

ear [ɪəʳ] ① Ohr ② Gehör (**for** für); **play by ear** nach Gehör spielen ▸ IN WENDUNGEN: **be all ears** ganz Ohr sein; **fall on deaf ears** auf taube Ohren stoßen; **when I say anything it goes in one ear and out the other** wenn ich rede, stellt er die Ohren auf Durchzug; **be out on one's ear** (*umgangsspr*) plötzlich seinen Job los sein [*oder* auf der Straße sitzen]; **have one's ear to the ground** [*oder* **keep one's ears open**] Augen und Ohren offen halten; **his ears must be burning** ihm müssen die Ohren klingen; **prick up one's ears** die Ohren spitzen; **play it by ear** es auf sich zukommen lassen; **be up to one's ears in work/debt/problems** bis über die Ohren in Arbeit/Schulden/Problemen stecken

ear·ache ['ɪəreɪk] Ohrenschmerzen **ear·drum** Trommelfell

earl [ɜːl] (GB) Graf

ear·lobe ['ɪələʊb] Ohrläppchen

early ['ɜːlɪ] ① früh, frühzeitig; **you're early!** du bist aber früh!; **very early on** zu sehr früher Zeit; **from an early age** von klein auf; **in her early days** in ihrer Jugend; **as early as May** schon im Mai; **in early summer** im Frühsommer; **in the early hours** in den frühen Morgenstunden; **early next month** Anfang nächsten Monats ② **at your earliest convenience** so bald wie möglich; **at**

the earliest possible date zum frühest möglichen Zeitpunkt ③ **early closing** [**day**] halber Geschäftstag; **early morning call** telefonischer Weckruf; **early retirement** vorzeitige Pensionierung, vorgezogener Ruhestand ▶ IN WENDUNGEN: **early bird** Frühaufsteher; **the early bird catches the worm** Morgenstund hat Gold im Mund

earn ['ɜːn] ① verdienen *Geld, Einkommen;* [sich] erwerben *Respekt;* **her last book earned her praise and recognition** ihr letztes Buch hat ihr Lob und Anerkennung eingebracht ② bringen *Zinsen*

earnest ['ɜːnɪst] ernst; **she began to work in earnest** sie fing an, ernsthaft zu arbeiten; **she spoke in earnest** sie hat es ernst gemeint

earn·ings ['ɜːnɪŋz] *plural* Einkommen, Einkünfte, Einnahme[n]

ear·phones ['ɪəfəʊnz] *plural* Kopfhörer

ear·ring ['ɪərɪŋ] Ohrring

earth[1] [ɜːθ] ① **the earth** [*oder* **Earth**] die Erde; **it didn't cost the earth** es hat nicht die Welt gekostet; **why on earth ...?** warum in aller Welt ...?; **on earth** auf der Erde, auf Erden; ② [festes] Land, [Erd]Boden, Erde ▶ IN WENDUNGEN: **be down to earth** mit beiden Füßen fest auf der Erde stehen, praktisch sein **come down to earth** auf den Boden der Tatsachen zurückkehren; **move heaven and earth** Himmel und Hölle in Bewegung setzen

earth[2] [ɜːθ] erden *Kabel, Stecker*

earth·quake ['ɜːθkweɪk] Erdbeben

ease[1] [iːz] ① **at ease** entspannt; **with ease** mit Leichtigkeit, mühelos; **be** [**ill**] **at ease** sich [nicht] wohl fühlen; **put** [*oder* **set**] **someone at ease** jemandem die Befangenheit nehmen ② (*militärisch*) [**stand**] **at ease!** rührt euch!

ease[2] [iːz] ① erleichtern *Arbeit, Last* ② lindern *Schmerz, Sorge;* **it eased my mind to know she was home** es beruhigte mich zu wissen, dass sie zu Hause war ③ **she eased** [**herself**] **into the chair** sie setzte sich vorsichtig hin; **he eased the car into second gear** er legte behutsam den zweiten Gang ein

◆ **ease up** ① sich verlangsamen; **ease up, you're going too fast!** langsam! du fährst zu schnell! ② sich entspannen; **when the project's finished we can ease up** wenn das Projekt fertig ist, haben wir wieder Luft

eas·ily ['iːzəlɪ] ① leicht, mühelos ② zweifellos, bestimmt, bei weitem

east[1] ['iːst] ① Osten; **to the east** im Osten, östlich (**of** von); **the sun rises in the east** die Sonne geht im Osten auf ② **the East** (*die Staaten Osteuropas bzw. Asiens*) der Osten

east[2] ['iːst] östlich, Ost-, ostwärts, nach Osten

Easter ['iːstəʳ] Ostern; **at Easter** an Ostern; **happy Easter!** frohe Ostern!

Easter Day Ostersonntag **Easter egg** [**chocolate**] **Easter egg** Osterei; Schokoei

east·er·ly[1] ['iːstəlɪ] östlich, nach/von Osten

east·er·ly[2] ['iːstəlɪ] Ostwind

east·ern ['iːstən] östlich; **eastern Germany** die neuen Bundesländer

Easter Sunday Ostersonntag

East Ger·ma·ny [ˌiːst'dʒɜːmənɪ] ① Ostdeutschland ② (*historisch*) DDR

east·ward, east·ward(**s**) ['iːstwəd(z)] östlich, ostwärts, nach Osten

easy ['iːzɪ] ① leicht, mühelos; **easy to clean/use** leicht zu reinigen/nutzen; **it's easy for you to talk** du hast gut reden; **easier said than done!** leichter gesagt als getan! ② **easy** [**does it**]! [immer] sachte!; **take things easy** sich schonen; **take it easy!** immer mit der Ruhe! ③ bequem, angenehm; *Stimmung:* zwanglos; **easy on the eye/ear** angenehm zu sehen/zu hören ④ *Geld:* leicht verdient ⑤ **I'm easy** (*umgangsspr*) mir ist es eigentlich egal ⑥ **go easy on** [*oder* **with**] **something** mit etwas sparsam umgehen; **go easy on someone** jemanden nicht zu streng behandeln

eat [iːt] <ate, eaten> essen; *Tier:* fressen; **eat lunch/dinner** zu Mittag/Abend essen; **eat in/out** zu Hause essen/essen gehen ▶ IN WENDUNGEN: **what's eating you?** (*umgangsspr*) was hast du denn?; **I could eat a horse!** ich habe einen Bärenhunger!; **eat one's words** das Gesagte zurücknehmen; **eat humble pie** klein beigeben; **eat someone out of house and home** jemandem die Haare vom Kopf fressen; **he had them eating out of his hand** sie fraßen ihm aus der Hand; **I'll eat my hat!** ich fresse einen Besen!; **eat one's heart out** sich in Kummer verzehren

◆ **eat up** ① aufessen; **eat up your food** du

sollst aufessen ② (*auch übertragen*) verbrauchen; **the accident ate up our savings** der Unfall hat unsere Ersparnisse aufgefressen; **he's eaten up with jealousy** er vergeht vor Eifersucht

eaten ['i:tn] *3. Form von* **eat**

eats *plural* (*umgangsspr*) Snacks, Häppchen

echo[1] ['ekəʊ] <*plural* echoes> Echo; (*übertragen*) Anklang

echo[2] ['ekəʊ] ① widerhallen (**with** von) ② zurückwerfen *Schall* ③ (*übertragen*) wiederholen *Wörter*

eclipse[1] [ɪ'klɪps] **eclipse of the sun/moon** Sonnen-/Mondfinsternis

eclipse[2] [ɪ'klɪps] ① verfinstern *Sonne, Mond* ② (*übertragen*) in den Schatten stellen *Erfolg, Mensch*

eco·logi·cal [ˌi:kə'lɒdʒɪkl] ökologisch, Öko-; **ecological disaster** Umweltkatastrophe

eco·logi·cally [ˌɪ:kə'lɒdʒɪklɪ] **ecologically friendly** [*oder* **sound**] umweltfreundlich

ecol·ogist [i:'kɒlədʒɪst] Ökologe, Ökologin

ecol·ogy [i:'kɒlədʒɪ] Ökologie

ecology party ≈ die Grünen

econ·omic [ˌi:kə'nɒmɪk] ① ökonomisch, wirtschaftlich, Wirtschafts-; **economic adviser** Wirtschaftsberater(in); **economic agreement** Handels-, Wirtschaftsabkommen; **economic aid** Wirtschaftshilfe; **economic growth** Wirtschaftswachstum; **economic policy** Wirtschaftspolitik; **economic situation** Wirtschaftslage ② **Economic and Monetary Union** Wirtschafts- und Währungsunion

econ·omi·cal [ˌi:kə'nɒmɪkl] wirtschaftlich, sparsam; **she's rather economical with the truth** sie nimmt es mit der Wahrheit nicht so genau

econ·omics [ˌi:kə'nɒmɪks] *plural* ① ⚠ *mit Singular* Wirtschaftswissenschaften, Volkswirtschaft[slehre] ② ⚠ *plural* Wirtschaftlichkeit

econ·om·ist [ɪ'kɒnəmɪst] Wirtschaftswissenschaftler(in), Volkswirt(in)

econ·om·ize [ɪ'kɒnəmaɪz] **economize on something** mit etwas sparsam sein

econ·omy [ɪ'kɒnəmɪ] ① Wirtschaft; **the state of the economy** die Wirtschafts-, Konjunkturlage ② Wirtschaftlichkeit, Sparsamkeit ③ Sparmaßnahme, Einsparung; **make economies** sparen ④ **economy class** Touristenklasse, Economyklasse; **economy price/size** Sparpreis/Sparpackung

ecosystem ['i:kəʊˌsɪstəm] Ökosystem

ec·stasy ['ekstəsɪ] ① Verzückung, Ekstase ② (*Droge*) Ecstasy

ECU ['eɪkju:, 'i:kju:] *Abkürzung von* **European Currency Unit** ECU

edge[1] [edʒ] ① *einer Klinge:* Schneide ② (*von Tisch*) Kante ③ Rand; (*von See, Fluss*) Ufer; **at the edge of** am Rande ▸ IN WENDUNGEN: **be on edge** nervös sein; **have the edge on someone** (*umgangsspr*) jemandem gegenüber im Vorteil sein; **set someone's teeth on edge** jemanden aufregen

edge[2] [edʒ] ① säumen *Straße;* besetzen *Kleidung;* **the path is edged with stones** der Weg ist mit Steinen eingefasst ② sich schieben, vorrücken; **edge one's way through a crowd** sich durch eine Menschenmenge drängen

◆**edge away** sich davonschleichen; **edge away from someone** (*übertragen*) von jemandem abrücken

◆**edge forward** sich vorschieben, vorrücken

ed·ible ['edɪbl] essbar, genießbar

edit ['edɪt] ① herausgeben *Buch* ② redigieren *Zeitung, Text* ③ schneiden *Film* ④ editieren, aufbereiten *Daten*

edi·tion [ɪ'dɪʃn] ① (*Buch*) Ausgabe ② Auflage; **morning/evening edition** Morgen-/Abendausgabe

edi·tor ['edɪtə^r] ① Herausgeber(in) ② Redakteur(in) ③ (*Computer*) Editor ④ (*Film*) Cutter(in)

edi·tor·ial[1] [ˌedɪ'tɔ:rɪəl] **editorial assistant** Redaktionsassistent(in)

edi·tor·ial[2] [ˌedɪ'tɔ:rɪəl] (*Zeitung*) Leitartikel

edu·cate ['edʒʊkeɪt] **educate someone** jemanden erziehen; **she was educated in Richmond** sie ging in Richmond zur Schule

edu·ca·ted ['edʒʊkeɪtɪd] gebildet; **make an educated guess** eine begründete Vermutung äußern

edu·ca·tion [ˌedʒʊ'keɪʃn] ① (*an Schule, Uni usw.*) Ausbildung ② (*Prozess*) Erziehung ③ (*kulturelles Wissen*) Bildung ④ (*Fachgebiet*) Erziehungswissenschaft, Pädagogik

eerie, eery ['ɪərɪ] schaurig, gespenstisch

eel [i:l] Aal

ef·fect [ɪ'fekt] ① Wirkung (**on** auf); **the effect of this is that …** dies hat zur Folge, dass …; **with effect from …** mit Wirkung vom …; **come into** [*oder* **take**] **effect** (*auch Gesetz*) in Kraft treten; **put something into effect** etwas in Kraft setzen; **of no effect** wirkungslos; **to this effect** zu diesem Zweck; **words to that effect** etwas in diesem Sinne ② Eindruck, Effekt; **he only did it for effect** er hat es nur getan, um Eindruck zu machen ③ **in effect** in Wirklichkeit

ef·fec·tive [ɪ'fektɪv] ① wirksam; **become effective** *Gesetz:* in Kraft treten ② wirkungsvoll, eindrucksvoll ③ tatsächlich, effektiv

ef·fi·ciency [ɪ'fɪʃnsɪ] (*von Person, Betrieb*) Leistungsfähigkeit, Effizienz, Produktivität

ef·fi·cient [ɪ'fɪʃnt] *Person, Betrieb:* leistungsfähig, effizient

ef·fort ['efət] ① Anstrengung, Mühe, Bemühung; **make an effort** sich anstrengen, sich bemühen; **without effort** mühelos; **it's worth the effort** die Mühe lohnt sich; **make every effort** sich alle Mühe geben; **spare no effort** keine Mühe scheuen ② Versuch; **one last effort** ein letzter Versuch

ef·fort·less ['efətləs] mühelos

egg [eg] ① Ei; **boiled/scrambled/fried egg** gekochtes Ei/Rührei/Spiegelei ② (*biologisch*) Ei[zelle] ▸ IN WENDUNGEN: **have egg on one's face** (*umgangsspr*) dumm dastehen; **put all one's eggs in one basket** alles auf eine Karte setzen

◆ **egg on** **egg someone on** jemanden anstacheln

egg cup Eierbecher **egg·shell** Eierschale **egg timer** Eieruhr **egg yolk** Eidotter, Eigelb

ego·ist ['egəʊɪst] Egoist(in)

ego·istic [ˌegəʊ'ɪstɪk], **ego·istic·al** [ˌegəʊ'ɪstɪkl] egoistisch

egotist ['egəʊɪst] Egoist(in)

Egypt ['iːdʒɪpt] Ägypten

Egyptian¹ [ɪ'dʒɪpʃn] ägyptisch

Egyptian² [ɪ'dʒɪpʃn] Ägypter(in)

eight¹ [eɪt] acht

eight² [eɪt] Acht

eight·een [ˌeɪ'tiːn] achtzehn

eighth¹ [eɪtθ] achte(r, s)

eighth² [eɪtθ] (*Bruchteil*) Achtel

eighties [eɪtiːz] *plural* **the eighties** die Achtzigerjahre; **be in one's eighties** in den Achtzigern sein

eight·ieth¹ ['eɪtɪəθ] achtzigste(r, s)

eight·ieth² ['eɪtɪəθ] (*Bruchteil*) Achtzigstel

eighty¹ ['eɪtɪ] achtzig

eighty² ['eɪtɪ] Achtzig

Eire ['æərə] (*gälischer Name*) Irland

either ['aɪðəʳ] ① **take either of the books** nimm irgendeins der Bücher; **either … or** entweder … oder ② *mit Verneinung* auch nicht; **I won't go either** ich gehe auch nicht; **I don't either** ich auch nicht; ③ eine(r, s) von beiden; **is either of you interested?** ist einer von euch beiden daran interessiert? **I haven't seen either** ich habe keinen von beiden gesehen ④ jede(r, s), beide(s); **on either side** auf jeder Seite, auf beiden Seiten

eject [ɪ'dʒekt] ① hinauswerfen *Person* (**from** aus) ② *Pilot:* den Schleudersitz betätigen

elas·tic¹ [ɪ'læstɪk] ① dehnbar, biegsam ② elastisch ③ **elastic band** Gummiband

elas·tic² [ɪ'læstɪk] Gummiband

el·bow¹ ['elbəʊ] Ellbogen ▸ IN WENDUNGEN: **be up to one's elbows in something** (*umgangsspr*) bis über beiden Ohren in etwas stecken

el·bow² ['elbəʊ] **she elbowed her way through the crowd** sie bahnte sich einen Weg durch die Menge; **elbow someone out of the way** jemanden zur Seite drängen

elbow room Bewegungsfreiheit, Spielraum

el·der ['eldəʳ] ältere(r, s)

el·der·ly¹ ['eldəlɪ] ältere(r, s)

elderly² ['eldəlɪ] **the elderly** ältere Menschen

el·dest ['eldɪst] älteste(r, s)

elect¹ [ɪ'lekt] wählen; **elect a president** jemanden zum Präsident wählen

elect² [ɪ'lekt] **the President elect** der designierte Präsident

elec·tion [ɪ'lekʃn] Wahl; **hold an election** eine Wahl durchführen; **stand for election** kandidieren

election campaign Wahlkampf **election day** Wahltag **election manifesto** Wahlprogramm **election results** *plural* Wahlergebnis

elec·tor·ate [ɪ'lektərət] Wähler[schaft]

elec·tric [ɪ'lektrɪk] ① *Strom, Rasierapparat:* elektrisch; **electric light bulb** Glühbirne; **electric cooker/motor** Elektroherd/Elektromotor; **electric fire** Heizstrahler; **electric shock** Stromschlag ② (*übertragen*) elektrisierend

elec·tri·cal [ɪ'lektrɪkl] elektrisch; **electrical**

appliances Elektrogeräte; **electrical engineering** Elektrotechnik

elec·tri·cian [ɪˌlek'trɪʃn] Elektriker(in)

elec·tric·ity [ɪˌlek'trɪsətɪ] Elektrizität, Strom; **electricity meter** Stromzähler

elec·tron [ɪ'lektrɒn] Elektron

elec·tronic [ˌɪlek'trɒnɪk] elektronisch; **electronic mail** elektronische Post

elec·tronics [ˌɪlek'trɒnɪks] *plural* Elektronik

el·egant ['elɪgənt] elegant

el·ement ['elɪmənt] ① Bestandteil; **there was an element of surprise in her voice** sie klang etwas überrascht; **an element of truth** ein Fünkchen Wahrheit ② (*mathematisch, chemisch*) Element ③ **the elements** die Elemente; **be out in the elements** dem Wetter ausgesetzt sein ④ **the elements of science/philosophy** die Grundlagen [*oder* Grundbegriffe] der Wissenschaft/Philosophie ▸ IN WENDUNGEN: **in one's element** in seinem Element; **be out of one's element** fehl am Platz sein

ele·men·tary [ˌelɪ'mentərɪ] ① elementar, einführend; **elementary course** Anfängerkurs ② **elementary school** (USA) Grundschule ③ einfach; **elementary mistake** grober Fehler

el·eph·ant ['elɪfənt] Elefant

el·ev·ator ['elɪveɪtəʳ] (USA) Aufzug, Fahrstuhl

eleven[1] [ɪ'levn] elf

eleven[2] [ɪ'levn] Elf

elev·enth[1] [ɪ'levnθ] elfte(r, s)

elev·enth[2] [ɪ'levnθ] (*Bruchteil*) Elftel

el·igible ['elɪdʒəbl] ① [teilnahme]berechtigt (**for** für), geeignet; **be eligible** in Frage kommen ② **an eligible bachelor** ein begehrter Junggeselle

elim·in·ate [ɪ'lɪmɪneɪt] ① beseitigen *Fehler,* ausräumen *Zweifel* ② ausschließen *Möglichkeit* ③ ausschalten, eliminieren *Feind, Gegner*

else [els] ① (*zusätzlich*) sonst, weiter, außerdem, noch; **anybody/anything else?** sonst noch jemand/etwas?; **nobody else** sonst niemand; **nothing else** nichts weiter; **what else?** was noch?, was sonst?; **who else?** wer sonst?; **no one else** sonst [*oder* weiter] niemand ② (*stattdessen*) andere(r, s); **what else could I have done?** was hätte ich sonst tun können?; **everybody else** alle anderen; **anybody/somebody else** jemand anders; **nobody else** niemand anders; **everything else** alles andere; **nothing else** nichts anderes; **something/anything else** etwas anderes; **somewhere else** woanders, woandershin ③ **or else** sonst, andernfalls; **do it or else!** (*umgangsspr*) tu doch was ich sage!

else·where [ˌels'weəʳ] ① anderswo, sonst wo, woanders ② anderswohin

e-mail ['iːmeɪl] E-Mail

e-mail address E-Mail-Adresse

em·bark [ɪm'bɑːk] ① an Bord gehen ② abreisen, abfahren (**for** nach) ③ (*übertragen*) anfangen; **embark [up]on a new project** mit einem neuen Projekt anfangen

em·bar·rass [ɪm'bærəs] **embarrass someone** jemanden in Verlegenheit bringen

em·bar·rassed [ɪm'bærəst] verlegen

em·bar·rass·ing [ɪm'bærəsɪŋ] peinlich, unangenehm

em·bar·rass·ment [ɪm'bærəsmənt] Verlegenheit; **be an embarrassment to someone** jemanden blamieren

em·bassy ['embəsɪ] Botschaft

em·bers ['embəʳz] *plural* Glut

emblem ['əmbləm] Emblem

> **i Land & Leute** Das **national emblem** (Nationalsymbol) Englands ist die **Tudor rose**, die weiße, flache Rose des Königshauses York auf der roten Rose des Hauses Lancaster. Irlands Nationalsymbol ist der **shamrock**, eine Art Klee, den der Schutzpatron St. Patrick zur Veranschaulichung der Dreieinigkeit verwendet haben soll. Die **thistle** (Distel) von Schottland wurde von König James III im 15. Jh. als Nationalsymbol bestimmt. Der **dragon** (Drachen) von Wales wurde vor sehr langer Zeit als ein Emblem auf den Kriegsfahnen verwendet. Der **leek** (Lauch) gilt ebenfalls als Symbol der Waliser, und erschien erstmals bei der Schlacht von Poitiers gegen die Franzosen (1356); die **daffodil** (Osterglocke) ist ein hübscher Ersatz dafür aus dem 20. Jh.

em·brace[1] [ɪm'breɪs] ① **embrace someone** jemanden umarmen ② ergreifen *Gelegenheit, Beruf* ③ annehmen *Glauben, Angebot* ④ hegen *Hoffnung* ⑤ (*übertragen*) enthalten, umfassen *Themen, Umfang*

em·brace[2] [ɪm'breɪs] Umarmung

em·bryo ['embrɪəʊ] <*plural* embryos> Embryo

em·er·ald[1] ['emərəld] Smaragd

em·er·ald[2] ['emərəld] smaragdgrün

emerge [ɪ'mɜːdʒ] ❶ auftauchen; **we emerged from the underground station** wir kamen aus der U-Bahn-Station; *Wasser:* heraustreten ❷ *Problem, Idee:* entstehen (**from, out of** aus) ❸ (*übertragen*) sich herausstellen, bekannt werden

emerg·ency [ɪ'mɜːdʒənsɪ] ❶ Notfall, Notlage; **in an** [*oder* **in case of**] **emergency** im Notfall, im Ernstfall; **state of emergency** Notstand; **declare a state of emergency** den Ausnahmezustand ausrufen ❷ **emergency aid** Soforthilfe; **emergency brake** Notbremse; **emergency call** Notruf; **emergency exit** Notausgang; **emergency room** Notaufnahme; **make an emergency landing** notlanden; **emergency service** Notdienst; **emergency stop** Vollbremsung

emi·grant ['emɪgrənt] Auswanderer, Auswanderin, Emigrant(in)

emi·grate ['emɪgreɪt] auswandern, emigrieren (**from** aus, **to** nach)

emi·gra·tion [ˌemɪ'greɪʃn] Auswanderung, Emigration

emi·nent ['emɪnənt] bedeutend; *Person:* angesehen, berühmt

emission [mɪʃn] ❶ (*Physik*) Emission, Ausstrahlung; *von Wärme, Schall:* Abgabe ❷ Ausströmen, Ausfluss, Austritt

emit [ɪ'mɪt] <emitted> ausstrahlen *Licht;* abgeben *Geräusch;* ausstoßen *Rauch*

emo·tion [ɪ'məʊʃn] Gefühl, Emotion

emo·tional [ɪ'məʊʃənl] ❶ *Rede:* gefühlvoll ❷ *Person:* empfindsam, gefühlsbetont

em·peror ['empərəʳ] Kaiser

em·pha·sis ['emfəsɪs] Betonung (**on** auf); **put** [*oder* **lay**] **emphasis on something** die Betonung auf etwas legen

em·pha·size ['emfəsaɪz] **emphasize something** etwas nachdrücklich betonen, etwas hervorheben, unterstreichen

em·pire ['empaɪəʳ] ❶ Reich ❷ (*übertragen*) Imperium

em·ploy [ɪm'plɔɪ] ❶ **employ someone** jemanden beschäftigen [*oder* einstellen]; **be employed part-time** Teilzeit beschäftigt sein ❷ **employ something** etwas benutzen, etwas anwenden

em·ployee [ˌɪmplɔɪ'iː] Arbeitnehmer(in), Angestellte(r); **the employees** die Belegschaft

em·ployer [ɪm'plɔɪəʳ] Arbeitgeber(in)

em·ploy·ment [ɪm'plɔɪmənt] ❶ Beschäftigung, Arbeit[sverhältnis]; **out of employment** arbeitslos; **full-time employment** Ganztagsbeschäftigung ❷ **employment agency** [*oder* **bureau**] Arbeitsvermittlung ❸ *von Gerät, Methode:* Verwendung

em·press ['emprɪs] Kaiserin

empties ['emptiːz] *plural* Leergut

emp·ti·ness ['emptɪnɪs] Leere

empty[1] ['emptɪ] leer; *Haus:* leer stehend; **on an empty stomach** auf nüchternen Magen; **feel empty** sich innerlich leer fühlen

empty[2] ['emptɪ] <emptied> leeren (**into** in); **empty something** etwas [aus-, ent]leeren

empty-handed [ˌemptɪ'hændɪd] mit leeren Händen

EMU [ˌiːem'juː] *Abkürzung von* **European Monetary Union** EWU, Europäische Währungsunion

en·able [ɪ'neɪbl] ❶ **enable something** etwas ermöglichen, möglich machen; **the security key enabled him to open the safe** mit dem Sicherheitsschlüssel konnte er den Safe öffnen ❷ berechtigen, ermächtigen *Person*

en·chant [ɪn'tʃɑːnt] **be enchanted** entzückt sein (**by, with** über)

en·chant·ing [ɪn'tʃɑːntɪŋ] bezaubernd, entzückend

en·circle [ɪn'sɜːkl] ❶ **encircle something** etwas umgeben; umschließen *Garten, Stadt* ❷ einkreisen *Buchstabe, Wort*

en·close [ɪn'kləʊz] ❶ **enclose something** etwas umgeben, einschließen (**in** in) ❷ beilegen; **I enclose a price list** als Anlage schicke ich Ihnen eine Preisliste

en·closed [ɪn'kləʊzd] **please find enclosed …** als Anlage erhalten Sie …

en·clos·ure [ɪn'kləʊʒəʳ] ❶ Gehege ❷ (*mit Brief*) Anlage

en·code [ɪn'kəʊd] **encode something** etwas verschlüsseln

en·core ['ɒŋkɔːʳ] Zugabe

en·coun·ter[1] [ɪn'kaʊntəʳ] ❶ **encounter someone** jemanden [unerwartet] treffen ❷ stoßen auf *Schwierigkeiten*

en·coun·ter[2] [ɪn'kaʊntəʳ] ❶ Begegnung ❷ Gefecht

en·cour·age [ɪn'kʌrɪdʒ] ❶ **encourage someone** jemanden ermutigen; **don't**

encourage him to do that! du sollst ihn nicht dazu ermutigen, so was zu tun! ② bestärken, unterstützen; **he encouraged her in her attempts to buy a boat** er hat ihre Bemühungen unterstützt, ein Boot zu kaufen ③ begünstigen, fördern *Verkäufe* ④ **I was encouraged by the news** die Nachricht hat mir neuen Mut gegeben

en·cour·age·ment [ɪn'kʌrɪdʒmənt] ① Ermutigung ② (*von Vorhaben*) Unterstützung, Bestärkung

en·cour·ag·ing [ɪn'kʌrɪdʒɪŋ] ermutigend, viel versprechend

en·cy·clo·p(a)edia [ɪnˌsaɪklə'piːdɪə] Enzyklopädie

end[1] [end] ① *von Zeitperiode, Ereignis:* Ende, Schluss; **end of the month** Monatsende; **at the end of February** Ende Februar; **end-of-summer sale** Sommerschlussverkauf; **in the end** am Ende, schließlich; **without end** endlos; **be at an end** zu Ende sein; **come to an end** zu Ende gehen; **put an end to something** einer Sache ein Ende setzen; **there is no end of problems** es gibt unendlich viele Probleme; **there is no end to it** es nimmt kein Ende ② Zweck, Ziel, Absicht; **to this end** zu diesem Zweck; **the end justifies the means** (*übertragen*) der Zweck heiligt die Mittel ③ Ergebnis, Folge, Konsequenz ▸ IN WENDUNGEN: **at the end of the day** wenn alles vorbei ist; **come to a bad** [*oder* **sticky**] **end** ein böses Ende nehmen; **go off the deep end** wütend werden; **make ends meet** gerade [mit seinem Geld] auskommen; **be at a loose end** (*umgangsspr*) nichts [Besonderes] vorhaben; **I've still got a few loose ends to clear up** ich habe noch einige Kleinigkeiten zu erledigen; **stand on end** *Haare:* zu Berge stehen, sich sträuben; **reach the end of one's tether** [endgültig] die Geduld verlieren; **be on the receiving end of something** etwas einstecken müssen

end[2] [end] enden, zu Ende sein, gehen; **end something** etwas beenden; **end in disaster** in einer Katastrophe enden
◆ **end up** landen, enden; **she ended up as the company president** sie wurde schließlich Präsident der Firma; **end up doing something** schließlich etwas tun; **he always ends up doing the washing-up** am Ende bleibt immer das Abspülen an ihm hängen

en·dan·ger [ɪn'deɪndʒəʳ] **endanger someone/something** jemanden/etwas gefährden

endangered species vom Aussterben bedrohte Art

en·deav·our, (USA) **en·dea·vor** [ɪn'devəʳ] **endeavour to do something** sich bemühen [*oder* sich anstrengen], etwas zu tun

end·ing ['endɪŋ] Ende, Ausgang

end·less ['endlɪs] ① endlos, ohne Ende ② unendlich

end product Endprodukt

en·dur·ance [ɪn'djʊərəns] Ausdauer, Durchhaltevermögen; **past** [*oder* **beyond**] **endurance** nicht auszuhalten, unerträglich; **endurance test** Belastungsprobe

en·dure [ɪn'djʊəʳ] ① ertragen, aushalten; **I can't endure these meetings** ich kann diese Sitzungen nicht ausstehen; **endure pain** Schmerz erleiden ② fortdauern, durchhalten

en·emy ['enəmɪ] Feind; **make an enemy of someone** sich jemanden zum Feind machen; **he is his own worst enemy** er schadet sich selbst am meisten

en·er·getic [ˌenə'dʒetɪk] ① *Person:* energiegeladen ② *Unterstützung:* tatkräftig ③ *Einsatz:* energisch

en·ergy ['enədʒɪ] Energie; **have no energy** *Person:* keine Kraft haben

en·force [ɪn'fɔːs] durchsetzen *Gesetz, Anspruch*

en·gage [ɪn'geɪdʒ] ① **engage someone** jemanden einstellen; **engage a band** eine Band engagieren ② **engage someone in conversation** jemanden in ein Gespräch verwickeln ③ (*Auto*) **engage the clutch** einkuppeln; **engage third gear** legen Sie den dritten Gang ein **en·gaged** [ɪn'geɪdʒd] ① verlobt; **get engaged to someone** sich mit jemandem verloben; **we are engaged to be married** wir sind verlobt ② *Person:* beschäftigt; **be engaged in doing something** damit beschäftigt sein, etwas zu tun ③ *Toilette, Telefon:* besetzt; **engaged tone** Besetztzeichen **en·gage·ment** [ɪn'geɪdʒmənt] ① Verlobung (**to** mit) ② Termin; **a dinner engagement** eine Verabredung zum Essen; **I have an engagement** ich bin verabredet ③ *von Künstler:* Engagement

en·gine ['endʒɪn] ① Motor; **start/stop the**

engine den Motor anlassen/abstellen; **engine trouble** Motorstörung; **petrol engine** Benzinmotor ② (*von Schiff*) Maschine ③ (*von Zug*) Lokomotive; **engine driver** Lok[omotiv]führer(in)

en·gi·neer [ˌendʒɪˈnɪəʳ] ① (*mit Hochschulabschluss*) Ingenieur(in); **civil engineer** Bauingenieur; **mechanical engineer** Maschinenbauingenieur ② Techniker(in) ③ USA Lokomotivführer **en·gin·eer·ing** [ˌendʒɪˈnɪərɪŋ] Ingenieurwesen; **mechanical engineering** Maschinenbau; **civil engineering** Hoch- und Tiefbau; **electrical engineering** Elektrotechnik

Eng·land [ˈɪŋglənd] England **Eng·lish**[1] [ˈɪŋglɪʃ] englisch; **the English Channel** der Ärmelkanal; **he's English** er ist Engländer

Eng·lish[2] [ˈɪŋglɪʃ] ① (*Sprache*) [das] Englisch(e), die englische Sprache; **in English** auf Englisch; **his English is good** er spricht ein gutes Englisch; **the Queen's** [*oder* **the King's**] **English** hochsprachliches Englisch ② **the English** die Engländer ③ **in plain English** schlicht und einfach [ausgedrückt]; (*übertragen*) unverblümt

Englishman [ˈɪŋglɪʃmən] <*plural* Englishmen> Engländer

Englishwoman [ˈɪŋglɪʃˌwʊmən, *plural* ˈɪŋglɪʃwɪmɪn] <*plural* Englishwomen> Engländerin

en·joy [ɪnˈdʒɔɪ] ① **she enjoys dancing and swimming** sie tanzt und schwimmt gern; **he enjoys music** er mag Musik; **she enjoyed the film** der Film hat ihr gut gefallen ② **enjoy oneself** sich gut unterhalten, sich amüsieren; **enjoy yourselves at the party!** viel Spaß auf der Party! ③ **how are you enjoying London?** wie gefällt es Ihnen in London?; **they enjoyed seeing you again** sie haben sich gefreut, euch wiederzusehen ④ **are you enjoying your meal?** schmeckt Ihnen das Essen?; **enjoy your meal!** guten Appetit! ⑤ genießen *Recht, Vorteil* **en·joy·able** [ɪnˈdʒɔɪəbl] *Abend, Empfindung:* angenehm; *Buch, Film:* unterhaltsam **en·joy·ment** [ɪnˈdʒɔɪmənt] Freude, Spaß (**of** an)

en·large [ɪnˈlɑːdʒ] ① vergrößern *Foto* ② erweitern *Wissen* **en·large·ment** [ɪnˈlɑːdʒmənt] Erweiterung; *auch Foto:* Vergrößerung

enor·mous [ɪˈnɔːməs] ① *Menge, Tier:* riesig, enorm ② *Unterschied, Kraft:* gewaltig; *Problem:* ungeheuer

enough[1] [ɪˈnʌf] ① genug, genügend; **is there enough cake?** ist genügend Torte da?; **there's enough room** es ist Platz genug ② **this meat isn't cooked enough** das Fleisch ist nicht richtig durch ▶ IN WENDUNGEN: **good enough!** sehr gut!; **surprisingly enough** überraschenderweise

enough[2] [ɪˈnʌf] ① genug; **have enough** genug haben; **we've got enough to live on** es reicht uns zum Leben; **I had enough to do** ich hatte genug/alle Hände voll zu tun; **I've had enough** [**of your cheek**]! jetzt reicht's mir aber [mit deiner Frechheit]! ② (*beim Essen*) **that's enough, thanks** danke, das reicht; **I've had enough, thank you!** danke, ich bin satt! ▶ IN WENDUNGEN: **enough is enough!** mal muss es auch genug sein!; **enough said!** mehr braucht man dazu nicht zu sagen!

en·quire [ɪnˈkwaɪəʳ] ① sich erkundigen (**about, after** nach), fragen (**about** nach) ② **enquire into a matter** eine Angelegenheit untersuchen

en·quiry [ɪnˈkwaɪərɪ] ① Anfrage (**about** über); **on enquiry** auf Anfrage ② *meist plural* Erkundigung; **make enquiries** [über etwas] Erkundigungen einziehen ③ (*polizeilich*) Untersuchung; **hold an enquiry into something** eine Untersuchung über etwas durchführen ④ **enquiries** ⚠ *plural* Auskunft

en·raged [ɪnˈreɪdʒd] wütend, aufgebracht, entrüstet (**at, by** über)

en·rol, USA **en·roll** [ɪnˈrəʊl] <enrolled, enrolled> ① (*für einen Kurs*) sich einschreiben; (*an der Uni*) sich immatrikulieren lassen; **enrol someone on** [*oder* **for**] **a course** jemanden für einen Kurs einschreiben ② (*in einem Verein*) Mitglied werden; **enrol members** Mitglieder anwerben

en route [ˌɒnˈruːt] auf dem Weg (**to, for** nach, zu)

en suite [ˌɒnˈswiːt] **all rooms are en suite** alle Zimmer haben (ein) Bad; **en suite bathroom** angeschlossenes Badezimmer

en·sure [ɪnˈʃʊəʳ] ① gewährleisten, sicherstellen; **please ensure that the doors are locked** bitte sorgen Sie dafür, dass die Türen abgeschlossen sind ② **ensure success**

Erfolg garantieren

en·ter [ˈentəʳ] ① hineingehen; (*von innen gesehen*) hereinkommen; **enter!** herein!; **enter a room/building** einen Raum/ein Gebäude betreten ② **enter university** auf die Universität gehen; **enter teaching** den Lehrberuf ergreifen; **enter for an examination** sich einer Prüfung unterziehen ③ **enter a competition** an einem Wettbewerb teilnehmen ④ einreisen *Land* ⑤ **enter one's name for something** sich für etwas einschreiben [*oder* eintragen] ⑥ eingeben *Daten* ⑦ **it never entered my head!** das ist mir nie in den Sinn gekommen! ⑧ (*im Theaterstück*) **enter Orpheus** Orpheus tritt auf

◆ **enter into** ① sich einlassen auf; teilnehmen an *Debatte, Wettbewerb* ② **enter into discussion[s]** sich an Diskussionen beteiligen ③ **enter into an agreement** eine Vereinbarung treffen ④ **enter into correspondence with** in Briefwechsel treten mit ⑤ eingehen *Partnerschaft, Ehe* ⑥ **the money doesn't enter into it at all** das Geld hat damit gar nichts zu tun

en·ter key Entertaste, Eingabetaste

en·ter·prise [ˈentəpraɪz] ① (*Vorhaben*) Unternehmen ② (*Geschäft*) Unternehmen; **free enterprise** freies Unternehmertum ③ *von Person:* Unternehmungsgeist **en·ter·pris·ing** [ˈentəpraɪzɪŋ] unternehmungslustig, einfallsreich

en·ter·tain [ˌentəˈteɪn] ① **entertain someone** jemanden unterhalten ② **entertain someone** jemanden bewirten; **entertain someone to dinner** jemanden zum Essen einladen; **they entertain a great deal** sie haben sehr oft Gäste ③ **entertain a suspicion** einen Verdacht hegen; **entertain the view** die Ansicht haben, vertreten; **entertain a suggestion** einen Vorschlag in Erwägung ziehen **en·ter·tain·ing** [ˌentəˈteɪnɪŋ] unterhaltend, unterhaltsam

en·ter·tain·ment [ˌentəˈteɪnmənt] ① Unterhaltung, Vergnügen ② (*öffentliche Darbietung*) Unterhaltungsshow ③ *von Gästen:* Bewirtung

en·thusi·asm [ɪnˈθjuːzɪæzəm] Begeisterung, Enthusiasmus (**for** für)

en·thusi·astic [ɪnˌθjuːzɪˈæstɪk] begeistert (**about** von)

en·tic·ing [ɪnˈtaɪsɪŋ] verlockend, verführerisch

en·tire [ɪnˈtaɪəʳ] ganz; **the entire week** die ganze Woche; **the entire country** das gesamte Land **en·tire·ly** [ɪnˈtaɪəʳlɪ] gänzlich; **entirely different** grundverschieden

en·titled [ɪnˈtaɪtld] ① **be entitled to something** Anspruch haben auf etwas; **entitled to a pension/to vote** pensions-/stimmberechtigt ② **be entitled to do something** das Recht haben, etwas zu tun

en·trance [ˈentrəns] ① Eingang, Eingangstür ② (*für Fahrzeug*) Einfahrt ③ (*am Theater*) Auftritt; **make one's entrance** eintreten ④ (*Eintritt*) Eintritt[sgeld]; **entrance is by ticket only** man kommt nur mit einer Eintrittskarte hinein ⑤ **no entrance!** Zutritt verboten!; **no entrance except on business** Unbefugten ist der Zutritt verboten ⑥ **gain entrance to a university** die Zulassung zu einer Universität erhalten; **entrance exam** Aufnahmeprüfung

en·trance exam·in·ation [ˈentrəns ɪgˌzæmɪˈneɪʃn] Aufnahmeprüfung **en·trance fee** ① Eintrittsgeld ② (*in Verein usw.*) Aufnahme-, Einschreib(e)gebühr **entrance form** Anmeldeformular **entrance hall** Vorhalle, Hausflur

entre·pre·neur [ˌɒntrəprəˈnɜːʳ] Unternehmer(in)

en·trust [ɪnˈtrʌst] **entrust something to someone** jemandem etwas anvertrauen; **entrust a task to someone, entrust someone with a task** jemanden mit einer Aufgabe betrauen

en·try [ˈentrɪ] ① Eintritt (**to** in); **gain entry** Einlass finden ② (*Tür*) Eingang[stür] ③ (*für Fahrzeug*) Einfahrt ④ Eingangshalle, Flur ⑤ (*in ein Land*) Einreise ⑥ (*im Telefonbuch*) Eintrag (**in** in); (*im Lexikon*) Stichwort ⑦ **no entry!** (*auf einer Tür*) Zutritt verboten!; (*auf der Straße*) keine Einfahrt! **entry fee** ① Eintrittsgeld ② (*für Wettbewerb*) Teilnahmegebühr **entry form** ① Anmeldeformular ② (*für Wettbewerb*) Teilnahmeschein **entry·phone** [ˈentrɪfəʊn] Türsprech-, Wechselsprechanlage

en·velop [ɪnˈveləp] ① [ein]hüllen, einwickeln (**in** in) ② (*übertragen*) **the house was enveloped in flames** das Haus war ganz von Flammen umgeben

en·vel·ope [ˈenvələʊp] ① [Brief]Umschlag ② Hülle

en·vi·able [ˈenvɪəbl] beneidenswert

en·vi·ous ['envɪəs] neidisch (**of** auf)

en·vi·ron·ment [ɪn'vaɪərənmənt] ❶ (*Natur*) Umwelt ❷ Umgebung ❸ (*soziale Umstände*) Milieu; **working environment** Arbeitswelt **en·vi·ron·mental** [ɪnˌvaɪərən'mentl] Umwelt-; **environmental pollution** Umweltverschmutzung

envy[1] ['envɪ] Neid (**of** auf, über), Missgunst; **his house was the envy of all his friends** alle seine Freunde beneideten ihn um sein Haus

envy[2] ['envɪ] **envy someone something** jemanden um etwas beneiden, jemandem etwas neiden

en·zyme ['enzaɪm] Enzym

epidemic [ˌepɪ'demɪk] (*auch übertragen*) Epidemie, Seuche

epi·sode ['epɪsəʊd] Episode, Fortsetzung

equal[1] ['iːkwəl] ❶ gleich; **equal in height** gleich hoch; **be equal in size to something** ebenso groß wie etwas sein; **they are of equal value** sie haben den gleichen Wert; (*in Qualität*) gleichwertig ❷ *Person:* **she is equal to him** sie ist ihm ebenbürtig; (*politisch gleich*) sie ist ihm gleichberechtigt; **equal opportunities for women** Gleichberechtigung der Frauen; **be on equal terms with someone** mit jemandem auf gleicher Stufe stehen ❸ **be equal to a task/an occasion** einer Aufgabe/Lage gewachsen sein; **be equal to doing something** im Stande sein, etwas zu tun ❹ **in equal parts** zu gleichen Teilen

equal[2] ['iːkwəl] ❶ Gleichgestellte(r) ❷ **my equals** *plural* meinesgleichen; **he has no equal** er ist einsame Spitze ❸ **be the equal of something** einer Sache gleich sein; **be someone's equal** jemandem gleich sein

equal[3] ['iːkwəl] <equalled, equalled> ❶ **equal someone/something** jemandem/einer Sache gleichen [*oder* gleichkommen] ❷ **three times two equals six** drei mal zwei ist [gleich] sechs

equal·ity [ɪ'kwɒlətɪ] ❶ Gleichheit ❷ **equality of women** Gleichberechtigung der Frauen

equal·ize ['iːkwəlaɪz] ❶ angleichen ❷ (*bei Fußball usw.*) ausgleichen; **the equalizing goal** das Ausgleichstor **equal·izer** ['iːkwəlaɪzə^r] (*Sport*) Ausgleich, Ausgleichstor

equally ['iːkwəlɪ] ❶ gleich; **equally expensive** genau so teuer ❷ ebenso; **they're equally tall** sie sind genauso hoch ❸ **distribute something equally** etwas gleichmäßig verteilen

equal opportunities Chancengleichheit

equal(s) sign (*Mathematik*) Gleichheitszeichen

equa·tion [ɪ'kweɪʒn] Gleichung

equa·tor [ɪ'kweɪtə^r] Äquator **equa·tor·ial** [ˌekwə'tɔːrɪəl] äquatorial

equip [ɪ'kwɪp] <equipped, equipped> ❶ **equip someone/something** jemanden/etwas ausrüsten ❷ ausstatten *Zimmer* ❸ **fully equipped** komplett ausgerüstet, komplett ausgestattet

equip·ment [ɪ'kwɪpmənt] ❶ *Schiff usw.:* Ausrüstung ❷ *Küche usw.:* Ausstattung; *von Labor:* Einrichtung ❸ **climbing/diving equipment** Bergsteiger-/Taucherausrüstung

era ['ɪərə] Ära, Zeitalter

eradi·cate [ɪ'rædɪkeɪt] ausrotten, völlig vernichten

erase [ɪ'reɪz] ❶ **erase a mistake/writing** einen Fehler/Schrift ausradieren ❷ löschen *Daten* ❸ (*übertragen*) auslöschen (**from** aus)

eraser [ɪ'reɪzə^r] Radiergummi

erect[1] [ɪ'rekt] aufrecht, aufgerichtet; **with head erect** erhobenen Hauptes

erect[2] [ɪ'rekt] ❶ aufrichten ❷ aufbauen; errichten *Gebäude;* aufstellen *Zelt*

erode [ɪ'rəʊd] ❶ zerfressen, zernagen ❷ *Meer:* auswaschen

ero·sion [ɪ'rəʊʒn] ❶ Erosion ❷ (*übertragen*) langsamer Verlust (**of** an)

erotic [ɪ'rɒtɪk] erotisch

eroticism [ɪ'rɒtɪsɪzm] Erotik

er·ratic [ɪ'rætɪk] ❶ *Person:* unberechenbar ❷ *Denken:* sprunghaft ❸ *Arbeit:* ungleichmäßig

er·ror ['erə^r] ❶ Fehler; **free from error** fehlerfrei, fehlerlos ❷ Irrtum, Versehen; **be in error** im Irrtum sein; **error of judgement** Fehleinschätzung

erupt [ɪ'rʌpt] ❶ *Vulkan, Streit, Krieg:* ausbrechen ❷ *Pickel, Ausschlag:* sich ausbreiten ❸ *Person:* explodieren **erup·tion** [ɪ'rʌpʃn] ❶ *von Vulkan, Streit, Krieg:* Ausbruch ❷ [Haut]Ausschlag

es·ca·late ['eskəleɪt] ❶ *Preise, Kosten:* ansteigen ❷ *Krieg:* sich ausweiten ❸ **escalate something** etwas eskalieren lassen; **escalate prices** Preise sprunghaft steigen lassen

es·ca·la·tor ['eskəleɪtəʳ] Rolltreppe

es·cape[1] [ɪ'skeɪp] ① entfliehen, flüchten (**from** aus); (*mit Erfolg*) entkommen; *Vögel:* entfliegen; (*aus Gefängnis, Käfig*) ausbrechen ② *Flüssigkeit, Gas:* ausströmen, auslaufen (**from** aus) ③ **escape danger/punishment** einer Gefahr/Strafe entgehen; **he escaped alive** [*oder* **with his life**] er ist mit dem Leben davongekommen; **escape an enemy** einem Feind entkommen; **escape death** dem Tode entgehen ④ **escape notice** unbemerkt bleiben ⑤ **his name escapes me** sein Name ist mir entfallen

es·cape[2] [ɪ'skeɪp] ① Flucht; (*aus Gefängnis*) Ausbruch ② Entkommen, Rettung (**from** von); **have a narrow escape** mit knapper Not entkommen ③ *von Gas:* Ausströmen ④ **escape attempt** Fluchtversuch ⑤ **escape chute** Notrutsche

es·cort[1] ['eskɔːt] ① Begleiter(in) ② (*Bewacher*) Geleitschutz, Eskorte

es·cort[2] [ɪ'skɔːt] ① begleiten ② eskortieren, Geleitschutz geben

es·pecial·ly [ɪ'speʃəlɪ] [ganz] besonders, vor allem

espion·age ['espɪənɑːʒ] Spionage

es·say ['eseɪ] Essay; (*in der Schule*) Aufsatz

es·sence ['esns] ① *aus Fleisch, Pflanzen:* Essenz ② *einer Theorie:* das Wesentliche; **in essence** [im] Wesentlich[en]

es·sen·tial [ɪ'senʃl] ① wesentlich, grundlegend (**to** für); **essential difference** wesentlicher Unterschied ② unentbehrlich; *Nahrungsmittel:* [lebens]notwendig (**to** für) **es·sen·tial·ly** [ɪ'senʃəlɪ] [im] Wesentlich[en], in der Hauptsache

es·sen·tials [ɪ'senʃl] *plural* **the essentials** das Notwendigste; **the bare essentials** das Allernotwendigste

es·tab·lish [ɪ'stæblɪʃ] ① eröffnen *Geschäft* ② einführen *Regelung;* herstellen, aufnehmen *Verbindung* ③ herstellen *Ordnung* ④ stiften *Frieden* ⑤ sich verschaffen *Autorität* ⑥ bilden *Regierung* ⑦ aufstellen *Rekord* ⑧ nachweisen *Theorie* ⑨ beweisen, nachweisen *Schuld, Tatbestand* ⑩ etablieren *Anspruch* ⑪ sich etablieren; **establish one's reputation** sich einen Namen machen

es·tab·lish·ment [ɪ'stæblɪʃmənt] ① (*Eröffnung*) *einer Firma:* Gründung; *von Regierung:* Bildung ② *von Beweis:* Feststellung ③ Unternehmen, Firma ④ GB (*Gesellschaft*) [das] Establishment

es·tate [ɪ'steɪt] ① Besitz, Eigentum, Vermögen ② Grund-/Landbesitz, [Land]Gut ③ GB **housing estate** Wohnsiedlung ④ **industrial estate** Industriegebiet **estate agent** Immobilienmakler(in)

estate car Kombi[wagen]

es·ti·mate[1] ['estɪmeɪt] ① schätzen; etwas [ab-/ein]schätzen *Entfernung, Zahl* ② **estimate the costs** die Kosten veranschlagen

es·ti·mate[2] ['estɪmət] ① [Ab]Schätzung, Bewertung ② Kostenvoranschlag ③ **at a rough estimate** grob geschätzt

es·ti·ma·tion [ˌestɪ'meɪʃn] ① Beurteilung ② Ansicht, Meinung; **in my estimation** meiner Ansicht nach ③ Hochschätzung, Achtung; **go up/down in someone's estimation** in jemandes Achtung steigen/sinken

Estonia [es'təʊnɪə] Estland

Estonian[1] [es'təʊnɪən] ① (*Sprache*) Estnisch ② (*Person*) Este, Estin

Estonian[2] [es'təʊnɪən] estnisch

es·tu·ary ['estʃʊərɪ] Mündung

etc. *Abkürzung von* **et cetera** usw., und so weiter

eter·nal [ɪ'tɜːnl] ewig **eter·nal·ly** [ɪ'tɜːnəlɪ] ① für immer ② (*umgangsspr*) ununterbrochen

eter·nity [ɪ'tɜːnətɪ] (*auch übertragen*) Ewigkeit

ethi·cal ['eθɪkl] moralisch, ethisch

eth·ics ['eθɪks] *plural* Ethik, Moral

ethnic ['eθnɪk] ethnisch; **ethnic minority** ethnische Minderheit

EU [ˌiː'juː] *Abkürzung von* **European Union** EU

eu·ro ['jʊərəʊ] Euro

Euro·cheque ['jʊrətʃek] Eurocheque; **Eurocheque card** Eurochequekarte, ec-Karte

Europe ['jʊərəp] Europa; **the Council of Europe** der Europarat

Euro·pean[1] [ˌjʊərə'pɪən] ① europäisch ② **European Championship** Europameisterschaft; **European Parliament** Europaparlament, Europäisches Parlament; **European Union, EU** Europäische Union, EU

Euro·pean[2] [ˌjʊərə'pɪən] Europäer(in)

eu·ro·zone Euro-Zone, Euroländer

evacu·ate [ɪ'vækjʊeɪt] ① **evacuate a house** ein Haus räumen ② evakuieren *Bevölkerung* **evacu·ation** [ɪˌvækjʊ'eɪʃn] ① Räumung ② Evakuierung

evalu·ate [ɪˈvæljʊeɪt] ① [ab]schätzen *Wert, Kosten;* **evaluate something at £1,000** etwas auf £1,000 taxieren ② auswerten *Ergebnis* ③ beurteilen *Chance* **evalu·ation** [ɪˌvæljʊˈeɪʃn] ① Abschätzung ② Wertberechnung, Bewertung ③ *von Daten:* Auswertung

evan·geli·cal [ˌiːvænˈdʒelɪkl] evangelisch

evap·or·ate [ɪˈvæpəreɪt] ① verdampfen ② **evaporated milk** Dosen-/Kondensmilch ③ *Alkohol:* sich verflüchtigen ④ (*übertragen*) *Hoffnung:* [dahin]schwinden, vergehen

evas·ion [ɪˈveɪʒn] ① *von Problem:* Umgehen, Vermeiden ② *von Steuer:* Hinterziehung **evas·ive** [ɪˈveɪsɪv] ausweichend; **he is so evasive** er weicht dauernd aus

eve [iːv] Vorabend; **on the eve of** am Tage vor

even [ˈiːvn] ① *Fläche:* eben, flach, glatt ② gleich [groß], gleichförmig ③ *Atmung, Geschwindigkeit:* gleichmäßig; *Zähne:* regelmäßig ④ *Zahl:* gerade; **odd or even** gerade oder ungerade ⑤ **make something even** etwas ebnen, etwas glätten ⑥ **be even with someone** mit jemandem quitt sein; **break even** sein Geld wieder herausbekommen, kostendeckend arbeiten; **get even [with someone]** [mit jemandem] abrechnen ⑦ sogar, selbst; **he cleaned everything, even the tiles!** er hat alles geputzt, sogar die Fliesen! ⑧ sogar, noch; **that's even better** das ist sogar [noch] besser ⑨ (*als Betonung*) **he left without even saying goodbye** er ist gegangen und hat sich noch nicht einmal verabschiedet; **not even she knows** nicht einmal sie weiß es; **even if you were a millionaire** selbst wenn du ein Millionär wärst ⑩ **even though** obwohl ⑪ **even so** trotzdem ⑫ **even if** sogar wenn

◆**even out** ① *Straße, Fläche:* eben werden ② *Preise:* sich einpendeln ③ ausgleichen ④ glätten; eben machen *Fläche* ⑤ gleichmäßig verteilen *Reichtum*

◆**even up** ① ausgleichen *Unterschiede* ② aufrunden *Summe;* bezahlen *Schulden*

even·ing [ˈiːvnɪŋ] Abend; **in the evening** abends, am Abend; **on Sunday evening** Sonntagabend; **one evening** eines Abends; **this/yesterday/tomorrow evening** heute, gestern, morgen Abend **evening class** Abendschule, Abendkurs **evening dress** ① Abendkleid ② Abendanzug **evening paper** Abendzeitung

event [ɪˈvent] ① Ereignis, Veranstaltung ② Geschehnis, Fall; **in the event of illness** im Falle einer Krankheit; **at all events** auf alle Fälle; **in any event** jedenfalls, sowieso ③ (*im Sport*) Wettkampf, Disziplin

event·ful [ɪˈventfl] ereignisreich

event·ual [ɪˈventʃʊəl] **the affair led to her eventual resignation** die Angelegenheit führte schließlich zu ihrem Rücktritt

event·ual·ly [ɪˈventʃʊəlɪ] letzt[end]lich, schließlich

ever [ˈevəʳ] ① je[mals]; **have you ever been to Scotland?** bist du schon einmal in Schottland gewesen?; **his best performance ever** seine beste Vorstellung überhaupt; **it's worse than ever** es ist schlimmer als je zuvor; **hardly ever** fast nie; **it hardly ever snows here** hier schneit es kaum jemals; **not ever** noch nie; **never ever** nie im Leben ② immer; **for ever [and ever]** für alle Zeiten, für immer; **the young think they will live for ever** junge Menschen glauben, sie werden ewig leben; **as ever** wie immer ③ **ever since** seitdem ④ (*umgangsspr: als Betonung*) **ever so kind** unheimlich nett; **thanks ever so much!** tausend Dank!; **I'm ever so sorry!** es tut mir sehr Leid! ⑤ (*als Betonung*) **what ever/where ever/who ever … ?** was/wo/wer … bloß?; **what ever shall we do?** was sollen wir bloß machen?

every [ˈevrɪ] ① jede(r, s) [mögliche], alle; **every day** jeden Tag; **every other day** jeden zweiten Tag; **every other week** alle vierzehn Tage; **every time** jedes Mal; **every now and then** [*oder* **again**] ab und zu, von Zeit zu Zeit ② **each and every one** jede(r, s) einzelne; **every one of them** sie alle ohne Ausnahme; **he has every reason** er hat allen Grund; **in every way** in jeder Hinsicht; **I wish you every happiness** ich wünsche dir alles Gute ③ **she's every bit as funny as her sister** sie ist genauso witzig wie ihre Schwester; **every bit as much** genauso viel

every·body [ˈevrɪbɒdɪ] jeder, alle; **everybody is ready** alle sind bereit; **everybody knows that!** das weiß doch jeder! **everybody else** alle anderen, alle übrigen

every·day [ˈevrɪdeɪ] alltäglich, gewöhnlich; **in everyday life** im Alltag

every·one ['evrɪwʌn] jeder, alle; **everyone is ready** alle sind bereit; **everyone knows that!** das weiß doch jeder!

every·thing ['evrɪθɪŋ] ① alles; **she is everything to him** sie ist sein Ein und Alles; **money is everything to him** das Geld ist ihm das Wichtigste ② **everything new** alles Neue ③ **everything else** alles andere ④ **everything OK?** alles klar?

every·where[1] ['evrɪweəʳ] **everywhere in London** überall in London

every·where[2] ['evrɪweəʳ] ① überall ② **everywhere you look ...** wohin du auch schaust ...

evi·dence ['evɪdəns] ① Beweis, Beweismaterial, Beweisstück; *von Zeugen:* Zeugenaussage; **for lack of evidence** aus Mangel an Beweisen; **give evidence** eine Aussage machen ② Anhaltspunkt, Nachweis ③ **in evidence** deutlich sichtbar, offenkundig; **be in evidence** auffallen; **pollution is very much in evidence** die Umweltverschmutzung ist nicht zu übersehen

evi·dent ['evɪdənt] offenkundig, augenscheinlich

evil[1] ['iːvl] ① *Charakter,* schlecht, böse ② *Geruch:* übel, schlimm ③ *Beispiel:* schlecht, übel

evil[2] ['iːvl] [das] Böse, Übel; **wish someone evil** jemandem Böses wünschen; **deliver us from evil** erlöse uns von dem Bösen; **the lesser evil** das kleinere Übel

evol·ution [ˌiːvə'luːʃn] ① Entwicklung ② Evolution; **theory of evolution** Evolutionstheorie

ewe [juː] [Mutter]Schaf

ex[1] [eks] (*ehemalig*) **his ex-wife** seine Exfrau

ex[2] [eks] (*umgangsspr: ehemaliger Ehemann/Freund/Frau usw.*) Ex; **he's my ex** das ist mein Exfreund

exact [ɪg'zækt] ① genau, exakt; **the exact opposite** genau das Gegenteil ② **exact fare** passendes Fahrgeld **exact·ing** [ɪg'zæktɪŋ] anspruchsvoll; **she is [very] exacting** sie verlangt viel

exact·ly [ɪg'zæktlɪ] ① genau, ganz; **when exactly did she go?** wann genau ging sie?; **not exactly sure** nicht ganz sicher; **exactly!** ganz genau! ② **at six o'clock exactly** Punkt sechs Uhr ③ (*humorvoll*) **not exactly friendly** nicht gerade freundlich

exag·ger·ate [ɪg'zædʒəreɪt] übertreiben **exag·ger·ated** [ɪg'zædʒəreɪtɪd] übertrieben **exag·ger·ation** [ɪgˌzædʒə'reɪʃn] Übertreibung

exam [ɪg'zæm] Prüfung **exam·in·ation** [ɪgˌzæmɪ'neɪʃn] ① Prüfung, Examen (**in** in); **examination paper** [schriftliche] Prüfungsarbeit; **examination question** Prüfungsfrage ② (*medizinisch*) Untersuchung ③ (*im Gericht*) Vernehmung ④ **[up]on examination** bei näherer, eingehender Prüfung; **be under examination** geprüft, untersucht werden **exam·ine** [ɪg'zæmɪn] ① untersuchen ② (*im Gericht*) verhören, vernehmen **exam·iner** [ɪg'zæmɪnəʳ] Prüfer(in)

example [ɪg'zɑːmpl] ① Beispiel (**of** für); **for example** zum Beispiel; **take something as an example** etwas als Beispiel nehmen ② **give** [*oder* **set**] **an example** mit gutem Beispiel vorangehen; **be a good example to someone** jemandem ein gutes Vorbild sein ③ **make an example of someone** ein Exempel an jemandem statuieren

ex·ceed [ɪk'siːd] ① überschreiten ② *Kosten, Anzahl:* übersteigen ③ **exceed someone's expectations** jemandes Erwartungen übertreffen

ex·cel [ɪk'sel] <excelled, excelled> ① übertreffen, überragen (**in** in) ② **excel oneself** sich selbst übertreffen ③ sich auszeichnen (**as** als) **ex·cel·lence** ['eksələns] ① Vorzüglichkeit ② hervorragende Leistung (**at, in** in)

ex·cel·lent ['eksələnt] ausgezeichnet, hervorragend

ex·cept[1] [ɪk'sept] **except someone/something** jemanden/etwas ausnehmen, ausschließen (**from** aus)

ex·cept[2] [ɪk'sept] ① außer, ausgenommen; **the museum is open daily except Mondays** außer montags ist das Museum täglich geöffnet ② **except for** bis auf, mit Ausnahme; **the twins are identical except that one has a birthmark** die Zwillinge gleichen sich, außer dass einer ein Muttermal hat ③ (*umgangsspr*) [je]doch

ex·cep·tion [ɪk'sepʃn] ① Ausnahme (**to** von); **as an** [*oder* **by way of**] **exception** als Ausnahme, ausnahmsweise; **with the exception of those people** mit Ausnahme dieser Leute; **with certain exceptions** mit

E

bestimmten Ausnahmen; **without exception** ausnahmslos; **be an exception** eine Ausnahme bilden; **exceptions prove the rule** Ausnahmen bestätigen die Regel ② Anstoß; **take exception** [**to something**] [an etwas] Anstoß nehmen, etwas beanstanden

ex·cep·tional [ɪk'sepʃənl] außergewöhnlich; **exceptional case** Ausnahmefall **ex·cep·tion·ally** [ɪk'sepʃnəlɪ] außergewöhnlich, ungewöhnlich

ex·cerpt ['eksɜːpt] Auszug, Exzerpt (**from** aus)

ex·cess [ɪk'ses] ① Übermaß (**of** an); **in excess of a million** über eine Million; **be in excess of** hinausgehen über ② **excesses** *plural* Exzesse, Ausschweifungen

excess baggage Übergepäck **excess charge** zusätzliche Gebühr; (*Post*) Nachporto

ex·cess·ive [ɪk'sesɪv] übermäßig, übertrieben

ex·change[1] [ɪk'stʃeɪndʒ] ① tauschen (**with** mit); **exchange addresses** Adressen austauschen ② **exchange money** Geld wechseln (**for** gegen) ③ **exchange blows** sich schlagen ④ **exchange words** einen Wortwechsel haben

ex·change[2] [ɪk'stʃeɪndʒ] ① Tausch; *von Gefangenen, Studenten:* Austausch; *von Geld, Waren:* Umtausch; **in exchange for** im Tausch gegen, als Entschädigung für ② (*für Waren*) Tauschgeschäft; (*für Geld*) Wechselstube ③ [**telephone**] **exchange** [Telefon]Zentrale, Fernamt ④ **rate of exchange** Wechselkurs ⑤ **exchange of letters** Briefwechsel; **exchange of views** Meinungsaustausch

exchange rate Wechselkurs **exchange student** Austauschstudent(in)

ex·chequer [ɪks'tʃekə^{r}] **the Chancellor of the Exchequer** der [die] Finanzminister(in)

ex·cise ['eksaɪz] **excise** [**duty**] Verbrauchssteuer

ex·cit·able [ɪk'saɪtəbl] leicht erregbar

ex·cite [ɪk'saɪt] ① aufregen; **she was excited by the news** die Nachricht hat sie sehr aufgeregt ② begeistern; **she became very excited by the idea** die Idee begeisterte sie ③ **excite interest** Interesse wecken ④ **excite someone** jemanden erregen

ex·cit·ed [ɪk'saɪtɪd] ① aufgeregt; **get excited** sich aufregen (**over** über) ② begeistert

ex·cite·ment [ɪk'saɪtmənt] ① Aufregung ② Begeisterung

ex·cit·ing [ɪk'saɪtɪŋ] aufregend, spannend

ex·claim [ɪk'skleɪm] [aus]rufen; **she exclaimed that I was wrong** sie rief, dass ich - mich geirrt hatte

ex·cla·mation [ˌekskləˈmeɪʃn] Ausruf; **exclamation mark,** (USA) **exclamation point** Ausrufezeichen

ex·clude [ɪk'skluːd] ausschließen (**from** aus) **ex·clud·ing** [ɪk'skluːdɪŋ] nicht inbegriffen, ausgenommen

ex·clus·ive [ɪk'skluːsɪv] ① **the theories are mutually exclusive** die Theorien schließen sich gegenseitig aus ② *Kleidung, Verein:* vornehm, elegant ③ *Macht:* alleinig; **exclusive interview** Exclusivinterview ④ (*umgangsspr*) *Laden:* teuer

ex·cur·sion [ɪk'skɜːʃn] ① Ausflug; **go on an excursion** einen Ausflug machen ② Rundfahrt, Rundreise

ex·cuse[1] [ɪk'skjuːz] ① **excuse someone's behaviour** jemandes Benehmen entschuldigen; **excuse someone** jemandem verzeihen; **excuse someone for being late** jemandes Zuspätkommen entschuldigen ② **excuse me!** entschuldigen Sie!; **excuse me, what did you say?** Verzeihung, was haben Sie gesagt? ③ (*befreien*) **excuse someone from something** jemandem etwas erlassen ④ **excuse oneself** sich entschuldigen; **she excused herself from the meeting** sie entschuldigte sich und verließ das Meeting ⑤ (USA) **excuse me?** wie bitte?

ex·cuse[2] [ɪk'skjuːs] ① Entschuldigung ② **make an excuse** sich entschuldigen (**to** bei); **make excuses for someone** jemanden entschuldigen ③ Ausrede; **excuses, excuses!** nichts als Ausreden!

ex-di·rec·tory [ˌeksdɪ'rektərɪ] nicht im Telefonbuch eingetragen

ex·ecute ['eksɪkjuːt] ① ausführen *Arbeit;* durchführen, erledigen *Auftrag* ② hinrichten **ex·ecu·tion** [ˌeksɪ'kjuːʃn] ① *von Arbeit:* Ausführung; *von Auftrag, Plan:* Durchführung; **in the execution of one's duty** in Erfüllung seiner Pflicht ② *von Urteil:* Vollstreckung ③ Hinrichtung

execu·tive[1] [ɪg'zekjʊtɪv] ① *Ausschuss, Macht:* ausführend, exekutiv ② geschäftsführend; *Stellung:* leitend

execu·tive[2] [ɪg'zekjʊtɪv] ① (*Regierung*)

Exekutive ② (*Wirtschaft*) Geschäftsführer(in), leitende(r) Angestellte(r); **top executive** Spitzenkraft

exempt[1] [ɪɡ'zempt] **exempt someone** jemanden befreien, freistellen (**from** von)

exempt[2] [ɪɡ'zempt] befreit, ausgenommen (**from** von); **exempt from charges** spesen-, kostenfrei; **exempt from duty** gebühren-, abgaben-, zollfrei; **exempt from postage** portofrei; **exempt from taxation** steuerfrei, von den Steuern befreit

exemp·tion [ɪɡ'zempʃn] ① Befreiung, Freistellung (**from** von) ② Steuerfreibetrag; **exemption from taxation** Steuerfreiheit; **exemption from duty** Gebühren-, Abgabenfreiheit ③ **exemption from liability** Haftungsausschluss

ex·er·cise[1] ['eksəsaɪz] ① (*Aufgabe*) Übung; (*in der Schule*) [Schul]Aufgabe ② (*körperlich*) Bewegung; **I need to take more exercise** ich sollte mehr Sport machen; **stomach exercises** Bauchübungen ③ (*militärisch*) Übung ④ Gebrauch; *von Fantasie:* Anwendung; *von Autorität:* Ausübung

ex·er·cise[2] ['eksəsaɪz] ① **exercise the body** den Körper trainieren ② **exercise the mind** die geistigen Fähigkeiten herausfordern ③ **exercise the dog** den Hund spazieren führen; **exercise the horse** das Pferd bewegen ④ **exercise troops** Truppen exerzieren ⑤ **exercise caution** Vorsicht walten lassen; **exercise influence/power** Einfluss/Macht ausüben; **exercise patience** Geduld aufbringen ⑥ sich üben (**in** in), sich Bewegung verschaffen; **I don't exercise regularly** ich treibe nicht regelmäßig Sport

exercise book Heft

exer·tion [ɪɡ'zɜːʃn] ① Anstrengung ② *von Kraft:* Anwendung; *von Druck:* Ausübung; *von Einfluss:* Aufbietung

ex·hale [eks'heɪl] ausatmen

ex·haust[1] [ɪɡ'zɔːst] ① ermüden ② (*aufbrauchen*) **her patience is exhausted** ihre Geduld ist erschöpft; **exhaust a topic** ein Thema erschöpfen[d behandeln]

ex·haust[2] [ɪɡ'zɔːst] (*Auto*) ① **exhaust** [**pipe**] Auspuff[rohr] ② **exhaust** [**fumes**] Abgas(e)

ex·hausted [ɪɡ'zɔːstɪd] erschöpft

ex·haust·ing [ɪɡ'zɔːstɪŋ] ① *Bewegung, Person:* anstrengend ② *Aufgabe:* mühsam

ex·haus·tion [ɪɡ'zɔːstʃn] Erschöpfung

ex·hibit[1] [ɪɡ'zɪbɪt] ① vorzeigen ② ausstellen *Bilder* ③ auslegen *Waren* ④ vorzeigen, vorlegen *Papiere* ⑤ ausstellen

ex·hibit[2] [ɪɡ'zɪbɪt] ① (*im Museum usw.*) Ausstellungsstück, Ausstellungsgegenstand ② (*im Gericht*) Beweisstück

ex·hi·bi·tion [ˌeksɪ'bɪʃn] ① *von Bildern:* Ausstellung; *von Waren:* Auslage ② *von Methode:* Vorführung ③ **put on an exhibition** eine Ausstellung veranstalten; **exhibition hall** Ausstellungshalle; **exhibition of paintings** Gemäldeausstellung ④ **make an exhibition of oneself** sich lächerlich machen

ex·hibi·tor [ɪɡ'zɪbɪtəʳ] Aussteller(in)

ex·hil·ar·at·ing [ɪɡ'zɪləreɪtɪŋ] erhebend

ex·hil·aration [ɪɡ'zɪləreɪʃn] erhebendes Gefühl

exile[1] ['eksaɪl] ① Verbannung, Exil; **live in exile** im Exil leben ② (*Person*) Verbannte(r)

exile[2] ['eksaɪl] verbannen (**from** aus)

exist [ɪɡ'zɪst] ① existieren ② *Brauch, Zweifel:* bestehen ③ **exist on something** von etwas leben ④ **do fairies exist?** gibt es Feen? **exist·ence** [ɪɡ'zɪstəns] ① Dasein, Existenz ② *einer Person:* Leben[sweise], Vorhandensein ③ **be in existence** bestehen; **bring** [*oder* **call**] **into existence** ins Leben rufen; **come into existence** [plötzlich] auftreten; **remain in existence** weiter bestehen

exit[1] ['eksɪt] ① (*aus einem Gebäude*) Ausgang ② (*im Theater*) Abgang ③ (*für Fahrzeug*) Ausfahrt ④ (*aus einem Land*) Ausreise

exit[2] ['eksɪt] ① hinausgehen ② (*Bühnenanweisung*) abgehen; **exit the queen** die Königin ab ③ (*im Computer*) **exit a program** ein Programm beenden

exit visa Ausreisevisum

exor·bi·tant [ɪɡ'zɔːbɪtənt] übertrieben, maßlos; **exorbitant price** Wucherpreis

exotic [ɪɡ'zɒtɪk] fremdartig, exotisch

ex·pand [ɪk'spænd] ① ausbreiten, [aus]dehnen ② vergrößern *Einfluss, Erfahrung* ③ erweitern *Aktivitäten, Wissen* (**into** zu) ④ **expand the economy** das Wirtschaftswachstum fördern ⑤ **expand** [**with heat**] sich ausdehnen [durch Hitze] ⑥ *Horizont, Wissen:* sich erweitern, sich verbreitern ⑦ *Herstellung:* zunehmen ⑧ **expand on a topic** sich über ein Thema näher auslassen **ex·pand·able** [ɪk'spændəbl] ① ausdehnbar ② (*im Computer*) aufrüstbar **ex·pan·sion**

[ɪk'spænʃn] ① *von Gas:* Ausdehnung ② *von Wissen, Gebäude:* Erweiterung ③ *der Wirtschaft:* Expansion

ex·patri·ate[1] [eks'pætrɪət] im Ausland lebend

ex·patri·ate[2] [eks'pætrɪət] im Ausland Lebende(r)

ex·pect [ɪk'spekt] ① erwarten; **she's expecting you tonight** sie erwartet dich heute Abend ② **expect something of someone** etwas von jemandem erwarten ③ **expect someone to do something** von jemandem erwarten, dass er etwas tut; (*von etwas Negativem*) damit rechnen, dass jemand etwas tut; **I expected as much!** das habe ich erwartet!; **I can't be expected to do everything!** man kann nicht von mir erwarten, dass ich alles mache! ④ meinen, vermuten; **I expect you'd like to see her** ich nehme an, dass du sie sehen möchtest ⑤ **I expect so!** ich glaube schon! ⑥ (*umgangsspr: schwanger sein*) **she's expecting** sie ist in anderen Umständen **ex·pect·ancy** [ɪk'spektənsɪ] Erwartung; **life expectancy** Lebenserwartung **ex·pect·ant** [ɪk'spektənt] ① [er]wartend ② **expectant mother** werdende Mutter **ex·pec·ta·tion** [ˌekspek'teɪʃn] ① **in expectation of something** in Erwartung einer Sache ② **expectations** *plural* Erwartung, Aussicht[en]; **against** [*oder* **contrary to**] **all expectation[s]** wider Erwarten; **beyond expectation[s]** über Erwarten; **meet** [*oder* **come up to**] **someone's expectations** jemandes Erwartungen entsprechen; **fall short of someone's expectations** jemandes Erwartungen nicht entsprechen

ex·pedi·tion [ˌekspɪ'dɪʃn] ① Expedition, Forschungsreise ② (*militärisch*) Feldzug ③ **go on a shopping expedition** eine Einkaufstour machen

ex·pel [ɪk'spel] <expelled, expelled> ① **expel someone** jemanden ausweisen; (*mit Gewalt*) jemanden vertreiben ② **he was expelled from school** er wurde von der Schule verwiesen ③ **expel someone from a club** jemanden aus einem Verein ausschließen; **expel someone from a country** jemanden aus einem Land ausweisen ④ ausstoßen *Gas, Flüssigkeit*

ex·pen·di·ture [ɪk'spendɪtʃəʳ] ① *von Geld:* Ausgabe[n] (**on** für) ② *von Energie, Zeit:* Aufwand (**of** an)

ex·pense [ɪk'spens] ① Kosten; **at one's own expense** auf eigene Kosten; **at little/great expense** mit geringen/hohen Kosten; **go to great expense** sich in Unkosten stürzen; **spare no expense** keine Kosten scheuen ② **expenses** *plural* Auslagen, Spesen ③ (*übertragen*) **at someone's expense** auf jemandes Kosten **expense account** Spesenkonto

ex·pens·ive [ɪk'spensɪv] kostspielig, teuer

ex·peri·ence[1] [ɪk'spɪərɪəns] ① Erfahrung (**of** von); **from experience** aus Erfahrung; **gain experience** Erfahrungen sammeln; **have [a] wide experience** über umfangreiche Erfahrungen verfügen; **learn by experience** aus der Erfahrung lernen ② (*Geschehen*) Erlebnis; **an unforgettable experience** ein unvergessliches Erlebnis ③ *von Fachgebiet:* Sachkenntnis (**in** von) ④ **practical experience** Praxis, praktische Kenntnisse

ex·peri·ence[2] [ɪk'spɪərɪəns] ① erleben ② durchmachen *Krankheit* ③ erleiden *Verluste* ④ erfahren *Enttäuschung* ⑤ stoßen [auf] *Schwierigkeiten*

ex·peri·enced [ɪk'spɪərɪənst] ① erfahren; (*in einem Fachgebiet*) sachkundig ② *Augen, Ohr:* geschult

ex·peri·ment[1] [ɪk'sperɪmənt] ① Versuch, Experiment (**on** an, **with** mit) ② **do an experiment** ein Experiment machen

ex·peri·ment[2] [ɪk'sperɪmənt] Versuche anstellen, experimentieren (**on** an, **with** mit)

ex·pert[1] ['ekspɜːt] ① sachkundig, sachverständig ② geübt, geschickt (**in, at** in, **with** an)

ex·pert[2] ['ekspɜːt] ① Experte, Expertin; **be an expert in a field** Fachmann [*oder* Fachfrau] auf einem Gebiet sein ② (*im Recht*) Sachverständige(r), Gutachter(in)

expert advice fachmännischer Rat

ex·pire [ɪk'spaɪəʳ] *Amtszeit:* enden; *Vertrag:* auslaufen; *Pass:* ablaufen **ex·piry** [ɪk'spaɪərɪ] Ablauf **expiry date** Ablauftermin, Verfallsdatum

ex·plain [ɪk'spleɪn] ① **explain something [to someone]** [jemandem] etwas erklären ② erläutern *Bild, Gedanken* ③ begründen *Entscheidung* ④ **explain something away** etwas rechtfertigen ⑤ **that explains every-**

thing damit wird alles klar ⑥ **explain oneself** sich rechtfertigen

ex·pla·na·tion [ˌekspləˈneɪʃn] ① Erklärung ② *von Bild, Gedanken:* Erläuterung ③ *von Entscheidung:* Begründung (**of** für); *für Tat:* Rechtfertigung **ex·plana·tory** [ɪkˈsplænətrɪ] ① erklärend ② **explanatory remark** erläuternde Bemerkung

ex·plicit [ɪkˈsplɪsɪt] ① *Aussage, Warnung:* eindeutig, klar ② *Sprache, Filmszene:* ausdrücklich, unverhüllt

ex·plode [ɪkˈspləʊd] ① *Bombe usw.:* explodieren, [zer]platzen ② **explode with laughter** in Gelächter ausbrechen ③ **explode with fury** vor Wut platzen ④ **the population has exploded** die Bevölkerung hat sich explosionsartig vermehrt ⑤ **explode a bomb/mine** eine Bombe/Mine sprengen ⑥ (*übertragen*) **explode a myth** ein Mythos zerstören

ex·ploit [ɪksˈplɔɪt] ① (*verwerten*) nutzen *Mittel;* abbauen *Bergwerk* ② (*abwertend*) ausbeuten *Arbeiter;* ausnutzen *Freund, Unwissenheit*

ex·ploi·ta·tion [ˌeksplɔɪˈteɪʃn] ① (*Verwertung*) Nutzung; *von Erzen:* Abbau ② *von Arbeiter:* Ausbeutung; *von Freund, Unwissenheit:* Ausnutzung

ex·plo·ra·tion [ˌekspləˈreɪʃn] ① *von unbekanntem Land:* Erforschung ② (*auch medizinisch*) Untersuchung

ex·plore [ɪkˈsplɔːʳ] ① erforschen ② (*auch medizinisch*) untersuchen **ex·plorer** [ɪkˈsplɔːrəʳ] Forschungsreisende(r)

ex·plosion [ɪkˈspləʊʒn] ① *von Bombe:* Explosion ② (*übertragen*) sprunghafter Anstieg ③ (*vor Wut*) Ausbruch; **explosion of laughter** Lachanfall ④ **population explosion** Bevölkerungsexplosion

ex·plos·ive[1] [ɪkˈspləʊsɪv] ① explosiv ② (*übertragen*) jähzornig; *Temperament:* aufbrausend ③ **an explosive situation** eine brisante Situation

ex·plos·ive[2] [ɪkˈspləʊsɪv] Sprengstoff

ex·port[1] [ɪkˈspɔːt] **export goods** Waren ausführen, exportieren

ex·port[2] [ˈekspɔːt] ① Ausfuhr; *von Waren:* Export ② **exports** *plural* Ausfuhrgüter

ex·pose [ɪkˈspəʊz] ① freilegen; entblößen *Körperteil* ② aussetzen *Wetter;* **expose someone to a danger** jemanden einer Gefahr aussetzen ③ (*übertragen*) **expose a plan** einen Plan offenbaren; enthüllen, aufdecken *Missstand, Skandal* ④ (*übertragen*) **expose someone as a liar** jemanden als Lügner bloßstellen, entlarven ⑤ belichten *Negativ* **ex·posed** [ɪkˈspəʊzd] ① gefährdet, ungeschützt; **exposed to the weather** dem Wetter ausgesetzt ② (*auch übertragen*) exponiert ③ *Teile:* sichtbar ④ *Negativ:* belichtet

ex·po·sure [ɪkˈspəʊʒəʳ] ① Aussetzen; **exposure to the rain** dem Regen Ausgesetztsein ② **die of exposure** *Person:* erfrieren ③ (*übertragen*) Bloßstellung; *eines Verbrechers:* Entlarvung ④ (*beim Fotografieren*) Belichtung[szeit]; **time exposure** Zeitaufnahme ⑤ **media exposure** Publicity **expo·sure meter** (*beim Fotografieren*) Belichtungsmesser

ex·press[1] [ɪkˈspres] ① ausdrücken; **express oneself** sich ausdrücken, sich verständlich machen; zum Ausdruck bringen *Dank, Liebe;* äußern *Meinung* ② **it expresses the meaning** es gibt die Bedeutung wieder

ex·press[2] [ɪkˈspres] ① *Wunsch, Befehl:* ausdrücklich ② *Brief, Paket:* Eil-, Schnell-, Express-

ex·press[3] [ɪkˈspres] ① Eilbote; **send a parcel by express** ein Paket als Schnellsendung schicken ② **express** [**train**] Schnellzug

ex·press·ion [ɪkˈspreʃn] ① (*Redewendung*) Ausdruck ② (*mit Worten*) Äußerung, Ausdruck ③ **the expression on her face** ihr Gesichtsausdruck

ex·press·ion·less [ɪkˈspreʃənlɪs] ausdruckslos

ex·press·ly [ɪkˈspreslɪ] ausdrücklich (**for** für)

ex·press·way [ɪkˈspresweɪ] (USA) Autobahn

ex·pul·sion [ɪkˈspʌlʃn] ① *eines Volkes:* Vertreibung (**from** aus) ② (*aus einem Land*) Ausweisung ③ (*aus Schule, Verein*) Ausschluss (**from** aus, von)

ex·quis·ite [ˈekskwɪzɪt] fein [gearbeitet]

ex·tend [ɪkˈstend] ① ausstrecken *Hand, Bein;* ausbreiten *Flügel* ② (*räumlich*) vergrößern; ausbauen *Geschäft, Gebäude;* anbauen [an] *Haus;* [aus]dehnen *Grenze* ③ (*zeitlich*) verlängern; ausdehnen *Besuch;* verlängern lassen *Visum* ④ *Grundstück:* sich erstrecken, [hinaus]reichen (**beyond** über, **to** bis) **ex·tend·ed** [ɪkˈstendɪd] verlängert

ex·ten·sion [ɪkˈstenʃn] ① (*auch zeitlich*)

Verlängerung; **extension to a deadline** Fristverlängerung; **could I have a week's extension for my essay?** könnte ich den Aufsatz eine Woche später einreichen? ❷ *von Gebäude:* Erweiterungsbau; *von Haus:* Anbau ❸ *von Firma:* Vergrößerung ❹ *von Telefon:* [Neben]Anschluss, Apparat; (*österreichisch*) Klappe **extension cablecord** Verlängerungskabel, Verlängerungsschnur

ex·ten·sive [ɪk'stensɪv] ❶ ausgedehnt ❷ (*übertragen*) umfassend ❸ **extensive knowledge** umfangreiches Wissen ❹ **make extensive use of …** … viel benutzen

ex·tent [ɪk'stent] ❶ *von Gebäude, Fläche:* Ausdehnung, Größe ❷ *von Wissen, Macht:* Umfang ❸ *von Schaden:* Ausmaß ❹ **to a certain extent** bis zu einem gewissen Grad; **to the full extent** in vollem Umfang; **to a great extent** in hohem Maße; **to some extent** bis zu einem gewissen Grad; **to what extent is he responsible for this problem?** inwieweit ist er für dieses Problem verantwortlich?; **it rained to such an extent that …** es regnete so sehr, dass …

ex·terior[1] [ɪk'stɪərɪəʳ] äußere(r, s), Außen-

ex·terior[2] [ɪk'stɪərɪəʳ] ❶ *von Gebäude:* [das] Äußere, Außenseite ❷ *von Person:* [äußerer] Schein

ex·ter·mi·nate [ɪk'stɜːmɪneɪt] ❶ (*auch übertragen*) ausrotten ❷ vertilgen *Ungeziefer*

ex·ter·nal [ɪk'stɜːnl] ❶ äußere(r, s) ❷ *Prüfung, Kandidat:* extern ❸ *Medizin:* **for external use only** nur äußerlich anzuwenden

ex·tinct [ɪk'stɪŋkt] ❶ *Vulkan:* erloschen ❷ *Tier, Pflanze:* ausgestorben; **become extinct** aussterben **ex·tinc·tion** [ɪk'stɪŋkʃn] *von Tier:* Aussterben, Ausrottung; **extinction of species** Artenschwund

ex·tin·guish [ɪk'stɪŋgwɪʃ] ❶ [aus]löschen *Feuer;* ausschalten *Licht* ❷ vernichten *Hoffnung* **ex·tor·tion** [ɪk'stɔːʃn] Erpressung **ex·tor·tion·ate** [ɪk'stɔːʃənət] erpresserisch, wucherisch

extra[1] ['ekstrə] ❶ zusätzlich; **drinks are extra** Getränke kosten extra; **we need an extra chair** wir brauchen noch einen Stuhl ❷ übrig, Reserve-; **a few extra books** ein paar Bücher mehr; **these copies are extra** diese Exemplare sind übrig ❸ besonders, extra; **be charged extra for something** gesondert berechnet werden; **please be extra quiet** sei bitte besonders ruhig

extra[2] ['ekstrə] ❶ (*für Arbeiter usw.*) Sonderleistung ❷ (*bei Autos*) Extra, Sonderausstattung ❸ (*auf Rechnung*) Zuschlag ❹ (*im Film, Theater*) Statist(in) ❺ **extras** *plural* Nebenausgaben, Nebeneinnahmen

extra charge Aufschlag, Zuschlag

ex·tract[1] [ɪk'strækt] ❶ [her]ausziehen, herausnehmen (**from** aus) ❷ ziehen *Zahn* ❸ auspressen *Saft* ❹ (*übertragen*) entlocken *Information;* **extract a promise from someone** jemandem ein Versprechen abpressen; **extract a confession from someone** von jemandem ein Geständnis erpressen

ex·tract[2] ['ekstrækt] *von einem Buch, Film, einer Rede:* Auszug

ex·trac·tion [ɪk'strækʃn] ❶ Ausziehen ❷ Zahnziehen ❸ *von Metall:* Gewinnung ❹ (*übertragen*) *von Informationen:* Herauslocken ❺ Herkunft; **she's of foreign extraction** sie ist ausländischer Abstammung

extra·cur·ricu·lar [ˌekstrəkə'rɪkjʊləʳ] außerhalb des Lehrplans

extra·mari·tal [ˌekstrə'mærɪtl] außerehelich

extra·ordi·nary [ɪk'strɔːdnrɪ] ❶ außerordentlich, außergewöhnlich ❷ merkwürdig; **how extraordinary!** wie seltsam! ❸ **an extraordinary meeting** eine Sondersitzung

extra time ['ekstrətaɪm] (*im Fußball*) Verlängerung

ex·trava·gant [ɪk'strævəgənt] ❶ verschwenderisch; **she's very extravagant with money** sie gibt das Geld mit vollen Händen aus ❷ **an extravagant lifestyle** ein aufwändiger Lebensstil

ex·treme[1] [ɪk'striːm] ❶ äußerste(r, s); **on the extreme left of the picture** ganz links im Bild; **in the extreme north** im äußersten Norden ❷ *Gefahr:* höchste(r, s); *Armut, Wichtigkeit:* größte(r, s) ❸ (*politisch*) extrem, radikal; **extreme right-wing views** rechtsextreme Ansichten

ex·treme[2] [ɪk'striːm] Extrem, [das] Äußerste; **in the extreme** im höchsten Grade; **go to extremes** bis zum Äußersten gehen; **go from one extreme to the other** von einem Extrem ins andere fallen

ex·treme·ly [ɪk'striːmlɪ] äußerst, höchst

eye[1] [aɪ] ❶ Auge; **be up to one's eyes in**

work (*übertragen*) bis über die Ohren in Arbeit stecken; **keep an eye on something** etwas im Auge behalten; **close one's eyes to something** etwas nicht sehen wollen; **cry one's eyes out** sich die Augen ausweinen ② Blick; **his eye fell on her book** sein Blick fiel auf ihr Buch; **under the very eyes of someone** direkt unter jemandes Augen; **catch someone's eye** jemandes Aufmerksamkeit auf sich lenken; **with an eye to something** in der Hoffnung auf etwas, in der Absicht zu etwas; **make eyes at someone** jemandem verliebte Blicke zuwerfen ③ (*übertragen*) **in someone's eyes** nach jemandes Ansicht; **see eye to eye with someone** mit jemandem einer Meinung sein ④ (*an einer Kartoffel*) Auge; (*auf einer Feder*) Pfauenauge; (*an einer Nadel*) Öhr, Öse ⑤ **eye of a storm** [windstilles] Zentrum eines Sturmes

eye[2] [aɪ] mustern, anstarren

eye·ball Augapfel ▶ IN WENDUNGEN: **drugged up to the eyeballs** (*slang*) total breit, bekifft **eye·brow** ['aɪbraʊ] ① Augenbraue; **eyebrow pencil** Augenbrauenstift ② **raise one's eyebrows** die Stirn runzeln (**at** über) **eye·lash** ['aɪlæʃ] Wimper **eye·lid** ['aɪlɪd] Augenlid **eye liner** ['aɪlaɪnəʳ] Eyeliner, Lidstrich **eye·shadow** ['aɪʃædəʊ] Lidschatten **eye·sight** ['aɪsaɪt] **have bad/good eyesight** schlechte/gute Augen haben **eye·wit·ness** Augenzeuge

Ff

F, f [ef] <*plural* F's, f's> ① (*auch bei Musik*) F, f ② (USA) (*Schulnote*) ungenügend

fab·ric ['fæbrɪk] ① Stoff, Gewebe ② *der Gesellschaft usw.:* Struktur, Gefüge

fabu·lous ['fæbjʊləs] ① sagenhaft, legendär; **fabulous beast** Fabeltier ② (*übertragen*) fantastisch

face[1] [feɪs] ① Gesicht; **face to face** Auge in Auge; **come face to face with someone** jemanden treffen; **look someone in the face** jemanden ansehen ② (*übertragen*) **have the face to do something** die Stirn haben, etwas zu tun ③ Gesichtsausdruck; **pull a face** das Gesicht verziehen ④ Ansehen; **save one's face** (*übertragen*) das Gesicht wahren ⑤ **in the face of danger/difficulty** angesichts der Gefahr/Schwierigkeit ⑥ *einer Uhr:* Zifferblatt ⑦ **disappear off the face of the earth** spurlos verschwinden

face[2] [feɪs] ① **face** [**someone**] [jemandem] gegenüberstehen ② **their house faces ours** ihr Haus liegt unserem gegenüber; **the window faces the garden** das Fenster geht zum Garten hinaus; **the room faces north** der Raum liegt nach Norden ③ (*übertragen*) entgegentreten; **face bankruptcy** vor dem Bankrott stehen; **be faced with something** sich einer Sache gegenübersehen; **face danger** sich der Gefahr stellen; **face the facts** den Tatsachen ins Auge blicken; **face the music** die Suppe auslöffeln; **I can't face doing the washing-up** ich bringe es einfach nicht über mich abzuwaschen ④ **please face the front!** wende dich bitte nach vorne!; **face forwards** (*im Zug usw.*) in Fahrtrichtung sitzen

◆ **face up to** ① **face up to something** etwas ins Auge sehen ② **face up to responsibility** die Verantwortung auf sich nehmen

face-cloth Waschlappen **face-cream** Gesichtscreme

face value ['feɪsvælju:] ① *einer Banknote usw.:* Nennwert ② (*übertragen*) **take something at face value** etwas für bare Münze nehmen

fa·cil·ity [fə'sɪlətɪ] ① *meist plural* Einrichtung; **cooking facilities** Kochgelegenheit; **shopping facilities** Einkaufsmöglichkeiten ② *von Person:* Fähigkeit ③ *von Gerät:* Funktion

fact [fækt] ① Tatsache, Fakt; **facts and figures** Fakten und Zahlen; **fact and fiction** Dichtung und Wahrheit ② **as a matter of fact** eigentlich; **in fact** in Wirklichkeit ③ **stick to the facts** sachlich bleiben ④ **it's a fact of life** es ist eine Tatsache; **tell him about the facts of life** (*umgangsspr*) kläre ihn [sexuell] auf **fact-find·ing** ['fæktfaɪndɪŋ] *Fahrt, Reise:* Erkundungs-; **fact-finding mission** Untersuchungsaufgabe

fac·tory ['fæktərɪ] Fabrik[anlage], Werk

fac·tual ['fæktʃʊəl] sachlich

fac·ulty ['fæklti] ① (*an der Uni*) Fakultät

② USA Lehrkörper ③ **mental faculties** ⚠ *plural* geistiges Vermögen

fad [fæd] (*umgangsspr*) Modeerscheinung

fade [feɪd] ① *Farben:* verblassen, verbleichen ② *Blume:* [ver]welken ③ (*übertragen*) **fade [away]** schwächer werden, verblassen; *Laut:* verklingen

◆ **fade in** einblenden *Bild, Musik*

◆ **fade out** ausblenden *Bild, Musik*

fag [fæg] GB (*slang*) Kippe

fail[1] [feɪl] ① versagen, keinen Erfolg haben; **I failed!** ich habe versagt!; **fail in one's duty** seine Pflicht nicht tun; **fail to do something** etwas nicht tun; **if all else fails** wenn alle Stricke reißen ② *Plan:* misslingen; *Ehe:* scheitern; *Versuch:* fehlschlagen ③ *Geschäft:* eingehen ④ *Ernte:* schlecht ausfallen ⑤ (*im Examen*) durchfallen ⑥ *Gesundheit:* sich verschlechtern, schwächer werden ⑦ *Strom:* ausfallen; *Bremsen, Motor:* versagen

fail[2] [feɪl] ① **without fail** ganz bestimmt ② **he got a fail in maths** in Mathematik ist er durchgefallen

fail·ure ['feɪljəʳ] ① Misserfolg ② *von Verhandlungen, Plan:* Fehlschlag; *von Ehe:* Scheitern ③ *von Radio, Strom:* Ausfall; *von Motor:* Versagen ④ (*Mensch*) Versager(in), Niete ⑤ **failure to do something** Versäumnis, etwas zu tun

faint[1] [feɪnt] ① schwach, kraftlos ② **he looked faint** er schien einer Ohnmacht nahe ③ *Hoffnung:* gering ④ *Geruch:* schwach; *Ton:* leise; *Spur:* undeutlich ⑤ **I haven't the faintest idea!** ich habe nicht die leiseste Ahnung!

faint[2] [feɪnt] Ohnmacht

faint[3] [feɪnt] **faint [with hunger]** [vor Hunger] ohnmächtig werden

fair[1] [feəʳ] ① fair; **be fair to someone** jemandem gegenüber gerecht sein; **fair enough!** na schön! ② den Regeln entsprechend; **play fair** fair spielen ③ **fair and square** offen und ehrlich ④ ziemlich; **a fair amount of work** ziemlich viel Arbeit ⑤ *Wetter:* schön, heiter, sonnig ⑥ *Haare:* blond, hell

fair[2] [feəʳ] ① [Jahr]Markt ② (*Ausstellung usw.*) Messe; **book fair** Buchmesse

fair·ground ['feəgraʊnd] Rummelplatz

fair·ly ['feəlɪ] ① **it's fairly expensive** es ist ziemlich teuer ② *behandeln:* gerecht ③ **play fairly** fair spielen

fair·ness ['feənɪs] ① Gerechtigkeit, Fairness; **in all fairness [to someone]** um fair [gegen jemanden] zu sein ② *von Haar:* Blondheit

fairy ['feərɪ] Fee **fairy-tale** Märchen

faith [feɪθ] ① (*religiös*) Glaube[n] (**in** an) ② Vertrauen; **have faith in someone** jemandem vertrauen; **lose faith in someone** das Vertrauen zu jemandem verlieren ③ **in good faith** in gutem Glauben; **in bad faith** in böser Absicht **faith·ful** ['feɪθfl] ① **be faithful to someone** jemandem treu sein ② (*Abschrift*) genau **faith·fully** ['feɪθfəlɪ] ① treu ② (*formeller Briefschluss*) **Yours faithfully** mit freundlichen Grüßen

fake[1] [feɪk] ① fälschen *Unterschrift, Pass* ② erfinden *Geschichte* ③ vortäuschen *Unfall, Interesse;* **he's just faking!** er tut nur so!

fake[2] [feɪk] Fälschung

fall[1] [fɔːl] ① *einer Person:* Fall, Sturz; **my grandma had a fall** meine Oma ist gestürzt ② *einer Stadt:* Einnahme, Eroberung; *einer Regierung:* Sturz ③ **fall of rain/of snow** Regen-/Schneefall ④ *von Preisen:* Sinken, Fallen; *von Temperatur:* Abfall ⑤ USA Herbst; **in the fall** im Herbst ⑥ **falls** ⚠ *plural* Wasserfall ⑦ **fall in the birthrate** Geburtenrückgang; **fall in price** Preisrückgang; **fall in prices** (*Börse*) Kursrückgang

fall[2] [fɔːl] <fell, fallen> ① *Person:* stürzen; **he fell [over]** er fiel hin ② [herab-, hinunter]fallen ③ (*im Kampf*) fallen; **fall [down] dead** tot umfallen ④ **rain/snow is falling** es regnet/schneit ⑤ *Blätter:* abfallen; *Federn, Haare:* ausfallen ⑥ *Temperatur, Preise:* sinken, fallen ⑦ *Nacht:* hereinbrechen ⑧ (*übertragen*) **his face fell** er machte ein langes Gesicht ⑨ **fall asleep** einschlafen; **fall ill** krank werden; **fall silent** still werden; **fall to pieces** *Verhältnis:* in die Brüche gehen

◆ **fall about** **fall about [laughing]** sich kranklachen

◆ **fall back on** zurückgreifen auf *Reserven*

◆ **fall behind** ① zurückbleiben ② (*mit Zahlungen*) im Rückstand bleiben (**with** mit)

◆ **fall down** ① *Person:* hinfallen; *Gegenstand:* herunterfallen ② hinunterfallen *Treppe* ③ (*übertragen*) versagen

◆ **fall for** (*umgangsspr*) ① **fall for someone** sich in jemanden verknallen ② **fall for a trick** auf einen Trick hereinfallen

◆ **fall in** (1) *Gebäude, Dach:* einstürzen (2) **fall in love with someone** sich in jemanden verlieben

◆ **fall into** (1) hineinfallen in (2) **fall in[to] three sections** sich in drei Teile gliedern; **fall into a category** unter eine Kategorie fallen

◆ **fall in with** (1) **fall in with someone** sich jemandem anschließen (2) **fall in with a plan** bei einem Plan mitmachen

◆ **fall off** (1) *Produktion:* zurückgehen (2) *Gesundheit:* schwächer werden (3) *Interesse:* nachlassen (4) **fall off a branch/a table** von einem Ast/Tisch herunterfallen; **she fell off her horse** sie fiel von ihrem Pferd herunter

◆ **fall on** (1) **fall on an enemy/prey** über einen Feind/eine Beute herfallen (2) (*übertragen*) **the responsibility fell on him** die Verantwortung fiel ihm zu (3) **last year his birthday fell on a Saturday** letztes Jahr fiel sein Geburtstag auf einen Samstag

◆ **fall out** (1) *Haar:* ausfallen (2) **fall out with someone** sich mit jemandem streiten

◆ **fall over** (1) *Person:* hinfallen (2) **fall over something** über etwas fallen (3) (*übertragen*) **fall over backwards to do something** sich die größte Mühe geben, etwas zu tun

◆ **fall through** (*übertragen*) *Plan:* fehlschlagen, ins Wasser fallen

fallen ['fɔːlən] (1) *3. Form von* **fall** (2) gefallen

fall-out ['fɔːlaʊt] Fallout, radioaktiver Niederschlag

false [fɔːls] falsch **false alarm** (*auch übertragen*) blinder Alarm **false start** (*Sport*) Fehlstart **false teeth** *plural* dritte Zähne, [künstliches] Gebiss

fals·ify ['fɔːlsɪfaɪ] **falsify a document** ein Dokument [ver]fälschen

fame [feɪm] Ruhm

fam·il·iar [fə'mɪlɪəʳ] (1) *Anblick, Umgebung:* vertraut, gewohnt; **are you familiar with this type of machine?** kennen Sie sich mit solchen Geräten aus?; **make oneself familiar with something** sich mit etwas vertraut machen (2) *Person:* bekannt; **he looks familiar** er kommt mir bekannt vor (3) vertraulich; **the tone of the meeting was fairly familiar** der Ton des Gespräches war ziemlich ungezwungen; **be on familiar terms with someone** mit jemandem auf vertrautem Fuß stehen

fam·ily ['fæməlɪ] (1) Familie (2) **the whole family is coming for Christmas!** die ganze Verwandtschaft kommt an Weihnachten! (3) Herkunft, Abstammung (4) **it runs in the family** das liegt in der Familie

family allowance Kindergeld

family doctor Hausarzt, -ärztin **family name** Familienname **family planning** Familienplanung **family tree** Stammbaum

fam·ine ['fæmɪn] Hungersnot

fa·mous ['feɪməs] berühmt (**for** durch, wegen)

fan[1] [fæn] (1) Fächer (2) Ventilator (3) *von Auto:* Gebläse (4) (*umgangsspr*) Fan, Verehrer(in)

fan[2] [fæn] <fanned, fanned> (1) **fan someone/oneself** jemandem/sich zufächeln (2) anfachen *Feuer*, entfachen *Leidenschaft*

fa·natic[1] [fə'nætɪk] fanatisch

fa·natic[2] [fə'nætɪk] Fanatiker(in)

fa·nati·cal [fə'nætɪkəl] fanatisch

fan belt ['fænbelt] Keilriemen

fan club ['fænklʌb] Fanclub

fancy[1] ['fænsɪ] (1) **a passing fancy** nur so eine Laune; **have a fancy for something** Lust zu etwas haben; **take a fancy to something** an etwas Gefallen, Geschmack finden; **take** [*oder* **catch**] [*oder* **tickle**] **someone's fancy** jemandem gefallen (2) Fantasie; **just a fancy** nur Einbildung

fancy[2] ['fænsɪ] (1) kunstvoll, schick (2) *Idee:* überspannt (3) **fancy prices** gepfefferte Preise; **a big fancy car** ein toller Schlitten (4) (USA) Delikatess-

fancy[3] ['fænsɪ] (1) sich vorstellen (2) meinen, sich einbilden (3) **fancy that!** sieh mal einer an!; **fancy doing that!** so was zu tun!; **fancy him doing that!** nicht zu fassen, dass er das getan hat! (4) **fancy a cup of tea?** wie wäre es mit einer Tasse Tee?; **what do you fancy doing this evening?** worauf hättest du Lust heute Abend?; **I don't fancy living here!** hier zu wohnen würde mir nicht gefallen! (5) (*umgangsspr*) **she fancies him** er hat's ihr angetan *umgangsspr* (6) **fancy oneself** von sich eingenommen sein; **he fancies himself as a singer** er hält sich für einen Sänger

fancy dress Maskenkostüm; **fancy-dress ball** Kostümball

fancy-free ungebunden, frei

fan mail ['fænmeɪl] Fanpost
fan·tas·tic [fæn'tæstɪk] 1 (*umgangsspr*) toll 2 fantastisch; *Geschichte:* unwahrscheinlich
far [fɑːʳ] <farther *oder* further, farthest *oder* furthest> 1 (*auch übertragen: räumlich*) weit, fern; **at the far end** am hinteren Ende; **the far end of the room** das andere Ende des Zimmers; **in the far distance** in weiter Ferne; **from far** von weitem; **far and near** überall, nah und fern; **far and wide** weit und breit; **how far have you got?** (*übertragen*) wie weit bist du gekommen?; **so far** so weit, bis dahin, bis hierher 2 **the train goes as far as York** der Zug fährt bis nach York 3 **far away** weit entfernt; **does he live far away?** wohnt er weit weg?; **see something from far away** etwas aus der Ferne sehen 4 (*zeitlich*) **far into the night** bis spät in die Nacht hinein; **as far back as 1900** schon 1900; **I've done three so far** ich habe bis jetzt drei gemacht 5 (*als Betonung*) **far too expensive** viel zu teuer; **far longer/better** weit[aus] länger/besser; **better by far** weitaus besser; **far and away** [*oder* **by far**] **the best** bei weitem das Beste; **so far so good** so weit, so gut 6 **in so far as** insofern; **as far as I know** soweit ich weiß; **as far as I am concerned** was mich betrifft 7 **is the film good? – far from it!** ist der Film gut? — weit gefehlt! 8 (*übertragen*) **go far** es weit bringen; **that's going too far** das geht zu weit 9 **I wouldn't carry things too far** ich würde die Sache nicht auf die Spitze treiben
far-away ['fɑːrəweɪ] 1 weit entfernt, abgelegen 2 *Blick:* verträumt
fare [feəʳ] 1 Fahrgeld, Fahrpreis; (*im Flugzeug*) Flugpreis 2 **any more fares, please?** noch jemand zugestiegen?; **have your fares ready!** Fahrgeld bereithalten!; **what's the fare?** was kostet die Fahrt? 3 **fare dodger** Schwarzfahrer(in)
Far East [ˌfɑːʳ'iːst] Ferner Osten
fare·well [ˌfeə'wel] 1 Abschied 2 **make one's farewells** sich verabschieden
fare zone ['feəʳzəʊn] Tarifzone
far-fetched [ˌfɑː'fetʃt] weit hergeholt
farm[1] [fɑːm] Bauernhof, Gutshof, Farm
farm[2] [fɑːm] 1 **farm the land** das Land bewirtschaften 2 Landwirtschaft betreiben
farmer ['fɑːməʳ] Bauer, Bäuerin, Landwirt(in) **farm·hand** Landarbeiter(in) **farm·house** Bauernhaus **farm·ing** ['fɑːmɪŋ] Landwirtschaft, Ackerbau **farm·yard** ['fɑːmjɑːd] Hof
far-off ['fɑːrɒf] [weit] entfernt
far-reach·ing [ˌfɑː'riːtʃɪŋ] weit reichend **far-sighted** [ˌfɑː'saɪtɪd] 1 *Person:* weitsichtig 2 (*übertragen*) weit blickend, vorausschauend
fart[1] [fɑːt] (*slang*) Furz
fart[2] [fɑːt] (*slang*) furzen
far·ther ['fɑːðəʳ] weiter entfernt, weiter [weg] **far·thest** ['fɑːðɪst] entfernteste(r, s), weiteste(r, s), am weitesten weg [*oder* entfernt]
fas·ci·nate ['fæsɪneɪt] **fascinate someone** jemanden faszinieren, begeistern; **the book fascinated me** das Buch hat mich gefesselt **fas·ci·nat·ing** ['fæsɪneɪtɪŋ] faszinierend, spannend; *Buch:* fesselnd
fas·ci·na·tion [ˌfæsɪ'neɪʃn] Faszination, Zauber
fas·cism ['fæʃɪzəm] Faschismus
fas·cist[1] ['fæʃɪst] Faschist(in)
fas·cist[2] ['fæʃɪst] faschistisch
fashion ['fæʃn] 1 Mode; **in fashion** in Mode, modern; **come into fashion** Mode werden; **out of fashion** aus der Mode, unmodern; **go out of fashion** unmodern werden 2 Sitte; **that was the fashion in those days** das war damals Brauch 3 Art und Weise; **behave in a strange fashion** sich merkwürdig verhalten; **after** [*oder* **in**] **a fashion** in gewisser Weise; **in the usual fashion** wie üblich
fashion·able ['fæʃnəbl] modern, modisch, elegant, schick **fashion-designer** Modeschöpfer(in), Designer(in) **fashion-parade, fashion-show** Mode[n]schau
fast[1] [fɑːst] 1 schnell; **a fast car** ein schnelles Auto; **he runs very fast** er läuft sehr schnell 2 **my watch is fast** meine Uhr geht vor 3 **fast food** Imbiss, Fastfood; **fast food restaurant** Schnellimbiss 4 **fast lane** Überholspur 5 **fast forward** (*Tonband*) Schnellvorlauf; **fast rewind** (*Tonband*) Schnellrücklauf 6 **stick fast** festsitzen; **be fast asleep** tief schlafen
fast[2] [fɑːst] fasten
fast[3] [fɑːst] 1 Fasten; **break one's fast** das Fasten brechen 2 Fastenzeit
fas·ten ['fɑːsn] 1 befestigen, festmachen (**to** an) 2 zumachen *Knopf* 3 **fasten one's**

jacket seine Jacke zumachen; **fasten one's shoes** seine Schuhe binden ❹ **fasten one's seat-belt** sich anschnallen ❺ sich schließen [*oder* zumachen] lassen
◆ **fasten up** **fasten up a jacket** eine Jacke zumachen

fas·tener [ˈfɑːsnəʳ] **zip fastener** Reißverschluss

fat[1] [fæt] ❶ fett, dick; **get fat** dick werden ❷ *Gewinn, Scheck:* üppig, satt ❸ **a fat lot of good you are!** (*humorvoll*) du bist ja 'ne schöne Hilfe!

fat[2] [fæt] Fett

fatal [ˈfeɪtl] ❶ *Irrtum:* verhängnisvoll, fatal (**to** für) ❷ *Unfall:* tödlich **fatal·ity** [fəˈtæləti] Tod[esfall] **fatal·ly** [ˈfeɪtəli] tödlich

fate [feɪt] Schicksal, Los

fat·head [ˈfæthed] Dummkopf

fa·ther[1] [ˈfɑːðəʳ] ❶ Vater ❷ [Be]Gründer ❸ Pfarrer; **Father** (*Gott*) Vater; (*Pfarrer*) Herr Pfarrer ❹ **fathers** (USA) Väter, Vorfahren

fa·ther[2] [ˈfɑːðəʳ] **father a child** ein Kind zeugen

Father Christmas Weihnachtsmann **fa·ther·hood** [ˈfɑːðəhʊd] Vaterschaft **fa·ther-in-law** [ˈfɑːðərɪnlɔː] <*plural* fathers-in-law> Schwiegervater **fa·ther·less** [ˈfɑːðəlɪs] vaterlos

fatten [ˈfætn] **fatten an animal** ein Tier mästen **fat·ten·ing** [ˈfætnɪŋ] dick machend; **fattening foods** Dickmacher **fatty** [ˈfæti] *Essen:* fett[ig], fetthaltig

fau·cet [ˈfɔːsɪt] (USA) [Wasser]Hahn

fault [fɔːlt] ❶ Fehler, Mangel ❷ *von Maschine:* Defekt ❸ **it isn't my fault** es ist nicht meine Schuld; **through no fault of mine** ohne mein Verschulden; **the fault lies with him** die Schuld liegt bei ihm ❹ *von Erdkruste:* Verwerfung ❺ (*Tennis*) Fehler ❻ **be at fault** im Irrtum sein ❼ **find fault with something** etwas an etwas auszusetzen haben **fault·less** [ˈfɔːltlɪs] untadelig; *Englisch:* fehlerfrei; *Aussehen:* tadellos **faulty** [ˈfɔːlti] fehler-, mangelhaft; *Maschine:* defekt

fa·vor[1] [ˈfeɪvəʳ] (USA) ❶ Gefallen, Gefälligkeit; **ask a favor of someone** jemanden um einen Gefallen bitten; **do someone a favor** jemandem einen Gefallen tun; **as a favor to him** ihm zuliebe ❷ Gunst, Wohlwollen; **fall out of favor** in Ungnade fallen; **be out of favor** nicht mehr beliebt sein ❸ **be in favor of something** für etwas sein

fa·vor[2] [ˈfeɪvəʳ] ❶ für gut halten, bevorzugen ❷ **favor someone** jemanden begünstigen

fa·vor·able (USA) ❶ günstig, vorteilhaft (**to** für) ❷ *Antwort, Eindruck:* positiv

fa·vor·ite[1] [ˈfeɪvərɪt] (USA) ❶ Liebling ❷ (*bei Sport*) Favorit(in)

fa·vor·ite[2] [ˈfeɪvərɪt] Lieblings-; **favorite food** Lieblingsessen

fa·vour[1] [ˈfeɪvəʳ] ❶ Gefallen, Gefälligkeit; **ask a favour of someone** jemanden um einen Gefallen bitten; **do someone a favour** jemandem einen Gefallen tun; **as a favour to him** ihm zuliebe ❷ Gunst, Wohlwollen; **fall out of favour** in Ungnade fallen; **be out of favour** nicht mehr beliebt sein ❸ **be in favour of something** für etwas sein

fa·vour[2] [ˈfeɪvəʳ] ❶ für gut halten, bevorzugen ❷ **favour someone** jemanden begünstigen

fa·vour·able [ˈfeɪvərəbl] ❶ günstig, vorteilhaft (**to** für) ❷ *Antwort, Eindruck:* positiv

fa·vour·ite[1] [ˈfeɪvərɪt] ❶ Liebling ❷ (*bei Sport*) Favorit(in)

fa·vour·ite[2] [ˈfeɪvərɪt] Lieblings-; **favourite food** Lieblingsessen

fax[1] [fæks] fernkopieren, [tele]faxen

fax[2] [fæks] ❶ (*Gerät*) [Tele]Fax ❷ Fax, Fernkopie

fax machine Telefax[gerät]

> **i Land & Leute** Die amerikanische Bundespolizei heißt **the Federal Bureau of Investigation (FBI)**. Ihre Beamten werden oft kurz **feds** genannt. Der Auslandsgeheimdienst heißt **the Central Intelligence Agency (CIA)** .

fear[1] [fɪəʳ] ❶ Angst, Furcht; **fear of flying/heights** Flugangst/Höhenangst ❷ Sorge, Befürchtung; **she talked quietly for fear of waking the child** sie sprach leise, um das Kind nicht aufzuwecken ❸ **make the same mistake again? no fear!** denselben Fehler noch mal machen? keine Angst!

fear[2] [fɪəʳ] ❶ [sich] fürchten, Angst haben; **fear for someone/something** um jemanden/etwas fürchten ❷ befürchten ❸ **fear God** vor Gott Ehrfurcht haben

fear·ful [ˈfɪəfl] ❶ ängstlich (**of** vor) ❷ **be**

fearful for one's life um sein Leben fürchten **fearless** furchtlos

feas·ible ['fiːzəbl] ① machbar, realisierbar; *Plan, Vorschlag:* durchführbar ② *Ausrede:* glaubhaft, plausibel

feast [fiːst] ① (*religiös*) Fest ② Festmahl, Festessen, Bankett

feather ['feðəʳ] ① Feder; **as light as a feather** federleicht ② **feathers** ⚠ *plural* Gefieder ▸ IN WENDUNGEN: **a feather in one's cap** etwas, auf das man stolz sein kann

fea·ture[1] ['fiːtʃəʳ] ① Kennzeichen, Merkmal ② *von Raum, Gebäude:* Besonderheit; **make a feature of something** etwas besonders hervorheben ③ (*im Fernsehen*) Dokumentarbericht, Feature ④ (*in Zeitung*) Sonderbericht ⑤ **a feature of his style is …** sein Stil ist durch … gekennzeichnet

fea·ture[2] ['fiːtʃəʳ] ① (*in der Presse*) **feature a story** eine Geschichte bringen ② **a film featuring someone** ein Film mit jemandem in der Hauptrolle ③ (*auch im Theaterstück*) **feature in something** eine bedeutende Rolle bei etwas spielen

feature film Spielfilm

Feb·ru·ary ['februərɪ] Februar

fed [fed] *2. und 3. Form von* **feed**

fed·eral ['fedərəl] ① bundesstaatlich, föderativ ② (USA) **federal state** [Einzel]Staat; **Federal Bureau of Investigation, FBI** Bundeskriminalamt ③ **the Federal Republic of Germany** die Bundesrepublik Deutschland **fed·er·ation** [ˌfedə'reɪʃn] ① (*politisch*) Zusammenschluss; *von Staaten:* Bündnis ② (*sportlich*) Föderation, Bund

fed up [ˌfed'ʌp] **I'm fed up!** ich habe die Nase voll!; **I'm fed up with it** es hängt mir zum Hals heraus

fee [fiː] ① Gebühr; **on payment of a small fee** gegen eine geringe Gebühr ② *von Arzt, Künstler:* Honorar ③ *von Schauspieler:* Gage ④ *von Verwalter:* Bezüge ⑤ **school fees** Schulgeld

feeble ['fiːbl] ① schwach ② *Stimme:* matt ③ *Versuch:* zaghaft **feeble-minded** ['fiːbl'maɪndɪd] dümmlich

feed[1] [fiːd] ① *eines Babys:* Mahlzeit, Essen ② *eines Tieres:* Futter

feed[2] [fiːd] <fed, fed> ① **feed someone** jemanden verpflegen; **feed the family** die Familie ernähren ② **feed an animal** einem Tier zu fressen geben; **feed a baby** ein Baby füttern; (*an der Brust*) ein Baby stillen ③ versorgen *Maschine* ④ **feed a meter** Geld in einen Münzzähler einwerfen ⑤ **feed someone with information** jemanden mit Informationen versorgen ⑥ **feed oneself** sich selbst verpflegen ⑦ *Tier:* fressen

◆ **feed in feed in data** Daten eingeben

◆ **feed on** ① sich [er]nähren von ② **feed a baby/animal on something** ein Baby/Tier mit etwas füttern

◆ **feed up feed an animal up** ein Tier mästen; **are you trying to feed me up?** (*humorvoll*) willst du mich mästen?

feed·back ['fiːdbæk] ① (*Reaktion*) Feedback, Rückmeldung; **feedback information** Rückinformation ② (*in Lautsprecheranlage*) Rückkoppelung

feed·ing bottle ['fiːdɪŋˌbɒtl] Babyfläschchen

feel[1] [fiːl] <felt, felt> ① **feel someone/something** jemanden/etwas [be]fühlen, betasten ② empfinden *Eifersucht, Mitleid, Gefühl;* **feel the sun on one's skin** die Sonne auf der Haut spüren; **feel the cold/heat** unter der Kälte/Hitze leiden ③ glauben; **she felt it necessary …** sie hielt es für notwendig…; **how do you feel about him?** was halten Sie von ihm?; **what do you feel about it?** was halten Sie davon?; **I feel as if I've seen him before** mir ist, als ob ich ihn schon mal gesehen hätte ④ (*übertragen*) **feel one's way** sich vortasten ⑤ sich fühlen; **feel well** sich wohl fühlen; **I'm feeling much better** es geht mir viel besser; **feel hungry** hungrig sein; **I feel hot** mir ist heiß ⑥ sich anfühlen; **it feels hard** es fühlt sich hart an; **it feels like leather** es fühlt sich an wie Leder ⑦ **feel like something** Lust auf etwas haben; **I feel like an ice-cream** ich hätte jetzt Lust auf ein Eis; **I feel like going for a walk** ich habe Lust spazieren zu gehen

◆ **feel about** umhertasten

◆ **feel for feel for someone** mit jemandem Mitleid haben

feel[2] [fiːl] ① **have a rubbery/silky feel** sich gummiartig/seidig anfühlen ② (*übertragen*) **have a feel for something** ein Gefühl für etwas haben

feel·ing ['fiːlɪŋ] ① Empfindung, Gefühl ② **I have a feeling that …** ich habe das Gefühl, dass … ③ Meinung, Ansicht; **the general feeling was that…** man war allgemein der

Ansicht, dass… ④ **feelings** Gefühle; **I hope you haven't any hard feelings** ich hoffe, Sie sind [mir] nicht böse; **hurt someone's feelings** jemanden verletzen

feet [fiːt] *Pluralform von* **foot**

fell¹ [fel] *2. Form von* **fall**

fell² [fel] **fell a tree** einen Baum fällen

fel·low [ˈfeləʊ] Bursche, Kerl; **old fellow** alter Knabe **fellow countryman** Landsmann, -männin **fellow passenger** Mitreisende(r) **fellow student** Kommilitone, Kommilitonin **fellow worker** Kollege, Kollegin

felt¹ [felt] *2. und 3. Form von* **feel**

felt² [felt] Filz

felt-tip (pen) Filzschreiber, Filzstift

fe·male¹ [ˈfiːmeɪl] weiblich

fe·male² [ˈfiːmeɪl] ① *von Tieren:* Weibchen ② (*abwertend*) Weib

femi·nine [ˈfemənɪn] feminin, weiblich

femi·nist¹ [ˈfemɪnɪst] feministisch, Frauen-

femi·nist² [ˈfemɪnɪst] Feminist(in), Frauenrechtler(in)

fence¹ [fens] ① Zaun ② (*für Pferde*) Hindernis ③ (*umgangsspr*) Hehler ④ (*übertragen*) **sit on the fence** neutral bleiben

fence² [fens] ① umzäunen; **fence an animal in** ein Tier einzäunen; **the area was fenced off** das Gebiet war abgesperrt ② fechten

fencer [ˈfensəʳ] Fechter(in) **fenc·ing** [ˈfensɪŋ] ① Zaun, Umzäunung ② Fechten

fer·ocious [fəˈrəʊʃəs] *Person, Tier:* wild; *Stimme:* grimmig; *Schlag, Streit:* heftig

ferry¹ [ˈferɪ] Fähre

ferry² [ˈferɪ] ① [mit der Fähre] übersetzen ② transportieren *Güter*

ferry·boat Fähre **ferry·man** <*plural* ferrymen> Fährmann

fer·tile [ˈfɜːtaɪl] ① *Land:* fruchtbar, ertragreich ② (*übertragen*) reich (**of, in** an) **fer·til·ity** [fəˈtɪlətɪ] Fruchtbarkeit **fer·til·ize** [ˈfɜːtəlaɪz] ① düngen *Acker* ② befruchten *Tier, Pflanze* **fer·ti·lizer** [ˈfɜːtəlaɪzəʳ] Dünger

fes·ti·val [ˈfestɪvl] ① Fest ② (*kulturell*) Festspiele; **the Edinburgh Festival** das Edinburgh Festival; **music festival** Musikfestspiele

fetch [fetʃ] ① holen, bringen; **he fetched her from the station** er holte sie vom Bahnhof ab ② **his car fetched $1,000 at auction** sein Auto brachte $1000 bei der Versteigerung **fetch·ing** [ˈfetʃɪŋ] (*umgangsspr*) bezaubernd

fête [feɪt] [Garten]Fest

fe·tus [ˈfiːtəs] (USA) Fötus, Fetus

fe·ver [ˈfiːvəʳ] ① Fieber ② (*übertragen*) Erregung; **be at fever pitch** in höchster Erregung sein **fe·ver·ish** [ˈfiːvərɪʃ] ① fiebernd ② (*übertragen*) fieberhaft

few [fjuː] ① wenige; **few people** wenige Leute ② **a few people** ein paar Leute; **a few times** ein paar Mal; **quite a few** ziemlich viele ③ **every few days** alle paar Tage ④ **few and far between** dünn gesät **fewer** [ˈfjuːəʳ] weniger; **no fewer than …** nicht weniger als … **fewest** [ˈfjuːɪst] [**the**] **fewest** die Wenigsten

fi·ancé [fɪˈɒnseɪ] Verlobter **fiancée** [fɪˈɒnseɪ] Verlobte

fib¹ [fɪb] (*umgangsspr*) Schwindelei; **tell a fib** flunkern

fib² [fɪb] flunkern, schwindeln

fib·ber [ˈfɪbəʳ] Flunkerer

fibre, (USA) **fiber** [ˈfaɪbəʳ] ① (*bei Pflanzen usw.*) Faser ② [**dietary**] **fibre** Ballaststoffe; **glass fibre** Glasfiber, Glasfaser ③ (*übertragen*) **moral fibre** Charakterstärke

fibre·glass [ˈfaɪbəglɑːs] Fiberglas

fibre op·tic cable [ˈfaɪbəʳˈɒptɪkˈkeɪbl] Glasfaserkabel

fic·tion [ˈfɪkʃn] ① Erfindung, Fiktion ② Erzähl-, Prosaliteratur **fic·tion·al** [ˈfɪkʃənl] erfunden, erdichtet

fic·ti·tious [fɪkˈtɪʃəs] ① *Geschichte:* [frei] erfunden; *Figur:* fiktiv ② falsch

fiddle¹ [ˈfɪdl] ① Fiedel, Geige ② (*umgangsspr*) Schiebung ③ **be fit as a fiddle** gesund und munter sein

fiddle² [ˈfɪdl] ① geigen ② (*umgangsspr*) **fiddle the books** die Bücher frisieren ◆ **fiddle about** herumspielen, -fummeln

fid·dly [ˈfɪdlɪ] (*umgangsspr*) knifflig

fidg·et¹ [ˈfɪdʒɪt] (*umgangsspr*) Zappelphilipp

fidg·et² [ˈfɪdʒɪt] nervös sein, zappeln

fidg·ety [ˈfɪdʒɪtɪ] zappelig, nervös

field¹ [fiːld] ① Feld, Acker; (*mit Tieren*) Weide; **work in the fields** auf dem Feld arbeiten ② (*Sport*) Feld; **playing field** Sportplatz ③ (*militärisch*) Feld; **field of battle** Schlachtfeld ④ (*übertragen*) [Fach]Gebiet, Bereich, Sektor; **in this field** auf diesem Gebiet, in diesem Bereich ⑤ **field of vision** Blickfeld, Gesichtsfeld

field² [fiːld] ① (*Kricket, Baseball*) **field the**

ball den Ball auffangen und zurückwerfen ② als Fänger spielen

field mouse <*plural* field mice> Feldmaus **field trip** (*Schule*) Exkursion **field·work** ['fi:ldwɜ:k] ① Arbeit im Gelände ② *von Wissenschaftler usw.:* Feldforschung

fierce [fɪəs] ① *Erscheinung:* wild ② *Blick:* böse ③ *Hund:* scharf ④ *Kampf:* heftig ⑤ *Konkurrenz:* erbittert

fiery ['faɪərɪ] ① feurig, glühend, heiß ② (*übertragen*) erregt, aufwühlend; **have a fiery temper** ein Hitzkopf sein

fif·teen [ˌfɪf'ti:n] fünfzehn

fif·teen [ˌfɪf'ti:n] Fünfzehn

fifth¹ [fɪfθ] fünfte(r, s)

fifth² [fɪfθ] ① (*Bruchteil*) Fünftel ② Fünfte(r, s)

fif·ti·eth ['fɪftɪəθ] fünfzigste(r, s) **fifty** ['fɪftɪ] ① fünfzig ② **go fifty-fifty with someone** mit jemandem halbe-halbe machen

fig [fɪg] Feige

fight¹ [faɪt] ① (*auch übertragen*) Kampf, Gefecht; **have a fight with someone** sich mit jemandem schlagen; **put up a fight** sich zur Wehr setzen ② Kampfkraft, Kampfgeist

fight² [faɪt] <fought, fought> ① kämpfen (**for** um); **fight someone/something** gegen jemanden/etwas [*oder* mit jemandem/etwas] kämpfen, jemanden/etwas bekämpfen ② (*mit Worten*) sich streiten ③ (*mit den Fäusten*) sich prügeln ④ **fight for one's life** um sein Leben kämpfen; **fight shy of something** einer Sache aus dem Weg gehen ⑤ **fight a campaign** eine Kampagne führen; **fight a losing battle** (*übertragen*) auf verlorenem Posten stehen

◆ **fight back** zurückschlagen, sich wehren

◆ **fight off** abwehren

◆ **fight on** weiterkämpfen

fighter ['faɪtəʳ] ① Kämpfer(in) ② Jagdflugzeug ③ Boxer

fight·ing¹ ['faɪtɪŋ] Kampf, Gefecht

fight·ing² ['faɪtɪŋ] **fighting spirit** Kampfgeist; **he's got a fighting chance** er hat eine reelle Chance

figu·rat·ive ['fɪgjərətɪv] bildlich, übertragen

fig·ure¹ ['fɪgəʳ] ① Zahl, Ziffer; *von Geld:* Summe; **be good at figures** gut rechnen können; **a five-figure number** eine fünfstellige Zahl ② (*geometrisch*) Form ③ (*Körper*) Gestalt, Figur; **she has a good figure** sie hat eine gute Figur ④ Persönlichkeit; **figure of fun** Witzfigur; **a public figure** eine Persönlichkeit des öffentlichen Lebens

fig·ure² ['fɪgəʳ] ① in Erscheinung treten; **he figured in a play** er trat in einem Stück auf ② (USA) meinen; **I figured he'd be late** ich dachte, er würde zu spät kommen ③ (*umgangsspr*) **that figures!** das hätte ich mir denken können!

◆ **figure out** ① **figure something out** etwas ausrechnen ② **figure out a problem** ein Problem verstehen ③ **figure someone out** aus jemandem schlau werden

fig·ure skat·ing ['fɪgəʳ 'skeɪtɪŋ] Eiskunstlauf

file¹ [faɪl] ① Aktenhefter, Aktenordner ② **keep a file on someone** eine Akte über jemanden führen ③ (*Informatik*) Datei ④ **on file** aktenkundig; **put something on file** etwas in die Akten aufnehmen ⑤ Feile ⑥ Reihe; **in single file** im Gänsemarsch

file² [faɪl] ① **file something** [**away**] etwas zu den Akten legen, etwas ablegen, abheften ② **file a report** einen Bericht einsenden ③ (*im Gericht*) einreichen *Antrag;* **file a suit** Klage erheben ④ feilen *Fingernägel*

◆ **file in** hereinmarschieren

◆ **file out** hinausgehen

file name (*Informatik*) Dateiname

fil·ing ['faɪlɪŋ] ① *von Akten:* Ablegen, Abheften ② *von Antrag:* Einreichung **filing cabinet** Aktenschrank

fill [fɪl] ① füllen; **light filled the room** Licht strömte in das Zimmer ② zustopfen *Loch;* stopfen *Pfeife;* plombieren *Zahn* ③ **filled with admiration** von Bewunderung erfüllt; **the thought filled him with anger** der Gedanke erfüllte ihn mit Zorn ④ einnehmen **the position is already filled** die Stelle ist schon besetzt ⑤ voll werden, sich füllen

◆ **fill in** ① **fill in a hole** ein Loch auffüllen ② **fill in a form** ein Formular ausfüllen; **please fill in your name** bitte setzen Sie Ihren Namen ein ③ **fill in for someone** für jemanden einspringen ④ **fill someone in on something** jemanden über etwas ins Bild setzen

◆ **fill out** ① sich blähen, dicker werden ② ausfüllen *Formular*

◆ **fill up** ① **fill something up** etwas vollfüllen ② **fill up a car** volltanken ③ sich [an]füllen, voll werden

fil·let¹ ['fɪlɪt] Filet; **fillet steak** Filetsteak

fil·let² ['fɪlɪt] filetieren *Fleisch, Fisch*

fill·ing¹ ['fɪlɪŋ] ① (*für Zahn*) Plombe, Füllung ② (*für Brot*) Belag

fill·ing² ['fɪlɪŋ] *Essen:* sättigend

filling station Tankstelle

film¹ [fɪlm] ① (*dünner Belag*) Schicht, Film ② (*für Fotoapparat, im Kino*) Film; **make** [*oder* **shoot**] **a film** einen Film drehen

film² [fɪlm] ① [ver]filmen ② sich verfilmen lassen

film camera Filmkamera **film speed** Lichtempfindlichkeit **film star** Filmstar **film studio** Filmatelier, Filmstudio

fil·ter¹ ['fɪltəʳ] Filter

fil·ter² ['fɪltəʳ] filtern

◆ **filter in** ① langsam eindringen, einsickern ② *Auto:* sich einordnen

◆ **filter out** ① herausfiltern ② langsam herausgehen

◆ **filter through** durchsickern

fil·ter lane (GB) Abbiegespur **filter paper** Filterpapier **filter tip** ① Filter[mundstück] ② Filterzigarette

fil·thy ['fɪlθɪ] ① schmutzig, dreckig ② (*übertragen*) unanständig, schweinisch ③ (*umgangsspr*) **filthy rich** stinkreich *umgangsspr*

fin [fɪn] Flosse

fi·nal¹ ['faɪnl] ① letzte(r, s); **final word** letztes Wort; **final score** Schlussstand; **final whistle** Schlusspfiff ② *Resultat, Ziel:* End- ③ *Urteil, Entscheidung:* endgültig

fi·nal² ['faɪnl] ① Abschlussprüfung ② (*im Sport*) Endspiel, Finale

fi·nal·ist ['faɪnəlɪst] (*im Sport*) Finalist(in)

fi·nal·ize ['faɪnəlaɪz] **finalize a plan** einen Plan endgültig festlegen; **finalize a deal** ein Geschäft zum Abschluss bringen

fi·nal·ly ['faɪnəlɪ] ① (*nach langem Warten*) schließlich; **and finally he was ready!** und endlich war er fertig! ② (*zeitlich*) zum Schluss; **firstly, ... secondly,... and finally** erstens, ... zweitens, ... und zuletzt

fi·nance¹ ['faɪnæns] ① Finanzwesen ② **finances** Finanzen

fi·nance² ['faɪnæns] finanzieren

fi·nan·cial [faɪ'nænʃl] finanziell; **financial adviser** Finanzberater(in); **financial assistance** Finanzhilfe; **the financial year** das Rechnungsjahr

find¹ [faɪnd] Fund

find² [faɪnd] <found, found> ① finden; (*unerwartet*) entdecken ② (*besorgen*) **find something for someone** jemandem etwas besorgen; **did you find what you wanted?** hast du bekommen, was du wolltest? ③ **it has been found that...** es hat sich herausgestellt, dass... ④ (*bemerken*) **you'll find that he's lying** du wirst feststellen, dass er lügt ⑤ (*halten für*) **she found all the questions easy** sie fand, dass die Fragen alle leicht waren ⑥ (*übertragen*) **find one's feet** sich zurechtfinden; **find one's voice** [*oder* **tongue**] die Sprache wiederfinden ⑦ (*auch übertragen*) **find one's way** seinen Weg finden ⑧ **find fault with something** etwas auszusetzen haben an etwas ⑨ **he found himself in hospital** er fand sich im Krankenhaus wieder; **she found herself unable to work** sie sah sich außer Stande arbeiten zu können ⑩ (*im Gericht*) **find someone guilty** jemanden für schuldig befinden; **find for the accused** den Angeklagten freisprechen

◆ **find out** ① herausfinden; **you'll have to find out!** du wirst es herausfinden müssen! ② erwischen *Person* ③ dahinterkommen

find·ing ['faɪndɪŋ] ① **findings** ⚠ *plural* Ergebnis; (*medizinisch*) Befund ② *von Gericht:* Urteil

fine¹ [faɪn] ① fein; *Wetter:* schön; **one fine day** eines schönen Tages ② *Sportler, Künstler:* ausgezeichnet, hervorragend ③ prächtig; **fine clothes** feine Kleider ④ *Material:* fein, zart ⑤ **fine words** schöne Worte ⑥ *Werkzeug:* genau; *Nadel, Pinsel:* fein, spitz; *Spitze:* scharf; **chop something up fine** etwas fein zerhacken ⑦ **fine dust** feiner Staub; **fine rain** Nieselregen ⑧ gesund; **I'm feeling fine** mir geht's bestens; **how are you? — fine, thanks!** wie geht's? — gut, danke! ⑨ **that's fine!** das ist prima!; **everything's fine** alles ist in Ordnung; **that will suit me fine** das passt mir gut ⑩ (*umgangsspr*) prima

fine² [faɪn] Bußgeld, Geldstrafe

fine³ [faɪn] mit einer Geldstrafe belegen

fin·ger ['fɪŋgəʳ] ① Finger; **cut one's finger** sich in den Finger schneiden; **I didn't lay a finger on you!** ich habe dich gar nicht berührt!; **if they lay a finger on her ...** wenn sie ihr nur ein Haar krümmen ... ② **burn one's fingers** (*auch übertragen*) sich die Finger verbrennen ③ (*übertragen*)

let something slip through one's fingers sich etwas entgehen lassen; **twist someone around one's** [**little**] **finger** jemanden um den kleinen Finger wickeln **finger·nail** Fingernagel **finger·print** ['fɪŋgəprɪnt] Fingerabdruck **fin·ger·tip** ['fɪŋgətɪp] Fingerspitze ▶IN WENDUNGEN: **have something at one's fingertips** etwas parat haben

fin·ish[1] ['fɪnɪʃ] ① Ende, Schluss; **it would be the finish of him as a politician** das würde das Ende seiner Karriere als Politiker bedeuten ② (*Endpunkt eines Rennens*) Ziel; (*Endphase eines Rennens*) Endkampf, Endspurt ③ Schliff; (*bei Waren*) Verarbeitung, Vollendung ④ **paint with a matt/gloss finish** Matt-/Hochglanzlack ⑤ (*übertragen*) **be in at the finish** das Ende miterleben; **fight to the finish** bis zu einer Entscheidung kämpfen

fin·ish[2] ['fɪnɪʃ] ① beenden ② **finish** [**off**] erledigen, vollenden *Arbeit;* auslesen *Buch* ③ **finish doing something** aufhören, etwas zu tun; **have finished doing something** mit etwas fertig sein; **finish writing** fertig schreiben; **have you finished?** bist du fertig?; **finish your drink** trink aus ④ fertig stellen; **finish something** [**off**] einer Sache den letzten Schliff geben ⑤ (*auch übertragen*) umbringen; **another illness like that would finish him** [**off**] noch so eine Krankheit würde das Ende für ihn bedeuten; **that last call just about finished me** [**off**] der letzte Besuch hat mich aber fertig gemacht ⑥ zu Ende sein, fertig sein, aufhören; **when does the concert finish?** wann ist das Konzert aus? ⑦ (*beim Rennen*) das Ziel erreichen (**with** mit) ⑧ vervollkommnen; **it finished** [**off**] **the evening perfectly** es hat dem Abend den letzten Schliff gegeben ⑨ **finish by doing something** zum Schluss etwas tun

◆**finish off** ① aufhören, Schluss machen ② **finish something off** etwas fertig machen ③ aufessen *Essen* ④ den Gnadenschuss geben *Tier* ⑤ (*auch übertragen*) **finish someone off** jemandem den Rest geben

◆**finish up** ① **he finished up in third place** er landete auf dem dritten Platz ② **finish up with a brandy/song** zum Abschluss einen Brandy trinken/ein Lied singen ③ aufessen *Essen;* austrinken *Getränk*

◆**finish with** ① **have you finished with the paper?** brauchst du noch die Zeitung?; **finish with a book** ein Buch auslesen ② (*übertragen*) **finish with someone** mit jemandem fertig sein, mit jemandem nichts mehr zu tun haben wollen; **finish with a girl-/boyfriend** mit einem Freund/einer Freundin Schluss machen

fin·ished ['fɪnɪʃt] ① **he's finished** er ist fertig ② *Person:* erledigt *umgangsspr* ③ *Holz, Metall:* fertig bearbeitet ④ *Erscheinung:* vollendet ⑤ **finished product** Fertigprodukt

fin·ish·ing line ['fɪnɪʃɪŋˌlaɪn] Ziellinie **fin·ish·ing post** ['fɪnɪʃɪŋˌpəʊst] Zielpfosten

fi·nite ['faɪnaɪt] begrenzt; **a finite number** eine endliche Zahl

fir [fɜːʳ] Tanne, Fichte **fir-cone** Tannenzapfen

fire[1] ['faɪəʳ] ① Feuer; **danger of fire** Brandgefahr; **catch fire** Feuer fangen ② (*von Gebäude, Wald*) Brand; **be on fire** in Flammen stehen; **set fire to a house, set a house on fire** ein Haus in Brand stecken ③ Kaminfeuer ④ (*militärisch*) Feuer; **come under fire** unter Beschuss geraten ⑤ **play with fire** (*auch übertragen*) mit dem Feuer spielen

fire[2] ['faɪəʳ] ① (*umgangsspr*) feuern, entlassen ② befeuern *Ofen* ③ brennen *Ziegel* ④ abfeuern *Feuerwaffe, Geschoss* ⑤ *Waffe:* feuern, schießen

◆**fire away** (*umgangsspr*) losschießen

◆**fire off** **fire off a gun** ein Gewehr abfeuern

fire alarm ['faɪərəˌlɑːm] ① Feueralarm ② (*Gerät*) Feuermelder **fire·arm** Feuer-, Schusswaffe **fire brig·ade** Feuerwehr **fire·cracker** Knallkörper **fire department** (USA) Feuerwehr **fire engine** Feuerwehrauto **fire escape** Feuertreppe, Feuerleiter **fire extinguisher** Feuerlöscher **fire·fighter** Feuerwehrmann **fire hazard** Brandgefahr **fire house** (USA) Feuerwache **fire·man** ['faɪəmən] <*plural* firemen> Feuerwehrmann **fire·place** ['faɪəpleɪs] Kamin **fire·proof** feuerfest, feuersicher **fire·side** ['faɪəsaɪd] Platz um den Kamin; **by the fireside** am Kamin **fire·woman** ['faɪəwʊmən, *plural* 'faɪəwɪmɪn] <firewomen> *plural* Feuerwehrfrau **fire·wood** ['faɪəwʊd] Brennholz **fire·work** ① Feuerwerkskörper ② **fireworks** Feuerwerk

The Car

1	boot (GB), trunk (USA)	Kofferraum
2	rear bumper	hintere Stoßstange
3	number plate (GB), license plate (USA)	Nummernschild
4	rear light	Rücklicht
5	indicator (GB), turn signal (USA)	Blinklicht
6	exhaust pipe (GB), tailpipe (USA)	Auspuffrohr
7	wing (GB), fender (USA)	Kotflügel
8	hubcap	Radkappe
9	tyre (GB), tire (USA)	Reifen
10	door	Tür

Das Auto

11	wing mirror (GB), outside mirror (USA)	Außenspiegel
12	aerial (GB), antenna (USA)	Antenne
13	bonnet (GB), hood (USA)	Motorhaube
14	rear-view mirror	Rückspiegel
15	windscreen (GB), windshield (USA)	Windschutzscheibe
16	steering wheel	Lenkrad
17	gear lever/stick (GB), gearshift (USA)	Schaltknüppel
18	handbrake (GB), parking brake (USA)	Handbremse
19	driver's seat	Fahrersitz
20	headrest	Kopfstütze

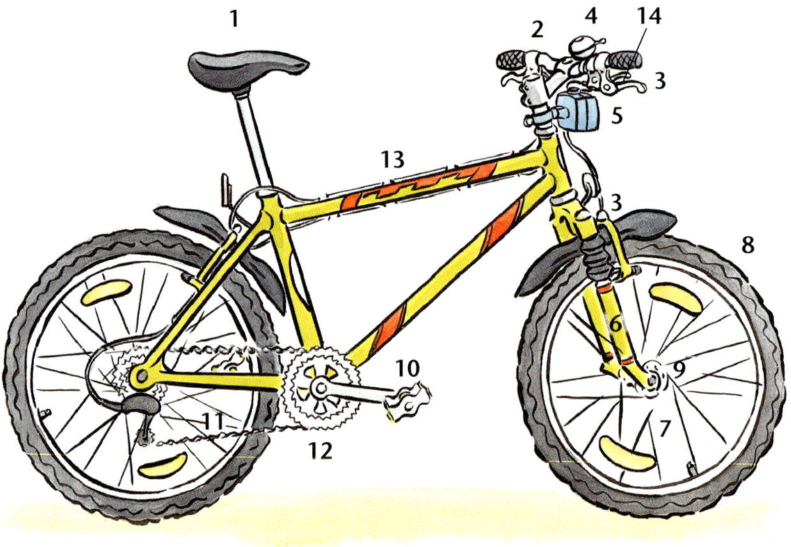

The Bicycle

Das Fahrrad

1	saddle	Sattel
2	handlebars	Lenkstange
3	brake	Bremse
4	bell	Klingel
5	front light	Vorderlicht
6	fork	Gabel
7	spoke	Speiche
8	tyre (GB), tire (USA)	Reifen
9	hub	Nabe
10	pedal	Pedal
11	chain	Fahrradkette
12	sprocket (GB), chain wheel (USA)	Kettenrad
13	crossbar	Querstange
14	dérailleur gear	Kettenschaltung

firm[1] [fɜːm] ① fest, stabil ② *Freundschaft:* beständig, unaufhörlich ③ *Basis:* standhaft, unerschütterlich ④ *Angebot:* bindend ⑤ **stand firm on something** fest bei etwas bleiben

firm[2] [fɜːm] Firma, Unternehmen

firmness [fɜːmnəs] Festigkeit

first[1] [fɜːst] ① erste(r, s); **first novel** Erstlingsroman; **for the first time** zum ersten Mal; **in first place** (*beim Rennen*) an erster Stelle; **he was first to arrive** er kam als Erster an; **first thing every morning** gleich morgens früh ② zuerst, als Erste(r, s); **come in first** das Rennen gewinnen; **Ladies first!** den Damen der Vortritt!; **first come, first served** wer zuerst kommt, mahlt zuerst ③ als Erstes, zunächst; **first of all, I'm going to unpack** zuallererst werde ich auspacken ④ zum ersten Mal; **when did you first meet him?** wann hast du ihn das erste Mal getroffen? ⑤ [zu]erst; **I must finish this first** ich muss das erst fertig machen ⑥ (*übertragen*) **at first hand** aus erster Hand; **at first sight** auf den ersten Blick ⑦ **first things first** eins nach dem anderen; **not to know the first thing about something** keinen blassen Schimmer von etwas haben

first[2] [fɜːst] ① **the first** der, die, das Erste; **he was the first to arrive** er kam als Erster an ② GB (*Note an der Uni*) Eins ③ (*im Fahrzeug*) erster Gang ④ **the first of July** der erste Juli ⑤ **at first** zuerst, zunächst; **from first to last** von Anfang bis Ende

first aid erste Hilfe; **first aid box** Verbandskasten **first-class** [ˌfɜːstˈklɑːs] ① erstklassig; **first-class compartment** Abteil erster Klasse ② **send a letter first-class** GB einen Brief mit Erster-Klasse-Post schicken

first·ly [ˈfɜːstlɪ] erstens

first name [ˈfɜːst neɪm] Vorname; **be on first name terms** sich duzen **first night** (*am Theater*) Erstaufführung **first-rate** [ˌfɜːstˈreɪt] ① erstrangig, erstklassig ② (*umgangsspr*) prima, großartig

fish[1] [fɪʃ] <*plural* fish *oder* fishes> ① Fisch; **fish and chips** [fritierter] Fisch und Pommes frites ② **drink like a fish** saufen wie ein Loch; **feel like a fish out of water** sich fehl am Platze vorkommen

fish[2] [fɪʃ] ① fischen ② angeln (**for** nach) ③ **she fished in her bag for her lipstick** sie kramte in ihrer Handtasche nach ihrem Lippenstift

> **i Land & Leute** In Großbritannien sind **fish and chips** immer noch sehr beliebt — trotz Hamburger, Brathähnchen und Pizza. Außerdem gibt es viele exotische Schnellimbisse, z. B. indische, chinesische, thailändische und vietnamesische.

fish·bone [ˈfɪʃbəʊn] Fischgräte **fish·cake** [ˈfɪʃkeɪk] Fischfrikadelle **fisher·man** [ˈfɪʃəmən] <*plural* fishermen> Fischer, Angler

fish fin·ger [ˌfɪʃˈfɪŋgəʳ] Fischstäbchen

fish·ing [ˈfɪʃɪŋ] Fischen, Angeln **fishing·line** Angelschnur **fishing rod** Angelrute

fish·mon·ger [ˈfɪʃmʌŋgəʳ] GB Fischhändler(in) **fish·pond** Fischteich

fishy [ˈfɪʃɪ] ① *Geruch, Geschmack:* fischartig ② (*umgangsspr*) verdächtig, faul

fist [fɪst] Faust

fit[1] [fɪt] ① (*medizinisch*) Anfall; **fit of coughing** Hustenanfall ② **fit of anger** Wutanfall ③ (*umgangsspr*) **by** [*oder* **in**] **fits and starts** stoßweise; **give someone a fit** (*umgangsspr*) jemandem einen Schrecken einjagen ④ *eines Kleidungsstückes:* Passform; **it's a good fit** es sitzt gut

fit[2] [fɪt] ① *Person:* gesund, in Form; **keep fit** in Form bleiben ② geeignet; **this coat isn't fit for use** diesen Mantel kann man nicht mehr anziehen ③ **fit to drink** trinkbar; **fit for a position** für eine Stelle geeignet; **fit for work** arbeitsfähig ④ angebracht; **to see fit to do something** es für richtig halten, etwas zu tun

fit[3] [fɪt] <fitted *oder* USA fit, fitted *oder* USA fit> ① **the lid fits the jar** der Deckel passt auf den Topf; **the key fits the lock** der Schlüssel passt in das Schloss ② *Kleidung:* passen, sitzen ③ montieren, einbauen *Schloss;* einsetzen *Scheibe, Tür* ④ **the facts fit the description** die Tatsachen entsprechen der Beschreibung

◆ **fit in** ① **fit something in** etwas unterbringen ② **fit someone in** jemandem einen Termin geben; **fit a visit in** einen Besuch einschieben; **I can fit you in on Monday** am Montag hätte ich Zeit für Sie ③ einbauen *Scheibe usw.* ④ **she doesn't fit in with her colleagues** sie passt nicht zu ihren Kollegen

⑤ in Einklang, in Übereinstimmung sein (**with** mit)

◆ **fit out** ausrüsten, ausstatten

◆ **fit up** ① ausrüsten *Person* (**with** mit) ② montieren *Maschine*

fit·ness [ˈfɪtnɪs] Fitness, Kondition

fit·ted [ˈfɪtɪd] ① eingerichtet, ausgestattet (**with** mit) ② *Hemd, Kleid:* tailliert ③ **fitted carpet** Teppichboden; **fitted kitchen** Einbauküche; **fitted sheet** Spannbetttuch

fit·ting [ˈfɪtɪŋ] angebracht, geeignet

five [faɪv] fünf

five [faɪv] Fünf; **five of hearts** Herzfünf **fiver** [ˈfaɪvəʳ] (*umgangsspr*) Fünfpfundnote

fix[1] [fɪks] ① *mit Schrauben usw.:* festmachen, befestigen (**to** an) ② aufhängen *Bild* ③ **fix one's eyes on something** den Blick auf etwas heften ④ fesseln *Aufmerksamkeit;* **fix something in one's mind** sich etwas fest einprägen ⑤ festsetzen, festlegen *Preis* (**at** auf) ⑥ abmachen; **nothing has been fixed yet** es ist noch nichts Endgültiges ausgemacht; **fix a date** ein Treffen vereinbaren ⑦ ansetzen *Besprechung* ⑧ (*umgangsspr*) in Ordnung bringen; **fix the radio** das Radio reparieren ⑨ (*umgangsspr*) manipulieren *Rennen, Kampf* ⑩ **fix the blame on someone** die Schuld auf jemanden schieben ⑪ **I'll fix him!** dem werde ich's schon zeigen! ⑫ **fix one's hair** sich frisieren ⑬ machen *Essen, Kaffee usw.*

◆ **fix up** ① anbringen ② arrangieren, festmachen *Termin, Urlaub* ③ **fix someone up for the night** jemanden für die Nacht unterbringen ④ **fix someone up with something** jemandem etwas besorgen

fix[2] [fɪks] ① (*umgangsspr*) **be in a fix** in der Klemme sein ② (*slang*) *Drogen:* Fix

fixed [fɪkst] ① fest ② *Idee:* fix ③ *Lächeln:* starr

fix·ture [ˈfɪkstʃəʳ] ① **fixtures** ⚠ *plural* Ausstattung, unbewegliches Inventar ② (*Sport*) Spiel

fizz[1] [fɪz] (*Geräusch*) zischen; *Getränk:* sprudeln, moussieren

fizz[2] [fɪz] ① Zischen ② *von Getränk:* Sprudel

fizzy [ˈfɪzɪ] sprudelnd; **fizzy drinks** kohlensäurehaltige Getränke

flabby [ˈflæbɪ] ① *Körperteil:* schlaff, schlapp ② (*übertragen*) saft- und kraftlos

flag [flæg] Fahne; *eines Staates, am Schiff:* Flagge **flag·pole** [ˈflægpəʊl] Fahnenstange

fla·grant [ˈfleɪgrənt] ① *Verbrechen:* himmelschreiend, empörend ② *Verstoß:* skandalös, eklatant

flair [fleəʳ] Gespür, Fingerspitzengefühl; **have a flair for something** eine Nase für etwas haben

flake[1] [fleɪk] *Schnee, Farbe, Seife:* Flocke

flake[2] [fleɪk] ① **flake** [**away/off**] *Farbe:* abblättern ② *Haut:* sich schuppen

◆ **flake out** (*umgangsspr*) abschlaffen

flaky [ˈfleɪkɪ] ① flockig; *Haut:* schuppig; *Farbe, Verputz:* bröcklig; **flaky pastry** Blätterteig ② USA (*slang*) verrückt

flame[1] [fleɪm] Flamme; **be in flames** in Flammen stehen; **burst into flames** in Flammen aufgehen

flame[2] [fleɪm] flammen, lodern; **flame up** auflodern

flam·ing [ˈfleɪmɪŋ] ① flammend, lodernd, glühend ② (*umgangsspr*) **he's flaming mad** er kocht vor Wut ③ (*umgangsspr*) verdammt

flam·mable [ˈflæməbl] leicht brennbar

flan [flæn] ① (*süß*) Torte ② (*pikant*) Quiche

flan·nel [ˈflænl] ① Waschlappen ② **flannels** ⚠ *plural* Flanellhose ③ Flanell

flap[1] [flæp] ① Klappe; (*am Briefumschlag*) Lasche ② (*flap of skin*) Hautlappen ③ (*umgangsspr*) **get into a flap** in helle Aufregung geraten

flap[2] [flæp] <flapped, flapped> ① *Flügel:* schlagen; *Fahne, Segel:* flattern; **flap its wings** mit den Flügeln schlagen; **flap away** davonfliegen ② (*umgangsspr*) **stop flapping** [**about**]! reg dich ab ③ **his ears were flapping** er spitzte die Ohren

flare [fleəʳ] ① [auf]flackern ② (*übertragen*) aufbrausen; **tempers flared** die Gemüter erhitzten sich

◆ **flare up** ① (*auch übertragen*) aufflammen; *Krankheit:* [wieder]ausbrechen ② aufbrausen

flash[1] [flæʃ] ① aufleuchten, aufblitzen [lassen] ② [auf]blitzen, funkeln; **her eyes flashed with anger** ihre Augen blitzten vor Zorn; **the lightning flashed** es blitzte ③ (*übertragen*) sausen, flitzen; **flash in and out** rein und raus flitzen; **a smile flashed across his face** ein Lächeln huschte über sein Gesicht ④ **flash by** vorbeisausen; **the time flashed past** die Zeit verflog im Nu; **the idea flashed through my mind** der

Gedanke schoss mir durch den Kopf ⑤ (*im Buch, Film*) **flash back** zurückblenden ⑥ **flash one's headlights at someone** jemanden anblinken

flash[2] [flæʃ] ① Aufblinken, Blitzen ② *am Fotoapparat:* Blitz[licht] ③ **flash of lightning** Blitz; **a flash of wit/genius** ein Geistesblitz ④ **a flash in the pan** ein Strohfeuer ⑤ **in a flash** im Nu; **as quick as a flash** blitzschnell

flash·back [ˈflæʃbæk] (*im Buch, Film*) Rückblende **flashbulb** Blitzbirne **flash·gun** [ˈflæʃgʌn] Blitzlichtgerät **flash·light** [ˈflæʃlaɪt] ① (*für Signale*) Blinklicht ② (USA) Taschenlampe ③ (*beim Fotografieren*) Blitzlicht **flash·point** [ˈflæʃpɔɪnt] Flammpunkt **flashy** [ˈflæʃɪ] auffallend, auffällig

flask [flɑːsk] ① *für Brandy usw.:* Flachmann ② Thermosflasche ③ (*im Labor*) Glaskolben

flat[1] [flæt] ① *Fläche:* flach, eben; *Reifen:* platt ② *Batterie:* leer ③ *Getränk:* schal, abgestanden ④ (*übertragen*) *Stimmung:* fade, matt, stumpf ⑤ **flat rate of pay** Pauschallohn ⑥ *Note:* erniedrigt; (*beim Singen*) zu tief; **sing flat** zu tief singen ⑦ *Ablehnung:* kategorisch; **he told me flat that ...** er sagte mir klipp und klar, dass ... ⑧ **flat broke** (*umgangsspr*) total pleite ⑨ **flat out** total erledigt; **work flat out** auf Hochtouren arbeiten

flat[2] [flæt] ① (*Musik*) Erniedrigungszeichen ② Reifenpanne ③ (GB) Wohnung

flat-footed [flætˈfʊtɪd] plattfüßig

flat·ten [ˈflætn] ① platt drücken ② dem Erdboden gleichmachen *Stadt*

flat·ter [ˈflætəʳ] ① schmeicheln; **feel flattered** sich geschmeichelt fühlen ② **flatter oneself that ...** sich einbilden, dass ... **flat·ter·ing** [ˈflætərɪŋ] schmeichelhaft **flat·tery** [ˈflætərɪ] Schmeichelei

fla·vor (USA) ① Geschmack, Aroma ② (*übertragen*) Beigeschmack **fla·vor·ing** (USA) Aroma

fla·vour [ˈfleɪvəʳ] ① Geschmack, Aroma ② (*übertragen*) Beigeschmack **fla·vour·ing** Aroma

flea [fliː] Floh **flea market** Flohmarkt

fled [fled] *2. und 3. Form von* **flee**

flee [fliː] <fled, fled> ① entfliehen, flüchten (**from** vor) ② **flee someone/something** vor jemandem/aus etwas fliehen

fleet [fliːt] ① *Schiffe:* Flotte ② **fleet [of cars/lorries]** Fuhrpark

fleet·ing [ˈfliːtɪŋ] flüchtig, vergänglich; **fleeting visit** Stippvisite

flesh [fleʃ] Fleisch; **flesh and blood** Fleisch und Blut; **more than flesh and blood can stand** mehr als ein Mensch ertragen kann

flew [fluː] *2. Form von* **fly**[2]

flexi·ble [ˈfleksəbl] ① biegsam, elastisch ② (*übertragen*) anpassungsfähig, flexibel **flexi·time** [ˈfleksɪtaɪm] gleitende Arbeitszeit, Gleitzeit

flicker[1] [ˈflɪkəʳ] ① flattern ② *Flamme:* flackern, zucken

flicker[2] [ˈflɪkəʳ] ① *von Flamme:* Flackern ② **flicker of hope** Hoffnungsschimmer

flier [ˈflaɪəʳ] ① Flieger(in) ② Senkrechtstarter *umgangsspr* ③ (*Reklamezettel*) Flyer, Handzettel

flight [flaɪt] ① Flug, Fliegen; **in flight** im Flug ② Flugstrecke ③ **flight of stairs** Treppe ④ Flucht; **put to flight** in die Flucht schlagen

flight attendant Flugbegleiter(in) **flight deck** [ˈflaɪtdek] Flugdeck **flight number** Flugnummer

flimsy [ˈflɪmzɪ] ① dünn, nicht stabil ② *Ausrede:* fadenscheinig

fling [flɪŋ] <flung, flung> ① schleudern; **fling back one's head** den Kopf zurückwerfen ② **fling something at someone** jemandem etwas an den Kopf werfen
◆ **fling off** abwerfen, abschütteln
◆ **fling open** aufreißen *Tür;* **fling the window open** das Fenster aufstoßen
◆ **fling out** hinauswerfen

flip [flɪp] ① **flip something [over]** etwas wenden ② (*umgangsspr*) ausflippen

flip-flop [ˈflɪpflɒp] (*umgangsspr*) Zehensandale, Badeschlappe

flip·per [ˈflɪpəʳ] ① (*Tier*) Flosse ② (*beim Taucher*) [Schwimm]Flosse

flirt[1] [flɜːt] (*auch übertragen*) flirten; **flirt with danger** mit der Gefahr spielen

flirt[2] [flɜːt] **he is such a flirt** er kann das Flirten nicht lassen

float [fləʊt] ① schwimmen, treiben; (*in Luft*) schweben ② (*übertragen*) **float an idea** eine Idee zur Debatte stellen; **float something on the market** etwas auf den Markt bringen

flock[1] [flɒk] ① *von Schafen, auch religiös:* Herde ② *von Vögeln:* Schwarm ③ *von Personen:* Schar, Haufen

flock² [flɒk] in Scharen kommen

flood¹ [flʌd] 1 Hochwasser, Überschwemmung; **the Flood** die Sintflut 2 **flood tide** (*Ebbe*) Flut 3 (*übertragen*) Flut, Schwall; **flood of tears** Tränenstrom

flood² [flʌd] 1 überschwemmen, überfluten; **the cellar was flooded** [**out**] der Keller stand unter Wasser 2 (*übertragen*) überschütten (**with** mit); **flood the market** den Markt überschwemmen 3 *Fluss:* über die Ufer treten

◆ **flood in** hereinstürmen, hineinströmen

flood·light ['flʌdlaɪt] Scheinwerfer[licht], Flutlicht

floor [flɔːʳ] 1 Fußboden 2 Tanzboden 3 **first floor** GB erster Stock, USA Erdgeschoss **floor·board** ['flɔːbɔːd] Diele

flop¹ [flɒp] 1 fallen, sich fallen lassen 2 *Theaterstück usw.:* nicht ankommen 3 **flop down on the bed** sich auf das Bett fallen lassen

flop² [flɒp] (*umgangsspr*) Reinfall, Misserfolg

floppy ['flɒpɪ] 1 schlaff, schlapp 2 **floppy disk** Floppydisk, Diskette

flor·ist ['flɒrɪst] Blumenhändler(in); **florist's shop** Blumenladen

flour ['flaʊəʳ] Mehl

flour·ish·ing ['flʌrɪʃɪŋ] blühend, florierend

flow¹ [fləʊ] 1 *Fluss:* fließen, strömen; **flow in** hereinströmen; **the river flows into the lake** der Fluss mündet in den See 2 *Gas:* strömen 3 *Tränen:* rinnen 4 (*übertragen*) **flow freely** in Strömen fließen

flow² [fləʊ] 1 (*auch übertragen*) Strom, Fluss; **flow of traffic** Verkehrsstrom 2 **flow of information/ideas/words** Informations-/Ideen-/Redefluss

flower¹ ['flaʊəʳ] Blume, Blüte; **in flower** in Blüte

flower² ['flaʊəʳ] blühen

flower arrangement Blumengesteck **flower·bed** ['flaʊəbed] Blumenbeet **flower·pot** ['flaʊəpɒt] Blumentopf

flown [fləʊn] *3. Form von* **fly**²

flu [fluː] (*umgangsspr*) Grippe

flu·ent ['fluːənt] 1 *Stil:* flüssig 2 *Redner:* gewandt 3 **speak fluent English** fließend Englisch sprechen

fluffy ['flʌfɪ] flaumig

fluid¹ ['fluːɪd] 1 flüssig 2 (*übertragen*) veränderlich, ungewiss; *Situation:* unklar

fluid² ['fluːɪd] Flüssigkeit

flung [flʌŋ] *2. und 3. Form von* **fling**

flunk [flʌŋk] (*umgangsspr: in einer Prüfung*) durchfallen

flurry ['flʌrɪ] 1 **snow flurry** Schneegestöber 2 (*übertragen*) Unruhe; **in a flurry of excitement** in großer Aufregung

flush [flʌʃ] 1 **flush the toilet** spülen 2 *Person:* rot werden

flushed ['flʌʃt] rot, gerötet

flute [fluːt] Querflöte

flut·ter¹ ['flʌtəʳ] 1 *Motte, Fahne:* flattern 2 **flutter something** mit etwas flattern; **flutter one's eyelashes** mit den Wimpern klimpern

flut·ter² ['flʌtəʳ] 1 Flattern 2 *Person:* **in a flutter** in heller Aufregung 3 GB (*umgangsspr*) **have a flutter** ein paar Scheinchen riskieren *umgangsspr*

fly¹ [flaɪ] 1 Fliege 2 **flies** ⚠ *plural* [Hosen]Schlitz

fly² [flaɪ] <flew, flown> 1 fliegen; **fly an aeroplane** ein Flugzeug fliegen; **fly British Airways** mit British Airways fliegen; **fly into Glasgow** in Glasgow landen 2 **fly a kite** einen Drachen steigen lassen 3 **the door flew open** die Tür flog auf 4 *Zeit:* vergehen 5 **she flew past him in a great hurry** sie sauste eilig an ihm vorbei 6 *Fahne:* wehen; **they're flying the skull and crossbones!** sie lassen die Totenkopfflagge wehen! 7 (*übertragen*) **rumours are flying about him** es gehen Gerüchte um über ihn 8 **fly into a rage** einen Wutanfall bekommen; **fly at someone** auf jemanden losgehen

◆ **fly away** wegfliegen; *Flugzeug:* abfliegen

flyer ['flaɪəʳ] 1 Flieger(in) 2 Flyer, Handzettel

fly·ing¹ ['flaɪɪŋ] Fliegen

fly·ing² ['flaɪɪŋ] 1 fliegend; **two hours' flying time** zwei Flugstunden 2 (*übertragen*) **pass with flying colours** glänzend abschneiden

i Land & Leute Ein **flying doctor** ist in Australien ein Arzt, der mit seinem Flugzeug abgelegene ländliche Gebiete versorgt. Es kommt häufig vor, dass ein flying doctor über Funk Medikamente verschreibt. Die flying doctors versorgen auf diese Art rund zwei Drittel der Bevölkerung Australiens.

flying saucer fliegende Untertasse **flying start** fliegender Start; **he's got off to a flying start** er hatte einen glänzenden Start **flying visit** Stippvisite

fly·over ['flaɪəʊvəʳ] GB (*Straße*) Überführung

foam[1] [fəʊm] Schaum

foam[2] [fəʊm] *Meer, Person:* schäumen (**with** vor); **be foaming at the mouth** vor Wut schäumen

fo·cal ['fəʊkl] **focal point** Brennpunkt

fo·cus[1] ['fəʊkəs, *plural* 'fəʊkɪ] <*plural* focuses, foci> ① (*auch übertragen*) Brennpunkt ② (*beim Fotografieren*) Brennweite; **in/out of focus** scharf/unscharf eingestellt; **bring into focus** scharf einstellen ③ (*übertragen*) **see things in focus** die Dinge sehen wie sie sind ④ (*übertragen*) Mittelpunkt; **be the focus of attention** im Mittelpunkt stehen

fo·cus[2] ['fəʊkəs] <focussed, focussed *oder* focused, focused> einstellen; (*übertragen*) konzentrieren (**on** auf)

fog [fɒg] Nebel

foggy ['fɒgɪ] ① neb(e)lig ② (*übertragen*) undeutlich, verwirrt ③ (*übertragen*) **I haven't the foggiest [idea]** ich habe überhaupt keine Ahnung

foil[1] [fɔɪl] **foil someone [in something]** jemandem [bei einer Sache] einen Strich durch die Rechnung machen; **foil a plan** einen Plan durchkreuzen

foil[2] [fɔɪl] Folie; **aluminium foil** Alufolie

fold[1] [fəʊld] Falte

fold[2] [fəʊld] ① zusammenfalten; zusammenlegen *Wäsche;* zusammenklappen *Klappstuhl* ② **fold one's arms** die Arme verschränken; **fold one's hands** die Hände falten ③ **fold someone in one's arms** jemanden in die Arme schließen ④ (*umgangsspr*) *Geschäft:* eingehen

◆ **fold up** zusammenklappen *Stuhl*

folder ['fəʊldəʳ] ① Schnellhefter, Aktendeckel ② Merkblatt

fold·ing ['fəʊldɪŋ] zusammenklappbar

folk [fəʊk] ⚠ *plural* ① Leute ② **my folks** (*umgangsspr*) meine Leute ③ (*umgangsspr*) **a lot of folk think ...** viele denken ... **folk music** Volksmusik **folk song** Volkslied

fol·low ['fɒləʊ] ① **please follow me** bitte folgen Sie mir [*oder* mir nach!] ② (*zeitlich*) **the programme follows the news** die Sendung schließt sich an die Nachrichten an ③ **he's being followed** er wird verfolgt; **have someone followed** jemanden verfolgen lassen ④ (*auch übertragen*) folgen *Weg, Trend;* befolgen *Regel, Rat* ⑤ ausüben, nachgehen *Beruf* ⑥ mitmachen, folgen *Mode* ⑦ verfolgen *Serie* ⑧ **do you follow me?** können Sie mir folgen? ⑨ [er]folgen, sich ergeben (**from** aus) ⑩ **as follows** wie folgt, folgendermaßen; **it follows that** daraus folgt, es ergibt sich, dass

◆ **follow through** zu Ende führen

◆ **follow up** ① weiterverfolgen ② nachgehen *Hinweis* ③ fortsetzen, ausbauen *Erfolg*

fol·lower ['fɒləʊəʳ] ① Anhänger(in) ② (*abwertend*) Mitläufer(in)

fol·low·ing[1] ['fɒləʊɪŋ] folgend; **the following day** am darauf folgenden Tag; **following wind** (*auch übertragen*) Rückenwind

fol·low·ing[2] ['fɒləʊɪŋ] ① Anhängerschaft ② **he said the following** er sagte Folgendes

fond [fɒnd] ① *Blick:* liebevoll; **fondest regards** mit lieben Grüßen ② **be fond of someone/something** jemanden/etwas gern haben, mögen; **be fond of doing something** etwas gern tun

food [fu:d] ① Nahrung, Essen; *von Tieren:* Futter ② Nahrungsmittel; (*im Laden*) Lebensmittel ③ (*übertragen*) **food for thought** Stoff zum Nachdenken **food chain** Nahrungskette **food poisoning** Lebensmittelvergiftung **food processor** Küchenmaschine

fool[1] [fu:l] ① Dummkopf, Narr ② **make a fool of oneself** sich lächerlich machen; **make a fool of someone** jemanden zum Narren machen; **April Fool!** April, April!

fool[2] [fu:l] USA (*umgangsspr*) dumm, doof

fool[3] [fu:l] **fool someone** jemanden reinlegen, mit jemandem seinen Spaß haben

◆ **fool about, fool around** herumtrödeln, herumalbern; **stop fooling about!** lass den Blödsinn!

fool·ish ['fu:lɪʃ] dumm, töricht **fool·proof** ['fu:lpru:f] *Gerät:* narrensicher, idiotensicher; *Plan:* todsicher

foot[1] [fʊt] <*plural* feet> ① Fuß; **on foot** zu Fuß; **get to one's feet** aufstehen; **set foot on** [*oder* **in**] **something** etwas betreten ② *von Bett:* Fußende ③ (*Längenmaß*) Fuß (*30,48 cm*) ▸ IN WENDUNGEN: **be [back] on**

one's feet (*nach einer Krankheit*) wieder auf den Beinen sein; **stand on one's own two feet** auf eigenen Füßen stehen; **put one's foot down** ein Machtwort sprechen; **put one's foot in it** ins Fettnäpfchen treten; **find one's feet** sich eingewöhnen

foot[2] [fʊt] ▸ IN WENDUNGEN: **foot the bill** (*umgangsspr*) für die Rechnung aufkommen

foot·ball ['fʊtbɔːl] ① Fußball ② amerikanischer Fußball, Football; *siehe auch bei* **American football**

> **i Land & Leute** Der beliebteste Zuschauersport Australiens ist der **Australian Rules Football.** Auf einem großen, ovalen Feld treten zwei Mannschaften mit je 18 Spielern an. Nach den Australian Football Rules ist das Tackling (Angreifen) mit dem ganzen Körper erlaubt. Und da die Spieler keine Schutzkleidung tragen, ist es eine sehr harte Sportart.

foot·bridge ['fʊtbrɪdʒ] Fußgängerbrücke

foot·ing ['fʊtɪŋ] ① Stand; **lose one's footing** den Halt verlieren ② (*übertragen*) Grundlage, Basis ③ **be on a friendly footing with someone** mit jemandem auf freundschaftlichem Fuß(e) stehen

foot·path ['fʊtpɑːθ] Fuß-, Gehweg **foot·print** ['fʊtprɪnt] Fußabdruck **foot·step** ['fʊtstep] ① Schritt, Tritt ② **follow in someone's footsteps** (*auch übertragen*) in jemandes Fußstapfen treten

for [fɔːʳ] ① (*räumlich*) **the train for Glasgow** der Zug nach Glasgow; **we walked for two miles** wir sind zwei Meilen weit gelaufen ② (*zeitlich*) **he's been working there for six months** er arbeitet seit sechs Monaten dort; **I'm going to be here for three weeks** ich bin für drei Wochen hier ③ (*Zweck*) **for example** zum Beispiel; **what's this box for?** wozu dient dieser Kasten?; **go for a walk** spazieren gehen; **take someone for a ride in the car** jemanden im Auto spazieren fahren; **phone for an ambulance** nach einem Krankenwagen telefonieren; **work for a living** für den Lebensunterhalt arbeiten; **prescription for something** Rezept gegen etwas ④ (*Grund*) aus; **for this reason** aus diesem Grund; **shout for joy** vor Freude jauchzen; **well-known for his work** bekannt wegen seiner Arbeit ⑤ **have something for breakfast/dessert** etwas zum Frühstück/Nachtisch essen ⑥ (*betreffend*) **anxious for someone** um jemanden besorgt; **as for him** was ihn betrifft ⑦ bestimmt; **a letter for you** ein Brief für dich; **it's not for me to say** es steht mir nicht an, mich dazu zu äußern ⑧ (*dafür*) **are you for or against it?** sind Sie dafür oder dagegen? ⑨ trotz; **for all her money, she's never happy** trotz all ihres Geldes ist sie nie zufrieden; **for all that** trotzdem ⑩ (*im Wert von*) **a cheque for £200** ein Scheck in Höhe von 200 Pfund ⑪ (*im Austausch*) **pay £2 for a ticket** zwei Pfund für eine Karte zahlen; **how much did you pay for that?** wie viel hast du dafür bezahlt? ⑫ **hope for news** auf Nachrichten hoffen; **wait for someone** auf jemanden warten ⑬ **a weakness for chocolate** eine Schwäche für Schokolade; **a talent for languages** eine Begabung für Sprachen ⑭ **for this to be possible** damit dies möglich wird; **the best would be for you to go** das Beste wäre, wenn Sie gingen ⑮ (*umgangsspr*) **he is in for it!** er ist dran!

for·bad(e) [fə'bæd] *2. Form von* **forbid**

for·bid [fə'bɪd] <forbad *oder* forbade, forbidden> ① **I forbid you to do that again!** ich verbiete dir, so was noch mal zu tun! ② (*auf einem Schild*) **use of mobile phones forbidden** das Benutzen von Mobiltelefonen ist untersagt ③ **God forbid!** Gott bewahre! **for·bidden** [fə'bɪdn] *3. Form von* **forbid** **for·bid·ding** [fə'bɪdɪŋ] ① bedrohlich; *Landschaft:* unfreundlich ② (*übertragen*) *Aussicht:* grauenhaft

force[1] [fɔːs] ① Stärke; **in force** in voller Stärke ② (*übertragen*) Kraft; **force of character** Charakterstärke; **force of gravity** Schwerkraft ③ Gewalt, Zwang, Druck; **by force** mit Gewalt; **resort to** [*oder* **use**] **force** Gewalt anwenden ④ *Gesetz:* **come into/be in force** rechtskräftig werden/sein ⑤ **the forces** die Streitkräfte ⑥ **join forces** sich zusammentun

force[2] [fɔːs] ① drängen; **don't force him** [**to do it**]! zwinge ihn nicht dazu[, so etwas zu tun]!; **I was forced to do it** ich musste es tun ② **force one's way in** sich mit Gewalt Zutritt verschaffen ③ **force something open** etwas aufbrechen ④ **you can't force things** das lässt sich nicht übers Knie brechen

◆ **force down** drücken *Preise, Gehälter, Inflationsrate*

◆ **force on** **force something on someone** jemandem etwas aufdrängen

◆ **force up** hoch treiben *Priese, Gehälter, Inflationsrate*

forced [fɔːst] ① erzwungen ② *Lächeln:* gezwungen ③ **forced landing** Notlandung

force·ful ['fɔːsfl] *Person, Maßnahme:* kraftvoll, energisch; *Persönlichkeit:* stark; *Worte:* eindringlich

forc·ib·ly ['fɔːsəblɪ] zwangsweise, gewaltsam

fore·arm ['fɔːrɑːm] Unterarm

fore·cast[1] ['fɔːkɑːst] <forecast *oder* forecasted, forecast *oder* forecasted> vorhersehen, voraussagen; vorhersagen *Wetter*

> **? Grammatik** **forecast — forecast — forecast**: *the weatherman forecast thunderstorms; Thunderstorms had been forecast.*

fore·cast[2] ['fɔːkɑːst] ① Voraussage; (*wirtschaftlich*) Prognose ② [**weather**] **forecast** [Wetter]Vorhersage

fore·court ['fɔːkɔːt] Vorhof

fore·fin·ger ['fɔːfɪŋgəʳ] Zeigefinger

fore·ground ['fɔːgraʊnd] **in the foreground** im Vordergrund

fore·hand ['fɔːhænd] (*Tennis*) Vorhand

fore·head ['fɒrɪd] Stirn

for·eign ['fɒrən] ① fremd, nicht [da]zugehörig ② auswärtig, ausländisch ③ **foreign travel** Reisen ins Ausland **foreign affairs** *plural* Außenpolitik **foreign correspondent** Auslandskorrespondent(in) **foreign currency** Devisen, Fremdwährung **foreigner** ['fɒrənəʳ] Ausländer(in) **foreign exchange** Devisen **foreign language** Fremdsprache **Foreign Office** (*in GB*) Außenministerium **foreign policy** Außenpolitik **Foreign Secretary** (*in GB*) Außenminister(in)

fore·man ['fɔːmən] <*plural* foremen> Vorarbeiter, Polier

fore·name ['fɔːneɪm] Vorname

fore·see [fɔː'siː] <foresaw, foreseen> **foresee a problem** ein Problem vorhersehen; **foresee a result** ein Ergebnis voraussehen **fore·see·able** [fɔː'siːəbl] **in the foreseeable future** in absehbarer Zeit

fore·sight ['fɔːsaɪt] Voraussicht, Weitsicht

for·est ['fɒrɪst] Wald, Forst

for·est·er ['fɒrɪstəʳ] Förster(in) **for·est·ry** ['fɒrɪstrɪ] Forstwirtschaft

fore·taste ['fɔːteɪst] Vorgeschmack

for·ever [fə'revəʳ] ① für immer ② (*abwertend*) ständig; **she's forever complaining!** sie ist immer am Meckern!

fore·woman ['fɔːwʊmən, *plural* 'fɔːwɪmɪn] <*plural* forewomen> Vorarbeiterin

fore·word ['fɔːwɜːd] Vorwort

for·gave [fə'geɪv] *2. Form von* **forgive**

forge [fɔːdʒ] **forge a banknote** eine Banknote fälschen **forg·ery** ['fɔːdʒərɪ] *von Bild, Banknote:* Fälschung

for·get [fə'get] <forgot, forgotten> ① vergessen; **forget about doing something** vergessen, etwas zu tun; **did you buy any milk? — sorry, I forgot** hast du Milch gekauft? — tut mir Leid, ich habe es vergessen ② **forget how to ride a bicycle** das Radfahren verlernen ③ **forget oneself** sich vergessen, aus der Rolle fallen **for·get·ful** [fə'getfl] vergesslich

for·give [fə'gɪv] <forgave, forgiven> vergeben, verzeihen; **can you forgive me?** kannst du mir verzeihen?; **Lord, forgive us our sins** O Herr, verzeih uns unsere Sünden

for·given [fə'gɪvn] *3. Form von* **forgive**

for·got [fə'gɒt] *2. Form von* **forget** **for·got·ten** [fə'gɒtn] *3. Form von* **forget**

fork[1] [fɔːk] ① Gabel ② *von Straße:* Gabelung; (*eine der zwei Straßen*) Abzweigung

fork[2] [fɔːk] **fork left** *Straße, Person, Auto:* nach links abbiegen

fork-lift truck Gabelstapler

form[1] [fɔːm] ① (*Art*) Form; **form of government** Regierungsform; **in book form** als Buch ② Gestalt, Figur; **take form** Gestalt annehmen; **in human form** in menschlicher Gestalt ③ Formblatt, Vordruck; **fill in a form** ein Formular ausfüllen ④ (*Kondition*) Form, [körperliche] Verfassung; **be in good form** in guter Verfassung sein; **be out of form** nicht in Form sein ⑤ (GB) [Schul]Klasse

form[2] [fɔːm] ① bilden ② formen, gestalten *Pressform;* (*übertragen*) formen *Charakter* ③ **form a judg[e]ment/an opinion** sich ein Urteil/eine Meinung bilden ④ sich bilden, sich entwickeln; **the idea formed in her mind** ihre Idee nahm Gestalt an ⑤ ent-

Ff

wickeln *Idee* ⑥ gewinnen *Eindruck*

for·mal ['fɔːml] ① *Einladung, Person:* formell, förmlich ② offiziell ③ **make a formal apology** sich in aller Form entschuldigen ④ **formal dress** Gesellschaftskleidung **for·mal·ity** [fɔː'mælətɪ] ① (*Zeremonie usw.*) Förmlichkeit ② Formalität, Formsache; **it's a mere formality** es ist eine reine Formsache; **as a formality** der [bloßen] Form wegen **for·mal·ize** ['fɔːməlaɪz] formalisieren

for·mat¹ ['fɔːmæt] *von Buch usw.:* Format, Aufmachung

for·mat² ['fɔːmæt] <formatted, formatted> **format a disk** eine Diskette formatieren

for·ma·tion [fɔː'meɪʃn] ① Bildung; *eines Gegenstands:* Gestalt[ung] ② Struktur; *von Netzwerk, Organisation:* Aufbau ③ *von Gesellschaft:* Gründung ④ *von Erdschichte:* Formation

for·mer¹ ['fɔːməʳ] ① früher, ehemalig; **in former times** früher ② erstere(r, s), erstgenannte(r, s); **the former…, the latter…,** der erstere …, der letztere …,

for·mer² ['fɔːməʳ] **the former** der, die, das Erstere

for·mer·ly ['fɔːməlɪ] früher, ehemals

for·mula ['fɔːmjʊlə, *plural* 'fɔːmjʊliː] <*plural* formulas, formulae> Formel

fort [fɔːt] ① Fort ② **hold the fort** (*übertragen*) die Stellung halten

forth [fɔːθ] **… and so forth** … und so weiter; **back and forth** hin und her

forth·com·ing [ˌfɔːθ'kʌmɪŋ] ① [unmittelbar] bevorstehend ② *Film:* in Kürze anlaufend; **forthcoming books** Neuerscheinungen ③ (*übertragen*) *Person:* mitteilsam

forth·right ['fɔːθraɪt] ① *Person:* offen, aufrichtig ② *Antwort:* unverblümt

for·ti·eth ['fɔːtɪəθ] vierzigste(r, s)

for·tify ['fɔːtɪfaɪ] ① (*übertragen*) bestärken, bekräftigen ② **fortify a town** eine Stadt befestigen

fort·night ['fɔːtnaɪt] vierzehn Tage, zwei Wochen; **for a fortnight** für vierzehn Tage; **today/tomorrow/next Monday fortnight** heute/morgen/Montag in 2 Wochen **fort·night·ly** ['fɔːtnaɪtlɪ] ① vierzehntägig, halbmonatlich ② **the magazine appears fortnightly** die Zeitschrift erscheint alle 14 Tage

for·tu·nate ['fɔːtʃənət] **he was fortunate in having …** er hatte das Glück, …. zu haben; **it was fortunate that …** es war ein Glück, dass …

for·tu·nate·ly ['fɔːtʃənətlɪ] glücklicherweise

for·tune ['fɔːtʃuːn] ① Schicksal; **have one's fortune told** sich die Zukunft vorhersagen lassen ② Wohlstand, Reichtum; **make a fortune** ein Vermögen verdienen ③ **by good fortune** glücklicherweise **fortune teller** Wahrsager(in)

forty¹ ['fɔːtɪ] ① vierzig ② (*übertragen*) **have forty winks** (*umgangsspr*) ein Nickerchen machen

forty² ['fɔːtɪ] Vierzig; **in the forties** in den Vierzigern; **she must be in her forties** sie muss in den Vierzigern sein

for·ward¹ ['fɔːwəd] ① **forward**[**s**] vorwärts, nach vorn; **step forward** vortreten; **come forward** sich melden ② **from that** [*oder* **this**] **time forwards** seitdem ③ **bring a meeting forward** eine Sitzung vorverlegen ④ *Ansicht, Maßnahme:* fortgeschritten; **forward planning** Zukunftsplanung ⑤ *Person:* dreist ⑥ **forward gear** Vorwärtsgang

for·ward² ['fɔːwəd] (*im Sport*) Stürmer(in)

for·ward³ ['fɔːwəd] ① befördern, schicken *Waren* ② nachschicken *Brief;* **please forward!** bitte nachsenden!

for·ward·ing ['fɔːwədɪŋ] **forwarding address** Nachsendeanschrift

for·ward-look·ing ['fɔːwədˌlʊkɪŋ] fortschrittlich, vorausblickend **for·wards** ['fɔːwədz] vorwärts; **as she moved forwards …** als sie nach vorne trat …

fos·ter ['fɒstəʳ] ① **foster a child** ein Kind in Pflege nehmen ② (*übertragen*) fördern, begünstigen

fought [fɔːt] *2. und 3. Form von* **fight**

foul¹ [faʊl] ① *Geruch:* übel ② *Person, Verhalten:* gemein, fies ③ *Wetter:* schlecht ④ *Sprache:* anstößig, gemein ⑤ (*Sport*) **foul play** Foulspiel ⑥ **the police suspect foul play** die Polizei geht von einem Gewaltverbrechen aus

foul² [faʊl] (*im Sport*) Foul

foul³ [faʊl] ① beschmutzen; verpesten *Luft* ② (*im Sport*) foulen ③ **foul one's own nest** (*übertragen*) das eigene Nest beschmutzen

foul-mouthed ['faʊlmaʊðd] unflätig, vulgär

found¹ [faʊnd] ① gründen *Schule usw.* ② begründen *Argument, Theorie*

found² [faʊnd] *2. und 3. Form von* **find**

foun·da·tion [faʊn'deɪʃn] ① *einer Schule,*

einer Firma: Gründung ② (*wohltätig*) Stiftung ③ **foundations** ⚠ *plural* Grundmauer, Fundament ④ (*übertragen*) *einer Theorie usw.:* Grundlage, Basis **foundation course** Grundkurs

foun·der ['faʊndəʳ] Gründer(in), Stifter(in)

foun·tain ['faʊntɪn] ① Springbrunnen, Fontäne ② **drinking fountain** [Trinkwasser]Brunnen **fountain pen** Füller, Füllfederhalter

four[1] [fɔːʳ] vier

four[2] [fɔːʳ] ① Vier; **the four of spades** die Pikvier ② **on all fours** auf allen vieren

four-door car ['fɔːʳdɔːʳ kɑː] viertüriges Auto

four·teen[1] [ˌfɔːˈtiːn] vierzehn

four·teen[2] [ˌfɔːˈtiːn] Vierzehn

fourth[1] [fɔːθ] vierte(r, s)

fourth[2] [fɔːθ] ① (*Bruchteil*) Viertel ② Vierte(r, s)

four-wheel drive Allrad-, Vierradantrieb

fox [fɒks] Fuchs

foyer ['fɔɪeɪ] (*im Theater*) Foyer, Empfangshalle

frac·tion ['frækʃn] ① (*übertragen*) Bruchteil ② (*Mathematik*) Bruch

frac·ture[1] ['fræktʃəʳ] ① Bruch ② Fraktur; **fracture of the skull** Schädelbruch

frac·ture[2] ['fræktʃəʳ] brechen; **fracture one's leg** sich das Bein brechen

frag·ile ['frædʒaɪl] ① zerbrechlich; **fragile – handle with care!** Vorsicht zerbrechlich! ② *Gesundheit:* anfällig ③ *Person:* gebrechlich

frag·ment ['frægmənt] Bruchstück; *von Porzellan:* Scherbe; *von Kunstwerk:* Fragment

fra·grance ['freɪgrəns] Duft **fra·grant** ['freɪgrənt] wohlriechend

frame[1] [freɪm] ① **frame a picture** ein Bild rahmen; einrahmen *Gesicht* ② (*formulieren*) ausarbeiten *Plan, Methode;* entwerfen *Gesetz, Politik* ③ (*umgangsspr*) **frame someone** jemanden fälschlicherweise bezichtigen

frame[2] [freɪm] ① *von Bild, Fahrrad:* Rahmen; *von Bett, Brille:* Gestell ② *von Person, Tier:* Körperbau, Figur, Gestalt ③ **frame of reference** Bezugssystem ④ **good/bad frame of mind** gute/schlechte Laune ⑤ *von Film:* [Einzel]Aufnahme

frame-up ['freɪmʌp] (*umgangsspr*) Komplott, Machenschaften

France [frɑːns] Frankreich

frank[1] [fræŋk] ① frei[mütig], offen ② *Meinung:* ehrlich, aufrichtig; **to be frank** aufrichtig gesagt, offen gestanden

frank[2] [fræŋk] **frank a letter** einen Brief frankieren

frank·furter ['fræŋkfɜːtəʳ] Frankfurter [Würstchen]

frankly [fræŋklɪ] **frankly, I can't stand her** offen gesagt kann ich sie nicht leiden

fran·tic ['fræntɪk] ① verzweifelt, rasend ② *Person, Tier:* außer Fassung; **go frantic** außer sich geraten; **be frantic with pain** vor Schmerz fast wahnsinnig sein ③ **drive someone frantic** jemanden zur Verzweiflung treiben

fraud [frɔːd] ① Betrug, Schwindel ② (*Person*) Betrüger(in) **fraudu·lent** ['frɔːdjʊlənt] betrügerisch

freak [friːk] **freak** [**out**] (*slang*) ausflippen

freckle ['frekl] Sommersprosse

free[1] [friː] ① frei; **free of something** frei von etwas; **free from pain** schmerzfrei ② **get free** sich befreien; **set someone free** jemanden freilassen ③ ungehindert, zwanglos; **you're free to choose** die Wahl steht Ihnen frei; **please feel free to ask!** bitte, fragen Sie ruhig!; **free and easy** ungezwungen; **can I borrow your dictionary? — feel free!** kann ich dein Wörterbuch benutzen? — Klar doch! ④ kostenlos, gratis; **free delivery** freier Versand; **free sample** Gratisprobe; **admission free** Eintritt frei; **get something free** etwas umsonst kriegen *umgangsspr* ⑤ *Platz, Zimmer:* frei, nicht besetzt ⑥ *Bewegung:* ungezwungen, leicht, anmutig ⑦ **have one's hands free** freie Hand haben ⑧ (*übertragen*) **give someone a free hand** jemandem freie Hand lassen

free[2] [friː] <freed, freed> ① freilassen *Tier, Mensch;* (*übertragen*) befreien ② lösen *Schraube*, losmachen *Propeller*

free·dom ['friːdəm] ① Freiheit ② *einer Person:* Unabhängigkeit, Ungebundenheit ③ **freedom of the press** Pressefreiheit; **freedom of religion** Religionsfreiheit

free en·ter·prise [ˌfrɪːˈentəpraɪz] freie Marktwirtschaft **free kick** (*im Fußball*) Freistoß

free·lance[1] ['friːlɑːns] Freiberufler(in), Freischaffende(r)

free·lance[2] ['friːlɑːns] freiberuflich tätig sein

free·lance[3] ['friːlɑːns] freiberuflich

free·ly ['friːlɪ] ① reichlich, großzügig ② **travel freely** ungehindert reisen ③ **speak**

Ff

freely offen sprechen

free-range *Huhn:* frei laufend; **free-range egg** Freilandei **free speech** Redefreiheit **free·style** ['friːstaɪl] (*Sport*) Freistil **free·way** ['friːweɪ] (USA) [gebührenfreie] Autobahn **free·wheel** (*mit Fahrrad*) im Freilauf fahren **free will** freier Wille; **do something of one's own free will** etwas aus freien Stücken tun

freeze[1] [friːz] ① Frost[periode] ② **wage/price freeze** Lohn-/Preisstopp

freeze[2] [friːz] <froze, frozen> ① frieren ② **it's freezing** es ist bitter kalt; **I'm freezing** mir ist eiskalt; **freeze to death** erfrieren ③ *Wasser:* [ge]frieren; *Wasserleitung:* einfrieren ④ einfrieren; **this dish is easy to freeze** dieses Gericht lässt sich gut einfrieren ⑤ (*übertragen*) **freeze wages** Löhne einfrieren ⑥ (*übertragen*) erstarren

◆ **freeze over** *Teich:* zufrieren

◆ **freeze up** *Rohr:* zufrieren; *Windschutzscheibe:* vereisen

freezer ['friːzəʳ] Tiefkühltruhe, Gefrierschrank **freez·ing**[1] ['friːzɪŋ] eisig, eiskalt

freez·ing[2] ['friːzɪŋ] Einfrieren; **below freezing** unter dem Gefrierpunkt

freight [freɪt] Frachtgut **freight car** (USA) (*im Zug*) Güterwagen **freighter** ['freɪtəʳ] ① Frachtschiff, Frachter ② Transportflugzeug **freight train** Güterzug

French[1] [frentʃ] französisch; **he is French** er ist Franzose

French[2] [frentʃ] ① [das] Französisch(e) ② **the French** die Franzosen

French dressing Salatdressing, Vinaigrette **French fries** *plural* (USA) Pommes frites **French·man** ['frentʃmən] <*plural* Frenchmen> Franzose **French window** Verandatür, Balkontür **French·woman** ['frentʃwʊmən, *plural* 'frentʃwɪmɪn] <*plural* Frenchwomen> Französin

fre·quency ['friːkwənsɪ] ① Häufigkeit ② (*vom Sender*) Frequenz

fre·quent ['friːkwent] häufig; *Theaterbesucher usw.:* eifrig

fre·quently ['friːkwentli] oft, häufig

fresh [freʃ] ① frisch; **in the fresh air** an der frischen Luft ② kühl, erfrischend ③ **make a fresh start** neu anfangen ④ **fresh water** Süßwasser ⑤ **fresh from the oven** ofenfrisch

freshen ['freʃn] *Wind:* auffrischen

◆ **freshen up** sich frisch machen

fric·tion ['frɪkʃn] ① Reibung ② (*übertragen*) Reibungen, Spannungen

Fri·day ['fraɪdɪ] Freitag; **on Fridays** freitags; **Good Friday** Karfreitag

fridge [frɪdʒ] (GB) (*umgangsspr*) Kühlschrank

fried [fraɪd] gebraten **fried chicken** Brathähnchen **fried egg** Spiegelei

friend [frend] ① Freund(in) ② Bekannte(r) ③ **be friends with someone** ⚠ *plural* mit jemandem befreundet sein; **be great friends** ⚠ *plural* eng miteinander befreundet sein; **make friends with someone** ⚠ *plural* sich mit jemandem anfreunden

friend·ly ['frendlɪ] ① freundschaftlich ② freundlich, angenehm ③ **be on friendly terms with someone** mit jemandem auf freundschaftlichem Fuß stehen **friend·ship** ['frendʃɪp] Freundschaft

fright [fraɪt] Schreck[en]; **give someone a fright** jemanden erschrecken; **take fright** erschrecken

frighten ['fraɪtn] ① erschrecken ② *Drohung:* jemandem Angst machen, jemanden ängstigen ③ **be frightened of something** vor etwas Angst haben; **be frightened by something** vor etwas erschrecken; **in a frightened voice** mit angsterfüllter Stimme **fright·ful** ['fraɪtfl] schrecklich, fürchterlich

fringe [frɪndʒ] ① (*übertragen*) Rand ② (*Frisur*) Pony ③ (*Teppich*) Fransen

frisk [frɪsk] ① *junge Tiere:* herumtollen ② **frisk someone** jemanden durchsuchen

friv·ol·ous ['frɪvələs] ① frivol ② *Mensch:* leichtfertig, leichtsinnig

frizzy ['frɪzɪ] *Haar:* kraus, gekräuselt

fro [frəʊ] **to and fro** hin und her

frock [frɒk] Kleid

frog [frɒg] ① Frosch ② **have a frog in one's throat** (*übertragen*) einen Frosch im Hals haben

from [frɒm] ① (*Ausgangspunkt*) von, aus; **the train from London** der Zug aus London; **drink from a glass** aus einem Glas trinken; **from inside** von innen; **from beneath something** unter etwas hervor; **from among the trees** zwischen den Bäumen hervor; **from house to house** von Haus zu Haus; **go from bad to worse** immer schlimmer werden ② (*zeitlich*) seit, ab, von … an; **from his childhood** von Kindheit an; **from time to time** von Zeit zu

Zeit ③ (*Entfernung*) von … weg; **their house is 10 km from the city centre** ihr Haus ist 10 km vom Stadtzentrum entfernt ④ (*weg*) **go away from home** von zu Hause weggehen; **escape from prison** aus dem Gefängnis entkommen ⑤ **steal something from someone** jemandem etwas stehlen ⑥ (*Quellenangabe*) **where are you from?** wo sind Sie her?; **translated from the English** aus dem Englischen übersetzt; **quotations from Shakespeare** Zitate nach Shakespeare ⑦ (*unterste Grenze angebend*) ab; **from the age of 18** ab 18 Jahren; **dresses from £20 upwards** Kleider von zwanzig Pfund aufwärts ⑧ (*Grund*) wegen, infolge; **weak from hunger** schwach vor Hunger; **from experience** aus Erfahrung; **from what I heard** nach dem, was ich gehört habe ⑨ **judge from appearances** nach dem Äußeren urteilen; **prevent someone from doing something** jemanden daran hindern, etwas zu tun

front[1] [frʌnt] ① Vorderseite, Front ② *von Gebäude:* Vorderfront, Fassade ③ (*militärisch*) Front ④ (*am Meer*) Strandpromenade ⑤ **in front** vorne; **in front of someone** vor jemandem ⑥ **sit in the front of the car** vorne sitzen; **at the front of the procession** an der Spitze des Umzugs ⑦ (*Wetter*) **cold front** Kaltluftfront

front[2] [frʌnt] ① vorderste(r, s), erste(r, s) ② **front brake** Vorderbremse; **front garden** Vorgarten ③ **move up front** nach vorne rücken

front bench [ˌfrʌnt'bentʃ] (GB) Regierungsbank **front door** Haustür

fron·tier ['frʌntɪəʳ] Grenze, Landesgrenze, Grenzgebiet **front page** *von Zeitung:* Titelseite **front runner** (*übertragen*) Spitzenreiter(in) **front-wheel drive** Vorderradantrieb

frost [frɒst] ① Frost, Raureif ② (*übertragen*) Kühle, Kälte **frosted** ['frɒstɪd] **frosted glass** Milchglas **frosty** ['frɒstɪ] frostig, eisig

frothy ['frɒθɪ] schaumig, schäumend

frown[1] [fraʊn] ① die Stirn runzeln (**at** über) ② **frown on something** etwas missbilligen

frown[2] [fraʊn] Stirnrunzeln

froze [frəʊz] *2. Form von* **freeze**

frozen[1] ['frəʊzn] *3. Form von* **freeze**

frozen[2] ['frəʊzn] ① *Fluss:* [zu]gefroren ② *Körper:* erfroren; **I'm frozen** (*übertragen*) mir ist eiskalt ③ **frozen foods** Tiefkühlkost; **frozen meat** Gefrierfleisch ④ *Löhne:* eingefroren

fruit [fru:t] ① Frucht, Obst ② (*übertragen*) *Projekt, Plan:* **bear fruit** Früchte tragen ③ **the fruits of the earth** die Früchte des Feldes **fruit·cake** Kuchen mit Trockenobst **fruit·ful** ['fru:tfl] fruchtbar, ertragreich **fruit·less** ['fru:tlɪs] (*übertragen*) fruchtlos, ergebnislos; *Versuch:* nutzlos

fruit machine (GB) Spielautomat **fruit salad** Obstsalat

fruity ['fru:tɪ] *Geschmack:* fruchtartig, fruchtig

frus·trate [frʌ'streɪt] ① **frustrate someone's hopes** jemandes Hoffnungen zunichte machen ② durchkreuzen; *Plan:* ③ **frustrate someone** jemanden frustieren **frus·trated** [frʌ'streɪtɪd] frustriert **frus·tra·tion** [frʌ'streɪʃn] ① *von Hoffnungen, Plänen:* Zerschlagung ② *von Personen:* Frustration

fry [fraɪ] ① in der Pfanne braten, backen ② braten

fry·ing-pan ['fraɪŋpæn] Bratpfanne ▸ IN WENDUNGEN: **out of the frying-pan into the fire** vom Regen in die Traufe

fuck [fʌk] (*vulgär*) ① ficken ② **fuck about** verarschen ③ **fuck off!** verpiss dich!

fuel ['fju:əl] ① Heizmaterial, Brennmaterial, Brennstoff ② (*für Auto*) Kraftstoff, Benzin ③ (*übertragen*) **add fuel to the fire** Öl ins Feuer gießen **fuel consumption** Benzinverbrauch **fuel gauge** Tankuhr

ful·fil, (USA) auch **ful·fill** [fʊl'fɪl] <fulfilled, fulfilled> ① erfüllen *Wunsch* ② ausführen *Aufgabe, Befehl* ③ einlösen *Versprechen* ④ einhalten *Verpflichtung*

full[1] [fʊl] ① (*gefüllt*) voll; **the bucket is full of water** der Eimer ist voll Wasser; **full to overflowing** bis zum Überlaufen voll ② **the bus was full** der Bus war voll besetzt; **the city was full of people** in der Stadt wimmelte es von Menschen ③ (*vollständig*) voll; **a full day** ein ganzer Tag; *Bericht:* umfassend; **the full details** alle Einzelheiten ④ *Figur:* füllig ⑤ **full house** (*im Theater*) ausverkauft ⑥ **full up** voll besetzt ⑦ **I'm full up** ich bin satt ⑧ **at full speed** in voller Fahrt; **in full bloom** in voller Blüte; **in full daylight** am helllichten Tag ⑨ **be in full swing** in vollem Gange sein ⑩ **come to a full stop** plötzlich stehen bleiben

full[2] [fʊl] **in full** ganz, vollständig; **write**

one's name in full seinen Namen ausschreiben; **to the full** vollständig

full-back ['fʊlbæk] (*im Sport*) Verteidiger(in) **full-bodied** [ˌfʊl'bɒdɪd] *Wein:* würzig, schwer **full-cream milk** [ˌfʊl'kriːm mɪlk] Vollmilch **full-grown** [ˌfʊl'grəʊn] voll ausgewachsen **full-length** [ˌfʊl'leŋθ] ① *Film:* abendfüllend ② *Porträt:* lebensgroß **full moon** Vollmond **full stop** Punkt **full time** (*im Sport*) Abpfiff **full-time** ganztägig; **work full-time** ganztags arbeiten

fully ['fʊlɪ] ① völlig, ganz ② **fully qualified** voll qualifiziert

fume [fjuːm] (*übertragen*) wütend sein (**about, over** über)

fumes [fjuːmz] *plural* Rauch, Dampf; *von Auto:* Abgase

fun [fʌn] ① Spaß; **dancing is fun** Tanzen macht Spaß; **for fun** zum Spaß; **have fun!** viel Spaß!; **he is great fun** man hat mit ihm viel zu lachen ② **make fun of someone, poke fun at someone** sich über jemanden lustig machen

func·tion[1] ['fʌŋkʃn] ① *von Gerät usw.:* Funktion ② *von Person:* Aufgaben, Pflichten ③ Veranstaltung; (*offiziell*) Feier

func·tion[2] ['fʌŋkʃ] ① *Maschine, System usw.:* funktionieren, laufen ② *Herz usw.:* arbeiten ③ **function as** fungieren als

func·tional ['fʌŋkʃənl] ① funktionsfähig ② (*nützlich, praktisch*) funktionell, zweckmäßig

fund[1] [fʌnd] ① Vorrat, Schatz ② (*von Geld*) Fonds ③ **funds** Gelder, Geldmittel; **raise funds** Mittel aufbringen

fund[2] [fʌnd] finanzieren

fun·da·men·tal [ˌfʌndə'mentl] grundlegend (**to** für) **fun·da·men·tal·ly** [ˌfʌndə'mentəlɪ] ① im Grunde genommen, im Wesentlichen ② **fundamentally important** von grundlegender Bedeutung

fu·ner·al ['fjuːnərəl] ① Beerdigung, Begräbnis ② **that's his funeral** (*übertragen*) das ist sein Problem

fun·fair ['fʌnfeəʳ] Rummelplatz

fun·gus ['fʌŋgəs, *plural* 'fʌŋgaɪ] <*plural* fungi> Pilz

fun-lov·ing ['fʌnˌlʌvɪŋ] lebenslustig

funnel[1] ['fʌnl] ① Trichter ② *von Schiff:* Schornstein

funnel[2] ['fʌnl] <funnelled, funnelled> schleusen *Flüssigkeit, Energie*

funny ['fʌnɪ] ① *Person, Witz:* lustig, komisch ② seltsam, merkwürdig

fur [fɜːʳ] Fell; (*als Mantel*) Pelz

furi·ous ['fjʊərɪəs] wütend; **she was furious with him** sie war zornig auf ihn; **be furious about something** über etwas wütend sein

fur·nish ['fɜːnɪʃ] ① einrichten *Haus;* **furnished room** möbliertes Zimmer ② liefern, geben *Informationen*

fur·ni·ture ['fɜːnɪtʃəʳ] Möbel; **a piece of furniture** ein Möbelstück **furniture van** (GB) Möbelwagen

furry ['fɜːrɪ] Pelz-; *Stoff:* haarig; *Zunge:* belegt, pelzig

fur·ther ['fɜːðəʳ] *Komparativ von* **far** ① (*räumlich, zeitlich*) weiter [entfernt]; **till further notice** bis auf weiteres; **further on** weiter; **further back** weiter zurück, früher; **get further and further away** sich immer weiter entfernen ② (*übertragen*) weiter, ferner ③ **further education** Weiter-, Fortbildung **fur·ther·more** [ˌfɜːðə'mɔːʳ] ferner

fur·thest ['fɜːðɪst] *Superlativ von* **far** weiteste(r, s), entfernteste(r, s); **the furthest way round** den längsten Weg

fury ['fjʊərɪ] ① Wut, Raserei ② **be in a fury** wütend sein; **fly into a fury** in Wut geraten

fuse[1] [fjuːz] durchbrennen; **fuse the lights** die Sicherung durchbrennen lassen

fuse[2] [fjuːz] ① Sicherung; **blow a fuse** eine Sicherung durchbrennen lassen; (*übertragen*) aufbrausen ② *von Bombe:* Zünder; *von Feuerwerkskörper:* Zündschnur

fuse box Sicherungskasten

fuss [fʌs] Wirbel, Aufregung; **make** [*oder* **kick up**] **a fuss** ein Theater aufführen; **don't make a fuss!** stell dich nicht so an!

fussy ['fʌsɪ] kleinlich, pingelig; **be fussy about food** sehr eigen sein, was das Essen angeht; **he's not fussy** er ist nicht wählerisch

fu·tile ['fjuːtaɪl] vergeblich, nutzlos

fu·ture[1] ['fjuːtʃəʳ] [zu]künftig; **future generations** kommende Generationen; **future prospects** Zukunftsperspektive

fu·ture[2] ['fjuːtʃəʳ] ① Zukunft; **in** [**the near**] **future** in [naher] Zukunft ② (*in der Grammatik*) Zukunft, Futur

fuze[1] [fjuːz] ① *Sicherung:* durchbrennen ② **fuze the lights** die Sicherung durchbrennen lassen

fuze[2] [fjuːz] (USA) ① Sicherung; **blow the fuze** die Sicherung durchbrennen lassen ② *von Bombe:* Zünder; *von Feuerwerkskörper:* Zündschnur **fuze box** Sicherungskasten

fuzz [fʌz] (*slang: Polizei*) Bullen

fuzzy ['fʌzɪ] ① *Bild:* unklar ② *Haar:* kraus

Gg

G, g [dʒiː] <*plural* G's, g's> G, g

gadget ['gædʒɪt] (*umgangsspr*) ① Gerät, Apparat ② Dingsda

gage[1] [geɪdʒ] (USA) ① Messgerät; **petrol gage** Benzinuhr; **pressure gage** Druckmesser; **temperature gage** Temperaturanzeiger ② **narrow gage** Schmalspur; **standard gage** Normalspur

gage[2] [geɪdʒ] (USA) ① messen ② beurteilen, abschätzen

gaily ['geɪlɪ] fröhlich

gain[1] [geɪn] ① Gewinn, Vorteil ② Steigerung, Zunahme; **gain in weight** [Gewichts]Zunahme

gain[2] [geɪn] ① gewinnen; **gain the upper hand** die Oberhand gewinnen ② erwerben *Ruf, Wissen* ③ erlangen *Freiheit* ④ erreichen *Ziel* ⑤ **gain a footing** festen Fuß fassen ⑥ **gain ground** (*übertragen*) Fortschritte machen, sich durchsetzen ⑦ **gain speed** schneller werden ⑧ **gain weight** zunehmen ⑨ einen Vorteil erlangen (**on** über)

gala ['gɑːlə] ① Fest[lichkeit]; **swimming gala** Schwimmfest ② (*im Theater usw.*) Galaveranstaltung

gal·axy ['gæləksɪ] Galaxie, Sternsystem

gale [geɪl] ① Sturm; **gale-force wind** stürmischer Wind ② **gales of laughter** schallendes Gelächter **gale warning** Sturmwarnung

gal·lery ['gælərɪ] ① (*für Kunst*) Galerie ② (*im Theater*) oberster Rang, Galerie ③ (*einer Kirche*) Empore, Galerie

gal·lon ['gælən] Gallone (*4,55 l, Am 3,79 l*)

gal·lop[1] ['gæləp] Galopp; **at a gallop** im Galopp

gal·lop[2] ['gæləp] ① galoppieren ② (*übertragen*) **galloping inflation** galoppierende Inflation

gamble[1] ['gæmbl] ① [um Geld] spielen ② (*übertragen*) riskieren, wagen (**on** auf); **gamble with something** etwas aufs Spiel setzen ③ (*an der Börse*) spekulieren ④ **gamble away** verspielen

gamble[2] ['gæmbl] gewagtes Spiel, Risiko **gam·bler** ['gæmbləʳ] Spieler(in); (*an der Börse*) Spekulant(in) **gam·bling** ['gæmblɪŋ] Spielen; (*auf Pferde, Hunde*) Wetten; **gambling debts** Spielschulden; **gambling machine** Spielautomat

game[1] [geɪm] ① Spiel ② (*Sport*) Spiel; **the Olympic Games** die Olympischen Spiele ③ **a game of chess/tennis** eine Partie Schach/Tennis ④ **games** ⚠ *Plural* (*Schulfach*) Sport ⑤ **what's his game?** (*umgangsspr*) was hat er vor? ⑥ Wild[bret] ► IN WENDUNGEN: **play the game** sich an die Spielregeln halten; **the game is up** das Spiel ist aus; **two can play at that game** wie du mir, so ich dir

game[2] [geɪm] mutig; **be game** mitmachen; **be game for anything** für alles zu haben sein; **be game to do something** bereit sein, etwas zu tun

gang [gæŋ] ① *von Arbeitern:* Kolonne, Rotte ② *von Gefangenen:* Trupp ③ *von Verbrechern:* Bande

◆ **gang up** sich zusammentun; **gang up on someone** auf jemanden losgehen, sich gegen jemanden verschwören

gang·ster ['gæŋstəʳ] Gangster

gang·way ['gæŋweɪ] ① (*zum Flugzeug, Schiff*) Gangway ② (*zwischen Sitzreihen*) Gang

gaol [dʒeɪl] Gefängnis; **in gaol** im Gefängnis

> **? Grammatik** Die Schreibweise **gaol** für **jail** [Gefängnis] wird nur noch im britischen Englisch in offiziellen Texten gebraucht: *The criminal spent ten years in gaol.*

gap [gæp] ① Lücke; **bridge** [*oder* **fill**] [*oder* **stop**] **a gap** eine Lücke schließen ② Abstand; **the gap between the cars** der Abstand zwischen den Autos

gape [geɪp] ① **gape at someone** jemanden anstarren ② **gape open** aufklaffen **gap·ing** *Wunde:* klaffend; *Loch:* gähnend

gar·age ['gærɑːʒ, (USA) gə'rɑːʒ] ① (*zum Parken*) Garage ② (*zum Tanken*) Tankstelle

(3) (*für Reparaturen*) Werkstatt

gar·bage ['gɑːbɪdʒ] (1) Abfall, Müll (2) (*übertragen*) Schund, Unsinn **garbage can** (USA) Mülleimer, Mülltonne **garbage chute**, **garbage disposer** (USA) Müllschlucker **garbage collector** (USA) Müllmann, Müllwerker **garbage dump** (USA) Mülldeponie **garbage truck** (USA) Müllauto

gar·den[1] ['gɑːdn] (1) Garten (2) **gardens** Anlagen, Park ▶ IN WENDUNGEN: **lead someone up the garden path** (*umgangsspr*) jemanden an der Nase herumführen

gar·den[2] ['gɑːdn] im Garten arbeiten **gar·dener** ['gɑːdnəʳ] Gärtner(in)

gar·den·ing ['gɑːdnɪŋ] Gartenarbeit; **Dad's doing the gardening** Papa arbeitet im Garten **garden party** Gartenfest, Gartenparty

gar·lic ['gɑːlɪk] Knoblauch

gas[1] [gæs] (1) Gas; **turn on/off the gas** den Gashahn auf-/zudrehen (2) (USA) Benzin (3) **step on the gas** (*umgangsspr*) Gas geben

gas[2] [gæs] (1) **gas someone/an animal** jemanden/ein Tier vergasen (2) (*slang*) faseln **gas cooker** Gaskocher, Gasherd **gas fire** Gasofen

gas heat·ing ['gæshiːtɪŋ] Gasheizung **gas·mask** Gasmaske **gas meter** Gaszähler, Gasuhr

gaso·line, **gaso·lene** ['gæsəliːn] (USA) Benzin

gasp[1] [gɑːsp] (1) keuchen, nach Luft schnappen; **I gasped in surprise** mir stockte der Atem vor Überraschung (2) mühsam hervorbringen *Worte*

gasp[2] [gɑːsp] Keuchen, schweres Atmen; **give a gasp of surprise** vor Überraschung nach Luft schnappen

gas pipe ['gæspaɪp] Gasrohr, Gasleitung **gas pump** ['gæspʌmp] (USA) Zapfsäule **gas station** ['gæssteɪʃn] (USA) Tankstelle **gas stove** Gasherd

gas·tro·en·ter·itis [ˌgæstrəʊˌentə'raɪtɪs] Magen-Darm-Katarrh

gas·works ['gæswɜːks] Gaswerk

gate [geɪt] (1) Tor (**to** zu) (2) (*in Bahnhöfen*) Sperre (3) (*in Flughäfen*) Flugsteig, Gate (4) (*im Sportstadion*) Besucherzahl (5) (*Eintrittsgelder*) Gesamteinnahmen **gate·crash** ['geɪtkræʃ] ungebeten erscheinen (**in** bei) **gate·crasher** ['geɪtkræʃəʳ] ungebetener Gast **gate·post** Torpfosten ▶ IN WENDUNGEN: **between you, me and the gatepost** in strengstem Vertrauen, unter uns gesagt

gate·way ['geɪtweɪ] Tor (**to** zu)

gather ['gæðəʳ] (1) sammeln; **gather information** Erkundigungen einziehen (2) einbringen *Ernte* (3) pflücken *Blumen* (4) schließen (**from** aus); **as far as I can gather** soweit ich weiß (5) zunehmen an *Geschwindigkeit, Kraft* (6) *Menschen:* sich versammeln, zusammenkommen (7) *Wolken:* sich zusammenziehen **gather·ing** ['gæðərɪŋ] Versammlung

gauge[1] [geɪdʒ] (1) Messgerät; **petrol gauge** Benzinuhr; **pressure gauge** Druckmesser; **temperature gauge** Temperaturanzeiger (2) **narrow gauge** Schmalspur; **standard gauge** Normalspur

gauge[2] [geɪdʒ] (1) messen (2) (*übertragen*) beurteilen, [ab]schätzen

gave [geɪv] *2. Form von* **give**

gay[1] [geɪ] (1) lustig, vergnügt, fröhlich (2) (*homosexuell*) schwul

gay[2] [geɪ] Schwule(r)

gaze[1] [geɪz] starren, glotzen (**at, on, upon** auf)

gaze[2] [geɪz] starrer Blick

GB [dʒiː'biː] *Abkürzung von* **Great Britain** GB

GCSE *Abkürzung von* **General Certificate of Secondary Education** (*Schulabschluss*) ≈ mittlere Reife

> **i Land & Leute** Das **GCSE**, das früher **O-level** (**Ordinary level**) hieß, ist die Prüfung, die Schüler im Alter von 16 Jahren in England, Wales und Nordirland ablegen. Es ist möglich, jeweils nur ein Fach zu wählen, aber die meisten Schüler versuchen die Prüfung in sieben oder acht Fächern abzulegen. In Schottland heißt diese Prüfung **Standard Grade**.

gear [gɪəʳ] (1) Gang; **change** [*oder* (USA) **shift**] **into first gear** den ersten Gang einlegen; **change** [*oder* (USA) **shift**] **gear** schalten; **first** [*oder* **bottom**]**/second/top/reverse gear** erster/zweiter/höchster Gang/Rückwärtsgang (2) (*in Maschinerie*) Getriebe (3) (*am Fahrrad*) Gangschaltung, Übersetzung (4) Gerät, Ausrüstung; (*umgangsspr*) Sachen, Zeug (5) (*umgangsspr: Kleidung*) Klamotten, Sachen (6) **landing gear** Fahrgestell **gear·box** ['gɪəbɒks] Getriebe **gear lever**, **gear stick**, (USA) **gear·shift** Schaltknüppel, Schalthebel

geese [giːs] *Pluralform von* **goose**
gem [dʒem] ① [geschliffener] Edelstein ② (*übertragen*) Perle, Prachtstück
Gem·ini ['dʒemɪnɪ] (*Sternbild*) Zwillinge
gen·der ['dʒendəʳ] Geschlecht
gene [dʒiːn] Gen
gen·eral¹ ['dʒenrəl] ① allgemein; **as a general rule, in general** im Allgemeinen ② (*weitverbreitet*) üblich, gewöhnlich, normal ③ (*nicht exakt*) unbestimmt, allgemein gehalten
gen·eral² ['dʒenrəl] General **general anaesthetic** Vollnarkose **general assembly** Generalversammlung **general delivery** (USA) postlagernd **general director, general manager** Generaldirektor(in) **general election** Parlamentswahlen
gen·er·al·ize ['dʒenərəlaɪz] verallgemeinern
gen·eral·ly ['dʒenrəlɪ] im Allgemeinen, allgemein
general practitioner Arzt/Ärztin für Allgemeinmedizin

> **i Land & Leute** In Großbritannien heißen praktische Ärzte **GPs (general practitioners)**. Die GPs arbeiten in der Regel in einer „group practice" (Gemeinschaftspraxis) mit anderen Ärzten zusammen.

general strike Generalstreik
gen·er·ate ['dʒenəreɪt] ① erzeugen *Energie* ② (*übertragen*) verursachen
gen·er·ation [ˌdʒenə'reɪʃn] ① Generation ② *von Energie:* Erzeugung

> **i Land & Leute** In Amerika teilt man die Bevölkerung in drei Altersgruppen, die angeblich auch gemeinsame Eigenschaften besitzen. Die **Baby Boomers**, so genannt, weil die Bevölkerung in der Nachkriegszeit sehr stark gewachsen ist, sind diejenigen, die zwischen 1945 und 1960 geboren wurden. Angeblich sind sie tüchtig, aber auch selbstsüchtig und von Geld und Macht besessen. Zur nächsten Gruppe, der **Generation X**, gehören diejenigen, die zwischen 1961 und 1981 zur Welt kamen. Sie werden als pessimistisch, faul, weltfremd, aber auch als erfinderisch und innovativ charakterisiert. Die neue Generation heißt nun die **Millenials** oder **Generation Y**. Sie hat Grips, ist selbstbewusst, freigebig und optimistisch.

gen·er·ator ['dʒenəreɪtəʳ] Generator
gen·er·ous ['dʒenərəs] ① großzügig; *Person:* freigebig ② *Portion:* reichlich
gen·etic [dʒɪ'netɪk] genetisch; **genetic engineering** Gentechnologie; **genetic research** Genforschung
gen·etics [dʒɪ'netɪks] Genetik
geni·tals ['dʒenɪtlz] *plural* Genitalien
geni·tive ['dʒenətɪv] Genitiv
gen·ius ['dʒiːnɪəs, *plural* 'dʒiːnɪaɪ] <*plural* geniuses, genii> ① (*Person*) Genie, genialer Mensch ② (*Fähigkeit*) Genius
geno·cide ['dʒenəsaɪd] Völkermord
gent [dʒent] ① (*umgangsspr*) Gentleman ② **the Gents** ⚠ *singular* die Herrentoilette
gentle ['dʒentl] ① *Abhang, Benehmen:* sanft ② *Shampoo:* mild ③ *Brise, Übung:* leicht ④ *Berührung:* zart **gentle·man** ['dʒentlmən] <*plural* gentlemen> ① (*Mann*) Herr; [**Ladies and**] **Gentlemen!** meine [Damen und] Herren! ② (*Ehrenmann*) Gentleman
genu·ine ['dʒenjʊɪn] ① (*authentisch*) echt ② *Gefühl, Person:* aufrichtig
ge·ogra·pher [dʒɪ'ɒgrəfəʳ] Geograph(in) **ge·ogra·phy** [dʒɪ'ɒgrəfɪ] Erdkunde, Geographie **ge·ol·ogist** [dʒɪ'ɒlədʒɪst] Geologe/Geologin **ge·ol·ogy** [dʒɪ'ɒlədʒɪ] Geologie **ge·ometry** [dʒɪ'ɒmətrɪ] Geometrie
germ [dʒɜːm] Keim
Ger·man¹ ['dʒɜːmən] ① deutsch; **I am German** ich bin Deutsche(r); **a German teacher** ein deutscher Lehrer, eine deutsche Lehrerin ② **my German teacher** mein(e) Deutschlehrer(in)
Ger·man² ['dʒɜːmən] ① (*Sprache*) [das] Deutsch(e); **say something in German** etwas auf Deutsch sagen; **I don't speak German** ich spreche kein Deutsch; **do you speak German?** sprechen Sie Deutsch?; **translated into German** ins Deutsche übersetzt ② (*Person*) Deutsche(r) **German measles** *plural* Röteln **German shepherd** (USA) deutscher Schäferhund **Ger·ma·ny** ['dʒɜːmənɪ] Deutschland; **Federal Republic of Germany** Bundesrepublik Deutschland
ges·ture ['dʒestʃəʳ] Geste
get [get] <got, got *oder* (USA) gotten>

① (*empfangen*) bekommen, kriegen *Geld, Geschenk, Krankheit, Sender;* erhalten *Eindruck* ② (*holen*) besorgen, beschaffen; **get something for someone** jemandem etwas besorgen; **what can I get you?** was kann ich Ihnen anbieten?; **can I get you a drink?** möchten Sie etwas trinken?; **we need to get some milk** wir müssen Milch kaufen ③ (*werden*) **it's getting warmer** es wird wärmer ④ kommen; **when did you get there?** wann bist du angekommen?; **how do I get to the station?** wie komme ich zum Bahnhof?; **Amundsen got to the South Pole before Scott** Amundsen erreichte den Südpol vor Scott ⑤ (*fangen*) fassen, schnappen; **get hold of someone** jemanden zu fassen kriegen ⑥ verstehen, begreifen; **get it?** alles klar?; **I get it** ich verstehe schon; **I've got it!** ich hab's! ⑦ veranlassen, überreden; **get someone to do something** jemanden dazu bewegen, etwas zu machen; **get one's hair cut** sich die Haare schneiden lassen; **get something going** etwas in Gang bringen [*oder* setzen]; **get somebody talking** jemanden zum Reden bringen ⑧ (*umgangsspr*) **get somebody** (*verwirren*) jemanden kriegen; **I'll get him for that!** dem werde ich es besorgen!; **get somebody** jemanden drankriegen ⑨ **have got** haben; **I've got a headache/boat** ich habe Kopfschmerzen/ein Boot; **I've got the wrong number** ich habe mich verwählt ⑩ **have got [to]** müssen; **I've got to go/say** ich muss gehen/sagen ⑪ **get the better of someone** jemanden kleinkriegen ⑫ **get to know something** etwas erfahren [*oder* in Erfahrung bringen]; **get to know someone** jemanden kennen lernen ⑬ **get married** sich verheiraten; **they got married in June** sie haben im Juni geheiratet ⑭ **get there** (*umgangsspr*) sein Ziel erreichen; **we'll get there in the end** wir werden es schon schaffen ⑮ **get one's own way** seinen Kopf durchsetzen

◆**get about** ① *Person:* [viel] herumkommen ② *Nachricht:* sich verbreiten

◆**get across** ① hinüberkommen ② **get someone/something across** jemanden/etwas hinüberbringen ③ (*übertragen*) verständlich machen *Idee;* ankommen *mit Witz* ④ (*übertragen*) sich verständlich machen ⑤ *Witz:* ankommen

◆**get ahead** ① vorwärts kommen, vorankommen ② **get ahead of someone** jemanden überholen

◆**get along** ① vorankommen (**with** mit); **how are you getting along?** wie kommen Sie zurecht? ② **get along with someone** mit jemandem auskommen, sich mit jemandem vertragen

◆**get around** ① *Person:* [viel] herumkommen ② *Nachricht:* sich verbreiten ③ **get around to doing something** dazu kommen, etwas zu tun

◆**get at** ① **get at someone** (*slang*) jemanden beeinflussen, auf jemandem herumhacken; **stop getting at me!** lass mich endlich in Ruhe! ② **get at something** an etwas herankommen, etwas herausfinden ③ **what are you getting at?** worauf willst du hinaus?

◆**get away** ① wegbringen; **get him away from me!** schaff ihn mir vom Leib! ② *Person:* davonkommen, sich aus dem Staube machen; **get away from someone** von jemandem loskommen; **get away from me!** hau bloß ab! ③ **get away with something** sich etwas erlauben können ④ **get away!** (*umgangsspr*) sag bloß!

◆**get back** ① zurückbekommen; **can I get my CDs back please?** kann ich bitte meine CDs zurückhaben? ② *Person:* zurückkommen; **she got back home late** sie kam spät nach Hause ③ **get back at someone** (*umgangsspr*) es jemandem heimzahlen

◆**get behind** ① **get behind someone** jemanden unterstützen ② **get behind with one's work** mit seiner Arbeit in Rückstand kommen

◆**get by** ① (*passieren*) vorbeikommen ② (*umgangsspr*) durchkommen; **I can just about get by in Italian** mein Italienisch reicht gerade, um mich zu verständigen ③ auskommen (**on** mit); **it's hard to get by on my pension** es ist schwer, mit meiner Rente auszukommen

◆**get down** ① **get someone/something down** jemanden/etwas hinunterbringen ② schlucken *Tablette* ③ (*übertragen*) deprimieren; **this bad weather is getting me down** das schlechte Wetter macht mir zu schaffen ④ *Person:* hinuntersteigen (**from** von) ⑤ **get down to something** sich auf etwas konzentrieren; **let's get down to**

business lass uns zur Sache kommen

◆ **get in** ❶ hineinbringen; **get the washing in** die Wäsche reinholen ❷ einbringen *Ernte* ❸ *in Disco, Verein:* hineinkommen ❹ *Zug, Flug:* ankommen ❺ **get in with a bad crowd** in schlechte Gesellschaft geraten ❻ **get in on something** (*übertragen*) bei etwas einsteigen

◆ **get into** ❶ einsteigen in *Auto* ❷ annehmen *Gewohnheit* ❸ **he got into Oxford University** er wurde von der Universität Oxford angenommen ❹ kommen, gelangen; geraten in *eine Lage;* **get into a temper** wütend werden ❺ **what's got into him?** was ist nur in ihn gefahren?

◆ **get off** ❶ absteigen von *Fahrrad, Pferd* ❷ aussteigen aus *Bus, Zug* ❸ **get something off** etw ausziehen *Kleidung;* etw entfernen *Fleck* ❹ **get off with a fine** mit einer Geldstrafe davonkommen ❺ **when do you get off work?** wann hast du Feierabend? ❻ **get a day off** einen Tag freibekommen ❼ **get off with someone** (*slang*) jemanden aufreißen *slang*

◆ **get on** ❶ anziehen *Kleidung* ❷ aufsitzen; aufsteigen auf *Fahrrad, Pferd* ❸ einsteigen in *einen Bus, Zug* ❹ **get on with one's work** mit der Arbeit weitermachen ❺ **how did you get on?** wie ist es dir ergangen?; **get on in the world** es zu etwas bringen ❻ **I get on well with Nancy** ich verstehe mich gut mit Nancy, Nancy und ich kommen gut miteinander aus

◆ **get out** ❶ herauskommen; **open the door – I can't get out!** öffne die Tür – ich komme nicht raus! ❷ (*aus einem Fahrzeug*) aussteigen ❸ veröffentlichen *Bericht, Buch* ❹ *Geheimnis:* herauskommen

◆ **get out of** ❶ verlassen *Zimmer;* aussteigen aus *Fahrzeug* ❷ entlassen werden aus *Gefängnis* ❸ **get out of my sight!** verschwinde! ❹ **get that out of your head!** schlagen Sie sich das aus dem Kopf!

◆ **get over** hinwegkommen über

◆ **get round** ❶ umgehen *Gesetz, Schwierigkeit* ❷ herumkriegen *Person* ❸ **as soon as I get round to it** sobald ich dazu komme

◆ **get straight** ❶ in Ordnung bringen ❷ **let me get this straight** lass mich das klarstellen

◆ **get through** ❶ (*am Telefon*) **get through to someone/to Germany** zu jemandem/nach Deutschland durchkommen ❷ **get through to someone** zu jemanden durchdringen; **I can't get it through to him** ich kann es ihm nicht klarmachen ❸ **we'll get through somehow** wir werden schon irgendwie durchkommen ❹ *Person, Nachricht:* durchkommen ❺ **get through to the final** in die Endrunde kommen

◆ **get together** ❶ *Personen:* zusammenkommen, sich treffen; **let's get together sometime** lass uns irgendwann mal wieder treffen ❷ zusammenbringen *Leute* ❸ **get one's things together** seine Sachen zusammenpacken

◆ **get up** aufstehen; **can you get Dad up — breakfast is ready!** kannst du den Papa wecken — das Frühstück ist fertig!

◆ **get up to** ❶ (*erreichen*) gelangen bis ❷ anstellen; **what have you been getting up to?** was hast du so getrieben?

get·away ['getəweɪ] Entkommen **get·away car** Fluchtwagen **get-to·gether** ['gettə'geðəʳ] Zusammenkunft, gemütliches Beisammensein

ghast·ly ['gɑːstlɪ] ❶ *Unfall, Verletzungen:* entsetzlich ❷ *Fehler:* schrecklich ❸ *Wetter:* grässlich

gher·kin ['gɜːkɪn] Essiggurke, Gewürzgurke

ghost [gəʊst] ❶ Geist, Gespenst ❷ **give up the ghost** den Geist aufgeben

gi·ant[1] ['dʒaɪənt] Riese

gi·ant[2] ['dʒaɪənt] riesig; **a giant packet** ein Riesenpaket

giddy ['gɪdɪ] schwind(e)lig; **I feel giddy** mir ist schwindlig

gift [gɪft] ❶ Geschenk ❷ (*übertragen*) Begabung, Talent (**for** zu) **gifted** ['gɪftɪd] begabt, talentiert **gift shop** Geschenkartikelladen **gift token, gift voucher** Geschenkgutschein

gi·gan·tic [dʒaɪ'gæntɪk] riesig; *Appetit:* gewaltig

giggle[1] ['gɪgl] kichern

giggle[2] ['gɪgl] Kichern, Gekicher; **do something for a giggle** etwas zum Spaß tun

gin [dʒɪn] Gin; **gin and tonic** Gin Tonic

gin·ger[1] ['dʒɪndʒəʳ] Ingwer

gin·ger[2] ['dʒɪndʒəʳ] ❶ *Geschmack:* Ingwer- ❷ *Haare:* rotblond

gipsy, gypsy ['dʒɪpsɪ] Zigeuner(in)

gi·raffe [dʒɪ'rɑːf] Giraffe

girl [gɜːl] ❶ Mädchen ❷ **my youngest girl**

meine jüngste Tochter
girlfriend [ˈgɜːlfrend] Freundin
Girl Guide GB Pfadfinderin

> **? Grammatik** Richtiges Konjugieren von **give — gave — given**: *Dave* ***gave*** *Jenny his phone number; Have you* ***given*** *him the car key?; I* ***was given*** *a present*

give [gɪv] <gave, given> ① (*allgemein*) geben ② schenken *Geschenk;* spenden *Blut, Spende* ③ von sich geben *Geräusch;* **she gave a loud cry** sie stieß einen lauten Schrei aus ④ geben, angeben *Grund;* anführen *Beispiel;* erstatten *Bericht* ⑤ **he's given us a lot of homework** er hat uns eine Menge Hausaufgaben aufgegeben ⑥ **give someone a good game** jemandem ein gutes Spiel liefern ⑦ **give someone the right to do something** jemandem das Recht einräumen, etwas zu tun ⑧ **give birth** *Frau:* entbinden; *Tier:* jungen, werfen ⑨ *Material:* nachgeben; *Schnur:* reißen; *Kraft, Stimme:* versagen ⑩ **give it to someone** (*umgangsspr*) jemandem die Meinung sagen; **give her my regards** bestellen Sie ihr Grüße von mir ⑪ **I don't give a damn** ich scher mich den Teufel darum ⑫ (*umgangsspr*) **what gives?** was gibt's?
◆ **give away** ① weggeben, verschenken ② verpassen *Gelegenheit* ③ verraten *Geheimnis;* **give oneself away** sich verraten ④ **give away one's daughter** seine Tochter zum Altar führen
◆ **give back** zurückgeben
◆ **give in** ① einreichen *Aufsatz;* abgeben *Paket* ② *Person:* nachgeben; **don't give in to his threats** gehe nicht auf seine Drohungen ein
◆ **give off** ① abgeben *Wärme* ② ausstrahlen *Licht* ③ ausströmen *Geruch*
◆ **give out** ① **give something out** etwas ausgeben [*oder* verteilen] ② zu Ende gehen *Geduld, Kraft, Vorräte*
◆ **give up** ① aufgeben; **I don't give up that easily** so leicht werfe ich die Flinte nicht ins Korn; **give up smoking** das Rauchen aufgeben ② **I give up on you!** du bist ein hoffnungsloser Fall! ③ **give up one's share** auf seinen Anteil verzichten ④ **give oneself up** sich stellen
give-and-take [ˌgɪvənˈteɪk] gegenseitiges Entgegenkommen, Kompromissbereitschaft
give-away [ˈgɪvəweɪ] ① **it was a real give-away** es verriet alles ② Gratisprobe; **give-away price** Schleuderpreis
given[1] [ˈgɪvn] *3. Form von* **give**
given[2] [ˈgɪvn] ① gegeben ② **at the given time** zur festgesetzten Zeit; **at a given point in time** zu einem festgesetzten Zeitpunkt ③ **be given to doing something** die Gewohnheit haben, etwas zu tun ④ **given that …** vorausgesetzt [*oder* angenommen], dass … ⑤ [**if**] **given the chance** sofern sich die Möglichkeit ergibt ⑥ **given name** Vorname
giver [ˈgɪvəʳ] Geber(in)
gla·cier [ˈglæsɪəʳ] Gletscher
glad [glæd] ① *Person:* froh (**about** über); **I am so glad** das freut mich; **she was glad to find somewhere to sit down** sie war froh, dass sie sich endlich setzen konnte ② **glad to meet you!** sehr angenehm! ③ **I'd be glad to!** aber gern!; **I'd be glad to help you** ich helfe Ihnen gern ④ **be glad of something** für etwas dankbar sein
glad·ly [ˈglædlɪ] gern(e)
glance[1] [glɑːns] [flüchtiger] Blick; **at a glance** auf einen Blick; **give someone a glance** jemandem einen Blick zuwerfen
glance[2] [glɑːns] schauen, blicken; **glance at someone/something** jemanden/etwas kurz ansehen; **glance over something** etwas überfliegen; **glance round** sich umsehen
glare[1] [gleəʳ] ① *Licht:* grell scheinen ② **glare at someone** jemanden [wütend] anstarren
glare[2] [gleəʳ] ① grelles Licht ② wütender, starrer Blick
glar·ing [gleərɪŋ] ① blendend hell; *Licht:* grell ② *Irrtum:* eklatant; **a glaring error** ein grober Fehler
glass [glɑːs] ① Glas ② **glasses** ⚠ *plural,* [**a pair of glasses**] [eine] Brille; **where are my glasses?** wo ist meine Brille?
glass fibre Glasfaser
glide [glaɪd] ① gleiten, schweben ② *Person:* [segel]fliegen **glider** [ˈglaɪdəʳ] Segelflugzeug **glid·ing** [ˈglaɪdɪŋ] Segelfliegen
glim·mer[1] [ˈglɪməʳ] ① *Feuer:* glimmen ② *Licht:* schimmern
glim·mer[2] [ˈglɪməʳ] ① Glimmen ② **a glimmer of light/hope** ein Licht-/Hoffnungsschimmer

glimpse[1] [glɪmps] kurzer Blick; **catch a glimpse of something** etwas flüchtig zu sehen bekommen

glimpse[2] [glɪmps] im Vorübergehen sehen

glit·ter[1] ['glɪtə^r] glitzern, funkeln

glit·ter[2] ['glɪtə^r] ① Glitzern, Funkeln ② (*übertragen*) Pracht **glit·ter·ing** ['glɪtərɪŋ] ① glitzernd ② (*übertragen*) glänzend

gloat [gləʊt] sich hämisch freuen (**over** über), sich weiden (**over** an)

glo·bal ['gləʊbl] ① global, weltweit; **global warming** globaler Temperaturanstieg ② **looking at the global view ...** global gesehen ... **globe** [gləʊb] ① (*Form*) Kugel ② (*Welt*) Erdball, Globus ③ (*Karte*) Globus **globe-trotter** Weltenbummler(in)

gloom [gluːm] ① Dunkel[heit] ② (*übertragen*) Traurigkeit, Schwermut; **an atmosphere of gloom** eine düstere, gedrückte Stimmung **gloomy** ['gluːmɪ] düster, trüb(e), trübselig

glori·ous ['glɔːrɪəs] ① *Sieg:* ruhmreich ② *Wetter:* herrlich ③ *Anblick:* prächtig **glory** ['glɔːrɪ] ① (*Berühmtheit*) Ruhm ② (*Schönheit*) Herrlichkeit, Pracht

gloss paint Glanzlack

glossy[1] ['glɒsɪ] ① glänzend ② **glossy paper** Glanzpapier; **glossy magazine** Hochglanzmagazin

glossy[2] ['glɒsɪ] [Hochglanz]Magazin

glove [glʌv] Handschuh; **boxing glove** Boxhandschuh; **rubber glove** Gummihandschuh; **fit like a glove** wie angegossen sitzen **glove compartment** Handschuhfach

glow[1] [gləʊ] ① glühen ② *Gesicht:* leuchten (**with** vor)

glow[2] [gləʊ] ① Glut ② **her cheeks had a healthy glow** ihre Wangen hatten eine gesunde Farbe

glu·cose ['gluːkəʊs] Traubenzucker

glue[1] [gluː] Klebstoff, Leim

glue[2] [gluː] ① leimen, kleben (**on** auf, **to** an) ② (*übertragen*) **be glued to someone** jemandem nicht von der Seite weichen; **his eyes were glued to the screen** er sah wie gebannt auf die Leinwand/Bildschirm; **as if glued to the spot** wie angewurzelt **glue stick** Klebestift

gnaw [nɔː] nagen (**at, on** an)

go[1] [gəʊ] ① Versuch; **have a go at something** etwas versuchen; **let me have a go** lass mich mal ② (*Tatkraft*) Schwung ③ **[always] on the go** [immer] auf Trab

> **? Grammatik** Richtiges Konjugieren von **go — went — gone**: *Mr Lee **went** to the same school as his son; My pen **has gone**; Lucy **has been gone** for an hour.*

go[2] [gəʊ] <goes, went, gone> ① gehen; **who goes there?** wer da?; **go to see someone** jemanden besuchen ② *Fahrzeug:* fahren, reisen; *Flugzeug:* fliegen; **go by car/train** mit dem Auto/Zug fahren; **go by air** fliegen ③ *Maschine:* in Betrieb sein, funktionieren; **keep the engine going** den Motor laufen lassen ④ *Straße:* führen (**to** nach) ⑤ **first prize went to the home team** der erste Preis ging an die Heimmannschaft ⑥ *Party, Prüfung, Tag:* verlaufen; **how did the exam go? — it went all right, thanks** wie war die Prüfung? — sie war ganz o.k., danke ⑦ *Zeit:* vergehen, verstreichen ⑧ werden; **go grey** grau werden; **go blind/mad** blind/verrückt werden; **go bad** schlecht werden, verderben; **go wrong** schief gehen, sich irren ⑨ **the rumour goes that ...** es geht das Gerücht, dass ... ⑩ *Gegenstand:* kommen, gehören; **where do you want it to go?** wo soll es hin? ⑪ (*aufbrechen*) weggehen; **I must be going now** ich muss jetzt gehen, ich gehe jetzt ⑫ **where did my pen go?** wohin ist mein Stift verschwunden?, wo ist mein Stift? ⑬ (*nachlassen*) *Material, Maschine:* kaputtgehen; *Augen, Gesundheit:* schlechter werden; *Bremsen:* versagen ⑭ (*Geräusche nachahmen*) **a gorilla goes like this** ein Gorilla macht so ⑮ *zur Futurbildung* werden, wollen; **I am going to write soon** ich werde bald schreiben; **he was going to do it** er wollte es machen ⑯ *mit der -ing Form* gehen; **go swimming/shopping** schwimmen/einkaufen gehen ▸ IN WENDUNGEN: **it's no go** da ist nichts zu machen; **there you go!** bitte schön!; **go into effect** in Kraft treten; **go to pieces** durchdrehen; **go unnoticed** unbemerkt bleiben; **as things go** wie es nun mal so ist; **let go!** los!; **go easy!** übernimm dich nicht!; **ready, steady, go!** Achtung — fertig — los!

◆ **go about** ① herumgehen ② *Segelboot:* wenden ③ *Gerücht, Krankheit:* umgehen

◆ **go after** ① **go after someone** jemandem

nachgehen [*oder* nachlaufen] ② (*übertragen*) anstreben; sich bemühen um *Job*
◆go against ① widerstreben *Prinzipien* ② **the case went against him** es wurde gegen ihn entschieden
◆go ahead ① **go ahead of someone** jemandem vorausgehen; **you go ahead, I'll catch you up later** geh voraus, ich komme gleich nach ② **go ahead with something** etwas durchführen ③ vorangehen; **the meeting went ahead without him** die Besprechung fand ohne ihn statt ④ (*übertragen*) **go ahead!** nur zu!
◆go along ① **go along with someone** jemanden begleiten, mit jemandem mitgehen ② **I'm happy to go along with whatever you decide** ich schließe mich gerne dem an, was ihr entscheidet
◆go around ① herumgehen ② **there's enough bread to go around** es ist genug Brot für alle da
◆go at ① **go at someone** auf jemanden losgehen ② **go at something** etwas anpacken
◆go away ① weggehen, verreisen ② *Schmerzen:* weggehen; *Fleck:* herausgehen
◆go back ① zurückgehen, zurückfahren ② (*zeitlich*) sich zurückführen lassen (**to** auf) ③ **go back on one's word** sein Wort brechen ④ **the clocks go back an hour tomorrow** die Uhren werden morgen um eine Stunde zurückgestellt
◆go beyond hinausgehen über
◆go by ① *Gelegenheit, Person:* vorbeigehen an ② *Zeit:* vergehen ③ **go by something** sich nach etwas richten *Beispiel, Uhr;* **go by the rules** sich an die Regeln halten
◆go down ① hinuntergehen *Treppe usw.* ② *Schiff, Sonne:* untergehen ③ *Fieber, Preise:* sinken, fallen ④ **go down well/badly** [**with someone**] [bei jemandem] gut/schlecht ankommen ⑤ **go down with flu** Grippe bekommen ⑥ **go down in history** in die Geschichte eingehen
◆go for ① **I'm going for an ice-cream** ich gehe mir ein Eis holen ② **go for a drive/walk** ausfahren/einen Spaziergang machen ③ **that goes for you too** das gilt auch für dich ④ **go for someone** (*umgangsspr*) auf jemanden losgehen ⑤ (*Sport*) **go for gold** nach Gold streben
◆go in hineingehen
◆go in for ① sich interessieren für, Spaß haben an ② teilnehmen an *Prüfung*
◆go into ① untersuchen; sich befassen mit *Fach, Thema* ② **I won't go into detail now** ich werde jetzt keine Einzelheiten nennen ③ **go into politics** in die Politik gehen ④ **go into hospital** ins Krankenhaus gehen ⑤ **go into a tree** gegen einen Baum fahren
◆go off ① weggehen; **he just went off without saying goodbye** er ging einfach, ohne sich zu verabschieden ② *Gewehr:* losgehen; *Bombe:* explodieren ③ **go off to sleep** einschlafen ④ *Lebensmittel:* schlecht werden ⑤ **go off well/badly** auf Zustimmung/Ablehnung stoßen ⑥ (*umgangsspr*) **go off one's head** den Verstand verlieren
◆go on ① weitermachen, fortfahren (**with** mit); **go on talking** weiterreden; **he went on and on about it** er hat unentwegt davon geredet; **this can't go on any longer** das kann nicht mehr so weitergehen ② **what's going on here?** was geht hier vor?, was ist hier los? ③ **go on at someone** auf jemandem herumhacken ④ **go on to do** als Nächstes tun; **she went on to become ...** sie wurde schließlich noch ...; **he went on to say that ...** weiterhin sagte er, dass ... ⑤ **go on to the next item** zum nächsten Punkt übergehen ⑥ **be going on** [**for**] **fifty** auf die Fünfzig zugehen ⑦ **go on, tell me what happened** komm schon, erzähl mir, was passiert ist
◆go out ① hinausgehen; **he went out to get some milk** er ist hinausgegangen, um Milch zu holen ② (*zum Vergnügen*) ausgehen; **are you going out on Saturday night?** gehst du Samstagabend weg? ③ *Feuer, Licht:* ausgehen ④ *Flut:* zurückgehen, ablaufen ⑤ **go out of fashion** aus der Mode kommen ⑥ **go out of one's way to do something** sich große Mühe geben, etwas zu tun ⑦ **go out to work** arbeiten gehen ⑧ **go out with someone** mit jemandem gehen; **are you going out with anyone?** hast du einen festen Freund/eine feste Freundin?
◆go over ① hinübergehen (**to** zu) ② (*wechseln*) übergehen (**to** zu) ③ **could you go over my homework please?** könntest du bitte meine Hausaufgaben durchsehen?; **go over the figures** nachrechnen ④ **let's go over that again** lasst uns das noch einmal durchgehen
◆go through ① durchgehen; durchsehen

Post, Text ② durchsuchen *Koffer* ③ *Straße:* durchführen ④ *Gesuch, Gesetz:* durchgehen, angenommen werden ⑤ durchmachen *schwierige Situation, Scheidung* ⑥ **go through with something** etwas zu Ende führen [*oder* vollenden]

◆ **go together** ① zusammenpassen; **pink and orange don't go very well together** rosa und orange passen nicht so gut zusammen ② (USA) (*umgangsspr*) *Liebespaar:* miteinander gehen

◆ **go under** ① *Schiff:* untergehen, sinken; **go under water** unter Wasser tauchen ② (*übertragen*) *Geschäft:* zugrunde gehen, eingehen

◆ **go up** ① hinaufgehen *Treppe;* hinaufsteigen *Leiter* ② *Preis:* steigen ③ **go up in flames/in smoke** in Flammen/in Rauch aufgehen ④ **go up to someone** auf jemanden zugehen

◆ **go with** ① (USA) (*als Freund[in]*) gehen mit ② **that top goes well with your trousers** das Oberteil passt gut zu deiner Hose ③ **long hours go with the job** in diesem Job sind Überstunden erforderlich

◆ **go without** ① **go without food** nichts essen; **go without sleep** ohne Schlaf auskommen; **I'll have to go without it** darauf werde ich verzichten müssen ② **that goes without saying** das versteht sich von selbst

go-ahead[1] ['gəʊəhed] **give someone the go-ahead** jemandem grünes Licht geben

go-ahead[2] ['gəʊəhed] ① unternehmungslustig ② fortschrittlich

goal [gəʊl] ① Tor; **score a goal** ein Tor schießen; **win by three goals to one** 3 : 1 gewinnen; **keep** [*oder* **play in**] **goal** Torwart sein; **goal area** Torraum ② (*übertragen*) Ziel **goalie** ['gəʊlɪ] (*umgangsspr*), **goal·keeper** Torwart(in), Torhüter(in) **goal kick** Abstoß **goal line** Torlinie **goalpost** Torpfosten

goat [gəʊt] Ziege

go-be·tween ['gəʊbɪtwiːn] Vermittler(in)

god [gɒd] Gott; **God willing** so Gott will; **God forbid** Gott bewahre; **God knows who** weiß der Himmel, wer; **for God's sake!** (*erbost*) mein Gott!; **thank God!** Gott sei Dank! **god·child** ['gɒdtʃaɪld] <*plural* godchildren> Patenkind **god·daughter** ['gɒdˌdɔːtəʳ] Patentochter **god·dess** ['gɒdɪs] Göttin **god·father** ['gɒdˌfɑːðəʳ] Pate **god·mother** ['gɒdˌmʌðəʳ] Patin **god·parent** ['gɒdˌpeərənt] Pate, Patin **god·son** ['gɒdsʌn] Patensohn **goes** [gəʊz] *3. Person singular Präsens von* **go**

goggle ['gɒgl] glotzen, starren; **goggle at someone** jemanden anglotzen **goggle-box** (*slang*) Glotze **goggles** ['gɒglz] Schutzbrille; (*zum Schwimmen*) Schwimm-/Taucherbrille

go·ing ['gəʊɪŋ] ① *Maschine:* in Gang, funktionierend; **set something going** etwas in Gang bringen ② vorhanden, erhältlich; **these seats were the best ones going** diese Plätze sind die besten, die noch übrig waren; **I'll take any job going** ich nehme jede Arbeit an ③ *Preis:* gängig; *Satz:* üblich ④ gut gehend; *Unternehmen:* gesund ⑤ **get going** (*umgangsspr*) in Gang kommen ⑥ **going! going! gone!** zum Ersten! zum Zweiten! zum Dritten! **go·ings-on** [ˌgəʊɪŋz'ɒn] *plural* **such goings-on** derartige Betätigungen [*oder* Zustände]

go-kart ['gəʊkɑːt] Go-Kart

gold[1] [gəʊld] Gold ▶ IN WENDUNGEN: **be as good as gold** ganz brav sein

gold[2] [gəʊld] golden, Gold- **gold coin** Goldmünze **golden** ['gəʊldən] ① golden; **golden wedding** goldene Hochzeit ② (*übertragen*) *Gelegenheit:* einmalig **gold·fish** ['gəʊldfɪʃ] Goldfisch **gold medal** Goldmedaille **gold mine** ['gəʊldmaɪn] Goldgrube

golf [gɒlf] Golf **golf ball** Golfball **golf club** ① Golfschläger ② (*Verein*) Golfklub **golf course** Golfplatz **golfer** ['gɒlfəʳ] Golfspieler(in), Golfer(in)

gone[1] [gɒn] *3. Form von* **go**

gone[2] [gɒn] ① **it's [just] gone six o'clock** es ist [gerade] sechs Uhr durch ② **be gone on someone** (*slang*) in jemanden verknallt sein ③ **all gone** alle, alles leer; **the milk is all gone** die Milch ist alle

good[1] [gʊd] <better, best> ① gut; **have good looks** gut aussehen; **have a good time** sich gut unterhalten; **good morning/evening!** guten Morgen/Abend!; **good to see you** schön, dich zu sehen; **good for you!** gut so! bravo!; **that's a good one!** das ist ein guter Witz; wer's glaubt, wird selig!; **no good** nichts wert, unbrauchbar ② *Angebot, Gelegenheit:* günstig ③ *Arbeiter:* tüchtig ④ begabt; **be good at figures** gut im Rechnen sein ⑤ (*wohlerzogen*) artig, brav ⑥ freundlich; **would you be so good as to**

G g

[*oder* **be good enough to**] **give me a hand?** würden Sie so freundlich sein und mir helfen?; **that's good of you** das ist lieb [*oder* nett] von dir ⑦ erfreulich; **it is good to hear that …** es ist erfreulich zu hören, dass …; **it would be good if …** es wäre erfreulich, wenn … ⑧ gültig; **this ticket is good for one year** diese Fahrkarte ist ein Jahr gültig ⑨ **a good deal** ziemlich viel, eine Menge; **a good many** ziemlich viele, eine Menge; **a good half** gut die Hälfte; **a good hour** eine gute Stunde ⑩ **all in good time** alles zu seiner Zeit ⑪ **as good as** so gut wie; **as good/well as could be expected** so gut wie zu erwarten war; **as good as gold** sehr brav; **he as good as accused me of lying** er hat mich praktisch als Lügner bezeichnet ⑫ **for good** für immer, endgültig ⑬ **good and …** (*umgangsspr*) richtig, recht, [voll und] ganz ⑭ **make good** (*nachholen*) wieder gutmachen; **make good the damage** für den Schaden aufkommen ⑮ **what good is it?** hat es Sinn [*oder* Zweck]? ⑯ **too much of a good thing** zu viel des Guten ⑰ **good fortune** Glück ⑱ **good nature** Gutmütigkeit ⑲ **feel good** sich wohl fühlen ⑳ **that's not good enough** so geht das nicht

good² [gʊd] ① [das] Gute; **good and evil** Gut und Böse ② Wohl; **the common good** das allgemeine Wohl; **for your own good** zu deinem Besten ③ Nutzen; **what's the good of …?** was nützt …?

good·by [ˌgʊd'baɪ] USA, **good·bye** [ˌgʊd'baɪ] ① auf Wiedersehen, Lebewohl; **say goodbye to someone** jemandem auf Wiedersehen sagen; **say one's goodbyes** sich verabschieden ② **Goodbye!** auf Wiedersehen!; (*am Telefon*) auf Wiederhören! **Good Friday** Karfreitag **good-look·ing** [ˌgʊd'lʊkɪŋ] gut aussehend **good-na·tured** [ˌgʊd'neɪtʃəd] gutmütig **good·ness** ['gʊdnɪs] ① Güte ② *von Nahrungsmitteln:* Nährwert ③ **goodness gracious!, goodness me!** [ach] du meine Güte!; **for goodness' sake!** um Himmels willen!

goods [gʊdz] *plural* Güter, Waren; **goods train** Güterzug

goody ['gʊdɪ] (*umgangsspr*) ① (*Held[in]*) Gute(r) ② **goodies** Süßigkeiten, Leckereien

goose [gu:s] <*plural* geese> Gans **goose·berry** ['gʊzbərɪ] Stachelbeere **goose-pimples** *plural* Gänsehaut

gorge [gɔ:dʒ] Schlucht, Klamm

gorg·eous ['gɔ:dʒəs] ① prächtig, prachtvoll ② (*umgangsspr*) sagenhaft, großartig

gor·illa [gə'rɪlə] Gorilla

gory ['gɔ:rɪ] blutig, blutrünstig

gos·pel ['gɒspl] ① Evangelium; **the Gospel according to St Luke** das Evangelium nach Lukas; **St Luke's Gospel** das Lukasevangelium ② (*Musik*) Gospel

gos·sip¹ ['gɒsɪp] ① (*Wörter*) Klatsch ② (*Person*) Klatschbase

gos·sip² ['gɒsɪp] klatschen, tratschen **gossip column** Klatschspalte

got [gɒt] *2. und 3. Form von* **get**

gotten ['gɒtən] USA *3. Form von* **get**

gov·ern ['gʌvn] ① regieren *Land, Volk* ② verwalten; leiten *Kolonie, Provinz* ③ *Vorschriften:* bestimmen ④ **be governed by** sich leiten lassen von, geregelt werden durch

gov·ern·ment ['gʌvənmənt] ① Regierung ② (*System*) Regierungsform **government spokesman** Regierungssprecher(in)

GP [dʒi:'pi:] *Abkürzung von* **General Practitioner** Arzt/Ärztin für Allgemeinmedizin

grab¹ [græb] ① **grab someone/something** jemanden/etwas packen, sich jemanden/etwas schnappen ② **grab at something** nach etwas greifen

grab² [græb] **make a grab at something** nach etwas greifen

grace [greɪs] ① **do something with good/bad grace** etwas anstandslos/widerwillig tun ② **say grace** das Tischgebet sprechen ▸ IN WENDUNGEN: **give someone a day's grace** jemandem einen Tag Aufschub gewähren

gra·cious ['greɪʃəs] [**good**] **gracious!, gracious me!** ach du liebe Güte!

grade¹ [greɪd] ① (*in der Schule*) Note, Zensur ② USA [Schul]Klasse ③ **grade school** USA Grundschule ④ (*Niveau*) Stufe ⑤ (*Rang*) Grad ⑥ *von Waren:* [Güte]Klasse, Qualität ⑦ **grade crossing** USA schienengleicher Bahnübergang

i Land & Leute Das übliche Notensystem der USA, das **grading system**, verwendet die Buchstaben: A, B, C, D, E und F, wobei das E oft fehlt. A ist die beste Note und F

(= **Fail**) bedeutet durchgefallen. Großbritannien verwendet die Buchstaben A bis E; hier bedeutet ein E durchgefallen. Die Buchstaben können auch mit einem Plus oder Minus versehen werden. Wer eine A+ erhält, hat wirklich eine Superleistung erbracht.

grade² [greɪd] ① Ⓤⓢⓐ (*in der Schule*) zensieren ② einstufen ③ (*nach Größe, Qualität*) sortieren

grad·ual ['grædʒʊəl] ① allmählich ② *Steigung:* sanft

grad·ual·ly ['grædʒʊlɪ] allmählich

grad·uate¹ ['grædʒʊət] ① Universitätsabsolvent(in) ② Ⓤⓢⓐ Schulabsolvent(in)

grad·uate² ['grædʒʊeɪt] ① einen Hochschulabschluss machen; **he graduated in 1998** er hat 1998 das Examen gemacht; **she graduated from Bristol** sie hat Ihren Hochschulabschluss an der Universität Bristol gemacht ② Ⓤⓢⓐ die [Schul]Abschlussprüfung bestehen **gradu·ation** [ˌgrædʒʊ'eɪʃn] ① Universitätsabschluss, Lehrgangsabschluss; Ⓤⓢⓐ Schulabschluss ② **I'm going to India after graduation** nach meinem Examen gehe ich nach Indien ③ **graduation day** *Tag, an dem das Hochschulabschlusszeugnis feierlich überreicht wird*

grain [greɪn] ① (*allgemein*) Getreide, Korn ② (*im Holz*) Maserung ▸ IN WENDUNGEN: **not a grain of truth** kein Körnchen Wahrheit

gram [græm] Gramm

gram·mar ['græməʳ] Grammatik; **his grammar is awful** er ist in Grammatik ganz schlecht **grammar school** Gymnasium

gramme Ⓖⓑ Gramm

gran [græn] (*umgangsspr*) Oma

gran·ary loaf ['grænərɪ ləʊf] Mehrkornbrot

grand¹ [grænd] ① groß; *Person:* bedeutend ② prächtig; *Gebäude, Zeremonie:* prachtvoll ③ (*umgangsspr*) großartig, fantastisch

grand² [grænd] ① (*grand piano*) Flügel ② (*slang*) tausend Dollar, tausend Pfund

grand·child ['grænt∫aɪld] <*plural* grandchildren> Enkelkind **grand·dad**, **gran·dad** ['grændæd] Opa **grand·daughter** ['grænˌdɔːtəʳ] Enkelin **grand·father** ['grændˌfɑːðəʳ] Großvater **grand·father clock** Standuhr **grand·ma** ['grænmɑː] Oma **grand·mother** ['grænˌmʌðəʳ] Großmutter **grand·pa** ['grænpɑː] Opa **grand·parents** ['grænˌpeərənts] *plural* Großeltern **grand piano** Flügel **grand·son** ['grænsʌn] Enkel **grand·stand** Haupttribüne

granny ['grænɪ] (*umgangsspr*) Oma

grant¹ [grɑːnt] ① gewähren; erfüllen *Wunsch, Bitte* ② erteilen *Erlaubnis* ③ **take something for granted** etwas als selbstverständlich voraussetzen

grant² [grɑːnt] Stipendium; **grant-aided** gefördert, subventioniert

granu·lated ['grænjʊleɪtɪd] **granulated sugar** Kristallzucker

grape [greɪp] Weintraube; **a bunch of grapes** eine Traube **grape·fruit** ['greɪpfruːt] Grapefruit, Pampelmuse **grape juice** Traubensaft **grapevine** Weinstock, Weinrebe ▸ IN WENDUNGEN: **I heard it on the grapevine** es ist mir zu Ohren gekommen

graph [grɑːf] grafische Darstellung, Graph; **graph paper** Millimeterpapier **graphic** ['græfɪk] ① grafisch; **graphic art**[**s**] Grafik ② *Darstellung:* anschaulich **graphics card** Grafikkarte

grasp¹ [grɑːsp] ① [er]greifen, fassen, packen; **grasp at something** nach etwas greifen ② (*übertragen*) begreifen, verstehen

grasp² [grɑːsp] ① Griff ② (*übertragen*) Verständnis; **have a good grasp of something** etwas sehr gut beherrschen ③ **within someone's grasp** in jemandes Gewalt, greifbar nahe

grass [grɑːs] ① Gras ② Rasen; **keep off the grass!** Betreten des Rasens verboten! ③ (*slang*) Spitzel ④ (*slang: Marihuana*) Gras **grass·hop·per** ['grɑːshɒpəʳ] Heuschrecke **grass snake** Ringelnatter

grate¹ [greɪt] ① reiben *Käse* ② raspeln *Gemüse* ③ **grate one's teeth** mit den Zähnen knirschen ④ *Tür:* knirschen

grate² [greɪt] [Feuer]Rost

grate·ful ['greɪtfl] dankbar

grati·tude ['grætɪtjuːd] Dankbarkeit (**to** gegenüber); **in gratitude for** aus Dankbarkeit für

gra·tu·ity [grə'tjuːətɪ] Trinkgeld; **no gratuities!** kein Trinkgeld!

grave¹ [greɪv] ernst[haft]

grave² [greɪv] Grab

gravel ['grævl] Kies **gravel pit** Kiesgrube

grave·stone ['greɪvstəʊn] Grabstein **grave·yard** ['greɪvjɑːd] Friedhof

grav·ity ['grævətɪ] ❶ *von Situation:* Ernst ❷ Gravitation, Schwerkraft; **specific gravity** spezifisches Gewicht

gravy ['greɪvɪ] [Braten]Soße **gravy boat** Soßenschüssel

gray (USA) grau

graze[1] [greɪz] *Kuh:* grasen, weiden

graze[2] [greɪz] ❶ [auf]schürfen *Knie usw.* ❷ *Auto:* streifen

graze[3] [greɪz] Schramme, Schürfwunde

grease [gri:s] [Schmier]Fett **grease·proof paper** Butterbrotpapier **greasy** ['gri:sɪ] ❶ *Haar:* fettig; *Essen:* fett ❷ *Maschinerie:* schmierig ❸ *Straße:* glitschig ❹ (*übertragen*) *Person:* schmierig

great [greɪt] ❶ groß ❷ *Leistung:* hervorragend ❸ *Freund:* sehr gut ❹ (*umgangsspr*) **be great at something** [ganz] groß in etwas sein ❺ (*umgangsspr*) großartig, prima, spitze ❻ **a great deal** eine [ganze] Menge, viel; **a great many** sehr viele

great-aunt Großtante

Great Britain Großbritannien

> **i Land & Leute** **Great Britain** besteht aus dem Königreich England, dem Königreich Schottland und dem Fürstentum Wales. Zusammen mit Nordirland bilden diese Länder das **United Kingdom** (= Vereinigte Königreich). Der geografische Begriff **British Isles** (= Britische Inseln) bezieht sich auf das Vereinigte Königreich mit zahlreichen Inseln (wie z. B. die Hebriden, die Orkneyinseln, die Shetlandinseln, die Insel Man, die Scilly Inseln, die Kanalinseln) und Irland (Eire). König Edward I von England annektierte 1282 Wales und gab es 1301 seinem eigenen Sohn als **Prince of Wales**. König James VI von Schottland erbte 1603 als James I die englische Krone, und 1707 wurden die Parlamente der beiden Königreiche vereint.

Greater Lon·don ['greɪtə 'lʌndən] Groß-London **great-grandchild** <*plural* great-grandchildren> Urenkel(in) **great-grandparents** *plural* Urgroßeltern **great-great-grandparents** *plural* Ururgroßeltern **great·ly** ['greɪtlɪ] sehr; **greatly admired/influenced** stark bewundert/beeinflusst; **greatly improved** bedeutend verbessert **great·ness** ['greɪtnɪs] Größe, Bedeutung **great-uncle** Großonkel

Greece [gri:s] Griechenland

greed [gri:d], **greedi·ness** ['gri:dɪnɪs] Gier (**for** nach) **greedy** ['gri:dɪ] ❶ gierig (**for** nach); **be greedy for something** auf etwas begierig sein, nach etwas gieren ❷ (*beim Essen*) gefräßig

Greek[1] [gri:k] griechisch

Greek[2] [gri:k] ❶ (*Person*) Grieche, Griechin ❷ (*Sprache*) [das] Griechisch(e)

green[1] [gri:n] grün; **he was green with envy** er platzte vor Neid

green[2] [gri:n] ❶ Grün ❷ Grünfläche, Rasen; **village green** Dorfanger, Dorfplatz ❸ **greens** grünes Gemüse **green belt** Grüngürtel **green·grocer** ['gri:nˌgrəʊsəʳ] Obst- und Gemüsehändler(in) **green·house** ['gri:nhaʊs] Gewächshaus, Treibhaus **greenhouse effect** Treibhauseffekt **green issue** Umweltfrage

green pep·per [ˌgri:n'pepəʳ] [grüne] Paprikaschote

greet [gri:t] [be]grüßen; **greet someone with flowers** jemanden mit Blumen empfangen **greet·ing** [gri:tɪŋ] Begrüßung, Gruß; **greeting[s] card** Glückwunschkarte; **birthday greetings** Glückwünsche zum Geburtstag

gre·nade [grɪ'neɪd] [Hand]Granate

grew [gru:] *2. Form von* **grow**

grey[1] [greɪ] ❶ grau ❷ *Person:* grauhaarig; **turn grey** grau werden

grey[2] [greɪ] ❶ Grau ❷ (*Pferd*) Grauschimmel **grey·hound** ['greɪhaʊnd] Windhund

grid [grɪd] ❶ Gitter ❷ (*beim Autorennen*) Start[platz]

grief [gri:f] ❶ Kummer, Leid, Trauer ❷ **come to grief** zu Schaden kommen; *Plan:* scheitern **grieve** [gri:v] trauern (**for** um)

grill[1] [grɪl] ❶ (*Gerät*) Grill ❷ (*Restaurant*) Grillroom; Grillrestaurant

grill[2] [grɪl] ❶ grillen ❷ (*übertragen*) in die Mangel nehmen *Person*

grim [grɪm] ❶ grimmig ❷ *Nachricht:* abschreckend; *Anblick:* abstoßend ❸ *Kampf:* verbissen

grin[1] [grɪn] grinsen; **I had to grin and bear it** ich musste gute Miene zum bösen Spiel machen

grin[2] [grɪn] Grinsen; **wipe that grin off your face!** hör auf zu grinsen!

grind [graɪnd] <ground, ground> ❶ mahlen; **grind something to dust** etwas zu

Staub zermahlen ② **grind one's teeth** mit den Zähnen knirschen

> **? Grammatik** Richtiges Konjugieren von **grind — ground — ground**: *She* ***ground*** *the pepper in a pepper mill; The coffee has been finely* ***ground***.

grind down (*übertragen*) **grind someone down** jemanden zermürben **grind·stone** ['graɪndstəʊn] Schleifstein ▸ IN WENDUNGEN: **keep one's nose to the grindstone** (*übertragen*) schuften; (*für die Schule*) büffeln

grip¹ [grɪp] ① (*am Seil, auf der Straße*) Griff, Halt; **lose one's grip** den Halt verlieren ② *von Reifen:* Griffigkeit ③ Haarklemmchen ④ Reisetasche ⑤ (*übertragen*) Herrschaft (**on** über) ⑥ (*übertragen*) **lose one's grip on the situation** die Situation nicht mehr unter Kontrolle haben; **get to grips with** (*übertragen*) in den Griff bekommen; **get a grip on oneself** (*übertragen*) sich wieder fangen

grip² [grɪp] ① [er]greifen, packen ② fesseln *das Publikum* **grip·ping** ['grɪpɪŋ] spannend; *Buch:* fesselnd

grit¹ [grɪt] (*für Straßen*) Streusand

grit² [grɪt] ① mit Sand [*oder* Kies] bestreuen ② **grit one's teeth** die Zähne zusammenbeißen

groan¹ [grəʊn] stöhnen (**with** vor)

groan² [grəʊn] Stöhnen

grocer ['grəʊsəʳ] Lebensmittelhändler(in) **grocery** ['grəʊsərɪ] ① Lebensmittelgeschäft ② **groceries** Lebensmittel

groggy ['grɒgɪ] ① wack(e)lig auf den Beinen ② (*umgangsspr*) groggy

groin [grɔɪn] Leiste[ngegend]

groom¹ [gruːm] Bräutigam

groom² [gruːm] ① striegeln *Pferd* ② *Menschen:* sich pflegen; **well groomed** gepflegt ③ **groom someone for something** jemanden für etwas vorbereiten

gross [grəʊs] ① dick, fett; *Figur:* feist ② grob, ordinär; *Benehmen:* unanständig ③ schwer; *Fehler:* grob ④ krass; *Angelegenheit:* ungeheuer[lich] ⑤ **gross income** Bruttoverdienst

grot·ty ['grɒtɪ] (*slang*) mies

ground¹ [graʊnd] *2. und 3. Form von* **grind**

ground² [graʊnd] ① Boden; **above/below ground** über/unter der Erde; **work above/below ground** über/unter Tage arbeiten ② **cover a lot of ground** eine große Strecke zurücklegen; (*übertragen*) viel umfassen ③ (*Motiv, Anlass*) Grund (**for** für, zu); **grounds for divorce** Scheidungsgrund; **ground for suspicion** Verdachtsmoment; **on the grounds of** aufgrund, wegen ④ **grounds** Anlagen, Gelände ⑤ **down to the ground** (*umgangsspr*) voll und ganz ⑥ **gain ground** (*übertragen*) um sich greifen, an Boden gewinnen; **lose ground** an Boden verlieren ⑦ **get off the ground** (*übertragen*) einen guten Anfang machen ⑧ **give ground** nachgeben, weichen; **hold** [*oder* **keep**] [*oder* **stand**] **one's ground** seinen Platz behaupten, seinen Mann stehen ⑨ **keep one's feet on the ground** mit den Füßen auf festem Boden bleiben ⑩ **that suits me down to the ground** genau das wollte ich, das passt mir ausgezeichnet

ground³ [graʊnd] ① **be grounded** Stubenarrest haben ② **be well grounded in something** in etwas gute Vorkenntnisse haben

ground floor Erdgeschoss

> **i Land & Leute** In den USA heißt der 2. Februar **Groundhog Day**. An diesem Tag kommt das **groundhog** [Waldmurmeltier] angeblich aus seinem Erdloch, wo es seinen Winterschlaf gehalten hat. Sieht es seinen Schatten, so dauert der Winter nach dem Volksglauben noch sechs Wochen und das groundhog geht wieder in sein Loch. Aber wenn es bewölkt ist und es seinen Schatten nicht sieht, bleibt es draußen, weil der Frühling kommt.

ground·ing ['graʊndɪŋ] Grundkenntnisse; **give someone a grounding in German** jemandem die Grundlagen des Deutschen beibringen **ground·less** ['graʊndlɪs] grundlos, unbegründet **ground·sheet** ['graʊndʃiːt] Zeltboden, Bodenplane **ground staff** Bodenpersonal **ground·work** ['graʊndwɜːk] Vorarbeiten

group [gruːp] ① Gruppe ② Unternehmensgruppe, Konzern **group booking** Gruppenbuchung **group prac·tice** ['gruːpˌpræktɪs] Gemeinschaftspraxis **group ticket** Sammelfahrschein

grow [grəʊ] <grew, grown> ① wachsen; **let one's hair grow** sich die Haare wachsen lassen; **grow a beard** sich einen Bart wachsen lassen ② (*übertragen*) zunehmen *Lärm* ③ werden (**into** zu); **she's growing very thin** sie wird immer dünner ④ züchten *Blumen;* anbauen *Gemüse, Getreide* ⑤ **grow on someone** jemandem ans Herz wachsen

? Grammatik Richtiges Konjugieren von **grow — grew — grown**: *She **grew** roses in her garden; You have **grown** tall since I last saw you.*

◆ **grow away from** sich entfremden von
◆ **grow into** ① heranwachsen zu, werden ② hineinwachsen in *Kleidung*
◆ **grow out of** ① herauswachsen aus *Kleidung* ② verlieren *eine Gewohnheit* ③ (*übertragen*) entstehen aus
◆ **grow up** ① aufwachsen; **I grew up in Scotland** ich bin in Schottland aufgewachsen ② (*übertragen*) erwachsen werden; **grow up!** sei nicht kindisch!
◆ **grow worse** sich verschlimmern

growl[1] [graʊl] Knurren
growl[2] [graʊl] knurren; **growl at someone** jemanden anknurren
grown[1] [grəʊn] *3. Form von* **grow**
grown[2] [grəʊn] **fully grown** ausgewachsen
grown-up[1] ['grəʊnʌp] erwachsen
grown-up[2] ['grəʊnʌp] Erwachsene(r)
growth [grəʊθ] ① Wachstum ② (*übertragen*) Zunahme, Zuwachs (**in** an) ③ (*am Körper*) Geschwulst, Gewächs
grudge[1] [grʌdʒ] ① missgönnen; **I don't grudge you that** das gönne ich dir wirklich ② **grudge doing something** etwas ungern [*oder* widerwillig] tun ③ **I grudge the time** es ist mir Leid um die Zeit
grudge[2] [grʌdʒ] Groll; **have a grudge against someone** einen Groll auf jemanden haben; **bear someone a grudge** jemandem etwas nachtragen
grudg·ing·ly ['grʌdʒɪŋlɪ] [nur] ungern, [nur] widerwillig
grumble[1] ['grʌmbl] murren (**at, about, over** über)
grumble[2] ['grʌmbl] Murren
grumpy ['grʌmpɪ] mürrisch
grunt [grʌnt] ① *Schwein:* grunzen ② *Mensch:* ächzen ③ **grunt something** (*undeutlich äußern*) etwas grunzen
guar·an·tee[1] [ˌgærən'tiː] Garantie, Bürgschaft, Gewähr[leistung]
guar·an·tee[2] [ˌgærən'tiː] garantieren, gewährleisten, bürgen für, Garantie [*oder* Bürgschaft] leisten für; **he cannot guarantee that** dafür kann er nicht garantieren
guard[1] [gɑːd] ① Wache; **stand** [*oder* **keep**] **guard** Wache stehen ② Wachsamkeit; **be on/off one's guard** auf/nicht auf der Hut sein ③ (*Gruppe*) Wache, Wachmannschaft; (*einzelne Person*) Wachmann, Posten ④ [Gefangenen]Wärter(in) ⑤ Schaffner(in); (USA) Bahnwärter(in)
guard[2] [gɑːd] ① bewachen ② behüten, beschützen (**from, against** vor)
◆ **guard against** ① sich in Acht nehmen vor, sich hüten vor *Gefahr* ② vorbeugen *Krankheit, Missverständnis* ③ verhüten *Unfall*
guard dog Wachhund
guard·ian ['gɑːdɪən] ① Hüter(in), Wächter(in) ② *eines Minderjährigen:* Vormund
guer·(r)illa [gə'rɪlə] Guerilla, Guerillakämpfer(in)
guess[1] [ges] ① raten; (*richtig*) erraten ② schätzen, vermuten, ahnen; **I guess it's about four o'clock** ich schätze, es ist ungefähr vier Uhr ③ (*umgangsspr*) annehmen, glauben; **are you coming? — I guess so** kommst du mit? — ich denke schon
guess[2] [ges] ① Schätzung ② **at a guess** aufs Geratewohl, schätzungsweise ③ **make a guess at something** etwas raten; **have a guess!** rate mal!; **I'll give you three guesses** dreimal darfst du raten ④ **your guess is as good as mine** ich weiß so wenig wie Sie **guess·work** Vermutung
guest [gest] ① Gast ② **be my guest!** bitte sehr! **guesthouse** [Privat]Pension, Gästehaus **guest room** Gästezimmer, Fremdenzimmer
guid·ance ['gaɪdns] ① (*Anleitung*) Führung, Leitung; **under someone's guidance** unter jemandes Leitung ② (*Rat*) Beratung; **spiritual guidance** geistiger Rat; **vocational guidance** Berufsberatung; **pray for guidance** um Erleuchtung beten
guide[1] [gaɪd] ① (*Person*) [Fremden]Führer(in) ② (*Buch*) [Reise]Führer ③ Handbuch (**to** über), Einführung (**to** in) ④ (*Hinweis*) Anhaltspunkt (**to** für) ⑤ (GB) Pfadfinderin
guide[2] [gaɪd] ① führen *Menschen* ② leiten, lenken *Diskussion*

guided [ˈgaɪdɪd] ① **guided tour** Führung ② **guided missile** ferngelenktes Geschoss **guide dog** Blindenhund **guideline** Richtlinie

guild [gɪld] Gilde, Zunft, Innung

guillo·tine [ˈgɪlətiːn] Fallbeil, Guillotine

guilt [gɪlt] Schuld; **admit one's guilt** sich schuldig bekennen

guilty [ˈgɪltɪ] schuldig; *Blick:* schuldbewusst; **feel guilty** ein schlechtes Gewissen haben; **plead guilty** sich schuldig bekennen **guilty conscience** schlechtes Gewissen

guinea-pig [ˈgɪnɪ-pɪg] ① Meerschweinchen ② (*übertragen*) Versuchskaninchen

guitar [gɪˈtɑːʳ] Gitarre **guitar·ist** [gɪˈtɑːrɪst] Gitarrist(in)

gulf [gʌlf] ① Meerbusen, Golf; **the Golf Stream** der Golfstrom; **the Persian Golf** der Persische Golf; **the Golf War** der Golfkrieg ② Kluft

gull [gʌl] Möwe

gull·ible [ˈgʌləbl] leichtgläubig

gulp[1] [gʌlp] ① hinunterschlingen *Essen* ② hinunterstürzen *Getränk* ③ **gulp back tears** Tränen hinunterschlucken ④ (*voller Überraschung*) schlucken

gulp[2] [gʌlp] [großer] Schluck

gum[1] [gʌm] *meist plural* Zahnfleisch

gum[2] [gʌm] (USA) Kaugummi

gun [gʌn] ① Schusswaffe, Pistole; **carry a gun** bewaffnet sein; **draw** [*oder* **pull**] **a gun on someone** jemanden mit der Waffe bedrohen ② Geschütz, Kanone ③ (*Sport*) Startpistole; **jump the gun** einen Frühstart machen; (*übertragen*) voreilig sein ▸ IN WENDUNGEN: **stick to one's guns** durchhalten, bei der Stange bleiben

gun down erschießen, niederschießen

gunfight Schießerei **gun·fire** Schüsse **gun·man** [ˈgʌnmən] <*plural* gunmen> Bewaffnete(r) **gun·powder** [ˈgʌnˌpaʊdəʳ] Schießpulver **gun·shot** [ˈgʌnʃɒt] ① Schuss; **gunshot wound** Schusswunde ② **within/out of gunshot** in/außer Schussweite

gurgle [ˈgɜːgl] ① *Baby:* glucksen ② *Wasser:* plätschern

gush [gʌʃ] ① herausschießen, strömen (**from** aus) ② (*übertragen: überschwänglich reden*) schwärmen (**over** von)

gust [gʌst] Windstoß, Bö

gusty [ˈgʌstɪ] böig, stürmisch

gut [gʌt] ① Darm ② **guts** (*umgangsspr*) Eingeweide ③ **hate someone's guts** (*umgangsspr*) jemanden nicht ausstehen können; **work one's guts out** (*umgangsspr*) wie verrückt schuften; **gut reaction** gefühlsmäßige Reaktion ④ **have guts** (*umgangsspr*) Mumm [*oder* Mut] haben

gut·ter [ˈgʌtəʳ] ① Dachrinne ② Rinnstein, Gosse **gutter press** Skandalpresse

guy [gaɪ] ① (*umgangsspr*) Kerl, Typ ② (GB) Guy-Fawkes-Puppe

> **i Land & Leute** **Guy Fawkes** gehörte der katholischen Verschwörung von 1605 an, die als der **Gunpowder Plot** [Schießpulver-Komplott] bekannt wurde. Sie versuchte, das englische **Houses of Parliament** [Parlamentsgebäude] zusammen mit König James I und allen seinen Ministern in die Luft zu sprengen. Guy Fawkes wurde geschnappt, als er am 5. November im Keller Sprengstoff auslegte. Er wurde daraufhin gefoltert, vor Gericht gestellt und dann gehängt. Dieses Ereignis wird immer noch am 5. November mit **bonfire parties** gefeiert, bei denen eine Stoffpuppe, die man als einen **guy** bezeichnet, auf einem Scheiterhaufen verbrannt wird. Außerdem gibt es noch ein großes Feuerwerk.

gym [dʒɪm] (*umgangsspr*) ① (*in der Schule*) Turnhalle; (*im Hotel*) Fitnessraum ② (*Club*) Fitnessstudio ③ (*Schulfach*) Turnen, Turnstunde; **gym shoes** Turnschuhe

gym·nasia [dʒɪmˈneɪzɪə] *Pluralform von* **gymnasium**

gym·nasium [dʒɪmˈneɪzɪəm] <*Plural* gymnasiums *oder* gymnasia> Turnhalle **gym·nast** [ˈdʒɪmnæst] Turner(in) **gym·nas·tics** [dʒɪmˈnæstɪks] ⚠ *mit Singular* ① Turnen ② (*Leibesübungen*) Gymnastik

gypsy [ˈdʒɪpsɪ] Zigeuner(in)

H h

H, h [eɪtʃ] <*plural* H's, h's> H, h

habit [ˈhæbɪt] Angewohnheit; **from** [*oder* **out of**] **habit** aus Gewohnheit; **be in the**

habit of doing something die Angewohnheit haben, etwas zu tun; **get into/out of the habit of doing something** sich etwas angewöhnen/abgewöhnen

hack[1] [hæk] ❶ zerhacken; **hack to pieces** in Stücke hacken ❷ (*Computer*) hacken

hack[2] [hæk] (*abwertend*) Schreiberling

hacker [-əʳ] (*Computer*) Hacker(in)

had [həd, *betont* hæd] *2. und 3. Form von* **have**

> **? Grammatik** Die verneinte Form von **had** ist **had not** oder kurz **hadn't**: You **hadn't told** him, **had** you?

had·dock ['hædək] <*plural* haddock> Schellfisch

hadn't ['hædnt] *Kurzform von* **had not**

hae·mo·phil·iac [ˌhiːməʊ'fɪlɪæk] Bluter(in) **hae·mor·rhage**[1] ['hemərɪdʒ] [schwere] Blutung, Blutsturz **hae·mor·rhage**[2] ['hemərɪdʒ] stark bluten **hae·mor·rhoids** ['hemərɔɪdz] *plural* Hämorrhoiden

haggle ['hægl] feilschen (**about, over** um)

hail[1] [heɪl] Hagel

hail[2] [heɪl] ❶ hageln ❷ **hail someone** jemandem zurufen; **hail a taxi** ein Taxi rufen

hair [heəʳ] ❶ Haar ❷ [die] Haare; **do one's hair** sich frisieren; **have one's hair cut** sich die Haare schneiden lassen ❸ (*am Körper*) Behaarung ▸ IN WENDUNGEN: **by a hair's breadth** um Haaresbreite; **let one's hair down** aus sich herausgehen; **split hairs** Haarspalterei treiben; **his hair stood on end** die Haare standen ihm zu Berge **hair·brush** ['heəbrʌʃ] Haarbürste **hair conditioner** Pflegespülung **hair curler** Lockenwickler **hair·cut** ['heəkʌt] Haarschnitt; **have a haircut** sich die Haare schneiden lassen **hair·do** ['heəduː] <*plural* hairdos> Frisur **hair·dresser** ['heəˌdresəʳ] Friseur, Friseurin, Friseuse **hair·dressing salon** Frisiersalon **hair-dryer** ['heədraɪəʳ] Föhn **hair·grip** Haarklammer **hairline crack** Haarriss **hair·net** ['heənet] Haarnetz **hair·piece** ['heəpiːs] Haarteil, Toupet **hair·pin** ['heəpɪn] Haarnadel **hairpin bend** Haarnadelkurve **hair-rais·ing** ['heəreɪzɪŋ] haarsträubend **hair re·mover** ['heərɪˌmuːvəʳ] Haarentfernungsmittel **hair re·storer** ['heərɪˌstɔːrəʳ] Haarwuchsmittel **hair roller** Lockenwickler **hair slide** Haarspange **hair-split·ting** ['heəsplɪtɪŋ] Haarspalterei, Wortklauberei **hair·spray** ['heəspreɪ] Haarspray **hair·style** ['heəstaɪl] Frisur **hairy** ['heərɪ] ❶ behaart, haarig ❷ (*übertragen*) haarsträubend; *Situation:* haarig

half[1] [hɑːf, *plural* 'hɑːvz] <*plural* halves> ❶ Hälfte; **cut in half, cut in[to] halves** halbieren ❷ **go halves with someone in** [*oder* **on**] **something** bei etwas halbe-halbe mit jemandem machen ❸ (*Sport*) Halbzeit

half[2] [hɑːf] ❶ halb; **half an hour** eine halbe Stunde; **at** [*oder* **for**] **half the price** zum halben Preis ❷ zur Hälfte; **it's half finished/full** es ist zur Hälfte fertig/voll; **half as long/much** halb so lang/viel ❸ **half past three** halb vier ❹ fast; **half finished** fast fertig; **half asleep** halb im Schlaf ▸ IN WENDUNGEN: **too good by half** viel zu gut **half-brother** Halbbruder **half-empty** halb leer **half fare** halber Fahrpreis **half-full** halb voll **half-hearted** [ˌhɑːf'hɑːtɪd] halbherzig; *Darstellung:* ohne Schwung **half-price** halber Preis; **at half-price** zum halben Preis **half-sister** Halbschwester **half-time** [ˌhɑːf'taɪm] (*Sport*) Halbzeit; **at half-time** bei Halbzeit **half·way** ❶ auf halbem Weg; **halfway between London and Manchester** auf halbem Wege zwischen London und Manchester ❷ **halfway point** Mitte; **we're well over the halfway mark** wir haben gut die Hälfte geschafft ❸ **be halfway through a book** die Hälfte eines Buchs gelesen haben ❹ **meet someone halfway** (*übertragen*) jemandem [auf halbem Wege] entgegenkommen

hall [hɔːl] ❶ (*großer Raum*) Halle, Saal ❷ (*Eingangshalle*) Diele, Flur ❸ **hall** [**of residence**] [Studenten]Wohnheim ❹ (*Gutshaus*) Herrensitz

Hal·low·e'en [ˌhæləʊ'iːn] Halloween

> **i Land & Leute** **Hallowe'en** ist am 31. Oktober, dem Tag vor **All Saints' Day** oder **All Hallows** [Allerheiligen] und wird seit alters her mit Geistern und Hexen in Verbindung gebracht. In Schottland und Irland basteln Kinder **turnip lanterns** [Rübenlaternen] [in England Kürbislaternen] und gehen **guising** [d. h. sie verkleiden sich mit **disguises** und gehen von Haus zu Haus und erhalten für ihr Singen oder Aufsagen von Gedich-

ten Geld]. In England und den USA verkleiden sich Kinder an diesem Abend und gehen mit einem Sack in der Hand von Tür zu Tür. Wenn die Bewohner ihre Haustür aufmachen, rufen die Kinder '**Trick or treat!**': man soll ihnen einen **treat** [Süßigkeit] geben oder man bekommt einen **trick** [Streich] gespielt. Heutzutage sind die Streiche nicht mehr üblich, denn die Kinder gehen nur noch zu den Häusern, bei denen die Außenbeleuchtung als Willkommensgruß eingeschaltet ist.

halo ['heɪləʊ] <*plural* halo(e)s> Heiligenschein

halt [hɔːlt] **call a halt to something** einer Sache ein Ende machen; **come to a halt** anhalten, stehen bleiben; *Fahrzeug auch:* zum Stillstand kommen; **halt sign** Stoppschild

halve [hɑːv] ① halbieren ② (*zeitlich*) um die Hälfte verkürzen ③ **halve something with someone** etwas mit jemandem teilen

ham [hæm] Schinken; **ham and eggs** Schinken mit [Spiegel]Ei

ham·burger ['hæmbɜːgəʳ] flache Frikadelle; (*in Brötchen*) Hamburger

ham·mer¹ ['hæməʳ] ① Hammer ② **throwing the hammer** (*Sport*) Hammerwerfen

ham·mer² ['hæməʳ] ① hämmern [auf], schlagen; **hammer at the door** gegen die Tür hämmern ② (*übertragen*) **hammer something into someone['s head]** jemandem etwas einhämmern [*oder* einbleuen] ③ (*übertragen*) besiegen, schlagen; **we were hammered 6–0** wir wurden [mit] 6–0 abgefertigt

◆ **hammer in** ① einschlagen *Nagel* ② (*übertragen: nachdrücklich sagen*) einhämmern; **alright, you don't have to hammer it in!** schon gut, du brauchst es nicht hundertmal zu sagen!

◆ **hammer out** ① ausklopfen *Delle* ② (*übertragen*) ausarbeiten *Vereinbarung*

ham·mock ['hæmək] Hängematte

ham·ster ['hæmstəʳ] Hamster

ham·string ['hæmstrɪŋ] ① *von Mensch:* Kniesehne ② *von Tier:* Achillessehne

hand¹ [hænd] ① Hand; **keep your hands off that!** lass die Finger davon!; **hands off!** Hände weg!; **hands up!** Hände hoch!; **shake someone's hand, shake hands with someone** jemandem die Hand drücken, jemandem die Hand geben ② (*an einer Uhr*) Zeiger ③ Beifall, Applaus; **give someone a big hand** jemandem großen Applaus geben ④ (*beim Kartenspiel*) Blatt; **show one's hand** seine Karten aufdecken ⑤ Arbeiter; (*auf einem Schiff*) Besatzungsmitglied; **all hands** die ganze Mannschaft ⑥ **at hand** zur Hand, greifbar, in Reichweite; (*zeitlich*) in greifbarer Nähe ⑦ **at first/second hand** aus erster/zweiter Hand ⑧ **in hand** (*zu erledigen*) in Bearbeitung; (*unter Kontrolle*) im Griff; **take in hand** in die Hand [*oder* in Angriff] nehmen ⑨ **on hand** in Reichweite; *Waren:* auf Lager, vorrätig ⑩ **on the one hand ..., [but] on the other [hand]** ... einerseits ..., andererseits ...; auf der einen Seite ..., auf der anderen Seite ... ⑪ **get out of hand** außer Kontrolle geraten ⑫ **lend** [*oder* **give**] **someone a hand** jemandem helfen [*oder* behilflich sein]; **give me a hand with this suitcase!** kannst du mir mit dem Koffer helfen? ⑬ (*übertragen*) **change hands** in andere Hände übergehen; **get the upper hand** die Oberhand gewinnen; **have something on one's hands** etwas am Hals haben; **play into someone's hands** jemandem in die Hände spielen; **win hands down** leichtes Spiel haben; **the matter is out of my hands** ich kann in der Sache nichts mehr tun

hand² [hænd] **hand something to someone** jemandem etwas geben [*oder* reichen] [*oder* einhändigen] ▶ IN WENDUNGEN: **you've got to hand it to her** (*umgangsspr*) man muss es ihr lassen

◆ **hand around** herumreichen

◆ **hand back** zurückgeben

◆ **hand down** ① hinunterreichen, hinuntergeben *Gegenstand* ② (*übertragen*) überliefern *Tradition* ③ (*übertragen*) vererben *Erbstück*

◆ **hand in** ① abgeben *Arbeit, Aufsatz* ② einreichen *Gesuch*

◆ **hand on** weitergeben (**to** an)

◆ **hand out** ① austeilen, verteilen *Sache, Arbeit* ② geben *Rat* ③ verhängen *Strafe*

◆ **hand over** ① hergeben *Geld, Waffen* ② (*übertragen*) übergeben *Amt, Macht*

◆ **hand round** herumreichen, austeilen

hand·bag ['hændbæg] Handtasche **hand·**

book ['hændbʊk] ① Handbuch ② *(für Touristen)* Reiseführer **hand·brake** ['hændbreɪk] Handbremse **hand·cuff** ['hændkʌf] **handcuff someone** jemandem Handschellen anlegen **hand·cuffs** ['hændkʌfs] *plural* Handschellen **hand·ful** ['hændfʊl] ① Hand voll; **a handful of peanuts** eine Hand voll Erdnüsse ② **a handful of people** ein paar Leute ③ **the children are a real handful** die Kinder halten einen ganz schön in Trab **hand-grenade** Handgranate

handi·cap¹ ['hændɪkæp] Handikap

handi·cap² ['hændɪkæp] <handicapped, handicapped> ① behindern, benachteiligen ② **mentally/physically handicapped** geistig/körperlich behindert; **handicapped people** Behinderte

hand·ker·chief ['hæŋkətʃɪf] Taschentuch

handle¹ ['hændl] ① [Hand]Griff ② *von Besen, Kamm, Topf:* Stiel ③ *von Korb, Tasse:* Henkel ④ *von Pumpe:* Schwengel ▸ IN WENDUNGEN: **fly off the handle** *(umgangsspr)* aufbrausen, wütend werden

handle² ['hændl] ① anfassen; **glass! handle with care!** Vorsicht, Glas! ② umgehen mit, sich befassen mit *Sache;* behandeln *Menschen;* **how should we handle this problem?** wie sollen wir dieses Problem angehen?; **I don't know how to handle him** ich weiß nicht, wie ich mit ihm umgehen soll ③ erledigen *Geschäft, Korrespondenz* ④ **the car handles well** das Auto fährt sich gut **handle·bars** ['hændlbɑːz] *plural* Lenkstange **handling charge, handling fee** Bearbeitungsgebühr **hand luggage** Handgepäck

hand·made [ˌhænd'meɪd] handgearbeitet **hand-picked** [ˌhænd'pɪkt] handverlesen **hand·rail** ['hændreɪl] Geländer **hand·shake** ['hændʃeɪk] Händedruck

hand·some ['hænsəm] ① *Mensch:* gut aussehend ② ansehnlich; *Preis, Summe:* beträchtlich **hands-on** [ˌhændz'ɒn] praxisorientiert **hand·stand** ['hændstænd] Handstand **hand·writing** ['hændˌraɪtɪŋ] Handschrift **hand·writ·ten** [ˌhænd'rɪtn] handgeschrieben

handy ['hændɪ] ① praktisch, handlich; **come in handy** sich als nützlich erweisen ② **keep something handy** etwas griffbereit halten ③ **the house is handy for the station** das Haus liegt günstig zum Bahnhof

hang¹ [hæŋ] ▸ IN WENDUNGEN: **get the hang of something** *(umgangsspr)* etwas herauskriegen

hang² [hæŋ] <hanged, hanged> hängen, aufhängen; **hang oneself** sich erhängen

hang³ [hæŋ] <hung, hung> ① *Mantel, Bild:* hängen (**from, on** an); **hang your coats on a hanger** hängt eure Jacken auf einen Kleiderbügel ② einhängen *Tür* (**on** in) ③ ankleben *Tapete* ④ **hang one's head** den Kopf hängen lassen ⑤ *Verbrecher:* gehängt werden ▸ IN WENDUNGEN: **hang in there!** halte durch!

> **? Grammatik** Richtiges Konjugieren von **hang — hung — hung**: *Paul* ***hung up*** *his coat; Have you all hung your coats up?*

hang about, hang around ① sich herumtreiben, sich herumdrücken; **they hung around the mall all afternoon** sie hingen den ganzen Nachmittag im Einkaufszentrum herum ② *(umgangsspr)* warten; **hang about!** warte mal!, Moment mal! ▸ IN WENDUNGEN: **he doesn't hang about** *(umgangsspr)* er ist ganz schön schnell

◆ **hang back** zögern, sich zurückhalten

◆ **hang on** ① **hang on to something** sich an etwas festhalten; *(übertragen)* etwas behalten ② durchhalten; **hang on to the finish** bis zum Ziel durchhalten ③ warten; **hang on a minute, I'll see what I can find** warte mal kurz, ich sehe nach, was ich finden kann; **hang on [a minute]!** Moment mal! ④ *(am Telefon)* am Apparat bleiben

◆ **hang out** ① *Zunge:* heraushängen ② aufhängen *Wäsche* ③ *(umgangsspr)* zu finden sein; **he hangs out at the mall** er hängt gerne im Einkaufszentrum rum; **she hangs out with her friends after school** nach der Schule trifft sie sich mit ihren Freunden

◆ **hang up** ① aufhängen ② auflegen *Hörer;* **he hung up on me** er legte einfach auf

hang·er ['hæŋəʳ] Kleiderbügel

hang-glid·ing ['hæŋglaɪdɪŋ] Drachenfliegen **hang·over** ['hæŋˌəʊvəʳ] *(nach Alkoholkonsum)* Kater **hang·up** ['hæŋʌp] *(umgangsspr)* Komplex, Fimmel

hankie, hanky ['hæŋkɪ] *(umgangsspr)* Taschentuch

hap·pen ['hæpən] ① sich ereignen, geschehen; **the party never happened** die Party fand nie statt; **happen to someone** jemandem zustoßen ② **happen to do** zufällig tun; **I happened to bump into Amy yesterday** ich habe gestern zufällig Amy getroffen; **he happened to be there** er war zufällig[erweise] dort ③ **happen [up]on someone/something** zufällig auf jemanden/etwas stoßen ④ **how does it happen that …?** wie kommt es, dass …?

hap·pily ['hæpɪlɪ] ① glücklich; **smile happily** glücklich lächeln; **happily married** glücklich verheiratet ② glücklicherweise; **happily, no one got hurt** glücklicherweise wurde niemand verletzt **hap·pi·ness** ['hæpɪnɪs] Glück

happy ['hæpɪ] ① glücklich; **feel happy about something** über etwas erfreut sein ② zufrieden (**about, with** mit) ③ **happy birthday!** herzlichen Glückwunsch zum Geburtstag!; **happy Christmas!** frohe Weihnachten!; **happy New Year!** frohes [*oder* ein glückliches] neues Jahr!

har·bour, (USA) **har·bor** ['hɑːbəʳ] Hafen

hard [hɑːd] ① *Gelee, Zement:* hart, fest; *Droge, Wasser:* hart ② *Schlag, Tritt:* kräftig; *Regen, Stoß:* stark, heftig ③ *Arbeit:* anstrengend, hart; **work hard** hart arbeiten; **try hard** sich große Mühe geben; **a hard fight** ein schwerer Kampf ④ schwer; *Problem:* schwierig; **do something the hard way** nicht den einfachen Weg wählen; **he is hard to get on with** mit ihm kommt man schlecht aus; **hard to believe** kaum zu glauben; **hard to please** schwer zu befriedigen, schwer zufrieden zu stellen ⑤ hart; *Situation:* drückend ⑥ *Mensch:* hart[herzig], streng; **be hard [up]on someone** mit jemandem streng sein ⑦ **hard drink/liquor** scharfe Sachen; **hard drinker** Säufer(in) ⑧ **the hard facts** die harten Tatsachen ⑨ **hard luck!** Pech [gehabt]! ⑩ *regnen, schneien:* stark ⑪ *schlagen:* heftig, kräftig ⑫ **she's taking it hard** sie nimmt es schwer ▶ IN WENDUNGEN: **hard up** knapp bei Kasse

hard·back ['hɑːdbæk] gebundene Ausgabe **hard-boiled** [ˌhɑːd'bɔɪld] hart gekocht **hard disk** (*Computer*) Festplatte

harden ['hɑːdn] ① härten *Metall* ② *Butter, Wachs:* hart werden ③ (*übertragen*) **become hardened to** sich gewöhnen an ④ **hardened criminal** Gewohnheitsverbrecher(in)

hard feel·ings [ˌhɑːd'fiːlɪŋz] *plural* **no hard feelings** nichts für ungut **hard-hearted** [ˌhɑːd'hɑːtɪd] hartherzig **hard-hit** schwer getroffen

hard·ly ['hɑːdlɪ] kaum, fast nicht; **hardly any** fast kein; **hardly ever** kaum je[mals], fast nie

hard shoul·der [ˌhɑːd'ʃəʊldəʳ] (GB) (*auf Autobahn*) Rand-/Seitenstreifen **hard-wear·ing** [ˌhɑːd'weərɪŋ] strapazierfähig **hard-work·ing** [ˌhɑːd'wɜːkɪŋ] fleißig

hare [heəʳ] Hase

harm¹ [hɑːm] Schaden; **do harm** Schaden anrichten; **do someone harm** jemanden verletzen, jemandem schaden; **mean no harm** es nicht böse meinen; **there's no harm in trying** ein Versuch kann nicht schaden

harm² [hɑːm] schaden; **it won't harm you to try** es wird dir sicher nicht schaden, es zu versuchen **harm·ful** ['hɑːmfl] schädlich **harm·less** [hɑːmlɪs] harmlos, unschädlich

> **i Land & Leute** **Harry Potter** wurde von J. K. Rowling erfunden, einer Kinderbuchautorin, die mit ihrer Tochter in Edinburgh lebt. Harry hat schwarze Haare, hellgrüne Augen, trägt eine Brille, und auf seiner Stirn hat er eine seltsame Narbe in Form eines Blitzes. Er ist Waise und entkommt seiner schrecklichen Tante, seinem Onkel und seinem Cousin, um in einer geheimen Internatsschule Hexerei und Zauberei zu lernen. Dort erlebt er mit seinen Freunden aufregende Abenteuer voller Magie und Hexerei. Bisher sind vier Harry-Potter-Bücher erschienen und drei weitere geplant. Die Bücher wurden in viele Sprachen übersetzt, und Harry Potters Abenteuer wurden auch verfilmt.

harsh [hɑːʃ] ① *Klima:* rau ② *Licht:* grell ③ *Stimme:* schrill ④ *Strafe:* hart; **don't be too harsh on** [*oder* **with**] **them** sei nicht zu streng mit ihnen

har·vest¹ ['hɑːvɪst] Ernte; **bad harvest** Missernte

har·vest² ['hɑːvɪst] ernten **harvest festival** Erntedankfest

has [həz, *betont* hæz] *3. Person Singular Präsens von* **have**

hash [hæʃ] ▶ IN WENDUNGEN: **make a hash**

of something etwas vermasseln

hasn't ['hæznt] *Kurzform von* **has not**

has·sle[1] ['hæsl] ärgern, belästigen

has·sle[2] ['hæsl] (*umgangsspr*) Ärger, Mühe; **it's such a hassle** das ist so mühsam

haste [heɪst] Hast, Eile ▶ IN WENDUNGEN: **more haste, less speed** eile mit Weile **hasty** ['heɪstɪ] ❶ eilig, schnell ❷ *Entscheidung, Reaktion:* hastig, voreilig

hat [hæt] ❶ Hut ❷ **take one's hat off to someone** vor jemandem den Hut abnehmen ▶ IN WENDUNGEN: **I'll eat my hat if ...** ich fresse einen Besen, wenn ...

hatch[1] [hætʃ] *Vogel:* ausschlüpfen

hatch[2] [hætʃ] ❶ Luke ❷ (*im Esszimmer*) Durchreiche ▶ IN WENDUNGEN: **down the hatch!** (*umgangsspr*) hoch die Tassen!, runter damit!

hatch·back ['hætʃbæk] Schrägheckmodell

hate[1] [heɪt] ❶ hassen, nicht ausstehen können ❷ **hate doing** [*oder* **to do**] **something** etwas ungern [*oder* nicht gern] tun; **I hate to say it, but ...** ich sage es ungern, aber ...

hate[2] [heɪt] ❶ Hass (**for** auf) ❷ **traffic jams are my pet hate** ich hasse es wie die Pest, im Verkehr stecken zu bleiben **hatred** ['heɪtrɪd] Hass (**for, of** auf, gegen)

haul[1] [hɔːl] ❶ [Fisch]Fang ❷ (*übertragen*) Beute ❸ Transportweg, Strecke; **short/long haul** kurzer/weiter Weg

haul[2] [hɔːl] ziehen, schleppen

haunt [hɔːnt] *Gespenst:* umgehen in **haunt·ed** [hɔːntəd] ❶ **haunted house** Spukhaus; Haus, in dem es spukt ❷ **a haunted look** ein gequälter Blick

have[1] [həv, *betont* hæv] <has, had, had> ❶ haben; **have got** (GB) haben; **a cat has four legs** eine Katze hat vier Beine; **I have** [*oder umgangsspr* **I've got**] **a red car** ich habe ein rotes Auto; **do you have** [*oder* **have you got**] **any children?** haben Sie Kinder?; **you can have it if you like** wenn du willst, kannst du es haben; **if you have time** wenn du Zeit hast; **have you got a light?** hast du mal Feuer? ❷ **I have a cold** ich bin erkältet; **I have a headache** ich habe Kopfschmerzen ❸ bekommen, erhalten, kriegen; **have an injection** eine Spritze bekommen; **she's going to have a baby, she's having a baby** sie bekommt [*oder* kriegt] ein Kind; **I had a letter/[phone]call from John** ich habe einen Brief/Anruf von John bekommen ❹ *mit Substantiven* **have a bath/shower/wash** ein Bad nehmen/[sich] duschen/sich waschen; **have a game** ein Spiel machen; **have a game of chess** Schach spielen; **have a look at this** sieh dir das mal an; **have a swim** schwimmen, baden; **have a walk** spazieren gehen ❺ haben; **have fun!, have a good time!** viel Spaß!; **did you have a good holiday?** hattet ihr einen schönen Urlaub? ❻ (*zu sich nehmen*) **have breakfast/lunch/dinner/tee** frühstücken/zu Mittag/Abend essen/Tee trinken; **have people round for dinner** Leute zum Essen dahaben; **have a cigarette** eine Zigarette rauchen; **have a biscuit!** nimm ein Plätzchen!; **I haven't had a drink for ages!** ich habe schon lange nichts mehr getrunken!; **I'll have the lasagne** ich nehme die Lasagne ❼ [zu]lassen, gestatten; **I won't have it!, I'm not having that!** das lasse ich mir nicht bieten!; **I won't have pets in the kitchen** ich dulde keine Tiere in der Küche ❽ **have something done** etwas machen lassen; **we had the flat renovated** wir haben die Wohnung renovieren lassen ❾ (*als Gast haben*) **thank you for having me** vielen Dank für Ihre Gastfreundschaft ❿ **have to do with someone/something** mit jemandem/etwas zu tun haben ⓫ **I have it!, I've got it!** (*umgangsspr*) ich hab's! ▶ IN WENDUNGEN: **have had it** (*umgangsspr*) die Nase voll haben (**with** von); **let him have it!** (*umgangsspr*) gib's ihm!; **he's had it** er ist erledigt; **have it in for someone** jemanden auf dem Kieker haben; **you've been had!** (*umgangsspr*) da hat man dich über's Ohr gehauen!; **have it off with someone** (*slang*) mit jemandem schlafen

have[2] [həv, *betont* hæv] <has, had, had> ❶ *zur Bildung der Vergangenheit* haben; *besonders bei Verben der Bewegung* sein; **he has seen** er hat gesehen; **they have gone** sie sind gegangen; **how long have you been here?** seit wann lebst [*oder* wohnst] du hier?; **have you been waiting long?** hast du schon lange gewartet?; **he has been living there** er hat da gewohnt; **have you finished?** bist du/sind Sie fertig?; **having said that, ...** obwohl ich das gesagt habe, ...; **you have taken it, haven't you?** du hast das doch genommen, oder?; **you**

Bildung des Present Perfect mit have:

▶ Im Englischen wird das Present Perfect ausschließlich mit dem Verb **have** (*haben*) und nicht auch noch mit dem Verb **be** (*sein*), wie es im Deutschen manchmal der Fall ist, gebildet:

I'**ve forgotten** my pen.	Ich *habe* meinen Stift *vergessen.*
We'**ve come** from Ireland.	Wir *sind* von Irland *gekommen.*
It **hasn't come** yet.	Es *ist* noch nicht *gekommen.*
Maybe they'**ve found** it.	Vielleicht *haben* sie es *gefunden.*
Have you **been** to London yet?	*Sind* Sie schon in London *gewesen*?

▶ Im Englischen stellt das Present Perfect die Verbindung der Vergangenheit mit der Gegenwart dar. Im Deutschen verwendet man in diesem Fall die Gegenwart:

She'**s lived** in Munich for ten years.	Sie *wohnt* seit zehn Jahren in München.

▶ Aber es gibt Fälle, wo man im Deutschen auch die einfache Vergangenheitsform wählen kann, z. B. wenn man etwas noch nie getan hat:

I'**ve** never **been** to Germany.	Ich *war* noch nie in Deutschland. *Oder:* Ich *bin* noch nie in Deutschland *gewesen.*

haven't taken it, have you? du hast es doch nicht genommen, oder? ❷ *modal, mit Infinitiv* müssen; **you have to do it** du musst das machen; **I don't have to if I don't want to** wenn ich nicht will, muss ich es nicht machen; **you had better go** du gehst jetzt besser; **what would you have me do?** was soll[te] ich denn machen?

◆ **have around** ❶ zu Besuch haben, einladen ❷ **it's good to have you around** es ist gut, dich in der Nähe zu haben

◆ **have back** zurückbekommen

◆ **have on** ❶ anhaben *Kleider, Licht, Radio* ❷ **have something on one** etwas bei [*oder* an] sich haben ❸ vorhaben; **have you got anything on tomorrow?** hast du morgen etwas vor? ❹ (*slang*) auf den Arm nehmen; **you're having me on!** du ziehst mich auf!

◆ **have out** **have a tooth out** sich einen Zahn ziehen lassen; **have one's tonsils out** sich die Mandeln herausnehmen lassen

◆ **have over** **have someone over** jemanden zu Besuch haben, einladen

haven't ['hævnt] *Kurzform von* **have not**

hawk [hɔːk] ❶ Habicht, Falke ❷ (*Politiker*) Falke

hay [heɪ] Heu ▶ IN WENDUNGEN: **make hay while the sun shines** das Eisen schmieden, solange es heiß ist **hay fever** Heuschnupfen **hay·stack** ['heɪstæk] Heuhaufen **hazard** ['hæzəd] ❶ Gefahr, Risiko ❷ **hazard warning lights** (*am Auto*) Warnlichtanlage

haze [heɪz] Dunst[schleier]

hazel·nut ['heɪzlnʌt] Haselnuss

hazy ['heɪzɪ] ❶ *Wetter:* dunstig, diesig ❷ *Umriss:* verschwommen, unklar ❸ *Erinnerung:* vage

he[1] [hiː] er

he[2] [hiː] Männchen; **the baby is a he** das Baby ist ein Junge

head[1] [hed] ❶ Kopf; **shake one's head** [**at**] den Kopf schütteln [über]; **my head is spinning** (*übertragen*) mir dreht sich alles; **a** [*oder* **per**] **head** pro Kopf; **head first** kopfüber ❷ (*übertragen*) Kopf, Verstand; **lose one's head** den Kopf verlieren; **be off** [*oder* **out of**] **one's head** aus dem Häuschen sein, den Verstand verloren haben; **put something out of one's head** sich etwas aus dem Kopf schlagen; **take it into one's head** sich etwas in den Kopf setzen; **have a head for business** einen guten Geschäftssinn haben; **have a head for figures** mathematisch begabt sein; **have a head for heights** schwindelfrei sein; **have a poor head for** keine Begabung haben für ❸ Leiter; (*umgangsspr: in der Schule*) Schulleiter(in); *von Familie, Kirche:* Oberhaupt; **head of department** Abteilungsleiter(in); **head of government** Regierungschef(in); **head of state** Staatsoberhaupt ❹ führende Stellung, Spitze; **at the head of the queue** an der Spitze der Schlange ❺ *von Tal, Treppe:* ober[st]er Teil, oberes Ende; *von Bett, Tisch:* Kopf[ende]; *von Brief, Hammer, Nagel:* Kopf; *von Fluss:* Quelle ❻ *von Bier:* Blume, Schaum[krone] ❼ *von Salat, Münze:* Kopf; **heads or tails?** Kopf oder Zahl ❽ (*übertra-

gen) Höhepunkt, Krise; **bring to a head** zur Entscheidung bringen; **come to a head** sich zuspitzen, zum Krach kommen ▶ IN WENDUNGEN: **go to someone's head** *Alkohol, Erfolg:* jemandem zu Kopf steigen; **go over someone's head** über jemandes Kopf hinweg handeln; **laugh one's head off** sich fast totlachen; **talk one's head off** sich dumm und dämlich reden; **turn someone's head** jemandem den Kopf verdrehen; **be head over heels in love** bis über beide Ohren verliebt sein; **be unable to make head or tail of something** nicht schlau werden aus einer Sache

head² [hed] Haupt-, Ober-; **head office** Hauptbüro, Zentrale; **head waiter** Oberkellner

head³ [hed] ❶ anführen *Prozession, Tabelle* ❷ führen, leiten *Organisation* ❸ köpfen *Ball* ❹ sich bewegen, fahren; **where are you headed?** wo wollen Sie hin?; **the car was heading straight towards** [*oder* **for**] **him** das Auto kam direkt auf ihn zu; **head home** nach Hause gehen

◆ **head back** zurückgehen, zurückfahren

◆ **head for** ❶ **head for the coast** in Richtung Küste fahren; **head for home** sich auf den Heimweg machen ❷ **you're heading for trouble** du bist auf dem besten Weg, dich in Schwierigkeiten zu bringen

◆ **head off** ❶ **head someone off** jemanden abfangen ❷ (*übertragen*) abwenden *Streik, Streit* ❸ **head off home** nach Hause fahren

head·ache ['hedeɪk] ❶ Kopfweh, Kopfschmerzen; **have a bad headache** schlimme Kopfschmerzen haben ❷ (*umgangsspr*) Problem; **that boy's a real headache** der Junge ist ein echter Problemfall **head·band** ['hedbænd] Stirnband **head·first** ['hed'fɜːst] kopfüber, mit dem Kopf voran **head·light** ['hedlaɪt], **head·lamp** ['hedlæmp] Scheinwerfer **head·line** ['hedlaɪn] Schlagzeile **head·mas·ter** [ˌhed'mɑːstəʳ] Rektor, Schulleiter **head·mis·tress** [ˌhed'mɪstrɪs] Rektorin, Schulleiterin **head-on** [ˌhed'ɒn] ❶ **head-on collision** Frontalzusammenstoß; **collide head-on** frontal zusammenstoßen ❷ (*übertragen*) **confront** [*oder* **meet**] [*oder* **tackle**] **someone/something head-on** jemanden/etwas direkt konfrontieren **head·phones** ['hedfəʊnz] ⚠ *plural* Kopfhörer **head·quar·ters** [ˌhed'kwɔːtəz] *plural, oft mit Singular* ❶ *von Militär:* Hauptquartier; **police headquarters** Polizeidirektion ❷ *von Unternehmen:* Zentrale, Hauptgeschäftsstelle; **party headquarters** Parteizentrale **head·rest** ['hedrest], **head·re·straint** ['hedrɪˌstreɪnt] Kopfstütze **head·room** ['hedrʊm] ❶ lichte Höhe ❷ (*im Auto*) Kopfraum **head·scarf** [ˌhedskɑːf, *plural* ˌhedskɑːvz] <*plural* headscarves> Kopftuch **head start** Vorsprung

heal [hiːl] ❶ heilen ❷ *Wunde:* heilen; **heal up** verheilen

health [helθ] ❶ Gesundheit[szustand]; **be in poor health** kränklich sein ❷ **drink** [**to**] **someone's health** auf jemandes Wohl trinken; **good** [*oder* **your**] **health!** zum Wohl! **health centre** Ärztezentrum **health certificate** ärztliches Attest **health club** Fitnesscenter **health food shop** Naturkostladen **health insurance** Krankenversicherung **Health Service** (GB) [das] Gesundheitswesen

healthy ['helθɪ] gesund

heap [hiːp] ❶ Haufen; **in heaps** in Haufen, haufenweise ❷ **heaps of** (*umgangsspr*) jede Menge, massig

? Grammatik Richtiges Konjugieren von **hear — heard — heard**: *Yes, I **heard** what you said; Have you **heard** the good news yet?*

hear [hɪəʳ] <heard, heard> ❶ hören (**about, from, of** von) ❷ erfahren; **hear something about someone/something** etwas über jemanden/etwas erfahren; **hear of something by chance** von einer Sache durch Zufall erfahren ❸ anhören; **you could hear the relief in his voice** man hörte ihm die Erleichterung an ❹ [an]hören *Gesuch* ❺ *Richter:* verhandeln *Fall* ❻ **hear someone out** jemanden ausreden lassen ❼ **let me hear from you** lassen Sie von sich hören; **wait to hear from someone** auf Bescheid von jemandem warten ❽ **he won't hear of it** er will davon nichts wissen ▶ IN WENDUNGEN: **hear! hear!** bravo!, richtig!; (*bei einer Debatte*) hört! hört!

! Vorsicht Falle **hear – listen to:** *to hear something* heißt *etwas hören* = mit den

Ohren wahrnehmen; *to listen to something* heißt etwas zuhören = aufmerksam hören: *Sorry, I can't **hear** you; Peter is **listening to** the radio.*

heard [hɜːd] *2. und 3. Form von* **hear**

hear·ing ['hɪərɪŋ] ① Gehör; **sense of hearing** Gehörsinn; **hard of hearing** schwerhörig; **his hearing is poor** er hört schlecht ② **within/out of hearing** in/außer Hörweite ③ (*politisch*) Hearing, Anhörung ④ (*zivilrechtlich*) Verhandlung **hearing-aid** Hörgerät

heart [hɑːt] ① Herz ② (*übertragen*) **with all one's heart** von ganzem Herzen; **have a heart** ein Herz haben, Verständnis haben; **I didn't have the heart to tell him** ich brachte es nicht übers Herz, es ihm zu sagen; **set one's heart on** sein Herz hängen an ③ Mut; **take heart** Mut fassen; **don't lose heart!** verlier den Mut nicht!; **my heart sank** mein Mut sank ④ das Wesentliche, [der] Kern; **get to the heart of something** einer Sache auf den Grund kommen; **at heart** im Innersten, im Grunde genommen ⑤ **hearts** (*auf Spielkarten*) Herz ⑥ **by heart** auswendig **heart attack** Herzanfall, Herzinfarkt **heart·break·ing** ['hɑːtbreɪkɪŋ] herzzerreißend **heart·broken** ['hɑːtˌbrəʊkən] untröstlich **heart·burn** ['hɑːtbɜːn] Sodbrennen

heat[1] [hiːt] ① Hitze ② (*Physik*) Wärme ③ (*übertragen*) Erregung; **in the heat of the moment** in der Hitze [*oder* im Eifer] des Gefechts ④ (*Sport*) Vorlauf, Vorrunde; **dead heat** unentschiedenes Rennen ⑤ **in** [*oder* **on**] **heat** brünstig, läufig

heat[2] [hiːt] ① heizen *Raum* ② beheizen *Schwimmbad* ③ erhitzen *Flüssigkeit*
◆ **heat up** aufwärmen, warm machen *Essen*

heat·ed ['hiːtɪd] ① *Raum:* geheizt; *Schwimmbad:* beheizt ② (*übertragen*) *Diskussion:* hitzig, erregt; **get heated** sich erhitzen

heater ['hiːtə^r] ① Ofen ② (*im Auto*) Heizung ③ (*für Wasser*) Boiler

heather ['heðə^r] Heide[kraut], Erika

heat·ing ['hiːtɪŋ] Heizung

heat·wave ['hiːtweɪv] Hitzewelle

heaven ['hevn] Himmel; **in heaven** im Himmel ▸ IN WENDUNGEN: **for heaven's sake!** um Himmels [*oder* Gottes] Willen!; **good heavens!** du meine Güte!; **thank heavens!** Gott sei Dank!

heavy ['hevɪ] ① (*nicht leicht*) schwer; *Mantel:* dick; **heavy artillery** schwere Artillerie; **heavy industry** Schwerindustrie ② *Kampf, Schaden, Schlag, Strafe, Sturm:* schwer; *Wolken:* dicht ③ *Raucher, Wind:* stark; *Regen, Schlag:* heftig; **heavy traffic** starkes Verkehrsaufkommen ④ *Geldstrafe, Schulden, Verluste:* hoch ⑤ *Druck, Kritik:* massiv; **with heavy sarcasm** mit beißendem Sarkasmus ⑥ *Speise:* schwer ⑦ *Boden:* schwer ⑧ **this book is heavy going** das Buch liest sich schwer ⑨ **with a heavy heart** schweren Herzens **heavy·weight** ['hevɪweɪt] Schwergewicht[ler]

he'd [hiːd] *Kurzform von* **he had; he would**

hedge [hedʒ] Hecke **hedge·hog** ['hedʒhɒg] Igel

heel [hiːl] ① Ferse; **be at** [*oder* **on**] **someone's heels** jemandem auf den Fersen sein ② *von Schuh:* Absatz ③ **down at heel** schäbig, heruntergekommen ④ **heel!** (*Hundebefehl*) [bei] Fuß!

height [haɪt] ① Höhe; **what's the height of Everest?** wie hoch ist der Mount Everest?; **be five metres in height** fünf Meter hoch sein ② [Körper]Größe; **what height are you?** wie groß bist du? ③ (*übertragen*) Höhepunkt; **height of fashion** neueste Mode ④ **be afraid of heights** nicht schwindelfrei sein

heir [eə^r] Erbe; **heir to the throne** Thronfolger(in) **heir·ess** ['eərɪs] Erbin

held [held] *2. und 3. Form von* **hold**

heli·cop·ter ['helɪkɒptə^r] Hubschrauber, Helikopter

hell [hel] ① Hölle ② (*umgangsspr*) [**oh,**] **hell!** verdammt [noch mal]!; **go to hell!** scher dich zum Teufel!; **what the hell are you doing here?** was zum Teufel machen Sie denn hier? ③ (*umgangsspr*) **a hell of a noise** ein Höllenlärm; **a hell of a lot of money** wahnsinnig viel Gled ④ (*umgangsspr*) **for the hell of it** nur zum Spaß ⑤ (*umgangsspr*) **like hell!** nie im Leben!; **it hurts like hell** es tut höllisch weh; **run/work like hell** wie der Teufel rennen/arbeiten ⑥ (*umgangsspr*) **give someone hell** jemandem die Hölle heiß machen

he'll [hiːl] *Kurzform von* **he will; he shall**

hello [hə'ləʊ] hallo!; **say hello to your mother** grüß deine Mutter von mir

hel·met ['helmɪt] Helm; **crash helmet** Sturzhelm

help[1] [help] Hilfe; **thanks for all your help** vielen Dank für all deine Hilfe; **you've been a great help** du warst eine große Hilfe; **a great help you were!** (*ironisch*) du warst vielleicht eine schöne Hilfe!; **give someone some help** [**with something**] jemandem [bei etwas] helfen

help[2] [help] ① **help** [**someone**] [**with something**] [jemandem] [bei etwas] helfen [*oder* behilflich sein]; **can I help you?** kann ich Ihnen behilflich sein?; (*im Geschäft*) womit kann ich Ihnen dienen?; **help oneself** sich selbst helfen; (*bei Tisch*) sich bedienen; **help yourself!** bedienen Sie sich!; **help oneself to potatoes** sich Kartoffeln nehmen; **how is that going to help anyone?** wem sollte das nützen?, für wen sollte das gut sein? ② **I can't help it** ich kann nichts dafür, ich kann nichts daran ändern; **that can't be helped** das lässt sich nicht ändern; **I couldn't help laughing** ich musste einfach lachen ▸ IN WENDUNGEN: **so help me God!** so wahr mir Gott helfe!
◆ **help out** ① aushelfen ② **help someone out** [**with something**] jemandem [mit etwas] helfen **helper** ['helpəʳ] Helfer(in) **help·ful** ['helpfl] ① *Person:* hilfsbereit ② *Sache:* hilfreich, nützlich **help·ing**[1] ['helpɪŋ] Portion; **take a second helping** sich noch einmal nehmen **help·ing**[2] ['helpɪŋ] **give someone a helping hand** jemandem helfen **help·less** ['helplɪs] hilflos

hen [hen] Henne, Huhn

hen night ['hennaɪt] *Frauenparty für die Braut vor der Hochzeit*

her[1] [hɜːʳ] ① sie; **he loves her** er liebt sie; **it's her** sie ist es ② ihr; **he gave her a ring** er gab ihr einen Ring ③ **with her children around her** mit ihren Kindern um sich

her[2] [hɜːʳ] ihr; **her mother** ihre Mutter

herb [hɜːb] ① (*zum Kochen*) Kraut, Küchenkraut ② (*in der Medizin*) Heilkraut

herd [hɜːd] Herde, Rudel

here [hɪəʳ] ① hier ② **come here!** komm her!; **come here, please** kommen Sie bitte [hier]her ③ **look here!** sieh [*oder* schau] mal [her]! ④ **here he comes!** da kommt er [ja]! ⑤ **here you are!** (*bei der Übergabe von etwas*) bitte schön!; (*wenn man jemanden gefunden hat*) ach, hier bist du! ⑥ **here we are!** (*bei Ankunft*) hier sind wir!, da wären wir! ⑦ **here goes!** dann mal los! ⑧ **here we go again!** es geht [schon] wieder los! ⑨ **here's to Peter!** auf Peters Wohl! ▸ IN WENDUNGEN: **here and there** hier und da, hier[hin] und dort[hin]; **here, there and everywhere** überall

hero ['hɪərəʊ] <*plural* heroes> Held

her·oin ['herəʊɪn] Heroin

hero·ine ['herəʊɪn] Heldin

heron ['herən] Reiher

her·ring ['herɪŋ] <*plural* herring *oder* herrings> Hering ▸ IN WENDUNGEN: **red herring** Ablenkungsmanöver; **that's a red herring** das führt vom Thema ab

hers [hɜːz] ihre(r, s); **a friend of hers** einer ihrer Freunde, ein Freund von ihr; **the book is hers** das Buch gehört ihr

her·self [hɜː'self] ① sich ② (*betont*) [sie] selbst; **she herself said it** sie hat es selbst gesagt; **she'll do it herself** sie macht das selbst ③ [**all**] **by herself** [ganz] allein, ohne [fremde] Hilfe ④ **she's not herself today** sie ist heute nicht wie sonst

he's [hiːz] *Kurzform von* **he is; he has**

hesi·tant(·ly) ['hezɪtənt(lɪ)] zögerlich **hesi·tate** ['hezɪteɪt] ① zögern; **hesitate to do something** Bedenken haben, etwas zu tun ② (*beim Sprechen*) stocken **hesi·ta·tion** [ˌhezɪ'teɪʃn] Zögern; **without** [**a moment's**] **hesitation** ohne [einen Augenblick] zu zögern; **have no hesitation in doing something** keine Bedenken haben, etwas zu tun

hexa·gon ['heksəgən] Sechseck **hex·ag·onal** [heks'ægənl] sechseckig

hi·ber·nate ['haɪbəneɪt] Winterschlaf halten **hi·ber·na·tion** [ˌhaɪbə'neɪʃn] Winterschlaf

hic·cup[1] ['hɪkʌp] Schluckauf; **have** [**the**] **hiccups** [den] Schluckauf haben

hic·cup[2] ['hɪkʌp] den Schluckauf haben

hid [hɪd] *2. und 3. Form von* **hide**

hidden[1] ['hɪdn] *3. Form von* **hide**

hidden[2] ['hɪdn] verborgen, versteckt

hide [haɪd] <hid, hidden> ① verstecken (**from** vor); **hide from someone** sich vor jemandem verstecken ② verbergen *Gefühle* (**from** vor) ③ verheimlichen *Wahrheit* (**from** vor)

? Grammatik Richtiges Konjugieren von **hide — hid — hidden**: *Sandra **hid** in the loft; Where have you **hidden** your report?*

◆ **hide away** [sich] verstecken

hide-and-seek [ˌhaɪdn'siːk] Versteckspiel; **play** [at] **hide-and-seek** Versteck spielen

hid·eous ['hɪdɪəs] scheußlich

hide-out ['haɪdaʊt] Versteck, Schlupfwinkel, Unterschlupf

hid·ing[1] ['haɪdɪŋ] **go into hiding** untertauchen; **be in hiding** sich versteckt halten

hid·ing[2] ['haɪdɪŋ] (*umgangsspr*) ① Tracht Prügel; **give someone a good hiding** jemandem eine ordentliche Tracht Prügel verpassen ② (*übertragen: Sport*) Schlappe; **get a real hiding** sich eine schwere Abfuhr holen

hi-fi [ˌhaɪ'faɪ] Hi-Fi-Gerät, Hi-Fi-Anlage

high[1] [haɪ] ① hoch; **a high building** ein hohes Gebäude; **high prices** hohe Preise ② (*slang: von Drogen*) high ③ **high society** die vornehme Gesellschaft ④ **in high spirits** in guter Laune; **feelings were running high** es herrschte eine gereizte Stimmung ⑤ **it's high time** es ist höchste Zeit ► IN WENDUNGEN: **search high and low** überall suchen

high[2] [haɪ] ① Höchststand, Rekord[höhe] ② (*Wetterlage*) Hoch[druckgebiet] ③ (*slang*) **be on a high** (*auch von Drogen*) high sein

high beam Fernlicht **high·chair** ['haɪtʃeəʳ] (*für Kinder*) Hochstuhl

Higher Grade, Highers *plural* ≈ Abitur (*Prüfung für die Hochschulreife*); *s. a.* **GCSE, A Level, prelims**

i Land & Leute In Schottland ist die **Higher Grade** eine Prüfung, die Schüler in ihrem fünften Schuljahr ablegen (ein Jahr nach der **GCSE**). Es ist möglich, nur in einem Fach geprüft zu werden, aber die meisten Schüler versuchen, ungefähr fünf **Highers** abzulegen.

high-flier [ˌhaɪ'flaɪəʳ] (*übertragen*) Senkrechtstarter, Hochbegabte(r) **high heels** *plural* hohe Absätze **high jump** Hochsprung **high·light**[1] ['haɪlaɪt] ① (*übertragen*) Höhepunkt; **show the highlights of the match** die Höhepunkte des Spiels übertragen ② (*im Haar*) Strähne **high·light**[2] ['haɪlaɪt] ① **the sentence was highlighted in yellow** der Satz war gelb markiert ② (*übertragen*) **highlight a problem** ein Problem hervorheben **high·light·er** ['haɪlaɪtəʳ] Leucht-/Markierstift

high·ly ['haɪlɪ] ① **highly critical** äußerst kritisch; **highly inflammable** leicht entzündlich; **highly sensitive** hoch empfindlich; **highly spiced** stark gewürzt; **highly strung** überreizt, nervös ② **speak highly of someone** von jemandem in den höchsten Tönen reden; **think highly of someone** große Stücke auf jemanden halten

high·ness ['haɪnɪs] **His/Your** [**Royal**] **Highness** Seine/Eure [Königliche] Hoheit **high point** Höhepunkt **high-pressure** Hochdruck-; **high-pressure area** Hochdruckgebiet **high-rise building** Hochhaus **high school** (USA) weiterführende Schule

i Land & Leute In den USA haben die Schüler der **High School** und des **College** bestimmte Bezeichnungen. In der 9. Klasse heißen sie **Freshmen**, Schüler der 10. Klasse heißen **Sophomores**, in der 11. Klasse heißen sie **Juniors** und in der 12. Klasse werden sie **Seniors** genannt.

high season Hochsaison **high-speed train** Hochgeschwindigkeitszug **high spirits** *plural* gehobene Stimmung **high street** Hauptstraße **high tea** [Fünfuhr]Tee mit Imbiss **high technology** Spitzentechnologie **high tide** Flut **high·way** ['haɪweɪ] ① (GB) Hauptstraße, Landstraße ② (USA) Fernstraße; **Highway Code** Straßenverkehrsordnung

hi·jack[1] ['haɪdʒæk] ① entführen *Flugzeug* ② überfallen *Fahrzeug*

hi·jack[2] ['haɪdʒæk] Flugzeugentführung **hi·jacker** ['haɪdʒækəʳ] Flugzeugentführer(in)

hike[1] [haɪk] Wanderung

hike[2] [haɪk] wandern **hiker** ['haɪkəʳ] Wanderer, Wanderin **hik·ing** ['haɪkɪŋ] Wandern

hill [hɪl] Hügel, [An]Höhe; (*höher*) Berg ► IN WENDUNGEN: **be over the hill** (*umgangsspr*) seine beste Zeit hinter sich haben **hilly** ['hɪlɪ] hüg(e)lig, bergig

him[1] [hɪm] ① ihn; **she loves him** sie liebt ihn; **it's him** er ist es ② ihm; **she gave him a book** sie gab ihm ein Buch

him[2] [hɪm] sich; **with his pupils around**

H

him mit seinen Schülern um sich

him·self [hɪm'self] ① sich ② (*betont*) [er] selbst; **he himself said it** er hat es selbst gesagt; **he'll do it himself** er macht es selbst ③ [**all**] **by himself** [ganz] allein, ohne [fremde] Hilfe ④ **he's not himself today** er ist heute nicht wie sonst

hind·sight ['haɪndsaɪt] **with hindsight** im Nachhinein

hinge [hɪndʒ] [Tür]Angel, Scharnier

hint¹ [hɪnt] Hinweis, Wink, Andeutung; **drop a hint** eine Bemerkung fallen lassen; **take a hint** es sich gesagt sein lassen; **a big hint** ein Wink mit dem Zaunpfahl

hint² [hɪnt] andeuten (**at** auf)

hip [hɪp] Hüfte; **hip pocket** Gesäßtasche

> **i Land & Leute** **Hip-hop** bezeichnet die Kultur der Schwarzen der innerstädtischen Ghettos, die sich in der Bronx, New York City, unter afrikanischen und karibischen Einflüssen entwickelt hat. Hip-Hop besteht aus mehreren Elementen: der Graffiti-Kunst, Breakdancing, einem eigenen Slang, einem Modestil und natürlich aus dem Musikstil Rap, der auch selbst manchmal als Hip-Hop bezeichnet wird. Die erste Rapaufnahme, *Rapper's Delight*, von der Gruppe Sugarhill Gang, erschien 1979. Seitdem haben sich mehrere Richtungen wie Gangsta-Rap, Jazz-Rap oder G-Funk entwickelt.

hip·po ['hɪpəʊ] <*plural* hippos> (*umgangsspr*) Nilpferd

hip·po·pota·mi [ˌhɪpə'pɒtəmaɪ] *Pluralform von* **hippopotamus**

hip·po·pota·mus [ˌhɪpə'pɒtəməs] <*plural* hippopotamuses, hippopotami> Flusspferd, Nilpferd

hire¹ ['haɪəʳ] **for hire** zu vermieten; *Taxi:* frei

hire² ['haɪəʳ] ① mieten *Auto;* leihen *Anzug;* **hire**[**d**] **car** Mietwagen ② engagieren *Anwalt* ③ einstellen *Arbeitskraft*

◆ **hire out** vermieten

hire purchase **buy something on hire purchase** etwas auf Raten [*oder* Abzahlung] kaufen

his¹ [hɪz] sein[e, r]; **a friend of his** einer seiner Freunde, ein Freund von ihm; **the book is his** das Buch gehört ihm

his² [hɪz] sein; **seine Hose** his trousers; **he cut his hand** er hat sich an der Hand geschnitten

hiss [hɪs] zischen; *Katze:* fauchen

his·toric [hɪ'stɒrɪk] historisch **his·tori·cal** [hɪ'stɒrɪkl] historisch, geschichtlich; **historical novel** historischer Roman **his·tory** ['hɪstrɪ] ① Geschichte; **ancient/medi**(**a**)**eval/modern history** alte/mittlere/neuere Geschichte; **history of art** Kunstgeschichte; **make history** Geschichte machen ② *einer Krankheit:* Vorgeschichte

hit¹ [hɪt] ① Schlag ② (*genau auf's Ziel*) Treffer ③ (*übertragen*) Erfolg, Knüller; (*Lied*) Schlager, Hit ④ **be a hit with someone** bei jemandem gut ankommen ⑤ (*im Internet*) Hit

hit² [hɪt] <hit, hit> ① schlagen; **hit someone in the stomach/on the head** jemanden in den Bauch/auf den Kopf schlagen; **hit one's head against something** mit dem Kopf gegen etwas schlagen [*oder* stoßen], mit dem Kopf auf etwas aufschlagen ② *Auto:* auffahren; **the car hit the tree** das Auto fuhr [*oder* prallte] gegen den Baum ③ treffen; **I've been hit!** ich bin getroffen!; **the ball hit me in the face/on the leg** der Ball traf mich im Gesicht/am Bein; **be hit by lightning** vom Blitz getroffen werden; **hit the nail on the head** (*übertragen*) den Nagel auf den Kopf treffen ④ erreichen; **hit an all-time high** eine Rekordhöhe erreichen ▸ IN WENDUNGEN: **hit the rush hour** in den Stoßverkehr geraten; **hit the road** (*umgangsspr*) aufbrechen; **hit the sack** (*umgangsspr*) sich in die Falle hauen

> **? Grammatik** Richtiges Konjugieren von **hit — hit — hit**: *Kevin* ***hit*** *his head against a lamppost; Bart* ***was hit*** *by a stone.*

◆ **hit back** zurückschlagen

◆ **hit off** ▸ IN WENDUNGEN: **hit it off with someone** sich mit jemandem gut verstehen

◆ **hit out** **hit out at someone** auf jemanden losschlagen; (*übertragen*) jemanden angreifen

hit-and-run [ˌhɪtən'rʌn] **hit-and-run accident** Unfall mit Fahrerflucht

hitch¹ [hɪtʃ] ① **he hitched across Europe** er fuhr per Anhalter [*oder* trampte] durch Europa ② **hitch a lift** [*oder* USA **ride**] per Anhalter fahren ▸ IN WENDUNGEN: **get**

hitched (*umgangsspr*) heiraten

hitch² [hɪtʃ] Schwierigkeit, Haken; **without a hitch** reibungslos, glatt; **technical hitch** technisches Versagen **hitch·hike** ['hɪtʃhaɪk] per Anhalter fahren, trampen **hitch·hiker** ['hɪtʃhaɪkəʳ] Anhalter(in), Tramper(in) **hitch-hik·ing** ['hɪtʃhaɪkɪŋ] Trampen

HIV [ˌeɪtʃaɪ'viː] *Abkürzung von* **human immunodeficiency virus** HIV

hive [haɪv] Bienenstock, Bienenkorb

hoard¹ [hɔːd] Vorrat

hoard² [hɔːd] horten, hamstern

hoar·frost [ˌhɔː'frɒst] [Rau]Reif

hoarse [hɔːs] rau, heiser

hoax [həʊks] ① (*Falschmeldung*) Schwindel, Ente; **hoax call** blinder Alarm; **hoax story** Zeitungsente ② (*Scherz*) Streich, Ulk; **play a hoax on someone** jemandem einen Streich spielen

hob [hɒb] Kochfeld

hobble ['hɒbl] humpeln

hobby ['hɒbɪ] Hobby, Steckenpferd

hockey ['hɒkɪ] ① Hockey; **ice hockey** Eishockey ② (USA) Eishockey **hockey stick** Hockeyschläger

hog¹ [hɒg] ① [Mast]Schwein ② (*slang*) Schwein; **road hog** rücksichtslose(r) Fahrer(in)

hog² [hɒg] (*umgangsspr*) ① **hog something** etwas an sich reißen ② für sich in Anspruch nehmen; **hog the road** in der Mitte der Straße fahren; **stop hogging the bathroom!** andere wollen auch mal ins Bad!

> **i Land & Leute** **Hogmanay** sagt man in Schottland und Nordengland für **New Year's Eve** (Silvester), den 31. Dezember. Die Schotten sind dafür bekannt, Hogmanay besonders ausgelassen zu feiern. In den letzten Jahren ist es Brauch geworden, dass Tausende von Leuten im Zentrum Edinburghs zusammenkommen, wo dann auf den Straßen eine große Silvesterparty mit Bands und Feuerwerk stattfindet. Das Wort Hogmanay stammt aus dem Nordfranzösichen *hoginané* und bedeutet ursprünglich etwa: *bitte ein Geschenk zum neuen Jahr.*

hoist [hɔɪst] aufziehen, hochziehen; hissen *Flagge, Segel*

hold¹ [həʊld] ① Griff; **catch/get/take hold of something** etwas fassen/packen/ergreifen; **get a hold of oneself** sich in den Griff bekommen; **keep hold of something** etwas festhalten; **let go one's hold** [*oder* **lose hold**] **of something** etwas loslassen ② (*beim Bergsteigen*) Halt; **miss one's hold** fehlgreifen ③ (*übertragen*) Gewalt, Macht; **have a hold on someone** starken Einfluss auf jemanden haben ④ *eines Schiffes:* Laderaum

hold² [həʊld] <held, held> ① [fest]halten; **hold hands** sich an der Hand halten; *Liebespaar:* Händchen halten ② tragen; *Seil:* halten, nicht reißen; **I don't think the bridge will hold our weight** ich glaube nicht, dass die Brücke uns trägt; **he can't hold his drink** er verträgt nichts; **hold water** wasserdicht sein ③ besitzen *Aktien* ④ innehaben, ausüben; **hold office** an der Macht [*oder* im Amt] sein; **hold the record for the high jump** den Rekord im Hochsprung halten ⑤ abhalten *Versammlung;* führen *Gespräch* ⑥ *Raum, Gefäß:* enthalten, fassen; **the bus holds 36 people** der Bus ist für 36 Personen vorgesehen ⑦ vertreten *Ansicht, Meinung* ⑧ **hold someone's attention** jemandes Aufmerksamkeit fesseln; **hold one's breath** den Atem anhalten ⑨ **hold the line** am Apparat bleiben ▸ IN WENDUNGEN: **there's no holding him** er ist nicht zu halten; **hold it!** halt!

> **? Grammatik** **hold – held – held**: *Jane* ***held*** *the puppy in her arms; He* ***was held*** *by the police for questioning.*

◆ **hold against** **hold something against someone** jemandem etwas verübeln

◆ **hold back** ① **hold something back** etwas zurückhalten; verschweigen *Wahrheit* ② **hold someone back from doing something** jemanden [daran] hindern, etwas zu tun ③ **hold back from doing something** zögern, etwas zu tun

◆ **hold down** ① **hold something down** etwas niedrig halten ② (*übertragen*) unterdrücken *Volk* ③ **hold a job down** sich in einer Stelle halten

◆ **hold on** ① [sich] festhalten (**to** an) ② (*übertragen*) durchhalten ③ (*umgangsspr*) warten; **hold on!** einen Moment!; (*beim Telefonieren*) bleiben Sie am Apparat!

◆**hold out** ① sich halten, aushalten ② *Vorräte:* reichen ③ **hold out for something** etwas herauszuschinden versuchen ④ **hold out one's hand** die Hand ausstrecken; **hold out one's arms** die Arme ausbreiten

◆**hold over** vertagen (**until** auf)

◆**hold together** zusammenhalten

◆**hold up** ① aufrecht halten, stützen; **the tree is holding the fence up** der Baum stützt den Zaun; **we stood on either side of him to hold him up** wir stützten ihn von beiden Seiten, um ihn aufrecht zu halten ② **hold up one's hand** die Hand [hoch]heben ③ **hold something up to the light** etwas gegen das Licht halten ④ **hold someone/something up as an example** (*übertragen*) jemanden/etwas als Beispiel hinstellen ⑤ (*verlangsamen*) aufhalten, verzögern; **be held up** aufgehalten werden

hold·all ['həʊldɔːl] Reisetasche

holder ['həʊldə^r] ① Inhaber(in) ② (*Sport*) **the cup holders** die Pokalverteidiger ③ (*Gegenstand*) Halter; **cigarette holder** Zigarettenspitze; **pen holder** Federhalter

hold-up ['həʊldʌp] ① Verzögerung ② (*im Verkehr*) Behinderung, Stau, Stockung ③ [bewaffneter] Raubüberfall

hole¹ [həʊl] ① Loch ② **pick holes in something** (*übertragen*) an etwas herumkritisieren ③ *eines Fuchses, Kaninchens:* Bau ④ (*umgangsspr: Elendsquartier*) Loch; (*Ort*) Kaff ⑤ (*umgangsspr*) **be in a hole** in der Patsche [*oder* Klemme] sitzen

hole² [həʊl] in ein Loch spielen *Ball*

holi·day ['hɒlədeɪ] ① [arbeits]freier Tag ② **[public] holiday** [gesetzlicher] Feiertag; **bank holiday** Bankfeiertag ③ **holidays** Urlaub, Ferien; **the school holidays** die Schulferien; **on holiday** in Urlaub, in den Ferien; **be on holiday** in Urlaub sein, Ferien haben; **take a holiday** Urlaub nehmen **holiday camp** Ferienlager **holiday house** Ferienhaus **holidaymaker** Feriengast, Urlauber(in) **holiday resort** Ferienort

Holland ['hɒlənd] Holland

hol·low ['hɒləʊ] hohl

holly ['hɒlɪ] Stechpalme

i Land & Leute Einen Stadtteil von Los Angeles kennt jeder: **Hollywood**, das als Zentrum der Filmindustrie berühmt geworden ist. Der erste Hollywood-Film wurde schon 1911 gedreht. In Hollywood befindet sich auch der **Walk of Fame**, wo viele Namen aus der Unterhaltungsindustrie auf dem Gehsteig verewigt sind.

holy ['həʊlɪ] heilig **Holy Communion** heilige Kommunion

home¹ [həʊm] ① Heim, Haus/Wohnung; **at home** daheim, zu Hause; **away from home** von zu Hause weg; **his home is in Vienna** er ist in Wien zu Hause ② Heimat; **Hamburg has become his second home** ihm ist Hamburg zur zweiten Heimat geworden ③ (*Anstalt*) Heim; **old people's home** Altenheim ④ **the home of the mountain gorilla** die Heimat der Berggorillas ⑤ **at home and abroad** im In- und Ausland ⑥ **be/feel at home** (*übertragen*) zu Hause sein/sich zu Hause fühlen; **make oneself at home** es sich bequem machen

home² [həʊm] ① heim, nach Hause; **go home** nach Hause gehen, heimgehen; **drive someone home** jemanden [mit dem Auto] nach Hause bringen; **see someone home** jemanden nach Hause begleiten ② daheim, zu Hause; **I must be home before midnight** ich muss vor Mitternacht zu Hause sein ③ **bring something home to someone** jemandem etwas klarmachen ④ **drive home** einschlagen *Nagel* ▸ IN WENDUNGEN: **nothing to write home about** nichts Besonderes

home address Privatanschrift

i Land & Leute **Homecoming** ist in den USA ein wichtiges Fest an der High School und an der Universität. An diesem Tag kommt die Footballmannschaft zu einem Heimspiel „nach Hause". Es gibt eine Riesenparty, und eine beliebte Schülerin bzw. Studentin wird zur **homecoming queen** gekürt.

home cooking Hausmannskost **home economics** Hauswirtschaft[slehre] **home-grown** [ˌhəʊm'grəʊn] selbst gezogen; **home-grown produce** einheimisches Erzeugnis **home help** Haushaltshilfe **home·land** ['həʊmlænd] Heimat[land] **home·less**

['həʊmlɪs] obdachlos **home-made** [ˌhəʊm'meɪd] selbst gemacht

Home Of·fice ['həʊm'ɒfɪs] GB Innenministerium **Home Secretary** GB Innenminister(in) **home·sick** ['həʊmsɪk] **be homesick** Heimweh haben **home team** Heimmannschaft **home town** Heimatstadt

home·work ['həʊmwɜːk] Hausaufgaben; **do one's homework** seine Hausaufgaben machen; (*übertragen*) sich mit der Materie vertraut machen

ho·moe·opathy [ˌhəʊmɪ'ɒpəθɪ] Homöopathie

homo·sex·ual¹ [ˌhɒmə'sekʃʊəl] homosexuell

homo·sex·ual² [ˌhɒmə'sekʃʊəl] Homosexuelle(r)

hon·est ['ɒnɪst] ehrlich, aufrichtig **hon·est·ly** ['ɒnɪstlɪ] ① ehrlich; **to tell you honestly** offen gestanden ② (*tatsächlich*) wirklich; **honestly!** ehrlich!; (*verärgert*) also wirklich! **hon·esty** ['ɒnɪstɪ] Ehrlichkeit, Aufrichtigkeit; **in all honesty** ganz ehrlich

honey ['hʌnɪ] ① Honig ② USA (*umgangsspr*) Schatz, Liebling **honey·moon** ['hʌnɪmuːn] Flitterwochen; **go on honeymoon** seine Hochzeitsreise machen

> **i Land & Leute** Von 1842 bis 1997 war **Hong Kong** (Hongkong) eine britische Kronkolonie. Auf Kantonesisch bedeutet der Name „würziger" (Hong) „Hafen" (Kong), weil es früher ein Handelshafen für Gewürze und Weihrauch war. Es besteht aus der **Hongkong-Insel, Kowloon** (neun Drachen) und den **New Territories** auf dem chinesischen Festland, sowie anderen umliegenden Inseln. Hongkong wird häufig auch „Perle des Orients" genannt und ist heute ein bedeutendes Wirtschafts- und Finanzzentrum.

honor USA → **honour**

hon·or·ary ['ɒnərərɪ] ehrenamtlich, Ehren-

hon·our¹ ['ɒnəʳ] Ehre; **guest of honour** Ehrengast; **word of honour** Ehrenwort

hon·our² ['ɒnəʳ] ehren **honours degree** ≈ Staatsexamen **honours list** GB Liste der verliehenen Titel

hood [hʊd] ① Kapuze ② *von Auto:* Verdeck ③ USA Motorhaube

hoof [huːf] <*plural* hoofs, hooves> Huf

hook¹ [hʊk] ① Haken, Kleiderhaken ② **fishhook** Angelhaken ③ (*beim Boxen*) Haken ④ **leave the phone off the hook** nicht auflegen ▸ IN WENDUNGEN: **he's off the hook** (*slang*) er ist aus dem Schneider

hook² [hʊk] ① **hook something** etwas mit [einem] Haken befestigen (**to** an); etwas festhaken ② angeln *Fisch* ③ (*umgangsspr*) **get/be hooked on something** von etwas abhängig werden/sein; **she's hooked on jazz** sie steht auf Jazz

◆ **hook up** ① zuhaken *Kleidungsstück;* **this dress hooks up at the back** dieses Kleid wird hinten mit Haken zugemacht ② zusammenschalten *Sender* ③ ankoppeln *Anhänger*

hooker ['hʊkəʳ] USA (*slang*) Nutte

hooky ['hʊkɪ] **play hooky** USA die Schule schwänzen

hoo·li·gan ['huːlɪgən] Hooligan, Rowdy

hoot¹ [huːt] ① **hoot** [**with laughter**] johlen, sich kaputtlachen ② *Eule:* schreien ③ *Fahrzeug:* hupen

hoot² [huːt] ① **hoots of laughter** Gejohle ② *einer Eule:* Ruf, Schrei ③ *eines Autos:* Hupen; *einer Sirene:* Heulen ▸ IN WENDUNGEN: **I don't give a hoot!** (*umgangsspr*) das ist mir völlig egal!; **that was a hoot!** (*umgangsspr*) das war zum Schreien komisch!

hooter ['huːtəʳ] ① Sirene ② *von Auto:* Hupe

hoov·er®¹ ['huːvəʳ] GB staubsaugen; saugen *Teppich*

hoov·er®² ['huːvəʳ] GB Staubsauger

hop¹ [hɒp] <hopped> ① hüpfen; **hop over something** über etwas springen ② **hop it!** hau ab!

hop² [hɒp] ① Sprung ② (*umgangsspr*) kurzer Flug ③ **catch someone on the hop** (*umgangsspr*) jemanden unvorbereitet erwischen [*oder* treffen]

◆ **hop about, hop around** umherhüpfen, herumhopsen

◆ **hop in** ① hineinhüpfen ② (*umgangsspr*) einsteigen; **hop into the car** sich ins Auto schwingen

◆ **hop out** ① heraushüpfen ② (*umgangsspr*) aussteigen; **hop out of bed** aus dem Bett springen

hope¹ [həʊp] Hoffnung (**of** auf); **there's no hope of winning** es besteht keine Hoffnung, dass wir gewinnen; **past** [*oder* **be-**

yond] **hope** hoffnungslos; **hold out a hope** Hoffnung haben; **live in hope of something** auf etwas hoffen; **what a hope!** schön wär's!; **raise someone's hopes** jemandem Hoffnung machen

hope² [həʊp] ① hoffen (**for** auf); **I hope you're right** hoffentlich hast du Recht; **I hope so/not!** hoffentlich/hoffentlich nicht! ② **he hopes to go to Brazil** er hofft, nach Brasilien reisen zu können

hope·ful ['həʊpfl] hoffnungsvoll; *Situation:* viel versprechend; **be hopeful** sich Hoffnungen machen, hoffen

hope·ful·ly ['həʊpfəlɪ] ① hoffnungsvoll ② **"will you be on time?" — "hopefully"** „kommst du rechtzeitig?" — „hoffentlich" **hope·less** ['həʊplɪs] ① hoffnungslos ② **she's hopeless at drawing** sie kann überhaupt nicht zeichnen ③ **he's a hopeless case** er ist ein hoffnungsloser Fall **hope·less·ly** ['həʊplɪslɪ] hoffnungslos

hop·ping mad ['hɒpɪŋ 'mæd] (*umgangsspr*) fuchsteufelswild

hor·izon [hə'raɪzn] (*auch übertragen*) Horizont **hori·zon·tal** [ˌhɒrɪ'zɒntl] horizontal, waagerecht

hor·mone ['hɔːməʊn] Hormon

horn [hɔːn] ① (*von Tier*) Horn ② Sirene; *von Auto:* Hupe; **blow** [*oder* **sound**] **the horn** hupen ③ (*Musik*) Horn ▸ IN WENDUNGEN: **be caught on the horns of a dilemma** in einer Zwickmühle sitzen

hor·net ['hɔːnɪt] Hornisse ▸ IN WENDUNGEN: **stir up a hornet's nest** in ein Wespennest stechen

horo·scope ['hɒrəskəʊp] Horoskop

hor·ren·dous [hɒ'rendəs] ① *Verbrechen:* entsetzlich ② *Preise, Lüge:* horrend

hor·rible ['hɒrəbl] ① schrecklich, furchtbar, entsetzlich ② unfreundlich **hor·rid** ['hɒrɪd] abscheulich, ekelhaft **hor·rific** [hə'rɪfɪk] schrecklich **hor·rify** ['hɒrɪfaɪ] ① **horrify someone** jemandem einen Schrecken einjagen ② entsetzen *Person;* **be horrified** schockiert sein (**at, by** von) **hor·ror** ['hɒrəʳ] ① Schrecken, Entsetzen; **a scene of horror** ein Bild des Grauens ② Abscheu, Ekel (**of** vor); **snakes give me the horrors** vor Schlangen habe ich eine panische Angst ③ **horror film** Horrorfilm **hor·ror-stricken** ['hɒrəstrɪkn], **hor·ror-struck** ['hɒrəstrʌk] von Entsetzen gepackt

hors d'œuvre [ɔː'dɜːvʳ] Hors d'œuvre, Vorspeise

horse [hɔːs] Pferd ▸ IN WENDUNGEN: **straight from the horse's mouth** direkt von der Quelle; **wild horses would not drag me there** dahin würden mich keine zehn Pferde bringen; **back the wrong horse** aufs falsche Pferd setzen; **eat like a horse** fressen wie ein Scheunendrescher; **put the cart before the horse** das Pferd beim Schwanz aufzäumen; **a dark horse** ein unbeschriebenes Blatt

◆ **horse about, horse around** herumalbern

horse·back ['hɔːsbæk] **on horseback** zu Pferde **horse-chestnut** Rosskastanie

horse·play grober Unfug **horse·pow·er** ['hɔːspaʊəʳ] Pferdestärke **horse race** Pferderennen **horse racing** ① Pferderennsport ② Pferderennen

> **i Land & Leute** Der **Melbourne Cup** (Pokal), der immer am ersten Dienstag im November stattfindet, ist Australiens beliebtestes Pferderennen. Da an diesem Tag fast alle das Rennen im Fernsehen oder Radio verfolgen, kommt in diesen paar Minuten in Australien alles zum Stillstand. Es werden Millionen von Dollar auf die Pferde gewettet. Außerdem ziehen sich viele Leute festlich an, und mittags gibt es dann überall Hähnchen und Sekt.

horse·shoe ['hɔːsʃuː] Hufeisen

hose¹ [həʊz] **hose something** [**down**] etwas abspritzen

hose² [həʊz] [Gummi]Schlauch

hos·pice ['hɒspɪs] Pflegeheim für unheilbar Kranke

hos·pit·able [hɒ'spɪtəbl] *Hotel, Klima:* gastlich; *Person:* gastfreundlich

hos·pi·tal ['hɒspɪtl] Klinik, Krankenhaus

hos·pi·tal·ity [ˌhɒspɪ'tælətɪ] Gastlichkeit; *von Person:* Gastfreundschaft

hos·pi·tal·ize ['hɒspɪtlaɪz] **hospitalize someone** jemanden in ein Krankenhaus einliefern

host¹ [həʊst] ① Gastgeber (**to** für) ② (*Tier*) Wirt[stier] ③ (*beim TV*) Showmaster ④ **a host of, hosts of …** eine Unzahl …, sehr viele …

host² [həʊst] **our club hosted the tournament** unser Verein war Gastgeber bei dem

Turnier

hos·tage ['hɒstɪdʒ] Geisel; **take someone hostage** jemanden als Geisel nehmen

host country ['həʊstˌkʌntrɪ] Gastland

hos·tel ['hɒstl] Wohnheim; **youth hostel** Jugendherberge

host·ess ['həʊstɪs] ① Gastgeberin ② Empfangsdame, Hostess ③ Stewardess

hos·tile ['hɒstaɪl] ① feindlich ② *Person, Atmosphäre:* feindselig (**to** gegen) **hos·til·ity** [hɒ'stɪlətɪ] ① Feindschaft (**to, towards, against** gegen) ② **hostilities** Feindseligkeiten

hot [hɒt] ① heiß; *Wasser, Mahlzeit:* warm; **I'm hot** mir ist heiß; **hot and bothered** [so ziemlich] durch den Wind ② *Speise:* stark gewürzt, scharf ③ *Kampf:* heiß, heftig; *Spur:* heiß; **I'm hot on his trail** ich bin ihm dicht auf den Fersen ④ (*slang: gestohlen*) heiß ▸ IN WENDUNGEN: **blow hot and cold** nicht wissen, was man will; **get hot under the collar** vor Wut kochen; **get into hot water** in Teufels Küche kommen; **it's too hot to handle** das ist ein heißes Eisen

ho·tel [həʊ'tel] Hotel

hot-headed [ˌhɒt'hedɪd] hitzköpfig **hot·plate** ['hɒtpleɪt] Kochplatte, Warmhalteplatte **hot-water bottle** Bettflasche, Wärmflasche

hound[1] [haʊnd] Jagdhund

hound[2] [haʊnd] **hound someone** jemanden [beständig] hetzen

hour ['aʊə^r] ① Stunde; **by the hour** stundenweise; **for hours** stundenlang; **every hour on the hour** jeweils zur vollen Stunde; **the small hours** die frühen Morgenstunden ② Zeit, Zeitpunkt; **rush hour** Stoßzeit; **working hours** Dienststunden, Arbeitszeit; **opening hours** Geschäftszeiten; *von Arzt:* Sprechstunde; **after hours** nach Geschäftsschluss; *von Kneipe:* nach der Polizeistunde; *von Arzt:* außerhalb der Sprechstunde; **at all hours** zu jeder Tages- und Nachtzeit ▸ IN WENDUNGEN: **at the eleventh hour** in letzter Minute **hour hand** Stundenzeiger **hour·ly** ['aʊəlɪ] stündlich; **hourly wage** Stundenlohn

house[1] ['haʊs] ① Haus; **keep house** [**for someone**] [jemandem] dem Haushalt führen ② Dynastie ③ (*im Theater*) Vorstellung, Publikum ④ (*an einer Universität*) College; (*an einem Internat*) Wohngebäude ⑤ Parlament; **Lower/Upper House** Unter-/Oberhaus; **the House of Commons/Lords** (GB) das Unterhaus/Oberhaus; **the Houses of Parliament** (GB) das Parlamentsgebäude; **the House of Representatives** (USA) das Repräsentantenhaus ⑥ **on the house** auf Kosten des Hauses ▸ IN WENDUNGEN: [**get on**] **like a house on fire** bestens [miteinander auskommen]; **bring the house down** großen Beifall ernten

house[2] ['haʊz] ① **house someone** jemanden beherbergen ② unterbringen *Gegenstände, Waren*

house·hold ['haʊshəʊld] ① Haushalt ② **it's a household name** [*oder* **word**] das ist ein Begriff **house·keeper** ['haʊsˌkiːpə^r] Haushälterin **house·keep·ing** ['haʊsˌkiːpɪŋ] ① Führung eines Haushalts ② Haushalten; **housekeeping money** Haushaltsgeld **house rules** ⚠ *plural* Hausordnung **house·trained** ['haʊstreɪnd] *Tier:* stubenrein **house-warm·ing** ['haʊsˌwɔːmɪŋ] Einzugsfest

house·wife ['haʊswaɪf] <*plural* housewives> Hausfrau

house·work ['haʊswɜːk] Hausarbeit

hous·ing ['haʊzɪŋ] ① Wohnungen ② Wohnungsbeschaffung ③ *von Waren:* Lagerung ④ Unterkunft **housing benefit** Wohnbeihilfe, Wohngeld **housing development** (USA), **housing estate** (GB) Wohnsiedlung **housing shortage** Wohnraummangel

hover ['hɒvə^r] ① schweben (**over** über) ② sich herumtreiben (**about, near** in der Nähe von) ③ (*übertragen*) schwanken **hover·craft** ['hɒvəkrɑːft] Luftkissenfahrzeug, Hovercraft **hover·port** ['hɒvəpɔːt] Hafen für Luftkissenfahrzeuge

how [haʊ] ① wie, wieso; **how about ...?** wie wäre es mit ...?; **how come ...?** wie kommt es ...?; **how many?** wie viele?; **how much?** wie viel?; **how are you?** wie geht's?; **how do you do?** guten Morgen/Tag/Abend ② **learn how to do something** etwas lernen ③ (*umgangsspr*) **and how!** und wie!

how·ever [haʊ'evə^r] ① wie auch immer; **however big/intelligent** wie groß/intelligent auch immer ② jedoch, aber, trotzdem

howl[1] [haʊl] ① *Tier, Wind:* heulen ② **howl with laughter/pain** vor Lachen/Schmerzen schreien ③ (*weinen*) brüllen

howl² [haʊl] Geheul
◈ **howl down** **howl someone down** jemanden niederbrüllen
howler ['haʊləʳ] (*umgangsspr*) Schnitzer, dummer Fehler
HP, hp [ˌeɪtʃ'piː] ① *Abkürzung von* **hire purchase** mit Ratenzahlung ② *Abkürzung von* **horse power** *von Motor:* PS
HTML *Abkürzung von* **hypertext mark-up language** HTML
hub [hʌb] ① *von Rad:* Nabe ② (*übertragen*) Mittelpunkt
hub·cap ['hʌbkæp] Radkappe
huddle¹ ['hʌdl] ① sich drängen, sich drücken ② sich schmiegen (**to** an); **huddle together** sich aneinander schmiegen
huddle² ['hʌdl] dicht gedrängte Gruppe
◈ **huddle down** sich hinkuscheln
◈ **huddle up** sich zusammenkauern
huff¹ [hʌf] **huff and puff** schnaufen und keuchen
huff² [hʌf] (*umgangsspr*) **go into a huff** schmollen; **go off in a huff** beleidigt abziehen
hug¹ [hʌg] <hugged> ① umarmen; **hug someone** jemanden [an sich] drücken ② sich dicht halten an; **the boat hugged the shore** das Boot fuhr dicht an der Küste entlang ③ *Kleidungsstück:* eng anliegen an
hug² [hʌg] Umarmung
huge [hjuːdʒ] riesig, ungeheuer; *Interesse, Verbesserung:* gewaltig **huge·ly** [hjuːdʒlɪ] ungeheuer
hullo [hə'ləʊ] hallo! nanu!
hum¹ [hʌm] <hummed> ① summen *Lied;* **who's humming to themselves?** wer summt vor sich hin? ② dröhnen (**with** von) ③ **hum and haw** herumdrucksen
hum² [hʌm] Summen; *von Maschine:* Brummen
hu·man¹ ['hjuːmən] ① menschlich; **I'm only human!** ich bin auch nur ein Mensch! ② **human error** menschliches Versagen; **human rights** Menschenrechte
hu·man² ['hjuːmən] **human [being]** Mensch
hu·mane [hjuː'meɪn] menschlich, human **hu·mani·tar·ian** [hjuːˌmænɪ'teərɪən] menschenfreundlich, humanitär **hu·man·ity** [hjuː'mænətɪ] ① die Menschheit ② Menschlichkeit ③ **the humanities** die Geisteswissenschaften **hu·man·ly** ['hjuːmənlɪ] **humanly possible** menschenmöglich
humble¹ ['hʌmbl] ① *Person:* demütig, bescheiden ② *Rang:* einfach ③ *Haus:* einfach, bescheiden ▶ In Wendungen: **eat humble pie** zurückstecken, klein beigeben
humble² ['hʌmbl] **humble someone** jemanden demütigen
hu·mid ['hjuːmɪd] feucht **hu·mid·ifier** [hjuːmɪdɪfaɪəʳ] Verdunster, Luftbefeuchtungsanlage **hu·mid·ity** [hjuː'mɪdətɪ] Feuchtigkeit
hu·mili·ate [hjuː'mɪlɪeɪt] **humiliate someone** jemanden demütigen **hu·mili·ation** [hjuːˌmɪlɪ'eɪʃn] Demütigung **hu·mil·ity** [hjuː'mɪlətɪ] Demut, Bescheidenheit
hu·mor (USA) **sense of humor** Humor
hu·mor·ous ['hjuːmərəs] amüsant, komisch; *Person:* humorvoll
hu·mour¹ ['hjuːməʳ] **sense of humour** Humor
hu·mour² ['hjuːməʳ] **humour someone** jemandem gegenüber nachgeben, jemandem den Willen lassen
hump¹ [hʌmp] ① *eines Kamels:* Höcker ② *eines Menschen:* Buckel ③ Hügel ④ (*umgangsspr*) **get the hump** beleidigt sein
hump² [hʌmp] (*umgangsspr*) **hump something** etwas schleppen
hunch¹ [hʌntʃ] **hunch one's back** einen Buckel machen; **hunch one's shoulders** die Schultern hochziehen
hunch² [hʌntʃ] (*umgangsspr*) [Vor]Ahnung; **have a hunch** eine Ahnung haben
hunch·back ['hʌntʃbæk] ① Buckel ② Bucklige(r); **be a hunchback** bucklig sein, einen Buckel haben
hun·dred¹ ['hʌndrəd] hundert
hun·dred² ['hʌndrəd] [das] Hundert; **a hundred** hundert; **one hundred** einhundert; **hundreds of …** Hunderte von …
hun·dredth¹ ['hʌndrədθ] hundertste(r, s)
hun·dredth² ['hʌndrədθ] ① Hundertste(r, s) ② (*Bruchteil*) Hundertstel
hung [hʌŋ] *2. und 3. Form von* **hang**
Hun·gar·ian¹ [hʌŋ'geərɪən] ungarisch
Hun·gar·ian² [hʌŋ'geərɪən] ① (*Person*) Ungar(in) ② (*Sprache*) [das] Ungarisch(e)
Hun·gary ['hʌŋgərɪ] Ungarn
hun·ger¹ ['hʌŋgəʳ] ① Hunger ② (*übertragen*) Verlangen (**for, after** nach); **die of hunger** verhungern; (*übertragen*) vor Hun-

ger sterben; **hunger strike** Hungerstreik

hun·ger² ['hʌŋgəʳ] sich sehnen, [heftig] verlangen (**for, after** nach)

hun·gry ['hʌŋgrɪ] ① hungrig; **be hungry** Hunger haben, hungrig sein ② (*übertragen*) verlangend, [be]gierig (**for** nach)

hunk [hʌŋk] ① *von Brot:* dickes Stück, Ranken ② [**gorgeous**] **hunk** (*umgangsspr*) geiler Typ

hunt¹ [hʌnt] ① jagen; **hunt animals** Jagd auf Tiere machen; **go hunting** auf die Jagd gehen ② [eifrig] suchen *Gegenstand, Verbrecher*

hunt² [hʌnt] ① Jagd, Fuchsjagd ② (*übertragen*) Jagd, Suche (**for** nach)

◆ hunt down **hunt someone down** jemanden zur Strecke bringen

◆ hunt out **hunt something out** etwas ausfindig machen

◆ hunt up ausfindig machen

hunter ['hʌntəʳ] ① Jäger ② Jagdpferd

hunt·ing [hʌntɪŋ] ① Jagen, Jagd ② Suche

hunt·ing-season Jagdzeit

hurdle ['hɜːdl] ① Hürde ② (*Sport*) **hurdles** ⚠ *mit Singular* Hürdenlauf ③ (*übertragen*) Hindernis, Hürde hur·dler ['hɜːdləʳ] Hürdenläufer(in)

hurl [hɜːl] **hurl something** etwas schleudern

hur·ri·cane ['hʌrɪkən] Wirbelsturm; (*auch übertragen*) Orkan hurricane warning Sturmwarnung

hur·ried ['hʌrɪd] ① hastig, eilig ② übereilt

hurry¹ ['hʌrɪ] ① Eile, Hast; **in a hurry** in [großer] Eile; **he was in a hurry to leave early** er hat es sehr eilig, frühzeitig zu gehen; **be in no hurry to do something** es nicht eilig haben, etwas zu tun; **there is no hurry** damit hat's keine Eile; **why** [**all**] **this hurry?** warum diese Eile? ② Übereilung

hurry² ['hʌrɪ] <hurried> ① sich beeilen; **don't hurry!** immer mit der Ruhe! ② **stop hurrying me!** hör auf mich zu drängen!

◆ hurry along ① sich beeilen ② drängen; **hurry someone along** jemanden zur Eile antreiben [*oder* vorantreiben]

◆ hurry away, hurry off forteilen, schnell wegbringen

◆ hurry on ① schnell weitergehen, weiterreden, weiterlesen ② **hurry someone/something on** jemanden/etwas antreiben

◆ hurry up ① sich beeilen ② **hurry something up** etwas vorantreiben

hurt¹ [hɜːt] <hurt, hurt> ① weh tun; **you're hurting me!** du tust mir weh! ② (*seelisch*) verletzen, kränken; **her remarks hurt him badly** ihre Bemerkungen haben ihn sehr verletzt; **feel hurt** sich gekränkt [*oder* verletzt] fühlen; **hurt someone's feelings** jemanden kränken [*oder* verletzen] ③ **the affair hurt the school's reputation** die Affäre hat dem Ruf der Schule geschadet ④ **that won't hurt!** das schadet nichts!

hurt² [hɜːt] ① Schmerz ② (*seelisch*) Verletzung ③ Schaden

hurt·ful ['hɜːtfl] ① verletzend ② schädlich, nachteilig (**to** für)

hurtle ['hɜːtl] rasen

hus·band ['hʌzbənd] [Ehe]Mann; **husband and wife** Eheleute

hush [hʌʃ] ① Stille ② **hush!** still! Ruhe [da]!

◆ hush up vertuschen *Skandal*

hush-hush [ˌhʌʃ'hʌʃ] (*umgangsspr*) streng [vertraulich und] geheim

husky¹ ['hʌskɪ] *Stimme:* rauh

husky² ['hʌskɪ] Husky, Schlittenhund

hus·tle¹ ['hʌsl] Gedränge, Hetze; **hustle and bustle** reges Treiben, Betriebsamkeit

hus·tle² ['hʌsl] ① **hustle someone** jemanden drängen (**into** zu) ② **stop hustling me!** hör auf mich zu hetzen!

hus·tler ['hʌsləʳ] ① USA Strichmädchen, Strichjunge ② USA (*umgangsspr*) Gauner

hut [hʌt] Hütte, Baracke

hutch [hʌtʃ] [Kaninchen]Stall

hy·dro·elec·tric [ˌhaɪdrəʊɪ'lektrɪk] hydroelektrisch; **hydroelectric powerstation** Wasserkraftwerk

hy·dro·gen ['haɪdrədʒən] Wasserstoff

hy·giene ['haɪdʒiːn] Gesundheitspflege, Hygiene; **personal hygiene** Körperpflege hy·gienic [haɪ'dʒiːnɪk] hygienisch

hymn [hɪm] Hymne, Loblied hymn·book ['hɪmbʊk] Gesangbuch

hype [haɪp] [reißerische] Publicity

hy·per·mar·ket ['haɪpəmaːkɪt] GB Großmarkt, Verbrauchermarkt

hy·per·text [ˌhaɪpə'tekst] Hypertext

hy·phen ['haɪfn] ① Bindestrich ② Trennstrich hy·phen·ate ['haɪfəneɪt] **hyphenate a word** ein Wort mit einem Bindestrich schreiben

hyp·ocrite ['hɪpəkrɪt] Heuchler(in), Scheinheilige(r)

hy·pot·en·use [ˌhaɪˈpɒtənjuːz] Hypotenuse
hys·teri·cal [hɪˈsterɪkl] ❶ hysterisch ❷ (*umgangsspr*) irrsinnig komisch
hys·ter·ics [hɪˈsterɪks] *plural* **go into hysterics** einen hysterischen Anfall bekommen; **be in hysterics** (*umgangsspr*) sich totlachen

I

I, i [aɪ] <*plural* I's, i's> I, i
I [aɪ] ich
ice[1] [aɪs] ❶ Eis ❷ Speiseeis ▶ IN WENDUNGEN: **be skating on thin ice** sich aufs Glatteis begeben; **break the ice** das Eis brechen; **cut no ice** keine Wirkung haben; **put a plan on ice** einen Plan auf Eis legen
ice[2] [aɪs] glasieren *Kuchen*
◆ **ice over**, **ice up** *Fenster, Auto:* zufrieren, vereisen
Ice Age Eiszeit **ice·berg** [ˈaɪsbɜːg] Eisberg **ice-cream** Eis, Eiscreme **ice cube** [ˈaɪskjuːb] Eiswürfel **iced** [aɪst] ❶ eisgekühlt; **iced coffee** Eiskaffee ❷ *Kuchen:* glasiert **ice hockey** Eishockey
ice lolly [ˌaɪsˈlɒlɪ] GB Eis am Stil **ice rink** [ˈaɪsrɪŋk] Schlittschuhbahn
ice-skate[1] [ˈaɪsˌkeɪt] Schlittschuh laufen
ice-skate[2] [ˈaɪsˌkeɪt] Schlittschuh
ice-skat·ing [ˈaɪskeɪtɪŋ] Eislauf, Schlittschuhlaufen
icicle [ˈaɪsɪkl] Eiszapfen
icing [ˈaɪsɪŋ] ❶ Zuckerguss, Glasur ❷ Vereisung ▶ IN WENDUNGEN: **the icing on the cake** das Tüpfelchen auf dem i **icing sugar** Puderzucker
icon [ˈaɪkɒn] ❶ (*religiös*) Ikone ❷ (*Computer*) Ikon
icy [ˈaɪsɪ] ❶ *Straße:* vereist, gefroren ❷ *Stimmung:* eisig
I'd [aɪd] *Kurzform von* **I had; I would**
ID card [aɪˈdiːˌkaːd] Personalausweis
idea [aɪˈdɪə] ❶ Gedanke, Idee; **good idea!** gute Idee!; **what an idea!** was für eine Idee! ❷ Vorstellung; **get ideas into one's head** sich [trügerischen] Hoffnungen hingeben ❸ Ahnung; **I have an idea that...** mir ist [so], als ob...; **I have no idea** ich habe keine Ahnung; **I haven't the faintest** [*oder* **slightest**] **idea** ich habe nicht die leiseste [*oder* geringste] Ahnung ❹ **that's the idea** so ist richtig
ideal[1] [aɪˈdɪəl] ideal, vorbildlich
ideal[2] [aɪˈdɪəl] Ideal
ident·ical [aɪˈdentɪkl] identisch, völlig gleich; **identical twins** eineiige Zwillinge
identi·fi·able [aɪˈdentɪˌfaɪəbl] erkennbar, identifizierbar
identi·fi·ca·tion [aɪˌdentɪfɪˈkeɪʃn] ❶ Identifizierung ❷ (*Dokument*) Ausweispapiere
ident·ify [aɪˈdentɪfaɪ] ❶ identifizieren *Leiche, Verbrecher* ❷ wiedererkennen *Gegenstand* ❸ **identify oneself** sich ausweisen; **identify oneself with someone** sich mit jemandem identifizieren
ident·ity [aɪˈdentətɪ] ❶ Identität ❷ Gleichheit, Übereinstimmung ❸ **prove one's identity** sich ausweisen **identity card** [Personal]Ausweis
id·iom [ˈɪdɪəm] ❶ idiomatische Redewendung ❷ Sprache, Ausdrucksweise **idio·matic** [ˌɪdɪəˈmætɪk] idiomatisch
id·iot [ˈɪdɪət] (*umgangsspr*) Idiot, Dummkopf **idi·otic** [ˌɪdɪˈɒtɪk] blöd[sinnig], idiotisch
idle[1] [ˈaɪdl] ❶ *Person:* faul, träge ❷ (*nicht arbeitend*) untätig; (*im Arbeitsverhältnis*) unbeschäftigt ❸ *Motor, Gerät:* nicht in Betrieb; **stand idle** stillstehen ❹ *Worte:* leer, nutzlos, vergeblich ❺ **his money is lying idle** sein Geld arbeitet nicht ❻ **idle fear** unbegründete Angst
idle[2] [ˈaɪdl] *Motor, Gerät:* leer laufen
◆ **idle about** faulenzen
◆ **idle away** vertun, vertrödeln *Zeit*
if[1] [ɪf] ❶ wenn, falls; **if it rains tomorrow...** für den Fall, dass es morgen regnet...; **if I were you...** an deiner Stelle... ❷ ob; **I wonder if he'll come** ich bin gespannt, ob er kommt ❸ **as if** als ob, als wenn; **as if by chance** wie zufällig; **if so** wenn ja; **if not** falls nicht; **and if ...!** und ob ...!; **even if** auch wenn; **if only she'd told me!** wenn sie mir das nur gesagt hätte!
if[2] [ɪf] **ifs and buts** Wenn und Aber
iffy [ˈɪfɪ] (*umgangsspr*) *Sache:* fraglich, zweifelhaft
ig·loo [ˈɪgluː] Iglu

ig·nite [ɪg'naɪt] ① sich entzünden ② anzünden *Brennstoff*

ig·nor·ance ['ɪgnərəns] ① Unwissenheit, Ignoranz; **ignorance** [**of the law**] **is no excuse** Unkenntnis schützt vor Strafe nicht ② Mangel an Bildung **ig·nor·ant** ['ɪgnərənt] ① unwissend ② nicht informiert; **be ignorant of** nicht wissen, nicht kennen ③ unkultiviert

ig·nore [ɪg'nɔːʳ] **ignore something** etwas ignorieren, etwas nicht beachten; nicht befolgen *Befehl, Rat*

ill[1] [ɪl] ① krank; **fall** [*oder* **be taken**] **ill** erkranken (**with** an), krank werden; **feel ill** sich unwohl fühlen ② schlecht; **ill effects** schädliche Wirkungen; **ill feeling** böses Blut; **ill humo**(**u**)**r** schlechte Laune ▸ IN WENDUNGEN: **it's an ill wind that does nobody any good** des einen Leid, des anderen Freud

ill[2] [ɪl] Übel, [das] Böse; **speak/think ill of someone** Schlechtes über jemanden sagen/denken

I'll [aɪl] *Kurzform von* **I will; I shall**

ill-ad·vised [ˌɪləd'vaɪzd] unklug; **be ill-advised** schlecht beraten sein

il·legal [ɪ'liːgl] unerlaubt, ungesetzlich, illegal

il·leg·ible [ɪ'ledʒəbl] unleserlich

il·legit·imate [ˌɪlɪ'dʒɪtɪmət] ① *Kind:* unehelich ② (*juristisch*) unrechtmäßig

ill-in·formed ['ɪlɪnˌfɔːmd] schlecht informiert

il·lit·er·ate[1] [ɪ'lɪtərət] des Schreibens und Lesens unkundig

il·lit·er·ate[2] [ɪ'lɪtərət] Analphabet(in)

ill-man·nered [ˌɪl'mænəd] unhöflich, schlecht erzogen

ill·ness ['ɪlnɪs] Krankheit

il·logi·cal [ɪ'lɒdʒɪkl] unlogisch

ill-tem·pered [ˌɪl'tempəd] schlecht gelaunt; (*ständig*) launisch **ill-timed** [ˌɪl'taɪmd] ungelegen; *Bemerkung:* unpassend

il·lumi·nate [ɪ'luːmɪneɪt] ① **illuminate something** etwas beleuchten; *Mond, Sonne:* etwas erleuchten ② illuminieren *Handschrift* ③ (*übertragen*) erhellen *Frage* ④ **illuminated display** Leuchtanzeige **il·lumi·nat·ing** [ɪ'luːmɪneɪtɪŋ] (*übertragen*) aufschlussreich **il·lumi·na·tion** [ɪˌluːmɪ'neɪʃn] ① Beleuchtung ② **illuminations** ⚠ *plural* Festbeleuchtung ③ Erleuchtung

il·lu·sion [ɪ'luːʒn] ① Illusion, trügerische Hoffnung; **have no illusions about someone/something** von jemandem/etwas keine falschen Vorstellungen haben; **be under the illusion that …** sich einbilden, dass … ② [Sinnes]Täuschung

il·lus·trate ['ɪləstreɪt] ① **illustrate something** etwas [bildlich] darstellen ② illustrieren *Buch* ③ (*übertragen*) erklären, anschaulicher machen *Sache* **il·lus·tra·tion** [ˌɪlə'streɪʃn] ① Erklärung; **by way of illustration** als Beispiel ② Abbildung ③ Illustration

I'm [aɪm] *Kurzform von* **I am**

im·age ['ɪmɪdʒ] ① Bild ② Abbild; **he's the spitting image of his sister** er ist das Ebenbild seiner Schwester ③ Vorstellung ④ Image; **improve one's image** sein Image aufbessern **im·agery** ['ɪmɪdʒərɪ] Metaphorik

im·agin·able [ɪ'mædʒɪnəbl] vorstellbar; **everything imaginable** alles Erdenkliche

im·agin·ary [ɪ'mædʒɪnərɪ] unwirklich, imaginär

im·agin·ation [ɪˌmædʒɪ'neɪʃn] ① Fantasie ② Einbildung **im·agin·ative** [ɪ'mædʒɪnətɪv] fantasievoll, einfallsreich

im·ag·ine [ɪ'mædʒɪn] ① sich ausdenken; **imagine something** sich etwas vorstellen ② glauben; **just imagine!** denken Sie nur [mal]!; **I imagine so** ich glaube schon

im·bal·ance [ˌɪm'bæləns] Unausgeglichenheit

im·be·cile[1] ['ɪmbəsiːl] schwachsinnig

im·be·cile[2] ['ɪmbəsiːl] Schwachsinnige(r)

IMF [ˌaɪem'ef] *Abkürzung von* **International Monetary Fund** IWF, Internationaler Währungsfonds

imi·tate ['ɪmɪtəɪt] ① **imitate someone/something** jemanden/etwas nachahmen, jemanden/etwas imitieren ② kopieren *Bild, Stil;* fälschen *Unterschrift* **imi·ta·tion**[1] [ˌɪmɪ'teɪʃn] ① Nachahmung; **in imitation of** nach dem Vorbild ② Imitation **imi·ta·tion**[2] [ˌɪmɪ'teɪʃn] falsch; **imitation leather** Kunstleder

im·macu·late [ɪ'mækjʊlət] ① fleckenlos ② untadelig

im·ma·ture [ˌɪmə'tjʊəʳ] ① unreif, unentwickelt ② *Ideen:* unausgegoren

im·measur·able [ɪ'meʒərəbl] unermesslich, unmessbar

im·medi·acy [ɪ'mi:dɪəsɪ] Unmittelbarkeit

im·medi·ate [ɪ'mi:dɪət] ① unmittelbar, direkt ② *Nachbarn, Zukunft:* nächste ③ *Antwort:* umgehend

im·medi·ate·ly [ɪ'mi:dɪətlɪ] ① direkt, unmittelbar ② sofort; **immediately after/before** unmittelbar danach/davor

im·mense [ɪ'mens] ungeheuer [groß], immens

im·merse [ɪ'mɜ:s] ① **immerse something** etwas eintauchen, etwas versenken; **be immersed in water** bis zum Hals im Wasser sein ② (*übertragen*) sich stürzen (**in** in); **be immersed in one's work** in seine Arbeit vertieft sein **immersion heater** ① (GB) Heißwasserspeicher ② Tauchsieder

im·mi·grant¹ ['ɪmɪgrənt] **immigrant worker** ausländische(r) Arbeitnehmer(in)

im·mi·grant² ['ɪmɪgrənt] Einwanderer, Einwanderin

im·mi·grate ['ɪmɪgreɪt] einwandern (**into** nach) **im·mi·gra·tion** [ˌɪmɪ'greɪʃn] ① Einwanderung ② Einwanderungskontrolle

im·mi·nent ['ɪmɪnənt] nahe bevorstehend; **be imminent** nahe bevorstehen

im·mo·bi·lize [ɪ'məʊbəlaɪz] ① lahm legen *Verkehr* ② festlegen *Geld* ③ bewegungsunfähig machen *Armee* ④ stilllegen *Auto, Arm*

im·moral [ɪ'mɒrəl] unmoralisch; **immoral person** unmoralischer [*oder* sittenloser] Mensch; **immoral behaviour** unmoralisches Benehmen

im·mor·tal [ɪ'mɔ:tl] ① unsterblich ② *Ruhm:* unvergänglich **im·mor·tal·ity** [ˌɪmɔ:'tælətɪ] ① Unsterblichkeit ② Unvergänglichkeit

im·mov·able [ɪ'mu:vəbl] ① unbeweglich ② (*übertragen*) unüberwindlich ③ *Mensch:* fest

im·mune [ɪ'mju:n] ① immun (**against, to** gegen); **immune system** Immunsystem ② (*übertragen*) unempfindlich, sicher (**from** vor) **im·mun·ity** [ɪ'mju:nətɪ] ① Immunität ② (*juristisch*) Straffreiheit; **diplomatic immunity** diplomatische Immunität ③ (*übertragen*) Unempfindlichkeit, Sicherheit **im·mu·nize** ['ɪmjʊnaɪz] **immunize someone** jemanden immunisieren (**against** gegen)

im·pact ['ɪmpækt] ① Aufprall; *von Bombe:* Einschlag ② (*übertragen*) [Aus]Wirkung; **make an impact on someone/something** Eindruck auf jemanden/etwas machen

im·par·tial [ɪm'pɑ:ʃl] unparteiisch, vorurteilslos **im·par·tial·ity** [ˌɪmˌpɑ:ʃɪ'ælətɪ] Unparteilichkeit

im·pass·able [ɪm'pɑ:səbl] unpassierbar

im·passe ['æmpɑ:s, (USA) 'ɪmpæs] (*übertragen*) Sackgasse

im·pas·sioned [ɪm'pæʃnd] leidenschaftlich

im·pas·sive [ɪm'pæsɪv] gelassen

im·pa·tience [ɪm'peɪʃns] ① Ungeduld ② Unduldsamkeit (**of** gegen) **im·pa·tient** [ɪm'peɪʃnt] ① ungeduldig ② unduldsam (**of** gegen)

im·pede [ɪm'pi:d] behindern *Erfolg, Verkehr*

im·pera·tive [ɪm'perətɪv] ① *Mensch, Art:* gebieterisch ② *Wunsch:* dringend, unerlässlich

im·per·cep·tible [ˌɪmpə'septəbl] ① nicht wahrnehmbar ② unmerklich

im·per·fect [ɪm'pɜ:fɪkt] ① unvollständig, unvollkommen ② mangelhaft ③ *Wettbewerb:* ungleich **im·per·fec·tion** [ˌɪmpə'fekʃn] ① Mangel ② Unvollkommenheit

im·perial [ɪm'pɪərɪəl] ① Reichs-, kaiserlich ② (*des British Empire*) Empire- ③ britisch *Maße*

im·per·sonal [ˌɪm'pɜ:sənl] unpersönlich, sachlich

im·per·son·ate [ɪm'pɜ:səneɪt] ① **impersonate someone** sich als jemand ausgeben ② nachahmen *berühmte Leute*

im·per·ti·nent [ɪm'pɜ:tɪnənt] unverschämt

im·petu·ous [ɪm'petʃʊəs] ① stürmisch; *Person:* ungestüm ② *Entscheidung:* übereilt

im·pe·tus ['ɪmpɪtəs] ① Wucht, Schwung ② (*übertragen*) Impuls

im·plant¹ [ɪm'plɑ:nt] (*medizinisch*) **implant something in someone** jemandem etwas einpflanzen

im·plant² [ɪm'plɑ:nt] Implantat

im·plaus·ible [ɪm'plɔ:zɪbl] unglaubwürdig

im·ple·ment¹ ['ɪmplɪmənt] Gerät, Werkzeug

im·ple·ment² [ɪmplɪ'ment] ① ausführen, durchführen *Plan* ② erfüllen *Vertrag* ③ vollziehen *Gesetz*

im·pli·cate ['ɪmplɪkeɪt] **implicate someone in something** jemanden in etwas verwickeln **im·pli·ca·tion** [ˌɪmplɪ'keɪʃn] ① Verwicklung ② Implikation; **by implication** implizit ③ *von Gesetzen:* Auswirkung

im·pli·cit [ɪm'plɪsɪt] ① stillschweigend,

implizit ② *Drohung:* indirekt, unausgesprochen ③ *Gehorsam:* unbedingt

im·plore [ɪmˈplɔːʳ] **implore someone** jemanden anflehen (**for** um); **"please", he implored** „bitte", flehte er **im·plor·ing** [ɪmˈplɔːrɪŋ] flehend

im·ply [ɪmˈplaɪ] ① **imply something** etwas implizieren; **what are you implying?** was wollen Sie damit sagen? ② **imply something** auf etwas schließen lassen ③ **imply something** etwas bedeuten, etwas mit sich bringen

im·po·lite [ˌɪmpəˈlaɪt] unhöflich **im·po·lite·ness** [ˌɪmpəˈlaɪtnɪs] Unhöflichkeit

im·port[1] [ɪmˈpɔːt] einführen, importieren *Waren* (**into, in** nach)

im·port[2] [ˈɪmpɔːt] ① Einfuhr, Import ② **imports** Importartikel ③ (*übertragen*) Bedeutung, Sinn

im·port·ance [ɪmˈpɔːtns] ① Wichtigkeit ② Grund, Bedeutung; **of no importance** bedeutungslos, belanglos; **she attached no importance to their remarks** sie maß ihren Bemerkungen keine Bedeutung bei

im·port·ant [ɪmˈpɔːtnt] ① wichtig (**to** für) ② einflussreich **im·port·ant·ly** [ɪmˈpɔːtntlɪ] ① wichtigtuerisch ② entscheidend

im·pose [ɪmˈpəʊz] ① erheben *Steuer* (**on** auf) ② **impose conditions on someone** jemandem Bedingungen auferlegen [*oder* aufzwingen] ③ **he didn't want to impose on them** er wollte ihnen nicht zur Last fallen **im·pos·ing** [ɪmˈpəʊzɪŋ] ① imposant ② imponierend **im·po·si·tion** [ˌɪmpəˈzɪʃn] ① Zumutung ② Auferlegung; *von Steuern:* Erhebung

im·possi·bil·ity [ɪmˌpɒsəˈbɪlətɪ] Unmöglichkeit

im·poss·ible [ɪmˈpɒsəbl] ① unmöglich ② (*umgangsspr*) unausstehlich, unerträglich

im·pos·tor [ɪmˈpɒstəʳ] Betrüger(in), Hochstapler(in)

im·po·tence [ˈɪmpətəns] ① Schwäche, Machtlosigkeit ② (*sexuell*) Impotenz **im·po·tent** [ˈɪmpətənt] ① schwach, unfähig ② (*sexuell*) impotent

im·pound [ɪmˈpaʊnd] beschlagnahmen, in Verwahrung nehmen *Waren*

im·pov·er·ish [ɪmˈpɒvərɪʃ] verarmen lassen *Mensch;* **be impoverished** verarmt sein

im·prac·ti·cable [ɪmˈpræktɪkəbl] impraktikabel; *Plan:* nicht anwendbar

im·prac·ti·cal [ɪmˈpræktɪkl] unpraktisch

im·pre·cise [ˌɪmprɪˈsaɪs] ungenau

im·preg·nable [ɪmˈpregnəbl] uneinnehmbar

im·preg·nate [ˈɪmpregneɪt] ① befruchten *Frau, Tier* ② tränken *Tuch, Stoff* (**with** mit)

im·press [ɪmˈpres] ① eindrücken *Muster* (**on** auf) ② beeindrucken *Person;* **the painting impressed her enormously** sie war von der Gemälde sehr beeindruckt ③ **impress something on someone** jemandem etwas einschärfen

im·pres·sion [ɪmˈpreʃn] ① Prägung, Abdruck ② (*übertragen*) Eindruck; **give the impression** den Eindruck erwecken; **be under the impression** den Eindruck haben ③ **do an impression of someone** jemanden imitieren **im·pres·sion·able** [ɪmˈpreʃənəbl] leicht zu beeindrucken

im·pres·sive [ɪmˈpresɪv] eindrucksvoll

im·print[1] [ɪmˈprɪnt] ① aufdrücken *Stempel, Muster* (**on** auf) ② **something is imprinted on** [*oder* **in**] **someone's memory** etwas hat sich jemandem eingeprägt

im·print[2] [ɪmˈprɪnt] Abdruck, Aufdruck

im·prison [ɪmˈprɪzn] **imprison someone** jemanden inhaftieren **im·prison·ment** [ɪmˈprɪznmənt] Inhaftierung, Gefangenschaft; **sentence someone to one year's imprisonment** jemanden zu einem Jahr Gefängnis verurteilen; **life imprisonment** lebenslängliche Freiheitsstrafe

im·prob·abil·ity [ɪmˌprɒbəˈbɪlətɪ] Unwahrscheinlichkeit **im·prob·able** [ɪmˈprɒbəbl] unwahrscheinlich

im·proper [ɪmˈprɒpəʳ] ① unpassend, unangebracht (**to** für) ② unsachgemäß ③ *Verhalten:* unanständig

im·prove [ɪmˈpruːv] ① sich bessern; **improve something** etwas verbessern ② ausbauen *Beziehungen* ③ verfeinern *Essen* ④ *Wetter:* schöner werden ⑤ *Produktion:* sich erhöhen ⑥ **improve on** [*oder* **upon**] **something** etwas überbieten *Angebot*

im·prove·ment [ɪmˈpruːvmənt] ① Verbesserung; **make improvements** Verbesserungen erzielen; **carry out improvements on a house** Ausbesserungsarbeiten an einem Haus vornehmen ② *von Absatz:* Steigerung; *vom Gehalt:* Aufbesserung; *von Preisen:* Anziehen ③ Fortschritt (**on, over** gegenüber)

im·pro·vis·ation [ˌɪmprəvaɪˈzeɪʃn] Improvisation, Improvisieren **im·pro·vise** [ˈɪmprəvaɪz] improvisieren; improvisieren *Musik*

im·prud·ent [ɪmˈpruːdnt] unklug, unüberlegt

im·pu·dence [ˈɪmpjʊdəns] Unverschämtheit, Frechheit **im·pu·dent** [ˈɪmpjʊdənt] unverschämt, frech

im·pulse [ˈɪmpʌls] ① Anstoß, Impuls; **act on impulse** impulsiv handeln ② (*psychologisch*) Drang **im·pul·sive** [ɪmˈpʌlsɪv] impulsiv, spontan

im·pun·ity [ɪmˈpjuːnətɪ] **with impunity** straflos

im·pure [ɪmˈpjʊəʳ] ① unrein ② *Motiv:* unsauber ③ *Essen:* verunreinigt **im·pur·ity** [ɪmˈpjʊərətɪ] ① Unreinheit ② *von Wasser:* Verschmutzung

in [ɪn] ① *räumlich* in; **in the house** im Hause; **in the street** auf der Straße; **sitting in the window** am Fenster sitzend; **in bed** im Bett; **the train is in** der Zug ist angekommen ② daheim, zu Hause; **is Michael in?** ist Michael da? ③ *zeitlich* in, während; **in 1999** 1999; **in July** im Juli; **in the morning/afternoon/evening** morgens/nachmittags/abends; **in the beginning** am Anfang; **in time** zeitlich; **in a week** in einer Woche ④ (*Art, Zustand*) **speak in a loud voice** laut, mit lauter Stimme sprechen; **speak in German** Deutsch reden; **in this way** so; **in anger** im Zorn; **in black** in Schwarz gekleidet; **write in ink** mit Tinte schreiben ⑤ (*Ausmaß*) **in part** teilweise ⑥ (*betreffend*) **a rise in prices** ein Preisanstieg ⑦ (*modisch, aktuell*) **green is in** Grün ist in; **strawberries are in now** es ist Erdbeerzeit ▸ IN WENDUNGEN: **be in for something** etwas zu erwarten [*oder* zu befürchten] haben; **now you are in for it!** jetzt geht's dir aber schlecht!; **be in on something** an einer Sache beteiligt sein, über etwas Bescheid wissen; **be in with someone** mit jemandem auf gutem Fuße stehen

in·abil·ity [ˌɪnəˈbɪlətɪ] Unfähigkeit; **inability to pay** Zahlungsunfähigkeit

in·ac·cess·ible [ˌɪnækˈsesəbl] (*auch übertragen*) unzugänglich (**to** für)

in·ac·cur·ate [ɪnˈækjərət] unrichtig, ungenau

in·ac·tion [ɪnˈækʃn] Untätigkeit, Nichtstun **in·ac·tive** [ɪnˈæktɪv] ① untätig ② *Mensch:* müßig ③ *Geld:* brachliegend ④ *Vulkan:* erloschen

in·ad·equate [ɪnˈædɪkwət] ① unzulänglich; **he feels inadequate for the task** er fühlt sich der Aufgabe nicht gewachsen ② *Mittel:* unzureichend ③ unangemessen ④ nicht geeignet

in·ad·ver·tent [ˌɪnədˈvɜːtənt] unbeabsichtigt, ungewollt

in·ad·vis·able [ˌɪnədˈvaɪzəbl] unratsam, nicht zu empfehlen

in·ani·mate [ɪnˈænɪmət] ① leblos ② *Natur:* unbelebt

in·ap·pli·cable [ɪnˈæplɪkəbl] nicht anwendbar (**to** auf)

in·ap·pro·pri·ate [ˌɪnəˈprəʊprɪət] ① unangemessen, unangebracht ② *Zeit:* unpassend, ungelegen

in·ar·ticu·late [ˌɪnɑːˈtɪkjʊlət] undeutlich; **he is very inarticulate** er kann sich nur schlecht ausdrücken

in·as·much [ˌɪnəzˈmʌtʃ] **inasmuch as** da, weil

in·at·ten·tive [ˌɪnəˈtentɪv] unaufmerksam (**to** gegenüber)

in·aud·ible [ɪnˈɔːdəbl] unhörbar

in·aug·ur·ation [ɪˌnɔːgjʊˈreɪʃn] ① Amtseinführung ② Einweihung, Eröffnung

in·aus·pi·cious [ˌɪnɔːˈspɪʃəs] Unheil verheißend

in·born [ˌɪnˈbɔːn] angeboren

in-built [ˈɪnbɪlt] ① eingebaut ② instinktiv, angeboren

in·cal·cu·lable [ɪnˈkælkjʊləbl] ① *Betrag:* unschätzbar, unabsehbar ② (*mathematisch*) nicht berechenbar

in·capable [ɪnˈkeɪpəbl] ① unfähig, nicht im Stande, nicht in der Lage; **be incapable of doing something** unfähig sein, etwas zu tun; **incapable of working** arbeitsunfähig ② untauglich, ungeeignet (**of** für)

in·ca·pac·ity [ˌɪnkəˈpæsətɪ] ① Unfähigkeit ② (*juristisch*) mangelnde Berechtigung

in·cen·di·ary [ɪnˈsendɪərɪ] ① aufrührerisch ② Brand-; **incendiary bomb** Brandbombe

in·cense[1] [ˈɪnsens] Weihrauch

in·cense[2] [ɪnˈsens] **incense someone** jemanden erbosen

in·cen·tive [ɪnˈsentɪv] [finanzieller] Anreiz

(**to** zu) incentive scheme leistungsabhängiges Schema

in·cess·ant [ɪn'sesnt] unablässig, unaufhörlich

inch [ɪntʃ] ① Zoll (= *2,54 cm*) ② ein bisschen, [ein] wenig; **inch by inch** Zentimeter um Zentimeter; **the car missed me by inches** das Auto hat mich um Haaresbreite verfehlt ▸ IN WENDUNGEN: **he came within an inch of his life** sein Leben stand auf des Messers Schneide

◆ inch along, inch forward **inch something forward** etwas zentimeterweise bewegen; **she inched her way along the window ledge** sie bewegte sich langsam am Fenstersims entlang

in·ci·dence ['ɪnsɪdəns] ① Vorkommen ② Häufigkeit; **a high incidence of crime** eine hohe Verbrechensquote in·ci·dent ['ɪnsɪdənt] ① Vorfall, Ereignis ② Zwischenfall in·ci·den·tal [ˌɪnsɪ'dentl] ① nebensächlich ② verbunden (**to** mit) ③ zufällig ④ **incidental music** Begleitmusik in·ci·den·tally [ˌɪnsɪ'dentlɪ] übrigens, nebenbei gesagt

in·cin·er·ate [ɪn'sɪnəreɪt] einäschern, verbrennen *Müll* in·cin·er·ator [ɪn'sɪnəreɪtə^r] (*für Müll*) Verbrennungsanlage

in·ci·sion [ɪn'sɪʒn] Einschnitt

in·cis·ive [ɪn'saɪsɪv] ① scharf; *Verstand:* ausgeprägt ② beißend; *Bemerkung:* scharfsinnig

in·cite [ɪn'saɪt] aufwiegeln *Massen;* **incite someone to violence** jemanden zu Gewalttätigkeiten aufhetzen

in·cli·na·tion [ˌɪnklɪ'neɪʃn] ① Hang; (*von Dach*) Neigung ② (*übertragen*) Vorliebe (**for** für) ③ Gefälle

in·clined [ɪn'klaɪnd] ① geneigt; **be inclined to do something** Lust haben, etwas zu tun; dazu neigen, etwas zu tun; **I am inclined to think that ...** ich neige zu der Ansicht, dass ... ② **be well inclined towards someone** jemandem gewogen sein

in·clude [ɪn'klu:d] ① **include something** etwas einschließen (**in** in); **breakfast is included in the price** Frühstück ist im Preis enthalten ② **the panel includes two students** zu dem Rateteam gehören zwei Studenten; **the children included** einschließlich der Kinder ③ **his name isn't included on the list** sein Name steht nicht auf der Liste

in·clud·ing [ɪn'klu:dɪŋ] einschließlich, inklusive, inbegriffen in·clu·sion [ɪn'klu:ʒn] Einbeziehung (**in** in) in·clus·ive [ɪn'klu:sɪv] einschließlich, inklusive; **be inclusive of something** etwas einschließen; **Monday to Friday inclusive** von Montag bis einschließlich Freitag

in·co·her·ent [ˌɪnkəʊ'hɪərənt] ① zusammenhanglos ② *Rede:* wirr

in·come ['ɪŋkʌm] Einkommen, Einkünfte (**from** aus) income support Sozialhilfe income tax Einkommensteuer, Lohnsteuer; **income tax return** Einkommensteuererklärung, Lohnsteuererklärung

in·com·ing ['ɪnˌkʌmɪŋ] ① *Zug:* einfahrend; *Schiff:* einlaufend ② **incoming tide** Flut ③ hereinkommend; *Mieter, Regierung:* neu

in·com·par·able [ɪn'kɒmprəbl] nicht vergleichbar (**to, with** mit), unvergleichlich

in·com·pati·ble [ˌɪnkəm'pætəbl] unvereinbar (**with** mit), nicht zueinander passend

in·com·pe·tent [ɪn'kɒmpɪtənt] ① unfähig, untauglich ② (*juristisch*) unzuständig (**to** für)

in·com·plete [ˌɪnkəm'pli:t] unvollständig

in·com·pre·hen·sible [ˌɪnˌkɒmprɪ'hensəbl] unbegreiflich; *Sprache, Theorie:* unverständlich

in·con·ceiv·able [ˌɪnkən'si:vəbl] ① unvorstellbar ② unfassbar

in·con·clus·ive [ˌɪnkən'klu:sɪv] ergebnislos; *Beweis:* nicht schlüssig

in·con·sequen·tial [ɪnˌkɒnsɪ'kwenʃl] ① belanglos ② unlogisch

in·con·sider·ate [ˌɪnkən'sɪdərət] ① unaufmerksam ② rücksichtslos

in·con·sist·ent [ˌɪnkən'sɪstənt] ① widersprüchlich ② *Arbeit:* unbeständig ③ **her behaviour is inconsistent with her beliefs** ihr Verhalten stimmt mit ihren Ansichten nicht überein

in·con·sol·able [ˌɪnkən'səʊləbl] untröstlich

in·con·spicu·ous [ˌɪnkən'spɪkjʊəs] unauffällig, unscheinbar

in·con·ven·ience[1] [ˌɪnkən'vi:nɪəns] Unannehmlichkeit; **put someone to great inconvenience** jemandem große Umstände bereiten

in·con·ven·ience[2] [ˌɪnkən'vi:nɪəns] **inconvenience someone** jemandem Umstände bereiten

in·con·ven·ient [ˌɪnkən'viːnɪənt] unbequem; *Zeit:* ungelegen; *Lage:* ungünstig; *Design:* unpraktisch

in·cor·rect [ˌɪnkə'rekt] ① falsch, unrichtig ② unkorrekt

in·cor·rupt·ible [ˌɪnkə'rʌptəbl] unbestechlich

in·crease[1] [ɪn'kriːs] ① zunehmen; **increase in size/price** größer/teurer werden ② **increase something** etwas vergrößern (**to** auf); erhöhen *Preis, Temperatur* ③ verstärken *Bemühung* ④ vermehren *Besitz*

in·crease[2] ['ɪŋkriːs] ① Vergrößerung ② *von Preis, Kosten:* Erhöhung (**on** gegenüber); **increase in value** Wertsteigerung ③ Zunahme, Zuwachs; **be on the increase** ständig zunehmen; **increase in population** Bevölkerungszunahme

in·creas·ing ['ɪŋkriːsɪŋ] zunehmend, steigend

in·cred·ible [ɪn'kredəbl] ① unglaubhaft ② unglaublich

in·crimi·nate [ɪn'krɪmɪneɪt] **incriminate someone** jemanden belasten

incubation period Inkubationszeit

in·cur [ɪn'kɜːʳ] <incurred> sich zuziehen; **incur debts** Schulden machen; **incur a loss** einen Verlust erleiden

in·cur·able [ɪn'kjʊərəbl] unheilbar; (*übertragen*) unverbesserlich

in·debted [ɪn'detɪd] (*übertragen*) **be indebted to someone** [**for something**] jemandem [für etwas] zu Dank verpflichtet sein

in·de·cent [ɪn'diːsnt] ① unsittlich ② anstößig, unanständig; **indecent assault** Notzucht

in·de·cipher·able [ˌɪndɪ'saɪfrəbl] nicht zu entziffern

in·de·ci·sion [ˌɪndɪ'sɪʒn] Unentschlossenheit

in·de·cis·ive [ˌɪndɪ'saɪsɪv] ① unentschlossen ② nichts entscheidend; *Diskussion:* ergebnislos

in·deed [ɪn'diːd] ① in der Tat, tatsächlich; **thank you very much indeed!** vielen herzlichen Dank!; **are you pleased? — yes, indeed!** bist du zufrieden? — oh ja, sehr sogar! ② **indeed** wirklich; **if indeed ...** falls ... wirklich

in·de·fens·ible [ˌɪndɪ'fensəbl] ① unhaltbar ② (*übertragen*) *Benehmen:* unentschuldbar

in·defin·able [ˌɪndɪ'faɪnəbl] unbestimmbar, undefinierbar

in·defi·nite [ɪn'defɪnət] ① unbegrenzt, unbestimmt ② (*übertragen*) unklar

in·del·ible [ɪn'deləbl] (*auch übertragen*) nicht zu entfernen, unauslöschlich; **indelible ink** Wäschetinte; **indelible pencil** Kopierstift

in·de·pen·dence [ˌɪndɪ'pendəns] ① Unabhängigkeit (**from** von) ② **Independence Day** (USA) Unabhängigkeitstag (*Jahrestag vom 4. Juli 1776*)

> **i Land & Leute** Am 4. Juli 1776 erklärten die amerikanischen Kolonien ihre Unabhängigkeit von Großbritannien. Der **Fourth of July** oder **Independence Day** ist deshalb der höchste amerikanische Feiertag. Man gedenkt jedes Jahr am 4. Juli der „Declaration of Independence" (Unabhängigkeitserklärung). An diesem Tag unternimmt man Picknicks, trifft sich zu Familienfeiern, und es finden professionelle Baseballspiele statt. Abends gibt es dann überall ein großes Feuerwerk.

in·de·pen·dent[1] [ˌɪndɪ'pendənt] ① unabhängig (**of** von), selbständig ② (*politisch*) parteilos ③ **Independent Television, ITV** (*kommerzielle britische Fernsehanstalt*)

in·de·pen·dent[2] [ˌɪndɪ'pendənt] ① Unabhängige(r) ② (*politisch*) Parteilose(r)

in-depth ['ɪndepθ] *Studie:* eingehend; *Suche:* gründlich

in·de·scrib·able [ˌɪndɪ'skraɪbəbl] unbeschreiblich

in·de·struct·ible [ˌɪndɪ'strʌktəbl] unzerstörbar

in·dex ['ɪndeks] ① <*plural* indexes> Register, Index; **index of sources** Quellenverzeichnis ② <*plural* indices> Hinweiszeichen ③ <*plural* indices> (*mathematisch*) Exponent

index finger Zeigefinger

in·di·cate ['ɪndɪkeɪt] ① **indicate something** etwas anzeigen *Temperatur* ② **indicate something** auf etwas hinweisen; andeuten, zum Ausdruck bringen *Gefühle* ③ *Maschine:* anzeigen ④ *Auto:* blinken **in·di·ca·tion** [ˌɪndɪ'keɪʃn] ① Anzeigen ② Hinweis, Andeutung; **she gave no indication of her feelings** sie hat überhaupt nicht erkennen lassen, wie sie sich fühlte; **there is**

every indication that ... alles weist darauf hin, dass ... **in·dica·tive** [ɪn'dɪkətɪv] bezeichnend (**of** für); **be indicative of something** ein Hinweis für etwas sein **in·di·cator** ['ɪndɪkeɪtəʳ] 1 Anzeiger 2 (*Chemie, Betriebswirtschaft*) Indikator 3 (*Auto*) Fahrtrichtungsanzeiger, Blinker 4 (*übertragen*) Anzeichen

in·di·ces ['ɪndɪsiːz] *Pluralform von* **index**

in·dict [ɪn'daɪt] **indict someone** jemanden anklagen (**for** wegen)

in·dif·fer·ence [ɪn'dɪfrəns] Gleichgültigkeit (**to, towards** gegen), Interesselosigkeit **in·dif·fer·ent** [ɪn'dɪfrənt] 1 gleichgültig (**to, towards** gegenüber) 2 *Beobachter:* unbeteiligt 3 mittelmäßig, durchschnittlich

in·digen·ous [ɪn'dɪdʒɪnəs] einheimisch; *Bevölkerung:* eingeboren (**to** in); **indigenous to Europe** in Europa heimisch

in·di·gest·ible [ˌɪndɪ'dʒəstəbl] (*auch übertragen*) unverdaulich **in·di·ges·tion** [ˌɪndɪ'dʒəstʃən] Magenverstimmung

indig·nant [ɪn'dɪgnənt] entrüstet, empört (**at, about** über)

in·dig·na·tion [ˌɪndɪg'neɪʃn] Entrüstung, Empörung (**at, about, over** über)

in·dig·ni·ty [ɪn'dɪgnɪtɪ] Demütigung

in·direct [ˌɪndɪ'rekt] 1 indirekt, mittelbar 2 **by indirect means** auf Umwegen

in·dis·ci·pline [ɪn'dɪsɪplɪn] Mangel an Disziplin

in·dis·creet [ˌɪndɪ'skriːt] indiskret; *Benehmen:* taktlos **in·dis·cre·tion** [ˌɪndɪ'skreʃn] Indiskretion, Taktlosigkeit

in·dis·crimi·nate [ˌɪndɪ'skrɪmɪnət] 1 kritiklos 2 wahllos, willkürlich

in·dis·pens·able [ˌɪndɪ'spensəbl] unbedingt notwendig, unentbehrlich (**to** für)

in·dis·tinct [ˌɪndɪ'stɪŋkt] 1 undeutlich, verschwommen 2 *Geräusch:* schwach

in·dis·tin·guish·able [ˌɪndɪ'stɪŋgwɪʃəbl] 1 nicht zu unterscheiden 2 nicht erkennbar

in·di·vid·ual[1] [ˌɪndɪ'vɪdʒʊəl] 1 *Portion:* einzeln 2 **individual cases** Einzelfälle 3 persönlich 4 individuell; *Geschmack:* eigen

in·di·vid·ual[2] [ˌɪndɪ'vɪdʒʊəl] 1 Einzelne(r) 2 Individuum

in·di·vid·ual·ism [ˌɪndɪ'vɪdʒʊəlɪzəm] Individualismus **in·di·vid·ual·ist** [ˌɪndɪ'vɪdʒʊəlɪst] Individualist(in)

in·di·vis·ible [ˌɪndɪ'vɪzəbl] unteilbar

in·door ['ɪndɔːʳ] Innen-, Haus-; **indoor aerial** Zimmerantenne; **indoor swimming-pool** Hallenbad **in·doors** [ˌɪn'dɔːz] im Hause; **go indoors** nach drinnen gehen

in·duce [ɪn'djuːs] 1 **induce someone to do something** jemanden dazu veranlassen, etwas zu tun 2 herbeiführen *Reaktion, Schlaf* 3 einleiten *Geburt* 4 (*in der Physik*) induzieren

induction course Einführungskurs

in·dulge [ɪn'dʌldʒ] 1 **indulge someone [in something]** jemandem [in etwas] nachgeben; verwöhnen *Kind* 2 **indulge a wish/desire** einem Wunsch/Verlangen nachgeben 3 **indulge in something** sich etwas gönnen, in etwas schwelgen

in·dul·gent [ɪn'dʌldʒənt] nachsichtig, nachgiebig (**to** gegen)

in·dus·trial [ɪn'dʌstrɪəl] 1 gewerblich, industriell 2 Betriebs-; **industrial action** Streikmaßnahmen; **industrial dispute** Tarifkonflikt; **industrial estate** Industriegelände, Industriepark; **industrial injury** Arbeitsunfall; **industrial relations** Arbeitgeber-Arbeitnehmer-Beziehungen; **Industrial Revolution** industrielle Revolution; **industrial tribunal** Arbeitsgericht; **industrial waste** Industriemüll **in·dus·trial·ist** [ɪn'dʌstrɪəlɪst] Industrielle(r) **in·dus·triali·zation** [ɪnˌdʌstrɪəlaɪ'zeɪʃn] Industrialisierung **in·dus·trial·ize** [ɪn'dʌstrɪəlaɪz] industrialisieren *Gebiet, Landschaft;* **industrialized country** Industrieland

in·dus·tri·ous [ɪn'dʌstrɪəs] fleißig

in·dus·try ['ɪndəstrɪ] 1 Industrie, Industriezweig; **automobile industry** Kraftfahrzeugindustrie; **heavy/light industry** Schwerindustrie/Leichtindustrie; **hotel industry** Hotelgewerbe; **tourist industry** Touristik 2 Fleiß

in·ed·ible [ɪn'edəbl] ungenießbar

in·ef·fec·tive [ˌɪnɪ'fektɪv] 1 unwirksam, wirkungslos 2 *Person:* untauglich, unfähig

in·ef·fec·tual [ˌɪnɪ'fektʃʊəl] ineffektiv

in·ef·fic·ient [ˌɪnɪ'fɪʃnt] 1 *Person:* unfähig, inkompetent 2 *Maschine:* unwirtschaftlich 3 *Betrieb:* unrationell

in·eli·gible [ɪn'elɪdʒəbl] 1 ungeeignet, nicht qualifiziert; **she's ineligible for the position** sie kommt für die Position nicht in Frage 2 (*für Leistungen*) nicht berechtigt

in·ept [ɪ'nept] 1 untauglich, unfähig (**at** für)

② *Bemerkung:* unangebracht

in·equal·ity [ˌɪnɪˈkwɒlətɪ] Ungleichheit

in·es·cap·able [ˌɪnɪˈskeɪpəbl] unentrinnbar, unvermeidbar

in·evi·table [ɪnˈevɪtəbl] unvermeidbar, zwangsläufig

in·ex·act [ˌɪnɪgˈzækt] ungenau

in·ex·cus·able [ˌɪnɪkˈskjuːzəbl] unentschuldbar, unverzeihlich

in·ex·haust·ible [ˌɪnɪgˈzɔːstəbl] unerschöpflich

in·ex·pen·sive [ˌɪnɪkˈspensɪv] billig, preiswert

in·ex·pe·ri·enced [ˌɪnɪkˈspɪərɪənst] unerfahren

in·ex·plic·able [ˌɪnɪkˈsplɪkəbl] unerklärlich, unfasslich

in·fal·lible [ɪnˈfæləbl] ① unfehlbar ② *Methode:* zuverlässig

in·fa·mous [ˈɪnfəməs] ① berüchtigt ② schändlich, niederträchtig

in·fancy [ˈɪnfənsɪ] ① frühe Kindheit ② Minderjährigkeit ③ (*übertragen*) Anfänge; **flying was still in its infancy** die Fliegerei steckte noch in den Kinderschuhen

in·fant [ˈɪnfənt] ① Kleinkind, Säugling ② (*juristisch*) Minderjährige(r); **infant mortality** Säuglingssterblichkeit

in·fan·tile [ˈɪnfəntaɪl] ① kindisch, infantil ② (*medizinisch*) Kinder-

in·fan·try [ˈɪnfəntrɪ] Infanterie

in·fatu·ated [ɪnˈfætʃʊeɪtɪd] verknallt; **be infatuated with someone** in jemanden vernarrt sein

in·fect [ɪnˈfekt] ① **infect someone** jemanden infizieren (**with** mit); **the wound became infected** die Wunde hat sich entzündet ② verseuchen *Wasser* ③ (*übertragen*) anstecken *Person, Stimmung;* **become** [*oder* **get**] **infected by a spirit of optimism** von Optimismus angesteckt werden

in·fec·tion [ɪnˈfekʃn] ① Infektion; **throat infection** Halsentzündung ② *von Wasser:* Verseuchung; **spread of infection** Durchseuchung **in·fec·tious** [ɪnˈfekʃəs] (*auch übertragen*) ansteckend, infektiös; **infectious disease** Infektionskrankheit

in·fer [ɪnˈfɜːʳ] <inferred> ① **infer something** etwas folgern (**from** aus); ziehen *Schlussfolgerung* ② andeuten *Idee* **in·fer·ence** [ˈɪnfərəns] Folgerung, Schluss

in·ferior¹ [ɪnˈfɪərɪəʳ] ① (*im Beruf usw.*) **be inferior to someone** jemandem untergeordnet sein ② *Qualität:* gering[wertig]er (**to** als); **be inferior to something** schlechter als etwas sein ③ *Person:* unterlegen; **feel inferior** Minderwertigkeitsgefühle haben

in·ferior² [ɪnˈfɪərɪəʳ] Untergebene(r)

in·ferior·ity [ɪnˌfɪərɪˈɒrətɪ] Minderwertigkeit; *von Person:* Unterlegenheit **inferiority complex** Minderwertigkeitskomplex

in·fer·tile [ɪnˈfɜːtaɪl] unfruchtbar **in·fer·til·ity** [ˌɪnfəˈtɪlətɪ] Unfruchtbarkeit

in·fest [ɪnˈfest] **be infested with rats** mit Ratten verseucht sein

in·fi·del·ity [ˌɪnfɪˈdelətɪ] Untreue

in-fight·ing [ˈɪnfaɪtɪŋ] interner Machtkampf

in·fil·trate [ˈɪnfɪltreɪt] ① *Truppen:* infiltrieren; (*politisch*) sich einschleusen (**into** in); unterwandern *Organisation* ② *Flüssigkeit:* einsickern in

in·fi·nite [ˈɪnfɪnət] ① unendlich, unbegrenzt ② *Vergnügen:* grenzenlos

in·fini·tesi·mal [ˌɪnfɪnɪˈtesɪml] unendlich klein

in·fin·ity [ɪnˈfɪnətɪ] ① Unendlichkeit ② (*mathematisch*) das Unendliche

in·firm [ɪnˈfɜːm] schwach, gebrechlich **in·firm·ary** [ɪnˈfɜːmərɪ] ① Krankenhaus ② (*in Schulen*) Krankenstube

in·flame [ɪnˈfleɪm] ① *Wunde:* sich entzünden ② **he was inflamed with enthusiasm** er war voller Begeisterung

in·flam·mable [ɪnˈflæməbl] ① leicht entzündbar, feuergefährlich ② (*übertragen*) explosiv

in·flam·ma·tion [ˌɪnfləˈmeɪʃn] Entzündung

in·flam·ma·tory [ɪnˈflæmətrɪ] (*übertragen*) aufreizend, aufrührerisch

in·flat·able [ɪnˈfleitəbl] aufblasbar; *Boot:* Schlauch- **in·flate** [ɪnˈfleɪt] ① **inflate something** etwas aufblasen, etwas aufpumpen ② in die Höhe treiben *Preise;* **inflate the economy** Inflationspolitik betreiben ③ (*übertragen*) **be inflated with pride** vor Stolz geschwellt sein **in·flated** [ɪnˈfleɪtɪd] ① aufgebläht ② *Preise:* inflationär ③ (*übertragen*) geschwollen

in·fla·tion [ɪnˈfleɪʃn] ① Aufblasen, Aufpumpen ② Inflation; **inflation rate** Inflationsrate **in·fla·tion·ary** [ɪnˈfleɪʃnrɪ] inflationär, inflationistisch

in·flex·ible [ɪnˈfleksəbl] ① steif, starr ② (*übertragen*) unnachgiebig, starr

in·flict [ɪnˈflɪkt] ① zufügen *Schmerz* ② **inflict a punishment on someone** jemandem eine Strafe auferlegen; **inflict oneself** [*oder* **one's company**] **on someone** sich jemandem aufdrängen

in·flu·ence¹ [ˈɪnflʊəns] Einfluss (**over** auf); **be a good influence** [**on someone**] einen guten Einfluss [auf jemanden] haben; **bring one's influence to bear on someone** seinen Einfluss bei jemandem geltend machen; **he used his influence to get her the job** er hat seine Beziehungen benutzt, um die Stelle für sie zu bekommen; **under the influence** [**of alcohol**] unter Alkoholeinfluss

in·flu·ence² [ˈɪnflʊəns] **influence someone/something** jemanden/etwas beeinflussen

in·flu·ential [ˌɪnflʊˈenʃl] einflussreich

in·flu·enza [ˌɪnflʊˈenzə] Grippe

in·flux [ˈɪnflʌks] Einfluss, Zustrom, Zufuhr; **influx of visitors** Besucherstrom

in·form [ɪnˈfɔːm] ① **inform someone** jemanden informieren (**about** über); **I'm pleased to inform you that ...** ich freue mich, Ihnen mitteilen zu können, dass...; **be informed of the situation** von der Situation in Kenntnis gesetzt werden; **keep someone informed** jemanden auf dem Laufenden halten ② **inform against someone** jemanden anzeigen [*oder* denunzieren]

in·for·mal [ɪnˈfɔːml] ① informell, inoffiziell ② *Party:* zwanglos

in·form·ant [ɪnˈfɔːmənt] Gewährsmann, Informant(in)

in·for·ma·tion [ˌɪnfəˈmeɪʃn] Information; **a piece of information** eine Auskunft; **for someone's information** zur Kenntnisnahme; **get information about someone/something** sich über jemanden/etwas informieren; **lack of information** Informationsdefizit **information science** *meist plural* Informatik **information superhighway** (*Computer*) Datenautobahn **information technology** Informationstechnologie **in·forma·tive** [ɪnˈfɔːmətɪv] belehrend, informativ; *Dokument:* aufschlussreich **in·former** [ɪnˈfɔːməʳ] Denunziant(in), Spitzel

in·fra-red [ˈɪnfrəˈred] infrarot

in·fre·quent [ɪnˈfriːkwənt] gelegentlich

in·fringe [ɪnˈfrɪndʒ] verstoßen gegen *Gesetz;* **infringe upon someone's rights** in jemandes Rechte eingreifen

in·furi·ate [ɪnˈfjʊərɪeɪt] **infuriate someone** jemanden wütend machen

in·geni·ous [ɪnˈdʒiːnɪəs] ① scharfsinnig; *Methode, Idee:* genial ② erfinderisch

in·grained [ˌɪnˈgreɪnd] ① (*übertragen*) [fest] eingewurzelt, eingefleischt ② *Schmutz:* tief sitzend

in·grati·tude [ɪnˈgrætɪtjuːd] Undank[barkeit]

in·gredi·ent [ɪnˈgriːdɪənt] ① (*im Essen*) Zutat ② Bestandteil, Ingredienz

in·grow·ing [ˈɪngrəʊɪŋ] **ingrowing toenail** eingewachsener Zehennagel

in·habit [ɪnˈhæbɪt] **inhabit a place** einen Ort bewohnen **in·hab·it·able** [ɪnˈhæbɪtəbl] bewohnbar **in·habit·ant** [ɪnˈhæbɪtənt] Bewohner(in), Einwohner(in)

in·hale [ɪnˈheɪl] einatmen; inhalieren *Zigarettenrauch* **in·haler** [ɪnˈheɪləʳ] Inhalator

in·herit [ɪnˈherɪt] **inherit something** etwas erben **in·herit·ance** [ɪnˈherɪtəns] Erbschaft, Erbe; **come into an inheritance** eine Erbschaft machen

in·hi·bi·tion [ˌɪnɪˈbɪʃn] Hemmung

in·hos·pi·table [ˌɪnhɒˈspɪtəbl] ① ungastlich ② *Gegend:* unwirtlich

in-house [ˈɪnhaʊs] [betriebs]intern, innerbetrieblich

in·hu·man [ɪnˈhjuːmən] unmenschlich

in·hu·mane [ˌɪnhjuːˈmeɪn] inhuman, menschenunwürdig

in·itial¹ [ɪˈnɪʃl] anfänglich; **initial letter** Anfangsbuchstabe

in·itial² [ɪˈnɪʃl] Initiale

in·itial³ [ɪˈnɪʃl] abzeichnen *Dokument, Umlauf;* paraphieren *Vertrag*

in·itial·ly [ɪˈnɪʃəlɪ] anfangs, am Anfang **in·iti·ation** [ɪˌnɪʃɪˈeɪʃn] ① Einführung, Einweihung (**into** in); **initiation ceremony** Initiationszeremonie ② Eröffnung

in·iti·at·ive [ɪˈnɪʃətɪv] Initiative; **on one's own initiative** aus eigenem Antrieb; **take the initiative** die Initiative ergreifen

in·ject [ɪnˈdʒekt] ① **inject something** etwas einspritzen (**into** in); **inject someone with something** jemandem etwas injizieren ② einwerfen, dazwischenwerfen *Bemerkung* **in·jec·tion** [ɪnˈdʒekʃn] Injektion, Spritze; **engine with fuel injection** Einspritzmotor; **injection of money** Finanzspritze

in·junc·tion [ɪn'dʒʌŋkʃn] Anordnung, gerichtliche Verfügung

in·jure ['ɪndʒəʳ] **injure someone** (*auch übertragen*) jemanden verletzen

injury ['ɪndʒərɪ] ① Verletzung (**to** an) ② (*auch übertragen*) **do someone an injury** jemanden verletzen

in·jus·tice [ɪn'dʒʌstɪs] ① Ungerechtigkeit ② Unrecht; **do someone an injustice** jemandem Unrecht tun

ink [ɪŋk] ① Tinte; **write in ink** mit Tinte schreiben ② Tusche ③ Stempelfarbe ④ **printer's ink** Druckerschwärze **ink bottle** Tintenfass **ink-jet printer** Tintenstrahldrucker

ink·ling ['ɪŋklɪŋ] **have no inkling of something** von etwas keine Ahnung haben

in·land ['ɪnlənd] ① Binnen- ② inländisch, Inland(s)- ③ landeinwärts; **live inland** im Landesinneren leben **Inland Revenue** (GB) Finanzamt

in-laws ['ɪnlɔːz] *plural* (*umgangsspr*) ① angeheiratete Verwandte ② Schwiegereltern

in·let ['ɪnlet] ① Meeresarm, Flussarm ② Öffnung ③ (*technisch*) Zuleitung

in·mate ['ɪnmeɪt] Insasse, Insassin

inn [ɪn] Gasthof, Wirtshaus

in·ner ['ɪnəʳ] ① innere[r,s], Innen- ② (*übertragen*) innere(r, s), verborgen ③ **inner circle of friends** engster Freundeskreis **in·ner·most** ['ɪnəməʊst] innerste(r, s), geheimste(r, s)

in·nings ['ɪnɪŋz] *mit Singular oder Plural* (*beim Cricket*) Durchgang

in·no·cence ['ɪnəsns] Unschuld

inno·cent ['ɪnəsnt] ① unschuldig (**of** an) ② naiv, ahnungslos

in·no·vate ['ɪnəveɪt] Neuerungen einführen **in·no·va·tion** [ˌɪnə'veɪʃn] ① Innovation ② Neuerung

in·nu·endo [ˌɪnjuː'endəʊ] <*plural* innuendoes> versteckte Andeutung

in·numer·ate [ɪ'njuːmərət] **be innumerate** nicht rechnen können

in·ocu·late [ɪ'nɒkjʊleɪt] **inoculate someone** jemanden impfen (**against** gegen) **inocu·la·tion** [ɪˌnɒkjʊ'leɪʃn] Impfung

in·of·fen·sive [ˌɪnə'fensɪv] harmlos

in·op·er·able [ˌɪn'ɒpərəbl] ① (*medizinisch*) nicht operierbar ② *Plan:* nicht durchführbar

in·op·er·at·ive [ˌɪn'ɒpərətɪv] ① außer Kraft, ungültig ② *Maschine:* außer Betrieb

in·pa·tient ['ɪnpeɪʃnt] stationär behandelter Patient/behandelte Patientin

in·put ['ɪnpʊt] ① (*technisch*) Energiezufuhr ② (*Computer*) Input ③ (*betriebswirtschaftlich*) Investition ④ Arbeitsaufwand

in·quest ['ɪnkwest] gerichtliche Untersuchung

in·quire [ɪn'kwaɪəʳ] **inquire about** [*oder* **after**] **something** sich nach etwas erkundigen, nach etwas fragen; **inquire into something** etwas untersuchen **in·quiry** [ɪn'kwaɪərɪ] ① Anfrage (**about** über); **on inquiry** auf Anfrage ② Erkundigung (**about** über); **make inquiries** [**about someone**] Erkundigungen [über jemanden] einziehen, Nachforschungen [über jemanden] anstellen; **give someone an inquiring look** jemanden fragend anblicken ③ Untersuchung; **hold an inquiry into something** eine Untersuchung über etwas durchführen

in·quisi·tive [ɪn'kwɪzətɪv] wissbegierig, neugierig

in·sane [ɪn'seɪn] ① geisteskrank ② wahnsinnig

in·sani·tary [ɪn'sænɪtrɪ] unhygienisch

in·san·ity [ɪn'sænətɪ] ① Geisteskrankheit ② (*übertragen*) Wahnsinn

in·scrip·tion [ɪn'skrɪpʃn] ① Inschrift; *von Münze:* Aufschrift ② *von Buch:* Widmung

in·sect ['ɪnsekt] Insekt; **insect bite** Insektenstich; **insect repellent** Insektenschutzmittel

in·se·cure [ˌɪnsɪ'kjʊəʳ] ① unsicher ② *Gebäude:* nicht sicher

insensible [ɪn'sensɪbl] ① bewusstlos ② unempfindlich; **he's insensible to the cold** er empfindet keine Kälte

in·sen·si·tive [ɪn'sensətɪv] ① *Person, Benehmen:* gefühllos (**to** gegen) ② (*physisch*) unempfindlich ③ unempfänglich

in·sep·ar·able [ɪn'seprəbl] untrennbar; *Freunde, Zwillinge:* unzertrennlich

in·sert [ɪn'sɜːt] **insert something** etwas hineinstecken, etwas einsetzen (**in** in); einwerfen *Münze;* einfügen *Wort, Satz*

in·sert ['ɪnsɜːt] ① (*in Zeitschrift*) Beilage; (*in Kleidungsstück*) Einlage ② (*Anzeige*) Inserat

in-service ['ɪnsɜvɪs] **in-service training** innerbetriebliche Fortbildung

in·side[1] [ɪn'saɪd] ① [das] Innere, Innenseite

② (*umgangssspr*) Eingeweide

in·side² ['ɪnsaɪd] ① innere(r, s), Innen-; **inside lane** [*oder* **track**] Innenbahn ② innen, im Innern, drin[nen]; **come inside out of the rain!** kommen Sie herein bei diesem Regenwetter! ③ in; **here inside the house** hier drinnen im Haus; **go inside the house** ins Haus gehen ④ **the wind blew her umbrella inside out** der Wind hat ihren Schirm umgestülpt ⑤ **inside an hour** innerhalb einer Stunde ▶ IN WENDUNGEN: **be inside** (*slang*) [im Gefängnis] sitzen; **an inside job** ein Werk von Insidern; **turn something inside out** etwas auf den Kopf stellen; **know something inside out** etwas in- und auswendig kennen

in·sider [ɪn'saɪdəʳ] Insider, Eingeweihte(r); **insider dealing** [*oder* **trading**] Insiderhandel

in·sight ['ɪnsaɪt] ① Verständnis ② Einblick; **gain an insight into something** einen Einblick in etwas bekommen

in·sig·nifi·cant [ˌɪnsɪg'nɪfɪkənt] ① bedeutungslos ② *Summe, Unterschied:* geringfügig

in·sin·cere [ˌɪnsɪn'sɪəʳ] unaufrichtig; *Ausdruck:* falsch

in·sist [ɪn'sɪst] bestehen (**on, upon** auf); **if you insist** wenn Sie darauf bestehen; **insist on a point** auf einem Punkt beharren; **insist on doing something** darauf bestehen, etwas zu tun **in·sist·ence** [ɪn'sɪstəns] Bestehen (**on** auf); **I did it at her insistence** ich tat es auf ihr Drängen hin **in·sist·ent** [ɪn'sɪstənt] ① beharrlich; *Person:* hartnäckig; **be insistent** darauf bestehen (**that** dass); **he was most insistent** er hat nicht lockergelassen ② *Forderung, Ton:* nachdrücklich, penetrant

in·so·far [ˌɪnsə'fɑːʳ] **insofar as** soweit

in·sole ['ɪnsəʊl] Einlegesohle

in·so·lent ['ɪnsələnt] unverschämt, frech

in·sol·uble [ɪn'sɒljʊbl] ① *Substanz:* un[auf]löslich ② *Problem:* unlösbar

in·som·nia [ɪn'sɒmnɪə] Schlaflosigkeit

in·spect [ɪn'spekt] ① **inspect something** etwas kontrollieren, etwas prüfen ② inspizieren *Räumlichkeiten* **in·spec·tion** [ɪn'spekʃn] ① Prüfung, Kontrolle ② (*militärisch*) Inspektion **in·spec·tor** [ɪn'spektəʳ] ① Kontrolleur(in), Prüfungsbeamte(r), Aufsichtsbeamte(r) ② Inspektor(in); **inspector [of police]** Polizeikommissar(in)

in·spi·ra·tion [ˌɪnspə'reɪʃn] Eingebung, Inspiration **in·spire** [ɪn'spaɪəʳ] ① **inspire someone** jemanden inspirieren ② wecken, hervorrufen *Gefühl*

in·sta·bil·ity [ˌɪnstə'bɪlətɪ] Instabilität; (*geistig*) Labilität

in·stall [ɪn'stɔːl] ① **install oneself** sich installieren; (*in einem Haus*) sich einrichten; **install someone in an office** jemanden in ein Amt einsetzen ② installieren *Heizung, Leitung;* einbauen *Kamin;* anschließen *Telefon* **in·stal·la·tion** [ˌɪnstə'leɪʃn] ① Amtseinsetzung ② *von Heizung:* Installation; *von Badezimmer, Küche:* Einbau ③ Anlage

in·stal·ment, (USA) **in·stall·ment** [ɪn'stɔːlmənt] ① Ratenzahlung, Teilzahlung; **pay by** [*oder* **in**] **instalments** auf Raten zahlen; **monthly instalments** Monatsraten ② *von Roman usw.:* Fortsetzung; *von Film usw.:* Sendefolge; **appear in instalments** in Fortsetzungen erscheinen

in·stance ['ɪnstəns] ① Beispiel; **for instance** zum Beispiel ② Fall; **in this instance** in diesem Fall ③ **in the first instance** zuerst

in·stant¹ ['ɪnstənt] ① unmittelbar; **an instant success** ein sofortiger Erfolg ② *Suppe, Getränk:* Instant-, Tüten-; **instant coffee** Pulverkaffee, Instantkaffee

in·stant² ['ɪnstənt] Augenblick, Moment; **at this instant** in diesem Augenblick; **in an instant** im Nu

in·stant·ly ['ɪnstəntlɪ] sofort, augenblicklich

in·stead [ɪn'sted] stattdessen, dafür; **instead of something** anstelle einer Sache; **instead of going to work** statt zur Arbeit zu gehen

in·sti·gate ['ɪnstɪgeɪt] **instigate something** etwas anstiften; initiieren *Idee, Reform*

in·stil [ɪn'stɪl] <instilled> (*übertragen*) **instil knowledge into someone** jemandem Wissen beibringen

in·stinct ['ɪnstɪŋkt] Instinkt; **by** [*oder* **from**] **instinct** instinktiv **in·stinc·tive** [ɪn'stɪŋktɪv] instinktiv

in·sti·tute¹ ['ɪnstɪtjuːt] einführen *Brauch, Reform;* einleiten *Suche, Verfahren*

in·sti·tute² ['ɪnstɪtjuːt] Institut

in·sti·tu·tion [ˌɪnstɪ'tjuːʃn] ① Institut, Anstalt ② *von Reform:* Einführung ③ (*übertragen*) **become an institution** zur Institution werden

in·struct [ɪn'strʌkt] ① unterrichten *Klasse,*

belehren ② **instruct someone** jemandem [die] Anweisung geben ③ unterrichten, informieren *Person*

in·struc·tion [ɪn'strʌkʃn] ① Unterricht, Schulung ② Instruktion, Anweisung; **instructions for use** Gebrauchsanweisung; **according to instructions** auftragsgemäß, weisungsgemäß **instruction book** Gebrauchsanweisung **instruction leaflet** Beipackzettel **in·struc·tive** [ɪn'strʌktɪv] instruktiv **in·struc·tor** [ɪn'strʌktəʳ] ① Lehrer(in), Ausbilder(in); **driving instructor** Fahrlehrer(in) ② USA Dozent(in) **in·struc·tress** [ɪn'strʌktrɪs] ① Lehrerin ② USA Dozentin

in·stru·ment ['ɪnstrʊmənt] ① Werkzeug, Instrument ② [Musik]Instrument ③ (*übertragen: Person*) Werkzeug

in·stru·men·tal [ˌɪnstrʊ'mentl] ① förderlich; **be instrumental in something** bei etwas behilflich sein ② (*Musik*) instrumental, Instrumental-

in·stru·ment board, **in·stru·ment pan·el** Instrumentenbrett

in·suf·fi·cient [ˌɪnsə'fɪʃnt] ① ungenügend ② unzulänglich

in·su·lar ['ɪnsjʊləʳ] ① insular, Insel- ② (*übertragen*) engstirnig **in·su·lar·ity** [ˌɪnsjʊ'lærətɪ] (*übertragen*) Engstirnigkeit

in·su·late ['ɪnsjʊleɪt] ① **insulate someone/something** jemanden/etwas isolieren (**from** von) ② isolieren *Kabel, Haus* (**from, against** gegen) **in·su·lat·ing** ['ɪnsjʊleɪtɪŋ] **insulating tape** Isolierband **in·su·la·tion** [ˌɪnsjʊ'leɪʃn] (*elektrisch*) Isolierung, Isoliermaterial

in·sult[1] ['ɪnsʌlt] Beleidigung

in·sult[2] [ɪn'sʌlt] **insult someone** jemanden beleidigen

in·sur·ance [ɪn'ʃʊərəns] ① Versicherung; **take out an insurance** eine Versicherung abschließen ② Versicherungssumme **insurance policy** Versicherungspolice **in·sure** [ɪn'ʃʊəʳ] **insure a building [against fire]** ein Gebäude [gegen Feuer] versichern **in·sured** [ɪn'ʃʊəd] versichert **in·surer** [ɪn'ʃʊərəʳ] Versicherer

in·tact [ɪn'tækt] unversehrt, intakt

in·take ['ɪnteɪk] ① (*in der Schule*) Aufnahme; (*beim Militär*) Rekrutierung ② *von Wasser, Strom:* Aufnahme ③ Zuflussrohr ④ **intake of breath** Atemholen ⑤ **food intake** Nahrungsaufnahme

in·te·ger ['ɪntɪdʒəʳ] ganze Zahl

in·te·gral ['ɪntɪgrəl] ① wesentlich ② vollständig, ganz

in·te·grated ['ɪntɪgreɪtɪd] ① einheitlich, ein Ganzes bildend ② *Gesellschaft, Schule:* ohne Rassentrennung

in·tel·lect ['ɪntəlekt] ① Verstand, Intellekt ② *eines Menschen:* großer Geist

in·tel·lec·tual[1] [ˌɪntə'lektʃʊəl] intellektuell

in·tel·lec·tual[2] [ˌɪntə'lektʃʊəl] Intellektuelle(r)

in·tel·li·gence [ɪn'telɪdʒəns] ① Intelligenz ② Nachricht, Auskunft ③ Nachrichtendienst; **military intelligence** militärischer Geheimdienst **intelligence service** Nachrichtendienst **intelligence test** Intelligenztest

in·tel·li·gent [ɪn'telɪdʒənt] intelligent, klug

in·tend [ɪn'tend] ① **intend something** etwas beabsichtigen; **he didn't intend me to hear that** er wollte nicht, dass ich das höre ② **intend to do something** fest vorhaben, etwas zu tun; **what do you intend doing today?** was haben Sie heute vor?; **he intends to win** er hat fest vor zu gewinnen ③ **what did you intend by that joke?** was wolltest du mit diesem Witz sagen?

in·tended[1] [ɪn'tendɪd] beabsichtigt, geplant

in·tended[2] [ɪn'tendɪd] **his intended** seine zukünftige Ehefrau

in·tense [ɪn'tens] *Emotionen:* äußerst groß; *Angst, Freude usw.:* intensiv; *Schmerz:* heftig; *Diskussion:* lebhaft; *Person:* ernsthaft **in·ten·sify** [ɪn'tensɪfaɪ] <intensified> ① *Regen:* sich verstärken; *Kampf:* sich verschärfen ② intensivieren *Suche;* vertiefen *Beziehung* **in·ten·sity** [ɪn'tensətɪ] Intensität **in·ten·sive** [ɪn'tensɪv] ① intensiv ② **intensive care** Intensivpflege; **intensive course** Intensivkurs

in·tent[1] [ɪn'tent] ① *Blick:* durchdringend ② **be intent on doing something** fest entschlossen sein, etwas zu tun

in·tent[2] [ɪn'tent] Absicht; **to all intents and purposes** in jeder Hinsicht; **with intent** mit der Absicht (**to** zu)

in·ten·tion [ɪn'tenʃn] Absicht, Vorhaben; **with the best of intentions** in der besten Absicht **in·ten·tional** [ɪn'tenʃənl] absichtlich, vorsätzlich

in·ter·ac·tive [ˌɪntəræktɪv] interaktiv

in·ter·cept [ˌɪntəˈsept] **intercept someone/something** jemanden/etwas abfangen **in·ter·cep·tion** [ˌɪntəˈsepʃn] Abfangen

in·ter·change [ˈɪntətʃeɪndʒ] *von Straßen:* Kreuzung; **motorway interchange** Autobahnkreuz

in·ter·change·able [ˌɪntəˈtʃeɪndʒəbl] austauschbar, auswechselbar

inter·city [ˌɪntəˈsɪtɪ] **intercity train** Intercityzug, IC

in·ter·com [ˈɪntəkɒm] Gegensprechanlage

in·ter·course [ˈɪntəkɔːs] **sexual intercourse** Geschlechtsverkehr

in·ter·est[1] [ˈɪntrəst] 1 Interesse (**in** für); **take an interest in someone** sich für jemanden interessieren; **this is of no interest to me** das interessiert mich nicht; **just out of interest** nur interessehalber 2 **in your own interests** in deinen eigenen Interessen; **of public interest** von öffentlichem Interesse 3 (*Finanzwesen*) Zinsen; **rate of interest** Zinssatz; **pay interest on something** etwas verzinsen; **interest-free** zinslos 4 Bedeutung; **of great interest** von großer Wichtigkeit

in·ter·est[2] [ˈɪntrəst] **interest someone** jemanden interessieren (**in** für, an)

in·ter·ested [ˈɪntrəstɪd] interessiert; **be interested in sport/music** sich für Sport/Musik interessieren; **I'm interested to hear what he says** ich höre mir gerne an, was er zu sagen hat

in·ter·esting [ˈɪntrəstɪŋ] interessant, fesselnd

in·ter·fere [ˌɪntəˈfɪəʳ] 1 sich einmischen (**in** in) 2 **interfere [with something]** [etwas] beeinträchtigen 3 stören *Radio, Fernseher* **in·ter·fer·ence** [ˌɪntəˈfɪərəns] 1 Einmischung 2 (*im Radio, TV*) Störung

in·terior[1] [ɪnˈtɪərɪəʳ] Innen-, Binnen-

in·terior[2] [ɪnˈtɪərɪəʳ] 1 *von Gebäude:* Innere; (*in der Kunst*) Interieur 2 *von Land:* Landesinnere 3 (USA) **the Department of the Interior** das Innenministerium; **Interior Minister** Innenminister(in)

interior designer Innenarchitekt(in)

in·ter·medi·ate [ˌɪntəˈmiːdɪət] 1 Zwischen- 2 (*Schule*) **intermediate [level]** Mittelstufe

in·ter·mis·sion [ˌɪntəˈmɪʃn] Unterbrechung, Pause

in·ter·nal [ɪnˈtɜːnl] 1 innere(r, s), innerlich; *Blutung, Monolog:* inner 2 (*in einem Land*) inner; **internal affairs** innere Angelegenheiten; **internal trade** Binnenhandel 3 (*in einer Firma*) betriebsintern- 4 **Internal Revenue Service, IRS** (USA) Finanzamt

internally [ɪnˈtɜːnəlɪ] (*medizinisch*) **not to be taken internally** nur zur äußerlichen Anwendung; **bleed internally** eine innere Blutung haben

in·ter·na·tional[1] [ˌɪntəˈnæʃnəl] international; **international call** Auslandsgespräch; **international date line** Datumsgrenze; **international law** Völkerrecht; **International Monetary Fund, IMF** Internationaler Währungsfonds, IWF

in·ter·na·tional[2] [ˌɪntəˈnæʃnəl] 1 (*beim Sport*) Länderspiel 2 Nationalspieler(in)

in·ter·net [ˈɪntənet] Internet **internet-based learning** Online-Lernen

in·ter·play [ˈɪntəpleɪ] Wechselspiel

In·ter·pol [ˈɪntəpɒl] Interpol

in·ter·pret [ɪnˈtɜːprɪt] 1 **interpret something** etwas interpretieren, dolmetschen *Fremdsprache* 2 dolmetschen, **in·ter·preter** [ɪnˈtɜːprɪtəʳ] Dolmetscher(in)

inter-rail [ˈɪntəreɪl] **inter-rail ticket** Interrailkarte

in·ter·ro·gate [ɪnˈterəgeɪt] **interrogate someone** jemanden verhören; vernehmen *Zeugen* **in·ter·ro·ga·tion** [ɪnˌterəˈgeɪʃn] Verhör

in·ter·rupt [ˌɪntəˈrʌpt] 1 **interrrupt something** etwas unterbrechen 2 **you're always interrupting her** du fällst ihr ständig ins Wort 3 stören, hindern *Arbeit* **in·ter·rup·tion** [ˌɪntəˈrʌpʃn] Unterbrechung; **without interruption** ununterbrochen

in·tersec·tion [ˌɪntəˈsekʃn] 1 (*mathematisch*) Schnittpunkt 2 *einer Straße, Bahn:* Kreuzung; (*Autobahn*) Kreuz

in·ter·val [ˈɪntəvl] 1 Zwischenraum, Abstand; **at intervals** in Abständen 2 (*auch im Theater*) Pause 3 **sunny intervals** Aufheiterungen

in·ter·vene [ˌɪntəˈviːn] 1 eingreifen (**in** in) 2 (*politisch*) intervenieren 3 einschreiten; **her attempt to intervene between them failed** ihr Versuch, zwischen den beiden zu vermitteln, ist fehlgeschlagen 4 **if fate had not intervened** wenn das Schicksal nicht dazwischengekommen wäre **in·ter·ven·ing** [ˌɪntəˈviːnɪŋ] dazwischenliegend **in·ter·ven·tion** [ˌɪntəˈvenʃn] ① Eingreifen ② (*politisch*) Intervention

in·ter·view[1] [ˈɪntəvjuː] ① Vorstellungsgespräch ② Interview, Befragung

in·ter·view[2] [ˈɪntəvjuː] ① (*bei einer Bewerbung*) **interview someone** ein Vorstellungsgespräch mit jemandem führen ② interviewen *Politiker, Filmstar*

in·ter·viewee [ˌɪntəvjuːˈiː] ① (*bei einer Bewerbung*) Kandidat(in) ② (*im TV, Radio*) Interviewte(r) **in·ter·viewer** [ˈɪntəvjuːəʳ] Interviewer(in)

in·tes·tine [ɪnˈtestɪn] ① **intestines** ⚠ *plural* Darm ② **large/small intestine** Dickdarm/Dünndarm

in·ti·mate [ˈɪntɪmət] ① *Freund:* vertraut; (*sexuell*) intim ② *Problem:* persönlich; *Gefühl:* privat ③ *Wissen:* gründlich

in·timi·date [ɪnˈtɪmɪdeɪt] **intimidate someone** jemanden einschüchtern, jemanden unter Druck setzen **in·timi·da·tion** [ɪnˌtɪmɪˈdeɪʃn] Einschüchterung

into [ˈɪntʊ] ① *räumlich* in; **go into the house** ins Haus gehen; **walk into the door** gegen die Tür laufen ② (*umgangsspr*) **he's into jazz** er steht auf Jazz ③ (*mathematisch*) **three into six goes twice** sechs durch drei gibt zwei ④ *zeitlich* **work late into the night** bis tief in die Nacht arbeiten ⑤ **translate into French** ins Französische übersetzen

in·tol·er·able [ɪnˈtɒlərəbl] unerträglich **in·tol·er·ant** [ɪnˈtɒlərənt] intolerant (**of** gegenüber)

in·toxi·cat·ing [ɪnˈtɒksɪkeɪtɪŋ] berauschend **in·toxi·ca·tion** [ɪnˌtɒksɪˈkeɪʃn] Trunkenheit, Rausch

in-tray [ˈɪntreɪ] (*im Büro*) Ablage für Eingänge

in·tri·cate [ˈɪntrɪkət] kompliziert, schwierig

in·trigue [ˈɪntriːg] Intrige **in·trigu·ing** [ɪnˈtriːgɪŋ] sehr spannend, höchst interessant

in·tro·duce [ˌɪntrəˈdjuːs] ① vorstellen *Personen;* **she introduced herself to the director** sie hat sich der Direktorin vorgestellt; **can I introduce you to my partner?** darf ich dich mit meinem Partner bekanntmachen? ② einführen *Ware, Tier, Pflanze* ③ einführen *Neuerung, Brauch* ④ zur Sprache bringen *Thema* ⑤ hineinstecken *Schlüssel, Rohr*

in·tro·duc·tion [ˌɪntrəˈdʌkʃn] ① *von Neuheit:* Einführung ② *von Personen:* Vorstellung ③ (*bei Buch, Musik*) Einleitung **in·tro·duct·ory** [ˌɪntrəˈdʌktərɪ] **introductory offer** Einführungsangebot

in·trude [ɪnˈtruːd] **am I intruding?** störe ich?; **intrude on someone** jemanden stören; **intrude on someone's privacy** in jemandes Privatsphäre eindringen **in·truder** [ɪnˈtruːdəʳ] Eindringling **in·tru·sion** [ɪnˈtruːʒn] ① Störung ② Aufdrängen **in·tru·sive** [ɪnˈtruːsɪv] aufdringlich

in·tu·ition [ˌɪntjuːˈɪʃn] ① Intuition; **know something by intuition** etwas intuitiv wissen ② [Vor]ahnung **in·tu·itive** [ɪnˈtjuːɪtɪv] intuitiv

in·vade [ɪnˈveɪd] ① **invade a country** in ein Land einmarschieren ② (*übertragen*) *Kinder, Touristen:* überschwemmen ③ **invade someone's privacy** in jemandes Privatsphäre eindringen **in·vader** [ɪnˈveɪdəʳ] Eindringling

in·valid[1] [ˈɪnvəlɪd] Invalide, Körperbehinderte(r)

in·valid[2] [ˈɪnvəlɪd] krank, invalide

in·valid[3] [ɪnˈvælɪd] *Vertrag, Pass, Fahrkarte:* ungültig; *Annahme:* nicht zulässig

in·valu·able [ɪnˈvæljʊəbl] unschätzbar

in·vari·able [ɪnˈveərɪəbl] unveränderlich, ständig

in·vasion [ɪnˈveɪʒn] ① Invasion (**of** in); (*militärisch*) Einmarsch ② Störung

in·vent [ɪnˈvent] **invent something** etwas erfinden

in·ven·tion [ɪnˈvenʃn] Erfindung **in·ven·tive** [ɪnˈventɪv] erfinderisch, einfallsreich **in·ven·tor** [ɪnˈventəʳ] Erfinder(in)

in·ven·tory [ˈɪnvəntrɪ] Inventar, Bestandsaufnahme; **take inventory** Inventur machen

in·verse[1] [ɪnˈvɜːs] umgekehrt, entgegengesetzt

in·verse[2] [ˈɪnvɜːs] Gegenteil

in·vert [ɪnˈvɜːt] ① **invert something** etwas auf den Kopf stellen, etwas umkehren ② **inverted commas** Anführungszeichen

in·vest [ɪnˈvest] ① anlegen, investieren *Geld* ② investieren *Zeit, Mühe* ③ **invest someone with a position/title/medal** jemandem ein Amt/einen Titel/einen Orden verleihen

in·ves·ti·gate [ɪnˈvestɪgeɪt] ① Ermittlungen

anstellen; untersuchen *Verbrechen;* **investigate a case** in einem Fall ermitteln ② überprüfen *Forderung* ③ nachforschen **in·ves·ti·ga·tion** [ɪnˌvestɪ'geɪʃn] ① Ermittlung, Untersuchung; **he's under investigation** gegen ihn wird ermittelt ② Forschung **in·ves·ti·ga·tor** [ɪn'vestɪgeɪtəʳ] Ermittlungsbeamte(r), Ermittler(in)

in·vest·ment [ɪn'vestmənt] Anlage, Investition; **make an investment** investieren **investment trust** Investmentgesellschaft **in·vest·or** [ɪn'vestəʳ] Investor(in), Kapitalanleger(in)

in·vigi·late [ɪn'vɪdʒɪleɪt] (*bei einer Prüfung*) Aufsicht führen [bei]

in·vigi·la·tor [ɪn'vɪdʒɪleɪtəʳ] (*bei einer Prüfung*) Aufsicht[sperson]

in·vig·or·at·ing [ɪn'vɪgəreɪtɪŋ] erfrischend

in·vin·cible [ɪn'vɪnsəbl] unbesiegbar

in·vis·ible [ɪn'vɪzəbl] unsichtbar, nicht wahrnehmbar (**to** für)

in·vi·ta·tion [ˌɪnvɪ'teɪʃn] Einladung

in·vite [ɪn'vaɪt] ① **invite someone [to a party/restaurant]** jemanden [zu einer Party/in ein Restaurant] einladen ② **invite someone to do something** jemanden auffordern, etwas zu tun ③ bitten um *Fragen, Spende* ④ herausfordern *Kritik* **in·vit·ing** [ɪn'vaɪtɪŋ] [ver]lockend, einladend

in·voice[1] ['ɪnvɔɪs] [Waren]Rechnung, Faktura

in·voice[2] ['ɪnvɔɪs] **invoice someone [for goods]** jemandem eine Rechnung [für Waren] schicken; **be invoiced for something** eine Rechnung für etwas erhalten

in·vol·un·tary [ɪn'vɒləntrɪ] ① *Bewegung:* unwillkürlich ② unbeabsichtigt, ungewollt

in·volve [ɪn'vɒlv] ① **involve someone/something** jemanden/etwas verwickeln; **involve someone in a quarrel** jemanden in einen Streit verwickeln ② **be involved in a project** an einem Projekt mitarbeiten ③ **get involved with someone** sich mit jemandem einlassen; (*sexuell*) eine Affäre mit jemandem anfangen ④ **what does your job involve?** worin besteht Ihre Arbeit? ⑤ **it would involve a lot of work** das würde viel Arbeit mit sich bringen ⑥ **this involves all of you** das geht euch allen an; **those involved** die Betroffenen

in·volved [ɪn'vɒlvd] ① verwickelt; (*politisch*) engagiert ② *Geschichte, Plan:* kompliziert

in·ward ['ɪnwəd] ① innere(r, s); *Lächeln* innerlich ② *Kurve:* nach innen gehend **in·ward·ly** ['ɪnwədlɪ] innerlich **in·wards** ['ɪnwədz] einwärts; **the door opens inwards** die Tür geht nach innen auf

IOU [ˌaɪəʊ'juː] *Abkürzung von* **I-owe-you** Schuldschein

IQ [ˌaɪ'kjuː] *Abkürzung von* **intelligence quotient** IQ, Intelligenzquotient

IRA [ˌaɪər'eɪ] *Abkürzung von* **Irish Republican Army** IRA, Irisch-Republikanische Armee

Ire·land ['aɪələnd] Irland; **Northern Ireland** Nordirland; **Republic of Ireland** Republik Irland

> **i Land & Leute** Während der nördliche Teil Irlands zum Vereinigten Königreich gehört, ist der größte Teil der irischen Insel ein unabhängiger Staat, die **Irish Republic** oder **Republic of Ireland** (Republik Irland). Mit dem „Anglo-Irish Treaty" (anglo-irisches Abkommen) von 1921 erhielt Irland den dominion status innerhalb des Commonwealth als der **Irish Free State**. 1949 trat Irland jedoch aus dem Commonwealth aus und ist seit 1973 Mitglied der EU.

Irish[1] ['aɪərɪʃ] irisch

Irish[2] ['aɪərɪʃ] ① (*Sprache*) [das] Irisch(e) ② (*Personen*) **the Irish** die Iren

Irish·man ['aɪərɪʃmən] <*plural* Irishmen> Ire **Irish·woman** ['aɪərɪʃwʊmən, *plural* 'aɪərɪʃwɪmɪn] <*plural* Irishwomen> Irin

iron[1] ['aɪən] ① Eisen ② (*für Kleider*) Bügeleisen ③ **in irons** in Ketten, Fesseln ④ (*beim Golf*) Eisen ▸ IN WENDUNGEN: **rule with a rod of iron** mit eiserner Faust regieren; **strike while the iron is hot** das Eisen schmieden, solange es heiß ist

iron[2] ['aɪən] ① eisern ② (*übertragen*) eisern, streng

iron[3] ['aɪən] bügeln *Kleider*
◆ **iron out** (*übertragen*) ausbügeln *Schwierigkeiten*

Iron Age Eisenzeit

ironic [aɪ'rɒnɪk], **ironical** [aɪ'rɒnɪkel] ① ironisch; *Lächeln:* spöttisch ② (*übertragen*) paradox

iron·ing ['aɪənɪŋ] **do the ironing** bügeln **ironing board** Bügelbrett

irony ['aɪərənɪ] Ironie

ir·ra·tional [ɪ'ræʃənl] unvernünftig, irrational

ir·regu·lar [ɪ'regjʊləʳ] ① unregelmäßig ② uneben, ungleichmäßig ③ unvorschriftsmäßig

ir·re·le·vant [ɪ'reləvənt] belanglos, irrelevant

ir·rep·ar·able [ɪ'repərəbl] nicht wieder gutzumachen[d], irreparabel

ir·re·place·able [ˌɪrɪ'pleɪsəbl] unersetzlich

ir·re·sist·ible [ˌɪrɪ'zɪstəbl] unwiderstehlich

ir·re·spon·sible [ˌɪrɪ'spɒnsəbl] unverantwortlich; *Person:* verantwortungslos

ir·ri·table ['ɪrɪtəbl] reizbar, gereizt **ir·ri·tate** ['ɪrɪteɪt] ① **irritate someone** jemanden ärgern, jemanden irritieren; **be irritated by someone/something** sich über jemanden/etwas ärgern ② (*medizinisch*) reizen **ir·ri·ta·tion** [ˌɪrɪ'teɪʃn] ① Ärger, Verärgerung (**at, against** über) ② (*medizinisch*) Reizung

is [ɪz] *3. Person Singular von* **be**

ISDN *Abkürzung von* **integrated services digital network** ISDN

Is·lam [ɪz'lɑːm] Islam **Is·lamic** [ɪz'læmɪk] islamisch

is·land ['aɪlənd] Insel

> **i Land & Leute** Die **Isle of Man** wurde in der Eisenzeit von den Kelten besiedelt. Bis vor rund 150 Jahren sprach man dort überall das keltische Manx. Die Insel Man gehört nicht zum Vereinigten Königreich, sondern ist ein Schutzgebiet der Krone. Sie hat ihr eigenes Parlament (Tynwald) und als ihr Oberhaupt einen „Lieutenant Governor". Die Insel Man hat ihre eigenen Geldscheine und Münzen und erhebt eigene Steuern. Da diese Steuern relativ niedrig sind, gilt die Insel Man, wie die Kanalinseln, als „tax heaven" (Steuerparadies).

is·lander ['aɪləndəʳ] Inselbewohner(in)

isn't ['ɪznt] *Kurzform von* **is not**

iso·late ['aɪsəleɪt] ① (*auch technisch*) **isolate someone/something** jemanden/etwas isolieren (**from** von) ② **isolate oneself** sich isolieren, sich abkapseln **iso·lated** ['aɪsəleɪtɪd] ① isoliert, abgeschnitten; **isolated house** einsames [*oder* abgelegenes] Haus ② einzeln; **isolated case** Einzelfall **iso·la·tion** [ˌaɪsə'leɪʃn] ① Absonderung, Isolierung ② Isoliertheit, Abgeschnittenheit **isolation ward** Isolierstation

isos·ce·les tri·angle [aɪ'sɒsliːzˌtraɪæŋgl] gleichschenkliges Dreieck

issue[1] ['ɪʃuː] ① Frage; **at issue** zur Debatte stehend, strittig; **become an issue** zum Problem werden; **take issue with someone over something** jemandem in etwas widersprechen; **make an issue of something** etwas aufbauschen ② Ausgabe, Lieferung; *von Banknoten, Zeitschrift:* Ausgabe; *von Aktien:* Emission ③ **date of issue** Ausgabetag; **place of issue** Ausstellungsort ④ Ergebnis; **force the issue** eine Entscheidung erzwingen

issue[2] ['ɪʃuː] ① **issue something to someone** etwas an jemanden ausgeben; ausstellen *Dokument;* **the issuing authorities** die ausstellende Behörde; **issue someone with a visa** jemandem ein Visum ausstellen ② herausgeben *Bücher* ③ (*auch übertragen*) *Fluss:* [her]ausfließen; *Personen:* herausströmen (**from** aus)

it [ɪt] ① *je nach Geschlecht* (*vorher Genanntes*) er, sie, es, ihn, sie, es, ihm, ihr, ihm ② *Geschlecht unbekannt* (*vorher Genanntes*) es; **do you see the tree? he's behind/in front of/beside it** siehst du den Baum? er ist dahinter/davor/daneben ③ **who is it? — it's me** wer ist da? — ich bin's; **what is it?** was ist das? ④ **it's raining** es regnet; **it's 12 o'clock** es ist 12 Uhr ⑤ **that's it!** ja, genau!; **that's it! I'm going home!** Feierabend! ich gehe nach Hause!; **that's it! I've had enough!** so, das war's! mir reicht's!

IT [ˌaɪ'tiː] *Abkürzung von* **information technology** IT

Ital·ian[1] [ɪ'tæljən] italienisch

Ital·ian[2] [ɪ'tæljən] ① Italiener(in) ② [das] Italienisch(e)

ital·ic[1] [ɪ'tælɪk] kursiv

ital·ic[2] [ɪ'tælɪk] **in italics** in Kursivschrift

Italy ['ɪtəlɪ] Italien

itch[1] [ɪtʃ] jucken; **my back itches** mir juckt der Rücken ▸ In Wendungen: **itch to do something** darauf brennen, etwas zu tun

itch[2] [ɪtʃ] ① Jucken, Juckreiz ② (*übertragen*) **I have an itch to do something** es reizt mich, etwas zu tun

itchy ['ɪtʃɪ] juckend ▸ In Wendungen: **have itchy feet** von der Reiselust gepackt sein

item ['aɪtəm] ① Ding, Gegenstand; (*im Laden*) Artikel ② (*auf einer Rechnung*)

Buchung, Posten; (*auf einer Liste, Agenda*) Punkt ③ **item** [**of news**] Nachricht; **a short news item** eine Kurzmeldung ④ **are those two an item?** (*umgangsspr*) haben die beiden etwas miteinander?

itin·er·ary [aɪˈtɪnərərɪ] ① Reiseroute ② Reisebeschreibung

it'll [ˈɪtl] *Kurzform von* **it will; it shall**

its [ɪts] seine(r, s), ihre(r, s), seine(r, s), der, die, das Seine

it's [ɪts] *Kurzform von* **it is**

it·self [ɪtˈself] ① sich; **look at the cat washing itself!** guck mal, wie die Katze sich putzt! ② (*betont*) selbst; **do it yourself!** tu es doch selbst! ③ **by itself** allein, von selbst; **in itself, it's not a problem** an sich ist das kein Problem

I've [aɪv] *Kurzform von* **I have**

ivory [ˈaɪvərɪ] Elfenbein

ivy [ˈaɪvɪ] Efeu

Jj

J, j [dʒeɪ] <*plural* J's, j's> J, j

jab¹ [dʒæb] <jabbed> ① **jab something** etwas stoßen (**into** in); **jab someone with a knife** jemanden mit einem Messer stechen ② **she jabbed her finger** sie hat sich in den Finger gestochen

jab² [dʒæb] ① Stich, [kurzer] Stoß ② (*beim Boxen*) [kurze] Gerade ③ (*umgangsspr*) **have a jab** eine Spritze bekommen

jack [dʒæk] ① (*für Auto*) Wagenheber ② (*Kartenspiel*) Bube
◆ **jack in** (*umgangsspr*) **jack something in** etwas hinschmeißen
◆ **jack up** aufbocken *Auto*

jacket [ˈdʒækɪt] ① Jacke; (*von Anzug*) Jackett ② **life jacket** Schwimmweste ③ *von Buch:* Schutzumschlag, Hülle ④ (*für Boiler*) Mantel ⑤ **potatoes in their jackets** [in der Schale] gebackene Kartoffeln **jacket potato** [in der Schale] gebackene Kartoffel

jack-in-the-box [ˈdʒækɪnðəbɒks] (*Spielzeug*) Springteufel

jack·pot [ˈdʒækpɒt] (*im Lotto*) Jackpot, [Haupt-]Treffer; **hit the jackpot** den Jackpot knacken; (*übertragen*) das große Los ziehen

ja·cuz·zi [dʒəˈkuːzɪ] Whirlpool

jag·ged [ˈdʒægɪd, ˈdʒægɪ] ① zackig, gezahnt ② *Küste:* zerklüftet

jail [dʒeɪl] Gefängnis; **in jail** im Gefängnis **jail·break** Ausbruch aus dem Gefängnis **jail·house** (USA) Gefängnis

jam¹ [dʒæm] <jammed> ① (*in einer Tür*) einklemmen *Finger* ② **he managed to jam everything into the suitcase** er konnte alles in den Koffer hineinstopfen ③ *Gegenstand:* festklemmen; *Maschine, Gerät:* klemmen ④ *Radio:* stören ⑤ **jam on the brakes** voll auf die Bremsen treten

jam² [dʒæm] ① Marmelade, Konfitüre ② **traffic jam** Stau; **paper jam** Papierstau ③ (*technisch*) Verklemmung ▸ IN WENDUNGEN: **be in a jam** (*umgangsspr*) in einer schwierigen Lage sein

jam-jar [ˈdʒæmdʒɑːʳ] Marmelade[n]glas

jam-packed [ˌdʒæmˈpækt] (*umgangsspr*) proppenvoll

Jan·uary [ˈdʒænjʊərɪ] Januar; **in January** im Januar

jar [dʒɑːʳ] ① *Marmelade:* Glas ② **have a jar** (*umgangsspr*) ein Bierchen trinken

Ja·va ① (*indonesische Insel*) Java ② (*Computer*) Java **JavaScript** JavaScript

javelin [ˈdʒævlɪn] Speer; (*Sport*) Speerwerfen

jaw [dʒɔː] ① Kiefer ② **jaws** ⚠ *plural von Tier:* Maul, Rachen

jazz [dʒæz] ① Jazz ② **and all that jazz** (*umgangsspr*) und der ganze Kram

jazz up **jazz something up** etwas aufmotzen **jazzy** [ˈdʒæzɪ] ① jazzartig ② *Kleid:* poppig

jeal·ous [ˈdʒeləs] eifersüchtig (**of** auf) **jeal·ousy** [ˈdʒeləsɪ] Eifersucht (**of** auf)

jeans [dʒiːnz] ⚠ *plural* Jeans

jeep [dʒiːp] Jeep

jelly [ˈdʒelɪ] ① Gelee ② **have legs like jelly** Pudding in den Knien haben **jelly·fish** Qualle

jeop·ardy [ˈdʒepədɪ] Gefahr; **put something in jeopardy** etwas gefährden

jerk¹ [dʒɜːk] ① heftig ziehen an *Seil* ② *Körperteil:* zucken, zusammenzucken ③ **the car jerked to a stop** das Auto blieb ruckartig stehen

jerk² [dʒɜːk] ① Ruck; **with a jerk** mit einem Ruck ② *von Körperteil:* Zusammenzucken, Zuckung ③ (*slang*) Trottel

jer·sey ['dʒɜːzɪ] ❶ Pullover ❷ (*Sport*) Trikot
Jesus ['dʒiːzəs] ❶ Jesus ❷ **Jesus** [**wept**]! Menschenskind!
jet¹ [dʒet] <jetted> (*umgangsspr*) jetten
jet² [dʒet] ❶ *von Flüssigkeit:* Strahl ❷ Düse ❸ Düsenflugzeug
jet³ [dʒet] Gagat
jet en·gine ['dʒetˌendʒɪn] Düsentriebwerk **jet fighter** Düsenjäger **jet·foil** ['dʒetfɔɪl] Tragflügelboot **jet lag** ['dʒetlæg] Jetlag **jet plane** Düsenflugzeug **jet-pro·pelled** [ˌdʒetprə'peld] mit Düsenantrieb **jet set** ['dʒetset] Jetset
jetty ['dʒetɪ] ❶ Hafendamm, Mole ❷ Landungsbrücke
Jew [dʒuː] Jude, Jüdin
jewel ['dʒuːəl] ❶ Edelstein; (*auch übertragen*) Juwel ❷ **jewels** ⚠ *plural* Schmuck **jeweler** (USA), **jewel·ler** ['dʒuːələʳ] Juwelier **jewel·lery, jewelry** ['dʒuːəlrɪ] (USA) Juwelen, Schmuck
Jew·ess ['dʒuːes] Jüdin
Jew·ish ['dʒuːɪʃ] jüdisch
jiffy ['dʒɪfɪ] (*umgangsspr*) **in a jiffy** im Nu; **just a jiffy!** einen Augenblick bitte! **Jiffy bag**® gepolsterte Versandtasche
jig·saw ['dʒɪgsɔː] ❶ **jigsaw** [**puzzle**] Puzzle ❷ Stichsäge
jingle¹ ['dʒɪŋgl] ❶ *Schlüssel, Münzen, Schmuck:* klimpern; *kleine Glöckchen:* bimmeln ❷ klimpern mit *Schlüssel, Münzen*
jingle² ['dʒɪŋgl] ❶ *von Schlüsseln, Münzen, Schmuck:* Klimpern; *von Glöckchen:* Bimmeln ❷ (*im Radio*) Jingle
job¹ [dʒɒb] ❶ Arbeit; **do a job for someone** für jemanden etwas erledigen; **do a good/bad job** seine Sache gut/schlecht machen; **do odd jobs** Gelegenheitsarbeiten verrichten; **out of a job** arbeitslos ❷ Stelle, Job ❸ (*zu erfüllen*) Aufgabe; **he's only doing his job** er tut nur seine Pflicht ❹ (*umgangsspr*) **it's quite a job!** es ist eine schwierige Sache! ❺ (*slang: Straftat*) Ding ▸IN WENDUNGEN: **just the job** genau das Richtige; **that should do the job** das müsste hinhauen; **I had a job doing it** es war nicht leicht; **make the best of a bad job** das Beste aus etwas machen
job² [dʒɒb] Gelegenheitsarbeiten verrichten, jobben
job advertisement Stellenausschreibung **job application** Stellenbewerbung **job centre** Arbeitsvermittlung[sstelle] **job creation scheme** Arbeitsbeschaffungsmaßnahme **job hunt** Stellensuche **job interview** Vorstellungsgespräch **job·less** ['dʒɒblɪs] arbeitslos **job market** Arbeitsmarkt **job·seeker** ['dʒɒbˌsiːkəʳ] Arbeitssuchende(r) **job sharing** Arbeitsplatzteilung, Jobsharing **job title** Berufsbezeichnung
jockey ['dʒɒkɪ] Jockei, Jockey, Rennreiter(in)
jog¹ [dʒɒg] <jogged> ❶ **jog someone/something** jemanden/etwas anstoßen ❷ **jog someone** [**up and down**] jemanden schütteln ❸ **jog someone's memory** jemandes Gedächtnis nachhelfen ❹ (*Sport*) laufen gehen, joggen
jog² [dʒɒg] ❶ leichtes Schütteln, Stoß ❷ **go for a jog** joggen gehen
◆ **jog along, jog on** sich fortschleppen
jog·ger ['dʒɒgəʳ] Läufer(in), Jogger(in) **jogging** ['dʒɒgɪŋ] Jogging; **go jogging** joggen
john [dʒɒn] (USA) (*slang*) Klo
John [dʒɒn] **John the Baptist** Johannes der Täufer
john·ny, john·nie ['dʒɒnɪ] ❶ Kerl, Bursche ❷ (*slang*) Kondom, Pariser
join¹ [dʒɔɪn] Verbindungsstelle, Fuge, Naht
join² [dʒɔɪn] ❶ **join something** etwas verbinden (**to, onto** mit) ❷ **join someone** sich zu jemandem gesellen, sich jemandem anschließen; **come and join us!** setzt dich doch zu uns!, komm mit uns!; **join a club** in einen Verein eintreten; **join a company** anfangen, für eine Firma zu arbeiten; **join forces with someone** sich mit jemandem zusammenschließen, mit jemandem zusammenarbeiten; **join hands with someone** einander die Hände reichen; (*übertragen*) mit jemandem gemeinsame Sache machen ❸ *Fluss:* sich vereinigen, münden in; *Straße:* zusammenlaufen; **Land, Grundstück** angrenzen (**to** an) ❹ einstimmen (**in** in); **everybody join in the chorus!** alle im Chor!
◆ **join in** mitmachen (**with** bei)
◆ **join on** ❶ **join something on** etwas verbinden ❷ **our garden joins onto theirs** unser Garten grenzt an ihren
◆ **join up** ❶ (*beim Militär*) einrücken ❷ miteinander verbinden
joiner ['dʒɔɪnəʳ] [Bau]Tischler(in), Schreiner(in)

joint[1] [dʒɔɪnt] ① (*anatomisch*) Gelenk; **out of joint** ausgerenkt; (*übertragen*) aus den Fugen ② Keule; **lamb joint** Lammkeule; **the Sunday joint** der Sonntagsbraten ③ Naht, Fuge ④ (*umgangsspr*) Kneipe, Spielhölle ⑤ (*umgangsspr: Marihuana*) Joint ▸ IN WENDUNGEN: **put someone's nose out of joint** jemanden vor den Kopf stoßen

joint[2] [dʒɔɪnt] gemeinsam, gemeinschaftlich; **joint owner** Mitbesitzer; **take joint action** gemeinsam vorgehen

joint account Gemeinschaftskonto **joint·ed** ['dʒɔɪntəd] gegliedert **joint effort** Gemeinschaftsarbeit **joint·ly** ['dʒɔɪntlɪ] gemeinsam, zusammen **joint owner** Miteigentümer(in) **joint venture** Joint Venture

joke[1] [dʒəʊk] ① Spaß, Scherz; **a practical joke** ein Streich; **it's no joke** das ist kein Scherz; **carry the joke too far** den Spaß zu weit treiben; **make a joke of something** etwas ins Lächerliche ziehen, einen Witz aus etwas machen; **play a joke on someone** jemandem einen Streich spielen; **he can't take a joke** er versteht keinen Spaß; **I don't see the joke** was soll daran lustig sein?; **the joke was on him** er war der Narr ② **tell a joke** einen Witz erzählen; **it's a standing joke** die ganze Welt lacht darüber

joke[2] [dʒəʊk] Witze machen, scherzen; **you must be joking!** das kann doch wohl nicht dein Ernst sein!; **I was only joking** ich habe das nicht ernst gemeint **joker** ['dʒəʊkə^r] ① Witzbold ② (*umgangsspr*) Kerl, Bursche ③ (*Kartenspiel*) Joker

jolly ['dʒɒlɪ] ① fröhlich, lustig ② (*umgangsspr*) mächtig, sehr; **it was a jolly good evening** es war ein prima Abend; **you can jolly well do it yourself!** du kannst es verdammt noch mal selber tun! ③ **Jolly Roger** Piratenflagge

jolt[1] [dʒəʊlt] ① **jolt something** etwas [durch]rütteln ② (*übertragen*) **jolt someone** jemanden erschüttern; **jolt someone into action** jemanden auf Trab bringen ③ *Auto, Traktor:* holpern

jolt[2] [dʒəʊlt] ① plötzlicher Stoß ② Schock

jostle ['dʒɒsl] drängeln; **jostle someone** jemanden anrempeln

jot [dʒɒt] **not a jot** kein Fünkchen ◆ **jot down** **jot something down** [sich] etwas [kurz] notieren

jour·nal ['dʒɜːnl] ① Tagebuch ② Journal ③ Zeitschrift **jour·nal·ism** ['dʒɜːnlɪzəm] Journalismus

jour·nal·ist ['dʒɜːnlɪst] Journalist(in)

jour·ney ['dʒɜːnɪ] Reise; **break one's journey** die Reise unterbrechen; **go on a journey** eine [lange] Reise antreten; **a day's journey** eine Tagesreise

joy [dʒɔɪ] ① Freude (**in, of** an, **at** über); **wish someone joy** jemanden viel Vergnügen wünschen; **dance for** [*oder* **with**] **joy** vor Freude tanzen; **to their great joy** zu ihrer großen Freude ② **I didn't have any joy** (*umgangsspr*) ich hatte keinen Erfolg **joy·ful** ['dʒɔɪfl] ① voller Freude ② freudig, froh, glücklich **joy·less** ['dʒɔlɪs] freudlos, traurig **joy·ous** ['dʒɔɪəs] freudig, froh **joy·ride** *Fahrt in einem gestohlenen Auto* **joy·stick** ① Steuerknüppel ② (*für den Computer*) Steuerknüppel, Joystick

ju·bi·lant ['dʒuːbɪlənt] überglücklich, frohlockend **ju·bi·la·tion** [ˌdʒuːbɪ'leɪʃn] Jubel **ju·bi·lee** ['dʒuːbɪliː] Jubiläum; **silver/diamond jubilee** 25-/60-jähriges Jubiläum

judge[1] [dʒʌdʒ] ① Richter(in) (**of** über) ② Schiedsrichter(in), Preisrichter(in) ③ Kenner(in); **be a** [**no**] **judge of something** sich in etwas [nicht] auskennen; **he's the best judge of that** er kennt sich am besten damit aus

judge[2] [dʒʌdʒ] ① (*in einem Gerichtsfall*) richten; **judge a case** einen Fall verhandeln, die Verhandlung über einen Fall führen ② die Entscheidung treffen in *Wettbewerb* ③ urteilen; **judge someone/something** jemanden/etwas beurteilen; **as far as I can judge** soweit ich das beurteilen kann; **judging by the size, it weighs very little** gemessen an der Größe wiegt es sehr wenig ④ [ab]schätzen *Situation* ⑤ **judge someone to be something** jemanden für etwas halten, jemanden als etwas ansehen

judge·ment, judg·ment ['dʒʌdʒmənt] ① Urteil (**on** über); **pass judgement** ein Urteil fällen (**on** über); **sit in judgement** (*auch übertragen*) zu Gericht sitzen (**on** über) ② Richterspruch ③ (*übertragen*) Meinung; **in my judgement** meines Erachtens ④ gesunder Menschenverstand; **against one's better judgement** gegen die eigene Überzeugung

ju·di·cial [dʒuː'dɪʃl] richterlich; **judicial**

inquiry gerichtliche Untersuchung **ju·dici·ary** [dʒuːˈdɪʃərɪ] **the judiciary** die Richterschaft

judo [ˈdʒuːdəʊ] Judo

jug [dʒʌg] Krug, Kanne

jug·ger·naut [ˈdʒʌgənɔːt] (GB) Schwerlaster

juggle [ˈdʒʌgl] (*auch übertragen*) jonglieren **jug·gler** [ˈdʒʌgləʳ] Jongleur(in)

juice [dʒuːs] ① Saft; **juice extractor** Entsafter ② (*umgangsspr*) Benzin ③ (*umgangsspr: Elektrizität*) Strom, Saft **juicy** [ˈdʒuːsɪ] ① saftig ② *Geschichte, Skandal:* pikant ③ Gewinn bringend

juke·box [ˈdʒuːkbɒks] Musikautomat

July [dʒuːˈlaɪ] Juli; **in July** im Juli

jumble [ˈdʒʌmbl] Mischmasch, Durcheinander

◆**jumble up** **jumble something up** etwas [ver]mischen; (*übertragen*) etwas durcheinander bringen

jumble sale ① Trödelmarkt ② Wohltätigkeitsbasar

jumbo [ˈdʒʌmbəʊ] riesig; **jumbo jet** Jumbo [Jet]

jump¹ [dʒʌmp] ① springen; **jump something** über etwas springen ② *Person:* zusammenzucken ③ *Preise:* in die Höhe schnellen ④ *Gerät:* überspringen; **jump the rails** *Zug:* entgleisen ⑤ **jump to it!** (*umgangsspr*) mach schon! ⑥ **jump to conclusions** voreilige Schlüsse ziehen ▶ IN WENDUNGEN: **jump bail** untertauchen (während man auf Kaution frei ist); **jump ship** ohne Erlaubnis abheuern; **jump the gun** vorher anfangen; (*Sport*) einen Frühstart machen; **jump the queue** sich vordrängeln

◆**jump about** herumhüpfen

◆**jump at** sich stürzen auf; **he jumped at the chance** er hat die Gelegenheit beim Schopf gepackt

◆**jump down** hinabspringen, hinunterspringen (**from** von) ▶ IN WENDUNGEN: **jump down someone's throat** (*umgangsspr*) jemanden anfahren [*oder* anschnauzen]

◆**jump in** ① hineinspringen *Wasser* ② hineinsteigen *Auto, Zug*

◆**jump off** herabspringen; **jump off something** von etwas springen

◆**jump on** ① aufspringen; **jump on [to] one's bicycle** sich aufs Fahrrad schwingen ② **jump on someone** jemanden anfahren ▶ IN WENDUNGEN: **jump on the bandwagon** auf den fahrenden Zug aufspringen

◆**jump out** hinausspringen; aussteigen *Auto, Zug*

◆**jump up** aufspringen, hochspringen

jump² [dʒʌmp] ① Sprung; **long/high/triple jump** Weit-/Hoch-/Dreisprung ② *von Körper:* Zuckung ③ *von Preisen:* plötzliches Ansteigen ④ [Gedanken]Sprung

jumped-up [ˈdʒʌmptʌp] (*umgangsspr*) eingebildet, hochnäsig

jumper [ˈdʒʌmpəʳ] ① Springer; **high/long jumper** Hoch-/Weitspringer(in) ② (GB) Pullover

jump·ing jack [ˈdʒʌmpɪŋˈdʒæk] Knallfrosch

jump leads [ˈdʒʌmpˌliːdz] *plural* Starthilfekabel **jump suit** Overall

jumpy [ˈdʒʌmpɪ] (*umgangsspr*) nervös, schreckhaft

junc·tion [ˈdʒʌŋkʃn] ① Verbindungspunkt, Schnittpunkt ② **road junction** [Straßen]Kreuzung, [Verkehrs]Knotenpunkt ③ Eisenbahnknoten[punkt] ④ (*Elektrizität*) Anschlussstelle

June [dʒuːn] Juni; **in June** im Juni

jungle [ˈdʒʌŋgl] Dschungel, Urwald

jun·ior¹ [ˈdʒuːnɪəʳ] ① jünger ② von geringerem Dienstalter, von niedrigerem Rang (**to** als) ③ (*nach einem Namen*) **Smith Junior** Smith junior

jun·ior² [ˈdʒuːnɪəʳ] ① Jüngere(r); **be someone's junior** jünger als jemand sein; **he's her junior by two years** er ist zwei Jahre jünger als sie ② Rangniedrigere(r) ③ (USA) *Schüler(in), Student(in) im 3. Schul- bzw. Studienjahr*

junior college (USA) *College für die beiden ersten Studienjahre* **junior high school** (USA) *Schule, die das 8. und 9. Schuljahr umfasst* **junior school** (GB) Grundschule

> **i Land & Leute** In Großbritannien ist eine **junior school** eine Art Grundschule für Kinder im Alter von 7–11 Jahren.

junk [dʒʌŋk] ① Abfall, Gerümpel ② Ramsch **junk food** [ˌdʒʌŋkˈfuːd] minderwertige Kost, Junkfood

junkie [ˈdʒʌŋkɪ] (*umgangsspr*) Rauschgiftsüchtige(r), Junkie

junk mail [ˈdʒʌŋmeɪl] [unerwünschte] Reklamesendung **junk·pile** [ˈdʒʌŋkpaɪl] Schrottplatz **junk shop** Trödelladen **junk·**

yard ['dʒʌŋkjɑːd] Schrottplatz

juror ['dʒʊərəʳ] Geschworene(r), Schöffe, Schöffin

jury ['dʒʊərɪ] ① [die] Geschworenen, [die] Schöffen ② Jury; **trial by jury** Schwurgerichtsverhandlung; **do jury service** Schöffe, Schöffin sein

just[1] [dʒʌst] ① *Strafe:* gerecht; *Person:* redlich ② rechtmäßig ③ *Zorn:* berechtigt ④ *Maß:* recht ⑤ genau; **just as good/bad/interesting** genauso gut/schlecht/interessant; **just as well** auch gut; **that's just it!** darum geht es ja gerade!; **just so** ganz richtig, genauso ⑥ gerade; **just as he arrived the phone rang** gerade als er ankam, hat das Telefon geklingelt; **just then** gerade in diesem Augenblick; **only just** gerade noch; **he [only] just made it** er hat es gerade noch [*oder* mit knapper Not] geschafft; **just now** gerade [so] eben; **just after/before** direkt nach/vor; **it's just after/before 10** es ist kurz nach/vor 10 Uhr ⑦ **just enough** gerade genug; **I've just about had enough of this** mir reicht's langsam; **just about** beinahe, ungefähr ⑧ (*umgangsspr*) ganz, einfach; **just like that** einfach so; **that's just crazy!** das ist einfach verrückt!; **"he wouldn't do it!" — "wouldn't he just!"** „er würde es nicht tun" — „und ob!" ⑨ **just a moment!** einen Augenblick! ⑩ **just tell me!** sag doch mal! ⑪ **just in case** für alle Fälle; für den Fall, dass ⑫ **just the same** trotzdem

just[2] [dʒʌst] **the just** die Gerechten ▸ IN WENDUNGEN: **to sleep the sleep of the just** den Schlaf der Gerechten schlafen

jus·tice ['dʒʌstɪs] ① Gerechtigkeit; **do someone/something justice, do justice to someone/something** jemandem/etwas gerecht werden ② Recht; **administer** [*oder* **dispense**] **justice** Recht sprechen; **court of justice** Gericht[shof] ③ Richter(in); **Justice of the Peace** Friedensrichter(in)

jus·ti·fi·able [ˌdʒʌstɪ'faɪəbl] zu rechtfertigen[d], vertretbar **jus·ti·fi·ca·tion** [ˌdʒʌstɪfɪ'keɪʃn] Rechtfertigung; **in justification** zur Rechtfertigung (**of** von) **jus·tify** ['dʒʌstɪfaɪ] **justify something** etwas rechtfertigen (**to** vor); **they'd be justified in complaining** sie sollten sich ruhig beschweren ▸ IN WENDUNGEN: **the end justifies the means** der Zweck heiligt die Mittel

just·ly ['dʒʌstlɪ] verdientermaßen, gerechterweise

ju·ven·ile[1] ['dʒuːvənaɪl] ① jugendlich, jung ② unreif

ju·ven·ile[2] ['dʒuːvənaɪl] Jugendliche(r)

juvenile court Jugendgericht

juvenile crime, juvenile delinquency Jugendkriminalität **juvenile delinquent** jugendliche Straftäter(in)

Kk

K, k [keɪ] <*plural* K's, k's> K, k

kan·ga·roo [ˌkæŋgə'ruː] <*plural* kangaroos> Känguru

ka·rate [kə'rɑːtɪ] Karate **karate chop** Karateschlag

kayak ['kaɪæk] Kajak

KB [ˌkeɪ'biː] *Abkürzung von* **kilobyte** KB, kByte

ke·bab [kə'bæb] Kebab

keel [kiːl] Kiel ▸ IN WENDUNGEN: **be on an even keel** ausgeglichen sein
◆ **keel over** kentern; (*übertragen*) umkippen

keen [kiːn] ① *Interesse:* lebhaft, stark; *Person:* stark interessiert (**on** an); **she is keen on riding** sie ist eine leidenschaftliche Reiterin; **I am not very keen on meeting him** ich bin nicht besonders scharf darauf, ihn kennen zu lernen ② *Augen, Messer, Verstand:* scharf ③ *Wind:* schneidend ④ *Kälte:* durchdringend, streng ⑤ *Schmerz:* stechend, heftig ⑥ *Appetit:* stark, groß ⑦ *Wettstreit:* heftig

keep[1] [kiːp] <kept, kept> ① **keep something** etwas behalten; **keep something under control** etwas in Schranken halten; **keep something in mind** etwas im Auge behalten; **keep a promise** ein Versprechen halten; **can you keep a secret?** kannst du etwas für dich behalten?; **keep something from someone** etwas vor jemandem verheimlichen; **keep something in [good] repair** etwas in gutem Zustand [er]halten; **keep silent** Stillschweigen bewahren; **keep someone in suspense** jemanden in der Schwebe lassen; **keep watch** aufpassen ② **keep [to the] left** sich links halten; *Auto:*

links fahren ③ einhalten, befolgen *Gesetz, Regeln* ④ aufbewahren *Waren;* **keep cool** kühl aufbewahren; *Lebensmittel:* sich halten ⑤ unterhalten *Haus, Familie;* **keep house** haushalten ⑥ halten *Vieh* ⑦ beschäftigen *Personal* ⑧ führen *Waren, Tagebuch* ⑨ feiern *Jahrestag* ⑩ betreiben *Hotel* ⑪ (*im Geschäft*) **do you keep tablecloths?** haben Sie Tischdecken? ⑫ aufhalten, abhalten *Person* (**from** von); **don't let me keep you** lass dich [von mir] nicht aufhalten; **what kept you?** wo warst du denn so lange?; **keep someone waiting** jemanden warten lassen ⑬ **keep hold of something** etwas festhalten; **keep one's seat** sitzen bleiben ⑭ **keep calm** [*oder* **quiet**] ruhig bleiben; **keep one's temper** ruhig bleiben ⑮ **keep doing something** etwas weiterhin tun, etwas dauernd tun; **keep going!** gehen Sie weiter!; (*übertragen*) machen Sie weiter!; **keep smiling!** Kopf hoch!; **keep talking!** reden Sie weiter! ⑯ **keep someone company** jemandem Gesellschaft leisten ⑰ **keep** [**good**] **time** *Uhr:* richtig gehen; *Person:* pünktlich sein ⑱ **keep track of something** sich etwas merken ⑲ **keep your hands off!** nehmen Sie Ihre Hände weg! ⑳ **how is he keeping?** wie geht es ihm?; **keep fit** fit bleiben ㉑ **that can keep** das kann warten ► IN WENDUNGEN: **keep one's head** die Ruhe bewahren

◆ **keep ahead** vorne bleiben; **keep ahead of the others** in Führung bleiben

◆ **keep at** **keep at something** mit etwas weitermachen; **keep at it!** nicht aufgeben!

◆ **keep away** ① wegbleiben ② **keep someone/something away** jemanden/etwas fernhalten (**from** von); **he can't keep away from it** er kann die Finger nicht davon lassen

◆ **keep back** ① zurückbleiben ② **keep something back** etwas zurückhalten; zurückbehalten *Geld* ③ verschweigen, zurückhalten *Informationen* ④ **keep someone back** jemanden aufhalten

◆ **keep down** ① unten lassen; einziehen *Kopf;* **keep your voice down!** rede nicht so laut! ② einschränken *Ausgaben;* niedrig halten *Steuern, Preise* ③ (*übertragen*) unterdrücken *Person* ④ bei sich behalten *Essen*

◆ **keep from** **keep from doing something** etwas unterlassen, etwas vermeiden

◆ **keep in** ① **keep someone in** jemanden am Ausgehen hindern; **keep a pupil in** einen Schüler nachsitzen lassen ② zügeln *Gefühle* ③ **keep in with someone** die Beziehung zu jemandem pflegen; **keep in with a customer** einen Kundenkontakt pflegen ④ einziehen *Bauch*

◆ **keep off** ① **keep off something** von etwas wegbleiben [*oder* fernbleiben]; **keep off** [**the grass**]! Betreten [des Rasens] verboten! ② **keep someone off something** jemanden von etwas abhalten

◆ **keep on** ① aufbehalten *Hut;* anbehalten *Kleidung* ② weiterbeschäftigen *Person* ③ **keep on with your work** arbeitet doch weiter; **he keeps on calling me** er ruft mich immer wieder an; **she kept on sneezing** sie konnte nicht aufhören zu niesen; **keep on at someone** jemanden nicht in Ruhe lassen; **keep on about something** dauernd von etwas reden; **keep on talking** weiterreden (**about** über) ④ **keep on down this road** (*mit dem Auto*) diese Straße immer weiterfahren; (*zu Fuß*) diese Straße immer weitergehen; **keep straight on** immer geradeaus

◆ **keep out** ① **keep someone/something out** jemanden/etwas nicht hereinlassen; abhalten *Kälte* ② sich fernhalten (**of** von); **keep out!** Eintritt verboten! ③ **keep out of danger** Gefahr meiden

◆ **keep to** ① **keep to the rules/a diet** sich an die Regeln/eine Diät halten ② **keep to the path** auf dem Weg bleiben; **keep to the left** sich links halten, links fahren ③ **keep oneself to oneself** für sich bleiben

◆ **keep together** ① **keep something together** etwas zusammenhalten ② zusammenbleiben

◆ **keep up** ① fortfahren mit, weitermachen [mit] *gute Arbeit, Leistung;* **keep it up!** nur so weiter! nicht nachgeben!; **I hope this weather keeps up** hoffentlich hält das Wetter an ② festhalten an; aufrecht halten *Gewohnheit, Brauch;* aufrechterhalten *Standard, Bemühungen, Freundschaft usw.* ③ halten *Tempo* ④ **keep up with someone** (*auch übertragen*) Schritt halten; (*mit Bekanntschaft*) mit jemandem Kontakt halten; **keep up with the news** auf dem Laufenden bleiben; **he talked so fast, I couldn't keep up** er sprach so schnell, dass ich kaum mitkam

⑤ fortführen *Geschäft* ⑥ unterhalten *Haus;* in Stand halten *Straße* ⑦ **keep one's spirits up** den Kopf nicht hängen lassen; **keep up appearances** den Schein wahren ⑧ **keep someone up** jemanden vom Schlafengehen abhalten ▸ IN WENDUNGEN: **keep up with the Joneses** mit den anderen gleichziehen

keep² [kiːp] ① Unterhaltskosten; **earn one's keep** seinen Lebensunterhalt verdienen ② **for keeps** (*umgangsspr*) für immer

keeper ['kiːpəʳ] ① **[game]keeper** Wildhüter ② **[zoo]keeper** [Tier]Wärter(in) ③ **[goal]keeper** Torwart

keep·ing ['kiːpɪŋ] ① **in keeping with** in Übereinstimmung mit, in Einklang mit ② **for safe keeping** zur sicheren Aufbewahrung

keg beer GB Bier vom Fass, Fassbier

ken·nel ['kenl] ① Hundehütte ② **kennels** ⚠ *plural* Hundezwinger; **boarding kennels** Hundepension

kept [kept] *2. und 3. Form von* **keep**

kerb [kɜːb] Bordkante

ketch·up ['ketʃəp] Ketschup

kettle ['ketl] Kessel; **put the kettle on** Tee-/Kaffeewasser aufsetzen ▸ IN WENDUNGEN: **a pretty kettle of fish!** eine schöne Bescherung!; **that's a different kettle of fish [altogether]!** das ist ja etwas ganz anderes!

key¹ [kiː] ① Schlüssel ② (*übertragen*) Lösung (**of** für) ③ *von Klavier, Schreibmaschine:* Taste ④ *eines Blasinstruments:* Klappe ⑤ (*in der Musik*) Tonart; **sing off key** falsch singen ⑥ Zeichenerklärung

key² [kiː] wichtigste(r, s); **key man** Schlüsselfigur; **key point** springender Punkt; **key position** Schlüsselposition

◆ **key in** eintasten *Daten*

◆ **key up** ① **be keyed up** aufgedreht sein ② **key someone up for something** jemanden auf etwas einstimmen

key·board ['kiːbɔːd] Klaviatur; *von Computer:* Tastatur **keyboard instrument** Tasteninstrument **key·hole** ['kiːhəʊl] Schlüsselloch **key-hole surgery** minimalinvasive Chirurgie [MIC] **key money** Kaution **keynote address, keynote speech** programmatische Rede, Grundsatzreferat **key·pad** ['kiːpæd] Tastenfeld **key personnel, key staff** *singular* leitende Angestellte **key ring** Schlüsselring

kick¹ [kɪk] ① treten; *Pferd:* ausschlagen; *Baby:* strampeln; **kick someone** jemandem einen Tritt geben ② kicken *Fußball;* schießen *Tor* ③ (*umgangsspr*) **kick a habit** etwas aufgeben; **kick heroin** vom Heroin runterkommen ④ **I could have kicked myself** (*umgangsspr*) ich hätte mich selber in den Hintern treten können

kick² [kɪk] ① [Fuß]Tritt, Stoß ② (*beim Fußball*) Schuss ③ **get a big kick out of something** (*umgangsspr*) viel Spaß an etwas haben; **do something for kicks** (*umgangsspr*) etwas zum Spaß tun; **live for kicks** (*umgangsspr*) nur zu seinem Vergnügen leben

◆ **kick about** ① **kick an animal/someone about** ein Tier/jemanden schlecht behandeln ② herumkicken *Ball* ③ herumbummeln

◆ **kick against** **kick against something** gegen etwas treten; **kick against the pricks** sich widersetzen

◆ **kick around** ① **kick an animal/someone around** ein Tier/jemanden schlecht behandeln ② herumkicken *Ball* ③ herumbummeln, herumliegen

◆ **kick at** **kick at something** gegen etwas treten

◆ **kick away** **kick something away** etwas wegstoßen

◆ **kick back** (*umgangsspr*) ① (*mit dem Fuß*) zurückschlagen ② zurückschießen *Ball*

◆ **kick in** **kick something in** etwas eintreten; **kick someone's teeth in** jemandem die Zähne einschlagen

◆ **kick off** ① wegschleudern; (*beim Fußball*) anspielen ② (*umgangsspr*) beginnen

◆ **kick out** (*umgangsspr*) ① **kick someone/something out** jemanden/etwas rauswerfen ② (*beim Fußball*) ins Aus schießen ③ *Pferd:* ausschlagen; *Person:* um sich treten

◆ **kick up** **kick up a fuss** [*oder* **row**] (*übertragen*) Krach schlagen

kick-off ['kɪkɒf] ① (*beim Fußball*) Anstoß, Anspiel ② (*umgangsspr*) Anfang ③ **for a kick-off** zunächst [einmal]

kid¹ [kɪd] (*umgangsspr*) ① Kind; **when you were a kid** als du klein warst; **that's kid's stuff** das ist etwas für kleine Kinder, das ist kinderleicht; **listen, kid** hör mal zu, Kleiner ② **kid sister/brother** jüngere Schwester/jüngerer Bruder

kid² [kɪd] (*umgangsspr*) Spaß machen; **don't**

kid yourself mach dir doch nichts vor
kid·nap ['kɪdnæp] **kidnap someone** jemanden entführen **kid·nap·per** ['kɪdnæpəʳ] Kidnapper(in), Entführer(in)
kid·ney ['kɪdnɪ] Niere **kidney donor** Nierenspender(in) **kidney failure** Nierenversagen **kidney machine** künstliche Niere
kill[1] [kɪl] ❶ **kill someone** jemanden töten; (*absichtlich*) jemanden umbringen; (*durch Schläge*) jemanden totschlagen; **smoking can kill you** das Rauchen kann tödliche Folgen haben ❷ **be killed in action** (*militärisch*) im Kampf fallen ❸ schlachten, erlegen *Tier* ❹ abtöten *Bakterien, Schmerz* ❺ abwürgen *Motor;* anhalten, zum Stehen bringen *Maschine;* **kill the light** das Licht ausschalten ❻ **kill time** Zeit totschlagen ▶ IN WENDUNGEN: **dress to kill** sich herausputzen; **kill two birds with one stone** zwei Fliegen mit einer Klappe schlagen; **my feet are killing me** meine Füße tun mir [wahnsinnig] weh; **kill oneself laughing** sich totlachen
kill[2] [kɪl] *eines Tieres:* Beute ▶ IN WENDUNGEN: **be in at the kill** am Schluss dabei sein
◆ **kill off** vernichten *Feind;* abschlachten *Tiere*
killer ['kɪləʳ] ❶ Mörder(in) ❷ **it's a real killer** (*umgangsspr*) das ist der glatte Mord **killer whale** Mörderwal
kill·ing[1] ['kɪlɪŋ] ❶ tödlich ❷ (*übertragen*) mörderisch, ermüdend
kill·ing[2] ['kɪlɪŋ] ❶ Töten, Mord ❷ *eines Tieres:* Abschlachten ▶ IN WENDUNGEN: **make a killing** (*umgangsspr*) viel auf einmal verdienen, einen Reibach machen
kilo ['kiːləʊ] <*plural* kilos> Kilo[gramm]
kilo·byte ['kɪləbaɪt] Kilobyte
kilo·gramme, (USA) **kilo·gram** ['kɪləgræm] Kilogramm **kilo·metre**, (USA) **kilo·meter** ['kɪləmiːtəʳ] Kilometer
kilt [kɪlt] Kilt, Schottenrock

> **i Land & Leute** Zu besonderen Anlässen, wie z. B. Hochzeiten, tragen viele Schotten noch heute einen **kilt** (Schottenrock). Dieser kilt oder **Highland dress** stammt aus dem 16. Jh. und bestand damals aus einem einzigen Stück Stoff. Im 17. Jh. wurden daraus zwei getrennte Kleidungsstücke: der kilt und das **plaid** (Umhängetuch aus Wolle). Aus dieser Zeit stammt auch der **sporran**, ein Beutel, der am Gürtel hängt. Erst im 18. Jh. wurden die unterschiedlichen **tartans** (Schottenmuster) für einzelne **clans** (Familien) entworfen.

kin [kɪn] Verwandtschaft; **the next of kin** die nächsten Angehörigen
kind[1] [kaɪnd] ❶ Art; **a kind of toy** eine Art [von] Spielzeug; **this kind of thing** so etwas; **something of the kind** so etwas Ähnliches ❷ Sorte, Klasse; **what kind of bird is it?** was für ein Vogel ist das?; **I am not that kind of person** so bin ich nicht; **they are two of a kind** sie sind vom gleichen Schlag; **the same kind** von derselben Sorte ❸ (*umgangsspr*) **it was kind of funny/stupid** es war irgendwie witzig/doof
kind[2] [kaɪnd] freundlich, nett; **be kind to someone** jemandem gegenüber nett sein; **kind to animals** tierlieb
kind-hearted [ˌkaɪnd'hɑːtɪd] gutmütig, gütig
kind·ly ['kaɪndlɪ] ❶ gütig, freundlich; **take kindly to someone** jemanden lieb gewinnen ❷ nett, liebenswürdig ❸ **he very kindly helped us** er hat uns liebenswürdigerweise geholfen; **thank someone kindly** jemandem herzlich danken ❹ gefälligst; **kindly put it back** bitte seien Sie so freundlich und stellen Sie es zurück **kind·ness** ['kaɪndnɪs] ❶ Freundlichkeit, Liebenswürdigkeit ❷ Gefälligkeit
king [kɪŋ] König **king·dom** ['kɪŋdəm] [König]Reich; **the animal/vegetable kingdom** das Tierreich/das Pflanzenreich; **kingdom of heaven** Himmelreich; **the United Kingdom** das Vereinigte Königreich **king·fisher** ['kɪŋˌfɪʃəʳ] Eisvogel **king-size** ['kɪŋsaɪz] (*umgangsspr*) besonders groß
kink [kɪŋk] ❶ Knick ❷ (*im Haar*) Kräuselung, Welle **kinky** ['kɪŋkɪ] (*umgangsspr: sexuell*) abartig
kiosk ['kiːɒsk] Kiosk, Bude; **telephone kiosk** (GB) Telefonzelle
kip[1] [kɪp] (*umgangsspr*) Schläfchen; **get some** [*oder* **have a**] **kip** (*umgangsspr*) eine Runde pennen
kip[2] [kɪp] (*umgangsspr*) schlafen
kip·per ['kɪpəʳ] Räucherhering
kiss[1] [kɪs] **kiss someone/something**

jemanden/etwas küssen

kiss² [kɪs] Kuss; **kiss of life** Mund-zu-Mund-Beatmung

kit [kɪt] ① (*auch militärisch*) Ausrüstung; **sports kit** Sportzeug ② (*umgangsspr*) Satz ③ Handwerkszeug; **repair kit** Reparatursatz ④ **first-aid kit** Verbandszeug

◆ **kit out**, **kit up** [kɪt] **kit someone out** jemanden ausrüsten; ausstaffieren *Zimmer*

kitch·en ['kɪtʃɪn] Küche **kitch·en·ette** [ˌkɪtʃɪ'net] Kochnische **kitchen foil** Alufolie **kitchen knife** Küchenmesser **kitchen sink** ① Spüle, [Küchen]ausguss ② (*übertragen*) **he arrived here with everything but the kitchen sink** er kam mit Sack und Pack an **kitchen table** Küchentisch **kitchen unit** Küchenschrank

kite [kaɪt] ① (*Vogel*) Milan ② [Papier]Drachen; **fly a kite** einen Drachen steigen lassen; (*umgangsspr*) einen Versuchsballon steigen lassen

kit·ten ['kɪtn] ① Kätzchen ② (*umgangsspr*) **have kittens** Zustände kriegen

kitty ['kɪtɪ] ① Kätzchen ② gemeinsame Kasse

Kleen·ex® ['kli:neks] Tempotaschentuch®

knack [næk] ① Kniff, Trick; **have the knack of it** (*umgangsspr*) den Bogen raushaben; **there's a knack in it** man muss den Dreh kennen ② **it has the knack of stopping at the wrong moment** es hat das Talent, gerade im falschen Moment anzuhalten

knackered ['nækəd] (*umgangsspr*) geschafft, todmüde

knee [ni:] ① Knie; **on one's knees** auf den Knien; (*übertragen*) kniefällig ② **knee-jerk reaction** (*übertragen*) spontane [Abwehr]Reaktion **knee·cap** ['ni:ˌkæp] Kniescheibe

kneel [ni:l] <knelt, knelt> **kneel** [**down**] [nieder]knien

knelt [nelt] *2. und 3. Form von* **kneel**

knew [nju:] *2. Form von* **know**

knickers ['nɪkəz] *plural* (*umgangsspr*) [Damen]Schlüpfer ▸ IN WENDUNGEN: **get one's knickers in a twist** (*umgangsspr*) sich aufregen, durchdrehen

knife¹ [naɪf, *plural* naɪvz] <*plural* knives> Messer; **knives and forks** Besteck

knife² [naɪf] **knife someone/something** jemanden/etwas erstechen

knight¹ [naɪt] ① Ritter ② (*beim Schach*) Springer

knight² [naɪt] **knight someone** jemanden zum Ritter schlagen

knight·hood ['naɪthʊd] Ritterwürde, Ritterstand

knit [nɪt] <knit *oder* knitted, knit *oder* knitted> ① stricken ② **knit one's brow** die Stirn runzeln ③ (*übertragen*) *Knochen:* zusammenwachsen **knit·ting** [nɪtɪŋ] Strickarbeit, Strickzeug, Stricken **knitting-needle** Stricknadel **knit·wear** ['nɪtweəʳ] Strickwaren, Strickkleidung

knob [nɒb] ① [Griff]Knopf, Knauf ② Beule ③ **a knob of butter** ein Stückchen Butter

knock¹ [nɒk] ① **knock someone/something** jemanden/etwas stoßen, jemanden/etwas schlagen (**on, against** gegen) ② klopfen; **knock at the door** an die Tür knopfen ▸ IN WENDUNGEN: **don't knock it!** (*umgangsspr*) mecker nicht darüber! ▸ IN WENDUNGEN: **that knocks you sideways** (*umgangsspr*) das haut dich um

knock² [nɒk] ① Schlag, Stoß ② Klopfen ③ (*umgangsspr*) Tiefschlag, Kritik; **take a knock** (*übertragen*) erschüttert werden, einen schweren finanziellen Verlust erleiden

◆ **knock about**, **knock around** ① *Person:* sich herumtreiben; **knock about** [*oder* **around**] **with someone** sich mit jemandem herumtreiben ② *Gegenstand:* herumliegen ③ **knock someone/an animal about** [*oder* **around**] jemanden/ein Tier schlagen, verprügeln

◆ **knock back** (*umgangsspr*) ① hinunterstürzen *Getränk* ② **it'll knock you back a bit** es wird dich was kosten ③ **it knocked me back** es hat mich ganz schön überrascht

◆ **knock down** ① **knock someone down** jemanden umstoßen; (*mit Fahrzeug*) jemanden umfahren ② **knock something down** etwas umstürzen; abbrechen *Gebäude* ③ herabsetzen *Preis*

◆ **knock into** ① **I can't seem to knock it into her head** ich kann es ihr nicht einbläuen ② **knock someone/something into shape** jemanden/etwas in Form bringen

◆ **knock off** ① **knock off** [**work**] (*umgangsspr*) Feierabend machen ② abschlagen *Gegenstand* ③ (*umgangsspr*) **knock ten pounds off** [**the price**] zehn Pfund vom Preis nachlassen

K

◆**knock out** ① ausklopfen *Pfeife* ② (*Boxen*) k.o. schlagen ③ (*umgangsspr*) **I was really knocked out by the news** ich war von der Nachricht verblüfft

◆**knock over** ① **knock something over** etwas umwerfen ② (*mit einem Fahrzeug*) umfahren *Person*

◆**knock together** ① auf die Beine stellen *Mahlzeit* ② zusammenzimmern *Hütte* ③ **his knees were knocking together** ihm schlotterten die Knie ▸ IN WENDUNGEN: **I'll knock their heads together!** ich werde die beiden schütteln!

◆**knock up** ① hochschlagen *Ball* ② (GB) erzielen *Punktzahl* ③ zusammenzimmern *Hütte* ④ rasch zubereiten *Essen* ⑤ (GB) wecken *Person* ⑥ (*slang*) **he knocked her up** er hat ihr ein Kind anhängt

knockout ['nɒkaʊt] ① **knock-out blow** K.o.-Schlag ② (*übertragen*) vernichtende Niederlage ③ (*umgangsspr*) Pfundskerl, Pfundsweib ④ Ausscheidung[srunde]

knot¹ [nɒt] ① Knoten; **tie/untie a knot** einen Knoten machen/aufmachen ② (*Holz*) Ast ▸ IN WENDUNGEN: **tie oneself [up] in** [*oder* **get into**] **knots** in Schwierigkeiten geraten

knot² [nɒt] ① sich verknoten; **knot something** in etwas [einen] Knoten machen ② (*umgangsspr*) **get knotted!** lass mich in Ruh(e)!

know¹ [nəʊ] <knew, known> ① wissen (**about** über); **know something** etwas wissen; **I should have known better** ich hätte es besser wissen müssen; **not that I know of** nicht, dass ich wüsste; **know the difference between right and wrong** Gut und Böse unterschieden können ② kennen *Person;* **I don't know her** ich kenne sie nicht; **get to know someone** jemanden kennen lernen; **do you know each other?** haben Sie sich schon kennen gelernt?; **she's known to the police** sie ist der Polizei bekannt; **make oneself known** sich bekannt machen ③ **know someone by his/her voice/walk** jemanden an der Stimme/am Gang erkennen ④ können *Sprache;* sich auskennen mit *Gerät;* **do you know anything about car engines?** verstehst du etwas von Automotoren?; **know how to do something** verstehen, etwas zu tun ⑤ erfahren *Furcht, Zorn;* herausfinden *Methode* ⑥ **come to be known** bekannt werden ⑦ **let someone know** jemanden wissen lassen, jemandem Bescheid geben ⑧ **know different** es besser wissen; **know what's what** wissen, wie es in der Welt zugeht

know² [nəʊ] **be in the know** im Bilde sein

know-all ['nəʊɔːl] Besserwisser(in); **don't be such a know-all!** sei nicht so besserwisserisch! **know-how** ['nəʊhaʊ] [Fach]Wissen; (*technisch*) Know-how **know·ing** ['nəʊɪŋ] ① **there's no knowing** man kann nie wissen ② **a knowing look/smile** ein viel sagender Blick/ein viel sagendes Lächeln **know-it-all** ['nəʊɪtɔːl] (USA) Besserwisser(in)

knowl·edge ['nɒlɪdʒ] ① Kenntnisse (**of** in); **knowledge of English** Englischkenntnisse ② Wissen, Kenntnis; **to [the best of] my knowledge** soviel ich weiß; **without my knowledge** ohne mein Wissen **knowl·edge·able** ['nɒlɪdʒəbl] kenntnisreich, bewandert (**about** in)

known¹ [nəʊn] *3. Form von* **know**

known² [nəʊn] bekannt, anerkannt

knuckle ['nʌkl] ① Knöchel ② (*Fleisch*) Haxe ▸ IN WENDUNGEN: **give someone a rap on** [*oder* **over**] **the knuckles** jemandem auf die Finger klopfen; **near the knuckle** an der Grenze zum Anstößigen

Ko·ran [kə'rɑːn] Koran

L

L, l [el] <*plural* L's, l's> L, l

lab [læb] (*umgangsspr*) Labor; **language lab** Sprachlabor

label¹ ['leɪbl] ① Schildchen; (*auf Waren*) Etikett; (*auf Kleider*) [Anhänge]Zettel ② Plattenfirma; (*auf CD, Schallplatte*) Label ③ (*übertragen*) Etikett

label² ['leɪbl] <labelled> ① etikettieren *Ware* ② (*übertragen*) bezeichnen *Person, Tier;* **label someone as something** jemanden als etwas etikettieren

lab·ora·tory [lə'bɒrətrɪ, (USA) 'læbrəˌtɔːrɪ] Labor[atorium] **laboratory assistant** Laborant(in)

la·bour[1], (USA) **la·bor** ['leɪbəʳ] ① Arbeit; **do something as a labour of love** etwas aus Liebe zur Sache tun ② Arbeitskräfte ③ *Frauen:* **be in labour** Wehen haben ④ **Labour** (GB) (*politisch*) die Labour Party

la·bour[2], (USA) **la·bor** ['leɪbəʳ] ① arbeiten (**at** an) ② sich [ab]mühen (**for** um)

> **i Land & Leute** In den USA wird der Tag der Arbeit, der **Labor Day,** nicht am 1. Mai, sondern am ersten Montag im September gefeiert und ist überall ein gesetzlicher Feiertag.

la·bourer ['leɪbərəʳ] Arbeiter(in)

lace [leɪs] ① (*für Schuh*) Schnürsenkel, Senkel ② *kein Plural* (*Textil*) Spitze
◆ **lace up** schnüren *Schuhe*

lace-ups ['leɪsʌps] *plural* Schnürschuhe

lack[1] [læk] Mangel (**of** an); **for lack of love/money** aus Mangel an Liebe/Geld

lack[2] [læk] fehlen; **lack something** etwas nicht haben; **he lacks talent** ihm fehlt es an Talent; **you lack confidence** Ihnen fehlt das Selbstvertrauen; **they lack for nothing** es fehlt ihnen an nichts; **we lack the money for it** uns fehlt das Geld dazu

lack·ing ['lækɪŋ] fehlend; **be lacking** fehlen; **she's lacking in confidence** ihr fehlt das Selbstvertrauen

lad [læd] ① Junge ② Typ; **the lads** (*umgangsspr*) die Jungs

lad·der[1] ['lædəʳ] ① Leiter ② (GB) Laufmasche ③ (*übertragen*) Stufenleiter, Weg

lad·der[2] ['lædəʳ] (GB) *Strumpfhosen:* Laufmaschen bekommen

ladle[1] ['leɪdl] ① Schöpflöffel ② Kelle

ladle[2] ['leɪdl] schöpfen *Suppe, Eintopf*
◆ **ladle out** ① **ladle out the soup** die Suppe austeilen ② (*übertragen*) verschwenderisch verteilen

lady ['leɪdɪ] ① Dame ② (*Adelsprädikat*) **Lady** Lady ③ **Ladies and Gentlemen** meine Damen und Herren ④ **Ladies** Damen[toilette]

lady·bird ['leɪdɪbɜːd] (GB) Marienkäfer **lady·bug** ['leɪdɪbʌg] (USA) Marienkäfer

lag [læg] <lagged> isolieren *Rohr*
◆ **lag behind** zurückbleiben

la·ger ['lɑːgəʳ] helles [Lager]Bier **lager lout** [alkoholisierter] Randalierer

laid [leɪd] *2. und 3. Form von* **lay**[1] **laid-off** [ˌleɪd'ɒf] [vorübergehend] arbeitslos

lain [leɪn] *3. Form von* **lie**[1]

lake [leɪk] See

lamb [læm] ① Lamm ② **lamb** ⚠ *kein Plural* Lammfleisch **lamb chop** Lammkotelett **lambs·wool** ['læmzwʊl] Lammwolle

lame [leɪm] ① lahm (**in** auf) ② (*übertragen*) schwach, nicht überzeugend; **lame excuse** faule Ausrede

lamp [læmp] Lampe, Laterne **lamp·post** ['læmppəʊst] Laternenpfahl **lamp·shade** ['læmpʃeɪd] Lampenschirm

land[1] [lænd] ① [Fest]Land; **by land** zu Land(e), auf dem Landweg(e); **on land** auf dem Boden ② (*Acker, Wald*) Land; Grund und Boden ③ Land, Staat ④ Landbesitz, Grundbesitz ▸ IN WENDUNGEN: **see how the land lies** sehen, wie die Dinge liegen

land[2] [lænd] ① landen *Flugzeug;* anlegen *Schiff* ② *Flugpassagiere, Waren:* landen; *Schiffspassagiere:* an Land gehen; **they landed in Genoa** sie gingen in Genoa an Land ③ (*umgangsspr*) bekommen *Stelle, Geschäftsabkommen* ④ (*umgangsspr*) verpassen, versetzen *Schlag* ▸ IN WENDUNGEN: **land on one's feet** auf die Füsse fallen; **land oneself in trouble/hot water** in Ärger hineingeraten

land·ing ['lændɪŋ] ① Landen, Landung; **make a safe landing** glücklich landen; **emergency landing** Notlandung ② *von Fracht:* Löschen ③ (*im Haus*) Treppenabsatz, Treppenflur **landing gear** Fahrgestell

land·lady ['lænˌleɪdɪ] ① *von Wohnung, Haus:* Vermieterin; *von Grund:* Grundbesitzerin ② *von Hotel, Gaststätte:* [Gast]Wirtin **land·locked** ['lændlɒkt] *Land:* ohne Zugang zum Meer, landumschlossen **land·lord** ['lænlɔːd] ① *von Wohnung, Haus:* Vermieter, Hauseigentümer; *von Grundstück:* Grundbesitzer ② *von Hotel, Gaststätte:* Gastwirt **land·mark** ['lændmɑːk] ① Grenzstein ② Seezeichen ③ (*übertragen*) Markstein **land·owner** ['lændˌəʊnəʳ] Grundbesitzer(in), Gutsbesitzer(in)

land·scape ['lændskeɪp] Landschaft **landscape painter** Landschaftsmaler(in)

land·slide ['lændslaɪd] ① Erdrutsch ② (*übertragen: in der Politik*) überwältigender [Wahl]Sieg, Erdrutschsieg

lane [leɪn] ① (*in der Stadt*) Gasse ② (*auf dem Land*) schmale Landstraße ③ (*Sport*)

[Renn]Bahn ❹ (*auf der Straße*) Spur; **get in lane!** bitte einordnen! ❺ **shipping lanes** Schifffahrtswege

lan·guage ['læŋgwɪdʒ] ❶ Sprache ❷ Ausdrucksweise, Redeweise; **bad language** unanständige Ausdrücke

lanky ['læŋkɪ] schlacksig

lan·tern ['læntən] Laterne

lap¹ [læp] Schoß

lap² [læp] (*Sport*) Runde; **lap of honour** Ehrenrunde

lap³ [læp] (*Sport*) überrunden

lap⁴ [læp] ❶ *Tier:* schlecken ❷ *Wasser:* plätschern (**at, against** an)

lapse¹ [læps] ❶ Versehen, Irrtum, Fehler ❷ *von Zeit:* Zeitspanne, Zeitraum

lapse² [læps] ❶ *Zeit:* vergehen, verstreichen ❷ (*juristisch*) verfallen, erlöschen, hinfällig werden ❸ (*in Koma, Schweigen*) verfallen (**into** in)

lapsed [læpst] ❶ (*juristisch*) verfallen ❷ (*Religion*) vom Glauben abgefallen

lap·top ['æptɒp] Laptop

larch [lɑːtʃ] Lärche

lard [lɑːd] [Schweine]Schmalz

lar·der ['lɑːdəʳ] Speisekammer, Vorratsschrank

large [lɑːdʒ] ❶ groß ❷ **at large** auf freiem Fuß ❸ **by and large** im Großen und Ganzen **large·ly** ['lɑːdʒlɪ] größtenteils **large-scale** ['lɑːdʒskeɪl] in großem Maßstab, groß angelegt, Groß-

lark¹ [lɑːk] Lerche

lark² [lɑːk] Spaß, Ulk, Scherz; **for a lark** zum Spaß

◆ **lark about** herumalbern

laser ['leɪzəʳ] Laser **laser beam** Laserstrahl **laser printer** Laserdrucker **laser show** Lasershow **laser surgery** Laserchirgurgie

lash [læʃ] [Augen]Wimper

◆ **lash down** ❶ **lash something down** etwas festbinden ❷ *Regen:* niederprasseln

◆ **lash out** ❶ *Mensch:* [wild] um sich schlagen; **lash out at someone** nach jemandem schlagen ❷ *Pferd:* ausschlagen ❸ (*übertragen*) ausfallend werden (**at** gegen)

last¹ [lɑːst, (USA) læst] ❶ letzte(r, s); **last night** gestern Abend, heute Nacht; **last week** letzte Woche; in der letzten, vorigen Woche ❷ **for the last time** zum letzten Mal ❸ **last but one** vorletzte(r, s); **the week before last** vorletzte Woche ❹ **that's the last thing I should do** das wäre das Letzte, was ich täte ❺ **the Last Supper** das Abendmahl ❻ **last but not least** nicht zuletzt; last not least ❼ zuletzt, zum Schluss, am Ende; **come last** letzte(r) sein ❽ das letzte Mal, zuletzt; **when did you see him last?, when did you last see him?** wann hast du ihn das letzte Mal gesehen? ❾ **last of all** zuallerletzt

last² [lɑːst, (USA) læst] ❶ [der, die, das] Letzte ❷ **at last** schließlich, endlich, zuletzt; **at long last** zu guter Letzt, schließlich ❸ **to the last** bis zum Letzten [*oder* äußersten]

last³ [lɑːst, (USA) læst] ❶ andauern, [an]halten ❷ aushalten; **how long did you last [out]?** wie lange hast du es ausgehalten? ❸ [aus]reichen; **while stocks last** solange Vorrat reicht ❹ **the coat has lasted me five years** ich habe den Mantel schon fünf Jahre

last·ing ['lɑːstɪŋ] ❶ *Beziehung, Friede:* dauerhaft ❷ *Eindruck, Wirkung:* nachhaltig

last·ly ['lɑːstlɪ] zuletzt, schließlich

last-minute [ˌlɑːst'mɪnɪt] allerletzte[r,s]; **we've had a last-minute change of plan** wir haben unsere Pläne in letzter Minute geändert

last name Nachname

latch [lætʃ] ❶ Riegel ❷ **on the latch** *Tür:* nur eingeklinkt

late [leɪt] ❶ spät ❷ verspätet, zu spät; **be late for something** zu etwas zu spät kommen; **make someone late** jemanden aufhalten, jemanden zu spät kommen lassen ❸ [jüngst] verstorben; **the late John Smith** der verstorbene John Smith ❹ **as late as last week** erst [*oder* noch] letzte Woche ❺ **of late** [erst] kürzlich ❻ **keep late hours** lange aufbleiben ❼ **late show** Spätvorstellung ❽ **late starter** (*übertragen*) Spätzünder **late·comer** ['leɪtˌkʌməʳ] Spätkommende(r), Nachzügler(in) **late·ly** ['leɪtlɪ] in letzter Zeit, neuerdings

later ['leɪtəʳ] *Komparativ von* **late** später; **one day later** einen Tag darauf; **later on** später; **sooner or later** früher oder später; **see you later!** bis später! bis nachher!

lat·est¹ ['leɪtɪst] *Superlativ von* **late** ❶ späteste(r, s); **when is the latest flight out in the evening?** wann ist abends der letzte Abflug? ❷ neueste(r, s); **the latest fashion** die neueste Mode ❸ letzte(r, s); **the latest news** die letzten Neuigkeiten

lat·est[2] ['leɪtɪst] **the latest** das Allerneueste; **at the latest** spätestens

Lat·in[1] ['lætɪn] ① lateinisch ② *Temperament:* südländisch

Lat·in[2] ['lætɪn] [das] Latein[ische]

lati·tude ['lætɪtjuːd] Breite

laugh[1] [lɑːf, (USA) læf] ① lachen (**at** über) ② (*höhnisch*) **laugh at someone** jemanden auslachen; **laugh in someone's face** jemandem ins Gesicht lachen

laugh[2] [lɑːf, (USA) læf] ① Lachen, Gelächter; **with a laugh** lachend ② Spaß; **do something for a laugh** etwas aus Spaß machen

◆ **laugh away** loslachen

◆ **laugh off** sich lachend hinwegsetzen über

laugh·able [lɑːfəbl] lächerlich, lachhaft

laugh·ing[1] [lɑːfɪŋ] ① lachend; **it's no laughing matter** das ist nicht zum Lachen ② **make a laughing stock of someone** jemanden lächerlich machen

laugh·ing[2] [lɑːfɪŋ] Lachen

laugh·ter ['lɑːftəʳ, (USA) 'læftəʳ] Gelächter

launch[1] [lɔːntʃ] ① vom Stapel lassen *Schiff* ② aussetzen *Boot* ③ abschießen *Rakete, Torpedo* ④ starten *Raumschiff* ⑤ gründen *Firma* ⑥ lancieren *Film* ⑦ herausbringen *Buch* ⑧ einführen, auf den Markt bringen *Produkt* ⑨ **launch an attack** zum Angriff übergehen

launch[2] [lɔːntʃ] ① *eines Schiffes:* Stapellauf ② *einer Rakete, eines Torpedos:* Abschuss ③ *eines Raumschiffs:* Start ④ *einer Firma:* Gründung ⑤ *eines Produkts:* Einführung

launch(ing) pad ① Startrampe, Abschussrampe ② (*übertragen*) Sprungbrett

laun·der·ette [lɔːn'dret] Waschsalon

laun·dry ['lɔːndrɪ] ① (*Geschäft*) Wäscherei ② (*schmutzige Kleidung*) Wäsche

laundry basket Wäschekorb

laundry service Wäscheservice

lava·tory ['lævətrɪ] Toilette

law [lɔː] ① Gesetz, Recht; **according to law** nach dem Gesetz, gesetzmäßig; **by law** von Rechts wegen; **become law** Gesetzeskraft erlangen; **international law** Völkerrecht; **maintenance of law and order** Aufrechterhaltung der öffentlichen Sicherheit; **law of supply and demand** Gesetz von Angebot und Nachfrage ② (*Studienfach*) Jura, Rechtswissenschaft; **read law** Rechtswissenschaft studieren ③ (*Sport*) [Spiel]Regel ④ (*umgangsspr*) Polizei; **I'll get the law on you!** ich werde die Polizei holen!

law-abid·ing ['lɔːəˌbaɪdɪŋ] gesetzestreu **law court** Gerichtshof **law enforcement** Gesetzesvollzug **law·ful** ['lɔːfl] rechtmäßig, legitim

lawn [lɔːn] Rasen **lawn·mower** ['lɔːnˌməʊəʳ] Rasenmäher **lawn tennis** [Rasen]Tennis

law school ['lɔːˌskuːl] (USA) juristische Fakultät **law student** Jurastudent(in) **law·suit** ['lɔːˌs(j)uːt] Rechtsstreit, [Zivil]Prozess

law·yer ['lɔːjəʳ] ① Rechtsanwalt, Rechtsanwältin ② (*allgemein*) Jurist(in)

laxa·tive ['læksətɪv] Abführmittel

lay[1] [leɪ] *2. Form von* **lie**[2]

lay[2] [leɪ] <laid, laid> ① (*allgemein*) legen *auch Eier* ② verlegen *Kabel, Rohr* ③ niederlegen *Kranz* ④ **lay the table** den Tisch decken ⑤ **lay the blame on someone** jemandem die Schuld zuschieben ⑥ **he's just trying to get laid** (*slang*) er hat nur Sex im Sinn

◆ **lay back** ① zurücklegen *Kopf* ② anlegen *Ohren*

◆ **lay down** ① hinlegen; **lay down one's arms** die Waffen niederlegen ② [ein]lagern, einkellern *Wein* ③ festlegen *Bedingungen, Regeln* ④ festsetzen *Preise* ⑤ hinterlegen *Kaution* ⑥ **lay down the law to someone** jemandem Vorschriften machen

◆ **lay in** einlagern

◆ **lay into** (*umgangsspr*) verdreschen, fertig machen

◆ **lay off** ① [vorübergehend] entlassen ② (*umgangsspr*) aufhören; **lay off me!** lass mich in Ruhe!

◆ **lay on** ① auftragen *Farbe* ② (*übertragen*) sorgen für *Essen, Unterhaltung* ③ veranstalten *Ausflug* ④ einsetzen *Busse* ⑤ anschließen *Wasser, Elektrizität*

◆ **lay out** ① auslegen, ausbreiten ② zurechtlegen *Kleider* ③ aufbahren *Leiche* ④ anlegen, gestalten *Garten* ⑤ aufteilen *Gebäude* ⑥ gestalten *Buch* ⑦ ausgeben *Geld* ⑧ (*slang*) erledigen *Menschen*

◆ **lay up be laid up** [**in bed**] **with 'flu** wegen Grippe das Bett hüten [müssen]

lay·about ['leɪəˌbaʊt] (GB) Faulenzer(in)

lay-by ['leɪbaɪ] (GB) Parkbucht

layer ['leɪəʳ] Schicht, Lage; **arrange in layers** schichtweise anordnen

lay-off ['leɪɒf] [vorübergehende] Entlassung

lay·out ['leɪaʊt] ① *eines Büros, Gartens:* Anlage, Anordnung ② *eines Buchs, einer Zeit-*

schrift: Lay-out

lazi·ness ['leɪzɪnɪs] Faulheit, Trägheit

lazy ['leɪzɪ] ① faul, träge ② **we spent a lazy afternoon by the river** wir verbrachten einen gemütlichen Nachmittag am Fluss

lead¹ [led] ① Blei ② (*in Bleistift*) [Blei]Mine

lead² [li:d] ① (*erste Stelle*) Führung; **be in the lead** führend, an der Spitze sein; **he is in the lead by two metres, he has a lead of two metres** [*oder* **a two-metre lead**] er hat einen Vorsprung von zwei Metern [*oder* er hat zwei Meter Vorsprung]; **take the lead** die Führung übernehmen ② Beispiel; **follow someone's lead, take one's lead from someone** jemandes Beispiel folgen ③ Anhaltspunkt, Hinweis; **the police have a lead** die Polizei hat eine Spur ④ (*im Theater, Film*) Hauptrolle; (*Person*) Hauptdarsteller(in) ⑤ [Hunde]Leine; **keep on a/the lead** an der Leine führen ⑥ (*elektrisch*) Leitung[sdraht], Kabel ⑦ (*beim Kartenspiel*) **it's my lead** ich spiele aus

lead³ [li:d] <led, led> ① führen, leiten; **lead the way** vorangehen; (*übertragen*) führend sein ② [hin]führen, bringen; **this road leads to the coast** diese Straße führt zur Küste; **she led us to the rebel leader** sie führte uns zu dem Rebellenanführer; **what will it lead to?** wohin soll das führen?; **lead nowhere** zu nichts führen; **lead to trouble** zu Schwierigkeiten führen; **low inflation leads to greater prosperity** niedrige Inflation führt zu größerem Wohlstand ③ anführen *Abordnung, Revolution;* leiten *Mannschaft, Orchester;* **lead a party** Parteivorsitzende(r) sein ④ (*Sport*) führend, an der Spitze stehen, in Führung sein; **he was leading [the race] until the final bend** er war bis zur letzten Kurve in Führung ⑤ **lead someone to do something** jemanden veranlassen, etwas zu tun; **I was led to believe that …** ich hatte Grund zu der Annahme, dass …; **it leads me to think** es lässt mich meinen ⑥ (*beim Kartenspiel*) ausspielen; **lead a diamond** Karo ausspielen

◆ **lead away** ① wegführen ② abführen *Verhafteten*

◆ **lead off** ① abführen *Verhafteten* ② *Straße:* abgehen

◆ **lead on** ① **lead on!** geh vor! ② **lead someone on** jemanden hinters Licht führen ③ **leading on from this point** um von diesem Punkt fortzuführen

◆ **lead to** zur Folge haben

◆ **lead up to** hinführen zu; **the events which led up to the strike** die Ereignisse, die zum Streik führten; **lead up to a climax** dem Höhepunkt zutreiben

leaded ['ledəd] verbleit, bleihaltig *Kraftstoff*

leader ['li:dəʳ] ① Führer(in) ② *einer Expedition:* Leiter(in) ③ *einer Partei:* Vorsitzende(r) ④ *einer Bande:* Anführer(in) ⑤ (*in einer Zeitung*) Leitartikel ⑥ (*Sport*) **overtake the leader** den Ersten/die Erste überholen; **catch up with the leaders** sich an die Spitze heranarbeiten ⑦ (*im Orchester*) Konzertmeister(in), erste(r) Geiger(in) **leader·ship** ['li:dəʳʃɪp] Führung, Leitung

lead-free ['ledfri:] *Kraftstoff:* unverbleit, bleifrei

lead·ing ['li:dɪŋ] ① führend ② (*im Rennen*) führend, an der Spitze

leading article Leitartikel

leading question Suggestivfrage

lead singer ['li:dˌsɪŋəʳ] Leadsänger(in)

lead-up ['li:dʌp] Vorbereitungsphase

leaf [li:f, *plural* li:vz] <*plural* leaves> ① *einer Pflanze:* Blatt; **come into leaf** grün werden, ausschlagen ② *eines Buchs:* Blatt ③ *von Tisch:* Platte ▸ IN WENDUNGEN: **take a leaf out of someone's book** jemandes Beispiel folgen, sich ein Beispiel an jemandem nehmen; **turn over a new leaf** einen neuen Anfang machen

leaf·let ['li:flɪt] ① (*mit Werbung*) Handzettel, Reklamezettel ② (*mit Information*) Merkblatt; (*politisch auch*) Flugblatt

league [li:g] ① Bund, Bündnis; **League of Nations** Völkerbund ② (*Sport*) Liga; **the league leaders** der Tabellenführer; **they are not in the same league** (*übertragen*) sie sind nicht gleichwertig

leak¹ [li:k] ① leck, undicht sein ② *Wasserhahn:* tropfen ③ *Flüssigkeit:* durchsickern, auslaufen ④ **leak something** etwas durchlassen; **the pipe is leaking oil** die Leitung leckt Öl ⑤ (*übertragen*) **leak details to the press** Einzelheiten an die Presse durchsickern lassen

leak² [li:k] ① Leck, undichte Stelle; **spring a leak** ein Leck bekommen, undicht werden ② (*übertragen*) **there's been a leak to the press** der Presse sind Informationen zugespielt worden

leaky ['liːkɪ] leck, undicht

lean¹ [liːn] ① *Fleisch, Ernte:* mager ② *Person:* hager

lean² [liːn] <leant *oder* leaned, leant *oder* leaned> ① sich neigen ② *Person:* sich [an]lehnen (**against** gegen, an) ③ **lean the ladder against the wall** die Leiter an die Wand lehnen

◆ **lean back** sich zurücklehnen

◆ **lean forward** sich vorbeugen

◆ **lean on** ① **she leant her head on his shoulder** sie lehnte ihren Kopf an seine Schulter ② **don't lean your elbows on the table!** nimm die Ellbogen vom Tisch! ③ **lean on someone** sich auf jemanden verlassen [*oder* stützen]

◆ **lean out** sich hinauslehnen; **don't lean out of the window!** nicht hinauslehen!

◆ **lean over** ① sich neigen ② **lean something over** etwas schräg stellen ③ *Person:* sich vorbeugen; **I leant over his shoulder** ich beugte mich über seine Schulter ④ **lean over backward**[s] (*umgangsspr*) sich mächtig anstrengen

◆ **lean towards lean towards something** (*übertragen*) zu etwas hinneigen

lean·ing ['liːnɪŋ] schief, schräg; **the Leaning Tower of Pisa** der Schiefe Turm von Pisa

leant [lent] *2. und 3. Form von* **lean**²

leap¹ [liːp] Sprung; **a leap in the dark** (*übertragen*) ein Sprung ins Ungewisse; **by leaps and bounds** sprunghaft

leap² [liːp] <leapt *oder* leaped, leapt *oder* leaped> ① springen ② *Herz:* hüpfen ③ **the hare leapt over the ditch** der Hase sprang über den Graben

◆ **leap at** sich stürzen auf; **leap at an opportunity** eine Gelegenheit [beim Schopf] ergreifen

◆ **leap out** ① hinausspringen ② (*übertragen*) ins Auge springen

◆ **leap up** ① hochspringen ② *Preise:* in die Höhe schnellen

leapt [lept] *2. und 3. Form von* **leap**²

leap year Schaltjahr

learn [lɜːn] <learnt *oder* learned, learnt *oder* learned> ① [er]lernen; **learn something by heart** etwas auswendig lernen ② erfahren, hören (**from** von) **learner** ['lɜːnəʳ] ① Anfänger(in) ② *von Sprachen:* Lernende(r), Lerner(in) ③ (*im Auto*) Fahrschüler(in) ④ **be a slow learner** [nur] langsam lernen, sich schwer tun

> **i Land & Leute** Wer in Großbritannien gerade das Autofahren lernt, muss am Fahrzeug sowohl vorne als auch hinten ein großes, rotes „L" anbringen. Damit sollen die anderen Verkehrsteilnehmer gewarnt werden, dass es sich um einen Fahrschüler handelt.

learning disability Lernbehinderung **learnt** [lɜːnt] *2. und 3. Form von* **learn**

lease·holder ['liːshəʊldəʳ] Pächter(in)

leash [liːʃ] [Hunde]Leine; **keep on a/the leash** an der Leine führen

least¹ [liːst] ① kleinste(r, s), geringste[r, s], wenigste[r, s] ② am wenigsten; **least of all** am allerwenigsten

least² [liːst] ① [der, die, das] Kleinste, Geringste ② [das] wenigste, mindeste; **at** [**the**] **least** wenigstens, mindestens; **last but not least** last not least; **not in the least** nicht im Geringsten; **to say the least** gelinde gesagt

leather ['leðəʳ] Leder; **leather jacket** Lederjacke

leave¹ [liːv] ① Urlaub; **on leave** auf Urlaub; **go on leave** in Urlaub gehen ② Abschied; **take one's leave of** Abschied nehmen von

leave² [liːv] <left, left> ① fortgehen, weggehen, fortfahren ② verlassen; **leave school** die Schule verlassen; (*frühzeitig*) von der Schule abgehen; **leave home** von zu Hause weggehen; **leave one's job** seine Stelle aufgeben ③ *Person:* abreisen von; *Fahrzeug:* abfahren von; *Flugzeug:* abfliegen von; **he's leaving in the morning for Australia** morgen früh reist er nach Australien ab ④ lassen; **she left her cat with her neighbours** sie hat ihre Katze bei den Nachbarn gelassen; **he left his room in a dreadful state** er hinterließ sein Zimmer in einem furchtbaren Zustand; **leave open** offen lassen; **leave someone alone** jemanden in Ruhe lassen; **leave someone in the lurch** jemanden im Ungewissen lassen; **leave it at that** es dabei bewenden lassen; **let's leave this for now** lassen wir das jetzt ⑤ hinterlassen *Erbe, Nachricht* ⑥ liegen lassen, stehen lassen; **leave the watch** [**lying**] **on the table** die Uhr auf dem Tisch liegen lassen; **leave clothes lying around** Kleider herumliegen lassen; **leave one's dinner** sein Abendessen stehen lassen ⑦ **leave some [of it] for me** lass mir etwas [davon] übrig; **be left** übrig bleiben, übrig sein; **all he has left** alles, was er noch hat ⑧ **leave it up to someone** es jemandem überlassen ⑨ **nothing was left for him but to go** da konnte er nur noch gehen

◆ **leave behind** ① zurücklassen ② (*aus Versehen*) stehen lassen, liegen lassen ③ **leave the competition behind** die Konkurrenz hinter sich lassen

◆ **leave off** ① aufhören ② aufgeben *Tätigkeit* ③ nicht anziehen *Kleidungsstück*

◆ **leave on** ① anbehalten *Mantel* ② anlassen *Radio, Licht*

◆ **leave out** ① (*übersehen*) auslassen ② draußen lassen ③ **the books were left out on the table** die Bücher wurden auf dem Tisch gelassen

◆ **leave over** ① übrig lassen; **be left over** übrig [geblieben] sein ② verschieben

leaves [liːvz] *Pluralform von* **leaf**

leaving party Abschiedsparty

lec·ture¹ ['lektʃəʳ] ① Vorlesung, Vortrag; **give [someone] a lecture on something** [vor jemandem] eine Vorlesung [*oder* einen Vortrag] über etwas halten ② Strafpredigt

lec·ture² ['lektʃəʳ] ① **lecture [someone] [on something]** [vor jemandem] [über etwas] eine Vorlesung [*oder* einen Vortrag] halten ② (*abkanzeln*) **lecture someone** jemandem eine Strafpredigt halten **lec·turer** ['lektʃərəʳ] ① Vortragende(r), Redner(in) ② (*an einer Hochschule*) Lehrbeauftragte(r), Dozent(in) **lecture room**, **lecture theatre** Vortragssaal, Hörsaal

led [led] *2. und 3. Form von* **lead**³

ledge [ledʒ] [Fels]Vorsprung

leek [liːk] Lauch, Porree

left¹ [left] ① linke(r, s) ② [nach] links; **turn left** links abbiegen

left² [left] ① linke Seite; **on the left** links; **to the left [of]** nach links, links [von]; **keep to the left** links fahren, gehen ② (*politisch*) **the left** die Linke

left³ [left] *2. und 3. Form von* **leave**²

left-hand ['lefthænd] linke(r, s); **left-hand drive** Linkssteuerung; **take the left-hand turn** links abbiegen **left-handed** [ˌleft'hændɪd] ① linkshändig; **be left-handed** Linkshänder (in) sein ② *Werkzeug:* für Linkshänder **left-hander** Linkshänder(in)

left-lug·gage [ˌleft'lʌgɪdʒ] **left-luggage office** Gepäckaufbewahrung **left·overs** ['leftˌəʊvəz] *plural* ① [Essens]Reste ② Reste, Überbleibsel

left wing [ˌleft'wɪŋ] linker Flügel **left-wing** ['leftwɪŋ] links stehend **left-winger** ['left-wɪŋəʳ] Anhänger der Linken

leg¹ [leg] ① Bein; **give someone a leg up** jemandem aufhelfen; (*übertragen*) jemandem unter die Arme greifen; **stretch one's legs** sich die Beine vertreten ② Keule; **leg of lamb** Lammkeule ③ *von Reise, Rennen:* Strecke, Etappe ④ (*Sport*) **first/second leg** Hinspiel/Rückspiel ▶ IN WENDUNGEN: **pull someone's leg** (*umgangsspr*) jemanden auf den Arm nehmen

leg² [leg] (*umgangsspr*) **leg it** abhauen

legal ['liːgl] ① (*einem Gesetz entsprechend*) gesetzlich, rechtlich, legal ② (*dem Recht nach*) gesetzmäßig, rechtmäßig ③ (*die Rechtswissenschaft betreffend*) juristisch; **take legal action** den Rechtsweg beschreiten, prozessieren; **legal advice** Rechtsberatung; **legal aid** Rechtshilfe **legal·ize** ['liːgəlaɪz] legalisieren **legal·ly** ['liːgəlɪ] ① legal, gesetzlich ② **legally married** rechtmäßig verheiratet; **legally speaking** vom rechtlichen Standpunkt aus; **legally valid** rechtsgültig

leg·end ['ledʒənd] Legende

leg·gings ['legɪŋz] *plural* Leggings

leg·ible ['ledʒəbl] lesbar, leserlich

le·git·imate [lɪ'dʒɪtɪmət] ① rechtmäßig, gesetzmäßig, legitim ② *Kind:* ehelich

leg·room ['legrʊm] Beinfreiheit, Platz für die Beine

lei·sure ['leʒəʳ] ① Freizeit ② **do something at leisure** etwas in [aller] Ruhe [*oder* in [*oder* mit] Muße] tun ③ **at one's leisure** wenn man Zeit hat, wenn es einem passt **leisure centre** Freizeitzentrum **lei·sure·ly** ['leʒəlɪ] ① gemächlich ② ohne Eile **leisure wear** Freizeitkleidung

lemon¹ ['lemən] ① Zitrone ② (*Baum*) Zitronenbaum ③ (*übertragen*) Niete

lemon² ['lemən] zitronengelb

lemon·ade [ˌlemə'neɪd] Limonade **lemon juice** Zitronensaft **lemon peel**, **lemon rind** Zitronenschale **lemon squeezer** Zitronenpresse

lend [lend] <lent, lent> ① [aus-, ver]leihen ② **lend a [helping] hand** behilflich sein **lend·ing** ['lendɪŋ] ① [Aus-, Ver]Leihen; **lending-library** Leihbibliothek, Leihbücherei ② Darlehensgewährung, Kreditgewährung, Darlehen

length [leŋθ] ① Länge; **full length** der Länge nach; **three feet in length** drei Fuß lang ② *zeitlich* Dauer ③ (*Sport*) Länge; **win by a length** um eine Länge gewinnen ④ **go to any length** vor nichts zurückschrecken; **go to great lengths** sehr weit gehen, alles Erdenkliche tun ⑤ **keep someone at arm's length** (*übertragen*) Abstand zu jemandem wahren, jemanden auf Distanz halten **lengthen** ['leŋθən] ① länger werden ② **lengthen something** etwas verlängern **length·ways** ['leŋθweɪz], **length·wise** ['leŋθwaɪz] der Länge nach **lengthy** ['leŋθɪ] ① ziemlich lang ② (*abwertend*) weitschweifig

leni·ent ['liːnɪənt] mild[e], nachsichtig

lens [lenz] ① Linse ② *von Brille:* Glas ③ *von Kamera:* Objektiv

lent [lent] *2. und 3. Form von* **lend**

Lent [lent] Fastenzeit

len·til ['lentl] Linse

Leo ['liːəʊ] (*Sternbild*) Löwe

leop·ard ['lepəd] Leopard

leo·tard ['liːətɑːd] Gymnastikanzug, Trikot

les·bian[1] ['lezbɪən] lesbisch

les·bian[2] ['lezbɪən] Lesbierin

less[1] [les] ① kleiner, geringer, weniger ② weniger, in geringerem Maße; **none the less** nichtsdestoweniger

less[2] [les] [der, die das] Kleinere, Geringere, Wenigere; **no** [*oder* **nothing**] **less than** nicht weniger als

less[3] [les] (*abzüglich*) weniger; **what is five less three?** was macht fünf minus drei?

les·sen ['lesn] ① weniger werden; *Wind:* abnehmen, nachlassen ② verringern, vermindern *Risiko, Schmerz*

les·ser ['lesəʳ] kleiner, geringer; **to a lesser extent** in geringerem Maße; **the lesser crime** das weniger schlimme Verbrechen

les·son ['lesn] ① Lehrstunde, Unterrichtsstunde; **lessons** Unterricht; **give lessons** Unterricht geben, unterrichten; **have a driving lesson** eine Fahrstunde bekommen; **have** [*oder* **take**] **driving lessons** Fahrunterricht nehmen ② (*Übung*) Lektion ③ Lehre; **teach someone a lesson** jemandem eine Lehre erteilen; **let this be a lesson to you!** lass dir das eine Lehre sein!

let[1] [let] (*Tennis*) Netz[aufschlag]

let[2] [let] <let, let> ① lassen; **let someone do something** jemanden etwas tun lassen; **we cannot let that happen** wir dürfen nicht zulassen, dass das passiert; **let me help you** kann ich Ihnen helfen? ② *Absicht und Intention* **let's go!** gehen wir!; **let's talk it over** lass uns darüber reden; **let us pray** lasset uns beten ③ **let someone/something go** [*oder* **let go of someone/something**] jemanden/etwas loslassen ④ **let someone go** [*oder* **leave**] jemanden gehen lassen ⑤ **let something go** (*vernachlässigen*) etwas herunterkommen lassen *Haus* ⑥ **let oneself go** (*ungehemmt*) sich gehen lassen; (*ungepflegt*) sich vernachlässigen ⑦ (*belassen*) **let it go at that** es dabei bewenden lassen; **let be** in Ruhe lassen ⑧ **let someone into a secret** jemanden in ein Geheimnis einweihen ⑨ **let someone know** jemandem Bescheid sagen ⑩ **let us suppose …** nehmen wir an … ⑪ **… let alone …**, geschweige denn … ⑫ vermieten; **to let!** zu vermieten!

◆ **let by** vorbeilassen

◆ **let down** ① herunterlassen ② (*enttäuschen*) im Stich lassen ③ die Luft herauslassen aus *Reifen* ▸ IN WENDUNGEN: **let one's hair down** (*übertragen*) aus sich herausgehen

◆ **let in** ① hineinlassen, hereinlassen ② durchlassen *Wasser* ③ **let someone in on something** jemanden in etwas einweihen ④ **let oneself into the house** die Haustür aufschließen

◆ **let off** ① abbrennen *Feuerwerk;* abfeuern *Gewehr;* hochgehen lassen *Bombe* ② ablassen *Dampf* ③ **let someone off** (*vom Fahrzeug*) jemanden aussteigen, absteigen lassen; jemanden absetzen ④ **let someone off something** jemandem etwas erlassen; **let someone off with a warning** jemanden mit einer Verwarnung davonkommen lassen ⑤ (*slang*) einen fahren lassen

◆ **let on** (*umgangsspr*) **not to let on** sich nichts anmerken lassen

◆ **let out** ① herauslassen, hinauslassen ② auslaufen lassen *Flüssigkeit* ③ auslassen *Kleidungsstück, Saum* ④ **let someone out** jemanden aussteigen lassen, jemanden absetzen ⑤ entlassen *Gefangenen* ⑥ **let out a flat** eine Wohnung vermieten ⑦ ausplaudern, verraten *Geheimnis* ⑧ ausstoßen *Schrei* ▶ IN WENDUNGEN: **let the cat out of the bag** die Katze aus dem Sack lassen; **that lets him out of it** da kommt er schon mal nicht in Frage

let-down ['letdaʊn] (*umgangsspr*) Enttäuschung

lethal ['li:θl] tödlich

let·ter ['letəʳ] ① Buchstabe; **capital letter** Großbuchstabe; **to the letter** genau nach Vorschrift ② Brief, Schreiben (**to** an); **by letter** brieflich; **letter of application** Bewerbungsschreiben; **letter of thanks** [*oder* **thank-you letter**] Dankschreiben; **letter to the editor** Leserbrief **letterbox** (GB) Briefkasten **let·ter·ing** ['letərɪŋ] Beschriftung

let·tuce ['letɪs] Kopfsalat

level[1] ['levl] ① Höhe; **on a level** [**with**] auf gleicher Höhe [mit]; **at eye level** in Augenhöhe ② **sea level** Meeresspiegel; **water level** Pegel, Wasserstand ③ Niveau, Stand; **on a high/low level** auf hohem/niedrigem Niveau; **level of performance** Leistungsniveau ④ (*in Gebäude*) Etage, Geschoss ⑤ Anteil; **alcohol level** [*oder* **level of alcohol**] Alkoholspiegel; **high level of radiation** hohes Strahlungsniveau

level[2] ['levl] ① *Boden:* eben; *Land:* flach; *Regal:* waagerecht ② gleich hoch; **be level with something** so hoch sein wie etwas ③ **the two riders were level** die zwei Reiter waren auf gleicher Höhe ④ (*übertragen*) von gleicher Bedeutung, gleich[wertig], gleich gut

level[3] ['levl] ① planieren, [ein]ebnen *Boden* ② einreißen *Gebäude* ③ dem Erdboden gleichmachen *Stadt*

◆ **level off, level out** ① *Gelände:* eben, flach werden ② *Flugzeug:* sich fangen, horizontal fliegen ③ (*übertragen*) sich einpendeln, ausgleichen ④ **level something off** [*oder* **out**] etwas einebnen, planieren

◆ **level up** erhöhen, nach oben ausgleichen

level cross·ing [ˌlevl'krɒsɪŋ] (GB) Bahnübergang **level-headed** [ˌlevl'hedɪd] ausgeglichen, besonnen

lever[1] ['li:vəʳ, (USA) 'levəʳ] ① Hebel ② (*Werkzeug*) Brechstange ③ (*übertragen*) Druckmittel

lever[2] ['li:vəʳ, (USA) 'levəʳ] mit einer Brechstange, einem Hebel heben

lia·bil·ity [ˌlaɪə'bɪləti] ① (*Verantwortung*) Haftung ② (*Last*) Belastung ③ Pflicht; **have a tax liability of £2000** £2000 Steuern zahlen müssen ④ (*für Infektion, Krankheit*) Anfälligkeit (**to** für) ⑤ **liabilities** (*Schulden*) Verbindlichkeiten, Passiva **li·able** ['laɪəbl] ① haftbar (**for** für); **be liable for something** für etwas haften; **liable for damages/tax** schadenersatzpflichtig/steuerpflichtig ② **be liable to do something** dazu neigen, etwas zu tun; **he is liable to change his mind** es kann durchaus sein, dass er es sich anders überlegt; **the engine is liable to break down** man muss damit rechnen, dass der Motor versagt; **it's liable to happen** das ist durchaus möglich

liar ['laɪəʳ] Lügner(in)

lib [lɪb] **women's lib** (*umgangsspr*) Frauenbewegung

li·bel[1] ['laɪbl] [schriftliche] Verleumdung

li·bel[2] ['laɪbl] [schriftlich] verleumden

lib·eral[1] ['lɪbərəl] ① freigiebig, großzügig (**of** mit) ② liberal, aufgeschlossen ③ (*politisch*) liberal

lib·eral[2] ['lɪbərəl] Liberale(r)

lib·er·ate ['lɪbəreɪt] befreien (**from** von) **lib·er·ation** [ˌlɪbə'reɪʃn] ① Befreiung ② **women's liberation** [**movement**] Frauenbewegung

lib·er·ty ['lɪbəti] ① Freiheit; **at liberty** frei, auf freiem Fuß ② **be at liberty to do something** (*übertragen*) etwas tun dürfen ③ **take the liberty of doing** [*oder* **to do**] **something** sich die Freiheit nehmen, etwas zu tun ④ **take liberties with someone** sich jemandem gegenüber Freiheiten herausnehmen

Libra ['li:brə] (*Sternbild*) Waage

li·brar·ian [laɪ'breəriən] Bibliothekar(in)

li·brary ['laɪbrəri] Bibliothek, Bücherei; **reference library** Präsenzbibliothek

li·cence, (USA) **li·cense** ['laɪsns] ① Genehmigung, Konzession, Lizenz; **under licence** mit Erlaubnis, Genehmigung; **requiring** [*oder* **subject to**] **a licence** genehmigungspflichtig, konzessionspflichtig ② **driving licence** (GB) Führerschein; **gun licence** Waffenschein; **hunting licence** Jagdschein ③ **TV licence** Fernsehgenehmigung ④ **dog licence** Hundemarke

li·cense¹ ['laɪsəns] (USA) →licence

li·cense² ['laɪsəns] ① **be licensed to do something** die Genehmigung haben, etwas zu tun ② eine Lizenz, eine Konzession erteilen ③ **license a car** Kraftfahrzeugsteuer bezahlen

li·censed ['laɪsnst] konzessioniert; **fully licensed** mit voller Schankerlaubnis

lick [lɪk] ① lecken; **lick one's lips** (*auch übertragen*) sich die Lippen lecken ② **lick into shape** (*umgangsspr*) auf Hochglanz, in Form bringen ▸ IN WENDUNGEN: **lick someone's boots** (*übertragen*) vor jemandem kriechen

lid [lɪd] ① Deckel ② *von Auge:* Lid ③ (*übertragen*) **take the lid off something** etwas enthüllen

lie¹ [laɪ] <lay, lain> ① liegen; **lie in bed** im Bett liegen; **lie dead/still** tot/still [da]liegen; **lie dying** im Sterben liegen ② **the city lies near the equator** die Stadt liegt in der Nähe des Äquators ③ [begraben] liegen, ruhen ④ **lie at anchor** vor Anker liegen ⑤ **she's lying third at the moment** sie liegt momentan an dritter Stelle ⑥ **the problem lies in the fact that ...** das Problem besteht darin, dass ... ⑦ **take something lying down** (*übertragen*) etwas wortlos schlucken

◆ **lie about** herumliegen

◆ **lie back** ① sich zurücklegen, sich zurücklehnen ② (*übertragen: nichts tun*) sich ausruhen

◆ **lie down** sich hinlegen

◆ **lie in** [morgens] lang im Bett bleiben

lie² [laɪ] ① Lage ② **the lie of the land** (*übertragen*) die Lage der Dinge, die Sachlage

lie³ [laɪ] ① lügen; **lie to someone** jemanden anlügen; **lie through one's teeth** lügen wie gedruckt ② **lie oneself** [*oder* **one's way**] **out of trouble** sich aus den Schwierigkeiten herauslügen

lie⁴ [laɪ] Lüge; **tell a lie** lügen

lie-down [ˌlaɪ'daʊn] (GB) **have a lie-down** sich kurz hinlegen, ein Nickerchen machen **lie-in** [ˌlaɪ'ɪn] **have a lie-in** [sich] ausschlafen

lieu·ten·ant [lef'tenənt, (USA) luː'tenənt] Leutnant; (GB) (*in der Armee*) Oberleutnant; (*in der Marine*) Kapitänleutnant

life [laɪf, *plural* laɪvz] <*plural* lives> ① Leben; **take someone's/one's own life** jemanden umbringen/sich das Leben nehmen; **he had the time of his life** er amüsierte sich bestens; **family life** Familienleben; **this is a matter of life and death** hier geht es um Leben und Tod; **not on your life!** todsicher nicht! ② Lebenszeit; **for life** auf Lebenszeit, lebenslänglich ③ Lebensgeschichte, Biografie; **he's writing a life of Princess Diana** er schreibt eine Biografie über Prinzessin Diana ④ Lebensweise; **miners have a hard life** Bergarbeiter haben eine schwere Existenz ⑤ *einer Maschine:* Lebensdauer ⑥ (*Lebenskraft*) Schwung; **come to life** in Schwung kommen; **full of life** voller Leben, sehr lebendig **life·belt** ['laɪfbelt] Rettungsring **life·boat** ['laɪfbəʊt] Rettungsboot **life expectancy** Lebenserwartung **life form** Lebewesen **life·guard** ['laɪfgɑːd] ① Rettungsschwimmer(in) ② (*im Schwimmbad*) Bademeister(in) **life imprisonment** lebenslängliche Freiheitsstrafe **life insurance** Lebensversicherung **life jacket** Schwimmweste **life·less** ['laɪflɪs] ① leblos, unbelebt ② (*übertragen*) matt, flau, trüb **life·like** ['laɪflaɪk] echt, naturgetreu **life raft** Rettungsfloß **life·saver** ① Lebensretter(in), Rettungsschwimmer(in) ② (*übertragen*) rettender Engel **life sentence** lebenslängliche Freiheitsstrafe **life-size(d)** ['laɪfsaɪz(d)] lebensgroß, in Lebensgröße **life support system** lebenserhaltende Apparate **life·time** ['laɪftaɪm] Lebenszeit; **in** [*oder* **during**] **someone's lifetime** zu jemandes Lebzeiten; **the chance of a lifetime** die Chance meines/deines Lebens; **once in a lifetime** einmal im Leben; **a once-in-a-lifetime opportunity** eine einmalige Gelegenheit

lift¹ [lɪft] ① [auf-, in die Höhe] heben ② ziehen, lüften *Hut* ③ liften *Gesicht, Busen* ④ aufheben *Sperre* ⑤ (*umgangsspr*) klauen ⑥ **not lift a finger** (*übertragen*) keinen Finger rühren, krümmen ⑦ *Rakete, Flugzeug:* abheben ⑧ *Nebel:* sich auflösen, sich heben

lift² [lɪft] ① (GB) Aufzug, Fahrstuhl, Lift ② Mitfahrgelegenheit; **give someone a lift** jemanden mitnehmen, jemanden mitfahren lassen; **do you want a lift?** willst du mitfahren?, kann ich dich mitnehmen? ③ Auftrieb; **give someone a lift** jemandem Auftrieb geben, jemanden aufmuntern ④ (*tech-*

L

nisch) Hub; **in one lift** in einem Hub
◆ **lift down** herunterheben
◆ **lift off** abheben
◆ **lift up** hochheben

lift·off ['lɪftɒf] *von Rakete:* Abheben, Start; **have lift-off** abheben

light¹ [laɪt] ❶ Licht, Helligkeit ❷ (*Lichtquelle*) Licht, Beleuchtung ❸ (*am Auto*) **lights** Lichter, Scheinwerfer ❹ **lights** (*umgangsspr*) Ampel; **turn right at the lights** an der Ampel rechts abbiegen ❺ (*für Zigarette*) Feuer; **have you got a light?** haben Sie Feuer? ❻ **in the light of** angesichts, im Hinblick auf ►IN WENDUNGEN: **bring to light** an den Tag, ans Licht bringen; **come to light** an den Tag kommen; **shed** [*oder* **throw**] **light on something** Licht in etwas bringen; **see something/someone in a favourable/new light** etwas/jemanden in ganz neuem Licht sehen

light² [laɪt] ❶ *auch Essen, Musik:* leicht; **as light as a feather** federleicht ❷ *Erde:* locker ❸ *Farbe:* hell; **light blue** hellblau ❹ **light reading** Unterhaltungslektüre ❺ **make light of something** etwas nicht ernst nehmen ❻ **travel light** mit wenig [*oder* leichtem] Gepäck reisen

light³ [laɪt] <lit *oder* lighted, lit *oder* lighted> ❶ anzünden *Feuer* ❷ (*mit Scheinwerfern*) anstrahlen, beleuchten, erleuchten; befeuern *Flugplatz* ❸ **light someone's way** jemandem leuchten
◆ **light up** ❶ aufleuchten ❷ Pfeife, Zigarette anzünden ❸ beleuchten, erhellen *Himmel, Zimmer* ❹ anmachen *Lampe* ❺ anzünden *Zigarette*

light bulb ['laɪtbʌlb] Glühbirne

lighten¹ ['laɪtn] ❶ (*auch übertragen*) heller machen, aufhellen ❷ hell werden, sich aufhellen

lighten² ['laɪtn] leichter machen

lighter ['laɪtəʳ] Feuerzeug

light·hearted [ˌlaɪt'hɑːtɪd] sorglos, unbeschwert

light·house ['laɪthaʊs] Leuchtturm **light·ing** ['laɪtɪŋ] Beleuchtung; **emergency lighting** Notbeleuchtung; **lighting-equipment** Beleuchtungsanlage

light·ly ['laɪtlɪ] ❶ leicht ❷ **get off lightly** glimpflich davonkommen ❸ **treat something [too] lightly** etwas nicht ernst [genug] nehmen

light·ning ['laɪtnɪŋ] Blitz; **flash of lightning** Blitz, Blitzschlag; **be struck by lightning** vom Blitz getroffen werden; **like lightning** wie der Blitz; **with lightning speed** blitzschnell **lightning rod**, (USA) **lightning conductor** Blitzableiter

light year ['laɪtjɜːʳ, -jɪəʳ] Lichtjahr

lik·able ['laɪkəbl] (USA) liebenswert, sympathisch

like¹ [laɪk] ❶ ähnlich, wie; **be like someone** wie jemand sein, jemandem ähnlich sein; **they are very like each other** sie sehen sich sehr ähnlich ❷ **what is he like?** was ist er für ein Mensch?; **what is it like?** wie ist es? wie sieht es aus? ❸ **it was like him to do that** das sieht ihm ähnlich; **that's not like her** das ist nicht ihre Art ❹ **something like that** so etwas Ähnliches ❺ **there is nothing like …** es geht nichts über … ❻ **I don't feel like work[ing] today** ich bin heute nicht zum Arbeiten aufgelegt ❼ **it looks like rain[ing]** es sieht nach Regen aus ❽ **like mad** wie verrückt ❾ **the likes of you** (*umgangsspr*) Leute wie Sie, Ihresgleichen ❿ (*slang*) **she's, like, really nice** sie ist irgendwie echt nett

like² [laɪk] ❶ mögen, gern haben; **I like it** das gefällt mir, das mag ich; **he likes classical music** er mag klassische Musik; **how do you like Stuttgart/the book?** wie gefällt Ihnen Stuttgart?, wie findest du das Buch? ❷ wollen, gerne mögen; **would you like a cup of tea?** möchten Sie eine Tasse Tee?; **I should like a little bit more time** ich hätte gerne etwas mehr Zeit; **I should like to know** ich wüsste gern

like³ [laɪk] Vorliebe; **she knows his likes and dislikes** sie weiß, was er mag und was er nicht mag

like·able ['laɪkəbl] liebenswert, sympathisch

like·li·hood ['laɪklɪhʊd] Wahrscheinlichkeit; **in all likelihood** höchstwahrscheinlich

like·ly ['laɪklɪ] ❶ wahrscheinlich; **he is likely to come** es ist wahrscheinlich, dass er kommt; **it's likely to cause problems** das wird wahrscheinlich Probleme mit sich bringen; **the likely outcome** das voraussichtliche Resultat ❷ *Geschichte:* glaubhaft; **a likely story!** das soll mal einer glauben! ❸ **as likely as not** höchstwahrscheinlich; **not likely** schwerlich, kaum; **very** [*oder* **most**] **likely** höchstwahrscheinlich, sehr wahrscheinlich; **that's more likely** das ist eher möglich

lik·ing ['laɪkɪŋ] Vorliebe; **have a liking for** mögen; **to someone's liking** nach jemandes Geschmack

li·lac ['laɪlək] ❶ (*Pflanze*) Flieder ❷ (*Farbe*) Lila

lily ['lɪlɪ] Lilie; **water lily** Seerose

limb [lɪm] [Körper]Glied

lime [laɪm] ❶ (*Frucht*) Limone ❷ (*Laubbaum*) Linde

limit[1] ['lɪmɪt] ❶ Grenze, Beschränkung; **within limits** in Grenzen; **without limit** unbegrenzt, unbeschränkt; **a 30 mph speed limit** eine Geschwindigkeitsbegrenzung von 30 mph ❷ (*kommerziell*) Limit, Preisgrenze ❸ **time limit** Frist ▸ IN WENDUNGEN: **that's the limit !** (*umgangsspr*) das ist doch die Höhe!; **you're the limit!** das ist unerhört [von Ihnen]!; **off limits** [**to pupils**]! Zutritt [für Schüler] verboten!

limit[2] ['lɪmɪt] ❶ begrenzen, beschränken, einschränken ❷ limitieren *Preis*

limited ['lɪmɪtɪd] ❶ begrenzt ❷ (*kommerziell*) beschränkt (**to** auf); **limited** [**liability**] **company, Ltd** Gesellschaft mit beschränkter Haftung [GmbH]

limp[1] [lɪmp] hinken

limp[2] [lɪmp] Hinken; **walk with a limp** hinken, humpeln

limp[3] [lɪmp] ❶ schlaff ❷ *Blumen:* welk

line[1] [laɪn] ❶ (*Schnur, Seil*) Leine ❷ [**fishing**] **line** [Angel]Schnur ❸ [**telephone**] **line** [Telefon]Leitung; **bad line** schlechte Verbindung; **hold the line** am Apparat bleiben; **line engaged!** (GB), **line busy!** (USA) besetzt! ❹ (*Markierung*) Linie, Strich ❺ (*Sport*) [Grenz]Linie ❻ (*in der Hand*) Handlinie; (*auf der Stirn*) Falte, Runzel ❼ (*Bahnlinie*) Gleis, Strecke ❽ (USA) [Menschen]Schlange; **stand in line** anstehen, Schlange stehen, sich anstellen (**for** um) ❾ Reihe; **a line of houses** eine Häuserreihe; **a line of trees** eine Baumreihe; **keep in line** in Reih und Glied bleiben ❿ (*Reihe von Wörtern*) Zeile, Vers; **drop someone a line** jemandem ein paar Zeilen schreiben; **forget one's lines** (*auf der Bühne*) seinen Text vergessen; **read between the lines** (*übertragen*) zwischen den Zeilen lesen ⓫ (*Familienmitglied*) Linie; **he comes from a long line of actors** erstammt aus einer alten Schauspielerfamilie ⓬ (*Verlauf*) Richtung ⓭ (*Beschäftigung*) Branche, [Fach-, Interessen]Gebiet; **line of business** Geschäftszweig; **that's not in my line** das liegt mir nicht ⓮ (*kommerziell*) Artikel, Kollektion, Linie ⓯ (*militärisch*) Linie; **front line** Front[linie] ⓰ **in line with** auf einer Linie mit; (*übertragen*) in Einklang mit ⓱ **be in line for a job** eine Stelle wahrscheinlich bekommen ▸ IN WENDUNGEN: **bring someone into line** jemanden in seine Schranken weisen; **come** [*oder* **fall**] **into line** sich anschließen, sich einfügen (**with** in); (*umgangsspr*) mitmachen (**with** mit); (*umgangsspr*) nicht aus der Reihe tanzen; **step out of line** aus der Reihe tanzen; **draw the line at** eine Grenze ziehen bei; **reach the end of the line** das bittere Ende erreicht haben

line[2] [laɪn] ❶ lin[i]ieren *Papier* ❷ entlang stehen an, säumen; **lined with trees** Baum bestanden

◆ **line up** ❶ aufstellen ❷ *Personen:* sich aufstellen; (USA) Schlange stehen; **be lined up** anstehen ❸ (*planen*) sorgen für, organisieren ❹ Stellung beziehen (**against** gegen), sich zusammentun (**with** mit)

line[3] [laɪn] ❶ füttern *Kleidungsstück* ❷ (*technisch*) auskleiden ▸ IN WENDUNGEN: **line one's pockets** in die eigene Tasche wirtschaften

lin·en ['lɪnɪn] ❶ (*Material*) Leinen ❷ (*Bettwäsche, Tischwäsche*) Wäsche

line-up ['laɪnʌp] (*auch Sport*) Aufstellung

lin·guist ['lɪŋgwɪst] Linguist(in), Sprachwissenschaftler(in); **be a good linguist** sprachbegabt sein

lin·ing ['laɪnɪŋ] ❶ Futter, Futterstoff ❷ (*technisch*) Auskleidung

link[1] [lɪŋk] ❶ [Ketten]Glied ❷ (*übertragen*) Bindeglied, Verbindung

link[2] [lɪŋk] verbinden; **link arms** sich unterhaken; **link hands** sich an den Händen fassen

link-up ['lɪŋkʌp] ❶ Verbindung ❷ *von Raumschiff:* Koppelung[smanöver]

lion ['laɪən] Löwe **lion·ess** [laɪə'nes] Löwin **lion's share** Löwenanteil

lip [lɪp] ❶ Lippe; **keep a stiff upper lip** (*übertragen*) die Ohren steif halten ❷ *eines Gefäßes:* Rand ❸ (*umgangsspr*) **none of your lip!** sei nicht unverschämt! **lip gloss** Lipgloss, Lippenglanzstift **lip·liner**

L

['lɪpˌlaɪnəʳ] Lippenkonturenstift **lip·read** ['lɪpriːd] vom Mund, von den Lippen ablesen **lip salve** Lippenpomade **lip·stick** ['lɪpstɪk] Lippenstift

li·queur [lɪ'kjʊəʳ] Likör

liquid[1] ['lɪkwɪd] (*auch finanziell*) flüssig

liquid[2] ['lɪkwɪd] Flüssigkeit

liquid·ize ['lɪkwɪdaɪz] im Mixer pürieren **liquid·izer** ['lɪkwɪdaɪzəʳ] Mixer

liquor ['lɪkɚ] (USA) Alkohol

> **i Land & Leute** Überall in Australien gibt es die so genannten **drive-through bottle shops**. Da sie wie eine offene Garage oder Scheune aussehen, nennt man sie auch **liquor barns**. Man fährt mit dem Auto hinein und kann dort Wein, Bier und Spirituosen kaufen ohne auszusteigen.

lisp [lɪsp] [**speak with a**] **lisp** lispeln

list[1] [lɪst] Liste, Verzeichnis, Aufstellung; **list of applicants** Bewerberliste; **list of members** Mitgliederverzeichnis; **shopping list** Einkaufszettel; **be on a list** auf einer Liste stehen; **draw up** [*oder* **make out**] **a list** eine Liste aufstellen; **put on a list** auf eine Liste setzen

list[2] [lɪst] ① in eine Liste eintragen, auflisten; (*verbal*) aufzählen ② aufführen *Posten* ③ **listed building** (GB) Gebäude unter Denkmalschutz

lis·ten ['lɪsn] hören, horchen (**to** auf); **listen for something** auf etwas horchen; **listen to someone** jemandem zuhören; **don't listen to him!** hören Sie nicht auf ihn!; **she wouldn't listen to him** sie wollte nicht auf ihn hören; **listen to the radio** Radio hören
◆ **listen in** ① **listen in to** [*oder* **on**] **a conversation** ein Gespräch mithören ② **listen in to a program**[**me**] ein Programm hören

lis·tener ['lɪsnəʳ] ① Zuhörer(in); **be a good listener** gut zuhören können ② *von Radio:* Hörer(in)

lit [lɪt] *2. und 3. Form von* **light**[3]

liter ['liːtəʳ] (USA) Liter

lit·er·acy ['lɪtərəsɪ] Lese- und Schreibfertigkeit

lit·erally ['lɪtərəlɪ] ① (*wortgetreu*) wörtlich; **take something literally** etwas wörtlich nehmen ② (*wirklich*) buchstäblich; **he had lost literally everything** er hatte buchstäblich alles verloren

lit·er·ate ['lɪtərət] des Lesens und Schreibens kundig

lit·er·ature ['lɪtrətʃəʳ] Literatur

litre ['liːtəʳ] (GB) Liter

lit·ter[1] ['lɪtəʳ] ① Abfall ② (*neugeborene Tiere*) Wurf ③ (*für Tiere*) Streu, Stroh

lit·ter[2] ['lɪtəʳ] ① **do not litter!** bitte keine Abfälle zurücklassen ② verstreuen; **be littered with something** mit etwas übersät sein

little[1] ['lɪtl] ① klein ② **of little interest/value** von geringem Interesse/Wert ③ **in a little while** in kurzer Zeit, bald; **a little while ago** vor kurzem ④ wenig; **have little chance/money/time** kaum eine Chance/wenig Geld/Zeit haben; **I know little Spanish and even less Portuguese** ich spreche [nur] wenig Spanisch und noch weniger Portugiesisch; **I go there very little** ich gehe sehr selten dorthin

little[2] ['lɪtl] ① **the little I know of him** das Wenige, was ich von ihm weiß ② **a little** ein [klein] wenig, ein bisschen; **after a little** nach einer Weile; **for a little** für ein Weilchen; **not a little** nicht wenig ③ **little by little** nach und nach, allmählich

live[1] [laɪv] ① (*am Leben*) lebend[ig]; **a real live dog** ein echter Hund ② *Thema:* aktuell ③ *Kohlen:* glühend ④ *Geschoss:* scharf ⑤ *Kabel:* Strom führend ⑥ **live broadcast** Livesendung ⑦ **broadcast live** direkt [*oder* live] übertragen

live[2] [lɪv] ① leben; **live and let live** leben und leben lassen; **live for something** für etwas leben ② *Patient:* am Leben bleiben, überleben ③ wohnen (**with** bei, **at** in); **where do you live?** wo wohnen Sie?; **live with someone** mit jemandem zusammenleben
◆ **live apart** getrennt leben
◆ **live down** **I'll never live that down** das werde ich noch lange zu hören kriegen
◆ **live in** im Hause wohnen; *Student:* im Wohnheim wohnen
◆ **live off** **live off one's parents** auf Kosten seiner Eltern leben
◆ **live on** ① *Erinnerung:* weiterleben ② leben von; **live on** [**a diet of**] **fish** sich von Fisch ernähren ③ **live on one's reputation** (*übertragen*) von seinem Ruf zehren
◆ **live together** zusammenleben
◆ **live up to** **he has a lot to live up to** an

ihn werden hohe Erwartungen gestellt

live·ly ['laɪvlɪ] ① lebhaft, lebendig ② *Beschreibung:* lebendig ③ (*umgangsspr*) aufregend; **make things lively for someone** jemandem zu schaffen machen

liven up ['laɪvn 'ʌp] ① *Person:* aufleben ② *Dinge:* in Stimmung kommen ③ **liven a place up** Leben in die Bude bringen

liver ['lɪvəʳ] Leber

liv·ing[1] ['lɪvɪŋ] ① lebend; **within living memory** seit Menschengedenken ② **living conditions** Lebensbedingungen, Wohnverhältnisse

liv·ing[2] ['lɪvɪŋ] ① Lebensunterhalt; **make a living as an artist/out of painting** sein Auskommen als Künstler/durch Malerei haben ② Leben; **standard of living** Lebensstandard ③ **the living** die Lebenden

living room Wohnzimmer

liz·ard ['lɪzəd] Eidechse

load[1] [ləʊd] ① (*Fracht*) Ladung, Fuhre ② *einer Achse:* Belastung, [Trag]Last ③ (*übertragen*) Last, Bürde; **that's a load off my mind** damit fällt mir ein Stein vom Herzen ④ **a load of nonsense** [*oder* **rubbish**]**!** (*umgangsspr*) Quatsch! Blödsinn! ⑤ **loads of …** jede Menge …

load[2] [ləʊd] ① laden ② beladen *Transportmittel;* verladen *Ladung* ③ laden *Feuerwaffe* ④ einen Film einlegen in *Fotoapparat*

◆ **load up** [be]laden

loaded ['ləʊdɪd] ① beladen; **loaded to capacity** voll beladen ② *Gewehr:* geladen ③ *Würfel:* präpariert ④ **he's loaded** (*umgangsspr*) er hat Geld wie Heu ⑤ **loaded question** Fangfrage

loaf [ləʊf, *plural* 'ləʊvz] <*plural* loaves> ① Laib, Brot ② **meat loaf** Hackbraten ③ **use your loaf!** (*slang*) streng deinen Grips an!

loan[1] [ləʊn] ① (*finanziell*) Darlehen, Anleihe ② Leihgabe; **as a loan** als Leihgabe; **on loan** leihweise, ausgeliehen; **have something on loan** etwas geliehen haben; **give someone the loan of something** jemandem etwas [aus]leihen

loan[2] [ləʊn] [aus-, ver]leihen (**to** an)

lobby[1] ['lɒbɪ] ① *eines Hotels:* Eingangshalle ② (*im Parlament*) Lobby, Wandelhalle ③ (*übertragen*) Lobby, Interessengruppe

lobby[2] ['lɒbɪ] beeinflussen *Abgeordnete*

lob·ster ['lɒbstəʳ] Hummer

lo·cal[1] ['ləʊkl] ① örtlich, lokal, ortsansässig, hiesig; **local authority** Ortsbehörde, Kommunalverwaltung; **local call** Ortsgespräch; **local elections** Kommunalwahlen; **local government** Gemeindeverwaltung, Kommunalverwaltung; **local news** Lokalnachrichten; **local opinion** Meinung vor Ort; **local paper** Lokalzeitung; **local people** Ortsansässige; **local time** Ortszeit ② **local anaesthetic** örtliche Betäubung, Lokalanästhesie

lo·cal[2] ['ləʊkl] ① Ortsansässige(r) ② (*umgangsspr*) Stammkneipe

lo·cate [ləʊ'keɪt, (USA) 'ləʊkeɪt] ① (*finden*) ausfindig machen ② (*platzieren*) errichten; einrichten *Firma, Gebäude* ③ **be located** liegen, sich befinden **lo·ca·tion** [ləʊ'keɪʃn] ① Lage, Standort ② (*Tat*) Ortsbestimmung, Lagebestimmung ③ *von Film:* Drehort; **be on location** bei Außenaufnahmen sein

loch [lɒx] (*in Schottland*) See, Meeresarm

> **i Land & Leute** Das **Loch Ness Monster** ist ein riesiges, unbekanntes Wesen das angeblich in den Gewässern des Loch Ness im Nordosten Schottlands lebt. Es soll eine Art Wasserdinosaurier mit einem langen wellenförmigen Schwanz sein. Einige Leute behaupten, das Ungeheuer gesehen zu haben, obwohl es bis heute keinen wirklich ernst zu nehmenden Nachweis dafür gibt. Geschichten darüber gibt es schon seit dem 6. Jh.

lock[1] [lɒk] ① *von Tür:* Schloss ② (*technisch*) Verschluss, Sperre ③ (*in Fluss, Kanal*) Schleuse

lock[2] [lɒk] ① abschließen, zuschließen ② **lock someone in a room** jemanden in ein[em] Zimmer einschließen [*oder* einsperren] ③ *Räder:* blockieren

◆ **lock away** ① wegschließen *Sache* ② einsperren *Person*

◆ **lock in** einschließen, einsperren

◆ **lock out** aussperren

◆ **lock up** ① abschließen *Sache* ② wegschließen *Wertsachen* ③ einsperren *Person* ④ fest anlegen *Kapital*

locker ['lɒkəʳ] Schließfach; **locker room** Umkleideraum

lock·smith ['lɒksmɪθ] Schlosser(in)

lodge[1] [lɒdʒ] ① Pförtnerhaus ② (*Sport*)

L

Hütte ③ *von Freimaurern:* Loge ④ *von Biber:* Bau

lodge² [lɒdʒ] ① einlegen *Beschwerde* ② **lodge with someone** bei jemandem zur Untermiete wohnen ③ *Kugel:* stecken bleiben

lodger ['lɒdʒəʳ] Untermieter(in) **lodg·ing** ['lɒdʒɪŋ] ① **board and lodging** Kost und Logis ② **lodgings** möbliertes Zimmer, möblierte Wohnung; **live in lodgings** möbliert wohnen **lodging house** (GB) Pension

loft [lɒft] Dachboden; **loft conversion** Dachausbau

log [lɒg] ① [Holz]Klotz, Block; (*für Feuer*) Holzscheit ② **sleep like a log** wie ein Murmeltier schlafen **log-cabin** [ˌlɒg'kæbɪn] Blockhaus **log fire** Holzfeuer

logic ['lɒdʒɪk] Logik **logi·cal** ['lɒdʒɪkl] logisch

logo ['lɒgəʊ] [Firmen]Logo

loin [lɔɪn] Lende

loi·ter ['lɔɪtəʳ] herumlungern

lol·li·pop ['lɒlɪpɒp] Lutscher

lolly ['lɒlɪ] ① (*umgangsspr*) Lutscher ② **ice[d] lolly** Eis am Stiel ③ (*slang*) Geld

lone·li·ness ['ləʊnlɪnɪs] Einsamkeit

lone·ly ['ləʊnlɪ] einsam **lon·er** ['ləʊnəʳ] Einzelgänger(in)

long¹ [lɒŋ] ① lang ② **it's a long way to Scotland** bis nach Schottland ist es sehr weit ③ **I haven't seen him for a long time** ich habe ihn seit langem nicht mehr gesehen ④ **have you been waiting long?** warten Sie schon lange? ⑤ **all night long** die ganze Nacht ⑥ **take a long time** viel Zeit brauchen/nehmen ⑦ **don't be long!** beeil dich! ⑧ **in the long run** auf die Dauer ⑨ **as** [*oder* **so**] **long as** solange ⑩ **at the longest** höchstens, längstens ⑪ **before long** in Kürze ⑫ **no longer** nicht mehr ⑬ **long after** lange nachher, viel später; **long before** lange vorher, viel früher ⑭ **long ago** vor langer Zeit ⑮ **so long!** (*umgangsspr*) bis später!

long² [lɒŋ] sich sehnen (**for** nach)

long-distance **long-distance call** Ferngespräch; **long-distance flight** Langstreckenflug; **long-distance lorry driver** Fernfahrer(in) **long-haired** [ˌlɒŋ'heəd] langhaarig **long-haul flight** Langstreckenflug

longi·tude ['lɒŋgɪtjuːd] [geographische] Länge

long jump Weitsprung

long-life milk ['lɒŋlaɪf] H-Milch

long-range ① *Rakete:* Langstrecken- ② langfristig; **long-range forecast** Langzeitprognose

long-sighted [ˌlɒŋ'saɪtɪd] weitsichtig

long-term langfristig; **long-term damage** Spätschaden; **long-term effect** Langzeitwirkung; **long-term unemployed** [**person**] Langzeit-, Dauerarbeitslose(r)

long vacation große Ferien, Sommersemesterferien

long wave (*Radio*) Langwelle

long-winded [ˌlɒŋ'wɪndɪd] langatmig

loo [luː] (GB) (*umgangsspr*) Klo

look¹ [lʊk] ① sehen, schauen, gucken; **look someone in the eye** jemandem [gerade] in die Augen sehen ② **look at someone/something** jemanden/etwas ansehen [*oder* anschauen] ③ Acht geben, aufpassen; **look what you're doing!** pass auf, was du machst! ④ (*suchen*) nachsehen; **look and see** nachsehen ⑤ gehen nach; **this window looks south** dieses Fenster geht nach Süden; **the front of the house looks towards the river** die Vorderseite des Hauses liegt zum Fluss hin ⑥ aussehen; **it looks like rain** es sieht nach Regen aus ⑦ **look sharp!** dalli, dalli! ⑧ **look here!** sieh her!, hör mal gut zu! ⑨ **he looks his age** man sieht ihm sein Alter an

look² [lʊk] ① Blick; **have a look at something** [sich] etwas ansehen, einen Blick auf etwas werfen; **give someone a dirty look** jemandem einen vernichtenden Blick zuwerfen ② **the look on his face** sein Gesichtsausdruck ③ **looks** Aussehen; **good looks** gutes Aussehen ④ **I don't like the look of it** es gefällt mir nicht

◆ **look about** sich umsehen, sich umschauen (**for** nach)

◆ **look after** sich kümmern um, aufpassen auf

◆ **look ahead** ① nach vorne sehen ② (*übertragen*) die Zukunft planen, vorausschauen

◆ **look around** sich umsehen (**for** nach)

◆ **look at** ① ansehen; **look at those birds!** sieh dir diese Vögel an!; **look at one's watch** auf seine Uhr schauen ② sich ansehen, überprüfen *Bücher, Unterlagen* ③ (*überlegen*) betrachten; **I look at things differently now, after my accident** nach meinem Unfall sehe ich viele Dinge anders ④ (*umgangsspr*) rechnen mit; **he's looking at three years for a second offence** weil es seine zweite Straftat ist, muss er mit drei Jahren rechnen

◆ **look away** wegsehen

◆ **look back** ① sich umsehen ② **look back on** [*oder* **to**] **something** (*übertragen*) auf etwas zurückblicken; **looking back, ...** zurückblickend ... ③ **since changing jobs he's never looked back** (*übertragen*) seitdem er die Stelle gewechselt hat, geht es mit ihm ständig bergauf

◆ **look down** herunter-, hinuntersehen

◆ **look down on** hochmütig herabsehen auf

◆ **look for** suchen [nach]; **who are you looking for?** wen suchen Sie?

◆ **look forward to** sich freuen auf; **look forward to doing something** sich darauf freuen, etwas zu tun

◆ **look in** ① hineinsehen, hereinsehen ② **look in on someone** bei jemandem vorbeikommen/vorbeischauen

◆ **look into** untersuchen, nachgehen

◆ **look on** ① zusehen ② **look** [**up**]**on someone as/with ...** jemanden als/mit ... ansehen [*oder* betrachten]

◆ **look out** ① hinaussehen, heraussehen; **look out of the window** aus dem Fenster sehen ② aufpassen, Acht geben (**for** auf); **look out!** aufpassen! Achtung! Vorsicht! ③ hinaussehen, hinausgehen (**on** auf); **the house looks out over the valley** vom Haus hat man einen Blick ins Tal ④ **look something/someone out** sich etwas/jemanden aussuchen ⑤ **look out for something/someone** Ausschau nach etwas/jemandem halten

◆ **look over** ① sich ansehen *Haus* ② durchsehen *Text* ③ mustern *Person*

◆ **look round** sich umsehen

◆ **look through** ① **look through the window** aus dem Fenster schauen; **look through the telescope** durch das Fernrohr gucken ② durchsehen *Text* ③ **look straight through someone** durch jemanden hindurchsehen

◆ **look up** ① aufblicken, aufsehen (**at** auf) ② **look up to someone** (*übertragen*) zu jemandem aufsehen ③ *Lage:* besser werden; **things are looking up** es geht bergauf ④ nachschlagen *Wort* ⑤ **look someone up** (*umgangsspr*) jemanden besuchen ⑥ **look someone up and down** jemanden von Kopf bis Fuß mustern

look·alike ['lʊkəˌlaɪk] Doppelgänger(in)

look·out ['lʊkˌaʊt] ① (*Platz*) Ausguck ② (*Person*) Wache ③ **be on the lookout for** Ausschau halten nach ④ **that's his lookout** (*umgangsspr*) das ist seine Sache; **that's not my lookout** das geht mich nichts an

loop [luːp] ① Schlinge, Schleife ② *von Flugzeug:* Looping; **loop the loop** einen Looping machen [*oder* drehen]

loop·hole ['luːphəʊl] **a loophole in the law** eine Gesetzeslücke

loose[1] [luːs] ① *Tier:* lose, frei ② *Ware:* lose ③ *Knopf, Zahn:* lose, locker; **loose connection** Wackelkontakt ④ *Kleidung:* weit ⑤ *Boden:* locker, aufgelockert ⑥ *Bedeutung:* ungenau ⑦ *Übersetzung:* frei ⑧ *Lebenswandel:* locker ⑨ **be at a loose end** nichts mit sich anzufangen wissen ⑩ **loose change** Kleingeld ⑪ **break loose** sich losreißen ⑫ **come** [*oder* **work**] **loose** *Knopf, Knoten, Schraube:* sich lockern

loose[2] [luːs] **be on the loose** frei herumlaufen

loosely ['luːslɪ] locker, lose; **loosely speaking** grob gesagt

loosen ['luːsn] ① [sich] lösen, [sich] lockern ② **loosen up** Lockerungsübungen machen; (*übertragen*) lockerer werden

loot[1] [luːt] Beute

loot[2] [luːt] plündern

looting [-ɪŋ] Plünderung

lord [lɔːd] ① Herr (**of** über) ② (GB) Lord; **the House of Lords** das [britische] Oberhaus ③ [**Our**] **Lord** der Herr [Jesus]; **the Lord's Prayer** das Vaterunser ④ **Lord only knows where ...** weiß der Himmel wo ... **Lord Mayor** Oberbürgermeister

lorry ['lɒrɪ] (GB) Last[kraft]wagen, Lkw, Laster; **lorry driver** Lastwagenfahrer(in), Lkw-Fahrer(in)

lose [luːz] <lost, lost> ① verlieren, einbüßen ② versäumen *Gelegenheit* ③ abschütteln *Verfolger* ④ vergessen *Gelerntes* ⑤ *Uhr:* nachgehen ⑥ **lose someone something** jemanden um etwas bringen, jemanden etwas kosten ⑦ **be lost** verloren sein, verschwunden sein, sich verlaufen haben; **I'm lost** ich habe mich verlaufen; (*übertragen*) ich verstehe nichts mehr 8 **the child got lost** das Kind hatte sich verirrt; **get lost!** verschwinde! hau ab! 9 **lose oneself in a book** sich in einem Buch verlieren, ganz in einem Buch aufgehen 10 **lose one's head** (*übertragen*) den Kopf verlieren; **lose one's temper** die Beherrschung verlieren 11 **lose one's life** ums Leben kommen 12 **lose sight of** aus den Augen verlieren 13 **lose one's way** sich verirren, sich verlaufen

◆ **lose out** verlieren, unterliegen; **lose out on a deal** große Verluste bei einem Geschäft erleiden

loser [ˈluːzəʳ] Verlierer(in)

loss [lɒs] 1 Verlust 2 **loss of appetite** Appetitlosigkeit; **loss of blood** Blutverlust; **loss of confidence** Vertrauensschwund; **loss of earnings** Ertragsausfall; **loss of life** Verluste an Menschenleben; **loss of time** Zeitverlust; **loss in weight** Gewichtsverlust 3 **be at a loss how to do something** nicht wissen, wie man etwas anfangen soll; **be at a loss for words** um Worte verlegen sein 4 **be a dead loss** nutzlos, unbrauchbar sein; **he is no great loss** er ist kein großer Verlust 5 **sell at a loss** mit Verlust verkaufen

lost[1] [lɒst] *2. und 3. Form von* **lose**

lost[2] [lɒst] 1 verloren 2 verirrt ▶ IN WENDUNGEN: **be lost upon someone** auf jemanden keinen Eindruck machen; **be lost in thought** in Gedanken versunken sein; **a lost cause** eine aussichtslose Sache

lost-property office Fundbüro

lot [lɒt] 1 (*Schicksal*) Los 2 (*bei Verlosung*) Los; **draw lots for something** um etwas losen 3 (*Land*) Parzelle; **parking lot** Parkplatz 4 (*umgangsspr*) Haufen; **you lot** ihr [alle] 5 (*bei Auktion*) Los 6 **a lot of, lots of** viele, eine Menge 7 **a lot** viel; **a lot better** viel besser; **I liked it a lot** es war sehr gut; **have lots** [*oder* **a lot**] **to do** viel zu tun haben 8 **the lot** alles, das Ganze

lot·tery [ˈlɒtərɪ] 1 Lotterie 2 (*übertragen*) Glücksspiel

loud [laʊd] 1 laut 2 (*übertragen*) *Farbe:* grell, schreiend; *Kleider:* auffällig 3 **say something out loud** etwas laut sagen **loud mouth** (*umgangsspr*) Großmaul **loud·speaker** [ˌlaʊdˈspiːkəʳ] Lautsprecher, Box

lounge [laʊndʒ] 1 (*im Hotel*) Gesellschaftsraum 2 (*im Flughafen*) Warteraum; **departure lounge** Abflughalle 3 (*im Haus*) Wohnzimmer

◆ **lounge about, lounge around** [laʊndʒ] 1 herumsitzen, herumstehen 2 faulenzen

lounge bar [vornehme] Bar **lounge suit** GB Straßenanzug

lousy [ˈlaʊzɪ] (*umgangsspr*) 1 *Bezahlung, Streich, Wetter:* lausig, mies 2 **feel lousy** sich elend fühlen 3 **be lousy at history/cooking** eine Niete in Geschichte/ein miserabler Koch, eine miserable Köchin sein 4 **lousy with** (*slang*) voll von, übersät mit

lout [laʊt] Lümmel, Flegel

love[1] [lʌv] 1 Liebe (**for, of, to, towards** zu); **love of adventure** Abenteuerlust; **love of cooking/life** Freude am Kochen/Leben; **for the love of** aus Liebe zu, [jemandem] zuliebe 2 **be in love with someone** in jemanden verliebt sein; **fall in love with someone/something** sich in jemanden/eine Sache verlieben 3 **make love to someone** mit jemandem schlafen 4 (*Briefschluss*) [**with**] **love from …** [mit] herzliche[n] Grüße[n] von … 5 (*Grüße*) **send one's love to someone** jemanden grüßen lassen; **give him my love** grüßen Sie ihn von mir 6 (*Anrede*) Liebling, Schatz; **can I help you, love?** (*umgangsspr: im Geschäft*) was darf's denn sein? 7 (*Tennis*) **fifteen love** fünfzehn null ▶ IN WENDUNGEN: **for the love of God!** um Himmels willen!; **not for love nor money** nicht für Geld und gute Worte; **there's no love lost between them** sie können sich nicht ausstehen

love[2] [lʌv] 1 lieben, lieb haben 2 (*übertragen*) [gern] mögen; **love to do something** etwas gern tun; **I'd love to go** ich würde [liebend] gern gehen

love letter Liebesbrief **love life** Liebesleben

love·ly [ˈlʌvlɪ] 1 [wunder]schön, herrlich 2 (*umgangsspr*) toll, großartig; **lovely and warm** schön warm

lover [ˈlʌvəʳ] 1 Liebhaber(in), Geliebte(r); **they are lovers** sie sind ein Liebespaar 2 (*übertragen*) Liebhaber(in), Freund(in); **lover of horses** Pferdeliebhaber(in); **be a lover of good wine** einen guten Tropfen lieben

love·sick [ˈlʌvsɪk] **be lovesick** Liebeskummer haben **love song** Liebeslied **love story** Liebesgeschichte **lov·ing** [ˈlʌvɪŋ] 1 *Person:* liebend 2 *Blick:* liebevoll

low[1] [ləʊ] ❶ niedrig ❷ *Stimme, Ton, Verbeugung:* tief; **in a low voice** leise ❸ *Land:* tief liegend ❹ *Wolke:* tief hängend ❺ *Bluse, Kleid:* tief ausgeschnitten ❻ (*übertragen*) schwach, kraftlos, energiearm; **be in low health** in schlechter Gesundheit sein ❼ **be in low spirits** in gedrückter Stimmung sein, niedergeschlagen sein ❽ *Intelligenz, Sichtweite, Wert:* gering ❾ *Herkunft, Rang:* niedrig, nieder ❿ *Trick:* niederträchtig, gemein ⓫ **have a low opinion of someone** nicht viel von jemandem halten ⓬ *Puls:* schwach ⓭ knapp; **we are a bit low on petrol** unser Benzin ist ein bisschen knapp; **our supplies are running low** unsere Vorräte gehen allmählich zur Neige; **low on funds** (*umgangsspr*) knapp bei Kasse ⓮ **lie low** (*übertragen*) sich versteckt halten

low[2] [ləʊ] ❶ Tief[druckgebiet] ❷ (*übertragen*) Tiefpunkt, Tiefstand; **hit** [*oder* **reach**] **a new/an all-time low** einen neuen/absoluten Tiefstand erreichen

low-calorie kalorienarm **low-cut** [ləʊ'kʌt] tief ausgeschnitten

lower[1] ['ləʊəʳ] ❶ niedriger; **lower jaw** Unterkiefe ❷ tiefer [gelegen]; **lower down** weiter unten

lower[2] ['ləʊəʳ] ❶ hinunterlassen, herunterlassen; **lower oneself into a chair** sich in einen Sessel hineinfallen lassen ❷ niederschlagen *Augen* ❸ senken *Blick, Stimme* ❹ herabsetzen, senken *Preis* ❺ herunterschrauben *Niveau* ❻ ausfahren *Fahrwerk*

low-pressure area Tiefdruckgebiet **low profile** **keep a low profile** (*übertragen*) sich im Hintergrund halten **low season** Nebensaison, Zwischensaison **low tide** Ebbe **low water** Niedrigwasser, Ebbe

loyal ['lɔɪəl] treu, loyal **loyalty** ['lɔɪəltɪ] Treue, Loyalität

luck [lʌk] ❶ Glück; **good luck** Glück; **bad luck** Pech, Unglück; **good luck!** viel Glück!; **for luck** als Glückbringer; **be in luck** Glück haben; **be out of luck** kein Glück haben; **worse luck** unglücklicherweise, leider; **be down on one's luck** (*umgangsspr*) Pech haben; **try one's luck** sein Glück versuchen; **just my luck!**, **tough luck!** (*umgangsspr*) so ein Pech! ❷ Zufall, Schicksal; **as luck would have it** wie es der Zufall wollte **luckily** ['lʌkɪlɪ] glücklicherweise; **luckily for him** zu seinem Glück

lucky ['lʌkɪ] **be lucky** Glück haben; **that's lucky** das ist ein Glück; **lucky dip** Glückstopf; **have a lucky escape** glücklich davonkommen; **lucky shot** Glückstreffer; **count oneself lucky** sich glücklich schätzen; **I should be so lucky** das möchte ich mal erleben; **lucky you!** du Glückliche(r)!

lug·gage ['lʌgɪdʒ] (GB) [Reise]Gepäck; **hand luggage** Handgepäck; **luggage rack** Gepäckablage

luke·warm [ˌluːk'wɔːm] ❶ *Flüssigkeit:* lauwarm ❷ (*übertragen*) *Beifall:* lau, gleichgültig ❸ (*übertragen*) *Unterstützung:* halbherzig

lull·aby ['lʌləbaɪ] Wiegenlied

lum·ber ['lʌmbəʳ] **lumber someone with something/someone** jemandem etwas/jemanden aufhalsen

lu·mi·nous ['luːmɪnəs] leuchtend, Leucht-

lump [lʌmp] ❶ Klumpen ❷ (*im Körper*) Beule; (*krebsartig*) Knoten ❸ **a lump of sugar** ein Stück Zucker ❹ **lump of wood** Holzklotz ❺ **have a lump in one's throat** einen Kloß im Hals haben **lump sum** Pauschalbetrag

lu·nar ['luːnəʳ] **lunar module** Mondfähre

lu·na·tic[1] ['luːnətɪk] blödsinnig, verrückt

lu·na·tic[2] ['luːnətɪk] Wahnsinnige(r)

lunch [lʌntʃ] Mittagessen; **have lunch** zu Mittag essen **lunch break** Mittagspause **luncheon meat** Frühstücksfleisch **luncheon voucher** Essensbon, Essensmarke **lunch hour** Mittagspause **lunch·time** ['lʌntʃtaɪm] Mittag[szeit]

lung [lʌŋ] Lunge; **her right lung** ihr rechter Lungenflügel; **he has weak lungs** er hat eine schwache Lunge ► IN WENDUNGEN: **at the top of his lungs** aus vollem Halse **lung cancer** Lungenkrebs

lurch[1] [lɜːtʃ] ❶ Ruck; **give a lurch** rucken ❷ **leave in the lurch** im Stich lassen

lurch[2] [lɜːtʃ] rucken

lurk [lɜːk] lauern

lust [lʌst] ❶ Gier; **lust for power** Machtgier ❷ (*sexuell*) Begierde (**for** nach)

Lux·em·bourg ['lʌksəmbɜːg] Luxemburg

lux·ury ['lʌkʃərɪ] ❶ Luxus; **lead a life of luxury** ein Luxusleben führen ❷ Luxus[gegenstand]; **luxury goods** Luxusgüter

ly·ing[1] ['laɪɪŋ] lügnerisch, unaufrichtig

ly·ing[2] ['laɪɪŋ] Lügen; **that would be lying** das wäre gelogen

lyrics ['lɪrɪks] *eines Liedes:* Text

M m

M, m [em] <*plural* M's, m's> M, m

ma [mɑː] (*umgangsspr*) Mama, Mutti

mac [mæk] (*umgangsspr*) Regenmantel

maca·roni [ˌmækəˈrəʊnɪ] Makkaroni

ma·chine [məˈʃiːn] ① Maschine ② (*für Zigaretten*) Automat ③ Apparat; **the party machine** der Parteiapparat **machine-gun** Maschinengewehr, MG **ma·chin·ery** [məˈʃiːnərɪ] ① Maschinerie, Maschinen ② (*übertragen*) Apparat

mack·erel [ˈmækrəl] Makrele

mack·in·tosh [ˈmækɪntɒʃ] Regenmantel

mad [mæd] ① wahnsinnig, verrückt; **go mad** verrückt werden; **drive someone mad** jemanden wahnsinnig machen; **like mad** wie verrückt ② **be mad at someone** auf jemanden böse sein; **be mad about** [*oder* **at**] **something** über etwas wütend sein ③ **be mad about** [*oder* **on**] **something** auf etwas versessen sein; **be mad keen on someone/something** ganz scharf auf jemanden/etwas sein

madam [ˈmædəm] gnädige Frau

mad cow disease [mæd ˈkaʊ dɪziːz] BSE, Rinderwahnsinn **mad·den·ing** [ˈmædənɪŋ] äußerst ärgerlich, unerträglich; **it is maddening** es ist zum Verrücktwerden

made [meɪd] *2. und 3. Form von* **make** **made-to-measure** [meɪdtəˈmeʒəʳ] maßgeschneidert; **made-to-measure suit** Maßanzug **made-up** [ˈmeɪdʌp] ① *Geschichte:* erfunden ② *Gesicht:* geschminkt

mad·ly [ˈmædlɪ] ① wie verrückt ② (*umgangsspr*) wahnsinnig; **it's madly exciting** es ist unglaublich aufregend **mad·man** [ˈmædmən] <*plural* madmen> Irre(r), Verrückte(r) **mad·ness** [ˈmædnɪs] Wahnsinn

mag [mæg] (*umgangsspr*) Zeitschrift, Magazin

maga·zine [ˌmægəˈziːn, (USA) ˈmægəziːn] ① Zeitschrift, Magazin ② (*im Gewehr*) Magazin

magic[1] [ˈmædʒɪk] ① Magie, Zauberei ② (*übertragen*) Zauber; **as if by magic** wie durch ein Wunder

magic[2] [ˈmædʒɪk] Zauber-, magisch

ma·gician [məˈdʒɪʃn] ① (*literarisch*) Magier(in) ② (*Künstler*) Zauberer, Zauberin

magis·trate [ˈmædʒɪstreɪt] Friedensrichter(in)

mag·net [ˈmægnɪt] (*auch übertragen*) Magnet **mag·net·ic** [mægˈnetɪk] ① magnetisch; **magnetic field** Magnetfeld ② (*übertragen*) faszinierend

mag·nifi·cent [mægˈnɪfɪsnt] prächtig, prunkvoll, großartig

mag·nify [ˈmægnɪfaɪ] vergrößern; **magnifying glass** Vergrößerungsglas, Lupe

mag·pie [ˈmægpaɪ] Elster

maid [meɪd] Dienstmädchen, Hausangestellte

maiden name Mädchenname

mail[1] [meɪl] Post; **send by** [*oder* **via**] **air mail** mit Luftpost verschicken

mail[2] [meɪl] mit der Post [ver]senden, abschicken, aufgeben

mail·box [ˈmeɪlbɒks] ① (USA) Briefkasten ② (*Computing*) Mailbox **mailing list** Anschriftenliste **mail(ing) shot** Briefwerbeaktion **mail·man** [ˈmeɪlmæn] <*plural* mailmen> (USA) Briefträger **mail-order catalogue** Versandhauskatalog

main[1] [meɪn] Haupt-; **main thing** Hauptsache

main[2] [meɪn] ① Hauptleitung ② **mains** Versorgungsnetz, Stromnetz; **turn the electricity off at the mains** den Strom am Hauptschalter abschalten; **turn the gas/water off at the mains** den Haupthahn [für das Gas/Wasser] abstellen ③ **in the main** im Großen und Ganzen

main·frame [ˈmeɪnfreɪm] Großrechner, Zentralrechner **main·land** [ˈmeɪnlænd] Festland **main·line** [ˈmeɪnlaɪn] Hauptstrecke

main·ly [ˈmeɪnlɪ] hauptsächlich, in erster Linie **main road** Haupt[verkehrs]straße **main·sail** [ˈmeɪnseɪl] Großsegel

main·tain [meɪnˈteɪn] ① aufrechterhalten, beibehalten ② warten *Maschine* ③ in Stand halten *Gebäude* ④ unterhalten *Beziehungen, Familie, Straße* ⑤ halten, behaupten *Stellung* ⑥ (*mit Worten*) behaupten, vertreten

main·ten·ance [ˈmeɪntənəns] ① Aufrechterhaltung, Beibehaltung ② *einer Maschine:* Instandhaltung, Wartung ③ *einer Familie:* Unterhalt

maize [meɪz] (GB) Mais

maj·esty [ˈmædʒəstɪ] Majestät

ma·jor[1] [ˈmeɪdʒəʳ] ① größer, Haupt-, bedeutend[er]; **major road** Hauptverkehrsstraße ② (*Musik*) Dur; **A flat major** As-Dur

ma·jor[2] ['meɪdʒəʳ] ① Major ② (USA) Hauptfach

ma·jor[3] ['meɪdʒəʳ] (USA) **major in something** etwas als Hauptfach studieren

ma·jor·ity [mə'dʒɒrətɪ] ① Mehrheit; **majority decision** Mehrheitsbeschluss; **majority [share]holding** Mehrheitsbeteiligung; **be in a majority** in der Mehrzahl sein; **the majority of cases** die Mehrzahl der Fälle; **a two-thirds majority** eine Zweidrittelmehrheit; [**by**] **a majority of votes** [mit] Stimmenmehrheit ② (*juristisch*) Volljährigkeit, Mündigkeit; **attain one's** [*oder* **reach the age of**] **majority** volljährig, mündig werden

make[1] [meɪk] <made, made> ① machen *Bemerkung, Fehler, Vorschlag etc.;* treffen *Entscheidung;* halten *Rede;* geben *Versprechen* ② anfertigen *Kleidung* ③ (*industriell*) herstellen (**from, of** aus, **into** zu); **made in Germany** in Deutschland hergestellt ④ **make bread/a cake** Brot/einen Kuchen backen ⑤ [zu]bereiten *Mahlzeit, Tee* ⑥ ausdenken, formulieren *Plan* ⑦ ergeben *Summe;* **1 plus 1 makes 2** 1 und 1 ist 2 ⑧ erwerben, verdienen *Geld;* einstreichen, einstecken *Gewinn;* gewinnen *Spiel;* erleiden *Verlust* ⑨ noch erreichen *Zug* ⑩ + *Adjektiv* (*Zustand*) **make someone happy** jemanden glücklich machen; **make oneself comfortable** es sich bequem machen; **make oneself useful** sich nützlich machen; **make oneself heard** sich Gehör verschaffen ⑪ **he was made Foreign Secretary** er wurde zum Außenminister ernannt ⑫ **make someone a present of something** jemandem etwas schenken ⑬ + *Infinitiv* **make someone do something** jemanden dazu bringen, etwas zu tun; **make someone laugh** jemanden zum Lachen bringen; **make someone understand** jemandem etwas verständlich machen; **make oneself do something** sich dazu zwingen, etwas zu tun ⑭ **it makes no difference to me** es ist mir gleich ⑮ **make it with someone** (*umgangsspr*) mit jemandem schlafen ⑯ **we've made it!** wir haben es geschafft! ⑰ **what time do you make it?** wie spät hast du es?

◆ **make for** ① zuhalten auf; zuströmen auf *Menschenmenge* ② führen zu; den Grund legen für *gute Beziehungen*

◆ **make of** halten von; **what do you make of him?** was hältst du von ihm?

◆ **make off** sich aus dem Staub machen (**with** mit)

◆ **make out** ① (*verstehen*) herausbekommen, entziffern ② aufstellen *Liste* ③ ausfüllen *Formular* ④ ausstellen *Rechnung, Scheck* ⑤ behaupten; **it's not as bad as it's made out to be** es ist nicht so schlimm wie behauptet wird ⑥ **make out a case for something** für etwas argumentieren ⑦ **make someone out to be clever** jemanden als klug hinstellen; **make out that …** es so hinstellen, als ob … ⑧ auskommen, zurechtkommen (**with** mit)

◆ **make over** ① umbauen *Haus* ② übertragen, vermachen *Eigentum*

◆ **make up** ① erfinden, sich ausdenken *Ausrede;* **it was all made up** es war alles nur erfunden ② schminken *Gesicht* ③ zusammenstellen *Liste* ④ **make up one's mind** sich entschließen

◆ **make up for** ① ausgleichen ② wettmachen (**with** durch); **make up for the loss of someone/lack of something** jemanden/etwas ersetzen; **make up for lost time** verlorene Zeit wieder aufholen

make[2] [meɪk] Marke, Fabrikat

maker ['meɪkəʳ] ① Hersteller ② **our Maker** unser Schöpfer

make-up ['meɪkʌp] ① Make-up, Schminke; (*im Theater*) Maske ② *einer Mannschaft:* Zusammenstellung ③ (*Charakter*) Veranlagung **make-up artist** Visagist(in)

mak·ing ['meɪkɪŋ] ① Herstellung, Fabrikation ② **he has the makings of a first-class tennis player** er hat das Zeug zu einem erstklassigen Tennisspieler; **this has the makings of a full-blown crisis** das bietet alle Voraussetzungen für eine ausgewachsene Krise

ma·laria [mə'leərɪə] Malaria

male[1] [meɪl] ① männlich ② Männer-

male[2] [meɪl] ① (*Mensch*) Mann ② (*Tier*) Männchen

ma·licious [mə'lɪʃəs] böswillig

mall [mɔːl] Einkaufszentrum

mal·nu·tri·tion [ˌmælnjuː'trɪʃn] Unterernährung

malt [mɔːlt] Malz

Malta [mɔːltə] Malta

i Land & Leute Seit einigen Jahren ist **Malta** als ein „English language learning centre" (Sprachzentrum für Englisch) bekannt. Vor allem Jugendliche aus ganz Europa besuchen Malta, um an renommierten Schulen Englisch zu lernen. Meistens wohnen die Schüler bei maltesischen Familien. Die „Republic of Malta" (Republik Malta), ein Staat im zentralen Mittelmeer, war von 1814 bis 1947 britische Kronkolonie und ein wichtiger britischer Flottenstützpunkt.

mam·mal ['mæml] Säugetier

mam·moth¹ ['mæməθ] Mammut

mam·moth² ['mæməθ] gewaltig, kolossal

man¹ [mæn, *plural* men] <*plural* men> ① Mann; **a man of the world** ein Mann von Welt; **make a man out of someone** einen Mann aus jemandem machen; **no man** niemand; **any man** jeder; **to a man** bis auf den letzten Mann; **he is not a man to ...** er ist nicht der Typ, der ...; **the man in the street** der Mann auf der Straße ② *ohne Artikel* der Mensch; **man evolved from the apes** der Mensch stammt vom Affen ab; **Stone Age man** der Steinzeitmensch ③ (*Schach*) Figur; (*Damespiel*) Stein ④ **man, that's wicked!** (*slang*) Mensch, das ist ja geil!

man² [mæn] ① bemannen *Schiff* ② besetzen *Festung* ③ bedienen *Telefon*

man·age ['mænɪdʒ] ① leiten *Betrieb* ② verwalten *Geld, Grundstück* ③ managen *Künstler, Sportler* ④ zurechtkommen mit *Kinder* ⑤ bewältigen, schaffen *Aufgabe;* **he managed it very well** er hat das sehr gut gemacht; **manage to do something** es schaffen, etwas zu tun ⑥ **can you manage another slice of cake?** kannst du noch ein Stück Kuchen vertragen? ⑦ **manage without something** ohne etwas auskommen

man·age·ment ['mænɪdʒmənt] ① Leitung, Führung, Verwaltung ② (*Personal*) Management, Unternehmensleitung, Betriebsleitung **man·ager** ['mænɪdʒəʳ] ① *einer Firma:* Geschäftsführer(in), Manager(in) ② *einer Abteilung:* [Abteilungs]Leiter(in); *einer Filiale:* [Filial]Leiter(in); **sales manager** Verkaufsleiter(in) ③ *eines Künstlers, Sportlers:* Manager(in) ④ *eines Theaters:* Intendant(in) ⑤ *eines Gutes:* Verwalter(in) **man·ager·ess** [ˌmænɪdʒə'res] Geschäftsführerin, Managerin **man·aging di·rec·tor** ['mænɪdʒɪŋdɪ'rektəʳ] Geschäftsführer(in)

man·da·rin ['mændərɪn] Mandarine

ma·neu·ver¹ [mə'nuːvə] (USA) ① **maneuvers** Manöver, Truppenübung ② (*übertragen*) Schachzug, List

ma·neu·ver² [mə'nuːvə] (USA) manövrieren; **maneuver someone into doing something** jemanden dazu bringen, etwas zu tun

mani·festo [ˌmænɪ'festəʊ] <*plural* manifesto(e)s> Manifest

ma·nipu·late [mə'nɪpjʊleɪt] ① (*auch übertragen*) manipulieren ② frisieren *Daten* **ma·nipu·la·tion** [məˌnɪpjʊ'leɪʃn] Manipulation

man·kind [ˌmæn'kaɪnd] die Menschheit **man·ly** ['mænlɪ] männlich **man-made** ['mænmeɪd] künstlich [hergestellt], Kunst-

manned [mænd] ① *Raumschiff:* bemannt ② *Posten:* besetzt

man·ner ['mænəʳ] ① Art, Weise; **in this manner** auf diese Art und Weise ② **manners** Benehmen, Manieren, Umgangsformen; **he has no manners** er hat keine Manieren; **it's bad manners** es schickt sich nicht ③ **manners** *einer Gesellschaft:* Sitten ④ **all manner of** jede Art ⑤ **in a manner of speaking** sozusagen

ma·noeuvre¹ [mə'nuːvəʳ] ① **manoeuvres** Manöver, Truppenübung ② (*übertragen*) Schachzug, List

ma·noeuvre² [mə'nuːvəʳ] manövrieren; **manoeuvre someone into doing something** jemanden dazu bringen, etwas zu tun

manor ['mænəʳ] Landgut; **manor house** Herrenhaus

man·power ['mænpaʊəʳ] Arbeitspotential, Arbeitskräfte

man·slaughter ['mænslɔːtəʳ] Totschlag

man·tel·piece ['mæntlpiːs] Kaminsims

man·ual¹ ['mænjʊəl] manuell; **manual labour** körperliche Arbeit; **manual labourer** Schwerarbeiter(in); **manual work** manuelle Tätigkeit; **manual worker** [Hand]Arbeiter(in); **manual transmission** Schaltgetriebe

man·ual² ['mænjʊəl] Handbuch

manu·fac·ture¹ [ˌmænjʊ'fæktʃəʳ] Herstellung, Fertigung; **products of foreign manufacture** ausländische Erzeugnisse

manu·fac·ture[2] [ˌmænjʊˈfæktʃəʳ] ① herstellen, fertigen ② (*übertragen*) erfinden *Ausrede* **manu·fac·turer** [ˌmænjʊˈfækʃərəʳ] Hersteller, Fabrikant

ma·nure [məˈnjʊəʳ] Dünger

many [ˈmenɪ] <more, most> viele; **as many** ebenso viele; **as many again** noch mal so viele; **as many as 100** sage und schreibe 100; **a good** [*oder* **great**] **many** sehr viele; **there's one too many** einer ist zu viel; **he's had one too many** er hat einen über den Durst getrunken; **many a time** so manches Mal

map [mæp] ① [Land]Karte ② Stadtplan

mara·thon [ˈmærəθən] ① (*Sport*) Marathonlauf ② (*übertragen*) Marathon

marble [ˈmɑːbl] ① (*Gestein*) Marmor ② (*Spielzeug*) Murmel, Klicker *umgangsspr*

March [mɑːtʃ] März

march[1] [mɑːtʃ] ① marschieren; **march in** einmarschieren; **march out** abmarschieren; **march past someone** an jemandem vorbeimarschieren ② **march someone off** jemanden abführen

march[2] [mɑːtʃ] Marsch; **on the march** auf dem Marsch

> **i Land & Leute** Ähnlich wie bei uns Karneval oder Fasching feiert man in einigen Gegenden der USA **Mardi Gras**. Es hat seinen Ursprung in der Zeit, als New Orleans noch eine französische Kolonie war. Aber auch in Biloxi/Mississippi und Mobile/Alabama wird Mardi Gras gefeiert. Die „krewes" (Karnevalsvereine) in New Orleans veranstalten während der Saison viele Parties und Bälle und am Faschingsdienstag einen großen Umzug.

mar·gar·ine [ˌmɑːdʒəˈriːn], **marge** [mɑːdʒ] (*umgangsspr*) Margarine

mar·gin [ˈmɑːdʒɪn] ① Rand; **in the margin** am Rande ② (*übertragen*) Spielraum; **margin of error** Fehlerspielraum; **by a narrow margin** knapp ③ (*kommerziell*) Gewinnspanne, Marge

ma·rina [məˈriːnə] Jachthafen

mari·nate [ˈmærɪneɪt] marinieren

mar·ine[1] [məˈriːn] See-, Meer[es]-; **marine biology** Meeresbiologie

mar·ine[2] [məˈriːn] Marineinfanterist; **the Marines** die Marineinfanterie

marital status Familienstand

mark[1] [mɑːk] (*Währungseinheit*) Mark

mark[2] [mɑːk] ① Spur; (*auf Kleidung, Teppich*) Fleck; **make/leave a mark on something** einen Fleck auf etwas machen/hinterlassen ② [Kenn]Zeichen; **distinguishing marks** besondere Kennzeichen [*oder* Merkmale] ③ Stempel ④ (*in der Schule*) Note, Zensur; **good marks** gute Noten ⑤ Markierung; **high-tide** [*oder* **high-water**] **mark** Hochwassermarke ▸ IN WENDUNGEN: **be quick off the mark** blitzschnell handeln; **be wide of the mark** danebentreffen; **on your marks! get set! go!** auf die Plätze, fertig, los!; **leave one's mark on something** einer Sache seinen Stempel aufdrücken

mark[3] [mɑːk] ① Flecken machen auf *Teppich, Kleidung* ② kennzeichnen, markieren; **mark something in red** etwas rot anstreichen; **his death marked the end of an era** mit seinem Tod ging eine Ära zu Ende ③ benoten, zensieren *Prüfungsaufgabe;* **mark something wrong** etwas als Fehler anstreichen ④ (*Sport*) decken, markieren *Gegenspieler* ⑤ **mark my words** eins kann ich dir sagen
◆ **mark down** ① (*schriftlich*) notieren ② herabsetzen *Preise*
◆ **mark off** abgrenzen
◆ **mark out** abstecken; markieren *Spielfeld*
◆ **mark up** heraufsetzen *Preise*

marker [ˈmɑːkəʳ] ① *einer Prüfung:* Korrektor(in) ② (*Sport*) Bewacher(in); *eines Gegenspielers:* Beschatter(in) **marker pen** Markierstift, Textmarker

mar·ket[1] [ˈmɑːkɪt] ① Markt; **at the market** auf dem Markt; **go to the market** zum Markt gehen; **be on the market** auf dem Markt sein; **put on the market** auf den Markt bringen ② Absatzgebiet, Absatzmarkt; **find a ready market** guten Absatz finden ③ Börse; **play the market** spekulieren

mar·ket[2] [ˈmɑːkɪt] vertreiben

mar·ket·ing [ˈmɑːkɪtɪŋ] Marketing **market place** Markt[platz] **market research** Marktforschung

mark·ing [ˈmɑːkɪŋ] ① Kennzeichen, Markierung ② *von Fell:* Zeichnung ③ (*in der Schule*) Korrektur ④ (*Sport*) Decken, Deckung

mar·ma·lade [ˈmɑːməleɪd] Marmelade aus Zitrusfrüchten

i Land & Leute In Großbritannien isst man oft zum Frühstück **Marmite®** auf Toast oder auf dem Pausenbrot. Dieser dunkelbraune Brotaufstrich besteht aus einem Gemüse- und Hefeextrakt und schmeckt sehr streng.

mar·quee [mɑːˈkiː] Festzelt

mar·riage [ˈmærɪdʒ] ❶ (*Zustand*) Ehe ❷ (*Zeremonie*) Heirat, Hochzeit (**to** mit) **marriage ceremony** Trauung **marriage certificate** Heiratsurkunde

mar·ried [ˈmærɪd] verheiratet (**to** mit); **get married** [sich ver]heiraten; **married couple** Ehepaar

marry [ˈmærɪ] ❶ **marry someone, get married to someone** jemanden heiraten, sich mit jemandem verheiraten ❷ *Pfarrer:* **marry Ann to John** Ann und John trauen

marsh [mɑːʃ] Sumpf, Marsch[land]

mar·tyr [ˈmɑːtəʳ] Märtyrer(in) **mar·vellous**, Ⓤⓢⓐ **mar·velous** [ˈmɑːvləs] wunderbar, fantastisch

i Land & Leute **Mary, Queen of Scots**, war Mary Stuart, die Tochter von James V von Schottland, eine Katholikin. Bereits als Baby wurde sie 1542 Königin von Schottland. Sie wurde aber am französischen Königshof erzogen. 1561 kehrte sie nach Schottland zurück und heiratete ihren Cousin Henry Stuart, Lord Darnley. Ihr gemeinsamer Sohn war der spätere James VI König von Schottland, der auch als James I König von England wurde. Lord Darnley wurde 1567 ermordet. Mary heiratete danach den Earl of Bothwell — jenen Mann, der als Mörder Darnleys verdächtigt wurde. Daraufhin rebellierte der protestantische Adel Schottlands und Mary wurde gezwungen abzudanken. Sie stellte sich unter den Schutz der protestantischen Königin Elizabeth I von England, von der sie jedoch 20 Jahre lang im Fotheringay Castle gefangen gehalten wurde. Als Katholiken ein Komplott schmiedeten, um Mary an Stelle von Elizabeth auf den englischen Thron zu setzen, ließ Elizabeth Mary Stuart 1587 enthaupten.

mas·cara [mæˈskɑːrə] Mascara, Wimperntusche

mas·cu·line [ˈmæskjʊlɪn] männlich

mash[1] [mæʃ] ❶ Brei ❷ (*umgangsspr*) Kartoffelbrei

mash[2] [mæʃ] [zer]stampfen; **mashed potatoes** Kartoffelbrei

mask [mɑːsk] Maske

maso·chist [ˈmæsəkɪst] Masochist(in)

mass[1] [mæs] (*Gottesdienst*) Messe; **go to mass** zur Messe gehen; **hear mass** die Messe feiern; **say mass** die Messe lesen

mass[2] [mæs] ❶ Masse ❷ *von Menschen:* Menge ❸ **the masses** die Masse ❹ (*umgangsspr*) **masses of** massenhaft, massig; **we have masses of time** wir haben jede Menge Zeit

mass·acre[1] [ˈmæsəkəʳ] Massaker

mass·acre[2] [ˈmæsəkəʳ] niedermetzeln, massakrieren

mas·sage[1] [ˈmæsɑːʒ] Massage

mas·sage[2] [ˈmæsɑːʒ] massieren

mass·ive [ˈmæsɪv] ❶ massiv, wuchtig ❷ *Aufgabe:* gewaltig ❸ *Schulden:* enorm, riesig ❹ *Herzanfall:* massiv

mass me·dia [ˌmæsˈmiːdɪə] *plural* Massenmedien

mast [mɑːst] Mast

mas·ter[1] [ˈmɑːstəʳ] ❶ Herr; **be master of the situation** Herr der Lage sein, die Situation im Griff haben ❷ Meister; **master craftsman** Handwerksmeister ❸ Lehrer

mas·ter[2] [ˈmɑːstəʳ] ❶ unter Kontrolle bringen ❷ bewältigen *Aufgabe* ❸ beherrschen *Fähigkeit*

master bedroom großes Schlafzimmer **master copy** Original **master key** Hauptschlüssel

master·mind[1] [ˈmɑːstəmaɪnd] führender Kopf

master·mind[2] [ˈmɑːstəmaɪnd] geschickt lenken

Master of Arts/Science Magister der philosophischen/naturwissenschaftlichen Fakultät **master·piece** [ˈmɑːstəpiːs] Meisterwerk, Meisterstück

mat [mæt] ❶ Matte; **door mat** Türvorleger ❷ (*auf Tisch*) Untersetzer

match[1] [mætʃ] ❶ (*Sport*) Wettkampf, Match; **a boxing match** ein Boxkampf ❷ **be a match for someone** sich mit jemandem messen können, jemandem gewachsen sein; **meet one's match** seinen Meister finden ❸ **be a good match** gut zusammenpassen ❹ Heirat; **make a good match** eine gute Partie machen

match[2] [mætʃ] ① zusammenpassen (**with** zu); **it doesn't match** das passt nicht zusammen ② **be matched against someone** gegen jemanden antreten; **be well-matched** [*oder* **equally matched**] sich ebenbürtig sein, gleichwertig sein ③ **no one can match him in geography** niemand kann ihm in Geographie das Wasser reichen

match[3] [mætʃ] Streichholz, Zündholz

match·box Streich-, Zündholzschachtel

match point Matchball

match·stick ['mætʃˌstɪk] Streichholz

mate[1] [meɪt] ① Freund(in), Kamerad(in); **listen, mate!** jetzt hör mal, Freundchen! ② **builder's mate** Baugehilfe ③ **flatmate** Mitbewohner(in) ④ **schoolmate** Schulfreund(in) ⑤ **workmate** Arbeitskollege, -kollegin, Kumpel ⑥ (*bei Tieren*) Männchen, Weibchen ⑦ (*am Schiff*) Maat

mate[2] [meɪt] sich paaren

mate[3] [meɪt] (*beim Schach*) Matt

mate[4] [meɪt] (*beim Schach*) matt setzen

ma·terial [mə'tɪərɪəl] Material, Stoff; **building materials** Baustoffe; **raw materials** Rohstoffe; **writing materials** Schreibzeug

ma·ternal [mə'tɜːnl] mütterlich; **maternal grandfather** Großvater mütterlicherseits; **maternal instincts** Mutterinstinkte **ma·tern·ity** [mə'tɜːnətɪ] Mutterschaft **maternity dress** Umstandskleid **maternity leave** Mutterschaftsurlaub **maternity ward** Entbindungsstation

math [mæθ] USA (*umgangsspr*) Mathe

math·emat·ical [ˌmæθə'mætɪkl] mathematisch **math·ema·tician** [ˌmæθəmə'tɪʃn] Mathematiker(in) **mathe·mat·ics** [ˌmæθə'mætɪks] ⚠ *mit Singular* Mathematik **maths** [mæθs] ⚠ *mit Singular* GB (*umgangsspr*) Mathe

matt [mæt] matt

mat·ter[1] ['mætəʳ] ① (*in der Physik*) Materie, Stoff ② Sache, Angelegenheit; **business matters** geschäftliche Angelegenheiten; **the matter in hand** die vorliegende Angelegenheit; **as matters stand** wie die Dinge liegen; **to make matters worse** zu allem Unglück; **it's no laughing matter** das ist nicht zum Lachen; **it's a matter of life and death** es geht um Leben und Tod; **a matter of taste** [eine] Geschmackssache; **a matter of time** eine Frage der Zeit ③ **for that matter, as a matter of fact** eigentlich ④ **that's quite another matter** das ist etwas ganz anderes ⑤ **no matter what he does** ganz gleich, einerlei, was er tut ⑥ **no matter!** macht nichts! ⑦ **what's the matter** [**with you**]? was ist [denn] [mit dir] los? ⑧ **printed matter** Drucksache

mat·ter[2] ['mætəʳ] von Bedeutung (**to** für); **it doesn't matter** es macht nichts; **it doesn't matter to me what you do** es ist mir egal, was du machst; **what does it matter?** was macht das [schon]?

matter-of-fact [ˌmætərəv'fækt] sachlich, nüchtern

mat·tress ['mætrɪs] Matratze

ma·ture[1] [mə'tjʊəʳ] ① *Person:* reif; *Kind:* vernünftig ② *Käse:* reif ③ *Pflanze:* ausgewachsen

ma·ture[2] [mə'tjʊəʳ] reifen [lassen]

ma·tur·ity [mə'tjʊərətɪ] Reife; **reach maturity** erwachsen werden

mauve [məʊv] malvenfarben

maxi·mum[1] ['mæksɪməm, *plural* 'mæksɪmə] <*plural* maximums, maxima> Maximum

maxi·mum[2] ['mæksɪməm] Höchst-, maximal

may [meɪ] <might> ① können; **it may** [*oder* **might**] **rain** es könnte regnen; **it may be that ...** vielleicht ...; **you may be right** Sie könnten Recht haben; **we may** [*oder* **might**] **as well go** ich glaube, wir können gehen ② dürfen; **may I go now?** darf ich jetzt gehen?; **may I have the pleasure of the next dance?** darf ich Sie zum nächsten Tanz auffordern? ③ **may you both be happy!** ich wünsche euch beiden viel Glück; **may the best man win!** auf dass der Beste gewinnt!

May [meɪ] Mai; **in May** im Mai; **May Day** der 1. Mai, Maifeiertag

may·be ['meɪbiː] vielleicht

mayor [meəʳ] Bürgermeister **mayor·ess** [meə'res] ① Bürgermeistersfrau ② Bürgermeisterin

may·pole ['meɪpəʊl] Maibaum

maze [meɪz] ① Irrgarten, Labyrinth ② (*übertragen*) Wirrwarr, Gewirr

MD [ˌem'diː] *Abkürzung von* **managing director** geschäftsführender Direktor, geschäftsführende Direktorin

me [miː] ① mich; **he likes me** er mag mich;

she is taller than me sie ist größer als ich ② mir; **give me my pen back!** gib mir meinen Stift zurück! ③ (*umgangsspr*) ich; **it's me** ich bin's

meadow ['medəʊ] Wiese

meal [miːl] Mahlzeit, Essen; **go for a meal** essen gehen

mean[1] [miːn] <meant, meant> ① meinen; **he means no harm** er meint es nicht böse; **mean well by someone** es gut mit jemandem meinen ② vorhaben, beabsichtigen; **mean to do something** etwas tun wollen; **be meant for someone** für jemanden bestimmt sein ③ ernst meinen; **I'll call the police – I mean it!** ich werde die Polizei anrufen – ich meine es ernst! ④ sagen wollen (**by** mit); **what do you mean by that?** was willst du damit sagen?; **I meant it as a joke** das sollte ein Witz sein ⑤ *Wort:* bedeuten

mean[2] [miːn] ① (*mit Geld*) geizig, knauserig ② *Verhalten:* gemein ③ *Aussehen:* schäbig, armselig ④ (USA) (*umgangsspr*) spitze; **she's a mean swimmer** sie ist eine spitze Schwimmerin

mean[3] [miːn] mittlere(r, s); **the mean daytime temperature** die durchschnittliche Tagestemperatur

mean·ing ['miːnɪŋ] Sinn, Bedeutung; **what's the meaning of … ?** was … heißt?; **mistake someone's meaning** jemanden missverstehen; **do you get my meaning?** haben Sie mich verstanden? **mean·ing·ful** ['miːnɪŋfl] bedeutungsvoll, sinnvoll **mean·ing·less** ['miːnɪŋlɪs] bedeutungslos, sinnlos

means [miːnz] ① ⚠ *im Singular* Möglichkeit, Mittel; **there is no means of doing it** es ist unmöglich, das zu tun; **by means of something** durch etwas, mittels einer Sache; **by this means** dadurch; **by some means or other** auf irgendeine Art und Weise; **by no means** keineswegs ② *im Plural* Mittel, Gelder; **a man of means** ein vermögender Mann; **live beyond one's means** über seine Verhältnisse leben

meant [ment] *2. und 3. Form von* **mean**[1]

mean·time ['miːntaɪm] inzwischen; **in the meantime** in der Zwischenzeit

mean·while ['miːnwaɪl] inzwischen, unterdessen

measles ['miːzlz] ⚠ *mit Singular* Masern

meas·ure[1] ['meʒəʳ] ① Maß, Maßeinheit ② (*übertragen*) Maßstab; **it gave us some measure of the problem** es gab uns einen Begriff von dem Problem; **there's a measure of truth in what he says** an dem, was er sagt, ist etwas Wahres dran ③ Menge; **in some measure** in gewisser Hinsicht; **to a large measure** in hohem Maße ④ Maßnahme; **take measures to do something** Maßnahmen ergreifen, um etwas zu tun

meas·ure[2] ['meʒəʳ] ① messen; **measure someone** bei jemandem Maß nehmen ② abmessen *Länge* ③ ausmessen *Raum* ④ vermessen *Land*

meas·ure·ment ['meʒəmənt] ① (*Vorgang*) Messung ② **measurements** *plural* Maße; **take someone's measurements** bei jemandem Maß nehmen **measur·ing tape** ['meʒərɪŋˌteɪp] Maßband, Bandmaß

meat [miːt] ① Fleisch; **cold meat** kalter Braten ② (*übertragen*) Inhalt, Substanz **meat·ball** ['miːtbɔːl] Fleischklößchen **meat·loaf** ['miːtləʊf] Hackbraten

mech·anic [mɪ'kænɪk] Mechaniker(in) **mech·an·ical** [mɪ'kænɪkl] mechanisch; **mechanical engineering** Maschinenbau

medal ['medl] ① (*im Sport*) Medaille ② (*für Verdienste*) Orden **medal·list** ['medəlɪst] Medaillengewinner(in)

media ['miːdɪə] *Pluralform von* **medium** Medien **media coverage** Berichterstattung durch die Medien

me·di·ator ['miːdɪeɪtəʳ] Vermittler(in), Schlichter(in)

medic ['medɪk] (*umgangsspr*) Mediziner(in)

medi·cal[1] ['medɪkl] medizinisch, ärztlich; **medical card** Krankenversicherungskarte; **medical certificate** ärztliches Attest; **medical examination** ärztliche Untersuchung; **medical history** Krankengeschichte; **medical insurance** Krankenversicherung

medi·cal[2] ['medɪkl] ärztliche Untersuchung

medi·ca·tion [ˌmedɪ'keɪʃn] Medikamente

medi·cine ['medsn, (USA) 'medɪsn] ① (*Wissenschaft*) Medizin, Heilkunde; **practise medicine** den Arztberuf ausüben ② (*Medikament*) Arznei ③ (*übertragen*) **give someone a taste of his own medicine** es jemandem mit gleicher Münze heimzahlen

medi·eval [ˌmedɪ'iːvl] mittelalterlich

medi·tate ['medɪteɪt] nachdenken (**on, upon** über), meditieren

Medi·ter·ra·nean [ˌmedɪtəˈreɪnɪən] Mittelmeer; **the Mediterranean climate** das Mittelmeerklima

me·dium¹ [ˈmiːdɪəm] ① *kein Plural* Mitte; **the happy medium** der goldene Mittelweg ② <*plural* media> Medium; **through the medium of the press** durch die Presse; **advertising medium** Werbeträger ③ <*plural* mediums> (*Spiritualist*) Medium

me·dium² [ˈmiːdɪəm] ① mittlere(r, s), mittel-; **of medium height** mittelgroß ② *Steak:* medium, halb durch; **medium-rare** rosa, englisch

medium wave Mittelwelle

meet [miːt] <met, met> ① treffen, [sich] begegnen, sich treffen [mit]; **arrange to meet someone** sich mit jemandem verabreden ② bekannt werden mit, kennen lernen; **have you two met before?** kennen Sie sich schon?; **pleased to meet you!** sehr angenehm! ③ abholen; **I'll meet your train** ich hole dich vom Zug ab ④ (*Sport*) treffen auf *Gegner;* **the two teams will meet in the next round** in der nächsten Runde treffen die zwei Mannschaften aufeinander ⑤ **meet someone half-way** (*übertragen*) jemandem auf halbem Weg entgegenkommen ⑥ erfüllen *Erwartung* ⑦ stoßen auf *Widerstand* ⑧ **meet the deadline** den Termin einhalten ⑨ **meet a demand** einer Forderung entsprechen, eine Nachfrage befriedigen ⑩ **meet an obligation** einer Verpflichtung nachkommen ⑪ **their eyes met** ihre Blicke trafen sich ⑫ *Fluss:* münden in, sich vereinigen [mit] ⑬ *Gesellschaft:* sich versammeln, tagen

◆**meet with** ① stoßen auf *Widerstand* ② erleiden *Unfall* ③ (USA) treffen *Mensch*

meet·ing [ˈmiːtɪŋ] ① Treffen, Begegnung ② (*offiziell*) Besprechung, Sitzung, Versammlung ③ (*Sport*) Veranstaltung **meeting place** Treffpunkt

mel·ody [ˈmelədɪ] Melodie

melon [ˈmelən] Melone

melt [melt] ① *Schnee, Teer:* schmelzen ② *Butter:* zergehen ③ **his heart melted** (*übertragen*) er ließ sich erweichen ④ schmelzen *Schnee, Metall* ⑤ zerlassen *Butter*

◆**melt away** ① *Schnee:* wegschmelzen ② *Gefühle:* verfliegen ③ *Menschenmenge, Nebel:* sich auflösen

◆**melt down** ① einschmelzen *Metall* ② *Reaktorkern:* schmelzen

mem·ber [ˈmembəʳ] ① Mitglied; **member of the family** Familienmitglied, Familienangehörige(r) ② **Member of Parliament** (*in GB*) Abgeordnete(r) des Unterhauses; (*in BRD*) Bundestagsabgeordnete(r) ③ **member of staff** (*in Betrieb*) Mitarbeiter(in); (*in Schule*) Kollege/Kollegin ④ **member states** [*oder* **countries**] Mitgliedsstaaten

mem·ber·ship [ˈmembəʳʃɪp] ① Mitgliedschaft (**of** in) ② Mitgliederzahl; **have a membership of 300** 300 Mitglieder haben

memo [ˈmeməʊ] <*plural* memos> Notiz, Mitteilung **memo pad** Notizblock

mem·or·able [ˈmemərəbl] ① *Ereignis:* denkwürdig ② *Film:* unvergesslich

mem·or·ial [mɪˈmɔːrɪəl] Denkmal, Gedenkstätte

> **i Land & Leute** Am **Memorial Day**, am letzten Montag im Mai, gedenken die Amerikaner der Gefallenen aller US-Kriege. Außer in einigen Südstaaten ist dieser Tag ein gesetzlicher Feiertag.

mem·or·ize [ˈmeməraɪz] sich einprägen, auswendig lernen

mem·ory [ˈmemərɪ] ① (*Erinnerungsvermögen*) Gedächtnis; **from memory** aus dem Kopf; **to the best of my memory** soweit ich mich erinnern kann; **within living memory** seit Menschengedenken ② Erinnerung (**of** an) ③ *von Computer:* Speicher ④ **in memory of** zur Erinnerung an

men [men] *Pluralform von* **man**

mend [mend] ① ausbessern, reparieren ② flicken *Kleidung* ③ **mend one's ways** sich bessern ④ *Knochen:* verheilen

men's room [ˈmenzˌruːm] (USA) Herrentoilette

men·tal [ˈmentl] geistig, seelisch; **mental age** geistiger Entwicklungsstand; **mental arithmetic** Kopfrechnen; **mental breakdown** Nervenzusammenbruch; **mental health** Geisteszustand; **mental hospital** Nervenklinik; **mental illness** Geisteskrankheit

men·tal·ly [ˈmentəlɪ] geistig; **mentally handicapped** geistig behindert

men·tion¹ [ˈmenʃn] Erwähnung; **get a mention** erwähnt werden

men·tion² [ˈmenʃn] erwähnen; **not to men-**

tion, without mentioning abgesehen von, ganz zu schweigen von; **don't mention it!** keine Ursache! gern geschehen!; **that's not worth mentioning** das ist nicht der Rede wert

menu ['menju:] ① (*im Restaurant*) Speisekarte ② (*am Bildschirm*) Menü

mer·chant ['mɜ:tʃənt] [Groß]Kaufmann; **wine merchant** Weinhändler(in)

merchant bank Handelsbank

merchant navy Handelsmarine

mer·cury ['mɜ:kjʊrɪ] Quecksilber

Mer·cury ['mɜ:kjʊrɪ] Merkur

mercy ['mɜ:sɪ] Gnade, Erbarmen; **be at the mercy of someone** jemandem ausgeliefert sein; **at the mercy of the elements** dem Spiel der Elemente preisgegeben; **beg for mercy** um Gnade bitten; **show someone mercy** Erbarmen mit jemandem haben; **without mercy** erbarmungslos, mitleidlos

mere [mɪəʳ] bloß, nichts als, rein; **she's a mere child** sie ist bloß ein Kind; **the merest hint of something** die kleinste Andeutung von etwas; **the mere thought of it** allein der Gedanke daran **mere·ly** ['mɪəlɪ] bloß, nur, lediglich

merge [mɜ:dʒ] ① *Farben:* ineinander übergehen ② **merge into the background** mit dem Hintergrund verschmelzen ③ *Straßen:* zusammenlaufen ④ *Firmen:* fusionieren, [sich] zusammenschließen

merger ['mɜ:dʒəʳ] Fusion, Zusammenschluss

merry ['merɪ] ① fröhlich, heiter, lustig, vergnügt; **Merry Christmas!** fröhliche Weihnachten! ② (*umgangsspr*) beschwipst **merry-go·round** ['merɪgəʊˌraʊnd] Karussell

mess [mes] ① Unordnung, Durcheinander; **be in a mess** unordentlich sein, ein Durcheinander sein; **make a mess of something** etwas durcheinander bringen; (*übertragen*) etwas verpfuschen ② Schmutz, Dreck; **who's going to clean the mess on the stove?** wer säubert die Schweinerei auf dem Ofen? ③ schwierige Lage, Schlamassel; **get into a mess** in Schwierigkeiten geraten

◆ **mess about, mess around** ① herumpfuschen (**with** an); **mess about with computers** an Computern herumspielen/herumbasteln; **he likes messing about in boats** es macht ihm Spaß, mit dem Boot herumzugondeln ② **mess someone about** [*oder* **around**] mit jemandem nach Belieben umspringen; **stop messing me about!** hör auf, mich an der Nase herumzuführen! ③ herumalbern; **will you stop messing about!** hör endlich mit dem Blödsinn auf!

◆ **mess up** ① in Unordnung bringen ② (*übertragen*) verpfuschen, vermasseln

mes·sage ['mesɪdʒ] ① Mitteilung, Nachricht; **take a message to someone** jemandem eine Nachricht überbringen; **send a message to someone** jemanden benachrichtigen ② *eines Films, Romans:* Aussage, Botschaft ③ **I get the message** (*slang*) [ich hab] schon kapiert

mes·sen·ger ['mesɪndʒəʳ] Bote, Botin

mess-up ['mesʌp] Durcheinander **messy** ['mesɪ] ① unordentlich ② schmutzig, dreckig ③ (*übertragen*) *Situation:* vertrackt

met [met] *2. und 3. Form von* **meet**

me·tal ['metl] Metall **me·tal·lic** [mɪ'tælɪk] metallisch

meta·phor ['metəfəʳ] Metapher

me·teor·ol·ogy [ˌmi:tɪə'rɒlədʒɪ] Meteorologie

me·ter[1] ['mi:təʳ] Zähler; **gas-meter** Gasuhr; **parking-meter** Parkuhr

me·ter[2] ['mi:təʳ] (USA) Meter

method ['meθəd] Methode, Verfahren; **method of payment** Zahlungsweise

metre ['mi:təʳ] ① Meter ② (*in Gedicht*) Versmaß **met·ric** ['metrɪk] metrisch; **the metric system** das metrische System

mice [maɪs] *Pluralform von* **mouse**

mickey ['mɪkɪ] **take the mickey** [**out of someone**] (*umgangsspr*) jemanden auf den Arm nehmen, jemanden durch den Kakao ziehen

micro·bi·ol·ogy [ˌmaɪkrəʊbaɪ'ɒlədʒɪ] Mikrobiologie **micro·chip** ['maikrəʊˌtʃɪp] Mikrochip

micro·phone ['maɪkrəfəʊn] Mikrofon **micro·pro·cess·or** [ˌmaɪkrə'prəʊsesəʳ] Mikroprozessor

micro·scope ['maɪkrəskəʊp] Mikroskop

micro·wave (**oven**) ['maɪkrəʊweɪv] Mikrowelle[nherd]

mid [mɪd] Mittel-; **in mid-morning** mitten am Vormittag; **from mid-May to mid-June** von Mitte Mai bis Mitte Juni; **in mid-air** in der Luft; **she's in her mid-twenties** sie ist Mitte zwanzig; **in the mid-nineties** Mitte der neunziger Jahre

mid·day [ˌmɪd'deɪ] Mittag; **at midday** mittags; **midday meal** Mittagsmahlzeit

middle[1] ['mɪdl] ① Mitte, mittlerer Teil; **in the middle of the night** mitten in der Nacht; **be in the middle of doing something** mitten drin sein, etwas zu tun; **down the middle** in der Mitte ② *von Obst:* [das] Innere ③ *von Körper:* Taille

middle[2] ['mɪdl] mittlere(r, s), Mittel-

middle-aged [ˌmɪdl'eɪdʒd] in den mittleren Jahren, mittleren Alters **Middle Ages** *plural* Mittelalter **middle-class** [ˌmɪdl'klɑːs] bürgerlich **middle class** Mittelstand **Middle East** Naher Osten

midge [mɪdʒ] Mücke

mid·night ['mɪdnaɪt] Mitternacht; **at midnight** um Mitternacht; **midnight sun** Mitternachtssonne

mid·sum·mer [ˌmɪd'sʌməʳ] Hochsommer; **Midsummer Day** Johannistag, Sommersonnenwende **mid-term** mitten im Trimester, mitten im Schulhalbjahr; **mid-term elections** Zwischenwahlen **mid·way** [ˌmɪd'weɪ] auf halbem Weg[e] (**between** zwischen)

mid·wife ['mɪdwaɪf, *plural* 'mɪdwaɪvz] <*plural* midwives> Hebamme

mid·winter [ˌmɪd'wɪntəʳ] Mitte des Winters

might[1] [maɪt] **it might rain** es könnte regnen; **you might be right** Sie könnten Recht haben; **we might as well go** ich glaube, wir können gehen; **might I open the window?** dürfte ich wohl das Fenster öffnen?

might[2] [maɪt] Macht; **with all one's might** mit aller Kraft

mighty ['maɪtɪ] mächtig, gewaltig

mi·graine ['miːgreɪn] Migräne

mike [maɪk] (*umgangsspr*) Mikrofon

mild [maɪld] ① *Geschmack:* leicht, mild ② *Klima:* mild ③ *Tadel:* leicht, sanft

mild·ly ['maɪdlɪ] leicht, milde; **to put it mildly** gelinde gesagt

mile [maɪl] ① Meile (*1,61 km*); **miles and miles** meilenweit; **a 30-mile journey** eine Fahrt von 30 Meilen; **walk for miles** meilenweit gehen ② (*übertragen*) **be miles away** mit den Gedanken ganz woanders sein; **feel miles better** sich erheblich besser fühlen; **miss/win by miles** meilenweit verfehlen/haushoch gewinnen

mili·tary[1] ['mɪlɪtrɪ] militärisch; **military police** Militärpolizei; **military service** Militärdienst, Wehrdienst

mili·tary[2] ['mɪlɪtrɪ] **the military** das Militär

milk[1] [mɪlk] Milch **milk**[2] [mɪlk] melken

milk chocolate [Voll]Milchschokolade **milk·man** ['mɪlkmən] <*plural* milkmen> Milchmann **milk-shake** ['mɪlkʃeɪk] Milchshake **milk tooth** ['mɪlktuːθ] <*plural* milk teeth> Milchzahn **Milky Way** ['mɪlkɪˌweɪ] Milchstraße

mill [mɪl] Mühle

mil·len·ni·um [mɪ'lenɪəm, *plural* mɪ'lenɪə] <*plural* millennia> Jahrtausend; **at the turn of the millennium** um die Jahrtausendwende

> **i Land & Leute** **London Eye** ist der umgangssprachliche Name für das **Millennium Wheel** (Riesenrad), das von British Airways am Südufer der Themse in London errichtet wurde, um den Jahreswechsel 1999/2000 zu feiern. Es besitzt 32 getrennte Abteile, die einen während einer 30-minütigen Fahrt in 135 m Höhe bringen. Von oben kann man dann fast 40 km weit sehen. Im Riesenrad können bis zu 800 Fahrgäste mitfahren. Nach fünf Jahren wird das Rad wieder abgebaut und an einem anderen Ort errichtet.

mil·ler ['mɪləʳ] Müller

mil·li·gram(me) ['mɪlɪgræm] Milligramm

mil·lion ['mɪlɪən] Million; **two million people** zwei Millionen Menschen **mil·lion·aire** [ˌmɪlɪə'neəʳ] Millionär(in)

mil·li·pede ['mɪlɪpiːd] Tausendfüßler

mince[1] [mɪns] hacken

mince[2] [mɪns] (GB) Hackfleisch

mincemeat ① *Gebäckfüllung aus Trockenfrüchten* ② **make mincemeat of someone** Hackfleisch aus jemandem machen **mince pie** gefüllte [süße] Pastete

> **i Land & Leute** In Großbritannien isst man zu Weihnachten **mince pies**, kleine, runde Gebäckstückchen, die mit **mincemeat** (einer Mischung aus Rosinen, Sultaninen, Zitronat, Äpfeln und Gewürzen) gefüllt sind.

mincer ['mɪnsəʳ] Fleischwolf

mind[1] [maɪnd] ① (*Intellekt*) Geist, Verstand; **be out of one's mind** den Verstand verloren haben, von Sinnen sein; **it's all in**

the mind das ist alles nur Einbildung ② Denkweise; **frame of mind** seelische Verfassung; **state of mind** Geisteszustand ③ Gedanken; **have one's mind on other things** mit den Gedanken woanders sein; **keep one's mind on** achten, aufpassen auf; **take one's mind off** nicht mehr denken an, sich nicht mehr kümmern um; **that'll take your mind off things** das wird Sie auf andere Gedanken bringen ④ (*Erinnerung*) Gedächtnis; **bear** [*oder* **keep**] **something in mind** etwas nicht vergessen; **it went right out of my mind** ich habe es total vergessen; **put someone in mind of something** jemanden an etwas erinnern ⑤ (*Neigung*) Absicht, Wille, Wunsch; **have in mind to do something** vorhaben, etwas zu tun; **have half a mind to do something** Lust haben, etwas zu tun; **set one's mind on something** sich etwas in den Kopf setzen ⑥ Meinung, Ansicht; **to my mind** meiner Meinung nach; **change one's mind** seine Meinung ändern; **know one's own mind** wissen, was man will; **be in two minds** nicht wissen, was man will; **make up one's mind** zu einem Entschluss kommen; **give someone a piece of one's mind** jemandem [gründlich] die Meinung sagen; **speak one's mind** offen seine Meinung sagen ⑦ (*Mensch*) Geist, Kopf; **he was one of the finest minds of his generation** er zählte zu den größten Geistern seiner Generation

mind[2] [maɪnd] ① achten, aufpassen auf; **mind what you're doing!** pass doch auf!; **mind your temper** nimm dich zusammen; **mind the step!** Vorsicht Stufe!; **mind the dog!** Warnung vor dem Hund! ② sich kümmern um; **mind your own business!** kümmern Sie sich um Ihre [eigenen] Angelegenheiten! ③ etwas haben gegen; **do you mind my smoking?** macht es Ihnen etwas aus, wenn ich rauche?; **would you mind opening the window?** würden Sie bitte das Fenster öffnen?; **no one seemed to mind** niemand schien etwas dagegen zu haben; **... if you don't mind my asking** ... wenn ich fragen darf; **I don't mind the cold** die Kälte macht mir nichts aus ④ **mind you** allerdings ⑤ **never mind** macht nichts, ist doch egal, mach dir nichts draus; **never mind about that now!** vergiss das jetzt mal!

mine[1] [maɪn] meine(r, s); **mine is better** meine(r, s) ist besser; **this is mine** das gehört mir; **a friend of mine** einer meiner Freunde, ein Freund von mir

mine[2] [maɪn] ① Bergwerk, Grube, Zeche ② (*übertragen*) Quelle, Fundgrube (**of** an); **mine of information** Informationsquelle ③ (*Sprengkörper*) Mine

mine[3] [maɪn] ① Bergbau treiben, graben (**for** nach) ② abbauen, schürfen *Bodenschätze* ③ fördern *Kohle* ④ (*mit Minen*) verminen

mine·field ['maɪnfiːld] (*auch übertragen*) Minenfeld **miner** ['maɪnəʳ] Bergmann, Kumpel

mineral ['mɪnrəl] Mineral

mini·bus ['mɪnɪbʌs] Kleinbus, Minibus **mini·cab** ['mɪnɪkæb] Kleintaxi

mini·mal ['mɪnɪml] minimal

mini·mum ['mɪnɪməm] Minimum; **reduce to a minimum** auf ein Minimum reduzieren; **minimum temperature** Tiefsttemperatur; **minimum wage** Mindestlohn

min·ing ['maɪnɪŋ] Bergbau; **open-cast mining** Tagebau

mini·skirt ['mɪnɪskɜːt] Minirock

min·ister ['mɪnɪstəʳ] ① (*politisch*) Minister(in) ② (*religiös*) Pfarrer(in), Pastor(in)

min·is·try ['mɪnɪstrɪ] (*politisch*) Ministerium; **Ministry of the Environment** Umweltministerium

mi·nor[1] ['maɪnəʳ] ① kleiner, unbedeutend, unwichtig; **a minor role** eine Nebenrolle ② *Verletzung:* leicht ③ *Planet:* klein ④ (*Musik*) Moll-; **C Minor** c-Moll

mi·nor[2] ['maɪnəʳ] ① (*Person*) Minderjährige(r) ② USA (*an Universität*) Nebenfach

mi·nor·ity [maɪ'nɒrətɪ] Minderheit; **be in a minority** in der Minderheit sein; **minority government** Minderheitsregierung

mint [mɪnt] ① (*Pflanze*) Minze; **mint sauce** Minzsoße ② (*Bonbon*) Pfefferminz[bonbon]

minus[1] ['maɪnəs] ① weniger, minus; **minus 10 degrees centigrade** minus 10 Grad Celsius ② (*umgangsspr*) ohne

minus[2] ['maɪnəs] Minuszeichen

min·ute[1] ['mɪnɪt] ① Minute; **minute hand** Minutenzeiger ② (*übertragen*) Augenblick; **at this very minute** gerade jetzt; **in a minute** sofort; **any minute** jeden Augenblick; **at the last minute** in letzter Minute;

to the minute genau, pünktlich; **just a minute!** Moment [*oder* Augenblick] mal!; **have you got a minute?** hast du mal einen Moment Zeit? ③ **minutes** Protokoll; **take the minutes** das Protokoll führen

mi·nute² [maɪˈnjuːt] ① winzig ② *Untersuchung:* minuziös, ganz genau

mir·acle [ˈmɪrəkl] Wunder; **work miracles** Wunder wirken; **by some miracle** wie durch ein Wunder **mir·acu·lous** [mɪˈrækjʊləs] wunderbar

mir·ror [ˈmɪrəʳ] Spiegel **mirror image** Spiegelbild

mis·be·have [ˌmɪsbɪˈheɪv] sich schlecht benehmen **mis·be·hav·iour**, (USA) **mis·be·hav·ior** [ˌmɪsbɪˈheɪvɪəʳ] schlechtes Benehmen

mis·cal·cu·late [ˌmɪsˈkælkjʊleɪt] ① sich verrechnen ② **miscalculate something** etwas falsch berechnen; (*übertragen*) etwas falsch einschätzen **mis·cal·cu·la·tion** [ˌmɪsˌkælkjʊˈleɪʃn] ① Rechen-, Kalkulationsfehler ② (*übertragen*) Fehleinschätzung

mis·car·riage [ˌmɪsˈkærɪdʒ] ① Fehlgeburt ② **miscarriage of justice** Justizirrtum **mis·carry** [ˌmɪsˈkærɪ] eine Fehlgeburt haben

mis·chief [ˈmɪstʃɪf] ① Unfug, Unsinn; **make mischief** Unfrieden stiften; **he's up to some mischief** er führt etwas im Schilde; **keep out of mischief** keinen Unfug machen ② Unheil, Schaden; **do oneself/someone a mischief** sich/jemandem etwas antun

mis·count [ˌmɪsˈkaʊnt] ① sich verrechnen, sich verzählen ② **miscount something** etwas falsch zählen

miser [ˈmaɪzəʳ] Geizhals

mis·er·able [ˈmɪzrəbl] ① unglücklich; **feel miserable** sich elend [*oder* miserabel] fühlen; **make life miserable for someone** jemandem das Leben schwer machen ② *Behausung, Leben:* armselig, elend, erbärmlich, jämmerlich ③ *Versager, Schuft:* elend ④ *Entlohnung:* armselig, kläglich ⑤ *Existenz, Wetter:* trist **mis·er·ably** [ˈmɪzrəblɪ] ① *leben, murmeln:* unglücklich ② *spielen:* erbärmlich ③ *bezahlen:* miserabel, mies ④ *versagen:* jämmerlich, kläglich

mis·ery [ˈmɪzərɪ] ① Elend; **a life of misery** ein erbärmliches Leben; **make someone's life a misery** jemandem das Leben zur Qual machen; **put an animal out of its misery** ein Tier von seinen Qualen erlösen ② **put someone out of his misery** (*übertragen*) jemanden nicht länger auf die Folter spannen

mis·fit [ˈmɪsfɪt] Außenseiter(in)

mis·guided [ˌmɪsˈgaɪdɪd] ① *Mensch:* töricht ② *Meinung:* irrig ③ *Freundlichkeit:* unangebracht

mis·hap [ˈmɪshæp] Missgeschick; **a slight mishap** eine [kleine] Panne; **without mishap** ohne Zwischenfälle

mis·hear [ˌmɪsˈhɪəʳ] ① sich verhören ② **mishear something/someone** etwas/jemanden falsch verstehen

mis·judge [ˌmɪsˈdʒʌdʒ] falsch beurteilen, falsch einschätzen

mis·lead [ˌmɪsˈliːd] <misled, misled> irreführen, täuschen

mis·print [ˈmɪsprɪnt] Druckfehler

mis·read [ˌmɪsˈriːd] <misread, misread> ① falsch lesen ② (*übertragen*) missverstehen, missdeuten

miss¹ [mɪs] ① **Miss Jones** Frau/Fräulein Jones ② **Miss!** (*zur Bedienung*) Fräulein!; (*zur Lehrerin*) Frau M…!

miss² [mɪs] ① verfehlen *Ziel;* **missed** [**me**]! nicht getroffen! ② verpassen; versäumen *Gelegenheit, Zug* ③ übersehen, überhören ④ nicht mitbekommen; **I missed that** das ist mir entgangen ⑤ vermeiden; **if we leave now we'll miss the traffic** wenn wir jetzt losfahren, kommen wir nicht in den Hauptverkehr; **we narrowly missed having an accident** wir hätten um ein Haar einen Unfall gehabt ⑥ noch ausweichen können *Hindernis* ⑦ vermissen, [sehr] entbehren; **I miss you** du fehlst mir ⑧ nicht bekommen *Preis* ⑨ *Ball, Schuss:* danebengehen

miss³ [mɪs] ① Fehlschuss, Fehlschlag ② **give something a miss** sich etwas schenken

◆ **miss out** ① zu kurz kommen; **miss out on something** etwas verpassen ② **miss something out** etwas auslassen, weglassen; (*aus Versehen*) etwas übersehen

mis·sile [ˈmɪsaɪl, (USA) ˈmɪsl] ① (*per Hand*) [Wurf]Geschoss ② (*per Antrieb*) Rakete

miss·ing [ˈmɪsɪŋ] ① fehlend, vermisst; **be missing** fehlen, vermisst werden; **missing person** Vermisste(r) ② *Gegenstand:* verschwunden, fehlend

mission [ˈmɪʃn] (*alle Bedeutungen*) Mission

mis·spell [ˌmɪs'spel] →**spell** falsch schreiben

mist [mɪst] Nebel, Dunst

◆ **mist over, mist up** [sich] beschlagen

mis·take[1] [mɪ'steɪk] <mistook, mistaken> ① verwechseln (**for** mit); **there's no mistaking her writing** ihre Schrift ist unverkennbar ② falsch verstehen, missverstehen ③ **be mistaken** sich irren, sich täuschen

mis·take[2] [mɪ'steɪk] ① Fehler; **make a mistake** einen Fehler machen, sich irren ② Irrtum, Missverständnis; **by mistake** irrtümlich, versehentlich, aus Versehen; **there's no mistake about it!** Irrtum ausgeschlossen!

mis·taken[1] [mɪ'steɪkən] *3. Form von* **mistake**

mis·taken[2] [mɪ'steɪkən] ① **be mistaken** sich irren; **be mistaken about** [*oder* **in**] **something** sich in einer Sache täuschen ② **mistaken idea** falsche Vorstellung; **a case of mistaken identity** eine Verwechslung

mis·ter ['mɪstəʳ] ① Herr ② **listen to me, mister** hören Sie mal zu

mistletoe ['mɪsltəʊ] Mistelzweig

> **i Land & Leute** An Weihnachten wird in Großbritannien ein **mistletoe** aufgehängt, meistens über der Tür. Nach einem alten Brauch trifft man sich unter dem Mistelzweig und gibt sich einen Kuss.

mis·took [mɪ'stʊk] *2. Form von* **mistake**

mis·treat [ˌmɪs'triːt] schlecht behandeln

mis·tress ['mɪstrɪs] ① Geliebte ② Herrin, Hausherrin ③ Lehrerin

mis·trust[1] [ˌmɪs'trʌst] **mistrust someone/something** jemandem/einer Sache misstrauen

mis·trust[2] [ˌmɪs'trʌst] Misstrauen (**of** gegen)

misty ['mɪstɪ] ① neblig, dunstig ② (*übertragen*) verschwommen, unklar

mis·un·der·stand [ˌmɪsˌʌndə'stænd] <misunderstood, misunderstood> missverstehen, falsch verstehen

mis·un·der·stand·ing [ˌmɪsˌʌndə'stændɪŋ] Missverständnis

mit·ten ['mɪtn] ① Fausthandschuh ② Handschuh ohne Finger

mix[1] [mɪks] Mischung

mix[2] [mɪks] ① [ver]mischen, [ver]mengen ② verrühren *Zutaten;* anrühren *Teig* ③ (*übertragen*) verbinden; **mix business with pleasure** das Angenehme mit dem Nützlichen verbinden ④ sich mischen lassen, sich vermischen; **oil and water do not mix** Öl und Wasser lassen sich nicht mischen [*oder* vermischen sich nicht] ⑤ (*übertragen*) zusammenpassen; **oil and water don't mix** das ist ein Gegensatz wie Feuer und Wasser ⑥ **mix well** kontaktfreudig [*oder* gesellig] sein

◆ **mix up** ① vermischen; verrühren *Zutaten* ② durcheinander bringen; **mix someone up with someone** [**else**] jemanden mit jemandem verwechseln ③ **mix someone up in something** jemanden in etwas hineinziehen; **be mixed up in something** in etwas verwickelt sein

mixed [mɪkst] ① gemischt; **have mixed feelings about someone** jemandem gegenüber gemischte Gefühle haben; **mixed doubles** gemischtes Doppel; **mixed marriage** Mischehe; **mixed reaction** unterschiedliche Reaktion ② **mixed-up** durcheinander, konfus

mixer ['mɪksəʳ] ① Mixer ② [Beton]Mischmaschine ③ (*für Musik*) Toningenieur, Mischpult

mix·ture ['mɪkstʃəʳ] Mischung, Gemisch

mix-up ['mɪksʌp] ① Durcheinander ② Missverständnis

moan [məʊn] ① stöhnen, ächzen ② (*umgangsspr*) meckern

mo·bile[1] ['məʊbaɪl] ① Mobile ② (*umgangsspr*) Handy, Mobiltelefon

mo·bile[2] ['məʊbaɪl] ① beweglich, mobil ② fahrbar; **mobile library** Bücherbus, Fahrbücherei; **mobile home** Wohnwagen

mod cons [ˌmɒd'kɒnz] *Abkürzung von* **modern conveniences**: **with all mod cons** mit allem Komfort

model[1] ['mɒdl] ① Modell ② Model[l], Mannequin, Dressman ③ *eines Autos:* Typ, Modell ④ (*übertragen*) Muster, Vorbild

model[2] ['mɒdl] ① **model something on something** etwas als Vorlage [*oder* Muster] für eine Sache benützen ② **model oneself on someone** sich jemanden zum Vorbild nehmen ③ (*in Ton*) modellieren, formen ④ vorführen *Kleider* ⑤ als Model arbeiten, Modell stehen

mo·dem ['məʊdem] Modem

mod·er·ate[1] ['mɒdərət] ① *politische Einstellung:* gemäßigt ② *Appetit:* mäßig; *Trinken:* maßvoll; **moderate demands** maßvolle Forderungen ③ *Preis, Summe:* vernünftig, angemessen ④ *Erfolg:* [mittel]mäßig, bescheiden

mod·er·ate[2] ['mɒdərət] (*Politiker*) Gemäßigte(r)

mod·er·ate[3] ['mɒdəreɪt] ① **moderate one's demands** seine Forderungen einschränken ② mildern *Effekt, Kritik* ③ *Sturm, Wind:* nachlassen

mod·ern ['mɒdn] ① modern, neuzeitlich; **in modern times** in der heutigen Zeit ② **modern languages** moderne Fremdsprachen **mod·ern·ize** ['mɒdənaɪz] **modernize something** etwas modernisieren

mod·est ['mɒdɪst] ① *Charakter, Haus, Kleidung:* bescheiden ② *Lebensweise:* genügsam ③ *Forderung:* maßvoll; *Preis:* mäßig **mod·esty** ['mɒdɪstɪ] Bescheidenheit

modi·fi·ca·tion [ˌmɒdɪfɪ'keɪʃn] Abänderung, Abwandlung, Modifikation

mod·ule ['mɒdju:l] ① *Raumfahrt:* Raumkapsel; **lunar module** Mondlandefähre ② (*Informatik*) Modul ③ (*Schule*) Unterrichtseinheit

moist [mɔɪst] feucht, nass (**with** von) **mois·ten** ['mɔɪsn] **moisten a cloth** ein Tuch anfeuchten **moist·ure** ['mɔɪstʃəʳ] Feuchtigkeit **moist·uriz·er** ['mɔɪstʃəraɪzəʳ] Feuchtigkeitscreme

mo·lar ['məʊləʳ] Backenzahn

mold[1] [məʊld] (USA) [Guss]Form

mold[2] [məʊld] (USA) (*auch übertragen*) **mold something** etwas formen (**into** zu)

mold[3] [məʊld] (USA) Schimmel, Schimmelpilz

moldy (USA) schimmelig, verschimmelt

mole[1] [məʊl] Muttermal, Leberfleck

mole[2] [məʊl] Maulwurf

mol·ecu·lar [mə'lekjʊləʳ] **molecular biology** Molekularbiologie

mole·hill ['məʊlhɪl] ① Maulwurfshügel, Maulwurfshaufen ② **make a mountain out of a molehill** aus einer Mücke einen Elefanten machen

mol·ten ['məʊltən] *Lava:* geschmolzen

mo·ment ['məʊmənt] ① Augenblick, Moment; **at the moment** im Augenblick, momentan; **at any moment** jederzeit, jeden Augenblick; **at the last moment** im letzten Augenblick; **in a moment** im Nu; **I'll be back in a few moments!** ich bin sofort zurück!; **please wait a moment!** warten Sie bitte einen Augenblick! ② **the man of the moment** der rechte Mann zur rechten Zeit; **moment of truth** Augenblick der Wahrheit **mo·men·tar·ily** ['məʊməntrəlɪ] ① einen Augenblick [lang] ② (USA) in wenigen Minuten **mo·men·tary** ['məʊməntrɪ] flüchtig, von kurzer Dauer

mo·men·tous [mə'mentəs] *Entscheidung, Ereignis:* bedeutsam

mo·men·tum [mə'mentəm] ① Impuls ② (*übertragen*) Schwung, Wucht ③ **gain momentum** *Kampagne, Idee:* an Boden gewinnen

mon·arch ['mɒnək] Monarch(in), Herrscher(in) **mon·archy** ['mɒnəkɪ] Monarchie

mon·as·tery ['mɒnəstrɪ] [Mönchs]Kloster

Mon·day ['mʌndɪ] Montag; **on Monday** am Montag; **on Mondays** montags

mon·et·ary ['mʌnɪtrɪ] **monetary policy** Währungspolitik

money ['mʌnɪ] ① Geld; **lose/make money** Geld verlieren/verdienen; **spend money** Geld ausgeben; **get one's money's worth** etwas für sein Geld bekommen ② **have money to burn** Geld wie Heu haben **money·box** Sparbüchse **money·changer** ['mʌnɪˌtʃeɪndʒəʳ] [Geld]Wechsler **money order** Postanweisung **money-spinner** Verkaufsschlager

moni·tor[1] ['mɒnɪtəʳ] ① (*Schüler/in*) Klassensprecher(in) ② (*Computer, Fernseher*) Monitor ③ *von Überwachungsanlage:* Kontrollschirm

moni·tor[2] ['mɒnɪtəʳ] ① beobachten *Bewegung, Wetter;* abhören *Sendung* ② kontrollieren *Kosten*

monk [mʌŋk] Mönch

mon·key ['mʌŋkɪ] ① Affe ② (*Kind*) Strolch, Schlingel ③ **make a monkey out of someone** jemanden verulken ◆ **monkey about, monkey around** herumalbern

mon·op·ol·ize [mə'nɒpəlaɪz] ① monopolisieren, beherrschen ② (*übertragen*) an sich reißen, in Beschlag nehmen **mon·op·oly** [mə'nɒpəlɪ] ① Monopol ② **have the monopoly on something** das Monopol auf etwas haben; (*übertragen*) etwas für sich gepachtet haben

mono·rail ['mɒnəʊreɪl] Einschienenbahn

mon·ot·onous [mə'nɒtənəs] *Stimme usw.:*

eintönig, monoton **mon·ot·ony** [mə'nɒtənɪ] Eintönigkeit, Monotonie

mon·soon [mɒn'suːn] Monsun

mon·ster¹ ['mɒnstəʳ] ① (*Fabelwesen*) Ungeheuer, Monster ② (*riesiges Ding*) Monstrum

mon·ster² ['mɒnstəʳ] Riesen-, Monster-

mon·strous ['mɒnstrəs] scheußlich; *Tat, Verbrechen usw.:* schrecklich, furchtbar, abscheulich

month [mʌnθ] ① Monat; **at the end of the month** am Monatsende; **by the month** monatlich; **every two months** alle zwei Monate; **once/twice a month** einmal/zweimal im Monat ② **one month's salary** ein Monatsgehalt

month·ly¹ ['mʌnθlɪ] ① monatlich ② jeden Monat ③ **twice monthly** zweimal pro Monat

month·ly² ['mʌnθlɪ] Monats[zeit]schrift

monu·ment ['mɒnjʊmənt] [Bau]Denkmal, Monument (**to** für) **monu·men·tal** [ˌmɒnjʊ'mentl] (*übertragen*) riesig, gewaltig, enorm

moo¹ [muː] Muh[en]

moo² [muː] *Kuh:* muhen

mood [muːd] ① Stimmung ② Laune; **bad/good mood** schlechte/gute Laune; **be in a mood** schlecht aufgelegt sein; **he's in a good mood** er ist gut gelaunt; **be in the mood for dancing** zum Tanzen aufgelegt sein

moody ['muːdɪ] ① launisch, launenhaft ② schlecht gelaunt

moon [muːn] ① Mond; **full /half-moon** Voll-/Halbmond; **new moon** Neumond ② **be over the moon** überglücklich sein; **once in a blue moon** alle Jubeljahre einmal

moon·light¹ ['muːnlaɪt] Mondschein, Mondlicht

moon·light² ['muːnlaɪt] (*umgangsspr*) schwarzarbeiten

moon·lit ['muːnlɪt] mondbeschienen, mondhell; **moonlit night** Mondnacht

moor¹ [mʊəʳ] Hochmoor; **moorland** Heide[land]

moor² [mʊəʳ] vertäuen, festmachen *Schiff*

moose [muːs] Elch

mop¹ [mɒp] ① Mopp ② (*übertragen*) Wuschelkopf

mop² [mɒp] <mopped> ① **mop the floor** den Fußboden wischen; **mop up** [feucht] aufwischen ② **mop one's face** sich den Schweiß vom Gesicht wischen

mo·ped ['məʊped] Moped

moral¹ ['mɒrəl] ① *Pflicht, Wert:* sittlich, moralisch ② *Person:* tugendhaft ③ **moral support** moralische Unterstützung; **have a moral right to something** jedes Recht auf etwas haben

moral² ['mɒrəl] ① *einer Geschichte:* Moral; **draw a moral from something** eine Lehre aus etwas ziehen ② **morals** Moral

mo·rale [mə'rɑːl] *von Mannschaft, Person usw.:* Moral, Stimmung; **high/low morale** schlechte/gute Moral

mor·al·ity [mə'rælətɪ] ① *von Gesellschaft, Person:* Moralität ② (*Wertessystem*) Moral, Ethik **mor·al·ize** ['mɒrəlaɪz] moralisieren (**on** über)

more [mɔːʳ] <most> ① mehr; **more people live in the city than in the country** mehr Menschen wohnen in der Großstadt als auf dem Land; **no more money** kein Geld mehr; **no more than ten people** nicht mehr als zehn Leute ② (*zusätzlich*) noch; **would you like some more tea?** möchtest du noch [etwas] Tee?; **one more day, one day more** noch ein Tag; **a few more friends** noch ein paar Freunde ③ *zur Bildung von Steigerungsformen* **more beautiful** schöner; **more and more expensive** immer teurer; **like something more** etwas lieber mögen ④ **more and more** immer mehr; **once more** noch einmal; **never more** nie mehr; **not any more** nicht mehr ⑤ **more or less** mehr oder weniger ⑥ **a little more** etwas mehr; **no more** nichts mehr; **some more** noch etwas; **even more** noch mehr ⑦ **what more do you want?** was willst du denn noch? ⑧ **all the more** umso mehr; **all the more so because …** umso mehr, weil …

more·over [mɔː'rəʊvəʳ] überdies, zudem, außerdem

morgue [mɔːg] Leichenschauhaus

morn·ing¹ ['mɔːnɪŋ] ① Morgen; **good morning!** guten Morgen!; **from morning till night** von früh bis spät; **in the morning** am Morgen, morgens, vormittags; **early in the morning** in der Frühe; **at 8 in the morning** um 8 Uhr morgens; **this morning** heute Morgen; **Friday morning** Freitag früh; **the morning after** am nächsten Tag

2 (*vor zwölf*) Vormittag
morn·ing² ['mɔːnɪŋ] Morgen-, morgendlich
morning-after pill [ˌmɔːniŋ'ɑftəʳ] die Pille danach **morning paper** Morgenzeitung **morning sickness** [Schwangerschafts]Erbrechen
Morse [mɔːs] **Morse code** Morsezeichen
mor·tal¹ ['mɔːtl] 1 *Mensch:* sterblich 2 *Verletzung:* tödlich 3 **mortal sin** Todsünde
mor·tal² ['mɔːtl] Sterbliche(r)
mor·tal·ity [mɔː'tælətɪ] 1 Sterblichkeit 2 (*Todesfälle*) Sterblichkeit[sziffer] 3 **mortality rate** Sterbeziffer
mort·gage¹ ['mɔːgɪdʒ] Hypothek (**on** auf)
mort·gage² ['mɔːgɪdʒ] **mortgage a house** ein Haus mit einer Hypothek belasten
mor·tu·ary ['mɔːtʃərɪ] Leichenhalle
mo·saic [məʊ'zeɪɪk] Mosaik[arbeit]
Mos·lem¹ ['mɒzləm] Moslem
Mos·lem² ['mɒzləm] mohammedanisch, muslimisch
mosque [mɒsk] Moschee
mos·quito [mə'skiːtəʊ] <*plural* mosquitoes> Stechmücke, Moskito **mos·quito net** Moskitonetz
moss [mɒs] Moos **mossy** ['mɒsɪ] 1 moosig 2 moosbedeckt, bemoost
most [məʊst] <many> 1 (*Menge*) meiste(r, s), größte(r, s); **most people** die meisten Leute; **for the most part** größtenteils 2 (*Rang*) am meisten; **he likes that the most** das gefällt ihm am meisten; **most of all** am allermeisten 3 *zur Bildung von Superlativen* **the most beautiful …** der, die, das schönste … 4 **most likely** höchstwahrscheinlich 5 das meiste, die meisten; **most of his friends** die meisten seiner Freunde; **most of the time** die meiste Zeit; **he spent most of his holiday on the beach** er verbrachte den größten Teil seines Urlaubs auf dem Strand 6 **make the most of something** etwas voll ausnützen; **make the most of oneself** das Beste aus sich machen
most·ly ['məʊstlɪ] 1 hauptsächlich, zum größten Teil 2 *zeitlich* meist[ens]
MOT [ˌeməʊ'tiː] 1 *Abkürzung von* **Ministry of Transport** Verkehrsministerium 2 **MOT** [**test**] TÜV
mo·tel [məʊ'tel] Motel
moth [mɒθ] Motte **moth·ball** 1 Mottenkugel 2 **put clothes in mothballs** Kleider einmotten **moth-eaten** ['mɒθˌiːtn] 1 mottenzerfressen 2 (*übertragen*) *Gegenstand usw.:* abgenutzt, veraltet
moth·er¹ ['mʌðəʳ] 1 Mutter; **a mother of three** eine Mutter von drei Kindern 2 **Mother's Day** Muttertag
moth·er² ['mʌðəʳ] 1 aufziehen, großziehen *Kind* 2 bemuttern *Person*
mother·hood ['mʌðəhʊd] Mutterschaft **mother-in-law** ['mʌðərɪnlɔː] <*plural* mothers-in-law> Schwiegermutter **mother·ly** ['mʌðəlɪ] mütterlich **mother tongue** Muttersprache
moth·proof ['mɒθˌpruːf] mottenfest
mo·tion¹ ['məʊʃn] 1 Bewegung; **be in motion** sich bewegen, laufen; **put** [*oder* **set**] **something in motion** etwas in Gang bringen, setzen 2 Wink, Zeichen 3 **go through the motions** den Anschein erwecken, etwas mechanisch tun
mo·tion² ['məʊʃn] 1 **motion to someone to do something** jemandem bedeuten, etwas zu tun 2 **motion someone in** jemanden hereinwinken
mo·tion·less ['məʊʃnlɪs] bewegungslos, reglos **motion picture** Film
mo·ti·vate ['məʊtɪveɪt] **motivate someone** jemanden motivieren **mo·tiv·ation** [ˌməʊtɪ'veɪʃn] Motivation
mo·tive ['məʊtɪv] Motiv, Beweggrund (**for** zu)
mo·tor¹ ['məʊtəʳ] Motor
mo·tor² ['məʊtəʳ] 1 Motor- 2 **the motor industry** die Automobilindustrie
mo·tor³ ['məʊtəʳ] 1 Auto fahren 2 GB (*umgangsspr*) schnell vorankommen
motor·bike Motorrad **motor·boat** Motorboot **motor·car** Auto[mobil], Kraftwagen **motor·cycle** Motorrad, Kraftrad **motor·cycling** Motorradfahren **motor·cyclist** Motorradfahrer(in) **motor-driven** mit Motorantrieb
mo·tor·ing¹ ['məʊtərɪŋ] 1 Auto- 2 **motoring offence** Verkehrsverstoß
mo·tor·ing² ['məʊtərɪŋ] Autofahren
mo·tor·ist ['məʊtərɪst] Autofahrer(in) **motor racing** Autorennen **motor scooter** Motorroller **motor vehicle** Kraftfahrzeug, Kfz **mo·tor·way** ['məʊtəweɪ] GB Autobahn
motto ['mɒtəʊ] <*plural* motto(e)s> Motto, Wahlspruch
mould¹, USA **mold** [məʊld] [Guss]Form

M m

mould[2], (USA) **mold** [məʊld] (*auch übertragen*) **mold something** etwas formen (**into** zu)

mould[3], (USA) **mold** [məʊld] Schimmel, Schimmelpilz

mouldy [ˈməʊldɪ] mod(e)rig, schimm(e)lig, verschimmelt; **get** [*oder* **go**] **mouldy** verschimmeln

mound [maʊnd] ① Erdhügel ② **a mound of books** ein Haufen Bücher

mount[1] [maʊnt] **Mount Everest** der Mount Everest; **Mount Vesuvius** der Vesuv

mount[2] [maʊnt] ① Reittier ② *von Bild, Foto:* Rahmen ③ *von Edelstein:* Fassung

mount[3] [maʊnt] ① hinaufsteigen *Treppe;* steigen auf *Plattform, Reittier* ② rahmen *Bild;* einfassen *Edelstein* ③ inszenieren *Stück;* organisieren *Ausstellung usw.* ④ **mount up** sich häufen

moun·tain [ˈmaʊntɪn] ① (*auch übertragen*) Berg ② **mountains** Gebirge; **in the mountains** im Gebirge ③ **make a mountain out of a molehill** aus einer Mücke einen Elefanten machen **mountain chain** Bergkette **moun·tain·eer** [ˌmaʊntɪˈnɪəʳ] Bergsteiger(in) **moun·tain·eer·ing** [ˌmaʊntɪˈnɪərɪŋ] Bergsteigen **moun·tain·ous** [ˈmaʊntɪnəs] ① bergig, gebirgig ② (*übertragen*) riesenhaft, ungeheuer **mountain range** Gebirgszug

mourn [mɔːn] trauern; **mourn someone** jemanden betrauern; **mourn for** [*oder* **over**] **someone** um jemanden trauern **mourner** [ˈmɔːnəʳ] Trauernde(r) **mourn·ing** [ˈmɔːnɪŋ] ① Trauer[kleidung, -zeit] ② Trauern ③ **be in mourning for someone** um jemanden trauern

mouse [maʊs] <*plural* mice> ① (*Tier, auch von Computer*) Maus ② (*übertragen: Person*) Angsthase **mouse·hole** Mauseloch **mouse·trap** Mausefalle

mous·tache [məˈstɑːʃ] Schnurrbart

mouth[1] [maʊθ] ① Mund; **keep one's mouth shut** den Mund halten; **shut your mouth!** halten Sie den Mund! ② *von Tier:* Maul ③ *von Tunnel usw.:* Eingang ④ *von Fluss:* Mündung ▸IN WENDUNGEN: **by word of mouth** mündlich; **put something into someone's mouth** jemandem etwas in den Mund legen; **down in the mouth** niedergeschlagen, betrübt

mouth[2] [maʊð] **mouth something** etwas überdeutlich artikulieren

mouth·ful [ˈmaʊθfʊl] ① *von Essen:* Mund voll, Bissen, Happen; *von Getränk:* Schluck ② (*umgangsspr*) Zungenbrecher **mouth organ** Mundharmonika **mouth·piece** [ˈmaʊθpiːs] ① (*Blasinstrument*) Mundstück ② (*übertragen*) Sprachrohr **mouth-to-mouth resuscitation** Mund-zu-Mund-Beatmung **mouth·wash** Mundwasser **mouth·watering** lecker, appetitlich

move[1] [muːv] ① Bewegung; **be on the move** in Bewegung sein, auf Achse sein ② (*in neues Haus*) Umzug ③ (*bei Brettspielen*) Zug; **it's my move!** ich bin dran! ④ Schritt; *von Regierung usw.:* Maßnahme; **make the first move** den ersten Schritt machen; **make a move to do something** Anstalten machen, etwas zu tun ⑤ **get a move on** sich beeilen

move[2] [muːv] ① sich bewegen; **move something** etwas bewegen; aus dem Weg räumen *Schutt;* **move something to a different place** etwas an einen anderen Platz stellen; **don't move!** keine Bewegung!; **keep moving** nicht stehen bleiben; **move closer to something** sich einer Sache nähern ② bewegen, rühren *Körperteil;* wegziehen *Hand* ③ transportieren *Güter;* vertreiben *Vieh* ④ **move someone** jemanden rühren, bewegen; **be moved** gerührt sein; **move someone to tears** jemanden zu Tränen rühren ⑤ umziehen (**to** nach); **move house** umziehen ⑥ (*auf einem Brettspiel*) einen Zug machen ⑦ (*übertragen*) Maßnahmen ergreifen

◆ **move about** sich hin und her bewegen; **move something about** etwas umstellen, umräumen

◆ **move along** ① **move a car along** einen Wagen vorfahren ② Platz machen; **move along, please!** fahren/gehen Sie bitte weiter! ③ **move a project along** ein Projekt vorantreiben

◆ **move away** ① abgehen/abfahren; **move something away** etwas wegräumen, etwas wegfahren ② aus dem Weg gehen; (*aus einem Ort*) wegziehen (**from** aus)

◆ **move back** ① **move something back** etwas zurückstellen ② zurückweichen ③ (*zu einem Ort*) sich zurückziehen

◆ **move down** nach hinten aufrücken;

move something down etwas nach unten stellen

◆ **move forward** vorrücken, sich vorwärts bewegen; **move something forward** etwas vorgehen lassen, etwas vorziehen

◆ **move in** ① **move something in** etwas hineinstellen ② (*in ein Haus*) einziehen; **move in with someone** mit jemandem zusammenziehen ③ sich nähern; *Polizei, Truppen:* anrücken

◆ **move off** ① **move someone off** jemanden wegschicken ② sich in Bewegung setzen ③ *Auto usw.:* abfahren

◆ **move on** ① **move someone/something on** jemanden/etwas zum Weitergehen/Weiterfahren auffordern ② weitergehen/weiterfahren ③ (*beim Reden*) weitermachen

◆ **move out** ① **move something out** etwas abziehen ② *Person:* ausziehen

◆ **move over** ① **move something over** etwas herüberschieben ② zur Seite rücken

◆ **move up** ① **move something up** etwas nach oben stellen ② *Aktienpreise:* steigen ③ befördert werden; **move someone up** jemanden befördern

move·ment ['mu:vmənt] ① Bewegung ② Trend, Entwicklung ③ (*politisch usw.*) [Massen]Bewegung ④ *von Symphonie:* Satz

movie ['mu:vɪ] (USA) Film; **go to the movies** ins Kino gehen **movie camera** Filmkamera **movie·goer** ['mu:vɪgəʊəʳ] (USA) (*umgangsspr*) Kinogänger(in) **movie star** Filmstar

mov·ing ['mu:vɪŋ] ① beweglich ② (*übertragen*) rührend, bewegend

mow [məʊ] <mowed, mown *oder* mowed> ① mähen *Rasen* ② **mow someone down** (*übertragen*) jemanden niedermähen, niedermetzeln **mower** ['məʊəʳ] ① Mäher ② Mähmaschine, Rasenmäher **mown** [məʊn] → **mow**

MP [ˌem'pi:] *Abkürzung von* **Member of Parliament** [Parlaments]Abgeordnete(r)

mph [ˌempi:'eɪtʃ] *Abkürzung von* **miles per hour** Meilen pro Stunde

Mr ['mɪstəʳ] (*Anredeform*) Herr

Mrs ['mɪsɪz] (*Anredeform für verheiratate Frau*) Frau

Ms [məz] (*Anredeform für alle Frauen*) Frau

much [mʌtʃ] ① viel; **how much is this watch?** wie viel kostet diese Uhr?; **that much** so viel; **the work is too much for him** die Arbeit ist für ihn zu viel; **three times as much** dreimal so viel; **as much as you want** so viel du willst; **as much again** noch einmal so viel; **so much** so viel; **too much** zu viel, zu sehr ② **it's a bit much!** es ist ein bisschen zu viel; **she's not much of a reader** sie ist kein große Leserin; **I don't care much** es ist mir ziemlich egal; **they don't go out much** sie gehen nicht viel aus; **I don't think much of him** ich halte nicht viel von ihm; **she's made much of her success** sie hat viel Wind um ihren Erfolg gemacht ③ **much better** viel besser; **much more expensive** viel teurer ④ **much to my astonishment** zu meinem großen Erstaunen; **much as I would like to come …** so gerne ich mitkommen würde, … ⑤ **thank you very much!** vielen Dank!

◆ **muck about** ① (*slang*) herumalbern, herumblödeln ② **muck someone about** jemanden hinhalten; (*vulgär*) jemanden verarschen

◆ **muck up** ① **muck one's clothes up** seine Kleider dreckig machen ② (*übertragen*) **muck something up** etwas vermasseln

muck-up ['mʌkʌp] (*umgangssp*r) Durcheinander, Katastrophe

mucky ['mʌkɪ] ① schmutzig, dreckig ② *Boden:* matschig

mud [mʌd] ① Schlamm, Matsch ② **as clear as mud** so klar wie Kloßbrühe ③ **sling** [*oder* **throw**] **mud at someone** (*übertragen*) jemanden mit Dreck bewerfen, verleumden

muddle[1] ['mʌdl] ① **muddle something** [**up**] etwas durcheinander bringen ② **muddle someone/something** [**up**] (*übertragen*) jemanden/etwas verwechseln ③ **she's a bit muddled** sie ist ein bisschen verwirrt ④ **muddle along** vor sich hin wursteln; **muddle through** sich durchwursteln

muddle[2] ['mʌdl] ① Durcheinander; **make a muddle of something** etwas völlig durcheinander bringen ② (*übertragen*) Verwirrung; **be in a muddle** ganz verwirrt sein

muddy[1] ['mʌdɪ] ① schmutzig, schlammig ② (*übertragen*) verworren

muddy[2] ['mʌdɪ] **muddy one's shoes** seine Schuhe schmutzig machen

mud·guard ['mʌdgɑ:d] *von Fahrrad:* Schutzblech **mud·pack** (*fürs Gesicht*) Schlammpackung

mug[1] [mʌg] 1 Becher; (*für Bier*) Krug; **a mug of tea** ein Becher Tee 2 (*slang: Person*) Trottel 3 (*umgangsspr*) Visage, Fresse *slang*

mug[2] [mʌg] <mugged> 1 **mug someone** jemanden überfallen und berauben 2 **mug something up** [*oder* **up on something**] (*umgangsspr*) etwas pauken

mug·ger ['mʌgəʳ] Straßenräuber(in)

muggy ['mʌgɪ] schwül, drückend

mule [mju:l] Maulesel, Maultier

mull [mʌl] **mull something over** sich etwas durch den Kopf gehen lassen

multi·colo(u)red [ˌmʌlti'kʌləd] mehrfarbig **multi·lingual** [ˌmʌltɪ'lɪŋgwəl] mehrsprachig **multi·mil·lion·aire** [ˌmʌltɪmɪljə'neəʳ] Multimillionär(in)

multi·na·tion·al[1] [ˌmʌltɪ'næʃnəl] multinational

multi·na·tion·al[2] [ˌmʌltɪ'næʃnəl] multinationaler Konzern

multiple[1] ['mʌltɪpl] 1 vielfach, mehrfach 2 **multiple choice** Multiple-Choice-Verfahren

multiple[2] ['mʌltɪpl] (*Zahl*) [das] Vielfache

multi·pli·ca·tion [ˌmʌltɪplɪ'keɪʃn] 1 Vervielfachung, Vermehrung 2 *von Zahlen:* Multiplikation **multi·ply** ['mʌltɪplaɪ] 1 vervielfältigen *Chancen* 2 multiplizieren; **2 multiplied by 3 is 6** 2 mal 3 ist 6 3 *Tiere:* sich vermehren

multi·pur·pose [ˌmʌltɪ'pɜ:pəs] Mehrzweck- **multi·stor(e)y** mehrgeschossig; **multi-storey car park** Parkhaus

multi·tude ['mʌltɪtju:d] Menge; **a multitude of people** eine Schar von Menschen

mum [mʌm] (*umgangsspr*) Mutti, Mama

mumble ['mʌmbl] 1 **mumble something** etwas murmeln 2 vor sich hin murmeln

mummy ['mʌmɪ] (*umgangsspr*) Mutti, Mama

munch [mʌntʃ] mampfen *Essen*

Munich ['mju:nik] München

mural ['mjʊərəl] Wandgemälde, Wandmalerei

mur·der[1] ['mɜ:dəʳ] 1 Mord (**of** an), Ermordung 2 **commit** [a] **murder** einen Mord begehen; **be accused of murder** unter Mordanklage stehen ► IN WENDUNGEN: **get away with murder** sich alles erlauben können

mur·der[2] ['mɜ:dəʳ] 1 **murder someone** jemanden [er]morden, umbringen 2 (*übertragen*) verhunzen, verderben *Lied usw.*

mur·derer ['mɜ:dərəʳ] Mörder **mur·der·ess** ['mɜ:dərɪs] Mörderin **mur·der·ous** ['mɜ:dərəs] 1 mörderisch 2 blutdürstig

murky ['mɜ:kɪ] 1 trübe, dunkel 2 *Foto:* unscharf 3 *Charakter:* finster

mur·mur[1] ['mɜ:məʳ] 1 Murmeln; *von Wasser:* Rauschen 2 (*Widerstand*) Murren; **without a murmur** ohne zu murren

mur·mur[2] ['mɜ:məʳ] 1 murmeln; **murmur something** etwas [vor sich hin] murmeln 2 murren (**about, against** gegen)

muscle ['mʌsl] 1 Muskel; **pull a muscle** eine Muskelzerrung haben 2 **move a muscle** sich rühren **mus·cu·lar** ['mʌskjʊləʳ] muskulös, kräftig, stark

mu·seum [mju:'zɪəm] Museum

mush·room ['mʌʃrʊm] [essbarer] Pilz

mu·sic ['mju:zɪk] 1 Musik; **background music** musikalische Untermalung; **set something to music** etwas vertonen 2 Musikstück, Noten 3 **face the music** (*umgangsspr*) für etwas geradestehen

mu·si·cal[1] ['mju:zɪkl] 1 *Person, Unterhaltung:* musikalisch 2 **musical box** Spieldose; **musical instrument** Musikinstrument 3 **play musical chairs** die Reise nach Jerusalem spielen

mu·si·cal[2] ['mju:zɪkl] Musical

music box (USA) Spieldose

mu·si·cian [mju:'zɪʃn] Musiker(in)

mu·sic stand ['mju:zɪkˌstænd] Notenständer

mus·sel ['mʌsl] [Mies]Muschel

must[1] [mʌst] 1 müssen; **you must go** Sie müssen gehen; **must I?** ja, wirklich?, muss das sein? 2 **must not** nicht dürfen; **you mustn't do that** Sie dürfen das nicht tun 3 **you must be hungry** Sie haben doch bestimmt Hunger; **I must have lost it** ich muss es wohl verloren haben 4 **you must be joking!** das soll wohl ein Witz sein!

must[2] [mʌst] **it's a must!** das ist ein Muss!

mus·tache ['mʌstæʃ] (USA) Schnurrbart

mus·tard ['mʌstəd] Senf

mustn't ['mʌsnt] → **must not**

mu·tiny[1] ['mju:tɪnɪ] Meuterei

mu·tiny[2] ['mju:tɪnɪ] meutern

mut·ter[1] ['mʌtəʳ] 1 murmeln; **mutter something** etwas murmeln 2 (*sich beklagen*) murren (**at, about** über)

mut·ter[2] ['mʌtəʳ] Gemurmel

mut·ton ['mʌtn] Hammelfleisch

mu·tual ['mjuːtʃʊəl] ① *Interesse:* gemeinsam; *Respekt:* gegenseitig, wechselseitig; *Vorstand:* beiderseitig ② **by mutual consent** in beiderseitigem Einverständnis; **the feeling is mutual** das beruht auf Gegenseitigkeit

muzzle[1] ['mʌzl] ① *eines Tiers:* Maul ② (*für Hund*) Maulkorb ③ *von Gewehr:* Mündung

muzzle[2] ['mʌzl] ① **muzzle a dog** einem Hund einen Maulkorb anlegen ② (*übertragen*) mundtot machen *Presse*

my [maɪ] ① mein; **this is my car** das ist mein Auto; **it's a room of my own** es ist mein eigenes Zimmer ② **my!** ach du Schreck!

my·self [maɪ'self] ① mich, mir; **I hurt myself** ich habe mir wehgetan; **I said to myself** ich sagte mir ② *betont* [ich] selbst; **I said so myself** das habe ich auch gesagt; **[all] by myself** [ganz] allein, ohne Hilfe; **I'll do it myself** das mache ich selbst ③ **I'm not myself today** ich bin heute nicht ganz auf der Höhe

mys·teri·ous [mɪ'stɪərɪəs] *Fremder, Verhalten:* geheimnisvoll; *Vorfall:* rätselhaft, mysteriös **mys·tery** ['mɪstərɪ] Geheimnis; **it's a mystery to me** es ist mir ein Rätsel

myth [mɪθ] ① Mythos, Mythus ② (*übertragen*) Fabel, Fiktion **mythi·cal** ['mɪθɪkl] ① mythisch ② (*übertragen*) fiktiv, erfunden

myth·ol·ogy [mɪ'θɒlədʒɪ] Mythologie

Nn

N, n [en] <*plural* N's, n's> N, n

nab [næb] <nabbed> (*umgangsspr*) ① **nab something** etwas klauen ② schnappen *Dieb*

naff [næf] ① (*slang*) ätzend ② **naff off!** verschwinde!

nag[1] [næg] <nagged> nörgeln; **nag someone** an jemandem [dauernd] herumnörgeln; **nag someone to do something** jemandem die Hölle heiß machen, damit er etwas tut

nag[2] [næg] (*altes Pferd*) Klepper, Mähre

nag·ging ['nægɪŋ] ① *Person:* nörgelnd ② *Schmerz:* bohrend

nail[1] [neɪl] ① *von Finger, aus Metall:* Nagel; **bite one's nails** an den Nägeln kauen; **hammer a nail into something** einen Nagel in etwas schlagen ② **hit the nail on the head** (*übertragen*) den Nagel auf den Kopf treffen

nail[2] [neɪl] **nail something to the wall** etwas an die Wand nageln; **nail something up** etwas annageln, zunageln ▸ IN WENDUNGEN: **nail someone down** jemanden festnageln (**to** auf)

nail file Nagelfeile **nail polish** Nagellack **nail scissors** *plural* Nagelschere **nail varnish** (GB) Nagellack

naïve, naive [naɪ'iːv] naiv **naïvety** [naɪ'iːvətɪ] Naivität

na·ked ['neɪkɪd] ① (*auch übertragen*) nackt; **strip naked** sich nackt ausziehen ② **with the naked eye** mit bloßem Auge; **the naked truth** die reine Wahrheit

name[1] [neɪm] ① Name; **what's your name?** wie heißen Sie?; **know someone by name** jemanden dem Namen nach kennen; **in name only** nur dem Namen nach; **under the name of …** unter dem Namen … ② **put one's name down for something** für etwas kandidieren, sich zu etwas anmelden ③ Ruf; **get a bad name** in Verruf kommen; **have a good name** einen guten Ruf haben; **have a name for** bekannt sein für; **make a name for oneself** sich einen Namen machen ④ **in the name of love** im Namen der Liebe; **the name of the game** der Zweck, das Wesentliche der Sache ⑤ **call someone names** jemanden beschimpfen

name[2] [neɪm] ① **name someone Tom** jemanden Tom [be]nennen; **a woman named Linda** eine Frau namens Linda; **name a child after someone** ein Kind nach jemandem nennen ② **name someone director** jemanden zum Direktor ernennen ③ **name a date** ein Datum festsetzen; **name the capital of Scotland** nenne die Hauptstadt von Schottland; **name your price** nennen Sie Ihren Preis

name·ly ['neɪmlɪ] nämlich **name·plate** ['neɪmpleɪt] Namensschild

nanny ['nænɪ] ① Kindermädchen ② (*umgangsspr*) Oma, Omi

nap [næp] Schläfchen, Nickerchen; **take a nap** ein Nickerchen machen

nap·kin ['næpkɪn] Serviette
nappy ['næpɪ] (GB) Windel
nar·cotic[1] [nɑː'kɒtɪk] narkotisch, betäubend
nar·cotic[2] [nɑː'kɒtɪk] Rauschgift
nar·rate [nə'reɪt] **narrate a story** eine Geschichte erzählen **nar·rator** [nə'reɪtəʳ] Erzähler(in)
nar·row[1] ['nærəʊ] ① *Straße:* eng, schmal ② *Ideen:* engstirnig, beschränkt ③ *Mehrheit, Sieg:* knapp; **have a narrow escape** mit knapper Not davonkommen
nar·row[2] ['nærəʊ] ① *Fluss, Straße:* sich verengen; enger, schmaler werden ② **with narrowed eyes** mit zusammengekniffenen Augen ③ **narrow the possibilities down** die Möglichkeiten begrenzen
narrow boat Kanalboot **nar·row·ly** ['nærəʊlɪ] beinahe, fast, mit knapper Not; **he narrowly escaped drowning** er wäre fast ertrunken **nar·row-minded** [ˌnærəʊ'maɪndɪd] engstirnig
nasty ['nɑːstɪ] ① *Geschmack, Geruch:* ekelhaft ② *Überraschung:* böse, unangenehm ③ *Wetter:* abscheulich ④ *Person:* gemein; **he turned nasty** er wurde unangenehm; **he has a nasty temper** mit ihm ist nicht gut Kirschen essen ⑤ *Bemerkung:* gehässig, übel ⑥ *Krankheit:* schwer ⑦ *Film:* anstößig, ekelhaft
na·tion ['neɪʃn] Nation; **address the nation** zum Volk sprechen
na·tion·al[1] ['næʃnəl] ① national; **national anthem** Nationalhymne; **national assembly** Nationalversammlung; **national costume** Volkstracht; **national park** Nationalpark ② staatlich; **national currency** Landeswährung; **national debt** Staatsschuld; **national insurance** Sozialversicherung; **national security** Staatssicherheit; **national service** Wehr-, Militärdienst ③ **National Guard** (USA) Nationalgarde ④ **National Health Service, NHS** (GB) Staatlicher Gesundheitsdienst
na·tion·al[2] ['næʃnəl] Staatsangehörige(r)
na·tion·al·ity [ˌnæʃə'nælətɪ] Staatsangehörigkeit, Nationalität **na·tion·wide** [ˌneɪʃn'waɪd] landesweit
na·tive[1] ['neɪtɪv] ① Heimat-, Mutter-; **native country** Vaterland; **native language** Muttersprache; **the native inhabitants** die Einheimischen; **native speaker** Muttersprachler(in) ② gebürtig; (*bei Naturvölkern*) eingeboren; **she's a native American** sie ist amerikanische Ureinwohnerin ③ *Pflanze, Tier:* einheimisch
na·tive[2] ['neɪtɪv] ① Einheimische(r), Eingeborene(r); **a native of Germany** ein gebürtiger Deutscher, eine gebürtige Deutsche ② Ureinwohner(in)
na·tiv·ity [nə'tɪvətɪ] **nativity play** Krippenspiel
NATO ['neɪtəʊ] *Abkürzung von* **North Atlantic Treaty Organization** NATO
nat·ter[1] ['nætəʳ] (*umgangsspr*) schwätzen
nat·ter[2] ['nætəʳ] (*umgangsspr*) Schwatz; **have a natter** schwätzen
natu·ral[1] ['nætʃrəl] ① natürlich; **die a natural death** eines natürlichen Todes sterben; **in it's natural state** im Naturzustand ② *Rechte:* naturgegeben ③ *Fähigkeit:* angeboren; **he's a natural orator** er ist ein geborener Redner ④ *Art, Benehmen:* natürlich ⑤ *Eltern:* leiblich
natu·ral[2] ['nætʃrəl] (*Mensch*) Naturtalent
natu·ral·ly ['nætʃrəlɪ] ① von Natur aus; **something comes naturally to someone** etwas fällt jemandem leicht ② **naturally!** natürlich!
na·ture ['neɪtʃəʳ] ① Natur; **against nature** gegen die Natur; **from nature** nach der Natur ② *eines Menschen:* Wesen, Natur; **she's a placid child by nature** sie ist von Natur aus ein ruhiges Kind; **it's not in my nature** es entspricht nicht meiner Art; **human nature** die menschliche Natur ③ Art; **things of this nature** Derartiges; **it's in the nature of things** das liegt in der Natur der Sache
naughty ['nɔːtɪ] ① unartig, ungezogen, frech ② *Wort:* unanständig
nauti·cal ['nɔːtɪkl] nautisch
na·val ['neɪvl] See-, Marine-
navi·gate ['nævɪgeɪt] ① navigieren; **navigate an aeroplane/ship** ein Schiff/Flugzeug navigieren ② befahren, befliegen *Strecke* **navi·gator** ['nævɪgeɪtəʳ] ① Navigator ② (*im Auto*) Beifahrer(in)
navy ['neɪvɪ] ① [Kriegs]Marine ② **navy blue** Marineblau
NB [en'biː] *Abkürzung von* **nota bene** NB
near[1] [nɪəʳ] ① *räumlich* nahe, nahe an; **she lives near the hospital** sie wohnt in der Nähe vom Krankenhaus; **it's nearest to the door** es ist der Tür am nächsten; **near at hand** zur Hand; **come nearer** näher kom-

men ② *zeitlich* nahe, gegen; *Ereignis:* kurz bevorstehend; **near 7 o'clock** kurz vor 7 Uhr; **near the beginning/end of a film** zu Anfang/gegen Ende eines Films; **in the near future** in nächster Zukunft ③ *Verwandte:* nah; *Freund:* vertraut ④ beinahe, fast; **that was a near miss** [*oder* **thing**] das war knapp; **near to death** dem Tode nahe; **near to tears** den Tränen nahe ⑤ **it's nowhere near enough** das ist bei weitem nicht genug

near² [nɪəʳ] **near something** sich einer Sache nähern; **the project is nearing completion** das Projekt ist beinahe fertig gestellt

near·by ['nɪəbaɪ] ① in der Nähe ② *Stadt, Straße:* nahe gelegen **Near East** Naher Osten

near·ly ['nɪəlɪ] fast, beinahe; **not nearly** [auch] nicht annähernd **near miss** Beinahezusammenstoß

near·side ['nɪəsaɪd] *eines Autos:* auf der Beifahrerseite, linke(r, s)

near-sighted [ˌnɪə'saɪtɪd] kurzsichtig

neat [niːt] ① *Mensch, Zimmer:* ordentlich, sauber; *Haar:* gepflegt ② *Äußerung:* kurz und bündig, treffend ③ *Arbeit:* gelungen; *Stil:* gewandt ④ *alkoholisches Getränk:* pur, unverdünnt ⑤ (USA) prima, tadellos

ne·ces·sari·ly ['nesəsərɪlɪ, ˌnesə'serɪlɪ] notwendigerweise, unbedingt

ne·ces·sary ['nesəsərɪ] ① notwendig, nötig, erforderlich (**to, for** für); **it's necessary to stay here** man muss hier bleiben; **it isn't necessary for him to come** es ist nicht nötig, dass er mitkommt; **if necessary** wenn nötig ② *Ergebnis, Folge:* unausweichlich

necess·ity [nɪ'sesətɪ] ① Notwendigkeit, Unerlässlichkeit, Unumgänglichkeit; **the necessities of life** das Lebensnotwendige ② **of** [*oder* **by**] **necessity** notwendigerweise ③ Not; **in case of necessity** im Notfall; **necessity is the mother of invention** Not macht erfinderish

neck¹ [nek] ① *auch von Flasche:* Hals ② *von Kleidung:* Ausschnitt ③ **break one's neck to do something** (*übertragen*) sich das Genick brechen, etwas zu tun; **risk one's neck** Kopf und Kragen riskieren; **save one's neck** seinen Hals aus der Schlinge ziehen; **win by a neck** um eine Kopflänge gewinnen; **be up to one's neck in work** bis über die Ohren in Arbeit stecken; **get it in the neck** (*slang*) eins aufs Dach kriegen; **stick one's neck out** Kopf und Kragen riskieren ④ (*bei Rennen*) **be neck and neck** Kopf an Kopf liegen

neck² [nek] (*slang*) knutschen

neck·lace ['neklɪs] Halskette **neck·line** ['neklaɪn] *von Kleid:* Ausschnitt; **with a low neckline** tief ausgeschnitten **neck·tie** ['nektaɪ] Krawatte, Schlips

need¹ [niːd] ① Bedürfnis (**of** nach), Bedarf (**of** an); **she has no need of a car** sie braucht kein Auto; **my needs are few** ich stelle nur geringe Ansprüche ② Notwendigkeit; **there is no need for you to come** du brauchst nicht zu kommen; **there is no need to worry** es besteht kein Grund zur Sorge; **in need of repair** reparaturbedürftig sein; **if need be** nötigenfalls ③ Not[lage], Bedürftigkeit, Armut; **in case of need** notfalls; **in times of need** in Zeiten der Not; **be in great need** große Not leiden

need² [niːd] ① **need something** etwas nötig haben, brauchen ② **need to do something** etwas tun müssen; **the ironing needs doing** [*oder* **to be done**] es muss gebügelt werden ③ brauchen, müssen; **you don't need to go** du brauchst nicht zu gehen; **you needn't have waited** du hättest nicht zu warten brauchen ④ **he needs no introduction** er benötigt keine spezielle Einführung

needle¹ ['niːdl] Nadel; **look for a needle in a haystack** eine Stecknadel im Heuhaufen suchen

needle² ['niːdl] (*umgangsspr*) **needle someone** jemanden ärgern, sticheln

need·less ['niːdlɪs] ① unnötig, überflüssig ② **needless to say** selbstverständlich

needy ['niːdɪ] bedürftig, notleidend

nega·tive¹ ['negətɪv] ① negativ ② *Antwort:* verneinend

nega·tive² ['negətɪv] ① Verneinung; **answer in the negative** eine verneinende Antwort geben, mit Nein antworten ② *Foto:* Negativ

ne·glect¹ [nɪ'glekt] ① **neglect someone** jemanden vernachlässigen ② versäumen, unterlassen *Gelegenheit;* **to neglect to tell someone something** es versäumen, jemandem etwas zu sagen

ne·glect² [nɪ'glekt] ① Vernachlässigung; **the garden is in a state of neglect** der Garten ist ganz verwahrlost ② *von Gelegen-*

heit: Versäumnis ③ (*Verbrechen*) Nachlässigkeit
ne·glect·ful [nɪ'glektfl] nachlässig (**of** gegenüber)
neg·li·gent ['neglɪdʒənt] nachlässig, unachtsam (**of** gegen) **neg·li·gible** ['neglɪdʒəbl] *Summe:* geringfügig, unerheblich
ne·go·ti·ate [nɪ'gəʊʃɪeɪt] verhandeln, unterhandeln (**for, about** um, wegen); **negotiate a contract** ein Vertrag aushandeln **ne·go·ti·ation** [nɪˌgəʊʃɪ'eɪʃn] Verhandlung; *von Vertrag:* Aushandlung; **enter into negotiations with someone** mit jemandem in Verhandlungen [ein]treten **ne·go·ti·ator** [nɪ'gəʊʃɪeɪtəʳ] Unterhändler(in)
neigh[1] [neɪ] *Pferd:* wiehern
neigh[2] [neɪ] *von Pferd:* Wiehern
neigh·bor (USA) → **neighbour**
neigh·bour ['neɪbəʳ] Nachbar(in) **neigh·bour·hood** ['neɪbəʳhʊd] ① Nachbarschaft ② (*in Stadt, Gegend*) Viertel, Wohngegend ③ **the price is in the neighbourhood of £200** es kostet so um die £200 **neigh·bour·ing** ['neɪbərɪŋ] benachbart, angrenzend **neigh·bour·ly** ['neɪbəʳlɪ] [gut]nachbarlich, freundschaftlich
nei·ther ['niːðəʳ, (USA) 'naɪðəʳ] ① keine(r, s); **neither of you** keiner von euch beiden; **neither of the children** keines der Kinder; **in neither case** in keinem Fall ② **neither ... nor** weder ... noch ③ **me neither!** ich auch nicht!
neo-Nazi[1] [ˌniːəʊ'nɑːtsɪ] neonazistisch
neo-Nazi[2] [ˌniːəʊ'nɑːtsɪ] Neonazi
nephew ['nevjuː] Neffe
nerve [nɜːv] ① (*körperlich*) Nerv ② (*geistig*) **be all** [*oder* **a bundle of**] **nerves** ein Nervenbündel sein; **suffer from nerves** nervös sein ③ Mut; **have the nerve to do something** sich trauen, etwas zu tun; **lose one's nerve** die Nerven, den Mut verlieren ④ Frechheit, Unverschämtheit; **what a nerve!** so ein Frechheit! ⑤ **get on someone's nerves** (*umgangsspr*) jemandem auf die Nerven gehen
nerv·ous ['nɜːvəs] ① (*geistig, körperlich*) Nerven-, nervös; **nervous breakdown** Nervenzusammenbruch; **nervous system** Nervensystem ② nervös, aufgeregt; **feel nervous** nervös sein; **I am nervous about him** mir ist bange um ihn ③ **be** [*oder* **look**] **a nervous wreck** völlig mit den Nerven fertig sein **ner·vous·ness** [-nɪs] Nervosität
nervy ['nɜːvɪ] (*umgangsspr*) nervös, aufgeregt
nest[1] [nest] [Vogel]Nest
nest[2] [nest] *Vögel:* nisten
nest egg ['nesteg] (*übertragen*) Notpfennig, Notgroschen **nest·ing box** ['nestɪŋbɒks] Nistkasten
net [net] ① Netz ② (*Textil*) Netzgewebe ③ (*Computer*) **the Net** das Internet
net(t) [net] **net profit** Reingewinn, Nettoertrag
net·ball ['netbɔːl] Korbball **net curtain** Tüllgardine
Nether·lands ['neðələndz] ⚠ *plural* **the Netherlands** die Niederlande
net·iquette ['netɪket] (*im Internet*) Netikette
net·ting ['netɪŋ] Netzwerk, Geflecht; **wire netting** Maschendraht
nettle ['netl] Nessel
net·work ['netwɜːk] ① (*elektrisch*) Netzwerk ② *von Straßen usw.:* Netz ③ (*Rundfunk, TV*) Sendenetz
neur·otic[1] [njʊə'rɒtɪk] neurotisch
neur·otic[2] [njʊə'rɒtɪk] Neurotiker(in)
neu·ter ['njuːtəʳ] kastrieren *Tier*
neu·tral[1] ['njuːtrəl] neutral
neu·tral[2] ['njuːtrəl] ① Neutrale(r) ② (*im Auto*) Leerlauf; **be in neutral** im Leerlauf sein
neu·tral·ity [njuː'trælətɪ] Neutralität
never ['nevəʳ] ① nie, niemals; **I have never seen him before** ich habe ihn noch nie gesehen; **never before** noch nie; **he never even apologised** er hat sich noch nicht einmal entschuldigt ② **that will never do!** das geht ganz und gar nicht; **well I never** [**did**]! nein, so was!; **never mind!** macht nichts!
never-end·ing [ˌnevər'endɪŋ] endlos, unaufhörlich
never·the·less [ˌnevəðə'les] nichtsdestoweniger, trotzdem
new [njuː] ① neu; *Mode:* modern, neu; *Ort:* unbekannt ② **that's nothing new** das ist nichts Neues; **be as good as new** so gut wie neu sein ③ **the idea is new to him** der Gedanke ist ihm neu **new·comer** ['njuːˌkʌməʳ] (*in Stadt*) Neuankömmling; (*in Beruf*) Neuling
new·ish ['njuːɪʃ] ziemlich neu **new·ly**

['nju:lɪ] ① frisch, neu; **newly made bed** [ganz] frisch gemachtes Bett ② **newly married** frisch verheiratet

news [nju:z] ⚠ *nur mit Singular verwendet* ① Nachricht, Neuigkeit[en]; **the news is bad** es gibt schlechte Nachrichten; **a piece of news** eine Neuigkeit, Nachricht; **break the news to someone** jemandem die schlimme Nachricht überbringen; **what's the news?** was gibt's Neues?; **that's news to me** das ist mir neu; **I've had no news from him for a long time** ich habe lange nichts von ihm gehört ② (*TV, Radio*) Nachrichten; **news in brief** Kurznachrichten **news agency** Nachrichtenagentur **news·agent** ['nju:zˌeɪdʒənt] GB Zeitschriftenhändler(in) **news·flash** ['nju:zflæʃ] Kurzmeldung **news item** Nachricht **news·let·ter** ['nju:zˌletəʳ] Rundschreiben

news·paper ['nju:speɪpəʳ] Zeitung; **newspaper report** Zeitungsbericht

news·reader ['nju:zri:dəʳ] Nachrichtensprecher(in) **news·reel** ['nju:zri:l] Wochenschau **news·room** ['nju:zrʊm] Nachrichtenredaktion **news-stand** Zeitungsstand, Zeitungskiosk **news·worthy** ['nju:zˌwɜ:ðɪ] berichtenswert **newsy** ['nju:zɪ] (*umgangsspr*) voller Neuigkeiten

New Year [ˌnju:'jɜ:ʳ, -'jɪəʳ] neues Jahr; **New Year's Day** Neujahr[stag]; **New Year's Eve** Silvesterabend; **a happy New Year!** glückliches neues Jahr!

i Land & Leute In Schottland und Nordengland sagt man **Hogmanay** für „New Year's Eve" (Silvester). Das Wort Hogmanay stammt aus Nordfrankreich; „hoginané" bedeutet ursprünglich etwa: „bitte ein Geschenk zum neuen Jahr". Die Schotten feiern Hogmanay besonders ausgelassen.

New Zealand [ˌnju:'sɪlænd] Neuseeland

next¹ [nekst] ① *zeitlich* nächste(r, s); **next time I see him** wenn ich ihn das nächste Mal sehe; **this time next week** nächste Woche um diese Zeit; **the year after next** übernächstes Jahr ② *räumlich* nächste(r, s); **in the next room** im nächsten Raum; **next to someone** neben jemandem; **next to the skin** direkt auf der Haut ③ (*Reihenfolge*) **it's my turn next** ich komme als Nächste(r) dran; **the next best** der, die, das Nächstbeste; **what shall we do next?** was sollen wir als Nächstes machen? ④ **next to impossible** nahezu unmöglich

next² [nekst] nächste(r); **next please!** der Nächste bitte!

next door [ˌneks'dɔ:ʳ] nebenan; **they live next door to us** sie wohnen direkt neben uns

next-door **the next-door house** das Nebenhaus; **they are our next-door neighbours** sie wohnen direkt neben uns

next of kin nächste Verwandte

NHS [ˌenəɪtʃ'es] GB *Abkürzung von* **National Health Service** *staatlicher Gesundheitsdienst*

nib [nɪb] Feder[spitze]

nibble ['nɪbl] knabbern (**at** an); **nibble something** etwas knabbern

nice [naɪs] ① angenehm; **did you have a nice time?** haben Sie sich gut unterhalten?; **how nice to see you!** reizend, schön Sie zu sehen! ② *Person:* nett, sympathisch; **nice-looking** gut aussehend ③ *Essen:* gut, lecker; *Geruch:* fein, gut ④ **it's nice and warm** es ist angenehm warm; **take it nice and easy** überanstrengen Sie sich nicht; **come nice and early!** komm schön früh! **nice·ly** ['naɪslɪ] ① angenehm, nett, liebenswürdig[erweise] ② gut; **the plan is going nicely** der Plan läuft wie geschmiert; **that will do nicely!** das reicht vollauf! **nicety** ['naɪsətɪ] ① **niceties** Feinheiten, Details ② **social niceties** gesellschaftliche Feinheiten

niche [nɪtʃ, ni:ʃ] ① (*in einer Wand*) Nische ② (*übertragen*) Plätzchen (**for** für)

nick¹ [nɪk] ① (*in einer Fläche*) Kerbe ② **in the nick of time** gerade noch rechtzeitig

nick² [nɪk] **nick one's chin** sich am Kinn schneiden

nick³ [nɪk] (*slang*) **nick something** etwas klauen

nick⁴ [nɪk] (*slang*) Knast, Kittchen

nickel ['nɪkl] ① (*Metall*) Nickel ② USA Fünfcentstück

nick·name¹ ['nɪkneɪm] Spitzname

nick·name² ['nɪkneɪm] **nickname someone** jemandem einen Spitznamen geben

nic·otine ['nɪkəti:n] Nikotin

niece [ni:s] Nichte

nifty ['nɪftɪ] (*slang*) ① schick, fesch, smart

② *Werkzeug:* geschickt gemacht, raffiniert
Ni·ger [ˈnaɪdʒəʳ] Niger
Ni·ger·ia [naɪˈdʒɪərɪə] Nigeria
Ni·ger·ian[1] [naɪˈdʒɪərɪən] nigerianisch
Ni·ger·ian[2] [naɪˈdʒɪərɪən] Nigerianer(in)
niggle [ˈnɪgl] ① herumkritisieren (**about** an) ② **niggle someone** jemanden plagen, quälen
niggling [ˈnɪglɪŋ] ① überkritisch, pingelig ② *Zweifel:* nagend, bohrend
night [naɪt] ① Nacht; (*vor dem Schlafengehen*) [später] Abend; **all night** [**long**] die ganze Nacht [über]; **at night** abends; (*nach dem Schlafengehen*) bei Nacht, nachts; **during the night** während der Nacht; **late at night** spät am Abend, spät abends; **by night** bei Nacht, in der Nacht, nachts; **last night** gestern Abend; **the night before last** vorgestern Abend; **night and day** Tag und Nacht; **stay the night** die Nacht verbringen (**at** in, **with** bei) ② Dunkelheit, Finsternis ③ (*im Theater*) Vorstellung, Aufführung; **first night** Erstaufführung, Premiere, Eröffnungsvorstellung ④ **have a night out** ausgehen, einen freien Abend haben **night blindness** Nachtblindheit **night·cap** [ˈnaɪtkæp] ① Nachtmütze ② (*umgangsspr*) Schlummertrunk **night·club** [ˈnaɪtklʌb] Nachtlokal, Nachtklub **night·dress** [ˈnaɪtdres] Nachthemd **night·fall** [ˈnaɪtfɔːl] Einbruch der Dunkelheit; **at nightfall** beim Dunkelwerden **nightie** [ˈnaɪtɪ] (*umgangsspr*) Nachthemd
night·in·gale [ˈnaɪtɪŋgeɪl] Nachtigall
night life [ˈnaɪtlaɪf] Nachtleben **night·long** [ˈnaɪtlɒŋ] die Nacht hindurch, nächtelang **night·ly** [ˈnaɪtlɪ] ① [all]nächtlich, abendlich ② jeden Abend, jede Nacht **night·mare** [ˈnaɪtmeəʳ] Albtraum **night·marish** [ˈnaɪtmeərɪʃ] beklemmend, albtraumhaft **night-nurse** Nachtschwester **night owl** (*Person*) Nachteule **night-porter** Nachtportier **night safe** Nachtsafe **night school** Abendschule **night shift** Nachtschicht; **be on night shift** Nachtschicht haben **night·shirt** [ˈnaɪtʃɜːt] [Herren]Nachthemd **night·spot** [ˈnaɪtspɒt] Nachtlokal **night stick** (USA) Schlagstock **night storage heater** Nachtspeicherofen **night-time** Nachtzeit; **at night-time** nachts **night-watch** Nachtwache **night-watchman** <*plural* night-watchmen> Nachtwächter
ni·hil·ism [ˈnaɪɪlɪzəm] Nihilismus **nihil·ist** [ˈnaɪɪlɪst] Nihilist **ni·hil·is·tic** [ˌnaɪɪˈlɪstɪk] nihilistisch
nil [nɪl] Null; **two** [**goals to**] **nil** zwei zu null
nimble [ˈnɪmbl] ① wendig, behände, flink (**at, in** bei); **nimble-footed** leichtfüßig ② [geistig] gewandt; **nimble-witted** schlagfertig
nine[1] [naɪn] ① neun; **nine months** Dreivierteljahr ② **nine days' wonder** Eintagsfliege
nine[2] [naɪn] ① Neun ② **dressed up to the nines** (*umgangsspr*) geschniegelt und gebügelt
nine·teen [ˌnaɪnˈtiːn] ① neunzehn ② **talk nineteen to the dozen** wie ein Wasserfall reden
nine·teenth[1] [ˌnaɪnˈtiːnθ] neunzehnte(r, s)
nine·teenth[2] [ˌnaɪnˈtiːnθ] ① (*Bruchteil*) Neunzehntel ② Neunzehnte(r, s)
nine·ti·eth[1] [ˈnaɪntɪəθ] neunzigste(r, s)
nine·ti·eth[2] [ˈnaɪntɪəθ] ① (*Bruchteil*) Neunzigstel ② Neunzigste(r, s)
ninety [ˈnaɪntɪ] neunzig
ninth[1] [naɪnθ] neunte(r, s)
ninth[2] [naɪnθ] ① (*Bruchteil*) Neuntel ② Neunte(r, s)
nip[1] [nɪp] *von Weinbrand, Whisky:* Schlückchen
nip[2] [nɪp] ① Kniff; (*mit Zähnen*) Biss ② **there's a nip in the air** es ist ganz frisch ③ **it was nip and tuck** (USA) das war knapp
nip[3] [nɪp] <nipped> ① **nip something** etwas zwicken; **nip oneself** sich in den Finger kneifen ② *Frost, Kälte:* schneiden ③ **nip something in the bud** (*übertragen*) etwas im Keim ersticken ④ (*umgangsspr*) flitzen
◆ **nip along** (*umgangsspr*) dahinsausen, sich beeilen
◆ **nip in** (*umgangsspr*) auf einen Sprung vorbeikommen
◆ **nip off nip off a bud** eine Knospe abkneifen, abzwicken
◆ **nip out** hinaussausen
nipple [ˈnɪpl] ① Brustwarze ② (*an Saugflasche*) Sauger
nippy [ˈnɪpɪ] ① *Luft, Wind:* schneidend ② (*umgangsspr*) fix, flink
nit [nɪt] ① (*Ei einer Laus*) Nisse ② (*umgangsspr*) Blödmann
nit-pick·ing [ˈnɪtpɪkɪŋ] kleinlich, pingelig
ni·tric [ˈnaɪtrɪk] salpetersauer; **nitric acid**

Salpetersäure

ni·tro·gen ['naɪtrədʒən] Stickstoff

nitty-gritty [ˌnɪtɪ'grɪtɪ] **get down to the nitty-gritty** zur Sache kommen

nit·wit ['nɪtwɪt] (*umgangsspr*) Dummkopf

no¹ [nəʊ] ① nein; **the answer is no!** die Antwort ist Nein! ② nicht; **I have no more money** ich habe kein Geld mehr; **no later than last week** erst letzte Woche ③ kein; **a person of no intelligence** ein Mensch ohne jede Intelligenz; **it's no use** das hat keinen Zweck; **no smoking!** Rauchen verboten!; **there's no saying when…/if…** man kann nie wissen, wann…/ob…; **there's no denying it** es lässt sich nicht leugnen; **in no time** im Nu; **there is no such thing** so etwas gibt es nicht

no² [nəʊ] ① Nein ② Neinstimme; **the noes have it** die Mehrheit ist dagegen

no. <*plural* nos> *Abkürzung von* **number** Nr.

Nobel prize [nəʊˌbel'praɪz] Nobelpreis; **Nobel prize winner** Nobelpreisträger(in)

no·bil·ity [nəʊ'bɪlətɪ] ① Hochadel ② (*Eigenschaft*) Adel, das Edle

noble¹ ['nəʊbl] ① adlig ② (*übertragen*) edel, hochherzig ③ *Monument:* stattlich, prächtig, prachtvoll

noble² ['nəʊbl] Adlige(r)

noble·man ['nəʊblmən] <*plural* noblemen> Adlige(r) noble-minded [ˌnəʊbl'maɪndɪd] edel, vornehm nobly ['nəʊblɪ] ① vornehm ② nobel, edelmütig

no·body¹ ['nəʊbədɪ] niemand, keiner; **we saw nobody we knew** wir sahen niemanden, den wir kannten

no·body² ['nəʊbədɪ] (*umgangsspr*) Niemand, Null

noc·tur·nal [nɒk'tɜːnl] nächtlich

nod¹ [nɒd] <nodded> ① nicken, wippen; **nod one's head** mit dem Kopf nicken; **nod to someone** jemandem zunicken ② **nod in agreement** zustimmend nicken

nod² [nɒd] ① Nicken, Zunicken; **give someone a nod** jemandem zunicken ② **the land of Nod** das Land der Träume

nod·ding ['nɒdɪŋ] **have a nodding acquaintance with someone** jemanden flüchtig kennen

no-go area [nəʊgəʊ'eərɪə] Sperrgebiet

no-hoper [ˌnəʊ'həʊpəʳ] (*umgangsspr*) Niete

no·how ['nəʊhaʊ] (*umgangsspr*) nicht im Geringsten

noise [nɔɪz] ① Geräusch; (*unangenehm*) Lärm, Geschrei; **make a noise** Krach machen; **make a lot of noise about something** viel Geschrei um etwas machen ② **a big noise** (*slang*) ein großes Tier

noise·less ['nɔɪzlɪs] ① geräuschlos ② *Schritt:* lautlos noise pollution Lärmbelästigung noise prevention Lärmschutz

noisy ['nɔɪzɪ] ① geräuschvoll, laut, lärmend ② *Debatte:* lebhaft, turbulent

no·mad ['nəʊmæd] Nomade no·madic [nəʊ'mædɪk] nomadisch, wandernd, unstet

no-man's-land ['nəʊmænzlænd] Niemandsland

no·men·cla·ture [nə'menklətʃəʳ] Nomenklatur

nom·inal ['nɒmɪnl] ① nominell ② **nominal amount** Nennbetrag; **nominal income** Nominaleinkommen; **nominal value** Nennwert nom·inal·ly ['nɒmɪnəlɪ] nominell

nomi·nate ['nɒmɪneɪt] ① **nominate someone** jemanden ernennen ② **nominate someone for an election** jemanden für eine Wahl nominieren nomi·na·tion [ˌnɒmɪ'neɪʃn] ① Ernennung (**to** zu) ② (*für eine Wahl*) Nominierung, Kandidatenvorschlag

nom·inee [ˌnɒmɪ'niː] Kandidat(in)

non- [ˌnɒn] nicht- non-alcoholic alkoholfrei non-attendance Nichtteilnahme

non·cha·lant ['nɒnʃələnt] lässig, nonchalant non-combatant (*militärisch*) Nichtkämpfer non-combustible nicht brennbar non-commissioned officer Unteroffizier non-committal [ˌnɒnkə'mɪtəl] zurückhaltend, unverbindlich non-compliance **non-compliance with something** Nichtbefolgung, Nichteinhaltung einer Sache

non·con·form·ist¹ [ˌnɒnkən'fɔːmɪst] Nonkonformist(in)

non·con·form·ist² [ˌnɒnkən'fɔːmɪst] nonkonformistisch

non·con·form·ity [ˌnɒnkən'fɔːmətɪ] Nichteinhaltung, Nichtkonformgehen (**with** mit)

non·co·op·er·ation [ˌnɒnkəʊɒpə'reɪʃn] unkooperative Haltung

non·de·script ['nɒndɪskrɪpt] ① *Geschmack:* unbestimmbar ② *Erscheinung:* unauffällig

none [nʌn] ① keine(r, s), keine; **none at all** kein Einziger, nur; **the new arrival was**

N n

none other than … der Neuankömmling war kein anderer als …; **none of that!** lass das! Schluss damit!; **that's none of your business** das geht dich nichts an ❷ **be none the wiser** nicht klüger sein als zuvor; **none the less** nichtsdestoweniger, trotzdem; **none too soon** gerade noch zur rechten Zeit; **I'm none too sure** ich bin durchaus nicht sicher; **it's none too warm** es ist keineswegs zu warm

non·en·tity [nɒ'nentətɪ] (*Mensch*) Nullität, unbedeutende Figur

non·es·sen·tial [nɒnɪ'senʃl] unwesentlich, unnötig, nicht lebenswichtig

non-event (*umgangsspr*) Reinfall, Pleite **non-existence** Nichtvorhandensein **non-existent** nicht existierend **non·fic·tion**[1] [ˌnɒn'fɪkʃn] Sachbücher

non·fic·tion[2] [ˌnɒn'fɪkʃn] Sachbuch

non-flammable nicht brennbar, nicht entflammbar **non-infectious** nicht ansteckend **non-iron** *Kleider:* bügelfrei **non-member country** (*der EU*) Drittland **non-negotiable** *Preis, Vertrag:* nicht übertragbar

non·plus [ˌnɒn'plʌs] <nonplussed> **nonplus someone** jemanden verblüffen; **be nonplussed** verdutzt sein

non-pol·lut·ing [ˌnɒnpə'luːtɪŋ] umweltfreundlich **non-productive** unproduktiv **non-profit-making** *Organisation:* nicht auf Gewinn ausgerichtet, gemeinnützig **non-proliferation treaty** Atomsperrvertrag **non-re·fund·able** [ˌnɒnrɪ'fʌndəbl] nicht erstattungsfähig

non-resident[1] [ˌnɒn'rezɪdənt] nicht [orts]ansässig

non-resident[2] [ˌnɒn'rezɪdənt] ❶ Nichtortsansässige(r) ❷ (*im Hotel*) nicht im Haus wohnender Gast

non-re·turn·able [ˌnɒnrɪ'tɜːnəbl] Einweg- **non-scheduled** außerplanmäßig

non·sense ['nɒnsns] Unsinn, Quatsch, dummes Zeug; **make** [a] **nonsense of something** etwas ad absurdum führen; **stand no nonsense** keine Dummheiten dulden; **no more of your nonsense!** Schluss mit dem Unsinn! **non·sen·si·cal** [nɒn'sensɪkl] un-, blödsinnig

non-shrink [ˌnɒn'ʃrɪŋk] *Kleider:* nicht einlaufend **non-smoker** Nichtraucher(in) **non-starter** (*Mensch*) Niete, (*Idee*) Blindgänger **non-stick** [ˌnɒn'stɪk] *Bratpfanne:* antihaftbeschichtet **non-stop** durchgehend, ohne Unterbrechung, Nonstop-; **non-stop flight** Nonstopflug; **non-stop train** durchgehender Zug; **fly non-stop** nonstop fliegen **non-swim·mer** [ˌnɒn'swɪmə^r] Nichtschwimmer(in) **non-tax·able** [ˌnɒn'tæksəble] steuerfrei, nicht steuerpflichtig **non-toxic** [ˌnɒn'tɒksɪk] ungiftig **non-verbal** [ˌnɒn'vɜːbl] nonverbal **non·vi·o·lent** [ˌnɒn'vaɪələnt] gewaltlos

noodle ['nuːdl] Nudel

nook [nʊk] [Zimmer]Ecke; **in every nook and cranny** in jedem Winkel

noon [nuːn] Mittag; **at noon** um zwölf Uhr mittags

no one ['nəʊwʌn] → **nobody**

noose [nuːs] Schlaufe, Schlinge; **put one's head in the noose** (*übertragen*) den Kopf in die Schlinge stecken

nope [nəʊp] (*slang*) nein

nor [nɔː^r] ❶ noch; **neither … nor** weder … noch ❷ **nor … …** auch nicht; **nor I** [*oder* **me**] ich auch nicht

Nor·dic ['nɔːdɪk] nordisch

norm [nɔːm] Richtschnur, Norm

nor·mal ['nɔːml] ❶ normal, üblich ❷ **his temperature is above normal** er hat erhöhte Temperatur **nor·mal·ity** [nɔː'mælətɪ] Normalität; **our life has returned to normality** unser Leben hat sich wieder normalisiert **nor·mal·ize** ['nɔːməlaɪz] **normalize something** etwas normalisieren

nor·mally ['nɔːməlɪ] normalerweise, gewöhnlich

north[1] [nɔːθ] ❶ Norden; **in the north** im Norden; **to the north of the country** im Norden des Landes; **the house faces north** das Haus liegt nach Norden ❷ **North-South divide** Nord-Süd-Gefälle

north[2] [nɔːθ] ❶ nördlich; (*Seite eines Gebäudes*) Nordseite ❷ in nördlicher Richtung, nach Norden; **north of London** nördlich von London; **travel north** nach Norden fahren

north-east[1] [ˌnɔːθ'iːst] Nordost[en]

north-east[2] [ˌnɔːθ'iːst] nordöstlich

north-eastern [ˌnɔːθ'iːstən] nordöstlich

north·er·ly[1] ['nɔːðəlɪ] nördlich

north·er·ly[2] ['nɔːðəlɪ] nach, von Norden

north·ern ['nɔːðən] nördlich; **the Northern Lights** das Nordlicht **north·erner**

['nɔːðənəʳ] ① Nordländer(in) ② (USA) Nordstaatler(in)
Northern Ireland Nordirland

> **i Land & Leute** **Northern Ireland** (Nordirland), auch **Ulster** genannt, ist Teil des **United Kingdom** (Vereinigtes Königreich). Die neue „Northern Ireland Assembly" (das Parlament) wurde am 25. Juni 1998 gegründet und hat 108 Abgeordnete. Es kann in regionalen Angelegenheiten Gesetze erlassen.

northern·most ['nɔːðənməʊst] nördlichste(r, s)
North Pole ['nɔːθpəʊl] Nordpol **North Sea** Nordsee
north-west[1] [ˌnɔːθ'west] Nordwest[en]
north-west[2] [ˌnɔːθ'west] nordwestlich
north-west·erly [ˌnɔːθ'westəlɪ] nordwestlich
Nor·way ['nɔːweɪ] Norwegen
Nor·wegian[1] [nɔː'wiːdʒən] norwegisch
Nor·wegian[2] [nɔː'wiːdʒən] ① Norweger(in) ② (*Sprache*) [das] Norwegisch(e)
nose[1] [nəʊz] ① Nase; **blow one's nose** sich die Nase putzen; **hold one's nose** sich die Nase zuhalten; **the tip of one's nose** die Nasenspitze ② Geruch[ssinn], Nase (**for** für) ③ (*Vorderteil eines Schiffs usw.*) Nase ④ **cut off one's nose to spite one's face** (*übertragen*) sich ins eigene Fleisch schneiden; **do something right under someone's nose** etwas direkt vor jemandes Augen tun; **follow your nose** immer der Nase nach; **get up someone's nose** (*slang*) jemandem auf den Keks gehen; **look down one's nose at someone** auf jemanden herabsehen; **pay through the nose** einen zu hohen Preis bezahlen; **put someone's nose out of joint** (*übertragen*) jemanden vor den Kopf stoßen; **stick one's nose into something** (*übertragen*) seine Nase in etwas stecken; **turn up one's nose at something** die Nase über etwas rümpfen

> **i Land & Leute** Alle zwei Jahre findet der **Red Nose Day** statt, eine große Spendensammelaktion zugunsten von „Comic Relief". Dies ist eine Hilfsorganisation, die Arme in Afrika und auch in Großbritannien unterstützt. Sie wurde 1985 von britischen Komikern ins Leben gerufen. Viele Prominente aus Sport und Medien nehmen am „Red Nose Day" teil. Viele tragen dann eine rote Plastiknase, die man überall kaufen kann.

nose[2] [nəʊz] ① **nose one's way forward** sich vorsichtig seinen Weg vorwärts bahnen ② **nose into someone's affairs** seine Nase in jemandes Angelegenheiten stecken
◆ **nose about** herumschnüffeln
◆ **nose out** ① **nose something out** etwas aufspüren, etwas ausschnüffeln ② *Auto:* sich vorschieben
nose·bag ['nəʊzbæg] Futtersack **nose·bleed** ['nəʊzbliːd] Nasenbluten
nose·dive[1] ['nəʊzdaɪv] Sturzflug
nose·dive[2] ['nəʊzdaɪv] einen Sturzflug machen; **nosedive off something** vornüber von etwas stürzen
nose job ['nəʊzdʒɒb] (*slang*) Nasenkorrektur **nose ring** Nasenring **nosey** ['nəʊzɪ] (*umgangsspr*) neugierig
nosh[1] [nɒʃ] (*slang*) futtern
nosh[2] [nɒʃ] (*slang*) Futter; **let's have a quick nosh** lass uns schnell einen Happen essen
nosh-up ['nɒʃʌp] (*slang*) Fressgelage
nos·tal·gia [nɒ'stældʒə] Nostalgie **nos·tal·gic** [nɒ'stældʒɪk] nostalgisch
nos·tril ['nɒstrəl] Nasenloch; (*bei Pferd*) Nüster
nosy ['nəʊzɪ] (*umgangsspr*) neugierig **nosy parker** (*umgangsspr*) Schnüffler(in)
not [nɒt] ① nicht; **she is not a teacher** sie ist keine Lehrerin; **he warned me not to be late** er ermahnte mich, nicht zu spät zu kommen ② **not a bit** kein bisschen; **not any more** nicht mehr; **not yet** noch nicht; **not any more** nicht mehr; **not in the least** nicht im Geringsten; **not so** nein ③ **I'm afraid not** ich fürchte nicht; **you are coming, are you not?** [*oder* **aren't you?**] Sie kommen doch, oder?; **you haven't forgotten, have you? — certainly not!** du hast es nicht vergessen, oder? — gewiss nicht!; **are you tired? — not at all** sind Sie müde? — überhaupt nicht; **thanks a lot! — not at all!** vielen Dank! — keine Ursache!
no·table ['nəʊtəbl] ① *Erfolg:* bemerkenswert ② *Mensch:* bedeutend ③ *Unterschied:* beträchtlich, beachtlich **notably** ['nəʊtəblɪ] inbesondere, hauptsächlich

no·tary ['nəʊtərɪ] Notar(in)

no·ta·tion [nəʊ'teɪʃn] ❶ Zeichen; **system of notation** Zeichensystem ❷ (*Musik*) Notenschrift

notch¹ [nɒtʃ] Kerbe; (*im Gürtel*) Loch; **make a notch in something** etwas einkerben

notch² [nɒtʃ] **notch up points** Punkte erzielen; **notch up success** Erfolg verzeichnen können

note¹ [nəʊt] ❶ Notiz; **make a note of something** sich etwas aufschreiben; **speak without notes** frei sprechen; **take note of something** etwas zur Kenntnis nehmen; **take notes** sich Notizen machen (**of** über) ❷ Brief, kurze Mitteilung; **send someone a note** jemandem ein paar Zeilen schicken ❸ (*auf Buchseite*) Anmerkung, Vermerk, Fußnote ❹ (*Musik*) Note, Ton ❺ (*Geld*) [**bank**] **note** Banknote, Schein ❻ **strike the right/wrong note** (*übertragen*) den richtigen/falschen Ton treffen

note² [nəʊt] ❶ **note something** etwas bemerken, beachten, zur Kenntnis nehmen ❷ **note something down** etwas notieren, aufschreiben

note·book ['nəʊtbʊk] ❶ Notizbuch ❷ (*Computer*) Notebook ❸ (USA) Übungsheft **noted** ['nəʊtɪd] berühmt (**for** wegen) **note·pad** ['nəʊtpæd] Notizblock **note·paper** ['nəʊtˌpeɪpəʳ] Schreibpapier, Briefpapier **note·worthy** ['nəʊtˌwɜːðɪ] bemerkenswert, beachtenswert

noth·ing¹ ['nʌθɪŋ] ❶ Nichts; (*Mensch*) Niemand ❷ (*beim Zahlen*) Null

noth·ing² ['nʌθɪŋ] ❶ nichts; **eat/say nothing** nichts essen/sagen; **five feet nothing** genau 5 Fuß; **she got the dress for nothing** sie bekam das Kleid umsonst; **he has nothing on** (*nackt*) er hat nichts an; (*ohne Verabredungen*) er hat nichts vor; **that's nothing!** das ist gar nichts! ❷ **little or nothing** wenig oder [gar] nichts; **next to nothing** fast nichts; **nothing else** sonst nichts; **nothing more** sonst nichts; **nothing more, nothing less** nicht mehr, nicht weniger; **nothing much** nicht viel; **nothing new** nichts Neues ❸ **it's nothing less than stupidity** es ist reine Dummheit; **the idea came to nothing** aus der Idee wurde nichts; **have nothing to do with something** nichts mit etwas zu tun haben; **make nothing of something** sich nichts aus etwas machen; **say nothing of something** ganz von etwas zu schweigen; **there is nothing to it** es ist kinderleicht; **there was nothing for it but to run away** es gab keine andere Möglichkeit als wegzulaufen; **think nothing of something** nichts von etwas halten

noth·ing·ness ['nʌθɪŋnɪs] Nichts

no·tice¹ ['nəʊtɪs] ❶ (*Information*) Benachrichtigung, Mitteilung; (*in Zeitung*) Anzeige; **give someone notice of something** jemanden von etwas benachrichtigen ❷ (*Zettel*) Bekanntmachung; (*am schwarzen Brett*) Anschlag ❸ Beachtung; **bring something to someone's notice** jemandem etwas zur Kenntnis bringen; **take notice of something** etwas beachten, zur Kenntnis [*oder* von etwas Notiz] nehmen; **take no notice of someone** jemanden ignorieren; **make someone sit up and take notice** jemanden aufhorchen lassen ❹ Kündigung; **give someone notice** jemandem kündigen; **hand in one's notice** kündigen; **a month's notice** eine einmonatige Kündigungsfrist ❺ Frist; **at a moment's notice** sofort, jederzeit; **at short notice** kurzfristig; **at a week's notice** innerhalb einer Woche; **until further notice** bis auf weiteres

no·tice² ['nəʊtɪs] **notice something** etwas bemerken

no·tice·able ['nəʊtɪsəbl] ❶ erkennbar, wahrnehmbar ❷ *Verbesserung:* merklich **notice-board** Anschlagbrett, schwarzes Brett

no·ti·fi·able ['nəʊtɪfaɪəbl] meldepflichtig, anzeigepflichtig **no·ti·fi·ca·tion** [ˌnəʊtɪfɪ'keɪʃn] ❶ Benachrichtigung, Mitteilung ❷ *eines Verlustes:* Meldung, Anzeige **no·tify** ['nəʊtɪfaɪ] **notify someone of something** jemanden von etwas benachrichtigen, jemandem etwas mitteilen; **be notified of something** über etwas informiert werden, von etwas benachrichtigt werden

no·tion ['nəʊʃn] ❶ Idee, Vorstellung; **give someone notions** jemanden auf Ideen bringen ❷ Ahnung; **have no notion of something** von etwas keine Ahnung haben

no·tor·iety [ˌnəʊtə'raɪətɪ] traurige Berühmtheit **no·tori·ous** [nəʊ'tɔːrɪəs] *Mensch, Tatsache:* berühmt, berüchtigt; *Lügner:* notorisch; **be notorious for something** für etwas berüchtigt sein

not·with·stand·ing [ˌnɒtwɪθˈstændɪŋ] 1 trotz, ungeachtet 2 trotzdem, dennoch 3 **nothwithstanding that** obgleich, obwohl

nou·gat [ˈnuːgɑː] Nugat

nought [nɔːt] (*Ziffer*) Null

noun [naʊn] (*bei Sprachen*) Hauptwort, Substantiv

nour·ish [ˈnʌrɪʃ] 1 [er]nähren *Mensch* (**on, with** von); *Essen:* nahrhaft sein 2 (*übertragen*) nähren, hegen *Hoffnungen* **nour·ish·ing** [ˈnʌrɪʃɪŋ] *Essen:* nahrhaft **nour·ish·ment** [ˈnʌrɪʃmənt] Nahrung

novel[1] [ˈnɒvl] *Idee:* neu[artig]

novel[2] [ˈnɒvl] Roman

novel·ist [ˈnɒvəlɪst] Romanschriftsteller(in)

nov·elty [ˈnɒvltɪ] 1 Neuheit 2 **it's a novelty** es ist etwas Neues 3 **novelties** Krimskrams

No·vem·ber [nəʊˈvembəʳ] November; **in November** im November

nov·ice [ˈnɒvɪs] 1 (*Mönch, Nonne*) Novize 2 (*übertragen*) Anfänger(in), Neuling

now [naʊ] 1 jetzt, nun; (*in der Gegenwart*) heute, heutzutage; (*in der letzten Zeit*) gerade eben 2 **before now** bis jetzt, schon früher; **for now** im Moment, vorläufig; **from now on** von nun an; **from now until then** bis dahin; **up to** [*oder* **till**] [*oder* **until**] **now** bis jetzt; **now and then** [*oder* **again**] ab und zu, von Zeit zu Zeit, gelegentlich 3 gleich, sofort; **I'll do it just now** ich mache es jetzt gleich; **it's now or never** jetzt oder nie 4 (*beim Reden*) **well now, tell me what's wrong!** also, sag mir was los ist!; **now then** also jetzt, na; **bye for now!** bis bald!

now·adays [ˈnaʊədeɪz] heute, heutzutage

no·where [ˈnəʊweəʳ] 1 nirgends, nirgendwo, nirgendwohin; **appear from nowhere** [wie] aus dem Nichts auftauchen 2 **get nowhere** zu nichts, auf keinen grünen Zweig kommen

nowt [naʊt] (*umgangsspr*) nix, nichts

noxious [ˈnɒkʃəs] giftig, schädlich

nozzle [ˈnɒzl] Düse

nuance [ˈnjuːɑːns] Nuance, Schattierung

nu·clear [ˈnjuːklɪəʳ] **nuclear energy** Atom-, Kernenergie; **nuclear-free** atomwaffenfrei; **nuclear physics** Kernphysik; **nuclear power** Kernkraft; **a nuclear power** (*Land*) eine Atommacht; **nuclear weapon** Atomwaffe, Nuklearwaffe

nu·cleus [ˈnjuːklɪəs, *plural* ˈnjuːklɪaɪ] <*plural* nuclei> Kern

nude[1] [njuːd] nackt, unbekleidet

nude[2] [njuːd] 1 (*Kunst*) Akt; **paint a nude** einen Akt malen 2 **in the nude** nackt

nudge[1] [nʌdʒ] 1 **nudge someone** jemanden anstoßen 2 **nudge someone's memory** jemandes Gedächtnis nachhelfen

nudge[2] [nʌdʒ] kleiner Stoß

nu·dism [ˈnjuːdɪzəm] Nudismus, Freikörperkultur **nu·dist** [ˈnjuːdɪst] Anhänger(in) der Freikörperkultur **nudist beach** FKK-Strand, Nacktbadestrand **nu·dity** [ˈnjuːdətɪ] Nacktheit

nug·get [ˈnʌgɪt] **gold nugget** [Gold]Klumpen

nui·sance [ˈnjuːsns] 1 (*Person*) Plage, Nervensäge; **make a nuisance of oneself** lästig werden 2 (*Geschehen*) Ärgernis, Missstand; **public nuisance** öffentliches Ärgernis; **what a nuisance!** wie ärgerlich!

nuke [nuːk, njuːk] (*umgangsspr*) **nuke something** eine Atombombe auf etwas [ab]werfen

null [nʌl] **null and void** null und nichtig

numb[1] [nʌm] 1 taub, empfindungslos, gefühllos; **fingers numb with cold** Finger, die vor Kälte taub sind 2 (*übertragen*) betäubt

numb[2] [nʌm] **numb the pain** den Schmerz betäuben

num·ber[1] [ˈnʌmbəʳ] 1 Zahl, Ziffer; **even/odd numbers** gerade/ungerade Zahlen 2 Anzahl; **a number of problems** eine Anzahl von Problemen; **on a number of occasions** des Öfteren; **in equal numbers** ebenso viel; **ten in number** zehn an der Zahl; **they were few in number** es waren nur wenige; **many in number** zahlreich; **a fair number of times** ziemlich oft 3 (*von Haus, Telefon usw.*) Nummer; (*im Buch*) Seitenzahl 4 (*Lied*) Nummer 5 *einer Zeitschrift:* Nummer, Ausgabe, Heft 6 **numbers** Rechnen 7 **look after** [*oder* **take care of**] **number one** (*umgangsspr*) an sich selbst denken; **my number's up** (*umgangsspr*) ich bin dran

num·ber[2] [ˈnʌmbəʳ] 1 zählen *Betrag;* **the prisoners numbered 12** sie waren insgesamt 12 Gefangene 2 **number pages** Sei-

N n

ten nummerieren ③ **number among the best** zu den Besten zählen ④ **his days are numbered** seine Tage sind gezählt; **places are numbered** die Plätze sind begrenzt **number·plate** *von Auto:* Nummernschild

numb·ness ['nʌmnɪs] Taubheit

nu·meral ['njuːmərəl] Ziffer; **Arabic/Roman numerals** arabische/römische Ziffern

nu·meri·cal [njuː'merɪkl] numerisch, zahlenmäßig; **numerical order** Reihenfolge, Zahlenfolge

nu·mer·ous ['njuːmərəs] zahlreich

num·skull ['nʌmskʌl] Dummkopf

nun [nʌn] Nonne

nun·nery ['nʌnərɪ] Nonnenkloster

nurse[1] [nɜːs] ① Krankenschwester ② **male nurse** Krankenpfleger

nurse[2] [nɜːs] ① **nurse a baby** ein Baby stillen ② **nurse someone** jemanden pflegen; **nurse someone back to health** jemanden gesund pflegen ③ behandeln, kurieren *Krankheit;* **nurse a cold** eine Erkältung auskurieren

nurs·ery ['nɜːsərɪ] ① Kindertagesstätte ② (*im Haus*) Kinderzimmer ③ (*für Pflanzen*) Baumschule **nursery rhyme** Kindervers **nursery school** Kindergarten; **nursery school teacher** Erzieher(in)

nursing[1] ['nɜːsɪŋ] (*Beruf*) Krankenpflege

nursing[2] ['nɜːsɪŋ] Pflege-, pflegerisch; **nursing home** Privatklinik; **nursing staff** Pflegepersonal

nur·ture[1] ['nɜːtʃəʳ] Erziehung, Aufzucht

nur·ture[2] ['nɜːtʃəʳ] **nurture someone** [**on something**] jemanden [mit etwas] aufziehen

nut [nʌt] ① (*Frucht*) Nuss ② (*aus Metall*) [Schrauben]Mutter ③ (*übertragen*) **this problem is a hard** [*oder* **tough**] **nut to crack** dieses Problem ist eine harte Nuss ④ (*slang: Kopf*) Birne; **be off one's nut** (*slang*) nicht ganz bei Trost sein ⑤ (*slang: verrückter Mensch*) Spinner(in) ⑥ **nuts** (*slang: Hoden*) Eier **nut·cracker** Nussknacker **nut·house** (*slang*) Klapsmühle **nut·meg** ['nʌtmeg] Muskatnuss

nu·tri·ent ['njuːtrɪənt] Nährstoff **nu·tri·tion** [njuː'trɪʃn] Ernährung **nu·tri·tion·ist** [njuː'trɪʃənɪst] Ernährungswissenschaftler(in) **nu·tri·tious** [njuː'trɪʃəs] nahrhaft

nuts [nʌts] (*slang*) ① **be nuts** spinnen; **go nuts** durchdrehen ② **be nuts about someone** von jemandem ganz hingerissen sein

nut·shell ['nʌtʃel] ① Nussschale ② **to put it** [*oder* **the matter**] **in a nutshell** kurz gesagt

nutty ['nʌtɪ] ① *Essen, Geschmack:* nussig ② (*slang*) bekloppt, plemplem

nuzzle ['nʌzl] **nuzzle up against** [*oder* **up to someone**] sich an jemanden schmiegen

ny·lon ['naɪlɒn] (*Textil*) Nylon

nymph [nɪmf] Nymphe **nym·pho·maniac** [ˌnɪmfə'meɪnɪæk] Nymphomanin

O o

O, o [əʊ] <*plural* O's, o's> ① O, o ② (*bei Telefonnummern*) Null

oak [əʊk] Eiche[nholz]

OAP [ˌəʊeɪ'piː] *Abkürzung von* **old-age pensioner** Rentner(in)

oar [ɔːʳ] Ruder, Riemen; **put** [*oder* **stick**] **one's oar in** (*übertragen*) sich einmischen

oasis [əʊ'eɪsɪs, *plural* əʊ'eɪsiːz] <*plural* oases> (*auch übertragen*) Oase

oat [əʊt] Hafer; **oats** Haferflocken

oath [əʊθ] Schwur, Eid; **make** [*oder* **swear**] [*oder* **take**] **an oath** [einen Eid] schwören; **be under oath** unter Eid stehen

obedi·ence [ə'biːdɪəns] Gehorsam **obedi·ent** [ə'biːdɪənt] gehorsam, folgsam; **be obedient** [**to someone**] [jemandem] gehorchen, [jemandem] folgen

obey [ə'beɪ] ① gehorchen, folgen; **obey someone** jemandem gehorchen, jemandem folgen ② sich halten an, befolgen *Regeln*

ob·ject[1] ['ɒbdʒɪkt] ① (*Ding*) Gegenstand ② (*Ziel*) Zweck

ob·ject[2] [əb'dʒekt] ① dagegen sein, Einwände haben ② **object to something** etwas ablehnen; **do you object to my smoking?** stört es Sie, wenn ich rauche?

ob·jec·tion [əb'dʒekʃn] Einwand (**to** gegen); (*auch vor Gericht*) Einspruch; **I have no objection to his going away** ich habe nichts dagegen, dass er weggeht; **are there any objections?** erhebt jemand Einspruch?; **raise** [*oder* **make**] **an objection** einen Einwand erheben **ob·jec·tive**[1] ① objektiv, sachlich ② wirklich, real

ob·jec·tive² [əb'dʒektɪv] Ziel

ob·jec·tor [əb'dʒektəʳ] Gegner(in) (**to** einer Sache)

ob·li·ga·tion [ˌɒblɪ'geɪʃn] Verpflichtung, Pflicht; **be under an/no obligation to do something** verpflichtet/nicht verpflichtet sein, etwas zu tun; **there's no obligation to buy** es besteht kein Kaufzwang

ob·lige [ə'blaɪdʒ] ❶ **oblige someone to do something** jemanden zwingen, etwas zu tun; **you are not obliged to answer** Sie müssen nicht antworten ❷ **oblige someone** jemandem gefällig sein, entgegenkommen; **she is always ready to oblige** sie ist immer sehr gefällig; **much obliged!** herzlichen Dank!; **I am much obliged to you for this!** ich bin Ihnen dafür sehr verbunden

ob·long¹ ['ɒblɒŋ] rechteckig

ob·long² ['ɒblɒŋ] Rechteck

ob·scene [əb'siːn] unanständig, obszön, unzüchtig

ob·scure¹ [əb'skjʊəʳ] ❶ undeutlich ❷ *Hinweis:* unklar; *Text:* schwer verständlich; **for some obscure reason** aus einem unerfindlichen Grund ❸ *Dichter, Herkunft, Ort:* unbekannt, obskur

ob·scure² [əb'skjʊəʳ] **obscure something** etwas verdecken, verbergen

ob·serv·ant [əb'zɜːvənt] aufmerksam, wachsam **ob·ser·va·tion** [ˌɒbzə'veɪʃn] ❶ Beobachtung, Beobachten; **keep someone under observation** jemanden unter Beobachtung halten ❷ **powers of observation** Beobachtungsgabe ❸ Bemerkung, Äußerung (**on** über)

ob·serv·atory [əb'zɜːvətrɪ] Sternwarte, Observatorium

ob·serve [əb'zɜːv] ❶ zusehen, beobachten; **observe someone/something** jemanden/etwas be[ob]achten, bemerken, wahrnehmen; (*polizeilich*) jemanden/etwas überwachen ❷ beachten, befolgen *Vorschrift* ❸ einhalten; feiern *Feiertag* ❹ bemerken, feststellen **ob·server** [əb'zɜːvəʳ] ❶ Zuschauer(in) ❷ (*polizeilich usw.*) Beobachter(in)

ob·sess [əb'ses] **be obsessed by** [*oder* **with**] **someone/something** von jemandem/etwas besessen sein; **women obsess him** er ist von Frauen besessen **ob·sess·ion** [əb'seʃn] ❶ Besessenheit (**with** von) ❷ fixe Idee, Manie **ob·sess·ive** [əb'sesɪv] zwanghaft

ob·sol·ete ['ɒbsəliːt] veraltet, überholt

ob·stacle ['ɒbstəkl] ❶ (*auch übertragen*) Hindernis (**to** für); **be an obstacle to something** einer Sache entgegenstehen ❷ (*übertragen*) **put obstacles in someone's way** jemandem Steine in den Weg legen **ob·sta·cle race** Hindernisrennen

ob·sti·nate ['ɒbstɪnət] hartnäckig, starrsinnig

ob·struct [əb'strʌkt] ❶ **obstruct something** etwas [ver]sperren, blockieren; **obstruct traffic** den Verkehr behindern; **obstruct someone's view** jemandem die Sicht versperren ❷ (*übertragen*) **obstruct someone** jemanden [be]hindern, hemmen, sperren; **obstruct progress** den Fortschritt aufhalten **ob·struc·tion** [əb'strʌkʃn] ❶ Versperren; *einer Straße:* Verstopfung ❷ *von Fortschritt, Plan:* Behinderung (**to** für) **ob·struc·tive** [əb'strʌktɪv] obstruktiv, behindernd

ob·tain [əb'teɪn] ❶ **obtain something** etwas erhalten, erlangen, bekommen; **obtain something for someone** jemandem etwas verschaffen ❷ erzielen *Preis, Resultat* ❸ erwerben *akademischen Grad, Wissen* **ob·tain·able** [əb'teɪnəbl] erhältlich

ob·trus·ive [əb'truːsɪv] aufdringlich, penetrant

ob·tuse [əb'tjuːs] ❶ (*Winkel*) stumpf ❷ *Mensch:* begriffsstutzig

ob·vi·ous ['ɒbvɪəs] ❶ offenbar, offensichtlich, augenfällig; **it's obvious** das liegt auf der Hand ❷ *Unterschied:* offenkundig ❸ *Lösung:* einleuchtend, nahe liegend

oc·ca·sion [ə'keɪʒn] ❶ (*Zeitpunkt*) Gelegenheit, Anlass; **on occasion** gelegentlich; **on that occasion** damals; **on several occasions** mehrmals ❷ (*Fest usw.*) Ereignis; **to celebrate the occasion** zur Feier des Tages; **on the occasion of your marriage** anlässlich Ihrer Hochzeit ❸ (*günstiger Moment*) Gelegenheit, Möglichkeit; **he took the occasion to make a speech** er hat die Gelegenheit ergriffen, um eine Rede zu halten ❹ **should the occasion arise** nötigenfalls **oc·ca·sional** [ə'keɪʒənl] gelegentlich, hin und wieder **oc·ca·sional·ly** [ə'keɪʒənəlɪ] gelegentlich, ab und zu

oc·cu·pant ['ɒkjʊpənt] ❶ Bewohner(in) ❷ *einer Stelle:* Inhaber(in) **occu·pa·tion** [ˌɒkjʊ'peɪʃn] ❶ Beruf, Tätigkeit ❷ (*Betäti-*

gung, Hobby usw.) Beschäftigung ③ *eines Landes, einer Stadt:* Besetzung **oc·cu·pa·tio·nal** [ˌɒkjʊˈpeɪʃənl] ① beruflich; **occupational hazard** Berufsrisiko ② **occupational therapy** Beschäftigungstherapie **oc·cu·pier** [ˈɒkjʊpaɪəʳ] *von Haus usw.:* Bewohner(in)

oc·cupy [ˈɒkjʊpaɪ] ① bewohnen; belegen *Zimmer* ② (*militärisch, polizeilich*) besetzen *Gebäude, Stadt usw.* ③ **this seat is occupied** dieser Platz ist besetzt ④ innehaben *Stellung* ⑤ einnehmen *Raum* ⑥ in Anspruch nehmen *Zeit* ⑦ **occupy someone, keep someone occupied** jemanden beschäftigen; **occupy oneself** sich beschäftigen

oc·cur [əˈkɜːʳ] <occurred> ① vorkommen; *Unfall, Vorfall:* sich ereignen, geschehen; *Problem:* sich ergeben ② **occur to someone** jemandem einfallen, in den Sinn kommen; **it occurs to me that he may be right** ich habe den Eindruck, er könnte Recht haben; **did it ever occur to you that …?** hast du eigentlich je daran gedacht, dass …? **oc·cur·rence** [əˈkʌrəns] ① (*Begebenheit*) Ereignis, Vorkommnis; **an everyday occurrence** ein alltägliches Ereignis ② *von Pflanzen, Tieren, usw.:* Vorkommen

ocean [ˈəʊʃn] Ozean, Meer

o'clock [əˈklɒk] **it's 2 o'clock** es ist 2 Uhr

oc·ta·gon [ˈɒktəgən] Achteck

Oc·to·ber [ɒkˈtəʊbəʳ] Oktober; **in October** im Oktober

oc·to·pus [ˈɒktəpəs] Tintenfisch, Krake

odd [ɒd] ① **odd number** ung(e)rade Zahl ② *Schuh, Socke:* einzeln; **odd one** [*oder* **man**] **out** das fünfte Rad am Wagen ③ *Ereignis, Mensch:* merkwürdig, seltsam ④ gelegentlich, zeitweilig; **at odd times** hin und wieder, dann und wann; **odd-job man** Gelegenheitsarbeiter ⑤ *Geld, Zeit:* übrig ⑥ **I've lived here for thirty-odd years** ich habe so um die dreißig [Jahre] hier gelebt **odd·ly** [ˈɒdlɪ] eigenartig, sonderbar, merkwürdig; **oddly enough** seltsamerweise

odds [ɒdz] *plural* ① (*beim Wetten*) Gewinnchancen; **the odds are 2 to 1** die Chancen stehen 2 zu 1 ② **the odds are against us** alles spricht gegen uns; **the odds are in his favour** der Vorteil ist auf seiner Seite ③ **pay over the odds** einiges mehr bezahlen ④ **it makes no odds** es spielt keine Rolle ⑤ **be at odds with someone over something** mit jemandem in etwas nicht einig sein ⑥ **odds and ends** Überbleibsel, Krimskrams, Kram **odds-on** [ˌɒdzˈɒn] **he's odds-on to win** er ist klarer Favorit

of [əv, *betont* ɒv] ① *Besitzverhältnis* von; **a friend of mine** ein Freund von mir; **the works of Shakespeare** Shakespeares Werke ② *örtlich* **the city of Birmingham** die Stadt Birmingham; **north of London** nördlich von London; **the Battle of Hastings** die Schlacht von [*oder* bei] Hastings ③ *zeitlich* **your letter of 10th June** Ihr Brief vom 10. Juni; **today of all days** ausgerechnet heute; **of late** seit neuestem; **of old** einst, ehemals; **a quarter of six** (USA) Viertel vor sechs ④ *Angabe des Grundes, der Ursache* **die of hunger** verhungern; **be proud of something** stolz auf etwas sein; **what has become of him?** was ist aus ihm geworden? ⑤ *Angabe des Geruchs, Materials* **it smells of leather** es riecht nach Leder; **a table made of wood** ein Holztisch ⑥ *Angabe der Beschäftigung, Qualität* **doctor of medicine** Doktor der Medizin; **man of courage** mutiger Mensch; **of no importance** bedeutungslos; **she has a fear of the dark** sie fürchtet sich vor der Dunkelheit; **love of money** Liebe zum Geld; **you of all people ought to know** gerade Sie sollten das wissen ⑦ *mit Quantität* **the five of us** wir fünf; **many of them came** viele kamen; **one of the best** einer der Besten; **a glass of wine** ein Glas Wein; **a pound of oranges** ein Pfund Orangen

off [ɒf] ① *Entfernung* abgelegen von; **far off** weit weg; **the inn was 2 miles off the main road** der Gasthof lag 2 Meilen von der Hauptstraße entfernt; **the town is five miles off** die Stadt ist fünf Meilen entfernt ② *Angabe eines Weggangs* fort, weg; **he's gone off** er ist weggegangen; **off with him!** fort mit ihm!; **it's time I was off** es ist Zeit, dass ich gehe ③ *Angabe einer Bewegung* **fall off a ladder** von einer Leiter fallen; **get off the bus** aus dem Bus aussteigen ④ *zeitlich* **how are we off for time?** wie viel Zeit haben wir noch?; **it rained off and on** es regnete ab und an; **the holidays are not far off** es ist nicht mehr lang bis zu den Ferien ⑤ (*an der Arbeit, Schule*) frei; **get a day off** einen Tag freibekommen; **be off sick** wegen Krankheit fehlen ⑥ *Gerät, Licht usw.:* aus; **put the light off** das Licht ausschalten ⑦ *Deckel:*

nicht drauf; **get the lid off** den Deckel abbekommen ⑧ **she borrowed money off her father** (*slang*) sie lieh sich von ihrem Vater Geld ⑨ (*umgangsspr*) **be off one's food** keinen Appetit haben; **he's off drugs now** er ist jetzt von den Drogen runter ⑩ *Speisen:* verdorben, schlecht; *Milch:* sauer ⑪ **I'm afraid the veal is off now** das Kalbfleisch ist leider ausgegangen ⑫ *Spiel, Streik:* abgesagt; **the party is off** die Party fällt aus ⑬ **be badly/well off** nicht gut/gut gestellt sein ⑭ **that's a bit off!** das ist ein dicker Hund!

off-centre [ˌɒfˈsentəʳ] nicht in der Mitte, asymmetrisch **off-chance** [ˈɒftʃɑːns] **I came on the off-chance of seeing him** ich kam in der Hoffnung, ihn [vielleicht] zu sehen **off-col·our**, (USA) **off-color** [ˌɒfˈkʌləʳ] unwohl

of·fence [əˈfens] ① (*vor dem Gericht*) Straftat, Vergehen (**against** gegen); **commit an offence** sich strafbar machen ② Kränkung, Beleidigung; **cause** [*oder* **give**] **offence to someone** jemanden kränken; **take offence at something** wegen etwas gekränkt sein, an etwas Anstoß nehmen ③ (*sportlich*) Angriff

of·fend [əˈfend] beleidigend sein; **offend someone** jemanden beleidigen, verletzen, bei jemandem Anstoß erregen **of·fender** [əˈfendəʳ] Täter(in), Verkehrssünder(in)

of·fense (USA) ① Straftat, Vergehen; **commit an offense** sich strafbar machen ② Kränkung, Beleidigung; **take offense at something** wegen etwas gekränkt sein, an etwas Anstoß nehmen ③ (*sportlich*) Angriff

of·fen·sive¹ [əˈfensɪv] ① offensiv, Angriffs- ② *Geruch:* unangenehm, widerlich ③ *Film:* anstößig ④ *Benehmen:* beleidigend, kränkend

of·fen·sive² [əˈfensɪv] Angriff, Offensive; **on the offensive** in der Offensive; **offensive weapon** Offensivwaffe

of·fer¹ [ˈɒfəʳ] ① **offer something** etwas anbieten; **offer to do something** anbieten, etwas zu tun; **offer to help** seine Hilfe anbieten ② **offer an explanation** eine Erklärung geben; **offer an opinion** sich äußern; anbieten *Rat* ③ aussetzen *Belohnung, Preis, Summe* ④ **offer resistance** Widerstand leisten ⑤ **Scotland has a lot to offer** Schottland hat eine Menge zu bieten

of·fer² [ˈɒfəʳ] ① Angebot; **make an offer of something to someone** jemandem etwas anbieten; **accept/turn down** [*oder* **decline**] **an offer** ein Angebot annehmen/ablehnen ② **offer of marriage** [Heirats]Antrag ③ (*Waren*) **on offer** [zum Verkauf] angeboten, im Sonderangebot; **the house is under offer** für das Haus liegt ein Kaufangebot vor

off-hand [ˌɒfˈhænd] ① so ohne weiteres, auf Anhieb; **I don't know off-hand** das weiß ich nicht auswendig ② **off-hand[ed]** *Person:* lässig; *Benehmen:* gleichgültig

of·fice [ˈɒfɪs] ① Büro; **at the office** im Büro ② Amt; **hold office** im Amt sein; **take office** das Amt antreten; (*von Partei*) die Regierung übernehmen ③ **Home Office** (GB) Innenministerium **office block** Bürohaus, Bürokomplex **office building** Bürogebäude **office equipment** Büroausstattung **office hours** *plural* Dienstzeit, Geschäftszeit, Öffnungszeiten

of·fi·cer [ˈɒfɪsəʳ] ① (*militärisch*) Offizier ② (*polizeilich*) Beamte(r), Beamtin

office staff Büropersonal **office supplies** *plural* Bürobedarf **office worker** Büroangestellte(r)

of·fi·cial¹ [əˈfɪʃl] amtlich, dienstlich, offiziell; **official statement** amtliche Verlautbarung

of·fi·cial² [əˈfɪʃl] ① Beamte(r), Beamtin ② *von Verein:* Funktionär(in)

of·fi·cial·ly [əˈfɪʃəlɪ] offiziell

off-licence [ˈɒflaɪsns] (GB) Wein- und Spirituosenhandlung **off-peak** [ˈɒfpiːk] **off-peak charges** verbilligter Tarif; **during off-peak hours** außerhalb der Stoßzeiten **off-put·ting** [ˌɒfˈpʊtɪŋ] (*umgangsspr*) wenig einladend; *Person, Verhalten:* abstoßend **off-sea·son** [ˈɒfsiːzn] Nebensaison

off·shore [ˌɒfˈʃɔːʳ] ① von der Küste weg; **sail offshore** vor der Küste segeln ② küstennah, Küsten-; **offshore wind** Landwind

off·side¹ [ˌɒfˈsaɪd] ① (*Sport*) im Abseits; **be offside** abseits stehen ② *Auto:* auf der Fahrerseite

off·side² [ˌɒfˈsaɪd] *von Auto:* Fahrerseite

off-white [ˌɒfˈwaɪt] gebrochen weiß

of·ten [ˈɒfn] oft, häufig; **we often go there** wir gehen häufig dahin; **as often as not** [*oder* **more often than not**] meistens; **every so often** öfters, von Zeit zu Zeit; **how often?** wie oft?

oh [əʊ] oh! ach!; **oh well** na ja!; **oh dear!** o

je!; **oh yes?** ach ja?

oil[1] [ɔɪl] ❶ Öl ❷ Erdöl, Petroleum ❸ *(zum Malen)* **oils** Ölfarbe, Ölgemälde

oil[2] [ɔɪl] **oil something** etwas [ein]ölen, schmieren

oil change *(von Auto)* Ölwechsel **oil company** Ölkonzern **oil-fired heating system** Ölheizung **oil painting** ❶ *(Bild)* Ölgemälde ❷ *(Beschäftigung)* Ölmalerei **oil-producing** Öl fördernd; **oil-producing country** Ölförderland **oil rig** Bohrturm, -insel **oil·skin oilskins** Ölzeug **oil slick** Ölteppich, Öllache **oil tanker** Öltanker, Tankschiff **oil well** Ölquelle

oily ['ɔɪlɪ] ❶ *(auch übertragen)* ölig ❷ *Finger:* voller Öl; *Haar, Haut:* fettig

oint·ment ['ɔɪntmənt] Salbe

OK[1], **okay** [ˌəʊ'keɪ] ❶ okay! einverstanden! in Ordnung! ❷ in Ordnung, okay; **that's okay with me** das ist mir recht; **be okay for money** genug Geld haben ❸ gut; **he's doing OK** er macht seine Sache gut

OK[2], **okay** [ˌəʊ'keɪ] gutheißen, billigen *Plan*

OK[3], **okay** [ˌəʊ'keɪ] Zustimmung; **I gave the plan my OK** ich gab dem Plan mein O.K.

old[1] [əʊld] ❶ alt; **old people** alte Leute; **he's forty years old** er ist 40; **a seven-year-old girl** eine Siebenjährige; **an old friend of his** ein alter Freund von ihm ❷ früher, ehemalig; **in the old days** früher; **his old school** seine ehemalige Schule ▶ IN WENDUNGEN: **be an old hand** ein alter Hase sein; **any old thing** irgendwas

old[2] [əʊld] **in days of old** in alten Zeiten

old age das Alter; **reach old age** ein hohes Alter erreichen; **old-age pension** Altersrente; **old age pensioner, OAP** Rentner(in) **old-fashioned** [ˌəʊld'fæʃnd] altmodisch **old people's home** Altersheim **old-style** im alten Stil

ol·ive[1] ['ɒlɪv] ❶ Olive; **olive tree** Olivenbaum ❷ *Farbe:* Olivgrün

ol·ive[2] ['ɒlɪv] olivgrün

olive oil ['ɒlɪvˌɔɪl] Olivenöl

Olym·pic[1] [ə'lɪmpɪk] olympisch

Olym·pic[2] [ə'lɪmpɪk] **the Olympic Games, the Olympics** die Olympischen Spiele

om·elette, (USA) **om·elet** ['ɒmlɪt] Omelett(e), Eierkuchen

omit [ə'mɪt] <omitted> ❶ **omit something** etwas auslassen (**from** aus) ❷ **omit to do** [*oder* **doing**] **something** unterlassen, versäumen, etwas zu tun

on [ɒn] ❶ *(räumlich)* auf, an; **on the table** auf dem Tisch; **pictures on the wall** Bilder an der Wand; **on the right/left** rechts/links; **a house on the coast** ein Haus am Meer ❷ *zeitlich* an; **on Sunday** am Sonntag; **on the evening of May the first** am Abend des ersten Mai; **on the dot** auf die Minute genau; **from that day on** von diesem Tag an ❸ *(mit Transportmittel)* **go on the train** mit dem Zug fahren; **on foot** zu Fuß; **on a bicycle** mit dem Fahrrad ❹ *(mit Thema)* über; **a lecture on Shakespeare** ein Vortrag über Shakespeare ❺ *(Mittel)* **live on one's income** von seinem Einkommen leben; **live on bread** sich von Brot ernähren ❻ bei; **on my arrival** bei meiner Ankunft; **on request** auf Wunsch; **on receiving his letter** auf seinen Brief hin ❼ *(mit Beschäftigung, Arbeit usw.)* **work on a project** an einem Projekt arbeiten; **he is on the committee** er gehört dem Ausschuss an; **be on duty** im Dienst sein ❽ *(mit Instrumenten)* **play on the violin** auf der Geige spielen ❾ *(mit Geld)* **this is on me** das geht auf meine Kosten; **he has no money on him** er hat kein Geld bei sich ❿ **have nothing on** nichts anhaben, nackt sein; **I have nothing on tonight** ich habe heute Abend nichts vor; **I put a hat on** ich setzte einen Hut auf; **keep on talking** immer weiterreden ⓫ **on and on** ununterbrochen, andauernd; **be on at someone** *(umgangsspr)* dauernd auf jemandem herumhacken; **what's he on about?** wovon redet er nun schon wieder? ⓬ *Gerät, Licht:* an; **be on** an sein ⓭ **on the radio** im Radio; **who's on tonight?** wer spielt heute Abend?; **what's on in town?** was läuft in der Stadt? ⓮ **it's just not on** das gibt es einfach nicht

once [wʌns] ❶ *(zahlenmäßig)* einmal; **once a week** einmal in der Woche; **once more** noch einmal; **once and for all** ein für allemal; **once or twice** ein- oder zweimal ❷ *(vergangen)* früher einmal, einst; **once upon a time there was …** es war einmal … ❸ **at once** sofort, auf einmal; **all at once** ganz plötzlich ❹ wenn, als

on·com·ing ['ɒnkʌmɪŋ] **oncoming traffic** Gegenverkehr

one[1] [wʌn] ❶ *(Zahl)* ein, eine, ein; **the baby is one [year old]** das Kind ist ein Jahr [alt]; **it is one o'clock** es ist ein Uhr; **one**

hundred pounds hundert Pfund ② (*unbestimmt*) **one morning** eines Morgens; **one day next week** nächste Woche einmal ③ (*einzig*) **my one hope** meine einzige Hoffnung; **my one thought was …** mein einziger Gedanke war … ④ (*ohne Unterschied*) **they are one and the same person** das ist ein und dieselbe Person; **it is all one** das ist einerlei ⑤ (*einig sein*) **we are one on the subject** wir sind uns in dieser Sache einig ⑥ eine(r, s); **she is one of us** sie ist eine von uns; **the one who …** derjenige, der …; **a bigger one** ein größerer; **no one of these people** keiner dieser Leute; **any one** irgendeine(r, s); **every one** jede(r, s); **this one** diese(r, s); **the little ones** die Kleinen; **I'm not one to go out often** ich bin nicht der Typ, der oft ausgeht; **they came one and all** sie kamen alle; **one by one** einzeln; **one after the other** einer nach dem anderen ⑦ *unpersönlich* **wash one's face** sich das Gesicht waschen

one² [wʌn] Eins; **in ones and twos** in kleinen Gruppen

one-piece [ˌwʌn'piːs] einteilig; **one-piece swimsuit** Einteiler

one·self [wʌn'self] ① sich; **cut oneself** sich schneiden ② (*betont*) [man] selbst; **for oneself** ganz allein, ohne Hilfe; **if one doesn't do everything oneself** wenn man nicht alles selbst macht ③ **be oneself** sich so geben, wie man ist; **come to oneself** wieder zu sich kommen, sich fassen

one-way ['wʌnweɪ] **one-way street** Einbahnstraße; **one-way ticket** einfache Fahrkarte

on·go·ing ['ɒngəʊɪŋ] *Problem:* laufend; *Situation:* andauernd; *Suche:* im Gang befindlich

onion ['ʌnɪən] Zwiebel

on·looker ['ɒnlʊkəʳ] Zuschauer(in)

only ['əʊnlɪ] ① einzige(r, s); **he's an only child** er ist ein Einzelkind; **the only thing** das Einzige; **her only answer was a shrug** ihre Antwort bestand nur aus einem Achselzucken; **my one and only hope** meine einzige Hoffnung ② nur; **only last week** erst letzte Woche; **if only** wenn doch nur; **not only … but also** nicht nur … sondern auch; **if only that hadn't happened** wenn das bloß nicht passiert wäre; **only just** eben erst ③ **I'd love to go, only I'm busy** ich würde gern hingehen, aber ich habe so viel zu tun

o.n.o. [ˌəʊen'əʊ] *Abkürzung von* **or near**(**est**) **offer** oder gegen Höchstgebot, Verhandlungsbasis, VB

on·side ['ɒnsaɪd] (*Sport*) nicht im Abseits

onto ['ɒntʊ, (USA) 'ɒntə] ① auf ② **be onto someone** jemandem auf die Schliche kommen

on·ward ['ɒnwəd] ① **onward**[**s**] voran, vorwärts, weiter; **from today onwards** von heute an ② nach vorn [gerichtet]

open¹ ['əʊpən] ① *Augen, Buch, Fenster:* offen; **keep the door open** die Tür offen lassen; **a shirt open at the neck** ein am Hals offenes Hemd ② *Bank, Geschäft:* geöffnet; **open/open on Sundays** geöffnet/Sonntags geöffnet; **open to the public** der Öffentlichkeit zugänglich; **declare something open** etwas einweihen, eröffnen ③ *Blick:* frei, offen; *Charakter:* offen, aufrichtig; **be open to advice** Ratschlägen zugänglich sein ④ *Feuer, Gelände:* offen; **in the open air** im Freien; **road open to traffic** Durchfahrt frei ⑤ *Frage:* offen, ungeklärt; **an open secret** ein offenes Geheimnis; **leave something open** (*übertragen*) etwas offen lassen; **have an open mind on something** einer Sache aufgeschlossen gegenüberstehen ⑥ **in open court** in öffentlicher Verhandlung ⑦ **be open to attack** Angriffen ausgesetzt sein

open² ['əʊpən] ① *Fenster, Tür:* sich öffnen, aufgehen ② öffnen, aufmachen *Mund;* aufschlagen *Buch, Zeitung* ③ *Laden:* öffnen, aufmachen; **doors open at 6 o'clock** Einlass ab 18 Uhr; eröffnen *Ausstellung, Konto* ④ (*übertragen*) beginnen (**with** mit); eröffnen, beginnen *Debatte, Diskussion* ⑤ **open one's heart to someone** jemandem sein Herz ausschütten ⑥ *Zimmer:* führen (**into, onto** in)

open³ ['əʊpən] ① **in the open** im Freien ② **come out into the open** (*übertragen*) Farbe bekennen; **force something out into the open** etwas zur Sprache bringen

◆**open out** ① *Landschaft:* sich verbreitern ② **open out a map** eine Karte auseinander falten ③ (*übertragen*) **bring someone out** jemanden aus der Reserve locken

◆**open up** ① *Knospe:* sich öffnen; **open up a box/parcel** eine Kiste/eine Paket aufmachen ② aufschließen *Tür;* **the door opened up** die Tür ging auf ③ *Firma:* sich niederlas-

O

sen ❹ erschließen *Gebiet;* eröffnen *Geschäft* ❺ (*übertragen*) *Person:* gesprächiger werden

open-air [ˌəʊpnˈeəʳ] im Freien; **open-air swimming pool** Freibad; **open-air theatre** Freilichttheater **open-ended** [ˌəʊpnˈendɪd] (*übertragen*) offen, zeitlich nicht begrenzt; **open-ended discussion** Endlosdiskussion **opener** [ˈəʊpənəʳ] ❶ **bottle-opener** Flaschenöffner; **tin-opener** [*oder* (USA) **can-opener**] Büchsenöffner ❷ **for openers** für den Anfang

open·ing[1] [ˈəʊpənɪŋ] ❶ *von Loch usw.:* Öffnung ❷ *von Ausstellung, Parlament usw.:* Eröffnung ❸ Beginn, Anfang ❹ *von Paket:* Aufmachen ❺ Möglichkeit, Chance ❻ (*Arbeit*) freie Stelle

open·ing[2] [ˈəʊpənɪŋ] erste(r, s), Eröffnungs- **opening balance** Eröffnungsbilanz **opening bid** Eröffnungsgebot **opening hours** *plural* Öffnungszeiten **opening night** Eröffnungsvorstellung **opening time** Öffnungszeit

open·ly [ˈəʊpənlɪ] ❶ **speak openly** offen reden ❷ öffentlich

open-minded [ˌəʊpnˈmaɪndɪd] aufgeschlossen **open sandwich** belegtes Brot **open ticket** offenes Ticket **Open University** (GB) Fernuniversität

op·era [ˈɒprə] Oper; **go to the opera** in die Oper gehen

op·er·ate [ˈɒpəreɪt] ❶ *Maschine:* in Betrieb, in Gang sein; *Bus, Zug:* verkehren; bedienen *Maschine* ❷ **the radio operates on batteries** das Radio funktioniert mit Batterien ❸ **operate on someone** jemanden operieren; **be operated on** operiert werden ❹ betreiben, führen *Geschäft* ❺ (*militärisch*) operieren **op·er·at·ing** [ˈɒpəreɪtɪŋ] ❶ Betriebs- ❷ (*medizinisch*) Operations-

op·er·ation [ˌɒpəˈreɪʃn] ❶ *von Maschine:* Gang, Lauf; **be in/out of operation** in/außer Betrieb sein ❷ (*medizinisch*) Operation; **have an operation** operiert werden (**for** wegen) ❸ (*militärisch*) Operation ❹ **the law comes into operation soon** das Gesetz wird bald in Kraft treten **op·er·ation·al** [ˌɒpəˈreɪʃənl] *Maschine:* betriebsbereit

op·er·at·ive [ˈɒpərətɪv] in Betrieb; *Gesetz:* wirksam *Behandlung:* operativ; **become operative** in Kraft treten

op·er·ator [ˈɒpəreɪtəʳ] ❶ (*am Telefon*) Vermittlung ❷ Maschinenarbeiter(in), Operator(in) ❸ **a clever** [*oder* **smooth**] **operator** (*umgangsspr*) ein raffinierter Kerl

oph·thal·mic [ɒfˈθælmɪk] **opthalmic optician** Augenoptiker(in)

opin·ion [əˈpɪnɪən] Meinung, Ansicht (**about, on** zu); **in my opinion** meiner Ansicht nach; **in the opinion of most people** nach Ansicht der meisten Menschen; **it's a matter of opinion** das ist Ansichtssache; **have a good opinion of someone** eine gute Meinung von jemanden haben; **public opinion** die öffentliche Meinung **opinion poll** Meinungsumfrage

op·po·nent [əˈpəʊnənt] (*Sport usw.*) Gegner(in), Gegenspieler(in)

op·por·tun·ity [ˌɒpəˈtjuːnətɪ] Gelegenheit; **at the first opportunity** bei der erstbesten Gelegenheit; **take/seize the opportunity to do** [*oder* **of doing**] **something** die Gelegenheit nutzen/ergreifen, etwas zu tun

op·pose [əˈpəʊz] ❶ **oppose something** sich einer Sache widersetzen; **oppose a plan** einen Plan ablehnen ❷ (*bei Wahl*) **oppose someone** gegen jemanden kandidieren **op·posed** [əˈpəʊzd] ❶ dagegen ❷ **be opposed to something** gegen etwas sein ❸ **as opposed to** im Gegensatz zu **op·pos·ing** [əˈpəʊzɪŋ] ❶ gegnerisch; **opposing team** Gegenmannschaft ❷ *Ansichten usw.:* entgegengesetzt

op·po·site[1] [ˈɒpəzɪt] ❶ *Richtung:* entgegengesetzt; *Gebäude:* gegenüberliegend ❷ gegenüber; **they live opposite the theatre** sie wohnen gegenüber dem Theater; **they sat opposite** sie saßen uns/sich gegenüber; **opposite one another** einander/sich gegenüber ❸ (*übertragen*) entgegengesetzt; **the opposite sex** das andere Geschlecht

op·po·site[2] [ˈɒpəzɪt] Gegenteil, Gegensatz; **quite the opposite!** ganz im Gegenteil!

op·po·si·tion [ˌɒpəˈzɪʃn] ❶ Gegensatz (**to** zu) ❷ Widerstand, Opposition; **without opposition** widerstandslos ❸ (GB) (*politisch*) **the Opposition** die Opposition

op·ti·cal [ˈɒptɪkl] optisch; **optical fibre** Glasfaser; **optical illusion** optische Täuschung **op·ti·cian** [ɒpˈtɪʃn] Optiker(in)

op·ti·mism [ˈɒptɪmɪzəm] Optimismus **op·ti·mist** [ˈɒptɪmɪst] Optimist(in) **op·ti·mis·tic** [ˌɒptɪˈmɪstɪk] optimistisch

op·ti·mum[1] [ˈɒptɪməm] optimal

op·ti·mum[2] [ˈɒptɪməm] Optimum

op·tion ['ɒpʃn] ① Wahl, Möglichkeit; **I have little/no option** mir bleibt kaum eine/keine andere Wahl; **she had no option but to leave** ihr blieb nichts anderes übrig als zu gehen; **leave one's options open** sich alle Möglichkeiten offen lassen ② (*an Schule/Uni*) Wahlfach **op·tional** ['ɒpʃənl] freiwillig, wahlfrei, fakultativ; **optional extras** Extras

or [ɔːʳ] ① oder; **a minute or two** ein paar Minuten; **he could not read or write** er konnte weder lesen noch schreiben ② **either … or** entweder … oder; **whether … or not** ob … oder; **or else** sonst, andernfalls; **or even** oder sogar; **or rather** oder vielmehr

oral[1] ['ɔːrəl] ① mündlich ② (*medizinisch*) oral

oral[2] ['ɔːrəl] (*umgangsspr*) mündliche Prüfung

or·ange[1] ['ɒrɪndʒ] ① (*Frucht*) Apfelsine, Orange ② (*Farbe*) Orange

or·ange[2] ['ɒrɪndʒ] orange[farben]

or·ange·ade [ˌɒrɪndʒ'eɪd] Orangeade **orange juice** Orangensaft **orange peel** Orangenschale

or·bit[1] ['ɔːbɪt] ① *von Planeten usw.:* Umlaufbahn, Planetenbahn, Orbit; **put a satellite into orbit** einen Satelliten in die Umlaufbahn schießen ② (*übertragen*) Machtbereich, Einflusssphäre

or·bit[2] ['ɔːbɪt] kreisen; **orbit the Earth** die Erde umkreisen

or·chard ['ɔːtʃəd] Obstgarten; (*kommerziell*) Obstplantage

or·ches·tra ['ɔːkɪstrə] Orchester **or·ches·tral** [ɔː'kestrəl] Orchester-, orchestral **orchestra pit** Orchestergraben

or·chid ['ɔːkɪd] Orchidee

or·deal [ɔː'diːl] Tortur, Qual

or·der[1] ['ɔːdəʳ] ① [An]Ordnung, [Reihen]Folge; **alphabetical order** alphabetischer Reihenfolge; **word order** Wortstellung; **in order of preference** in der bevorzugten Reihenfolge; **put something in order** etwas ordnen ② (*geordneter Zustand*) Ordnung; **be out of order** *Maschine:* nicht funktionieren, außer Betrieb sein; **her passport is in order** ihr Pass ist in Ordnung; **put one's affairs in order** Ordnung in seine Angelegenheiten bringen; **keep order** Ordnung wahren ③ (*im Restaurant*) Bestellung; **last orders, please!** (*in einer Kneipe*) letzte Runde bitte! ④ *von Waren:* Auftrag, Bestellung, Order; **made to order** auf Bestellung angefertigt ⑤ (*militärisch*) Kommando, Befehl; **be under orders to do something** Instruktionen haben, etwas zu tun; **until further orders** bis auf weiteren Befehl ⑥ *von Gericht:* Verfügung; **law and order** Recht und Ordnung ⑦ **in order to do something** um etwas zu tun; **in order that** damit

or·der[2] ['ɔːdəʳ] ① (*im Geschäft, Restaurant usw.*) bestellen; **order something** etwas bestellen; **are you ready to order?** darf ich Ihre Bestellung aufnehmen? ② **order someone to do something** jemanden anweisen, etwas zu tun; (*militärisch*) jemandem befehlen, etwas zu tun; **the doctor ordered me to stay in bed** der Arzt verordnete mir Bettruhe ③ ordnen *Bücher, Dokumente usw.* ④ **order someone about** jemanden herumkommandieren

order form Bestellformular

or·der·ly[1] ['ɔːdəlɪ] ① ordentlich, geordnet, systematisch ② *Leben:* geregelt ③ *Gruppe:* gesittet, friedlich

or·der·ly[2] ['ɔːdəlɪ] **medical orderly** Pfleger(in), Sanitäter(in)

or·di·nal ['ɔːdɪnl] Ordnungszahl

or·di·nary[1] ['ɔːdɪnrɪ] ① gewöhnlich, normal; **in the ordinary way** unter gewöhnlichen Umständen; **ordinary use** normaler Gebrauch ② durchschnittlich, alltäglich ③ **ordinary people** einfache Leute

or·di·nary[2] ['ɔːdɪnrɪ] **nothing out of the ordinary** nichts Außergewöhnliches

ord·nance ['ɔːdnəns] **Ordnance Survey map** amtliche topographische Karte

or·gan ['ɔːgən] ① (*körperlich*) Organ ② (*übertragen*) Sprachrohr; *einer Partei:* Organ ③ (*Instrument*) Orgel **organ donor** Organspender(in)

or·ganic [ɔː'gænɪk] organisch; **organic farming** biologisch-dynamische Landwirtschaft; **organic waste** organischer Abfall, Biomüll **or·gan·ism** ['ɔːgənɪzəm] Organismus

or·gan·ist ['ɔːgənɪst] (*Musik*) Organist(in)

or·gan·iz·ation [ˌɔːgənaɪ'zeɪʃn] ① Organisation, Einteilung ② [Auf]Bau, Struktur, Bildung, Gliederung, Planung ③ Organisation, Unternehmen

or·gan·ize ['ɔːgənaɪz] ❶ **organize something** etwas organisieren ❷ einteilen *Arbeit, Zeit;* planen *Leben* ❸ organisieren *Treffen usw.*

or·gan·ized ['ɔːgənaɪzd] ❶ organisiert, geregelt; **he isn't very organized** bei ihm geht alles drunter und drüber ❷ **organized crime** das organisierte Verbrechen

or·gasm ['ɔːgæzəm] Orgasmus

orien·tal [ˌɔːrɪ'entl] *Kultur, Land:* östlich; **oriental studies** Orientalistik

orientate ['ɔːrɪentəɪt], (USA) auch **orient** ['ɔːrɪent] (*übertragen*) **orientate something** etwas ausrichten (**to, towards** auf)

orien·ta·tion [ˌɔːrɪən'teɪʃn] Orientierung; (*auch übertragen*) Ausrichtung

ori·gin ['ɒrɪdʒɪn] ❶ Ursprung, Herkunft, Abstammung; **country of origin** Ursprungsland, Herkunftsland; **place of origin** Ursprungsort; **proof of origin** Herkunftsnachweis ❷ (*der Welt*) Entstehung ❸ **the problem has its origin in the lack of resources** das Problem geht auf den Mangel an Mitteln zurück

orig·inal[1] [ə'rɪdʒənl] ❶ ursprünglich, anfänglich; **original sin** Erbsünde; **original inhabitants** Ureinwohner ❷ *Gemälde:* original ❸ *Idee:* originell

orig·inal[2] [ə'rɪdʒənl] ❶ Original, Vorlage ❷ (*Mensch*) Original

orig·inal·ity [əˌrɪdʒə'nælətɪ] Originalität

orig·inal·ly [ə'rɪdʒənəlɪ] ❶ ursprünglich, anfänglich; **he originally comes from Ireland** er stammt ursprünglich aus Irland ❷ originell

orig·inate [ə'rɪdʒɪneɪt] ❶ entstehen, entspringen; **originate from a country** aus einem Land stammen ❷ **the idea originated from him** die Idee stammte von ihm ❸ **originate something** etwas hervorbringen, erfinden

or·na·ment ['ɔːnəmənt] Schmuck, Verzierung, Dekor[ation] **or·na·men·tal** [ˌɔːnə'mentl] dekorativ, Zier-, schmückend; **ornamental object** Ziergegenstand

or·ni·thol·ogy [ˌɔːnɪ'θɒlədʒɪ] Vogelkunde, Ornithologie

or·phan ['ɔːfn] Waise, Waisenkind; **be orphaned** zur Waise werden **or·phan·age** ['ɔːfnɪdʒ] Waisenhaus

os·trich ['ɒstrɪtʃ] (*Vogel*) Strauß

other ['ʌðəʳ] ❶ andere(r, s); **the others** die anderen; **other people** andere Leute ❷ **one other thing** noch eins; **are there any others there?** sind sonst noch welche da?; **do you have any other questions?** haben Sie sonst noch Fragen?; **in other words** mit anderen Worten ❸ **each other** einander, sich; **they kissed each other** sie küssten sich ❹ **the other day** neulich; **some other time** ein andermal, ein anderes Mal; **every other** jede(r, s) zweite ❺ **somehow/-one/-time/-where or other** irgendwie/-jemand/-wann/-wo ❻ anders; **there is no other way** es geht nicht anders; **other than** anders als; **anyone other than you[rself]** jeder außer dir

other·wise ['ʌðəwaɪz] ❶ anders; **think otherwise** anderer Meinung sein ❷ **he was otherwise engaged** er war anderweitig beschäftigt ❸ **she must study even harder, otherwise she'll fail** sie muss noch fleißiger lernen, sonst wird sie durchfallen; **he's got a cold, but otherwise he's OK** er hat eine Erkältung, aber ansonsten geht es ihm nicht schlecht

OTT [ˌəʊtiː'tiː] *Abkürzung von* **over the top** übertrieben

ouch [aʊtʃ] au! autsch!

ought [ɔːt] ❶ **I ought to go** ich sollte hingehen; **he ought to have come** er hätte kommen sollen ❷ (*vorschlagend*) **you ought to see that film** den Film sollten Sie sehen ❸ (*wahrscheinlich*) **he ought to win the race** er müsste [eigentlich] das Rennen gewinnen

ounce [aʊns] (*Gewicht*) Unze (= *28,35 g*)

our ['aʊəʳ] ❶ unser ❷ (*im Gebet*) **Our Father** Vaterunser

ours ['aʊəz] unsere(r, s), der, die, das Unsere; **this house is ours** das ist unser Haus; **that is ours** das gehört uns; **a friend of ours** ein Freund von uns, einer unserer Freunde

our·selves [aʊə'selvz] ❶ uns ❷ (*betont*) [wir] selbst; [**all**] **by ourselves** [ganz] allein, ohne Hilfe; **we did it ourselves** wir haben es selbst gemacht

out [aʊt] ❶ (*Richtung*) hinaus, heraus, aus; **out!** raus!; **go out** hinausgehen; **he went out [of] the door** er ging zur Tür hinaus; **go out of the country** außer Landes gehen; **look out of the window** aus dem Fenster sehen; **throw someone out** jemanden hinauswerfen ❷ (*Position*) außen, draußen; **I'm afraid she's out** leider ist sie nicht zu

The Computer

Der Computer

1	screen	Bildschirm	8	scanner	Scanner
2	keyboard	Tastatur	9	processor	Prozessor
3	mouse	Maus	10	web camera	Web Camera
4	mousepad	Mauspad	11	printer	Drucker
5	desktop	Schreibtischplatte	12	speaker	Lautsprecher
6	swivel chair	Drehstuhl	13	disks	Disketten
7	joystick	Joystick			

My Desk

Mein Schreibtisch

1	(writing) pad	Schreibblock
2	stapler	Heftgerät
3	set square (GB), triangle (USA)	Zeichendreieck
4	(hole)punch	Locher
5	coloured pencil	Buntstift
6	felt-tip pen	Filzstift
7	acrylic glass container	Behälter aus Plexiglas®
8	cap	Deckel
9	marker, highlighter	Markierstift
10	envelope	Briefumschlag
11	pencil case	Mäppchen
12	writing paper	Schreibpapier

13	pencil sharpener	Bleistiftspitzer
14	rubber (GB), eraser (USA)	Radiergummi
15	textbook	Lehrbuch
16	exercise book (GB), notebook (USA)	(Schul)Heft
17	fountain pen	Füller
18	cartridge	Patrone
19	ballpoint (pen), Biro® (GB)	Kugelschreiber
20	pair of compasses, compass (USA)	Zirkel
21	ruler	Lineal
22	pencil	Bleistift
23	desk pad	Schreibunterlage

Hause; **he lives out in the country** er lebt draußen auf dem Land; **he likes to be out and about** er ist gern unterwegs ③ (*übertragen*) **the sun is out** die Sonne scheint; **the secret is out** das Geheimnis ist bekannt geworden; **out with it!** heraus mit der Sprache!; **before the day is out** vor Ende des Tages ④ *Gerät:* abgestellt; *Feuer, Licht:* aus ⑤ *Buch:* heraus, erschienen ⑥ (*nicht richtig*) **I am out in my calculations** ich liege mit meinen Berechnungen daneben; **my watch is five minutes out** meine Uhr geht fünf Minuten falsch ⑦ **we have run out of cheese** der Käse ist uns ausgegangen; **I'm out of money** ich habe kein Geld ⑧ **out of curiosity** aus Neugier; **out of date** überholt, veraltet; *Kleider:* altmodisch; **made out of wood** aus Holz gemacht; **out of sight** außer Sicht; **two out of three Americans** zwei von drei Amerikanern ⑨ **have it out with someone** (*umgangsspr*) etwas mit jemandem ausdiskutieren; **they are out for trouble** sie suchen Streit

out [aʊt] **the ins and outs** alle Einzelheiten

out·board ['aʊtbɔːd] **outboard motor** Außenbordmotor **out·break** ['aʊtbreɪk] *von Krieg, Seuche:* Ausbruch **out·burst** ['aʊtbɜːst] *von Zorn usw.:* Ausbruch **out·class** [ˌaʊt'klɑːs] **outclass someone** jemandem überlegen sein **out·come** ['aʊtkʌm] Ergebnis, Resultat **out·cry** ['aʊtkraɪ] Aufschrei, Protestwelle (**against** gegen) **out·dated** [aʊt'deɪtɪd] veraltet, überholt **out·do** [aʊt'duː] <outdid, outdone> **outdo someone in something** jemanden an etwas übertreffen **out·door** ['aʊtdɔːʳ] **outdoor clothes** warme Kleidung; **outdoor games** Spiele im Freien; **outdoor** [**swimming**] **pool** Freibad **out·doors** [ˌaʊt'dɔːz] draußen, im Freien; **go outdoors** nach draußen gehen

outer ['aʊtəʳ] äußere(r, s), Außen-; **outer garments** Oberbekleidung; **outer space** der tiefe Weltraum **outer·most** ['aʊtəməʊst] äußerste(r, s)

out·fit ['aʊtfɪt] Kleidung

out·go·ing [ˌaʊt'gəʊɪŋ] ① (*übertragen*) *Mensch:* gesellig, kontaktfreudig ② *Beamter:* scheidend ③ **outgoing flight** Abflug; **outgoing tide** Ebbe

out·go·ings ['aʊtˌgəʊɪŋ] ⒼⒷ *plural* Ausgaben

out·grow [ˌaʊt'grəʊ] ① **outgrow someone** jemandem über den Kopf wachsen ② herauswachsen aus *Kleider* ③ einer Gewohnheit entwachsen

out·ing ['aʊtɪŋ] Ausflug; **go for** [*oder* **on**] **an outing** einen Ausflug machen

out·law¹ ['aʊtlɔː] Vogelfreie(r)

out·law² ['aʊtlɔː] ① **outlaw someone** jemanden ächten, jemanden für vogelfrei erklären ② für ungesetzlich erklären *Zeitung*

out·let ['aʊtlet] ① (*für Flüssigkeit*) Abfluss; (*für Gas, Rauch*) Abzug ② (*übertragen: für Gefühle*) Ventil ③ *von Fabrik:* Verkaufsstelle

out·line¹ ['aʊtlaɪn] ① Umriss, Silhouette; **draw something in outline** etwas im Umriss zeichnen ② (*übertragen*) *von Plan usw.:* Grundriss, Abriss; *von Aufsatz usw.:* Entwurf; **in outline** in groben Zügen

out·line² ['aʊtlaɪn] ① **outline something** die Umrisse einer Sache zeichnen ② **outline a plan** einen Plan skizzieren, umreißen

out·live [ˌaʊt'lɪv] **outlive someone** jemanden überleben, überdauern

out·look ['aʊtlʊk] ① Ausblick, Aussicht (**over, on to** auf) ② (*übertragen*) Ansicht, Auffassung, Standpunkt; **his outlook** [**up**]**on life** seine Einstellung zum Leben ③ **the weather outlook** die Wetteraussichten

out·num·ber [ˌaʊt'nʌmbəʳ] **outnumber someone** jemandem zahlenmäßig überlegen sein; **we were outnumbered 4 to 1** die anderen waren viermal so viele wie wir

out-of-date [ˌaʊtəv'deɪt] veraltet; *Stil:* unmodern, altmodisch; *Karte:* ungültig **out-of-the-way** [ˌaʊtəvðə'weɪ] abgelegen, einsam **out-of-work** [ˌaʊtəv'wɜːk] arbeitslos

out·patient ['aʊtpeɪʃnt] Kranke(r) in ambulanter Behandlung; **outpatients'** [**department**] Ambulanz **out·play** [ˌaʊt'pleɪ] **outplay someone** besser als jemand spielen

out·put ['aʊtpʊt] ① *einer Maschine:* Ausstoß, Ertrag, Leistung ② (*wirtschaftlich*) [Jahres]Produktion, Output ③ *von Daten:* Ausgabe

out·rage¹ ['aʊtreɪdʒ] ① (*Verbrechen usw.*) Schandtat ② (*öffentliche Reaktion*) Empörung, Entrüstung

out·rage² [ˌaʊt'reɪdʒ] ① **outrage someone** jemanden beleidigen ② **be outraged by something** über etwas empört sein

out·rage·ous [aʊt'reɪdʒəs] ① *Verbrechen:* abscheulich, verabscheuungswürdig ② *Verhalten:* empörend, unerhört, unverschämt

③ *Kleider:* ausgefallen, unmöglich

out·right [ˈaʊtraɪt] ① ausgemacht; *Lüge:* glatt; *Unsinn:* total ② **they were killed outright** sie waren auf der Stelle tot ③ **admit something outright** etwas ohne Umschweife zugeben

out·set [ˈaʊtset] Beginn, Anfang; **at the outset** am Anfang; **from the outset** von Anfang an

out·shine [ˌaʊtˈʃaɪn] <outshone, outshone> **outshine someone** jemanden in den Schatten stellen

out·side[1] [ˌaʊtˈsaɪd] Außenseite

out·side[2] [ˈaʊtsaɪd] ① Außen-, äußere(r, s); **the outside world** die Außenwelt ② **an outside chance** eine kleine Chance ③ außen; **go outside** nach draußen gehen; **outside the town** außerhalb der Stadt; **the car outside the house** das Auto vor dem Haus

out·sider [ˌaʊtˈsaɪdəʳ] Außenseiter(in)

out·skirts [ˈaʊtskɜːts] *plural* Außengebiete; **on the outskirts of Glasgow** am Stadtrand von Glasgow

out·stand·ing [ˌaʊtˈstændɪŋ] ① hervorragend; **of outstanding ability** außerordentlich begabt; **of outstanding importance** von höchster Bedeutung ② *Merkmal:* hervorstechend ③ **a lot of work is still outstanding** viel Arbeit ist noch unerledigt ④ **outstanding debts** Außenstände

out·stretched [ˌaʊtˈstretʃt] ausgestreckt

out-tray Ablage für Ausgänge

out·ward [ˈaʊtwəd] ① äußerlich; *Erscheinung:* äußere(r, s) ② **outward journey** Hinfahrt ③ **open outward[s]** nach außen aufgehen **out·ward·ly** [ˈaʊtwədlɪ] nach außen hin **out·wards** [ˈaʊtwədz] nach außen

oven [ˈʌvn] Backofen **oven·cloth** [ˈʌvnklɒθ] Topflappen **oven·proof** [ˈʌvnpruːf] hitzebeständig, feuerfest **oven-ready** [ˈʌvnredɪ] *Gericht:* bratfertig

over [ˈəʊvəʳ] ① *mit Bewegung, Richtung* hinüber, herüber; **they swam over to us** sie schwammen zu uns herüber ② *räumlich* über; **the bridge over the river** die Brücke über den Fluss; **spread a cloth over the table** ein Tischtuch auf den Tisch legen; **over there** da drüben; **she is over here** sie ist hier; **I am aching all over** mir tut alles weh ③ **turn over the page** die Seite umblättern ④ (*zu Ende*) **the rain is over** der Regen hat aufgehört ⑤ übrig; **there is a lot of meat left over** es ist viel Fleisch übrig ⑥ (*mehr*) **children of 14 and over** Kinder ab 14; **he spoke for over an hour** er sprach über eine Stunde ⑦ (*mehrmals*) **she read it twice over** sie hat es zweimal gelesen; **over and over again** immer und immer wieder ⑧ *zeitlich* während, in; **stay over the weekend** über das Wochenende bleiben; **over the summer** den Sommer über ⑨ **come over tonight** kommen Sie heute Abend vorbei; **he is famous all over the world** er ist in der ganzen Welt berühmt; **they talked over a cup of tea** sie unterhielten sich bei einer Tasse Tee; **I heard it over the radio** ich habe es im Radio gehört

over·all[1] [ˌəʊvərˈɔːl] ① gesamt, insgesamt; **overall majority** absolute Mehrheit; **overall situation** Gesamtlage; **overall it cost £18** die Gesamtkosten betrugen 18 Pfund ② im Großen und Ganzen; *Verbesserung, Wirkung:* allgemein

over·all[2] [ˈəʊvərɔːl] **overalls** Overall, Arbeitsanzug **over·board** [ˈəʊvəbɔːd] über Bord **over·book** [ˌəʊvəˈbʊk] **overbook a flight/hotel** einen Flug/ein Hotel überbuchen **over·cast** [ˌəʊvəˈkɑːst] *Himmel:* bedeckt, bewölkt **over·charge** [ˌəʊvəˈtʃɑːdʒ] **overcharge someone for something** jemandem für etwas zu viel berechnen **over·come** [ˌəʊvəˈkʌm] <overcame, overcome> ① überwältigen, bezwingen *Feind* ② überwinden, meistern *Angewohnheit* ③ **he was overcome by grief** der Schmerz übermannte ihn **over·crowded** [ˌəʊvəˈkraʊdɪd] ① (*mit Menschen*) überfüllt, übervölkert ② (*mit Sachen*) überladen

over·do [ˌəʊvəˈduː] <overdid, overdone> ① **overdo something** etwas übertreiben ② verbraten, verkochen *Essen* **over·done** [ˌəʊvəˈdʌn] ① übertrieben ② *Essen:* verbraten, verkocht **over·dose** [ˈəʊvədəʊs] Überdosis **over·draft** [ˈəʊvədrɑːft] Kontoüberziehung **over·due** [ˌəʊvəˈdjuː] überfällig **over·es·ti·mate** [ˌəʊvərˈestɪmeɪt] überschätzen *Kosten usw.* **over·ex·cit·ed** [ˌəʊvərɪkˈsaɪtɪd] überreizt **over·flow** [ˌəʊvəˈfləʊ] ① *Bad, Topf:* überlaufen; **a river overflowing its banks** ein Fluss, der über die Ufer tritt ② (*übertragen*) überfließen; **the room is full to overflowing with people** der Raum ist von Menschen überfüllt

over·head[1] [ˌəʊvəˈhed] oben, am Himmel, in der Luft

over·head[2] [ˈəʊvəhed] **overhead lighting** Deckenbeleuchtung; **overhead projector** Overheadprojektor, Tageslichtprojektor

over·heads [ˈəʊvəhed] *plural von Geschäft:* Gemeinkosten, allgemeine Unkosten

over·hear [ˌəʊvəˈhɪəʳ] <overheard> **overhear a conversation** ein Gespräch zufällig [mit]hören **over·heat** [ˌəʊvəˈhiːt] **overheat something** etwas überhitzen **over·joyed** [ˌəʊvəˈdʒɔɪd] überglücklich

over·lap[1] [ˌəʊvəˈlæp] <overlapped> ① überlappen; *Fläche, Dachziegel:* sich überlappen ② **the holiday overlaps with schooltime** der Urlaub überschneidet sich mit der Schulzeit

over·lap[2] [ˈəʊvəlæp] Überschneidung, Überlappung

over·leaf [ˌəʊvəˈliːf] umseitig

over·night[1] [ˌəʊvəˈnaɪt] über Nacht; **stay overnight with someone** bei jemandem übernachten

over·night[2] [ˈəʊvənaɪt] ① Nacht-; **overnight bag** Reisetasche ② (*übertragen*) ganz plötzlich; **be an overnight success** über Nacht Erfolg haben **over·popu·lated** [ˌəʊvəˌpɒpjʊleɪtɪd] übervölkert **over·power** [ˌəʊvəˈpaʊəʳ] **overpower someone** jemanden überwältigen, übermannen **over·power·ing** [ˌəʊvəˈpaʊərɪŋ] ① überwältigend ② *Parfüm:* aufdringlich **over·re·act** [ˌəʊvərɪˈækt] überreagieren **over·re·ac·tion** [ˌəʊvərɪˈækʃən] Überreaktion

over·seas [ˌəʊvəˈsiːz] ① überseeisch, in Übersee ② **go overseas** nach Übersee gehen

over·sleep [ˌəʊvəˈsliːp] <overslept, overslept> verschlafen **over·step** [ˌəʊvəˈstep] <overstepped> (*übertragen*) **overstep the mark** zu weit gehen **over·take** [ˌəʊvəˈteɪk] <overtook, overtaken> ① (GB) überholen; überholen *Auto* ② (*übertragen*) **be overtaken by fear** von Furcht übermannt sein

over·throw [ˌəʊvəˈθrəʊ] <overthrew, overthrown> ① **overthrow a government** eine Regierung stürzen ② umstoßen *Pläne*

over·time [ˈəʊvətaɪm] Überstunden; **be on** [*oder* **do**] **overtime** Überstunden machen; **work overtime** Überstunden machen

over·turn [ˌəʊvəˈtɜːn] ① *Auto, Gegenstand:* umkippen; *Boot:* kentern; **overturn something** etwas umwerfen, umstoßen, umstürzen ② stürzen *Regierung* **over·view** [ˈəʊvəvjuː] Überblick **over·weight** [ˌəʊvəˈweɪt] zu schwer; **he is overweight** er hat Übergewicht **over·whelm·ing** [ˌəʊvəˈwelmɪŋ] überwältigend; **an overwhelming majority** eine erdrückende Mehrheit

over·work [ˌəʊvəˈwɜːk] ① sich überarbeiten ② überstrapazieren

owe [əʊ] ① **owe someone money** jemandem Geld schulden; **how much do I owe you?** was bin ich schuldig? ② **I owe my life to him** ich verdanke ihm mein Leben

ow·ing [ˈəʊɪŋ] ① unbezahlt; **how much is still owing?** wie viel steht noch aus? ② **owing to** wegen, infolge; **owing to the circumstances** umständehalber

owl [aʊl] Eule

own[1] [əʊn] **own something** etwas besitzen, haben; **who owns that car?** wem gehört dieses Auto?

◆ **own up to** **own up to something** etwas zugeben

own[2] [əʊn] ① eigen; **his own car** sein eigenes Auto; **that's my own** das ist mein eigenes; **I have money of my own** ich habe selbst Geld ② **get one's own back on someone** es jemandem heimzahlen ③ **all on one's own** ganz allein, selbst

owner [ˈəʊnəʳ] ① Besitzer(in), Eigentümer(in) ② *einer Firma, eines Kontos:* Inhaber(in) ③ **at owner's risk** auf eigene Gefahr **owner·ship** [ˈəʊnəʳʃɪp] Besitz; **under new ownership** unter neuer Leitung

oxy·gen [ˈɒksɪdʒən] Sauerstoff **oxygen cylinder** Sauerstoffflasche **oxygen mask** Sauerstoffmaske

oy·ster [ˈɔɪstəʳ] ① Auster ② **the world's his oyster** die ganze Welt liegt ihm zu Füßen

ozone layer Ozonschicht

Pp

P, p [piː] <*plural* P's, p's> P, p

PA [ˌpiːˈeɪ] *Abkürzung von* **personal assistant** persönliche(r) Assistent(in), Chefsekretär(in)

pa [pɑː] (*umgangsspr*) Papa

p.a. [ˌpiː'eɪ] *Abkürzung von* **per annum** pro Jahr

pace¹ [peɪs] ① Schritt; **keep pace with someone** mit jemandem Schritt halten ② *von Pferd:* Gang[art] ③ Tempo; **set the pace** das Tempo angeben; (*übertragen*) den Ton angeben

pace² [peɪs] ① **pace up and down** [**the room**] auf- und abgehen [im Zimmer] ② (*bei Rennen usw.*) **pace someone** für jemanden das Tempo angeben

pace·maker ['peɪsˌmeɪkəʳ] (*sportlich, medizinisch*) Schrittmacher

Pa·ci·fic [pə'sɪfɪk] [der] Pazifik; **a Pacific island** eine Insel im Pazifik

paci·fist¹ ['pæsɪfɪst] pazifistisch

paci·fist² ['pæsɪfɪst] Pazifist(in)

pack¹ [pæk] ① Bündel ② (USA) (*Zigaretten*) Schachtel ③ *von Wölfen:* Rudel; *von Jagdhunden:* Meute ④ [**back**]**pack** Rucksack ⑤ **a pack of cards** ein Kartenspiel; **a pack of thieves** eine Diebesbande ⑥ **a pack of lies** lauter Lügen

pack² [pæk] ① [seine Sachen] packen; packen *Koffer;* **that won't pack into one case** das passt nicht in einen Koffer ② *Menschen:* sich drängen; füllen *Raum;* **be packed out** gerammelt voll sein ③ **pack something in plastic** etwas in Plastik verpacken ④ **send someone packing** jemanden davonjagen

◆ **pack away** **pack something away** etwas wegpacken, wegräumen

◆ **pack in** ① **pack something in** etwas einpacken; hineinpferchen *Menschen* ② (GB) (*umgangsspr*) **pack a job in** eine Stelle hinschmeißen; **pack it in!** hör auf!

◆ **pack off** **pack someone/something off** jemanden/etwas [weg]schicken

◆ **pack up** ① **pack something up** etwas verpacken ② zusammenpacken *Sachen* ③ (*umgangsspr*) *Motor:* stehen bleiben

pack·age ['pækɪdʒ] (*auch übertragen*) Paket **package deal** Pauschalangebot **package holiday** Pauschalreise **package tour** Pauschalreise **packag·ing** ['pækɪdʒɪŋ] Verpackung

packet ['pækɪt] ① [Post]Paket, Päckchen ② *von Zigaretten:* Packung ③ **make a packet** (GB) (*umgangsspr*) eine Stange Geld verdienen; **cost a packet** (*umgangsspr*) ein Heidengeld kosten

pack·ing ['pækɪŋ] ① **do one's packing** (*umgangsspr*) packen ② Packmaterial **packing case** Kiste, Umzugskarton

pad¹ [pæd] ① Kissen, Polster ② *von Tier:* [Fuß]Ballen ③ **writing pad** Schreibblock ④ (*für Sport*) Beinschützer ⑤ (*slang*) Wohnung, Bude

pad² [pæd] **pad something** etwas [aus]polstern, wattieren

◆ **pad out** (*übertragen*) **pad an essay out** einen Aufsatz auswalzen (**with** durch)

pad·ded ['pædɪd] *Jacke:* wattiert, gepolstert **pad·ding** ['pædɪŋ] ① Polsterung, Wattierung ② Polstermaterial ③ (*übertragen*) Füller

paddle¹ ['pædl] ① Paddel ② Schaufel, Schaufelrad; **go for a paddle** im Wasser planschen gehen

paddle² ['pædl] ① paddeln ② im Wasser planschen

pad·dling pool ['pædlɪŋˌpuːl] Planschbecken

pad·lock¹ ['pædlɒk] Vorhängeschloss

pad·lock² ['pædlɒk] **padlock something** etwas mit einem Vorhängeschloss verschließen

paedia·tric·ian, (USA) **pedia·tric·ian** [ˌpiːdɪə'trɪʃn] Kinderarzt, Kinderärztin

page¹ [peɪdʒ] Blatt; *von Buch:* Seite

page² [peɪdʒ] [Hotel]Page, Boy

page³ [peɪdʒ] (*mit Piepser*) **page someone** jemanden anpiepen

pa·ger ['peɪdʒəʳ] Piepser

paid¹ [peɪd] → **pay**

paid² [peɪd] ① bezahlt; **paid holidays** bezahlter Urlaub ② (GB) (*umgangsspr*) **put paid to something** etwas zunichte machen

pain [peɪn] ① (*körperlich*) Schmerz[en]; **be in/feel pain** Schmerzen haben/empfinden; **be a pain** [**in the neck**] (*umgangsspr*) jemandem auf den Wecker gehen ② (*seelisch*) Kummer, Qualen ③ **under** [*oder* **up**]**on**] **pain of death** bei Todesstrafe ④ **be at pains to do something** sehr darauf bedacht sein, etwas zu tun; sich große Mühe geben, etwas zu tun; **take pains over something** sich mit etwas [große] Mühe geben

pain·ful ['peɪnfl] ① schmerzhaft, schmerzend; **be painful** wehtun ② (*übertragen*) peinlich, unangenehm **pain·kill·er** schmerzstillendes Mittel **pain·less** ['peɪnlɪs] ① schmerzlos ② mühelos

paint[1] [peɪnt] malen; **paint a picture** ein Bild malen; anstreichen *Wand;* lackieren *Auto, Tür*

paint[2] [peɪnt] ① Farbe, Anstrich ② (*für Auto*) Lack ③ **wet paint!** frisch gestrichen!

paint·box Malkasten **paint·brush** ['peɪntbrʌʃ] Pinsel **painter** ['peɪntəʳ] ① Maler(in) ② [**house**] **painter** Anstreicher(in)

paint·ing ['peɪntɪŋ] ① Malen; (*von Haus usw.*) Anstreichen ② (*Kunst*) Malerei ③ (*Kunstwerk*) Bild, Gemälde

pair [peəʳ] ① Paar; **in pairs** paarweise ② **a pair of gloves/shoes** ein Paar Handschuhe/Schuhe; **a pair of scissors/tongs/trousers** eine Schere/Zange/Hose ③ (*Tiere, Spielkarten*) Pärchen

◆ **pair off** ① Paare bilden; **pair things off** Dinge in Zweiergruppen anordnen ② verkuppeln *Menschen*

pa·ja·mas [pə'dʒɑːməz] ⚠ *plural* USA Schlafanzug, Pyjama

Pa·ki·stan [ˌpɑːkɪ'stɑːn] Pakistan

Pa·ki·stani[1] [ˌpɑːkɪ'stɑːnɪ] pakistanisch

Pa·ki·stani[2] [ˌpɑːkɪ'stɑːnɪ] Pakistani, Pakistaner(in)

pal [pæl] (*slang*) Kumpel

pal·ace ['pælɪs] Palast

pale[1] [peɪl] ① bleich, blass; **turn pale** blass, bleich werden; erbleichen ② **pale blue** blassblau ③ *Licht:* schwach ④ (*übertragen*) schwach, matt, farblos

pale[2] [peɪl] ① erbleichen, erblassen ② (*übertragen*) verblassen (**before, beside** neben)

pale·ness ['peɪlnɪs] Blässe

Pal·est·ine ['pælɪstaɪn] Palästina

Pal·es·tin·ian[1] [ˌpælə'stɪnɪən] palästinensisch

Pal·es·tin·ian[2] [ˌpælə'stɪnɪən] Palästinenser(in)

palm[1] [pɑːm] (*Baum*) Palme

palm[2] [pɑːm] ① (*Körperteil*) Handteller, Handfläche; **read someone's palm** jemandem aus der Hand lesen ② *von Handschuh:* Innenfläche ③ **grease someone's palm** jemanden bestechen

◆ **palm off palm something off on**[**to**] **someone** jemandem etwas andrehen

palm tree Palme

pam·per ['pæmpəʳ] **pamper someone** jemanden verwöhnen, verhätscheln

pamph·let ['pæmflɪt] Broschüre, Flugblatt

pan [pæn] ① (*zum Kochen*) Pfanne, Kochtopf ② (*zum Wiegen*) Waagschale ③ *von Toilette:* Becken

◆ **pan out** sich entwickeln; **it all panned out well** alles hat gut geklappt

Pana·ma [ˌpænə'mɑː] Panama; **Panama Canal** Panamakanal

pan·cake ['pænkeɪk] Pfannkuchen; **Pancake Day** Fastnachtsdienstag

> **i Land & Leute** Der **Pancake Day** oder **Shrove Tuesday** (Fastnachtsdienstag) ist der Tag vor dem **Ash Wednesday** (Aschermittwoch). Man isst Pfannkuchen, weil es früher üblich war, noch alle Eier im Haus aufzubrauchen, bevor die Fastenzeit (Lent) begann.

panda ['pændə] Panda

p and p [ˌpiːən'piː] →**postage and packing** Porto und Verpackung

pane [peɪn] Fensterscheibe

panel ['pænl] ① (*aus Glas, Holz*) Platte, Tafel ② (*bei Radioprogramm usw.*) Podium ③ Ausschuss, Kommission; **panel of experts** Sachverständigenausschuss ④ *von Maschine:* Schalttafel **panel discussion** Podiumsdiskussion **panel game** Ratespiel

pan·ic[1] ['pænɪk] Panik, panischer Schreck[en]; **get into a panic about something** wegen etwas in panische Angst geraten

pan·ic[2] ['pænɪk] <panicking, panicked> in Panik geraten; **panic someone** jemandem einen Schreck einjagen; **don't panic!** keine Panik!

panic-stricken ['pænɪkˌstrɪkən] in panischem Schrecken

pansy ['pænzɪ] ① (*Gartenblume*) Stiefmütterchen ② (*slang*) Schwule(r), Süße(r)

pant [pænt] *Person:* keuchen; *Hund:* hecheln; **pant for breath** nach Luft schnappen

pan·ther ['pænθəʳ] Panther

pan·ties ['pæntɪz] *plural* [**pair of**] **panties** Schlüpfer; (*für Kinder*) Höschen

pan·to·mime ['pæntəmaɪm] ① (*in Großbritannien*) Weihnachtsaufführung ② (*übertragen*) Theater

pan·try ['pæntrɪ] Vorrats-, Speisekammer

P p

pants [pænts] *plural* ❶ USA Hose ❷ GB Unterhose

panty·hose USA Strumpfhose **panty liner** Slipeinlage

pa·pal ['peɪpl] päpstlich

pa·per[1] ['peɪpəʳ] ❶ Papier; **a piece of paper** ein Blatt Papier ❷ Zeitung; **do a paper round** Zeitungen austragen ❸ (*akademischer Bericht*) Papier, Referat (**on** über) ❹ **examination paper** Prüfungsarbeit ❺ **papers** (*Ausweis etc.*) Papiere ❻ **papers** (*im Büro*) Akten, Papiere ❼ **on paper** auf dem Papier; (*übertragen*) in der Theorie

pa·per[2] ['peɪpəʳ] tapezieren

◆ **paper over** ❶ **paper over** überkleben ❷ **paper over the cracks of something** (*übertragen*) etwas übertünchen

pa·per·back ['peɪpəbæk] Taschenbuch **paper bag** Tüte **paper boy** Zeitungsjunge **paper chain** Girlande **paper clip** Büroklammer **paper cup** Pappbecher **paper feed** *von Drucker:* Papiereinzug **paper plate** Pappteller **paper-thin** hauchdünn **paper tissue** Kosmetiktuch **paper·work** ['peɪpəwɜːk] Schreibarbeit

pap·rika ['pæprɪkə, pə'priːkə] (*Gewürz*) Paprika

para·chute[1] ['pærəʃuːt] Fallschirm

para·chute[2] ['pærəʃuːt] abspringen

parachute jump Fallschirmabsprung

par·ade[1] [pə'reɪd] ❶ *von Truppen:* Parade; **parade ground** Exerzierplatz, Paradeplatz ❷ (*bei Festlichkeiten*) Aufzug, Festzug, Prozession ❸ (*gegen eine Sache*) Demonstration ❹ (*am Meer*) Promenade ❺ (*übertragen*) Zurschaustellung

par·ade[2] [pə'reɪd] ❶ aufmarschieren lassen *Truppen;* **the soldiers paraded through the streets** die Soldaten marschierten durch die Straßen ❷ (*übertragen*) sich zur Schau stellen; **she paraded up and down with the hat on** den Hut auf dem Kopf stolzierte sie auf und ab ❸ *Demonstranten:* ziehen (**through** durch)

para·dise ['pærədaɪs] [das] Paradies

para·graph ['pærəgrɑːf, USA 'pærə græf] ❶ Absatz, Abschnitt ❷ [kurzer] Zeitungsartikel

Pa·ra·guay ['pærəgwaɪ] Paraguay

Pa·ra·gua·yan[1] [ˌpærə'gwaɪən] paraguayisch

Pa·ra·gua·yan[2] [ˌpærə'gwaɪən] Paraguayer(in)

par·al·lel[1] ['pærəlel] ❶ parallel (**with, to** mit) ❷ (*übertragen*) **parallel to something** einer Sache entsprechend

par·al·lel[2] ['pærəlel] ❶ (*auch übertragen*) Parallele (**to** zu) ❷ (*übertragen*) Entsprechung; **draw a parallel between** eine Parallele ziehen zwischen

parallel bars *plural* (*Gymnastik*) Barren

para·lyse ['pærəlaɪz] ❶ lähmen ❷ lahmlegen *Verkehr* ❸ (*übertragen*) zum Erliegen bringen, unwirksam machen; **paralysed with fear** starr vor Schrecken **par·al·ysis** [pə'ræləsɪs] Lähmung

para·lyt·ic[1] [ˌpærə'lɪtɪk] ❶ paralytisch, gelähmt ❷ (*umgangsspr*) volltrunken

para·lyt·ic[2] [ˌpærə'lɪtɪk] Gelähmte(r), Paralytiker(in) **para·lyze** USA ❶ lähmen ❷ lahmlegen *Verkehr* ❸ (*übertragen*) zum Erliegen bringen, unwirksam machen; **paralysed with fear** starr vor Schrecken

para·med·ic [ˌpærə'medɪk] Sanitäter(in)

para·mili·tary [ˌpærə'mɪlɪtrɪ] paramilitärisch

para·noid ['pærənɔɪd] paranoid

para·phrase[1] ['pærəfreɪz] Umschreibung

para·phrase[2] ['pærəfreɪz] umschreiben

para·site ['pærəsaɪt] Schmarotzer; (*auch übertragen*) Parasit

para·trooper ['pærətruːpəʳ] Fallschirmjäger **para·troops** ['pærətruːps] *plural* Fallschirmtruppen, Luftlandetruppen

par·cel ['pɑːsl] ❶ Paket, Päckchen ❷ **parcel of land** Landparzelle **parcel delivery** Paketzustellung **parcel office** Paketschalter **parcel post** Paketpost; **send by parcel** als Postpaket schicken

par·don[1] ['pɑːdn] ❶ (*juristisch*) begnadigen ❷ **pardon** [**someone**] [jemandem] vergeben, verzeihen ❸ **pardon me!** Entschuldigung!; **pardon me?** USA wie bitte?

par·don[2] ['pɑːdn] ❶ Verzeihung, Vergebung ❷ (*juristisch*) Begnadigung ❸ **I beg your pardon!** Entschuldigung!; **I beg your pardon?** wie bitte?

par·ent ['peərənt] ❶ Elternteil ❷ **parents** Eltern; **parents-in-law** Schwiegereltern **par·ents-in-law** ['peərəntsɪnlɔː] Schwiegereltern

par·ish ['pærɪʃ] ❶ [Pfarr-, Kirchen]Gemeinde ❷ **civil parish** [Land]Gemeinde

park[1] [pɑːk] ❶ Park; **a theme park** ein Freizeitpark ② **a national park** ein Nationalpark ③ (USA) Sportplatz

park[2] [pɑːk] ① abstellen; parken *Auto;* abstellen *Fahrrad* ② (*umgangsspr*) abstellen *Sachen;* **park oneself** (*umgangsspr*) sich platzieren

park-and-ride system Park-and-ride-System

park·ing ['pɑːkɪŋ] ① Parken; **no parking** Parken verboten ② (*Platz*) Parkplätze **parking disc** Parkscheibe **parking lot** Parkplatz **parking meter** Parkuhr **parking space** Parklücke **parking ticket** Strafzettel (*für falsches Parken*) **park keeper** ['pɑːkkiːpəʳ] Parkwächter(in) **park·way** ['pɑːkweɪ] (USA) Allee

parky ['pɑːkɪ] (GB) (*umgangsspr*) kühl

par·lia·ment ['pɑːləmənt] Parlament; **enter** [*oder* **go into**] **Parliament** ins Parlament gewählt werden; **stand for Parliament** für das Unterhaus kandidieren; **Member of Parliament** Parlamentsmitglied **par·lia·men·tary** [ˌpɑːlə'mentrɪ] **parliamentary elections** Parlamentswahl; **parliamentary party** Fraktion

par·ody[1] ['pærədɪ] ① *einer Person:* Parodie, Persiflage (**of** auf) ② (*schwache Nachahmung*) Abklatsch; **the trial was a parody of justice** der Prozess war eine Farce

par·ody[2] ['pærədɪ] parodieren

pa·role[1] [pə'rəʊl] **on parole** auf Bewährung

pa·role[2] [pə'rəʊl] auf Bewährung entlassen

par·rot[1] ['pærət] Papagei

par·rot[2] ['pærət] nachplappern; **repeat something parrot-fashion** etwas wie ein Papagei wiederholen

pars·ley ['pɑːslɪ] Petersilie

pars·nip ['pɑːsnɪp] Pastinake

part[1] [pɑːt] ① Teil; **part of the body** Körperteil; **I lost part of it** ich habe einen Teil davon verloren ② (*technisch*) Teil, Bauteil ③ *einer Serie:* Folge, Fortsetzung ④ (*beim Theater, im Film*) Rolle; **play** [*oder* **take**] **a part** (*auch übertragen*) eine Rolle spielen ⑤ (*Musik*) Stimme, Partie ⑥ Seite, Partei; **take someone's part** für jemanden, jemandes Partei ergreifen; **for my part** meinerseits, was mich betrifft; **on the part of** vonseiten, seitens ⑦ (*Region*) **which part of Austria is he from?** von wo in Österreich kommt er?; **in these parts** in dieser Gegend, hierzulande ⑧ **for the most part** meist[ens], größtenteils, meistenteils ⑨ **in parts** teilweise, teils, zum Teil, teil-; **in equal parts** zu gleichen Teilen ⑩ **part of speech** Wortart ⑪ **take part** teilnehmen, sich beteiligen (**in** an) ⑫ **take in part exchange** in Zahlung nehmen ▸ IN WENDUNGEN: **the nice part of it is** das Nette daran ist; **take something in good part** etwas nicht übelnehmen; **be part and parcel of something** von etwas ein wesentlicher Bestandteil sein

part[2] [pɑːt] teils, teilweise; **she's part English, part German** sie ist halb Engländerin und halb Deutsche

part[3] [pɑːt] ① teilen; scheiteln *Haar* ② trennen (**from** von) ③ *Personen, Paar:* sich trennen (**with** von); **till death us do part** bis dass der Tod uns scheidet; **part as friends** in Freundschaft auseinandergehen ④ *Lippen, Vorhang:* sich öffnen

par·tial ['pɑːʃl] ① teilweise; **partial success** Teilerfolg ② (*nicht objektiv*) voreingenommen, parteiisch **par·tial·ly** ['pɑːʃəlɪ] teilweise

par·tici·pant [pɑː'tɪsɪpənt] Teilnehmer **par·tici·pate** [pɑː'tɪsɪpeɪt] teilnehmen, sich beteiligen (**in** an) **par·tici·pa·tion** [pɑːˌtɪsɪ'peɪʃn] Mitwirkung, Teilnahme (**in** an), Beteiligung

par·ti·ciple ['pɑːtɪsɪpl] Partizip

par·ticle ['pɑːtɪkl] ① *Staub:* Teilchen ② (*übertragen*) Spur ③ (*Grammatik*) Partikel

par·ticu·lar [pə'tɪkjʊləʳ] ① besondere(r, s); bestimmt *Grund;* **in particular** insbesondere; **nothing in particular** nichts Besonderes ② *Mensch:* eigen, wählerisch, [über]genau ③ **she's very particular about cleanliness** sie nimmt es mit der Sauberkeit sehr genau **par·ticu·lar·ly** [pə'tɪkjʊləlɪ] im Besonderen, insbesondere **par·ticu·lars** [pə'tɪkjʊləʳs] *plural* ① Näheres, Details, Einzelheiten (**about, of** über); **without giving particulars** ohne nähere Angaben [zu machen]; **without going into particulars** ohne auf Einzelheiten einzugehen; **with full particulars** in allen Einzelheiten ② Personalien

part·ing ['pɑːtɪŋ] ① Abschied ② (GB) Scheitel; **side/middle parting** Seitenscheitel/Mittelscheitel **parting shot** letzte Bemerkung

par·ti·tion[1] [pɑː'tɪʃn] ① Teilung ② Auftei-

P p

lung ③ (*in einem Haus*) Trennwand, Raumteiler

par·ti·tion² [pɑː'tɪʃn] teilen; **partition something off** etwas abtrennen

part·ly ['pɑːtlɪ] teilweise, zum Teil; **partly eaten** halbgegessen; **it was partly his fault** es war zum Teil seine Schuld

part·ner¹ ['pɑːtnəʳ] ① Partner(in) ② (*im Geschäft*) Partner(in), Teilhaber(in) (**in** an), Gesellschafter(in)

part·ner² ['pɑːtnəʳ] **partner someone** jemandes Partner sein

part-time [ˌpɑːt'taɪm] Teilzeit-; **part-time job** Teilzeitbeschäftigung; **part-time work** Teilzeitarbeit; **do part-time work** einer Teilzeitarbeit nachgehen; **part-time worker** Teilzeitkraft; **he is only part-time** er arbeitet nur Teilzeit

party ['pɑːtɪ] ① (*politisch*) Partei; **parliamentary party** Fraktion ② (*Feier*) Party; **at the party** auf der Party; **give a party** eine Party geben; **go to a party** auf eine Party gehen; **we're having a dinner party tonight** wir haben heute Abend Gäste zum Abendessen ③ **a party of five** eine Gruppe von fünf Personen ④ **the party concerned** der Beteiligte, der Betroffene ⑤ **be a party to something** an etwas beteiligt sein, bei etwas mitmachen **party·goer** ['pɑːtɪˌgəʊəʳ] Partygänger(in) **party line** ① (*Telefon*) Gemeinschaftsanschluss ② (*politisch*) Parteilinie; **follow the party line** linientreu sein **party political broadcast** parteipolitische Sendung

pass¹ [pɑːs, (USA) pæs] ① *Person:* vorbeigehen; *Fahrzeug:* vorbeifahren (**by** an); **pass through the crowd** durch die Menge hindurchgehen; **let someone pass** jemanden vorbeilassen ② (*geben*) herumreichen *Snack;* **can you pass me the butter please?** kannst du mir bitte die Butter reichen? ③ **don't worry, it'll pass** keine Angst, das geht vorbei ④ *Zeit:* vergehen, verstreichen; **pass the time** die Zeit verbringen ⑤ bestehen *Prüfung;* mitmachen, absolvieren *Lehrgang* ⑥ verabschieden *Gesetz* ⑦ **pass for something** als etwas gelten ⑧ (*im Kartenspiel*) passen ⑨ (*Sport*) den Ball weitergeben; **pass the ball to someone** jemandem den Ball zuspielen ⑩ **let something pass** *Ereignis, Bemerkung:* etwas durchgehen lassen; **pass unnoticed** nicht bemerkt werden

pass² [pɑːs, (USA) pæs] ① Ausweis; (*beim Militär*) Passierschein ② **he got a pass in maths** er hat die Matheprüfung bestanden ③ (*beim Sport*) Pass ④ (*im Gebirge*) Pass ⑤ **make a pass at someone** bei jemandem Annäherungsversuche machen

◆ **pass away** ① (*sterben*) *Mensch, Tier:* entschlafen, hinscheiden ② **pass away the time** die Zeit verbringen

◆ **pass by** ① vorbeigehen; *Fahrzeug:* vorbeifahren; **he passed by the shops** er ging an den Läden vorbei ② *Zeit:* vergehen

◆ **pass down** weitergeben *Tradition, Brauch* (**to** an)

◆ **pass off** **pass oneself off as** sich ausgeben als; **she could pass herself off as an English girl** man könnte sie gut für eine Engländerin halten

◆ **pass on** ① weitersagen *Geheimnis, Information* ② weitergeben *Krankheit* ③ weiterreichen; **could you pass the papers on to the next row?** könntest du die Papiere an die nächste Reihe weitergeben?

◆ **pass out** das Bewusstsein verlieren, in Ohnmacht fallen

◆ **pass through** ① **I'm just passing through** ich bin nur auf der Durchreise ② **you'll pass through London** Sie werden durch London fahren

pas·sage ['pæsɪdʒ] ① Durchfahrt, Durchreise ② (*mit Schiff*) Seefahrt; **book one's passage** einen Schiffsplatz belegen (**for** nach) ③ **right of passage** Durchgangsrecht, Durchfahrtsrecht ④ (*in einem Gebäude*) [Durch]Gang, Korridor; (*zwischen Gebäuden*) Gasse, Weg ⑤ [Text]Stelle ⑥ (*Musik*) Passage, Stück ⑦ *eines Gesetzes:* Verabschiedung, Annahme **pas·sage·way** ['pæsɪdʒweɪ] Durchgang, Passage

pass·book ['pɑːsbʊk] Sparbuch

pas·sen·ger ['pæsɪndʒəʳ] Reisende(r); (*im Bus, Taxi*) Fahrgast; (*auf einem Schiff*) Passagier; (*im Flugzeug*) Fluggast, Passagier; (*im Auto*) Mitfahrer(in), Beifahrer(in) **passenger list** Passagierliste **passenger train** Personenzug

passer-by [ˌpɑːsə'baɪ] <*plural* passers-by> Passant(in)

pas·sing¹ ['pɑːsɪŋ] ① vorübergehend; *Fahrzeug:* vorbeifahrend; *Wolken:* vorüberziehend ② (*übertragen*) flüchtig, kurz, beiläufig; *Jahre:* vergehend; **passing remark** flüchtige

Bemerkung

pas·sing² ['pɑːsɪŋ] ① Vorübergehen ② *(beim Autofahren)* Überholen ③ *einer Prüfung:* Bestehen ④ *eines Gestzes:* Annahme, Verabschiedung ⑤ Hinscheiden, Ableben ⑥ **she remarked in passing that he was late** sie bemerkte beiläufig [*oder* nebenbei], dass er zu spät gekommen war

passing place Ausweichstelle

pas·sion ['pæʃn] ① Leidenschaft, Leidenschaftlichkeit; **fit of passion** Anfall von Leidenschaft ② Begeisterung, Vorliebe (**for** für), heftiges Verlangen (**for** nach) ③ **in a fit of passion she broke the window** in einem Wutanfall hat sie das Fenster kaputtgemacht **passion·ate** ['pæʃənət] leidenschaftlich

pass·ive¹ ['pæsɪv] passiv

pass·ive² ['pæsɪv] ① *(Grammatik)* **passive voice** Passiv ② **passive resistance** passiver Widerstand; **passive smoking** Passivrauchen

pass key ['pɑːskiː] Hauptschlüssel **pass-mark** *(Prüfungsresultat)* Ausreichend

pass·port ['pɑːspɔːt, (USA) 'pæspɔːt] ① [Reise]Pass ② *(übertragen)* Weg, Schlüssel (**to** zu) **passport control**, **passport inspection** Passkontrolle **passport holder** Passinhaber(in)

pass·word ['pɑːswɜːd] ① *(Internet)* Passwort ② Kennwort

past¹ [pɑːst] ① *räumlich* vorüber, vorbei; **walk/drive/run past something** an etwas vorbeigehen/-fahren/-laufen; **the supermarket is past the post office** der Supermarkt ist hinter [*oder* nach] der Post ② *zeitlich* **that's past history** das ist längst vorbei; **what's past is past** was vorbei ist, ist vorbei; **in the past week** letzte, vergangene Woche; **ten past three** zehn nach drei; **half past three** halb vier; **past forty** über vierzig ③ *(Grammatik)* **past tense** Vergangenheit; **past perfect** Plusquamperfekt ▸ IN WENDUNGEN: **I'm past caring** das ist mir jetzt egal; **be past something** für etwas zu alt sein; **I'm past that** ich bin darüber weg; **he is [getting] past it** er bringt es nicht mehr; **this machine is getting past it** die Maschine taugt langsam nichts mehr; **I wouldn't put it past him** *(umgangsspr)* das würde ich ihm zutrauen

past² [pɑːst] Vergangenheit; **in the past** früher, in der Vergangenheit; **be a thing of the past** der Vergangenheit angehören

pas·ta ['pæstə] Teigwaren, Pasta

paste¹ [peɪst] ① Brotaufstrich; **anchovy paste** Sardellenpaste ② Kleister ③ **toothpaste** Zahnpasta ④ **make a paste of flour and water** machen Sie einen [flüssigen] Teig aus Mehl und Wasser

paste² [peɪst] ① zukleben, zukleistern (**with** mit) ② kleben (**on** auf); **paste the two pieces together** kleben Sie die zwei Teile zusammen

pas·teur·ize ['pæstʃəraɪz] pasteurisieren, keimfrei machen

pas·try ['peɪstrɪ] ① Kuchenteig ② Backwerk, Gebäck; **Danish pastry** Teilchen

pasture land ['pɑːstʃəʳ lænd] Weideland

pasty¹ ['peɪstɪ] *Gesicht:* bleich, blass, käsig

pasty² ['pæstɪ] (GB) Pastete *mit Fleisch und Kartoffeln*

pat¹ [pæt] leichter Schlag, Klaps; **give yourself a pat on the back** klopf dir auf die Schulter

pat² [pæt] ① tätscheln; festklopfen *Erde, Sand* ② **pat something dry** etwas trockentupfen ③ **pat someone on the back** jemandem auf die Schulter klopfen; **she patted her hair down** sie drückte sich die Haare zurecht

patch¹ [pætʃ] ① *(zum Reparieren)* Flicken ② [Augen]Klappe ③ Fleck, Stelle; *Land:* Stück; *(im Garten)* Beet; **icy patches** stellenweise Glatteis ④ *(zeitlich)* Phase; **go through a bad patch** eine schlechte Phase durchmachen; **hit** [*oder* **strike**] **a bad patch** eine Pechsträhne haben ⑤ *(umgangsspr) von Polizist, Prostituierte:* Revier ▸ IN WENDUNGEN: **it's not a patch on our old car** es ist kein Vergleich zu unserem alten Auto

patch² [pætʃ] flicken

◆ **patch up** ① zusammenflicken *Kleidungsstück* ② beilegen *Streit;* **patch up a relationship** eine Beziehung kitten; **I don't want to patch things up again** ich möchte das nicht wieder so hinbiegen

patchy ['pætʃɪ] ① *Qualität, Arbeit:* unregelmäßig, ungleichmäßig ② *Kenntnisse:* lückenhaft ③ *Stoff:* gefleckt ④ **there will be patchy showers** es gibt hin und wieder Regen

pâté ['pæteɪ] Pastete

pat·ent¹ ['peɪtənt] Patent; **take out a patent on something** etwas patentieren lassen

pat·ent[2] ['peɪtənt] patentieren lassen

pa·ter·nal [pə'tɜːnl] väterlich; **my paternal aunt** meine Tante väterlicherseits **paternity leave** Vaterschaftsurlaub **paternity suit** Vaterschaftsklage

path [pɑːθ] ① Pfad; **footpath** [Fuß]Weg ② (*astrologisch*) Bahn ③ (*übertragen*) Weg; **cross someone's path** jemanden zufällig treffen

pa·thetic [pə'θetɪk] ① Mitleid erweckend; ergreifend, erschütternd ② armselig, jämmerlich, unzureichend; **that's really pathetic!** das ist ja zum Heulen!

path·way ['pɑːθweɪ] Pfad, Weg

pa·tience ['peɪʃns] ① Geduld; **lose one's patience** die Geduld verlieren; **I have no patience with him!** ich habe keine Geduld mehr mit ihm! ② (*Kartenspiel*) Patience; **play patience** eine Patience legen

pa·tient[1] ['peɪʃnt] ① geduldig ② beharrlich, ausdauernd

pa·tient[2] ['peɪʃnt] Patient(in), Kranke(r)

patio ['pætɪəʊ] <*plural* patios> ① Innenhof ② (*am Haus*) Terrasse

pa·triotic [ˌpætrɪ'ɒtɪk, ˌpeɪtrɪ'ɒtɪk] patriotisch

pa·trol[1] [pə'trəʊl] ① *von Polizei:* Streife, Runde; **on patrol** auf Streife ② *von Militär:* Patrouille; **on patrol** auf Patrouille

pa·trol[2] [pə'trəʊl] *Polizist:* auf Streife sein; **Wächter** die Runde machen; *Soldat:* [ab]patrouillieren

> **i Land & Leute** In England, Irland, Schottland und Wales gibt es jeweils einen Feiertag für den **patron saint** (Schutzpatron). St George (in England) wird am 23. April gefeiert, St Patrick (in Irland) am 17. März, St David (in Wales) am 1. März und St Andrew (in Schottland) am 30. November. Da der Apostel Andreas an ein X-förmiges Kreuz genagelt wurde, zeigt die schottische Flagge ein weißes St Andrew's cross auf blauem Grund.

pa·tron·ize ['pætrənaɪz] ① (*abwertend*) gönnerhaft behandeln ② fördern *Wohltätigkeit, Verein* **pat·ron·iz·ing** ['pætrənaɪzɪŋ] gönnerhaft, herablassend

pat·ter[1] ['pætəʳ] ① *Füße:* trappeln, trippeln ② *Regen:* plätschern

pat·ter[2] ['pætəʳ] ① *von Füßen:* Getrappel ② *von Regen:* Plätschern ③ Gerede, Sprüche; **sales patter** Verkaufssprüche

pat·tern ['pætn] ① (*auf Papier, Stoff usw.*) Muster ② **paper pattern** Schnittmuster ③ (*übertragen*) Vorbild, Muster ④ *von Verhalten:* Schema

paunch [pɔːntʃ] dicker Bauch, Fettwanst

pause[1] [pɔːz] Pause; **without a pause** ununterbrochen

pause[2] [pɔːz] ① (*während einer Aktivität*) stehen bleiben, anhalten, innehalten ② (*zum Entspannen*) eine Pause machen; **pause for breath** eine Atempause machen ③ **pause for thought** eine Denkpause einlegen; **make someone pause** jemanden zum Überlegen bringen

pave [peɪv] ① pflastern ② (*übertragen*) **pave the way for the newcomers** den Neulingen den Weg ebnen **pave·ment** ['peɪvmənt] ① (USA) Fahrbahn ② (GB) Bürgersteig, Gehweg, Trottoir **pavement artist** Pflastermaler(in)

pa·vil·ion [pə'vɪlɪən] ① Pavillon ② (*Sport*) Klubhaus ③ großes Zelt

paw[1] [pɔː] ① Pfote, Tatze ② (*umgangsspr*) Pfote, Hand

paw[2] [pɔː] ① berühren; **the cat pawed the mouse** die Katze berühte die Maus mit ihrer Pfote ② (*umgangsspr*) betatschen

pawn[1] [pɔːn] ① (*beim Schach*) Bauer ② (*übertragen*) Schachfigur, Werkzeug ③ Pfand[stück]; **in pawn** verpfändet; **put in pawn** verpfänden

pawn[2] [pɔːn] verpfänden, versetzen

pawn·broker ['pɔːnˌbrəʊkəʳ] Pfandleiher(in)

pawnbroker's shop, **pawn·shop** ['pɔːnʃɒp] Leihhaus

pawn-ticket Pfandschein

pay[1] [peɪ] <paid, paid> ① zahlen, bezahlen; **pay one's way** seinen Anteil bezahlen; **pay on account** auf Rechnung bezahlen; **pay as you go** immer gleich bezahlen; **pay through the nose** Wucherpreise bezahlen; **pay by credit card** mit Kreditkarte bezahlen ② begleichen *Rechnung, Schulden* ③ tragen, erstatten *Kosten* ④ Gewinn abwerfen ⑤ (*übertragen*) sich lohnen für, sich auszahlen für; **it doesn't pay him to work** es lohnt sich nicht für ihn zu arbeiten; **that doesn't pay** das lohnt sich nicht ⑥ **pay**

someone a visit [*oder* **call**] jemanden besuchen, jemandem einen Besuch abstatten; **pay attention** aufpassen ⑦ büßen (**for** für)

pay² [peɪ] Bezahlung, Lohn, Gehalt; **without pay** unbezahlt, ehrenamtlich; **be in someone's pay** in jemandes Dienst sein; **I get less pay in my new job** ich habe mich in meinem neuen Job finanziell verschlechtert

◆ **pay back** ① zurückzahlen ② (*übertragen*) **pay someone back** es jemandem heimzahlen

◆ **pay down** anzahlen

◆ **pay in** einzahlen

◆ **pay off** ① abbezahlen, tilgen *Schulden* ② zurückzahlen *Darlehen* ③ befriedigen *Gläubiger* ④ auszahlen *Arbeiter* ⑤ sich rentieren [*oder* lohnen]

◆ **pay up** [voll] bezahlen; zurückzahlen *Schulden*

pay·able ['peɪəbl] zahlbar, fällig; **payable in advance** im Voraus zahlbar; **make a cheque payable to someone** einen Scheck auf jemanden ausstellen **pay cheque**, (USA) **pay check** Gehaltsscheck, Lohnscheck **pay-day** Zahltag **pay desk** Kasse **payee** [peɪ'iː] Zahlungsempfänger(in)

pay·ing ['peɪɪŋ] ① **paying guest** zahlender Gast ② *Patient:* Privat- ③ (*bei der Bank*) **paying-in slip** Einzahlungsbeleg

pay·ment ['peɪmənt] ① Zahlung, Bezahlung; **on payment of** bei Bezahlung von; **in payment of** als Bezahlung für; **payment by** [*oder* **in**] **instal[l]ments** Ratenzahlung; **terms of payment** Zahlungsbedingungen ② *von Schulden:* Rückzahlung **pay packet** Lohntüte **pay phone** Münzfernsprecher **pay rise** Gehaltserhöhung, Lohnerhöhung **pay·roll** **be on the payroll** angestellt, beschäftigt sein; **payroll deductions** Lohnabzüge, Gehaltsabzüge **pay round** Tarifrunde **pay·slip** Gehaltsstreifen, Lohnstreifen **pay TV** Pay-TV

PC [piː'siː] ① *Abkürzung von* **personal computer** PC ② (GB) *Abkürzung von* **Police Constable** Polizeibeamte(r), -beamtin

PE [ˌpiː'iː] (*in der Schule*) *Abkürzung von* **physical education** Sport

pea [piː] Erbse

peace [piːs] ① Friede(n); **be at peace** in Frieden leben (**with** mit); **make peace** Frieden schließen; **make one's peace with** sich versöhnen, sich vertragen mit ② (*gesetzlich*) Ruhe [und Ordnung]; **breach of the peace** Ruhestörung; **keep the peace** die öffentliche Sicherheit und Ordnung wahren ③ (*übertragen*) Ruhe, Stille; **peace and quiet** Ruhe und Frieden; **give someone no peace** jemanden nicht in Ruhe lassen; **hold** [*oder* **keep**] **one's peace** sich ruhig verhalten, still sein; **leave someone in peace** jemanden in Ruhe lassen

peace·ful ['piːsfəl] ① friedlich ② *Schlaf, Zeit:* ruhig; *Tod:* sanft

peace·keeping¹ ['piːskiːpɪŋ] Friedens-; **peace-keeping force** Friedenstruppe

peace·keeping² ['piːskiːpɪŋ] Friedenserhaltung

peach [piːtʃ] ① Pfirsich, Pfirsichbaum ② (*Farbe*) Pfirsichton ③ (*umgangsspr*) **you're a peach** du bist ein klasse Mensch; **a peach of an idea** eine tolle Idee; **a peach of a hat** ein todschicker Hut

pea·cock ['piːkɒk] Pfau; **peacock-blue** pfauenblau

peak¹ [piːk] ① Spitze ② *eines Berges:* Gipfel ③ Mützenschirm ④ (*übertragen*) *der Konjunktur:* Höchst-, Höhepunkt; **peak value** Höchstwert

peak² [piːk] einen Höchststand erreichen **peak hours** *plural von Verkehr:* Hauptverkehrszeit; *vom Stromnetz:* Spitzenzeit; **during peak hours** während der Stoßzeit **peak season** Hochsaison

pea·nut ['piːnʌt] ① Erdnuss ② **peanuts** (*umgangsspr*) lächerliche Kleinigkeit; **the pay is peanuts** die Bezahlung ist miserabel **peanut butter** Erdnussbutter

pear [peəʳ] Birne

pearl [pɜːl] Perle

pear tree [peəʳ triː] Birnbaum

peas·ant ['peznt] Bauer

pebble ['pebl] Kiesel[stein]

peck¹ [pek] ① picken, hacken *Loch* (**at** nach) ② aufpicken *Futter* ③ (*umgangsspr*) flüchtig küssen ④ (*umgangsspr*) herumnaschen (**at** an)

peck² [pek] ① [Schnabel]Hieb ② flüchtiger Kuss

peck·ish ['pekɪʃ] (GB) (*umgangsspr*) hungrig

pe·cu·liar [pɪ'kjuːlɪəʳ] ① sonderbar, eigenartig, seltsam ② eigen, eigentümlich (**to** für)

pedal¹ ['pedl] ① Pedal ② (*am Musikinstrument*) Pedal

Pp

pedal² ['pedl] ① das Pedal bedienen ② **pedal a bicycle up the hill** mit dem Fahrrad den Berg hinaufstrampeln
pedal-bin Treteimer **pedal-boat** Tretboot
pe·des·trian¹ [pɪ'destrɪən] **pedestrian crossing** [Fußgänger]Überweg; **pedestrian precinct** Fußgängerzone
pe·des·trian² [pɪ'destrɪən] Fußgänger(in)
pedia·tric·ian [ˌpiːdɪə'trɪʃn] (USA) Kinderarzt, -ärztin
pedigree dog Rassehund
pee [piː] (*umgangsspr*) **go for, have a pee** pinkeln
peel¹ [piːl] ① schälen, die Haut abziehen ② sich häuten, sich abschälen; **the paintwork is peeling** die Farbe geht [*oder* blättert] ab
peel² [piːl] Schale
◆ **peel away** sich lösen; abziehen *Tapete*; abschälen *Rinde*; *Einband:* abstreifen
◆ **peel back** abziehen
◆ **peel off** abziehen, abschälen, abstreifen
peeler ['piːləʳ] Schäler **peel·ings** ['piːlɪŋz] *plural* Schalen
peep¹ [piːp] ① [verstohlen] gucken (**at** nach) ② allmählich sichtbar werden, zum Vorschein kommen ③ *Vogel, Tier:* piepen, piepsen
peep² [piːp] ① flüchtiger, heimlicher Blick; **take a peep at something** verstohlen nach etwas schauen ② (*Geräusch*) Piepen ③ (*slang*) **I couldn't get a peep out of him** ich konnte keinen Ton aus ihm rauskriegen
peer [pɪəʳ] starren, angestrengt schauen, blicken (**at** auf, **into** in, **for** nach)
peg [peg] ① (*aus Holz*) Stift; (*für Zelt*) Hering; (*beim Bergsteigen*) Haken ② (GB) Wäscheklammer ③ **off-the-peg** von der Stange ▶ IN WENDUNGEN: **take someone down a peg or two** jemanden demütigen; **be a square peg in a round hole** am falschen Platz sein
◆ **peg down** festpflocken
◆ **peg out** ① abgrenzen, abstecken ② **peg out the washing** die Wäsche aufhängen ③ (*umgangsspr*) *Mensch:* abkratzen; *Maschine:* den Geist aufgeben
peli·can ['pelɪkən] Pelikan
pelt [pelt] ① werfen; **they pelted him with mud** sie bewarfen ihn mit Matsch ② **the rain pelted** [**down**] **on the roof** der Regen trommelte [*oder* prasselte] auf das Dach; **it was pelting with rain** es schüttete; **pelting rain** Platzregen
pelt [pelt] **at full pelt** mit voller Geschwindigkeit
pen [pen] ① Füllfederhalter, Füller ② Kugelschreiber ③ (*für Tiere*) Pferch
◆ **pen up** einsperren
pen·alty ['penltɪ] ① Strafe; **on** [*oder* **under**] **penalty of** bei Androhung einer Strafe von ② Geldstrafe ③ (*übertragen*) Nachteil ④ (*Sport*) Strafpunkt; (*beim Fußball*) Elfmeter ⑤ (*übertragen*) **pay the penalty** die Folgen tragen **penalty area** (*Fußball*) Strafraum **penalty box** (*Eishockey*) Strafbank **penalty clause** Strafklausel **penalty kick** (*Fußball*) Elfmeter
pence [pens] (GB) (*Währungseinheit*) Pence
pen·cil ['pensl] Bleistift; **write in pencil** mit Bleistift schreiben
◆ **pencil in** ① mit einem [Blei]Stift markieren/schreiben/zeichnen ② (*übertragen*) vorläufig notieren *Termin*
pencil case Federmäppchen **pencil sharpener** Bleistiftspitzer
pen·dant ['pendənt] Anhänger
pen·etrate ['penɪtreɪt] ① *Armee:* vor-, eindringen in ② *Strahlen:* durchdringen, durchstoßen ③ (*übertragen*) infiltrieren *Organisation* **pen·etrat·ing** ['penɪtreɪtɪŋ] ① *Kälte:* durchdringend ② *Auge:* scharf ③ (*übertragen*) scharfsinnig
pen·friend ['penfrend] Brieffreund(in)
pen·guin ['peŋgwɪn] Pinguin
pen·holder ['penˌhəʊldəʳ] Federhalter
peni·cil·lin [ˌpenɪ'sɪlɪn] Penizillin
pen·in·sula [pə'nɪnsjʊlə] Halbinsel
pe·nis ['piːnɪs] Penis
pen·knife ['pennaɪf, *plural* 'pennaɪvz] <*plural* penknives> Taschenmesser
pen·ni·less ['penɪlɪs] völlig mittellos
penny ['penɪ, *plural* 'peniːz] <*plural* pennies, pence> Penny; **a pretty penny** eine schöne Stange Geld ▶ IN WENDUNGEN: **the penny dropped** der Groschen ist gefallen; **be in for a penny, in for a pound** wer A sagt muss auch B sagen; **a penny for your thoughts** woran denkst du gerade?; **spend a penny** (*umgangsspr*) mal verschwinden
pen·pal ['penpæl] (USA) Brieffreund(in)
pen·sion ['penʃn] Altersrente, Pension; **be entitled to a pension** rentenberechtigt,

pensionsberechtigt sein; **draw a pension** eine Rente beziehen; **retire on a pension** in Rente gehen; **disability pension** Erwerbsunfähigkeitsrente

◆ **pension off** ① pensionieren, auf Rente setzen ② vorzeitig in Rente schicken ③ (*übertragen*) ausrangieren

pension contribution Rentenversicherungsbeitrag **pension entitlement** Rentenanspruch **pen·sioner** ['penʃənəʳ] Pensionär(in), Rentenempfänger(in), Rentner(in) **pension fund** Rentenfonds **pension scheme** Rentenversicherung; **the company's pension scheme** die betriebliche Altersversorgung

pen·ta·gon ['pentəgən, USA 'pentəgɒn] ① (*Form*) Fünfeck, Pentagon ② **the Pentagon** USA das Pentagon

pen·tath·lon [pen'tæθlən] Fünfkampf

pent-up [ˌpent'ʌp] ① *Mensch:* geladen, innerlich angespannt ② *Gefühl:* unterdrückt, angestaut; *Atmosphäre:* geladen

pen·ul·ti·mate [pen'ʌltɪmət] vorletzte(r, s)

people ['pi:pl] ⚠ *plural* ① Leute, Menschen ② **how many people are there in Germany?** wie viele Einwohner hat Deutschland?; **local people** Einheimische ③ **the common people** das gemeine Volk ④ *mit Possessivpronomen* **my people** meine Familie [*oder* Leute] ⑤ **people say** man sagt ⑥ **you! of all people!** ausgerechnet du! ⑦ **the peoples of the world** die Völker der Erde

pep·per[1] ['pepəʳ] ① Pfeffer ② [**green, red**] **pepper** Paprika

pep·per[2] ['pepəʳ] ① pfeffern ② (*übertragen*) vollstopfen, spicken (**with** mit)

pep·per·mint ['pepəmɪnt] ① Pfefferminze ② (*Bonbon*) Pfefferminz

pepper pot Pfefferstreuer

pep talk (*umgangsspr*) aufmunternde Rede

per [pɜ:ʳ] pro, je, für; [**as**] **per account** laut Rechnung; **per annum** pro Jahr; **per hour** in der Stunde; **50 km per hour** 50 Stundenkilometer; **as per sample** gemäß dem Muster; **as per usual** (*umgangsspr*) wie gewöhnlich

per cent, <FLEQ>**per·cent** [pə'sent] Prozent; [**at**] **what per cent?** [zu] wieviel Prozent? **percentage point** Prozentpunkt

per·cep·tion [pə'sepʃn] Wahrnehmung **per·cep·tive** [pə'septɪv] ① einfühlsam; **that's very perceptive of you!** das hast du sehr scharf beobachtet ② *Auge:* scharf; *Nase, Ohr:* fein

perch[1] [pɜ:tʃ] ① Vogel-, Hühnerstange ② (*umgangsspr*) Sitzplatz; **take a perch** setz dich doch ③ (*Fisch*) Flussbarsch

perch[2] [pɜ:tʃ] ① sich setzen (**on** auf); **be perched on** sitzen, hocken auf ② thronen ③ [hoch hinauf]stellen; **she perched her bag on the shelf** sie stellte ihre Tasche auf das Regal

per·cus·sion [pə'kʌʃn] **percussion instruments** Schlaginstrumente **per·cus·sion·ist** [pə'kʌʃnɪst] Schlagzeuger(in)

per·fect ['pɜ:fɪkt] ① vollendet, vollkommen ② *Leistung:* tadellos, fehlerlos ③ vollständig, völlig, gänzlich; **perfect strangers** wildfremde Menschen; **he is a perfect stranger to me** er ist mir völlig unbekannt ④ **practice makes perfect** Übung macht den Meister

per·fect [pə'fekt] vervollkommnen **per·fec·tion** [pə'fekʃn] ① Vervollkommnung ② Vollkommenheit

per·fect·ly ['pɜ:fɪktlɪ] ① vollkommen, völlig, durchaus, absolut ② tadellos ③ (*umgangsspr*) **perfectly awful** ganz furchtbar

per·form [pə'fɔ:m] ① ausführen *Aufgabe;* **how did he perform?** wie war er? ② durchführen *Operation* ③ vollziehen *Zeremonie* ④ *Künstler:* auftreten, spielen; aufführen, spielen *Stück, Konzert;* vortragen *Solo, Duett;* spielen *Rolle;* vorführen *Kunststück;* vollbringen *Wunder* ⑤ vornehmen *Handlung* ⑥ erfüllen *Pflicht, Versprechen* ⑦ **perform a duty** einer Verpflichtung nachkommen ⑧ (*technisch*) *Maschine, Gerät usw.:* funktionieren; **this car performs well** dieses Auto ist sehr leistungsstark

per·form·ance [pə'fɔ:məns] ① Leistung ② (*technisch*) Funktionieren, Leistung, Effizienz ③ (*im Theater*) Aufführung, Vorstellung; (*im Kino*) Vorstellung; **afternoon/evening performance** Nachmittagsvorstellung/Abendvorstellung ④ *einer Rolle:* Darstellung ⑤ (*umgangsspr*) Umstand, Theater, schlechtes Benehmen **per·former** [pə'fɔ:məʳ] Künstler(in), Ausführende(r)

per·fume ['pɜ:fju:m] Duft, Parfüm

per·haps [pə'hæps] vielleicht, eventuell

period ['pɪərɪəd] ① Periode, Zeitraum, Dauer; **for a period of** für die Dauer von;

within a period of innerhalb einer Frist von; **period of office** Amtszeit ❷ (*historisch*) Epoche ❸ [**menstrual**] **period** Periode; **I've got my period** ich habe meine Tage ❹ USA (*Satzzeichen*) Punkt ❺ [Unterrichts]Stunde ❻ (*slang*) Schluss! [und damit] basta! **peri·od·ic(al)** [ˌpɪərɪˈɒdɪk(l)] Zeitschrift, Magazin

per·ish [ˈperɪʃ] ❶ zu Grunde gehen, umkommen (**by** durch, **of, with** an) ❷ *Waren:* verderben **per·ish·able** [ˈperɪʃəbl] *Ware:* [leicht] verderblich, nicht haltbar **per·ish·ing** [ˈperɪʃɪŋ] ❶ **perishing** [**cold**] sehr kalt ❷ **this perishing machine** dieses verflixte Gerät

per·jury [ˈpɜːdʒərɪ] Meineid; **commit perjury** einen Meineid leisten

perk [pɜːk] GB Vergünstigung
◆ **perk up** ❶ aufleben; lebhaft, munter werden ❷ *Börse:* fester tendieren

perm[1] [pɜːm] Dauerwelle

perm[2] [pɜːm] **have one's hair permed** sich Dauerwellen machen lassen

per·ma·nent [ˈpɜːmənənt] ❶ ständig, beständig, dauerhaft ❷ auf Lebenszeit; **permanent appointment** feste Anstellung; **permanent position** [*oder* **post**] [*oder* **situation**] Lebensstellung, Dauerstellung ❸ **permanent residence** fester Wohnsitz ❹ **permanent staff** Stammpersonal

per·mission [pəˈmɪʃn] Genehmigung, Erlaubnis; **by special permission** mit besonderer Genehmigung; **without permission** unbefugt, unerlaubt; **ask someone's** [*oder* **someone for**] **permission** jemanden um Erlaubnis bitten; **give permission** eine Erlaubnis erteilen; **give someone permission to do something** jemandem erlauben, etwas zu tun; **grant someone permission to speak** jemandem das Wort erteilen

per·mit[1] [pəˈmɪt] ❶ erlauben, gestatten, zulassen, dulden; **permit someone to do something** jemandem erlauben, etwas zu tun; **am I permitted to go?** darf ich gehen? ❷ **weather permitting** wenn das Wetter mitmacht

permit[2] [ˈpɜːmɪt] ❶ Genehmigung, Bewilligung, Konzession (**to** für) ❷ **residence permit** Aufenthaltsgenehmigung, Aufenthaltserlaubnis ❸ **hunting/fishing permit** Jagdschein/Angelschein

per·pen·dicu·lar[1] [ˌpɜːpənˈdɪkjʊləʳ] senkrecht (**to** zu); *Klippe:* senkrecht abfallend

per·pen·dicu·lar[2] [ˌpɜːpənˈdɪkjʊləʳ] Senkrechte, Lot

per·pet·ual [pəˈpetʃʊəl] dauernd, ständig; **perpetual motion** [**machine**] Perpetuum mobile

per·se·cute [ˈpɜːsɪkjuːt] ❶ verfolgen; **be persecuted** Verfolgungen ausgesetzt sein ❷ belästigen, plagen (**with** mit) **per·se·cu·tion** [ˌpɜːsɪˈkjuːʃn] Verfolgung, Belästigung

per·se·vere [ˌpɜːsɪˈvɪəʳ] durchhalten, nicht aufgeben

Per·sia [ˈpɜːʃə] Persien

per·sist [pəˈsɪst] ❶ **she persisted that she was right** sie beharrte [*oder* bestand] darauf, Recht zu haben ❷ nicht nachgeben, nicht aufhören (**in doing** zu tun) ❸ **if the pain persists …** falls der Schmerz anhält … **per·sist·ent** [pəˈsɪstənt] ❶ *Mensch:* beharrlich, unnachgiebig ❷ [an]dauernd, beständig

per·son [ˈpɜːsn] <*plural* people> Mensch, Person; **in person** in Person, persönlich; **there is no such person** so jemanden gibt es nicht; **on** [*oder* **about**] **one's person** bei sich; **per person** pro Person

per·sonal [ˈpɜːs(ə)nl] persönlich; (*auf einem Brief*) privat; *Daten:* personenbezogen; **personal affair** [*oder* **business**] Privatangelegenheit; **get** [*oder* **become**] **personal** persönlich werden **personal assistant** persönliche(r) Assistent(in), Chefsekretär(in) **personal column** Familienanzeigen **personal computer** Personalcomputer **personal identification number, PIN** persönliche Geheimzahl

per·son·al·ity [ˌpɜːsəˈnælətɪ] Persönlichkeit; **personality cult** Personenkult

per·son·al·ly [ˈpɜːsənəlɪ] persönlich **personal organizer** Terminplaner

per·son·nel [ˌpɜːsəˈnel] Personal, Belegschaft; (*im Flugzeug, Schiff*) Besatzung **personnel department** Personalabteilung **personnel director, personnel manager** Personalchef(in)

per·spec·tive [pəˈspektɪv] ❶ (*in der Kunst*) Perspektive ❷ (*übertragen*) Standpunkt, Blick; **get something out of perspective** etwas verzerrt sehen; **see something in perspective** etwas mit Abstand betrachten

per·spire [pəˈspaɪəʳ] schwitzen

per·suade [pəˈsweɪd] ❶ überreden ❷ verleiten, dazu bringen; **I was persuaded into leaving the company** ich wurde dazu verleitet, die Firma zu verlassen ③ überzeugen; **be persuaded of** überzeugt sein von **per·sua·sion** [pəˈsweɪʒn] ① Überredung ② Überzeugung ③ Glaube ④ **powers of persuasion** Überzeugungskraft **per·sua·sive** [pəˈsweɪsɪv] überzeugend

Peru [pəˈruː] Peru

Peru·vian[1] [pəˈruːvɪən] peruanisch

Peru·vian[2] [pəˈruːvɪən] Peruaner(in)

per·verse [pəˈvɜːs] ① *Gedanke, Benehmen:* pervers, widernatürlich ② *Mensch:* eigensinnig, störrisch **per·ver·sion** [pəˈvɜːʃn] ① (*sexuell*) Perversion ② *der Wahrheit:* Verzerrung, Verdrehung; **perversion of justice** Rechtsbeugung

per·vert[1] [pəˈvɜːt] ① verdrehen *Tatsache* ② verderben, pervertieren *Menschen* ③ **pervert the course of justice** das Recht beugen

per·vert[2] [ˈpɜːvɜːt] perverser Mensch

pessi·mism [ˈpesɪmɪzəm] Pessimismus **pes·si·mist** [ˈpesɪmɪst] Pessimist(in) **pessi·mis·tic** [ˌpesɪˈmɪstɪk] pessimistisch

pest [pest] ① (*umgangsspr: Mensch*) Nervensäge, Plage ② Schädling **pest control** Schädlingsbekämpfung

pes·ter [ˈpestəʳ] belästigen, plagen (**with** mit)

pes·ti·cide [ˈpestɪsaɪd] Schädlingsbekämpfungsmittel

pet[1] [pet] ① Haustier ② Liebling

pet[2] [pet] ① streicheln, verwöhnen ② (*umgangsspr*) fummeln, Petting machen

pet[3] [pet] Lieblings-; **pet name** Kosename; **that's my pet hate** das ist mir ein Gräuel; **pet shop** Tierhandlung; **pet subject** Lieblingsthema

petal [ˈpetl] ① Blütenblatt ② (*umgangsspr*) Schätzchen

peter out [ˈpiːtəʳ] nachlassen, allmählich zu Ende gehen

pe·ti·tion [pɪˈtɪʃn] ① Bittschrift, Eingabe, Gesuch, Petition ② Unterschriftenliste ③ (*vor Gericht*) Antrag (**for** auf); **file a petition** einen Antrag einreichen; **petition for divorce** Scheidungsklage; **petition for mercy** Gnadengesuch

pet·rol [ˈpetrəl] GB Benzin; **fill up with petrol** auftanken **petrol can** Benzinkanister **petrol engine** Benzinmotor **pe·tro·leum** [pɪˈtrəʊlɪəm] Erdöl, Mineralöl; **petroleum-exporting countries** Erdöl exportierende Länder; **petroleumjelly** Vaseline **petrol ga(u)ge** Benzinuhr, Benzinanzeige **petrol pump** ① (*im Auto*) Benzinpumpe ② (*an der Tankstelle*) Zapfsäule **petrol station** Tankstelle

pet·ti·coat [ˈpetɪkəʊt] Unterrock

petty [ˈpetɪ] ① *Problem, Einzelheit:* klein, geringfügig, unbedeutend, nebensächlich ② **petty cash** [Porto]Kasse, Handkasse ③ *Person:* kleinlich, engstirnig

pew [pjuː] ① Kirchenstuhl ② **take a pew!** (*umgangsspr*) pflanz dich!

phan·tom [ˈfæntəm] ① Phantom, Gespenst, Geist ② Hirngespinst, Trugbild

phar·ma·cist [ˈfɑːməsɪst] USA Apotheker(in)

phar·macy [ˈfɑːməsɪ] ① Pharmazie ② Apotheke

phase [feɪz] ① Phase, Stadium, Abschnitt; **she's just going through a phase** das ist nur so eine Phase bei ihr ② (*technisch*) Phase

◆ **phase in** stufenweise einführen

◆ **phase out** ① allmählich abbauen ② (*Produktion*) auslaufen lassen

PhD [ˈpiːeɪtʃˈdiː] ① (*akademischer Grad*) Dr. phil. ② Doktorarbeit; **do one's PhD** seinen Doktor machen, promovieren

pheas·ant [ˈfeznt] Fasan

phe·nom·enal [fɪˈnɒmɪnl] außergewöhnlich, außerordentlich, phänomenal **phe·nom·enon** [fɪˈnɒmɪnən, *plural* fɪˈnɒmɪnə] <*plural* phenomena> Phänomen

phil·os·opher [fɪˈlɒsəfəʳ] Philosoph(in) **philo·sophic(al)** [ˌfɪləˈsɒfɪk(l)] philosophisch **phil·os·ophize** [fɪˈlɒsəfaɪz] philosophieren **phil·os·ophy** [fɪˈlɒsəfɪ] ① Philosophie; **natural philosophy** Naturwissenschaft; **philosophy of history** Geschichtsphilosophie ② **philosophy of life** Lebensanschauung, Weltanschauung

pho·bia [ˈfəʊbɪə] Phobie

phone[1] [fəʊn] Telefon

phone[2] [fəʊn] telefonieren, anrufen

◆ **phone back** zurückrufen

phone booth USA Telefonzelle **phone call** ① Telefongespräch ② Anruf **phone·card** [ˈfɜʊnkɑːd] Telefonkarte **phone-in** [ˈfəʊnɪn] Hörersendung

pho·netic [fəˈnetɪk] phonetisch; **phonetic script** Lautschrift

phon·ey ['fəʊnɪ] (*umgangsspr*) unecht, falsch

phos·pho·res·cent [ˌfɒsfə'resnt] phosphoreszierend **phos·phorus** ['fɒsfərəs] Phosphor

photo ['fəʊtəʊ] <*plural* photos> Foto, Fotografie **photo call** Fototermin **photo·copier** ['fəʊtəʊˌkɒpɪəʳ] Fotokopiergerät, Fotokopierer

photo·copy[1] ['fəʊtəʊˌkɒpɪ] Fotokopie

photo·copy[2] ['fəʊtəʊˌkɒpɪ] fotokopieren

photo finish Fotofinish

photo·graph[1] ['fəʊtəgrɑːf, (USA) 'fəʊtəgræf] Fotografie; **take a photograph** eine Aufnahme machen

photo·graph[2] ['fəʊtəgrɑːf, (USA) 'fəʊtəgræf] fotografieren, sich fotografieren lassen

photograph album Fotoalbum **photo·gra·pher** [fə'tɒgrəfəʳ] Fotograf(in) **photo·gra·phic** [ˌfəʊtə'græfɪk] fotografisch; **photographic equipment** Fotoausrüstung **photo·gra·phy** [fə'tɒgrəfɪ] Fotografie **photo·jour·nal·ism** [ˌfəʊtəʊ'dʒɜːnlɪzəm] Fotojournalismus **photo·meter** [fəʊ'tɒmɪtəʳ] Belichtungsmesser **photo·mon·tage** ['fəʊtəʊmɒn'tɑːʒ] Fotomontage **photo op·por·tun·ity** [ˌfəʊtəʊɒpə'tjuːnətɪ] Fototermin **photo re·porter** ['fəʊtəʊrɪˌpɔːtəʳ] Bildberichterstatter(in)

phrase[1] [freɪz] ① Ausdruck, Redewendung; **to coin a phrase** (*humorvoll*) um mich mal so auszudrücken ② Satzteil, Wortgruppe ③ (*Musik*) Phrase

phrase[2] [freɪz] ① in Worte kleiden, zum Ausdruck bringen ② phrasieren *Musik*

phrase·book ['freɪzbʊk] Sprachführer

physi·cal[1] ['fɪzɪkl] ① physisch ② körperlich; **physical appearance** äußere Erscheinung; **physical condition** Gesundheitszustand; **physical education** Sportunterricht; **physical fitness** Tauglichkeit; **physical training** Leibesübungen ③ *Untersuchung:* ärztlich ④ **physical science**[s] Naturwissenschaften

physi·cal[2] ['fɪzɪkl] ärztliche Untersuchung

physi·cian [fɪ'zɪʃn] Arzt, Ärztin **physi·cist** ['fɪzɪsɪst] Physiker(in) **phys·ics** ['fɪzɪks] ⚠ *Singular* Physik

physio·ther·apist [ˌfɪzɪəʊ'θerəpɪst] Krankengymnast(in), Physiotherapeut(in) **physio·ther·apy** [ˌfɪzɪəʊ'θerəpɪ] Krankengymnastik, Physiotherapie **phy·sique** [fɪ'ziːk] Körperbau, Konstitution

pia·nist ['pɪənɪst] Pianist(in), Klavierspieler(in) **pi·ano** ['pjɑːnəʊ] <*plural* pianos> Klavier; **play the piano** Klavier spielen; **grand piano** Flügel; **piano lesson** Klavierstunde; **piano teacher** Klavierlehrer(in)

pick[1] [pɪk] ① auswählen; aufstellen *Mannschaft;* **you do pick them!** du gerätst auch immer an den Falschen!; **pick one's words carefully** seine Worte mit Bedacht wählen; **pick one's way** [*oder* **steps**] vorsichtig gehen, sich durchschlängeln; **pick and choose** sich den/die/das Beste herauspicken ② zupfen an; kratzen an *Pickel, Haut* ③ bohren *Loch;* (*mit dem Schnabel*) [auf]hacken ④ pflücken *Obst, Blumen;* lesen *Trauben* ⑤ *Vogel:* [auf]picken ⑥ **pick a lock** ein Schloss knacken ⑦ **pick one's nose** in der Nase bohren; **pick one's teeth** in den Zähnen stochern ▸ IN WENDUNGEN: **pick a fight** [*oder* **quarrel**] einen Streit vom Zaun brechen; **have a bone to pick with someone** mit jemandem ein Hühnchen zu rupfen haben; **pick someone's pockets** *Taschendieb:* jemanden bestehlen; **pick holes in something** etwas bemäkeln; **pick holes in a theory** eine Theorie auseinander nehmen; **pick something to pieces** etwas verreißen; **pick someone's brains** jemanden [mit Fragen] löchern

pick[2] [pɪk] ① Auswahl, Auslese; **the pick of the bunch** das Beste [von allem]; **have** [*oder* **take**] **one's pick** seine Wahl treffen; **have first pick** die erste Wahl haben; (USA) **he was our pick** wir haben ihn gewählt ② Spitzhacke, Haue ③ (*Musik*) Plektrum

◆**pick at** ① herummeckern an ② **pick at one's food** im Essen herumstochern

◆**pick off** ① abpflücken; wegzupfen *Blätter usw.* ② abschießen *Mensch, Tier*

◆**pick on** ① aussuchen, auswählen ② (*umgangsspr*) herumhacken auf; **why pick on me?** warum gerade ich?

◆**pick out** ① heraussuchen, auswählen ② (*übertragen*) auslesen *Schlechtes* ③ ausmachen, entdecken ④ **pick out a tune** eine Melodie anschlagen

◆**pick over** [genau] überprüfen, durchsehen

◆**pick up** ① aufpicken, -heben, -lesen; ② **pick up the bill** die Rechnung bezahlen; mitnehmen ③ *Fahrgast;* **can you pick me up from school?** kannst du mich von der

Schule abholen? ② finden, sammeln, zusammenbringen ③ erstehen *Billiges, Teures* ④ herausfinden, -bringen, in Erfahrung bringen; verstehen, erfassen *Information* ⑤ sich aneignen *Kenntnisse* ⑥ (*umgangsspr*) zufällig kennen lernen; **where on earth did you pick her up?** wo hast du denn die aufgelesen? ⑦ aufnehmen *Radiosendung* ⑧ bergen, retten ⑨ sich erholen, wieder zu Kräften kommen ⑩ *Kurse:* anziehen, sich festigen ⑪ **pick up speed** an Geschwindigkeit gewinnen ⑫ **I'll pick up on that later** ich werde später darauf zurückkommen

picket[1] ['pɪkɪt] Streikposten

picket[2] ['pɪkɪt] ① durch Streikposten absperren, Streikposten aufstellen ② als Streikposten stehen

pickle[1] ['pɪkl] ① Marinade, Salzlake ② [**mixed**] **pickles** *plural* süßsauer eingelegtes Gemüse, Mixed Pickles ③ (*umgangsspr*) schöne Bescherung; **get into a pickle** in eine unangenehme Lage [*oder* Verlegenheit] geraten

pickle[2] ['pɪkl] einlegen *Gurken, Zwiebeln*

pickled [pɪkld] ① gepökelt, eingemacht ② (*slang*) besoffen

pick·pocket ['pɪkpɒkɪt] Taschendieb(in); **beware of pickpockets!** vor Taschendieben wird gewarnt! **pick-up** ['pɪkʌp] **pick-up point** Treffpunkt, Haltestelle

pic·nic[1] ['pɪknɪk] Picknick

pic·nic[2] ['pɪknɪk] <picnicking, picnicked> ein Picknick veranstalten, picknicken

pic·nicker ['pɪknɪkəʳ] Teilnehmer(in) an einem Picknick

i Land & Leute Die **Picts** waren die Einwohner der nördlichen Hälfte Schottlands zu der Zeit, als die Römer Britannien besetzten. Vermutlich waren es Kelten. Die Römer berichteten, dass sie ihre Körper bemalten, und nannten sie deshalb „Picti" (lateinisch für die Bemalten). Die Picts waren hervorragende Handwerker. Ihre Sprache, die auf Inschriften von Steinen überliefert ist, wurde bisher noch nicht entschlüsselt.

pic·ture[1] ['pɪktʃəʳ] ① Bild, Gemälde ② (*Foto*) Aufnahme; **take a picture of** fotografieren, aufnehmen ③ **go to the pictures** ins Kino gehen; **how was the picture?** wie war der Film? ④ (*übertragen: schöne Verkörperung*) **she looked a picture** (*umgangsspr*) sie sah bildhübsch aus; **as pretty as a picture** bildschön; **look the picture of health** wie das blühende Leben aussehen ⑤ Vorstellung, Darstellung, Beschreibung ⑥ **be in the picture** im Bilde sein; **put someone in the picture** jemanden ins Bild setzen; **get the picture?** [haben Sie] verstanden?

pic·ture[2] ['pɪktʃəʳ] ① abbilden, malen, zeichnen ② (*übertragen*) schildern, beschreiben ③ (*übertragen*) sich vorstellen; **picture us on a deserted beach …** stell dir vor, wir sind an einem einsamen Strand …; **I can picture me going freelance one day** ich kann mir vorstellen, eines Tages freiberuflich zu arbeiten

picture book Bilderbuch, Bildband **picture frame** Bilderrahmen **picture postcard** Ansichtskarte

pie [paɪ] ① Pastete; **meat pie** Fleischpastete ② **apple pie** gedeckter Apfelkuchen ▸ IN WENDUNGEN: **as easy as pie** (*umgangsspr*) kinderleicht; **as sweet as pie** unheimlich freundlich; **eat humble pie** klein beigeben; **have a finger in the pie** die Hand im Spiel haben; **pie in the sky** Luftschlösser

piece [piːs] ① Stück; **piece of chocolate** Stück Schokolade; **piece by piece** Stück für Stück; **piece of evidence** Beweisstück; **a piece of land** ein Grundstück; **a piece of music** ein Musikstück ② **a piece of news** eine Neuigkeit; **a fine piece of work** eine saubere Arbeit ③ (*in einem Buch*) Abschnitt, Stelle ④ *eines Services, Sets:* Einzelteil ⑤ **in pieces** entzwei, kaputt ⑥ **in one piece** (*umgangsspr*) unbeschädigt; *Person:* unverletzt ⑦ **to pieces** in Stücke, kaputt; **fall to pieces** auseinander fallen; **go to pieces** (*umgangsspr*) *Person:* durchdrehen; **take to pieces** (*auch übertragen*) zerlegen, auseinander nehmen; **tear to pieces** (*auch übertragen*) zerreißen, zerpflücken ⑧ (*Brettspiel*) Stein; (*beim Schach*) Figur ⑨ (*Musik, Theater*) Stück ⑩ **piece in the paper** Zeitungsartikel ⑪ **a piece of advice** ein Rat ▸ IN WENDUNGEN: **a nasty piece of work** (*umgangsspr*) eine üble Person; **give someone a piece of one's mind** (*umgangsspr*) jemandem gehörig die Meinung sagen; **say one's piece** seine Meinung sagen; **pull to pieces** zerpflücken *Argument;*

bekritteln *Person;* **it was a piece of cake** (*umgangsspr*) es war ein Kinderspiel

◆ **piece together** zusammenstückeln; (*übertragen*) sich zusammenreimen; zusammenfügen *Beweise*

pie chart Kreisdiagramm

pier [pɪəʳ] Landesteg, Pier

pierce [pɪəs] 1 eindringen in 2 *Dolch, Messer usw.:* durchbohren 3 *Schall, Licht:* durchdringen 4 (*übertragen*) durchdringen **pierc·ing** [pɪəsɪŋ] 1 *Geräusch:* durchdringend; *Schrei:* gellend 2 *Kälte:* schneidend; *Blick:* stechend, durchdringend

pig [pɪg] 1 Schwein 2 (*umgangsspr*) Schwein ▸ IN WENDUNGEN: **make a pig of oneself** fressen wie ein Scheunendrescher; **make a pig's ear of something** etwas vermasseln; **and pigs might fly** es geschehen noch Wunder

◆ **pig out** (*umgangsspr*) sich den Bauch voll schlagen

pigeon ['pɪdʒɪn] Taube **pigeon·hole** ['pɪdʒɪnhəʊl] (*im Büro*) Fach

piggy·back ['pɪgɪ bæk] huckepack **piggy bank** Sparschweinchen

pig-headed [ˌpɪg'hedɪd] verbohrt, halsstarrig **pig·let** ['pɪglɪt] Ferkel, Schweinchen **pig·sty** ['pɪgstaɪ] (*auch übertragen*) Schweinestall **pig·tail** ['pɪgteɪl] Zopf

pile¹ [paɪl] 1 Haufen, Stoß, Stapel; **put in a pile** stapeln, auf einen Haufen legen 2 (*umgangsspr*) [großer] Haufen, Menge, Masse; **piles of food** Berge von Essen

pile² [paɪl] stapeln

◆ **pile in** (*umgangsspr*) *Menschen:* hereinströmen, hineindrängen

◆ **pile on** (*umgangsspr*) **pile it on** dick auftragen

◆ **pile up** 1 sich anhäufen, stapeln; *Schnee, Arbeit:* sich türmen; *Schulden:* anhäufen 2 *Autos:* aufeinander auffahren

piles [paɪlz] *plural* Hämorrhoiden

pile-up ['paɪlʌp] Massenkarambolage

pil·grim·age ['pɪlgrɪmɪdʒ] Pilgerfahrt, Wallfahrt (**to** nach); **go on a pilgrimage** auf Pilgerfahrt gehen

pill [pɪl] Pille, Tablette; **be on the pill** (*umgangsspr*) die Pille nehmen

pil·lar ['pɪləʳ] Säule **pillar-box** GB Briefkasten

pil·low ['pɪləʊ] Kopfkissen **pillow-case**, **pillow-slip** Kopfkissenbezug

pi·lot¹ ['paɪlət] 1 Lotse 2 Pilot(in) 3 (*Radio, TV*) Probesendung

pi·lot² ['paɪlət] 1 lotsen *Schiff* 2 fliegen *Flugzeug* 3 (*übertragen*) führen, lenken, durchbringen

pilot boat Lotsenboot **pilot light** Zündflamme **pilot scheme** Pilotprojekt **pilot's licence** Flugschein **pilot study** Pilotstudie

pimp [pɪmp] Zuhälter

pimple ['pɪmpl] Pickel, Pustel

PIN [pɪn] *Abkürzung von* **personal identification number** PIN-Nummer, persönliche Geheimzahl

pin¹ [pɪn] 1 Stecknadel 2 Reißzwecke 3 Anstecknadel, Brosche 4 (*technisch*) Stift, Dorn, Bolzen 5 (*elektrisch*) Pol 6 (*beim Bowling*) Kegel 7 **my feet have [got] pins and needles** mir sind die Füße eingeschlafen

pin² [pɪn] 1 festmachen, anstecken, [an]heften (**to** an); **he was pinned to the wall** er wurde an die Wand gedrückt 2 (*umgangsspr*) **pin the blame on someone** jemandem die Schuld zuschieben ▸ IN WENDUNGEN: **pin one's hopes on** seine Hoffnung setzen auf; **pin back one's ears** die Ohren spitzen

◆ **pin down** (*übertragen*) festnageln, festlegen

◆ **pin together** zusammenheften

◆ **pin up** anheften; hochstecken *Haare;* stecken *Saum*

pin·ball ma·chine ['pɪnbɔːlməˈʃiːn] Flipper

pinch¹ [pɪntʃ] 1 kneifen, zwicken 2 **my shoes pinch** meine Schuhe drücken 3 (*umgangsspr*) klauen, stibitzen

pinch² [pɪntʃ] 1 Kneifen, Kniff 2 **pinch of salt** Prise Salz ▸ IN WENDUNGEN: **at** [*oder* **in**] **a pinch** zur Not; **if it comes to the pinch** notfalls; **feel the pinch** knapp bei Kasse sein

pine¹ [paɪn] 1 Kiefer, Föhre 2 Pinie

pine² [paɪn] sich sehnen (**for, after** nach)

pine·apple ['paɪnæpl] Ananas

pine cone ['paɪnkəʊn] Kiefern-, Fichtenzapfen **pine needle** Kiefern-, Fichtennadel **pine wood** 1 Kiefernwald 2 Kiefernholz

ping·pong ['pɪŋpɒŋ] (*umgangsspr*) Tischtennis

pink¹ [pɪŋk] 1 (*Farbe*) Rosa; **bright pink** Pink 2 (*Blume*) Nelke

pink² [pɪŋk] rosa, rosig

pin·point¹ ['pɪnpɔɪnt] Punkt; **a pinpoint of**

light ein Lichtpunkt

pin·point² ['pɪnpɔɪnt] ❶ markieren *Ziel* ❷ (*übertragen*) genau festlegen

pin·stripe (*Textil*) Nadelstreifen; **pinstripe suit** Nadelstreifenanzug

pint [paɪnt] Pint

pion·eer¹ [ˌpaɪə'nɪəʳ] ❶ Pionier ❷ (*übertragen*) Vorkämpfer(in), Bahnbrecher(in)

pion·eer² [ˌpaɪə'nɪəʳ] ❶ vorbereiten *einen Weg* ❷ (*übertragen*) Pionierarbeit leisten, den Weg bahnen

pious ['paɪəs] fromm, gottesfürchtig; **pious hope** frommer Wunsch; **pious words** fromme Sprüche

pip¹ [pɪp] ❶ *von Obst:* Kern ❷ (*Radio*) Kurzton; **the pips** *plural* das Zeitzeichen ❸ (*Radar*) Echoanzeige

pip² [pɪp] **be pipped at the post** kurz vor Schluss besiegt werden

pipe [paɪp] ❶ (*zum Rauchen*) Pfeife ❷ (*Musik*) Flöte, Orgelpfeife, Signalpfeife; **play the pipes** *plural* den Dudelsack spielen ❸ Rohr, Leitung ▶ In Wendungen: **put that in your pipe and smoke it** das kannst du dir an den Hut stecken

◆ pipe down (*umgangsspr*) das Maul halten, kleinlaut werden

◆ pipe up loslegen, zu sprechen anfangen, sich bemerkbar machen

pipe cleaner ['paɪpkliːnəʳ] Pfeifenreiniger pipe dream (*umgangsspr*) Wunschtraum, Luftschloss pipe-fitter ['paɪpfɪtəʳ] Klempner(in) pipe·line ['paɪplaɪn] Pipeline, Rohrleitung ▶ In Wendungen: **in the pipeline** in Vorbereitung piper ['paɪpəʳ] Flötenspieler(in), Pfeifer(in), Dudelsackbläser(in)

pip·ing ['paɪpɪŋ] ❶ schrill, piepsend ❷ **piping hot** siedend heiß

pi·racy ['paɪərəsɪ] ❶ Piraterie, Seeräuberei ❷ (*übertragen*) Raubdruck, Raubpressung pi·rate ['paɪərət] ❶ Seeräuber, Pirat ❷ Piratenschiff ❸ **pirate radio** Piratensender ❹ **pirate copy** Raubdruck

Pis·ces ['paɪsiːz] *plural* (*Sternkreiszeichen*) Fische

piss¹ [pɪs] (*slang*) ❶ Pisse, Urin; **go for a piss** pissen gehen ❷ **take the piss out of someone** jemanden verarschen; **piss artist** (*slang*) Säufer(in)

piss² [pɪs] (*slang*) ❶ pissen ❷ **it's pissing** [**with rain**] es regnet in Strömen

◆ piss about, piss around (*slang*) herummachen

◆ piss off ❶ **piss off!** hau ab! ❷ **be pissed off** die Schnauze voll haben

pissed [pɪst] ❶ (*slang*) besoffen, blau, voll ❷ (USA) (*slang*) stinksauer piss-up ['pɪsʌp] (*slang*) Besäufnis

pis·ta·chio [pɪ'stɑːʃɪəʊ] <*plural* pistachios> Pistazie

pis·tol ['pɪstl] Pistole pistol shot Pistolenschuss

pis·ton ['pɪstən] Kolben

pit [pɪt] ❶ (*Bergbau*) Grube, Zeche ❷ (*in der Werkstatt*) Grube ❸ (*beim Autorennen*) Box ❹ (*übertragen*) **the pits** das Letzte ❺ (GB) (*im Theater*) Orchestergraben ❻ (USA) (*im Obst*) Stein

pitch¹ [pɪtʃ] ❶ aufschlagen *Zelt* ❷ werfen, schleudern; aufladen *Heu* ❸ **don't pitch your hopes too high!** schraube deine Hoffnungen nicht zu hoch!

pitch² [pɪtʃ] ❶ Wurf, Stoß ❷ Platz; **football pitch** Fussballplatz; **caravan pitch** Stellplatz für einen Wohnwagen; **tent pitch** Zeltplatz ❸ (*Musik*) Tonhöhe; **perfect pitch** absolutes Gehör

◆ pitch in ❶ hineinwerfen ❷ (*umgangsspr*) einspringen; **pitch in together** zusammen anpacken

pitch-black pechschwarz pitch-dark stockfinster

pitched [pɪtʃt] **pitched battle** offener Kampf

pitcher ['pɪtʃəʳ] ❶ Werfer ❷ Kanne, Krug

pitch·fork ['pɪtʃfɔːk] Heugabel, Mistgabel

pit·fall ['pɪtfɔːl] Falle

pith [pɪθ] *einer Orange, Grapefruit:* weiße Haut

piti·ful ['pɪtɪfl] ❶ *Person, Zustand:* bemitleidenswert ❷ *Blick:* Mitleid erregend ❸ *Ausrede:* erbärmlich, jämmerlich piti·less ['pɪtɪlɪs] ❶ mitleidslos, erbarmungslos ❷ unbarmherzig

pit·ta bread ['pɪtəˌbred] Pitta-, Fladenbrot

pity¹ ['pɪtɪ] ❶ Mitleid; **out of pity** aus Mitleid; **have** [*oder* **take**] **pity on** Mitleid haben mit ❷ **what a pity!** wie schade!; **it's a pity that …** es ist schade, dass …; **the pity is that** es ist ein Jammer, dass; **for pity's sake!** um Himmels willen!; **more's the pity** (*umgangsspr*) leider

pity² ['pɪtɪ] bemitleiden, bedauern; **I pity you** Sie tun mir Leid

pizza ['piːtsə] Pizza

plac·ard ['plækɑːd] Plakat, Transparent

place[1] [pleɪs] ① Platz, Ort, Stelle; **birth place** Geburtsort; **place of origin** Ursprungs-, Herkunfts-, Heimatort; **place of residence** Wohnort; **all over the place** überall, an allen Orten; **anyplace** (USA) (*umgangsspr*) irgendwo; **someplace** (*umgangsspr*) irgendwo; **everyplace** (USA) (*umgangsspr*) überall; **from place to place** von Ort zu Ort; **from this place** ab hier; **in places** stellenweise; **in all places** überall; **no place** (USA) (*umgangsspr*) nirgendwo ② Platz, Sitzplatz ③ **in place** am richtigen Platz; **out of place** nicht am [rechten] Platz; (*übertragen*) fehl am Platz, unangebracht; **she felt out of place** sie fühlte sich fehl am Platz ④ (*Sport*) Platz ⑤ (*übertragen: in einer Ordnung, Reihenfolge*) Stelle, Platz; **in the first place** in erster Linie ⑥ **be someone's place to do something** jemandes Sache, Aufgabe sein, etwas zu tun; **put someone in his place** jemanden in seine Schranken verweisen; **take someone's place** jemandes Stelle einnehmen, an jemandes Stelle treten ⑦ (*im Beruf*) Stelle, Anstellung; **place of work** Arbeitsplatz; **hold a place** eine Stellung haben ⑧ **in place of someone** an jemandes Stelle, stellvertretend für jemanden ⑨ **my place or yours?** zu mir oder zu dir?; **at my place** bei mir ⑩ (*übertragen*) **go places** seinen/ihren Weg machen ⑪ (*übertragen*) **know one's place** wissen, was sich für einen ziemt ⑫ **lay** [*oder* **set**] **a place for someone** ein Gedeck für jemanden auflegen ⑬ **take place** stattfinden

place[2] [pleɪs] ① setzen, stellen, legen; **she placed the vase on the table** sie stellte die Vase auf den Tisch; **we were well placed to see the match** wir hatten einen Platz, von dem aus wir das Spiel gut sehen konnten ② (*in die Zeitung*) inserieren ③ **he placed the matter in the hands of a lawyer** er übergab die Sache einem Rechtsanwalt ④ **place trust in someone** Vertrauen in jemanden setzen ⑤ **place an order** einen Auftrag erteilen ⑥ (*übertragen*) einordnen; **be placed** liegen; **he was placed second** er wurde Zweiter ⑦ **I can't place him** ich weiß nicht, woher ich ihn kenne, ich kann ihn nicht einordnen ⑧ **how are you placed for money?** wie sieht es mit deinen Finanzen aus?; **we are better placed now** wir stehen jetzt besser da ⑨ **place emphasis on something** etwas betonen ⑩ **place a strain on someone** jemanden belasten

place card ['pleɪsˌkɑːd] Tischkarte **place mat** Set **place name** ['pleɪsˌneɪm] Ortsname

plague[1] [pleɪg] ① Seuche, Pest ② (*übertragen*) Quälgeist; (*umgangsspr*) Plage

plague[2] [pleɪg] plagen

plaice [pleɪs] <*plural* plaice> Scholle

plain[1] [pleɪn] ① einfach; *Kleidung:* einfach, schlicht; **in plain clothes** *Polizist, Soldat:* in Zivil ② *Farbe:* uni, einfarbig ③ **plain chocolate** Bitterschokolade ④ (*unmissverständlich*) *Frage, Antwort:* klar; *Wahrheit:* rein; *Aussage:* deutlich; **in plain English** geradeheraus; **be plain** [*oder* **use plain language**] **with someone** jemandem offen seine Meinung sagen; **make something plain** [**to someone**] [jemandem] etwas deutlich machen [*oder* zu verstehen geben] ⑤ *Aussehen:* nicht überwältigend, alltäglich; **she was very plain** sie war nicht sonderlich hübsch ⑥ **be plain sailing** ganz einfach sein

plain[2] [pleɪn] Ebene

plain·ly ['pleɪnlɪ] ① einfach, klar; **to put it plainly** um es klar auszudrücken ② offensichtlich **plain-spoken** [ˌpleɪn'spəʊkən] freimütig, offen

plait[1] [plæt] Flechte, Zopf

plait[2] [plæt] flechten

plan[1] [plæn] ① Plan, Entwurf ② (*übertragen*) Vorhaben, Projekt; **go according to plan** planmäßig verlaufen; **five-year plan** Fünfjahresplan; **change one's plans** umdisponieren

plan[2] [plæn] ① planen; **plan for something** etwas einplanen; **plan on something** mit etwas rechnen, etwas vorhaben ② entwerfen, skizzieren ③ planen, vorhaben, beabsichtigen; **planned economy** Planwirtschaft

◆ **plan out** ausarbeiten, vorplanen

plane[1] [pleɪn] flach, eben

plane[2] [pleɪn] ① Flugzeug; **go by plane** fliegen ② Ebene ③ (*übertragen*) Niveau, Ebene, Stufe; **on the same plane** auf der gleichen Ebene (**as** wie) ④ Hobel

plane[3] [pleɪn] hobeln, glätten, planieren

plane crash Flugzeugabsturz

planet ['plænɪt] Planet **plan·et·ar·ium** [ˌplænɪ'teərɪəm] Planetarium

plank [plæŋk] Brett
plan·ner ['plænəʳ] Planer(in) **plan·ning** ['plænɪŋ] Planung; **family planning** Geburtenkontrolle; **town** [*oder* **city**] **planning** Städteplanung; **planning permission** Baugenehmigung
plant[1] [plɑ:nt] ① Pflanze ② Fabrik, Werk; **power plant** Kraftwerk
plant[2] [plɑ:nt] ① pflanzen ② bepflanzen *Gelände* ③ **who planted that idea in your head?** wer hat dir denn diesen Floh ins Ohr gesetzt? ④ (*slang*) verpassen, versetzen *Schlag* ⑤ (*slang*) verstecken *Diebesgut* ⑥ **plant a bomb** eine Bombe legen ⑦ **plant oneself in a chair** sich in einen Stuhl fallen lassen
◆ **plant out** auspflanzen
plan·ta·tion [plæn'teɪʃn] ① Plantage ② (*im Wald*) Schonung
plaque [plɑ:k, plæk] ① Gedenktafel ② Zahnbelag
plas·ter[1] ['plɑ:stəʳ, USA 'plæstəʳ] ① (*Baumaterial*) Putz, Bewurf ② **plaster** [**of Paris**] Gips ③ GB (*für Wunden*) Pflaster
plas·ter[2] ['plɑ:stəʳ, USA 'plæstəʳ] ① verputzen, gipsen ② bepflastern, bekleben
plas·ter·board ['plɑ:stəbɔ:d] Gipsplatte **plaster cast** ① (*Kunst*) Gipsabguss ② (*medizinisch*) Gipsverband **plas·tered** ['plɑ:stəd] (*umgangsspr*) besoffen **plas·terer** ['plɑ:stərəʳ] Gipser, Stukkateur
plas·tic[1] ['plæstɪk] ① Plastik-, aus Plastik ② formbar, knetbar, plastisch
plas·tic[2] ['plæstɪk] Plastik, Kunststoff
plastic bag Plastikbeutel, Plastiktüte **plastic bullet** Plastikgeschoss **plastic explosive** Plastiksprengstoff **plas·ti·cine®** ['plæstɪsi:n] Knetmasse **plastic money** Plastikgeld **plastic surgery** plastische Chirurgie, kosmetische Operation
plate [pleɪt] ① (*für Essen*) Teller, Platte; **hot plate** Heizplatte ② (*auch technisch*) Platte ③ Überzug; **gold plate** Vergoldung; **silver plate** Versilberung ④ **door** [*oder* **name**] **plate** Türschild; **number** [*oder* **licence**] **plate** (*Auto*) Nummernschild ▶ IN WENDUNGEN: **hand someone something on a plate** jemandem etwas auf einem Tablett servieren
plated ['pleɪtɪd] **chromium-plated** verchromt; **gold-plated** vergoldet **plate·ful** ['pleɪtfʊl] Teller [voll] **plate glass** Tafelglas **plate rack** Geschirrständer
plat·form ['plætfɔ:m] ① Podium, Plattform ② (*im Bahnhof*) Bahnsteig, Gleis
plati·num ['plætɪnəm] Platin
play[1] [pleɪ] ① **play** [**a game**] spielen; **they didn't play their best team** sie haben ihre beste Mannschaft nicht eingesetzt; **they're playing against Manchester United** sie spielen gegen Manchester United; ausspielen *Karte* ② (*Theater, Musik*) spielen; **play the piano** Klavier spielen ③ **play for money** um Geld spielen; **play for time** Zeit rausschinden wollen ④ **play a joke on someone** jemandem einen Streich spielen; **play a** [**dirty**] **trick on someone** jemanden hereinlegen; **play the fool** herumalbern ⑤ **play with the idea** mit dem Gedanken spielen; **the company won't play ball with that idea** die Firma wird bei der Idee nicht mitspielen ⑥ (*technisch*) Spielraum haben ▶ IN WENDUNGEN: **what are you playing at?** was soll das?; **play** [**it**] **safe** auf Nummer sicher gehen
play[2] [pleɪ] ① Spiel ② (*Sport*) **abandon play** das Spiel abbrechen; *Ball:* **out of play** im Aus; **fair play** Fairness ③ **at play** beim Spiel ④ **in play** im Spaß, als Scherz ⑤ Theaterspiel, Theaterstück ⑥ Bewegungsfreiheit, Spielraum ▶ IN WENDUNGEN: **bring into play** ins Spiel bringen; **come into play** in Tätigkeit treten; **make a play for** USA (*slang*) allen Charme aufbieten
◆ **play about, play around** spielen, herumspielen
◆ **play along** ① mitspielen ② **play someone along** jemanden hinters Licht führen
◆ **play down** herunterspielen
◆ **play off play off a game** um die Entscheidung spielen; **she's trying to play them off against each other** sie versucht sie gegeneinander auszuspielen
◆ **play on** ① weiterspielen ② **he's playing on her generosity** er nutzt ihre Großzügigkeit aus
◆ **play up** ① (*Musik*) lauter spielen ② (*umgangsspr*) *Kind:* Ärger machen ③ **play up to someone** jemandem schöntun ④ **play something up** etwas hochspielen
play-act (*abwertend*) schauspielern **play·back** ['pleɪbæk] Wiedergabe, Playback
play·boy Playboy

player ['pleɪəʳ] Spieler(in), Schauspieler(in) **play·fellow** ['pleɪfeləʊ] Spielkamerad(in) **play·ful** ['pleɪfl] ❶ *Kind:* verspielt ❷ *Bemerkung, Lächeln usw.:* spaßig, spaßhaft **play·ground** ['pleɪgraʊnd] ❶ Spielplatz ❷ Schulhof ❸ (*übertragen*) Tummelplatz **play·group** ['pleɪgru:p] Spielgruppe **play·ing card** ['pleɪɪŋ'kɑ:d] Spielkarte **play·ing field** ['pleɪɪŋ'fi:ld] Sportplatz **playmate** ['pleɪmeɪt] Spielkamerad(in) **play-off** ['pleɪɒf] Entscheidungsspiel **play·pen** Laufstall **play·room** ['pleɪrʊm] Spielzimmer **play·school** ['pleɪsku:l] Kindergarten **play·time** ['pleɪtaɪm] (*in der Schule*) Pause **play·wright** ['pleɪraɪt] Bühnenschriftsteller(in), Dramatiker(in)

plc [ˌpi:el'sɪ:] *Abkürzung von* **public limited company** ≈ AG

plead [pli:d] ❶ bitten (**for** um); **plead with someone to do something** jemanden [inständig] bitten, etwas zu tun ❷ (*vor Gericht*) das Plädoyer halten; **plead guilty/not guilty** sich schuldig/nicht schuldig bekennen; **plead someone's case** jemanden vertreten; **plead the case for the defence** die Verteidigung vertreten ❸ **plead for something** für etwas plädieren ❹ **plead the case for something** sich für etwas einsetzen

pleas·ant ['pleznt] ❶ *Erfahrung:* angenehm, erfreulich ❷ *Mensch:* umgänglich, liebenswürdig

please[1] [pli:z] ❶ gefallen, angenehm sein ❷ zufrieden stellen; **to please his parents** seinen Eltern zuliebe; **you can't please everybody** man kann es nicht allen recht machen; **he is hard to please** man kann es ihm schwer recht machen ❸ eine Freude machen ❹ **I'm pleased to help** ich helfe gern ❺ **as you please** [*oder* **please yourself**] wie du willst; **do as one pleases** tun, was man will

please[2] [pli:z] bitte!; **please do!** bitte sehr!

pleased ['pli:zd] ❶ erfreut; **be pleased about something** sich über etwas freuen; **pleased to meet you!** angenehm! freut mich! ❷ zufrieden; **be pleased with** [*oder* **about**] **something** mit etwas zufrieden sein; **be pleased with oneself** (*auch abwertend*) selbstgefällig sein

plea·sure ['pleʒəʳ] ❶ Vergnügen, Freude; **for pleasure** zum Vergnügen; **with pleasure** mit Vergnügen; **give great pleasure** großes Vergnügen machen; **have the pleasure of doing** das Vergnügen haben, zu tun; **take pleasure in** Gefallen finden an; **it gives me no pleasure** es ist für mich kein Vergnügen; **may I have the pleasure of the next dance?** darf ich Sie um den nächsten Tanz bitten? ❷ **thank you – my pleasure** danke – gern geschehen **pleasure boat** Vergnügungsdampfer

pleat [pli:t] **pleated skirt** Faltenrock

pledge[1] [pledʒ] Versprechen, Zusicherung; **make a pledge** versprechen, zusichern

pledge[2] [pledʒ] **pledge one's word** sein [Ehren]Wort geben

plen·ti·ful ['plentɪfl, 'plentɪfʊl] reichlich, im Überfluss

plenty[1] ['plentɪ] Reichtum, Fülle; **plenty of** eine Menge ..., reichlich ..., sehr viel ...; **plenty more** viel mehr; **in plenty** in Hülle und Fülle, in rauhen Mengen

plenty[2] ['plentɪ] (USA) ❶ reichlich, im Überfluss ❷ (*umgangsspr*) **it's plenty big enough** es ist wirklich groß genug

pli·ers ['plaɪəz] *plural* Kneifzange

plight [plaɪt] schwierige Lage, Not

plim·soll ['plɪmsəl] Turnschuh

plod [plɒd] ❶ (*umgangsspr*) stapfen; **plod along the road** sich die Straße entlang schleppen ❷ (*umgangsspr*) **plod away at work** sich [ab]placken, schuften **plod·ding** ['plɒdɪŋ] schwerfällig

plonk[1] [plɒŋk] (GB) (*abwertend*) billiger Wein, Fusel

plonk[2] [plɒŋk] ❶ **plonk something down** etwas hinknallen ❷ **plonk oneself down** sich hinschmeißen; **plonk oneself down in a chair** sich in einen Sessel fallen lassen

plot[1] [plɒt] ❶ Stück Land, Gartenbeet; **building plot** Grundstück, Parzelle ❷ (USA) Grundriss, Plan ❸ Verschwörung

plot[2] [plɒt] ❶ feststellen *Position, Kurs* ❷ aufzeichnen *Kurve;* (*in einer Karte*) einzeichnen ❸ sich verschwören (**against** gegen) ❹ aushecken *Verbrechen*

plot·ter ['plɒtəʳ] ❶ Verschwörer(in) ❷ (*Computer*) Plotter

plough[1] [plaʊ] Pflug

plough[2] [plaʊ] ❶ pflügen; ziehen *Furche* ❷ bahnen *Weg*
◆ **plough back** reinvestieren *Gewinne*
◆ **plough through** durchpflügen *Wasser;* sich

kämpfen durch *Schnee;* **plough [one's way] through a book** sich durch ein Buch durchkämpfen

◆ **plough up** umpflügen

plow[1] [plaʊ] (USA) Pflug

plow[2] [plaʊ] (USA) ① pflügen; ziehen *Furche* ② bahnen *Weg*

pluck [plʌk] ① rupfen *Geflügel* ② zupfen *Augenbrauen* ③ zerren, zupfen, ziehen (**at** an)

◆ **pluck up** **pluck up courage** Mut fassen

plucky ['plʌkɪ] mutig, kühn

plug[1] [plʌg] ① Stöpsel ② (*elektrisch*) Stecker; (*umgangsspr*) Steckdose ③ (*Auto*) Zündkerze ④ (*Werbung*) **give something a plug** für etwas Schleichwerbung machen ▸ IN WENDUNGEN: **pull the plug on someone** (*umgangsspr*) jemanden im Stich lassen

plug[2] [plʌg] ① **plug [up]** zustopfen; plombieren, füllen *Zahn*; zustopfen *Ohren* ② stecken (**into** in) ③ (*umgangsspr*) Reklame machen für ④ **plug someone full of something** (*umgangsspr*) jemanden mit etwas voll pumpen

◆ **plug away at** (*umgangsspr*) schuften an

◆ **plug in** einstecken, anschließen *Gerät*

plug·hole ['plʌghəʊl] Abfluss

plug-in (*Internet*) Plug-in

plum[1] [plʌm] ① Pflaume, Zwetsch[g]e ② Pflaumenblau

plum[2] [plʌm] (*umgangsspr*) **he got a plum job** er hat eine tolle Stelle bekommen

plumber ['plʌməʳ] Klempner(in), Installateur(in) **plumb·ing** ['plʌmɪŋ] ① Klempnerarbeit ② Leitungen ③ sanitäre Anlagen

plum·met ['plʌmɪt] ① senkrecht hinunterfallen, [ab]stürzen ② (*übertragen*) **prices have plummeted** die Preise sind stark gefallen

plump [plʌmp] ① rundlich, mollig ② gut gefüttert *Tier*

◆ **plump down** ① plumpsen, fallen lassen; **plump oneself down into a chair** sich auf einen Stuhl fallen lassen ② schmeißen, knallen

plunge[1] [plʌndʒ] ① tauchen, tunken ② stürzen (**in, into** in) ③ **the room was plunged into darkness** das Zimmer lag plötzlich im Dunkeln ④ *Hang:* steil abfallen; *Straße:* steil hinabführen ⑤ *Preise:* fallen ⑥ *Kleid:* **have a plunging neckline** tief blicken lassen

plunge[2] [plʌndʒ] **take the plunge** sich zu einem Entschluss durchringen

plu·per·fect ['pluːˌpɜːfɪkt] Plusquamperfekt

plu·ral ['plʊərəl] Plural, Mehrzahl

plus[1] [plʌs] plus, und

plus[2] [plʌs] ① Plus, Mehr ② **plus-sign** Pluszeichen

plush [plʌʃ] (*umgangsspr*) luxuriös, plüschig

plu·to·nium [pluː'təʊnɪəm] Plutonium

ply·wood ['plaɪwʊd] Sperrholz

pm [piː'em] *Abkürzung von* **post meridem** nachmittags; **at 3 pm** um 15 Uhr

PM [piː'em] *Abkürzung von* **Prime Minister** Premierminister(in)

pneu·matic [njuː'mætɪk] **pneumatic drill** Pressluftbohrer

pneu·monia [njuː'məʊnɪə] Lungenentzündung

poach [pəʊtʃ] ① pochieren *Ei;* **poached eggs** verlorene Eier ② unberechtigt jagen *Wild,* wildern

PO Box [ˌpiː'ə ʊbɒks] *Abkürzung von* **post office box** Postfach

pocket[1] ['pɒkɪt] ① Tasche ② (*Billard*) Loch ▸ IN WENDUNGEN: **be in pocket** reicher sein; **be out of pocket** ärmer sein

pocket[2] ['pɒkɪt] ① in die Tasche stecken, einstecken ② sich aneignen

pocket·book ① Notizbuch ② (USA) Brieftasche ③ (USA) Handtäschchen

pocket·knife <*plural* pocket-knives> Taschenmesser

pocket money Taschengeld

pod [pɒd] Schote, Hülse

po·dium ['pəʊdɪəm] Podest

poem ['pəʊɪm] Gedicht **poet** ['pəʊɪt] Dichter(in), Poet(in) **poet laureate** [ˌpəʊɪt 'lɒrɪət] <*plural* poets laureate> Hofdichter(in)

po·etry ['pəʊɪtrɪ] ① Dichtung, Poesie ② Gedichte

point[1] [pɔɪnt] ① (*Note, Bewertung*) Punkt; **he won on points** (*beim Boxen*) er hat nach Punkten gewonnen ② *von Messer etc.:* Spitze, spitzes Ende ③ (*auf einem Kompass*) Strich, Grad ④ (*Dezimalpunkt*) Komma; **three point two, 3.2** drei Komma zwei, 3,2 ⑤ (*genaue*) Stelle, Platz; **at this point** (*auch übertragen*) an dieser Stelle ⑥ Zeitpunkt, Moment, Augenblick; **be on the point of doing something** im Begriff sein, etwas zu tun ⑦ Grad; **up to a certain point** bis zu einem gewissen Grad ⑧ Einzelheit,

Pp

Detail; **let's go through the plan point by point** lass uns den Plan Punkt für Punkt durchgehen ❾ (*eines Arguments*) Punkt; **the point is …** der springende Punkt ist …; **that's beside the point** das ist irrelevant [*oder* nicht der Punkt], das gehört nicht zur Sache ❿ **not to put too fine a point on it** rundheraus gesagt ⓫ (*das, worum es geht*) **that's just** [*oder* **exactly**] **the point!** genau das ist es [eben]!; **come** [*oder* **get**] **to the point** zur Sache kommen; **get away from the point** vom Thema abschweifen; **keep to the point** bei der Sache bleiben; **get the point** (*umgangsspr*) verstehen, kapieren; **you just don't get the point** du kapierst einfach nicht, worum es geht; **miss the point** nicht verstehen, worum es wirklich geht; *von einer Geschichte:* die Pointe nicht kapieren ⓬ **he's got a point** er hat nicht so unrecht; **make one's point** seinen Standpunkt klar machen; **I don't see your point** ich weiß nicht, worauf Sie hinauswollen ⓭ **point of view** Ansicht, Standpunkt ⓮ (*übertragen*) besondere Eigenschaft, Vorzug; **strong point** Stärke ⓯ Sinn, Zweck; **I see no point in doing that** ich halte es für sinnlos, das zu tun; **there is no point in that** das hat keinen Sinn; **that's the whole point** genau das ist Sinn und Zweck der ganzen Sache; **what's the point?** wozu? ⓰ (*übertragen*) **make a point of something** auf etwas bestehen, Wert legen; **make a point of doing something** darauf achten, etwas zu tun

point[2] [pɔɪnt] ❶ zeigen (**at** auf) ❷ richten *Waffe* (**at** auf) ❸ hinweisen (**to** auf)

◆ **point out** ❶ zeigen auf ❷ hinweisen auf *Tatsache;* **we'll have to point out to them that …** wir müssen sie darauf aufmerksam machen, dass …

◆ **point to, point towards** (*übertragen*) hinweisen auf

point-blank [ˌpɔɪnt'blæŋk] ❶ direkt; **he was shot at point-blank range** er wurde aus kürzester Entfernung erschossen ❷ (*übertragen*) geradeheraus, unverblümt; **she refused point-blank** sie hat es entschieden abgelehnt

pointed ['pɔɪntɪd] ❶ spitz ❷ (*übertragen*) scharf, beißend, treffend

pointer ['pɔɪntəʳ] ❶ Zeiger, Zeigestock ❷ Vorstehhund ❸ (*umgangsspr*) Tip, Wink

point·less ['pɔɪntlɪs] ❶ bedeutungslos ❷ sinnlos, zwecklos

poi·son[1] ['pɔɪzn] (*auch übertragen*) Gift

poi·son[2] ['pɔɪzn] ❶ vergiften ❷ (*übertragen*) verderben; **poison someone's mind against** jemanden aufhetzen gegen

poi·son·ous ['pɔɪzənəs] ❶ giftig, Gift- ❷ (*übertragen*) zersetzend, verderblich

poke[1] [pəʊk] ❶ Stoß; **give him a poke** schubs ihn doch an ❷ **take a poke at someone** jemandem einen Schlag versetzen

poke[2] [pəʊk] ❶ [an]stoßen; **poke someone in the ribs** jemandem einen Rippenstoß versetzen ❷ bohren *ein Loch* ❸ stochern mit (**at** in) ❹ herausstehen ▸ IN WENDUNGEN: **poke fun at someone** sich über jemanden lustig machen; **poke one's nose into** seine Nase stecken in

◆ **poke about, poke around** (*umgangsspr*) herumstöbern, herumwühlen (**in** in)

poker ['pəʊkəʳ] ❶ Feuerhaken ❷ (*Spiel*) Poker

poky ['pəʊkɪ] *Räumlichkeit:* eng

Po·land ['pəʊlənd] Polen

po·lar ['pəʊləʳ] polar **polar bear** Eisbär **polar lights** [ˌpəʊlə'laɪts] *plural* Nordlicht

Pole [pəʊl] Pole, Polin

pole [pəʊl] ❶ Pfahl, Pfosten, Mast ❷ (*Sport*) Stab, Skistock ❸ (*Geographie, Elektrizität*) Pol ❹ **they are poles apart** zwischen ihnen liegen Welten

pole star ['pəʊlˌstɑːʳ] Polarstern

pole vault ['pəʊlvɔːlt] Stabhochsprung **pole vaulter** ['pəʊlvɔːltəʳ] Stabhochspringer(in)

po·lice[1] [pə'liːs] Polizei

po·lice[2] [pə'liːs] polizeilich überwachen

police car Polizeiauto, Streifenwagen **police dog** Polizeihund **police escort** Polizeibegleitung **police force** Polizei **po·lice·man** [pə'liːsmən] <*plural* policemen> Polizist **police officer** Polizeibeamte(r), -beamtin **police patrol** Polizeistreife **police raid** Razzia **police station** Polizeirevier, Wache **po·lice·woman** <*plural* policewomen> Polizistin

pol·icy ['pɒləsɪ] ❶ Politik; **foreign policy** Auslandspolitik ❷ **policies** politische Maßnahmen ❸ (*übertragen*) Grundsatz, Ziel; **his policy is to …** er hat es sich zum Grundsatz gemacht, es ist sein Prinzip, zu … ❹ **insurance policy** Versicherungspolice; **take out an insurance policy** eine Versi-

cherung abschließen
policyholder Versicherungsnehmer(in)
polio·my·eli·tis [ˌpəʊlɪəʊmaɪəˈlaɪtɪs], **polio** [ˌpəʊlɪəʊ] Kinderlähmung
Polish¹ [ˈpəʊlɪʃ] polnisch; **he's Polish** er ist Pole
Polish² [ˈpəʊlɪʃ] (*Sprache*) [das] Polnisch(e)
polish¹ [ˈpɒlɪʃ] ❶ polieren ❷ bohnern, schmirgeln
polish² [ˈpɒlɪʃ] ❶ Politur, Schuhcreme, Schuhwichse ❷ (*übertragen*) Eleganz, Verfeinerung; (*umgangsspr*) Schliff
◆ **polish off** (*umgangsspr*) schnell erledigen; verputzen *Essen;* hinunterschütten *Getränk*
◆ **polish up** (*umgangsspr*) aufpolieren, aufmöbeln; auffrischen *Kenntnisse*
polished [ˈpɒlɪʃt] ❶ poliert, glänzend ❷ (*übertragen*) fein, elegant, makellos, tadellos, *Sprache:* geschliffen
pol·ite [pəˈlaɪt] höflich **pol·ite·ness** [pəˈlaɪtnɪs] Höflichkeit
pol·iti·cal [pəˈlɪtɪkl] politisch
poli·ti·cian [ˌpɒlɪˈtɪʃn] Politiker(in)
poli·tics [ˈpɒlɪtɪks] ❶ *Plural* [die] Politik, politische Ansichten; (USA) Taktik; **talk politics** politisieren; **engaged in politics** politisch tätig ❷ ⚠ *mit Singular Verbform* (*Fach*) Politik; **I think politics is important** Ich halte Politik für wichtig
poll¹ [pəʊl] ❶ Umfrage, Erhebung; **conduct a public opinion poll** eine öffentliche Meinungsumfrage durchführen ❷ (*politisch*) Wahl, Abstimmung; **be defeated at the polls** eine Wahlniederlage erleiden; **go to the polls** zur Wahl gehen
poll² [pəʊl] ❶ befragen ❷ bei der Wahl abschneiden
pol·len [ˈpɒlən] Blütenstaub, Pollen **pollen count** Pollenflugdichte
polling booth [ˈpəʊlɪŋ buːð] Wahl, Wahlkabine **polling card** Wahlausweis **polling day** Wahltag **polling station** Wahllokal
pol·lut·ant [pəlˈuːtənt] Schadstoff **pol·lute** [pəˈluːt] ❶ verunreinigen, verschmutzen ❷ (*sittlich*) verderben **pol·luter** [pəˈluːtəʳ] Umweltverschmutzer **pol·lu·tion** [pəˈluːʃn] Verschmutzung, Verunreinigung, Schadstoffbelastung; **environmental polution** Umweltverschmutzung
polo [ˈpəʊləʊ] Polo; **game of polo, polo game** Polospiel
polo neck, **polo-neck sweater** Rollkragenpullover
polo shirt Polohemd
Poly·nesia [ˌpɒlɪˈniːzɪə] Polynesien
poly·styrene [ˌpɒlɪˈstaɪriːn] Styropor **poly·tech·nic** [ˌpɒlɪˈteknɪk] Polytechnikum, Fachhochschule
pomp [pɒmp] Pomp **pom·pous** [ˈpɒmpəs] wichtigtuerisch, aufgeblasen
pond [pɒnd] Teich
pon·der [ˈpɒndəʳ] nachdenken, sich überlegen (**on** über)
pon·der·ous [ˈpɒndərəs] ❶ schwer, unhandlich ❷ (*übertragen*) schwerfällig, langweilig
pong¹ [pɒŋ] (GB) (*umgangsspr*) unangenehmer Geruch
pong² [pɒŋ] (GB) (*umgangsspr*) stinken
pony [ˈpəʊnɪ] Pony **pony·tail** (*Frisur*) Pferdeschwanz
poodle [ˈpuːdl] Pudel
pool¹ [puːl] ❶ Teich ❷ Pfütze, Lache ❸ **swimming pool** Schwimmbecken ❹ gemeinsame Kasse ❺ Poolbillard ❻ **pools** Toto ❼ (*Geschäft*) Kartell, Pool, Interessengemeinschaft ❽ **car pool** Fahrgemeinschaft
pool² [puːl] ❶ zusammenlegen ❷ (*übertragen*) vereinen
poor¹ [pʊəʳ] ❶ arm; **as poor as a church mouse** so arm wie eine Kirchenmaus ❷ *Zeugnis, Arbeit:* schlecht ❸ *Ernte, Ergebnis:* mager ❹ *Boden:* dürftig ❺ bedauernswert, arm; **poor you!** du Ärmster! ❻ **that is** [**a**] **poor consolation** das ist ein schwacher Trost ❼ **have a poor opinion of someone** nicht viel von jemandem halten
poor² [pʊəʳ] **the poor** ⚠ *plural* die Armen
poor·ly [ˈpʊəlɪ] ❶ (*übertragen*) schlecht, mangelhaft, dürftig; **think poorly of someone** nicht viel von jemandem halten; **they did poorly in the examination** sie haben im Examen schlecht abgeschnitten ❷ (*umgangsspr*) kränklich; **feel poorly** sich schlecht fühlen
pop¹ [pɒp] ❶ Popmusik ❷ *einer Sektflasche:* Knall ❸ (*umgangsspr*) Brause; (USA) Limo
pop² [pɒp] ❶ knallen ❷ [zer]springen, platzen ❸ zum Platzen bringen ❹ **his eyes almost popped out of his head** ihm fielen beinahe die Augen aus ❺ (*umgangsspr*) **pop one's head round the corner** den

Pp

Kopf um die Ecke stecken; **pop a hat on** einen Hut aufsetzen ⑥ (*umgangsspr*) **pop round the shops** schnell einkaufen gehen ⑦ (*umgangsspr*) **pop the question** einen Heiratsantrag machen

◆ **pop in** **pop in on someone** bei jemanden auf einen Sprung vorbeikommen; **pop in for a coffee** auf einen Kaffee vorbeikommen

◆ **pop off** (*umgangsspr*) ① weggehen ② abkratzen, sterben

◆ **pop up** ① hochfahren, auffahren ② plötzlich auftauchen

pop concert ['pɒpˌkɒnsət] Popkonzert

popcorn ['pɒpkɔːn] Popcorn

Pope [pəʊp] Papst

pop group ['pɒpgruːp] Popgruppe **pop music** ['pɒp'mjuːzik] Popmusik

pop·per ['pɒpə(r)] (GB) (*umgangsspr*) Druckknopf

pop·pet ['pɒpɪt] Schätzchen

poppy ['pɒpɪ] Mohnblume **Poppy Day** (*am 11. November*) ≈ Volkstrauertag **poppy seeds** *plural* Mohn

pop singer ['pɒpsɪŋə(r)] Popsänger(in) **pop song** Popsong **pop·star** Popstar

popu·lar ['pɒpjʊlə(r)] ① beliebt, populär (**with** bei); **be very popular** sehr gefragt sein; **make oneself popular** sich beliebt machen (**with** bei) ② weit verbreitet; **by popular request** auf allgemeinen Wunsch **popu·lar·ity** [ˌpɒpjʊ'lærətɪ] Popularität, Beliebtheit (**with** bei)

popu·la·tion [ˌpɒpjʊ'leɪʃn] ① Bevölkerung; **civil[ian] population** Zivilbevölkerung; **rural/urban population** Land-/Stadtbevölkerung ② Einwohnerschaft, Einwohnerzahl; **fall/increase in population** Bevölkerungsabnahme/-zunahme **population density** Bevölkerungsdichte

por·ce·lain ['pɔːsəlɪn] Porzellan

porch [pɔːtʃ] Vorbau, Veranda

por·cu·pine ['pɔːkjʊpaɪn] Stachelschwein

pore [pɔː(r)] Pore

◆ **pore over** ① [nach]sinnen über, grübeln über ② **pore over a book** in ein Buch vertieft sein

pork [pɔːk] Schweinefleisch **pork chop** Schweinskotelett **pork pie** Schweinefleischpastete

por·n [pɔːn] (*umgangsspr*) Pornografie

por·no·graph·ic [pɔːnə'græfɪk] pornografisch **por·nogra·phy** [pɔː'nɒgrəfɪ] Pornografie

po·rous ['pɔːrəs] durchlässig, porös

por·poise ['pɔːpəs] Tümmler

por·ridge ['pɒrɪdʒ] Haferbrei **porridge oats** *plural* Haferflocken

port [pɔːt] ① Hafen; **come into** [*oder* **reach**] **port** in den Hafen einlaufen; **leave port** auslaufen ② Hafenstadt ③ *eines Schiffs:* Backbord ④ Portwein

port·able[1] ['pɔːtəbl] tragbar

port·able[2] ['pɔːtəbl] (*Fernseher*) Portable

por·ter ['pɔːtə(r)] ① (*im Hotel*) Portier, Gepäckträger ② (USA) Schlafwagenschaffner ③ Pförtner, Portier; **porter's lodge** Pförtnerloge

port·folio [pɔːt'fəʊlɪəʊ] <*plural* portfolios> ① Mappe ② Bestand an Wertpapieren ③ *eines Regierungsministers:* Geschäftsbereich

por·tion ['pɔːʃn] ① Teil (**of** an) ② *einer Karte:* Abschnitt ③ *von Essen:* Portion

port·ly ['pɔːtlɪ] korpulent

por·trait ['pɔːtrɪt] Porträt; **have one's portrait painted** sich porträtieren lassen **portraitist** ['pɔːtrɪtɪst], **portrait painter** Porträtmaler(in) **por·tray** [pɔː'treɪ] ① malen ② (*übertragen*) schildern, beschreiben ③ (*Theater*) darstellen **por·trayal** [pɔː'treɪəl] ① (*übertragen*) Schilderung, Beschreibung ② (*Theater*) Darstellung

Por·tu·gal ['pɔːtjʊgəl] Portugal

Por·tu·guese[1] [ˌpɔːtjʊ'giːz] portugiesisch

Por·tu·guese[2] [ˌpɔːtjʊ'giːz] ① Portugiese, Portugiesin ② [das] Portugiesisch(e)

pose[1] [pəʊz] ① Haltung ② (*gekünstelt*) Pose

pose[2] [pəʊz] ① *Person:* Modell stehen ② **that will pose a problem** das wird ein Problem werden; **pose a threat** eine Bedrohung darstellen

◆ **pose as** **pose as someone** sich als jemand ausgeben

poser ['pəʊzə(r)] ① schwierige Frage, schwieriges Problem ② affektierter Mensch, Angeber(in)

posh [pɒʃ] (*umgangsspr*) piekfein, vornehmen; **what a posh car!** [was für] ein toller Wagen!

po·si·tion[1] [pə'zɪʃn] ① Platz, Stelle, Standort; (*auch übertragen*) Lage; **in/out of position** am rechten/falschen Platz ② (*übertragen*) Situation, Lage; **in a difficult/an awkward position** in einer schwierigen/

unbequemen Lage; **be in a position to do something** in der Lage sein, etwas zu tun; **place in a difficult position** in eine schwierige Lage bringen; **legal position** Rechtslage ③ (*übertragen*) Haltung, Stellung, Position; **take up a position** Stellung beziehen ④ Standpunkt ⑤ (*Sport*) Platz ⑥ gesellschaftliche Stellung ⑦ [feste] Stelle, Stellung (**with** bei); **hold** [*oder* **occupy**] **a position** eine Stelle haben; **permanent position** feste Stelle

po·si·tion² [pəˈzɪʃn] aufstellen; **he positioned himself where he could see** er stellte sich so, dass er gut sehen konnte

posi·tive [ˈpɒzətɪv] ① positiv ② *Einstellung:* positiv, bejahend; *Kritik:* konstruktiv; **positive thinking** positive Einstellung, positives Denken ③ *Mensch, Auftreten, Ton:* bestimmt, streng; *Antwort:* definitiv ④ **are you positive?** bist du ganz sicher? ⑤ **it's a positive miracle** es ist ein wahres Wunder **posi·tive·ly** [ˈpɒzətɪvlɪ] absolut, ohne jeden Zweifel, ganz sicher; **state positively that ...** eindeutig erklären, dass ...

pos·sess [pəˈzes] ① besitzen ② **be possessed by** ergriffen [*oder* besessen] sein von, [ganz] eingenommen sein von; **what possessed you to do that?** was ist in Sie gefahren, so etwas zu tun? **pos·ses·sion** [pəˈzeʃn] ① Besitz; **be in possession of** im Besitz sein von; **have something in one's possession** etwas in Besitz haben; **come into possession** in den Besitz, Genuss kommen; **take possession of** Besitz ergreifen von, in Besitz nehmen ② Eigentum ③ **possessions** Besitz, Habe **pos·ses·sive** [pəˈzesɪv] ① **be possessive** sein Besitzrecht stark betonen, besitzergreifend sein ② **possessive pronoun** Possessivpronomen, besitzanzeigendes Fürwort

pos·si·bil·ity [ˌpɒsəˈbɪlətɪ] ① Möglichkeit; **possibility of doing something** Möglichkeit, etwas zu tun ② (*umgangsspr*) **she's a possibility** sie kommt schon in Frage

pos·sible [ˈpɒsəbl] ① möglich; **would it be possible for me to see him?** dürfte ich zu ihm?; **as early/as soon as possible** so früh/so bald wie möglich; **if** [**it is**] **possible** wenn möglich; **they did everything possible** sie haben alles Menschenmögliche getan ② denkbar, geeignet ③ (*umgangsspr*) annehmbar

pos·sib·ly [ˈpɒsəblɪ] ① möglicherweise, eventuell; **if I possibly can** wenn ich irgend kann; **I cannot possibly come** ich kann unmöglich kommen; **how could he possibly have been so stupid?** wie konnte er so dumm sein? ② vielleicht

post¹ [pəʊst] ① Pfosten, Pfahl, Mast ② Stelle; (*auch beim Militär*) Posten ③ GB Post; **by post** mit der Post; **by return of post** postwendend; **by the same post** mit gleicher Post; **by today's post** mit der heutigen Post; **by separate post** mit getrennter Post; **is there any post for me?** ist Post für mich da?; **evening/letter/morning/parcel post** Abend-/Brief-/Morgen-/Paketpost

post² [pəʊst] ① **post no bills!** Plakate ankleben verboten! ② (*Militär*) als Posten aufstellen, [ab]kommandieren ③ **she was posted to London** sie wurde nach London versetzt ④ in den Briefkasten werfen, auf die Post geben *Brief* ⑤ aufgeben, abschicken, absenden *Brief* ⑥ **post a notice** durch Aushang bekannt geben

post·age [ˈpəʊstɪdʒ] Porto, Postgebühr; **what is the postage on a letter to China?** wie viel kostet ein Brief nach China?; **postage and packing** Porto und Verpackung **postage paid** portofrei **postage stamp** Briefmarke, Postwertzeichen

postal [ˈpəʊstl] Post-, postalisch; **postal address** Postanschrift; **postal charge** Postgebühr; **postal code** Postleitzahl; **postal district** Postbezirk; **postal order** GB Postanweisung; **postal vote** Briefwahl **post·box** GB Briefkasten **post·card** [ˈpəʊstkɑːd] Postkarte; **picture postcard** Ansichtskarte **postcode** GB Postleitzahl

post·date [ˌpəʊstˈdeɪt] vordatieren *Scheck*

posted [ˈpəʊstɪd] **keep someone posted** jemanden auf dem Laufenden halten

poster [ˈpəʊstəʳ] Plakat, Poster

poste restante¹ [ˈpəʊstˈrestɑːnt] postlagernd

poste restante² [ˈpəʊstˈrestɑːnt] Abteilung für postlagernde Sendungen

post-free [ˌpəʊstˈfriː] portofrei, frankiert

post·gradu·ate [ˌpəʊstˈgrædʒʊət] *Postgraduierte(r); Hochschulabsolvent(in), der/die ein Aufbaustdium macht*

post·man [ˈpəʊstmən] <*plural* postmen> Briefträger **post·mark** [ˈpəʊstmɑːk] Poststempel; **date as postmark** Datum des Poststempels

post-mor·tem [ˌpəʊst'mɔːtəm] 1 Autopsie, Leichenöffnung 2 (*übertragen*) Überprüfung

post of·fice ['pəʊstˌɒfɪs, ˌpiː'əʊ] Postamt; **the Post Office** die Post; **post office box** Postfach **post-paid** [ˌpəʊst'peɪd] frankiert; **post-paid reply card** frankierte Rückantwort

post·pone [pə'spəʊn] verlegen, verschieben *Termin* **post·pone·ment** [pə'spəʊnmənt] Verschiebung **post·script** ['pəʊsskrɪp, ˌpiː'es] Nachschrift

pos·ture ['pɒstʃəʳ] Haltung

post·war ['pəʊstwɔː] Nachkriegs-

pot [pɒt] 1 Topf, Kanne; **coffee pot** Kaffeekanne; **flower pot** Blumentopf; **tea pot** Teekanne; **chamber pot** Nachttopf 2 (*slang: Rauschgift*) Gras 3 **go to pot** (*umgangsspr*) in die Brüche gehen, auf den Hund kommen

po·tato [pə'teɪtəʊ] <*plural* potatoes> Kartoffel; **boiled potatoes** Salzkartoffeln; **fried potatoes** Bratkartoffeln, Röstkartoffeln; **mashed potatoes** Kartoffelbrei; **sweet** [*oder* **Spanish**] **potato** Batate; **potatoes in their jackets, jacket** [*oder* **baked**] **potatoes** Ofenkartoffeln **potato crisps,** USA **potato chips** *plural* GB Kartoffelchips **potato masher** Kartoffelstampfer **potato peeler** Kartoffelschäler

po·tent ['pəʊtnt] 1 *alkoholisches Getränk:* stark 2 *Argument:* überzeugend, zwingend

po·ten·tial¹ [pə'tenʃl] potenziell, möglich

po·ten·tial² [pə'tenʃl] Potenzial; **show potential** gute Anlagen haben (**as** zu)

po·ten·tially [pə'tenʃəlɪ] möglicherweise, potenziell

pot·hole Schlagloch

pot·luck [pɒt'lʌk] **take potluck** mit dem vorlieb nehmen, was es gerade gibt

> **i Land & Leute** Ein **pot luck** ist in den USA eine Party, bei der jeder Gast einen Salat, ein Hauptgericht oder einen Nachtisch mitbringt. Man hofft, dass man ein richtiges Menü zusammen bekommt, es kann aber passieren, dass alle nur z. B. Nachtisch mitbringen.

pot roast ['pɒtrəʊst] Schmorbraten **pot·shot** **take a potshot at someone** jemanden aufs Geratewohl anschießen

pot·ter ['pɒtəʳ] Töpfer(in); **potter's wheel** Töpferscheibe

◆**pot·ter about, pot·ter around** herumtrödeln, herumbummeln

pot·tery ['pɒtərɪ] 1 Töpferei 2 Töpferwaren

potty¹ ['pɒtɪ] GB (*umgangsspr*) verrückt; **be potty about something** ganz verrückt sein auf etwas; **you're driving me potty** du bringst mich um den Verstand

potty² ['pɒtɪ] (*umgangsspr: für Kinder*) Töpfchen

pouch [paʊtʃ] 1 (*auch eines Beuteltiers*) Beutel 2 **tobacco pouch** Tabaksbeutel 3 (*unter den Augen*) Tränensack

poul·try ['pəʊltrɪ] Geflügel **poultry farm** Geflügelfarm **poultry farming** Hühnerzucht

pounce on [paʊns] (*auch übertragen*) sich stürzen auf, herfallen über

pound¹ [paʊnd] 1 Pfund (*16 Unzen = 453,592 g*); **by the pound** pfundweise 2 **pound sterling** Pfund 3 Tierasyl 4 (*für abgeschleppte Autos*) Abstellplatz

pound² [paʊnd] 1 [zer]stoßen, [zer]stampfen 2 **she pounded on the door** sie trommelte an die Tür 3 *Maschine:* stampfen 4 *Herz:* pochen, heftig schlagen

pound·ing ['paʊndɪŋ] 1 Hämmern, Stampfen 2 Dröhnen ▸ IN WENDUNGEN: **the team took a real pounding** die Mannschaft steckte eine schwere Niederlage ein

pound note ['paʊndnəʊt] Pfundnote

pour [pɔːʳ] 1 gießen, schütten; **could you pour the tea?** könntest du den Tee einschenken? 2 (*auch übertragen*) **pouring rain** strömender Regen; **it's pouring** es gießt in Strömen, es schüttet

◆**pour out** 1 *Menschen:* herausströmen 2 ausgießen 3 einschenken *Tee, Kaffee* 4 ausschütten; **he poured his troubles out to me** er hat mir sein Leid geklagt

pout¹ [paʊt] schmollen

pout² [paʊt] Schmollen, Schmollmund

pov·erty ['pɒvətɪ] Armut; **be reduced to poverty** verarmt sein **poverty line** **live below the poverty line** unter der Armutsgrenze leben **pov·erty-stricken** ['pɒvətɪˌstrɪkən] verarmt

pow·der¹ ['paʊdəʳ] 1 Puder 2 Pulver

pow·der² ['paʊdəʳ] 1 pudern; **powder one's nose** sich die Nase pudern; (*humor-*

voll) zur Toilette gehen ② bestreuen (**with** mit)
pow·dered ['paʊdəd] **powdered egg** Eipulver; **powdered milk** Milchpulver; **powdered sugar** (USA) Puderzucker, Staubzucker **powder room** Damentoilette **powder snow** Pulverschnee
power ['paʊə^r] ① Kraft, Stärke, Wucht; (*übertragen*) Überzeugungskraft ② Macht; **world power** Weltmacht; **be in power** an der Macht sein; **be within/beyond someone's power** in/nicht in jemandes Macht liegen; **be in someone's power** in jemandes Gewalt sein; **do all in one's power** alles in seiner Macht Stehende tun; **the power of love** die Macht der Liebe ③ Herrschaft (**over** über) ④ Einfluss (**with** auf) ⑤ (*technisch*) Kraft, Energie, Leistung, Strom; **hydroelectric power** Wasserkraft; **nuclear power** Kernkraft; (*politisch*) Atommacht; **source of power** Kraftquelle, Energiequelle; **solar power** Solarenergie ⑥ (*mathematisch*) Potenz ⑦ **it did me a power of good** es hat mir sehr gut getan ⑧ **his powers of hearing** sein Hörvermögen **power-assisted steering** Servolenkung **power·boat** Rennboot **power brakes** *plural* Servobremsen **power cable** Starkstromkabel **power cut, power failure** Stromausfall
power·ful ['paʊəfl] ① mächtig, stark, einflussreich ② leistungsfähig, leistungsstark **power·ful·ly** ['paʊəfəlɪ] (*umgangsspr*) mächtig, gewaltig; **powerfully built** kräftig gebaut **power·less** ['paʊəlɪs] kraftlos, machtlos **power line** Starkstrom-, Hochspannungsleitung **power pack** Netzteil **power plant** Kraftwerk **power point** Energiequelle, Steckdose **power station** Kraftwerk; **nuclear power station** Kernkraftwerk **power steering** Servolenkung
PR [piː'ɑː^r] *Abkürzung von* **public relations** PR
prac·ti·cable ['præktɪkəbl] praktikabel, durchführbar, machbar
prac·ti·cal ['præktɪkl] ① praktisch; *Mensch:* praktisch [veranlagt]; *Lösung, Idee:* praxisnah, praxisorientiert; **practical knowledge** Erfahrungswissen ② **practical joke** Streich **prac·ti·cal·ly** ['præktɪk(ə)lɪ] ① in der Praxis ② praktisch, so gut wie, nahezu; **it's practically the same** es ist fast dasselbe
prac·tice[1] ['præktɪs] ① Gewohnheit, Brauch; **make it a practice to do, make a practice of doing something** es sich zur Gewohnheit machen, etwas zu tun ② (*geschäftlich*) Verfahrensweise, Praxis; **business practices** Geschäftspraktiken ③ *eines Arztes, eines Anwaltes:* Praxis; **be in practice** praktizieren ④ (*nicht Theorie*) Praxis; **put in[to] practice** in die Tat umsetzen ⑤ Übung; **out of practice** aus der Übung; **practice makes perfect** Übung macht den Meister; (*Sport*) Training ⑥ (*Theater, Musik usw.*) Probe
prac·tice[2] ['præktɪs] (USA) → **practise**
prac·tise ['præktɪs] ① üben; proben *Lied, Stück* ② praktisch tätig sein, praktizieren ③ ausüben *Beruf;* **practise law** als Anwalt tätig sein; **practise medicine** eine ärztliche Praxis haben ④ (*Sport*) trainieren **prac·tised** ['præktɪst] erfahren, routiniert **prac·tis·ing** ['præktɪsɪŋ] *Arzt:* praktizierend; *Kommunist, Christ:* aktiv
praise[1] [preɪz] loben (**for** wegen)
praise[2] [preɪz] ① Lob; **sing someone's praises** jemanden in den Himmel loben ② Anerkennung ③ **praise be** Gott sei Dank!
praise·worthy ['preɪzˌwɜːðɪ] lobenswert
pram [præm] (GB) Kinderwagen
prank [præŋk] [übler] Streich; **play a prank on someone** jemandem einen Streich spielen
prat [præt] (GB) (*slang*) dummer Kerl
prattle on ['prætl] [daher]schwatzen, plappern
prawn [prɔːn] Garnele **prawn cocktail** Krabbencocktail
pray [preɪ] ① beten (**to** zu, **for** um) ② flehen[tlich bitten] (**for** um)
prayer [preə^r] ① Gebet; **say one's prayers** sein Gebet verrichten; **the Lord's Prayer** das Vaterunser ② Andacht **prayer book** Gebetbuch **prayer meeting** Betstunde **prayer rug** Gebetsteppich **prayer wheel** Gebetsmühle **praying man·tis** ['preɪɪŋ'mæntɪs] Gottesanbeterin
preach [priːtʃ] ① predigen (**on, about** über); **preach to someone** (*übertragen*) jemandem eine Predigt halten ② verfechten, sich einsetzen für ③ **preach caution** zur Vorsicht raten ④ **practise what you preach** fass dir [erst mal] an die eigene Nase
preacher ['priːtʃə^r] Prediger
pre·ar·range [ˌpriːə'reɪndʒ] vorher festle-

gen, bestimmen

pre·cari·ous [prɪˈkeərɪəs] ① unsicher, ungewiss ② prekär, gefährlich

pre·caution [prɪˈkɔːʃn] Vorsicht[smaßnahme]; **take the precaution of doing something** etwas vorsichtshalber tun; **take precautions** Vorsichtsmaßnahmen treffen, empfängnisverhütende Mittel nehmen **pre·caution·ary** [ˌprɪˈkɔːʃ(ə)nərɪ] Vorsichts-, vorbeugend

pre·cede [prɪˈsiːd] vorausgehen, vorangehen **pre·ced·ence** [ˈpresɪdəns] ① Vorrang, Vortritt; **have** [*oder* **take**] **precedence over** den Vorrang haben vor, rangieren vor ② **in order of precedence** der Rangordnung nach **pre·ced·ent** [ˈpresɪdent] ① Präzedenzfall ② **precedents** frühere Fälle **pre·ced·ing** [prɪˈsɪːdɪŋ] vorhergehend

pre·cinct [ˈpriːsɪŋkt] ① **shopping precinct** Einkaufsviertel ② **pedestrian precinct** Fußgängerzone ③ Bezirk; **precincts** Gelände, Umgebung

pre·cious [ˈpreʃəs] ① wertvoll (**to** für), kostbar ② **precious metal** Edelmetall; **precious stone** Edelstein ③ **precious few/little** (*umgangsspr*) herzlich wenige/wenig

preci·pice [ˈpresɪpɪs] Abgrund

pre·cise [prɪˈsaɪs] genau, exakt; **to be precise** genau gesagt; **at that precise moment** in dem Augenblick **pre·cise·ly** [prɪˈsaɪslɪ] genau; **precisely!** genau! so ist es! **pre·ci·sion** [ˌprɪˈsɪʒn] Genauigkeit

pre·co·cious [prɪˈkəʊʃəs] *Kind:* frühreif **pre·coc·ious·ness** [prɪˈkəʊʃəsnɪs], **pre·coc·ity** [prɪˈkɒsətɪ] Frühreife

preda·tor [ˈpredətəʳ] Raubtier

preda·tory [ˈpredətrɪ] räuberisch, Raub-

pre·de·cessor [ˈpriːdɪsesəʳ] Vorgänger(in)

pre·des·ti·na·tion [ˌpriːdestɪˈneɪʃn] Vorherbestimmung, Prädestination

pre·dica·ment [prɪˈdɪkəmənt] missliche Lage; **be in a predicament** in der Klemme sitzen

pre·dict [prɪˈdɪkt] vorhersagen, prophezeien **pre·dict·able** [prɪˈdɪktəbl] vorhersehbar **pre·dic·tion** [prɪˈdɪkʃn] Vorhersage, Prognose

pre·domi·nant [prɪˈdɒmɪnənt] vorherrschend, überwiegend **pre·domi·nate** [prɪˈdɒmɪneɪt] ① überlegen sein, die Oberhand haben (**over** über) ② *Menge:* überwiegen

pre·fab [ˈpriːfæb] Fertigbau **pre·fab·ri·cated house** [ˌpriːˈfæbrɪkeɪt haʊs] Fertighaus

pref·ace [ˈprefɪs] Vorwort

pre·fect [ˈpriːfekt] (GB) Vertrauensschüler(in)

pre·fer [prɪˈfɜːʳ] vorziehen, bevorzugen; **he prefers red to white wine** Rotwein ist ihm lieber als Weißwein; **I'd prefer going to the cinema to staying here** ich würde lieber ins Kino gehen als hier bleiben **pre·fer·able** [ˈprefrəbl] **be preferable to** vorzuziehen sein; **that would be preferable to the original plan** das wäre besser als der ursprüngliche Plan **pre·fer·ably** [ˈprefrəblɪ] am liebsten **pref·er·ence** [ˈprefrəns] Vorliebe (**for** für); **by preference** vorzugsweise; **in preference to** lieber als; **give preference to someone** jemandem den Vorzug geben; **have a preference for** eine Vorliebe haben für **pref·eren·tial** [ˌprefəˈrenʃl] bevorzugt, bevorrechtigt; **preferential treatment** bevorzugte Behandlung, Bevorzugung **pre·ferred** [prɪˈfɜːd] ① bevorzugt ② bevorrechtigt

pre·fix [ˈpriːfɪks] ① (*Grammatik*) Vorsilbe ② (USA) (*Telefon*) Vorwahl

preg·nancy [ˈpregnənsɪ] ① (*einer Frau*) Schwangerschaft ② (*eines Tiers*) Trächtigkeit **pregnancy test** Schwangerschaftstest

preg·nant [ˈpregnənt] ① schwanger; **she's eight months pregnant** sie ist im achten Monat [schwanger] ② *Tier:* trächtig ③ (*übertragen*) bedeutungsvoll, gewichtig

pre·his·toric [ˌpriːhɪˈstɒrɪk] prähistorisch **pre·his·tory** [ˌpriːˈhɪstrɪ] Vor-, Urgeschichte

pre·judge [ˌpriːˈdʒʌdʒ] vorschnell verurteilen

preju·dice[1] [ˈpredʒʊdɪs] Vorurteil, vorgefasste Meinung (**against** gegen)

preju·dice[2] [ˈpredʒʊdɪs] ① ungünstig beeinflussen, einnehmen ② sich nachteilig auswirken auf, Abbruch tun; **it prejudiced his chances** es schmälerte seine Chancen **preju·diced** [ˈpredʒʊdɪst] voreingenommen

pre·limi·nary [prɪˈlɪmɪnərɪ] ① einleitend ② vorbereitend ③ vorläufig, einstweilig; **preliminary agreement** [*oder* **contract**] Vorvertrag; **preliminary discussion/talks** Vorbesprechung[en]; **preliminary draft** Vorentwurf; **preliminary examination** Aufnahmeprüfung; **preliminary investigation** Voruntersuchung; **preliminary round** (*Sport*) Vorrunde

prelims [priːlɪmz] *plural*, **preliminary examinations** *plural* (*nur in Schottland*) Vorprüfung (*ca. sechs Monate vor der eigentlichen Prüfung zum 'Higher Grade'*)

prel·ude ['preljuːd] ① (*Musik*) Vorspiel, Präludium ② (*übertragen*) Auftakt

pre·mari·tal [ˌpriːˈmærɪtl] vorehelich

pre·ma·ture [premə'tjʊəʳ, USA ˌpriːmə'tʊər] ① vorzeitig, zu früh ② (*übertragen*) voreilig; **premature baby** Frühgeburt

pre·medi·ta·ted [ˌpriː'medɪteɪtɪd] vorsätzlich, vorbedacht

pre·mier[1] ['premɪəʳ, USA 'priːmɪəʳ] führend

pre·mier[2] ['premɪəʳ, USA 'priːmɪəʳ] Premierminister(in)

pre·mière ['premɪeəʳ, USA prɪ'mɪər] Premiere

prem·ises ['premɪs] Gelände, Gebäude, Anwesen; **escort someone off the premises** jemanden hinausbegleiten; **bank/factory premises** Bank-/Fabrikgebäude; **business premises** Geschäftsräume

pre·mium ['priːmɪəm] ① (*Versicherung*) Prämie ② Zuschlag, Bonus ③ (*übertragen*) **be at a premium** sehr geschätzt, sehr gesucht sein; **put a premium on something** hoch bewerten **premium quality** erstklassige Qualität

pre·oc·cu·pa·tion [ˌpriːɒkjʊ'peɪʃn] Vertieftsein, [innere] Beschäftigung (**with** in); **her preoccupation with the children** ihre ständige Sorge um die Kinder

pre·oc·cu·pied [prɪ'ɒkjʊpaɪd] gedankenverloren, geistesabwesend; **be preoccupied with something** nur an etwas denken, mit etwas ganz beschäftigt sein

pre·oc·cupy [priː'ɒkjʊpaɪ] ausschließlich beschäftigen, ganz beherrschen

pre·paid [ˌpriː'peɪd] [voraus]bezahlt; **postage prepaid** vorfrankiert, freigemacht **prepaid reply** bezahlte Rückantwort

prep·ara·tion [ˌprepə'reɪʃn] ① Vorbereitung; **make preparations** Anstalten, Vorbereitungen treffen (**for** für); **in preparation for** als Vorbereitung für ② (*Medikament*) Präparat **pre·para·tory** [prɪ'pærətrɪ] vorbereitend, einführend; **preparatory to something** um auf etwas vorzubereiten; **preparatory course** Vorbereitungslehrgang; **preparatory work** Vorarbeit

> **i Land & Leute** In Großbritannien können Jungen zwischen 7 und 13 Jahren oder Mädchen zwischen 7 und 11 Jahren eine **preparatory school** besuchen, in der sie vor allem für eine **public school** (⚠ = Privatschule) vorbereitet werden.

pre·pare [prɪ'peəʳ] ① [sich] vorbereiten (**for** auf); **prepare yourself for a shock** mach dich auf einen Schock gefasst ② zubereiten *Essen* ③ aufstellen *Rechnung* ④ aufsetzen, entwerfen *Vertrag* ⑤ aufbereiten *Daten* **pre·pared** [prɪ'peəd] ① bereit, fertig (**for** für); **be prepared!** allzeit bereit! ② vorbereitet, gefasst (**for** auf); **be prepared for the worst** auf das Schlimmste gefasst sein ③ **I'm not prepared to lend him money** ich denke nicht daran, ihm Geld zu leihen

pre·pay [ˌpriː'peɪ] ① im Voraus bezahlen, vorauszahlen ② freimachen, frankieren *Postsendung*

pre·pos·it·ion [prepə'zɪʃn] Präposition

pre·school ['priːskuːl] vorschulisch, Vorschul-

pre·scribe [prɪ'skraɪb] ① vorschreiben ② *Arzt:* verschreiben, verordnen **pre·scrip·tion** [prɪ'skrɪpʃn] ① Vorschrift, Anordnung ② (*medizinisch*) Rezept; **only available on prescription** rezeptpflichtig; **prescription charge** Rezeptgebühr

pres·ence ['prezns] ① Gegenwart, Anwesenheit; **in the presence of** in Anwesenheit von; **presence of mind** Geistesgegenwart, **military presence** Militärpräsenz ② Auftreten, Benehmen

pres·ent[1] ['preznt] ① (*räumlich*) anwesend, zugegen, vorhanden; **all present** alle Anwesenden; **present company excepted** Anwesende ausgenommen ② (*räumlich und zeitlich*) gegenwärtig ③ (*zeitlich*) augenblicklich, momentan; **at the present time** gegenwärtig; **up to the present time** bis zum heutigen Tage, bis heute; **in the present circumstances** unter den gegebenen Umständen; **present tense** Präsens, Gegenwart ④ vorliegend, laufend; **in the present case** im vorliegenden Fall

pres·ent[2] ['preznt] ① Gegenwart; **at present** zurzeit, im Augenblick; **for the present** vorerst; **there's no time like the present** jetzt ist die beste Gelegenheit ② (*Gramma-*

Pp

tik) Gegenwart, Präsens ③ Geschenk

pres·ent³ [ˌprɪˈzent] ① übergeben, überreichen ② schenken; **they presented her with a watch** sie haben ihr eine Uhr geschenkt ③ unterbreiten *Vorschlag* ④ bieten *Sicht, Möglichkeit, Angriffsziel* ⑤ (*Radio, TV*) präsentieren, moderieren; (*Theater*) zeigen ⑥ (*gehoben*) **present one's apologies** sich entschuldigen; **present one's compliments to someone** jemandem Grüße, ein Kompliment ausrichten lassen ⑦ **that presents us with a problem** das stellt uns vor ein Problem ⑧ erscheinen; **present oneself for an exam** zur Prüfung erscheinen ⑨ **present itself** *Gelegenheit, Problem:* sich ergeben

pre·sent·able [prɪˈzentəbl] gesellschaftsfähig, ansehnlich, respektabel; **be presentable** sich sehen lassen können

pres·en·ta·tion [ˌprezn̩ˈteɪʃn, (USA) ˌpriːzenˈteɪʃn] ① (*Theater*) Aufführung, Darstellung ② Überreichung, Schenkung ③ (*Rede*) Präsentation ④ **on presentation** gegen Vorzeigung

pre·sent-day [ˌprezəntˈdeɪ] gegenwärtig, heutig, zeitgenössisch, zeitgemäß, modern

pres·ent·ly [ˈprezntlɪ] ① bald, in kurzem, in Kürze ② gegenwärtig

pres·er·va·tion [ˌprezəˈveɪʃn] ① Erhaltung; **be in a good state of preservation** gut erhalten sein ② Konservierung, Einmachen, Einkochen **pre·serv·ative** [prɪˈzɜːvətɪv] Konservierungsstoff

pre·serve¹ [prɪˈzɜːv] ① bewahren, schützen (**from** vor) ② erhalten, in Stand halten ③ konservieren; einmachen, einkochen *Nahrungsmittel* ④ beibehalten, aufrechterhalten ⑤ schützen *Wild, Wald*

pre·serve² [prɪˈzɜːv] ① **preserves** [das] Eingemachte ② Konfitüre

pre·served [prɪˈzɜːvd] ① konserviert ② **well-preserved** gut erhalten

presi·dency [ˈprezɪdənsɪ] ① Vorsitz ② Amt eines Präsidenten ③ (USA) Präsidentschaft

presi·dent [ˈprezɪdənt] ① Vorsitzende(r) ② (*politisch*) Präsident(in) ③ (USA) Rektor(in) **presi·den·tial** [ˌprezɪˈdenʃl] **presidential address** Ansprache des Präsidenten; **presidential candidate** Präsidentschaftskandidat(in); **presidential election** Präsidentenwahl

press¹ [pres] ① [fest] drücken (**to** an) ② pressen; auspressen *Obst* ③ plätten, bügeln ④ aufdrängen; **I won't press the matter** ich möchte in dieser Sache nicht weiter drängen ⑤ **press hard** bedrängen ⑥ **be pressed for time** unter Zeitdruck stehen ⑦ **be hard pressed** unter großem Druck stehen

press² [pres] ① Druck ② Andrang, Gedränge ③ [Frucht-, Öl]Presse ④ **printing press** Druckpresse ⑤ Presse, Zeitungen, Zeitungs-, Pressewesen; **the gutter press** die Boulevardpresse; **have a good [bad] press** eine gute [schlechte] Presse haben, gut [schlecht] aufgenommen, beurteilt werden

◆ **press ahead** ① vorantreiben ② weitermachen

◆ **press forward** weiterdrängen, sich beeilen

◆ **press on** ① vorantreiben ② weitermachen ③ aufdrucken

press agency Nachrichtenbüro, Presseagentur **press campaign** Pressefeldzug, Pressekampagne **press card** Presseausweis **press clipping, press cutting** (GB) Zeitungsausschnitt **press conference** Pressekonferenz **press coverage** Presseberichterstattung **press-gang** zwingen, drängen

press·ing [ˈpresɪŋ] dringend, eilig

press office Pressestelle **press officer** Pressereferent(in) **press photographer** Fotoreporter(in), Pressefotograf(in) **press release** Pressemitteilung **press report** Presse-, Zeitungsbericht

press stud (GB) Druckknopf

press-up [ˈpresˌʌp] Liegestütz

pres·sure [ˈpreʃəʳ] ① Druck; **atmospheric pressure** Luftdruck; **blood pressure** Blutdruck; **high/low pressure** Hoch-/Tiefdruck; **tyre pressure** Reifendruck ② (*übertragen*) Druck, Zwang; **under pressure** unter Druck; **he's under a lot of pressure at work** er hat viel Stress bei der Arbeit; **put pressure on someone** jemanden unter Druck setzen; **pressure to succeed** Erfolgsdruck **pressure cooker** Schnellkochtopf **pressure ga(u)ge** Druckmesser, Manometer **pressure group** Interessengruppe, Pressure-Group **pres·sur·ize** [ˈpreʃəraɪz] ① (*übertragen*) unter Druck setzen, zwingen ② mit Druckausgleich ausstatten; **pressurized cabin** [Über]Druckkabine; **pressurized**

water reactor Druckwasserreaktor

pres·tige [pre'stiːʒ] Prestige **pres·tig·ious** [pre'stɪdʒəs] renommiert; **be prestigious** einen großen Prestigewert haben

pre·sum·ably [prɪ'zjuːməbli] vermutlich **pre·sume** [prɪ'zjuːm] 1 annehmen, vermuten 2 schließen (**from** aus) 3 sich herausnehmen, sich anmaßen **pre·sum·ing** [prɪ'zjuːmɪŋ] anmaßend **pre·sump·tion** [prɪ'zʌmpʃn] 1 Vermutung; **on the presumption that …** in der Annahme, dass … 2 Anmaßung, Unverschämtheit **pre·sump·tu·ous** [prɪ'zʌmptjʊəs] überheblich, anmaßend, unverschämt

pre·tence [prɪ'tens] 1 Anspruch (**to** auf) 2 Anschein, Vorspiegelung, Ausrede, Ausflucht; **under false pretences** unter Vorspiegelung falscher Tatsachen; **it's just a pretence** es ist nur gespielt; **make a pretence of something** etwas vorschützen, vortäuschen; **devoid of all pretence** offen, aufrichtig

pre·tend [prɪ'tend] 1 vorgeben, vortäuschen; **pretend** [**that**] so tun [als ob]; **he's just pretending** er tut nur so 2 sich ausgeben als **pre·tense** (USA) 1 Anspruch (**to** auf) 2 Anschein, Vorspiegelung, Ausrede, Ausflucht; **under false pretenses** unter Vorspiegelung falscher Tatsachen; **it's just a pretense** es ist nur gespielt; **make a pretense of something** etwas vorschützen, vortäuschen; **devoid of all pretense** offen, aufrichtig **pre·ten·tious** [prɪ'tenʃəs] (*abwertend*) 1 anmaßend, überheblich 2 bombastisch

pre·text ['priːtekst] Vorwand; **under** [*oder* **on**] **the pretext of** unter dem Vorwand

pretty ['prɪtɪ] 1 nett, hübsch; **be sitting pretty** sein Schäfchen im Trockenen haben; **a pretty penny** eine schöne Stange Geld 2 ziemlich, [ganz] ordentlich, ganz schön, beachtlich; **pretty bad** ziemlich mies; **pretty good** [gar] nicht [so] übel, ganz gut; **pretty much** so ziemlich; **pretty nearly finished** beinahe, fast fertig; **he's doing pretty well** es geht ihm ganz gut; **I've pretty well finished** ich bin beinahe fertig 3 **that's pretty much the same** [**thing**] das läuft so ziemlich auf eins hinaus

pre·vent [prɪ'vent] 1 verhindern 2 verhüten, vermeiden 3 abhalten, zurückhalten; **how are you going to prevent her doing it?** wie willst du sie davon abhalten, das zu tun? **pre·ven·tion** [prɪ'venʃn] 1 Verhinderung, Vermeidung 2 Vorbeugung, Verhütung; **prevention is better than cure** Vorbeugen ist besser als Heilen; **prevention of accidents** Unfallverhütung 3 **Royal Society for the Prevention of Cruelty to Animals, RSPCA** (GB) Tierschutzverein **pre·ven·tive** [prɪ'ventɪv] verhütend; **preventive medicine** Gesundheitspflege, vorbeugende Medizin, Präventivmedizin

pre·view ['priːvjuː] (*Theater*) Probeaufführung; (*Ausstellung*) Vorbesichtigung; (*Film*) Vorschau, Preview

pre·vi·ous ['priːvɪəs] 1 (*zeitlich*) voraus-, vorhergehend, früher; **on the previous day** am Vortag 2 **previous to** vor; **without previous notice** ohne Vorankündigung **previous conviction** Vorstrafe; **have** [**no**] **previous convictions** [nicht] vorbestraft sein **previous experience** Vorkenntnisse, Vorbildung **previous holder** Vorbesitzer(in) **pre·vi·ous·ly** ['priːvɪəslɪ] früher, vorher **previous month** Vormonat **previous speaker** Vorredner(in) **previous year** Vorjahr

prey[1] [preɪ] Beute; **bird of prey** Raubvogel

prey[2] [preɪ] 1 **prey on birds** Beute machen auf Vögel 2 (*übertragen*) lasten (**on, upon** auf), nagen, zehren (**on** an); **it is preying on my mind** es lastet mir auf der Seele

price[1] [praɪs] 1 Preis; **at the price of** (*auch übertragen*) zum Preis von; **at half-price** zum halben Preis; **at a low price** billig 2 (*an der Börse*) Kurs, Notierung 3 Wert 4 *einer Wette:* Quote 5 **at any price** (*übertragen*) um jeden Preis

price[2] [praɪs] 1 einen Preis festsetzen für, bewerten 2 mit einem Preis versehen, auszeichnen

price control Preiskontrolle **price cut(ting)** Preissenkung **price label** Preisschild

price·less ['praɪslɪs] 1 unbezahlbar, unschätzbar, unvergleichlich 2 (GB) (*umgangsspr*) amüsant

price list Preisliste **price rise** Preiserhöhung **price tag, price ticket** Preisschild **pricey** ['praɪsɪ] (*umgangsspr*) teuer

prick[1] [prɪk] 1 (*durch eine Nadel*) Stich 2 stechender Schmerz 3 (*vulgär*) Schwanz *vulgär* 4 (*vulgär: Person*) Arschloch *vulgär* 5 (*übertragen*) **pricks of conscience**

Pp

Gewissensbisse

prick[2] [prɪk] ① stechen ② sich stechen ③ (*auch übertragen*) **prick up one's ears** die Ohren spitzen

prickle[1] [ˈprɪkl] ① Stachel, Dorn ② Prickeln

prickle[2] [ˈprɪkl] ① stechen ② prickeln

prick·ly [ˈprɪklɪ] stach(e)lig, prick(e)lig; **prickly heat** Hitzebläschen

pride[1] [praɪd] ① Stolz ② Hochmut ③ *von Löwen:* Rudel ④ **pride of place** der erste Platz ⑤ **she takes a pride in her work** sie ist sehr stolz auf ihre Arbeit ⑥ **pride goes before a fall** Hochmut kommt vor dem Fall

pride[2] [praɪd] **pride oneself [up]on** stolz sein auf, sich viel einbilden auf

priest [priːst] Priester(in) Pfarrer(in), Pastor(in)

pri·mary[1] [ˈpraɪmərɪ] ① Haupt-, wesentlich; **primary colour** Grundfarbe; **primary concern** Hauptsorge; **of primary importance** von größter Wichtigkeit ② Primär-, primär; **primary school** Grundschule, Elementarschule

> **i Land & Leute** Staatliche Schulen für Kinder im Alter von 5 bis 11 Jahren heißen in Großbritannien **primary schools**. Anschließend besuchen die Kinder dann eine **secondary school**.

pri·mary[2] [ˈpraɪmərɪ] (USA) (*bei Wahlen*) Vorwahl

prime[1] [praɪm] ① wesentlich, Haupt-; **the matter is of prime importance** die Sache ist von höchster Wichtigkeit ② *Qualität:* erstklassig ③ **prime number** Primzahl

prime[2] [praɪm] ① Blütezeit; **in one's prime** in der Blüte des Lebens ② (*Mathematik*) Primzahl

prime[3] [praɪm] ① vorbereiten ② grundieren *Malfläche* ③ schussbereit machen *Geschütz;* scharf machen *Bombe*

prime minister Premierminister(in), Ministerpräsident(in)

> **i Land & Leute** In der „Number 10 Downing Street" wohnt der britische **Prime Minister** (Premierminister). Das Haus stammt aus dem 17. Jh. und wurde von Sir George Downing gebaut. Der Premierminister wohnt in einem oberen Stockwerk, und im übrigen Gebäude befinden sich die Regierungsbüros sowie die Sitzungsräume des Kabinetts. Der **Chancellor of the Exchequer** (Finanzminister) wohnt im Haus nebenan, in „Number 11"; außerdem gibt es in der Downing Street noch weitere Regierungsgebäude.

prime time Hauptsendezeit

primi·tive [ˈprɪmɪtɪv] ① primitiv ② *Kunst:* naiv

prim·rose [ˈprɪmrəʊz] Primel, Schlüsselblume

prince [prɪns] ① (*Herrscher*) Fürst ② (*in Königsfamilie*) Prinz; **Prince of Wales** Prinz von Wales; **Prince Charming** (*übertragen*) Märchenprinz **prin·cess** [prɪnˈses] ① (*Frau eines Fürsten*) Fürstin ② (*in Königsfamilie*) Prinzessin; **Princess Diana** Prinzessin Diana

prin·ci·pal[1] [ˈprɪnsəpl] Haupt-, wichtigste(r, s), bedeutendste(r, s)

prin·ci·pal[2] [ˈprɪnsəpl] ① *einer Schule:* Rektor(in) ② (*im Theater*) Hauptdarsteller(in)

prin·ciple [ˈprɪnsəpl] Grundsatz, Prinzip; **in principle** im Prinzip, grundsätzlich; **on principle** aus Prinzip, grundsätzlich; **as a matter of principle** grundsätzlich, prinzipiell

print[1] [prɪnt] ① Druck; **large print** Großdruck; **in big** [*oder* **large**] **print** groß gedruckt; **in print** gedruckt; **out of print** vergriffen ② [das] Gedruckte; **read the small print** das Kleingedruckte lesen ③ (*Foto*) Abzug ④ (*Textil*) bedruckter Stoff, Druckmuster ⑤ *von Hand, Fuß:* Abdruck

print[2] [prɪnt] ① drucken *Dokument* ② bedrucken *Stoff* ③ veröffentlichen *Roman, Artikel* ④ in Druckschrift schreiben ⑤ abziehen *Foto*

printed [ˈprɪntɪd] gedruckt; **printed form** Vordruck, Formular; **printed matter** Drucksache **printer** [ˈprɪntəʳ] ① (*Gerät*) Drucker ② (*Werk*) Druckerei **print·ing** [ˈprɪntɪŋ] Drucken **printout** [ˈprɪntˌaʊt] (*Computer*) Ausdruck

prior [ˈpraɪəʳ] ① vorherig, früher; **prior engagement** frühere Verabredung ② **prior to** vor; **prior to my arrival** vor meiner Ankunft; **prior to doing something** bevor man etwas tut/tat

pri·or·ity [praɪˈɒrətɪ] ① Priorität, Vorrang; **that's my top priority** das ist mir am wichtigsten; **give priority to something** einer Sache Vorrang geben; **have** [*oder* **take**] **priority** Vorrang haben ② (*im Straßenverkehr*) Vorfahrt

prism [prɪzəm] Prisma

prison [ˈprɪzn] Gefängnis; **in prison** im Gefängnis; **send someone to prison** jemanden ins Gefängnis stecken

prisoner [ˈprɪznəʳ] ① Gefangene(r), Häftling; **hold** [*oder* **keep**] **someone prisoner** jemanden gefangen halten; **take someone prisoner** jemanden gefangen nehmen; **prisoner of war** Kriegsgefangene(r) ② (*vor Gericht*) Angeklagte(r)

priv·acy [ˈprɪvəsɪ, Ⓤⓢⓐ ˈpraɪvəsɪ] ① Privatsphäre, Intimsphäre, Privatleben; **invasion of privacy** Einbruch in die Privatsphäre ② Zurückgezogenheit; **there is no privacy here** man kann hier nichts unbeobachtet tun

pri·vate[1] [ˈpraɪvɪt] ① privat, Privat-; **private conversation** Privatgespräch; **private detective** [*oder* **eye**] Privatdetektiv(in); **private life** Privatleben; **private matter** Privatsache, Privatangelegenheit; **private property** Privateigentum; **private school** Privatschule; **private tuition** Privatunterricht ② nicht öffentlich *Sitzung, Versammlung* ③ **private and confidential** streng vertraulich ④ **for private use** für den eigenen Gebrauch ⑤ **keep something private** etwas geheim halten

pri·vate[2] [ˈpraɪvɪt] ① [einfacher] Soldat ② **in private** privat, unter vier Augen

pri·vate·ly [ˈpraɪvɪtlɪ] ① privat; **privately owned** in Privathand ② vertraulich; **speak to someone privately** mit jemandem unter vier Augen sprechen

pri·vat·iz·ation [ˌpraɪvɪtaɪˈzeɪʃn] Privatisierung **pri·vat·ize** [ˈpraɪvɪtaɪz] privatisieren

pri·vi·lege [ˈprɪvəlɪdʒ] ① Privileg, Vorrecht ② Ehre; **it was a privilege to meet her** es war eine besondere Ehre, sie kennen zu lernen **pri·vi·leged** [ˈprɪvəlɪdʒd] ① privilegiert, bevorrechtigt ② **be privileged to do something** die Ehre haben, etwas zu tun

prize[1] [praɪz] ① Preis ② (*in der Lotterie*) Gewinn ③ (*übertragen*) Preis, Lohn

prize[2] [praɪz] ① preisgekrönt; **prize bull** preisgekrönter Bulle ② Preis-; **prize money** Preisgeld **prize·winner** *einer Lotterie:* Preisträger(in), Gewinner(in)

pro[1] [prəʊ] <*plural* pros> (*umgangsspr*) Profi

pro[2] [prəʊ] Für; **the pros and cons** das Für und Wider

pro- [prəʊ] für, pro-; **pro-democracy** [*oder* **pro-democratic**] prodemokratisch

prob·abil·ity [ˌprɒbəˈbɪlətɪ] Wahrscheinlichkeit; **in all probability** aller Wahrscheinlichkeit nach **prob·able** [ˈprɒbəbl] wahrscheinlich

pro·ba·tion [prəˈbeɪʃn] ① Probe[zeit]; **on probation** auf Probe ② (*juristisch*) Bewährung; **on probation** mit Bewährung; **probation officer** Bewährungshelfer(in)

probe[1] [prəʊb] ① (*technisch*) Sonde ② (*juristisch*) Untersuchung

probe[2] [prəʊb] sondieren, untersuchen

prob·lem [ˈprɒbləm] ① Problem; **what's the problem?** (*umgangsspr*) wo fehlt's denn? ② (*mathematisch*) Aufgabe

pro·cedure [prəˈsiːdʒəʳ] Verfahren, Vorgehen

pro·ceed [prəˈsiːd] ① weitergehen; (*bei einer Reise*) weiterreisen; (*mit dem Auto*) weiterfahren ② (*mit einer Beschäftigung*) weitermachen, fortfahren (**with** mit) ③ schreiten; **proceed to a vote** zur Abstimmung schreiten ④ anfangen, beginnen; **with that, it proceeded to rain** und schon fing es an zu regnen ⑤ übergehen; **proceed to the next question** zur nächsten Frage übergehen ⑥ **proceed against someone** gegen jemanden gerichtlich vorgehen, jemanden verklagen

pro·ceed·ings [prəˈsiːdɪŋz] *plural* Verfahren, Prozess; **take legal proceedings against someone** gegen jemanden gerichtlich vorgehen

pro·ceeds [ˈprəʊsiːdz] *plural* Ertrag, Erlös (**from** aus)

pro·cess[1] [ˈprəʊses] ① Prozess; **in process** im Gange; **in** [**the**] **process of** im Verlauf von ② [Arbeits]Verfahren ③ (*juristisch*) Verfahren, Prozess

pro·cess[2] [ˈprəʊses] ① verarbeiten *Atommüll, Daten, Rohstoffe* ② konservieren *Nahrungsmittel;* **processed cheese, process cheese** Ⓤⓢⓐ Schmelzkäse ③ sterilisieren *Milch* ④ entwickeln *Film* ⑤ bearbeiten *Akte,*

Antrag ⑥ abfertigen *Menschen*

pro·cession [prəˈseʃn] ① (*religiös*) Prozession ② (*festlich*) [feierlicher] Umzug, [Fest]Zug; **funeral procession** Trauerzug

pro·claim [prəˈkleɪm] erklären; **proclaim someone king** jemanden zum König ausrufen

prod[1] [prɒd] ① stoßen, knuffen; **prod something with something** mit etwas in etwas stechen ② (*übertragen*) **prod someone into doing something** jemanden zu etwas antreiben [*oder* anspornen]; **prod someone into action** jemandem einen Stoß geben [*oder* versetzen]

prod[2] [prɒd] ① Stoß ② (*übertragen*) Anstoß

pro·duce[1] [prəˈdjuːs] ① produzieren, herstellen, erzeugen ② fördern *Kohle, Erdöl* ③ schreiben *Buch, Artikel;* schaffen *Kunstwerk* ④ abwerfen *Ertrag* ⑤ vorzeigen, vorweisen, vorlegen *Papiere;* beibringen *Zeugen;* erbringen, führen *Nachweis;* anführen *Gründe* ⑥ tragen *Früchte;* liefern *Ernte* ⑦ (*verursachen*) bewirken, hervorrufen ⑧ inszenieren *Theaterstück;* produzieren *Film*

pro·duce[2] [ˈprɒdjuːs] Erzeugnis, Produkt

pro·ducer [prəˈdjuːsəʳ] ① Erzeuger; *von Waren:* Hersteller ② *eines Theaterstücks:* Regisseur(in); *eines Films:* Produzent(in); *eines Hörspiels:* Sendeleiter(in)

prod·uct [ˈprɒdʌkt] ① Produkt, Erzeugnis ② (*übertragen*) Produkt, Ergebnis ③ (*kommerziell*) Fabrikat, Ware; **food products** Nahrungsmittel

pro·duc·tion [prəˈdʌkʃn] ① Erzeugung, Herstellung, Produktion, Fertigung; **go into production** die Produktion aufnehmen ② (*Bergbau*) Förderung ③ (*im Theater*) Aufführung, Inszenierung ④ *von Film:* Produktion ⑤ *eines Dokuments:* Vorlage, Beibringung **production line** Fließband, Fertigungsstraße

pro·duc·tive [prəˈdʌktɪv] ① produktiv ② *Boden:* ertragreich **pro·duc·tiv·ity** [ˌprɒdʌkˈtɪvətɪ] Produktivität

pro·fes·sion [prəˈfeʃn] ① Beruf; **by profession** von Beruf ② Berufsstand; **the legal/medical profession** die Anwaltschaft/Ärzteschaft

pro·fes·sional[1] [prəˈfeʃnəl] ① beruflich, berufsmäßig; **professional musician/soldier** Berufsmusiker(in)/Berufssoldat(in); **he does it on a professional basis** er macht das [haupt]beruflich; **turn professional** Profi werden ② fachmännisch, professionell; **take professional advice on something** einen Fachmann um etwas befragen ③ **the professional classes** die gehobenen Berufe

pro·fes·sional[2] [prəˈfeʃnəl] ① Profi ② Berufssportler(in)

pro·fes·sor [prəˈfesəʳ] Professor(in); **assistant professor** Dozent(in)

pro·fi·ciency [prəˈfɪʃnsɪ] Tüchtigkeit, Leistung; **certificate of proficiency** Befähigungsnachweis; **cycling proficiency test** Fahrradprüfung **pro·fi·cient** [prəˈfɪʃnt] fähig, gut; **be proficient in a language** eine Sprache beherrschen

pro·file [ˈprəʊfaɪl] ① Profil, Seitenansicht; **in profile** im Profil ② (*Kurzbiografie*) Porträt ③ (*technisch*) Längsschnitt, Querschnitt ▸ IN WENDUNGEN: **keep a low profile** (*übertragen*) sich zurückhalten

prof·it[1] [ˈprɒfɪt] ① Gewinn, Profit; **sell at a profit** mit Gewinn verkaufen; **make a profit on something** bei etwas einen Gewinn erzielen; **clear** [*oder* **net**] **profit** Reingewinn ② (*übertragen*) Nutzen, Gewinn

prof·it[2] [ˈprɒfɪt] profitieren (**by, from** von), Nutzen ziehen (**from, by** aus)

prof·it·abil·ity [ˌprɒfɪtəˈbɪlətɪ] Rentabilität **prof·it·able** [ˈprɒfɪtəbl] ① Gewinn bringend, rentabel; **be profitable** sich rentieren ② (*übertragen*) lohnend, nützlich **profit margin** Gewinnspanne **profit-shar·ing** [ˈprɒfɪtʃeərɪŋ] Gewinnbeteiligung

pro·found [prəˈfaʊnd] ① *Schlaf, Schweigen:* tief ② *Bemerkung, Gedanken:* tiefgründig, tief schürfend ③ *Veränderung:* tief greifend

pro·gram[1] [ˈprəʊgræm] ① (*Computer*) Programm ② USA →**programme**

pro·gram[2] [ˈprəʊgræm] programmieren *Computer*

pro·gramme[1] [ˈprəʊgræm] ① Programm ② (*Radio, TV*) Sendung

pro·gramme[2] [ˈprəʊgræm] ① programmieren ② (*übertragen*) vorprogrammieren

pro·gram·mer [ˈprəʊgræməʳ] Programmierer(in)

prog·ress[1] [ˈprəʊgres, USA ˈprɒgres] ① Fortschritt; **make progress** Fortschritte machen, vorankommen ② (*Vorwärtsbewegung*) Fortschreiten; **make slow progress** langsam vorankommen ③ **in progress** im

Gange

prog·ress² [prə'gres] ① vorrücken (**towards** gegen) ② Fortschritte machen ③ *Zeit, Arbeit:* voranschreiten

pro·gres·sive [prə'gresɪv] ① fortschreitend, zunehmend ② (*im Denken*) fortschrittlich, progressiv ③ *Krankheit, Steuer:* progressiv

pro·hibit [prə'hɪbɪt] ① verbieten; **prohibit someone from doing something** jemandem verbieten, etwas zu tun ② verhindern; **prohibit someone from doing something** jemanden daran hindern, etwas zu tun **pro·hibi·tive** [prə'hɪbətɪv] ① verhindernd ② (*umgangsspr*) *Preis:* unerschwinglich

pro·ject¹ ['prɒdʒekt] ① Projekt, Vorhaben ② (*in der Schule*) Projekt

pro·ject² [prə'dʒekt] ① projizieren ② planen ③ hervorragen ④ abschießen

pro·jec·tion [prə'dʒekʃn] ① *eines Gebäudes:* Vorsprung, Auskragung ② *eines Bildes:* Projektion ③ *eines Films:* Vorführung ④ Vorhersage, Prognose; *von Statistik:* Hochrechnung **pro·jec·tor** [prə'dʒektəʳ] Projektor, Vorführgerät

pro·lific [prə'lɪfɪk] ① fruchtbar ② (*übertragen*) produktiv **pro·logue** ['prəʊlɒg], (USA) **pro·log** ['prəʊlɔːg] ① Prolog (**to** zu) ② (*übertragen*) Auftakt; **be the prologue to something** zu etwas den Auftakt bilden

pro·long [prə'lɒŋ] ① verlängern ② hinauszögern *Qual*

prom [prɒm] ① (GB) Promenadenkonzert; **the Proms** *klassische Sommerkonzertreihe in der Londoner Royal Albert Hall* ② (GB) Promenade ③ (USA) Schülerball

> **i Land & Leute** **Proms** wird in Großbritannien als Abkürzung für **promenade concerts** gebraucht. Diese Konzerte finden im Sommer statt, und man kann dort sowohl sitzen als auch stehen oder herumspazieren. Hauptveranstaltungsort ist die Royal Albert Hall in London. Der Höhepunkt ist immer die „last night of the proms“, bei der das Publikum mitsingt und Fahnen geschwenkt werden.

prom·en·ade [ˌprɒmə'nɑːd] [Strand]Promenade

promi·nent ['prɒmɪnənt] ① *Backenknochen:* vorstehend ② *Fels, Nase:* vorspringend ③ *Kennzeichen:* auffällig ④ (*übertragen*) [wohl] bekannt, prominent

prom·ise¹ ['prɒmɪs] ① Versprechen; **make a promise** ein Versprechen geben ② [feste] Aussicht, Hoffnung (**of** auf); **show great promise** zu großen Hoffnungen berechtigen, viel versprechend sein

prom·ise² ['prɒmɪs] ① versprechen; **promise someone something, promise something to someone** jemandem etwas versprechen ② **promise oneself something** sich etwas versprechen ③ andeuten, hindeuten auf; **promise well** viel versprechend sein

prom·is·ing ['prɒmɪsɪŋ] viel versprechend

pro·mote [prə'məʊt] ① (*beruflich*) befördern ② (*Sport*) **be promoted** aufsteigen (**to** in) ③ (*unterstützen*) fördern ④ werben für *ein Produkt* **pro·mo·tion** [prə'məʊʃn] ① (*beruflich*) Beförderung; **get one's promotion** befördert werden; **promotion chances** [*oder* **prospects**] Aufstiegschancen ② (*Sport*) Aufstieg ③ (*Unterstützung*) Förderung ④ (*kommerziell*) Werbung, Werbekampagne

prompt¹ [prɒmpt] ① *Tat:* umgehend, sofortig, unverzüglich ② *Mensch:* pünktlich ③ **at 9 o'clock prompt** Punkt neun Uhr, pünktlich um neun Uhr

prompt² [prɒmpt] ① veranlassen; **prompt someone to do something** jemanden [dazu] veranlassen, etwas zu tun ② (*im Theater*) soufflieren ③ wecken *Gefühle*

prompt·ly ['prɒmptlɪ] pünktlich; **attend to something promptly** etwas umgehend erledigen; **start promptly at eight** Punkt 8 Uhr anfangen

prone [prəʊn] ① **be prone to** neigen zu *Übertreibung;* anfällig sein für *Krankheiten* ② **be prone to do something** dazu neigen, etwas zu tun

prong [prɒŋ] *einer Gabel:* Zinke

pro·noun ['prəʊnaʊn] Pronomen, Fürwort

pro·nounce [prə'naʊns] ① verkünden; (*feierlich*) erklären ② aussprechen *Wort* ③ **pronounce on something** zu etwas Stellung nehmen ④ **pronounce for** [*oder* **in favour of**]/**against something** sich für/gegen etwas aussprechen

pro·nounced [prə'naʊnst] ① ausgesprochen ② *Akzent:* ausgeprägt; **have a pronounced limp** stark hinken ③ *Verbesserung:*

P p

deutlich
pro·nun·ci·ation [prə,nʌnsɪ'eɪʃn] Aussprache
proof[1] [pruːf] ① Beweis, Nachweis; **by way of proof** als Beweis ② *von Getränk:* Alkoholgehalt
proof[2] [pruːf] unempfindlich (**against** gegen); **bulletproof** kugelsicher; **burglarproof** einbruchsicher; **fireproof** feuerfest; **foolproof** narrensicher; **waterproof** wasserdicht; **weatherproof** wetterfest
proof·read ['pruːf,riːd] Korrektur lesen
prop[1] [prɒp] ① (*auch übertragen*) Stütze ② (*umgangsspr*) Propeller ③ **props** (*im Theater*) Requisiten
prop[2] [prɒp] ① stützen ② **prop something/oneself against something** etwas/sich gegen [*oder* an] etwas lehnen
◆ **prop up** stützen ▶ IN WENDUNGEN: **prop up the bar** (*humorvoll*) an der Bar hängen
propa·ganda [,prɒpə'gændə] Propaganda
pro·pel [prə'pel] antreiben **pro·pel·lant** [prə'pelənt] Treibgas, Treibmittel **pro·pel·ler** [prə'peləʳ] Propeller
proper ['prɒpəʳ] ① richtig, passend, geeignet; **at the proper time** zur rechten Zeit; **through the proper channels** auf dem Dienstweg ② (*umgangsspr*) echt, richtig; **a proper writer** ein echter Schriftsteller; **a proper thrashing** eine ordentliche Tracht Prügel ③ (*umgangsspr*) anständig, gehörig; **that's not proper** das gehört sich nicht
proper·ly ['prɒpəʳlɪ] ① korrekt, richtig ② anständig, ordentlich ③ **properly speaking** genau genommen, eigentlich, in Wirklichkeit **proper name, proper noun** Eigenname
prop·erty ['prɒpətɪ] ① Eigentum, Besitz; **private property** Privateigentum; **public property** Eigentum der öffentlichen Hand ② (*Land und Gebäude*) Grundbesitz, Landbesitz ③ **get off my property** verlassen Sie mein Grundstück ④ (*geschäftsbringend*) Immobilien ⑤ Eigenschaft; **medicinal properties** Heilkräfte **property developer** Bauträger
proph·ecy ['prɒfəsɪ] Prophezeiung **proph·esy** ['prɒfɪsaɪ] prophezeien **prophet** ['prɒfɪt] Prophet
pro·por·tion [prə'pɔːʃn] ① [An]Teil, Quote; **only a small proportion of the voters** nur ein geringer Anteil der Wähler ② Verhältnis; (*auch mathematisch*) Proportion; **in proportion to** im Verhältnis zu; **out of all proportion to** in gar keinem Verhältnis zu; **a sense of proportion** ein Sinn für Proportionen; **keep a sense of proportion** (*übertragen*) die Dinge im richtigen Licht sehen ③ **proportions** Dimensionen, Proportionen
pro·por·tional [prə'pɔːʃənl] proportional (**to** zu); **be proportional to something** einer Sache entsprechen; **proportional representation** Verhältniswahlrecht
pro·po·sal [prə'pəʊzl] ① Vorschlag ② **proposal** [**of marriage**] [Heirats]Antrag **pro·pose** [prə'pəʊz] ① vorschlagen; **propose something to someone** jemandem etwas vorschlagen; **propose doing something** anregen, etwas zu tun ② beabsichtigen, vorhaben; **propose to do something** beabsichtigen, etwas zu tun ③ **propose to someone** jemandem einen Heiratsantrag machen ④ **propose a toast to someone** einen Toast auf jemanden ausbringen ⑤ (*im Parlament*) einbringen, stellen *Antrag*
prop·osi·tion [,prɒpə'zɪʃn] ① Vorschlag ② Aussage; (*philosophisch*) Satz ③ (*Unternehmen*) Sache; **it will never be a commercial proposition** es wird nie ein lohnendes Geschäft sein
pro·pri·etor [prə'praɪətəʳ] Besitzer(in), [Geschäfts]Inhaber(in) **pro·pri·e·tress** [prə'praɪətrɪs] Besitzerin, Inhaberin
pro·pul·sion [prə'pʌlʃn] Antrieb; **jet propulsion** Strahlantrieb, Düsenantrieb
pro·scribe [prə'skraɪb] verbieten
prose [prəʊz] Prosa
pros·ecute ['prɒsɪkjuːt] ① **prosecute someone** [**for something**] jemanden [wegen etwas] strafrechtlich verfolgen ② *Anwalt:* die Anklage vertreten, als Kläger auftreten **pros·ecut·ing** ['prɒsɪkjuːtɪŋ] **prosecuting counsel, prosecuting attorney** (USA) Anklagevertreter(in), Staatsanwalt/Staatsanwältin **pros·ecu·tion** [,prɒsɪ'kjuːʃn] ① Strafverfolgung; **liable to prosecution** strafbar ② **the prosecution** die Staatsanwaltschaft, die Anklagevertretung; **prosecution witness, witness for the prosecution** Belastungszeuge/Belastungszeugin **pros·ecu·tor** ['prɒsɪkjuːtəʳ] Kläger(in); **public prosecutor** Anklagevertreter(in), Staatsanwalt/Staatsanwältin
pros·pect[1] ['prɒspekt] Aussicht; **in pros-**

pect in Aussicht; **what are your prospects?** welche Aussichten haben Sie?; **have no prospects** keine Zukunft haben
pros·pect² [prəˈspekt, (USA) ˈprɒspekt] **prospect for gold/oil** nach Gold schürfen/nach Öl bohren
pros·pec·tive [prəˈspektɪv] voraussichtlich, zukünftig; **prospective buyer** [*oder* **customer**] Interessent(in) **pro·spec·tus** [prəˈspektəs] Prospekt
pros·per [ˈprɒspəʳ] (1) gedeihen, blühen (2) *Geschäft:* gut gehen (3) *Mensch:* Erfolg, Glück haben; **he is prospering** es geht ihm gut **pros·per·ity** [prɒˈsperətɪ] Wohlstand **pros·per·ous** [ˈprɒspərəs] wohlhabend, gut gehend
pros·ti·tute [ˈprɒstɪtjuːt] Prostituierte; **male prostitute** Strichjunge **pros·ti·tu·tion** [ˌprɒstɪˈtjuːʃn] Prostitution
pro·tect [prəˈtekt] (1) [be]schützen, bewahren (**from** vor, **against** gegen); **protect oneself** sich sichern (**against** gegen) (2) wahren *Interessen, Rechte* **pro·tec·tion** [prəˈtekʃn] (1) Schutz (**from** vor); **protection of the environment** Umweltschutz (2) *von Interessen, Rechten:* Wahrung (3) **protection** [**money**] Schutzgeld **protection factor** *von Sonnenöl:* Lichtschutzfaktor, Sonnenschutzfaktor **pro·tec·tive** [prəˈtektɪv] (1) schützend, Schutz-; **protective clothing** Schutzkleidung (2) **be protective towards someone** fürsorglich gegenüber jemandem sein **pro·tec·tor** [prəˈtektəʳ] (1) (*Person*) Beschützer(in) (2) (*Gegenstand*) Schutz
pro·tein [ˈprəʊtiːn] Protein; **proteins** Eiweißstoffe
pro·test¹ [prəˈtest] (1) beteuern *Unschuld* (2) protestieren [gegen], sich verwahren (**against** gegen); **protest to someone** bei jemandem Einspruch [*oder* Protest] erheben
pro·test² [ˈprəʊtest] Einspruch, Protest (**against** gegen); **as a protest, in protest** aus Protest; **under protest** unter Protest; **without protest** widerspruchslos, vorbehaltlos
Prot·es·tant¹ [ˈprɒtɪstənt] Protestant(in)
Prot·es·tant² [ˈprɒtɪstənt] protestantisch
pro·tester [prəˈtestəʳ] Protestierende(r), Demonstrant(in)
pro·test march Protestmarsch **protest vote** Proteststimme
pro·trac·tor [prəˈtræktəʳ] Winkelmesser
proud [praʊd] (1) stolz (**of** auf) (2) (*abwertend*) hochmütig
prove [pruːv] <proved, proved *oder* proven> (1) beweisen, nachweisen, unter Beweis stellen; **prove one's identity** sich ausweisen (2) beglaubigen *Testament* (3) **prove oneself innocent** sich als unschuldig erweisen (4) **prove** [**to be**] sich erweisen, sich herausstellen als
proven [ˈpruːvn] *3. Form von* **prove**
prov·erb [ˈprɒvɜːb] Sprichwort
pro·vide [prəˈvaɪd] (1) besorgen, sorgen für (2) heranschaffen, liefern (3) zur Verfügung stellen *Dienst;* bereitstellen *Geld* (4) **provide someone with something** jemanden mit etwas versorgen/ausstatten/beliefern (5) **provide for someone** jemanden versorgen (6) **provide for the future** für die Zukunft vorsorgen (7) **the contract provides for an annual rent increase** der Vertrag sieht eine jährliche Mieterhöhung vor
pro·vided [prəˈvaɪdɪd] **provided** [**that**] vorausgesetzt, [dass] **pro·vider** [prəˈvaɪdəʳ] (1) *einer Familie:* Ernährer(in) (2) (*Internet*) Provider **pro·vid·ing** [prəˈvaɪdɪŋ] **providing** [**that**] vorausgesetzt, [dass]
prov·ince [ˈprɒvɪns] (1) Provinz (2) **the provinces** die Provinz **prov·in·cial** [prəˈvɪnʃl] (1) Provinz- (2) (*abwertend*) provinziell
pro·vi·sion [prəˈvɪʒn] (1) Vorkehrung, Vorsorge; **make provision for** vorsorgen für, Vorsorge treffen für (2) *von Material, Mitteln:* Bereitstellung (3) **provisions** Lebensmittel, Proviant
pro·vi·sional [prəˈvɪʒənl] vorläufig, provisorisch; **provisional driving licence** vorläufiger Führerschein für Fahrschüler
provo·ca·tion [ˌprɒvəˈkeɪʃn] Herausforderung, Provokation **pro·voca·tive** [prəˈvɒkətɪv] herausfordernd, provokativ
pro·voke [prəˈvəʊk] (1) provozieren, [auf]reizen (2) hervorrufen *Ärger, Kritik, Lächeln*
prowl¹ [praʊl] (1) durchstreifen *Straßen* (2) **prowl about** [*oder* **around**] herumschleichen, herumstreichen
prowl² [praʊl] **be on the prowl** herumstreichen; **prowl car** (USA) Streifenwagen
pru·dent [ˈpruːdnt] (1) *Person:* umsichtig, besonnen (2) *Verhalten:* klug, vernünftig
prune [pruːn] Backpflaume
pry [praɪ] neugierig sein
PS [ˌpiːˈes] *Abkürzung von* **post scriptum** PS

psalm [sɑːm] Psalm
pseu·do·nym ['sjuːdənɪm] Pseudonym
psy·chi·atric [ˌsaɪkɪ'ætrɪk] psychiatrisch **psy·chia·trist** [saɪ'kaɪətrɪst] Psychiater(in) **psy·chia·try** [saɪ'kaɪətrɪ] Psychiatrie **psy·chi·c** ['saɪkɪk] **you must be psychic** du kannst wohl Gedanken lesen
psy·cho·ana·lyst [ˌsaɪkəʊ'ænəlɪst] Psychoanalytiker(in)
psy·cho·logi·cal [ˌsaɪkə'lɒdʒɪkl] psychologisch **psy·chol·ogist** [saɪ'kɒlədʒɪst] Psychologe, Psychologin **psy·chol·ogy** [saɪ'kɒlədʒɪ] Psychologie; **child psychology** Kinderpsychologie
psy·cho·path ['saɪkəʊpæθ] Psychopath(in)
psycho·thera·pist [ˌsaɪkə'θerəpɪst] Psychotherapeut(in) **psy·cho·ther·apy** [ˌsaɪkəʊ'θerəpɪ] Psychotherapie
PT [ˌpiː'tiː] *Abkürzung von* **physical training** (*in der Schule*) Sport
pt *Abkürzung von* **pint** Pint
pto [ˌpiːtiː'əʊ] *Abkürzung von* **please turn over** b.w.
pub [pʌb] Kneipe, Wirtshaus
pu·berty ['pjuːbətɪ] [die] Pubertät
pub·lic[1] ['pʌblɪk] ❶ öffentlich ❷ allgemein bekannt; **become public** bekannt werden
pub·lic[2] ['pʌblɪk] Öffentlichkeit; **in public** öffentlich, in der Öffentlichkeit; **the cinema-going/the theatre-going public** das Film-/das Theaterpublikum
public address system Lautsprecheranlage
pub·li·can ['pʌblɪkən] Gastwirt(in)
pub·li·ca·tion [ˌpʌblɪ'keɪʃn] Publikation, Veröffentlichung; **monthly/weekly publication** Monats-/Wochenschrift; **new publication** Neuerscheinung; **publication date** Erscheinungsdatum
public company Aktiengesellschaft **public convenience** öffentliche Bedürfnisanstalt
public holiday gesetzlicher Feiertag

i Land & Leute Feiertage, die früher von der „Bank of England" als Urlaubstage gerechnet wurden, heißen **bank holidays**. Davon gab es ursprünglich 30; heute ist ein bank holiday ein **public holiday** (gesetzlicher Feiertag).

public house (GB) (*gehoben*) Wirtshaus, Gasthaus, Gaststätte
pub·lic·ity [pʌb'lɪsətɪ] ❶ Publizität, Publicity ❷ Werbung, Reklame; **publicity campaign** Werbeaktion, Werbekampagne
pub·lic·ize ['pʌblɪsaɪz] ❶ bekannt machen ❷ werben für, Reklame machen für
public library Volksbücherei **public limited company, plc** (*etwa*) Aktiengesellschaft [AG] **public opinion** die öffentliche Meinung **public property** Staatseigentum **public prosecutor** Staatsanwalt, Staatsanwältin **public relations, PR** *plural* Öffentlichkeitsarbeit, Public Relations, PR
public school ❶ (GB) Privatschule ❷ (USA) öffentliche, staatliche Schule

i Land & Leute In Großbritannien ist eine **public school** eine Privatschule, oft ein Internat für Jungen ab 13 und für Mädchen ab 11 Jahren. Die meisten dieser Schulen stammen aus dem 19. Jh. Die ältesten Schulen begannen als **grammar schools** für arme Studenten, z. B. Winchester (im 14. Jh.), Eton (im 15. Jh.) und Harrow (im 16. Jh.) und werden heute meist von Kindern reicher Eltern besucht.

public transport öffentliche Verkehrsmittel
pub·lish ['pʌblɪʃ] ❶ [öffentlich] bekannt geben, bekannt machen ❷ veröffentlichen, herausgeben *Buch, Zeitschrift; Verlag:* verlegen ❸ *Autor:* publizieren, veröffentlichen *Forschungsarbeit* **pub·lisher** ['pʌblɪʃəʳ] ❶ Verleger(in) ❷ **publisher, publishers** *plural* Verlag **pub·lish·ing** ['pʌblɪʃɪŋ] Verlagswesen; **publishing company** Verlag[shaus]
pud·ding ['pʊdɪŋ] ❶ (*süß*) Nachspeise, Nachtisch ❷ (*pikant*) [Fleisch]Pastete, Pudding; **black pudding** Blutwurst
puddle ['pʌdl] Pfütze
puff[1] [pʌf] ❶ **puff of air/wind** Atemstoß/Windstoß ❷ (*an einer Zigarette*) Zug ❸ (*umgangsspr*) Puste; **be out of puff** außer Puste sein
puff[2] [pʌf] ❶ schnaufen, keuchen; *Pferd:* schnauben ❷ *Raucher:* paffen (**at** an)
◆ **puff up** ❶ *Augen, Gesicht:* anschwellen ❷ aufplustern *Federn*
puff pastry Blätterteig
puke [pjuːk] (*slang*) kotzen
pull[1] [pʊl] ❶ (*zerren*) ziehen; **pull to the left** *Auto:* nach links ziehen ❷ (*reißen*) ziehen an *Glocke, Seil;* **pull someone by the hair** jemanden an den Haaren ziehen ❸ zie-

hen *Zahn;* herausziehen *Korken, Unkraut* ④ zapfen *Bier* ⑤ zerren *Muskel* ⑥ **pull a face** (*übertragen*) das Gesicht verziehen ⑦ **pull to pieces** in Stücke reißen, zerreißen; (*übertragen*) kein gutes Haar lassen an ⑧ **pull for someone** (USA) jemanden unterstützen ⑨ **the train pulled into the station** der Zug fuhr in den Bahnhof ein ▸ IN WENDUNGEN: **pull a fast one on someone** jemanden hereinlegen; **pull a job** eine Ding drehen; **pull someone's leg** jemanden auf den Arm nehmen; **pull strings** Beziehungen spielen lassen; **pull one's weight** seinen Beitrag leisten

pull² [pʊl] ① Zug, Ruck; **give a pull** ziehen ② (*auch übertragen*) Anziehungskraft ③ *einer Strömung:* Sog

◆ **pull apart** ① auseinander ziehen ② trennen *Streitende* ③ auseinander nehmen *Apparat* ④ (*übertragen*) kein gutes Haar lassen an

◆ **pull away** ① wegziehen ② *Auto:* anfahren ③ *Läufer:* sich absetzen

◆ **pull down** ① abreißen, demolieren *Gebäude* ② (USA) verdienen *Geld*

◆ **pull in** ① einziehen *Krallen* ② (*übertragen*) anziehen *Zuschauer* ③ (*umgangsspr*) verhaften ④ *Zug:* einfahren ⑤ *Auto:* anhalten

◆ **pull off** ① ausziehen *Kleider* ② [mit Erfolg] abwickeln; an Land ziehen *Geschäft*

◆ **pull out** ① [her]ausziehen ② ausziehen *Tisch* ③ ziehen *Zahn* ④ abziehen *Truppen* ⑤ *Zug:* abfahren ⑥ *Auto:* ausscheren ⑦ *Truppen:* abziehen

◆ **pull over** ① *Fahrer, Wagen:* an die Seite fahren ② anhalten

◆ **pull round** ① durchbringen *Kranken* ② *Kranker:* durchkommen

◆ **pull through** ① [hin] durchziehen ② durchbringen *Kranken* ③ *Kranker:* durchkommen

◆ **pull together** ① (*übertragen*) am gleichen Strang ziehen ② **pull oneself together** (*übertragen*) sich zusammennehmen, sich zusammenreißen

◆ **pull up** ① hochziehen ② herausreißen *Unkraut* ③ anhalten, zum Stehen bringen *Fahrzeug* ④ zurechtweisen, korrigieren *Person* ⑤ *Fahrzeug:* anhalten, stehen bleiben (**at** an, bei, vor)

pull-out ['pʊlaʊt] ① *einer Zeitschrift:* heraustrennbarer Teil ② *von Truppen:* Abzug

pull·over ['pʊləʊvəʳ] Pullover

pull-up ['pʊlʌp] Klimmzug

pul·pit ['pʊlpɪt] Kanzel; **in the pulpit** auf der Kanzel

pulse (*auch übertragen*) Puls; **feel** [*oder* **take**] **someone's pulse** jemandem den Puls fühlen

pump¹ [pʌmp] Pumpe

pump² [pʌmp] ① pumpen; **pump dry** leer pumpen ② **pump someone for information** jemanden aushorchen, Auskünfte aus jemandem herausholen

◆ **pump out** ① auspumpen, leer pumpen *Boot, Keller* ② ausstoßen *Abgase*

◆ **pump up** ① aufpumpen *Reifen* ② hochpumpen *Flüssigkeit;* heraufpumpen *Öl*

pump·kin ['pʌmpkɪn] Kürbis

pun [pʌn] Wortspiel

punch¹ [pʌntʃ] ① lochen *Karte, Papier;* stanzen *Loch* ② **punch someone/something** jemanden/etwas mit der Faust schlagen

punch² [pʌntʃ] ① Locher, Lochzange ② Faustschlag ③ (*übertragen*) Pep, Schwung

punch³ [pʌntʃ] Punsch

Punch [pʌntʃ] Kasper[le]; **Punch-and-Judy show** Kasper[le]theater

punch-line Pointe

punch-up ['pʌntʃʌp] (*umgangsspr*) Schlägerei

punc·tual ['pʌŋktʃʊəl] pünktlich

punc·tu·ation [ˌpʌŋktʃʊ'eɪʃn] Interpunktion, Zeichensetzung; **punctuation mark** Satzzeichen

punc·ture¹ ['pʌŋktʃəʳ] [Reifen]Panne

punc·ture² ['pʌŋktʃəʳ] ① durchstechen ② **punctured** *Lunge:* perforiert ③ *Reifen:* ein Loch bekommen, platt werden

pun·ish ['pʌnɪʃ] [be]strafen **pun·ish·able** ['pʌnɪʃəbl] strafbar

pun·ish·ing ['pʌnɪʃɪŋ] *Zeitplan:* mörderisch, aufreibend

pun·ish·ment ['pʌnɪʃmənt] ① Bestrafung ② Strafe; **as a punishment** zur Strafe ③ (*umgangsspr*) schlechte Behandlung; **take a lot of punishment** viel aushalten, stark strapaziert werden

punk [pʌŋk] ① (*Person*) Punk, Punker(in) ② (*Musik*) Punk[rock]

pun·net ['pʌnɪt] [Früchte]Körbchen

punt¹ [pʌnt] Stechkahn

punt² [pʌnt] staken; **go punting** Stechkahn fahren

pup [pʌp] junger Hund/Otter/Seehund; **be in pup** trächtig sein

pu·pil¹ ['pju:pl] Schüler(in)

> **i Land & Leute** In Großbritannien tragen die meisten **pupils** eine Schuluniform. Der Unterricht dauert von 8.30 Uhr oder 9.00 Uhr bis etwa 15.30 Uhr. So müssen die Schüler in der Schule Mittag essen. Entweder sie bringen ihre eigenen Lunchpakete mit, oder sie kaufen das Mittagessen, das von der Schule angeboten wird.

pu·pil² ['pju:pl] (*im Auge*) Pupille

pup·pet ['pʌpɪt] [Hand]Puppe; (*auch übertragen*) Marionette; **puppet-show** Puppenspiel

puppy ['pʌpɪ] junger Hund

pur·chase¹ ['pɜ:tʃəs] [an]kaufen, erwerben

pur·chase² ['pɜ:tʃəs] Kauf, Anschaffung

pure [pjʊəʳ] ① rein ② (*übertragen*) *Unsinn, Wahnsinn:* hell, reinste(r, s)

purée¹ ['pjʊəreɪ] Püree; **tomato purée** Tomatenmark

purée² ['pjʊəreɪ] pürieren

pure·ly ['pjʊəlɪ] rein

pu·rify ['pjʊərɪfaɪ] reinigen

pu·rity ['pjʊərətɪ] Reinheit

purple ['pɜ:pl] ① violett, lila ② *Gesicht:* hochrot

pur·pose ['pɜ:pəs] ① Absicht; **on purpose** absichtlich, mit Absicht ② Zweck; **for that purpose** zu diesem Zweck, deswegen, deshalb; **for what purpose?** weshalb?; **for advertising purposes** zu Werbezwecken; **serve no purpose** zwecklos sein; **sense of purpose** Zielbewusstsein **pur·pose-built** ['pɜ:pəsˌbɪlt] speziell angefertigt, speziell gebaut

purr¹ [pɜ:ʳ] ① *Katze:* schnurren ② *Motor:* surren

purr² [pɜ:ʳ] ① *Katze:* Schnurren ② *Motor:* Surren

purse [pɜ:s] ① (GB) Geldbeutel, Geldbörse, Portemonnaie ② (USA) Handtasche

pur·sue [pə'sju:] ① verfolgen ② betreiben, nachgehen *Tätigkeit, Beruf* **pur·suer** [pə'sju:əʳ] Verfolger(in) **pur·suit** [pə'sju:t] ① Verfolgung, Jagd (**of** auf) ② (*übertragen*) Streben (**of** nach); **in pursuit of pleasure** auf der Jagd nach Vergnügen

pus [pʌs] Eiter

push¹ [pʊʃ] ① stoßen, schieben; **push [start] a car** ein Auto anschieben ② drücken *Knopf, Tür* ③ (*übertragen*) drängen, [an]treiben *Person;* **he pushed them to the[ir] limit** er trieb sie bis an ihre Grenzen; **push for something** auf etwas drängen ④ eifrig, energisch betreiben *Angelegenheit* ⑤ intensiv werben für, propagieren ⑥ pushen, dealen *Drogen* ⑦ *Mensch[enmenge]:* drängen, drängeln; **stop pushing!** hören Sie auf zu drängeln! ▸ IN WENDUNGEN: **be pushed for time/money** in Zeitschwierigkeiten/in Geldnot sein; **don't push your luck!** treib's nicht zu weit!; **he's pushing forty** er geht auf die vierzig zu

push² [pʊʃ] ① Stoß, Schubs; **my car won't start — can you give me a push?** mein Auto springt nicht an — kannst du mich anschieben? ② (*auch militärisch*) Vorstoß (**for** auf) ③ Anstrengung; **a sales push** eine Verkaufskampagne ④ **at a push** im Notfall ⑤ **get the push** (*umgangsspr*) *Arbeitnehmer[in]:* entlassen werden, rausfliegen; *Freund[in]:* den Laufpass bekommen; **give someone the push** (*umgangsspr*) *Arbeitnehmer[in]:* jemanden rausschmeißen; *Freund[in]:* jemandem den Laufpass geben

◆ **push around** herumkommandieren, schlecht behandeln

◆ **push away** wegstoßen, wegschieben

◆ **push back** ① zurückschieben, zurückstoßen ② zurückdrängen *Menschen* ③ **push one's hair back** sich das Haar zurückstreichen

◆ **push in** (*in einer Schlange*) sich vordrängeln

◆ **push off** ① wegdrücken *Deckel* ② abstoßen *Boot* ③ (*umgangsspr*) abhauen; **push off!** hau ab!

◆ **push on** **push on with something** etwas vorantreiben

◆ **push out** (*übertragen*) hinausdrängen

◆ **push over** umstoßen

◆ **push through** ① durchschieben, durchstoßen; **push [one's way] through the crowd** sich durch die Menge schieben [*oder* drängen] ② durchsetzen *Forderung* ③ durchbringen, durchdrücken *Gesetz, Vorschlag*

◆ **push up** ① hinaufschieben ② (*übertragen*) hochtreiben *Preise*

push-button telephone Tastentelefon **push·chair** ['pʊʃtʃeəʳ] (GB) (*für Kleinkinder*)

Sportwagen **push·over** ['pʊʃəʊvəʳ] (*umgangsspr*) Kinderspiel **push·pin** ['pʊʃpɪn] (USA) Reißzwecke **push-start** **give someone a push-start** jemanden anschieben **push-up** ['pʊʃʌp] Liegestütz

pushy ['pʊʃɪ] (*abwertend*) aufdringlich, penetrant

pussy [pʊsɪ], **puss** [pʊs] [Mieze]Katze

put [pʊt] <put, put> ① legen, setzen, stellen, tun; **put a child to bed** ein Kind ins [*oder* zu] Bett bringen; **she put her head round the door** sie streckte den Kopf zur Tür herein; **put health before wealth** Gesundheit über Reichtum stellen; **put money into a business** Geld in ein Geschäft stecken ② stecken (**into** in); **put one's hands in one's pockets** die Hände in die Taschen stecken ③ (*übertragen*) bringen, versetzen; **put someone in a bad mood** jemanden missmutig stimmen; **put someone out of action** jemanden außer Gefecht setzen ④ (*umsetzen*) **put in order** in Ordnung bringen; **put into practice** in die Praxis umsetzen; **put right** verbessern, in Ordnung bringen; **put an end to something** einer Sache ein Ende setzen; **put a stop to something** mit etwas Schluss machen; **put something to the vote** über etwas abstimmen lassen ⑤ (*auferlegen*) **put pressure on someone** auf jemanden Druck ausüben; **put the blame on someone** jemandem die Schuld zuschieben ⑥ (*ausdrücken, sagen*) **put something into words** etwas in Worte fassen; **how shall I put it?** wie soll ich es sagen?; **put it differently** es anders formulieren; **to put it mildly** gelinde gesagt; **put something into French** etwas ins Französische übersetzen ⑦ stellen *Frage;* unterbreiten *Vorschlag;* **put it to someone** jemandem vorschlagen ⑧ ansetzen, schätzen *Kosten* (**at** mit, auf); **I would put the value of this painting at 1,000,000 pounds** Ich schätze dieses Gemälde auf 1.000.000 Pfund ⑨ schreiben; machen *Komma;* **put something on a list** etwas auf eine Liste setzen; **put a tick in the box** ein Häckchen in das Kästchen machen; **put a cross against something** etwas ankreuzen; **put in writing** schriftlich machen ⑩ **put something out of one's head** sich etwas aus dem Kopf schlagen ⑪ **put to death** hinrichten ⑫ **put the shot** die Kugel stoßen ⑬ (*umganggsspr*) **I wouldn't put it past him** ich traue es ihm zu ⑭ **put to sea** in See stechen ⑮ **stay put** sich nicht von der Stelle rühren

◆ **put about** verbreiten *Nachricht*

◆ **put across** **put something across** [**to someone**] [jemandem] etwas verständlich machen

◆ **put aside** ① **put something aside** [**for someone**] [für jemanden] etwas zurücklegen, aufheben ② auf die Seite legen *Geld*

◆ **put away** ① weglegen, wegräumen, einräumen ② zurücklegen, sparen *Geld* ③ einstellen *Auto* ④ (*umgangsspr*) einsperren *Kriminellen* ⑤ (*umgangsspr*) verdrücken *Essen*

◆ **put back** ① zurücklegen *an seinen Platz* ② zurückstellen *Uhr* ③ verzögern, verschieben *Termin*

◆ **put by** zurücklegen, beiseite legen *Geld*

◆ **put down** ① hinstellen, hinlegen; auflegen *Hörer;* **the book was so exciting I couldn't put it down** das Buch war so spannend, ich konnte es nicht weglegen; **you can put your hands down now** ihr könnt eure Hände jetzt runternehmen ② einschieben *Antenne* ③ niederschlagen *Aufstand* ④ demütigen, herabsetzen ⑤ einschläfern *Haustier* ⑥ aufschreiben, notieren; **put something down in writing** etwas schriftlich niederlegen ⑦ **put someone down for something** jemanden für etwas eintragen/anmelden/vormerken ⑧ **put something down to someone** etwas jemandem zuschreiben ⑨ halten (**as** für); **I put you down as a family man** ich habe dich als Familienvater eingeschätzt ⑩ absetzen *Fahrgäste* ⑪ anzahlen; **put down a deposit** eine Anzahlung machen ⑫ landen *Flugzeug* ⑬ *Flugzeug:* landen, aufsetzen

◆ **put forward** ① **put someone forward** jemanden vorschlagen ② unterbreiten, vorlegen *Vorschlag* ③ vorbringen *Bitte* ④ vorstellen *Uhr* ⑤ vorverlegen *Termin*

◆ **put in** ① installieren, einbauen ② einsetzen *Glasscheibe* ③ vorlegen, unterbreiten, einreichen *Antrag* ④ **put in a claim** einen Anspruch stellen ⑤ verwenden, hineinstecken *Zeit* ⑥ einlegen *Extrastunde* ⑦ einwerfen *Bemerkung* ⑧ setzen *Anzeige, Geld* ⑨ **put in at a port** einen Hafen anlaufen ⑩ **put in for a job** sich um eine Stelle bewerben ⑪ **put in an appearance** in Erscheinung treten

⑫ **put in a good word for** ein gutes Wort einlegen für
◆ **put into** hineinstecken *Arbeit, Geld*
◆ **put off** ① **put someone off** jemanden ablenken/abschrecken ② **put someone off doing something** jemanden davon abbringen, etwas zu tun ③ **put someone off their food** jemandem den Appetit verderben ④ **put someone off until** jemanden vertrösten auf ⑤ verschieben *Termin*
◆ **put on** ① anmachen *Licht* ② anziehen *Kleidung;* aufsetzen *Hut* ③ **put 5p on a litre of petrol** den Benzinpreis um 5 Pence erhöhen ④ einsetzen *Sonderzug* ⑤ aufsetzen *Essen* ⑥ aufführen *Schauspiel;* veranstalten *Ausstellung* ⑦ heucheln, vorgeben; **it's all put on** es ist reine Schau; **put on an act/show** eine Show abziehen ⑧ **put on speed** schneller fahren, beschleunigen ⑨ **put on weight/four pounds** zunehmen/vier Pfund zunehmen
◆ **put out** ① hinausbringen, hinausstellen *Abfall;* vor die Tür setzen *Katze* ② **put the washing out** die Wäsche raushängen ③ ausstrecken *Hand* ④ ausrenken *Schulter* ⑤ ausmachen *Licht;* löschen *Feuer* ⑥ aussenden *Hilferuf* ⑦ vergeben, außer Haus geben *Arbeit* ⑧ **be put out [by something]** [über etwas] verärgert sein ⑨ **put someone/oneself out** jemandem/sich Umstände machen
◆ **put over** →**put across**
◆ **put through** ① (*am Telefon*) **put someone through [to someone]** jemanden [mit jemandem] verbinden ② **put someone trough something** jemanden etwas durchmachen lassen; **the course instructors really put us through it** die Kursleiter haben uns wirklich stark beansprucht
◆ **put together** ① (*an einem Ort*) zusammensetzen, zusammenlegen ② (*montieren*) zusammensetzen, zusammenbauen ③ **better than all the others put together** besser als alle anderen zusammen
◆ **put up** ① [hoch]heben *Hand* ② aufstellen *Zelt;* errichten, [auf]bauen *Bauwerk* ③ erhöhen *Preis* ④ aufbringen *Geld* ⑤ **put up a fight/struggle** sich wehren, sich zur Wehr setzen ⑥ **put something up for sale** etwas zum Verkauf anbieten ⑦ **put someone up** jemanden unterbringen, beherbergen ⑧ **put up with something** sich mit einer Sache abfinden; **I won't put up with it any longer!** das lasse ich mir nicht länger gefallen! ⑨ **put someone up to something** jemanden zu etwas anstiften
◆ **put upon put upon someone** jemanden ausnützen; **feel put-upon** sich ausgenützt fühlen

putt¹ [pʌt] putten
putt² [pʌt] Putt
put·ter ['pʌtəʳ] ① (*Schläger*) Putter ② (*Spieler*) **he's a brilliant putter** er kann hervorragend putten
puzzle¹ ['pʌzl] ① verblüffen; **just one thing puzzles me** nur eins ist mir rätselhaft ② rätseln, sich den Kopf zerbrechen (**about, over** über), knobeln (**over** an) ③ **be puzzled about something** etwas nicht verstehen
puzzle² ['pʌzl] ① (*auch übertragen*) Rätsel; **crossword puzzle** Kreuzworträtsel ② Geduldsspiel ③ Puzzle
puzz·ling ['pʌzlɪŋ] rätselhaft
py·ja·mas [pə'dʒɑːməz] *plural* Schlafanzug, Pyjama
py·lon ['paɪlɒn] Mast
pyra·mid ['pɪrəmɪd] Pyramide
Pyr·enees [pɪrə'niːz] *plural* Pyrenäen
Pyrex® ['paɪreks] Jenaer Glas®
py·thon ['paɪθn] Pythonschlange

Qq

Q, q [kjuː] <*plural* Q's, q's> Q, q
quack [kwæk] *Ente:* schnattern, quaken
quad·ri·lat·eral [ˌkwɒdrɪ'lætərəl] Viereck
quaint [kweɪnt] *Dorf:* malerisch, reizend, urig
quake¹ [kweɪk] ① *Erde:* beben ② *Person:* zittern (**with** vor)
quake² [kweɪk] (*umgangsspr*) Erdbeben
quali·fi·ca·tion [ˌkwɒlɪfɪ'keɪʃn] ① Qualifikation, Voraussetzung ② (*Sport*) Qualifikation ③ Einschränkung, Vorbehalt; **without qualification** vorbehaltlos **quali·fied** ['kwɒlɪfaɪd] ① ausgebildet, qualifiziert, graduiert, Diplom- ② berechtigt; **be qualified to vote** wahlberechtigt sein ③ bedingt,

nicht uneingeschränkt; **a qualified success** kein voller Erfolg **qual·ify** ['kwɒlɪfaɪ] ① berechtigen (**for** zu); **qualify someone to do something** jemanden berechtigen, etwas zu tun ② einschränken *Kritik, Revisionsbericht;* modifizieren *Feststellung, Meinung* ③ seine Ausbildung abschließen, sich qualifizieren; **qualify as a teacher** die Lehrbefähigung erhalten ④ (*beim Sport*) sich qualifizieren ⑤ in Frage kommen (**for** für); **qualify for a government grant** die Voraussetzungen für eine staatliche Subvention erfüllen **qual·ify·ing** ['kwɒlɪfaɪɪŋ] **qualifying examination** Auswahlprüfung; **qualifying round** Qualifikationsrunde

qual·ity ['kwɒlətɪ] ① Qualität, Güteklasse; **they vary in quality** sie sind qualitativ verschieden ② (*Merkmal*) Eigenschaft

quan·tity ['kwɒntətɪ] ① Quantität, Menge ② (*in der Mathematik*) Größe ③ **in vast quantities** in Unmengen **quantity surveyor** Baukostenkalkulator

quar·an·tine[1] ['kwɒrəntiːn] Quarantäne; **put someone/an animal in quarantine** jemanden/ein Tier unter Quarantäne stellen

quar·an·tine[2] ['kwɒrəntiːn] unter Quarantäne stellen

quar·rel[1] ['kwɒrəl] ① Streit, Auseinandersetzung; **they have had a quarrel** sie haben sich gestritten; **start** [*oder* **pick**] **a quarrel** einen Streit anfangen ② Einwand (**with** gegen); **I have no quarrel with him** ich habe nichts gegen ihn

quar·rel[2] ['kwɒrəl] ① sich streiten (**with** mit, **about, over** über) ② etwas auszusetzen haben (**with** an); **I wouldn't quarrel with that** das würde ich nicht bestreiten

quar·rel·some ['kwɒrəlsəm] streitsüchtig

quarry ['kwɒrɪ] Steinbruch

quar·ter ['kwɔːtəʳ] ① Viertel; **divide something into quarters** etwas in vier Teile teilen; **a quarter of a mile** eine Viertelmeile ② Vierteljahr, Quartal ③ (*in Uhrzeiten*) **a quarter of an hour** eine Viertelstunde; **a quarter to seven** (GB), **a quarter of seven** (USA) Viertel vor sieben; **a quarter past seven** (GB), **a quarter after seven** (USA) Viertel nach sieben ④ Vierteldollar, 25-Centstück ⑤ **quarters** *plural* Quartier, Unterkunft ⑥ Gnade, Schonung; **give no quarter** keine Schonung gewähren ⑦ **the Arab quarter** das arabische Viertel **quarter·final** ['kwɔːtəʳˌfaɪnəl] Viertelfinale **quar·ter·ly** ['kwɔːtəlɪ] vierteljährlich

quar·tet(te) [kwɔː'tet] Quartett

quartz [kwɔːts] Quarz **quartz clock/watch** Quarzuhr

qua·ver[1] ['kweɪvəʳ] *Stimme:* zittern

qua·ver[2] ['kweɪvəʳ] (*in der Musik*) Achtelnote

quay [kiː] Kai

queasy ['kwiːzɪ] **I feel queasy** mir ist übel; **a queasy feeling** ein Gefühl der Übelkeit

queen [kwiːn] ① Königin ② (*beim Schach, Kartenspiel*) Dame; **queen of spades** Pikdame ③ (*slang*) Tunte **queen mother** Königinmutter **Queen's English** englische Hochsprache

queer[1] [kwɪəʳ] ① eigenartig, komisch, seltsam, sonderbar ② (*umgangsspr*) unwohl; **I feel queer** mir ist nicht gut ③ (*abwertend slang*) schwul

queer[2] [kwɪəʳ] (*abwertend slang*) Schwule(r)

quench [kwentʃ] stillen *Durst*

query[1] ['kwɪərɪ] Frage

query[2] ['kwɪərɪ] ① in Frage stellen, bezweifeln; **I query whether …** ich bezweifle, ob … ② **query something with someone** etwas mit jemandem abklären

quest [kwest] Suche (**for** nach); **in quest of** auf der Suche nach; **quest for knowledge** Wissensdrang

ques·tion[1] ['kwestʃən] ① Frage; **ask someone a question** jemandem eine Frage stellen; **what a question!** was für eine Frage! ② Zweifel; **beyond** [**all**] [*oder* **without** [**any**]] **question** ohne Frage, ohne [jeden] Zweifel; **call something into question** etwas in Frage stellen; **there's no question of a strike** von einem Streik kann keine Rede sein; **that's out of the question** das kommt nicht in Frage ③ Frage, Problem; **that's another question altogether** das ist etwas völlig anderes; **that's not the question** darum geht es nicht; **the matter in question** die fragliche Angelegenheit ④ (*im Parlament*) Anfrage

ques·tion[2] ['kwestʃən] ① befragen (**about** nach) ② *Polizei:* vernehmen, verhören ③ *Prüfer:* prüfen ④ bezweifeln, zweifeln an, in Frage stellen; **I question whether it's worth it** ich bezweifle, dass es der Mühe wert ist

Q

ques·tion·able ['kwestʃənəbl] ❶ (*verdächtig*) fragwürdig ❷ (*zweifelhaft*) fraglich **ques·tioner** ['kwestʃənəʳ] Fragesteller(in) **ques·tion·ing**[1] ['kwestʃənɪŋ] fragend

ques·tion·ing[2] ['kwestʃənɪŋ] Verhör, Vernehmung

question mark Fragezeichen **ques·tion·naire** [ˌkwestʃə'neəʳ] Fragebogen

queue[1] [kjuː] Schlange; **form a queue** eine Schlange bilden; **stand in a queue** Schlange stehen, anstehen; **join the queue** sich hinten anstellen; **jump the queue** sich vordrängeln

queue[2] [kjuː] **queue** [**up**] sich anstellen, eine Schlange bilden; **we queued for an hour** wir haben eine Stunde angestanden

quiche [kiːʃ] Quiche

quick [kwɪk] ❶ schnell; **be quick!** schnell!; **be quick about it!** aber ein bisschen dalli! **be quick to do something** etwas ganz schnell tun; **what's the quickest way to the station?** wie komme ich am schnellsten zum Bahnhof?; **we had a quick meal** wir haben schnell etwas gegessen ❷ *Antwort:* prompt ❸ *Kuss:* flüchtig ❹ *Rede:* kurz ❺ *Verstand:* wach; **he is quick at figures** er kann schnell rechnen; **she's very quick** sie kapiert schnell ❻ **he is quick to anger** er wird leicht zornig

quick·ly ['kwɪklɪ] schnell **quick·sand** ['kwɪksænd] Treibsand **quick-witted** [ˌkwɪk'wɪtɪd] geistesgegenwärtig; *Antwort:* schlagfertig

quid [kwɪd] (GB) (*umgangsspr: Geldsumme*) Pfund

quiet[1] ['kwaɪət] ❶ ruhig, still; **be quiet!** Ruhe!; **go quiet** still werden; **keep quiet** still/leise sein ❷ *Fahrzeug, Musik, Schritte, Stimme:* leise ❸ *Abend:* geruhsam ❹ *Charakter:* sanft; *Mensch:* zurückhaltend ❺ *Markt:* flau; **business is quiet** das Geschäft ist ruhig ❻ **keep quiet about something** über etwas Stillschweigen bewahren **he kept the matter quiet** er behielt die Sache für sich

quiet[2] ['kwaɪət] ❶ Ruhe, Stille ❷ **on the quiet** (*umgangsspr*) heimlich

◆ **quieten down** ❶ leiser werden, sich beruhigen ❷ **quieten someone down** jemanden beruhigen

quiet·ly ['kwaɪətlɪ] leise, ruhig; **there I was, quietly minding my own business ...** da saß ich, ruhig vor mich hindenkend ...

quiet·ness ['kwaɪətnɪs] Stille, Ruhe

quilt [kwɪlt] Steppdecke, Federbett

quince [kwɪns] Quitte

quin·tet(**te**) [kwɪn'tet] Quintett

quit [kwɪt] <quitted, quit *oder* quitted> ❶ kündigen, aufgeben *Stelle;* **notice to quit** Kündigung; **I've given her notice to quit** ich habe ihr gekündigt ❷ aufhören mit; **quit doing something** aufhören, etwas zu tun; **quit smoking** das Rauchen aufgeben ❸ (*umgangsspr*) verlassen *Stadt*

quite [kwaɪt] ❶ ganz, völlig; **quite wrong** völlig falsch; **you're being quite impossible** du bist völlig unmöglich; **I quite agree with you** ich stimme völlig mit Ihnen überein; **that's quite another matter** das ist doch etwas ganz anderes; **not quite** nicht ganz; **quite so!** genau! ❷ ziemlich; **quite likely** sehr wahrscheinlich; **quite a few people** ziemlich viele Leute ❸ wirklich; **she's quite a beauty** sie ist wirklich eine Schönheit; **it was quite a shock** es war ein ziemlicher Schock

quits [kwɪts] quitt; **be quits with someone** mit jemandem quitt sein

quiz[1] [kwɪz] <*plural* quizzes> ❶ Quiz ❷ (USA) (*in der Schule*) kleiner Test

quiz[2] [kwɪz] ❶ ausfragen (**about** über) ❷ (USA) abfragen, prüfen *Schüler*

quiz show Quiz[sendung]

quota ['kwəʊtə] Quote, Kontingent

quo·ta·tion [kwəʊ'teɪʃn] ❶ Zitat; **a quotation from Shakespeare** ein Shakespeare-Zitat ❷ (*finanziell*) Kosten[vor]anschlag **quotation marks** *plural* Anführungszeichen

quote[1] [kwəʊt] ❶ zitieren (**from** aus); **don't quote me on that** bitte wiederholen Sie das nicht; (*übertragen*) da bin ich mir nicht hundertprozentig sicher; **you can quote me on that** Sie können das ruhig wörtlich wiedergeben; (*übertragen*) dafür kann ich bürgen; **he was quoted as saying that ...** er soll gesagt haben, dass ... ❷ **quote someone as an example** jemanden als Beispiel anführen ❸ nennen *Preis* ❹ (*an der Börse*) notieren (**at** mit); **the shares are quoted at ...** die Aktien werden mit ... notiert

quote[2] [kwəʊt] (*umgangsspr*) ❶ Zitat ❷ **quotes** Anführungszeichen ❸ Kosten[vor]anschlag

R r

R, r [ɑːʳ] <*plural* R's, r's> R, r; **the three R's** Lesen, Schreiben, Rechnen
rabbi ['ræbaɪ] Rabbi[ner]
rab·bit ['ræbɪt] Kaninchen
ra·bies ['reɪbiːz] Tollwut
race[1] [reɪs] ❶ Rennen, [Wett]Lauf; (*beim Schwimmen*) Wettschwimmen; **have a race with someone** mit jemandem um die Wette laufen/schwimmen ❷ (*übertragen*) **a race against time** ein Wettlauf mit der Zeit
race[2] [reɪs] ❶ **race [against] someone** mit jemandem um die Wette laufen/schwimmen, gegen jemanden laufen/schwimmen ❷ rasen, jagen, rennen; **race about** herumrasen; **race after someone** hinter jemandem herjagen
race[3] [reɪs] Rasse; **the human race** das Menschengeschlecht; **of mixed race** gemischtrassig
race·course Rennbahn **race·horse** Rennpferd
racer ['reɪsəʳ] ❶ Läufer(in), Rennfahrer(in) ❷ Rennjacht, Rennpferd, Rennrad, Rennwagen
racial ['reɪʃl] rassisch; **racial discrimination** Rassendiskriminierung; **racial equality** Rassengleichheit (*Gleichberechtigung verschiedener ethnischer Gruppen in einer Gesellschaft*)
rac·ing[1] ['reɪsɪŋ] [Pferde-, Motor]Rennen
rac·ing[2] ['reɪsɪŋ] Renn-; **racing bicycle** Rennrad; **racing car** Rennwagen; **racing driver** Rennfahrer(in)
rac·ism ['reɪsɪzəm] Rassismus
rac·ist[1] ['reɪsɪst] Rassist(in)
rac·ist[2] ['reɪsɪst] rassistisch
rack[1] [ræk] ❶ (*für Toast, Zeitschriften*) Ständer ❷ (*für Flaschen, Teller*) Gestell ❸ (*für Werkzeuge*) Regal ❹ (*für Gepäck*) Ablage ❺ (*auf Fahrrädern*) Gepäckträger ❻ (*historisch*) Folterbank
rack[2] [ræk] ❶ quälen, plagen; **be racked with pain** von Schmerz gequält werden ❷ **rack one's brains** sich den Kopf zerbrechen
racket[1] ['rækɪt] (*umgangsspr*) ❶ Krach, Lärm; **make a racket** Krach schlagen ❷ Schiebung, Gaunerei; **drugs racket** Drogengeschäft
racket[2] ['rækɪt] (*beim Sport*) Schläger
ra·dar ['reɪdɑːʳ] Radar; **radar trap** Radarfalle
ra·di·ant ['reɪdɪənt] strahlend, leuchtend; **be radiant with joy** vor Freude strahlen
ra·di·ate ['reɪdɪeɪt] ausstrahlen *Licht, Wärme*
ra·di·ation [ˌreɪdɪ'eɪʃn] ❶ *von Hitze:* Ausstrahlung ❷ [radioaktive] Strahlung; **radiation therapy** Strahlenbehandlung
ra·di·ator ['reɪdɪeɪtəʳ] ❶ Heizkörper ❷ (*am Auto*) Kühler; **radiator cap** Kühlerverschluss
rad·ical[1] ['rædɪkl] radikal
rad·ical[2] ['rædɪkl] Radikale(r)
radi·i ['reɪdɪaɪ] *Pluralform von* **radius**
radio[1] ['reɪdɪəʊ] <*plural* radios> ❶ (*Medium*) Rundfunk; (*privat*) Funk; **listen to the radio** Radio hören; **hear something on the radio** etwas im Radio hören; **over the** [*oder* **by**] **radio** über [*oder* per] Funk ❷ (*Apparat*) Radio, Funkgerät
radio[2] ['reɪdɪəʊ] funken, über Funk verständigen; **radio for help** per Funk einen Hilferuf durchgeben
radio·ac·tive [ˌreɪdɪəʊ'æktɪv] radioaktiv; **radioactive waste** radioaktiver Müll **radio·ac·tiv·ity** [ˌreɪdɪəʊæk'tɪvətɪ] Radioaktivität
radio alarm ['reɪdɪəʊ ə'laːm] Radiowecker **radio broadcast** Rundfunksendung **radio cassette recorder** Radiorecorder **radio contact** Funkkontakt **radio·pager** ['reɪdɪəʊˌpeɪdʒəʳ] Personenrufgerät, Piepser **radio play** Hörspiel **radio programme** Radioprogramm **radio station** Rundfunkstation **radio·tele·phone** [ˌreɪdɪəʊ'telɪfəʊn] Funksprechgerät **radio telescope** Radioteleskop
radio·ther·apy [ˌreɪdɪəʊ'θerəpɪ] Röntgentherapie
rad·ish ['rædɪʃ] Rettich
ra·dius ['reɪdɪəs] <*plural* radii> ❶ (*in der Mathematik*) Halbmesser, Radius ❷ **within a two-mile radius** [*oder* **a radius of two miles**] in einem Umkreis von zwei Meilen ❸ (*Armknochen*) Speiche
RAF [ˌaːʳeɪ'ef] *Abkürzung von* **Royal Air Force** britische Luftwaffe
raffle[1] ['ræfl] Tombola
raffle[2] ['ræfl] verlosen
raft [rɑːft] Floß
rag [ræg] Lumpen, Lappen, Fetzen
rage[1] [reɪdʒ] ❶ Wut, Zorn; **be in a rage** wütend sein; **fly into a rage** einen Wutan-

fall bekommen ❷ **be all the rage, be the latest rage** der letzte Schrei sein

rage² [reɪdʒ] ❶ *Sturm:* rasen, toben, wüten ❷ *Person:* wettern; **rage against something** mit etwas hadern

ragged ['rægɪd] ❶ *Kleidung:* abgerissen, zerlumpt ❷ *Rand:* ausgefranst

raid¹ [reɪd] ❶ Überfall ❷ (*militärisch*) [Überraschungs]Angriff; **air raid** Luftangriff ❸ *von Polizei:* Razzia

raid² [reɪd] ❶ überfallen *Bank* ❷ *Polizei:* eine Razzia durchführen in ❸ (*humorvoll*) plündern *Kühlschrank*

rail [reɪl] ❶ *einer Treppe:* Geländer ❷ *eines Schiffes:* Reling ❸ (*für Gardinen*) Schiene ❹ (*für Handtücher*) [Handtuch]Halter ❺ (*für Züge*) Schiene; **rails** *plural* Gleis(e); **go off the rails** entgleisen; (*übertragen*) auf die schiefe Bahn geraten, zu spinnen anfangen ❻ **travel by rail** mit der Bahn fahren

rail·ing ['reɪlɪŋ] *meist plural* ❶ *einer Treppe:* Geländer ❷ *eines Schiffes:* Reling ❸ Zaun, Gitter

rail·road ['reɪlrəʊd] (USA) Eisenbahn **rail strike** Bahnstreik **rail·way** ['reɪlweɪ] (GB) Eisenbahn **railway crossing** Bahnübergang **railway line** ❶ Eisenbahnlinie ❷ [Eisenbahn]Gleise **railway station** Bahnhof

rain¹ [reɪn] ❶ Regen; **it looks like rain** es sieht nach Regen aus ❷ **the rains** die Regenzeit ❸ (USA) **take a rain check** die Sache verschieben

rain² [reɪn] regnen; **it is raining** es regnet; **it's raining cats and dogs** (*umgangsspr*) es gießt wie aus Kübeln

◆ **rain off** wegen Regen abgebrochen werden

rain·bow ['reɪnbəʊ] Regenbogen **rain·coat** ['reɪnkəʊt] Regenmantel **rain·drop** ['reɪndrɒp] Regentropfen **rain·fall** ['reɪnfɔːl] Niederschlag **rain forest** Regenwald **rainy** ['reɪnɪ] *Tag:* regnerisch, verregnet; *Sommer:* regenreich; **the rainy season** die Regenzeit ▸ IN WENDUNGEN: **keep something for a rainy day** etwas für Notzeiten zurücklegen

raise¹ [reɪz] ❶ [hoch]heben, hochziehen ❷ heben *Glas;* **raise one's glass to someone** jemandem zutrinken ❸ lichten *Anker* ❹ erhöhen *Mauer* ❺ erhöhen, anheben, heraufsetzen *Gehalt* ❻ schaffen, aufwerfen *Problem;* erheben *Einwand* ❼ aufziehen, großziehen *Kinder* ❽ erheben *Steuern* ❾ aufbringen, auftreiben *Geld* ❿ aufnehmen *Darlehen* ⓫ **raise someone's hopes** jemandem Hoffnung[en] machen ⓬ **raise a smile** ein Lächeln hervorrufen ⓭ **raise one's voice** lauter sprechen

raise² [reɪz] (USA) Gehaltserhöhung, Lohnerhöhung

raisin ['reɪzn] Rosine

rake¹ [reɪk] Rechen, Harke

rake² [reɪk] ❶ harken, rechen *Laub* ❷ schüren *Feuer*

◆ **rake in** kassieren *Geld*

◆ **rake up** zusammenharken ▸ IN WENDUNGEN: **rake up the past** in der Vergangenheit wühlen

rally¹ ['rælɪ] ❶ versammeln, zusammenrufen *Truppen* ❷ *Leute:* sich versammeln; **rally round** sich scharen um ❸ *Kranker:* Fortschritte machen ❹ (*wirtschaftlich*) anziehen, sich erholen ❺ **go rallying** eine Rallye fahren

rally² ['rælɪ] ❶ Versammlung; (*politisch*) Kundgebung ❷ (*beim Tennis*) Ballwechsel ❸ (*im Motorsport*) Rallye ❹ (*wirtschaftlich*) Aufschwung, Erholung

rally driver Rallyefahrer(in)

RAM [ræm] *Abkürzung von* **random access memory** RAM

ram¹ [ræm] ❶ (*Tier*) Widder ❷ (*Sternzeichen*) **the Ram** der Widder ❸ (*Gerät*) Ramme, Rammbock

ram² [ræm] ❶ rammen *Pfosten* ❷ *Auto:* rammen ▸ IN WENDUNGEN: **ram something down someone's throat** jemandem etwas eintrichtern

ramble¹ ['ræmbl] ❶ wandern, streifen ❷ **ramble [on]** (*übertragen*) schwafeln

ramble² ['ræmbl] Wanderung, Streifzug

ram·bler ['ræmbləʳ] Wanderer(in)

ram·bling¹ ['ræmblɪŋ] ❶ *Rede:* weitschweifig, umständlich ❷ *Pflanze:* rankend ❸ *Gebäude:* weitläufig

ram·bling² ['ræmblɪŋ] ❶ Wandern; **rambling club** Wanderverein ❷ (*übertragen*) Geschwafel

ramp [ræmp] ❶ Rampe ❷ (*zum Flugzeug*) Gangway ❸ (*auf der Straße*) Bodenschwelle

ram·page [ræm'peɪdʒ] **go on the rampage** randalieren

ran [ræn] *2. Form von* **run**

ranch [rɑːntʃ] Ranch

ran·dom ['rændəm] ❶ willkürlich, Zufalls-;

random sample Stichprobe ② **at random** aufs Geratewohl; **hit out at random** ziellos um sich schlagen

randy ['rændɪ] (*umgangsspr*) scharf, geil

rang [ræŋ] *2. Form von* ring[1]

range[1] [reɪndʒ] ① **range from … to …** von … bis … gehen [*oder* reichen] ② **the conversation ranged over …** die Unterhaltung kreiste um … ③ **the search ranged over the whole area** die Suche erstreckte sich auf das ganze Gebiet

range[2] [reɪndʒ] ① Aktionsradius ② *eines Fernglases, einer Rakete:* Reichweite; *eines Gewehrs:* Schussweite; **out of range** außer Hör-, Reich-, Schussweite; **range of vision** Gesichtsfeld ③ **at a range of** in einer Entfernung von; **at close/long range** aus kurzer/großer Entfernung ④ Skala, Palette; **in this price range** in dieser Preislage; **a range of temperatures** unterschiedliche Temperaturen; **temperature range** Temperaturbereich ⑤ *an Waren:* Angebot, Auswahl, Sortiment; **a wide range** eine große Auswahl, ein breites Spektrum; **a whole range of sizes** sämtliche Größen ⑥ *eines Instruments:* Tonumfang; *einer Stimme:* Stimmumfang ⑦ (*übertragen*) Kompetenz, Bereich ⑧ [**rifle**] **range** Schießstand ⑨ Kochherd, Küchenherd ⑩ **mountain range, range of mountains** Bergkette ⑪ **short-/medium-/long-range-missile** Kurz-/Mittel-/Langstreckenrakete

ranger ['reɪndʒəʳ] ① Förster(in) ② (USA) Ranger

rank[1] [ræŋk] ① (*militärisch*) Rang ② [soziale] Stellung, Stand, Schicht ③ Reihe; (*militärisch*) Glied; **the rank and file** die Mannschaft; (*übertragen*) *einer Partei:* die Basis; **taxi rank** Taxistand

rank[2] [ræŋk] ① einreihen, einordnen, klassifizieren ② **rank among** zählen zu; **rank above someone** bedeutender sein als jemand, rangmäßig über jemandem stehen

ran·som[1] ['rænsəm] Lösegeld; **hold someone to ransom** jemanden als Geisel [fest]halten; (*übertragen*) jemanden erpressen

ran·som[2] ['rænsəm] auslösen, Lösegeld bezahlen für

rant [rænt] Tiraden loslassen; **rant and rave at someone** mit jemandem schimpfen

rap[1] [ræp] klopfen (**at** an, **on** auf)

rap[2] [ræp] Klopfen; **there was a rap at the door** es hat [an der Tür] geklopft; **give someone a rap on** [*oder* **over**] **the knuckles** (*übertragen*) jemandem auf die Finger klopfen ▸ IN WENDUNGEN: **take the rap** (*umgangsspr*) den Kopf hinhalten

rap[3] [ræp] (*Musik*) Rap

rape[1] [reɪp] Vergewaltigung

rape[2] [reɪp] vergewaltigen

rapid ['ræpɪd] ① schnell, rasch, rapide; **Rapid Reaction Force** Schnelleingreiftruppe ② *Abstieg:* steil

rapids ['ræpɪdz] *plural* Stromschnellen

rap·ist ['reɪpɪst] Vergewaltiger

rare [reəʳ] ① selten, rar ② *Luft:* dünn ③ *Fleisch:* roh; *Steak:* blutig, englisch

rare·ly ['reəlɪ] selten

rar·ity ['reərətɪ] Seltenheit, Rarität

ras·cal ['rɑːskl] (*humorvoll*) Schlingel

rash[1] [ræʃ] unbesonnen, voreilig

rash[2] [ræʃ] [Haut]Ausschlag

rasher ['ræʃəʳ] **rasher** [**of bacon**] Speckscheibe

rasp·berry ['rɑːzbrɪ] Himbeere; **raspberry bush** Himbeerstrauch

rat [ræt] ① Ratte ② (*übertragen*) Verräter; **smell a rat** Lunte riechen

rate[1] [reɪt] ① Rate; **rate of inflation** Inflationsrate; **pulse rate** Puls; **unemployment rate** Arbeitslosenquote ② (*Geschwindigkeit*) Tempo; **at a great rate** in hohem Tempo ③ (*finanziell*) Satz, Kurs; **rate of exchange** Wechselkurs; **rate of interest** Zinssatz; **rate of return** Rendite, Rentabilität ④ **at any rate** auf jeden Fall

rate[2] [reɪt] ① einschätzen; **rate someone highly** jemanden hoch einschätzen; **rate someone among …** jemanden zu … zählen; **rate someone as …** jemanden für … halten ② **something rates among** etwas zählt zu; **something rates as** etwas gilt als

rather ['rɑːðəʳ] ① lieber, eher; **I'd rather not** lieber nicht; **I would rather you came yourself** mir wäre es lieber, Sie kämen selbst; **rather than wait, he went away** er ging lieber, als dass er wartete ② [**or**] **rather** [oder] vielmehr, genauer gesagt ③ ziemlich; **it's rather too difficult for me** es ist etwas zu schwierig für mich; **I rather think he's wrong** ich glaube fast, er hat Unrecht

rat·ings ['reɪtɪŋz] (*TV*) Einschaltquote

ra·tio ['reɪʃɪəʊ] <*plural* ratios> Verhältnis; **in**

the ratio of 2 to 3 im Verhältnis 2 zu 3
ra·tion¹ ['ræʃn] Ration
ra·tion² ['ræʃn] rationieren; **ration out** zuteilen
ra·tional ['ræʃnəl] ① *Wesen:* vernunftbegabt, rational ② *Denken, Person:* vernünftig, rational
ra·tion·al·iz·ation [ˌræʃnəlaɪ'zeɪʃn] Rationalisierung **ra·tion·al·ize** ['ræʃnəlaɪz] ① eine rationale Erklärung finden ② (*kommerziell*) rationalisieren **ra·tion·ing** ['ræʃnɪŋ] Rationierung
rat race beruflicher Existenzkampf
rattle¹ ['rætl] Rassel, Klapper
rattle² ['rætl] ① *Fenster, Schlüssel:* klappern ② *Ketten:* rasseln, klirren ③ **rattle at the door** an der Tür rütteln ④ *Fahrzeug:* **rattle along** entlangrattern ⑤ klappern mit *Geschirr, Schlüssel* ⑥ rasseln mit *Kette* ⑦ durcheinander bringen *Mensch;* **the news rattled her** die Nachricht hat ihr einen Schock versetzt
◆ **rattle off** herunterrasseln
◆ **rattle on** quasseln
rattle·snake ['rætlsneɪk] Klapperschlange
rave¹ [reɪv] ① *Kranker:* im Fieberwahn reden, fantasieren ② (*übertragen*) schwärmen (**about, over** von) ③ wüten, toben ④ **rave against someone** gegen jemanden wettern
rave² [reɪv] Rave
rave³ [reɪv] *Kritik:* begeistert
raven ['reɪvn] Rabe
rav·ing ['reɪvɪŋ] **a raving lunatic** ein kompletter Idiot; **be raving mad** vollkommen übergeschnappt sein
raw [rɔː] ① *Nahrung:* roh ② (*unverarbeitet*) roh; **raw material** Rohstoff ③ *Haut:* wund ④ *Wetter:* rau, nasskalt ⑤ (*übertragen*) *Rekrut:* unerfahren; *Anfänger:* blutig
ray¹ [reɪ] ① [Licht]Strahl ② (*übertragen*) Schimmer; **ray of hope** Hoffnungsschimmer
ray² [reɪ] (*Fisch*) Rochen
razor ['reɪzəʳ] Rasierapparat, Rasiermesser; **razor blade** Rasierklinge
RC [ˌɑːʳ'siː] *Abkürzung von* **Roman Catholic** r.-k., röm.-kath.
RE [ˌɑːr'iː] *Abkürzung von* **religious education** Religionsunterricht
re- [ˌriː] wieder-
re [riː] mit Bezug auf, betreffend; **re: your letter of the 10th** [Betreff:] Ihr Schreiben vom 10.
reach¹ [riːtʃ] ① erreichen, [her]ankommen an; **reach page 100** bis Seite 100 kommen ② erlangen *Perfektion* ③ erzielen, gelangen zu *Einigung* ④ reichen, gehen bis zu; **the lead won't reach the plug** das Kabel reicht nicht bis zum Stecker ⑤ **be able to reach something** an etwas heranreichen können ⑥ *Gebiet:* sich erstrecken, gehen, reichen ⑦ **reach for something** nach etwas greifen
reach² [riːtʃ] Reichweite; **within someone's reach** in jemandes Reichweite; **within arm's reach** in greifbarer Nähe; **within easy reach of the sea** in unmittelbarer Nähe des Meers
◆ **reach down** ① hinunterreichen ② **reach something down to someone** etwas jemandem herunterreichen
◆ **reach out** die Hände ausstrecken; **reach out for something** nach etwas greifen
◆ **reach over** hinübergreifen
◆ **reach up** hinaufgreifen
re·act [rɪ'ækt] reagieren (**to** auf); **react against** negativ reagieren auf
re·ac·tion [rɪ'ækʃn] Reaktion (**to** auf, **against** gegen)
re·ac·tor [rɪ'æktəʳ] Reaktor
read¹ [riːd] <read, read> ① lesen; **read aloud** laut lesen; **read to oneself** für sich lesen; **read to someone** jemandem vorlesen ② **she's reading Philosophy at Cambridge** sie studiert Philosophie in Cambridge ③ ablesen *Thermometer* ④ **read something into a text** etwas in einen Text hineinlesen [*oder* hineininterpretieren] ⑤ *Messgerät:* anzeigen ⑥ *Text:* lauten; **the message reads as follows** die Nachricht lautet wie folgt
◆ **read off** ablesen
◆ **read on** weiterlesen
◆ **read out** vorlesen
◆ **read over, read through** durchlesen
◆ **read up** sich informieren (**on** über)
read² [riːd] ① **have a quiet read** ungestört [*oder* in Ruhe] lesen ② **be a good read** sich gut lesen
read³ [red] *2. und 3. Form von* **read**
read·able ['riːdəbl] ① lesbar, leserlich ② lesbar, lesenswert **reader** ['riːdəʳ] ① Leser(in) ② (*Schulbuch*) Lesebuch, Fibel ③ (*Maschine*) Lesegerät **reader·ship** ['riːdəʳʃɪp] Leserkreis, Leserschaft

read·ily ['redɪlɪ] 1 bereitwillig; **she agreed readily enough to help on the phone** sie hat sich am Telefon umgehend bereit erklärt zu helfen 2 gleich, sofort, ohne weiteres; **readily available** umgehend erhältlich **readi·ness** ['redɪnɪs] Bereitschaft; **be [kept] in readiness** bereitgehalten werden; **her readiness to help** ihre Hilfsbereitschaft

read·ing ['ri:dɪŋ] 1 Lesen 2 Lektüre; **reading matter** Lesestoff 3 (*auch im Parlament*) Lesung; **poetry reading** Dichterlesung 4 Interpretation, Verständnis; **my reading of the situation is …** wie ich die Lage sehe … 5 *eines Messgeräts, Zählers:* Stand **reading glasses** ⚠ *plural* Lesebrille **reading lamp** Leselampe

ready ['redɪ] 1 bereit, fertig; **ready to leave** abfahrbereit; **ready for anything** zu allem bereit; **are you ready to go?** sind Sie so weit?; **ready when you are!** ich bin fertig, bist du auch so weit?; **get ready to do something** sich bereitmachen, etwas zu tun; **get ready for something** sich auf etwas vorbereiten 2 (*willens*) bereit (**to** zu); **ready to do something** bereit, etwas zu tun 3 **be ready with an excuse** eine Entschuldigung parat haben 4 **ready, steady, go!** Achtung [auf die Plätze], fertig, los! **ready cash** Bargeld

real [rɪəl] 1 *Freundschaft, Gefühle, Gold, Notfall:* echt; **it's not the real thing** das ist nicht das Wahre 2 *Ereignis, Grund, Meinung, Welt, Wesen:* wirklich; **in real life** im wirklichen Leben; **there's no real point in trying** es hat eigentlich keinen Zweck, es zu versuchen 3 *Name, Vater:* richtig; **a real idiot** ein richtiger [*oder* kompletter] Idiot 4 (USA) echt, wirklich; **real pretty** wirklich schön; **get real!** machen wir uns doch nichts vor! 5 **for real** wirklich, echt, im Ernst **real estate** ['rɪəl ɪˌsteɪt] Immobilien

real·ist ['rɪəlɪst] Realist **real·istic** [ˌrɪə'lɪstɪk] 1 realistisch 2 *Preis:* reell

re·al·ity [rɪ'ælətɪ] Wirklichkeit, Realität; **in reality** in Wirklichkeit; **become [a] reality** sich verwirklichen

real·iz·ation [ˌrɪəlaɪ'zeɪʃn] 1 Erkenntnis 2 *eines Plans:* Realisierung, Verwirklichung

real·ize ['rɪəlaɪz] 1 erkennen, begreifen; **I realized what he meant** mir ist klar geworden, was er meinte; **I've just realized** das ist mir eben klar geworden; **I hadn't realized how late it was** ich hatte gar nicht gemerkt, wie spät es war; **he'll never realize** das wird er nie merken 2 verwirklichen, realisieren *Plan*

really ['rɪəlɪ] wirklich, tatsächlich; **I really don't know what to think** ich weiß wirklich nicht, was ich davon halten soll; **I don't really think so** das glaube ich eigentlich nicht; **really and truly** wirklich; **I really must say …** ich muss schon sagen …; **really glad** richtig froh; **not really!** ach wirklich?; **really, Peter!** also wirklich, Peter!

re·ap·pear [ˌri:ə'pɪəʳ] wieder erscheinen, wieder auftauchen

re·ap·ply [ˌri:ə'plaɪ] erneut bewerben

rear[1] [rɪəʳ] 1 hinterer Teil; **at** [*oder* **in**] **the rear** hinten; **at** [*oder* **to**] **the rear of the house** hinter dem Haus; **from the rear** von hinten; **bring up the rear** den Schluss bilden 2 (*umgangsspr*) Hintern

rear[2] [rɪəʳ] hintere(r, s); **rear door** hintere Tür; **rear light** Rücklicht; **rear wheel** Hinterrad; **rear window** Heckscheibe

rear[3] [rɪəʳ] 1 großziehen, aufziehen *Familie, Tier* 2 **rear [up]** *Pferd:* sich aufbäumen

re·ar·range [ˌri:ə'reɪndʒ] 1 umgruppieren, neu ordnen *Möbel* 2 erneut vereinbaren *Termin*

rear-view mir·ror ['rɪəˌvju:'mɪrəʳ] Rückspiegel **rear-wheel drive** Hinterradantrieb

rea·son[1] ['ri:zn] 1 Grund (**for** für); **the reason for my going** weshalb ich gehe; **the reason why** weswegen; **there is reason to believe that …** es gibt Grund zu der Annahme, dass …; **for that very reason** eben deswegen; **with good reason** mit gutem Grund; **without any reason** grundlos; **for no reason at all** ohne ersichtlichen Grund; **for no particular reason** ohne einen bestimmten Grund; **by reason of** wegen; **for what reason?** aus welchem Grund? 2 Verstand; **lose one's reason** den Verstand verlieren 3 Vernunft; **listen to reason** Vernunft annehmen; **make someone see reason** jemanden zur Einsicht bringen; **that stands to reason** das ist logisch

rea·son[2] ['ri:zn] 1 logisch denken 2 **reason with someone** mit jemandem vernünftig reden 3 **reason something out** etwas durchdenken

rea·son·able ['ri:znəbl] ① vernünftig; **a reasonable person** ein verständnisvoller Mensch ② *Preis:* angemessen, vernünftig ③ *Zweifel:* berechtigt ④ ordentlich, ganz gut; **with a reasonable amount of luck** mit einigem [*oder* einer Portion] Glück **rea·son·ably** ['ri:znəblɪ] ① vernünftig; **reasonably priced** preisgünstig, preiswert ② einigermaßen, ziemlich; **I'm reasonably well** mir geht's einigermaßen gut

re·as·sur·ance [ˌri:ə'ʃʊərəns] ① Beruhigung; **give someone reassurance** jemanden beruhigen ② Bestätigung; **despite her reassurances** trotz ihrer Versicherungen **re·as·sure** [ˌri:ə'ʃʊəʳ] ① beruhigen ② **reassure someone of something** jemandem etwas versichern **re·as·sur·ing** [ˌri:ə'ʃʊərɪŋ] beruhigend

re·bate ['ri:beɪt] ① [Preis]Nachlass, Rabatt ② Rückvergütung, Rückzahlung

rebel[1] ['rebl] Rebell(in)

rebel[2] [rɪ'bel] rebellieren, sich auflehnen (**against** gegen)

re·bel·lion [rɪ'belɪən] Rebellion, Aufstand **re·bel·li·ous** [rɪ'belɪəs] ① aufrührerisch, rebellisch ② *Kind:* rebellisch, widerspenstig

re·boot [ˌri:'bu:t] neu laden, rebooten *Computer*

re·bound[1] [rɪ'baʊnd] ① *Ball:* ab-, zurückprallen ② (*übertragen*) zurückfallen ((**up**)**on** auf)

re·bound[2] ['ri:baʊnd] ① Abprall, Rückprall ② (*übertragen*) Rückschlag, Umschwung

re·call [rɪ'kɔ:l] ① zurückrufen *Produkt* ② zurückfordern *Buch* ③ abberufen *Botschafter* ④ sich erinnern an

re·ceipt [rɪ'si:t] ① Empfang, Erhalt, Eingang ② Empfangsbestätigung, Quittung, Beleg ③ **receipts** Einnahmen

re·ceive [rɪ'si:v] ① erhalten, bekommen, empfangen ② empfangen, aufnehmen *Besucher* ③ empfangen *Anruf* ④ erfahren *Ablehnung* ⑤ gewinnen, bekommen *Eindruck* ⑥ erleiden *Schock* ⑦ hehlen *mit Diebesgut* ⑧ (*Rundfunk, TV*) empfangen *Signal* ⑨ (*beim Tennis*) rückschlagen, den Aufschlag nehmen **receiver** [rɪ'si:vəʳ] ① Empfänger(in) ② [Telefon]Hörer ③ (*Radio*) Empfänger ④ (*beim Tennis*) Rückschläger(in) ⑤ [**official**] **receiver** Konkursverwalter(in)

re·cent ['ri:snt] ① neueste[r,s], letzte[r,s]; **most recent** neueste(r, s); **in the recent past** in jüngerer Zeit; **in recent years** in den letzten Jahren ② *Erfindung:* neu

re·cent·ly ['ri:sntlɪ] ① neulich, kürzlich, vor kurzem; **until quite recently** bis vor kurzem; **as recently as** erst ② in letzter Zeit

re·cep·tion [rɪ'sepʃn] ① Aufnahme, Empfang; **give someone a warm reception** jemanden herzlich empfangen ② (*offizieller Anlass*) Empfang ③ (*Rundfunk, TV*) Empfang ④ (*im Hotel*) Rezeption, Empfang **reception class** erste Grundschulklasse **reception desk** Empfang, Rezeption **re·cep·tion·ist** [rɪ'sepʃnɪst] ① (*im Hotel*) Empfangschef(in), Empfangsdame ② (*im Büro*) Empfangssekretär(in) ③ (*beim Arzt*) Sprechstundenhilfe

re·ces·sion [rɪ'seʃn] Rezession

re·charge [ˌri:'tʃɑ:dʒ] aufladen *Batterie* **re·charge·able** [ˌri:'tʃɑ:dʒəbl] *Batterie:* aufladbar

recipe ['resəpɪ] Rezept ▸IN WENDUNGEN: **recipe for success** Erfolgsrezept; **that's a recipe for disaster** das führt mit Sicherheit in die Katastrophe

re·cipi·ent [rɪ'sɪpɪənt] Empfänger(in)

re·cital [rɪ'saɪtl] Vortrag, Konzert **re·cite** [rɪ'saɪt] ① vortragen, rezitieren ② (*übertragen*) aufzählen

reck·less ['reklɪs] ① leichtsinnig ② *Fahrer:* rücksichtslos ③ *Versuch:* gewagt

reckon ['rekən] ① ausrechnen, berechnen *Kosten* ② (*umgangsspr*) glauben, schätzen; **what do you reckon?** was meinen Sie?; **I reckon** [**that**] … ich schätze mal, [dass] … ③ rechnen; **reckoning from tomorrow** ab morgen gerechnet

◆**reckon on** rechnen mit, zählen auf

◆**reckon up** ① zusammenrechnen *Kosten* ② **reckon up with someone** mit jemandem abrechnen

◆**reckon with** rechnen mit

◆**reckon without** nicht rechnen mit

reckon·ing ['rekənɪŋ] [Be]Rechnung; **by my reckoning** nach meiner Rechnung; **be out in one's reckoning** sich verrechnet haben; **the day of reckoning** der Tag der Abrechnung

re·claim [rɪ'kleɪm] ① [wieder]gewinnen, urbar machen *Land* ② zurückfordern, zurückverlangen *Rechte* ③ abholen *Gepäck*

re·cline [rɪ'klaɪn] ① *Person:* sich zurücklehnen ② *Sitz:* sich [nach hinten] verstellen lassen ③ zurückstellen, nach hinten verstellen *Sitz* **re·clin·er**, **re·clin·ing seat** Liegesitz, Ruhesitz

rec·og·ni·tion [ˌrekəgˈnɪʃn] ① Anerkennung; **in recognition of his achievements** in Anerkennung seiner Leistungen ② Erkennen; **change beyond** [*oder* **out of all**] **recognition** nicht wieder zu erkennen sein

rec·og·niz·able [ˈrekəgnaɪzəbl] erkennbar

rec·og·nize [ˈrekəgnaɪz] ① [wieder] erkennen (**by** an) ② (*offiziell*) anerkennen ③ einsehen *Fehler*

re·coil [rɪˈkɔɪl] ① (*vor Angst*) zurückschrecken ② (*vor Ekel*) zurückschaudern ③ *Gewehr:* zurückstoßen, einen Rückstoß haben

rec·ol·lect [ˌrekəˈlekt] sich erinnern [an] **rec·ol·lec·tion** [ˌrekəˈlekʃn] Erinnerung (**of** an); **to the best of my recollection** soweit ich mich erinnern kann

rec·om·mend [ˌrekəˈmend] ① empfehlen (**as** als); **recommend someone something** jemandem etwas empfehlen; **it is not to be recommended** es ist nicht zu empfehlen ② sprechen für; **the island has much/little to recommend it** es spricht viel/wenig für die Insel, die Insel ist sehr/nicht gerade empfehlenswert **rec·om·men·da·tion** [ˌrekəmenˈdeɪʃn] Empfehlung; **on the recommendation of** auf Empfehlung von

rec·on·cile [ˈrekənsaɪl] ① versöhnen, aussöhnen *Menschen;* **become reconciled** [**with someone**] sich [mit jemandem] versöhnen; **reconcile oneself to something** sich mit etwas abfinden ② beilegen, schlichten *Streit* ③ in Einklang bringen *Ideen;* **how do you reconcile your love of fast cars with your views on fuel conservation?** wie lässt sich deine Vorliebe für schnelle Autos mit deinen Ansichten über das Benzinsparen vereinbaren? **rec·on·cili·ation** [ˌrekənˌsɪlɪˈeɪʃn] ① Versöhnung, Aussöhnung (**between** zwischen, **with** mit) ② *eines Streits:* Beilegung ③ (*übertragen*) Vereinbarung

re·con·nais·sance [rɪˈkɒnɪsns] Aufklärung, Erkundung

re·con·sider [ˌriːkənˈsɪdəʳ] wieder in Betracht ziehen, nochmals erwägen, nachprüfen

re·con·struc·tion [ˌriːkənˈstrʌkʃn] Rekonstruktion, Wiederaufbau

re·cord¹ [rɪˈkɔːd] ① aufzeichnen, verzeichnen *Ereignisse* ② (*offiziell*) dokumentieren, eintragen; (*in das Protokoll*) protokollieren; **it's not recorded anywhere** das ist nirgends dokumentiert ③ festhalten, niederschreiben *seine Gedanken* ④ (*auf Tonband*) aufnehmen, aufzeichnen; **a recorded programme** eine Aufzeichnung

rec·ord² [ˈrekɔːd] ① (*Rechenschaft*) Aufzeichnung; **keep a record of something** über etwas Buch führen; **photographic record** Bilddokumentation ② *von Anwesenden:* Liste ③ (*offizieller Bericht*) Protokoll; **it is on record that ...** es gibt Belege dafür, dass ...; **he's on record as having said ...** es ist belegt, dass er gesagt hat ...; **put something on record** etwas schriftlich festhalten; **for the record** der Ordnung halber; **off the record** inoffiziell, ganz im Vertrauen ④ (*Dokument*) Unterlage; **medical records** Krankenblatt ⑤ **have a** [**police** [*oder* **criminal**]] **record** vorbestraft sein ⑥ Vorgeschichte, Leistungen; **have an excellent record** ausgezeichnete Leistungen vorweisen können ⑦ Schallplatte; **make a record** eine Schallplatte aufnehmen; **record label** Plattenlabel; **record player** Plattenspieler; **record token** Plattengutschein ⑧ (*im Sport*) Rekord; **beat** [*oder* **break**] **the record** den Rekord brechen; **hold the record** den Rekord halten; **record holder** Rekordhalter(in)

rec·ord³ [rɪˈkɔːd] Rekord-; **record losses** Rekordverluste; **record profits** Höchstgewinne; **record sales** Spitzenumsätze

record-break·ing [ˈrekɔːdˌbreɪkɪŋ] rekordbrechend

re·corded [rɪˈkɔːdɪd] ① aufgezeichnet ② *Geschehen:* schriftlich belegt ③ **by recorded delivery** per Einschreiben

re·corder [rɪˈkɔːdəʳ] ① (*Messinstrument*) Registriergerät ② (*Musikinstrument*) Blockflöte ③ **cassette recorder** Kassettenrekorder; **tape recorder** Tonbandgerät

re·cord·ing [rɪˈkɔːdɪŋ] ① *von Film:* Aufzeichnung ② [Ton]Aufnahme; **recording studio** Aufnahmestudio, Tonstudio

re·count¹ [rɪˈkaʊnt] erzählen, wiedergeben

re·count² [ˌriːˈkaʊnt] nachzählen

re·count³ [ˌriːˈkaʊnt] Nachzählung

re·cover [rɪˈkʌvəʳ] ① sich erholen, wieder zu sich kommen ② (*wirtschaftlich*) sich wieder beleben ③ wieder finden *Verlorenes* ④ wiedergewinnen *Selbstvertrauen;* **recover one's sight** wieder sehen können ⑤ wiedererlangen *Gesundheit;* **recover consciousness** wieder zu Bewusstsein gelangen ⑥ wiederbekommen *Vermögen* ⑦ wieder gutmachen *Verlust* ⑧ bergen *Wrack* ⑨ decken, wieder einholen *Ausgaben* ⑩ wieder aufholen *verlorene Zeit*

re-cover [ˌriːˈkʌvəʳ] neu beziehen *Stuhl*

re·cov·ery [rɪˈkʌvərɪ] ① *von Verlorenem:* Wiederfinden, Wiedergewinnung ② *von Krankheit:* Erholung, Genesung; **make a good recovery** sich gut erholen ③ (*wirtschaftlich*) konjunktureller Aufschwung **recovery service** Abschleppdienst

rec·re·ation [ˌrekrɪˈeɪʃn] ① Erholung, Entspannung ② Freizeitbeschäftigung, Hobby **rec·re·ational** [ˌrekrɪˈeɪʃnl] Freizeit- **recreational vehicle** (USA) Wohnmobil **recreation centre** Freizeitzentrum **recreation ground** Freizeitgelände **recreation room** (USA) Wohnzimmer

re·cruit[1] [rɪˈkruːt] ① rekrutieren *Soldaten* ② werben *Mitglieder* ③ einstellen *Arbeitskräfte*

re·cruit[2] [rɪˈkruːt] ① Rekrut ② (*übertragen*) neues Mitglied

rec·tangle [ˈrektæŋgl] Rechteck **rec·tangu·lar** [rekˈtæŋgjʊləʳ] rechteckig, rechtwinklig

rec·tor [ˈrektəʳ] ① Pfarrer(in), Pastor(in) ② *von Schule, College:* Direktor(in) ③ *einer Universität:* Rektor(in)

re·cur [rɪˈkɜːʳ] ① *Krankheit:* wiederkehren ② *Fehler:* sich wiederholen ③ *Problem:* wieder auftreten ④ *Frage:* sich wieder stellen ⑤ *Idee:* wieder auftauchen

re·cycle [rɪˈsaɪkl] wieder verwerten, recyceln; **recycled paper** Umweltpapier, Recyclingpapier **re·cy·cling** [rɪˈsaɪklɪŋ] Wiederverwertung, Recycling

red[1] [red] rot; **red with anger** rot vor Zorn

red[2] [red] ① Rot; **be in the red** (*übertragen*) in den roten Zahlen sein ② (*umgangsspr*) Rotwein; **a glass of house red** ein Glas roten Hauswein

red carpet **roll out the red carpet** den roten Teppich ausrollen **Red Crescent** Roter Halbmond **Red Cross** Rotes Kreuz **redcurrant** [rote] Johannisbeere **red deer** Rothirsch, Rotwild **red·den** [ˈredn] ① röten, rot färben ② rot werden, sich röten **red·dish** [ˈredɪʃ] rötlich

re·dec·or·ate [ˌriːˈdekəreɪt] neu tapezieren, neu streichen

re·deem [rɪˈdiːm] ① einlösen *Marken, Pfand* (**for** gegen) ② einhalten, erfüllen *Versprechen* ③ tilgen, abtragen *Schulden* ④ retten *Situation* ⑤ wettmachen *Fehler* ⑥ (*in der Religion*) erlösen **Re·deemer** [rɪˈdiːməʳ] Erlöser, Heiland **re·demp·tion** [rɪˈdempʃn] ① *von Marken, Pfand:* Einlösung ② *von Schulden:* Tilgung ③ (*übertragen*) Rettung; **beyond** [*oder* **past**] **redemption** nicht mehr zu retten, rettungslos ④ (*in der Religion*) Erlösung

re·de·vel·op [ˌriːdɪˈveləp] sanieren **re·de·vel·op·ment** [ˌriːdɪˈveləpmənt] Sanierung

red-haired [ˌredˈheəʳd] rothaarig **red-handed** [ˌredˈhændɪd] ► IN WENDUNGEN: **catch someone red-handed** jemanden auf frischer Tat ertappen **red·head** [ˈredhed] Rothaarige(r) **red herring** (*übertragen*) Ablenkungsmanöver; **that's a red herring** das führt vom Thema ab **red-hot** [ˌredˈhɒt] ① rotglühend, glühend heiß ② (*übertragen*) *Nachrichten:* brandaktuell **Red Indian** Indianer(in)

re·di·rect [ˌriːdɪˈrekt] ① umadressieren, nachsenden *Brief* ② umleiten *Anruf, Verkehr*

red light ① (*Verkehrsampel*) Rotlicht; **go** [*oder* **drive**] **through a red light** bei Rot über die Ampel fahren ② (*Warnsignal*) rotes Licht **red-light district** Rotlichtviertel **red·ness** [ˈrednɪs] Röte

re·do [ˌriːˈduː] neu machen

re·double [rɪˈdʌbl] [sich] verdoppeln

red pep·per [ˌredˈpepəʳ] roter Paprika **Red Sea** [redˈsiː] Rotes Meer **red tape** (*übertragen*) Papierkrieg, Behördenkram

re·duce [rɪˈdjuːs] ① verringern, reduzieren ② verlangsamen *Tempo;* **reduce speed** langsamer fahren ③ senken, ermäßigen, herabsetzen *Preis* ④ drosseln, reduzieren, abbauen *Produktion* ⑤ kürzen *Lohn* ⑥ einkochen lassen *Sauce* ⑦ **reduce** [**one's**] **weight**, **reduce** (USA) abnehmen ⑧ **reduce a city to ruins** eine Stadt in Schutt und Asche legen ⑨ **reduce someone to tears** jemanden zum Weinen bringen

re·duc·tion [rɪˈdʌkʃn] ① Verringerung, Verminderung, Herabsetzung, Reduzierung ② **reduction in price**[**s**] Preissenkung, Preisermäßigung; **a reduction of £50** ein Preisnachlass von 50 Pfund ③ **reduction in salary** Gehaltskürzung ④ **reduction in**

speed Verminderung der Geschwindigkeit ⑤ **reduction in staff** Personalabbau; **staff reductions** Personalkürzungen

re·dun·dancy [rɪˈdʌndənsɪ] ① Arbeitslosigkeit ② **redundancies** Entlassungen **redundancy payment** Abfindung **re·dun·dant** [rɪˈdʌndənt] ① überflüssig, unnötig ② *Arbeiter:* arbeitslos; **become** [*oder* **be made**] **redundant** den Arbeitsplatz verlieren

reed [riːd] Schilf, Riedgras

reef [riːf] [Felsen]Riff

reel[1] [riːl] Rolle, Spule

reel[2] [riːl] ① aufspulen ② **reel in** einrollen ③ *Mensch:* [sch]wanken, taumeln ▸ IN WENDUNGEN: **my head is reeling** in meinem Kopf dreht sich alles; **my brain was reeling with all the information** mir schwirrt der Kopf vor lauter Informationen

◆ **reel off** (*übertragen*) herunterleiern

re-elect [ˌriːɪˈlekt] wieder wählen

re-en·try [ˌriːˈentrɪ] ① (*in die Erdatmosphäre, Konzerthalle*) Wiedereintritt ② (*ins Land*) Wiedereinreise

ref[1] [ref] →**reference**: **your/our ref** Ihr/unser Zeichen

ref[2] [ref] →**referee** Schiri

re·fec·tory [rɪˈfektərɪ] Mensa

re·fer [rɪˈfɜːʳ] ① **refer something to someone** etwas an jemanden weiterleiten ② **refer someone to someone/something** jemanden an jemanden/auf eine Sache verweisen ③ zurückschicken *Scheck* ④ **refer to someone/something** sich auf jemanden/etwas berufen [*oder* beziehen]; **refer back to** sich beziehen auf; **the letter refers to you all** der Brief gilt euch allen ⑤ nachschauen in, konsultieren *Buch;* **he referred to his notes** er hielt sich an seine Notizen

ref·eree[1] [ˌrefəˈriː] ① Schiedsrichter(in) ② (*beim Boxen*) Ringrichter ③ (*für Bewerbung*) Referenz

ref·eree[2] [ˌrefəˈriː] Schiedsrichter sein [bei]

ref·er·ence [ˈrefrəns] ① **make a reference to something** etwas erwähnen ② Referenz, Zeugnis; **give someone as a reference** jemanden als Referenz angeben ③ (*im Buch*) Verweis (**to** auf) ④ (*im Brief*) Zeichen ⑤ **in** [*oder* **with**] **reference to** in Bezug auf, was … anbetrifft; **without reference to** ohne Bezug auf, unabhängig von **reference library** Präsenzbibliothek **reference number** Aktenzeichen

ref·er·en·dum [ˌrefəˈrendəm] Volksentscheid, Referendum

re·fill[1] [ˌriːˈfɪl] wieder füllen, nachfüllen

re·fill[2] [ˈriːfɪl] Nachfüllpatrone; **refill** [**pack**] Nachfüllpackung

re·fine [rɪˈfaɪn] ① raffinieren *Zucker, Öl* ② (*übertragen*) verfeinern, kultivieren **re·fined** [rɪˈfaɪnd] ① raffiniert ② (*übertragen*) kultiviert, fein **re·finery** [rɪˈfaɪnərɪ] Raffinerie

re·flect [rɪˈflekt] ① reflektieren, widerspiegeln, zurückwerfen; **the moon was reflected in the lake** der Mond spiegelte sich im See ② **reflect well/badly** [**up**]**on someone/something** ein gutes/schlechtes Licht auf jemanden/etwas werfen ③ nachdenken (**on, upon** über); **do you ever reflect that …?** denken Sie je darüber nach, dass …? **re·flec·tion** [rɪˈflekʃn] ① Reflexion, [Wider]Spiegelung ② Spiegelbild; **see one's reflection in a mirror** sich im Spiegel sehen ③ Nachdenken, Betrachtung, Überlegung (**on** über); **on reflection** wenn man sich das recht überlegt

re·flec·tive [rɪˈflektɪv] ① reflektierend ② nachdenklich, gedankenvoll

re·flec·tor [rɪˈflektəʳ] Rückstrahler

re·flex [ˈriːfleks] Reflex; **reflex action** Reflexhandlung

re·flex·ive [rɪˈfleksɪv] rückbezüglich, reflexiv

re·form[1] [rɪˈfɔːm] ① reformieren; verbessern *Welt* ② bessern *Menschen* ③ sich bessern

re·form[2] [rɪˈfɔːm] Reform

ref·or·ma·tion [ˌrefəˈmeɪʃn] Reformierung, Besserung; **the Reformation** (*kirchlich*) die Reformation

re·former [rɪˈfɔːməʳ] Reformer(in)

re·fract [rɪˈfrækt] brechen *Strahlen* **re·frac·tion** [rɪˈfrækʃn] Lichtbrechung

re·frain [rɪˈfreɪn] **she refrained from comment** sie enthielt sich eines Kommentars; **please refrain from smoking** bitte unterlassen Sie das Rauchen

re·fresh [rɪˈfreʃ] erfrischen, stärken; **refresh oneself** eine Erfrischung zu sich nehmen; **refresh one's memory** sein Gedächtnis auffrischen **re·fresh·ing** [rɪˈfreʃɪŋ] erfrischend **re·fresh·ment** [rɪˈfreʃmənt] Erfrischung

re·frig·er·ate [rɪˈfrɪdʒəreɪt] ① kühlen; **"refrigerate after opening"** „nach dem

Öffnen kühl aufbewahren" ② tiefkühlen **re·frig·er·ator** [rɪˈfrɪdʒəreɪtəʳ] Kühlschrank
re·fuel [ˌriːˈfjuːəl] auftanken
ref·uge [ˈrefjuːdʒ] Zuflucht (**from** vor); **take refuge** Zuflucht nehmen (**in** in); **place of refuge** Zufluchtsort **refu·gee** [ˌrefjʊˈdʒiː] Flüchtling; **refugee camp** Flüchtlingslager
re·fund[1] [rɪˈfʌnd] zurückzahlen, zurückerstatten, rückvergüten
re·fund[2] [ˈriːfʌnd] Rückvergütung, [Rück]Erstattung
re·fusal [rɪˈfjuːzl] ① Ablehnung; **give someone first refusal of something** jemandem etwas als Erstem anbieten ② Verweigerung; **meet with a refusal** eine Absage erhalten; **refusal to do something** Weigerung, etwas zu tun
re·fuse[1] [reˈfjuːz] ① ablehnen ② **refuse someone something** jemandem etwas abschlagen; **be refused something** etwas nicht bekommen ③ verweigern *Antrag;* **refuse food** die Nahrung verweigern ④ **refuse to do something** sich weigern, etwas zu tun
ref·use[2] [ˈrefjuːs] Müll, Abfall; **refuse collection** Müllabfuhr; **refuse collector** Müllwerker; (*umgangsspr*) Müllmann
re·gain [rɪˈgeɪn] zurückgewinnen; **regain control of something** etwas wieder unter Kontrolle bringen; **regain one's health** wieder gesund werden; **regain consciousness** das Bewusstsein wieder erlangen, wieder zu sich kommen
re·gal [ˈriːgl] königlich
re·gard[1] [rɪˈgɑːd] ① betrachten; **regard someone/something as something** jemanden/etwas für etwas halten; **be regarded as …** als … angesehen werden; **regard someone highly** jemanden hoch schätzen ② **as regards someone/something** was jemanden/etwas angeht [*oder* betrifft]
re·gard[2] [rɪˈgɑːd] ① Rücksicht (**for** auf); **show little regard for someone** wenig Rücksichtnahme für jemanden zeigen ② [Hoch]Achtung, Wertschätzung; **hold someone in high regard** jemanden achten ③ Bezug, Beziehung (**to** auf); **in this regard** in diesem Zusammenhang; **in** [*oder* **with**] **regard to** in Bezug auf ④ **regards** ⚠ *plural* Gruß; **send someone one's regards** jemanden grüßen lassen; **give him my regards** grüßen Sie ihn von mir
re·gard·ing [rɪˈgɑːdɪŋ] in Bezug auf, bezüglich **re·gard·less** [rɪˈgɑːdlɪs] ① **regardless of** ohne Rücksicht auf, ungeachtet ② trotzdem; **carry on regardless** trotzdem weitermachen
re·gion [ˈriːdʒən] ① Gebiet, Region ② (*übertragen*) Bereich; **in the region of** um, etwa **re·gional** [ˈriːdʒənl] regional, Regional-
reg·is·ter[1] [ˈredʒɪstəʳ] ① Register ② (*im Hotel*) Gästebuch ③ (*in der Schule*) Klassenbuch; **take the register** die Namen aufrufen ④ Verzeichnis; **register of members** Mitgliedsbuch, Mitgliederverzeichnis; **electoral register** Wählerverzeichnis; **register of births, deaths and marriages** Personenstandsbuch
reg·is·ter[2] [ˈredʒɪstəʳ] ① registrieren, [sich] eintragen [lassen] ② anmelden *neuen Wohnsitz;* **register with the police** sich polizeilich anmelden ③ *Messgerät:* registrieren ④ einschreiben *Brief* ⑤ *Student:* sich einschreiben; **register for a course** einen Kurs belegen ⑥ (*übertragen*) registrieren; **it hasn't registered** [**with her**] [**yet**] sie hat das [noch] nicht registriert
reg·is·tered [ˈredʒɪstəd] **registered letter** Einschreiben; **registered trademark** eingetragenes Warenzeichen
reg·is·tra·tion [ˌredʒɪˈstreɪʃn] ① Registrierung, Eintrag[ung] ② Anmeldung, Einschreibung ③ *eines Briefes:* Einschreiben **registration document** Kraftfahrzeugbrief **registration number** polizeiliches Kennzeichen
reg·is·try office [ˈredʒɪstrɪˌɒfɪs] GB Standesamt
re·gret[1] [rɪˈgret] bedauern; **I regret to say that …** ich muss Ihnen leider mitteilen, dass …; **it is to be regretted that …** es ist bedauerlich, dass …; **you won't regret it** Sie werden es nicht bereuen
re·gret[2] [rɪˈgret] Bedauern (**at** über); **much to my regret** sehr zu meinem Bedauern; **have no regrets** nichts bereuen
re·gret·ful·ly [rɪˈgretfəlɪ] bedauerlicherweise, mit Bedauern **re·gret·table** [rɪˈgretəbl] bedauerlich
regu·lar[1] [ˈregjʊləʳ] ① (*auch grammatisch*) regelmäßig; **at regular intervals** in regelmäßigen [*oder* gleichmäßigen] Abständen ② *Atemzüge, Tempo:* gleichmäßig ③ *Anstellung, Einkommen:* fest, regulär ④ *Arbeit, Leben:*

geregelt; **keep regular hours** feste Zeiten haben ❺ *Preis:* normal; **regular size** Standardgröße ❻ *Kunde:* Stamm-; **regular staff** fest angestelltes Personal, Stammpersonal

regu·lar² ['regjʊləʳ] ❶ Berufssoldat ❷ Stammkunde, Stammkundin

regu·lar·ity [ˌregjʊ'lærətɪ] Regelmäßigkeit, Gleichmäßigkeit

regularly ['regjʊləʳlɪ] ❶ regelmäßig ❷ **breathe regularly** gleichmäßig atmen

regu·late ['regjʊleɪt] ❶ (*steuern*) regeln ❷ regulieren, einstellen *Maschine* **regu·la·tion** [ˌregjʊ'leɪʃn] ❶ Regelung, Regulierung ❷ Vorschrift; **according to regulations** laut Vorschrift; **safety regulations** Sicherheitsvorschriften **regu·la·tor** ['regjʊleɪtəʳ] ❶ (*technisch*) Regler ❷ aufsichtsführende Person

re·ha·bili·tate [ˌriːə'bɪlɪteɪt] ❶ rehabilitieren ❷ eingliedern *Flüchtling* **re·ha·bili·ta·tion** [ˌriːəˌbɪlɪ'teɪʃn] ❶ Rehabilitation ❷ *eines Flüchtlings:* Eingliederung in die Gesellschaft

re·hearsal [rɪ'hɜːsl] *eines Theaterstücks:* Probe **re·hearse** [rɪ'hɜːs] proben *Theaterstück*

reign¹ [reɪn] Regentschaft, Herrschaft; **in the reign of** während der Regierungszeit

reign² [reɪn] regieren, herrschen (**over** über)

re·im·burse [ˌriːɪm'bɜːs] ❶ zurückerstatten, ersetzen *Kosten* ❷ entschädigen *Menschen;* **reimburse someone for his expenses** jemandem seine Auslagen zurückerstatten ❸ ersetzen *Verlust*

rein [reɪn] Zügel ▸ IN WENDUNGEN: **keep a tight rein on someone** bei jemandem die Zügel kurz halten; **give free rein to someone/something** jemandem freie Hand geben/einer Sache freien Lauf lassen

rein·deer ['reɪndɪəʳ] Ren[tier]

re·in·force [ˌriːɪn'fɔːs] ❶ verstärken; **reinforced concrete** Stahlbeton ❷ stützen, bestätigen *Aussage*

re·ject¹ [rɪ'dʒekt] ❶ ablehnen, ausschlagen, zurückweisen ❷ verwerfen *Plan* ❸ durchfallen lassen *Kandidaten* ❹ (*medizinisch*) nicht vertragen, abstoßen

re·ject² ['riːdʒekt] Ausschuss; **reject shop** Laden für Ausschussware

re·jec·tion [rɪ'dʒekʃn] ❶ *eines Antrags, Bewerbers:* Ablehnung, Zurückweisung ❷ *einer Klage:* Abweisung, Verwerfen ❸ (*medizinisch*) *eines verpflanzten Organs:* Abstoßung

re·joice [rɪ'dʒɔɪs] sich freuen (**at, over** über, an) **re·joic·ing** [rɪ'dʒɔɪsɪŋ] Jubel

re·lapse¹ [rɪ'læps] ❶ *Kranker:* einen Rückfall haben ❷ **relapse into crime** rückfällig werden

re·lapse² [rɪ'læps] (*auch medizinisch*) Rückfall

re·late [rɪ'leɪt] ❶ erzählen *Geschichte;* **strange to relate** so unglaublich es klingt ❷ in Verbindung bringen (**to, with** mit) ❸ **relate to something** mit etwas zusammenhängen ❹ **relate to someone** eine Beziehung zu jemandem aufnehmen

re·lated [rɪ'leɪtɪd] ❶ *Familie:* verwandt (**to** mit) ❷ (*verbunden*) zusammenhängend; **be related to something** mit etwas zusammenhängen [*oder* verwandt] sein **re·lat·ing** [rɪ'leɪtɪŋ] **relating to** zusammenhängend mit, bezüglich

re·la·tion [rɪ'leɪʃn] ❶ Beziehung, Verhältnis; **in relation to** in Bezug auf, im Verhältnis zu; **bear no relation to** keinerlei Beziehung haben zu ❷ Verwandte(r); **she's a relation of mine** sie ist mit mir verwandt ❸ **relations** Beziehungen; **break off relations with someone** die Beziehungen zu jemandem abbrechen

re·la·tion·ship [rɪ'leɪʃnʃɪp] Beziehung, Verhältnis; **have a relationship with** eine Beziehung haben mit; **there is a proven relationship between smoking and lung cancer** es ist nachgewiesen, dass eine Verbindung zwischen Rauchen und Lungenkrebs besteht

rela·tive¹ ['relətɪv] ❶ relativ; **relative to** sich beziehend auf ❷ **relative pronoun** Relativpronomen

rela·tive² ['relətɪv] Verwandte(r)

rela·tive·ly ['relətɪvlɪ] verhältnismäßig **rela·tiv·ity** [ˌrelə'tɪvətɪ] Relativität; **theory of relativity** Relativitätstheorie

re·lax [rɪ'læks] ❶ [sich] lockern; **relax one's grip** [*oder* **hold**] **on something** den Griff bei etwas lockern ❷ [sich] entspannen; *Muskeln, Geist:* sich erholen ❸ nachlassen in *Aufmerksamkeit* ❹ sich beruhigen **re·lax·ation** [ˌriːlæk'seɪʃn] ❶ Lockerung, Entspannung ❷ Entspannung, Erholung

re·lay¹ ['riːleɪ] ❶ **work in relays** sich ablösen, schichtweise arbeiten ❷ (*Sport*) Staffel[lauf]

re·lay² [ˈriːleɪ] ① (*im Radio*) übertragen ② **relay a message to someone** jemandem eine Nachricht weitergeben

re·lease¹ [rɪˈliːs] ① freilassen, befreien *Tier, Menschen;* **release someone on bail** jemanden gegen Kaution freilassen ② *von Gefängnis:* entlassen ③ freigeben *Fußballspieler* ④ *von Versprechen:* entbinden ⑤ *von Schmerz:* erlösen, befreien ⑥ lösen *Bremse* ⑦ abwerfen *Bombe* ⑧ herausbringen *Film* ⑨ veröffentlichen *Nachricht* ⑩ freisetzen *Hormone,* ablassen *Gas* ⑪ **release one's hold on something** etwas loslassen

re·lease² [rɪˈliːs] ① Freilassung, Befreiung; *vom Gefängnis:* Entlassung ② *eines Fußballspielers:* Freigabe ③ *von Verbindlichkeiten:* Entbindung ④ *von Schmerzen:* Erlösung ⑤ *eines Films:* Herausbringen, Veröffentlichung; **on general release** in allen Kinos; **a new release** eine Neuerscheinung ⑥ *einer Nachricht:* Veröffentlichung ⑦ *von Gas, Hormonen:* Freisetzung

rel·egate [ˈrelɪgeɪt] ① (*herunterstufen*) degradieren ② (*beim Sport*) absteigen lassen; **be relegated to the second division** in die zweite Liga absteigen

re·lent [rɪˈlent] nachgeben **re·lent·less** [rɪˈlentlɪs] erbarmungslos, unerbittlich

rel·evant [ˈreləvənt] ① relevant (**to** für) ② *Behörde:* zuständig ③ *Frage, Untersuchung:* sachbezogen

re·lia·bil·ity [rɪˌlaɪəˈbɪlətɪ] ① Zuverlässigkeit, Verlässlichkeit ② *einer Firma:* Seriosität

re·liable [rɪˈlaɪəbl] ① zuverlässig, verlässlich ② *Firma:* seriös, vertrauenswürdig **re·li·ance** [rɪˈlaɪəns] Vertrauen (**on** auf) **re·li·ant** [rɪˈlaɪənt] **be reliant [up]on someone/something** auf jemanden/etwas angewiesen sein

re·lief [rɪˈliːf] ① Erleichterung (**from** von); **bring someone relief [from pain]** jemandem Erleichterung verschaffen ② *von Eintönigkeit:* Abwechslung ③ Hilfe, Entlastung; **send relief to someone** jemandem Hilfsgüter senden ④ *einer Wache:* Ablösung ⑤ (*in der Kunst*) Relief; **relief map** Reliefkarte **relief road** Entlastungsstraße **relief worker** Katastrophenhelfer(in)

re·lieve [rɪˈliːv] ① **relieve someone** jemanden erleichtern; **he was relieved to learn that** er war erleichtert, als er das hörte ② **relieve someone of something** *von Last:* jemanden von etwas befreien; *von Kleidungsstück, Koffer:* jemandem etwas abnehmen ③ mildern, schwächen *Angst;* lindern *Schmerz;* **it helps to relieve headaches** das hilft gegen [*oder* bei] Kopfschmerzen ④ abbauen *Spannung* ⑤ lindern *Not* ⑥ ablösen *Wache* ⑦ befreien *Stadt*

re·lig·ion [rɪˈlɪdʒən] Religion, Glaube[n]

re·lig·ious [rɪˈlɪdʒəs] ① religiös; **religious education [RE], religious instruction** Religionsunterricht; **religious leader** Religionsführer(in) ② gläubig, fromm

rel·ish¹ [ˈrelɪʃ] ① Genuss, Vorliebe; **do something with relish** etwas mit Genuss tun ② (*würzige Soße*) Relish

rel·ish² [ˈrelɪʃ] ① genießen ② **I don't relish doing that** das ist gar nicht nach meinem Geschmack

re·load [ˌriːˈləʊd] nachladen *Gewehr*

re·luc·tance [rɪˈlʌktəns] Abneigung, Widerwillen; **do something with reluctance** etwas widerwillig tun **re·luc·tant** [rɪˈlʌktənt] unwillig, widerwillig; **he was reluctant to leave** er ging nur ungern

rely [rɪˈlaɪ] sich verlassen, angewiesen sein (**on, upon** auf); **he can be relied on** man kann sich auf ihn verlassen

re·main [rɪˈmeɪn] ① bleiben; **that remains to be seen** das wird sich zeigen; **remain silent** weiterhin schweigen; **it remains the same** das bleibt sich gleich ② übrig bleiben; **much remains to be done** es bleibt noch viel zu tun; **nothing remains to be said** es bleibt nichts mehr zu sagen **re·main·ing** [rɪˈmeɪnɪŋ] übrig, restlich **re·mains** [rɪˈmeɪnz] *plural* ① Reste, Überreste ② **Roman remains** Relikte aus der Römerzeit

re·mand [rɪˈmɑːnd] **be on remand** in Untersuchungshaft sein **remand centre** (GB) Untersuchungsgefängnis für Jugendliche

re·mark¹ [rɪˈmɑːk] ① bemerken ② **remark [up]on something** über eine Sache eine Bemerkung machen; **nobody remarked on it** niemand hat etwas dazu gesagt [*oder* sich dazu geäußert]

re·mark² [rɪˈmɑːk] Bemerkung

re·mark·able [rɪˈmɑːkəbl] bemerkenswert, beachtlich, außergewöhnlich

rem·edy [ˈremədɪ] ① [Heil]Mittel (**for** gegen) ② (*übertragen*) [Gegen]Mittel

re·mem·ber [rɪˈmembəʳ] ① sich erinnern [an]; **if I remember rightly** wenn ich mich recht erinnere; **I remember doing it** ich erinnere mich daran, dass ich es getan habe ② denken an; **remember to do something** daran denken, etwas zu tun; **that's easy to remember** das kann man sich leicht merken

re·mind [rɪ'maɪnd] erinnern (**of** an); **remind someone to do something** jemanden daran erinnern, etwas zu tun; **that reminds me!** dabei fällt mir etwas ein! **re·minder** [rɪ'maɪndəʳ] ① Gedächtnisstütze ② (*kommerziell*) Mahnung, Mahnbescheid

re·mit·tance [rɪ'mɪtns] Überweisung (**to** an)

re·morse [rɪ'mɔːs] Reue (**for, about** über); **without remorse** erbarmungslos

re·mote [rɪ'məʊt] ① (*auch übertragen*) entfernt ② *Dorf, Gebiet:* abgelegen, entlegen; **in a remote spot** an einem abgelegenen Ort ③ *Vergangenheit, Zukunft:* fern ④ *Art, Person:* unnahbar, unzulänglich ⑤ *Chance:* gering, winzig; **I haven't the remotest idea** ich habe nicht die geringste [*oder* leiseste] Ahnung ⑥ *Ähnlichkeit, Aussichten:* schwach **remote control** ① Fernsteuerung ② (*für TV etc.*) Fernbedienung

re·moval [rɪ'muːvl] ① Entfernung, Beseitigung ② (*medizinisch*) Herausnehmen ③ *einer Beschränkung:* Aufhebung ④ *von Befürchtungen, Verdacht, Zweifel:* Zerstreuung ⑤ (GB) Umzug **removal firm** Möbelspedition **removal van** Möbelwagen

re·move [rɪ'muːv] ① entfernen ② beseitigen *Spur* ③ forträumen, wegnehmen, wegschaffen *Papiere;* **remove something from someone** jemandem etwas wegnehmen ④ (*technisch*) ausbauen ⑤ aufheben *Steuern* ⑥ zerstreuen *Zweifel* ⑦ ausziehen, ablegen *Kleidung* ⑧ beseitigen *Schwierigkeiten* ⑨ streichen *Namen* ⑩ entlassen, absetzen *Beamte* ⑪ **be far removed from …** weit entfernt sein von … ⑫ **a cousin once removed** ein Cousin ersten Grades

re·mover [rɪ'muːvəʳ] ① (GB) Möbelpacker ② (*für Flecken, Nagellack*) Entferner

ren·dez·vous[1] ['rɒndɪvuː, *plural* 'rɒndɪvuːz] <*plural* rendezvous> ① Treffpunkt ② Rendezvous, Verabredung

ren·dez·vous[2] ['rɒndɪvuː] sich treffen (**with** mit)

re·new [rɪ'njuː] ① erneuern; **with renewed energy** mit frischer [*oder* neuer] Energie ② wieder aufnehmen *Verhandlung* ③ erneuern, auffrischen *Vorräte* ④ verlängern *Vertrag;* **renew a library book** ein Buch verlängern lassen **re·new·able** [rɪ'njuːəbl] ① *Energiequelle:* erneuerbar ② *Ausweis, Vertrag:* verlängerbar

reno·vate ['renəveɪt] renovieren **reno·va·tion** [ˌrenə'veɪʃn] Renovierung

rent[1] [rent] ① (*für Haus, Wohnung*) Miete ② (*für Land*) Pacht; **for rent** (USA) *Haus:* zu vermieten; *Land:* zu verpachten

rent[2] [rent] ① mieten *Haus, Wohnung* ② pachten *Land* ③ **rent** [**out**] vermieten, verpachten

rental ['rentl] ① (*für Haus, Wohnung*) Miete ② (*für Land*) Pacht

re·open [riː'əʊpən] ① wieder öffnen ② wieder beginnen mit *Verhandlungen*

re·or·gan·ize [riː'ɔːgənaɪz] ① neu organisieren ② neu einteilen *Arbeit, Zeit*

rep [rep] →**representative**

re·pair[1] [riː'peəʳ] ① ausbessern, reparieren ② (*übertragen*) wieder gutmachen

re·pair[2] [riː'peəʳ] ① Ausbesserung, Reparatur; **be under repair** in Reparatur sein; **put something in for repair** etwas zur Reparatur bringen; **beyond repair** nicht mehr zu reparieren; **be in good repair** in gutem Zustand sein ② (*übertragen*) Wiedergutmachung ③ **repairs** Instandsetzungsarbeiten; **closed for repairs** wegen Reparaturarbeiten geschlossen

repair·man [riː'peəʳmən] <*plural* repairmen> Handwerker

re·pay [rɪ'peɪ] ① zurückzahlen ② erstatten *Auslagen* ③ abzahlen *Schuld* ④ erwidern *Gefälligkeit, Besuch* ⑤ vergelten *Unrecht;* **repay someone for something** jemandem etwas vergelten ⑥ belohnen *Mühe* **re·pay·ment** [rɪ'peɪmənt] ① Rückzahlung, Vergütung; **in repayment** als Rückzahlung ② (*übertragen*) Lohn

re·peat[1] [rɪ'piːt] ① wiederholen; **repeat oneself** sich wiederholen; **repeat after me** sprecht mir nach ② **repeat something to someone** jemandem etwas weitersagen

re·peat[2] [rɪ'piːt] Wiederholung

re·peat·ed [rɪ'piːtɪd] wiederholt

re·peat·edly [rɪ'piːtɪdlɪ] mehrmals

re·pel [rɪ'pel] ① zurückschlagen, zurückstoßen ② abwehren *Angriff, Insekt* ③ abstoßen *Flüssigkeit* ④ (*übertragen*) anwidern, abstoßen

re·pel·lent[1] [rɪ'pelənt] ① (*übertragen*) widerwärtig ② **water repellent** wasserabstoßend

re·pel·lent[2] [rɪ'pelənt] **insect repellent** Insektenschutzmittel

rep·eti·tion [ˌrepɪ'tɪʃn] Wiederholung **re·peti·tive** [rɪ'petətɪv] sich wiederholend; (*abwertend*) eintönig

re·place [rɪ'pleɪs] ① zurückstellen, zurücklegen, zurücksetzen; **replace the receiver** den Hörer auflegen ② **replace someone/something** jemanden/etwas ersetzen (**with** durch) ③ (*erneuern*) austauschen *Teile;* auswechseln *Glühbirne* **re·place·ment** [rɪ'pleɪsmənt] ① Ersatz; **replacement part** Ersatzteil ② (*Person auch*) Vertretung

re·play[1] [ˌriː'pleɪ] **replay a match** ein Spiel wiederholen

re·play[2] ['riːpleɪ] ① (*im Sport*) Wiederholungsspiel ② (*TV*) Wiederholung

re·ply[1] [rɪ'plaɪ] antworten, entgegnen, erwidern; **reply to someone/something** jemandem/auf eine Sache antworten; **reply to a letter** einen Brief beantworten

re·ply[2] [rɪ'plaɪ] Antwort, Erwiderung; **in reply to your letter** in Beantwortung Ihres Briefes

reply-paid envelope Freiumschlag

re·port[1] [rɪ'pɔːt] ① berichten über; (*offiziell*) melden; **he is reported as having said ...** er soll gesagt haben ...; **report someone missing** jemanden als vermisst melden; **report someone sick** jemanden krankmelden ② melden *Verbrechen;* anzeigen *Person* (**for** wegen) ③ sich melden (**to** bei); **report for duty** sich zum Dienst melden; **report sick** sich krankmelden ④ **report on** berichten [*oder* Bericht erstatten] über ⑤ **report back to someone** jemandem Bericht erstatten ⑥ **report to someone** jemandem unterstehen

re·port[2] [rɪ'pɔːt] ① Bericht (**on** über); **give a report on something** Bericht über eine Sache erstatten; **an official report on something** ein Gutachten über eine Sache ② (*in den Medien*) Reportage ③ Gerücht; **there is a report that ...** es wird gesagt, dass ... ④ [Schul]Zeugnis; **report card** (USA) [Schul]Zeugnis **re·porter** [rɪ'pɔːtəʳ] Reporter(in), Berichterstatter(in)

rep·re·sent [ˌreprɪ'zent] ① (*stehen für*) darstellen ② (*juristisch*) vertreten

rep·re·sen·ta·tive[1] [ˌreprɪ'zentətɪv] repräsentativ (**of** für)

rep·re·sen·ta·tive[2] [ˌreprɪ'zentətɪv] ① (*kommerziell*) Vertreter(in) ② (*juristisch*) Bevollmächtigte(r), Beauftragte(r) ③ (*politisch*) Abgeordnete(r)

re·pres·sion [rɪ'preʃn] ① Unterdrückung ② (*psychologisch*) Verdrängung

re·pri·mand[1] ['reprɪmɑːnd] Tadel, Verweis

re·pri·mand[2] ['reprɪmɑːnd] tadeln

re·print[1] [ˌriː'prɪnt] nachdrucken, neu auflegen

re·print[2] ['riːprɪnt] Neuauflage, Nachdruck

re·proach[1] [rɪ'prəʊtʃ] **reproach someone** jemandem Vorwürfe machen; **reproach someone for a mistake** jemandem einen Fehler vorwerfen

re·proach[2] [rɪ'prəʊtʃ] Vorwurf; **be above** [*oder* **beyond**] **reproach** über jeden Vorwurf erhaben sein; **look of reproach** vorwurfsvoller Blick

re·proach·ful [rɪ'prəʊtʃfl] vorwurfsvoll

re·pro·cess [ˌriː'prəʊses] wieder aufbereiten *Atommüll* **reprocessing plant** Wiederaufbereitungsanlage

re·pro·duce [ˌriːprə'djuːs] ① wiedergeben, reproduzieren ② (*biologisch*) sich fortpflanzen **re·pro·duc·tion** [ˌriːprə'dʌkʃn] ① (*Prozess*) Reproduktion, Wiedergabe ② (*biologisch*) Fortpflanzung ③ (*Kopie*) Reproduktion

rep·tile ['reptaɪl] Reptil

re·pub·lic [rɪ'pʌblɪk] Republik

re·pub·lican[1] [rɪ'pʌblɪkən] republikanisch

re·pub·lican[2] [rɪ'pʌblɪkən] Republikaner(in)

re·pul·sive [rɪ'pʌlsɪv] abstoßend, widerwärtig

repu·ta·tion [ˌrepjʊ'teɪʃn] Ruf, Name; **have a good reputation** großes Ansehen genießen; **he has a reputation for being a liar** er hat den Ruf, ein Lügner zu sein **re·pute** [rɪ'pjuːt] **she is reputed to be ...** man sagt, dass sie ... sei; **be reputed to be rich** als reich gelten

re·quest[1] [rɪ'kwest] Bitte, Wunsch; **at someone's request** auf jemandes Bitte; **on** [*oder* **by**] **request** auf Wunsch; **make a request for something** um etwas bitten

re·quest[2] [rɪ'kwest] bitten, ersuchen; **request silence** um Ruhe bitten; **request something from someone** jemanden um etwas bitten

request stop GB (*für Bus*) Bedarfshaltestelle

re·quire [rɪˈkwaɪəʳ] 1 brauchen, benötigen; **as required** nach Bedarf; **if required** falls notwendig; **when required** auf Wunsch 2 erfordern *Arbeit, Sorgfalt* 3 wünschen, mögen; **do you require anything else?** wünschen Sie außerdem noch etwas? 4 verlangen; **require someone to do something** von jemandem verlangen, dass er etwas tut; **be required to do something** etwas tun müssen; **required reading** Pflichtlektüre; **as required by law** den gesetzlichen Bestimmungen gemäß **re·quire·ment** [rɪˈkwaɪəʳmənt] 1 Bedürfnis, Bedarf; **meet someone's requirements** jemandes Bedürfnisse erfüllen, jemandes Wünschen entsprechen 2 Erfordernis; **fit the requirements** den Erfordernissen entsprechen

re·sale [ˈriːseɪl] **not for resale** nicht zum Weiterverkauf bestimmt

res·cue[1] [ˈreskjuː] 1 retten; **rescue someone from drowning** jemanden vor dem Ertrinken retten 2 befreien

res·cue[2] [ˈreskjuː] 1 Rettung, Hilfe; **come to someone's rescue** jemandem zu Hilfe kommen 2 Befreiung

rescue operation Rettungsaktion

re·search[1] [rɪˈsɜːtʃ] Forschung (**into, on** über); **do research** forschen; **a piece of research** eine Forschungsarbeit

re·search[2] [rɪˈsɜːtʃ] forschen, Forschung betreiben (**into** über); **research [into] something** etwas erforschen [*oder* untersuchen]

re·searcher [rɪˈsɜːtʃəʳ] Forscher(in)

re·semble [rɪˈzembl] **resemble someone/something** jemandem/etwas ähneln [*oder* ähnlich sehen]; **they resemble each other** sie ähneln [*oder* gleichen] sich [*oder* einander]

re·sent [rɪˈzent] übel nehmen, sich ärgern über; **he resents my being here** er nimmt es mir übel, dass ich hier bin **re·sent·ful** [rɪˈzentfl] **be resentful of someone** auf jemanden ärgerlich sein; **be resentful of something** etwas übel nehmen **re·sent·ment** [rɪˈzentmənt] Ärger, Groll; **out of resentment at something** aus Groll über eine Sache; **feel resentment towards someone** einen Groll auf jemanden haben

res·er·va·tion [ˌrezəˈveɪʃn] 1 Vorbehalt; **with reservations** unter Vorbehalt; **without reservation** vorbehaltlos, ohne Vorbehalt 2 Reservierung; **make a reservation at the hotel** ein Zimmer im Hotel reservieren 3 [Indianer]Reservat 4 **central reservation** GB Mittelstreifen

re·serve[1] [rɪˈzɜːv] 1 reservieren [lassen] *Buch, Tisch* 2 aufsparen, aufheben; **reserve judgement** sich mit seiner Meinung zurückhalten; **reserve oneself for something** sich für etwas schonen

re·serve[2] [rɪˈzɜːv] 1 Rücklage, Reserve; (*kommerziell auch*) Vorrat; **reserves of energy** Kraftreserven; **have/keep in reserve** in Reserve haben/halten 2 Vorbehalt; **without reserve** ohne Vorbehalt, vorbehaltlos 3 Reservat; **nature reserve** Naturschutzgebiet 4 (*kühles Verhalten*) Reserve, Zurückhaltung 5 (*militärisch*) Reserve; **the reserves** die Reservetruppen 6 (*im Sport*) Ersatzspieler(in), Reservespieler(in); **play in the reserves** bei der Reserve spielen

re·served [rɪˈzɜːvd] 1 *Person:* zurückhaltend, reserviert 2 *Tisch, Zimmer:* reserviert 3 **all rights reserved** alle Rechte vorbehalten

res·er·voir [ˈrezəvwɑːʳ] Reservoir, Stausee

re·shuffle [ˌriːˈʃʌfl] Umbildung; **Cabinet reshuffle** Kabinettsumbildung

resi·dence [ˈrezɪdəns] 1 Wohnsitz 2 *eines Staatsoberhauptes:* Residenz 3 Aufenthalt; **residence permit** Aufenthaltsgenehmigung; **place of residence** Wohnort

resi·dent[1] [ˈrezɪdənt] wohnhaft, ansässig (**in** in)

resi·dent[2] [ˈrezɪdənt] 1 *eines Hauses:* Bewohner(in) 2 *einer Stadt:* Einwohner(in); **local resident** Anwohner(in); **residents only** Anlieger frei 3 Hotelgast

resi·den·tial [ˌrezɪˈdenʃl] Wohn-; **residential area** Wohngegend; **residential course** mehrtägiger Kurs [mit Unterkunft]

re·sign [rɪˈzaɪn] 1 *Arbeitnehmer:* kündigen 2 **resign one's job** seine Stelle kündigen 3 **resign from a post** von einer Stellung zurücktreten 4 **resign oneself to a problem** sich mit einem Problem abfinden **res·ig·na·tion** [ˌrezɪɡˈneɪʃn] 1 Rücktritt; **hand in one's resignation** seinen Rücktritt einreichen 2 Amtsniederlegung 3 Kündigung 4 (*übertragen*) Resignation **re·signed**

[rɪ'zaɪnd] ❶ resigniert ❷ **become resigned to a problem** sich mit mit einem Problem abfinden

re·sil·ient [rɪ'zɪlɪənt] ❶ elastisch, federnd ❷ (*übertragen*) unverwüstlich

re·sist [rɪ'zɪst] ❶ **resist a plan** sich einem Plan widersetzen ❷ **resist an enemy** Widerstand gegen einen Feind leisten ❸ **resist temptation** der Versuchung widerstehen **re·sis·tance** [rɪ'zɪstəns] ❶ Widerstand (**to** gegen); **offer** [**no**] **resistance to someone** jemandem [keinen] Widerstand leisten; **meet with resistance** auf Widerstand stoßen ❷ **resistance to heat** Hitzebeständigkeit **re·sis·tant** [rɪ'zɪstənt] ❶ widerstandsfähig (**to** gegen) ❷ **heat-/water-resistant** hitze-/wasserbeständig

re·sit ['riːsɪt] <resat> **resit an exam** eine Prüfung wiederholen

res·ol·ution [ˌrezə'luːʃn] ❶ Beschluss ❷ (*übertragen*) Entschlossenheit, Bestimmtheit ❸ **make New Year's resolutions** gute Vorsätze fürs Neue Jahr fassen

re·sort[1] [rɪ'zɔːt] ❶ greifen (**to** zu) ❷ **resort to alkohol** sich dem Alkohol zuwenden; **resort to violence** Gewalt anwenden

re·sort[2] [rɪ'zɔːt] ❶ [**holiday**] **resort** Urlaubsort; **health resort** [Luft]Kurort; **seaside resort** Seebad ❷ Rettung; **as a last resort** als letzter Ausweg

re·sound·ing [rɪ'zaʊndɪŋ] (*übertragen*) *Sieg:* gewaltig; *Erfolg:* durchschlagend

re·source [rɪ'sɔːs] ❶ **resources** *plural* Mittel, Ressourcen ❷ **financial resources** Geldmittel; **mineral resources** Bodenschätze ❸ **he's been left to his own resources** er ist sich selbst überlassen gewesen **re·source·ful** [rɪ'sɔːsfl] *Person:* findig; *Plan:* einfallsreich

re·spect[1] [rɪ'spekt] ❶ **respect someone** jemanden achten, respektieren ❷ anerkennen *Fähigkeit*

re·spect[2] [rɪ'spekt] ❶ Achtung, Respekt (**for** vor); **command respect** Respekt abnötigen ❷ Rücksicht (**for** auf); **treat with respect** rücksichtsvoll behandeln; **out of respect for someone** aus Rücksicht auf jemanden ❸ **in some respects** in gewisser Hinsicht; **with respect to …** was … anbetrifft; **in many respects** in vieler Hinsicht; **in this respect** in dieser Hinsicht ❹ **give my respects to your wife** meine Empfehlung an Ihre Frau

re·spect·able [rɪ'spektəbl] ❶ *Mensch:* geachtet ❷ *Beschäftigung:* anständig ❸ *Summe:* beachtlich **re·spect·ed** [rɪ'spektəd] angesehen

re·spect·ful [rɪ'spektfl] respektvoll (**towards** gegen)

re·spect·ing [rɪ'spektɪŋ] bezüglich

re·spect·ive [rɪ'spektɪv] jeweilig; **we took our respective glasses** jeder nahm sein Glas **re·spect·ive·ly** [rɪ'spektɪvlɪ] beziehungsweise

res·pir·ator ['respəreɪtəʳ] Atemgerät

re·spond [rɪ'spɒnd] ❶ antworten (**to** auf) ❷ reagieren (**to** auf) ❸ **respond to a call** einem Ruf folgen

re·sponse [rɪ'spɒns] ❶ Antwort; **in response to your letter** in Beantwortung Ihres Schreibens ❷ Reaktion (**to** auf) ❸ **meet with little response** wenig Anklang finden

re·spon·si·bil·ity [rɪˌspɒnsə'bɪlətɪ] ❶ Verantwortung (**for, of** für); **sense of responsibility** Verantwortungsgefühl; **accept** [*oder* **assume**] **the responsibility for something** die Verantwortung für etwas übernehmen ❷ **responsibilities** Verpflichtung

re·spon·sible [rɪ'spɒnsəbl] ❶ verantwortlich (**for** für) ❷ *Haltung:* verantwortungsvoll; *Person:* verantwortungsbewusst ❸ **be responsible to someone for something** jemandem gegenüber für etwas verantwortlich sein; **hold someone responsible for something** jemanden für etwas verantwortlich machen

re·spon·sive [rɪ'spɒnsɪv] aufgeschlossen; *Publikum:* mitgehend

rest[1] [rest] ❶ Ruhe[pause] ❷ *von Person:* Rast, Erholung; **have** [*oder* **take**] **a rest** sich ausruhen ❸ (*bei der Arbeit usw.*) Pause, Unterbrechung ❹ **put someone's mind at rest** jemanden beruhigen ❺ **come to rest** zum Stillstand kommen, sich niederlassen

rest[2] [rest] ❶ **rest** [**oneself**] [sich] ausruhen; **be rested** ausgeruht sein ❷ (*bei der Arbeit usw.*) Pause machen ❸ **have a good night's rest** sich ordentlich ausschlafen ❹ *Leiter:* lehnen (**on** an) stützen *Ellbogen* ❺ ausruhen *Augen* ❻ **rest one's head on the table** den Kopf auf den Tisch legen ❼ **let a matter rest** eine Sache auf sich beruhen lassen

rest[3] [rest] ① **the rest** der Rest; **the rest of the money** das übrige Geld; **for the rest** im Übrigen

res·taur·ant ['restrɒnt] Restaurant, Gaststätte

> **i Land & Leute** In Australien haben nicht alle Restaurants die Erlaubnis, alkoholische Getränke auszuschenken. Deshalb können in **BYO-restaurants** (Bring Your Own) die Gäste ihre eigenen alkoholischen Getränke mitbringen.

restaurant car Speisewagen

rest-day Ruhetag **rest·ful** ['restfl] ① *Platz:* ruhig, friedlich ② *Beschäftigung:* erholsam **rest home** Altersheim **rest·less** ['restlɪs] ① rastlos ② *Person:* unruhig; **she had a restless night** sie konnte nicht schlafen

res·to·ra·tion [ˌrestəˈreɪʃn] ① *von Vertrauen, Gesundheit:* Wiederherstellung (**to** in) ② *von Bauwerk:* Restaurierung

re·store [rɪ'stɔːʳ] ① wiederherstellen *Vertrauen, Gesundheit;* **restored to health** wiederhergestellt ② restaurieren *Gebäude* ③ **restore someone to power** jemanden wieder an die Macht bringen

re·strain [rɪ'streɪn] ① **restrain someone from doing something** jemanden davon abhalten, etwas zu tun ② bändigen *Tier* ③ unterdrücken *Gefühl* ④ **restrain oneself** sich beherrschen

re·straint [rɪ'streɪnt] ① Einschränkung ② *von Gefühlen:* Beherrschung ③ **without restraint** ungehemmt

re·strict [rɪ'strɪkt] ① beschränken *Freiheit* ② begrenzen *Zeit* (**to** auf) **re·strict·ed** [rɪ'strɪktɪd] ① eingeschränkt; *Zulassung usw.:* begrenzt ② *Dokument:* geheim ③ **restricted area** Sperrgebiet; (*für Autos*) Gebiet mit Geschwindigkeitsbegrenzung **re·stric·tion** [rɪ'strɪkʃn] ① Beschränkung, Einschränkung ② **place restrictions on something** etwas beschränken; **without restrictions** uneingeschränkt ③ **speed restrictions** Geschwindigkeitsbegrenzung, -beschränkung **re·strict·ive** [rɪ'strɪktɪv] restriktiv, einschränkend

rest·room ['restruːm] (USA) [öffentliche] Toilette

re·struc·tur·ing [ˌriː'strʌktʃərɪŋ] Umstrukturierung

re·sult[1] [rɪ'zʌlt] ① sich ergeben, resultieren (**from** aus) ② **result in something** zu etwas führen

re·sult[2] [rɪ'zʌlt] ① Ergebnis, Resultat; **without result** ergebnislos ② Folge; **be the result of something** resultieren aus etwas ③ **as a result of this** folglich; **as a result of my inquiry** auf meine Anfrage hin ④ **get results** Erfolge erzielen

re·sume [rɪ'zjuːm] ① wieder aufnehmen *Arbeit* ② weitermachen mit *Tätigkeit* ③ fortfahren in *Erzählung* ④ fortsetzen *Reise* ⑤ wieder beginnen **ré·su·mé** ['rezjuːmeɪ] ① Resümee, Zusammenfassung ② (USA) Lebenslauf

re·sump·tion [rɪ'zʌmpʃn] ① Wiederaufnahme, Wiederbeginn; *von Arbeit:* ② *von Reise:* Fortsetzung

res·ur·rec·tion [ˌrezə'rekʃn] **the Resurrection** die Auferstehung

re·tailer ['riːteɪləʳ] Einzelhändler(in) **retail price** Einzelhandelspreis

re·tain [rɪ'teɪn] ① bewahren *Eigenschaft, Fähigkeit;* zurückbehalten *Gelder* ② **retain the facts** die Tatsachen [im Gedächtnis] behalten ③ **retain control of something** etwas weiterhin in der Gewalt, unter Kontrolle haben

re·take[1] [ˌriː'teɪk] ① zurückerobern *Stadt usw.* ② wiederholen *Prüfung*

re·take[2] ['riːteɪk] Wiederholung[sprüfung]

re·tali·ate [rɪ'tælɪeɪt] ① Vergeltung üben, sich revanchieren, sich rächen (**on** an) ② **he retaliated by pointing out that ...** er konterte, indem er darauf hinwies, dass ... **re·tali·ation** [rɪˌtælɪ'eɪʃn] Vergeltung, Vergeltungsschlag; **in retaliation for** als Vergeltung für

re·tard [rɪ'tɑːd] **mentally retarded** geistig zurückgeblieben

retch [retʃ] würgen

re·ten·tive [rɪ'tentɪv] *Gedächtnis:* aufnahmefähig

re·think[1] [ˌriː'θɪŋk] <rethought> **rethink a plan** einen Plan überdenken

re·think[2] [ˌriː'θɪŋk] **have a rethink** etwas noch einmal überdenken

reti·cent ['retɪsnt] zurückhaltend; **be reticent about something** in Bezug auf etwas nicht sehr gesprächig sein

re·tire [rɪ'taɪəʳ] ① in Rente gehen ② ausscheiden, zurücktreten (**from** aus) **re·tired** [rɪ'taɪəd] **a retired teacher** ein pensionierter Lehrer **re·tire·ment** [rɪ'taɪəmənt] ① Ausscheiden [aus dem Arbeitsleben] ② (*Periode*) Ruhestand ③ **come out of retirement** wieder zurückkommen ④ **live in retirement** zurückgezogen leben **retirement age** Pensionsalter, Rentenalter, Altersgrenze **retirement pay, retirement pension** Altersrente, Pension **re·tir·ing** [rɪ'taɪərɪŋ] ① *Charakter:* zurückhaltend, reserviert ② **retiring age** Altersgrenze

re·trace [riː'treɪs] **retrace one's steps** den gleichen Weg zurückgehen

re·tract [rɪ'trækt] ① **retract an offer** ein Angebot zurückziehen ② zurücknehmen *Äußerung* ③ einziehen, einfahren *Fahrgestell* ④ einen Rückzieher machen ⑤ *Krallen:* eingezogen werden **re·tract·able** [rɪ'træktəbl] zurückziehbar, einziehbar

re·train [riː'treɪn] **retrain someone** jemanden umschulen

re·treat[1] [rɪ'triːt] ① (*a. militärisch*) Rückzug; **beat a retreat** den Rückzug antreten ② (*übertragen*) Zuflucht[sort]

re·treat[2] [rɪ'triːt] ① den Rückzug antreten ② (*übertragen*) zurückweichen

re·trial [ˌriː'traɪəl] Wiederaufnahmeverfahren

ret·ri·bu·tion [ˌretrɪ'bjuːʃn] Vergeltung

re·trieve [rɪ'triːv] ① **retrieve something** etwas zurückholen ② **retrieve someone** jemanden bergen (**from** aus) ③ retten *Situation* ④ abfragen, abrufen, aufrufen *Daten usw.*

re·triever [rɪ'triːvəʳ] (*Hunderasse*) Retriever

retro·spect ['retrəspekt] **in retrospect** rückblickend, im Nachhinein

retro·spec·tive[1] [ˌretrə'spektɪv] rückblickend

retro·spec·tive[2] [ˌretrə'spektɪv] *Film:* Retrospektive

re·turn[1] [rɪ'tɜːn] ① zurückkommen; **return home** wieder nach Hause gehen; **return to school** wieder in die Schule gehen; **return to one's hometown** in seine Heimatstadt zurückkehren ② *Fahrzeug:* zurückfahren ③ wiederkehren; *Krankheit:* wieder auftreten ④ **return something** [**to someone**] [jemandem] etwas zurückgeben; (*mit der Post*) etwas zurückschicken ⑤ zurückweisen *Scheck* ⑥ erwidern *Gruß, Besuch* ⑦ **return a blow** zurückschlagen

re·turn[2] [rɪ'tɜːn] ① Rückkehr, Rückfahrt; **on my return** bei meiner Rückkehr; **return home** Heimkehr; **return to school** Schulbeginn ② **by return** [**of post**] postwendend ③ (*übertragen*) Wiederkehr ④ *von Eigenschaft usw.:* Rückgabe ⑤ **return ticket** Rückfahrkarte ⑥ *von Ball:* Rückschlag ⑦ **return to health** Genesung ⑧ **returns** *plural* Einkünfte ⑨ **in return** dafür; **in return for** für ⑩ **many happy returns** [**of the day**] herzlichen Glückwunsch zum Geburtstag ⑪ **tax return** Steuererklärung

return address Absender **return fare** Preis für Hin- und Rückfahrt **return flight** Rückflug **re·turn·ing of·fi·cer** [rɪ'tɜːnɪŋ'ɒfɪsəʳ] Wahlleiter(in) **return journey** Rückreise **return match** Rückspiel **return ticket** Rückfahrkarte, Rückflugschein

re·uni·fica·tion [riːˌjuːnɪfɪ'keɪʃn] Wiedervereinigung

re·un·ion [ˌriː'juːnɪən] ① Zusammenkunft ② (*Feier*) Treffen **re·unite** [ˌriːjuː'naɪt] ① **reunite a family** eine Familie wieder zusammenbringen ② **reunite a country** ein Land wiedervereinigen ③ wieder zusammenkommen

re·us·able [ˌriː'juːzəbl] wiederverwendbar

re·use [ˌriː'juːz] wiederverwenden; wiederverwerten *Abfall*

rev [rev] <revved> (*umgangsspr*) **rev up the engine** den Motor auf Touren bringen

re·veal [rɪ'viːl] ① **reveal something** etwas zum Vorschein bringen ② enthüllen, aufdecken *Tatsachen* ③ **reveal one's identity** seine Identität preisgeben

rev·el·ation [ˌrevə'leɪʃn] ① Aufdeckung, Enthüllung ② (*kirchlich*) Offenbarung; **the Book of Revelation**[**s**] die Offenbarung

revel·ler ['revələʳ] Feiernde(r)

re·venge[1] [rɪ'vendʒ] ① **revenge someone/something** jemanden/etwas rächen ② **be revenged for something** sich für etwas rächen ③ **revenge oneself on someone** sich an jemandem rächen

re·venge[2] [rɪ'vendʒ] ① Rache; **out of revenge** aus Rache; **in revenge for something** als Rache für etwas ② **get one's revenge** sich rächen; **he took revenge on his brother** er rächte sich an seinem Brüder

rev·enue ['revənjuː] ① Einkünfte, Einnahmen ② **state revenue** Staatseinkünfte, öffentliche Einnahmen ③ **Inland Revenue**

Colours and patterns

Farben und Muster

dogtooth check (GB), houndstooth check (USA)	Hahnentrittmuster
striped; with stripes	gestreift; mit Streifen
checked; check pattern	kariert; Karomuster
blue	blau
pink	rosa
red	rot
with a floral pattern, floral print	geblümt, mit Blumenmuster
with polka dots	mit Tupfen
wavy pattern	Wellenmuster
purple	violett, lila

11	orange	orange
12	with a green check (pattern)	grün kariert
13	yellow	gelb
14	green	grün
15	brown	braun
16	light blue	hellblau
17	light green	hellgrün
18	zigzag	Zickzack(muster)
19	tartan, plaid (USA)	Schottenkaro
20	paisley	türkisches Muster

Clothes

Kleidung

1	(pair of) flares	Hose mit Schlag
2	trench coat	Trenchcoat
3	coat, overcoat	Mantel
4	scarf	Schal
5	raincoat	Regenmantel
6	blouse	Bluse
7	sleeveless top, tanktop (USA)	ärmelloses Top
8	kilt	Schottenrock
9	skirt	Rock
10	(pair of) jeans	Jeans
11	jacket	Jakett
12	blazer	Blazer
13	windcheater (GB), Windbreaker® (USA)	Windjacke
14	quilted jacket (GB), down jacket (USA)	Daunenjacke
15	cardigan	Strickjacke
16	woollen hat (GB), woolen hat (USA)	Wollmütze
17	sweater, jumper (GB)	Pullover
18	(pair of) shorts	Shorts, kurze Ho
19	(pair of) trousers (GB) / pants (USA)	Hose
20	short-sleeved shirt	kurzärmeliges He
21	shirt	Hemd
22	tanktop (GB), knit vest (USA)	Pullunder
23	cap, hat (USA)	Mütze
24	T-shirt	T-Shirt
25	waistcoat (GB), vest (USA)	Weste
26	sweatshirt	Sweatshirt
27	gloves	Handschuhe

Shoes

Schuhe

1	heavy-duty boots, work boots	Arbeitsstiefel
2	rubber boots, wellingtons (GB)	Gummistiefel
3	sandals	Sandalen
4	lace-ups (GB), shoes with laces (USA)	Schnürschuhe
5	trainers (GB), sneakers (USA)	Turnschuhe
6	court shoes (GB), pumps (USA)	Pumps
7	moccasins	Mokassins
8	boots	Stiefel
9	slip-ons	Slipper
10	high-heeled shoes, high heels	Schuhe mit hohen Absätzen
11	sling-backs	Slingpumps

Hair and hairstyles

Haare und Frisuren

1	curly brown hair	lockiges braunes Haar
2	straight blond hair	glattes blondes Haar
3	frizzy black hair	krauses schwarzes Haar
4	thick red hair	dichtes rotes Haar
5	side parting (GB), side part (USA)	Seitenscheitel
6	bald head	Glatze
7	crew cut	Bürstenschnitt
8	fringe (GB), bangs (USA)	Pony
9	pony-tail	Pferdeschwanz
10	bob	Pagenkopf
11	(full) beard	Vollbart
12	moustache (GB), mustache (USA)	Schnurrbart

(GB) Finanzamt

rev·er·ence ['revərəns] ① Ehrfurcht, Verehrung (**for** für) ② **treat something with reverence** etwas ehrfürchtig behandeln

rev·er·end ['revərənd] ① Pastor, Pfarrer ② (*als Titel*) **the Reverend Peter Jones** Hochwürden Peter Jones

rev·er·ent ['revərənt] ehrfürchtig

re·verse[1] [rɪ'vɜːs] ① umgekehrt (**to** zu); *Richtung:* entgegengesetzt ② **in reverse order** in umgekehrter Reihenfolge ③ **reverse-charge call** R-Gespräch

re·verse[2] [rɪ'vɜːs] ① Gegenteil ② *von Münze:* Rückseite, Kehrseite ③ (*im Auto*) Rückwärtsgang; **go into reverse** in den Rückwärtsgang schalten

re·verse[3] [rɪ'vɜːs] ① **reverse something** etwas umkehren, umdrehen ② wenden *Kleid* ③ umstoßen *Entscheidung* ④ **reverse a car** [**into the garage**] rückwärts [in die Garage] fahren ⑤ **reverse the order of something** etwas herumdrehen ⑥ **reverse the charges** (*beim Telefonieren*) ein R-Gespräch führen ⑦ sich rückwärts bewegen

re·vers·ible [rɪ'vɜːsəbl] ① umkehrbar ② *Kleidung:* beidseitig tragbar ③ *Entscheidung:* umstoßbar

re·view[1] [rɪ'vjuː] ① Überprüfung; **come under review** überprüft werden ② *von Vergangenheit:* Rückblick (**of** auf) ③ (USA) *von Schulstoff:* Wiederholung ④ *von Buch:* Kritik, Rezension ⑤ Zeitschrift

re·view[2] [rɪ'vjuː] ① **review a policy** eine Politik überdenken ② **review the past week** auf die vergangene Woche zurückblicken ③ erneut überprüfen *Fall* ④ besprechen, rezensieren *Buch*

re·viewer [rɪ'vjuːə^r] Rezensent(in), Kritiker(in)

re·vise [rɪ'vaɪz] ① wiederholen *Lernstoff* ② überprüfen, revidieren *Text;* **revised edition** überarbeitete Ausgabe ③ überholen, revidieren *Meinung* **re·vi·sion** [rɪ'vɪʒn] ① *von Lernstoff:* Wiederholung ② Revision; *von Text:* überarbeitete Ausgabe; *von Meinung:* Revision ③ Überholen

re·vive [rɪ'vaɪv] ① wieder zu sich kommen ② **revive someone** jemanden wieder beleben ③ wieder erwecken *Interesse* ④ wieder aufleben lassen *Brauch* ⑤ wachrufen *Erinnerung*

re·volt[1] [rɪ'vəʊlt] ① Revolte, Aufruhr, Aufstand (**against** gegen) ② **rise in revolt** [*oder* **break out in revolt**] sich erheben, einen Aufstand machen; **be in revolt against** rebellieren gegen

re·volt[2] [rɪ'vəʊlt] ① revoltieren, rebellieren (**against** gegen) ② *Magen:* rebellieren (**at, against** bei, gegen) ③ (*übertragen*) jemanden anwidern

re·volt·ing [rɪ'vəʊltɪŋ] (*übertragen*) ekelhaft, widerlich; *Person auch:* abstoßend

rev·ol·ution [ˌrevə'luːʃn] (*auch übertragen*) Revolution **rev·ol·ution·ary**[1] [ˌrevə'luːʃənrɪ] Revolutionär(in)

rev·ol·ution·ary[2] [ˌrevə'luːʃənrɪ] revolutionär, umstürzlerisch

rev·ol·ution·ize [ˌrevə'luːʃnaɪz] **revolutionize science** die Wissenschaft revolutionieren

re·volve [rɪ'vɒlv] ① **revolve something** etwas drehen ② sich drehen; **revolve on an axis/around the sun** sich um eine Achse/um die Sonne drehen

re·volv·ing [rɪ'vɒlvɪŋ] **revolving door** Drehtür

re·vul·sion [rɪ'vʌlʃn] Abscheu, Ekel (**at** vor)

re·ward[1] [rɪ'wɔːd] ① Belohnung, Entgelt ② **as a reward for** als Belohnung für; **reward offered for the return of ...** Finderlohn für ...

re·ward[2] [rɪ'wɔːd] **reward someone** jemanden belohnen

re·ward·ing [rɪ'wɔːdɪŋ] lohnend, einträglich

re·wind [ˌriː'waɪnd] <rewound> ① **rewind something** etwas wieder aufwickeln ② wieder aufziehen *Uhr* ③ zurückspulen *Film, Tonband*

rhe·tori·cal [rɪ'tɒrɪkl] rhetorisch

rheu·ma·tism ['ruːmətɪzəm] Rheuma[tismus]

rhi·noc·eros [raɪ'nɒsərəs], *umgangsspr* **rhino** ['raɪnəʊ] Nashorn, Rhinozeros

rhom·bus ['rɒmbəs] Rhombus

rhu·barb ['ruːbɑːb] Rhabarber

rhyme[1] [raɪm] ① Reim ② Gedicht; **nursery rhyme** Kinderreim ③ **without rhyme or reason** ohne Sinn und Verstand

rhyme[2] [raɪm] [sich] reimen (**with** auf)

rhythm ['rɪðəm] Rhythmus **rhyth·mic**(**al**) ['rɪðmɪk(l)] rhythmisch

rib [rɪb] ① Rippe; **rib cage** Brustkorb ② **dig** [*oder* **poke**] **someone in the ribs** jemanden in die Rippen stoßen

rib·bon ['rɪbən] ① Band ② *von Schreibmaschine:* Farbband ③ **tear something to ribbons** etwas zerfetzen; (*übertragen*) etwas verreißen

rice [raɪs] Reis **rice pud·ding** Milchreis

rich[1] [rɪtʃ] ① reich, wohlhabend ② *Stil:* prächtig, großartig ③ *Essen, Wein:* schwer; **a rich diet** eine reichhaltige Kost ④ *Erde:* fruchtbar; **rich in minerals** reich an Bodenschätzen ⑤ *Farben:* satt ⑥ *Stimme:* voll, klangreich ⑦ (*übertragen*) köstlich

rich[2] [rɪtʃ] ① **the rich** ⚠ *Plural* die Reichen ② **riches** Reichtümer

rid [rɪd] <rid, rid> **rid oneself of someone/something** sich jemanden/etwas vom Halse schaffen; **be rid of someone/something** jemanden/etwas los sein; **he can't get rid of the suspicion** er wird den Verdacht nicht los

rid·den[1] ['rɪdn] *3. Form von* **ride**

rid·den[2] ['rɪdn] **ridden by fears** [*oder* **fear-ridden**] angsterfüllt; **disease-ridden** von Krankheiten befallen, geplagt; **doubt-ridden** von Zweifeln geplagt

riddle ['rɪdl] Rätsel

ride[1] [raɪd] <rode, ridden> ① reiten *Pferd* (**on** auf); **he rode his horse away** er ritt mit seinem Pferd weg ② fahren *Fahrrad* ③ **ride on a bus/in a train** in einem Bus/Zug fahren ④ **ride away** weg-, davonfahren

> **? Grammatik** **ride — rode — ridden:**
> *Have you ever ridden a pony?; Tessa rode ten miles on her bicycle.*

◆ **ride out** ① **ride out the storm** (*auch übertragen*) den Sturm überstehen ② (*zu Pferd*) ausreiten

◆ **ride up** *Kleid:* hochrutschen

ride[2] [raɪd] ① (*zu Pferd*) Ritt; **go for a ride** ausreiten ② (*mit dem Auto usw.*) Fahrt; (*mit dem Fahrrad*) Radfahrt ③ **give someone a ride** jemanden mitnehmen; **go for a ride in the car** eine Autofahrt machen ④ **have a rough ride** (*übertragen*) viel durchmachen müssen; **take someone for a ride** (*übertragen*) jemanden anschmieren

rider ['raɪdəʳ] ① *von Pferd:* Reiter(in) ② *von Motorrad usw.:* Fahrer(in)

ridge [rɪdʒ] ① *von Stoff:* Rippe ② Bergrücken, Kamm, Grat ③ [Dach]First ④ *von Nase:* Rücken

ridi·cule[1] ['rɪdɪkjuːl] Spott; **lay oneself open to ridicule** sich lächerlich machen; **hold someone up to ridicule** jemanden lächerlich machen

ridi·cule[2] ['rɪdɪkjuːl] **ridicule someone** jemanden verspotten

rid·icu·lous [rɪ'dɪkjʊləs] lächerlich

rid·ing ['raɪdɪŋ] Reiten **riding crop** Reitgerte **riding school** Reitschule

rifle ['raɪfl] Gewehr **rifle range** Schießstand

rift [rɪft] ① Spalt ② (*übertragen*) Riss

rig[1] [rɪg] ① auftakeln *Schiff* ② (*übertragen*) manipulieren *Wahlen* ③ **rig oneself/somebody out** sich/jemanden ausstaffieren; *Frau:* sich auftakeln ④ **rig up a tent/an aerial** ein Zelt/eine Antenne aufbauen

rig[2] [rɪg] ① *von Schiff:* Takelage ② **oil-rig** Ölbohrinsel ③ (USA) (*umgangsspr*) Sattelschlepper

rig·ging ['rɪgɪŋ] ① *von Schiff:* Auftakeln, Tauwerk ② (*übertragen*) *von Wahlergebnissen:* Manipulation

right[1] [raɪt] ① (*wahr, korrekt*) *Antwort, Zeit:* richtig; **right enough!** das stimmt!; **you're quite right** Sie haben ganz Recht; **put someone right** jemanden berichtigen; **do something the right way** etwas richtig machen; **on the right track** auf dem rechten [*oder* richtigen] Weg; **if I remember right** wenn ich mich recht erinnere; **do something right** etwas richtig machen; **nothing is going right for me** bei mir klappt nichts ② (*moralisch gut*) recht, richtig; **it's only right** es ist nur recht und billig; **do the right thing by someone** sich jemandem gegenüber anständig benehmen ③ (*geeignet*) richtig; **the right man for the job** der rechte Mann für die Stelle ④ (*in Ordnung*) richtig, korrekt; **put** [*oder* **set**] **something right** etwas richtig stellen ⑤ (*nicht links*) rechte(r, s); **right hand** rechte Hand; **right, left and centre** überall ⑥ rechts; **turn right** biegen Sie rechts ab ⑦ **feel right** sich wohl fühlen; **be as right as rain** kerngesund sein; **be in one's right mind** bei klarem Verstand sein ⑧ **right!** [*oder* **right-oh!**] gut, schön, okay ⑨ genau; **right in front of you** direkt vor Ihnen; **right here** genau hier ⑩ (*völlig*) ganz; **rotten right through** durch und durch verfault ⑪ **right away** [*oder* **off**] sofort, schnurstracks; **right off** auf Anhieb; **right now** in diesem Augenblick

right² [raɪt] ① Recht; **be in the right** im Recht sein; **know right from wrong** Recht von Unrecht unterscheiden können; **put something to rights** etwas in Ordnung bringen ② Anrecht, Anspruch; **have a right to something** einen Anspruch auf etwas haben; **right to strike** Streikrecht; **by what right?** mit welchem Recht?; **by rights** rechtmäßig, von Rechts wegen ③ rechte Seite; **drive on the right** rechts fahren; **keep to the right** sich rechts halten ④ **the Right** (*politisch*) die Rechte ⑤ **in one's own right** selber, selbst

right³ [raɪt] ① **right a boat/box** ein Boot/einen Kasten aufrichten ② **the problem should right itself** das Problem müsste sich von selbst lösen

right angle rechter Winkel; **at right angles** rechtwinklig (**to** zu) **right-angled** ['raɪtæŋgld] rechtwinklig

right·ful ['raɪtfl] ① rechtmäßig ② *Bestrafung:* gerecht

right-hand ['raɪthænd] rechte(r, s); **he's my right-hand man** er ist meine rechte Hand **right-hand drive** rechtsgesteuert; **this car has right-hand drive** dieser Wagen hat das Steuer rechts **right-handed** [ˌraɪt'hændɪd] ① rechtshändig ② *Schlag:* mit der rechten Hand **right-hander** [ˌraɪt'hændəʳ] ① Rechtshänder(in) ② (*Schlag*) Rechte

right·ly ['raɪtlɪ] ① richtig; **rightly or wrongly** ob das nun richtig ist oder nicht; **I don't rightly know** ich weiß nicht genau ② mit [*oder* zu] Recht; **and rightly so** und zwar mit Recht

right-minded [ˌraɪt'maɪndɪd] vernünftig **right of way** Wegerecht *von Auto:* Vorfahrt **right wing** (*politisch u. sportlich*) rechter Flügel **right-wing** (*politisch*) rechtsgerichtet; **right-wing extremism** Rechtsextremismus

ri·gid ['rɪdʒɪd] ① starr, steif; **rigid with fear** starr vor Angst ② (*übertragen*) unbeugsam, unnachgiebig ③ *Disziplin:* streng ④ *System:* starr

rig·or·ous ['rɪgərəs] ① *Maßnahmen:* rigoros ② *Disziplin:* streng, strikt ③ *Test:* gründlich

rim [rɪm] *von Tasse usw.:* Rand

rind [raɪnd] ① [Käse]Rinde ② *von Schinken:* Schwarte ③ *von Frucht:* Schale

ring¹ [rɪŋ] ① *von Glocken:* Klang, Läuten, Klingeln; **there was a ring at the door** es hat geläutet ② Anruf; **give someone a ring** jemanden anrufen ③ (*übertragen*) Klang; **that has the ring of truth** das klingt glaubhaft

ring² [rɪŋ] ① Ring; **have rings round one's eyes** Ringe unter den Augen haben; **stand in a ring** im Kreis stehen ② [Box]Ring; *von Zirkus:* Manege ③ (*Gruppe*) Ring; (*wirtschaftlich*) Kartell ④ **run rings round someone** jemanden in die Tasche stecken

ring³ [rɪŋ] <rang, rung> ① *Glocke:* klingen, läuten; **the doorbell rang** es hat geläutet; **ring for someone** nach jemandem läuten; **ring at the door, ring the doorbell** an der Tür läuten ② *Worte:* tönen, schallen, erklingen; **ring false/true** falsch/wahr klingen ③ **my ears are ringing** mir klingen die Ohren ④ (*telefonieren*) **ring someone up** jemanden anrufen ⑤ **that rings a bell** das kommt mir bekannt vor

? Grammatik **ring —rang —rung:** *Peter rang the doorbell; has Mary rung yet?*

◆ **ring back ring [someone] back** (*telefonisch*) jemanden zurückrufen

◆ **ring off** aufhängen, den Hörer auflegen

◆ **ring up ring someone up** jemanden anrufen

ring binder ['rɪŋbaɪndəʳ] Ringbuch, Ringordner

ring-fin·ger ['rɪŋfɪŋgəʳ] Ringfinger

ring·ing ['rɪŋɪŋ] *Lachen:* schallend

ringing tone (*am Telefon*) Freizeichen, Rufzeichen

ring·leader ['rɪŋliːdəʳ] Rädelsführer(in)

ring·let ['rɪŋlɪt] Ringellocke

ring road ['rɪŋrəʊd] Ringstraße **ring·side** ['rɪŋsaɪd] **at the ringside** am Ring; **have a ringside seat** einen Logenplatz haben

rink [rɪŋk] Eisbahn, Rollschuhbahn

rinse¹ [rɪns] ① **rinse something** [ab-, aus]spülen; **rinse one's hands** sich die Hände abspülen ② **rinse down something** etwas abspülen ③ **rinse out the clothes** die Kleider auswaschen

rinse² [rɪns] ① Spülung ② (*Haarfarbe*) Tönung

riot¹ ['raɪət] ① Aufstand, Aufruhr; **riot squad** Überfallkommando ② (*Tumult*) Krawall ③ **run riot** randalieren; *Pflanzen:* wuchern ④ **be a riot** zum Schreien sein

riot[2] ['raɪət] randalieren

rioter ['raɪətəʳ] Aufrührer(in), Unruhestifter(in) **riot gear** Schutzausrüstung **riot·ing** ['raɪətɪŋ] **rioting in the streets** Straßenkrawalle

rip[1] [rɪp] ① **rip something** einen Riss in etwas machen, etwas zerreißen; **rip a parcel open** ein Paket aufreißen ② *Stoff:* reißen ③ **let rip** loslegen

rip[2] [rɪp] Riss, Schlitz

◆ **rip down** **rip down a poster** ein Poster herunterreißen

◆ **rip off** ① **rip a mask off** eine Maske abreißen ② (*slang*) **rip someone off** jemanden beklauen

◆ **rip out** **rip a page out of a book** eine Seite aus einem Buch herausreißen

◆ **rip up** **rip up a letter** einen Brief zerreißen

ripen ['raɪpən] ① reifen ② **ripen a pear** eine Birne reifen lassen

rip-off ['rɪpɒf] Wucher, Nepp, Schwindel

rise[1] [raɪz] <rose, risen> ① sich erheben *Rauch usw.:* aufsteigen ② *Preis:* ansteigen ③ *Lift:* hochfahren, nach oben fahren ④ *Vorhang:* sich heben ⑤ *Mond:* aufgehen ⑥ *Sturm:* aufkommen ⑦ *Stimme:* höher werden ⑧ *Gebäude:* entstehen ⑨ *Hoffnung:* steigen, wachsen, zunehmen ⑩ *Berg:* sich erheben ⑪ **rise up** aufstehen; (*auch übertragen*) sich erheben ⑫ **rise to the surface** an die Oberfläche kommen

rise[2] [raɪz] ① *von Sonne:* Aufgang; *von Vorhang:* Aufgehen ② *von Preisen:* Anstieg; *von Temperatur:* Zunahme; **a rise in the population** ein Bevölkerungszuwachs ③ (*Hügel*) Erhebung, Steigung ④ **[pay] rise** Gehaltserhöhung ⑤ **crime is on the rise** die Verbrechensrate ist ansteigend ⑥ **give rise to speculation** Anlass zu Spekulation geben

risen ['rɪzn] *3. Form von* **rise**

riser ['raɪzəʳ] **early/late riser** Früh-/Spätaufsteher(in)

ris·ing[1] ['raɪzɪŋ] ① *Kosten, Temperatur:* steigend ② *Sonne:* aufgehend ③ *Wind:* aufkommend ④ *Wut:* wachsend ⑤ **she's rising twelve** sie ist fast zwölf

ris·ing[2] ['raɪzɪŋ] ① [Auf-, An]Steigen ② *Sonne:* Aufgang ③ (*Rebellion*) Aufstand

risk[1] [rɪsk] ① Gefahr; **at one's own risk** auf eigene Gefahr; **at the risk of his life** unter Einsatz seines Lebens; **children at risk** gefährdete Kinder; **put someone at risk** jemanden gefährden ② Risiko; **take** [*oder* **run**] **a risk doing something** ein Risiko eingehen, etwas zu tun

risk[2] [rɪsk] **risk something** etwas riskieren; **risk one's life** sein Leben aufs Spiel setzen

risky ['rɪskɪ] riskant, gewagt

ri·val[1] ['raɪvl] ① Rivale, Rivalin ② **business rival** Konkurrent(in)

ri·val[2] ['raɪvl] konkurrierend

ri·valry ['raɪvlrɪ] Rivalität; (*wirtschaftlich*) Konkurrenz

river ['rɪvəʳ] ① Fluss, Strom ② **down river** flussabwärts; **up river** flussaufwärts **river bed** Flussbett **river police** Wasserpolizei **river·side** ['rɪvəsaɪd] Flussufer; **on the riverside** am Fluss

riv·et·ing[1] ['rɪvətɪŋ] Nieten

riv·et·ing[2] ['rɪvətɪŋ] (*übertragen*) fesselnd

RN [ˌɑːr'en] *Abkürzung von* **Royal Navy** (GB) Königliche Marine

road [rəʊd] ① [Land]Straße; **the Oxford road** die Straße nach Oxford; **is this the road to ...?** geht es hier nach ...?; **by road** *von Gütern:* per Spedition; *von Menschen:* mit dem Auto/Bus; **just across the road** gerade gegenüber ② **the car is off the road** das Auto hat eine Panne; **be on the road** unterwegs sein; *von Theater usw.:* auf Tournee sein ③ (*übertragen*) Weg; **be on the right road** auf dem richtigen Weg sein; **on the road to success** auf dem Weg zum Erfolg **road accident** Verkehrsunfall **road·block** Straßensperre **road haulage** Spedition **road·hog** (*umgangsspr*) Verkehrsrowdy **road map** Straßenkarte, Autokarte **road rage** aggressive Fahrweise **road safety** Verkehrssicherheit **roadside** ['rəʊdsaɪd] Straßenrand **road sign** [Straßen]Verkehrszeichen, -schild **road·works** ['rəʊdwɜːks] *plural* Straßenbauarbeiten

roam [rəʊm] ① **roam about** umherschweifen, herumwandern ② **roam the streets** herumstreunen

roar[1] [rɔːʳ] ① *Tier, Mensch:* brüllen; **roar with laughter** vor Lachen brüllen; **roar at someone** jemanden anbrüllen ② *Feuer:* prasseln ③ *Wind:* heulen ④ *Wasser:* tosen ⑤ *Donner:* toben ⑥ *Gewehr:* donnern

roar[2] [rɔːʳ] ① *von Löwe:* Gebrüll ② *von Feuer:* Prasseln ③ *von Wind:* Heulen ④ *von Wasser:* Tosen ⑤ *von Sturm:* Toben, Heulen ⑥ **roars**

of laughter brüllendes Gelächter

roar·ing [rɔːʳɪŋ] ① *Löwe:* brüllend (**with** vor) ② *Sturm, Wasser:* donnernd, tosend ③ *Feuer:* prasselnd ④ **a roaring success** ein durchschlagender Erfolg; **do a roaring trade** ein Riesengeschäft machen

roast[1] [rəʊst] ① braten *Fleisch* ② rösten *Kaffee* ③ (*übertragen*) *Mensch:* in der Sonne braten

roast[2] [rəʊst] Braten; **pork roast** Schweinebraten

roast[3] [rəʊst] gebraten; **roast pork** Schweinebraten

roast beef Roastbeef **roast chicken** Brathuhn **roasting** glühend heiß

rob [rɒb] <robbed> ① rauben *Sache* ② berauben *Person;* **she's been robbed** sie ist bestohlen geworden; **rob someone of something** jemanden einer Sache berauben, jemandem etwas wegnehmen **rob·ber** ['rɒbəʳ] Räuber(in) **rob·bery** ['rɒbərɪ] Raub; **bank robbery** Bankraub

robe [rəʊb] ① Robe; *von Richter usw.:* Talar ② (USA) Morgenmantel, Bademantel

robin ['rɒbɪn] Rotkehlchen

ro·bot ['rəʊbɒt] Roboter

rock[1] [rɒk] ① Gestein, Fels[en] ② Felsbrocken, großer Stein; **falling rocks** Steinschlag; **as solid as a rock** massiv wie ein Fels; (*übertragen*) *Mensch:* unerschütterlich ③ Lutschstange, Kandis ④ **on the rocks** *Getränk:* mit Eiswürfeln; *Heirat:* kaputt

rock[2] [rɒk] ① **rock a baby** ein Kind wiegen; **rock someone to sleep** jemanden in den Schlaf wiegen ② **rock something** etwas rütteln, erschüttern, etwas ins Wanken bringen ③ **rock the boat** (*übertragen*) für Unruhe sorgen ④ schaukeln ⑤ schwanken; *Schiff:* schlingern ⑥ *Musik:* rocken ⑦ **rock with laughter** sich schütteln vor Lachen

rock[3] [rɒk] **rock music** Rock[musik]; **Rock 'n' Roll** Rock 'n' Roll

rock-bot·tom [ˌrɒk'bɒtəm] Tiefpunkt, Nullpunkt; **rock-bottom prices** Tiefstpreise

rock climbing Klettern, Klettersport

rocker ['rɒkəʳ] ▸ IN WENDUNGEN: **be** [*oder* **go**] **off one's rocker** (*umgangsspr*) übergeschnappt sein, überschnappen

rock·ery ['rɒkrɪ] Steingarten

rocket[1] ['rɒkɪt] Rakete

rocket[2] ['rɒkɪt] *Preise:* rasch steigen, hochschnellen

rock·ing ['rɒkɪŋ] schaukelnd

rocking chair Schaukelstuhl **rocking horse** Schaukelpferd

rock mu·sic ['rɒk'mjuːzɪk] Rockmusik

rock salt Steinsalz

rock star ['rɒkstaːʳ] Rockstar

rocky[1] ['rɒkɪ] felsig, steinig

rocky[2] ['rɒkɪ] (*umgangsspr*) schwankend, wackelig

rod [rɒd] ① Rute, Gerte; **fishing rod** Angelrute ② Stab, Stange

rode [rəʊd] *2. Form von* **ride**

ro·dent ['rəʊdnt] Nagetier

roe[1] [rəʊ] [Fisch]Rogen

roe[2] [rəʊ] **roe deer** Reh

roger ['rɒdʒəʳ] (*beim Funkverkehr*) verstanden

rogue [rəʊg] Schuft, Schurke, Strolch, Schlingel

role [rəʊl] (*auch übertragen*) Rolle; **leading role** Hauptrolle; **title role** Titelrolle **role model** Rollenbild **role play** Rollenspiel **role reversal** Rollentausch

roll[1] [rəʊl] ① *auch Augen, Wogen:* rollen; **roll down the hill** den Berg hinunterkugeln; **roll something between one's fingers** etwas zwischen den Fingern drehen ② *Trommel:* wirbeln ③ *Schiff:* schlingern ④ *Donner:* grollen ⑤ **he's rolling in money** er schwimmt im Geld ⑥ drehen *Zigarette* ⑦ ausrollen *Teig* ⑧ **rolled oats** Haferflocken ⑨ **roll one's r's** das R rollen

roll[2] [rəʊl] ① *von Papier:* Rolle ② *von Stoff:* Ballen ③ *von Banknoten:* Bündel ④ **bread roll** Brötchen ⑤ (*Bewegung*) Rollen; **do a roll** eine Rolle machen ⑥ *von Donner:* Rollen, Brausen ⑦ **a roll of film** eine Rolle Film ⑧ **be on a roll** eine Glückssträhne haben ⑨ **roll of honour** Ehrenliste; **strike someone's name off the rolls** jemandes Namen von der Liste streichen

◆ **roll back** ① zurückrollen *Teppich* ② **roll back the years** die Uhr zurückdrehen

◆ **roll by** ① *Auto:* vorbeirollen ② *Wolken:* vorbeiziehen ③ *Jahre:* dahinziehen

◆ **roll in** *Briefe, Geld, Ideen:* hereinströmen

◆ **roll on** ① weiterrollen ② *Zeit:* verfliegen

◆ **roll out** ① ausrollen *Teig* ② **roll out the red carpet for someone** (*übertragen*) für jemanden den roten Teppich ausrollen

◆ **roll over** ① herumrollen ② *Fahrzeug:* umkippen ③ *Person:* sich umdrehen; **roll**

R

something over etwas umdrehen
◆ **roll up** ① **roll up a carpet** ein Teppich aufrollen, zusammenrollen ② hochkrempeln *Ärmel* ③ kommen, erscheinen; **roll up! roll up!** treten sie näher!

roll bar *von Auto:* Überrollbügel **roll call** ['rəʊlkɔːl] Namensaufruf **roll collar** Rollkragen

roller ['rəʊləʳ] ① Rolle, Walzer ② **pastry roller** Nudelholz ③ **hair roller** Lockenwickler; **put one's hair in rollers** sich die Haare aufdrehen ④ (*Welle*) Brecher **roller blind** Springrollo **roller coaster** Achterbahn, Berg-und-Tal-Bahn **roller skate** ['rəʊləskeɪt] Rollschuh **roller skate** ['rəʊləskeɪt] Rollschuh laufen

rolling pin Nudelholz, Teigrolle

roll-neck ['rəʊlnek] Rollkragen

Ro·man¹ ['rəʊmən] römisch; **Roman numerals** römische Ziffern

Ro·man² ['rəʊmən] Römer(in)

ro·mance¹ [rəʊ'mæns] ① Romanze ② Liebesgeschichte, Ritter-, Abenteuer-, Liebesroman ③ (*übertragen*) Romantik

ro·mance² [rəʊ'mæns] **Romance languages** romanische Sprachen

Ro·ma·nia [rə'meɪnɪə] Rumänien **Ro·ma·nian**¹ [rə'meɪnɪən] rumänisch

Ro·ma·nian² [rə'meɪnɪən] ① Rumäne, Rumänin ② (*Sprache*) [das] Rumänisch[e]

ro·man·tic¹ [rəʊ'mæntɪk] ① romantisch ② (*übertragen*) romantisch veranlagt

ro·man·tic² [rəʊ'mæntɪk] Romantiker(in)

Rome ['rəʊm] Rom

roof [ruːf] ① Dach ② **the roof of the mouth** der Gaumen ③ **raise the roof** [etwas tun,] dass die Wände wackeln **roof garden** Dachgarten **roof rack** *von Auto:* Dachgepäckträger

rook [rʊk] ① Saatkrähe ② (*beim Schach*) Turm

rookie ['rʊkɪ] (USA) (*slang*) Neuling, Grünschnabel

room [ruːm] ① Zimmer, Raum; **rooms to let** Zimmer zu vermieten; **room and board** Unterkunft und Verpflegung ② Platz; **there is room for two** es ist genügend Platz für zwei; **make room for someone** jemandem Platz machen ③ (*übertragen*) Spielraum; **there is no room for doubt** es kann keinen Zweifel geben; **there is room for improvement** es ließe sich noch manches verbessern **room·ful** [ruːmfʊl] **a roomful of people** ein Zimmer voll[er] Leute **room·mate** (USA) Zimmergenosse, -genossin **room service** Zimmerservice **roomy** ['ruːmɪ] geräumig

rooster ['ruːstəʳ] Hahn

root¹ [ruːt] ① *von Pflanze, Haar, Zahn:* Wurzel; **by the roots** mit der Wurzel; **take root** Wurzeln schlagen ② (*übertragen*) Grundlage, Ursache; **the root of the matter** der Kern der Sache; **get to the root of the problem** dem Problem auf den Grund gehen, das Problem bei den Wurzeln packen ③ **have no roots** nirgends zu Hause sein; **put down roots in a country** in einem Land Fuß fassen

root² [ruːt] ① Wurzeln schlagen ② **the problem is deeply rooted** das Problem ist tief verwurzelt ③ **root something out** etwas mit der Wurzel ausreißen; (*übertragen*) etwas aufspüren

> **i Land & Leute** **Root beer** nennt man eine amerikanische Art Limonade mit verschiedenen Wurzelextrakten. Daraus kann man auch einen **root beer float** machen: Man gibt Milchspeiseeis in das root beer und trinkt es mit einem Strohhalm.

root vegetable Wurzelgemüse

rope¹ [rəʊp] ① Seil; *von Schiff:* Tau ② **know the ropes** sich auskennen; **show someone the ropes** jemanden in alles einweihen

rope² [rəʊp] ① **rope something** etwas verschnüren ② mit dem Lasso fangen *Tier* ③ **rope someone in** jemanden einspannen ④ **rope an area off** ein Gebiet mit einem Seil absperren

rope ladder Strickleiter **rop(e)y** ['rəʊpɪ] (*slang*) miserabel, mitgenommen; **I feel a bit ropey** mir geht's nicht so gut, nicht besonders

rose¹ [rəʊz] *2. Form von* **rise**

rose² [rəʊz] ① Rose ② (*Farbe*) Rosa

rose³ [rəʊz] rosa[rot]

rose·bud Rosenknospe **rose·bush** Rosenstrauch **rose garden** Rosengarten **rose·hip** Hagebutte

rose·mary ['rəʊzmərɪ] Rosmarin

ros·ter ['rɒstəʳ] Dienstplan

rosy ['rəʊzɪ] ① rosarot, rosig ② *Zukunft, Aussichten:* rosig

rot[1] [rɒt] <rotted> ① [ver]faulen; **rot away** verfaulen, vermodern ② (*übertragen*) verkommen, verderben

rot[2] [rɒt] ① Fäulnis, Moder ② **dry rot** Trockenfäule

rota ['rəʊtə] GB Dienstplan

rota system Rotationsprinzip

ro·tate [rəʊ'teɪt] ① sich drehen; **rotate a wheel** ein Rad rotieren lassen ② (*übertragen*) [sich] turnusmäßig [ab]wechseln; **rotate jobs** Aufgaben turnusmäßig erledigen **ro·ta·tion** [rəʊ'teɪʃn] ① Umdrehung, Rotation ② (*übertragen*) turnusmäßiger Wechsel; **by** [*oder* **in**] **rotation** abwechselnd, im Turnus

rote [rəʊt] **learn something by rote** etwas auswendig lernen

rot·ten ['rɒtn] ① *Zahn, Ei:* faul ② *Holz:* morsch ③ *Früchte:* verdorben ④ (*übertragen*) korrupt, verdorben ⑤ *Wetter, Zustand:* mies ⑥ **what rotten luck!** so ein Pech!

rough[1] [rʌf] ① rau; *Gelände:* uneben; *Straße:* holprig; *See:* rau, stürmisch ② *Geschmack:* rau; *Wein:* sauer ③ *Ton:* hart; *Worte:* grob, hart ④ *Benehmen:* ungehobelt, roh; *Behandlung:* grob, hart; **be rough with someone** grob mit jemandem umgehen ⑤ *Sport:* hart ⑥ *Rechnung:* grob, ungefähr ⑦ *Entwurf, Manuskript:* roh; **rough book** (*in der Schule*) Schmierheft; **rough copy** Konzept; **rough paper** Konzeptpapier ⑧ **he had a rough time** (*umgangsspr*) er hat eine schlimme Zeit durchgemacht ⑨ **she feels rough today** (*umgangsspr*) heute fühlt sie sich mies ⑩ wüst, wild; **sleep rough** im Freien übernachten

rough[2] [rʌf] **take the rough with the smooth** die Dinge nehmen, wie sie kommen

rough[3] [rʌf] ① **rough it** primitiv leben ② **rough out a plan** ein Plan grob entwerfen

◆ **rough up** ① zerzausen *Haar* ② **rough someone up** jemanden zusammenschlagen

rough-and-tumble Balgerei, Schlägerei

roughen ['rʌfn] ① **roughen something** etwas uneben machen, etwas rau machen ② *Haut:* rau werden ③ *Ton:* hart werden

rough·ly ['rʌflɪ] ① rau, grob, barsch ② ungefähr ③ **roughly speaking** grob geschätzt

round[1] [raʊnd] ① rund ② *Figur:* rundlich ③ **round figure** [*oder* **number**] runde Zahl

round[2] [raʊnd] ① *Verhandlungen:* Runde; **round of talks** Gesprächsrunde ② (*Rundgang*) *von Polizei:* Runde; **the postman's making his rounds** der Briefträger macht seine Runde ③ (*beim Sport, Spiel*) Runde; **a round of golf** eine Runde Golf ④ (*in der Musik*) Kanon ⑤ **a round of toast** eine Scheibe Toast ⑥ **pay for a round** [**of drinks**] eine Runde bezahlen ⑦ **a round of applause** Applaus ⑧ **a round of ammunition** eine Ladung

round[3] [raʊnd] ① runden, rund machen *Lippen, Rücken* ② **round the corner** um die Ecke biegen

round[4] [raʊnd] ① [rings]herum, rund[her]um; **all** [*oder* **right**] **round** ganz herum; **round and round** rundherum; **the long way round** der längere Weg ② **the other way round** umgekehrt ③ **he'll be round at 2 o'clock** er wird um 2 Uhr da sein ④ **for the second time round** zum zweiten Mal; **all** [**the**] **year round** das ganze Jahr über ⑤ **taking things all round** [*oder* **taken all round**] insgesamt gesehen, wenn man alles zusammennimmt ⑥ um … herum; **round the table** um den Tisch; **all round the house** im ganzen Haus; **go round a corner** um eine Kurve, Ecke gehen; **look round a house** sich ein Haus ansehen; **show someone round a town** jemandem eine Stadt zeigen; **she's doing a tour round the world** sie macht eine Weltreise; **does he live round here?** wohnt er hier in der Nähe? ⑦ ungefähr; **round** [**about**] **4 o'clock** ungefähr um 4 Uhr; **somewhere round £50** so um die 50 Pfund

◆ **round down** abrunden *Preis*

◆ **round off** ① abrunden *Preis, Zahl* ② beschließen *Mahlzeit*

◆ **round up** ① zusammentrommeln *Leute;* hochnehmen *Verbrecher* ② zusammentreiben *Vieh* ③ aufrunden *Preis*

round·about[1] ['raʊndəbaʊt] ① **roundabout route** Umweg; **by roundabout means** auf Umwegen ② **what a roundabout way of doing things!** wie kann man nur so umständlich sein!

round·about[2] ['raʊndəbaʊt] ① Karussell ② GB Kreisverkehr, Kreisel

round-the-clock rund um die Uhr **round trip**

Rundreise; (USA) Hin-und-Rückfahrt **round-trip ticket** (USA) Rückfahrkarte **round-up** ['raʊndʌp] **a round-up of the news** eine Zusammenfassung der Nachrichten

rous·ing ['raʊzɪŋ] ① *Applaus:* stürmisch ② *Rede:* zündend, mitreißend ③ *Musik:* schwungvoll

route [ru:t, (USA) raʊt] ① Strecke, Route ② **bus route** Buslinie ③ **he has a paper route** (USA) er trägt Zeitungen aus

rou·tine[1] [ru:'ti:n] Routine; **as a matter of routine** routinemäßig

rou·tine[2] [ru:'ti:n] ① routine-, gewohnheitsmäßig; **routine search** Routinedurchsuchung ② **it's routine procedure** es ist Routine ③ **routine duties** tägliche Pflichten

row[1] [rəʊ] Reihe; **in rows** reihenweise; **stand in a row** sich anstellen, in einer Reihe stehen

row[2] [rəʊ] rudern; **row someone across a river** jemanden einen Fluss hinüberrudern

row[3] [rəʊ] Ruderfahrt, -strecke; **go for a row** rudern gehen

row[4] [raʊ] ① Lärm, Krach ② Streit; **have a row with someone** mit jemandem Krach haben

row[5] [raʊ] sich streiten

row·boat ['rəʊbəʊt] (USA) Ruderboot

rowdy ['raʊdɪ] laut, randalierend

rower ['rəʊəʳ] Ruderer, Ruderin

row·ing ['rəʊɪŋ] Rudern, Rudersport **row·ing boat** ['rəʊɪŋbəʊt] (GB) Ruderboot **rowing club** Ruderklub

royal[1] ['rɔɪəl] königlich

royal[2] ['rɔɪəl] Mitglied der königlichen Familie

Royal Highness **Your/His Royal Highness** Eure/Seine Königliche Hoheit **royal·ist** ['rɔɪəlɪst] Royalist(in) **roy·alty** ['rɔɪəltɪ] ① Persönlichkeiten der königlichen Familie ② **royalties** Tantiemen

rub[1] [rʌb] <rubbed> ① reiben; **rub something** etwas reiben (**on, against** an); **rub one's hands** [**together**] sich die Hände reiben ② **rub oneself with a lotion** sich mit einer Lotion einreiben; **rub something dry** etwas trockenreiben ③ **rub shoulders with someone** mit jemandem in Berührung kommen

rub[2] [rʌb] Reiben; **give something a rub** etwas reiben

◆ **rub down** ① **rub something down** etwas abreiben ② striegeln *Pferd*

◆ **rub in** ① einreiben *Salbe* ② **rub it in** (*übertragen*) darauf herumreiten

◆ **rub off** ① *Schmutz:* abgehen; **rub dirt off** den Schmutz wegreiben ② *Farbe:* abreiben ③ **rub off on someone** (*übertragen*) auf jemanden abfärben

◆ **rub out** **rub an error out** einen Fehler ausradieren

◆ **rub up** ① **rub something up** blank reiben ② **rub someone up the wrong way** (*übertragen*) bei jemandem anecken

rub·ber ['rʌbəʳ] ① Gummi ② (GB) Radiergummi ③ (USA) (*umgangsspr*) Kondom **rubber band** Gummiband **rubber boots** *plural* Gummistiefel **rubber glove** Gummihandschuh **rub·bery** ['rʌbərɪ] gummiartig; *Fleisch:* zäh

rub·bish ['rʌbɪʃ] ① Abfall, Abfälle; **household rubbish** Hausmüll ② (*übertragen*) Blödsinn; **don't talk rubbish** red keinen Quatsch! **rubbish bin** Abfalleimer, Mülleimer **rubbish chute** Müllschlucker **rubbish collection** Müllabfuhr **rubbish container** (GB) Müllcontainer **rubbish dump**, **rubbish tip** Müllkippe **rub·bishy** ['rʌbɪʃɪ] wertlos; (*umgangsspr*) blödsinnig

rubble ['rʌbl] Trümmer

ruby[1] ['ru:bɪ] Rubin

ruby[2] ['ru:bɪ] rubinrot

ruck·sack ['rʌksæk] Rucksack

rud·der ['rʌdəʳ] Ruder **rud·der·less** ['rʌdəʳləs] ohne Ruder; (*übertragen*) führungslos

ruddy ['rʌdɪ] *Gesichtsfarbe:* rot, gesund

rude [ru:d] ① *Person:* unhöflich, unverschämt, grob ② *Witz:* unanständig ③ **it's rude to stare** man starrt andere Leute nicht an; **a rude awakening** ein böses Erwachen

ru·di·men·tary [ˌru:dɪ'mentrɪ] elementar; **rudimentary knowledge** Grundkenntnisse

ruffle ['rʌfl] ① **ruffle something** etwas kräuseln; **the bird ruffled up its feathers** der Vogel plusterte sich auf ② zerzausen *Haare* ③ **she's easily ruffled** man bringt sie leicht aus der Fassung

rug [rʌg] ① Teppich; **bedside rug** Bettvorleger ② Wolldecke

rugby ['rʌgbɪ] Rugby

rug·ged ['rʌgɪd] ① *Grund:* felsig; *Landschaft:* rau ② *Fels:* zerklüftet ③ *Gesicht:* markig

ruin[1] ['ruːɪn] ① *von Gebäude:* Verfall; **go** [*oder* **fall**] **to ruin** verfallen ② **ruins** *plural* Ruinen, Trümmer ③ Ruin; *von Hoffnung:* Ende; **she's facing ruin** sie steht vor dem Ruin

ruin[2] ['ruːɪn] ① verwüsten, zerstören *Gebäude, Leben* ② ruinieren *Ruf* ③ verderben *Kind, Gesundheit* ④ **be ruined** (*finanziell*) ruiniert sein

rule[1] [ruːl] ① Regel; *von Spielen:* Spielregel; **as a rule** in der Regel; **against the rules** regelwidrig; **play by the rules** die Spielregeln einhalten; **make it a rule to do something** es sich zur Regel machen, etwas zu tun ② (*Verwaltung*) Vorschrift, Bestimmung; **it's a rule that …** es ist Vorschrift, dass … ③ Herrschaft, Regierungszeit; **the rule of law** die Rechtsstaatlichkeit

rule[2] [ruːl] ① *Monarch, Diktator:* beherrschen, regieren; **the Queen doesn't rule Great Britain** die Königin herrscht nicht über Großbritannien; **he's ruled by jealousy** er wird von Eifersucht beherrscht ② *Gericht:* entscheiden; **rule in favour of/against someone** zugunsten von jemandem/gegen jemanden entscheiden ③ linieren *Papier*
◆ **rule out** ① **rule out a mistake** einen Fehler ausschließen ② **rule out an idea/a plan** eine Idee/einen Plan unmöglich machen

rule·book ['ruːlbʊk] Regelheft, Vorschriftenbuch **ruler** ['ruːləʳ] ① Herrscher (**of** über) ② Lineal **rul·ing**[1] ['ruːlɪŋ] ① *Meinung:* herrschend; *Charakterzug:* vorherrschend ② **the ruling class** die herrschende Klasse; **the ruling party** die Regierungspartei

rul·ing[2] ['ruːlɪŋ] *von Gericht, Richter:* Entscheidung

rum [rʌm] Rum

rumble[1] ['rʌmbl] ① *Donner:* grollen ② *Magen:* knurren

rumble[2] ['rʌmbl] *von Donner:* Grollen; *von Magen:* Knurren

rum·bling ['rʌmblɪŋ] *von Donner:* Grollen; *von Magen:* Knurren

rummy ['rʌmɪ] (*Kartenspiel*) Rommee

ru·mour[1], (USA) **ru·mor** ['ruːməʳ] Gerücht (**of** über); **there is a rumour of war** es gehen Kriegsgerüchte um

ru·mour[2] ['ruːməʳ] **it is rumoured that …** es geht das Gerücht um, dass …, man munkelt, dass …

rump [rʌmp] **rump steak** Rumpsteak

> **? Grammatik** **run — ran — run:** *Rupert ran to the door; Mrs Smith has run the shop for ten years.*

run[1] [rʌn] <ran, run> ① laufen, rennen; **he came running out** er kam herausgelaufen; **run for the bus** zum Bus laufen; **she ran to help him** sie kam ihm schnell zur Hilfe ② (*Leistungssport*) laufen; **run** [**in**] **the 100 metres** die 100 Meter laufen; **run 2 km** 2 km laufen ③ davonlaufen, wegrennen; **run for one's life** um sein Leben rennen ④ *Fahrzeug:* rollen, gleiten ⑤ **he runs a car** er fährt, ein Auto ⑥ fahren, bringen *Personen;* **he ran her home** er brachte sie nach Hause ⑦ *Verkehrsmittel:* verkehren; **it runs on wheels** es fährt auf Rädern; **the buses run once an hour** die Busse fahren stündlich; **all planes are running late** alle Flugzeuge haben Verspätung ⑧ *Wasser:* laufen; *Augen:* tränen; **tears ran down her cheeks** Tränen liefen ihr übers Gesicht; **run** [**water into**] **a bath** Wasser in die Badewanne einlaufen lassen ⑨ *Farbe:* zerfließen, ineinander fließen ⑩ *Strom, Gewässer:* fließen, strömen; **run dry** austrocknen; **the river runs into the sea** der Fluss mündet ins Meer ⑪ *Straße:* führen, gehen; *Berge:* sich ziehen, sich erstrecken; **a wall runs round the garden** um den Garten führt eine Mauer ⑫ (*funktionieren*) *Fabrik:* arbeiten; *Geschäft, Maschine:* gehen, laufen, in Betrieb sein; betreiben *Maschine;* **the radio runs off the mains** das Radio läuft auf Netz ⑬ sich aufstellen lassen; aufstellen *Kandidaten;* **run for President** für die Präsidentschaft kandidieren ⑭ *Worte:* lauten; **the wording ran as follows** es lautete folgendermaßen ⑮ *Neuigkeit:* umgehen; **a rumour ran through the school** ein Gerücht ging in der Schule um ⑯ **the affair has run its course** diese Sache ist jetzt zu Ende; **the idea ran through my head** der Gedanke ging mir durch den Kopf; **so the story runs** so heißt es; **run down the list** die Liste durchgehen; **run one's eye over a page** eine Seite überfliegen ⑰ **run a film** einen Film zeigen ⑱ *Körper:* **run with sweat** schweißüberströmt sein; **run a fever** Fieber haben; **run one's fingers through one's hair** sich mit den Fingern durch die Haare fahren ⑲ **a shiver ran down her spine** es lief ihr kalt den Rücken hinunter; **his blood ran cold** das Blut gefror ihm in den Adern ⑳ **it runs in the family** es liegt in der Familie ㉑ führen, leiten *Hotel;* **a well-run hotel** ein gut geführtes Hotel ㉒ **run someone off his feet** jemanden ständig auf Trab halten; **run one's own life** sein eigenes Leben führen

run[2] [rʌn] ① (*auch sportlich*) Lauf; **break into a run** zu laufen anfangen; **make a run for it** abhauen; **on the run** [**from the police**] auf der Flucht [vor der Polizei] ② (*mit Fahrzeug*) Spazierfahrt, Ausflug; **go for a run in the car** eine Spazierfahrt im Auto machen ③ (*bekannte Straße*) Strecke ④ Reihe, Serie; *von Theaterstück:* **have a long run** viele Aufführungen erleben; **a run of luck** eine Glückssträhne ⑤ Tendenz; **the ordinary run of things** der normale Gang der Dinge ⑥ (*wirtschaftlich*) Ansturm, Run (**on** auf) ⑦ (*für Tiere*) Gehege ⑧ **ski run** Bahn ▸ IN WENDUNGEN: **he has had a good run for his money** er hat was für sein Geld bekommen; **give someone the run of one's house** jemandem sein Haus überlassen; **in the short run** fürs Nächste; **in the long run** auf [die] Dauer

◆ **run about** herum-, umherlaufen

◆ **run across** ① hinüberlaufen ② zufällig treffen *Leute*

◆ **run after** **run after someone** jemandem hinterherlaufen

◆ **run against** (*politisch*) **run against someone** jemandes Gegenkandidat sein

◆ **run along** (*umgangsspr*) **run along!** ab mit dir!

◆ **run away** wegrennen; **run away from home** von zu Hause weglaufen

◆ **run away with** ① verschlucken, verbrauchen *Geld* ② durchgehen mit *Fantasie* ③ **run away with a top prize** den ersten Preis erringen

◆ **run back** zurücklaufen

◆ **run down** ① hinunterlaufen ② *Batterie:* leer werden ③ **run someone down** jemanden überfahren ④ abbauen, auflösen *Lagerbestand* ⑤ (*übertragen*) verringern *Firma usw.*

◆ **run in** ① hineinlaufen ② einfahren *Auto* ③ (*umgangsspr*) hoppnehmen *Verbrecher*

◆ **run into** ① **run into someone** jemanden zufällig treffen ② *Auto:* fahren gegen ③ **run into difficulties** Schwierigkeiten bekommen; **run into danger** in Gefahr geraten

◆ **run off** ① weglaufen, wegrennen ② *Wasser:* ablassen ③ zu Papier bringen *Brief*

◆ **run on** ① weiterlaufen, weiterrennen ② *Worte:* fortlaufend geschrieben sein; ohne Absatz gedruckt sein

◆ **run out** ① hinausgehen, herauslaufen ② *Ware:* ausgehen, zu Ende gehen ③ *Bescheinigung:* ablaufen

◆ **run out of** ① **I've run out of money** mir ist das Geld ausgegangen, ich habe kein Geld mehr ② *Vorräte:* ausgehen

◆ **run over** ① kurz hinüberlaufen ② *Flüssigkeit:* überlaufen ③ **run someone over** jemanden überfahren

◆ **run through** ① **run through the park** durch den Park laufen ② durchgehen *Texten usw.* ③ durchspielen *Theaterstück*

◆ **run up** ① hinauflaufen, hinaufeilen ② **run up a dress** ein Kleid schnell zusammennähen ③ **run up against difficulties** auf Schwierigkeiten stoßen ④ **run up debts** Schulden machen

run-around [ˈrʌnəˈraʊnd] (*umgangsspr*) **give someone the run-around** jemanden an der Nase herumführen

run·away[1] [ˈrʌnəweɪ] Ausreißer(in)

run·away[2] [ˈrʌnəweɪ] ① durchgebrannt, entlaufen ② *Inflation:* unkontrollierbar ③ **have a runaway victory** einen leichten Sieg haben

run-down[1] [ˌrʌnˈdaʊn] ① *Gebäude:* heruntergekommen ② *Person:* abgespannt

run-down[2] [ˈrʌndaʊn] Zusammenfassung

rung[1] [rʌŋ] *3. Form von* **ring**[3]

rung[2] [rʌŋ] *von Leiter:* Sprosse

run-in [ˈrʌnˌɪn] (*umgangsspr*) Streit

run·ner [ˈrʌnəʳ] ① Läufer(in) ② Rennpferd ③ Bote, Laufbursche ④ [Schlitten]Kufe ⑤ **do a runner** (*slang*) eine Fliege machen

runner bean Stangenbohne

runner-up [ˌrʌnərˈʌp] <*plural* runners-up> (*im Rennen*) Zweite(r)

run·ning[1] [ˈrʌnɪŋ] ① Laufen, Rennen; **running shoe** Laufschuh *von Firma:* ② Leitung, Führung; ③ *von Maschine:* Laufen ④ **make the running** das Rennen machen; **be in the running** im Rennen liegen; **be out of the running** aus dem Rennen sein

run·ning[2] [ˈrʌnɪŋ] ① *Wasser:* fließend ② *Er-*

klärung: fortlaufend ③ **running jump** Sprung mit Anlauf ④ **4 days running** 4 Tage hintereinander ⑤ **up and running** in Betrieb

running costs *plural* Betriebskosten

runny ['rʌnɪ] ① flüssig ② **I've got a running nose** mir läuft die Nase ③ *Augen:* wässrig **run-through** ['rʌnθru:] Durchgehen; *von Text:* **run-up** ['rʌnʌp] ① **take a run-up** Anlauf nehmen ② **the run-up to an event** das Vorfeld eines Ereignisses **run·way** ['rʌnweɪ] Start- und Landebahn, Runway

ru·ral ['rʊərəl] ländlich, Land-

rush[1] [rʌʃ] ① **make a rush for something** sich auf etwas stürzen ② Ansturm (**for** auf, nach) ③ Eile; **be in a rush** in Eile sein; **what's [all] the rush?** wozu diese Hast? ④ **the Christmas rush** der Weihnachtsbetrieb; **a rush of orders** eine Flut von Aufträgen

rush[2] [rʌʃ] ① hasten, hetzen; **rush to help** zu Hilfe eilen; **be rushed** in Eile sein; **be rushed off one's feet** dauernd auf Trab sein ② *Wasser:* schießen, stürzen; **the blood rushed to his face** das Blut schoss ihm ins Gesicht ③ **rush someone to hospital** jemanden schnell ins Krankenhaus bringen ④ hastig machen *Arbeit* ⑤ **rush someone into a decision** jemanden zu einer schnellen Entscheidung treiben; **rush someone into doing something** jemanden dazu treiben, etwas überstürzt zu tun

◆ **rush at** **rush at something** auf etwas losstürzen

◆ **rush out** hinauseilen, hinausstürzen

◆ **rush through** durchpeitschen *Gesetz*

◆ **rush up** hinaufeilen

rush hour ['rʌʃaʊə] Hauptgeschäftszeit, Hauptverkehrszeit, Stoßzeit

Rus·sia ['rʌʃə] Russland **Rus·sian**[1] ['rʌʃn] ① Russe, Russin ② (*Sprache*) [das] Russisch[e]

Rus·sian[2] ['rʌʃn] russisch

rust[1] [rʌst] Rost; **rust-proof** rostfrei

rust[2] [rʌst] ① rosten lassen *Auto usw.* ② rosten, einrosten

rust-coloured rostfarben

rustle[1] ['rʌsl] ① rascheln; *Seide:* knistern; rascheln mit *Papieren* ② USA (*umgangsspr*) stehlen *Vieh* ③ **rustle up a meal** ein Essen improvisieren

rustle[2] ['rʌsl] Geraschel, Knistern

rust·ler ['rʌsləʳ] USA (*umgangsspr*) Viehdieb

rusty ['rʌstɪ] ① *Auto usw.:* rostig, verrostet ② **I'm a bit rusty** ich bin etwas aus der Übung; **my German is a bit rusty** mein Deutsch ist etwas eingerostet

rut [rʌt] ① Spur, Furche ② (*übertragen*) Trott; **be [stuck] in a rut** im Trott sein

ruth·less ['ru:θlɪs] rücksichtslos

Rwan·da [rʊ'ændə] Ruanda **Rwan·dan**[1] [rʊ'ændən] ruandisch

Rwan·dan[2] [rʊ'ændən] Ruander(in)

rye [raɪ] ① Roggen; **rye bread** Roggenbrot ② USA [Roggen]Whiskey

S s

S, s [es] <*plural* S's, s's> S, s

sab·otage[1] ['sæbətɑ:ʒ] Sabotage

sab·otage[2] ['sæbətɑ:ʒ] **sabotage a plan** einen Plan sabotieren

sac·char·in ['sækərɪn] Süßstoff, Saccharin

sachet ['sæʃeɪ] ① Beutel ② *Puder:* Päckchen ③ *Shampoo:* Briefchen

sack[1] [sæk] ① Sack ② (*umgangsspr*) **get the sack** gefeuert werden; **give someone the sack** jemanden entlassen, hinauswerfen ③ **hit the sack** (*slang*) sich in die Falle hauen

sack[2] [sæk] (*umgangsspr*) **sack someone** jemanden feuern

sacred ['seɪkrɪd] ① heilig ② *Musik:* geistlich ③ *Gebäude:* sakral

sac·ri·fice[1] ['sækrɪfaɪs] ① (*auch übertragen*) Opfer ② Opfergabe; **make sacrifices** Opfer bringen

sac·ri·fice[2] ['sækrɪfaɪs] **sacrifice something [to someone]** [jemandem] etwas opfern

sac·ri·lege ['sækrɪlɪdʒ] Sakrileg, Frevel

sad [sæd] ① *Person:* traurig, betrübt (**about** über); **feel sad** traurig sein ② *Verlust:* schmerzlich ③ *Fehler:* bedauerlich ④ *Farbe:* trist ⑤ *Ort:* düster **sad·den** ['sædn] **sadden someone** jemanden betrüben

saddle[1] ['sædl] *von Pferd, Fahrrad:* Sattel

saddle[2] ['sædl] satteln *Pferd* ▸ IN WENDUNGEN: **saddle someone with something** jemandem etwas aufhalsen; **be saddled with**

something etwas am Hals haben

sa·dis·tic [səˈdɪstɪk] sadistisch

sad·ness [ˈsædnəs] Traurigkeit

s.a.e. [ˌeseɪˈiː] *Abkürzung von* **stamped addressed envelope** frankierter Rückumschlag

sa·fari [səˈfɑːrɪ] Safari, Großwildjagd; **be on safari** eine Safari machen **safari park** Safaripark

safe[1] [seɪf] Safe, Tresor, Panzerschrank

safe[2] [seɪf] ① sicher, unverletzt; **be safe** in Sicherheit sein; **safe and sound** gesund und wohlbehalten; **be safe from someone** vor jemandem sicher sein ② ungefährlich; *Fahrer, Methode:* sicher, zuverlässig; **the beach is safe for bathing** an dem Strand kann man gefahrlos baden; **just to be safe** [*oder* **on the safe side**] um ganz sicher zu gehen ③ **keep something safe** etwas sicher aufbewahren; **the secret is safe with her** bei ihr ist das Geheimnis sicher ④ *Politik:* vorsichtig, risikolos, realistisch ⑤ **it is safe to say** man kann ruhig sagen; **it is a safe guess** es ist so gut wie sicher ▶ IN WENDUNGEN: **play** [**it**] **safe** auf Nummer sicher gehen; **better safe than sorry** Vorsicht ist besser als Nachsicht

safe-deposit box Banksafe, Bankschließfach **safe·guard**[1] [ˈseɪfgɑːd] Schutz; **as a safeguard against** zum Schutz gegen

safe·guard[2] [ˈseɪfgɑːd] **safeguard something** etwas schützen (**against** vor); **safeguard someone's interests** jemandes Interessen wahren

safe-keeping [ˌseɪfˈkiːpɪŋ] sichere Ver-, Aufbewahrung **safe sex** [seɪfˈseks] geschützter Geschlechtsverkehr

safety [ˈseɪftɪ] Sicherheit; **in a place of safety** an einem sicheren Ort; **there's safety in numbers** zu mehreren ist man sicherer **safety belt** Sicherheitsgurt **safety lock** Sicherheitsschloss **safety margin** Sicherheitsspielraum **safety net** Sicherheitsnetz **safety pin** Sicherheitsnadel **safety regulation** Sicherheitsvorschrift

sag[1] [sæg] <sagged> ① *Seil, Dach:* durchhängen ② *Schultern:* herabhängen ③ *Produktion:* zurückgehen ④ (*übertragen*) *Interesse:* nachlassen

sag[2] [sæg] ① *von Seil, Dach:* Durchhängen ② **the sag of his shoulders** seine herabhängenden Schultern

Sag·it·ta·rius [ˌsædʒɪˈteərɪəs] Schütze

said [sed] *2. und 3. Form von* **say**

sail[1] [seɪl] ① Segel ② Schifffahrt, Seefahrt; **make** [*oder* **set**] **sail** abfahren, absegeln; **go for a sail** segeln gehen

sail[2] [seɪl] ① segeln, fahren; segeln mit *Schiff* ② abfahren, auslaufen (**for** nach) ③ **sail through an exam** eine Prüfung spielend schaffen **sail·boat** (USA) Segelboot **sail·ing** [ˈseɪlɪŋ] ① Segeln, Segelsport ② *von Schiff:* Abfahrt **sailing boat** (GB) Segelboot

sailor [ˈseɪləʳ] Seemann, Matrose; **be a good** [**bad**] **sailor** [nicht] seefest sein

saint, St [seɪnt, *vor Namen* snt] Heilige(r); **Saint** [*oder* **St**] **Anne** die heilige Anna

> **i Land & Leute** Der **Saint Patrick's Day** am 17. März ist das Fest des Schutzpatrons Irlands. Er ist in den USA zwar kein gesetzlicher Feiertag, doch gibt es in manchen Städten Umzüge, und viele Leute tragen dann die Farbe Grün. Der größte und berühmteste Umzug findet in New York City statt.

saint·ly [ˈseɪntlɪ] heilig

sake [seɪk] ① **for my sake** meinetwegen ② **for goodness** [*oder* **heaven's**] **sake!** um Himmels willen! ③ **for the sake of peace and quiet** um des lieben Friedens willen; **... and all for the sake of a few pounds** ... und alles wegen ein paar Pfund

sal·able [ˈseɪləbl] (USA) verkäuflich, absatzfähig

salad [ˈsæləd] Salat; **fruit salad** Obstsalat **salad bowl** Salatschüssel **salad cream** Salatmayonnaise **salad dressing** Salatsoße, Salatdressing

sa·la·mi [səˈlɑːmɪ] Salami

sal·ary [ˈsælərɪ] Gehalt **salary cut** Gehaltskürzung **salary increase** Gehaltserhöhung

sale [seɪl] ① Verkauf; **for sale** zu verkaufen; **put something up for sale** etwas zum Verkauf anbieten; **not for sale** nicht verkäuflich; **be on sale** verkauft werden; **sale or return** Kauf mit Rückgaberecht ② (*im Laden*) Ausverkauf, Schlussverkauf; **buy something in** [*oder* **at**] **the sales** etwas im Ausverkauf kaufen ③ **sales** *plural* (*Verkaufszahlen*) Absatz ④ Auktion **sale·able** [ˈseɪləbl] verkäuflich, absatzfähig **sale price** Ausverkaufspreis

sales assistant [ˈseɪlzəˌsɪstənt] (GB) Verkäufer(in)

sales clerk ['seɪlzklɜːrk] (USA) Verkäufer(in) **sales department** Verkauf[sabteilung] **sales·man** ['seɪlzmən, *plural* 'seɪlzmen] <*plural* salesmen> ① Verkäufer ② [Handels]Vertreter **sales receipt** Kassenbeleg **sales·woman** ['seɪlzwʊmən, *plural* 'seɪlzwɪmɪn] <*plural* saleswomen> Verkäuferin

sal·iva [sə'laɪvə] Speichel

salmon ['sæmən] <*plural* salmon> ① Lachs ② (*Farbe*) Lachs[rosa]

sal·mo·nel·la poi·son·ing [ˌsælmə'nelə'pɔɪzənɪŋ] Salmonellenvergiftung

sa·loon [sə'luːn] ① Saal ② (USA) Saloon ③ (GB) **saloon car** Limousine

salt[1] [sɔːlt] ① Salz ② **be worth one's salt** etwas taugen ③ **take something with a pinch of salt** etwas nicht ganz wörtlich nehmen

salt[2] [sɔːlt] Salz-, gesalzen

salt[3] [sɔːlt] salzen *Essen*

salt·cellar Salzstreuer **salt water** Salzwasser **salt-water** Meeres-, Salz- **salty** ['sɔːltɪ] salzig

sa·lute[1] [sə'luːt] ① **salute someone** jemanden [be]grüßen ② [militärisch] grüßen; **salute someone** vor jemandem salutieren

sa·lute[2] [sə'luːt] ① Gruß, Begrüßung ② (*militärisch*) Salut[schuss]

sal·vage[1] ['sælvɪdʒ] ① Bergung ② Bergungsgut

sal·vage[2] ['sælvɪdʒ] **salvage something** etwas bergen (**from** aus)

sal·va·tion [sæl'veɪʃn] ① Rettung ② (*kirchlich*) Heil **Salvation Army** Heilsarmee

salve [sælv, (USA) sæv] Salbe

same [seɪm] ① **the same** der, die, das Gleiche, der-, die-, dasselbe; **they are all the same** sie sind alle gleich; **she's much the same** sie hat sich kaum verändert; **it's always the same** es ist immer das Gleiche; **it's not the same as before** es ist nicht wie früher; **it's all the same to me** es ist mir egal ② **it comes to the same** das kommt aufs Gleiche hinaus; **all** [*oder* **just**] **the same** trotzdem ③ **it's the same thing** das ist das Gleiche; **at the same time** zur selben Zeit; **this same person** eben dieser Mensch; **in the same way** auf gleiche Weise, ebenso ④ **same to you** ebenfalls, gleichfalls

sample[1] ['sɑːmpl] ① Probe ② (*in der Statistik*) Stichprobe, Auswahl ③ (*übertragen*) Beispiel ④ *von Waren:* Muster

sample[2] ['sɑːmpl] probieren, kosten *Wein*

sam·pler ['sɑːmpləʳ] Sampler

sanc·tion[1] ['sæŋkʃn] ① Zustimmung ② **economic sanctions** wirtschaftliche Sanktionen

sanc·tion[2] ['sæŋkʃn] **sanction something** etwas sanktionieren

sanc·tity ['sæŋktətɪ] Heiligkeit

sanc·tu·ary ['sæŋktʃʊərɪ] ① Heiligtum ② (*übertragen*) Zuflucht; **seek sanctuary with someone** Zuflucht suchen bei jemandem ③ **wildlife sanctuary** Naturschutzgebiet

sand[1] [sænd] ① Sand ② **sands** ⚠ *plural* Sandstrand

sand[2] [sænd] **sand something down** etwas [ab]schmirgeln

san·dal ['sændl] Sandale

sand·bag ['sændbæg] Sandsack **sand·bank** ['sændbæŋk], **sand·bar** ['sændbɑːʳ] Sandbank **sand castle** Sandburg **sand dune** Sanddüne **sand·paper** ['sændpeɪpəʳ] Sandpapier, Schmirgelpapier

sand·pit Sandkasten

sand·wich[1] ['sænwɪdʒ] Sandwich

sand·wich[2] ['sænwɪdʒ] **sandwich something** etwas einklemmen, etwas einzwängen (**between** zwischen)

sandwich counter (USA) Imbisshalle **sandwich course** (GB) *Ausbildungsgang, der Theorie und Praxis verbindet*

sandy ['sændɪ] ① sandig ② (*Farbe*) rötlich, rotblond

sane [seɪn] ① geistig gesund ② (*übertragen*) vernünftig, sinnvoll, gesund

sang [sæŋ] *2. Form von* **sing**

sani·tary ['sænɪtrɪ] ① hygienisch ② **sanitary towel** [*oder* (USA) **napkin**] Damenbinde, Monatsbinde

sani·ta·tion [ˌsænɪ'teɪʃn] sanitäre Anlagen

san·ity ['sænətɪ] ① geistige Gesundheit ② (*übertragen*) Vernünftigkeit

sank [sæŋk] *2. Form von* **sink**[2]

Santa Claus [ˌsæntə'klɔːz] Nikolaus, Weihnachtsmann

sap [sæp] *von Pflanzen:* Saft

sap·ling ['sæplɪŋ] junger Baum

sar·casm ['sɑːkæzəm] Sarkasmus **sar·cas·tic** [sɑː'kæstɪk] sarkastisch

sar·dine [sɑː'diːn] Sardine; **packed** [**in**] **like**

sardines wie die Sardinen
sash[1] [sæʃ] Schärpe
sash[2] [sæʃ] **sash window** Schiebefenster
sat [sæt] *2. und 3. Form von* **sit**
Satan ['seɪtən] Satan
satchel ['sætʃəl] Schulranzen, Schultasche
sat·el·lite ['sætəlaɪt] Satellit **satellite broadcasting** Satellitenfernsehen **satellite dish** (*für Fernseher*) Parabolantenne, Satellitenschüssel **satellite television** Satellitenfernsehen **satellite town** Trabantenstadt
satin[1] ['sætɪn] Satin
satin[2] ['sætɪn] Satin-, samtig
sat·ire ['sætaɪəʳ] Satire (**on** auf) **sa·tiri·cal** [sə'tɪrɪkl] satirisch, spöttisch **sat·ir·ize** ['sætəraɪz] **satirize something** etwas satirisch darstellen
sat·is·fac·tion [ˌsætɪs'fækʃn] 1 Befriedigung; **get satisfaction out of something** Befriedigung in etwas finden 2 (*Zustand*) Zufriedenheit (**at** mit); **feel a sense of satisfaction at something** Genugtuung über etwas empfinden; **it is no satisfaction to me to know that ...** es ist kein Trost zu wissen, dass ... 3 **demand/obtain satisfaction from someone** Genugtuung von jemandem verlangen/erhalten 4 *von Vertrag:* Erfüllung
sat·is·fac·tory [ˌsætɪs'fæktərɪ] 1 zufriedenstellend, befriedigend (**to** für); **your attitude is not satisfactory** Ihre Einstellung lässt zu wünschen übrig 2 (*Schulnote*) ausreichend
sat·isfy ['sætɪsfaɪ] 1 stillen *Hunger, Durst;* **satisfy someone** (*mit Essen*) jemanden sättigen 2 erfüllen, nachkommen *Bedingungen, Verpflichtungen;* genügen *Anforderungen* 3 **be satisfied with something** mit etwas zufrieden sein; **nothing satisfies him** er ist nie zufrieden 4 **satisfy oneself about something** sich von etwas überzeugen **sat·is·fy·ing** ['sætɪsfaɪɪŋ] 1 befriedigend 2 sättigend
sat·su·ma [sæt'suːmə] Satsuma
saturation point [ˌsætʃə'reɪʃn pɔɪnt] Sättigungspunkt, Sättigungsgrad
Sat·ur·day ['sætədɪ] Sonnabend, Samstag; **on Saturday** am Sonnabend
Sat·urn ['sætən] Saturn
sauce [sɔːs] Soße, Sauce
sauce·pan ['sɔːspən] Kochtopf
sau·cer ['sɔːsəʳ] 1 Untertasse 2 **flying saucer** fliegende Untertasse
saucy ['sɔːsɪ] 1 frech 2 (*umgangsspr*) schick, kess
Sau·di A·ra·bia [ˌsaʊdɪə'reɪbɪə] Saudi-Arabien **Sau·di A·ra·bi·an**[1] [ˌsaʊdɪ ə'reɪbɪən], **Sau·di** ['saʊdɪ] Saudi[-Araber], Saudi-Araberin
Sau·di A·ra·bi·an[2] [ˌsaʊdɪ ə'reɪbɪən], **Sau·di** ['saʊdɪ] saudisch, saudi-arabisch
sauna ['sɔːnə] Sauna
saus·age ['sɒsɪdʒ] Wurst; **not a sausage** (*umgangsspr*) nicht die Bohne **sausage dog** (*umgangsspr*) Dackel **sausage meat** [Wurst]Brät **sausage roll** Würstchen im Schlafrock
sav·age[1] ['sævɪdʒ] 1 wild 2 *Kampf:* brutal 3 *Tier:* gefährlich 4 *Maßnahmen:* rigoros, drastisch, brutal 5 **savage criticism** schonungslose Kritik
sav·age[2] ['sævɪdʒ] *Tier:* anfallen *Mensch*
save[1] [seɪv] 1 **save someone [from something]** jemanden [vor etwas] retten; **save someone's life** jemandem das Leben retten; **save the day** jemandes Rettung sein 2 sparen *Geld;* **save for something** auf etwas sparen 3 sparsam umgehen mit *Wasser, Mittel;* aufsparen *Kraft* 4 sichern, abspeichern *Daten;* **save something on disk** etwas auf einer Diskette abspeichern 5 **save oneself the trouble** sich die Mühe sparen; **it saves me time** dabei spare ich Zeit 6 **save one's skin** (*übertragen*) mit heiler Haut davonkommen; **save someone's bacon** (*umgangsspr*) jemandes Rettung sein
save[2] [seɪv] (*beim Sport*) Parade
◆ **save up** 1 **save up money** Geld sparen 2 **save up** sparen 3 aufheben, aufbewahren **saver** ['seɪvəʳ] 1 Sparer(in) 2 **it's a money-saver** es spart Geld
sav·ing ['seɪvɪŋ] 1 **savings** Ersparnisse, Spareinlagen 2 Einsparung, Ersparnis 3 Rettung
sav·ings ac·count ['seɪvɪŋzəˌkaʊnt] Sparkonto **savings bank** Sparkasse **savings book** Sparbuch
sa·vour ['seɪvəʳ] 1 kosten *Duft, Geschmack* 2 **savour the moment** den Augenblick genießen, auskosten **sa·voury** ['seɪvərɪ] (*nicht süß*) pikant; **savoury biscuits** Salzgebäck
sa·voy [sə'vɔɪ], **sa·voy cabbage** Wirsing
saw[1] [sɔː] Säge
saw[2] [sɔː] *2. Form von* **see**

saw[3] [sɔː] <sawed, sawed *oder* sawn> ① **saw something** etwas sägen; **saw something in two** etwas entzweisägen ② **sawn timber** Schnittholz
◆ **saw down saw a tree down** einen Baum absägen
◆ **saw off saw something off** etwas absägen
◆ **saw up saw wood up** Holz zersägen (**into** in)

saw·dust [ˈsɔːdʌst] Sägemehl

sawn [sɔːn] *3. Form von* **saw**[1]

Saxon[1] [sæksn] sächsisch

Saxon[2] [sæksn] ① (*Mensch*) Sachse, Sächsin ② (*Sprache*) [das] Sächsisch[e]

i Land & Leute Bei den **Saxons** (Sachsen) handelt es sich um Bewohner des nördlichen Teils Germaniens, die zusammen mit den **Angles** (Angeln) im 5. und 6. Jh. im Süden Britanniens einfielen. Die Ortsnamen Wessex, Middlesex, Essex und Sussex weisen noch auf diese Besiedelung hin.

Saxony [ˈsæksənɪ] Sachsen

saxo·phone [ˈsæksəfəʊn] Saxophon

sax·ophon·ist [sækˈsɒfənɪst] Saxophonist(in)

say[1] [seɪ] <said, said> ① sagen; **he said something about going out** er hat etwas von Aussgehen gesagt; **she hasn't got much to say for herself** sie gibt nicht viel von sich; **he had nothing to say for himself** er hatte keine Entschuldigung; **that says a lot for him** das spricht für ihn; **she is said to be clever** sie soll klug sein; **what do you say?** was meinen Sie?; **it goes without saying that** es ist selbstverständlich, dass; es versteht sich von selbst, dass; **there's much to be said for his suggestion** sein Vorschlag hat viel für sich; (*vorschlagend*) **what would you say to a holiday?** wie wär's mit Urlaub? ② **say goodby[e] to someone** sich verabschieden von jemandem ③ sprechen; aufsagen *Gedicht,* aussprechen *Text;* **it says in the papers that ...** in den Zeitungen steht, dass ...; **the weather forecast said that ...** es hieß im Wetterbericht, dass ..., laut Wetterbericht ... ④ *Uhr:* zeigen; *Thermometer:* anzeigen ▸ IN WENDUNGEN: **no sooner said than done** gesagt, getan; **it's easier said than done** das ist leichter gesagt als getan; **well, I must say!** na, ich muss schon sagen!; **I should say so/not!** ich glaube schon/nicht!; **that is to say ...** das heißt, mit anderen Worten ...; **just say the word!** sie brauchen bloß das Zeichen zu geben!; **you can say that again!** das kann man wohl sagen!

say[2] [seɪ] **let him have his say** lass ihn mal reden; **have a say in something** bei etwas etwas zu sagen haben; **have the last say** letztlich entscheiden, das letzte Wort haben

say·ing [ˈseɪɪŋ] Redensart, Sprichwort

say-so [ˈseɪsəʊ] (*slang*) Wort; **on whose say-so?** wer hat das angeordnet?

scab [skæb] Schorf, Grind

scaf·fold·ing [ˈskæfəldɪŋ] [Bau]Gerüst

scald [skɔːld] **scald oneself** sich verbrühen **scald·ing** [ˈskɔːldɪŋ] siedend, siedend heiß

scale[1] [skeɪl] ① Skala, Gradeinteilung ② (*übertragen*) Ausmaß; **on a national scale** auf nationaler Ebene; **plan on a large scale** in großem Rahmen planen ③ *von Musik:* Tonleiter; **the scale of F** die F-Dur-Tonleiter ④ (*technisch*) Maßstab; **to scale** maßstabgerecht; **on the scale of one to ten** im Maßstab eins zu zehn; **be out of scale** nicht maßstabgerecht sein

scale[2] [skeɪl] *von Fisch usw.:* Schuppe ▸ IN WENDUNGEN: **take the scales from someone's eyes** jemandem die Augen öffnen

scale[3] [skeɪl] **scale a wall** ein Mauer erklettern
◆ **scale down** verkleinern *Maß; (übertragen)* verringern
◆ **scale up** vergrößern *Maß;* erhöhen *Preise;* hochfahren *Produktion*

scales [skeɪlz] ⚠ *plural* Waage; **a pair of scales** eine Waage

scalp [skælp] Kopfhaut

scaly [ˈskeɪlɪ] schuppig

scam [skæm] (*slang*) Betrug

scam·per [ˈskæmpəʳ] ① *Kind:* trippeln ② *Maus:* huschen

scan·dal [ˈskændl] Skandal

Scan·di·na·via [ˌskændɪˈneɪvɪə] Skandinavien

Scan·di·na·vian[1] [ˌskændɪˈneɪvɪən] skandinavisch

Scan·di·na·vian[2] [ˌskændɪˈneɪvɪən] Skandinavier(in)

scan·ner ['skænəʳ] Scanner, Abtaster

scape·goat ['skeɪpgəʊt] (*übertragen*) Sündenbock

scar[1] [skɑːʳ] (1) Narbe (2) (*übertragen*) Wunde, Makel

scar[2] [skɑːʳ] <scarred> (1) **scar someone** bei jemandem Narben hinterlassen (2) **he was scarred for life** (*übertragen*) er war fürs Leben gezeichnet

scarce [skeəs] (1) *Pflanzensorte usw.:* selten rar (2) *Essen, Mittel:* knapp, nicht ausreichend vorhanden **scarce·ly** ['skeəslɪ] kaum; **scarcely anybody** kaum jemand; **scarcely anything** fast nichts; **scarcely ever** kaum jemals

scare[1] [skeəʳ] (1) **scare someone** jemandem einen Schrecken einjagen, jemandem Angst machen; (*plötzlich*) jemanden erschrecken (2) **be easily scared** sehr schreckhaft sein, sehr scheu sein; **I don't scare easily** ich bekomme nicht so schnell Angst; **I'm scared at the thought** der Gedanke macht mir Angst (3) **be scared out of one's wits** Todesängste ausstehen

scare[2] [skeəʳ] (1) Schreck[en]; **give someone a scare** jemandem einen Schrecken einjagen (2) Panikstimmung; **create a scare** Panik auslösen

◆ **scare away** **scare someone away** jemanden verscheuchen, jemanden verjagen

scare·crow ['skeəkrəʊ] Vogelscheuche

scarf [skɑːf, *plural* skɑːvz] <*plural* scarves> (1) Schal (2) Halstuch; **headscarf** Kopftuch

scar·let[1] ['skɑːlət] Scharlachrot

scar·let[2] ['skɑːlət] scharlachrot

scarlet fever Scharlach

scar·per ['skɑːpəʳ] (GB) (*umgangsspr*) abhauen

scary ['skeərɪ] (*umgangsspr*) unheimlich, gruselig

scat [skæt] (*slang*) **scat!** verschwinde!

scath·ing ['skeɪðɪŋ] (1) *Person, Humor:* bissig (2) *Bemerkung:* schneidend (3) *Kritik:* beißend, scharf

scat·ter ['skætəʳ] (1) *Menge:* sich zerstreuen; **scatter a crowd** eine Menge zerstreuen (2) **scatter seeds** [**around**] Samen verstreuen (3) *Dinge:* sich verteilen, sich auflösen **scat·ter·brain** ['skætəbreɪn] Schussel **scat·ter-brained** ['skætəbreɪnd] zerstreut, fahrig **scat·tered** ['skætəd] (1) verstreut (2) *Wolken, Regenschauer:* vereinzelt **scat·ter·ing** ['skætərɪŋ] **a scattering of snow** ein bisschen Schnee

scene [siːn] (1) Schauplatz; **the scene of the crime** der Tatort (2) *von Theater, Roman usw.:* Ort der Handlung (3) (*im Theater*) [Bühnen]Bild; **behind the scenes** hinter den Kulissen (4) **set the scene** den Rahmen abstecken (5) (*übertragen*) Szene; **drug scene** Drogenszene; **come on the scene** auftauchen, auf der Bildfläche erscheinen (6) **make a scene** eine Szene machen; **that's not my scene** (*slang*) das interessiert mich nicht (7) (*Landschaft*) Anblick **scen·ery** ['siːnərɪ] (1) (*im Theater*) Bühnenbild (2) Landschaft

scent [sent] (1) Geruch, Duft (2) (GB) Parfüm (3) *von Tier:* Witterung, Fährte, Spur; **be on the scent** auf der Fährte sein; **put** [*oder* **throw**] **someone off the scent** (*übertragen*) jemanden von der richtigen Fährte ablenken (4) (*übertragen*) Vorahnung

scep·ti·cal ['skeptɪkl] skeptisch, zweifelnd

sched·ule[1] ['ʃedjuːl, (USA) 'skedʒʊl] (1) Programm, Zeitplan (2) (USA) *von Schüler:* Stundenplan (3) Fahrplan, Flugplan; **the train is behind schedule** der Zug hat Verspätung; **be on schedule** pünktlich sein (4) (USA) Verzeichnis (5) **according to schedule** planmäßig, nach Plan

sched·ule[2] ['ʃedjuːl, (USA) 'skedʒʊl] (1) **schedule something** etwas planen; **this is not scheduled for this year** das steht für dieses Jahr nicht auf dem Programm (2) **schedule an appointment** ein Termin ansetzen (3) **the plane is scheduled for ...** planmäßige Ankunft, planmäßiger Abflug ist ... (4) (USA) aufführen *Liste*

sched·uled ['ʃedjuːld, (USA) 'skedʒʊld] (1) vorgesehen, geplant (2) *Abflug:* planmäßig (3) **scheduled flight** Linienflug

scheme[1] [skiːm] (1) (*Plan*) Programm, Projekt (2) System; **pension scheme** Rentenversicherung (3) Intrige (4) **housing scheme** Siedlung

scheme[2] [skiːm] (1) Pläne schmieden (2) (*gegen Person*) intrigieren

schem·ing ['skiːmɪŋ] raffiniert, durchtrieben, intrigant

schizo·phrenia [ˌskɪtsəʊ'friːnɪə] Schizophrenie **schizo·phrenic**[1] [ˌskɪtsəʊ'frenɪk] schizophren

schizo·phrenic[2] [ˌskɪtsəʊ'frenɪk] Schizo-

phrene(r)
scholar ['skɒləʳ] ① Gelehrte(r) ② Student(in) ③ (*Student mit Stipendium*) Stipendiat(in) **schol·ar·ship** ['skɒləʃɪp] ① Gelehrsamkeit ② Stipendium; **win a scholarship to …** ein Stipendium für … bekommen; **on a scholarship** mit einem Stipendium

school[1] [sku:l] ① Schule; **there is no school tomorrow** morgen ist schulfrei ② USA College, Universität ③ **at school** in der Schule; USA im College, an der Universität; **go to school** in die Schule gehen; USA ins College, zur Universität gehen; **go to law/medical school** Jura/Medizin studieren ④ **school of thought** Lehrmeinung; *s. a.* **boarding school, comprehensive school, elementary school, grammar school, high school, junior school, preparatory school**

i **Land & Leute** In den riesigen und dünn besiedelten ländlichen Gegenden Australiens gehen die Kinder nicht zur Schule, sondern sie bekommen Unterricht in der **school of the air** über Funk. Ein Dutzend dieser Schulen deckt ein Gebiet von 2,5 Millionen km^2 ab und erreicht Hunderte von Kindern. Die Schüler bekommen ihre Unterrichtsmaterialien per Post zugeschickt und senden ihre erledigten Hausaufgaben zurück. Die Kinder sprechen über Funk mit ihren Lehrern und Klassenkameraden und werden meistens von ihren Eltern oder einer Hauslehrerin beaufsichtigt.

school[2] [sku:l] ① **school someone in something** jemanden in etwas unterrichten ② dressieren *Tier*

school[3] [sku:l] *Fische:* Schwarm

school age ['sku:leɪdʒ] schulpflichtiges Alter; **a child of school age** ein Kind im schulpflichtigen Alter **school attendance** Schulbesuch **school bag** Schultasche **school board** USA Schul[aufsichts]behörde **school·book** Schulbuch **school·boy** ['sku:lbɔɪ] Schuljunge, Schüler **school·child** ['sku:ltʃaɪld, *plural* -tʃɪldrən] <*plural* schoolchildren> Schulkind **school-days** *plural* Schulzeit **school fees** *plural* Schulgebühren **school·girl** ['sku:lgɜ:l] Schulmädchen, Schülerin **school hall** Aula

school·ing ['sku:lɪŋ] Ausbildung, Schulung; **compulsory schooling** Schulpflicht

school leaver ['sku:lli:vəʳ] Schulabgänger(in) **school-leav·ing cer·ti·fi·cate** [ˌsku:lli:vɪŋsə'tɪfɪkət] Abgangszeugnis **school magazine** Schülerzeitung **school·mate** Schulkamerad(in) **school report** Zeugnis **school·room** ['sku:lrʊm] Klassenzimmer **school·teacher** Lehrer(in)

science ['saɪəns] ① Wissenschaft; **natural science** Naturwissenschaft; **social science** Sozialwissenschaften ② (*übertragen*) Kunst, Lehre **science fiction** Science-fiction

scien·tific [ˌsaɪən'tɪfɪk] ① [natur]wissenschaftlich ② *Methode:* wissenschaftlich

scien·tist ['saɪəntɪst] [Natur]Wissenschaftler(in)

scis·sors ['sɪzəz] ⚠ *plural* Schere; **a pair of scissors** eine Schere

scoff[1] [skɒf] spotten; **scoff at someone** sich über jemanden lustig machen

scoff[2] [skɒf] **scoff one's food** das Essen verschlingen

scold [skəʊld] ① **scold someone** jemanden ausschimpfen (**for** wegen) ② schelten, zanken, schimpfen

scone [skɒn] GB *brötchenartiges Gebäck, das mit Marmelade bestrichen zum Tee serviert wird*

scoop[1] [sku:p] ① Schaufel ② *von Eis:* Kugel; ③ (*für eine Zeitung*) Knüller

scoop[2] [sku:p] schaufeln *Kohlen, Zucker;* schöpfen *Schaum, Suppe*
◆ **scoop out scoop something out** etwas herausschaufeln (**of** aus); auslöffeln *Fruchtfleisch;* aushöhlen *Loch*
◆ **scoop up scoop something up** etwas aufschaufeln

scoot [sku:t] (*umgangsspr*) abhauen, laufen, rennen

scooter ['sku:təʳ] ① [Tret]Roller ② **motor scooter** [Motor]Roller

scope [skəʊp] ① *von Suche, Sitzung usw.:* Rahmen; **be within the scope of something** im Rahmen einer Sache bleiben ② Kompetenzbereich; **that is beyond my scope** das übersteigt mein Fassungsvermögen ③ Entfaltungsmöglichkeit, Spielraum; **there is scope for improvement** es könnte noch verbessert werden

scorch [skɔ:tʃ] ① **scorch something** etwas versengen; **the sun scorched our faces** die

Sonne brannte auf unsere Gesichter ② **the sun scorched down** die Sonne brannte herunter **scorcher** ['skɔːtʃəʳ] (*umgangsspr*) **yesterday was a scorcher** gestern war eine Knallhitze **scorch·ing** ['skɔːtʃɪŋ] sengend, glühend heiß

score[1] [skɔːʳ] ① (*im Sport*) Punktestand, Spielstand; **what's the score?** wie steht's?; **there was no score at half-time** zur Halbzeit stand es 0 : 0; **keep** [**the**] **score** Punkte zählen ② (*Musik*) Partitur; *von Filmen:* [Film]musik ③ (*übertragen*) Zeche, Rechnung ④ **scores** *plural* **of ...** Dutzende von ...; **by the score** massenweise ▶ IN WENDUNGEN: **know the score** wissen, was gespielt wird; **what's the score?** was bin ich schuldig?, wie sieht's aus?; **pay off old scores** alte Schulden begleichen; **on that score** was das betrifft

score[2] [skɔːʳ] ① erzielen *Punkte* ② **score a goal** ein Tor schießen; einen Punkt erzielen, **score well/badly** gut/schlecht abschneiden ③ (*umgangsspr*) sich Drogen beschaffen ▶ IN WENDUNGEN: **score an advantage** im Vorteil sein; **score a point off someone** auf jemandes Kosten glänzen; **score a hit with someone** jemanden stark beeindrucken

score·board Anzeigetafel **score·card** Spielprotokoll **scorer** ['skɔːrəʳ] (*im Fußball*) Torschütze **scor·ing** ['skɔːrɪŋ] ① Erzielen eines Punktes ② (*im Fußball*) Torschuss

Scor·pio ['skɔːpɪəʊ] Skorpion

scor·pion ['skɔːpɪən] Skorpion

Scot [skɒt] Schotte, Schottin

Scotch [skɒtʃ] (*Whisky*) Scotch

scot-free [ˌskɒt'friː] **get off scot-free** ungestraft davonkommen

Scot·land ['skɒtlənd] Schottland

Scots [skɒts] ① schottisch ② (*Dialekt*) Schottisch ③ **the Scots** *plural* die Schotten **Scots·man** [skɒtsmən] <*plural* Scotsmen> Schotte **Scots·woman** [skɒtswʊmən, *plural* skɒtswɪmɪn] <*plural* Scotswomen> Schottin **Scot·tish**[1] ['skɒtɪʃ] schottisch

Scot·tish[2] ['skɒtɪʃ] ① (*Dialekt*) [das] Schottisch[e] ② **the Scottish** ⚠ *plural* die Schotten

> **i Land & Leute** Seit 1999 haben die Schotten ihr eigenes **Scottish Parliament**, nachdem sie fast 300 Jahre darauf verzichten mussten. Bei einer Volksabstimmung am 11. September 1997 entschieden sich die meisten Schotten für diese Art größerer Selbstständigkeit gegenüber England. Das neue **Scottish Parliament** besteht aus 129 Abgeordneten und hat seinen Sitz in Edinburgh. Es darf Gesetze erlassen und auch Steuern erheben.

scout[1] [skaʊt] ① **boy scout** Pfadfinder ② **have a scout about** [*oder* **around**] **for something** sich nach etwas umsehen

scout[2] [skaʊt] **scout about** [*oder* **around**] sich umsehen (**for** nach)

scout·mas·ter ['skaʊtmɑːstəʳ] Pfadfinderführer

scowl[1] [skaʊl] finster blicken, ein böses Gesicht machen; **scowl at someone** jemanden böse ansehen

scowl[2] [skaʊl] finsterer Blick

scrabble ['skræbl] **scrabble about** herumsuchen, herumtasten

scram [skræm] **scram!** hau ab!

scramble[1] ['skræmbl] ① klettern, krabbeln ② sich balgen, sich reißen (**for** um) ③ verrühren *Eier;* **scrambled eggs** Rührei[er] ④ chiffrieren, verschlüsseln *Kode*

scramble[2] ['skræmbl] ① Klettern ② Gedrängel, Balgerei (**for** um)

scrap[1] [skræp] ① Stück[chen]; **scrap of paper** [Papier]Fetzen ② **scraps** *plural* Reste ③ **scrap metal** Schrott ④ **not a scrap** kein bisschen; **not a scrap of evidence** nicht der geringste Beweis

scrap[2] [skræp] <scrapped> ① **scrap a car** ein Auto verschrotten ② (*übertragen*) fallen lassen *Plan*

scrap[3] [skræp] (*umgangsspr*) Rauferei

scrap[4] [skræp] (*umgangsspr*) sich raufen (**with** mit)

scrap·book ['skræpbʊk] Sammelalbum

scrape[1] [skreɪp] ① Kratzen, Scharren ② (*Verletzung*) Kratzer, Schramme ③ (*übertragen*) Klemme, Patsche; **get into a scrape** sich in die Nesseln setzen

scrape[2] [skreɪp] ① **scrape something** etwas [ab]kratzen, abbürsten; **the chair scraped on the floor** der Stuhl kratzte auf dem Boden ② schrammen *Auto* ③ [wund] scheuern, aufschürfen *Knie* ④ abstreifen *Schuhe* ⑤ **scrape the bottom of the barrel**

(*übertragen*) den letzten Rest zusammenkratzen

◆ scrape off **scrape rust off** Rost abkratzen

◆ scrape through **scrape through an exam** mit Ach und Krach durch eine Prüfung kommen

◆ scrape together ❶ **scrape money together** Geld zusammenkratzen ❷ **scrape a living together** sich gerade so über Wasser halten

scrap-heap ['skræphiːp] Schrotthaufen

scrap iron ['skræpaɪən] Alteisen

scrappy ['skræpɪ] ❶ zusammengestückelt ❷ *Wissen:* lückenhaft

scratch¹ [skrætʃ] ❶ kratzen; **scratch something** etwas [zer]kratzen; **he scratched his name in the wood** er ritzte seinen Namen ins Holz ❷ **scratch one's head** sich am Kopf kratzen; **scratch oneself** sich kratzen; (*sich verletzen*) sich schrammen ❸ **if you scratch my bach, I'll scratch yours** eine Hand wäscht die andere

scratch² [skrætʃ] ❶ Kratzer, Schramme ❷ (*Geräusch*) Kratzen, Scharren ❸ **have a scratch** sich kratzen ❹ **start from scratch** ganz von vorne anfangen; **be** [*oder* **come**] **up to scratch** die Erwartungen erfüllen; **bring something up to scratch** etwas auf Vordermann bringen

◆ scratch out **scratch something out** etwas auskratzen

scratch card ['skrætʃkɑːd] Rubbelkarte

scratchy ['skrætʃɪ] ❶ *Geräusch:* kratzend ❷ *Platte:* zerkratzt ❸ *Pullover:* kratzig

scrawl¹ [skrɔːl] schmieren, kritzeln; **scrawl a note on a piece of paper** eine Notiz auf ein Stück Papier kritzeln

scrawl² [skrɔːl] Gekritzel, Kritzelei

scream¹ [skriːm] ❶ schreien; *Sirene:* heulen; **scream something** etwas schreien; **scream out for something** nach etwas schreien; **scream at someone** jemanden anschreien ❷ **scream with pain** vor Schmerzen schreien; **scream with laughter** brüllen vor Lachen ❸ **scream one's head off** sich die Lunge aus dem Leib schreien; **scream oneself hoarse** sich heiser brüllen

scream² [skriːm] ❶ Schrei ❷ Heulen ❸ *von Bremsen:* Kreischen ❹ (*umgangsspr*) ulkiger Kerl ❺ (*umgangsspr*) **be a scream** zum Schreien sein

screech¹ [skriːtʃ] ❶ **screech something** etwas schreien ❷ *Affe, Kind:* kreischen ❸ *Fahrzeug:* quietschen ❹ **screech with laughter** vor Lachen kreischen

screech² [skriːtʃ] ❶ Schrei ❷ *von Bremsen:* Kreischen

screen¹ [skriːn] ❶ *von Fernseher:* Bildschirm ❷ (*Möbelstück*) Trennwand ❸ (*übertragen*) Schutz ❹ (*im Kino*) Leinwand

screen² [skriːn] ❶ **screen something** etwas abschirmen (**from** vor) ❷ **screen one's eyes from the sun** seine Augen vor der Sonne schützen ❸ **screen a programme** ein Programm senden; **screen a film** einen Film vorführen ❹ (*medizinisch*) **screen someone** jemanden untersuchen

◆ screen off **screen something off** (*mit einer Trennwand*) etwas abtrennen

screen·ing ['skriːnɪŋ] *von Film:* Vorführung

screw¹ [skruː] ❶ Schraube ❷ (*slang*) Gefängniswärter ❸ **he's got a screw loose** (*umgangsspr*) bei dem ist eine Schraube locker; **put the screws on someone** (*umgangsspr*) jemandem die Daumenschrauben anlegen

screw² [skruː] ❶ **screw something** etwas schrauben (**to** an, **onto** auf) ❷ **screw one's head round** seinen Kopf herumdrehen ❸ (*slang*) **screw someone** jemanden bumsen

◆ screw down **screw something down** etwas anschrauben, festschrauben

◆ screw off **screw a lid off** einen Deckel abschrauben

◆ screw on ❶ **screw a lid on** einen Deckel aufschrauben ❷ **have one's head screwed on the right way** ein vernünftiger Mensch sein

◆ screw up ❶ **screw nut up** eine Mutter anziehen ❷ zusammenknüllen *Papier* ❸ zusammenkneifen *Augen* ❹ (*slang*) **screw a plan up** einen Plan vermasseln ❺ (*slang*) **screw someone up** jemanden aus der Bahn werfen

screw·driver Schraubenzieher

screwed [skruːd] ❶ (*slang*) voll ❷ **screwed up** neurotisch; **get screwed up about something** sich in etwas hineinsteigern

screw top Schraubverschluss

scribble¹ ['skrɪbl] kritzeln; **scribble a note on a piece of paper** eine Notiz auf ein Stück Papier kritzeln

scribble[2] ['skrɪbl] Gekritzel

scrip·ture ['skrɪptʃəʳ] **the [Holy] Scriptures** die Heilige Schrift

script·writer ['skrɪptraɪtəʳ] *von Film:* Drehbuchautor(in)

scroll[1] [skrəʊl] (*am Computer*) blättern

scroll[2] [skrəʊl] Schriftrolle

Scrooge [skru:dʒ] Geizhals

scrounge [skraʊndʒ] (*umgangsspr*) schnorren, abstauben; **scrounge something** etwas schnorren (**from** bei) **scrounger** ['skraʊndʒəʳ] (*umgangsspr*) Schnorrer(in)

scrub[1] [skrʌb] <scrubbed> ❶ **scrub something** etwas [ab]schrubben, scheuern ❷ putzen *Gemüse* ❸ (*umgangsspr*) **scrub a project** ein Projekt abblasen

scrub[2] [skrʌb] Schrubben; **give something a good scrub** etwas gründlich scheuern

scrub·bing-brush ['skrʌbɪŋbrʌʃ] Scheuerbürste

scruff [skrʌf] **take someone by the scruff of the neck** jemanden am Kragen packen

scruffy ['skrʌfɪ] (*umgangsspr*) *Mensch:* vergammelt, verlottert

scrump·tious ['skrʌmpʃəs] (*umgangsspr*) *Essen:* lecker

scrunch[1] [skrʌntʃ] Knirschen

scrunch[2] [skrʌntʃ] knirschen

scru·ti·nize ['skru:tɪnaɪz] **scrutinize something** etwas genau prüfen

scuba diving ['sku:bə 'daɪvɪŋ] Sporttauchen

scuff [skʌf] **scuff something** etwas verschrammen, zerkratzen

scuffle[1] ['skʌfl] sich raufen

scuffle[2] ['skʌfl] Balgerei, Handgemenge

sculpt ['skʌlpt] **sculp something** etwas formen, ausarbeiten

sculp·ture ['skʌlptʃəʳ] ❶ (*Kunstform*) Bildhauerei ❷ Skulptur

scum [skʌm] Schaum, Rand ► IN WENDUNGEN: **the scum of the earth** der Abschaum der Menschheit

scurry ['skʌrɪ] **scurry along** entlanghasten

scuttle ['skʌtl] ❶ schnell laufen, rennen ❷ *Tier:* hoppeln, krabbeln ❸ **scuttle off in a hurry** (*umgangsspr*) davonflitzen

sea [si:] ❶ See, Meer; **heavy seas** schwere See; **at sea** auf [hoher] See; **by sea** auf dem Seeweg; **travel by sea** mit dem Schiff fahren; **put to sea** in See stechen ❷ (*übertragen*) große Menge; **a sea of faces** ein Meer von Gesichtern ❸ **be all at sea** (*übertragen*) keinen Durchblick [mehr] haben **sea·food** ['si:fu:d] Meeresfrüchte **sea·front** ['si:frʌnt] Strandpromenade **sea·gull** ['si:gʌl] Seemöwe **sea-horse** Seepferdchen

seal[1] [si:l] ❶ (*auf Dokument usw.*) Siegel ❷ (*aus Metall*) Plombe ❸ (*auf Rohr usw.*) Dichtung ❹ (*übertragen*) Bekräftigung, Bestätigung; **give something one's seal of approval** seine Zustimmung zu etwas geben

seal[2] [si:l] Seehund

seal[3] [si:l] ❶ **seal a document** ein Dokument versiegeln ❷ zukleben *Brief;* **sealed envelope** verschlossener Briefumschlag ❸ luftdicht verschließen *Kiste usw.;* abdichten *Rohr* ❹ (*übertragen*) bekräftigen, bestätigen ❺ **seal someone's fate** jemandes Schicksal besiegeln

◆ **seal off** **seal something off** etwas hermetisch abriegeln

◆ **seal up** abdichten *Rohr;* **seal a letter up** einen Brief zukleben

sea lion ['si:ˌlaɪən] Seelöwe

seam [si:m] Saum, Naht

seamy ['si:mɪ] **the seamy side of life** die Schattenseite des Lebens

search[1] [sɜ:tʃ] ❶ suchen (**for** nach); **search someone/something** jemanden/etwas durchsuchen ❷ erforschen *Gewissen* ❸ **search me!** was weiß ich!

search[2] [sɜ:tʃ] ❶ Suche (**for** nach) ❷ *von Gebäude usw.:* Durchsuchung ❸ **go in search of someone** auf die Suche nach jemandem gehen

◆ **search out** **search something out** etwas herausfinden; **search someone out** jemanden aufspüren

search·ing ['-ɪŋ] ❶ *Blick:* prüfend, forschend ❷ *Frage:* bohrend **search·light** ['sɜ:tʃlaɪt] Suchscheinwerfer **search party** Rettungs-, Bergungs-, Suchmannschaft **search warrant** Durchsuchungsbefehl

sear·ing ['sɪərɪŋ] ❶ *Hitze:* glühend ❷ *Schmerz:* scharf

sea·shell Muschel[schale] **sea·shore** ['si:ʃɔ:ʳ] Strand; **on the seashore** am Strand

> **! Vorsicht Falle** **seashore** bedeutet das Strandufer: *we walked along the seashore collecting shells;* — **seaside** bedeutet ein Ort am Meer: *we went to the seaside this summer.*

sea·sick ['siːsɪk] seekrank **sea·sick·ness** ['siːsɪknɪs] Seekrankheit **sea·side** ['siːsaɪd] **at the seaside** am Meer; **go to the seaside** ans Meer fahren

sea·son ['siːzn] 1 Jahreszeit 2 Saison; **holiday season** Ferienzeit; **at the height of the season** in der Hochsaison 3 **strawberries are in season** jetzt ist Erdbeerzeit **sea·sonal** ['siːzənl] jahreszeitlich; **seasonal unemployment** saisonbedingte Arbeitslosigkeit **sea·son·ing** ['siːznɪŋ] (*auch übertragen*) Würze **season ticket** GB Dauerkarte, (*Theater*) Abonnement

seat[1] [siːt] 1 Sitz, Sitzgelegenheit; **take a seat** einen Platz einnehmen; **driver's seat** Fahrersitz 2 (*im Theater*) [Theater]Platz 3 (*im Parlament*) Sitz; **lose/win a seat** ein Mandat verlieren/gewinnen 4 *von Stuhl:* Sitzfläche; *von Hose:* Hosenboden 5 (*übertragen*) Schauplatz

seat[2] [siːt] 1 **seat someone** jemanden setzen; **the bus seats 40 passengers** der Bus hat 40 Sitzplätze 2 **seat oneself** sich [hin]setzen; **please be seated** bitte nehmen Sie Platz; **remain seated** sitzen bleiben

seat belt *von Auto, Flugzeug:* Sicherheitsgurt; **fasten one's seatbelt** sich anschnallen **seater** ['sɪːtəʳ] *Auto, Sofa usw.:* **four-seater** Viersitzer **seat·ing** ['siːtɪŋ] Sitzplätze **seating arrangements** *plural* Sitzordnung

sea water Seewasser **sea·weed** ['siːwiːd] Seetang **sea·worthy** ['siːˌwɜːðɪ] seetüchtig

se·clud·ed [sɪ'kluːdɪd] 1 *Leben:* zurückgezogen 2 *Haus:* abgelegen, einsam

sec·ond[1] ['sekənd] 1 zweite(r, s); **every second house** jedes zweite Haus; **be second** Zweite(r, s) sein; **the second of May** der zweite Mai; **in second place** an zweiter Stelle; **for the second time** zum zweiten Mal 2 **in the second place** zweitens 3 **be second to none** unübertroffen sein; **have second thoughts about something** sich etwas anders überlegen 4 zweit-, an zweiter Stelle; **come/lie second** an zweiter Stelle kommen/liegen

sec·ond[2] ['sekənd] 1 Sekunde, Augenblick; **just a second!** einen Augenblick!; **at that very second** genau in dem Augenblick 2 *von Auto:* der zweite Gang; **drive in second** im zweiten Gang fahren 3 (*im Rennen usw.*) **come a good second** einen guten zweiten Platz belegen 4 (*Universitätsabschluss*) *mittlere Note bei der Abschlussprüfung* 5 **seconds** Waren zweiter Wahl 6 (*beim Essen*) **can I have seconds?** kann ich noch etwas nachbekommen?

sec·ond·ary ['sekəndrɪ] 1 zweitrangig, untergeordnet, geringer 2 *Schule:* höher, Sekundar- **secondary school** GB höhere Schule (*für Schüler vom 11. bis zum 16./18. Lebensjahr*)

sec·ond-best[1] [ˌsekənd'best] zweitbeste(r, s); **come off second-best** den Kürzeren ziehen

sec·ond-best[2] [ˌsekənd'best] Zweitbeste(r, s)

second class zweite Klasse **second-class** *Fahrkarte* zweiter Klasse; **second-class mail** normale Post **second cousin** Cousin, Cousine zweiten Grades **second floor** **on the second floor** im zweiten, USA ersten Stock **second-hand** 1 *Information:* aus zweiter Hand 2 *Auto:* gebraucht 3 *Kleider:* getragen 4 *Buch:* antiquarisch **second hand** Sekundenzeiger **second language** erste Fremdsprache

sec·ond·ly ['sekəndlɪ] zweitens, an zweiter Stelle **second-rate** zweitrangig, zweitklassig

se·crecy ['siːkrəsɪ] Geheimhaltung, Verschwiegenheit; **in strict secrecy** ganz im Geheimen

se·cret[1] ['siːkrɪt] 1 geheim; **keep something secret** etwas geheim halten 2 *Bewunderer, Trinker:* heimlich 3 **secret agent** Geheimagent(in)

se·cret[2] ['siːkrɪt] 1 Geheimnis; **in secret** im geheimen 2 **be in on the secret** eingeweiht sein; **keep a secret** ein Geheimnis bewahren; **make no secret of something** kein Geheimnis aus etwas machen

sec·re·tary ['sekrətrɪ] 1 Sekretär(in) 2 (*in der Politik*) Minister(in); **Secretary-General** Generalsekretär; **Secretary of State** GB Minister(in), USA Außenminister(in)

se·cret·ive ['siːkrətɪv] 1 *Charakter:* zurückhaltend, verschwiegen 2 *Lächeln:* geheimnisvoll

sect [sekt] Sekte

sec·tion ['sekʃn] 1 Teil 2 *von Gebäude:* Trakt 3 *von Buch:* Abschnitt 4 *von Gesetz:* Absatz, Paragraph

sec·tor ['sektəʳ] Sektor

S s

se·cure[1] [sɪ'kjʊəʳ] ① sicher; **be secure against** [*oder* **from**] **something** vor etwas sicher sein; **make something secure** etwas sichern ② *Existenz:* gesichert ③ *Knoten:* fest ④ *Person:* **feel secure** sich sicher fühlen

se·cure[2] [sɪ'kjʊəʳ] ① **secure something** etwas [ab]sichern; **secure a boat** ein Boot festmachen ② **secure something against fire** etwas vor Feuer schützen ③ **secure something** (*abtain*) sich etwas sichern; **secure a good price** einen guten Preis erzielen

se·cur·ity [sɪ'kjʊərətɪ] Sicherheit, Schutz (**against, from** vor); **for security** zur Sicherheit **Security Council** Sicherheitsrat **Security Force** Friedenstruppe **security guard** Wache, Wächter(in)

se·da·tion [sɪ'deɪʃn] **put someone under sedation** jemandem Beruhigungsmittel geben **seda·tive** ['sedətɪv] Beruhigungsmittel

se·duce [sɪ'dju:s] **seduce someone** jemanden verführen; **seduce someone into doing something** jemanden zu etwas verleiten **se·duc·tion** [sɪ'dʌkʃn] Verführung **se·duc·tive** [sɪ'dʌktɪv] verführerisch; *Angebot:* verlockend

see [si:] <saw, seen> ① sehen; **see something** etwas sehen; **see someone do something** sehen, wie jemand etwas macht; **I saw it happen** ich habe gesehen, wie es passiert ist; **as far as the eye can see** so weit das Auge reicht; **see for yourself!** sieh doch selbst!; **it's too late, [you] see** weißt du, es ist zu spät; **something is worth seeing** etwas ist sehenswert; **I must be seeing things!** ich sehe wohl Gespenster! ② **see a film** einen Film ansehen ③ **see something in the newspaper** etwas in der Zeitung lesen; **see page 10** siehe Seite 10 ④ **see someone** jemanden sprechen (**about** wegen), jemanden besuchen; **see a doctor** zum Arzt gehen; **she refused to see us** sie wollte uns nicht empfangen; **see someone to the door** jemanden zur Tür bringen; **see someone to the station** jemanden zum Bahnhof bringen; **be seeing you! see you later!** bis später! bis nachher! ⑤ sich vorstellen; **I can't see that working** ich kann mir kaum vorstellen, dass das klappt; **I can see it happening** ich sehe es kommen; **as far as I can see** so wie ich das sehe ⑥ verstehen, erkennen; **I see what you mean** ich verstehe, was du meinst; **make someone see something** jemandem etwas klar machen; **I don't see how it works** es ist mir nicht klar, wie das funktioniert; **as I see it** so, wie ich es sehe ⑦ **I can't see my way to doing that** ich sehe mich nicht in der Lage, das zu tun; **that remains to be seen** das wird sich zeigen ⑧ **live to see something** etwas miterleben ⑨ **let me see** lass mich überlegen; **let's see** lassen Sie mich mal sehen

◆ **see about** **see about something** sich um etwas kümmern; **he came to see about the rent** er ist wegen der Miete gekommen; **I'll see about it** ich will mal sehen

◆ **see in** ① hineinsehen ② **see the New Year in** das Neue Jahr begrüßen

◆ **see into** ① **see into something** in etwas hineinsehen ② untersuchen, prüfen, nachgehen *Angelegenheit, Klage*

◆ **see off** ① **see someone off** jemanden verabschieden; **see someone off at the station** jemanden zum Bahnhof bringen ② **see someone off** (*verjagen*) jemandem Beine machen

◆ **see out** **see somebody out** jemanden hinausbegleiten; **see oneself out** allein hinausfinden

◆ **see through** ① **see through someone** jemanden durchschauen ② zu Ende bringen *Arbeit* ③ **see someone through a bad time** jemandem über eine schwierige Zeit hinweghelfen

◆ **see to** sich kümmern um; **see to it that …** sieh zu, dass …

seed[1] [si:d] ① *von Pflanzen:* Same[n], Samenkorn ② (*in der Landwirtschaft*) Saatgut ③ *von Obst:* [Obst]kern ④ (*übertragen*) Keim; **go** [*oder* **run**] **to seed** herunterkommen; **sow the seeds of doubt** Zweifel säen

seed[2] [si:d] ① (*im Sport*) **seed someone** jemanden setzen, platzieren ② Samen tragen

seed bank Samenbank **seed·ling** ['si:dlɪŋ] Sämling

seedy ['si:dɪ] ① *Charakter:* zweifelhaft, zwielichtig ② *Kleider:* schäbig, abgerissen ③ *Stadtteil:* heruntergekommen

see·ing[1] ['si:ɪŋ] **seeing that** da

see·ing[2] ['si:ɪŋ] Sehen; **seeing is believing** ich glaube, was ich sehe

seek [siːk] <sought, sought> ① **seek something** etwas suchen; erlangen wollen, streben nach *Amt, Posten* ② **seek someone's advice** jemanden um Rat fragen ③ **seek to do something** danach trachten, etwas zu tun

◆ **seek out** [siːk] <sought, sought> **seek something out** etwas ausfindig machen; **seek someone out** jemanden aufsuchen

seem [siːm] ① [er]scheinen, vorkommen; **he seems [to be] honest** er scheint ein ehrlicher Mann zu sein; **he seems younger than he is** er wirkt jünger, als er ist; **things aren't always what they seem** vieles ist anders, als es scheint ② **so it seems** es sieht ganz so aus; **it seems as if** es sieht so aus, als ob **seem·ing** ['siːmɪŋ] scheinbar **seem·ing·ly** ['siːmɪŋlɪ] allem Anschein nach, anscheinend

seen [siːn] *3. Form von* **see**

seep [siːp] *Wasser usw.:* **seep [through]** durchsickern

see·saw ['siːsɔː] ① Schaukelbrett, Wippe ② (*übertragen*) Hin und Her, Auf und Ab

see-through ['siːθruː] durchsichtig

seg·re·gate ['segrɪgeɪt] (*nach Rassen, Geschlechtern*) **segregated** getrennt **seg·re·ga·tion** [ˌsegrɪ'geɪʃn] **racial segregation** Rassentrennung

seize [siːz] ① **seize something** etwas packen, ergreifen; **seize someone's arm** jemanden am Arm packen ② beschlagnahmen *Schmuggelware* ③ fassen *Verbrecher* ④ **seize the chance** [*oder* **opportunity**] die Gelegenheit ergreifen; **seize power** die Macht ergreifen

seiz·ure ['siːʒəʳ] ① (*medizinisch*) Anfall ② *von Schmuggelware:* Beschlagnahme ③ *von Flugzeug, Gebäude:* Übernahme

sel·dom ['seldəm] selten

se·lect¹ [sɪ'lekt] **select something** etwas auswählen (**from** aus)

se·lect² [sɪ'lekt] *Hotel usw.:* exklusiv, ausgewählt

se·lec·tion [sɪ'lekʃn] ① Auswahl (**from** aus) ② **make a selection** (*eine Sache*) eine Wahl treffen; (*mehrere Sachen*) eine Auswahl treffen ③ **natural selection** natürliche Auslese

se·lec·tive [sɪ'lektɪv] ① wählerisch, selektiv ② *Leser:* kritisch, anspruchsvoll ③ *Schule:* Elite-

self [self, *plural* selvz] <*plural* selves> ① Selbst; **one's other self** sein anderes Ich ② **he's his old self again** er ist wieder der Alte **self-addressed** [ˌselfə'drest] **envelope** Rückkumschlag **self-adhesive label** Selbstklebeetikett **self-assertive** selbstbewusst, anmaßend **self-assured** [ˌselfə'ʃʊəd] selbstsicher **self-awareness** Selbsterfahrung **self-catering** für Selbstversorger **self-centred**, USA **self-centered** [ˌself'sentəd] egozentrisch, ichbezogen **self-complacent** selbstgefällig **self-composed** ruhig, gelassen **self-confessed** [selfkən'fest] eingestanden, zugegeben **self-confidence** Selbstvertrauen **self-conscious** befangen, gehemmt **self-contained** [ˌselfkən'teɪnd] ① *Wohnung:* separat ② *Person:* selbstgenügsam **self control** Selbstbeherrschung **self-critical** [ˌself'krɪtɪkl] selbstkritisch **self-deception** [ˌselfdɪsepʃn] Selbsttäuschung **self-defeating** [ˌselfdə'fiːtɪŋ] sinnlos, unsinnig **self-defence** Selbstverteidigung; **in self-defence** in Notwehr **self-de·struct** [ˌself-dɪ'strʌkt] sich selbst zerstören **self-discipline** Selbstdisziplin **self-employed** ① selbständig; *Künstler:* freischaffend; *Journalist:* freiberuflich ② **the self-employed** die Selbständigen, Freischaffenden, Freiberufler **self esteem** Selbstachtung **self-explanatory** unmittelbar verständlich **self-expression** [ˌselfɪk'spreʃn] Selbstdarstellung **self-important** eingebildet, selbstherrlich **self-indulgent** nachgiebig gegen sich selbst **self-in·flict·ed** [ˌselfɪn'flɪktɪd] ① *Wunde:* selbst zugefügt ② *Strafe:* selbst auferlegt **self-interest** Eigennutz, eigenes Interesse

self·ish ['selfɪʃ] selbstsüchtig, egoistisch **self·ish·ness** ['selfɪʃnɪs] Selbstsucht, Egoismus **self·less** ['selflɪs] selbstlos **self-pity** Selbstmitleid **self-portrait** Selbstporträt **self-possessed** selbstbeherrscht **self-preservation** Selbsterhaltung **self-re·li·ant** [ˌselfrɪ'laɪənt] selbstständig **self-respect** Selbstachtung **self-respecting** [ˌselfrɪ'spektɪŋ] anständig; **no self-respecting person** niemand, der etwas auf sich hält **self-righteous** selbstgerecht **self-sacrifice** Selbstaufopferung **self-satisfied** selbstzufrieden **self-service**¹ Selbstbedienungs-, SB-

self-service² Selbstbedienung

self-sufficient ① *Person:* selbstständig ② *Land:* autark **self-supporting** [ˌselfsə'pɔːtɪŋ] ① *Person:* finanziell unabhängig ② *Firma usw.:* sich selbst tragend **self-taught** ['selftɔːt] autodidaktisch erlernt **self-willed** [ˌself'wɪld] eigenwillig, eigensinnig **self-wind·ing** [ˌself'waɪndɪŋ] Automatik-

sell [sel] <sold, sold> ① verkaufen; **sell something to someone** jemandem [*oder* an jemanden] etwas verkaufen; **the shop sells shoes** in dem Laden gibt es Schuhe [zu kaufen]; **the book is selling well** das Buch verkauft sich gut ② kosten; **what are they selling at?** wie viel kosten sie? ③ **sell oneself** sich profilieren; (*im negativen Sinn*) sich verkaufen (**to** an) ④ **sell someone on something** jemanden von etwas überzeugen; **be sold on someone** von jemandem begeistert sein ⑤ **sell one's soul to someone** jemandem seine Seele verschreiben; **sell someone down the river** jemanden ganz schön verschaukeln

◆ **sell off** **sell off goods/shares** Waren/Aktien abstoßen

◆ **sell out** ① ausverkaufen; **the show was sold out** die Show war ausverkauft; **we've sold out of tickets** die Karten sind ausverkauft ② **sell someone out** jemanden verraten (**to** an) ③ (*umgangsspr*) sich verkaufen (**to** an)

◆ **sell up** **they've sold up** sie haben alles verkauft

sell·able ['seləbl] verkäuflich **sell-by date** ['selbaɪˌdeɪt] Frischhaltedatum, Haltbarkeitsdatum

seller ['seləʳ] ① (*Person*) Verkäufer(in) ② (*Ware*) **big seller** Verkaufsschlager; **bad seller** Ladenhüter **sell·ing** ['selɪŋ] Verkauf, Verkaufen

Sel·lo·tape® ['seləteɪp] Tesafilm®

sell·out ['selaʊt] ① (*Spiel, Show usw.*) **it was a sell-out** es war ausverkauft ② (*umgangsspr*) fauler Kompromiss

selves [selvz] *Pluralform von* **self**

semi- ['semɪ] halb- **semi** →**semi-detached (house)** Doppelhaushälfte **semi·circle** ['semɪˌsɜːkl] Halbkreis **semi·cir·cu·lar** [ˌsemɪ'sɜːkjʊləʳ] halbkreisförmig **semi·co·lon** [ˌsemɪ'kəʊ lən] Semikolon, Strichpunkt **semi·conscious** halb bewusstlos **semi-·de·tached** [ˌsemɪdɪ'tætʃt] **semi-detached house** Doppelhaushälfte **semi-·final** (*im Sport*) Halbfinale, Semifinalspiel **semi-·fina·list** Teilnehmer(in) am Halbfinale

sem·inar ['semɪnɑːʳ] Seminar

semi-precious **semi-precious stone** Halbedelstein

semo·lina [ˌsemə'liːnə] Grieß

sen·ate ['senɪt] Senat **sena·tor** ['senətəʳ] Senator

send [send] <sent, sent> ① **send someone for something** jemanden nach etwas schicken; **send someone to prison** jemanden ins Gefängnis stecken ② **send something by post** etwas mit der Post schicken; **send something by fax** etwas [tele]faxen; übersenden, versenden *Ware* ③ **send a rocket into space** eine Rakete in den Weltraum schießen; **the blow sent him sprawling** der Schlag schleuderte ihn zu Boden ④ **send him my best wishes** grüßen Sie ihn von mir; **she sent to say that …** sie ließ ausrichten, dass …

◆ **send after** **send someone after someone** jemanden jemandem nachschicken

◆ **send along** **send someone along** jemanden hinschicken

◆ **send away** ① **send someone away** jemanden wegschicken, fortschicken ② **send away for something** etwas anfordern

◆ **send back** **send someone/something back** jemanden/etwas zurückschicken

◆ **send down** ① fallen lassen; senken *Preise* ② verurteilen *Gefangene* (**for** zu)

◆ **send for** ① **send for someone** jemanden kommen lassen; rufen *Polizei* ② anfordern *Katalog*

◆ **send in** einschicken, einsenden, einreichen *Brief, Bericht usw.;* **send one's name in** sich anmelden

◆ **send off** ① **send something off** etwas abschicken ② **send someone off** jemanden verabschieden; wegschicken *Kinder* ③ vom Platz verweisen *Spieler* ④ **send off for something** etwas bestellen, anfordern

◆ **send on** ① nachschicken *Brief* ② vorausschicken *Gepäck* ③ aufs Feld schicken, einsetzen *Spieler*

◆ **send out** ① **send someone out** jemanden hinausschicken ② aussenden, abgeben *Strahlen;* ausstoßen *Rauch* ③ verschicken *Prospekte*

◆ **send out for** **send out for something**

etwas holen lassen; **send someone out for something** jemanden nach etwas schicken ◆ **send up** ① steigen lassen *Ballon* ② hochtreiben *Preise* ③ (GB) (*umgangsspr*) **send someone up** jemanden verulken

sender ['sendəʳ] Absender(in); **return to sender** an Absender zurück **send-off** ['sendɒf] Abschied, Verabschiedung; **give someone a good send-off** jemanden ganz groß verabschieden **send-up** ['sendʌp] (GB) (*umgangsspr*) Verulkung

Sene·gal [ˌsenɪ'gɔːl] Senegal **Sene·gal·ese**¹ [ˌsenɪgə'liːz] senegalesisch

Sene·gal·ese² [ˌsenɪgə'liːz] Senegalese, Senegalesin

se·nile ['siːnaɪl] senil, altersschwach

sen·ior¹ ['siːnɪəʳ] ① älter (**to** als); **senior citizens** Senioren ② dienstälter, ranghöher; *Position:* höher, leitend; **he is senior to me** er ist mir übergeordnet; **senior manager** obere Führungskraft ③ **senior school** [*oder* (USA) **senior high school**] Oberstufe

sen·ior² ['siːnɪəʳ] ① Senior(in) ② (USA) Student(in) des letzten Studienjahres ③ **he is my senior** er ist älter als ich; (*im Beruf*) er ist mir übergeordnet

sen·sa·tion [sen'seɪʃn] ① Gefühl, Empfindung, Sinneseindruck; **a sensation of falling** das Gefühl zu fallen; **a sensation of hunger** ein Hungergefühl ② (*Ereignis*) Sensation ③ (*Aufregung*) Aufsehen; **cause** [*oder* **create**] **a sensation** Aufsehen erregen **sen·sa·tional** [sen'seɪʃnl] sensationell, Aufsehen erregend

sense¹ [sens] ① **sense of sight** Sehvermögen; **sense of hearing/smell/taste/touch** Gehör-/Geruchs-/Geschmacks-/Tastsinn ② **senses** Verstand; **frighten someone out of his senses** jemanden zu Tode erschrecken; **bring someone to his senses** jemanden zur Vernunft bringen; **come to one's senses** zur Vernunft kommen ③ **common sense** gesunder Menschenverstand; **have the sense to ...** so vernünftig sein und ...; **what's the sense of doing this?** welchen Sinn hat es denn, das zu tun?; **there is no sense in doing that** es ist zwecklos, das zu tun; **talk sense** vernünftig reden; **make someone see sense** jemanden zur Vernunft bringen ④ (*übertragen*) Gefühl, Sinn (**of** für); **sense of duty** Pflichtbewusstsein; **have a sense of one's own importance** sich selbst wichtig nehmen ⑤ Sinn; *von Wort usw.:* Bedeutung; **I can't make sense of it** ich kann mir darauf keinen Reim machen ⑥ **in a sense** in gewisser Hinsicht; **in every sense** in jeder Hinsicht

sense² [sens] **sense something** etwas spüren, empfinden, fühlen

sense·less ['senslɪs] ① *Mensch:* besinnungslos, bewusstlos ② *Handlung:* unvernünftig, unsinnig ③ *Diskussion:* sinnlos

sen·si·bil·ity [ˌsensə'bɪlətɪ] ① *von Körper:* Empfindlichkeit ② *von Gefühl:* Empfindsamkeit ③ **sensibilities** Zartgefühl

sen·sible ['sensəbl] vernünftig; **be sensible about it!** seien Sie vernünftig!

sen·sibly ['sensəblɪ] vernünftig, vernünftigerweise

sen·si·tive ['sensətɪv] ① *Körperteil:* empfindlich; **sensitive to cold/heat** kälte-/wärmeempfindlich ② *Person:* **be sensitive about something** empfindlich auf etwas reagieren ③ *Verständnis:* einfühlsam ④ (*übertragen*) *Thema usw.:* heikel, prekär

sent [sent] *3. Form von* **send**

sen·tence¹ ['sentəns] ① Satz ② *von Gericht:* Strafe; **under sentence of death** zum Tode verurteilt; **pass sentence on someone** über jemanden das Urteil verkünden

sen·tence² ['sentəns] **sentence someone** jemanden verurteilen (**to** zu)

sen·ti·men·tal [ˌsentɪ'mentl] ① empfindsam, gefühlsselig ② **for sentimental reasons** aus Sentimentalität

sen·try ['sentrɪ] [Wach]Posten, Wache; **be on sentry duty** auf Wache sein **sentry box** Wachhäuschen

sep·ar·able ['sepərəbl] trennbar

sep·ar·ate¹ ['sepəreɪt] ① **separate something** etwas aufteilen (**into** in) ② **separate people** Leute trennen (**from** von); *Ehepaar:* sich trennen

sep·ar·ate² ['seprət] ① [ab]getrennt, gesondert (**from** von); **go separate ways** verschiedene Wege gehen; **keep separate** auseinander halten ② *Teil:* extra, einzeln ③ *Wohnung:* separat; *Zimmer:* getrennt ④ *Rechnung:* gesondert ⑤ **that is a separate question** das ist eine andere Frage; **on a separate occasion** bei einer anderen Gelegenheit

sep·ar·ated ['sepəreɪtɪd] getrennt; *Ehepaar:*

getrennt lebend **sep·ar·ates** ['seprəts] *plural* (*Kleidung*) Röcke, Blusen, Hosen

Sep·tem·ber [sep'tembəʳ] September; **in September** im September

sep·tic ['septɪk] septisch

se·quel ['siːkwəl] ① *von Roman, Film:* Fortsetzung ② (*übertragen*) Folge (**to** von)

se·quence ['siːkwəns] ① *von Ereignissen:* Folge; **logical sequence** logische Abfolge ② Reihenfolge; *von Zahlen:* Reihe; **in sequence** der Reihe nach ③ *von Film:* Szene, Episode

se·quin ['siːkwɪn] Paillette

Serb [sɜːb] Serbe, Serbin **Ser·bia** ['sɜːbɪə] Serbien **Ser·bi·an** ['sɜːbɪən] serbisch

ser·geant ['sɑːdʒənt] ① (*militärisch*) Feldwebel ② Polizeimeister

ser·ial¹ ['sɪərɪəl] ① Serien-; **serial killer** Serienmörder(in) ② **serial number** fortlaufende Nummer, Fabrikationsnummer

ser·ial² ['sɪərɪəl] ① Fortsetzungsroman ② (*im Radio, TV*) Serie ③ periodisch erscheinende Zeitschrift

series ['sɪəriːz] <*plural* series> ① Serie ② **series of events** eine Folge von Ereignissen ③ *von Zahlen:* Reihe ④ **radio/TV series** Sendereihe/Sendefolge

seri·ous ['sɪərɪəs] ① ernst, ernsthaft; **be serious about doing something** etwas ernsthaft beabsichtigen; **I'm serious [about it]** ich meine das ernst ② *Interesse:* seriös ③ *Frage, Zweifel:* ernsthaft ④ *Verlust:* schwer, schlimm ⑤ *Gefahr:* ernstlich; *Situation:* ernst, bedenklich; **it's getting serious** es wird ernst

seri·ous·ly ['sɪərɪəslɪ] ① ernst, im Ernst ② *krank:* ernstlich; *verletzt:* schwer ③ **take someone seriously** jemanden ernst nehmen ④ **seriously now!** jetzt mal ganz im Ernst!

ser·mon ['sɜːmən] Predigt

ser·pent ['sɜːpənt] Schlange

ser·vant ['sɜːvənt] Diener(in)

serve¹ [sɜːv] ① **serve someone/something** jemandem/etwas dienen; **serve one's country** seinem Land dienen ② *Gegenstand:* sich verwenden lassen; **serve as [*oder* for] something** als etwas dienen; **serve its purpose** seinen Zweck erfüllen; **if my memory serves me right** wenn ich mich recht erinnere ③ (*zeitlich*) durchmachen, durchlaufen *Lehre;* verbüßen *Strafe* ④ (*im Laden, Restaurant*) bedienen *Gast, Kunden;* einschenken *Wein;* **serve someone with something** jemandem etwas servieren; **are you being served?** werden Sie schon bedient?; **dinner is served** das Essen ist aufgetragen ⑤ **serves 4** für 4 Personen ⑥ (*beim Tennis*) aufschlagen; **serve an ace** ein Ass schlagen ⑦ **it serves him right** es geschieht ihm ganz recht

serve² [sɜːv] (*beim Tennis*) Aufschlag

◆ **serve up** **serve up food** das Essen servieren

server ['sɜːvəʳ] ① (*beim Tennis*) Aufschläger(in) ② (*Computer*) Server ③ **salad servers** Salatbesteck

ser·vice¹ ['sɜːvɪs] ① Dienst; **do someone a service** jemandem einen Dienst erweisen; **be of service** nützlich sein; **military service** Militärdienst ② (*im Hotel usw.*) Service, Bedienung; **be at someone's service** jemandem zur Verfügung stehen ③ Betrieb; **be out of service** außer Betrieb sein; **come into service** in Betrieb genommen werden ④ **bus service** Busverbindung; **telephone service** Telefondienst; **medical service** ärztliche Versorgung ⑤ **services** *plural* Dienstleistungen, Versorgungsnetz ⑥ (*kirchlich*) Gottesdienst ⑦ *von Maschinen:* Wartung; **put one's car in for service** sein Auto zur Inspektion bringen ⑧ **tea service** Teeservice ⑨ (*beim Tennis*) Aufschlag

ser·vice² ['sɜːvɪs] warten *Auto, Maschine*

service area Tankstelle und Raststätte **service centre** Reparaturwerkstatt **service charge** Bedienungsgeld, Bearbeitungsgebühr **service department** Kundendienstabteilung **service entrance** Dienstboteneingang **service lift**, (USA) **service elevator** Lastenaufzug **service road** Zufahrtsstraße **service station** Tankstelle [mit Reparaturwerkstatt]

ser·vi·ette [ˌsɜːvɪ'et] Serviette

serv·ing ['sɜːvɪŋ] Portion; **serving spoon** Vorlegelöffel

ses·ame ['sesəmɪ] Sesam

ses·sion ['seʃn] ① *von Parlament:* Sitzung, Sitzungsperiode, Legislaturperiode; **be in session** eine Sitzung abhalten, tagen ② *von Leuten:* Treffen ③ (*beim Arzt usw.*) Sitzung, Behandlung ④ (*an Schule, Universität*) Semester, Studienjahr ⑤ **recording session** Aufnahme

> **? Grammatik** **set — set — set:** *Ben set the table; the sun has set.*

set[1] [set] <set, set> ① **set the tray on the table** das Tablett auf den Tisch stellen ② einstellen *Maschine, Gerät* (**at** auf); stellen *Uhr* (**to** auf) ③ **the book is set in Paris** das Buch spielt in Paris; **the house is set in the valley** das Haus liegt im Tal ④ festlegen *Ziel;* festsetzen *Termin;* **set a price on something** einen Preis für etwas festsetzen ⑤ (*in der Schule*) **Macbeth is set this year** Macbeth steht dieses Jahr auf dem Lehrplan ⑥ **set someone a question** jemandem eine Frage stellen; **set someone a problem** jemanden vor ein Problem stellen ⑦ decken *Tisch* ⑧ **set a guard on something** etwas bewachen lassen; **set a dog on someone** einen Hund auf jemanden hetzen; **set something going** etwas in Gang bringen; **set someone free** jemanden freilassen; **set something right** etwas in Ordnung bringen; **set someone right** jemanden berichtigen ⑨ **set a good example** ein gutes Beispiel geben ⑩ **set something to music** etwas vertonen ⑪ *Sonne:* untergehen ⑫ *Zement:* hart werden; **set stones in concrete** Steine einzementieren

set[2] [set] ① fertig, bereit; **be all set for something** für etwas gerüstet sein; **be all set to do something** bereit sein, etwas anzufangen ② *Zeit:* festgesetzt, bestimmt ③ **set book** Pflichtlektüre; **set menu** Tageskarte; **set phrase** feststehender Ausdruck; **set price** Fixpreis, festgesetzter Preis ④ **be set in one's ways** in seinen Gewohnheiten festgefahren sein; **be dead set on something/on doing something** etwas auf Biegen und Brechen haben/tun wollen

set[3] [set] ① Satz; **set** [**of two**] Paar; **tea set** Teeservice; **set of books** Buchreihe; **a set of teeth** ein Gebiss ② (*Radio, Fernseher*) Gerät, Apparat ③ (*im Theater*) Bühnenbild ④ Reihe; **a whole set of questions** eine ganze Reihe Fragen ⑤ *von Menschen:* Kreis; **the golfing set** die Golfer ⑥ (*beim Tennis*) Satz ⑦ *von Kleidung:* Sitz, Haltung ⑧ **shampoo and set** Waschen und Legen

◆ **set about** **set about doing something** sich daranmachen, etwas zu tun

◆ **set against** **set oneself against something** sich einer Sache entgegenstellen

◆ **set apart** **set something apart** etwas abheben (**from** von)

◆ **set aside** ① beiseite legen *Gegenstand, Geld* ② einplanen *Zeit* ③ aufschieben *Pläne, Arbeit*

◆ **set back** ① zurücksetzen *Haus* ② verzögern, behindern *Plan, Fortschritt* ③ **it's set me back £100** es hat mich 100 Pfund gekostet

◆ **set down** ① absetzen *Ladung;* aussteigen lassen *Passagier* ② schriftlich niederlegen *Gedanken*

◆ **set in** ① *Winter:* einsetzen ② *Dunkelheit:* anbrechen

◆ **set off** ① auslösen *Alarmanlage;* losgehen lassen *Feuerwerk* ② führen zu *Reaktion* ③ *Person:* sich auf den Weg machen; *Bus, Zug usw.:* losfahren ④ **that set us all off laughing** das brachte uns alle zum Lachen

◆ **set on** **set on someone** jemanden überfallen

◆ **set out** ① ausbreiten *Ware* ② darlegen *Gedanke* ③ *Person:* aufbrechen, sich auf den Weg machen ④ **set out to do something** sich daranmachen, etwas zu tun

◆ **set to** loslegen, reinhauen; **set to work** sich an die Arbeit machen

◆ **set up** ① **set something up** etwas aufstellen; errichten *Denkmal usw.* ② eröffnen, gründen *Geschäft;* einrichten *Schule* ③ **set something up for someone** etwas für jemanden vorbereiten; **set someone up with something** jemanden mit etwas versorgen ④ aufstellen *Rekord, Zeit* ⑤ anstimmen *Protest* ⑥ **set oneself up as a therapist** sich als Therapeut niederlassen; **be set up for life** für sein ganzes Leben ausgesorgt haben; **be well set up** sich gut stehen ⑦ **set someone up** (*umgangsspr*) jemandem etwas anhängen

set·back ['setbæk] Rückschlag

set·tee [se'tiː] Sofa

set·ting ['setɪŋ] ① *von Sonne:* Untergang ② (*übertragen*) Rahmen; *von Roman usw.:* Schauplatz ③ **place setting** Gedeck

settle ['setl] ① sich niederlassen (**on** auf); **dust settled on the floor** der Staub setzte sich am Boden ab; **she settled comfortably in an armchair** sie machte es sich in einem Sessel bequem ② (*im Haus*) **settle someone** jemanden unterbringen, sich eingewöhnen (**into** in); **settle into a habit** sich etwas angewöhnen ③ besiedeln *Land* ④ **settle something** etwas entscheiden; klären *Problem;* sich einigen auf, aushandeln *Preis;* abschließen *Vertrag;* **settle one's affairs** seine Angelegenheiten in Ordnung bringen; **that settles it!** damit wäre der Fall erledigt!; **I'll soon settle him** dem werd ich's geben ⑤ bezahlen, begleichen *Rechnung* ⑥ *Person:* sich beruhigen; versorgen *Baby* ⑦ *Wetter:* beständig werden ⑧ *Ablagerungen:* sich setzen

◆ **settle down** ① **settle down to watch TV** es sich vor dem Fernseher gemütlich machen ② sich legen ③ *Person:* sich beruhigen; **settle the baby down to sleep** das Baby schlafen legen ④ **settle down at school** sich an einer Schule eingewöhnen ⑤ [**marry and**] **settle down** [heiraten und] häuslich werden

◆ **settle for settle for something** sich mit etwas zufrieden geben

◆ **settle in** sich einleben, sich eingewöhnen

◆ **settle on**, **settle upon settle on a price** sich auf einen Preis einigen

◆ **settle up settle up** [**with someone**] [mit jemandem] abrechnen

◆ **settle with settle with someone** mit jemandem abrechnen; **settle something with someone** sich mit jemandem auf etwas einigen

set·tled ['setld] ① *Wetter:* beständig ② *Meinung:* fest ③ **be settled** etabliert sein, festen Fuß gefasst haben, ruhiger sein; **feel settled** sich wohl fühlen

set·tle·ment ['setlmənt] ① Regelung; **reach a settlement** sich einigen ② *von Streit:* Beilegung, Schlichtung ③ *von Leuten:* Siedlung

set·tler ['setlə[r]] Siedler(in)

set-to [ˌset'tuː] (*umgangsspr*) Krach, Streiterei; **have a set-to** sich in die Haare geraten

set-up ['setʌp] ① Zustände, Umstände; **what's the set-up here?** wie läuft das hier? ② Organisation, System ③ (*slang*) abgekartetes Spiel

seven ['sevn] sieben **seven·fold** ['sevnfəʊld] siebenfach **seven·teen** [ˌsevn'tiːn] siebzehn **seven·teenth**[1] [ˌsevn'tiːnθ] siebzehnte(r, s)

seven·teenth[2] [ˌsevn'tiːnθ] ① Siebzehnte(r, s) ② (*Bruchteil*) Siebzehntel

sev·enth[1] ['sevnθ] sieb[en]te(r, s)

sev·enth[2] ['sevnθ] ① Siebte(r, s) ② (*Bruchteil*) Siebtel

sev·en·ty ['sevntɪ] ① siebzig ② **the seventies** die Siebzigerjahre ③ **he's in his seventies** er ist [so] um die siebzig

sev·eral ['sevrəl] ① einige, mehrere, verschiedene; **several times** mehrere Male ② **several of us** einige von uns

se·vere [sɪ'vɪə[r]] ① *Person:* streng ② *Kritik:* hart, scharf ③ *Test:* schwer ④ *Ausdruck:* ernst ⑤ *Krankheit:* schwer, schlimm ⑥ *Sturm:* stark, heftig; *Wetter:* rau

sew [səʊ] <sewed, sewed *oder* sewn> ① nähen ② **sew something on** etwas annähen

◆ **sew up sew something up** etwas zunähen

sew·age ['sjuːɪdʒ] Abwasser

sewer ['sjuːə[r]] Abwasserkanal

sew·ing ['səʊɪŋ] ① Nähen ② Näharbeit **sewing basket** Nähkorb **sewing machine** Nähmaschine

sewn [səʊn] *3. Form von* **sew**

sex[1] [seks] ① Geschlecht; **of both sexes** beiderlei Geschlechts ② Sexualität, Sex; **have sex with someone** [Geschlechts]Verkehr mit jemandem haben

sex[2] [seks] Geschlechts-, Sexual-

sex ap·peal ['seksəˌpiːl] Sexappeal **sex discrimination** Diskriminierung auf Grund des Geschlechts **sex education** Sexualerziehung, Aufklärungsunterricht **sex·ism** ['seksɪsm] Sexismus **sex·ist**[1] ['seksɪst] Sexist(in)

sex·ist[2] ['seksɪst] sexistisch

sex life Geschlechtsleben

sex·ual ['sekʃʊəl] ① sexuell, geschlechtlich ② **sexual harrassment** sexuelle Belästigung; **sexual intercourse** Geschlechtsverkehr **sex·ual·ity** [ˌsekʃʊ'ælətɪ] Sexualität **sex·ual·ly** ['sekʃʊəlɪ] ① sexuell ② **sexually transmitted disease** Geschlechtskrankheit **sexy** ['seksɪ] (*umgangsspr*) sexy, aufreizend

shabby ['ʃæbɪ] schäbig

shack [ʃæk] Hütte, Schuppen

shade[1] [ʃeɪd] ① Schatten; **give shade** Schatten spenden ② [**lamp**]**shade** [Lampen]Schirm ③ Farbton ④ Nuance; **shades of meaning** Bedeutungsnuancen; **a shade too much** eine Spur zu viel ⑤ **put someone in the shade** (*übertragen*) jemanden in den Schatten stellen ⑥ **shades** ⚠ *plural* (*umgangsspr*) Sonnenbrille

shade² [ʃeɪd] **shade something from the light** etwas gegen das Licht abschirmen
◆ **shade in** **shade something in** etwas ausmalen **shad·ing** ['ʃeɪdɪŋ] (*in der Kunst*) Schattierung, Schraffierung

shad·ow ['ʃædəʊ] (1) (*auch übertragen*) Schatten; **in the shadows** im Dunkeln; **be in someone's shadow** (*übertragen*) in jemandes Schatten stehen (2) **without a shadow of doubt** ohne den Schatten eines Zweifels (3) **be just a shadow of one's former self** nur noch ein Schatten seiner selbst sein **shadow cabinet** GB (*in der Politik*) Schattenkabinett **Shadow Chancellor** GB Finanzminister(in) des Schattenkabinetts **shad·owy** ['ʃædəʊɪ] (1) schattig (2) (*übertragen*) unbestimmt, vage, verschwommen

shady ['ʃeɪdɪ] (1) schattig, Schatten spendend (2) (*übertragen*) *Geschäft:* zweifelhaft, anrüchig

shaft [ʃɑːft] (1) *von Pfeil, Werkzeug usw.:* Schaft (2) *von Aufzug, im Bergbau:* Schacht (3) **shaft of light** [Licht]Strahl

shag [ʃæg] (*slang*) bumsen

shaggy ['ʃægɪ] (1) zottig, struppig (2) *Haare:* zottelig

shake¹ [ʃeɪk] <shook, shaken> (1) **shake something** etwas schütteln; erschüttern *Gebäude* (2) beben; **shake with cold** vor Kälte zittern; **shake with laughter** sich vor Lachen schütteln (3) **shake hands with someone** jemandem die Hand geben; **shake one's head** den Kopf schütteln; **shake one's fist at someone** jemandem mit der Faust drohen (4) **shake someone** *Ereignis, Nachricht:* jemanden erschüttern; **they were badly shaken by the news** die Nachricht hatte sie sehr mitgenommen (5) **shake oneself free** sich losmachen

shake² [ʃeɪk] (1) Zittern, Beben; **give someone a good shake** jemanden kräftig schütteln (2) **milk shake** Milchshake ► IN WENDUNGEN: **in two shakes** (*umgangsspr*) in zwei Sekunden; **be no great shakes** (*slang*) nicht umwerfend sein
◆ **shake down** (1) USA **shake something down** etwas durchsuchen (2) USA (*slang*) **shake someone down** jemanden ausquetschen
◆ **shake off** **shake something off** etwas abschütteln
◆ **shake out** ausschütteln *Staubtuch, Teppich*
◆ **shake up** (1) **shake something up** etwas aufschütteln (2) **she was badly shaken up by the accident** der Unfall hat ihr einen schweren Schock versetzt (3) umkrempeln *Betrieb*

shaken ['ʃeɪkn] *3. Form von* **shake** **shake-up** ['ʃeɪkʌp] (1) (*umgangsspr*) Umstrukturierung (2) **give something a good shake-up** etwas total umkrempeln

shak·ily ['ʃeɪkɪlɪ] wackelig, zitterig

shak·ing ['ʃeɪkɪŋ] Zittern **shaky** ['ʃeɪkɪ] (1) *Hand:* zitterig; *Position:* wackelig (2) *Beweis:* fragwürdig, unsicher (3) **in rather shaky English** in ziemlich holprigem Englisch

shall [ʃæl] <should> (1) werden; **I shall arrive tomorrow** ich werde morgen ankommen; **you shall pay for this!** dafür sollst du büßen! (2) sollen; **what shall we do?** was sollen wir machen? was machen wir?

> **? Grammatik** Die Kurzform für **I shall** heißt **I'll**; für **we shall — we'll**; für **shall not — shan't**.

shal·low ['ʃæləʊ] (1) flach; *Wasser auch:* seicht (2) *Mensch, Unterhaltung:* oberflächlich

sham¹ [ʃæm] (*übertragen*) vorgetäuscht

sham² [ʃæm] (*übertragen*) **it's just a sham** es ist nur Heuchelei

shamble ['ʃæmbl] **shamble along the road** die Straße entlangschlurfen

shambles ['ʃæmblz] *plural* **your room is a shambles** dein Zimmer ist ein einziger Saustall

shame [ʃeɪm] (1) (*Ungnade*) Schande; **bring shame upon someone** jemandem Schande machen; **put someone to shame** jemandem Schande machen; **to my shame** zu meiner Schande; **shame on you!** du solltest dich schämen! (2) (*Gefühl*) Scham; **without shame** schamlos; **hang one's head in shame** den Kopf vor Scham hängen lassen; **blush with shame** vor Scham erröten (3) **what a shame!** wie schade! **shame·ful** ['ʃeɪmfl] beschämend **shame·less** ['ʃeɪmlɪs] schamlos, unverschämt

sham·poo¹ [ʃæm'puː] shamponieren

sham·poo² [ʃæm'puː] Shampoo

shandy [ˈʃændɪ] GB (*Mischgetränk*) Radler

shape[1] [ʃeɪp] ❶ Form, Gestalt; **in the shape of a heart** in Form [*oder* Gestalt] eines Herzes; **in the shape of a circle** kreisförmig ❷ **take shape** (*auch übertragen*) Gestalt annehmen ❸ **she likes chocolate in any shape or form** sie mag jede Art von Schokolade ❹ (*technisch*) Form, Modell, Muster ❺ (*gesundheitlich*) Zustand, [gesundheitliche] Verfassung; **be in great shape** glänzend in Form sein; **be in bad shape** in schlechter Verfassung sein; **be out of shape** (*körperlich*) nicht in Form sein

shape[2] [ʃeɪp] ❶ bearbeiten, formen *Holz, Ton* (**into** zu) ❷ (*übertragen*) formen, prägen *Charakter;* gestalten, bestimmen *Leben;* formen *Gesellschaft*

◆ **shape up** sich entwickeln; **be shaping up well** *Leistung, Projekt:* sich gut entwickeln, vielversprechend sein

share[1] [ʃeəʳ] ❶ Anteil, Teil; **do one's share of the housework** seinen Beitrag zur Hausarbeit leisten; **have a share in something** an etwas beteiligt sein; **take one's share of responsibility** seinen Teil der Verantwortung tragen; **let's go shares on the bill** (*umgangsspr*) lass uns die Rechnung teilen; **have more than one's share of bad luck** ein Pechvogel sein ❷ (*in der Wirtschaft*) **hold shares** Aktien haben; **have a share in a business** einen Geschäftsanteil besitzen (**in** an)

share[2] [ʃeəʳ] [sich] teilen; **let's share a portion of chips** lass uns einen Teller Pommes teilen; **share the same name** den gleichen Namen haben; **share and share alike** brüderlich teilen

◆ **share out** austeilen, verteilen

shark [ʃɑːk] ❶ Hai[fisch] ❷ (*übertragen*) Hai, Wucherer

sharp[1] [ʃɑːp] ❶ scharf; **at 3 o'clock sharp** um Punkt 3 Uhr; **turn sharp left** scharf nach links abbiegen ❷ *Nadel, Bleistift:* spitz ❸ *Kurve:* scharf ❹ *Abhang:* steil; **sharp rise/fall in price** steiler Preisanstieg/Preissturz ❺ *Bild:* scharf umrissen, deutlich ❻ *Geruch:* beißend, stechend; *Geschmack:* scharf, herb ❼ *Schmerz:* heftig ❽ *Tonfall:* hart, streng ❾ *Bemerkung:* scharfsinnig; *Kritik:* scharf; **sharp wit** scharfer Verstand; **that was pretty sharp of him** das war ziemlich clever von ihm ❿ (*übertragen*) **keep a sharp eye on someone** jemanden scharf im Auge behalten; **be sharp about it!** mach ein bisschen schnell!

sharp[2] [ʃɑːp] Kreuz

sharpen [ˈʃɑːpən] ❶ schärfen; spitzen *Bleistift;* schleifen, wetzen *Axt, Messer* ❷ (*übertragen*) **a walk will sharpen your appetite** ein Spaziergang regt den Appetit an

sharp·ener [ˈʃɑːpnəʳ] **pencil sharpener** Bleistiftspitzer

sharp-eyed [ˌʃɑːpˈaɪd] scharfsichtig **sharp-sighted** [ˌʃɑːpˈsaɪtɪd] scharfsichtig **sharp-tongued** [ˌʃɑːpˈtʌŋd] scharfzüngig **sharp-witted** [ˌʃɑːpˈwɪtɪd] klug, gewitzt

shat·ter [ˈʃætəʳ] ❶ zerschmettern, zerbrechen ❷ *Knochen:* zersplittern ❸ (*übertragen*) zerstören; **shatter one's hopes** seine Hoffnungen zunichte machen; **she was shattered by his death** sein Tod hat sie erschüttert ❹ (*umgangsspr*) **I'm/I feel shattered** ich bin kaputt

shat·ter·ing [ˈʃætərɪŋ] ❶ *Schlag, Explosion:* gewaltig; *Niederlage:* vernichtend ❷ (*übertragen*) *Schlag:* wuchtig ❸ (*umgangsspr*) *Neuigkeit, Unkenntnis, Offenheit:* erschütternd; *Erlebnis, Wirkung:* umwerfend ❹ **have a shattering effect on something** sich verheerend auf etwas auswirken; **it must have been shattering for you** es muss entsetzlich für Sie gewesen sein **shat·ter·proof** [ˈʃætəpruːf] *Glas:* splitterfrei

shave[1] [ʃeɪv] <shaved, shaved *oder* shaven> [sich] rasieren; **shave something off** etwas abrasieren

shave[2] [ʃeɪv] ❶ Rasur ❷ **that was a close shave** das wäre um ein Haar schief gegangen

shaven [ˈʃeɪvn] **clean shaven** glatt rasiert **shaver** [ˈʃeɪvəʳ] Rasierapparat **shaving cream** Rasiercreme **shavings** [ˈʃeɪvɪŋ] *plural* Späne

shawl [ʃɔːl] Schultertuch, Umhang

she [ʃiː] ❶ sie ❷ **our dog is a she** unser Hund ist eine Sie ❸ **she-dog** Hündin

shears [ʃɪəz] *plural* [**pair of**] **shears** Metallschere, Gartenschere

shed[1] [ʃed] <shed, shed> ❶ vergießen *Tränen, Blut;* **without bloodshed** ohne Blutvergießen ❷ **shed light on something** Licht auf etwas werfen ❸ abwerfen *Blätter, Haut;* verlieren *Haar;* **shed skin** sich häuten; **shed a few kilos** ein paar Kilo abnehmen

④ (*übertragen*) loswerden *Kummer, Sorge*

shed² [ʃed] Schuppen

she'd [ʃiːd] *Kurzform von* **she had; she would**

sheep [ʃiːp] <*plural* sheep> Schaf ▸ IN WENDUNGEN: **a black/lost sheep** ein schwarzes/verlorenes Schaf; **a wolf in sheep's clothing** ein Wolf im Schafspelz **sheep·dog** [ˈʃiːpdɒg] Schäferhund **sheep·ish** [ˈʃiːpɪʃ] verlegen **sheep·skin** [ˈʃiːpskɪn] Schaffell

sheer [ʃɪəʳ] ① rein; **sheer silk** reine Seide ② (*übertragen*) bloß, rein; **it was sheer cheek** es war eine bloße Unverschämtheit; **sheer madness** heller Wahnsinn; **by sheer chance/coincidence** rein zufällig

sheet [ʃiːt] ① Betttuch; [**as**] **white as a sheet** leichenblass ② **a sheet of paper** ein Blatt Papier; **attendance sheet** Anwesenheitsliste ③ *Glas:* Scheibe; **sheet of ice** [Eis]Fläche; **sheet metal** Blech **sheet feed** (*Drucker*) Einzelblatteinzug

sheik(h) [ʃeɪk, USA ʃiːk] Scheich

shelf [ʃelf, *plural* ʃelvz] <*plural* shelves> ① Brett; **book shelf** Bücherregal ② (*in der Erdkunde*) **continental shelf** Kontinentalsockel ▸ IN WENDUNGEN: **be left on the shelf** sitzen geblieben sein

shell¹ [ʃel] ① Schale; *von Erbsen:* Hülse; *eines Weichtiers:* Muschel; *einer Schnecke:* Haus; *einer Schildkröte:* Panzer ② *vom Auto:* Karosserie ③ *vom Schiff:* Gerippe, Rumpf ④ *einer Waffe:* Granate; USA Patrone ▸ IN WENDUNGEN: **come out of one's shell** aus sich herausgehen; **retire into one's shell** sich in sein Schneckenhaus verkriechen

shell² [ʃel] ① schälen; enthülsen *Erbsen* ② mit Granaten beschießen *Ort, Soldaten*
◆ **shell out** (*umgangsspr*) blechen, bezahlen

she'll [ʃiːl] *Kurzform von* **she will**

shell·fish [ˈʃelfɪʃ] <*plural* shellfish> Schaltier
shel·ling [ˈʃelɪŋ] Granatbeschuss **shell-shocked** [ˈʃelʃɒkt] unter Kriegsneurose leidend; (*übertragen*) verstört

shel·ter¹ [ˈʃeltəʳ] ① Unterschlupf; **give someone shelter** jemanden beherbergen; (*für Obdachlose*) Obdach ② (*auch übertragen*) Schutz; **under shelter** geschützt; **take shelter** Schutz suchen (**from** vor) ③ **bus shelter** Wartehäuschen; **air-raid shelter** [Luft]Schutzraum

shel·ter² [ˈʃeltəʳ] ① **shelter someone** jemanden beherbergen [*oder* jemandem Obdach gewähren] ② **shelter someone from something** jemanden vor etwas [be]schützen ③ **they sheltered under the trees** sie suchten Schutz unter den Bäumen

shel·tered [ˈʃeltəd] **sheltered housing** betreutes Wohnen

shield¹ [ʃiːld] Schild; (*auch übertragen*) Schutz

shield² [ʃiːld] schützen (**from** vor)

shift¹ [ʃɪft] ① schieben, bewegen ② (*übertragen*) [von sich] abwälzen *Schuld* (**on** auf); **shift the responsibility onto someone** jemandem die Verantwortung zuschieben ③ (*am Auto*) **shift gear** schalten ④ *Interessen:* sich verschieben, sich verlagern ⑤ *Wind:* umspringen, sich drehen

shift² [ʃɪft] ① (*übertragen*) Veränderung, Verlagerung ② (*Arbeit*) Schicht; **work in shifts** Schicht arbeiten; **late shift** Spätschicht; **night shift** Nachtschicht

shift key Umschalt-, Shifttaste

shifty [ˈʃɪftɪ] *Mensch:* durchtrieben, hinterhältig

shin [ʃɪn] **shin**[**bone**] Schienbein
◆ **shin up** hinaufklettern

shine¹ [ʃaɪn] <shone, shone> ① *Sonne:* scheinen ② *Lampe:* leuchten; **shine the torch over here** leuchte [mit der Taschenlampe] hierher; **their faces shone with happiness** sie strahlten vor Freude ③ *Mond, Stern:* glänzen, funkeln ④ (*übertragen*) glänzen, sich hervortun (**at** bei) ⑤ putzen, wichsen *Schuh*

shine² [ʃaɪn] ① Schein, Glanz ② Politur ③ USA Schuhputzen ▸ IN WENDUNGEN: **take the shine off something** einen Schatten auf etwas werfen; **take a shine to someone** (*slang*) sich in jemanden vergucken; **I'll come, rain or shine** ich komme auf jeden Fall

shiner [ˈʃaɪnəʳ] (*slang*) blaues Auge

shingles [ˈʃɪŋglz] *plural* Gürtelrose

shin·ing [ˈʃaɪnɪŋ] ① glänzend, leuchtend ② *Beispiel:* glänzend **shiny** [ˈʃaɪnɪ] glänzend, [glatt] poliert; **be shiny** *Stoff:* glänzen

ship¹ [ʃɪp] ① Schiff; **by ship** mit dem Schiff ② USA **spaceship** Raumschiff

ship² [ʃɪp] ① verschiffen *Waren;* USA [ver]senden, befördern, verladen ② **ship water** lecken, leck sein
◆ **ship out** versenden

ship·ping company Reederei **ship·shape**

S

['ʃɪpʃeɪp] aufgeräumt, sauber, ordentlich

ship·wreck[1] ['ʃɪprek] Schiffbruch

ship·wreck[2] ['ʃɪprek] ① Schiffbruch erleiden ② (*übertragen*) scheitern lassen, ruinieren

ship·yard ['ʃɪpjɑːd] [Schiffs]Werft

shirk [ʃɜːk] sich drücken [vor] *Arbeit, Verantwortung* **shirker** ['ʃɜːkəʳ] Drückeberger(in)

shirt [ʃɜːt] ① Hemd ② (*für Damen*) Hemdbluse ▶ IN WENDUNGEN: **keep your shirt on!** (*umgangsspr*) immer mit der Ruhe!; **put one's shirt on something** alles auf etwas setzen **shirt-sleeve in one's shirtsleeves** in Hemdsärmeln **shirty** ['ʃɜːtɪ] (*umgangsspr*) [leicht] beleidigt, eingeschnappt

shit[1] [ʃɪt] <shit, shit *oder* shat> (*slang*) scheißen ▶ IN WENDUNGEN: **he's shitting bricks** (*umgangsspr*) er macht sich vor Angst in die Hose

shit[2] [ʃɪt] (*umgangsspr*) ① Scheiße ② (*übertragen: Blödsinn*) Scheiß

shitty ['ʃɪtɪ] (*slang*) beschissen

shiver[1] ['ʃɪvəʳ] **shiver [with cold/fear]** zittern [vor Kälte/Angst]

shiver[2] ['ʃɪvəʳ] ① Zittern, Schauder ② **shivers** *plural* Schüttelfrost, Fieberschauer; **it gave me the shivers** mich überlief es kalt; **a shiver went up and down her spine** es lief ihr kalt den Rücken hinunter

shiv·ery ['ʃɪvərɪ] fröstelnd; **feel shivery** frösteln

shock[1] [ʃɒk] ① Schock; **be in [a state of] shock** unter Schock stehen; **it comes as a shock** das ist ein [großer] Schock; **be a great shock for someone** für jemanden ein schwerer Schlag sein; **it gave him a nasty shock** das hat ihm einen bösen Schrecken eingejagt; **he'll be in for a shock** der wird sein blaues Wunder erleben ② heftiger Stoß, Erschütterung ③ [elektrischer] Schlag; (*medizinisch*) Elektroschock ④ (*beim Erdbeben*) Erdstoß

shock[2] [ʃɒk] ① erschüttern, bestürzen; **she was deeply shocked by the news** die Nachricht war ein schwerer Schock für sie ② **the whole town was shocked by the scandal** über diesen Skandal war die ganze Stadt schockiert ③ **shock someone into doing something** jemandem einen solchen Schrecken einjagen, dass er etwas tut

shock ab·sorber ['ʃɒkæbˌzɔːbəʳ] Stoßdämpfer

shock·ing ['ʃɒkɪŋ] ① erschütternd ② schockierend ③ (*umgangsspr*) schrecklich **shock·proof** stoßfest **shock wave** Druckwelle; (*übertragen*) Erschütterung

shoddy ['ʃɒdɪ] schäbig, minderwertig; (*übertragen*) *Arbeit:* gepfuscht

shoe [ʃuː] ① Schuh ② **horse shoe** Hufeisen ▶ IN WENDUNGEN: **I wouldn't like to be in his shoes!** ich möchte nicht in seiner Haut stecken!; **put oneself in someone's shoes** sich in jemandes Lage versetzen **shoe·lace** ['ʃuːleɪs] Schnürsenkel **shoe polish** Schuhputzmittel **shoe size** Schuhgröße **shoe·string start on a shoestring** klein anfangen

shone [ʃɒn] *2. und 3. Form von* **shine**

shoo [ʃuː] **shoo [away [*oder* off]]** verscheuchen; **shoo!** sch! fort! weg!

shook [ʃʊk] *2. Form von* **shake**

shoot[1] [ʃuːt] <shot, shot> ① schießen; abfeuern *Waffe* ② (*verletzen*) anschießen *Mensch;* **he shot himself in the arm** er hat sich in den Arm geschossen; **he was shot in the arm** er wurde am Arm getroffen ③ (*töten*) erschießen *Mensch;* **he was shot dead** er wurde erschossen ④ **she shot a withering look at him** sie warf ihm einen bösen Blick zu; **shoot a question at someone** an jemanden eine Frage richten ⑤ (*Sport*) schießen *Tor;* **shoot at the goal** auf das Tor schießen ⑥ drehen *Film, Szene* ⑦ **shoot the lights** bei Rot über die Ampel fahren; **shoot rapids** Stromschnellen durchfahren ⑧ *Schmerz:* stechen ⑨ **you'll get me shot** (*umgangsspr*) du bringst mich um Kopf und Kragen; **he should be shot** er ist reif für den Galgen

shoot[2] [ʃuːt] ① Jagd ② *von Pflanzen:* Trieb, Keim, Schössling

◆ **shoot ahead** vorpreschen, sich an die Spitze setzen

◆ **shoot by shoot by [someone/something]** [an jemandem/etwas] vorbeischießen

◆ **shoot off** ① abschießen *Waffe* ② (*umgangsspr*) **he shot off before I could tell him** er schoss davon, bevor ich es ihm sagen konnte ③ (*umgangsspr*) **shoot one's mouth off** das Maul aufreißen

◆ **shoot past shoot past [someone/something]** [an jemandem/etwas] vorbeischießen

◆ **shoot up** ① *Kind, Pflanze, Baum:* in die Höhe schießen, schnell wachsen; *Gebäude:* aus dem Boden schießen ② *Flammen:*

herausschlagen (**from** aus) ③ *Preise:* in die Höhe schnellen ④ **the town was badly shot up during the war** die Stadt wurde während des Kriegs schwer beschossen

shoot·ing [ˈʃuːtɪŋ] ① Schießen; **the shooting of the president** die Erschießung des Präsidenten; (*militärisch*) Feuer ② Jagen, Jagdrecht ③ Schießerei ④ Filmen, Drehen **shooting star** Sternschnuppe

shop[1] [ʃɒp] ① Laden, Geschäft, Verkaufsstelle; **set up shop** ein Geschäft eröffnen; **baker's shop** Bäckerladen, Bäckerei; **fruit shop** Obstgeschäft ② Werkstatt, Werkstätte, Betrieb; **repair shop** Reparaturwerkstatt ③ **talk shop** fachsimpeln

shop[2] [ʃɒp] ① **shop** [*oder* **go shopping**] einkaufen [gehen]; **shop around** Preise und Qualität/Leistung vergleichen ② (*slang*) verpfeifen

shopa·ho·lic [ˌʃɒpəˈhɒlɪk] Kaufsüchtige(r) **shop as·sist·ant** Verkäufer(in) **shop·keeper** [ˈʃɒpkiːpəʳ] Ladenbesitzer(in), Geschäftsinhaber(in), Einzelhändler(in) **shop·lifter** [ˈʃɒplɪftəʳ] Ladendieb(in) **shop·lift·ing** [ˈʃɒplɪftɪŋ] Ladendiebstahl **shop·per** [ˈʃɒpəʳ] ① Käufer(in) ② Einkaufsroller

shop·ping [ˈʃɒpɪŋ] Einkauf[en]; **do one's shopping** Einkäufe, Besorgungen machen; **window-shopping** Schaufensterbummel **shopping arcade** Einkaufspassage **shopping bag** Einkaufstasche **shopping cart** (USA) Einkaufswagen **shopping centre** Einkaufszentrum, Geschäftsviertel **shopping list** Einkaufszettel **shopping mall** (USA) Einkaufszentrum (*überdacht*) **shopping trolley** Einkaufswagen **shop-soiled** [ˈʃɒpsɔɪld], **shop-worn** [ˈʃɒpwɔːn] *Ware:* angestaubt **shop win·dow** [ʃɒpˈwɪndəʊ] (*auch übertragen*) Schaufenster

shore [ʃɔːʳ] ① Küste[nstreifen, -gebiet] ② *eines Flusses:* Ufer ③ Strand; **off shore** küstennah, offshore; **on shore** an Land **shore·line** Küstenlinie

short[1] [ʃɔːt] ① (*räumlich*) kurz ② (*zeitlich*) kurz; **a short time ago** vor kurzem; **at short notice** kurzfristig; **in a short time** in kurzer Zeit; **I'll be back in a short while** ich bin bald wieder da; **time is getting short** es wird knapp; **in the short term** kurzfristig ③ *Mensch:* klein ④ knapp (**of** an); **we're getting short of butter** wir haben nicht mehr viel Butter; **be in short supply** knapp sein; **be short of money** knapp bei Kasse sein; **go short of something** an etwas Mangel leiden ⑤ kurz angebunden; (*übertragen*) barsch (**with** gegen); **have a short temper** unbeherrscht sein ⑥ **Liz is short for Elizabeth** Liz ist die Kurzform von Elizabeth ⑦ **short and sweet** kurz und schmerzlos ⑧ **in short** kurzum, kurz gesagt ⑨ plötzlich, unerwartet; **stop short** plötzlich anhalten [*oder* abbrechen]; (*beim Reden*) plötzlich innehalten ▸ IN WENDUNGEN: **short of breath** außer Atem, kurzatmig; **stop short of [doing] something** vor etwas zurückschrecken; **cut short** [vorzeitig] abbrechen *Rede, Reise;* **be taken short** (*umgangsspr*) dringend [aufs Klo] müssen; **it was little short of murder!** es war beinahe Mord!

short[2] [ʃɔːt] (*umgangsspr*) **the lamp has shorted** die Lampe hat einen Kurzschluss

short[3] [ʃɔːt] ① (*Elektrizität*) Kurzschluss ② (*Getränk*) Kurzer

short·age [ˈʃɔːtɪdʒ] Mangel, Knappheit, Verknappung (**of** an); **there is no shortage of money** es fehlt nicht an Geld

short circuit [ˌʃɔːtˈsɜːkɪt] Kurzschluss

short-circuit [ˌʃɔːtˈsɜːkɪt] ① *elektrisches Gerät:* einen Kurzschluss bekommen/verursachen ② (*übertragen*) abkürzen *Prozess, Vorgang*

short·com·ings [ˈʃɔːtˌkʌmɪŋ] *plural* Unzulänglichkeit; *eines Menschen:* Schwächen **short cut** [ˈʃɔːtˌcʌt] ① Abkürzung, Schleichweg ② (*übertragen*) abgekürztes Verfahren **shorten** [ˈʃɔːtn] ① kürzen ② kürzer werden **short·hand** [ˈʃɔːthænd] Kurzschrift, Stenografie **short-handed** [ˌʃɔːtˈhændɪd] **be short-handed** zu wenig Arbeitskräfte haben

short-list[1] [ˈʃɔːtlɪst] in die engere [Aus]Wahl ziehen

short-list[2] [ˈʃɔːtlɪst] Auswahlliste

short-lived [ˈʃɔːtlɪvd] kurzlebig **short·ly** [ˈʃɔːtlɪ] ① (*zeitlich*) in Kürze, bald; **shortly after** bald danach ② **she spoke shortly about the accident** sie sprach kurz über den Unfall ③ (*im Umgang*) scharf, barsch **short-range** Kurzstrecken- **shorts** [ʃɔːts] *plural* Shorts, kurze Hose **short-sighted** [ˌʃɔːtˈsaɪtɪd] (*auch übertragen*) kurzsichtig **short-sleeved** [ˌʃɔːtˈsliːvd] kurzärmelig **short-staffed** [ˌʃɔːtˈstɑːft] unterbesetzt **short story** Kurzgeschichte **short-tem·**

S

pered [ʃɔːt'tempəd] reizbar, leicht aufgebracht **short-term** kurzfristig; **short-term memory** Kurzzeitgedächtnis; *von Computer:* Kurzzeitspeicher **short wave** Kurzwelle **short-winded** [ʃɔːt'wɪndɪd] außer Atem, kurzatmig

shot[1] [ʃɒt] *2. und 3. Form von* **shoot**

shot[2] [ʃɒt] ❶ (*im Sport*) Schuss; (*mit Ball*) Wurf; (*beim Tennis, Golf*) Schlag; **shot-putting** Kugelstoßen; **put the shot** die Kugel stoßen; **putting the shot** Kugelstoßen ❷ (*übertragen*) Versuch; **have a shot at something** etwas probieren, versuchen ❸ Geschoss, Schrot ❹ **he's a good shot** er ist ein guter Schütze; **good shot!** gut getroffen! ❺ (*Foto, Film*) Aufnahme ❻ (*umgangsspr*) Spritze, Impfung; **need a shot in the arm** (*übertragen*) etwas zum Aufputschen brauchen ❼ (*Alkohol*) Schuss ▶ IN WENDUNGEN: **like a shot** sofort, wie der Blitz; **his question is a shot in the dark** er fragt aufs Geratewohl; **a big shot** (*umgangsspr*) ein hohes Tier; **not by a long shot** (*umgangsspr*) bei weitem nicht

shot[3] [ʃɒt] **get shot of someone/something** jemanden/etwas loswerden

shot·gun ['ʃɒtgʌn] Schrotflinte **shot-put** Kugelstoßen **shot-put·ter** ['ʃɒt,pʊtə^r] Kugelstoßer(in)

should [ʃʊd] ❶ (*Pflicht*) **he/we should do that** er sollte/wir sollten das tun; **I should have …** ich hätte … sollen; **I should think so** das will ich meinen; **how should I know?** wie soll ich das wissen? ❷ (*Vermutung*) **we should arrive soon** wir müssten bald da sein; **this should be enough for you** das müsste Ihnen eigentlich reichen ❸ (*Überraschung*) **who should be there but Manfred** und wer war da? ausgerechnet Manfred! ❹ (*Möglichkeit*) **if he should come** wenn er kommen sollte; **we should have been happy** wir wären glücklich gewesen; **I don't know why it shouldn't work out** ich weiß nicht, warum das nicht klappen sollte; **I shouldn't be surprised if it did** es würde mich nicht überraschen, wenn das so käme; **I shouldn't worry about it** darüber würde ich mir keine Sorgen machen ❺ (*Einschränkung*) **I shouldn't like to say** dazu möchte ich mich nicht äußern; **I should think there were about 50 people there** ich würde sagen, es waren etwa 50 Leute da; **I should say yes** (*gehoben*) ich würde sagen ja

> **? Grammatik** Die Kurzform für **I should** heißt **I'd**; für **we should — we'd**; für **should not — shouldn't.**

shoul·der ['ʃəʊldə^r] ❶ Schulter; **shoulder to shoulder** Schulter an Schulter; **shrug one's shoulders** mit den Schultern zucken; **cry on someone's shoulder** sich bei jemandem ausweinen ❷ **hard shoulder** (*Straße*) Seitenstreifen, Standspur ▶ IN WENDUNGEN: **give someone the cold shoulder, cold-shoulder someone** jemandem die kalte Schulter zeigen; **be head and shoulders above someone** jemanden beträchtlich überragen, viel tüchtiger sein als jemand; **rub shoulders with** engen Umgang haben mit *Prominente, Stars* **shoulder bag** Umhängetasche **shoulder blade** Schulterblatt **shoulder pad** Schulterpolster

shout[1] [ʃaʊt] ❶ Schrei, Ruf ❷ (*umgangsspr*) **whose shout is it?** wer zahlt die Runde?

shout[2] [ʃaʊt] schreien, rufen; **shout for someone** nach jemandem rufen; **shout for joy** vor Freude jauchzen; **shout for help** um Hilfe rufen; **shout to someone** jemandem zurufen ▶ IN WENDUNGEN: **nothing to shout about** nichts Besonderes

◆ **shout at** **shout at someone** jemanden anbrüllen

shove[1] [ʃʌv] Stoß, Schubs; **give someone a shove** jemanden schubsen, stoßen

shove[2] [ʃʌv] (*umgangsspr*) ❶ schubsen ❷ **stop shoving!** hör auf zu drängeln!

◆ **shove off** ❶ vom Ufer abstoßen *Boot* ❷ (*umgangsspr*) abhauen

◆ **shove over** (*umgangsspr*) **shove over!** rutsch mal rüber!

shovel[1] ['ʃʌvl] Schaufel, Schippe

shovel[2] ['ʃʌvl] schaufeln

show[1] [ʃəʊ] <showed, shown> ❶ zeigen, vorzeigen; **show one's gratitude** sich dankbar zeigen; **show one's cards** [*oder* **hand**] seine Karten aufdecken; **show someone the way** jemandem den Weg zeigen; **we had nothing to show for it** wir hatten nichts vorzuweisen; **that showed him!** dem habe ich's aber gezeigt!; **it all goes to show that** das zeigt [*oder* beweist] ganz klar, dass; **show willing** guten Willen zeigen

② zur Schau stellen, ausstellen ③ erkennen lassen ④ aufweisen, an den Tag legen ⑤ **it shows [that] he was wrong!** es beweist, daß er Unrecht hatte! ⑥ **show someone the door** jemandem die Tür weisen ⑦ **show a film** einen Film zeigen; *TV:* bringen

show[2] [ʃəʊ] ① Schau, Darbietung; **on show** zur Besichtigung, ausgestellt ② Ausstellung, Messe; **motor show** Autoausstellung ③ Schau, falscher Schein; **for show** zum Schein, nur fürs Auge; **make a show of doing something** Anstalten machen, etwas zu tun; **put on a show** so tun als ob, heucheln ④ (*im Theater*) Aufführung, Show ⑤ (*im Radio, TV*) Sendung; *eines Films:* Vorführung ⑥ USA Darlegung, Nachweis ▶ IN WENDUNGEN: **let's get this show on the road** lass uns die Arbeit in Angriff nehmen; **give the [whole] show away** alles verraten

◆ **show around** herumführen

◆ **show in** hereinführen

◆ **show off** ① **show off [in front of someone]** [vor jemanden] angeben ② **show something off** mit etwas protzen (**to** vor) ③ zur Geltung bringen, hervorheben *Vorteilhaftes*

◆ **show out** hinausführen, hinausbegleiten

◆ **show up** ① hinaufführen, hinaufbringen ② **that blue shows up your eyes** das Blau bringt deine Augen zur Geltung ③ bloßstellen *Mensch* ④ **I was surprised he showed up** ich war überrascht, dass er sich hat blicken lassen

show·down ['ʃəʊdaʊn] Kraftprobe, endgültige Auseinandersetzung

shower[1] ['ʃaʊəʳ] ① [Regen-, Schnee]Schauer ② Dusche; **take [*oder* have] a shower** sich duschen ③ **what a shower!** (*umgangsspr*) so ein Gesindel!

shower[2] ['ʃaʊəʳ] ① sich duschen ② *Regen:* niederprasseln ③ (*übertragen*) überschütten, überhäufen

shower gel ['ʃaʊəʳˌdʒel] Duschgel **showery** ['ʃaʊərɪ] mit einzelnen Regenschauern **show·ground** Ausstellungsgelände, Zirkusgelände **show house** Musterhaus **show·ing-off** [ʃəʊɪŋ'ɒf] Angeberei

show-jump·ing ['ʃəʊˌdʒʌmpɪŋ] Springreiten **shown** [ʃəʊn] *3. Form von* **show** **show-off** ['ʃəʊɒf] Angeber(in) **show·room** Ausstellungsraum **show trial** Schauprozess

showy ['ʃəʊɪ] (*abwertend*) protzig, auffällig; *Zeremonie:* bombastisch; *Farbe:* grell, auffällig

shrank [ʃræŋk] *2. Form von* **shrink**

shred[1] [ʃred] ① Fetzen, [Papier]Schnipsel ② (*übertragen*) Spur, Fünkchen ③ **tear to shreds** zerfetzen; (*übertragen*) verreißen

shred[2] [ʃred] ① zerfetzen ② in Stücke reißen

shred·der ['ʃredəʳ] Reißwolf

shriek[1] [ʃriːk] kreischen; **shriek with laughter** schreien vor Lachen; **shriek with pain** vor Schmerz aufschreien

shriek[2] [ʃriːk] [gellender, durchdringender] Schrei

shrimp [ʃrɪmp] Shrimp, Garnele

shrink[1] [ʃrɪŋk] <shrank, shrunk> ① schrumpfen [lassen], einlaufen ② (*übertragen*) abnehmen, nachlassen ③ **shrink from doing something** etwas höchst ungern tun

shrink[2] [ʃrɪŋk] (*umgangsspr*) Psychiater

shrivel up ['ʃrɪvl ʌp] ① zusammenschrumpfen ② (*übertragen*) sich verkriechen, kleinlaut werden

shrub [ʃrʌb] Strauch, Busch, Staude

shrug[1] [ʃrʌg] Achselzucken; **give a shrug** mit den Achseln zucken

shrug[2] [ʃrʌg] **shrug one's shoulders** mit den Schultern zucken

◆ **shrug off** mit einem Achselzucken abtun

shrunk [ʃrʌŋk] *2. Form von* **shrink**

shud·der[1] ['ʃʌdəʳ] ① [er]schaudern (**at** bei) ② **shudder with cold/fear** vor Kälte/Angst schlottern, zittern; **I shudder [at the thought]** mich schaudert bei dem Gedanken

shud·der[2] ['ʃʌdəʳ] Schauder

shuffle ['ʃʌfl] ① (*gehen*) schlurfen ② mischen *Karten*

shun [ʃʊn] meiden

shush [ʃʊʃ] **shush someone up** jemanden zum Schweigen bringen; **will you shush!** (*umgangsspr*) jetzt halt die Klappe!; **shush!** psst!

shut[1] [ʃʌt] <shut, shut> ① schließen; *Fenster, Tür:* zugehen; *Geschäft, Fabrik:* geschlossen werden, schließen; **when do the shops shut?** wann schließen die Geschäfte? ② verriegeln *Tür, Fenster;* **shut the door in someone's face** jemandem die Türe vor der Nase zuschlagen; **shut one's ears to the truth** die Ohren vor der Wahrheit verschließen; **shut one's eyes** die Augen zumachen; **shut one's mouth** den Mund halten

shut[2] [ʃʌt] ① geschlossen, zu; **we are shut** wir haben geschlossen ② **his mind is shut to anything unfamiliar** er verschließt sich gegenüber allem Fremden

◆ **shut away** wegschließen, einschließen; **shut oneself away** sich einschließen; **shut someone away** jemanden einsperren, jemanden isolieren

◆ **shut down** ① *Fabrik:* [vorübergehend] schließen, den Betrieb einstellen ② abschalten *Kraftwerk, Computer*

◆ **shut in** ① einschließen, einsperren ② **shut one's finger in the door** sich den Finger in der Tür einklemmen

◆ **shut off** ① ausschließen (**from** von) ② ausschalten, zudrehen, abdrehen; abstellen *Motor* ③ **shut oneself off** sich absondern

◆ **shut out** ① ausschließen, aussperren ② (*übertragen*) ausschalten

◆ **shut up** ① verschließen, zuschließen; **shut up shop** (*umgangsspr*) den Laden dicht machen ② zum Schweigen bringen, den Mund halten; **that'll shut her up** da wird sie nichts mehr sagen; **shut up!** halt die Klappe!

shut·ter ['ʃʌtə^r] ① Fensterladen ② *einer Kamera:* Verschluss

shut·tle ['ʃʌtl] Pendelflugzeug, Pendelzug **shut·tle bus** Autobus im Pendelverkehr, Zubringer[bus] **shut·tle flight** Shuttleflug **shut·tle service** Pendelverkehr

shy [ʃaɪ] schüchtern, scheu; **be shy of** [*oder* **with**] **someone** jemandem gegenüber gehemmt sein; **be shy of doing something** Hemmungen haben, etwas zu tun; **make someone shy** jemanden verschüchtern; **don't be shy!** nur keine Hemmungen!

◆ **shy away** **shy away from something** vor etwas zurückschrecken

shy·ness ['ʃaɪnɪs] Scheu, Schüchternheit

sick [sɪk] ① krank (**with** vor); **be sick** krank sein; (*bei Übelkeit*) sich erbrechen; **fall** [*oder* **be taken**] **sick** krank werden; **I feel sick** mir ist übel ② (*übertragen*) **be sick** [**to death**] **of something** etwas satt haben; **I'm getting sick and tired of it** es hängt mir zum Hals heraus; **it makes me sick** das macht mich ganz krank ③ (*umgangsspr*) *Witz:* geschmacklos, makaber; *Mensch:* abartig ④ **I'm worried sick about it** ich bin darüber höchst beunruhigt **sick bag** Spucktüte **sick bay** Krankenrevier **sicken·ing** ['sɪkənɪŋ] ① Ekel erregend ② (*übertragen*) entsetzlich, widerlich, ekelhaft **sick leave** ['sɪkliːv] **be on sick leave** krankgeschrieben sein **sick·ness** ['sɪknɪs] ① Krankheit ② Übelkeit, Erbrechen **sickness benefit** Krankengeld **sick·pay** Lohn im Krankheitsfall

side[1] [saɪd] ① Seite; **side by side** Seite an Seite; **on every side** auf, von allen Seiten; **on the right/wrong side of 50** unter/über 50 Jahre alt; **this side up!** Vorsicht, nicht stürzen!; **at the side of the road** am Straßenrand; **I've got a pain in my side** ich habe Seitenstechen ② Rand; **on the side** (*umgangsspr*) nebenbei, nebenher; **put on** [*oder* **to**] **one side** vorübergehend zurückstellen ③ (*übertragen*) Seite, Standpunkt; **take sides** parteiisch sein, Partei ergreifen; **whose side are you on?** auf welcher Seite stehen Sie? ④ Seite, Partei, Mannschaft ▸ IN WENDUNGEN: **to be on the safe side** um sicher zu gehen; **look on the bright side** nimms leicht!; **get on the wrong side of someone** es sich mit jemandem verderben; **it's on the big side** es ist ziemlich groß

side[2] [saɪd] Seiten-, Neben-

side[3] [saɪd] **side with** Partei ergreifen für

side·board ['saɪdbɔːd] Büfett, Anrichte **side dish** Beilage **side effect** Nebenwirkung **side·line** ① Nebenerwerb, Nebenbeschäftigung ② (*im Sport*) Seitenlinie; **be on the sideline**[**s**] (*übertragen*) unbeteiligter Zuschauer sein **side·road** Nebenstraße **side salad** Salat [als Beilage]

side·step[1] ['saɪdstep] Schritt zur Seite; (*beim Tanzen*) Seitenschritt; (*übertragen*) Ausweichmanöver

side·step[2] ['saɪdstep] seitwärts ausweichen; (*übertragen*) ausweichen

side street Nebenstraße **side·track** (*übertragen*) ablenken **side·walk** ['saɪdwɔːk] (USA) Gehweg **side·ways** ['saɪdweɪz] seitlich, seitwärts

sieve [sɪv] Sieb

sift [sɪft] ① sieben *Mehl* ② (*übertragen*) **sift through something** etwas durchgehen

sigh[1] [saɪ] seufzen (**with** vor); **sigh with relief** erleichtert durchatmen

sigh[2] [saɪ] Seufzer; **heave a sigh of relief** einen Seufzer der Erleichterung ausstoßen

sight [saɪt] ① Blick, Anblick; **at first sight** auf den ersten Blick; **within sight** in Sicht; **in the sight of God** vor Gott; **out of sight** außer Sicht, weit weg; (*umgangsspr*) unerschwinglich; **know by sight** vom Sehen [her] kennen; **lose sight of something** (*auch übertragen*) etwas aus den Augen verlieren ② Sehvermögen; **long/near sight** Weit-/Kurzsichtigkeit; **he has very good sight** er sieht sehr gut ③ **sights** *plural* Sehenswürdigkeiten; **see the sights of London** London besichtigen ④ **lower one's sights** seine Ansprüche zurückschrauben; **set one's sights too high** seine Ziele zu hoch stecken ⑤ (*übertragen*) **be a sight** (*umgangsspr*) fürchterlich, verheerend aussehen; **you're a sight for sore eyes!** schön, dich zu sehen!; **be unable to bear the sight of someone** jemanden nicht ausstehen können **sight·see·ing** ['saɪtˌsiːɪŋ] Besuch von Sehenswürdigkeiten, Sightseeing **sightseeing tour** Stadtrundfahrt

sign[1] [saɪn] ① Zeichen, Vorzeichen; **as a sign of good will** als Zeichen guten Willens; **there was no sign of it** es war keine Spur davon zu entdecken; **what sign are you?** welches Sternzeichen bist du?; **at the first sign of a cold** beim geringsten Anzeichen einer Erkältung ② Schild; **road sign** Wegweiser; **traffic sign** Verkehrszeichen

sign[2] [saɪn] ① unterzeichnen, unterschreiben; **sign one's name** unterschreiben; **sign the guest book** sich ins Gästebuch eintragen; **sign the register** sich eintragen; **sign a picture** ein Bild signieren ② ein Zeichen geben, winken ③ (*im Fußball*) verpflichten *Spieler*

◆ **sign away** (*übertragen*) abtreten

◆ **sign in** sich einschreiben, [sich] eintragen

◆ **sign off** ① (*im Radio, TV*) das Programm beenden ② (*im Brief*) Schluss machen ③ (*am Computer*) sich abmelden

◆ **sign on** ① sich verpflichten, sich melden; *Arbeitnehmer:* den Arbeitsvertrag unterschreiben; **sign on** [**the dole**] sich arbeitslos melden, stempeln gehen; (*für einen Kurs*) sich einschreiben ② (*im Radio*) sich melden ③ (*am Computer*) sich anmelden

◆ **sign out** ① sich abmelden ② [sich] austragen

◆ **sign up** ① **sign someone up** jemanden anstellen, jemanden verpflichten ② sich verpflichten; (*für einen Kurs*) [sich] einschreiben

sig·nal[1] ['sɪgnəl] (*auch übertragen*) Zeichen, Wink, Signal (**for** zu)

sig·nal[2] ['sɪgnəl] ① [ein] Zeichen geben, winken ② signalisieren, ankündigen ③ **it signals her feelings** es ist ein Zeichen für ihre Gefühle

sig·na·tory ['sɪgnətrɪ, (USA) 'sɪgnətɔːrɪ] Unterzeichner

sig·na·ture ['sɪgnətʃəʳ] ① Unterschrift ② Unterzeichnung

sig·nifi·cance [sɪg'nɪfɪkəns] Bedeutung, Wichtigkeit, Tragweite

sig·nifi·cant [sɪg'nɪfɪkənt] ① bedeutungsvoll, wichtig (**for** für) ② *Blick:* viel sagend **sig·nify** ['sɪgnɪfaɪ] ① andeuten, anzeigen ② bedeuten

sign lan·guage ['saɪnˌlæŋgwɪdʒ] Zeichensprache **sign·post** Wegweiser

si·lence[1] ['saɪləns] ① Schweigen, Stille ② [Ver]Schweigen, Stillschweigen; **in silence** schweigend; **silence!** Ruhe!

si·lence[2] ['saɪləns] zum Schweigen bringen

si·lent ['saɪlənt] ① schweigend ② stumm; **silent movie** Stummfilm ③ schweigsam, still **si·lent·ly** ['saɪləntlɪ] lautlos, schweigend

sili·con ['sɪlɪkən] Silikon **sili·con chip** Siliziumscheibe

silk [sɪlk] Seide[nstoff], Seidengewand; **artificial silk** Kunstseide **silk dress** Seidenkleid **silky** ['sɪlkɪ] ① seiden ② *Haar, Fell:* seidig; *Stimme:* samtig

sill [sɪl] Fensterbank, Sims

silly ['sɪlɪ] dumm, albern

sil·ver[1] ['sɪlvəʳ] ① Silber ② Silbergeld ③ [Tafel]Silber, Silbergeschirr

sil·ver[2] ['sɪlvəʳ] silbern, silberhaltig, versilbert

silver jubilee 25-jähriges Jubiläum **sil·ver·ware** ['sɪlvəweəʳ] Silber[geschirr] **silver wedding** silberne Hochzeit

simi·lar ['sɪmɪləʳ] [**in a**] **similar** [**way**] ähnlich, genauso **simi·lar·ity** [ˌsɪmə'lærətɪ] Ähnlichkeit, Gleichartigkeit (**to** mit)

sim·mer ['sɪməʳ] ① sieden, köcheln ② (*übertragen*) **simmer with rage** vor Zorn kochen

◆ **simmer down** sich beruhigen

sim·ple ['sɪmpl] ① einfach; **pure and simple** ganz einfach; **the simple fact** die bloße Tatsache ② *Problem, Aufgabe:* unkompliziert, leicht ③ *Stil, Mensch:* schlicht ④ *Wahrheit:* rein, nackt ⑤ (*abwertend*) einfältig, dumm **sim·ple-minded** [ˌsɪmplˈmaɪndɪd] einfältig, simpel **sim·plic·ity** [sɪmˈplɪsətɪ] **for the sake of simplicity** der Einfachheit halber **sim·pli·fi·ca·tion** [ˌsɪmplɪfɪˈkeɪʃn] Vereinfachung **sim·ply** [ˈsɪmplɪ] ① [ganz] einfach ② bloß, nur; **he's simply jealous** er ist nur eifersüchtig ③ (*umgangsspr*) **simply wonderful/dreadful** einfach toll/grausam

simu·la·tion [ˌsɪmjʊˈleɪʃn] ① Vortäuschung, Heuchelei ② (*in der Technik*) Simulation

sim·ul·ta·neous [ˌsɪmlˈteɪnɪəs, USA ˌsaɪmlˈteɪnɪəs] gleichzeitig (**with** mit); *Gleichung, Dolmetschen:* Simultan-

sin[1] [sɪn] ① Sünde; **deadly** [*oder* **mortal**] **sin** Todsünde; **original sin** Erbsünde ② (*übertragen*) Vergehen (**against** gegen), Versündigung; **live in sin** in wilder Ehe leben

sin[2] [sɪn] sündigen (**against** gegen)

since [sɪns] ① seit[dem]; **he's been working here since last year** er arbeitet hier seit letztem Jahr ② **ever since** seither; **since when?** seit wann?; **have you seen him since?** hast du ihn seither gesehen? ③ (*bei Begründung*) **since he's always late....** da er immer zu spät kommt.... ④ (*mittlerweile*) inzwischen; **but they've since become vegetarian** aber sie sind inzwischen Vegetarier geworden

sin·cere [sɪnˈsɪəʳ] ehrlich, aufrichtig **sin·cere·ly** [sɪnˈsɪəʳlɪ] aufrichtig, ehrlich; **Yours sincerely** mit freundlichen Grüßen

sing [sɪŋ] <sang, sung> ① singen; **sing someone to sleep** jemanden in den Schlaf singen; *Ohren:* klingen, dröhnen; *Wasserkessel:* pfeifen ② (*übertragen*) **sing someone's praises** ein Loblied auf jemanden singen
◆ **sing along** mitsingen

Singa·pore [sɪŋəˈpɔːʳ] Singapur

> **i Land & Leute** Der Name **Singapore** (Singapur) bedeutet Stadt (pura) des Löwen (singa) und wurde ihr von einem Prinzen aus Sumatra gegeben, als er bei seiner Landung auf der Insel im Jahre 1299 einen Löwen sah. Deshalb wurde der Löwe das Nationalsymbol Singapurs. In Singapur leben verschiedene ethnische Gruppen nebeneinander. Es sind die Nachkommen der Einwanderer, die im frühen 19. Jh. aus Malaysia, China und Indien nach Singapur kamen. Man spricht deshalb von einer **multiracial society** (multikulturelle Gesellschaft). Die verschiedenen ethnischen Gruppen haben mittlerweile eine gemeinsame Identität als **Singaporeans** gefunden, aber sie pflegen noch ihre Bräuche, Traditionen und Feste. Heute sind die Chinesen, Malayen, Inder und Eurasier die wichtigsten ethnischen Gruppen in Singapur.

singer [ˈsɪŋəʳ] Sänger(in) **sing·ing** [ˈsɪŋɪŋ] ① Singen, Gesang ② (*in den Ohren*) Klingen ③ *von Wasserkessel:* Pfeifen **singing lesson** Sing-, Gesangstunde

sin·gle[1] [ˈsɪŋgl] ① einzig; **not a single person said 'Hello'** kein Einziger begrüßte uns; **every single one** jeder [Einzelne] ② unverheiratet, allein stehend; **single parent** Alleinerziehende(r) ③ einfach; **single ticket to ...** eine einfache Fahrkarte nach ... ④ **single bed** Einzelbett; **single bedroom** Einzelzimmer; **single currency** einheitliche Währung

sin·gle[2] [ˈsɪŋgl] ① einfache Fahrkarte ② (*im Hotel*) Einzelzimmer ③ (*Schallplatte*) Single ④ (*Alleinstehende*(*r*)) Single
◆ **single out** aussondern (**from** aus)

single-figure *Zahl:* einstellig

single-handed [ˌsɪŋgl ˈhændɪd] ohne Hilfe, allein **sin·gle-minded** [ˌsɪŋglˈmaɪndɪd] zielstrebig, beharrlich **sin·gle-par·ent fam·ily** Einelternfamilie **sin·gle-sex school** reine Jungen-/Mädchenschule

sin·gle ticket [ˈsɪŋglˌtɪkɪt] Einzelfahrschein, einfache Fahrkarte

sin·gu·lar[1] [ˈsɪŋgjʊləʳ] ① einzig ② außergewöhnlich, einzigartig

sin·gu·lar[2] [ˈsɪŋgjʊləʳ] Singular, Einzahl

sink[1] [sɪŋk] Ausguss, Spüle

sink[2] [sɪŋk] <sank, sunk> ① sinken, fallen ② versenken *Schiff* ③ (*übertragen*) *Preis, Gesundheit:* schwächer werden, nachlassen ④ *Mensch:* **sink into a chair/onto a bed** sich in einen Sessel/auf ein Bett fallen lassen; **sink into a deep sleep** in einen tiefen Schlaf fallen; **sink to the ground** zu Boden sinken ⑤ *Stimme:* sich senken ⑥ *Sonne:* untergehen ⑦ **be left to sink or swim**

ganz auf sich selbst gestellt sein ⑧ **my heart sank** ich wurde mutlos; **with sinking heart** verzagt ⑨ **sunk in thought** in Gedanken versunken

> **? Grammatik** **sink — sank — sunk**: *the ship sank in the storm; the houseboat was sunk.*

◆ **sink in** (*übertragen*) kapiert werden; **I hope it has finally sunk in** ich hoffe, der Groschen ist endlich gefallen

sink·ing ['sɪŋkɪŋ] *Gefühl:* flau, ungut

sin·ner ['sɪnəʳ] Sünder(in)

sip¹ [sɪp] schlürfen, nippen

sip² [sɪp] Schlückchen

sir [sɜːʳ] ① (*Anrede ohne Namen*) Herr; **yes, sir** jawohl [mein Herr]!; **Dear Sir or Madam** sehr geehrte Damen und Herren ② (*Titel*) Sir

si·ren ['saɪərən] Sirene

sis·ter ['sɪstəʳ] ① (*auch im Kloster*) Schwester; **brothers and sisters** Geschwister ② (*im Krankenhaus*) [Ober]Schwester **sis·ter-in-law** ['sɪstərɪnlɔː] <*plural* sisters-in-law> Schwägerin

sit [sɪt] <sat, sat> ① sitzen, sich setzen; **sit bolt upright** kerzengerade dasitzen; **sit a child on a chair** ein Kind auf einen Stuhl setzen ② *Parlament, Gericht:* tagen; **sit on a committee** einem Ausschuss angehören ③ sich befinden, stehen ④ (*technisch*) aufliegen ⑤ *Kleidungsstück:* sitzen (**on** bei) ⑥ ablegen *Prüfung* ⑦ (*übertragen*) liegen, ruhen (**on** auf) ▶ IN WENDUNGEN: **sit on the fence** unentschlossen sein, neutral bleiben; **be sitting pretty** (*umgangsspr*) gut dran sein; **sit tight** sich nicht [von der Stelle] rühren

◆ **sit about, sit around** herumsitzen [und nichts tun]

◆ **sit back** sich zurücklehnen; (*übertragen*) abwarten; **sit back and relax** sich ausruhen

◆ **sit down** sich [hin]setzen, Platz nehmen ▶ IN WENDUNGEN: **take something sitting down** sich etwas gefallen lassen

◆ **sit in** **sit in for someone** jemanden vertreten

◆ **sit on** ① sitzen bleiben ② sitzen in, Mitglied sein bei *Ausschuss* ③ hinauszögern *Entscheidung* ④ unterdrücken *Nachricht* ⑤ **sit on someone** jemandem den Kopf zurechtrücken

◆ **sit out** ① im Freien sitzen ② bis zum Ende ausharren, aussitzen ③ auslassen *Tanz*

◆ **sit through** aussitzen, über sich ergehen lassen

◆ **sit up** ① aufrecht sitzen, aufrichten; **sit up to table** sich an den Tisch setzen ② aufbleiben; **sit up for someone** aufbleiben und auf jemanden warten; **sit up with someone** bei jemandem wachen ③ (*übertragen*) **sit up and take notice** hellhörig werden; **make someone sit up** jemanden aufhorchen lassen

sit·com ['sɪtkɒm] (*umgangsspr*) Situationskomödie

site [saɪt] ① Lage, Gelände ② Standort; *einer Firma:* Sitz ③ **building-site** Bauplatz, Baugrundstück ④ **camping site** Campingplatz

sit-in ['sɪtɪn] Sit-in, Sitzblockade

sit·ting duck (*übertragen*) leichte Beute **sit·ting-room** Wohnzimmer

situ·ated ['sɪtʃʊeɪtɪd] **be situated** liegen, gelegen sein

situ·ation [ˌsɪtʃʊ'eɪʃn] ① Lage ② (*übertragen*) Situation, Umstände; **be equal to the situation** der Situation gewachsen sein ③ **situations vacant/wanted** Stellenangebote/Stellengesuche

sit-up ['sɪtʌp] Situp

six¹ [sɪks] sechs; **it's six of one and half a dozen of the other** das ist Jacke wie Hose

six² [sɪks] Sechs; **at sixes and sevens** durcheinander; **knock someone for six** jemanden verblüffen

six·teen [sɪk'stiːn] sechzehn

six·teenth¹ [sɪk'stiːnθ] sechzehnte(r, s)

six·teenth² [sɪk'stiːnθ] Sechzehntel, Sechzehnte(r, s)

sixth¹ [sɪksθ] ① sechste(r, s) ② (*Schulklasse*) **sixth form** Abschlussklasse ③ **sixth sense** sechster Sinn

sixth² [sɪksθ] Sechstel, Sechste(r, s)

six·ti·eth¹ ['sɪkstɪəθ] sechzigste(r, s)

six·ti·eth² ['sɪkstɪəθ] Sechzigstel, Sechzigste(r, s)

sixty¹ ['sɪkstɪ] sechzig

sixty² ['sɪkstɪ] Sechzig; **the sixties** die Sechzigerjahre; **be in one's sixties** über sechzig sein

size [saɪz] ① Größe, Umfang ② *von Kleidung:* Größe, Nummer ③ (*übertragen*) Ausmaß, Bedeutung ▶ IN WENDUNGEN: **that's about**

the size of it (*umgangsspr*) der Stand der Dinge ist ungefähr so; **cut someone down to size** jemanden runterputzen
◆ **size up** abschätzen

siz(e)·able ['saɪzəbl] beträchtlich, ansehnlich

skate[1] [skeɪt] ❶ **ice-skate** Schlittschuh ❷ **roller-skate** Rollschuh ❸ Kufe; **get** [*oder* **put**] **one's skates on** (*übertragen*) sich beeilen

skate[2] [skeɪt] Schlittschuh, Rollschuh laufen ▶ IN WENDUNGEN: **skate on thin ice** sich aufs Glatteis begeben; **skate over something** über etwas geschickt hinweggehen

skate·board ['skeɪtbɔːd] Skateboard

skate·board·er ['skeɪtbɔːdəʳ] Skateboardfahrer(in)

> **i Land & Leute** Obwohl Kinder in den USA schon in den 30er Jahren Rollschuhräder auf Bretter festgenagelt und diese zum Fahren benutzt haben, wurde das **skateboard** zum ersten Mal in den frühen 60er Jahren in Kalifornien an Surfer verkauft. Damals wurde **skateboarding** auch **sidewalk-surfing** (Gehweg-Surfen) genannt. Fünfzehn Jahre später, nach der Erfindung von Rädern aus Polyurethan und den Kunststücken wie dem **ollie** (Springen), wurde Skateboarding zu einer beliebten Sportart.

skater ['skeɪtəʳ] Schlittschuh-, Rollschuhläufer(in) **skat·ing rink** ['skeɪtɪŋrɪŋk] Eisbahn, Rollschuhbahn

skel·eton ['skelɪtn] ❶ Skelett, Gerippe ❷ *einer Idee:* Umriss, Entwurf ▶ IN WENDUNGEN: **a skeleton in the closet** eine Leiche im Keller **skeleton key** Hauptschlüssel **skeleton staff** Rumpfbelegschaft

skep·tic [skeptɪk] (USA) Skeptiker(in)

sketch[1] [sketʃ] ❶ Skizze ❷ (*im Theater*) Sketch ❸ Entwurf

sketch[2] [sketʃ] skizzieren

skewer ['skjʊəʳ] Fleischspieß

ski[1] [skiː] Ski, Schi

ski[2] [skiː] Ski fahren

ski boot Skistiefel

skid[1] [skɪd] Schleudern; **go into a skid** ins Schleudern kommen

skid[2] [skɪd] rutschen, schleudern

skier ['skiːəʳ] Skiläufer(in), Skifahrer(in) **ski goggles** *plural* Skibrille **ski·ing** ['skiːɪŋ] Skifahren **skiing holiday** Skiurlaub **ski instructor** ['skiːɪnˌstrʌktəʳ] Skilehrer(in) **ski jump** ❶ Skispringen ❷ Sprungschanze

skil·ful ['skɪlfl] geschickt, erfahren (**at** in)

ski lift ['skiːlɪft] Skilift

skill [skɪl] ❶ Geschick, Geschicklichkeit ❷ (*im Beruf*) Fähigkeit, Fertigkeit (**in, at** in) **skilled** [skɪld] **skilled worker** Facharbeiter(in), gelernte(r) Arbeiter(in)

skill·ful ['skɪlfl] (USA) geschickt, gewandt, tüchtig, erfahren (**at** in)

skim [skɪm] flüchtig lesen; **skim through a book** ein Buch überfliegen **skim·med milk** ['skɪmd'mɪlk] Magermilch **skim-milk** [ˌskɪm'mɪlk] (USA) Magermilch

skin [skɪn] ❶ Haut ❷ *von einem Tier:* Fell ❸ *von Obst, Gemüse:* Schale ▶ IN WENDUNGEN: **get under someone's skin** (*berühren*) jemandem unter die Haut gehen, (*aufregen*) jemandem auf die Nerven gehen; **by the skin of one's teeth** mit knapper Not; **have a thick skin** ein dickes Fell haben; **jump out of one's skin** erschrecken; **it's no skin off my nose** (*umgangsspr*) das juckt mich nicht **skin diving** Sporttauchen **skin·head** ['skɪnhed] Skinhead **skinny** ['skɪnɪ] mager, knochig **skinny-dip** (*umgangsspr*) **go skinny-dipping** nackt baden

skint [skɪnt] (GB) (*umgangsspr*) **be skint** pleite sein

skin·tight [skɪn'taɪt] hauteng

skip[1] [skɪp] ❶ hüpfen, springen ❷ **skip** [*oder* (USA) **skip rope**] seilspringen, seilhüpfen ❸ (*übertragen*) auslassen, überspringen *Abschnitt, Frage;* ausfallen lassen *Mahlzeit; Herzschlag:* aussetzen; **skip it!** vergiss es! ❹ schwänzen *Schule*

skip[2] [skɪp] Container

ski pole Skistock

skip·per ['skɪpəʳ] ❶ Kapitän ❷ (*Sport*) Mannschaftsführer(in)

skip·ping-rope ['skɪpɪŋrəʊp] Springseil **ski resort** Wintersportort

skirt[1] [skɜːt] Rock

skirt[2] [skɜːt] **skirt** [**around**] umfahren, umschiffen

ski run ['skiːrʌn] Piste **ski school** Skischule

skittle ['skɪtl] Kegel; **skittles** Kegeln; **play skittles** kegeln

skive [skaɪv] (*umgangsspr*) **skive** [**off**] sich vor der Arbeit drücken, blaumachen;

schwänzen *Schule* **skiver** ['skaɪvəʳ] Drückeberger(in)

skull [skʌl] ① Schädel ② (*Symbol*) **the skull and crossbones** der Totenkopf

sky [skaɪ] Himmel; **in the sky** am Himmel ▸ IN WENDUNGEN: **out of a clear** [**blue**] **sky** aus heiterem Himmel; **the sky's the limit** (*umgangsspr*) alles ist möglich **sky blue** himmelblau **sky·div·ing** ['skaɪˌdaɪvɪŋ] Fallschirmspringen **sky-high** *auch Preise:* himmelhoch; **blow something sky-high** etwas in die Luft jagen; (*übertragen*) etwas völlig zunichte machen *Theorie* **sky·line** ['skaɪlaɪn] Horizont, [Stadt]Silhouette **sky·scra·per** ['skaɪskreɪpəʳ] Wolkenkratzer

slab [slæb] ① (*aus Stein*) Platte ② *von Käse, Kuchen, Schokolade usw.:* großes Stück

slack [slæk] ① *Seil:* schlaff, locker ② *Zeit:* flau, ruhig; *Wirtschaft:* flau; *Geschäft:* stagnierend ③ (*übertragen*) träge, nachlässig

slacken ['slækən] ① *Seil:* schlaffer, lockerer werden, sich lockern ② *Geschwindigkeit:* **slacken** [**off**] sich verlangsamen ③ (*übertragen*) **slacken** [**off**] abschwächen, verringern; **his work has slackened** [**off**] seine Arbeit hat nachgelassen **slacker** ['slækəʳ] Bummelant

slacks [slæks] *plural* [Herren]Hose

slag [slæg] ① Schlacke ② (*slang*) Schlampe

slam [slæm] ① zuschlagen *Tür;* **slam the door in someone's face** jemandem die Tür vor der Nase zuschlagen ② **slam on the brakes** voll auf die Bremse treten

◆ **slam down** aufknallen *Telefonhörer*

slammer ['ʃlæməʳ] (*slang*) Knast

slan·der[1] ['slɑːndəʳ] Verleumdung, üble Nachrede

slan·der[2] ['slɑːndəʳ] verleumden

slan·der·ous ['slɑːndərəs] verleumderisch

slang [slæŋ] Slang, Jargon **slanging match** gegenseitige Beschimpfung

slant[1] [slɑːnt] schräg sein, sich neigen

slant[2] [slɑːnt] ① Schräge, Neigung; **at a slant** schräg ② (*übertragen*) Blickwinkel, Tendenz

slant·ing ['slɑːntɪŋ] schief, geneigt, schräg

slap[1] [slæp] Klaps, Schlag ▸ IN WENDUNGEN: **a slap on the back** anerkennendes Schulterklopfen; **a slap in the face** eine Ohrfeige, (*übertragen*)ein Schlag ins Gesicht

slap[2] [slæp] schlagen, einen Klaps geben; **slap someone on the back** (*auch übertragen*) jemandem auf den Rücken klopfen; **slap someone's face** jemanden ohrfeigen

◆ **slap down** ① **slap something down** etwas hinknallen ② **slap someone down** jemanden zusammenstauchen

slap·dash ['slæpdæʃ] *Arbeit:* schlampig **slap-up** ['slæpʌp] (*umgangsspr*) **a slap-up meal** (*umgangsspr*) ein Essen mit allem Drum und Dran

slash[1] [slæʃ] ① aufschlitzen; **slash one's wrists** sich die Pulsadern aufschneiden ② (*übertragen*) [drastisch] kürzen, zusammenstreichen *Preise*

slash[2] [slæʃ] ① Schnitt ② Schrägstrich ③ **have a slash** (*slang*) pinkeln gehen

slate[1] [sleɪt] ① Schiefer, Schieferplatte, Schiefertafel ② (USA) Kandidatenliste ▸ IN WENDUNGEN: **put something on the slate** (*umgangsspr*) etwas anschreiben [lassen]; **wipe the slate clean** reinen Tisch machen

slate[2] [sleɪt] (*umgangsspr*) scharf kritisieren, verreißen

slaugh·ter ['slɔːtəʳ] ① schlachten *Vieh* ② niedermetzeln *Menschen* ③ (*beim Spiel*) haushoch schlagen

Slav[1] [slɑːv] Slawe, Slawin

Slav[2] [slɑːv] slawisch

slave [sleɪv] Sklave, Sklavin

◆ **slave away** schuften, sich abplagen (**at** mit)

slav·ery ['sleɪvərɪ] Sklaverei

sleaze [sliːz] Schweinereien

sleazy ['sliːzɪ] (*umgangsspr*) schweinisch

sledge[1] [sledʒ], **sled** [sled] Schlitten

sledge[2] [sledʒ] **go sledging** Schlitten fahren

sleek [sliːk] ① *Haar, Fell:* glatt und glänzend ② (*übertragen*) elegant; (*abwertend*) aalglatt

sleep[1] [sliːp] Schlaf; **go to sleep** einschlafen; **get some sleep** schlafen; **get** [*oder* **have**] **a good night's sleep** sich richtig ausschlafen; **walk in one's sleep** schlafwandeln; **put someone to sleep** jemanden betäuben; **put a dog to sleep** einen Hund einschläfern [lassen]

sleep[2] [sliːp] <slept, slept> ① schlafen; **sleep like a log** [*oder* **top**] wie ein Murmeltier [*oder* Stein] schlafen; **sleep late** lange schlafen, ausschlafen; **sleep rough** draußen schlafen; **he didn't sleep a wink** er hat kein Auge zugetan ② **sleep someone** jemandem Unterkunft bieten

S

◆**sleep around** (*umgangsspr*) herumbumsen

◆**sleep in** ① ausschlafen ② verschlafen

◆**sleep off** **sleep it off** einen Rausch ausschlafen

◆**sleep on** ① weiterschlafen ② **sleep on a decision/an idea** eine Entscheidung/eine Idee überschlafen

◆**sleep over** *Kind:* bei einer Freundin/einem Freund übernachten

sleeper ['sliːpəʳ] ① Schlafwagen, Platz im Schlafwagen ② **be a good/bad sleeper** gut/schlecht schlafen; **be a heavy/light/sound sleeper** einen festen/leichten/gesunden Schlaf haben

sleep·ing ['sliːpɪŋ] schlafend; **Sleeping Beauty** Dornröschen **sleeping bag** Schlafsack **sleeping car** Schlafwagen **sleeping pill** Schlaftablette **sleeping policeman** Bodenschwelle **sleeping tablet** Schlaftablette

sleep·less ['sliːplɪs] schlaflos

sleepover ['sliːpˌəʊvə] **Mum, can I have a sleepover?** Mutti, kann ich einige Freunde zum Übernachten einladen? **sleep·walk** schlafwandeln **sleep·walker** Schlafwandler(in) **sleepy** ['sliːpɪ] ① schläfrig, ② verschlafen ③ (*übertragen*) *Stadt, Dorf usw.:* still, ruhig, tot **sleepy·head** (*umgangsspr*) Schlafmütze

sleet¹ [sliːt] Schneeregen

sleet² [sliːt] **it was sleeting** es gab Schneeregen

sleeve [sliːv] ① Ärmel ② Schallplattenhülle ▶IN WENDUNGEN: **roll up one's sleeves** die Ärmel hochkrempeln, sich ernsthaft an die Arbeit machen; **have something** [*oder* **a card**] **up one's sleeve** etwas auf Lager [*oder* in petto] haben **sleeve·less** ['sliːvlɪs] ärmellos

sleigh [sleɪ] [Pferde]Schlitten

slen·der ['slendəʳ] ① schlank, schmal ② (*übertragen*) *Mittel, Einkommen* mager, dürftig, knapp; **his chances of winning are extremely slender** seine Gewinnchancen sind minimal

slept [slept] *2. und 3. Form von* **sleep**

slice¹ [slaɪs] ① *von Brot, Kuchen:* Scheibe ② (*übertragen*) Stück, [An]Teil ③ **cake slice** [Torten]Schaufel ④ (*im Sport*) Drall; **put a slice on a ball** einen Ball anschneiden

slice² [slaɪs] ① in Scheiben schneiden ② anschneiden *Ball* ③ **slice through something** etwas durchschneiden

◆**slice off** abschneiden

sliced [slaɪst] geschnitten, aufgeschnitten ▶IN WENDUNGEN: **the best thing since sliced bread** (*umgangsspr*) eine Wucht, eine tolle Sache

slick¹ [slɪk] ① *Oberfläche, Straße:* [spiegel]glatt ② *Haare:* geschniegelt ③ (*umgangsspr*) *Idee:* raffiniert ④ *Mensch:* aalglatt

slick² [slɪk] **oil slick** Ölteppich

◆**slick back** **slick back one's hair** (*mit Gel o. ä.*) sich die Haare anklatschen

slide¹ [slaɪd] ① [sich] schieben [lassen], gleiten lassen, rutschen ② **he slid into the room** er schlich in das Zimmer ③ *Preise, Aktien:* absinken, nachgeben ▶IN WENDUNGEN: **slide into bad habits** schlechte Angewohnheiten annehmen; **let things slide** alles schleifen lassen

> ? **Grammatik** **slide — slid — slid**: *he slid the glass towards me; the ring had slid down the side of the armchair.*

slide² [slaɪd] ① Rutschbahn, Rutsche ② Dia[positiv]; *von Mikroskop:* Objektträger ③ (*an einem Gerät*) Schlitten, Schieber ④ (GB) Haarspange

slide projector Diaprojektor **slide rule** Rechenschieber **slid·ing** [slaɪdɪŋ] gleitend; *Tür, Dach:* Schiebe-

slight¹ [slaɪt] ① geringfügig, belanglos; *Erkältung:* leicht; *Unterschied:* klein ② *Eindruck:* oberflächlich ③ **I haven't got the slightest** [**idea**] ich habe überhaupt keine Ahnung

slight² [slaɪt] ① Kränkung ② **not in the slightest** nicht im Geringsten

slight·ly ['slaɪtlɪ] ein wenig, leicht

slim¹ [slɪm] ① *Mensch:* schlank ② *Chance:* gering[fügig], schwach

slim² [slɪm] abnehmen

slimy ['slaɪmɪ] (*auch übertragen*) schleimig

sling¹ [slɪŋ] <slung, slung> **sling someone out** (*umgangsspr*) jemanden rausschmeißen; **sling something out** (*umgangsspr*) etwas wegschmeißen

> ? **Grammatik** **sling — slung — slung**: *Kate slung her jacket over her shoulder; her jacket was slung over her shoulder.*

sling[2] [slɪŋ] ① (*Verband*) Schlinge ② Babytragetasche

slip[1] [slɪp] ① ausgleiten, ausrutschen ② **slip through the water** durch das Wasser gleiten ③ (*auch übertragen*) **slip through someone's fingers** jemandem durch die Finger schlüpfen, jemandem entgehen; **let something slip through one's fingers** sich etwas entgehen lassen ④ (*übertragen*) **I let it slip** das ist mir [so] herausgerutscht ⑤ hineinstecken; **she quickly slipped the money into her bag** rasch steckte sie das Geld in ihre Tasche; **slip someone money** jemandem Geld zustecken ⑥ (*vergessen*) **slip someone's mind** jemandem entfallen; **it's slipped my memory** ich habe es vergessen; **slip someone's notice** jemandem entgehen ⑦ **a slipped disc** ein Bandscheibenvorfall

slip[2] [slɪp] ① Ausgleiten, Ausrutschen ② (*übertragen*) Irrtum, Versehen; **it was a slip of the tongue** ich habe mich versprochen; **slip of the pen** Schreibfehler ③ Unterrock ④ **give someone the slip** jemandem entwischen ⑤ **a** [**mere**] **slip of a boy/girl** ein schmächtiges Kerlchen/zartes Ding; **slip** [**of paper**] Zettel

◆ **slip away** ① sich davonstehlen ② entschlafen ③ *Zeit:* vergehen; *Chance:* schwinden

◆ **slip into** ① **slip into your coat** schlüpf mal in deinen Mantel ② **slip into a role** sich verwandeln ③ **slip into bad habits** in schlechte Gewohnheiten [zurück]fallen

◆ **slip off** ① hinausschlüpfen aus *Kleidungsstück* ② herunterrutschen; **it slipped off the table** es ist vom Tisch heruntergerutscht ③ sich davonmachen

◆ **slip out** ① kurz weggehen ② *Wort:* herausrutschen

◆ **slip up** einen Fehler machen; **well, you certainly slipped up there!** da hast du dir aber einen groben Schnitzer geleistet!

slip·per ['slɪpəʳ] Hausschuh, Pantoffel

slip·pery ['slɪpərɪ] ① schlüpfrig, glatt ② (*übertragen*) unzuverlässig

slip road ['slɪprəʊd] (*auf der Autobahn*) Auffahrt, Ausfahrt **slip·shod** ['slɪpʃɒd] (*übertragen*) schlampig **slip-up** ['slɪpʌp] (*umgangsspr*) Panne

slit[1] [slɪt] <slit, slit> [auf]schlitzen

slit[2] [slɪt] Schlitz

slither ['slɪðəʳ] ① rutschen ② *Schlange:* kriechen

sliver ['slɪvəʳ] Splitter

slob [slɒb] (*umgangsspr*) Schmutzfink

slog[1] [slɒg] (*umgangsspr*) schuften; **slog away at something** sich mit etwas abrackern; **slog through something** (*bei der Arbeit*) sich durch etwas kämpfen; (*beim Spazieren*) durch etwas stapfen

slog[2] [slɒg] (*umgangsspr*) [**hard**] **slog** (*bei Arbeit*) Schufterei; (*beim Spazieren*) Fußmarsch

slo·gan ['sləʊgən] ① Wahlspruch, Schlagwort ② Werbespruch

◆ **slop about** herumschlurfen

slope[1] [sləʊp] ① *von Berg:* [Ab]Hang, Böschung; **on a slope** am Hang ② (*Dach, Straße*) Neigung, Gefälle, Schräge ③ **ski slope** Piste

slope[2] [sləʊp] sich neigen; **slope away** [*oder* **down**] abfallen

◆ **slope off** (*umgangsspr*) davonschleichen

slop·ing [sləʊpɪŋ] *Decke, Boden:* schräg; *Schultern:* hängend; *Garten:* am Hang [gelegen]

slop·pi·ness ['slɒpɪnəs] Schlampigkeit, Nachlässigkeit **sloppy** ['slɒpɪ] ① (*umgangsspr*) schlampig, nachlässig ② (*umgangsspr*) sentimental

slot [slɒt] ① Schlitz, [Münz]Einwurf; **put money in the slot** Geld einwerfen ② (*umgangsspr: in einer Liste*) Platz, Lücke **slot ma·chine** ['slɒtməʃiːn] [Waren-, Spiel]Automat **slot meter** Münzzähler

slouch[1] [slaʊtʃ] sich lümmeln, herumhängen

slouch[2] [slaʊtʃ] **have a** [**dreadful**] **slouch** eine schlechte Haltung haben

slow [sləʊ] ① langsam; **it's slow work** das geht langsam [voran]; **he is a slow worker/reader** er arbeitet/liest langsam; **be slow to do something** sich bei etwas Zeit lassen; **not to be slow to do something** schnell dabei sein, etwas zu tun; **go slow** langsam fahren; *Arbeiter:* einen Bummelstreik machen ② *Börse:* flau ③ **slow off the mark** [*oder* **on the uptake**] schwer von Begriff; **he's slow in catching on** er hat eine lange Leitung ④ **be slow** *Uhr:* nachgehen

◆ **slow down** ① langsamer werden, verlangsamen; **slow down!** fahr [*oder* geh] langsamer! ② *Inflation:* abflauen ③ drosseln *Motor*

slow·coach ['sləʊkəʊtʃ] Schlafmütze

slow·ly ['sləʊlɪ] langsam

slow-motion Zeitlupe **slow-mov·ing** [ˌsləʊ'mu:vɪŋ] langsam vorankommend; *Verkehr:* kriechend; *Film, Roman:* langatmig **slow train** (GB) Bummelzug **slow-witted** [ˌsləʊ'wɪtɪd] begriffsstutzig

slug·gish ['slʌgɪʃ] ① träge, langsam ② *Wirtschaft:* schleppend, stagnierend

sluice[1] [slu:s] Schleuse

sluice[2] [slu:s] **sluice something out/down** abwaschen, abspritzen

slum [slʌm] ① **slum[s]** Elendsviertel ② (*übertragen*) Saustall **slum clearance** Beseitigung der Slums, Stadtsanierung **slum dweller** Slumbewohner(in)

slump[1] [slʌmp] ① **slump [down]** zusammensinken, zusammensacken ② (*übertragen*) *Preise, Absatz:* [plötzlich] fallen, nachlassen ③ **slump into a chair** sich auf einen Stuhl fallen lassen

slump[2] [slʌmp] [Preis-, Kurs]Sturz, Konjunktureinbruch; **slump in prices** Preisverfall; **slump in production** Produktionsrückgang

slung [slʌŋ] *2. und 3. Form von* **sling**

slur[1] [slɜ:ʳ] undeutlich [aus]sprechen

slur[2] [slɜ:ʳ] (*übertragen*) Verunglimpfung; **cast a slur on someone/something** jemanden/etwas verunglimpfen

slurp [slɜ:p] (*umgangsspr*) schlürfen

slush [slʌʃ] Schneematsch, Matsch

slut [slʌt] ① Schlampe ② Flittchen

sly [slaɪ] ① schlau, verschlagen ② falsch, hinterhältig ③ **on the sly** heimlich

smack[1] [smæk] ① [klatschend] schlagen; **smack someone's bottom** jemandem den Hintern versohlen ② (*übertragen*) **smack of** riechen nach

smack[2] [smæk] ① Klaps, Schlag ② (*umgangsspr: Kuss*) Schmatz

smack[3] [smæk] **it's smack bang in front of you!** es ist direkt vor deiner Nase!

smack·ing ['smækɪŋ] Tracht Prügel

small[1] [smɔ:l] ① klein; **feel small** sich klein vorkommen; (*übertragen*) sich schämen ② *Zahl, Menge:* klein, gering; *Vermögen:* bescheiden ③ **in a small way** in bescheidenem Umfang

small[2] [smɔ:l] ① **smalls** *plural* (GB) Unterwäsche ② **the small of the back** das Kreuz

small change Klein-, Wechselgeld **small·pox** ['smɔ:lpɒks] Pocken **small print** [das] Kleingedruckte

smarmy ['smɑ:mɪ] (*umgangsspr*) glatt, kriecherisch

smart[1] [smɑ:t] ① *Aussehen:* schick, gepflegt ② *Mensch, Plan:* klug, gewitzt, raffiniert; (*abwertend*) neunmalklug; **he thinks it's smart to do that** er kommt sich dabei toll vor ③ **get smart** (USA) (*umgangsspr*) sich zusammenreißen; **get smart with someone** (*umgangsspr*) jemandem frech kommen

smart[2] [smɑ:t] *Wunde:* brennen

smart alec(k) ['smɑ:t'ælɪk] Besserwisser(in)

smarten up ['smɑ:tn] auffrischen, herausputzen; **smarten oneself up** (*im Aussehen*) sich in Schale werfen; (*im Benehmen*) sich zusammenreißen

smash[1] [smæʃ] ① heftiger Schlag ② (*beim Tennis*) Schmetterball ③ Knall ④ Zusammenstoß

smash[2] [smæʃ] ① zerschmettern, zerschlagen; **smash something against the wall** etwas an der Wand zerschmettern; **smash to bits** in tausend Stücke zerbrechen, zerschlagen; **he's smashed [up] his car** er hat sein Auto zu Schrott gefahren ② zerbrechen ③ einschlagen *Fenster* ④ (*übertragen*) [vernichtend] schlagen, [schwer] treffen ⑤ (*beim Tennis*) schmettern

◆ **smash into** **smash into something** gegen etwas prallen

smashed [smæʃt] (*slang: betrunken*) völlig zu **smash hit** Bombenerfolg **smash·ing** ['smæʃɪŋ] (*umgangsspr*) toll, fantastisch

smat·ter·ing ['smætərɪŋ] oberflächliche Kenntnis; **he has a smattering of French** er kann ein paar Brocken Französisch

smear[1] [smɪəʳ] ① schmieren *Farbe, Creme* ② verschmieren *Fenster, Spiegel* ③ einschmieren *Haut* ④ (*übertragen*) verleumden

smear[2] [smɪəʳ] ① **smear of blood/paint** Blutfleck/Farbfleck ② **smear campaign** Schmutzkampagne, Verleumdungskampagne ③ **smear test** Abstrich

smell[1] [smel] <smelled *oder* smelt, smelt *oder* smelled> ① riechen; **the flowers smell wonderful** die Blumen duften wunderbar ② stinken; **this room smells** dieses Zimmer stinkt; **her breath smells** sie hat Mundgeruch; **smell to high heaven** zum Himmel stinken ③ (*übertragen*) wittern;

smell of erinnern an ▸ IN WENDUNGEN: **smell a rat** Lunte riechen

> **? Grammatik** **smell — smelt/ smelled — smelt/ smelled**: *the red roses smelt beautiful; have you ever smelt the lovely perfume of oleander?*

◆ **smell out** aufstöbern, aufspüren *Verschwörung*

smell² [smel] ① Geruch, Duft ② (*abwertend*) Gestank

smelly ['smelɪ] (*umgangsspr*) stinkend

smelt [smelt] *2. und 3. Form von* **smell**

smile¹ [smaɪl] lächeln; **smile at someone** jemanden anlächeln; **smile at something** über etwas lächeln ▸ IN WENDUNGEN: **keep smiling!** lass dich nicht unterkriegen!

smile² [smaɪl] Lächeln; **give someone a smile** jemandem zulächeln; **come on, give me a smile!** nun lach doch mal; **be all smiles** übers ganze Gesicht strahlen

smil·ing ['-ɪŋ] lächelnd

smirk¹ [smɜːk] grinsen, hämisch lächeln

smirk² [smɜːk] Grinsen

smog [smɒg] Smog **smog alert, smog warning** Smogalarm

smoke¹ [sməʊk] ① Rauch, Qualm ② Zigarette; **have a smoke** [eine] rauchen ▸ IN WENDUNGEN: **go up in smoke** in Rauch aufgehen, ergebnislos verlaufen

smoke² [sməʊk] ① rauchen, qualmen ② (*umgangsspr*) Haschisch rauchen ③ räuchern *Schinken, Fisch usw.*

◆ **smoke out** ① ausräuchern ② (*umgangsspr*) verräuchern, einräuchern

smoke bomb Rauchbombe **smoked** [sməʊkt] geräuchert, Räucher-; **smoked salmon** Räucherlachs; *Glas:* Rauch- **smoke detector** Rauchmelder **smoke·less** ['sməʊklɪs] *Zone:* rauchfrei **smoker** ['sməʊkəʳ] ① Raucher(in) ② (*im Zug*) Raucherabteil **smoke-stained** ['sməʊksteɪnd] rauchgeschwärzt

smok·ing ['sməʊkɪŋ] Rauchen; **no smoking!** Rauchen verboten! **smoking compartment,** (USA) **smoking car** Raucherabteil

smoky ['sməʊkɪ] ① *Feuer:* qualmend ② rauchig; *Raum:* verräuchert ③ rauchgeschwärzt

smooch [smuːtʃ] (*umgangsspr*) schmusen, knutschen

smooth¹ [smuːð] ① *Oberfläche:* glatt, eben; *See:* ruhig ② *Haare:* weich ③ *Überfahrt, Flug:* ruhig; *Start, Landung:* glatt, weich ④ *Ablauf:* reibungslos, glatt ⑤ *Stil:* flüssig, glatt; *Ton:* sanft; *Redeweise:* flüssig; (*abwertend*) glatt; **have a smooth manner** [*oder* **tongue**] aalglatt sein ⑥ (*abwertend*) *Benehmen, Verkäufer:* glatt, aalglatt ⑦ (*umgangsspr*) gepflegt

smooth² [smuːð] **take the rough with the smooth** die Dinge nehmen, wie sie kommen

smooth³ [smuːð] **smooth** [**away/out**] glätten; (*übertragen*) besänftigen

◆ **smooth over** geradebiegen, beschönigen

smoothie, smoothy ['smuːðɪ] (*umgangsspr*) Lackaffe **smooth-shaven** glatt rasiert

smother ['smʌðəʳ] ① ersticken ② (*übertragen*) überschütten, überhäufen (**in, with** mit)

smoul·der ['sməʊldəʳ] **smouldering look** glühender Blick

smudge¹ [smʌdʒ] Schmutzfleck, Klecks

smudge² [smʌdʒ] verschmieren

smudge-proof *Lippenstift:* kussecht; *Mascara:* wischfest

smudgy ['smʌdʒɪ] ① schmutzig, schmierig ② verwischt

smug [smʌg] ① selbstgefällig ② eingebildet, blasiert

smuggle ['smʌgl] schmuggeln **smug·gling** ['smʌglɪŋ] Schmuggel

smutty ['smʌtɪ] *Witz, Bemerkung:* schmutzig, unanständig

snack [snæk] Imbiss, Snack, Kleinigkeit zu essen **snack bar** Imbissstube

snag¹ [snæg] (*übertragen*) Schwierigkeit, Haken; **hit a snag** in Schwierigkeiten kommen; **there's a** [*oder* **one**] **snag** die Sache hat einen Haken

snag² [snæg] aufreißen

snail [sneɪl] Schnecke; **at a snail's pace** im Schneckentempo **snail mail** [normale] Post; **don't send it by snailmail, send an email** schicke es nicht per Post, schicke eine E-mail

snake¹ [sneɪk] Schlange

snake² [sneɪk] *Auto-, Menschenschlange:* sich schlängeln, sich winden

snake bite Schlangenbiss

snap¹ [snæp] ① schnappen (**at** nach) ② zuschnappen; **snap shut** *Tür, Schloss:* zuschlagen, zuschnappen ③ [zer]springen, [zer]reißen ④ **his patience snapped** er verlor die Geduld; **something snapped in me** da bin ich durchgedreht ⑤ **snap at someone** jemanden anfahren ⑥ **snap to it!** zack, zack! ⑦ knipsen *Foto* ⑧ **snap one's fingers** mit den Fingern schnippen

snap² [snæp] ① Foto, Schnappschuss ② **cold snap** Kälteeinbruch

snap³ [snæp] **snap decision** plötzlicher Entschluss; **snap vote** Blitzabstimmung

◆ **snap away** ① wegschnappen, entreißen ② (*Fotos machen*) viel knipsen

◆ **snap off** abreißen, abbrechen ▶ IN WENDUNGEN: **snap someone's head off** jemanden anfahren

◆ **snap out** ① brüllen ② **snap out of something** sich zusammenreißen; **snap out of it!** genug damit! Kopf hoch!

◆ **snap up** wegschnappen *Angebot*

snappy ['ʃnæpɪ] ① (*umgangsspr*) schnell, zackig, kurz und treffend; **make it snappy!** (*umgangsspr*) fix! los, los! ② bissig

snarl¹ [snɑːl] (*auch übertragen*) knurren; **snarl at someone** jemanden anknurren; **snarl out** knurrend sagen

snarl² [snɑːl] Knurren

snatch [snætʃ] ① greifen, entreißen; **she snatched it out of my hand!** sie hat es mir aus der Hand gerissen!; **don't snatch!** (*zu einem Hund*) Aus!; **snatch a kiss** [**from someone**] [jemandem] einen Kuss rauben ② **snatch an opportunity** eine Gelegenheit beim Schopf packen ③ (*umgangsspr*) stehlen *Tasche usw.;* kidnappen *Mensch* ④ **snatch a meal** (*umgangsspr*) schnell etwas essen

◆ **snatch at** **snatch at something** nach etwas greifen, schnappen

◆ **snatch up** schnappen, an sich reißen

sneak¹ [sniːk] ① schleichen; **sneak away** [*oder* **off**] davonschleichen, sich davonmachen; **sneak out** sich herausschleichen (**of** aus); (*übertragen*) sich drücken (**of** vor) ② (*slang*) petzen; **sneak on someone** jemanden verpetzen ③ **sneak a look at** einen heimlichen Blick werfen auf ④ stibitzen, klauen

sneak² [sniːk] (*umgangsspr*) Petzer, Petzliese

◆ **sneak up** **sneak up on someone/something** (*auch übertragen*) sich an jemanden heranschleichen

sneak·ers ['sniːkəz] *plural* Turnschuhe

sneak·ing ['sniːkɪŋ] geheim; **have a sneaking suspicion** einen heimlichen Verdacht hegen **sneaky** ['sniːkɪ] heimtückisch

sneer¹ [snɪəʳ] ① höhnisch lächeln ② spotten (**at** über)

sneer² [snɪəʳ] Hohn[lachen, Hohngelächter], Spott

sneer·ing ['snɪərɪŋ] höhnisch, spöttisch

sneeze¹ [sniːz] ① niesen ② **it is not to be sneezed at** das ist nicht zu verachten

sneeze² [sniːz] Niesen

snicker ['snɪkəʳ] [gemein] kichern

snide [snaɪd] (*umgangsspr*) *Bemerkung:* abfällig, höhnisch

sniff¹ [snɪf] ① schniefen ② schnüffeln, schnuppern; **sniff glue** schnüffeln ③ (*übertragen*) wittern

sniff² [snɪf] ① Schnüffeln; **have a sniff at something** an etwas riechen ② (*übertragen*) Naserümpfen

◆ **sniff at** ① schnüffeln an ② (*übertragen*) die Nase rümpfen über; **not to be sniffed at** (*umgangsspr*) nicht zu verachten

◆ **sniff out** aufspüren; aufdecken *Komplott*

sniffer dog Spürhund

sniffle¹ ['snɪfl] schniefen, schnüffeln

sniffle² ['snɪfl] ① Schniefen ② **have the sniffles** (*umgangsspr*) Schnupfen haben

snig·ger ['snɪgəʳ] [gemein] kichern (**at, about** über)

snip¹ [snɪp] schnippen, [ab]schnippeln, schneiden; **snip off** abschneiden

snip² [snɪp] (*umgangsspr*) Schnäppchen; **it's a snip at only 100 euro** für nur 100 Euro ist es sehr günstig

sniper ['snaɪpəʳ] Heckenschütze

snob·bish ['snɒbɪʃ] großtuerisch, snobistisch

snog¹ [snɒg] (*slang*) Knutschen; **have a snog with someone** mit jemandem knutschen

snog² [snɒg] (*slang*) [rum]knutschen

◆ **snoop about, snoop around** (*umgangsspr*) herumschnüffeln, -spionieren

snooty ['snuːtɪ] (*umgangsspr*) hochnäsig

snooze¹ [snuːz] (*umgangsspr*) Nickerchen

snooze² [snuːz] (*umgangsspr*) dösen

snore [snɔːʳ] schnarchen

snort¹ [snɔːt] schnauben

snort² [snɔːt] Schnauben, Schnaufen

snot [snɒt] (*umgangsspr*) Rotz

snotty ['snɒtɪ] (*umgangsspr*) ① rotzig ② (*übertragen*) frech, patzig
snout [snaʊt] Schnauze
snow[1] [snəʊ] Schnee, Schneefall
snow[2] [snəʊ] schneien; **we were snowed in** wir waren eingeschneit
snow·ball ['snəʊbɔːl] ① Schneeball; **snowball fight** Schneeballschlacht; **throw snowballs at someone** jemanden mit Schneebällen bewerfen ② **snowball effect** Schneeballeffekt
snow·board ['snəʊbɔːd] Snowboard **snow·fall** ['snəʊfɔːl] Schneefall, Schneemenge; **there was a heavy snowfall** es schneite stark **snow·flake** ['snəʊfleɪk] Schneeflocke **snow·man** ['snəʊmæn] <*plural* snowmen> Schneemann **snow·storm** ['snəʊstɔːm] Schneesturm **Snow White** Schneewittchen **snowy** ['snəʊɪ] ① verschneit; **snowy weather** Schneewetter; **it was very snowy** es hat viel geschneit; **snowy mountains** schneebedeckte Berge ② (*Farbe*) schneeweiß
snub[1] [snʌb] schneiden, ignorieren
snub[2] [snʌb] Brüskierung
snub-nosed ['snʌbnəʊzd] stupsnasig
snuffle ['snʌfl] ① schnüffeln ② (*wegen einer Erkältung*) schniefen ③ (*laut*) schnaufen
snug [snʌg] behaglich, gemütlich
snuggle ['snʌgl] sich kuscheln, sich anschmiegen (**against** an)
◆ **snuggle up** sich zusammenkuscheln, sich anschmiegen
so [səʊ] ① so, dermaßen, derart; **so late/long/many** [**that**] so spät/so lange/so viele [, dass]; **not so … as** nicht so … wie ② **I'm tired – so am I** ich bin müde – ich auch ③ **thanks ever so much** vielen Dank! ④ **so they say** so heißt es, man sagt so; **and so on** [**and so forth**] und so weiter [und so fort]; **is that so?** wirklich?; **so I see** ich seh's, das sehe ich; **so to speak** sozusagen ⑤ **three weeks or so** drei Wochen oder so ⑥ **so far** bis jetzt, bisher, soweit; **so far, so good** so weit, so gut ⑦ **so long as** solange; **so long!** (*umgangsspr*) tschüss! ⑧ **I hope/think so** ich hoffe [es]/glaube ich; **I told you so** ich sagte es doch ⑨ **so help me God!** so wahr mir Gott helfe! ⑩ deshalb; **it's raining so take your umbrella** es regnet, also nimm deinen Regenschirm mit ⑪ **we left a note so** [**that**] **they'd know where we are** wir haben einen Zettel hingelegt, so dass [*oder* damit] sie wissen wo wir sind ⑫ **so that's that** (*umgangsspr*) so, das wär's! ⑬ **so what?** (*umgangsspr*) na und?
soak [səʊk] ① einweichen *Wäsche;* **soak the lentils overnight** die Linsen über Nacht einweichen lassen ② **you're soaked!** du bist patschnass!; **soaked in sweat** schweißgebadet ③ *Flüssigkeit:* eindringen
◆ **soak in** ① einziehen ② (*übertragen*) **the news hasn't soaked in yet** sie hat die Nachricht noch nicht begriffen
◆ **soak off** *Etikett usw.:* [sich] ablösen
◆ **soak up** ① aufsaugen; genießen *Sonne* ② (*übertragen*) in sich aufnehmen
soak·ing ['-ɪŋ] **soaking** [**wet**] klatschnass
so-and-so ['səʊənsəʊ] Herr/Frau Soundso; **that old so-and-so!** dieser gemeine Kerl!
soap[1] [səʊp] Seife
soap[2] [səʊp] einseifen
soap dispenser Seifenspender **soap opera** Seifenoper **soap powder** Seifenpulver
soar [sɔːʳ] ① aufsteigen, sich in die Lüfte schwingen ② *Gebäude:* hochragen ③ *Preise:* in die Höhe schnellen; *Hoffnung:* steigen; *Stimmung:* sich heben
sob [sɒb] schluchzen
◆ **sob out** schluchzend erzählen; **sob one's heart out** herzergreifend schluchzen; **sob oneself to sleep** sich in den Schlaf weinen
so·ber ['səʊbəʳ] ① (*ohne Alkohol*) nüchtern ② ruhig, besonnen ③ *Farbe:* schlicht
◆ **sober down** ruhiger werden
◆ **sober up** ① nüchtern machen [*oder* werden] ② (*übertragen*) zur Vernunft bringen, vernünftig werden
sob story ['sɒbˌstɔːrɪ] (*umgangsspr*) rührselige Geschichte
so-called [ˌsəʊ'kɔːld] so genannt
soc·cer ['sɒkəʳ] Fußball[spiel]
so·cia·ble ['səʊʃəbl] gesellig
so·cial ['səʊʃl] ① gesellschaftlich ② sozial; **social democrat** Sozialdemokrat(in); **social policy** Sozialpolitik; **social science** Sozialwissenschaften; **social security** Sozialhilfe; **be on social security** Sozialhilfe bekommen; **social services** (*staatlich*) Sozialleistungen; **social studies** Gemeinschaftskunde; **social worker** Sozialarbeiter(in)

so·cial·ist[1] ['səʊʃəlɪst] Sozialist(in)
so·cial·ist[2] ['səʊʃəlɪst] sozialistisch
so·cial·ize ['səʊʃəlaɪz] ① verkehren (**with** mit) ② ein geselliges Leben führen
so·ciety [sə'saɪətɪ] ① **society** die Gesellschaft ② Gesellschaft, Verein[igung] ③ (*in der Wirtschaft*) Gesellschaft, Genossenschaft, Verband; **building society** Bausparkasse
so·ci·ol·ogy [ˌsəʊsɪ'ɒlədʒɪ] Soziologie
sock[1] [sɒk] Socke, Kniestrumpf ▶ IN WENDUNGEN: **pull one's socks up** (*umgangsspr*) sich am Riemen reißen; **put a sock in it!** GB sei doch still!
sock[2] [sɒk] (*umgangsspr*) schlagen, hauen
socket ['sɒkɪt] Steckdose; (*für Birne*) Fassung
sofa ['səʊfə] Sofa **sofa bed** Bettcouch, Schlafsofa
soft [sɒft] ① weich; **get soft** weich werden, verweichlichen ② mild, sanft ③ *Farbe:* sanft ④ *Licht:* gedämpft ⑤ *Ton:* leise; *Stimme:* weich ⑥ **soft drink** alkoholfreies Getränk; **soft drug** weiche Droge ⑦ **be soft on someone** in jemanden verliebt sein; **you're too soft on your children!** du gehst zu nachsichtig mit den Kindern um! ⑧ **soft toy** Plüschtier ⑨ **have a soft spot for** eine Schwäche haben für **soft-boiled** [ˌsɒft'bɔɪld] (*auch übertragen*) weich gekocht
sof·ten ['sɒfn, USA 'sɔːfn] ① weich machen [*oder* werden]; enthärten *Wasser* ② dämpfen *Licht, Ton* ③ *Stimme:* sanft werden ④ **soften the blow** (*übertragen*) den Schock mildern
◆ **soften up** ① weich werden [*oder* machen] ② *Mensch:* nachgiebig werden ③ *Widerstand:* schwächen ④ **soften somebody up** jemanden einschüchtern [*oder* gefügig machen]
soft-hearted [ˌsɒft'hɑːtɪd] weichherzig, gutmütig **softie** ['sɒftɪ] weichlicher Typ, Softi
soft·ly ['sɒftlɪ] ① sanft ② leise, leicht
soft·ware ['sɒftweəʳ] Software **soft·ware package** Softwarepaket **softy** ['sɒftɪ] weichlicher Typ, Softi
soggy ['sɒgɪ] durchweicht, durchnässt
soil [sɔɪl] Boden, Erde; **on German soil** auf deutschem [Grund und] Boden; **soil conservation** Bodenerhaltung, Bodenschutz
so·lar ['səʊləʳ] Sonnen-, Solar- **solar cell** Solarzelle **solar eclipse** Sonnenfinsternis **solar energy** Sonnenenergie, Solarenergie **solar farm** Solar-, Sonnenfarm **solar heating** Solarheizung **solar panel** Sonnenkollektor **solar power** Sonnen-, Solarkraft **solar power station** Sonnen-, Solarkraftwerk **solar system** Sonnensystem
sold [səʊld] *2. und 3. Form von* **sell**
sol·dier ['səʊldʒəʳ] ① Soldat ② (*übertragen*) Kämpfer
◆ **soldier on soldier on** verbissen weitermachen
sold out [ˌsəʊld'aʊt] ausverkauft
sole[1] [səʊl] ① Sohle ② Seezunge
sole[2] [səʊl] ① einzig ② *Verantwortung:* alleinig ③ **for the sole purpose of …** einzig und allein um …
sole·ly ['səʊlɪ] einzig und allein
sol·emn ['sɒləm] ① *Zeremonie:* feierlich, festlich ② *Stimmung:* ernst
sol·ici·tor [sə'lɪsɪtəʳ] ① Rechtsanwalt, -anwältin ② USA Werber(in)
solid[1] ['sɒlɪd] ① *Körper:* fest; **be frozen solid** fest zugefroren sein; **be on solid ground** festen Boden unter den Füßen haben ② massiv ③ *Bauweise:* solid ④ (*übertragen*) *Grund:* triftig ⑤ (*übertragen*) *Unterstützung:* zuverlässig, verlässlich ⑥ (*übertragen*) **it rained a solid week** es hat ununterbrochen eine Woche lang geregnet
solid[2] ['sɒlɪd] ① (*in der Mathematik, Physik*) Körper ② **solids** *plural* feste Nahrung
solidarity ['sɒlɪdærətɪ] Solidarität; **in solidarity with** aus Solidarität mit
sol·id·ify [sə'lɪdɪfaɪ] fest werden
soli·tary ['sɒlɪtrɪ] ① einsam; **solitary confinement** Einzelhaft ② *Dorf usw.:* abgelegen ③ *Bemerkung, Fehler:* einzig
solitude ['sɒlətjuːd] Einsamkeit
sol·uble ['sɒljʊbl] löslich
sol·ution [sə'luːʃn] ① *von Problem, Aufgabe:* Lösung ② (*chemisch*) Lösung
solve [sɒlv] ① lösen *Rätsel, Aufgabe* ② aufklären *Mord* ③ beseitigen *Schwierigkeit*
sol·vent[1] ['sɒlvənt] zahlungsfähig
sol·vent[2] ['sɒlvənt] Lösungsmittel
sombre, USA **som·ber** ['sɒmbəʳ] ① *Farbe:* düster, dunkel ② (*übertragen*) ernst
some [sʌm] ① einige, ein paar; **would you like some nuts?** möchten Sie gern ein paar Nüsse?; **some more tea?** noch etwas Tee?; **try some** probieren Sie doch mal; **would you like some?** möchten Sie welche?; **some more** noch ein paar, noch etwas ② *mit Singular* etwas, ein wenig; **I would**

like some butter on my toast ich möchte etwas [*oder* ein wenig] Butter auf meinem Toast; **would you like some cheese** möchten Sie etwas Käse? ③ manche(r, s); **some people say** manche Leute sagen; **some were interested, others were bored** manche [Leute] fanden es interessant, andere hingegen langweilten sich; **some of them** einige von ihnen ④ (*unbestimmt*) irgendein; **some woman phoned up** da hat irgend so eine Frau angerufen; **in some way or other** irgendwie; **some time before lunch** irgendwann vor dem Mittagessen; **some other time** ein andermal; **some time or other** irgendwann einmal; **some day** eines Tages; **in some way or other** irgendwie ⑤ *verstärkend* ziemlich; **that was some party!** was für ein Fest!; (*abwertend*) vielleicht [ein]; **some teacher you are!** du bist vielleicht ein Lehrer! ⑥ **to some extent** in gewisser Weise ⑦ **quite some time** ganz schön lange ⑧ ungefähr; **some three hours** ungefähr drei Stunden; **some twenty of them** etwa zwanzig von ihnen ⑨ **for some time** [für] einige Zeit, eine Zeitlang; **some time ago** vor einiger Zeit

? Grammatik some — more — most:
Susy ate some ice-cream, Sandra ate more and Norman ate the most/most of all.

some·body ['sʌmbədɪ] [irgend]jemand, irgendwer; **somebody else** jemand anders; **somebody or other** irgendjemand

some·how ['sʌmhaʊ] irgendwie; **somehow or other** irgendwie

some·one ['sʌmwʌn] [irgend]jemand

some·place ['sʌmpleɪs] (USA) irgendwo; **are you going someplace?** gehst du irgendwohin?

som·er·sault[1] ['sʌməsɔːlt] Purzelbaum, Salto

som·er·sault[2] ['sʌməsɔːlt] **turn a somersault** einen Purzelbaum schlagen, einen Salto machen; **the car somersaulted** das Auto überschlug sich

some·thing[1] ['sʌmθɪŋ] ① etwas; **something nice** etwas Nettes; **something or other** irgendetwas; **it was quite something, it was something else** (USA) das war toll ② **a little something** eine Kleinigkeit ③ **or something like that** oder so

some·thing[2] ['sʌmθɪŋ] **something like** ungefähr

some·time ['sʌmtaɪm] irgendwann; **at sometime or other** irgendwann [ein]mal

some·times ['sʌmtaɪmz] machmal, ab und zu

! Vorsicht Falle **sometime** (= irgendwann) wird *ohne* ein s am Ende geschrieben: *We'll go on holiday sometime in August.* — **sometimes** (= manchmal) wird *mit* einem s am Ende geschrieben: *Sometimes Helen likes to sing very loudly.*

some·what ['sʌmwɒt] etwas, ein wenig

some·where ['sʌmweəʳ] ① **somewhere [or other]** irgendwo; **shall we go out somewhere this evening?** wollen wir heute abend irgendwohin gehen?; **somewhere else** anderswo, irgendwo anders ② **get somewhere** weiterkommen, Fortschritte machen ③ **somewhere around forty** so um [die] vierzig

son [sʌn] Sohn; **son of a bitch** (USA) (*slang*) Scheißkerl

song [sɒŋ] ① Gesang; **burst into song** ein Lied anstimmen ② Lied ▶ IN WENDUNGEN: **make a song and dance about something** ein Theater wegen etwas machen

song·book Liederbuch

son-in-law ['sʌnɪnlɔː] <*plural* sons-in-law> Schwiegersohn

soon [suːn] ① bald; **soon after his arrival** kurz nach seiner Ankunft; **soon afterwards** kurz danach; **as soon as** sobald, sowie; **as soon as possible** so bald wie möglich ② **how soon can you be here?** wann kannst du da sein? ③ früh, zeitig; **it's too soon to say…** es ist zu früh zu sagen…

sooner ['suːnəʳ] *Komparativ von* **soon** ① eher, früher; **sooner or later** früher oder später; **no sooner … than** kaum …, als; **no sooner said than done** gesagt, getan ② lieber

soot [sʊt] Ruß

sooth·ing ['suːðɪŋ] ① *Klang:* beruhigend ② *Salbe:* lindernd

soppy ['sɒpɪ] (*umgangsspr*) rührselig

sore [sɔːʳ] ① schmerzhaft; **my knee is sore** mir tut das Knie weh ② wund, entzündet; **have a sore throat** Halsweh haben ③ (USA) (*umgangsspr*) beleidigt, verärgert ④ (*übertragen*) **a sore point** ein wunder Punkt **sore·ly** ['sɔːlɪ] äußerst; **I was sorely tempted** ich kam stark in Versuchung

sor·row ['sɒrəʊ] ① Kummer, Leid (**at** über, **for** um); (*über Tod*) Trauer ② **drown one's sorrows** seine Sorgen ertränken

sorry ['sɒrɪ] ① **sorry!** Verzeihung!; **I'm really sorry** es tut mir wirklich Leid; **I am sorry to…** es tut mir Leid, zu… [*oder* dass…] ② **look sorry for oneself** ein klägliches Bild abgeben ③ **feel sorry for someone** jemanden bedauern; **I feel sorry for you** Sie tun mir Leid ④ **do you have any brandy? – sorry!** haben Sie Weinbrand? – leider nicht!

sort[1] [sɔːt] ① Sorte; **of all sorts** aller Art; **all sorts of things** alles Mögliche; **what sort of…?** was für ein…?; **nothing of the sort** nichts Derartiges, nichts dergleichen; **he's not the sort to do that** das ist nicht seine Art; **he's not my sort** er ist nicht mein Typ ② *eines Autos:* Marke ③ **of sorts, of a sort** so was wie … ▶ IN WENDUNGEN: **out of sorts** schlecht gelaunt; (*gesundheitlich*) nicht auf dem Posten; **not a bad sort** [gar] nicht so übel

sort[2] [sɔːt] **sort of** (*umgangsspr*) gewissermaßen, irgendwie; **I sort of knew that …** ich habe es irgendwie gewusst, dass …

sort[3] [sɔːt] ① sortieren ② (*umgangsspr*) **get something sorted** etwas klären *Situation,* lösen *Problem*

◆ **sort out** ① [aus]sortieren ② (*übertragen*) in Ordnung bringen; lösen *Problem;* klären *Situation;* **it'll sort itself out** das wird sich schon von selbst erledigen; **sort oneself out** zur Ruhe kommen; **sort someone out** (*umgangsspr*) jemandem den Kopf waschen

SOS [ˌesəʊ'es] SOS

so-so [ˌsəʊ'səʊ] so lala, so einigermaßen

sought [sɔːt] *2. und 3. Form von* **seek**

sought-after ['sɔːtˌaːftə] gefragt

soul [səʊl] ① (*auch übertragen*) Seele; **not a soul** kein Mensch ② (*Musik*) Soul ▶ IN WENDUNGEN: **be the life and soul of the party** der Stimmungsmacher sein **soul-de·stroy·ing** ['səʊldɪˌstrɔɪɪŋ] geisttötend

sound[1] [saʊnd] ① *Mensch, Tier:* gesund; **sound as a bell** kerngesund ② *Gegenstand usw.:* einwandfrei, fehlerfrei ③ *Grund:* stichhaltig, triftig ④ *Charakterzug:* zuverlässig, vernünftig ⑤ **sound advice** guter Rat ⑥ *Schlaf:* tief, fest; **sleep soundly** tief schlafen; **sound asleep** fest eingeschlafen

sound[2] [saʊnd] ① Geräusch; **not to make a sound** still sein; **within sound of** in Hörweite; **not a sound was heard** es war kein Ton zu hören; **sounds of laughter** Gelächter ② (*Physik*) Schall ③ (*Musik*) Klang; (*umgangsspr*) Sound ④ (*TV, Radio*) Ton ⑤ (*übertragen*) **I don't like the sound of it** das hört sich gar nicht gut an

sound[3] [saʊnd] ① ertönen, erklingen [lassen]; **sound the alarm** Alarm schlagen; **sound the horn** hupen; **sound a note of warning** warnen ② (*auch übertragen*) sich anhören, klingen; **that sounds fishy to me** das klingt nicht ganz geheuer; **she sounds angry** sie hört sich verärgert an; **he sounds like a nice person** er scheint ein netter Mensch zu sein ③ *Arzt:* abhorchen, abklopfen *Patient*

◆ **sound off** (*umgangsspr*) **sound off** viel reden (**about** über); **he's always sounding off** er ist immer schnell bei der Hand, seine Meinung zu sagen

◆ **sound out** **sound someone out** jemandem auf den Zahn fühlen (**about** über)

sound effects *plural* Toneffekte **sound·proof** ['saʊndpruːf] schalldicht

soup [suːp] Suppe ▶ IN WENDUNGEN: **be in the soup** in der Tinte sitzen **soup plate** Suppenteller

sour ['saʊə^r] ① sauer, säuerlich; **turn sour** *Milch* sauer werden; (*übertragen*) sich verschlechtern ② (*übertragen*) verärgert, missmutig

source [sɔːs] ① (*auch übertragen*) Quelle; **source of energy** Energiequelle; **source of income** Einkommensquelle ② (*übertragen*) Ursprung, Wurzel; **from official sources** aus amtlichen Quellen ③ **source file** (*Computer*) Ursprungsdatei

south[1] [saʊθ] ① Süd[en] ② südliche Richtung

south[2] [saʊθ] ① südlich, Süd-, im Süden ② nach Süden; **travel south** Richtung Süden reisen ③ **south of** südlich von; **the South of France** Südfrankreich

South Africa [ˌsaʊθ'æfrɪkə] Südafrika

South America [ˌsaʊθə'merɪkə] Südamerika

South American[1] [ˌsaʊθə'merɪkən] südamerikanisch

South American[2] [ˌsaʊθəˈmerɪkən] Südamerikaner(in)

south·bound [ˈsaʊθbaʊnd] nach Süden fahrend [*oder* reisend]

south·east[1] [ˌsaʊθˈiːst] südöstlich

south·east[2] [ˌsaʊθˈiːst] Südosten

south·easter·ly[1] [ˌsaʊθˈiːstəlɪ] südöstlich, aus Südost

south·easter·ly[2] [ˌsaʊθˈiːstəlɪ] [starker] Südostwind

south·eastern [ˌsaʊθˈiːstən] südöstlich, aus Südost **south-east·wards** [ˌsaʊθˈiːstwədz] nach Südosten, südostwärts

south·er·ly[1] [ˈsʌðəlɪ] südlich, nach Süden

south·er·ly[2] [ˈsʌðəlɪ] Südwind

south·ern [ˈsʌðən] südlich, Süd-; **southern hemisphere** Südhalbkugel **Southern Cross** Kreuz des Südens **south·erner** [ˈsʌðənəʳ] ① Bewohner(in) des Südens, Südländer(in) ② (GB) Südengländer(in) ③ (USA) Südstaatler(in) ④ Süddeutsche(r)

South Pole Südpol **south·ward(s)** [ˈsaʊθwəd(z)] südlich, nach Süden, südwärts

south·west[1] [ˌsaʊθˈwest] Südwesten

south·west[2] [ˌsaʊθˈwest] südwestlich, nach Südwest, südwestwärts

south·wester·ly[1] [ˌsaʊθˈwestəlɪ] südwestlich, aus Südwest

south·wester·ly[2] [ˌsaʊθˈwestəlɪ] [starker] Südwestwind

south·western [ˌsaʊθˈwestən] südwestlich, aus Südwest **south·west·ward(s)** [ˌsaʊθˈwestwəd(z)] nach Südwesten

sou·venir [ˌsuːvəˈnɪəʳ] [Reise]Andenken (**of** an)

So·viet[1] [ˈsəʊvɪət] (*historisch*) Sowjet

So·viet[2] [ˈsəʊvɪət] sowjetisch; **Soviet citizen** Sowjetbürger(in)

Soviet Union (*historisch*) Sowjetunion

sow[1] [səʊ] <sowed, sowed *oder* sown> [aus]säen

> **? Grammatik** **sow — sowed — sown:**
> *the gardener sowed grass in the back garden; this field has been sown with rye.*

sow[2] [saʊ] Sau

sown [səʊn] *3. Form von* **sow**[1]

soya [ˈsɔɪə], (USA) **soy** [sɔɪ] Soja **soya bean** Sojabohne **soya sauce** Sojasoße

soz·zled [ˈsɒzld] (GB) (*umgangsspr*) beschwipst

spa [spɑː] [Heil]Bad, Kurort

space [speɪs] ① Raum, Platz; **save/take up space** Platz sparen/einnehmen ② Abstand; **parking space** Parklücke; **blank space** freie Stelle ③ [**outer**] **space** der Weltraum ④ **stare into space** Löcher in die Luft starren ⑤ **wide open spaces** weites, offenes Land ⑥ **within the space of three hours** innerhalb von drei Stunden ⑦ **air space** Luftraum **space·craft** [ˈspeɪsˌkrɑːft] Raumfahrzeug **space·ship** [ˈspeɪsʃɪp] Raumschiff **space shuttle** Raumfähre

spa·cious [ˈspeɪʃəs] geräumig

spade [speɪd] ① Spaten ② **spades** (*Kartenspiel*) Pik; **Queen of Spades** Pikdame ▸ IN WENDUNGEN: **call a spade a spade** das Kind beim Namen nennen **spade·work** Vorarbeit[en]

spa·ghetti [spəˈgetɪ] Spaghetti

Spain [speɪn] Spanien

span[1] [spæn] Spanne

span[2] [spæn] ① *Brücke:* [über]spannen ② (*übertragen*) umfassen

Span·iard [ˈspænɪəd] Spanier(in)

Span·ish[1] [ˈspænɪʃ] spanisch

Span·ish[2] [ˈspænɪʃ] ① (*Sprache*) [das] Spanisch(e) ② **the Spanish** (*Menschen*) die Spanier

spank [spæŋk] **I'll spank you** [*oder* **your bottom**]**!** ich werde dir den Hintern versohlen! **spank·ing** [ˈspæŋkɪŋ] **at a spanking pace** mit großer Geschwindigkeit

span·ner [ˈspænəʳ] Schraubenschlüssel

spare[1] [speəʳ] ① übrig; **do you have a spare pen?** hast du einen Stift für mich?; **there are two spare seats** es sind zwei Plätze frei; **if you have a spare minute** wenn du mal eine Minute Zeit hast ② *Teil:* Ersatz-; **spare battery** Reservebatterie; **spare tyre** (*Auto*) Ersatzreifen; (*humorvoll: Bauch*) Rettungsring ③ **spare time** Freizeit ④ *Bett, Zimmer:* Gäste- ⑤ **spare rib** Rippchen ▸ IN WENDUNGEN: **drive someone spare** (*umgangsspr*) jemanden wahnsinnig machen

spare[2] [speəʳ] ① (*technisch*) Ersatzteil ② *von Auto:* Ersatzreifen, Ersatzteil

spare[3] [speəʳ] ① übrig haben; **have something to spare** etwas übrig haben; **can you spare me five minutes** hast du fünf Minuten für mich Zeit?; **can you spare me 5 euros?** kannst du mir 5 Euro leihen?

② entbehren; **I can't spare her/that** ich kann auf sie/das nicht verzichten, ich brauche sie/das unbedingt ③ **they spared no expense** sie haben keine Kosten gescheut ④ verschonen; **spare someone's feelings** jemandes Gefühle schonen; **spare oneself/someone something** sich/jemandem etwas ersparen

spark[1] [spɑːk] ① Funke[n] ② (*übertragen*) Fünkchen, Spur; **a spark of interest/life** ein Fünkchen Interesse/Leben ▸ IN WENDUNGEN: **sparks were flying** die Funken flogen; **a bright spark** (*umgangsspr*) ein Intelligenzbolzen

spark[2] [spɑːk] ① entzünden; **spark [off] an explosion** eine Explosion auslösen ② (*übertragen*) auslösen

sparkle[1] ['spɑːkl] ① funkeln, glitzern (**with** vor) ② *Flüssigkeit:* sprudeln, perlen, schäumen

sparkle[2] ['spɑːkl] Funkeln, Glitzern

spark·ler ['spɑːkləʳ] Wunderkerze **spar·kling** ['spɑːklɪŋ] ① funkelnd, glitzernd ② *Wasser:* mit Kohlensäure; **sparkling wine** Schaumwein ③ (*übertragen*) *Geist:* sprühend

spark plug ['spɑːkˌplʌg] Zündkerze

spar·row ['spærəʊ] Spatz, Sperling

sparse [spɑːs] ① [weit] verstreut; **sparsely populated** dünn besiedelt ② spärlich

spat [spæt] *2. und 3. Form von* **spit**[2]

spat·ter[1] ['spætəʳ] [be]spritzen (**with** mit)

spat·ter[2] ['spætəʳ] **a spatter of rain** ein paar Tropfen Regen

speak [spiːk] <spoke, spoken> ① sprechen (**of** von, **on, about** über, **to** mit, zu, **for** für); **speak down to someone** mit jemandem herablassend sprechen; **not to speak of** ganz zu schweigen von; **so to speak** sozusagen, gewissermaßen; **speak well of someone** Gutes über jemanden sagen; **speak one's mind** seine Meinung sagen ② reden (**of** von, über), sich äußern (**of** über) ③ **speak** [**to a group**] [vor einer Gruppe] eine Rede, einen Vortrag halten ④ **speaking!** am Apparat! ⑤ sprechen *Sprache* ▸ IN WENDUNGEN: **speak volumes** Bände sprechen

◆ **speak for** ① unterstützen *Vorschlag;* **speak for someone** in jemandes Namen sprechen, sich für jemanden einsetzen ② **speak for oneself** für sich selbst sprechen; **speaking for myself** was mich betrifft; **speak for yourself!** du vielleicht!; **that speaks for itself** das sagt alles ③ **that speaks well for him** das spricht für ihn ④ **be spoken for** vergeben sein; **she's spoken for** sie ist in festen Händen

◆ **speak out** ① laut reden ② (*übertragen*) seine Meinung sagen; **speak out in favour of** sich einsetzen für; **speak out against** sich äußern gegen

◆ **speak up** ① laut[er] reden ② (*übertragen*) seine Meinung sagen; **speak up for someone/something** für jemanden/etwas eintreten

speaker ['spiːkəʳ] ① Sprecher(in), Vorsitzende(r), Redner(in) ② [**loud**]**speaker** Lautsprecher[box] ③ **Speaker** (GB) Parlamentspräsident(in) **speak·ing** ['spiːkɪŋ] ① **speaking!** am Apparat! ② **French-speaking** französischsprachig ③ **generally speaking** im Großen und Ganzen; **strictly speaking** genau genommen

spear[1] [spɪəʳ] Speer, Spieß

spear[2] [spɪəʳ] aufspießen

spear·head an der Spitze stehen von

special[1] ['speʃl] ① besondere(r, s) ② außergewöhnlich; **special case** Sonder-, Spezialfall; **special offer** Sonderangebot; **special** [**train**] Sonderzug; **special edition** Sonderausgabe ③ **special delivery** Eilzustellung ④ **special effects** (*im Film*) Tricks

special[2] ['speʃl] ① Sonderzug ② (*im TV*) Extrasendung ③ (USA) Sonderangebot ④ (*im Restaurant*) Tagesspezialität

spe·cial·ist[1] ['speʃəlɪst] Fach-

spe·cial·ist[2] ['speʃəlɪst] ① Spezialist(in), Fachmann, -frau ② Facharzt, -ärztin; **heart specialist** Facharzt für Herzkrankheiten

spe·ci·al·ity [ˌspeʃɪ'ælətɪ], **spe·ci·al·ty** ['speʃəltɪ] (USA) Spezialität

spe·cial·ize ['speʃəlaɪz] sich spezialisieren (**in** in, auf)

spe·cial·ly ['speʃəlɪ] besonders, insbesondere

> **! Vorsicht Falle** **specially** bedeutet **extra zu diesem Zweck**: *Lisa got the pink dress specially for the party*; — **especially** bedeutet **besonders**: *I like dogs, especially labradors.*

spe·cies ['spiːʃiːz] <*plural* species> Spezies

spe·ci·fic [spə'sɪfɪk] ① spezifisch ② konkret; **be specific** genau sein **spe·cifi·cal·ly** [spə-

'sɪfɪklɪ] **I specifically said not to do that!** ich habe ausdrücklich gesagt, dass ihr das nicht tun dürft!

spec·i·fi·ca·tion [ˌspesɪfɪ'keɪʃn] **specifications** Leistungsverzeichnis, technische Daten **spec·ify** ['spesɪfaɪ] ❶ genau angeben ❷ vorschreiben; **for a specified purpose** für einen bestimmten Zweck

speci·men ['spesɪmɪn] ❶ Exemplar, Muster; **a beautiful specimen** ein Prachtexemplar; **specimen copy** Belegexemplar ❷ *von Blut, Harn:* Probe; **specimen signature** Unterschriftsprobe

speck [spek] Fleck[chen]; **a speck** [**of**] ein bisschen [...]; **speck of dust** Staubkörnchen

specs [speks] *plural* (*umgangsspr*) Brille

spec·tacle ['spektəkl] **spectacles** ⚠ *plural,* **pair of spectacles** Brille

! Vorsicht Falle **spectacles** werden immer im Plural gebraucht: *where are my spectacles?* — **a pair of spectacles** wird aber im Singular verwendet: *this is Dad's pair of spectacles.*

spectacle case Brillenetui

spec·tacu·lar [spek'tækjʊləʳ] sensationell, atemberaubend

spec·ta·tor [spek'teɪtəʳ] Zuschauer(in)

spec·trum ['spektrəm, *plural* 'spektrə] <*plural* spectra> Spektrum

specu·la·tion [ˌspekjʊ'leɪʃn] ❶ Vermutung ❷ (*in der Wirtschaft*) Spekulation

sped [sped] *2. und 3. Form von* **speed**

speech [spiːtʃ] ❶ (*wie jemand spricht*) Sprache, Sprechweise; **power of speech** Sprachvermögen ❷ Rede; **deliver** [*oder* **make**] **a speech** eine Rede halten (**on, about** über, **to** vor); **after-dinner speech** Tischrede; **freedom of speech** Redefreiheit **speech day** [Schul]Schlussfeier **speech defect** Sprachfehler **speech·less** ['spiːtʃlɪs] sprachlos (**with** vor)

speed¹ [spiːd] ❶ Geschwindigkeit, Tempo; **at a speed of** mit einer Geschwindigkeit von; **at full** [*oder* **top**] **speed** mit Höchstgeschwindigkeit; **cruising speed** Reisegeschwindigkeit ❷ *von Fahrrad:* Gang ❸ *von Film:* Empfindlichkeit ❹ (*slang: Droge*) Speed

speed² [spiːd] <speeded, speeded *oder* sped, sped> ❶ zu schnell fahren ❷ jagen, sausen ❸ *Zeit:* **the time sped by** die Zeit verging wie im Flug

? Grammatik **speed — sped/ speeded — sped/ speeded**: *Tim sped along on his bike; the car had sped out of sight.*

◆ **speed up** ❶ schneller werden; *Auto:* beschleunigen ❷ antreiben *Mensch, Arbeit*

speed·boat ['spiːdbəʊt] Rennboot **speed bump** Bodenschwelle **speed·ing** ['spiːdɪŋ] Überschreiten der zulässigen Höchstgeschwindigkeit

speed limit Geschwindigkeitsbegrenzung, Tempolimit

i Land & Leute Auf allen Landstraßen und Autobahnen in Großbritannien beträgt das **speed limit** (Tempolimit) 70 mph (etwa 110 km/h). Innerhalb von Ortschaften darf man 30 mph (etwa 50 km/h) fahren. Und, wie jeder weiß, wird links gefahren!

speedy ['spiːdɪ] ❶ *Auto* schnell ❷ *Antwort:* prompt

spell¹ [spel] ❶ (*auch übertragen*) Zauber, Zauberwort; **be under someone's spell** von jemandem verzaubert sein ❷ [kurze] Zeit, [Zeit]Dauer, Periode; **for a spell** eine Weile ❸ (*Wetter*) **cold/hot spell** Kälte-/Hitzewelle

spell² [spel] <spelled *oder* spelt, spelled *oder* spelt> ❶ buchstabieren; **he can't spell** (*umgangsspr*) er kann keine Rechtschreibung ❷ sich schreiben (**with** mit); ❸ (*übertragen*) bedeuten; **she spells trouble!** mit ihr gibt's immer Ärger!

◆ **spell out** ❶ [laut] buchstabieren, entziffern ❷ (*übertragen*) klarmachen; **shall I spell it out for you?** muss ich noch deutlicher werden?

spell·bound ['spelbaʊnd] verzaubert, hingerissen

spellcheck ['spelˌtʃek] Rechtschreibprüfung

speller ['speləʳ] **be a bad speller** viele Rechtschreibfehler machen **spell·ing** ['spelɪŋ] ❶ Buchstabieren ❷ Rechtschreibung

spelt [spelt] *2. und 3. Form von* **spell²**

spend [spend] <spent, spent> ❶ ausgeben *Geld;* **spend money like water** das Geld mit beiden Händen ausgeben ❷ verbringen

S

Zeit ③ verschwenden *Vermögen* ④ **spend a lot of effort on something** sich für etwas sehr anstrengen

spending money ① Taschengeld ② verfügbares Geld

spendthrift ['spend,θrɪft] Verschwender(in)

spent[1] [spent] *2. und 3. Form von* **spend**

spent[2] [spent] ① erschöpft, abgespannt ② (*technisch*) verbraucht

spew [spju:] **spew** [**up**] (*slang*) kotzen

sphere [sfɪəʳ] ① (*mathematisch*) Kugel ② Lebensbereich, Wirkungskreis; **sphere of influence** Einflussbereich **spheri·cal** ['sferɪkl] kugelförmig

spice[1] [spaɪs] ① Gewürz ② (*übertragen*) Würze; **the spice of life** die Würze des Lebens

spice[2] [spaɪs] würzen (**with** mit)

spicy ['spaɪsɪ] ① [stark] gewürzt, scharf ② (*übertragen*) pikant

spi·der ['spaɪdəʳ] Spinne **spider('s)-web** Spinnennetz

spike [spaɪk] ① [Metall]Spitze ② großer Nagel ③ **spikes** Rennschuhe, Spikes **spiky** ['spaɪkɪ] ① spitzig, stachelig ② (*übertragen*) empfindlich

spill [spɪl] <spilled *oder* spilt, spilled> ① verschütten ② *Flüssigkeit:* überlaufen ▶ In Wendungen: **spill the beans** (*umgangsspr*) sich verplappern; **it's no use crying over spilt milk** es hat keinen Sinn, Vergangenem nachzuweinen

◆ **spill over** ① *Flüssigkeit:* überlaufen ② *Unruhen:* sich ausbreiten

spilt [spɪlt] *2. und 3. Form von* **spill**

spin[1] [spɪn] <spun, spun> ① *Mensch, Spinne:* spinnen ② [sich] [schnell] drehen, herumwirbeln; **my head is spinning** mir dreht sich alles ③ schleudern *Wäsche*

spin[2] [spɪn] ① **go into a spin** ins Schleudern geraten ② *von Ball:* Spin ▶ In Wendungen: **go for a spin** (*umgangsspr*) mit dem Auto spazierenfahren; **be in a flat spin** durchdrehen

◆ **spin out** strecken *Geld;* in die Länge ziehen *Zeit;* ausspinnen *Geschichte*

◆ **spin round** sich [schnell] drehen, herumwirbeln

spin·ach ['spɪnɪdʒ, USA 'spɪnɪtʃ] Spinat

spin-drier, **spin-dryer** [,spɪn'draɪəʳ] Trockenschleuder

spine [spaɪn] ① *von Pflanze:* Dorn ② *von Mensch, Tier:* Rückgrat ③ [Buch]Rücken

spinster alte Jungfer

spiny ['spaɪnɪ] stach(e)lig, dornig

spi·ral[1] ['spaɪərəl] spiralig, in Spiralen; **spiral staircase** Wendeltreppe

spi·ral[2] ['spaɪərəl] Spirale

spire ['spaɪəʳ] Turmspitze

spirit ['spɪrɪt] ① Geist ② **have a lot of spirit** viel Mut beweisen, tatkräftig sein ③ *einer Mannschaft, einer Party:* Stimmung; **in high** [*oder* **great**] **spirits** in gehobener Stimmung, gut aufgelegt; **keep up one's spirits** den Kopf nicht hängen lassen; **enter into the spirit of something** sich an etwas anpassen ④ (*chemisch*) Spiritus ⑤ **spirits** Spirituosen ⑥ **community spirit** Gemeinschaftssinn ⑦ **that's the spirit!** so ist's recht!

◆ **spirit away** wegzaubern

spiri·tual ['spɪrɪtʃʊəl] ① geistig, innerlich ② (*in der Religion*) geistlich

spit[1] [spɪt] <spat, spat> ① spucken (**at, on** auf) ② (*übertragen*) herausspucken *Worte* ③ *Katze:* fauchen ▶ In Wendungen: **be the spitting image of someone** jemandem wie aus dem Gesicht geschnitten sein

> **? Grammatik** **spit — spat — spat:** *Tom spat out the cherry stones.*

◆ **spit out** ① ausspucken ② (*übertragen*) hervorstoßen *Worte;* **spit it out!** nun sag's schon!

spit[2] [spɪt] Speichel

spite[1] [spaɪt] Bosheit (**against** gegen); **from** [*oder* **out of**] **spite** aus Bosheit; **in spite of** trotz; **in spite of the fact that …** obgleich …, obwohl …

spite[2] [spaɪt] ärgern; **do something from spite** etwas aus Bosheit tun

spite·ful ['spaɪtfl] boshaft

spitefulness Gehässigkeit

splash[1] [splæʃ] ① [ver]spritzen; **splash something over someone** jemanden mit etwas bespritzen ② *Regen:* klatschen ③ (*in der Presse*) groß rausbringen

splash[2] [splæʃ] ① Spritzen ② **splash of the waves** das Plätschern der Wellen ③ **add a splash of wine** einen Schuss Wein dazu tun ④ **there are splashes of paint everywhere!** überall sind Farbspritzer! ▶ In Wendungen: **make a splash** Furore machen, Aufsehen erregen

◆ **splash about, splash around** herumplatschen, herumplanschen ▶ IN WENDUNGEN: **splash one's money about** [*oder* **around**] mit dem Geld um sich werfen

◆ **splash down** *Raumfähre, -sonde:* wassern

◆ **splash out** (*umgangsspr*) viel Geld ausgeben (**on** für)

splat·ter ['splætəʳ] 1 spritzen 2 bespritzen

splen·did ['splendɪd] 1 großartig, glanzvoll 2 (*umgangsspr*) herrlich, ausgezeichnet

splint [splɪnt] Schiene

splin·ter¹ ['splɪntəʳ] 1 [zer]splittern 2 (*übertragen*) sich spalten

splin·ter² ['splɪntəʳ] Splitter, Span

split¹ [splɪt] 1 Spalt, Riss 2 (*übertragen*) Entzweiung, Spaltung 3 **splits** ⚠ *plural* Spagat 4 **banana split** Bananensplit

split² [splɪt] 1 gespalten, aufgeteilt 2 **in a split second** im Bruchteil einer Sekunde

split³ [splɪt] <split, split> 1 [sich] zerreißen, spalten; **split into** aufspalten [in]; **split open** aufplatzen 2 *Paar:* **split** [**up**] sich trennen 3 aufteilen *Kosten* (**among** unter) 4 (*in der Chemie, Physik*) spalten ▶ IN WENDUNGEN: **split the difference** sich einen Differenzbetrag teilen; **split hairs** Haarspalterei [be]treiben; **split one's sides laughing** Tränen lachen; **my head is splitting** ich habe furchtbare Kopfschmerzen; **let's split!** (*umgangsspr*) hauen wir ab!

◆ **split off** abtrennen, sich lösen; (*übertragen*) sich trennen (**from** von)

◆ **split up** 1 aufteilen; *Partei:* sich spalten 2 beenden *Versammlung* 3 *Paar:* sich [voneinander] trennen 4 *Menge:* zerstreuen

split·ting ['splɪtɪŋ] 1 **splitting headache** starke Kopfschmerzen 2 **ear-splitting** *Krach:* ohrenbetäubend **split-up** ['splɪtʌp] Bruch, Trennung; *einer Partei:* Spaltung

splodge [splɒdʒ], **splotch** [splɒtʃ] Fleck, Klecks **splotchy** ['splɒtʃɪ] fleckig

splut·ter ['splʌtəʳ] *Mensch:* prusten; *Motor:* stottern

spoil [spɔɪl] <spoiled *oder* spoilt, spoilt *oder* spoiled> 1 (*auch übertragen*) verderben; **spoil someone's fun** jemandem die Freude verderben 2 verwöhnen, verziehen *Kind;* **be spoilt for choice** die Qual der Wahl haben

? Grammatik **spoil — spoilt/ spoiled — spoilt/ spoiled:** *His bad behaviour spoilt the party; our holiday was spoilt by the accident.*

spoil·sport Spielverderber, Spaßverderber(in)

spoilt [spɔɪlt] *2. und 3. Form von* **spoil**

spoke [spəʊk] *2. Form von* **speak** **spoken** ['spəʊkən] *3. Form von* **speak** **spokes·per·son** ['spəʊkspɜːsn] Sprecher(in)

sponge¹ [spʌndʒ] 1 Schwamm 2 (GB) (*Kuchen*) **sponge** [**cake**] Biskuitkuchen

sponge² [spʌndʒ] 1 [mit einem Schwamm] abwischen, abtupfen 2 (*umgangsspr*) schnorren

◆ **sponge down** [ab]waschen

◆ **sponge off** 1 abwischen 2 **sponge off someone** jemandem auf der Tasche liegen 3 **can I sponge a cigarette off you?** kann ich eine Zigarette von dir schnorren?

sponge bag (GB) Wasch-, Kulturbeutel **sponge cake** Biskuitkuchen **sponger** ['spʌndʒəʳ] (*umgangsspr*) Schmarotzer

spon·sor¹ ['spɒnsəʳ] 1 *eines Vereins usw.:* Förderer, Förderin 2 (*rechtlich*) Bürge, Bürgin 3 (*in der Wirtschaft*) Geldgeber(in)

spon·sor² ['spɒnsəʳ] 1 fördern, unterstützen *Verein, Wohltätigkeit* 2 bürgen für *Mensch* 3 (*in der Wirtschaft*) sponsern

spon·ta·neous [spɒn'teɪnɪəs] spontan, von sich aus

spooky ['spuːkɪ] (*umgangsspr*) gespensterhaft

spoon [spuːn] Löffel

spoonfeed ['spuːnfiːd] <spoonfed, spoonfed> mit dem Löffel füttern; (*übertragen*) jemandem alles vorkauen **spoon·ful** ['spuːnfʊl] Löffel

sport [spɔːt] 1 Sport[art]; **be good at sport**[**s**] gut im Sport sein 2 **sports** Sportveranstaltung 3 **be a** [**good**] **sport** alles mitmachen

i Land & Leute In den USA bezeichnet man ungewöhnliche Sportarten wie Bungee-Jumping, Skateboarding oder Snowboarding als **extreme sports** oder **alternative sports**. Auch Heliskiing, Cave-Diving, Wakeboarding und the Street-Luge gehören zu den **extreme sports** und sind in Mode, gerade weil sie als gefährlicher, schneller oder ausgefallener gelten als Sportarten wie z. B. Fußball oder Tennis.

sport·ing ['spɔːtɪŋ] ① sportlich, Sports-; **sporting events** Wettkämpfe ② fair; **give someone a sporting chance** jemandem eine faire Chance geben

sports car ['spɔːtskɑːʳ] Sport-, Rennwagen **sports day** [Schul]Sportfest **sports field** Sportplatz **sports·man** ['spɔːtsmən] <*plural* sportsmen> Sportler **sports·man·ship** ['spɔːtsmənʃɪp] Sportlichkeit, sportliche Haltung **sports·wear** ['spɔːtsweəʳ] Sportkleidung **sports·woman** ['spɔːtswʊmən, *plural* 'spɔːtswɪmɪn] <*plural* sportswomen> Sportlerin

sporty ['spɔːtɪ] ① sportbegeistert, sportlich ② (*übertragen*) *Kleidung, Aussehen:* flott

spot[1] [spɒt] ① Tupfen, Punkt ② (*übertragen*) Makel ③ Pickel ④ (*Standort*) Punkt, Stelle; **a pleasant spot** ein schönes Fleckchen; **on the spot** an Ort und Stelle; **an on-the-spot report** ein Bericht vom Ort des Geschehens ⑤ **a spot of** ein bisschen ▸ IN WENDUNGEN: **be in a [tight] spot** in der Klemme sitzen; **put someone in a spot** jemanden in Verlegenheit bringen

spot[2] [spɒt] entdecken, sehen, ausmachen

spot check Stichprobe **spot·less** ['spɒtlɪs] ① tadellos ② *Ruf:* makellos, untadelig **spot·light** ['spɒtlaɪt] Scheinwerfer[licht], Strahler ▸ IN WENDUNGEN: **be in the spotlight** im Rampenlicht stehen; **turn the spotlight on someone** die Aufmerksamkeit auf jemanden lenken **spot-on** [spɒt'ɒn] (*umgangsspr*) exakt, haarscharf richtig **spot remover** Fleckentferner **spot·ted** ['spɒtɪd] gesprenkelt, getüpfelt **spotty** ['spɒtɪ] ① fleckig ② pickelig

spout [spaʊt] ① *einer Kanne:* Ausguss, Schnabel ② *eines Wals:* Atemloch ▸ IN WENDUNGEN: **up the spout** (*slang*) im Eimer

sprain[1] [spreɪn] verrenken, verstauchen; **sprain one's ankle** sich den Fuß verstauchen

sprain[2] [spreɪn] Verrenkung, Verstauchung

sprang [spræŋ] *2. Form von* **spring**

sprawl [sprɔːl] ① der Länge nach hinfallen ② **be sprawled over something** ausgestreckt auf etwas liegen **spraw·ling** [sprɔːlɪŋ] *Stadt:* wild wuchernd; *Körper:* ausgestreckt

spray[1] [spreɪ] ① *von Wasser:* Gischt, Sprühnebel ② **spray can** Sprühdose; **spray bottle** Zerstäuber ③ *für Haare:* Spray

spray[2] [spreɪ] ① spritzen; **water sprayed all over the place** Wasser spritzte überallhin ② besprühen *Pflanzen* ③ sprühen *Wasser* ④ **we sprayed the fence** wir haben den Zaun spritzlackiert

spread[1] [spred] <spread, spread> ① ausbreiten; ausstrecken *Beine, Arme* ② bestreichen *Brot* ③ verbreiten *Nachrichten, Tratsch* ④ (*auch übertragen*) verteilen *Sand, Zahlungen, Risiko* ⑤ **spread a cloth on something** ein Tuch über etwas breiten ⑥ sich erstrecken (**over, across** über); *Krankheit:* sich verbreiten ⑦ **the epidemic has spread to the next city** die Epidemie hat die nächste Stadt erreicht

> **? Grammatik** **spread — spread — spread**: *Kate spread jam on her piece of toast; the books were spread out on the floor.*

spread[2] [spred] ① Spannweite, Flügelspanne ② *von Krankheiten:* Verbreitung ③ (*Größe*) Ausbreitung, Ausdehnung ④ (*umgangsspr*) Festessen ⑤ Brotaufstrich; **cheese spread** Streichkäse ⑥ **middle-age spread** Altersspeck

spread·sheet ['spredʃiːt] Tabellenkalkulation

spree [spriː] **shopping spree** Großeinkauf

spright·ly ['spraɪtlɪ] munter, lebendig, lebhaft

spring[1] [sprɪŋ] ① Quelle ② Frühling; **in spring** im Frühjahr ③ (*technisch*) Feder ④ Elastizität

spring[2] [sprɪŋ] <sprang, sprung> ① springen; **spring to one's feet** aufspringen; **spring out of bed** aus dem Bett hüpfen ② **spring to mind** einem einfallen

> **? Grammatik** **spring — sprang — sprung**: *the cat sprang onto the wall; have you ever sprung out of bed?*

spring binder Klemmhefter **spring·board** Sprungbrett **spring-clean** gründlich putzen, Frühjahrsputz machen **spring onion** Lauch-, Frühlingszwiebel **spring roll** Frühlingsrolle

springy ['sprɪŋɪ] ① elastisch ② *Boden:* federnd

sprinkle[1] ['sprɪŋkl] ① sprenkeln ② bestreuen *Kuchen* ③ streuen *Salz*

sprinkle² ['sprɪŋkl] Prise
sprinkler ['sprɪŋkləʳ] ① (*für den Garten*) Sprinkler ② (*gegen Feuer*) Sprinkleranlage
sprink·ling ['sprɪŋklɪŋ] ① ein paar Tropfen, Prise ② (*übertragen*) Anflug, Spur
sprint¹ [sprɪnt] sprinten, rennen
sprint² [sprɪnt] Lauf, Sprint
sprinter ['sprɪntəʳ] Sprinter(in), Kurzstreckenläufer(in)
sprout¹ [spraʊt] ① *Knospen:* sprießen ② *Saat:* keimen [lassen] ③ *Blätter, Knospen:* treiben
sprout² [spraʊt] ① Trieb ② **sprouts** Sprossen; **Brussel sprouts** Rosenkohl
spruce¹ [spruːs] Fichte
spruce² [spruːs] gepflegt
sprung [sprʌŋ] *3. Form von* **spring**
spud [spʌd] (*umgangsspr*) Kartoffel
spun [spʌn] *2. und 3. Form von* **spin**
spur¹ [spɜːʳ] ① **on the spur of the moment** ganz spontan ② (*beim Reiten*) Sporn ③ (*übertragen*) Ansporn
spur² [spɜːʳ] **spur someone on to do/doing something** jemanden zu etwas ermuntern, anspornen
spurt [spɜːt] ① Strahl ② (*auch übertragen*) Spurt
sput·ter ['spʌtəʳ] *Mensch:* prusten
spy¹ [spaɪ] ① spionieren; **spy on someone** jemanden bespitzeln ② **spy out** ausfindig machen
spy² [spaɪ] Spion(in), Spitzel
squabble¹ ['skwɒbl] (*über Kleinigkeit*) sich zanken
squabble² ['skwɒbl] Zank
squad [skwɒd] ① (*der Polizei*) Kommando, Dezernat ② (*im Sport*) Mannschaft
squalid ['skwɒlɪd] ① schmutzig und verwahrlost ② *Dasein:* elend, erbärmlich
squan·der ['skwɒndəʳ] verschwenden, vergeuden *Geld, Zeit* (**on** an, für, mit); verschleudern *Vermögen;* nicht nutzen *Chance*
square¹ [skweəʳ] ① (*in der Mathematik*) Quadrat; **the square of 3 is 9** die Quadratzahl von 3 ist 9 ② Viereck, Rechteck; **cut into squares** in Rechtecken zuschneiden ③ (*Muster*) Karo ④ (*in der Stadt*) Platz ⑤ (USA) Block ▶ IN WENDUNGEN: **go back to square one** noch einmal von vorne anfangen
square² [skweəʳ] ① quadratisch, viereckig, vierkantig ② *Winkel:* recht ③ *Klammer:* eckig ④ (*Mathematik*) rechtwinklig, Quadrat-; **2 square metres** 2 Quadratmeter ⑤ ehrlich, fair; **fair and square** offen und ehrlich
square³ [skweəʳ] ① **3 squared is 9** 3 hoch 2 ist 9 ② **it doesn't square** [**up**] es stimmt nicht überein
squared paper Millimeterpapier **square number** Quadratzahl **square root** Quadratwurzel
squash¹ [skwɒʃ] ① zerdrücken, zerquetschen ② (*übertragen*) zum Schweigen bringen; **squash someone in** jemanden einquetschen; **be squashed together** eng zusammengepresst sein ③ **squash in** sich einquetschen
squash² [skwɒʃ] ① Fruchtsaftgetränk, Fruchtsaftkonzentrat ② Menschenmenge, Gedränge ③ (*Sport*) Squash
squash court Squashhalle **squash racket** Squashschläger
squashy ['skwɒʃɪ] ① *Kissen:* weich ② *Obst, Gemüse:* matschig
squat¹ [skwɒt] ① hocken, kauern ② **squat down** sich hinhocken ③ sich illegal ansiedeln; **squat in a house** ein Haus besetzen
squat² [skwɒt] ① Hausbesetzung ② besetztes Haus
squat·ter ['skwɒtəʳ] Hausbesetzer(in)
squeak¹ [skwiːk] ① *Tür usw:* quietschen, knarren ② *Tier:* quieken
squeak² [skwiːk] ① *von Tür:* Quietschen ② *von Tier, Vogel:* Piepsen
squeal¹ [skwiːl] ① *Tier, Kind:* schreien, quieken; **squeal with pain** vor Schmerz aufheulen ② *Bremsen:* kreischen ③ (*umgangsspr*) jammern ④ (*umgangsspr*) petzen; **squeal on someone** jemanden verpfeifen
squeal² [skwiːl] ① Schrei ② *von Bremsen:* Kreischen ③ *von Tier:* Quieken
squeam·ish ['skwiːmɪʃ] **I'm not squeamish** mir wird nicht so schnell übel, ich bin nicht so zimperlich
squeeze¹ [skwiːz] ① Drücken, Pressen; **give something a squeeze** etwas drücken ② Gedränge; **it was a tight squeeze** es war fürchterlich eng ▶ IN WENDUNGEN: **be in a tight squeeze** in der Klemme sein; **put the squeeze on someone** jemandem die Daumenschrauben anlegen
squeeze² [skwiːz] ① drücken ② auspressen *Apfelsine* ③ einquetschen *Hand* ④ [sich] zwängen (**into** in); **be squeezed to death**

Ss

erdrückt werden; **sqeeze past someone** sich an jemandem vorbeidrücken ⑤ **squeeze somebody dry** jemanden ausnehmen

◆ **squeeze out** ① auspressen *Früchte* ② ausdrücken *Schwamm*

squeezer [ˈskwiːzəʳ] (*für Saft*) Presse

squid [skwɪd] Tintenfisch

squiggle [ˈskwɪgl] Schnörkel

squint[1] [skwɪnt] ① schielen (**at** nach) ② die Augen zusammenkneifen

squint[2] [skwɪnt] ① Schielen ② Seitenblick

squirm [skwɜːm] ① sich winden, sich krümmen ② **the idea makes me squirm** bei dem Gedanken wird mir regelrecht übel

squir·rel [ˈskwɪrəl] Eichhörnchen

squirt[1] [skwɜːt] ① **water squirted everywhere** Wasser spritzte überallhin ② bespritzen; **squirt water at someone** jemanden mit Wasser bespritzen

squirt[2] [skwɜːt] Spritze, Spritzer

Sri Lan·ka [ˌsriːˈlæŋkə] Sri Lanka

Sri Lan·kan[1] [ˌsriːˈlæŋkən] srilankisch

Sri Lan·kan[2] [ˌsriːˈlæŋkən] Srilanker(in)

St *Abkürzung von* **Saint** St., Sankt

St. *Abkürzung von* **street** Str., Straße

stab[1] [stæb] ① stechen ② **stab someone** jemanden niederstechen; **stab someone to death** jemanden erstechen; **stab someone with a knife** jemanden mit einem Messerstich verletzen ▶IN WENDUNGEN: **stab someone in the back** jemandem in den Rücken fallen

stab[2] [stæb] Stich; **stab wound** Stichwunde ▶IN WENDUNGEN: **a stab in the back** ein Dolchstoß; **have a stab at something** etwas versuchen

stab·bing [ˈstæbɪŋ] *Schmerz:* stechend

sta·bil·ity [stəˈbɪlətɪ] Stabilität

sta·bil·ize [ˈsteɪbəlaɪz] [sich] stabilisieren

stable[1] [ˈsteɪbl] ① stabil *auch übertragen* ② *Charakter:* gefestigt

stable[2] [ˈsteɪbl] Stall

stack[1] [stæk] ① Stapel, Stoß ② **have stacks of time** jede Menge Zeit haben

stack[2] [stæk] stapeln; **stack up** aufstapeln

sta·dium [ˈsteɪdɪəm] Stadion

staff [stɑːf] ① Personal, Mitarbeiterstab; **be on the staff** zum Personal gehören ② Lehrkörper *einer Schule* ③ Stab, Stock **staff room** Lehrerzimmer

stag [stæg] Hirsch

stage[1] [steɪdʒ] ① (*im Theater*) Bühne; **go on stage** die Bühne betreten; **come off stage** von der Bühne abtreten ② (*in einer Halle*) Podium ③ *einer Entwicklung:* Stadium, Phase; **at this stage** zu diesem Zeitpunkt; **in the early stages** im Anfangsstadium ④ (*auch übertragen*) Etappe, Abschnitt; **in** [*oder* **by**] **stages** etappenweise ⑤ *einer Rakete:* Stufe

stage[2] [steɪdʒ] ① auf die Bühne bringen, aufführen *Stück* ② (*übertragen*) inszenieren, arrangieren, veranstalten

stage fright **suffer from stage fright** Lampenfieber haben

stag·ger [ˈstægəʳ] ① *Nachrichten:* den Atem verschlagen; **she was staggered** es hat ihr den Atem verschlagen ② staffeln *Ferien* ③ [sch]wanken, taumeln, torkeln

stag·ger·ing [ˈstægərɪŋ] ① [sch]wankend, torkelnd ② (*übertragen*) atemberaubend, umwerfend

stagn·ant [ˈstægnənt] ① *Wasser:* stehend, abgestanden ② (*übertragen*) stagnierend

stag·nate [stægˈneɪt] stagnieren

stain[1] [steɪn] ① beflecken ② färben, beizen *Holz* ③ Flecken hinterlassen ④ fleckig werden

stain[2] [steɪn] ① Fleck; **stain remover** Fleckenentferner ② (*übertragen*) Schandfleck; **without a stain on his character** ohne Makel ③ Farbstoff; (*für Holz*) Beize

stained [steɪnd] **stained glass** Glasmalerei

stain·less [ˈsteɪnlɪs] **stainless steel** Edelstahl; **"stainless steel"** „rostfrei"

stair [steəʳ] ① [Treppen]Stufe ② **stairs** Treppe; **at the top of the stairs** oben auf der Treppe

stair·case Treppe, Treppenhaus

stake [steɪk] ① Pfahl, Pfosten, Pflock ② Scheiterhaufen ③ **have a stake in something** einen Anteil an etwas haben ④ **be at stake** auf dem Spiel stehen

stale [steɪl] ① *Brot:* altbacken ② *Wasser, Luft:* abgestanden, verbraucht

stalk[1] [stɔːk] Stengel, Stiel, Strunk

stalk[2] [stɔːk] ① jagen, sich anpirschen ② **stalk someone** jemandem nachstellen

stalker jemand, der jemanden ständig verfolgt und belästigt

stall[1] [stɔːl] ① (*im Stall*) Box, Bucht ② [Markt]Bude, [Verkaufs]Stand ③ **stalls** *plural* (GB) (*im Theater*) Parkett

stall[2] [stɔːl] ① einstellen *Pferd* ② abwürgen

Motor ③ *Motor:* absaufen ④ (*übertragen*) aufschieben, hinhalten, vertrösten ⑤ Zeit schinden; **stall for time** versuchen, Zeit zu gewinnen

stam·ina ['stæmɪnə] Stehvermögen, Durchhaltevermögen

stam·mer[1] ['stæməʳ] ① stammeln ② stottern

stam·mer[2] ['stæməʳ] Stottern

stamp[1] [stæmp] ① Briefmarke ② [Stempel]Marke ③ (*Gerät*) Stempel

stamp[2] [stæmp] ① stampfen, trampeln; **stamp one's foot** mit dem Fuß aufstampfen; **stamp the ground** auf den Boden stampfen ② frankieren *Brief;* **stamped addressed envelope, s.a.e.** frankierter Rückumschlag ③ abstempeln *Formular, Pass* ④ [auf]prägen

◆ **stamp out** ① austreten *Feuer* ② ausrotten *Verbrechen* ③ unterdrücken *Widerstand*

stamp album Briefmarkenalbum

stam·pede [stæm'piːd] ① *von Tieren:* Stampede ② *von Menschen:* wilde Flucht; (*auf etwas*) Massenansturm

stand[1] [stænd] ① [Verkaufs]Stand ② Ständer; **hat stand** Hutständer ③ (*für Taxis*) Stand ④ (*Sport*) Tribüne ⑤ (USA) (*bei Gericht*) Zeugenstand ⑥ (*übertragen*) Standpunkt, Einstellung; **take** [*oder* **make**] **a stand** klar Stellung beziehen (**against** gegen)

stand[2] [stænd] <stood, stood> ① stehen; **she stood by the window** sie stand am Fenster; **stand still** stillstehen ② aufstehen; **all stand!** [alles] aufstehen! ③ **stand the pressure** *Objekt:* dem Druck standhalten; *Mensch:* dem Druck gewachsen sein ④ ertragen, aushalten *Lärm;* **I can't stand him** ich kann ihn nicht ausstehen ⑤ vertragen *Klima;* verkraften *Verlust* ⑥ *Angebot, Versprechen:* gelten ⑦ *Rekord:* stehen ⑧ *Thermometer:* stehen (**at** auf) ⑨ **stand as a candidate** kandidieren ⑩ **as things stand** nach Lage der Dinge

◆ **stand about** herumstehen

◆ **stand aside** zur Seite treten

◆ **stand back** ① zurücktreten ② zurückstehen ③ (*übertragen*) Abstand nehmen

◆ **stand by** ① danebenstehen, herumstehen; **stand by and do nothing** tatenlos zusehen ② sich bereithalten; **stand by for further news** auf weitere Nachrichten warten ③ **stand by a promise/someone** ein Versprechen/zu jemandem halten

◆ **stand down** ① verzichten, zurücktreten ② (*juristisch*) den Zeugenstand verlassen

◆ **stand for** ① stehen für ② hinnehmen, sich gefallen lassen ③ **stand for election to something** für etwas kandidieren

◆ **stand in** einspringen (**for** für)

◆ **stand out** ① [her]vorstehen, vorragen ② (*in Kontrast*) hervorstechen, auffallen; **stand out against something** sich von etwas abheben

◆ **stand over** **stand over someone** jemandem auf die Finger sehen

◆ **stand up** ① aufstehen ② stehen ③ **stand something up** etwas hinstellen ④ **stand someone up** (*umgangsspr*) jemanden versetzen ⑤ **stand up for someone** für jemanden eintreten ⑥ **stand up to something** *Objekt:* einer Sache standhalten; *Mensch:* einer Sache gewachsen sein ⑦ **stand up to someone** sich jemandem gegenüber behaupten

stan·dard[1] ['stændəd] ① Norm, Maßstab; **above/below standard** über/unter der Norm; **be up to standard** den Anforderungen genügen ② Niveau; **of high/low standard** von hohem/niedrigem Niveau; **standard of living** Lebensstandard ③ **standards** Wertvorstellungen

stan·dard[2] ['stændəd] üblich, Standard-, Normal-

stan·dard lamp ['stændədlæmp] Stehlampe

stand·by[1] ['stændbaɪ] ① Ersatz, Reserve ② **standby ticket** Standby-Ticket ③ **on standby** in Bereitschaft; **be on 24-hour standby** 24 Stunden Bereitschaftsdienst haben

stand·by[2] ['stændbaɪ] ① Reserve-, Ersatz- ② *Ticket:* Standby-

stand-in ['stændɪn] ① Ersatz[mann], Stellvertreter(in) ② (*Film*) Double

stand·ing[1] ['stændɪŋ] ① stehend; **standing room only** nur Stehplätze; **standing stone** Menhir; **standing ticket** Stehplatzkarte ② aus dem Stand; **a standing start** ein Start aus dem Stand ③ **it's a standing joke** es wird ständig darüber gewitzelt ④ **standing order** Dauerauftrag ⑤ **standing ovation** stehende Ovationen

stand·ing[2] ['stændɪŋ] ① Ruf, Ansehen

(2) Dauer; **of long standing** alt, langjährig, von langer Dauer

stand·point ['stændpɔɪnt] Standpunkt

stand·still ['stændstɪl] (1) Stillstand (2) **be at a standstill** *Fahrzeug:* stehen; *Verkehr:* stillstehen; *Produktion:* ruhen (3) **come to a standstill** *Fahrzeug:* zum Stehen kommen; *Verkehr:* zum Stillstand kommen; *Produktion:* zum Erliegen kommen

stand-up ['stænd,ʌp] (1) **stand-up collar** Stehkragen (2) *Essen:* im Stehen (3) **stand-up comedian** Alleinunterhalter(in)

stank [stæŋk] *2. Form von* **stink**

staple[1] ['steɪpl] Heftklammer

staple[2] ['steɪpl] heften

sta·pler ['steɪpləʳ] Tacker, Hefter

star[1] [stɑːʳ] (1) Stern (2) (*Zeichen*) Sternchen (3) (*Person*) Star (4) **the Stars and Stripes** das Sternenbanner ▶ In Wendungen: **thank one's lucky stars** von Glück sagen können

star[2] [stɑːʳ] Haupt-, Star-

star[3] [stɑːʳ] (1) **the film starred Tom Hanks** die Hauptrolle spielte Tom Hanks; **starring …** in der Hauptrolle … (2) **Tom Hanks starred in …** Tom Hanks spielte die Hauptrolle in …

star·board ['stɑːbəd] Steuerbord

starch ['stɑːtʃ] Stärke

star·dom ['stɑːdəm] Berühmtheit

stare[1] [steəʳ] (1) starren; **stare at someone in horror** jemanden entsetzt anstarren (2) **the answer was staring us in the face** (*übertragen*) die Antwort lag klar auf der Hand

stare[2] [steəʳ] starrer Blick; **give someone a stare** jemanden anstarren

star·ing ['steərɪŋ] starrend; **with staring eyes** mit starrem Blick

stark [stɑːk] (1) *Kontrast:* krass (2) *Entsetzen, Wahrheit:* nackt (3) *Licht:* grell (4) völlig, gänzlich; **stark-naked** splitter[faser]nackt; **stark raving mad** (*umgangsspr*) total verrückt

star-spangled ['stɑː,spæŋgld] **Star-Spangled Banner** (*in den USA*) Sternenbanner

i Land & Leute Es gibt verschiedene Namen für die Amerikanische Flagge. **The Stars and Stripes** bezieht sich auf die inzwischen 50 Sterne, die die heutigen US-Staaten symbolisieren und die 13 Streifen für die ursprünglich 13 US-Staaten. Die patriotische Bezeichnung **Old Glory** stammt von dem Schiffskapitän William Driver. Der Titel der amerikanischen Nationalhymne, **The Star-Spangled Banner**, bezieht sich auch auf die Flagge.

star-stud·ded [,stɑː'stʌdɪd] mit zahlreichen Stars in den Hauptrollen

start[1] [stɑːt] (1) Beginn, Anfang; **at the start** am Anfang; **for a start** fürs Erste, zunächst einmal; **from the start** von Anfang an; **from start to finish** von Anfang bis Ende; **give someone a good start in life** jemandem eine gute Starthilfe geben; **make a start on something** mit etwas anfangen (2) (*Sport*) Start (3) *einer Reise:* Aufbruch; **make an early start** frühzeitig aufbrechen (4) **wake with a start** aus dem Schlaf hochschrecken

start[2] [stɑːt] (1) beginnen, anfangen; **get started** anfangen; **start on a journey** sich auf eine Reise machen; **start smoking** mit dem Rauchen anfangen; **start talking** zu sprechen beginnen; **starting from …** ab … (2) *Maschine:* anspringen, starten (3) *Auto:* anfahren (4) *Bus:* abfahren (5) *Boot:* ablegen (6) *Gerücht:* in Umlauf kommen (7) **to start off with** erstens, zunächst (8) **start something** mit etwas anfangen, etwas beginnen (9) antreten *Reise, neue Stelle, Strafe* (10) starten *Rennen* (11) abfahren lassen *Zug* (12) in Umlauf setzen *Gerücht* (13) auslösen *Reaktion* (14) anzünden *Feuer* (15) gründen *Firma* (16) anlassen *Motor* (17) **start work** anfangen zu arbeiten (18) **start someone thinking** jemanden nachdenklich machen

◆ **start back** sich auf den Rückweg machen

◆ **start off** (1) anfangen, losgehen (2) *bei Reise:* aufbrechen (3) (*Sport*) starten (4) **start something off** etwas anfangen (5) **start someone off on something** jemanden zu etwas veranlassen

◆ **start out** (1) sich auf den Weg machen, aufbrechen (2) anfangen, beginnen; **start out on a journey** sich auf eine Reise machen, begeben

◆ **start up** (1) *Motor:* anspringen (2) *Geräusch:* anfangen (3) anlassen *Auto* (4) gründen *Firma* (5) schließen *Freundschaft* (6) beginnen *Gespräch*

starter ['stɑːtəʳ] (1) (*im Rennen*) Teilnehmer(in) (2) *eines Rennens:* Starter(in) (3) Vorspeise (4) **for starters** (*slang*) für den Anfang

start·ing ['stɑːtɪŋ] Start-, Anfangs-; **starting grid** (*beim Autorennen*) Start[platz]; **starting gun** Startpistole; **starting point** Ausgangspunkt

startle ['stɑːtl] erschrecken **start·ling** ['stɑːtlɪŋ] erstaunlich, überraschend

star·va·tion [stɑː'veɪʃn] Verhungern, Hunger; **die of starvation** verhungern

starve [stɑːv] ① verhungern, hungern; **starve to death** verhungern; **starve out** aushungern; **I'm starving!** (*umgangsspr*) ich sterbe vor Hunger! ② **starve someone of something** jemandem etwas vorenthalten

state[1] [steɪt] ① Zustand; **what a state of affairs!** was sind das für Zustände!; **state of the economy** Wirtschaftslage ② (*politisch*) Staat ③ **get into a state [about something]** [wegen etwas] durchdrehen ④ **lie in state** aufgebahrt sein ⑤ **the States** die Vereinigten Staaten

state[2] [steɪt] ① darlegen, vortragen *Fakten* ② angeben, nennen *Einzelheiten* ③ **state that ...** feststellen, dass ...; **unless otherwise stated** wenn nicht anders angegeben

state[3] [steɪt] ① staatlich, Staats- ② bundesstaatlich

State Department (*in den USA*) Außenministerium

state·ment ['steɪtmənt] ① *von Fakten:* Darstellung ② Feststellung; (*offiziell*) Erklärung, Stellungnahme; **make a statement to the press** eine Presseerklärung abgeben ③ (*bei Polizei, vor Gericht*) Aussage ④ [Konto]Auszug

state-of-the-art ['steɪtəvðiː,ɑːt] technisch auf dem neusten Stand

sta·tion ['steɪʃn] ① Station ② (*Polizei*) Wache ③ Bahnhof, Station; **at the station** auf dem Bahnhof ④ (*TV*) Sender, Sendestation

sta·tion·ary ['steɪʃənrɪ] stehend; **be stationary** [still]stehen

sta·tion·ery ['steɪʃənrɪ] ① Briefpapier ② Schreibwaren

> **! Vorsicht Falle** **stationary** (mit 2 ‚a') bedeutet stehend, geparkt: *a stationary car*, **stationery** dagegen bedeutet Schreibwaren: *we need to order more stationery.*

sta·tion wagon (USA) Kombi[wagen]

stat·is·tics [stə'tɪstɪks] *plural* Statistik

statue ['stætʃuː] Statue, Standbild

sta·tus ['steɪtəs] ① Stellung; **equal status** Gleichstellung ② Status; **marital status** Familienstand

stay[1] [steɪ] ① bleiben; **stay for supper** zum Abendessen bleiben; **if it stays fine** wenn es schön bleibt; **stay put** an Ort und Stelle bleiben ② wohnen, übernachten; **stay at a hotel** im Hotel wohnen; **stay with someone** bei jemandem wohnen; **he came to stay** er ist zu Besuch gekommen

stay[2] [steɪ] Aufenthalt

◆ **stay away** wegbleiben, sich fernhalten (**from** von)

◆ **stay behind** zurückbleiben

◆ **stay down** ① unten bleiben ② (*in der Schule*) eine Klasse wiederholen ③ *Preise:* stabil bleiben

◆ **stay in** ① zu Hause, daheim bleiben ② **stay in [after school]** nachsitzen

◆ **stay on** ① *Hut, Deckel:* halten ② *Licht:* anbleiben ③ noch bleiben, noch nicht fortgehen ④ **stay on [at school]** [mit der Schule] weitermachen

◆ **stay out** ① draußen bleiben ② (*nicht nach Hause kommen/gehen*) wegbleiben ③ **stay out [on strike]** weiterstreiken ④ **stay out of something** sich aus etwas heraushalten

◆ **stay up** ① (*nicht zu Bett gehen*) aufbleiben ② *Zelt:* stehen bleiben ③ *Bild:* hängen bleiben ④ **his socks won't stay up** seine Socken rutschen ständig

steadily ['stedɪlɪ] ① fest ② ständig ③ *regnen:* ununterbrochen ④ *steigen:* stetig

steady[1] ['stedɪ] ① *Hand, Nerven:* ruhig; **hold the ladder steady** halt die Leiter fest ② *Blick:* fest, unverwandt ③ *Wind:* ständig ④ *Zuwachs:* stetig ⑤ *Job, Freund(in):* fest; **go steady** einen festen Freund/eine feste Freundin haben ⑥ *Tempo:* gleichmäßig ⑦ **steady!** vorsichtig!

steady[2] ['stedɪ] ① beruhigen *Nerven, Pferd* ② festhalten *Leiter* ③ wieder ins Gleichgewicht bringen *Boot* ④ **steady oneself** sich stabilisieren ⑤ *Märkte:* sich festigen ⑥ *Kurs:* sich behaupten ⑦ *Preise:* sich stabilisieren

steak [steɪk] ① Steak ② [Fisch]Filet

steal [stiːl] <stole, stolen> ① stehlen; **steal something from someone** jemandem etwas stehlen ② **steal away** sich wegstehlen; **steal up on someone** sich an jemanden heranschleichen

steam[1] [stiːm] ① Dampf, Dunst ② **full steam ahead!** volle Kraft voraus! ▶ IN WENDUNGEN: **let off steam** Dampf ablassen; **run out of steam** (*übertragen*) den Schwung verlieren

steam[2] [stiːm] ① *Erde, Essen, Pferd, Schiff, Zug:* dampfen ② dämpfen, dünsten *Essen*

◆ **steam up** ① *Scheibe:* beschlagen ② **be all steamed up** ganz beschlagen sein; (*übertragen*) sich aufregen

steel[1] [stiːl] Stahl

steel[2] [stiːl] **steel oneself to do something** allen Mut zusammennehmen, um etwas zu tun

steep [stiːp] ① steil ② *Preisanstieg, Preissenkung:* stark ③ (*umgangsspr*) *Preis:* gesalzen, unverschämt

steeple ['stiːpl] Kirchturm **steeplechase** ['stiːpltʃeɪs] ① (*für Pferde*) Hindernisrennen ② (*für Athlet[inn]en*) Hürdenlauf

steer [stɪəʳ] ① steuern, lenken; **steer for something** etwas ansteuern, auf etwas zusteuern; **steer due south** Kurs nach Süden halten ② **steer clear of someone** jemandem aus dem Weg gehen; **steer clear of something** etwas meiden

steer·ing lock Lenkradschloss **steer·ing wheel** Lenkrad, Steuerrad

stem[1] [stem] ① *einer Pflanze, eines Glases:* Stiel ② *eines Wortes:* Stamm ③ *von Getreide:* Halm ④ *einer Pfeife:* Hals

stem[2] [stem] ① aufhalten ② eindämmen *Flut* ③ stillen *Blut* ④ **stem from something** von etwas kommen, von etwas herrühren, auf etwas zurückgehen

step[1] [step] ① Schritt, Tritt; **take a step** einen Schritt machen; **watch one's step** Acht geben, sich vorsehen; **it's only a few steps** es sind nur ein paar Schritte ② Stufe; (*mehrere*) Treppe; **mind the step!** Vorsicht, Stufe! ③ **steps** *plural* Stehleiter, Trittleiter ④ Takt; **be in step** im Gleichschritt sein, im Takt sein; **be out of step** nicht im Tritt sein, nicht im Gleichklang sein ⑤ (*übertragen*) Stufe, Abschnitt; **step by step** Schritt für Schritt ⑥ (*übertragen*) Maßnahme; **take steps to do something** Maßnahmen ergreifen, um etwas zu tun; **take legal steps** gerichtlich vorgehen

step[2] [step] ① **step in something** in etwas treten; **step into the bath** ins Bad steigen; **step into the room** in das Zimmer eintreten; **step on something** auf etwas treten; **step on someone's foot** jemandem auf den Fuß treten; **step onto the bus/plane/train** in den Bus/das Flugzeug/den Zug steigen; **step onto the boat/platform** das Schiff/den Bahnsteig betreten; **step onto the scales** sich auf die Waage stellen; **step off the boat/scales** vom Schiff/von der Waage heruntergehen; **step out of the bath/car** aus dem Bad/Auto steigen; **step out in front of something** vor eine Sache treten; **step over something** über etwas steigen; **step over the line** über die Linie treten; **step this way, please!** bitte hier entlang!; **step inside** hineintreten; **step outside** hinaustreten ② **step on it!** mach mal ein bisschen schneller!, gib Gas!

◆ **step aside** Platz machen, zur Seite treten

◆ **step back** ① zurücktreten, zurückweichen ② **step back from something** von etwas Abstand gewinnen

◆ **step down** ① hinabsteigen ② *von einem Amt:* zurücktreten

◆ **step in** ① eintreten ② (*übertragen*) eingreifen, einschreiten

◆ **step up** ① **step up on[to] the stage** die Bühne betreten ② vortreten; **step up to someone** auf jemanden zugehen ③ intensivieren *Kampagne* ④ steigern *Produktion* ⑤ verschärfen *Sicherheitsmaßnahmen* ⑥ **step up the pressure on someone** den Druck auf jemanden verstärken

step- [step] Stief-; **stepsister** Stiefschwester; **stepfather** Stiefvater

step·lad·der ['stepˌlædəʳ] Stehleiter, Trittleiter

step·ping stone ['stepɪŋstəʊn] ① Trittstein ② (*übertragen*) Sprungbrett

stereo ['sterɪəʊ] ① Stereo; **in stereo** in Stereo ② (*Gerät*) Stereoanlage

ster·ile ['steraɪl] steril **ster·il·ize** ['sterəlaɪz] sterilisieren

ster·ling ['stɜːlɪŋ] **in [pounds] sterling** in Pfund Sterling

stern[1] [stɜːn] ① streng; **with a stern face** mit strenger Miene ② *Warnung:* ernst

stern[2] [stɜːn] *eines Bootes:* Heck

stew[1] [stjuː] schmoren, dünsten; **stewed apples** Apfelkompott

stew² [stjuː] Eintopf

stick¹ [stɪk] ① *von Baum:* Zweig ② [Spazier]Stock ③ (*Sport*) Schläger ④ *von Dynamit, Rhabarber, Sellerie:* Stange ⑤ *von Kreide:* Stück ▸ IN WENDUNGEN: **get hold of the wrong end of the stick** etwas falsch verstehen; **take a lot of stick** (*umgangsspr*) viel einstecken müssen

stick² [stɪk] <stuck, stuck> ① kleben (**to** an); **stick a stamp on a letter** eine Briefmarke auf einen Brief kleben ② stecken; **she stuck a needle into her finger** sie stach sich mit einer Nadel in den Finger ③ (*umgangsspr*) tun, stecken; **stick one's hands in one's pockets** die Hände in die Taschen stecken; **stick one's head out of the window** den Kopf aus dem Fenster strecken; **stick it on the table!** stell's [*oder* leg's] auf den Tisch! ④ (*umgangsspr*) aushalten, durchhalten; **I can't stick it any longer!** ich halte das nicht mehr aus! ⑤ *Auto:* stecken bleiben ⑥ **I'm stuck!** ich stecke fest!; (*mit einer Aufgabe*) ich komme nicht weiter! ⑦ *Schublade, Tür:* klemmen ⑧ **stick in someone's mind** jemandem im Gedächtnis bleiben

> **? Grammatik** **stick — stuck — stuck:**
> *Harry stuck the stamp on the envelope; the car had got stuck in the mud.*

◆ **stick around** (*umgangsspr*) ① in der Nähe bleiben ② warten

◆ **stick at** ① bleiben an ② **stick at nothing** vor nichts zurückschrecken

◆ **stick by** (*umgangsspr*) ① **stick by someone** zu jemandem halten ② **stick by one's word** zu seinem Wort stehen

◆ **stick down** ① ankleben; zukleben *Umschlag* ② (*umgangsspr*) aufschreiben ③ (*umgangsspr*) abstellen; **just stick it down anywhere** stell [*oder* leg] es einfach irgendwohin

◆ **stick in** ① einkleben ② hineinstecken; **stick something in something** etwas in etwas stecken

◆ **stick on** ① **stick something on** etwas aufkleben ② (*umgangsspr*) **stick the kettle on!** kannst du das Wasser aufsetzen? ③ kleben, haften; **it won't stick on!** es klebt nicht!

◆ **stick out** ① vorstehen ② *Ohren:* abstehen ③ **there was a pair of legs sticking out from underneath the car** zwei Beine ragten unter dem Auto hervor ④ (*übertragen*) auffallen ⑤ ausstrecken *Hand;* **don't stick your tongue out at me!** streck mir ja nicht die Zunge raus! ⑥ (*umgangsspr*) durchhalten

◆ **stick to** bleiben bei *einer Entscheidung, Meinung;* **stick to one's principles** an seinen Grundsätzen festhalten; **stick to a diet** eine Diät einhalten

◆ **stick together** ① zusammenkleben ② (*übertragen*) zusammenhalten

◆ **stick up** ① *Kragen:* hochstehen ② *Nagel:* herausstehen ③ zukleben ④ **stick one's hand up** die Hand heben; **stick 'em up!** Hände hoch! ⑤ (*umgangsspr*) anschlagen *Poster* ⑥ (*umgangsspr*) aufschlagen *Zelt* ⑦ (*umgangsspr*) überfallen *Bank*

◆ **stick up for** eintreten für; **stick up for oneself** sich behaupten

◆ **stick with** ① bleiben bei *jemandem* ② halten zu *jemandem*

sticker ['stɪkəʳ] Aufkleber, Sticker

stick·ing plas·ter ['stɪkɪŋ,plɑːstəʳ] Heftpflaster

sticky ['stɪkɪ] ① klebrig ② *Wetter:* schwül, drückend ③ *Farbe:* feucht ④ *Haut:* verschwitzt ⑤ *Problem:* schwierig ⑥ *Situation:* heikel

stiff [stɪf] ① steif; **stiff with cold** steif gefroren; **the lock is stiff** das Schloss klemmt ② *Bürste:* hart ③ *Teig:* fest ④ *Kampf:* zäh, hart ⑤ *Brise:* steif ⑥ *Drink:* stark ⑦ *Examen:* schwer, schwierig ⑧ **that's a bit stiff** (*umgangsspr*) das ist ganz schön happig

stiffen ['stɪfn] ① steif machen ② stärken *Kragen* ③ (*übertragen*) *Person:* ganz starr werden

stifl·ing ['staɪflɪŋ] ① *Hitze:* drückend; **it's stifling in here** es ist zum Ersticken hier drin ② (*übertragen*) beengend

still¹ [stɪl] ① still, ruhig; **keep still** stillhalten; **hold something still** etwas ruhig halten; **be/stand still** stillstehen ② *Getränk:* ohne Kohlensäure

still² [stɪl] ① [immer] noch, noch immer; **he is still busy** er ist noch beschäftigt; **it still hasn't come** es ist immer noch nicht gekommen; **I will still be here** ich werde noch da sein ② trotzdem; **still, she is my**

mother sie ist trotz allem meine Mutter ③ *mit Komparativ* noch; **still better** noch besser

stimu·late ['stɪmjʊleɪt] ① anregen, stimulieren ② beleben *Körper* ③ reizen *Nerven* ④ (*übertragen*) animieren, anspornen ⑤ ankurbeln *Wirtschaft*

sting¹ [stɪŋ] <stung, stung> ① *Insekt:* stechen ② *Nessel, Qualle:* brennen; **the smoke made our eyes sting** der Rauch brannte uns in den Augen ③ (*übertragen*) schmerzen; **make a stinging remark** eine bissige Bemerkung machen

sting² [stɪŋ] ① *eines Insekts:* Stachel ② (*Verletzung durch Insekt*) Stich; *von Nessel, Qualle:* Quaddel ③ stechender Schmerz

sting·ing nettle [ˌstɪŋɪŋ'netl] Brennnessel

stingy ['stɪndʒɪ] ① *Person:* geizig, knauserig, knickerig ② *Portion:* schäbig

stink¹ [stɪŋk] <stank, stunk> ① stinken ② (*umgangsspr*) **the idea stinks** das ist eine miserable Idee

stink² [stɪŋk] ① Gestank (**of** nach) ② (*umgangsspr*) **kick up a stink** [**about**] Stunk machen [wegen]

stir¹ [stɜːʳ] **give something a stir** etwas [um]rühren ▸ IN WENDUNGEN: **cause** [*oder* **create**] **a stir** Aufsehen erregen

stir² [stɜːʳ] ① **stir something** etwas [um]rühren ② bewegen, rühren *Glieder* ③ (*übertragen*) anregen *Phantasie* ④ sich regen, sich rühren

◆ **stir up** (*übertragen*) **stir up hatred/trouble** Hass schüren/Unruhe stiften

stitch¹ [stɪtʃ] ① (*beim Nähen, auch medizinisch*) Stich; **put stitches in a wound** eine Wunde nähen; **the cut needed stitches** die Wunde musste genäht werden; **she had her stitches taken out** ihr wurden die Fäden gezogen ② (*beim Stricken*) Masche ③ **have a stitch** Seitenstechen haben ④ **be in stitches** (*umgangsspr*) sich schieflachen

stitch² [stɪtʃ] (*auch medizinisch*) nähen

◆ **stitch up** ① nähen, zunähen ② umnähen *Saum*

stock¹ [stɒk] ① Vorrat, Bestand (**of** an); **have something in stock** etwas vorrätig haben; **be in/out of stock** vorrätig/nicht vorrätig sein; **keep something in stock** etwas auf Vorrat haben ② Viehbestand ③ (*Essen*) Brühe ④ **stocks and shares** Wertpapiere

stock² [stɒk] Standard-, Serien-

stock³ [stɒk] ① führen *Waren* ② ausstatten *Laden* ③ mit einem Viehbestand versehen

◆ **stock up** sich eindecken (**on, with** mit)

stock·broker ['stɒkˌbrəʊkəʳ] Börsenmakler(in) **stock exchange** Börse

stock·ing ['stɒkɪŋ] Strumpf

stock market Börse

stocky ['stɒkɪ] stämmig, untersetzt

stodgy ['stɒdʒɪ] *Essen:* schwer, pampig

stole [stəʊl] *2. Form von* **steal** **stolen** ['stəʊlən] *3. Form von* **steal**

stom·ach¹ ['stʌmək] ① Magen, Bauch; **lie on one's stomach** auf dem Bauch liegen; **on an empty/a full stomach** mit leerem/vollem Magen; **on an empty stomach** auf nüchternen Magen ② (*übertragen*) Lust (**for** auf), Neigung (**for** zu)

stom·ach² ['stʌmək] vertragen, ausstehen

stomach·ache Magenschmerzen **stomach upset** Magenverstimmung

stone [stəʊn] ① Stein ② Ⓖⓑ (*Gewichtseinheit*) = *6,35 kg* ▸ IN WENDUNGEN: **a heart of stone** ein Herz aus Stein; **a stone's throw away from …** nur einen Katzensprung von … entfernt **Stone Age** Steinzeit **stony** ['stəʊnɪ] ① *Boden:* steinig ② *Substanz:* steinartig ③ (*übertragen*) *Miene:* steinern; *Schweigen:* eisig

stood [stʊd] *2. und 3. Form von* **stand**

stool [stuːl] ① Hocker, Schemel ② (*medizinisch*) Stuhl[gang]

stop¹ [stɒp] ① anhalten, stoppen *Person, Fahrzeug;* **stop thief!** haltet den Dieb! ② abstellen *Maschine* ③ zum Stehen bringen *Arbeit, Verkehr;* zum Stillstand bringen *Produktion* ④ stillen, unterbinden *Blutung* ⑤ beenden *Krieg, Spiel, Treffen, Versuch;* ein Ende machen *einem Gerücht* ⑥ aufhalten *Fortschritt, Verbrecher* ⑦ aufhören mit *Lärm, Unsinn;* **stop doing something** aufhören, etwas zu tun, etwas nicht mehr tun; **stop smoking** mit dem Rauchen aufhören ⑧ einstellen *Zahlung;* sperren *Scheck;* abbestellen *Zeitung* ⑨ verhindern *Unfall, Verbrechen* ⑩ abhalten; **stop someone** [**from**] **doing something** jemanden davon abhalten, etwas zu tun; **don't let me stop you** ich will Sie nicht davon abhalten ⑪ **I couldn't stop myself** ich konnte mich nicht beherrschen ⑫ *Fahrzeug:* halten, stoppen ⑬ *Fußgänger, Uhr:* stehen bleiben;

stop dead plötzlich stehen bleiben 14 *Maschine:* nicht mehr laufen; *Herz:* aufhören zu schlagen 15 *Person:* Halt machen; **stop at nothing** (*übertragen*) vor nichts Halt machen 16 aufhören; **it has stopped raining** es hat aufgehört zu regnen 17 *Schmerzen:* vergehen 18 (*umgangsspr*) bleiben (**at** in); **stop for supper** zum Abendessen bleiben

> **! Vorsicht Falle** **to stop to do something** bedeutet eine Pause machen, um etwas anderes zu tun: *we stopped to have tea;* — **to stop doing something** heißt mit etwas aufhören: *the pupils stopped talking when the teacher came into the classroom.*

◆**stop by** kurz vorbeikommen, hereinschauen

◆**stop in** (*umgangsspr*) zu Hause bleiben

◆**stop off** einen kurzen Halt machen, [unterwegs] kurz anhalten

◆**stop over** kurz Halt machen, Zwischenstation machen (**in** in); USA übernachten

◆**stop up** 1 zustopfen *Loch* 2 (*umgangsspr*) aufbleiben; **we let the children stop up till midnight** die Kinder durften bis Mitternacht aufbleiben

stop² [stɒp] 1 Halt; **be at a stop** stillstehen; **bring something to a stop** etwas zum Stehen bringen; (*übertragen*) einer Sache ein Ende machen; **come to a stop** anhalten; **come to a dead stop** abrupt anhalten; **put a stop to something** einer Sache einen Riegel vorschieben 2 Haltestelle; **bus stop** Bushaltestelle 3 Pause; **have** [*oder* **make**] **a stop** Halt machen 4 Aufenthalt; **we had a 20 minute stop in Vienna** in Wien hatten wir 20 Minuten Aufenthalt 5 Zwischenlandung; **we're flying to Australia, with a stop in Singapore** wir fliegen nach Australien, mit einer Zwischenlandung in Singapur

stopover ['stɒpəʊvəʳ] 1 *einer Person:* Zwischenstation, Zwischenstopp 2 *eines Flugzeugs:* Zwischenlandung

stop·ping ['stɒpɪŋ] **stopping place** Haltestelle

stop sign Stoppschild **stop·watch** ['stɒpwɒtʃ] Stoppuhr

stor·age ['stɔːrɪdʒ] 1 [Ein]Lagerung 2 *von Dokumenten:* Aufbewahrung 3 *von Daten, Elektrizität, Wasser:* Speicherung 4 (*im Computer*) Speicher

store¹ [stɔːʳ] 1 Vorrat (**of** an); **have** [*oder* **keep**] **something in store** etwas lagern, etwas auf Lager haben 2 Lager 3 Kaufhaus, Warenhaus 4 USA Laden 5 (*im Computer*) Speicher 6 **be in store for someone** jemandem bevorstehen

store² [stɔːʳ] 1 lagern, aufbewahren 2 speichern *Wärme* 3 (*im Computer*) abspeichern 4 **store something up** einen Vorrat von etwas anlegen; etwas anstauen *Ärger, Hass*

store card Kundenkarte

sto·rey ['stɔːrɪ] Stockwerk, Etage; **on the second storey** im zweiten Stock; USA im ersten Stock **-storeyed** ['stɔːrɪd], USA **-stor·ied** -stöckig; **multi-storey[ed]** mehrstöckig

storm¹ [stɔːm] 1 (*mit starkem Wind*) Sturm 2 (*mit Regen*) Unwetter 3 (*mit Donner*) Gewitter 4 (*übertragen*) *von Beschimpfungen:* Flut; *von Beifall, Protest:* Sturm; *von Schlägen, Wurfgeschossen:* Hagel

storm² [stɔːm] stürmen

stormy ['stɔːmɪ] stürmisch

story¹ ['stɔːrɪ] 1 Geschichte, Erzählung; **the story goes that ...** man erzählt sich, dass ...; **to cut a long story short** um es kurz zu machen; **tell stories** (*umgangsspr*) Märchen erzählen 2 (*in der Presse*) Artikel, Story 3 Handlung, Story

story² ['stɔːrɪ] USA Stockwerk, Etage; **on the second story** USA im ersten Stock

stove [stəʊv] Ofen, Herd

stow·away ['stəʊəweɪ] blinder Passagier

straggle ['strægl] 1 *Häuser:* verstreut liegen 2 *Haare:* unordentlich hängen 3 *Pflanze:* wuchern 4 *Menschen:* **straggle in** vereinzelt kommen **strag·gler** ['stræglәʳ] Nachzügler(in)

straight¹ [streɪt] 1 gerade; *Hosen:* gerade geschnitten; *Haar:* glatt; **pull something straight** etwas geradeziehen; **stand/sit straight** gerade stehen/sitzen 2 *Pass, Schuss:* direkt 3 *Denken:* klar; **think straight** klar denken 4 *Antwort:* offen, direkt, ehrlich; *Ablehnung:* ohne Umschweife; **be straight with someone** offen und ehrlich zu jemandem sein; **say something straight out** etwas offen [*oder* geradeheraus] sagen 5 *Drink:* pur, unverdünnt; **drink something straight** etwas pur trinken 6 *Verhandlungen:* direkt 7 ununterbrochen; **win in straight sets** ohne Satzverlust gewinnen; **have five straight wins** fünfmal hinterei-

S

nander gewinnen ⑧ (*umgangsspr*) *Mensch:* hetero ⑨ **straight A's** (*in der Schule*) glatte Einsen ⑩ direkt; **look someone straight in the eye** jemandem direkt in die Augen sehen ⑪ sofort; **straight after that** sofort danach; **straight away** sofort; **come straight to the point** sofort zur Sache kommen ⑫ **look straight ahead** geradeaus sehen; **drive straight on** geradeaus weiterfahren ▶ IN WENDUNGEN: **keep a straight face** ernst bleiben, das Gesicht nicht verziehen; **put someone straight about something** jemandem etwas klarmachen

straight² [streɪt] **the back/final straight** die Gegengerade/Zielgerade

straight·away [ˌstreɪtəˈweɪ] sofort, geradewegs

straighten [ˈstreɪtn] ① gerade machen ② begradigen *Fluss, Straße* ③ glatt ziehen *Tuch* ④ gerade biegen *Draht* ⑤ gerade hängen *Bild* ⑥ (*übertragen*) in Ordnung bringen *Zimmer* ⑦ zurechtrücken *Krawatte* ⑧ *Pflanze, Straße:* gerade werden ⑨ *Haar:* glatt werden ⑩ *Person:* sich aufrichten

◆ **straighten out** ① gerade machen ② gerade biegen *Draht* ③ (*übertragen*) klären, in Ordnung bringen

◆ **straighten up** ① gerade machen ② gerade hängen *Bild* ③ (*übertragen*) in Ordnung bringen *Zimmer* ④ sich aufrichten

straight·for·ward [ˌstreɪtˈfɔːwəd] ① *Person:* aufrichtig ② *Blick:* offen, freimütig ③ *Problem:* einfach **straight-out** [ˌstreɪtˈaʊt] (*umgangsspr*) unverblümt, offen, glatt

strain¹ [streɪn] ① belasten *Freundschaft;* strapazieren *Geduld, Nerven* ② zerren *Muskel* ③ [über]anstrengen, strapazieren *Augen, Rücken;* belasten *Herz* ④ **strain one's ears** angestrengt lauschen ⑤ **strain oneself** sich anstrengen ⑥ [durch]seihen; **strain the vegetables** das Gemüse abgießen ⑦ **strain to do something** sich anstrengen [*oder* sich abmühen], etwas zu tun

strain² [streɪn] ① (*technisch*) Belastung; **the strain on a rope** die Seilspannung; **put a strain on something** etwas belasten; **take the strain off something** etwas entlasten ② (*seelisch*) Belastung (**on** für); **show signs of strain** Zeichen von Überlastung zeigen ③ (*medizinisch*) Zerrung

strained [streɪnd] ① durchgesiebt; *Gemüse:* abgegossen ② *Muskel:* gezerrt; *Augen, Rücken:* überanstrengt ③ *Stil:* unnatürlich, gekünstelt ④ *Lächeln:* gezwungen ⑤ *Beziehungen:* angespannt

strait [streɪt] ① **the Straits of Dover** die Straße von Dover ② **be in dire straits** in großen Nöten sein

strand¹ [strænd] **be** [**left**] **stranded** auf dem Trockenen sitzen

strand² [strænd] ① [Haar]Strähne ② [Woll]Faden

strange [streɪndʒ] ① seltsam, sonderbar, merkwürdig; **by a strange coincidence** durch einen merkwürdigen Zufall; **strange to say** so seltsam es klingen mag ② *Umgebung:* fremd **strange·ly** [streɪndʒlɪ] seltsam, sonderbar, merkwürdig; **strangely enough** seltsamerweise **stran·ger** [ˈstreɪndʒəʳ] Fremde(r); **I'm a stranger here** ich bin hier fremd; **hallo stranger!** (*umgangsspr*) hallo, lange nicht gesehen!

strangle [ˈstræŋgl] ① erwürgen, erdrosseln ② (*übertragen*) abwürgen, ersticken; **the collar is strangling me** der Kragen schnürt mir den Hals zu

strap¹ [stræp] ① Riemen, Gurt ② (*im Bus*) Haltegriff, Schlaufe ③ (*an Kleid*) Träger ④ (*an Armbanduhr*) [Arm]Band

strap² [stræp] ① festschnallen (**to** an); **strap something onto something** etwas auf etwas schnallen; **strap someone down** jemanden festschnallen; **strap on one's watch** sich die Uhr umbinden ② **strap** [**up**] bandagieren *Bein*

strat·egy [ˈstrætədʒɪ] Strategie, Taktik

straw [strɔː] ① Stroh ② Strohhalm ③ Trinkhalm ④ **it's the last straw!** das ist der Gipfel!

straw·berry [ˈstrɔːbrɪ] Erdbeere

stray [streɪ] ① sich verirren; **stray from** [*oder* **off**] **a path** von einem Weg abkommen ② (*übertragen*) *Gedanken:* abschweifen

streak¹ [striːk] ① Streifen ② *von Licht:* Strahl; **streak of lightning** Blitz[strahl] ③ (*im Haar*) Strähne ④ **a winning streak** eine Glückssträhne

streak² [striːk] ① streifen; **be streaked** gestreift sein; **streaked with dirt** schmutzverschmiert ② *Blitz:* zucken ③ flitzen; (*nackt*) blitzen, flitzen

streaker [striːkəʳ] Blitzer(in)

streaky [ˈstriːkɪ] ① *Fenster:* verschmiert ② **streaky bacon** durchwachsener Speck

stream[1] [striːm] ① Bach ② *von Flüssigkeit, Luft, Menschen:* Strom ③ Strömung; **go with/against the stream** mit dem/gegen den Strom schwimmen ④ *von Licht:* Flut ⑤ *von Worten:* Schwall ⑥ (*in der Schule*) Leistungsgruppe

stream[2] [striːm] ① strömen ② *Augen:* tränen ③ *Licht:* fluten ④ *Fahne:* wehen ⑤ in Leistungsgruppen einteilen *Schüler*

streamer ['striːməʳ] ① Wimpel, Banner ② (*aus Stoff*) Band ③ (*aus Papier*) Luftschlange

stream·line ['striːmlaɪn] (*übertragen*) rationalisieren **stream·lined** ['striːmlaɪnd] ① *Auto:* windschnittig ② (*übertragen*) rationalisiert, modernisiert

street [striːt] ① Straße; **in the street, on the street** (USA) auf der Straße ② **it's right up my street** (*umgangsspr*) das ist genau mein Fall

> **! Vorsicht Falle** **street** wird für Straßen mit Häusern und Geschäften in Städten und Dörfern gebraucht: *John met his friend in the street;* — **road** wird für Verkehrsstraßen außerhalb von Ortschaften gebraucht: *we were on the road to Edinburgh.*

street·car ['striːtkɑːʳ] (USA) Straßenbahn

street cred(ibility) (*umgangsspr*) In-Sein, Glaubwürdigkeit [innerhalb einer Gruppe]

street lamp Straßenlaterne

strength [streŋθ] ① Kraft, Stärke; **recover one's strength** seine Kräfte wiedererlangen; **save one's strength** mit seinen Kräften haushalten; **the strength of the dollar** die Stärke des Dollars; **strength of will** Willensstärke ② *einer Konstruktion:* Stabilität ③ *einer Meinung:* Überzeugtheit ④ *eines Arguments:* Überzeugungskraft ⑤ *einer Farbe:* Intensität ⑥ **on the strength of something** auf Grund einer Sache ⑦ **be at full strength** vollzählig sein **strengthen** ['streŋθn] ① stärken ② (*übertragen*) bestärken; **strengthen someone's determination** jemanden in seinem Entschluss bestärken ③ *Wind:* stärker werden

strenu·ous ['strenjʊəs] ① anstrengend ② *Bemühungen, Versuch:* unermüdlich, energisch ③ *Ablehnung:* hartnäckig ④ *Protest:* heftig

stress[1] [stres] ① Stress, Belastung; **put someone under great stress** jemanden großen Belastungen aussetzen; **times of stress** Krisenzeiten ② Betonung; **put the stress on something** etwas betonen ③ (*technisch*) Belastung

stress[2] [stres] ① betonen, großen Wert legen auf ② betonen *Silbe* ③ (*technisch*) belasten

stress·ful ['stresfʊl] anstrengend, stressig

stretch[1] [stretʃ] ① **have a stretch** sich strecken, sich dehnen; **give something a stretch** etwas dehnen ② *von Material:* Elastizität, Dehnbarkeit ③ *einer Straße, eines Flusses:* Stück; *einer Reise:* Abschnitt; **the stretch of coast between …** das Stück Küste zwischen … ④ (*zeitlich*) Zeitraum; **at a stretch** ohne Unterbrechung; **for hours at a stretch** stundenlang ⑤ **be at full stretch** bis zum Äußersten gedehnt sein, mit aller Kraft arbeiten

stretch[2] [stretʃ] ① strecken *Arm, Hand;* **stretch one's legs** sich die Beine vertreten; **stretch one's neck** den Hals recken ② dehnen *Gummiband;* **become stretched** *Jeans:* ausleiern ③ ausbreiten *Decke, Flügel* ④ spannen *Seil;* **stretch something tight** etwas straffen ⑤ voll ausnutzen *Reserven* ⑥ es nicht so genau nehmen mit *Gesetz, Wahrheit;* **stretch a point** ein Auge zudrücken ⑦ *Person, Tier:* sich strecken, sich dehnen; **stretch to reach something** sich recken, um etwas zu erreichen ⑧ *Ebene, Zeit:* sich erstrecken (**to** bis (zu)) ⑨ *Essen, Geld:* reichen ⑩ **stretch back to** zurückreichen bis

◆ **stretch out** ① ausstrecken *Arm, Bein* ② ausbreiten *Decke, Flügel* ③ *Person:* sich ausstrecken ④ (*räumlich*) sich ausbreiten ⑤ (*zeitlich*) sich erstrecken

stretcher ['stretʃəʳ] Tragbahre

strict [strɪkt] ① streng, strikt; **in strict confidence** streng vertraulich ② *Katholik:* strenggläubig ③ *Neutralität:* absolut **strict·ly** ['strɪktlɪ] ① streng ② genau; **strictly speaking** genau genommen

stride[1] [straɪd] <strode, stridden> schreiten; **stride along** [*oder* **out**] ausschreiten

stride[2] [straɪd] Schritt

strike[1] [straɪk] <struck, struck> ① schlagen ② *Geschoss, Unglück:* treffen ③ anzünden *Streichholz* ④ *Schmerz:* durchzucken ⑤ *Person:* stoßen gegen; **strike one's head**

S

against something mit dem Kopf gegen etwas stoßen ⑥ *Auto:* fahren gegen ⑦ **the ship struck the rocks** das Schiff lief auf die Felsen auf ⑧ *Blitz:* einschlagen in *Baum;* treffen *Person;* **be struck by lightning** vom Blitz getroffen werden ⑨ (*übertragen*) in den Sinn kommen; **that strikes me as a good idea** das kommt mir sehr vernünftig vor; **it strikes me that …** ich habe den Eindruck, dass …; mir fällt auf, dass …; **a thought struck me** mir kam plötzlich ein Gedanke ⑩ beeindrucken; **how does it strike you?** wie finden Sie das? ⑪ stoßen auf *Öl* ⑫ **be struck on someone** von jemandem beeindruckt sein ⑬ **strike it rich** das große Geld machen ⑭ **be struck off a list** von einer Liste gestrichen werden ⑮ (*militärisch*) zuschlagen, angreifen ⑯ *Panik:* ausbrechen ⑰ *Uhr:* schlagen ⑱ *Arbeiter:* streiken

> **? Grammatik** **strike — struck — struck:**
> *Fergus struck a match; the school was struck by lightning.*

◆ **strike back** ① zurückschlagen ② (*übertragen*) sich wehren; **strike back at someone** sich gegen jemanden zur Wehr setzen

◆ **strike off** ① *Blitz:* abschlagen *Ast* ② *von einer Liste:* streichen

◆ **strike out** ① [aus]streichen *Text* ② schlagen; **strike out wildly** wild um sich schlagen ③ sich aufmachen, losziehen; **strike out in a new direction** neue Wege gehen

◆ **strike up** ① machen, anknüpfen *Bekanntschaft* ② anfangen *Gespräch* ③ anstimmen *Melodie*

strike² [straɪk] ① Streik, Ausstand; **be on strike** streiken, im Ausstand sein; **go on strike** in den Streik treten ② *von Gold, Öl:* Fund ③ (*militärisch*) Angriff

striker ['straɪkəʳ] ① Streikende(r) ② (*Sport*) Stürmer(in)

strik·ing ['straɪkɪŋ] ① *Ähnlichkeit, Schönheit:* auffallend ② *Unterschied:* verblüffend ③ *Aussehen:* umwerfend ④ *Arbeiter:* streikend

string¹ [strɪŋ] ① Schnur, Bindfaden ② *einer Bohne:* Faden ③ **string of pearls** Perlenschnur ④ (*übertragen*) Serie, Reihe; **a string of phone calls** eine Reihe von Telefonaten ⑤ (*Musik, Sport*) Saite; **the strings** die Streichinstrumente ▶ In Wendungen: **pull the strings** die Fäden ziehen; **without strings** ohne Bedingungen

string² [strɪŋ] <strung, strung> ① besaiten *Gitarre* ② bespannen *Tennisschläger*

◆ **string along** ① **string someone along** jemanden hinhalten ② sich anschließen

◆ **string out** sich verteilen; **the runners were well strung out** das Feld folgte in weiten Abständen

strip¹ [strɪp] ① ausziehen *Person* ② abziehen *Bett* ③ abkratzen *Farbe* ④ **strip [the wallpaper off] the walls** die Tapete [von den Wänden] abziehen [*oder* entfernen] ⑤ abbeizen *Holzoberfläche* ⑥ ausräumen *Schrank* ⑦ (*übertragen*) **strip someone of something** jemandem etwas rauben ⑧ (*technisch*) demontieren, auseinander nehmen *Maschine;* **strip down** zerlegen ⑨ **stripped of its decorations, the Christmas tree looked rather forlorn** ohne den Schmuck sah der Weihnachtsbaum ziemlich traurig aus ⑩ **strip off** ausziehen *Kleidung;* entfernen *Blätter, Dekorationen* ⑪ *Person:* **strip [off]** sich ausziehen; (*beim Arzt*) sich freimachen; **strip to the waist** den Oberkörper freimachen

strip² [strɪp] ① Streifen ② (*Sport*) Trikot, Dress

stripe [straɪp] Streifen **striped** [straɪpt] gestreift

strip·per ['strɪpəʳ] Stripper(in), Stripteasetänzer(in)

strive [straɪv] <strove, striven> sich bemühen; **strive to do something** bestrebt sein, etwas zu tun; **strive for something** etwas anstreben; **strive against something** gegen etwas kämpfen

strode [strəʊd] *2. Form von* **stride**

stroke¹ [strəʊk] ① Schlag, Hieb; **at a [*oder* one] stroke** mit einem Schlag ② (*beim Kricket, Golf, Rudern, Tennis*) Schlag; (*beim Schwimmen*) Zug; **what's your best stroke?** in welchem Schwimmstil bist du am besten? ③ *eines Pinsels:* Strich ④ (*übertragen*) Schlag; **he doesn't do a stroke of work** er rührt keinen Finger ⑤ (*medizinisch*) Schlaganfall; **have a stroke** einen Schlaganfall bekommen ⑥ **a stroke of luck** ein Glücksfall ⑦ **give someone a stroke** jemanden streicheln ⑧ **two-stroke engine** Zweitaktmotor

stroke² [strəʊk] streicheln

stroll¹ [strəʊl] spazieren, bummeln; **stroll**

along the road die Straße entlangbummeln

stroll[2] [strəʊl] Spaziergang, Bummel; **take a stroll** einen Bummel machen

strong [strɒŋ] ① stark, kräftig ② *Wand:* stabil, solide ③ *Konstitution:* robust ④ *Charakter:* fest ⑤ *Einfluss:* groß, stark ⑥ *Argument:* überzeugend ⑦ *Protest:* energisch ⑧ (*zahlenmäßig*) stark ⑨ *Akzent, Parfüm:* stark ⑩ *Geruch:* stark, streng ⑪ *Farbe:* kräftig ⑫ *Lösung:* konzentriert ⑬ *Währung:* stark ⑭ **have strong feelings about something** in Bezug auf etwas stark engagiert sein; **have strong feelings for something** eine starke Bindung an etwas haben ⑮ **his strong point** seine Stärke; **he is strong in history** Geschichte ist seine Stärke ⑯ **a strong drink** ein harter Drink ⑰ **be going strong** gut in Form sein, in Schwung sein **strong·ly** ['strɒŋlɪ] ① *vermuten:* stark ② *scheinen, treten:* kräftig ③ *protestieren:* energisch ④ **strongly believe that ...** fest daran glauben, dass ... ⑤ **I strongly advise you ...** ich möchte Ihnen dringendst raten ... ⑥ **strongly built** *Ding:* solide gebaut; *Person:* kräftig gebaut ⑦ **I feel very strongly about this** es liegt mir viel daran **strong-minded** [ˌstrɒŋ'maɪndɪd] willensstark

stroppy ['strɒpɪ] (*umgangsspr*) pampig

strove [strəʊv] *2. Form von* **strive**

struck [strʌk] *2. und 3. Form von* **strike**

struc·ture[1] ['strʌktʃəʳ] ① Struktur, Aufbau, Gefüge; **bone structure** Knochenbau ② Bauwerk, Konstruktion, Gebilde

struc·ture[2] ['strʌktʃəʳ] ① strukturieren ② aufbauen, gliedern *Aufsatz*

struggle[1] ['strʌgl] ① kämpfen ② (*finanziell*) in Schwierigkeiten sein ③ (*übertragen*) sich abmühen, sich quälen; **struggle to do something** sich abmühen, etwas zu tun; **struggle for air/words** nach Luft/Worten ringen; **struggle to one's feet** sich [mühsam] aufrappeln; **struggle along** sich durchschlagen

struggle[2] ['strʌgl] Kampf (**for** um); **put up a struggle** sich wehren; **struggle for survival/existence** Überlebenskampf/Daseinskampf; **without a struggle** kampflos; **have a hard struggle to do something** große Mühe haben, etwas zu tun

strung [strʌŋ] *2. und 3. Form von* **string**

stub[1] [stʌb] ① *eines Bleistifts:* Stummel ② *einer Zigarette:* Kippe ③ *eines Schecks:* Abschnitt

stub[2] [stʌb] ① **stub one's toe** mit dem Zeh an etwas stoßen ② **stub out a cigarette** eine Zigarette ausdrücken

stub·born ['stʌbən] ① stur, störrisch ② *Husten, Widerstand:* hartnäckig

stuck[1] [stʌk] *2. und 3. Form von* **stick**[2]

stuck[2] [stʌk] ① **I'm stuck[!]** ich stecke fest!; (*mit einer Aufgabe*) ich komme nicht weiter ② **the car got stuck** das Auto ist steckengeblieben ③ **the door is stuck** die Tür klemmt ④ **he was stuck at the airport without any money** er saß ohne Geld am Flughafen fest ⑤ **I was stuck for an answer** ich wusste nicht, was ich sagen sollte ⑥ **get stuck into someone** jemanden richtig in die Mangel nehmen ⑦ **get stuck into something** etwas in Angriff nehmen ⑧ **be stuck with something** etwas am Hals haben

stuck-up [ˌstʌk'ʌp] (*umgangsspr*) hochnäsig

stud [stʌd] [Ohr-, Nasen]Stecker; **stud earring** Ohrstecker

stu·dent ['stju:dnt] ① Student(in) ② (USA) Schüler(in)

stu·dio ['stju:dɪəʊ] <*plural* studios> ① Studio ② *eines Malers:* Atelier

stu·di·ous ['stju:dɪəs] ① fleißig, eifrig ② lernbegierig

study[1] ['stʌdɪ] ① Studium, Lernen; **during my studies** während meines Studiums ② Studie, Untersuchung (**of** über); **make a study of something** etwas untersuchen ③ Arbeitszimmer

study[2] ['stʌdɪ] ① studieren; (*in der Schule*) lernen; **study for an exam** für eine Prüfung lernen; **study under someone** bei jemandem studieren ② beobachten *Natur* ③ sich befassen mit *Text*

stuff[1] [stʌf] ① Zeug; **green stuff** Grünzeug ② (*umgangsspr*) Kram, Sachen; **books and stuff** Bücher und so; **and stuff like that** und so was ③ (*slang: Drogen*) Stoff ④ **know one's stuff** wissen, wovon man redet

stuff[2] [stʌf] ① voll stopfen *Behälter* ② zustopfen *Ohren* ③ füllen *Gans, Kissen* ④ **stuff oneself** (*umgangsspr*) sich voll stopfen ⑤ **stuff something away** etwas wegstecken ⑥ **stuff something into an envelope** etwas in einen Umschlag stecken ⑦ **be stuffed up** verschnupft sein ⑧ **stuff it!** (*slang*) Scheiß drauf!; **get stuffed!** (*slang*) du kannst mich mal!

stuff·ing ['stʌfɪŋ] ① (*Essen*) Füllung ② Polstermaterial; *von Kissen:* Füllung

stuffy ['stʌfɪ] ① *Raum:* stickig, dumpf ② (*übertragen*) spießig, prüde

stumble ['stʌmbl] stolpern; **stumble against something** gegen etwas stoßen; **stumble on something** über etwas stolpern; **stumble on** [*oder* **across**] **something** (*übertragen*) auf etwas stoßen; **stumble over the rhythm** aus dem Rhythmus kommen

stump[1] [stʌmp] [Baum-, Zahn]Stumpf

stump[2] [stʌmp] ① **you've got me stumped** (*umgangsspr*) da bin ich überfragt ② stapfen; **stump along** entlangstapfen ③ **stump up** (*umgangsspr*) blechen

stun [stʌn] ① betäuben ② (*übertragen*) aus der Fassung bringen

stung [stʌŋ] *2. und 3. Form von* **sting**

stunk [stʌŋk] *3. Form von* **stink**

stunned [stʌnd] ① betäubt, benommen ② (*übertragen*) fassungslos **stun·ning** ['stʌnɪŋ] ① *Schlag:* wuchtig, betäubend ② (*umgangsspr*) prächtig, toll, blendend; **stunningly beautiful** umwerfend schön

stu·pid ['stju:pɪd] ① dumm ② blöd(e); **don't be stupid** sei doch nicht blöd **stu·pid·ity** [stju:'pɪdətɪ] Dummheit

sturdy ['stɜ:dɪ] ① *Person, Pflanze:* kräftig, stämmig ② *Material:* kräftig, robust ③ *Auto:* stabil

stut·ter[1] ['stʌtəʳ] stottern

stut·ter[2] ['stʌtəʳ] Stottern; **have a stutter** stottern

sty [staɪ] Schweinestall

style[1] [staɪl] ① Stil; **do things in style** alles im großen Stil tun ② Art; **that's not my style** das ist nicht meine Art

style[2] [staɪl] ① entwerfen, gestalten ② stylen *Frisur*

styl·ish ['staɪlɪʃ] ① modisch, elegant ② *Möbel:* stilvoll **sty·list** ['staɪlɪst] Friseur(in), Friseuse

sub [sʌb] (*umgangsspr*) ① →**submarine** U-Boot ② →**substitute** Ersatzspieler(in) ③ →**subscription** Beitrag; Abo

sub·con·scious[1] [ˌsʌb'kɒnʃəs] unterbewusst

sub·con·scious[2] [ˌsʌb'kɒnʃəs] **the subconscious** das Unterbewusstsein

sub·due [səb'dju:] ① besiegen, unterwerfen *Land, Rebellen* ② überwältigen *Gewalttäter* ③ bändigen, zähmen *Tier* **sub·dued** [səb'dju:d] ① *Licht, Stimme:* gedämpft ② **you seem rather subdued** du machst einen etwas niedergeschlagenen Eindruck

sub·ject[1] ['sʌbdʒɪkt] ① anfällig (**to** für); **prices are subject to change without notice** Preisänderungen vorbehalten ② abhängig (**to** von); **subject to availability** solange Vorrat reicht; **the contract is subject to government approval** der Vertrag unterliegt staatlicher Genehmigung

sub·ject[2] ['sʌbdʒɪkt] ① Thema; **change the subject** das Thema wechseln; **on the subject of ...** zum Thema ... ② (*in Schule*) Fach ③ (*grammatisch*) Subjekt ④ Gegenstand; **be the subject of an investigation/much criticism** Gegenstand einer Untersuchung/heftiger Kritik sein; **subject of research** Forschungsobjekt ⑤ Staatsbürger(in); *einer Monarchie:* Untertan(in)

sub·ject[3] [səb'dʒekt] ① unterwerfen ② **subject someone to something** jemanden einer Sache aussetzen; **subject oneself to something** sich einer Sache unterziehen

sub·jec·tive [səb'dʒektɪv] subjektiv

sub·junc·tive [səb'dʒʌŋktɪv] Konjunktiv

sub·let <sublet, sublet> untervermieten

sub·mar·ine [ˌsʌbmə'ri:n] Unterseeboot, U-Boot

sub·merge [səb'mɜ:dʒ] ① untertauchen; **submerge something in water** etwas in Wasser [ein]tauchen ② *Wasser:* überschwemmen, überfluten ③ *Taucher, U-Boot:* tauchen **sub·merged** [səb'mɜ:dʒd] ① *Felsen:* unter Wasser ② *Wrack:* gesunken

sub·mis·sion [səb'mɪʃn] ① Unterwerfung (**to** unter); **force someone into submission** jemanden zwingen, sich zu ergeben; **starve someone into submission** jemanden aushungern ② Einreichung; **make a submission to someone** jemandem eine Vorlage machen

sub·mis·sive [səb'mɪsɪv] gehorsam, unterwürfig

sub·mit [səb'mɪt] ① einreichen, einsenden *Antrag, Bewerbung*; **submit something to someone** jemandem etwas vorlegen ② verweisen an; **submit something to investigation** etwas einer Untersuchung unterziehen ③ **submit to someone/something** sich jemandem/etwas beugen ④ (*Sport*) aufgeben ⑤ **submit oneself to something**

sich einer Sache unterziehen

sub·or·di·nate[1] [sə'bɔːdɪnət] untergeordnet; **subordinate clause** Nebensatz

sub·or·di·nate[2] [sə'bɔːdɪnət] Untergebene(r)

sub·scribe [səb'skraɪb] ① **subscribe for shares** Aktien zeichnen ② **subscribe to an appeal** sich an einer Spendenaktion beteiligen ③ **subscribe to a magazine** eine Zeitschrift abonnieren ④ **subscribe to the view that …** sich der Meinung anschließen, dass … **sub·scriber** [səb'skraɪbəʳ] ① *einer Zeitschrift:* Abonnent(in) ② (*für einen Wohltätigkeitsverein*) Spender(in) ③ **telephone subscriber** Fernsprechteilnehmer(in) ④ *von Aktien:* Zeichner(in) **sub·scrip·tion** [səb'skrɪpʃn] ① Abonnement; **take out a subscription to something** etwas abonnieren ② [Mitglieds]Beitrag

sub·se·quent ['sʌbsɪkwənt] ① folgend ② (*zeitlich*) später **sub·se·quent·ly** ['sʌbsɪkwəntlɪ] später, anschließend

sub·side [səb'saɪd] ① *Flut:* sinken ② *Boden, Haus:* sich senken

sub·sidi·ary [səb'sɪdɪərɪ] ① **subsidiary [company]** Tochtergesellschaft ② **subsidiary subject** Nebenfach

sub·si·dize ['sʌbsɪdaɪz] ① subventionieren *Firma* ② finanziell unterstützen *Person* **sub·sidy** ['sʌbsədɪ] Subvention, Zuschuss

sub·stance ['sʌbstəns] ① (*Materie*) Substanz, Stoff ② (*Gehalt*) Substanz, Kern

sub·stan·tial [səb'stænʃl] ① *Mahlzeit, Mensch:* kräftig ② *Gebäude:* solide ③ *Beweis:* schlüssig ④ *Grund:* stichhaltig ⑤ *Einkommen:* beträchtlich, bedeutend, umfangreich **sub·stan·tially** [səb'stænʃəlɪ] ① erheblich, beträchtlich, wesentlich ② im Wesentlichen

sub·sti·tute[1] ['sʌbstɪtjuːt] ① Ersatz, Vertretung ② (*Sport*) Ersatzspieler(in)

sub·sti·tute[2] ['sʌbstɪtjuːt] ① **substitute something for something** etwas durch etwas ersetzen ② **substitute for someone** jemanden vertreten ③ **substitute for something** etwas ersetzen

sub·sti·tu·tion [ˌsʌbstɪ'tjuːʃn] ① Ersetzen ② (*Sport*) Austausch

sub·title ['sʌbtaɪtl] Untertitel

subtle ['sʌtl] ① *Aroma:* fein ② *Humor:* hintersinnig; *Unterschied:* subtil ③ *Parfüm:* zart ④ *Charme:* unaufdringlich ⑤ *Bemerkung:* scharfsinnig ⑥ *Plan:* raffiniert

sub·tract [səb'trækt] abziehen, subtrahieren (**from** von) **sub·trac·tion** [səb'trækʃn] Subtraktion

sub·urb ['sʌbɜːb] Vorort; **in the suburbs** am Stadtrand

sub·ur·ban [sə'bɜːbən] ① vorstädtisch; **suburban theatre** Vorstadttheater; **suburban traffic** Vorort(s)verkehr ② (*abwertend*) kleinbürgerlich, spießig

sub·way ['sʌbweɪ] ① [Fußgänger]Unterführung ② (USA) Untergrundbahn, U-Bahn

sub·zero [ˌsʌb'zɪərəʊ] unter Null, unter dem Gefrierpunkt

suc·ceed [sək'siːd] ① erfolgreich sein, Erfolg haben; **I succeeded in doing it** es gelang mir, es zu tun ② *Plan:* gelingen ③ nachfolgen; **succeed to an estate** einen Besitz erben; **succeed to the throne** die Thronfolge antreten ④ **succeed someone** jemandes Nachfolger(in) werden **suc·ceed·ing** [sək'siːdɪŋ] aufeinander folgend, nachfolgend

suc·cess [sək'ses] Erfolg; **make a success of something** mit etwas Erfolg haben; **without success** ohne Erfolg, erfolglos

suc·cess·ful [sək'sesfl] erfolgreich; **be successful at everything** bei allem Erfolg haben; **be entirely successful** ein voller Erfolg sein; **be successful at** [*oder* **in**] **doing something** etwas mit Erfolg tun

suc·ces·sion [sək'seʃn] ① Folge; **a succession of visitors** eine Serie von Besuchern; **in succession** nacheinander, hintereinander; **in quick succession** in rascher Folge ② **in succession to someone** als jemandes Nachfolger(in); **succession to the throne** Thronfolge **suc·cess·ive** [sək'sesɪv] aufeinander folgend **suc·cessor** [sək'sesəʳ] ① *Person:* Nachfolger(in) (**to** für) ② *Produkt:* Nachfolgemodell

such[1] [sʌtʃ] ① solche(r, s); **such a book** so ein Buch; **such a thing** so etwas; **no such thing** nichts dergleichen; **in such a case** in einem solchen Fall; **men such as these** Männer wie diese; **she's such a beauty** sie ist solch eine Schönheit; **his behaviour was such that …** sein Verhalten war so, dass … ② so, solch; **it's such a long time ago** es ist so lange her

such[2] [sʌtʃ] **such was not my intention** das war nicht meine Absicht; **such is life!** so ist das Leben!; **as such** an sich; **such as it is** so, wie es nun mal ist

suck [sʌk] ① saugen an *Brust, Trinkhalm* ② lutschen *Bonbon;* lutschen an *einem Eis;* **suck one's thumb** am Daumen lutschen; **suck one's dummy** am Schnuller nuckeln ③ *Baby:* saugen, nuckeln
◆ **suck down** hinunterziehen
◆ **suck in** ① aufsaugen *Flüssigkeit, Staub* ② ansaugen *Luft;* einziehen *Backen*
◆ **suck under** hinunterziehen, verschlingen
◆ **suck up** ① aufsaugen ② **suck up to someone** (*umgangsspr*) jemandem schöntun

suck·er ['sʌkəʳ] **be a sucker for something** auf etwas hereinfallen, (*mögen*) eine Schwäche für etwas haben

sud·den[1] ['sʌdn] plötzlich

sud·den[2] ['sʌdn] **all of a sudden** [ganz] plötzlich

sud·den·ly ['sʌdnlɪ] plötzlich

sue [sjuː] ① **sue someone for damages** jemanden auf Schadenersatz verklagen ② klagen; **sue for divorce** die Scheidung einreichen; **sue for peace** um Frieden bitten

suede [sweɪd] Wildleder

suf·fer ['sʌfəʳ] ① erleiden *Rückschlag, Schmerz, Verlust* ② leiden *Hunger, Not* ③ **suffer from headaches/the heat** unter Kopfschmerzen/der Hitze leiden; **suffer from rheumatism** an Rheuma leiden ④ **you'll suffer for that!** das wirst du büßen! ⑤ **suffer the consequences** die Folgen tragen

suf·fer·ing ['sʌfərɪŋ] Leiden

suf·fi·cient [sə'fɪʃnt] genügend, genug, ausreichend, hinreichend; **be sufficient** genügen, ausreichen, genug sein

suf·fix ['sʌfɪks] Nachsilbe, Suffix

suf·fo·cate ['sʌfəkeɪt] ersticken

sugar ['ʃʊgəʳ] ① Zucker; **sugar basin, sugar bowl** Zuckerdose; **sugar lump** Stück Würfelzucker ② (*umgangsspr*) Liebling, Schätzchen **sug·ary** ['ʃʊgərɪ] ① süß ② (*übertragen*) zuckersüß, süßlich

sug·gest [sə'dʒest] ① vorschlagen; **I suggest going** ich schlage vor, dass wir gehen ② vorbringen, nahelegen *Theorie;* **I suggest [to you] that …** ich möchte [Ihnen] nahelegen, dass … ③ andeuten, unterstellen; **what are you trying to suggest?** worauf wollen Sie hinaus?; **suggest something to someone** jemandem etwas suggerieren ④ *Gedicht, Musik:* denken lassen an; *Farben:* andeuten

sug·ges·tion [sə'dʒestʃən] ① Vorschlag; **following his suggestion** auf seinen Vorschlag hin; **at the suggestion of** auf Anregung von; **suggestion box** Kummerkasten ② Vermutung; **make the suggestion that …** die Vermutung äußern, dass … ③ Andeutung, Anspielung; **there is no suggestion that …** niemand unterstellt, dass … ④ Spur, Anflug; **with a suggestion of irony** mit einer Spur von Ironie ⑤ Eindruck, Vorstellung; **in order to create a suggestion of depth** um den Eindruck von Tiefe zu erwecken **sug·ges·tive** [sə'dʒestɪv] ① *Bemerkung:* zweideutig, anzüglich ② **be suggestive of something** den Eindruck von etwas erwecken, auf etwas hindeuten

sui·cide ['sjuːɪsaɪd] Selbstmord, Suizid; **commit suicide** Selbstmord begehen

suit[1] [suːt] ① (*für Männer*) Anzug; (*für Frauen*) Kostüm; **suit of armour** Rüstung ② (*juristisch*) Prozess, Verfahren ③ *von Karten:* Farbe; **follow suit** Farbe bedienen; (*übertragen*) jemandes Beispiel folgen

suit[2] [suːt] ① **suit someone** *Termin:* jemandem passen; **that suits me fine!** das passt mir gut! ② **suit someone** *Klima:* jemandem bekommen ③ **to be suited to** geeignet sein für; **they are well suited [to each other]** sie passen gut zusammen ④ **suit someone** *Farbe, Frisur, Kleider:* jemandem gut stehen ⑤ **suit yourself!** wie du willst!

suit·able ['suːtəbl] passend, geeignet, angemessen; **be suitable for someone** *Termin:* jemandem passen; *Film, Stelle:* für jemanden geeignet sein; **she's not suitable for him** sie passt nicht zu ihm; **be suitable for something** für etwas geeignet sein

suit·case ['suːtkeɪs] Koffer

sulk [sʌlk] schmollen, eingeschnappt sein **sulky** ['sʌlkɪ] eingeschnappt, schmollend

sul·len ['sʌlən] verdrießlich, mürrisch

sul·phu·ric [sʌl'fjʊərɪk] **sulphuric acid** Schwefelsäure

sul·tana [sʌl'tɑːnə] (*Rosinenart*) Sultanine

sul·try ['sʌltrɪ] ① schwül ② (*übertragen*) sinnlich, erotisch

sum [sʌm] ① [Geld]Summe, Betrag ② Rechenaufgabe; **do sums [in one's head]** [im Kopf] rechnen

◆ **sum up** ① zusammenfassen ② einschätzen; **she summed me up at a glance** sie taxierte mich mit einem Blick

sum·mar·ize ['sʌməraɪz] zusammenfassen

sum·mary ['sʌmərɪ] Zusammenfassung

sum·mer ['sʌməʳ] Sommer; **in** [**the**] **summer** im Sommer; **two summers ago** im vorletzten Sommer; **a summer's day** ein Sommertag; **summer holidays** [*oder* USA **vacations**] Sommerferien

> **i Land & Leute** Die **summer vacation** dauern in den USA zweieinhalb Monate — von Anfang Juni bis Mitte August. Ursprünglich waren die Ferien so lang, damit die Kinder auf einem Bauernhof oder einer Ranch arbeiten konnten. Um die Jahrhundertwende, als immer mehr Leute in die Städte zogen, wurden **summer camps** (Ferienlager), auf denen die Stadtkinder die Natur erleben konnten, immer beliebter. Heutzutage kann man ein Ferienlager für Musik, Baseball, Pferdereiten usw. besuchen.

sum·mer·time ['sʌmətaɪm] ① Sommer ② Sommerzeit

sum·mit ['sʌmɪt] ① Gipfel ② Gipfelkonferenz

sum·mon ['sʌmən] ① (*juristisch*) vor Gericht laden, vorladen ② **summon someone to do something** jemanden auffordern, etwas zu tun ③ **summon up one's courage** seinen Mut zusammennehmen

sum·mons ['sʌmənz] <*plural* summonses> (*juristisch*) Vorladung; **take out a summons against someone** jemanden vorladen lassen

sun[1] [sʌn] Sonne

sun[2] [sʌn] **sun oneself** sich sonnen

sun·bathe ['sʌnbeɪð] sonnenbaden **sun·bed** ['sʌnbed] Sonnenbank **sun block**(**er**) Sonnenblocker **sun·burn** ['sʌnbɜːn] Sonnenbrand **sun·burnt** ['sʌnbɜːnt] **be/get sunburnt** einen Sonnenbrand haben/bekommen **sun·cream** Sonnenschutzcreme

sun·dae ['sʌndeɪ] Eisbecher mit Früchten

Sun·day ['sʌndɪ] Sonntag; **on Sunday** am Sonntag; **on Sundays** sonntags; **Sunday school** Sonntagsschule

sun·dial ['sʌndaɪəl] Sonnenuhr

sun·down ['sʌndaʊn] Sonnenuntergang

sun·dries ['sʌndrɪz] *plural* (*Posten einer Rechnung*) Verschiedenes

sun·dry ['sʌndrɪ] verschiedene ▸ IN WENDUNGEN: **all and sundry** Hinz und Kunz

sun·flower ['sʌnˌflaʊəʳ] Sonnenblume

sung [sʌŋ] *3. Form von* **sing**

sun·glasses ['sʌnˌglɑːsɪz] ⚠ *plural* Sonnenbrille **sun hat** Sonnenhut

sunk [sʌŋk] *3. Form von* **sink**[2] **sunk·en** ['sʌŋkən] ① *Schiff:* versunken, untergegangen ② *Augen, Garten:* tiefliegend ③ *Wangen:* eingefallen

sun lamp ['sʌnlæmp] Höhensonne **sun·light** ['sʌnlaɪt] Sonnenlicht; **in the sunlight** in der Sonne **sun·lit** ['sʌnlɪt] von der Sonne beschienen

sunny ['sʌnɪ] ① sonnig ② (*übertragen*) heiter, freundlich

sun·rise ['sʌnraɪz] Sonnenaufgang; **at sunrise** bei Sonnenaufgang **sun·roof** Schiebedach **sun·room** Wintergarten **sun·set** ['sʌnset] Sonnenuntergang; **at sunset** bei Sonnenuntergang **sun·shade** ['sʌnʃeɪd] ① Sonnenschirm ② USA Markise **sun·shine** ['sʌnʃaɪn] Sonnenschein; **hours of sunshine** Sonnenstunden **sun·stroke** ['sʌnstrəʊk] Sonnenstich **sun·tan** ['sʌntæn] Sonnenbräune; **suntan lotion** Sonnenmilch **sun·tanned** ['sʌntænd] braun gebrannt **suntan oil** Sonnenöl **sun visor** Sonnenschild

su·per ['suːpəʳ] (*umgangsspr*) super, klasse, prima

su·perb [suː'pɜːb] ① großartig, prächtig ② *Qualität:* ausgezeichnet, hervorragend

super·fi·cial [ˌsuːpə'fɪʃl] ① oberflächlich ② *Ähnlichkeit:* äußerlich

super·flu·ous [suː'pɜːflʊəs] überflüssig

super·glue ['suːpəgluː] Sekundenkleber

super·in·tend·ent [ˌsuːpərɪn'tendənt] ① Aufsicht ② (*im Park*) Parkwächter(in) ③ (*bei der Polizei*) ≈ Kommissar(in) ④ **superintendent of schools** Schulrat/Schulrätin ⑤ USA Hausverwalter(in)

su·perior[1] [suː'pɪərɪəʳ] ① *Qualität:* besser (**to** als) ② *Fähigkeit, Intelligenz:* überlegen; **be superior to someone** jemandem überlegen sein ③ *Arbeit, Hotel, Technik:* großartig, hervorragend ④ (*im Rang*) höher; **be superior to someone** jemandem übergeordnet sein; **superior officer** Vorgesetzte(r) ⑤ *Kraft:* stärker ⑥ (*abwertend*) *Art:* überheblich

su·perior² [suːˈpɪərɪəʳ] ① Vorgesetzte(r) ② Überlegene(r)

su·perior·ity [suːˌpɪərɪˈɒrətɪ] ① *von Waren:* bessere Qualität ② *von Fähigkeit:* Überlegenheit ③ *von Rang:* höhere Stellung ④ (*zahlenmäßig*) Überlegenheit ⑤ (*abwertend*) Überheblichkeit

su·per·la·tive [suːˈpɜːlətɪv] Superlativ

super·mar·ket [ˈsuːpəmɑːkɪt] Supermarkt **supermarket trolley** Einkaufswagen

super·power [ˌsuːpəˈpaʊəʳ] Welt-, Groß-, Supermacht

super·sonic [ˌsuːpəˈsɒnɪk] Überschall-

super·sti·tious [ˌsuːpəˈstɪʃəs] abergläubisch

super·store [ˈsuːpəstɔːʳ] Verbrauchermarkt

super·vise [ˈsuːpəvaɪz] ① beaufsichtigen ② Aufsicht führen **super·vi·sion** [ˌsuːpəˈvɪʒn] Aufsicht, Beaufsichtigung **super·vi·sor** [ˌsuːpəˈvaɪzəʳ] ① Aufseher(in), Aufsicht[sperson] ② (*in der Schule*) Fachbereichsleiter(in), Tutor(in) **super·vis·ory** [ˌsuːpəˈvaɪzərɪ] beaufsichtigend, überwachend; **supervisory board** Aufsichtsrat

sup·per [ˈsʌpəʳ] Abendessen; **have supper** zu Abend essen

supple [ˈsʌpl] geschmeidig

supple·ment¹ [ˈsʌplɪmənt] ① Ergänzung, Zusatz (**to** zu) ② (*im Buch*) Nachtrag, Anhang; (*extra*) Ergänzungsband ③ (*zu einer Zeitung*) Beilage ④ (*zu einem Preis*) Zuschlag

supple·ment² [ˈsʌplɪment] ergänzen; **supplement one's income** sein Einkommen aufbessern

sup·plier [səˈplaɪəʳ] Lieferant(in), Anbieter(in)

sup·ply¹ [səˈplaɪ] ① sorgen für *Getränke, Unterkunft* ② liefern *Beweis, Elektrizität, Waren* ③ [zur Verfügung] stellen *Arbeitskleidung, Schreibmaterial* ④ beliefern *Fabrik, Kunden* ⑤ versorgen *Stadt, System* (**with** mit)

sup·ply² [səˈplaɪ] ① Versorgung; **electricity supply** Stromversorgung ② Lieferung (**to** an); **supply and demand** Angebot und Nachfrage ③ Vorrat, Proviant; **be in short supply** knapp sein; **medical supplies** Arzneimittel

supply teacher Aushilfslehrer(in)

sup·port¹ [səˈpɔːt] ① [ab]stützen, tragen *Gewicht* ② (*übertragen*) unterstützen; **without his family to support him** ohne die Unterstützung seiner Familie ③ (*übertragen*) fördern *Kunst* ④ erhärten, untermauern *Theorie* ⑤ befürworten *Antrag* ⑥ **support oneself** sich stützen (**on** auf), sich ernähren

sup·port² [səˈpɔːt] ① Stütze; **give support to someone** jemanden stützen; **lean on someone for support** sich auf jemanden stützen ② (*übertragen*) Unterstützung; **in support of** zur Unterstützung; **depend on someone for financial support** von jemandem finanziell abhängig sein

sup·porter [səˈpɔːtəʳ] ① Anhänger(in); *einer Theorie auch:* Befürworter(in) ② (*Sport*) Fan **sup·port·ing** [səˈpɔːtɪŋ] **supporting programme** Beiprogramm; **supporting role** Nebenrolle **sup·port·ive** [səˈpɔːtɪv] **be very supportive [of someone]** [jemandem] eine große Hilfe [*oder* Stütze] sein

sup·pose [səˈpəʊz] ① annehmen; **let's suppose that ...** angenommen, dass ...; nehmen wir einmal an, dass ... ② annehmen, denken; **I suppose he'll do it** er wird es wohl [*oder* vermutlich] tun; **I don't suppose he'll do it** ich glaube kaum, dass er es tut; **I suppose so** ich glaube schon; **I don't suppose so** ich glaube kaum; **I suppose not** wohl kaum ③ *in Passivkonstruktion* sollen; **she is supposed to be intelligent** sie soll intelligent sein; **be supposed to do something** etwas tun sollen; **you are not supposed to park here** hier dürfen Sie nicht parken; **what's that supposed to mean?** was soll das bedeuten? ④ **suppose we go now?** wie wär's, wenn wir jetzt gingen? **sup·pos·ed·ly** [səˈpəʊzɪdlɪ] angeblich **sup·pos·ing** [səˈpəʊzɪŋ] angenommen

sup·press [səˈpres] unterdrücken

su·prem·acy [sʊˈpreməsɪ] Vormachtstellung; **air/naval supremacy** Luft-/Seeherrschaft

su·preme [suːˈpriːm] ① höchste(r, s), oberste(r, s); **Supreme Court** oberstes Gericht ② *Mut, Gleichgültigkeit:* größte(r, s), äußerste(r, s)

sur·charge [ˈsɜːtʃɑːdʒ] ① Aufschlag, Zuschlag, Aufpreis ② Nachporto, Strafporto

sure [ʃʊəʳ] ① sicher; **he is sure to come** er kommt sicher; **are you sure you won't come?** wollen Sie wirklich nicht kommen?; **I'm sure I don't know** ich weiß es sicher nicht; **I'm not sure why/how** ich weiß nicht genau, warum/wie ② **be sure of something** etwas sicher wissen; **be sure of**

oneself sich seiner Sache sicher sein, selbstsicher sein ③ **make sure** nachsehen, kontrollieren, sich vergewissern; **make sure you …** achten Sie darauf, dass Sie …; **be sure not to forget your book** vergessen Sie ja ihr Buch nicht ④ **for sure** sicher, gewiss; **sure thing** (USA) (*umgangsspr*) klar, sicher ⑤ sicher, klar, gewiss; **sure enough** tatsächlich; **as sure as can be** todsicher

sure·ly ['ʃʊəlɪ] sicher[lich], gewiss; **he surely ought to know that** das müsste er doch wissen

surf[1] [sɜːf] Brandung

surf[2] [sɜːf] ① surfen, wellenreiten; **go surfing** surfen, zum Wellenreiten gehen ② **surf the net** im Internet surfen

sur·face[1] ['sɜːfɪs] ① Oberfläche; **on the surface** auf/an der Oberfläche; (*übertragen*) oberflächlich betrachtet, äußerlich, nach außen hin ② **road surface** Straßenbelag, Straßendecke

sur·face[2] ['sɜːfɪs] ① mit einem Belag versehen; asphaltieren *Straße* ② *U-Boot:* auftauchen

surface area Flächeninhalt **surface tension** Oberflächenspannung

surf·board ['sɜːfbɔːd] Surfbrett

surfer ['sɜːfəʳ] Wellenreiter(in); (*auch im Internet*) Surfer(in) **surf·ing** ['sɜːfɪŋ] Wellenreiten, Surfen

surge[1] [sɜːdʒ] **surge of adrenalin** Adrenalinstoß; **surge in demand** Nachfrageschub; **surge of interest** stark zunehmendes Interesse

surge[2] [sɜːdʒ] **the crowd surged forward** die Menschenmenge drängte sich vorwärts

sur·geon ['sɜːdʒən] ① Chirurg(in) ② **dental surgeon** Zahnarzt/Zahnärztin **sur·gery** ['sɜːdʒərɪ] ① Chirurgie; **have surgery** operiert werden ② Sprechzimmer; **dental surgery** Zahnarztpraxis ③ Sprechstunde; **surgery hours** Sprechstunden

sur·ly ['sɜːlɪ] schlecht gelaunt, mürrisch

sur·name ['sɜːneɪm] Familienname, Nachname

sur·plus ['sɜːpləs] Überschuss (**of** an)

sur·prise[1] [sə'praɪz] ① überraschen; **be surprised** überrascht sein; **be surprised at something** sich über etwas wundern, über etwas staunen; **I shouldn't be surprised** es würde mich nicht überraschen; **I'm surprised to see you here** ich bin erstaunt, Sie hier zu sehen; **nothing surprises me any more** ich wundere mich über nichts mehr; **I'm surprised at you!** Sie überraschen mich! ② [plötzlich] überfallen, überrumpeln *Feind*

sur·prise[2] [sə'praɪz] ① Überraschung; **catch** [*oder* **take**] **by surprise** überraschen; **give someone a surprise** jemandem eine Überraschung bereiten; **you'll get the surprise of your life** Sie werden Ihr blaues Wunder erleben; **surprise visit** Überraschungsbesuch ② Verwunderung (**at** über); [**much**] **to my surprise** zu meiner [großen] Überraschung ③ **surprise, surprise!** (*ironisch*) was du nicht sagst!

sur·pris·ing [sə'praɪzɪŋ] erstaunlich, überraschend; **surprisingly** [**enough**] überraschenderweise

sur·ren·der[1] [sə'rendəʳ] ① übergeben, ausliefern *Waffen* ② frühzeitig einlösen *Versicherungspolice* ③ *Soldat:* kapitulieren, sich ergeben; **surrender to the police** sich der Polizei ergeben [*oder* stellen] ④ **surrender oneself to something** sich einer Sache hingeben

sur·ren·der[2] [sə'rendəʳ] (*auch übertragen*) Kapitulation (**to** vor)

sur·ro·gate ['sʌrəgɪt] Ersatz-; **surrogate mother** Leihmutter

sur·round [sə'raʊnd] ① umgeben; **be surrounded with** [*oder* **by**] umringt [*oder* umgeben] sein von ② (*auch militärisch*) einschließen, umzingeln, umstellen

sur·round·ing [sə'raʊndɪŋ] umliegend

sur·round·ings [sə'raʊndɪŋs] *plural* Umgebung

sur·veil·lance [sɜː'veɪləns] Überwachung; **be under surveillance** überwacht werden

sur·vey[1] [sə'veɪ] ① betrachten ② ein Gutachten erstellen *über Gebäude* ③ vermessen *Land* ④ befragen *Leute*

sur·vey[2] ['sɜːveɪ] ① Überblick (**of** über) ② Umfrage, Untersuchung (**of, on** über) ③ *der Landschaft:* Vermessung; (*Bericht*) Vermessungsgutachten ④ *eines Hauses:* Gutachten

sur·vival [sə'vaɪvl] (*auch übertragen*) Überleben

sur·vive [sə'vaɪv] ① überleben, am Leben bleiben ② überstehen *Katastrophe, Unfall* ③ *Artefakt, Tradition:* erhalten bleiben **sur·vivor** [sə'vaɪvəʳ] Überlebende(r)

sus·cep·tible [sə'septəbl] ❶ **be susceptible to something** für etwas anfällig sein *Krankheiten, Verletzungen;* für etwas empfänglich sein *Schmeichelei* ❷ leicht beeinflussbar

sus·pect¹ ['sʌspekt] Verdächtigte(r)

sus·pect² ['sʌspekt] verdächtig

sus·pect³ [sə'spekt] ❶ **suspect someone of something** jemanden einer Sache verdächtigen; **suspect someone of having done something** jemanden verdächtigen, etwas getan zu haben; **he is a suspected member** er steht im Verdacht, Mitglied zu sein ❷ vermuten *Betrug, Verschwörung* ❸ anzweifeln *Motiv* ❹ vermuten; **I suspected as much** das habe ich mir doch gedacht; **a suspected case of cholera** ein Fall, bei dem Choleraverdacht besteht

sus·pend [sə'spend] ❶ [frei] [auf]hängen *Lampe* (**from** an) ❷ [zeitweilig] einstellen *Erscheinen, Zahlungen* ❸ aussetzen *Verhandlung, Urteil, Rechte;* **be given a suspended sentence** seine Strafe zur Bewährung ausgesetzt bekommen ❹ einziehen *Genehmigung* ❺ suspendieren *Beamten* ❻ [zeitweilig] ausschließen *Schüler* ❼ sperren *Sportler*

sus·pender [sə'spendəʳ] ❶ (GB) Strumpfhalter ❷ **suspenders** (USA) Hosenträger

sus·pense [sə'spens] Spannung; **wait in suspense** gespannt warten; **don't keep me in suspense any longer** spanne mich nicht länger auf die Folter

sus·pen·sion [sə'spenʃn] ❶ [zeitweilige] Einstellung ❷ *von Verein:* [zeitweiliger] Ausschluss ❸ *von Sportler:* Sperre ❹ *von Beamten:* [vorläufige] Suspendierung ❺ (*technisch*) Federung, [Rad]Aufhängung **suspension bridge** Hängebrücke

sus·pi·cion [sə'spɪʃn] ❶ Verdacht, Argwohn (**of, about** gegen); **above suspicion** über jeden Verdacht erhaben; **on [the] suspicion of having done something** unter dem Verdacht, etwas getan zu haben; **be under suspicion** unter Verdacht stehen ❷ (*übertragen*) Andeutung, Spur, Hauch (**of** von)

sus·pi·cious [sə'spɪʃəs] ❶ *Verhalten:* verdächtig ❷ **be suspicious of someone** jemandem gegenüber misstrauisch sein; **be suspicious of** [*oder* **about**] **something** etwas mit Skepsis betrachten

suss [sʌs] (GB) (*umgangsspr*) herausbekommen; **I can't suss him out** bei ihm blicke ich nicht durch

sus·tained [sə'steɪnd] ❶ *Anstrengung:* ausdauernd ❷ *Beifall:* anhaltend

swag·ger ['swægəʳ] stolzieren

swal·low¹ ['swɒləʊ] Schwalbe

swal·low² ['swɒləʊ] ❶ schlucken; (*aus Versehen*) verschlucken ❷ (*übertragen*) schlucken *Beleidigung;* überwinden *Stolz* ▶ IN WENDUNGEN: **that's hard to swallow** das kann man kaum glauben

◆ **swallow up** (*übertragen*) *Nebel:* verschlingen; **I wish the ground would open and swallow me up** ich würde am liebsten in den Boden versinken

swam [swæm] *2. Form von* **swim**

swamp¹ [swɒmp] Sumpf

swamp² [swɒmp] (*auch übertragen*) überschwemmen

swan [swɒn] Schwan

swap¹, **swop** [swɒp] ❶ tauschen; **swap something for something** etwas für etwas eintauschen; **swap places with someone** mit jemandem [die Plätze] tauschen ❷ austauschen *Geschichten, Erinnerungen*

swap², **swop** [swɒp] **do a swap with someone** mit jemandem tauschen

swarm¹ [swɔːm] Schwarm

swarm² [swɔːm] ❶ *Bienen:* schwärmen ❷ **the place was swarming with** dort wimmelte es von

swas·tika ['swɒstɪkə] Hakenkreuz

sway [sweɪ] ❶ schwanken ❷ *Bäume:* sich wiegen ❸ **be easily swayed by someone/something** sich von jemandem/etwas leicht beeinflussen lassen

swear [sweəʳ] <swore, sworn> ❶ schwören ❷ **swear [at someone/something]** [auf [*oder* über] jemanden/etwas] fluchen ❸ **I wouldn't like to swear to it** ich könnte es nicht beschwören

> **? Grammatik** **swear — swore — sworn:**
> *the thief swore to tell the truth; he was sworn on oath.*

◆ **swear by** schwören auf

◆ **swear in** vereidigen *Geschworenen, Zeugen*

swear-word Fluch, Schimpfwort

sweat¹ [swet] ❶ (*auch übertragen*) schwitzen (**with** vor) ❷ (*umgangsspr*) schwer arbeiten

sweat² [swet] ❶ Schweiß ❷ (*umgangsspr*)

Plackerei ③ **no sweat!** (*umgangsspr*) kein Problem!

sweater ['swetəʳ] Pullover **sweat·shirt** Sweatshirt **sweaty** ['swetɪ] verschwitzt; *Hände:* schweißig; **sweaty feet** Schweißfüße

swede [swi:d] (GB) Kohlrübe, Steckrübe

Swede [swi:d] Schwede, Schwedin **Swe·den** ['swi:dn] Schweden

Swe·dish[1] ['swi:dɪʃ] schwedisch

Swe·dish[2] ['swi:dɪʃ] [das] Schwedisch(e)

sweep[1] [swi:p] <swept, swept> ① kehren, fegen ② *Wind:* fegen über ③ **sweep past someone** an jemandem vorbeirauschen ▶ IN WENDUNGEN: **sweep the board** einen vollen Erfolg verbuchen; **sweep under the carpet** unter den Teppich kehren

> **? Grammatik** **sweep — swept — swept:** *Laura swept the kitchen floor; the kitchen has been swept clean.*

◆ **sweep aside** ① wegfegen ② (*übertragen*) vom Tisch fegen

◆ **sweep away** ① wegfegen ② *Lawine:* wegreißen ③ *Flut:* wegschwemmen ④ (*übertragen*) fortraffen, abschaffen

◆ **sweep down** **the mountains sweep down to the sea** die Berge fallen in sanftem Bogen zum Meer hinab

◆ **sweep off** ① *Person:* davonrauschen ② **sweep something off something** etwas von etwas herunterfegen ③ **he was swept off to bed/into hospital** er wurde schnell ins Bett/Krankenhaus gebracht ④ (*auch übertragen*) **be swept off one's feet** umgehauen [*oder* mitgerissen] werden; **she swept him off his feet** sie hat ihm völlig den Kopf verdreht

◆ **sweep out** ① *Person:* hinausrauschen ② **sweep something out** etwas ausfegen, auskehren

◆ **sweep up** ① *Person:* heransausen ② *Straße:* im Bogen hinaufführen ③ zusammenfegen, zusammenkehren *Blätter* ④ hochstecken *Haare*

sweep[2] [swi:p] ① **give something a sweep** etwas kehren/fegen ② Schornsteinfeger(in)

sweeper ['swi:pəʳ] ① Straßenkehrer(in) ② Kehrmaschine ③ (*beim Fußball*) Libero

sweet[1] [swi:t] ① (*auch übertragen*) süß; **sweet dreams!** träum süß!, träum was Schönes! ② lieb, freundlich (**to** gegenüber, zu); **that's very sweet of you** das ist sehr lieb von dir ③ (*umgangsspr*) reizend, goldig *Kind, Lächeln*

sweet[2] [swi:t] ① Süßigkeit ② Süßspeise, Nachtisch ③ (*übertragen*) Liebling ④ **sweets** Süßigkeiten, Bonbons

sweet-and-sour süßsauer **sweet chestnut** Esskastanie **sweet corn** Zuckermais **sweeten** ['swi:tn] süßen, zuckern **sweet·ener** ['swi:tnəʳ] ① Süßstoff ② (*slang*) Bestechungsgeld **sweet·heart** ['swi:thɑ:t] Schatz **sweet·ness** ['swi:tnɪs] Süßigkeit, Süße **sweet tooth** **have a sweet tooth** (*umgangsspr*) gerne Süßes essen

swell[1] [swel] <swelled, swollen *oder* swelled> *Körperteil, Fluss:* anschwellen

> **? Grammatik** **swell — swelled — swollen:** *Helen's finger swelled up; the river is swollen with rain.*

swell[2] [swel] Dünung

swell[3] [swel] (USA) (*umgangsspr*) prima, großartig

swell·ing ['swelɪŋ] Schwellung

swel·ter·ing ['sweltrɪŋ] glühend heiß, schwül

swept [swept] *2. und 3. Form von* **sweep**

swerve [swɜ:v] ① **swerve to the right/left** nach rechts/links [aus]schwenken; **swerve round something** einen Bogen um etwas machen ② *Ball:* **swerve in the air** in der Luft abdrehen

swift [swɪft] schnell, rasch, flink

swim[1] [swɪm] <swam, swum> ① schwimmen ② **swim the Channel** den Ärmelkanal durchschwimmen ③ **my head is swimming** es schwimmt mir alles vor den Augen

swim[2] [swɪm] **have a swim** schwimmen; **go for a swim** schwimmen gehen

swim·mer ['swɪməʳ] Schwimmer(in) **swim·ming** ['swɪmɪŋ] Schwimmen; **I like swimming** ich schwimme gern **swimming baths** Schwimmbad, Hallenbad **swimming cap** Bademütze **swimming costume** Badeanzug **swimming gala** Schwimmwettkampf **swimming pool** ① Schwimmbecken, Swimming-Pool ② (*öffentlich*) Schwimmbad ③ (*drinnen*) Hallenbad ④ (*draußen*) Freibad **swimming trunks** *plural* Badehose **swim·suit** Badeanzug

S

swindle[1] ['swɪndl] **swindle someone out of something** jemanden um etwas betrügen

swindle[2] ['swɪndl] Schwindel, Betrug

swine [swaɪn] <*plural* swine> Schwein

swing[1] [swɪŋ] ❶ (*für Kinder*) Schaukel ❷ Schwung, Schwingen; *von Zeiger:* Ausschlag ❸ (*beim Boxen*) Schwinger; (*beim Golf*) Schwung ❹ (*übertragen*) [Meinungs]Umschwung ❺ (*Rhythmus*) Schwung; (*Musik-, Tanzart*) Swing ▸ IN WENDUNGEN: **get into the swing of things** in Fahrt kommen; **be in full swing** voll im Gange sein

swing[2] [swɪŋ] <swung, swung> ❶ schwingen; **swing to and fro** hin- und herschwingen, pendeln ❷ schlenkern, baumeln, schaukeln ❸ sich schwingen; **he swung himself up onto his horse** er schwang sich auf sein Pferd ❹ (*übertragen*) Schwung haben, auf Zack sein ❺ **swing into action** aktiv werden ❻ **swing open** sich öffnen; **swing shut** zuschlagen ❼ (*übertragen*) umstimmen *Person*

◆ **swing round** ❶ *Person:* sich [schnell] umdrehen, herumfahren ❷ *Auto, Boot, Kran:* herumschwenken ❸ *Zeiger:* ausschlagen ❹ (*übertragen*) *öffentliche Meinung:* umschwenken ❺ **swing someone round** jemanden herumschleudern; (*übertragen*) jemanden umstimmen

◆ **swing to** *Tür:* zuschlagen

swing door Pendeltür

swipe[1] [swaɪp] harter Schlag, Hieb; **take a swipe at someone** nach jemandem schlagen

swipe[2] [swaɪp] ❶ schlagen (**at** nach) ❷ (*umgangsspr*) mopsen, klauen ❸ durch ein elektronisches Lesegerät ziehen *Kreditkarte*

swirl [swɜːl] wirbeln

Swiss[1] [swɪs] Schweizer[...], schweizerisch; **Swiss franc** Schweizer Franken; **Swiss German** Schweizerdeutsch

Swiss[2] [swɪs] Schweizer(in); **the Swiss** ⚠ *plural* die Schweizer

switch[1] [swɪtʃ] ❶ [Licht]Schalter ❷ (*übertragen*) Wechsel; **do** [*oder* **make**] **a switch** tauschen

switch[2] [swɪtʃ] ❶ wechseln, ändern ❷ umschalten *Gerät* (**to** auf) ❸ verlegen, umstellen *Produktion* ❹ lenken *Aufmerksamkeit* (**to** auf) ❺ (*umgangsspr*) tauschen, vertauschen ❻ *Person:* überwechseln (**to** zu)

◆ **switch back** zurückschalten (**to** auf)

◆ **switch off** ❶ ausschalten *Licht* ❷ abschalten *Gerät* ❸ abstellen *Gas, Wasser* ❹ (*übertragen*) *Person:* abschalten

◆ **switch on** ❶ anschalten, einschalten *Licht, Gerät* ❷ anstellen *Gas, Wasser* ❸ (*automatisch*) sich einschalten ❹ *Person:* **be switched on** (*umgangsspr*) auf Draht sein

◆ **switch over** ❶ (*beim Fernsehen*) auf ein anderes Programm umschalten ❷ verlegen, umstellen *Produktion* (**to** auf) ❸ (*übertragen*) *Person:* überwechseln (**to** zu)

◆ **switch round** ❶ [ver]tauschen ❷ umstellen *Möbel*

Swit·zer·land ['swɪtsələnd] die Schweiz

swivel ['swɪvl] sich drehen **swivel chair** Drehstuhl

swol·len ['swəʊlən] *3. Form von* **swell**

swoop[1] [swuːp] ❶ *Person:* sich stürzen (**on** auf) ❷ *Polizei:* eine Razzia machen (**on** in, bei) ❸ **swoop down** *Vogel:* herabstoßen (**on** auf)

swoop[2] [swuːp] ❶ Sturzflug ❷ (*übertragen*) Razzia ❸ **at one** [**fell**] **swoop** mit einem Schlag

swop [swɒp] →**swap**

sword [sɔːd] Schwert

swore [swɔː] *2. Form von* **swear**

sworn [swɔːn] *3. Form von* **swear**

swot[1] [swɒt] GB (*umgangsspr*) ❶ ochsen, büffeln, pauken (**for** für) ❷ **swot up on something** sich über etwas informieren

swot[2] [swɒt] GB (*abwertend*) Streber(in)

swum [swʌm] *3. Form von* **swim**

swung [swʌŋ] *2. und 3. Form von* **swing**

syl·lable ['sɪləbl] Silbe

syl·la·bus ['sɪləbəs] Lehrplan

sym·bol ['sɪmbl] Sinnbild, Symbol, Zeichen (**of** für) **sym·bolic**(**al**) [sɪm'bɒlɪk(l)] symbolisch (**of** für) **sym·bol·ize** ['sɪmbəlaɪz] symbolisieren

sym·met·ri·cal [sɪ'metrɪkl] symmetrisch

sym·me·try ['sɪmətrɪ] Symmetrie

sym·path·etic [ˌsɪmpə'θetɪk] ❶ mitfühlend ❷ verständnisvoll ❸ **be sympathetic to new ideas** für neue Ideen empfänglich sein ❹ **a sympathetic ear** ein offenes Ohr

sym·path·ize ['sɪmpəθaɪz] ❶ mitfühlen, Mitleid haben (**with** mit) ❷ Verständnis haben (**with** für) ❸ sympathisieren (**with**

mit); **sympathize with someone's views** jemandes Meinung teilen

sym·pathy ['sɪmpəθɪ] ① Mitleid, Mitgefühl (**for** mit); **feel** [*oder* **have**] **sympathy for someone** mit jemandem Mitleid haben ② (*im Todesfall*) Beileid; **our deepest sympathies** unser aufrichtiges Beileid ③ Sympathie; **he used to have communist sympathies** er sympathisierte früher mit den Kommunisten; **come out** [*oder* **strike**] **in sympathy** in Sympathiestreik treten

sym·phony ['sɪmfənɪ] Sinfonie

symp·tom ['sɪmptəm] Symptom, Anzeichen (**of** für)

syna·gogue ['sɪnəgɒg] Synagoge

syn·chron·ize ['sɪŋkrənaɪz] **we'd better synchronize** [**our**] **watches** wir sollten Uhrenvergleich machen

syn·onym ['sɪnənɪm] Synonym

syn·thetic [sɪn'θetɪk] ① synthetisch; **synthetic material** Kunststoff ② (*übertragen*) künstlich

syr·inge [sɪ'rɪndʒ] Spritze

syrup ['sɪrəp] ① Sirup ② **cough syrup** Hustensaft

sys·tem ['sɪstəm] ① System ② **railway system** Eisenbahnnetz ③ **I have to get it out of my system** ich muss irgendwie darüber hinwegkommen ④ **all systems go!** jetzt aber voll ran! **sys·tem·atic** [ˌsɪstə'mætɪk] systematisch

Tt

T, t [tiː] <*plural* T's, t's> T, t ▸ IN WENDUNGEN: **to a T** ganz genau, aufs Haar

ta [tɑː] (*umgangsspr*) danke

tab [tæb] ① Lasche ② Schildchen ③ [Karten]Reiter ④ (USA) (*umgangsspr*) Rechnung; **pick up the tab** [die Rechnung] bezahlen ⑤ (USA) Dosenring

table ['teɪbl] ① Tisch; **at the table** am Tisch; **at table** bei Tisch; **lay/clear the table** den Tisch decken/abräumen ② *Personen:* Tisch, [Tisch]Runde ③ Tabelle; **table of contents** Inhaltsverzeichnis; **multiplication tables** Einmaleins ▸ IN WENDUNGEN: **turn the tables** den Spieß umdehen **table·cloth** Tischtuch **table·spoon** ['teɪblspuːn] Esslöffel

tab·let ['tæblɪt] Tablette

table tennis Tischtennis

tab·loid ['tæblɔɪd] (*kleinformatige*) Boulevardzeitung

tack[1] [tæk] ① kleiner Nagel, Stift ② Heftstich ③ *eines Segelboots:* [Kreuz]Schlag

tack[2] [tæk] ① mit Stiften befestigen ② heften ③ *Segelboot:* aufkreuzen, wenden

tackle[1] ['tækl] ① Ausrüstung; **fishing tackle** Angelsportgerät; (*umgangsspr*) Angelzeug ② (*Sport*) Angriff, Tackling

tackle[2] ['tækl] ① (*Sport*) angreifen ② ergreifen, packen *Dieb* ③ anpacken, in Angriff nehmen *Problem, Arbeit* ④ **tackle someone about** [*oder* **over**] **something** jemanden um etwas angehen

tacky ['tækɪ] ① klebrig ② (*umgangsspr*) schäbig, billig, geschmacklos

tact·ful ['tæktfl] taktvoll

tac·ti·cal ['tæktɪkl] taktisch **tac·ti·cian** [tæk'tɪʃn] Taktiker(in) **tac·tics** ['tæktɪks] ⚠ *plural* Taktik

tact·less ['tæktlɪs] taktlos

tad·pole ['tædpəʊl] Kaulquappe

tag[1] [tæg] ① Etikett, Schild[chen]; **name tag** Namensschild; **price tag** Preisschild ② (*am Tier*) Ohrmarke ③ (*Kinderspiel*) Fangen

tag[2] [tæg] ① etikettieren; auszeichnen *Waren* ② **tag after someone** jemandem hinterherlaufen

◆ **tag along** mitgehen, mitkommen

◆ **tag on** [sich] anhängen (**to** an)

tail [teɪl] ① Schwanz; **wag its tail** *Hund:* mit dem Schwanz wedeln ② *eines Kometen:* Schweif ③ **tails** *einer Münze:* Zahl[seite]; **heads or tails?** Kopf oder Zahl? ④ **tails** Frack

◆ **tail back** *Verkehr:* sich stauen

◆ **tail off, tail away** abnehmen, schwächer werden

tail·back ['teɪlbæk] *von Autos:* Rückstau **tail·light** *eines Autos:* Rücklicht

tailor ['teɪlə^{r}] Schneider(in)

take [teɪk] <took, taken> ① nehmen ② mitnehmen ③ **take someone home** jemanden nach Hause bringen [*oder* begleiten] ④ machen *Foto, Prüfung, Reise, Spaziergang*

5 *Lehrer:* unterrichten *Klasse; Schüler:* nehmen *Fach* 6 einnehmen *Arznei* 7 messen *Temperatur* 8 **take someone's picture** jemanden fotografieren 9 annehmen *Stelle* 10 vertragen *Alkohol* 11 (*verkraften*) fertig werden mit *Enttäuschung;* reagieren auf *Nachricht;* **I can't take it any more** ich kann nicht mehr; **I find that hard to take** es fällt mir schwer, das hinzunehmen [*oder* zu verkraften] [*oder* zu ertragen] 12 (*grammatisch*) **'mit' takes the dative** nach ‚mit' steht der Dativ 13 (*einnehmen*) **take a seat** sich setzen, Platz nehmen; **take a deep breath** tief Atem holen 14 **take a look at** einen Blick werfen auf 15 (*in Anspruch nehmen*) **take someone's advice** jemandes Rat folgen; **take legal advice** zum Rechtsanwalt, zur Rechtsberatung gehen 16 **take cover** Schutz suchen, in Deckung gehen 17 **take notes** sich Notizen machen; **take note of something** von etwas Notiz nehmen; **take a note of something** sich etwas notieren; **take notice of** beachten, Notiz nehmen von 18 **take turns** sich abwechseln 19 **take to pieces** auseinander nehmen 20 **take part in** teilnehmen an 21 **take place** stattfinden 22 **take someone's place** an jemandes Stelle treten 23 **take interest in** Interesse haben an 24 **take responsibility for something** die Verantwortung für etwas übernehmen 25 **be taken ill** krank werden 26 (*benötigen*) **it takes 5 hours** man braucht 5 Stunden; **he takes a size nine [shoe]** er hat [Schuh]Größe 9; **that doesn't take much brains** dazu gehört nicht viel Verstand; **take long** lange dauern ▶ IN WENDUNGEN: **take it from me!** glaube mir!; **take it or leave it** wie du willst

> **? Grammatik** **take — took — taken:**
> *Kate took the books back to library; Tom has taken a shower.*

◆ **take after** **take after someone** nach jemandem geraten, jemandem ähnlich sein

◆ **take along** mitnehmen

◆ **take apart** auseinander nehmen

◆ **take away** 1 **take something away from someone** jemandem etwas wegnehmen 2 **take someone away** jemanden wegbringen/abführen 3 (*mathematisch*) abziehen 4 **take away from something** etwas schmälern, mindern

◆ **take back** 1 zurücknehmen 2 zurückbringen *Ware*

◆ **take down** 1 herunternehmen 2 herunterlassen, herunterziehen *Hose* 3 abnehmen *Gardinen, Plakat, Weihnachtsschmuck* 4 abbauen *Gerüst, Zelt* 5 aufschreiben, notieren *Nachricht*

◆ **take for** halten für

◆ **take in** 1 einholen *Wäsche* 2 [bei sich] aufnehmen *Person* 3 enger machen *Kleidungsstück* 4 (*verstehen*) begreifen 5 täuschen, hereinlegen; **be taken in by someone/something** auf jemanden/etwas hereinfallen

◆ **take off** 1 ausziehen *Kleidung;* abnehmen *Hut* 2 abnehmen *Telefonhörer, Deckel* 3 abziehen *Bettwäsche* 4 (*mathematisch*) abziehen, subtrahieren; (*vom Preis*) nachlassen 5 **take someone off** jemanden nachmachen, nachäffen 6 **take someone's mind off something** jemanden von etwas ablenken 7 freinehmen *Tag* 8 *Person:* sich entfernen 9 *Flugzeug:* starten 10 *Springer:* abspringen

◆ **take on** 1 einstellen *Arbeiter* 2 annehmen *Arbeit* 3 auf sich nehmen *Verantwortung* 4 spielen gegen, kämpfen gegen, sich auseinander setzen mit 5 bekommen, annehmen *Farbe, Ausdruck*

◆ **take out** 1 herausnehmen; ziehen *Zahn;* entfernen *Blindarm* 2 hinausbringen; herausfahren *Auto* 3 abheben *Geld* 4 abschließen *Versicherung;* **take out a patent on something** etwas patentieren lassen 5 (USA) mitnehmen *Essen* 6 **take someone out** mit jemandem ausgehen; **take someone out for a meal** [*oder* **to a restaurant**] jemanden zum Essen einladen; **take the dog out for a walk** den Hund ausführen 7 zerstören, töten; (*übertragen*) ausschalten 8 **take it out of someone** jemanden mitnehmen, jemanden schlauchen 9 **take it out on someone** seinen Ärger an jemandem auslassen

◆ **take over** 1 übernehmen *Geschäft, Amt* 2 hinüberbringen *Person* 3 an die Macht, Regierung kommen; (*umgangsspr*) das Heft an sich reißen 4 **take over from someone** jemanden ablösen

◆ **take to** 1 Gefallen finden an; sympathisch finden *Person* 2 Zuflucht nehmen zu 3 **take** to doing something anfangen, etwas zu tun

◆ **take up** ① aufnehmen, hochheben ② hinaufbringen ③ aufnehmen *Flüssigkeit* ④ in Anspruch nehmen *Zeit;* einnehmen *Platz* ⑤ übernehmen *Pflicht* ⑥ aufnehmen *Beschäftigung* ⑦ sich zulegen *Hobby;* **take up pottery** anfangen zu töpfern ⑧ annehmen *Einladung,* aufnehmen *Kredit* ⑨ kürzer machen *Rock* ⑩ eingehen auf *Angelegenheit* ⑪ wieder aufnehmen *Thema* ⑫ aufgreifen *Gedanken, Thema* ⑬ fördern, sich einsetzen für *Sache* ⑭ **I'll take you up on that** ich nehme Sie beim Wort ⑮ **be taken up with** beschäftigt sein mit

◆ **take up with** sich anfreunden mit

take·away ['teɪkəweɪ] ① Essen zum Mitnehmen ② Imbissstube, Restaurant für Außer-Haus-Verkauf **take-home pay** ['teɪkhəʊm'peɪ] Nettolohn **taken** ['teɪkn] *3. Form von* **take** **take-off** ['teɪkɒf] ① Start, Abheben ② (*Sport*) Absprung ③ (*umgangsspr*) Nachmachen, Nachahmung; **do a take-off of someone** jemanden nachmachen **take-out** ['teɪkaʊt] (USA) (*slang*) Fertiggericht zum Mitnehmen **take·over** ['teɪk,əʊvəʳ] Übernahme

tak·ings ['teɪkɪŋs] Einnahmen

tale [teɪl] ① Erzählung, Geschichte ② **tell tales** petzen

tal·ent ['tælənt] Talent, Begabung; **to have a talent for** begabt sein für

talk¹ [tɔːk] ① Gespräch, Unterhaltung; **could I have a talk with you?** könnte ich Sie [ein]mal sprechen? ② (*Diskussion*) Aussprache, Besprechung; **hold talks** Gespräche führen ③ Gerede, Geschwätz; **there is talk of** man spricht von, man sagt ④ Vortrag

talk² [tɔːk] ① sprechen, reden (**to, with** mit, **about, of** über, von); **be talked about** [*oder* **of**] ins Gerede kommen ② **talk to me!** sag doch was! ③ **talk to oneself** Selbstgespräche führen ④ **talking of football** da wir gerade vom Fußball sprechen ⑤ **you can talk!** du hast gut reden! ⑥ sprechen *Sprache* ⑦ reden *Unsinn;* **talk sense** vernünftig reden ⑧ **talk politics/sport** über Politik/Sport reden ⑨ **talk shop** fachsimpeln ⑩ **talk someone into doing something** jemanden überreden, etwas zu tun; **talk someone into something** jemandem etwas einreden; **talk someone out of something** jemandem etwas ausreden

◆ **talk back** [scharf] erwidern, antworten, frech sein

◆ **talk down** **talk down to someone** mit jemandem herablassend reden

◆ **talk out** ① **talk someone out of something** jemanden von etwas abbringen ② **talk one's way out of something** sich aus etwas herausreden

◆ **talk over** bereden, besprechen

◆ **talk round** ① **talk someone round** jemanden umstimmen ② **talk round something** um etwas herumreden

◆ **talk through** ① **talk something through** etwas diskutieren ② **talk someone through something** etwas mit jemandem durchsprechen

talka·tive ['tɔːkətɪv] gesprächig, redselig

talker ['tɔːkəʳ] ① Redner(in) ② (*abwertend*) Schwätzer(in) **talking point** Gesprächsgegenstand

tall [tɔːl] hoch; *Person, Tier:* groß

> **! Vorsicht Falle** **tall** wird besonders für die Größe von Personen und schmalen, aufragenden Gegenständen gebraucht: *Tim is tall; the office is that tall building on the corner,* — **high** wird für sehr hohe Objekte gebraucht: *a high shelf/wall/mountain.*

tame¹ [teɪm] ① zahm ② matt, fade, schal ③ langweilig, uninteressant

tame² [teɪm] zähmen

tam·per with ['tæmpəʳ 'wɪð] sich zu schaffen machen an, herumpfuschen an

tam·pon ['tæmpən] Tampon

tan¹ [tæn] [Sonnen]Bräune

tan² [tæn] braun werden

tang [tæŋ] ① penetranter Geruch ② scharfer Geschmack

tan·gent ['tændʒənt] Tangente

tan·ger·ine [,tændʒə'riːn, (USA) 'tændʒəriːn] Mandarine

tan·gible ['tændʒəbl] ① fühlbar, greifbar ② (*übertragen*) *Beweis, Resultat:* greifbar

tangle¹ ['tæŋgl] ① verwirren ② **get tangled [up]** sich verwickeln, sich verwirren, sich verheddern; (*übertragen*) verwickelt werden (**in** in)

tangle² ['tæŋgl] ① Gewirr ② (*übertragen*) Wirrwarr, Durcheinander

tank [tæŋk] ① Tank, Behälter ② Tank, Panzer

tanker ['tæŋkəʳ] ① Tanker, Tankschiff ② Tankerflugzeug ③ Tankwagen ④ Tanklastzug

tanned [tænd] ① *Person:* braun ② *Tierhäute:* gegerbt

tan·ta·liz·ing ['tæntəlaɪzɪŋ] verlockend

tan·trum ['tæntrəm] Wutanfall

tap[1] [tæp] ① Hahn; **cold/hot tap** Kalt-/Warmwasserhahn; **tap water** Leitungswasser ② **on tap** vom Fass; (*übertragen*) verfügbar

tap[2] [tæp] ① anzapfen *Baum* ② anstechen, anzapfen *Fass* ③ abhören, anzapfen *Telefon* ④ erschließen *Markt, Ressourcen*

tap[3] [tæp] klopfen; **tap someone on the shoulder** jemandem auf die Schulter klopfen [*oder* tippen]; **tap one's fingers on the table** mit den Fingern auf den Tisch trommeln; **tap against a door** [leise] anklopfen; **tap one's foot in time to the music** mit dem Fuß den Takt schlagen

tap[4] [tæp] Klopfen; **give someone a tap on the shoulder** jemandem auf die Schulter klopfen; **there was a tap on** [*oder* **at**] **the window** es klopfte an das Fenster

tap-dance[1] ['tæpdɑːns] steppen

tap-dance[2] ['tæpdɑːns] Stepptanz

tape[1] [teɪp] ① Band ② Klebeband, Klebestreifen ③ Tonband, Videoband ④ (*Sport*) Zielband ⑤ **red tape** Bürokratie, Amtsschimmel

tape[2] [teɪp] ① mit einem Band befestigen ② mit einem Klebestreifen verkleben ③ auf Band aufnehmen

tape measure Bandmaß

taper ['teɪpəʳ] spitz zulaufen, sich verjüngen

tape re·corder ['teɪprɪ'kɔːdəʳ] Tonbandgerät **tape re·cord·ing** ['teɪprɪ'kɔːdɪŋ] Bandaufnahme

tar[1] [tɑːʳ] Teer

tar[2] [tɑːʳ] teeren

tar·get[1] ['tɑːgɪt] zielen auf, richten auf

tar·get[2] ['tɑːgɪt] ① (*Sport*) Schießscheibe, Zielscheibe; **be on/off target** treffen/danebengehen ② (*politisch, wirtschaftlich*) Ziel; **sales target** Verkaufsziel; **be on target for something** auf eine Sache zusteuern

tar·iff ['tærɪf] Preisliste

tar·mac ['tɑːmæk] ① Asphalt, Teermakadam ② (*am Flughafen*) [asphaltiertes] Rollfeld

tar·nish ['tɑːnɪʃ] ① stumpf werden lassen *Metall* ② (*übertragen*) beflecken *Namen, Ruf* ③ *Metall:* stumpf werden, anlaufen

tart[1] [tɑːt] ① *Geschmack:* scharf, herb, sauer ② (*übertragen*) *Bemerkung:* beißend, spitz

tart[2] [tɑːt] ① Törtchen ② (*abwertend slang*) Schlampe

tar·tan ['tɑːtn] Schottenmuster

tartar(e) sauce ['tɑːtəʳ sɔːs] Remouladensoße

task [tɑːsk] ① Aufgabe ② **take someone to task** jemanden zurechtweisen (**for, about** wegen) **task force** Sondereinheit

taste[1] [teɪst] ① kosten, versuchen *Speise* ② [ab]schmecken ③ (*übertragen*) erfahren, erleben ④ *Speise:* schmecken (**of** nach)

taste[2] [teɪst] ① *einer Speise:* Geschmack; **have no taste** nach nichts schmecken ② (*übertragen*) Geschmack; **in good taste** geschmackvoll; **in bad** [*oder* **poor**] **taste** geschmacklos; **to someone's taste** nach jemandes Geschmack; **taste in music** musikalischer Geschmack; **add salt to taste** salzen nach Belieben ③ [**sense of**] **taste** Geschmackssinn ④ Kostprobe; **have a taste – what do you think?** probieren Sie mal – was meinen Sie dazu? ⑤ (*übertragen*) Vorgeschmack; **a taste of things to come** ein Vorgeschmack dessen, was noch kommt ⑥ **have a taste for something** (*übertragen*) eine Vorliebe für etwas haben

taste·ful ['teɪstfl] geschmackvoll **taste·less** ['teɪstlɪs] ① fade, nach nichts schmeckend ② (*übertragen*) geschmacklos **tasty** ['teɪstɪ] ① wohlschmeckend ② (*slang*) interessant

tat·too[1] [tə'tuː] tätowieren

tat·too[2] [tə'tuː] Tätowierung

tatty ['tætɪ] (*umgangsspr*) schäbig

taught [tɔːt] *2. und 3. Form von* **teach**

Taurus ['tɔːrəs] (*Sternzeichen*) Stier

taut [tɔːt] ① *Seil:* gespannt, straff ② *Gesicht:* angespannt

tav·ern ['tævən] Schenke

tax[1] [tæks] ① besteuern ② (*übertragen*) strapazieren *Geduld, Kräfte*

tax[2] [tæks] Steuer, Abgabe (**on** auf); **after tax** netto, nach Steuern; **before tax** brutto, vor Steuern; **exempt from** [*oder* **free of**] **tax** steuerfrei

tax·able [tæksəbl] steuerpflichtig **tax·ation** [tæk'seɪʃn] Besteuerung, Steuern **tax-free** steuerfrei

taxi[1] ['tæksɪ] Taxe, Taxi

taxi² ['tæksɪ] *Flugzeug:* rollen; **taxi to a standstill** ausrollen

taxi-driver Taxifahrer(in) **taxi rank**, **taxi stand** Taxistand

tax·payer ['tæks,peɪəʳ] Steuerzahler(in) **tax return** Steuererklärung

tea [tiː] Tee; **have tea** Tee trinken; **make [the] tea** Tee zubereiten; **a cup of tea** eine Tasse Tee; **three teas please** dreimal Tee bitte ▸ IN WENDUNGEN: **not my cup of tea** (*umgangsspr*) nicht mein Fall

> **i Land & Leute** **Tea** trinkt man in Großbritannien gewöhnlich stark und mit frischer Milch und nach Belieben auch mit Zucker.

tea bag Teebeutel **tea break** Teepause

teach [tiːtʃ] <taught, taught> ① lehren, unterrichten ② **teach someone to do something** jemandem etwas beibringen ③ **this has taught him a lot** er hat viel daraus gelernt; **that'll teach you!** das wird dir eine Lehre sein!; **teach someone a lesson** jemandem eine Lektion erteilen

> **? Grammatik** **teach — taught — taught:** *Mrs King taught history in our school; Spanish was not taught in my school.*

teacher ['tiːtʃəʳ] Lehrer(in) **teach·ing** ['tiːtʃɪŋ] ① Unterricht ② Lehrberuf ③ **teaching[s]** Lehre[n]

tea cloth ['tiːklɒθ] Geschirrtuch **tea cosy** ['tiːkəʊzɪ] Teewärmer **tea·cup** ['tiːkʌp] Teetasse; **a storm in a teacup** ein Sturm im Wasserglas **tea·leaf** ['tiːliːf] Teeblatt

team [tiːm] ① (*Sport*) Mannschaft, Team ② Arbeitsgruppe, Team ③ *von Ochsen, Pferden:* Gespann

◆ **team up** sich zusammentun (**with** mit)

team-mate Mannschaftskamerad(in) **team spirit** Mannschaftsgeist, Teamgeist **team-work** Gemeinschaftsarbeit, Teamwork

tea·pot ['tiːpɒt] Teekanne

tear¹ [teəʳ] <tore, torn> ① **tear something** etwas zerreißen ② **tear to pieces** [*oder* **bits**] in Stücke reißen ③ **tear a hole in something** ein Loch in etwas reißen ④ **tear something open** etwas aufreißen; **tear here** hier aufreißen/abtrennen ⑤ **tear one's fingernail** sich einen Fingernagel einreißen ⑥ [heraus]reißen (**from** aus), wegreißen (**from** von) ⑦ **tear one's hair [out]** sich die Haare raufen ⑧ (*übertragen*) [auf]spalten, zersplittern; **be torn between two things** zwischen zwei Dingen hin- und hergerissen sein ⑨ *Material:* [zer]reißen ⑩ *Muskel:* reißen ⑪ *Person:* rasen, sausen; **tear off** losrasen; **tear past** vorbeirasen

> **? Grammatik** **tear — tore — torn:** *Dave tore the paper into small pieces; this picture was torn out of a magazine.*

◆ **tear along** **he tore along the street** er raste die Straße hinunter

◆ **tear apart** ① auseinander reißen ② (*übertragen*) auseinander nehmen

◆ **tear away** ① losreißen, wegreißen; **he couldn't tear himself away from the paper** er konnte sich nicht von der Zeitung losreißen ② *Person:* davonrasen

◆ **tear down** ① abreißen *Haus* ② herunterreißen *Plakat* ③ **tear down the street** die Straße hinunterrasen

◆ **tear off** ① abreißen ② sich vom Leib reißen *Kleider* ③ *Person:* davonrasen

◆ **tear out** [her]ausreißen

◆ **tear up** ① zerreißen *Papier* ② aufreißen *Straße*

tear² [tɪəʳ] Träne; **in tears** in Tränen [aufgelöst]; **burst into tears** in Tränen ausbrechen

tear³ [teəʳ] Riss

tear·away ['teərəweɪ] Schlingel

tear·ful ['tɪəfl] ① *Person:* weinend ② *Abschied:* tränenreich, traurig ③ *Gesicht:* tränenüberströmt **tear-gas** Tränengas **tear-jerker** ['tɪə ,dʒɜːkəʳ] (*umgangsspr*) sentimentaler Film, Schnulze

tea·room ['tiːrʊm] Teestube

tease [tiːz] ① hänseln, necken (**about** wegen) ② ärgern, reizen *Tier* ③ **he gets teased at school** er wird in der Schule gehänselt

tea·spoon ['tiːspuːn] Teelöffel **tea strainer** Teesieb

teat [tiːt] ① *eines Säugetiers:* Zitze ② *einer Flasche:* Sauger

tea·time ['tiːtaɪm] Teestunde **tea towel** Geschirrtuch

tech·ni·cal ['teknɪkl] ① technisch ② fachlich, Fach-; **technical term** Fachausdruck

tech·ni·cian [tek'nɪʃn] Techniker(in) **tech·nique** [tek'niːk] Technik, Verfahren

tech·nol·ogy [tekˈnɒlədʒɪ] Technologie, Technik

teddy (bear) [ˈtedɪbeəʳ] Teddy[bär]

teen·ager [ˈtiːneɪdʒəʳ] Teenager, Jugendliche(r)

teens [tiːnz] *plural* **she is still in her teens** sie ist noch im Teenageralter

tee-shirt [ˈtiːʃɜːt] T-Shirt

teeth [tiːθ] *Pluralform von* **tooth** **teethe** [tiːð] zahnen

tee·total [tiːˈtəʊtl, USA ˈtiːtəʊtl] abstinent

tele·com·muni·ca·tions [ˈtelɪkəˌmjuːnɪˈkeɪʃnz] ⚠ *mit Singular* Telekommunikation, Fernmeldewesen

tele·gram [ˈtelɪgræm] Telegramm

te·lepa·thy [tɪˈlepəθɪ] Telepathie, Gedankenübertragung

tele·phone[1] [ˈtelɪfəʊn] Telefon; **by telephone** telefonisch; **by** [*oder* **over**] **the telephone** telefonisch; **where is Peter? – he's on the telephone** wo ist Peter? – er telefoniert gerade; **answer the telephone** ans Telefon gehen; **your mother is on the telephone** deine Mutter ist am Apparat; **he is wanted on the telephone** er wird am Telefon verlangt

tele·phone[2] [ˈtelɪfəʊn] ❶ anrufen, telefonieren; **telephone someone** jemanden anrufen ❷ telefonisch durchgeben *Nachricht*

telephone book, telephone directory Telefonverzeichnis, Telefonbuch **telephone booth, telephone box** Telefonzelle **telephone call** [Telefon]Anruf, Telefongespräch **telephone number** Telefonnummer, Rufnummer

tele·photo lens [ˌtelɪˈfəʊtəʊ ˈlens] Teleobjektiv

tele·scope [ˈtelɪskəʊp] Teleskop, Fernrohr

tele·vise [ˈtelɪvaɪz] im Fernsehen übertragen; **televised debate** Fernsehdebatte

tele·vi·sion [ˈtelɪˌvɪʒn] ❶ Fernsehen; **watch television** fernsehen; **be on television** im Fernsehen kommen; **see something on television** etwas im Fernsehen sehen ❷ **television** [**set**] Fernseher, Fernsehapparat

television camera Fernsehkamera **television program(me)** Fernsehprogramm

tell [tel] <told, told> ❶ sagen *Adresse, Namen;* **tell someone the time** jemandem sagen, wie spät es ist; **tell the truth** die Wahrheit sagen; **to tell the truth** ehrlich gesagt; **I told you** ich habe es Ihnen doch gesagt; **you are telling me!** wem sagen Sie das! ❷ erzählen, berichten *Geschichte, Neuigkeit* (**of** von, **about** über), mitteilen; **tell lies** lügen ❸ erkennen, feststellen; **I cannot tell who it is from this distance** aus dieser Entfernung kann ich nicht erkennen, wer es ist; **tell in advance** voraussagen; **tell the time** *Kind:* die Uhr kennen ❹ unterscheiden, auseinander halten; **it's difficult to tell them apart** es ist schwierig, sie auseinander zu halten ❺ (*anweisen*) sagen; **tell someone** [**not**] **to do something** jemandem sagen, dass er etwas [nicht] tun soll; **I thought I told you to go to bed** ich habe dir schon einmal gesagt, du sollst ins Bett gehen ❻ **all told** alles in allem ❼ **how can I tell?** wie soll ich das wissen?; **who can tell?** wer kann das sagen?, wer will das wissen?; **you never can tell** man kann nie wissen ❽ **tell against someone/something** sich nachteilig für jemanden/auf eine Sache auswirken

◆ **tell apart** auseinander halten

◆ **tell off** ausschimpfen (**for** wegen)

◆ **tell on** **tell on someone** jemanden verraten [*oder* verpetzen]

tell·ing[1] [ˈtelɪŋ] ❶ *Argument:* schlagend; **with telling effect** mit durchschlagender Wirkung ❷ *Antwort:* aufschlussreich

tell·ing[2] [ˈtelɪŋ] **there is no telling what may happen** man weiß nie, was [alles] passieren kann; **that would be telling** das verrate ich dir nicht

tell·ing-off [ˈtelɪŋˈɒf] Standpauke

tell·tale[1] [ˈtelteɪl] Petze(r)

tell·tale[2] [ˈtelteɪl] verräterisch

telly [ˈtelɪ] (*umgangsspr*) ❶ Fernsehen ❷ Fernseher

temp [temp] (*umgangsspr*) Zeitarbeiter(in); **work as a temp** als Aushilfskraft arbeiten

tem·per [ˈtempəʳ] Laune, Stimmung; [**bad**] **temper** Wut; **be in a temper** wütend sein; **get** [*oder* **fly**] **into a temper about** ärgerlich werden über; **keep** [*oder* **control**] **one's temper** sich beherrschen; **lose one's temper** die Geduld verlieren

tem·pera·men·tal [ˌtemprəˈmentl] launisch

tem·pera·ture [ˈtemprətʃəʳ] Temperatur; **have** [*oder* **run**] **a temperature** Fieber haben; **take someone's temperature** bei jemandem Fieber messen

tem·pest ['tempɪst] Sturm

temple[1] ['templ] (*Kultstätte*) Tempel

temple[2] ['templ] (*Kopfteil*) Schläfe

tem·por·ar·ily ['temprərəlɪ, USA ˌtempə'rerəlɪ] vorübergehend

tem·por·ary ['temprərɪ, USA 'tempərerɪ] ① vorübergehend, zeitweilig; **temporary work** Zeitarbeit ② *Konstruktion, Maßnahme:* provisorisch

tempt [tempt] ① versuchen, verlocken; **tempt someone into doing something** jemanden dazu verführen, etwas zu tun; **be tempted to do something** versucht sein, etwas zu tun ② **tempt fate** das Schicksal herausfordern **temp·ta·tion** [temp'teɪʃn] Versuchung; **lead into temptation** in Versuchung führen **temp·ting** ['temptɪŋ] verführerisch; *Angebot:* verlockend

ten[1] [ten] zehn

ten[2] [ten] Zehn

ten·ant ['tenənt] Pächter(in), Mieter(in)

tend [tend] **he tends to come early** er kommt meistens früh **ten·dency** ['tendənsɪ] (*übertragen*) Hang, Neigung, Tendenz (**to, towards** zu); **have a tendency to do something** dazu neigen, etwas zu tun

ten·der[1] ['tendə^{r}] **tender exact fare** Fahrgeld abgezählt bereithalten

ten·der[2] ['tendə^{r}] ① *Körperteil:* empfindlich ② *Fleisch:* zart ③ *Blick, Zuwendung:* zärtlich, liebevoll

ten·don ['tendən] Sehne

ten·fold ['tenfəʊld] zehnfach

ten·nis ['tenɪs] Tennis; **tennis court** Tennisplatz; **tennis player** Tennisspieler(in); **tennis racket** Tennisschläger

tenor ['tenə^{r}] Tenor

tenpin bowling ['tenpɪn 'bəʊlɪŋ] Bowling

tense[1] [tens] ① *Gesicht, Muskel, Stille:* angespannt ② *Lage:* gespannt ③ *Person:* [über]nervös

tense[2] [tens] Tempus, Zeit[form]; **present tense** Gegenwart; **past tense** Vergangenheit; **future tense** Zukunft

ten·sion ['tenʃn] ① (*technisch*) Spannung; **high tension** Hochspannung ② (*übertragen*) Anspannung

tent [tent] Zelt; **tent peg** Zeltpflock, Hering; **tent pole** Zeltstange

ten·tacle ['tentəkl] Fangarm

tenth[1] [tenθ] zehnte(r, s)

tenth[2] [tenθ] ① Zehnte(r, s) ② (*Bruchteil*) Zehntel

tepid ['tepɪd] lau[warm]

term [tɜːm] ① Dauer, Zeitraum; *eines Vertrags:* Laufzeit; **in the long term** auf lange Sicht, langfristig; **in the short term** auf kurze Sicht, kurzfristig ② (*an Schule, Hochschule*) Trimester, Semester ③ Ausdruck, [Fach]Begriff; **in terms of …** was … betrifft ④ **terms** *plural* Verhältnis, Beziehung; **be on good/bad terms with someone** zu jemandem ein gutes/schlechtes Verhältnis haben; **come to terms with someone** sich mit jemandem einigen; **come to terms with a situation** sich mit einer Situation abfinden; **we are not on speaking terms** wir sprechen nicht miteinander ⑤ **terms** *plural* Bedingungen; **on easy terms** zu günstigen Bedingungen

ter·minal[1] ['tɜːmɪnl] unheilbar

ter·minal[2] ['tɜːmɪnl] ① (*am Flughafen, Bahnhof, Kai*) Terminal ② (*für [Reise]Busse, Züge*) Endstation ③ (*Computer*) Terminal ④ *einer Batterie:* Pol

ter·min·ate ['tɜːmɪneɪt] ① **terminate something** etwas beenden ② lösen *Vertrag* ③ unterbrechen *Schwangerschaft* ④ enden (**in** auf) ⑤ *Vertrag:* ablaufen

ter·mi·nus ['tɜːmɪnəs] Endstation

ter·race ['terəs] ① Terrasse ② Häuserreihe ③ **terraces** (*Sport*) Ränge **ter·raced house** ['terəst'haʊs] Reihenhaus

ter·rible ['terəbl] schrecklich, furchtbar, fürchterlich **ter·ribly** ['terəblɪ] furchtbar, fürchterlich, schrecklich

ter·rific [tə'rɪfɪk] ① *Idee, Party:* sagenhaft, toll ② *Kraft, Geschwindigkeit, Spaß:* unheimlich, enorm, Mords-

ter·rify ['terɪfaɪ] **terrify someone** jemandem schreckliche Angst einjagen, jemanden in Angst und Schrecken versetzen; **be terrified [of something]** fürchterliche Angst [vor einer Sache] haben; **a terrified look** ein angsterfüllter Blick **ter·rify·ing** ['terɪfaɪɪŋ] erschreckend, grauenvoll

ter·ri·tory ['terɪtrɪ, USA 'terɪtɔːrɪ] ① [Staats]Gebiet, Territorium ② *eines Tiers:* Revier

ter·ror ['terə^{r}] ① Entsetzen, Schreck[en]; **in terror** in panischer Angst ② (*politisch*) Terror ③ (*Kind*) Satansbraten **ter·ror·ism** ['terərɪzəm] Terrorismus; **act of terrorism**

T

Terrorakt **ter·ror·ist** ['terərɪst] Terrorist(in) **ter·ror·ize** ['terəraɪz] terrorisieren

test[1] [test] ❶ Probe, Prüfung, Test, Untersuchung, Versuch; **put to the test** auf die Probe stellen; **take a test** eine Prüfung ablegen, sich einer Prüfung unterziehen; **blood test** Blutprobe; **driving test** Fahrprüfung ❷ Klassenarbeit

test[2] [test] ❶ testen *Augen, Gehör, Intelligenz* ❷ untersuchen *Wasser;* **test for something** auf etwas hin untersuchen ❸ erproben *Medikament* ❹ prüfen *Schüler*

tes·ta·ment ['testəmənt] Testament

test drive Probefahrt

tes·ticle ['testɪkl] Hoden

tes·tify ['testɪfaɪ] ❶ **testify to something** etwas bezeugen ❷ **testify against someone** gegen jemanden aussagen; **testify on someone's behalf** zu jemandes Gunsten aussagen; **refuse to testify** die Aussage verweigern

tes·ti·mony ['testɪmənɪ] [Zeugen]Aussage

test·ing[1] ['testɪŋ] [Über]Prüfung, Erprobung

test·ing[2] ['testɪŋ] hart, schwierig

test tube Reagenzglas

teta·nus ['tetənəs] Tetanus, [Wund]Starrkrampf

tether ['teðə^r] ► IN WENDUNGEN: **be at the end of one's tether** am Ende seiner Kräfte [*oder* Geduld] sein

text [tekst] Text **text·book** ['tekstbʊk] Lehrbuch

tex·tile ['tekstaɪl] ❶ Stoff ❷ **textiles** Textilien, Textilwaren

Thames [temz] Themse

than [ðən, ðæn] als

thank [θæŋk] ❶ **thank someone [for something]** jemandem [für etwas] danken, sich bei jemandem [für etwas] bedanken; **thank you** danke; **thank you very much** vielen Dank; **no, thank you** nein, danke ❷ **have [only] oneself to thank for something** etwas sich selbst zuzuschreiben haben **thank·ful** ['θæŋkfl] ❶ froh ❷ dankbar **thank·fully** ['θæŋkflɪ] glücklicherweise, zum Glück **thank·less** [θæŋklɪs] undankbar

thanks [θæŋks] *plural* ❶ Dank; **thanks very much!** danke [schön]! vielen Dank! ❷ **thanks to** dank; (*negativ*) wegen

thanks·giv·ing [ˌθæŋks'gɪvɪŋ] Danksagung; **Thanksgiving Day** (USA) Thanksgiving Day (*letzter Donnerstag im November*) ≈ Erntedankfest

> **i Land & Leute** Einer der höchsten Feiertage in den USA ist **Thanksgiving** (Erntedank) und wird am vierten Donnerstag im November gefeiert. Man trifft sich mit seiner Familie zu einem Festessen, bei dem es traditionell **stuffed turkey** (= gefüllten Truthahn), **cranberry sauce** (= Preiselbeersoße), **sweet potato** (= Süßkartoffeln) und **corn** (Mais) gibt. Der erste Thanksgiving Day wurde 1621 von den ‚Pilgrims' in Plymouth Colony gefeiert. Sie hatten schwere Zeiten überlebt und wollten Gott dafür danken.

thank-you ['θæŋkjuː] Dankeschön; **without even a thank-you** ohne ein Wort des Dankes

that[1] [ðæt, ðət] <*plural* those> ❶ das; **what is that?** was ist das? ❷ (*hinweisend*) das da, jenes ❸ **be not as stupid as that** nicht so dumm sein ❹ **like that** so ❺ **that's it!** das ist es! richtig! das wär's! ❻ **after/before/over that** danach/davor/darüber

that[2] [ðæt, ðət] <*plural* those> ❶ der, die, das, jene(r, s); **that poor dog** der arme Hund; **what about that car of yours?** was ist mit deinem Auto? ❷ (*umgangsspr*) **I was that pleased** ich habe ich mich so gefreut

that[3] [ðæt, ðət] der, die, das; **everything/nothing that** alles/nichts, das; **the man that told me** der Mann, der mir erzählte; **the minute that he arrived** in dem Augenblick, als er ankam

that[4] [ðæt, ðət] dass; **I told you that I couldn't come** ich habe dir gesagt, dass ich nicht kommen kann

thatch [θætʃ] mit Stroh decken; **thatched roof** Strohdach

thaw[1] [θɔː] ❶ [auf]tauen ❷ (*übertragen*) auftauen

thaw[2] [θɔː] (*auch übertragen*) Tauwetter

the [ðə, *vor Vokal, betont* ðiː] ❶ *bestimmter Artikel* der, die, das ❷ **the … the …** je … desto …; **the earlier the better** je eher, desto besser ❸ **all the better/worse** umso besser/schlimmer ❹ **play the piano** Klavier spielen

the·atre ['θɪətə^r], (USA) **the·ater** ['θiːətə^r]

① Theater, Schauspielhaus; **go to the theatre** ins Theater gehen ② **lecture theatre** Hörsaal ③ **operating theatre** Operationssaal ④ *(übertragen)* Schauplatz **theatre·goer** ['θɪətə^r^gəʊə^r^] Theaterbesucher(in)

theft [θeft] Diebstahl

their [ðeə^r^] ihr; **everyone knows their duty** jeder kennt seine Pflicht

theirs [ðeəz] ihre(r, s), der, die, das Ihre, Ihrige; **a friend of theirs** einer ihrer Freunde, ein Freund von ihnen; **it's theirs** es gehört ihnen

them [ðem, ðəm] ① sie; **can you give them to me?** gibst du sie mir? ② ihnen; **of them** ihrer; **that's them** das sind sie; **with their children around them** mit ihren Kindern um sich

theme [θiːm] Thema **theme music** Titelmusik **theme park** Themenpark

them·selves [ðəm'selvz] ① sich ② *betont* [sie] selbst; **they ... themselves** sie ... selbst; **to themselves** für sich [allein] ③ **[all] by themselves** [ganz] allein, ohne Hilfe; **they'll do it themselves** sie machen es selbst

then¹ [ðen] ① dann; **before then** zuvor; **by/until then** bis dahin; **[every] now and then** dann und wann; **from then onwards** von da an; **what then?** was dann? ② damals, da; **I was better at maths then** damals war ich in Mathe besser ③ außerdem, ferner; **then I'd like two pounds of carrots please** dann hätte ich noch gerne zwei Pfund Karotten bitte ④ in d[ies]em Fall, folglich; **so then I decided to stay** folglich beschloss ich zu bleiben

then² [ðen] damalig; **my then best friend Joan** meine damalige beste Freundin Joan

the·ol·ogy [θɪ'ɒlədʒɪ] Theologie

the·or·eti·cal [θɪə'retɪkl] theoretisch

the·ory ['θɪərɪ] Theorie; **in theory** theoretisch; **theory of relativity** Relativitätstheorie **thera·pist** ['θerəpɪst] Therapeut(in)

ther·apy ['θerəpɪ] Therapie, Behandlung

there¹ [ðeə^r^] ① dort, da, dorthin, dahin; **there you are!** da sind Sie [bist du] ja!; **here and there** hier und da, gelegentlich; **over there** dort drüben ② **there is/are** es ist/sind, es gibt; **there is no one there** es ist niemand da ③ **there you are!** da hast du's [haben Sie's]! ④ **there and then** auf der Stelle

there² [ðeə^r^] nanu! na also! da haben wir es!; **there, that's enough** so, nun ist's aber genug!

there·about(s) ['ðeərəbaʊt(s)] in der Gegend, so etwa; **at 3 or thereabouts** so um 3 Uhr herum **there·by** [ðeə'baɪ] dadurch

there·fore ['ðeəfɔː^r^] ① deshalb, deswegen ② folglich, also

ther·mal ['θɜːml] **thermal baths** Thermalbäder; **thermal underwear** Thermowäsche **ther·mom·eter** [θə'mɒmɪtə^r^] Thermometer **ther·mos® bottle** ['θɜːməs'bɒtl], **ther·mos® flask** ['θɜːməs'flɑːsk] Thermosflasche **thermo·stat** ['θɜːməʊstæt] Thermostat

these [ðiːz] *Pluralform von* **this**

theses ['θiːsiːz] *Pluralform von* **thesis**

the·sis ['θiːsɪs] <*plural* theses> ① These, Behauptung ② Dissertation, Doktorarbeit ③ Diplomarbeit

they [ðeɪ] ① sie; **they who** diejenigen, welche ② man, es; **they say that ...** man sagt, dass ...

they'd [ðeɪd] *Kurzform von* **they had; they would**

they'll [ðeɪl] *Kurzform von* **they shall; they will**

they're [ðeɪr] *Kurzform von* **they are**

they've [ðeɪv] *Kurzform von* **they have**

thick¹ [θɪk] ① dick ② *Nebel, Haar, Gestrüpp:* dicht ③ *Flüssigkeit, Sahne:* dickflüssig ④ *Luft:* schlecht ⑤ *Akzent:* stark, breit ⑥ *(umgangsspr)* dumm, stupide ⑦ *(umgangsspr)* dick, eng befreundet ⑧ **thick with** voller, voll von

thick² [θɪk] **in the thick of** mitten in; **through thick and thin** durch dick und dünn

thicken ['θɪkən] ① eindicken *Sauce* ② *Nebel:* sich verdichten, dichter werden

thick·ness ['θɪknɪs] ① Dicke, Stärke ② Dichte ③ Dickflüssigkeit ④ Lage, Schicht

thick-skinned [ˌθɪk'skɪnd] *(übertragen)* dickfellig

thief [θiːf] <*plural* thieves> Dieb(in); **stop thief!** haltet den Dieb!

thieves ['θiːvz] *Pluralform von* **thief**

thiev·ing¹ ['θiːvɪŋ] Stehlen

thiev·ing² ['θiːvɪŋ] diebisch

thigh [θaɪ] [Ober]Schenkel

thimble ['θɪmbl] Fingerhut

thin[1] [θɪn] ① dünn ② mager, hager ③ *Gesicht:* schmal ④ *Publikum:* spärlich; **thinly populated** dünn besiedelt ⑤ *Bier:* dünn, wässerig ⑥ (*übertragen*) *Ausrede:* schwach, fadenscheinig

thin[2] [θɪn] ① dünn[er] machen ② verdünnen *Sauce* ③ *Haare:* schütter werden ④ *Nebel:* sich lichten ⑤ *Menschenmenge:* sich verlaufen

◆ **thin out** ① ausdünnen *Haare* ② lichten *Wald* ③ vereinzeln *Pflanzen* ④ *Menschenmenge:* kleiner werden

thing [θɪŋ] ① Ding, Sache, Gegenstand ② (*umgangsspr*) Ding, Dingsda, Dingsbums ③ **things** Sachen, Kleider ▸ IN WENDUNGEN: **among other things** unter anderem; **do one's own thing** (*umgangsspr*) sein Ding machen (*umgangsspr*); **first thing** zuerst, zunächst [einmal]; **first thing in the morning** morgens früh als Erstes; **first things first!** immer schön der Reihe nach!; **for one thing** einmal, vor allem; **just the thing** genau das Richtige; **no such thing** nichts dergleichen; **the real thing** das Richtige; **the very thing** genau das; **a thing like that** so etwas; **have a thing about** eine Schwäche, eine Vorliebe haben für; **he's got a thing about snakes** er kann Schlangen nicht ausstehen; (*fasziniert von*) er ist verrückt auf Schlangen; **it's a funny thing, but …** es ist seltsam, aber …; **that was a near thing!** das ist noch mal gut gegangen; **how are things?** wie geht's?; **I'm going to tell him a thing or two** dem werde ich was erzählen!; **there is no such thing** so was gibt es nicht; **the thing is …** die Sache ist die, …; **the nice thing about it** das Schöne daran; **another thing** noch etwas, etwas anderes; **things are going well** es läuft gut; **think things over** [sich] die Sache überlegen; **you poor thing!** du Arme(r)!; **I must be seeing things!** ich sehe wohl nicht richtig!

think[1] [θɪŋk] <thought, thought> ① denken; **who would have thought it!** wer hätte das gedacht! ② glauben, meinen; **I think you had better do that** ich meine, du solltest das besser tun; **do you think he'll manage?** glauben Sie, er schafft es?; **that's what you think!** das meinst du wohl!; **what do you think?** was meinen Sie [dazu]? ③ sich vorstellen, sich einbilden; **just think** stell dir mal vor ④ halten für, ansehen als; **you must think me rude** Sie müssen mich für unhöflich halten ⑤ **I should think not!** das will ich auch nicht hoffen! ⑥ **think nothing of it!** das ist nicht der Rede wert! ⑦ **think nothing of something** von etwas nichts halten ⑧ denken (**of** an, **about** über); **think aloud** laut denken; **I think so** ich denke schon ⑨ **think of doing something** planen [*oder* beabsichtigen], etwas zu tun; **we are thinking of moving to France** wir tragen uns mit dem Gedanken, nach Frankreich zu ziehen ⑩ nachdenken (**about, on, upon** über); **I've been thinking** ich habe nachgedacht; **it makes you think** das stimmt einen nachdenklich; **let me think** lass mich überlegen; **he wasn't thinking** (*übertragen*) er hat geschlafen ⑪ **think about something** [sich] etwas überlegen, sich etwas durch den Kopf gehen lassen ⑫ halten (**of** von); **think highly** [*oder* **much**] **of** viel halten von ⑬ sich erinnern (**of** an), sich besinnen (**of** auf) ⑭ **think better of something** sich etwas noch mal überlegen; **think twice** [es] sich noch mal überlegen; **act without thinking** unüberlegt handeln

> **?** **Grammatik** **think — thought — thought**: *I never thought Mike would come to the party; have you ever thought what might happen?*

◆ **think about** ① nachdenken über ② sich überlegen ③ **think about doing something** vorhaben, etwas zu tun

◆ **think ahead** vorausdenken

◆ **think back** sich zurückversetzen (**to** in)

◆ **think of** ① denken an; **think of doing something** daran denken, etwas zu tun; **I'll think of something** ich werde mir etwas einfallen lassen ② sich vorstellen; **it's hard to think of a world without poverty** eine Welt, in der es keine Armut gibt, ist kaum vorstellbar ③ sich ausdenken *Idee, Lösung* ④ **what do you think of him/it?** was halten Sie von ihm/davon? ⑤ **I can't think of her name** ich komme nicht auf ihren Namen, mir fällt ihr Name nicht ein

◆ **think out** sich ausdenken, sich gut überlegen

◆ **think over** sich überlegen, nachdenken [über]; **think things over** die Lage überden-

ken
◆ think through durchdenken
◆ think up sich ausdenken
think² [θɪŋk] **have a think about something** sich etwas überlegen, über etwas nachdenken
thinker ['θɪŋkəʳ] Denker(in) think·ing ['θɪŋkɪŋ] **to my [way of] thinking** meiner Meinung nach; **that's wishful thinking** das ist ein frommer Wunsch
third¹ [θɜːd] dritte(r, s)
third² [θɜːd] ① Dritte(r, s) ② Drittel ③ *von Auto:* dritter Gang
third·ly [θɜːdlɪ] drittens third-party insurance Haftpflichtversicherung third-rate [ˌθɜːd'reɪt] drittrangig, minderwertig
thirst [θɜːst] Durst; **die of thirst** verdursten; **thirst for knowledge** Wissensdurst
thirsty ['θɜːstɪ] durstig ▸ In Wendungen: **thirsty for knowledge** begierig nach Wissen, wissbegierig
thir·teen [ˌθɜː'tiːn] dreizehn
thir·teenth¹ [ˌθɜː'tiːnθ] dreizehnte(r, s)
thir·teenth² [ˌθɜː'tiːnθ] ① Dreizehnte(r, s) ② Dreizehntel
thir·ti·eth¹ ['θɜːtɪəθ] dreißigste(r, s)
thir·ti·eth² ['θɜːtɪəθ] ① Dreißigste(r, s) ② Dreißigstel
thirty ['θɜːtɪ] dreißig
this¹ [ðɪs] <*plural* these> ① diese(r, s); **this one is smaller** diese(r, s) ist kleiner ② **this morning/evening/night** heute Morgen/Abend/Nacht; **this time** diesmal; **this time last month** letzten Monat um diese Zeit; **these days** heutzutage; **what are you doing these days?** was machen Sie [so] in letzter Zeit? ③ **come here this minute!** komm sofort hierher!
this² [ðɪs] <*plural* these> ① *substantivisch* dies, das; **what/who is this?** was/wer ist das?; **these are my friends** das sind meine Freunde; **this is to prove …** hiermit wird bewiesen …; **this and that** dieses und jenes; **this is Anna [speaking]** [hier ist] Anna ② **it's like this** es ist so
this³ [ðɪs] so; **this late/much** so spät/viel
thistle ['θɪsl] Distel
thorn [θɔːn] Dorn thorny ['θɔːnɪ] ① dornig ② (*übertragen: schwierig*) heikel
thor·ough ['θʌrə, 'θʌrəʊ] ① *Untersuchung:* gründlich, genau ② *Nervensäge:* ausgemacht thor·ough·fare ['θʌrəfeəʳ] **no thoroughfare!** keine Durchfahrt! thor·ough·ly ['θʌrəʊlɪ] ① *untersuchen:* gründlich ② *durchnässt:* völlig; *erschöpft, verwöhnt:* total; *langweilig:* ausgesprochen; *beschämt:* zutiefst
those [ðəʊz] *Pluralform von* that
though [ðəʊ] ① obgleich, wenn auch; **as though** als ob; **even though** obwohl ② doch; **she did do it though** sie hat es aber doch getan
thought¹ [θɔːt] *2. und 3. Form von* think
thought² [θɔːt] ① [Nach]Denken, Überlegung; **after serious thought, on second thoughts** nach reiflicher Überlegung; **have second thoughts about something** sich etwas noch einmal überlegen; **give some thought to** nachdenken über; **have no thought of doing something** nicht daran denken, etwas zu tun; **don't give it another thought** denken Sie gar nicht daran; **[lost] in thought** in Gedanken [versunken] ② Gedanke; **I've had a sudden thought** mir ist gerade etwas eingefallen; **that's a thought** das ist eine gute Idee ③ Rücksicht; **she has no thought for others** sie nimmt keine Rücksicht auf andere
thought·ful ['θɔːtfl] ① *Person:* nachdenklich ② *Bemerkung:* wohl überlegt ③ aufmerksam, rücksichtsvoll thought·less [θɔːtlɪs] ① gedankenlos, unbesonnen ② rücksichtslos (**of** gegen), unachtsam thought-out [ˌθɔːt'aʊt] **a well thought-out plan** ein wohl durchdachter Plan thought-pro·vok·ing [ˌθɔːtprə'vəʊkɪŋ] geistige Anstöße vermittelnd, anregend
thou·sand¹ ['θaʊznd] tausend; **a thousand times** tausendmal
thou·sand² ['θaʊznd] Tausend; **thousands of birds/pounds** Tausende von Vögeln/von Pfund; **one thousand** eintausend
thou·sandth¹ ['θaʊzntθ] tausendste(r, s)
thou·sandth² ['θaʊzntθ] ① Tausendstel ② Tausendste(r, s)
thrash [θræʃ] ① verprügeln, verdreschen ② (*umgangsspr*) [vernichtend] besiegen, schlagen
◆ thrash about um sich schlagen
◆ thrash out ausdiskutieren
thrash·ing [θræʃɪŋ] ① Tracht Prügel ② (*übertragen*) völlige Niederlage
thread¹ [θred] ① (*auch übertragen*) Faden ② *einer Schraube:* Gewinde
thread² [θred] ① einfädeln *Nadel* ② aufrei-

Tt

hen *Perlen* ③ **thread one's way through [something]** sich [durch etwas] durchschlängeln [*oder* durchwinden]

threat [θret] ① Drohung; **is that a threat?** soll das eine Drohung sein? ② Bedrohung (**to** für), Gefahr (**to** für); **there's a threat of rain** es sieht nach Regen aus

threaten ['θretn] ① **threaten someone [with something]** jemandem [mit etwas] drohen, jemandem [etwas] androhen ② **threaten someone with a knife** jemanden mit einem Messer bedrohen ③ **threaten to do something** [an]drohen, etwas zu tun ④ **the river threatened to burst its banks** der Fluss drohte über die Ufer zu treten ⑤ **be threatened with extinction** vom Aussterben bedroht sein

three[1] [θriː] drei

three[2] [θriː] Drei

three-part ['θriːpɑːt], **three-piece** [ˌθriː'piːs] dreiteilig **three-quarter(s)** [ˌθriː'kwɔːtəʳ(s)] dreiviertel; **three-quarters of an hour** eine Dreiviertelstunde

thresh·old ['θreʃhəʊld] (*auch übertragen*) Schwelle

threw [θruː] *2. Form von* **throw**

thrill[1] [θrɪl] **be thrilled about/at/by something** von etwas begeistert [*oder* hingerissen] sein; **be thrilled to bits** vor Freude ganz aus dem Häuschen sein

thrill[2] [θrɪl] Nervenkitzel; **thrill of emotion** Gefühlswallung

thriller ['θrɪləʳ] Reißer, Krimi **thrill·ing** ['θrɪlɪŋ] ① aufregend ② *Buch, Film:* spannend ③ *Ereignis:* packend

throat [θrəʊt] ① Kehle, Gurgel; **grip someone by the throat** jemanden an der Gurgel packen ② Rachen, Schlund; **clear one's throat** sich räuspern; **sore throat** Halsschmerzen

throb [θrɒb] pochen

throne [θrəʊn] Thron

throttle[1] ['θrɒtl] ① Drosselventil ② **at full throttle** mit Vollgas

throttle[2] ['θrɒtl] ① erdrosseln ② (*übertragen*) unterdrücken

◆ **throttle back, throttle down** ① drosseln ② Gas wegnehmen

through[1] [θruː] ① *räumlich* durch ② *zeitlich* über; **through the night** die Nacht über; **all through her life** ihr ganzes Leben lang; **Monday through Friday** von Montag bis [einschließlich] Freitag ③ *kausal* durch, infolge, mit Hilfe; **through the post** mit der Post

through[2] [θruː] ① durch; **through and through** durch und durch, völlig; **wet through** patschnass ② **carry through** zu Ende bringen ③ **get through** durchkommen ④ **put someone through to someone** jemanden mit jemandem verbinden

through[3] [θruː] ① fertig; **I'm through with him** der ist für mich gestorben ② *Zug:* durchgehend; **through traffic** Durchgangsverkehr; **no through road** Durchfahrt verboten

through·out[1] [θruː'aʊt] ① überall in; **throughout the world** in der ganzen Welt ② während; **throughout his stay** seinen ganzen Aufenthalt über; **throughout his life** sein ganzes Leben lang

through·out[2] [θruː'aʊt] ① überall; **carpeted throughout** ganz mit Teppichboden ausgelegt ② die ganze Zeit [über]

throw[1] [θrəʊ] <threw, thrown> ① werfen (**at** nach); **throw someone something** jemandem etwas zuwerfen ② *Pferd:* abwerfen ③ (*umgangsspr*) **that's totally thrown me** das hat mich total verwirrt [*oder* aus der Fassung gebracht] ④ **throw dice** würfeln ⑤ **throw oneself at someone** (*übertragen*) sich jemandem an den Hals werfen

> **? Grammatik** **throw — threw — thrown**: *she threw the empty carton away; Tom was thrown off the horse.*

◆ **throw away** ① wegwerfen ② verschwenden *Geld* ③ verpassen *Gelegenheit*

◆ **throw back** ① zurückwerfen ② **be thrown back upon** angewiesen sein auf

◆ **throw down** ① hinunterwerfen ② wegwerfen *Waffen*

◆ **throw in** ① einwerfen *Ball, Bemerkung* ② [gratis] dazugeben; **with ... thrown in** mit ... als Zugabe

◆ **throw into** **throw oneself into work** (*übertragen*) sich in die Arbeit stürzen

◆ **throw off** ① abwerfen *Kleider* ② ablegen *Verkleidung* ③ losbekommen *Erkältung* ④ von sich geben *Funken* ⑤ abschütteln *Verfolger* ⑥ **throw someone off the scent** jemanden von der Spur ablenken

◆ **throw on** sich [schnell] überwerfen *Kleidungsstück*

◆ **throw open** ❶ aufstoßen *Tür* ❷ der Öffentlichkeit freigeben *Gebäude*

◆ **throw out** ❶ hinauswerfen *Person* ❷ wegwerfen *Abfall* ❸ ablehnen, verwerfen *Gesetzesvorlage* ❹ äußern *Bemerkung, Gedanken* ❺ abgeben *Hitze* ❻ durcheinander bringen *Berechnungen, Pläne*

◆ **throw together** ❶ zusammenwerfen *Zutaten* ❷ hinhauen, runterschreiben *Aufsatz, Artikel* ❸ zusammenbringen *Leute*

◆ **throw up** ❶ hochwerfen *Ball* ❷ hervorbringen *Führer, Ideen* ❸ aufgeben *Arbeit* ❹ sich entgehen lassen *Gelegenheit* ❺ ausbrechen *Essen* ❻ sich übergeben

throw[2] [θrəʊ] Wurf

throw·away ['θrəʊəˌweɪ] ❶ *Flasche:* Wegwerf-, Einweg-; **throwaway paper cup** Papierbecher zum Wegwerfen ❷ *Bemerkung:* beiläufig

thrower ['θrəʊəʳ] Werfer(in) **throw-in** ['θrəʊɪn] (*Sport*) Einwurf

throw·ing ['θrəʊɪŋ] Werfen; **throwing the hammer/the javelin** Hammerwerfen/Speerwerfen **thrown** [θrəʊn] *3. Form von* **throw**[2]

thru [θruː] (USA) (*umgangsspr*) →**through**

thrush [θrʌʃ] (*Singvogel*) Drossel

thrust [θrʌst] <thrust, thrust> ❶ [heftig, fest] stoßen; **thrust one's hands into one's pockets** die Hände in die Tasche stecken ❷ stecken *Nadel* (**into** in)

thru·way ['θruːweɪ] (USA) Schnellstraße

thud[1] [θʌd] [dumpfer] Schlag, [dumpfes] Geräusch, Bums

thud[2] [θʌd] dumpf aufschlagen (**to** auf)

thug [θʌg] Schläger[typ]

thumb[1] [θʌm] Daumen ▸ IN WENDUNGEN: **be under someone's thumb** unter jemandes Fuchtel stehen; **give something/someone the thumbs up** einer Sache/jemandem grünes Licht geben

thumb[2] [θʌm] ❶ **thumb a lift** [*oder* **ride**] (*umgangsspr*) per Anhalter fahren ❷ **thumb through a book** ein Buch durchblättern; **a well-thumbed book** ein abgegriffenes Buch

thumb index Daumenregister **thumb·nail** ['θʌmneɪl] Daumennagel **thumb·print** Daumenabdruck **thumbtack** (USA) Heftzwecke, Reißnagel

thump[1] [θʌmp] dumpfer Schlag, Bums

thump[2] [θʌmp] ❶ schlagen; **thump** (**on** auf) schlagen ❷ dumpf aufschlagen ❸ *Herz:* heftig pochen (**with** vor)

thun·der[1] ['θʌndəʳ] ❶ Donner ❷ (*übertragen*) Getöse

thun·der[2] ['θʌndəʳ] ❶ donnern ❷ **thunder at someone** jemanden anbrüllen ❸ **thunder something** etwas brüllen

thun·der·clap ['θʌndəklæp] Donnerschlag **thunder·cloud** Gewitterwolke **thun·der·ous** ['θʌndərəs] donnernd **thun·der·storm** ['θʌndəstɔːm] Gewitter

Thurs·day ['θɜːzdɪ] Donnerstag; **on Thursday** am Donnerstag; **on Thursdays** donnerstags

thus [ðʌs] ❶ so, auf diese Weise ❷ folglich ❸ **thus far** so weit

thyme [taɪm] Thymian

tick[1] [tɪk] ❶ *einer Uhr:* Ticken ❷ (*Zeichen*) Häkchen ❸ (*umgangsspr*) Augenblick; **in a tick** gleich, sofort ❹ (*umgangsspr*) Kredit; **buy on tick** auf Pump kaufen ❺ Zecke

tick[2] [tɪk] ❶ *Uhr:* ticken ❷ abhaken *Antwort*

◆ **tick off** ❶ abhaken ❷ (*umgangsspr*) abkanzeln

ticket ['tɪkɪt] ❶ [Eintritts]Karte ❷ [Fahr]Karte, Fahrschein, [Flug]Karte, Ticket ❸ [Gepäck]Schein, Parkschein ❹ **lottery ticket** Lotterielos ❺ Etikett, Schildchen, Preiszettel ❻ (USA) Kandidatenliste, Wahlprogramm ❼ Strafzettel **ticket agency** [Vor]Verkaufsstelle **ticket collector** Fahrkartenkontrolleur(in), Schaffner(in) **ticket counter** Fahrkartenschalter **ticket holder** Karteninhaber(in) **ticket machine** Fahrscheinautomat **ticket office** Fahrkartenschalter

tick·ing-off ['tɪkɪŋ'ɒf] (*umgangsspr*) Anpfiff, Anschnauzer

tickle ['tɪkl] kitzeln **tick·lish** ['tɪklɪʃ] kitz(e)lig

ti·dal ['taɪdl] **tidal energy** Gezeitenenergie; **tidal river** Tidefluss; **tidal wave** Flutwelle

tide [taɪd] ❶ Ebbe und Flut, Gezeiten; **the tide is** [**coming**] **in**/[**going**] **out** es ist Flut/Ebbe; **ebb** [*oder* **low**] **tide** Ebbe, Niedrigwasser; **flood** [*oder* **high**] **tide** Flut, Hochwasser; **at high tide** bei Flut ❷ (*übertragen*) Trend, Strömung; **go** [*oder* **swim**] **against the tide** gegen den Strom schwimmen

tidy[1] ['taɪdɪ] ❶ ordentlich, sauber, aufgeräumt ❷ (*umgangsspr*) **a tidy sum** eine

Tt

nette Summe

tidy² ['taɪdɪ] in Ordnung bringen; **tidy up** aufräumen

tie¹ [taɪ] ❶ binden (**to** an) ❷ zusammenschnüren *Paket* ❸ **tie a knot in something** einen Knoten in etwas machen ❹ (*Sport*) punktgleich sein (**with** mit), unentschieden spielen; **the match was tied** das Spiel war unentschieden ❺ **my hands are tied** (*übertragen*) mir sind die Hände gebunden

> **? Grammatik** **tie — tying — tied — tied:**
> *Kevin is tying his shoe-laces; Lisa tied her pony to the fence; the old suitcase was tied with string.*

◆ **tie back** zurückbinden

◆ **tie down** ❶ festbinden ❷ (*übertragen*) binden (**to** an); festlegen, festnageln *Gesprächspartner;* **he doesn't want to tie himself down** er möchte sich nicht binden, festlegen; **a pet really ties you down** mit einem Haustier ist man angebunden

◆ **tie on** anbinden

◆ **tie up** ❶ verschnüren *Paket;* binden *Schnürsenkel* ❷ anbinden *Tier;* fesseln *Gefangene;* festmachen *Boot* ❸ unter Dach und Fach bringen *Geschäft* ❹ fest anlegen *Kapital* ❺ beschäftigen *Menschen;* auslasten *Maschinen;* **I am tied up tomorrow** morgen bin ich belegt, beschäftigt ❻ **be tied up with something** mit etwas zusammenhängen

tie² [taɪ] ❶ Krawatte, Schlips ❷ Band, Schnur ❸ **ties** *plural* (*übertragen*) [Ver]Bindungen; **family ties** familiäre Bindungen ❹ (*Sport*) Unentschieden; **end in a tie** unentschieden enden/ausgehen

tier [tɪəʳ] ❶ [Sitz]Reihe; (*im Theater*) Rang ❷ (*übertragen*) Stufe; **in tiers** stufenweise

ti·ger ['taɪgəʳ] Tiger

tight [taɪt] ❶ *Deckel, Schraube:* fest [sitzend]; **the cork is too tight** der Korken sitzt zu fest ❷ *Umarmung:* fest ❸ *Kleidungsstück, Platz:* eng ❹ *Kontrolle:* streng ❺ *Seil, Haut:* straff ❻ *Zeit, Geld, Rennen:* knapp ❼ *Lage:* schwierig ❽ (*umgangsspr*) geizig ❾ (*umgangsspr*) blau, besoffen ❿ **airtight/watertight** luftdicht/wasserdicht ⓫ **hold tight** fest halten ⓬ **shut tight** fest zumachen ⓭ **sit tight** sich nicht rühren ⓮ **sleep tight!** schlaf gut!

tighten ['taɪtn] ❶ anziehen *Schraube, Knoten* ❷ straffen *Seil* ❸ enger schnallen *Gürtel* ❹ verschärfen *Bestimmungen* ❺ *Seil:* sich straffen

tights [taɪts] ⚠ *plural* (GB) Strumpfhose

ti·gress ['taɪgrɪs] Tigerin

tile¹ [taɪl] ❶ [Dach]Ziegel ❷ Kachel, Fliese ❸ [Kork]Platte ❹ [Teppich]Fliese

tile² [taɪl] ❶ mit Fliesen belegen *Fußboden* ❷ mit Ziegeln decken *Dach* ❸ kacheln *Wand*

till¹ [tɪl] *zeitlich* bis [zu]; **not till** nicht vor, erst; **till now** bis jetzt; **till then** bis dahin; **till such time as** bis

till² [tɪl] [Laden]Kasse

tiller ['tɪləʳ] [Ruder]Pinne

tilt¹ [tɪlt] ❶ kippen ❷ schräg stellen, schief halten ❸ geneigt, schräg sein

tilt² [tɪlt] ❶ Neigung ❷ [**at**] **full tilt** (*übertragen*) mit aller Gewalt

tim·ber ['tɪmbəʳ] ❶ Bauholz, Schnittholz, Nutzholz ❷ Balken ❸ Nutzwald; **timber!** Baum fällt!

time¹ [taɪm] ❶ Zeit; **time is up** die Zeit ist [her]um, vorbei; **time will tell** kommt Zeit, kommt Rat; **local time** Ortszeit; **a matter of time** eine Frage der Zeit; **spare time** Freizeit; **waste of time** Zeitverschwendung; **time of arrival/of departure** Ankunftszeit/Abflugzeit, Abfahrtszeit; **the time of day** die Tageszeit; **all the time** die ganze Zeit [über]; **at the same time** zur gleichen Zeit, gleichzeitig; **at that time** damals, zu der Zeit; **by that time** bis dahin, unterdessen; **in half the time** in der halben Zeit; **in no time** im Nu; **in time** rechtzeitig; **on time** pünktlich; **do time** (*umgangsspr*) [im Gefängnis] sitzen; **have no time to lose** keine Zeit zu verlieren haben; **have a good time** sich gut unterhalten, sich amüsieren; **make good time** aufholen, ein hohes Tempo haben; **take time** Zeit erfordern; **take your time over it** lassen Sie sich Zeit dazu ❷ Mal; **another time** ein andermal; **at times** manchmal, hin und wieder; **at all times** immer; **every time** jedes Mal; **for the time being** im Augenblick, zur Zeit; **from time to time** von Zeit zu Zeit; **many times, many a time** oft[mals]; **next time** das nächste Mal; **once upon a time** [**there was**] … es war einmal …; **this time** diesmal; **three times** dreimal; **three times three is** [*oder* **equals**] **nine** drei mal drei ist neun ❸ **ask someone the time** jemanden nach der Uhrzeit fragen; **what time do we**

WHAT TIME IS IT?

5:15	It's (a) **quarter past five.**	It's **fifteen minutes past five.**	It's **five fifteen.**
8:25	It's **twenty-five past eight.**	It's **twenty-five minutes past eight.**	It's **eight twenty-five.**
9:30	It's **half past nine.**	It's **nine thirty.**	
11:10	It's **ten past eleven.**	It's **ten minutes past eleven.**	It's **eleven ten** precisely.
11:40	It's **twenty to twelve.**	It's **twenty minutes to twelve.**	It's **eleven forty.**
13:45	It's **(a) quarter to two.**	It's **fifteen minutes to two.**	It's **one forty-five.**
17:55	It's **five to six.**	It's **five minutes to six.**	It's **five fifty-five.**

eat? um wie viel Uhr essen wir? ④ Takt; **beat/keep time** den Takt schlagen/halten ⑤ *meist plural* Zeiten; **in Roman times** in der Römerzeit

? Grammatik **in time** heißt rechtzeitig: *Ben arrived in time for lunch*; — **on time** heißt dagegen pünktlich: *please be on time for my party.*

time[2] [taɪm] ① **time something well** den richtigen Zeitpunkt für etwas aussuchen; **you timed that beautifully** Sie haben genau den richtigen Augenblick gewählt ② stoppen, die Zeit nehmen *mit einer (Stopp)Uhr;* **time yourself to see how long it takes you** sehen Sie auf die Uhr, um herauszufinden, wie lange Sie brauchen ③ messen *Geschwindigkeit* ④ **well-timed** gut getimt *Ball*

time bomb Zeitbombe **time clock** Stechuhr **time difference** Zeitunterschied **time·keeper** ['taɪmˌkiːpəʳ] *(Sport)* Zeitnehmer(in) **time limit** Zeitbeschränkung, Frist; **put a time limit on something** etwas befristen **time·ly** ['taɪmlɪ] rechtzeitig, zur rechten Zeit **time-out** [ˌtaɪm'aʊt] Ⓤⓢⓐ ① *(Sport)* Auszeit ② *(übertragen)* Pause **timer** ['taɪməʳ] Zeitmesser, Schaltuhr **time-sav·ing** ['taɪmˌseɪvɪŋ] Zeit sparend **time·table** ['taɪmˌteɪbl] ① Fahrplan, Flugplan ② Stundenplan ③ *(auf einem Kongress)* Programm **time zone** Zeitzone

timid ['tɪmɪd] furchtsam, ängstlich

tim·ing ['taɪmɪŋ] ① Timing; **that was perfect timing** das kommt gerade richtig ② Zeitmessung, Stoppen

tin [tɪn] ① *(Metall)* Zinn; *(raffiniert)* Weißblech ② Ⓖⓑ [Konserven]Büchse, [Konserven]Dose **tin can** Blechdose **tin·foil** ['tɪnfɔɪl] Stanniol, Alufolie

tinge[1] [tɪndʒ] **tinged with** mit einer Spur von; **tinged with pink** leicht rosa getönt

tinge[2] [tɪndʒ] **with a tinge of** mit einer Spur von

tingle ['tɪŋgl] prickeln, kribbeln (**with** vor)

tinned [tɪnd] **tinned fruit** Obstkonserven; **tinned meat** Büchsenfleisch **tinny** ['tɪnɪ] *Ton:* blechern **tin-opener** ['tɪnəʊpənəʳ] Dosenöffner, Büchsenöffner

tin·sel ['tɪnsl] Lametta

tint [tɪnt] ① Färbung, Tönung ② Farbton

tiny ['taɪnɪ] winzig

tip[1] [tɪp] ① *von Eisberg, Zunge:* Spitze ② Trinkgeld ③ Tipp, Hinweis ④ Ⓖⓑ Schuttabladeplatz, Müllhalde; *(übertragen)* Schweinestall ▸ IN WENDUNGEN: **it's on the tip of my tongue** es liegt mir auf der Zunge

tip[2] [tɪp] ① **tip someone** jemandem ein Trinkgeld geben ② tippen auf, wetten auf, setzen auf *Pferd* ③ kippen, umkippen; schütten *Flüssigkeit, Sand;* **"no tipping"** „Schutt [*oder* Müll] abladen verboten"
◆ **tip back** nach hinten kippen
◆ **tip off** **tip someone off** jemandem einen Tipp [*oder* Wink] geben
◆ **tip out** ① auskippen; ausschütten *Flüssigkeit, Sand* ② herauskippen; *Flüssigkeit:* auslaufen; *Sand:* herausrutschen
◆ **tip over** umkippen
◆ **tip up** ① [um]kippen ② hochklappen *Sitz*

tip-off ['tɪpɒf] *(umgangsspr)* Wink, Tipp

tipsy ['tɪpsɪ] angeheitert, beschwipst

tip·toe[1] ['tɪptəʊ] auf Zehenspitzen gehen

tip·toe[2] ['tɪptəʊ] **on tiptoe** auf Zehenspitzen

tire[1] ['taɪəʳ] ① ermüden, müde machen/werden; **tire of doing something** müde werden, etwas zu tun ② **be tired out** völlig erschöpft sein

tire[2] ['taɪəʳ] Ⓤⓢⓐ Reifen

Tt

tired ['taɪəd] ❶ müde (**with** von) ❷ **tired out** erschöpft ❸ **be tired of something** einer Sache überdrüssig sein; **I'm tired of it** ich habe es satt **tired·ness** ['taɪədnɪs] Müdigkeit **tire·less** ['taɪəlɪs] unermüdlich **tire·some** ['taɪəsəm] lästig, ärgerlich **tir·ing** ['taɪrɪŋ] anstrengend, ermüdend

tis·sue ['tɪʃuː] ❶ (*Zellen*) Gewebe ❷ Papiertaschentuch ❸ **tissue paper** Seidenpapier

tit [tɪt] ❶ (*Vogel*) Meise ❷ (*slang: Brust*) Titte

title ['taɪtl] ❶ *von Buch, Person:* Titel ❷ *eines Kapitels:* Überschrift ❸ (*juristisch*) Rechtsanspruch (**to** auf) **title-holder** (*Sport*) Titelverteidiger(in) **title page** Titelseite **title role** Hauptrolle, Titelrolle

tit·ter[1] ['tɪtəʳ] kichern

tit·ter[2] ['tɪtəʳ] Gekicher

to[1] [tuː] ❶ (*Richtung*) zu; (*bei Ländern, Städten*) nach; **go to school** zur Schule gehen; **go to the theatre/cinema** ins Theater/Kino gehen; **go to America/New York** nach Amerika/New York fahren/fliegen; **to Switzerland** in die Schweiz; **go to bed** ins [*oder* zu] Bett gehen; **come to me!** komm zu mir! ❷ (*Erstreckung*) bis; **children [up] to the age of 10** Kinder bis 10; **[from] 30 to 40** 30 bis 40; **10 kms to Stuttgart** 10 km nach Stuttgart; **to this day** bis auf den heutigen Tag ❸ *als Dativobjekt* **give something to someone** jemandem etwas geben; **I said to myself** ich habe mir gesagt; **sing to oneself** vor sich hin singen; **addressed to me** an mich adressiert ❹ (*Widmung*) an; (*Trinkspruch*) auf ❺ (*Nähe, Berührung*) an; **close to something** dicht an etwas; **nail something to the wall** etwas an die Wand nageln ❻ (*Uhrzeit*) vor; **20 [minutes] to 3** 20 [Minuten] vor 3 ❼ (*Vergleich*) als; **superior to** besser als ❽ (*Beziehung*) zu; **3 goals to 1** 3 zu 1 Toren; **a majority of 5 to 1** eine Mehrheit von 5 zu 1 ❾ pro; **one litre to one person** ein Liter pro Person ▸ IN WENDUNGEN: **to my knowledge** meines Wissens; **to my surprise** zu meiner Überraschung; **to his taste** nach seinem Geschmack

to[2] [tuː] ❶ *zur Bildung des Infinitivs* zu; **to go** gehen ❷ (*Vorhaben*) **I hope to succeed** ich hoffe, Erfolg zu haben; **I want you to do that** ich möchte, dass Sie das tun; **do you want to do that?** möchten Sie das tun? ❸ **to hear you talk one could think…** wenn man dich so reden hört, könnte man meinen…; **to tell the truth** um ehrlich zu sein ❹ **he is not the type to do that** es ist nicht seine Art, so etwas zu tun; **you'll be the first to hear it** Sie werden der Erste sein, der es erfährt ❺ **it's hard to say** es ist schwer zu sagen ❻ *anstelle des vorangegangenen Verbs* **does he want to?** will er denn?; **I would like to but I can't** ich würde ja gerne, aber ich kann nicht

to[3] [tuː] ❶ *Tür:* angelehnt; (*geschlossen*) zu ❷ **to and fro** hin und her, auf und ab

toad [təʊd] Kröte **toad-in-the-hole** [ˌtəʊdɪnðə'həʊl] Würstchen in Pfannkuchenteig

toad·stool ['təʊdstuːl] [Gift]Pilz

toast[1] [təʊst] ❶ (*Brot*) Toast ❷ Trinkspruch, Toast; **propose a toast to someone** einen Toast auf jemanden ausbringen

toast[2] [təʊst] ❶ toasten, rösten ❷ **toast someone** jemandem zutrinken

toaster ['təʊstəʳ] Toaster, Brotröster

toast·rack ['təʊstræk] Toastständer

to·bacco [tə'bækəʊ] Tabak **to·bacco·nist** [tə'bækənɪst] **tobacconist's [shop]** Tabakladen

to-be [tə'biː] **my wife to-be** meine zukünftige Frau

to·bog·gan[1] [tə'bɒgən] [Rodel]Schlitten

to·bog·gan[2] [tə'bɒgən] rodeln, Schlitten fahren

toboggan run Rodelbahn

to·day [tə'deɪ] ❶ heute; **a week today** heute in einer Woche; **a year ago today** heute vor einem Jahr; **today's paper** die Zeitung von heute ❷ **today's youth** [*oder* **the youth of today**] die heutige Jugend [*oder* die Jugend von heute]

tod·dler ['tɒdləʳ] Kleinkind

toe [təʊ] Zehe ▸ IN WENDUNGEN: **be on one's toes** auf Draht sein; **step** [*oder* **tread**] **on someone's toes** jemandem zu nahe treten **toe·nail** Zehennagel, Fußnagel

tof·fee ['tɒfɪ, USA 'tɔːfɪ] Karamelbonbon; **toffee apple** kandierter Apfel

to·gether [tə'geðəʳ] ❶ zusammen (**with** mit) ❷ miteinander, gemeinsam ❸ zugleich, zu gleicher Zeit ❹ **close together** nahe beieinander

toi·let ['tɔɪlɪt] Toilette **toilet paper** Toilettenpapier **toi·let·ries** ['tɔɪlɪtrɪz] *plural* Toilettenartikel; **toiletries bag** Ⓤⓢⓐ Kulturbeutel **toilet roll** Rolle Toilettenpapier

to·ken[1] ['təʊkən] Schein-, Pro-forma-; **token charge** nominelle Gebühr; **token woman** Vorzeige-, Alibifrau

to·ken[2] ['təʊkən] ① Zeichen; **as a token of our appreciation** zum [*oder* als] Zeichen unserer Dankbarkeit ② (*Geschenk*) Andenken, Erinnerung[sstück] ③ [Wert]Marke, Gutschein, Bon

told [təʊld] *2. und 3. Form von* **tell**

tol·er·ance ['tɒlərəns] Toleranz (**of, towards** gegenüber) **tol·er·ant** ['tɒlərənt] tolerant (**of, towards** gegen) **tol·er·ate** ['tɒləreɪt] ① dulden, zulassen ② ertragen, aushalten

toll[1] [təʊl] ① Brückengeld, Wegegeld, Maut, Autobahngebühr ② Ⓤⓢⓐ Fernsprechgebühr ③ **it took a heavy toll of life** es hat viele Menschenleben gekostet; **the death toll** die Zahl der Opfer [*oder* Toten]

toll[2] [təʊl] läuten; **for whom the bell tolls** wem die Stunde schlägt

toll call Ⓤⓢⓐ Ferngespräch **toll-free** Ⓤⓢⓐ gebührenfrei **toll road** gebührenpflichtige Straße, Mautstraße

tom·ato [tə'mɑːtəʊ, Ⓤⓢⓐ tə'meɪtəʊ] <*plural* tomatoes> Tomate **tomato juice** Tomatensaft **tomato ketchup** [Tomaten]Ketchup **tomato soup** Tomatensuppe

tomb [tuːm] Grab[mal]

tom·boy ['tɒmbɔɪ] (*Mädchen*) Wildfang

tomb·stone ['tuːmstəʊn] Grabstein

tom·cat ['tɒmkæt] Kater

to·mor·row [tə'mɒrəʊ] morgen; **tomorrow morning/afternoon/night** morgen früh/Nachmittag/Abend; **tomorrow week** morgen in acht Tagen; **the day after tomorrow** übermorgen; **tomorrow's headlines** die Schlagzeilen von morgen [*oder* die morgigen Schlagzeilen]; **see you tomorrow!** bis morgen!; **this time tomorrow** morgen um diese Zeit

ton [tʌn] Tonne ▶ IN WENDUNGEN: **tons of** eine Menge, Masse; **that/he weighs a ton** das/er ist wahnsinnig schwer

tone [təʊn] ① Ton, Klang; **don't speak to me in that tone [of voice]** ich verbiete mir einen solchen Ton ② Farbton ③ (*Stimmung*) Ton ④ **tone of an event** Niveau einer Veranstaltung **tone deaf** ohne musikalisches Gehör

to·ner ['təʊnə^r] Toner; **toner cartridge** Tonerpatrone

tongs [tɒŋz] *plural* Zange; **a pair of tongs** eine Zange

tongue [tʌŋ] ① Zunge; **stick one's tongue out at someone** jemandem die Zunge herausstrecken; **hold one's tongue** den Mund halten ② Sprache; **native tongue** Muttersprache ▶ IN WENDUNGEN: **tongue in cheek** scherzhaft, ironisch **tongue-twister** ['tʌŋ,twɪstə^r] Zungenbrecher

tonic ['tɒnɪk] ① Tonic[water] ② **it was a real tonic** es hat mir richtig gut getan

to·night [tə'naɪt] ① heute Abend; **see you tonight!** bis heute Abend!; **tonight's performance** die heutige Abendvorstellung ② heute Nacht; **tonight's weather** das Wetter heute Nacht

ton·sil ['tɒnsl] (*im Hals*) Mandel **ton·sil·litis** [,tɒnsɪ'laɪtɪs] Mandelentzündung

too [tuː] ① zu, allzu, gar zu; **too bad** zu schade, bedauerlich; **too much** zu viel; (*umgangsspr*) toll; **it's too much for him** es geht über seine Kräfte ② auch; **me too** ich auch ③ auch noch; **he not only passed the exam but got the top grade too** er hat die Prüfung nicht nur bestanden, sondern auch noch die beste Note bekommen ④ besonders; **none too happy [with]** nicht besonders zufrieden [mit]; **I'm not too sure** ich bin mir nicht ganz sicher

took [tʊk] *2. Form von* **take**

tool [tuːl] (*auch übertragen*) Werkzeug **tool·bag** Werkzeugtasche **tool·box**, **tool-chest** Werkzeugkasten **tool·kit** Werkzeug, Werkzeugausrüstung **tool·shed** ['tuːlʃed] Geräteschuppen

tooth [tuːθ, *plural* tiːθ] <*plural* teeth> Zahn; **have a tooth out** [*oder* Ⓤⓢⓐ **pulled**] sich einen Zahn ziehen lassen; **[set of] false teeth** Gebiss ▶ IN WENDUNGEN: **have a sweet tooth** gern naschen

! Vorsicht Falle **teeth** ist die Pluralform von **a tooth**: *the lion has sharp teeth.*

tooth·ache ['tuːθeɪk] Zahnschmerzen

tooth·brush ['tuːθbrʌʃ] Zahnbürste

i Land & Leute Wenn einem Kind ein Milchzahn ausfällt, ist es in Großbritannien üblich, diesen Milchzahn unter das Kopf-

Tt

kissen zu legen. Die **Tooth Fairy** (Zahnfee) holt ihn dann in der Nacht und hinterlässt dafür eine Münze.

tooth·paste ['tu:θpeɪst] Zahnpasta **tooth·pick** ['tu:θpɪk] Zahnstocher

top^{1} [tɒp] (*Spielzeug*) Kreisel

top^{2} [tɒp] ① oberer Teil, Spitze ② *eines Baums:* Wipfel ③ *eines Bergs:* Gipfel ④ *einer Welle:* Kamm ⑤ *von Möhren:* Kraut ⑥ *eines Tischs, Betts:* Kopfende ⑦ *einer Straße:* oberes Ende ⑧ (*Kleidungsstück*) Top; *eines Kleids, Bikinis:* Oberteil ⑨ Oberfläche; *eines Schranks:* obere Seite ⑩ Deckel, Kappe, [Flaschen]Kapsel ⑪ (*übertragen*) Gipfel, Höhepunkt, höchste Stellung ⑫ **at the top of one's voice** aus vollem Halse ⑬ **at the top of the list/page/table** oben auf der Liste/Seite/Tabelle; **at the top of the stairs/wall** oben auf der Treppe/an der Wand; **at the top of the hill/tree** oben auf dem Berg/Baum ⑭ **from top to bottom** von oben bis unten, von vorn bis hinten; **from top to toe** von Kopf bis Fuß ⑮ **in top [gear]** mit dem höchsten Gang ⑯ **on top** oben; (*übertragen*) obenauf ⑰ **on top of** auf, über; (*übertragen*) über … hinaus; **its getting on top of me** es wächst mir über den Kopf ⑱ **over the top** übertrieben ⑲ **top of the pops** Spitzenreiter [in der Hitparade]

top^{3} [tɒp] ① *Schicht, Stockwerk:* oberste(r, s) ② *Äste, Auszeichnung, Preis, Priorität, Ton:* höchste(r, s); **[at] top speed** [mit] Höchstgeschwindigkeit; *Maschine:* auf Hochtouren; *Person:* im Schnellverfahren ③ *Noten, Schüler, Spieler:* beste(r, s); **top quality** Spitzenqualität

top^{4} [tɒp] ① bedecken; **topped with cream** mit Sahne [obendrauf] ② an der Spitze stehen; **top the bill** Star der Show sein; **top the table** die Tabelle anführen ③ übersteigen; **to top it all** zur Krönung des Ganzen ④ **top oneself** (*slang*) sich umbringen

◆ **top off** abrunden

◆ **top up** auffüllen

top·coat ['tɒpkəʊt] ① Mantel ② oberste Farbschicht **top hat** Zylinder **top-heavy** kopflastig

topic ['tɒpɪk] Thema **topi·cal** ['tɒpɪkl] aktuell

top·less ['tɒplɪs] oben ohne, Oben-ohne-, topless **top-level** Spitzen-

top·ping ['tɒpɪŋ] **with a topping of cream** mit einer Sahnehaube, mit Sahne

topple ['tɒpl] ① umwerfen *Stapel* ② (*übertragen*) stürzen *Regierung* ③ *Stapel, Turm:* kippen ④ **topple over** [um]fallen

top-secret streng geheim

torch [tɔ:tʃ] ① GB Taschenlampe ② Fackel

torch·light ['tɔ:tʃlaɪt] ① Licht der Taschenlampe ② Fackelschein; **torchlight procession** Fackelzug

tore [tɔ:ʳ] *2. Form von* **tear**^{1}

tor·ment^{1} ['tɔ:ment] Qual

tor·ment^{2} [tɔ:'ment] quälen; **be tormented by** [*oder* **with**] **something** von etwas gequält werden

torn [tɔ:n] *3. Form von* **tear**^{1}

tor·nado [tɔ:'neɪdəʊ] <*plural* tornadoes> Wirbelsturm, Tornado

tor·pedo^{1} [tɔ:'pi:dəʊ] <*plural* torpedoes> Torpedo

tor·pedo^{2} [tɔ:'pi:dəʊ] (*auch übertragen*) torpedieren

tor·rent ['tɒrənt] ① Sturzbach ② (*übertragen*) Strom, Flut **tor·ren·tial** [tə'renʃl] *Regen:* wolkenbruchartig

tor·toise ['tɔ:təs] [Land]Schildkröte

tor·ture^{1} ['tɔ:tʃəʳ] ① Folter ② (*übertragen*) Qual

tor·ture^{2} ['tɔ:tʃəʳ] ① foltern ② (*übertragen*) quälen

Tory ['tɔ:rɪ] GB (*politisch*) Konservative(r), Tory

toss^{1} [tɒs] ① Wurf; **toss of a coin** Hochwerfen einer Münze ② [Aus]Losen; **win/lose the toss** beim Losen gewinnen/verlieren

toss^{2} [tɒs] ① werfen *Ball* ② hochwerfen *Münze* ③ [durch Hochwerfen] wenden *Pfannkuchen* ④ *Pferd:* abwerfen *Reiter* ⑤ anmachen *Salat* ⑥ **toss one's head** den Kopf zurückwerfen ⑦ (*mit einer Münze*) **toss for something** etwas auslosen; **toss someone for something** mit jemandem um etwas losen ⑧ **toss and turn** sich [unruhig] hin und her wälzen

◆ **toss about** ① *Person:* sich [unruhig] hin und her wälzen ② *Boot:* **be tossed about** hin und her geworfen werden

◆ **toss up** ① [hoch]werfen ② (*mit einer Münze*) losen (**for** um)

to·tal^{1} ['təʊtl] ① völlig; **total eclipse** totale Finsternis; **total loss** Totalverlust ② gesamt;

total amount Gesamtbetrag

to·tal² ['təʊtl] Gesamtbetrag, Gesamtmenge, [End]Summe; **in total** insgesamt; **what does the total come to?** wie hoch ist der Gesamtbetrag?

to·tal³ ['təʊtl] sich belaufen auf

to·tal·ly ['təʊtəlɪ] völlig

tot·ter ['tɒtəʳ] ❶ *Person:* [sch]wanken, *Baby:* tapsen ❷ (*übertragen*) schwanken

touch¹ [tʌtʃ] ❶ [leichte] Berührung ❷ [**sense of**] **touch** Tastsinn; **be soft to the touch** sich weich anfühlen ❸ **be/keep in touch with** in Verbindung stehen/bleiben mit; **keep in touch!** lass [wieder einmal] von dir hören!; **be out of touch with** nicht mehr in Verbindung stehen mit ❹ **a touch of salt** eine Prise Salz; **a touch of irony** ein Anflug von Ironie; **a touch higher** eine Idee [*oder* ein bisschen] höher ❺ **a personal touch** eine persönliche Note; **a subtle touch** ein raffinierter Einfall; **lose one's touch** [**for something**] das Gefühl [für etwas] verlieren ❻ (*beim Fußball, Rugby*) **in touch** im Aus

touch² [tʌtʃ] ❶ [sich] berühren, streifen ❷ anfassen; **don't touch it!** fass das nicht an! ❸ (*emotional*) rühren; **deeply touched** tief gerührt ❹ **not touch** nicht anrühren *Alkohol* ❺ (*übertragen*) erreichen, heranreichen an; **no one can touch him** niemand kann es mit ihm aufnehmen ❻ (*übertragen*) **they can't touch me** sie können mir nichts anhaben

◆ **touch down** *Flugzeug:* aufsetzen, landen

◆ **touch off** (*auch übertragen*) auslösen

◆ **touch on** berühren, anschneiden, erwähnen *Thema*

◆ **touch up** ❶ auffrischen *Make-up* ❷ retuschieren *Foto* ❸ (*umgangsspr*) befummeln *Person*

◆ **touch upon** kurz berühren, streifen *Thema*

touch·down ['tʌtʃdaʊn] ❶ *eines Flugzeugs:* Landung ❷ (*beim amerikanischen Fußball*) Touchdown

touch·ing ['tʌtʃɪŋ] rührend, ergreifend

touchy ['tʌtʃɪ] ❶ *Person:* empfindlich ❷ *Thema:* heikel, riskant

tough [tʌf] ❶ *Fleisch, Person:* zäh ❷ *Haltung, Konkurrenz:* hart ❸ *Material:* widerstandsfähig, robust ❹ schwierig, schwer; **have a tough time** eine schwere Zeit durchmachen ❺ **it is really tough that …** es ist wirklich hart, dass …; **tough** [**luck**]! Pech! **toughen** ['tʌfn] ❶ härten *Material* ❷ stählen, hart machen *Menschen* ❸ verschärfen *Disziplin, Gesetze* ❹ *Material:* hart werden ❺ *Fleisch:* zäh werden ❻ *Haltung:* sich verhärten

tour¹ [tʊəʳ] ❶ Tour (**of** durch), [Rund]Reise, [Rund]Fahrt; **go on a tour of France** eine Reise durch Frankreich machen; **coach tour** Busreise; **tour guide** Reiseleiter(in); **tour operator** Reiseveranstalter ❷ Rundgang; **make a tour of the building** einen Rundgang durchs Gebäude machen; **guided tour** Führung; **tour guide** Fremdenführer(in); **tour of inspection** [Inspektions]Runde ❸ (*Sport, Theater*) Tournee; **on tour** auf Tournee

tour² [tʊəʳ] ❶ bereisen, reisen durch *Gegend* ❷ einen Rundgang machen durch; besichtigen *Gebäude, Stadt* ❸ (*Sport, Theater*) eine Tournee machen, auf Tournee sein

tour·ism ['tʊərɪzəm] Fremdenverkehr, Tourismus **tour·ist** ['tʊərɪst] Tourist(in); **tourist office** Fremdenverkehrsbüro; **tourist visa** Touristenvisum

tour·na·ment ['tɔːnəmənt, (USA) 'tɜːnəmənt] Turnier

tout [taʊt] Kartenschwarzhändler

tow [təʊ] ❶ ziehen *Anhänger, Wasserskiläufer* ❷ [ab]schleppen *Auto;* **have/take in tow** im Schlepptau haben/ins Schlepptau nehmen; **can we give you a tow?** können wir Sie abschleppen?

to·ward(**s**) [tə'wɔːd(z), (USA) tɔːrd(z)] ❶ auf … zu, nach … zu, in Richtung …; **work towards an agreement** auf eine Vereinbarung hinarbeiten ❷ gegenüber; **his attitude towards his father** seine Haltung seinem Vater gegenüber ❸ *zeitlich* gegen; **towards the end of the week** gegen Ende der Woche ❹ zu; **a contribution towards the costs** ein Beitrag zu den Kosten; **some coursework counts towards your final grade** ein Teil der Arbeiten geht in die Endnote ein

tow·bar ['təʊbɑːʳ] Anhängerkupplung

towel ['taʊəl] Handtuch, Badetuch **towel·ling**, (USA) **towel·ing** ['taʊəlɪŋ] Frottee

tower ['taʊəʳ] Turm **tower above**, **tower over** emporragen über, überragen **tower block** Hochhaus

town [taʊn] Stadt; **in town** in der Stadt; **be out of town** verreist sein; **go to town** in die

Stadt gehen/fahren, (*übertragen*) sich ins Zeug legen **town centre** Stadtzentrum, Stadtmitte **town hall** Rathaus
tow truck (USA) Abschleppwagen
toy [tɔɪ] Spielzeug; **toy car** Spielzeugauto; **toys** *plural* Spielwaren
◆ **toy with** (*auch übertragen*) spielen mit
toy·shop Spielwarenhandlung
trace¹ [treɪs] Spur; **without a trace** spurlos
trace² [treɪs] ① (*finden*) aufspüren, ausfindig machen ② **trace** [**back**] zurückverfolgen, zurückführen *Ereignisse* (**to** auf) ③ (*nachzeichnen*) [durch]pausen
tracing paper Pauspapier
track¹ [træk] ① Spur, Fährte; **be on the track of someone** jemandem auf der Spur sein ② Pfad, Weg ③ (*übertragen*) Bahn ④ (*Sport*) [Renn]Bahn ⑤ (*für Züge*) Gleis, Schienenstrang ⑥ [Musik]Stück, Track ► IN WENDUNGEN: **keep track of someone** jemanden im Auge behalten; **keep track of something** etwas verfolgen; **lose track of someone** jemanden aus den Augen verlieren
track² [træk] verfolgen
◆ **track down** aufspüren, ausfindig machen
track and field Leichtathletik
track record Leistungsnachweis; **what's his track record?** was hat er vorzuweisen?
track shoe Laufschuh, Rennschuh, Turnschuh
track·suit Trainingsanzug, Jogginganzug
trac·tor ['træktəʳ] Traktor, Zugmaschine
trade¹ [treɪd] ① Gewerbe, Handwerk; **by trade** von Beruf ② (*kommerziell*) Handel; **trade agreement** Handelsabkommen; **trade route** Handelsweg; **export trade** Außenhandel ③ Branche, Gewerbe; **the building trade** das Baugewerbe; **the trade press** die Fachpresse
trade² [treɪd] ① **trade something for something** etwas für etwas eintauschen ② **trade in something** mit einer Sache handeln [*oder* Handel treiben]; **trade with someone** mit jemandem Geschäfte machen
◆ **trade in** in Zahlung geben
trade fair [Fach]Messe
trade·mark Warenzeichen
trade price Großhandelspreis
trad·er ['treɪdəʳ] Händler(in) **trades·man** ['treɪdzmən] <*plural* tradesmen> Gewerbetreibende(r), Handwerker(in) **tradesmen's entrance** Lieferanteneingang **trade union** [ˌtreɪd'juːnjən] Gewerkschaft
trade wind Passatwind
trad·ing ['treɪdɪŋ] Handel **trading estate** Gewerbegebiet
tra·di·tion [trə'dɪʃn] Tradition, Brauch
tra·di·tional [trə'dɪʃənl] traditionell, herkömmlich, üblich
traf·fic¹ ['træfɪk] ① Verkehr, Flugverkehr, Luftverkehr ② Handel (**in** mit)
traf·fic² ['træfɪk] <trafficking, trafficked> [Schwarz-, Schleich]Handel treiben, handeln (**in** mit)
traffic circle (USA) Kreisverkehr **traffic jam** [Verkehrs]Stau **traf·ficker** ['træfɪkəʳ] Schwarzhändler, Schieber **traffic lights** ⚠ *plural* Verkehrsampel **traffic warden** Politesse, Hilfspolizist(in)
tra·gedy ['trædʒədɪ] Tragödie **tra·gic** ['trædʒɪk] tragisch
trail¹ [treɪl] ① Spur; **trail of blood** Blutspur; **trail of dust/smoke** Staubwolke/Rauchfahne ② *eines Meteors:* Schweif ③ Spur; *eines Tieres:* Fährte; [**hot**] **on someone's trail** [dicht] auf jemandes Spur ④ Pfad; **nature trail** Naturlehrpfad
trail² [treɪl] ① [ver]folgen *Mensch, Tier* ② ziehen *Anhänger* ③ **she trailed her coat behind her** sie schleifte ihren Mantel hinter sich her ④ (*Sport*) [weit] zurückliegen; **be trailing by two goals to nil** mit zwei zu null im Rückstand liegen [*oder* sein]
trailer ['treɪləʳ] ① Anhänger, Trailer ② (USA) Wohnwagen ③ [Film]Vorschau, Trailer
trailer camp, **trailer park** (USA) Campingplatz für Wohnwagen, Wohnwagenkolonie
train¹ [treɪn] ① Zug; **by train** mit dem Zug, mit der Bahn; **get into** [*oder* **on**] **/board a train** in einen Zug einsteigen; **on the train** im Zug; **change trains** umsteigen; **train driver** Zugführer(in), Lokführer(in) ② (*übertragen*) *von Ereignissen:* Kette, Folge; **train of thought** Gedankengang ③ *eines Hochzeitskleids:* Schleppe

i Land & Leute In den großen Weiten Australiens gibt es die **road trains**, große Lastwagen mit zwei oder drei Anhängern, die von Vieh bis Benzin alles transportieren. Road trains fahren nur in ländlichen Gebieten, wo es kaum Verkehr gibt. Überall in den nördlichen Regionen wurden für diese riesigen Viehtransporter **beef roads** (wörtlich:

„Rindfleischstraßen") mit einer Länge von 10.000 km gebaut.

train[2] [treɪn] ① ausbilden, schulen *Menschen;* **train someone as something** jemanden zu etwas ausbilden; **train oneself to do something** sich dazu erziehen, etwas zu tun; **train as a teacher** eine Lehrerausbildung machen, für das Lehramt studieren ② erziehen *Kind* ③ einweisen, unterweisen *Auszubildende(n), Anfänger* ④ (*Sport*) trainieren ⑤ schulen *Gehirn* ⑥ abrichten, dressieren *Tier* ⑦ richten *Gewehr, Fernglas* (**on** auf) ⑧ wachsen lassen, ziehen *Pflanze*

trainee [treɪ'ni:] Auszubildende(r), Azubi, Praktikant(in); **he is a trainee** er befindet sich noch in der Ausbildung; **trainee teacher** Referendar(in) **trainer** ['treɪnəʳ] ① Trainer(in) ② *von Tieren:* Dresseur(in), Dompteur(in) ③ Turnschuh

train·ing ['treɪnɪŋ] ① Schulung, Ausbildung ② *von Tieren:* Dressur ③ (*Sport*) Training; **in/out of training** in/aus der Übung

trai·tor ['treɪtəʳ] Verräter(in) (**to** an)

tra·jec·tory [trə'dʒektərɪ] Flugbahn

tram [træm] Straßenbahn; **go by tram** mit der Straßenbahn fahren **tram·line** ['træmlaɪn] ① Straßenbahnlinie ② **tramlines** (*beim Tennis*) Linien des Doppelspielfelds

tramp [træmp] Wohnsitzlose(r), Landstreicher(in)

trample ['træmpl] stampfen, [zer]trampeln; **trample someone underfoot** jemanden niedertrampeln; **trample on someone** auf jemandem herumtrampeln

tram·po·line ['træmpəli:n] Trampolin

tran·quil ['træŋkwɪl] ruhig, friedlich **tran·quil·li·zer** ['træŋkwɪlaɪzəʳ] Beruhigungsmittel, Tranquilizer

trans·act [træn'zækt] abwickeln, tätigen *Geschäfte* **trans·ac·tion** [træn'zækʃn] ① (*Abwicklung*) Abschluss, Tätigung ② (*Resultat*) Geschäft; (*finanziell*) Transaktion

trans·fer[1] [træns'fɜ:] ① verlegen *Betrieb, Gefangene(n)* ② versetzen *Angestellte(n), Arbeiter, Schüler* (**to** nach) ③ (*Sport*) transferieren *Spieler* ④ übertragen *Eigentum, Recht* (**to** auf) ⑤ überweisen *Geld* (**to** auf) ⑥ *Person:* überwechseln (**to** zu); (*Sport*) wechseln (**to** zu) ⑦ (*auf Reisen*) umsteigen

trans·fer[2] ['trænsfɜ:ʳ] ① *eines Betriebs:* Verlegung ② *einer Person:* Versetzung (**to** nach) ③ (*juristisch*) Übertragung (**to** auf) ④ (*finanziell*) Überweisung, Transfer, Umbuchung ⑤ (*auf Reisen*) Umsteigen; (USA) (*Fahrkarte*) Umsteige[fahr]karte ⑥ (*Sport*) Transfer, Wechsel ⑦ Abziehbild

transferred charge call R-Gespräch

trans·form [træns'fɔ:m] verwandeln, umwandeln **trans·form·ation** [ˌtrænsfə'meɪʃn] Verwandlung, Umwandlung **trans·former** [træns'fɔ:məʳ] Transformator

trans·fusion [træns'fju:ʒn] [**blood**] **transfusion** [Blut]Transfusion; **blood transfusion service** Blutspendedienst

tran·sis·tor [træn'zɪstəʳ] ① (*Elektronik*) Transistor ② **transistor** [**radio**] Kofferradio

tran·sit ['trænsɪt] **in transit** auf dem Transport, unterwegs; **transit camp** Durchgangslager; **transit desk** Transitschalter; **transit lounge** Transitraum; **transit passenger** Transitreisende(r); **transit visa** Durchreisevisum, Transitvisum

tran·si·tion [træn'zɪʃn] Übergang; **period of transition** Übergangszeit **tran·si·tional** [træn'zɪʃənl] Übergangs-

tran·si·tive ['trænsətɪv] transitiv

trans·late [trænz'leɪt] ① übersetzen; **translate from Italian into German** aus dem Italienischen ins Deutsche übersetzen ② sich übersetzen lassen ▸ IN WENDUNGEN: **translate words into actions** Worte in die Tat umsetzen **trans·la·tion** [trænz'leɪʃn] Übersetzung **trans·la·tor** [trænz'leɪtəʳ] Übersetzer(in)

trans·mission [trænz' mɪʃn] ① *von Nachrichten:* Übersendung, Übermittlung ② (*biologisch, physikalisch*) Übertragung; **transmission speed** Datenübertragungsrate ③ (*technisch*) Transmission; (*im Auto*) Getriebe ④ (*Radio*) Sendung **trans·mit** [trænz'mɪt] ① übersenden, übermitteln *Nachricht* ② übertragen *Krankheit, Recht* ③ leiten *Elektrizität, Wärme* ④ senden *Programm*

trans·par·ency [træns'pærənsɪ] ① Durchsichtigkeit, Transparenz ② Diapositiv ③ Overheadfolie **trans·par·ent** [træns'pærənt] ① durchsichtig ② (*übertragen*) durchschaubar, offenkundig, offensichtlich

trans·plant[1] [træns'plɑ:nt] ① umpflanzen *Pflanze* ② (*übertragen*) umsiedeln *Menschen*

Tt

(**to** nach) ③ (*medizinisch*) transplantieren, verpflanzen

trans·plant² ['trɑːnsplɑːnt] (*medizinisch*) ① (*Operation*) Transplantation ② (*Organ*) Transplantat

trans·port¹ [træn'spɔːt] befördern, transportieren

trans·port² ['trænspɔːt] ① Beförderung, Transport ② Beförderungsmittel; **public transport** öffentliche Verkehrsmittel

trans·por·ta·tion [ˌtrænspɔː'teɪʃn] ① Beförderung, Transport ② Beförderungsmittel, Verkehrsmittel

trap¹ [træp] ① Falle; **set a trap for someone** jemandem eine Falle stellen; **fall** [*oder* **walk**] **into a trap** in die Falle gehen ② (*slang*) Schnauze; **shut your trap!** halt die Schnauze!

trap² [træp] ① (*in einer Falle*) fangen *Tier* ② (*übertragen*) in die Falle locken *Menschen* ③ **the miners were trapped** die Bergleute waren eingeschlossen

trap door Falltür

tra·peze [trə'piːz] (*Sport*) Trapez

trap·per ['træpəʳ] Trapper(in)

trash [træʃ] (USA) ① Abfall ② (*umgangsspr*) Schund, Plunder ③ (*abwertend*) Gesindel **trash can** (USA) Abfalleimer **trashy** ['træʃɪ] minderwertig, Schund-

trau·matic [trɔː'mætɪk, (USA) traʊ'mætik] traumatisch

trav·el¹ ['trævl] ① reisen; **travel round the world** eine Reise um die Welt machen ② fahren; **travel at 125 mph** 125 mph fahren ③ *Licht, Schall:* sich ausbreiten, sich fortpflanzen ④ bereisen *Land* ⑤ zurücklegen, fahren *Strecke*

trav·el² ['trævl] ① Reisen ② **travels** *plural* Reisen

travel agency, **travel bureau** Reisebüro

tra·ve·la·tor [ˌtrævə'leɪtəʳ] Rollsteg **travel bag** Reisetasche **travel·card** ['trævlkɑːd] Netzkarte, Zeitkarte; **daily travelcard** Tageskarte; **weekly travelcard** Wochenkarte; **monthly travelcard** Monatskarte **travel clock** Reisewecker **travel cot** Kinderreisebett **travel expenses** *plural* Reisekosten **travel insurance** ['trævlɪn'ʃʊərens] Reiseversicherung **trav·el·ler**, (USA) **trave·ler** ['trævləʳ] Reisende(r); **traveller's cheque** [*oder* (USA) **check**] Reisescheck, Travellerscheck; **commercial traveller** Vertreter(in)

travel·ling, (USA) **travel·ing** ['trævlɪŋ] Reisen

travel-sick ['trævlsɪk] reisekrank

travel-sickness ['trævlsɪknəs] Reisekrankheit

trawler ['trɔːləʳ] Fischdampfer, Trawler

tray [treɪ] ① Tablett ② **baking tray** Backblech ③ (*im Büro*) Ablage[korb]

treach·er·ous ['tretʃərəs] ① *Handlung:* verräterisch ② *Person:* treulos ③ (*übertragen*) *Glatteis, Hang:* tückisch, gefährlich **treach·ery** ['tretʃərɪ] Verrat

treacle ['triːkl] [Zuckerrüben]Sirup

tread¹ [tred] ① Tritt, Schritt ② *eines Reifens:* Profil

tread² [tred] <trod, trodden> ① treten (**on** auf); **tread dirt into the carpet** Schmutz in den Teppich treten ② **tread carefully** vorsichtig auftreten; (*übertragen*) vorsichtig vorgehen

> **? Grammatik** **tread — trod — trodden:**
> *Larry trod on Jenny's toes by mistake; they discovered a well-trodden path and followed it.*

◆ **tread down**, **tread in** festtreten *Erde, Krümel*

◆ **tread out** austreten *Zigarette*

trea·son ['triːzn] Verrat

treas·ure¹ ['treʒəʳ] (*auch übertragen*) Schatz

treas·ure² ['treʒəʳ] (*übertragen*) sehr schätzen

treasure hunt Schatzsuche **treas·urer** ['treʒərəʳ] ① Kassenwart(in) *eines Vereins* ② Schatzmeister(in) *einer Partei, eines Klubs* ③ Leiter(in) der Finanzabteilung *einer Firma* ④ Stadtkämmerer *einer Stadt* **Treas·ury** ['treʒərɪ] Finanzministerium, Schatzamt **Treasury Secretary** (*in den USA*) Finanzminister(in)

treat¹ [triːt] ① behandeln *Person, Tier;* umgehen mit *Bücher* ② (*medizinisch*) behandeln (**for** wegen, **with** mit) ③ ansehen, betrachten (**as** als); **treat something as a joke** etwas als Witz nehmen ④ (*im Buch*) behandeln, sich befassen mit *Thema* ⑤ behandeln *Material;* klären *Abwasser* ⑥ freihalten; **treat oneself to something** sich etwas gönnen; **treat someone to something** jemandem etwas spendieren; **I am going to treat you** ich lade dich ein

treat^{2} ['triːt] ① besondere Freude, besonderes Vergnügen; **give someone a treat** jemandem eine besondere Freude machen; **it's a real treat** das ist ein wahrer Genuss ② **it's my treat** das geht auf meine Rechnung

treat·ment ['triːtmənt] Behandlung (**for** wegen)

treaty ['triːtɪ] Vertrag; **peace treaty** Friedensvertrag

treble^{1} ['trebl] ① dreifach ② dreimal

treble^{2} ['trebl] [sich] verdreifachen

treble^{3} ['trebl] ① [das] Dreifache ② Diskant, Sopran; **treble clef** Violinschlüssel; **treble recorder** Altflöte

tree [triː] Baum **tree·top** ['triːtɒp] [Baum]Wipfel **tree trunk** Baumstamm

trek^{1} [trek] anstrengende Wanderung

trek^{2} [trek] eine anstrengende Wanderung machen

trek·king ['trekɪŋ] Trekking

tremble ['trembl] zittern (**with** vor)

tre·men·dous [trɪ'mendəs] ① gewaltig, riesig ② (*übertragen*) toll, hervorragend

tremor ['treməʳ] Zittern, Beben

trench [trentʃ] ① Graben ② (*militärisch*) Schützengraben

trend [trend] ① Trend, Tendenz ② Mode, Trend **trendy** ['trendɪ] modisch; (*umgangsspr*) schickimicki

tres·pass ['trespəs] widerrechtlich betreten; **no trespassing!** Betreten verboten! **tres·passer** ['trespəsəʳ] **trespassers will be prosecuted!** Betreten [bei Strafe] verboten!

trial ['traɪəl] ① Versuch, Probe; **by trial and error** durch Ausprobieren; **on trial** auf [*oder* zur] Probe ② (*juristisch*) Gerichtsverfahren, [Gerichts]Verhandlung; **be on trial** angeklagt sein; **trial by jury** Schwurgerichtsverfahren ③ (*übertragen*) Unannehmlichkeit, schwere Belastung, Last **trial period** Probezeit

tri·angle ['traɪæŋgl] ① Dreieck ② (*Musikinstrument*) Triangel **tri·angu·lar** [traɪ'æŋgjʊləʳ] dreieckig

tribal ['traɪbl] Stammes- **tribe** [traɪb] [Volks]Stamm **tribes·man** ['traɪbzmən] <*plural* tribesmen> Stammesangehörige(r)

tri·bu·nal [traɪ'bjuːnl] Gericht[shof]

tri·bune ['trɪbjuːn] Tribüne

tribu·tary ['trɪbjʊt(ə)rɪ] Nebenfluss **trib·ute** ['trɪbjuːt] Tribut, Zeichen der Hochachtung; **pay [a] tribute to someone** jemandem Anerkennung zollen

trick^{1} [trɪk] ① List, Trick ② Kunststück, Trick; **card trick** Kartenkunststück, Kartentrick ③ Streich; **play a trick on someone** jemandem einen Streich spielen ④ Eigenheit; **have a trick of doing something** die Eigenheit haben, etwas zu tun ⑤ (*Kartenspiel*) Stich ⑥ **how's tricks?** (*umgangsspr*) wie geht's?

trick^{2} [trɪk] beschwindeln, betrügen, hereinlegen; **trick someone into doing something** jemanden mit einem Trick [*oder* einer List] dazu bringen, etwas zu tun

trickle^{1} ['trɪkl] tröpfeln

trickle^{2} ['trɪkl] Rinnsal ▶ IN WENDUNGEN: **a steady trickle of visitors** ein langsamer aber stetiger Zustrom von Besuchern

tricky ['trɪkɪ] ① *Person, Plan:* gerissen, durchtrieben ② *Problem:* schwierig; *Situation:* kitzlig

tri·cycle ['traɪsɪkl] Dreirad

trier ['traɪəʳ] jemand, der sich Mühe gibt

trifle ['traɪfl] ① Kleinigkeit, Bagatelle ② (*Nachspeise*) Trifle ③ **a trifle concerned** ein bisschen besorgt

trig·ger^{1} ['trɪgəʳ] Abzug; **pull the trigger** abdrücken

trig·ger^{2} ['trɪgəʳ] **trigger something [off]** etwas auslösen

tril·lion ['trɪlɪən] Billion

tril·ogy ['trɪlədʒɪ] Trilogie

trim^{1} [trɪm] ① beschneiden *Hecke,* stutzen *Bart* ② nachschneiden *Haare* ③ (*schmücken*) besetzen *Kleid*

trim^{2} [trɪm] ① **give something a trim** etwas zurechtschneiden, etwas stutzen ② **in good trim** in gutem Zustand; (*umgangsspr*) in Form

trim^{3} [trɪm] gepflegt

trim·ming [trɪmɪŋ] **with all the trimmings** (*übertragen*) mit allem Drum und Dran

trio ['triːəʊ] <*plural* trios> Trio

trip^{1} [trɪp] ① Reise, Ausflug ② (*slang: Drogenrausch*) Trip

> **i Land & Leute** **Float trips** sind eine beliebte Freizeitbeschäftigung im Midwest der USA. Man kann sich z. B. ein Kanu mieten, den Fluss entlang paddeln und sich später vom Kanuvermieter wieder abholen

lassen. Manche setzen sich auch nur auf den Gummischlauch eines Lkw-Reifens und lassen sich auf dem Wasser treiben. Mit selbstgebauten Flößen veranstaltet man im Sommer oft auch **raft races** (Floßrennen).

trip² [trɪp] ① stolpern (**over** über) ② **trip someone** [**up**] jemandem ein Bein stellen, jemanden stolpern lassen
◆ **trip up** ① stolpern; (*übertragen*) einen Fehler machen ② **trip someone up** jemandem ein Bein stellen, jemanden stolpern lassen; (*übertragen*) jemandem eine Falle stellen

triple¹ ['trɪpl] dreifach; **triple jump** Dreisprung

triple² ['trɪpl] [sich] verdreifachen

trip·let ['trɪplɪt] *meist plural* Drilling

tri·pod ['traɪpɒd] Stativ

tri·umph¹ ['traɪʌmf] Triumph, Sieg (**over** über)

tri·umph² ['traɪʌmf] triumphieren (**over** über)

tri·um·phant [traɪ'ʌmfnt] triumphierend, siegreich

triv·ial ['trɪvɪəl] belanglos, unwichtig, trivial

trod [trɒd] *2. Form von* **tread²**

trodden ['trɒdn] *3. Form von* **tread²**

trol·ley ['trɒlɪ] ① **luggage trolley** Kofferkuli ② **shopping/supermarket trolley** Einkaufswagen ③ **tea trolley** Teewagen

trom·bone [trɒm'bəʊn] Posaune

troop¹ [tru:p] ① Gruppe, Schar ② **troops** Truppen; **1000 troops** 1000 Soldaten

troop² [tru:p] ① strömen; **troop into** hineinströmen in; **troop out of** scharenweise herauskommen aus; **troop past something** an etwas vorbeiziehen ② **troop the colours** eine Fahnenparade abhalten

trophy ['trəʊfɪ] Trophäe

tropic ['trɒpɪk] **tropics** Tropen; **Tropic of Cancer/Capricorn** Wendekreis des Krebses/des Steinbocks

tropi·cal ['trɒpɪkl] tropisch; **tropical disease** Tropenkrankheit; **tropical rainforest** tropischer Regenwald

trot¹ [trɒt] *Pferd:* traben

trot² [trɒt] ① Trab ② (*umgangsspr*) **three weeks on the trot** drei Wochen lang ③ **trots** (*umgangsspr*) Durchfall

trouble¹ ['trʌbl] ① beunruhigen, bedrücken, aufregen; **be troubled about something** sich wegen etwas Sorgen machen ② belästigen, bemühen (**for** um); **I am sorry to trouble you** es tut mir leid, dass ich Sie stören muss; **trouble to do something** sich bemühen, etwas zu tun ③ **I shan't trouble with that** das werde ich mir ersparen

trouble² ['trʌbl] ① Schwierigkeiten, Ärger, Unannehmlichkeiten; **ask** [*oder* **look**] **for trouble** sich Ärger einhandeln; **be in trouble** in Schwierigkeiten sein; **be a trouble to someone** jemandem Ärger machen; **get into trouble** sich Unannehmlichkeiten einhandeln; **get someone into trouble** jemanden in Schwierigkeiten bringen; **have trouble with** Ärger [*oder* Scherereien] haben mit; **make trouble** Ärger machen ② Mühe, Umstände; [**it will be**] **no trouble** [**at all**] das ist nicht der Rede wert ③ (*medizinisch*) Leiden; **liver/heart trouble** Leber-/Herzleiden ④ **troubles** (*politisch*) Unruhen ⑤ **what's the trouble?** was ist los?; **the trouble is that …** das Problem ist, dass …

trouble·maker ['trʌbl,meɪkəʳ] Unruhestifter(in) **trouble·shooter** ['trʌbl,ʃu:təʳ] ① Störungssucher(in) ② (*bei Auseinandersetzungen*) Schlichter(in), Vermittler(in) **trouble·some** ['trʌblsəm] lästig, schwierig **trouble spot** Krisenherd

trough [trɒf, (USA) trɔ:f] ① Trog; **drinking trough** Wassertrog ② Wellental ③ (*meteorologisch*) Trog

trousers ['traʊzəz] *plural* Hose; **an old pair of trousers** eine alte Hose **trouser suit** Hosenanzug

trout [traʊt] Forelle **trout farm**(**ing**) Forellenzucht

trowel ['traʊəl] [Maurer]Kelle

tru·ant ['tru:ənt] Schulschwänzer(in); **play truant** [die Schule] schwänzen

truce [tru:s] Waffenstillstand

truck¹ [trʌk] ① (USA) Lastwagen ② *eines Zuges:* offener Güterwagen

truck² [trʌk] (USA) ① transportieren ② Lastwagen fahren

truck driver ['trʌk,draɪvəʳ], (USA) **trucker** ['trʌkəʳ] Lastwagenfahrer(in)

trudge [trʌdʒ] sich schleppen, stapfen (**through** durch)

true [tru:] ① wahr; [**it is**] **true** allerdings, zwar ② *Bericht, Beschreibung:* wahrheitsgemäß; *Kopie:* getreu ❸ *Gefühle:* wahr, echt; *Grund:* wirklich ❹ *Freund:* treu ❺ *Wand, Fläche:* gerade; *Kreis:* rund ❻ **come true** Wirklichkeit werden; **prove true** sich bewahrheiten

truffle ['trʌfl] Trüffel

truly ['tru:lɪ] ❶ aufrichtig, wahrhaftig ❷ **Yours truly** Hochachtungsvoll

trump[1] [trʌmp] Trumpf[karte]

trump[2] [trʌmp] übertrumpfen

◆ **trump up** erfinden *Beschuldigung*

trum·pet ['trʌmpɪt] Trompete ▶ IN WENDUNGEN: **blow one's own trumpet** sich selbst beweihräuchern

trun·cheon ['trʌntʃən] [Gummi]Knüppel

trunk [trʌŋk] ❶ [Baum]Stamm ❷ *eines Menschen:* Rumpf ❸ *eines Elefanten:* Rüssel ❹ großer Koffer ❺ (USA) Kofferraum ❻ **[a pair of] trunks** [eine] Badehose

trust[1] [trʌst] ❶ Vertrauen (**in** zu), Zutrauen (**in** zu); **put one's trust in someone** sein Vertrauen in jemanden setzen; **on trust** auf Treu und Glauben ❷ (*finanziell*) Treuhand[vermögen]; (*gemeinnützig*) Fonds, Stiftung; **investment trust** Investmentgesellschaft; **unit trust** offener Investmentfonds ❸ (USA) (*Monopol*) Trust

trust[2] [trʌst] ❶ **trust someone** jemandem vertrauen; **trust in someone/something** auf jemanden/etwas vertrauen; **trust someone with something** jemandem etwas anvertrauen; **trust someone to do something** jemandem vertrauen/zutrauen, dass er/sie etwas tut; sich darauf verlassen, dass jemand etwas tut ❷ **trust something** einer Sache trauen ❸ **trust you!** typisch! ❹ hoffen; **you are coming, I trust** Sie kommen doch hoffentlich

trustee [trʌs'ti:] Treuhänder(in), [Vermögens]Verwalter(in) **trust·ing** ['trʌstɪŋ] vertrauensvoll **trust·worthy** ['trʌstˌwɜ:ðɪ] vertrauenswürdig

truth [tru:θ, *plural* tru:ðz] <*plural* truths> Wahrheit; **in truth** in Wirklichkeit; **to tell the truth** ehrlich gesagt; **there is no truth in it** es ist nichts Wahres daran **truth·ful** ['tru:θfl] ehrlich

try[1] [traɪ] Versuch; **give something a try** etwas versuchen; **have a try!** versuchen Sie es mal!; **it was a good try** das war gar nicht schlecht

try[2] [traɪ] ❶ versuchen; **just you try it!** untersteh dich!; **why don't you try him?** warum versuchst du es nicht mal mit ihm?; **I'll try** ich werde es versuchen; **try and come** versuch doch zu kommen ❷ probieren; **if that bolt doesn't fit, try a smaller one** wenn diese Schraube nicht passt, probier es mit einer kleineren; **try it and see what you think** probier mal, ob es dir schmeckt ❸ auf die Probe stellen *Geduld, Kraft, Mut* ❹ (*juristisch*) vor Gericht stellen *Menschen;* verhandeln *Fall;* **be tried for murder** wegen Mordes vor Gericht stehen

◆ **try for** sich bemühen um *Stelle*

◆ **try on** anprobieren *Kleidungsstück;* aufprobieren *Hut* ▶ IN WENDUNGEN: **she's trying it on** sie probiert, wie weit sie gehen kann; sie will nur provozieren; **try it on with someone** jemanden provozieren; **don't try it on with me** komm mir bloß nicht so

◆ **try out** ausprobieren; **try someone out** einen Versuch mit jemandem machen, jemandem eine Chance geben

try·ing ['traɪɪŋ] anstrengend, mühsam

tsar [zɑ:ʳ] Zar **tsa·rina** [zɑ:'ri:nə] Zarin

T-Shirt ['ti:ʃɜ:t] T-Shirt

tub [tʌb] ❶ Kübel, Zuber ❷ (*für Eiscreme, Margarine*) Becher ❸ (*umgangsspr*) [Bade]Wanne

tubby ['tʌbɪ] (*umgangsspr*) pummelig, rundlich

tube [tju:b] ❶ Rohr, Schlauch ❷ (*für Zahnpasta*) Tube ❸ (*in London*) U-Bahn; **tube station** U-Bahn-Station

tuck [tʌk] stecken

◆ **tuck away** ❶ wegstecken ❷ (*umgangsspr*) wegputzen *Essen* ❸ **tucked away** versteckt *Haus*

◆ **tuck in** ❶ hineinstecken; **tuck one's shirt in** das Hemd in die Hose stecken ❷ zudecken *Kind* ❸ (*umgangsspr: beim Essen*) zulangen

◆ **tuck up** ❶ hochkrempeln *Ärmel, Hose* ❷ anziehen *Beine* ❸ **tuck up in bed** ins Bett stecken

tuck shop (*in einer Schule*) Süßwarengeschäft

Tues·day ['tju:zdɪ] Dienstag; **on Tuesday** am Dienstag; **on Tuesdays** dienstags

tuft [tʌft] Büschel

tug[1] [tʌg] [heftig] ziehen, zerren; **she tugged [at] his sleeve** sie zerrte an seinem Ärmel; **he tugged [on] the rope** er zerrte am Seil

tug^{2} [tʌg] ① **give something a tug** an etwas ziehen; **he felt a tug on his sleeve/the line** er spürte, wie ihn jemand am Ärmel zog/wie etwas an der Angel zog ② (*Boot*) Schlepper ③ **tug-of-war** Tauziehen

tu·ition [tjuː'ɪʃn] Unterricht

tu·lip ['tjuːlɪp] Tulpe

tumble^{1} ['tʌmbl] Sturz; **have** [*oder* **take**] **a tumble** stürzen, hinfallen

tumble^{2} ['tʌmbl] ① stürzen, fallen (**off** von) ② *Preise:* fallen

◆ **tumble over** umfallen

tumble·down ['tʌmbl,daʊn] baufällig **tumble-drier** Wäschetrockner **tum·bler** ['tʌmblə^r] ① Becherglas ② Wäschetrockner

tummy ['tʌmɪ] (*umgangsspr*) Bauch **tummy-ache** (*umgangsspr*) Bauchweh

tu·mour, (USA) **tu·mor** ['tjuːmə^r] Geschwulst, Tumor

tu·mul·tu·ous [tjuː'mʌltʃʊəs] *Beifall, Empfang:* stürmisch

tuna ['tjuːnə] Thunfisch

tune^{1} [tjuːn] ① Melodie ② **sing in/out of tune** richtig/falsch singen; **be in/out of tune** *Instrument:* richtig gestimmt/verstimmt sein

tune^{2} [tjuːn] ① stimmen *Musikinstrument* ② einstellen *Radio* ③ tunen *Motor*

◆ **tune in** ① einschalten *Radio* ② **tune in to** einschalten *Programm, Sender*

◆ **tune up** [die Instrumente] stimmen

tuner ['tjuːnə^r] ① (*Radioempfänger*) Tuner ② **piano tuner** Klavierstimmer(in)

tun·ing fork ['tjuːnɪŋ fɔːk] Stimmgabel

tun·nel^{1} ['tʌnl] ① Tunnel, Unterführung; **Channel Tunnel** Kanaltunnel ② (*beim Bergbau*) Stollen ③ *von Tieren:* Bau

tun·nel^{2} ['tʌnl] einen Tunnel anlegen (**through** durch, **into** in); **tunnel under** untertunneln

turbo-charged ['tɜːbəʊ,tʃaːdʒəd] mit Turbolader

tur·bu·lence ['tɜːbjʊləns] (*beim Fliegen*) Turbulenzen

turd [tɜːd] (*slang*) ① Kacke, Scheißhaufen ② Scheißkerl

turf^{1} [tɜːf] *von Sportplatz:* Rasen

turf^{2} [tɜːf] ① mit Rasen[stücken] bedecken ② **turf out** (*slang*) rausschmeißen

Turk [tɜːk] Türke, Türkin

tur·key ['tɜːkɪ] Truthahn

Turkey ['tɜːkɪ] die Türkei

Tur·kish^{1} ['tɜːkɪʃ] türkisch

Tur·kish^{2} ['tɜːkɪʃ] [das] Türkisch(e)

turn^{1} [tɜːn] ① [Um]Drehung; **give something a turn** etwas drehen ② Wende; **make a turn to the right** eine Rechtskurve machen, rechts einbiegen/abbiegen; **the turn of the century** die Jahrhundertwende; **turn of the tide** Gezeitenwechsel ③ **by turns, in turn** abwechselnd; **in turn** der Reihe nach; **out of turn** außer der Reihe; **it's your turn** du bist an der Reihe, du bist dran; **miss a turn** einmal aussetzen; **take turns at doing something** sich bei etwas abwechseln, etwas abwechselnd tun ④ **do someone a good turn** jemandem einen guten Dienst erweisen ⑤ (*medizinisch*) Anfall; **give someone a turn** jemandem einen Schrecken einjagen

turn^{2} [tɜːn] ① sich drehen; *Mensch auch:* sich umdrehen; *Magen:* sich umdrehen ② *Fahrer, Auto:* abbiegen, wenden; **he turned left** er ist links abgebogen; **turn the corner** um die Ecke biegen ③ drehen *Lenkrad, Schlüssel;* drehen, wenden *Kopf;* **turn one's back on someone** jemandem den Rücken zudrehen; **turn one's eyes towards someone** jemanden anblicken ④ wenden *Auto* ⑤ umblättern *Seite* ⑥ richten *Blick, Gewehr* (**on** auf) ⑦ werden; **she has just turned 14** sie ist gerade 14 geworden; **it has turned two o'clock** es ist zwei Uhr vorbei ⑧ (*in einen anderen Zustand*) sich verwandeln; **his hair turned grey** sein Haar wurde grau; **turn traitor** zum Verräter werden; **the witch turned the prince into a frog** die Hexe verzauberte den Prinz in einen Frosch ⑨ *Wetter:* umschlagen ⑩ **turn to someone/something** sich an jemanden wenden/sich einer Sache zuwenden; **he didn't know which way to turn** er wusste nicht mehr aus noch ein

◆ **turn against** ① **turn someone against someone** jemanden gegen jemanden aufbringen ② **turn against someone** sich gegen jemanden wenden ③ **she turned his arguments against him** sie verwendete seine eigenen Argument gegen ihn

◆ **turn away** ① **turn someone away** jemanden wegschicken/abweisen ② abwenden *Gesicht* ③ **turn away business**

Aufträge ablehnen ④ *Person:* sich abwenden

◆ turn back ① **turn someone back** jemanden zurückschicken/zurückweisen ② zurückstellen *Uhr;* (*übertragen*) zurückdrehen ③ zurückschlagen *Bettdecke;* umknicken *Buchseite* ④ *Person:* umkehren, sich umdrehen ⑤ (*im Buch*) zurückblättern

◆ turn down ① herunterklappen; zurückschlagen *Bettdecke;* umlegen *Kragen* ② herunterdrehen, klein stellen *Flamme;* leiser stellen *Radio* ③ ablehnen, abschlagen *Angebot;* abweisen, zurückweisen *Person* ④ **turn down a street** in eine Straße einbiegen

◆ turn in ① **turn someone in** [**to the police**] jemanden [bei der Polizei] anzeigen; **turn something in** etwas abgeben ② *Auto:* einbiegen ③ (*umgangsspr*) *Person:* zu Bett gehen ④ **her toes turn in when she walks** sie läuft über den großen Onkel ⑤ **turn in on oneself** sich in sich selbst zurückziehen

◆ turn into [sich] verwandeln in

◆ turn off ① abschalten *Strom;* abstellen *Wasser, Gas* ② ausschalten *Licht;* zudrehen *Wasserhahn* ③ **turn someone off** jemanden anwidern ④ (*von der Straße*) abzweigen, abbiegen

◆ turn on ① anmachen *Licht;* einschalten *elektrisches Gerät* ② aufdrehen *Gas, Wasser*(*hahn*) ③ **turn on someone** sich gegen jemanden wenden ④ **turn someone on** (*slang*) jemanden anturnen [*oder* scharf machen]

◆ turn out ① ausmachen *Licht* ② ausräumen *Schrank* ③ stürzen *Kuchen* ④ **turn out one's pockets** seine Taschen umdrehen; **turn something inside out** etwas nach außen kehren ⑤ hinauswerfen *Person* ⑥ produzieren, herstellen *Waren* ⑦ *Person:* [heraus]kommen, erscheinen (**for** zu) ⑧ sich erweisen, sich herausstellen; **it turned out to be right** es stellte sich als richtig heraus; **it turned out to be a disaster** es erwies sich als ein großer Reinfall ⑨ ausgehen, ausfallen; **the evening turned out fine** das Wetter wurde am Abend schön; **everything turned out all right in the end** alles endete gut; **how did it turn out?** wie ist es ausgegangen?

◆ turn over ① umdrehen ② umblättern *Seite* ③ **turn someone/something over to the police** jemanden/etwas der Polizei übergeben [*oder* ausliefern] ④ umsetzen, verkaufen *Waren* ⑤ **turn something over** [**in one's mind**] über etwas nachdenken ⑥ laufen lassen *Motor* ⑦ *Person:* sich umdrehen ⑧ *Gegenstand:* umkippen ⑨ *Motor:* laufen ⑩ (*im Buch*) umblättern; **please turn over** bitte wenden

◆ turn round ① drehen *Kopf* ② umdrehen *Stuhl* ③ sanieren, in die Gewinnzone bringen *Unternehmen* ④ *Person:* sich umdrehen, umkehren ⑤ **turn round the corner** um die Ecke biegen ⑥ **the earth turns round the sun** die Erde dreht sich um die Sonne ⑦ **you can't just turn round and deny it** du kannst das nicht einfach abstreiten

◆ turn to **turn to someone** sich an jemanden wenden; **turn to something** sich einer Sache zuwenden

◆ turn up ① hochschlagen *Kragen;* hochkrempeln *Ärmel* ② höher stellen *Gas, Heizung;* lauter stellen *Radio;* aufdrehen *Lautstärke* ③ finden, entdecken, ausfindig machen ④ **turn up one's nose at something** die Nase über etwas rümpfen ⑤ (*erscheinen*) auftauchen ⑥ sich ergeben; **something will/is sure to turn up** irgend etwas wird sich [schon] finden ⑦ *Nase:* nach oben gebogen sein; **a turned-up nose** eine Himmelfahrtsnase

turn·about [ˈtɜːnəˌbaʊt], turn·around [ˈtɜːnəˌraʊnd] Kehrtwendung

turn·ing [ˈtɜːnɪŋ] Abzweigung **turning point** Wendepunkt

tur·nip [ˈtɜːnɪp] Rübe

turn-off [ˈtɜːnɒf] ① Abzweigung; *von der Autobahn:* Ausfahrt ② **it's a real turn-off** (*umgangsspr*) da vergeht einem doch alles

turnout [ˈtɜːnaʊt] [Wahl]Beteiligung, Besucherzahl

turn·over [ˈtɜːnˌəʊvəʳ] (*wirtschaftlich*) Umsatz; *von Personal:* Fluktuation

turn·stile [ˈtɜːnstaɪl] Drehkreuz

turn·table Plattenteller

turn-up [ˈtɜːnʌp] ① (GB) (*an Hosen*) Aufschlag ② (*umgangsspr*) Überraschung

tur·ret [ˈtʌrɪt] ① *eines Gebäudes:* Türmchen ② *eines Panzers:* Geschützturm

turtle [ˈtɜːtl] [Wasser]Schildkröte

tusk [tʌsk] *eines Elefanten:* Stoßzahn; *eines Walrosses:* Eckzahn; *eines Ebers:* Hauer

tu·tor¹ [ˈtjuːtəʳ] ① [Privat]Lehrer(in) ② Nachhilfelehrer(in) ③ (*an einer Universität*) Tutor(in)

tu·tor² ['tju:tə'] ① unterrichten ② Nachhilfeunterricht geben

tu·torial [tju:'tɔ:rɪəl] Kolloquium, Seminarübung

tux [tʌks] (*umgangsspr*), **tux·edo** [tʌk'si:dəʊ] <*plural* tuxedos> USA Smoking

TV [ti:'vi:] *Abkürzung von* **Television** ① Fernsehen; **on TV** im Fernsehen; **watch TV** fernsehen ② (*Gerät*) Fernseher **TV guide** Fernsehzeitschrift

tweez·ers ['twi:zəz] *plural* Pinzette; **a pair of tweezers** eine Pinzette

twelfth¹ [twelfθ] zwölfte(r, s)

twelfth² [twelfθ] ① Zwölfte(r, s) ② Zwölftel

twelve¹ [twelv] zwölf

twelve² [twelv] Zwölf

twen·ti·eth¹ ['twentɪəθ] zwanzigste(r, s)

twen·ti·eth² ['twentɪəθ] ① Zwanzigste(r, s) ② Zwanzigstel

twenty¹ ['twentɪ] zwanzig

twenty² ['twentɪ] ① Zwangzig ② (*Geldschein*) Zwanziger

> **i Land & Leute** **24/7** (sprich: **twenty-four, seven**) ist ein Modeausdruck, der in den USA 24 Stunden am Tag, 7 Tage die Woche, also ständig oder pausenlos, bedeutet. Typische Sätze wie *We're open 24/7* oder *I'm available 24/7* hört man in der Werbung, sieht man im Internet und sagt jemand, der einen coolen Eindruck machen will.

twice [twaɪs] zweimal; **twice as much/many** doppelt [*oder* zweimal] so viel/so viele; **twice the amount** der doppelte Betrag

twiddle ['twɪdl] **twiddle one's thumbs** Däumchen drehen

twig [twɪg] [kleiner] Zweig

twi·light ['twaɪlaɪt] [Abend]Dämmerung; **at twilight** in der Dämmerung

twin¹ [twɪn] ① Zwillings-; **twin brother/sister** Zwillingsbruder/Zwillingsschwester ② **twin beds** zwei Einzelbetten ③ **twin town** Partnerstadt

twin² [twɪn] ① (*Person*) Zwilling ② (*Gegenstand*) Gegenstück, Pendant

twin³ [twɪn] durch Partnerschaft verbinden; **Konstanz is twinned with Richmond upon Thames** Konstanz und Richmond upon Thames sind Partnerstädte

twinge [twɪndʒ] leichter Schmerz

twin·kle¹ ['twɪŋkl] funkeln, glitzern

twin·kle² ['twɪŋkl] Funkeln, Glitzern; **with a twinkle in one's eyes** augenzwinkernd

twin·ning ['twɪnɪŋ] **town twinning** Städtepartnerschaft

twirl [twɜ:l] ① wirbeln (**around** über) ② zwirbeln *Schnurrbart*

twist¹ [twɪst] ① Drehung; **give something a twist** etwas [herum]drehen, an etwas drehen ② *einer Straße:* Kurve, Biegung ③ (*übertragen*) *einer Geschichte:* Wendung ④ (*Tanz*) Twist

twist² [twɪst] ① drehen, wickeln (**around** um) ② verbiegen *Metall* ③ verrenken *Körperteil;* **twist one's ankle** sich den Fuß vertreten; **twist someone's arm** jemandem den Arm verdrehen ④ (*übertragen*) **you're twisting my words** du verdrehst mir die Worte im Mund ⑤ *Fluss, Person:* sich winden; **twist and turn** sich drehen und winden ⑥ (*tanzen*) twisten

◆ **twist off** ① abdrehen, abschrauben ② **the top twists off** der Deckel lässt sich abschrauben

twister ['twɪstə'] USA Wirbelsturm

twit [twɪt] (*umgangsspr*) Depp

twitch¹ [twɪtʃ] zucken [mit]

twitch² [twɪtʃ] Zucken, Zuckung

twit·ter ['twɪtə'] zwitschern

two¹ [tu:] zwei; **the two families** die beiden Familien; **one or two** ein paar

two² [tu:] Zwei; **the two of us** wir beide; **by twos, in twos, two and two** zu zweit, zu zweien, paarweise; **in two** entzwei; **break in two** in zwei Teile brechen; **cut in two** halbieren; **in a day or two** in ein paar Tagen; **put two and two together** zwei und zwei zusammenzählen; **that makes two of us** mir geht's genauso

two-faced [ˌtu:'feɪst] (*übertragen*) falsch, heuchlerisch **two·fold** ['tu:fəʊld] zweifach, doppelt **two-way** [ˌtu:'weɪ] in beide Richtungen; **two-way traffic** Gegenverkehr

ty·coon [taɪ'ku:n] Tycoon, Magnat

type¹ [taɪp] ① Art, Sorte; (*Menschenart auch*) Typ; **this type of car** dieser Autotyp; **that type of behaviour** ein solches Benehmen; **she is not my type** sie ist nicht mein Typ; **he is not the type to do that** es ist nicht seine Art, so etwas zu tun ② Type; **small type** kleine Buchstaben; **bold type** Fettdruck

type[2] [taɪp] [mit der] Maschine schreiben, tippen

type·writer [ˈtaɪpˌraɪtəʳ] Schreibmaschine

ty·phoon [taɪˈfuːn] Taifun

typi·cal [ˈtɪpɪkl] typisch (**of** für)

typ·ing [ˈtaɪpɪŋ] **typing error** Tippfehler; **typing speed** Schreibgeschwindigkeit, Anschläge pro Minute **typ·ist** [ˈtaɪpɪst] Schreibkraft

ty·rant [ˈtaɪərənt] Tyrann(in)

tyre [ˈtaɪəʳ] Reifen; **flat tyre** platter Reifen; **tyre pressure** Reifendruck

tzar [zɑːʳ] Zar

U u

U, u [juː] <*plural* U's, u's> ① U, u ② jugendfrei[er Film]

ud·der [ˈʌdəʳ] Euter

UFO [ˈjuːfəʊ] *Abkürzung von* **unidentified flying object** Ufo, UFO

ug·li·ness [ˈʌglɪnɪs] Hässlichkeit

ugly [ˈʌglɪ] hässlich

UK [ˌjuːˈkeɪ] *Abkürzung von* **United Kingdom** Vereinigtes Königreich

ul·cer [ˈʌlsəʳ] Geschwür

Ulster [ˈʌlstəʳ] Ulster

ul·terior [ʌlˈtɪərɪəʳ] **ulterior motive** Hintergedanke

ultimata [ˌʌltɪˈmeɪtə] *Pluralform von* **ultimatum**

ul·ti·mate·ly [ˈʌltɪmətlɪ] schließlich, letzten Endes, im Grunde

ul·ti·ma·tum [ˌʌltɪˈmeɪtəm] <*plural* utimatums *oder* ultimata> Ultimatum (**to** an); **deliver an ultimatum** ein Ultimatum stellen

ultra·sound [ˈʌltrəsaʊnd] Ultraschall **ultra·vio·let** [ˌʌltrəˈvaɪələt] ultraviolett

um·bili·cal [ʌmˈbɪlɪkl] **umbilical cord** Nabelschnur

um·brella [ʌmˈbrelə] [Regen]Schirm, Sonnenschirm

um·pire[1] [ˈʌmpaɪəʳ] Schiedsrichter(in)

um·pire[2] [ˈʌmpaɪəʳ] ① als Schiedsrichter leiten *Spiel* ② Schiedsrichter sein

ump·teen [ˈʌmptiːn] (*umgangsspr*) zig; **umpteen times** x-mal **ump·teenth** [ˈʌmptiːnθ] (*umgangsspr*) **for the umpteenth time** zum x-ten Mal

UN [juːˈen] *Abkürzung von* **United Nations** UNO, UN

un·able [ʌnˈeɪbl] **be unable to do something** etwas nicht tun können; außer Stande sein, etwas zu tun; **unable to pay** zahlungsunfähig

un·abridged [ˌʌnəˈbrɪdʒd] *Text:* ungekürzt

un·ac·cept·able [ˌʌnəkˈseptəbl] unannehmbar (**to** für)

un·ac·com·panied [ˌʌnəˈkʌmpənɪd] ohne Begleitung; **unaccompanied minor** allein reisendes Kind

un·ac·cus·tomed [ˌʌnəˈkʌstəmd] ungewohnt; **be unaccustomed to something** etwas nicht gewohnt sein

un·ad·vent·ur·ous [ˌʌnədˈventʃərəs] *Leben:* wenig abenteuerlich, ereignislos; *Mensch:* wenig unternehmungslustig

un·af·fec·ted [ˌʌnəˈfektɪd] ① nicht betroffen (**by** von) ② *Benehmen:* ungekünstelt, natürlich

unani·mous [juːˈnænɪməs] einstimmig, einmütig

un·an·nounced [ˌʌnəˈnaʊnst] ohne Ankündigung

un·an·swered [ˌʌnˈɑːnsəd] unbeantwortet

un·ap·proach·able [ˌʌnəˈprəʊtʃəbl] unzugänglich

un·armed [ˌʌnˈɑːmd] unbewaffnet

un·asked [ˌʌnˈɑːskt] ① ungefragt ② ungebeten; **unasked-for** unerwünscht

un·as·sum·ing [ˌʌnəˈsjuːmɪŋ] bescheiden

un·at·tached [ˌʌnəˈtætʃt] ① *Gegenstand:* unbefestigt ② *Person:* unabhängig, frei

un·at·tain·able [ˌʌnəˈteɪnəbl] unerreichbar

un·at·trac·tive [ˌʌnəˈtræktɪv] unschön, unattraktiv, unsympathisch

un·auth·or·ized [ˌʌnˈɔːθəraɪzd] unbefugt, nicht ermächtigt; **no entry for unauthorized persons!** Zutritt für Unbefugte verboten!

un·avail·able [ˌʌnəˈveɪləbl] ① *Produkt:* nicht erhältlich ② *Person:* nicht zu erreichen

un·avoid·able [ˌʌnəˈvɔɪdəbl] ① unvermeidlich ② *Folgerung:* unausweichlich

un·aware [ˌʌnəˈweəʳ] nicht bewusst; **be**

unaware of something sich einer Sache nicht bewusst sein, etwas nicht bemerken
un·awares [ˌʌnəˈweəz] unerwartet; **catch** [*oder* **take**] **someone unawares** jemanden überraschen
un·bear·able [ˌʌnˈbeərəbl] unerträglich, unausstehlich
un·beat·able [ˌʌnˈbiːtəbl] unschlagbar, unbesiegbar un·bea·ten [ˌʌnˈbiːtn] ① ungeschlagen ② *Rekord:* ungebrochen
un·be·liev·able [ˌʌnbɪˈliːvəbl] unglaublich
un·bias(·s)ed [ˌʌnˈbaɪəst] unvoreingenommen
un·bolt [ˌʌnˈbəʊlt] aufriegeln
un·born [ˌʌnˈbɔːn] ungeboren
un·break·able [ˌʌnˈbreɪkəbl] ① unzerbrechlich ② *Versprechen:* unverbrüchlich
un·bro·ken [ˌʌnˈbrəʊkən] ① unbeschädigt, heil, ganz ② (*übertragen*) *Rekord:* ungebrochen; *Redefluss:* ununterbrochen
un·but·ton [ˌʌnˈbʌtn] aufknöpfen
un·called-for [ˌʌnˈkɔːldfɔːʳ] unnötig, *Kritik:* ungerechtfertigt
un·canny [ˌʌnˈkænɪ] unheimlich
un·cared-for [ˌʌnˈkeədfɔːʳ] vernachlässigt
un·ceas·ing [ˌʌnˈsiːsɪŋ] unaufhörlich
un·cer·tain [ʌnˈsɜːtn] ① ungewiss ② *Wetter:* unbeständig un·cer·tainty [ʌnˈsɜːtntɪ] Ungewissheit, Unsicherheit
un·chal·lenged [ˌʌnˈtʃælɪndʒd] unbestritten, unangefochten
un·changed [ˌʌnˈtʃeɪndʒd] unverändert
un·char·ac·ter·is·tic [ˌʌnkærəktəˈrɪs tɪk] uncharakteristisch, untypisch
un·checked [ˌʌnˈtʃekt] ① ungehindert ② ungeprüft, unkontrolliert
un·claimed [ˌʌnˈkleɪmd] ① *Brief:* nicht abgeholt ② *Güter:* herrenlos ③ *Recht:* nicht geltend gemacht
uncle [ˈʌŋkl] Onkel
un·clear [ˌʌnˈklɪəʳ] unklar; **be unclear about something** sich über etwas nicht im Klaren sein
un·com·fort·able [ʌnˈkʌmftəbl] ① *Gegenstand:* unbequem ② **be** [*oder* **feel**] **uncomfortable** sich unbehaglich [*oder* nicht wohl] fühlen
un·com·mon [ˌʌnˈkɒmən] ungewöhnlich
un·con·cerned [ˌʌnkənˈsɜːnd] unbekümmert, gleichgültig
un·con·di·tional [ˌʌnkənˈdɪʃənl] bedingungslos, vorbehaltlos
un·con·firmed [ˌʌnkənˈfɜːmd] unbestätigt
un·con·scious [ʌnˈkɒnʃəs] ① bewusstlos, ohnmächtig ② **be unconscious of something** sich einer Sache nicht bewusst sein ③ unbewusst, unabsichtlich
un·con·scious·ly [ʌnˈkɒnʃəslɪ] unbewusst
un·con·scious·ness [ʌnˈkɒnʃəsnɪs] Bewusstlosigkeit
un·con·sti·tu·tional [ˈʌnˌkɒnstɪˈtjuːʃənl] verfassungswidrig, satzungswidrig
un·con·trol·lable [ˌʌnkənˈtrəʊləbl] ① unkontrollierbar ② *Kind:* nicht zu bändigen[d] ③ *Drang:* unbezwingbar un·con·trolled [ˌʌnkənˈtrəʊld] ① *Hunde, Kinder:* unbeaufsichtigt ② *Weinen:* hemmungslos
un·con·vinced [ˌʌnkənˈvɪnst] nicht überzeugt un·con·vinc·ing [ˌʌnkənˈvɪnsɪŋ] nicht überzeugend
un·cooked [ˌʌnˈkʊkt] ungekocht, roh
un·co·op·er·ative [ˌʌnkəʊˈɒpərətɪv] nicht entgegenkommend, wenig hilfsbereit
un·cork [ˌʌnˈkɔːk] entkorken
un·cover [ʌnˈkʌvəʳ] ① aufdecken ② (*übertragen*) enthüllen, aufdecken
un·de·cided [ˌʌndɪˈsaɪdɪd] ① *Person:* unentschlossen, unschlüssig ② *Sache:* nicht entschieden
un·de·liv·ered [ˌʌndɪˈlɪvəd] *Post:* nicht zugestellt
under¹ [ˈʌndəʳ] ① *räumlich* unter; [**from**] **under the bed** unter dem Bett [hervor]; **he crawled under the bed** er kroch unter das Bett ② *zeitlich, in Mengenangaben* **under an hour/twenty pounds** weniger als eine Stunde/zwanzig Pfund ③ (*Zustand*) **under construction/repair/treatment** im Bau [befindlich]/in Reparatur/Behandlung ④ **be under the impression that …** den Eindruck haben, dass … ⑤ **write under a pseudonym** unter einem Pseudonym schreiben; **under the terms of the agreement** gemäß [*oder* nach] den Vertragsbestimmungen
under² [ˈʌndəʳ] darunter; **she lifted the blanket and crawled under** sie hob die Decke hoch und verkroch sich darunter
under·achieve [ˌʌndərəˈtʃiːv] hinter den Erwartungen zurückbleiben under-age [ˌʌndərˈeɪdʒ] minderjährig, von Minderjährigen under·charge [ˌʌndəˈtʃɑːdʒ] **undercharge someone** jemandem zu wenig berechnen under·clothes [ˈʌndəkləʊðz]

Unterwäsche **under·coat** [ˈʌndəkəʊt] Grundanstrich **under·cover** [ˌʌndəˈkʌvəʳ] geheim **under·cut** [ˌʌndəˈkʌt] <undercut, undercut> unterbieten **under·de·vel·oped** [ˌʌndədɪˈveləpt] unterentwickelt **under·dog** [ˈʌndədɒg] Benachteiligte(r) **under·done** [ˌʌndəˈdʌn] nicht durchgebraten, blutig **under·esti·mate** [ˌʌndərˈestɪmeɪt] unterschätzen **under·go** [ˌʌndəˈgəʊ] <underwent, undergone> ① durchmachen, erleben ② sich unterziehen [müssen] *Operation* **under·grad·uate** [ˌʌndəˈgrædʒʊət] Student(in)

under·ground¹ [ˈʌndəgraʊnd] ① GB Untergrundbahn, U-Bahn; **go** [*oder* **travel**] **by underground** mit der U-Bahn fahren ② (*übertragen*) Untergrund[bewegung]

under·ground² [ˈʌndəgraʊnd] ① unterirdisch; **underground car park** Tiefgarage ② (*übertragen: geheim*) Untergrund- ③ **lie/work underground** unter der Erde liegen/unter Tage arbeiten

under·growth [ˈʌndəgrəʊθ] Gestrüpp, Unterholz **under·line** [ˌʌndəˈlaɪn] (*auch übertragen*) unterstreichen

under·ly·ing [ˌʌndəˈlaɪɪŋ] *Grund:* eigentlich; *Problem:* zu Grunde liegend; *Ehrlichkeit:* grundlegend **under·mine** [ˌʌndəˈmaɪn] ① (*auch übertragen*) unterminieren ② (*übertragen*) untergraben *Autorität, Ruf* angreifen *Gesundheit*

under·neath¹ [ˌʌndəˈniːθ] unter; [**from**] **underneath the bed** unter dem Bett [hervor]

under·neath² [ˌʌndəˈniːθ] darunter; **the grass snake slithered towards the stone and disappeared underneath** die Ringelnatter schlängelte sich zum Stein hin und verschwand darunter

under·neath³ [ˌʌndəˈniːθ] Unterseite

under·nour·ished [ˌʌndəˈnʌrɪʃt] unterernährt **under·paid** [ˌʌndəˈpeɪd] unterbezahlt **under·pants** [ˈʌndəpænts] *plural* Unterhose; **a pair of underpants** eine Unterhose **under·pass** [ˈʌndəpɑːs] Unterführung **under·signed** [ˈʌndəsaɪnd] Unterzeichnete(r) **under·staffed** [ˌʌndəˈstɑːft] unterbesetzt; **be understaffed** an Personalmangel leiden

under·stand [ˌʌndəˈstænd] <understood, understood> ① verstehen (**by** unter); **understand one another** sich [gut] verstehen; **I cannot understand why he did that** ich begreife nicht, warum er das getan hat ② **I understand that …** ich habe gehört, dass …; **so I understand** wie ich höre ③ **am I to understand that …?** soll das heißen, dass …?; **give someone to understand that …** jemandem zu verstehen geben, dass … ④ **make oneself understood** sich verständlich machen; **it's understood** es ist selbstverständlich, es versteht sich von selbst; **is that understood?** ist das klar?; **understand?** verstanden?

under·stand·able [ˌʌndəˈstændəbl] verständlich

under·stand·ing¹ [ˌʌndəˈstændɪŋ] ① Verständnis (**of** für); **show** [**some**] **understanding for someone** Verständnis für jemanden haben ② Übereinkommen, Verständigung; **come to** [*oder* **reach**] **an understanding** zu einer Verständigung kommen, sich einigen ③ Voraussetzung; **on the understanding that …** unter der Voraussetzung, dass …

under·stand·ing² [ˌʌndəˈstændɪŋ] verständnisvoll

under·state·ment [ˈʌndəsteɪt mənt] Untertreibung, Understatement

under·stood [ˌʌndəˈstʊd] *2. und 3. Form von* **understand**

under·take [ˌʌndəˈteɪk] <undertook, undertaken> ① unternehmen *Arbeit, Reise* ② übernehmen *Aufgabe* ③ auf sich nehmen *Pflicht* ④ **undertake to do something** sich verpflichten, etwas zu tun ⑤ (*garantieren*) sich verbürgen **under·taker** [ˈʌndəteɪkəʳ] Beerdigungsunternehmer(in), Leichenbestatter(in); **undertakers** Beerdigungsinstitut **under·tak·ing** [ˌʌndəˈteɪkɪŋ] ① Unternehmen, Projekt ② Zusicherung; **give an undertaking that …/to do something** zusichern, dass …/sich verpflichten, etwas zu tun ③ Beerdigungsgewerbe

under·water [ˈʌndəwɔːtəʳ] Unterwasser- **under·wear** [ˈʌndəweəʳ] Unterwäsche **under·weight** [ˌʌndəˈweɪt] untergewichtig; **he is several pounds underweight** er hat mehrere Pfund Untergewicht

under·went [ˌʌndəˈwent] *2. Form von* **undergo**

un·de·sir·able [ˌʌndɪˈzaɪərəbl] unerwünscht

un·did [ʌnˈdɪd] *2. Form von* **undo**

un·dies [ˈʌndɪz] *plural* (*umgangsspr*) Unterwäsche

un·di·vided [ˌʌndɪˈvaɪdɪd] ungeteilt

undo [ʌnˈduː] <undid, undone> ① aufmachen; lösen *Knoten;* öffnen *Paket* ② ungeschehen machen *Tat*

un·done[1] [ˌʌnˈdʌn] *3. Form von* **undo**

un·done[2] [ˌʌnˈdʌn] ① **with his shoelaces undone** mit offenen Schnürsenkeln; **come undone** aufgehen ② *Aufgabe:* unerledigt; **leave something undone** etwas liegen lassen

un·doubted [ʌnˈdaʊtɪd] unzweifelhaft, unbestritten **un·doubted·ly** [ʌnˈdaʊtɪdlɪ] zweifellos

un·dress [ʌnˈdres] [sich] ausziehen; **get undressed** sich ausziehen

un·ease [ʌnˈiːz] Unbehagen **un·easy** [ʌnˈiːzɪ] ① unbehaglich; **I feel uneasy about …** mir ist wegen … unbehaglich [zu Mute] ② *Schlaf:* unruhig ③ *Frieden:* unsicher

un·em·ployed [ˌʌnɪmˈplɔɪd] arbeitslos, erwerbslos; **the unemployed** die Arbeitslosen

un·em·ploy·ment [ˌʌnɪmˈplɔɪmənt] Arbeitslosigkeit; **unemployment benefit** Arbeitslosengeld, Arbeitslosenhilfe

un·equal [ˌʌnˈiːkwəl] ① *Maße:* unterschiedlich ② *Kampf:* ungleich ③ *Verteilung:* unausgeglichen ④ **be unequal to a task** einer Aufgabe nicht gewachsen sein

un·even [ˌʌnˈiːvn] ① *Fläche:* uneben ② *Linie:* ungerade ③ *Dicke:* ungleich ④ *Atmung, Pulsschlag:* unregelmäßig ⑤ *Verteilung:* ungleichmäßig ⑥ *Charakter:* unausgeglichen ⑦ *Zahl:* ungerade

un·event·ful [ˌʌnɪˈventfʊl] ereignislos

un·ex·pected [ˌʌnɪkˈspektɪd] unerwartet

un·fair [ˌʌnˈfeəʳ] ① unfair, ungerecht[fertigt]; **be unfair to someone** jemandem gegenüber unfair [*oder* ungerecht] sein ② (*unsportlich*) unfair ③ *Wettbewerb:* unlauter

un·faith·ful [ˌʌnˈfeɪθfʊl] untreu; **be unfaithful to someone** jemandem untreu sein

un·fam·il·iar [ˌʌnfəˈmɪlɪəʳ] ① *Umgebung:* fremd, unbekannt ② *Tätigkeit:* ungewohnt ③ **be unfamiliar with something** etwas nicht kennen, mit etwas nicht vertraut sein

un·fa·vour·able, (USA) **un·fa·vor·able** [ˌʌnˈfeɪvrəbl] ungünstig, unvorteilhaft (**for, to** für)

un·filled [ʌnˈfɪld] ① *Gefäß:* leer ② *Stelle:* frei, offen, unbesetzt

un·fin·ished [ˌʌnˈfɪnɪʃt] ① unvollendet ② *Geschäft:* unerledigt

un·fit [ˌʌnˈfɪt] ① unfähig; **unfit for work** arbeitsunfähig; **unfit to drive** fahruntüchtig ② ungeeignet; **unfit for human consumption** zum Verzehr nicht geeignet ③ (*Sport*) nicht fit, nicht in Form

un·fold [ʌnˈfəʊld] (*auch übertragen*) [sich] entfalten **un·fore·seen** [ˌʌnfɔːˈsiːn] unvorhergesehen

un·for·get·table [ˌʌnfəˈgetəbl] unvergesslich

un·for·giv·able [ˌʌnfəˈgɪvəbl] unverzeihlich

un·for·tu·nate [ʌnˈfɔːtʃʊnət] ① *Person:* glücklos, unglücklich ② *Vorfall:* bedauerlich, unglücklich ③ *Zeit:* ungünstig ④ *Bemerkung:* unpassend

un·for·tu·nate·ly [ʌnˈfɔːtʃʊnətlɪ] leider, unglücklicherweise

un·friend·ly [ˌʌnˈfrendlɪ] unfreundlich (**to** zu)

un·fur·nished [ˌʌnˈfɜːnɪʃt] unmöbliert

un·grate·ful [ʌnˈgreɪtfl] undankbar

un·happy [ʌnˈhæpɪ] ① (*traurig*) unglücklich ② nicht zufrieden (**about, with** mit); **feel unhappy about something** nicht glücklich über etwas sein, ein ungutes Gefühl bei etwas haben

un·harmed [ʌnˈhɑːmd] unbeschädigt, unversehrt, wohlbehalten

un·healthy [ʌnˈhelθɪ] ① ungesund ② *Einfluss:* schädlich; *Angewohnheit:* schlecht

un·heard-of [ʌnˈhɜːdɒv] [völlig] unbekannt; **it used to be unheard-of for women to play football** es war früher unvorstellbar, dass Frauen Fußball spielten

un·hurt [ʌnˈhɜːt] unverletzt

uni·corn [ˈjuːnɪkɔːn] Einhorn

un·iden·ti·fied [ˌʌnaɪˈdentɪfaɪd] nicht identifiziert, unbekannt; **unidentified flying object** [**UFO**] unbekanntes Flugobjekt [UFO]

uni·fi·ca·tion [ˌjuːnɪfɪˈkeɪʃn] [Ver]Einigung

uni·form[1] [ˈjuːnɪfɔːm] ① einheitlich ② *Qualität, Temperatur:* gleich bleibend

uni·form[2] [ˈjuːnɪfɔːm] Uniform

unify [ˈjuːnɪfaɪ] ① [ver]einigen *Länder, Volk* ② vereinheitlichen *System*

un·im·ag·in·able [ˌʌnɪˈmædʒnəbl] unvorstellbar

un·in·hab·it·able [ˌʌnɪnˈhæbɪtəbl] unbe-

wohnbar **un·in·hab·ited** unbewohnt
un·in·hib·ited [ˌʌnɪn'hɪbɪtɪd] ungehemmt
un·in·jured [ˌʌn'ɪndʒəd] unverletzt
un·in·tel·li·gible [ˌʌnɪn'telɪdʒəbl] unverständlich
un·in·ten·tional [ˌʌnɪn'tenʃənl] unabsichtlich, unbeabsichtigt
un·in·ter·ested [ʌn'ɪntrɪstɪd] uninteressiert (**in** an) **un·in·ter·est·ing** [ʌn'ɪntrɪstɪŋ] uninteressant
un·in·ter·rupted [ˌʌnɪntə'rʌptɪd] ununterbrochen
union ['juːnɪən] 1 Vereinigung, Zusammenschluss 2 (*Staatenbund*) Union 3 Gewerkschaft **Union Jack** ['juːnɪən'dʒæk] britische Nationalflagge
unique [juː'niːk] einzigartig, einmalig
uni·son ['juːnɪsn] **in unison** einstimmig
unit ['juːnɪt] 1 Einheit, Stück 2 (*Möbelstück*) Element 3 (*in einer Organisation*) Abteilung 4 (*mathematisch*) Einer
unite [juː'naɪt] 1 vereinigen, verbinden 2 sich vereinigen, sich zusammenschließen; **unite in doing something** etwas gemeinsam tun **united** [juː'naɪtɪd] 1 vereinigt, verbunden 2 *Gruppe:* geschlossen 3 *Kräfte:* vereint **United Kingdom** Vereinigtes Königreich (*Großbritannien und Nordirland*) **United Nations** ⚠ *mit Singular* Vereinte Nationen
United States, **United States of America** Vereinigte Staaten [von Amerika]
uni·ver·sal [ˌjuːnɪ'vɜːsl] allgemein, universal
uni·verse ['juːnɪvɜːs] Weltall, Universum
uni·ver·sity [ˌjuːnɪ'vɜːsətɪ] Universität; **be at** [*oder* **go to**] **university** die Universität besuchen, studieren **un·jus·ti·fied** [ʌn'dʒʌstɪfaɪd] 1 ungerechtfertigt 2 *Text:* nicht ausgerichtet, im Flattersatz
un·kind [ʌn'kaɪnd] unfreundlich
un·known [ˌʌn'nəʊn] unbekannt
un·lead·ed [ˌʌn'ledɪd] bleifrei, unverbleit
un·less [ən'les] 1 wenn [...] nicht 2 es sei denn
un·like [ˌʌn'laɪk] 1 **be unlike someone/something** jemandem/einer Sache nicht ähnlich sein; **she's very unlike her sister** sie ist ganz anders als ihre Schwester 2 **it's very unlike her to lose her temper** das sieht ihr gar nicht ähnlich, dass sie ihre Beherrschung verliert 3 **unlike you, I ...** im Gegensatz zu dir, ... ich
un·like·ly [ʌn'laɪklɪ] 1 unwahrscheinlich; **they are unlikely to come to the party** es ist ziemlich sicher, dass sie nicht zur Party kommen 2 *Geschichte:* unglaubwürdig
un·limited [ʌn'lɪmɪtɪd] unbegrenzt; **limited liability** unbeschränkte Haftung
un·load [ʌn'ləʊd] 1 ausladen *Gepäck* 2 entladen *Fahrzeug* 3 löschen *Schiff(sladung)* 4 (*übertragen*) abladen *Kinder, Probleme*
un·lock [ˌʌn'lɒk] aufschließen **un·locked** [ˌʌn'lɒkt] unverschlossen
un·lucky [ʌn'lʌkɪ] **be unlucky** *Person:* Pech haben; *Umstand:* Unglück bringen; **unlucky number** Unglückszahl
un·mar·ried [ˌʌn'mærɪd] unverheiratet, ledig
un·mis·tak·able [ˌʌnmɪ'steɪkəbl] unverkennbar
un·moved [ʌn'muːvd] ungerührt
un·natu·ral [ʌn'nætʃrəl] 1 unnatürlich 2 (*abnorm*) widernatürlich
un·nec·es·sary [ʌn'nesəsrɪ] unnötig
un·no·ticed [ˌʌn'nəʊtɪst] unbemerkt
un·ob·tain·able [ˌʌnəb'teɪnəbl] nicht erhältlich; **number unobtainable** kein Anschluss unter dieser Nummer
un·of·fi·cial [ˌʌnə'fɪʃl] inoffiziell
un·pack [ˌʌn'pæk] auspacken
un·paid [ˌʌn'peɪd] unbezahlt
un·pleas·ant [ʌn'pleznt] 1 *Person:* unangenehm, unfreundlich 2 *Bemerkung:* unfreundlich 3 *Nachricht:* unerfreulich
un·plug [ˌʌn'plʊg] den Stecker herausziehen
un·popu·lar [ˌʌn'pɒpjʊləʳ] unbeliebt, unpopulär
un·prece·dented [ʌn'presɪdentɪd] einmalig, beispiellos, noch nie dagewesen
un·pre·dict·able [ˌʌnprɪ'dɪktəbl] 1 *Resultat:* unvorhersehbar 2 *Person, Wetter:* unberechenbar
un·pro·fes·sional [ˌʌnprə'feʃənl] 1 *Verhalten:* berufswidrig 2 *Arbeit:* unfachmännisch, stümperhaft
un·prof·it·able [ˌʌn'prɒfɪtəbl] unrentabel
un·pub·lished [ˌʌn'pʌblɪʃt] unveröffentlicht
un·quali·fied [ʌn'kwɒlɪfaɪd] 1 unqualifiziert, ungeeignet 2 *Zustimmung:* uneingeschränkt 3 *Erfolg:* voll
un·ques·tion·able [ʌn'kwestʃənəbl] unbestritten, fraglos **un·ques·tion·ing** [ʌn'kwestʃənɪŋ] bedingungslos, blind
un·ravel [ʌn'rævl] 1 [sich] auftrennen, [sich]

aufziehen ② entwirren *Fäden* ③ (*übertragen*) lösen *Rätsel;* **unravel a secret** hinter ein Geheimis kommen

un·read·able [ˌʌnˈriːdəbl] ① *Schrift:* unleserlich ② *Buch:* unlesbar

un·real [ʌnˈrɪəl] ① unwirklich ② (*slang*) unglaublich

un·real·is·tic [ˌʌnˌrɪəˈlɪstɪk] unrealistisch, realitätsfern

un·reas·on·able [ʌnˈriːznəbl] ① unvernünftig ② *Ansprüche, Forderung:* übertrieben, unangemessen, unzumutbar

un·re·li·able [ˌʌnrɪˈlaɪəbl] unzuverlässig

un·re·peat·able [ˌʌnrɪˈpiːtəbl] nicht zu wiederholen

un·re·served [ˌʌnrɪˈzɜːvd] ① *Platz:* nicht reserviert ② *Zustimmung:* uneingeschränkt

un·rest [ʌnˈrest] Unruhen

un·re·stricted [ˌʌnrɪˈstrɪktɪd] ① unbeschränkt, uneingeschränkt ② *Sicht:* frei

un·ripe [ˌʌnˈraɪp] unreif

un·ri·valled, (USA) **un·ri·valed** [ʌnˈraɪvld] konkurrenzlos, unvergleichlich, einzigartig

un·roll [ʌnˈrəʊl] [sich] aufrollen

un·ruly [ʌnˈruːlɪ] ① *Person:* ungebärdig, wild ② *Haar:* widerspenstig

un·safe [ˌʌnˈseɪf] ① nicht sicher, unsicher ② *Bau, Leitungen, Spielzeug:* gefährlich

un·said [ˌʌnˈsed] unausgesprochen; **leave something unsaid** etwas ungesagt lassen

un·sat·is·fac·tory [ˈʌnˌsætɪsˈfæktrɪ] unbefriedigend

un·scru·pu·lous [ʌnˈskruːpjʊləs] skrupellos, gewissenlos

un·seen [ʌnˈsiːn] ungesehen, unbemerkt

un·self·ish [ˌʌnˈselfɪʃ] selbstlos, uneigennützig

un·settle [ˌʌnˈsetl] durcheinander bringen, beunruhigen, verunsichern **un·settled** [ˌʌnˈsetld] ① *Gebiet:* unbesiedelt ② *Rechnung:* unbezahlt ③ *Frage:* ungeklärt; *Zukunft:* ungewiss ④ *Wetter, Markt, Verhältnisse:* unbeständig; *Leben:* unstet

un·shak·able [ʌnˈʃeɪkəbl] unerschütterlich

un·sha·ven [ˌʌnˈʃeɪvn] unrasiert

un·sight·ly [ʌnˈsaɪtlɪ] unansehnlich, hässlich

un·signed [ˌʌnˈsaɪnd] nicht unterzeichnet

un·skilled [ˌʌnˈskɪld] ungelernt; **unskilled labour** [*oder* **workers**] ungelernte Arbeitskräfte, Hilfsarbeiter

un·soci·able [ʌnˈsəʊʃəbl] ungesellig

un·social [ˌʌnˈsəʊʃl] **work unsocial hours** außerhalb der normalen Arbeitszeiten arbeiten

un·stable [ˌʌnˈsteɪbl] ① (*auch übertragen*) instabil ② *Person:* labil

un·stuck [ˌʌnˈstʌk] **come unstuck** sich lösen; (*übertragen*) *Plan:* schief gehen; **we came unstuck** wir sind gescheitert

un·suc·cess·ful [ˌʌnsəkˈsesfl] erfolglos; *Versuch:* vergeblich; *Ergebnis:* nicht erfolgreich; **be unsuccessful** keinen Erfolg haben

un·suit·able [ˌʌnˈsuːtəbl] unpassend, ungeeignet (**to, for** für)

un·sure [ˌʌnˈʃʊər] unsicher

un·sus·pect·ing [ˌʌnsəˈspektɪŋ] nichts ahnend

un·think·able [ʌnˈθɪŋkəbl] undenkbar, unvorstellbar

un·tidy [ʌnˈtaɪdɪ] unordentlich

un·tie [ˌʌnˈtaɪ] ① lösen *Knoten* ② aufbinden *Schnürsenkel* ③ aufschnüren *Paket* ④ losbinden *Person, Tier*

un·til [ənˈtɪl] bis, bis zu; **until the end** bis zum Ende; **until further notice** bis auf Widerruf, bis auf weiteres; **not until** nicht vor, erst, nicht bevor, erst als/wenn

un·touched [ˌʌnˈtʌtʃt] ① unberührt ② (*unverletzt*) heil, intakt ③ (*unbeeinflusst*) ungerührt

un·treat·ed [ʌnˈtriːtɪd] unbehandelt

un·true [ˌʌnˈtruː] unwahr, falsch; **that's untrue** das ist nicht wahr

un·trust·worthy [ˌʌnˈtrʌstˌwɜːðɪ] unzuverlässig

un·used[1] [ʌnˈjuːzd] ① ungebraucht, unbenutzt ② *Kredit:* nicht beansprucht

un·used[2] [ʌnˈjuːst] **be unused to something** etwas nicht gewöhnt sein; **be unused to doing something** nicht gewohnt sein, etwas zu tun

un·usual [ʌnˈjuːʒl] ungewöhnlich

un·veil [ˌʌnˈveɪl] enthüllen *Gedenktafel, Plan*

unwaged **the unwaged** die Erwerbslosen

un·well [ʌnˈwel] unwohl; **feel** [*oder* **be**] **unwell** sich nicht wohl fühlen

un·wieldy [ʌnˈwiːldɪ] unhandlich, sperrig

un·will·ing [ˌʌnˈwɪlɪŋ] widerwillig; **be unwilling to do something** nicht bereit sein, etwas zu tun; etwas nicht tun wollen

un·wind [ˌʌnˈwaɪnd] <unwound, unwound> ① [sich] abwickeln ② (*umgangsspr*) abschalten, sich entspannen

un·wise [ʌnˈwaɪz] unklug

un·worthy [ʌnˈwɜːðɪ] unwürdig; **be unworthy of something** einer Sache nicht würdig sein

un·wrap [ˌʌnˈræp] auswickeln, auspacken

un·writ·ten [ˌʌnˈrɪtn] ungeschrieben; **unwritten agreement** mündliche Vereinbarung, stillschweigende Übereinkunft; **unwritten law** ungeschriebenes Gesetz

un·zip [ˌʌnˈzɪp] **unzip a bag** den Reißverschluss einer Tasche öffnen

up[1] [ʌp] ① *räumlich* oben, nach oben; **up here** hier oben; **up there** da oben; **up and down** auf und ab, hin und her; **up and up** immer höher ② *örtlich* **up in Scotland** oben in Schottland; **up to London** nach London ③ *mit Verben der Bewegung* hinauf, hoch; **jump up** aufspringen; **look up** hochsehen; **stand up!** steh auf! ④ (*nicht im Bett*) auf; **get up** aufstehen ⑤ *Preise:* gestiegen ⑥ **be up** stehen; *Gerüst:* aufgestellt sein; *Bild, Mitteilung, Tapete, Vorhänge:* hängen ⑦ aufwärts; **from $3 up** von $3 aufwärts, ab $3; **from the age of 18 up** ab 18 Jahren ⑧ bis; **up to here/now/20 pounds** bis hier/jetzt/20 Pfund ⑨ (*Sport*) in Führung; **England are 2–0 up** England führt zwei zu null ⑩ zu Ende, vorüber, um; **time's up** die Zeit ist um; **it's all up with her** es ist aus mit ihr ⑪ **be** [*oder* **feel**] **up to something** einer Sache gewachsen sein ⑫ **it's up to him to do that** es liegt an ihm, das zu tun ⑬ **be up against problems** Schwierigkeiten haben; **I know what we're up against** ich weiß, was uns bevorsteht ⑭ **lean something up against the wall** etwas an die Wand lehnen ⑮ **what are you up to?** was machst du?, was hast du vor?; **he is up to something** er führt irgendetwas im Schilde ⑯ **what's up?** (*umgangsspr*) was ist los?; **what's up with you?** was ist mit dir los? ⑰ **be up for discussion** zur Diskussion stehen; **be up for sale** zu verkaufen sein, zum Verkauf stehen; **be up for trial** vor Gericht stehen ▶ IN WENDUNGEN: **things are looking up** es geht bergauf; **be one up on someone** jemandem um einen Schritt voraus sein

up[2] [ʌp] ① hinauf, oben auf; **go up the hill** den Berg hinaufgehen; **run up and down the stairs** die Treppe rauf und runter rennen; **further up the street** die Straße weiter rauf; **row up the river** flussaufwärts rudern ② **travel up and down the country** durch das ganze Land [*oder* landauf, landab] reisen

up[3] [ʌp] **ups and downs** Höhen und Tiefen

up[4] [ʌp] <upped, upped> (*umgangsspr*) ① erhöhen *Preis* ② ankurbeln *Produktion*

up-and-com·ing [ˈʌpənˈkʌmɪŋ] aufstrebend, im Aufstieg

up·beat [ˈʌpbiːt] (*umgangsspr*) fröhlich, optimistisch

up·bring·ing [ˈʌpbrɪŋɪŋ] Erziehung

up·com·ing [ˈʌpˌkʌmɪŋ] (USA) bevorstehend

up·date[1] [ˌʌpˈdeɪt] auf den neuesten Stand bringen, aktualisieren

up·date[2] [ˈʌpˌdeɪt] Aktualisierung

up·grade [ˌʌpˈgreɪd] höher einstufen; befördern *Beschäftigte;* erweitern, nachrüsten *Computer;* aufbessern, aufwerten *Image, Verdienst*

up·hill [ˌʌpˈhɪl] ① *Straße:* [an]steigend, bergauf führend ② **uphill ski** Bergski ③ (*übertragen*) mühselig; **an uphill struggle** ein harter Kampf ④ bergan, bergauf

up·hol·stery [ˌʌpˈhəʊlstərɪ] Polsterung; **upholstery fabric** Möbelstoff

up·keep [ˈʌpkiːp] ① Unterhalt ② Unterhaltungskosten

upon [əˈpɒn] ① (*gehoben*) auf ② **once upon a time …** es war einmal …

up·per[1] [ˈʌpəʳ] höhe(r, s), obere(r, s); **upper deck** Oberdeck; **upper lip** Oberlippe; **the Upper House** das Oberhaus

up·per[2] [ˈʌpəʳ] *von Schuhwerk:* Obermaterial

upper class **upper class**[**es**] Oberschicht

upper-class der Oberschicht, vornehm, fein

upper·cut Kinnhaken

up·per·most [ˈʌpəʳməʊst] ① oberste(r, s), höchste(r, s) ② (*übertragen*) an der ersten Stelle; **say what is uppermost in one's mind** sagen, was einem am wichtigsten ist

up·right[1] [ˈʌpraɪt] ① aufrecht, senkrecht ② (*übertragen*) *Mensch:* aufrecht, ehrlich

up·right[2] [ˈʌpraɪt] Ständer, Pfosten

up·ris·ing [ˈʌpraɪzɪŋ] Aufstand

up·roar [ˈʌprɔːʳ] ① Lärm, Spektakel ② **there was** [**an**] **uproar at the suggestion** dieser Vorschlag löste Aufruhr aus

up·root [ˌʌpˈruːt] entwurzeln

up·set[1] [ˌʌpˈset] <upset, upset> ① umstoßen, umwerfen ② **upset someone** *Ereignis, Tod:* jemanden bestürzen, mitnehmen ③ verletzen; **be upset by someone's**

U u

behaviour/comments verletzt sein durch jemandes Benehmen/Bemerkungen; **now you've upset him** (*auch humorvoll*) jetzt ist er beleidigt ④ aufregen; **don't upset yourself** regen Sie sich nicht auf ⑤ durcheinander bringen *Pläne;* umstoßen *Theorie* ⑥ verderben *Magen;* **fatty food upsets my stomach** fettes Essen vertrage ich nicht

up·set² [ˌʌp'set] ① *Mensch:* mitgenommen, bestürzt, gekränkt; **I'd be upset if she did that** ich wäre traurig, wenn sie das täte ② *Magen:* verdorben

up·set³ ['ʌpset] ① **there was a big upset at the meeting** bei der Besprechung gab es große Aufregung ② **stomach upset** Magenverstimmung

up·side down [ˌʌpsaɪd 'daʊn] verkehrt herum; **turn something upside down** (*auch übertragen*) etwas auf den Kopf stellen

up·stairs¹ [ˌʌp'steəz] ① oben, im oberen Stock ② [die Treppe] hinauf, in den oberen Stock; **go upstairs** nach oben gehen, hinaufgehen

up·stairs² [ˌʌp'steəz] ober(e) Stockwerk(e)

up·stream [ˌʌp'striːm] fluss-, stromaufwärts

up·take ['ʌpteɪk] **be quick on the uptake** schnell begreifen; **be slow on the uptake** schwer von Begriff sein

up·tight [ʌp'taɪt] (*umgangsspr*) ① verklemmt; **be uptight about something** etwas eng sehen ② verärgert; **get uptight about something** wegen etwas ausflippen

up-to-date [ˌʌptə'deɪt] ① auf dem neuesten Stand, hochaktuell; **keep up-to-date** auf dem Laufenden bleiben; **bring up-to-date** auf den neuesten Stand bringen, aktualisieren ② modern **up-to-the-min·ute** ['ʌptəðə'mɪnɪt] ① modernste(r, s) ② *Information:* auf dem neuesten Stand

up·turn ['ʌptɜːn] (*übertragen*) Aufschwung; **economic upturn** Konjunkturbelebung

up·ward ['ʌpwəd] ① (*auch übertragen*) Aufwärts-, nach oben; **upward mobility** Aufstiegsmöglichkeiten; **upward slope** Steigung ② (*auch übertragen*) **upward[s]** aufwärts ③ **from $3 upwards** ab $3; **upwards of $3** mehr als $3

ur·ban ['ɜːbən] städtisch; **urban renewal** Stadtsanierung

ur·ban·iz·ation [ˌɜːbənaɪ'zeɪʃn] Verstädterung

urge¹ [ɜːdʒ] ① **urge someone [to do something]** jemanden drängen, etwas zu tun ② (*auch übertragen*) **urge [on]** weiter-, vorantreiben

urge² [ɜːdʒ] ① Verlangen, Drang ② (*körperlich*) Trieb

ur·gency ['ɜːdʒənsɪ] Dringlichkeit; **it's a matter of urgency** es ist dringend

ur·gent ['ɜːdʒənt] ① dringend, eilig; **be urgent** eilen; **be in urgent need of something** etwas dringend brauchen; **give urgent attention to something** etwas vordringlich behandeln ② *Ton, Bitte:* dringlich; **be urgent about something** etwas eindringlich betonen **ur·gent·ly** ['ɜːdʒəntlɪ] dringend

uri·nal ['jʊərɪnl] Pissoir **urine** ['jʊərɪn] Urin, Harn

urn [ɜːn] **[funeral] urn** [Toten]Urne

Uru·guay ['jʊərəgwaɪ] Uruguay **Uru·guay·an¹** [ˌjʊərə'gwaɪən] uruguayisch **Uru·guay·an²** [ˌjʊərə'gwaɪən] Uruguayer(in)

us [əs, *betont* ʌs] uns; **all of us** wir alle; **both of us** wir beide; **it's us** wir sind es

USA [ˌjuːes'eɪ] *Abkürzung von* **United Stated of America** USA

use¹ [juːs] ① Verwendung, Benutzung, Gebrauch; (*juristisch*) Nutznießung; **be in use** in Betrieb sein; **be out of use** nicht in Betrieb sein; **come into use** in Gebrauch kommen; **have the use of something** etwas benutzen können; **have no use for something** etwas nicht gebrauchen können, für etwas keine Verwendung haben; **direction[s] for use** Gebrauchsanweisung ② *einer Methode, Fähigkeit, von Gewalt:* Anwendung ③ *eines Vorteils:* Nutzung; *von Abfallprodukt:* Verwertung ④ **be of use** von Nutzen sein; **what use is it?** wofür ist das denn gut?; **it's no use doing that!** es hat keinen Zweck, das zu tun!; **it's no use!** es hat keinen Zweck!; **what's the use?** was nützt das schon? ⑤ **for the use of** für ⑥ **can I be of any use?** kann ich irgendwie helfen?

use² [juːz] ① benutzen, verwenden, gebrauchen; anwenden *Methode, Gewalt, Fähigkeit;* nehmen *Medikamente;* **how to use something** wie man mit etwas umgeht ② ausnutzen; nutzen *Vorteil;* verwerten *Abfall* ③ (*abwertend*) ausnutzen; **I feel used** ich komme mir ausgenutzt vor ④ **I could use a**

whisky ich könnte einen Whisky vertragen; **I could use a few pounds** ich könnte ein paar Pfund [gut] gebrauchen ❺ *nur in der Vergangenheit* **he used to play tennis** früher spielte er [regelmäßig] Tennis; **I used to like it** früher mochte ich das; **things aren't what they used to be** es ist alles nicht mehr so wie früher; **he didn't use to smoke, he used not to smoke** er hat früher nicht geraucht

◆ **use up** [ver]brauchen; **it's used up** es ist alle

used[1] [juːzd] gebraucht; *Waren, Auto:* Gebraucht-; *Briefmarke:* gestempelt; *Handtuch usw.:* benutzt

used[2] [juːst] **be used to something** an etwas gewöhnt sein, etwas gewohnt sein; **get used to something** sich an etwas gewöhnen

use·ful ['juːsfl] ❶ nützlich, brauchbar, praktisch ❷ (*umgangsspr*) fähig, tüchtig; **prove [to be] useful** sich als nützlich erweisen; **make oneself useful** sich nützlich machen; **come in useful** gut zu gebrauchen sein

use·ful·ness ['juːsflnɪs] Nützlichkeit, Brauchbarkeit

use·less ['juːslɪs] ❶ nutzlos; **talking to him is useless** mit ihm zu reden ist zwecklos ❷ *Gegenstand:* unbrauchbar

user ['juːzə^r] ❶ Benutzer(in) ❷ (*wirtschaftlich*) Verbraucher(in) ❸ (*Computer*) Anwender(in) ❹ **road user** Verkehrsteilnehmer(in) **user-friendly** ['juzə'frendlɪ] benutzerfreundlich

usher ['ʌʃə^r] ❶ (*im Theater, Kino*) Platzanweiser ❷ Gerichtsdiener **usher·ette** [ˌʌʃə'ret] (*im Theater, Kino*) Platzanweiserin

usual ['juːʒl] gewöhnlich, üblich; **as usual** wie gewöhnlich; **the usual** das Übliche, wie üblich

usu·ally ['juːʒəlɪ] gewöhnlich, im Allgemeinen

util·ity [juː'tɪlətɪ] ❶ **public utility** [öffentlicher] Versorgungsbetrieb ❷ (*Informatik*) **utility program** Dienstprogramm ❸ **utility room** Abstellraum

util·ize ['juːtɪlaɪz] verwenden, nutzen

ut·most[1] ['ʌtməʊst] ❶ größte(r, s), höchste(r, s); **with the utmost speed** so schnell wie möglich ❷ äußerste(r, s); **of the utmost importance** äußerst wichtig

ut·most[2] ['ʌtməʊst] ❶ [das] Beste; **do one's utmost** sein Möglichstes tun ❷ [das] Äußerste

ut·ter[1] ['ʌtə^r] äußern, von sich geben; ausstoßen *Schrei*

ut·ter[2] ['ʌtə^r] völlig, total; **what utter nonsense!** was für ein Unsinn!

ut·ter·ly ['ʌtəlɪ] völlig, total; **despise someone utterly** jemanden zutiefst verachten; **utterly beautiful** umwerfend schön

U-turn ['juːtɜːn] (*auch übertragen*) Kehrtwendung; **no U-turns!** Wenden verboten!

Uz·be·kis·tan [ʌz'bekɪstən] Usbekistan

V v

V, v [viː] <*plural* V's, v's> V, v

vac [væk] (*umgangsspr*) Semester[ferien]

va·cancy ['veɪkənsɪ] ❶ freies Zimmer; (*im Hotel*) Zimmer frei ❷ (*Arbeit*) offene Stelle ❸ **Vacancies** (*Zeitungsrubrik*) Stellenangebote, Stellenmarkt **va·cant** ['veɪkənt] ❶ leer ❷ *Raum, Wohnung, Haus:* leer stehend, unbewohnt ❸ *Toilette, Zimmer, Platz:* frei ❹ *Stelle:* unbesetzt, frei ❺ (*übertragen*) geistesabwesend **va·cate** [və'keɪt, (USA) 'veɪkeɪt] räumen *Wohnung, Gebäude*

va·ca·tion [və'keɪʃn, (USA) veɪ'keɪʃn] ❶ [Schul-, Semester-, Gerichts]Ferien ❷ (USA) Urlaub; **on vacation** in Urlaub; **take a vacation** Ferien machen, Urlaub nehmen; **summer vacation** Sommerferien

vac·ci·nate ['væksɪneɪt] impfen (**against** gegen) **vac·ci·na·tion** [ˌvæksɪ'neɪʃn] Impfung **vac·cine** ['væksiːn] Impfstoff

vac·uum[1] ['vækjʊəm, *plural* 'vækjʊə] <*plural* vacuums, vacuua> [luft]leerer Raum, Vakuum

vac·uum[2] ['vækjʊəm] staubsaugen

vacuum bottle Thermosflasche®

vacuum cleaner Staubsauger

vacuum flask Thermosflasche®

va·gina [və'dʒaɪnə] Scheide, Vagina

va·grant ['veɪgrənt] Landstreicher(in)

vague [veɪg] ❶ vage, verschwommen; **have a vague understanding of physics** eine vage Vorstellung von Physik haben; **not the**

vaguest idea nicht die leiseste Ahnung ② geistesabwesend

vain [veɪn] ① eitel, eingebildet ② *Versuch, Hoffnung:* vergeblich; **in vain** vergeblich

val·en·tine ['væləntaɪn] ① Person, der man am Valentinstag einen Gruß schickt ② **valentine** [**card**] Karte zum Valentinstag

valid ['vælɪd] ① *Pass:* gültig; *Vertrag:* rechtskräftig; *Anspruch:* berechtigt; **valid for three months** drei Monate gültig; **valid until recalled** gültig bis auf Widerruf; **become valid** gültig [*oder* rechtswirksam] werden; **remain valid** Gültigkeit behalten ② *Grund:* stichhaltig, triftig; *Einwand:* berechtigt **valid·ity** [və'lɪdətɪ] ① *Pass:* Gültigkeit; *Vertrag:* Rechtswirksamkeit ② *Grund, Einwand:* Stichhaltigkeit

val·ley ['vælɪ] Tal

valu·able[1] ['væljʊəbl] wertvoll, kostbar

valu·able[2] ['væljʊəbl] **valuables** *plural* Wertgegenstände, Wertsachen

valu·ation [ˌvæljʊ'eɪʃn] Schätzung

value[1] ['vælju:] ① Wert; **of no/little value** nichts/wenig wert; **be good value** preiswert sein; **to the value of** im Wert von; **go down in value** an Wert verlieren; **get value for money** etwas für sein Geld bekommen ② **values** sittliche Werte ③ (*mathematisch*) Wert

value[2] ['vælju:] ① [ab]schätzen, bewerten *Haus, Eigentum* (**at** auf) ② (*übertragen*) [wert]schätzen *Arbeit, Mühe*

value-added tax Mehrwertsteuer **valued** ['vælju:d] geschätzt **value·less** ['vælju:lɪs] wertlos

valve [vælv] ① Ventil; **safety valve** Sicherheitsventil ② (*anatomisch*) Klappe

vam·pire ['væmpaɪəʳ] Vampir

van [væn] Ⓖⓑ Lieferwagen, Kleintransporter

van·dal ['vændl] (*übertragen*) Rowdy **van·dal·ism** ['vændəlɪzəm] Vandalismus **van·dal·ize** ['vændəlaɪz] mutwillig zerstören

va·nilla [və'nɪlə] Vanille

van·ish ['vænɪʃ] verschwinden; *Angst, Sorgen:* sich legen; *Hoffnung:* schwinden; *Rasse, Kultur:* untergehen; **vanish into thin air** sich in Luft auflösen

van·ity ['vænətɪ] Eitelkeit **vanity bag, vanity case** Kosmetikkoffer

van·tage point ['vɑ:ntɪdʒ pɔɪnt] [günstiger] Aussichtspunkt

va·pour, Ⓤⓢⓐ **va·por** ['veɪpəʳ] Dampf; **water vapour** Wasserdampf **vapo(u)r trail** Kondensstreifen

varia·ble[1] ['veərɪəbl] ① veränderlich, variabel ② (*technisch*) regulierbar, einstellbar ③ (*übertragen*) *Wetter, Stimmung:* unbeständig

varia·ble[2] ['veərɪəbl] (*mathematisch*) Variable, veränderliche Größe

vari·ance ['veərɪəns] **be at variance with something** *Meinung, Ergebnis usw.:* im Widerspruch zu etwas stehen; **be at variance with someone** anderer Meinung als jemand sein

vari·ant ['veərɪənt] Variante **vari·ation** [ˌveərɪ'eɪʃn] ① Veränderung, Variation; *von Wetter, Aktienkurs:* Schwankung; **variation in quality** unterschiedliche Qualität ② (*Musik*) Variation (**on** zu) ③ (*auch biologisch*) Variante

var·ied ['veərɪd] ① unterschiedlich ② *Leben:* abwechslungsreich ③ *Arbeit, Stil:* vielseitig

var·iety [və'raɪətɪ] ① Vielfalt; **a variety of colours** die verschiedensten Farben; **for a variety of reasons** aus verschiedenen Gründen ② Abwechslung; **add** [*oder* **give**] **variety to something** Abwechslung in etwas bringen ③ (*botanisch, zoologisch*) Art, Sorte; **twenty varieties of rose** zwanzig Sorten von Rosen ④ Spielart, Variante ⑤ (*Theater*) Varietee ▸ In Wendungen: **variety is the spice of life** Abwechslung muss sein **variety show** ① (*Theater*) Varietee ② (*TV, Radio*) Unterhaltungssendung

vari·ous ['veərɪəs] ① verschiedene; **at various times** zu verschiedenen Zeiten; **for various reasons** aus verschiedenen Gründen ② (*umgangsspr*) mehrere

var·nish[1] ['vɑ:nɪʃ] ① Lack; **clear varnish** Klarlack; **nail varnish** Nagellack ② (*Töpferei*) Glasur

var·nish[2] ['vɑ:nɪʃ] lackieren

vary ['veərɪ] ① variieren ② **opinions vary** die Meinungen gehen auseinander ③ sich wandeln, sich [ver]ändern; **his income varies from month to month** sein Einkommen schwankt von Monat zu Monat

vase [vɑ:z, Ⓤⓢⓐ veɪs] [Blumen]Vase

vast [vɑ:st] ① *Grösse:* riesig; *Fläche:* weit ② (*übertragen*) enorm; **vast amount of time/money** enorm viel Zeit/Geld; **vast majority** überwiegende Mehrheit **vast·ly** ['vɑ:stlɪ] in hohem Maße

VAT [ˌviːeɪˈtiː] *Abkürzung von* **Value Added Tax** MwSt

Vati·can [ˈvætɪkən] Vatikan

vault¹ [vɔːlt] ① Stahlkammer, Tresor[raum] ② **vaults** ⚠ *plural* [Keller]Gewölbe ③ (*Sport*) Sprung

vault² [vɔːlt] überspringen, springen

VCR [ˌviːsiːˈaːʳ] *Abkürzung von* **Video-Cassette Recorder** Videorecorder

VDU [ˌviːdiːˈjuː] *Abkürzung von* **Visual Display Unit** Datensicht-, Bildschirmgerät

veal [viːl] Kalbfleisch **veal cutlet** Kalbsschnitzel

veer [vɪəʳ] *Auto:* **veer** [**to the right**] [nach rechts] ausscheren

veg [vedʒ] (*umgangsspr*) [gekochtes] Gemüse **ve·gan** [ˈviːgən] Veganer(in)

veg·etable¹ [ˈvedʒtəbl] Gemüse ▶ IN WENDUNGEN: **become a vegetable** nur noch dahinvegetieren

veg·etable² [ˈvedʒtəbl] ① *Fett:* pflanzlich ② *Suppe, Gericht:* Gemüse-

vegetable kingdom Pflanzenreich **vegetable oil** Pflanzenöl

veg·etar·ian¹ [ˌvedʒɪˈteərɪən] Vegetarier(in)

veg·etar·ian² [ˌvedʒɪˈteərɪən] vegetarisch

veg·etate [ˈvedʒɪteɪt] (*übertragen*) [dahin]vegetieren **veg·eta·tion** [ˌvedʒɪˈteɪʃn] Vegetation

ve·he·ment [ˈviːəmənt] heftig; *Rede:* leidenschaftlich

ve·hicle [ˈviːɪkl] ① Fahrzeug; **motor vehicle** Kraftfahrzeug ② Medium, Mittel **vehicle registration centre** Kraftfahrzeugzulassungsstelle **vehicle registration number** Kraftfahrzeugkennzeichen

veil [veɪl] Schleier **veiled** [veɪld] (*auch übertragen*) verschleiert, versteckt

vein [veɪn] ① (*auch bei Pflanzen*) Ader ② (*medizinisch auch*) Vene

Vel·cro® [ˈvelkrəʊ] **velcro fastener** Klett[en]verschluss

vel·oc·ity [vɪˈlɒsətɪ] Geschwindigkeit

vel·vet [ˈvelvɪt] Samt **vel·vety** [ˈvelvɪtɪ] samtweich

ven·det·ta [venˈdetə] Fehde, Blutrache

vend·ing ma·chine [ˈvendɪŋməˌʃiːn] Verkaufs-, Warenautomat **vendor** [ˈvendəʳ] Verkäufer(in)

venerable [ˈvenərəbl] ehrwürdig

venereal disease [vəˈnɪərɪəl dɪˈziːz] Geschlechtskrankheit

ve·ne·tian blind [vəˌniːʃnˈblaɪnd] Jalousie

Vene·zue·la [ˌveneˈzweɪlə] Venezuela **Vene·zue·lan¹** [ˌveneˈzweɪlən] venezolanisch, venezuelisch

Vene·zue·lan² [ˌveneˈzweɪlən] Venezolaner(in)

ven·geance [ˈvendʒəns] Rache; **take vengeance [up]on someone** sich an jemandem rächen ▶ IN WENDUNGEN: **with a vengeance** (*umgangsspr*) wie toll, wie verrückt

ven·ison [ˈvenɪzn] Reh[fleisch]

venom [ˈvenəm] ① Gift ② (*übertragen*) Bosheit **venom·ous** [ˈvenəməs] ① giftig; **venomous snake** Giftschlange ② (*übertragen*) boshaft, bösartig

ven·ti·late [ˈventɪleɪt] [ent-, be]lüften **ven·ti·la·tion** [ˌventɪˈleɪʃn] Be-, Entlüftung **ven·ti·la·tor** [ˈventɪleɪtəʳ, (USA) ˈventəleɪtəʳ] Ventilator

ven·tril·oquist [venˈtrɪləkwɪst] Bauchredner(in)

ven·ture [ˈventʃəʳ] Unternehmen, Unterfangen, Projekt; **joint venture** Zusammenarbeit bei einmaligem Projekt **venture out** sich hinauswagen

venue [ˈvenjuː] ① Treffpunkt, Begegnungsstätte ② (*Sport*) Austragungsort; (*juristisch*) Verhandlungsort

Venus [ˈviːnəs] Venus

ve·ran·da(h) [vəˈrændə] Veranda

verb [vɜːb] Verb, Zeitwort **ver·bal** [ˈvɜːbl] mündlich **ver·bal·ly** [ˈvɜːbəlɪ] mündlich **ver·ba·tim** [vɜːˈbeɪtɪm] **quote verbatim** Wort für Wort zitieren

ver·dict [ˈvɜːdɪkt] ① Urteil; **verdict of guilty** Schuldspruch; **verdict of not guilty** Freispruch ② Meinung; **give one's verdict on** [*oder* **about**] **something** sein Urteil über etwas abgeben; **what is your verdict on this book?** was halten Sie von diesem Buch?; **what is the verdict?** (*humorvoll*) was hältst du davon?

verge [vɜːdʒ] ① (*auch übertragen*) Rand; **on the verge of** (*übertragen*) am Rande, nahe an; **be on the verge of doing something** nahe daran sein etwas zu tun ② *einer Straße:* Seitenstreifen

◆ **verge on** (*übertragen*) grenzen an; **he is verging on sixty** er ist fast sechzig

veri·fi·able [ˈverɪfaɪəbl] nachprüfbar **veri·fi·ca·tion** [ˌverɪfɪˈkeɪʃn] ① Überprüfung ② Bestätigung, Nachweis **ver·ify** [ˈverɪfaɪ]

V

① [über]prüfen *Echtheit, Richtigkeit* ② bestätigen *Aussage* ③ beglaubigen *Zeugnis*
ver·mi·celli [ˌvɜːmɪˈselɪ] *plural* Fadennudeln
ver·min [ˈvɜːmɪn] ① Ungeziefer ② (*übertragen*) Gesindel
ver·ruca [vəˈruːkə] Warze
ver·sa·tile [ˈvɜːsətaɪl, USA ˈvɜːsətl] vielseitig **ver·sa·til·ity** [ˌvɜːsəˈtɪlətɪ] Vielseitigkeit
verse [vɜːs] ① *eines Liedes:* Strophe ② *eines Gedichtes:* Dichtung ③ *der Bibel:* Vers ④ **in verse** in Versform
versed [vɜːst] **be well versed in** bewandert [*oder* versiert] sein in
ver·sion [ˈvɜːʃn] ① Version; *von Geschehnis, Text:* Darstellung ② *von Auto, Gerät:* Modell, Ausführung ③ **the French version** die französische Ausgabe
ver·sus [ˈvɜːsəs] gegen
ver·te·bra [ˈvɜːtɪbrə, *plural* ˈvɜːtɪbriː] <*plural* vertebrae> Rückenwirbel **ver·te·brate** [ˈvɜːtɪbrət] Wirbeltier
ver·ti·cal [ˈvɜːtɪkl] senkrecht; **vertical clearance** lichte Höhe; **vertical take-off aircraft** Senkrechtstarter
ver·tigo [ˈvɜːtɪgəʊ] **suffer from vertigo** nicht schwindelfrei sein
verve [vɜːv] Schwung
very [ˈverɪ] ① sehr; **thank you very much** Danke sehr [*oder* vielen Dank] ② äußerste(r, s); **the very best** der, die, das Allerbeste; **at the very latest** allerspätestens; **at the very end** am äußersten Ende ③ **the very same** genau derselbe; **the very next day** gleich am nächsten Tag; **the very same day** noch am selben Tag; **the very thing** genau das Richtige ④ **it's very possible** es ist gut möglich ⑤ **how very peculiar!** wie eigenartig! ⑥ **very well** na, nun gut; sehr wohl ⑦ **the very thought** der bloße Gedanke; **the very idea** [**of it**]! um Gotteswillen!, wo denkst du hin!
vessel [ˈvesl] ① (*anatomisch, pflanzlich*) Gefäß ② Schiff
vest [vest] ① GB Unterhemd ② USA Weste
vet[1] [vet] ① Tierarzt, -ärztin ② USA (*umgangsspr*) Veteran(in)
vet[2] [vet] überprüfen *Plan, Projekt*
vet·eran[1] [ˈvetərən] Veteran(in)
vet·eran[2] [ˈvetərən] *Mensch:* erfahren; *Gerät:* altgedient; **veteran car** Oldtimer
vet·eri·nar·ian [ˌvetərɪˈneərɪən] USA Tierarzt, -ärztin **vet·erin·ary** [ˈvetrɪnrɪ] tierärztlich, veterinär-; **veterinary medicine** Veterinärmedizin; **veterinary surgeon** Tierarzt, -ärztin
veto[1] [ˈviːtəʊ] <*plural* vetoes> ① Veto, Einspruch ② **power** [*oder* **right**] **of veto** Veto-, Einspruchsrecht
veto[2] [ˈviːtəʊ] ① sein Veto einlegen gegen ② verbieten, untersagen
VHF [ˌviːeɪtʃˈef] *Abkürzung von* **Very High Frequency** UKW
via [ˈvaɪə] über, per, via
vi·able [ˈvaɪəbl] ① lebensfähig ② *Plan:* machbar, durchführbar ③ (*wirtschaftlich*) rentabel, lebensfähig
vi·aduct [ˈvaɪədʌkt] Viadukt
vibes [vaɪbz] *plural* ① Vibraphon ② (*slang*) *eines Ortes:* Atmosphäre; *eines Menschen:* Ausstrahlung **vi·brant** [ˈvaɪbrənt] ① (*übertragen*) *Ort:* pulsierend ② *Mensch:* lebhaft ③ *Farbe:* kräftig **vi·brate** [vaɪˈbreɪt] ① vibrieren, zittern (**with** vor) ② **vibrate with life** vor Leben sprühen; **vibrate with activity** von regem Treiben erfüllt sein **vi·bra·tion** [vaɪˈbreɪʃn] ① Schwingung, Vibration ② **vibrations** *plural* (*slang*) Atmosphäre
vicar [ˈvɪkəʳ] Pfarrer(in), Pastor(in) **vicar·age** [ˈvɪkərɪdʒ] Pfarrhaus
vice[1] [vaɪs] ① Laster ② **vice squad** Sittenpolizei ③ Schraubstock; **vice-like grip** eiserner Griff
vice[2] [vaɪs] Vize-
vice-chairman stellvertretender Vorsitzender **vice-chancellor** Vizekanzler(in); (*an Universität*) Rektor(in) **vice-president** Vizepräsident(in)
vice versa [ˌvaɪsɪˈvɜːsə] umgekehrt
vi·cin·ity [vɪˈsɪnətɪ] Nachbarschaft, Nähe; **in the immediate vicinity** in unmittelbarer Umgebung
vi·cious [ˈvɪʃəs] ① *Mensch:* bösartig, *Taten:* boshaft ② *Hund:* bissig ③ *Schmerz:* gemein **vicious circle** Teufelskreis
vic·tim [ˈvɪktɪm] Opfer; **fall victim to** das Opfer werden von **vic·tim·ize** [ˈvɪktɪmaɪz] unfair behandeln, schikanieren
vic·tor [ˈvɪktəʳ] Sieger(in), Gewinner(in)
Vic·tor·ian [vɪkˈtɔːrɪən] ① (*historisch*) viktorianisch ② (*übertragen*) spießbürgerlich, prüde
vic·tori·ous [vɪkˈtɔːrɪəs] siegreich (**over** über) **vic·tory** [ˈvɪktərɪ] Sieg; **gain** [*oder*

win] a narrow victory over einen knappen Sieg erringen über

video[1] ['vɪdɪəʊ] <*plural* videos> auf Band aufnehmen

video[2] ['vɪdɪəʊ] Videorecorder

video camera Videokamera **video cassette** Videokassette **video game** Video-, Telespiel **video·phone** Bildtelefon **video recorder** Videorecorder **video tape** Videokassette

Vi·en·na [vɪ'enə] Wien **Vi·en·nese**[1] [ˌvɪə'niːz] Wiener(in)

Vi·en·nese[2] [ˌvɪə'niːz] wienerisch, Wiener-

Vi·et·cong [ˌvjet'kɒŋ] Vietcong **Vi·et·nam** [ˌvjet'næm] Vietnam **Vi·et·nam·ese**[1] [ˌvjetnə'miːz] ① Vietnamese, Vietnamesin ② [das] Vietnamesisch(e)

Vi·et·nam·ese[2] [ˌvjetnə'miːz] vietnamesisch

view[1] [vjuː] ① Sicht; **come into view** in Sicht kommen; **out of view** nicht zu sehen; **in full view of all these people** vor den Augen all dieser Leute; **hidden from view** verdeckt ② Aussicht; **in view** zu sehen; **on view** ausgestellt, zur Ansicht; **a view of the mountains** ein Blick auf die Berge ③ Meinung, Ansicht; **in my view** meines Erachtens, meiner Ansicht nach; **he takes the view that …** er vertritt die Ansicht, dass …; **take a dim** [*oder* **poor**] **view of something** etwas nicht gut finden ④ **with a view to** mit Aussicht auf; **with a view to doing something** mit der Absicht, etwas zu tun ⑤ **in view of** (*übertragen*) im Hinblick auf

view[2] [vjuː] ① ansehen, betrachten ② besichtigen ③ (*übertragen*) sehen, beurteilen *Problem*

viewer ['vjuːəʳ] ① [Fernseh]Zuschauer(in) ② Diabetrachter **view·finder** (*Kamera*) Sucher **view·ing** ['vjuːɪŋ] ① Besichtigung ② (*im Fernsehen*) **viewing figures** Einschaltquoten; **peak viewing time** Haupteinschaltzeit **view·point** ['vjuːpɔɪnt] Standpunkt

vigil ['vɪdʒɪl] Nachtwache; **keep vigil** Nachtwache halten (**over** bei)

vigi·lant ['vɪdʒɪlənt] wachsam

vig·or·ous ['vɪgərəs] energisch **vig·our**, (USA) **vigor** ['vɪgəʳ] Energie, Vitalität

Viking [vaɪkɪŋ] Wikinger

i Land & Leute Die **Vikings** oder **Norsemen** waren Krieger aus Skandinavien, die zwischen dem 8. und dem 11. Jh. Teile der britischen Inseln eroberten. Zuerst fielen sie als Piraten an der Ostküste Englands ein und griffen hauptsächlich Klöster an, wurden dann aber Siedler und Händler. Die Wikinger errichteten ihre Herrschaft im Nordwesten auf den Orkneyinseln und den Shetlandinseln, im Westen Schottlands, auf der Insel Man und Teilen Irlands. Im Jahr 1016 wurde der dänische König Canute (Knut) König von England. Die Wikinger traten während des 10. und 11. Jh. zum Christentum über. 1066 wurde England von Frankreich aus durch die **Normans** (Normannen) besetzt, die Nachkommen der Wikinger waren.

vile [vaɪl] ① (*sittlich*) schlecht, gemein ② widerlich, ekelhaft ③ (*umgangsspr*) schlecht, abscheulich

vil·lage ['vɪlɪdʒ] Dorf **village green** Dorfwiese **vil·lager** ['vɪlɪdʒəʳ] Dorfbewohner(in)

vil·lain ['vɪlən] ① Bösewicht ② (*humorvoll*) Schelm, Schlingel ③ (*umgangsspr*) Verbrecher

vin·dic·tive [vɪn'dɪktɪv] nachtragend, rachsüchtig

vine [vaɪn] ① Weinstock, Rebe ② Kletterpflanze

vin·egar ['vɪnɪgəʳ] Essig

vine·yard ['vɪnjəd] Weinberg

vin·tage[1] ['vɪntɪdʒ] (*Wein*) Jahrgang

vin·tage[2] ['vɪntɪdʒ] ① hervorragend; **vintage year** guter Jahrgang ② alt; **vintage car** Oldtimer

vi·ola [vɪ'əʊlə] Bratsche

vi·ol·ate ['vaɪəleɪt] ① verletzen *Recht, Gesetz;* brechen *Vertrag* ② entehren *geweihten Ort;* schänden *Grab* ③ verletzen *Gefühl, Empfinden* ④ stören *Stille, Frieden* ⑤ vergewaltigen *Frau* **vi·ol·ation** [ˌvaɪə'leɪʃn] ① Verletzung; (*gegen Recht, Gesetz*) Verstoß; **violation of human rights** Menschenrechtsverletzung ② *von Ort, Grab:* Schändung ③ *von Frieden, Stille:* Störung ④ *einer Frau:* Vergewaltigung

vi·ol·ence ['vaɪələns] ① Gewalt, Gewalttätigkeit; **do violence to someone** jemandem Gewalt antun; **crimes of violence** Gewaltverbrechen; **robbery with violence** Raubüberfall; **an outbreak of viol-**

ence ein Ausbruch von Gewalt ② *eines Sturms:* Heftigkeit

vi·ol·ent ['vaɪələnt] ① gewaltsam, gewalttätig; **meet with a violent death** eines gewaltsamen Todes sterben; **by violent means** unter Gewaltanwendung ② heftig, stark; **violent storm** heftiger Sturm; **have a violent temper** jähzornig sein

vi·olet¹ ['vaɪələt] Veilchen

vi·olet² ['vaɪələt] violett

vi·olin [ˌvaɪə'lɪn] Geige, Violine; **play the violin** Geige spielen **vi·olin·ist** ['vaɪəlɪnɪst] Geiger(in)

V.I.P., VIP [ˌviːaɪ'piː] *Abkürzung von* **Very Important Person** VIP; **give someone the VIP treatment** jemanden wie einen Ehrengast behandeln

vir·gin¹ ['vɜːdʒɪn] Jungfrau

vir·gin² ['vɜːdʒɪn] ① jungfräulich ② (*übertragen*) *Land, Schnee* unberührt

vir·gin·ity [və'dʒɪnətɪ] Unschuld, Jungfräulichkeit

Virgo ['vɜːgəʊ] <*plural* Virgos> Jungfrau

vir·ile ['vɪraɪl, USA 'vɪrəl] ① männlich ② (*übertragen*) kraftvoll **vir·il·ity** [vɪ'rɪlətɪ] ① Männlichkeit ② Potenz, Manneskraft

vir·tual ['vɜːtʃʊəl] ① **she was a virtual heroine** sie war praktisch eine Heldin ② (*Physik*) virtuell ③ **virtual reality** virtuelle Realität **vir·tual·ly** ['vɜːtʃʊəllɪ] praktisch, so gut wie

vir·tue ['vɜːtʃuː] ① Tugend ② Tugendhaftigkeit ③ **the virtue of this plan ...** der Vorteil dieses Plans ... ④ **by virtue of his office** kraft seines Amtes

vir·tu·ous ['vɜːtʃʊəs] tugendhaft

viru·lent ['vɪrʊlənt] ① (*medizinisch*) bösartig; *Gift:* stark, tödlich ② (*übertragen*) boshaft, gehässig

vi·rus ['vaɪərəs] Virus

visa ['viːzə] Visum

vise [vaɪs] USA Schraubstock

visé ['viːzeɪ] USA Visum

vis·ibil·ity [ˌvɪzə'bɪlətɪ] ① Sichtbarkeit ② Sicht[weite]; **visibility was poor** die Sicht war schlecht **vis·ible** ['vɪzəbl] ① sichtbar, wahrnehmbar ② (*übertragen*) sichtlich

vi·sion ['vɪʒn] ① Sehkraft, Sehvermögen; **field of vision** Gesichts-, Blickfeld ② (*übertragen*) Vision; **vision of the future** Zukunftsvision ③ Vorstellung; **I had visions of having to do it all again** ich sah mich schon das alles noch einmal machen

visit¹ ['vɪzɪt] ① besuchen ② besichtigen *Sehenswürdigkeit* ③ **we're just visiting** wir sind nur auf Besuch

visit² ['vɪzɪt] ① Besuch (**to** bei); **for** [*oder* **on**] **a visit** auf Besuch; **pay someone/something a visit** jemanden/etwas besuchen ② (*umgangsspr*) **have to pay a visit** pinkeln müssen

visit·ing ['vɪzɪtɪŋ] ① **be on visiting terms** sich [gegenseitig] besuchen ② **visiting hours** Besuchszeit ③ **visiting professor** Gastprofessor(in); **the visiting team** die Gäste

visi·tor ['vɪzɪtəʳ] ① *von Sehenswürdigkeiten:* Besucher(in) ② Gast; **visitors' book** Gästebuch; **have visitors** Besuch haben

vi·sor ['vaɪzəʳ] ① (*historisch*) Visier ② Mützenschirm ③ (*am Auto*) **sun visor** Sonnenblende

vis·ual ['vɪʒʊəl] ① visuell ② Seh- ③ **visual aids** Anschauungsmaterial; **visual display unit, VDU** Datensicht-, Bildschirmgerät, Bildschirm **vis·ual·ize** ['vɪʒʊəlaɪz] sich vorstellen

vi·tal ['vaɪtl] ① lebenswichtig, Lebensnotwendig, Lebens-; **vital organs** lebenswichtige Organe ② (*übertragen*) wesentlich, unerlässlich (**to** für); **of vital importance** äußerst wichtig; **it is vital that ...** es ist unbedingt notwendig, dass ... ③ **at the vital moment** im entscheidenden, kritischen Moment **vi·tal·ity** [vaɪ'tælətɪ] Vitalität, Lebenskraft

vit·amin ['vɪtəmɪn, USA 'vaɪtəmɪn] Vitamin **vitamin deficiency** Vitaminmangel **vitamin tablets** *plural* Vitamintabletten

vi·va·cious [vɪ'veɪʃəs] lebhaft

vivid ['vɪvɪd] ① lebhaft, lebendig ② *Farbe:* kräftig, leuchtend; *Licht:* hell ③ *Erinnerung:* frisch, lebhaft

vixen ['vɪksn] Füchsin

vo·cabu·lary [və'kæbjʊlərɪ] ① Wörterverzeichnis, Vokabular ② Wortschatz

vo·cal ['vəʊkl] ① Stimm-; **vocal cords** Stimmbänder ② (*übertragen*) lautstark; **become vocal** sich zu Wort melden, seine Meinung lautstark kundtun **vo·cal·ist** ['vəʊkəlɪst] Sänger(in)

vo·ca·tion [vəʊ'keɪʃn] ① Berufung ② Eignung (**for** für) ③ Beruf

vo·ca·tional [vəʊˈkeɪʃənl] beruflich, Berufs-; **vocational guidance** Berufsberatung; **vocational training** Berufsausbildung
vo·cif·er·ous [vəˈsɪfərəs] lautstark
vogue [vəʊg] Mode
voice[1] [vɔɪs] ❶ Stimme; **in a loud voice** mit lauter Stimme; **raise one's voice** lauter sprechen; (*auch übertragen*) seine Stimme erheben (**against** gegen) ❷ Mitspracherecht ▸ IN WENDUNGEN: **with one voice** einstimmig; **give voice to something** etwas zum Ausdruck bringen
voice[2] [vɔɪs] äußern, zum Ausdruck bringen
voice-over [ˈvɔɪsəʊvəʳ] Begleitkommentar
void[1] [vɔɪd] ❶ leer ❷ (*juristisch*) ungültig, nichtig; **null and void** null und nichtig ❸ **void of** ohne
void[2] [vɔɪd] Leere
vol·atile [ˈvɒlətaɪl, USA ˈvɒlətl] ❶ (*in der Chemie*) flüchtig ❷ *Mensch:* impulsiv ❸ *Lage:* gespannt, brisant
vol·canic [vɒlˈkænɪk] ❶ vulkanisch; **volcanic eruption** Vulkanausbruch; **volcanic rock** Eruptivgestein ❷ (*übertragen*) explosiv **vol·cano** [vɒlˈkeɪnəʊ] <*plural* volcano(e)s> Vulkan
vole [vəʊl] ❶ Feldmaus ❷ **water-vole** Wasserratte
vo·li·tion [vəˈlɪʃn, USA vəʊˈlɪʃn] Wille; **do something of one's own volition** etwas aus eigenem Antrieb tun
vol·ley[1] [ˈvɒlɪ] ❶ Salve ❷ (*übertragen*) *von Fragen, Bemerkungen:* Hagel ❸ (*Sport*) Flugball, Volley
vol·ley[2] [ˈvɒlɪ] ❶ eine Salve abfeuern ❷ (*Sport*) **volley** [**the ball**] einen Volley spielen
vol·ley·ball [ˈvɒlɪbɔːl] Volleyball
volt [vəʊlt] Volt **volt·age** [ˈvəʊltɪdʒ] Spannung; **what voltage is it?** wie viel Volt hat es?
vol·ume [ˈvɒljuːm] ❶ Lautstärke ❷ Rauminhalt, Volumen; **volume of trade** Handelsvolumen ❸ Band, Buch **volume control** Lautstärkeregler **volume discount** Mengenrabatt **volume regulator** Lautstärkeregler
vol·un·tary [ˈvɒləntrɪ] ❶ freiwillig ❷ **voluntary work** ehrenamtliche Arbeit **voluntary organization** Wohltätigkeitsorganisation **voluntary redundancy** freiwilliges Ausscheiden aus einem Betrieb **vol·un·teer**[1] [ˌvɒlənˈtɪəʳ] Freiwillige(r)
vol·un·teer[2] [ˌvɒlənˈtɪəʳ] ❶ anbieten *Hilfe* ❷ machen *Vorschlag;* geben *Auskunft* ❸ sich freiwillig melden, etwas freiwillig tun; **volunteer for something** sich für etwas zur Verfügung stellen; **volunteer to do something** anbieten, etwas zu tun
vomit[1] [ˈvɒmɪt] [das] Erbrochene
vomit[2] [ˈvɒmɪt] [sich] erbrechen
voo·doo [ˈvuːduː] Voodoo, Wodu
vote[1] [vəʊt] ❶ Abstimmung; **put to the vote** zur Abstimmung bringen; **take a vote on** abstimmen über ❷ Stimme; **cast one's vote** seine Stimme abgeben; **by 5 votes to 3** mit 5 gegen 3 Stimmen; **by a majority of 2 votes** mit einer Mehrheit von 2 Stimmen; **casting vote** ausschlaggebende Stimme ❸ Wahl-, Stimmrecht; **have a/the vote** Stimmrecht haben ❹ Wahlzettel ❺ **vote of confidence** Vertrauensvotum; **vote of no confidence** Misstrauensvotum
vote[2] [vəʊt] ❶ abstimmen ❷ wählen, seine Stimme abgeben (**for/against** für/gegen)
◆ **vote down** niederstimmen, ablehnen *Vorschlag, Antrag*
◆ **vote in** wählen *Mensch*
◆ **vote on** abstimmen über
◆ **vote out** **vote someone out of office** jemanden abwählen **voter** [ˈvəʊtəʳ] Wähler(in) **vot·ing** [ˈvəʊtɪŋ] ❶ Wahlbeteiligung ❷ **voting paper** Stimmzettel; **voting right** Stimmrecht **voting booth** Wahlzelle, Wahlkabine **voting box** Wahlurne
vouch [vaʊtʃ] sich verbürgen, garantieren (**for** für) **voucher** [ˈvaʊtʃəʳ] Gutschein; **luncheon voucher** Essensmarke, Essensbon; **credit voucher** Gutschrift; **gift voucher** Geschenkgutschein
vow[1] [vaʊ] Gelöbnis; **make a vow to do something** geloben, etwas zu tun; **take** [*oder* **make**] **a vow** ein Gelöbnis ablegen
vow[2] [vaʊ] geloben, feierlich erklären
vowel [ˈvaʊəl] Vokal, Selbstlaut
voy·age [ˈvɔɪɪdʒ] ❶ Reise ❷ (*Raumfahrt*) Flug; **on the voyage out/home** auf der Hin-/Rückreise
vul·gar [ˈvʌlgəʳ] ❶ vulgär, ordinär ❷ (*in der Mathematik*) *Bruch:* gemein
vul·ner·able [ˈvʌlnərəbl] ❶ verwundbar, verletzlich ❷ anfällig; **vulnerable to the cold** kälteempfindlich; **vulnerable to temptation** für Versuchungen anfällig; **be vulnerable to criticism** keine Kritik vertra-

gen ③ angreifbar; **be vulnerable to attack** leicht angreifbar sein; **be vulnerable to criticism** Kritik ausgesetzt sein

vul·ture ['vʌltʃəʳ] Geier

W w

W, w ['dʌbljuː] <*plural* W's, w's> W, w

wad [wɒd] ① Knäuel; *von Watte:* Bausch ② *von Banknoten, Papieren:* Bündel

waddle ['wɒdl] watscheln

wade [weɪd] ① waten (**through** durch) ② (*übertragen*) **wade through work/a report** sich [mühsam] durch die Arbeit/einen Bericht (hin)durcharbeiten ③ (*umgangsspr*) sich hineinstürzen (**in, into** in); **wade into someone** (*umgangsspr*) auf jemanden losgehen **wader** ['weɪdəʳ] ① Watvogel ② **waders** [hohe] Gummistiefel

wa·fer ['weɪfəʳ] ① [Eis]Waffel ② Oblate ③ (*in der Kirche*) Hostie ④ (*für Mikrochips*) wafer ⑤ **wafer-thin** hauchdünn

waffle[1] ['wɒfl] ① Waffel ② GB (*abwertend*) Gequassel, Geschwafel

waffle[2] ['wɒfl] GB (*umgangsspr*) quasseln, schwafeln

waffle iron Waffeleisen

wag [wæg] <wagged, wagged> ① **wag its tail** *Hund:* mit dem Schwanz wedeln ② **wag one's finger at someone** jemandem mit dem Finger drohen ▸ IN WENDUNGEN: **set tongues wagging** Anlass zu Gerede geben

wage[1] [weɪdʒ] *oft plural* [Arbeits]Lohn; **at a wage of** bei einem Lohn von

wage[2] [weɪdʒ] **wage war** Krieg führen

wage earner Lohnempfänger(in) **wage freeze** Lohnstopp **wage increase** Lohnerhöhung **wage packet** Lohntüte

wa·ger[1] ['weɪdʒəʳ] Wette

wa·ger[2] ['weɪdʒəʳ] wetten

wage slip Lohnstreifen

wag(·g)on ['wægən] ① Wagen ② **be on the wagon** (*umgangsspr*) keinen Alkohol trinken **wagon train** (*historisch*) Zug von Planwagen

wail [weɪl] ① wehklagen, jammern (**over** über) ② *Wind:* heulen **wail·ing** ['weɪlɪŋ] Wehklagen; **Wailing Wall** (*in Jerusalem*) Klagemauer

waist [weɪst] Taille **waist·band** ['weɪstbænd] [Rock-, Hosen]Bund **waist·coat** ['weɪstkəʊt] GB Weste **waist deep** hüfthoch, bis zur Hüfte **waist·line** Taille; **watch one's waistline** auf die schlanke Linie achten

wait[1] [weɪt] ① warten (**for** auf, **until** bis); **wait for someone to do something** warten, bis jemand etwas tut; **wait a minute!** Augenblick!; **wait and see** abwarten; **I can't wait** ich kann's kaum erwarten, ich bin gespannt; **keep someone waiting** jemanden warten lassen; **what are you waiting for?** worauf wartest du? ② *Arbeit:* unerledigt bleiben ③ **wait [at table]** [bei Tisch] bedienen ④ **wait one's turn** abwarten, bis man an der Reihe ist

wait[2] [weɪt] ① Warten, Wartezeit; **have a long wait** lange warten müssen ② **lie in wait for someone** jemandem auflauern

◆ **wait behind** zurückbleiben [und warten]

◆ **wait in** zu Hause warten

◆ **wait on** ① noch länger warten ② **wait on someone** (*beim Essen*) jemanden bedienen; **wait on someone hand and foot** jemandem jeden Wunsch von den Augen ablesen

◆ **wait up** aufbleiben (**for** wegen)

waiter ['weɪtəʳ] Kellner; **head waiter** Ober[kellner]; (*Anrede*) Herr Ober!

wait·ing ['weɪtɪŋ] ① Warten; **no waiting** (*Schild*) Halteverbot ② Servieren, Bedienen

waiting game Geduldsprobe; **play a waiting game** zunächst einmal abwarten **waiting list** Warteliste **waiting room** (*beim Arzt, Zahnarzt*) Wartezimmer

wait·ress ['weɪtrɪs] Kellnerin; (*Anrede*) Fräulein!

> **? Grammatik** **wake — woke — woken:**
> *on her first day at her new school Lisa woke up early; Peter was woken by a loud clap of thunder.*

wake[1] [weɪk] <woke, woken> ① **wake [up]** auf-, erwachen; **I woke up at 6** ich wurde um 6 wach; **wake someone [up]** jemanden [auf]wecken ② **wake up to a problem** auf ein Problem aufmerksam werden, sich eines Problems bewusst werden

wake² [weɪk] Kielwasser ▶ IN WENDUNGEN: **follow in somebody's wake** in jemandes Kielwasser segeln

Wales ['weɪlz] Wales

walk¹ [wɔːk] ① [zu Fuß] gehen; **it takes 5 minutes to walk there** zu Fuß sind es 5 Minuten bis dahin ② wandern, spazieren gehen; **I like to go walking** ich gehe gerne spazieren, wandern ③ **walk in one's sleep** schlafwandeln ④ **walk the dog** mit dem Hund spazieren gehen, den Hund spazieren führen ⑤ gehen, laufen *Strecke* ⑥ **walk someone home** jemanden [zu Fuß] nach Hause bringen, begleiten; **walk someone off his feet** jemanden dazu bringen, sich die Beine abzulaufen

walk² [wɔːk] ① Spaziergang, Wanderung; **go for** [*oder* **take**] **a walk** einen Spaziergang machen ② (*Sport*) Gehen, Geherwettkampf ③ Gang[art] ④ Weg; **it's a 5 minute walk** es sind 5 Minuten zu Fuß ⑤ **at a walk** *Pferd:* im Schritt ▶ IN WENDUNGEN: **from all walks of life** aus allen Gesellschaftsschichten

◆ **walk away** ① weggehen; **he walked away unhurt** er ist unverletzt davongekommen ② **walk away with something** etwas mitnehmen, etwas leicht gewinnen

◆ **walk into** ① hineingehen in ② laufen gegen ③ (*übertragen*) zufällig treffen *Freund, Bekannten* ④ (*übertragen*) **walk into a job** mühelos eine Arbeitsstelle bekommen

◆ **walk off** ① weggehen ② **walk off with** mitgehen lassen; kassieren *Preis*

◆ **walk on** ① weitergehen ② betreten ③ (*Theater*) auf der Bühne erscheinen

◆ **walk out** ① gehen ② **walk out on someone** jemanden im Stich lassen ③ *Arbeiter:* in Streik treten, die Arbeit niederlegen

◆ **walk over** ① leicht besiegen ② (*umgangsspr*) **walk all over someone** jemandem auf der Nase herumtanzen

◆ **walk through** (*umgangsspr*) spielend schaffen, mit links machen *Examen*

◆ **walk up** ① [zu Fuß] hinaufgehen ② **walk up to someone** auf jemanden zugehen

walker ['wɔːkəʳ] ① Fuß-, Spaziergänger(in) ② (*Sport*) Geher(in) **walkie-talkie** [ˌwɔːkɪ'tɔːkɪ] Sprechfunkgerät, Walkie Talkie **walk-in** ['wɔːkɪn] **walk-in cupboard** begehbarer Schrank

walk·ing¹ ['wɔːkɪŋ] Gehen, Spazierengehen, Wandern

walk·ing² ['wɔːkɪŋ] ① **at a walking pace** im Schritt; **within walking distance** zu Fuß erreichbar ② (*humorvoll*) wandelnd ③ **the walking wounded** die Leichtverletzten

walking shoes *plural* Wanderschuhe **walking stick** Spazierstock **walking tour** [Fuß]Wanderung

walk-on ['wɔːkɒn] **walk-on part** Statistenrolle **walk·out** ['wɔːkaʊt] (*umgangsspr*) ① Ausstand, Streik ② demonstratives Verlassen des Saales **walk·over** ['wɔːkəʊvəʳ] leichter Sieg; (*übertragen*) Kinderspiel

walk·way ['wɔːkweɪ] Fußweg

wall [wɔːl] Wand, Mauer; **the Great Wall of China** die Chinesische Mauer ▶ IN WENDUNGEN: **with one's back to the wall** in die Enge getrieben; **drive someone up the wall** jemanden auf die Palme bringen; **go to the wall** *Unternehmen:* kaputtgehen; **go up the wall** die Wände hochgehen, ausrasten; **bang one's head against a brick wall** mit dem Kopf gegen die Wand rennen

◆ **wall in** mit Mauern umgeben; (*übertragen*) umgeben, einschließen

◆ **wall up** zumauern **wall chart** Schautafel **wall clock** Wanduhr

wal·let ['wɒlɪt] ① (GB) Brieftasche ② (USA) Geldbeutel, Portemonnaie

wal·low ['wɒləʊ] ① sich wälzen, sich suhlen ② (*übertragen*) schwelgen (**in** in); **wallow in self-pity** in Selbstmitleid schwelgen

wall·pa·per¹ ['wɔːlpeɪpəʳ] Tapete

wall·pa·per² ['wɔːlpeɪpəʳ] tapezieren

wall socket Steckdose **wall-to-wall** ['wɔltə'wɔːl] **wall-to-wall carpeting** Teppichboden

wal·nut ['wɔːlnʌt] ① Walnuss ② [Wal]Nussbaum ③ Nussbaum[holz]

wal·rus ['wɔːlrəs] Walross **walrus moustache** Hängeschnurrbart

waltz¹ [wɔːls] Walzer

waltz² [wɔːls] Walzer tanzen [mit], herumwirbeln

wand [wɒnd] Zauberstab

wan·der ['wɒndəʳ] ① umherwandern ② **wander off the topic** vom Thema abschweifen ③ **wander** [**away**] sich verlaufen, sich verirren ④ *Blick:* umherschweifen ⑤ **his mind is wandering** er ist geistig abwesend

◆**wander about**, **wander around** herumirren

wane[1] [weɪn] *Mond:* abnehmen

wane[2] [weɪn] **be on the wane** im Abnehmen begriffen sein, schwinden

wangle ['wæŋgl] ① hinkriegen, deichseln ② **wangle something out of someone** etwas aus jemandem herauskitzeln *Geheimnis, Tratsch*

want[1] [wɒnt] ① wollen, mögen; **want to do something** etwas tun wollen; **I want you to do it** ich möchte, dass du das machst; **if you want** [**to**] wenn Sie möchten ② nötig haben, brauchen; **all it wants is a little paint** es braucht nur etwas Farbe; **feel wanted** das Gefühl haben, dass man gebraucht wird; **she wants for nothing** es fehlt ihr an nichts ③ sollen, müssen; **you want to get professional advice** Sie sollten einen Fachmann befragen; **your hair wants cutting** du solltest dir die Haare schneiden lassen ④ **wanted by the police** polizeilich gesucht ⑤ **you are wanted on the telephone** Sie werden am Telefon verlangt

want[2] [wɒnt] ① Mangel (**of** an); **for want of** aus Mangel an, mangels ② Bedürfnis, Wunsch ③ **for want of something to do** weil ich nichts zu tun hatte ④ **it wasn't for want of trying** nicht, dass er sich nicht bemüht hätte

want·ing ['wɒntɪŋ] ① **he's wanting in** es fehlt ihm an ② **be found wanting** den Ansprüchen nicht genügen

war [wɔːʳ] ① Krieg; **at war** im Krieg[szustand]; **make** [*oder* **wage**] **war** [**up**]**on** Krieg führen gegen ② (*übertragen*) Kampf **war correspondent** Kriegsberichterstatter(in) **war crime** Kriegsverbrechen **war criminal** Kriegsverbrecher(in)

ward [wɔːd] ① (*Mensch*) Mündel ② (*im Krankenhaus*) Station

◆**ward off** abwehren, fern halten *Gefahr, Krankheit, Schlag*

war·den ['wɔːdn] ① Herbergsvater, -mutter ② (*im Museum*) Aufseher(in) ③ (USA) Gefängnisdirektor(in) ④ Heimleiter(in)

war·der ['wɔːdəʳ] Gefängniswärter(in)

ward·robe ['wɔːdrəʊb] ① Garderobe ② (*Möbel*) Kleiderschrank

ware·house ['weəhaʊs] [Waren]Lager, Lagerhaus

war·fare ['wɔːfeəʳ] Krieg[führung] **war·head** ['wɔːhed] Sprengkopf

wari·ly ['weərɪlɪ] vorsichtig, misstrauisch; **tread warily** sich vorsehen, vorsichtig sein

warm[1] [wɔːm] warm; **I feel** [*oder* **am**] **warm** mir ist warm

warm[2] [wɔːm] [er]wärmen

◆**warm to** **warm to someone/an idea** sich mit jemandem/einer Idee anfreunden

◆**warm up** ① [er]wärmen; **the room's warmed up now** das Zimmer ist jetzt wärmer ② aufwärmen *Speise* ③ (*übertragen*) *Stimmung:* in Schwung kommen ④ *Auto:* warm laufen [lassen] ⑤ (*beim Sport*) sich warm laufen/bewegen **warm-blooded** [ˌwɔːm'blʌdɪd] warmblütig **warm front** Warmluftfront **warm-hearted** [ˌwɔːm'hɑːtɪd] warmherzig, herzlich **warmth** [wɔːmθ] Wärme **warm-up** ['wɔːmʌp] Aufwärmen

warn [wɔːn] ① warnen (**of, about, against** vor); **warn someone not to do something** jemanden davor warnen, etwas zu tun ② Bescheid geben; **warn someone that …** jemanden darauf hinweisen, dass …; **you might have warned us** du hättest [auch] vorher Bescheid sagen können ③ (*juristisch*) verwarnen

warn·ing[1] [wɔːnɪŋ] ① Warnung; **without** [**any**] **warning** überraschend, unerwartet; **he's had two warnings about lack of punctuality** er ist wegen mangelnder Pünktlichkeit schon zweimal verwarnt worden ② **give me some days' warning** sagen Sie mir einige Tage vorher Bescheid ③ (*juristisch*) Verwarnung ④ **gale warning** Sturmwarnung

warn·ing[2] [wɔːnɪŋ] warnend, Warn-; **warning light** Warnlicht; **warning sign** Warnzeichen; (*übertragen*) erstes Anzeichen

warped [wɔːpt] ① verzogen ② (*übertragen*) *Ansicht, Sinn für Humor:* verschroben

war·rant ['wɒrənt] Haftbefehl; **death warrant** Hinrichtungsbefehl; **search warrant** Durchsuchungsbefehl **war·ranty** ['wɒrəntɪ] Garantie; **it's under warranty** darauf ist Garantie **war·rior** ['wɒrɪəʳ] Krieger(in), Kämpfer(in)

war·ship ['wɔːʃɪp] Kriegsschiff

wart [wɔːt] Warze **wart·hog** ['wɔːthɒg] Warzenschwein **war·torn** ['wɔːtɔːn] vom Krieg erschüttert

wary ['weərɪ] vorsichtig; *Blick:* misstrauisch; **be wary of something** sich vor etwas vorsehen; **keep a wary eye on** ein wachsames Auge haben auf

war zone ['wɔːzəʊn] Kriegsgebiet

was [wɒz] *1., 3. Person Singular von* **be**

wash[1] [wɒʃ] ① waschen; abwaschen, spülen *Geschirr;* aufwischen *Boden;* sich waschen *Körperteil;* **wash your hands!** wasch dir die Hände! ② [die Wäsche] waschen ③ *Fluss, See:* [weg]spülen; **the body was washed ashore** die Leiche wurde an Land gespült, geschwemmt ▶ IN WENDUNGEN: **wash one's hands of something** mit etwas nichts mehr zu tun haben wollen; **that won't wash** das kauft dir keiner ab

wash[2] [wɒʃ] ① Wäsche; **have a wash** sich waschen; **give something a wash** etwas waschen ② Kielwasser, Luftstrudel

◆ **wash down** ① waschen *Auto* ② hinunterspülen *Bissen*

◆ **wash out** ① **it'll wash out** es wird sich auswaschen lassen ② **be washed out** *Grillfest, Spiel* wegen schlechten Wetters abgesagt werden ③ (*übertragen*) **he's washed out** er ist totmüde

◆ **wash over** abwischen *Boden, Tisch*

◆ **wash up** ① abwaschen, spülen *Geschirr* ② *Meer:* anspülen ③ **be washed up** (*übertragen*) fertig, erledigt sein

wash·able ['wɒʃəbl] waschbar **wash·basin** ['wɒʃˌbeɪsn] Waschbecken **wash·bowl** ['wɒʃbəʊl] Waschschüssel, Waschbecken **wash·cloth** (USA) Waschlappen **washed-out** [ˌwɒʃt'aʊt] ① *Farbe:* verwaschen, verblasst ② (*umgangsspr*) *Mensch:* ausgelaugt **washer** ['wɒʃəʳ] ① (USA) Waschmaschine ② (*technisch*) Dichtungsring

wash·ing ['wɒʃɪŋ] ① Wäsche; **do the washing** Wäsche waschen ② **he dislikes washing** er wäscht sich nicht gern **washing machine** Waschmaschine **washing powder** Waschpulver **wash·ing-up** [ˌwɒʃɪŋ'ʌp] Abwaschen, Geschirrspülen; **do the washing-up** [das] Geschirr spülen **washing-up bowl** Spülschüssel **washing-up liquid** [Geschirr]Spülmittel

wash·out ['wɒʃaʊt] ① Fiasko ② (*Mensch*) Niete **wash·room** ['wɒʃrʊm] Waschraum

wasn't [wɒznt] *Kurzform von* **was not**

wasp [wɒsp] Wespe **wasp's nest** Wespennest

waste[1] [weɪst] verschwenden, vergeuden; **you're wasting your time** das ist reine Zeitverschwendung; **you didn't waste much time!** das ging ja schnell!; **all our efforts were wasted** alle Mühe war umsonst, vergeblich; **you are wasted on that man** für den Mann bist du viel zu schade; **art is wasted on him** er hat keinen Sinn für Kunst; **you're wasting your breath** du kannst dir deine Worte sparen

waste[2] [weɪst] ① überschüssig, ungenutzt ② Abfall-

waste[3] [weɪst] ① Abfall, Abfallstoffe; **nuclear waste** Atommüll; **toxic waste** Giftmüll ② Verschwendung; **go** [*oder* **run**] **to waste** umkommen, verkommen; *Fähigkeiten, Geld, Land:* ungenutzt bleiben; *Talent:* verkümmern; **waste of energy/money/time** Kraft-, Geld-, Zeitverschwendung; **what a waste!** so eine Verschwendung!

◆ **waste away** dahinsiechen **waste·basket, waste·bin** Papierkorb **waste dis·pos·al** Müllbeseitigung **waste-disposal unit** Müllschlucker **waste·ful** ['weɪstfl] verschwenderisch (**of** mit) **waste·land** ['weɪstlænd] Ödland **waste·paper** ['weɪst'peɪpəʳ] ① Papierabfälle ② (*zum Wiederverwerten*) Altpapier **wastepaper basket** Papierkorb **waste pipe** Abflussrohr

watch[1] [wɒtʃ] ① [Armband]Uhr ② Wache ③ Wache, Wachmannschaft; **be on the watch** auf der Hut sein, Ausschau halten (**for** nach)

watch[2] [wɒtʃ] ① aufpassen (**over** auf); **watch your health** achte auf deine Gesundheit; **watch it** [*oder* **yourself**]**!** sei vorsichtig! ② zusehen, beobachten; **he needs close watching** man muss ihm auf die Finger sehen ③ Wache halten ④ **watch one's step** vorsichtig zu Werke gehen; **watch your language!** drück dich bitte etwas gepflegter aus!

◆ **watch for** ① **watch for someone/something** nach jemandem/etwas Ausschau halten ② (*übertragen*) **watch for something** etwas abwarten

◆ **watch out** ① aufpassen ② **watch out for someone** sich vor jemandem hüten ③ **watch out!** Vorsicht!

watch-dog ['wɒtʃdɒg] Wachhund **watcher** ['wɒtʃəʳ] Beobachter(in) **watch·ful** ['wɒtʃfl] wachsam, aufmerksam (**for** auf)

watch·man ['wɒtʃmən] <*plural* watchmen> ❶ Wachmann ❷ **night watchman** [Nacht]Wächter **watch·strap** Uhrarmband **watch·tower** Wachturm

water[1] ['wɔːtəʳ] ❶ Wasser ❷ **pass water** Wasser lassen ❸ **waters** Gewässer ❹ **by water** auf dem Wasserweg ▸ IN WENDUNGEN: **be in deep water** in Schwierigkeiten stecken; **get into hot water** in Teufels Küche kommen; **hold water** wasserdicht sein; **throw cold water on something** die Begeisterung für etwas dämpfen

water[2] ['wɔːtəʳ] ❶ bewässern, begießen ❷ tränken *Vieh* ❸ *Augen:* tränen ❹ **my mouth is watering** mir läuft das Wasser im Munde zusammen

◆ **water down** [mit Wasser] verdünnen; (*übertragen*) abschwächen, mildern **water·borne** ['wɔːtəbɔːn] auf dem Wasserweg befördert; *Seuche:* durch Wasser übertragen **water bottle** Wasserflasche **water·colour**, (USA) **water·color** ❶ Wasserfarbe, Aquarellfarbe ❷ Aquarell ❸ **water colours** Aquarellmalerei **water-cooled** ['wɔːtəkuːld] wassergekühlt **water·cress** ['wɔːtəkres] Brunnenkresse **water·fall** ['wɔːtəfɔːl] Wasserfall **water·front** ['wɔːtəfrʌnt] ❶ (*in einer Stadt*) Uferbezirk ❷ Hafenviertel **water heater** Warmwasserbereiter, Heißwassergerät

water·ing ['wɔːtərɪŋ] ❶ Begießen, [Be]Wässern ❷ *von Vieh:* Tränken **watering can** Gießkanne

water level Wasserstand, Pegelstand **water lily** Seerose **water·logged** ['wɔːtəlɒgd] *Boden:* vollgesogen **water main** ❶ Hauptwasserrohr ❷ **water mains** Wasserleitungsnetz **water·melon** ['wɔːtəmelən] Wassermelone **water meter** Wasserzähler, Wasseruhr **water pipe** ❶ Wasserrohr ❷ Wasserpfeife **water pistol** Wasserpistole **water pressure** Wasserdruck **water·proof**[1] ['wɔːtəpruːf] wasserdicht, wasserfest

water·proof[2] ['wɔːtəpruːf] Regenmantel

water-repellent Wasser abstoßend **water shortage** Wassermangel **water-ski** Wasserski fahren **water-ski·ing** ['wɔːtəˌskiːɪŋ] Wasserskilaufen **water softener** Enthärter **water supply** Wasserversorgung **water·tight** ['wɔːtətaɪt] ❶ wasserdicht ❷ (*übertragen*) stichhaltig **water·wings** ['wɔːtəwɪŋz] *plural* Schwimmflügel **water·works** ['wɔːtəwɜːks] *plural* ❶ Wasserwerk ❷ (*umgangsspr*) **turn on the waterworks** auf die Tränendrüsen drücken

wat·ery ['wɔːtərɪ] ❶ wässerig ❷ *Augen:* tränend, feucht ❸ *Licht:* fahl

watt [wɒt] Watt **wat·tage** ['wɒtɪdʒ] Wattleistung; **what wattage?** wie viel Watt?

wave[1] ['weɪv] ❶ Welle ❷ (*übertragen*) **wave of enthusiasm** Welle der Begeisterung; **wave of strikes** Streikwelle ❸ **give someone a wave** jemandem [zu]winken; **wave of the hand** Handbewegung

wave[2] ['weɪv] ❶ **wave [to someone]** [jemandem] winken; **wave one's hand at someone** jemandem winken; **wave someone goodbye** jemandem zum Abschied winken; **he waved us over to his table** er winkte uns zu sich an den Tisch herüber ❷ *Fahne:* flattern; *Korn:* wogen; *Äste:* sich hin und her bewegen; **wave the flag** die Fahne schwenken ❸ *Haare:* sich wellen

◆ **wave aside** ❶ zur Seite winken ❷ (*übertragen*) einfach abtun

◆ **wave down** anhalten *Fahrzeug*

◆ **wave on** weiterwinken

◆ **wave through** ❶ durchwinken ❷ (*übertragen*) ohne Einwände annehmen *Antrag* **wave-band** Frequenzband **wave·length** (*auch übertragen*) Wellenlänge **wave power** Wellenenergie

wa·ver ['weɪvəʳ] ❶ (*übertragen*) schwanken; *Mut:* wanken; *Unterstützung:* nachlassen ❷ *Licht:* flackern

wavy ['weɪvɪ] wellenförmig, wellig; **wavy line** Schlangenlinie

wax[1] [wæks] ❶ **beeswax** [Bienen]Wachs ❷ **earwax** Ohrenschmalz ❸ **sealing wax** Siegellack

wax[2] [wæks] ❶ [ein]wachsen, bohnern ❷ zunehmen; **waxing moon** zunehmender Mond

wax·works ['wæksw3ːks] *plural* Wachsfigurenkabinett **waxy** ['wæksɪ] wachsartig, wächsern, Wachs-

way[1] [weɪ] ❶ Weg; **ask the way** nach dem Weg fragen; **in the way** im Weg, hinderlich; **lose one's way** sich verlaufen; *Autofahrer:* sich verfahren; **on the way** auf dem Weg, unterwegs (**to** nach); **way in, way out** Eingang/Ausgang; **way home** Heimweg ❷ Entfernung; **a long way from** weit entfernt von; **a long way off** weit weg; **be out**

of the way *Haus, Ort:* abgelegen sein; *Problem:* erledigt sein ③ Richtung; **which way is it?** in welcher Richtung ist es?; **this way** hierher, hier entlang; **"this way up"** „hier oben"; **lead the way** vorangehen; (*übertragen*) ein Beispiel geben ④ **give way** nachgeben, Platz machen; *Auto:* die Vorfahrt beachten; **have right of way** Vorfahrt haben; **make way** Platz machen (**for** für) ⑤ (*übertragen*) Art, Weise, Art und Weise; **way of thinking** Denkweise; **way of life** Lebensweise; **in a way** in gewisser Weise, gewissermaßen; **one way or another** irgendwie; **this/that way** so, auf diese Weise; **do something the hard way** sich etwas schwer machen; **have a way with children/animals/machines** mit Kindern/Tieren/Geräten umzugehen verstehen; **that's the way he wants it** so will er es haben; **have it both ways** das eine tun und das andere nicht lassen ⑥ **ways** *plural* Sitten; **ways and means** Mittel und Wege ⑦ (*Wille*) **get** [*oder* **have**] **one's** [**own**] **way** seinen Willen durchsetzen; **have it your own way!** wie du willst!; **if I had my way** wenn es nach mir ginge; **no way!** (*slang*) ich denke nicht daran! ▶ IN WENDUNGEN: **by the way** übrigens; **be in a bad way** *Patient:* in schlechtem Zustand sein; *Projekt:* schlecht laufen; **he'll go a long way** er wird es weit bringen; **in the family way** (*umgangsspr*) in anderen Umständen; **be under way** vorankommen, Fortschritte machen; **go out of one's way** sich große Mühe geben (**for** wegen)

way² [weɪ] (*umgangsspr*) ① **way back** weit zurück; (*zeitlich*) vor langer Zeit; **we're business partners from way back** wir sind alte Geschäftspartner ② **way behind/down/up** ganz hinten/unten/oben; **way out/over** weit draußen/drüben ③ **way to go!** (USA) (*umgangsspr*) gut gemacht! super!

way out [ˌweɪ'aʊt] Ausgang; (*für Fahrzeuge*) Ausfahrt **way-out** [ˌweɪ'aʊt] (*slang*) irre

we [wiː] wir

weak [wiːk] ① schwach ② *Spieler:* schlecht ③ *Flüssigkeit:* dünn ④ *Charakter:* labil ⑤ *Argument:* nicht überzeugend **weaken** ['wiːkən] ① schwächen ② schwächer werden ③ (*übertragen*) *Mensch:* nachgeben **weak·ling** ['wiːklɪŋ] Schwächling **weak·ly** ['wiːklɪ] schwächlich **weak·ness** ['wiːknɪs] (*auch übertragen*) Schwäche (**for** für)

wealth [welθ] ① Reichtum, Vermögen ② (*übertragen*) Fülle (**of** von)

wealthy¹ ['welθɪ] vermögend, wohlhabend

wealthy² ['welθɪ] **the wealthy** ⚠ *mit Plural* die Reichen

weapon ['wepən] Waffe

wear¹ [weəʳ] ① **wear** [**and tear**] Abnutzung, Verschleiß ② **have had a lot of wear out of something** etwas oft getragen haben; **there is a lot of wear left in this material** dieses Material hält noch lange ③ **for hard wear** strapazierfähig; **be the worse for wear** *Gegenstand, Auto* abgenutzt, in schlechtem Zustand sein; **I was none the worse for wear** ich war völlig auf der Höhe ④ (*Bekleidung*) **evening wear** Abendgarderobe; **suit for everyday wear** Alltagsanzug; **men's wear** Herrenbekleidung

wear² [weəʳ] <wore, worn> ① tragen *Kleidung, Brille, Schmuck;* **what did she wear?** was hatte sie an?; **what shall I wear?** was soll ich anziehen?; **he has nothing to wear** er hat nichts anzuziehen ② *Kleidung, Reifen:* sich abnutzen ③ abtragen *Kleidung;* austreten *Stufen;* abfahren *Reifen;* **wear a hole in one's trousers** seine Hose durchwetzen ④ **wear smooth** austreten *Stufen* ⑤ **wear** [**well**] *Stoff, Material:* halten; **he has worn well** (*humorvoll*) er hat sich gut gehalten ▶ IN WENDUNGEN: **they won't wear it!** (*umgangsspr*) das werden sie nicht annehmen!; **my patience is wearing thin** meine Geduld geht langsam zu Ende; **the excuse is wearing thin** die Ausrede zieht langsam nicht mehr

◆ **wear away** ① *Stein, Fels:* abtragen; austreten *Stufen; Inschrift:* verwischen, verwittern ② (*übertragen*) schwächen; zehren an *Geduld* ③ (*übertragen*) schwinden

◆ **wear down** ① abnutzen *Gegenstand* ② ermüden *Mensch* ③ zermürben *Widerstand* ④ erschöpfen *Geduld*

◆ **wear off** *Kopfschmerzen:* vergehen; *Aufregung:* sich legen

◆ **wear out** ① abtragen, abnutzen *Gegenstand* ② erschöpfen, ermüden *Mensch*

wear·ing ['weərɪŋ] ermüdend

weary ['wɪərɪ] ① abgespannt, erschöpft (**with** von) ② ermüdend, lästig, unangenehm

TALKING ABOUT THE WEATHER

Sally:	Hi, Susan; what's it doing out there? **What's it like out today**?
Susan:	**What's the weather like**, you mean?
Sally:	Yes, is it raining?
Susan:	**It's raining heavily** – absolutely **pouring** – it's really **wet. Freezing cold**, too. But at least it's not **snowing**.
Sally:	Oh dear, I thought it looked like **rain**; just when the weather was **improving** too. It was a **lovely, sunny day** yesterday.
Susan:	Yes, a bit **chilly**, though; there was a bitterly cold wind.
Sally:	Yes, it was **rather windy**; but I like it **bright** and **breezy** like that. It wasn't bad for late February.
Susan:	I prefer it **warm** and **calm**, or better still, **boiling hot**.
Sally:	Yes, but when it's too hot it gets **stormy** and **thundery**; I don't like **thunderstorms**; I'm scared of **thunder and lightning**.
Jenny:	Morning, girls! What **dreadful weather**!
Susan:	Yes, **ghastly day**, isn't it?
Sally:	Well, it **is** not **raining** quite so hard, now; it's only **drizzling**; and it's not as **cloudy** as it was. The **mist's clearing**. It's **brightening** a little. I think it may be going to **clear** up after all.

wea·sel [ˈwiːzl] [kleines] Wiesel

weather[1] [ˈweðəʳ] Wetter, Witterung; **in wet weather** bei nassem Wetter; **in all weathers** bei jeder Witterung ▸ IN WENDUNGEN: **under the weather** (*umgangsspr*) nicht auf dem Posten; **make heavy weather of something** etwas schwierig finden

weather[2] [ˈweðəʳ] ① verwittern ② [aus]trocknen, ablagern lassen *Holz* ③ (*übertragen*) gut überstehen

weather-beaten [ˈweðəˌbiːtn] ① *Wand, Haus, Zaun:* durch Witterungseinflüsse beschädigt ② *Haut:* wettergegerbt **weather forecast** Wettervorhersage **weather·man** [ˈweðəmæn] <*plural* weathermen> Meteorologe

weave [wiːv] <wove, woven> ① weben ② [ein]flechten (**into** in) ③ *Auto:* ständig die Spur wechseln; **weave one's way** *Mensch, Auto:* sich durchlavieren (**through** durch); *Weg:* sich schlängeln

> **? Grammatik** **weave — wove — woven:**
> *Paul wove a small basket; have you ever woven a piece of cloth?*

Web [web] WWW [World Wide Web]

web [web] ① Spinnennetz ② **web of lies** Lügengewebe, Lügengespinst **web-footed** [ˌwebˈfʊtɪd] mit Schwimmfüßen **web page** Webseite **web site** Website

wed [wed] heiraten

we'd [wiːd] *Kurzform von* **we had; we would**

wed·ding [ˈwedɪŋ] Hochzeit **wedding anniversary** Hochzeitstag **wedding cake** Hochzeitskuchen **wedding day** Hochzeitstag, Tag der Trauung **wedding dress** Hochzeitskleid **wedding ring** Trauring, Ehering

wedge[1] [wedʒ] ① Keil ② *von Torte, Kuchen:* keilförmiges Stück ③ *von Schuh:* Keilabsatz ④ (*beim Golf*) Wedge

wedge[2] [wedʒ] ① verkeilen ② **wedge oneself in** sich hineinzwängen; **be wedged between** eingekeilt sein zwischen

Wed·nes·day [ˈwenzdɪ] Mittwoch; **on Wednesday** am Mittwoch; **on Wednesdays** mittwochs

wee[1] [wiː] winzig [klein]; **a wee bit** ein kleines bisschen, ein wenig

wee[2] [wiː] (*umgangsspr*) Pipi

wee[3] [wiː] (*umgangsspr*) Pipi machen

weed[1] [wiːd] Unkraut

weed[2] [wiːd] (*im Garten*) [Unkraut] jäten ◆ **weed out** (*übertragen*) aussondern (**from** aus) **weed·killer** [ˈwiːdkɪləʳ] Unkrautvertilgungsmittel **weedy** [ˈwiːdɪ] ① voller Unkraut ② (*übertragen*) schwächlich

week [wiːk] Woche; **by the week** wochenweise, wöchentlich; **for weeks** wochenlang; **tomorrow/Sunday week** morgen/

Sonntag in 8 Tagen; **once a week** [einmal] wöchentlich; **week in, week out** [*oder* **week after week**] Woche für Woche; **a week or two** ein paar Wochen **week·day** ['wi:kdeɪ] Wochentag, Arbeitstag; **work** [**on**] **weeks** werktags arbeiten

week·end [ˌwi:k'end] Wochenende; **long weekend** verlängertes Wochenende **week·ly**[1] ['wi:klɪ] wöchentlich; **weekly report** Wochenbericht; **weekly travelcard** Wochenkarte

week·ly[2] ['wi:klɪ] Wochenblatt

weep [wi:p] <wept, wept> ① weinen (**for** um, **at, over** über); **weep bitter tears** bittere Tränen weinen ② *Wunde:* nässen **weep·ing** [wi:pɪŋ] ① weinend ② **weeping willow** Trauerweide

weigh [weɪ] ① wiegen; **weigh oneself** sich wiegen ② (*übertragen*) abwägen (**against** gegen) ③ *Wort, Meinung:* gelten, Gewicht haben ④ (*übertragen*) lasten (**on** auf) ⑤ **weigh anchor** den Anker lichten

◆ **weigh down** (*auch übertragen*) niederdrücken

◆ **weigh in** **weigh in at 80 kilos** 80 Kilo wiegen

◆ **weigh out** abwiegen

◆ **weigh up** abwägen; einschätzen *Mensch, Situation*

weight[1] [weɪt] ① Gewicht; **by weight** nach Gewicht; **lose weight** *Mensch:* abnehmen; **put on weight** *Mensch:* zunehmen ② (*übertragen*) [schwere] Last, Bürde ③ Wichtigkeit, Bedeutung, Einfluss; **throw one's weight about** (*umgangsspr*) sich wichtig machen

weight[2] [weɪt] ① (*mit Gewicht*) beschweren ② gewichten; *Statistik* ③ **be weighted against someone** jemanden benachteiligen

◆ **weight down** ① beschweren ② (*übertragen*) belasten **weight·ing** ['weɪtɪŋ] Zulage **weight·less** [weɪtlɪs] schwerelos **weight·less·ness** ['weɪtlɪsnɪs] Schwerelosigkeit **weight·lifter** ['weɪtlɪftəʳ] Gewichtheber(in) **weight·lift·ing** ['weɪtlɪftɪŋ] Gewichtheben **weighty** ['weɪtɪ] ① schwer ② (*übertragen*) [ge]wichtig, schwierig

weir [wɪəʳ] Wehr

weird [wɪəd] ① unheimlich, übernatürlich ② (*umgangsspr*) seltsam

wel·come[1] ['welkəm] ① *Pause:* willkommen *Besuch:* gern gesehen ② *Nachricht:* erfreulich ③ **you're welcome to use my car** mein Wagen steht zu Ihrer Verfügung; **you're welcome!** bitte sehr! gern geschehen!

wel·come[2] ['welkəm] ① Willkomm[en], Willkommensgruß; **give someone a warm welcome** jemandem einen herzlichen Empfang bereiten ② **welcome!** herzlich willkommen!

wel·come[3] ['welkəm] ① willkommen heißen ② (*übertragen*) begrüßen, gern sehen

wel·com·ing ['welkəmɪŋ] *Drink, Komitee:* Begrüßungs-; *Stimmung:* freundlich

weld [weld] schweißen

wel·fare ['welfeəʳ] ① Wohlergehen ② Wohlfahrt ③ (USA) Sozialhilfe; **be on welfare** Sozialhilfe beziehen **welfare state** Wohlfahrtsstaat

we'll [wi:l] *Kurzform von* **we shall; we will**

well[1] [wel] ① Brunnen[schacht] ② (*Bergbau*) Bohrloch, Ölquelle ③ **well!** also, tja!; **well, I think so** naja, glaube ich zumindest; **well, well!** na so etwas!; **very well** [**then**] na schön ④ **wish someone well** jemandem alles Gute wünschen

well[2] [wel] <better, best> ① gut; **do well** seine Sache gut machen, gut vorankommen; **the patient is doing well** der Patient ist wohlauf; **business is doing well** die Geschäfte gehen gut; **do well out of something** bei etwas profitieren; **do well by someone** jemandem gegenüber großzügig sein; **let well alone** die Finger davon lassen ② **I can well understand it** ich kann es durchaus verstehen; **he can well afford it** er kann es sich sehr gut leisten; **it was well worth it** es hat sich sehr gelohnt; **he may well have said that** es kann gut sein, dass er das gesagt hat; **you may well ask!** das kann man wohl fragen! ③ **well past/over/under** weit nach/über/unter ④ **well done!** bravo!; **well played!** gut gespielt! ⑤ **as well** auch; **go as well** mitgehen; **as well as** ebenso wie; **all** [*oder* **only**] **too well** nur zu gut; **it's well and truly broken!** jetzt ist es wirklich kaputt; **you might as well come** du könntest eigentlich kommen; **I might as well** warum eigentlich nicht?; **I might as well not be there** ich könnte ebensogut nicht da sein ⑥ gesund; **get well soon!** gute Besserung!; **she is not well** es geht ihr nicht gut ⑦ **all is not well** es steht gar nicht gut ⑧ **that's all very well but …**

das ist ja gut und schön, aber …; **it's all very well for you to talk** Sie haben gut reden; **just as well you asked** nur gut, dass Sie gefragt haben ⑨ **you're well out of it** sei froh, dass du damit nichts zu tun hast ▶ IN WENDUNGEN: **all's well that ends well** Ende gut, alles gut

well·ad·vised [ˌweləd'vaɪzd] **be well-advised** gut beraten sein

well·bal·anced [ˌwel'bælənst] ① *Ernährung, Programm:* ausgewogen ② *Mensch:* ausgeglichen **well-behaved** [ˌwelbɪ'heɪvd] wohlerzogen, artig **well·be·ing** [ˌwel'biːɪŋ] Wohl **well-bred** [ˌwel'bred] wohlerzogen **well-chosen** [ˌwel'tʃəʊzn] gut [aus]gewählt, passend **well-con·nec·ted** [ˌwelkə'nektɪd] mit guten Beziehungen **well-de·served** [ˌweldɪ'sɜːvd] wohlverdient **well-developed** [ˌweldɪ'veləpt] *Mensch:* gut entwickelt; *Wirtschaft:* hochentwickelt **well-done** [ˌwel'dʌn] *Fleisch:* gar, gut durch **well-dressed** [ˌwel'drest] gut angezogen, gut gekleidet **well-earned** [ˌwel'ɜːnd] wohlverdient **well-educated** gebildet **well-fed** [ˌwel'fed] wohlgenährt **well-founded** [ˌwel'faʊndɪd] [wohl] begründet

wel·ling·ton (boot) ['welɪŋtən (buːt)] GB Gummistiefel

well-known [ˌwel'nəʊn] [wohl] bekannt **well-man·nered** [ˌwel'mænəd] höflich **well-mean·ing** [ˌwel'miːnɪŋ] wohlmeinend **well-meant** [ˌwel'ment] gut gemeint **well-off** [ˌwel'ɒf] ① reich, wohlhabend ② **be well off** gut dran sein **well-read** [ˌwel'red] *Mensch:* belesen **well-thought-of** [ˌwel'θɔːtɒv] angesehen, von gutem Ruf **well-timed** [ˌwel'taɪmd] im rechten Augenblick **well-to-do** [ˌweltə'duː] wohlhabend **well-wisher** ['welwɪʃəʳ] Gönner(in) **well-worn** [ˌwel'wɔːn] ① *Kleidung:* abgetragen; *Teppich:* abgelaufen; *Weg:* ausgetreten ② (*übertragen*) *Sprüche:* abgedroschen

welly ['welɪ] GB (*umgangsspr*) Gummistiefel

Welsh[1] [welʃ] walisisch

Welsh[2] [welʃ] ① (*Sprache*) [das] Walisisch(e) ② **the Welsh** (*Volk*) die Waliser

Welsh·man ['welʃmən, *plural* 'welʃmen] <Welshmen> *plural* Waliser **Welsh·woman** ['welʃwʊmən, *plural* 'welʃwɪmɪn] <Welshwomen> *plural* Waliserin

went [went] *2. Form von* **go**

wept [wept] *2. und 3. Form von* **weep**

were [wɜːʳ] ① *2. Form von* **be: you were** du warst, Sie waren, ihr wart; **we were** wir waren; **they were** sie waren ② *zur Bildung des Konditionals* **if I were to do that** wenn ich das tun würde

we're [wɪəʳ] *Kurzform von* **we are**

weren't [wɜːnt] *Kurzform von* **we were not**

west[1] [west] ① Westen; **the West** der Westen; **in the west** im Westen; **to the west** nach Westen; **to the west of** westlich von ② (*in den USA*) die Weststaaten

west[2] [west] ① westlich, nach Westen; **west of** westlich von ② **go west** (*umgangsspr*) draufgehen

west·bound ['westbaʊnd] nach Westen gehend **west·er·ly** ['westəlɪ] westlich **west·ern**[1] ['westən] westlich; **western Germany** der westliche Teil Deutschlands, die alten Bundesländer

west·ern[2] ['westən] Western

West Indies [west'ɪndiːz] Westindische Inseln **west·ward(s)** ['westwəd(z)] westwärts, nach Westen

wet[1] [wet] ① nass, feucht (**with** von); **soaking wet** nass bis auf die Haut ② *Wetter:* regnerisch ③ **wet paint!** frisch gestrichen! ④ GB (*umgangsspr*) weichlich ▶ IN WENDUNGEN: **wet blanket** (*abwertend umgangsspr*) Miesmacher(in)

wet[2] [wet] ① Nässe, Feuchtigkeit ② GB (*abwertend*) Waschlappen

wet[3] [wet] <wet *oder* wetted, wet *oder* wetted> nass machen; **wet the bed** ins Bett machen, bettnässen

> **? Grammatik** **wet — wet/wetted — wet/wetted** : *Jenny wet/wetted her hair and put shampoo on it; the puppy has wet the floor.*

wet season Regenzeit

we've [wiːv] *Kurzform von* **we have**

whacked [wækt] (*umgangsspr*) hundemüde

whale [weɪl] ① Wal[fisch] ② **we had a whale of a time** es war fantastisch **whal·ing** [weɪlɪŋ] Walfang

wharf [wɔːf, *plural* wɔːvz] <*plural* wharfs, wharves> Kai

what[1] [wɒt] ① *fragend und ausrufend* was, wie; **what are you doing?** was tust du?; **what's your name?** wie heißt du?; **what**

about ...? (*Vorschlag*) wie wäre es mit ...?; (*nachfragend*) was ist mit ...?; **what for?** wozu? warum?; **what's this for?** wozu ist das gut?; **what if ...?** was ist wenn ...?; **what next?** was nun?; **what's that to you?** was geht Sie das an?; **so what?** na und? ② *relativ* was; das, was ▸ IN WENDUNGEN: **and what is more** und außerdem; **give someone what for** es jemandem tüchtig geben; **she knows what's what** sie kennt sich aus; **Mr what's-his-name** Herr Soundso

what² [wɒt] ① *fragend* welche(r, s); **what good would that be?** wozu sollte das gut sein?; **what time is it?** wie viel Uhr ist es?; **what sort of ...?** was für ein(e) ...?; **what else?** was noch? ② *relativ* der, die, das ③ *ausrufend* **what glorious weather!** was für ein fantastisches Wetter!; **what an idiot I have been!** was war ich doch für ein Idiot!

what·ever¹ [wɒt'evəʳ] was [auch immer], egal was; **whatever does he want?** was will er wohl?; (*ungeduldig*) was will er denn?; **whatever does he mean?** was meint er bloß?

what·ever² [wɒt'evəʳ] ① egal welche(r, s); **whatever reason** warum auch immer ② *verneint* überhaupt; **nothing whatever** überhaupt nichts ③ *fragend* was denn, was wohl; **whatever good can that be?** was kann das schon helfen?

what·so·ever¹ [ˌwɒtsəʊ'evəʳ] was [auch immer], egal was

what·so·ever² [ˌwɒtsəʊ'evəʳ] ① egal welche(r, s) ② *verneint* überhaupt; **none whatsoever** überhaupt keine

wheat [wiːt] Weizen **wheat·germ** ['wiːtˌdʒɜːm] Weizenkeim

wheel¹ [wiːl] ① Rad; **meals on wheels** Essen auf Rädern ② **steering wheel** Steuer[rad], Lenkrad; **at the wheel** am Steuer ③ **spinning wheel** Spinnrad ④ **potter's wheel** Töpferscheibe ⑤ **wheels** (*umgangsspr: Auto*) Mühle, Kiste

wheel² [wiːl] schieben *Fahrrad, Einkaufswagen;* fahren *Rollstuhl*

◆ **wheel in** ① hereinfahren ② (*umgangsspr*) vorstellen, anschleppen

◆ **wheel round** sich schnell umdrehen

wheel·bar·row ['wiːlˌbærəʊ] Schubkarren **wheel·chair** Rollstuhl **wheel clamp** Parkkralle **wheel·ing** ['wiːlɪŋ] **wheeling and dealing** Machenschaften

wheeze [wiːz] keuchen

when¹ [wen] ① *fragend* wann ② *relativ* als, wo, da; **since/until when?** seit/bis wann?

when² [wen] ① wenn, als ② *mit Verlaufsform* beim; **when using the equipment, ...** beim Benutzen des Gerätes ... ③ **say when!** (*beim Einschenken*) sag, wenn es genug ist!

when·ever [wen'evəʳ] ① wann auch immer ② jedes Mal wenn

where¹ [weəʳ] wo; **where [to]** wohin; **where shall I put it?** wohin damit?; **where from** woher

where² [weəʳ] wo, da, wo; **this is where we were** da waren wir; **where this is concerned** was das betrifft

where·abouts¹ [ˌweərə'baʊts] wo, wohin

where·abouts² ['weərəbaʊts] ⚠ *Plural* Aufenthalt[sort]

where·as [weər'æz] während, wohingegen

where·by [weə'baɪ] wodurch, woran

wher·ever [ˌweər'evəʳ] ① (*Ort*) egal wo, wo auch immer ② (*Richtung*) wohin [auch immer] ③ (*allgemein*) überall wo

whether ['weðəʳ] ob; **I don't know whether to go or not** ich weiß nicht, ob ich gehen soll oder nicht

whew [fjuː] puh!

which¹ [wɪtʃ] ① *relativ* der, die, das; welche(r, s); was ② *fragend* welche(r, s); wer

which² [wɪtʃ] welche(r, s)

which·ever [wɪtʃ'evəʳ] welche(r, s) auch immer

whiff [wɪf] ① Duft ② (*übertragen*) Hauch, Spur

while¹ [waɪl] Weile; **a long while ago** vor langer Zeit; **all this while** die ganze Zeit; **for a while** eine Zeit lang; **in a little while** bald, in Kürze; **once in a while** gelegentlich; **a short while** eine kleine Weile

while² [waɪl] ① während, solange ② zwar, obwohl ③ *gegenüberstellend* während

◆ **while away** sich vertreiben *Zeit*

whim [wɪm] Laune

whim·per ['wɪmpəʳ] ① wimmern ② *Hund:* winseln

whine [waɪn] ① *Hund:* winseln ② jammern (**about** über)

whinge [wɪndʒ] (*umgangsspr*) meckern

whip[1] [wɪp] ① peitschen, schlagen ② [steif] schlagen *Sahne, Eiweiß* ③ (*besiegen*) vernichtend schlagen ④ (*umgangsspr*) **whip someone into shape** jemanden auf Vordermann bringen ⑤ *Wind:* fegen ⑥ GB klauen

whip[2] [wɪp] ① Peitsche ② (*Süßspeise*) Creme ③ (*im britischen Parlament*) Einpeitscher

◆ **whip away** wegreißen

◆ **whip on** ① antreiben ② schnell anziehen *Kleidung*

◆ **whip out** herausholen

◆ **whip up** ① antreiben *Pferde* ② (*beim Kochen*) schlagen, verrühren; (*umgangsspr*) hinzaubern *Essen* ③ (*übertragen*) entfachen *Interesse;* mitreißen *Publikum* **whip·lash** **whiplash** [**injury**] Schleudertrauma **whipped cream** Schlagsahne

whip·ping [ˈwɪpɪŋ] ① Tracht Prügel ② (*übertragen*) Niederlage **whipping cream** Schlagsahne **whip-round** [ˈwɪpraʊnd] (*umgangsspr*) [spontane] [Geld]Sammlung

whirl[1] [wɜːl] wirbeln

whirl[2] [wɜːl] ① Wirbel ② (*übertragen*) Trubel ③ **my head is in a whirl** mir schwirrt der Kopf ④ **give something a whirl** (*umgangsspr*) etwas versuchen

whirl·pool ① (*auch übertragen*) Strudel ② (*im Schwimmbad, Badezimmer*) Jacuzzi® **whirl·wind** [ˈwɜːlwɪnd] ① Wirbelwind ② (*übertragen*) Wirbel, Sturm; **a whirlwind romance** eine stürmische Romanze

whisk[1] [wɪsk] ① schlagen *Sahne, Eiweiß* ② **the horse was whisking its tail** das Pferd wedelte mit dem Schweif

whisk[2] [wɪsk] Schneebesen

◆ **whisk away** rasch [weg]nehmen

whiskers [ˈwɪskəz] *plural* ① Backenbart ② *einer Katze:* Schnurrhaare ▶ IN WENDUNGEN: **by a whisker** fast, um ein Haar

whis·k(e)y [ˈwɪskɪ] Whisky

whis·per[1] [ˈwɪspəʳ] ① flüstern ② *Wind:* rauschen ③ **whisper something to someone** jemandem etwas zuflüstern

whis·per[2] [ˈwɪspəʳ] ① Geflüster; **talk in a whisper** im Flüsterton reden ② Gerücht

whistle[1] [ˈwɪsl] pfeifen *Melodie, Lied*

whistle[2] [ˈwɪsl] ① Pfeife ② Pfiff

white[1] [waɪt] ① weiß; **a white person** ein Weißer, eine Weiße ② (*übertragen*) *Mensch:* bleich; **white with terror** blass vor Schrecken; **white as a sheet** kreidebleich ③ **black or white?** *Kaffee:* mit oder ohne Milch?

white[2] [waɪt] ① (*Farbe*) Weiß; **dressed in white** weiß gekleidet ② **the white** [**of the eye**] das Weiße [im Auge] ③ **white of the/an egg** Eiweiß

white-collar **white-collar worker** Büroangestellter **White·hall** [waɪtˈhɔːl] (*übertragen*) die britische Exekutive **White House** das Weiße Haus (*Regierungssitz des Präsidenten der USA*) **white lie** Notlüge

whiten [ˈwaɪtn] ① weiß machen, bleichen ② weiß/heller werden

white-out [ˈwaɪtaʊt] starkes Schneegestöber

white·wash[1] [ˈwaɪtwɒʃ] ① Tünche, Kalk[anstrich] ② (*übertragen*) Schönfärberei ③ totale Niederlage

white·wash[2] [ˈwaɪtwɒʃ] ① tünchen, weißen ② (*übertragen*) rein waschen *Ruf* ③ (*übertragen*) zu Null schlagen *Gegner, Mannschaft*

white·water raft·ing [ˌwaɪtwɔːtəˈrɑːftɪŋ] Wildwasserrafting **white wine** Weißwein

Whit Mon·day [ˌwɪtˈmʌndɪ] Pfingstmontag

Whit·sun[1] [ˈwɪtsn] Pfingst-

Whit·sun[2] [ˈwɪtsn] Pfingsten

Whit Sun·day [ˌwɪtˈsʌndɪ] Pfingstsonntag

◆ **whiz(z) by/past** vorbeisausen **whiz(z) kid** [ˈwɪzkɪd] (*übertragen*) Senkrechtstarter, Genie

who [huː] ① *fragend* wer, wem, wen; **who would have thought it?** wer hätte das gedacht?; **who are you thinking of?** an wen denkst du? ② *relativ* der, die, das; welche(r, s)

who·dun·it [ˌhuːˈdʌnɪt] (*umgangsspr*) Krimi

who·ever [huːˈevəʳ] ① wer/wem/wen auch immer ② *fragend* **whoever's calling at this time of night?** wer ruft denn zu dieser Zeit an? ③ (*ärgerlich*) **whoever did such a stupid thing?** wer zum Kuckuck hat so was Blödes getan? ④ egal wer/wen/wem

whole[1] [həʊl] ganz

whole[2] [həʊl] das Ganze, Gesamtheit; **the whole of** der, die, das Ganze; alle(s); [**taken**] **as a whole** als Ganzes, im Ganzen; **on the whole** im Ganzen gesehen, alles in allem

whole·food ['həʊlfu:d] Vollwert-, Natur-, Biokost **wholefood shop** Naturkost-, Bioladen **whole·heartedly** [ˌhəʊl'hɑ:tɪd] uneingeschränkt **whole·meal bread** ['həʊlmi:l'bred] Vollkornbrot

whole·sale[1] ['həʊlseɪl] Großhandel

whole·sale[2] ['həʊlseɪl] (1) Großhandels-; **wholesale trade** [im] Großhandel (2) (*übertragen*) umfassend, massenweise; *Vernichtung, Entlassungen:* Massen-

whole·saler ['həʊlseɪləʳ] Großhändler(in)

whole·some ['həʊlsəm] gesund

who'll [hu:l] *Kurzform von* **who will; who shall**

wholly ['həʊlɪ] ganz, vollständig, völlig

whom [hu:m] (1) *fragend* wen; **to whom** wem (2) *relativ* den, dem

whoop[1] [hu:p] [Freuden]Geschrei

whoop[2] [hu:p] (1) (*vor Freude*) schreien, brüllen (2) **whoop it up** ein großes Fest veranstalten, sich toll amüsieren

whoop·ing cough ['hu:pɪŋkɒf] Keuchhusten

whoops [wu:ps] hoppla!

whop·per ['wɒpəʳ] (*umgangsspr*) (1) Riesenbiest, Mordsding (2) faustdicke Lüge **whop·ping** ['wɒpɪŋ] (*umgangsspr*) (1) gewaltig, riesig (2) *Lüge:* faustdick

whore [hɔ:ʳ] Hure

who's [hu:z] *Kurzform von* **who is; who has**

whose [hu:z] (1) *fragend* wessen; **whose is this?** wem gehört das? (2) *relativ* dessen, deren

why[1] [waɪ] (1) warum, weshalb, wofür (2) wieso, aus welchem Grunde

why[2] [waɪ] **the whys and wherefores** das Warum und Wieso

wick [wɪk] (1) Docht (2) **get on someone's wick** jemandem auf den Keks gehen

wicked ['wɪkɪd] (1) böse (2) *Sache:* gemein, übel (3) (*slang*) geil

wicker ['wɪkəʳ] Flechtwerk, Geflecht

wicker basket Weidenkorb **wicker chair** Korbstuhl

wicket ['wɪkɪt] (*beim Cricket*) Dreistab **wicket·keeper** ['wɪkɪtˌki:pəʳ] (*beim Kricket*) Torhüter

wide [waɪd] (1) breit, groß; **wide-eyed** mit weit aufgerissenen Augen (2) (*übertragen*) umfangreich, umfassend; *Interessen:* vielseitig; **wide range** reiche Auswahl (3) (*Sport*) **shoot wide** danebenschießen (4) **wide of the mark** weit gefehlt; **far and wide** weit und breit **wide-awake** [ˌwaɪdə'weɪk] (1) ganz wach, hellwach (2) (*übertragen*) wachsam, aufmerksam (**to** auf)

wide·ly ['waɪdlɪ] (1) weit; **widely known** weit und breit bekannt (2) in hohem Maße, sehr **widen** ['waɪdn] (1) verbreitern (2) vertiefen *Kluft* (3) erweitern *Interessen* (4) breiter werden, sich ausbreiten **wide-open** ganz offen **wide·spread** ['waɪdspred] weit verbreitet

widow ['wɪdəʊ] Witwe **wid·owed** ['wɪdəʊd] verwitwet **wid·ower** ['wɪdəʊəʳ] Witwer

width [wɪdθ] (1) Weite, Breite; **be 10 metres in width** 10 Meter breit sein (2) (*übertragen*) Vielfalt (3) [Stoff]Breite, Bahn

wield [wi:ld] (1) führen *Schwert, Feder;* schwingen *Axt* (2) ausüben *Macht, Einfluß* (**over** über)

wife [waɪf, *plural* waɪvz] <*plural* wives> [Ehe]Frau, Gattin

> **! Vorsicht Falle** **wives** ist die Pluralform von **wife**: *King Henry VIII had six wives.*

wig [wɪg] Perücke

wiggle ['wɪgl] wackeln [mit]

wild[1] [waɪld] (1) wild; *Gebiet:* unbewohnt; **the Wild West** der wilde Westen (2) *Kind:* unbändig, zügellos (3) **go wild** *Mensch:* kein Maß mehr kennen, ausflippen (4) **run wild** *Tier:* frei herumlaufen; *Kind:* herumtoben; *Garten:* verwildern; **let one's imagination run wild** seiner Fantasie freien Lauf lassen (5) *Wut:* rasend; **drive someone wild** jemanden zur Raserei bringen (6) *Laune, Stimmung:* ausgelassen, toll; *Applaus, Wetter:* stürmisch (7) **she's wild about it** (*glücklich*) sie ist wild [*oder* ganz versessen] darauf; **he's not exactly wild about the idea** er ist nicht gerade von der Idee begeistert (8) (*umgangssprr*) *Musik:* fetzig

wild[2] [waɪld] (1) Wildnis, [freie] Natur; **in the wild** in der Wildnis; **in the wilds of Scotland** im tiefsten Schottland (2) **observe an animal in the wild** ein Tier in freier Wildbahn beobachten

wild boar Wildschwein **wil·der·ness** ['wɪldənɪs] (*auch übertragen*) Wildnis

wild·fire ['waɪldˌfaɪəʳ] **spread like wild-**

W

fire sich wie ein Lauffeuer verbreiten **wild goose** <*plural* wild geese> Wildgans **wild-goose chase** (*übertragen*) vergebliches Bemühen **wild·life** ['waɪldlaɪf] Tierwelt **wild·ly** ['waɪldlɪ] *Benehmen:* wütend, stürmisch

wil·ful ['wɪlfl] ① absichtlich, vorsätzlich ② *Kind:* eigensinnig

will[1] [wɪl] <would> ① *zur Bildung des Futurs* werden; **I will go there tomorrow** ich werde morgen dort hingehen; **will you come with me?** wirst du mit mir mitkommen? ② (*Bereitschaft*) **this window won't open** dieses Fenster lässt sich nicht öffnen; **he won't let me in** er lässt mich nicht herein; **I won't be a minute** ich bin gleich wieder da ③ *betonend* **he will keep interrupting me** er muss mich dauernd unterbrechen ④ *mahnend* **will you be quiet!** sei gefälligst ruhig! ⑤ *bittend* **open the door, will you?** mach bitte die Tür auf; **will you get me some eggs please?** holst du mir bitte ein paar Eier?

> **? Grammatik** Die Kurzform für **I will** heißt **I'll**; für **you will — you'll … they will — they'll**; für **will not — won't**.

will[2] [wɪl] ① Wille; **against someone's will** gegen jemandes Willen; **of one's own free will** aus freiem Willen; **do someone's will** jemandem seinen Willen tun; **have a will of one's own** einen eigenen Willen haben; **will to live** Lebenswille ② **at will** nach Wunsch, nach Belieben ③ **last will and testament** Letzter Wille, Testament ▸ IN WENDUNGEN: **where there's a will there's a way** wo ein Wille ist, ist auch ein Weg

will·ing ['wɪlɪŋ] ① willig, geneigt ② bereitwillig ③ **God willing** so Gott will **will·ing·ness** ['wɪlɪŋnɪs] Bereitwilligkeit, Bereitschaft

wil·low ['wɪləʊ] (*Baum*) Weide **wil·lowy** ['wɪləʊɪ] (*übertragen*) *Mann, Frau:* schlank, graziös

will·power ['wɪlˌpaʊəʳ] Willenskraft

wilt [wɪlt] ① [ver]welken ② (*übertragen*) müde werden

wily ['waɪlɪ] verschlagen

win[1] [wɪn] <won, won> ① gewinnen, siegen; erringen *Sieg*; **win hands down** (*umgangsspr*) leichtes Spiel haben ② **you can't win** (*übertragen*) man macht's doch immer falsch ③ bekommen *Vertrag, Stipendium* ④ gewinnen *Rohstoff*

win[2] [wɪn] Sieg

◆ **win over, win round** für sich gewinnen, bekehren

◆ **win through** ① sich durchsetzen ② *Patient:* durchkommen ③ **we'll win through** wir werden es schaffen

wince [wɪns] zusammenzucken (**at** bei)

wind[1] [wɪnd] ① Wind ② Atem; **get one's second wind** wieder zu Atem kommen ③ Blähungen; **break wind** einen fahren lassen ▸ IN WENDUNGEN: **get wind of something** von etwas Wind kriegen; **see which way the wind blows** sehen, woher der Wind weht; **take the wind out of someone's sails** jemandem den Wind aus den Segeln nehmen; **put the wind up someone** (*umgangsspr*) jemandem Angst machen

wind[2] [waɪnd] <wound, wound> ① drehen, kurbeln ② wickeln (**round** um) ③ aufziehen *Uhr* ④ *Weg, Straße:* sich winden (**about, around** um), sich schlängeln

> **? Grammatik** **wind — wound — wound**: *Mrs Brown wound the wool into a ball; have you wound the old clock?*

◆ **wind back** zurückspulen *Film*

◆ **wind down** ① herunterkurbeln *Scheibe* ② reduzieren *Produktion* ③ *Uhr:* ablaufen ④ (*übertragen*) *Mensch:* sich beruhigen

◆ **wind on** weiterspulen *Film*

◆ **wind up** ① aufwickeln, hochwinden ② aufziehen *Uhr* ③ auflösen *Geschäft* ④ zu Ende bringen *Diskussion;* abschließen *Rede* ⑤ (*umgangsspr*) enden, landen; **you'll wind up losing your job** am Ende hast du keinen Job mehr ▸ IN WENDUNGEN: **wind someone up** jemanden aufziehen; **he got wound up about it** er regte sich darüber auf

wind·break ['wɪndbreɪk] Windschutz **wind energy** Windenergie

wind·fall ['wɪndfɔːl] ① Fallobst ② (*übertragen*) unverhoffter Glücksfall, Gewinn **wind farm** Windfarm

wind·ing ['waɪndɪŋ] sich windend, sich schlängelnd

wind in·stru·ment ['wɪnd 'ɪnstrʊmənt] Blasinstrument

wind·mill ['wɪndmɪl] Windmühle

win·dow ['wɪndəʊ] ① Fenster ② (*in Theater, Bank*) Schalter ③ **shop window** Schaufenster, Auslage **window box** Blumenkasten **window cleaner** Fensterputzer(in) **window pane** Fensterscheibe **window shopping** Schaufensterbummel; **go window shopping** einen Schaufensterbummel machen **window sill** Fensterbank, Fenstersims

wind power Windkraft **wind·screen** ['wɪndskriːn] Windschutzscheibe **windscreen wiper** Scheibenwischer **wind·shield** (USA) Windschutzscheibe **wind·surf·er** ['wɪndsɜːfəʳ] Windsurfer(in) **wind·surf·ing** ['wɪndsɜːfɪŋ] Windsurfen; **go windsurfing** windsurfen **windy** ['wɪndɪ] ① windig ② (*übertragen*) *Mensch, Rede:* langatmig

wine [waɪn] Wein **wine cooler** Wein-, Sektkühler **wine-glass** ['waɪnglɑːs] Weinglas **wine list** Weinkarte **wine tasting** Weinprobe **wine waiter** Weinkellner

wing [wɪŋ] ① Flügel ② *Flugzeug:* Tragfläche ③ *Auto:* Kotflügel **winger** ['wɪŋəʳ] Flügelstürmer(in)

wink[1] [wɪŋk] ① [mit den Augen] zwinkern; **wink at someone** jemandem zuzwinkern, zublinzeln ② *Stern:* flimmern

wink[2] [wɪŋk] Blinzeln, Zwinkern ▶ IN WENDUNGEN: **in the wink of an eye** augenblicklich; **not sleep a wink/not get a wink of sleep** kein Auge zutun

win·ner ['wɪnəʳ] ① Gewinner(in), Sieger(in) ② (*umgangsspr*) todsichere Sache **win·ning**[1] ['wɪnɪŋ] ① siegreich; **winning ticket** Gewinnlos ② (*übertragen*) *Lächeln:* gewinnend

win·ning[2] ['wɪnɪŋ] **winnings** [Geld]Gewinn

win·ter[1] ['wɪntəʳ] Winter

win·ter[2] ['wɪntəʳ] überwintern (**in, at** in)

winter coat ① Wintermantel ② *von Tieren:* Winterfell **winter season** Wintersaison **winter sports** *plural* Wintersport **win·tery**, **win·try** ['wɪntrɪ] winterlich

wipe[1] [waɪp] ① [ab]wischen; **wipe dry** abtocknen ② **wipe your nose** putz dir die Nase

wipe[2] [waɪp] [Ab]Wischen; **give something a wipe** etwas abwischen, etwas putzen

◆ **wipe down** [nass] abwischen

◆ **wipe off** weg-, abwischen

◆ **wipe out** ① auslöschen, völlig vernichten *Volk* ② wegwischen *Schrift*

◆ **wipe up** abtrocknen *Geschirr*

wiper ['waɪpəʳ] Scheibenwischer

wire[1] ['waɪəʳ] ① Draht ② (USA) Telegramm

wire[2] ['waɪəʳ] ① mit Draht befestigen ② (*technisch*) eine Leitung legen in ③ (USA) **wire someone** jemandem einen Telegramm schicken

wire fence Drahtzaun

wis·dom ['wɪzdəm] Weisheit, Klugheit **wisdom tooth** <*plural* wisdom teeth> Weisheitszahn

wise [waɪz] ① weise, klug, vernünftig; **be none the wiser for something** durch etwas nicht schlauer geworden sein ② **be wise to something** (*umgangsspr*) über etwas im Bilde sein; **get wise to something** (*umgangsspr*) von etwas eine Ahnung bekommen **wise guy** (*umgangsspr*) Neunmalkluge(r), Angeber

wish[1] [wɪʃ] ① [sich] wünschen, wollen ② **wish someone [good] luck** jemandem Glück wünschen; **wish someone well/ill** jemandem wohl/übel wollen; **wish someone happy birthday** jemandem zum Geburtstag gratulieren

wish[2] [wɪʃ] Wunsch; **with best wishes** mit herzlichen Glückwünschen

wish·ful ['wɪʃfl] **wishful thinking** Wunschdenken

wisp [wɪsp] *von Gras, Korn:* [kleines] Büschel; **wisp of hair** Haarsträhne **wispy** ['wɪspɪ] klein, dünn

wist·ful ['wɪstfl] sehnsuchtsvoll, sehnsüchtig

wit [wɪt] ① **wits** *plural* Verstand, geistige Fähigkeiten; **be at one's wits' end** mit seiner Kunst am Ende sein; **have** [*oder* **keep**] **one's wits about one** einen klaren Kopf behalten; **scared out of one's wits** verrückt vor Angst ② Geist, Witz ③ witziger Kopf

witch [wɪtʃ] Hexe **witch·craft** ['wɪtʃkrɑːft] Hexerei, Zauberei **witch doctor** Medizinmann **witch-hunt** Hexenverfolgung

with [wɪð, wɪθ] ① mit; **his hat doesn't go with his coat** sein Hut passt nicht zu seinem Mantel; **be in with a group** eng mit einer Gruppe verbunden sein; **are you still with me?** sind Sie mitgekommen?; **with that, he left** und damit ging er weg ② bei; **with the window open** bei offenem Fenster; **with all his faults** bei all seinen Fehlern; **have you got a pen with you?** hast du einen Stift dabei? 3 vor; **with anger/love** vor Ärger/Liebe 4 **be with it** (*umgangsspr*) auf Draht sein 5 **part with** sich trennen von 6 **handle with care** vorsichtig behandeln

with·draw [wɪð'drɔː] 1 zurückziehen, zurücknehmen *Angebot* 2 abheben *Geld* 3 sich zurückziehen 4 **withdraw from school** von der Schule nehmen 5 zurücktreten **with·drawal** [wɪð'drɔːəl] 1 *von Angebot:* Zurücknahme, Zurückziehung 2 *von Geld:* Entnahme, Abhebung 3 Rücktritt (**from** von) 4 (*militärisch*) Rückzug 5 (*aus der Gesellschaft*) Ausstieg **withdrawal symptoms** *plural* Entzugserscheinungen

with·hold [wɪð'həʊld] 1 zurückhalten 2 **withhold something from someone** jemandem etwas vorenthalten

with·in [wɪð'ɪn] 1 in 2 *zeitlich* binnen 3 **within one's income** im Rahmen seines Einkommens 4 **be within walking distance** zu Fuß erreichbar sein 5 **within reach/sight** in Reich-, Sichtweite

with·out [wɪð'aʊt] ohne; **without saying a word** ohne ein Wort zu sagen

with·stand [wɪð'stænd] sich widersetzen, widerstehen

wit·ness¹ ['wɪtnɪs] 1 Zeugnis 2 Zeuge, Zeugin (**to** für); **call as witness** als Zeugen benennen [*oder* vorladen]

wit·ness² ['wɪtnɪs] 1 bezeugen 2 beglaubigen *Urkunde* 3 Augenzeuge sein

witness stand, (USA) **witness box** Zeugenstand

witty ['wɪtɪ] geistreich, witzig

wiz·ard ['wɪzəd] 1 Zauberer, Hexenmeister 2 Genie

wobble ['wɒbl] wackeln, [sch]wanken **wob·bly** ['wɒblɪ] [sch]wankend, wack(e)lig

woke ['wəʊk] *2. Form von* **wake**¹

woken ['wəʊkn] *3. Form von* **wake**¹

wolf [wʊlf, *plural* wʊlvz] <*plural* wolves> Wolf ▶IN WENDUNGEN: **cry wolf** blinden Alarm schlagen

◆ **wolf down** hinunterschlingen

wom·an ['wʊmən, *plural* 'wɪmɪn] <*plural* women> Frau

! Vorsicht Falle **women** ist die Pluralform von **a woman** (= Frau): *There were four women working in the office.*

woman doctor Ärztin **woman driver** [Auto]Fahrerin

womb [wuːm] Gebärmutter **women's lib** (*umgangsspr*) Frauenrechtsbewegung

won [wʌn] *2. und 3. Form von* **win**

wonder¹ ['wʌndəʳ] 1 Verwunderung, Erstaunen; **in wonder** voller Staunen 2 Wunder; **do** [*oder* **work**] **wonders** Wunder wirken; [**it's**] **no wonder that …** [es ist] kein Wunder, dass …; **wonders will never cease!** es geschehen noch Zeichen und Wunder!

wonder² ['wʌndəʳ] 1 sich fragen, gespannt sein; **wonder why** sich fragen, warum; **wonder what/how** gespannt sein, was/wie; **I wonder!** na ja, mal sehen! 2 sich wundern; **wonder at something** sich über etwas wundern 3 **it set him wondering** das gab ihm zu denken; **I was just wondering** das war nur so ein Gedanke; **wonder about something** sich über etwas Gedanken machen 4 **I was wondering if you would like one** möchten Sie vielleicht eins?

won·der·ful ['wʌndəfl] wundervoll, wunderbar

won·der·land ['wʌndəlænd] 1 Wunder-, Zauberland 2 (*übertragen*) Paradies

wonky ['wɒŋkɪ] (*umgangsspr*) wack(e)lig, kipp(e)lig

won't [wəʊnt] *Kurzform von* **will not**

woo [wuː] 1 (*romantisch werben*) **woo someone** jemandem den Hof machen 2 umwerben; **woo someone away** jemanden abwerben

wood¹ [wʊd] 1 Holz 2 Wald 3 **from the wood** *Bier:* vom Fass ▶IN WENDUNGEN: **touch wood!** auf Holz geklopft!; **out of the wood**[**s**] über den Berg

wood² [wʊd] hölzern, Holz-

wood·ed ['wʊdɪd] bewaldet **wood·en** ['wʊdn] hölzern; **wooden floor** Holzfußboden **wood·land** ['wʊdlænd] Waldland **wood·pecker** ['wʊdˌpekəʳ] Specht **wood·wind** ['wʊdwɪnd] *auch plural* [Holz]Blasinstrument(e) **wood·work** ['wʊdwɜːk] 1 Holzarbeiten 2 hölzerne Bauteile, Balkenwerk **wood·worm** ['wʊdwɜːm] Holzwurm **woody** ['wʊdɪ] 1 bewaldet 2 holzig

wool [wʊl] Wolle ▶IN WENDUNGEN: **pull the wool over someone's eyes** jemandem etwas vormachen

wool·len, (USA) **woolen** ['wʊlən] wollen; **woollen goods** *plural* Wollwaren, -sachen

wool·ly¹ ['wʊlɪ] ① wollen ② wollig ③ (*übertragen*) nebelhaft; *Gedanke, Äußerung:* verworren

wool·ly² ['wʊlɪ] wollenes Kleidungsstück

word¹ [wɜːd] ① Wort; **in a** [*oder* **one**] **word** mit einem Wort; **in other words** mit anderen Worten; **in so many words** ausdrücklich; **have the last word** das letzte Wort haben; **put into words** in Worte kleiden ② kurze Äußerung, Bemerkung (**about** über); **have a word with someone** kurz mit jemandem sprechen ③ (*Versprechen*) **break/give/keep one's word** sein Wort brechen/geben/halten; **take someone at his word** jemanden beim Wort nehmen; **he is as good as his word** man kann sich auf ihn verlassen ④ **by word of mouth** mündlich ⑤ (*gehoben*) **have word from someone** von jemandem Nachricht haben; **leave word** eine Nachricht hinterlassen (**with** bei) ⑥ **have words with someone** sich mit jemandem streiten ⑦ **words** *eines Lieds, Gedichts:* Text

word² [wɜːd] in Worte kleiden, formulieren

word·ing [wɜːdɪŋ] Formulierung, Wortlaut **word order** Wortstellung **word processor** Textverarbeitungssystem **wordy** ['wɜːdɪ] wortreich

wore [wɔːʳ] *2. Form von* **wear**

work¹ [wɜːk] ① Arbeit; **at work** bei der Arbeit; **casual work** Gelegenheitsarbeit; **clerical** [*oder* **office**] **work** Schreib-, Büroarbeit; **fit for work** arbeitsfähig; **be in work** Arbeit, eine Stelle haben; **out of work** arbeitslos ② [Arbeits]Leistung; **his work is very thorough** er arbeitet sehr gründlich ③ (*geistlich*) Werk; **works of Shakespeare** Werke von Shakespeare; **work of art** Kunstwerk ▸ In Wendungen: **have one's work cut out** schwer arbeiten müssen; **make light work of something** mit etwas leicht fertig werden; **make short work of** kurzen Prozess machen mit

work² [wɜːk] ① arbeiten (**on** an); **who does he work for?** wo ist er beschäftigt [*oder* bei wem arbeitet er?]?; **she works at Smith's** sie arbeitet bei Smith's; **work towards something** auf etwas hinarbeiten; **work oneself hard** hart arbeiten, sich viel abverlangen; **work one's way through something** sich durch etwas durcharbeiten ② *Gerät, Plan:* funktionieren; **it won't work** das klappt nicht; **he worked it so that we could finish early** (*umgangsspr*) er hat es fertig gebracht, dass wir früher aufhören konnten ③ *Pläne:* glücken, gelingen ④ **work loose** lose werden, los-, abgehen ⑤ bedienen *Maschine* ⑥ bewirtschaften *Gut*

◆ **work away** **work away** [**at something**] [an etwas] vor sich hinarbeiten

◆ **work in** ① **she's worked in well with the team** sie hat sich bei dem Team gut eingearbeitet ② einbauen *Idee, Vorschlag* (**with** in)

◆ **work off** ① sich losmachen ② abarbeiten; loswerden *Energie, Kopfschmerzen;* abreagieren *Gefühl*

◆ **work on** ① weiterarbeiten ② **work on something** an etwas arbeiten *Projekt, Idee usw* ③ Einfluss ausüben (**on, upon** auf) ④ **she worked on him until he changed his mind** sie hat ihn bearbeitet, bis er seine Meinung änderte ⑤ ausgehen von *einer Idee, Zahlen*

◆ **work out** ① ausrechnen ② ausarbeiten, entwickeln *Plan, Idee* ③ (*übertragen*) sich zusammenreimen ④ (*mathematisch*) lösen ⑤ (*umgangsspr*) *Aufgabe, Rätsel:* aufgehen ⑥ **work someone out** aus jemandem schlau werden ⑦ funktionieren, klappen; **things didn't work out** es ist schief gegangen ⑧ (*sportlich*) trainieren

◆ **work over** ① überarbeiten ② **work someone over** jemanden zusammenschlagen

◆ **work up** ① aufpeitschen; **work oneself up** sich aufregen; **get worked up about something** sich über etwas aufregen; **work up to something** auf etwas hinauswollen, etwas im Sinn haben; **work up to a climax** sich zu einem Höhepunkt steigern, ausarbeiten ② aufbringen *Begeisterung;* entwickeln *Appetit;* zum Erfolg bringen *Geschäft* ③ **work one's way up** sich hocharbeiten

work·bench ['wɜːkbentʃ] Werkbank **work·book** ['wɜːkbʊk] Arbeitsheft **work·day** ['wɜːkdeɪ] Arbeits-, Werktag; **on workdays** an Werktagen

worker ['wɜːkəʳ] Arbeiter(in), Arbeitnehmer(in); **factory** [*oder* **industrial**] **worker** Fabrikarbeiter(in); **manual work** körperliche Arbeit

work·force ['wɜːkfɔːs] *eines Werks:* Belegschaft; *eines Landes:* Arbeitskräfte

work·ing ['wɜːkɪŋ] ① arbeitend, werktätig, berufstätig ② *Bedingungen, Kleidung:* Arbeits-; **working day** Arbeits-, Werktag; **working hours** Arbeitszeit; **working lunch** Arbeitsessen; *Hypothese, Modell:* Arbeits-; *Mehrheit:* arbeitsfähig ③ **in working order** gebrauchs-, betriebsfähig ④ **a working knowledge of computers** Grundkenntnisse am Computer **working-class** der Arbeiterklasse, Arbeiter- **working class(es)** Arbeiterklasse

work·load ['wɜːkləʊd] Arbeit[slast] **work·man** ['wɜːkmən] <*plural* workmen> Handwerker **work·man·like** ['wɜːkmənlaɪk] fachmännisch **work·man·ship** ['wɜːkmənʃɪp] Arbeitsausführung, Qualität **work of art** Kunstwerk **work-out** ['wɜːkaʊt] Training **work permit** Arbeitserlaubnis **work·place** ['wɜːkpleɪs] Arbeitsplatz

works [wɜːks] *plural* ① (*technisch*) Getriebe, Uhrwerk ② ⚠ *mit Singular* Anlage, Werk(e), Fabrik; **public works** Stadt-, Versorgungswerke **works committee, works council** Betriebsrat

work·shop ['wɜːkʃɒp] ① Werkstatt, Werkstätte ② Arbeitsgruppe, Workshop

works manager Betriebsleiter(in) **works outing** Betriebsausflug

work station Arbeitsplatz, Fertigungsstation; (*Informatik*) Workstation **work·top** Arbeitsplatte

world [wɜːld] Welt; **in the world** auf der Welt; **all over the world** auf der ganzen Welt; **go round the world** eine Weltreise machen; **it's not the end of the world** deshalb geht die Welt nicht unter; **come** [*oder* **go**] **down in the world** herunterkommen; **go up in the world** es zu etwas bringen; **a man of the world** ein Mann von Welt ▶ In Wendungen: **they are worlds apart** zwischen ihnen liegen Welten; **out of this world** (*umgangsspr*) sagenhaft; **feel on top of the world** sich nicht besser fühlen können; **have the best of both worlds** auf nichts verzichten müssen, können; **think the world of someone** große Stücke auf jemanden halten; **what in the world?** was in aller Welt?

World Bank [ˌwɜːld'bæŋk] Weltbank **World Cup** Fußballweltmeisterschaft

world-famous weltberühmt

world·ly ['wɜːldlɪ] weltlich, irdisch, diesseitig, weltzugewandt

world record Weltrekord

world war Weltkrieg

world·wide [ˌwɜːld'waɪd] weltweit **world·wide web** ['wɜːldˌwaɪd'web] (*Informatik*) Internet, World Wide Web

worm[1] [wɜːm] Wurm

worm[2] [wɜːm] mit einem Wurmmittel behandeln *Tier* ▶ In Wendungen: **worm information out of someone** Informationen aus jemandem herauslocken; **worm oneself** [*oder* **one's way**] **in**[**to**] sich einschleichen in **worm one's way through** sich hindurchwinden durch

worn [wɔːn] *3. Form von* **wear** **worn-out** [ˌwɔːn'aʊt] ① *Gegenstand:* verbraucht, abgenutzt ② *Kleidung:* abgetragen ③ *Mensch:* erschöpft ④ (*übertragen*) *Phrase:* abgedroschen

wor·ried ['wʌrɪd] besorgt, beunruhigt (**about** über)

worry[1] ['wʌrɪ] ① **worry someone** beunruhigen, jemandem Sorgen machen ② besorgt sein, sich Sorgen machen (**about** um); **don't worry!** machen Sie sich keine Sorgen! ③ **worry someone with something** jemanden wegen etwas stören [*oder* belästigen]

worry[2] ['wʌrɪ] Sorge[n]

worry·ing ['wʌrɪɪŋ] beunruhigend

worse[1] [wɜːs] *Komparativ von* **bad, badly** ① schlechter, übler; **you're worse than I am!** du bist noch schlimmer als ich!; **go from bad to worse** immer schlimmer werden ② **be worse off** schlechter dran

worse[2] [wɜːs] [das] Schlimmmere, Ärgere; **he's none the worse for it** es hat ihm nichts geschadet; **a change for the worse** eine Wendung zum Schlechteren

worsen ['wɜːsn] [sich] verschlimmern, [sich] verschlechtern

wor·ship[1] ['wɜːʃɪp] ① Verehrung, Anbetung ② Gottesdienst

wor·ship[2] ['wɜːʃɪp] ① verehren, anbeten ② vergöttern ③ den Gottesdienst abhalten

worst[1] [wɜːst] *Superlativ von* **bad, badly** schlechteste(r, s), übelste(r, s), schlimmste(r, s), am schlimmsten; **she sang the worst** sie sang am schlechtesten

worst[2] [wɜːst] [das] Schlechteste, Schlimmste; **at** [**the**] **worst** schlimmstenfalls; **we saw him at his worst** wir sahen ihn im ungünstigsten Moment; **if the worst comes to the worst** im allerschlimmsten Fall; **the worst of it is that …** das Schlimmste daran ist, dass …; **the worst is yet to come** das dicke Ende kommt noch

worth[1] [wɜːθ] Wert; **a dollar's worth of apples** für einen Dollar Äpfel; **did you get your money's worth?** sind Sie auf Ihre Kosten gekommen?

worth[2] [wɜːθ] wert; **it's worth a lot of money** es ist viel Geld wert; **it's not worth it!** es lohnt sich nicht!; **it's worth the trouble** die Mühe lohnt sich; **it's worth a lot to me** es ist mir viel wert; (*übertragen*) es bedeutet mir sehr viel; **worth reading/seeing/mentioning** lesens-/sehens-/der Rede wert; **he shouted for all he was worth** er schrie mit ganzer Kraft

worth·less [wɜːθlɪs] wertlos

worth·while [ˌwɜːθˈwaɪl] lohnend; **be worthwhile** sich lohnen, der Mühe wert sein

worthy [ˈwɜːðɪ] würdig, wert

would [wʊd] ① *zur Bildung des Konditionals* **she would prefer tea** sie hätte lieber Tee; **they said they would leave early** sie sagten, sie würden früh losfahren; **we would have eaten it if …** wir hätten es gegessen, wenn …; **would he do it?** würde er es vielleicht tun?; **would he have done it?** hätte er es getan?; **how would she know?** wie will sie das wissen?; **I wouldn't know** was weiß ich ② *betont* **but he would do it** aber er musste es unbedingt machen; **you would be the one who …** typisch, dass ausgerechnet du …; **he would, wouldn't he?** das sieht ihm ähnlich ③ *vergangene Gewohnheit* **he would go there every year** er fuhr jedes Jahr dahin ④ *Bereitschaft* **the car wouldn't start** das Auto wollte nicht anspringen; **they would rather not speak to him** sie würden lieber nicht mit ihm sprechen ⑤ **who would have thought it?** wer hätte das gedacht?; **you would think …** man sollte meinen …

? Grammatik Die Kurzform für **I would** heißt **I'd**; für **you would — you'd**; für **they would — they'd**; für **would not — wouldn't**.

would-be [ˈwʊdbiː] **a would-be musician** ein Möchtegernmusiker

wouldn't [wʊdnt] *Kurzform von* **would not**

wound[1] [wuːnd] Wunde

wound[2] [wuːnd] ① verwunden, verletzen ② *2. und 3. Form von* **wind**[2]

wounded [ˈwuːndɪd] ① (*im Kampf*) verwundet, verletzt ② *Eitelkeit:* gekränkt

wove [ˈwəʊv] *2. Form von* **weave**

woven [ˈwəʊvn] *3. Form von* **weave**

wrap[1] [ræp] ① **wrap something** [**up**] etwas einwickeln, verpacken (**in** in) ② wickeln (**round** um)

wrap[2] [ræp] Umschlagtuch; **take the wraps off something** etwas der Öffentlichkeit vorstellen; **under wraps** versteckt, geheim

◆ **wrap up** ① einpacken ② (*umgangsspr*) unter Dach und Fach bringen ③ **wrap up** [**warm**] sich warm anziehen ④ **wrap up!** (*umgangsspr*) halt den Mund! ⑤ **be wrapped up in something** ganz in etwas aufgehen, von etwas völlig in Anspruch genommen sein **wrap·per** [ˈræpəʳ] ① Verpackung, [Bonbon]Papier ② *von Buch:* Schutzumschlag **wrapping paper** ① Packpapier ② Geschenkpapier

wreath [riːθ ⚠ *plural* riːðz] Kranz

wreck[1] [rek] ① (*Schiff*) Wrack ② (*übertragen: Mensch*) [elendes] Wrack

wreck[2] [rek] ① zerstören, zertrümmern ② (*übertragen*) ruinieren, zu Grunde richten ③ vernichten *Pläne*

wreck·age [ˈrekɪdʒ] Trümmer

wren [ren] (*Vogel*) Zaunkönig

wrench[1] [rentʃ] ① (*technisch*) Schraubenschlüssel ② [plötzlicher] Ruck ③ (*übertragen*) Abschiedsschmerz

wrench[2] [rentʃ] ① **wrench something away from someone** jemandem etwas entreißen ② (*medizinisch*) verrenken, verstauchen

wrestle [ˈresl] ① (*Sport*) **wrestle** [**with someone**] [mit jemandem] ringen ② (*übertragen*) sich herumschlagen, sich abquälen (**with** mit)

wres·tler ['resləʳ] Ring[kämpf]er(in) **wres·tling** ['reslɪŋ] Ringen **wrestling match** Ringkampf

wretched ['retʃɪd] ① elend, erbärmlich ② *Wetter:* scheußlich ③ (*umgangsspr*) **this wretched computer!** dieser verdammte Computer!

wriggle ['rɪgl] sich unruhig hin- und herbewegen

◆ **wriggle out** ▶ IN WENDUNGEN: **wriggle out of something** sich bei etwas drücken

wring [rɪŋ] <wrung, wrung> ① **wring one's hands** die Hände ringen; (*übertragen*) umdrehen *Hals* ② **could you wring out the cloth?** kannst du das Tuch auswringen?

wrinkle[1] ['rɪŋkl] ① (*auf der Haut*) Falte, Runzel ② Kniff

wrinkle[2] ['rɪŋkl] ① *Stoff:* [zer]knittern ② runzeln *Stirn;* rümpfen *Nase*

wrinkled ['rɪŋkld, 'rɪŋklɪ] ① *Haut:* runz(e)lig, faltig ② *Stoff:* zerknittert **wrinkly** (*umgangsspr: älterer Mensch*) Grufti

wrist [rɪst] Handgelenk **wrist·watch** ['rɪstwɒtʃ] Armbanduhr

write [raɪt] <wrote, written> ① schreiben; **write in full** ausschreiben ② aufzeichnen, verfassen ③ ausstellen *Scheck, Bescheinigung* ④ aufsetzen *Vertrag*

◆ **write away write away [for something]** [etwas] auswärts bestellen

◆ **write down** nieder-, aufschreiben

write in ① eintragen ② **write in for something** etwas anfordern ③ (USA) ausfüllen *Wahlschein*

◆ **write off** ① **write off for something** etwas anfordern ② abschreiben *Schulden* ③ zu Schrott fahren; als Totalschaden abschreiben *Auto*

◆ **write out** ① [voll] ausschreiben *Namen* ② ausstellen *Scheck, Quittung*

◆ **write up** ① *Journalist:* berichten über ② ausarbeiten *Notizen*

write-off ['raɪtɒf] (*Auto*) Totalschaden

writer ['raɪtəʳ] ① *von Brief usw:* Schreiber(in), Verfasser(in) ② Schriftsteller(in)

write-up ['raɪtʌp] Pressebericht

writ·ing ['raɪtɪŋ] ① Schreiben, Schriftstück; **in writing** schriftlich; **put in writing** niederschreiben ② [Hand]Schrift ③ Schriftstellerei **writing desk** Schreibtisch **writing paper** Schreibpapier

writ·ten[1] ['rɪtn] *3. Form von* **write**

writ·ten[2] ['rɪtn] schriftlich; *Wort:* geschrieben; **written language** Schriftsprache

wrong[1] [rɒŋ, (USA) rɔːŋ] ① falsch, nicht richtig; **do something wrong** etwas falsch, verkehrt machen; **get something/someone wrong** etwas/jemanden falsch verstehen ② unrecht, unangebracht; **be wrong** Unrecht haben, sich irren ③ **wrong side out** mit der Innenseite nach außen ④ **there's something wrong with the copier** mit dem Kopierer stimmt etwas nicht; **what's wrong?** stimmt etwas nicht?; **go wrong** schief gehen, scheitern, nicht richtig funktionieren ⑤ **sorry, wrong number!** Sie haben sich verwählt!, Entschuldigung, ich habe mich verwählt! ▶ IN WENDUNGEN: **get on the wrong side of the law** mit dem Gesetz in Konflikt kommen

wrong[2] [rɒŋ, (USA) rɔːŋ] Unrecht, Ungerechtigkeit; **be in the wrong** im Unrecht sein; **do wrong** Unrecht tun, sich etwas zuschulden kommen lassen

wrong·ful ['rɒŋfl] ungerechtfertigt; **wrongful dismissal** unrechtmäßige Entlassung

wrong·ly ['rɒŋlɪ] falsch, zu Unrecht, fälschlicherweise

wrote [rəʊt] *2. Form von* **write**

wrung [rʌŋ] *2. und 3. Form von* **wring**

wry [raɪ] ironisch; **make a wry face** das Gesicht verziehen; **a wry sense of humour** ein trockener Humor

WWW *Abkürzung von* **World Wide Web** WWW

X x

X, x [eks] <*plural* X's, x's> ① X, x; **x marks the spot where …** die Stelle, an der …, ist angekreuzt ② (*Mathematik*) x, unbekannte Größe ③ (*unbekannt*) **x number of people** x Leute; **Mrs. X** Frau X ④ (*umgangsspr: in Briefen nach Namen*) Küsschen

xeno·phobia [ˌzenə'fəʊbɪə] Xenophobie, Fremdenfeindlichkeit

Xmas ['eksməs, 'krɪsməs] (*umgangsspr*) Weihnachten

X-ray[1] ['eksreɪ] Röntgenaufnahme; **take an X-ray of someone** jemanden röntgen; **have an X-ray** geröntgt werden

X-ray[2] ['eksreɪ] röntgen, durchleuchten

xylo·phone ['zaɪləfəʊn] Xylophon

Y y

Y, y [waɪ] <*plural* Y's, y's> ① Y, y ② (*Mathematik*) y, zweite Unbekannte; **y-axis** y-Achse

yacht [jɒt] [Segel-, Motor]Jacht, Yacht **yacht·ing** [jɒtɪŋ] Segeln; **they go yachting** sie gehen zum Segeln **yachts·man** ['jɒtsmən] <*plural* yachtsmen> Segler

yank[1] [jæŋk] Ruck

yank[2] [jæŋk] mit einem Ruck ziehen

Yank [jæŋk] (*meist abwertend*) Ami

yap [jæp] ① *Hund:* kläffen ② (*umgangsspr*) quatschen

yard [jɑːd] ① (*Maßeinheit*) Yard (= *0,914 m*) ② Hof; **schoolyard** Schulhof ③ (USA) Garten (*ohne Gemüse*)

yard·stick ['jɑːdstɪk] (*übertragen*) Maßstab

yawn[1] [jɔːn] gähnen

yawn[2] [jɔːn] Gähnen

yawn·ing [jɔːnɪŋ] gähnend

yeah [jeə] (*umgangsspr*) ja

year [jɜːʳ, jɪəʳ] ① Jahr; **all the year round** das ganze Jahr über; **for years** seit Jahren, jahrelang; **last/this/next year** letztes/dieses/nächstes Jahr; **years ago** vor Jahren; **year in, year out** jahraus, jahrein ② Jahrgang; **what year were you born?** welcher Jahrgang bist du?; **for his years** für sein Alter; **difference in years** Altersunterschied; **year of birth** Geburtsjahr; **year of manufacture** Baujahr **year·long** [ˌjɜː'lɒŋ, ˌjɪə'lɒŋ] ein volles Jahr lang **year·ly** ['jɜːlɪ, 'jɪəlɪ] jährlich; **yearly income** Jahreseinkommen; **yearly output** Jahresproduktion; **yearly subscription** Jahresbeitrag

yearn [jɜːn] sich sehnen (**for, after** nach) **yearn·ing** [jɜːnɪŋ] Sehnsucht

yeast [jiːst] Hefe

yell[1] [jel] Schrei; **give me a yell when you're ready** sag Bescheid, wenn du fertig bist

yell[2] [jel] **yell** [**out**] schreien; **yell at someone** jemanden anbrüllen

yel·low[1] ['jeləʊ] ① gelb; **parking on the yellow lines** Parken im Parkverbot ② (*umgangsspr*) feige

yel·low[2] ['jeləʊ] ① Gelb ② Eigelb

yel·low[3] ['jeləʊ] gelb werden, vergilben

yellow pages *plural* Gelbe Seiten, Branchenverzeichnis

yelp[1] [jelp] ① *Hund:* kläffen, jaulen ② *Mensch, Kind:* aufschreien

yelp[2] [jelp] ① kurzes Bellen, Jaulen ② Aufschrei

Yem·en ['jemən] **the Yemen** der Jemen **Yem·eni**[1] ['jemənɪ] jemenitisch

Yem·eni[2] ['jemənɪ] Jemenit(in)

yep [jep] (*slang*) ja

yes[1] [jes] ja, jawohl, doch

yes[2] [jes] Ja

yes man <*plural* yes men> Jasager

yes·ter·day[1] ['jestədɪ, 'jestədeɪ] gestern; **the day before yesterday** vorgestern; **yesterday morning/afternoon/night** gestern Morgen/Nachmittag/Nacht

yes·ter·day[2] ['jestədɪ, 'jestədeɪ] der gestrige Tag

yet [jet] ① *zeitlich* **not yet** noch nicht; **have[n't] you finished yet?** bist du immer noch nicht fertig?; **I have yet to see it myself** ich muss es selbst noch sehen ② *zeitlich* schon; **has she gone yet?** ist sie schon weg? ③ *zeitlich* bisher; **it's her best book yet** es ist ihr bestes Buch bisher ④ *vor Komparativ* **it's yet more expensive** es ist sogar noch teurer ⑤ dennoch, trotzdem

yew [juː] **yew** [**tree**] Eibe

Yid·dish ['jɪdɪʃ] Jiddisch

yield[1] [jiːld] ① Ertrag, [erzielter] Gewinn ② Ernte

yield[2] [jiːld] ① *Feld, Baum:* hervorbringen, liefern ② *Investition:* einbringen, abwerfen ③ *Mensch, Armee:* abtreten, nachgeben ◆ **yield to** ① **yield to someone** an jemanden abtreten, jemandem nachgeben; **yield to temptation** der Versuchung nachgeben ② (USA) **yield to another car** einem anderen Auto Vorfahrt gewähren

yob [jɒb], **yob·bo** ['jɒbəʊ] Lümmel

yodel, yodle ['jəʊdl] jodeln

yoga ['jəʊgə] Yoga, Joga

yog·(h)urt ['jɒgət] Jogurt

yoke [jəʊk] (*auch übertragen*) Joch

X x
Y y

yokel ['jəʊkl] (*abwertend*) Tölpel
yolk [jəʊk] Dotter, Eigelb
you [juː] ① du, Sie, ihr; **do you children want an ice cream?** wollt ihr Kinder ein Eis?; **all of you** ihr alle, Sie alle; **if I were you** ich an deiner/Ihrer/eurer Stelle; **it's you!** du bist es!, ihr seid's!, Sie sind es! ② *Akkusativ* dich, Sie, euch ③ *Dativ* dir, Ihnen, euch; **that hairstyle just isn't you** die Frisur passt einfach nicht zu dir ④ *unbestimmt* man, einen, einem **you'll** [juːl] *Kurzform von* **you will, you shall** →**will, shall**
young[1] [jʌŋ] ① jung ② **the night is still young** der Abend hat erst angefangen
young[2] [jʌŋ] **the young** die Jungen, die jungen Leute
young people *plural* junge Leute, Jugendliche
your [jɔːʳ, jʊəʳ] ① dein, euer; *Höflichkeitsform* Ihr; **one of your friends** einer deiner/Ihrer Freunde ② *unbestimmt* sein; **you register and then you get your form** man meldet sich an, und dann bekommt man sein Formular ③ **your average German** (*umgangsspr*) der Durchschnittsdeutsche
you're [jʊəʳ] *Kurzform von* **you are**
yours [jɔːz, jʊəz] ① deine(r, s), der, die, das Deine; *plural* eure(r, s), der, die, das Eure; *Höflichkeitsform* Ihre(r, s), der, die, das Ihre; **a friend of yours** einer deiner/eurer/Ihrer Freunde; **it's yours!** es ist dir/euch/Ihnen!; **this book is yours** dies Buch gehört dir/euch/Ihnen ② **yours sincerely/faithfully** mit freundlichen Grüßen
your·self [jɔː'self, jə'self, (USA) jʊər'self] <*plural* yourselves> ① *Akkusativ* **you can see yourself in the mirror** du kannst dich im Spiegel sehen ② *Dativ* **did you hurt yourself?** hast du dir wehgetan? ③ *betont* [du, ihr, Sie] selbst; **will you do it yourself?** machst du das selbst? machen Sie das selbst?; **you said it yourself** das hast du, das habt ihr, das haben Sie selbst gesagt ④ **[all] by yourself** [ganz] allein, ohne Hilfe ⑤ **you don't seem to be yourself today** Sie sind heute wohl nicht ganz auf der Höhe
youth [juːθ, *plural* juːðz] <*plural* youths> ① Jugend; **the friends of his youth** seine Jugendfreunde ② Jugendlichkeit ③ *mit Singular oder plural* Jugend, junge Leute ④ junger Mann, Jugendlicher; **youths** (*meist abwertend*) Jugendliche **youth centre, youth club** Jugendclub, Jugendzentrum
youth·ful ['juːθfl] jugendlich **youth hostel** Jugendherberge **youth training scheme** Ausbildungsförderungsprogramm
you've [juːv] *Kurzform von* **you have**
yo-yo ['jəʊjəʊ] Jo-Jo; **up and down like a yo-yo** immer auf und ab
Yu·go·slav[1] ['juːgəʊ'slɑːv] jugoslawisch
Yu·go·slav[2] ['juːgəʊ'slɑːv] Jugoslawe, Jugoslawin
Yu·go·sla·via ['juːgəʊ'slɑːvɪə] Jugoslawien **Yu·go·sla·vian** ['juːgəʊ' slɑːvɪən] jugoslawisch
yukky ['jʌkɪ] (*umgangsspr*) ekelhaft

Zz

Z, z [zed, (USA) ziː] <*plural* Z's, z's> Z, z
Zaire [zɑː'iːə] Zaire **Za·ir·ean**[1] [zɑː'iːərən] zairisch
Za·ir·ean[2] [zɑː'iːərən] Zairer(in)
Zam·bia ['zæmbɪə] Sambia **Zam·bi·an**[1] ['zæmbɪən] sambisch
Zam·bi·an[2] ['zæmbɪən] Sambier(in)
zap [zæp] (*umgangsspr*) ① löschen; (*beim Computerspiel*) killen ② (*beim Fernsehen*) zappen
zebra ['ziːbrə] Zebra **zebra crossing** Zebrastreifen
zero[1] ['zɪərəʊ] <*plural* zero(e)s> ① Null; **be at zero** auf Null stehen ② *einer Skala:* Nullpunkt ③ Gefrierpunkt; **fall to zero** auf null Grad fallen ④ (*übertragen*) Null-, Tiefpunkt, Tiefstand ⑤ Nichts
zero[2] ['zɪərəʊ] ① null, Null-; **zero degrees** null Grad ② **zero emission vehicle, ZEV** abgasfreies Fahrzeug; **zero gravity** Schwerelosigkeit; **zero growth** Nullwachstum ③ **zero hour** die Stunde Null
zig·zag[1] ['zɪgzæg] Zickzack, Zickzacklinie
zig·zag[2] ['zɪgzæg] ① im Zickzack ② Zickzack-, zickzackförmig; **zigzag path** Zickzackweg
zig·zag[3] ['zɪgzæg] im Zickzack [ver]laufen
Zim·ba·bwe [zɪm'bɑːbwɪ] Simbabwe, Zimbabwe **Zim·bab·we·an**[1] [zɪm'bɑːbwɪən] simbabwisch

Zim·bab·we·an² [zɪmˈbɑːbwɪən] Simbabwer(in)

zinc [zɪŋk] Zink

zip¹ [zɪp] ① **zip** [**fastener**] Reißverschluss ② (*umgangsspr*) Dynamik, Schwung

zip² [zɪp] **he's just zipped to the shops** er ist eben schnell einkaufen gegangen

◆ **zip up zip your jeans up!** mach den Reißverschluss [von deiner Jeans] zu!; **will you zip me up?** würdest du meinen Reißverschluss zumachen? **zip code**, **ZIP code** (USA) Postleitzahl **zip·per** [ˈzɪpəʳ] (USA) Reißverschluss **zippy** [ˈzɪpɪ] (*umgangsspr*) schwungvoll, schnell

zo·diac [ˈzəʊdɪæk] Tierkreis; **sign of the zodiac** Tierkreiszeichen

zom·bie [ˈzɒmbɪ] Zombie; **like a zombie** total im Tran

zone [zəʊn] Zone; **danger zone** Gefahrenzone

zoo [zuː] Zoo **zo·ol·ogi·cal** [ˌzəʊəˈlɒdʒɪkl] **zoological gardens** zoologischer Garten, Tierpark **zo·ol·ogist** [zəʊˈɒlədʒɪst] Zoologe, Zoologin **zo·ol·ogy** [zəʊˈɒlədʒɪ] Zoologie

zoom¹ [zuːm] ① **zoom** [**lens**] Zoom[objektiv] ② (*Geräusch*) Surren

zoom² [zuːm] ① (*umgangsspr*) sausen, rasen ② (*umgangsspr*) **he just zoomed through the work** er hatte die Arbeit im Nu fertig ③ surren

◆ **zoom in** ① (*beim Fotografieren*) nah herangehen ② (*umgangsspr*) hereinsausen ③ **zoom in on something** (*umgangsspr*) etwas sofort herausgreifen

zuc·chi·ni [zuˈkiːnɪ] (USA) Zucchini

Englische Minigrammatik

SUBSTANTIV/NOMEN (HAUPTWORT)

Im Englischen gibt es, wie im Deutschen, drei grammatische **Geschlechter**:

- Männliche Personen heißen **maskulin**.
- Weibliche Personen heißen **feminin**.
- Alles andere heißt **sächlich**.

Da es jedoch nur einen Artikel gibt (***a/an, the***), erkennt man das Geschlecht nur am Pronomen (persönliches Fürwort):

a/the *girl*	***she/her***
a/the *boy*	***he/him***
a/the *CD*	***it***

The girl *bought* ***a new CD. She*** *played* ***it*** *for* ***a boy.*** ***The boy*** *thought* ***it*** *was cool.* ***He*** *bought* ***it*** *too.*

Babies und Tiere werden als sächlich behandelt, es sei denn, man kennt ihr Geschlecht:

A *strange* ***dog*** *came into the garden and I chased* ***it*** *out.*
I called my ***dog, Rex,*** *and* ***he*** *came running.*
I made a funny face at ***a baby*** *and* ***it*** *smiled at me.*
We have ***a*** *new* ***baby*** *–* ***she's*** *called Karen.*

Im **Plural** (Mehrzahl) wird an das Hauptwort ein *-**s*** angehängt:

*cloud**s**, dog**s**, shoe**s**, play**s**, book**s**, cake**s**, cat**s***

Bei Wörtern die mit ***-s, -ss, -sh, -ch, -x, -z*** enden, wird -***es*** *angehängt:*

*bu**ses**, bo**sses**, bru**shes**, chur**ches**, bo**xes**, walt**zes***

Endet ein Wort mit -***y*** nach einem Konsonanten, so wird diese Endung umgewandelt zu -***ies***:

*lady – lad**ies***	*body – bod**ies***
*fly – fl**ies***	*story – stor**ies***

Ausnahmen:

*bo**ys**, monke**ys**, da**ys**, pla**ys**, wa**ys***

Wörter die mit ***-o*** nach einem Konsonanten enden, erhalten oft -***es*** am Ende:

*her**oes**, potat**oes**, tomat**oes**, volcan**oes***

Bei manchen Wörtern ist -***es*** oder -***s*** möglich:

*mosquit**oes** or mosquit**os**, zer**oes** or zer**os***

Aber die meisten bekommen einfach ein zusätzliches -***s***:

*radi**os**, studi**os**, vide**os***

Einige auf -***f*** oder -***fe*** endende Wörter erhalten im Plural die Endung -***ves***:

*half – hal**ves***	*knife – kni**ves***
*leaf – lea**ves***	*self – sel**ves***

*shelf – shel**ves***	*thief – thie**ves***
*wife – wi**ves***	*wolf – wol**ves***

Manche Wörter ändern beim Übergang vom Singular zum Plural ihre Vokale:

child – children	*woman – women*
man – men	*mouse – mice*
goose – geese	*foot – feet*

Viele Tierbezeichnungen bleiben in der Mehrzahl unverändert:

a bison	*two **bison***
a deer	*three **deer***
a sheep	*four **sheep***
salmon	*five **salmon***

Die vier Fälle (Nominativ, Akkusativ, Dativ, Genitiv)

Nominativ und Akkusativ (*direct object*) haben dieselbe Form:

***The song** is totally cool.*
***The story** was weird.*
*He pet **the dog**.*
*Please pass **the ketchup**.*
*We need **a break**.*
*Give **the cat** its dinner.*

Der Dativ (*indirect object*) kann mit oder ohne ***to*** gebildet werden:

*I sent an email **to** Barbara.*
oder:
I sent Barbara an email.

Der Genitiv kann gebildet werden mit ***of*** oder mit ***'s*** (sächsischer Genitiv); im Allgemeinen wird die Form mit ***of*** für Gegenstände verwendet und der Genitiv mit ***'s*** für Personen:

*What is the name **of** the hotel?*
*What is George**'s** favo(u)rite sport?*
*What is the baby**'s** name?*

Im Unterschied zum Deutschen wird bei Ausdrücken wie den Folgenden immer ***of*** verwendet:

*a glass **of** water*	*a piece **of** paper*
*two pairs **of** jeans*	*a herd **of** cattle*
*the city **of** London*	*the Isle **of** Wight*

Wörter wie ***shop, surgery, church, cathedral, house*** werden nach dem sächsichen Genitiv oft weggelassen:

*at the grocer**'s*** (anstatt: *at the grocer's shop)*
*at the dentist**'s*** (anstatt: *at the dentist's surgery)*
*a visit to St. Paul**'s*** (anstatt: *St. Paul's Cathedral)*
*at John**'s*** (anstatt: *John's house)*

ADJEKTIV (EIGENSCHAFTSWORT)

Der Adjektiv bleibt nach Geschlecht und Zahl immer unverändert:

*a **nice** postman*	*three **nice** postmen*
*a **fun** day*	*many **fun** days*
*a **cool** song*	*some **cool** songs*

Steigerung

Einsilbige Adjektive steigert man durch das Anhängen von -***er*** oder -***est***:

*clean, clean**er**, clean**est***
*His shoes are clean, but your shoes are clean**er than** his, and my shoes are **the** clean**est**.*

Einsilbige Adjektive, die mit ***-e*** enden, werden mit ***-r*** und -***st*** gesteigert:

*saf**e**, saf**er**, saf**est***

Bei einsilbigen Adjektiven mit Endbuchstaben ***-d, -g, -n, -t*** werden diese bei der Steigerung verdoppelt, wenn ihnen ein kurzes, betontes ***a, e, i, o*** vorausgeht:

*bi**g**, bi**gger**, bi**ggest**; ho**t**, ho**tter**, ho**ttest**; hi**p**, hi**pper**, hi**ppest***

Bei zweisilbigen Adjektiven, die mit ***-y*** enden, wird dieses zu -***ier*** und -***iest***:

*happ**y**, happ**ier**, happ**iest***

Einige zweisilbige Adjektive, die mit -***le*** enden, erhalten zur Steigerung ein ***-r*** und -***st***:

*gent**le**, gent**ler**, gent**lest**; simp**le**, simp**ler**, simp**lest***

Einige andere zweisilbige Adjektive bekommen zur Steigerung -***er*** und -***est***:

*clever, clever**er**, clever**est**; common, common**er**, common**est**;*
*handsome, handsom**er**, handsom**est**; narrow, narrow**er**, narrow**est**;*
*pleasant, pleasant**er**, pleasant**est**; polite, polit**er**, polit**est**;*
*quiet, quiet**er**, quiet**est**; stupid, stupid**er**, stupid**est***

Andere zweisilbige und alle mehrsilbigen Adjektive werden mit **more** und **most** gesteigert:

*comfortable, **more** comfortable, **most** comfortable*
*The sofa is **more** comfortable than the chair, and the bed is **the most** comfortable of all.*

Es gibt auch Adjektive mit unregelmäßiger Steigerung:

good	***better***	***best***
bad	***worse***	***worst***
far	***farther*** or ***further***	***farther*** or ***furthest***
much/many	***more***	***most***
little	***less***	***least***

ADVERB (UMSTANDSWORT)

Adverbien werden gebildet, indem man an ein Adjektiv -***ly*** anhängt:

*That rhymes perfect**ly**.*
*We were total**ly** surprised.*
*He did his homework careful**ly**.*
*She smiled confident**ly**.*

Ein Sonderfall ist ***well***, das Adverb zu ***good***:

*She speaks English **well**.*

Adjektive mit der Endung -***y*** bekommen -***ily*** angehängt:

*They rushed about happ**ily**, shouting nois**ily**.*

Adjektive mit der Endung -***le*** bekommen die Endung -***ly***:

*Are you sitting comfortab**ly**?*
*You are simp**ly** great!*

An die Endung -***ic***, wird -***ally*** angehängt:

*Josh is phys**ically** fit.*
*He was mag**ically** transformed into a spider.*

Es gibt jedoch auch Adverbien, die nicht mit -***ly*** gebildet werden:

*How **far** can you jump? How **fast** can you walk? You're doing **fine**. Pull **hard**! I've **just** missed the bus. You've arrived too **late**. Money matters very **little**. Have you been waiting **long**? You exercise too **much**. The train drew **near**. See you **soon**!*

Steigerung von Adverbien

Adverbien, die mit -***ly*** enden, werden mit ***more*** und ***most*** gesteigert:

slowly	***more** slowly*	***most** slowly*

Adverbien, die nicht mit -***ly*** enden, werden mit -***er*** und -***est*** gesteigert:

fast	*fast**er***	*fast**est***

Manche Adverbien besitzen unregelmäßige Steigerungsformen:

badly	***worse***	***worst***
far	***farther*** or ***further***	***farthest*** or ***farthest***
little	***less***	***least***
much	***more***	***most***
well	***better***	***best***

VERB (ZEITWORT)

Präsens (einfache Gegenwart)

I	(ich)	*knock*	*hide*	*stay*	*go*	*wash*	*study*
you	(du, Sie)	*knock*	*hide*	*stay*	*go*	*wash*	*study*
he	(er)						
she	(sie)	*knock**s***	*hide**s***	*stay**s***	*go**es***	*wash**es***	*stud**ies***
it	(es)						
we	(wir)	*knock*	*hide*	*stay*	*go*	*wash*	*study*
you	(ihr, Sie)	*knock*	*hide*	*stay*	*go*	*wash*	*study*
they	(sie)	*knock*	*hide*	*stay*	*go*	*wash*	*study*

- An die 3. Person Singular (***he, she, it***) wird ***-s*** angehängt. Die anderen Formen bleiben unverändert.
- Ein ***-y*** nach einem Konsonanten wird zu ***-ies***:
  *she stud**ies**, he tr**ies***
- Den Endungen ***-s, -ch, -sh, -x, -z*** wird ***-es*** angehängt:
  *he wash**es**, she pass**es**, it fizz**es***
- Der Endung ***-o*** folgt ***-es***:
  *he g**oes**, it ech**oes***

Die einfache Gegenwart wird verwendet für:

- **Tatsachen**: *The earth **goes** round the sun. I **like** cycling.*
- **Gewohnheiten**: *I **brush** my teeth after breakfast.*
- **Vorhaben**: *We **leave** for London next Friday.*

Verlaufsform der Gegenwart

Die Verlaufsform gibt an, was gerade geschieht. Sie wird gebildet aus:

am, are, is + *Partizip Präsens* (Mittelwort der Gegenwart)
*I **am staying**. You **are smiling**. He **is reading**.*

Das Partizip Präsens entsteht durch Anhängen von ***-ing*** an die Grundform:

*walk**ing**, step**ping**, danc**ing**, l**ying**, flee**ing**, travel**ling***

- Eine Endung mit ***-e*** wird gestrichen: *arriv**e**, arriv**ing**.*
- Die Endung ***-ie*** ändert sich in ***-y***: ***tie, tying***.
- Bei den meisten einsilbigen Verben wird ein Endkonsonant verdoppelt: *sto**p**, stop**ping**.*

am, are, is:

Singular (Einzahl)	**Plural** (Mehrzahl)
*I **am***	*we **are***
*you (du, Sie) **are***	*you (ihr, Sie) **are***
*he/she/it **is***	*they **are***

Oft werden Kurzformen verwendet:

am	***'m***	***I'm***
are	***'re***	***you're, we're, they're***
is	***'s***	***he's, she's, it's***

Die verneinten Kurzformen:

are not	*are**n't***
is not	*is**n't***

Die Verlaufsform wird verwendet für:

- **Augenblickliches Geschehen:** *I'm **watching** TV. You **are talking** too loudly.*
- **Fortdauerndes Geschehen:** *I **am learning** how to drive. They'**re taking** English in school.*
- **Geplante Vorhaben:** *We **are having** a barbecue tomorrow. Sally **is buying** the sausages for it and I **am bringing** the drinks.*

Präteritum (einfache Vergangenheit)

Bei den meisten Verben wird die einfache Vergangenheit gebildet, indem man zur Grundform ***-ed*** hinzufügt.

I, you (*du, Sie*), **he, she, it, we, you** (*ihr, sie, Sie*), **they**
*open**ed***
*arrive**d***
*stop**ped***
*carr**ied***

- Zur Endung ***-e*** wird nur ***-d*** angefügt: *agree**d**, arrive**d***
- Ein ***-y*** am Ende wird zu ***-ied***: *carr**ied**, cr**ied***
- Bei den meisten einsilbigen Zeitwörtern wird der Endkonsonant verdoppelt:

  *he stop**ped*** *we drag**ged*** *she hum**med***

Die einfache Vergangenheit wird verwendet für:

- **vergangene Ereignisse**: *They **arrived yesterday**. We **moved** house **last year**. Who **invented** the telephone?*
- **Erzählungen**: *Then he **planted** the magic beans.*

Verlaufsform der Vergangenheit

Die Verlaufsform der Vergangenheit wird gebildet mit:

was, were + *Partizip Präsens* (Mittelwort der Gegenwart)
*I **was staying**. You **were eating**. He **was listening**.*

***was, were*:**

Singular (Einzahl)	**Plural** (Mehrzahl)
*I **was***	*we **were***
you (*du, Sie*) ***were***	*you* (*ihr, Sie*) ***were***
*he, she, it **was***	*they **were***

Die verneinten Kurzformen:

was not	*was**n't***
were not	*were**n't***

Die Verlaufsform der Vergangenheit wird für Tätigkeiten zu einem bestimmten Zeitpunkt in der Vergangenheit verwendet:

*What **were** you **doing** at midnight on New Year's Eve?*
*I **was** just **copying** a file when my computer crashed.*
*'You **weren't listening** to me, **were** you?' 'No, sorry, I **wasn't**.'*
*While he **was eating** lunch, his friends came over.*

Perfekt (vollendete Gegenwart)

Das Perfekt wird gebildet mit:

has, have + Partizip Perfekt
*I **have stayed**. He **has left**.*

Im Gegensatz zum Deutschen wird das **Perfekt** immer mit ***have*** gebildet:

*I **have** been busy lately. Our guests **have** arrived! Joan **has** gone already.*

Hilfsverb *have:*

Singular (Einzahl)	**Plural** (Mehrzahl)
*I **have***	*we **have***
you (*du, Sie*) ***have***	*you* (*ihr, Sie*) ***have***
*he, she, it **has***	*they **have***

Die Kurzformen:

have	***'ve***	***I've, you've, we've, they've***
has	***'s***	***he's, she's, it's***

Die verneinten Kurzformen:

have not	*have**n't***
has not	*has**n't***

Das Perfekt wird verwendet:

- **für Erläuterungen**: *'I can't pay – I**'ve lost** my purse.*
  *'I'm staying home today – I**'ve caught** a cold.'*
- **in Folgerungen**: *Jack **has arrived**, so we can begin.*
- **mit *already, just, yet, ever, never, before*:**
  *I**'ve already collected** the mail.*
  *We**'ve just finished** our breakfast.*
  *I **haven't finished** my breakfast **yet**.*
  ***Have** you **ever seen** the band live?*
  *I**'ve never surfed** the web.*
  *He**'s done** that **before**.*

Plusquamperfekt (vollendete Vergangenheit)

Das Plusquamperfekt wird gebildet mit:

had + Partizip Perfekt

*I **had stayed**. She **had eaten**.*

Im Gegensatz zum Deutschen wird das Plusquamperfekt stets mit ***had*** gebildet:

*I **had** been there before.*
*She **had** gone already by the time you showed up.*
*We **had** just arrived when the film started.*

Die Kurzform:

*I had → **I'd***
*you had → **you'd***
*he had → **he 'd …***

Die verneinte Kurzform:

*I had not → **I hadn't***
*you had not → **you hadn't***
*he had not → **he hadn't …***

Die Form des Plusquamperfekt benutzt man, um über Ereignisse zu sprechen, die VOR einem bestimmten Zeitpunkt in der Vergangenheit stattfanden:

*'When I **arrived** at the bus stop the bus **<u>had</u>** already **<u>gone</u>**.' – '**<u>Had</u>** it? Bad luck!'*
*I **broke** my new CD player yesterday because I **<u>hadn't read</u>** the instructions.*

Das Futur (Zukunft)

Das Futur wird gebildet mit:

will (***shall*** – nur zusammen mit ***I*** und ***we***) + Grundform des Verbs.
*I **will/shall stay**. He **will stay**.*

will/shall

Singular (Einzahl)	**Plural** (Mehrzahl)
*I **will/shall***	*we **will/shall***
you (*du, Sie*) ***will***	*you* (*ihr, Sie*) ***will***
*he, she, it **will***	*they **will***

*I **shall be staying** overnight.*
*He **will be arriving** soon.*
*I **shall be working** at home all day tomorrow.*
*You'**ll be sunbathing** on a beach this time tomorrow.*
*The new sports centre **will be opening** soon.*

Die Kurzformen:

*I will/shall → **I'll***
*you will → **you'll***
*he will → **he'll …***

Die verneinten Kurzformen:

I will/shall not → ***I won't/I shan't***
you will not → ***you won't***
he will not → ***he won't ...***

Man verwendet die Verlaufsform von ***go*** + ***to*** + **Grundform,** um über Absichten oder wahrscheinliche Ereignisse zu sprechen:

*I'**m going to learn** how to ski.*
*We **are going to go** to France for our vacation.*
*I think it'**s going to rain**.*

Verlaufsform

Die Verlaufsform wird mit ***be*** und dem Partizip Präsens (***-ing***) gebildet. Mit der Verlaufsform wird eine Handlung ausgedrückt, die gerade abläuft, noch andauert oder noch nicht abgeschlossen ist, war oder sein wird:

*I **am working**.*

*It **is raining**.*

*I **have been staying** at a hotel.*

*I **have been trying** to call her for the last two hours, but it's no good.*

*How long **have** you **been living** in Stuttgart?*

*She'**s been listening** to rap lately.*

*I **had been thinking** about going on holiday.*

*It had **been raining** during the night.*

*She **had been having** driving lessons for 5 months and felt ready for the test.*

MODALVERBEN

Die Verben ***will, shall, can, could, would, should, may, might, must*** und ***need not*** werden zusammen mit der Grundform anderer Verben benutzt. Sie ändern ihre Form in der 3. Person Singular NIE (→ es wird kein ***-s*** angehängt).

will/shall

Die Kurzformen:

I will/shall → ***I'll***
you will → ***you'll***
he will → ***he'll ...***

Die verneinten Kurzformen:

I will/shall not → ***I won't/I shan't***
you will not → ***you won't***
he will not → ***he won't ...***

will und ***shall*** werden in den folgenden Bedeutungen benutzt:

- **Vorhaben:** *OK, we **shall*** (or *we'**ll***) ***see** you tomorrow.*
  *I **shall** (or I'**ll**) **make** a list of everything I need.*
- **Versprechen:** *I **will remember** to buy milk. – I **won't forget**.*

- **Abwägen („sollen“):** ***Shall*** *we* ***tell*** *her or* ***shan't*** *we?*
- **Konsequenz:** *We'**ll be** late if we don't hurry.*
  *I **shan't** (or **won't**) **need** these books any more.*
- **Entschiedenheit:** *No, I **won't go** mountain climbing.*
- **Vorhersage:** *You'**ll love** Scotland. It'**ll be** dark soon.*
  *Your dad **will be** pleased with your marks, **won't** he?*
- **Erinnerung:** *You **will water** the flowers, **won't** you?*
- **Weigerung:** *He **won't eat** his dinner. The car **won't start**.*

can

Die verneinte Form: ***cannot***

Die Kurzform: ***can't***

Man verwendet ***can*** für:

- **Fähigkeiten:**
  *'**Can** you **ride** a horse?' – 'No, I **can't**.'*
  *He **can** really **rap**!*
- **Bitte und Erlaubnis:**
  *'**Can** I **borrow** your bike?' – 'Yes, of course you **can**.'*
- **Bitten:**
  Can *you* ***help*** *me, please?*
  Can *you* ***tell*** *me how to get to the bus station?*
- **Vorschläge:**
  Can *you* ***ask*** *your mom for the money?*
  Can't *you* ***find out*** *on the Internet?*

could

Die verneinte Kurzform:

I could not → ***I couldn't***
you could not → ***you couldn't***
he could not → ***he couldn't ...***

could wird verwendet für:

- **Vergangenheitsform von *can*:**
  *I asked if he **could ride** a horse, but he said he **couldn't**.*
  *I had lost the key so I **couldn't open** the door.*
  *I **couldn't believe** it.*
- **Vorschläge:**
  *We **could go** for a swim this afternoon.*
  *You **could dye** your hair blue.*
- **Höfliches Bitten:**
  *Please, **could** I **open** a window?*
  Could *we* ***take*** *a break?*
  *Please, **could** you **help** me?*
- **Konditionalsätze:**
  *We **could fly** if we had wings.*

would

Die Kurzformen:
I would → ***I'd***
you would → ***you'd***
he would → ***he'd …***

Die verneinte Kurzform:
I would not → ***I wouldn't***
you would not → ***you wouldn't***
he would not → ***he wouldn't …***

Man verwendet ***would*** für:

- **Vergangenheitsform von *will*:**
  *He promised he **would come** early.*
  *I knew **we'd be** late if we didn't hurry.*
  *I said I **would help** but then I couldn't.*
  *I asked him to lend me his bike, but he **wouldn't.***
- **Höfliches Bitten:**
  *Please **would** you **move** your car?*
  ***Would** you **go out** with me?*
- **Mit *like*, bei Angeboten, Vermutungen, und Wünschen:**
  ***Would** you **like** something to eat?*
  *I bet you **would like** to see the concert.*
  *I'**d like** a rest now.*
- **Konditionalsätze:**
  *I **would buy** a helicopter if I had plenty of money.*
  *He **would** never **wear** that!*
  *It **would be** lovely to see you again.*

should

Die verneinte Kurzform:
I should not → ***I shouldn't***
you should not → ***you shouldn't***
he should not → ***he shouldn't …***

Man verwendet ***should*** im Sinne von ***ought to***, um Folgendes auszudrücken:

- **richtiges Verhalten:**
  *You **shouldn't tell** lies, **should** you?*
- **was sein sollte:**
  *Kids **should have** supportive teachers and parents.*
- **Vorschläge und Ratschläge:**
  ***Shouldn't** we **book** tickets?*
  *You really **should check out** this new CD.*
- **was wahrscheinlich ist:**
  *The program **should work** OK.*
  *Phone them – they **should be** awake by now.*

may

Man verwendet ***may*** für:

- Möglichkeiten:
  Bring a swimsuit – we ***may go*** *swimming.*
  It ***may snow*** *later today.*
- **Bitte und Erlaubnis:**
  *'****May*** *I* ***use*** *your mobile?' – 'Yes, of course you* ***may****.'*
  You ***may unfasten*** *your seatbelts.*
  You ***may*** *not* ***take*** *calculators into the exam.*

might

Die verneinte Kurzform:
I might not → ***I mightn't***
you might not → ***you mightn't***
he might not → ***he mightn't ...***

might wird verwendet für:

- **Möglichkeiten:**
  Take an umbrella – it ***might rain****.*
  He ***might*** *change his mind,* ***mightn't*** *he?*
- **Als Vergangenheitsform von *may*:**
  We thought we ***might go*** *swimming.*

must

Die verneinte Kurzform:
I must not → ***I mustn't***
you must not → ***you mustn't***
he must not → ***he mustn't ...***

Man verwendet ***must*** für:

- **Verbote („nicht dürfen") und Anordnungen („müssen"):**
  You ***mustn't move*** *forward till the light goes green.*
  The doctor told her that she ***must lose*** *weight.*
- Unangenehme Entscheidungen:
  I ***must get up*** *early tomorrow.*
- **Notwendigkeiten:**
  We ***must try*** *to be fair,* ***mustn't we****?*
- **Vorschläge und Einladungen:**
  You ***must read*** *this book!*
  You ***must come round*** *one evening.*
- **Wahrscheinlichkeit und Bestimmtheit:**
  Their children ***must be*** *grown up by now.*
  It ***must be*** *nice to live in the country.*
  There ***must be*** *a mistake somewhere!*

need not

Die Kurzform:
I need not → ***I needn't***
you need not → ***you needn't***
he need not → ***he needn't …***

need not bedeutet „etwas nicht brauchen":
*We **needn't get up** yet – it's only 6 o'clock.*
*You **needn't go** to the trouble – I'll be okay.*

FRAGEN UND VERNEINUNGEN

Mit den Verben ***be*** (***am, are, is, was, were***), ***have*** (***have, has, had***), oder den Modalverben ***can, could, may, might, must, shall, should, will, would*** lassen sich Fragen oder Verneinungen bilden:

Aussagen	Fragen
*I **am** taller than you.*	***Am** I taller than you?*
*He **is coming** with us.*	***Is** he **coming** with us?*
*You **were** listening.*	***Were** you **listening**?*
*You **have** finished.*	***Have** you **finished**?*
*It **had stopped** raining.*	***Has** it **stopped** raining?*
*She **has been pretending** the whole time.*	***Had** she **been pretending** all the time?*
*You **can reach** the ceiling.*	***Can** you **reach** the ceiling?*
*You **may open** the window.*	***May** I **open** the window?*
*We **shall meet** for coffee tomorrow.*	***Shall** we **meet** for a coffee tomorrow?*
*You **must make** noise.*	***Must** you **make** so much noise?*
***I would like** a drink.*	***Would** you **like** a drink?*

Bejahung	Verneinung
*I'**m leaving** now.*	*I'**m not leaving** yet.*
***Are** you ready?*	***Aren't** you ready?*
*That **was** fun.*	*That **wasn't** fun.*
*You'**ve brushed** your hair.*	*You **haven't brushed** your hair.*
***Has** it **been** a lovely day?*	***Hasn't** it **been** a lovely day?*
*He **could lift** the box.*	*He **couldn't lift** the box.*
*You **may go out** tonightl.*	*You **may not go out** tonight.*
*They **might invite** us.*	*They **might not invite** us.*
*You **must stop** talking.*	*You **mustn't stop** talking.*
***Should** we **turn** the lights off?*	***Shouldn't** we **turn** the lights off?*
*This window **will open.***	*This window **won't open.***
***Would** it **be** nice not to go to school today?*	***Wouldn't** it **be** nice not to go to school today?*

Ohne eines der zuvor genannten Verben kann man auch mit dem Hilfsverb ***do*** zusammen mit der Grundform eines Verbs Fragen und Verneinungen bilden.

Gegenwart		**Vergangenheit**	
Singular (Einzahl)	**Plural** (Mehrzahl)	**Singular** (Einzahl)	**Plural** (Mehrzahl)
*I **do***	*we **do***	*I **did***	*we **did***
*you (du, Sie) **do***	*you (ihr, Sie) **do***	*you (du, Sie) **did***	*you (ihr, Sie) **did***
*he, she, it **does***	*they **do***	*he, she, it **did***	*they **did***

Die verneinten Kurzformen:

I do not → ***I don't …***
he does not → ***he doesn't …***
you did not → ***you didn't …***

Aussage	**Frage**	**Antwort**
*I **speak** English.*	***Do** you **speak** English?*	*Yes, I **do.**/No, I **don't.***
*The bus **stops** here.*	***Does** the bus **stop** here?*	*Yes, it **does.**/No, it **doesn't.***
*I **saw** the car.*	***Did** you **see** the car?*	*Yes, I **did.**/No, I **didn't.***

Bejahung	**Verneinung**
*We **need** milk today.*	*We **don't*** (or ***do not***) ***need** any milk today.*
*The weather **looks** very promising.*	*The weather **doesn't*** (or ***does not***) ***look** very promising.*
*I **heard** you come in.*	*I **didn't*** (or ***did not***) ***hear** you come in.*
*You **told** me.*	*You **didn't tell** me.*
*Why **did** you say hallo?*	*Why **didn't** you **say** hallo?*
*So you enjoy teasing me, **do** you?*	*You enjoy teasing me, **don't** you?*
***Does** he **know** the rules yet?*	***Doesn't** he **know** the rules yet?*

GERUNDIUM

Das **Gerundium** entspricht dem Partizip Präsens (***walking, running, dancing***, …), wird jedoch wie ein Substantiv benutzt. Es ist vergleichbar mit dem substantivierten Infinitiv eines Verbs im Deutschen.

***Skiing** is fun.*
*I love **cycling**.*
***Exercising** helps me work off stress.*
***Putting on make-up** takes time.*

AKTIV und PASSIV

Formen von '*be*'	Aktiv	Passiv
am, are, is	*Grammar bores me.*	*I* ***am bored*** *by grammar.*
was, were	*The assistant showed us a few dresses.*	*We* ***were shown*** *a few dresses by the assistant.*
has been, have been	*Somebody has stolen my bike.*	*My bicycle* ***has been stolen.***
had been	*They had not given us any warning.*	*We* ***had*** *not* ***been given*** *any warning.*
will be, shall be	*The jury will consider the evidence.*	*The evidence* ***will be considered*** *by the jury.*
am being, are being, is being	*The doctor is examining Peter.*	*Peter* ***is being examined*** *by the doctor.*
was being, were being	*They were mending the road.*	*The road* ***was being mended.***

PRONOMEN (FÜRWÖRTER)

Personalpronomen (persönliches Fürwort)

Singular (Einzahl)		**Plural** (Mehrzahl)	
Subjekt	**Objekt**	**Subjekt**	**Objekt**
I (*ich*)	***me*** (*mich, mir*)	***we*** (*wir*)	***us*** (*uns*)
you (*du/Sie*)	***you*** (*dich, dir/Sie, Ihnen*)	***you*** (*ihr/Sie*)	***you*** (*euch/Sie, Ihnen*)
he (*er*)	***him*** (*ihn, ihm*)		
she (*sie*)	***her*** (*sie, ihr*)	***they*** (*sie*)	***them*** (*sie, ihnen*)
it (*es*)	***it*** (*es, ihm*)		

Subjekt	Objekt
I *saw a concert last night.*	*Watch* ***me****! Show* ***me*** *the photo.*
You *are a fast runner!*	*I've chosen* ***you*** *as captain. I'm giving* ***you*** *the job.*
He *doesn't enjoy dancing.*	*Mum likes* ***him****. She baked* ***him*** *a cake.*
She *was late as usual.*	*Dad scolded* ***her****. Send* ***her*** *a present.*
It's *raining.*	*Do you like* ***it****? Give* ***it*** *some milk.*
We *want our lunch.*	*He took* ***us*** *to the airport. He bought* ***us*** *tickets.*
You *are all welcome*	*I love* ***you*** *all. We've kept* ***you*** *some seats.*
They *rushed off to the gym.*	*I occasionally write* ***them*** *a letter. I miss* ***them.***

Die Präpositionen ***to*** oder ***for*** können verwendet werden, wenn das Pronomen besonders hervorgehoben werden soll:

Send the document directly ***to me.***
I've found just the right present ***for you.***

Possessivpronomen (besitzanzeigendes Fürwort)

Possessivpronomen werden zusammen mit Substantiven verwendet. Sie sind im Singular und Plural gleich:

my *book*	*mein Buch*	***my*** *books*	*meine Bücher*
your *book*	*dein/Ihr Buch*	***your*** *books*	*deine/Ihre Bücher*
his *book*	*sein Buch*	***his*** *books*	*seine Bücher*
her *book*	*ihr Buch*	***her*** *books*	*ihre Bücher*
its *ear*	*sein Ohr*	***its*** *ears*	*seine Ohren*
our *car*	*unser Auto*	***our*** *cars*	*unsere Autos*
your *car*	*euer/Ihr Auto*	***your*** *cars*	*eure/Ihre Autos*
their *car*	*ihr Auto*	***their*** *cars*	*ihre Autos*

Possessivpronomen werden auch allein stehend benutzt:

mine	*That book is **mine!***
yours	*I'll go my way and you go **yours.***
his	*If it's **his,** give it to him.*
hers	*That purse is **hers** – I saw her with it yesterday.*
ours	*You got your share and we want **ours.***
yours	*Hey kids, are these things **yours?***
theirs	*It isn't my car – it's **theirs.***

Demonstrativpronomen (hinweisendes Fürwort)

Singular (Einzahl)	**Plural** (Mehrzahl)
this	***these***
that	***those***

This, that, these und ***those*** können vor Substantiven oder allein stehend verwendet werden:
These jeans *fit better than* ***those. Those ones*** *are too tight.*
This *is an English book and* ***that*** *is a German book.*
These *are wild flowers and* ***those*** *are garden flowers.*
'Hallo! Who's ***that****?' 'Hi, Sam,* ***this*** *is Peter.'*
That *was a long time ago.*
This *has been a very long day.*

Reflexivpronomen (rückbezügliches Fürwort)

myself	***I*** *enjoyed* ***myself*** *at the party.*
yourself	*Are* ***you*** *talking to* ***yourself****?*
himself, herself, itself	***He*** *helped* ***himself*** *to more potatoes.*
ourselves	***We****'ve made* ***ourselves*** *at home.*
yourselves	*Give* ***yourselves*** *a rest after that long trip.*
themselves	***They*** *congratulated* ***themselves*** *on a good job.*

Relativpronomen (bezügliches Fürwort)

Relativpronomen haben im Singular und im Plural dieselbe Form:

	Personen	Dinge	Personen oder Dinge
Nominativ	***who*** (*der, die, das*)	***which*** (der, *die, das*)	***that*** (*der, die, das*)
Genitiv	***whose*** (*dessen, deren*)	***of which/whose*** (*dessen, deren*)	
Dativ	***to/for whom*** (*dem, deren, denen*)	***to/for which*** (*dem, deren, denen*)	
Akkusativ	***who/whom*** (*den, die, das*)	***which*** (*den, die, das*)	***that*** (*den, die, das*)

the lady ***who/that*** *entered;*
people ***who/that*** *love animals;*
the things ***that/which*** *interest me;*
children ***whose*** *parents both work;*
The man to ***whom*** *I spoke or the man* ***that*** *I spoke to;*
the girl ***whom/who/that*** *I love;*
the subject ***that/which*** *I hate*

Das Relativpronomen kann entfallen, wenn es das Objekt eines Verbs oder einer Präposition ist:
the girl I love;
the skates I want;
the man I spoke to;
the kids I go around with

Interrogativpronomen (Fragefürwort)

who? (*wer?*)	***Who*** *said that?*
whose? (*wessen?*)	***Whose*** *mobile phone is ringing?*
whom?/who? (*wem?*)	***Whom/Who*** *did you help?*
whom?/who? (*wen?*)	***Whom/Who*** *did you see?*
what? (*was?*)	***What*** *do you want?* ***What*** *caused the delay?*
which? (*welche, welcher, welches?*)	***Which*** *video game has the best graphics?* ***Which*** *of them is your boyfriend?*

Man verwendet ***who/whose/whom*** um nach Personen zu fragen, ***what*** um nach Dingen zu fragen, und ***which*** um nach Personen oder Dingen innerhalb einer Gruppe zu fragen:

What colour *shall I paint the walls?*
What English songs *do you know?*
Which subject *do you like best?*

Beachte: Wenn das ***wh***-Fragewort das Subjekt eines Verbs ist, benutzt man NICHT ***do*** um die Frage zu bilden:
Who made *that noise?*
What goes *'miaow?'*

Präpositionen stehen bei einer Frage normalerweise am Ende:

Where *do you come* ***from****?*
What *are you looking* ***for****?*
What *do you want this* ***for****?*
What *are you laughing* ***at****?*
Who *are you speaking* ***to****?*

Die unbestimmten Pronomen *some* und *any*

Man verwendet ***some*** und seine Verbindungen (***someone/somebody, something***)

- in **positiven** Sätzen:
  *I'd better buy **some** flowers for her.*
  *There's **some** food in the fridge.*
  *Wear **something** cool.*
  ***Somebody** is knocking at the door.*
  *Is that strawberry jam?' 'Yes, do have **some**.'*
- in Fragen, auf die man **positive** Antworten erwartet:
  *'Could I have **some** more tea?' – 'Yes, help yourself.'*

Man verwendet ***any*** und seine Verbindungen (***anyone/anybody, anything***)

- in **negativen** Sätzen und Sätzen mit negativen Adverbien wie z. B.
  hardly, seldom, barely, rarely:
  *I have**n't** got **any** friends in London – I **hardly** know **anybody** there.*
- in Fragen, bei denen die Antwort **unbestimmt** ist:
  *Does **anybody** here speak Japanese?*
  *Are there **any** chocolates left?*
  *Can I do **anything** for you?*
- in **Konditionalsätzen**:
  *I've probably eaten all the chocolates, but **if** you can find **any**, you're welcome to them.*

Die unbestimmten Pronomen ***somebody/someone, anybody/anyone, nobody/no-one*** und ***everybody/everyone*** sind zwar Singular, man nimmt aber mit dem Plural ***they, them*** auf sie Bezug:

*Phone **everybody** and tell **them** about the change of plan.*

PRÄPOSITIONEN (VERHÄLTNISWÖRTER)

above

*Your nose is **above** your mouth.*

*Our plane flew **above** the clouds.*

across

*A fallen tree was lying **across** the path.*

*Can you swim right **across** the river?*

*The post office is just **across** the street.*

after

*The dog is running **after** the cat.*

*Which letter comes **after** T in the alphabet?*

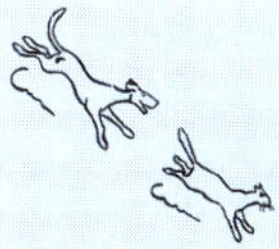

against

*Peter is leaning **against** the wall.*

*Jean and Kate are playing **against** each other in the finals.*

ahead of

*There are three people **ahead of** me in the queue.*

*Jane is well **ahead of** the other runners.*

along

*There are cars parked all **along** the road.*

*Sue is jogging **along** the track.*

*The barges moved slowly **along** the canal.*

among

*There's a wolf **among** the sheep.*

*You can share these sweets **among** you.*

around, round, about

*We sat **around** (or **round**) the table.*

*Don't leave your books lying **around** (or **about**) the room.*

*I don't know my way **about** (or **around**) the school yet.*

as

*Sam is nearly as tall **as** his Dad.*

at

*Three people are waiting **at** the bus stop.*

*Mum is not **at** home.*

*She is **at** a meeting.*

*I live **at** 56 Market Street.*

*Four people are sitting **at** the table.*

*Tony threw a snowball **at** me.*

*You're very good **at** skateboarding!*

*The CDs are on sale **at** £4.50 each.*

*She's driving **at** 100 km per hour.*

behind

*The sun disappeared **behind** a cloud.*

*I'm standing **behind** Emma, and Susan is standing **behind** me.*

below

*Your chin is **below** your mouth.*

*The sun sank **below** the horizon.*

beneath, underneath, under

*There are two stools **beneath** (or **underneath** or **under**) the table.*

*Place a mat **beneath** (or **underneath** or **under**) the mug.*

beside

*Sally is sitting on the sofa with Ben **beside** her.*

*The railway runs **beside** the road.*

between, in between

*A truck is parked **between** the two cars.*

*Food sometimes gets stuck **in between** your teeth.*

by

*It's nice to sit **by** the fire in winter.*

*Granny lives **by** the sea.*

*Sue travels to work **by** train.*

*Do you prefer to travel **by** sea or **by** air?*

*A lot of litter was left **by** the tourists.*

*Did you build that model **by** yourself?*

close to

*Don't stand so **close to** me!*

down

*Dave jumped **down** the steps two at a time.*

*Please don't drop litter **down** the lift shaft.*

except

I like all kinds of fruit ***except*** *grapefruits.*

Everyone ***except*** *Peter is working hard.*

for

Here's a present ***for*** *you.*

I got a computer game ***for*** *my birthday.*

I'm going to Scotland ***for*** *my holidays.*

What is this tool ***for****?*

I asked her ***for*** *a packet of crisps.*

from

Here's a letter ***from*** *Peter.*

How far is it ***from*** *Oxford to Cambridge?*

Your bike is different ***from*** *mine.*

in

Jenny is sitting ***in*** *the big armchair.*

What is ***in*** *this box?*

Dave and Fred are ***in*** *the football team.*

This computer was made ***in*** *Taiwan.*

I saw the advertisement ***in*** *a newspaper.*

Are you ***in*** *this photograph?*

in front of

This is a picture of me ***in front of*** *our house.*

I had to stand up ***in front of*** *the class and tell a story.*

I talked to the boy ***in front of*** *me at the checkout.*

inside

How did that fly get ***inside*** *the balloon?*

instead of

*Try using a pen **instead of** a pencil.*

into

*I cut the tart **into** eight pieces.*

*He got **into** bed and fell asleep right away.*

*The bird dived **into** the water.*

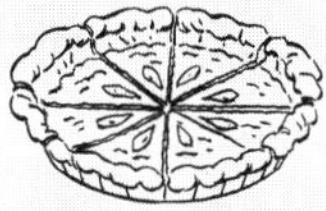

like

*I have a bike **like** that.*

*George is very **like** his Dad.*

near, close to

*Our new flat is very **near** (or **close to**) the shopping centre.*

of

*Would you like a cup **of** tea and a slice **of** cake?*

*The bucket is full **of** water.*

*I'm afraid **of** spiders.*

off

*Fred fell **off** his stool.*

*Two people got **off** the train.*

*A buckle has come **off** my shoe.*

*Please keep **off** the flowerbeds.*

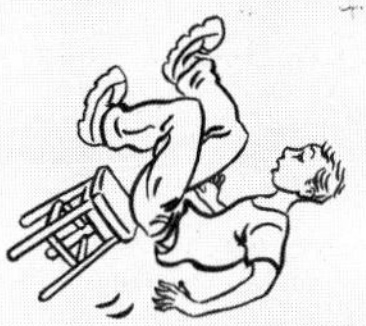

on

*There's a jug of juice **on** the table.*

*You've got a dirty mark **on** your face.*

*That's a nice picture **on** the wall.*

*The diagram you want is **on** page 24.*

*There's a good film **on** television tonight.*

*Dad is **on** the phone.*

*I write all my letters **on** my computer.*

*Our neighbours are away **on** holiday.*

onto

The dog is not allowed to climb ***onto*** *the bed.*

Sally is getting ***onto*** *the bus.*

on top of

The dirty dishes are piled one ***on top of*** *another in the sink.*

Your spectacles are ***on top of*** *the bookcase.*

opposite

Jack is sitting ***opposite*** *Milly.*

The school is ***opposite*** *the public library.*

out of

George is looking ***out of*** *the window.*

Zoë is climbing ***out of*** *the swimming pool.*

Steve took some plates ***out of*** *the cupboard.*

outside

I'll wait ***outside*** *the gate for you.*

Don't go ***outside*** *the school grounds.*

over, all over

The horse jumped ***over*** *the gate.*

We are now flying ***over*** *the Alps.*

You've got paint ***all over*** *your shirt.*

Children ***over*** *5 must have a ticket.*

past

*Harry waved as I walked **past** his house.*

through

*There's a train coming **through** the tunnel.*

*The window is so dirty you can't see **through** it.*

than

*Dave is already taller **than** his Dad.*

to

*Give it **to** me.*

*I must write **to** Uncle Robert.*

*Who is Mum talking **to**?*

*Does this train go **to** Edinburgh?*

*Sally has just been **to** the hairdresser.*

*I usually walk **to** school in the mornings.*

*Peter pinned the badge **to** his pullover.*

*Do these gloves belong **to** you?*

*Where is the key **to** this cupboard?*

towards

*The cat is crawling **towards** the bird.*

under

*The key is **under** the doormat.*

*How long can you stay **under** the water?*

*Children **under** 5 travel free.*

up

*The cat climbed **up** the tree.*

*Jane ran **up** the stairs two at a time.*

with

I'm eating my lunch ***with*** *a fork.*

Susan is dancing ***with*** *Frank.*

The furniture is covered ***with*** *dust.*

What's wrong ***with*** *my computer?*

Dad is very angry ***with*** *us!*

within

The ball has to land ***within*** *this circle.*

without

A Manx cat is a cat ***without*** *a tail.*

I cannot see very well ***without*** *my glasses.*

PRÄPOSITIONEN DER ZEIT

about, around

I'll call you ***about*** *(or* ***around****) 11 o'clock.*

after

Carol arrived ***after*** *11 o'clock.*

After *lunch I'll go shopping.*

at

The lesson starts ***at*** *9 o'clock.*

Some animals are active only ***at*** *night.*

In Britain children start school ***at*** *the age of five.*

before

You must be home ***before*** *11 o'clock.*

Always wash your hands ***before*** *eating.*

between ... and

The office is open ***between*** *9 o'clock and 11 o'clock today.*

by

Please hand in your work ***by*** *11 o'clock.*

We hope the house will be finished ***by*** *the end of May.*

Animals that hunt ***by*** *(or* ***at****) night are called nocturnal animals.*

for

I've been waiting at this bus stop ***for*** *a quarter of an hour.*

Dad's going abroad ***for*** *three weeks.*

from ... to, till, until

The shop is open ***from*** *9 o'clock* ***to*** *(or* ***till*** *or* ***until****) 11 o'clock today.*

during

Pupils only attend school ***during*** *the morning.*

I visited the Tower of London ***during*** *my holiday.*

in

I must leave ***in*** *ten minutes.*

Pupils do their homework ***in*** *the afternoon.*

We always go abroad ***in*** *the summer.*

We moved to Surrey ***in*** *1998.*

on

I was born ***on*** *24th February 1990.*

Do you go to school ***on*** *Saturdays?*

I had an exam ***on*** *Friday.*

We open our presents ***on*** *Christmas Eve.*

past

The time is a quarter ***past*** *eleven.*

Get up! It's half ***past*** *eight!*

The bus leaves at twenty-five ***past*** *six.*

since

Mum has been talking to her friend ever ***since*** *10 o'clock.*

We have lived in London ***since*** *1991.*

to

The time is a quarter ***to*** *eleven.*

Hurry up! It's ten ***to*** *nine!*

until, till

The doctor will be in her surgery ***until*** *(or* ***till****) 1 o'clock.*

KONJUNKTIONEN (BINDEWÖRTER)

Konjunktionen sind Wörter wie ***and, or, but***, die verwendet werden um Wörter, Wendungen oder Sätze miteinander zu verbinden.

There are five bottles ***and*** *four cartons of orange juice on the convejor belt.*

Would you like tea ***or*** *coffee?*

Our dog is small ***but*** *very clever – he can walk on his hindlegs.*

I tried to open the door ***but*** *it was locked.*

Both *Kate* ***and*** *Emma want to go to university.*

Simon was ***both*** *a good footballer* ***and*** *an expert swimmer.*

George ***both*** *looks like his Dad* ***and*** *behaves like him.*

There's ***either*** *jelly* ***or*** *ice cream for dessert.*

My keys are ***either*** *somewhere in my bag* ***or*** *in the car.*

My keys were ***neither*** *in my bag* ***nor*** *in the car.*

He ***neither*** *likes sport* ***nor*** *takes any kind of exercise.*

Konjunktionen der Zeit

Remember to water the flowers, ***while*** *you are staying in the apartment.*
Call me ***as soon as*** *you arrive.*
I hurt my ankle ***when*** *I fell down the stairs.*
He whistled ***as*** *he walked along the road.d*
Read the document carefully ***before*** *you sign it!*
After *you have signed it, return it in the envelope provided.*
Once *you have read the instructions properly, you may use the machine.*
You've grown a lot ***since*** *I last saw you.*
Wait here ***until*** *I call you.*

Konjunktionen des Ortes

This is ***where*** *we live.*
These plants will grow ***wherever*** *the soil is sandy.*

Konjunktionen des Grundes

Barbara went out for a walk ***because*** *she needed some exercise.*
Seeing *the weather is so bad, we shall have to cancel the match.*
You can stay up late tonight, ***since*** *it's your birthday.*
As *I didn't have his home telephone number, I rang his mobile.*
Take an umbrella ***in case*** *it rains.*

Konjunktionen des Zwecks

Wait for an hour or two, ***so that*** *the paint has time to dry.*
Keep your comments brief, ***in order that*** *everyone gets a chance to speak.*
Get there early, ***in order*** *to be sure of a seat.*

Konjunktionen des Zugeständnisses

Although *I didn't have a map, I found the right street easily.*
We completed our walk in good time, ***though*** *the weather was not ideal.*
I enjoyed the Italian play, ***even though*** *I didn't understand very much.*
The spoons are lovely, ***even if*** *they aren't real silver.*

Konjunktionen der Art und Weise

Fred stared at the numbers, ***as if*** *he was trying to memorize them.*
It was raining ***as though*** *it would never stop.*
Helen laid the table ***the way*** *her mother always did it.*
Jim shrieked ***like*** *he had seen a ghost.*

Konjunktionen des Vergleichs

*I can't walk **as** fast **as** you can.*
*Their television has a clearer picture **than** ours does.*

Konjunktionen der Folge

*It started to rain, **so** we couldn't finish our game.*
*The moon went behind a cloud, **so that** we could no longer see our way.*
*Charley cycled so fast **that** he got home before the bus.*

Konjunktionen der Bedingung

***If** you know the answer, put your hand up.*
*You may go out **as long as** you tell me where you are going.*
*You'll never get to university **unless** you work hard now.*

Indirekte Rede

*Dave told me **that** he was moving to London.*
*We wondered **whether** we'd get our exam results before the end of the week.*

QUESTION TAGS (BESTÄTIGUNGSFRAGEN)

Nach einer positiven Aussage, kommt eine negative Question Tag (Bestätigungsfrage).

***I'm** a bit late,*	***aren't I?***
***You're** coming with me,*	***aren't you?***
***Joe is** your friend,*	***isn't he?***
***Everybody was** happy,*	***weren't they?***
***It was** a great day,*	***wasn't it?***
***You've** finished,*	***haven't you?***
***I'd** better explain,*	***hadn't I?***
***You agree** with me,*	***don't you?***
That fish smells,	***doesn't it?***

***They got** worried,*	***didn't they?***
***Lisa can** come too,*	***can't she?***
***You could** help me,*	***couldn't you?***
***You will** remember,*	***won't you?***
***We shall** need this map,*	***shan't we?***
***You must** be quick,*	***mustn't you?***

Nach einer negativen Aussage, kommt eine positive Question Tag (Bestätigungsfrage).

***I'm not** too late,*	***am I?***
***You aren't** listening,*	***are you?***
***It isn't** raining,*	***is it?***
***There were no** chips left,*	***were there?***
***You haven't** seen this film before,*	***have you?***
***Harry hasn't** changed his email address,*	***has he?***
***I'd** better **not** delete this file,*	***had I?***
***You don't** like my new shoes,*	***do you?***
***It doesn't** matter too much,*	***does it?***
***Nobody called** while I was out,*	***did they?***
***We can't** get in without a key,*	***can we?***
***I couldn't** leave without saying goodbye,*	***could I?***
***You won't** forget,*	***will you?***
***You wouldn't** think it was summer,*	***would you?***
***There shouldn't** be any problems,*	***should there?***

Übersicht über die wichtigsten unregelmäßigen englischen Verben

Infinitiv	Präteritum	Partizip Perfekt	Deutsch
arise	arose	arisen	entstehen
awake	awoke	awaked, awoken	aufwachen
be	was, were	been	sein
bear	bore	borne	ertragen
beat	beat	beaten	schlagen
become	became	become	werden
begin	began	begun	beginnen
bend	bent	bent	biegen
beseech	besought	besought	anflehen
beset	beset	beset	bedrängen
bet	bet, betted	bet, betted	wetten
bid	bid	bid	bieten
bind	bound	bound	binden
bite	bit	bitten	beißen
bleed	bled	bled	bluten
blow	blew	blown	blasen
break	broke	broken	brechen
breed	bred	bred	züchten
bring	brought	brought	bringen
build	built	built	bauen
burn	burnt, burned	burnt, burned	brennen
burst	burst	burst	bersten
buy	bought	bought	kaufen
can	could	-	können
catch	caught	caught	fangen
choose	chose	chosen	wählen
cling	clung	clung	haften
come	came	come	kommen
cost	cost	cost	kosten
creep	crept	crept	kriechen
cut	cut	cut	schneiden
deal	dealt	dealt	handeln
dig	dug	dug	graben
do	did	done	tun
draw	drew	drawn	zeichnen
dream	dreamed, dreamt	dreamed, dreamt	träumen
drink	drank	drunk	trinken
drive	drove	driven	fahren
dwell	dwelt	dwelt	wohnen
eat	ate	eaten	essen

Infinitiv	Präteritum	Partizip Perfekt	Deutsch
fall	fell	fallen	fallen
feed	fed	fed	füttern; ernähren
feel	felt	felt	fühlen
fight	fought	fought	kämpfen
find	found	found	finden
flee	fled	fled	fliehen
fling	flung	flung	schleudern
fly	flew	flown	fliegen
forbid	forbad(e)	forbidden	verbieten
forget	forgot	forgotten	vergessen
freeze	froze	frozen	(ge)frieren
get	got	got, *Am* gotten	bekommen
give	gave	given	geben
go	went	gone	gehen; fahren
grind	ground	ground	mahlen
grow	grew	grown	wachsen
hang	hung, *jur* hanged	hung, *jur* hanged	hängen
have	had	had	haben
hear	heard	heard	hören
hide	hid	hidden	verstecken
hit	hit	hit	schlagen
hold	held	held	halten
hurt	hurt	hurt	verletzen; weh tun
keep	kept	kept	halten; aufbewahren
kneel	knelt	knelt	knien
know	knew	known	wissen
lay	laid	laid	legen
lead	led	led	führen
lean	leaned, leant	leaned, leant	sich (an)lehnen
leap	leaped, leapt	leaped, leapt	springen, hüpfen
learn	learned, learnt	learned, learnt	lernen
leave	left	left	verlassen
lend	lent	lent	leihen
let	let	let	lassen
lie	lay	lain	liegen

Infinitiv	Präteritum	Partizip Perfekt	Deutsch
light	lit, lighted	lit, lighted	anzünden
lose	lost	lost	verlieren
make	made	made	machen
may	might	–	dürfen
mean	meant	meant	meinen
meet	met	met	treffen
mistake	mistook	mistaken	missverstehen
mow	mowed	mown, mowed	mähen
pay	paid	paid	zahlen
put	put	put	stellen, legen
quit	quit, quitted	quit, quitted	kündigen; verlassen
read	read	read	lesen
rid	rid	rid	befreien
ride	rode	ridden	reiten
ring	rang	rung	klingeln
rise	rose	risen	aufstehen
run	ran	run	rennen
saw	sawed	sawed, sawn	sägen
say	said	said	sagen
see	saw	seen	sehen
seek	sought	sought	suchen
sell	sold	sold	verkaufen
send	sent	sent	schicken
set	set	set	setzen
sew	sewed	sewed, sewn	nähen
shake	shook	shaken	schütteln; erschüttern
shave	shaved	shaved, shaven	rasieren
shed	shed	shed	vergießen
shine	shone	shone	scheinen; leuchten
shit *vulg*	shit *vulg*	shit *vulg*	scheißen *vulg*
shoot	shot	shot	schießen
show	showed	shown	zeigen; ausstellen
shrink	shrank	shrunk	eingehen
shut	shut	shut	schließen, zumachen
sing	sang	sung	singen
sink	sank	sunk	sinken
sit	sat	sat	sitzen
sleep	slept	slept	schlafen
slide	slid	slid	rutschen
sling	slung	slung	schleudern
slit	slit	slit	(auf)-schlitzen
smell	smelled, smelt	smelled, smelt	riechen
sow	sowed	sowed, sown	(aus)säen
speak	spoke	spoken	sprechen
speed	speeded, sped	speeded, sped	sausen, jagen
spell	spelled, spelt	spelled, spelt	buchstabieren
steal	stole	stolen	stehlen
swell	swelled	swollen	schwellen
swim	swam	swum	schwimmen
swing	swung	swung	schwingen; schaukeln
take	took	taken	nehmen
teach	taught	taught	lehren, unterrichten
tear	tore	torn	zerreißen
tell	told	told	erzählen
think	thought	thought	denken
throw	threw	thrown	werfen, schleudern
thrust	thrust	thrust	stoßen; drängen
tread	trod	trodden	schreiten; treten
wake	woke	woken	aufwachen; wecken
wear	wore	worn	(*Kleidung*) tragen
weave	wove	woven	weben
weep	wept	wept	weinen
win	won	won	gewinnen
wind	wound	wound	drehen, kurbeln
wring	wrung	wrung	auswringen
write	wrote	written	schreiben

Britische und amerikanische Abkürzungen

AA	**1.** *Alcoholics Anonymous;* **2.** *(Br) Automobile Association*
AC	*alternating current*
a/c	*account*
AD	*anno Domini* a. D.
AI	*artificial intelligence*
a. m.	*ante meridiem* vormittags
a. s. a. p.	*as soon as possible*
av.	*average*
Av.	*avenue*
BA	**1.** *Bachelor of Arts;* **2.** *British Airways*
B & B	*bed and breakfast*
BBC	*British Broadcasting Corporation* BBC
BC	*before Christ* v. Chr.
bit	*binary digit*
BR	*British Rail*
BSc	*Bachelor of Science*
BST	*British Summer Time*
c.	*circa* ca.
CAD/CAM	*computer-aided design and manufacture* CAD/CAM
CARE	*Cooperative for American Relief Everywhere*
cc	*cubic centimetres* cm^3
ccw.	*counterclockwise*
CD	*compact disc* CD
CET	*Central European Time* MEZ
cf.	*Confer* vgl.
CFC	*chlorofluorocarbon* FCKW
c/h	*central heating*
CIA	*(Am) Central Intelligence Agency* CIA
CID	*(Br) Criminal Investigation Department* Kripo
CIS	*Commonwealth of Independent States* GUS
ckw.	*clockwise*
cm	*centimetre* cm
CND	*Campaign for Nuclear Disarmament*

COD	*(Br) cash on delivery*
CPU	*central processing unit*
CV	*curriculum vitae* Lebenslauf
cwt.	*hundredweight*
DC	**1.** *direct current ;* **2.** *District Commissioner,* **3.** *District of Colombia*
dep.	*department* Abt.
Dip	*Diploma* Dipl.
DIY	*do-it-yourself*
DJ	**1.** *dinner jacket;* **2.** *disc jockey*
DNA	*deoxyribonucleic acid* DNS
DOS	*Disk Operating System* DOS
doz.	*dozen*
DP	**1.** *data processing;* **2.** *displaced person*
Dr	*Doctor* Dr.
DTP	*desktop publishing* DTP
E	*east*
ECG	*electrocardiogram* EKG
ed.	**1.** *editor;* **2.** *edition;* **3.** *edited*
EDP	*electronic data processing* EDV
EEG	*electroencephalogram* EEG
EFTA	*European Free Trade Association* EFTA
e. g.	*(exempli gratia) for example* z. B.
ELT	*English language teaching*
encl.	*enclosure* Anl.
ENT	*ear, nose and throat* HNO
ESL	*English as a second language*
Esq.	*Esquire*
est.	**1.** *estimated;* **2.** *established*
etc.	*et cetera* usw.
EU	*European Union* EU
F	*Fahrenheit*
FA	*(Br) Football Association*
FBI	*(Am) Federal Bureau of Investigation*
ff	*the following* ff.

FIFA	*Federation of International Football Association* FIFA
fig.	*figurative*
FO	*(Br) Foreign Office*
fob	*free-on-board*
FoE	*Friends of the Earth*
ft	*foot or feet*
g	*gram* g
gall.	*gallon*
GATT	*General Agreement on Tariffs and Trade* GATT
GB	*Great Britain*
GBH	*(Br) grievous bodily harm*
GCE	*General Certificate of Education*
GDP	*Gross Domestic Product*
GMT	*Greenwich Mean Time* WEZ
GNP	*Gross National Product* BSP
GP	*general practitioner*
GPO	*General Post Office*
h & c	*hot and cold (water)* kaltes und warmes Wasser
HIV	*human immunodeficiency virus* HIV
hl	*hectolitre* hl
HMSO	*Her/His Majesty's Stationery Office*
HMS	**1.** *Her/His Majesty's Service;* **2.** *Her/His Majesty's Ship*
Hon.	*Honorary*
HQ	*headquarters*
HRH	*Her/His Royal Highness*
ht	*height*
Hz	*hertz* Hz
IATA	*International Air Transport Association* IATA
ibid.	*ibidem (in the same place)*
IC	*integrated circuit*
i/c	*in charge(of)*
ID	*identification*
i. e.	*id est* d. h.
illus.	*ilustrated or illustration* Abb.
IMF	*International Monetary Fund* IWF
in	*inch*
Inc.	*Incorporated*
IOC	*International Olympic Commitee* IOK
IOM	*Isle of Man*
IOU	*I owe you*
IOW	*Isle of Wight*
IPA	*International Phonetic Alphabet* IPA
IQ	*Intelligence Quotient* IQ
IRA	*Irish Republican Army* IRA
ISBN	*International Standard Book Number* ISBN
ISDN	*Integrated Services Digital Network* ISDN
IT	*Information Technology*
ITN	*(Br) Independent Television News*
ITV	*(Br) Independent Television*
JP	*(Br) Justice of the Peace*
Jr	*Junior*
kg	*kilogram*
km	*kilometre* km
km/h	*kilometres per hour* km/h
KO	*knockout* K. o.
kWh	*kilowatt hour* kWh
L	**1.** *(Br) Learner;* **2.** *large*
l	*litre*
LAN	*local area network* LAN
lat.	*latitude* Br.
lb	*pound* lb
LCD	*liquid crystal display* LCD-Anzeige
Ltd	*Limited*
LW	*long wave* LW
m	**1.** *metre;* **2.** *mile;* **3.** *million;* **4.** *minutes;* **5.** *married;* **6.** *masculine*
MA	*Master of Arts*
MHR	*(Am) Member of the House of Representatives*
min.	**1.** *minute* min ; **2.** *minimum* min
mm	*millimetre* mm

MO	**1.** *modus operandi;* **2.** *Medical Officer;* **3.** *money order*
MOD	*(Br) Minstry of Defense*
MOT	*Ministry of Transport* TÜV
MP	**1.** *Member of Parliament;* **2.** *Metropolitain Police;* **3.** *Military Police*
mph	*miles per hour*
Mr	*Mister* Herr
Mrs	*Mistress* Frau
Ms	Frau
Mt.	*Mountain*
MW	*medium wave* MW
N	*north*
n	**1.** *noun;* **2.** *neuter*
NASA	*(Am) National Aeronautics and Space Administration* NASA
NATO	*North Atlantic Treaty Organisation* NATO
NB	*nota bene* NB
NE	*northeast* NO
NHS	*(Br) National Health Service*
no	*number* Nr.
NT	**1.** *NewTestament;* **2.** *National Trust*
NW	*northwest* NW
NY	*New York*
NZ	*New Zealand*
OAP	*old-age pensioner*
OAS	*Organization of American States* OAS
OECD	*Organization for Economic Cooperation and Development* OECD
o. n. o.	*or nearest offer*
OPEC	*Organization of Petroleum Exporting Countries* OPEC
OT	*Old Testament* AT
OXFAM	*Oxford Commitee for Famine Relief*
oz	*ounce*
p	**1.** *page;* **2.** *penny*
PA	**1.** *Press Association;* **2.** *public address system*
p. a.	*per annum (yearly)*
p & p	*postage and packing*
PAYE	*Pay As You Earn*
PC	**1.** *Police Constable;* **2.** *Privy Councillor;* **3.** *Personal Computer*
p. c.	*per cent*
PE	*physical education*
PhD	*Philosophiae Doctor (Doctor of Philosophy)* Dr.
PIN	*personal identification number*
plc	*public limited company*
PLO	*Palestine Liberation Organization* PLO
PM	**1.** *Prime Minister;* **2.** *post mortem*
p. m.	*post meridiem* nachmittags
PO	**1.** *Post Office* PA; **2.** *Personnel Officer*
p.o.	*postal order*
POB	*Post-Office Box* Postf.
pp	*pages*
PR	**1.** *proportional representation;* **2.** *public relations*
Prof.	*Professor*
PS	*postscript* PS
PT	*physical training*
pt	**1.** *pint;* **2.** *point*
pto	*please turn over* b. w.
PX	*(Am) Post Exchange*
Q	*Queen*
QC	*(Br) Queen's Counsel*
RAC	*Royal Automobile Club*
RAF	*Royal Air Force*
R & B	*rhythm and blues*
RC	**1.** *Red Cross* DRK ; **2.** *Roman Catholic* rk
Rd	*road* Str.
RE	**1.** *religious education;* **2.** *Royal Exchange*
Rep.	*Republic* Rep
RNA	*ribonucleic acid* RNS
ROM	*read-only memory* ROM
RP	*received pronunciation*
RR	*(Am) Railroad*
RSVP	*répondez s'il vous plaît* u. A. w. g.

Rt Hon. *Right Honourable*
RUC *Royal Ulster Constabulary*

S **1.** *south;* **2.** *small*
S. *Saint* Hl.
s *second*
SA **1.** *South Africa;* **2.** *South America;* **3.** *South Australia;* **4.** *Salvation Army*
s. a. e. *stamped addressed envelope*
SAYE *Save As You Earn*
sci-fi *science fiction*
SE *southeast* SO
Sen. *(Am) Senator*
SGML *Standard Generalized Markup Language* SGML
SNP *Scottish National Party*
Sq. *square* Pl.
St. **1.** *Strait;* **2.** *street*
st. *stone*
SW *southwest* SW

t *tonne*
TB *tuberculosis* TB
tbs. *tablepoon(ful)* Essl.
TT **1.** *teetotal;* **2.** *Tourist Trophy*
TUC *Trades Union Congress*

UEFA *Union of European Football Associations* UEFA
UFO *unidentified flying object* UFO
UHF *ultrahigh frequency*
UHT *ultra heat treated* H-
UK *United Kingdom*
UN *United Nations* UN
UNESCO *United Nations Educational, Scientific and Cultural Organization* UNESCO
UNICEF *United Nations International Children's Emergency Fund* UNICEF
Univ. *University* Univ.
UNO *United Nations Organization* UNO
UPI *(Am) United Press International*
US *United States* US
USA **1.** *United States of America;* **2.** *United States Army*
USW *ultrashort waves* UKW
UV *ultraviolett* UV

VAT *value-added tax* MwSt.
VC **1.** *Victoria Cross;* **2.** *Vice-Chairman*
VDU *visual display unit* VDU
VHF *very high frequency*
VIP *very important person* VIP
vol *volume* Bd.
VTOL *vertical takeoff and landing*
VTR *videotape recorder*

W *west*
WASP *(Am) White Anglo-Saxon Protestant*
w. c. *water closet* WC
WHO *World Health Organization* WGO
w/o *without* o.
WPC *(Br) Woman Police Constable*
WW *World War*
WWF *Worldwide Fund for Nature* WWF

XL *extra large* XL
Xmas *Christmas*

y. *year*
yd *yard(s)*
YHA *Youth Hostel Association*

ZIP *(Am) zone improvement program*

Deutsche Abkürzungen

Abb.	*Abbildung* illus.
Abf.	*Abfahrt* dep.
Abk.	*Abkürzung* abbreviation
ABM	*Arbeitsbeschaffungsmaßnahme* job creation scheme
Abs.	*Absatz* para.
ABS	*Antiblockiersystem* anti-lock braking system
Abt.	*Abteilung* dep., dept.
a. D.	*außer Dienst* retd.
A. D.	*anno Domini* A D
ADAC	*Allgemeiner Deutscher Automobil-Club* General German Automobile Association
AG	*Aktiengesellschaft Br* plc
Aids, AIDS	*Acquired Immune Deficiency Syndrome, erworbene Immunschwäche* aids, AIDS
a. M.	*am Main* on the Main
Anm.	*Anmerkung* note
anschl.	*anschließend* following, subsequent(ly *adv*)
Art.	*Artikel* article
ASCII	*American Standard Code for Information Interchange* ASCII
A. T.	*Altes Testament* OT
Aufl.	*Auflage* ed.
BAföG	*Bundesausbildungsförderungsgesetz* ≈ grant
B(au)j.	*Baujahr* year of construction od manufacture
Benelux	*Belgien, Niederlande, Luxemburg* Belgium, the Netherlands, and Luxemburg
bes.	*besonders* esp.
Betr.	*Betreff, betrifft* re
Bhf.	*Bahnhof* station
BRD	*Bundesrepublik Deutschland* FRG, GFR
BRT	*Bruttoregistertonne* g. r. t.
BSE	*bovine spongiforme Enzephalopathie* BSE
BSP	*Bruttosozialprodukt* GNP
b. w.	*bitte wenden* p. t. o.
bzgl.	*bezüglich* with reference to
bzw.	*beziehungsweise* respectively
C	*Celsius* C
c	*Cent* cent
ca.	*circa, ungefähr* approximately
CAD	*Computer Aided/Assisted Design, computergestützter Entwurf und Konstruktion* CAD
CAM	*Computer Aided/Assisted Manufacture, computergestützte Fertigung* CAM
CD	*Compact Disc* CD
CDU	*Christlich-Demokratische Union* Christian Democratic Union
cm	*Zentimeter* cm
Co.	*Gesellschaft* Co.
cos	*Kosinus* cosine
CPU	*Central Processing Unit. Zentraleinheit* CPU
c. t.	*cum tempore, mit akademischem Viertel* 15 minutes later
CVJM	*Christlicher Verein Junger Menschen* Young Men's/Women's Christian Association YMCA/YWCA
DAAD	*Deutscher Akademischer Austauschdienst* Academic Exchance Service
DB	*Deutsche Bahn* German Railway
DDR	*Deutsche Demokratische Republik* GDR
DGB	*Deutscher Gewerkschaftsbund* Federation of German Trade Unions
d. h.	*das heißt* i.e.
Dipl.	*Diplom* Dip.
DLRG	*Deutsche Lebensrettungsgesellschaft* RNLA
DNS	*Desoxiribonukleinsäure* DNA
dpa	*Deutsche Presse-Agentur* German Press Agency
Dr.	*Doktor* Dr.

DRK	*Deutsches Rotes Kreuz* German Red Cross
Dr. med.	*Doktor der Medizin* MD
Dr. phil.	*Doktor der Philosophie* PhD
Dr. rer. nat.	*Doktor der Naturwissenschaften* DSc
Dr. theol.	*Doktor der Theologie* DD
DV	*Datenverarbeitung* DP
EAN	*Europäische Artikelnummer* EAN
EC	*Eurocity(zug)* EC
EDV	*Elektronische Datenverarbeitung* EDP
e. G.	*eingetragene Gesellschaft* registered company
EKD	*Evangelische Kirche in Deutschland* Protestant Church in Germany
EKG	*Elektrokardiogram* ECG
EU	*Europäische Union* EU
e. V.	*eingetragener Verein* registered association *od* society
ev.	*evangelisch* Protestant
F	*Fahrenheit* F
Fa.	*Firma* firm (in Briefen: Messrs)
Fam.	*Familie* family
FCKW	*Fluorchlorkohlenwasserstoff* CFC
FDP	*Freie Demokratische Partei* Liberal Democratic Party
ff.	*folgende Seiten* PP
FH	*Fachhochschule* technical college
frz.	*französisch* Fr.
g	*Gramm* gramme
GATT	*General Argremment on Tariffs and Trade, Allgemeines Zoll- und Handelsabkommen* GATT
GAU	*größter anzunehmender Unfall* MCA
geb.	*geboren (geborene)* b.; (née)
Gebr.	*Gebrüder* Brothers Bros.
Ges.	*Gesellschaft* assa.; *Gesetz* law
gez.	*gezeichnet* signed
ggf.	*gegebenenfalls* if need be
GmbH	*Gesellschaft mit beschränkter Haftung Br* Ltd.; *Am* Inc.
h	*Hekto* ... hecto ... *hora, Stunde* hour
ha	*Hektar* hectare
Hbf.	*Hauptbahnhof* central station
h. c.	*honoris causa, ehrenhalber* honorary
HIV	*Human Immunodeficiency Virus, menschliches Immunschwächevirus* HIV
hl.	*heilig* holy, St.
Hrsg.	*Herausgeber* ed.
Hz	*Hertz* cycle Hz
i. A.	*im Auftrag* pp
IC	*Intercity(zug)* IC
ICE	*Intercityexpress* ICE
IHK	*Industrie- und Handelskammer* Chamber of Industry and Commerce
Ing.	*Ingenieur Br* engineer, *Am* civil engineer
inkl.	*inklusive* incl.
i. R.	*im Ruhestand* retd.
IQ	*Intelligenzquotient* IQ
ISBN	*Internationale Standardbuchnummer* ISBN
ISDN	*Integrated Services Digital Network, diensteintegrierendes digitales Fernmeldenetz* ISDN
i. Tr.	*in der Trockenmasse* in dry matter, *etc.* percentage of fat
i. V.	*in Vertretung* by proxy, on behalf of; *in Vorbereitung* in preparation
IWF	*Internationaler Währungsfonds* IMF
J	*Joule* joule
JH	*Jugendherberge* YH
jr., jun.	*junior* jun.
jur.	*juristisch* legal
kath.	*katholisch* catholic
Kfz.	*Kraftfahrzeug* motor vehicle
KG	*Kommanditgesellschaft* limited partnership
kg	*Kilogramm* kg.
km	*Kilometer* kilometre

km/h	*Kilometer pro Stunde* kilometres per hour
Kto.-Nr.	*Kontonummer* a/c no.
KW	*Kurzwelle* SW
kW	*Kilowatt* kw
kWh	*Kilowattstunde* kWh, kwh
l	*Liter* l
LAN	*Local Area Network Lokalnetz* LAN, lan
LCD	*Liquid Crystal Display, Leuchtdiodenanzeige* LCD
lfd. Nr.	*laufende Nummer* current number
LKW, Lkw	*Lastkraftwagen* HGV
lt.	*laut* according to, as per
LW	*Langwelle* LW
m	*Meter* m.
MdB	*Mitglied des Bundestages* Member of the (German) ‚Bundestag'
MdL	*Mitglied des Landtags* member of the ‚Landtag'
MEZ	*mitteleuropäische Zeit* Central European Time
mg	*Milligramm* mg
Min., min	*Minute* min.
mm	*Millimeter* mm
Mrd.	*Milliarde(n) Br* thousand million(s), *Am* billion(s)
MW	*Mittelwelle* MW
MwSt.	*Mehrwertsteuer* VAT
N	*Norden* N
NATO	*Nordatlantikpakt-Organisation* North Atlantic Treaty Organization NATO
n. Br.	*nördlicher Breite* northern latitude
n. Chr.	*nach Christus* AD
NO	*Nordosten* NE
N. T.	*Neues Testament* NT
NW	*Nordwesten* NW
O	*Osten* E
OECD	*Organization for Economic Cooperation and Development, Organisation für wirtschaftliche Zusammenarbeit und Endwicklung* OECD
OEZ	*osteuropäische Zeit* time of the East European zone
OHG	*offene Handelsgesellschaft* general partnership
OP	*Operationssaal* (operating) theatre/theater
OPEC	*Organization of Petroleum Exporting Countries, Organisation der Erdöl exportierenden Länder* OPEC
orth.	*orthodox* orthodox
PC	*Personalcomputer* PC
PLO	*Palastine Liberation Organization, Palästinensische Befreiungsorganisation* PLO
pp	*per procura* pp
Prof.	*Professor* Prof.
prot.	*protestantisch* Protestant
PS	*Pferdestärke(n)* HP
PVC	*Polyvinylchlorid* PVC
qkm	*Quadratkilometer* km^2
qm	*Quadratmeter* m^2
RA	*Rechtsanwalt* barrister, lawyer, solicitor, *Am* a. attorney
Reg.-Bez.	*Regierungsbezirk* administrative district
rk.	*römisch-katholisch* RC
RNS	*Ribonukleinsäure* RNA
ROM	*Read Only Memory, Festwertspeicher* ROM
S	*Süden* S
S.	*Seite* p.
s.	*sieh(e)* v.
SB	*Selbstbedienung* self-service
sFr., sfr	*schweizer Franken* Swiss Franc
sin	*Sinus* sine
sm	*Seemeile* nautical mile
SO	*Südost(en)* SE

s. o.	*siehe oben* see above
SOS	*save our our souls, Internationales Notisignal* SOS
Sr.	*Senior, der Ältere* senior
StVO	*Straßenverkehrsordnung* road traffic regulations *pl*
s. u.	*siehe unten* see below
SW	*Südwest(en)* SW
t	*Tonne* T
Tb(c)	*Tuberkulose* TB
TH	*technische Hochschule* technical college *od* university
TU	*technische Universität* technical university
TÜV	*Technischer Überwachungsverein* ≈ MoT
UFO, Ufo	*unbekanntes Flugobjekt* UFO, Ufo
U-Haft	*Untersuchungshaft* imprisonment (*od* period) on remand, detention (pending trial)
UKW	*Ultrakurzwelle* UHF
UN	*United Nations, Vereinte Nationen* UN
UNO	*United Nations Organization, Organisation der Vereinten Nationen* UNO
USA	*Vereinigte Staaten von Amerika* US(A)
usw.	*und so weiter* etc.
UV	*Ultraviolett* UV
v. Chr.	*vor Christus* B. C.
vgl.	*vergleiche* cf.
VHS	*Volkshochschule* adult education centre
W	*Watt* w; *Westen* W
WEZ	*westeuropäische Zeit* GMT
WG	*Wohngemeinschaft* shared flat
WM	*Weltmeisterschaft* world championship
WWW	*world wide web* www
Wz.	*Warenzeichen* regd. trademark
z. B.	*zum Beispiel* e.g.
z. Hd.	*zu Händen* atn.
zz.	*zurzeit* at present, for the time being

GIRLS

Abigail	Elaine	Katherine, Kate, Katie
Alexandra, Alex	Eleanor	Kathleen
Alice	Elizabeth, Lisa	Kelly
Alison	Ella	Kirstie, Kirsty
Amanda, Mandy	Ellen	Kylie
Amber	Emily	Laura, Lauren
Amy	Emma	Leah
Andrea	Esme	Lesley
Angela	Eva, Eve	Lillian, Lil(l)y
Anita	Faith	Linda
Ann, Anna, Anne	Felicity	Lisa
Annabel	Fiona	Louise, Louisa
Anthea	Frances	Lorna
Antonia	Gail	Lorraine
Arabella	Gemma	Lucy
Barbara	Georgina	Lynn
Beatrice	Gillian, Gill, Jill	Margaret, Maggie
Bernadette	Glenda	Marian, Marion, Marianne
Bethany	Grace	Marilyn
Beverley	Hannah	Martha
Bianca	Harriet, Hattie	Mary
Bonnie	Hazel	Melanie
Brenda	Heather	Melissa
Bridget	Helen	Meryl
Bryony	Henrietta	Michelle
Carly	Hermione	Miranda
Carol	Hilary	Miriam
Caroline	Holly	Moira
Catherine, Kate	Isabel	Naomi
Catriona	Jacqueline, Jackie	Natalie
Celia	Jade	Nicola, Nicky
Charlotte	Jane	Olivia
Cheryl	Janet	Pamela, Pam
Chloë	Jasmine	Patricia, Pat, Trisha
Christine, Christina, Tina	Jean	Paula, Pauline
Clare	Jennifer, Jenny	Penelope, Penny
Cor(r)inne	Jessica	Philippa, Pippa
Daisy	Joanna	Phoebe
Deborah, Debbie	Jodie	Pia
Diana	Judith, Judy	Polly
Donna	Julia, Julie, Juliet	Rachel
Dorothy	June	Rebecca
Eileen	Karen	Rita

Rose, Rosie
Rosemary
Roxanne
Ruth
Sally
Samantha
Sandra
Sarah
Serena
Sharon
Sheila
Shirley
Sonia
Sophie
Stella
Stephanie
Susan, Suzanne
Tamsin
Teresa
Tessa
Tiffany
Tina
Tracy, Tracey
Una
Valerie
Vanessa
Veronica
Victoria, Vicky
Virginia, Ginny
Yvonne
Zara
Zoë

BOYS

Adam
Adrian
Alan
Alastair
Alexander, Alec, Alex
Alfred
Alistair
Andrew, Andy
Angus
Anthony, Antony, Tony
Arthur
Ashley
Barry
Benjamin, Ben
Boris
Brian, Bryan
Bruce
Charles
Christopher, Chris
Clive
Colin
Connor
Damian
Daniel, Danny
Darren
David, Dave
Dean
Den(n)is
Derek
Dominic
Donald, Don
Douglas
Duncan
Dylan
Edward, Ted
Eric
Ewan
Felix
Fergus
Francis
Frank
Frederick, Fred
Gary
Gavin
Geoffrey, Geoff, Jeff
George
Gordon
Graham, Graeme
Gregory, Greg
Guy
Harold
Hayden
Henry, Harry
Hugh
Hugo
Ian, Iain
Ivan
Jack
Jacob, Jake
James, Jamie, Jim, Jimmy
Jason
Jeremy, Jerry
John
Jonathan
Joseph, Joe
Joshua, Josh
Julian, Jules
Justin
Keith
Kenneth, Ken
Kevin
Lance
Laurence
Lee
Leonard, Len
Lewis
Liam
Luke
Magnus
Malcolm
Mark
Martin
Matthew, Matt
Maurice
Max
Mervyn
Michael, Mike, Mick

Miles, Myles
Neil
Nicholas, Nicolas, Nick
Nigel
Noel
Norman
Oliver
Patrick, Paddy
Paul
Peter
Philip
Piers
Ralph
Raymond, Ray
Richard, Rick, Dick
Robert, Bob, Rob, Robbie
Robin
Roderick, Rod
Roger
Rolf
Ronald, Ronnie
Rory
Ross
Roy
Rupert
Russell
Ryan
Samuel, Sam
Sean
Sebastian
Simon
Stephen, Steven, Steve
Stewart, Stuart
Terence, Terry
Thomas, Tom
Timothy, Tim
Tobias, Toby
Trevor
Victor, Vic
Wayne
William, Bill, Will, Liam
Zachary, Zach, Zak

Zahlwörter – Numerals

1. Grundzahlen – Cardinal Numbers

0 null *zero, nought*
1 eins *one*
2 zwei *two*
3 drei *three*
4 vier *four*
5 fünf *five*
6 sechs *six*
7 sieben *seven*
8 acht *eight*
9 neun *nine*
10 zehn *ten*
11 elf *eleven*
12 zwölf *twelve*
13 dreizehn *thirteen*
14 vierzehn *fourteen*
15 fünfzehn *fifteen*
16 sechzehn *sixteen*
17 siebzehn *seventeen*
18 achtzehn *eighteen*
19 neunzehn *nineteen*
20 zwanzig *twenty*
21 einundzwanzig *twenty-one*
22 zweiundzwanzig *twenty-two*
23 dreiundzwanzig *twenty-three*
30 dreißig *thirty*
31 einunddreißig *thirty-one*
32 zweiunddreißig *thirty-two*
33 dreiunddreißig *thirty-three*
40 vierzig *forty*
41 einundvierzig *forty-one*
50 fünfzig *fifty*
51 einundfünfzig *fifty-one*
60 sechzig *sixty*
61 einundsechzig *sixty-one*
70 siebzig *seventy*
71 einundsiebzig *seventy-one*
80 achtzig *eighty*
81 einundachtzig *eighty-one*
90 neunzig *ninety*
91 einundneunzig *ninety-one*
100 hundert *one hundred*
101 hundert(und)eins *hundred and one*
102 hundert(und)zwei *hundred and two*
110 hundert(und)zehn *hundred and ten*
200 zweihundert *two hundred*
300 dreihundert *three hundred*
451 vierhundert(und)einundfünfzig *four hundred and fifty-one*
1000 tausend *one thousand*
2000 zweitausend *two thousand*
10000 zehntausend *ten thousand*
1000000 eine Million *one million*
2000000 zwei Millionen *two million*

2. Ordnungszahlen – Ordinal Numbers

1. erste *first*
2. zweite *second*
3. dritte *third*
4. vierte *fourth*
5. fünfte *fifth*
6. sechste *sixth*
7. siebente *seventh*
8. achte *eighth*
9. neunte *ninth*
10. zehnte *tenth*
11. elfte *eleventh*
12. zwölfte *twelfth*
13. dreizehnte *thirteenth*
14. vierzehnte *fourteenth*
15. fünfzehnte *fifteenth*
16. sechzehnte *sixteenth*
17. siebzehnte *seventeenth*
18. achtzehnte *eighteenth*
19. neunzehnte *nineteenth*
20. zwanzigste *twentieth*

3. Bruchzahlen – Fractional Numbers

$^1/_2$ ein halb *one half*	$^3/_4$ drei Viertel *three fourths, three quarters*
$^1/_3$ ein Drittel *one third*	$^2/_5$ zwei Fünftel *two fifths*
$^1/_4$ ein Viertel *one fourth (oder a quarter)*	$^3/_{10}$ drei Zehntel *three tenths*
$^1/_5$ ein Fünftel *one fifth*	$1^1/_2$ anderthalb *one and a half*
$^1/_{10}$ ein Zehntel *one tenth*	$2^1/_2$ zwei(und)einhalb *two and a half*
$^1/_{100}$ ein Hundertstel *one hundredth*	1,1 eins Komma eins *one point one (1.1)*
$^2/_3$ zwei Drittel *two thirds*	

4. Vervielfältigungszahlen – Multiples

einfach *single*	vierfach *fourfold, quadruple*
zweifach *double*	fünffach *fivefold*
dreifach *threefold, treble, triple*	hundertfach *(one) hundredfold*

Britische und amerikanische Maße und Gewichte

Längenmaße – Linear Measures

1 inch (in) 1″		= 2,54 cm
1 foot (ft) 1′	= 12 inches	= 30,48 cm
1 yard (yd)	= 3 feet	= 91,44 cm
1 furlong (fur)	= 220 yards	= 201,17 m
1 mile (m)	= 1760 yards	= 1,609 km
1 league	= 3 miles	= 4,828 km

Nautische Maße – Nautical Measures

1 fathom	= 6 feet	= 1,829 m
1 cable	= 608 feet	= 185,31 m
1 nautical, sea mile	= 10 cables	= 1,852 km
1 sea league	= 3 nautical miles	= 5,550 km

Feldmaße – Surveyors' Measures

1 link	= 7,92 inches	= 20,12 cm
1 rod, perch, pole	= 25 links	= 5,029 m
1 chain	= 4 rods	= 20,12 m

Flächenmaße – Square Measures

1 square inch		= 6,452 cm^2
1 square foot	= 144 sq inches	= 929,029 cm^2
1 square yard	= 9 sq feet	= 0,836 m^2
1 square rod	= 30,25 sq yards	= 25,29 m^2
1 acre	= 4840 sq yards	= 40,47 Ar
1 square mile	= 640 acres	= 2,59 km^2

Raummaße – Cubic Measures

1 cubic inch		= 16,387 cm^3
1 cubic foot	= 1728 cu inches	= 0,028 m^3
1 cubic yard	= 27 cu feet	= 0,765 m^3
1 register ton	= 100 cu feet	= 2,832 m^3

Britische Hohlmaße – Measures of Capacity

Flüssigkeitsmaße – Liquid Measures of Capacity

1 gill		= 0,142 l
1 pint (pt)	= 4 gills	= 0,568 l
1 quart (qt)	= 2 pints	= 1,136 l
1 gallon (gal)	= 4 quarts	= 4,546 l
1 barrel	= *(für Öl)* 35 gallons	= 159,106 l
	(Bierbrauerei) 36 gallons	= 163,656 l

Trockenmaße – Dry Measures of Capacity

1 peck	= 2 gallons	= 9,092 l
1 bushel	= 4 pecks	= 36,368 l
1 quarter	= 8 bushels	= 290,935 l

Amerikanische Hohlmaße – Measures of Capacity

Flüssigkeitsmaße – Liquid Measures of Capacity

1 gill		= 0,118 l
1 pint	= 4 gills	= 0,473 l
1 quart	= 2 pints	= 0,946 l
1 gallon	= 4 quarts	= 3,785 l
1 barrel	= *(für Öl)* 42 gallons	= 159,106 l

Handelsgewichte – Avoirdupois Weights

1 grain (gr)		= 0,0648 g
1 dram (dr)	= 27,3438 grains	= 1,772 g
1 ounce (oz)	= 16 drams	= 28,35 g
1 pound (lb)	= 16 ounces	= 453,59 g
1 stone	= 14 pounds	= 6,348 kg
1 quarter	= 28 pounds	= 12,701 kg
1 hundredweight (cwt)	= (Brit *long cwt*) 112 pounds	= 50,8 kg
	(Am *short cwt*) 100 pounds	= 45,36 kg
1 ton	= (Brit *long ton*) 20 cwt	= 1016 kg
	(Am *short ton*) 2000 pounds	= 907,185 kg

Temperaturumrechnung

Fahrenheit – Celsius

°F	°C
0	–17,8
32	0
50	10
70	21,1
90	32,2
98,4	37
212	100

zur Umrechnung 32 abziehen und mit $^5/_9$ multiplizieren

Celsius – Fahrenheit

°C	°F
–10	14
0	32
10	50
20	68
30	86
37	98,4
100	212

zur Umrechnung mit $^9/_5$ multiplizieren und 32 addieren

British Isles
Britische Inseln

The English-Speaking World
Die englischsprachige Welt

1 : 127 000 000

0 1000 2000 3000 km
0 1000 2000 miles

Countries where English is the official language
Staaten, in denen Englisch die offizielle Landessprache ist

Countries where English is one of the official languages
Staaten, in denen Englisch eine der offiziellen Landesprachen ist

TSWANA
TSUANA
ish Virgin Islands
ische Jungferninseln (U. K.)
MEROON
MERUN
E GAMBIA
MBIA
raltar (U. K.)
am (USA)
rthern Mariana Is.
rdliche Marianen (USA)

P. PAPUA NEW GUINEA
PAPUA NEUGUINEA
P. R. Puerto Rico (USA)
S. SINGAPORE
SINGAPUR
S. A. SOUTH AFRICA
SÜDAFRIKA
S. I. SOLOMON ISLANDS
SALOMONEN
S. L. SIERRA LEONE
ST K. ST KITTS AND NEVIS
ST. KITTS UND NEVIS

ST V. ST VINCENT AND THE GRENADINES
ST. VINCENT UND DIE GRENADINEN
U. UGANDA
U. A. E. UNITED ARAB EMIRATES
VEREINIGTE ARABISCHE EMIRATE
Z. ZAMBIA
SAMBIA
ZI. ZIMBABWE
SIMBABWE

Countries in the Pacific Ocean:
Staaten im Pazifischen Ozean:

1 Midway (USA)
2 Hawaii (USA)
3 MARSHALL ISLANDS
MARSHALLINSELN
4 NAURU
5 KIRIBATI
6 TUVALU
7 Western Samoa
Samoa-West
8 FIJI
FIDSCHI
9 TONGA
10 Cook Islands
Cookinseln

Canada
Kanada
1 : 60 000 000
0 500 1000 1500
0 500 1000 miles
RUSSIA
RUSSLAND
Bering Sea
Beringmeer
Alaska (USA)
Yukon
Beaufort Sea
Beaufortsee
Greenland (Denm.)
Grönland (Dän.)
ICELAND
ISLAND
Arctic Circle
Nördlicher Polarkreis
Baffin Bay
Yukon Territory
Yukon-territorium
Whitehorse
Mackenzie
Gt. Bear L.
Gr. Bärensee
Northwest Territories
Nordwestterritorien
Yellowknife
Gt. Slave L.
Gr. Sklavensee
Nunavut
Iqaluit
Labrador Sea
Labradorsee
ATLANTIC OCEAN
ATLANTISCHER OZEAN
Gulf of Alaska
Golf von Alaska
Newfoundland
Neufundland
Hudson Bay
British Columbia
British Columbia
Peace R.
Peace
Athabasca
L. Athabasca
Athabascasee
Alberta
Edmonton
Saskatchewan
Regina
Manitoba
Nelson
L. Winnipeg
Winnipegsee
Winnipeg
Ontario
Québec
Québec
St. Lawrence R.
St.-Lorenz-Strom
N. B.
Fredericton
P. E. I.
Charlottetown
Halifax
N. S.
St. John's
St. Pierre, Miquelon
PACIFIC OCEAN
PACIFISCHER OZEAN
Victoria
Columbia
Missouri
L. Superior
Oberer See
Ottawa
Toronto
L. Huron
Huronsee
L. Ontario
Ontariosee
L. Erie
Eriesee
L. Michigan
Michigansee
Mississippi
UNITED STATES OF AMERICA
VEREINIGTE STAATEN VON AMERIKA
N. B. New Brunswick
Neubraunschweig
N. S. Nova Scotia
Neuschottland
P. E. I. Prince Edward Island
Prinz-Eduard-Insel
50
120
110
100
90
80

C. Connecticut
D. C. District of Columbia
M. Maryland
Ma. Massachusetts
N. H. New Hampshire
R. I. Rhode Island
S. C. South Carolina
Südkarolina
V. Vermont
W. V. West Virginia
Westvirginia
CANADA
KANADA
Olympia
Washington
Salem
Oregon
Montana
Helena
Missouri
North Dakota
Norddakota
Bismarck
Minnesota
L. Superior
Oberer See
St. Lawrence R.
St.-Lorenz-Strom
Maine
Augusta
Boise
Idaho
Wyoming
South Dakota
Süddakota
Pierre
St. Paul
Wisconsin
Madison
Michigan
Lansing
L. Michigan
Michigansee
L. Huron
Huronsee
L. Ontario
Ontariosee
L. Erie
Eriesee
Albany
New York
M.
V.
C.
N. H.
Boston
Ma.
Hartford
Pennsylvania
Harrisburg
Trenton
New Jersey
Dover
Delaware
Washington
Kalifornien
California
Nevada
Carson City
Sacramento
Salt Lake City
Utah
Cheyenne
Nebraska
Lincoln
Iowa
Des Moines
Illinois
Springfield
Indiana
Indianapolis
Ohio
Columbus
W. V.
Charleston
Richmond
Virginia
Colorado
Denver
Rio Grande
Arkansas
Kansas
Topeka
Jefferson City
Missouri
Frankfort
Kentucky
Raleigh
North Carolina
Nordkarolina
Nashville
Tennessee
S. C.
Columbia
PACIFIC OCEAN
PAZIFISCHER OZEAN
Arizona
Phoenix
New Mexico
Santa Fe
Oklahoma
Oklahoma City
Arkansas
Little Rock
Mississippi
Atlanta
Alabama
Georgia
Montgomery
ATLANTIC OCEAN
ATLANTISCHER OZEAN
Louisiana
J.
Tallahassee
Texas
Austin
Baton Rouge
Florida
BAHAMAS
A. Annapolis
C. Concord
J. Jackson
M. Montpelier
P. Providence
Midway (USA)
Hawaii (USA)
PACIFIC OCEAN
Tropic of Cancer
Nördl. Wendekreis
PAZIFISCHER OZEAN
Honolulu
0 500 1000 km
RUSSIA
RUSSLAND
Alaska (USA)
Yukon
CANADA
KANADA
Bering Sea
Beringmeer
Juneau
0 500 1000 km
MEXICO
MEXIKO
Gulf of Mexico
Golf von Mexiko
Straits of Florida
Floridastraße
Tropic of Cancer
Nördlicher Wendekreis
1 : 41 000 000
0 200 400 600 km
0 200 400 miles
United States of America
Vereinigte Staaten von Amerika

Australia and New Zealand
Australien und Neuseeland

1 : 45 000 000

Deutschland
Germany

1 : 6 400 000

0 50 100 150 200 km

0 50 100 150 miles

BELG.	BELGIEN BELGIUM
L.	LIECHTENSTEIN
LUX.	LUXEMBURG LUXEMBOURG

Österreich
Austria
1 : 5 800 000
0 25 50 75 km
0 25 50 miles
L. LIECHTENSTEIN
DEUTSCHLAND
GERMANY
TSCHECHISCHE REP.
CZECH REP.
SLOWAKEI
SLOVAKIA
UNGARN
HUNGARY
SLOWENIEN
SLOVENIA
KROATIEN
CROATIA
ITALIEN
ITALY
SCHWEIZ
SWITZERLAND
Niederösterreich
Lower Austria
Oberösterreich
Upper Austria
Salzburg
Steiermark
Styria
Kärnten
Carinthia
Tirol
Tyrol
Voralberg
Burgenland
Wien
Vienna
St. Pölten
St Pölten
Linz
Eisenstadt
Salzburg
Bregenz
Innsbruck
Graz
Klagenfurt
Donau
Danube
Inn
Enns
Mur
Salzach
Drau
Drava

A.-R. Appenzell Ausser-Rhoden
Appenzell Outer Rhodes
A.I.-R. Appenzell Inner-Rhoden
Appenzell Inner Rhodes
B.-L. Basel-Landschaft
Basel District
B.-St. Basel-Stadt
Basel City
N. Neuenburg
Neuchâtel
Nidw. Nidwalden
Obw. Obwalden
S. Solothurn
Sch. Schaffhausen
DEUTSCHLAND
GERMANY
ÖSTERREICH
AUSTRIA
LIECHTENSTEIN
FRANKREICH
FRANCE
ITALIEN
ITALY
Zürich
Zurich
Aargau
Thurgau
St. Gallen
St Gallen
Jura
Luzern
Lucerne
Zug
Schwyz
Glarus
Uri
Bern
Freiburg
Fribourg
Waadt
Vaud
Genf
Geneva
Wallis
Valais
Tessin
Ticino
Graubünden
Grisons
Schaffhausen
Basel
Liestal
Frauenfeld
Herisau
Appenzell
Aarau
Delémont
Solothurn
Zürich
Zurich
Neuenburg
Neuchâtel
Lucerne
Sarnen
Stans
Altdorf
Chur
Coire
Lausanne
Sion
Bellinzona
Rhein
Rhine
Aare
Doubs
Rhône
Inn
Bodensee
Lake Constance
Neuenburger See
Lake Neuchâtel
Vierwaldstätter See
Lake Lucerne
Genfer See
Lake Geneva
Lago Maggiore
Lake Maggiore
Luganer See
Lake Lugano
Die Schweiz
Switzerland
1 : 4 000 000
0 25 50 75 km
0 25 50 miles

Aa

A, a ① A, a ② **von A bis Z lesen** read from A to Z; read from cover to cover *Buch* ▶ IN WENDUNGEN: **wer A sagt, muss auch B sagen** in for a penny, in for a pound; **von A bis Z** everything

Aal eel

aalen (*faulenzen*) laze about *umgangsspr*

Aas (*Tierkadaver*) carrion **Aasgeier** (*auch übertragen*) vulture

ab ① from; **London ab 8.35 Uhr** leaving London 8:35 ② (*räumlich*) **auf und ab gehen** walk up and down ③ (*örtlich*) **ab Werk** ex works ⚠ *plural* ④ (*zeitlich*) **von nun ab, von jetzt ab** from now on; **ab heute** from today; **ab sofort** as of now; **ab und zu** now and again ⑤ (*entfernt*) off; **der Knopf ist ab** the button has come off

abartig ① abnormal ② (*umgangsspr*) kinky

Abbau ① *von Kohle:* mining; (*über Tage*) quarrying ② (*chemisch*) decomposition ③ *von Fabrikeinrichtung:* dismantling; **Abbau von Arbeitskräften** reduction in labour ⚠ *singular*

abbauen ① mine *Kohle;* (*über Tage*) quarry ② (*demontieren*) dismantle ③ (*chemisch*) decompose ④ (*erlahmen*) flag, wilt

abbestellen cancel; **jemanden abbestellen** tell someone not to come; **eine Zeitung abbestellen** cancel a newspaper subscription

abbezahlen pay off

abbiegen ① bend off *Gegenstand* ② turn off (**in** into) ③ *Straße:* bend; **nach links abbiegen** turn [to the] left

Abbiegespur (*Auto*) filter lane

abbilden ① portray ② (*Informatik*) map

Abbildung ① (*Illustration*) illustration; **mit Abbildungen versehen** illustrate ② (*Informatik*) mapping

abblasen (*umgangsspr*) call off

Abblendlicht dipped (GB) [*oder* (USA) dimmed] headlights

abblitzen **jemanden abblitzen lassen** (*umgangsspr*) give someone the brush-off

abbrechen ① break off *Gegenstand* ② tear down, demolish *Häuser* ③ (*aufhören mit*) stop; break off *Aktivität;* **die Schule abbrechen** drop out of school ④ (*Informatik*) abort ▶ IN WENDUNGEN: **brich dir [mal] keinen ab!** (*umgangsspr*) don't make such a fuss!; **sich einen abbrechen** (*slang*) make heavy weather of it

abbringen get off; **jemanden von etwas abbringen** make someone change his [*oder* her] mind about something

Abbruch ① *von Gebäude:* demolition ② **einer Sache Abbruch tun** do harm to something

abbuchen debit *Konto*

Abbuchung debit ['debɪt]

Abc alphabet ['ælfəbet]

Abc-Schütze (*umgangsspr*) child just starting school

abdanken ① resign ② *Herrscher:* abdicate

Abdankung (CH) funeral service

abdecken ① untile *Dach* ② tear the roof off *Haus* ③ clear *Tisch*

Abdeckstift concealer stick

abdrehen ① turn off *Gas, Wasser* ② *Flugzeug:* veer off

abdrosseln throttle *Motor*

Abdruck imprint; *von Finger, Fuß:* print

abdrucken print

abdrücken fire, pull the trigger

Abend ① evening; **am Abend** in the evening; **am nächsten Abend** the next evening; **gegen Abend** towards evening; **heute Abend** this evening ② (*später*) tonight; **gestern Abend** last night ③ **zu Abend essen** have supper [*oder* dinner]

Abendbrot, Abendessen dinner, supper **Abendkasse** (*im Theater*) box office **Abendkleid** evening dress **Abendkurs** evening classes ⚠ *plural* **abendländisch** western **Abendmahl** Holy Communion; **das Abendmahl empfangen** take communion **abends** in the evening **Abendschule** night school

Abenteuer adventure **abenteuerlich** adventurous [əd'ventʃᵊrəs] **Abenteurer(in)** adventurer [əd'ventʃᵊrəʳ], adventuress [əd'ventʃᵊrəs]

aber ① but; **oder aber** or else; **aber trotzdem** but still ② (*jedoch*) although, though; **schönes Wetter — aber ziemlich kalt** nice weather — rather cold, though ③ (*verstärkend*) **aber, aber!** come, come!; **aber ja!** oh, yes!; **bist du aber braun!** aren't you brown!; **nun ist aber Schluss!** now that's enough! ④ **ohne Wenn und Aber** without any ifs and buts

Aberglaube superstition [suːəˈstɪʃᵊn] **abergläubisch** superstitious [suːəˈstɪʃəs]

abermals once again

abfahrbereit ready to leave

abfahren leave (**nach** for)

Abfahrt ① departure ② (*beim Skifahren*) descent **Abfahrtslauf** (*mit Ski*) downhill race **Abfahrt(s)zeit** time of departure

Abfall ① (*allgemein*) waste; (*Hausmüll*) rubbish Ⓖⓑ, garbage ⓊⓈⒶ ② (*Abfalleimer*) [litter/rubbish/waste] bin Ⓖⓑ, trashcan ⓊⓈⒶ; **in den Abfall kommen** go into the bin [*oder* ⓊⓈⒶ trashcan] ③ (*auf den Straßen*) litter **Abfalleimer** [litter/rubbish/waste] bin Ⓖⓑ, garbage can ⓊⓈⒶ, trashcan ⓊⓈⒶ

abfällig disparaging, derogatory; **von jemandem abfällig sprechen** speak disparagingly of someone **Abfallverwertung** recycling

abfärben ① *Wäschestück:* run ② **auf jemanden abfärben** (*übertragen*) rub off on someone

abfertigen ① check [in] *Gepäck* ② (*an Grenze*) clear ③ deal with, attend to *Kundschaft;* ④ **jemanden kurz abfertigen** snub someone

abfinden ① pay off *Person* ② **sich mit etwas schwer abfinden** find it hard to accept something **Abfindung** ① (*Entschädigung*) compensation, indemnification ② *von Mitarbeiter:* redundancy payment

abflauen ① *Wind:* die down, subside ② (*übertragen*) fade ③ *Nachfrage, Geschäft:* fall [*oder* drop] off

Abflughalle departure lounge **Abflugzeit** departure time

Abfluss (*Rohr*) drain[pipe], wastepipe

Abfrage (*Informatik*) inquiry, query

abfragen ① question (**über** on) ② (*in der Schule*) test [orally] ③ (*Informatik*) query

Abfuhr (*Rüge*) rebuff, snub; **jemandem eine Abfuhr erteilen** snub someone

abführen ① lead away *Mensch* ② pay *Geld* (**an** to) ③ (*medizinisch*) have a laxative effect

Abführmittel (*medizinisch*) laxative

abfüllen ① (*in Flaschen*) bottle ② (*slang: betrunken machen*) get sloshed *slang*

abgängig Ⓐ missing

Abgangszeugnis leaving certificate; (*für Mitarbeiter*) reference

Abgase (*Auto*) exhaust fumes

abgeben ① hand in *Heft, Arbeit, Fundsachen* ② (*fortgeben*) give away ③ (*im Sport*) concede *Punkte;* pass *Ball* ④ give *Erklärung, Urteil* ⑤ **sich mit etwas abgeben** bother oneself with something; **sich mit jemandem abgeben** associate with someone

abgebrannt (*umgangsspr*) [stony] broke

abgebrüht (*umgangsspr*) hardened

abgedroschen hackneyed

abgehärtet hardy

abgehen ① *von Schule:* leave ② *Knopf:* come off; ③ **es ist alles gut abgegangen** everything went [*oder* passed] off well

abgekartet **ein abgekartetes Spiel** a put-up job

abgelaufen ① (*Finanzwesen*) *Wechsel:* due, payable ② *Zeit:* expired

abgelegen remote

abgemacht OK!

abgeneigt **abgeneigt sein** be adverse [*oder* reluctant] to ...; **ich wäre nicht abgeneigt** I wouldn't mind

abgenutzt worn; *Reifen:* worn-down

Abgeordnete(r) representative; (*im Parlament*) member of parliament **Abgeordnetenhaus** parliament

abgerissen ① (*umgangsspr*) *Person:* ragged ② *Kleider:* shabby

abgerundet rounded

Abgesandte(r) delegate, envoy

abgeschieden (*abgelegen*) remote, solitary

abgeschlafft (*umgangsspr*) whacked, bushed

abgeschlagen (*müde*) worn-out

abgeschlossen locked

abgesehen ① **abgesehen von ...** apart from ... ② **es auf jemanden abgesehen haben** have it in for someone ③ **es auf etwas abgesehen haben** have one's eye on something

abgespannt (*müde*) weary, tired out

abgestanden stale; *Bier:* flat

abgestumpft ① *Gefühl:* dull ② (*geistig*) insensitive (**gegenüber** to)

abgewöhnen **sich etwas abgewöhnen** give up doing something; **jemandem etwas abgewöhnen** cure someone of something

abgöttisch idolatrous; **jemanden abgöttisch lieben** idolize someone

abgrasen (*übertragen*) comb, scour

abgrenzen fence off; (*übertragen*) delimit (**gegen** from); **sich gegen jemanden abgrenzen** dis[as]sociate oneself from someone

Abgrund precipice; (*übertragen*) abyss

abhacken chop off *umgangsspr*

abhaken (*von Liste*) tick off (GB), check off (USA)

abhalten ① keep off ② (*verhindern*) stop; **jemanden davon abhalten, etwas zu tun** keep someone from doing something; **lass dich nicht abhalten!** don't let me stop you!

abhanden **abhanden kommen** get lost, go missing

Abhang slope

abhängen ① take down *Bild* uncouple *Zug* ② (*nach dem Überholen*) shake off *Auto* ③ (*übertragen*) **abhängen von** depend on; **das hängt davon ab!** that depends!

abhängig *Person:* dependent (**von** on)

abhärten ① toughen up ② **sich abhärten** (*übertragen*) harden oneself (**gegen** to)

abhauen (*slang: weggehen*) push off; **hau ab!** get lost!

abheben ① withdraw *Geld* ② *Flugzeug:* take off; *Rakete:* lift off ③ lift *Hörer* ④ **sich von jemandem/etwas abheben** stand out against someone/something

abhelfen **einer Sache abhelfen** remedy something

abhetzen ① tire out ② **sich abhetzen** wear oneself out

Abhilfe remedy; **Abhilfe schaffen** take remedial action

abholen ① call for *Person;* **jemanden am Bahnhof abholen** meet someone at the station ② collect, fetch *Gegenstand;* **etwas abholen lassen** send for something

abhören ① **einen Schüler abhören** test a pupil [orally] ② bug *Gespräch* **abhörsicher** bugproof

Abitur ≈ A Levels ⚠ *plural;* (*in Schottland*) ≈ Highers ⚠ *plural;* (*in USA*) ≈ Highschool Diploma

Abiturient(in) **sie ist Abiturientin** she's doing/she's done her A Levels *etc.*

abkapseln **sich abkapseln** cut oneself off

abkaufen **jemandem etwas abkaufen** buy something from someone

abklappern (*umgangsspr*) scour (**nach** for)

abklären clarify

Abklatsch (*abwertend*) poor imitation

abklingen ① *Krankheit:* ease off ② *Effekt, Wirkung:* wear off

abknöpfen **jemandem etwas abknöpfen** (*umgangsspr*) get something off someone

abkochen boil; (*sterilisieren*) sterilize

Abkommen agreement; **ein Abkommen treffen** come to an agreement

abkommen ① get away; **vom Weg abkommen** lose one's way ② **von etwas abkommen** give up something ③ **von einem Thema abkommen** get off a subject

abkratzen ① scrape [*oder* scratch] off ② (*vulgär: sterben*) kick the bucket, pop off

abkriegen ① (*bekommen*) get ② (*verletzt werden*) get hurt

abkühlen (*auch übertragen*) cool down

abkürzen ① abbreviate *Wort* ② (*verkürzen*) cut short

Abkürzung ① (*Grammatik*) abbreviation ② (*Weg*) short cut

abladen unload *Last;* dump *Müll*

Ablage storage place; (*im Büro*) filing

Ablagerung (*auch geol*) deposit

ablassen let off *Dampf;* drain off *Motoröl*

Ablauf *einer Frist:* expiry; **nach Ablauf von ...** at the end of ...

ablaufen *Frist:* run out

ablegen ① take off *Kleidung, Hut* ② give up *Gewohnheiten* ③ file *Akten;* **eine Prüfung ablegen** take an examination ④ *Schiff:* cast off

ablehnen decline, reject *Angebot, Stelle*

Ablehnung refusal; *von Angebot, Stelle:* rejection; **auf Ablehnung stoßen** meet with disapproval

ableisten **seinen Wehrdienst ableisten** complete one's military service

ablenken ① (*zerstreuen*) distract ② **vom Thema ablenken** change the subject

Ablenkung (*Zerstreuung*) diversion

ablesen read

abliefern ① (*übergeben*) hand over (**bei** to) ② deliver *Waren*

Ablieferung handing-in; *von Waren:* delivery; **bei Ablieferung** on delivery

ablösen ① (*entfernen*) take off ② **jemanden ablösen** take over from someone ③ **sich ablösen** come off; *Haut:* peel off; *Kollegen:* take turns

ABM *Abkürzung von* **Arbeitsbeschaffungsmaßnahme** job creation scheme

abmachen agree on **Abmachung** agreement

abmehren (CH) (*abstimmen*) take a vote

abmelden cancel *Abonnement;* **sein Telefon abmelden** have one's telephone disconnected; **sich bei jemandem abmelden** tell someone that one is leaving/not coming

abmessen (*auch übertragen*) measure

Abnahme ❶ (*Verringerung*) decrease ❷ (*wirtschaftlich*) decline ❸ (*TÜV*) inspection

abnehmen ❶ take off; **den Hörer abnehmen** lift the receiver ❷ (*an Zahl*) decrease ❸ (*an Gewicht*) lose weight ❹ **das nehme ich dir nicht ab!** (*umgangsspr*) I don't buy that!

Abneigung dislike (**gegen** of), aversion (**gegen** to)

abnutzen wear out

Abonnement subscription

abonnieren subscribe to

abordnen delegate **Abordnung** delegation

abplagen **sich mit etwas abplagen** slave away at something

abprallen (*auch übertragen*) bounce off

abputzen clean [off] *Schmutz*

abraten warn (**von** against)

abräumen clear away; **den Tisch abräumen** clear the table

abreagieren work off

abrechnen ❶ (*abziehen*) deduct ❷ (*wirtschaftlich*) cash up; **mit jemandem abrechnen** settle up with someone *auch übertragen*

Abrechnung ❶ (*an der Kasse*) cashing up ❷ (*Aufstellung*) statement (**über** for) ❸ (*Rechnung*) bill; (*in der Wirtschaft*) invoice ❹ (*übertragen*) revenge

abregen **sich abregen** (*umgangsspr*) calm [*oder* cool] down

Abreise departure (**nach** for) **abreisen** depart, leave (**nach** for)

abreißen ❶ tear off; ❷ pull down *Haus*

abriegeln block off *Straße*

abrufen ❶ withdraw *Geld* ❷ retrieve *Daten*

abrunden ❶ (*auch übertragen*) round off ❷ round down *Summe*

Abrüstung (*militärisch*) disarmament

absacken ❶ *Flugzeug:* drop ❷ (*in der Schule*) *Leistung:* drop off

Absage refusal; **jemandem eine Absage erteilen** reject someone

absagen ❶ cancel *Veranstaltung;* decline *Einladung* ❷ **jemandem absagen** tell someone that one cannot come

absägen saw off

Absatz ❶ (*Abschnitt*) paragraph ❷ *vom Schuh:* heel ❸ *von Waren:* sales ⚠ *plural* ❹ *einer Treppe:* landing

abschaffen abolish, do away with, get rid of

abschalten switch off *auch übertragen*

abschätzen assess; **ein abschätzender Blick** an appraising look

abschätzig disparaging; **eine abschätzige Bemerkung** a derogatory remark

abschauen ❶ copy (**bei** from) ❷ (*umgangsspr*) (*in der Schule*) **jemandem etwas abschauen** copy something from somebody

Abschaum (*auch übertragen*) scum

abscheulich (*widerlich*) abominable; (*heimtückisch*) heinous

abschieben ❶ (*deportieren*) deport ❷ (*loswerden*) get rid of ❸ (*umgangsspr*) push off

Abschied farewell, parting; **von jemandem Abschied nehmen** say goodbye to someone

abschirmen shield

abschlachten (*übertragen*) butcher

Abschlag ❶ (*beim Fußball*) goal kick ❷ (*im Handel*) reduction ❸ (*Zahlung*) part payment (**auf** of)

abschlagen ❶ cut off *Gegenstand* ❷ (*militärisch*) beat off *Angriff* ❸ (*verweigern*) turn down *Bitte*

Abschlagszahlung part payment (**auf** of)

abschleppen ❶ tow *Auto* ❷ (*umgangsspr*) pick up *Person*

Abschleppseil towrope **Abschleppwagen** recovery vehicle

abschließen ❶ lock up *Tür* ❷ (*beenden*) complete ❸ **eine Versicherung abschließen** take out an insurance; **einen Vertrag abschließen** conclude a contract **abschließend** *Bemerkung:* final

Abschluss ❶ (*Ende*) end ❷ (*wirtschaftlich*) business deal; **kurz vor dem Abschluss stehen** be in the final stages *plural*

Abschlussprüfung (*in der Schule*) final examination **Abschlusszeugnis** (*in der Schule*) leaving certificate, diploma (USA)

abschmieren grease *Auto*

abschminken ❶ **sich abschminken** take off one's make up ❷ (*umgangsspr*) **sich etwas abschminken** get something out of one's head

abschnallen ❶ undo ❷ **da schnallst du ab!** (*umgangsspr*) it blows your mind!

abschneiden ❶ cut off; cut *Haar* ❷ **jemandem das Wort abschneiden** cut someone short ❸ (*übertragen*) **bei etwas gut/schlecht abschneiden** come off/do well/badly in something

Abschnitt 1 (*Sektion*) section 2 (*Mathematik*) segment 3 (*in Buch*) passage 4 (*zeitlich*) period
abschöpfen skim off *auch übertragen;* **Gewinn abschöpfen** skim off the profits
abschrauben unscrew
abschrecken deter **abschreckend** deterrent; **ein abschreckendes Beispiel** a warning
abschreiben 1 copy out *Text* 2 (*bei einer Klassenarbeit*) copy, crib *umgangsspr* (**bei** off) 3 (*wirtschaftlich*) deduct 4 **jemanden abschreiben** (*übertragen*) write someone off
Abschrift copy
abschütteln (*auch übertragen*) shake off
abschweifen digress; **vom Thema abschweifen** deviate from the subject
absehbar foreseeable; **nicht absehbar** not to be foreseen, not foreseeable
absehen 1 **ein Ende ist noch nicht abzusehen** the end is not yet in sight 2 **ich will [einmal] davon absehen** I'm going to dispense with it
Abseits (*im Sport*) offside
abseits 1 (*im Sport*) offside 2 **abseits der Straße** away from the road
absenden 1 send, post (GB) *Brief;* mail (USA) *Brief* 2 dispatch *Waren*
Absender(in) sender
absetzbar *Betrag:* deductible
absetzen 1 (*verkaufen*) sell 2 (*entlassen*) dismiss; depose *Herrscher* 3 drop [off] *Fahrgast* 4 (*von der Steuer*) deduct
Absicht intention; **die Absicht haben etwas zu tun** intend to do something
absichtlich intentional; **etwas absichtlich tun** do something on purpose
absolut absolute
absondern 1 separate *Personen;* (*isolieren*) isolate 2 (*medizinisch*) secrete 3 **sich absondern** cut oneself off
abspalten split off
abspeichern (*Informatik*) save, file
absperren 1 block *Straße* 2 (*technisch*) turn off *Wasser, Gas* 3 lock *Tür*
abspielen 1 play *Tonmedien* 2 **sich irgendwo abspielen** happen somewhere
Absprache arrangement
absprechen 1 arrange *Termin* 2 **sich mit jemandem absprechen** arrange things with someone
Absprung jump; **den Absprung schaffen** (*umgangsspr*) make the break
abspülen 1 rinse *Geschirr* 2 (*Geschirr spülen*) do the dishes
abstammen 1 *Mensch:* be descended (**von** from) 2 (*sprachlich*) be derived (**von** from)
Abstand 1 (*räumlich*) distance; **kurzer Abstand** short gap; **Abstand halten** keep one's distance 2 (*zeitlich*) interval 3 (*Ablösungssumme*) indemnity 4 **mit Abstand** by far
abstauben 1 dust *Gegenstände* 2 (*umgangsspr*) cadge, nick *umgangsspr* (**bei** from)
abstechen (*sich abheben*) **von etwas abstechen** stand out against something
Abstecher 1 (*Reise*) excursion 2 (*übertragen: vom Thema*) digression
abstehen stick out
absteigen 1 get off, dismount; **vom Fahrrad absteigen** get off the bike 2 **in einem Hotel absteigen** put up at [*oder* stay in] a hotel 3 (*im Sport*) be relegated, go down
abstellen 1 put down *Gegenstand* 2 (*technisch*) stop *Maschine;* (*abdrehen*) turn off *Wasser, Gas* 3 park *Fahrzeug*
Abstellgleis siding
abstempeln 1 stamp 2 (*übertragen*) brand (**zu** as)
absterben (*auch übertragen*) die
Abstieg 1 descent 2 (*übertragen*) decline
abstimmen 1 (*in Einklang bringen*) match (**auf** with); coordinate *Termine* (**auf** with) 2 (*in der Politik*) take a vote (**über** on); **über etwas abstimmen lassen** put something to the vote 3 **sich mit jemandem abstimmen** come to an agreement with someone
Abstimmung vote
abstoßen 1 (*beim Fußball*) take a goal kick 2 (*übertragen*) repel; reject *Organ* 3 (*übertragen*) be repulsive **abstoßend** repulsive
abstrakt abstract
abstreiten (*leugnen*) deny
abstumpfen (*übertragen*) dull
Absturz 1 fall 2 *von Flugzeug:* crash
abstürzen 1 *Mensch:* fall 2 *Flugzeug:* crash
absuchen 1 search *Gelände* 2 (*mit Scheinwerfern*) sweep
absurd absurd
Abt abbot
abtasten 1 feel; (*medizinisch*) palpate 2 (*elektrisch*) scan

abtauen ❶ defrost *Gefrierfach* ❷ *Schnee:* thaw
Abtei abbey
Abteil *von Zug:* compartment
Abteilung ❶ department ❷ (*militärisch*) unit **Abteilungsleiter(in)** head of department
Äbtissin abbess
abtreiben ❶ *Schiff, Flugzeug:* be driven off course ❷ (*medizinisch*) have an abortion
Abtreibung (*medizinisch*) abortion
abtrennen ❶ take off; detach *Abschnitt* ❷ (*räumlich*) divide off
abtreten ❶ cede *Ansprüche, Gebiet* ❷ (*vom Amt*) resign ❸ (*im Theater*) go off
abtrocknen dry *Geschirr, Haare*
abtun (*von sich schieben*) dismiss
Abverkauf Ⓐ (*Ausverkauf*) [clearance] sale
abwägen (*übertragen*) weigh up
abwälzen (*übertragen*) shift (**auf** onto)
abwandern migrate (**aus** from)
Abwart, Abwärtin ⒸⒽ caretaker, janitor
abwarten ❶ wait; **warte nur ab!** just you wait!; **abwarten und Tee trinken** wait and see ❷ **etwas abwarten** wait something out
abwärts down; **es geht mit ihm abwärts** he is on the decline
Abwasch ❶ (*Geschirr*) dishes ⚠ *plural* ❷ Ⓐ (*Spülstein*) sink
abwaschen ❶ wash off *Schmutz* ❷ do the washing up
Abwaschmaschine ⒸⒽ dishwasher
Abwasser sewage **Abwasserkanal** sewer
abwechseln ❶ **sich abwechseln** alternate, change, vary ❷ **sich miteinander abwechseln** *Personen:* take turns **abwechselnd** alternately
Abwechslung change; **zur Abwechslung** for a change
Abweg auf Abwege geraten go astray
abwegig (*umgangsspr*) off-beat
abwehren ❶ ward off, repulse *Angriff* ❷ (*abweisen*) dismiss ❸ (*im Sport*) clear *Ball* ❹ (*ablehnen*) refuse
Abwehrkräfte (*medizinisch*) the body's defences
abweichen ❶ (*von Kurs*) deviate ❷ *Meinungen:* differ
abweisen ❶ turn away *Person* ❷ reject, turn down *Antrag*
abweisend *Haltung:* cold
abwenden ❶ avert *Unglück* ❷ **sich abwenden** turn away *auch übertragen*
abwerben woo away [from]; (*wirtschaftlich*) headhunt
abwerfen (*aus der Luft*) drop
abwerten ❶ (*im Finanzwesen*) devaluate ❷ (*übertragen*) cheapen
abwesend ❶ absent ❷ (*übertragen*) faraway **Abwesenheit** absence
abwickeln ❶ (*übertragen*) deal with *Angelegenheit* ❷ (*wirtschaftlich*) conclude *Geschäft*
abwimmeln (*umgangsspr*) get rid of
abwischen wipe off *Schmutz;* wipe *Gesicht;* dry *Tränen*
abwürgen ❶ (*umgangsspr*) scotch, squash, stifle ❷ stall *Motor*
abzahlen pay off
abzeichnen ❶ draw, copy ❷ initial ❸ **sich abzeichnen** stand out, become apparent
abziehen ❶ take out *Schlüssel* ❷ strip *Bett* ❸ take away, substract *Zahl;* take off *Betrag* ❹ *Truppen:* withdraw
abzielen (*übertragen*) **abzielen auf** be aimed at
Abzug ❶ (*wirtschaftlich*) discount; *vom Lohn:* deduction; **nach Abzug der Kosten** after deducting costs ❷ *von Fotos:* print ❸ *von Gewehr:* trigger ❹ *von Truppen:* withdrawal
abzüglich less
Abzugshaube extractor hood
abzweigen put [*oder* set] aside *Geld*
Abzweigung junction
ach oh!; **ach so!** I see!
Achse ❶ (*Auto*) axle ❷ (*Mathematik*) axis; **auf Achse sein** (*umgangsspr*) be on the road
Achsel armpit; **die Achseln zucken** shrug one's shoulders **Achselhöhle** armpit
Acht außer Acht lassen disregard; **sich in Acht nehmen** watch out
acht eight; **vor acht Tagen** a week ago; **heute in acht Tagen** a week today
achtbar respectable
achte eighth
Achtel eighth
achten ❶ (*schätzen*) respect ❷ **auf etwas achten** pay attention to something; **achte auf deine neuen Schuhe!** mind your new shoes!; **achte darauf, dass …** be careful [*oder* take care] that …
Achter ❶ (*Boot*) eight ❷ (*Figur*) figure eight **Achterbahn** roller coaster
achtfach eightfold **achtjährig** eight-year-old
achtlos careless

achttägig lasting a week
Achtung 1 respect (**vor** for); **sich Achtung verschaffen** gain respect for oneself; **alle Achtung!** good for you! 2 **Achtung!** attention!
achtzehn eighteen **achtzehnte** eighteenth
achtzig eighty **achtzigste** eightieth
ächzen groan (**vor** with)
Acker field **Ackerbau** agriculture, farming **Ackerland** arable land
ackern (*umgangsspr*) slog away
Adapter adapter, adaptor **adaptieren** Ⓐ (*herrichten*) fix up
addieren add **Addition** addition
Adel nobility **ad(e)lig** noble **Ad(e)lige(r)** nobleman, noblewoman
Ader 1 (*anatomisch*) blood vessel 2 *von Pflanze, von Gestein:* vein; (*elektrisch*) core
Adjektiv adjective
Adjunkt(in) Ⓐ, ⒸⒽ (*Assistent*) junior civil servant
Adler eagle
adoptieren adopt **Adoption** adoption **Adoptiveltern** adoptive parents **Adoptivkind** adopted child
Adrenalin adrenalin
Adressat addressee
Adressbuch directory
Adresse (*auch inform*) address; **per Adresse ...** care of [*oder* c/o] ...

! Vorsicht Falle Vorsicht: **address** wird mit 2 d und 2 s geschrieben: *Tim's address is ...*

adressieren address (**an** to)
Adria Adriatic Sea
Advent Advent
Adverb adverb
Advokat 1 advocate 2 Ⓐ, ⒸⒽ (*Rechtsanwalt*) lawyer **Advokatur** ⒸⒽ 1 (*Büro*) lawyer's office 2 (*Amt*) legal profession
Affe monkey; (*Menschenaffe*) ape
Affekt **im Affekt handeln** act in the heat of the moment
affektiert affected
Affenhitze (*umgangsspr*) incredible heat
affig affected
Afghane, -nin Afghan
Afrika Africa **Afrikaner(in)** African **afrikanisch** African
Afroamerikaner(in) Afro-American **afroamerikanisch** Afro-American
After (*anatomisch*) anus
Agenda ⒸⒽ 1 notebook 2 (*Tagesordnung*) agenda
Agent(in) agent **Agentur** agency
Agglomeration ⒸⒽ (*Ballungsraum*) conurbation
agieren act
Ägypten Egypt **Ägypter(in)** Egyptian **ägyptisch** Egyptian
aha I see!
Aha-Erlebnis sudden insight
ahnden punish *Verstoß;* avenge *Verbrechen, Tat*
ähneln be like, resemble; **sie ähneln sich sehr** they are very alike
ahnen foresee, know; **das konnte ich doch nicht ahnen!** I couldn't be expected to know that!
ähnlich similar; **jemandem ähnlich sehen** resemble someone; **das sieht ihm ähnlich** (*umgangsspr*) that is just like him
Ähnlichkeit similarity; **mit etwas Ähnlichkeit haben** resemble something
Ahnung 1 (*Vorgefühl*) presentiment 2 (*Wissen*) idea; **hast du eine Ahnung!** [a] fat lot you know about it!; **keine Ahnung!** no idea!
ahnungslos unsuspecting
Ahorn (*Laubbaum*) maple [tree]
Ähre ear
Aids, AIDS *Abkürzung von* **Acquired Immune Deficiency Syndrome** aids, AIDS **Aids-Infizierte(r)** person infected with aids
Airbag (*Auto*) airbag
Airbus airbus **Airline** airline
Akademie academy
Akademiker(in) (*Hochschulabsolvent*) university graduate
akademisch academic
akklimatisieren **sich akklimatisieren** become acclimatized
Akkord 1 (*Musik*) chord 2 (*Stücklohn*) piece rate; **im Akkord arbeiten** do piecework
Akkordeon (*Musik*) accordion
Akku (*elektrisch*) accumulator, battery
akkurat precise
Akkusativ (*Grammatik*) accusative
Akne acne
Akrobat(in) acrobat **akrobatisch** acrobatic
Akt 1 (*Tat*) act, action 2 (*im Theater*) act 3 (*Malerei*) nude 4 Ⓐ (*Akte*) file, record

Akten files, records; **zu den Akten legen** file away **Aktennotiz** memo **Aktenordner** file **Aktentasche** briefcase **Aktenzeichen** reference

Akteur(in) (*Film theat*) protagonist

Aktie share; **in Aktien anlegen** invest in shares ▸IN WENDUNGEN: **na, wie stehen die Aktien?** (*humorvoll*) how are things? **Aktiengesellschaft** public limited company **Aktienkapital** share capital **Aktienkurs** share price

Aktion ❶ action; (*Einsatz*) operation; **in Aktion treten** go into action ❷ **das war eine geniale Aktion!** (*umgangsspr*) that was a great campaign!

Aktionär(in) shareholder (GB), stockholder (USA)

aktiv active

aktivieren ❶ (*chemisch*) activate ❷ (*in Bewegung setzen*) get moving

Aktivität activity

aktualisieren update

Aktualität topicality; **Aktualitäten** current events

Aktuar(in) (CH) (*Schriftführer*) secretary

aktuell ❶ relevant; *Frage, Thema:* topical; **das ist nicht mehr aktuell** that's no longer relevant ❷ (*gegenwärtig*) *Problem, Thema:* current

Akupunktur acupuncture

Akustik acoustics ⚠ *plural*

akustisch acoustic; **ich habe Sie akustisch nicht verstanden** I didn't catch what you said

akut ❶ (*medizinisch*) acute ❷ (*vordringlich*) urgent

Akzent ❶ (*sprachlich*) accent ❷ (*übertragen*) stress (**auf** on)

akzeptieren accept

Alarm alarm; **Alarm schlagen** sound the alarm **Alarmanlage** alarm system **alarmieren** alert

Albaner(in) Albanian **Albanien** Albania **albanisch** Albanian

albern (*kindisch*) silly

Albtraum nightmare

Album album

Alge alga ['ælgə], ⚠ *plural* algae ['ældʒiː]

Algebra (*Mathematik*) algebra ['ældʒɪbrə]

Algorithmus algorithm ['ælgəriðəm]

Alibi alibi ['ælɪbaɪ] **Alibifunktion** **Alibifunktion haben** be used as an alibi

Alimente maintenance ⚠ *singular*

alkalisch alkaline

Alkohol alcohol **Alkoholeinfluss** **unter Alkoholeinfluss** under the influence of alcohol **alkoholfrei** non-alcoholic; **alkoholfreie Getränke** soft drinks **alkoholhaltig** alcoholic

Alkoholiker(in) alcoholic **Alkoholismus** alcoholism

All space; (*in der Philosophie*) universe

alle **alle werden** run out

alle(r, s) ❶ all; **alle Eltern sind willkommen** all parents are welcome ❷ (*bestimmte Menge, Anzahl*) **alle Schüler in der Klasse 6c** all the pupils in form 6c; **alles Geld der Welt** all the money in the world; **alle meine Bücher** all [of] my books ❸ everything; **alles, was Sie wollen** anything you like; **alles, was ...** all that ... ❹ **alle 2 Tage** every other day; **alle 8 Tage** once a week ❺ (*substantivisch:* ⚠ *im Englischen oft verneint*) **wir haben alle kein Geld mehr** none of us have any money left; **sie haben mir alle nicht gefallen** I didn't like any of them ▸IN WENDUNGEN: **auf alle Fälle** in any case; **vor allem** above all; **ein für allemal** once and for all; **alles in allem** on the whole; **was soll das alles?** what's all this about?; **was es nicht alles gibt!** well, now I've seen everything!

Allee avenue

allein ❶ alone; (*einsam*) lonely ❷ **eine allein erziehende Mutter** a single mother; **allein stehend** single ❸ (*selbstständig*) **das habe ich alleine gemacht** I did that by myself; **von allein** by oneself; **das Gerät ist von alleine ausgegangen** the machine switched off by itself; **das weiß ich von allein!** you don't have to tell me that! **Alleinerziehende(r)** single parent **Alleingang** solo run; **im Alleingang** on one's own

alleinig sole

allemal **ein für allemal** once and for all

allenfalls if need be; (*höchstens*) at most

allerbeste best of all, very best

allerdings ❶ (*aber*) but ❷ **allerdings!** certainly!

allererste(r, s) very first; **zu allererst** first and foremost

Allergie (*medizinisch*) allergy **allergisch** allergic (**gegen** to)

Allerheiligen All Saints' Day

allerlei all sorts of [things] **allerletzte(r, s)** very last **allermeiste(r, s)** by far the most; **am allermeisten** most of all **allerneueste(r, s)** very latest **allerwenigst** least of all; **das wissen die Allerwenigsten** very few people know that

allesamt all

allfällig (CH) ① (*eventuell*) possible ② (*gegebenenfalls*) possibly

allgemein general; **im Allgemeinen** generally, in general **Allgemeinbildung** general education **Allgemeinheit** general public

Allheilmittel panacea [ˌpænə'siːə], cure-all ['kjʊərɔːl]

Allianz alliance

Alliierte(r) ally ['ælaɪ]; **die Alliierten** the Allies

alljährlich annual[ly] ['ænjuəli], yearly

allmächtig omnipotent [ɒm'nɪpətᵊnt]; **allmächtiger Gott!** heavens above!

allmählich ① gradual ② **etwas allmählich tun** do something gradually [*oder* step by step]

Allradantrieb (*Auto*) all-wheel drive

Alltag (*übertragen*) everyday life

alltäglich (*gewöhnlich*) everyday

allzu **allzu oft** much too often; **allzu sehr** too much; **allzu viel** too much

Allzweck- (*in Zusammensetzungen*) all-purpose …

Alm alpine pasture

Alpen **die Alpen** the Alps

Alphabet alphabet **alphabetisch** alphabetical

Alptraum, **Albtraum** nightmare

als ① (*nach Komparativen*) than; **sie ist schöner/größer als Helen** she is prettier/taller than Helen ② (*bei Vergleich*) as … as; **so weit wie möglich** as far as possible ③ (*in Modalsätzen*) as if [*oder* though]; **es sieht so aus, als würde es regnen** it looks as though it might rain ④ (*temporal*) when; **gerade, als …** just as … ⑤ (*in der Eigenschaft*) **als Beweis** as proof; **als Kind** as a child ⑥ **alles andere als …** anything but …

also ① so; **dir geht es also besser** so you are feeling better; **also doch** so … after all; **du gehst also doch?** so you are going after all? ② (*als Füllwort*) well; **also gut!** well all right then!; **also nein!** oh no!; **also so eine Frechheit!** what a cheek! ③ (*daher*) so, therefore; **sie bat mich darum, also bin ich gegangen** she asked me to, [and] so I left

alt ① *Person:* old; **wie alt bist du?** how old are you?; **ich bin siebzehn Jahre alt** I'm seventeen years old ② (*historisch*) ancient; *Sprachen:* classical ▸ IN WENDUNGEN: **er ist nicht mehr der Alte** he is not the man he used to be; **alles beim Alten lassen** leave everything as it was; **alt aussehen** (*umgangsspr*) look a right fool

> **? Grammatik** Man kann **senior to** oder **older than** für „älter als" sagen: *Tom is five years senior to me* oder *Tom is five years older than me.*

Altar altar

altbacken ① *Brot:* stale ② *Aussehen:* old-fashioned

Altbau ① (*altes Haus*) old building ② (*Hausteil*) old part of a house

Altenheim old people's home

Alter age; **im Alter von …** at the age of …; **das ist doch kein Alter!** that's no age at all!

altern ① *Mensch:* get older ② *Wein, Spirituosen:* mature

alternativ ① alternative; (*in der Politik*) unconventional ② (*umweltbewusst*) ecologically minded

Alternativ- (*in Zusammensetzungen*) alternative

Alternative alternative

Altersasyl (CH) (*Altersheim*) old people's home **Altersgruppe** age group **Altersheim** old people's home **Altersruhegeld** old-age pension **Altersschwäche** infirmity **Altersversorgung** provision for old age

Altertum antiquity

altertümlich (*veraltet*) antiquated

Altglascontainer bottle bank

Altjahresabend (CH) (*Silvester*) New Year's Eve

altklug precocious

Altmaterial scrap **Altmeister** (*im Sport*) ex-champion **altmodisch** old-fashioned **Altpapier** waste paper **Altpapiersammlung** waste paper collection **Altstadt** old part of town **Altweibersommer** Indian summer

Alufolie tin foil, aluminium foil (GB), aluminum foil (USA)

Aluminium aluminium (GB), aluminum (USA)

am ① (*Zeitangabe*) **am 1. November** on November 1st; **Frankfurt am Main** Frankfurt on the Main; **am Abend** in the evening;

am Anfang at the beginning; **am Tag darauf** on the following day ② (*räumlich, örtlich*) on the; **am Fluss/Meer** by the river/sea; **am Eingang** at the entrance; **am Lager** in stock ③ (*zur Bildung des Superlativs*) **am besten** best; **er war am tapfersten** he was [the] bravest; **am liebsten gehe ich Inline-Skaten** I like going rollerblading best ④ (*umgangsspr: Verlauf*) **ich war am Arbeiten, als er anrief** I was working when he called; **sie war gerade am Weggehen** she was just about to leave ⑤ (*Zustand*) **am Leben** alive

Amateur(in) amateur

Ambulanz ① (*im Krankenhaus*) outpatients ⚠ *singular* ② (*Krankenwagen*) ambulance ['æmbjələns]

Ameise ant **Ameisenbär** anteater **Ameisenhaufen** anthill

amen amen!

Amerika America; **die Vereinigten Staaten von Amerika** the United States of America **Amerikaner(in)** American **amerikanisch** American

Ammann (CH) ① mayor ② (*Beamter des Gerichts*) local magistrate

Ammoniak (*chemisch*) ammonia

Amnestie (*in der Politik*) amnesty

Amok amok (GB), amuck (USA); **Amok laufen** run amok

amortisieren **sich amortisieren** pay for itself

Ampel traffic lights ⚠ *plural*

Ampere (*elektrisch*) ampere ['æmpeə(r)]

Amphibie amphibian [æm'fɪbiən]

amputieren amputate

Amsel blackbird

Amt ① (*öffentliches*) office; **von Amts wegen** officially ② (*Aufgabe*) duty, task ③ (*Behörde*) department ④ (*Telefonamt*) exchange

amtlich official; **amtliches Kennzeichen** registration number (GB), license number (USA)

Amtsentsetzung (A) dismissal from office **Amtsgericht** county court (GB), district court (USA) **Amtsrichter(in)** county court judge (GB), district court judge (USA) **Amtszeichen** dialling tone (GB), dial tone (USA) **Amtszeit** period of office

amüsant amusing

amüsieren ① amuse ② **sich amüsieren** enjoy oneself ③ **sich über etwas amüsieren** find something funny

an ① (*räumlich*) to; **sie ging ans Fenster** she went to the window; **ans Telefon gehen** answer the phone ② (*auf*) on; **sie hatte etwas an ihrer Jacke** she had something on her jacket ③ (*zeitlich*) on; **an einem Dienstag** on a Tuesday; **an diesem Abend** that evening; **es ist an der Zeit** the time has come ④ (*Grund*) **jemanden an etwas erkennen** recognize someone by something; **an etwas schuld sein** be to blame for something ⑤ (*etwa*) **an die 500 Schüler** about five hundred pupils ⑥ **von nun an** from now on ⑦ (*Ankunft*) **Heidelberg an 16.25** arriving Heidelberg 16:25

analog ① analogous ② (*Informatik*) analog ['ænəlɒg]

Analphabet(in) illiterate [ɪ'lɪt(ə)rət]

Analyse analysis [ə'næləsɪs]

analysieren analyze [æn(ə)laɪz]

Ananas pineapple ['paɪnæpl]

Anatomie anatomy [ənætəmi] **anatomisch** anatomical [ænə'tɒmɪkl]

anbahnen (*bevorstehen*) be in the offing *umgangsspr*

Anbau ① (*Gebäude*) extension ② (*landwirtschaftlich*) cultivation

anbauen ① add, build on *Gebäude* ② (*landwirtschaftlich*) cultivate, grow

Anbaufläche cultivable land; (*bebaute Fläche*) area under cultivation

anbei enclosed; **anbei übersenden wir Ihnen …** please find enclosed …

anbelangen concern; **was mich/das anbelangt …** as far as I am/that's concerned …

anbeten ① (*religiös*) worship ② (*übertragen*) adore

anbiedern (*abwertend*) **sich bei jemandem anbiedern** curry favour with someone

anbieten ① **jemandem etwas anbieten** offer someone something, offer something to someone ② *Mensch:* offer one's services ③ *Gelegenheit:* present itself

anbinden ① tie [up] ② **kurz angebunden sein** be curt

Anblick sight

Anbot (A) offer

anbrennen *Essen:* get burnt; **anbrennen lassen** burn ▸ IN WENDUNGEN: **nichts anbrennen lassen** (*umgangsspr*) ① not miss out on anything ② (*Torwart*) keep a clean sheet

anbringen ① (*installieren*) install ② make

Bitte, Beschwerde (**bei** to)
Anbruch beginning
andächtig devout
andauern continue **andauernd** (*ständig*) continuous; (*anhaltend*) continual; **jemanden andauernd unterbrechen** keep on interrupting someone; **sie erhielt andauernd Anrufe** she kept getting phone calls
Andenken ① memory; **zum Andenken an …** in memory of … ② (*Gegenstand*) keepsake (**an** from); (*von einer Reise*) souvenir
andere ① (*verschieden*) different; **ein anderer Mann/eine andere Bluse** a different man/blouse; (*noch eine(r)*) another man/blouse; **das ist etwas Anderes** that is different; **ein anderes Mal** another time ② (*folgend*) **am anderen Morgen** the next morning ③ (*substantivisch: Person*) **ein anderer/eine andere** a different person; **jeder andere/kein anderer** anyone/no-one else; (*Sache*) a different one ④ **nichts anderes** nothing else; **nichts anderes als** nothing but; **alles andere als** anything but ⑤ **unter anderem** among other things *plural* ⑥ **einer nach dem anderen** one at a time
andererseits on the other hand
ändern ① (*wechseln*) change; **ich kann es nicht ändern** I can't do anything about it ② **sich ändern** change
andernfalls otherwise
anders ① differently; **ich hätte es anders gemacht** I would have done it differently ② **jemand anders** someone else ③ **es sich anders überlegen** change one's mind ④ **es geht nicht anders** there's no other way
andersherum the other way round
anderswo elsewhere **anderswoher** from elsewhere **anderswohin** elsewhere
anderthalb one and a half
Änderung alteration, change
anderweitig (*woanders*) elsewhere
andeuten [**jemandem**] **etwas andeuten** (*erkennen lassen*) indicate something [to someone]; (*zu verstehen geben*) hint [at] something [to someone]
Andeutung eine Andeutung über etwas machen hint at something
Andrang *von Menschen:* crowd, rush; *von Blut:* rush
andrehen ① (*einschalten*) turn on ② (*befestigen*) tighten, screw in *Schraube* ③ **jemandem etwas andrehen** palm something off on someone
aneignen sich etwas aneignen acquire something; (*widerrechtlich*) appropriate something
aneinander each other; **sich aneinander gewöhnen** get used to each other
anekeln disgust
anerkennen ① recognize, acknowledge; (*wirtschaftlich*) accept ② (*lobend*) appreciate; **ein anerkennender Blick** an appreciative look
anfahren ① *Fahrzeug:* start, pull away ② (*zusammenstoßen*) run into, hit ③ **jemanden anfahren** shout at someone
Anfahrt (*Reise*) journey
Anfall (*medizinisch*) attack; (*epileptisch*) fit; **in einem Anfall von …** in a fit of …
anfallen ① **jemanden anfallen** attack someone ② *Kosten:* arise
anfällig ① (*gesundheitlich*) delicate ② **für etwas anfällig sein** be susceptible to something
Anfang beginning; **Anfang Mai** at the beginning of May; **für den Anfang** for the present; **von Anfang an** right from the beginning; **den Anfang machen** begin, start, make a start
anfangen begin, start; **von vorn anfangen** begin [*oder* start] again; **fang nicht wieder damit an!** don't start all that again!; **ich weiß nicht, was ich damit anfangen soll** I don't know what to do with it
Anfänger(in) beginner
anfänglich ① *Schwierigkeiten:* initial ② (*zunächst*) at first
anfangs at first
Anfangsbuchstabe first letter; **großer Anfangsbuchstabe** capital initial **Anfangsstadium** initial stage
anfassen ① touch; **nicht anfassen!** don't touch! ② tackle *Problem*
anfechtbar contestable
anfechten contest; appeal against *Urteil;* dispute *Vertrag*
anfertigen make
anflehen implore (**um** for)
Anflug *eines Flugzeugs:* approach
anfordern request **Anforderung** ① (*Belastung*) demand; **hohe Anforderungen an jemanden stellen** demand a lot of someone; **den Anforderungen genügen**

be able to meet the demands ❷ (*Bedürfnis*) requirement ❸ (*das Anfordern*) request (**von** for)

Anfrage ❶ inquiry ❷ (*im Parlament*) question ❸ (*Informatik*) query **anfragen** inquire (**bei** of)

anfreunden **sich mit jemandem anfreunden** make friends with someone; **sich mit etwas anfreunden** get to like something

anführen ❶ (*als Führer*) lead ❷ (*zitieren*) cite, quote, give *Beispiel*

Anführer leader; (*Anstifter*) ringleader

Anführungszeichen inverted commas, quotation marks

Angabe ❶ (*Aussage*) statement ❷ (*Auskunft*) information ⚠ *kein Plural* ❸ **nähere** [*oder* **genauere**] **Angaben** details, particulars ❹ **Angaben zur Person** personal details

angeben¹ ❶ (*nennen*) give; **Gründe angeben** state reasons ❷ (*behaupten*) maintain

angeben² (*prahlen*) boast, show off **Angeber(in)** show-off

angeblich ❶ so-called ❷ **er hat angeblich Geld gestohlen** he allegedly stole money

angeboren innate

Angebot offer; *von Waren:* supply; **Angebot und Nachfrage** supply and demand

angebracht (*sinnvoll*) reasonable

angebrannt burnt

angegossen **wie angegossen sitzen** fit like a glove

angeheitert tipsy

angehen (*betreffen*) concern; **das geht Sie nichts an!** that's none of your business!; **was geht das mich an?** what's that got to do with me?; **was mich angeht …** for my part … **angehend** (*zukünftig*) prospective

angehören be a member of

Angehörige(r) relative

Angeklagte(r) accused, defendant

Angel (*Fischangel*) rod and line (GB), fishing pole (USA)

Angelegenheit matter; **kümmere dich um deine eigenen Angelegenheiten!** mind your own business!

angelernt *Arbeiter:* semi-skilled

angeln **angeln gehen** go fishing; **nach etwas angeln** fish for something

angeloben (A) swear in

Angelrute fishing rod

angemessen appropriate; *Preis:* reasonable

angenehm agreeable, pleasant; **angenehme Reise!** have a pleasant journey!

angenommen **angenommen, dass …** assuming [*oder* supposing] that …

angesehen respected

angesichts in view of, considering

Angestellte(r) employee

angestrengt (*arbeiten*) hard

angetan **von jemandem/etwas angetan sein** be impressed by someone/something; **es jemandem angetan haben** appeal to someone

angetrunken inebriated

angewiesen **angewiesen sein auf** be dependent on

angewöhnen get accustomed to

Angewohnheit habit; **die Angewohnheit haben, etwas zu tun** be in the habit of doing something

Angina (*medizinisch*) angina

Angler(in) angler

Anglistik (*Studienfach*) English studies *plural*

angreifbar (*übertragen*) open to attack

angreifen ❶ (*feindlich*) attack ❷ (*schwächen*) weaken; (*beeinträchtigen*) affect

angrenzend ❶ *Gebiet:* adjacent (**an** to) ❷ (*Informatik*) contiguous

Angriff attack (**auf** to); **etwas in Angriff nehmen** tackle something

Angst anxiety (**um** about); (*Furcht*) fear (**vor** of); **vor etwas Angst haben** be afraid of something; **um jemanden Angst haben** be anxious about someone; **keine Angst!** don't worry!

ängstigen ❶ **sich ängstigen** worry ❷ **jemanden ängstigen** frighten someone

ängstlich (*angstvoll*) anxious

Angstzustände (*psychologisch*) state of anxiety ⚠ *singular;* **Angstzustände bekommen** get in a [state of] panic

angurten fasten one's seat belt

anhaben ❶ *Kleidungsstücke:* have on, be wearing ❷ (*beeinträchtigen*) **sie können mir nichts anhaben** they can't touch me

anhalten ❶ stop; **die Luft anhalten** hold one's breath; **jemanden zu etwas anhalten** encourage someone to do something ❷ (*stehen bleiben*) stop ❸ (*andauern*) last ❹ **um jemandes Hand anhalten** propose to someone

anhaltend incessant

Anhalter(in) hitch-hiker; **per Anhalter fahren** hitch-hike

Anhang ① appendix ② (*umgangsspr: Familie*) family

anhängen ① (*hinzufügen*) add ② (*Informatik*) attach ③ **jemandem etwas anhängen** (*umgangsspr*) blame something on someone

Anhänger ① (*Person*) follower, supporter ② (*für Gepäck*) tag; (*Schmuckstück*) pendant ③ (*Auto*) trailer

anhänglich clinging

anheben ① raise *Gehalt* ② (*hochheben*) lift up

Anhieb **auf Anhieb** (*umgangsspr*) straight away [*oder* off]

anhimmeln worship; (*schwärmerisch ansehen*) gaze adoringly at

anhören ① listen to ② (*erhören*) **jemanden/jemandes Bitte anhören** hear someone/someone's request ③ **das hört sich ja gut an!** that sounds good!

Animateur(in) host [hostess]

animieren encourage

Anis ① *Pflanze* anise ② *Gewürz* aniseed

Ankauf purchase

Anker anchor; **vor Anker liegen** be anchored; **den Anker lichten** weigh anchor

anketten chain up (**an** to)

Anklage ① (*juristisch*) charge; **gegen jemanden Anklage erheben** bring charges against someone ② (*Staatsanwalt*) prosecution

anklagen charge (**wegen** with); **jemanden anklagen, etwas getan zu haben** accuse someone of having done something

Anklang [**bei jemandem**] **Anklang finden** be well received [by someone], meet with approval [from someone]

anklicken (*Informatik*) click on

anklopfen knock (**an** at)

anknüpfen ① tie on (**an** to) ② (*übertragen*) start up; **an etwas anknüpfen** take something up

ankommen[1] ① arrive; **ich komme um 8:30 an** I arrive at 8:30 ② (*bei Bewerbungen*) be taken on (**bei** by) ③ (*Anklang finden*) go down (**bei** with); **bei jemandem ankommen** (*umgangsspr*) have success with someone

ankommen[2] ① (*wichtig sein*) **es kommt darauf an, wie schnell man ist** it depends on how fast you are ② **es darauf ankommen lassen** chance it

ankündigen announce **Ankündigung** announcement

Ankunft arrival; **bei Ankunft** on arrival **Ankunftszeit** time of arrival

ankurbeln (*übertragen*) boost

anlächeln smile at; **jemanden nett anlächeln** give someone a nice smile

anlachen ① smile at ② **sich jemanden anlachen** (*umgangsspr*) pick someone up, pull someone (GB) *slang*

Anlage ① (*Fabrik*) plant ② (*Park*) public park, gardens ⚠ *plural* ③ (*Stereoanlage*) system ④ (*im Finanzwesen*) investment ⑤ **als Anlage erhalten Sie ...** enclosed please find ...

Anlass ① (*Ursache*) cause (**zu** for); **es besteht kein Anlass** there is no reason; **beim geringsten Anlass** for the slightest reason ② (*Gelegenheit*) occasion; **etwas zum Anlass nehmen zu ...** use something as an opportunity to ...

anlassen ① (*in Gang setzen*) start *Auto* ② (*nicht ausziehen*) keep on *Kleidung, Hut* ③ leave on *Gerät*

anlässlich on the occasion of

Anlauf **einen Anlauf nehmen** take a run-up; **erst beim zweiten Anlauf** only at the second go

anlaufen ① *Film:* open ② (*beschlagen*) *Glas:* steam up; *Metall:* tarnish ③ *Schiff:* call at *einen Hafen*

Anlaufstelle shelter, refuge

anlegen ① (*daranlegen*) lay (**an** next to) ② (*anziehen*) don ③ (*im Finanzwesen*) invest ④ start *Kartei* ⑤ lay in *Vorräte* ⑥ (*Informatik*) create *Datei* ⑦ *Schiff:* berth ▸ IN WENDUNGEN: **sich mit jemandem anlegen** pick a quarrel with someone

anlehnen ① lean (**an** against); **die Tür anlehnen** leave the door ajar ② **sich an etwas anlehnen** follow something

anleiern (*umgangsspr*) **etwas anleiern** (*in die Wege leiten*) launch something, get something on the road

Anleihe ① (*Darlehen*) loan ② (*Wertpapier*) bond

anleiten instruct

Anleitung (*auch technisch*) instructions ⚠ *plural;* **unter Anleitung von ...** under the guidance of ...

Anliegen (*Bitte*) request

anliegend ❶ (*benachbart*) adjacent ❷ *Kleider:* tight-fitting ❸ (*beiliegend*) enclosed
anlocken attract *auch Kunden;* lure *Tiere*
anlügen lie to
anmachen ❶ (*befestigen*) put up (**an** on) ❷ dress *Salat* ❸ turn on *Licht, Radio* ❹ (*ansprechen*) chat up ❺ (*umgangsspr: erregen*) turn on ❻ light *Feuer*
anmaßend presumptuous
anmelden ❶ announce ❷ **sich anmelden** announce one's arrival ❸ (*für einen Kurs*) **sich/jemanden anmelden** enrol oneself/someone (**für** for); **jemanden bei einer Schule anmelden** enrol someone at a school ❹ **seinen Fernseher anmelden** get a licence for one's TV set ❺ declare *Abgaben, Zollwaren*
Anmeldung ❶ (*Ankündigung*) announcement ❷ (*zu einem Kurs*) enrolment; (*polizeilich*) registration ❸ (*Rezeption*) reception
anmerken ❶ (*bemerken*) say ❷ (*schriftlich*) note ❸ **sich nichts anmerken lassen** keep a straight face
Anmerkung ❶ (*schriftlich*) note ❷ (*Bemerkung*) remark
Anmut grace **anmutig** graceful
annähen sew on (**an** to)
annähernd ❶ approximate ❷ (*etwa*) about, approximately; **nicht annähernd so viel ...** not nearly as much ...
Annäherung approach (**an** towards) **Annäherungsversuch** advances ⚠ *plural*
Annahme acceptance; (*Vermutung*) assumption
annehmbar acceptable (**für** to); *Preis:* reasonable
annehmen ❶ accept *Angebotenes* ❷ (*aufnehmen*) take ❸ (*vermuten*) presume, assume; **ich nehme an, er wollte ins Kino** I presume he wanted to go to the cinema; **etwas von jemandem annehmen** expect something of someone ❹ **sich einer Sache annehmen** see to a matter
Annehmlichkeit convenience; **die Annehmlichkeiten des Lebens** the comforts of life
anno (*im Jahre*) in [the year] ▸ IN WENDUNGEN: **von anno dazumal** [*oder* **Tobak**] (*umgangsspr*) from the year dot *umgangsspr*
Annonce advertisement
anonym anonymous; **Anonyme Alkoholiker** Alcoholics Anonymous
Anorak anorak
anordnen ❶ (*aufstellen*) arrange ❷ (*befehlen*) order
anpacken ❶ (*anfassen*) grab ❷ (*übertragen*) tackle; **kannst du mal mit anpacken?** can you lend me a hand?
anpassen ❶ (*technisch*) fit [to] ❷ **sich an etwas anpassen** adapt oneself to something
anpassungsfähig adaptable
anpflanzen grow
anprangern denounce
anpreisen extol; **sich** [**als etwas**] **anpreisen** sell oneself [as something]
Anprobe (*im Kaufhaus*) fitting room **anprobieren** try on
anpumpen (*umgangsspr*) **jemanden anpumpen** touch someone for cash *umgangsspr,* borrow cash off someone *umgangsspr*
Anrainer(in) Ⓐ [local] resident
anrechnen ❶ (*berechnen*) charge ❷ (*gutschreiben*) take into account ❸ **jemandem etwas hoch anrechnen** think highly of someone for something
anregen ❶ (*stimulieren*) stimulate ❷ (*ermuntern*) prompt (**zu** to) **anregend** stimulating; (*körperlich*) invigorating
Anregung (*Vorschlag*) idea; **auf Anregung von** on the suggestion of
anreichern ❶ (*auch übertragen*) enrich ❷ (*vergrößern*) enlarge
Anreise journey
Anreiz incentive
anrempeln bump into; (*böswillig*) jostle
Anrichte ❶ sideboard ❷ (*Raum*) pantry
anrichten ❶ prepare *Mahlzeit* ❷ (*verursachen*) bring about
anrüchig notorious
Anruf call **Anrufbeantworter** answering machine, answerphone
anrufen phone, ring (GB), call (USA)
anrühren mix *Farbe;* blend *Sauce*
Ansage announcement
ansagen ❶ announce ❷ **angesagt sein** (*modisch*) be in fashion; *Lokal, Disco:* be the place to go; (*erforderlich*) be the thing to do
Ansager(in) (*Radio*) announcer
ansammeln accumulate; *Vorräte:* build up
Ansatz ❶ (*technisch*) attachment; (*zur Verlängerung*) extension ❷ (*Philosophie*) approach

anschaffen (*kaufen*) buy, purchase
Anschaffung acquisition
anschalten switch on *Gerät, Fernseher*
anschauen look at
anschaulich (*klar*) clear, graphic; (*lebendig*) vivid; *Beispiel:* concrete
Anschauungsmaterial visual aids ⚠ *plural*
Anschein appearance; **allem Anschein nach** to all appearances ⚠ *plural;* **sich den Anschein geben** pretend to be **anscheinend** apparently
Anschlag ❶ (*Mordversuch*) murderous attempt ❷ (*auf Schreibmaschine*) touch ❸ (*Widerstand*) stop
anschließen ❶ (*technisch*) connect ❷ **sich jemandem anschließen** join someone ❸ **ich schließe mich Ihnen/Ihrer Meinung an** I share your opinion, I'm of the same opinion as you
Anschluss ❶ (*Bahn*) connection; **Anschluss haben nach …** have a connection to … ❷ (*Telefonanschluss*) telephone, line ❸ **im Anschluss an** following ▶ IN WENDUNGEN: **den Anschluss verpassen** miss the bus **Anschlusszug** connection
anschmiegen *Mensch:* snuggle up (**an** to), nestle (**an** against) **anschmiegsam** *Stoff:* smooth
anschnallen ❶ fasten *Sicherheitsgurt;* clip on *Skier* ❷ **sich anschnallen** fasten one's seat belt
anschnauzen yell at
anschneiden ❶ cut ❷ touch on *Thema*
anschreiben ❶ (*an Tafel*) write up ❷ (*zu jemandes Lasten aufschreiben*) chalk up to someone's account; **anschreiben lassen** (*umgangsspr*) buy on tick
anschreien shout at
Anschrift address
anschuldigen accuse (**wegen** of)
Anschwellung (*auch medizinisch*) swelling
anschwemmen wash up
Ansehen (*Achtung*) reputation; **an Ansehen verlieren** lose face
ansehen ❶ look at ❷ (*besichtigen*) have a look at; **sich etwas genau ansehen** take a close look at something ❸ **das sieht man ihr nicht an** she doesn't look it ❹ watch *Fernsehprogramm, Film* ▶ IN WENDUNGEN: **sieh mal [einer] an!** well, I never!
ansehnlich (*beträchtlich*) considerable; **ein ansehnlicher Betrag** a tidy sum
ansetzen (*übertragen: bestimmen*) fix; (*veranschlagen*) estimate *Betrag;* put on *Fett*
Ansicht ❶ (*übertragen*) opinion; **meiner Ansicht nach** in my opinion ❷ **zur Ansicht** on approval
Ansichtskarte picture [post]card
ansiedeln **sich irgendwo ansiedeln** settle somewhere; *Firma:* establish itself somewhere
Anspannung strain
anspielen ❶ (*Fußball*) kick off ❷ **auf etwas anspielen** allude to something **Anspielung** allusion (**auf** to)
anspornen (*übertragen*) encourage
Ansprache address
ansprechen ❶ speak to (**auf** about); **ein Mann hat mich auf der Straße angesprochen** a man approached me in the street ❷ (*gefallen*) appeal to; **das spricht mich nicht so an** that doesn't appeal to me much ❸ (*reagieren*) respond (**auf** to) **ansprechend** attractive
Ansprechpartner(in) contact
anspringen *Auto:* start
Anspruch ❶ (*Recht*) claim (**auf** to); **auf etwas Anspruch haben** have a right to something ❷ **jemanden völlig in Anspruch nehmen** take up all of someone's time
anspruchslos *Mensch:* modest; *Arbeit:* simple, easy; *Roman:* light
anspruchsvoll (*viel verlangend*) demanding; (*hohe Anforderungen stellend*) ambitious
Anstalt institution
Anstand decency, propriety; **keinen Anstand haben** have no manners ⚠ *plural*
anständig (*auch übertragen*) decent; (*umgangsspr*) *Essen* square
anstarren stare at
anstatt instead of
anstecken ❶ **sie hat mich mit ihrer Erkältung angesteckt** she's given me her cold, she's passed on her cold to me ❷ **sich anstecken** catch flu/the measles etc.; **ich habe mich bei James angesteckt** I got it from James
ansteckend contagious, infectious *auch übertragen*
Anstecknadel pin
anstehen ❶ (*Schlange stehen*) queue [up] (GB), line up (USA) (**nach** for) ❷ **was steht noch an?** what's left on the agenda?

ansteigen rise, go up
anstelle instead (**von** of)
anstellen 1 turn on *Radio, Gerät* 2 (*einstellen*) employ 3 (*machen*) manage; **wie stellt sie das nur an?** how does she manage it? 4 **sich anstellen** (*in Schlange*) queue up (**für** for) 5 **sich anstellen** (*sich verhalten*) act up; **stell dich nicht so an!** don't make such a fuss!
Anstellung employment; **eine feste Anstellung** a permanent position
anstiften incite
Anstoß 1 (*im Sport*) kick-off 2 **Anstoß erregen** cause offence
anstoßen (*mit Gläsern*) touch glasses; **auf etwas anstoßen** drink to something
Anstößer(in) Ⓒⓗ [local] resident
anstößig offensive
anstreichen 1 (*markieren*) mark 2 (*mit Farbe*) paint
Anstreicher(in) painter
anstrengen 1 strain; **sein Gedächtnis anstrengen** rack one's brains ⚠ *plural* 2 **sich anstrengen** make an effort **anstrengend** 1 strenuous; **das ist anstrengend für die Augen** it's a strain on the eyes 2 *Mensch:* difficult
Anstrengung effort; (*groß*) strain; **große Anstrengungen machen** make every effort ⚠ *singular*
Anstrich 1 (*Farbschicht*) coat of paint 2 (*Note*) touch
Ansturm rush
ansuchen Ⓐ **bei jemandem um etwas ansuchen** ask somebody for something, apply to somebody for something
Antarktis Antarctic **antarktisch** Antarctic
antasten infringe *Rechte*
Anteil 1 share (**an** of) 2 **an etwas Anteil nehmen** take [*oder* show] an interest in something; (*mitfühlend sein*) be sympathetic over something
anteilig proportionate
Anteilnahme interest (**an** in); (*Mitgefühl*) sympathy (**an** with)
Antenne (*Radio*) aerial
antiautoritär antiauthoritarian
Antibabypille contraceptive pill
Antibiotikum (*medizinisch*) antibiotic
antik 1 *Möbel:* antique 2 (*aus der Antike*) ancient **Antike** antiquity
Antikörper (*medizinisch*) antibody
Antilope antelope
Antiquariat (*Geschäft*) second-hand bookshop
Antiquitäten antiques *plural*
antönen Ⓐ (*andeuten*) hint
Antrag application; **einen Antrag auf etwas stellen** make an application for something; (*juristisch*) file a petition for something; (*im Parlament*) propose a motion for something; **auf Antrag von** at the request of **Antragsformular** application form
antreffen 1 find; (*zufällig*) come across 2 **jemanden irgendwo antreffen** meet someone somewhere
antreiben (*drängen*) urge
antreten 1 begin *Reise;* take up *neue Stelle* 2 (*im Sport*) **gegen jemanden antreten** compete against someone
Antrieb 1 (*übertragen*) drive; (*plötzlicher*) impetus 2 *von Auto, Maschine:* drive 3 **aus eigenem Antrieb** on one's own initiative
antun 1 do; **warum tust du dir/mir das an?** why are you doing this to yourself/me? 2 **tun Sie sich keinen Zwang an!** don't stand on ceremony!
anturnen (*slang*) turn on
Antwort answer, reply; **jemandem eine Antwort geben** reply to someone; **als Antwort auf etwas** in response to something
antworten answer, reply; **auf etwas antworten** answer something
anvertrauen **jemandem etwas anvertrauen** entrust someone with something; (*übertragen*) confide something to someone
Anwalt, Anwältin lawyer; (*übertragen*) advocate
Anwärter(in) candidate (**auf** for); (*im Sport*) contender
anweisen 1 transfer *Geld* 2 (*anleiten*) instruct
Anweisung 1 *von Geld:* transfer 2 (*Anleitung*) instructions ⚠ *plural* 3 (*Anordnung*) instruction; **auf Anweisung von …** on the instructions of …
anwendbar applicable (**auf** to)
anwenden use (**auf** on)
Anwender(in) user
Anwendung 1 use 2 (*in der Informatik*) application 3 (*Kur*) treatment
anwesend present
Anwesenheit presence; **in Anwesenheit von …** in the presence of …

anwidern disgust; **es widert mich an** it makes me feel sick
Anzahl number; **die Anzahl der Leute** the number of people
Anzahlung deposit; **eine Anzahlung auf etwas machen** pay a deposit on something
anzapfen tap *Fass, Elektrizität*
Anzeige 1 (*bei der Polizei*) report (**wegen** of) 2 (*in der Zeitung*) advertisement 3 (*Bildschirmanzeige*) display
anzeigen 1 **jemanden anzeigen** report someone to the police 2 **etwas anzeigen** (*auf Skala*) indicate something
anziehen 1 put on *Kleidung* 2 (*technisch*) tighten *Schraube* 3 (*Auto*) apply *Handbremse* 4 attract *Staub* 5 **sich anziehen** get dressed 6 *Preise:* go up **anziehend** attractive
Anziehungskraft 1 (*physisch*) force of attraction 2 (*übertragen*) appeal
Anzug suit
anzüglich *Bemerkungen:* lewd
anzünden light *Feuer, Streichholz;* set on fire *Gebäude*
apart striking
apathisch apathetic
aper CH (*schneefrei*) snowless
Apfel apple **Apfelbaum** apple tree **Apfelsaft** apple juice
Apfelsine orange
Apfelwein cider
Apostel apostle **Apostelgeschichte** Acts ⚠ *plural* of the Apostles
Apostroph apostrophe [ə'pɒstrəfi]
Apotheke chemist's [shop] [kemɪsts [ʃɒp]] GB, pharmacy ['fɑːməsi] USA **Apotheker(in)** chemist ['kemɪst], pharmacist ['fɑːməsɪst], druggist ['drʌgɪst] USA
Apparat 1 (*auch übertragen*) apparatus [æpə'reɪtəs] 2 (*Vorrichtung*) appliance [əp'laɪəns] 3 (*Gerät*) set 4 (*Telefon*) telephone; **am Apparat!** speaking!; **bleiben Sie am Apparat!** hold the line, please!
Appartement flat GB, apartment USA
Appell appeal
Appellation CH **in die Appellation gehen** appeal [ə'piːl]
appellieren appeal (**an** to)
Appetit appetite (**auf** for); **Appetit bekommen** get an appetite; **jemandem den Appetit verderben** spoil someone's appetite; **Appetit auf etwas haben** feel like something

i Land & Leute Die Briten kennen keinen entsprechenden Ausdruck für *„Guten Appetit"* oder *„Mahlzeit"*. Den Wunsch *„Enjoy your meal"* bekommt man nur in einem Restaurant zu hören. Zu Hause sagt man allenfalls auf französisch *„Bon appétit!"*

appetitlich appetizing; (*übertragen*) attractive **Appetitlosigkeit** lack of appetite
applaudieren applaud **Applaus** applause
Aprikose apricot
April April; **der 1. April** April Fools' Day; **April, April!** April fool! **Aprilscherz** April fool's trick
apropos by the way, that reminds me; **apropos Gesundheit …** speaking of health …
Aquarell watercolour [painting]
Äquator equator
Ära era
Araber Arab
Araberin Arabian woman **arabisch** Arabic
Arbeit 1 work; **an die Arbeit gehen** get down to work 2 (*Lohnarbeit*) labour 3 (*Stellung, Job*) job; **ohne Arbeit sein** be out of work 4 (*Klassenarbeit*) test; (*Aufsatz*) Essay; **eine Arbeit schreiben** (*Klassenarbeit*) do [*oder* sit] a test; **eine Arbeit über etwas schreiben** (*Aufsatz*) write an essay on something
arbeiten 1 work (**an** on) 2 (*Organ: funktionieren*) function 3 *Teig:* rise; *Holz:* warp
Arbeiter(in) worker; (*ungelernter*) labourer
Arbeitgeber(in) employer **Arbeitnehmer(in)** employee
Arbeitsamt job centre GB **Arbeitsbedingungen** working conditions **Arbeitsbelastung** workload **Arbeitsbeschaffungsmaßnahme** job-creation scheme, job scheme **Arbeitserlaubnis** work permit **Arbeitsessen** working lunch **Arbeitsgericht** industrial tribunal **arbeitsintensiv** labour-intensive **Arbeitskleidung** working clothes ⚠ *plural* **Arbeitskräfte** labour ⚠ *singular* **Arbeitskreis** study group
arbeitslos out of work, unemployed **Arbeitslose(r)** unemployed person **Arbeitslosengeld** earnings-related benefit **Arbeitslosenhilfe** unemployment benefit **Arbeitslosigkeit** unemployment
Arbeitsmarkt labour market **Arbeitsplatz** 1 (*im Betrieb*) workplace 2 (*Stelle*) job

Arbeitsplatzteilung job sharing **Arbeitsspeicher** (*Informatik*) main memory **Arbeitstag** working day, workday

arbeitsunfähig ① (*krank*) unfit for work ② (*dauernd*) unable to work

Arbeitsverhältnis ① (*Stellung*) employment ② **Arbeitsverhältnisse** (*im Betrieb*) working conditions **Arbeitsvertrag** contract of employment **Arbeitszeit** working hours ⚠ *plural;* **gleitende** [*oder* **variable**] **Arbeitszeit** flexible working hours ⚠ *plural,* flexitime *umgangsspr* **Arbeitszeugnis** reference from one's employer **Arbeitszimmer** study

Archäologe, Archäologin archaeologist **Archäologie** archaeology **archäologisch** archaeological

Architekt(in) architect **Architektur** architecture

Archiv archives ⚠ *plural*

Areal area

Arena arena; (*Zirkusarena*) ring

arg ① (*böse*) wicked ② (*stark, schlimm*) terrible; **mein ärgster Feind** my worst enemy ③ (*sehr*) awfully, very

Argentinien Argentina **Argentinier(in)** Argentine **argentinisch** Argentinian

Ärger ① (*Wut*) anger ② (*Unannehmlichkeit*) trouble; **jemandem viel Ärger machen** cause someone a lot of trouble; **Ärger kriegen** get into trouble; **mach keinen Ärger!** (*umgangsspr*) cool it!; **so ein Ärger!** what a nuisance!

ärgerlich ① (*verärgert*) annoyed, cross ② (*Ärger erregend*) annoying; **das ist ärgerlich** that is a nuisance

ärgern ① annoy, irritate ② (*belästigen*) pester ③ **sich über etwas ärgern** get annoyed [*oder* angry] about something; **sich über jemanden ärgern** get angry [*oder* annoyed] with someone

Argument argument

argumentieren argue

Arie (*Musik*) aria

Aristokrat(in) aristocrat **aristokratisch** aristocratic

Arktis Arctic

arktisch arctic; (*Kaltluft*) polar

Arm ① (*anatomisch*) arm; **jemanden in den Arm nehmen** take someone in one's arms ⚠ *plural,* give someone a hug *umgangsspr* ② *von Leuchter:* branch ③ *von Waage:* beam ▸ IN WENDUNGEN: **jemanden auf den Arm nehmen** pull someone's leg *umgangsspr,* take someone for a ride *umgangsspr*

arm ① poor; **die Armen** the poor ② **arm dran sein** (*umgangsspr*) have a hard time of it

Armaturen ① (*technisch*) fittings; (*am Auto*) controls ② (*Wasserhähne*) taps, (USA) faucets **Armaturenbrett** (*Auto*) dashboard

Armband ① *von Uhr:* strap ② (*Schmuckstück*) bracelet **Armbanduhr** wristwatch

Armee army; **bei der Armee sein** be in the army

Ärmel sleeve ▸ IN WENDUNGEN: **etwas aus dem Ärmel schütteln** produce something just like that

Ärmelkanal [English] Channel

Armlehne armrest

ärmlich ① poor ② *Kleidung:* shabby ③ *Verhältnisse:* humble

armselig ① (*elend*) miserable ② *Ausrede:* pathetic

Armut poverty

Aroma ① (*Duft*) aroma ② (*Geschmack*) flavour **Aromatherapie** aromatherapy [əraʊmə'θerəpi]

aromatisch ① (*duftend*) aromatic ② (*würzig*) spicy

arrogant arrogant ['ærəgənt] **Arroganz** arrogance ['ærəgəns]

Arsch (*umgangsspr*) arse [ɑːs] (GB) *umgangsspr,* ass [æs] (USA) *umgangsspr* **Arschloch** (*vulgär*) arsehole *vulgär,* bastard *slang*

Arsen arsenic

Art ① (*Sorte*) kind, sort, type; **eine Art Gemüseeintopf** a type [*oder* sort] of vegetable stew ② (*Gattung*) species, [*plural* species] ③ (*Benehmen*) behaviour ④ (*Wesen*) nature; **das ist eigentlich nicht seine Art** he's not usually like this; **es ist eigentlich nicht seine Art, ...** it's not like him to ... ⑤ (*Methode*) way; **auf diese Art** [in] this way; **auf die eine oder andere Art** some way or other

Arterie artery

artig *Kinder:* good, well-behaved

Artikel ① (*Grammatik*) article ② (*Ware*) article; (*einzelner Posten*) item ③ (*in der Zeitung*) article, feature

Artillerie (*militärisch*) artillery

Artischocke artichoke ['ɑːtɪtʃəʊk]

Artist artiste [ɑː'tiːst]

Arznei medicine ['medsən] **Arzneimittel** drug [drʌg]

Arzt doctor, physician [fɪ'zɪʃn]; **praktischer Arzt** general practitioner [dʒenərəl præktɪʃənər], GP [dʒiː'piː]

Arzthelferin [doctor's] receptionist

Ärztin [female] doctor

ärztlich medical; **in ärztlicher Behandlung sein** be under medical care

Asche ash, ashes *plural*

Aschenbecher ashtray **Aschenbrödel** Cinderella

Aschermittwoch Ash Wednesday

Asiat(in) Asian **asiatisch** Asian **Asien** Asia

asozial *Verhalten:* antisocial

Asphalt asphalt **asphaltieren** asphalt

Ass ace *auch übertragen*

assimilieren assimilate

Assistent(in) assistant

assistieren **bei etwas assistieren** assist in doing something

Ast branch

Aster (*Sternblume*) aster

Ästhetik aesthetics ⚠ *plural*, esthetics ⚠ *plural* (USA)

ästhetisch aesthetic[al], esthetic[al] (USA)

Asthma asthma

asthmatisch asthmatic

astrein (*umgangsspr*) above board; **nicht ganz astrein** (*umgangsspr*) somewhat fishy *umgangsspr*

Astrologe astrologer **Astrologie** astrology **astrologisch** astrologic[al]

Astronom astronomer **Astronomie** astronomy **astronomisch** astronomic[al]

Astrophysik astrophysics [æstrəʊ'fɪzɪks] ⚠ *mit Singular* **Astrophysiker(in)** astrophysicist [æstrəʊ'fɪzɪsɪst]

Asyl ① (*in der Politik*) asylum [ə'saɪləm] ② (*übertragen: Schutzort*) sanctuary ['sæŋtʃʊəri] **Asylant(in)** asylum seeker [ə'saɪləm siːkər] **Asylbewerber(in)** applicant for political asylum **Asylrecht** right of [political] asylum

Atelier studio

Atem breath [breθ]; **wieder zu Atem kommen** regain [*oder* catch] one's breath; **den Atem anhalten** hold one's breath; **außer Atem sein** be out of breath **atemberaubend** breathtaking ['breθteɪkɪŋ] **atemlos** breathless ['breθləs] **Atemwege** respiratory tract ['rɪspɪrətəri trakt] ⚠ *singular* **Atemzug** breath [breθ]

Atheismus atheism ['eɪθiɪzəm] **Atheist(in)** atheist ['eɪθiɪst] **atheistisch** atheist[ic] [eɪθi'ɪst/ɪk]

Äther ether ['iːθər] **ätherisch** ① (*auch übertragen*) ethereal [ɪ'θəriəl] ② *Öl:* essential

Äthiopien Ethiopia [iːθi'əʊpiə] **Äthiopier(in)** Ethiopian [iːθi'əʊpiən] **äthiopisch** Ethiopian [iːθi'əʊpiən]

Athlet(in) athlete ['æθliːt] **athletisch** athletic [əθ'letɪk]

Atlantik Atlantic **atlantisch** Atlantic; **der Atlantische Ozean** the Atlantic Ocean

Atlas ① (*geologisch*) Atlas ['ætləs] ② (*Kartenwerk*) atlas ['ætləs]

atmen breathe [briːð], respire [rɪ'spaɪər]; **wieder atmen können** recover one's breath [breθ]

Atmosphäre atmosphere ['ætməsfɪər] **atmosphärisch** atmospheric [ˌætməs'ferɪk]

Atmung breathing ['briːðɪŋ], respiration [respə'reɪʃn] **Atmungsorgane** respiratory organs

Atom atom ['ætəm] **Atombombe** atomic bomb [æ'tɒmɪk bɒm], A-bomb ['eɪbɒm] **Atomenergie** atomic [*oder* nuclear] energy **Atomindustrie** nuclear ['njuːkliər] industry **Atomkern** atomic nucleus [ætɒmɪk 'njuːkliəs] **Atomkraft** nuclear [*oder* atomic] energy **Atomkraftwerk** nuclear power station **Atomphysik** nuclear physics [njuːkliər 'fɪzɪks] ⚠ *mit Singular* **Atomreaktor** atomic [*oder* nuclear] reactor **atomwaffenfrei** nuclear-free

ätsch serves you right!

Attentat attempt on someone's life **Attentäter(in)** assassin, assailant

Attest certificate; **ein Attest ausstellen** grant a certificate; **ärztliches Attest** medical [*oder* doctor's] certificate

Attrappe dummy; (*leere Packung*) show piece

attributiv (*Grammatik*) attributive

ätzend ① *Substanz:* corrosive, caustic ② *Geruch:* biting, pungent ③ (*umgangsspr*) revolting, sickening; **das ist echt ätzend** (*lästig, nervig*) it's such a pain

au(a) ouch!

Aubergine aubergine [əʊbəʒiːn], egg-plant (USA)

auch ① too [tuː], as well; **das ist auch**

schön that's nice too; **ich mag auch Katzen** I like cats too [*oder* as well]; **ich auch!** me too!; **er möchte auch mitkommen** he would like to come too [*oder* as well] ② (*verneint*) **auch nicht** not … either ['i:ðəʳ, 'aɪðəʳ]; **sie mag auch keinen Fisch** she doesn't like fish either; **das ist auch nicht besser** that's not better either; **sie möchte kein Eis — [und] ich auch nicht** she doesn't want an ice-cream [and] neither do I [*oder* me neither]; **er geht nicht mit? — ich dann auch nicht** he's not coming? — then neither will I ③ (*zudem*) also; **es ist auch sehr kalt** it's also very cold ④ (*sogar*) even; **auch du kannst das** even you can do it ⑤ **auch wenn** even if ⑥ **sie ist nicht nur schön, sondern auch sehr begabt** not only is she pretty, but she's also very talented ⑦ **was auch kommen mag** whatever happens; **wo auch immer** wherever; **was auch immer** whatever ⑧ (*fragend*) **wozu auch?** what is the good of it?

! Vorsicht Falle **also** klingt im Englischen ziemlich gespreizt und sollte besser durch **as well** oder **too** ersetzt werden: *Susan plays tennis and her sister does as well/too.*

Audienz audience (**bei** with)

auf ① (*örtlich*) at, in; **auf der Post** at the post office; **auf dem Land** in the country; **auf der Straße** in the street (GB), on the street (USA); **auf der Welt** in the world ② (*räumlich*) on; **auf dem Tisch** on the table; **auf der Insel Wight** on the Isle of Wight ③ (*bei*) **auf Anfrage** on inquiry; **auf Befehl von** by order of ④ **auf Deutsch** in German ⑤ **auf keinen Fall** on no account ⑥ **auf diese Weise** in this manner ⑦ (*offen*) open; **auf haben** have open *Augen, Mund; Laden:* be open ⑧ (*tragen*) **auf haben** have on, wear *Hut, Brille* ⑨ (*wach*) **noch auf sein** be still up ⑩ **auf und davon** up and away ⑪ **auf und ab** up and down ⑫ **auf!** come along!

aufatmen breathe a sigh of relief

Aufbau ① *einer Organisation:* set-up ② (*Struktur*) structure; *eines Kunstwerkes:* composition

aufbauen ① (*errichten*) put up *Zelt* ② (*übertragen*) build up; structure *Aufsatz, Organisation* ③ **aufbauen auf** be based on *Idee, Theorie, Tatsache* ④ (*übertragen*) **das baut mich jetzt wieder auf** that's making me feel better

aufbäumen **sich aufbäumen** *Tier:* rear up; (*übertragen*) *Mensch:* rebel

aufbekommen (*umgangsspr*) ① (*öffnen*) get open ② (*in der Schule*) get as homework *Hausaufgaben*

aufbereiten process, condition; treat *Wasser;* edit *Daten*

aufbewahren keep; store *Lebensmittel* **Aufbewahrung** storage

aufblasbar inflatable

aufblasen (*mit Luft füllen*) blow up *Ballon;* inflate *Reifen*

aufbleiben ① (*offen bleiben*) stay open ② (*nicht schlafen gehen*) stay up

aufblicken **zu jemandem aufblicken** look up to someone

aufblühen ① blossom ② (*gedeihen*) flourish

aufbrauchen use up

aufbrechen ① break [*oder* force] open *Tür;* pick *Schloss* ② (*fortgehen*) leave, set off (**nach** for)

aufbringen ① (*umgangsspr*) get open *Tür* ② summon up *Mut* ③ raise *Geld* ④ (*reizen*) irritate; **jemanden gegen jemanden aufbringen** set someone against someone

Aufbruch departure

aufdecken (*übertragen*) uncover *Geheimnis;* show *Karten*

aufdrängen ① **jemandem etwas aufdrängen** force something on someone ② **sich jemandem aufdrängen** impose on someone

aufdrehen ① turn on *Hahn* ② (*lauter machen*) turn up *Radio*

aufdringlich obtrusive; *Person:* pushy

aufeinander ① (*folgend*) one after another; **aufeinander folgend** successive ② (*räumlich*) one on top of each other

Aufenthalt stay (**bei** with); **wie lange haben wir hier Aufenthalt?** how long are we stopping here?

Aufenthalter(in) (CH) foreign resident

Aufenthaltsgenehmigung residence permit **Aufenthaltsort** ① whereabouts ⚠ *plural* ② [place of] residence **Aufenthaltsraum** common-room, recreation room

Auferstehung resurrection

aufessen eat up

Auffahrt ① (*vor einem Haus*) drive ② *Autobahn:* slip road

Auffahrunfall collision

auffallend 1 conspicuous, striking 2 **auffallend schön** strikingly beautiful 3 **auffallend gekleidet** showily dressed **auffällig** striking

auffangen 1 catch [up] 2 cushion *Stöße* 3 collect *Regenwasser*

auffassen 1 (*auslegen*) understand, interpret (**als** as); **wie soll ich das auffassen?** how am I to understand that? 2 (*begreifen*) grasp, understand *Zusammenhänge*

Auffassung (*Meinung*) opinion, view

auffinden locate

auffliegen (*übertragen*) *Person:* be busted

auffordern 1 (*bitten*) ask; **jemanden auffordern zu gehen** ask someone to leave 2 **Ärzte fordern zur Blutspende auf** doctors are appealing for blood [donations]

Aufforderung 1 (*Bitte*) request 2 (*nachdrücklich*) demand

auffrischen 1 *Wind:* freshen 2 replenish *Vorräte* 3 brush up [on] *Kenntnisse;* refresh *Erinnerungen* **Auffrischungskurs** (*in der Schule*) refresher course

aufführen 1 (*im Theater*) perform 2 (*auflisten*) list 3 **sich unmöglich/schlecht aufführen** behave abominably/badly; **sich aufführen wie …** behave like …

Aufführung (*im Theater*) performance

auffüllen 1 (*nachfüllen*) top up 2 (*ergänzen*) replenish

Aufgabe 1 task, job; **es ist nicht meine Aufgabe, dich zu korrigieren** it's not my job to correct you 2 (*in der Schule*) exercise; **Aufgaben** (*Hausaufgaben*) homework 3 (*Pflicht*) duty

aufgabeln (*umgangsspr*) pick up

Aufgabenbereich area of responsibility

Aufgang 1 *von Sonne, Mond:* rising 2 *von Treppe:* staircase ['steəkeɪs], steps *plural,* stairway ['steəweɪ] (USA)

aufgeben 1 give up 2 **Hausaufgaben aufgeben** give [*oder* set] homework 3 **Gepäck aufgeben** register ['redʒɪstəʳ] luggage 4 **einen Brief aufgeben** post a letter (GB), mail a letter (USA) 5 **eine Anzeige aufgeben** place an advert 6 **ich hab's satt, ich geb auf!** I've had enough, I give up!

aufgeblasen *Mensch:* puffed-up, self-important

aufgebracht outraged

aufgedonnert (*abwertend*) all dolled up *umgangsspr*

aufgehen 1 *Sonne, Mond:* rise 2 *Knopf, Schnürsenkel:* come undone 3 *Teig:* rise 4 *Saat:* come up 5 **in Flammen aufgehen** go up in flames; **jetzt geht mir ein Licht auf!** now it dawns on me!, now the penny's dropped!

aufgelegt 1 **gut/schlecht aufgelegt sein** be in a good/bad mood 2 **ich bin heute nicht zum Spaßen aufgelegt** I'm not in the mood for jokes today

aufgeregt 1 excited 2 (*nervös*) nervous; (*durcheinander*) flustered

aufgeschmissen (*umgangsspr*) in a [right] fix

aufgetakelt (*abwertend*) all dolled [*oder* tarted] up *umgangsspr*

aufgeweckt (*übertragen*) bright [braɪt], quick-witted

aufgreifen 1 **jemanden aufgreifen** apprehend somebody 2 (*übertragen*) take up *Thema, Gedanke*

aufgrund because [bɪˈkɒz] of

aufhaben 1 have on; wear [weəʳ] *Hut, Brille* 2 **die Augen/den Mund aufhaben** have one's eyes/one's mouth open 3 **Schularbeiten aufhaben** have to do [one's/some] homework 4 *Geschäft, Museum, Schwimmbad:* be open

aufhalten 1 **die Tür aufhalten** keep the door open 2 stop *Unglück, Person, Auto* 3 delay, hold up; **ich will Sie nicht länger aufhalten** don't let me keep you 4 **sich irgendwo aufhalten** stay somewhere

aufhängen 1 **etwas aufhängen** hang up something 2 **jemanden aufhängen** hang somebody

aufheben 1 (*vom Boden*) pick up 2 keep *als Souvenir* 3 **ein Gesetz aufheben** abolish [əˈbɒlɪʃ] a law; **ein Urteil aufheben** reverse [rɪˈvɜːs] a sentence; **eine Vereinbarung aufheben** cancel an agreement; **ein Exportverbot aufheben** lift an embargo 4 (*vorzeitig beenden*) **eine Sitzung aufheben** break up [*oder* close] a meeting

aufheitern 1 brighten [ˈbraɪtᵊn] *Zimmer, Leben* 2 **jemanden aufheitern** cheer somebody up 3 *Wetter:* clear up

aufhellen 1 **ein Zimmer aufhellen** brighten [ˈbraɪtᵊn] a room; **sich die Haare aufhellen lassen** to have one's hair lightened 2 **sich aufhellen** *Wetter, Miene:* brighten up

aufhetzen stir [stɜːʳ] up

aufholen 1 **Zeit aufholen** make up time 2 **eine Verspätung aufholen** *Zug:* make up lost time 3 (*in einem Fach*) catch up 4 (*im Sport*) make up ground

aufhorchen prick up one's ears

aufhören 1 stop; **sie hörte nicht auf zu singen** she kept on singing; **hör doch endlich auf!** will you stop it! 2 (*enden*) come to an end, end

aufklären 1 clear up *Irrtum, Missverständnis* 2 solve *Verbrechen* 3 **jemanden über etwas aufklären** inform somebody about something 4 **jemanden aufklären** (*sexualkundlich*) explain the facts of life to someone 5 **sich aufklären** *Irrtum:* be resolved [*oder* cleared up]

Aufkleber sticker

aufkommen 1 **für den Schaden aufkommen** pay for the damage 2 (*entstehen*) arise; **es kam starker Wind auf** a strong wind sprang up 3 **Zweifel aufkommen lassen** give rise to doubts

aufkrempeln roll up

aufladen 1 load 2 **jemandem eine Bürde aufladen** burden [bɜːdᵊn] someone with something; **sich etwas aufladen** to burden oneself with something 3 **eine Batterie aufladen** [re-]charge a battery 4 **sich aufladen** (*elektrisch*) become charged

Auflage 1 *von Buch:* edition [ɪ'dɪʃᵊn]; *von Zeitung:* circulation [ˌsɜːkjə'leɪʃᵊn] 2 (*Auflagenhöhe*) number of copies

auflassen 1 **die Tür auflassen** leave the door open 2 **den Hut auflassen** leave on one's hat

auflauern **jemandem auflauern** lie in wait for somebody

Auflauf 1 crowd 2 (*Speise*) bake; **Nudelauflauf** pasta bake

auflaufen 1 *Zinsen:* accumulate [ə'kjuːmjəleɪt] 2 *Schiff:* run aground (**auf** on) 3 **jemanden auflaufen lassen** (*umgangsspr*) drop somebody in it

aufleben liven up

auflegen 1 lay *Besteck, Geschirr* 2 replace, put down *Hörer* 3 put on *Schallplatte*

auflehnen **sich auflehnen** revolt (**gegen** against)

auflesen pick up [from the ground]

aufleuchten light [laɪt] up

auflockern 1 **den Boden auflockern** break [breɪk] up the soil 2 **den Unterricht [durch etwas] auflockern** liven up the lesson [with something]

auflösen 1 **etwas [in Wasser] auflösen** dissolve [dɪ'zɒlv] something [in water] 2 (*schließen*) **ein Geschäft auflösen** wind [waɪnd] up a shop/business; **ein Konto auflösen** close an account 3 **etwas löst sich [in einer Flüssigkeit] auf** something dissolves [in a liquid] 4 (*sich aufklären*) **das Problem wurde gelöst** the problem has been resolved; **Zweifel lösen sich auf** doubts [daʊts] are being dispersed

Auflösung *von Aufgabe, Rätsel:* solution [sə'luːʃᵊn]; *von Problem:* resolution [ˌrezᵊl'uːʃᵊn]

aufmachen 1 (*öffnen*) open 2 (*sich auf den Weg machen*) **sich aufmachen** set out (**nach** for)

Aufmachung 1 *einer Person:* rig-out, get-up 2 *eines Buches:* presentation

aufmerksam attentive; **jemanden auf etwas aufmerksam machen** draw someone's attention to something

Aufmerksamkeit attention, attentiveness; **das ist nur eine kleine Aufmerksamkeit** that's just a little something

aufmöbeln 1 (*auf Vordermann bringen*) **sein Englisch/seine Mathekenntnisse aufmöbeln** polish up one's English/one's [knowledge of] maths 2 (*aufmuntern*) **jemanden aufmöbeln** buck up somebody

aufmuntern cheer up

aufmüpfig (*umgangsspr*) rebellious [rɪ'beliəs]

Aufnahme 1 reception [rɪ'sepʃᵊn]; **jemandem eine freundliche Aufnahme bereiten** give somebody a warm reception 2 reaction [ri'ækʃᵊn]; **wie war die Aufnahme beim Elternbeirat?** how did the parents' association react? 3 admission [əd'mɪʃᵊn] (**in** to) 4 (*Foto*) photo 5 (*auf Tonband*) recording 6 (*das Filmen*) shooting, filming; **Achtung, Aufnahme!** action! **Aufnahmebedingungen** conditions [kən'dɪʃᵊnz] [*oder* terms] of admission **Aufnahmeland** host country **Aufnahmeprüfung** entrance examination

aufnehmen 1 (*aufheben*) **einen Gegenstand [vom Boden] aufnehmen** pick up an object [from the floor], pick an object up [off the floor] 2 (*zulassen*) **jemanden [in eine**

Schule/einen Orden] aufnehmen admit somebody [to a school/an order] ③ (*auf etwas reagieren*) **jemanden/etwas [gut/ kritisch] aufnehmen** receive [rɪ'siːv] somebody/something [well/critically]; **seine Kritik wurde nicht gut aufgenommen** his criticism ['krɪtɪsɪzᵊm] was not well received ④ (*in der Tontechnik*) **etwas [auf Band] aufnehmen** record something ⑤ (*etwas beginnen*) begin; **[s]ein Studium aufnehmen** take up one's studies ⑥ (*niederschreiben*) **ein Protokoll/ein Diktat aufnehmen** take down minutes/a dictation ⑦ (*finanziell*) **Geld aufnehmen** to borrow money; **eine Hypothek aufnehmen** get [*oder* take out] a mortgage ['mɔːgɪdʒ] ⑧ **es mit jemandem aufnehmen können** be a match for someone; **mit dem kannst du es nicht aufnehmen** you're no match for him

aufopfern ① **sich [für jemanden/etwas] aufopfern** sacrifice ['sækrɪfaɪs] oneself [for somebody/something] ② **[seine] Zeit für etwas opfern** give up [one's] time for something

aufpassen watch out; **pass auf!** watch out!; **pass bloß auf, was du sagst!** watch your language!; **auf jemanden aufpassen** keep an eye on someone, watch out for somebody; **aufpassen, dass jemand etwas [nicht] tut** watch out for somebody to [not] do something

aufpeppen (*umgangsspr*) jazz up

Aufprall impact **aufprallen** ① **auf den Boden aufprallen** hit the floor/ground ② **aufprallen auf** *Fahrzeug:* collide [kə'laɪd] with, run into, hit

Aufpreis surcharge ['sɜːtʃɑːdʒ]

aufpumpen inflate *Luftballon;* pump up *Reifen, Ball*

Aufputschmittel stimulant ['stɪmjələnt]

aufputzen (*herrichten*) decorate

aufraffen ① **sich [vom Sofa/Bett] aufraffen** pull oneself up [from the settee/one's bed] ② (*übertragen umgangsspr*) **sich aufraffen, etwas zu tun; sich zu etwas aufraffen** rouse [raʊz] oneself to do something

aufräumen ① (*Ordnung schaffen*) **[sein Zimmer] aufräumen** tidy up [one's room] ② (*übertragen: durchgreifen*) **mit etwas aufräumen** do away with something

aufrecht erect [ɪ'rekt], upright; **aufrecht sitzen** sit up **aufrechterhalten** maintain *Behauptung;* keep up *Kontakt;* uphold *Urteil, Lehre*

aufregen ① **jemanden [tierisch** *slang*] **aufregen** annoy somebody [terribly] ② **sich [tierisch** *slang*] **aufregen** get [over]excited (**über** about) **Aufregung** excitement

aufreiben ① (*etwas erschöpfen*) wear [weəʳ] down [*oder* out] ② (*etwas wund reiben*) chafe [tʃeɪf]

aufreißen ① **eine Tüte/ein Geschenk aufreißen** tear [teəʳ] open a bag/a present ② **eine Tür/ein Fenster aufreißen** fling open a door/ a window ③ (*slang*) **jemanden aufreißen** to pull someone

aufrichten ① **etwas aufrichten** set something upright ② **sich aufrichten** straighten ['streɪtᵊn] up

aufrichtig sincere [sɪnsɪəʳ] (**zu** towards); **mein aufrichtiges Beileid** my sincere condolences *plural* **Aufrichtigkeit** sincerity [sɪn'serəti]

Aufruf ① appeal [ə'piːl] (**an** to); **einen Aufruf an jemanden richten** appeal to somebody ② (*für Passagiere*) call [kɔːl]

aufrufen ① **einen Namen aufrufen** call a name; **einen Schüler/eine Schülerin aufrufen** ask a pupil a question ② **eine Datei aufrufen** call up a file ③ **einen Zeugen/eine Zeugin aufrufen** summon a witness

Aufruhr ① rebellion [rɪ'beliən] ② (*übertragen*) turmoil ['tɜːmɔɪl]

aufrührerisch rebellious [rɪ'beliəs]

aufrunden **einen Betrag aufrunden** round up a figure

aufrütteln (*übertragen*) **jemanden aufrütteln** stir [stɜːʳ] somebody

aufsagen **ein Gedicht aufsagen** recite [rɪ'saɪt] a poem

aufsammeln **die Blätter/Teile aufsammeln** pick up the leaves/the pieces

aufsässig rebellious [rɪ'beliəs]

Aufsatz ① essay; (*in der Schule*) composition ② (*oberer Teil*) top, upper part

aufschichten **Holz aufschichten** pile up [*oder* stack] logs

aufschieben (*übertragen*) **eine Entscheidung/eine Begegnung aufschieben** put off [*oder* postpone] a decision/an encounter

Aufschlag ① (*Aufprall*) impact ② (*beim Ballsport*) service ③ (*Preisaufschlag*) surcharge ['sɜːtʃɑːdʒ]

aufschlagen ① **die Preise haben aufgeschlagen** prices have gone up, prices have been raised ② (*beim Sport*) **wer schlägt auf?** whose serve is it?; **der Ball schlug hart [auf dem Boden] auf** the ball hit the ground hard ③ **ein Zelt aufschlagen** pitch a tent ④ **ein Buch [auf Seite 10] aufschlagen** open a book [on page 10] ⑤ **sich den Kopf/das Knie aufschlagen** to cut open one's head/one's knee

aufschließen ① **die Tür aufschließen** unlock the door ② **der Fahrer schloss zum Hauptfeld auf** the rider caught up with the main bunch

aufschlussreich informative [ɪn'fɔːmətɪv], instructive [ɪn'strʌktɪv]

aufschnappen **ein Wort/eine Information aufschnappen** pick up a word/a piece of information

aufschneiden cut open; **ein Geschwür aufschneiden** lance an ulcer

Aufschnitt sliced cold meat

aufschrauben unscrew

aufschrecken ① startle [stɑːtl]; **aus dem Schlaf aufschrecken** wake up with a start ② **jemanden aufschrecken** give somebody a start

Aufschrei outcry

aufschreiben **[sich] einen Namen aufschreiben** put [*oder* write] down somebody's name

Aufschub delay, postponement

aufschwatzen (*umgangsspr*) **jemandem etwas aufschwatzen** talk someone into taking something; **sich etwas aufschwatzen lassen** get conned into getting/buying something; **warum hast du dir nur den Staubsauger aufschwatzen lassen?** why on earth did you let yourself get talked into buying the hoover?

Aufschwung ① (*im Sport*) swing-up ② (*Auftrieb*) **etwas gibt jemandem neuen Aufschwung** something gives someone fresh impetus ③ (*Aufwärtstrend*) upswing, upturn

Aufsehen **Aufsehen erregen** cause [*oder* create [kri'eɪt]] a sensation; **ohne großes Aufsehen** without any fuss

aufsetzen ① **den Hut/die Brille aufsetzen** put on one's hat/one's glasses; **das Mittagessen/das Abendessen aufsetzen** put on lunch/dinner ② **Kaffee aufsetzen** make coffee ③ **einen Brief aufsetzen** draft a letter ④ *Flugzeug:* touch down

Aufsicht ① supervision; **unter ärztlicher/polizeilicher Aufsicht stehen** be under medical/police supervision; **über jemanden/etwas Aufsicht führen** be in charge of somebody/something; **einen Patienten unter ständige Aufsicht stellen** keep a patient under constant supervision; **ein Kind ohne Aufsicht lassen** leave a child unsupervised [*oder* without supervision] ② (*Person*) person in charge **Aufsichtsrat** board of directors

aufsperren unlock

aufspielen **sich aufspielen** give oneself airs; **sich als etwas aufspielen** set oneself up as something

aufspringen ① **er sprang auf** he jumped to his feet ② *Mauer:* crack; *Haut, Lippen:* chap

aufspüren **einen Verdächtigen aufspüren** track down a suspect

aufstacheln **jemanden aufstacheln[, etwas zu tun]** urge somebody [to do something]/goad someone [into doing something]

Aufstand rebellion [rɪ'beliən], insurrection

aufstehen ① **die Tür steht auf** the door is open ② (*sich erheben*) get up; **er stand sofort auf** he got up immediately [ɪ'miːdiətli]

aufstellen ① put up; **eine Falle aufstellen** set a trap; **eine Maschine aufstellen** install a machine ② **eine Mannschaft aufstellen** draw up a team; **einen Rekord aufstellen** set a record ③ **eine Kandidatin aufstellen** nominate a candidate ④ **sich aufstellen** stand; **sich hintereinander aufstellen** line up; **sich im Kreis aufstellen** form a circle

Aufstellung ① (*einer Mannschaft*) line-up ② *eines Rekords:* setting ③ (*Liste*) list ④ *von Kandidaten:* nominating

Aufstieg ① ascent [ə'sent] ② (*beruflich*) advancement [əd'vɑːnsmənt], promotion

aufstocken **einen Kredit aufstocken** increase an overdraft (**um** by)

aufsuchen **jemanden aufsuchen** call [kɔːl] on somebody

Auftakt ① (*in der Musik*) up-beat ② (*Eröffnung, Beginn*) prelude; **den Auftakt zu etwas bilden** mark the start of something

auftanken **das Auto/das Flugzeug auftanken** fill up [*oder* refuel] the car/the [aero]plane

auftauchen ① appear [ə'pɪəʳ]; (*aus dem Wasser*) surface ['sɜːfɪs]; (*aus dem Nebel*) emerge [ɪ'mɜːdʒ] ② (*übertragen*) *Probleme, Konflikte, Zweifel:* arise [ə'raɪz]

auftauen ① **ein Hähnchen/einen Laib Brot auftauen** defrost a chicken/a loaf of bread ② *Gefriergut:* thaw

aufteilen ① (*an Personen*) share [ʃeəʳ] out (**an** between); **einen Kuchen unter zehn Leuten aufteilen** share a cake between ten people ② (*einteilen*) split up (**in** into); **einen Kuchen in zehn Stücke aufteilen** divide [*oder* cut] a cake into ten pieces

Auftrag ① (*Anweisung*) instructions ⚠ *plural,* orders ⚠ *plural;* **jemandem den Auftrag geben, etwas zu tun** instruct someone to do something ② (*Bestellung*) order; **etwas [bei einer Firma] in Auftrag geben** order something [from a company]

auftragen ① **Speisen** [*oder* **das Essen**] **auftragen** serve [sɜːv] food [*oder* the meal] ② **Farbe auftragen** put on paint ③ **jemandem etwas auftragen** instruct someone to do something ④ **dick auftragen** (*umgangsspr*) lay it on thick

Auftraggeber(in) client ['klaɪənt]; *von Firma:* customer ['kʌstəmə]

Auftragsbestätigung confirmation of order

auftragsgemäß as instructed; (*wie bestellt*) as per order

auftreiben get hold of

Auftreten ① appearance [ə'pɪərᵊns] ② (*Benehmen*) behaviour [bɪ'heɪvjəʳ]; **ein sicheres Auftreten haben** have a self-assured manner

auftreten ① *Symptome, Schwierigkeiten* arise [ə'raɪz] ② (*im Theater*) make an [*oder* a stage] appearance; (*im Fernsehen*) appear [*oder* be seen] on television ③ (*sich verhalten*) behave [bɪ'heɪv]; **sicher/bescheiden/arrogant auftreten** behave in a self-assured/modest/arrogant manner

Auftritt ① appearance [ə'pɪərᵊns] ② (*im Theater*) **er hat seinen Auftritt im dritten Akt** he comes on in the third act ③ (*Theaterszene*) scene [siːn] ④ (*übertragen*) **eine Auftritt veranstalten** make a scene

auftun ① **sich auftun** *Möglichkeit:* open [up] ② (*umgangsspr*) **einen günstigen Kauf auftun** find a bargain ['bɑːgɪn]

auftürmen ① (*aufstapeln*) pile up ② **sich auftürmen** *Schulden, Schwierigkeiten* mount up

aufwachen wake up

aufwachsen grow up

Aufwand ① expenditure [ɪk'spendɪtʃəʳ] (**an** of); (*Kosten*) expense (**an** of) ② (*Mühe*) effort; **der Aufwand lohnt sich nicht** it's not worth the effort ③ (*Prunk*) extravagance

aufwändig ① (*teuer*) costly ② (*luxuriös*) lavish ③ (*arbeitsintensiv*) labour-intensive, requiring a lot of work **Aufwandsentschädigung** expense allowance

aufwärmen ① heat up *Speisen* ② (*übertragen*) bring up *Thema, etc* ③ **sich aufwärmen** warm oneself up

aufwärts up, upward[s]

aufwecken wake up

> **! Vorsicht Falle** Im Deutschen gibt es den Unterschied zwischen **aufwecken** und **aufwachen**, im Englischen wird beides mit **wake up** übersetzt

aufweisen show; **[keinerlei] Verletzungen aufweisen** show [no] signs of injury; **Fehler aufweisen** contain [kən'teɪn] mistakes

aufwenden use [juːz]; **Geld aufwenden** spend money; **Zeit/Energie aufwenden** expend time/energy; **Mühe aufwenden** take trouble ['trʌbl], make an effort

aufwerfen **eine Frage aufwerfen** raise a question; **das wirft viele Fragen auf** this gives rise to a lot of questions

aufwerten ① (*finanziell*) revalue, revaluate (USA) ② (*übertragen*) increase the value of

Aufwertung revaluation

aufwiegeln **jemanden aufwiegeln** stir up somebody

aufwühlen (*übertragen*) stir up

aufzählen list, enumerate [ɪ'njuːmᵊreɪt]

Aufzeichnung recording

aufziehen ① **die Uhr aufziehen** wind up the clock ② **den Vorhang aufziehen** draw back the curtain[s] ③ (*übertragen*) **jemanden aufziehen** make fun of somebody (**mit** about) ④ *Wolken, Gewitter:* gather

Aufzucht *von Vieh:* rearing

Aufzug ① (*Fahrstuhl*) lift (GB), elevator (USA) ② (*im Theater*) act ③ (*umgangsspr: Kleidung*) get-up; **in dem Aufzug kommst du mir nicht in die Kirche!** you're not going to church dressed like that!

Augapfel eyeball

Auge eye; **mit den Augen zwinkern** wink ▶ IN WENDUNGEN: **jemanden/etwas im Auge haben** have one's eye on somebody/something; **ein Auge zudrücken** (*umgangsspr*) turn a blind eye [to]; **jemandem etwas aufs Auge drücken** (*umgangsspr*) impose something on someone; **das kann leicht ins Auge gehen!** (*umgangsspr*) it might easily go wrong!; **unter vier Augen** in private; **jemanden aus den Augen verlieren** lose sight of someone; **aus den Augen, aus dem Sinn** out of sight, out of mind

Augenarzt, -ärztin eye specialist [ˈspeʃᵊlɪst]

Augenblick moment; **Augenblick mal!** just a second!; **im letzten Augenblick** at the last moment **augenblicklich** ① (*umgehend*) at once [wʌns] ② (*zurzeit*) at present, presently (USA) **Augenbraue** eyebrow [ˈaɪbraʊ]

Augengläser (A) glasses ⚠ *plural* **Augenlid** eyelid **Augentropfen** eyedrops **Augenweide** feast for the eyes **Augenwimpern** eyelashes **Augenzeuge, -zeugin** eyewitness (**bei** to)

August August

> **! Vorsicht Falle** Im Deutschen wird bei **Monaten** der bestimmte Artikel verwendet: im August; der August ist ein heißer Monat, im Englischen dagegen nicht: *in August*; *August is a hot month.*

Auktion auction [ˈɔːkʃᵊn]

Aula hall

Aus ① (*im Sport*) touch, out of play ② (*übertragen: Ende*) end, finish ③ **vor dem beruflichen Aus stehen** be at the end of one's career

aus ① (*örtlich, zeitlich*) from; **ich komme aus Deutschland** I'm from Germany; (*von innen*) out of ② (*begründend*) **aus Versehen** by mistake; **aus Spaß** out of fun, for a laugh *umgangsspr;* **aus Liebe** [**zu jemandem/etwas**] for love [of somebody/something]; **aus Erfahrung** from experience [ɪkˈspɪəriəns]; **aus Mitleid** out of sympathy ③ (*beschaffen*) **aus Stein/Metall** [made out] of stone/metal ④ (*ausgeschaltet*) off; **das Licht ist aus** the light [laɪt] is off ▶ IN WENDUNGEN: **was ist aus ihr geworden?** what has become of her?; **von mir aus!** I don't care!; **aus sein** be over; **aus und vorbei** over and done with

ausatmen breathe [briːð] out

Ausbau ① *von Motor, Gerät:* removal ② (*Erweiterung*) extension [ɪkˈstenʃᵊn] **ausbauen** ① remove *Motor, Gerät* (**aus** from) ② (*erweitern*) extend

ausbedingen **sich etwas ausbedingen** make something a condition [kənˈdɪʃᵊn]; **ich muss mir ausbedingen, dass du mitkommst** I must make it a condition that you accompany me

ausbessern mend *Kleidung*; repair *Schaden*

ausbeulen beat out *Autokarosserie*

Ausbeute gain; (*Ertrag*) yield [jiːld] (**an** in)

ausbeuten exploit; **ich bin ausgebeutet worden** I have been exploited **Ausbeutung** exploitation

ausbezahlen pay out *Betrag;* buy out *Miteigentümer(in)*

ausbilden ① (*beruflich*) train (**zu** as); **sich in KFZ-Mechanik/als KFZ-Mechaniker ausbilden lassen** train in car mechanics/as a car mechanic; (*mit abschließender Qualifikation*) qualify as a car mechanic; **er ist ausgebildeter Maurer** he is a trained [*oder* qualified [ˈkwɒlɪfaɪd]] bricklayer ② (*geistig, akademisch*) educate ③ form *Gegenstand;* (*plastisch*) shape; **etwas rund ausbilden** give something a round shape

Ausbilder(in) instructor

Ausbildung training, instruction; (*mit Qualifikation*) qualification [ˌkwɒlɪfɪˈkeɪʃᵊn]; (*geistige Ausbildung*) education **Ausbildungsbeihilfe** educational grant **Ausbildungsplatz** training place

ausbitten **sich etwas ausbitten** request something; **ich bitte mir etwas Bedenkzeit aus** I would like some time to think about it; **das bitte ich mir auch aus!** I should think so too!

ausblenden fade out *Musik, Szene*

Ausblick ① view [vjuː] (**auf** of) ② (*übertragen: berechtigte Hoffnung*) prospect (**auf** for)

ausbrechen ① **aus dem Gefängnis ausbrechen** escape from prison ② *Vulkan:* erupt ③ **in Tränen ausbrechen** burst into tears; **in Schweiß ausbrechen** break [breɪk] into a sweat

ausbreiten ① **ein Handtuch/eine Karte ausbreiten** spread out a towel/a map ② **sich ausbreiten** *Feuer, Nachricht, Klatsch:*

spread [spred]; **sich wie ein Lauffeuer ausbreiten** spread like wildfire ③ **sich ausbreiten** *Person:* spread out

Ausbruch ① **Ausbruch aus dem Gefängnis** escape from prison ② **Ausbruch des Kriegs** outbreak of war ③ **Ausbruch eines Vulkans** eruption [ɪ'rʌpʃən] of a volcano

ausbüchsen (*umgangsspr*) break [breɪk] out, run away

ausbürsten brush *Kleidungsstück*

Ausdauer ① (*körperlich*) endurance [ɪn'djʊərəns] ② (*Beharrlichkeit*) perseverance [ˌpɜːsɪ'vɪərəns]

ausdehnen ① (*räumlich*) expand; (*zeitlich*) extend ② (*übertragen*) extend *Macht, Einfluss* (**auf** to) ③ **sich ausdehnen** *Abend, Besprechung:* extend; *Material:* stretch

ausdenken sich etwas ausdenken think something up; (*in der Fantasie*) imagine something

Ausdruck ① (*Begriff*) term ② **etwas zum Ausdruck bringen** express [ɪk'spres] something ③ (*Computerausdruck*) print-out

ausdrucken print [out]

ausdrücken sich ausdrücken express oneself [ɪk'spres]

ausdrücklich expressly [ɪk'spresli]; (*besonders*) particularly

ausdruckslos expressionless, inexpressive [ˌɪnɪk'spresɪv] **ausdrucksvoll** expressive [ɪk'spresɪv]

Ausdrucksweise mode of expression [ɪk'spreʃən]

auseinander apart; **weit auseinander liegen** be [*oder* lie] far apart; **etwas auseinander schreiben** write something as two words

Auseinandersetzung (*Streit*) argument

auserlesen select

ausfahren ① (*spazieren fahren*) go for a drive; **komm, lass uns wegfahren!** come on, let's go for a drive! ② **jemanden ausfahren** take somebody for a drive ③ **Waren ausfahren** deliver goods ④ **das Fahrgestell ausfahren** lower the landing gear

Ausfahrt (*für Fahrzeuge*) exit

ausfallen ① (*nicht stattfinden*) be cancelled; **die Schule fällt morgen aus** there's no school tomorrow ② (*nicht funktionieren*) fail; **der Anlasser fiel aus** the ignition failed

ausfallend abusive [ə'bjuːsɪv] **ausfällig** *Verhalten:* impertinent; *Sprache:* abusive; **ausfällig werden** become personal

Ausfallstraße main road [leading out of a city]

ausfertigen make out *Auftrag;* issue *Reisepass, Dokument*

Ausfertigung (*Kopie*) copy; **in doppelter/dreifacher Ausfertigung** in duplicate/triplicate

ausfindig jemanden/etwas ausfindig machen find somebody/something; (*aufspüren*) trace somebody/something

ausflippen (*slang*) freak out *slang*; **flipp doch nicht gleich aus!** cool it!

Ausflucht excuse

Ausflug trip; **einen Ausflug machen** go on a trip

Ausfluss discharge

ausfragen jemanden [**nach etwas**] **ausfragen** question somebody [about something]

ausfressen ▶ IN WENDUNGEN: **etwas ausgefressen haben** have been up to something; **na, was hast du schon wieder ausgefressen?** what have you been up to again?

Ausfuhr export, exportation

ausführbar feasible ['fiːzəbl], practicable

Ausfuhrbestimmungen export regulations

ausführen ① (*exportieren*) export ② carry out *Bestellung, Auftrag*

ausführlich ① **ein ausführlicher Bericht** a detailed report ② **etwas ausführlich**[**er**] **beschreiben** go into [*oder* describe] something in [greater] detail

ausfüllen fill in [*oder* out] *Formular*

Ausgabe ① (*Buch*) edition ② (*Verteilung*) distribution ③ (*Datenausgabe*) output ④ **Ausgaben** costs

Ausgang ① exit ② **Ausgang haben** have the day off ③ (*Ergebnis*) outcome **Ausgangssperre** curfew ['kɜːfjuː]; (*für Soldaten*) confinement to barracks

ausgeben ① spend *Geld* ② (*aushändigen*) issue ['ɪʃuː] *Aktien, Banknoten, Fahrkarten* ③ deal *Spielkarten* ④ (*verteilen*) give out, distribute [dɪ'strɪbjuːt] ⑤ **einen ausgeben** (*umgangsspr*) stand a round; **ich gebe einen aus** this one's on me, it's my round ⑥ **sich für etwas/als jemand ausgeben** pass oneself off as something/someone

ausgebucht booked up, fully booked

ausgedehnt ① *Bericht, Recherche:* extensive ② *Spaziergang:* long

ausgefallen extravagant

ausgeflippt (*slang*) flipped, freaked out

ausgefuchst (*umgangsspr*) crafty, wily ['waɪli]
ausgeglichen balanced
ausgehen ❶ (*abends weggehen*) go out ❷ *Vorräte:* run out ❸ *Feuer:* go out ❹ *Haare:* fall out ❺ **wir können davon ausgehen, dass ...** we can assume that ... ▶ IN WENDUNGEN: **schlecht ausgehen** turn out badly; **es ging ja nochmal gut aus** it all turned out for the best; **leer ausgehen** come away empty-handed
ausgelassen ❶ *Kinder, Stimmen:* boisterous ['bɔɪstᵊrəs] ❷ *Stimmung:* mad
ausgemacht (*abgemacht*) agreed
ausgenommen except
ausgepowert (*umgangsspr*) washed [wɒʃd] out, tired [taɪəd]
ausgeprägt distinct
ausgerechnet (*übertragen*) **ausgerechnet du/er/sie!** you/he/she of all people!; **ausgerechnet Bananen!** bananas, of all things!; **ausgerechnet ich musste darauf reinfallen** of all people, I had to fall for it; **ausgerechnet im Juni war das Schwimmbad geschlossen** in June, of all times, the swimming pool was shut
ausgeschlossen ❶ (*nicht möglich*) impossible ❷ **er fühlte sich ausgeschlossen** he felt excluded
ausgeschnitten *Kleidungsstück:* low-cut
ausgesprochen really; **es war ein ausgesprochen kalter Winter** it was an extremely [ɪk'striːmli] cold winter
ausgestorben ❶ *Tier-, Pflanzengattung:* extinct ❷ (*übertragen*) *Straßen, Dorf:* deserted
ausgesucht ❶ **ein ausgesuchtes Stück** a choice [*oder* select] piece ❷ **er war ausgesucht höflich** he was exceptionally polite
ausgewählt select
ausgewogen balanced
ausgezeichnet excellent; **es geht mir ausgezeichnet!** I'm feeling marvellous!
ausgiebig substantial [səb'stænʃᵊl]; **ausgiebig frühstücken** have a substantial breakfast
ausgießen pour out
Ausgleich *von Konto:* balancing; *von Schulden:* settling; *von Verlust:* compensation; **zum Ausgleich für etwas** [in order] to compensate for something
ausgleichen ❶ level out *Fläche* ❷ **das Konto ausgleichen** balance the account ❸ **Schulden ausgleichen** settle the debts ❹ (*im Sport*) **Manchester United hat ausgeglichen!** Manchester United have equalized!
ausgraben dig up
Ausgrabungen excavations
aushalten ❶ (*ertragen*) bear; stand *Druck, Schmerz*; **es ist nicht zum Aushalten!** it's unbearable!, I can't stand it any more!; **hier lässt es sich aushalten!** (*umgangsspr oder humorvoll*) it's not bad here! ❷ (*finanziell*) **jemanden aushalten** keep somebody; **sich aushalten lassen** be a kept man/woman
aushändigen hand over
Aushang notice **Aushängeschild** sign
ausharren wait
Aushebung (CH) (*Einberufung*) conscription
aushelfen **jemandem aushelfen** help somebody out (**bei, mit** in, with)
Aushilfe temporary ['tempᵊrᵊri] worker; (*im Büro*) temp; **als Aushilfe arbeiten** temp
aushilfsweise temporarily
aushöhlen (*übertragen*) undermine
aushorchen sound out
auskennen **sich** [**gut**] **auskennen** know a lot (**in** about), know one's way around
Ausklang end
ausklingen ❶ *Glocken:* ring out; *Lied:* die away ❷ (*übertragen*) *Abend, Jahrtausend:* come to an end, end
ausklopfen beat *Teppich*
Auskommen livelihood; **sein Auskommen haben** get by, make a living
auskommen ❶ **ohne etwas auskommen** do without something; **mit sehr wenig auskommen** manage on very little ❷ **mit jemandem gut auskommen** get along well with someone
auskosten (*übertragen*) make the most of
auskundschaften find out, spy out
Auskunft ❶ information ⚠ *kein Plural;* **könnten Sie mir bitte eine Auskunft geben?** could you give me some information, please? ❷ (*Telefonauskunft*) directory inquiries [də'rektəri ɪnˌkwaɪərɪz] ⚠ *plural* ❸ (*Auskunftsschalter*) information desk
auslachen **jemanden** [**wegen etwas**] **auslachen** laugh [lɑːf] at somebody [because of something]
ausladen ❶ unload *Ladung* ❷ uninvite *Gast*
Auslage ❶ (*finanziell*) expense ❷ *von Waren:* display

auslagern export *Daten*

Ausland das Ausland foreign ['fɒrən] countries ⚠ *plural;* **aus dem Ausland** from abroad; **ins Ausland gehen/reisen** go/travel abroad; **im Ausland sein** be abroad

Ausländer(in) foreigner [fɒrənə]; (*in der Rechtssprache*) alien **ausländerfeindlich** hostile to foreigners, xenophobic [ˌzenəˈfəʊbɪk]

ausländisch foreign ['fɒrən]

Auslandsaufenthalt stay abroad [əˈbrɔːd] **Auslandsgespräch** international call **Auslandskorrespondent(in)** foreign correspondent [ˌfɒrən ˌkɒrəˈspɒndənt] **Auslandsreise** trip abroad

auslassen 1 (*weglassen*) leave out 2 (*nicht anziehen*) leave off *Kleidung* 3 **sich über etwas auslassen** go on about something

auslaufen 1 (*Flüssigkeit*) run out; *Farbe, Stoff:* run; (*lecken*) leak 2 *Schiff:* sail 3 (*zum Ende kommen*) **der Vertrag läuft bald aus** the contract is soon running out; **die Saison läuft bald aus** the season is coming to an end

Ausläufer 1 *von Pflanzen:* runner 2 (*Bergausläufer*) foothill

ausleeren empty

auslegen 1 **Waren auslegen** display [*oder* lay out] merchandise 2 (*interpretieren*) **eine Text/eine Stelle/ein Zitat auslegen** explain a text/a passage/a quotation; **etwas falsch auslegen** misinterpret something 3 (*leihen*) **jemandem Geld auslegen** lend somebody [some] money 4 (*bedecken*) cover; **einen Raum mit Teppich auslegen** carpet a room

Auslegeware carpeting, carpets and rugs ⚠ *plural*

ausleihen jemandem etwas ausleihen lend somebody something; **[sich] etwas von jemandem ausleihen** borrow something from someone

> **? Grammatik** Im Englischen wird ein Unterschied gemacht zwischen *jemandem* etwas ausleihen = **lend**, und *sich* etwas ausleihen = **borrow**!

auslernen (*als Auszubildende(r)*) finish one's training [*oder* apprenticeship [əˈprentɪʃɪp]]; (*als Schüler oder Student*) finish school/college/university; **man lernt nie aus** you live and learn

Auslese selection

auslesen 1 select, pick out 2 (*umgangsspr: zu Ende lesen*) finish reading

ausliefern 1 **Waren ausliefern** deliver goods 2 **jemanden an die Behörden ausliefern** hand over somebody to the authorities; **einen Verdächtigen ausliefern** extradite a suspect 3 (*übertragen*) **jemandem ausgeliefert sein** be at somebody's mercy, be at the mercy of somebody

Auslieferung 1 *von Waren:* delivery 2 *von Verdächtigem:* extradition

auslöschen (*ein Ende bereiten*) extinguish [ɪkˈstɪŋgwɪʃ]

auslosen es wurde ausgelost, wer als erste gehen sollte they drew lots as to see who should go first; **den Gewinner auslosen** draw the winner

Auslöser 1 trigger; (*für Bombe*) release button; (*beim Photoapparat*) shutter release 2 (*übertragen: Anlass*) cause; **seine Worte waren der Auslöser für den Streit** his words triggered the row

Auslosung draw

ausmachen 1 put out *Feuer, Zigarette, Kerze* 2 turn off *Radio, Fernseher;* switch off *Licht, Motor* 3 (*vereinbaren*) **einen Termin ausmachen** agree on a [date and] time, arrange a [date and] time 4 (*bedeuten*) **das macht viel aus** it matters a lot; **das macht nichts aus** that doesn't matter 5 **macht es Ihnen etwas aus, wenn ich rauche?** do you mind if I smoke?

ausmalen sich [etwas] ausmalen imagine [something]; **sich ausmalen, wie es wohl wird** imagine how it will be

Ausmaß 1 (*von räumlicher Größe*) size; **in größerem Ausmaß** on a bigger scale 2 (*übertragen: Tragweite*) extent; **das Ausmaß des Schadens/ihres Verrats/seiner Liebe** the extent of the damage/her deceit/his love; **das Ausmaß der Veränderungen/seines Verlusts** the scale of the changes/his loss

ausmessen measure ['meʒəʳ] out

ausmisten (*umgangsspr: säubern*) tidy out, sort through

Ausnahme exception; **mit Ausnahme von** with the exception of; **Ausnahmen bestätigen die Regel** the exception proves the rule

Ausnahmezustand state of emergency; **den**

Ausnahmezustand verhängen declare a state of emergency

ausnahmslos ❶ without exception ❷ **eine ausnahmslose Zustimmung** a unanimous [ju:ˈnænɪməs] agreement

ausnahmsweise as an exception; **„darf ich mitgehen?" — „ausnahmsweise"** "may I go too?" — "just this once!"

ausnehmen ❶ (*Innereien entfernen*) **einen Fisch/einen Hasen ausnehmen** gut a fish/a hare ❷ (*ausschließen*) **jemanden ausnehmen** make an exception of somebody ❸ (*übertragen: übers Ohr hauen*) **jemanden ausnehmen** fleece somebody ❹ raid *Verbrechernest*

ausnehmend exceptionally

ausnutzen **eine Situation ausnutzen** exploit a situation; **jemanden ausnutzen** take advantage of somebody

auspacken ❶ **ein Geschenk auspacken** unwrap a present ❷ unpack *Koffer;* **hast du schon ausgepackt?** have you unpacked yet? ❸ (*slang: alles sagen*) talk; **los, pack aus!** come on, out with it!

ausplaudern **ein Geheimnis ausplaudern** let out a secret

ausposaunen (*umgangsspr*) broadcast [brɔ:dkɑ:st]

ausprobieren try out

Auspuff exhaust [ɪgˈzɔ:st] **Auspuffgase** exhaust fumes

ausquetschen ❶ (*ausdrücken*) squeeze [skwi:z] out ❷ (*übertragen*) **jemanden ausquetschen** grill somebody

ausradieren (*mit Radiergummi*) erase

ausrangieren throw out; scrap *Auto, Lok*

ausrauben **jemanden ausrauben** mug somebody; **eine Bank ausrauben** rob a bank

ausräumen ❶ **einen Schrank/eine Wohnung ausräumen** clear out a cupboard/a flat; **die Möbel ausräumen** move out the furniture ❷ (*übertragen*) **Missverständnisse ausräumen** clear up any misunderstandings; **Zweifel ausräumen** dispel doubts

ausrechnen work out; (*berechnen*) calculate

Ausrede excuse

ausreichen be enough [ɪˈnʌf]; **keine Sorge, mein Geld reicht aus** don't worry, I've got enough money [to pay for this]

ausreisen leave the country

Ausreisevisum exit visa

ausreißen ❶ **einen Faden ausreißen** pull out a thread [θred]; **sich/jemandem die Haare ausreißen** tear out one's/somebody's hair ❷ (*umgangsspr: weglaufen*) run away

Ausreißer(in) runaway

ausrenken dislocate [ˈdɪsləkeɪt]

ausrichten ❶ (*übermitteln*) tell; **jemandem etwas ausrichten** give somebody a message; **richten Sie ihr [meine] Grüße aus** give her my regards ❷ (*in der Technik*) align [əˈlaɪn] ❸ **ein Fest/eine Hochzeit ausrichten** organise a party/a wedding

ausrotten ❶ exterminate *Ungeziefer* ❷ (*übertragen*) stamp out *Vorurteile, Ideen*

ausrufen exclaim; **jemanden ausrufen lassen** have a call put out for someone

Ausrufezeichen exclamation mark

ausruhen **sich ausruhen** have a rest

Ausrüstung equipment

ausrutschen slip **Ausrutscher** (*umgangsspr*) gaffe, slip [of the tongue]

Aussage ❶ statement; **nach Aussage von** according to ❷ (*Zeugenaussage*) evidence ⚠ *kein Plural*

aussagen say; (*in der Rechtssprache*) state; **gegen jemanden aussagen** testify against someone

ausschaffen (CH) **jemanden ausschaffen** expel [ɪkˈspel] [*oder* deport] someone

ausschalten ❶ **das Gas ausschalten** turn off the gas; **das Licht/den Fernseher/das Radio ausschalten** switch off the light/the television/the radio ❷ (*übertragen*) **jemanden ausschalten** eliminate somebody

Ausschau **nach jemandem Ausschau halten** be on the lookout for someone

ausscheiden ❶ (*weggehen*) **aus einem Verein/einer Firma ausscheiden** leave a club/a company; **aus einem Amt ausscheiden** retire from a post ❷ (*im Sport*) be disqualified, drop out ❸ (*nicht in Betracht kommen*) be ruled out ❹ **Gift/Säure ausscheiden** excrete poison/acid

Ausscheidungskampf qualifying [ˈkwɒlɪfaɪɪŋ] contest

ausschlachten ❶ **ein Fahrzeug/eine Maschine ausschlachten** cannibalize a car/a machine ❷ (*übertragen: ausnutzen*) **eine Situation/eine Story ausschlachten** exploit a situation/a story

ausschlafen ① (*lange schlafen*) have a good [night's] sleep ② **seinen Rausch ausschlafen** sleep it off

Ausschlag ① (*Hautausschlag*) rash ② (*übertragen: entscheidend sein*) **den Ausschlag geben** be the decisive factor

ausschlagen ① **ein Angebot ausschlagen** turn down an offer ② **jemandem die Zähne ausschlagen** to knock someone's teeth out

ausschlaggebend decisive

ausschließen ① (*im Sport, Wettbewerb*) **jemanden ausschließen** disqualify [dɪ'skwɒlɪfaɪ] somebody (**von** from) ② **eine Möglichkeit/einen Irrtum ausschließen** rule out a possibility/an error ③ (*übertragen: ausstoßen*) expel; **er wurde aus dem Unterricht ausgeschlossen** he was excluded from class

ausschließlich exclusively; **ich sag das ausschließlich dir** I am telling you, and you only

Ausschluss ① **unter Ausschluss der Öffentlichkeit stattfinden** be closed to the public ② (*im Sport*) disqualification [dɪ'skwɒlɪfɪkeɪʃᵊn]

ausschneiden cut out

Ausschnitt ① (*Teil*) part, section ② *eines Buches, Films:* excerpt [ek'sɜːpt] ③ *eines Kleidungsstücks:* neckline; **V-Ausschnitt** V-neck [ˌviː'nek]

ausschöpfen exhaust [ɪg'zɔːst] *Thema, Ressourcen*

Ausschreibung ① *einer offenen Stelle:* advertising ['ædvətaɪzɪŋ] ② *eines Bauvorhabens:* invitation of tenders

Ausschreitung riot [raɪət]

Ausschuss ① (*Komitee*) committee ② (*minderwertige Ware*) rejects ⚠ *plural*

ausschütten ① empty *Behälter;* tip out *Flüssigkeit* ② distribute *Dividenden* ③ (*übertragen*) **jemandem sein Herz ausschütten** pour one's heart out to someone

ausschweifend *Lebenswandel:* dissipated

Aussehen appearance [ə'pɪərᵊns]

aussehen ① **chic/schön aussehen** look smart/lovely; **gut siehst du aus** you're looking well; **du siehst aber schlecht aus** you're not looking well at all ② **so siehst du aus!** (*ironisch gemeint*) that's what you think!

außen ① (*räumlich*) outside; **von außen** from the outside ② **etwas außen vor lassen** ignore something

Außenbezirk outlying district, outskirts ⚠ *plural*

Außendienst **im Außendienst arbeiten** work away from the office, work in sales **Außendienstmitarbeiter(in)** sales representative

Außenhandel foreign ['fɒrən] trade

Außenminister(in) foreign ['fɒrən] minister, Foreign Secretary (GB), Secretary of State (USA) **Außenministerium** foreign ministry, Foreign Office (GB), State Department (USA) **Außenpolitik** foreign policy

Außenquartier (CH) suburb **Außenseiter(in)** outsider **Außenstürmer(in)** (*im Sport*) wing **Außentemperatur** outside temperature ['temprətʃəʳ]

außer ① (*ausgenommen*) except; **außer montags** except Mondays ② (*abgesehen von*) apart from; **ich kenne keinen außer ihm** I don't know anybody apart from him ③ **außer Atem sein** be out of breath; **außer sich sein vor Wut/Freude** be beside oneself with rage/joy ④ (*räumlich*) **außer Haus sein** be out

außerdem besides

Äußere exterior; *von Personen:* outward appearance [ə'pɪərᵊns]

äußere ① (*außenliegend*) outer; **der äußere Durchmesser** the external diameter ② (*übertragen*) **der äußere Eindruck** the outward appearance [ə'pɪərᵊns]

außerehelich **eine außereheliche Affäre** an extramarital affair; **ein außereheliches Kind** an illegitimate [ˌɪlɪ'dʒɪtəmət] child

außergewöhnlich ① (*besondere(r, s)*) **ein außergewöhnlicher Mensch** a remarkable [*oder* an extraordinary] person ② (*ungewöhnlich*) **eine außergewöhnliche Erscheinung** an unusual appearance [ə'pɪərᵊns] ③ (*sehr*) extremely

außerhalb ① (*zeitlich*) outside; **außerhalb der Geschäftszeiten** out of office hours ② (*räumlich*) outside; **außerhalb wohnen** live out of town; **von außerhalb kommen** be from out of town

äußerlich ① (*die Außenseite betreffend*) external ② (*nach außen hin*) **äußerlich blieb er ganz ruhig, aber innerlich kochte er vor Wut** outwardly he remained completely calm, but inwardly he was seething with rage

äußern ❶ (*sagen*) **etwas äußern** say something; **Kritik äußern** voice criticism ['krɪtɪsɪzᵊm]; **seine Wünsche äußern** express one's wishes; **seine Meinung äußern** give one's opinion ❷ **sich äußern** speak; (*Stellung nehmen*) say something; **ich will mich dazu nicht äußern** I don't want to comment on that

außerordentlich ❶ (*ungewöhnlich*) unusual; (*bemerkenswert*) extraordinary [ɪk'strɔːdᵊnᵊri] ❷ (*sehr*) exceptionally, extraordinarily [ɪk'strɔːdᵊnᵊrɪli]; **außerordentlich schön** of exceptional beauty; **der Sommer ist dieses Jahr außerordentlich heiß** this summer has been exceptionally hot

außerplanmäßig unscheduled [ʌn'skedjuːld]

äußerst exceedingly [ɪk'siːdɪŋli], extremely [ɪk'striːmli]

außerstande **außerstande sein** [*oder* **sich außerstande sehen**], **etwas zu tun** be incapable of doing something

äußerste(r, s) ❶ *Planet, Schicht:* outermost; **der äußerste Norden des Landes** the extreme [*oder* far] north of the country ❷ (*zeitlich*) latest possible ❸ (*übertragen: extrem*) extreme, utmost; **im äußersten Falle** if the worst [wɜːst] comes to the worst; **mit äußerster Kraft** with all one's strength **Äußerste** **bis zum Äußersten gehen** go to extremes

äußerstenfalls at most

Äußerung comment, remark

aussetzen ❶ abandon *Kind, Haustier* ❷ **eine Belohnung aussetzen** offer a reward ❸ (*im Rechtswesen*) **eine Strafe aussetzen** suspend a sentence; **eine Strafe zur Bewährung aussetzen** give a suspended sentence ❹ (*unterbrechen*) interrupt; **eine Debatte/eine Verhandlung aussetzen** adjourn [ə'dʒɜːn] a debate/a trial ❺ (*kritisieren*) **an jemandem etwas auszusetzen haben** find fault [fɔːlt] with someone; **daran ist doch** [**nun wirklich**] **nichts auszusetzen!** there's nothing wrong [rɔŋ] with it [at all]! ❻ (*aufhören*) stop; **er arbeitet ohne auszusetzen** he keeps on working [wɜːkɪŋ] without a break; (*beim Spiel oder Sport*) **setz mal aus** you'd better sit this one out ❼ *Motor:* fail

Aussicht ❶ (*Blick*) view [vjuː] (**auf** of) ❷ (*übertragen: Verheißung*) prospect (**auf** of); **jemandem etwas in Aussicht stellen** promise someone something; **etwas in Aussicht haben** have good prospects of something; [**das sind ja**] **schöne Aussichten!** (*umgangsspr: ironisch gemeint*) what a prospect!

aussichtslos (*zwecklos*) pointless; (*hoffnungslos*) hopeless

aussichtsreich promising

Aussichtsturm lookout tower, observation [ˌɒbzə'veɪʃᵊn] tower

aussöhnen reconcile ['rekᵊnsaɪl]; **sich mit jemandem aussöhnen** become reconciled with someone; **sie haben sich endlich ausgesöhnt** they have finally made it up [again]

ausspannen ❶ (*sich erholen*) have a break, relax; **spann mal aus!** have a break!, relax! ❷ **jemandem den Freund/die Freundin ausspannen** pinch someone's boyfriend/girlfriend *umgangsspr*

aussperren lock out

ausspielen ❶ **seine Karten ausspielen** play one's cards ❷ (*übertragen*) **seine Überlegenheit ausspielen** display one's superiority [suːˌpɪəri'ɒrəti] ❸ (*manipulieren*) **jemanden gegen jemanden ausspielen** play someone off against someone; **er hat sie gegeneinander ausgespielt** he played them off against each other

ausspionieren spy out

Aussprache ❶ (*Art des Sprechens*) pronunciation [prəˌnʌnsi'eɪʃᵊn]; (*Artikulation*) articulation ❷ (*Akzent*) accent ❸ (*Gespräch*) talk; **wir hatten eine Aussprache** we had a talk

aussprechen ❶ **ein Urteil/ein Wort aussprechen** pronounce [prə'naʊns] [a] sentence/a word; **eine Warnung aussprechen** give a warning ❷ **sich** [**mit jemanden**] **aussprechen** (*ein Problem klären*) have it out [with someone] ❸ **sich für/gegen etwas aussprechen** declare oneself in favour of/against something

ausstaffieren ❶ kit out ❷ **sich ausstaffieren** dress up

Ausstand strike; **in den Ausstand treten** go on strike

ausstatten equip **Ausstattung** equipment

ausstechen ❶ cut out *Plätzchen, Rasen* ❷ put

out *Augen* 3 (*übertragen: übertrumpfen*) outdo *Rivale, Gegner*

ausstehen 1 (*ertragen*) bear [beəʳ]; **Strapazen ausstehen** endure [ɪn'dʒʊəʳ] the strain; **ich kann sie nicht ausstehen** I can't stand her 2 (*nicht eingetroffen sein*) *Geld:* be due [*oder* outstanding]; **eine Antwort steht noch aus** an answer is still to come

aussteigen 1 **aus dem Auto aussteigen** get out of the car; **aus dem Bus/dem Zug/dem Schiff steigen** get off the bus/train/boat 2 (*umgangsspr: sich absetzen*) drop out

Aussteiger(in) (*umgangsspr*) dropout

ausstellen 1 exhibit; show *Bilder;* display *Waren* 2 issue *Pass, Zeugnis;* write *Rezept;* make out *Rechnung, Quittung*

Ausstellung exhibition [ˌeksɪ'bɪʃᵊn]

aussterben *Tiere, Pflanzen:* become extinct

Aussteuer dowry ['daʊri]

Ausstieg 1 exit 2 (*aus einer Verpflichtung*) withdrawal [wɪð'drɔːᵊl] (**aus** from)

ausstoßen eject; emit *Gas, Dampf*

Ausstrahlung 1 *von Wärme:* radiation [ˌreɪdi'eɪʃᵊn] 2 (*im Radio oder Fernsehen*) broadcasting [brɔːdkɑːstɪŋ] 3 (*übertragen*) charisma [kə'rɪzmə]

ausstrecken 1 (*räumlich*) extend (**nach** towards); **er streckte seine Hand nach dem Glas aus** he reached out for the glass 2 (*sich dehnen*) **sich ausstrecken** stretch oneself out

aussuchen choose, pick; **darf ich mir etwas aussuchen?** can I pick what I want?

Austausch exchange; *von Ideen:* interchange

austauschbar interchangeable [ˌɪntə'tʃeɪndʒəbl]

austauschen 1 exchange (**gegen** for) 2 (*ersetzen*) replace (**durch** with)

austeilen distribute (**an** among); **Spielkarten austeilen** deal out cards; **Essen austeilen** serve food

Auster oyster ['ɔɪstəʳ] **Austernpilz** oyster mushroom

austoben sich austoben let off steam; *Kinder:* romp about

austragen 1 deliver *Briefe, Waren* 2 argue out *Meinungsverschiedenheit* 3 (*im Sport*) **einen Wettkampf austragen** hold a competition

Austragungsort (*im Sport*) venue ['venjuː]

austreiben 1 *Pflanzen:* sprout [spraʊt] 2 **den Teufel austreiben** exorcize the devil

austreten 1 *Flüssigkeit:* come out (**aus** of); *Gas:* escape (**aus** from) 2 (*umgangsspr*) **ich muss mal eben austreten** I have to go to the loo 3 **aus der Kirche austreten** leave the Church

austricksen (*umgangsspr*) outwit

ausüben 1 **einen Beruf ausüben** practise a profession [prə'feʃᵊn]; **ein Amt ausüben** perform an office 2 **Druck [auf jemanden/etwas] ausüben** put [*oder* exert] pressure [on somebody/something]

ausufern get out of hand

Ausverkauf [clearance] sale; (*wegen Geschäftsaufgabe*) closing-down sale; **im Ausverkauf** in the sales **ausverkauft** sold out

Auswahl 1 selection (**an** of); **viel Auswahl haben** have a large selection; (*Vielfalt*) variety; **eine große Auswahl an Waren** a wide range of goods 2 (*im Sport*) **die deutsche Auswahl** the German team

auswählen choose, select (**unter** from among)

Auswanderer emigrant

auswandern *Einzelne(r):* emigrate (**nach** to); *Volk:* migrate

auswärtig 1 non-local; **die auswärtigen Schüler** the pupils from out of town 2 **der auswärtige Dienst** the foreign service; **das Auswärtige Amt** the Foreign Office (GB), the State Department (USA)

auswärts 1 (*nach außen*) outwards 2 (*außerhalb des Wohnsitzes*) away from home; **auswärts essen** dine [*oder* eat] out

Auswärtsspiel (*im Sport*) away game

auswechseln 1 change *Reifen* (**gegen** for) 2 (*austauschen*) exchange (**gegen** for) 3 (*ersetzen*) replace (**gegen** by) 4 (*im Sport*) substitute ['sʌbstɪtjuːt] (**gegen** for) **Auswechselspieler(in)** substitute

Ausweg (*übertragen*) way out (**aus** of); **ich weiß [mir] keinen Ausweg mehr** I don't know any way out **ausweglos** hopeless

ausweichen 1 **einem Auto/einem Radfahrer ausweichen** make way for a car/a cyclist 2 **jemandem ausweichen** avoid somebody **ausweichend** evasive [ɪ'veɪsɪv]; **ausweichend antworten, eine ausweichende Antwort geben** give an evasive answer

Ausweis (*Personalausweis, Mitgliedsausweis*) [identity/membership] card, ID *umgangssspr*

ausweisen ① (*verweisen*) **jemanden ausweisen** expel somebody; (*aus dem Land*) deport somebody ② **sich ausweisen** identify oneself; **können Sie sich ausweisen?** have you got any ID on you?

Ausweispapiere identity papers

Ausweisung expulsion [ɪk'spʌlʃᵊn]

ausweiten ① (*vergrößern*) widen ② **sich ausweiten** (*übertragen*) expand (**zu** into)

auswendig by heart [hɑːt]; **das kenne ich schon auswendig!** (*ironisch*) I know that inside out!

auswirken **sich auswirken** have an effect (**auf** on); **sich günstig auswirken** have a favourable ['feɪvᵊrəbl] effect

Auswirkung ① (*Wirkung*) effect ② (*Folge*) consequence ['kɒnsɪkwəns]

auswischen ① (*wegwischen*) wipe out ② **jemandem eins auswischen** (*umgangsspr*) get one over on someone

auszahlen ① **den Lohn auszahlen** pay out the wages [weɪdʒɪz]; **sie bekommt 1.500 Euro ausgezahlt** her net pay is 1,500 euros ② (*sich bezahlt machen*) **etwas zahlt sich aus** something pays

auszählen ① (*im Boxkampf*) **jemanden auszählen** count somebody out ② **Stimmen auszählen** count votes

Auszahlung ① *von Summe:* payment ② *von Gehalt:* paying off; (*durch Bank*) paying out

auszeichnen ① **Waren auszeichnen** label merchandise ['mɜːtʃᵊndaɪs] ② **jemanden auszeichnen** honour ['ɒnəʳ] somebody ③ **sich auszeichnen** distinguish oneself; **die Provence zeichnet sich durch ihre landschaftliche Schönheit aus** what makes Provence so special is the beautiful scenery

Auszeichnung ① *von Ware:* labelling ② (*Ehrung*) distinction; **eine Prüfung mit Auszeichnung bestehen** pass an examination with distinction ③ (*durch einen Orden*) decoration

ausziehbar extendable; *Antenne:* telescopic

ausziehen ① **eine Schublade ausziehen** pull out a drawer [drɔːʳ]; **den Tisch ausziehen** extend the table ② **den Pulli ausziehen** take off one's jumper ③ **sich ausziehen** undress, get undressed; (*in einer Bar*) strip ④ **von zu Hause ausziehen** leave home for good; **er zieht aus seiner Wohnung zu seiner Freundin** he is moving out of his flat into his girlfriend's home

Ausziehtisch extending table

Auszubildende(r) trainee

Auszug ① (*in der Chemie*) extract ② (*in der Literatur*) *eines Werkes:* excerpt [ek'sɜːpt]; *des Inhalts:* summary **auszugsweise** in extracts

autark self-sufficient [ˌselfsə'fɪʃᵊnt]

authentisch authentic [ɔː'θentɪk]

autistisch autistic

Auto car; **Auto fahren** [**lernen**] [learn to] drive; **mit dem Auto fahren** go by car **Autoapotheke** first-aid kit **Autoatlas** road atlas **Autobahn** motorway **Autobahndreieck** motorway merging point **Autobahngebühr** motorway toll **Autobahnkreuz** motorway intersection **Autobahnraststätte** motorway service area **Autobahnzubringer** approach [ə'prəʊtʃ] road

Autobiografie, **Autobiographie** autobiography [ˌɔːtəbaɪ'ɒgrəfi]

Autobus bus

Autodieb(in) car thief **Autofähre** car ferry **Autofahrer(in)** driver

autogen autogenous [ɔː'tɒdʒənəs]; **autogenes Training** relaxation through self-hypnosis

Autogramm autograph

Autokarte road map

Autolenker(in) (CH) driver

Automat ① (*für Getränke*) vending machine; (*Spielautomat*) slot-machine ② (*elektrische Sicherung*) cut-out **Automatenverkauf** automatic vending

Automatik ① *eines Fahrzeugs:* automatic transmission ② *eines Systems:* automatic system **Automatikschaltung** automatic gear change (GB), automatic gear shift (USA) **Automatikwagen** automatic

automatisch automatic

automatisieren automate

Automobil car **Automobilausstellung** motor-show

Automobilist(in) (CH) driver

autonom autonomous [ɔː'tɒnəməs] **Autonomie** autonomy

Autopsie (*Leichenuntersuchung*) post-mortem, autopsy

Autor(in) author ['ɔːθəʳ]
Autoradio car radio **Autoreifen** car tyre (GB), car tire (USA) **Autorennen** car race
Autorin authoress ['ɔːθəres]
autorisieren authorize ['ɔːθəraɪz]
autoritär authoritarian [ˌɔːθɒrɪ'teəriən]
Autorität authority [ɔː'θɒrəti]
Autoschalter *einer Bank:* drive-in counter **Autovermietung** car hire [*oder* rental] firm **Autozubehör** car accessories ⚠ *plural*
Axt axe (GB), ax (USA)
Azubi trainee
Azubine (*umgangsspr*) [female] trainee

B b

Baby baby; **meine Frau bekommt ein Baby** my wife is expecting [*oder* going to have] a baby **Babyausstattung** baby gear **Babynahrung** baby food **Babyschuhe** bootees [ˌbuː'tiːz] *plural* **Babysitter** babysitter
Bach brook ▶ IN WENDUNGEN: **den Bach runter gehen** go down the tubes; **mit der Firma geht's den Bach runter** (*umgangsspr*) the company is going down the tubes
Backblech baking tray
Backbord (*am Schiff*) port [side]
Backe cheek
backen bake
Backenbart sideburns ⚠ *plural* **Backenknochen** cheek bone **Backenzahn** molar
Bäcker(in) baker **Bäckerei** bakery
Backfisch fried fish **Backform** baking tin **Backofen** oven **Backpulver** baking powder
Bad ① (*in der Wanne*) bath; [**sich**] **ein Bad einlaufen lassen** run a bath; **ein Bad nehmen** have a bath ② (*Badezimmer*) bathroom ③ (*Badeort*) spa
Badeanzug swimsuit ['swɪmsuːt] **Badehose** trunks ⚠ *plural* **Badekappe** bathing cap **Bademantel** beach robe; (*Morgenmantel*) bathrobe **Bademeister(in)** pool attendant
baden ① (*in der Wanne*) [**warm/kalt**] **baden** have a [hot/cold] bath; **hast du schon gebadet?** have you had your bath yet? ② (*im Meer oder Schwimmbad*) have a swim; **baden gehen** go swimming, go for a swim ③ **jemanden baden** bathe somebody
Badeort ① (*Heilbad*) spa ② (*Seebad*) resort **Badestrand** bathing beach **Badetuch** bath towel **Badewanne** bathtub **Badezimmer** bathroom
baff (*umgangsspr*) flabbergasted; **da war ich erst mal baff** I was gobsmacked
Bagatelle trifle ['traɪfl]
Bagger excavator **baggern** ① excavate *Graben* ② (*umgangsspr: arbeiten*) slog ③ (*slang: flirten*) pull
Bahamas Bahamas
Bahn ① (*Eisenbahn*) railway (GB), railroad (USA); **mit der Bahn** [**fahren/reisen**] [go/travel] by train ② (*Weg, Kurs*) path, track ③ *eines Satelliten:* orbit; *eines Kometen:* path ④ (*Tapetenbahn*) length ▶ IN WENDUNGEN: **auf die schiefe Bahn kommen** [*oder* **geraten**] get on the wrong track, go astray
bahnbrechend pioneering [ˌpaɪə'nɪəʳɪŋ]
bahnen **etwas/jemandem einen Weg bahnen** to clear the way for something/someone
Bahnfahrt train journey **Bahnhof** ① railway [*oder* train] station (GB), railroad station (USA) ② (*übertragen*) **ich versteh** [**immer**] **nur Bahnhof** (*umgangsspr*) it's as clear as mud **Bahnhofsgaststätte** station buffet **Bahnhofshalle** concourse
Bahnpolizei transport police **Bahnsteig** platform **Bahnübergang** level crossing (GB), grade crossing (USA) **Bahnverbindung** train connection
Bahre stretcher; (*Totenbahre*) bier [bɪəʳ]
Bai bay
Bakterien bacteria *plural*
Balance balance
balancieren balance ['bæləns]
bald ① (*gleich*) soon; **möglichst bald** as soon as possible; **bis bald!** see you soon! ② (*fast*) almost, nearly; **ich hab's bald geschafft!** I'm almost done!
baldigst as soon as possible; (*in der Geschäftssprache*) at your earliest convenience
Baldrian (*Pflanze*) valerian
Balearen Balearic [ˌbæli'ærɪk] Islands
Balkan Balkans ['bɔːlkənz] *plural*
Balken (*Holzbalken*) beam; (*Stützbalken*) prop **Balkenkode** bar code

Balkon ❶ balcony ❷ (*im Theater*) dress circle
Ball[1] der (*zum Spielen*) ball
Ball[2] der (*Tanz*) ball
Ballast ❶ (*schwere Traglast*) ballast ❷ (*übertragen: Belastung*) burden **Ballaststoffe** roughage ⚠ *kein Plural*, fibre ['faɪbəʳ] ⚠ *kein Plural*
Ballen (*Stoffballen*) bale
Ballett ballet **Balletttänzer(in)** ballet dancer
Ballon balloon

! Vorsicht Falle Das Englische **balloon** wird mit 2 l und 2 o geschrieben.

Ballungsgebiet conurbation [ˌkɒnɜːˈbeɪʃᵊn]
Baltikum Baltic States **baltisch** Baltic
Bambus bamboo **Bambussprossen** bamboo shoots
banal trite; **banal klingen, sich banal anhören** sound banal [bəˈnɑːl]
Banane banana
Banause (*abwertend*) philistine [ˈfɪlɪstaɪn]
Band[1] das ❶ (*Stoffband*) ribbon; (*Maßband*) tape ❷ (*Tonband*) tape ❸ (*Fließband*) conveyor [kənˈveɪəʳ] belt ❹ (*Verbindung*) bond, tie; **das Band** [*oder* **die Bande**] **der Freundschaft/der Liebe** the bonds of friendship/love ❺ **am laufenden Band** (*umgangsspr*) continuously [kənˈtɪnjuəsli]
Band[2] das (*Buch*) volume
Band[3] die (*Musikband*) band
Bandage bandage [ˈbændɪdʒ] **bandagieren** bandage
Bandbreite (*übertragen*) range
Bande (*Verbrecherbande*) gang
Banderole tax seal
Bänderriss torn ligament
bändigen ❶ tame *Tier* ❷ (*unter Kontrolle bringen*) control *Kinder, Leidenschaft, Wut*
Bandit bandit
Bandmaß tape measure [ˈmeʒəʳ]
Bandscheibe intervertebral disc **Bandscheibenvorfall** slipped disc
Bandwurm tape-worm
Bank[1] die ❶ (*Sitz- oder Gartenbank*) bench ❷ (*Untiefe*) sandbank ▸ IN WENDUNGEN: **etwas auf die lange Bank schieben** put something off
Bank[2] die (*Geldinstitut*) bank **Bankangestellte(r)** bank employee
Bankett[1] das (*Festessen*) banquet
Bankett[2] das (*an Straßen*) verge (GB), shoulder (USA)
Bankier banker; **er ist Bankier** [**von Beruf**] he is a banker [by profession]
Bankkonto bank account **Bankleitzahl** bank sorting code
Bankrott bankruptcy [ˈbæŋkrʌpsɪ]; **Bankrott machen** go bankrupt **bankrott** (*wirtschaftlich*) bankrupt; (*gesellschaftlich, moralisch, politisch*) discredited
Bankverbindung bank details ⚠ *plural*
Banner banner
bar ❶ (*Geld*) cash; **bar zahlen** pay cash [down] ❷ (*völlig*) pure; **barer Unsinn** utter nonsense ▸ IN WENDUNGEN: **etwas für bare Münze nehmen** take something at face value
Bär bear
Baracke shack
Bardame barmaid
Bärendreck (*Lakritze*) liquorice [ˈlɪkᵊrɪʃ]
barfuß barefoot[ed]
Bargeld cash **bargeldlos** non-cash
Barkasse launch [lɔːnʃ]
Barkauf cash purchase
Barke skiff
barmherzig compassionate [kəmˈpæʃᵊnət] **Barmherzigkeit** compassion [kəmˈpæʃᵊn]
Barmixer(in) cocktail waiter/waitress
Barock baroque **barock** baroque
Barometer barometer
Barren ❶ (*Edelmetallbarren*) ingot ❷ (*im Sport*) parallel bars ⚠ *plural*
Barriere ❶ (*Hindernis*) barrier [ˈbæriəʳ] ❷ (*Bahnschranke*) level crossing barrier
Barrikade barricade
Barsch (*Raubfisch*) perch
barsch brusque [bruːsk]
Barscheck open [*oder* uncrossed] cheque
Bart beard [bɪəd]
Barzahlung cash payment
Basar bazaar [bəˈzɑːʳ]
Base (*Chemie*) base
basieren **auf etwas basieren** be based on something
Basilikum basil
Basis ❶ (*militärischer Stützpunkt*) base ❷ (*übertragen: Grundlage*) basis **Basisdemokratie** grass-roots democracy
Baskenland Basque region **Baskenmütze** beret [ˈbereɪ]
Bass bass [beɪs] **Bassgitarre** bass guitar

Bassin pool

basteln do handicrafts; **ich bastele gern** I love doing handicrafts

Batist cambric

Batterie ① (*in der Technik*) battery ② (*beim Militär*) battery **batteriebetrieben** battery operated **Batterieladegerät** battery charger

Bau ① (*das Bauen*) construction; **im Bau** under construction ② (*Bauart*) structure ③ (*Gebäude*) building ④ (*Baustelle*) building site; **ich arbeite auf dem Bau** (*umgangsspr*) I'am a construction worker ⑤ (*Kaninchenbau*) burrow **Bauarbeiten** construction work ⚠ *singular* **Bauarbeiter(in)** construction worker

Bauch ① (*Körperteil*) stomach ['stʌmək], tummy *umgangsspr;* (*Dickbauch*) paunch [pɔːnʃ]; **einen Bauch haben** have a potbelly *umgangsspr* ② (*übertragen: instinktiv*) [**etwas**] **aus dem Bauch heraus** [**tun**] [do something] out of a gut feeling; **ich hab das einfach aus dem Bauch heraus getan** I just had a gut feeling **Bauchfellentzündung** peritonitis [ˌperɪtə'naɪtɪs]

bauchig bulbous ['bʌlbəs] **Bauchnabel** navel **Bauchschmerzen** stomach ache ⚠ *singular* **Bauchspeicheldrüse** pancreas ['pæŋkriəs] **Bauchtanz** belly dance

bauen ① build, construct [kən'strʌkt] *Haus, Modellauto* ② **wir wollen bauen** we're going to build a house ▶ IN WENDUNGEN: **Mist bauen** (*umgangsspr*) mess [something] up

Bauer ① (*in der Landwirtschaft*) farmer ② (*Schachfigur*) pawn ③ (*Kartenfigur*) jack

Bäuerin farmer; (*Frau des Bauern*) farmer's wife

bäuerlich rural

Bauernhaus farmhouse **Bauernhof** farm

baufällig dilapidated

Baufirma building contractor **Baugelände** building site **Baugerüst** scaffolding **Baugrube** excavation **Bauherr(in)** client **Bauholz** timber (GB), lumber (USA) **Bauingenieur(in)** civil engineer [ˌendʒɪ'nɪəʳ] **Baujahr** *eines Autos:* year of construction, model **Baukasten** building kit **Bauland** building land

Baum tree

Baumarkt DIY superstore

baumeln dangle (**an** from); **mit den Beinen baumeln** dangle one's legs

Baumgrenze tree line **Baumnuss** (*Walnuss*) walnut ['wɔːlnʌt] **Baumschule** nursery **Baumstamm** tree trunk **Baumsterben** dying [off] of trees **Baumstumpf** tree stump

Baumwolle cotton

Bauplan building plan **Bauplatz** site

Bausch (*Wattebausch*) ball

Bauschutt rubble

bausparen save with a building society **Bausparkasse** building society (GB), building and loan association (USA) **Bausparvertrag** building society savings agreement (GB), savings contract with a building and loan association (USA) **Baustein** ① (*auch Spielzeug*) brick ② (*übertragen: Grundlage*) constituent [kən'stɪtjuənt] **Baustelle** (*Hausbaustelle*) building site; (*Straßenbaustelle*) roadworks ⚠ *plural* (GB), construction work (USA) **Bauunternehmer(in)** building contractor **Bauwerk** building

Bayer(in) Bavarian **bay(e)risch** Bavarian **Bayern** Bavaria

beabsichtigen intend

beachten ① (*Aufmerksamkeit schenken*) pay attention to ② observe *Vorschrift*

beachtlich considerable

Beachtung **Beachtung finden** receive attention; **jemandem/etwas keine Beachtung schenken** take no notice of someone/something

Beamte(r), **Beamtin** civil servant **beamtet** permanently appointed as a civil servant

beängstigend alarming

beanspruchen ① **ein Recht** [**zu etwas**] **beanspruchen** claim a right [to something] ② [**jemandes**] **Aufmerksamkeit beanspruchen** demand [somebody's] attention ③ [**viel**] **Zeit beanspruchen** take [a lot of] time; [**wenig/viel**] **Platz beanspruchen** take up [little/a lot of] space ④ (*abnutzen*) **etwas stark beanspruchen** use something heavily

beanstanden complain about

beantragen ① (*um Erlaubnis bitten*) apply for (**bei** to) ② (*vorschlagen*) propose

beantworten answer

bearbeiten ① (*arbeiten an*) work on ② edit *Buch* ③ cultivate *Land* ④ process *Daten, Datei* ⑤ **einen Fall bearbeiten** work on a case ⑥ (*umgangsspr*) **jemanden bearbeiten** work on somebody

beatmen give artificial respiration

beaufsichtigen supervise

beauftragen ① **jemanden/eine Firma [mit etwas] beauftragen** engage somebody/a company [to do something] ② **jemanden beauftragen[, etwas zu tun]** instruct somebody [to do something]

Beauftragte(r) representative

bebauen ① build on *Baugrundstück* ② cultivate *Land*

Beben earthquake **beben** tremble

bebildern illustrate

Becher cup; (*aus Glas*) tumbler; (*aus Ton*) mug; (*aus Plastik*) plastic cup

Becken ① basin; (*Küchenbecken*) sink; (*Schwimmbecken*) pool ② (*Körperteil*) pelvis ③ (*Musikinstrument*) cymbal

bedacht careful, cautious ['kɔːʃəs]; **wohl bedacht** well considered

bedächtig deliberate

bedanken sich [bei jemandem für etwas] bedanken say thank-you [to somebody for something], thank somebody [for something]

Bedarf ① (*Bedürfnis*) need (**an** for); **bei Bedarf** when required; **je nach Bedarf** according to demand ② (*an Waren*) requirements ⚠ *immer plural*

bedauerlich unfortunate **bedauerlicherweise** unfortunately, regrettably

bedauern etwas bedauern regret something; **jemanden bedauern** feel sorry for somebody **bedauerlich ein bedauerlicher Zustand** a deplorable state **bedauernswert ein bedauernswerter Mensch** a pitiful person

bedeckt *Himmel:* clouded, overcast

Bedenken doubts [daʊts] ⚠ *plural;* **ohne Bedenken** without a doubt

bedenken consider **bedenkenlos** unhesitating

bedenklich *Lage:* alarming, serious ['sɪəriəs]

bedeuten mean; **was bedeutet dieses Wort?** what does this word mean?; **was hat das zu bedeuten?** what does this mean? **bedeutend** ① (*gewichtig*) **ein bedeutender Mensch/eine bedeutende Entscheidung** an important person/an important decision ② (*groß*) **eine bedeutende Menge** a considerable amount ③ (*sehr, erheblich*) **bedeutend größer/kleiner sein** be considerably larger/smaller **bedeutsam** ① (*bedeutungsvoll*) meaningful ② (*wichtig*) important

Bedeutung ① (*Wortsinn*) meaning ② (*Wichtigkeit*) importance; **von Bedeutung sein** be important **bedeutungslos** (*unwichtig*) insignificant

bedienen ① (*in einem Geschäft*) **jemanden bedienen** attend to [*oder* serve] somebody; **werden Sie schon bedient?** are you being served? ② (*in der Gastronomie*) **jemanden bedienen** wait on somebody ③ **sich bedienen** help oneself (**mit** to) ④ (*beim Kartenspiel*) **eine Farbe bedienen** follow suit ⑤ **eine Maschine bedienen** operate a machine; **das Telefon bedienen** answer the telephone

Bedienerin Ⓐ (*Putzfrau*) cleaning lady, cleaner

bedienstet (*angestellt*) **bedienstet sein** be an employee **Bedienstete(r)** (*im öffentlichen Dienst*) public employee; **seine Bediensteten** his servants

Bedienung ① (*im Geschäft*) service; **die Bedienung ist hier ausgezeichnet** the service here is excellent ② (*Kellnerin*) waitress ③ *von Geräten:* operation **Bedienungsanleitung** operating instructions ⚠ *plural*

bedingt partially ['pɑːʃəlɪ]

Bedingung condition; **unter der Bedingung, dass du auch mithilfst** on condition that you help out as well; **unter keiner Bedingung** under no circumstances **bedingungslos** unconditional

bedrohen threaten ['θret^{ə}n] **bedrohlich** threatening

bedrücken jemanden bedrücken depress someone, get someone down **bedrückt** depressed

Beduine Bedouin ['beduɪn]

Bedürfnis need

bedürftig needy

beeilen sich beeilen hurry up

beeindrucken impress

beeinflussen jemanden/eine Entscheidung beeinflussen influence somebody/a decision; **jemanden beeinflussen** persuade [pə'sweɪd] somebody

beeinträchtigen den Wert/den Absatz beeinträchtigen reduce the value/the sales; **den Spaß beeinträchtigen** spoil the fun

beenden ① (*zu Ende führen*) finish; **etwas vorzeitig beenden** cut something short ② (*ein Ende setzen*) **einen Streit/eine Beziehung beenden** end a quarrel/a rela-

tionship ③ (*in der Informatik*) exit, quit
beerdigen bury ['beri] **Beerdigung** ① (*Bestattung*) burial ['beriəl] ② (*Feier*) funeral
Beere berry
Beet bed
befähigen enable **befähigt** capable
befahren drive on; **diese Straße ist viel befahren** this road is very busy
befallen ① *Krankheit, Fieber:* attack, strike ② **von etwas befallen sein** be affected by something; **von Schädlingen befallen sein** be infested with pests
befangen ① (*scheu*) bashful ② (*voreingenommen*) prejudiced
befassen **sich mit etwas befassen** deal with something
Befehl command, order; (*in der Informatik*) instruction, command
befehlen order
befestigen ① fix, fasten (**an** to) ② (*mit Kleber*) stick (**an** on, onto)
befinden ① (*sein*) **sich** [**an einem bestimmten Ort**] **befinden** be [at a certain place] ② (*entscheiden*) **über etwas befinden** decide about something
beflissen keen
befolgen ① **ein Beispiel/einen Ratschlag befolgen** follow an example/a piece of advice ② **die Vorschriften befolgen** comply with regulations
befördern ① (*transportieren*) carry; **Waren befördern** transport goods ② **jemanden befördern** promote somebody; **jemand wird befördert** somebody is being promoted **Beförderung** ① (*Warentransport*) transport ② (*im Job*) promotion
befragen ① (*ausfragen*) question ② (*eine Frage stellen*) ask (**über, zu** about)
befreien free (**von** from); (*freistellen*) exempt (**von** from) **Befreiung** liberation; (*Erleichterung*) relief; (*Freistellung*) exemption
befremdend displeasing
befreunden **sich befreunden** make friends (**mit** with) **befreundet** **miteinander befreundet sein** be friends
befriedigen satisfy; **Ansprüche/Forderungen befriedigen** meet expectations/demands
befriedigend ① *Ergebnis:* satisfactory; *Gefühl:* satisfying; *Antwort:* adequate ['ædɪkwət]; *Lösung, Vorschlag:* acceptable ② *Schulzensur:* fair, satisfactory
befristen restrict (**auf** to)
befristet restricted; **befristet sein** be valid for a limited time; **ein befristetes Arbeitsverhältnis** a temporary ['temprərɪ] appointment
befugt **befugt sein, etwas zu tun** be authorized to do something
Befund (*Ergebnisse*) findings ⚠ *plural;* (*in der Medizin*) diagnosis [ˌdaɪəg'nəʊsɪs]
befürchten fear
befürworten approve [ə'pruːv], recommend, support
begabt talented (**für** at); (*geistig, musisch*) gifted (**für** at) **Begabung** talent
begeben **sich begeben** (*aufbrechen nach*) go [to], set out [for]
begegnen meet **Begegnung** meeting; (*im Sport*) encounter
begehren desire **begehrenswert** desirable **begehrt** in demand; *Person:* popular
begeistern ① **jemanden begeistern** fill somebody with enthusiasm [ɪn'θjuːzi'æzᵊm]; **ich bin begeistert!** I am over the moon! ② **sich** [**für etwas**] **begeistern** be enthusiastic [about something] **begeistert** enthusiastic [ɪnˌθjuːzi'æstɪk] (**von** about)
Begeisterung enthusiasm [ɪn'θjuːzi'æzᵊm]
Begier(de) desire (**nach** for)
begierig eager; (*gierig*) greedy
Beginn beginning; **bei Beginn** at the beginning
beginnen begin, start

> **? Grammatik** **begin — began — begun:**
> *Suzy began to dance; I have begun my homework.*

beglaubigen (*durch Gutachten*) attest; **etwas beglaubigen lassen** have something attested; **ein Schriftstück beglaubigen** witness a document; **eine Kopie beglaubigen** authenticate [ɔː'θentɪkeɪt] a copy
begleichen (*bezahlen*) settle
begleiten (*auch übertragen*) accompany
Begleiter(in) companion; (*musikalisch*) accompanist
Begleitinstrument accompanying instrument **Begleitschreiben** covering ['kʌvərɪŋ] letter (GB), cover ['kʌvəʳ] letter (USA)
Begleitung ① (*Gesellschaft*) company; **in Begleitung seiner Mitarbeiter** in the com-

pany of his employees 2 (*Begleiter(in)*) companion; **in Begleitung ihres Mannes** accompanied by her husband 3 (*musikalisch*) accompaniment [əˈkʌmpənimənt]

beglückwünschen congratulate (**zu** on)

begnadet (*Künstler*) gifted

begnadigen reprieve [rɪˈpriːv]

begnügen 1 **sich mit etwas begnügen** (*zufrieden sein*) be satisfied with something 2 **sich mit etwas begnügen** (*auskommen*) make do with something

begraben 1 **die Toten begraben** bury [ˈberi] the dead 2 (*übertragen*) **die Hoffnung begraben** abandon all hope

Begräbnis 1 (*das Begraben*) burial [ˈberiəl] 2 (*Feier*) funeral

begreifen understand; **begreifen, dass/wie etwas geschah** realize that/how something happened

begreiflich understandable; **jemandem etwas begreiflich machen** make something clear to someone

begrenzen 1 (*räumlich*) mark the boundary [ˈbaʊndᵊri] of 2 (*übertragen*) restrict (**auf** to)

Begriff 1 (*Vorstellung*) idea; **sein Begriff von Freiheit/von Liebe** his idea [*oder* notion] of freedom/of love; **für meine Begriffe** in my opinion 2 (*Ausdruck*) term; **was verstehst du unter dem Begriff Gleichheit?** what do you think the term 'equality' means? 3 **schwer von Begriff sein** (*abwertend*) be slow on the uptake; **im Begriff sein, etwas zu tun** be about to do something

begriffsstutzig dense, slow

begründen 1 (*Gründe geben*) **eine Entscheidung begründen** give reasons for a decision 2 establish; found *Firma, Verein* **begründet** 1 justified; **wohl begründet** well-founded; **nicht begründet** unfounded; **ein begründeter Vorwurf** a justified reproach 2 (*bewiesen*) **eine begründete Tatsache** a proven fact

Begründung reason; *einer Anklage, einer Behauptung:* grounds ⚠ *plural*

begrüßen 1 **jemanden begrüßen** greet/welcome somebody 2 (*übertragen*) **eine Entscheidung begrüßen** welcome a decision

i Land & Leute Im Englischen ist **hello** oder **hi** als Begrüßung für jede Tageszeit durchaus akzeptiert. Obwohl **hello** oder **hi** in sehr vielen Situationen verwendet wird, hat man auch die Möglichkeit, formeller zu sein. Vormittags kann man **good morning**, nachmittags **good afternoon** und abends **good evening** sagen. Zum Abschied kann man außerdem **goodbye** bzw. **[bye-]bye** (= auf Wiedersehen) sagen; unter Freunden ist die Floskel **see you!** bzw. **see you soon!** (= bis bald!) durchaus üblich.

Begrüßung welcome

begünstigen 1 (*fördern*) promote; favour *Wachstum, Handel* 2 **jemanden begünstigen** favour somebody 3 (*im Rechtswesen*) aid and abet

begutachten **etwas begutachten lassen** get expert advice about something

begütert wealthy [ˈwelθi]

behäbig CH 1 (*reich*) rich, wealthy 2 (*stattlich*) splendid, magnificent

Behagen contentment

behagen please; **das behagt mir aber gar nicht** I don't like it at all **behaglich** 1 (*gemütlich*) comfortable; **ein behaglicher Sessel** a cosy chair 2 (*zufrieden*) contented

behalten 1 (*aufbewahren*) keep 2 **etwas [im Gedächtnis/in Erinnerung] behalten** remember something 3 (*nicht loswerden*) **eine Narbe behalten** be left with a scar 4 (*übertragen*) **etwas für sich behalten** keep something to oneself

Behälter container

behandeln **eine Krankheit/einen Patienten behandeln** treat an illness/a patient; **der behandelnde Arzt** the doctor in attendance; **ein Problem/ein Thema behandeln** deal with a problem/a subject [*oder* topic]

Behandlung treatment

beharren **auf seiner Meinung/seinem Standpunkt beharren** insist on one's opinion/one's point of view [vjuː]

beharrlich insistent

behaupten 1 (*aussagen*) claim 2 **seine Stellung behaupten** maintain one's position; **seine Meinung behaupten** assert one's opinion ③ **sich behaupten** assert oneself

Behauptung claim; (*unbewiesen*) assertion

Behausung dwelling

beheben ① **den Schaden beheben** repair the damage ② (CH) **Geld beheben** withdraw money

Behelf makeshift ['meɪkʃɪft]

beherbergen house accommodate *Gäste*

beherrschen ① control; govern, rule *Volk;* **den Markt beherrschen** dominate the market ② master *Fremdsprache, Instrument* ③ **sich beherrschen** control oneself

beherzigen heed

behilflich jemandem bei etwas behilflich sein help someone with something

behindern hinder (**bei** in)

behindert handicapped **Behinderte(r)** handicapped person **Behinderung** ① (*Störung*) hindrance ② (*im Sport oder Verkehr*) obstruction ③ (*Körperbehinderung, auch Nachteil*) handicap

Behörde authority

behutsam careful, cautious ['kɔːʃəs]

bei ① (*räumlich, örtlich*) at, near, with; **bei mir/uns zu Hause** at home; **ich war bei meinen Eltern** I was at my parents' [home]; **beim Bäcker/Friseur** at the baker's/the hairdresser's ② (*an der Person*) **hast du Geld bei dir?** have you any money on you? ③ (*an*) **jemanden bei der Hand fassen** take somebody by the hand ④ (*zeitlich*) at, during, on; **bei Tag/bei Nacht** by day/at night ⑤ (*als Bedingung*) **bei zwanzig Grad unter Null** when it's twenty degrees below zero; **bei offenem Fenster schlafen** sleep with the window open; **bei Feuer/Gefahr den Alarmknopf drücken** in case of fire/an emergency press the alarm ⑥ (*als Grund*) **bei ihrem Talent/seinem Aussehen** with her talent/his looks

beibehalten keep

beibringen ① (*lehren*) **jemandem etwas beibringen** teach [tiːtʃ] somebody something ② (*mitteilen*) **jemandem etwas [schonend] beibringen** break the news [gently] to somebody ③ (*heranschaffen*) **Dokumente/Informationen beibringen** furnish documents/information

Beichte confession; **die Beichte ablegen** go to confession; **jemandem die Beichte abnehmen** hear somebody's confession

beichten (*auch übertragen*) confess; **ich muss dir etwas beichten** I have to make a confession

beide both, the two; **alle beide** both of them; **keiner von beiden** neither of them; **beide Male** both times

beiderlei both **beiderseitig** ① (*auf beiden Seiten*) on both sides ② (*gegenseitig*) bilateral

beides ① both [of them] ② (*negativiert*) **ich mag beides nicht** I don't like either [of them]

beidseits (CH) on both sides **beieinander** together

Beifahrer(in) ① [front-seat] passenger ② (*auf einem Motorrad*) pillion ['pɪliən] rider **Beifahrersitz** passenger seat

Beifall ① (*Applaus*) applause [ə'plɔːz]; **Beifall spenden** [*oder* **klatschen**] applaud [ə'plɔːd] ② (*übertragen: Billigung*) approval; **Beifall finden** meet with approval

beifügen enclose

beige beige [beɪʒ]

Beige (*Stapel*) pile

beigeben ① (*hinzufügen*) add; **dem Gericht Salz beigeben** add salt to the dish ② (*übertragen: aufgeben*) **klein beigeben** give in

Beigeschmack aftertaste

Beihilfe ① (*finanziell*) financial assistance ② (*vom Staat*) allowance, subsidy ③ **Beihilfe zum Mord** accessory [ək'sesərɪ] to murder

Beil axe; (*klein*) hatchet

Beilage ① (*in der Zeitung*) insert; (*in einem Buch*) insertion ② (*Essensbeilage*) side-dish, side order (USA)

beiläufig casual ['kæʒjuəl]; **etwas beiläufig erwähnen** mention something in passing

beilegen ① **einem Brief etwas beilegen** enclose something in a letter ② (*schlichten*) **einen Streit beilegen** settle a dispute [dɪ'spjuːt]

Beileid mein aufrichtiges Beileid my heartfelt condolences ⚠ *plural*

beiliegend enclosed

Bein leg; **jemandem ein Bein stellen** trip someone up; **die Beine übereinander schlagen** cross one's legs ▶ IN WENDUNGEN: **jemandem Beine machen** (*umgangsspr*) make someone get a move on; **etwas auf die Beine stellen** (*umgangsspr*) get something going [*oder* moving]; **sich für etwas ein Bein ausreißen** go out of one's way for something; **wieder auf den Beinen sein** (*nach Krankheit*) be back on one's feet again

beinahe almost, nearly

Beinbruch leg fracture ▸ IN WENDUNGEN: **das ist kein Beinbruch!** it could be worse!

beinhalten ① (*enthalten*) contain ② (*besagen*) express, say

Beipackzettel instruction leaflet

Beirat advisory council

Beiried Ⓐ beef

beirren **sich durch nichts beirren lassen** not to let oneself be put off by anything

beisammen together ▸ IN WENDUNGEN: **[sie] nicht alle beisammen haben** (*umgangsspr*) be not quite right in the head *slang* **Beisammensein** get-together

beiseite ① aside; **Spaß beiseite** seriously [ˈsɪəriəsli], joking apart ② (*aus dem Weg*) **etwas beiseite legen** put something aside [*oder* to the side]; put down *Brille, Buch;* **jemanden/etwas beiseite schaffen** get rid of somebody/something

Beis(e)l Ⓐ pub (GB), bar (USA)

beisetzen (*beerdigen*) bury [ˈberi] **Beisetzung** funeral

Beispiel ① example (**für** of); **zum Beispiel** for instance; **wie zum Beispiel** such as ② **sich ein Beispiel an jemandem nehmen** take someone as an example; **mit gutem Beispiel vorangehen** set a good example

beispiellos ① (*nie dagewesen*) unprecedented [ʌnˈpresɪdᵊntɪd] ② (*unerhört*) outrageous [ˌaʊtˈreɪdʒəs]

beispielsweise for example

beißen ① bite (**in** into); **der Hund hat mir ins Bein gebissen** the dog's bitten my leg; **ich habe mir auf die Zunge gebissen** I bit my tongue [tʌŋ] ② **sich beißen** *Farben:* clash **beißend** **beißende Kälte** biting cold; **beißender Rauch/beißende Dämpfe** stinging smoke/fumes; **ein beißender Geschmack/Geruch** a pungent [*oder* sharp] taste/smell; **eine beißende Bemerkung** a cutting remark

beistehen **jemandem beistehen** stand by somebody

beistellen Ⓐ make available

Beitrag ① (*Geldsumme*) contribution; (*Mitgliedsbeitrag*) [member's] fee; (*Versicherungsbeitrag*) premium ② (*Anteil*) contribution [ˌkɒntrɪˈbjuːʃᵊn]; **einen Beitrag [zu etwas] leisten** make a contribution [to something] **beitragspflichtig** contributory [kənˈtrɪbjʊtəri] **Beitragssatz** rate of subscription

beitreten ① join *Partei, Verein* ② accede to *Vertrag*

Beiwagen *von Motorrad:* sidecar

beizeiten in good time

beizen stain *Holz*

bejahen ① (*ja sagen*) answer in the affirmative ② (*übertragen: gutheißen*) approve of

bekämpfen fight; **Schädlinge bekämpfen** control pests

bekannt well-known (**für, wegen** for); **das ist mir bekannt** I know about that; **es ist [allgemein] bekannt, dass Rauchen krank macht** it is a well-known fact that smoking causes disease; **bekannt geben** announce; **jemanden mit jemandem bekannt machen** introduce someone to someone; **etwas bekannt machen** announce something **Bekannte(r)** acquaintance [əˈkweɪntᵊns]

bekanntlich as is [well] known

Bekanntschaft **seine/ihre Bekanntschaft machen** make his/her acquaintance; **eine nette Bekanntschaft machen** meet a nice person; **mit etwas Bekanntschaft machen** come into closer contact with something

bekennen confess; **sich schuldig bekennen** admit one's guilt

beklagen ① **einen Verlust/eine Entscheidung beklagen** lament somebody's loss/a decision ② **sich [über jemanden/etwas] beklagen** complain [about somebody/something]

beklagenswert pitiable [ˈpɪtiəbl]

bekleckern ① **den Teppich bekleckern** stain the carpet ② **ich habe mir das Hemd total bekleckert!** I've made a mess of my shirt!; **sie hat ihr T-Shirt mit Ketchup bekleckert** she's got [*oder* she's spilled] ketchup on her T-shirt

bekleiden ① (*anziehen*) dress (**mit** in) ② (*übertragen: innehaben*) **eine Stellung bekleiden** hold a post **Bekleidung** clothes ⚠ *plural*

bekloppt (*slang*) loony, loopy *slang*

bekommen ① (*erhalten*) **ein Geschenk/**

eine Nachricht bekommen get [*oder* receive [rɪ'siːv]] a present/message ② (*gut tun*) **jemandem gut bekommen** do someone good; **wohl bekomm's!** your health!

! Vorsicht Falle Das deutsche **bekommen** ist nicht dasselbe wie das englische **become**: *bekommen* wird mit **get** übersetzt, **become** bedeutet *werden*!

bekömmlich *Speisen:* digestible [daɪˌdʒest-ə'bl]
bekritteln (*umgangsspr*) criticize ['krɪtɪsaɪz]
bekritzeln scribble over
bekümmert worried ['wʌrid]
beladen ① (*voll machen*) **ein Auto/einen Einkaufswagen [mit etwas] beladen** load a car/a trolley [with something] ② **ein [voll] beladenes Auto/ein [voll] beladener Einkaufswagen** a loaded car/trolley; **ein mit Schuld beladener Mensch** a person weighed [weɪd] down with guilt
Belag ① (*Überzug*) coating ② (*Straßenbelag*) surface ③ (*Zahnbelag*) plaque [plɑːk]
belagern besiege [bɪ'siːdʒ], lay siege to
belämmert (*slang: betreten*) sheepish
belangen (*rechtlich verfolgen*) **jemanden wegen Diebstahls belangen** sue [*oder* prosecute] somebody for theft
belanglos irrelevant, trivial
belassen wollen wir es dabei belassen! let's leave it at that!
belasten ① (*mit einem Gewicht*) put weight [weɪt] on; **ein Fahrzeug belasten** load a vehicle ② (*übertragen: seelisch, geistig*) **jemanden [mit Verantwortung/Problemen] belasten** burden somebody [with responsibility/problems]; **diese Situation belastet mich** I'm finding the situation a real strain ③ (*in der Rechtssprache*) **jemanden belasten** incriminate somebody ④ **ein Konto belasten** charge an account ⑤ **sich belasten** (*in der Rechtssprache*) incriminate oneself
belästigen ① (*lästig sein*) **etwas belästigt jemanden** something bothers somebody, somebody is bothered by something ② (*zudringlich werden*) **jemanden belästigen** pester somebody
Belästigung ① (*Ärgernis*) annoyance ② (*Zudringlichkeit*) molesting; **sexuelle Belästigung** sexual harassment
Belastung ① (*seelisch, geistig*) burdening; (*körperlich*) strain ② *eines Fahrzeugs:* load ③ *eines Kontos:* charge
belaufen sich belaufen auf amount to
beleben ① (*anregen*) liven up *Unterhaltung,* stimulate ② **sich beleben** liven up; *Konjunktur:* be stimulated **belebend** invigorating
belebt eine belebte Straße a crowded [*oder* busy] street
Beleg receipt [rɪ'siːt]
belegen ① (*nachweisen*) verify ② (*reservieren*) reserve
Belegschaft staff
belegt ① *Leitung:* busy ['bɪzi]; *Sitz:* occupied ② **belegtes Brot** sandwich ③ *Stimme:* hoarse [hɔːs] ④ *Zunge:* furred
belehren instruct, teach
beleibt corpulent ['kɔːpjʊlənt], stout [staʊt]
beleidigen insult; *Verhalten:* offend **Beleidigung** insult
belesen well-read
beleuchten ① (*erhellen*) light [up]; (*festlich auch*) illuminate ② (*übertragen*) examine *Tatsachen*
Beleuchtung ① (*Lichtanlage*) lights ⚠ *plural* ② (*übertragen: Untersuchung*) examination
Belgien Belgium ['beldʒəm] **Belgier(in)** Belgian ['beldʒən] **belgisch** Belgian
Belichtung (*Photografie*) exposure [ɪk'spəʊʒəʳ] **Belichtungsmesser** exposure meter
belieben wie es Ihnen beliebt as you wish
beliebig any; **jeder x-beliebige ...** any old ...
beliebt popular
Beliebtheit popularity
beliefern supply
bellen bark
Belletristik fiction and poetry
belohnen reward
Belohnung recompense, reward; **zur Belohnung** as a reward
Belüftung (*Anlage*) ventilation
belügen jemanden belügen lie to somebody; **sich [selbst] belügen** deceive [dɪ'siːv] oneself
bemängeln etwas bemängeln find fault [fɔːlt] with something
bemannt *Rakete:* manned
bemerkbar noticeable ['nəʊtɪsəbl], perceptible

B b

bemerken ❶ (*merken*) notice ❷ (*sagen*) remark; **nebenbei bemerkt** by the way

bemerkenswert remarkable

Bemerkung comment, remark

bemitleiden pity **bemitleidenswert** pitiable, pitiful

bemühen ❶ **jemanden bemühen** trouble [*oder* bother] somebody ❷ **sich bemühen** try; **er bemüht sich sehr** he's trying hard; **sich um eine Stelle bemühen** try for a position; **sich um jemanden bemühen** try to help someone

Bemühung effort, endeavour [ɪn'devəʳ]; **vielen Dank für Ihre Bemühungen** thank you for your trouble

bemuttern mother

benachbart neighbouring ['neɪbərɪŋ]

benachrichtigen inform (**von** of) **Benachrichtigung** notification

benachteiligen **jemanden benachteiligen** discriminate against somebody **Benachteiligung** (*Chancenungleichheit*) discrimination

Benehmen behaviour [bɪ'heɪvjəʳ]

benehmen **sich benehmen** behave

beneiden **jemanden um etwas beneiden** envy someone something **beneidenswert** enviable

benennen name

Bengel (*umgangsspr*) rascal

benommen dazed [deɪzd]

benötigen need, require [rɪ'kwaɪəʳ]

benutzen use **Benutzer(in)** user **Benutzerkonto** (*im Internet*) account **Benutzername** (*im Internet*) user name **Benutzeroberfläche** (*in der Informatik*) user [*oder* system] interface ['sɪstəm]

Benutzung use; **etwas in Benutzung haben** be using something

Benzin petrol (GB), gasoline (USA) **Benzintank** fuel tank ['fjuːəl] (GB), gasoline tank (USA) **Benzinverbrauch** fuel consumption

beobachten observe, watch **Beobachter(in)** observer **Beobachtung** observation

bequem ❶ (*angenehm*) **ein bequemer Stuhl** a comfortable ['kʌmftəbl] chair; **es sich bequem machen** make oneself comfortable; **machen Sie es sich bequem** do make yourself feel at home ❷ (*träge*) **ein bequemer Mensch** an idle ['aɪdl] person ❸ (*übertragen: leicht*) easy; **eine bequeme Ausrede/eine bequeme Methode** a convenient excuse/method; **es bequem haben** have an easy time of it **Bequemlichkeit** ❶ (*Annehmlichkeit*) comfort ['kʌmfət] ❷ (*Faulheit*) idleness ['aɪdlnəs]

beraten ❶ (*Rat geben*) **jemanden beraten** advise somebody; **sich von jemandem/einem Anwalt beraten lassen** consult somebody/a lawyer ❷ (*beratschlagen*) **etwas beraten** discuss something ❸ **sich beraten** discuss; **da müssen wir uns erst einmal noch beraten** we'll have to discuss things first **beratend** advisory **Berater(in)** adviser **Beratung** ❶ (*Konsultation*) consultation ❷ (*Besprechung*) discussion

berauschend intoxicating

berechenbar ❶ (*finanziell*) calculable ❷ (*übertragen: vorauszusehen*) predictable

berechnen ❶ (*auch übertragen*) calculate ❷ (*in Rechnung stellen*) charge **berechnend** calculating **Berechnung** calculation

berechtigen entitle

berechtigt legitimate [lɪ'dʒɪtəmət]; **zu etwas berechtigt sein** be entitled to something; **berechtigt sein, etwas zu tun** be entitled to do something

Bereich ❶ (*Gebiet*) area ❷ (*Sachgebiet*) field [fiːld], area

bereichern ❶ (*übertragen: schöner machen*) enrich ❷ increase *Wissen* ❸ **sich an etwas bereichern** make a lot of money out of something **Bereicherung** ❶ (*übertragen*) enrichment ❷ *von Wissen:* expansion ❸ **unser Gespräch war mir eine große Bereicherung** I gained a lot from our conversation

bereinigen clear up

bereisen travel

bereit ready; (*bereitwillig*) prepared, willing

bereiten ❶ (*zubereiten*) prepare ❷ (*verursachen*) cause [kɔːz]; [**jemandem**] **Schwierigkeiten bereiten** cause difficulties [for somebody]; **jemandem Ärger/Kummer bereiten** cause somebody trouble/grief; **es bereitet mir großes Vergnügen**[**, etwas zu tun**] it gives me great pleasure [to do something]

bereithalten have ready ['redi]; (*übertragen*) have in store

bereits already [ɔːl'redi]

Bereitschaft readiness ['redɪnəs] **Bereitschaftsdienst** emergency service

bereitstellen get ready; (*zur Lieferung*) provide, supply

bereitwillig eager

bereuen regret

Berg ① mountain; (*Hügel*) hill ② (*übertragen: Haufen*) heap, pile; **ich hab einen Berg Wäsche [zu waschen]** I've got heaps of washing [to do] ▸ IN WENDUNGEN: **über alle Berge sein** be long gone **bergab** ① (*den Berg hinunter*) downhill; **Achtung, es geht berg ab!** we're going downhill! ② (*übertragen*) **mit mir/der Firma geht's bergab** I am going/the company is going downhill **Bergarbeiter** miner **bergauf** ① (*den Berg hoch*) uphill ② (*übertragen*) **es geht mit ihm bergauf** things are looking up for him **Bergbahn** mountain railway **Bergbau** mining

bergen ① (*retten*) **jemanden bergen** rescue [*oder* save] somebody ② **eine Leiche/einen Toten bergen** recover [rɪˈkʌvəʳ] a body/a dead man; **ein Schiff/eine Ladung bergen** salvage a ship/a cargo ③ (*beinhalten*) involve; **Gefahr bergen** hold danger; **Schätze [in sich] bergen** promise treasures

Bergführer(in) mountain guide **Berggipfel** mountain top **Bergkette** mountain range **Bergkristall** rock crystal [krɪstᵊl] **Bergland** hilly region **Bergmann** miner **Bergrutsch** landslide **Bergsteigen** mountaineering **Bergsteiger(in)** mountain climber, mountaineer

Bergung ① (*Rettung*) rescue [ˈreskjuː], saving ② *einer Leiche:* recovery [rɪˈkʌvərɪ] ③ *von Schiff oder Ladung:* salvage

Bergwacht mountain rescue service **Bergwand** mountain face **Bergwanderung** hike in the mountains **Bergwerk** mine

Bericht report **berichten** report **Berichterstattung** reporting

berichtigen correct

Berliner (*Gebäck*) doughnut [ˈdəʊnʌt]

Berliner(in) (*Mensch aus Berlin*) Berliner

Bernstein amber

berüchtigt infamous [ɪnfəməs], notorious [nəˈtɔːriəs]

berücksichtigen ① (*in Betracht ziehen*) consider [kənˈsɪdəʳ] ② (*bedenken*) take into consideration

Beruf ① (*Tätigkeit*) occupation; **was sind Sie von Beruf?** what do you do for a living?; **ich bin von Beruf Ärztin** I'm a doctor by profession ② (*Handwerk*) trade; **ich bin Klempner von Beruf** I'm a plumber by trade

berufen[1] ① **jemanden zum Vorsitzenden berufen** appoint somebody chairman ② **sich auf etwas berufen** refer to something

berufen[2] (*zuständig*) competent; **sich zu etwas berufen fühlen** feel one has a mission to do something

beruflich professional [prəˈfeʃnəl]

Berufsausbildung training **Berufsberater(in)** careers adviser **Berufsberatung** careers guidance **berufserfahren** professionally experienced [prəˈfeʃənəlɪ ɪkˈspɪəriənst] **Berufsfachschule** technical college **Berufskrankheit** occupational disease [dɪˈziːz] **Berufsleben** professional life **Berufsschule** vocational college; **technische Berufsschule** technical college **berufstätig** working **Berufsverkehr** commuter traffic

Berufung ① (*starke Neigung*) vocation; (*spirituell*) calling ② **in die Berufung gehen** (*im Rechtswesen*) appeal

beruhen ① (*gründen*) **auf Tatsachen beruhen** be founded [*oder* based] on facts ② **etwas auf sich beruhen lassen** let something rest

beruhigen ① **jemanden beruhigen** calm [kɑːm] somebody [down]; **ich kann Sie [da] beruhigen!** I can reassure you! ② **sich beruhigen** calm down; *Verkehr:* subside [səbˈsaɪd]; **so beruhigen Sie sich doch!** do calm down!

Beruhigungsmittel tranquillizer [ˈtræŋkwɪlaɪzəʳ]

berühmt famous [ˈfeɪməs] **Berühmtheit** celebrity

berühren ① (*anfassen*) touch [tʌtʃ]; **bitte nicht berühren!** don't touch! ② (*übertragen: nahe*) move; **deine Anteilnahme berührt mich sehr** I am very touched by your compassion

besagen say; **das besagt noch gar nichts** it doesn't mean anything **besagt** said, aforementioned [əˈfɔːmenʃᵊnd]; **es geschah an besagtem Tag** it happened that very day

besaitet **zart besaitet sein** be highly sensitive

besammeln (CH) ① assemble, gather ② **sich besammeln** assemble

Besammlung (CH) assembly [ə'sembli]
besänftigen calm down, soothe
Besatzung ① (*Mannschaft*) crew ② (*Verteidigungstruppe*) garrison; (*Besatzungsarmee*) occupying forces *plural*
besaufen **sich besaufen** (*slang*) get plastered
beschädigen damage ['dæmɪdʒ] **Beschädigung** damage (**von** to)
beschaffen get hold of; obtain *Genehmigung*
Beschaffungswert acquisition [ˌækwɪ'zɪʃᵊn] value
beschäftigen ① **sich beschäftigen mit** be busy with *Aktivität;* play with *Kinder;* deal with *Thema* ② **jemanden beschäftigen** employ somebody ③ (*im Sinne sein*) **jemanden sehr beschäftigen** weigh [weɪ] heavily on someone's mind **beschäftigt** busy, occupied; **viel beschäftigt** very busy; **ich bin ein viel beschäftigter Mann** I'm a very busy man
Beschäftigte(r) employee
Beschäftigung ① (*Tätigkeit*) occupation ② (*Beruf*) job, employment
beschämt embarrassed
beschatten (*übertragen: überwachen*) **jemanden beschatten** shadow somebody; **jemanden beschatten lassen** have somebody followed; **ich werde beschattet!** I am being followed!
beschaulich ① (*geruhsam*) **ein beschauliches Leben/ein beschaulicher Abend** a quiet [*oder* tranquil] life/evening ② (*in sich gekehrt*) **ein beschaulicher Mensch/Charakter** a contemplative [kən'templətɪv] person/character
Bescheid ① (*Antwort*) answer ['ɑːnsəʳ], reply; (*Auskunft*) information; **jemandem über etwas Bescheid geben** let someone know about something ② (*Entscheidung*) decision
bescheiden ① (*genügsam*) modest ② (*mittelmäßig*) mediocre [ˌmiːdi'əʊkəʳ]
bescheinigen certify; **den Empfang eines Schreibens bescheinigen** acknowledge [ək'nɒlɪdʒ] receipt [rɪ'siːt] of a letter; **hiermit wird bescheinigt, dass …** this is to certify that …; **können Sie mir das bescheinigen?** can you confirm that in writing?
Bescheinigung certificate; (*Quittung*) receipt [rɪ'siːt]
bescheißen **jemanden um etwas bescheißen** (*vulgär*) do somebody out of something *umgangsspr*
beschenken **jemanden/sich gegenseitig beschenken** give somebody/each other presents
Bescherung ① (*zu Weihnachten*) distribution of Christmas presents; **wir machen die Bescherung an Heiligabend** we open our presents on Christmas Eve ② (*ironisch*) [**das ist ja**] **eine schöne Bescherung!** this is a nice mess!; **da haben wir die Bescherung!** what did I tell you!
bescheuert (*slang*) dumb [dʌm]
beschichtet coated
beschimpfen abuse [ə'bjuːz], swear [sweəʳ] at
beschissen (*slang*) shitty *slang;* **es geht mir beschissen** I feel rotten
Beschlag ① (*an Tür*) mounting ② (*übertragen: in Anspruch nehmen*) **etwas mit Beschlag belegen** monopolize something; **jemanden in Beschlag nehmen** monopolize somebody
beschlagen *Brille, Scheibe:* steamed up
beschlagnahmen ① (*im Rechtswesen*) confiscate ② (*übertragen: in Anspruch nehmen*) **jemanden/etwas beschlagnahmen** monopolize somebody/something
beschleunigen accelerate [ək'seləreɪt], speed [up]
Beschleunigung acceleration [əkˌselə'reɪʃᵊn], speeding up
beschließen ① pass *Gesetz;* decide on *Resolution* ② (*beenden*) conclude *Sitzung, Veranstaltung*
Beschluss decision, resolution
beschmutzen ① (*auch übertragen*) dirty [dɜːti], soil ② **sich beschmutzen** get oneself dirty
Beschneidung ① (*medizinisch: der Vorhaut*) circumcision ② (*übertragen: Einschränkung*) curtailment
beschönigen gloss over
beschränken ① limit, restrict (**auf** to) ② **sich** [**auf etwas**] **beschränken** confine oneself [to something]
beschränkt ① (*eingeschränkt*) limited, restricted ② (*geistig*) limited, narrow
Beschränkung limitation, restriction
beschreiben (*schildern*) describe **Beschreibung** description; (*Anleitung*) instructions

⚠ *plural*

beschriften write [raɪt] on; (*etikettieren*) label

beschuldigen **jemanden [einer Sache] beschuldigen** accuse [əˈkjuːz] someone [of something]; (*rechtlich, gerichtlich*) **jemanden [einer Straftat] beschuldigen** charge someone [with an offence] **Beschuldigung** accusation; (*rechtlich, gerichtlich*) charge

beschützen protect, shelter (**vor** from) **Beschützer** protector **Beschützerin** protectress

Beschwerde ① **Beschwerden** (*körperlich*) aches [eɪks] and pains, trouble [ˈtrʌbl] ⚠ *singular* (**mit** with) ② (*Klage*) complaint [kəmˈpleɪnt]; **eine Beschwerde einlegen** lodge a complaint

beschweren **sich [über jemanden/etwas] beschweren** complain [about somebody/something]

beschwerlich arduous [ˈɑːdjuəs]

beschwichtigen appease, calm

beschwingt ① (*lebhaft, munter*) lively, sprightly ② (*rasch, schnell*) swift

beschwipst (*umgangsspr*) tipsy

beschwören (*anflehen*) **jemanden beschwören[, etwas zu tun/nicht zu tun]** beseech [*oder* implore] somebody [to do/not to do something]

beseitigen ① (*entfernen*) **etwas beseitigen** get rid of [*oder* remove] something ② (*töten*) **jemanden beseitigen [lassen]** do away with somebody

Besen broom **Besenstiel** broom-stick

besessen obsessed (**von** with)

besetzen ① (*einnehmen*) occupy, take; **ein Haus besetzen** squat [skwɒt] [in a house] ② fill *Stelle;* cast *Rolle*

besetzt ① *Sitzplatz:* taken; **ist dieser Platz besetzt?** is this seat taken? ② *Toilette:* occupied ③ *Telefonleitung:* engaged (GB), busy (USA) **Besetztzeichen** engaged tone (GB), busy tone (USA)

besichtigen have a look at; visit *Stadt* **Besichtigung** visit [to]; *von Sehenswürdigkeiten:* sight-seeing tour

besiedelt populated **Besied(e)lung** settlement

besinnen **sich besinnen** (*nachdenken*) think, reflect

besinnlich contemplative [kənˈtemplətɪv]

Besinnung ① (*Bewusstsein*) consciousness [ˈkɒnʃəsnəs]; **die Besinnung verlieren** lose consciousness; **wieder zur Besinnung kommen** regain consciousness ② (*das Sich-Besinnen*) reflection, contemplation ③ (*übertragen*) **die Besinnung verlieren** lose one's senses; **wieder zur Besinnung kommen** come to one's senses **besinnungslos** unconscious [ʌnˈkɒnʃəs]

Besitz ① (*Eigentum*) possession [pəˈzeʃ^{ə}n]; **etwas in Besitz nehmen** take possession of something ② (*Grundbesitz*) property, [real] estate **besitzanzeigend** (*in der Grammatik*) possessive [pəˈzesɪv]

besitzen (*haben*) have; (*gehoben*) own, possess **Besitzer(in)** owner, proprietor **besitzergreifend** possessive [pəˈzesɪv]

besoffen (*slang*) canned, pissed

besondere special [ˈspeʃəl]; (*außergewöhnlich*) exceptional [ɪkˈsepʃ^{ə}n^{ə}l]

Besonderheit peculiarity [pɪˌkjuːliˈærəti]

besonders ① (*hauptsächlich*) especially [ɪˈspeʃ^{ə}li], particularly; **die Show war sehr gut, besonders die Tänzer** the show was excellent, especially [*oder* in particular] the dancers ② (*sehr*) **besonders schön/groß** particularly beautiful/big; **sie hat besonders hart gearbeitet** she worked particularly hard ③ **nicht besonders lustig/gut** not very funny/good; **der Film war nicht besonders** the film was nothing special

besonnen level-headed, considered

besorgen ① (*beschaffen*) get ② (*erledigen*) see to

besorgt anxious [ˈæŋʃəs], worried [ˈwʌrid] (**wegen** about)

Besorgung **Besorgungen machen** do the shopping

besprechen ① **etwas besprechen** discuss something, talk something over ② (*rezensieren*) review [rɪˈvjuː] *Buch, Film, Theaterstück*

Besprechung ① (*Unterredung*) discussion ② (*Sitzung*) conference

besser better; **umso besser!** so much the better!

bessern **sich bessern** *Zustand:* get better, improve [ɪmˈpruːv]; *Person:* mend one's ways; **sie hat sich nicht gebessert** she hasn't changed

Besserung improvement [ɪmˈpruːvmənt]; **[ich wünsche dir] gute Besserung!** [I hope you] get well soon!

Besserwisser(in) (*abwertend*) know-all (GB), know-it-all (USA)

Bestand ① (*Fortdauer*) continued existence; **von Bestand sein** be permanent ② (*Lagerbestand*) stock (**an** of)

beständig ① (*ständig*) constant ['kɒnstənt], continual [kən'tɪnjuəl] ② (*gleichbleibend*) constant; *Wetter:* settled ③ (*dauerhaft*) resistant (**gegen** to)

Bestandsaufnahme (*auch übertragen*) stocktaking

Bestandteil ① *eines Ganzen:* component [kəm'pəʊnənt], part ② (*übertragen: etwas Dazugehöriges*) integral part

bestärken confirm [kən'fɜːm]

bestätigen ① confirm *Buchung, Flug, Antwort;* **den Empfang bestätigen** acknowledge [ək'nɒlɪdʒ] receipt ② **sich bestätigen** *Verdacht* prove true

Bestätigung ① confirmation ② (*Empfangsbestätigung*) acknowledg[e]ment [ək'nɒlɪdʒ] of receipt

bestatten bury ['beri]

Bestattung burial ['beriəl] **Bestattungsinstitut** undertaker's (GB), mortician's [mɔː'tɪʃənz] (USA)

beste(r, s) best; **besten Dank!** many thanks!; **der erste Beste** the first that comes along

bestechen bribe, corrupt; **sich bestechen lassen** take bribes **bestechlich** bribable, corruptible

Bestechung bribery, corruption

Besteck cutlery (GB), flatware (USA)

bestehen ① (*existieren*) **es besteht der Verdacht/die Gefahr, dass ...** there's the suspicion/a risk that ...; **es besteht kein Zweifel, dass ...** there's no doubt that; **der Unterschied besteht darin, dass ...** the difference is that ...; **bestehen bleiben** remain [rɪ'meɪn] ② (*zusammengesetzt sein*) **aus etwas bestehen** consist of something ③ (*erfolgreich beenden*) **eine Prüfung bestehen** pass a test; **einen Kampf bestehen** win a fight [faɪt] ④ (*fordern*) **bestehen auf** insist on

besteigen ① **einen Berg besteigen** climb a mountain ② **ein Pferd besteigen** mount a horse

bestellen ① **Waren bestellen** order goods ② (*ausrichten*) **[jemandem] etwas bestellen** leave a message [for somebody] ③ (*eine Verabredung treffen*) **jemanden für zehn Uhr bestellen** make an appointment for somebody for ten o'clock; **ich bin für zehn Uhr bestellt** I have an appointment for ten o'clock

Bestellnummer order number

Bestellung (*Auftrag*) order

bestenfalls at best

bestens very well

Bestie ① (*Tier*) beast ② (*Mensch*) brute

bestimmen ① determine; **eine Zeit/einen Ort bestimmen** fix [*oder* set] a time/a place ② fix *Preis, Termin* ③ **über etwas bestimmen** decide on something ④ (*prägen*) characterize ['kærəktəraɪz]

bestimmt ① (*festgelegt*) fixed, set ② (*gewiss*) **eine [ganz] bestimmte Art** a certain way [*oder* manner] ③ (*entschieden*) *Stimme:* firm ④ (*klar, deutlich*) *Anweisungen, etc.:* precise ⑤ (*sicher*) certainly, definitely; **ich komme ganz bestimmt** I'm definitely coming; **ich weiß bestimmt, dass ...** I know for certain that ... ⑥ (*wahrscheinlich*) **ganz bestimmt kommt er noch** he's bound [baʊnd] to come; **das ist bestimmt für dich!** (*bei Anruf oder Besuch*) it's bound to be for you!; **bestimmt hat sie mein Buch vergessen** she's probably [*oder* bound to have] forgotten my book ⑦ **bestimmter Artikel** definite article

Bestimmung ① (*Vorschrift*) regulation ② (*Schicksal*) destiny ['destɪni]

bestmöglich best possible

Bestnoten **Bestnoten bekommen/vergeben** get/give top marks

bestrafen punish (**für, wegen** for) **Bestrafung** punishment

Bestrahlung radiotherapy

Bestreben effort, endeavour [ɪn'devəʳ]

bestrebt **bestrebt sein, etwas zu tun** endeavour [ɪn'devəʳ] to do something

bestreiken **dieser Betrieb wird bestreikt** this factory is on strike

bestreiten ① (*anfechten*) contest [kən'test]; dispute [dɪ'spjuːt] *Entscheidung, Urteil* ② (*leugnen*) deny [dɪ'naɪ]

bestsituiert (A) (*gut situiert*) well-off

bestürmen *mit Fragen:* bombard

bestürzt dismayed (**über** at)

Besuch ① visit; **ist das dein erster Besuch in Stuttgart?** is this your first trip to Stuttgart? ② (*Teilnahme*) attendance (**bei** at)

❸ **Besuch haben** have visitors ⚠ *plural* ❹ **bei jemandem zu Besuch sein** be visiting [*oder* staying with] someone; **meine Tante kommt zu Besuch** my aunt is coming to see me/us

besuchen ❶ visit ❷ (*kurz*) **jemanden besuchen** go and see someone, call on someone ❸ (*teilnehmen*) attend [ə'tend] *Kurs;* go to *Schule, Konzert*

Besucher(in) visitor **Besucherzahl** attendance

Besuchszeit visiting time

betagt aged ['eɪdʒɪd]

betätigen ❶ operate *Maschine* ❷ **sich betätigen** busy ['bɪzi] oneself

betäuben ❶ (*narkotisieren*) anaesthetize [ə'niːsθətaɪz] ❷ (*benommen machen*) stun

Betäubungsmittel anaesthetic [ˌænəs'θetɪk]

Bete **Rote Bete** beetroot

beteilen Ⓐ, ⒸⒽ (*beschenken*) give presents ['prezənts] to *plural*

beteiligen ❶ **sich beteiligen** participate, take part (**an** in) ❷ **sich an den Kosten beteiligen** contribute to the expenses ❸ **jemanden beteiligen** give someone a share

beteiligt **an etwas beteiligt sein** be involved in something

Beteiligung ❶ (*an Wettbewerb etc.*) participation (**an** in) ❷ (*an Wahlen*) turnout (**an** in) ❸ (*Anteil*) share (**an** in)

beten pray, say a prayer (**zu, für** to, for)

beteuern declare

Beton concrete ['kɒŋkriːt]

betonen ❶ stress *Wort* ❷ (*nachdrücklich sagen*) emphasize ['emfəsaɪz]

betonieren concrete ['kɒŋkriːt]

betont ❶ *Wort:* stressed, accented ❷ (*nachdrücklich*) emphatic [ɪm'fætɪk], pronounced

Betonung ❶ *von Wort:* stress ❷ (*Nachdruck*) emphasis ['emfəsɪs]

Betracht **nicht in Betracht kommen** be out of the question; **in Betracht ziehen** take into consideration; **etwas außer Betracht lassen** disregard something

betrachten ❶ (*anschauen*) look at ❷ (*ansehen als*) consider, regard

beträchtlich ❶ *Summe, Vorsprung:* considerable ❷ **beträchtlich höher/niedriger/mehr** considerably higher/lower/more

Betrag amount, sum; **Betrag dankend erhalten** payment received [rɪ'siːvd] with thanks

Betragen ❶ (*Verhalten*) behaviour [bɪ'heɪvjəʳ] ⒼⒷ, behavior ⓊⓈⒶ ❷ (*Führung, auch im Zeugnis*) conduct ['kɒndʌkt]

betragen ❶ *Kosten, Rechnung:* amount to ❷ **sich betragen** behave [bɪ'heɪv]

Betreff re: [riː]

betreffen (*angehen*) concern, relate to; **was das betrifft** as far as that goes **betreffend** ❶ (*erwähnt*) concerned, in question; **die betreffenden Personen** those [people] concerned ❷ (*gemeint*) referred to

betreiben ❶ (*ausüben*) pursue [pə'sjuː] *Studien;* carry on *Geschäft* ❷ (*vorantreiben*) push ahead

Betreibung ⒸⒽ collection [kə'lekʃᵊn]

betreten ❶ (*hineingehen*) enter; go into *Raum* ❷ (*gehen auf*) walk on [to] *Boden;* **Betreten verboten!** keep off!

betreuen look after

Betrieb ❶ (*Geschäft*) business, concern [kən'sɜːn]; **jemand ist im Betrieb/nicht im Betrieb** somebody is at work/not at work ❷ (*Tätigkeit*) work; *einer Fabrik, Maschine:* operation ❸ **außer Betrieb** out of order ❹ (*Betriebsamkeit*) bustle ['bʌsl]; **in der Stadt war viel Betrieb** the town was very busy

Betriebsanleitung operating instructions ⚠ *plural* **Betriebsarzt, -ärztin** company doctor **Betriebsausflug** firm's outing **Betriebsferien** annual holiday **Betriebskapital** working capital **Betriebsklima** working conditions ⚠ *plural* **Betriebskosten** ❶ *einer Maschine:* running costs ❷ *einer Firma:* overheads **Betriebsleitung** management **Betriebsrat** (*Institution*) works committee **Betriebsrat, -rätin** (*Angehörige(r) des Betriebsrates*) works committee member **Betriebssystem** operating system **Betriebsunfall** industrial accident **Betriebswirtschaft** business management

betrinken **sich betrinken** get drunk

betroffen ❶ (*bestürzt*) full of consternation (**von** by) ❷ (*in Mitleidenschaft gezogen*) affected (**von** by)

betrüblich deplorable

betrübt distressed; **tief betrübt** deeply distressed

Betrug ❶ deceit [dɪ'siːt], deception ❷ (*Rechtssprache*) fraud [frɔːd]

betrügen ① (*beim Spiel*) cheat, deceive [dɪ'si:v] ② (*in einer Beziehung*) be unfaithful to

Betrüger(in) ① (*beim Spiel*) cheat; **du Betrüger!** you're a cheat! ② (*geschäftlich*) swindler; (*Hochstapler*) con-man

betrunken drunk

Bett ① bed ② (*Bettdecke*) quilt [kwɪlt] **Bettanzug** CH (*Bezug*) quilt-cover **Bettbezug** quilt-cover **Bettdecke** ① (*aus Wolle*) blanket ['blæŋkɪt] ② (*Steppdecke*) quilt

betteln beg (**um** for)

Bettflasche hot-water bottle **bettlägerig** bedridden **Bettlaken** sheet

Bettler(in) beggar

Betttuch sheet **Bettvorleger** bedside rug **Bettwäsche** bed linen **Bettzeug** bedding

beugen ① bend; bow *Kopf* ② inflect; conjugate *Verb;* decline *Substantiv, Adjektiv* ③ **sich [nach vorne/über etwas] beugen** bend [forward/over sth] ④ **sich [jemandem] beugen** submit [to sb]

Beule ① (*am Kopf*) bump; (*Schwellung*) swelling; (*aus Eiter*) boil ② (*im Blech*) dent

beunruhigen worry; (*stärker*) alarm

beurkunden certify; **[sich] etwas beurkunden lassen** have something certified

beurlauben give leave; **jemanden für eine Woche beurlauben** give somebody a week off; **beurlaubt sein** be on leave; **sich beurlauben lassen** take leave; **sich für eine Woche beurlauben lassen** take a week off

beurteilen judge (**nach** by/from) **Beurteilung** ① judg[e]ment ② *eines Buchs, Films:* review

Beute booty, loot, spoil

Beutel bag

bevölkert populated; **dicht bevölkert** densely populated **Bevölkerung** population

bevollmächtigen jemanden zu etwas bevollmächtigen authorize someone to do something **Bevollmächtigte(r)** authorized representative

bevor before; **ich gehe nicht, bevor du dich entschuldigt hast** I'm not leaving until you apologise

bevormunden jemanden bevormunden tell someone what he/she should be doing

bevorstehen ① *Schwierigkeiten:* lie ahead ② *Gefahr, Unwetter:* be imminent **bevorstehend** forthcoming, approaching

bevorzugen prefer; (*begünstigen*) favour *Mitbewerber, Mitschüler*

bewachen guard [gɑ:d]

bewaffnet armed; **schwer bewaffnet** heavily armed

bewahren ① (*erhalten*) keep ② (*beschützen*) protect (**vor** from)

bewähren ① **sie hat sich als Lehrerin bewährt** she's proved [pru:vd] to be a good teacher ② *Gerät:* prove [pru:v] worthwhile

bewahrheiten sich bewahrheiten prove [pru:v] well-founded; *Befürchtungen, Hoffnungen:* be confirmed

bewährt *Methode:* tried and tested; *Mittel:* proven ['pru:vn]

Bewährung probation; **eine Strafe zur Bewährung aussetzen** impose a suspended sentence **Bewährungshelfer(in)** probation officer

bewaldet wooded

bewältigen ① (*meistern*) manage ② (*überwinden*) get over

bewandert expert, knowledgeable ['nɒlɪdʒəbl]; **auf einem Gebiet bewandert sein** be an expert in a subject [*oder* an area]

bewässern irrigate

bewegen ① move, set in motion ② **jemanden zu etwas bewegen** induce someone to do something ③ **sich bewegen** move; (*sich Bewegung verschaffen*) get some exercise ④ **es bewegt sich etwas** things *plural* are starting to move [*oder* happen]

Beweggrund motive

beweglich ① (*bewegbar*) movable ['mu:vəbl], mobile ['məʊbaɪl] ② (*leicht manövrierbar*) manoeuvrable [mə'nu:vᵊrəbl] ③ *Person, Tier:* agile ['ædʒaɪl] ④ *Verstand:* nimble

bewegt ① (*ergriffen*) moved; **tief bewegt** deeply moved ② *Vergangenheit:* eventful

Bewegung ① movement, motion ② (*körperlich*) exercise ③ (*politisch*) movement **bewegungslos** motionless

Beweis ① proof (**für** of) ② (*Rechtssprache*) evidence ['evɪdəns]; **den Beweis erbringen** provide evidence (**für** of) ③ (*Mathematik*) demonstration **beweisbar** provable ['pru:vəbl]

beweisen ① prove [pru:v]; **jemandem etwas beweisen** prove something to somebody ② (*zeigen*) show

Beweismaterial evidence ['evɪdəns] ⚠ *singular*

bewerben **sich [um etwas] bewerben** apply [for sth] **Bewerber(in)** applicant **Bewerbung** application **Bewerbungsgespräch** [job] interview **Bewerbungsschreiben** letter of application

bewerkstelligen manage; **ich werde es schon bewerkstelligen** I'll manage

bewerten ❶ assess [ə'ses] *Aufsatz;* judge *sportliche Leistung* ❷ (*schätzen auf*) value; **etwas zu hoch/niedrig bewerten** overvalue/undervalue something **Bewertung** ❶ *eines Aufsatzes:* assessment [ə'sesmənt]; *einer sportlichen Leistung:* judg[e]ment ❷ (*Schätzung*) valuation

bewilligen ❶ (*zugestehen*) allow [ə'laʊ] ❷ grant *Kredit*

bewirken bring about, cause

bewohnbar habitable

bewohnen live in; **bewohnt sein** be inhabited

Bewohner(in) *eines Hauses:* occupant; *eines Gebiets:* inhabitant

bewölken **es bewölkt sich** it's clouding over **bewölkt** cloudy

Bewunderer, Bewunderin admirer [əd'maɪərəʳ] **bewundern** admire [əd'maɪəʳ] (**wegen** for) **bewundernswert** admirable ['ædmᵊrəbl̩] **Bewunderung** admiration [ˌædmə'reɪʃᵊn]

bewusst ❶ (*überlegt*) conscious ['kɒnʃəs]; **jemandem etwas bewusst machen** make someone aware of something ❷ (*absichtlich*) *Beleidigung:* deliberate [dɪ'lɪbᵊrət] ❸ (*mit Absicht*) deliberately [dɪ'lɪbᵊrətli]; **das hast du bewusst getan!** you did that deliberately! [*oder* on purpose]

bewusstlos unconscious [ʌn'kɒnʃəs]; **bewusstlos werden** lose consciousness ['kɒnʃəsnəs]

Bewusstsein consciousness ['kɒnʃəsnəs]; **das Bewusstsein verlieren** lose consciousness; **wieder zu Bewusstsein kommen** regain consciousness

bezahlen pay

> **? Grammatik** **pay — paid — paid:** *David paid $5 for the book; Have you paid for the tickets?*

bezahlt **sich bezahlt machen** pay off; **gut bezahlt** highly-paid **Bezahlung** pay

bezaubern charm, fascinate ['fæsɪneɪt] **bezaubernd** charming, fascinating

bezeichnen ❶ (*beschreiben*) describe ❷ (*benennen*) call

bezeichnend characteristic (**für** of) **Bezeichnung** term

beziehen ❶ cover *Sessel;* **die Betten beziehen** change the beds ❷ move into *Haus* ❸ (*bekommen*) get; obtain [əb'teɪn] *Gelder, Waren* ❹ **einen Standpunkt beziehen** adopt a point of view ❺ **etwas auf sich beziehen** take something personally ❻ **sich beziehen auf ...** refer to ...

Beziehung ❶ (*Verhältnis*) relationship; **die Beziehung zu meiner Mutter** the relationship with my mother ❷ **diplomatische Beziehungen/intime Beziehungen** diplomatic/intimate relations ❸ (*Verbindung*) connections; **er hat Beziehungen** he knows the right people ❹ **in jeder Beziehung** in every respect

beziehungsweise ❶ respectively; **zwei Briefmarken zu einem, beziehungsweise zwei Euro bitte** two stamps please — one for one euro, and one for two euros ❷ (*genauer gesagt*) or rather ❸ (*oder*) or

beziffern ❶ (*angeben*) estimate ❷ **der Schaden beziffert sich auf 1000 Euro** the damage amounts to 1000 euros

Bezirk district **Bezirksgericht** district court

Bezirksschule (CH) secondary [*oder* (USA) high] school

Bezirksspital (CH) district hospital

Bezug ❶ (*Überzug*) cover ❷ (*finanziell*) **Bezüge** earnings ❸ **Bezug nehmen auf ...** refer to ...

Bezüger(in) (CH) ❶ (*Abonnent*) subscriber ❷ (*von Rente*) drawer ❸ (*von Steuern*) collector

bezüglich regarding, with regard to

Bezugsperson person to whom one relates

bezwecken ❶ (*beabsichtigen*) aim at ❷ **das bezweckt gar nichts bei mir!** that cuts no ice with me at all!

bezweifeln question, doubt [daʊt]

BH bra

Bibel Bible ['baɪbl] **Bibelstelle** quotation from the Bible

Biber beaver

Bibliografie, Bibliographie bibliography [ˌbɪbli'ɒgrəfi]

Bibliothek library ['laɪbrəri]
Bibliothekar(in) librarian [laɪ'breəriən]
bieder ❶ (*rechtschaffen*) honest ❷ (*spießig*) conventional
biegen ❶ [sich] **biegen** bend ❷ **um die Ecke biegen** turn the corner ❸ **gerade biegen** straighten ▶ IN WENDUNGEN: **das biegen wir schon wieder hin** we'll sort things out
biegsam ❶ *Material:* flexible ❷ *Körper:* supple
Biegung bend
Biene bee **Bienenhonig** natural honey **Bienenkönigin** queen bee **Bienenstock** beehive **Bienenwabe** honeycomb ['hʌnikəʊm] **Bienenwachs** beeswax
Bier beer **Bierdose** beer can **Bierkasten** beer crate
Biest ❶ (*Tier*) creature ❷ (*slang oder abwertend) (Frau*) bitch; (*Mann*) bastard
bieten ❶ (*anbieten*) offer; **hier ist was geboten!** this place rocks! *umgangsspr* ❷ (*bei Versteigerung*) bid; **wer bietet mehr?** any more bids? ❸ **das lasse ich mir nicht bieten!** I won't stand for that! ❹ **so eine Gelegenheit bietet sich nicht wieder** an opportunity like that won't turn up again soon
Bikini bikini
Bilanz ❶ (*finanzielle Lage*) balance ❷ (*Abrechnung*) balance sheet ▶ IN WENDUNGEN: **die [erschreckende/traurige] Bilanz** the [shocking/sad] outcome; **Bilanz ziehen [aus seinem Leben]** take stock [of one's life]
Bild picture; **sich von etwas ein Bild machen** get an idea of something
bilden ❶ (*gestalten*) form ❷ (*schaffen*) create [kri:'eɪt] ❸ constitute ['kɒnstɪtju:t] *Bestandteil* ❹ form *Regierung* ❺ (*geistig*) educate ❻ **sich bilden** (*wachsen*) develop, form; (*intellektuell*) improve one's mind ❼ **sich ein Urteil/eine Meinung bilden** form a judgment/an opinion

> **! Vorsicht Falle** *Das englische ‚build' bedeutet ‚bauen'!*

bildend ❶ **die bildenden Künste** the fine arts ❷ **allgemein bildende Schule** school providing general education
Bilderbuch picture book **Bilderrahmen** picture frame
Bildhauer(in) sculptor **Bildhauerei** sculpture
bildhübsch pretty as a picture
bildlich **bildlich gesprochen** figuratively ['fɪgjərətɪvli] speaking; **sich etwas bildlich vorstellen** picture something in one's mind
Bildschirm screen **Bildschirmarbeit** on-screen work **Bildschirmgerät** visual display unit, VDU **Bildschirmschoner** screen saver **Bildschirmtext** viewdata
bildschön *Kunstwerk:* superb; *Mensch:* gorgeous ['gɔ:dʒəs]
Bildtelefon videophone
Bildung ❶ (*geistig, schulisch*) education ❷ (*Formung*) formation **Bildungslücke** gap in someone's education **Bildungsurlaub** educational holiday
Billard billiards ⚠ *singular* **Billardkugel** billiard ball **Billardstock** billiard cue
Billeteur, -euse (CH) conductor
Billett ❶ (A) note, letter card ❷ (CH) ticket
Billiarde thousand trillion
billig cheap; *Ausrede:* feeble
billigen approve [of] [ə'pru:v]
Billion trillion
binär binary
Binde ❶ bandage ❷ (*Damenbinde*) sanitary towel (GB), napkin (USA)
Bindegewebe connective tissue **Bindeglied** link **Bindehaut** conjunctiva [ˌkɒndʒʌŋ'taɪvə] **Bindehautentzündung** conjunctivitis [kənˌdʒʌŋtɪ'vaɪtɪs]
binden ❶ tie *Knoten, Schlips* ❷ bind *Buch* ❸ (*absorbieren*) absorb ❹ **jemanden an sich binden** tie somebody to oneself ❺ **sich [an jemanden] binden** commit oneself [to sb] **bindend** binding
Bindestrich hyphen
Bindewort *(Konjunktion)* conjunction
Bindfaden piece of string
Bindung ❶ relationship ❷ (*Skibindung*) binding
binnen within; **binnen kurzem** before long
Binnengewässer inland water **Binnenhafen** inland port **Binnenhandel** domestic [də'mestɪk] trade **Binnenmarkt** home [*oder* domestic [də'mestɪk]] market; **europäischer Binnenmarkt** EU's single market **Binnenmeer** inland sea **Binnenschifffahrt** inland navigation
Biobauer organic farmer **Biochemie** bio-

chemistry **Biochemiker(in)** biochemist **biodynamisch** biodynamic

Biografie, **Biographie** biography [baɪ'ɒgrəfi] **biografisch**, **biographisch** biographical [baɪə'græfɪkᵊl]

Bioladen whole-food shop

Biologe, **Biologin** biologist [baɪ'ɒlədʒɪst] **Biologie** biology [baɪ'ɒlədʒi] **biologisch** biological [ˌbaɪə'lɒdʒɪkᵊl]; **biologisch abbaubar** biodegradable

Biophysik biophysics [ˌbaɪə'fɪzɪks] ⚠ *singular*

Biotonne dustbin for organic waste

BIP *Abkürzung von* **Bruttoinlandsprodukt** GDP

Birke birch

Birma Burma **Birmane**, **Birmanin** Burmese **birmanisch** Burmese

Birnbaum pear [peəʳ] tree **Birne** ① (*Frucht*) pear [peəʳ] ② (*Glühbirne*) bulb ③ (*umgangsspr: Kopf*) nut

bis ① (*räumlich*) to; **bis hierher** [to] here; **bis hierher und nicht weiter** this far and no further ② (*zeitlich*) till, until; (*spätestens*) by; **bis einschließlich 2. Oktober** up to and including 2. October ③ **bis dann/bald/Montag!** see you then/soon/on Monday! ④ **alle bis auf einen** all except for one ⑤ **nass bis auf die Haut** soaked to the skin

Bisam ① (*Moschusöl*) musk ② (*Pelz*) musquash **Bisamratte** muskrat

Bischof bishop **bischöflich** episcopal [ɪ'pɪskəpᵊl] **Bischofssitz** diocesan [daɪ'ɒsɪsᵊn] town

bisexuell bisexual [baɪ'sekʃʊəl]

bisher until now; **bisher noch nicht** not as yet **bisherig** previous ['priːviəs]

Biskaya Biscay; **Golf von Biskaya** Bay of Biscay

Biskuit sponge [cake]

bislang →**bisher**

Bison bison

Biss bite

bisschen ① **ein bisschen** a little bit; **kein bisschen** not a bit ② **ein bisschen Brot** a bit of [*oder* some] bread; **ein bisschen länger** a little longer; **ein bisschen mehr** a little bit more

Bissen mouthful

bissig ① *Hund:* snappy ② *Bemerkung:* biting

Bistum bishopric, diocese ['daɪəsɪs]

bisweilen now and then

Bit bit

Bitte request; **ich habe eine Bitte an Sie** I have a favour to ask [of] you

bitte ① (*bittend, auffordernd*) please!; **gibst du mir bitte die Zeitung?** would [wʊd] [*oder* could] you pass me the paper, please? ② **wie bitte?** sorry?, pardon? ③ (*nach „danke"*) not at all, you're welcome ④ (*nach „Entschuldigung"*) it's okay ⑤ (*beim Anbieten*) there you go [*oder* are] ⑥ (*was möchten Sie?*) **bitte [schön]?** can I help you? ⑦ **na bitte!** there you are!

bitten ① ask; **jemanden um etwas bitten** ask someone for something ② **aber ich bitte Sie!** not at all!

bitter bitter; *Wahrheit:* sad **bitterböse** furious ['fjʊəriəs]

bizarr bizarre [bɪ'zɑːʳ]

blähen ① *Segel:* swell ② **Bohnen blähen** beans cause flatulence **Blähung** flatulence, wind

blamabel disgraceful **Blamage** disgrace

blamieren ① **jemanden blamieren** disgrace somebody ② **sich blamieren** make a fool of oneself

blank ① (*glänzend*) shining ② (*blank gescheuert*) shiny ③ (*entblößt*) bare ④ *Unsinn:* sheer ⑤ **ich bin blank** I am dead broke

Blase ① bubble ② (*Hautblase*) blister ③ (*Harnblase*) bladder

blasen blow

Blasenentzündung bladder infection, cystitis

blasiert blasé

Blasinstrument wind instrument **Blaskapelle** brass band

Blasphemie blasphemy ['blæsfəmi]

blass pale

Blatt ① *einer Pflanze:* leaf ② (*Blatt Papier*) sheet ③ (*Zeitung*) paper ④ (*beim Kartenspiel*) hand

blättern browse [braʊz]

Blätterteig puff pastry (GB), puff paste (USA)

Blattgold gold leaf

Blattlaus greenfly

blau ① (*Farbe*) blue ② (*umgangsspr: betrunken*) blotto, canned ③ **ein blaues Auge** a black eye; **blaue Flecken** bruises **blauäugig** (*naiv*) naïve [naɪ'iːv]

Blaubeere bilberry (GB), blueberry (USA)

Blauhelm (*umgangsspr*) Blue Helmet

bläulich bluish

Blaulicht flashing blue light

blaumachen (*von der Arbeit*) skip work; (*von der Schule*) skive off school/college

Blaumeise bluetit

Blausäure prussic acid

Blazer blazer

Blech ① metal, tin ② (*umgangsspr: Blödsinn*) rubbish **Blechbüchse**, **Blechdose** tin (GB), can (USA)

blechen cough [kɒf] up; **ganz schön für etwas blechen** pay through one's nose for something

blechern (*im Klang*) tinny

Blechlawine wave of cars **Blechschaden** damage to the bodywork

Blei lead [led]

Bleibe place to stay

bleiben ① remain, stay ② (*übrig bleiben*) be left ③ **bleibt's dabei?** so we'll stick to this?

bleibend lasting

bleich pale **Bleichmittel** bleaching agent

bleiern leaden ['ledᵊn]

bleifrei unleaded [ʌn'ledɪd]

Bleistift pencil **Bleistiftspitzer** pencil sharpener

Blende ① (*Sonnenblende*) blinds *plural* ② (*einer Kamera:*) aperture

blenden ① **jemanden blenden** blind somebody ② (*faszinieren*) dazzle ③ **das Licht blendet** the light is dazzling **blendend** (*wunderbar*) splendid

Blick ① look; **Liebe auf den ersten Blick** love at first sight ② (*Aussicht*) view

blicken ① look ② **sich blicken lassen** drop in

Blickfang eye-catcher **Blickkontakt** visual [*oder* eye] contact

blind ① blind ② **blind [sein] für die Gefahr** [be] oblivious to the danger; **blind [sein] vor Wut** [be] blind with rage ③ *Alarm:* false [fɒls] ④ **blinder Passagier** stowaway

Blinddarm appendix **Blinddarmentzündung** appendicitis [əˌpendɪ'saɪtɪs]

Blinde(r) blind woman/man **Blindenhund** guide dog **Blindenschrift** braille **Blindheit** blindness

blindlings blindly

Blindschleiche slow-worm

blinken ① *Sterne:* glitter, sparkle ② (*beim Fahren*) indicate

Blinker, **Blinklicht** indicator

blinzeln ① (*vor Helligkeit*) squint [skwɪnt] ② (*Augenzeichen geben*) wink

Blitz ① lightning ② *einer Kamera:* flash

> **! Vorsicht Falle** **lightning** wird nie im Plural gebraucht: *there were flashes of lightning; A tall tree was struck by lightning.*

Blitzableiter lightning conductor **blitzartig** ① **eine blitzartige Entscheidung** a snap decision ② **etwas blitzartig tun** do something like lightning [*oder* in a flash]

blitzblank spick and span

blitzen **es hat gestern Nacht geblitzt** there was lightning last night

Blitzgerät flash gun **Blitzlicht** flash **Blitzschlag** flash of lightning **blitzschnell** ① **eine blitzschnelle Entscheidung** a snap decision ② **etwas blitzschnell tun** do something like lightning [*oder* in a flash]

Block ① (*auch Häuserblock*) block ② (*Holzblock*) log ③ (*Schreibblock*) pad

Blockade blockade

Blockflöte recorder

Blockhaus log cabin

blockieren ① block *Straße* ② **eine Entscheidung/jemanden blockieren** block a decision/someone ③ *Lenkung, Rad:* lock

blöd silly, stupid

blödeln fool around

Blödmann idiot, silly ass **Blödsinn** nonsense; **mach keinen Blödsinn!** don't mess about!

blödsinnig idiotic, stupid

blöken bleat

blond blond, fair

> **! Vorsicht Falle** Bei blonden Jungen und Männern gebraucht man **blond**: *He is blond/ He has blond hair*, bei blonden Mädchen und Frauen gebraucht man aber **blonde**: *She is blonde/ She is a blonde/ She has blonde hair.*

Blondine blonde

bloß ① (*nackt*) bare; **mit bloßen Füßen** barefoot[ed]; **mit bloßem Auge** with the naked eye ② (*nichts als*) **bloßes Gerede** empty talk ③ (*nur*) only; **ich hab bloß Spaß gemacht** I was only joking ④ **bloß nicht!** God forbid!

bloßlegen ① uncover ② (*übertragen*) reveal *Geheimnis* **bloßstellen** **jemanden/sich**

bloßstellen show someone/oneself up
bluffen (*umgangsspr*) bluff
blühen ① *Blumen:* bloom; *Bäume:* blossom ② *Wirtschaft, Geschäfte:* flourish ['flʌrɪʃ], prosper, thrive ③ (*bevorstehen*) be in store; **da blüht uns noch was!** we're in for something there! **blühend** ① blooming ② (*übertragen*) *Geschäfte, Konjunktur:* flourishing ['flʌrɪʃɪŋ]; *Fantasie:* vivid
Blume ① flower ② (*Weinbouquet*) bouquet [bʊ'keɪ] **Blumenbeet** flower bed **Blumenkohl** cauliflower ['kɒlɪˌflaʊəʳ] **Blumenstrauß** bunch of flowers **Blumentopf** flowerpot **Blumenvase** vase
blumig flowery
Bluse blouse
Blut blood [blʌd] **Blut stillend** styptic **blutarm** ① anaemic [ə'ni:mɪk] ② (*farblos*) colourless **Blutarmut** anaemia [ə'ni:miə] **Blutbad** bloodbath **Blutbank** blood bank **blutbefleckt** bloodstained **Blutbild** blood count **Blutdruck** blood pressure
Blüte ① (*Blumenblüte*) bloom; (*Baumblüte*) blossom ② (*umgangsspr: falsche Banknote*) dud
Blutegel leech
bluten bleed (**aus** from)

> **? Grammatik** **bleed — bled — bled**: *His nose bled for ages.*

Blütenblatt petal **Blütenstaub** pollen
Bluter haemophiliac [ˌhi:mə'fɪliə]
Bluterguss bruise [bru:z], haematoma [ˌhi:mə'təʊmə]
Blütezeit (*übertragen*) prime
Blutfettwerte plasma lipid concentrations *plural* **Blutgefäß** blood vessel **Blutgerinnsel** blood clot **Blutgruppe** blood group **Bluthund** bloodhound
blutig bloody; *Anfänger:* absolute
blutjung very young
Blutkörperchen [blood] corpuscle ['kɔ:pʌsl]
Blutorange blood orange
Blutplasma blood plasma **Blutpräparat** blood preparation **Blutprobe** blood test **blutrot** blood-red **blutrünstig** bloodthirsty **Blutsauger** bloodsucker **Blutsenkung** sedimentation of the blood **Blutspender(in)** blood donor
blutsverwandt related by blood **Blutsverwandte(r)** blood relation
Blutung ① bleeding ② (*Monatsblutung*) period
blutunterlaufen bloodshot **Blutvergießen** bloodshed **Blutvergiftung** blood poisoning **Blutverlust** loss of blood **Blutwäsche** detoxification of the blood
Blutwurst black pudding (GB) blood sausage (USA)
Blutzucker blood sugar
Bö gust, sudden squall [skwɔ:l]
Bock ① (*männlicher Nager, Rotwild*) buck; (*männliches Schaf*) ram; (*männliche Ziege*) he-goat ② (*Autogestell*) ramp ③ (*Sportgerät*) vaulting ['vɒltɪŋ] horse ④ **ich hab keinen Bock!** I can't be bothered!
Bockbier bock beer
bocken ① *Pferd:* refuse ② *Kind:* act up **bockig** awkward, stubborn
Bockshornklee fenugreek
Bockspringen ① (*Sportart*) vaulting ['vɒltɪŋ] ② (*Spiel*) leap-frog
Bockwurst bockwurst
Boden ① (*Erdboden*) ground ② (*Ackerboden*) soil ③ (*Fußboden*) floor ④ (*Dachboden*) loft ⑤ *von Gefäß, Meeresboden:* bottom **Bodenbelag** floor covering **Bodenfreiheit** ground clearance **Bodenfrost** ground frost **Bodenhaftung** road holding
bodenlos ① bottomless ② (*unglaublich*) incredible
Bodennebel ground mist
Bodenpersonal ground staff [*oder* personnel]
Bodenschätze mineral resources
Bodensee Lake Constance
bodenständig down-to-earth
Body body stocking [*oder* suit] **Bodybuilding** bodybuilding
Bogen ① (*Kurve*) curve ② (*Waffe*) bow ③ (*Papierbogen*) sheet
bogenförmig arched
Bogengang arcade
Bogenschütze, -schützin archer
Bohle thick board
böhmisch Bohemian
Bohne bean; **dicke Bohnen** broad beans **Bohnenkaffee** real coffee **Bohnenkraut** savory **Bohnenstange** beanpole
bohnern polish **Bohnerwachs** floor polish [*oder* wax]
bohren ① bore *Tunnel;* (*mit Bohrer*) drill; **in der Nase bohren** pich one's nose ② (*nachfragen*) keep on; **so lange bohren, bis …** keep on asking until …

Bohrer (*Kraftbohrmaschine*) drill; (*Handbohrer*) gimlet
Bohrinsel oil rig **Bohrloch** drillhole **Bohrturm** derrick
böig squally [skwɔːli]
Boiler boiler
Boje buoy [bɔɪ]
Bolivianer(in) Bolivian [bəˈlɪviən] **Bolivien** Bolivia [bəˈlɪviə]
Bollwerk bulwark
Bolzen 1 (*Schraubbolzen*) bolt 2 (*Zapfen, Stift*) pin
bombardieren 1 bomb 2 (*mit Fragen, Wünschen*) bombard
bombastisch bombastic
Bombe bomb [bɒm] **Bombenerfolg** smash hit **Bombengeschäft** roaring trade **Bombenstimmung** fantastic atmosphere
bombig fantastic
Bon (*Gutschein*) voucher [ˈvaʊtʃəʳ]
Bonbon sweet (GB), candy (USA)
Bonität creditworthiness
Bonus bonus
boomen boom
Boot boat **Bootsfahrt** boat trip **Bootshaus** boathouse **Bootsmann** 1 boatswain 2 (*beim Militär*) petty officer **Bootsverleih** boat hire business
Bor boron
Bord 1 (*Regal*) shelf 2 *von Schiff, Flugzeug:* board; **an Bord gehen** board the plane/ship; **von Bord gehen** disembark 3 **über Bord werfen** throw overboard
Bordell brothel
Bordkarte boarding card, boarding pass **Bordpersonal** aircrew
Bordstein kerb[stone]
borgen borrow (**von** from)
Borke bark **Borkenkäfer** bark beetle
borniert narrow-minded
Börse 1 stock market 2 (*Gebäude*) stock exchange **Börsenbericht** stock market report **Börsenkrach** [stock market] crash **Börsenkurs** market price **Börsenmakler(in)** stockbroker
Borste bristle [ˈbrɪsl]
Borte trimming
bösartig 1 *Mensch:* malicious [məˈlɪʃəs] 2 *Tier:* vicious [ˈvɪʃəs] 3 *Tumor:* malignant
Böschung 1 *einer Straße:* embankment 2 *von Fluss:* bank
böse 1 *Verletzung:* bad 2 (*moralisch*) evil 3 *Bemerkung, Beleidigung:* nasty 4 **böse sein** [**auf jemanden**] be angry [with someone] 5 **er meinte es nicht böse** he meant no harm
Bösewicht villain [ˈvɪlən]
boshaft malicious [məˈlɪʃəs], spiteful **Boshaftigkeit** maliciousness [məˈlɪʃəsnəs]
Bosheit nastiness
Boss boss
Bostitch (CH) stapler
böswillig malevolent; **böswillige Absicht** malicious intent
Botaniker(in) botanist [ˈbɒtənɪst] **botanisch** botanical [bəˈtænɪkəl]; **botanischer Garten** botanic [bəˈtænɪk] gardens ⚠ *plural*
Bote, **Botin** messenger **Botengang** errand
Botschaft 1 (*Nachricht*) message 2 (*Botschaftsgebäude*) embassy
Botschafter(in) ambassador
Bottich tub
Bouillon bouillon
Boulevardpresse popular press
Boutique boutique
Bowle 1 (*Gefäß*) punchbowl 2 (*Getränk*) punch
Bowling [ten-pin] bowling
Box (*Lautsprecher*) speaker
boxen box **Boxer** (*auch Hunderasse*) boxer **Boxhandschuh** boxing glove **Boxkampf** boxing match
boykottieren boycott
brach 1 *Acker:* fallow 2 (*ungenutzt*) unexploited **brachliegen** *Acker:* lie fallow
Branche 1 (*Wirtschaftszweig*) branch [brɑːnʃ] 2 (*Fach*) department, field **Branchenverzeichnis** yellow pages ⚠ *plural*
Brand 1 (*Feuer*) fire; **in Brand geraten** catch fire; **etwas in Brand setzen** set something on fire, set fire to something 2 (*Fäulnis*) gangrene [ˈgæŋgriːn] 3 (*Durst*) raging thirst **Brandblase** blister **Brandbombe** incendiary [ɪnˈsendiəri] bomb
brandeilig extremely urgent
branden surge
Brandherd 1 source of the fire 2 (*übertragen*) trouble spot
Brandmal (*Narbe*) brand
brandmarken brand
brandneu brand new
Brandschaden fire damage **Brandschutz** fire protection **Brandstifter(in)** arsonist, fire-raiser (GB) **Brandstiftung** arson, fire-raising

Brandung surf, breakers *plural*
Brandwache (CH) fire service
Brandwunde ① (*durch Verbrennen*) burn ② (*durch Verbrühen*) scald
Branntwein spirits ⚠ *plural*
Brasilianer(in) Brazilian [brəˈzɪliən] **brasilianisch** Brazilian [brəˈzɪliən] **Brasilien** Brazil [brəˈzɪl]
Braten roast [meat]
braten ① (*im Ofen*) roast ② (*in der Pfanne*) fry

> **? Grammatik** **fry — frying — fried — fried**: *Sally is frying some potatoes; the potatoes have been fried.*

Brathähnchen roast chicken **Brathering** fried herring **Bratkartoffeln** fried potatoes **Bratpfanne** frying pan
Bratsche viola
Bratwurst ① (*gebraten*) fried sausage ② (*zum Braten*) frying sausage
Brauch custom; **das ist bei uns so Brauch** that's traditional with us
brauchbar ① (*nützlich*) useful ② (*verwendungsfähig*) usable ③ (*gut, vernünftig*) decent
brauchen ① (*nötig haben*) need, require; **Zeit brauchen** take time ② (*gebrauchen*) use
Brauchtum customs *plural*, traditions *plural*
brauen brew [bruː] **Brauerei** brewery [ˈbruːəri]
braun ① brown ② *Haut:* tanned; **braun werden** get a tan, tan; **braun sein** have a tan, be tanned **Bräune** *der Haut:* tan **bräunen** ① (*in Fett*) brown ② **sich bräunen** tan
Braunkohle brown coal, lignite
brausen ① *Brandung, Wasser:* foam ② *Beifall:* thunder ③ *Auto:* race
Brausetablette effervescent [ˌefəˈvesənt] tablet
Braut bride
Bräutigam [bride]groom
Brautjungfer bridesmaid **Brautkleid** wedding dress **Brautpaar** bride and [bride]groom **Brautschleier** wedding veil
brav ① (*rechtschaffen*) honest, upright ② (*artig*) good, well-behaved
Brecheisen crowbar, jemmy (GB), jimmy (USA)
brechen ① (*auch übertragen*) break *Willen, Menschen, Rekord;* cut *Steine* ② (*erbrechen*) bring up, vomit; **ich mußte brechen** I had to be sick ③ *Wellen:* break
Brechmittel emetic **Brechreiz** nausea
Brei mash ▸ IN WENDUNGEN: **um den heißen Brei herumreden** (*umgangsspr*) beat about the bush [bʊʃ]
breit ① (*weit*) wide, broad; **20 Meter breit** 20 metres wide [*oder* across] ② **breiter machen** widen ③ *Angebot, Auswahl:* wide ④ **die breite Masse** the masses ⚠ *plural* ⑤ **sich breit machen** spread [spred] [oneself] ⑥ (*übertragen*) make oneself at home; **mach dich doch nicht so breit!** don't hog all that space! *umgangsspr*
Breite ① breadth; (*bei Maßen*) width; **eine Breite von 10 Metern haben** be 10 metres in width ② (*Breitengrad*) latitude ▸ IN WENDUNGEN: **in die Breite gehen** put on weight
Breitengrad latitude
breitschlagen (*umgangsspr*) **jemanden breitschlagen** talk somebody round; **sich breitschlagen lassen** let oneself be talked round **Breitseite** broadside **Breitwandfilm** wide-screen film
Bremsbacke brake block **Bremsbelag** brake lining
Bremse[1] (*Insekt*) horsefly
Bremse[2] (*an Fahrzeug*) brake; **die Bremsen nachstellen** adjust the brakes; **auf die Bremse treten** to put on the brakes
bremsen ① brake ② (*übertragen*) slow down
Bremsflüssigkeit brake fluid **Bremsklotz** brake block **Bremslicht** brake light **Bremspedal** brake pedal **Bremsspur** skid mark **Bremstrommel** brake drum **Bremsweg** braking distance
brennbar combustible; (*entzündlich*) inflammable
brennen ① *Feuer:* burn; **es brennt!** fire! fire! ② *Gerät:* be on ③ *Verletzung:* sting; *Druckstelle:* hurt ④ bake *Ziegel* ⑤ distil *Schnaps* **brennend** ① *Kerze:* burning; *Pfeife, Zigarette:* lighted ② *Hitze:* scorching ③ *Schmerz:* smarting ④ *Frage:* urgent
Brenner ① (*Schweißbrenner*) welding torch ② (*Gasbrenner, Ölbrenner*) burner
Brennerei distillery
Brennglas burning glass **Brennholz** firewood **Brennmaterial** fuel [ˈfjuːəl] **Brennnessel** stinging nettle **Brennpunkt** focus **Brennspiritus** methylated spirits *plural* **Brennstab** fuel rod **Brennstoff** fuel

B b

brenzlig (*umgangsspr: gefährlich*) dicey, precarious; **die Sache wird für mich zu brenzlig** the matter is getting too hot for me

Bresche breach, gap ▶ IN WENDUNGEN: **in die Bresche springen** step into the breach

Bretagne Brittany **Bretone, Bretonin** Breton ['bretᵊn]

Brett ① board; (*dicker*) plank ② (*Spielbrett*) board ③ (*Essbrettchen*) platter ④ **schwarzes Brett** notice board **Bretterbude** shack **Bretterzaun** wooden fence

Brettspiel board game

Brezel pretzel

Brief letter **Briefbeschwerer** paper-weight **Briefbogen** sheet of note paper **Brieffreund(in)** pen-friend **Briefkasten** ① (*am Haus*) letter box GB, mail box USA ② (*in Säule*) pillar box, post box GB, mail box USA

brieflich by letter

Briefmarke stamp **Briefmarkensammler(in)** stamp collector

Brieföffner letter opener **Briefpapier** writing-paper

Brieftasche wallet GB, billfold USA

Briefträger(in) postman/postwoman GB, mailman/mailwoman USA **Briefumschlag** envelope **Briefwahl** postal vote

Brigade brigade

Brikett briquette

Brillant diamond

Brille ① (*Lesebrille*) glasses ⚠ *plural;* **eine Brille tragen** wear glasses ② (*Schutzbrille*) goggles ⚠ *plural* ③ *von Toilettensitz:* [toilet] seat

> **! Vorsicht Falle** **glasses** wird im Plural gebraucht: *Where are my glasses?*

Brillenetui spectacle case **Brillengestell** spectacle frame **Brillenglas** lens **Brillenschlange** ① (*Giftschlange*) cobra ② (*abwertend: Brillenträger*) four-eyes

bringen ① (*herbringen*) bring; (*wegbringen*) take ② (*veröffentlichen*) publish ③ **auseinander bringen** be able to get [someone/something] apart ④ **jemanden dazu bringen, etwas zu tun** get someone to do something, make someone do something ⑤ **es zu etwas/nichts bringen** to get somewhere/nowhere; **Gewinn bringen** yield [ji:ld] a profit; **in Erfahrung bringen** get to know, learn ⑥ **jemanden wieder zu sich bringen** bring someone round; **jemanden zur Vernunft bringen** bring someone to reason ⑦ **fertig bringen** (*vollenden*) get done; (*imstande sein*) manage ⑧ **vorwärts bringen** advance ⑨ **das bringt nichts!** that's pointless!

> **! Vorsicht Falle** **to bring** bedeutet etwas herbringen: *Tom, bring me some tea, please;* — **to take** bedeutet dagegen etwas weg- oder hinbringen: *Bill, take your comics to your bedroom, please;* — **to fetch** bedeutet etwas holen: *Jack, fetch me my glasses from the kitchen, please.*

brisant explosive

Brise breeze

Brite, Britin Briton; **die Briten** the British **britisch** British; **die Britischen Inseln** the British Isles

bröckeln crumble

Brocken ① (*aus Stein*) chunk ② (*Klumpen*) lump

brodeln *Lava, Schmelze:* seethe

Brokat brocade

Brokkoli broccoli

Brom bromine ['brəʊmi:n]

Brombeere blackberry, bramble **Brombeerstrauch** bramble bush

Bronchialkatarrh bronchial ['brɒŋkiəl] catarrh **Bronchien** bronchi ['brɒŋki], bronchial tubes **Bronchitis** bronchitis [brɒŋ'kaɪtɪs]

Bronze bronze [brɒnz] **Bronzemedaille** bronze medal

Brosche brooch [brəʊtʃ]

Broschüre booklet

Brösel crumb [krʌm]

Brot ① bread ② (*Brotlaib*) loaf of bread; **zwei Brote** two loaves of bread **Brötchen** roll [rəʊl]; **belegtes Brötchen** filled roll

Broteinheit carbohydrate exchange GB, bread unit USA **Brotkasten** bread bin **Brotrinde** crust

Browser browser

Bruch ① (*auch übertragen*) break ② (*Knochenbruch*) fracture; (*der Eingeweide*) hernia, rupture ③ (*mathematisch*) fraction ④ **in die Brüche gehen** *Beziehung:* break up

Bruchband truss

Bruchbude tumbledown shanty

bruchfest unbreakable

brüchig ① (*zerbrechlich*) fragile ['frædʒaɪl] ② (*spröde*) brittle ['brɪtl] ③ (*rissig*) cracked ④ *Beziehung:* crumbling

Bruchrechnung fractions ⚠ *plural*

Bruchstück fragment

bruchstückhaft fragmentary

Bruchteil fraction; **im Bruchteil einer Sekunde** in a split second

Bruchzahl fraction

Brücke ① bridge ② (*Zahnbrücke*) bridge ③ (*Teppich*) rug ④ (*Gymnastikübung*) bridge **Brückengeländer** parapet **Brückenpfeiler** pier [pɪəʳ]

Bruder ① brother ② **unter Brüdern** between friends **brüderlich** brotherly, fraternal **Bruderschaft** brotherhood

Brühe ① broth ② (*trübe Flüssigkeit*) sludge ③ (*abwertend: dünnes Getränk*) muck

Brühwürfel stock cube

brüllen roar; *Mensch:* shout; *Stier:* bellow; *Kind:* bawl

Brummbär grouch [graʊtʃ]

brummen ① (*summen*) hum ② *Käfer, Fliege:* buzz ③ *Motor:* drone, purr ④ *Mensch:* growl [graʊl], grumble, snarl ⑤ **mir brummt der Kopf** my head is spinning

Brummer ① (*Fliege*) blue-bottle [fly] ② (*LKW*) juggernaut ['dʒʌgənɔːt]

brummig grouchy, grumpy

Brummschädel thick head

brünett dark-haired **Brünette** brunette

Brunnen ① (*Schöpfbrunnen*) well ② (*Springbrunnen*) fountain ③ (*Mineralbrunnen*) spring **Brunnenkresse** watercress **Brunnenschacht** well-shaft

Brunst (*bei männlichen Tieren*) rut[ting]; (*bei weiblichen Tieren*) heat **brünstig** (*bei männlichen Tieren*) rutting; (*bei weiblichen Tieren*) in heat

brüsk (*kurz angebunden*) brusque; (*barsch*) curt

brüskieren snub

Brüssel Brussels ['brʌsəlz]

Brust ① (*Busen*) breast [brest] ② (*Brustkorb*) chest **Brustbein** breastbone ['bresbəʊn], sternum **Brustbeutel** money bag

brüsten **sich** [**mit etwas**] **brüsten** boast [*oder* brag] [about something]

Brustfell pleura ['plʊərə] **Brustfellentzündung** pleurisy ['plʊərəsi] **Brustkorb** chest, thorax ['θɔræks] **Brustkrebs** breast cancer **Brustschwimmen** breaststroke **Brusttasche** ① (*außen*) breast pocket ② (*innen*) inside pocket

Brüstung parapet

Brustwarze nipple

Brut ① (*Nest mit Jungen*) brood ② (*abwertend: Leute*) lot, mob, rabble; (*Kinder*) brats *plural*

brutal brutal ['bruːtəl] **Brutalität** brutality

brüten ① (*ausbrüten*) brood, sit ② (*nachdenken*) ponder (**über** over)

Brüter **schneller Brüter** fast-breeder [reactor]

Brutkasten incubator

Brutstätte (*übertragen*) hotbed

brutto gross

Bruttoeinkommen gross income **Bruttogewicht** gross weight **Bruttoinlandsprodukt** gross domestic product **Bruttoregistertonne** gross register ton **Bruttosozialprodukt** gross national product

Btx *Abkürzung von* **Bildschirmtext** videotext

Bub(**e**) ① (*Junge*) boy, lad ② (*bei Kartenspiel*) jack, knave [neɪv]

Buch ① book ② **über etwas Buch führen** keep a record of something **Buchbesprechung** book review **Buchdrucker**(**in**) printer

Buche beech **Buchecker** beechnut **Buchenholz** beechwood

Bücherei library ['laɪbrəri]

Bücherregal bookshelf **Bücherschrank** bookcase **Bücherwurm** bookworm

Buchfink chaffinch

Buchführung accounting, bookkeeping **Buchhalter**(**in**) bookkeeper **Buchhaltung** ① (*Sparte*) accounting, bookkeeping ② (*Abteilung*) accounts department **Buchhandel** booktrade **Buchhändler**(**in**) bookseller **Buchhandlung** bookshop (GB), bookstore (USA)

Buchmacher(**in**) bookmaker

Buchprüfer(**in**) auditor ['ɔːdɪtəʳ] **Buchprüfung** audit ['ɔːdɪt]

Buchs(**baum**) box[-tree]

Buchse socket

Büchse ① (*Dose*) can ② (*Konservenbüchse*) tin ③ (*Sammelbüchse*) collecting box ④ (*Gewehr*) rifle ['raɪfl] **Büchsenöffner** tin opener (GB), can opener (USA)

Buchstabe character, letter

buchstabieren spell; **falsch buchstabieren** misspell

> **? Grammatik** **spell — spelt/ spelled — spelt/ spelled**: *Jenny spelt 'hippopotamus' correctly; Ziggy's name has been spelt wrong again!*

buchstäblich literal

Bucht bay; (*kleiner*) cove

Buchtel (A) *a yeast pastry filled with jam*

Buchung (*Reservierung*) booking, reservation

Buchweizen buckwheat ['bʌkwiːt]

Buchwert book value

Buckel ① (*buckliger Rücken*) hump, humpback ② (*umgangsspr: Rücken*) back

buckeln (*abwertend*) kowtow [ˌkaʊ'taʊ]; **vor jemandem buckeln** bow and scrape to someone

bücken **sich bücken** bend, stoop

bucklig hunchbacked

Bückling[1] (*Hering*) bloater, kipper

Bückling[2] (*umgangsspr: Verbeugung*) bow

buddeln dig

Buddhismus Buddhism ['bʊdɪzᵊm] **Buddhist(in)** Buddhist ['bʊdɪst]

Bude ① (*Bretterbude*) hut ② (*Verkaufsstand*) booth, stall [stɒːl], stand ③ (*umgangsspr: Zimmer*) room, bedsit[ter]

Budget budget ['bʌdʒɪt]

Büfett ① (*Möbel*) sideboard ② (*Schanktisch*) bar ③ **kaltes Büfett** cold buffet ['bʊfeɪ]

Büffel buffalo

büffeln ① swot up [on] *Lernstoff* ② **[für eine Mathe-/Chemiearbeit] büffeln** cram [*oder* swot] [for a maths/chemistry test]

Bug *von Schiff:* bow [baʊ]; *von Flugzeug:* nose

Bügel ① (*Kleiderbügel*) hanger ② (*Steigbügel*) stirrup

Bügelbrett ironing ['aɪənɪŋ] board **Bügeleisen** iron ['aɪən] **Bügelfalte** crease [kriːs] **bügelfrei** non-iron **Bügelmaschine** rotary iron

bügeln iron *Wäsche;* press *Hose;* **glatt bügeln** iron smooth

Bühne ① (*im Theater*) stage ② (*das Theater*) theatre ③ **hinter der Bühne** behind the scenes *plural* ► IN WENDUNGEN: **etwas über die Bühne bringen** get something done **Bühnenbild** stage set **Bühnenbildner(in)** stage designer **Bühnenstück** play

Buhruf boo; **es gab viele Buhrufe** there was a lot of booing

Bukett bouquet [bʊ'keɪ]

Bulgare, **Bulgarin** Bulgarian [bʌl'geəriən] **Bulgarien** Bulgaria [bʌl'geəriə] **bulgarisch** Bulgarian [bʌl'geəriən]

Bulimie bulimia [bʊ'lɪmiə]

Bullauge porthole

Bulldogge bulldog

Bulldozer bulldozer

Bulle ① (*männliches Rind*) bull ② (*bulliger Mann*) great ox of a man ③ (*slang: Polizist*) cop

Bullenhitze boiling heat

Bumerang boomerang

Bummel stroll [strəʊl]

Bummelant(in) (*abwertend*) slowcoach (GB), slowpoke (USA) **Bummelei** dawdling ['dɔːdlɪŋ] **bummeln** ① (*umherschlendern*) stroll ② (*trödeln*) dawdle ['dɔːdl]

Bummelstreik go-slow; (*im öffentlichen Dienst*) work-to-rule

Bummelzug (*abwertend*) slow train (GB), accommodation train (USA)

bumsen ① (*schlagen*) thump ② (*slang: Sex haben*) screw

Bund[1] **ein Bund Karotten/Petersilie** a bunch of carrots/parsley

Bund[2] ① (*Vereinigung*) association ② (*Staatenbund*) alliance [ə'laɪəns] ③ (*umgangsspr: Bundeswehr*) services *plural;* **beim Bund** in the army ④ (*Bundesrepublik*) Federal Government; **Bund, Länder und Gemeinden** Federal Government, Länder and municipal authorities

Bündel ① *von Kleidern:* bundle; (*Bund*) bunch ② (*an Fragen*) cluster

bündeln ① bundle up *Reisig* ② focus *Strahlen*

Bundesarbeitsgericht Federal Labour Court **Bundesbank** Federal Bank **Bundesbürger(in)** citizen of the Federal Republic [of Germany] **Bundesgebiet** federal territory

Bundesgericht (CH) Federal Appeals Court **Bundesgerichtshof** Federal Supreme Court **Bundeshauptstadt** capital of the Federal Republic [of Germany]

Bundeshaus (CH) Federal House of Parliament **Bundesheer** (A) [Austrian] Federal Armed Forces ⚠ *plural* **Bundesinnenminister(in)** Federal Minister of the Interior **Bundeskanzler(in)** German Chancellor ['tʃɑːnsələ]

Bundesland federal state, Land **Bundesliga** National League **Bundesnachrichtendienst** Federal Intelligence Service **Bundespost** Federal Post Office **Bundespräsident(in)** 1 (*in Deutschland*) Federal President 2 (*in der Schweiz*) President of the Federal Council **Bundesrat** 1 (*in Deutschland*) Bundesrat 2 (*in der Schweiz*) Federal Government [ˌgʌᵊn'mənt]

Bundesrat, -rätin (CH), (A) Minister of State **Bundesregierung** Federal Government [ˌgʌᵊn'mənt] **Bundesrepublik** Federal Republic; (*Deutschland*) Federal Republic of Germany **Bundesstaat** federal state **Bundesstraße** federal highway **Bundestag** Bundestag **Bundestagspräsident(in)** President of the Bundestag **Bundestagswahl** elections ⚠ *plural* to [*oder* for] the Bundestag **Bundesverfassungsgericht** Federal Constitutional Court **Bundesversammlung** 1 (*in Deutschland*) Federal Convention 2 (*in der Schweiz*) Federal Assembly **Bundeswehr** Federal Armed Forces ⚠ *plural*

Bundfaltenhose pleated trousers ⚠ *plural* (GB), pegged [*oder* pleated] pants ⚠ *plural* (USA)

bündig **kurz und bündig** concisely

Bündnis alliance [ə'laɪəns]

Bunker bunker; (*Schutzbunker*) air-raid shelter

bunt 1 (*vielfarbig*) colourful 2 (*farbig*) coloured 3 (*verschiedenartig*) varied; **ein buntes Durcheinander** a jumble **Buntspecht** spotted woodpecker **Buntstift** coloured pencil, crayon ['kreɪɒn] **Buntwäsche** coloureds ⚠ *plural*

Bürde 1 (*Last*) load 2 (*Belastung*) burden

Burg castle

bürgen 1 **für etwas bürgen** guarantee something 2 **für jemanden bürgen** vouch [vaʊtʃ] for someone

Bürger(in) citizen **Bürgerinitiative** citizens' action group **Bürgerkrieg** civil war

bürgerlich civil; **das bürgerliche Gesetzbuch** the Civil Code

Bürgermeister mayor [meəʳ]; **Bürgermeisterin** mayoress [ˌmeə'res]

Bürgerrechtsbewegung civil rights movement

Bürgersteig pavement (GB), sidewalk (USA)

Bürgerversammlung town meeting **Bürgerwehr** militia [mɪ'lɪʃə]

Bürgschaft security, surety; **eine Bürgschaft [für jemanden] stellen** be a guarantor [ˌgærᵊn'tɔːʳ] [*oder* stand security] for someone

Burgund Burgundy **Burgunder** (*Wein*) burgundy

Büro office **Büroangestellte(r)** office worker **Büroarbeit** office work **Büroklammer** paper clip

Bürokratie bureaucracy [bjʊ'rɒkrəsi] **bürokratisch** bureaucratic [ˌbjʊərə'krætɪk]

Bursche 1 (*Halbwüchsiger*) boy, chap, lad 2 (*Kerl*) fellow, guy; **ein kluger Bursche** a clever fellow; **ein übler Bursche** a bad lot

burschikos tomboyish

Bürste brush **bürsten** brush; **sich die Haare bürsten** brush one's hair ⚠ *singular*

Bus bus [bʌs] **Busbahnhof** bus [*oder* coach] station [kəʊtʃ]

Busch 1 bush 2 (*einzelner Strauch*) shrub 3 (*Dickicht*) copse [kɒps], thicket ['θɪkɪt] 4 (*Urwald*) jungle ▸ IN WENDUNGEN: **da ist [et]was im Busch** there's something up

Büschel 1 (*Haare*) tuft, wisp 2 (*Stroh*) bundle **büschelweise** in tufts; **mir gehen büschelweise die Haare aus** I'm losing hair by handful

Busen breast

Busfahrer(in) bus driver **Bushaltestelle** bus stop **Buslinie** bus route

Bussard (*Greifvogel*) buzzard ['bʌzəd]

Buße penance; **für etwas Buße [ab]leisten** do penance for something

büßen 1 **das wirst du mir [noch] büßen!** I'll make you pay for that! 2 (CH) **jemanden büßen** fine somebody, impose a fine on somebody

Bußgeld fine

Büste bust

Büstenhalter brassiere ['bræsiəʳ]

Butangas butane

Bütten(papier) handmade paper

Butter butter ▸ IN WENDUNGEN: **alles in Butter!** everything's ok!

Butterblume buttercup

Butterbrot bread and butter **Butterbrotpapier** greaseproof paper **Buttermilch** buttermilk **Butterschmalz** clarified butter **butterweich** beautifully soft

Byte byte

C c

C[1] das **das hohe C** (*in der Musik*) top C
C[2] *Abkürzung von* **Celsius** C, celsius, centigrade
CAD *Abkürzung von* **computer-aided design** CAD
Café café **Cafeteria** cafeteria
Camcorder camcorder
Camion (CH) heavy goods vehicle
Camping camping **Campingausrüstung** camping gear **Campingbus** camper, dormobile® **Campingplatz** camping [*oder* caravan] site
Cappuccino cappuccino
Caquelon (CH) long-handled fondue pan
Car (CH) coach (GB), bus
CD *Abkürzung von* **Compact Disc** CD [ˌsiːˈdiː], compact disc **CD-ROM** CD-ROM [ˌsiːˈdiːrɒm] **CD-ROM-Laufwerk** CD-ROM drive **CD-Spieler** compact disc player, CD player **CD-Ständer** CD rack
Cellist(in) cellist [ˈtʃelɪst] **Cello** cello [ˈtʃeləʊ]
Celsius centigrade
Cent eurocent
Ceylon Ceylon [sɪˈlɒn]
Chalet (CH) chalet [ˈʃæleɪ]
Chamäleon chameleon [kəˈmiːliən]
Champagner champagne [ʃæmˈpeɪn]
Champignon mushroom
Chance chance [tʃɑːns]; **eine/keine Chance haben** to stand/not stand a chance (**bei** with); **bei der hast du keine Chancen** you don't stand a chance with her **Chancengleichheit** equal opportunities ⚠ *plural*
Chaos chaos [ˈkeɪɒs] **Chaot(in)** ① (*politisch*) anarchist ② (*slang: unordentlicher Mensch*) chaotic person ③ (*slang: ausgeflippte Person*) freak **chaotisch** chaotic
Charakter ① (*Wesenszüge eines Menschen*) character [ˈkærəktəʳ] ② (*Persönlichkeit*) personality ③ *einer Sache:* nature **Charaktereigenschaft** character trait **charakterfest** of firm character **charakterisieren** characterize [ˈkærəktᵊraɪz] **charakteristisch** characteristic [ˌkærəktəˈrɪstɪk] **charakterlos** *Mensch:* unprincipled **Charakterzug** characteristic trait
charmant charming **Charme** charm [tʃɑːm]
Charta charter
Charterflug charter flight **Chartermaschine** charter plane
Chassis chassis, frame
Chauffeur(in) chauffeur [ˈʃəʊfəʳ]
Chauffeuse female professional driver
Chauvi male chauvinist pig, MCP **Chauvinist(in)** chauvinist **chauvinistisch** chauvinist
checken ① (*überprüfen*) check ② (*umgangsspr: begreifen*) get it; **ich check das nicht!** I just don't get it!
Chef(in) ① boss ② *der Polizei:* chief **Chefarzt, -ärztin** senior consultant **Chefetage** executive floor **Chefkoch, -köchin** chef

> **! Vorsicht Falle** *Im Englischen ist ‚chef' der Küchenchef!*

Chefredakteur(in) editor-in-chief **Chefsekretärin** personal assistant, PA
Chemie chemistry [ˈkemɪstri] **Chemiefaser** synthetic fibre **Chemikalien** chemicals [ˈkemɪkᵊlz] **Chemiker(in)** chemist **chemisch** chemical; **chemische Reinigung** dry cleaner's
Chemotherapie chemotherapy [ˌkiːməˈθerəpi]
Chiffre ① (*Code*) cipher [ˈsaɪfəʳ] ② (*in Zeitungsannoncen*) box number **Chiffreanzeige** box number advertisement
Chile Chile [ˈtʃɪli] **Chilene, Chilenin** Chilean [ˈtʃɪliən]
China China [ˈtʃaɪnə] **Chinese, Chinesin** Chinese [tʃaɪˈniːz] **chinesisch** Chinese; **die Chinesische Mauer** the Great Wall of China
Chip ① (*Kartoffelchip*) crisp (GB), potato chip (USA) ② (*Spielmarke, auch in der Informatik*) chip **Chipkarte** smart card

> **! Vorsicht Falle** *‚chips' im britischen Englisch sind Pommes frites!*

Chirurg(in) surgeon [ˈsɜːdʒᵊn] **Chirurgie** surgery **chirurgisch** surgical; **chirurgischer Eingriff** surgery
Chlor chlorine
Cholera cholera
cholerisch choleric
Cholesterin cholesterol **Cholesterinspiegel** cholesterol level
Chor[1] ① (*Musikchor*) choir [kwaɪəʳ] ② (*im Theater*) chorus

Chor^2 (*Gestühl*) chancel, choir [kwaɪəʳ]
Choral chant
Choreograf(in) choreographer **Choreografie** choreography
Christ(in) Christian
Christbaum Christmas tree
Christentum Christianity
Christkind Christ Child
christlich Christian
Christus ① Christ ② **vor Christi Geburt** before Christ, B.C.; **nach Christi Geburt** A.D.; **700 nach Christus** in the year 700 of our Lord [*oder* [in] 700 A.D.]
Chrom chrome
Chromosom chromosome
Chronik chronicle
chronisch chronic
chronologisch chronological
Chrysantheme chrysanthemum
circa about, circa
Citro Ⓒⓗ lemonade [ˌleməˈneɪd]
Clip ① (*an Kugelschreiber*) clip ② (*Ohrclip*) earring
Clique group, set
Clown clown
Code code **codieren** codify [ˈkəʊdɪfaɪ], encode
Comicheft comic
Computer computer **Computerarbeitsplatz** work station **computergesteuert** computer-controlled **Computergrafik** computer graphics ⚠ *plural* **Computernetzwerk** computer network **Computerspiel** computer game **Computertomografie** computer tomography
Container ① (*zum Transport*) container ② (*für Bauschutt*) skip **Containerschiff** container ship
Contergankind thalidomide baby
Cookie cookie
Cord cord, corduroy
Cornflakes cornflakes
Costa Rica Costa Rica
Couch couch **Couchgarnitur** suite [swiːt] **Couchtisch** coffee table
Coupon coupon [ˈkuːpɒn]
couragiert courageous [kəˈreɪdʒəs]
Cousin, Cousine cousin [ˈkʌzᵊn]
Couvert envelope
Crack^1 (*Könner*) ace
Crack^2 (*Droge*) crack
Cracker (*böswilliger Hacker*) cracker
Creme cream **cremefarben** cream-coloured **cremig** creamy
Curry curry
Cybercash cybercash **Cybergeld** e-cash [electronic cash] **Cyberspace** cyberspace

Dd

da ① (*dort*) there; **das Haus da** the house over there ② (*hier*) here ③ (*mit dabei*) **hast du deinen Geldbeutel da?** have you got your purse at hand? ④ (*im Anschluss*) **und da sagte er …** and then he said … ⑤ (*anwesend*) **da sein** be there; **ist da jemand?** anybody there? ⑥ **ist die Post schon da?** has the post come yet? ⑦ (*weil*) as, since ⑧ **he, du da!** hey, you there! ⑨ **die da ist es gewesen** it was her who did it ⑩ **da haben wir den Salat!** now we're in for it! ⑪ **siehe da!** lo and behold! ⑫ **sie hatten den Hund gerade eingefangen, da lief er auch schon wieder weg** they had only just caught the dog, when he ran away again ⑬ **ich weiß nicht, ob ich da Zeit habe** I'm not sure, whether I'll have time then ⑭ **was soll man da noch sagen?** what else can you say? ⑮ **nichts da!** nothing doing!
DAAD *Abkürzung von* **Deutscher Akademischer Austauschdienst** German Academic Exchange Service
dabei ① (*beigefügt*) **ist die Beschreibung dabei?** are the instructions attached? ② **dabei darf man [allerdings] nicht vergessen, dass…** it shouldn't be forgotten here that … ③ **… und dabei bleibt's!** … and that's that!; **lassen wir es dabei!** let's leave it at that! ④ **was ist schon dabei?** so what of it?; **ich finde nichts dabei** I can't see any harm in it ⑤ **er aß und rauchte dabei** he ate and smoked at the same time ⑥ **dabei fühle ich mich nicht wohl** it doesn't feel right [to me] ⑦ **dabei kommt doch nichts raus!** but that's completely pointless! ⑧ **sie bleibt dabei** (*Aussage, Meinung*) she sticks with it ⑨ **sie ist nicht gekommen, dabei hat sie's versprochen** she didn't come, although she promised to

dableiben stay; **bleib doch noch etwas da!** do stay a little longer!

Dach roof ▸ IN WENDUNGEN: **unter Dach und Fach sein** be in the bag; **eins aufs Dach kriegen** get told off **Dachboden** attic **Dachdecker** tiler **Dachfenster** ① dormer window ② (*Dachluke*) skylight **Dachfirst** ridge of the roof **Dachgepäckträger** roof rack **Dachgleiche** Ⓐ (*Richtfest*) topping-out ceremony **Dachkännel** Ⓒⓗ (*Dachrinne*) gutter **Dachluke** skylight **Dachorganisation** parent organization **Dachpappe** roofing felt **Dachrinne** gutter

Dachs badger

Dachstuhl roof truss **Dachziegel** roofing tile

Dackel (*Hunderasse*) dachshund

dadurch ① (*örtlich*) that way, through there ② (*als Grund*) by that, in that way ③ **dadurch, dass er krank ist, kann er seine neue Stelle nicht antreten** as he's ill, he can't start his new job ④ **dadurch, dass ich ihren Computer benutzen durfte, wurde ich mit dem Aufsatz rechtzeitig fertig** thanks to her letting me use her computer, I managed to finish the essay in time

dafür ① (*für diese Sache*) for it, for that; (*für diesen Zweck*) for that; **der Kuchen ist dafür da, damit er gegessen wird** the cake is there to be eaten ② **ich werde dafür sorgen, dass ...** I'll see to it that ... ③ **dafür sein** be [all] for it ④ (*andererseits*) but then; **er ist schon erfolgreich, dafür aber arrogant** he's successful, alright, but arrogant with it ⑤ **dafür habe ich kein Verständnis** that's beyond me ⑥ **er ist dafür bekannt, dass er stiehlt** he's known for thieving ['θiːvɪŋ]

dagegen ① (*gegen etwas*) against that, against it; **ich habe nichts dagegen** I don't object, I've no objections; **haben Sie etwas dagegen, wenn ich gehe?** do you mind if I leave?; **dagegen kann man nichts machen** nothing can be done about it ② (*verglichen mit*) compared with ③ (*andererseits*) on the other hand

daheim at home

daher ① (*örtlich*) from there ② **das kommt daher, dass** that is because...; **[von] daher...** that's why... ③ (*deshalb*) **mein Auto ist kaputt, daher meine Verspätung** my car is defect, hence the delay [*oder* that's what caused the delay]

daherbringen Ⓐ ① bring along ② (*abwertend*) say without thinking

dahin ① (*örtlich*) there ② (*zeitlich*) by that time, by then, until then ▸ IN WENDUNGEN: **mir steht's bis dahin** I've had it [with that]

dahinten over there

dahinter ① behind that [*oder* it] ② **es steckt etwas dahinter** there is something in it; **sich dahinter klemmen** put one's back into it; **dahinter kommen** find out

Dahlie dahlia ['deɪliə]

damalig at the time, then; **meine damalige Freundin** my then girlfriend, my girlfriend at the time

Damast damask

Dame ① (*Frau*) lady; **meine Damen und Herren!** Ladies and Gentlemen! ② (*im Damespiel*) king ③ (*im Kartenspiel*) queen ④ (*Spiel*) draughts [drɑːfts] ⚠ *mit Singular oder Plural* Ⓖⓑ, checkers ⚠ *singular* Ⓤⓢⓐ **Damebrett** draught[s] board Ⓖⓑ, checkerboard Ⓤⓢⓐ **Damenbinde** sanitary towel Ⓖⓑ, napkin Ⓤⓢⓐ **Damenfahrrad** ladies' bicycle **Damenunterwäsche** lingerie **Damespiel** draughts ⚠ *mit Singular oder Plural* Ⓖⓑ, checkers ⚠ *singular* Ⓤⓢⓐ

Damhirsch fallow deer

damit ① (*mit dieser Sache*) **was willst du damit?** what do you want with that?; **was ist damit?** what about it?; **hör auf damit!** stop it!; **sind Sie damit einverstanden?** do you agree to that?; **damit kann ich nichts anfangen** I don't know what to do with it; **warum fängst du schon wieder damit an?** why do you have to drag that up again?; **heraus damit!** out with it! ② (*als Begründung*) so that; **ich hab dir nichts davon gesagt, damit du nicht böse wirst** I didn't tell you about it so that you wouldn't get angry

dämlich dumb [dʌm], stupid

Damm ① (*Uferdamm*) embankment ② (*Deich*) dyke [daɪk] ▸ IN WENDUNGEN: **wieder auf dem Damm sein** be all right again **Dammbruch** breach in a dyke

dämmerig (*Beleuchtung*) dim, faint **dämmern** ① *Morgen:* dawn; *Abend:* fall ② (*übertragen*) **es dämmerte ihr** it dawned upon her **Dämmerung** twilight

Dämon demon

Dampf (*Wasserdampf*) steam; (*Dunst*) vapour ▸ IN WENDUNGEN: **Dampf ablassen**

Mein Zimmer — My Bedroom

1	Bücher	books
2	Spiegel	mirror
3	Tischlampe	table lamp
4	Becher	mug
5	Radiorecorder	radio cassette recorder
6	Nachttisch	bedside table
7	Kommode	chest of drawers
8	Teppichboden	fitted carpet
9	Trainingsschuh	trainer
10	Tenisschläger	tennis racket
11	Schultasche	school bag
12	Bettdecke	duvet, quilt (GB), comforter (USA)
13	Kopfkissen	pillow
14	Wecker	alarm clock
15	Fensterbrett	window sill
16	Rollo	blind
17	CD-Portable	portable CD player
18	Schreibtischlampe	desk lamp
19	Handy	mobile (phone) (GB), cell phone (USA)
20	Schreibtisch	desk
21	Tastatur	keyboard
22	Bildschirm	screen

Der Körper — The Body

1	Spiegel	mirror
2	Stirn	forehead
3	Augenbraue	eyebrow
4	Auge	eye
5	Nase	nose
6	Backe	cheek
7	Ohr	ear
8	Mund	mouth
9	Kopf	head
10	Ellenbogen	elbow
11	Arm	arm
12	Rücken	back
13	Brust	breast
14	Hand	hand
15	Bauch	stomach
16	Bauchnabel	navel
17	Hintern	bottom, backside
18	Oberschenkel	thigh
19	Kniekehle	back/hollow of the knee
20	Wade	calf
21	Knöchel	ankle
22	Ferse	heel
23	Fuß	foot
24	Pantoffel	slipper
25	Waschbecken	washbasin
26	Wasserhahn	tap (GB), faucet (USA)
27	Waschlappen	flannel (GB), washcloth (USA
28	Haarbürste	hairbrush
29	Zahnbürste	toothbrush
30	Zahnpasta	toothpaste
31	Wattestäbchen	cotton buds
32	Rasierapparat	electric razor
33	Rasierpinsel	shaving brush
34	Rasierschaum	shaving foam
35	Rasierer	razor
36	Lockenstab	(electric) curling tongs
37	Schalter	switch
38	Föhn	hair dryer
39	Bord	shelf
40	Handtuch	towel
41	Handtuchhalter	towel rail
42	Fußboden	floor

Das Bad

The Bathroom

	Duschkopf	shower head
	Stange	rail
	Schlauch	hose
	Kachel	tile
	Wasserhahn	tap (GB), faucet (USA)
	Schwamm	sponge
	Badewanne	bath(tub)
	Abfluss	plughole
	Stück Seife	bar of soap
	Duschvorhang	shower curtain
	Wäschepuff	dirty clothes basket
	Badetuch	bath towel
	Badematte	bath mat
14	Hausschuhe	slippers
15	Hocker	stool
16	Toilettenbürste	toilet brush
17	Toilettenschüssel	toilet bowl
18	Toilettensitz	toilet seat
19	Deckel	lid
20	Spülkasten	cistern
21	Toilettenpapier	toilet paper (GB), bathroom tissue (USA)
22	Bademantel	bathrobe
23	Körperpuder	talcum powder
24	Deospray	deodorant spray
25	Rollo	blind

In der Küche

In the Kitchen

1	Spülbecken	sink
2	Spülschüssel	washing-up bowl/basin
3	Spülmittel	washing-up liquid
4	Wasserhahn	tap (GB), faucet (USA)
5	Besteck	cutlery
6	Sieb	sieve
7	Schöpflöffel	ladle
8	Löffel	spoon
9	Kaffeemaschine	coffee machine/maker
10	Brotkasten	bread bin
11	Steckdose	socket
12	Wasserkocher	electric kettle
13	Hängeschrank	wall-cupboard
14	Arbeitsfläche	work surface/worktop
15	Geschirrtuch	tea towel/dish towel (USA)
16	Waschmaschine	washing machine
17	Kühlschrank	refrigerator
18	Schrank	cupboard
19	Abfalleimer	(rubbish)bin, trashcan (USA)
20	Küchenherd	cooker
21	Backofen	oven
22	Kochtopf	(sauce)pan
23	Bratpfanne	frying pan
24	Schublade	drawer
25	Küchenstuhl	kitchen chair
26	Krug	jug
27	Milchflasche	milk bottle
28	Teekanne	teapot
29	Set	table mat
30	Glas	glass
31	Scheibe Toast	piece of toast
32	Teller	plate
33	Becher	mug
34	Messer	knife
35	Gabel	fork
36	Spiegelei	fried egg
37	Speckstreifen	rashers of bacon
38	Glas Orangenmarmelade	jar of marmalade
39	Schüssel	bowl
40	Zuckerdose	sugar bowl/basin
41	Deckel	lid
42	Tischdecke	table cloth

let off steam; **jemandem Dampf machen** make somebody get a move on *umgangsspr*
Dampfbügeleisen steam iron
dampfen steam
dämpfen ① muffle *Geräusch;* lower *Stimme* ② dampen *Freude*
Dampfer steamer, steamship
Dampfkessel steam boiler **Dampfmaschine** steam engine **Dampfschifffahrt** steam navigation **Dampfwalze** steamroller
danach ① (*zeitlich*) after, after that ② (*demgemäß*) accordingly ③ **mir ist nicht danach zumute** I don't feel like it
Däne, **Dänin** Dane
daneben ① (*räumlich*) next to someone/something; **rechts daneben** to the right of someone/it ② (*zusätzlich*) in addition
danebengehen (*übertragen*) go wrong
Dänemark Denmark **dänisch** Danish
Dank (*Dankbarkeit*) gratitude; **vielen Dank!** thanks a lot!
dank **dank deiner Bemühungen ...** thanks to your efforts ...
dankbar ① grateful; **jemandem für etwas dankbar sein** be grateful to someone for something ② (*übertragen*) **das ist eine/keine dankbare Aufgabe** that is/isn't a rewarding duty **Dankbarkeit** gratitude
danke thanks!; **danke schön!** thank you!
danken ① **jemandem [für etwas] danken** thank somebody [for something]; **nichts zu danken!** don't mention it! ② **dankend ablehnen** decline with thanks
dann ① (*danach, also*) then; **und was geschah dann?** and what happened next? ② **dann und wann** now and then; **selbst dann nicht, wenn ...** not even if ... ③ **dann eben nicht!** well, suit yourself!
daran ① (*an etwas festmachen*) to ② (*zeitlich*) **im Anschluss daran** following it ③ **nahe daran sein, etwas zu tun** very nearly do something ④ **da ist was dran** there's something to it ⑤ **lass mich mal daran riechen** let me smell it ⑥ **daran kann ich nichts ändern** I can't do anything about it ⑦ **es liegt mir viel daran** it is very important to me ⑧ **sie ist daran gestorben** she died of it
darangehen **darangehen, etwas zu tun** set about doing something **daranmachen** **sich daranmachen, etwas zu tun** (*umgangsspr*) get down to doing something
daransetzen risk, stake
darauf ① (*räumlich*) on ② (*zeitlich*) after that; **am Tag darauf** the next day ③ **etwas darauf sagen** say something to that
daraufhin ① (*als Folge*) as a result ② (*im Hinblick darauf*) with regard to
daraus ① (*heraus*) out of ② (*aus Material*) from ③ (*aus etwas folgend*) **daraus ergibt sich, ...** from that it follows that ... ④ **daraus wird nichts!** forget it! ⑤ **daraus mache ich mir nichts** I'm not very keen on that
darbieten ① perform *Aufführung* ② **sich darbieten** present itself **Darbietung** performance
darin ① (*räumlich*) in ② (*übertragen*) in that respect; **der Unterschied liegt darin, dass ...** the difference is that ...
darlegen **jemandem etwas darlegen** explain something to somebody
Darleh(e)n loan (**an, für** to)
Darm (*Körperteil*) bowel, intestines [ɪn'testɪnz] ⚠ *plural* **Darmerkrankung** intestinal [ɪn'testɪnᵊl] disease **Darmgrippe** gastric influenza **Darminfektion** bowel infection **Darmkrebs** cancer of the intestine
darstellen ① (*schildern*) describe *Tatsachen, Ereignis* ② (*bedeuten*) constitute, represent; **was stellt dieses Zeichen dar?** what does this symbol mean? **Darstellung** ① (*bildlich*) portrayal ② (*Beschreibung*) description ③ (*grafisch*) graph
darüber ① (*räumlich*) over something; (*quer darüber*) across something ② **darüber spreche ich nicht gern** I don't like to talk about it ③ **darüber hinweg sein** have got over it; **darüber hinaus** over and above that
darum ① (*deshalb*) that's why ② **also, es geht darum, dass ich morgen nicht kann** the thing is that I can't make it tomorrow; **darum geht es gar nicht** that isn't the point ③ (*örtlich*) round something; **darum herumfahren** drive round it
darunter ① (*räumlich*) under [*oder* beneath] it, underneath ② (*mit dabei*) among them; **es gab zehn Verletzte, darunter 3 Kinder** there were ten people injured, among them three children ③ (*weniger*) less; **alles was darunter ist ...** anything less than that ...; **Schüler im Alter von 15 und darunter** pupils aged 15 and under ④ **was verstehen Sie darunter?** what do you mean by that?

D d

das ① the ② **das ist genau das, was ich meine** this is exactly what I mean ③ **siehst du das Haus, das ich meine?** do you see the house [which] I'm talking about?

Dasein (*Existenz*) existence

dass that; **so dass** so that

dasselbe the same

Datei file **Dateisystem** file system

Daten (*Angaben*) the facts **Datenabruf** data retrieval **Datenaufbereitung** data preparation **Datenautobahn** information superhighway **Datenbank** data bank **Datenbestand** database **Datenhandschuh** data glove **Datenmissbrauch** data abuse **Datenschutz** data protection

Datensicherung backup **Datensichtgerät** visual display unit, VDU **Datenträger** data carrier **Datentypist(in)** terminal operator **Datenverarbeitung** data processing

datieren date

Dativ dative

Dattel date **Dattelpalme** date palm

Datum date

Dauer ① duration ② (*Zeitspanne*) length ③ **für die Dauer von …** for a period of …; **auf die Dauer** in the long term; **von kurzer Dauer sein** be short-lived **Dauerauftrag** standing order **dauerhaft** ① durable, lasting ② (*ständig*) permanent **Dauerlauf** jogging

dauern ① (*lang sein*) go on, last; **die Vorstellung dauert zwei Stunden** the performance lasts two hours ② (*Zeitaufwand*) take; **dauert das noch lange?** will it take much longer?; **das dauert mir zu lange** it takes too long; **das dauert!** this is taking ages!; **es hat zwei Stunden gedauert bis die Feuerwehr kam** it took two hours for the fire brigade to arrive **dauernd** ① (*andauernd*) lasting; **etwas dauernd tun** keep doing something ② (*ständig*) permanent

Dauerregen continuous rain **Dauerschaden** permanent injury **Dauerwelle** permanent wave, perm **Dauerzustand** permanent state of affairs

Daumen ① thumb ② **drücken Sie mir die Daumen!** keep your fingers crossed for me!

Daune down [feather] **Daunendecke** continental quilt, duvet ['duːveɪ] **Daunenjacke** quilted jacket

davon ① (*räumlich*) from [sth]; **Stuttgart liegt nicht weit davon** Stuttgart isn't far from it ② (*dadurch*) from [sth]; **davon kriegst du Pickel** you'll get spots from that ③ **das hängt davon ab, ob …** that depends on whether … ④ **das kommt davon!** I told you so! ⑤ **davon werde ich nicht satt** I'll still be hungry after that

davonfliegen fly away **davonkommen** escape, get away **davonlaufen** run away (**vor** from) **davonmachen sich davonmachen** make off **davontragen** ① (*wegtragen*) carry away ② (*übertragen*) suffer *Schaden, Verletzung* ③ carry off; win *Preis, Sieg*

davor ① (*örtlich*) in front of ② (*zeitlich*) before ③ **hast du Angst davor?** are you afraid of it?

DAX *Abkürzung von* **Deutscher Aktien Index** DAX, German share index

dazu ① (*räumlich*) there; **wozu gehört das? — das gehört dazu!** what does this belong to? — it belongs to that! ② (*Zweck*) for that; **wozu dient das? — dazu!** what's this good for? — that! ③ **wie komme ich dazu!** why on earth should I! ④ **ich habe keine Lust dazu** I don't feel like it ⑤ **dazu fällt dir wohl nichts mehr ein?** don't know what to say now? *umgangsspr*

dazugehören ① **das gehört mit dazu** it's all part of it ② **es gehört schon einiges dazu** that takes a lot **dazutun** add

dazwischen ① (*räumlich: zwischen*) between; **es ist kaum noch Platz dazwischen** there's hardly any room left in between ② (*mittendrin*) amongst them

dazwischenfahren (*unterbrechen*) **jemandem dazwischenfahren** rudely interrupt somebody **dazwischenkommen** **wenn nichts dazwischenkommt** if nothing crops [*oder* comes] up; **mir ist etwas dazwischen gekommen** something came up

dealen push; **mit Kokain dealen** push cocain **Dealer(in)** pusher; (*international*) trafficer

Debatte ① debate ② **das steht nicht zur Debatte** that's not the issue **debattieren** discuss

Deck deck **Deckanstrich** top coat[ing] **Deckblatt** overlay

Decke ① (*Wolldecke*) blanket; (*Steppdecke*) quilt ② (*Zimmerdecke*) ceiling ►IN WENDUNGEN: **an die Decke gehen** blow one's top; **mit jemandem unter einer Decke stecken** be hand in glove with someone

Deckel ① *von Topf:* cover ['kʌvəʳ], lid ② *von*

Buch: cover

decken ① lay; set *Tisch* ② (*übertragen*) **jemanden decken** cover ['kʌvəʳ] for somebody ③ **sich decken** *Gleichung:* be congruent; *Aussagen:* correspond

Deckenbeleuchtung ceiling lighting

Deckname code name

Deckung ① (*Schutz*) cover ['kʌvəʳ]; **in Deckung gehen** take cover ② *eines Schecks, Kredits:* cover

Defekt defect [dɪ'fekt], fault [fɒlt] **defekt** defective, faulty

Defensive defensive

definieren define **Definition** definition [ˌdefɪ'nɪʃᵊn]

definitiv ① (*eindeutig*) definite ② (*endgültig*) definitive [də'fɪnətɪv]

Defizit ① (*finanziell*) deficit ['defɪsɪt] ② (*übertragen: Mangel*) deficiency [dɪfɪʃᵊnsi] (**an** of)

deftig *Mahlzeit:* solid

Degen rapier

degenerieren degenerate (**zu** into)

degradieren ① demote; **zum gemeinen Soldaten degradiert werden** be reduced to the ranks *plural* ② (*übertragen*) **jemanden [zu etwas] degradieren** reduce someone [to the level of something]

dehnbar ① *Stoff:* elastic ② *Begriff:* flexible **dehnen** stretch

Deich dyke (GB), dike (USA)

Deichsel shaft

dein your **deine(r, s)** **das ist deine(r, s)** this is yours [*oder* your one] **deinerseits** on your part **deinetwegen** ① (*wegen dir*) because of you ② (*dir zuliebe*) for your sake

Deka(gramm) (A) 10 gram[me]s

Dekan dean

deklinieren decline, inflect

Dekor decor **Dekorateur(in)** ① (*Schaufensterdekorateur*) window-dresser ② (*Raumaustatter*) interior decorator **Dekoration** decoration, set **dekorativ** decorative ['dekᵊrətɪv] **dekorieren** ① decorate ['dekᵊreɪt] ② dress *Schaufenster*

Delegierte delegate

Delfin dolphin

delikat ① (*köstlich*) delicious ② (*heikel*) delicate ['delɪkət]

Delikatesse delicacy

Delikt (*Vergehen*) offence; (*Verbrechen*) crime

Delirium delirium

Delle dent

delogieren (CH), (A) (*raussetzen*) evict *Mieter*

Delphin, **Delfin** dolphin

Delta delta

dem **wie dem auch sei** be that as it may

dementieren deny *Meldung, Aussage*

dementsprechend ① **jemanden dementsprechend behandeln** treat someone accordingly ② **eine dementsprechende Antwort** an appropriate answer

demnach therefore, according to that

demnächst soon

Demokrat(in) democrat

Demokratie democracy [dɪmɒkrəsi] **demokratisch** democratic

demolieren wreck

Demonstrant(in) demonstrator ['demənstreɪtəʳ] **Demonstration** demonstration [ˌdemən'streɪʃᵊn] **demonstrativ** demonstrative [dɪ'mɒnstrətɪv] **Demonstrativpronomen** demonstrative pronoun **demonstrieren** demonstrate; **[für/gegen etwas] demonstrieren** demonstrate [in support of/against sth]

demontieren dismantle

Demut humility **demütig** humble **demütigen** humiliate **Demütigung** humiliation

denkbar conceivable [kən'siːvəbl]; **das ist [durchaus] denkbar** that is feasible

denken think; **an etwas denken** think of something; **denk nach!** think!; **sie denkt praktisch** she's practically minded; **ich kann schon nicht mehr klar denken** I can't even think straight anymore; **dabei muss man ganz schön denken** it requires quite a lot of brainpower ▸ IN WENDUNGEN: **das habe ich mir gleich gedacht** I thought that all along; **dachte ich's mir doch!** I knew it!; **das kann ich mir denken** I can imagine; **laut denken** think aloud; **den Laden gibt es schon, solange ich denken kann** the shop has been there as long as I can remember; **ich denke schon** I think so; **er denkt nur Gutes über sie** he only thinks the best of her; **ich denke mir die Sache so: …** that's how I imagine it: …; **ich denke gar nicht daran, das zu tun!** I wouldn't dream of doing that!

Denkmal ① (*Monument*) monument ② (*Statue*) statue **Denkmalschutz** protection of historical monuments; **unter Denkmal-**

D d

schutz stehen be under a preservation order

denkwürdig memorable ['memᵊrəbl]

denn ❶ (*weil*) for ❷ **es sei denn** unless ▶ IN WENDUNGEN: **wen meinst du denn?** who do you mean?; **wieso denn?** how come?; **warum denn nicht?** why not?; **was soll das denn?** what's all this then?

dennoch nevertheless [ˌnevəðə'les], still

Deo, Deodorant deodorant **Deoroller** roll-on deodorant **Deostift** deodorant stick

Departement department [dɪ'pɑːtmənt]

Deponie dump **deponieren** deposit

deportieren deport

Depot ❶ (*in Bank*) strong room ❷ (*in Lager*) warehouse ['weəhaʊs]

Depp idiot

Depression depression [dɪ'preʃᵊn] **depressiv** depressive **deprimieren** depress

der ❶ the ❷ **der arme Philip!** poor Philip! ❸ (*derjenige*) the one; **das ist der [Typ], von dem ich dir erzählt habe** this is the guy I told you about; **der mit dem Hut** the one with the hat ❹ (*als Relativpronomen*) who; **jeder, der ein Eis möchte** anyone who wants an ice-cream **derart derart, dass ...** so much that ... **derartig** of that kind

derb ❶ (*kräftig*) *Stoff:* strong; *Leder:* tough [tʌf] ❷ (*grob*) *Witz, Sprache:* coarse, crude

derentwegen ❶ (*wegen einer Person*) on whose account ❷ (*wegen einer Sache*) on account of which

dergleichen of that kind, such; **und dergleichen** and the like

derjenige derjenige, welcher ... he who ...

dermaßen dermaßen, dass ... so much that ...

derselbe ❶ *Sache, Gegenstand:* the same ❷ *Person:* the same person; **das ist derselbe, der mich geschlagen hat** it's the same guy, who hit me

derzeit at present **derzeitig** present

desertieren desert

desgleichen likewise

deshalb ❶ therefore ❷ **deshalb also!** so that's why!

Design design **Designermode** designer fashion

Desinfektion disinfection [ˌdɪsɪn'fekʃᵊn] **Desinfektionsmittel** disinfectant [ˌdɪsɪn'fektənt] **desinfizieren** disinfect

despotisch despotic

dessen ❶ *einer Personen:* of whom, whose [huːz] ❷ *einer Sache, eines Tieres:* of which

Dessert dessert

destillieren distil

desto all the

destruktiv destructive [dɪ'strʌktɪv]

Detail detail ['diːteɪl]; **ins Detail gehen** go into details *plural* **detailliert** detailed

Detaillist (CH) retailer, retail trader

Detektiv(in) private investigator

detonieren explode

deuten ❶ **ein Zeichen/die Zukunft deuten** interpret a sign/predict the future ❷ (*mit dem Finger zeigen*) **auf etwas deuten** point something out ❸ **alles deutet auf einen Wirtschaftsaufschwung hin** everything seems to indicate an economic up swing

deutlich clear; **muss ich deutlicher werden?** have I not made myself plain enough? **Deutlichkeit** clarity

deutsch ❶ German; **auf Deutsch heißt das ...** in German it means ... ❷ **auf gut Deutsch** (*umgangsspr: genau gesagt*) in plain English

Deutsche (*Sprache*) German

Deutsche(r) (*Person*) German

Deutsche Demokratische Republik German Democratic Republic, GDR

Deutschland Germany

deutschsprachig German-speaking **Deutschstämmige(r)** ethnic German

Devise ❶ (*Wahlspruch*) motto ❷ (*Währung*) foreign currency

Dezember December

dezent discreet

dezentralisieren decentralize

Dezernent(in) head of department

Dezimalrechnung calculation with decimals *plural*

dezimieren decimate

Dia slide

Diabetes diabetes **Diabetiker(in)** diabetic

Diagnose diagnosis **diagnostizieren** diagnose

diagonal diagonal [daɪ'ægᵊnᵊl] **Diagonale** diagonal

Diagramm diagram

Diakon deacon **Diakonissin** deaconess

Dialekt dialect ['daɪəlekt]

Dialog dialogue, dialog ['daɪəlɒg] **Dialogbetrieb** conversational mode

Dialyse dialysis
Diamant diamond
Diät diet ['daɪət]; **Diät halten** be on a diet
dich ① **ich mag dich** I like you ② **magst du dich?** do you like yourself?
dicht ① *Haar, Hecke:* thick; *Laub:* dense ② **dicht gefolgt von** closely followed by ③ **dicht besiedelt** densely populated ▸ IN WENDUNGEN: **du bist wohl nicht ganz dicht!** you must be daft!
Dichter(in) poet[ess]
dichthalten (*umgangsspr*) hold one's tongue [tʌŋ], keep one's mouth shut
Dichtung (*Technik*) seal **Dichtungsscheibe** washer
dick ① *Nebel, Baumstamm:* thick ② *Mensch, Brieftasche:* fat ③ *Gehalt, Belohnung:* hefty ④ **dicke Freunde** (*umgangsspr*) close friends
Dickdarm colon
dickflüssig thick, viscous
Dickicht thicket
dickköpfig (*übertragen*) obstinate, stubborn
Dickmilch soured milk
die ① the ② **die arme Conny!** poor Conny! ③ (*diejenige*) the one; **die mit der gelben Tasche** the one with the yellow bag ④ (*als Relativpronomen*) **das ist die, die ich gestern gesehen habe** that's the one, who I saw yesterday
Dieb(in) thief **Diebstahl** theft **Diebstahlsicherung** anti-theft device
Diele¹ (*Brett*) floorboard
Diele² (*Hausflur*) hall, hallway
dienen ① (*bedienen, ergeben sein*) **jemandem/einer Sache/seinem Land dienen** serve somebody/a cause/one's country ② **zu etwas dienen** serve for something; **wozu dient das?** what's the use of this? ③ **womit kann ich dienen?** can I help you?
Diener ① servant ② (*Verbeugung*) bow **Dienerin** maid
Dienst ① service; **öffentlicher Dienst** public service ② (*Berufsausübung*) duty; **Dienst haben** *Arzt:* be on duty; *Apotheke:* be open; **die Dienst habende Ärztin/der Dienst habende Beamte** the doctor/officer on duty ③ **Dienst nach Vorschrift** work-to-rule
Dienstag Tuesday
Dienstgrad rank **Dienstleistung** service
dienstlich official; **ist es dienstlich oder privat?** is it a business or private matter?
Dienstreise business trip **Dienststelle** office **Dienststunden** working hours **Dienstvorschrift** official regulations ⚠ *plural* **Dienstzeit** period of service
diesbezüglich regarding this
diese ① this; **diese Tasche ist zu teuer** this bag is too expensive; **diese Frau hat mich angesprochen und ...** this woman approached [ə'prəʊtʃt] me and ... ② this one; **welche von diesen Hosen steht mir besser? — diese** which one of these trousers suits me better? — this one [*oder* that one]; **ich möchte aber diese** but I want this one
Diesel ① (*Motor*) diesel [engine] ② **ich fahre einen Diesel** I drive a diesel ③ (*Kraftstoff*) diesel
dieselbe ① *Gegenstand:* the same ② *Person:* the same person; **das ist dieselbe, die ich im Park gesehen habe** it's the same girl/woman, who I saw in the park
Dieselmotor diesel engine
dieser ① this; **dieser Mantel ist zu groß** this coat is too big; **dieser Mann ist ein Dieb** this man is a thief ② **dieser ist es** this is the one
dieses ① (*einzeln*) this; **dieses Pferd möchte ich reiten** I want to ride this horse; **dieses Haus ist schön** this is a nice house ② (*mehrere*) these; **diese Schuhe passen** these shoes fit ③ **dieses hier** this one here; **dieses ist das Haus, das ich meinte** this is the house that I was talking about ▸ IN WENDUNGEN: **dies und das** this and that
diesig *Wetter:* hazy, misty
diesjährig this year's
diesmal this time
diesseits on this side of ...
Dietrich picklock, skeleton-key
differenzieren make distinctions
diffus diffuse [dɪ'fjuːz]
digital digital ['dɪdʒɪtᵊl] **Digitaluhr** ① digital clock ② (*Armbanduhr*) digital watch
Diktat (*in der Schule*) dictation; **wir schreiben heute ein Diktat** we've got a dictation today
Diktator dictator [dɪk'teɪtəʳ] **Diktatur** dictatorship
diktieren dictate **Diktiergerät** dictating machine

Dill dill
Dimension dimension [ˌdaɪˈmenʃᵊn]
Dimmer dimmer [switch]
DIN *Abkürzung von* **Deutsche Industrie-Norm(en)** DIN, German Industrial Standard[s]
Ding thing
Dings thingummy
Dinosaurier dinosaur
Diode diode [ˈdaɪəʊd]
Dioxin dioxin [daɪˈɒksɪn]
Diphtherie diphtheria
Diplom diploma **Diplomarbeit** diploma thesis, dissertation
Diplomat(in) diplomat **Diplomatenkoffer** executive case **diplomatisch** diplomatic
Diplomingenieur(in) academically qualified engineer
dir [to] you ▸ IN WENDUNGEN: **mir nichts dir nichts** just like that
direkt ❶ *Weg:* direct ❷ *Antwort:* straight ❸ **direkt gegenüber** right opposite ❹ (*unverzüglich*) directly (GB), right [away], straight (USA); **direkt nach Hause kommen** come home right away
Direktion (CH) cantonal department
Direktor(in) ❶ *einer Firma:* director ❷ *einer Schule:* headmaster [headmistress] (GB), principal (USA) ❸ *eines Gefängnisses:* governor (GB), warden (USA)
Direktübertragung live broadcast **Direktzugriff** direct access **Direktzugriffsspeicher** random access memory, RAM
Dirigent(in) conductor **dirigieren** ❶ conduct ❷ direct *Verkehr*
Discountladen discount store
Diskette [floppy] disk, diskette **Diskettenlaufwerk** disk drive
Diskont discount **Diskontsatz** discount rate
Diskothek discotheque
diskret ❶ (*unauffällig*) discreet ❷ (*zurückhaltend*) reserved ❸ (*behutsam*) cautious [ˈkɔːʃəs]
diskriminieren discriminate **Diskriminierung** discrimination
Diskus discus
Diskussion discussion [ˌdɪˈskʌʃᵊn]
diskutieren discuss; **über etwas diskutieren** discuss something
disponieren (*Anordnungen treffen*) make arrangements *plural*
disqualifizieren disqualify (**von** from)
Dissertation (*Doktorarbeit*) thesis
Dissident dissenter, dissident
Distanz ❶ distance ❷ (*übertragen*) **auf Distanz gehen** become distant **distanzieren sich von etwas distanzieren** dissociate oneself from something
Distel thistle
Disziplin discipline **diszipliniert** disciplined
Diva diva
divers diverse, various
Dividende dividend
dividieren divide
Diwan divan
DNS *Abkürzung von* **Desoxyribonukleinsäure** DNA, deoxyribonucleic acid
doch ❶ (*dennoch*) nevertheless; **sie ist doch gekommen** she came after all ❷ (*aber*) but, and yet; **er wollte gehen, doch er konnte nicht** he wanted to leave, and yet he couldn't ❸ **nicht doch!** don't do that!, stop it!; **komm doch!** oh, come-on!; **hör doch auf!** stop it now! ❹ **du kommst nicht mit? — doch!** you're not coming? — yes, I am!; **möchtest du nicht mitkommen? — doch schon, aber …** don't you want to come? — I do, but … ❺ **sie hat doch Recht** she's right after all ❻ **wie heißt sie doch gleich?** what was her name again?
Docht wick
Dock dock
Dogge mastiff
Dohle jackdaw
Doktor(in) doctor; **seinen Doktor machen** do a doctorate **Doktorand(in)** PhD student **Doktorarbeit** thesis **Doktorvater, -mutter** PhD supervisor
Dokument document **Dokumentarfilm** documentary **dokumentarisch** documentary **dokumentieren** document
Dolch dagger
Dollar dollar, buck *umgangsspr* **Dollarkurs** dollar [exchange] rate
dolmetschen interpret **Dolmetscher(in)** interpreter
Dom cathedral
Domäne domain
dominieren ❶ *Eigenschaft:* be predominant ❷ *Mensch:* dominate
Dominikanische Republik Dominican Republic
Domino dominoes ⚠ *plural*

Dompfaff bullfinch
Donau **die Donau** the Danube
Döner kebab [of mutton]
Donner thunder **donnern** thunder; **es hat gedonnert und geblitzt** there was thunder und lightning
Donnerstag Thursday
Donnerwetter (*übertragen*) 1 (*anerkennend*) **Donnerwetter!** not bad at all! 2 (*wütend*) **Donnerwetter!** damn it!
doof daft, thick
Doppel 1 (*Duplikat*) duplicate 2 (*beim Tennis*) doubles ⚠ *plural* **Doppelagent(in)** double agent **Doppelbett** double bed **Doppeldecker** 1 (*Flugzeug*) biplane 2 (*Bus*) double-decker **doppeldeutig** ambiguous **Doppelgänger(in)** double **Doppelhaus** semi-detached house **Doppelkinn** double chin **Doppelleben** double life **Doppelname** double-barrelled name **Doppelpunkt** colon ['kəʊlɒn]
doppelt 1 double; **die doppelte Menge** twice [*oder* double] the amount; **doppelt so viel** twice as much 2 **etwas doppelt zählen** count something twice
Doppelzentner 100 kilograms
Doppelzimmer double room
Dorf village ['vɪlɪdʒ] **Dorfbewohner(in)** villager
Dorfschaft CH hamlet ['hæmlət]
Dorn 1 thorn [θɔːn] 2 *einer Gürtelschnalle:* tongue
Dornröschen Sleeping Beauty
Dörrobst dried fruit
Dorsch cod
dort there **dorther** from there, thence **dorthin** there **dortig** **die dortige Lage** the situation there
Dose 1 (*Konservenbüchse*) tin GB, can USA 2 (*Steckdose*) socket
dösen doze
Dosenbier canned beer **Dosenmilch** tinned [*oder* canned] milk **Dosenöffner** tin opener GB, can opener USA
dosieren measure out
Dosis dose
Dotter yolk [jəʊk]
Double substitute
downloaden download
Dozent(in) lecturer GB, assistant professor USA
Drache (*Fabeltier*) dragon **Drachen** 1 (*Papierdrachen*) kite; **einen Drachen steigen lassen** fly a kite 2 (*abwertend: zänkische Frau*) dragon, battle-axe 3 (*Sportgerät*) hang-glider **Drachenfliegen** hang-gliding
Dragee coated tablet
Draht wire ▸ IN WENDUNGEN: **auf Draht sein** be on the ball **Drahtbürste** wire brush **Drahtgitter** wire netting
drahtig wiry
Drahtseil wire cable
drall buxom
Drama drama **dramatisch** dramatic **dramatisieren** dramatize; (*hochspielen*) make a to-do about
dran **du bist dran!** it's your turn! ▸ IN WENDUNGEN: **sie ist arm dran** she's badly off; **drauf und dran sein, etwas zu tun** be on the verge of doing something
Drang impulse, urge
drängeln (*sich vordrängeln*) jostle ['dʒɒsl], push; **drängel doch nicht so!** stop shoving!
drängen 1 (*sich vordrängen*) push; **jemanden zur Seite drängen** push someone aside 2 **jemanden [zu etwas] drängen** pressure someone [into doing something] 3 **die Zeit drängt** time's running out 4 **er drängte darauf, den besten Platz zu bekommen** he insisted on getting the best seat
drangsalieren 1 (*politisch, gesellschaftlich*) oppress 2 (*belästigen*) pester, plague [pleɪg]
drastisch drastic
drauf (*umgangsspr*) **der hat schwer was drauf!** he knows his trade!
Draufgabe 1 A (*Zugabe*) encore 2 extra, bonus
Draufgänger(in) daredevil, go-getter
draufgehen 1 (*sterben*) snuff it *slang* 2 (*Geld*) disappear; **bei so einem Auto geht viel Geld drauf** a car like that costs a packet to maintain *umgangsspr* **draufhaben** come out with *Sprüche, Antwort* **draufzahlen** pay extra
draußen 1 outside; **Kinder, geht draußen spielen** go and play outside kids 2 (*im Freien*) in the open air, out of doors 3 (*irgendwo*) **da draußen** out there
Dreck 1 dirt, muck 2 (*umgangsspr: Kleinigkeit*) little thing
dreckig 1 dirty 2 **es geht ihm dreckig** (*umgangsspr*) he's badly off

Dreckspatz mucky pup
Dreh (*umgangsspr: Trick*) trick; **den Dreh heraushaben** have got the hang of it **Drehbank** lathe [leɪð] **drehbar** revolving, rotating **Drehbleistift** propelling pencil (GB), mechanical [mə'kænɪkəl] pencil (USA)
Drehbuch script **Drehbuchautor(in)** scriptwriter
drehen ❶ turn *Schraube, Knauf etc.* ❷ (*rotieren*) rotate ❸ roll [rəʊl] *Zigarette* ❹ shoot *Film, Szene* ❺ **ein Ding drehen** (*umgangsspr: Streich*) pull a prank; (*Verbrechen*) pull a job ❻ **sich drehen** (*sich wenden*) turn (**um** about) ❼ **mir dreht sich alles** my head is spinning ❽ **sich im Kreise drehen** turn round and round; (*übertragen: nicht weiterkommen*) be going round in circles ['sɜːklz] ❾ **es dreht sich um meinen Sohn** it's about my son; **es dreht sich darum, ob ...** the point is whether ['weðər]...
Drehkreuz turnstile **Drehorgel** barrel-organ, hurdy-gurdy **Drehstuhl** swivel-chair **Drehtür** revolving door **Drehzahl** revolutions per minute, r.p.m.
drei three
Dreieck triangle ['traɪæŋgl] **dreieckig** triangular [traɪ'æŋgjələr] **dreierlei** three sorts of **dreifach** ❶ threefold, triple ❷ **die dreifache Menge** three times the amount; **Groß, der dreifache Olympiameister** three-times Olympic champion Gross **Dreifachsteckdose** triple socket **dreihundert** three hundred **dreijährig** three-year-old **Dreikönigsfest** Epiphany [ə'pɪfəni] **Dreirad** tricycle ['traɪsɪkl] **Dreisatz** rule of three
dreißig thirty ['θɜːti] **dreißigjährig** ❶ thirty years old ❷ **ein dreißigjähriger Mann** a thirty-year-old man ❸ **der Dreißigjährige Krieg** the Thirty Years' War **Dreißigstel** thirtieth ['θɜːtiəθ]
dreist ❶ (*kühn*) bold ❷ (*frech*) cheeky, impudent
dreistellig *Zahl:* three-figure **dreitägig** three-day **dreiteilig** three-piece **dreizehn** thirteen [θɜː'tiːn] **dreizehnte** thirteenth
Dresche (*umgangsspr*) thrashing; **Dresche kriegen** get a good hiding
Dress [sports] kit
dressieren train
Dressman male model
Dressur training
drillen drill
Drillinge triplets
drin (*umgangsspr*) ❶ (*in etwas*) in it ❷ (*im Haus*) inside ▶ IN WENDUNGEN: **nichts drin!** no way!; **das ist nicht drin!** that's not on!
dringend, dringlich pressing, urgent ['ɜːdʒənt]
drinnen inside
dritt wir waren zu dritt there were three of us; **wir sind zu dritt hingegangen** three of us went there
dritte(r, s) ❶ third [θɜːd] ❷ **die Dritte Welt** the Third World ❸ **Elisabeth die Dritte** (*geschrieben*) Elizabeth III; (*gesprochen*) Elizabeth the third ❹ **sie war Dritte** she came in third ❺ **am dritten Oktober** (*geschrieben*) on 3rd October; (*gesprochen*) on the third of October **Drittel** third **drittens** thirdly
droben up there
Droge drug **drogenabhängig** drug-addicted, addicted to drugs **Drogenberatungsstelle** drug advice [əd'vaɪs] centre
Drogerie chemist's [shop] ['kemɪsts] (GB), drugstore (USA)
Drogist(in) chemist ['kemɪst] (GB), druggist (USA)
Drohbrief threatening ['θretənɪŋ] letter
drohen ❶ **jemandem drohen** threaten somebody ❷ *Gewitter, Krieg, Streit:* be imminent ❸ **der Firma droht der Ruin** the company is on the brink of financial [faɪ'nænʃəl] ruin; **sie drohte zu erfrieren** she was in danger of freezing to death **drohend** ❶ *Katastrophe:* imminent ❷ *Gebärde:* threatening, menacing ['menəsɪŋ]
Drohne drone
dröhnen ❶ *Triebwerk:* roar [rɔːr] ❷ *Lautsprecher:* boom ❸ (*widerhallen*) resound [rɪ'zaʊnd]
Drohung threat [θret]; **eine Drohung aussprechen/wahr machen** make/carry out a threat
drollig ❶ (*komisch*) droll [drəʊl], funny ❷ (*seltsam*) odd
Dromedar dromedary
Drossel thrush
drosseln ❶ choke *Motor* ❷ turn down *Heizung* ❸ **das Tempo drosseln** cut down the speed
drüben over there
drüber →**darüber**

Druck[1] ① (*auch übertragen*) pressure ② **jemanden unter Druck setzen** put pressure on someone

Druck[2] ① (*Buchdruck*) printing ② (*Druckerzeugnis*) copy ③ (*Schriftart*) print

Druckabfall pressure drop [*oder* loss] **Druckausgleich** equalization of pressure **Druckbuchstabe** printed letter; **bitte in Druckbuchstaben schreiben** please print

Drückeberger (*umgangsspr*) shirker [ˈʃɜːkəʳ], slacker

drucken print

drücken ① press *Türklinke, Hand* ② force down; lower *Preise* ③ *Schuhe:* pinch ④ **sich [vor etwas] drücken** shirk [something], get out of something **drückend** ① (*schwer*) heavy [hevi] ② *Hitze:* oppressive [əˈpresɪv]; *Luft:* sultry

Drucker printer

Druckerei printing works *plural* **Druckfehler** misprint, printer's error **Druckkabine** pressurized [ˈpreʃᵊraɪzd] cabin

Druckknopf ① (*Klingel, am Instrumentenbrett*) push-button ② (*an Kleidung*) press-stud

Druckluft compressed air

Druckmittel means of exerting pressure

druckreif ready [raɪf] for printing **Drucksache** printed matter **Druckschrift** block capitals ⚠ *plural*

Drum mit allem Drum und Dran with all the trimmings *plural*

drunten down there

drunter underneath ▸ IN WENDUNGEN: **da ging alles [nur] drunter und drüber** everything was topsy-turvy

Drüse gland

Dschungel jungle

DTP *Abkürzung von* **Desktoppublishing** DTP, desktop publishing

du you; **bist du's?** is that you?; **ich geh jetzt, und du?** I'm off now, what about you?

Dübel plug

dubios dubious [ˈdjuːbiəs]

ducken sich [vor etwas] ducken duck [something]

Duckmäuser (*abwertend*) moral coward

Dudelsack bagpipes *plural;* **Dudelsack spielen** play the bagpipes

Duell duel [djuːəl]

Duett duet [djuˈet]; **im Duett singen** sing a duet

Duft ① (*angenehm*) scent [sent] ② *von Kaffee:* smell ③ *von Blume:* fragrance [ˈfreɪgrəns] ④ *von Parfüm:* perfume **duften** smell (**nach** of) **duftend** fragrant [ˈfreɪgrənt] (**nach** with)

duftig *Kleid:* light [laɪt]

dulden (*zulassen*) tolerate [ˈtɒləreɪt]

dumm ① stupid [ˈstjuːpɪd] Ⓖⓑ, dumb [dʌm] Ⓤⓢⓐ ② **das ist gar nicht so dumm** that's not such a bad idea [aɪˈdɪə] ③ (*unangenehm*) annoying [əˈnɔɪɪŋ]; **so was Dummes!** what a nuisance [ˈnjuːsəns]! ▸ IN WENDUNGEN: **jemandem dumm kommen** get funny with someone; **der Dumme sein** be the sucker; **dummes Zeug reden** talk nonsense [ˈnɒnsəns]

dummerweise ① (*aus Dummheit*) foolishly; **ich habe dummerweise abgesagt** I was foolish enough to decline [dɪˈklaɪn] ② (*unglücklicherweise*) unfortunately [ʌnˈfɔːtʃᵊnətli] **Dummheit** ① (*geistig*) stupidity [stjuːˈpɪdəti] ② (*dummer Fehler*) stupid thing; **mach keine Dummheiten!** don't do anything stupid! **Dummkopf** (*umgangsspr*) blockhead

dumpf ① *Ton:* hollow; *Geräusch:* muffled ② *Gefühl:* vague [veɪg]

Düne dune [dʒuːn]

Düngemittel fertilizer [ˈfɜːtɪlaɪzəʳ] **düngen** ① (*natürlich*) dung ② (*künstlich*) fertilize **Dünger** ① (*natürlicher*) dung ② (*künstlicher*) fertilizer

dunkel ① *Farbe, Helligkeit:* dark; **es wird dunkel** it's getting dark ② (*tief*) *Ton:* deep ③ *Erinnerung:* vague [veɪg]

dunkelhäutig dark-skinned

Dunkelheit darkness; **bei Eintritt der Dunkelheit** at nightfall

Dunkelkammer darkroom

Dunkelziffer [estimated] number of unreported cases

dünn ① *Figur:* thin ② *Haar:* fine ③ **dünn besiedelt** sparsely [ˈspɑːsli] settled ▸ IN WENDUNGEN: **sich dünn[e] machen** (*umgangsspr*) beat it, make off

Dünndarm small intestine [ɪnˈtestɪn]

Dunst ① (*Dampf*) steam ② (*diesige Luft*) haze **Dunstabzugshaube** extractor hood

dünsten steam

dunstig hazy, misty

Dur major [ˈmeɪdʒəʳ]; **G-dur** G major

durch ① (*räumlich*) through [θruː] ② (*mit

Hilfe von) through ③ (*mittels*) by means of; **sie machte ein Vermögen durch den Verkauf ihrer Firma** she made a fortune [by] selling her business ④ (*wegen*) due to, owing to; **die Narbe habe ich durch einen Unfall bekommen** I got the scar [skɑːʳ] from an accident ⑤ **durch Zufall** by chance ⑥ **die ganze Nacht durch** all night [long]

durcharbeiten work through **durchatmen** breathe [briːð] deeply

durchaus ① **es ist durchaus möglich** it's perfectly possible ② **er ist durchaus nicht dumm** he is by no means stupid

durchblicken ① look through [θruː] ② (*übertragen: verstehen*) understand; **ich blicke [da] nicht durch** I don't get it ▸ IN WENDUNGEN: **etwas durchblicken lassen** hint at something

durchbrechen break [breɪk]

durchbrennen (*umgangsspr: abhauen*) run away

durchbringen ① (*umgangsspr: verschwenden*) blow *Geld* ② pull through *einen Kranken, Verletzten*

Durchbruch (*übertragen*) breakthrough [ˈbreɪkθruː]

durchdenken think through

durchdrehen (*umgangsspr*) go berserk [bəˈzɜːk], crack up

durchdringen penetrate [ˈpenɪtreɪt]

Durcheinander mess, muddle

Durchfahrt ① (*das Durchfahren*) thoroughfare [ˈθʌrəfeəʳ]; **Durchfahrt verboten!** no thoroughfare! ② (*Tor*) gateway ③ (*Durchreise*) way through

Durchfall diarrhoea [ˌdaɪəˈrɪə] (GB), diarrhea (USA)

durchfallen ① (*durch Öffnung*) fall [*oder* drop] through ② (*im Examen*) fail

durchfragen **sich [nach Stuttgart] durchfragen** ask one's way [to Stuttgart]

durchführbar feasible [ˈfiːzəbl], practicable

Durchgang ① (*Verbindungsgang*) gateway ② (*Weg*) way; **Durchgang verboten!** no entry! **Durchgangsverkehr** through [θruː] traffic (GB), thru traffic (USA)

durchgeben give *Ergebnis;* make *Meldung*

durchgebraten well done

durchgehen ① (*hindurch*) go [*oder* walk] through ② (*umgangsspr: durchpassen*) go through [θruː] ③ *Antrag:* be carried [*oder* passed] ④ *Pferd:* bolt **durchgehend** ① *Zug:* through [θruː] ② **durchgehend geöffnet** open 24 hours

durchgestylt fully styled

durchgreifen ① (*durchfassen*) reach through [θruː] ② (*übertragen: sich durchsetzen*) take vigorous action **durchgreifend** drastic

durchhalten ① survive [səˈvaɪv] *Kampf* ② hold out *Streik* ③ stand *Belastung* ④ **er hat durchgehalten** he held out

durchkämmen comb [kəʊm] *Gebiet, Haare*

durchkommen ① (*hindurch*) come through ② (*übertragen: Erfolg haben*) succeed (**mit** with); **damit kommst du mir nicht durch!** I won't let you get away with that! ③ (*genesen*) pull through [θruː] ④ (*in Prüfung*) get through, pass

durchkreuzen (*übertragen*) foil; thwart [θwɔːt] *Pläne*

durchlässig permeable [ˈpɜːmiəbl]

Durchlauferhitzer continuous-flow water heater

durchlesen read through [θruː]

durchmachen ① (*erleben*) go through [θruː]; **sie hat viel durchgemacht** she's been through a lot ② **eine Entwicklung/Wandlung durchmachen** undergo a development/change ③ (*durcharbeiten*) work through ④ (*feiern*) **wir haben gestern Nacht durchgemacht** we had [*oder* did] an all-nighter last night *umgangsspr*

Durchmesser diameter [daɪˈæmɪtəʳ]

durchmogeln **sich durchmogeln** fiddle one's way through [θruː]

durchnehmen (*in der Schule*) go through [θruː]

durchqueren cross, traverse [trəˈvɜːs]

Durchreisevisum transit visa

Durchsage announcement [əˈnaʊnsmənt]

durchsagen announce

durchschauen **jemanden durchschauen** see through [θruː] somebody

durchschlagen **sich durchschlagen** fight [faɪt] one's way through **durchschlagend** ① *Maßnahmen:* effective [ɪˈfektɪv] ② *Erfolg:* sweeping **Durchschlagpapier** carbon [kɑːbən] paper

durchschneiden cut in two, cut through [θruː]

Durchschnitt average [ˈævᵊrɪdʒ]; **im Durchschnitt** on average **durchschnittlich** ① (*mittelmäßig*) average ② (*im Durch-

schnitt) on average; **er verdient durchschnittlich 2000 Euro im Monat** he earns an average of 2000 euros a month **Durchschnittsgeschwindigkeit** average speed **Durchschnittswert** average [*oder* mean] value

Durchschrift [carbon] copy

durchsehen 1 look through [θruː] 2 (*prüfen*) check through

durchsetzen 1 (*erzwingen*) push through; **seinen Willen [bei jemandem] durchsetzen** impose one's will [on somebody] 2 **sich [bei jemandem] durchsetzen** assert [ə'sɜːt] oneself [with somebody]

Durchsicht bei Durchsicht der Akten on checking the files

durchsichtig 1 *Material, Argument:* transparent [træn'spærᵊnt] 2 *Kleidungsstück:* see-through

durchstehen stand, bear [beəʳ]

durchstöbern scour [skaʊəʳ] *Gegend* (**nach** for)

durchstreichen cross out, delete [dɪ'liːt]

durchsuchen search [sɜːtʃ] (**nach** for) **Durchsuchung** search (**auf** for)

durchtrieben cunning, sly

durchwachsen durchwachsener Speck streaky ['striːki] bacon

durchweg(s) without exception [ɪk'sepʃᵊn]

durchwühlen 1 (*durchstöbern*) rummage [through] (**nach** for) 2 dig up *Erde*

durchwursteln sich durchwursteln (*umgangsspr*) muddle one's way through

durchziehen 1 (*umgangsspr*) get on with; go ahead [ə'hed] with *Plan, Hochzeit;* **das musst du jetzt einfach durchziehen!** you just have to get on with it! 2 *Truppen:* go through [θruː]

dürfen 1 (*Erlaubnis haben*) **darf ich mitgehen?** can I go along?; (*höflicher*) may I go along?; **ich darf nicht auf die Party** I'm not allowed to go to the party; **darf man hier rauchen?** are you allowed to smoke here?; **darf ich rauchen?** may I smoke?, do you mind if I smoke? 2 (*sollen*) **du darfst es nicht kaputt machen** you mustn't break [breɪk] it; **wir dürfen den Flug nicht verpassen** we mustn't ['mʌsᵊnt] [*oder* can't] miss that flight [flaɪt] 3 **das dürfte reichen** that should [ʃʊd] be enough

dürftig 1 (*armselig*) *Behausung:* wretched ['retʃɪd] 2 (*unzulänglich*) *Kenntnisse:* scanty

dürr 1 (*trocken*) dry 2 (*abwertend: mager*) scrawny

Dürre (*Trockenzeit*) drought [draʊt]

Durst thirst [θɜːst] (**nach** for); **Durst haben** be thirsty; **seinen Durst löschen** quench [kwentʃ] one's thirst **durstig** thirsty ['θɜːsti] **durstlöschend**, **durststillend** thirst-quenching **Durststrecke** lean time

Dusche shower ['ʃaʊəʳ] **duschen** take a shower **Duschgel** shower gel **Duschkabine** shower [cubicle]

Düse 1 nozzle 2 (*Kraftstoffdüse*) jet

düsen (*umgangsspr*) dash

Düsenantrieb jet-propulsion **Düsenflugzeug** jet [plane]

duss(e)lig (*umgangsspr*) daft

düster 1 *Miene, Stimmung:* dark, gloomy 2 (*drohend*) *Wetter:* dismal [dɪzmᵊl], sinister ['sɪnɪstəʳ]

Dutzend dozen ['dʌzᵊn] **dutzendweise** by the dozen

dynamisch dynamic [daɪ'næmɪk]

Dynamit dynamite ['daɪnəmaɪt]

Dynastie dynasty ['dɪnəsti]

Ee

Ebbe 1 (*sinkender Wasserspiegel*) ebb [tide]; **Ebbe und Flut** ebb and flow, the tides *plural* 2 (*gesunkener Wasserspiegel*) low tide

eben 1 (*gleichmäßig*) even ['iːvən] 2 (*von gleicher Höhe*) level 3 (*flach*) flat; **auf ebener Strecke** on the flat 4 (*glatt*) smooth [smuːð] 5 (*in der Mathematik*) plane 6 (*gerade noch*) just; **er hat es eben noch geschafft** he just made it 7 (*genau*) exactly [ɪg'zæktli], precisely [prɪ'saɪsli]; **eben!** exactly!; **das ist es ja eben!** that's precisely the point! 8 (*einfach, nun einmal*) just, simply; **so ist das eben** that's just the way it is 9 (*kurz*) **ich geh eben mal raus** I'm just going to go out for a little while

Ebenbild image ['ɪmɪdʒ]; **sie ist das genaue Ebenbild ihrer Mutter** she is the spitting image of her mother

ebenbürtig jemandem [an etwas] eben-

bürtig sein be someone's equal [in something]; **einander ebenbürtig sein** be equals *plural*

Ebene ❶ (*Tiefland*) plain; (*Hochland*) plateau ['plætəʊ] ❷ (*mathematisch*) plane ❸ (*übertragen*) level; **auf höchster/gleicher Ebene** at the highest/same level

ebenerdig ground-level

ebenfalls ❶ (*bei Bejahung*) too, as well *nachgestellt;* **ich mag das ebenfalls** I like it as well ❷ (*bei Verneinung*) not ... either ['aɪðəʳ]; **ich mag das ebenfalls nicht** I don't like it either ❸ **guten Appetit — ebenfalls!** enjoy your meal — you too!

Ebenholz ebony

ebenso ❶ (*genauso*) just as; **du machst das ebenso gut wie sie** you do it just as well as she does [dʌz] ❷ (*ebenfalls*) as well; **ebenso sehr, ebenso viel** just as much; **ebenso wenig** just as little

Eber boar [bɔːʳ]

EC *Abkürzung von* **Eurocity**(**-zug**) EC, EuroCity (train)

E-Cash e-cash

Echo ❶ (*Widerhall*) echo ['ekəʊ] ❷ (*übertragen: Reaktion*) response [rɪ'spɒns] (**auf** to)

Echse lizard

echt ❶ (*nicht gefälscht*) genuine ['dʒenjuɪn]; *Urkunde, Unterschrift:* authentic [ɔː'θentɪk]; *Gold, Marke:* real ❷ (*wirklich*) real; **du hast echt Glück gehabt** you were really lucky ❸ *Gefühl, Freundschaft:* sincere [sɪn'sɪəʳ] ❹ (*typisch*) typical ['tɪpɪkᵊl]; **das ist echt Edgar!** that's typical of Edgar! ❺ *Blondine:* natural ❻ (*umgangsspr*) really, so; **das ist echt geil!** (*slang*) that's really wicked! *umgangsspr*

Eck ❶ (*im Sport*) **langes/kurzes Eck** far/near corner of the goal ❷ **über Eck** crosswise; (*räumlich*) diagonally [daɪ'ægᵊnᵊli] across

EC-Karte debit card

Eckball corner

Eckbank corner seat

Ecke ❶ (*auch im Sport*) corner ❷ (*Kante, Rand*) edge ▸IN WENDUNGEN: **an allen Ecken und Enden sparen** scrimp and save

Eckhaus corner house

eckig ❶ angular ['æŋgjʊləʳ]; *Klammer:* square [skweəʳ] ❷ (*übertragen*) *Gesicht, Bewegung:* jerky ['dʒɜːki]

Eckstein (*auch übertragen*) cornerstone **Eckzahn** canine ['keɪnaɪn] tooth

Ecuador Equador **Ecuadorianer**(**in**) Equadorian

edel ❶ (*adlig, vornehm*) noble ['nəʊbl] ❷ (*hochwertig*) precious ['preʃᵊs] ❸ *Pferd:* thoroughbred ['θʌrəbred] **Edelgas** noble ['nəʊbl] gas, inert [ɪ'nɜːt] gas **Edelholz** high-grade timber **Edelmetall** precious metal **edelmütig** magnanimous [mæg'nænɪməs] **Edelstahl** refined [*oder* high-grade] steel **Edelstein** precious stone; (*geschliffen*) gem [dʒem], jewel ['dʒuːəl] **Edeltanne** noble fir [fɜːʳ] **Edelweiß** edelweiss

editieren edit **Editor** editor

Edutainment edutainment [ˌedʒʊ'teɪnmənt]

EDV *Abkürzung von* **elektronische Datenverarbeitung** EDP, electronic data processing

Efeu ivy ['aɪvi]

Effekt effect [ɪ'fekt] **effektiv** ❶ (*wirkungsvoll*) effective ❷ (*tatsächlich*) actual ['æktʃuəl]

egal (*umgangsspr*) **das ist mir ganz egal** it's all the same to me, I couldn't care [keəʳ] less

Egoist(**in**) egotist ['iːgətɪst] **egoistisch** egotistical [ˌiːgə'tɪstɪkᵊl]

ehe ❶ (*bevor*) before; **eh**[**e**] **ich es vergesse ...** before I forget ... ❷ (*bis*) until; (*bei Verneinungen auch*) before; **ich kann nichts tun, ehe er zurückkommt** I can't do anything before he comes back

Ehe marriage ['mærɪdʒ] **Eheberater**(**in**) marriage [guidance] counsellor **Eheberatung** ❶ (*das Beraten*) marriage counselling ❷ (*Stelle*) marriage guidance council **Ehebruch** adultery [ə'dʌltᵊri]; **Ehebruch begehen** commit adultery

Ehefrau wife **Ehegatte, Ehegattin** spouse [spaʊs] **Eheleute** married ['mærid] couple *singular*

ehelich ❶ *Wohnung, Bett:* conjugal ['kɒndʒʊgᵊl], marital ❷ *Kind:* legitimate [lɪ'dʒɪtəmət]

ehemalig ❶ *Chef, Schüler:* former, one-time ❷ **mein ehemaliger Freund** my ex-boyfriend

Ehemann husband **Ehepaar** married couple **Ehepartner** marriage partner, spouse

eher ❶ (*früher*) earlier ['ɜːliəʳ], sooner; **je eher, desto besser** the sooner the better

❷ (*lieber*) rather; **eher würde ich ins Kino gehen** I'd rather go to the cinema ❸ (*vielmehr*) more; **er ist eher ein Bekannter als ein Freund** he's more an acquaintance [ə'kweɪntᵊns] than a friend ❹ (*wahrscheinlicher*) more likely; **das wird eher der Grund sein** that's more likely to be the reason ❺ **umso eher** the more so

Ehering wedding ring **Eheschließung** wedding

Eheverkündung (CH) marriage announcement

ehrbar ❶ (*ehrenhaft*) honourable ['ɒnᵊrəbl] ❷ (*Respekt einflößend*) respectable

Ehre honour ['ɒnəʳ]; **zu Ehren von …** in honour of …

ehren honour ['ɒnəʳ]

ehrenamtlich ❶ *Mitglied:* honorary ['ɒnᵊrəri] ❷ **etwas ehrenamtlich tun** do something in an honorary capacity **Ehrenbürger(in)** honorary citizen [*oder* freeman] **Ehrendoktor** honorary doctor **Ehrengast** guest [gest] of honour **Ehrenmitglied** honorary member **Ehrenplatz** ❶ (*auf Tribüne*) place of honour ❷ (*für Geschenk, Medaille etc.*) special place **Ehrensache** point of honour **ehrenvoll, ehrenwert** honourable **Ehrenwort** word of honour; **ich gebe mein Ehrenwort** I give you my word

ehrerbietig ❶ (*respektvoll*) respectful ❷ (*rücksichtsvoll*) deferential [ˌdefᵊ'renʃᵊl]

Ehrfurcht ❶ (*Respekt*) deep respect (**vor** for) ❷ (*Scheu*) **Ehrfurcht [vor etwas/jemandem] haben** be in awe of [something/somebody] **ehrfürchtig** reverent **Ehrgefühl** sense of honour ['ɒnəʳ]

Ehrgeiz ambition **ehrgeizig** ambitious [æm'bɪʃəs]

ehrlich ❶ honest ['ɒnɪst]; **sei mal ehrlich!** be honest! ❷ **ehrlich!** honestly!, really!; **ehrlich gesagt…** to be honest… ❸ (*aufrichtig*) *Zuneigung:* sincere [sɪn'sɪəʳ] **Ehrlichkeit** ❶ honesty ❷ (*Aufrichtigkeit*) sincerity

ehrwürdig venerable

Ei ❶ (*Hühnerei*) egg ❷ **Eier** (*slang: Geld*) quid ⚠ *singular* (GB); (*Dollar*) bucks *plural* (USA) ❸ **Eier** (*umgangsspr: Hoden*) balls *plural* ▸ IN WENDUNGEN: **sich wie ein Ei dem andern gleichen** be as alike as two peas in a pod; **jemanden wie ein rohes Ei behandeln** handle someone with kid gloves

Eibe yew [juː]

Eiche oak [əʊk]

Eichel (*Frucht der Eiche*) acorn ['eɪkɔːn]

Eichelhäher jay

eichen calibrate

Eichenholz oak **Eichenwald** oak wood

Eichhörnchen squirrel ['skwɪrᵊl]

Eid oath; **einen Eid leisten/schwören** take/swear an oath (**auf** on)

Eidechse lizard

Eidgenossenschaft **Schweizerische Eidgenossenschaft** Swiss Confederation

Eierbecher eggcup **Eierkuchen** pancake

eiern (*umgangsspr*) *Rad:* wobble

Eierschale eggshell

Eierschwamm (A), (CH), **Eierschwammerl** (A) chanterelle [ˌʃɑ̃tə'rel] [mushroom]

Eierstock ovary ['əʊvᵊri]

Eifer ❶ (*Eifrigkeit*) eagerness, zeal ❷ (*Begeisterung*) enthusiasm ❸ **im Eifer des Gefechts** in the heat of the moment

Eifersucht jealousy ['dʒeləsi] (**auf** of) **eifersüchtig** jealous ['dʒeləs] (**auf** of)

eiförmig egg-shaped

eifrig eager, zealous ['zeləs]

Eigelb egg yolk

eigen ❶ **meine eigene Wohnung** my own flat ❷ **ich brauche mein eigenes Zimmer** I need a room to myself ❸ **eine eigene Meinung** an opinion of one's own; **in eigener Sache** on one's own account ❹ *Eingang:* separate ['sepᵊret] ❺ (*eigentümlich*) *Reiz:* peculiar [pɪ'kjuːliəʳ], strange ❻ (*pingelig*) fussy, particular; **darin ist sie eigen** she's very particular [*oder* fussy] about that ❼ (*typisch*) **das ist ihr eigen** that's typical ['tɪpɪkᵊl] of her

Eigenart ❶ (*Besonderheit*) peculiarity [pɪˌkjuːli'ærəti] ❷ (*charakteristische Eigenschaft*) characteristic **eigenartig** ❶ (*sonderbar*) odd, strange ❷ (*eigentümlich*) peculiar

Eigenbedarf [one's own] personal use **Eigengewicht** ❶ (*Leergewicht eines LKWs*) unladen weight [weɪt] ❷ *von Produkt:* net weight **eigenhändig** ❶ (*mit eigener Hand*) with one's own hand ❷ (*persönlich, selbst*) personal **Eigenheim** house of one's own **Eigenlob** self-praise; **Eigenlob stinkt** don't blow your own trumpet

eigenmächtig on one's own authority, without any authorization

Eigenmittel one's own resources **Eigenname**

proper name **Eigennutz** self-interest **eigennützig** selfish

Eigenschaft ❶ (*positiv*) quality ['kwɒlɪti] ❷ (*Merkmal*) characteristic; **gute und schlechte Eigenschaften** good and bad points ❸ (*physikalisch, chemisch*) property ❹ (*Funktion*) capacity; **in meiner Eigenschaft als …** in my capacity as … **Eigenschaftswort** adjective

eigensinnig obstinate, stubborn

eigentlich ❶ (*wirklich*) actually, really; **was ist eigentlich los?** what's actually going on? ❷ **eigentlich wollte ich nicht lange bleiben** I wasn't really going to stay long; **eigentlich nicht** not really ❸ (*überhaupt*) anyway; **was willst du eigentlich hier?** what do you want here anyway?

Eigentor own goal; **ein Eigentor schießen** score an own goal

Eigentum property **Eigentümer(in)** owner

eigentümlich (*sonderbar*) odd, peculiar

Eigentumswohnung owner-occupied flat

eigenwillig ❶ (*eigensinnig*) self-willed ❷ (*unkonventionell*) unconventional

eignen ❶ **sich eignen für/als** [*oder* **zu**] be suitable ['su:təbl] for/as ❷ **er würde sich als Kindergärtner eignen** he'd make a good nursery school teacher

Eiklar Ⓐ egg white

Eilbrief express letter (GB), special-delivery letter (USA)

Eile hurry; **in Eile** in a hurry

Eileiter oviduct

eilen es eilt! it's urgent!; **es eilt nicht** there's no hurry

eilig ❶ (*rasch, hastig*) hasty ['heɪsti], hurried; **ein eiliger Abgang** a hasty retreat ❷ **es eilig haben** be in a hurry [*oder* rush] ❸ (*dringend*) **es ist eilig!** this is urgent!

Eilzug fast stopping train

Eilzustellung express delivery, special delivery

Eimer ❶ bucket, pail; **ein Eimer Wasser** a bucket[ful] of water ❷ (*umgangsspr*) **mein Fahrrad ist im Eimer** my bike's had it *umgangsspr;* **ich bin total im Eimer** I'm totally whacked [wækt] *umgangsspr*

ein[1] (*auf Elektrogeräten*) **ein/aus** on/off

ein[2], **eine, eines, einer** ❶ (*bei Mengenangaben*) one; **das kostet einen Euro** it costs one euro; **es ist ein Uhr** it is one o'clock ❷ (*unbestimmter Artikel*) a *vor Konsonant,* an *vor gesprochenem Vokal;* **ein Auto** a car; **eine Stunde/ein Ei** an hour/an egg ❸ **ein gewisser Herr …** a certain ['sɜ:tᵊn] Mr … ❹ (*Person*) **einer von uns** one of us; **einer nach dem anderen** one after the other; **du bist mir eine[r]!** (*umgangsspr*) you're a one! ❺ **das ist ein und dasselbe** it is one and the same thing; **das ist ein und derselbe** this is one and the same person

> **! Vorsicht Falle** Der unbestimmte Artikel **an** wird vor Wörter, die mit den Vokalen a, e, i, o, u beginnen, gesetzt: *an apple, an egg, an ice-cream, an oyster, an umbrella*; und auch vor h, wenn man das h nicht hört: *an hour, an honest man.* — Wird aber ein u als [ju] ausgesprochen, dann wird vor das Wort ein **a** gesetzt: *a unit, a university.*

einander each other, one another

einarbeiten ❶ **jemanden einarbeiten** train somebody ❷ **sich einarbeiten** get used to the work

Einarbeitungszeit training period ['pɪəriəd]

einäschern cremate *Leichnam*

einatmen breathe in

Einbahnstraße one-way street

Einband book cover ['kʌvəʳ], case

einbauen (*installieren*) install

Einbauküche fitted kitchen **Einbauschrank** built-in cupboard

einberufen ❶ convene *Versammlung;* summon *Parlament* ❷ (*zum Militär*) call up (GB), draft (USA) **Einberufung** (*zum Militär*) conscription (GB), draft call (USA)

einbetten embed

einbeziehen include (**in** in)

einbiegen in eine Straße/nach links einbiegen turn off into a street/to the left

einbilden ❶ (*fantasieren*) imagine; **das bildest du dir alles nur ein!** you're just imagining things! ❷ **er bildet sich viel auf sein Aussehen ein** he is conceited [kən'si:tɪd] about his looks ❸ **bilden Sie sich nur nicht ein, dass …!** don't imagine that …!, don't go thinking that …! ❹ **was bildest du dir eigentlich ein?** who do you think you are? **Einbildung** ❶ (*Fantasie*) imagination ❷ (*Illusion*) illusion [ɪ'lu:ʒᵊn]; **das ist pure Einbildung!** it's just your imagination!

einbinden (*übertragen*) integrate (**in** into)
einbläuen (*umgangsspr*) 1 (*einschärfen*) drum into; **ich hab ihr eingebläut, ja nichts zu sagen** I told her time and time again not to say a word 2 (*durch Schläge*) thump into
einblenden slot in *Werbespots etc.*
Einblick (*übertragen*) insight ['ɪnsaɪt] (**in** into); **sich [einen] Einblick in etwas verschaffen** gain an insight into something
einbrechen 1 (*Einbruch begehen*) break [breɪk] in, burgle, burglarize (USA); **man hat bei mir eingebrochen** I've been burgled; **in der Schule wurde eingebrochen** the school has been burgled [*oder* broken into] 2 **auf dem Eis einbrechen** fall through [θruː] the ice **Einbrecher(in)** burglar
einbringen 1 introduce *Antrag;* bring in *Gesetzentwurf* 2 gather in *Ernte* 3 earn [ɜːn], yield [jiːld] *Zinsen* 4 (*beitragen*) contribute [kən'trɪbjuːt]
Einbruch 1 burglary 2 **bei Einbruch der Dunkelheit/Nacht** at dusk/nightfall
einbuchten (*slang*) put behind bars
einbürgern 1 **jemanden einbürgern** naturalize somebody; **sie ist in Kanada eingebürgert worden** she has become a naturalized Canadian; **sich einbürgern lassen** become naturalized 2 (*übertragen*) *Wort, Sitte:* become a habit
Einbuße loss (**an** to)
einbüßen lose [luːz]
einchecken check in
eincremen put cream on
eindämmen 1 dam *Fluss* 2 (*übertragen: aufhalten*) check *Brand, Hochwasser;* contain *Seuche, Schaden*
eindecken **sich eindecken** stock up (**mit** on)
eindeutig 1 (*nicht mehrdeutig*) unambiguous [ˌʌnæm'bɪgjuəs] 2 (*offensichtlich*) clear 3 **das war eindeutig deine Schuld** it was clearly your fault
eindringen penetrate (**in** into) **Eindringling** intruder
Eindruck 1 impression; **den Eindruck haben, dass ...** be under the impression that ... 2 **er macht mir einen netten Eindruck** he seems quite nice to me
eindrücklich (CH) impressive
eindrucksvoll impressive
einebnen (*auch übertragen*) level
eineiig *Zwillinge:* identical
eineinhalb one and a half; **vor eineinhalb Jahren** a year and a half ago
einengen (*auch übertragen*) constrict
Einer (*Boot*) single scull
Einerlei sameness, monotony [mə'nɒtəni] **einerlei** **das ist mir einerlei** it's all the same to me **einerseits** on the one hand
einfach 1 (*nicht schwierig*) simple, easy 2 (*schlicht*) *Kleidung, Feier:* plain 3 (*gewöhnlich*) *Mensch:* ordinary 4 *Essen:* plain 5 *Knoten, Schleife:* simple 6 *Fahrt, Fahrkarte:* single 7 (*geradezu*) simply; **das ist einfach spitze!** that's so excellent! 8 **so etwas tut man einfach nicht** that simply isn't done
einfädeln 1 (*umgangsspr*) set up *Komplott, Intrige* 2 thread [θred] *Nadel, Faden*
einfahren 1 run in (GB); break in (USA) *Auto* 2 retract *Fahrgestell* 3 bring in *Ernte, Gewinn* 4 make *Verluste* 5 *Zug:* come in, arrive
Einfahrt entrance
Einfall (*Idee*) [sudden] idea
einfallen 1 **jemandem einfallen** occur to somebody; **mir fällt einfach nichts ein** I just can't think of anything 2 **dabei fällt mir ein, wie ich ...** that reminds me of how I ...; **jetzt fällt mir ein, wie ...** I just thought of how ... 3 **da musst du dir was/eine Ausrede einfallen lassen** you'll have to think of something/an excuse 4 **was fällt Ihnen ein!** how dare you! 5 *Licht:* come in
einfallslos unimaginative
einfältig 1 (*naiv*) simple 2 (*dumm*) simple-minded **Einfaltspinsel** (*umgangsspr*) simpleton
Einfamilienhaus detached house
einfangen (*auch übertragen*) catch
einfarbig *Stoff:* self-coloured, all one colour
einfassen 1 edge *Beet, Grab* 2 trim *Knopfloch, Naht* 3 set *Edelstein* (**mit** in)
einfinden **sich einfinden** turn up, arrive
Einflugschneise approach [ə'prəʊtʃ] path
Einfluss influence ['ɪnfluəns]; **Einfluss auf jemanden haben/ausüben** have/exert an influence on someone; **sie hat einen schlechten Einfluss auf ihn** she is a bad influence on him **Einflussbereich** sphere [sfɪəʳ] of influence **einflussreich** influential [ˌɪnflu'enʃəl]
einförmig (*eintönig*) monotonous [mə'nɒtənəs]

E

einfrieren ① freeze *Lebensmittel* ② *Rohr:* freeze up

einfügen ① (*einpassen*) fit (**in** into) ② (*nachträglich hinzufügen*) insert (**in** in) ③ **sich einfügen** (*sich anpassen*) adapt (**in** to)

Einfühlungsvermögen empathy

Einfuhr import **Einfuhrbestimmungen** import regulations

einführen ① (*importieren*) import ② introduce *neue Produkte, Ideen* (**in** to) ③ (*hineinstecken*) insert (**in** into) **Einführung** ① (*Einleitung*) introduction (**in** to) ② (*in ein Amt*) installation **Einführungspreis** introductory price

Einfuhrzoll import duty

Eingabe ① (*Gesuch*) petition [pəˈtɪʃᵊn] (**an** to) ② *von Daten:* input **Eingabetaste** return [*oder* enter] key

Eingang ① (*Tür*) entrance (**in** to) ② (*auch übertragen: Zutritt*) entry (**in** into, **zu** to); **Eingang verboten!** no entry! ③ (*Erhalt*) receipt [rɪˈsiːt]; *von Waren:* delivery; **nach Eingang** on receipt

eingangs initially [ɪˈnɪʃᵊli]

eingeben enter, key in *Daten* **Daten in den Computer eingeben** feed [*oder* enter] data into the computer

eingebildet conceited [kənˈsiːtɪd]; **sie ist total eingebildet** she is full of herself

Eingeborene(r) native

Eingebung inspiration

eingefallen ① *Wangen, Augen:* sunken ② *Gesicht:* haggard [ˈhægəd]

eingefleischt **eingefleischter Junggeselle** confirmed bachelor

eingehen ① *Kleidungsstück, Wäsche:* shrink ② *Pflanzen:* die (**an** of) ③ (*umgangsspr*) *Betrieb:* fold up ④ **auf eine Frage eingehen** go into a question; **auf etwas näher eingehen** go into the particulars of something; **auf jemanden eingehen** give one's time and attention to somebody ⑤ *Post:* come in ⑥ make *Wette* ⑦ take *Risiko*

eingehend ① (*ausführlich*) *Bericht:* detailed ② (*gründlich*) *Untersuchung:* thorough [ˈθʌrə] ③ *Post:* incoming

Eingemachte(s) ① (*Marmelade*) preserves ⚠ *plural* ② (*in Essig*) pickles ⚠ *plural* ▸ IN WENDUNGEN: **jetzt geht's ans Eingemachte!** we're really scraping the barrel now

Eingemeindung incorporation

eingeschnappt (*umgangsspr*) cross, in a huff; **er ist immer gleich eingeschnappt** he goes into a huff easily

eingeschränkt limited, restricted

eingeschrieben *Brief, Mitglied:* registered

Eingeständnis admission, confession

eingestehen admit to, confess to *Schuld, Diebstahl*

eingestellt ① **auf etwas eingestellt sein** be prepared for something ② **sozial eingestellt** socially [ˈsəʊʃᵊli] minded [*oder* oriented] [ˈɔːrientɪd]

Eingeweide bowels [baʊəlz], entrails

eingewöhnen **sich eingewöhnen** settle down [*oder* in]

eingießen pour [out]

eingleisig *Bahnstrecke:* single-track

eingliedern ① incorporate [ɪnˈkɔːpᵊreɪt] *Firma* (**in** with, into) ② integrate *Person* (**in** into) ③ **sich eingliedern** integrate oneself (**in** into)

eingreifen intervene [ˌɪntəˈviːn]

Eingriff ① (*operativer*) operation ② (*übertragen: Einmischung*) intervention

eingruppieren group (**in** in)

Einhalt **Einhalt gebieten** put a stop to

einhalten ① keep *Versprechen* ② keep to *Vereinbarung* ③ follow *Regeln* ④ **eine Frist/einen Termin einhalten** meet a deadline [ˈdedlaɪn] ⑤ **den Kurs einhalten** stay on course ⑥ (*innehalten*) pause

einhandeln ① trade (**gegen, für** for) ② **sich Ärger einhandeln** get into trouble

einheimisch ① *Tiere, Pflanzen:* native ② *Industrie, Produkt:* local ③ (*Mensch*) **die Einheimischen** the locals

Einheit ① (*staatlich, national*) unity [ˈjuːnəti] ② (*Ganzes*) whole [həʊl] ③ (*Truppe; Maßeinheit; Telefoneinheit*) unit

einheitlich ① (*genormt*) standard[ized] ② (*gleichförmig*) uniform ③ (*ein Ganzes bildend*) unified

Einheitsgebühr consolidated [*oder* flat] rate **Einheitspreis** standard price [*oder* rate] **Einheitstarif** standard tariff

einheizen (*heizen*) put the heating on ▸ IN WENDUNGEN: **jemandem tüchtig einheizen** (*umgangsspr*) make things hot for someone

einhellig unanimous [juːˈnænɪməs]

einholen ① lower *Fahne, Segel* ② haul in *Netz, Boot* ③ take *Rat* ④ **jemanden einholen** catch up with somebody ⑤ **verlorene Zeit einholen** make up for lost time

einig ① in agreement, agreed (**in, über** on, about) ② **sich nicht einig sein** disagree (**über** about) ③ **sich [über etwas] einig werden** agree [on something] ④ *Paar, Volk etc.* united [juːˈnaɪtɪd]

einige(r, -s) ① (*ein paar*) a few; **in einigen Tagen** in a few [*oder* couple of] days ② (*mehrere*) several; **ich hab's einige Male probiert** I tried several times ③ (*ein paar Leute*) some [people]; **einige sind schon vorgegangen** some have gone ahead [əˈhed] already; **einige andere** several others ④ **in einiger Entfernung** some distance away ⑤ **das wird dich einiges kosten** it's going to cost you

einigen **sich einigen** agree, come to an agreement (**über** on, about)

einigermaßen ① quite [kwaɪt]; **ein einigermaßen gutes Hotel** a fairly good hotel ② (*nicht schlecht*) so-so

Einigkeit ① (*Eintracht*) unity [ˈjuːnɪti] ② (*Übereinstimmung*) agreement (**in, über** on)

Einigung ① (*Übereinstimmung*) agreement ② (*gerichtlicher Vergleich*) settlement [ˈsetlmənt] ③ (*politisch*) unification [ˌjuːnɪfɪˈkeɪʃᵊn]

einimpfen (*übertragen*) **jemandem etwas einimpfen** instil something into someone

einjährig ① (*ein Jahr alt*) one-year-old ② *Pflanze:* annual

einkalkulieren take into account

einkassieren collect

Einkauf ① (*das Kaufen*) buying [ˈbaɪɪŋ] ② **Einkäufe machen** go [*oder* do some] shopping; **machst du heute den Einkauf?** would you do the shopping today? ③ (*das Gekaufte*) purchase ④ (*Abteilung*) purchasing [*oder* buying] [department] **einkaufen** buy ① **etwas einkaufen** buy something ② **einkaufen gehen** go shopping ③ **sich [in eine Firma] einkaufen** buy oneself [into a company]

Einkaufsabteilung purchasing department **Einkaufsbummel** **einen Einkaufsbummel machen** go on a shopping expedition **Einkaufspassage** shopping arcade **Einkaufswagen** shopping cart, trolley **Einkaufszentrum** shopping centre/center

einkehren ① (*in Gasthof*) stop [off] (**in** at) ② *Ruhe:* come (**bei** to)

einkellern store in a cellar

einklammern bracket, put in brackets

Einklang ① (*Harmonie*) harmony [ˈhɑːməni]; **in Einklang bringen** bring into accord, harmonize ② (*musikalisch*) unison [ˈjuːnɪsən]

einklemmen jam, trap

einkochen ① preserve *Obst* ② bottle *Marmelade*

Einkommen income **Einkommensteuererklärung** income tax return

Einkünfte income ⚠ *singular,* revenue [ˈrevᵊnjuː] ⚠ *singular*

einladen ① load *Waren* (**in** into) ② invite *Gast* (**zu** to) ③ (*bezahlen*) **ich lade Sie ein** I'm treating you, this is my treat **Einladung** invitation

Einlage ① (*Spareinlage*) deposit ② (*in Schuh*) support

einlagern store

einlangen Ⓐ (*eintreffen*) arrive

Einlass (*Zutritt*) admission; **jemandem Einlass gewähren** admit somebody

einlassen ① (*hereinlassen*) let in ② **ein Bad einlassen** run a bath ③ **sich auf etwas einlassen** let oneself in for something; **sich auf einen Streit einlassen** get into [*oder* involved in] an argument ④ **sich mit jemandem einlassen** get mixed up with someone

Einlauf ① (*medizinisch*) enema ② (*im Sport*) finish

einlaufen ① *Wasser:* run in ② *Kleidungsstück, Stoff:* shrink ③ wear [weəʳ] in *Schuhe*

einleben **sich einleben** settle down

einlegen ① **eine Pause einlegen** have a break [breɪk] ② **eine Schicht einlegen** put on an extra shift ③ **ein gutes Wort für jemanden/bei jemandem einlegen** put in a word for/with somebody ④ **den ersten Gang einlegen** engage first [gear] ⑤ **einen Film einlegen** load the camera

Einlegesohle insole

einleiten ① (*beginnen*) start ② (*eröffnen*) open ③ (*in Gang setzen*) initiate [ɪˈnɪʃieɪt] ④ take *Schritte, Maßnahmen* **einleitend** introductory

Einleitung ① *eines Buches:* introduction ② (*musikalisch*) prelude

E

einlenken (*übertragen*) give way, yield [jiːld]
einleuchten **das leuchtet mir ein** I can see the point **einleuchtend** clear, plausible ['plɔːzɪbl]
einliefern (*bringen*) deliver; **jemanden ins Krankenhaus einliefern** admit someone to hospital
einloggen log in
einlösen 1 cash [in] *Wechsel, Scheck* 2 keep *Versprechen, Wort*
einmachen 1 preserve [prɪ'zɜːv] *Obst* 2 (*in Gläser*) bottle 3 (*in Büchsen*) tin GB, can USA **Einmachglas** bottling jar
einmal 1 (*nicht zweimal*) once 2 (*ehemals*) once [upon a time]; **es war einmal ein Prinz …** once upon a time there was a prince … 3 (*in Zukunft*) one day, some time 4 (*jemals*) ever 5 **auf einmal** all of a sudden 6 **noch einmal** (*wieder*) again, once more; (*ein letztes Mal*) one last time 7 **nicht einmal** not even …, not so much as …
Einmaleins [multiplication] tables ⚠ *plural;* **das große/kleine Einmaleins** tables over/up to ten
einmalig 1 (*einzigartig*) unique [juː'nik] 2 **einmalig!** fantastic! 3 **eine einmalige Zahlung/Gelegenheit** a one-off payment/opportunity
Einmannkapelle one-man band
Einmischung interference [ˌɪntə'fɪərᵊns], meddling (**in** in)
einmotorig *Flugzeug:* single-engine[d]
Einmündung 1 *eines Flusses:* confluence ['kɒnfluəns] 2 *einer Straße:* junction ['dʒʌŋʃᵊn]
einmütig unanimous [juː'nænɪməs]
Einnahme **Einnahmen** income ⚠ *singular; beim Geschäft:* takings *plural; beim Staat:* revenue ⚠ *singular*
einnehmen 1 take *Arznei, Mittel* 2 (*verdienen*) earn *Geld;* collect *Steuern;* take *Geschäftseinnahmen* 3 (*auch übertragen*) occupy *Platz* 4 take *Stadt, Festung* 5 **jemanden für sich einnehmen** win someone over **einnehmend** winning, charming
einnicken (*umgangsspr*) drop [*oder* nod] off
Einöde (*auch übertragen*) wasteland
einordnen 1 file *Karteikarten etc.* 2 (*klassifizieren*) classify 3 **sich [rechts/links] einordnen** *Auto:* get in[to the right/left] lane 4 **ich kann ihn nicht einordnen** I can't place him
einpacken 1 (*als Geschenk, Paket*) wrap [ræp] up (**in** in) 2 (*in Koffer*) pack (**in** in) 3 (*in Schule*) pack one's things
einparken park
einplanen 1 (*planen*) include in one's plans 2 (*berücksichtigen*) allow for
einprägen **jemandem prägt sich etwas ein** something makes an impression on someone **einprägsam** easily remembered
einprogrammieren programme in, input
einrahmen (*auch übertragen*) frame
einräumen 1 (*verstauen*) put away 2 fill *Schrank, Regal* 3 put [the] furniture in *Zimmer, Wohnung* 4 (*zugeben*) admit, concede [kən'siːd] 5 (*zugestehen*) allow [ə'laʊ]
einrechnen include
einreden 1 **jemandem etwas einreden** talk somebody into believing something 2 **jemandem/sich einreden, dass …** persuade [pə'sweɪd] somebody/oneself that … 3 **auf jemanden einreden** keep on and on at someone
einreichen 1 submit *Unterlagen* (**bei** to) 2 apply for *Pensionierung, Versetzungsgesuch* (**bei** to)
einreihen 1 (*einordnen*) put in 2 **sich [in etwas] einreihen** join [something]
Einreise entry (**in** to); **bei der Einreise** on entry **Einreisebestimmungen** entry regulations **Einreisegenehmigung** entry permit
einreisen enter [the country] ['kʌntri]
einrenken 1 set *Glieder, Gelenke* 2 **das renkt sich schon wieder ein** (*umgangsspr*) it'll sort itself out
einrichten 1 open *Bankkonto* 2 (*justieren*) set up 3 (*möblieren*) furnish 4 (*ausstatten*) fit out 5 (*hinkriegen*) arrange [ə'reɪndʒ]; **können Sie es irgendwie einrichten, dass …?** could you possibly arrange things so that …? 6 **sich einrichten** (*Wohnung möblieren*) furnish one's flat 7 **kannst du dich auf halb acht einrichten?** could you get ready for half past seven?
Einrichtung 1 (*Möbel*) furnishings ⚠ *plural* 2 (*Ausstattung*) fittings ⚠ *plural* 3 (*Institution*) institution [ˌɪnstɪ'tjuːʃᵊn]; **kulturelle/öffentliche/soziale Einrichtungen** cultural/public/social facilities
Eins 1 (*Zahl*) one 2 (*Schulnote*) A; **eine Eins schreiben** get an A 3 (*beim Würfeln*)

one ④ **die Eins/der Einser** (*Straßenbahn, Bus*) the number one [tram/bus]

eins ① (*Zahl*) one; (*Uhrzeit*) **viertel vor eins** a quarter to one ② **eins a** (*umgangsspr: erstklassig*) A1 ③ **das ist mir alles eins** (*umgangsspr*) it's all the same to me

einsacken (*umgangsspr: kassieren*) rake in

einsam ① *Mensch, Leben:* lonely ② (*vereinzelt*) **ein einsamer Wanderer** a solitary hiker ③ (*abgelegen*) *Haus, Insel:* secluded ④ (*leer*) *Strand:* empty

einsammeln collect [in] *Geld*

Einsatz ① (*eingesetztes Stück*) inset ② (*beim Glücksspiel*) stake ③ *von Kapital:* investment ④ (*militärisch, polizeilich*) action ⑤ *von Arbeitskräften:* employment [ɪm'plɔɪmənt] ⑥ (*Hingabe*) commitment (**für** to) ⑦ **unter Einsatz ihres Lebens** at the risk of her life

einsatzbereit ① *Gerät:* ready [redi] for use ② *Einsatztruppe:* ready for action

einschalten ① switch on *Maschine, Licht* ② **jemanden [bei etwas] einschalten** bring someone in [on something]

Einschaltquote audience ['ɔːdiəns] rating

einschärfen **jemandem etwas einschärfen** impress something [up]on somebody

einschätzen ① (*beurteilen*) assess *Situation, Aufsatz;* judge [dʒʌdʒ] *Person* ② **etwas falsch einschätzen** misjudge something; **etwas richtig einschätzen** be right [raɪt] about something ③ **wie schätzen Sie die Lage ein?** how do you judge the situation? ④ **das ist schwer einzuschätzen** that's difficult to say ⑤ **sich einschätzen** rate oneself

einschenken pour [out]

einschicken send in

einschiffen **sich einschiffen** embark

einschlafen ① *Person, Tier:* fall asleep ② *Fuß, Arm etc.* go to sleep ③ (*übertragen*) *Freundschaft etc.* peter out, cool off

einschläfern put to sleep *Tier* **einschläfernd** (*narkotisierend*) soporific [ˌsɒp(ə)r'ɪfɪk]

einschlagen ① smash *Scheibe, Tür* ② knock out *Zähne* ③ hammer in *Nagel* ④ (*einwickeln*) wrap [ræp] [up] ⑤ take *Weg, Kurs, auch übertragen* ⑥ *Geschoss:* hit ⑦ *Blitz:* strike ⑧ (*gut ankommen*) be a big hit

einschlägig ① *Literatur:* relevant ② **einschlägig vorbestraft sein** have been previously ['priːviəsli] convicted for a similar offence

einschleichen *Fehler:* creep in

einschließen ① (*in Zimmer, Schrank*) lock up; **sich einschließen** lock oneself in ② (*militärisch*) encircle [ɪn'sɜːkl], surround ③ (*übertragen*) include **einschließlich** ① including, inclusive of; **einschließlich Mehrwertsteuer/Porto** V.A.T./postage included ② **von Mittwoch bis einschließlich Freitag** from Wednesday to Friday inclusive (GB), from Wednesday thru Friday (USA)

einschmeicheln **sich [bei jemandem] einschmeicheln** ingratiate [ɪn'greɪʃieɪt] oneself [with someone]

einschnappen ① *Türschloss:* click shut ② (*umgangsspr: beleidigt sein*) get peeved (**über** about, at); **sie schnappt immer gleich ein** she goes into a huff easily

einschneidend (*übertragen*) ① (*drastisch*) drastic ② (*weit reichend*) far-reaching

Einschnitt (*übertragen: Wendepunkt*) decisive [dɪ'saɪsɪv] point

einschränken ① (*reduzieren*) reduce *Ausgaben* ② (*begrenzen*) limit *Rechte, Freiheit* ③ **sich einschränken** economize

Einschränkung ① (*Reduzierung*) reduction ② **ohne Einschränkung** without reservations ⚠ *plural*

Einschreibebrief, **Einschreiben** registered ['redʒɪstəd] letter (GB), certified ['sɜːtɪfaɪd] letter (USA)

einschreiben **sich einschreiben** (*an Universität*) register; (*in Verein*) enrol[l]

einschreiten ① (*Maßnahmen ergreifen*) take action (**gegen** against) ② (*eingreifen*) intervene [ˌɪntə'viːn]

einschüchtern intimidate

Einschulung enrol[l]ment in elementary [*oder* primary] school

einschweißen (*in Plastik*) shrink-wrap **Einschweißfolie** shrink wrap

einsehen ① look at *Akten* ② (*begreifen*) see ③ **das sehe ich nicht ein** I don't see why ④ **seine Schuld einsehen** admit to being guilty [gɪlti]; **einen Fehler einsehen** realize a mistake

einseifen ① (*mit Seife*) soap ② (*umgangsspr: hereinlegen*) con

einseitig ① (*auch übertragen: von einer Seite*) one-sided ② (*voreingenommen*) bias[s]ed ③ *Nahrung:* unbalanced ④ *Abmachung, Kündigung etc.* unilateral [ˌjuːnɪ'læt(ə)r(ə)l]

einsenden send in **Einsendeschluss** closing

date

einsetzbar applicable [ə'plɪkəbl], usable ['ju:zəbl]

einsetzen ❶ (*einfügen*) put [*oder* fit] in ❷ (*beim Spiel, Wetten*) stake *Geld* ❸ (*gebrauchen*) use *Mittel* ❹ bring into action *Truppen* ❺ *Regen* start ❻ **sich** [**für etwas**] **einsetzen** commit oneself [to something] ❼ **sich** (**für jemanden**) **einsetzen** give one's support [to somebody]

Einsicht ❶ (*Erkenntnis*) insight ['ɪnsaɪt] ❷ (*Verständnis*) understanding; **zu der Einsicht kommen, dass …** come to realize that … ❸ **eine Einsicht in die Akten nehmen** take a look in the files

einsickern seep in

Einsiedler(in) hermit

einsilbig (*übertragen*) monosyllabic [ˌmɒnəsɪ'læbɪk]

einspannen ❶ harness *Pferd* ❷ (*umgangsspr: zu Arbeiten heranziehen*) rope in; **jemanden** [**für etwas**] **einspannen** rope somebody in [for something]

Einspänner Ⓐ (*Kaffee mit Sahnehaube*) black coffee with whipped [wɪpt] cream

einsparen ❶ save *Geld* ❷ reduce *Kosten, Ausgaben*

einsperren ❶ (*in Zimmer*) lock in ❷ (*umgangsspr: ins Gefängnis*) put away

einspielen ❶ bring in *Geld* ❷ **aufeinander eingespielt sein** be a good team

Einsprache Ⓐ, Ⓒⓗ (*Einspruch*) objection [əb'dʒekʃᵊn]; **Einsprache einlegen** file an objection

einspringen (*helfen*) stand in (**für** for)

Einspruch objection [əb'dʒekʃᵊn]; **gegen etwas Einspruch erheben** object to something; (*Rechtssprache*) file an objection to something

einspurig *Straße:* single-lane

einst ❶ (*früher*) once [wʌns] ❷ (*künftig*) some day

Einstand **seinen Einstand geben** celebrate starting one's new job

einstecken ❶ (*hineinstecken*) put in ❷ (*auch übertragen: in Tasche*) pocket ❸ **er muss viel einstecken** he has to put up with a lot

einstehen (*bürgen*) vouch [vaʊtʃ] (**für** for)

einsteigen ❶ (*ins Auto*) get in; **einsteigen in** get into ❷ (*in Zug, Bus*) get on; **in den Zug einsteigen** climb aboard [*oder* get on] the train ❸ **in die Politik einsteigen** go into politics

einstellen ❶ hire *Arbeiter;* take on *Angestellte* ❷ (*beenden*) stop; (*zeitweilig*) suspend ❸ cease [si:s] *Feuer, Gefecht* ❹ adjust [ə'dʒʌst] *Gerät* (**auf** to) ❺ tune in to *Sender* ❻ focus ['fəʊkəs] *Kamera* (**auf** on) ❼ **sich einstellen** (*sich anpassen*) adapt oneself (**auf** to)

Einstellung ❶ (*Haltung, Ansicht*) attitude ❷ (*Gesinnung*) views [vju:z] ⚠ *plural* ❸ *von Arbeitskräften:* employment **Einstellungsstopp** freeze on recruitment

einstufen classify **Einstufung** classification

einstürmen *Fragen, Zweifel, Gefühle:* assail [ə'seɪl]

Einsturz collapse [kə'læps]; *einer Höhle, eines Stollens:* cave-in **einstürzen** ❶ (*zusammenfallen*) collapse ❷ *Decke, Stollen:* cave in

einstweilen ❶ (*in der Zwischenzeit*) in the meantime ❷ (*vorübergehend*) temporarily ['tempᵊrᵊrɪli], for the time being **einstweilig** ❶ temporary ['tempᵊrᵊri] ❷ **einstweilige Verfügung** interim injunction [order]

eintägig one-day

Eintagsfliege ❶ (*Insekt*) mayfly ❷ (*übertragen*) nine-days wonder ['wʌndəʳ]

eintasten key in *Zahlen, Daten*

eintauchen ❶ (*in Wasser*) immerse [ɪ'mɜ:s] (**in** to) ❷ *Schwimmer:* dive

eintauschen exchange [ɪks'tʃeɪndʒ]

einteilen ❶ (*aufteilen*) divide (**in** into) ❷ organize *Zeit, Arbeit* ❸ budget ['bʌdʒɪt] *Gelder, Mittel;* **du musst dein Geld besser einteilen** you must learn to budget ❹ **jemanden** [**zu/für etwas**] **einteilen** detail somebody [for something] **Einteilung** ❶ (*Aufteilung*) division ❷ (*für bestimmte Aufgabe*) assignment, detailment

eintönig monotonous [mə'nɒtᵊnəs]

Eintopf(gericht) stew [stju:]

einträchtig peaceable ['pi:səbl]

Eintrag (*in Buch*) entry (**in** in)

eintragen ❶ (*in Liste, Buch*) enter ❷ (*amtlich*) register ['redʒɪstəʳ] ❸ **sich** [**in eine Liste**] **eintragen** put one's name down [on a list]

einträglich lucrative, profitable

eintreffen ❶ (*ankommen*) arrive ❷ (*sich bestätigen*) *Vorraussage, Ahnung:* come true ❸ (*geschehen*) happen

eintreiben ❶ collect *Geld* ❷ recover *Schulden*

eintreten ① kick in *Tür* ② **in ein Zimmer eintreten** enter a room ③ **in einen Club/eine Partei eintreten** join a club/party ④ **für jemanden/eine Sache eintreten** stand up for somebody/a cause ⑤ (*geschehen*) happen; *Tod:* occur ⑥ **ist schon eine Besserung eingetreten?** has there been any improvement [ɪm'pruːvmənt] yet?

Eintritt ① (*Zutritt*) admittance ② (*Eintrittsgeld*) admission (**in** to) ③ (*Beginn*) onset; **bei Eintritt der Dunkelheit** at nightfall **Eintrittskarte** ticket

eintrudeln (*umgangsspr*) drift in

einüben ① practise *Lied etc.* ② rehearse [rɪ'hɜːs] *Theaterstück, Rolle*

einverleiben **sich etwas einverleiben** annex something; incorporate *Firma;* (*essen*) put something away

Einvernahme Ⓐ, ⒸⒽ ① *von Zeugen, Angeklagten:* examination ② *durch die Polizei:* questioning

Einvernehmen ① (*Übereinstimmung*) agreement; **in gegenseitigem Einvernehmen** in joint agreement ② (*Harmonie*) harmony

einverstanden agree with; **einverstanden!** agreed! **Einverständnis** ① (*Zustimmung*) consent ② **Einverständnis mit einer Straftat** connivance [kə'naɪvəns] at a criminal act ③ (*Übereinstimmung*) agreement

Einwahlknoten (*im Internet*) POP [point of presence]

Einwand objection

Einwanderer, Einwanderin immigrant

einwandern immigrate (**nach, in** to)

einwandfrei ① (*fehlerfrei*) perfect ② (*unanfechtbar*) indisputable ③ **einwandfrei!** brilliant!

Einwegflasche non-returnable bottle **Einwegrasierer** disposable razor

einweichen soak, steep

einweihen ① inaugurate [ɪ'nɔːgjəreɪt] *Museum, Schwimmbad etc.* ② **jemanden in etwas einweihen** initiate [ɪ'nɪʃieɪt] somebody into something

einweisen ① (*in eine Arbeit*) introduce ② (*in eine Klinik*) admit (**in** to)

einwenden object [əb'dʒekt] (**gegen** to)

einwerfen ① post ⒼⒷ, mail ⓊⓈⒶ *Brief* ② throw in *Ball* ③ (*einwenden*) throw in *Bemerkung*

einwickeln ① wrap [ræp] up *Geschenk* ② **jemanden einwickeln** (*umgangsspr*) take somebody in

einwilligen agree, consent (**in** to)

einwirken ① (*Wirkung zeigen*) have an effect (**auf** on) ② **auf jemanden einwirken** influence ['ɪnfluəns] someone

Einwohner(in) inhabitant **Einwohnermeldeamt** citizens' registration office

Einwurf (*im Sport*) throw-in

Einzahl singular

einzahlen **Geld auf ein Konto einzahlen** pay money ['mʌni] into an account

Einzahlung deposit [dɪ'pɒzɪt]

Einzahlungsschein ⒸⒽ giro transfer form

Einzelbett single bed **Einzelfahrschein** single [ticket] **Einzelgänger(in)** loner **Einzelhaft** solitary confinement

Einzelhandel retail trade **Einzelhändler** retailer

Einzelheit detail; **in allen Einzelheiten** in great detail

Einzelkind only child; **als Einzelkind aufwachsen** be brought [brɔːt] up an only child

einzeln ① (*individuell*) individual [ˌɪndɪ'vɪdʒuəl] ② (*abgetrennt*) separate ['sepᵊret] ③ **Einzelne** (*einige, wenige*) some ④ **der/die Einzelne** the individual; **jeder Einzelne** each and every one ⑤ **im Einzelnen aufführen** list in detail; **einzeln aufführen** list separately ['sepᵊretli]

Einzelteil ① (*Bestandteil*) component [part] ② (*einzelnes Teil*) separate ['sepᵊret] part

Einzelzimmer single room

einziehen ① retract *Fahrgestell* ② draw in *Bauch* ③ lower *Segel, Flagge* ④ collect *Steuern, Gebühren* (**bei, von** from) ⑤ withdraw *Geldscheine* ⑥ confiscate ['kɒnfɪskeɪt] *Führerschein* ⑦ call up ⒼⒷ, draft ⓊⓈⒶ *Wehrpflichtige* ⑧ (*einsaugen*) suck in ⑨ put in *Wand, Kabel* ⑩ [**in eine Wohnung/bei jemandem**] **einziehen** move in[to a flat/with somebody]

einzig ① **meine einzige Freundin** my only [*oder* sole] friend ② **ich habe keinen einzigen Anruf bekommen** I haven't had a single phone call ③ **einzig und allein** simply and solely ④ **ein/kein einziges Mal** just once/not once

einzigartig unique [juː'niːk]

Einzugsbereich ① *einer Schule:* catchment area ② *einer Großstadt:* commuter belt **Einzugsverfahren** direct debit

Eis ① ice ② (*Speiseeis*) ice-cream ③ **etwas auf Eis legen** (*übertragen*) put something on ice, shelve **Eisbahn** ice rink ['aɪsrɪŋk] **Eisbär** polar bear **Eisbecher** sundae ['sʌndeɪ] **Eisbein** knuckle ['nʌkl] of pork **Eisberg** iceberg ['aɪsbɜːg] **Eisbeutel** icepack **Eisbrecher** icebreaker ['aɪsbreɪkəʳ] **Eiscreme** ice-cream **Eisdiele** ice-cream parlour ['pɑːləʳ]

Eisen iron [aɪən] ▶ IN WENDUNGEN: **ein heißes Eisen sein** be a hot potato

Eisenbahn railway (GB), railroad (USA) ▶ IN WENDUNGEN: **es ist höchste Eisenbahn** (*umgangsspr*) it's high time **Eisenbahner** railwayman (GB), railroader (USA) **Eisenbahnwagen** ① (*für Personen*) railway carriage ['kærɪdʒ] (GB), railroad car (USA) ② (*Güterwagen*) goods wagon

Eisenerz iron [aɪən] ore **Eisenhütte** steel mill, ironworks *plural*

eisern ① (*aus Eisen*) iron [aɪən] ② (*übertragen*) inflexible, iron; **eiserne Nerven** nerves of steel

eisgekühlt chilled **Eisglätte** black ice **Eishockey** ice hockey (GB), hockey (USA)

eisig icy

Eiskaffee iced coffee

eiskalt ① (*kalt wie Eis*) icy-cold ② (*kaltblütig*) cold-blooded ③ *Blick:* icy ④ **jemanden eiskalt umbringen** kill somebody in cold blood

Eiskasten (A) refrigerator [rɪ'frɪdʒəreɪtəʳ], fridge, icebox (USA)

Eiskunstlauf figure ['fɪgəʳ] skating **Eisläufer(in)** ice-skater

Eisprung ovulation [ˌɒvjə'leɪʃən]

Eiswürfel ice cube **Eiszapfen** icicle ['aɪsɪkl] **Eiszeit** Ice Age

eitel vain **Eitelkeit** vanity

Eiter pus **eitern** fester, suppurate ['sʌpjəreɪt]

Eiweiß ① (*beim Kochen*) egg-white ② (*in Biochemie*) protein ['prəʊtiːn] **eiweißreich** rich in proteins

Eizelle egg cell, ovum ['əʊvəm]

Ekel[1] der disgust, loathing

Ekel[2] das (*umgangssspr: Scheusal*) creep

ekelhaft, **ek(e)lig** ① (*widerlich*) disgusting, revolting ② (*schlimm*) *Wetter, Schmerzen:* nasty ③ (*gemein*) *Chef:* horrid **ekeln das ekelt mich** it gives me the creeps; **sie ekelt sich vor ihr** she finds her disgusting [*oder* revolting]

Ekstase ecstasy ['ekstəsi]

Ekzem eczema ['eksɪmə]

elastisch elastic

Elch elk

Elefant elephant ['elɪfənt] ▶ IN WENDUNGEN: **aus einer Mücke einen Elefanten machen** make a mountain out of a molehill; **wie ein Elefant im Porzellanladen** like a bull in a china shop

elegant elegant

Elektriker(in) electrician [ˌelɪk'trɪʃən]

elektrisch electric; **elektrische Geräte** electrical appliances

elektrisieren (*auch übertragen*) electrify

Elektrizität electricity **Elektrizitätswerk** power station

Elektroauto electric car **Elektroherd** electric cooker **Elektromotor** electric motor

Elektronen electrons **Elektronenmikroskop** electron microscope

Elektronik electronics ⚠ *singular* **elektronisch** ① electronic; **elektronische Datenverarbeitung/EDV** electronic data processing ② **elektronisches Geld** e-cash, electronic cash

Elektrorasierer electric shaver **Elektrosmog** electrochemical smog **Elektrotechnik** electrical engineering

Element element

elementar elementary

Elend ① (*Unglück*) distress, misery ② (*Armut*) poverty; **soziales Elend** social ['səʊʃəl] hardship ③ **es ist ein Elend mit dir** you're hopeless

elend ① (*krank, übel*) awful, ill; **mir ist elend [zumute]** I feel really awful ② (*niederträchtig*) wretched ['retʃɪd]

Elendsviertel slums ⚠ *plural*

elf eleven

Elfe elf, fairy ['feəri]

Elfenbein ivory ['aɪvəri]; **eine Statue aus Elfenbein** an ivory statue **Elfenbeinküste** Ivory Coast **Elfenbeinturm** (*übertragen*) ivory tower

Elfmeter penalty kick; **einen Elfmeter schießen** take a penalty

elfte eleventh

elitär elite **Elite** elite

Elixier elixir

Ellbogen elbow

Ellipse ellipse

El Salvador El Salvador

Elsass Alsace [æl'zæs] **Elsässer(in)** Alsatian [æl'seɪʃən] **elsässisch** Alsatian

Elster magpie
Eltern parents **Elternabend** parents' evening
E-Mail email, e-mail; **E-Mail-Adresse** e-mail address
Email(le) enamel [ɪ'næməl]
Emanzipation emancipation [ɪˌmænsɪ'peɪʃən] **emanzipieren** **sich emanzipieren** emancipate oneself
Embargo embargo
Embryo embryo ['embriəʊ]
Emigrant(in) emigrant **emigrieren** emigrate
Emission *von Schadstoffen:* emission
Emoticon emoticon, smiley :-)
Emotion emotion [ɪ'məʊʃən]
emotional emotional
Empfang ① *von Personen:* reception [rɪ'sepʃən] ② *von Sachen:* receipt [rɪ'siːt] ③ **in Empfang nehmen** receive [rɪ'siːv] **empfangen** ① (*erhalten*) receive ② (*begrüßen*) greet **Empfänger(in)** ① *von Brief:* addressee ② *von Waren:* consignee [ˌkɒnsaɪ'niː]
empfänglich susceptible [sə'septəbl] (**für** to)
Empfängnis conception **Empfängnisverhütung** contraception
Empfangsbestätigung [acknowledgement of] receipt [rɪ'siːt]
Empfangsdame receptionist
empfehlen recommend; **es ist nicht zu empfehlen** it's not to be recommended **empfehlenswert** recommendable **Empfehlung** ① (*Rat*) recommendation ② **auf Empfehlung von ...** on the recommendation of ... ③ (*Zeugnis*) reference
empfinden feel
empfindlich ① (*empfindungsvoll*) sensitive ② (*leicht gekränkt*) touchy ['tʌtʃi] **empfindsam** sensitive **Empfindung** feeling
empor upwards
emporarbeiten **sich emporarbeiten** work one's way up
Empore gallery
empören ① outrage ['aʊtreɪdʒ] ② **sich empören** be indignant (**über** at) **empörend** scandalous ['skændələs]
Emporkömmling (*abwertend*) upstart
empört indignant (**über** at)
emsig (*unermüdlich*) assiduous [ə'sɪdjuəs] **Endbahnhof** terminus **Endbenutzer** end user
Ende ① (*räumlich*) end ② (*zeitlich*) end; **gegen Ende Mai** towards the end of May; **sie ist Ende dreißig** she is in her late thirties ③ **zu Ende sein** be at an end; **zu Ende gehen** come to an end; **etwas zu Ende bringen** finish off something ④ (*Endstück*) piece [piːs]
Endeffekt **im Endeffekt** in the end
enden ① (*zu Ende gehen*) end, finish ② **sie endete im Gefängnis** she ended up in prison
Endergebnis final result [rɪ'zʌlt]
endgültig definite ['defɪnət]; **jetzt ist endgültig Schluss!** that's it!
Endhaltestelle terminus
Endivie endive ['endaɪv]
Endlager final depot ['depəʊ], permanent storage depot
endlich ① **hör endlich auf!** will you stop that!; **komm jetzt endlich!** get a move on! ② **na endlich!** at last! ③ (*Mathematik, Philosophie*) finite
endlos endless **Endlospapier** continuous [kən'tɪnjuəs] stationery
Endoskopie endoscopy [en'dɒskəpi]
Endspurt final spurt **Endstation** terminus **Endung** ending **Endverbraucher** consumer **Endziel** ultimate ['ʌltɪmət] goal
Energie energy **Energiebedarf** energy requirement [rɪ'kwaɪəmənt] **Energiegewinnung** generation of energy **energiesparend** energy-saving **Energieversorgung** supply of energy
energisch ① (*tatkräftig*) energetic ② **energisch durchgreifen** take vigorous ['vɪgərəs] action
eng ① (*schmal*) narrow ② *Kleidungsstück, Schuhe:* tight [taɪt]; **enger machen** take in ③ *Freundschaft:* close ④ **in der engeren Wahl sein** be on the short list
Engagement engagement [ɪn'geɪdʒmənt] **engagieren** ① engage *Mitarbeiter, Schauspieler* ② **sich engagieren** become committed (**für** to) **engagiert** committed
Enge **jemanden in die Enge treiben** drive someone into a corner, corner someone
Engel ① angel ② (*als Kosewort*) darling, sweetheart ['swiːthɑːt]
England England ['ɪŋlənd] **Engländer(in)** Englishman ['ɪŋglɪʃmən] [Englishwoman]
englisch English ['ɪŋglɪʃ]

? Grammatik Es gibt im **American English** ein paar Unterschiede in der Schreib-

weise zum **British English**: Die meisten Wörter, die im britischen Englisch mit **-our** aufhören, hören im amerikanischen Englisch mit **-or** auf: *colour* — *color*, *humour* — *humor*. Bei einigen Verben, besonders bei denen, die auf **l** oder **p** enden, verdoppelt sich im britischen Englisch der Endkonsonant, wenn ‚-ed' oder ‚-ing' angehängt werden. Im amerikanischen Englisch ist das nicht der Fall. Beispiele: *kidnapped* — *kidnaped*; *travelling* — *traveling*.
Viele Wörter, die im britischen Englisch mit **-re** aufhören, werden im amerikanischen Englisch mit **-er** geschrieben: *centre* — *center*, *metre* — *meter*, *theatre* — *theater*.
Im amerikanischen Englisch werden einige Wörter verkürzt: *axe*→ *ax*; *catalogue*→ *catalog*; *cheque*→ *check*; *programme*→ *program*; *doughnut*→ *donut*.

Engpass ❶ (*in Natur*) defile [dɪ'faɪl], narrow pass ❷ (*auch übertragen*) bottleneck
engstirnig narrow-minded
Enkel(in) grandson/granddaughter; (*Enkelkind*) grandchild
enorm enormous [ɪ'nɔːməs]
Ensemble cast
entbehren do without **entbehrlich** dispensable
Entbindung delivery **Entbindungsstation** maternity ward
entblößen bare [beəʳ] **entblößt** bare
entdecken ❶ discover [dɪs'kʌvəʳ] *Kontinent etc.* ❷ (*herausfinden*) find out ❸ (*sehen*) spot **Entdecker(in)** discoverer [dɪs'kʌvərəʳ] **Entdeckung** discovery [dɪs'kʌvəri] **Entdeckungsreise** expedition [ˌekspɪ'dɪʃən]
Ente ❶ (*Schwimmvogel*) duck ❷ (*Zeitungslüge*) canard, hoax [həʊks]
enteignen dispossess [ˌdɪspə'zes], expropriate [ɪk'sprəʊprieɪt]
enterben disinherit [ˌdɪsɪn'herɪt]
Enter-Taste enter key
entfachen (*auch übertragen*) kindle
entfalten **sich entfalten** develop [dɪ'veləp] **Entfaltung** (*übertragen*) development
entfernen ❶ remove [rɪ'muːv] (**aus, von** from) ❷ **sich entfernen** (*fortgehen*) go away (**von** from)
entfernt ❶ (*räumlich, zeitlich*) distant ❷ (*übertragen*) *Verdacht:* remote [rɪ'məʊt], vague [veɪg] ❸ **entfernt verwandt sein** be distantly related; **ein entfernter Verwandter** a distant relative
Entfernung ❶ (*Distanz*) distance; **auf eine Entfernung von** at a range of ❷ (*das Entfernen*) removal [rɪ'muːvəl] **Entfernungsmesser** rangefinder
entflammbar inflammable
entfremden **sich entfremden** become alienated ['eɪliəneɪtɪd] [*oder* estranged] [ɪ'streɪndʒd] (**von** from)
Entfroster defroster
entführen ❶ kidnap *Person* ❷ hijack ['haɪdʒæk] *Flugzeug* **Entführer(in)** ❶ *einer Person:* kidnapper ❷ *eines Flugzeugs* hijacker **Entführung** ❶ *einer Person:* kidnapping ❷ *eines Flugzeuges* hijacking
entgegen contrary to
entgegengehen ❶ (*auf jemanden zugehen*) go to meet; (*in Richtung*) go towards; **er ging ihr entgegen** he walked [wɔːkt] towards her ❷ (*übertragen*) face *Gefahr, Herausforderung*
entgegengesetzt ❶ *Richtung:* opposite ❷ (*übertragen*) *Meinung:* opposing
entgegenkommen ❶ come to meet, meet halfway [ˌhɑːf'weɪ] ❷ **jemandem entgegenkommen** oblige someone [ə'blaɪdʒ] **entgegenkommend** (*übertragen*) obliging
entgegentreten (*übertragen*) counter
entgegnen reply; **ich konnte nichts darauf entgegnen** I didn't know what to say [*oder* reply] to that
entgehen ❶ **das ist mir entgangen** I missed that; **mir ist nicht entgangen, dass …** it didn't escape me that … ❷ **lass dir das nicht entgehen!** don't miss your chance!, don't miss out on that! ❸ **einer Gefahr entgehen** escape danger
Entgelt compensation; **gegen Entgelt** for a fee
entgiften detoxicate [ˌdiː'tɒksɪkeɪt]
entgleisen *Zug:* be derailed, jump the rails
entgleiten slip away
Enthaarungsmittel hair remover
enthalten ❶ (*beinhalten*) contain ❷ (*fassen*) hold ❸ **sich enthalten** abstain
enthaltsam ❶ (*von Genussmitteln*) abstemious [æb'stiːmiəs] ❷ (*sexuell*) chaste, continent ['kɒntɪnənt]
entheben **jemanden seines Amtes entheben** remove [rɪ'muːv] somebody from office

Enthüllung (*übertragen*) disclosure [dɪsˈkləʊʒəʳ], revelation
enthusiastisch enthusiastic (**über** about, at)
entkalken decalcify [ˌdiːˈkælsɪfaɪ]
entkoffeiniert decaffeinated [dɪˈkæfɪneɪtɪd]
entkommen escape [ɪˈskeɪp]; **mit knapper Not entkommen** have a narrow escape
entkräften ① (*die Kräfte rauben*) wear [weəʳ] out ② (*übertragen*) invalidate *Argument*
entladen **sich entladen** *Batterie:* discharge [dɪsˈtʃɑːdʒ]; (*übertragen*) *Ärger:* vent itself
entlang along
entlarven (*übertragen*) expose
entlassen ① (*aus Stellung*) dismiss ② (*aus einer Klinik*) discharge [dɪsˈtʃɑːdʒ] **Entlassungszeugnis** school leaving certificate
entlasten ① (*von Last befreien*) relieve ② (*übertragen: Arbeit abnehmen*) relieve [rɪˈliːv] (**von** of) ③ (*Rechtssprache*) exonerate [ɪgˈzɒnəreɪt] **Entlastung** (*Erleichterung*) relief [rɪˈliːf]
entlaufen run away
entledigen **sich einer Sache entledigen** rid oneself of something
entlegen remote [rɪˈməʊt]
entleihen borrow (**aus** from)
entlöhnen (CH) **jemandem eine Sache bezahlen** pay someone for something
Entlöhnung (CH) pay[ment]
entlüften bleed *Bremsen, Heizung*
entmachten deprive [dɪˈpraɪv] of power
entmutigen discourage [dɪˈskʌrɪdʒ], dishearten [dɪsˈhɑːtən]
entnehmen ① (*wegnehmen*) take out (**aus** of) ② (*einem Buch*) take (**aus** from) ③ (*übertragen*) **ich entnehme Ihrer Bemerkung, …** gather from your comment …
entpuppen **sich entpuppen als …** turn out to be …
entrahmt *Milch:* skimmed (GB), skim (USA)
entreißen snatch away from
entrümpeln clear out
entrüsten **sich entrüsten** be outraged [ˈaʊtreɪdʒd] (**über** at) **entrüstet** indignant, outraged
Entsafter juice [dʒuːs] extractor
Entschädigung compensation, recompense [ˈrekəmpəns]
entschärfen defuse [ˌdiːˈfjuːz] *Bombe, Situation*
Entscheid (CH) ① decision ② (*richterlich oder amtlich*) ruling
entscheiden decide [dɪˈsaɪd]; **jetzt wird es sich entscheiden** now we'll see **entscheidend** decisive [dɪˈsaɪsɪv] **Entscheidung** decision [dɪˈsɪʒən]; **eine Entscheidung treffen** make a decision **Entscheidungsspiel** decider [dɪˈsaɪdəʳ]
entschieden determined, resolute [ˈrezəˈluːt]
entschlacken detox [ˌdiːˈtɒks] *Körper*
entschlafen (*sterben*) pass away
entschließen **sich entschließen[, etwas zu tun]** decide [to do something]
entschlossen ① determined, resolute [ˈrezəˈluːt]; **fest entschlossen sein** be absolutely determined ② **kurz entschlossen** without further ado **Entschluss** decision [dɪˈsɪʒən], resolution; **einen Entschluss fassen** make a decision
entschlüsseln ① decipher *Geheimschrift* ② decode *Funkspruch*
entschuldbar excusable [ɪkˈskjuːzəbl]
entschuldigen ① **jemanden entschuldigen** excuse [ɪkˈskjuːz] somebody ② **entschuldigen Sie bitte!** (*vor Frage oder Bitte; beim Eintreten*) excuse me!; (*als Entschuldigung*) [I am] sorry! ③ **sich [bei jemandem für etwas] entschuldigen** apologize [to somebody for something] ④ **würdest du mich entschuldigen?** would you excuse me please? **Entschuldigung** ① **eine Entschuldigung haben** have an excuse [ɪkˈskjuːs] ② (*Brief*) excuse note ③ **Entschuldigung!** (*vor Frage oder Bitte; beim Eintreten*) excuse me!; (*als Entschuldigung*) [I'm] sorry! **Entschuldigungsbrief** excuse note
Entschwefelungsanlage desulphurization [ˌdiːsʌlfəraɪˈzeɪʃən] plant
entsenden dispatch, send off
Entsetzen horror [ˈhɒrəʳ] **entsetzen** **sich entsetzen** be horrified (**über** at) **entsetzlich** ① (*furchtbar*) appalling, dreadful [ˈdredfəl] ② **entsetzlich kalt** awfully cold **entsetzt** horrified (**über** at)
entsinnen **sich entsinnen** recollect [ˌrekəlˈekt], remember [rɪˈmembəʳ]
Entsorgung sewage [suːɪdʒ] and refuse disposal, waste management
entspannen ① relax *Muskeln, Nerven* ② **sich entspannen** relax; *Lage:* ease
Entspannungspolitik policy of détente [ˈdeɪtɑ̃t]

Entspannungsübungen relaxation exercises

entsprechen ① (*übereinstimmen mit*) correspond to ② comply with, conform to *Anforderung, Vorstellung* **entsprechend** ① (*angemessen*) appropriate [ə'prəʊpriət] ② (*notwendig*) necessary ['nesəsəri] ③ **dem Alter entsprechend** according to age; **den Erwartungen entsprechend** as was [*oder* as we etc.] expected ④ (*jeweilig*) respective; **das entsprechende englische Wort dafür** the English equivalent [ɪ'kwɪvələnt]

entstehen ① (*seinen Ursprung haben*) originate [ə'rɪdʒəneɪt] (**aus** from); **diese Burg entstand im 15. Jahrhundert** this castle was built in the 15th century ② *Schwierigkeiten:* arise (**aus** from) ③ **durch das Unwetter entstand großer Schaden** the bad weather has caused a great deal of damage ④ **den Eindruck entstehen lassen, dass …** give the impression that … **Entstehung** ① (*Ursprung*) origin ['ɒrɪdʒɪn] ② (*Bildung*) formation

entstellen ① (*verunstalten*) disfigure [dɪs'fɪgər] *Gesicht* ② (*auch übertragen*) distort [dɪ'stɔːt] *Gesichtszüge, Tatsachen, Wahrheit*

Entstörungsstelle telephone maintenance service

enttäuschen disappoint **enttäuscht** disappointed; **von jemandem enttäuscht sein** be disappointed in someone **Enttäuschung** disappointment

entwaffnend (*übertragen*) disarming

Entwarnung (*Signal*) all-clear; **Entwarnung geben** give the all-clear

entwässern drain *Boden*

entweder **entweder … oder …** either ['aɪðər] … or …

entwerfen ① sketch *Zeichnung* ② design [dɪ'zaɪn] *Modell* ③ draft; draw up *Schriftstück*

Entwerter ticket[-cancelling] machine

entwickeln ① develop *Methode, Film etc.* ② display *Initiative, Mut* ③ **sich entwickeln** develop (**zu** into); **das Projekt entwickelt sich gut** the project is coming along ④ *Gase, Blasen etc.* be produced

Entwicklung ① (*Fortschritt*) development ② (*Erzeugung*) generation, production **Entwicklungshilfe** foreign ['fɒrən] aid **Entwicklungsland** developing country

entwischen get away

entwöhnen cure of

Entwurf ① (*Zeichnung, Plan*) outline, sketch ② (*Modell*) design [dɪ'zaɪn] ③ (*schriftlich*) draft

entziehen ① take away *Führerschein, Sorgerecht* ② (*chemisch*) extract ③ **sich einer Sache entziehen** evade something

Entziehungskur ① (*für Drogensüchtige*) cure for drug addiction ② (*für Alkoholiker*) cure for alcoholism ['ælkəhɒlɪzəm]

entziffern ① decipher [dɪ'saɪfər] *Geheimschrift* ② decode *Funkspruch*

entzücken **entzückt sein über** be in raptures over [*oder* about] **entzückend** charming

Entzug withdrawal [wɪð'drɔːəl] **Entzugserscheinung** withdrawal symptom

entzündbar inflammable; **leicht entzündbar** highly inflammable

entzünden ① light [laɪt] *Feuer* ② **sich entzünden** (*Feuer fangen*) catch fire [faɪər] ③ *Wunde etc.* become inflamed ④ (*übertragen*) *Streit:* be sparked off **entzündet** *Wunde etc.* inflamed **Entzündung** inflammation

entzwei ① (*in zwei Teile zerbrochen*) in two ② (*kaputt*) broken **entzweien** **sich entzweien** fall out with each other

entzweigehen break in two

Enzian ① (*Gebirgspflanze*) gentian ['dʒenʃən] ② (*Branntwein*) gentian spirit

Enzyklopädie encyclop[a]edia

Enzym enzyme ['enzaɪm]

Epidemie epidemic [ˌepɪ'demɪk]

Epilepsie epilepsy ['epɪlepsi] **Epileptiker(in)** epileptic [ˌepɪ'leptɪk]

Epoche epoch ['iːpɒk]

Epos epic poem ['pəʊɪm]

er ① he ② **ich bin größer als er** I am taller than him ③ **er ist es** it is him

Erachten **meines Erachtens** in my opinion [ə'pɪnjən]

Erbanlage hereditary [hɪ'redɪtəri] disposition

Erbarmen ① (*Mitleid*) pity, compassion; **mit jemandem Erbarmen haben** feel pity for someone ② (*Gnade*) mercy ['mɜːsi] (**mit** on); **kein Erbarmen mit jemandem kennen** be merciless ['mɜːsɪləs] with somebody

erbärmlich ① (*übertragen: niederträchtig*) *Lügner, Lüge etc.* miserable ['mɪzərəbl] ② (*Mitleid erregend*) wretched ['retʃɪd]; **in erbärmlichem Zustand** in a wretched state

erbarmungslos merciless ['mɜːsɪləs], pitiless
erbauen build [bɪld] **Erbauer(in)** builder
Erbe[1] der heir [eəʳ]
Erbe[2] das ❶ (*Erbteil*) inheritance ❷ **kulturelles Erbe** cultural heritage
erben inherit (**von** from)
erbeuten ❶ get away with *Diebesgut* ❷ carry off *Tierbeute*
Erbfaktor gene [dʒiːn]
Erbfolge succession [sək'seʃᵊn]
Erbgut genetic make-up, genotype ['dʒenətaɪp] **erbgutschädigend** genetically damaging [*oder* harmful]
Erbin heiress ['eəres]
erbittert bitter
Erbkrankheit hereditary [hɪ'redɪtᵊri] disease
erblassen go [*oder* turn] pale (**vor** with)
erblich hereditary [hɪ'redɪtᵊri]
erblinden go blind
Erbmasse ❶ (*Erbteil*) inheritance [ɪn'herɪtᵊns] ❷ (*biologisch*) genetic make-up
erbrechen ❶ throw up *Mageninhalt* ❷ **sich erbrechen** vomit
erbringen produce *Beweis*
Erbschaft inheritance [ɪn'herɪtᵊns]; **eine Erbschaft machen** come into an inheritance **Erbschaftssteuer** death [deθ] duty
Erbse pea
Erbstück heirloom ['eəluːm]
Erdachse earth's axis **Erdanziehung** gravitational pull of the earth [ɜːθ] **Erdapfel** Ⓐ potato [pə'teɪtəʊ] **Erdarbeiten** excavation *singular* **Erdatmosphäre** earth's atmosphere ['ætməsfɪəʳ] **Erdbeben** earthquake ['ɜːθkweɪk] **Erdbeere** strawberry **Erdboden** ground, earth ▸ IN WENDUNGEN: **etwas dem Erdboden gleichmachen** raze something to the ground; **wie vom Erdboden verschwunden sein** have disappeared off the face of the earth
Erde ❶ (*Planet*) earth [ɜːθ]; (*Welt*) world [wɜːld]; **auf der Erde** on earth ❷ (*Boden*) ground; **über/unter der Erde** above/below ground ❸ (*Bodenart*) soil
erdenklich imaginable [ɪ'mædʒᵊnəbl]; **alles Erdenkliche tun** do everything imaginable
Erdgas natural gas
Erdgeschoss ground floor Ⓖⓑ, first floor Ⓤⓢⓐ; **im Erdgeschoss** on the ground/first floor
Erdkruste earth's crust **Erdkugel** globe **Erdkunde** geography [dʒi'ɒgrəfi] **Erdnuss** peanut **Erdoberfläche** earth's surface **Erdöl** oil, petroleum [pə'trəʊliəm] **Erdreich** earth [ɜːθ], soil
erdreisten **sich erdreisten** have the audacity [ɔː'dæsəti]
erdrosseln strangle
erdrücken (*übertragen*) overwhelm [ˌəʊvə'welm]
Erdrutsch (*auch übertragen*) landslide **Erdrutschsieg** landslide [victory] **Erdscholle** clod of earth **Erdstoß** seismic ['saɪzmɪk] shock **Erdstrahlen** field [fiːld] lines **Erdteil** continent ['kɒntɪnənt]
erdulden endure [ɪn'djʊəʳ]
Erdumdrehung rotation of the earth [ɜːθ] **Erdumlaufbahn** earth [ɜːθ] orbit
Erdung earthing Ⓖⓑ, grounding Ⓤⓢⓐ
Erdwärme geothermal [ˌdʒiːə'θɜːmᵊl] energy, geothermy **Erdzeitalter** geological [ˌdʒiəlɒdʒɪkᵊl] era
ereifern **sich ereifern** get worked up (**über** over)
ereignen **sich ereignen** happen, occur [ə'kɜːʳ]
Ereignis event, occurrence [ə'kʌrəns]
ereignisreich eventful
erfahren[1] ❶ (*hören*) hear [hɪəʳ], learn [lɜːn] (**von** from) ❷ (*herausfinden*) find out ❸ (*erleben*) experience [ɪk'spɪəriəns]
erfahren[2] *Person:* experienced [ɪk'spɪəriənst] **Erfahrung** experience; **etwas aus Erfahrung wissen** know something experience **erfahrungsgemäß** as experience shows
erfassen ❶ (*begreifen*) grasp ❷ (*statistisch*) record, register ❸ (*einschließen*) include ❹ gather *Daten, Information*
erfinden ❶ (*eine Erfindung machen*) invent ❷ (*sich etwas ausdenken*) fabricate **Erfinder(in)** inventor **erfinderisch** inventive **Erfindung** invention
Erfolg ❶ (*Gelingen*) success [sək'ses] ❷ **viel Erfolg!** good luck!; **Erfolg haben** be successful; **ein voller Erfolg sein** be a complete success; **Erfolg versprechend** promising ❸ **mit Erfolg** successfully, with success; **ohne Erfolg** without success, unsuccessfully ❹ (*Ergebnis*) result; **mit dem Erfolg, dass …** with the result that …
erfolgen *Zahlungen:* be made
erfolglos unsuccessful, without success **erfolgreich** successful

E e

Erfolgsbilanz record of success **Erfolgserlebnis** feeling of success, sense of achievement [ə'tʃiːvmənt] **Erfolgsrezept** recipe ['resɪpi] for success

erforderlich necessary ['nesəsᵊri]; **falls erforderlich** if required; **das Erforderliche tun** do what is necessary

erfordern call for, require [rɪ'kwaɪəʳ]

erforschen ① (*erkunden*) explore ② (*untersuchen*) research [rɪ'sɜːtʃ]; **ein Gebiet erforschen** do some research into an area

erfreuen ① delight [dɪ'laɪt], please ② **sich [an etwas] erfreuen** delight [in something]

erfreulich pleasant ['plezᵊnt] **erfreulicherweise** fortunately ['fɔːtʃᵊnətli], happily

erfreut ① **sehr erfreut!** pleased to meet you! ② **über etwas erfreut sein** be delighted [dɪ'laɪtɪd] about something

erfrieren ① *Mensch:* freeze to death ② *Finger etc.* get frostbitten ③ *Pflanze:* be killed by frost

erfrischen refresh **erfrischend** (*auch übertragen*) refreshing **Erfrischung** refreshment **Erfrischungsgetränk** [cool] soft drink

erfüllen ① (*ausführen*) fulfil *Aufgabe, Erwartungen* ② comply with; meet *Bedingungen* ③ **jemandem einen Wunsch erfüllen** grant someone a wish

ergänzen complete, supplement

Ergänzung ① (*Zusatz*) addition ② (*zu einem Gesetz*) amendment ③ (*zu einem Buch*) supplement

ergattern (*umgangsspr*) get hold of

ergeben ① amount [*oder* come] to *Betrag, Summe* ② *Untersuchung:* show, prove [pruːv] ③ **sich ergeben** (*aufgeben*) surrender, yield [jiːld] ④ (*resultieren*) result [rɪ'zʌlt] (**aus** from); **hieraus ergibt sich, dass …** it follows from this that …

Ergebnis result [rɪ'zʌlt]; **zu keinem Ergebnis führen** lead nowhere **ergebnislos** unsuccessful, without result; **ergebnislos bleiben** come to nothing

ergehen ① **etwas über sich ergehen lassen** submit to something ② **wie wird es ihm ergehen?** what will become of him?

ergiebig (*auch übertragen*) productive

ergonomisch ergonomic

ergreifen ① grasp, seize [siːz] ② (*übertragen*) take *Initiative, Maßnahmen;* take up *Beruf* ③ (*übertragen*) **das hat mich sehr ergriffen** I was deeply moved by that **ergreifend** (*übertragen*) moving ['muːvɪŋ]

ergriffen (*bewegt*) moved [muːvd]

Erhalt receipt [rɪ'siːt]

erhalten ① (*bekommen*) get, receive [rɪ'siːv]; **dankend erhalten** received with thanks ② (*bewahren*) preserve; **gut/schlecht erhalten** well/poorly preserved **erhältlich** available [ə'veɪləbl], obtainable

erhärten (*übertragen*) ① substantiate [səb'stænʃieɪt] *Verdacht, Behauptung* ② corroborate [kə'rɒbᵊreɪt] *Theorie*

erheben ① raise *Gegenstand* ② levy *Steuern* ③ **[gegen jemanden] Anklage erheben** bring a charge [against someone] ④ **sich [gegen jemanden/ein Regime] erheben** revolt [against somebody/a regime]

erheblich ① (*beträchtlich*) considerable ② (*ernstlich*) serious ['sɪərəs]

erheitern cheer up

erhellen ① (*durch Licht*) illuminate [ɪ'luːmɪneɪt], light [laɪt] up ② (*übertragen: deutlich machen*) elucidate [ɪ'luːsɪdeɪt]

erhitzen heat up (**auf** to)

erhoffen hope for

erhöhen increase [ɪn'kriːs]

erholen **sich erholen** (*sich entspannen*) relax; **ich hab mich im Urlaub so gut erholt** I had such a relaxing holiday; (*von Krankheit, Krise*) recover [rɪ'kʌvəʳ] **erholsam** restful **Erholung** ① (*Ruhe*) rest ② (*Entspannung, Genesung*) recovery **Erholungsgebiet** recreational [ˌrekri'eɪʃᵊnᵊl] area

erinnern ① **jemanden an etwas erinnern** remind somebody of something; **erinnere mich daran, sie anzurufen** remind me to phone her ② **sich an jemanden/etwas erinnern** remember somebody/something

> **! Vorsicht Falle** Unterschied zwischen **remember** und **remind**: **remember something** = sich an etwas erinnern: *Barbara cannot remember his name*; — **remember to do** = daran denken, etwas zu tun: *remember to switch off all the lights*; — **remind someone** = jemanden (daran) erinnern: *remind me to post the letters.*

Erinnerung ① memory; **zur Erinnerung an …** in memory of … ② (*Andenken*) souvenir [ˌsuːvᵊn'ɪəʳ]; (*an eine Person*) keepsake

erkälten **sich erkälten** catch a cold; **erkältet sein** have a cold **Erkältung** cold; **sich eine**

Erkältung holen catch a cold

erkämpfen win; **sich etwas hart erkämpfen** to fight [faɪt] hard for something

erkennbar ① (*sichtbar*) visible ['vɪzɪbl] ② (*wahrnehmbar*) discernible [dɪ'sɜːnəbl]

erkennen ① (*wiedererkennen*) recognize ['rekəgnaɪz] (**an** by) ② (*deutlich sehen*) see ③ (*einsehen*) realize ['rɪəlaɪz] *Fehler etc.* **erkenntlich sich jemandem für etwas erkenntlich zeigen** show someone one's gratitude ['grætɪtjuːd] for something

Erkenntnis ① (*Wissen*) knowledge ['nɒlɪdʒ] ② (*Einsicht*) realization

Erkennungsdienst (*der Polizei*) police records department

Erker bay [window]

erklären ① [**jemandem etwas**] **erklären** explain [something to somebody] ② declare *Unabhängigkeit, Bekanntmachung etc.* ③ (*sagen*) say; **erklär mir mal, was du dir dabei gedacht hast** tell me what you thought [θɔːt] you were doing ④ **das erklärt sich von selbst** that's self-explanatory; **ich kann mir nicht erklären, warum …** I just don't understand why …

erklärt ① **erklärter Feind** open [*or* sworn] enemy [swɔːn] ② **erklärter Liebling** acknowledged [ək'nɒlɪdʒd] favourite

Erklärung ① (*Begründung*) explanation; **als Erklärung …** by way of explanation … ② (*Bekanntgabe*) declaration ③ (*Aussage*) statement; **eine Erklärung abgeben** make a statement

erkranken be taken sick, fall ill **Erkrankung** disease [dɪ'ziːz]

erkunden ① (*ausfindig machen*) find out ② (*militärisch*) reconnoitre [ˌrekə'nɔɪtəʳ], scout

erkundigen ① **sich nach jemanden erkundigen** enquire [ɪn'kwaɪəʳ] after somebody; **sich über etwas erkundigen** enquire about something ② **erkundige dich mal** try and find out

erlahmen *Interesse etc.* flag

erlangen achieve [ə'tʃiːv], attain

Erlass (*Verordnung*) decree [dɪ'kriː], edict [iːdɪkt]

erlassen ① release [rɪ'liːs] *Schulden* ② enact *Gesetz*

erlauben ① (*gestatten*) allow [ə'laʊ], permit; **erlauben Sie mir, …** allow me to … ② **was erlauben Sie sich!** how dare [deəʳ] you! ③ **erlauben Sie mal!** well I must say! do you mind!

Erlaubnis permission [pə'mɪʃᵊn]; **jemanden um Erlaubnis bitten** ask permission of someone

erläutern ① (*erklären*) explain ② (*veranschaulichen*) illustrate **Erläuterung** ① (*Erklärung*) explanation ② (*Veranschaulichung*) illustration

Erle alder [ɒldəʳ]

erleben ① (*durchmachen*) experience [ɪk'spɪəriəns] *schwere Zeiten, Krise* ② have *Abenteuer, schöne Tage, Urlaub* ③ (*lebend sehen*) live to see ④ **ich möchte mal erleben, dass …** I'd like to see the day … ⑤ **du kannst was erleben!** you're going to be in for it!

Erlebnis experience [ɪk'spɪəriəns]

erledigen ① (*ausführen*) settle ② (*umgangsspr: umbringen*) do in ③ **er ist erledigt** he's done for; **sie ist für mich erledigt** I'm finished with her ④ **die Sache hat sich erledigt** it's all been taken care of, it's all sorted now

erlegen shoot *Wild*

erleichtern ① (*leichter machen*) make easier ['iːziəʳ] ② (*übertragen: lindern*) relieve [rɪ'liːv]; **erleichtert sein** feel relieved

erleiden suffer

erlernen learn [lɜːn]

erlesen exquisite [ɪk'skwɪzɪt] *Geschmack,* select

erleuchten illuminate [ɪ'luːmɪneɪt], light [laɪt] up

erliegen succumb [sə'kʌm] to

Erliegen zum Erliegen kommen come to a standstill

Erlös proceeds ⚠ *plural*

erloschen *Vulkan:* extinct

ermächtigen authorize ['ɔːθᵊraɪz], empower

ermahnen reprove [rɪ'pruːv] (**wegen** for)

ermäßigen reduce [rɪ'djuːs] **Ermäßigung** reduction [rɪ'dʌkʃᵊn]

Ermessen das liegt in Ihrem Ermessen that's within your discretion [dɪ'skreʃᵊn]; **nach menschlichem Ermessen** as far as anyone can judge **Ermessensfrage** matter of discretion

ermitteln ① (*bestimmen*) determine [dɪ'tɜːmɪn] *Zeitpunkt* ② (*feststellen*) establish *Tatsache, Identität* ③ (*ausfindig machen*) trace *Person* ④ (*polizeilich*) investigate; **in**

einem Fall ermitteln investigate a case **Ermittlung Ermittlungen anstellen** make enquiries [ɪn'kwaɪəriz] (**über** about)

ermöglichen facilitate [fə'sɪlɪteɪt], make possible

ermorden murder

ermüden tire **ermüdend** tiring ['taɪərɪŋ] **Ermüdung** fatigue [fə'tiːg]

ermutigen encourage [ɪn'kʌrɪdʒ]

ernähren ❶ feed *Kinder, Familie* ❷ **sich ernähren** live (**von** on) **Ernährung** (*Nahrung*) food, nourishment ['nʌrɪʃmənt]

ernennen appoint; **sie wurde zur Rektorin ernannt** she was appointed headmistress **Ernennung** appointment (**zu** as)

erneuerbar *Energiequellen:* renewable [rɪ'njuːəbl]

erneuern ❶ replace [rɪ'pleɪs] *Reifen* ❷ (*übertragen*) renew *Freundschaft*

erniedrigen humiliate [hjuː'mɪliəɪt]; **erniedrigend** humiliating

Ernst ❶ (*Charakterzug*) seriousness ['sɪəriəsnəs] ❷ **im Ernst** seriously; **ganz im Ernst** in all seriousness; **das ist mein Ernst** I'm serious about it

ernst ❶ *Mensch, Gesichtsausdruck:* earnest, serious ['sɪəriəs] ❷ (*bedrohlich*) *Situation:* serious ❸ **das meinst du doch nicht ernst!** you can't be serious!; **es wird ernst** it's getting serious; **etwas/jemanden ernst nehmen** take something/somebody seriously

Ernstfall emergency [ɪ'mɜːdʒənsi]; **im Ernstfall …** in case of an emergency …

ernsthaft earnest, serious

Ernte ❶ (*auch übertragen*) harvest ❷ (*Ertrag*) crop **Erntedankfest** harvest ['hɑːvɪst] festival

ernten ❶ harvest; reap *Getreide etc.* ❷ (*übertragen*) reap *Erfolg, Ruhm* ❸ (*übertragen*) get *Applaus, Spott, Undank*

ernüchtern (*zur Vernunft bringen*) sober ['səʊbəʳ] up **Ernüchterung** disillusionment [ˌdɪsɪ'luːʒənmənt]

erobern (*auch übertragen*) conquer ['kɒŋkəʳ] **Eroberung** (*auch übertragen*) conquest ['kɒŋkwest]

Eröffnung ❶ (*Beginn*) opening ❷ (*feierlich*) inauguration [ɪˌnɔːgjə'reɪʃən]

erörtern discuss [dɪ'skʌs] **Erörterung** discussion [dɪ'skʌʃən]

Erosion erosion [ɪ'rəʊʒən]

Erotik eroticism [ɪ'rɒtɪsɪzəm] **erotisch** erotic

Erpel drake

erpicht auf etwas erpicht sein be keen on something

erpressen ❶ blackmail *Person* ❷ **von jemandem ein Geständnis/Geld erpressen** extort a confession/money from somebody **Erpresser(in)** blackmailer **erpresserisch** blackmailing **Erpressung** blackmail

erproben test, try **erprobt** (*bewährt*) proven ['pruːvən]

erraten guess [ges]

errechnen calculate ['kælkjəleɪt], work out

erregen ❶ (*bewirken*) cause [kɔːz], create [kri'eɪt] ❷ provoke *Mitleid* ❸ attract *Aufsehen, Neugier* ❹ (*aufregen*) excite ❺ (*sexuell*) arouse

Erreger pathogen ['pæθədʒən]

erreichbar ❶ **telefonisch erreichbar sein** be contactable by phone ❷ **nicht erreichbar** *Ziel, Zustand:* unattainable ❸ **er ist nie erreichbar** he is never available

erreichen ❶ (*zustande bringen*) manage ['mænɪdʒ] ❷ achieve [ə'tʃiːv] *Ziel, Absicht* ❸ reach *Alter, Gegenstand, Geschwindigkeit* ❹ catch *Zug* ❺ (*kontaktieren*) reach, get hold of; **ich konnte sie nicht erreichen** I couldn't get hold of her; **wann kann ich Sie erreichen?** when can I get in touch with you?

errichten ❶ (*bauen*) erect ❷ (*gründen*) establish

erringen achieve [ə'tʃiːv], gain

erröten blush (**vor** with)

Errungenschaft ❶ (*Leistung*) achievement [ə'tʃiːvmənt] ❷ (*Anschaffung*) acquisition [ˌækwɪ'zɪʃən]

Ersatz replacement, substitute; **als Ersatz** as a substitute **Ersatzkasse** private health insurance company **Ersatzmann** substitute **Ersatzmine** refill **Ersatzreifen** spare tyre ['taɪəʳ] **Ersatzteil** spare [speəʳ] [part]

erschaffen create [kri'eɪt]

erscheinen ❶ (*veröffentlicht werden*) be published, come out ❷ (*sichtbar werden*) appear [ə'pɪəʳ]

Erscheinung ❶ (*Naturerscheinung*) phenomenon [fɪ'nɒmɪnən] ❷ (*Äußeres*) appearance [ə'pɪərəns] ❸ *eines Geistes:* apparition [ˌæpər'ɪʃən] ❹ **in Erscheinung treten** appear **Erscheinungsjahr** year of publication

erschießen **jemanden/sich erschießen**

shoot somebody/oneself

erschlagen[1] kill; **vom Blitz erschlagen werden** be struck by lightning

erschlagen[2] (*umgangsspr*) worn out

erschließen ① tap *Rohstoffquelle* ② develop; open up *Gelände, Markt* ③ find; acquire [ə'kwaɪəʳ] *Einnahmequelle*

erschöpfen exhaust [ɪg'zɔːst] **erschöpfend** ① (*ausführlich*) exhaustive [ɪg'zɔːstɪv] ② (*ermüdend*) exhausting **Erschöpfung** exhaustion

erschrecken ① **jemanden erschrecken** frighten ['fraɪtᵊn] [*oder* startle] somebody **hast du mich erschreckt!** you gave me such a fright [*oder* start]! ② **erschrick nicht** don't get a fright [fraɪt]; **bin ich erschrocken!** what a fright that gave me! ③ **es war erschreckend** [*oder* **ich war erschrocken**], **ihn so zu sehen** it was frightening to see him like that ④ **sich erschrecken** get a fright; **sie hat sich ganz schön erschrocken** she got quite a fright

erschrocken startled

erschüttern ① (*erzittern lassen*) shake ② (*übertragen: aus der Fassung bringen*) upset; (*umgangsspr*) shatter

erschweren ① (*schwieriger machen*) make more difficult ② (*verschlimmern*) aggravate ['ægrəveɪt]

erschwinglich within one's means

ersehen see

ersetzen ① replace [rɪ'pleɪs] *Ding* ② **jemandem den Schaden ersetzen** compensate somebody for the damage ③ **jemanden ersetzen** take the place of somebody

ersichtlich ① obvious ['ɒbviəs]; **ohne ersichtlichen Grund** for no apparent reason ② **hieraus ist ersichtlich, dass …** this shows that …

ersparen ① save *Geld* ② **erspar mir deine Belehrungen** spare me your lectures ③ **mir bleibt auch nichts erspart!** why does everything have to happen to me! **Ersparnisse** savings

erst ① (*zuerst*) at first ② **ich muss das erst fertig machen** I must finish this first ③ (*nicht eher als*) not until; **sie fingen erst an, als wir da waren** they didn't start until we came ④ **erst gestern** only yesterday; **es ist erst elf Uhr** it's only eleven o'clock ⑤ **das ist fürs Erste genug** that's enough to begin with

erstatten **jemandem seine/ihre Auslagen erstatten** refund [*oder* reimburse] somebody for his/her expenses [ˌriːɪm'bɜːs] **Erstattung** *von Kosten:* refund ['riːfʌnd], reimbursement [ˌriːɪm'bɜːsmənt]

Erstaufführung first-night [performance]

Erstaunen astonishment [ə'stɒnɪʃmənt], amazement; **in Erstaunen setzen** amaze

erstaunen ① amaze; astonish *jemanden, Publikum* ② **erstaunt sein** be astonished (**über** at)

erstaunlich amazing, astonishing **erstaunlicherweise** amazingly

Erstausgabe first edition

erste ① first; **erste Hilfe** first aid ② **er war der Erste, der das gemacht hat** he was the first to do that; **er war als Erster zu Hause** he was the first home ③ **in erster Linie** first and foremost **Erste-Hilfe-Kasten** first-aid box

ersteigen climb

ersticken ① **jemanden** [**mit einem Kissen**] **ersticken** suffocate somebody [with a pillow] ② **sie erstickte** she suffocated; (*an einer Gräte*) she choked to death

erstklassig first-class, first-rate

Erstkommunion first communion; **Erstkommunion feiern** have one's first communion

erstmalig first **erstmals** for the first time

erstrecken ① **sich erstrecken** (*räumlich*) extend, stretch, reach (**bis** to, as far as, **auf, über** over) ② **sich über Jahre erstrecken** carry on [*oder* last] for years

ersuchen **jemanden um etwas ersuchen** request [rɪ'kwest] something of someone

ertappen catch; **auf frischer Tat ertappt** caught [kɔːt] in the act, caught red-handed

erteilen give; grant *Erlaubnis*

Ertrag ① (*Gewinn*) proceeds ⚠ *plural,* return ② *von Boden:* yield [jiːld]

ertragen bear [beəʳ], endure

erträglich bearable ['beərəbl], endurable [ɪn'djʊərebl]

Ertragsausschüttung dividend distribution **Ertragssteigerung** increase in profits

ertrinken drown

erübrigen **sich erübrigen** *Worte, Gesten etc.* be superfluous [suː'pɜːfluəs]; **alles Weitere erübrigt sich** there's no more to be said

erwachen awake, wake [up]

erwachsen[1] (*übertragen: entstehen*) arise, develop

erwachsen^{2} adult, grown-up
Erwachsene(r) grown-up [person], adult **Erwachsenenbildung** adult education; **in der Erwachsenenbildung tätig sein** work in adult education
erwägen consider [kən'sɪdəʳ]
erwähnen mention ['menʃᵊn]
erwärmen ① heat, warm [wɔːm] ② **sich erwärmen** heat up ③ (*übertragen*) **sich für etwas erwärmen** take to something
erwarten ① (*annehmen*) expect ② (*entgegensehen*) await [ə'weɪt]; **ich weiß, was mich erwartet** I know what to expect **Erwartung** expectation; **das entspricht ganz meinen Erwartungen** this comes up to my expectations
erwartungsvoll expectant
erwecken ① raise [reɪz] *Hoffnung* ② arouse [ə'raʊz] *Interesse, Verdacht*
erweichen (*übertragen: milde stimmen*) move [muːv]; **sich nicht erweichen lassen** be unmoved
erweisen ① (*beweisen*) prove [pruːv] ② **jemandem einen Gefallen erweisen** do someone a favour ③ **sich als unfähig erweisen** show oneself to be incompetent; **er erwies sich als fähig** he proved to be competent; **sich als nützlich erweisen** prove useful; **sich als falsch erweisen** prove to be wrong ④ **es hat sich erwiesen, dass …** it turned out that …
erweiterbar *Computer, Programm:* upgradeable [ˌʌp'greɪdəbl]
erweitern ① (*vergrößern*) enlarge ② (*verbreitern*) widen
Erwerb purchase ['pɜːtʃəs] **erwerben** acquire [ə'kwaɪəʳ] **Erwerbsfähige(r)** person able to work [*oder* fit for work] **erwerbslos** unemployed **Erwerbstätige(r)** gainfully employed person **erwerbsunfähig** unable to work, incapacitated [ˌɪnkə'pæsɪteɪtɪd]
erwidern ① (*antworten*) answer ['ɑːnsəʳ], reply [rɪ'plaɪ]; (*scharf*) retort ② return *Gefallen, Gruß, Kompliment*
erwiesenermaßen as has been proved [pruːvd]
erwischen ① (*fangen*) catch ② (*zufällig bekommen*) get hold of
Erz ore
erzählen tell; **gut Geschichten erzählen können** be a good storyteller ►IN WENDUNGEN: **wem erzählst du das!** you're telling me! **Erzähler(in)** narrator [nə'reɪtəʳ] **Erzählung** story; (*formeller*) tale
Erzbischof archbishop [ˌɑːtʃ'bɪʃəp]
Erzengel archangel [ɑː'keɪndʒᵊl]
erzeugen produce [prə'djuːs]; generate ['dʒenᵊreɪt] *Energie*
Erzeuger (*Hersteller*) manufacturer
Erzeugnis produce
Erzfeind(in) arch-enemy
erziehbar schwer erziehbar maladjusted [ˌmælə'dʒʌstɪd]
erziehen ① (*aufziehen*) bring up; **allein erziehende(r) Mutter/Vater** single parent ② (*ausbilden*) educate ['edʒʊkeɪt] **Erziehung** ① (*Erziehungszeit*) upbringing ② (*Bildung*) education [ˌedʒʊ'keɪʃᵊn]
erzielen ① reach [riːtʃ] *Einigung* ② achieve [ə'tʃiːv] *Erfolg* ③ obtain [əb'teɪn] *Ergebnis*
erzwingen force [fɔːs]
es ① it; (*für Haustiere*) he/she ② **es gibt** there is/are; **es gibt keine Erdbeeren** there are no strawberries ['strɔːbᵊriz] ③ **es war niemand da** there was nobody there ④ **es ist kalt** it's cold; **mir ist es kalt** I am cold ⑤ **es sei denn, dass …** unless … ⑥ **ich bin es** it's me ⑦ **es regnet** it is raining ⑧ **es wurde getanzt** there was dancing
Esche ash [tree]
Esel ① (*Tier*) donkey ② (*als Schimpfwort*) ass, fool
Eselsbrücke mnemonic [nɪ'mɒnɪk]
Eselsohr (*übertragen*) dog-ear
eskalieren escalate ['eskəleɪt]
Eskimo Eskimo
eskortieren escort
Espe aspen
essbar *Pilz:* edible ['edɪbl]
Essen ① (*Nahrung*) food ② (*Mahlzeit*) meal ③ **komm[t] zum Essen!** lunch/dinner is ready!; **gerade beim Essen sein** be having lunch/dinner
essen ① eat; **essen gehen** eat out ② **zu Mittag/Abend essen** have lunch/dinner ③ **die Sache ist gegessen** (*umgangsspr*) that's history

> **? Grammatik** **eat — ate — eaten:** *Norman ate four ham sandwiches; he has eaten nothing for three days.*

Essensmarke meal voucher ['vaʊtʃəʳ]
Essgeschirr dinner-service

Essig vinegar; **Essig und Öl** oil and vinegar ▸ IN WENDUNGEN: **damit ist jetzt Essig** (*umgangsspr*) it's all off! **Essiggurke** pickled gherkin ['gɜːkɪn] **Essigsäure** acetic [ə'siːtɪk] acid

Esskastanie sweet chestnut

Esslöffel soup [*oder* dessert] spoon **Essstäbchen** chopsticks **Esstisch** dining table **Esszimmer** dining room

Este, Estin Estonian [es'təʊniən] **Estland** Estonia [es'təʊniə] **estnisch** Estonian

Estragon tarragon

Estrich (*Dachboden*) attic

etabliert established [ɪ'stæblɪʃt]

Etage floor [flɔːʳ] **Etagendusche** shared shower **Etagenwohnung** flat [occupying an entire floor]

Etappe stage

Etat budget ['bʌdʒɪt]

etepetete (*umgangsspr*) finicky ['fɪnɪki]

Ethik ethics ['eθɪks] ⚠ *plural* **ethisch** ethical ['eθɪkᵊl]

Etikett label ['leɪbᵊl]

etliche **etliche Male** quite a few times; **etliche tausend Tote** several thousand casualties ['kæʒjuəltiz]

Etui case

etwa ❶ (*ungefähr*) about, approximately [ə'prɒksɪmətli]; **wann etwa?** roughly ['rʌfli] when? ❷ **sind Sie etwa nicht einverstanden?** do you mean to say that you don't agree?

etwaig possible

etwas ❶ **etwas tun** do something ❷ (*mit Frage, Bedingung, Verneinung*) anything ❸ **etwas Brot/Geld** some bread/money; **hast du etwas Brot/Geld?** have you got any bread/money? ❹ **etwas Nettes** something nice ❺ **kaum etwas** hardly anything ❻ **noch etwas Tee?** some more tea? ❼ **etwas mehr/weniger** a little more/less; **etwas Zeit** a little bit of time

EU *Abkürzung von* **Europäische Union** EU, European Union

euch ❶ **sie hat euch gesagt …** she told you … ❷ **er hat es euch gegeben** he gave it to you ❸ **für/mit euch** for/with you ❹ **wohnt sie jetzt bei euch?** is she staying with you now?

euer, eure ❶ your ❷ **sind das eure?** are these yours?

Eukalyptus eucalyptus [ˌjuːkᵊl'ɪptəs]

EU-Kommissar(in) EU Commissioner **EU-Kommission** EU Commission

EU-Land European Union member state

Eule owl

EU-Ministerrat EU Council of Ministers **EU-Mitgliedsland** EU member state **EU-Norm** EU standard

Eunuch eunuch

euphemistisch euphemistic [ˌjuːfə'mɪstɪk]

Euphorie euphoria [juːfɔːriə] **euphorisch** euphoric [juː'fɒrɪk]

euretwegen because of you **euretwillen** for your sake

eurige yours

Euro euro; **5 Euro** 5 euro[s]

Euro-Banknote euro banknote

EuroCity European Inter-City train

Euro-Münze euro coin

Europa Europe **Europäer(in)** European [ˌjʊərə'piːən] **europäisch** European; **Europäische Union** European Union; **Europäisches Währungssystem, EWS** European Monetary System, EMS

Europameister European champion **Europaparlament** European Parliament **Europapokal** European Cup **Europarat** Council of Europe

Euroscheck Eurocheque; **[jemandem] einen Euroscheck ausstellen** make out a eurocheque [to somebody] **Euroscheckkarte** Eurocheque card

Euro-Schein euro note

Euro-Währungsgebiet eurozone

EU-Staat EU country

Euter udder ['ʌdə]

evakuieren evacuate [ɪ'vækjʊeɪt]

Evangelien gospels

evangelisch Protestant ['prɒtɪstənt]

Evangelium gospel

eventuell ❶ (*etwaig*) possible; **eventuelle Nachteile** possible disadvantages ❷ (*nötigenfalls*) if need be; **eventuell könnte ich auch für ihn einspringen** I could cover for him if necessary ❸ (*vielleicht*) perhaps; **eventuell [schon]** (*als Antwort*) possibly; **ich werde eventuell später dazukommen** I'll perhaps join you later

Evolution evolution [ˌiːvə'luːʃn]

ewig ❶ eternal [ɪ'tɜːnl], everlasting [ˌevə'lɑːstɪŋ] ❷ forever; **das dauert ja ewig!** (*umgangsspr*) it's taking ages! **Ewigkeit** eternity [ɪ'tɜːnətɪ]

E

EWS *Abkürzung von* **Europäisches Währungssystem** EMS

EWU *Abkürzung von* **Europäische Währungsunion** EMU

exakt exact; **exakt arbeiten** work accurately ['ækjərətli]

Examen examination [ɪgˌzæmɪ'neɪʃn]; (*umgangsspr*) exam; **Examen machen** take one's exams ⚠ *plural*

Exemplar ① (*Buch*) copy ② (*Muster*) sample ③ (*Pflanze*) specimen ['spesəmɪn]

Exil exile ['eksaɪl]; **im Exil** in exile

Existenz existence [ɪg'zɪstəns]; **sich eine Existenz aufbauen** make a life for oneself **Existenzminimum** subsistence [səb'sɪstəns] level

existieren ① (*bestehen*) exist; **davon existiert nur ein Exemplar** there is only one copy of this ② (*leben können*) live, subsist [səb'sɪst] (**von** on)

exklusiv exclusive [ɪk'sklu:sɪv]

Exkursion excursion [ɪk'skɜ:ʃn]

exotisch exotic [ɪg'zɒtɪk]

Expedition expedition [ˌekspɪ'dɪʃn]

Experiment experiment [ɪk'sperɪmənt] **experimentieren** experiment [ɪk'sperɪment]

Experte, Expertin expert ['ekspɜ:t] (**für** in)

explodieren explode [ɪk'spləʊd] **Explosion** explosion [ɪk'spləʊʒn] **Explosionsgefahr** danger of explosion **explosiv** explosive [ɪk'spləʊsɪv]

Export export [ɪk'spɔ:t] **Exportartikel** export article [*oder* commodity] **Exporteur** exporter **exportieren** export

express (*Postsendung*) by express

Expressionismus expressionism [ɪk'spreʃnɪzm]

extern external

extra ① **das kostet extra** there's an extra [*oder* additional] charge for this ② **das hat er extra gemacht** he's done that on purpose ['pɜ:pəs] ③ **ich hätte gerne eine extra Rechnung** I'd like a separate bill, please ④ **das habe ich extra für meine Schwester gebastelt** I made that specially for my sister **Extrablatt** special edition

Extrafahrt Ⓒⓗ special excursion [*oder* trip]

Extrakt extract ['ekstrækt]

extravagant extravagant

Extrazug Ⓒⓗ special train

Extrem extreme; **von einem Extrem ins andere fallen** go from one extreme to the other **extrem** extreme **Extremist(in)** extremist [ɪk'stri:mɪst]

Extremitäten extremities

extrovertiert extrovert

exzellent excellent ['eksələnt]

exzentrisch eccentric

Exzess excess [ɪk'ses]; **etwas bis zum Exzess treiben** to take something to extremes ⚠ *plural* **exzessiv** excessive [ɪk'sesɪv]

Ff

Fabel fable **fabelhaft** (*wunderbar*) fabulous **Fabelwesen** mythical creature

Fabrik factory ['fæktri]; (*Werk*) works *singular oder plural;* (*Anlage*) plant **Fabrikant(in)** (*Besitzer*) factory-owner **Fabrikarbeiter(in)** factory worker **Fabrikat** (*Marke*) brand, make **Fabrikgelände** factory premises ⚠ *plural* **fabrikneu** brand-new

fabrizieren manufacture

Fach ① (*Abteil*) compartment, division ② (*Brieffach*) pigeonhole ['pɪdʒənhəʊl] ③ (*Unterrichtsfach*) subject [sʌbdʒekt] ④ (*Zweig*) branch; **ein Mann/eine Frau vom Fach** an expert; **er versteht sein Fach** he knows his business

Facharbeiter(in) skilled worker **Facharzt, Fachärztin** specialist (**für** in) **Fachausdruck** technical ['teknɪkl] term

Fächer fan

Fachfrau expert ['ekspɜ:t] **Fachgebiet** [special] field [of work] **Fachgeschäft** specialist shop Ⓖⓑ, specialist store Ⓤⓢⓐ **Fachhändler** specialist retailer **Fachhochschule** college, polytechnic **Fachkenntnisse** specialized knowledge [nɒlɪdʒ] **Fachleute** experts ['ekspɜ:ts]

fachlich technical ['teknɪkl]

Fachliteratur technical ['teknɪkl] literature **Fachmann** expert ['ekspɜ:t] **Fachmesse** trade fair **fachsimpeln** (*umgangsspr*) talk shop **Fachsprache** technical language

Fachwerkhaus half-timbered house

Fachwissen expertise [ˌekspɜ:'ti:z] **Fachwörterbuch** specialist dictionary **Fachzeitschrift**

trade journal; (*technisch*) technical journal; (*naturwissenschaftlich*) scientific journal

Fackel torch [tɔːtʃ]

fade ❶ *Essen:* tasteless; **fade schmecken** have no taste, not taste of anything ❷ (*langweilig*) dull, flat

Faden thread [θred] ▸ IN WENDUNGEN: **der rote Faden** the main idea; **den Faden verlieren** lose the thread **fadenscheinig** threadbare

Fagott bassoon

fähig ❶ (*begabt*) able, capable ❷ (*qualifiziert*) fit, qualified ❸ **er ist zu allem fähig** he is capable of anything **Fähigkeit** ability, capability

fahl fallow; *Gesicht:* pale

fahnden search [sɜːtʃ] (**nach** for) **Fahndung** search [sɜːtʃ] (**nach** for)

Fahne ❶ flag ❷ **eine Fahne haben** (*umgangsspr*) reek of alcohol **Fahnenstange** flagpole

Fahrausweis ❶ ticket ❷ (CH) driving licence **Fahrbahn** lane **fahrbar** (*beweglich*) mobile ['məʊbaɪl]; **fahrbarer Untersatz** (*umgangsspr*) wheels

Fähre ferry

> **? Grammatik** **drive — drove — driven:**
> *Mr Lee drove to Bath; Mrs Lee had driven for many miles.*

fahren ❶ go (**mit** by); (*mit dem Rad*) ride; (*mit einem Schiff*) sail; **mit dem Bus fahren** go by bus; **Auto/Motorrad fahren** drive a car/ride a motorcycle; **per Anhalter fahren** hitch[hike]; **rechts fahren!** keep right! ❷ **dieses Auto fährt mit Diesel** this car runs on diesel ❸ (*befördern*) take, drive; **ich fahre dich zum Flughafen** I'll take [*oder* drive] you to the airport ❹ **Peter fährt gut** Peter is a good driver ❺ **Sie fahren besser, wenn …** you would do better if …

Fahrer(in) driver **Fahrerflucht** hit-and-run

Fahrerlaubnis driving licence (GB), driver's license (USA)

Fahrgast passenger **Fahrgeld** fare [feəʳ] **Fahrgelegenheit** lift **Fahrgemeinschaft** driving pool, car pool (USA) **Fahrgestell** *eines Autos:* chassis ['ʃæsi]; *eines Flugzeugs:* undercarriage (GB), landing gear (USA)

fahrig fidgety ['fɪdʒəti]

Fahrkarte ticket **Fahrkartenautomat** ticket machine **Fahrkartenschalter** ticket office

fahrlässig negligent ['neglɪdʒənt], careless **Fahrlässigkeit** negligence ['neglɪdʒəns]; **grobe Fahrlässigkeit** culpable negligence

Fahrlehrer(in) driving instructor

Fahrplan time table (GB), schedule ['ʃedjuːl] (USA) **fahrplanmäßig** according to schedule ['ʃedjuːl]; **fahrplanmäßig ankommen** arrive on schedule; **alles verlief fahrplanmäßig** everything went according to schedule

Fahrpreis fare [feəʳ] **Fahrprüfung** driving test

Fahrrad bicycle ['baɪsɪkl], cycle; (*umgangsspr*) bike **Fahrradkurier** bicycle courier **Fahrradständer** bicycle stand **Fahrradweg** cycle path

Fahrschein ticket **Fahrschule** driving school **Fahrschüler(in)** learner [driver], student driver (USA) **Fahrspur** lane **Fahrstuhl** lift (GB), elevator ['elɪveɪtə] (USA)

Fahrt ❶ (*im Wagen*) drive, ride ❷ (*Reise*) journey ['dʒɜːni], trip ▸ IN WENDUNGEN: **in Fahrt kommen** get into one's stride

Fährte track, trail

Fahrtenbuch driver's log **Fahrtenschreiber** tachograph ['tækəgrɑːf] **Fahrtkosten** travelling expenses **Fahrtrichtung** direction; **in Fahrtrichtung sitzen** sit facing the engine

Fahrtwind headwind **Fahrwerk** *von Flugzeug:* undercarriage, landing gear

Fahrzeug vehicle ['vɪəkl] **Fahrzeughalter(in)** owner of a vehicle

faktisch effective, real

Fakultät faculty

Falke falcon ['fɔːlkən]

Fall ❶ (*Sturz*) fall; **zu Fall bringen** make fall; (*übertragen*) cause the downfall of … ❷ (*Sachverhalt*) case, instance ❸ *eines Anwalts/Arztes:* case ❹ **gesetzt den Fall, dass …** supposing that …; **in diesem Fall** in this case [*oder* instance]; **auf jeden/keinen Fall** at any rate/on no account; **für den Fall, dass er …** in case he …; **auf alle Fälle** anyway; **im besten/schlimmsten Fall** at best/worst ❺ **klarer Fall!** (*umgangsspr*) sure thing! ❻ **das ist nicht mein Fall** (*umgangsspr*) that's not my cup of tea

Falle ❶ trap ❷ (*umgangsspr: Bett*) sack

3 **jemandem eine Falle stellen** set a trap for someone

fallen 1 fall 2 *Preise, Temperatur:* drop 3 *Schuss:* be fired 4 make *Entscheidung;* pass *Urteil* 5 **im Krieg fallen** be killed in action 6 *Wort:* be uttered; *Bemerkung:* be made; *Name:* be mentioned 7 **über etwas fallen** trip over something ▶ IN WENDUNGEN: **jemandem um den Hals fallen** fling one's arms around someone's neck; **jemandem in den Rücken fallen** stab someone in the back; **jemandem leicht fallen** be easy for someone

fällen 1 fell *Bäume* 2 make *Entscheidung;* **ein Urteil fällen** pass sentence ['sentəns]

fällig due [dju:]; **fällig zum Ende des Jahres** due by the end of the year; **fällig werden** fall due

Fallobst windfall

falls 1 (*wenn*) if; **falls du nicht kommen kannst** if you're not able to come 2 (*für den Fall, dass*) in case …

Fallschirm parachute ['pærəʃu:t]; **mit dem Fallschirm abspringen** parachute **Fallschirmjäger** paratrooper **Fallschirmspringer(in)** parachutist

Fallstudie case study

falsch 1 (*verkehrt*) wrong [rɒŋ]; **etwas falsch aussprechen** mispronounce something 2 (*unecht*) *Name, Zähne:* false [fɔ:ls] 3 *Pass, Alibi:* fake, forged; *Geld:* counterfeit ['kaʊntəfɪt] 4 (*unehrlich*) false; **so ein falscher Hund!** (*umgangsspr*) he's such a snake-in-the-grass! 5 **falsch gehen** *Uhr:* be wrong 6 **etwas falsch verstehen** misunderstand something 7 **falsch spielen** (*beim Musizieren*) play the wrong note[s]; (*beim Kartenspiel*) cheat 8 **falscher Alarm** false alarm

fälschen 1 fake, forge; *Geld:* counterfeit ['kaʊntəfɪt] 2 *Rechnung, Bilanz:* falsify ['fɔ:lsɪfaɪ]

Falschgeld counterfeit ['kaʊntəfɪt] money

fälschlich false [fɔ:ls], wrong, mistaken

Falschspieler(in) cheat

Fälschung fake, forgery **fälschungssicher** unforgeable, forgery-proof

Faltblatt leaflet ['li:flət] GB, folder USA **Faltboot** collapsible boat GB, foldboat USA

Faltdach collapsible [*oder* convertible] top, folding roof

Falte 1 fold 2 (*Bügelfalte*) crease; *von Rock:* pleat 3 (*im Gesicht*) wrinkle ['rɪŋkl]; **Falten werfen** crease [kri:s], pucker **falten** fold; **die Hände falten** fold one's hands **Faltenrock** pleated skirt

Falter butterfly

faltig creased ['kri:st]; *Haut:* wrinkled

Falz (*Faltung*) fold

falzen fold

familiär (*zwanglos*) informal

Familie family; **Familie Clark** the Clark family; **es liegt in der Familie** it runs in the family; **eine vierköpfige Familie** a family of four

> **! Vorsicht Falle** **family** kann sowohl in der Einzahl als auch in der Mehrzahl stehen: *Maria's family comes from Italy; Are your family all well?*

Familienname surname ['sɜ:neɪm] GB, last name USA **Familienstand** marital status **Familienvater** family man

Fan (*umgangsspr*) fan [fæn]

Fanatiker(in) fanatic **fanatisch** fanatical

Fanfare fanfare ['fænfeə^r]

Fang 1 catch *auch übertragen* 2 (*Fischfang*) fishing 3 (*Kralle*) talon; **in jemandes Fängen** in someone's clutches

Fangarm *eines Kraken:* tentacle ['tentəkl]

fangen 1 catch *auch übertragen;* (*mit einer Falle*) trap 2 **sich fangen** steady oneself

Fangfrage catch question **Fangleine** hawser

Fantasie fantasy ['fæntəsi], imagination **fantasielos** unimaginative, lacking in imagination **fantasieren** 1 (*sich vorstellen*) fantasize (**über** about) 2 (*im Fieber*) be delirious [dɪlɪriəs] **fantasievoll** imaginative **fantastisch** 1 fantastic 2 (*großartig*) excellent, swell USA 3 (*unglaublich*) incredible

Fantasy Roman fantasy novel

Fanzine fanzine

FAQ *Abkürzung von* **frequently asked question** FAQ, häufig gestellte Frage

Farbabzug coloured print **Farbaufnahme** colour photo[graph]

Farbe 1 colour GB, color USA; (*zum Malen*) paint; (*zum Färben*) dye [daɪ]; *von Gesicht:* complexion; **Farbe bekommen** get a bit of colour 2 *von Kartenspiel:* suit 3 **Farbe bekennen** (*sich entscheiden*) nail one's colours to the mast; (*gestehen*) come clean

farbecht colourfast

Bedeutung des englischen Ausdrucks:	english	deutsch	englische Übersetzung des deutschen Ausdrucks:
eigentlich	**actual**	**aktuell**	topical
den ganzen Tag	**all day**	**alltäglich**	everyday
auch	**also**	**also**	so; (*Füllwort*) well
werden	**become**	**bekommen**	get
unbeschrieben	**blank**	**blank**	shining; (*übertragen*) sheer
blinzeln	**blink**	**blinken**	*Auto:* signal, indicate
mutig	**brave**	**brav**	(*Kind*) good, well-behaved
hell	**bright**	**breit**	broad; (*weit*) wide
Hütte	**cabin**	**(Umkleide)Kabine**	changing room
Koch/Köchin	**chef**	**Chef**	boss
Pommes frites	**chips** (GB)	**Chips**	crisps
Begriff	**concept**	**Konzept**	(*für Aufsatz*) rough copy
zubereiten	**cook**	**kochen**	*Wasser:* boil
Getreide	**corn**	**Korn**	seed; (*Sand-*) grain
Handwerk	**craft**	**Kraft**	strength; force, power
knapp; barsch	**curt**	**kurz**	short; (*bündig*) brief
stumm	**dumb** (GB)	**dumm**	stupid
schließlich	**eventually**	**eventuell**	possible; perhaps, possibly
Stoff	**fabric**	**Fabrik**	factory
befestigen	**fasten**	**fasten**	fast
schnalzen mit	**flick**	**flicken**	mend
Fußboden	**floor**	**Flur**	hall
Formel	**formula**	**Formular**	form
Messgerät	**gage** (USA)	**Gage**	fee
heiter	**genial**	**genial**	(*umgangsspr*) brilliant
dienstbarer Geist	**genie**	**Genie**	genius
Geschenk	**gift**	**Gift**	poison; (*Tier-*) venom
Blick	**glance**	**Glanz**	shine
kurz ansehen	**glance**	**glänzen**	shine
gütig	**gracious**	**graziös**	graceful
belanglos	**inconsequential**	**inkonsequent**	inconsistent
Vorstellungsgespräch	**(job) interview**	**Interview**	interview
Insel	**island**	**Island**	Iceland
Art	**kind**	**Kind**	child
Arbeit	**labo(u)r**	**Labor**	lab(oratory)
Mangel	**lack**	**Lack**	varnish; *von Auto:* paint
Festland	**land**	**Land**	country
Zitrone	**lemon**	**Limone**	lime
Liste	**list**	**List**	cunning; (*Trick*) ruse, trick
Ortsansässige(r)	**local**	**Lokal**	pub (GB); restaurant
Begierde	**lust**	**Lust haben**	feel like
Mann	**man**	**(Ehe)Mann**	husband

Landkarte	**map**	**Mappe**	briefcase; (*Hefter*) folder
Orangenmarmelade	**marmalade**	**Marmelade**	jam
Bedeutung	**meaning**	**Meinung**	opinion
Mitte	**middle**	**Mittel**	preparation; (*Hilfs-*) means
mittleren Alters	**middle-aged**	**mittelalterlich**	medieval
Dunst	**mist**	**Mist**	dung; (*umgangsspr*) rubbish
Art	**mode**	**Mode**	fashion
edel; adlig	**noble**	**nobel**	generous
Benachrichtigung	**notice**	**Notiz**	(*Vermerk*) note
gewöhnlich	**ordinary**	**ordinär**	(*vulgär*) vulgar
Backofen	**oven**	**Ofen**	stove; (*Heiz-*) heater
zufällig hören	**overhear**	**überhören**	(*absichtlich*) ignore
überwachen	**oversee**	**übersehen**	fail to notice
Aufsicht; Versehen	**oversight**	**Übersicht**	overall view
Mitleid erregend	**pathetic**	**pathetisch**	emotive
Benzin	**petrol**	**Petroleum**	paraffin
Foto	**photograph**	**Fotograf**	photographer
Arzt/Ärztin	**physician**	**Physiker(in)**	physicist
eingelegtes Gemüse	**pickles** *plural*	**Pickel** *plural*	spots, pimples
mollig	**plump**	**plump**	clumsy; (*roh*) crude
Beute	**plunder**	**Plunder**	junk
Polizei	**police**	**Police**	(insurance) policy
wichtigste(r, s)	**principal**	**prinzipiell**	on principle
kündigen	**quit**	**quittieren**	give a receipt for
voreilig	**rash**	**rasch**	speedy, swift
vernünftig	**rational**	**rationell**	efficient
Quittung	**receipt**	**Rezept**	prescription; (*Koch-*) recipe
wiedergewinnen	**reclaim**	**reklamieren**	query; make a complaint
Wiedergewinnung	**reclamation**	**Reklamation**	complaint
mieten	**rent**	**(sich) rentieren**	be worth it
rostig	**rusty**	**rüstig**	sprightly
Sauce	**sauce**	**Soße**	(*Braten-*) gravy
Plan	**scheme**	**Schema**	(*Muster*) pattern
gewissenhaft	**scrupulous**	**skrupellos**	unscrupulous
Meer	**sea**	**See**	lake
Geheimnis	**secret**	**Sekret**	secretion
vernünftig	**sensible**	**sensibel**	sensitive
ernst	**serious**	**seriös**	(*anständig*) respectable
scharf; spitz	**sharp**	**scharf**	(*gewürzt*) hot; (*streng*) severe
Schnitzer; Zettel	**slip**	**Slip**	briefs *plural*
Rauchen	**smoking**	**Smoking**	dinner-jacket, tuxedo (USA)
ausgeben	**spend** *Geld*	**spenden**	donate
entdecken	**spot** *vt*	**spotten**	mock
bleiben	**stay**	**stehen**	stand; (*gut passen*) suit
noch	**still**	**still**	quiet, silent
Hocker	**stool**	**Stuhl**	chair

Strähne	**strand**	**Strand**	beach
Bach	**stream**	**Strom**	current
mitfühlend	**sympathetic**	**sympathisch**	pleasant, nice
Mitleid	**sympathy**	**Sympathie**	(*Zuneigung*) liking
Tablette	**tablet**	**Tablett**	tray
Geschmack	**taste**	**Taste**	key
Landstreicher(in)	**tramp**	**Tramper(in)**	hitchhiker
Leichenbestatter	**undertaker**	**Unternehmer(in)**	employer
gefühllos	**unsympathetic**	**unsympathisch**	unpleasant
Unterhemd	**vest** (GB)	**Weste**	(*Herren-*) waistcoat; (*Strick-*) cardigan
Lagerhaus	**warehouse**	**Warenhaus**	(department) store
sich fragen	**wonder**	**(sich) wundern**	be surprised

Ff

färben colour, dye [daɪ] *Stoff, Haare;* **sich gelb färben** turn yellow

? **Grammatik** **dye — dyeing — dyed — dyed**: *Harry dyed his hair blue. Have you dyed your hair?*

farbenblind colour-blind **farbenfroh** colourful **Farb(en)kasten** paintbox

Farbfernseher colour TV **Farbfilm** colour film **Farbfoto(grafie)** colour photo[graph]

farbig coloured

Farbige(r) (*Mensch*) black ⚠ *nur im Plural mit Artikel;* **eine Farbige/ein Farbiger** a black woman/a black man

i **Land & Leute** Die Bezeichnung **coloured** für eine(n) Farbige(n) gilt allgemein als abwertend. In Großbritannien ist **black** die korrekte Form. Als *politically correct* gilt in den USA zudem die Bezeichnung **African American**, wenn man über Farbige im Allgemeinen spricht.

Farbkopierer colour [photo]copier

farblos colourless

Farbskala colour range **Farbstift** coloured pencil [*oder* crayon] ['kreɪɒn] **Farbstoff** colouring; (*Pigment*) pigment **Farbton** hue [hju:], shade; (*Tönung*) tint

Färbung ① (*Farbe*) colour, tinge; (*Schattierung*) shade ② (*Tendenz*) slant

Farn fern

Fasan pheasant ['feznt]

Faschierte(s) (A) mince[d meat] (GB), ground meat (USA)

Fasching carnival ['kɑ:nɪvl]

Faschingsdienstag Shrove Tuesday

Faschismus fascism ['fæʃɪzm] **Faschist(in)** fascist ['fæʃɪst]

faseln ① babble *umgangsspr* ② **dummes Zeug faseln** talk drivel *umgangsspr*

Faser fibre ['faɪbə] (GB), fiber (USA) **faserig** fibrous ['faɪbrəs]; *Fleisch, Spargel:* stringy

Fass barrel ['bærəl]; **Bier vom Fass** draught [drɑ:ft] beer ▶ IN WENDUNGEN: **ein Fass ohne Boden** a bottomless pit; **das schlägt dem Fass den Boden aus!** that's the last straw!

fassen ① (*ergreifen*) take hold of; (*packen*) grab; (*festnehmen*) apprehend ② set *Edelsteine* ③ (*enthalten*) hold ④ (*begreifen*) grasp, understand; **es ist nicht zu fassen** it's unbelievable ⑤ take *Entschluss, Mut;* **etwas ins Auge fassen** contemplate something ⑥ **etwas in Worte fassen** express something in words ⑦ (*sich sammeln*) compose oneself ⑧ **sich kurz fassen** be brief

Fassung ① *von Juwelen:* setting; (*einer Glühbirne*) socket ② *von Mensch:* composure; **jemanden aus der Fassung bringen** disconcert someone; **die Fassung verlieren** lose one's composure; **etwas mit Fassung tragen** take something calmly ③ (*Version, Bearbeitung*) version

fassungslos aghast [ə'gɑ:st], stunned

Fassungsvermögen capacity

fast ① almost, nearly ② **fast dasselbe** much the same ③ **fast nichts** hardly anything ④ **fast nie** hardly ever

fasten fast

Fastenkur fast **Fastenzeit** Lent ⚠ *kein Artikel*

Fastnacht Shrovetide, carnival **Fastnachtsdienstag** Shrove Tuesday ⚠ *kein Artikel*

faszinieren fascinate ['fæsɪneɪt] (**an** about); **fasziniert sein** be fascinated (**von, durch** by) **faszinierend** fascinating

fatal ❶ (*verhängnisvoll*) disastrous, fatal ❷ **fatale Situation** embarrassing [ɪm'bærəsɪŋ] situation

> **! Vorsicht Falle** **fatal** *bedeutet im Englischen meistens ‚tödlich'*

fauchen hiss

faul ❶ (*träge*) idle, lazy ['leɪzi] ❷ (*verdorben*) rotten *auch übertragen; Zahn:* decayed ❸ (*umgangsspr: verdächtig*) fishy; **an der Sache ist etwas faul** there's something fishy about the whole business ▶ IN WENDUNGEN: **fauler Zauber** humbug

faulen rot

faulenzen laze [*oder* loaf] about **Faulenzer(in)** lazybones; (*Bummler*) loafer, idler

Faulheit idleness, laziness [leɪzɪnəs]

faulig *Obst:* going rotten; *Geruch:* foul [faʊl], putrid ['pju:trɪd]; *Wasser:* stale

Fäulnis (*Fäule*) rottenness; (*Krankheit*) putrefaction

Faulpelz (*umgangsspr*) lazybones ⚠ *singular* **Faultier** sloth [sləʊθ]; (*fauler Mensch auch*) sluggard *abwertend*

Fauna fauna [fɔ:nə]

Faust ❶ fist ❷ **auf eigene Faust** (*umgangsspr*) off one's own bat ▶ IN WENDUNGEN: **das passt wie die Faust aufs Auge** (*nicht passen*) it clashes horribly; (*genau passen*) it's a perfect match

Fausthandschuh mitt[en] **Faustregel** rule of thumb

Fax fax **faxen** **etwas faxen** fax something

Fazit result [rɪ'zʌlt]; **ein Fazit aus etwas ziehen** sum something up

FCKW *Abkürzung von* **Fluorchlorkohlenwasserstoff** CFC, chlorofluorocarbon

Feber Ⓐ February ['februəri]

Februar February ['februəri]

fechten fence, fight

Feder ❶ feather ['feðə]; (*Hutfeder*) plume ❷ (*in Polsterung*) spring ❸ (*zum Schreiben*) quill [kwɪl]; *von Füller:* nib; (*mit Griff*) fountain pen **Federball** ❶ (*Ball*) shuttlecock ❷ (*Federballspiel*) badminton **Federbett** quilt (GB), feather comforter ['kʌmfətə] (USA) **federführend** in [overall] charge (**bei, für** of) **Federgewicht** (*im Boxen*) featherweight **Federhalter** pen **federleicht** light as a feather

federn be springy ['sprɪŋi]

Federung ❶ springs ❷ *von Auto:* [spring] suspension

Fee fairy ['feəri]

Fegefeuer purgatory [ˌpɜ:gə'tri]

fegen ❶ (*mit Besen*) sweep clean ❷ (CH) (*feucht wischen*) wipe clean ❸ sweep [up] ❹ (*umgangsspr: jagen*) sweep

Fehlbetrag deficit

fehlen ❶ (*nicht da sein*) be missing; (*in der Schule*) be away (**in** from) ❷ (*mangeln*) be lacking; **du fehlst mir** I miss you ▶ IN WENDUNGEN: **das hat uns gerade noch gefehlt!** that was all we needed!; **wo fehlt es?** what's the trouble?; **jetzt fehlt nur noch, dass …** … is all we need

Fehler ❶ mistake; (*Irrtum*) error ['erə]; **das war nicht mein Fehler** that was not my fault ❷ (*Defekt*) defect ['di:fekt], fault [fɔ:lt] ❸ (*im Sport*) **Fehler!** fault! **fehlerfrei** perfect ['pɜ:fɪkt]; (*makellos*) faultless ['fɔ:ltləs], flawless **fehlerhaft** defective [dɪ'fektɪv], faulty [fɔ:lti]

Fehlermeldung error ['erə] message

Fehlgeburt miscarriage [ˌmɪs'kærɪdʒ]

Fehlschlag failure ['feɪljə] **fehlschlagen** fail **Fehlstart** false start [ˌfɔ:ls'stɑ:t] (GB), wrong start (USA) **Fehltritt** false step, lapse [læps] **Fehlzündung** backfiring

Feier ❶ celebration ❷ (*zeremonielle Feier*) ceremony ❸ (*Party*) party ❹ **zur Feier des Tages** in honour of the occasion

Feierabend ❶ (*Arbeitsschluss*) end of work; (*Geschäftsschluss*) closing time (GB), quitting time (USA); **Feierabend machen** finish work; **machen wir Feierabend für heute!** let's call it a day!; **schönen Feierabend!** have a nice evening! ❷ **Feierabend!** (*in der Kneipe*) time, please!

feierlich ❶ (*erhebend*) solemn ['sɒləm] ❷ (*festlich*) festive; **eine feierliche Angelegenheit** a festive occasion ❸ (*förmlich*) ceremonious [ˌserə'məʊnɪəs] **Feierlichkeiten** celebrations

feiern celebrate ['seləbreɪt]

Feiertag ❶ holiday; (*kirchlich*) feast ❷ **gesetzlicher Feiertag** public holiday (GB), legal ['li:gl] holiday (USA)

feig(e) ❶ cowardly ['kaʊədli]; (*umgangsspr*) gutless ❷ in a cowardly way

Feige fig **Feigenblatt** fig leaf
Feigheit cowardice ['kaʊədɪs]
Feigling coward ['kaʊəd]
Feile file **feilen** file; **an etwas feilen** file away at something
feilschen haggle (**um** over)
fein ① (*nicht grob*) fine ② (*zart*) delicate ['delɪkət] *auch übertragen* ③ (*erlesen*) excellent ['ekslnt]; **feiner Wein/feine Zigarre** choice wine/cigar ④ (*prima, sehr gut*) splendid, great [greɪt] ⑤ (*vornehm*) refined, posh *umgangsspr* ⑥ (*einfühlsam*) sensitive; *Gehör, Geruchssinn:* acute [ə'kjuːt] ⑦ **fein säuberlich** nice and neat ⑧ **du hast dich heute aber fein gemacht!** you're dressed up today!
Feind(in) enemy ['enəmi]; **unversöhnlicher Feind** implacable enemy, foe [fəʊ] **feindlich** ① hostile ['hɒstaɪl] (**gegen** to) ② (*gegnerisch*) enemy **Feindschaft** enmity ['enməti] **feindselig** hostile **Feindseligkeit** hostility [hɒ'stɪləti]
feinfühlend sensitive ['sensətɪv]; (*taktvoll*) tactful **Feinfühligkeit** sensitivity [ˌsensɪ'tɪvəti] **Feingefühl** sensitivity; (*Takt*) tact **Feinheiten** niceties ['naɪsətiz] **feinkörnig** fine-grained
Feinkostgeschäft delicatessen [ˌdelɪkə'tesn] **feinmaschig** fine-meshed **Feinmechanik** precision engineering **Feinschmecker(in)** ① gourmet ['gʊəmeɪ] ② (*Kenner*) connoisseur [ˌkɒnəsɜːʳ] **Feinwäsche** (*Waschvorgang*) programme for delicates **Feinwaschmittel** mild detergent
feist fat, plump
feixen (*umgangsspr*) smirk [smɜːk]
Feld ① field ② *eines Schachbretts:* square ③ (*Arbeitsbereich*) area, field ④ **auf freiem Feld** in the open country ▸ IN WENDUNGEN: **jemandem das Feld räumen** give way to someone
Feldmesser [land] surveyor [sə'veɪəʳ] **Feldsalat** lamb's lettuce **Feldstecher** pair of field glasses, field glasses ⚠ *plural* **Feldwebel** sergeant ['sɑːdʒnt] **Feldweg** path [*oder* track] [across the fields] **Feldzug** campaign [kæm'peɪn]
Felge [wheel] rim **Felgenbremse** caliper brake
Fell ① coat; (*Vlies*) fleece ② (*Pelz*) fur [fɜː]; *von kleinen Tieren:* skin; *von großen Tieren:* hide ③ **ein dickes Fell haben** be thick-skinned, have a thick skin
Fels(en) rock **Felsblock** boulder ['bəʊldəʳ] **felsenfest** firm as a rock; *Glaube:* unwavering [ʌn'weɪvrɪŋ] ▸ IN WENDUNGEN: **davon bin ich felsenfest überzeugt** I am dead certain about it **felsig** craggy, rocky **Felswand** rock face
feminin feminine ['femənɪn] **Feminismus** feminism ['femənɪzm] **Feminist(in)** feminist ['femənɪst] **feministisch** feminist ['femənɪst]
Fenchel fennel ['fenl]
Fenster window **Fensterbank** window-sill **Fensterbrett** window-sill **Fensterbriefumschlag** window envelope **Fensterflügel** casement **Fensterladen** shutter **Fensterplatz** window seat **Fensterputzer(in)** window cleaner **Fensterrahmen** window frame **Fensterscheibe** [window] pane
Ferien holidays GB, vacation USA; **die großen Ferien** the summer holidays GB, the long vacation USA; **Ferien haben** be on holiday GB, be on vacation USA; **in die Ferien fahren** go on holiday GB, go on vacation USA **Ferienhaus** holiday cottage ['kɒtɪdʒ] **Ferienkurs** holiday course **Ferienlager** holiday camp **Ferienwohnung** holiday flat GB, vacation apartment USA **Ferienzeit** holiday [period]
Ferkel ① piglet ['pɪglət] ② (*umgangsspr: Dreckspatz*) mucky pup ③ (*Mensch*) dirty pig
fern ① (*räumlich*) distant, faraway ② (*zeitlich*) far-off ③ **von fern** from a distance ['dɪstəns], from afar ④ **sich von etwas fern halten** keep away from something ⑤ **fern von** far [away] from
Fernamt [telephone] exchange GB, long-distance office [*oder* exchange] USA
Fernbedienung remote control
fernbleiben stay away; **jemandem/etwas fernbleiben** stay away from someone/something
ferner ① (*weiter*) further ② (*außerdem*) besides ③ (*weiterhin*) further[more]
Fernfahrer(in) long-distance lorry GB/truck USA driver **Ferngespräch** long-distance call [ˌlɒŋdɪstəns'kɔːl] **ferngesteuert** ① *Rakete:* remote-controlled ② (*übertragen*) manipulated **Fernglas** binoculars ⚠ *plural*
fernhalten keep away (**von** from)
Fernheizung district heating

F

Fernkurs(us) correspondence course **Fernlicht** main beam GB/high beam USA

Fernmeldesatellit telecommunications satellite ['sætəlaɪt]

Fernost Far East

Fernrohr 1 telescope ['telɪskəʊp] 2 (*Feldstecher*) field glass **Fernschreiber** teleprinter, telex

Fernsehansager(in) television ['telɪˌvɪʒn] announcer **Fernsehantenne** television aerial **Fernsehapparat** television [set], TV

Fernsehen television ['telɪˌvɪʒn]; **im Fernsehen** on television **fernsehen** watch television [*oder* TV]

Fernseher television ['telɪˌvɪʒn], TV

Fernsehgerät television [*oder* TV] set **Fernsehprogramm** 1 (*Kanal*) channel GB, station USA 2 (*Sendefolge*) programme GB, program USA 3 (*Programmzeitschrift*) [television] programme guide **Fernsehsender** television station **Fernsehsendung** television program[me] **Fernsehübertragung** television broadcast **Fernsehzeitschrift** TV guide

Fernsprechansagedienst information services ⚠ *plural* **Fernsprechanschluss** telephone **Fernsprechauftragsdienst** answering service **Fernsprechauskunft** directory enquiries ⚠ *immer plural* **Fernsprecher** telephone; **öffentlicher Fernsprecher** public telephone

Fernsteuerung remote control; (*drahtlos*) radio control **Fernstudium** correspondence degree course, Open University course GB **Fernverkehr** long-distance traffic **Fernwärme** district heating **Fernweh** wanderlust

Ferse heel ▸ IN WENDUNGEN: **jemandem auf den Fersen folgen** be on someone's heels

fertig 1 (*bereit*) ready 2 (*vollendet*) finished; (*mit der Ausbildung*) qualified 3 (*reif*) mature 4 (*erschöpft*) *Mensch:* done in, shattered 5 **das Essen ist fertig** dinner is ready; **bist du mit deiner Arbeit fertig?** have you finished your work? 6 **mit dir bin ich fertig** I am through [*oder* finished] with you 7 **mit jemandem/etwas fertig werden** cope with someone/something 8 **fertig bringen** (*vollenden*) get done; (*imstande sein*) manage; **der bringt es glatt fertig und …** he's quite capable of … 9 **etwas fertig stellen** complete something 10 **etwas fertig machen** (*vollenden*) finish something; (*bereitmachen*) get something ready 11 **jemanden fertig machen** (*umgangsspr: schlagen*) lay into someone; (*erledigen*) do for someone; (*ermüden*) *Arbeit, Probleme:* take it out of someone

Fertigbau prefab[ricated house]

Fertigbauten prefabricated houses

fertigen manufacture [ˌmænjʊ'fæktʃə]

Fertigerzeugnisse finished goods [*oder* products] **Fertiggericht** ready-to-serve [*oder* instant] meal **Fertighaus** prefab[ricated house] [priːˌfæbrɪkeɪtɪd'haʊs]

Fertigkeit skill

Fertigteil finished part **Fertigung** production **Fertigungsstraße** production line

fesch smart

Fessel (*auch übertragen*) fetter, shackle; **jemandem Fesseln anlegen** fetter someone

Fesselballon captive balloon

fesseln 1 (*binden*) bind; (*mit Fesseln*) fetter, shackle 2 *Film, Buch:* grip ▸ IN WENDUNGEN: **jemanden an sich fesseln** bind someone to oneself

fesselnd (*packend*) gripping

Fest celebration; (*Party*) party

fest 1 (*hart, stabil*) solid ['sɒlɪd] 2 *Börsenkurse:* stable 3 (*nicht nachgebend*) firm; *Schlag:* hard; *Schuhe:* sturdy 4 (*nicht locker*) tight; *Schlaf:* sound 5 (*ständig*) regular; *Lohn, Gehalt, Preise:* fixed; *Stellung, Beruf, Wohnsitz:* permanent ['pɜːmənənt] 6 **fest angestellt** permanently employed 7 **fest versprechen** promise faithfully; **ich bin fest entschlossen** I am absolutely determined 8 **Anne und Paul sind fest befreundet** Anne and Paul are going steady; **fester Freund/feste Freundin** steady boyfriend/girlfriend 9 (*umgangsspr: kräftig, tüchtig*) properly; (*nachdrücklich*) with a will

festbinden tie [*oder* fasten] (**an** to)

festen CH (*feiern*) celebrate [seləbreɪt]

Festessen banquet ['bæŋkwɪt]

festfahren 1 get stuck 2 (*übertragen*) **festgefahren sein** be at a deadlock ['dedlɒk]

festhalten 1 hold [tightly] 2 (*aufnehmen*) record 3 **an etwas festhalten** *Meinung:* stick to something 4 **sich festhalten** hold on [*oder* tight]; **sich festhalten an** hold onto something ▶ In Wendungen: **halt dich fest!** hold tight!

festigen strengthen ['streŋθn]

Festiger setting lotion

festklammern cling on (**an** to)

Festland ❶ **das europäische Festland** the Continent ❷ (*keine Insel*) mainland

festlegen ❶ (*bestimmen*) lay down ❷ (*festsetzen*) fix ❸ (*vorschreiben*) stipulate ['stɪpjəleɪt] ❹ (*sich verpflichten*) commit oneself (**auf** to); (*sich verbindlich entscheiden*) tie oneself down (**auf** to)

festlich ❶ festive ❷ (*feierlich*) solemn ['sɒləm]

Festlichkeit festivity

festliegen (*bestimmt sein*) have been laid down; (*festgesetzt sein*) have been fixed

festmachen ❶ (*festbinden*) fasten (**an** onto) ❷ (*befestigen*) fix (**an** onto) ❸ moor *Schiff*

festnageln nail up, nail down; **etwas an etwas festnageln** nail something to something ▶ In Wendungen: **jemanden auf etwas festnageln** pin someone down to something

Festnahme arrest **festnehmen** [put under] arrest

Festplatte hard disk **Festplattenlaufwerk** hard disk drive

Festpreis fixed price

festschnallen strap **festschrauben** screw in tight **festsetzen** (*bestimmen*) fix (**auf** at) **festsitzen** (*nicht weiterkönnen*) be stuck (**an, bei** on, with); *Schiff:* be aground

Festspiele festival ⚠ *singular*

feststehen ❶ (*gewiss sein*) be certain ❷ (*endgültig sein*) be definite

feststellen ❶ (*herausfinden*) ascertain, find [out] ❷ (*erkennen*) tell (**an** from) ❸ (*entdecken*) discover; (*einsehen*) realize ❹ (*betonend äußern*) emphasize ❺ lock, stop *Gerät*

Feststellung remark, statement

Festung fort[ress] **Festzins(satz)** fixed rate of interest

Fett ❶ fat ❷ (*Schmiere*) grease ▶ In Wendungen: **er hat sein Fett weg** (*umgangsspr*) he's got his come-uppance

fett ❶ fat ❷ *Gewinn, Beute:* rich ❸ *Essen:* fatty ❹ **fett gedruckt** printed in bold [face] [*oder* type] **fettarm** with a low fat content

Fettfleck grease spot

Fettgewebe fatty tissue **fettig** greasy; *Haut:* oily **fettleibig** corpulent ['kɔːpjʊlənt] **Fettnäpfchen** ▶ In Wendungen: **ins Fettnäpfchen treten** put one's foot in it **Fettsäure** fatty acid **Fettsucht** obesity [ə'biːsəti]

Fetzen shred; (*Lumpen*) rag; *von Papier, Gespräch:* scrap

fetzig (*slang*) wild, crazy; *Kleidung auch:* racy

feucht damp, moist; *Klima:* humid ['hjuːmɪd]; *Hände:* sweaty **Feuchtigkeit** (*Zustand*) dampness, moistness; *von Klima:* humidity [hjuː'mɪdəti] **Feuchtigkeitscreme** moisturizing cream

feuchtwarm humid

feudal ❶ feudal ['fjuːdl] ❷ (*umgangsspr: prächtig*) plush (GB), swell (USA)

Feuer ❶ fire ❷ (*für Zigarette*) light; **können Sie mir Feuer geben?** could you give me a light? ❸ (*Glanz, Scheinen*) sparkle ❹ (*Glut, Leidenschaft*) ardour ❺ **am Feuer** by the fire ❻ **Feuer [an]machen** light a fire; **Feuer fangen** catch fire; (*übertragen*) be really taken (**bei** with)

Feueralarm fire alarm **Feueranzünder** firelighter

feuerbeständig fire-resistant ['faɪə rɪˌzɪstənt] **Feuerbestattung** cremation **feuerfest** fireproof; (*Glas*) heat-resistant **feuergefährlich** combustible, [in]flammable **Feuerleiter** fire escape **Feuerlöscher** fire extinguisher [ɪk'stɪŋgwɪʃə] **Feuermelder** fire alarm; (*automatisch*) fire detector

feuern ❶ (*heizen*) heat ❷ (*umgangsspr: entlassen*) fire, sack

feuerrot fiery ['faɪri] red **Feuerschlucker** fire-eater **feuersicher** fireproof **Feuerspritze** fire hose **Feuerstein** flint **Feuerstelle** [camp]fire **Feuerwache** fire station

Feuerwehr fire brigade (GB), fire department (USA) **Feuerwehrauto** fire engine (GB), fire truck (USA) **Feuerwehrfrau** firewoman **Feuerwehrleiter** fireman's ladder **Feuerwehrmann** fireman

Feuerwerk fireworks ⚠ *immer plural* **Feuerwerkskörper** firework

Feuerzeug [cigarette] lighter

Feuilleton feature pages ⚠ *plural*

feurig fiery ['faɪri]

Fiaker (A) (*Kutsche*) cab; (*Kutscher*) coachman ['kəʊtʃmən]

Fibel (*Schulfibel*) primer ['praɪmə]

Fiche (CH) file, record

Fichte ① spruce [spruːs], pine [*oder* fir] tree ② (*Holz*) pine

ficken fuck *vulgär*

Fidschiinseln Fiji Islands

Fieber ① fever ['fiːvə] ② (*bei Krankheit*) temperature; **jemandem das Fieber messen** take someone's temperature; [**39 °C**] **Fieber haben** have a temperature [of 39 °C] **Fieberblase** herpes ['hɜːpiːz] blister **fieberhaft** feverish ['fiːvərɪʃ]

fiebern nach etwas fiebern long feverishly for something

Fieberthermometer [clinical] thermometer [θə'mɒmɪtə]

fiebrig feverish, febrile

fies (*umgangsspr*) nasty ['nɑːsti], horrid, horrible

Figur figure ['fɪgə]

Filet *Fleisch, Fisch:* fillet **Filetsteak** fillet steak [steɪk]

Filiale branch [brɑːntʃ] **Filialleiter(in)** branch manager

Filipina Filipina **Filipino** Filipino

Film ① film; **einen Film** [**in eine Kamera**] **einlegen** load [a film into] a camera ② (*Kinofilm*) film (GB), movie ['muːvi] (USA), motion picture; **in einen Film gehen** go and see a film (GB), go and see a movie (USA) ③ (*Filmbranche*) films (GB), movies (USA); **einen Film drehen** shoot a film (GB), shoot a movie (USA)

Filmemacher(in) film-maker

filmen film

Filmkamera film camera (GB), movie camera (USA) **Filmprojektor** film projector (GB), movie projector (USA) **Filmregisseur(in)** film director (GB), movie director (USA) **Filmriss** (*übertragen*) mental blackout **Filmschauspieler(in)** film (GB)/movie (USA) actor [actress] **Filmvorführgerät** cine-projector **Filmvorführung** film show (GB), movie show (USA) **Filmvorschau** trailer (**auf** of)

Filter filter **Filtereinsatz** filter pad **Filterkaffee** filter coffee (GB), drip coffee (USA) **filtern** filter **Filterpapier** filter paper **Filterzigarette** filter cigarette

Filz ① (*Stoff*) felt ② (*Korruption*) corruption, sleaze; (*Vetternwirtschaft*) nepotism ['nepətɪzm]

filzen (*umgangsspr*) ① (*berauben*) do over ② (*durchsuchen*) frisk

Filzschreiber, Filzstift felt-tip pen

Finale ① finals ['faɪnlz] ⚠ *plural* ② *von Musikstück:* finale [fɪnɑːli]

Finanzamt tax [*oder* fiscal] office

Finanzen finances ['faɪnænsɪz] **Finanzhilfe** financial [faɪ'nænʃl] assistance [*oder* aid]

finanziell financial [faɪ'nænʃl] **finanzieren** finance ['faɪnæns] **Finanzierung** financing

Finanzminister(in) (*in GB*) Chancellor of the Exchequer; (*in den USA*) Secretary of the Treasury ['treʒəri]; (*in anderen Ländern*) minister ['mɪnɪstə] of finance ['faɪnæns] **Finanzministerium** (*in GB*) the Exchequer; (*in den USA*) Treasury Department; (*in anderen Ländern*) ministry of finance

finden ① find ② (*meinen*) think; **ich finde nichts dabei** I think nothing of it; **etwas gut finden** think something is good ③ **sich finden** be found; (*in Ordnung kommen*) sort itself out; **es wird sich schon alles finden** it will all sort itself out

> **? Grammatik** **find — found — found**: *Bill found a snake in the park; I have just found what I was looking for.*

Finderlohn finder's reward

findig resourceful

Finesse refinement; **mit allen Finessen** with every refinement

Finger finger ['fɪŋgə] ▶ IN WENDUNGEN: **sich etwas aus den Fingern saugen** dream something up; **jemandem auf die Finger klopfen** rap someone's knuckles; **die Finger von jemandem/etwas lassen** keep one's hands off someone/something; **überall seine Finger drin haben** (*umgangsspr*) have a finger in every pie; **für den mache ich keinen Finger krumm** I won't lift a finger to help him

Fingerabdruck fingerprint **fingerfertig** dext[e]rous ['dekstrəs] **Fingerhut** ① (*Nähutensil*) thimble [θɪmbl] ② (*Pflanze*) foxglove **Fingernagel** fingernail ['fɪŋgəneɪl] **Fingerspitzengefühl** ① (*Feingefühl, Takt*) tact ② (*Einfühlungsvermögen*) instinctive feel[ing]

Fink finch [fɪntʃ]

Finne Finn

Finnin Finn **finnisch** Finnish **Finnland** Finland ['fɪnlənd]

finster ① (*dunkel*) dark ② (*unheimlich*)

sinister ③ (*mürrisch, verdrossen*) grim, sullen

Firma company, firm **Firmengründer(in)** founder of a business [*oder* firm] **Firmenwagen** company car **Firmenzeichen** logo

Firmling candidate for confirmation **Firmung** confirmation

First ① (*Dachfirst*) ridge ② (*Berg*) crest, [mountain] ridge

Fisch ① fish ② (*Sternbild*) Pisces ['paɪsiːz] ⚠ *singular;* **ich bin Fisch** I'm [a] Pisces ▸ IN WENDUNGEN: **kleine Fische** small fry; child's play

> **! Vorsicht Falle** Der Plural von **fish** bleibt in den meisten Fällen unverändert **fish**: *the fishermen caught hundreds of fish*; wenn man jedoch von verschiedenen Fischarten spricht, verwendet man **fishes**: *cod, haddock, herring and other fishes.*

fischen fish

Fischer fisherman ['fɪʃəmən] **Fischfang** fishing **Fischhändler(in)** fishmonger (GB), fish dealer (USA) **Fischotter** otter ['ɒtəʳ] **Fischstäbchen** fish finger **Fischzucht** fish culture, fish-farming

Fisole (A) French bean, green bean

fit fit, in good shape **Fitness** fitness **Fitnesscenter** fitness centre, gym [dʒɪm]

fix ① (*feststehend*) fixed ② (*umgangsspr: flink*) quick ③ **fix und fertig sein** (*umgangsspr*) be finished

fixieren (CH) fix

fixiert fixated (**auf** on)

FKK-Strand nudist ['njuːdɪst] beach

flach ① (*niedrig*) flat; *Haus:* low ② (*nicht tief*) shallow ③ *Böschung:* gentle ④ (*seicht*) shallow ⑤ **flach machen** flatten

Flachbildschirm flat screen **Flachdach** flat roof

Fläche area; (*Oberfläche*) surface ['sɜːfɪs] **Flächeninhalt** area

flachfallen (*umgangsspr: nicht stattfinden*) fall through; be cancelled

Flachland lowland

Flachs ① (*Pflanze*) flax ② (*umgangsspr: Jux*) kidding **flachsen** (*umgangsspr*) kid around

flackern flicker

Fladenbrot pitta [bread]

Flagge flag **Flaggschiff** flagship

Flame Fleming

Flamin Flemish woman, Fleming

Flamingo flamingo

flämisch Flemish

Flamme ① flame ② **etwas auf kleiner Flamme kochen** cook something on a low flame; (*übertragen*) let something just tick over **flammend** blazing; (*feurig*) fiery ['faɪri]

Flandern Flanders ⚠ *singular*

Flanell flannel ['flænl]

Flanke ① (*beim Fußball*) (*Pass*) cross, (*Position*) wing ② (*beim Turnen*) side-vault

flanken centre *Fußball*

Flasche ① bottle ② (*umgangsspr: Versager*) dead loss ③ **in Flaschen füllen** bottle ▸ IN WENDUNGEN: **zur Flasche greifen** take to the bottle **Flaschenbier** bottled beer **Flaschenkind** bottle-fed baby **Flaschenöffner** bottle-opener **Flaschenzug** pulley ['pʊli]

flatterhaft fickle

flattern ① *Vogel, Herz:* flutter ② *Fahne:* stream, wave

flau ① (*schwach*) weak ② *Wind:* slack ③ **mir ist ganz flau** I feel queasy ['kwiːzi]

Flaum down, fluff **flaumig** downy, fluffy

flauschig fluffy

Flausen (*umgangsspr*) fancy ideas

Flaute ① (*Windstille*) calm ② *der Konjunktur:* slack period

Flechte ① (*Algen und Pilzfäden*) lichen ['laɪkən] ② (*Krankheit*) herpes ['hɜːpiːz], eczema [eksmə]

flechten plait [plæt] *Haar;* weave [wiːv] *Korb, Matte*

Fleck ① (*Stelle*) spot ② (*Schmutzfleck*) blot, stain ③ **nicht vom Fleck kommen** (*auch übertragen*) not to make any headway ④ **Flecken machen** stain ⑤ **blauer Fleck** bruise; **er hatte überall blaue Flecken** he was bruised all over

Flecken (*Ort*) market town **fleckenlos** spotless

Fleckentferner stain-remover

Fleckerlteppich (A) rag rug

fleckig stained

Fledermaus bat

Flegel lout [laʊt] **flegelhaft** loutish [laʊtɪʃ]

Flehen entreaty **flehen** entreat; **um etwas flehen** to beg for something; **zu jemandem flehen** to implore someone **flehentlich** entreating, imploring

Fleisch ① (*Nahrung*) meat ② (*lebendig*) flesh

❸ **Fleisch fressend** carnivorous [kɑːˈnɪvərəs] ▸ IN WENDUNGEN: **es ist mir in Fleisch und Blut übergegangen** it has become second nature to me **Fleischbrühe** meat stock **Fleischbrühwürfel** stock cube **Fleischer(in)** butcher [ˈbʊtʃə]

Fleischklößchen meat-ball

fleischlos meatless

Fleischtomate beef tomato

Fleischvergiftung botulism [ˈbɒtjʊlɪzm]

Fleischvogel (CH) (*Roulade*) beef olive **Fleischwaren** meat products **Fleischwolf** mincer (GB), meat grinder (USA) **Fleischwurst** pork sausage

fleißig diligent [ˈdɪlɪdʒənt], industrious; (*arbeitsam*) hard-working

flennen blubber *umgangsspr*

flexibel flexible [ˈfleksəbl]; **flexible Arbeitszeit** flexitime **Flexibilität** flexibility

Flicken patch **flicken** mend; (*mit Flicken*) patch **Flickenteppich** rag rug

Flickzeug ❶ (*Nähzeug*) sewing kit ❷ (*für Reifen*) [puncture] repair outfit

Flieder (*Strauch*) lilac [ˈlaɪlək] **fliederfarben** lilac [ˈlaɪlək]

Fliege ❶ (*Insekt*) fly ❷ (*Krawatte*) bow tie ▸ IN WENDUNGEN: **zwei Fliegen mit einer Klappe schlagen** kill two birds with one stone; **komm, mach 'ne Fliege!** (*slang*) get lost!

? Grammatik **fly — flew — flown**: *the sparrow flew away; the pilot had never flown a jumbo before.*

fliegen ❶ fly; *Raumschiff:* travel ❷ (*eilen*) fly ❸ *Puls:* race ❹ fly *Flugzeug* ❺ (*slang: entlassen werden*) be kicked out (**aus, von** of) ▸ IN WENDUNGEN: **auf jemanden fliegen** be mad keen on someone *umgangsspr;* **durch eine Prüfung fliegen** flunk one's exam *umgangsspr*

Fliegengewicht flyweight [ˈflaɪweɪt] **Fliegenklatsche** fly-swat **Fliegenpilz** fly agaric [ˈflaɪˌægərɪk]

Flieger ❶ (*Flugzeug*) plane ❷ (*Person*) pilot

fliehen flee (**vor** from); **zu jemandem fliehen** take refuge with someone

Fliese tile **Fliesenleger** tiler

Fließband assembly line **Fließbandfertigung** conveyor belt production

fließen flow **fließend** ❶ flowing ❷ *Grenze, Übergang:* fluid ❸ **fließendes Wasser** running water ❹ **fließend Englisch sprechen** speak English fluently, speak fluent English

flimmern *Bildschirm:* flicker; *Hitze:* shimmer; *Licht:* glimmer

flink (*schnell*) quick

Flinte rifle; (*Schrotflinte*) shot gun ▸ IN WENDUNGEN: **die Flinte ins Korn werfen** throw in the towel

Flipper(automat) (*umgangsspr*) pinball machine **flippern** (*umgangsspr*) play pinball

flippig (*umgangsspr*) kooky, wild

flirten flirt [flɜːt]

Flittchen slut *abwertend slang*

Flitterwochen honeymoon ⚠ *kein Plural;* **sie fahren in die Flitterwochen** they are going on their honeymoon

flitzen (*umgangsspr*) whizz

Flocke flake; (*Staubflocke*) ball of fluff **flockig** fluffy

Floh flea [fliː] ▸ IN WENDUNGEN: **jemandem einen Floh ins Ohr setzen** put an idea into someone's head **Flohmarkt** flea market

Flop flop

florieren bloom, flourish

Floskel set phrase

Floß raft

Flosse *eines Tauchers:* flipper; (*slang: Hand*) paw

Flöte flute; (*Rohrflöte*) pipe

flöten play [on] the flute ▸ IN WENDUNGEN: **flöten gehen** (*slang*) go west **Flötist(in)** flautist [ˈflɔːtɪst]

flott ❶ (*schnell*) quick ❷ *Kleidung:* smart; *Stil, Artikel:* racy ❸ *Schiff:* afloat [əˈfləʊt] ▸ IN WENDUNGEN: **mach mal ein bisschen flott!** get on with it! **flottbekommen, flottmachen** ❶ float off *Schiff* ❷ get on the road *Auto*

Flotte fleet **Flottenstützpunkt** naval base

Flöz seam

Fluch ❶ (*Verfluchung*) curse [kɜːs] ❷ (*Kraftausdruck*) swear word [ˈsweəwɜːd] **fluchen** swear [sweəʳ] (**über** about)

Flucht flight; (*erfolgreiche Flucht*) escape; **in die Flucht schlagen** put to flight; **die Flucht ergreifen** flee, take flight; **auf der Flucht sein** *Flüchtling:* be fleeing; (*vor der Polizei*) be on the run

fluchtartig hasty [ˈheɪsti]

flüchten flee; (*entkommen*) escape [ɪˈskeɪp]

flüchtig ❶ (*auf der Flucht*) fugitive ❷ (*ober-*

flächlich) cursory ['kɜːsri]; **ich habe es nur flüchtig gelesen** I only skimmed through it; **jemanden flüchtig kennen** know someone slightly; **ein flüchtiger Bekannter** a passing [*oder* nodding] acquaintance ③ (*sorglos, nachlässig*) careless ④ *von Chemikalien:* volatile **Flüchtigkeitsfehler** careless mistake

Flüchtling refugee [ˌrefjʊ'dʒiː]

Flug ① flight ② **im Flug** in flight; (*schnell*) in a flash **Flugbegleiter(in)** steward[ess, air hostess] GB, flight attendant USA **Flugblatt** leaflet ['liːflət] **Flugboot** flying boat **Flugdatenschreiber** flight recorder **Flugdauer** flying time **Flugdrachen** hang glider

Flügel ① *von Vogel, Haus, Tragfläche:* wing ② *von Ventilator, Hubschrauber:* blade; *einer Windmühle:* vane ③ *von Fenster:* casement; *von Tür:* leaf, side ④ (*Piano*) grand piano [pi'ænəʊ] ▸ IN WENDUNGEN: **die Flügel hängen lassen** be downcast

Flügelschraube wing screw

Flügeltür double door

Fluggast [airline] passenger ['pæsɪndʒə]

flügge [fully-]fledged; **flügge werden** (*auch übertragen*) leave the nest

Fluggeschwindigkeit flying speed **Fluggesellschaft** airline **Flughafen** airport; (*Militärflughafen*) aerodrome GB, airdrome USA **Flughöhe** altitude **Flugkörper** ① flying object ② (*Kriegsgerät*) missile **Fluglehrer(in)** flight instructor **Flugleitsystem** flight control system

Fluglotse, Fluglotsin air traffic controller

Flugplatz airfield

flugs instantly, without delay

Flugschein pilot's licence GB, pilot's license USA **Flugschneise** air corridor **Flugsicherung** air traffic control **Flugverbot** grounding order **Flugverkehr** air traffic

Flugwaffe CH air force **Flugzeit** flying time

Flugzettel A (*Flugblatt*) leaflet

Flugzeug aircraft, plane **Flugzeugbesatzung** aircrew **Flugzeughalle** hangar **Flugzeugträger** aircraft carrier

flunkern tell fibs

Fluor fluorine [flɔːriːn] **Fluorchlorkohlenwasserstoff** chlorofluorocarbon [ˌklɔːrəˌflɔːrə'kaːbn], CFC

Flur hall; (*Korridor*) corridor

Flurschaden damage to crops

Fluss river ▸ IN WENDUNGEN: **im Fluss sein** (*sich verändern*) be in a state of flux

flussabwärts downstream **flussaufwärts** upstream **Flussbett** river bed

flüssig ① (*nicht fest*) liquid; *Metall, Glas:* molten ['məʊltən] ② **flüssig sein** (*umgangsspr*) be in funds [*oder* solvent]

Flüssigkeit ① (*flüssiger Stoff*) liquid ② (*Zustand*) liquidity

Flusskrebs crayfish GB, crawfish USA **Flussniederung** river plain **Flusspferd** hippopotamus [ˌhɪpə'pɒtəməs] **Flussufer** riverbank

flüstern whisper ▸ IN WENDUNGEN: **das kann ich dir flüstern** take it from me

Flut ① flood [*oder* high] tide; **es ist Flut** the tide is coming in ② (*Menge*) flood [flʌd] **fluten** flood **Flutlicht** floodlight [flʌdlaɪt] **Flutwelle** tidal wave [ˌtaɪdl'weɪv]

Fohlen (*junges Pferd*) foal; (*Hengst*) colt [kəʊlt]; (*Stute*) filly **fohlen** foal

Föhn[1] (*Wind*) foehn, föhn

Föhn[2] (*Haartrockner*) hair-dryer **föhnen** blow-dry

Föhre (*Nadelbaum*) Scots pine

Folge ① (*Aufeinanderfolge*) succession [sək'seʃn]; (*Reihenfolge*) order; (*Serie*) series ⚠ *singular;* (*in der Mathematik*) sequence ② (*im Radio, TV*) episode ③ (*Konsequenz*) consequence ['kɒnsɪkwəns]; (*Ergebnis*) result; **als Folge davon** in consequence [*oder* as a result]; **dies hatte zur Folge, dass ...** the consequence [*oder* result] of this was that ...; **die Folgen tragen** take the consequences

folgen ① (*verstehen*) follow ② (*resultieren*) follow (**aus** from); **es folgt daraus, dass ...** hence it follows that ... ③ (*gehorchen*) do as one is told ④ **Fortsetzung folgt** to be continued

folgende(r,s) following; **am folgenden Tag** the following day; **er schreibt Folgendes ...** he writes [as follows] ...; **es handelt sich um Folgendes ...** the matter is this ... **folgendermaßen** as follows **folgenschwer** with serious consequences **folgerichtig** consistent [kən'sɪstənt], logical

folgern conclude (**aus** from)

folglich consequently ['kɒnsɪkwəntlɪ]

folgsam obedient

Folie (*Metallfolie, Schicht*) foil; (*Plastikfolie*) film

Folklore folklore **folkloristisch** folkloric

Folter ① torture ['tɔːtʃə] ② (*übertragen*) tor-

Ff

ment ▶ IN WENDUNGEN: **jemanden auf die Folter spannen** keep someone in suspense

foltern torture **Folterung** torture

Fon ❶ (*umgangsspr*) phone ❷ (*technisch*) phon

Fond (*im Auto*) back, rear

Fonds (*Geldreserve*) funds *plural;* (*Schuldverschreibung*) government bond

Fontäne ❶ (*Strahl*) jet ❷ (*Springbrunnen*) fountain ['faʊntɪn]

foppen (*umgangsspr*) **jemanden foppen** make a fool of someone

forcieren force

Förderanlage hauling plant **Förderband** conveyor belt **Förderkorb** mine cage

förderlich beneficial; **jemandem/einer Sache förderlich sein** be beneficial to someone/something

fordern ❶ (*verlangen*) demand [dɪ'mɑːnd] (**von** of); (*Anspruch erheben*) claim ❷ (*herausfordern*) challenge ['tʃælɪndʒ] ❸ **richtig** [*oder* **wirklich**] **gefordert werden** be faced with a real challenge ❹ **etwas fordert Anstrengung** something demands an effort ❺ **der Unfall forderte viele Leben** the accident claimed many lives

fördern ❶ (*unterstützen*) support; (*finanziell*) sponsor ❷ (*propagieren*) promote ❸ extract *Bodenschätze;* mine *Erz, Kohle* ❹ **zu Tage fördern** bring to light

Förderturm winding tower

Forderung (*Verlangen*) demand (**nach** for); *von Lohn:* claim (**nach** for)

Förderung ❶ (*Unterstützung*) support; (*finanzielle*) sponsorship ❷ (*Voranbringen*) promotion ❸ (*Bergbau*) extraction; *von Kohle, Erz:* mining

Forelle trout [traʊt]

Form ❶ form; (*Umriss, Gestalt*) shape ❷ (*Gießform*) mould [məʊld]; (*Backform*) baking tin (GB), baking pan (USA) ❸ (*Kondition*) condition, form ❹ **einer Sache Form geben** [*oder* **verleihen**] shape something; **feste Formen annehmen** take shape ❺ **der Form wegen** for form's sake

formal ❶ formal ❷ (*äußerlich*) technical

Formalität formality

Format ❶ format ❷ (*Niveau*) quality; (*Rang*) stature; **ein Staatsmann von Format** a statesman of high calibre [*oder* (USA) caliber]

formatieren format **Formatierung** formatting

formbar malleable ['mæliəbl]

Formblatt [blank] form

Formel ❶ formula ❷ (*Wortlaut*) *von Eid, Brief:* wording ❸ **Formel-1-Rennen** Formula-One race

formell formal

formen form, shape **Formenlehre** morphology [mɔː'fɒlədʒi]

Formfehler flaw [flɔː]

formieren ❶ form *Zug, Kolonne;* draw up *Truppen* ❷ **sich formieren** form up

förmlich ❶ (*formell*) formal ❷ (*regelrecht*) positive, real **Förmlichkeit** formality

formlos ❶ (*gestaltlos*) formless ❷ (*zwanglos*) casual ❸ *Antrag:* unaccompanied by any forms

Formular form (GB), blank (USA); **ein Formular ausfüllen** fill in a form (GB), fill out a blank (USA) **formulieren** formulate, word; put *Sachverhalt*

forsch (*nassforsch*) brash

forschen ❶ (*suchen*) search [sɜːtʃ] (**nach** for) ❷ (*wissenschaftlich*) do research ['riːsɜːtʃ] work, research [rɪ'sɜːtʃ]

Forscher(in) (*Wissenschaftler*) research scientist

Forschung research [rɪ'sɜːtʃ] ⚠ *kein Artikel;* **Forschung betreiben** do research ['riːsɜːtʃ] **Forschungssatellit** research satellite

Forst forest **Forstamt** forestry office **Forstarbeiter(in)** forestry worker **Förster(in)** forester ['fɒrɪstə] (GB), forest ranger (USA) **Forsthaus** forester's lodge (GB), ranger's lodge (USA) **Forstwirtschaft** forestry

fort ❶ (*weg*) away; (*verschwunden*) gone; **ich muss fort** I must be off ❷ (*weiter*) on; **in einem fort** without a break; **und so fort** and so on, and so forth

fortbewegen move [muːv] **Fortbewegung** locomotion **Fortbewegungsmittel** means of transport

fortbilden **jemanden/sich fortbilden** continue someone's/one's education **Fortbildung** further education; **berufliche Fortbildung** further training

fortbringen take away; (*zur Reinigung, Reparatur*) take in

fortdauern continue [kən'tɪnjuː]

fortfahren ❶ (*wegfahren*) go [*oder* drive] away ❷ **mit etwas fortfahren** continue [kən'tɪnjuː] with something; **fortfahren,**

etwas zu tun continue doing something

fortfallen ❶ (*abgeschafft werden*) be abolished ❷ (*nicht mehr erfolgen*) be stopped ❸ (*aufhören zu existieren*) cease [siːs] to exist ❹ (*nicht mehr zutreffen*) cease to apply

fortführen ❶ (*fortsetzen*) continue [kən'tɪnjuː] go on with *Beschäftigung;* carry on *Geschäft, Krieg* ❶ (*wieder aufnehmen*) resume **Fortführung** continuation [kənˌtɪnju'eɪʃn]

fortgehen go away; **von zu Hause fortgehen** leave home

fortgeschritten advanced [əd'vaːnst]; (*Stunde*) late

fortgesetzt continual [kən'tɪnjuəl], incessant [ɪn'sesnt]

fortjagen chase away/off/out

fortkommen ❶ (*wegkommen*) get away ❷ (*vorankommen*) get on well ❸ (*abhanden kommen*) disappear [ˌdɪsə'pieʳ]

fortlaufen run away; **jemandem fortlaufen** run away from someone **fortlaufend** ongoing; (*andauernd*) continual [kən'tɪnjuəl]

fortleben live on

fortpflanzen reproduce [ˌriːprə'djuːs] **Fortpflanzung** reproduction [ˌriːprə'dʌkʃn]; *von Pflanzen:* propagation [ˌprɒpə'geɪʃn]

fortschaffen remove

fortschicken send away

Fortschritt ❶ progress ['prəʊgres] ❷ (*wissenschaftlich*) advance [əd'vɑns] ❸ **Fortschritte machen** [*oder* **erzielen**] make progress **fortschrittlich** progressive [prə'gresɪv]

fortsetzen (*fortführen*) continue [kən'tɪnjuː]; **wird fortgesetzt** to be continued **Fortsetzung** instal[l]ment; **Fortsetzung folgt** to be continued

fortwährend continual [kən'tɪnjuəl], incessant [ɪn'sesnt]

fossil (*auch Brennstoff*) fossil [fɒsl]

Foto photo ['fəʊtəʊ]; **ein Foto [von jemandem/etwas] machen** take a photo [of someone/something]

Fotoapparat camera [kæmərə]

Foto-CD photo CD

fotogen photogenic

Fotograf(in) photographer [fə'tɒgəfə]

Fotografie ❶ (*Technik*) photography [fə'tɒgrəfi] ❷ (*Foto*) photograph ['fəʊtəgrɑːf]

fotografieren ❶ take pictures ❷ **jemanden fotografieren** take a photograph of someone; **sich fotografieren lassen** have one's photo[graph] taken

Fotokopie photocopy ['fəʊtəˌkɒpi] **fotokopieren** photocopy **Fotokopiergerät** photocopying machine

Fotosatz photo composition

Fotosynthese photosynthesis [ˌfəʊtə'sɪnθəsɪs]

Fötus fetus

Fötzel Ⓒⓗ (*Taugenichts*) good-for-nothing

foulen foul

Fracht ❶ (*Ladung*) freight [freɪt]; (*Schiffsfracht*) cargo ❷ (*Frachtgebühr*) freight[age] **Frachtbrief** consignment [kən'saɪnmənt] note; *von Schiff:* bill of lading **Frachter** freighter ['freɪtəʳ] **Frachtflugzeug** freight plane, freighter **frachtfrei** carriage ['kærɪdʒ] paid [*oder* free] **Frachtgut** freight **Frachtraum** ❶ (*Raum für die Fracht*) hold ❷ (*Ladekapazität*) cargo space **Frachtschiff** cargo ship, freighter

Frack tail coat; **im Frack** in tails ⚠ *plural*

Frage ❶ question ❷ (*Problem*) problem ❸ **etwas in Frage stellen** call something into question ❹ **in Frage kommen** be considered; **nicht in Frage kommen** be out of the question ❺ **ohne Frage** without doubt

Fragebogen questionnaire [ˌkwestʃə'neə]

fragen ❶ ask; **etwas fragen** ask a question; **nach jemandem/etwas fragen** ask after someone/about something ❷ **sich etwas fragen** wonder ['wʌndə]; **da fragt man sich doch wirklich, ob …** one can't help wondering if …

Fragerei (*abwertend*) questions ⚠ *plural;* **was soll diese Fragerei?** what's with all these questions?

Fragesatz interrogative [ˌɪntə'rɒgətɪv] sentence **Fragestellung** ❶ (*Formulierung einer Frage*) formulation of a question ❷ (*Problem, Frage*) question **Fragestunde** (*im Parlament*) question time **Fragewort** interrogative **Fragezeichen** question mark

fraglich ❶ (*in Frage stehend*) in question; (*attributiv*) questionable ['kwestʃənəbl] ❷ (*zweifelhaft*) doubtful ['daʊtfl] ❸ (*ungewiss*) uncertain

fragwürdig ❶ doubtful ['daʊtfl] ❷ (*dubios*) dubious ['djuːbiəs]

Fraktion parliamentary party Ⓖⓑ, congressional party (USA) **Fraktionsführer(in)** leader of the parliamentary party

Fraktur fracture

frank frank, open; **frank und frei** frankly, openly

Franken ① (*Währung*)[Swiss] franc ② (*Land*) Franconia

frankieren (*manuell*) stamp; (*maschinell*) frank

franko (*bei der Postbeförderung*) postpaid, P.P.; (*frei Haus*) *Lieferung:* carriage ['kærɪdʒ] paid

Frankreich France

Franse ① fringe; ② *von Haar:* strand of hair

Franzose Frenchman; **die Franzosen** the French **Französin** Frenchwoman **französisch** French

Fraß (*abwertend*) muck *umgangsspr*

Fratze ① (*Grimasse*) grimace ['grɪməs]; **jemandem Fratzen schneiden** pull a face at someone ② (*umgangsspr: hässliches Gesicht*) ugly face

Frau woman; (*Ehefrau*) wife; (*Anrede*) Mrs[.] ['mɪsɪz]; (*Familienstand unbekannt*) Ms[.] [məz]

> **i Land & Leute** Die Anrede **Ms** zeigt nicht, ob eine Frau verheiratet ist oder nicht. Viele Frauen bevorzugen daher diese Anrede gegenüber **Miss** oder **Mrs**, wenn sie ihren Familienstand nicht unbedingt nennen wollen.

Frauenarzt gynaecologist [ˌgaɪnə'kɒlədʒɪst] (GB), gynecologist (USA)

Frauenärztin gynaecologist [ˌgaɪnə'kɒlədʒɪst] (GB), gynecologist (USA) **Frauenbeauftragte(r)** official women's representative **Frauenbewegung** feminist movement

Frauenförderung promotion of women **Frauenhaus** women's refuge ['refjuːdʒ], refuge [for battered women] **Frauenklinik** gynaecological [ˌgaɪnəkə'lɒdʒɪkl] hospital [*oder* clinic] **Frauenleiden** gynaecological (GB) [*oder* (USA) gynecological] illness **Frauenzeitschrift** women's magazine

Fräulein ① (*junge Frau*) young lady ② (*Anrede*) Miss; (*Kellnerin*) waitress

frech ① insolent; (*unverschämt*) impudent ② (*umgangsspr: keck*) cheeky (GB), fresh (USA), sassy (USA); **sei nicht so frech!** don't be [so] cheeky! ③ **freche Unterwäsche** saucy undies

Frechdachs (*umgangsspr*) cheeky monkey

Frechheit ① (*Verhalten*) cheek[iness], impudence, insolence ② (*Bemerkung, Handlung*) bit of impudence [*oder* cheek]; **so eine Frechheit!** what a cheek!

Fregatte frigate ['frɪgət]

frei ① (*unabhängig*) free; (*freiberuflich*) freelance; **ich arbeite als freier Mitarbeiter** I work freelance; (*privat, nichtstaatlich*) private ② *Posten, Amt, Wohnung:* vacant; *Taxi:* for hire ③ (*kostenlos*) free; **Eintritt frei!** admission free! ④ (*freisinnig*) liberal; (*freimütig*) free ⑤ **frei verfügbar** available ⑥ **einen Tag freibekommen/-haben/-nehmen** get/have/take a day off; **sie hat heute Abend frei** she is off tonight ⑦ **unter freiem Himmel** in the open air; **auf freier Strecke** (*bei einer Bahnfahrt*) between stations *plural* ⑧ **aus freien Stücken** of one's own free will ⑨ **ich bin so frei** may I? ⑩ **freie Marktwirtschaft** free-market economy

Freibad open-air [swimming] pool

freiberuflich self-employed; *Journalist, Autor:* freelance **Freibetrag** (*bei Steuern*) tax allowance

Freie **im Freien** in the open [air]

Freier *einer Prostituierten:* punter, client (GB), john (USA)

freigeben ① release (**für, an** to); set free *Gefangenen;* decontrol *Preise* ② (*eröffnen*) open; **für die Öffentlichkeit freigeben** open to the public ③ pass *Film*

Freigepäck baggage allowance **freig(i)ebig** generous **Freihafen** free port

freihalten ① save *Platz;* (*reservieren*) keep ② **jemanden freihalten** (*für ihn/sie bezahlen*) pay for someone

Freihandel free trade **Freihandelszone** **Europäische Freihandelszone** European Free Trade Area, EFTA

freihändig (*Zeichnen*) freehand; (*Radfahren*) without hands

Freiheit ① freedom; (*als Idealvorstellung*) liberty ['lɪbətɪ] ② (*Privileg*) freedom; **sich Freiheiten herausnehmen** take liberties

freiheitlich liberal

Freiheitsstrafe prison ['prɪzn] sentence; **eine Freiheitsstrafe von vier Jahren** four years' imprisonment [ɪm'prɪzənmənt]

Freikarte free [*oder* complimentary] ticket

Freikörperkultur nudism

Freilandei free-range egg

freilassen set free; (*Häftling*) release [rɪ'liːs] (**aus** from); **gegen Kaution freilassen** release on bail

freilegen (*auch übertragen*) expose

Freileitung overhead cable

freilich ① (*natürlich*) certainly, of course, sure (USA) ② (*allerdings*) admittedly ③ **ja freilich!** to be sure! yes, of course!

Freilichtbühne open-air theatre

freimachen ① (*frankieren*) stamp; (*maschinell*) frank ② (*nicht arbeiten*) take time off ③ **sich freimachen** take one's clothes off

Freimaurer Freemason

freimütig candid, frank, open

freisprechen **jemanden von etwas freisprechen** acquit [ə'kwɪt] someone of something **Freispruch** acquittal [ə'kwɪtl]; **die Verteidigung plädierte auf Freispruch** the defence pleaded not guilty

Freistaat free state

freistehen ① *Wohnung:* be empty ② **etwas steht jemandem frei** something is up to someone

freistellen ① (*ausnehmen, befreien*) exempt (**von** from) ② release [rɪ'liːs] *Arbeiter, Angestellte* (**für** for) ③ **jemandem etwas freistellen** leave something [up] to someone

Freistoß (*Fußball*) free kick

Freitag Friday ['fraɪdeɪ]

Freitod suicide ['suːɪsaɪd]

Freitreppe flight of steps

Freiumschlag stamped envelope; **adressierter Freiumschlag** stamped addressed envelope

Freiwild (*übertragen*) fair game

freiwillig voluntary ['vɒləntri]; *Schulbesuch, Krankenversicherung:* optional **Freiwillige(r)** volunteer [ˌvɒlən'tiə]

Freizeichen dialling tone **Freizeit** leisure ['leʒə] time, free time **Freizeitausgleich** time off in lieu [ljuː] **Freizeithemd** casual shirt ['kæʒjuəl] **Freizeitkleidung** ① casual clothes ⚠ *plural* ② (*Warengattung*) leisure wear ['leʒəweə] **Freizeitpark** amusement park

freizügig ① (*liberal*) liberal ['lɪbrəl] ② (*offen, geradeheraus*) permissive [pə'mɪsɪv]

fremd ① (*anders, unvertraut*) strange; (*ausländisch*) foreign ② **jemandem** [*oder* **für jemanden**] **fremd sein** be unknown to someone ③ (*jemand anderem gehörend*) someone else's ④ **ich bin hier fremd** I am a stranger here

fremdartig strange; (*exotisch*) exotic

Fremde foreign ['fɒrən] parts ⚠ *plural;* **in der Fremde** in foreign parts

Fremde(r) ① (*unbekannte Person*) stranger ② (*Ausländer*) foreigner ['fɒrɪnəʳ]

fremdeln be shy with [*oder* towards] strangers

Fremdenführer(in) guide **Fremdenlegion** Foreign ['fɒrən] Legion **Fremdenverkehr** tourism **Fremdenverkehrszentrum** tourist centre [*oder* (USA) center] **Fremdenzimmer** guest [gest] room

Fremdkörper foreign ['fɒrən] body *auch übertragen*

Fremdsprache foreign ['fɒrən] language **Fremdsprachensekretärin** bilingual [baɪ'lɪŋgwəl] secretary

fremdsprachlich **fremdsprachlicher Unterricht** [foreign-]language teaching

Fremdwort foreign ['fɒrən] word

frenetisch frenetic [frə'netɪk], frenzied ['frenzid]

Frequenz (*Häufigkeit*) frequency ['friːkwənsi]

Fressalien (*umgangsspr*) grub ⚠ *singular*

Fresse ① (*Mund*) gob *slang,* trap *slang;* **halt endlich deine Fresse!** will you shut your trap! ② (*Gesicht*) mug *slang*

Fressen ① (*für Tiere*) food ② (*Fraß*) grub *umgangsspr* ▸ IN WENDUNGEN: **ein gefundenes Fressen** a heaven-sent opportunity

fressen ① *Tiere:* eat, feed; (*slang*) *Menschen:* eat, nosh *slang* ② **etwas fressen** *Tiere:* feed on something; (*slang*) *Menschen:* scoff [*oder* guzzle] something *slang* ③ (*verbrauchen*) gobble up *umgangsspr* ④ *Hass, Neid:* eat up *Mensch* ⑤ (*sich hineinbohren*) eat one's way (**durch** through, **in** into)

Fresssucht voracity, gluttony

Frettchen ferret

Freude ① joy (**über** at) ② (*Entzücken*) delight (**über** at) ③ (*Vergnügen*) pleasure ['pleʒəʳ] ④ **vor Freude außer sich sein** be mad with joy ⑤ **jemandem eine Freude machen** do something to please someone **Freudengeschrei** shrieks [ʃriːks] ⚠ *plural* of joy **Freudentränen** tears [tɪəz] of joy

freudestrahlend beaming with delight
freudig ① (*froh*) joyful; (*bereitwillig*) willing ② (*glücklich, beglückend*) happy; **ein freudiges Ereignis** (*Geburt*) a happy event
freudlos joyless
freuen ① **das freut mich** I'm really pleased; **es freut mich zu .../, [dass ...]** I'm pleased to ... [that ...] ② **sich über etwas freuen** be pleased [*oder* glad] about something ③ **sich auf etwas freuen** look forward to something; **sich auf jemanden freuen** look forward to seeing [*oder* meeting] someone
Freund ① friend [frend]; **jemanden zum Freund haben** have someone for a friend, be friends with someone ② (*Liebhaber*) boyfriend ③ **kein Freund von Katzen** no lover of cats **Freundchen** (*umgangsspr*) my friend *ironisch;* **Freundchen, Freundchen!** (*als Warnung*) watch it, mate!, just you watch it!
Freundin ① friend [frend] ② (*in Liebesbeziehung*) girlfriend
freundlich ① (*wohlgesonnen*) friendly ② (*gütig, nett*) kind (**zu** to) ③ (*angenehm*) pleasant ['pleznt]; (*heiter*) cheerful ④ **wären Sie wohl so freundlich zu ...?** would you be so kind as to ...? **Freundlichkeit** ① friendliness ['frendlɪnəs] ② (*nette Art*) kindliness ③ (*Heiterkeit*) cheerfulness ④ (*Gefälligkeit*) favour ['feɪvəʳ], kindness
Freundschaft friendship [frenʃɪp]; **mit jemandem Freundschaft schließen** make friends with someone **freundschaftlich** friendly ['frendli]
Freundschaftsspiel friendly [match] ['frendli]
Frevel ① (*Verbrechen*) crime (**an** against) ② (*Sakrileg*) sacrilege ['sækrɪlɪdʒ] **frevelhaft** sacrilegious [ˌsækrɪ'lɪdʒəs], sinful
Friede(n) ① peace ② (*Ruhe*) tranquillity ③ **Frieden schließen** make peace ▸ IN WENDUNGEN: **um des lieben Friedens willen** (*umgangsspr*) for the sake of peace and quiet; **lass mich in Frieden!** leave me alone!
Friedensbewegung peace movement **Friedensrichter(in)** ① justice of the peace, J.P. ② (CH) arbitrator, arbiter **Friedensstifter(in)** peacemaker **Friedensverhandlungen** peace negotiations [nɪˌgəʊʃi'eɪʃnz] **Friedensvertrag** peace treaty
friedfertig peaceable
Friedhof cemetery ['semətri]
friedlich ① peaceful ['piːsfl]; (*friedfertig*) peaceable ② **nun sei doch endlich friedlich!** (*umgangsspr*) now, give it a rest!
friedliebend peace-loving
frieren freeze; **ich friere** I am [*oder* feel] cold
frigide frigid
Frikadelle meatball
Frisbeescheibe® frisbee disc®
frisch ① fresh; *Obst:* fresh-picked; (*noch feucht*) wet ② (*kühl*) chilly ['tʃɪli], cool; **ein frischer Wind** a fresh wind; (*übertragen*) a wind of change ③ (*munter*) bright, cheery ④ **frisch gestrichen!** wet [*oder* fresh (USA)] paint! ⑤ **frisch verheiratet** newly married
Frischhaltedatum sell-by date **Frischhaltefolie** clingfilm **Frischhaltepackung** air-tight [*oder* vacuum] pack[age]
Frischkäse cream cheese; **körniger Frischkäse** cottage cheese
Frischzelle live cell
Friseur(in) hairdresser; (*für Herren auch*) barber ['bɑːbə]
Friseur(salon) (*für Damen*) hairdresser's (GB), beauty salon (USA); (*für Herren auch*) barber's
frisieren ① **jemanden frisieren** do someone's hair; (*kämmen*) comb someone's hair ② (*umgangsspr: manipulieren*) fiddle; **die Bilanz frisieren** (*umgangsspr*) cook the books ③ hot [*oder* soup] up *Auto* ④ **sich frisieren** do one's hair **Frisiersalon** (*für Damen*) hairdressing salon
Frisör(in) hairdresser; (*für Herren auch*) barber ['bɑːbə]
Frist ① (*Zeitraum*) period ['pɪerɪəd]; **jemandem mit einer Frist von einer Woche kündigen** to give someone a week's notice ② (*Zeitpunkt*) deadline ['dedlaɪn] (**für, zu** for); (*Zahlungsziel*) last date for payment; (*Fristverlängerung, Aufschub*) period of grace; **eine Frist einhalten/versäumen** meet/miss a deadline
fristgerecht within the period stipulated **fristlos** without notice
Frisur hairstyle
Fritteuse deep-fryer **frittieren** deep-fry
frivol frivolous
froh ① glad; (*erfreut*) pleased; **über etwas froh sein** be glad about [*oder* pleased with] something ② (*erfreulich*) happy ③ **frohe**

Ostern/Weihnachten! Happy Easter/ Merry Christmas ['krɪsməs]!
fröhlich cheerful ['tʃɪəfl] **Fröhlichkeit** cheerfulness
Frohnatur cheerful ['tʃɪəfl] nature
Frohsinn cheerfulness
fromm (*gläubig*) religious [rɪ'lɪdʒəs]; **ein frommer Christ/Jude** a devout Christian/ Jew; *Leben:* pious ['paɪəs]
Fronarbeit (CH) voluntary work
frönen indulge; **einer Sache frönen** indulge in something
Fronleichnam(sfest) [Feast of] Corpus Christi
Front ① (*Vorderseite*) front [frʌnt] ② (*Wetterfront*) front ③ (*im Krieg*) front; (*Kampflinie*) front line ④ (*Spitze*) lead [li:d] ▸ IN WENDUNGEN: **die Fronten wechseln** change sides
frontal frontal [frʌntl]; **frontal zusammenstoßen** *Auto:* crash head-on **Frontalzusammenstoß** head-on collision
Frontscheibe windscreen (GB), windshield (USA)
Frosch frog ▸ IN WENDUNGEN: **komm, sei kein Frosch!** (*umgangsspr*) come on, be a sport! **Froschperspektive** worm's eye view **Froschschenkel** frog's leg
Frost frost; **strenger/eisiger Frost** heavy/ crisp frost **Frostbeule** chilblain ['tʃɪlbleɪn]
frösteln shiver
frostig frosty
Frostschutzmittel antifreeze ['æntɪfri:z]
Frottee terry towelling **Frotteehandtuch** terry towel
frotzeln (*umgangsspr*) tease; **über jemanden frotzeln** make fun of someone
Frucht fruit [fru:t]; **Früchte tragen** (*auch übertragen*) bear fruit
fruchtbar ① fertile ['fɜ:taɪl]; (*übertragen auch*) prolific ② (*nutzbringend*) productive **Fruchtbarkeit** fertility [fɜ:'tɪləti]
Fruchtblase amniotic [ˌæmni'ɒtɪk] sac
fruchten **nichts fruchten** be fruitless
Fruchtfleisch flesh [of a fruit]
fruchtlos fruitless
Fruchtsaft fruit [fru:t] juice
Fruchtwasseruntersuchung amneocentesis
Fruchtwechsel crop rotation
Fruchtzucker fructose
früh ① early ['ɜ:li]; **früh aufstehen** rise early; **heute/morgen früh** this/tomorrow morning; **es ist noch früh am Tag** it's still early in the day; **von früh bis spät** from morning till night ② (*schon in der Kindheit*) at an early age
Frühaufsteher(in) early ['ɜ:li] riser, early bird
Frühe **in aller Frühe** at the crack of dawn
früher ① earlier ['ɜ:liəʳ]; **früher am Abend** earlier on in the evening; **früher aufstehen** get up [*oder* rise] earlier ② (*ehemalig*) former; (*vorherig*) previous ['pri:vɪəs] ③ formerly, previously ['pri:vɪəsli] ④ **ich habe ihn früher einmal gekannt** I used to know him; **es ist alles genau wie früher** everything's just as it used to be ⑤ **früher oder später** sooner or later
Früherkennung early diagnosis
frühestens at the earliest; **wann kannst du frühestens kommen?** what is the earliest you can come?; **das Kleid ist frühestens in zwei Wochen fertig** it will take at least two weeks to make the dress
Frühgeburt ① (*zu frühe Geburt*) premature birth [ˌpremətʃə'bɜ:θ] ② (*zu früh geborenes Kind*) premature baby
Frühjahr spring **Frühjahrsmüdigkeit** springtime lethargy ['leθədʒi]
Frühling spring **Frühlings-** spring
frühmorgens early in the morning
Frühpensionierung early retirement
frühreif ① (*körperlich*) mature at an early age ② (*im Benehmen*) precocious [prɪ'kəʊʃəs]
Frühschicht early shift
Frühstück breakfast ['brekfəst]; **zum Frühstück** for breakfast; **Übernachtung und Frühstück** bed and breakfast **frühstücken** have breakfast
frühzeitig ① (*früh*) early ② (*vorzeitig*) premature
Frust (*umgangsspr*) frustration **Frustration** frustration **frustrieren** frustrate
Fuchs ① (*auch Pelz*) fox ② (*Pferd*) chestnut; (*Rotfuchs*) sorrel **Fuchsbau** fox's den **Füchsin** vixen ['vɪksn] **Fuchsjagd** fox-hunt[ing] **Fuchsschwanz** ① *eines Fuchses:* fox's tail [*oder* brush] ② (*Säge*) handsaw
fuchsteufelswild (*umgangsspr*) hopping mad
Fuchtel (A) (*zänkische Frau*) shrew ▸ IN WENDUNGEN: **unter jemands Fuchtel stehen** be under someone's thumb
Fuge[1] ① joint [dʒɔɪnt] ② (*Falz*) groove ▸ IN WENDUNGEN: **aus den Fugen geraten** come apart [at the seams], go awry [ə'raɪ]
Fuge[2] (*Musikstück*) fugue [fju:g]
fügen ① (*platzieren*) place ② (*nachgeben*)

sich fügen be obedient; **er fügte sich in sein Schicksal** he resigned himself to his fate **Fügung** chance; (*Zusammentreffen*) coincidence [kəʊ'ɪnsɪdəns]; **eine** [**göttliche**] **Fügung** providence

fühlbar ① (*greifbar*) palpable ② (*deutlich*) marked ③ (*wahrnehmbar*) perceptible

fühlen feel; (*Puls*) take

Fühler *von Insekten, Schnecken:* antenna, feeler ▸ In Wendungen: **seine Fühler nach etwas ausstrecken** put out feelers towards something

Fuhre (*Ladung*) load

führen ① (*anführen, vorangehen*) lead ② (*bringen, geleiten*) take; guide *Touristen, Blinde* ③ (*im Sortiment haben*) carry, keep ④ drive *Fahrzeug;* sail *Schiff;* fly *Flugzeug;* operate *Fahrstuhl, Bagger* ⑤ run *Unternehmen;* command *Armee, Kompanie* ⑥ (*tragen, transportieren*) carry ⑦ **was führt Sie zu mir?** what brings you here? ⑧ (*bewirken*) **zu etwas führen** lead to something; **zu nichts führen** come to nothing ⑨ (*an der Spitze, in Führung sein*) lead; (*im Sport*) be in the lead (**um, mit** by) ⑩ *Weg, Straße, Fahrstuhl:* go; *Leitung, Kabel:* run ⑪ **wohin soll das bloß führen?** where is this leading us? ⑫ **sich gut/schlecht führen** conduct oneself well/badly

> **? Grammatik** **lead — led — led:** *Anna led her pony into the stable; the old cat has led a pleasant life.*

führend leading; *Persönlichkeit:* prominent

Führer(in) ① leader; (*Oberhaupt, Anführer*) head ② *von Fahrzeug:* driver ③ (*Fremdenführer*) guide ④ (*Buch*) guide

Führerausweis (CH) driving licence

Führerflucht (CH) hit-and-run [driving]

führerlos *Partei:* leaderless, without a leader

Führerschein driving licence (GB), driver's license (USA); **er macht gerade den Führerschein** he is learning to drive **Führerscheinentzug** disqualification from driving **Führerscheinprüfung** driving test

Fuhrpark fleet [of vehicles]

Führung ① (*Vorsprung*) lead; **in Führung liegen** be in the lead ② (*Verantwortung*) direction, guidance; (*Armee*) command [kə'mɑːnd]; (*Unternehmensführung*) management; (*Parteiführung*) leadership ③ (*in der Technik*) guide[way] ④ (*Verhalten*) conduct ⑤ (*Besichtigung*) guided tour (**durch** of)

Führungskraft ① executive ② (*in der Politik*) leader **Führungsspitze** top management **Führungszeugnis** certificate of conduct

Fuhrunternehmen haulage ['hɔːlɪdʒ] firm **Fuhrunternehmer(in)** haulage contractor

Fülle ① (*Vollsein*) fullness ② (*Körperfülle*) corpulence ③ (*Überfülle*) abundance [ə'bʌndəns]; **in Hülle und Fülle** in abundance; **eine Fülle von Problemen/Fragen** a whole host of problems/questions

füllen ① fill; stuff *Gans, Huhn* ② **eine Lücke füllen** stop a gap; **etwas voll füllen** fill something up, fill up something ③ **sich füllen** fill up

Füller, Füllfederhalter fountain pen

Füllgewicht ① (*Nettogewicht*) net weight ② *einer Waschmaschine:* maximum load

Füllung ① filling; *von Essen auch:* stuffing; *von Praline:* centre (GB), center (USA) ② (*Türfüllung*) panel ③ (*Zahnfüllung*) filling

fummeln (*umgangsspr*) fumble (**an** with)

Fundament foundation; **das Fundament für etwas schaffen** lay the foundations for something

fundamental fundamental **Fundamentalist(in)** fundamentalist

Fundbüro lost-property office (GB), lost and found office [*oder* department] (USA)

Fundgrube treasure ['treʒəʳ] trove

fundieren (*begründen*) found; **gut fundiert** well-founded

Fundsachen lost property ⚠ *nur im Singular*

fünf five ▸ In Wendungen: **fünfe gerade sein lassen** turn a blind eye **Fünfeck** pentagon **fünffach** fivefold **fünfhundert** five hundred **fünfmal** five times **Fünftagewoche** five-day week **fünftausend** five thousand **Fünftel** fifth **fünftens** in the fifth place **fünfzehn** fifteen **fünfzig** fifty

fungieren function; **als Bote fungieren** act as a messenger

Funk radio

funkeln sparkle; *Edelstein:* glitter; *Augen:* gleam; (*vor Zorn*) flash; *Stern:* twinkle

funkelnagelneu (*umgangsspr*) brand-new

Funken spark

funken ① **SOS funken** radio an SOS ② (*senden*) radio

Funkgerät ① radio set; (*umgangsspr*) walkie-talkie ② (*Funkausrüstung*) radio equipment **Funkhaus** broadcasting station **Funkkolleg** educational radio broadcasts ⚠ *plural* **Funksprechgerät** walkie-talkie **Funkstation** radio station **Funkstille** radio silence ▶ IN WENDUNGEN: **bei den beiden herrscht Funkstille** (*umgangsspr*) they are no longer talking to each other

Funktion (*Amt*) office; **eine Funktion übernehmen** take up a position

funktional functional

Funktionär(in) functionary

funktionieren function, work

Funktionstaste (*an der Tastatur*) function key

Funkturm radio tower **Funkverbindung** radio contact **Funkverkehr** radio traffic, wireless communication

für ① for ② (*anstatt*) instead of, for ③ (*zugunsten von*) in favour of, for ④ (*als Gegenleistung*) [in exchange] for ⑤ **was für ein Mann ist er?** what kind of a man is he? ⑥ **Schritt für Schritt** step by step; **Tag für Tag** day after day; **Wort für Wort** word for word ⑦ **an und für sich** actually

Furche (*Ackerfurche, Falte*) furrow ['fʌrəʊ]

Furcht fear; **Furcht erregend** fearful, terrifying

furchtbar awful ['ɔːfl], dreadful ['dredfl], terrible ['terəbl]

fürchten ① **etwas fürchten** be afraid of something, fear something ② fear (**um, für** for) ③ **sich vor etwas fürchten** be afraid of something

fürchterlich dreadful ['dredfl], terrible ['terəbl]

furchtlos fearless, intrepid

füreinander for one another, for each other

Furnier veneer [və'nɪeʳ] **furnieren** veneer

Fürsorge ① (*Betreuung*) care ② (*Sozialfürsorge*) welfare ['welfeə] ③ (*umgangsspr: Fürsorgeunterstützung*) relief [rə'liːf], assistance

Fürsorgeamt (CH) social security office **fürsorglich** careful

Fürsprecher(in) (CH) barrister

Fürst prince **Fürstentum** principality **Fürstin** princess [ˌprɪn'ses] **fürstlich** ① princely ② (*üppig*) lavish

Furunkel boil

Furz (*umgangsspr*) fart **furzen** fart *umgangsspr*

Fusion ① fusion ② (*in der Wirtschaft*) merger **fusionieren** merge (**mit** with)

Fuß ① (*auch Längenmaß*) foot ② *von Stuhl, Tisch:* leg ③ **zu Fuß** on foot ▶ IN WENDUNGEN: **Fuß fassen** establish oneself; **kalte Füße bekommen** get cold feet; **auf eigenen Füßen stehen** stand on one's own two feet; **auf großem Fuß leben** live in style; **jemanden auf freien Fuß setzen** set someone free

Fußabdruck footprint **Fußabstreifer, Fußabtreter** doormat, footscraper

Fußball ① [association] football (GB), soccer (USA) ② (*der Ball*) football (GB), soccer ball (USA)

Fußballer(in) (*umgangsspr*) footballer **Fußballmannschaft** football team (GB), soccer team (USA) **Fußballplatz** football pitch (GB), soccer ground (USA) **Fußballspiel** football match (GB), soccer match (USA) **Fußballspieler(in)** footballer **Fußballstadion** football stadium **Fußballtoto** football pools ⚠ *plural*

Fußbank footstool **Fußboden** floor **Fußbodenheizung** underfloor heating

Fussel (*umgangsspr*) fluff **fusselig** fluffy ▶ IN WENDUNGEN: **sich den Mund fusselig reden** (*umgangsspr*) talk till one is blue in the face

Fußende bottom-end, foot

Fußgänger(in) pedestrian [pə'destrɪən] **Fußgängerstreifen** (CH) pedestrian crossing **Fußgängerüberweg** pedestrian crossing **Fußgängerzone** pedestrian precinct ['priːsɪŋkt]

Fußgelenk ankle joint **Fußkettchen** anklet **Fußnagel** toenail

Fußnote footnote

Fußpflege chiropody [kɪ'rɒpədi] **Fußpfleger(in)** chiropodist [kɪ'rɒpədɪst]

Fußpilz athlete's foot

Fußraum (*im Auto*) footwell **Fußschaltung** foot gear control, foot shifter **Fußstapfen** footprints ▶ IN WENDUNGEN: **in jemandes Fußstapfen treten** follow in someone's footsteps

Fußtritt (*Stoß*) kick

Fußvolk **das Fußvolk** the rank and file

Fußweg (*für Fußgänger*) footpath

futsch (*umgangsspr*) gone, bust

Futter[1] (*für Tiere*) food; (*Viehfutter*) fodder

Futter[2] *von Kleidungsstück:* lining; *von Tür:* casing

Futteral case

futtern **etwas futtern** scoff something *umgangsspr*
füttern[1] feed *Mensch, Tier*

> **? Grammatik** **feed — fed — fed**: *Mrs Cook fed her baby with a spoon; have you fed the dog yet?*

füttern[2] line *Jacke, Rock*
Fütterung feeding
Futur (*Grammatik*) future [tense] ['fjuːtʃə]
futuristisch futurist[ic]

Gg

Gabe ① (*Geschenk*) gift, present ['preznt] ② (*Begabung*) gift, talent ['tælənt]

> **! Vorsicht Falle** Das deutsche Wort **Gift** heißt im Englischen **poison**!

Gabel ① (*zum Essen*) fork ② (*Deichsel*) shafts ⚠ *plural* **gabeln** fork **Gabelstapler** fork-lift truck **Gabelung** fork
gackern cackle
gaffen gape (**nach** at)
Gage fee
gähnen yawn
galant gallant
Galaxie galaxy
Galaxis Galaxy ['gæləksi]
Galeere galley
Galerie gallery
Galgen gallows ⚠ *immer plural* **Galgenfrist** reprieve **Galgenhumor** gallows humour ['gæləʊzˌhjuːmə]
Galle ① (*Gallenblase*) gall bladder ② (*Flüssigkeit*) bile, gall [gɔːl] **Gallenblase** gall bladder **Gallenflüssigkeit** bile **Gallenkolik** biliary colic **Gallenstein** gall-stone
Galopp gallop ['gæləp]; **im Galopp** at a gallop **galoppieren** gallop (**auf** at)
gammeln (*umgangsspr*) bum around **Gammler(in)** layabout ['leɪəˌbaʊt] *abwertend*
Gams Ⓐ chamois
Gämse chamois ['ʃæmwɑː]
Gang ① (*Besorgung*) errand ② *von Personen:* gait ③ (*Flur*) hallway; (*in Eisenbahnwagen*) corridor ④ (*beim Essen*) course [kɔːs] ⑤ (*von Auto*) gear [gɪə]; **in den zweiten Gang schalten** change into second [gear] GB, shift into second [gear] USA ▸ IN WENDUNGEN: **etwas in Gang halten** keep something moving; **etwas in Gang setzen** set something going **Gangart** gait, walk **gangbar** ① *Weg:* passable ② *Lösung:* practicable
gängig ① (*viel verlangt*) in demand ② (*gebräuchlich*) current ['kʌrənt]
Gangschaltung gears [gɪəz] ⚠ *plural*
Gangster gangster
Gangway steps ⚠ *plural*, gangway
Ganove (*umgangsspr*) crook
Gans goose

> **? Grammatik** **geese** ist die Pluralform von **goose**: the three geese are making a lot of noise.

Gänseblümchen daisy ['deɪzi] **Gänsefüsschen** (*umgangsspr*) inverted commas, quotation marks **Gänsehaut** goose-pimples ⚠ *plural*; **eine Gänsehaut bekommen** get goose-pimples **Gänsemarsch** **im Gänsemarsch** in single file
ganz ① (*vollständig*) entire, whole ② (*umgangsspr: heil*) intact ③ **die ganze Zeit** all the time ④ **ich bin ganz deiner Meinung** I quite agree ⑤ (*völlig*) quite ⑥ (*umgangsspr: wirklich*) really ⑦ **ganz und gar nicht** by no means, not at all ⑧ **im Großen und Ganzen** on the whole ⑨ **ganz wie Sie meinen** just as you think **Ganze** whole ▸ IN WENDUNGEN: **aufs Ganze gehen** go all out [for] **ganzheitlich** ① (*einheitlich*) integrated ['ɪntɪgreɪtɪd] ② (*Sichtweise*) holistic [həˈlɪstɪk]
gänzlich completely, totally
Ganztagsschule all-day school
gar[1] *Essen:* cooked, done
gar[2] (*sogar*) even; **gar nicht/nichts** not/nothing at all
Garage garage ['gærɪdʒ] **garagieren** Ⓐ, CH (*parken*) park *Auto*
Garantie guarantee **garantieren** guarantee [ˌgærnˈtiː] **Garantieschein** guarantee [ˌgærnˈtiː]
Garbe (*Getreidehalme*) sheaf
Garde guard [gɑːd]

Garderobe ① (*Kleiderablage*) hall stand; (*Raum*) cloakroom GB, checkroom USA ② (*Kleidung*) wardrobe **Garderobenständer** hatstand, hall stand

Gardine curtain GB, drape USA; **die Gardinen aufziehen/zuziehen** draw the curtains **Gardinenstange** curtain rail

gären ferment [fə'ment]

Garette CH (*Schubkarren*) barrow

Garn thread; (*Wollgarn*) yarn

Garnele prawn

garnieren garnish *Speisen*

Garnitur (*Satz*) set ▸ IN WENDUNGEN: **erste/zweite Garnitur** top/second rank

garstig mean

Garten garden **Gartenarbeit** gardening **Gartenbau** horticulture ['hɔːtɪkʌltʃə] **Gartenlaube** arbour ['ɑːbəʳ], bower **Gartenlokal** garden café

Gartenmöbel garden furniture **Gartenschere** pruning shears ⚠ *immer plural*

Gartensitzplatz CH (*Terrasse*) patio **Gartenzaun** garden fence

Gärtner(in) gardener

Gärtnerei market garden

Gas ① gas ② **Gas geben** accelerate [ək'seləreɪt]; (*im Leerlauf*) rev up **Gasfeuerzeug** gas lighter **Gasflasche** gas canister **gasförmig** gaseous **Gashahn** gas tap **Gashebel** throttle **Gasheizung** gas heating **Gasherd** gas cooker [*oder* stove] **Gaskocher** camping stove **Gasleitung** gas pipe **Gasmaske** gas mask **Gaspedal** accelerator GB, gas pedal USA **Gaspistole** gas pistol

Gasse lane **Gassenjunge** street urchin

Gast guest; **bei jemandem zu Gast sein** be someone's guest

Gastarbeiter(in) foreign ['fɒrən] worker

Gästebuch visitors' book **Gästezimmer** guest room

gastfreundlich hospitable [hɒ'spɪtəbl] **Gastfreundschaft** hospitality [ˌhɒspɪ'tælətɪ] **Gastgeber(in)** host [həʊst][hostess] **Gasthaus** inn **Gasthof** inn **Gasthörer(in)** (*an Universität*) observer GB, auditor [ɔːdɪtəʳ] USA **gastieren** guest [gest]

Gastritis gastritis

Gastronomie gastronomy [gæs'trɒnəmi] **gastronomisch** gastronomic[al] [ˌgæstrə'nɒmɪk]

Gastspiel guest performance

Gaststätte restaurant ['restərɒnt] **Gaststube** lounge, restaurant **Gastwirt(in)** innkeeper **Gastwirtschaft** inn

Gaszähler gas meter

Gatte husband ['hʌzbənd]

Gatter trellis

Gattin wife

Gattung (*Art*) kind, sort; *von Pflanzen:* genus ['dʒiːnəs]

GAU *Abkürzung von* **größter anzunehmender Unfall** MCA, maximum credible accident; (*übertragen*) worst-case scenario [wɜːst keɪs sɪnɑːriəʊ] *umgangsspr*

Gaudi (*umgangsspr*) fun

Gaul (*abwertend*) nag, hack

Gaumen palate ['pælət]

Gauner ① (*Schwindler*) crook, spiv ② (*umgangsspr: Schlauberger*) sly customer **Gaunerei** cheating, swindling

Gazastreifen Gaza Strip

Gazelle gazelle [gə'zel]

Gebäck pastries ⚠ *plural*

geballt concentrated

gebärden behave, conduct oneself

Gebärdensprache [use of] gestures ['dʒestʃə], sign language

gebären give birth to **Gebärmutter** uterus ['juːtərəs], womb [wuːm]

Gebäude building **Gebäudekomplex** [building] complex

Gebeine (*Skelett*) remains ⚠ *immer plural*

Gebell barking

geben ① give ② (*im Theater aufführen*) put on ③ deal *Karten* ④ **das gibt's doch nicht!** that can't be true! ⑤ **das wird sich geben** it'll all work out

> **? Grammatik** **give — gave — given:**
> *Dave gave Jenny his phone number; have you given him the car key?*

Gebet prayer [preəʳ]

Gebiet ① area, region ② (*Arbeitsgebiet*) field

gebieterisch ① (*befehlend*) imperious ② (*entschieden*) peremptory

Gebilde ① (*Ding*) object ['ɒbjekt] ② (*Bauwerk*) construction [kən'strʌkʃən]

gebildet educated ['edjʊkeɪtɪd]; (*kultiviert*) cultured

Gebirge mountains ['maʊntɪnz] *plural*, mountain range **gebirgig** mountainous ['maʊntɪnəs] **Gebirgszug** mountain range

Gebiss ① (*Zähne*) teeth ② (*künstliches*) den-

G g

tures ['dentʃəz] ⚠ *plural;* **ein Gebiss tragen** have got false [fɔːls] teeth

geblümt flowered; *Tapete:* floral ['flɔːrəl]

geboren ① born; **sie ist in Schottland geboren** she was born in Scotland; **tot geboren** still-born ② **Maria Braun geborene** [*oder* **geb.**] **Schmidt** Maria Braun, née Schmidt ③ (*übertragen*) **sie ist eine geborene Schauspielerin** she's a born actress

geborgen safe, secure [sɪ'kjʊə]; **sich** [**bei jemandem**] **geborgen fühlen** feel secure [with somebody]

Gebot ① (*Gesetz*) law ② (*Vorschrift*) rule ③ (*das Erforderliche*) requirement [rɪ'kwaɪəmənt]; **das Gebot der Stunde** the order of the day; **etwas ist oberstes Gebot** something is of the utmost importance, something is top priority [praɪ'ɒrəti] ④ (*Auktionsangebot*) bid[ding] ⑤ **die Zehn Gebote** the Ten Commandments

geboten advisable [əd'vaɪzəbl]; **dringend geboten** imperative **Gebotsschild** mandatory ['mændətᵊri] sign

Gebrauch ① (*Benutzung*) use [juːs]; **von etwas Gebrauch machen** make use of something; **in Gebrauch sein** being used; **vor Gebrauch schütteln** shake before use ② *eines Wortes:* usage ['juːsɪdʒ] ③ (*Brauch*) custom ['kʌstəm] **gebrauchen** ① (*benutzen*) use [juːz] ② (*anwenden*) apply ③ **ich könnte jetzt einen Kaffee gebrauchen** I could do with a cup of coffee now ④ **er ist zu nichts zu gebrauchen!** he is hopeless [*oder* useless]!

gebräuchlich ① (*üblich*) customary ['kʌstəmᵊri] ② (*verbreitet*) *Ausdruck, Wort:* common

Gebrauchsanweisung ① (*für Arznei*) directions ⚠ *plural* for use [juːs] ② (*für Geräte*) instructions ⚠ *plural* **gebrauchsfertig** ready for use **Gebrauchsgegenstand** basic commodity **gebraucht** ① *Papier, Verpackung:* used ② *Auto, Kleidung:* second-hand; **etwas gebraucht kaufen** buy something second-hand **Gebrauchtwagen** second-hand car

Gebrechen affliction [ə'flɪkʃᵊn]; **ein Gebrechen haben** suffer from an ailment **gebrechlich** infirm

gebrochen broken *auch übertragen*

Gebrüder brothers

Gebühr ① (*für Benutzung*) charge ② (*Beitrag, Honorar*) fee **gebührend** due; **jemanden mit gebührender Achtung behandeln** treat somebody with the respect he/she deserves **gebührenfrei** free of charge **gebührenpflichtig** ① chargeable ['tʃɑːdʒəbl] ② **gebührenpflichtige Autobahn** toll road (GB), turnpike (USA); **gebührenpflichtige Verwarnung** fine

gebunden ① *Buch:* bound ② (*festgebunden*) tied (**an** to) ③ (*durch Verpflichtungen*) tied down ④ (*vergeben*) *Mann, Frau:* spoken for, no longer free

Geburt ① birth; **von Geburt an** from birth ② **das war eine schwere Geburt!** *übertragen* that was a tough job **geburtenschwach** *Jahrgang:* with a low birth rate

gebürtig ① **aus München gebürtig sein** be born in Munich ② **er ist gebürtiger Ire** he is Irish by birth

Geburtsdatum date of birth **Geburtsjahr** year of birth **Geburtsort** place of birth, birthplace **Geburtstag** ① birthday; **wann hast du Geburtstag?** when's your birthday?; **ich habe am 28. März Geburtstag** my birthday is on the 28th of March; **ich habe heute Geburtstag** it's my birthday today; **herzlichen Glückwunsch zum Geburtstag!** happy birthday!; **was wünschst du dir zum Geburtstag?** what would you like for your birthday?; **jemandem etwas zum Geburtstag schenken** give somebody something for his/her birthday ② (*auf Formular*) date of birth **Geburtstagsfeier** birthday party **Geburtstagskind** birthday boy/girl **Geburtsurkunde** birth certificate [sə'tɪfɪkət]

Gebüsch bushes ['bʊʃɪz] ⚠ *plural*

Gedächtnis ① memory; **zum Gedächtnis an ...** in memory of ... ② **das ist mir im Gedächtnis geblieben** it stuck in my mind **Gedächtnisschwund** loss of memory, failing memory; **Gedächtnisschwund haben** suffer from [a] loss of memory

gedämpft ① *Schall:* muffled ② *Stimmung:* subdued [səb'djuːd]; *Farben auch:* muted

Gedanke ① thought ['θɔːt]; **ich kann doch nicht Gedanken lesen!** I'm not a mindreader!; **der Gedanke an Milch macht mich ganz krank** the thought of [*oder* thinking of] milk makes me ill ② (*Idee*) idea [aɪ'dɪə]; **da kommt mir ein Gedanke** I've got an idea; **wer hat dich auf den Gedan-**

ken gebracht? who gave you that idea? ❸ **sich Gedanken** [**zu etwas**] **machen** (*nachdenken*) think [about something]; (*sich sorgen*) worry [about something]; **mach dir keine Gedanken** [**darüber**] don't worry [about it] ❹ **auf andere Gedanken kommen** be distracted [dɪ'stræktɪd]; **dass du mir ja nicht auf dumme Gedanken kommst!** don't get into any mischief! ['mɪstʃɪf] ❺ **mit dem Gedanken spielen, etwas zu tun** toy with the idea of doing something **gedankenlos** ❶ (*rücksichtslos*) thoughtless ❷ (*zerstreut*) absent-minded **Gedankenstrich** dash **Gedankenübertragung** telepathy [tə'lepəθi] **gedankenverloren** lost in thought

Gedeck cover; **ein Gedeck auflegen** lay a place

gedeihen prosper, thrive

gedenken (*beabsichtigen*) **gedenken, etwas zu tun** propose to do something; **und wann gedenkst du heimzukommen?** and when do you mean to come home?

Gedenkfeier commemoration **Gedenkminute** minute's silence **Gedenktafel** commemorative [kə'memərətɪv] plaque **Gedenktag** remembrance [rɪ'membrəns] day

Gedicht poem; **ein Gedicht aufsagen** say [*oder* recite] a poem ['pəʊɪm] ▶ IN WENDUNGEN: **die Suppe ist ein Gedicht** the soup is divine

gediegen ❶ (*solide gearbeitet*) high-quality, solid ❷ (*stilvoll*) tasteful

Gedränge ❶ (*Menschenmenge*) crowd ❷ (*Drängelei*) jostling ['dʒɒslɪŋ] **gedrängt** (*voll*) packed

gedrückt *Stimmung:* depressed

gedrungen *Körper*[*bau*]: stout, sturdy

Geduld patience ['peɪʃəns]; **Geduld haben** be patient; **keine Geduld haben** be impatient; **die Geduld verlieren** lose one's patience **gedulden würden Sie sich einen Moment gedulden?** would you mind waiting a moment? **geduldig** patient **Geduldsprobe** trial of [one's] patience

geehrt ❶ (*geschätzt*) esteemed ❷ (*in Rede*) **Sehr geehrte Damen und Herren!** Ladies and Gentlemen! ❸ (*im Brief*) **Sehr geehrter Herr ...!** Dear Mr ...,; **Sehr geehrte Frau ...!** Dear Mrs/Ms ...,

geeignet ❶ (*passend*) suitable ['su:təbl] ❷ (*fähig*) qualified ❸ **er ist für diesen Posten nicht geeignet** he is not the right person for the job ❹ [*Ehe*]*Mann*/[*Ehe*]*Frau:* right ❺ *Maßnahmen:* appropriate

Gefahr ❶ danger ['deɪndʒə]; **es besteht die Gefahr, dass ...** there's the danger that ...; **außer/in Gefahr sein** be out of/in danger ❷ (*Risiko*) risk; **es besteht die Gefahr, dass ...** there's a risk that ...; **Gefahr laufen, etwas zu tun** run the risk of doing something; **auf eigene Gefahr** at one's own risk **gefährden** endanger [ɪn'deɪndʒə] **gefährlich** dangerous ['deɪndʒərəs]; (*gewagt*) risky **gefahrlos** safe

Gefährte, Gefährtin companion [kəm'pænjən]

Gefälle ❶ (*Abhang*) *einer Straße:* slope ❷ *eines Flusses:* fall ❸ (*übertragen: Unterschied*) difference; **das Nord-Süd-Gefälle** the North-South divide

gefallen ❶ **es gefällt mir** [**nicht**] I [don't] like it; **hat dir der Film gefallen?** did you enjoy the film? ❷ **wie gefällt dir meine Wohnung?** how do you like my flat? ❸ **was mir an ihr gefällt, ist ihr Lächeln** what I like about her is the way she smiles ❹ **sich etwas gefallen lassen** put up with something; **ich lass mir das nicht länger gefallen!** I won't put up with it any longer!

gefallen *Krieger, Soldat:* killed in action

Gefallen[1] der favour ['feɪvə]; **jemandem einen Gefallen tun** do someone a favour; **jemanden um einen Gefallen bitten** ask someone a favour

Gefallen[2] das **an etwas Gefallen finden** get pleasure from something

Gefallene(**r**) **die Gefallenen** those killed in action

gefällig (*angenehm*) pleasing **Gefälligkeit** favour ['feɪvə]; **jemandem eine Gefälligkeit erweisen** do somebody a favour

gefälligst halt gefälligst den Mund! kindly keep your mouth shut!; **mach gefälligst die Tür zu!** shut the bloody [*oder* (USA) damn] door!

gefangen ❶ **gefangen nehmen/gefangen genommen** *Flüchtender, Tier:* capture/captured ❷ **ich war** [**wie**] **gefangen von seiner Stimme** I was captivated by his voice

Gefangene(**r**) prisoner ['prɪznə] **Gefangennahme** ❶ capture ['kæptʃə] ❷ (*Verhaftung*) arrest; **bei ihrer Gefangennahme**

G g

on her arrest **Gefangenschaft** ① captivity [kæp'tɪvəti]; **in Gefangenschaft geboren** born in captivity ② **in Gefangenschaft geraten** be taken prisoner

Gefängnis ① jail [dʒeɪl], prison ['prɪzᵊn]; **ins Gefängnis kommen** be sent to prison; **im Gefängnis landen** end up in prison ② (*Strafe*) imprisonment; **fünf Jahre Gefängnis bekommen** get five years' imprisonment, get five years in prison **Gefängnisstrafe** prison sentence **Gefängniswärter(in)** prison officer

Gefasel waffle

Gefäß ① (*Behälter*) container, receptacle [rɪ'septəkl] ② (*Blutbahn*) vessel

gefasst ① (*ruhig*) calm [kɑːm], composed ② **du kannst dich auf was gefasst machen!** I'll give you something to think about!

Gefecht (*Schlacht*) battle; **außer Gefecht setzen** put out of action *auch übertragen*

gefeit gegen etwas gefeit sein be immune to something

Gefieder feathers ['feðəz] ⚠ *plural* **gefiedert** ① feathered ② *Blätter:* pinnate

gefinkelt Ⓐ (*durchtrieben*) cunning, crafty

gefleckt spotted

geflissentlich (*absichtlich*) intentional

Geflügel poultry ['pəʊltri]

geflügelt winged

Gefolge retinue

gefräßig gluttonous ['glʌtᵊnəs]

Gefreite(r) lance corporal (GB), private ['praɪvət] first class (USA)

gefrieren freeze **Gefrierfach** freezing compartment **gefriergetrocknet** freeze-dried **Gefrierpunkt** freezing point; **unter dem Gefrierpunkt** below zero **Gefrierschrank** [upright] freezer **Gefriertruhe** deep freeze, freezer

gefroren frozen; **hart gefroren** frozen solid

gefügig submissive [səb'mɪsɪv]

Gefühl ① (*seelische/körperliche Empfindung*) feeling; **mit gemischten Gefühlen** with mixed feelings; **ich habe kein Gefühl in den Fingern** my fingers are numb ② (*Ahnung*) **ein ungutes Gefühl [bei etwas] haben** have a funny feeling [about something]; **ich habe das Gefühl, dass ...** I have a feeling that ...; **etwas im Gefühl haben** have a feel for something ③ (*Gespür*) sense [sens]; **kein Gefühl für Anstand haben** have no sense of decency ④ **etwas mit Gefühl tun** do something sensitively **gefühllos** ① (*herzlos*) unfeeling ② *Körperteil:* numb **Gefühlsausbruch** emotional outburst **gefühlsbetont** emotional **Gefühlsduselei** mawkishness ['mɔːkɪʃnəs] **gefühlsmäßig** instinctive **gefühlvoll** sensitive

gefüllt gefüllte Paprikaschoten stuffed peppers

gegebenenfalls if need be

gegen ① (*Gegenteil von: für*) against [ə'genst]; **gegen etwas sein** be against something; **ich habe nichts gegen sie** I've got nothing against her ② **eine Leiter gegen eine Wand lehnen** prop a ladder against a wall ③ **gegen einen Baum fahren/rennen** crash/run into a tree ④ **gegen ein Uhr** towards one o'clock ⑤ **gegen bar** for cash ⑥ **gut gegen Kopfschmerzen** good for headaches

Gegenangriff counter-attack **Gegenargument** counter-argument

Gegend area ['eərɪə]; **hier in der Gegend** in this area, around here; **eine schöne Gegend Schottlands** a beautiful part of Scotland

gegeneinander against one another; **etwas gegeneinander halten** compare something

Gegenfahrbahn oncoming carriageway **Gegengift** antidote (**gegen** to) **Gegenleistung als Gegenleistung für ...** in return for ...

Gegenmehr (CH) vote against **Gegensatz** ① contrast; **im Gegensatz zu ...** in contrast to ... ② **Gegensätze ziehen sich an** opposites attract ③ **Gegensätze** (*Meinungsverschiedenheiten*) differences **gegensätzlich** contrasting; *Meinung:* different **Gegenseite** other side **gegenseitig** ① mutual ['mjuːtʃuəl], reciprocal [rɪ'sɪprəkᵊl]; **in gegenseitigem Einverständnis** by mutual agreement ② **sich gegenseitig helfen/kaputtmachen** help/destroy one another **Gegenseitigkeit das beruht [ganz] auf Gegenseitigkeit** the feeling is mutual **Gegenspieler(in)** opponent [ə'pəʊnənt] **Gegensprechanlage** intercom

Gegenstand ① object ['ɒbdʒekt], thing ② (*als Thema*) subject ['sʌbdʒekt], topic

gegenstandslos ① (*hinfällig*) irrelevant [ɪ'reləvᵊnt]; **bitte betrachten Sie dieses**

Schreiben als gegenstandslos, falls … please disregard this letter if … ② (*unbegründet*) unfounded

Gegenstimme vote against; **zehn Gegenstimmen** ten votes against, ten no votes; **ohne Gegenstimmen** unanimously [juːˈnænɪməs] **Gegenteil** opposite [ˈɒpəsɪt]; **im Gegenteil** on the contrary [ˈkɒntrəri]; **ganz im Gegenteil!** quite the reverse!; **das Gegenteil bewirken** have the opposite effect

Gegenüber mein Gegenüber [**am Tisch/im Zug**] the person opposite [ˈɒpəsɪt] me [at the table/in the train] **gegenüber** ① opposite; **sie wohnt gegenüber von mir** she lives opposite me [*oder* across from me]; **die Nachbarn von gegenüber** the neighbours opposite ② **sie saß mir gegenüber** she sat facing me [*oder* opposite me] ③ (*auf der anderen Straßenseite*) across the street ④ **mir gegenüber hat er nichts gesagt** he didn't say anything to me ⑤ (*im Vergleich zu*) in comparison with, compared to **gegenüberliegend** opposite **gegenüberstehen** stand opposite **gegenüberstellen** ① confront [kənˈfrʌnt]; **man hat ihn seinem Angreifer gegenübergestellt** he was confronted with his attacker ② (*vergleichen*) compare **Gegenüberstellung** ① (*von Person*) confrontation [ˌkɒnfrʌnˈteɪʃᵊn] ② (*Vergleich*) comparison

Gegenverkehr oncoming traffic

Gegenwart ① (*Anwesenheit*) presence [ˈprezᵊns] ② (*Jetztzeit*) present [ˈprezᵊnt] **gegenwärtig** ① *Minister, Trainer:* present [ˈprezᵊnt] ② (*in diesem Moment*) at present **Gegenwert** equivalent [ɪˈkwɪvᵊlənt] **Gegenwind** headwind; **wir hatten starken Gegenwind** there was a strong headwind

gegenzeichnen countersign

Gegner(in) ① (*im Sport*) adversary [ˈædvəsᵊri], opponent [əˈpəʊnənt] ② (*Feind*) enemy [ˈenəmi], foe [fəʊ] ③ (*Rivale*) rival [ˈraɪvl] **gegnerisch** ① (*im Sport*) opposing [əˈpəʊzɪŋ] ② (*feindlich*) enemy [ˈenəmi]

Gehabe affected behaviour

Gehalt¹ das salary

Gehalt² der content

Gehaltserhöhung rise in salary

gehaltvoll nutritious [njuːˈtrɪʃəs], rich

gehandikapt handicapped (**durch** by)

gehässig spiteful

Gehäuse ① *von Radio, Kamera etc.* case ② *von Obst:* core

gehbehindert gehbehindert sein have difficulty in walking

Gehege enclosure ▸ IN WENDUNGEN: **jemandem ins Gehege kommen** queer someone's pitch

geheim ① secret [ˈsiːkrət]; **streng geheim** top secret ② *Gedanken, Wünsche:* innermost, most private ③ **vor jemandem etwas geheim halten** keep something secret from someone; **geheim tun** be secretive **Geheimagent(in)** secret agent **Geheimdienst** secret service

Geheimnis ① secret [ˈsiːkrət]; **ein Geheimnis verraten** disclose a secret; **ein Geheimnis aus etwas machen** make a big secret about something; **kein Geheimnis aus etwas machen** make no secret of something ② (*Rätselhaftes*) mystery [ˈmɪstᵊri]; **das Ganze war mir ein Geheimnis** it was all one big mystery to me **Geheimniskrämerei** secretiveness **geheimnisvoll** mysterious [mɪˈstɪərɪəs]; **tu nicht so geheimnisvoll!** don't be so mysterious!

Geheimnummer ① (*Telefonnummer*) secret number ② (*für Bankautomat etc.*) personal identification number, PIN **Geheimpolizei** secret police **Geheimschrift** code, secret writing **Geheimtipp** inside tip **Geheimzahl** personal identification number, PIN

Gehen (*auch als Sport*) walking

gehen ① go; (*zu Fuß*) walk; **gehen wir!** let's go!; **schwimmen gehen** go swimming ② (*funktionieren*) work; *Uhr:* go, run ③ *Waren:* be selling well; **gut gehend** *Geschäft:* flourishing [ˈflʌrɪʃɪŋ], thriving ④ **was geht hier vor?** what's going on here?; **das geht zu weit** that's going too far ⑤ **worum geht's?** what's the problem?; (*stärker*) what's all this about?; **es geht darum, dass …** it's about …; **darum geht es nicht** that's not the point ⑥ **das geht doch nicht!** you can't do that! ⑦ **geht es morgen?** will tomorrow be all right? ⑧ **solange es geht** as long as possible ⑨ **wie geht's?** how are you?; **es geht** so-so ⑩ **vorwärts gehen** come on, progress; **geht es vorwärts mit deinem Pojekt/deiner Arbeit?** how is your project/work coming on? ⑪ **sich**

gehen lassen let oneself go
geheuer **er/es ist mir nicht ganz geheuer** I feel uneasy about him/it
Gehilfe, Gehilfin assistant
Gehirn brain **Gehirnerschütterung** concussion **Gehirnschlag** stroke **Gehirntumor** brain tumour **Gehirnwäsche** brainwashing; **jemanden einer Gehirnwäsche unterziehen** brainwash someone
Gehör 1 hearing; **Gehör [bei jemandem] finden** gain a hearing [with somebody] 2 **ein musikalisches Gehör** an ear for music; **nach dem Gehör spielen** play by ear
gehorchen obey [əˈbeɪ]
gehören 1 belong; **das gehört mir** this belongs to me, this is mine; **wem gehört der Computer?** whose computer is it?; **gehört er dir?** is it yours? 2 **dazu gehört viel/viel Mut** it takes a lot/a lot of courage 3 (*Teil sein von*) be part of; **das gehört zu meiner Arbeit** it's part of my job 4 (*räumlich*) **das gehört hierhin** this goes here; **der Hund gehört nicht ins Haus!** the house is no place for a dog! 5 **das gehört sich einfach nicht!** that's just not done!
Gehörgang auditory [ˈɔːdɪtəri] canal
gehörig 1 (*gebührend*) *Respekt:* proper 2 **eine gehörige Tracht Prügel** a good [*oder* sound] thrashing 3 **jemandem gehörig die Meinung sagen** give somebody a piece of one's mind
Gehörlose(r) deaf person
gehorsam obedient [əˈbiːdɪənt]
Gehörschutz ear muff, ear protectors ⚠ *plural* **Gehörsturz** [temporary] loss of hearing
Gehweg (*Bürgersteig*) pavement (GB), sidewalk [ˈsaɪdwɔːk] (USA)
Geier vulture [ˈvʌltʃə]
Geige fiddle, violin [ˌvaɪəˈlɪn] ▶ IN WENDUNGEN: **die erste Geige spielen** call the tune
geil 1 (*sexuell*) randy (GB), horny (USA) 2 (*slang: toll*) ace, brilliant; **das ist echt geil!** that's real[ly] wicked! *slang*
Geisel hostage [ˈhɒstɪdʒ]; **jemanden als Geisel nehmen** take someone hostage **Geiselnehmer(in)** hostage-taker
Geißblatt honeysuckle, woodbine
Geißel (*Plage*) scourge [skɜːdʒ] **geißeln** whip; (*als Buße*) flagellate
Geist 1 (*Gemüt, Verstand*) mind 2 (*Gespenst*) ghost 3 (*Gesinnung*) spirit; **der Geist der Zeit** the spirit of the times ⚠ *plural* 4 (*Seele*) spirit 5 **von allen guten Geistern verlassen sein** have taken leave of one's senses
Geisterbahn ghost train **Geisterfahrer** *person driving in the wrong direction* **Geisterstunde** witching hour
geistesabwesend absent-minded **Geistesblitz** brainwave **geistesgegenwärtig** quick-witted **geistesgestört** mentally deranged **geisteskrank** mentally ill [ˌmentəliˈɪl] **Geisteskrankheit** mental illness **Geisteswissenschaften** arts; (*als Studium*) humanities
geistig 1 (*intellektuell*) intellectual [ˌɪntəˈlektʃʊəl] 2 **geistig behindert** mentally handicapped 3 (*psychologisch*) mental [ˈmentəl] 4 (*seelisch*) spiritual [ˈspɪrɪtʃʊəl]
geistlich 1 *Angelegenheit, Führer etc.* spiritual [ˈspɪrɪtʃʊəl] 2 (*kirchlich*) ecclesiastical [ɪˌkliːziˈæstɪkəl] **Geistliche** clergywoman **Geistliche(r)** clergyman
geistlos 1 (*langweilig*) dull 2 (*dumm*) stupid 3 (*nichtssagend*) inane [ɪˈneɪn] **geistreich** witty
geizen **mit etwas geizen** be mean with something
Geizhals miser **geizig** 1 mean 2 (*sparsam, knauserig*) stingy [ˈstɪndʒi] **Geizkragen** miser, skinflint
Gejammer moaning, whingeing
gekauft **viel gekauft** frequently bought, much purchased
Gekläff yapping
Gekritzel 1 (*Handschrift*) scrawl 2 (*das Kritzeln*) scribbling
gekünstelt 1 *Sprache, Benehmen:* affected 2 *Lächeln:* forced
Gel gel [dʒel]
Gelaber rabbiting on
Gelächter laughter [ˈlɑːftə]
geladen 1 (*elektrisch*) charged [tʃɑːdʒd] 2 *Gewehr:* loaded 3 **er war ziemlich geladen** he was rather ratty
gelähmt 1 paralyzed [ˈpærəlaɪzd] 2 **ich war wie gelähmt vor Angst** I was paralyzed with fear
Gelände 1 (*Grundstück*) grounds ⚠ *plural* 2 (*freies Land*) open country **Geländefahrzeug** off-road vehicle
Geländer 1 *von Treppe:* banisters

['bænɪstərs] *plural* 2 (*als Begrenzung*) railing

Geländewagen off-road vehicle ['viːɪkl]

gelangen 1 **[zu etwas] gelangen** reach [something] 2 **ans Ziel gelangen** *übertragen* attain one's goal

gelassen calm [kɑːm] **Gelassenheit** calmness; (*Fassung*) composure

geläufig 1 common; **das ist durchaus geläufig** that's quite common 2 **das ist mir geläufig** I'm familiar with that

gelaunt gut gelaunt good-tempered, in a good mood, cheerful, in good spirits ⚠ *plural;* **schlecht gelaunt** bad-tempered, in a bad mood, ill-humoured

gelb 1 yellow; *Verkehrsampel:* amber ['æmbə] 2 **Gelbe Seiten®** Yellow Pages® **Gelbfieber** yellow fever **Gelbsucht** jaundice ['dʒɔːndɪs]

Geld 1 money 2 **ins Geld gehen** cost a pretty penny; **Geld wie Heu haben** have money to burn; **sein Geld wert sein** be good value; **das ist rausgeschmissenes Geld!** that's money down the drain! **Geldanlage** investment **Geldautomat** 1 (*zum Geldabheben*) cashpoint, cash dispenser, automatic teller (USA) 2 (*zum Geldwechseln*) change machine **Geldautomatenkarte** cash[point] card **Geldbeutel** purse (GB), wallet (USA) **geldgierig** avaricious [ˌævəʳ'rɪʃəs] **Geldschein** banknote (GB), bill (USA) **Geldstrafe** fine **Geldstück** coin [kɔɪn] **Geldwäsche** money laundering ['mʌniˌlɔːndərɪŋ] **Geldwechsler** (*Automat*) change machine

Gelee jelly ['dʒeli]

gelegen 1 (*örtlich*) situated (GB), located (USA) 2 (*günstig*) opportune ['ɒpətjuːn] 3 **Sie kommen mir sehr gelegen** you are just the person I want to see; **das kommt mir gelegen** that suits me [fine]

Gelegenheit 1 (*Anlass*) occasion [ə'keɪʒᵊn] 2 (*günstiger Umstand*) opportunity; **die Gelegenheit ergreifen[, etwas zu tun]** take the opportunity [to do something]; **sobald sich die Gelegenheit ergibt** as soon as I get the opportunity 3 **bei erster Gelegenheit** at the first opportunity; (*förmlich*) at one's earliest convenience

Gelegenheitsarbeiter(in) casual worker **Gelegenheitskauf** bargain ['bɑːgɪn]

gelegentlich now and again, occasionally [ə'keɪʒᵊnᵊli]; **er raucht gelegentlich ganz gern eine Zigarre** he likes an occasional cigar

gelehrig quick to learn

gelehrt learned **Gelehrte(r)** scholar ['skɒlə]

Geleitschutz escort

Gelenk 1 (*im Körper*) joint; (*Handgelenk*) wrist [rɪst]; (*Fußgelenk*) ankle 2 (*mechanisch*) hinge **Gelenkentzündung** arthritis [ɑː'θraɪtɪs] **gelenkig** 1 (*geschmeidig*) supple 2 (*beweglich*) agile ['ædʒaɪl] **Gelenkrheumatismus** rheumatic fever [ruːˌmætɪk 'fiːvəʳ]

geliebt beloved [bə'lʌɪd], dear; **viel geliebt** much-beloved **Geliebte(r)** lover

Gelingen success; **gutes Gelingen!** good luck! **gelingen** succeed; **es ist mir gelungen!** I succeeded!, I did it!; **es gelang mir, ihn umzustimmen** I succeeded in changing his mind, I managed to change his mind

gellend piercing ['pɪəsɪŋ], shrill

geloben vow [vaʊ]; **ich habe mir gelobt, das Rauchen aufzugeben** I've sworn to give up smoking **Gelöbnis** vow

Gelse (A) (*Stechmücke*) gnat [næt], mosquito

gelten 1 (*Gültigkeit haben*) *Münze:* be legal tender; *Pass:* be valid; *Regel:* apply 2 (*eingeschätzt werden*) go for; **sie gilt als Expertin** she's considered to be an expert 3 *Angebot:* accept; **das lasse ich gelten!** I accept that! 4 (*im Sport, beim Spiel*) *Tor, Zug* count

geltend 1 **[Ansprüche] geltend machen** assert [claims] 2 **geltende Meinung** prevailing opinion

Geltung 1 (*Gültigkeit*) validity; **Geltung haben** be valid 2 **sich Geltung verschaffen** establish one's position 3 **etwas zur Geltung bringen** show something to advantage **Geltungsbedürfnis** need for recognition **Geltungsdauer** period of validity

Gelübde vow [vaʊ]; **ein Gelübde ablegen** take a vow

gelungen 1 *Scherz:* capital; *Essen:* excellent 2 **das war ein gelungener Abend** the evening was a success

gemächlich 1 *Tempo:* unhurried; (*langsam*) slow 2 **etwas gemächlich tun** do something at a leisurely ['leʒəli] pace

Gemahl(in) spouse

G g

Gemälde painting
gemäß in accordance with; **gemäß den Bestimmungen** under the regulations
gemäßigt ❶ *Worte:* moderate ['mɒdərət] ❷ *Klima:* temperate ['tempərət]
Gemäuer ruins ⚠ *plural*
Gemecker whingeing; **hör mit dem Gemecker auf!** stop moaning!
gemein ❶ (*bösartig*) mean, wicked; *Lüge:* dirty ❷ **das gemeine Volk** the common people ❸ **sie haben nichts miteinander gemein** they have nothing in common
Gemeinde ❶ (*städtische*) community, municipality [mjuːˌnɪsɪ'pæləti] ❷ (*Kirchengemeinde*) parish ❸ (*Anhängerschaft*) following
Gemeindeammann CH head of the district council **Gemeindehaus** parish hall/rooms ⚠ *plural*
Gemeindepräsident(in) CH mayor [meəʳ] **Gemeinderat** ❶ (*Körperschaft*) district council ❷ (*Person*) district councillor **Gemeindeschwester** district nurse **Gemeindesteuern** local rates GB, local taxes USA
Gemeindeversammlung CH district council **Gemeindeverwaltung** local authority **Gemeindezentrum** community centre
gemeingefährlich dangerous to the community
Gemeingut common property
Gemeinheit ❶ (*Eigenschaft*) meanness ❷ (*Tat*) dirty trick ❸ **so eine Gemeinheit!** what a nasty thing to do/say!
gemeinnützig charitable; *Verein:* non-profit-making
gemeinsam ❶ *Eigenschaft, Interesse:* common ❷ *Freund:* mutual ['mjuːtʃʊəl] ❸ *Anstrengung, Ausflug, Erklärung, Konto:* joint ❹ **mit jemandem gemeinsame Sache machen** join up with someone ❺ **etwas gemeinsam tun** do something together **Gemeinschaft** ❶ (*Gemeinde*) community ❷ (*Zusammengehörigkeitsgefühl*) sense of community **gemeinschaftlich** common **Gemeinschaftskunde** social studies ⚠ *plural* **Gemeinschaftspraxis** group practice **Gemeinwohl** public welfare, common good
Gemenge ❶ ([*chemische*] *Mischung*) mixture ❷ (*Menschengewühl*) bustle ['bʌsl]
Gemetzel massacre ['mæsəkə]
Gemisch mixture **gemischt** mixed
Gemüse ❶ vegetables ['vedʒtəblz] ⚠ *plural* ❷ **junges Gemüse** (*junge Dinger*) whippersnappers ⚠ *plural,* green young things ⚠ *plural* **Gemüseanbau** market gardening GB, truck farming USA **Gemüsegarten** kitchen garden **Gemüsehändler** ❶ (*Person*) greengrocer; **beim/zum Gemüsehändler** at/to the greengrocer's ❷ (*Laden*) greengrocer's
gemustert patterned ['pætəⁿd]
Gemüt ❶ (*Geist*) mind ❷ **sich etwas zu Gemüte führen** indulge in something *Glas Wein, Speise etc.*
gemütlich ❶ (*bequem*) comfortable ['kʌmftəbl], cosy; **es sich gemütlich machen** make oneself comfortable; **sich [zu Hause] einen gemütlichen Abend machen** have a nice night in ❷ (*gemächlich*) leisurely ❸ (*gelassen*) easy-going **Gemütlichkeit** comfortableness, cosiness ['kəʊzɪnəs]
Gemütsmensch good-natured person **Gemütsruhe** composure [kəm'pəʊʒəʳ] **Gemütsverfassung** frame of mind
Gen gene ['dʒiːn]
genannt **der/die oben Genannte** the above-mentioned
genau ❶ (*exakt*) exact [ɪg'zækt] ❷ (*detailliert*) detailed ❸ (*sorgfältig*) careful ['keəfəl] ❹ **genau das meine ich!** that's exactly what I mean!; **[stimmt] genau!** exactly!; **passt genau!** fits perfectly!, it's a perfect fit! ❺ **etwas genau machen** do something accurately ['ækjərətli]; **meine Uhr geht genau** my watch keeps accurate time ❻ **genau genommen** strictly speaking **Genauigkeit** exactness [ɪg'zæktnəs]
genauso ❶ **genauso gut/nett/viel/viele/wenig [wie]** just as well/nice/much/many/little [as] ❷ **ich mag ihn genauso gern wie sie** I like him just as much as [I like] her
genehmigen ❶ (*amtlich*) approve [ə'pruːv] *Antrag, Bauplan* ❷ (*zugestehen*) grant **Genehmigung** ❶ (*amtlich*) *von Antrag, Bauplan:* approval [ə'pruːvəl] ❷ (*Ermächtigung*) authorization
geneigt ❶ *Publikum, Zuhörer:* willing ❷ **einer Sache geneigt sein** be well-disposed towards something
General(in) general **Generaldirektor** chairman GB, chair USA, president ['prezɪdənt] USA **Generaldirektorin** chairwoman GB,

Obst und Gemüse

Fruit and Vegetables

1	Apfel	apple
2	Birne	pear
3	Pfirsich	peach
4	Erdbeere	strawberry
5	Trauben	grapes
6	Kirschen	cherries
7	Orange	orange
8	Zitrone	lemon
9	Mandarine	mandarin, tangerine
0	Banane	banana
1	Kartoffel	potato
2	Tomate	tomato

13	Rosenkohl	Brussels sprouts
14	Kohl	cabbage
15	Stangensellerie	celery
16	Knoblauch	garlic
17	Zwiebel	onion
18	Blumenkohl	cauliflower
19	Gurke	cucumber
20	Aubergine	aubergine (GB), eggplant (USA)
21	Karotte	carrot
22	Lauch	leek
23	Maiskolben	corn cob
24	Kopfsalat	lettuce

Formen

Shapes

1	Kugel	ball, sphere
2	Ring	ring
3	Kreis	circle
4	Würfel	cube
5	Quadrat	square
6	Rechteck	rectangle
7	Dreieck	triangle
8	Rhombus	diamond
9	Pyramide	pyramid
10	Zylinder	cylinder
11	Stern	star
12	Kegel	cone
13	Oval	oval
14	Trapez	trapezium (GB), trapezoid (US
15	Fünfeck	pentagon

chair (USA), president ['prezɪdənt] (USA) **Generalkonsulat** consulate general **Generalprobe** dress-rehearsal [rɪ'hɜːsəl] **Generalstreik** general strike **generalüberholen** **generalüberholen lassen** have generally overhauled **Generalversammlung** general meeting

Generation generation **Generator** generator

generell ❶ *Maßnahme etc.* general [dʒenərəl] ❷ **generell kann man sagen ...** generally one can say ...

Genesung recovery; **ich wünsche** [**Ihnen**] **baldige Genesung** I wish you a speedy recovery

Genetik genetics *plural* **genetisch** genetic

Genf Geneva [dʒə'niːvə]; **der Genfer See** Lake Geneva, Lake Léman

Genforschung genetic research

genial ❶ (*einfallsreich*) ingenious [ɪn'dʒiːnɪəs] ❷ [**einfach**] **genial!** [just] brilliant!

Genialität genius ['dʒiːnɪəs], brilliance

Genick neck; **sich das Genick brechen** break one's neck **Genickstarre** **Genickstarre haben** have a stiff neck

Genie genius

genieren **sich genieren** be embarrassed [ɪm'bærəst]; **sie geniert sich vor mir** she is shy with me

genießen ❶ enjoy *Leben, Ruf, Vorteil, Wein etc.* **ich genoss jeden Augenblick** I savoured every moment ❷ **sie genießt es, berühmt zu sein** she enjoys being famous **Genießer(in)** ❶ connoisseur ❷ (*Feinschmecker*) gourmet ❸ hedonist

Genitiv genitive ['dʒenɪtɪv]

genormt standardized

Genosse, **Genossin** comrade ['kɒmreɪd]

Genossenschaft co-operative [kəʊ'ɒpərətɪv]

Gentechnik genetic engineering

genug ❶ enough [ɪ'nʌf]; **danke, das ist genug** enough, thank you ❷ **ich hab genug!** I've had enough!

Genüge **das kenne ich zur Genüge** I know that well enough **genügen** ❶ (*ausreichen*) be enough [ɪ'nʌf], suffice; **das genügt** [**mir**] that'll do [me] ❷ fulfil *Erwartungen, Wünsche* **genügend** (*ausreichend*) sufficient **genügsam** undemanding

Genugtuung satisfaction

Genus gender ['dʒendə]

Genuss ❶ (*Vergnügen*) pleasure ['pleʒə]; **in den Genuss von etwas kommen** enjoy something ❷ (*Verbrauch*) consumption

genüsslich **er trank genüsslich sein Bier** he drank his beer with great relish

genverändert *Tiere, Pflanzen:* genetically manipulated

geöffnet open; **wie lange haben Sie geöffnet?** what time you close?

Geograf(in), **Geograph(in)** geographer **Geografie** geography [dʒɪ'ɒgrəfi] **geografisch** geographical

Geologe, **Geologin** geologist

geologisch geological

Geometrie geometry **geometrisch** geometric

Gepäck luggage ['lʌgɪdʒ] (GB), baggage ['bægɪdʒ] (USA) **Gepäckabfertigung** luggage [*oder* (USA) baggage] check-in **Gepäckausgabe** luggage [*oder* (USA) baggage] reclaim **Gepäckschließfach** luggage (GB) [*oder* (USA) baggage] locker **Gepäckstück** piece of luggage [*oder* (USA) baggage] **Gepäckträger** ❶ (*Person*) porter (GB), baggage-handler (USA) ❷ (*am Fahrrad*) carrier ['kæriəʳ] **Gepäckwagen** luggage van (GB), baggage car (USA)

gepfeffert ❶ *Steak etc.* peppered ❷ *Preise:* steep

gepflegt ❶ *Haus, Rasen:* well cared-for ❷ *Erscheinung, Person:* well-groomed

gepfropft **voll gepfropft** crammed, jam packed

Gerade ❶ (*in Mathematik*) straight [streɪt] line ❷ (*Sport*) straight

gerade ❶ *Gelände, Zahl:* even ❷ (*geradlinig*) straight ❸ (*soeben*) **ich wollte gerade gehen** I was just about to leave; **sie war gerade hier** she was here a moment ago ❹ **er war nicht gerade freundlich** he wasn't exactly friendly; **das ist es ja gerade!** that's just it! ❺ (*ausgerechnet*) **gerade heute** today of all days; **warum gerade ich?** why me of all people? ❻ **gerade sitzen** sit up [straight] ❼ **etwas gerade biegen** straighten something; (*wiedergutmachen*) sort something out

geradeaus straight ahead

geradestehen ❶ (*aufrecht*) stand up straight ❷ **für etwas geradestehen** (*übertragen*) answer for something

geradewegs straight; **geradewegs auf jemanden zugehen** walk straight up to somebody **geradezu** ❶ (*beinahe*) almost ❷ (*wirklich*) really

geradlinig ❶ straight; *Entwicklung:* linear

['lɪniəʳ] ② *Charakter:* straight

Geranie geranium

Gerät ① (*Apparat*) gadget ② (*Elektro-, Haushaltsgerät*) appliance ③ (*Fernseher, Radio*) set ④ (*Ausrüstung*) equipment

geraten ① (*gelangen*) get [*oder* fall] (**in** into) ② (*ausfallen*) turn out; **nach jemandem geraten** take after someone ③ (*zufällig*) **an etwas geraten** come by something; **an jemanden geraten** find someone ④ **an den Falschen/die Falsche geraten** pick the wrong man/woman ⑤ **in Vergessenheit geraten** fall into oblivion [ə'blɪviən]

Geräteturnen apparatus gymnastics [ˌæpə'reɪtəs dʒɪm'næstɪks] ⚠ *singular*

Geratewohl aufs Geratewohl at random, on the off-chance

geraum vor geraumer Zeit long ago, a long time ago

geräumig roomy, spacious ['speɪʃᵊs]

Geräusch noise **geräuscharm** low-noise **geräuschempfindlich** sensitive to noise **geräuschlos** silent **geräuschvoll** noisy

gerben tan

gerecht ① just; *Lohn, Strafe:* fair ② **jemandem/einer Sache gerecht werden** do justice ['dʒʌstɪs] to someone/something **Gerechtigkeit** justice ['dʒʌstɪs]

Gerede ① talk ② (*Geschwätz*) gossip

gereizt ① (*wütend*) irritated ② (*reizbar*) irritable ③ *Atmosphäre:* strained

Gericht¹ das (*Essen*) dish

Gericht² das ① (*Behörde*) court [kɔːt]; **jemanden vor Gericht bringen** take someone to court; **mit etwas vor Gericht gehen** take legal action about something ② **das Jüngste Gericht** the Last Judgment **gerichtlich** ① *Untersuchung:* judicial [dʒʊ'dɪʃᵊl] ② **gegen jemanden gerichtlich vorgehen** take legal action against someone **Gerichtshof** law court, Court of Justice **Gerichtssaal** courtroom

Gerichtsschreiber(in) Ⓒⓗ clerk [klɑːk] of the court **Gerichtsverfahren** court [*oder* legal] proceedings ⚠ *plural;* **gegen jemanden ein Gerichtsverfahren einleiten** institute legal proceedings *plural* against someone **Gerichtsverhandlung** ① (*zivilrechtlich*) hearing ② (*strafrechtlich*) trial **Gerichtsvollzieher** bailiff

gering ① (*niedrig*) low ② (*wenig*) little ③ **geringe Chance** slight chance; **geringe Entfernung** short distance; **nicht das Geringste** nothing at all

geringfügig ① (*klein*) minor ② (*unwichtig*) insignificant

geringschätzig contemptuous [kən'temtʃuəs]

gerinnen ① *Blut:* coagulate [kəʊ'ægjəleɪt] ② *Milch:* curdle

Gerinnsel (*Blutgerinnsel*) clot

Gerippe ① (*Skelett*) skeleton ['skelɪtən] ② *von Gebäude etc.* frame

gerissen crafty, cunning

Germane, Germanin Teuton ['tjuːtən] **germanisch** Teutonic

Germanist(in) German specialist, German scholar

gern ① gladly, with pleasure ['pleʒəʳ] ② **aber gern!** of course! ③ **gern geschehen!** don't mention it! Ⓖⓑ, you're welcome! Ⓤⓢⓐ ④ **das glaube ich gern** I can well believe it ⑤ **gern haben** like

Geröll rubble; (*größer*) boulders *plural*

Gerste barley **Gerstenkorn** (*im Auge*) stye

Geruch smell; (*stark*) odour ['əʊdəʳ] **geruchlos** odourless, scentless **Geruchssinn** sense of smell

Gerücht rumour

geruhsam peaceful

Gerümpel junk

Gerundium gerund ['dʒerənd]

Gerüst ① (*für Gebäude*) scaffolding ['skæfəʊldɪŋ]; (*Gestell*) trestle [tresl] ② (*übertragen*) framework

gesalzen ① *Essen:* salted ② *Preise:* steep

gesamt entire, whole **Gesamtbetrag** total **Gesamteindruck** general impression **Gesamtkosten** overall costs **Gesamtschule** comprehensive school [ˌkɒmprɪ'hensɪv skuːl] **Gesamtwertung** (*im Sport*) overall placings ⚠ *plural*

Gesandte(r) envoy **Gesandtschaft** legation

Gesang ① (*das Singen*) singing ② (*Choral*) chant **Gesangbuch** hymnbook ['hɪmbʊk] **Gesangverein** choral [kɔːrᵊl] society

Gesäß buttocks ⚠ *plural*

Geschäft ① (*Laden*) shop Ⓖⓑ, store Ⓤⓢⓐ ② (*Gewerbe*) business; **mit jemandem Geschäfte machen** do business with someone; **mit etwas Geschäfte machen** deal in something ③ **ein gutes Geschäft machen** make a good deal; **das Geschäft geht gut** business is good ④ **ins Geschäft**

gehen go to work [*oder* the office]

geschäftig busy ['bɪzi]

geschäftlich ❶ **eine geschäftliche Angelegenheit** a business matter ❷ **ich muss ihn geschäftlich sprechen** I must see him on business; **geschäftlich unterwegs** [*oder* **verreist**] away on business **Geschäftsfrau** businesswoman **geschäftsführend** executive; **der geschäftsführende Direktor** the managing director **Geschäftsführer(in)** ❶ (*einer Firma*) managing director ❷ (*eines Vereins*) secretary ['sekrətri] **Geschäftsleute** business people ⚠ *plural*

Geschäftsliste CH agenda [ə'dʒendə], order of the day **Geschäftsmann** businessman **Geschäftsreise** business trip **Geschäftsschluss** closing time; **nach Geschäftsschluss** *eines Ladens:* after closing time **Geschäftsstelle** ❶ offices *plural* ❷ (*Zweigstelle*) branch **geschäftstüchtig** business-minded **Geschäftszeit** office hours ⚠ *plural*

geschätzt ❶ *Mensch:* respected; *Freund, Mitarbeiter:* valued ❷ (*berechnet*) estimated

Geschehen events ⚠ *plural*

geschehen ❶ (*passieren*) happen; **es muss etwas geschehen** something must be done; **was soll damit/mit ihm/mit ihr geschehen?** what's supposed to be done about it/with him/with her? ❷ (*stattfinden*) take place ❸ **es wird dir nichts geschehen** nothing will happen to you, you'll be all right; **das geschieht dir recht** that serves you right ❹ **gern geschehen!** you're welcome!

gescheit clever

Geschenk gift, present ['prezᵊnt]; **jemandem ein Geschenk machen** give someone a present **Geschenkgutschein** gift coupon, gift voucher **Geschenkpackung** gift pack **Geschenkpapier** wrapping ['ræpɪŋ] paper, giftwrap

Geschichte ❶ (*Erzählung*) story ❷ history ['hɪstri]; **die Geschichte der Menschheit** the history of mankind; **die Geschichte zeigt uns, …** history tells us …; **in die Geschichte eingehen** go down in history ❸ (*Angelegenheit*) affair; **eine schöne Geschichte!** a fine mess!; **eine böse Geschichte** a nasty business; **die Geschichte mit seiner Frau** the trouble [*oder* business] with his wife **geschichtlich** historical; **von großer geschichtlicher Bedeutung** of great historic importance **Geschichtsbuch** history book

Geschick[1] das (*Schicksal*) fate

Geschick[2] das (*Fertigkeit*) skill **Geschicklichkeit** skilfulness, skill **geschickt** **geschickt sein** be skilful

geschieden ❶ (*ehelich*) divorced [dɪ'vɔːst] ❷ (*übertragen*) **wir sind geschiedene Leute!** we're through!

Geschirr ❶ (*zum Kochen*) kitchenware, pots and pans ⚠ *plural* ❷ (*schmutziges*) dishes ⚠ *plural;* **Geschirr spülen** do the dishes [*oder* the washing-up] ❸ (*Tafelgedeck*) service, crockery **Geschirrschrank** china ['tʃaɪnə] cupboard **Geschirrspüler, Geschirrspülmaschine** dishwasher **Geschirrspülmittel** washing-up liquid **Geschirrtuch** tea towel

Geschirrwaschmaschine CH dishwasher

Geschlecht ❶ sex; **Kinder beiderlei Geschlechts** children of both sexes ⚠ *plural* ❷ *eines Wortes:* gender ['dʒendəʳ] ❸ (*Familie, Sippe*) house; **das Geschlecht der Habsburger** the Habsburg dynasty ❹ **das menschliche Geschlecht** the human race **Geschlechtskrankheit** venereal disease, VD **Geschlechtsteile** genitals **Geschlechtsverkehr** sexual intercourse

geschliffen ❶ *Glas:* cut ❷ *Rede:* polished

geschlossen ❶ (*zu*) closed ❷ **in sich geschlossen** *Charakter:* well-rounded ❸ **geschlossene Gesellschaft** private party ❹ **geschlossene Ortschaft** built-up area ❺ **geschlossen für etwas stimmen** vote unanimously [juː'nænɪməslɪ] in favour of something; **geschlossen hinter jemandem stehen** stand solidly behind someone

Geschmack taste *auch übertragen;* **an etwas Geschmack finden** acquire a taste for something; **über Geschmack lässt sich streiten** there's no accounting for tastes ⚠ *plural* **geschmacklos** tasteless *auch übertragen* **Geschmacklosigkeit** lack of taste; **ihre Rede/Bemerkung war eine Geschmacklosigkeit** her speech/remark was in bad taste **Geschmacksache** matter of taste; **das ist Geschmackssache** that's a matter of taste **Geschmacksverstärker** flavour enhancer **geschmackvoll** tasteful; **geschmackvoll eingerichtet** tastefully furnished

geschmeidig ❶ *Haut, Leder:* supple ❷ *Bewegung, Körper:* lissom ['lɪsəm], lithe ['laɪð]

Geschöpf creature
Geschoss ① (*Rakete*) missile ② (*Kugel*) bullet ③ (*Stockwerk*) floor, stor[e]y; **im zweiten Geschoss** on the second [USA third] floor
geschraubt (*gekünstelt*) stilted
Geschrei (*Rufen*) shouting; (*stärker*) screaming
Geschwafel waffle ['wɒfl]
Geschwätz ① (*abwertend: Unsinn*) nonsense ② (*Klatsch*) gossip **geschwätzig** gossipy
geschweige **geschweige denn ...** let alone ...
geschwind quickly
Geschwindigkeit speed; **mit einer Geschwindigkeit von ...** at a speed of ... **Geschwindigkeitsbeschränkung** speed limit
Geschwister brother[s] and sister[s]; **hast du Geschwister?** have you got any brothers or sisters?; **wir sind vier Geschwister** there are four of us in our family
geschwollen ① *Knöchel etc.* swollen ['swəʊlən] ② *Stil:* pompous, bombastic
Geschworene(r) juror; **die Geschworenen** the jury
Geschwulst (*Krebs*) tumour ['tju:mə]
Geschwür ① (*auf der Haut*) sore; (*eitrig*) boil ② (*im Magen*) ulcer ['ʌlsə]
Geselchte Ⓐ smoked meat
gesellen **sich zu jemandem gesellen** join someone
gesellig *Mensch:* sociable ['səʊʃəbl]; **geselliges Beisammensein** friendly get-together **Geselligkeit** (*Eigenschaft*) sociability
Gesellschaft ① (*Gesamtheit*) society ⚠ *ohne Artikel* ② (*Kreis von Menschen*) group of people; (*geladene Gäste*) party ③ (*Begleitung*) company ['kʌmpəni]; **jemandem Gesellschaft leisten** keep someone company ④ (*Firma*) company GB, corporation USA; **Gesellschaft mit beschränkter Haftung** private limited company GB, Ltd, incorporated company USA, Inc **Gesellschafter(in)** ① (*einer Firma*) partner ② (*Begleiter*) escort
gesellschaftlich social ['səʊʃəl] **Gesellschaftsspiel** party game
Gesetz ① law; **nach dem Gesetz** under the law (**über** on) ② (*Gesetzesvorlage*) bill ③ **ein ungeschriebenes Gesetz** an unwritten rule **Gesetzbuch** civil code, statute book **Gesetzentwurf** bill **gesetzgebend** *Körperschaft:* legislative ['ledʒɪslətɪv] **Gesetzgeber** legislator ['ledʒɪsleɪtə^r] **Gesetzgebung** legislation [ˌledʒɪ'sleɪʃən]
gesetzlich legal ['li:gəl] **gesetzlos** lawless; **die Gesetzlosen** the lawless **Gesetzmäßigkeit** ① (*Rechtmäßigkeit*) legitimacy [lɪ'dʒɪtəməsi] ② (*Regelmäßigkeit*) regularity
gesetzt **gesetzt den Fall, dass ...** supposing that ...
gesichert ① (*finanziell*) safe ② (*technisch*) secured; *Schraube:* locked
Gesicht face; **ein [langes] Gesicht machen** pull [*oder* make] a [long] face; **was machst du für ein Gesicht?** what's up with you? ▶ In Wendungen: **jemanden zu Gesicht bekommen** see someone; **jemandem ins Gesicht schauen** look somebody in the eye; **jemandem ins Gesicht lügen** lie to somebody's face; **ich hab es ihm ins Gesicht gesagt** I told him to his face; **sein wahres Gesicht zeigen** show one's true nature; **das Gesicht verlieren/wahren** lose/save face; **den Tatsachen ins Gesicht sehen** face the facts
Gesichtsausdruck [facial] expression **Gesichtscreme** face cream **Gesichtsfarbe** complexion **Gesichtsfeld** field of vision, visual field
Gesichtspunkt point of view
Gesichtszüge features
Gesindel rabble, riff-raff
gesinnt disposed, minded; **anders gesinnt sein [als jemand]** hold different views ⚠ *plural* [from someone]; **gleich gesinnt sein [wie jemand]** hold the same views ⚠ *plural* [as someone] **Gesinnung** way of thinking **Gesinnungswandel** change of attitude
gesittet well-mannered
Gesöff muck, (*Wein*) plonk
Gespann ① (*übertragen: Menschenpaar*) pair; **die beiden geben ein gutes Gespann ab** the two of them make a good pair [*oder* team] ② (*von Zugtieren*) team
gespannt ① (*straff*) taut ② (*belastet*) *Atmosphäre:* strained ③ (*erwartungsvoll*) eager; (*neugierig*) curious ['kjʊəriəs]; **da bin ich aber gespannt!** that I'd like to see!
Gespenst ① ghost [gəʊst], spectre ['spektə^r] *auch übertragen* ② **du siehst Gespenster!** you're imagining things!
gespenstisch ① *Aussehen:* ghostly; **sie sieht**

gespenstisch aus she looks like a ghost ② (*übertragen: schauerlich*) eery ['ɪəri]
gesperrt closed
Gespött mockery; **sich zum Gespött machen** make oneself a laughing-stock
Gespräch ① conversation, talk; **ein Gespräch mit jemandem führen** have a talk with someone; [**mit jemandem**] **ins Gespräch kommen** get talking [to somebody] ② (*Telefongespräch*) call; **ein Gespräch für Sie!** there's a call for you!
gesprächig talkative ['tɔːkətɪv]
gespreizt *Wortwahl, Stil:* affected [ə'fektɪd]
gesprenkelt speckled
Gespür feel[ing]; **ich hatte das im Gespür** I had a feeling about that
Gestalt ① (*äußere Form*) form; **Gestalt annehmen** take shape ② (*Körperbau*) build ③ (*im Film, Roman*) character
gestalten ① (*formen*) form, shape ② **einen Abend gestalten** arrange an evening; **seine Freizeit gestalten** organize one's leisure time Gestaltung arrangement
Gestammel stammering Geständnis confession; **ein Geständnis ablegen** make a confession
Gestank stench [stentʃ], stink
gestatten ① allow, permit [pə'mɪt]; **gestatten** [**Sie**]? would you mind? ② **sich gestatten, etwas zu tun** take the liberty of doing something
Geste gesture ['dʒestʃe]
gestehen ① confess ② **offen gestanden** frankly speaking
Gestein rock
Gestell ① (*Regal*) shelf ② (*Ablage*) rack ③ (*Rahmen*) frame
gestern yesterday; **die Zeitung/Nachrichten von gestern** yesterday's [news]paper/news; **gestern früh** yesterday morning; **gestern Abend** last night; **gestern vor acht Tagen** a week ago yesterday

! Vorsicht Falle Für gestern Abend sagt man **last night**: *what did you do last night?*

gestochen *Schrift:* neat
Gestotter stuttering
gestreckt ① **lang gestreckt** long ② **gestreckter Gallop** full gallop
gestreift striped; **quer gestreift** cross-striped
gestrichen ① painted; **frisch gestrichen!** wet paint! ② **gestrichen voll** full to the brim ③ **ein gestrichener Esslöffel** a level tablespoon ④ **ich hab die Nase gestrichen voll!** I've had it up to here!
gestrickt knitted ['nɪtɪd]; **selbst gestrickter Pullover** hand-knitted pullover
gestrig yesterday's, of yesterday; **am gestrigen Tag** yesterday; **am gestrigen Abend** yesterday evening
Gestrüpp brushwood
Gestüt stud farm
Gesuch petition; (*Antrag*) application
gesucht ① (*polizeilich*) wanted ② (*begehrt*) sought-after ['sɔːtˌɑːftəʳ]
gesund ① *Appetit, Klima, Mensch:* healthy ['helθi]; **Milch ist gesund** milk is good for you ② *Ansichten, Firma, Politik:* sound ③ **sich gesund fühlen** feel well; **gesund werden** get well; **werd bald wieder gesund!** get well soon! ④ **gesunder Menschenverstand** common sense
Gesundheit ① health; **kalt duschen ist gut für die Gesundheit** cold showers are good for your health ② **Gesundheit!** [God] bless you!; **auf deine Gesundheit!** your health! ③ *einer Firma, Wirtschaft, etc:* health gesundheitlich **gesundheitlicher Zustand** state of health; **wie geht's Dir gesundheitlich?** how's your health?; **gesundheitlich geht es ihm gut/schlecht** he's in good/poor health Gesundheitsamt public health department
getönt *Brillengläser:* tinted
Getöse din
getragen *Kleidung, Schuhe:* used [juːzd]
Getrampel trampling, stamping
Getränk drink Getränkeautomat drinks machine Getränkemarkt drinks cash-and-carry
getrauen **sich getrauen** dare [deəʳ]; **hast du dich getraut, sie zu fragen?** did you dare [to] ask her?; **ich hab mich nicht getraut** I didn't dare [ask/go/say anything/etc.]
Getreide grain, cereals *plural* Getreideanbau cultivation of grain
getrennt ① *Zimmer:* separate ['sepᵊrət] ② **getrennt leben** live apart; **getrennt bezahlen** pay separately, go Dutch
getreu ① *Abbildung:* faithful, true ② **getreu dem Motto …** true to the motto …
Getriebe gears *plural;* (*im Auto*) gearbox
getrost **sei getrost** rest assured

Gg

getrübt cloudy *auch übertragen*, troubled

Getto ghetto

Getue (*abwertend*) fuss

Getümmel ① (*Menschenmenge*) crowd ② (*Durcheinander*) turmoil; **sich ins Getümmel stürzen** mingle with the crowd

geübt versed; *Fahrer, Reiter, Segler:* proficient [prəˈfɪʃᵊnt]; **geübt im Reden/Schreiben sein** be a proficient speaker/writer

Gewächs plant

gewachsen **einer Sache gewachsen sein** be up to something; **jemandem gewachsen sein** be a match for someone

Gewächshaus hothouse, greenhouse

gewagt risky

gewählt ① *Politiker:* elected ② *Sprache:* refined ③ **sich gewählt ausdrücken** choose one's words carefully

Gewähr **ohne Gewähr** no liability [ˌlaɪəˈbɪləti] assumed; **für etwas Gewähr leisten** guarantee [ˌgærənˈtiː] something

gewähren ① grant *Bitte* ② give *Asyl, Kredit, Rabatt, Vorteil* ③ **jemanden gewähren lassen** let someone do as he/she likes

gewährleisten ensure

Gewahrsam **etwas in Gewahrsam nehmen** take something into safe-keeping; **in sicherem Gewahrsam** in safe custody

Gewalt ① (*Gewaltanwendung*) force; (*stärker*) violence; **Gewalt anwenden** use force ② (*Macht*) power; **jemanden in seiner Gewalt haben** have someone in one's power ③ (*Kontrolle*) control (**über** of, over); **sich in der Gewalt haben** have oneself under control; **keine Gewalt über etwas haben** have no control over something ④ *eines Aufpralls, Knalls, Sturms:* force ⑤ **mit Gewalt** by force; **mit aller Gewalt** (*umgangsspr*) for all one is worth **Gewaltherrschaft** tyranny [ˈtɪrᵊni]

gewaltig ① *Leistung:* tremendous ② (*heftig*) violent ③ (*riesig*) huge; *Fehler, Irrtum:* big ④ **da täuschst du dich aber gewaltig!** you're way out! (*umgangsspr*)

gewaltlos ① *Widerstand:* non-violent ② **etwas gewaltlos tun** do something without force [*oder* violence] **Gewaltlosigkeit** non-violence **gewaltsam** ① *Auseinandersetzung, Tod:* violent; **das gewaltsame Vorgehen** the use of force ② **gewaltsam eindringen** enter by force, forcibly [ˈfɔːsəbli] **gewalttätig** violent **Gewalttätigkeit** ① (*Eigenschaft*) violence ② (*Tat*) act of violence

gewandt (*geschickt*) skilful

Gewässer waters *plural*, stretch of water

Gewebe ① (*biologisch*) tissue ② (*Stoff*) fabric

Gewehr rifle **Gewehrkolben** butt

Geweih antlers *plural*

Gewerbe trade; **ein Gewerbe ausüben** carry on a trade **Gewerbesteuer** [local] business tax **gewerblich** commercial

Gewerkschaft trade[s] union (GB), labor union (USA) **Gewerkschaft(l)er(in)** trade unionist **Gewerkschaftsmitglied** union member

Gewicht ① weight [weɪt] ② **nicht ins Gewicht fallen** be of no consequence **gewichtig** (*übertragen*) important, weighty [ˈweɪti] **Gewichtszunahme** increase in weight

gewieft crafty, smart

Gewimmel throng

Gewinde thread [θred]

Gewinn ① (*Erlös*) profit; **Gewinn abwerfen** make a profit; **Gewinn bringend** profitable [ˈprɒfɪtəbl] ② (*Preis*) prize ③ (*im Glücksspiel*) winnings ⚠ *plural;* **einen großen Gewinn machen** win a lot **Gewinnanteil** share of the profits **Gewinnbeteiligung** ① (*Grundsatz*) profit-sharing ② (*Ausschüttung*) bonus

gewinnen ① (*siegen*) win (**bei** at) ② (*profitieren*) gain ③ (*erzeugen*) produce; (*aus Altware*) reclaim, recover ④ gain *Einfluss, Vorteil, Zeit* ⑤ **lieb gewinnen** grow fond of

> **? Grammatik** **win — won — won**: *who won the match?; Emma has won first prize in the drawing competition; that was the year we won the championship*

gewinnend **ein gewinnendes Wesen haben** have winning ways *plural*

Gewinner(in) winner

Gewinnung ① *von Energie:* generation ② *von Erz, Kohle:* extraction

gewiss ① (*bestimmt*) certain ② **ein gewisser Herr Thum** a certain Mr. Thum; **in gewissem Maß** to some extent; **sie hat das gewisse Etwas** she's got that certain something ③ (*sicher*) certainly; **aber gewiss doch!** but of course! why, certainly!

Gewissen ① conscience [ˈkɒnʃəns] ② **jemandem ins Gewissen reden** have a serious talk with someone **gewissenhaft** conscientious [ˌkɒnʃiˈenʃəs] **gewissenlos** unscrupulous [ʌnˈskruːpjələs] **Gewissensbisse** pangs *plural* of conscience; **er macht sich Gewissensbisse** his conscience is pricking him **Gewissenskonflikt** moral conflict

gewissermaßen as it were, so to speak

Gewissheit certainty; **ich muss mir darüber Gewissheit verschaffen** I must be certain about it

Gewitter thunderstorm; **es ist ein Gewitter im Anzug** a storm is brewing *auch übertragen* **gewitterig** thundery **gewittern es gewittert** it's thundering

gewöhnen 1 **etwas gewöhnt sein** be used to something; **gewöhnt sein, etwas zu tun** be used to doing something; **jemanden an etwas gewöhnen** make somebody get used to something 2 **sich an etwas gewöhnen** get used to something

Gewohnheit habit; **aus Gewohnheit** by habit; **zur Gewohnheit werden** grow into a habit **gewohnheitsmäßig** habitual **Gewohnheitsmensch** creature of habit

gewöhnlich 1 (*üblich*) usual 2 (*normal*) ordinary 3 (*unfein*) common

gewohnt 1 *Arbeit, Gang:* usual 2 **etwas gewohnt sein** be used to something

Gewöhnung acclimatization [əˌklaɪmətaɪˈzeɪʃᵊn]

Gewölbe vault [vɔːlt] **gewölbt** *Decke:* vaulted

Gewühl (*Menschenmenge*) crowd, throng

Gewürz 1 spice 2 (*Salz und Pfeffer*) seasoning **Gewürzgurke** pickled gherkin

gezackt serrated; *Fels:* jagged

Gezeiten tides

Gezeter clamour [ˈklæməʳ], yelling

gezielt 1 *Schuss:* well-aimed 2 *Kritik:* pointed 3 **etwas gezielt tun** do something with a particular aim in mind

geziert affected

Gezwitscher chirping [tʃɜːpɪŋ], twitter

gezwungen 1 forced 2 (*unnatürlich*) stiff **gezwungenermaßen** of necessity

Ghana Ghana **Ghanaer(in)** Ghanaian **ghanaisch** Ghanaian

Ghetto ghetto

Gicht gout [gaʊt]

Giebel gable

Gier greed (**nach** for) **gierig** greedy (**nach** for)

gießen 1 (*in Gefäß*) pour 2 water *Blumen* 3 found *Glas* 4 (*regnen*) pour; **es goss [in Strömen]** it was pouring [with rain] **Gießerei** foundry [ˈfaʊndri] **Gießkanne** watering can

GIF (*Grafikformat im Internet*) gif

Gift 1 poison [ˈpɔɪzən]; *eines Tieres:* venom 2 (*Bosheit*) malice 3 **darauf kannst du Gift nehmen** you can bet your life [*oder* bottom dollar] on it **Giftgas** poison gas **giftig** 1 *Pflanze:* poisonous; *Schlange:* venomous; *Substanz:* toxic 2 (*boshaft*) venomous

Giftmüll toxic waste **Giftpilz** poisonous mushroom, toadstool **Giftschlange** poisonous snake **Giftstoff** toxic substance **Giftzwerg** nasty little squirt

Gigant giant **gigantisch** enormous, gigantic [dʒaɪˈgæntɪk]

Gimpel 1 (*Singvogel*) bullfinch [ˈbʊlfinʃ] 2 (*Einfallspinsel*) dunce

Ginster broom; (*Stechginster*) gorse

Gipfel 1 (*Bergspitze*) peak, summit 2 (*Gipfeltreffen*) summit 3 (*Höhepunkt*) height [haɪt] 4 **also, das ist doch der Gipfel!** that takes the cake [*oder* biscuit]! **gipfeln** culminate [ˈkʌlmɪneɪt] (**in** in) **Gipfeltreffen** summit [meeting]

Gips plaster **Gipsabdruck** plaster cast **Gipsbein** leg in plaster **gipsen** plaster **Gipsverband** plaster cast

Giraffe giraffe [dʒɪˈrɑːf]

Girlande garland

Giro giro [ˈdʒaɪrəʊ] **Girokonto** current account

Gischt spray

Gitarre guitar [gɪˈtɑːʳ]; **Gitarre spielen** play the guitar **Gitarrist(in)** guitarist

Gitter 1 (*Eisenstangen*) bars *plural;* **hinter Gittern** behind bars 2 (*vor Türen, Fenstern*) grating, grid 3 (*aus Holz*) lattice, trellis **Gitterfenster** barred window **Gitterrost** grating

Gladiole gladiola, gladiolus, sword [sɔːd] lily

Glanz 1 gleam; (*von Oberfläche*) shine; (*von Farben*) brilliance 2 (*Ruhm*) glory

glänzen 1 shine; (*glitzern*) glisten [ˈglɪsᵊn]; *Augen:* sparkle; (*vor Fett*) be shiny 2 (*übertragen*) be brilliant

glänzend 1 shining; (*glitzernd*) glistening [ˈglɪsᵊnɪŋ]; *Augen:* sparkling; (*vor Fett*) shining 2 (*übertragen*) brilliant 3 **glänzend aussehen** look brilliant; **mir geht es glän-**

zend I'm doing great

Glanzleistung brilliant achievement [ə'tʃi:vmənt] **glanzlos** dull *auch übertragen* **Glanzpapier** glossy paper **glanzvoll** brilliant, splendid

Glas ❶ glass; **zwei Glas Bier** two glasses of beer ❷ (*Fernglas*) binoculars [bɪ'nɒkjələz] *plural* ❸ (*Brillenglas*) lens ❹ (*Marmeladenglas*) jar; **ein Glas Marmelade/Gurken** a jar of jam/gherkins **Glascontainer** bottle bank **Glaser(in)** glazier ['gleɪzɪə] **Glaserei** glazier's workshop

Glasfaserkabel fibre optic cable **Glashütte** glassworks *plural*

glasig ❶ *Speck, Zwiebeln:* transparent ❷ *Blick:* glassy

glasklar ❶ clear as glass ❷ (*übertragen*) crystal-clear

Glasmalerei glass painting **Glasscheibe** sheet of glass; (*Fenster*) pane of glass **Glasscherbe** piece of broken glass

Glasur ❶ (*auf Keramik*) glaze ❷ (*auf Kuchen*) icing

Glaswolle glass wool

glatt ❶ (*eben*) smooth [smu:ð]; *Fahrbahn:* slippery; *Haar:* straight [streɪt]; *Stoff:* uncreased ❷ *Ablauf, Landung:* smooth; *Absage:* flat; **eine glatte Eins** a straight A ❸ (*ausgesprochen*) downright; **eine glatte Lüge** an outright lie; **glatter Unsinn** sheer nonsense ❹ **glatt gehen** [*oder* **laufen**] go smoothly; **es wird schon glatt gehen!** it'll be all right! ❺ **glatt ablehnen/leugnen** flatly refuse/deny; **das habe ich doch glatt vergessen** I clean forgot about it ❻ **glatt bügeln** (*übertragen*) iron ['aɪən] out ❼ **glatt rasiert** clean shaven; *Beine:* shaved

Glatteis [black] ice ▸ IN WENDUNGEN: **jemanden aufs Glatteis führen** take someone for a ride

glätten ❶ (*glatt machen*) smooth out ❷ (*übertragen: in Ordnung bringen*) iron ['aɪən] out

glattweg **etwas glattweg tun** bluntly do something, do something just like that; **das hab ich glattweg vergessen!** I've completely [*oder* clean] forgotten all about it!

Glatze bald [bɔ:ld] head; **eine Glatze bekommen** be going bald; **eine Glatze haben** be bald **Glatzkopf** baldie [bɔ:ldi] **glatzköpfig** bald

Glaube ❶ (*Vertrauen, religiös*) faith (**an** in); **in gutem Glauben** in good faith; **jemandem Glauben schenken** believe somebody; **den Glauben [an jemanden/etwas] verlieren** lose faith [in somebody/something] ❷ (*Meinung, Überzeugung*) belief

glauben ❶ (*meinen*) think; **glaubst du?** do you think so?; **ich glaube, ja** [*oder* **schon**] I think so; **ich glaube, nein** I don't think so ❷ (*für wahr halten*) **jemandem glauben** believe somebody; **ich glaube ihr kein Wort!** I don't believe a word she's saying!; **an etwas glauben** believe in something ❸ **es ist kaum zu glauben** I can hardly believe it; **ob du es glaubst oder nicht** believe it or not ❹ **wer's glaubt, wird selig!** a likely story!; **das glaubst du wohl selbst nicht!** you can't be serious ['sɪəriəs]!

Glaubensbekenntnis creed

gläubig religious

Gläubige(r) believer; **die Gläubigen** the faithful *plural*

Gläubiger(in) creditor

glaubwürdig ❶ *Beweis, Geschichte, Person:* credible ❷ *Hinweis:* reliable [rɪ'laɪəbl]

Glaubwürdigkeit *einer Person:* credibility

gleich ❶ (*identisch*) same ❷ (*ähnlich*) similar ❸ (*rechnerisch*) equal; **zur gleichen Zeit** at the same time; **in gleichem Abstand** at an equal distance; **zwei mal zwei ist gleich vier** two times two is four ❹ **das ist mir gleich** it's all the same to me; (*negativer*) I don't care at all ❺ (*sofort*) at once; **ich komme gleich** I'll be right there; **bis gleich!** see you [in a minute [*oder* moment]]! ❻ (*direkt*) **gleich gegenüber/hier** right opposite/here ❼ (*fast*) **es ist gleich zehn** it is nearly ten o'clock; **wir sind gleich da** we're nearly there ❽ (*in gleicher Weise*) equally ❾ **das bleibt sich gleich** it doesn't matter ❿ **gleich gesinnt sein wie** hold the same views as; **gleich lautend** identical ⓫ **gleich aussehen** look the same; **gleich alt/groß sein wie …** the same age/height as …

gleichaltrig of the same age **gleichartig** ❶ of the same kind ❷ (*ähnlich*) similar

gleichbedeutend **das ist gleichbedeutend mit …** that's tantamount to …

gleichberechtigt with equal rights *plural;* **gleichberechtigt sein** have equal rights

Gleichberechtigung equal rights **gleichbleibend** constant

gleichen ① be like ② **sich gleichen** be alike
gleichentags (CH) [on] the same day
gleichermaßen (*in gleicher Weise*) in a similar manner
gleichfalls (*auch*) also; **danke, gleichfalls!** thanks, the same to you! **gleichförmig** (*eintönig*) monotonous [məˈnɒtᵊnᵊs]
Gleichgewicht balance [ˈbæləns] *auch übertragen;* **das Gleichgewicht verlieren, aus dem Gleichgewicht kommen** lose one's balance; **jemanden aus dem Gleichgewicht bringen** throw someone off balance
gleichgültig ① indifferent (**gegenüber** towards) ② **das ist mir völlig gleichgültig!** I don't give a damn! **Gleichgültigkeit** indifference (**gegenüber** towards)
Gleichheitszeichen equals sign [ˈiːkwəlz saɪn]
gleichmachen ① level out ② **dem Erdboden gleichmachen** raze to the ground
gleichmäßig ① (*zu gleichen Teilen*) equal ② (*ebenmäßig*) even ③ (*regelmäßig*) *Abstand, Puls:* regular; **in gleichmäßigem Abstand** at regular intervals ⚠ *plural* ④ **gleichmäßig atmen** breathe regularly; **etwas gleichmäßig auftragen/verteilen** apply/distribute something evenly **gleichmütig** composed
Gleichnis parable [ˈpærəbl]
gleichsam as it were, so to speak
gleichschenk(e)lig isosceles [aɪˈsɒsᵊliːz] **gleichseitig** equilateral [ˌiːkwɪˈlætᵊrᵊl] **gleichsetzen** equate [ɪˈkweɪt]
Gleichstand **den Gleichstand erzielen** draw level
Gleichstellung equality [ɪˈkwɒləti]; **Gleichstellung von Mann und Frau** equality between the sexes *plural*
Gleichstrom direct current, D.C.
Gleichung equation [ɪˈkweɪʒᵊn]
gleichwertig ① equal [ˈiːkwəl] ② (*chemisch*) equivalent [ɪˈkwɪvᵊlənt] **gleichwinklig** equiangular [ˌiːkwiˈæŋgjʊləʳ] **gleichwohl** nevertheless [ˌnevəðəˈles] **gleichzeitig** at the same time
gleichziehen catch up
Gleis ① line, track, rails ⚠ *plural* ② platform **Gleisarbeiten** track repairs
gleiten ① glide ② **gleitende Arbeitszeit** flexible working hours *plural,* flexitime **Gleitflugzeug** glider **Gleitmittel** lubricant [ˈluːbrɪkənt] **Gleitschirmfliegen** paragliding **Gleitzeit** flexible working hours *plural,* flexitime
Gletscher glacier [ˈglæsɪə] **Gletscherspalte** crevasse [krəˈvæs]
Glied ① (*Arm, Bein*) limb [lɪm] ② **an allen Gliedern zittern** be shaking all over ③ (*einer Kette*) link *auch übertragen* **Gliederarmband** expanding bracelet
gliedern ① subdivide (**in** into) ② **sich gliedern** be composed, consist (**in** of)
Gliederschmerzen rheumatic [ruːˈmætɪk] pains
Gliederung (*Struktur*) structure
Gliedmaßen limbs
Glimmstengel fag (GB)
glimpflich ① *Unfall:* minor; *Urteil:* light, mild ② **glimpflich davonkommen** get off lightly
glitschig slippery
glitzern glitter; *Stern:* twinkle
global global [ˈgləʊbᵊl], worldwide
Glocke bell ▶ IN WENDUNGEN: **etwas an die große Glocke hängen** shout something from the rooftops ⚠ *plural*
Glockenblume bellflower, bluebell **glockenförmig** bell-shaped **Glockenspiel** ① chimes *plural* ② (*Instrument*) glockenspiel **Glockenturm** bell tower, belfry [ˈbelfri]
glorifizieren glorify
Glossar glossary
Glosse gloss (**zu** on)
Glotze (*Fernseher*) goggle-box **glotzen** stare (**auf** at)
Glück ① luck; **viel Glück!** good luck!; **was für ein Glück!** what a stroke of luck! ② **Glück haben** be lucky; **kein Glück haben** be out of luck, be unlucky; **Glück gehabt!** that was lucky!; **da hast du aber Glück gehabt!** you were lucky there!; **ein Glück, dass ...** it's a good thing that ...; **zum Glück** fortunately [ˈfɔːtʃᵊnətli] ③ **auf gut Glück** on the off-chance ④ **jemandem [zu etwas] Glück wünschen** congratulate someone [on something] ⑤ (*Freude*) happiness; **ihre Kinder sind ihr ganzes Glück** her children are her whole life
Glucke mother hen *auch übertragen*
glücken be a success
gluckern *Wasser:* gurgle
glücklich ① happy; **glücklich machen** make happy; **sich glücklich schätzen** consider oneself lucky ② *Gewinner, Zufall:* lucky; **eine**

G g

glückliche Hand bei … haben have a knack when it comes to …
glücklicherweise fortunately ['fɔːtʃənətli], luckily
Glücksbringer lucky charm **Glücksfall** stroke of luck (GB), lucky break (USA) **Glückskind** lucky person **Glücksklee** four-leaf clover **Glückspilz** lucky fellow [*oder* beggar] **Glücksrad** wheel [wiːl] of fortune **Glückssache** matter of luck **Glücksspiel** game of chance **Glücksspieler(in)** gambler **Glückstreffer** ❶ (*auch im Lotto*) stroke of luck ❷ (*beim Schießen*) lucky shot
Glückwunsch congratulations ⚠ *plural;* **herzlichen Glückwunsch zum Geburtstag!** happy birthday!

> **! Vorsicht Falle** **congratulations** wird im Plural gebraucht: *Congratulations on passing the exam!*

Glückwunschkarte greetings card
Glühbirne light bulb
glühen ❶ glow ❷ **vor Zorn glühen** burn with anger **glühend** ❶ (*intensiv*) *Berge, Farben, Gesicht:* glowing ❷ *Hitze:* blazing; **glühend heiß** burning hot; *Metall:* red-hot; **rot glühend** red-hot ❸ *Leidenschaft, Wunsch:* ardent; *Hass:* burning; *Verehrer:* fervent **Glühwein** mulled wine **Glühwürmchen** glowworm
Glupschauge goggle eye
Glut embers ⚠ *plural*
Gluthitze sweltering heat **glutrot** fiery red
Glykol glycol
GmbH *Abkürzung von* **Gesellschaft mit beschränkter Haftung** Ltd (GB), Inc (USA)
Gnade ❶ mercy; **um Gnade bitten** beg for mercy; **Gnade vor Recht ergehen lassen** temper justice with mercy ❷ **Gottes Gnade** God's grace **Gnadenfrist** reprieve; **eine Gnadenfrist von zwei Monaten** a two months' reprieve **Gnadengesuch** plea for clemency ['klemənsi] **gnadenlos** merciless
gnädig ❶ (*erbarmend*) merciful ❷ (*herablassend*) condescending
Gnom gnome [nəʊm]
Gobelin [Gobelin] tapestry
Gockel cock
Gold gold **Goldbarren** gold ingot ['ɪŋgət]
Goldbarsch redfish
Golddoublé rolled gold
golden ❶ *Hochzeit:* golden ['gəʊldən] ❷ *Armband, Uhr etc.* gold ❸ **die goldene Mitte wählen** strike a happy medium
goldfarben golden
Goldfisch goldfish
goldgelb golden
Goldgrube gold-mine *auch übertragen*
Goldhamster golden hamster
goldig (*übertragen*) sweet (GB), cute (USA)
Goldklumpen gold nugget **Goldmedaille** gold medal ['medəl] **Goldmedaillengewinner(in)** gold medallist ['medəlɪst]; **dreifacher Goldmedalliengewinner…** triple gold medallist…
Goldregen (*Strauch*) laburnum
goldrichtig dead right
Goldschmied(in) goldsmith **Goldschnitt** gilt edging
Goldstück (*Münze*) gold coin
Golf[1] der gulf; **der Golf** the Gulf
Golf[2] das golf **Golfplatz** golf course **Golfschläger** golf club **Golfspieler(in)** golfer
Golfstaat Gulf state **Golfstrom** Gulf Stream
Gondel ❶ (*Boot*) gondola ['gɒndələ] ❷ (*Seilbahnkabine*) car
gönnen ❶ **sich etwas gönnen** give [*oder* allow] oneself something; **gönn dir was!** spoil yourself! ❷ **ich gönne es ihm** I am happy [*oder* pleased] for him; **sie gönnt mir den Erfolg nicht** she begrudges me my success, she is jealous ['dʒeləs] of my success
gönnerhaft patronizing
Göre ❶ brat ❷ (*Mädchen*) kid
Gorilla gorilla
Gosse gutter; **in der Gosse landen** end up in the gutter
Gotik Gothic ['gɒθɪk] **gotisch** Gothic ['gɒθɪk]
Gott ❶ God; **der liebe Gott** the good Lord; **an Gott glauben** believe in God ❷ **Gott sei Dank!** thank God!; **um Gottes willen!** for heaven's sake!; (*betroffen*) oh no! ❸ **leider Gottes** unfortunately
Götterspeise fruit jelly
Gottesdienst service **Gotteshaus** place of worship **Gotteslästerung** blasphemy ['blæsfəmi] **Gottheit** ❶ (*Göttlichkeit*) divinity ❷ (*ein Gott*) godhead **Göttin** goddess **göttlich** divine
gottlob! thank goodness!
gottlos (*übertragen: verrucht*) wicked

['wɪkɪd] **gottverlassen** godforsaken **Gottvertrauen** trust in God

Grab grave

Grabbeltisch clearance table

Graben ❶ (*am Straßenrand*) ditch ❷ (*Schützengraben*) trench ❸ (*geologisch*) rift [valley] **graben** (*mit Spaten*) dig (**nach** for)

Grabinschrift epitaph ['epɪtɑːf] **Grabmal** monument **Grabstein** gravestone

Grad ❶ degree ❷ **im höchsten Grade** extremely

Graf ❶ (*außerhalb Großbritanniens*) count; (*als Titel*) Count ❷ (*innerhalb Großbritanniens*) earl [ɜːl]; (*als Titel*) Earl

Grafik ❶ (*Werk*) graphic ['græfɪk] ❷ (*Gewerbe*) graphic arts *plural* ❸ (*Diagramm*) diagram ['daɪəgræm] **Grafiker(in)** graphic artist **Grafikkarte** graphics card

Gräfin countess ['kaʊntɪs]; (*als Titel*) Countess

grafisch ❶ graphic ['græfɪk]; **grafische Darstellung** graph ❷ (*schematisch*) schematic

Grafit graphite ['græfaɪt]

Grafschaft county

Gramm gram[me]

Grammatik grammar **grammatisch** grammatical

Granat (*Edelstein*) garnet

Granatapfel pomegranate

Granate shell

Granatwerfer trench mortar

grandios magnificent [mæg'nɪfɪsənt], terrific

Granit granite ['grænɪt]

Grapefruit grapefruit

Graphik ❶ (*Werk*) graphic ❷ (*Gewerbe*) graphic arts ⚠ *plural* ❸ (*Diagramm*) diagram

Graphit graphite

Gras grass ►IN WENDUNGEN: **über etwas Gras wachsen lassen** let the dust settle over something; **ins Gras beißen** bite the dust

grasen graze

grasgrün grass-green **Grashalm** blade of grass **Grashüpfer** grasshopper

grassieren *Gerücht:* circulate; *Krankheit:* rage

grässlich ❶ (*grauenvoll*) hideous, horrible ❷ (*widerlich*) awful, dreadful

Grat (*Bergrücken*) ridge

Gräte fish-bone

gratis free [of charge] **Gratisprobe** free sample

gratulieren congratulate (**zu** on); [**ich**] **gratuliere!** [my] congratulations! *plural;* **jemandem zum Geburtstag gratulieren** wish someone a happy birthday, wish someone many happy returns ⚠ *plural*

Grau grey **grau** ❶ grey; **graue Haare bekommen** go grey; **grau meliert** *Haare:* greying ❷ **der graue Alltag** the humdrum everyday life, the dull routine; **in der grauen Vergangenheit** in the misty past **Graubrot** rye bread, brown bread

Gräuel ❶ (*Grauen*) horror ❷ (*Schandtat*) outrage **Gräueltat** atrocity; **eine Gräueltat begehen** commit an atrocity

Grauen (*Entsetzen*) horror; **Grauen erregend** gruesome ['gruːsəm], horrid

grauen **mir graut es davor** I dread it

grauenhaft, **grauenvoll** gruesome ['gruːsəm], horrid

grauer Star cataract

grauhaarig grey-haired

gräulich ❶ (*Farbe*) greyisch ❷ abominable, atrocious ['ətrəʊʃəs]

Graupe grain of pearl barley

Graupelschauer sleet

grausam cruel ['kruːəl] (**zu** to) **Grausamkeit** cruelty ['kruːəlti]

grausig horrible **grauslich** Ⓐ (*unangenehm, ekelhaft*) terrible

Gravierung engraving [ɪn'greɪvɪŋ]

Gravitation gravitation **Gravitationskraft** gravitational force

graziös graceful

greifbar ❶ (*zur Verfügung*) available ❷ **in greifbarer Nähe** within reach

greifen ❶ (*ergreifen*) grasp; **hinter sich/nach etwas greifen** reach behind/for something ❷ (*einrasten*) grip ❸ *Maßnahmen, Strategie:* have an effect (**bei** on) ❹ (*wirksam werden*) be effective ❺ **zum Greifen nahe liegen** be within one's grasp ❻ **zur Flasche greifen** take to the bottle ❼ **ineinander greifen** (*technisch*) mesh [with each other]; (*übertragen: sich überschneiden*) overlap ❽ **zum Äußersten greifen** go to extremes ⚠ *plural* ❾ **um sich greifen** *Krankheit, Unsitte:* spread [spred]

Greis(in) old man/woman

grell ❶ *Farbe:* loud ❷ *Sonne:* dazzling

Gremium body, committee

Grenze ❶ (*von Staat*) border; **die Grenze zu**

G g

Dänemark the border with Denmark ② (*von Gemeinde*) boundary ③ (*privat*) boundary ④ (*übertragen*) limits ⚠ *plural;* **sich [noch] in Grenzen halten** keep within limits; **sein Mut kennt keine Grenzen** there's no limit to his courage; **alles hat seine Grenzen** there's a limit to everything ⑤ **seine Grenzen kennen** know one's limitations **grenzen** border *auch übertragen* (**an** on) **grenzenlos** boundless *auch übertragen* **Grenzfall** borderline case **Grenzgebiet** border area **Grenzschutz** frontier guard **Grenzübergang** border [*oder* frontier] crossing **Grenzverkehr** border traffic

Grenzwert limit

Grieche, Griechin Greek **Griechenland** Greece **griechisch** Greek

Grieß(brei) semolina [ˌseməˈliːnə] [pudding]

Griff ① (*Stiel*) handle ② *von Revolver:* butt ③ *von Tür:* knob ④ (*Halten von Hand*) grasp, grip ⑤ **etwas im Griff haben** have got the hang of something, have something under control; **etwas in den Griff bekommen** get to grips with something **griffbereit** handy

Griffbrett *von Musikinstrument:* fingerboard

griffig ① (*handlich*) handy ② (*gut greifend*) non-slip

Grill ① (*zum Grillen*) grill ② (*am Auto*) grille

Grille cricket

grillen ① (*in der Küche*) grill ② (*im Garten*) barbecue [ˈbɑːbɪkjuː]

Grimasse grimace [ˈgrɪməs]; **Grimassen schneiden** pull faces

grimmig ① (*zornig*) grim ② *Kälte:* severe [sɪˈvɪə]

Grinsen grin **grinsen** grin

Grippe influenza [ˌɪnflʊˈenzə], flu [fluː] *umgangsspr*

Grips brains ⚠ *plural*

grob ① (*nicht fein*) coarse [kɔːs]; **grob gemahlen** coarse-ground ② (*verletzend*) rude ③ **grobe Fahrlässigkeit** gross negligence [ˈneglɪdʒəns]; **grober Fehler** bad mistake ④ **grob geschätzt** at a rough estimate ⑤ **aus dem Gröbsten heraus sein** be over the worst ⚠ *plural*

grö(h)len bawl

Groll resentment **grollen** ① (*böse sein*) **jemandem grollen** bear a grudge against somebody ② *Donner:* peal, roll

Grönland Greenland [ˈgriːnlənd]

Gros gross [greʊs]

Groschenroman cheap novel (GB), dime novel (USA)

groß ① (*bedeutend*) great; (*umfangreich*) big *auch übertragen* ② (*räumlich*) large; (*riesig*) huge; *Fläche:* extensive, vast ③ (*hoch gewachsen*) tall ④ (*großartig*) grand ⑤ *Hitze:* intense; *Fehler:* bad ⑥ **die großen Ferien** the summer holidays (GB) [*oder* (USA) vacation *singular*] ⑦ **das ist jetzt große Mode** that's all the fashion now ⑧ **[ganz] groß rauskommen** make the big time ⑨ **meine große Schwester** my big sister ⑩ **er ist mal wieder in großer Eile** he's in a terrible rush again ⑪ **das war ein großer Irrtum** that was a big mistake ⑫ **die Maschine verursachte großen Lärm** the machine [məˈʃiːn] made a lot of noise ⑬ **großen Hunger/große Schmerzen haben** be very hungry/in a lot of pain ⚠ *singular* ⑭ **sich große Mühe geben** make a big effort

Großabnehmer(in) bulk purchaser

großartig ① (*wunderbar*) wonderful [ˈwʌndəfᵊl] ② (*hervorragend*) splendid, great **Großaufnahme** close-up

Großbritannien Great Britain

Großbuchstabe capital

Größe ① (*Format, Umfang, von Kleidung, von Schuhen*) size; **welche Größe hast du?** what size are you?, what size do you take? ② (*Höhe*) height [haɪt]; **er hat deine Größe** he is your height; **der Größe nach aufstellen** line up in order of height ③ (*Ausdehnung*) dimensions [ˌdaɪˈmenʃᵊnz] ⚠ *plural* ④ (*Wichtigkeit*) magnitude ⑤ (*Bedeutung*) greatness; (*bedeutende Persönlichkeit*) important figure ⑥ **unbekannte Größe** unknown quantity ⑦ **innere Größe** inner greatness

Großeinkauf bulk purchase

Großeltern grandparents

großenteils for the most part, mostly

Größenwahn megalomania [ˌmegələʊˈmeɪnɪə]; **an Größenwahn leiden** be a megalomaniac

Großfahndung dragnet operation, manhunt **Großfamilie** extended family **Großformat** large size **Großgrundbesitzer(in)** big landowner **Großhandel** wholesale trade **Großhändler(in)** wholesaler **großherzig** generous [ˈdʒenᵊrəs], magnanimous [mæg-

'nænɪməs] **Großhirn** cerebrum [sə'riː-brəm]

großkotzig swanky

Großmama grandma

Großmaul loudmouth

großmütig magnanimous [mæg'nænɪməs]

Großmutter grandmother **Großonkel** great-uncle

Großrat, -rätin (CH) member of a cantonal parliament

Großraumabteil open carriage **Großraumbüro** open-plan office **Großraumflugzeug** large-capacity aircraft

großspurig boastful ['bəʊstfᵊl]

Großstadt city **Großstädter(in)** city-dweller **großstädtisch** big-city

Großtante great-aunt

Großteil large part; **zum Großteil** for the most part

größtenteils for the most part

Großunternehmen big firm, large-scale enterprise

Großvater grandfather

Großveranstaltung big event **Großwetterlage** ① general weather ['weðəʳ] situation ② **die politische Großwetterlage** the general political climate

großziehen raise [reɪz]

großzügig ① (*freigebig*) generous ['dʒenᵊrəs], liberal ② (*weiträumig*) spacious ['speɪʃᵊs] **Großzügigkeit** generosity [ˌdʒenᵊrɒsəti]

grotesk grotesque

Grotte grotto

Grube ① hole, hollow ② (*Bergbau*) mine, pit

grübeln brood (**über** over)

grüezi (CH) hello, good morning/afternoon/evening

Gruft (*Grabgewölbe*) tomb, vault

grün ① green; **grüner Salat** lettuce; **grünes Gemüse** greens *plural* ② (*nicht reif*) not ripe ▸ IN WENDUNGEN: **grüne Witwe** grass widow; **grüne Welle** phased traffic lights *plural;* **das ist dasselbe in Grün** (*umgangsspr*) that's one and the same thing; **sie sind sich nicht grün** there's no love lost between them; **jemandem grünes Licht geben** give someone the go-ahead **Grünanlage** park

Grund¹ der ① (*Ursache*) reason; **aus welchem Grund?** for what reason?; **auf Grund von …** due to …, because of …; **aus gesundheitlichen Gründen** for reasons of health; **ohne jeden Grund** for no apparent reason ② (*Anlass*) reason; **einen Grund zum Feiern haben** have good cause for celebration; **ich habe keinen Grund zum Klagen** I have no reason to complain

Grund² der ① *von Gefäß, Grube:* bottom; **im Grunde meines Herzens** at the bottom of my heart ② (*Grundstück*) land ③ (*Erdboden*) ground ④ **von Grund auf** completely ⑤ **im Grunde** basically ⑥ **einer Sache auf den Grund gehen** get to the bottom of something ⑦ **einer Sache etwas zu Grunde legen** base something on something; **der Anklage liegen Fakten zu Grunde** the accusation is based on facts ⑧ **zu Grunde richten** ruin, destroy

Grundausbildung basic training **Grundbegriff** basic principle **Grundbesitz** landed property, real estate **Grundbesitzer(in)** landowner

gründen ① found ② **sich gründen auf** be based on **Gründer(in)** founder

grundfalsch utterly wrong

Grundfläche floor space

Grundgebühr standing charge **Grundgesetz** (*bundesdeutsche Verfassung*) **das Grundgesetz** the German Constitution

grundieren prime **Grundierfarbe** undercoat

Grundkapital capital stock, equity capital

Grundlage basis, foundation **grundlegend** ① fundamental, basic (**für** to) ② **grundlegend falsch** fundamentally wrong

gründlich thorough **Gründlichkeit** thoroughness

grundlos ① (*unbegründet*) unfounded ② (*sehr tief*) bottomless

Grundnahrungsmittel staple food

Gründonnerstag Maundy Thursday [ˌmɔːndi'θɜːzdi]

Grundrecht fundamental right **Grundriss** ① (*eines Gebäudes*) ground plan ② (*Skizze*) outline, sketch **Grundsatz** principle **grundsätzlich** ① (*im Allgemeinen*) in principle; **grundsätzlich schon** basically yes; **grundsätzlich nicht** absolutely not ② (*stets*) always; **grundsätzlich nein sagen** say no on principle ③ *Frage, Unterschied:* fundamental

Grundschule elementary [*oder* primary] school **Grundschullehrer(in)** elementary [*oder* primary] school teacher

G g

Grundstein foundation-stone **Grundstück** ❶ *(Parzelle)* plot; *(größer)* estate [ɪ'steɪt] ❷ *(Grund und Boden)* property ❸ *(Baugrund)* site **Grundstücksmakler(in)** estate agent GB, realtor USA **Grundübel** *(Grundproblem)* basic problem

Gründung foundation

grundverschieden entirely different

Grundwasser ground water **Grundwasserspiegel** ground-water level, water table **Grundwortschatz** basic [*oder* essential] vocabulary **Grundzahl** ❶ *(Kardinalzahl)* cardinal number ❷ *(von Potenz oder Logarithmus)* base number

Grüne(r) Green [party member]; **die Grünen** the Green Party

grünen turn green **Grünfink** greenfinch **Grünfläche** green [*oder* open] space **Grünfutter** green fodder **Grünkohl** kale **grünlich** greenish **Grünschnabel** greenhorn **Grünspan** verdigris ['vɜːdɪgrɪs] **Grünstreifen** ❶ *(am Straßenrand)* grass verge ❷ *(Mittelstreifen)* central reservation GB, median strip USA

grunzen grunt

Grünzeug *(umgangsspr: Salat und Gemüse)* greens *plural*

Gruppe ❶ group ❷ *(Arbeitsgruppe)* team **Gruppenarbeit** teamwork **gruppenweise** in groups

gruppieren ❶ group ❷ **sich gruppieren** form groups *plural;* **die Häuser gruppieren sich um den Marktplatz** the houses are grouped around the market square **Gruppierung** grouping

Gruselgeschichte horror story

gruselig gruesome ['gruːsəm]

Gruß ❶ greeting; **viele Grüße** best wishes ❷ **jemandem herzliche Grüße bestellen** give one's kindest regards to somebody; **jemandem einen Gruß ausrichten** give one's regards ⚠ *plural* to somebody, say hello to somebody *umgangsspr* **grüßen** ❶ greet; **grüß dich!** hi! ❷ *(beim Militär)* salute

gucken look; **guck mal!** look! **Guckloch** peephole

Guerillakrieg guerilla war[fare]

Guinea Guinea ['gɪni] **Guineer(in)** Guinean **guineisch** Guinean

Gulasch goulash

Gulden guilder ['gɪldə]

gültig ❶ *Pass:* valid ❷ *Bestimmungen, Preise:* current ❸ *Münze (allgemein anerkannt)* universal **Gültigkeitsdauer** period of validity

Gummi ❶ *(auch Radiergummi)* rubber ❷ *(Kondom)* rubber **Gummiband** rubber band **Gummibärchen** jelly baby **Gummibaum** rubber plant **Gummihandschuhe** rubber gloves **Gummiknüppel** [rubber] truncheon ['trʌnʃən] **Gummischlauch** tube **Gummistrumpf** elastic stocking **Gummizelle** padded cell

Gunst favour ['feɪvə]; **zu deinen Gunsten** in your favour ⚠ *singular;* **zu Gunsten von …** in favour ⚠ *singular* of …

günstig ❶ *(vorteilhaft)* favourable ['feɪvərəbl]; *Moment:* right; **im günstigsten Falle** at best; **bei günstiger Witterung** weather permitting; **günstig gelegen [für]** well situated [for]; **eine Immobilie in günstiger Lage** a well-situated property ❷ *(preiswert)* cheap; **etwas günstig erstehen/verkaufen** buy/sell something for a good price

Gurgel throat **Gurgelmittel** gargle **gurgeln** *(mit Mundwasser)* gargle

Gurke ❶ *(Salatgurke)* cucumber ❷ *(Essiggurke)* gherkin ['gɜːkɪn]

gurren coo

Gurt ❶ *(Riemen)* strap ❷ *(Gürtel)* belt

Gürtel ❶ *(für Hose)* belt ❷ *(Absperrung)* cordon **Gürtellinie** waist ▸ IN WENDUNGEN: **ein Schlag unter die Gürtellinie** a punch below the belt

Gürtelrose shingles ⚠ *singular*

Gürtelschnalle buckle

Gurtpflicht es besteht Gurtpflicht wearing of seat-belts ⚠ *plural* is compulsory

GUS *Abkürzung von* **Gemeinschaft unabhängiger Staaten** CIS, Community of Independent States

Guss ❶ *(Wasserguss)* gush ❷ *(Regenguss)* downpour ❸ *(Zuckerguss)* frosting, icing ❹ **aus einem Guss** *(übertragen)* a unified whole **Gusseisen** cast iron GB, pig iron USA **gusseisern** cast-iron **Gussform** mould

Gut ❶ *(Landgut)* estate [ɪ'steɪt] ❷ **Güter** goods

gut ❶ good; *Wetter:* nice; **ein guter Mensch** a good person; **kein guter Tänzer** not much of a dancer ❷ **wie geht's? — gut!** how are you? — fine!; **ganz gut** not bad; **so gut es geht** as best as possible ❸ **gut so!**

that's it!; **gut gemacht!** well done!; **mach's gut!** take care! ④ **das ist schön und gut, aber …** it's all very well but … ⑤ **schon gut!** all right!, OK!; **nun gut!** all right then! ⑥ **wozu ist das gut?** what's that for?; **das ist gut gegen Grippe** that's good for flu ⑦ **du siehst gut aus** (*allgemein*) you're a good-looking man/woman, you're good-looking; (*heute*) you're looking good [*oder* great]; (*gesundheitlich*) you're looking well ⑧ **mir ist nicht gut** I'm not feeling [too] well; **das wird dir gut tun** that will do you good ⑨ **du hast gut lachen/reden!** it's easy for you to laugh/say!; **das kann gut sein** that may well be ⑩ **jemanden gut finden** like somebody; **das gefällt mir gut** I like it very much ⑪ **gut bezahlt** highly-paid, well-paid; **gut gehend** flourishing ['flʌrɪʃɪŋ]; **gut gelaunt** cheerful; **gut gemeint** well-meaning, well-meant ⑫ **das schmeckt gut** that tastes nice ⑬ **etwas gut können** be good at something ⑭ **seid ihr gut angekommen?** did you get back alright? ⑮ **jemandem alles Gute wünschen** wish someone well; (*für Prüfung*) wish someone luck ⑯ **dabei kann nichts Gutes rauskommen** nothing good can possibly come of it ⑰ **das ist nochmal gut ausgegangen** that was a close shave ⑱ **etwas wendet sich zum Guten** something comes right in the end ⑲ **bis London sind es noch gut 5 Kilometer** it's still a good 5 kilometres to London

? Grammatik **well — better — best:**
Dave knows me well, my brother knows me ***better****, but my mum knows me (the)* ***best****.*
— Vorsicht: *he plays the guitar* ***well****,* aber: *he is a* ***good*** *guitarist.*

Gutachten expert ['ekspɜːt] opinion **Gutachter(in)** expert

gutartig *Geschwulst:* benign [bə'naɪn] **gutbürgerlich** *Küche:* good plain, home[-style]

Gutdünken discretion [dɪ'skreʃən]; **nach seinem Gutdünken** at his discretion, as he sees fit

Güte ① (*Freundlichkeit*) kindness ② (*Qualität*) quality ③ [**ach**] **du meine Güte!** goodness me!

Güterbahnhof goods depot (GB), freight depot ['freɪtˌdepəʊ] (USA)

Gütergemeinschaft community of property **Gütertrennung** separation of property

Güterwagen goods truck (GB), freight [freɪt] car (USA) **Güterzug** goods train (GB), freight [freɪt] train (USA)

Gütezeichen ① quality mark ② (*übertragen*) hallmark

gutgläubig (*leichtgläubig*) credulous ['kredjʊləs], trusting, gullible

Guthaben credit

gutheißen **etwas gutheißen** approve [ə'pruːv] of something

gütig ① (*freundlich*) friendly ['frendli], kind ② (*voller Güte*) generous ['dʒenərəs]

gutmütig good-natured

Gutsbesitzer(in) landowner

Gutschein ① (*als Zahlung*) coupon ['kuːpɒn], voucher ['vaʊtʃər] ② (*für umgetauschte Waren*) credit note

gutschreiben credit ['kredɪt]

Gutschrift ① (*Bescheinigung*) credit note ② (*Betrag*) credit [item]

Gutshof estate [ɪ'steɪt]

gutwillig willing, obliging

Gymnasiast(in) grammar school pupil (GB), high school student (USA) **Gymnasium** grammar school (GB), high school (USA); **auf's Gymnasium gehen** go to grammar school (GB) [*oder* (USA) high school]

Gymnastik gymnastics ⚠ *singular*; keep fit; **Gymnastik machen** do gymnastics [*oder* keep-fit exercises] **Gymnastikanzug** leotard

Gynäkologe, Gynäkologin gynaecologist [ˌgaɪnɪ'kɒlədʒɪst]

H h

H ① (*Note*) B ② **H-dur** B major; **H-moll** B minor

Haar ① hair; **lange/kurze Haare** long/short hair ⚠ *singular;* **blonde/schwarze Haare** blonde/black hair ⚠ *singular;* **glatte/lockige/krause Haare** straight/curly [*oder* wavy]/frizzy hair ⚠ *singular* ② **sich die Haare schneiden lassen** have one's hair cut; **sich die Haare kämmen** comb [kəʊm] one's hair; **ich muss [mir] noch**

die Haare waschen I've got to wash my hair ▶IN WENDUNGEN: **ein Haar in der Suppe finden** find something to quibble ['kwɪbl] about; **etwas ist an den Haaren herbeigezogen** something is far-fetched; **mir standen die Haare zu Berge** my hair stood on end; **kein gutes Haar an jemandem lassen** pick [*oder* pull] someone to pieces ⚠ *plural;* **sich in die Haare geraten** pick a quarrel [with each other]; **sich ständig in den Haaren liegen** be constantly quarrel[l]ing; **um ein Haar** (*beinahe*) within a hair's breadth; **um kein Haar besser** not a whit better **Haarausfall** loss of hair; **sie hat Haarausfall** she is losing her hair **Haarbürste** hairbrush

haaren ① *Tier:* moult, lose its hair ② *Pelz:* shed hairs *plural*

Haarfarbe colour of hair; **was für eine Haarfarbe hat sie?** what's the colour of her hair? **Haarfestiger** [hair] setting lotion

haarig hairy *auch übertragen*

Haarklammer hairgrip (GB), bobby pin (USA) **Haarnadel** hairpin **Haarnadelkurve** hairpin bend

haarscharf die Kugel ging haarscharf an ihm vorbei the bullet missed him by a hair's breadth [bredθ] **Haarschnitt** haircut **Haarspalterei** hair-splitting **Haarspange** hair slide **Haarspray** hair lacquer [*oder* spray] **haarsträubend** hair-raising **Haarteil** hairpiece **Haartrockner** hair-dryer **Haarwasser** hair lotion

Hab mit Hab und Gut with all one's belongings ⚠ *plural* **Habe** possessions [pə'zeʃənz] ⚠ *plural,* belongings ⚠ *plural* **Haben** (*Kontostand*) credit [side] ['kredɪt]

haben ① have, have got *umgangsspr* ② **Durst/Hunger haben** be thirsty/hungry; **Ferien haben** be on holiday; **wann hast du Geburtstag?** when is your birthday?; **ich hab am 22. Februar Geburtstag** my birthday is on the 22nd of February; **ich habe [heute] Geburtstag!** it's my birthday [today]! ③ **den wievielten haben wir heute?** what date is it today?; **heute haben wir den …** today is the … ④ **für etwas zu haben sein** be keen on something; **das haben Sie davon!** that'll teach you! ⑤ **ich kann das eben nicht [ab]haben** (*leiden*) I just can't stand it ⑥ **ich hab's!** I've got it!; **etwas fertig haben** have finished something ⑦ **jemanden gern haben** be fond of somebody, like somebody; **jemanden lieb haben** love somebody ⑧ **es gut haben** be lucky; **lieber haben** prefer; **nötig haben** need ⑨ **Recht haben** be right; **Unrecht haben** be wrong ⑩ **etwas haben wollen** (*verlangen*) ask for something; (*wünschen*) desire, want something ⑪ **zu tun haben** (*beschäftigt sein*) be busy; **was haben Sie?** what's the matter with you?; **hab dich nicht so** don't make such a fuss ⑫ **da haben Sie's!** there you are!; **das haben wir gleich!** we'll have that fixed in a jiffy! ⑬ **und damit hat sich's!** and that's that!

> **? Grammatik** Im Englischen benötigt man zwei Wörter für *haben* [besitzen]: **have got** — Jenny **has got** an apartment; she **hasn't got** a garden. In den USA wird nur **have** benutzt. Man sagt z. B.: **I have a cat.** Fragen lauten in Großbritannien **have you got …?** und in den USA **do you have …?** Die Verneinung lautet: **I don't have …**

Habenichts have-not, pauper

habgierig covetous ['kʌvətəs], greedy

Habicht hawk

Habseligkeiten [few] personal belongings [*oder* effects]

Habsucht covetousness ['kʌvətəsnəs], greed[iness] **habsüchtig** covetous ['kʌvətəs], greedy

Hackbraten meat loaf

Hacke¹ die (*Ferse*) heel

Hacke² die (*Gerät*) hoe [həʊ]; (*Picke*) pick[axe] **hacken** ① chop *Holz* ② hoe *Feld, Garten* ③ (*mit Spitzhacke*) hack; **klein hacken** chop up small ④ (*picken*) *Vogel:* peck (**nach** at) ⑤ (*in Informatik*) hack (**in** into)

Hacker(in) hacker

Hackfleisch mince[d meat] (GB), ground meat (USA) ▶IN WENDUNGEN: **aus jemandem Hackfleisch machen** make mincemeat of someone **Hackordnung** pecking order *auch übertragen*

hadern quarrel ['kwɒrəl], wrangle ['ræŋgl] (**mit** with, **über** over)

Hafen ① harbour, port; **in einen Hafen einlaufen** enter a harbour ② (*übertragen: sicherer Ort*) haven **Hafenanlagen**

❶ (*Docks*) docks ❷ (*Hafeneinrichtungen*) port facilities **Hafenarbeiter** docker GB, longshoreman USA **Hafengebühren** harbourdues **Hafenrundfahrt** conducted boat tour of the harbour **Hafenstadt** port; (*am Meer*) seaport

Hafer oats ⚠ *plural* ▸ IN WENDUNGEN: **ihn sticht der Hafer** he's feeling his oats ⚠ *plural* **Haferflocken** porridge oats; **grobe Haferflocken** rolled oats

Haft ❶ (*Haftstrafe*) imprisonment; **zu zehn Jahren Haft verurteilt werden** be sentenced to ten years' imprisonment; **in Haft** in prison ❷ (*vor dem Prozess*) custody ['kʌstədi]; **in Haft** in custody; **in Haft nehmen** take into custody

haftbar [legally] responsible [*oder* liable] (**für** for); **jemanden haftbar machen** make [*oder* hold] someone liable (**für** for)

Haftbefehl arrest warrant [wɒrənt]

haften ❶ (*kleben*) adhere, stick (**an** to); **an etwas haften bleiben** stick to something ❷ (*haftbar sein*) be liable [*oder* responsible] (**für** for)

Häftling prisoner

Haftnotiz self-adhesive note

Haftpflicht (*Schadenersatzpflicht*) liability (**für** for) **Haftpflichtversicherung** ❶ (*für Personen*) personal liability insurance GB, public liability insurance USA ❷ (*für KFZ*) third-party insurance **Haftschalen** contact lenses

Haftung ❶ (*Schadenersatz*) liability; **beschränkte Haftung** limited liability ❷ (*Verantwortung für Personen*) responsibility ❸ *von Reifen:* adhesion, grip

Hag CH (*Hecke*) hedge

Hagebutte hip, rosehip **Hagebuttentee** rosehip tea

Hagel ❶ hail ❷ (*übertragen*) hail, torrent, stream **Hagelkorn** hailstone **hageln** hail *auch übertragen;* **es hagelt** it's hailing; **es hagelte Kritik** there was a storm of criticism **Hagelschauer** hailstorm

hager lean, thin

Hahn[1] der ❶ (*Wasserhahn*) tap GB, faucet ['fɔːsɪt] USA; (*Sperrhahn*) stopcock ❷ (*Zapfhahn*) spigot

Hahn[2] der (*Gockel*) cock GB, rooster USA ▸ IN WENDUNGEN: **der Hahn im Korb sein** be the cock of the walk; **es kräht kein Hahn danach** nobody cares a hoot about it **Hahnenschrei** cockcrow; **beim ersten Hahnenschrei** at cockcrow **Hahnentritt**(**muster**) dogtooth check

Hai shark *auch übertragen*

Hain grove

Haiti Haiti **Haitianer**(**in**) Haitian **haitianisch** Haitian

häkeln crochet ['krəʊʃeɪ] **Häkelnadel** crochet hook

Haken ❶ (*aus Metall; auch beim Boxen*) hook; (*aus Holz*) peg ❷ (*Zeichen: Häkchen*) tick GB, check USA ❸ **die Sache hat einen Haken** there's a catch; **der Haken daran ist, …** the thing is, … **Hakennase** hooked nose

halb ❶ half *auch übertragen;* **eine halbe Stunde** half an hour; **ein halbes Jahr** six months ⚠ *plural;* **zum halben Preis** [at] half price ❷ **es ist halb eins** it is half past twelve ❸ **das ist doch halb so schlimm** it's not that bad; ❹ **machen wir halbe-halbe!** let's go halves!; **nichts Halbes und nichts Ganzes** neither ['naɪðə^r] one thing nor the other; **wir machen keine halben Sachen** we don't do things by halves ❺ (*in Zusammensetzungen: zur Hälfte*) half-; (*technisch*) semi-; **halb nackt** half-naked; **halb offen** half-open; **halb tot** half-dead; **halb voll** half-full ❻ (*beinahe*) almost; **halb so viel** [**wie**] half as much [as]; **noch ein halbes Kind sein** be scarcely ['skeəsli] more than a child **halbamtlich** semiofficial **halbautomatisch** semiautomatic **Halbbruder** half-brother **halbfertig** semi-finished **halbflüssig** semifluid **Halbgott** demigod *auch übertragen*

halbieren ❶ halve [hɑːv]; (*zerschneiden*) cut in halves *plural* ❷ (*in Geometrie*) bisect

Halbinsel peninsula [pə'nɪnsjʊlə] **Halbjahr** half-year, six months *plural* **halbjährig** **ein halbjähriger Vertrag** a six months' *plural* contract **halbjährlich** ❶ *Bericht etc.* half-yearly GB, semiannual USA ❷ (*alle halbe Jahr*) every six months *plural*

Halbkanton CH sub-canton **Halbkreis** semicircle ['semɪˌsɜːkl] **Halbkugel** hemisphere ['hemɪsfɪə]

halblang mid-length; **mach's halblang!** hang on a minute!

Halbmond ❶ (*Himmelskörper*) half-moon ❷ (*im Wappen*) crescent ['krezᵊnt] **Halbpension** half-board **Halbschwergewicht**

(*im Boxen*) light-heavyweight **Halbschwester** half-sister **halbtags** **halbtags arbeiten** work part-time

halbwegs ❶ (*ein bisschen*) a bit; **sich halbwegs normal benehmen** behave halfway normally ❷ (*leidlich*) fairly; **es geht mir halbwegs gut** I'm feeling fairly OK *umgangsspr;* **halbwegs in Ordnung** reasonably OK *umgangsspr* **Halbwertszeit** half-life **Halbzeit** ❶ (*Spielhälfte*) half [hɑːf] ❷ (*Pause*) half-time

Halde ❶ (*Schuttplatz*) waste dump ❷ (*Kohlenhalde*) pithead stocks ⚠ *plural,* slagheap

Hälfte ❶ half [hɑːf]; **meine Hälfte** my half [*oder* share] ❷ [**bis**] **zur Hälfte** halfway; **um die Hälfte** by half; **um die Hälfte mehr** half as much again; **mehr als die Hälfte** more than half

Halle ❶ (*großer Raum*) hall ❷ (*Vorhalle*) vestibule ['vestɪbjuːl] ❸ (*Hotelhalle*) lobby, lounge ❹ (*Sporthalle*) gym[nasium]; **in der Halle** [**spielen**] [play] indoors

hallen echo ['ekəʊ]; (*widerhallen*) reverberate *auch übertragen*

Hallenbad indoor swimming pool

hallo hello, hallo ['hæləʊ]

Halm ❶ (*einer Blume*) stalk [stɔːk], stem ❷ (*Grashalm*) blade ❸ (*Strohhalm*) straw

Halogenscheinwerfer halogen ['hælədʒən] headlight

Hals ❶ (*Nacken*) neck; **sich den Hals brechen** break one's neck ❷ (*Kehle*) throat ▸ IN WENDUNGEN: **Hals über Kopf** in a rush; **jemanden am Hals haben** be saddled with someone; **sich jemanden/etwas vom Hals schaffen** get someone/something off one's back; **das hängt mir zum Hals heraus** I am sick and tired of that; **sich jemandem an den Hals werfen** throw oneself at someone; **er kann den Hals auch nie voll kriegen!** he's never satisfied!; **Hals- und Beinbruch!** break a leg! **Halsabschneider** cutthroat **Halsband** ❶ (*Schmuck*) necklace ['nekləs] ❷ (*für Tier*) collar ['kɒləʳ] **halsbrecherisch** ❶ *Tempo:* breakneck ❷ (*riskant*) daredevil **Halsentzündung** sore throat **Halskette** (*Schmuck*) necklace ['nekləs] **Halsschlagader** carotid [artery] **Halsschmerzen** sore throat ⚠ *singular;* **Halsschmerzen haben** have a sore throat ⚠ *singular* **halsstarrig** ❶ (*verstockt*) obstinate, stubborn ❷ (*eigensinnig*) wilful (GB), stiff-necked (USA) **Halstuch** scarf

Halswirbel cervical vertebra

Halt ❶ (*Festigkeit*) hold; (*Stütze*) support; (*innerer Halt*) stability ❷ (*Anhalten, Aufenthalt*) halt, stop; **ohne Halt** non-stop; **Halt machen** [make a] stop ❸ **vor nichts Halt machen** stop at nothing

halt[1] ❶ stop!, hold on! *umgangsspr* ❷ (*beim Militär*) halt!

halt[2] (*umgangsspr: nun einmal*) just, simply; **das ist halt so** that's just the way it is

haltbar ❶ *Behauptung, Position:* tenable ['tenəbl]; *Zustand:* tolerable ❷ **haltbar sein** *Lebensmittel:* keep [well]; **nur begrenzt haltbar** perishable **Haltbarkeit** (*von Lebensmitteln*) shelf life [of a product]; **begrenzte Haltbarkeit** perishability **Haltbarkeitsdatum** best-before date

Haltegriff grab handle

halten ❶ (*festhalten*) hold ❷ (*aufrechterhalten*) maintain *Niveau, Tempo* ❸ (*behalten*) keep *Festung, Stellung;* hold *Position, Rekord* ❹ (*beschäftigen, besitzen*) keep *Chauffeur, Gärtner, Haustier* ❺ (*tragen, stützen*) hold up, support ❻ (*veranstalten*) hold *Bazar, Gottesdienst;* give *Rede, Vorlesung* ❼ save *Torschuss; Torwart:* make a save, make saves ⚠ *plural* ❽ (*erfüllen*) keep *Versprechen* ❾ **halt den Mund!** shut up! ❿ **jemanden/etwas fest halten** hold someone/something tight ⓫ (*haften bleiben*) hold ⓬ (*anhalten*) stop ⓭ (*bestehen bleiben*) *Frisur, Preise, Wetter:* last; *Lebensmittel:* keep; *Stoffe:* wear well ⓮ **sich halten** *Blumen, Nahrungsmittel:* keep; *Wetter:* last; *Preise:* hold; (*im Kampf*) hold out ⓯ **er hat sich gut gehalten** (*er sieht jung aus*) he's kept well *umgangsspr,* he's aged well ⓰ **sich links/rechts halten** keep to the left/right ⓱ **Schwimmen hält fit** swimming keeps you fit ⓲ **zu jemandem halten** stand by someone ⓳ (*erachten, einschätzen*) **jemanden für einen Freund/Feigling/etc halten** think someone [to be] a friend/coward/etc; **wofür halten Sie mich eigentlich?** really, what do you take me for?; **was halten Sie von ihm?** what do you think of him?; **sich für klug/etwas Besonderes halten** think oneself very clever/special ⓴ **jemanden auf dem Laufenden halten** keep someone posted ㉑ **sich an jemanden halten** turn to somebody

(22) **sich an eine Abmachung halten** stick to an agreement; **sich an die Spielregeln halten** play the game; **sich an ein Versprechen halten** keep a promise

Haltestelle (*Bushaltestelle*) stop **Halteverbot hier ist Halteverbot** there's no stopping here; **du stehst im Halteverbot** you're in a no-stopping zone

haltlos (1) (*schwach*) unstable, unsteady [ʌn'stedi] (2) (*hemmungslos*) unrestrained (3) *Verdacht:* unfounded

Haltung (1) (*Körperhaltung*) posture ['pɒstʃə] (2) (*Einstellung*) attitude (3) (*Auftreten*) bearing; **Haltung bewahren** maintain one's composure

Halunke (1) (*Schuft*) scoundrel ['skaʊndrəl] (2) (*humorvoll*) rascal ['rɑːskəl], scamp

hämisch (1) malicious [mə'lɪʃəs], rancorous ['ræŋkərəs], spiteful; *Lächeln:* sardonic (2) **sich hämisch über etwas freuen** gloat over something

Hammel (1) (*Tier*) wether (2) (*Fleisch*) mutton (3) (*Dummkopf*) muttonhead *umgangsspr* **Hammelfleisch** mutton

Hammer (1) hammer; (*aus Holz*) mallet (2) (*übertragen: schwerer Schnitzer*) howler; **sich einen Hammer leisten** drop a clanger (3) **das ist ja 'n Hammer!** (*unerhört*) that's absurd!; (*toll*) that's smashing!

hämmern (1) hammer *auch übertragen* (2) *Herz, Puls:* pound

Hämorrhoiden, Hämorriden h[a]emorrhoids ['hemərɔɪdz]

Hampelmann (1) (*Spielzeug*) jumping jack (2) (*zappelige Person*) fidget (3) (*willensschwache Person*) puppet; **er hat sich zu ihrem Hampelmann gemacht** he lets her push him around

Hamster hamster

hamstern (*speichern*) hoard [hɔːd]

Hand (1) hand; **in die Hände klatschen** clap one's hands; **Hände hoch!** hands up!; **von Hand** by hand; (*in Zusammensetzungen*) manual ['mænjuəl] (2) **Hand aufs Herz!** cross your heart!; **das liegt doch wohl auf der Hand** that's obvious, isn't it?; **es lag in ihrer Hand** it was in her hands ⚠ *plural* (3) **weder Hand noch Fuß haben** not make sense (4) **etwas in die Hand nehmen** (*anfassen*) pick something up; (*in Angriff nehmen*) take something in hand (5) **alle Hände voll zu tun haben** have one's hands full (6) **etwas bei der** [*oder* **zur**] **Hand haben** have something to hand *Gegenstand;* have something ready *Ausrede, Erklärung* (7) **Hand in Hand** hand in hand (8) **zu Händen von ...** (*Brief*) [for the] attention of ... (9) **eine Hand voll** a handful ▶ IN WENDUNGEN: **eine Hand wäscht die andere** you scratch my back and I'll scratch yours; **von der Hand in den Mund leben** live from hand to mouth; **in festen Händen sein** *Person:* be spoken for; **etwas aus erster Hand wissen** know something first hand; **die Situation fest in der Hand haben** have the situation well in hand; **sich mit Händen und Füßen gegen etwas wehren** fight something tooth and nail

Handarbeit (1) (*nicht Maschinenarbeit*) handiwork; **dieser Tisch ist Handarbeit** this table is handmade; (*kunsthandwerklich*) handicraft ['hændɪkrɑːft] (2) (*Nähen, Stricken, Häkeln*) needlework

Handball (*Sportart*) [European] handball

Handbewegung (1) movement [*oder* sweep] of the hand (2) (*Geste*) gesture ['dʒestʃə]

Handbremse handbrake

Handbuch (1) (*mit Anweisungen*) handbook, manual ['mænjuəl] (2) (*Führer*) guide

Händchen (1) little hand (2) **Händchen halten** hold hands ▶ IN WENDUNGEN: **für etwas ein Händchen haben** have a knack [næk] for something

Händedruck handshake

Handel (1) (*das Handeln*) trade (**mit** in) (2) **im Handel** on the market; **Handel treiben** trade; **etwas in den Handel bringen** put something on the market (3) (*Abmachung*) deal; **etwas vom Markt nehmen** take something off the market (4) (*Wirtschaftszweig*) commerce ['kɒmɜːs]

Handeln (1) (*Handeltreiben*) trading (2) (*Feilschen*) haggling (3) (*Agieren*) action (4) (*Verhalten*) behaviour

handeln (1) (*agieren*) act (2) (*sich verhalten*) behave (3) **von etwas handeln** *Buch, Film:* deal with (4) (*feilschen*) haggle (**um** about, over) (5) (*Handel treiben*) trade (**mit** in) (6) **an der Börse gehandelt werden** be quoted (7) **worum handelt es sich?** what's it about?; **es handelt sich um ...** it is a matter of ..., it concerns ...; **darum handelt es sich nicht** that is not the issue

Handelsakademie Ⓐ commercial college **Handelskammer** chamber ['tʃeɪmbəʳ] of commerce GB, Board of Trade USA **Handelsschule** commercial college GB, business school USA **Handelsvertreter(in)** sales representative **Handelswaren** commodities, merchandise ⚠ *singular*

Handfeger brush **Handfläche** palm [pɑːm] **handgearbeitet** handmade **Handgelenk** wrist [rɪst] **Handgemenge** (*Schlägerei*) scuffle; **in ein Handgemenge verwickelt werden** get into a scuffle **Handgepäck** hand luggage GB, hand baggage USA **handgeschrieben** handwritten **handgestrickt** hand-knitted **handgreiflich handgreiflich werden** get violent **Handgriff** ❶ (*Bewegung*) movement ❷ **mit einem Handgriff** with a flick of the wrist; **das ist doch nur ein Handgriff** that only needs a flick of the wrist **handhaben** ❶ (*auch übertragen*) handle *Waffe, Werkzeug, Situation* ❷ operate *Gerät* ❸ (*übertragen*) apply *Methode*

handicapiert CH (*im Sport*) handicapped

händisch Ⓐ (*manuell*) manual ['mænjuəl] **Handkuss** ❶ kiss on the hand ❷ **mit Handkuss** (*übertragen*) with pleasure ['pleʒəʳ] **Handlanger(in)** ❶ (*Zuarbeiter*) helper ❷ (*Komplize*) accomplice [ə'kʌmplɪs], henchman

Händler(in) ❶ (*Handeltreibende*) trader, dealer ❷ (*Ladeninhaber*) shopkeeper GB, storekeeper USA

handlich handy

Handlung ❶ action; (*Tat*) act ❷ (*im Buch, Film*) plot **handlungsfähig** capable of acting **Handlungsweise** (*Art und Weise*) manner of acting

Handmehr CH (*Abstimmung durch Handheben*) show of hands ⚠ *plural*

Handorgel CH (*Handharmonika*) accordion **Handrücken** back of the hand **Handschelle** handcuff **Handschrift** ❶ handwriting ['hænd,raɪtɪŋ]; **eine leserliche/unleserliche Handschrift haben** have a legible/an illegible hand ❷ (*Text*) manuscript ['mænjʊskrɪpt] ❸ **das trägt ihre Handschrift** it bears her [trade]mark **Handschuh** glove **Handschuhfach** glove compartment **Handstand** handstand **Handtasche** [hand]bag GB, purse USA **Handteller** palm [pɑːm] [of the hand] **Handtuch** towel ['taʊəl] ▶ IN WENDUNGEN: **das Handtuch werfen** throw in the sponge [*oder* towel] **Handumdrehen im Handumdrehen** in a jiffy, in no time **Handwerk** ❶ (*handgefertigte Arbeit*) [handi]craft ❷ (*Berufsstand*) trade; **sein Handwerk verstehen** know one's job [*oder* trade] ▶ IN WENDUNGEN: **jemandem das Handwerk legen** put a stop to someone's game **Handwerker(in)** ❶ [skilled] manual worker ❷ (*Kunsthandwerker[in]*) craftsperson, craftsman/craftswoman **Handwerksmeister(in)** master craftsperson **Handwerkszeug** tools ⚠ *plural*

Handy mobile [phone] GB, cell phone USA

Handzettel handbill, leaflet

Hanf hemp

Hang ❶ (*Abhang*) slope ❷ **einen Hang zum Übertreiben haben** have a tendency to exaggerate

Hängebrücke suspension [sə'spenʃᵊn] bridge **Hängelampe** droplight **Hängematte** hammock

hängen ❶ hang *Gegenstand, Verbrecher* ❷ **an etwas hängen** be fond of something ❸ **an jemandem hängen** (*gern haben*) be fond of someone; (*wie eine Klette*) cling to someone ❹ **mit Hängen und Würgen** by the skin of one's teeth ❺ **im Gedächtnis hängen bleiben** stick in one's memory ❻ **hängen bleiben** (*in der Schule*) repeat a year ❼ **an mir bleibt ja doch wieder alles hängen!** I'll get stuck with all that again anyway! ❽ **sich an etwas hängen** hang on to something ❾ **sich an jemanden hängen** latch on to someone **hängend** ❶ (*baumelnd*) hanging ❷ *Schultern:* sagging

Hansdampf [ein] Hansdampf in allen Gassen a Jack-of-all-trades

hänseln tease

Hanswurst ❶ buffoon [bə'fuːn]; (*im Zirkus*) clown ❷ **für andere den Hanswurst machen** do the donkey work for others

Hantel dumbbell ['dʌmbel]

hantieren ❶ (*arbeiten*) work ❷ **an etwas hantieren** be busy [*oder* tinker] with something ❸ **mit etwas hantieren** handle something

Happen morsel, mouthful, bite

happig steep; **das ist ganz schön happig** that's a bit much

Harfe harp

Harke rake **harken** rake

harmlos ① *Mensch, Tier:* harmless ② *Vergnügen:* innocent ['ɪnəsᵊnt] ③ *Unfall, Verletzung:* minor

Harmonie harmony *auch übertragen* **harmonieren** harmonize *auch übertragen* (**mit** with)

Harmonika ① (*Ziehharmonika*) concertina [ˌkɒnsə'tiːnə] ② (*Mundharmonika*) mouth organ ③ (*Handharmonika*) accordion

harmonisch ① (*in Musik*) harmonic ② (*übertragen*) harmonious [hɑː'məʊniəs]

Harn urine; **Harn lassen** pass water **Harnblase** [urinary] bladder **Harnröhre** urethra **Harnwege** urinary tract ⚠ *singular*

Harpune harpoon

harsch harsh

hart ① hard *auch übertragen* ② *Gesichtszüge, Umrisse:* sharp ③ (*widerstandsfähig*) tough [tʌf] ④ *Winter:* rough [rʌf] ⑤ (*solide, stabil*) stable ⑥ (*grausam*) cruel ['kruːəl] ⑦ (*streng*) severe [sɪ'vɪə]; **harte Worte** harsh words ⑧ **sie ist hart im Nehmen** she's a tough cookie ⑨ **hart zu jemandem sein** be hard on someone; **jemanden hart anpacken** be hard on somebody; **hart [gegenüber jemandem] bleiben** remain adamant [towards someone]; **hart werden** harden *auch übertragen* ⑩ **hart arbeiten** work hard ⑪ (*nahe, beinahe*) close; **hart an der Grenze** close to the limit ⑫ **hart gekochtes Ei** hard-boiled egg

Härte ① hardness ② (*Zähigkeit*) toughness ['tʌfnəs] ③ (*Rauheit*) roughness ['rʌfnəs] ④ (*Strenge*) severity [sɪ'verəti] **Härtefall** hardship case **härten** harden *auch übertragen;* temper *Stahl* **Härtetest** ① endurance test ② (*übertragen*) acid test

Hartfaserplatte hardboard (GB), fiberboard ['faɪbəbɔːd] (USA) **hartgesotten** tough [tʌf], hard-boiled **hartherzig** hard-hearted **hartnäckig** ① (*eigensinnig*) obstinate ['ɒbstɪnət], stubborn ② (*beharrlich*) persistent [pə'sɪstᵊnt] ③ *Krankheit:* refractory [rɪ'fræktᵊri]

Harz resin **harzig** resinous

Hasch (*umgangsspr: Haschisch*) hash, grass, pot

Haschisch hashish

Hase ① hare ② **falscher Hase** meat loaf ▸ IN WENDUNGEN: **sehen, wie der Hase läuft** (*umgangsspr*) see which way the wind blows; **da liegt der Hase im Pfeffer** there's the rub

Haselnuss hazel[nut]

Hasenfuß (*Feigling*) coward **Hasenpfeffer** jugged hare **Hasenscharte** harelip

Hass ① hate, hatred (**auf, gegen** of, for) ② (*Ärger, Wut*) soreness [sɔːnəs] (USA); **ich habe einen richtigen Hass auf ihn** I'm really sore at him

hassen ① hate (**wegen** for) ② (*verabscheuen*) detest (**wegen** for) **hasserfüllt** ① **ein hasserfüllter Blick** a look filled with hatred ② **jemanden hasserfüllt ansehen** look daggers at someone

hässlich ① (*unschön*) ugly ② (*scheußlich*) hideous ['hɪdiəs] ③ (*unangenehm*) unpleasant [ʌn'plezᵊnt] ④ (*gemein*) mean, nasty **Hässlichkeit** ugliness

Hast ① (*Eile*) haste, hurry; **in aller Hast** in a great hurry ② (*Überstürzung*) precipitation

hasten hasten ['heɪsᵊn], hurry **hastig** ① (*eilig*) hasty ['heɪsti], hurried ② (*überstürzt*) precipitate [prɪ'sɪpɪtət]

hätscheln (*verzärteln*) pamper

Haube ① cap, hood ② (*Motorhaube*) bonnet (GB), hood (USA) ▸ IN WENDUNGEN: **unter die Haube kommen** get spliced

Hauch ① (*Atem*) breath ② (*Lufthauch*) breeze ③ (*übertragen*) **ein Hauch von …** a hint [*oder* touch] of … **hauchdünn** ① *clothing:* filmy ② wafer-thin **hauchen** (*leise sprechen*) whisper softly

Haue ① (*Hacke*) hoe ② (*Prügel*) [good] hiding **hauen** ① chop *Fleisch, Holz* ② break *Kohle, Steine;* cut *Erz* ③ (*schlagen*) hit ④ **sich hauen** scrap, fight [faɪt]

Hauer (*Eberzahn*) tusk

Haufen ① heap; (*gleichmäßig*) pile ② (*große Menge*) great number; **ein Haufen Arbeit** a pile of work; **ein Haufen Geld** stacks ⚠ *plural* of cash [*oder* money], loads ⚠ *plural* of money *umgangsspr;* **ein Haufen Freunde** lots of friends ③ (*Ansammlung*) accumulation [əˌkjuːmjə'leɪʃᵊn] ④ (*abwertend: Leute*) bunch ▸ IN WENDUNGEN: **etwas über den Haufen werfen** mess something up; **jemanden über den Haufen rennen** send someone flying **haufenweise** in heaps *plural;* **etwas haufenweise haben** have piles *plural* of something

häufig ① (*oft vorkommend*) frequent ② (*weit verbreitet*) common, widespread ③ **etwas häufig tun** do something frequently [*oder* often] **Häufigkeit** frequency

Haupt ❶ head ❷ (*in Zusammensetzungen*) chief, main, principal **Hauptaktionär(in)** major shareholder **Hauptaltar** high altar **Hauptbahnhof** central [*oder* main] station **hauptberuflich** as one's main occupation **Hauptbestandteil** principal ingredient **Hauptdarsteller(in)** principal actor/actress **Haupteingang** main entrance **Hauptfach** main subject **Hauptgebäude** main building **Hauptgericht** (*Essen*) main course; **als Hauptgericht** as a main course **Hauptgeschäftszeit** main business hours ⚠ *plural* **Hauptgewinn** first prize **Haupthahn** mains stopcock **Hauptleitung** ❶ (*elektrisch*) mains ⚠ *singular* ❷ (*Rohr*) main pipe

Häuptling chief[tain]

Hauptmahlzeit main meal **Hauptperson** ❶ (*auch übertragen*) central figure ❷ (*Schlüsselfigur*) key man/woman ❸ *eines Romans:* hero, heroine ❹ (*Film, Theater*) principal character **Hauptpost(amt)** main post office **Hauptquartier** headquarters *plural*, H.Q. **Hauptrolle** ❶ (*Theater, Film*) leading role [*oder* part]; **mit ... in der Hauptrolle** starring ... ❷ **die Hauptrolle spielen** (*Film*) star; (*übertragen*) be all-important **Hauptsache** main point; **das ist die Hauptsache** that's all that matters **hauptsächlich** ❶ chief, main, principal ❷ **ich beschäftige mich hauptsächlich mit Kindern** I mainly deal with children **Hauptsaison** high season **Hauptschule** secondary modern school (GB) (⚠ *in GB gibt es diese Art von Schule nicht mehr*), ≈ junior high school (USA) **Hauptspeicher** (*Informatik*) main storage **Hauptstadt** capital; **die Hauptstadt von Schottland ist Edinburgh** the capital of Scotland is Edinburgh **Hauptstraße** ❶ (*in der Stadt*) high street (GB), main street (USA) ❷ (*für Fernverkehr*) arterial road (GB), highway (USA) **Hauptverkehrsstraße** ❶ (*in der Stadt*) main street ❷ (*Durchgangsstraße*) main thoroughfare ❸ (*Städteverbindung*) main highway **Hauptverkehrszeit** rush hour **Hauptwort** (*Substantiv*) noun

Haus ❶ house; (*Gebäude*) building; (*Heim*) home; **das kommt mir nicht ins Haus** I'm not having that in the house; **nach Hause** home; **ich möchte nach Hause** I want to go home; **zu Hause** at home; **wenn wir wieder zu Hause sind** when we're back [at] home; **er ist in London zu Hause** his home town is London; **fühlen Sie sich wie zu Hause!** make yourself at home!; **Haus und Hof** house and home ❷ *eines Fürsten, einer Firma:* House; **Herr X ist nicht im Hause** Mr X is not in ❸ (*Publikum*) house; (*Theatergebäude*) theatre (GB), theater (USA); **ein volles Haus** (*im Theater*) a full house ❹ **Lieferung frei Haus** (*in der Wirtschaft*) free delivery ❺ **außer Haus essen** eat out ▶ IN WENDUNGEN: **aus gutem Hause** from a good family; **ins Haus stehen** be in store; **von Haus aus** (*ursprünglich*) originally; (*von Natur aus*) naturally **Hausarbeit** ❶ (*Haushalt*) chores ⚠ *plural*, housework ❷ (*in der Schule*) homework **Hausarrest** ❶ (*juristisch*) house arrest; **jemanden unter Hausarrest stellen** place someone under house arrest ❷ (*im Internat*) detention ❸ (*durch Eltern*) **Tom hat leider Hausarrest** I'm afraid Tom's been grounded **Hausarzt, -ärztin** family doctor **Hausaufgabe** (*in der Schule*) homework ⚠ *kein Plural;* **seine Hausaufgaben machen** do one's homework ⚠ *singular* **hausbacken** (*abwertend*) drab, homespun, homely (USA) **Hausbar** cocktail cabinet **Hausbesetzer(in)** squatter **Hausbesitzer(in)** house owner **Hausbewohner(in)** occupant

Häuschen ❶ (*kleines Haus*) small house ❷ (*im Grünen*) cottage ▶ IN WENDUNGEN: **aus dem Häuschen geraten** go wild with excitement

hausen (*abwertend*) dwell

Häuserblock, Häuserkomplex block [of buildings]

Hausflur (*Diele*) [entrance] hall (GB), hallway (USA); (*Gang*) corridor **Hausfrau** housewife **Hausgebrauch** **mein Spanisch reicht gerade für den Hausgebrauch** I just about get by with my Spanish **hausgemacht** home-made **Haushalt** ❶ (*Hausgemeinschaft*) household ❷ (*Etat*) budget ❸ **jemandem den Haushalt führen** keep house for someone **Haushälterin** housekeeper **Haushaltsgeld** housekeeping money **Haushaltsgerät** domestic appliance **Haushaltsjahr** (*Politik*) fiscal [*oder* financial] year **Hausherr(in)** ❶ (*Gastgeber*) host [hostess] ❷ (*Hauswirt*) landlord [landlady]

hausieren (*auch übertragen*) **mit etwas**

hausieren hawk something **Hausierer(in)** hawker

Hauslehrer(in) private tutor

häuslich (*das Zuhause liebend*) home-loving

Hausmädchen [house]maid **Hausmann** house-husband **Hausmannskost** plain fare **Hausmarke** own brand [*oder* label] **Hausmeister(in)** caretaker GB, janitor USA **Hausmittel** (*gegen Krankheiten*) household remedy **Hausnummer** house number **Hausordnung** rules ⚠ *plural* of the house **Hausrat** household effects ⚠ *plural* **Hausratversicherung** household contents insurance **Hausschlüssel** front-door key **Hausschuhe** slippers **Haustier** pet **Haustür** front door

Hauswart Ⓐ caretaker, janitor

Haut ① skin ② (*zur Lederverarbeitung*) hide ③ *einer Frucht:* peel ④ *von Flüssigkeit:* film; *von Milch* skin ▶ IN WENDUNGEN: **eine dicke Haut haben** (*umgangsspr*) be thick-skinned; **mit Haut und Haaren** (*umgangsspr*) completely, totally; **nur Haut und Knochen sein** be nothing but skin and bone; **mit heiler Haut davonkommen** escape without a scratch; **nass bis auf die Haut** soaked to the skin; **ich möchte nicht in seiner Haut stecken** (*umgangsspr*) I wouldn't like to be in his shoes; **das geht einem unter die Haut** (*umgangsspr*) that gets under your skin **Hautabschürfung** (*medizinisch*) graze **Hautarzt, -ärztin** (*medizinisch*) dermatologist **Hautausschlag** rash **Hautcreme** skin cream

häuten ① skin *Tier* ② **sich häuten** *Schlange:* shed its skin

hauteng skin-tight

Hautkrebs skin cancer

Havarie accident; (*Schaden*) damage

Haxe knuckle

HDTV *Abkürzung von* **High Definition Television** HDTV

Hebamme midwife

Hebel lever ▶ IN WENDUNGEN: **alle Hebel in Bewegung setzen** move heaven and earth; **am längeren Hebel sitzen** have the whip hand

heben ① (*hochheben*) lift, raise ② (*übertragen: verbessern*) improve, raise *Leistung, Niveau* ③ **sich heben** *Nebel:* lift; *Vorhang:* rise ④ **sich heben** *Stimmung:* improve ▶ IN WENDUNGEN: **einen heben** (*umgangsspr*) wet one's whistle, have a drink

Hebräer(in) Hebrew **hebräisch** Hebrew

Hecht (*Raubfisch*) pike

Heck *von Schiff:* stern; *von Auto:* rear; *von Flugzeug:* tail

Hecke hedge

Heckscheibe (*Auto*) rear window

Heer ① (*militärisch*) army ② (*übertragen: Schwarm*) swarm ③ (*umgangsspr: große Menge*) host

Hefe yeast **Hefeteig** yeast dough

Heft ① (*zum Schreiben*) notebook ② (*Übungsheft*) exercise book ③ (*Broschüre*) booklet ④ *einer Zeitschrift:* issue, number

heften ① (*mit Klammer*) clip (**an** to); (*mit Heftklammer*) staple (**an** to) ② stitch *Buch* ③ baste, tack *Saum, Naht*

Hefter ① (*Mappe*) folder ② (*Bürogerät*) stapler

heftig ① (*stark, gewaltig*) violent ② (*Intensität*) intense ③ *Regen:* lashing, heavy ④ *Kritik, Kämpfe:* fierce ⑤ *Schmerz:* severe

Heftklammer staple **Heftpflaster** (*medizinisch*) adhesive plaster GB, adhesive tape USA **Heftzwecke** drawing-pin GB, thumbtack USA

hegen ① (*pflegen*) care for ② (*übertragen*) entertain, nourish *Gefühle*

Heide, Heidin heathen, pagan

Heide (*Landschaft*) heath **Heidekraut** heather

Heidelbeere bilberry, blueberry GB, huckleberry USA

Heidenangst (*umgangsspr*) **eine Heidenangst haben** be scared stiff *umgangsspr* **Heidengeld** (*umgangsspr*) **ein Heidengeld** a packet **Heidenspaß** (*umgangsspr*) terrific fun; **einen Heidenspaß haben** have a ball

heidnisch heathen, pagan

heikel *Sache, Thema:* delicate, tricky; *Person:* fussy, particular

heil ① (*unverletzt*) unhurt, unscathed ② (*ganz, intakt*) undamaged ③ (*geheilt*) cured, healed **heilbar** ① *Wunden:* healable ② *Krankheit:* curable

Heilbutt (*Raubfisch*) halibut

heilen ① (*auch übertragen*) cure *Krankheit* ② *Wunde:* heal

heilfroh (*umgangsspr*) jolly glad

Heilgymnastik physiotherapy

heilig ① holy; **heilig sprechen** canonize

② (*vor Namen*) **der Heilige Petrus** Saint Peter ③ **das ist mir heilig** that is sacred to me

Heiligabend Christmas Eve

> **i Land & Leute** **Christmas Eve** ist in Großbritannien und Irland ein normaler Arbeitstag. Vor dem Schlafengehen hängen die Kinder **Christmas stockings** (große Socken) oder auch Kopfkissenbezüge auf, die in der Nacht mit Geschenken gefüllt werden. Gefeiert wird am **Christmas Day** (25. Dezember). Traditionell isst man einen mit Brät gefüllten Truthahn mit Röstkartoffeln und Preiselbeersoße. Danach gibt es den **Christmas pudding** oder **plum pudding**, einen gedämpften Kuchen mit Korinthen, Rosinen und Sultaninen. **Christmas crackers** sind eine britische Erfindung aus der Mitte des 19. Jhs.: verzierte Papprollen mit einem kleinen Geschenk in der Mitte, einem witzigen Spruch und einer Papierkrone. Sie werden meistens während des Mittagessens von jeweils zwei Personen auseinander gerissen. Ebenfalls seit Mitte des 19. Jhs. ist es in Großbritannien üblich, ab Anfang Dezember **Christmas cards** (Weihnachtskarten) an alle Verwandte, Freunde und Bekannte zu verschicken.

Heilige(r) saint **heiligen** sanctify; (*heilig halten*) hallow; **geheiligt werde Dein Name** hallowed be Thy name

Heiligtum ① (*heiliger Ort*) shrine ② (*umgangsspr: heiliger Gegenstand*) most sacred object

Heilkraft ① healing power ② (*medizinisch*) *einer Pflanze:* medicinal properties ⚠ *plural* **Heilmittel** remedy **Heilpflanze** medicinal plant **Heilpraktiker(in)** non-medical practitioner (GB), naturopathic doctor (USA) **heilsam** (*auch übertragen*) beneficial, salutary **Heilsarmee** Salvation Army

Heilung ① *einer Wunde:* healing; *eines Kranken:* curing ② (*Gesundung*) cure **Heilungsprozess** healing process

Heim home

heim home

Heimat ① (*allgemein*) home; **in der Heimat** back home; **aus der Heimat** from back home ② (*Stadt*) home town ③ (*Heimatland*) native [*oder* home] country **heimatlich** (*zur Heimat gehörig*) native, home **heimatlos** homeless

Heimatschein (CH) certificate of origin [*oder* domicil] **Heimatstadt** home town **Heimfahrt** return journey; (*mit dem Schiff*) return voyage

heimisch ① (*vertraut*) at home, familiar; *Gewässer:* home; **sich heimisch fühlen in …** feel at home in … ② *Pflanzen, Tiere* native

Heimkehr homecoming **heimkehren** return home (**aus** from)

heimlich ① (*geheim*) secret ② (*verstohlen*) furtive **Heimlichtuerei** (*umgangsspr*) secretive ways ⚠ *plural* (**mit** about)

Heimreise journey home; (*mit dem Schiff*) homeward voyage; **auf der Heimreise sein** be homeward-bound

heimtückisch ① (*boshaft*) malicious ② *Krankheit:* insidious ③ (*gefährlich, trügerisch*) treacherous

heimwärts homeward[s] **Heimweg** way home; **auf dem Heimweg sein** be on one's way home; **sich auf den Heimweg machen** set off [for] home **Heimweh** ① homesickness; **Heimweh haben** be homesick ② (*übertragen: Nostalgie*) nostalgia **heimzahlen** (*übertragen*) **jemandem etwas heimzahlen** pay someone back for something

Heirat marriage; (*Hochzeitsfeier*) wedding **heiraten** get married; **jemanden heiraten** marry someone **Heiratsantrag** proposal [of marriage]; **jemandem einen Heiratsantrag machen** propose to someone

heiser hoarse; (*belegt*) husky **Heiserkeit** hoarseness

heiß ① hot; **drückend heiß** oppressively hot; **mir ist heiß** I am hot ② *Zone:* torrid ③ **etwas heiß machen** (*erhitzen*) heat something up ④ (*leidenschaftlich*) hot; **etwas heiß ersehnen** long for something ardently; **heiß geliebt** ardently beloved ⑤ (*slang*) **echt heiß** really cool; **der Typ ist echt heiß** that guy is so gorgeous [*oder* (USA) cute] ⑥ **das macht mich nicht heiß** that doesn't really tickle my fancy *umgangsspr;* (*erotisch*) that doesn't turn me on ⑦ **heißer Draht** hot line; **heißer Tipp** hot tip **heißblütig** hot-blooded

heißen ① be called; **wie heißen Sie?** what's your name?; **ich heiße Tim** my name's Tim;

wie heißt das? what do you call this?; **was heißt … auf Englisch?** what's … in English?, what's the English [word] for …?; **nach jemandem heißen** be called after [*oder* (USA) for] someone ② (*bedeuten*) mean; **was heißt das für uns?** what does that mean for us?; **das soll nicht heißen, dass …** that's not to say that … ③ **es heißt …** (*man sagt*) it is said …, they say …; (*es steht geschrieben*) it says ④ **das heißt, d. h.** that is, i.e.; (*mit anderen Worten*) that is to say ⑤ (*nennen*) call ⑥ **jemanden willkommen heißen** bid someone welcome

Heißhunger craving (**auf** for) **Heißluft** hot air **Heißluftherd** convection [*oder* fan-assisted] oven

heiter ① (*sonnig, hell*) bright, fair ② (*fröhlich*) cheerful ③ (*erheiternd*) amusing, funny ④ (*abgeklärt, ausgeglichen*) serene ▸ IN WENDUNGEN: **aus heiterem Himmel** out of the blue; **das kann ja noch heiter werden!** that'll be a bunch of laughs!

Heiterkeit ① cheerfulness ② **zur allgemeinen Heiterkeit** to everyone's amusement

heizen ① heat *Wohnung* ② fire *Ofen* ③ (*die Heizung in Betrieb haben*) have the heating on ④ (*Wärme abgeben*) give off heat ⑤ **mit Öl heizen** use fuel oil for heating

Heizkörper radiator

Heizung (*technisch*) heating

Hektar hectare

Hektik hectic pace; **nur keine Hektik!** take it easy! **hektisch** hectic

Held(in) hero[ine] **heldenhaft** heroic **Heldentat** heroic deed

helfen ① help (**bei** with); **kann ich irgendwie helfen?** is there anything I can do?; **du kannst mir beim Spülen helfen** you can help me do the washing-up ② **jemandem aus der Patsche helfen** (*umgangsspr*) help someone out of a jam ③ **sich zu helfen wissen** be able to take care of oneself ④ **ich kann mir nicht helfen, ich liebe ihn** I can't help myself, I love him ⑤ **es hilft nichts** it's no good **Helfer(in)** ① (*Helfende(r)*) helper ② (*Gehilfe*) assistant

hell ① (*nicht dunkel*) light; **es wird langsam hell** it's slowing getting light; **es ist schon hell** it's light already ② *Farbe:* light, pale ③ *Haut:* fair ④ *Klang:* clear ⑤ (*auch übertragen: leuchtend*) bright ⑥ **ein helles Bier** ≈ lager ⑦ (*völlig*) **heller Wahnsinn** (*umgangsspr*) sheer madness **hellblau** light blue **hellblond** light blond **hellhörig** *Wohnung:* poorly soundproofed; *Wand:* thin

Helligkeit ① *auch von Bildschirm:* brightness ② (*in der Physik*) light intensity, brightness

helllicht **am helllichten Tage** in broad daylight

Hellraumprojektor (CH) overhead projector

Hellseher(in) clairvoyant[e] [ˌkleəˈvɔɪənt]

hellwach wide-awake

Helm helmet **Helmpflicht** **es besteht Helmpflicht** wearing of crash helmets is compulsory

Hemd ① (*Oberhemd*) shirt ② (*Unterhemd*) vest (GB), undershirt (USA)

hemmen ① hamper, hinder *Fortschritt etc.* ② **sich gegenseitig hemmen** hold each other back **Hemmschwelle** inhibition threshold; **da sinkt die Hemmschwelle** it reduces inhibitions **Hemmungen** ① inhibitions ② (*Bedenken*) scruples **hemmungslos** ① (*ungezügelt*) unrestrained ② (*skrupellos*) unscrupulous

Hendl (A) chicken

Hengst stallion (GB), stud (USA)

Henkel handle

Henkersmahlzeit (*übertragen*) last meal

Henna henna

Henne hen

Hepatitis hepatitis

her ① (*örtlich*) here; **von hier her** from here; **von oben her** from above; **kommen Sie her!** come here [to me]! ② **her damit!** give it here! *umgangsspr* ③ (*zeitlich*) ago; **wie lange ist das her?** how long ago was that? ④ **vom Geld her** as far as money goes ⑤ **hinter jemandem her sein** (*umgangsspr*) be after someone ⑥ **mit ihm ist es nicht weit her** (*umgangsspr*) he's no great shakes

herab down, downward[s]; **von oben herab** from above; (*herablassend*) condescendingly **herablassen** ① let down, lower; **sich herablassen** let oneself down ② **sich herablassen, etwas zu tun** (*übertragen*) condescend to do something **herablassend** condescending **herabsetzen** ① cut [down], reduce *Preise, Steuern* ② (*schlecht machen*) belittle, disparage

heran close, near; **komm näher heran** come closer **herankommen** ① (*näher kommen*) come near ② (*übertragen*) *Zeit:*

Hh

approach, draw near ③ (*erreichen*) reach; **an jemanden/etwas herankommen** reach someone/something ④ **die Dinge an sich herankommen lassen** wait and see what happens ⑤ **man kann nur schwer an ihn herankommen** (*menschlich*) it is difficult to get anywhere near him **heranwachsen** (*auch übertragen*) grow up **heranziehen** ① (*näher bringen*) pull up (**an** to, **zu** toward[s]) ② call in *Arzt* ③ **jemanden zu etwas heranziehen** call [up]on someone to do something

heerauf up, upwards; **hier herauf** up here; **von unten herauf** from below **heraufkommen** come up **heraufziehen** ① (*nach oben ziehen*) pull up ② *Gewitter:* approach, draw near

heraus ① out; **zum Fenster heraus** out of the window ② (*übertragen*) **aus … heraus** out of … ③ **von innen heraus** from within ④ **heraus damit!** (*umgangsspr: mit der Sprache*) out with it!; (*her damit!*) hand it over! ⑤ **aus dem Alter bin ich heraus** that's all behind me **herausbekommen** ① get back *Wechselgeld;* **Sie bekommen € 1,20 heraus** you get € 1,20 change ② get out *Nagel, Flecken* ③ (*herausfinden*) find out; (*lösen*) solve; **sie werden nicht viel aus ihm herausbekommen** they won't get much out of him **herausbringen** ① bring out *auch Produkt;* release *CD, Album* ② get out *Nagel, Flecken* ③ (*übertragen: lösen*) solve; (*herausfinden*) find out ④ (*übertragen: hervorbringen, sagen*) get out; **jemanden/etwas groß herausbringen** give someone/something a big build-up **herausfinden** ① (*auch übertragen*) find out ② **ich finde selber heraus, danke** I'll find my own way out, thanks

Herausforderer(in) challenger

herausfordern ① (*auch im Sport*) challenge (**zu** to) ② (*provozieren*) provoke **herausfordernd** ① (*frech*) provoking ② (*provokativ*) provocative **Herausforderung** ① (*auch im Sport*) challenge ② (*Provokation*) provocation

herausgeben ① (*zurückgeben*) return ② (*aushändigen*) **jemandem etwas herausgeben** hand over something to someone ③ deliver, hand out *Ware* ④ **Wechselgeld herausgeben** give change (**auf** for); **Sie haben mir zu wenig herausgegeben** you gave me too little change; **können Sie mir herausgeben?** can you give me change? ⑤ (*herausreichen*) pass out ⑥ edit *Buch* ⑦ *Verleger:* publish

Herausgeber(in) ① (*Verfasser*) editor ② (*Verleger*) publisher **herauskommen** ① (*auch übertragen*) come out ② *Buch:* be published, come out ③ (*als Ergebnis*) come (**bei** of); (*bei Rechenaufgaben*) be the answer ④ **groß herauskommen** be a big hit ⑤ **dabei kommt nichts heraus** that doesn't get us anywhere **herausnehmen** ① (*auch medizinisch*) take out ② **sich etwas herausnehmen** (*übertragen*) take liberties *plural* **herausragend** outstanding **herausreden sich aus etwas herausreden** talk oneself out of something **herausstellen** ① put out *Gegenstände* ② (*im Sport*) turn out *Spieler* ③ (*betonen*) emphasize ④ **sich herausstellen** turn out; **wie es sich herausstellte …** as it turned out …; **die Aufgabe stellte sich als äußerst schwierig heraus** the exercise turned out to be extremely difficult **herausstrecken** stick out **heraussuchen** pick out, choose **herausziehen** ① pull out ② (*entfernen*) remove (**aus** from)

herb ① (*bitter*) bitter ② *Kritik:* harsh ③ *Parfüm:* tangy ④ *Wein:* dry

herbeieilen come running [up] **herbeiführen** ① (*bewirken*) bring about; (*verursachen*) cause ② (*nach sich ziehen*) give rise to *Probleme* ③ arrange for *Begegnung*

Herberge ① (*Obdach*) shelter ② (*Gasthof*) inn ③ (*Alpenhütte, Jugendherberge*) hostel **Herbergsmutter, Herbergsvater** warden

Herbst (*auch übertragen*) autumn (GB), fall (USA); **im Herbst** in [the] autumn (GB), in the fall (USA) **herbstlich** autumnal; (*attributiv*) autumn

Herd (*Küchenherd*) stove, cooker

Herde herd; *von Schafen:* flock

herein in, into; **herein!** come in!; **immer nur herein!** roll up!

hereinbrechen ① *Dunkelheit:* close in; *Nacht, Dämmerung:* fall; *Unwetter:* break (**über** over) ② **hereinbrechen über** *Unglück:* befall **hereinfallen** (*betrogen werden*) be taken in (**auf** by) **hereinkommen** come in, come inside **hereinlassen** let in **hereinlegen** (*umgangsspr*) **jemanden hereinlegen** take someone for a ride **hereinplatzen** burst in

Herfahrt journey here; **auf der Herfahrt** on the journey [*oder* way] here

herfallen über jemanden herfallen (*angreifen*) set upon someone; (*mit Fragen*) pitch into someone; (*kritisieren*) pull someone to pieces; **über etwas herfallen** pounce upon something **hergeben** give away, hand over; **gib es her!** give it to me!; **gib mal her** let's [*oder* let me] have a look **herholen** fetch, go and get

Hering ❶ (*Speisefisch*) herring ❷ (*Zeltpflock*) [tent] peg

herkommen ❶ come here; (*sich nähern*) approach ❷ (*abstammen*) come (**von** from); **von wo kommst du her?** where do you come from?

Herkunft ❶ (*Abstammung*) descent; **britischer Herkunft** of British descent ❷ (*soziale*) background ❸ (*Ursprung*) origin **Herkunftsland** country of origin

hermachen ❶ **sich über etwas hermachen** (*umgangsspr*) get stuck into something; (*über Essen*) dig into something ❷ **sich über jemanden hermachen** lay into someone ❸ **etwas hermachen** look impressive

Heroin(e) heroine

Herpes (*medizinisch*) herpes

Herr ❶ (*Mann*) gentleman ❷ (*Gebieter*) lord, master ❸ (*Anrede ohne Namen*) sir; **Sehr geehrte Herren** Dear Sirs ❹ (*Anrede mit Namen*) Mr; **Herr Professor Maier** Professor Maier; **Sehr geehrter Herr Beck** Dear Mr Beck ❺ **meine Damen und Herren!** ladies and gentlemen! ❻ **Herren** (*Toilette*) Gentlemen, Men['s room] ▶ IN WENDUNGEN: **einer Sache Herr werden** master something; **Herr seiner Sinne sein** be in control of one's senses **Herrenbekleidung** menswear **herrenlos** *Sache:* ownerless; *Gepäckstück, Jacke:* abandoned; *Tier:* stray **Herrentoilette** [gentle]men's toilet

herrlich ❶ (*großartig*) magnificent ❷ (*wunderbar*) marvel[l]ous ❸ (*prächtig*) splendid

Herrschaft ❶ (*Staatsgewalt*) rule; (*eines Monarchen*) reign ❷ (*Macht*) power; (*Kontrolle*) control ❸ **meine Herrschaften!** (*Anrede*) ladies and gentlemen!

herrschen ❶ (*die Macht haben*) rule ❷ (*regieren*) govern; *König:* reign ❸ (*vorherrschen*) *Meinung:* prevail ❹ (*bestehen*) *Tatsache:* be **herrschend** ❶ *Klasse, Partei:* ruling; *König:* reigning ❷ *Meinung:* prevailing ❸ (*augenblicklich*) present; *Mode, Trend:* current

Herrscher(in) ruler (**über** of); (*Fürst*) sovereign **Herrscherhaus** [ruling] dynasty **herrschsüchtig** domineering

herstellen (*erzeugen*) make, produce **Hersteller(in)** (*Produzent*) producer **Herstellung** production **Herstellungskosten** production costs

herüber over [here]; (*über Grenze*) across

herum ❶ about, [a]round; **um die Taille herum** around the waist; **um das Dorf herum** round about the village; **oben herum** round the top; **falsch herum** the wrong way round ❷ (*ungefähr*) **um sechs Uhr herum** round about six o'clock, at about six o'clock; **um Weihnachten herum** round about Christmas; **es kostet so um die 10 Euro herum** (*umgangsspr*) it costs somewhere round 10 euros **herumdrehen** ❶ turn round ❷ (*wenden*) turn over **herumführen** ❶ **jemanden [um etwas] herumführen** lead someone around [something] ❷ (*bei Besichtigung*) **jemanden [in etwas] herumführen** show someone around something ❸ **um etwas herumführen** *Straße, Weg:* go around something **herumgehen** ❶ (*umhergehen*) **sie gingen in der Stadt herum** they walked around town ❷ (*um ein Grundstück, Raum*) go around ❸ (*zirkulieren*) *Gerücht, Foto:* be passed around **herumhängen** hang around **herumkommen** ❶ (*reisen*) get around; **er ist weit herumgekommen** he has seen a lot of the world ❷ **um etwas herumkommen** (*nicht tun müssen*) get out of something **herumkriegen** ❶ **sie hat ihn doch noch herumgekriegt** (*umgangsspr*) she finally talked him into it; **er hat mich herumgekriegt, mitzukommen** he talked me into coming with him ❷ **wie kriegen wir am besten die Zeit herum?** what's the best way for us to kill the time? **herumlaufen** ❶ (*umgangsspr*) run around ❷ **frei herumlaufen** *Verbrecher:* be at large; *Hund:* run free **herumliegen** (*umgangsspr*) lie around; (*verstreut*) be scattered about; (*faul*) laze around **herumreichen** pass [*oder* hand] round **herumschlagen sich mit einem Problem herumschlagen** (*umgangsspr*) struggle with a problem **herumsitzen** sit around **herumsprechen** **sich herumsprechen** *Gerücht:* get around **herumstehen** (*umgangsspr*) stand around **herumtreiben** (*umgangsspr: herumhängen*) hang around

herunten Ⓐ (*hier unten*) down here

herunter ❶ down; **von oben herunter** from above ❷ **die Treppe herunter** down the stairs; **hier herunter** down here **herunterfallen** fall down **heruntergehen** ❶ go downstairs ❷ go down *Treppe* ❸ (*übertragen*) *Preise:* go down, fall

heruntergekommen ❶ down-and-out ❷ (*äußerlich*) dowdy ❸ (*finanziell*) run-down ❹ (*moralisch*) degenerate ❺ (*verfallen*) dilapidated

herunterhandeln beat down *Preis* **herunterhängen** hang down **herunterkommen** ❶ (*nach unten kommen*) come down; **komm von der Fensterbank herunter!** come down from [*oder* off] the windowsill! ❷ (*moralisch*) degenerate **herunterladen** (*Internet*) download **herunterlassen** let down; lower *Jalousie etc.* **heruntermachen** ❶ (*abmachen, wegmachen*) take down ❷ **etwas heruntermachen** (*umgangsspr*) tear something to pieces ❸ **jemanden heruntermachen** (*umgangsspr*) run someone down **herunterputzen** (*umgangsspr*) tear strips off **herunterschlucken** swallow

hervor **unter etwas hervor** from under something

hervorgehen ❶ (*als Sieger*) come out ❷ (*entstehen*) develop, spring (**aus** from) ❸ (*folgen, sich ergeben*) follow (**aus** from); (*herrühren*) result (**aus** from) **hervorheben** (*betonen*) emphasize, stress **hervorholen** get out, produce **hervorragen** ❶ (*hervorstehen*) jut out; (*höher sein*) tower ❷ (*übertragen: hervorstechen*) stand out **hervorragend** (*ausgezeichnet*) excellent, outstanding **hervorrufen** ❶ (*verursachen*) cause, give rise to ❷ arouse *Bewunderung* **hervortreten** ❶ (*heraustreten*) step out ❷ *Augen, Adern:* protrude ❸ (*auftauchen*) emerge [from behind]; (*sichtbar werden*) become evident; **hervortreten lassen** set off (**vor** against)

Herz ❶ heart ❷ (*Farbe beim Kartenspiel*) hearts ⚠ *plural;* (*einzelne Spielkarte*) heart ❸ (*als Kosewort*) sweetheart ▸ IN WENDUNGEN: **ein gutes Herz haben** be good-hearted; **jemandem das Herz brechen** break someone's heart; **sein Herz verlieren** lose one's heart; **das liegt mir [sehr] am Herzen** I am [very] concerned about that; **jemandem etwas ans Herz legen** recommend/entrust something to someone; **jemanden ins Herz schließen** take someone to one's heart; **schweren Herzens** with a heavy heart; **mit ganzem Herz** wholeheartedly; **jemandem zu Herzen gehen** touch someone's heart; **sich etwas zu Herzen nehmen** take something to heart; **ein Herz und eine Seele sein** be bosom friends

Herzanfall heart attack **Herzfehler** (*medizinisch*) heart defect

herzhaft (*kräftig*) hearty

herziehen **über etwas herziehen** (*lästern*) pull something to pieces

herzig delightful, sweet

Herzinfarkt heart attack **Herzklopfen** throbbing of the heart; **ich bekam Herzklopfen** my heart started pounding **herzkrank** suffering from a heart condition

herzlich ❶ *Empfang:* warm ❷ *Lachen:* hearty; *Grüße:* kind ❸ **herzlichen Dank!** thank you very much indeed!; **herzliches Beileid!** you have my heartfelt sympathy!; **herzliche Grüße** best regards; (*vertrauter*) love (**an** to) ❹ utterly; **herzlich wenig** precious little ❺ **herzlich lachen** have a good laugh **Herzlichkeit** (*Wärme*) warmth **herzlos** heartless

Herzog duke **Herzogin** duchess **Herzogtum** (*Land*) duchy **Herzschlag** ❶ heartbeat ❷ (*Herzversagen*) heart failure **Herzschrittmacher** pacemaker **Herzstillstand** cardiac arrest **Herzversagen** heart failure

herzzerreißend heart-rending

Hesse, Hessin Hessian **hessisch** Hessian

heterosexuell heterosexual

hetzen ❶ (*jagen*) chase, hunt ❷ (*eilen, antreiben*) hurry, rush ❸ (*übertragen: Hass schüren*) agitate, stir up hatred (**gegen** against)

Heu hay ▸ IN WENDUNGEN: **Geld wie Heu haben** be rolling in money *umgangsspr,* have pots of money *umgangsspr*

Heuchelei hypocrisy **heucheln** ❶ play the hypocrite, be hypocritical ❷ **etwas heucheln** feign something **Heuchler(in)** hypocrite **heuchlerisch** hypocritical

heuer Ⓐ this year

heulen ❶ howl; (*laut*) yell ❷ *Tiere:* howl, yelp ❸ *Sirene:* wail

heurig Ⓐ, Ⓒⓗ this year's

Heuschnupfen hay fever

Heuschrecke grasshopper; (*in heißen Ländern*) locust

heute today, this day; **heute Abend** this evening, tonight; **heute früh, heute Morgen** this morning; **heute Mittag** today at twelve o'clock Ⓖⓑ, today noon Ⓤⓢⓐ; **heute vor 8 Tagen** a week ago today; **den Wievielten haben wir heute?** what date is it today?; **von heute an** from this day on; **bis heute** until today; **es ist bis heute nicht gekommen** it hasn't arrived to date

heutig ❶ of this day, today's ❷ (*gegenwärtig*) contemporary; (*neuzeitlich*) modern; **vom heutigen Tag** *Brief:* of today['s date]

heutzutage nowadays, these days

Hexe witch; **alte Hexe** (*abwertend*) old hag **hexen** ❶ practise witchcraft ❷ (*Wunder wirken*) work miracles; **ich kann doch nicht hexen!** (*umgangsspr*) I am not a magician!

Hexerei sorcery, witchcraft; **das ist doch keine Hexerei** (*umgangssspr*) that's no magic

Hieb ❶ (*Schlag*) blow; (*Streich*) stroke ❷ (*beim Fechten*) slash ❸ **Hiebe bekommen** get a thrashing

hier ❶ (*räumlich*) here; **dieses Buch hier** this book here; **hier im Garten ist es schön** it's lovely here in the garden; **hier behalten** keep here; **hier bleiben** stay here ❷ (*hierzulande*) in this country; **ich bin nicht von hier** I'm not from here ❸ (*in dem Fall*) here, in this case ❹ **hier und da** (*örtlich*) here and there; (*zeitlich*) now and then

Hierarchie hierarchy

hierdurch ❶ (*hier hindurch*) through here ❷ (*hiermit*) by this means, hereby, herewith **hierfür** for it, for this **hierher** ❶ here, over here; **hierher!** come here!; **das gehört hierher** it goes [*oder* belongs] here ❷ **bis hierher und nicht weiter** this far and no further

hiermit ❶ with this ❷ **hiermit erkläre ich ...** I herewith declare ...; **hiermit wird bestätigt ...** this is to certify ... ❸ **hiermit ist die Sache erledigt** that settles that

hierüber ❶ (*nach hier*) over here ❷ (*oberhalb dieser Stelle*) over it ❸ (*betreffend*) about this **hiervon** (*von diesem*) from this/it; (*über dieses Thema*) about this/it **hierzu** ❶ (*dafür*) for this ❷ (*dazu*) with this ❸ (*zu diesem Thema*) about this, concerning this

hierzulande in this country

hiesige(r, s) local

Hilfe ❶ help; **erste Hilfe** first aid; **zu Hilfe!** help! help!; **jemandem zu Hilfe kommen** come to someone's aid; **Hilfe suchend** imploring, seeking help ❷ (*finanziell*) aid; (*Beistand*) assistance ❸ (*für Notleidende*) relief ❹ (*Hilfskraft*) help ❺ **etwas zu Hilfe nehmen** make use of something **Hilfeleistung** assistance, help **Hilferuf** ❶ cry for help ❷ (*übertragen*) urgent appeal

hilflos helpless **hilfreich** ❶ helpful ❷ (*nützlich*) useful

Hilfsaktion relief action **Hilfsarbeiter(in)** unskilled worker **hilfsbereit** ❶ (*helfend, hilfreich*) helpful ❷ (*entgegenkommend*) obliging; **er ist stets hilfsbereit** he is always ready to help **Hilfsmittel** ❶ (*Hilfe*) aid ❷ (*Maßnahme*) means, measure **Hilfswerk** relief organization **Hilfszeitwort** auxiliary verb

Himbeere raspberry

Himmel ❶ sky; **am Himmel** in the sky; **unter freiem Himmel schlafen** sleep in the open air ❷ (*religiös*) heaven; (*Paradies*) paradise; (*übertragen: Gott, Schicksal*) Heaven ▸ IN WENDUNGEN: **aus heiterem Himmel** out of the blue; **um Himmels willen!** for Heaven's sake!; **dem Himmel sei Dank!** thank Heaven!; **du lieber Himmel!** great Heavens!

Himmelbett four-poster **himmelblau** sky-blue **Himmelfahrt** Ascension; (*Feiertag*) Ascension Day; **Mariä Himmelfahrt** the Assumption of the Virgin Mary **Himmelsrichtung** direction

himmlisch ❶ heavenly ❷ (*wunderbar*) divine; *Wetter:* gorgeous

hin ❶ (*dorthin*) there; **schau dort hin** look over there; (*zu*) towards; **schieb es zu mir hin** push it towards me ❷ **hin und her** (*auf und ab*) to and fro; (*hin und zurück*) there and back; **das Hin und Her** the comings and goings ⚠ *plural;* **hin und zurück** there and back ❸ **auf seinen Rat hin** on his advice ❹ **hin und wieder** [every] now and again ❺ (*umgangsspr*) *Ruf:* ruined; (*kaputt*) broken ❻ **sie war ganz hin** [**und weg**] (*umgangsspr: hingerissen*) she was really carried away

hinab down, downward[s]

hinarbeiten aim (**auf** at)

hinauf up; **da hinauf** up there **hinauffahren** go up, drive up **hinaufgehen** ❶ go up; **die Treppe hinaufgehen** go upstairs ❷ *Preise:* rise **hinaufsteigen** climb up

hinaus ❶ (*auswärts*) out; **hinaus mit euch!** out you go!; **sie gingen hinaus in die Stadt** they went out into the town ❷ **ein Zimmer zum Meer hinaus** a room overlooking the sea ❸ (*zeitlich*) **auf Jahre hinaus** for years to come ❹ (*übertragen*) **über etwas hinaus** on top of something; (*jenseits*) beyond something; **darüber hinaus ...** on top of this ..., in addition [to this] ...

hinausbefördern kick out, throw out **hinausbegleiten** see out (**aus** of)

hinausgehen ❶ (*den Raum verlassen*) go out ❷ *Tür, Zimmer, Fenster:* open (**auf** onto) ❸ (*übertragen*) **über etwas hinausgehen** go beyond something; (*übertreffen, übersteigen*) exceed something

hinauslaufen ❶ (*hinausrennen*) run out ❷ **auf etwas hinauslaufen** (*übertragen*) come to something **hinauslehnen** lean out

hinausschieben put off, postpone **hinauswerfen** ❶ (*aus Fenster*) throw out ❷ (*umgangsspr: entfernen*) chuck out ❸ (*umgangsspr: entlassen*) fire *umgangsspr*, sack *slang* **hinauswollen** (*beabsichtigen*) be driving at; **hoch hinauswollen** aim high **hinauszögern** delay

Hinblick **im Hinblick auf ...** (*in Bezug auf*) with regard to ...; (*angesichts*) in view of ...

hinbringen take there; **ich bringe dich hin** I'll take you there

hindern ❶ (*aufhalten*) hinder; (*hemmen*) hamper, impede ❷ **jemanden daran hindern, etwas zu tun** prevent someone from doing something; **es hindert dich doch niemand** noone's stopping you

> **! Vorsicht Falle** **prevent** wird oft zusammen mit **from** gebraucht: *Jack prevented her from leaving.*

Hindernis ❶ (*auch übertragen*) obstacle ❷ (*Erschwernis*) hindrance ❸ (*Behinderung*) handicap **Hindernisrennen** obstacle race; (*auf Pferden*) steeplechase

hindeuten **hindeuten auf** indicate

Hindu Hindu

hindurch ❶ (*räumlich*) through; **mitten hindurch** right through ❷ (*zeitlich*) throughout; **die ganze Nacht hindurch** the whole night through; **die ganze Woche hindurch** throughout the whole week

hinein ❶ (*räumlich*) in, inside, into; **hinein mit euch!** in you go! ❷ (*zeitlich*) into; **bis in den April/die Nacht hinein** well into April/the night **hineingehen** ❶ go in[to] ❷ **in mein Auto passen fünf Leute rein** my car holds five people **hineinpassen** fit

hinfahren go there, drive there **Hinfahrt** ❶ (*mit Zug, Flugzeug*) outward journey; (*mit dem Schiff*) voyage out ❷ **auf der Hinfahrt** on the way there

hinfallen fall [down]

Hinflug outward flight

Hingabe ❶ (*Ergebenheit*) devotion ❷ (*Begeisterung*) dedication

hingehen go there

hinhalten ❶ **jemandem etwas hinhalten** hold something out to someone ❷ **jemanden hinhalten** put someone off

hinhauen (*slang*) ❶ (*ausreichen*) do ❷ (*klappen*) work

hinhören listen

hinken ❶ limp ❷ (*unpassend sein*) be inappropriate; **der Vergleich hinkt** that's a lame comparison

hinknien kneel down

hinkommen ❶ get there; **wie kommst du hin?** how are you getting there? ❷ **wo kommen die Teller hin?** where do the plates go? ❸ **das dürfte so hinkommen** (*ausreichen*) that should be enough; (*stimmen*) that should be right

hinkriegen (*umgangsspr*) ❶ **etwas gut hinkriegen** do a good job of something ❷ **ich kriege das schon wieder hin** (*repariert*) I'll have that fixed again, no problem ❸ **wir kriegen das schon wieder hin** (*Problem gelöst*) we'll sort it out, don't worry

hinlegen ❶ (*niederlegen*) put down; (*flach*) lay down ❷ (*umgangsspr*) **dafür habe ich 200 Euro hingelegt!** I had to fork out 200 euros for that! ❸ **sich hinlegen** lie down

hinnehmen accept, take
Hinreise ❶ (*mit dem Zug, Flugzeug*) outward journey; (*mit dem Schiff*) voyage out ❷ **auf der Hinreise** on the way there
hinreißend (*bezaubernd*) enchanting
hinrichten execute *Verbrecher* **Hinrichtung** execution
Hinschied (CH) death
hinschmeißen ❶ (*umgangsspr: hinwerfen*) fling down ❷ (*umgangsspr: aufgeben*) chuck in
hinsetzen sit down
Hinsicht **in jeder Hinsicht** in every respect; **in dieser Hinsicht** in this regard **hinsichtlich** (*bezüglich*) with regard to
hinstellen ❶ (*absetzen*) put [down] (**auf** onto) ❷ **jemanden als jemanden/etwas hinstellen** make someone out to be someone/something ❸ **sich irgendwo hinstellen** stand somewhere; (*mit dem Auto*) park somewhere
hinten ❶ (*weiter zurück*) behind; **hinten bleiben** stay behind; (*übertragen*) lag behind; **weit hinten** far behind, far back ❷ (*auf der Rückseite*) at the back; **hinten im Auto** in the back of the car; **nach hinten** to[wards] the back; **von hinten** from behind ❸ **das stimmt hinten und vorne nicht** that's totally wrong
hinter ❶ (*räumlich*) behind; **er stand hinter dem Baum** he stood behind the tree; **hinter meinem Rücken** behind my back; **hinter dem Haus** behind [*oder* at the back of] the house ❷ (*zeitlich*) **ich habe eine Grippe hinter mir** I've just got over a bout of flu ❸ **sich hinter jemanden stellen** stand behind someone, support someone ❹ (*übertragen*) **hinter etwas stecken** be at the bottom of something; **hinter etwas kommen** (*herausfinden*) get to the bottom of something
Hinterbein ❶ hind leg ❷ **sich auf die Hinterbeine stellen** (*umgangsspr*) put up a fight; pull one's socks up
Hinterbliebene (*juristisch*) surviving relative; **die Hinterbliebenen** the bereaved
hintere(r, s) ❶ back, rear; **das hintere Ende** the back end ❷ **die hinteren Zimmer** the rooms at the back
hintereinander ❶ (*zeitlich*) one after the other, one after another; **drei Tage hintereinander** three days running ❷ (*räumlich*) one behind the other
Hintergedanke ulterior motive
hintergehen (*betrügen*) deceive
Hintergrund background; **vor diesem Hintergrund** (*auch übertragen*) against this background
Hinterhalt (*auch übertragen*) ambush; **jemanden aus dem Hinterhalt angreifen** ambush someone **hinterhältig** *Methoden:* underhand
hinterher ❶ (*räumlich*) behind; **dem Kind hinterher** after the child ❷ (*zeitlich*) afterward[s]; **hinterher sind wir ins Kino gegangen** afterwards we went to the cinema **hinterherlaufen** ❶ run behind ❷ (*umgangsspr*) **jemandem hinterherlaufen** run after someone
Hinterhof backyard
hinterlassen ❶ **jemandem eine Nachricht hinterlassen** leave a message for someone ❷ (*testamentarisch*) **jemandem etwas hinterlassen** bequeath something to someone ❸ **er hinterlässt eine Frau und zwei Kinder** he leaves behind a wife and two children
hinterlegen (*als Pfand*) leave
hinterlistig ❶ (*tückisch*) crafty; (*verschlagen*) cunning ❷ (*betrügerisch*) deceitful ❸ (*falsch*) false, perfidious
Hintermann (*übertragen*) backer
Hintern ❶ (*umgangsspr*) bottom, bum (GB), butt (USA) ❷ **sich auf den Hintern setzen** (*umgangsspr: hinfallen*) fall on one's bottom; (*energisch arbeiten*) get one's finger out
Hinterrad rear wheel
hinterrücks ❶ (*von hinten*) from behind ❷ (*übertragen: heimtückisch*) behind someone's back
hintersinnen (CH) brood
hinterste last, back
Hinterteil rear [rɪəʳ] end *auch umgangsspr*
Hintertreppe back stairs *plural*
Hintertür ❶ back door ❷ (*übertragen: Ausweg*) loophole
hinterziehen **Steuern hinterziehen** evade tax[es]
hinüber over; **die Straße/den Fluss hinüber** across the road/the river
hinunter down; **bis hinunter nach Spanien** down to Spain
hinuntergehen go down; (*zu Fuß*) walk

down

hinweg over **hinwegkommen über etwas hinwegkommen** (*übertragen*) get over something **hinwegsetzen** (*übertragen*) **sich über etwas hinwegsetzen** disregard something

Hinweis ① (*Anhaltspunkt*) indication (**auf** to); (*für Polizei*) clue ② (*Anspielung*) allusion (**auf** to) ③ (*amtlicher Hinweis*) notice; (*Rat*) tip ④ (*Verweisung*) reference (**auf** to) **hinweisen** ① (*zeigen*) point (**auf** to) ② **jemanden auf etwas hinweisen** point something out to someone ③ (*verweisen*) refer (**auf** to) ④ (*betonen*) **auf etwas hinweisen** emphasize something

hinwerfen ① **jemandem etwas hinwerfen** throw something down to someone ② (*umgangsspr*) chuck [in] *Arbeit, Stelle*

Hinz **Hinz und Kunz** every Tom, Dick and Harry

hinziehen ① (*anziehen*) attract (**zu** to) ② (*in die Länge ziehen*) drag out ③ **sich hinziehen** *Fluss, Weg:* stretch (**bis, nach** to) ④ **sich hinziehen** (*zeitlich*) drag on

hinzukommen ① (*herbeikommen*) arrive ② **bei/zu etwas hinzukommen** (*sich anschließen*) join something ③ (*beigefügt werden*) be added (**zu** to); **es kommt noch hinzu, dass …** add to this the fact that …; **hinzu kommt, dass es ständig geregnet hat** on top of that it rained the whole time **hinzuziehen** consult *Arzt, Experte*

Hirn ① (*Anatomie*) brain ② (*umgangssspr: Intelligenz*) brains ⚠ *plural* **Hirngespinst** (*abwertend*) fantasy **Hirnhautentzündung** meningitis **hirnrissig** (*umgangsspr*) crazy, hare-brained

Hirsch deer; (*männliches Tier*) stag

> **! Vorsicht Falle** Der Plural von **deer** bleibt unverändert **deer**: *we saw ten deer in Richmond Park.*

Hirschkuh hind

Hirse (*Getreideart*) millet

Hirte herdsman; (*Schafshirte*) shepherd

historisch ① (*geschichtlich*) historical ② (*übertragen: sehr bedeutsam*) historic

Hitze ① heat; (*Wetter*) hot weather; **ist das eine Hitze heute** it's so hot today ② **in der Hitze des Gefechts** in the heat of the moment **Hitzewelle** heat wave

hitzig ① (*aufbrausend*) hot-headed ② *Debatte:* heated

Hitzschlag heatstroke

HIV *Abkürzung von* **Human Immunodeficiency Virus** HIV [eɪtʃaɪˈviː]

H-Milch UHT-milk

Hobby hobby

Hobel ① (*technisch*) plane ② (*Gemüsehobel*) slicer **hobeln** plane *Holz;* slice *Gurken*

Hoch ① (*Ruf*) cheer (**auf, für** for) ② (*Höhepunkt, Wetterlage*) high

hoch ① high; (*groß, hoch gewachsen*) tall ② *Preise:* high ③ *Ehre:* great ④ **das hohe C** (*in der Musik*) top C ⑤ **ein hohes Tier** (*umgangssspr*) a big fish ⑥ **im hohen Norden** in the far North ⑦ **auf hoher See** on the high seas ⚠ *plural* ⑧ **in hohem Maße** to a high degree ⑨ (*nach oben*) up; **etwas hoch halten** hold something up; **Hände hoch!** hands up!; **Kopf hoch!** chin up! ⑩ **hoch begabt** highly talented; **hoch bezahlt** highly paid ⑪ (*Mathematik*) **2 hoch 3, 2^3** 2 to the power of 3 ⑫ **es geht hoch her** things are pretty lively

Hochachtung deep respect **hochachtungsvoll** (*in Briefen*) Yours faithfully

hocharbeiten **sich hocharbeiten** work one's way up

Hochdeutsch ① (*kein Dialekt*) standard German; **Hochdeutsch sprechen** speak standard German ② (*nicht Niederdeutsch*) High German **Hochdruck** ① high pressure ② (*Bluthochdruck*) high blood pressure ③ **mit Hochdruck arbeiten** work at full stretch **Hochebene** plateau **Hochgebirge** high mountains ⚠ *plural* **Hochgefühl** elation

hochgehen ① (*steigen*) rise, go up ② (*umgangsspr: zornig werden*) hit the ceiling [*oder* roof] ③ (*umgangsspr: explodieren*) blow up; **etwas hochgehen lassen** blow something up **hochgradig** extreme **Hochhaus** high-rise building; (*Wolkenkratzer*) skyscraper **hochheben** lift, raise, hold up *Hand, Arm;* lift up *Kind, Last*

hochkommen come up; **das Abendessen ist mir hochgekommen** I threw up my dinner *umgangsspr*

Hochkonjunktur (*in der Wirtschaft*) boom **Hochland** highland; **das schottische Hochland** the Scottish Highlands ⚠ *plural* **Hochleistung** first-class performance **hochmütig** haughty, arrogant **hochnäsig** (*abwer-*

tend) stuck-up, snooty **Hochofen** [blast] furnace **hochqualifiziert** highly qualified **Hochsaison** high season

Hochschule college; (*Universität*) university

> **! Vorsicht Falle** Eine **High School** ist eine Oberschule wie Gymnasium oder Realschule! *siehe auch bei* **Schule**

hochschwanger heavily pregnant **Hochseefischerei** deep-sea fishing **hochsensibel** *Gerät, Person:* highly sensitive **Hochsommer** midsummer **Hochspannung** (1) (*Elektronik*) high-voltage (2) (*übertragen*) great suspense **Hochspannungsmast** (*Elektronik*) electricity pylon **Hochsprung** (*im Sport*) high jump

höchst highly, most

Hochstapler(in) (*Schwindler*) confidence trickster

Höchstbetrag maximum amount

höchste(r, s) (1) highest; (*größte*) tallest; **der höchste Berg** the highest mountain; **das höchste Gebäude** the tallest building; **am höchsten** highest; (*am größten*) tallest (2) (*äußerste*) utmost; (*extrem*) extreme; **im höchsten Maße** to the highest degree; **im höchsten Fall** at the most (3) (*maximal*) maximum; **höchste Geschwindigkeit** maximum [*oder* top] speed (4) (*schwerste*) heaviest (5) **höchste Zeit** high time

höchstens (1) (*bestenfalls*) at best, at [the] most (2) (*nicht mehr als*) not more than …

Höchstform (*auch übertragen*) top form **Höchstgeschwindigkeit** top speed; **zulässige Höchstgeschwindigkeit** speed limit **Höchstgrenze** upper limit **Höchstleistung** (1) (*Bestleistung*) best performance (2) (*im Sport*) record **höchstpersönlich** in person **höchstwahrscheinlich** in all probability, most likely

hochtrabend (*abwertend: aufgeblasen*) pompous

Hochverrat high treason

Hochwasser (1) (*Wasserstand*) high water; (*Überschwemmung*) flood (2) *Flut:* high tide

hochwertig of high quality, high-quality

Hochzahl (*Mathematik*) exponent

Hochzeit wedding ▸ IN WENDUNGEN: **auf allen Hochzeiten tanzen** have a finger in every pie **Hochzeitsreise** honeymoon **Hochzeitstag** (1) (*Tag der Hochzeit*) wedding day (2) (*Jahrestag*) wedding anniversary

hochziehen pull up

Hocke (*beim Turnen*) squat; **in die Hocke gehen** squat **hocken** (1) squat (2) (*umgangsspr: sitzen*) sit [around]

Hocker stool ▸ IN WENDUNGEN: **das reißt mich nicht vom Hocker** (*umgangsspr*) that doesn't bowl me over

Höcker *vom Kamel, auch Buckel:* hump

Hoden (*Anatomie*) testicle

Hof (1) (*Platz*) yard; (*Innenhof*) courtyard; (*Hinterhof*) backyard (2) (*Bauernhof*) farm (3) (*Fürstenhof*) court; **bei Hofe** at court

hoffen hope; **auf etwas hoffen** hope for something, set one's hopes on something; **auf jemanden hoffen** set one's hopes on someone; **ich hoffe es** I hope so **hoffentlich** hopefully, I hope so; **hoffentlich nicht** I hope not, hopefully not **Hoffnung** hope (**auf** in); **jemandem keine Hoffnungen machen** not hold out any hopes for someone; **sich Hoffnung machen** have hopes; **er machte sich Hoffnungen auf den ersten Preis** he had hopes of getting the first prize **hoffnungslos** hopeless **Hoffnungsschimmer** glimmer of hope

höflich polite; (*zuvorkommend*) courteous; (*respektvoll*) respectful

Hoftor yard gate

hohe(r, s) (1) high; (*groß*) tall (2) *Preise:* high (3) *Ehre:* great; *Geburt:* noble (4) *Strafe:* heavy, severe

Höhe (1) height (2) (*Gipfel*) summit; (*kleiner*) hill (3) (*Ausmaß, Größenordnung, Niveau*) level (4) **die Preise in die Höhe treiben** force up the prices; **in die Höhe gehen** *Preise:* go up (5) *von Umfang, Wert, Betrag:* amount; **ein Betrag in Höhe von …** an amount of … (6) (*Mathematik, Flughöhe*) altitude (7) (*geografisch*) latitude (8) (*Tonhöhe*) pitch; (*von Stereoanlage*) treble

Hoheit (1) (*staatlich*) sovereignty (**über** over) (2) (*Titel*) Highness; **Seine/Ihre Königliche Hoheit** His/Her Royal Highness **Hoheitsgebiet** sovereign territory **Höhenunterschied** difference in altitude

Höhepunkt (1) high point (2) *einer Entwicklung:* apex, summit; *des Tages, einer Veranstaltung:* highlight; *der Karriere, der Macht:* peak, pinnacle; *eines Dramas:* climax (3) (*auch übertragen*) zenith

höher ① higher ② *Macht:* superior; *Klasse:* upper ③ **höhere Gewalt** an act of God; **höhere Instanz** (*juristisch*) higher court; (*Behörde*) higher authority; **höhere Schule** secondary school (GB), high school (USA)

hohl ① hollow; *Wangen, Augen:* sunken ② *Geräusch:* dull, hollow ③ (*übertragen: leer*) empty

Höhle cave, cavern; (*Loch*) hole; (*eines Tiers*) den, hole

Hohlraum hollow space; (*Höhlung*) cavity

Hohn (*Geringschätzung*) scorn; (*Spott*) derision, mockery; **das ist der reinste Hohn** it's sheer mockery **höhnisch** mocking, scornful, sneering

holen ① fetch, [go and] get; **ich hole mir ein Bier** I'll [go and] get myself a beer ② (*abholen*) pick up; **ich hole dich um acht ab** I'll pick you up at eight; **jemanden holen lassen** send for someone ③ **die Polizei/einen Arzt holen** call the police/a doctor ④ (*erringen, gewinnen*) **sie holte den ersten Preis** she won first prize

Holland Holland **Holländer** Dutchman **Holländerin** Dutchwoman **holländisch** Dutch

Hölle hell ► IN WENDUNGEN: **jemandem die Hölle heiß machen** (*umgangsspr*) give someone hell; **jemandem das Leben zur Hölle machen** (*umgangsspr*) make someone's life hell **höllisch** (*umgangsspr: sehr, riesig*) hellish; **höllisch aufpassen** keep one's eyes skinned; **eine höllische Angst haben** (*umgangsspr*) be scared stiff; **höllisch weh tun** (*umgangsspr*) hurt like hell; **höllisch schwer** (*umgangsspr*) hellishly difficult

holprig ① *Weg:* bumpy ② *Stil:* clumsy

Holunder (*Strauch*) elder **Holunderbeere** elderberry

Holz wood; (*zum Bauen*) timber (GB), lumber (USA); **aus Holz** made of wood

hölzern (*auch übertragen*) wooden

Holzfäller lumberjack, woodcutter **Holzkohle** charcoal **Holzschnitt** (*Kunstwerk*) woodcarving **Holzschuh** (*Pantine*) clog **Holzspäne** wood shavings

Hometrainer home exercise machine

homöopathisch hom[o]eopathic

homosexuell homosexual **Homosexuelle(r)** homosexual

Honig honey **Honigmelone** honeydew melon

Honorar fee

Hopfen hop; (*Brauhopfen*) hops ⚠ *plural*

hoppla [wh]oops!; **hoppla, jetzt komm' ich!** look out, here I come!

hopsen (*umgangsspr*) hop, skip

horchen ① (*hören*) listen (**auf** to) ② (*an der Tür*) eavesdrop ['iːvzdrɒp]

Horde (*auch abwertend*) horde [hɔːd], mob

hören ① hear; **hast du das gehört?** did you hear that?; **schlecht hören** be hard of hearing ② (*zuhören*) listen (**auf** to); go to *Vorlesung;* **Radio hören** listen to the radio; **Musik hören** listen to music; **hör mal!** listen! ③ (*mitbekommen*) **ich habe gehört, Sie sind aus Schottland?** I hear you're from Scotland; **ich habe zufällig gehört, wie sie sagte, dass ihr schlecht ist** I overheard her saying that she felt sick ④ **auf jemanden hören** (*gehorchen*) obey someone; (*einen Rat befolgen*) listen to someone; **wenn du nur auf mich gehört hättest!** if only you'd listened to me! ⑤ **du gehst jetzt ins Bett, hörst du!** off to bed with you, do you hear! ⑥ **also hör mal, was soll das eigentlich?** hang on a minute, what's all this about anyway? ⑦ **das hört sich gut an!** that doesn't sound bad, that sounds good ⑧ **von sich hören lassen** keep in touch; **Sie werden noch von mir hören!** (*als Drohung*) you'll be hearing from me!

> **? Grammatik** **hear — heard — heard:**
> *Yes, I heard what you said; have you heard the good news yet?*

Hörensagen **vom Hörensagen** from hearsay

Hörer(in) (*Radio*) listener

Hörer (*Telefonhörer*) receiver **Hörgerät** hearing aid

Horizont (*auch übertragen*) horizon; **am Horizont** on the horizon

horizontal horizontal

Hormon hormone

Horn ① horn ② (*Musikinstrument*) horn; (*militärisch*) bugle ► IN WENDUNGEN: **sich die Hörner abstoßen** sow one's wild oats

Hörnchen croissant

Hornhaut ① hard skin ② (*im Auge*) cornea

Hornisse hornet

Horoskop horoscope

Hörsaal lecture theatre [*oder* (USA) theater]

Hörspiel (*Radio*) radio play
horten hoard
Höschen (*Damenslip*) panties ⚠ *plural,* pair of panties
Hose trousers ⚠ *plural* (GB), pants ⚠ *plural* (USA); **eine Hose** a pair of trousers (GB), a pair of pants (USA); **eine kurze Hose** shorts ⚠ *plural,* a pair of shorts; **diese Hose ist zu eng** these trousers are too tight ▸ IN WENDUNGEN: **tote Hose sein** (*slang: langweilig sein*) be a drag; (*erfolglos sein*) be a dead loss

> **! Vorsicht Falle** **trousers** wird im Plural gebraucht: *where are my new trousers?* — **a pair of trousers** wird dagegen im Singular gebraucht: *here is your new pair of trousers.*

Hosenanzug trouser suit (GB), pantsuit (USA) **Hosensack** (CH) trouser pocket **Hosenschlitz** fly; **dein Hosenschlitz ist offen** your flies are open **Hosentasche** trouser pocket **Hosenträger** braces (GB), suspenders (USA)
Hospital hospital, infirmary
Hostie host
Hotel hotel; **in welchem Hotel bist du?** which hotel are you staying in? **Hotelfachschule** college of hotel management
HTML *Abkürzung von* **Hypertext Markup Language** HTML
Hubraum (*Auto*) cubic capacity
hübsch ① (*gut aussehend*) pretty; (*nett*) nice; **ganz hübsch!** rather pretty! ② (*umgangsspr: ironisch*) fine, nice, pretty; **eine hübsche Summe Geld** a tidy sum of money ③ (*umgangsspr: beträchtlich, ziemlich*) pretty ④ **Ihr zwei Hübschen** (*umgangsspr*) the two of you
Hubschrauber helicopter
huckepack piggyback
hudeln (A) do something sloppily, do slipshod work
Huf hoof **Hufeisen** horseshoe
Hüfte hip **Hüftgelenk** hip joint; **ein neues Hüftgelenk** a hip replacement
Hügel hill; (*kleiner*) hillock **hüg(e)lig** hilly
Huhn chicken; (*Henne*) hen ▸ IN WENDUNGEN: **wie ein verrücktes Huhn** (*umgangsspr*) like a headless chicken
Hühnchen chicken
Hühnerauge (*medizinisch*) corn
Hülle cover; *von Brief:* envelope; *von Schallplatten:* sleeve; **in Hülle und Fülle** in abundance
Hülse ① (*Schale*) hull, husk; (*Schote*) pod ② (*technisch*) case, shell; *von Geschoss:* case
human ① humane ② (*verständnisvoll*) considerate (**gegenüber** to[wards])
humanitär humanitarian
Hummel bumble-bee
Hummer lobster
Humor [sense of] humour; [**Sinn für**] **Humor haben** have a sense of humour **humorlos** humourless **humorvoll** humorous
humpeln ① hobble ② (*umgangsspr: hinken*) limp
Hund ① dog; (*Jagdhund*) hound ② (*als Schimpfwort*) bastard, swine ▸ IN WENDUNGEN: **er ist bekannt wie ein bunter Hund** he's a well-known character
Hundehütte [dog-]kennel **Hundeleine** dog leash **hundemüde** (*umgangsspr*) dog-tired, dead-beat *umgangsspr*
hundert a hundred; (*betont*) one hundred
Hundert[1] die (*Zahl*) hundred **Hundert**[2] das hundred; **Hunderte** [**von Menschen**] hundreds [of people] **hundertmal** a hundred times **Hunderteuroschein** hundred-euro note **hundertste(r, s)** hundredth **Hundertstel** hundredth **hunderttausend** a hundred thousand
Hündin bitch
Hunger ① hunger (**nach** for); [**großen**] **Hunger haben** be [very] hungry; **Hunger bekommen** get hungry; **ich sterbe vor Hunger!** I'm starving! ② (*Verlangen*) craving, yearning (**nach** for)
hungern ① (*Hunger leiden*) go hungry, starve ② (*fasten*) go without food ③ (*übertragen: verlangen*) hunger (**nach** for)
Hungersnot famine
hungrig (*auch übertragen*) hungry (**nach** for)
Hupe (*Auto*) horn **hupen** hoot, sound one's horn
hüpfen hop; (*springen*) jump, skip; *Ball:* bounce
Hürde (*auch übertragen*) hurdle **Hürdenlauf** hurdles ⚠ *mit Singular*
Hure (*abwertend*) whore
huschen dart, flash
Husten cough [kɒf]; **Husten haben** have a cough **husten** cough; **stark husten** have a bad cough **Hustenbonbon** cough sweet **Hustensaft** cough mixture

Hut ❶ hat ❷ **Hut ab!** (*vor jemandes Leistung*) I take my hat off to you/her/him/that

hüten ❶ look after, tend ❷ keep *Geheimnisse* ❸ **das Bett hüten** stay in bed ❹ **sich vor etwas/jemandem hüten** be on one's guard against something/someone ❺ **sich hüten, etwas zu tun** take care not to do something

Hutsche Ⓐ (*Schaukel*) swing

Hütte hut; (*kleines Häuschen*) cottage; (*Holzkabine, Blockkabine*) cabin; (*Hundehütte*) kennel **Hüttenkäse** cottage cheese

Hyäne hyena [haɪ'iːnə]

Hyazinthe hyacinth [haɪəsɪnθ]

hydraulisch hydraulic [haɪ'drɔlɪk]

Hydrokultur hydroponics [haɪdrəʊ'pɒnɪks] ⚠ *singular*

Hygiene hygiene ['haɪdʒiːn] **hygienisch** hygienic [haɪ'dʒiːnɪk]

Hymne hymn [hɪm]

Hypnose hypnosis [hɪp'nəʊsɪs] **hypnotisieren** hypnotize ['hɪpnətaɪz]

Hypothek (*finanziell*) mortgage ['mɔːgɪdʒ]

Hypothese hypothesis [hɪ'pɒθəsɪs]

hypothetisch hypothetical [haɪpəʊ'θetɪkəl]

Hysterie hysteria [hɪ'stɪəriə] **hysterisch** hysterical [hɪ'stərɪkl]

I

i.A. *Abkürzung von* **im Auftrag** pp, per procurationem, by proxy

IC *Abkürzung von* **Intercity(-zug)** intercity **ICE** *Abkürzung von* **Intercity Express** highspeed train

Ich self; (*psychologisch*) ego

ich I; **ich selbst** I myself; **ich bin es** it's me; **hier bin ich!** here I am!; **du und ich** you and me, you and I; **„wer hat meinen Bleistift?" — „ich nicht!"** "who's got my pencil?" — "not me [*oder* I don't]!"

Ideal ideal ['aɪdɪəl]

ideal ideal [aɪ'dɪəl], perfect

idealistisch idealistic [aɪˌdɪə'lɪstɪk]

Idee ❶ (*Einfall*) idea (**zu** for) ❷ **eine Idee zu kurz** (*umgangsspr*) a trifle too short **ideenreich** (*einfallsreich*) full of ideas

identifizieren ❶ identify ❷ **sich identifizieren** identify (**mit** with)

identisch identical (**mit** with)

Identitätskarte Ⓒ identity card

Ideologie ideology

idiomatisch idiomatic

Idiot (*abwertend*) idiot **idiotisch** idiotic

Idol idol

idyllisch idyllic

Igel hedgehog

igitt ugh! yuk!

Ignoranz ignorance **ignorieren** ignore, take no notice of

ihm ❶ (*für Person*) him; **ich habe es ihm gesagt** I told him; **er hat es ihm gegeben** he gave it to him; **ein Buch von ihm** a book of his ❷ (*für Sache*) it

ihn ❶ (*für Person*) him; **ich mag ihn nicht** I don't like him ❷ (*für Sache*) it

Ihnen (*Anrede*) you; **ich wünsche Ihnen eine gute Fahrt** I wish you a pleasant journey; **wie geht es Ihnen?** how are you?

ihnen them; **ein Freund von ihnen** a friend of theirs; **ich gab ihnen Essen** I gave them food

Ihr ❶ (*Anrede*) your; **ist das Ihres?** is this yours? ❷ (*Briefschluss*) **Ihr Robert Schuster** Yours, Robert Schuster ⚠ *immer großgeschrieben und mit Komma*

ihr ❶ (*für Person*) her; **gib es ihr zurück** give it back to her; **ich habe es ihr gesagt** I told her ❷ (*für Sache*) it ❸ (*bezogen auf Plural*) you; **ihr seid zu spät** you're too late ❹ (*einer Person gehörend*) her; **ihr Buch** her book ❺ (*eines Tiers, eines Gegenstands*) its ❻ (*bezogen auf Plural*) their **ihretwegen** ❶ (*bei Person*) because of her; (*auf eine Mehrzahl bezogen*) because of them ❷ (*zuliebe*) for her sake; (*auf eine Mehrzahl bezogen*) for their sake ❸ (*bei Sache*) because of it; (*auf eine Mehrzahl bezogen*) because of them

illegal illegal [ɪ'liːgəl]

illegitim illegitimate [ɪlɪ'dʒɪtəmət]

Illusion illusion [ɪ'luːʒən]; **sich Illusionen machen** have illusions

Illustration illustration [ɪlə'streɪʃən] **illustrieren** illustrate ['ɪləstreɪt]; **jemandem etwas illustrieren** illustrate something to someone **Illustrierte** magazine [mægə'ziːn]

im ① (*räumlich*) in the; **im Bett** in bed; **im Haus** in the house; **im zweiten Stock** on the second floor ② **im Fernsehen** on television; **im Radio** on the radio; **im Theater/Kino** in the theatre/cinema ③ (*zeitlich*) **im Juli** in July; **im nächsten Jahr** next year

Imbiss (*kleine Mahlzeit*) snack, bite to eat **Imbissstube** snack bar

imitieren imitate

Imker(in) beekeeper

immatrikulieren register (**an** at)

immer ① (*häufig*) always; **ich nehme immer ein Käsebrot** I always have a cheese sandwich; (*jedes Mal*) constantly; **er will immer vordrängeln** he always wants to push in; **immer unterbricht sie einen** she constantly interrupts people; **immer wenn** everytime, whenever; **immer wieder** time [*oder* again] and again ② **für immer** for ever ③ **wie immer** as usual ④ **schon immer** always ⑤ **immer noch** still; **immer noch nicht** still not [yet]; **sie war immer noch nicht fertig** she still hadn't finished ⑥ (*in Mengen*) **immer mehr** more and more; **immer größer** bigger and bigger ⑦ (*bei Wegangaben*) **immer geradeaus!** keep straight ahead!; **immer weiter, immer zu!** keep on! keep going! ⑧ **immer schön langsam!** (*umgangsspr*) take your time! ⑨ **was auch immer** what[so]ever; **wie auch immer** how[so]ever

immergrün evergreen

immerhin ① (*wenigstens*) at least ② (*schließlich*) after all

immerzu all the time

Immobilien real estate ⚠ *singular*, property ⚠ *singular* **Immobilienmakler(in)** [real] estate agent (GB), realtor (USA)

immun immune (**gegen** to)

Imperativ (*Grammatik*) imperative

Imperfekt (*Grammatik*) imperfect [*oder* past] tense

Imperialismus (*Politik*) imperialism

impfen vaccinate (**gegen** against) **Impfstoff** vaccine **Impfung** vaccination

imponieren **jemandem imponieren** impress someone **imponierend** impressive

Import ① (*Einfuhr*) import ② (*importierte Waren*) imports ⚠ *plural* **importieren** import

imprägnieren (*wasserdicht machen*) waterproof

Impressionismus impressionism

improvisieren improvise; (*in der Musik auch*) extemporize

Impuls impulse **impulsiv** impulsive

in ① (*räumlich*) in, at; **in der Schule** at school; **er wohnt in Berlin** he lives in Berlin; **warst du schon in Schottland?** have you ever been to Scotland? ② (*hinein in*) into; **er stieg in das Auto** he got into the car ③ (*zu, nach*) to; **sie geht in die Schule** she goes to school; **gehen wir in die Stadt?** shall we go into town? ④ (*zeitlich*) in; **in der Nacht** at night, during the night; **im vorigen Jahr** last year; **im Alter von …** at the age of …; (*innerhalb*) within; **in den nächsten zwei Tagen** within the next two days; **noch in dieser Woche** by the end of the week ⑤ (*Fach, Thema*) **in Englisch ist er ziemlich schwach** he's rather weak at English ⑥ (*umgangsspr*) **in sein** be in, be the in thing

> **! Vorsicht Falle** **at** im örtlichen Sinne wird gebraucht, um zu sagen, wo sich jemand/etwas genau befindet: *Sam lives at 248 Main Street*; *Vera works at Winther's chemist's shop*; — **in** dagegen wird gebraucht, um zu sagen, in welcher Gegend sich jemand/etwas befindet: *Douglas lives in Edinburgh/in Scotland; Steve works in Kensington.*

Inbegriff (*Verkörperung*) embodiment, perfect example

inbegriffen **Service inbegriffen** service included, including service

indem ① (*während*) while; (*in dem Augenblick*) as ② (*dadurch, dass*) **er kühlte den Knöchel, indem er Eis drauf legte** he cooled his ankle by putting ice on it

Inder(in) Indian

Indianer(in) American Indian, Native American

Indien India

Indikativ (*Grammatik*) indicative

indirekt indirect

indisch Indian; **der Indische Ozean** the Indian Ocean

indiskutabel out of the question

individuell individual; *Note:* personal; **individuell verschieden sein** differ from person

I

to person **Individuum** individual

Indiz ❶ (*juristisches Beweismittel*) piece of circumstantial evidence ❷ (*Hinweis*) indication (**für** of)

Indonesien Indonesia **indonesisch** Indonesian

Industrie industry **Industriegebiet** industrial area **industriell** industrial

ineinander ❶ into one another, into each other; **sie haben sich ineinander verliebt** they've fallen in love with one another ❷ **ineinander greifen** interlock; (*übertragen*) overlap

Infektion (*medizinisch*) infection **Infektionskrankheit** infectious disease

Infinitiv (*Grammatik*) infinitive

Inflation (*finanziell*) inflation **Inflationsrate** (*finanziell*) rate of inflation

Informatik computer science **Informatiker(in)** computer scientist

Information information (**über** on, about); **die neuesten Informationen** the latest information ⚠ *singular*

! Vorsicht Falle Das englische **information** ist ein Sammelbegriff; eine einzelne Auskunft wird mit **a piece of information** übersetzt. Das Verb steht im Englischen nach **information** immer im Singular!

informieren ❶ inform (**über, von** about, of); **jemanden informieren** let someone know ❷ **sich informieren** find out (**über** about)

infrage ❶ **infrage kommen** (*möglich sein*) be possible; (*in Betracht kommen*) be considered ❷ **für jemanden nicht infrage kommen** be out of the question for someone; **das kommt nicht infrage** that's out of the question ❸ **etwas infrage stellen** question something

Infrastruktur infrastructure

Ingenieur(in) engineer

Ingwer ginger

Inhaber(in) ❶ *eines Geschäfts, einer Firma:* owner, proprietor; (*Frau*) proprietress ❷ *von Konto, Rekord, Patent:* holder; *von Wertpapier, Urkunde:* bearer

Inhalt ❶ *einer Packung:* contents ⚠ *plural* ❷ *von Buch, Film:* content; (*Überschrift im Buch*) contents ⚠ *plural* ❸ (*Sinn, Bedeutung*) *des Lebens:* meaning ❹ (*Mathematik: von Fläche*) area; (*von Raum*) volume

inhaltlich as regards content **Inhaltsangabe** (*Zusammenfassung*) précis, summary; *von Film, Roman:* synopsis [sɪˈnɒpsɪs] **Inhaltsverzeichnis** table of contents

Initiative ❶ initiative [ɪˈnɪʃətɪv]; **aus eigener Initiative** on one's own initiative ❷ (CH) (*in der Politik*) petition for a referendum

inklusive ❶ **inklusive Frühstück** including breakfast, breakfast included ❷ **bis zum 3. August inklusive** up to and including August 3rd

inkompetent incompetent

inkonsequent inconsistent

Inland ❶ (*das Landesinnere*) inland; **weiter im Inland** further inland ❷ (*im Gegensatz zum Ausland*) home **inländisch** domestic, home; *Ware:* home-made

Inline Skates inline skates

innen ❶ inside; (*im Haus*) indoors ❷ (*auf Innenseite*) on the inside ❸ **nach innen** inward[s] ❹ **von innen** from within

Innenarchitekt(in) interior designer **Innenminister(in)** minister of the interior; (*in GB*) Home Secretary; (*in den USA*) Secretary of the Interior **Innenministerium** ministry of the interior, Home Office (GB), Department of the Interior (USA) **Innenpolitik** home affairs ⚠ *plural;* (*bestimmte*) domestic policy **Innenraum** interior **Innenseite** inside **Innenstadt** centre [*oder* (USA) center] of town; (*einer Großstadt*) centre [*oder* (USA) center] of the city; town/city centre [*oder* (USA) center]

Innere ❶ inside; *eines Gebäudes auch:* interior ❷ **im tiefsten Inneren** (*übertragen*) in one's heart of hearts

innere(r, s) ❶ inner ❷ *Angelegenheit, Verletzungen:* internal

Innereien innards

innerhalb ❶ **innerhalb dieser Räume** within these rooms; **innerhalb des Hauses** inside the house ❷ **innerhalb einer Woche** within a week

innerlich ❶ (*körperlich*) internal ❷ (*übertragen: nach innen*) inwardly ❸ (*übertragen: von innen heraus*) inner

Innerste ❶ (*innerstes Teil*) innermost part ❷ (*übertragen*) **tief im Innersten** in one's heart of hearts

innert (A), (CH) (*binnen*) within

innig ❶ (*sehnlich*) heartfelt; **jemanden heiß und innig lieben** be madly in love with someone ❷ (*vertraut*) intimate

ins ① (*in das*) **ins Kino** to the cinema; **ins Bett gehen** go to bed; **ins Nachthemd schlüpfen** get into one's nightie ② **kannst du das ins Englische übersetzen?** can you translate that into English?

Insasse, Insassin *einer Anstalt:* inmate; (*Fahrgast*) passenger

insbesondere [e]specially, in particular, particularly

Inschrift inscription; (*auf Münzen*) legend; (*auf Grabstein*) epitaph

Insekt insect

Insel island, isle; **die Britischen Inseln** the British Isles

Inserat advertisement **Inserent(in)** advertiser **inserieren** advertise (**in** in)

insgeheim secretly

insgesamt altogether; **insgesamt kamen 20 Leute** 20 people came altogether; **es beläuft sich auf insgesamt …** it amounts to a total of …; **es war insgesamt eine gelungene Veranstaltung** it was all in all a successful event

insofern, insoweit ① (*was dies betrifft*) in that respect, as far as that goes ② **du hast insofern recht, als dass …** you're right inasmuch as [*oder* in so far as] …

Inspektion inspection; *von Auto:* service

Inspektor(in) inspector; (*Aufseher, Verwalter*) superintendent

Installateur(in) (*Klempner*) plumber; (*Monteur*) fitter; (*für Gas*) gas-fitter **installieren** (*auch übertragen*) install

instand, in Stand etwas in Stand halten (*in Ordnung*) maintain something; (*funktionsfähig*) keep something in working order; **etwas in Stand setzen** (*funktionstüchtig machen*) get something into working order; (*reparieren*) repair something

inständig inständig bitten beseech, implore; **inständig hoffen** hope fervently

Instandsetzung (*Überholung*) overhaul; (*Reparatur*) repair

Instanz ① (*juristisch*) court ② (*Behörde*) authority ③ **in erster/letzter Instanz** in the first/last instance

Instinkt instinct **instinktiv** instinctive

Institut ① institute ② (*Strafinstitut*) institution

Institution institution

Instrument instrument; (*Werkzeug*) tool

Insulaner(in) islander

inszenieren ① (*im Theater*) stage, put on ② produce *Film;* (*Regie führen*) direct ③ stage *Streit*

intakt intact

intellektuell intellectual **Intellektuelle(r)** intellectual

intelligent intelligent **Intelligenz** ① (*Denkfähigkeit*) intelligence ② (*als Kollektivbezeichnung*) intelligentsia [ɪntelɪdʒentsɪə] ⚠ *plural*

Intensität intensity

intensiv ① *Gefühl, Farbe:* intense ② *Arbeit:* intensive **intensivieren** intensify **Intensivkurs** intensive course **Intensivstation** (*medizinisch*) intensive care unit

interaktiv (*auch Informatik*) interactive

Intercity intercity [train]

interessant interesting

Interesse interest (**für, an** in); **Interesse haben an …** be interested in …; **Interesse verlieren an …** lose interest in …; **von allgemeinem Interesse** of general interest **interessehalber** out of interest **Interessent(in)** interested person [*oder* party]

interessieren ① **jemanden für etwas interessieren** interest someone in something; **das interessiert doch niemanden** nobody's interested ② **sich für etwas interessieren** be interested in something

Internat boarding school

international international

Internet internet; **im Internet** on the internet; **im Internet surfen** surf the internet **Internet-Café** cybercafé

Interpret(in) (*Musik*) interpreter, singer

interpretieren interpret; **etwas falsch interpretieren** misinterpret something

Interpunktion punctuation

Intervall (*auch in der Musik*) interval

Interview interview **interviewen** interview

intim intimate (**mit** with) **Intimbereich** (*anatomisch*) genital area **Intimität** intimacy (**mit** with)

intolerant intolerant gegenüber jemandem intolerant toward[s] someone; **intolerant gegenüber einer Sache** intolerant of something

Intranet (*firmeninternes Netzwerk*) intranet

intransitiv (*Grammatik*) intransitive

Intrige intrigue

introvertiert introverted

Invalide invalid [ˈɪnvəlɪd]; **Invalide sein**

I

be disabled [*oder* an invalid]
investieren (*auch übertragen*) invest (**in** in)
Investition investment
inwendig inside; **in- und auswendig** inside out
inwiefern, **inwieweit** to what extent
Inzucht inbreeding
inzwischen ❶ [in the] meantime, meanwhile; **er hatte inzwischen davon erfahren** he found out about in the meantime ❷ **es ist inzwischen drei Uhr** it's now three o'clock ❸ **sie hat inzwischen 30 Paar Schuhe** she's got 30 pairs of shoes by now; **inzwischen hätte er dasein müssen** he should have arrived by now
Irak **der Irak** Iraq [ɪraːk] **Iraker(in)** Iraqi [ɪ'raːkɪ]
Iran **der Iran** Iran [ɪ'raːn] **Iraner(in)** Iranian [ɪ'reɪnɪən]
Ire Irishman
irgend ❶ (*überhaupt*) **wenn irgend möglich** if at all possible ❷ **irgend so ein[e]** ... some ... or other **irgendein** ❶ some; **irgendein Mensch hat behauptet, Cola macht dumm** some person claims that cola makes you stupid ❷ **gib mir irgendein Blatt Papier** give me any old piece of paper ❸ **gibt es irgendein Problem?** is there any problem? ❹ **irgendein anderer** someone else; (*in verneinten oder Fragesätzen*) anyone else **irgendeine(r)** (*substantivisch*) ❶ (*bei Personen*) someone, somebody; (*in verneinten oder Fragesätzen*) anyone, anybody; **kann dir irgendeiner helfen?** can anyone help you? ❷ (*bei Sachen*) something; (*in verneinten oder Fragesätzen*) any of them; **„welche Schüssel soll ich nehmen?" — „irgendeine!"** "which bowl should I use?" — "any one will do!" **irgendein(e)s** any of them; (*von zweien*) either of them; **„welches Bett möchtest du?" — „irgendeines"** "which bed do you want?" — "any of them" [*oder* "it doesn't matter"]; (*von zweien auch*) ... — "either of them" **irgendetwas** something; (*in verneinten oder Fragesätzen*) anything **irgendjemand** someone, somebody; (*in verneinten oder Fragesätzen*) anyone, anybody, somebody; **ich bin nicht irgendjemand** I'm not just anybody
irgendwann ❶ sometime ❷ (*fragend oder bedingend*) ever; **schau doch kurz vorbei, wenn du irgendwann mal in München bist** pop in for a visit if you're ever in Munich ❸ **wirst du mit dem Studium irgendwann weitermachen?** are you going to continue your studies some day? ❹ **irgendwann werden sie dich erwischen!** they'll catch you sooner or later
irgendwas anything, something; **irgendwas stimmt da nicht** there's something wrong there
irgendwie ❶ at all, possibly; **kannst du dir das irgendwie vorstellen?** can you imagine it at all?, can you possibly imagine it? ❷ somehow [or other]; **ich finde ihn irgendwie komisch** I find him a bit odd somehow; **du tust mir irgendwie leid** I can't help feeling sorry for you
irgendwo somewhere; (*fragend, verneinend oder bedingend*) anywhere; **gibt es irgendwo einen Supermarkt?** is there a supermarket anywhere? **irgendwoher** from somewhere; (*fragend, verneinend oder bedingend*) from anywhere
irgendwohin somewhere; (*fragend, verneinend oder bedingend*) anywhere
Irin Irishwoman **irisch** Irish **Irland** Ireland; (*auf Gälisch*) Eire
Ironie irony **ironisch** ironic
irrational (*auch Mathematik*) irrational
irre ❶ (*verrückt*) crazy, insane, mad ❷ (*umgangsspr*) **ein irres Erlebnis** an incredible experience; **ein irrer Typ** (*slang*) a really cool guy; **das ist ja echt irr[e]!** (*slang*) that's wicked! *slang*, far out! (USA) *slang* ❸ (*slang: sehr*) incredibly; **das hat irre viel gekostet** it was incredibly expensive; **irre gut** (*slang*) way-out
Irre(r) (*abwertend*) lunatic
irreführen ❶ (*falschen Weg zeigen*) mislead ❷ (*täuschen*) deceive **irreführend** misleading
irrelevant irrelevant (**für** to)
irren ❶ (*herumirren*) roam, wander; **er irrte durch das Kaufhaus** he wandered about in the department store ❷ **sich irren** be mistaken; **sich in etwas irren** be mistaken about something; **ich kann mich auch geirrt haben** I may have been mistaken; **er hat sich in der Nummer geirrt** he got the wrong number; **jeder kann sich mal irren** anyone can make a mistake
Irrenhaus (*abwertend*) mental asylum ▸In

WENDUNGEN: **hier geht es zu wie im Irrenhaus** it's like a madhouse in here

irritieren ① (*ärgern*) irritate ② (*verwirren*) confuse

irrsinnig ① (*verrückt*) crazy, insane, mad ② (*umgangsspr: stark, klasse*) incredible, terrific ③ **es war irrsinnig heiß** it was incredibly hot

Irrtum ① error; (*Fehler, Versehen*) mistake; **im Irrtum sein, sich im Irrtum befinden** be in error; **da muss ein Irrtum vorliegen** there must be some mistake ② **Irrtum, mein Lieber!** you're wrong there, my son! *umgangsspr*

irrtümlich ① wrong, mistaken ② (*aus Versehen*) by mistake

ISBN *Abkürzung von* **Internationale Standardbuchnummer** ISBN

ISDN *Abkürzung von* **Integrated Services Digital Network** ISDN

Islam Islam **islamisch** Islamic

Island Iceland **Isländer(in)** Icelander **isländisch** Icelandic

Isolation ① (*isoliertes Dasein*) isolation ② *von Häftlingen:* [solitary] confinement ③ (*technisch*) insulation

Isolierband (*Elektronik*) insulating tape

isolieren ① (*absondern*) isolate ② (*Elektronik*) insulate *auch Häuser, Fenster* ③ **sich isolieren** isolate oneself [from the world]

Isomatte® Karrimat®, thermo-mat

Israel Israel ['ɪzreɪl] **Israeli** Israeli [ɪz'reɪlɪ] **israelisch** Israeli [ɪz'reɪlɪ] **Israelit(in)** (*historisch*) Israelite ['ɪzrɪəlaɪt] **israelitisch** (*historisch*) Israelite ['ɪzrɪəlaɪt]

Italien Italy ['ɪtəlɪ] **Italiener(in)** Italian [ɪ'tæljən] **italienisch** Italian [ɪ'tæljən]

J j

J, j J, j

ja ① (*zustimmend*) yes; **ja, ich bin es** yes, it's me ② **ja?** (*wirklich?*) really? ③ **ja?** (*beim Abheben vom Telefon*) hello? ④ (*bestätigend*) **ich sehe Sie also morgen, ja?** I'll see you tomorrow, right?; **aber ja!** of course! ⑤ **das ist ja schrecklich!** that's just terrible!; **das ist ja unglaublich!** that's absolutely incredible ⑥ **da bist du ja!** there you are! ⑦ (*schließlich*) after all; **er ist ja nicht mehr der Jüngste** he's no longer the youngest after all ⑧ **ihr wisst ja gar nicht, was für ein Glück ihr habt** you have no idea how lucky you are ⑨ **ich habe es Ihnen ja gesagt!** I told you, didn't I!; **aber du wolltest ja nicht auf mich hören** but you didn't want to listen to me, did you ⑩ **ja und?** so? ⑪ **wage es ja nicht!** don't you dare [do that]!; **geh ja nicht ans Telefon!** don't answer the phone!

Ja yes; **mit Ja antworten** answer yes

Jacht yacht

Jacke jacket, (USA) *auch* coat

Jackett jacket

Jagd ① hunt (**nach** for); (*nach Verbrecher auch*) pursuit ② (*das Jagen*) hunting; (*übertragen*) chase (**nach** after); **auf die Jagd gehen** go hunting ③ **Jagd machen auf …** hunt for … **Jagdhund** hound **Jagdrevier** shoot **Jagdschein** hunting licence

jagen ① hunt *auch Menschen;* pursue *Verbrecher* ② (*verfolgen, hetzen*) chase ③ (*auf die Jagd gehen*) go hunting ▸ IN WENDUNGEN: **damit kann man mich jagen** (*umgangsspr*) I wouldn't touch that with a barge pole (GB)

Jäger ① hunter ② (*militärisch*) rifleman ③ (*Jagdflugzeug*) fighter [plane] **Jägerin** huntress

Jaguar (*Raubtier*) jaguar ['dʒægjʊə]

Jahr year; **ein halbes Jahr** six months; **alle zwei Jahre** every two years; **Jahr für Jahr** year after year; **im Jahre 2008** in [the year] 2008; **in den besten Jahren** in the prime of one's life; **pro Jahr** a year; **sie verdient pro Jahr € 36.000** she earns € 36,000 per annum; **von Jahr zu Jahr** from year to year

jahrelang ① **jahrelanges Warten/jahrelange Forschung** years of waiting/research ② **wir haben jahrelang gewartet** we waited for years

Jahres- annual **Jahrestag** anniversary **Jahreswechsel** turn of the year; (*Neujahr*) New Year; **zum Jahreswechsel** at the turn of the year **Jahreszahl** date, year **Jahreszeit** season **jahreszeitlich** seasonal

Jahrgang ① (*Altersklasse*) age-group; year ② *von Wein:* vintage

Jahrhundert century **Jahrhundertwende**

turn of the century

jährlich ① annual, yearly; **ein jährliches Einkommen von € 36.000** an annual salary of € 36,000 ② annually; **einmal jährlich** once a year

Jahrmarkt fair

Jahrtausend millennium

Jahrzehnt decade

jähzornig irascible, violent-tempered

Jalousie [Venetian] blind [[vəˈniːʃn] blaɪnd] Ⓖⓑ, shades ⚠ *plural* ⓊⓈⒶ

jämmerlich ① (*elend, erbärmlich*) wretched ② (*Mitleid erregend*) pitiful ③ *Bezahlung:* pathetic, paltry ④ (*umgangsspr*) *Ausrede:* pathetic ⑤ (*umgangsspr*) **sie hat jämmerlich gelitten** she suffered terribly

jammern ① (*weinen*) wail (**über** over) ② (*umgangsspr*) whinge [wɪndʒ], whine *abwertend;* **hör auf zu jammern!** stop whingeing [ˈwɪndʒɪŋ]!

jammerschade (*umgangsspr*) **es ist jammerschade, dass …** it's a crying shame that …

Janker Ⓐ cardigan

Jänner Ⓐ January [ˈdʒænjuəri]

Januar January [ˈdʒænjuəri]

Japan Japan [dʒəˈpæn] **Japaner(in)** Japanese [dʒæpəˈniːz] **japanisch** Japanese [dʒæpəˈniːz]

Jasmin (*Pflanze*) jasmine [ˈdʒæzmɪn]

jäten weed; **Unkraut jäten** do the weeding

Jauche liquid manure [məˈnjʊə]

jauchzen rejoice

jaulen (*auch übertragen*) howl

Jazz jazz

je ① (*jeweils*) each, every; **sie kosten je drei Euro** they cost three euros each ② (*jemals*) ever; **schlimmer denn je** worse than ever ③ (*mit Steigerungsformen*) **je eher, desto besser** the sooner the better ④ **je nachdem** that depends

Jeans jeans ⚠ *plural* **Jeansjacke** denim jacket **Jeansrock** denim skirt

jede, jeder, jedes ① (*alle*) every; **jeden Tag** every day; **jeden Tag einmal/zweimal** once/twice a day; **jeden zweiten Tag** every other day; **jeder Mensch** every person ② (*einzeln*) **jeder neue Kunde erhält eine Gratisprobe** every new customer receives a free sample; **wir haben 5 Zimmer — jedes hat ein eigenes Bad** we have 5 rooms [to let] — each one has its own bathroom ③ **jedes Mal** each time, every time; **jedes Mal, wenn ich da bin** whenever I'm there, each time I'm there ④ (*beliebig*) any; **du kannst jedes nehmen** you can take any, any one will do; **jeden Augenblick** any minute; **in jedem Fall** in any case; **bei jedem Wetter** in any kind of weather ⑤ (*alle Personen*) everyone, everybody; **jeder möchte das Hühnchen — keiner nimmt das Steak** everyone wants [the] chicken — no one's having [the] steak; **so was hat doch jeder!** everyone's got one of those! ⑥ (*beliebige Person*) **du kannst jeden fragen** you can ask anybody ⑦ **jeder wird dir das sagen** anyone will tell you that

! Vorsicht Falle **everybody** und **everyone** sind immer in der Einzahl.

jedenfalls ① (*auf jeden Fall*) in any case; **ich komme jedenfalls mit** I'm coming anyhow ② (*zumindest*) at least; **er war's jedenfalls nicht** it wasn't him, that's for sure ③ (*beim Erzählen*) **jedenfalls wollte er mir das Geld nicht geben** well [*oder* so] anyhow, he didn't want to give me the money

jedermann ① (*ein jeder*) everyone, everybody ② (*jeder beliebige*) anyone, anybody

jederzeit [at] any time; **Sie können mich jederzeit anrufen** you can call me any time

jedoch however ⚠ *meist nachgestellt,* though ⚠ *immer nachgestellt;* **ich habe jedoch sehr wenig Zeit** I have very little time however; **er möchte es jedoch versuchen** he'd like to try though

jemals ever; **wirst du mir jemals zuhören?** will you ever listen to me?

jemand ① somebody, someone; **jemand hat das Licht angelassen** someone has left the light on ② (*in fragenden und verneinenden Sätzen*) anybody, anyone; **hat jemand Lust auf ein Eis?** does anyone fancy an icecream?; **sonst noch jemand?** anyone else?; **ist jemand da?** is there anyone here?

jene(r, s) ① (*substantivisch*) that one, those ones *plural* ② **dies und jenes** this and that ③ (*adjektivisch*) that; (*bezogen auf Plural*) those; **in jenem Sommer** that summer

Jenseits hereafter

jenseits ① *(räumlich)* on the other side of ② **er ist jenseits von Gut und Böse** *(umgangsspr)* he's past it

Jesus Jesus ['dʒi:zəs]

jetzig *(im Augenblick)* present; *(laufend)* current

jetzt ① now; **ich möchte jetzt gehen** I'd like to leave now; **jetzt nicht** not now; **erst jetzt** only now ② **gerade jetzt** this very moment ③ **bis jetzt** so far, up to now ④ **von jetzt an** from now on

jeweilig ① *(derzeitig)* of the day; *(vorherrschend)* prevailing ② *(betreffend)* respective

jeweils ① *(zur gleichen Zeit)* at a time ② *(jedes Mal)* each time; *(jeder einzelne)* each

jobben *(umgangsspr)* work, do casual work

Jockey jockey

Joga yoga

joggen jog **Jogger(in)** jogger **Jogginganzug** jogging suit

Joghurt, Jogurt yog[h]urt

Johannisbeere **rote/schwarze Johannisbeere** redcurrant/blackcurrant

Jojo yo-yo

Jordanien Jordan ['dʒɔ:dn]

Journal ① *(Tagebuch)* diary ② *(Fachzeitschrift)* journal

Journalist(in) journalist

jubeln cheer, shout with joy; **die Menge jubelte** the crowds cheered

Jubiläum ① *(einer bedeutenden Person)* jubilee ['dʒu:bɪli:]; **25-jähriges Jubiläum** silver jubilee ② *(sonstiger Jahrestag)* anniversary

jucken ① itch; **es juckt überall** I'm itching all over ② **sich jucken** *(kratzen)* scratch ▶ IN WENDUNGEN: **das juckt mich doch nicht!** *(umgangsspr)* I don't care! **Juckreiz** itch

Jude Jew; **er ist Jude** he's Jewish **Jüdin** Jewess; **sie ist Jüdin** she's Jewish **jüdisch** Jewish

Judo judo ['dʒu:dəʊ]

Jugend ① *(Jugendzeit)* youth; **von Jugend an** [*oder* **auf**] from one's youth; **in meiner Jugend** when I was young ② *(Jugendlichkeit)* youthfulness ③ *(junge Menschen)* young people ⚠ *plural* **Jugendherberge** youth hostel

jugendlich ① *(jung)* young ② *(jung wirkend)* youthful ③ *(juristisch)* juvenile **Jugendliche(r)** young person, teenager; *(Minderjähriger)* minor

Jugendzeit youth

Jugoslawien Yugoslavia **jugoslawisch** Yugoslav, Yugoslavian

Juli July [dʒə'laɪ]

jung *(auch übertragen)* young

Junge[1] der boy

Junge[2] das *(generell von Tieren)* young one; *(von Hund)* puppy; *(von Katze)* kitten; *(von Raubtier)* cub; *(von Vogel)* nestling; **die Jungen** the young

Jünger *(auch übertragen)* disciple [dɪ'saɪpl]

jünger ① *(Komparativ von jung)* younger; **sie ist fünf Jahre jünger als ich** she is five years younger than me; **er sieht jünger aus, als er ist** he looks younger than he is ② *Entwicklung, Geschichte:* recent

Jungfrau virgin; *(Sternzeichen)* Virgo

Junggeselle bachelor; **eingefleischter Junggeselle** confirmed bachelor **Junggesellin** bachelor girl

jüngste(r, s) ① *(Superlativ von jung)* youngest; **sie ist nicht mehr die Jüngste** *(umgangsspr)* she's no [spring] chicken any more ② *(letzte)* latest; *Zeit, Vergangenheit:* [most] recent; **in der jüngsten Zeit** recently; **die jüngsten Ereignisse** the latest events ③ **der Jüngste Tag** Doomsday; **das Jüngste Gericht** the Last Judg[e]ment

Juni June [dʒu:n]

junior *(unveränderlich)* junior, jun., jr. **Junior** junior

Jupe Ⓒⓗ skirt

Jura[1] der *(Geographie)* Jura Mountains ⚠ *plural*

Jura[2] das law *singular;* **Jura studieren** study [*oder* read] law

Jurist(in) ① *(ausgebildeter)* jurist ② *(Jurastudent)* law student **juristisch** legal; **juristische Fakultät** faculty of law (GB), law school (USA); **juristischer Beistand** counsel

Jury jury

Jus Ⓐ law

Justiz justice **Justizminister(in)** minister of justice; *(in GB)* Lord [High] Chancellor; *(in den USA)* Attorney General **Justizministerium** Ministry of Justice; *(in den USA)* Department of Justice

Juwel *(auch übertragen)* gem, jewel ['dʒu:əl] **Juweliergeschäft** jewel[l]er's [shop]

Jux *(umgangsspr)* **aus Jux** for a laugh

J

Kk

Kabarett revue

Kabel ① wire; (*Telefonkabel*) flex ② (*Drahtseil*) cable **Kabelanschluss** (*TV*) cable connection; **haben Sie Kabelanschluss?** do you have cable? **Kabelfernsehen** cable television

Kabeljau cod

Kabine ① (*Umkleidekabine, Duschkabine*) cubicle ② (*Telefon*) booth ③ *von Schiff, Flugzeug:* cabin ④ *von Drahtseilbahn:* car

Kabinett (*Politik*) cabinet

Kabis (CH) cabbage

Kabriolett (*Auto*) convertible

Kachel [glazed] tile **Kachelofen** tiled stove

Käfer beetle

Kaff (*abwertend*) dump; **so ein Kaff!** what a dump!

Kaffee ① coffee; **Kaffee mit Milch** white coffee (GB), coffee with milk (USA); **zwei Kaffee, bitte!** two coffees, please!; **Kaffee kochen** make coffee ② **jemanden zum Kaffee einladen** invite somebody for [afternoon] coffee; **ich bin zum Kaffee eingeladen** I've been invited for coffee **Kaffeebohne** coffee bean **Kaffeehaus** (A) café ['kæfeɪ] **Kaffeekanne** coffeepot **Kaffeelöffel** coffee spoon **Kaffeemaschine** coffee machine **Kaffeepause** coffee break **Kaffeeservice** coffee set **Kaffeetasse** coffee cup

Käfig cage **Käfighaltung** caging

kahl ① (*glatzköpfig*) bald [bɔːld]; **kahl geschoren** *Mensch:* shaven; **sich kahl rasieren lassen** have one's head shaved ② *Berg, Landschaft:* barren, bleak ③ *Baum, Felsen, Raum, Wand:* bare ④ **kahl geschoren** *Schaf:* shorn **Kahlkopf** ① (*Glatze*) bald head ② (*abwertend: Person*) bald man/woman **kahlköpfig** bald-headed

Kahn ① (*kleines Boot*) boat ② (*Lastschiff*) barge

Kai quay [kiː]

Kaiser emperor ['empərə] **Kaiserin** empress ['emprəs] **Kaiserkrone** ① (*eines Kaisers*) imperial crown ② (*Liliengewächs*) crown imperial **kaiserlich** imperial **Kaiserreich** empire

Kaiserschnitt Caesarean [sɪ'zeəriən] [section]

Kajüte cabin ['kæbɪn]

Kakadu cockatoo

Kakao ① (*Bohnen, Pulver*) cocoa ② (*Getränk*) hot chocolate ['tʃɒklət] ▸ IN WENDUNGEN: **jemanden durch den Kakao ziehen** take the mickey out of somebody *umgangsspr*

Kakerlake cockroach

Kaktee, Kaktus cactus ['kæktəs]

Kalb calf [kɑːf] **kalben** *Gletscher, Kuh:* calve [kɑːv] **Kalbfleisch** veal [viːl] **Kalb(s)leder** calf[skin] **Kalbsschnitzel** veal cutlet

Kalender ① (*Wandkalender*) calendar ['kæləndə] ② (*Taschenkalender*) diary

> **! Vorsicht Falle** **calendar** wird hinten mit einem ‚a' geschrieben: *a calendar of Heidelberg for 2002.*

Kalenderjahr calendar year

Kaliber (*auch übertragen: Format*) calibre ['kæləbə] (GB), caliber (USA)

Kalifornien California

Kalium potassium [pə'tæsiəm]

Kalk lime; **gebrannter Kalk** quicklime **Kalkboden** calcareous [kæl'keəriəs] soil **kalkhaltig** ① *Boden:* chalky ['tʃɔːki] ② *Wasser:* hard **Kalkstein** limestone

Kalkulation ① (*Berechnung*) calculation ② (*Kostenvoranschlag*) estimate **kalkulierbar** calculable **kalkulieren** calculate

Kalorie calorie **kalorienarm** ① **das Getränk ist kalorienarm** the drink is low in calories ② **ein kalorienarmes Getränk** a low-calorie drink

kalt ① (*auch übertragen*) cold ② **mir ist kalt** I am cold; **mir wird kalt** I'm getting cold ③ **eine Flasche Wein/den Kaviar kalt stellen** chill a bottle of wine/the caviar ④ (*übertragen: unbewegt*) **kalt bleiben** remain unmoved ▸ IN WENDUNGEN: **kalt lächelnd** cool as you please; **kalte Füße kriegen** (*umgangsspr*) get cold feet; **jemandem die kalte Schulter zeigen** give somebody the brush-off **kaltblütig** ① (*gnadenlos*) *Mensch, Mord:* cold-blooded ② (*gelassen*) cool ③ **jemanden kaltblütig umbringen** kill somebody in cold blood

Kälte ① *von Wetter:* cold ② (*Kälteperiode*) cold spell ③ (*übertragen*) coldness **kälteempfindlich** sensitive to cold **Kälteschutzmittel** anti-freeze **Kaltluft** cold air

kaltmachen (*slang*) **jemanden kaltmachen** do somebody in

kaltschnäuzig (*umgangsspr*) ❶ (*gefühllos*) callous ['kæləs], cold ❷ (*unverschämt*) insolent

Kaltstart cold start

Kalzium calcium ['kælsiəm]

Kamel ❶ camel ['kæməl] ❷ (*übertragen: Trottel*) dope **Kamelhaar** camel-hair (GB), camel's-hair (USA)

Kamelie camellia [kə'mi:liə]

Kamera camera

Kamerad ❶ (*beim Militär*) comrade ['kɒmreɪd] ❷ (*Gefährte*) companion [kəm'pænjən] ❸ (*umgangsspr: Freund*) chum (GB), buddy (USA) **kameradschaftlich** ❶ comradely; *Ehe, Gemeinschaft:* companionate [kəm'pænjənət] ❷ **sich kameradschaftlich verhalten** act loyally

Kamerafrau camerawoman **Kameraführung** camera work **Kameramann** cameraman

Kamerun Cameroon [ˌkæmə'ru:n]

Kamille camomile **Kamillentee** camomile tea [ˌkæməmaɪl'ti:]

Kamin ❶ (*Schornstein, auch von Berg*) chimney ❷ (*im Zimmer*) fireplace, fireside **Kaminaufsatz** mantelpiece **Kaminfeger(in)** chimney sweep

Kamm ❶ (*Haarkamm*) comb [kəʊm] ❷ *von Vögeln, Wellen:* crest ❸ *von Rind:* neck ❹ *von Berg:* crest, ridge ▸ IN WENDUNGEN: **du kannst doch nicht alles über einen Kamm scheren!** you can't just lump everything together!

kämmen ❶ comb [kəʊm] *Haare* ❷ card *Wolle* ❸ **sich kämmen** comb one's hair

Kammer ❶ (*kleines Zimmer*) small room ❷ (*übertragen*) *von Parlament:* chamber ['tʃeɪmbər]

Kampagne campaign [kæm'peɪn]; **eine Kampagne starten** launch a campaign

Kampf ❶ (*auch übertragen*) fight [faɪt] (**um** for) ❷ (*Schlacht*) battle (**um** for) ❸ (*Wettkampf, Wettstreit*) contest ['kɒntest] (**um** for) **Kampfeinsatz** combat mission

kämpfen ❶ fight (**um, für** for); **gegen jemanden/etwas kämpfen** fight somebody/something ❷ **mit den Tränen kämpfen** fight back one's tears

> ? **Grammatik** **fight — fought — fought:**
> *She fought for equal pay for women; he had fought against slavery all his life.*

Kampfer camphor ['kæmfər]

kämpferisch aggressive

Kampfhund fighting dog

Kampfrichter(in) ❶ (*bei Ballsportarten*) referee ❷ (*beim Tennis*) umpire ['ʌmpaɪər] ❸ (*beim Schwimmen, Skilaufen*) judge **Kampfsport** martial art

kampieren camp

Kanada Canada ['kænədə] **Kanadier(in)** Canadian [kə'neɪdɪən] **kanadisch** Canadian

Kanal ❶ (*natürlicher*) channel; (*künstlicher*) canal [kə'næl] ❷ **der Ärmelkanal, der Kanal** the [English] Channel ['tʃænəl] ❸ (*Entwässerungskanal*) drain; (*Abwasserkanal*) sewer [sʊər] ❹ (*Radio, TV*) channel **Kanaldeckel** drain cover

Kanalinseln Channel Islands

Kanalisation (*für Abwässer*) sewerage ['su:ərɪdʒ] system **Kanalrohr** sewer pipe

Kanaltunnel Channel ['tʃænəl] Tunnel

Kanaren Canaries [kə'neəriz]

Kanarienvogel canary [kə'neəri]

Kanarische Inseln Canary [kə'neəri] Islands

Kandidat(in) ❶ (*Anwärter*) candidate ['kændɪdeɪt] ❷ (*Bewerber*) applicant ['æplɪkənt] **Kandidatur** candidature (GB), candidacy (USA) **kandidieren** run, stand (**für** for)

kandiert *Früchte:* candied

Kandis(zucker) [sugar] candy

Känguru kangaroo [ˌkæŋgə'ru:]

Kaninchen rabbit

Kanister can

Kännchen ❶ (*für Milch*) jug ❷ (*für Kaffee*) pot; **ein Kännchen Kaffee, bitte!** a pot of coffee please!

Kanne ❶ (*Ölkanne*) can ❷ (*Kaffeekanne, Teekanne*) pot ❸ (*große Milchkanne*) churn [tʃɜ:n]

Kannibale cannibal

Kanone ❶ gun; (*altertümliches Modell*) cannon ['kænən] ❷ (*umgangsspr: Ass, Könner*) ace ❸ (*slang: Revolver*) piece, rod ▸ IN WENDUNGEN: **das ist unter aller Kanone!** that's really atrocious **Kanonenfutter** (*umgangsspr*) cannon fodder

Kante ❶ (*bei Fläche, Gegenstand*) edge ❷ (*Rand*) border **kantig** ❶ *Holz:* edged ❷ *Gesicht:* angular ['æŋgjʊlə]

Kantine canteen [kæn'tiːn]

Kanton canton **Kantonsschule** (CH) ≈ grammar school (GB), ≈ high school (USA)

Kanu canoe [kə'nuː]; **Kanu fahren** canoe, go canoeing

Kanüle needle

Kanzel ❶ (*in der Kirche*) pulpit ❷ (*im Flugzeug*) cockpit

Kanzlei ❶ (*einer Behörde*) office ❷ (*Rechtsanwaltskanzlei*) chambers ['tʃeɪmbəz] ⚠ *plural*

Kanzler(in) chancellor ['tʃɑːnsələ] **Kanzleramt** chancellory

Kap cape

Kapazität ❶ (*Volumen*) capacity [kə'pæsəti] ❷ (*übertragen: Experte*) authority (**auf** on)

Kapelle ❶ (*Kirchlein*) chapel ['tʃæpəl] ❷ (*Musikgruppe*) band **Kapellmeister** ❶ (*Leiter einer Musikkapelle*) bandmaster ❷ (*Dirigent*) conductor

Kaper caper

kapern capture, seize [siːz]

kapieren (*umgangsspr*) **etwas kapieren** get something; **kapiert?** got it?; **er kapiert aber schnell** he really catches on quick

Kapital ❶ (*Geld*) capital ['kæpɪtəl]; **aus etwas Kapital schlagen** (*auch übertragen*) capitalize on something ❷ (*übertragen: Vorzug*) asset ['æset] (**an** in) **Kapitalanlage** capital investment

Kapitalismus capitalism ['kæpɪtəlɪzəm]

Kapitalverbrechen serious crime; (*mit Todesstrafe*) capital crime

Kapitän captain ['kæptɪn]

Kapitel (*auch übertragen*) chapter [tʃæptə] ▶ IN WENDUNGEN: **das ist ein Kapitel für sich** that's another story

Kapitell capital

Kapitulation surrender; (*auch übertragen*) capitulation [kəˌpɪtjʊ'leɪʃən] (**vor** to) **kapitulieren** surrender, capitulate [kə'pɪtjʊleɪt]; **kapitulieren angesichts** [*oder* **vor**] **der Gefahr** capitulate in the face of danger

Kaplan chaplain ['tʃæplɪn]

Kappe ❶ (*Kopfbedeckung*) cap ❷ *von Flasche:* top ▶ IN WENDUNGEN: **ich nehme alles auf meine Kappe** (*umgangsspr*) I take [the] full responsibility

kappen (*auch übertragen*) cut

Kapsel capsule ['kæpsjuːl]

kaputt (*umgangsspr*) ❶ (*funktionsunfähig, zerbrochen*) broken ❷ *Beziehung, Ehe:* broken ❸ *Nerven:* shattered ❹ *Gesundheit, Leber etc.* ruined ❺ (*übermüdet*) done in, shattered, knackered ['nækəd] ❻ **mach dich doch nicht kaputt!** don't wear yourself out! ❼ **ein kaputter Typ** (*umgangsspr*) a wreck [rek] **kaputtgehen** (*umgangsspr*) ❶ (*entzweigehen*) break [breɪk] ❷ *Auto, Gerät, Maschine:* break down ❸ *Beziehung, Ehe:* break up (**an** because of) ❹ **an dem Job geh ich noch kaputt!** this job will be the death of me! **kaputtlachen sich kaputtlachen** (*umgangsspr*) die laughing; **da lachst du dich kaputt!** this one'll kill you! **kaputtmachen** ❶ break *Gegenstand* ❷ ruin *Kleidungsstück* ❸ (*übertragen: erschöpfen*) wear out; **deine Geldsorgen machen dich noch ganz kaputt** your money worries will be the death of you

Kapuze ❶ *von Jacke, Mantel:* hood ❷ *von Mönchskutte:* cowl

Karabiner ❶ (*Gewehr*) carbine ['kɑːbaɪn] ❷ (*Haken*) karabiner [ˌkærə'biːnər], snap link

Karaffe ❶ (*offen*) carafe [kə'ræf] ❷ (*mit Stöpsel*) decanter [dɪ'kæntər]

Karambolage collision, crash

Karamell caramel

Karat carat

Karate karate [kə'rɑːti]

Kardamom cardamom

Kardinal cardinal ['kɑːdɪnəl]

Kardiogramm cardiogram

Karfiol (A) cauliflower ['kɒlɪˌflaʊə]

Karfreitag Good Friday

karg ❶ (*mager, spärlich*) meagre, sparse ❷ (*unfruchtbar*) barren **kärglich** meagre, sparse

Karibik die Karibik the Caribbean [ˌkærə'biːən]

kariert ❶ *Stoff:* checked (GB), checkered (USA) ❷ *Papier:* squared

Karies caries

Karikatur caricature ['kærɪkətʃʊə] **karikieren** caricature

Karl Charles; **Karl der Große** Charlemagne ['ʃɑːləmeɪn]

Karneval carnival ['kɑːnɪvəl]

Kärnten Carinthia [kə'rɪnθɪə]

Karo ❶ (*Quadrat*) square; (*Raute*) diamond ❷ (*quadratisches Stoffmuster*) check ❸ (*Kartenfarbe*) diamonds ⚠ *plural*; (*Einzelkarte*) diamond

Karosserie bodywork
Karotte carrot ['kærət]
Karpaten Carpathians
Karpfen carp **Karpfenteich** carp pond
Karre(n) ① (*Wagen*) cart ② (*Schubkarren*) [wheel-]barrow ③ (*abwertend: altes Auto*) crate
Karriere career; **Karriere machen** make a career for oneself **Karrierefrau** (*abwertend*) career woman **Karrieremacher(in)** (*abwertend*) careerist
Karte ① (*Landkarte*) map; (*Seekarte*) chart ② (*Eintrittskarte, Fahrkarte*) ticket ③ (*Postkarte, Spielkarte, Visitenkarte*) card ④ (*Speisekarte*) menu ⑤ **Karten mischen** give the cards a shuffle; **Karten spielen** play cards ⑥ **jemandem die Karten legen** tell someone's fortune from the cards ▶ IN WENDUNGEN: **alle Karten in der Hand haben** hold all the trumps; **alles auf eine Karte setzen** put all one's eggs in one basket
Kartei card file **Karteikarte** file card
Kartell cartel **Kartellamt** Monopolies [mə'nɒpəliz] Commission (GB)
Kartenspiel ① card game ② (*die Spielkarten*) pack of cards (GB), deck of cards (USA) **Kartenspieler(in)** card-player
Kartentelefon cardphone
Kartenvorverkauf advance sale of tickets
Kartoffel potato [pə'teɪtəʊ] ▶ IN WENDUNGEN: **jemanden wie eine heiße Kartoffel fallen lassen** drop somebody like a hot potato

> **? Grammatik** **potatoes** ((USA) **potatos**) ist die Pluralform von **potato**: *Norman ate six potatoes.*

Kartoffelbrei mashed potatoes ⚠ *plural* **Kartoffelchips** [potato] crisps (GB), [potato] chips (USA), ⚠ *In Großbritannien sind ‚chips' = Pommes frites!* **Kartoffelpuffer** potato fritter **Kartoffelsalat** potato salad **Kartoffelschale** ① (*mitgegart*) potato skin ② (*als Abfall*) potato peel
Karton ① (*Pappe*) cardboard ② (*Schachtel*) cardboard box
kartoniert paperback
Karussell car[r]ousel [ˌkærə'sel], merry-go-round, roundabout (GB); **Karussell fahren** go on the merry-go-round
kaschieren ① (*übertragen: überdecken*) conceal [kən'siːl] ② laminate *Bucheinband*
Kaschmir Kashmir
Käse ① cheese ② (*umgangsspr: Quatsch*) rubbish **Käsekuchen** cheesecake
Kasernenhof barrack square
käsig (*umgangsspr*) *Gesichtsfarbe:* pasty ['peɪsti]
Kasino ① (*Spielbank*) casino [kə'siːnəʊ] ② (*Offiziersclub*) [officers'] mess
Kaskoversicherung ① (*Teilkasko*) third-party insurance ② (*Vollkasko*) fully comprehensive insurance
Kasper ① (*Theaterfigur*) Punch ② (*übertragen*) clown; **den Kasper machen** play the clown [*oder* fool] **Kasperletheater** ① (*Spiel*) Punch and Judy show ② (*Gestell*) Punch and Judy theatre (GB), theater (USA)
Kasse ① (*Geldkasten*) cash box ② (*Zahlstelle im Laden*) cash desk, till; (*in Bank*) cash desk; (*im Supermarkt*) check-out ③ (*Theaterkasse*) box office ④ (*Krankenkasse*) medical health insurance ▶ IN WENDUNGEN: **Kasse machen** cash up; **knapp bei Kasse sein** (*umgangsspr*) be short of cash; **jemanden zur Kasse bitten** ask someone to pay up **Kassenautomat** cash dispenser **Kassenbeleg** sales receipt [rɪ'siːt], sales check (USA) **Kassenbon** sales slip (GB), sales check (USA)
Kassengestell (*umgangsspr*) *von Brille:* National Health spectacle frame (GB) **Kassenpatient(in)** health plan patient (GB)
Kassensturz cashing-up; **Kassensturz machen** (*privat*) check one's finances; (*eines Geschäfts*) cash up **Kassenzettel** sales slip (GB), sales check (USA)
Kassette ① (*Kästchen*) case ② (*für Bücher*) box ③ (*Verkaufspackung*) pack, set ④ (*Musik, Video*) cassette [kə'set] **Kassettendeck** cassette deck **Kassettenrecorder** cassette recorder
kassieren ① **[bei jemandem] kassieren** collect [from somebody] *Geld, Miete* ② (*im Lokal*) **darf ich kassieren?** would you mind settling the bill now? ③ (*umgangsspr: Profit machen*) make money; **er hat dabei ganz hübsch kassiert** he really cashed in on it ④ (*umgangsspr: wegnehmen*) take away *Führerschein* ⑤ (*umgangsspr: schnappen, einlochen*) nab *Person* **Kassierer(in)** ① (*in Bank, Geschäft*) cashier [kæ'ʃɪə] ② (*im Verein*) treasurer
Kastanie chestnut ['tʃesnʌt] **Kastanienbaum** chestnut tree **kastanienbraun**

K

maroon; *Haarfarbe:* chestnut

Kasten ① (*Schachtel*) box; (*Kiste*) case; (*Truhe*) chest ② (*Briefkasten*) letterbox ③ (*TV*) box ④ (*Haus*) barrack(s) ⑤ (*umgangsspr: altes Auto*) crate ⑥ Ⓐ cupboard

kastrieren (*auch übertragen*) castrate

Kasus case

Katalog catalogue ['kætəlɒg] GB, catalog USA

Katalysator ① (*auch übertragen*) catalyst ['kætəlɪst] ② *von Auto:* catalytic converter

Katamaran catamaran

Katapult catapult

Katarr, Katarrh catarrh [kə'tɑːr]; **einen Katarr haben** have catarrh

katastrophal catastrophic **Katastrophe** catastrophe; **so eine Katastrophe!** what a disaster! **Katastrophenhilfe** disaster relief

Kategorie category **kategorisch** ① *Antwort:* categorical ② **kategorisch nein sagen** give a categorical no

Kater ① (*männliche Katze*) tomcat ② (*übertragen: Alkoholnachwirkung*) hangover

Kathedrale cathedral [kəθiːdrəl]

Katheter catheter

Katholik(in) [Roman] Catholic ['kæθlɪk] **katholisch** [Roman] Catholic

katzbuckeln (*abwertend*) **vor jemandem katzbuckeln** grovel before someone

Kätzchen kitten

Katze cat ▸ IN WENDUNGEN: **die Katze aus dem Sack lassen** let the cat out of the bag; **wenn die Katze aus dem Haus ist, tanzen die Mäuse** when the cat's away the mice will play; **es war alles für die Katz** it was a sheer waste of time

Katzenauge ① (*Rückstrahler*) reflector ② (*Fahrbahnmarkierung*) cat's-eye

Katzenjammer (*umgangsspr*) ① (*depressive Stimmung*) the blues ⚠ *plural* ② (*nach Alkoholkonsum*) hangover

Katzensprung (*umgangsspr*) stone's throw

Katzenstreu cat litter

Kauderwelsch (*Sprachengemisch*) hotch potch; (*Fachjargon*) lingo, jargon

kauen chew

kauern crouch

Kauf ① (*Einkaufen*) buying, purchase [pɜːtʃəs] ② (*das Eingekaufte*) buy [baɪ]; **ein guter Kauf** a good buy ③ **etwas in Kauf nehmen** accept [ək'sept] something, put up with something

kaufen ① (*erwerben*) buy [baɪ] ② (*umgangsspr: bestechen*) buy off ▸ IN WENDUNGEN: **na warte, den kauf ich mir!** just you wait and see, I'll give him a piece of my mind!

> **? Grammatik** **buy — bought — bought:**
> *Mike bought a new bike; have you bought some bread?*

Käufer(in) buyer, purchaser

Kauffrau businesswoman

Kaufhaus department store

Kaufkraft ① (*des Käufers*) spending power ② *von Geld:* buying [*oder* purchasing] ['pɜːtʃəsɪŋ] power

Kaufladen (*als Spielzeug*) toy shop

käuflich ① (*angeboten*) on [*oder* for] sale, purchasable ['pɜːtʃəsəbl]; **käufliche Liebe** prostitution ② (*übertragen: bestechlich*) venal ['viːnəl]; **er ist nicht käuflich** one can't buy him [off]

Kaufmann ① (*Einzelhändler*) small shopkeeper; (*Lebensmittelhändler*) grocer ② (*Händler*) trader ③ (*Geschäftsmann*) businessman **kaufmännisch** commercial [kə'mɜːʃəl]; **kaufmännischer Angestellter** clerk; **kaufmännische Ausbildung** business training

Kaufpreis purchase price **Kaufvertrag** contract of sale, sales contract

Kaugummi chewing gum ['tʃuːɪŋ gʌm]

Kaulquappe tadpole

kaum hardly, scarcely; **das wird wohl kaum passieren** that's scarcely likely to happen

Kaution ① (*für Gefangenen*) bail; **gegen Kaution** on bail ② (*für Miete*) deposit [dɪ'pɒzɪt]; **eine Kaution hinterlegen** leave a deposit

Kautschuk India rubber

Kauz (*Eule*) screech owl ▸ IN WENDUNGEN: **ein komischer Kauz** an odd bird

Kavalier gentleman ['dʒentlmən] **Kavaliersdelikt** peccadillo

Kaviar caviar

keck ① (*kühn*) bold ② (*flott*) jaunty ③ (*frech*) cheeky, saucy

Keeper(in) goalkeeper

Kefe CH (*Zuckererbse*) mange-tout [ˌmɑ̃nʒ'tuː] [pea]

Kegel ① (*geometrische Figur*) cone ② (*Figur beim Kegeln*) ninepin, skittle; (*beim Bowl-

ing) pin **Kegelbahn** skittle-alley; (*für Bowling*) bowling alley ['bəʊlɪŋˌæli] **kegelförmig** conic[al] **kegeln** play skittles; (*beim Bowling*) go bowling

Kehle throat **Kehlkopf** larynx ['lærɪŋks] **Kehlkopfentzündung** layringitis

kehren[1] ① (*drehen, wenden*) turn ② **jemandem/einer Sache den Rücken kehren** turn one's back on someone/something

kehren[2] (*fegen*) sweep

Kehricht (CH) rubbish, trash (USA)

Kehrmaschine ① (*für Straße*) road-sweeper ② (*für Teppich*) carpet-sweeper **Kehrschaufel** dustpan

Kehrseite ① (*umgangsspr: Rücken*) back ② *von Münze:* reverse [rɪ'vɜːs] ③ (*übertragen: Nachteil*) drawback; **die Kehrseite der Medaille** the other side of the coin

kehrtmachen (*umkehren*) turn back

keifen ① (*meckern*) nag ② (*giftig zanken*) bicker

Keil (*auch übertragen*) wedge

Keilerei (*umgangsspr*) brawl, punch-up (GB)

Keilriemen fan belt

Keim ① (*Krankheitserreger*) germ [dʒɜːm] ② (*Schössling*) shoot, sprout ③ (*übertragen*) seed; **etwas im Keim ersticken** nip something in the bud **keimen** ① (*auch übertragen*) germinate; (*treiben*) *Pflanze:* shoot, sprout ② (*übertragen*) *Hoffnung, Verdacht:* awaken **keimfrei** (*auch übertragen*) sterile ['steraɪl] **Keimling** (*Spross*) shoot **keimtötend** antiseptic, germicidal [ˌdʒɜːmɪ'saɪdᵊl]

kein(e) (*vor Substantiv*) ① no, not any; **kein Geld/keine Zeit** no money/no time; **ich habe kein Geld** I've got no money, I haven't got any money; **kein Mensch** nobody, not anybody; **kein einziges Mal** not a single time ② (*kaum, nicht einmal*) less than; **es hat keine zehn Minuten gedauert** it took less than ten minutes

keine(r, s) (*alleinstehend*) ① *von Menschen: als Subjekt:* no-one, nobody; **keiner war da** no-one [*oder* nobody] was there; **ich sah keinen** I saw no-one [*oder* nobody] ② *von Menschen: als Subjekt oder Objekt nach Verneinung:* not anyone, not anybody; **keiner war da** there wasn't anyone [*oder* anybody] there; **ich sah keinen** I didn't see anybody [*oder* anyone] ③ *von Gegenständen: als Subjekt:* not one, none ④ *von Gegenständen: als Subjekt oder Objekt:* not any, none; **ich hab keins** I haven't got any, I have none ⑤ **keiner von uns** none of us; **keiner von uns beiden** neither of us

keinerlei **keinerlei Beweise** no proof what[so]ever [*oder* at all]; **keinerlei Rücksicht nehmen** show no consideration what[so]ever [*oder* at all]

keinesfalls on no account, under no circumstances ['sɜːkəmstənsɪz] **keineswegs** ① (*keinesfalls*) by no means, not at all ② (*nicht im Geringsten*) not in the least

Keks biscuit ['bɪskɪt] (GB), cookie (USA)

Kelch ① (*Trinkgefäß*) goblet ② (*Kommunionkelch*) communion cup ③ *von Blüten:* calyx

Kelle ① (*Schöpfkelle*) ladle ② (*Maurerkelle*) trowel ③ (*Zugführerkelle*) signalling disc

Keller cellar **Kellerassel** woodlouse, [*plural* woodlice] **Kellergeschoss** basement **Kellerwohnung** basement flat

Kellner(in) waiter/waitress

Kelte Celt

keltern press

Kenia Kenya

kennen ① know; (*bekannt sein mit*) be acquainted [ə'kweɪntɪd] with ② **jemanden kennen lernen, sich kennen lernen** (*zum ersten Mal sehen*) meet somebody; (*näher*) become acquainted with [*oder* get to know] somebody ③ **jemanden näher kennen lernen** get to know somebody better ④ **kennst du mich noch?** do you remember me? ⑤ **da kennst du mich aber schlecht!** that just shows how little you know me!

> **? Grammatik** **know — knew — known:**
> *Lisa knew the correct answer; I have known Peter for three years.*

Kenner(in) ① (*Weinkenner*) connoisseur [ˌkɒnə'sɜː] ② (*Experte*) expert ['ekspɜːt] (**von** in, on)

Kennkarte identity card **Kennnummer** identification number

Kenntnis ① (*Wissen*) knowledge ② **etwas zur Kenntnis nehmen** take note of something **Kenntnisse** ① (*Talente*) attainments ② (*Fertigkeiten*) accomplishments ③ (*Wissen*) knowledge ⚠ *singular;* **gute Kenntnisse in Mathe haben** have a good knowledge of maths

Kennwort ① (*Chiffre*) code name ② (*Losungswort*) password **Kennzeichen** ① (*Charakteristikum*) characteristic [ˌkærəktə'rɪstɪk] (**für, von** of) ② *von KFZ:* number plate (GB), license plate (USA) **kennzeichnen** ① (*markieren*) mark; **etwas als zerbrechlich kennzeichnen** mark something fragile ② (*charakterisieren*) characterize ['kærəkt(ə)raɪz] **Kennziffer** reference number

kentern capsize [kæp'saɪz]

Keramik ceramics ⚠ *plural*

Kerbe notch

Kerl (*umgangsspr*) chap, fellow, bloke (GB), guy (USA); **feiner Kerl** fine fellow; **gemeiner Kerl** mean thing, sod *umgangsspr*

Kern ① (*Obstkern*) pip; (*Kirschkern*) stone ② *von Atom, Zelle:* nucleus ['nju:kliəs], [*plural* nuclei ['nju:kliɑɪ]] ③ (*übertragen: Hauptsache*) core, heart

kerngesund as fit as a fiddle

Kernkraft nuclear power **Kernkraftwerk** nuclear power station

kernlos pipless, *Trauben* seedless

Kerze ① (*Wachskerze*) candle ② (*Zündkerze*) plug **kerzengerade** dead straight, straight as a die **Kerzenlicht** candlelight; **bei Kerzenlicht** by candlelight; **ein Essen bei Kerzenlicht** a candlelit dinner **Kerzenständer** candle holder, candlestick

kess (*umgangsspr: keck*) cheeky, saucy ['sɔ:si]

Kessel ① (*Teekessel*) kettle ② (*Dampfkessel*) boiler ③ (*Talkessel*) basin **Kesselstein** fur, scale

Ketschup, Ketchup ketchup

Kette ① chain; **an die Kette legen** chain up ② (*Halskette*) necklace ['nekləs] ③ (*Bergkette*) range ④ **eine Kette von Unfällen** a series [*oder* string] of accidents

Kettenfahrzeug tracked vehicle **Kettenglied** [chain-]link

Kettenraucher(in) chain-smoker

Kettenreaktion chain reaction

Ketzer(in) (*auch übertragen*) heretic ['herətɪk] **ketzerisch** (*auch übertragen*) heretical [hə'retɪk(ə)l]

keuchen pant [pænt]

Keuchhusten whooping-cough ['hu:pɪŋ kɒf]

Keule ① (*Schlagwerkzeug*) club, cudgel ② (*Fleischstück*) leg

keusch (*auch übertragen*) chaste

Keyboard keyboards ⚠ *plural*

KI *Abkürzung von* **Künstliche Intelligenz** AI

Kichererbse chickpea

kichern giggle

kidnappen kidnap

Kiebitz (*Vogel*) peewit, lapwing

Kiefer[1] die (*Nadelbaum*) pine

Kiefer[2] der (*Körperteil*) jaw **Kieferorthopäde, -orthopädin** orthodontist

Kiel[1] *einer Feder:* quill

Kiel[2] *eines Schiffs:* keel **Kielwasser** (*auch übertragen*) wake; **in jemandes Kielwasser segeln** (*übertragen*) follow in someone's wake

Kieme gill

Kies ① (*Geröll, Schotter*) gravel ['græv(ə)l] ② (*slang: Geld*) dough [dəʊ]

Kiesel pebble **Kieselerde** silica **Kieselstein** pebble

Kilo kilo, kilogram[me] (GB), kilogram ['kɪləgræm] (USA); **ein Kilo Bananen** a kilo ['ki:ləʊ] of bananas **Kilobyte** kilobyte **Kilogramm** kilogram[me] (GB), kilogram (USA) **Kilohertz** kilohertz

Kilometer kilometre [kɪ'lɒmɪtə(r)] (GB), kilometer (USA) **Kilometerzähler** mil[e]ometer [maɪ'lɒmɪtə] (GB), odometer (USA)

Kilowattstunde kilowatt ['kɪləwɒt] hour

Kind child; **als Kind** as a child; **sie erwartet/bekommt ein Kind** she's expecting/going to have a baby ▸ IN WENDUNGEN: **sich bei jemandem lieb Kind machen** soft-soap someone *abwertend*

> **? Grammatik** **children** ist die Pluralform von **child**: *the three children are playing in the garden.*

Kinderarzt, Kinderärztin pediatrician [ˌpi:dɪə'trɪʃ(ə)n] **Kinderfahrkarte** child's ticket, half **Kinderfreibetrag** child allowance **Kindergarten** kindergarten, nursery school **Kindergärtner(in)** kindergarten/nursery-school teacher **Kindergeld** child benefit **Kinderkrankheit** ① children's disease ② (*übertragen*) teething troubles ⚠ *plural* **Kinderlähmung** polio ['pəʊlɪəʊ] [myelitis] **kinderleicht** dead easy **kinderlieb** **ein kinderlieber Hund** a dog which is fond of children; **sie sind sehr kinderlieb** they are very fond of children **kinderlos** childless **Kindermädchen** nanny

kinderreich **eine kinderreiche Familie** a large family, a family with a lot of children **kindersicher** *Schloss etc.* childproof **Kindersitz** (*im Auto*) child's safety seat **Kinderspiel** ❶ (*Spiel für Kinder*) children's game ❷ (*übertragen*) child's play; **das ist doch ein Kinderspiel!** that's child's play! **Kinderspielplatz** children's playground **Kinderspielzeug** child's toy **Kindertagesstätte** day nursery **Kinderteller** (*im Restaurant*) children's portion **Kinderwagen** pram (GB), [baby-]carriage (USA) **Kinderzimmer** child's [*oder* children's] room

kindgerecht child-orient[at]ed

Kindheit childhood

kindisch childish

kindlich ❶ *Verhalten* childlike ❷ **sich kindlich verhalten** act like a child; **kindlich wirken** be childlike

Kinn chin **Kinnhaken** (*beim Boxen*) hook to the chin **Kinnlade** jaw[-bone]

Kino cinema ['sɪnəmə]; **ins Kino gehen** go to the cinema (GB), go to the movies ['mu:viz] (USA)

Kiosk kiosk ['ki:ɒsk]

Kipferl (A) croissant ['kwæsɑ̃]

Kippe (*umgangsspr*) ❶ (*Zigarettenkippe*) stub ❷ **es steht auf der Kippe** [**, ob …**] it's touch and go [whether …]

kippen ❶ (*umkippen*) tilt *Behälter, Fenster, Tisch* ❷ *Mensch:* tip over; *Fahrzeug:* topple, overturn **Kippwagen** dump truck, tipper

Kirche church; **in der Kirche** at church; **in die Kirche gehen** go to church

Kirchenjahr ecclesiastical [ɪˌkli:zɪ'æstɪkəl] year

Kirchhof (*Friedhof*) graveyard

kirchlich ❶ *Feiertag, Musik, Trauung:* church ❷ *Amt, Gebot, Gericht:* ecclesiastical [ɪˌkli:zɪ'æstɪkəl] ❸ (*religiös*) *Land, Mensch:* religious [rɪ'lɪdʒəs] ❹ **sich kirchlich trauen lassen, kirchlich heiraten** get married in church

Kirchturm [church] steeple, church tower **Kirchweih** (*Volksfest*) fair (GB), kermis (USA)

Kirschbaum cherry tree

Kirsche cherry **Kirschwasser** kirsch

Kissen ❶ (*Sofakissen*) cushion [kʊʃən] ❷ (*Kopfkissen*) pillow **Kissenbezug** ❶ (*für Sofakissen*) cushion cover ❷ (*für Kopfkissen*) pillow case

Kiste ❶ (*Behälter*) box; (*Truhe*) chest ❷ (*Bier, Sprudel*) crate; (*Wein*) case ❸ (*umgangsspr: Fernseher*) box

Kitsch (*abwertend*) kitsch **kitschig** (*abwertend*) kitschy

Kittchen (*umgangsspr*) clink

Kittel ❶ (*Arbeitskittel*) overall ❷ (*Arztkittel*) coat

Kitz ❶ (*Zicklein*) kid ❷ (*Rehkitz*) fawn

kitzelig (*auch übertragen*) ticklish **kitzeln** (*auch übertragen*) tickle

Kiwi (*Frucht*) kiwi

klaffen gape

kläffen yap

Klage ❶ (*zivilrechtlich*) action, suit; (*strafrechtlich*) charge ❷ (*Beschwerde*) complaint (**über** about); **keinen Grund zur Klage haben** have no reason to complain ❸ (*Wehklagen*) lament (**über, um** for)

klagen ❶ (*sich beklagen*) complain (**über** about); **jemandem sein Leid klagen** pour out one's sorrow to someone ❷ (*trauern*) **um jemanden/etwas klagen** mourn somebody/something ❸ (*gerichtlich*) sue (**auf** for)

Kläger(in) plaintiff

klamm ❶ (*feuchtkalt*) clammy ❷ (*erstarrt*) numb

Klammer ❶ (*Haarklammer*) [hair]grip ❷ (*Büroklammer, Wundklammer*) clip; (*Heftklammer*) staple ❸ (*Wäscheklammer*) peg ❹ (*Rechenzeichen, Satzzeichen*) bracket; **in Klammern setzen** put in brackets

Klammeraffe (*Computersprache*) 'at' sign

klammheimlich (*umgangsspr*) ❶ *Abreise, Affäre* clandestine [klæn'destɪn] ❷ **etwas klammheimlich tun** do something on the quiet

Klamotten (*slang: Kleider*) gear ⚠ *singular*

Klang ❶ (*Geräusch*) sound ❷ (*Tonqualität*) tone **klangvoll** ❶ *Sprache, Stimme:* sonorous ['sɒnərəs] ❷ (*übertragen*) *Name:* fine-sounding

klappbar ❶ (*zusammenklappbar*) collapsible [kə'læpsɪbl], folding ❷ (*nach unten oder oben klappbar*) hinged, tipping **Klappbett** folding bed

Klappe ❶ flap; (*Deckel*) lid ❷ *von Blasinstrument:* key ❸ (*Herzklappe, Ventil*) valve ❹ (*slang: Mund*) trap; **eine große Klappe haben** have a big mouth; **die Klappe halten** pipe down; **halt die Klappe!** shut up!

klappen ❶ fold; **nach oben/unten klappen**

K

Bett, Sitz: fold up/down; *Kragen:* turn up/down; **nach vorn/hinten klappen** tip forward/back ❷ (*umgangsspr: in Ordnung sein*) work [wɜːk] ❸ (*übertragen: gut gehen*) work out; **es hat alles geklappt** everything worked out fine; **alles klappte wie am Schnürchen** everything went like clock-work

Klapper rattle

klapp(e)rig rickety

Klapperkiste (*abwertend: altes Auto*) boneshaker, rattletrap

klappern ❶ *Fenster, Geschirr:* clatter, rattle ❷ (*mit den Zähnen*) chatter ❸ *Absatz, Mühle:* clack

Klapperschlange rattlesnake

Klapp(fahr)rad folding bicycle **Klappmesser** jack-knife, clasp knife **Klappsitz** folding seat **Klappstuhl** folding chair

Klaps (*leichter Schlag*) slap, smack; **jemandem einen Klaps versetzen** slap [*oder* smack] somebody **Klapsmühle** (*umgangsspr oder abwertend*) loony bin (GB), bughouse (USA)

klar ❶ (*deutlich, offensichtlich*) clear; **klar und deutlich** distinctly, plainly; **es ist klar, dass ...** it is obvious that ...; **ist das klar?** do I make myself plain? ❷ **klar sehen** see clearly ❸ **sich darüber im Klaren sein, dass ...** realize that ... ❹ **klar wie Kloßbrühe!** (*umgangsspr*) clear as mud! ❺ (*fertig*) ready [redi] ❻ **klarer Fall!** (*umgangsspr*) sure thing! ❼ **alles klar?** (*umgangsspr*) everything OK?

Kläranlage sewage plant

klären ❶ (*säubern*) purify *Luft, Wasser* ❷ (*erläutern*) clarify *Sachlage* ❸ (*lösen*) settle *Angelegenheit, Problem*

klargehen (*umgangsspr*) be OK [*oder* okay]; **geht klar!** that's OK [*oder* okay]!

Klarinette clarinet [ˌklærəˈnet]; **Klarinette spielen** play the clarinet

klarkommen (*umgangsspr*) ❶ (*sein Auskommen haben*) get by; **ich komm schon klar** I'll get by [*oder* manage] ❷ **mit jemandem/etwas klarkommen** cope with [*oder* get on with] someone/something

klarlegen make clear, explain **klarmachen** ❶ (*erklären*) make clear ❷ make ready *Schiff* ❸ **sich etwas klarmachen** realize something

Klarsichtfolie cling [*oder* clear] film **Klarsichthülle** clear plastic folder

Klasse ❶ (*Kategorie*) class ❷ (*beim Sport*) league ❸ (*Güteklasse*) grade ❹ (*Schulklasse*) class; **die Klasse ist laut** the class is [*oder* are] noisy; (*Klassenstufe*) form ❺ (*Klassenzimmer*) classroom

Klassenarbeit [class] test **Klassenbuch** [class-] register **Klassenkamerad(in)** classmate **Klassenlehrer(in)** class [*oder* form] teacher **Klassensprecher(in)** class [*oder* course] representative **Klassenzimmer** classroom

klassifizieren classify

Klassik ❶ (*in der Kunst*) classical period ❷ (*Musik*) classical music **klassisch** ❶ (*die Klassik betreffend*) classical ❷ (*typisch*) classic

Klatsch (*abwertend: Gerede*) gossip

klatschen ❶ clap *Takt* ❷ **in die Hände klatschen** clap one's hands ❸ (*umgangsspr: tratschen*) gossip (**über** about)

Klatschmohn poppy

klatschnass (*umgangsspr*) soaking wet

Klaue ❶ *von Raubtier:* claw; *von Raubvogel:* talon ❷ (*umgangsspr: unleserliche Schrift*) scrawl

klauen (*slang*) ❶ **jemandem etwas klauen** nick [*oder* pinch] something from someone ❷ **sie klaut** she pinches things

Klausel ❶ (*Zusatz*) clause ❷ (*Bedingung*) stipulation

Klausur exam, paper; **eine Klausur schreiben** sit an exam

Klavier piano [pɪˈænəʊ]; **Klavier spielen** play the piano **Klavierspieler(in)** piano-player

kleben ❶ (*mit Klebstoff*) glue, paste; (*anhaften*) stick (**an** to); **es klebt nicht** it won't stick ❷ (*übertragen: festhalten*) cling (**an** to) ❸ **jemandem eine kleben** (*umgangsspr*) belt someone one

Kleber ❶ clue ❷ (CH) sticker

Kleb(e)streifen adhesive tape

klebrig sticky

Klebstoff adhesive [ədˈhiːsɪv], glue

kleckern (*beim Essen*) make a mess ▶ IN WENDUNGEN: **nicht kleckern, sondern klotzen!** think big!

Klecks (*Tintenklecks*) blot; (*Farbklecks*) blob **klecksen** ❶ (*mit Tinte*) blot ❷ (*übertragen oder abwertend: malen*) daub

Klee clover [ˈkləʊvə] **Kleeblatt** ❶ (*Pflanze*) cloverleaf; **ein dreiblättriges Kleeblatt** a three-leaf clover (2) (*übertragen: drei Leute*) threesome

Kleid (1) (*Kleidungsstück*) dress (2) (*Kleidung*) **Kleider** clothes [kləʊðz]

> **! Vorsicht Falle** Zu **clothes** gibt es keine Einzahl: *Susan's clothes are always smart.*

kleiden (*auch übertragen*) clothe, dress; **sich gut kleiden** dress well

Kleiderbügel coat hanger **Kleiderbürste** clothes [kləʊðz] brush **Kleiderhaken** coat hook **Kleiderkasten** (A), (CH) wardrobe ['wɔːdrəʊb] **Kleiderschrank** wardrobe

Kleidung clothes ⚠ *plural,* clothing ['kləʊðɪŋ] ⚠ *kein Plural*

> **! Vorsicht Falle** **clothing** wird nie im Plural gebraucht: *in winter we wear warm clothing.*

Kleidungsstück garment

Kleie bran

klein (1) (*kurz*) *Finger, Zeh:* little; **einen kleinen Moment bitte!** just one moment please! (2) (*gering*) **das kleinere Übel** the lesser evil (3) (*unbedeutend*) small; **er ist nur ein kleiner Fisch** he is just small fry; **der kleine Mann** (*übertragen*) the man in the street (4) (*an Anzahl, Umfang, Wert*) small; **ein klein wenig** a little bit (5) *Mensch, Schritt:* short (6) (*nicht gravierend*) *Fehler, Vergehen:* minor (7) **bis ins Kleinste** in minute detail (8) **klein hacken** chop up small (9) **klein anfangen** start off in a small way (10) **meine kleine Schwester** my little sister; **er ist noch klein** he's still young

Kleinanzeige classified ad

Kleinasien Asia Minor

Kleinformat small size

Kleingeld (1) small change (2) **das nötige Kleingeld haben** (*umgangsspr*) have the necessary cash

Kleinholz firewood, kindling ▶ In Wendungen: **Kleinholz aus jemandem machen** make mincemeat out of someone; **Kleinholz aus etwas machen** smash something to pieces

Kleinigkeit (1) (*kleines Ding*) little thing (2) (*Bagatelle*) trifling matter; **das ist doch eine Kleinigkeit** that isn't [asking] much (3) (*Detail*) minor detail (4) (*ein bisschen*) **eine Kleinigkeit zu essen** a little something to eat, a bite to eat (5) (*Geschenk*) **ich hab dir eine Kleinigkeit mitgebracht!** I've got you a little something!

kleinkariert (*übertragen oder abwertend*) small-time; **sei doch nicht so kleinkariert!** don't be so small-minded!

Kleinkind infant; **als Kleinkind** as an infant

Kleinkram (*umgangsspr*) odds and ends ⚠ *plural*

kleinkriegen (*umgangsspr*) get down

kleinlaut sheepish, subdued; **da wurde er ganz kleinlaut** it took the wind right out of his sails

kleinlich (1) (*pedantisch*) petty (2) (*knauserig*) mean (3) (*engstirnig*) small-minded

Kleinod gem

Kleinstadt small town **kleinstädtisch** provincial [prə'vɪnʃəl]

Kleinwagen small car

Kleister paste

Klemme (1) (*Klammer*) clip (2) (*übertragen*) fix, jam, tight spot; **in der Klemme sitzen** be in a fix; **in die Klemme geraten** get into a jam

klemmen (1) *Tür:* jam, stick (2) **die Bücher unter den Arm klemmen** tuck the books under one's arm

Klempner(in) plumber ['plʌmə]

Klepper (*abwertend*) nag

Klerus clergy ['klɜːdʒi]

Klette (1) (*Pflanze*) burdock (2) (*umgangsspr: lästige Person*) pest, nuisance

klettern climb

Kletterpflanze climbing plant

Klettverschluss Velcro®

Klima (1) climate ['klaɪmət]; **in Süditalien herrscht warmes Klima** the climate is warm in Southern Italy (2) (*übertragen*) atmosphere ['ætməsfɪə]; **im Büro herrscht ein schlechtes Klima** there's a bad atmosphere in the office **Klimaanlage** air-conditioning [system]

Klimakterium climacteric [klaɪ'mæktərɪk], menopause

klimatisiert air-conditioned

Klimmzug pull-up

klimpern (1) (*mit Münzen etc.*) jingle (2) (*abwertend: Klavier spielen*) plonk away

Klinge blade

Klingel bell **klingeln** (1) (*läuten*) ring (**nach** for) (2) *Motor:* knock

klingen (*tönen, sich anhören*) sound (**nach** like)
Klinik clinic **Klinikum** clinical complex **klinisch** clinical
Klinke (*Türklinke*) handle
Klinker clinker
Klippe 1 (*am Steilufer*) cliff 2 (*im Meer*) rock
Klips clip
klirren clink
Klistier enema
Klitsche (*abwertend*) small-time outfit
klitschnass sopping wet *umgangsspr*
Klo loo (GB) *umgangsspr*, john (USA) *umgangsspr*
Kloake 1 sewer [sʊəʳ] 2 (*übertragen*) cesspool
klobig bulky
klonen clone
klönen (*umgangsspr*) have a chat, natter (GB)
Klopapier (*umgangsspr*) toilet paper
klopfen 1 (*an der Tür*) knock (**an** at); **es klopft** there is a knock at [*oder* on] the door; (*sanft*) tap (**an, auf** at, on) 2 *Herz:* beat; (*stärker*) pound 3 *Motor:* knock, pink 4 beat *Fleisch, Teppich*
klopffest *Benzin:* anti-knock
Klöppel *von Glocke:* clapper, tongue
kloppen **sich kloppen** (*umgangsspr*) scrap
Klops (*umgangsspr*) meatball
Klosett lavatory ['lævətᵊri], toilet
Kloß (*Knödel*) dumpling; (*Fleischkloß*) meatball ▶ In Wendungen: **einen Kloß im Hals haben** have a lump in one's throat
Kloster 1 (*Mönchskloster*) monastery ['mɒnəstəri]; **ins Kloster gehen** enter a monastery 2 (*Nonnenkloster*) convent ['kɒnvənt]; **ins Kloster gehen** enter a convent
Klotz (*Holzklotz*) block [of wood]
klotzen (*slang*) 1 (*hart arbeiten*) slog [away] 2 (*angeben*) show off 3 splash out
Klub club
Kluft 1 (*auch übertragen: Lücke*) gap 2 **eine Kluft überbrücken** bridge a gulf
klug 1 (*intelligent*) clever 2 (*verständig*) sensible, wise ▶ In Wendungen: **der Klügere gibt nach** discretion is the better part of valour
Klumpen 1 lump 2 (*Erdklumpen*) clod 3 (*Goldklumpen*) nugget
Klumpfuß club-foot
Klüngel (*abwertend*) clique [kliːk]
knabbern nibble
Knabe 1 (*Bub*) boy, lad 2 **alter Knabe** (*umgangsspr*) old chap
Knäckebrot crispbread; **zwei Scheiben Knäckebrot** two slices of crispbread
knacken 1 (*brechen*) crack 2 (*slang: pennen*) [have a] kip 3 crack *Nuss, Rätsel* 4 (*slang*) break into *Auto, Tresor*
Knackpunkt (*umgangsspr*) critical point, crucial point
Knacks 1 (*Riss, Sprung*) crack 2 (*umgangsspr*) **einen Knacks haben** *Gerät:* be playing up; *Ehe:* be in trouble
Knallbonbon cracker **Knalleffekt** (*umgangsspr*) surprise twist
knallen 1 bang, slam *Tür, Gegenstand* 2 *Tür:* bang, slam 3 *Sektkorken:* [go] pop 4 *Peitsche:* crack 5 (*umgangsspr*) *Sonne:* blaze down
Knallerbse cap bomb, toy torpedo
knallhart (*umgangsspr*) hard as nails
knallrot 1 scarlet, bright red 2 *Gesicht:* as red as a beetroot, bright red; **knallrot anlaufen** go [*oder* turn] bright red
knapp 1 (*spärlich*) scarce [skeəs]; (*dürftig*) meagre (GB), meager (USA) 2 *Kleidung:* scanty 3 (*kurz, präzise*) *Stil, Worte:* concise 4 *Geld:* tight; **knapp bei Kasse sein** (*umgangsspr*) be short of money 5 (*kaum ausreichend*) *Geld, Miete, Zeit:* barely sufficient 6 *Sieg:* narrow 7 (*gerade noch, so eben*) just; **mit knapper Not** only just; **es knapp schaffen** just about manage 8 **mit knapper Mehrheit** with a narrow majority
Knarre (*slang: Gewehr*) shooter
knarren creak
Knast (*slang: Gefängnis*) clink, jug (USA) *auch* can; **im Knast** in clink; **Knast schieben** do time
knattern 1 (*rattern*) rattle 2 *Motor:* roar
Knäuel (*Garnknäuel*) ball
Knauf (*Türknauf*) knob [nɒb]
knauserig (*umgangsspr*) stingy ['stɪndʒi] (**mit** with) **knausern** (*umgangsspr*) be stingy (**mit** with)
knautschen (*umgangsspr*) crumple [up]
Knautschzone crumple zone
Knebel gag **knebeln** (*auch übertragen*) gag
Knecht (*Bauernknecht*) farmhand **Knechtschaft** servitude
kneifen 1 **jemanden kneifen** pinch somebody 2 (*umgangsspr: sich drücken*) chicken out (**vor** of)

Kneipe (*umgangsspr*) pub (GB), bar (USA); **in die Kneipe gehen** go to the pub

Knete ① (*slang: Geld*) dough [dəʊ] ② (*Knetgummi*) plasticine ['plæstəsiːn] **kneten** knead [niːd] **Knetgummi** plasticine **Knetmasse** modelling clay

knicken ① (*brechen*) snap ② (*falten*) fold

knick(e)rig (*umgangsspr: geizig*) stingy [stɪndʒi]

Knicks curts[e]y

Knie ① (*Körperteil*) knee [niː] ② *von Fluss:* bend ③ *von Rohr:* angle ▶ IN WENDUNGEN: **jemanden in die Knie zwingen** force someone to his/her/their knees

knien kneel (**vor** before)

> **? Grammatik** **kneel — knelt — knelt:**
> *Steve knelt down to look for his pen under his desk; have you ever knelt on a chair?*

Kniestrumpf knee-length sock

Kniff (*umgangsspr: Trick*) knack [næk], trick; **den Kniff raushaben** get [*oder* have got] the knack **knifflig** ① (*schwierig*) fiddly ② (*heikel*) tricky

Knilch (*umgangsspr abwertend*) bloke, guy (USA)

knipsen (*umgangsspr*) ① (*fotografieren*) snap, take pictures ② (*lochen*) punch

Knirps (*kleiner Junge*) little fellow

knirschen ① *Schnee:* crunch ② *Getriebe, Zähne:* grind

knistern ① *Feuer:* crackle ② *Papier, Seide:* rustle

knitterfrei crease-resistant **knittern** crease ['kriːs]

knobeln ① (*würfeln*) play dice ② (*grübeln, nachdenken*) puzzle (**an** over)

Knoblauch garlic ['gɑːlɪk] **Knoblauchzehe** clove of garlic

Knöchel ① *von Fuß:* ankle ② *von Finger:* knuckle ['nʌkl]

Knochen bone; **mir tun alle Knochen weh** (*umgangsspr*) every bone in my body is aching **Knochenarbeit** hard graft **Knochenbau** bone structure **Knochenbruch** fracture **Knochengerüst** skeleton ['skelɪtᵊn] **Knochenmark** bone marrow

knochig bony

Knödel dumpling

Knolle ① (*Pflanzenteil*) nodule ['nɒdjuːl]; *von Kartoffel:* tuber ['tjuːbəʳ] ② (*abwertend: Nase*) conk

Knopf ① (*an Kleidern*) button ② (*an Geräten*) [push-]button **Knopfloch** buttonhole **Knopfzelle** round cell battery

Knorpel ① (*im menschlichen Körper*) cartilage ['kɑːtɪlɪdʒ] ② (*an Bratenstücken*) gristle ['grɪsl] **knorpelig** *Fleisch:* gristly ['grɪsli]

Knospe bud

Knoten ① knot [nɒt] ② (*in Fachsprache*) node ③ (*Geschwulst*) lump **Knotenpunkt** junction

knotig *Finger, Zweige:* gnarled [nɑːld]

knülle (*umgangsspr: betrunken*) tight

Knüller (*umgangsspr*) ① (*Sensation*) big hit ② (*sensationelle Zeitungsmeldung*) scoop

knüpfen ① knot, tie *Band, Knoten* ② mesh *Netz*

Knüppel ① (*Waffe*) cudgel; (*Polizeiknüppel*) truncheon ['trʌnʃᵊn] ② (*Steuerknüppel*) control stick; (*an Gangschaltung*) gear stick

Knüppelschaltung floor change (GB), Floor shift (USA)

knurren ① *Hund:* growl; (*wütend knurren*) snarl ② *Magen:* rumble

knusprig *Brötchen:* crisp

knutschen (*umgangsspr*) neck, pet, smooch **Knutschfleck** (*umgangsspr*) love bite

Koalition coalition [ˌkəʊə'lɪʃᵊn] **Koalitionsregierung** coalition government

Kobra cobra

Koch, Köchin cook; **viele Köche verderben den Brei** too many cooks spoil the broth **Kochbuch** cookbook, cookery book **kochen** ① *Wasser:* boil ② *Essen:* cook; **er kocht gut** he is a good cook ③ **vor Wut kochen** (*umgangsspr*) be boiling with rage ④ cook *Essen* ⑤ boil *Suppe, Wasser* ⑥ make *Kaffee*

Kochgeschirr (*im Haushalt*) pots and pans ⚠ *plural*

Köchin cook

Kochlöffel cooking spoon **Kochnische** kitchenette **Kochplatte** boiling ring, hotplate **Kochrezept** recipe [resəpi] **Kochsalz** common salt **Kochtopf** pot; (*mit Stiel*) saucepan **Kochwäsche** washing that can be boiled

Köder (*auch übertragen*) bait **ködern** ① lure *Tier* ② (*übertragen*) entice; **sich ködern lassen** swallow the bait

Kodex code, codex

Koffein caffeine

koffeinfrei decaffeinated [dɪ'kæfɪneɪtɪd]

Koffer case, bag; **seine Koffer packen** pack one's bags *auch übertragen*

Kofferraum boot (GB), trunk (USA)

Kognak brandy

Kohl ① (*Gemüse*) cabbage ② (*umgangsspr: Quatsch*) rubbish

Kohle ① (*Steinkohle*) coal ② (*slang: Geld*) dough [dəʊ], dosh ▸IN WENDUNGEN: **wie auf heißen Kohlen sitzen** be on tenterhooks

Kohlendioxid carbon dioxide [ˌkɑːbən daɪˈɒksaɪd] **Kohlenhydrat** carbohydrate [ˌkɑːbəˈhaɪdreɪt] **Kohlensäure** carbonic acid

Kohlmeise great tit

kohlrabenschwarz *Augen, Haar:* jet black; *Nacht:* pitch black

Kohlrabi kohlrabi **Kohlsprosse** (A) (*Rosenkohl*) Brussel[s] sprout

Koje berth, bunk ▸IN WENDUNGEN: **sich in die Koje hauen** (*slang*) hit the sack *slang*

Kojote ① (*Präriewolf*) coyote [kɔˈəʊti] ② (*abwertend: Schuft*) cad

Kokain cocaine

Kokos coconut **Kokosflocken** desiccated coconut **Kokosnuss** coconut **Kokospalme** coconut palm

Koks (*Brennstoff, Droge*) coke

Kolben ① (*im Motor*) piston ② (*umgangsspr: Nase*) conk

Kolibri humming bird

Kolik colic

Kollaps collapse

Kollege colleague [ˈkɒliːg] **kollegial** helpful; **sich kollegial verhalten** be a good colleague **Kollegin** [female] colleague [ˈkɒliːg]

Kollegium *von Lehrern:* staff

Kollegmappe document case

Kollekte collection, offertory [ˈɒfətəri]

kollidieren ① (*auch übertragen*) collide [kəˈlaɪd] (**mit** with) ② (*zeitlich*) clash (**mit** with)

Kollision ① (*auch übertragen*) collision [kəˈlɪʒən] (**mit** with) ② (*zeitlich*) clash (**mit** with)

Köln Cologne [kəˈləʊn]

Kölnischwasser eau de Cologne, cologne

Kolonie colony [ˈkɒləni] **kolonisieren** colonize

Kolonne ① (*Reihe an Wörtern oder Zahlen*) column [ˈkɒləm] ② *von Militärfahrzeugen:* convoy ③ (*Autoschlange*) line ④ (*Arbeiterkolonne*) gang

Koloss colossus

kolossal ① (*riesig*) colossal ② (*umgangsspr*) *Fehler:* huge ③ **sich kolossal irren/verschätzen** (*umgangsspr*) make a huge mistake [*oder* miscalculation]

Kolumbien Columbia

Kolumne column [ˈkɒləm] **Kolumnist(in)** columnist

Koma coma; **im Koma** in a coma

Kombi (*Kombiwagen*) estate [car] (GB), station wagon (USA)

Kombination ① (*Zusammenstellung*) combination ② (*Schlussfolgerung*) deduction ③ *von Kleidung:* ensemble, suit

kombinieren ① (*verbinden*) combine ② (*folgern*) deduce [dɪˈdjuːs] ③ (*vermuten*) suppose

Kombiwagen estate car (GB), station wagon (USA)

Kombüse galley

Komet comet

Komfort ① (*Luxus*) luxury [ˈlʌkʃəri]; **eine Wohnung mit allem Komfort** a flat with all mod cons ② (*Bequemlichkeiten*) comfort **komfortabel** ① (*mit Komfort*) luxurious [lʌgˈzjʊərɪəs] ② (*bequem*) comfortable

Komiker(in) comedian [kəˈmiːdɪən]

komisch ① (*spaßig*) comic[al], funny; **das Komische daran ist, …** the funny thing about it is … ② (*merkwürdig*) funny, strange; **das Komische daran ist, …** the strange [*oder* funny] thing about it is …

Komitee committee [kəˈmɪti]

> **! Vorsicht Falle** **committee** wird mit 2 m, 2 t und 2 e geschrieben!

Komma ① (*als Satzzeichen*) comma ② (*Dezimalkomma*) decimal point; **drei Komma zwei** [**3,2**] three point two [3.2] ③ **zwei Komma fünf** [**2,5**] two point five [2.5]; **null Komma vier** [**0,4**] [nought] point 4 [.4]

Kommandant(in) commanding officer

Kommanditgesellschaft limited partnership

Kommando ① (*Befehl*) command, order; **auf Kommando** on [the] command ② (*Befehlsgewalt*) command (**über** of); **das Kommando führen** be in command **Kommandobrücke** bridge

kommen ① come; **ich komme!** [I'm] coming!; **er wird gleich kommen** he won't be long; **es kommt jemand** somebody's coming, there's somebody coming; **los, komm!** come on! ② (*herüberkommen*) come over ③ (*ankommen, hinkommen*) arrive; **wann kommt der Zug?** when's the train coming in [*oder* due]?; [**zu etwas**] **zu früh/spät/rechtzeitig kommen** be early/late/on time [for something]; **wann soll das Baby kommen?** when's the baby due?; **wer zuerst kommt, mahlt zuerst** first come, first served ④ (*gelangen, hinkommen*) get (**nach, zu** to); **wie komme ich zu dir?** how do I get to your place? ⑤ (*stammen*) **woher kommst du?** where are you from?; **ich komme aus Edinburgh** I'm from Edinburgh ⑥ (*Aufenthalt beginnen*) **ins Gefängnis kommen** be sent to prison; **ins Krankenhaus kommen** go into hospital; **bald in die Schule kommen** be starting school soon ⑦ (*aufkommen*) *Gewitter:* come [up]; *Regen:* start ⑧ (*als Ursache*) **woher kommt es, dass ...?** why [*oder* how] is it that ...?; **das kommt daher, dass ...** it is because ...; **das kommt davon**[**, dass du so dickköpfig bist**]! that's what you get [for being so pig-headed]! ⑨ **zu sich kommen** (*aus Ohnmacht erwachen*) come to one's senses ⑩ (*erledigen*) **ich komme einfach nicht dazu** I just don't get round to it ⑪ (*Ziel erreichen*) **so kommst du nie zu etwas** you'll never get anywhere like that ⑫ (*geraten*) **in Schwierigkeiten kommen** get into trouble ▸ IN WENDUNGEN: **zu kurz kommen** come off badly; **hinter etwas kommen** find out something; **ich hab es kommen sehen** I could see it coming; **so musste es ja kommen** this was bound to happen

kommend *Woche:* next; **in den kommenden Jahren** in the years to come

Kommentar ① (*bei Sportveranstaltung*) commentary ['kɒməntəri] ② (*Bemerkung, Presseerklärung*) comment ['kɒment] ③ **einen Kommentar abgeben** make a comment

kommentieren comment on

Kommilitone, -nin fellow student

Kommissar ① (*in Politik, Verwaltung*) commissioner ② (*Dienstgrad bei Polizei*) inspector

Kommissär(in) Ⓐ, ⒸⒽ commissioner

Kommissär(in) inspector

kommissarisch (*vorläufig*) temporary

Kommission commission

Kommode chest of drawers

kommunal ① (*örtlich*) local ② (*städtisch*) municipal **Kommunalpolitik** local [government] politics ⚠ *plural* **Kommunalwahlen** local [*oder* municipal] elections

Kommune ① (*Gemeinde, Ortschaft*) community ② (*Wohngemeinschaft*) commune

Kommunikation communication

Kommunikee communiqué

Kommunion Communion

Kommunismus communism ['kɒmjʊnɪzəm] **Kommunist(in)** Communist ['kɒmjʊnɪst] **kommunistisch** communist

Komödie ① (*als Dramaform*) comedy ['kɒmədi] ② (*übertragen*) farce

kompakt compact [kəm'pækt]

Kompanie ① (*beim Militär*) company ['kʌmpəni] ② (*Handelsgesellschaft*) trading company, Co

Komparativ comparative

Komparse ① (*beim Film*) extra ② (*beim Theater*) super[numerary]

Kompass compass ['kʌmpəs]

kompatibel compatible [kəm'pætəbl]

kompensieren compensate (**für** for)

kompetent ① (*zuständig*) competent ② (*fähig*) able

komplett complete

Komplex complex ['kɒmpleks]

komplex complex

Komplikation complication

Kompliment compliment ['kɒmplɪmənt]; **jemandem ein Kompliment machen** pay somebody a compliment

Komplize, Komplizin accomplice [ə'kʌmplɪs]

kompliziert complicated

Komplott conspiracy [kən'spɪrəsi], plot

komponieren compose [kəm'pəʊz], write [raɪt] *Lied* **Komponist(in)** composer [kəm'pəʊzə]

Kompost compost **kompostierbar** degradable **kompostieren** compost

Kompott stewed fruit [ˌstjuːd'fruːt]

Kompresse compress ['kɒmpres]

komprimieren ① compress [kəm'pres] ② (*übertragen*) condense [kən'dens]

Kompromiss compromise ['kɒmprəmaɪz]; **einen Kompromiss schließen** reach a

compromise **kompromisslos** uncompromising
kompromittieren compromise ['kɒmprəmaɪz]
Kondensator condenser [kən'densəʳ]
kondensieren (*auch übertragen*) condense [kən'dens] **Kondensmilch** condensed milk
Kondensstreifen vapour trail
Konditor(in) pastry ['peɪstri] cook **Konditorei** cake shop **Konditorwaren** cakes and pastries
Kondom condom ['kɒndɒm]
Kondor condor
Kondukteur (CH) conductor
Konfekt confectionery [kən'fekʃənəri]
Konfektionsgröße size; **welche Konfektionsgröße haben Sie?** what size are you? **Konfektionskleidung** ready-made clothing
Konferenz ❶ (*Veranstaltung*) conference ['kɒnfrəns] ❷ (*Besprechung*) meeting
Konfession denomination; **welcher Konfession gehören Sie an?** what is your denomination? **konfessionell** denominational **konfessionslos** non-denominational
Konfetti confetti
Konfirmation confirmation ['kɒnfəmeɪʃən]
Konfiserie ❶ cake shop, confectionary [kən'fekʃənəri] ❷ (*Konditoreiwaren*) confectionery
konfiszieren confiscate
Konfitüre jam
Konflikt conflict ['kɒnflɪkt]
konform concurring
Konfrontation confrontation **konfrontieren** confront [kən'frʌnt] (**mit** with)
konfus ❶ *Gedanken, Gerede:* confused, muddled ❷ **du machst mich ganz konfus!** you're confusing me!
Kongress ❶ (*politischer*) congress ['kɒŋgres]; (*Fachkongress*) convention ❷ (*Parlamentskammer in den USA*) Congress
König king; **die Heiligen Drei Könige** the Three Wise Men **Königin** queen **königlich** royal **Königreich** kingdom
Konjugation conjugation **konjugieren** conjugate
Konjunktion conjunction **Konjunktiv** subjunctive [səb'dʒʌŋktɪv]
Konjunktur ❶ (*Wirtschaftslage*) economic situation ❷ (*Hochkonjunktur*) boom; **die Wirtschaft hat Konjunktur** the economy is booming
konkav concave
konkret concrete ['kɒŋkri:t] **konkretisieren** put in concrete terms
Konkurrent(in) competitor **Konkurrenz** ❶ (*Wettbewerb*) competition [ˌkɒmpə'tɪʃən] ❷ **Konkurrenz haben** have competition; **jemandem Konkurrenz machen** compete with somebody ❸ (*die Konkurrenten*) competitors, competition **konkurrenzlos** (*vor Substantiv*) unrival[l]ed [ʌn'raɪvəld]; (*nachgestellt*) without competition **konkurrieren** compete (**mit** with)
Konkurs bankruptcy ['bæŋkrʌptsi]; **Konkurs anmelden** declare oneself bankrupt; **in Konkurs gehen** go bankrupt **Konkursmasse** bankrupt's estate
Können (*Fähigkeit*) ability
können ❶ (*beherrschen, verstehen*) know; **Klavier spielen können** know how to play the piano; [**gut**] **Englisch können** speak English [well]; **kein Englisch können** speak no English, not speak any English ❷ (*vermögen*) can, be able to; **kannst du morgen kommen? — ich kann leider nicht** can you [*oder* will you be able to] come tomorrow? — unfortunately I won't be able to; **ich konnte gerade noch bremsen** I just about managed to brake; **ich kann nicht mehr** (*mehr essen*) I can't eat any more; (*körperlich erschöpft*) I've had it; (*seelisch erschöpft*) I can't go on, I can't take any more ❸ (*dürfen: im Präsens*) may; **kann ich mal?** may I?; (*in allen anderen Zeiten*) be allowed to; **ich konnte bei ihnen nicht rauchen** I wasn't allowed to smoke at their place ❹ (*wahrscheinlich oder möglich sein*) be likely to, may; **du könntest Recht haben** you could [*oder* may] [*oder* might] be right; **kann schon sein** could be, maybe; **keine Sorge, er kann noch rechtzeitig kommen** don't worry, he could [*oder* may] [*oder* might] still be on time; **das kann** [**einfach**] **nicht sein** that [simply] can't be true ❺ **ich kann nichts dafür** [*oder* **dazu**] (*umgangsspr*) it's not my fault; **du kannst mich mal!** (*umgangsspr*) get lost [*oder* stuffed]!; **man kann nie wissen** you never know; **das kannst du mir glauben** [you can] take my word for it; **kannst du gerne machen!** go right ahead!, suit yourself!

konsequent consistent

Konsequenz ❶ (*Folgerichtigkeit*) consistency ❷ (*Folge*) consequence ['kɒnsɪkwəns], result ❸ **Konsequenzen ziehen** take the appropriate steps

konservativ ❶ *Einstellung, Kleidung:* conservative ❷ (*politisch konservativ in GB*) Conservative, Tory

Konserve preserved food; (*in Büchse*) tinned food (GB), canned food (USA) **Konservenbüchse**, **Konservendose** tin (GB), can (USA) **konservieren** conserve, preserve **Konservierungsmittel** preservative

Konsonant consonant ['kɒnsənənt]

Konsortium consortium

konstant ❶ *Geschwindigkeit, Größe:* constant ['kɒnstənt] ❷ *Leistung, Wachstum:* steady [stedi] **Konstante** constant ['kɒnstənt]

Konstitution constitution **konstitutionell** constitutional

konstruieren ❶ (*auch übertragen*) construct ❷ (*entwerfen*) design **Konstruktion** ❶ (*auch übertragen*) construction ❷ (*Bauweise, Entwurf*) design

konstruktiv constructive

Konsul(in) consul **Konsulat** consulate ['kɒnsjʊlət]

konsultieren consult

Konsum (*Verbrauch*) consumption **Konsument(in)** consumer [kən'sjuːm] **Konsumgesellschaft** consumer society **Konsumgüter** consumer goods **konsumieren** consume

Kontakt contact ['kɒntækt]; **mit jemandem Kontakt aufnehmen** contact somebody; **in Kontakt mit jemandem stehen** be in contact with somebody **Kontaktbildschirm** touch[-sensitive] screen **kontaktfreudig** sociable ['səʊʃəbl] **Kontaktlinsen** contact lenses ['kɒntækt,lenzɪz]

kontern counter

Kontext context

Kontinent continent ['kɒntɪnənt] **Kontinentalklima** continental climate ['klaɪmət]

Kontingent ❶ (*an Ware etc.*) quota ❷ (*Zuteilung*) allotment

kontinuierlich continuous **Kontinuität** continuity

Konto ❶ account; **auf ein Konto einzahlen** [*oder* **überweisen**] pay into an account ❷ **das geht auf mein Konto** (*ich bezahle*) this [one] is on me; (*übertragen: ich bin verantwortlich*) this is my doing **Kontoauszug** [bank] statement **Kontoführung** account management **Kontoinhaber(in)** account holder **Kontonummer** account number **Kontostand** [bank] balance; **den Kontostand abfragen** check one's bank balance

Kontrahent(in) ❶ (*Gegenspieler*) opponent ❷ (*Vertragspartner*) contracting party

Kontraindikation contra-indication

konträr contrary, opposite

Kontrast contrast ['kɒntrɑːst] **Kontrastmittel** contrast medium **Kontrastprogramm** alternative program[me] **kontrastreich** (*nach Substantiv*) rich in contrast

Kontrollabschnitt counterfoil

Kontrolle ❶ (*Überprüfung*) check; **jemanden/etwas einer Kontrolle unterziehen** do a check on somebody/something ❷ (*Kontrollpunkt*) checkpoint ❸ (*Aufsicht*) inspection; (*Kontrolleur*) inspector ❹ (*Beherrschung, Gewalt*) **Kontrolle über jemanden** control of someone; **unter Kontrolle bringen** get under control **kontrollierbar** ❶ (*beherrschbar*) controllable ❷ (*überprüfbar*) verifiable [,verɪ'faɪəbl]

kontrollieren ❶ (*nachprüfen*) check (**auf, nach** for) ❷ (*beherrschen, lenken*) control **Kontrolllampe** ❶ pilot lamp ❷ (*am Auto*) warning light

Kontrollturm control tower

Kontroverse controversy

Kontur contour, outline

Konvention convention [kən'venʃᵊn] **Konventionalstrafe** penalty for breach of contract **konventionell** conventional [kən'venʃᵊnᵊl]

Konvergenz convergence

Konversation conversation

Konversionskurs conversion rate

konvertierbar *Währung:* convertible **konvertieren** convert (**in** into)

konvex convex

Konvoi convoy

Konzentrat (*chemisch*) concentrate

Konzentration concentration (**auf** on)

Konzentrationsfähigkeit powers of concentration, ability to concentrate

konzentrieren ❶ **seine Aufmerksamkeit/Bemühungen/Gedanken auf etwas konzentrieren** concentrate one's attention/efforts/thoughts on something ❷ **sich auf etwas konzentrieren** concentrate on something; **er kann sich nur schwer kon-**

K

zentrieren he has difficulty concentrating

Konzept 1 (*für Aufsatz*) rough [rʌf] copy; (*für Rede*) notes ⚠ *plural* 2 (*Rohentwurf*) draft [drɑːft] 3 (*Plan*) plan, programme 4 (*Begriff, Vorstellung*) concept ▶ IN WENDUNGEN: **jemanden aus dem Konzept bringen** put somebody off; (*bestürzen*) upset somebody; **das passt mir nicht ins Konzept!** it doesn't fit in with my plans!; (*gefällt mir nicht*) I don't like the idea!

Konzern combine ['kɒmbaɪn], group

Konzert 1 (*Vorstellung*) concert; **ins Konzert gehen** go to a concert 2 (*Musikstück*) concerto **Konzertflügel** concert grand **Konzertsaal** concert hall

Konzil council

konzipieren conceive [kən'siːv]

Kooperation cooperation

Koordination coordination **koordinieren** coordinate

Kopf 1 (*Körperteil*) head; **Kopf hoch!** (*umgangsspr*) chin up!; **Kopf und Kragen riskieren** (*umgangsspr*) risk one's neck; **von Kopf bis Fuß** from top to toe 2 (*übertragen: Verstand*) brain; **er ist ein kluger Kopf** he's an intelligent person 3 (*übertragen: Geist, Sinn*) mind; **er geht mir nicht mehr aus dem Kopf** I can't get him out of my mind; **sich etwas durch den Kopf gehen lassen** think something over; **sich etwas aus dem Kopf schlagen** get something out of one's head; **ich habe andere Dinge im Kopf** I have other things on my mind; **sich etwas in den Kopf setzen** take something into one's head; **sich über etwas den Kopf zerbrechen** rack one's brains over something 4 **pro Kopf** *Einkommen:* per capita; **ein Stück Kuchen pro Kopf** one piece of cake each 5 (*oberster Teil eines Objekts*) top 6 (*leitende Persönlichkeit*) leader ▶ IN WENDUNGEN: **ich weiß nicht, wo mir der Kopf steht** I don't know whether I'm coming or going *umgangsspr*; **etwas auf den Kopf stellen** turn something upside down; **auf dem Kopf stehen** be upside down; **jemandem den Kopf verdrehen** (*umgangsspr*) turn someone's head

Kopfball header ['hedə]

Kopfbedeckung headgear

Köpfchen (*umgangsspr*) **Köpfchen haben, ein kluges Köpfchen sein** have [got] brains

köpfen 1 (*hinrichten*) behead [bɪ'hed] 2 (*umgangsspr*) crack *Flasche Wein, Sekt* 3 (*beim Fußball*) **ins Tor köpfen** head a goal, head the ball in

Kopfende head **Kopfhaut** scalp **Kopfhörer** headphones ⚠ *plural* **Kopfkissen** pillow

kopflos (*übertragen*) panicky **Kopfrechnen** mental arithmetic **Kopfsalat** lettuce ['letɪs]

Kopfschmerz headache ['hedeɪk]; **[leichte/rasende] Kopfschmerzen haben** have a [slight/splitting] headache ⚠ *singular*

Kopfsprung header ['hedə]; **einen Kopfsprung machen** take a header, dive headfirst **Kopfstand** headstand; **einen Kopfstand machen** stand on one's head

Kopfsteinpflaster cobbles ⚠ *plural*

Kopfstütze headrest **Kopftuch** [head]scarf **kopfüber** (*auch übertragen*) headlong **Kopfweh** (*umgangsspr*) headache ['hedeɪk]; **Kopfweh haben** have a headache

Kopie 1 (*Fotokopie*) copy 2 (*Durchschlag*) carbon copy 3 (*eines Fotos oder Films*) print 4 (*Imitation*) imitation **kopieren** 1 (*fotokopieren*) copy 2 (*übertragen*) copy, imitate 3 (*durchpausen*) trace **Kopierer**, **Kopiergerät** [photo]copier

Koppel (*Weide*) paddock ['pædək]

Koralle coral

Koran Koran; **im Koran steht, dass …** it says [*oder* is written] in the Koran that …

Korb 1 basket 2 (*Bienenkorb*) hive 3 (*Förderkorb*) cage 4 (*Korbgeflecht*) wicker ▶ IN WENDUNGEN: **jemandem einen Korb geben** turn someone down; **einen Korb bekommen** be turned down, be given the brush-off ['brʌʃɒf]

Korbball netball **Korbstuhl** wicker chair

Kord corduroy ['kɔːdərɔɪ] **Kordhose** corduroy [*oder* cord] trousers ⚠ *plural*

Korea Korea [kə'rɪə] **Koreaner(in)** Korean [kə'rɪən]

Koriander coriander

Korinthe currant

Kork cork **Korken** 1 (*aus Kork*) cork 2 (*aus Plastik*) stopper **Korkenzieher** corkscrew

Korn[1] das 1 (*Samenkorn*) seed 2 (*im Bild*) grain 3 (*Pfefferkorn*) corn 4 (*Getreide*) grain

Korn[2] der (*umgangsspr: Kornbranntwein*) corn schnapps

Kornblume cornflower

Körper ① body ② (*Schiffskörper*) hull **Körperbau** build [bɪld], physique [fɪ'zi:k] **körperbehindert** physically handicapped **Körperbehinderte(r)** disabled [*oder* handicapped] person; **die Körperbehinderten** the handicapped [*oder* disabled] [dɪ'eɪbld]; **Körpergewicht** weight **Körpergröße** height [haɪt]

körperlich *Anstrengung, Arbeit, Schmerzen:* physical ['fɪzɪkl]

Körperpflege personal hygiene ['haɪdʒi:n] **Körpersprache** body language **Körperteil** part of the body

Körperverletzung physical injury; **schwere Körperverletzung** (*Straftat*) grievous bodily harm

korpulent corpulent

korrekt ① (*richtig*) correct [kə'rekt]; **korrekt antworten** answer correctly, give the correct answer ② (*angemessen*) proper; **sich korrekt kleiden/verhalten** dress/behave properly [*oder* decently]

Korrektur ① (*Berichtigung*) correction ② (*Korrekturlesen*) proof-reading ③ *von Schularbeiten:* marking **Korrekturtaste** correction key **Korrekturzeichen** proofreader's mark

Korrespondent(in) correspondent [ˌkɒrə'spɒndənt] **Korrespondenz** correspondence **korrespondieren** ① **mit jemandem korrespondieren** correspond with somebody ② **mit etwas korrespondieren** correspond to [*oder* with] something

Korridor corridor; (*Hausflur*) hall

korrigieren ① (*berichtigen*) correct ② (*Korrektur lesen*) proofread ③ mark *Schularbeiten*

korrupt corrupt [kə'rʌpt] **Korruption** corruption

Korse, Korsin Corsican

Korsett corset

koscher kosher

Kosename pet name **Kosewort** term of endearment

Kosinus cosine

Kosmetik ① (*Körperpflege*) beauty treatment ② (*kosmetisches Mittel*) cosmetic ③ (*übertragen: Tünche*) cosmetics [kɒz'metɪks] ⚠ *plural* **Kosmetika** cosmetics **Kosmetikerin** beautician [bju:'tɪʃᵊn]; **sie ist Kosmetikerin** she's a beautician **Kosmetikkoffer** vanity case **Kosmetiktuch** paper tissue **kosmetisch** (*auch übertragen*) cosmetic

kosmisch cosmic

Kosmopolit(in) cosmopolitan

Kosmos cosmos

Kost ① (*Essen, Nahrung*) fare, food; **leichte/vegetarische Kost** light/vegetarian food [*oder* diet] ['daɪət] ② **Kost und Logis** board and lodging

kostbar (*wertvoll*) precious, valuable ['væljʊbl] **Kostbarkeit** precious object, treasure ['treʒə]; **das Armband ist eine Kostbarkeit** the bracelet is very valuable

Kosten ① (*Preis*) cost ⚠ *singular,* costs ② (*Ausgaben*) expenses; (*Auslagen*) outlay ⚠ *singular* ③ **auf jemandes Kosten** at someone's expense *auch übertragen;* **auf seine Kosten kommen** get one's money's worth *auch übertragen*

kosten[1] ① (*preislich*) cost; **was** [*oder* **wie viel**] **kostet das?** what [*oder* how much] does it cost? ② **koste es, was es wolle** (*auch übertragen*) whatever the cost ③ (*erfordern*) take *Mühe, Zeit* ④ **das hat sie den Sieg/das Leben gekostet** it cost her the victory/it cost her her life

> **? Grammatik** **cost — cost — cost:** *the CD cost $4; in the end the house has cost more than $500,000.*

kosten[2] (*probieren*) taste *auch Freuden;* [**von**] **etwas kosten** taste something

kostendeckend cost-effective **kostenlos** ① free ② **etwas kostenlos tun** do something for free [*oder* free of charge] **Kostenvoranschlag** estimate

köstlich ① (*wohlschmeckend*) delicious [dɪ'lɪʃᵊs] ② (*übertragen: erlesen*) choice, exquisite ③ (*übertragen: amüsant*) priceless; **sich köstlich amüsieren** have a ball

Kostprobe ① (*Geschmacksprobe*) taste ② (*übertragen: Beispiel*) sample

kostspielig costly, expensive

Kostüm ① (*Zweiteiler*) suit [su:t] ② (*Verkleidung*) costume, fancy dress **Kostümfest** fancy-dress ball **Kostümprobe** dress rehearsal

Kot faeces ['fi:si:z] ⚠ *plural*

Kotelett chop; **Schweinekotelett** pork chop

Koteletten sideburns, sidewhiskers

Kotflügel wing (GB), fender (USA)

kotzen ① (*slang*) puke *umgangsspr;* **sich die Seele aus dem Leib kotzen** puke one's guts out *umgangsspr* ❷ **das ist ja zum Kotzen!** (*slang*) it really makes you sick! *umgangsspr;* **du kotzt mich an!** (*slang*) you make me sick! *umgangsspr*

Krabbe (*klein*) shrimp; (*groß*) prawn

krabbeln crawl

Krach ❶ (*Lärm*) din, noise; **Krach machen** make a noise; **mach nicht so 'nen Krach!** stop making such a racket! ❷ (*Schlag*) bang, crash ❸ (*umgangsspr: Streit*) quarrel, row [raʊ]; **mit jemandem Krach kriegen** have a row with someone; **sie haben Krach** they're not on speaking terms ❹ (*Aufruhr, Krawall*) racket; **Krach machen** make a racket

krachen ❶ (*Lärm machen*) crash ❷ *Donner:* crash; *Holz:* creak; *Schuss:* ring out ❸ (*umgangsspr: zusammenstoßen*) crash; **es hat gekracht** there's been a crash ❹ (*umgangsspr*) **..., sonst kracht's!** ... or there'll be trouble!; **..., dass es nur so krachte** ... with a vengeance

krächzen croak; **mit krächzender Stimme** in a croaking voice

Kraft ❶ (*Körperkraft*) strength; **viel Kraft haben** be very strong; **mit aller Kraft** with all one's strength; **mit [aller]letzter Kraft** with one's [very] last ounce of strength; **nach [besten] Kräften** to the best of one's ability; **er war am Ende seiner Kräfte** he couldn't take any more; **wieder zu Kräften kommen** regain one's strength ❷ (*Wirksamkeit*) power ❸ **treibende Kraft** (*übertragen*) driving force ❹ (*Arbeitskraft*) employee, worker ❺ (*Gültigkeit, Rechtmäßigkeit*) force; **in Kraft sein/setzen/treten** be in/bring into/come into force; **außer Kraft setzen** annul, abrogate

kraft by virtue of, on the strength of

Kraftakt (*übertragen*) show of strength

Kraftfahrer(in) driver

Kraftfahrzeug motor vehicle **Kraftfahrzeugbrief** [vehicle] registration document [*oder* book] **Kraftfahrzeugkennzeichen** vehicle registration **Kraftfahrzeugsteuer** motor vehicle tax **Kraftfahrzeugversicherung** car insurance

kräftig ❶ (*stark*) strong; *Händedruck:* firm ❷ (*intensiv, kraftvoll*) *Geschmack, Stimme:* powerful; *Farbe:* rich ❸ (*nahrhaft*) nourishing ['nʌrɪʃɪŋ] ❹ **kräftig gebaut** strongly built; **kräftig drücken/treten/zuschlagen** press/kick/hit hard; **kräftig schütteln** shake well; **jemanden kräftig verprügeln** give somebody a good beating ❺ (*als Verstärkung: viel, stark, sehr*) really; **die Preise sind kräftig gestiegen** prices really went up; **es hat kräftig geregnet** it rained heavily; **sich kräftig täuschen** be really [*oder* very much] mistaken

kraftlos (*schwach*) feeble, weak

Kraftprobe (*auch übertragen*) trial of strength **Kraftrad** motorcycle **Kraftstoff** fuel **kraftvoll** ❶ *Stimme:* powerful ❷ (*tatkräftig*) energetic **Kraftwagen** motor car **Kraftwerk** power station

Kragen collar; **jemanden am Kragen packen** grab somebody by the collar ▸ IN WENDUNGEN: **Kopf und Kragen riskieren** risk one's neck; **jetzt geht es ihr an den Kragen** she's in for it now; **das kann ihn den Kragen kosten** that could be his downfall **Kragenknopf** collar stud (GB), collar button (USA) **Kragenweite** collar size ▸ IN WENDUNGEN: **das/er ist nicht meine Kragenweite** (*umgangsspr*) that's/he's not my cup of tea; **das ist genau meine Kragenweite!** (*umgangsspr*) that's right up my street!

Krähe crow

Krähenfüße (*Fältchen*) crow's-feet

Krake octopus

krakeelen (*umgangsspr abwertend*) kick up a racket

Kralle ❶ claw; (*eines Raubvogels*) talon ❷ (*slang: Hand*) paw ❸ (*Parkkralle*) clamp

krallen ❶ **sich an etwas krallen** cling to something; **die Finger in etwas krallen** dig one's fingers into something ❷ (*slang: klauen*) **sich etwas krallen** pinch something

Kram (*umgangsspr*) (*Zeug*) stuff; (*Plunder*) junk ▸ IN WENDUNGEN: **das passt mir gar nicht in den Kram** that doesn't suit me at all; **den ganzen Kram hinschmeißen** chuck the whole business in

Krämer grocer **Krämerseele** (*abwertend*) petty-minded man/woman

Kramladen junk shop, tatty little shop

Krampen pick[axe]

Krampf ❶ *von Muskeln:* cramp; (*einzelne Zuckungen*) spasm; (*wiederholte Zuckungen*) convulsion ❷ (*umgangsspr: Getue*) palaver; **so ein Krampf!** what nonsense!

Krampfader varicose vein
krampfhaft ① (*krampfartig*) *Zuckung:* convulsive ② (*umgangsspr*) *Versuch:* desperate, frantic ③ (*übertragen*) *Lachen:* forced [fɔːst]
Kran crane
Kranführer(in) crane operator
Kranich *Vogel* crane
krank ① *Mensch, Tier:* ill, sick; **krank werden** fall ill; **schwer krank sein** be seriously [*oder* gravely] ill; **sich krank stellen** pretend to be ill ② *Organ, Pflanze:* diseased [dɪ'ziːzd]; *Bein, Zahn:* bad ③ *Firma, Wirtschaft:* ailing ④ (*übertragen*) **das/sie macht mich ganz krank!** this/she is getting on my nerves! **Kranke(r)** sick person; **die Kranken** the sick ⚠ *plural*
kränkeln ① *Mensch:* be sickly ② *Firma, Wirtschaft:* be ailing
kränken **jemanden kränken** hurt somebody, hurt somebody's feelings
Krankengeld ① (*vom Staat*) sickness benefit ② *von Firma:* sick pay **Krankenhaus** hospital; **im Krankenhaus liegen** be in hospital **Krankenkasse** health insurance [company] **Krankenpflege** nursing **Krankenpfleger** male nurse **Krankenschwester** nurse **Krankentransport** transportation of sick people **Krankenversicherung** health [helθ] insurance **Krankenwagen** ambulance ['æmbjələns]
krankfeiern take a sickie *slang*
krankhaft ① *Wucherung, Zelle:* diseased ② (*seelisch, zwanghaft*) pathological [ˌpæθə'lɒdʒɪkl] ③ *Eifersucht etc.* chronic, pathological
Krankheit ① (*allgemein*) illness, sickness; **wegen Krankheit** due to illness ② (*bestimmte*) disease [dɪ'ziːz]
kränklich ① (*vor Substantiv*) sickly ② (*nachgestellt*) in poor health
krankmelden **sich krankmelden** report sick; (*telefonisch*) phone in sick **Krankmeldung** notification of illness [to one's employer] **krankschreiben** file a medical certificate, give a sick note
Kränkung insult, offence; **jemandem eine Kränkung zufügen** hurt [*oder* offend] somebody
Kranz ① (*Grabschmuck*) wreath [riːθ] ② (*als Schmuck oder Preis*) garland ['gɑːlənd] ③ (*kreisförmig Eingefasstes*) ring
krass ① (*auffallend*) *Beispiel:* glaring; *Unterschied:* extreme ② (*unerhört*) *Fall, Vorfall:* blatant ['bleɪtᵊnt] ③ *Gegensatz:* stark ④ **krass gesagt** to put it bluntly ⑤ (*slang*) [**das war**] **voll krass!** [that was] unreal!
Krater crater ['kreɪtə]
Kratzbürste (*abwertend*) pricklyhead
Krätze scabies ⚠ *singular;* **die Krätze haben** have scabies ⚠ *ohne Artikel*
kratzen ① **jemanden/sich kratzen** scratch somebody/oneself ② (*abkratzen*) scrape (**von** off) ▸ IN WENDUNGEN: **das kratzt mich nicht** (*umgangsspr*) I don't give a damn [about that]
Kratzer (*Schramme*) scratch
kratzfest scratch-resistant, non-scratch
kraulen[1] (*im Schwimmen*) do the crawl
kraulen[2] (*liebkosen*) fondle; **jemandem den Bart/in den Haaren kraulen** run one's fingers through somebody's beard/hair
kraus ① *Papier:* crinkly ② *Haar:* frizzy ③ *Stirn:* wrinkled; **die Stirn kraus ziehen** knit one's brow, frown
Kraut ① (*Heilkraut, Würzkraut*) herb ② (*Kohlgemüse*) cabbage ③ (*abwertend: Tabak*) tobacco ▸ IN WENDUNGEN: **wie Kraut und Rüben** higgledy-piggledy; **dagegen ist kein Kraut gewachsen** there is no remedy for that
Kräutertee herb tea
Krautkopf Ⓐ cabbage
Krawall ① (*Aufruhr*) riot ② (*Krach, Lärm*) racket; **Krawall machen** make a racket
Krawatte [neck]tie; **eine Krawatte binden** knot a tie
Krawattennadel tie-pin
kraxeln (*umgangsspr*) clamber
kreativ creative [kriː'eɪtɪv] **Kreativität** creativity [ˌkriːeɪ'tɪvətɪ]
Krebs ① (*Flusskrebs*) crayfish (GB), crawfish (USA); (*Taschenkrebs*) crab ② (*Sternzeichen*) Cancer ③ (*Krankheit*) cancer ['kænsə]; **Krebs erregend** carcinogenic **krebsartig** *Geschwür:* cancerous **Krebsgeschwür** ① (*medizinisch*) carcinoma ② (*übertragen*) cancer **Krebsvorsorge(untersuchung)** cancer check-up
Kredit credit ['kredɪt], loan; **auf Kredit** on credit; **einen Kredit aufnehmen** raise a loan **Kreditgeber** creditor **Kreditkarte** credit card

K k

Kreide ① (*chemisches Element*) chalk [tʃɔːk] ② (*Erdzeitalter*) Cretaceous [period] **kreidebleich**, **kreideweiß** (*nachgestellt*) [as] white as chalk **Kreidezeichnung** chalk drawing

kreieren create

Kreis ① circle; **im Kreis gehen/sitzen** walk/sit in a circle; **sich im Kreis[e] drehen** turn round in a circle; (*übertragen*) go round in circles ⚠ *plural* ② (*Sphäre, Wirkungskreis*) sphere ③ (*Landkreis, Stadtkreis*) district ④ (*übertragen*) *von Menschen:* circle

kreischen shriek, screech

Kreisel (*Spielzeug*) spinning top

kreisen ① (*um eine Achse*) revolve (**um** around) ② *Planet, Satellit:* orbit; **der Satellit kreist um den Mond** the satellite is orbiting the moon ③ *Blut:* circulate (**in** through) ④ (*übertragen*) *Aufmerksamkeit, Gedanken, Gespräch:* revolve (**um** around)

kreisförmig ① *Bahn:* circular ② **kreisförmig angeordnet** arranged in a circle

Kreislauf ① *von Blut, Geld:* circulation ② (*der Natur*) cycle **Kreislaufstörungen** circulatory disorders; **Kreislaufstörungen haben** have circulatory problems

Kreissäge circular saw

Kreißsaal delivery room

Kreisstadt district [*oder* county] town (GB)

Kreisverkehr roundabout [traffic] (GB), rotary ['rəʊtərɪ] [traffic] (USA)

Krematorium crematorium (GB), crematory (USA)

Krempe brim

Krempel (*umgangsspr*) (*Zeug*) stuff; (*Gerümpel*) junk ▶ In Wendungen: **du kannst deinen Krempel allein machen!** you can damn well do it yourself!; **den [ganzen] Krempel hinschmeißen** chuck the whole thing in

Kren (A) (*Meerrettich*) horseradish ['hɔːsˌrædɪʃ]

krepieren ① (*abwertend: verenden*) *Tier:* die [a wretched death] ② (*slang: sterben*) *Mensch:* croak [it] ③ (*übertragen*) *Bombe, Granate:* explode

Krepppapier crepe paper **Kreppsohle** crepe sole

Kresse cress

Kreuz ① cross; (*als Anhänger*) crucifix ['kruːsəfɪks] ② **das/ein Kreuz machen** [*oder* **schlagen**] make the sign [saɪn] of the cross ③ (*Kartenfarbe*) clubs ⚠ *plural;* (*einzelne Kreuzkarte*) club ④ (*Rücken*) small of the back; **das Kreuz tut mir weh** my back is aching, I've got backache ['bækeɪk] ⑤ (*Musikvorzeichen*) sharp ▶ In Wendungen: **jemanden aufs Kreuz legen** (*umgangsspr*) take someone for a ride

Kreuzer cruiser

Kreuzfahrt cruise [kruːz]; **eine Kreuzfahrt machen** go on a cruise **Kreuzfeuer** (*auch übertragen*) crossfire; **im Kreuzfeuer stehen** be caught in the crossfire **Kreuzgang** cloister

kreuzigen crucify ['kruːsɪfaɪ] **Kreuzigung** crucifixion [ˌkruːsə'fɪkʃᵊn]

Kreuzotter adder **Kreuzschlitzschraube** cross-head screw **Kreuzschmerzen** backache ['bækeɪk] ⚠ *singular;* **Kreuzschmerzen haben** have backache **Kreuzspinne** cross [*oder* garden] spider

Kreuzung ① (*Straßenkreuzung*) crossroads ⚠ *singular* (GB), intersection (USA) ② (*in Biologie*) cross-breeding; (*Geschöpf*) cross-breed, hybrid

Kreuzverhör cross-examination; **jemanden ins Kreuzverhör nehmen** cross-examine somebody

Kreuzweg way of the Cross

Kreuzworträtsel crossword puzzle

Kreuzzug (*auch übertragen*) crusade

kribbeln ① (*jucken*) itch, tickle (**vor** with) ② (*prickeln*) prickle, tingle (**vor** with) ③ (*übertragen*) **es kribbelt mir in den Fingern, endlich anzufangen** I'm dying to get started

kriechen ① creep, crawl ② (*umgangsspr: unterwürfig sein*) grovel *umgangsspr* (**vor** before) **Kriechspur** (*umgangsspr*) slow [*oder* crawler] lane

Krieg ① war; **in den Krieg ziehen** go to war (**gegen** against); **Krieg führen** wage war (**mit, gegen** on) ② **Krieg führend** belligerent [bə'lɪdʒᵊrənt]

kriegen (*umgangsspr*) ① (*bekommen*) get; **den Zug kriegen** catch the train ② **die Wut kriegen** get angry

Krieger warrior

kriegerisch warlike; *Haltung:* belligerent [bə'lɪdʒᵊrənt] **Kriegsbeil** tomahawk ▶ In Wendungen: **das Kriegsbeil begraben** bury the hatchet

Kriegsausbruch outbreak of war **Kriegsdienstverweigerer** conscientious objector [kɒnʃɪˌenʃ(ə)s əb'dʒektə]

Kriegsgefangene(r) prisoner ['prɪznə] of war **Kriegsgefangenschaft** captivity; **in Kriegsgefangenschaft geraten/sein** become/be a prisoner of war **Kriegsgericht** court-martial [ˌkɔːt'mɑːʃ(ə)l]; **jemanden vor ein Kriegsgericht stellen** court-martial somebody **Kriegsschiff** warship **Kriegsverbrecher** war criminal ['krɪmɪn(ə)l] **kriegsversehrt** war-disabled

Krimi (*umgangsspr*) [crime] thriller

Kriminalbeamte, -beamtin detective **Kriminalität** ❶ (*Verbrechertum*) crime ❷ (*Kriminalitätsrate*) crime rate **Kriminalpolizei** Criminal Investigation Department, CID [ˌsiːaɪ'diː] (GB), detective force (USA) **Kriminalroman** [crime] thriller, detective novel **kriminell** criminal ['krɪmɪn(ə)l] **Kriminelle(r)** criminal

Krimskrams (*umgangsspr: Zeug*) odds and ends ⚠ *plural*

Kringel (*umgangsspr*) squiggle

Kripo CID [ˌsiːaɪ'diː], Criminal Investigation Department (GB), detective force (USA)

Krippe ❶ (*Weihnachtskrippe*) crib; (*in der Bibel*) manger ['meɪndʒə(r)] ❷ (*Kinderhort*) creche [kreʃ]

Krippentod cot death

Krise crisis ['kraɪsɪs] **kriseln** (*umgangsspr*) **es kriselt** there is a crisis looming

krisenfest crisis-proof **Krisenherd** flashpoint, trouble spot

Kristall crystal ['krɪstl] **kristallen** crystal **Kristallzucker** refined sugar in crystals

Kriterium criterion; **die Kriterien** the criteria

Kritik ❶ criticism ['krɪtɪsɪz(ə)m]; **Kritik an jemandem/etwas üben** criticize somebody/something ❷ *von Film, Buch, Theaterstück:* review; **der Film hat eine gute Kritik** the film got good reviews ⚠ *plural* ❸ (*die Kritiker*) critics ⚠ *plural* **Kritiker(in)** critic ['krɪtɪk] **kritiklos** uncritical [ʌn'krɪtɪk(ə)l] **kritisch** critical

kritisieren criticize ['krɪtɪsaɪz]

kritteln (*abwertend*) find fault (**an** with)

Kritzelei (*abwertend*) scribble **kritzeln** scribble

Krokant praline

Krokette croquette

Krokodil crocodile ['krɒkədaɪl] **Krokodilstränen** (*abwertend*) crocodile tears **Krokoleder** (*umgangsspr*) crocodile skin [*oder* leather]

Krokus crocus

Krone ❶ (*Königskrone*) crown ❷ (*Zahnkrone*) cap, crown ❸ (*Baumkrone*) top, crown ❹ (*Währungseinheit*) crown; (*in Schweden*) krona ▸ IN WENDUNGEN: **einen in der Krone haben** have had a drop too much; **das setzt dem Ganzen die Krone auf!** now that really takes the biscuit! *umgangsspr*

krönen crown; **jemanden zum König krönen** crown somebody king ▸ IN WENDUNGEN: **von Erfolg gekrönt** crowned with success; **der krönende Abschluss** the culmination

Kronkorken crown cork

Kronleuchter chandelier [ˌʃændə'lɪə(r)]

Kronprinz crown prince; (*im Vereinigten Königreich*) Prince of Wales **Kronprinzessin** crown princess; (*im Vereinigten Königreich*) Princess Royal [ˌprɪnses'rɔɪəl]

Krönung ❶ coronation [ˌkɒrə'neɪʃ(ə)n] ❷ (*übertragen*) culmination

Kropf goitre ['gɔɪtə]

Kröte ❶ (*Tier*) toad ❷ **Kröten** (*slang: Geld*) dough ⚠ *singular slang*

Krücke ❶ (*Gehhilfe*) crutch ❷ (*übertragen*) prop ❸ (*umgangsspr: Versager*) washout, dead loss

Krug ❶ jug; **ein Krug Wasser** a jug[ful] of water ❷ (*für Bier*) mug; **ein Krug Bier** a jug of beer; (*mit Deckel*) tankard

Krümel crumb [krʌm] **krümelig** crumbly

krumm ❶ crooked ['krʊkɪd]; (*verbogen*) bent ❷ *Beine:* bandy; *Nase auch:* hooked; *Rücken:* hunched ❸ (*umgangsspr: unehrlich*) crooked; **ein krummes Ding drehen** do something crooked ▸ IN WENDUNGEN: **[jemandem] etwas krumm nehmen** (*umgangsspr*) take offence at something [someone said/did]; **keinen Finger krumm machen** not lift a finger

krümmen ❶ bend *Gegenstand, Körperteil* ❷ **sich krümmen** *Fluss, Straße:* wind; *Wurm:* writhe [raɪð]; **sich vor Schmerzen krümmen** writhe with pain

Krümmung ❶ (*Biegung*) bend, turn ❷ *von Rückgrat:* curvature ['kɜːvətʃə]

Kruste ❶ *von Erde:* crust ❷ *von Wunde:* scab

3 *von Braten:* crackling
Krustentier crustacean [krʌs'teɪʃᵊn]
Kruzifix crucifix ['kru:sɪfɪks]
Krypta crypt
Kuba Cuba ['kju:bə] **Kubaner(in)** Cuban
Kübel (*Eimer*) bucket, pail ▸ IN WENDUNGEN: **es gießt wie aus Kübeln** it's raining cats and dogs, it's buckeling down
Kubikmeter cubic ['kju:bɪk] metre **Kubikzahl** cube number **Kubikzentimeter** cubic centimetre (GB), cubic centimeter (USA)
Küche 1 (*Raum*) kitchen ['kɪtʃᵊn] 2 (*Kochkunst*) cooking, cuisine [kwɪ'zi:n]; **die schwäbische Küche** Swabian cuisine
Kuchen cake
Küchenabfälle kitchen slops [*oder* waste]
Küchenchef(in) chef
Kuchenform cake tin
Küchenherd cooker, kitchen range **Küchenschabe** cockroach **Küchenschrank** [kitchen] cupboard **Küchentuch** kitchen towel
Kuckuck 1 (*Vogel*) cuckoo ['kʊku:] 2 (*umgangsspr: Pfandsiegel*) bailiff's seal **Kuckucksuhr** cuckoo clock
Kuddelmuddel (*umgangsspr*) muddle, mess
Kufe 1 *von Flugzeug:* skid 2 *von Schlitten:* runner
Kugel 1 (*runder Körper*) ball 2 (*geometrische Figur*) sphere [sfɪə] 3 (*Geschoss*) bullet ['bʊlɪt] ▸ IN WENDUNGEN: **eine ruhige Kugel schieben** have a cuchy time **Kugelblitz** ball-lightning **kugelförmig** spherical ['sferɪkᵊl] **Kugellager** ball bearing **kugeln** roll **kugelrund** 1 *Gegenstand:* as round as a ball 2 (*umgangsspr: dick*) *Baby:* roly-poly **Kugelschreiber** ballpoint pen, Biro® **kugelsicher** bullet-proof **Kugelstoßen** shot-put
Kuh 1 (*Tier*) cow 2 **blinde Kuh** (*Spiel*) blind-man's-buff **Kuhhandel** (*umgangsspr*) **das ist doch ein Kuhhandel** it's a bit of horse-trading
kühl 1 (*kalt*) *Temperatur, Wetter:* chilly, cool; **kühl lagern** keep in a cool place; **mir wird etwas kühl** I'm getting rather chilly 2 (*übertragen: besonnen*) cool; (*abweisend*) cold **Kühlbox** cool box, cooler
kühlen 1 cool *Luft, Motor, Stirn* 2 (*im Kühlschrank*) refrigerate [rɪ'frɪdʒəreɪt]; (*auf Eis*) chill 3 **Tee kühlt** tea has a cooling effect
Kühler 1 (*im Motor*) radiator ['reɪdɪəɪtə] 2 (*umgangsspr: Kühlerhaube*) bonnet (GB), hood (USA) **Kühlergrill** radiator ['reɪdɪəɪtə] grille **Kühlerhaube** bonnet (GB), hood (USA)
Kühlraum cold-storage room **Kühlschrank** refrigerator, fridge (GB), icebox (USA) **Kühltruhe** chest freezer, freezer cabinet **Kühlwasser** cooling water
kühn (*auch übertragen*) bold; **das übertrifft meine kühnsten Erwartungen/Träume** this is beyond my wildest hopes/dreams
Kuhstall cowshed
Küken chick
kulant obliging
Kuli 1 (*Lastträger*) coolie 2 (*umgangsspr: Kugelschreiber*) ballpoint, Biro®
kulinarisch culinary ['kʌlɪnᵊri]
Kulisse 1 scenery ['si:nərɪ] 2 (*übertragen: Hintergrund*) background ▸ IN WENDUNGEN: **hinter den Kulissen** behind the scenes; **die Kulisse für etwas bilden** provide the backdrop for something
kullern (*umgangsspr*) roll
Kult 1 cult [kʌlt]; **einen Kult mit jemandem/etwas treiben** make a cult out of somebody/something 2 (*Verehrung*) worship **Kultfigur** cult figure
kultivieren cultivate **kultiviert** 1 (*auch übertragen*) cultivated 2 (*anspruchsvoll, verfeinert*) sophisticated 3 **kultiviert reisen** travel in style
Kultstätte place of ritual worship
Kultur 1 (*Gesamtheit von Kunst und Wissenschaft*) culture ['kʌltʃə] 2 (*Gesellschaftsform, Lebensform*) civilization; **die morgenländische Kultur** Eastern civilization **Kulturbanause, -sin** (*abwertend*) philistine **Kulturbeutel** toilet bag, sponge bag (GB) **kulturell** cultural **Kulturgeschichte** history of civilisation
Kultusministerium ministry of education and the arts
Kümmel 1 (*Gewürz*) caraway ['kærəweɪ] 2 (*umgangsspr: Branntwein*) kümmel
Kummer 1 (*Betrübtheit*) grief, sorrow 2 (*Probleme, Sorgen*) worry ['wʌri]; **Kummer haben** have problems ⚠ *plural;* **jemandem Kummer bereiten** cause someone worry [*oder* trouble]
kümmerlich 1 (*kläglich, unzureichend*) *Aufsatz, Wissen:* scanty 2 *Auskommen, Lohn, Mahlzeit:* miserable ['mɪzərəbl], measly ['mi:zli], paltry ['pɔ:ltri] 3 (*mickrig, schwächlich*) puny

kümmern ❶ (*betreffen*) concern; **das kümmert niemanden** nobody cares about this; **was kümmert das mich?** what do I care? ❷ **sich kümmern um** look after, take care of; **kannst du dich um den Einkauf/die Karten kümmern?** would you see to the shopping/the tickets?

Kumpan ❶ (*umgangsspr: Freund*) pal ❷ (*abwertend: Mittäter*) accomplice

Kumpel ❶ (*Bergmann*) miner ❷ (*umgangsspr: Freund, Arbeitskollege*) mate (GB), pal, buddy (USA)

Kunde, **Kundin** ❶ (*im Geschäft*) customer ['kʌstəmə] ❷ (*einer Bank, Versicherung*) client **Kundendienst** ❶ (*Serviceleistung*) after-sales service ❷ (*Kundendienstabteilung*) service department ❸ **das Auto muss zum Kundendienst** the car needs a service

Kundenstock (A) clients ⚠ *plural*

kundgeben ❶ (*bekannt machen*) make known ❷ (*zum Ausdruck bringen*) express **Kundgebung** (*politisch motiviert*) rally

kundig ❶ (*informiert*) well-informed; **sich über etwas kundig machen** inform oneself about something ❷ (*erfahren, sachkundig*) expert

kündigen ❶ **dem Arbeitgeber** [*oder* **den Arbeitsplatz**] **kündigen** hand in one's notice [to one's employer]; **die Wohnung zum 1. Januar kündigen** give in one's notice for January 1st ❷ cancel *Kredit, Mitgliedschaft;* terminate *Vertrag* ❸ [**dem Arbeitgeber/Vermieter**] **kündigen** give in one's notice [to one's employer/landlord]; [**dem Arbeitnehmer/Mieter**] **zum 1. Juli kündigen** give [the employee/tenant] notice for July 1st [*oder* as of July 1st]; **man hat uns die Wohnung gekündigt** we were given notice to quit ❹ [**die Mitgliedschaft**] **kündigen** cancel one's membership

Kündigung ❶ *von Arbeitsplatz, Wohnung:* notice; **die Kündigung erhalten** (*des Arbeitsplatzes*) be given notice; (*der Wohnung*) be given notice to quit; **mit der Kündigung drohen** threaten to give in one's notice ❷ (*Entlassung*) dismissal ❸ *von Mitgliedschaft, Vertrag:* cancellation [ˌkænsə'leɪʃən] **Kündigungsfrist** period of notice **Kündigungsschutz** protection against unlawful dismissal

Kundschaft ❶ *von Geschäft:* customers ['kʌstəməz] ⚠ *plural* ❷ *von Dienstleistungsbetrieb:* clients ['klaɪənts] ⚠ *plural*

künftig ❶ *Leben, Mann etc.* future ['fjuːtʃə] ❷ *von jetzt an:* in future

Kunst ❶ (*Malerei, Bildhauerei etc.*) art; **die** [**griechische**] **Kunst** [Greek] art ❷ (*Geschicklichkeit*) skill ❸ (*Kniff*) trick ❹ **die bildenden Künste** the plastic arts; **die schönen Künste** the fine arts ❺ (*übertragen*) **das ist keine Kunst!** that's easy! **Kunstakademie** academy of art **Kunstausstellung** art exhibition

Kunstdünger artificial fertilizer ['fɜːtəlaɪzə]

Kunsterziehung (*Schulfach*) art

Kunstfaser synthetic fibre [sɪnˌθetɪk'faɪbə]

kunstfertig skilful (GB), skillful (USA)

Kunstgalerie art gallery

Kunstgeschichte history of art

Kunstgriff trick

Kunstleder artificial [*oder* imitation] leather

Künstler(in) ❶ artist ['ɑːtɪst] ❷ (*übertragen: Könner*) genius (**in** at) **künstlerisch** artistic; **künstlerisch wertvoll** of artistic value

Künstlername *von Schauspieler:* stage name; *von Schriftsteller:* pen name

künstlich ❶ *Blume, Licht:* artificial ❷ *Faser:* synthetic [sɪn'θetɪk] ❸ *Haar, Fingernägel, Zähne:* false

Kunstmaler(in) painter **Kunstsammlung** art collection

Kunstseide artificial silk **Kunststoff** plastic ['plæstɪk]; **aus Kunststoff** [made of] plastic

Kunststück ❶ stunt, trick ❷ (*übertragen*) **das ist kein großes Kunststück!** it's not a big deal! **Kunstturnen** gymnastics [dʒɪm'næstɪks] ⚠ *singular*

Kunstwerk work of art

kunterbunt ❶ *Gruppe, Sammlung:* motley ❷ (*vielfarbig*) many-coloured ❸ (*abwechslungsreich*) varied

Kupfer copper

Kuppe ❶ (*Bergkuppe*) rounded hilltop ❷ (*Fingerkuppe*) tip

Kuppel cupola ['kjuːpələ], dome

kuppeln ❶ (*im Auto*) operate the clutch ❷ (*miteinander verbinden*) couple ['kʌpl], join; **den Anhänger an das Auto kuppeln** hitch the trailer to the car

Kupplung clutch; **die Kupplung treten** push the clutch in; **die Kupplung kommen lassen** let the clutch out

Kur cure; (*einzelne Behandlung*) treatment; **in Kur fahren**, **auf Kur gehen** go for a cure

Kür ❶ (*Tanzen, Turnen*) free section ❷ (*Eiskunstlauf*) free skating

Kuratorium ❶ (*Gremium*) board of trustees ❷ (*Komitee, Vereinigung*) committee

Kurbel crank **Kurbelwelle** crankshaft

Kürbis ❶ (*Frucht*) pumpkin ❷ (*übertragen oder abwertend: Kopf*) nut

Kurgast patient at a health resort

Kurier courier ['kʊrɪə] **Kurierdienst** courier service; **mit dem** [*oder* **per**] **Kurierdienst** by courier service

kurieren cure

kurios (*seltsam*) curious, odd **Kuriosität** curiosity

Kurort health resort, spa [spɑː] **Kurpackung** (*für Haare*) hair-repair kit **Kurpfuscher(in)** (*abwertend*) quack

Kurs ❶ (*auch übertragen*) course [kɔːs]; **Kurs nehmen** set course (**auf** for) ❷ *von Partei:* line; **ein harter Kurs** a hard line ❸ *von Währungen:* rate of exchange; *von Aktien:* price; **die Aktien stehen hoch im Kurs** shares are high ❹ (*Lehrgang*) course (**für, in** in) ▶IN WENDUNGEN: [**bei jemandem**] **hoch im Kurs stehen** be popular [with somebody]

kursieren *Gerücht:* circulate

kursiv ❶ *Schrift:* italic ❷ **etwas kursiv drucken** print something in italics

Kursteilnehmer(in) course participant

Kurswagen through coach

Kurve (*auch in Mathematik*) curve; (*Biegung*) bend ▶IN WENDUNGEN: **die Kurve kratzen** (*umgangsspr*) scarper **kurvenreich** *Straße:* bendy, winding

kurz ❶ (*räumlich*) short; **kurze Hose** shorts ⚠ *plural;* **kürzer machen** shorten ❷ (*zeitlich*) short; **über kurz oder lang** sooner or later; [**bis**] **vor kurzem** [until] recently; **vor kurzer Zeit** lately ❸ (*für kurze Zeit*) [**bei jemandem**] **kurz vorbeischauen** drop in [on somebody]; **jemandem kurz schreiben** drop somebody a line; **jemanden kurz anrufen** give somebody a ring [*oder* tinkle] [*oder* bell] ❹ (*bündig*) *Besuch, Brief, Rede, Zusammenfassung:* brief ❺ **kurz vorher/nachher** just [*oder* shortly] before/after; **kurz vor Stuttgart/Weihnachten** just [*oder* shortly] before Stuttgart/Christmas ❻ **für kurze Zeit** briefly; **kurz auf Toilette gehen** quickly go to the toilet ❼ (*bündig, knapp*) **kurz und gut**, **kurz gesagt** in a word, in a nutshell, in short; **kurz und bündig** concisely [kən'saɪsli]; **um es kurz zu machen** to cut a long story short; **sich kurz fassen** make it brief ▶IN WENDUNGEN: **zu kurz kommen** come off badly; **den Kürzeren ziehen** (*umgangsspr*) get the worst of it

Kurzarbeit short time; **Kurzarbeit machen** be on short time **kurzarbeiten** be on short time

kurzärmelig short-sleeved

Kurzbrief memo

Kürze ❶ (*geringe Länge*) shortness ❷ *von Aufsatz, Bericht, Besuch:* brevity ❸ **in aller Kürze** very briefly

kürzen ❶ (*kürzer machen*) shorten ❷ abridge *Buch;* cut *Film, Rolle, Theaterstück* ❸ cut [back] *Gelder, Subventionen;* reduce *Arbeitszeit, Gehalt* ❹ (*in Mathematik*) reduce, cancel *Bruch*

kurzerhand ❶ (*ohne Umschweife*) without further ado ❷ (*auf der Stelle*) on the spot

Kurzfassung abridged version **Kurzfilm** filmlet, short **Kurzform** abbreviated form **kurzfristig** ❶ *Lösung, Planung:* short-term ❷ *Abreise, Ersatz, Zusage:* immediate ❸ (*für kurze Zeit*) for a short time ❹ (*ohne große Ankündigung*) at short notice; **etwas kurzfristig absagen** call something off at short notice **Kurzgeschichte** short story **kurzlebig** short-lived

kürzlich lately, recently; **erst kürzlich** just recently, just the other day

Kurznachrichten news summary ⚠ *singular* the news headlines **Kurzschluss** short-circuit **Kurzschlusshandlung** rash action **kurzsichtig** (*auch übertragen*) short-sighted **Kurzstreckenflug** short-haul flight **Kurzstreckenrakete** short-range missile

Kürzung ❶ (*das Kürzermachen*) shortening ❷ *von Buch:* abridgement ❸ *von Gehältern:* cut, reduction

Kurzwaren haberdashery [ˌhæbə'dæʃəri] ⚠ *singular* (GB), notions (USA)

kurzweilig entertaining

Kurzwelle short wave

Kurzzeitgedächtnis short-term memory

kuscheln ❶ cuddle; **lass uns kuscheln** let's have a cuddle ❷ **sich an jemanden/etwas kuscheln** snuggle up to somebody/something

kuschen (*abwertend*) knuckle under (**vor** to)
Kusine cousin ['kʌzən]
Kuss kiss
küssen kiss; **sie küssten sich** they were kissing
Küste coast; (*unmittelbares Ufer*) shore **Küstengewässer** coastal waters **Küstenschifffahrt** coastal shipping
Kutsche ① carriage ['kærɪdʒ], coach ② (*umgangsspr: Auto*) jalopy
Kutteln tripe ⚠ *singular*
Kutter cutter
Kuvert envelope
Kuwait Kuwait [kʊ'weɪt] **Kuwaiter(in)** Kuwaiti [kʊ'weɪti]
KZ *Abkürzung von* **Konzentrationslager** concentration camp

L

labern prattle on *abwertend*
labil delicate ['delɪkət]; (*psychisch*) weak
Labor laboratory [lə'bɒrətəri], lab **Laborant(in)** lab[oratory] technician

> **! Vorsicht Falle** Das englische Wort **labor** ist die amerikanische Form von **labour** = Arbeit, arbeiten.

Lache[1] die (*Pfütze*) puddle, pool
Lache[2] die (*Gelächter*) laugh, way of laughing ['lɑːfɪŋ]
lächeln smile (**über** at)
Lachen laughing ['lɑːfɪŋ], laughter ['lɑːftər]; **das ist nicht zum Lachen** that's not funny; **Ihnen wird das Lachen noch vergehen!** you'll soon be laughing on the other side of your face! *umgangsspr*
lachen ① laugh [lɑːf] (**über** at) ② **vor Freude lachen** laugh with joy; **Tränen lachen** cry with laughter ▸ IN WENDUNGEN: **dass ich nicht lache!** don't make me laugh!; [**bei jemandem**] **nichts zu lachen haben** have a tough time of it [with someone]; **wer zuletzt lacht, lacht am besten** he who laughs last, laughs longest
lächerlich ① (*zum Lachen*) ridiculous [rɪ'dɪkjələs] ② (*unbedeutend*) petty ③ **jemanden lächerlich machen** make someone look silly [*oder* ridiculous]; **damit machst du dich nur lächerlich** you're just making a fool of yourself with that ④ **etwas ins Lächerliche ziehen** make a joke on/of something **Lachgas** laughing ['lɑːfɪŋ] gas
lachhaft laughable ['lɑːfəbl̩]
Lachs salmon ['sæmən]
Lack lacquer ['lækər], varnish; (*Autolack*) paint

> **! Vorsicht Falle** Im Englischen bedeutet **a lack of** = ein Mangel an, und **to lack something** = nicht haben.

Lackel Ⓐ (*Tölpel*) oaf [əʊf] *abwertend*
lackieren varnish; paint *Fingernägel;* spray *Auto*
Lackleder patent leather ['peɪtənt 'leðər]
Lackschuh patent-leather shoe
Ladegerät battery charger
Laden[1] der (*Fensterladen*) shutter
Laden[2] der ① (*Geschäft*) shop Ⓖⓑ, store Ⓤⓢⓐ; **der Laden öffnet um 9 Uhr** the shop opens at 9 o'clock ② (*Kneipe*) place
laden ① load *Fracht* (**auf, in** onto, into) ② charge *Batterie* ③ load *Feuerwaffe, Kamera* ④ **etwas auf sich laden** burden oneself with something
Ladenbesitzer(in) shopkeeper **Ladendieb(in)** shoplifter **Ladenschluss** closing time
Ladung cargo, load *auch übertragen; einer Batterie:* charge
Lage ① (*Situation*) situation [sɪtʃu'eɪʃən]; **ich bin da in einer peinlichen Lage** I'm in a somewhat awkward situation; **lass uns erst mal die Lage peilen** let's check this out first *umgangsspr* ② position [pə'zɪʃən]; **dazu bin ich nicht in der Lage** I'm not in a position to do that ③ (*örtliche Lage*) location; **in günstiger Lage** well-situated ④ (*Schicht*) layer **Lageplan** layout plan, site plan, map of the area
Lager ① camp *auch übertragen;* **das Lager abbrechen** break camp ② (*Warenlager*) store; (*Lagerhaus*) warehouse ['weərhaʊs]; (*Vorrat*) stocks ⚠ *plural* ③ (*Ablagerung*) deposit ④ *von Maschine:* bearing ['beərɪŋ] ▸ IN WENDUNGEN: **etwas auf Lager haben** to have something in store; **hast du noch mehr Witze auf Lager?** do you have any

more jokes on tap? ⚠*Im Englischen bedeutet 'Lager' = Bier!* **Lagerfeuer** campfire **Lagerhaus** warehouse ['weəʳhaʊs], store

lagern ❶ (*hinlegen*) lay down ❷ store *Waren* ❸ *Truppen:* camp

Lagerraum storeroom **Lagerung** storage

Lagune lagoon [lə'guːn]

lahm ❶ (*gelähmt*) lame ❷ *Fete, Typ:* dreary, dull; **du lahme Ente!** you slowcoach!; **lahme Ausrede** lame [*oder* poor] excuse ❸ **etwas lahm legen** paralyse something, bring something to a standstill **Lahmarsch** slowcoach (GB) *slang,* slowpoke (USA) *slang* **lahmarschig** damn slow *slang*

lahmen be lame (**auf** in)

lähmen paralyse ['pærəlaɪz] *auch übertragen*

Lähmung paralysis [pə'rælɪsɪs]

Laib loaf; **ein Laib/zwei Laib Brot** a loaf/two loaves of bread

Laich spawn **laichen** spawn

Laie ❶ layman *auch übertragen* ❷ **in dem Fach bin ich leider nur Laie** I'm afraid I don't know much about that subject

Lake brine

Laken sheet

Lakritz(e) liquorice ['lɪkrɪs]

lallen slur; **sie hat nur noch gelallt** she was slurring her words

Lama llama ['lɑːmə]

Lamelle ❶ *von Pilzen:* lamella ❷ *von Jalousien:* slat

Lametta ❶ tinsel ❷ (*Orden*) gongs ⚠ *plural*

Lamm lamb [læm] **Lammfell** lambskin ['læmskɪn]

Lampe lamp

Lampenfieber stage fright

Lampenschirm lampshade

Lampion Chinese lantern

Land ❶ (*Festland, Gelände*) land; **an Land gehen** go ashore; **an Land gespült werden** be washed ashore ❷ (*im Gegensatz zur Stadt*) country ['kʌntri]; **auf dem Land[e]** in the country; **wir ziehen auf's Land** we're moving to the countryside ❸ (*Staat*) country; **hier zu Lande** here, in this country; ❹ (*Bundesland der BRD*) Land; (*in Österreich*) province ▸ IN WENDUNGEN: **wieder Land sehen** see daylight

Landadel landed gentry

Landammann (CH) highest official in a Swiss canton

Landarbeiter(in) farm [*oder* agricultural] worker

Landbevölkerung rural population

Landeanflug approach **Landebahn** runway, landing-strip

landeinwärts inland

landen ❶ land; **weich landen** make a soft landing ❷ (*enden*) land [*oder* end] up *umgangsspr;* **im Gefängnis landen** end up in jail ▸ IN WENDUNGEN: **bei jemandem landen** get through to somebody; **bei ihm kannst du damit nicht landen** you won't get anywhere with him with that

Landenge isthmus ['ɪsməs], neck of land

Ländereien estates

Länderspiel international [ˌɪntə'næʃᵊnᵊl] **Landesgrenze** *eines Staates:* national border, frontier

Landesinnere interior **Landesregierung** government of a Land; (*in Österreich*) provincial government

Landesteg landing stage

Landesverrat high treason **Landeszentralbank** state central bank

Landflucht migration [*oder* drift] from the land **Landgericht** district court [kɔːt] **Landgut** estate **Landhaus** country house **Landkarte** map **Landkreis** administrative district **landläufig** popular ['pɒpjələʳ] **Landleben** country life

Ländler (A) country dance

ländlich rural

Landplage (*nervige Sache*) pest *umgangsspr* **Landratte** landlubber

Landschaft ❶ (*ländliche Gegend*) countryside ['kʌntrɪsaɪd] ❷ (*auf Bildern*) landscape **landschaftlich** scenic ['siːnɪk]; (*regional*) regional ['riːdʒᵊnᵊl] **Landschaftsgärtner(in)** landscape gardener

Landstraße road; (*im Gegensatz zur Autobahn*) ordinary road **Landstreicher(in)** tramp, hobo (USA)

Landung landing **Landungsbrücke** jetty, landing-stage

Landvermessung land surveying [sɜː'veɪɪŋ]

Landwirt(in) farmer

Landwirtschaft agriculture ['ægrɪkʌltʃəʳ], farming **landwirtschaftlich** agricultural [ˌægrɪ'kʌltʃᵊrᵊl] **Landwirtschaftsministerium** ministry of agriculture, Department of Agriculture

Landzunge spit of land

lang ① long; (*groß*) *Mensch:* tall ② **seit langem** for a long time; **das ist schon lange her** that's a long time ago ③ **den ganzen Tag lang** the whole day long; **sein ganzes Leben lang** all his life ④ **lang ersehnt** longed-for ⑤ **etwas lang und breit erzählen** tell something at great length ⑥ **lang gestreckt** long ▸ IN WENDUNGEN: **ein langes Gesicht machen** pull a long face; **lange Finger machen** pinch; **eine lange Leitung haben** be slow on the uptake **langatmig** long-winded

Länge ① (*zeitlich, räumlich*) length; **der Länge nach** lengthwise; **sich in die Länge ziehen** go on and on ② (*Längengrad*) longitude ['lɒndʒɪtju:d]

langen ① (*reichen*) give, hand, pass ② (*genügen*) be enough [ɪ'nʌf]; **das langt** it'll [*oder* that'll] do [*oder* suffice [sə'faɪs]]; **es langt!** that's enough!; **mir langt's!** I've had enough! ③ (*sich [er]strecken*) reach (**nach** for)

Längengrad longitude ['lɒndʒɪtju:d]

Längenmaß linear measure

längerfristig ① *Planung:* longer-term ② **längerfristig planen** plan for the longer term; **längerfristig gesehen** looked at over a longer period of time

Langeweile boredom ['bɔ:dəm]; **Langeweile haben** be bored; **vor lauter Langeweile** out of sheer boredom

langfädig (CH) long-winded

Langfinger pickpocket

langfristig ① *Planung:* long-term ② in the long term; **langfristig planen** plan for the long term

langjährig *Freundschaft, Mitarbeiter:* long-standing, of many years' standing

Langlauf (*Skilanglauf*) cross-country skiing ['ski:ɪŋ]

Langlaufski cross-country ski

langlebig (*haltbar*) long-lasting **Langlebigkeit** *von Mensch, Tier:* longevity [lɒn'dʒevəti]

länglich elongated ['i:lɒŋgeɪtɪd], oblong ['ɒblɒŋ]

längs ① **längs der Linie** along the line ② (*der Länge nach*) lengthwise; **etwas längs aufschneiden** cut something open lengthways

Längsachse longitudinal [ˌlɒndʒɪ'tju:dɪnəl] axis

langsam ① slow ② slowly ③ (*allmählich*) just about; **langsam reicht es mir** I'm just about fed up with it ④ **immer schön langsam!** easy does it! ⑤ **das geht mir viel zu langsam** that's way too slow for me **Langsamkeit** slowness

Langschläfer(in) late riser

längst ① (*schon lange*) for a long time ② (*vor langer Zeit*) long ago ③ **noch längst nicht** not by any means ④ **der Zug war längst weg** the train had long since gone

längstens ① (*spätestens*) at the latest ② (*höchstens*) at the most

Langstreckenflug long-haul [*oder* long-distance] flight

Languste crayfish, crawfish (USA)

langweilen ① bore ② **sich langweilen** be [*oder* get] bored; **sich zu Tode langweilen** be bored to death

langweilig ① boring, tedious ['ti:diəs] ② (*langsam, lahm*) slow

Langwelle long wave

langwierig lengthy

Langzeit- long-term

Langzeitarbeitslose(r) long-term unemployed [person]

Langzeitwirkung long-term effect

Lanze lance [lɑ:ns] ▸ IN WENDUNGEN: **für jemanden eine Lanze brechen** take up the cudgels for someone

Laos Laos

Lapislazuli lapis lazuli

Lappalie mere nothing, trifle

Lappen (*Stück Stoff*) cloth; rag ▸ IN WENDUNGEN: **jemandem durch die Lappen gehen** slip through someone's fingers *umgangsspr*

läppisch ① (*dumm*) silly ② (*sehr gering*) ridiculous

Laptop laptop

Lärche (*Baum*) larch [lɑ:tʃ]

Larifari airy-fairy ['eəri'feəri] nonsense *abwertend*

Lärm ① (*Krach*) noise ② (*Radau*) row [raʊ] ③ (*Aufsehen*) fuss **Lärmbelästigung** noise disturbance [*oder* pollution] **lärmempfindlich** sensitive to noise

lärmen be noisy

Lärmpegel noise level

Lärmschutz noise prevention, noise barrier

Larve larva

lasch ① (*schlaff*) limp ② (*zu nachgiebig*) lax

L

Lasche (*Schlaufe*) loop

Laser laser **Laserdrucker** laser printer

lassen ❶ (*erlauben*) let **ich möchte so gerne auf die Party gehen, lässt du mich?** I really want to go to the party, will you let me? ❷ (*veranlassen*) **etwas machen lassen** have something done; **ich lasse meinen Anzug reinigen** I have [*oder* get] my suit cleaned ❸ (*in einem Zustand*) **lass es doch einfach so, wie es ist** just leave it the way it is ❹ (*unterlassen*) omit; **lassen Sie das!** stop it!; **lass mich in Ruhe!** leave me alone!; **tu, was du nicht lassen kannst!** do what you think you must!; **sie kann's einfach nicht lassen** she just can't help it ❺ **jemandem etwas lassen** let someone have something ❻ (*zurücklassen*) leave ❼ (*hinaus-, hineinlassen*) let (**aus** out of, **in** into) ❽ **er lässt sich nicht überreden** he will not be persuaded ❾ **sich einen Bart/die Haare wachsen lassen** grow a beard/one's hair ⚠ *singular* ❿ **jemanden rufen** [*oder* **kommen**] **lassen** send for someone ⓫ **ich habe mir sagen lassen, ...** I've been told ... ⓬ **das lässt sich machen!** that's possible!; **lass mich nur machen!** leave it to me! ⓭ **etwas offen lassen** leave something open *auch übertragen*

lässig (*ungezwungen*) casual ['kæʒjuəl]

Last ❶ burden, load; **jemandem zur Last fallen** be a burden on someone; (*jemandem lästig sein*) trouble someone ❷ (*Fracht*) cargo ❸ (*Kosten*) charges ⚠ *plural*, costs ⚠ *plural* **lasten** weigh [weɪ] [heavily] (**auf** on); **alle Verantwortung lastet auf mir** all the responsibility rests on me

Laster[1] der lorry (GB), truck (USA)

Laster[2] das vice

lasterhaft depraved

Lästermaul scandalmonger ['skændəl-ˌmʌŋgəʳ]

lästern ❶ blaspheme *Gott* ❷ **über jemanden lästern** make nasty remarks about someone

lästig ❶ (*belästigend*) troublesome ['trʌblsəm] ❷ (*ärgerlich*) annoying; **du kannst wirklich lästig sein** you can be a real nuisance ['njuːsəns]; **er wird langsam lästig** he's becoming a nuisance

Lastkahn barge **Lastkraftwagen** heavy goods vehicle ['vɪəkl]

Lastschrift ❶ (*Anzeige*) debit note ❷ (*Buchung*) debit entry

Lastwagen lorry (GB), truck (USA) **Lastzug** juggernaut (GB), tractor-trailer (USA)

Lasur glaze, varnish

Latein Latin ► IN WENDUNGEN: **ich bin mit meinem Latein am Ende** I'm at my wits' end

Lateinamerika Latin America **Lateinamerikaner(in)** Latin American **lateinamerikanisch** Latin-American

lateinisch Latin; **auf Lateinisch** in Latin

Laterne lantern ['læntən]; (*Straßenlaterne*) streetlight **Laternenpfahl** lamppost

Latex latex ['leɪteks]

Latschen ❶ (*Hausschuh*) slipper ❷ (*alter Schuh*) worn-out shoe **latschen** ❶ (*herumlaufen*) traipse [treɪps] *umgangsspr* ❷ (*schlurfen*) slouch [slaʊtʃ] along *umgangsspr*

Latte ❶ (*Brett*) slat ❷ (*beim Hochsprung*) bar; (*beim Fußball*) crossbar ► IN WENDUNGEN: **eine ganze Latte von ...** a whole string of ... **Lattenrost** slatted frame **Lattenzaun** picket fence, poling

Latz ❶ (*Kleiderlatz*) bib ❷ (*Hosenlatz*) flap **Latzhose** dungarees [ˌdʌŋgə'riːz] ⚠ *plural*

lau ❶ *Wasser:* lukewarm ❷ (*mild*) mild [maɪld]

Laub leaves ⚠ *plural* **Laubbaum** deciduous [dɪ'sɪdjuəs] tree

Laube ❶ (*Gang*) arbour ['ɑːbəʳ] ❷ (*Gartenhäuschen*) summerhouse

Laubfrosch tree frog

Laubsäge fretsaw

Laubwald deciduous [dɪ'sɪdjuəs] forest

Lauch leek **Lauchzwiebel** spring onion

Lauer **auf der Lauer liegen** [*oder* **sein**] lie in wait **lauern** lie in wait (**auf** for)

Lauf ❶ (*schneller Schritt*) run ❷ *von Maschine:* operation [ɒpə'reɪʃən], running ❸ (*in der Informatik*) run ❹ (*Wettlauf*) race ❺ (*Verlauf*) course [kɔːs]; **der Lauf der Dinge** the way things go; **im Laufe der Jahre** over the years; **den Dingen ihren** [*oder* **freien**] **Lauf lassen** let things take their course; **seinen Gefühlen freien Lauf lassen** give way [*oder* free rein] to one's feelings

Laufbahn (*Beruf*) career [kə'rɪəʳ]; **eine Laufbahn einschlagen** embark on a career

laufen ❶ (*rennen*) run; (*zu Fuß gehen*) walk [wɔːk] ❷ (*funktionieren*) work; *Maschine, Uhr:* go ❸ (*undicht sein*) leak; *Nase:* run ❹ (*im Gange sein*) go on; *Film:* be on; **was**

läuft im Kino? what's on at the cinema? ⑤ **die Sache ist gelaufen** it's all wrapped up ⑥ **wie laufen die Geschäfte?** how's business? ⑦ **die Versicherung läuft auf meinen Namen** the insurance is in my name ⑧ **Ski laufen** ski; **Rollschuh laufen** rollerskate; **Schlittschuh laufen** skate ⑨ **sich warm laufen** warm up ⑩ **laufen lassen** let go ⑪ **mit diesen Schuhen läuft es sich schlecht** these shoes are uncomfortable

laufend ① *Monat, Jahr:* current ② (*ständig*) regular ['regjələʳ]; (*regelmäßig*) routine [rəʊ'tiːn] ③ **am laufenden Band** continuously [kən'tɪnjuəsli] ④ **auf dem Laufenden bleiben** keep oneself up-to-date ⑤ **laufend etwas tun** do something continually; **das passiert laufend** it happens all the time

Läufer(in) runner

Läufer ① (*beim Schachspiel*) bishop ② (*Treppenläufer*) runner; (*in der Wohnung*) rug

Lauffeuer **die Nachricht verbreitete sich wie ein Lauffeuer** the news spread like wildfire

Laufgitter playpen

läufig *Hündin:* on heat

Laufkundschaft occasional [ə'keɪʒənəl] customers ⚠ *plural,* passing trade

Laufmasche ladder (GB), run (USA)

Laufpass ▸ IN WENDUNGEN: **jemandem den Laufpass geben** give someone his/her marching orders ⚠ *plural*

Laufschritt ① (*schneller Schritt*) trot; **im Laufschritt** trotting ② (*beim Militär*) at the double

Laufstall playpen

Laufsteg (*für Models*) catwalk

Laufvogel flightless bird

Laufwerk *eines Computers:* drive

Lauge ① (*Salzlauge*) leach, lye [laɪ] ② (*Seifenlauge*) soapy water

Laune ① (*Grille, Einfall*) whim; **aus einer Laune heraus** on a whim ② (*Stimmung*) mood; (*schlechte Laune*) [bad] temper; **guter/schlechter Laune sein** be in a good/bad mood

launisch ① (*launenhaft*) moody ② (*unberechenbar*) capricious [kə'prɪʃəs]

Laus louse [laʊs], *plural* lice ▸ IN WENDUNGEN: **eine Laus ist ihm über die Leber gelaufen** he got out of bed on the wrong side

lauschen ① (*zuhören*) listen ['lɪsən]; **jemandem lauschen** listen to someone; **auf etwas lauschen** listen for something ② (*heimlich horchen*) eavesdrop ['iːvzdrɒp]

lauschig (*gemütlich*) cosy, snug

Lausejunge rascal [rɑːskəl], scamp

lausen (*entlausen*) delouse [diː'laʊs]

lausig ① lousy ['laʊzi] *umgangsspr* ② **lausig schlecht** awfully bad

Laut sound [saʊnd]; **keinen Laut von sich geben** not make a sound

laut[1] ① loud [laʊd]; *Farben:* loud, shrill ② (*lärmend*) noisy; **lautes Gelächter** roars *plural* of laughter ③ **lauter!** (*Aufforderung an Redner*) speak up! (GB), louder! (USA) ④ **laut vorlesen** read out loud ⑤ **das Radio lauter stellen** turn the radio up ⑥ **er wird immer gleich laut** he always immediately raises his voice ⑦ **laut und deutlich sprechen** speak loud and clearly

laut[2] **laut meinen Anweisungen** according to my instructions; **laut Gesetz** according to the law

lauten *Befehl:* say; *Inhalt eines Schreibens:* go, read; *Name:* be; *These, Rede:* go

läuten ring; **bei jemandem läuten** ring somebody's bell; **es hat eben geläutet** the bell just rang

lautend **gleich lautend** identical

lauter ① (*rein*) pure [pjʊəʳ]; **lautere Wahrheit** honest ['ɒnɪst] truth ② (*aufrichtig, ehrbar*) honourable ['ɒnərəbl̩] ③ **das sind lauter Freunde** they're friends, all of them; **lauter Lügen!** nothing but lies!; **lauter dummes Zeug reden** talk sheer nonsense ④ **vor lauter Krach** for all the noise

lauthals at the top of one's voice

lautlos silent, soundless ['saʊndləs]

Lautschrift phonetic script

Lautsprecher [loud]speaker

lautstark loudly **Lautstärke** volume ['vɒljuːm] **Lautstärkeregler** volume control

lauwarm slightly warm, lukewarm [ˌluːk'wɔːm] *auch übertragen*

Lava lava

Lavabo (CH) wash-basin

Lavendel lavender ['lævəndəʳ]

Lawine avalanche ['ævəlɑːnʃ] **Lawinengefahr** danger of avalanches

lax lax

Lazarett military hospital; (*Krankenstation*) sick bay

LCD *Abkürzung von* **liquid crystal display** LCD

Lebemann playboy

Leben ① life, *plural* lives [laɪvz]; **am Leben bleiben/sein** stay/be alive; **er hat mir das Leben gerettet** he saved my life; **wir fürchten um sein Leben** we fear for his life; **ums Leben kommen** lose one's life ② **ein Kampf auf Leben und Tod** a fight to the death; (*übertragen*) a life-and-death struggle ③ (*Betriebsamkeit*) activity, life; **Leben in die Bude bringen** liven the place up ④ **so ist das Leben** such is life ⑤ **etwas ins Leben rufen** bring something into being ⑥ **etwas für sein Leben gern haben/tun** be mad about something/about doing something ⑦ **im Leben stehen** know what life is all about ⑧ **nie im Leben** never ever ⑨ **jemandem das Leben zur Hölle machen** make someone's life hell

leben ① live [lɪv] (**für** for) ② **lebt er noch?** is he still alive? ③ **man lebt nur einmal!** you only live once! ④ **von etwas leben** live [*oder* subsist] on something

lebend ① live [laɪv], alive; **er ist der lebende Beweis für ...** he is living proof of ... ② **lebende Sprachen** modern languages

lebendig ① live [laɪv], alive ② (*lebhaft*) lively ['laɪvli]; *Erinnerung:* vivid **Lebendigkeit** liveliness ['laɪvlinəs], vividness

Lebensabend old age **Lebensabschnitt** period of life **Lebensarbeitszeitverkürzung** shortening of one's working life **Lebensart** ① (*Lebensweise*) way [*oder* manner] of living ② (*Lebensstil*) style, lifestyle, way of life **Lebensbedingungen** living conditions **Lebensdauer** life **Lebenserfahrung** experience of life **Lebenserhaltungssystem** (*im Krankenhaus*) life-support system **Lebenserwartung** life expectancy

Lebensfreude zest for life **lebensfroh** full of the joys of life **Lebensgefahr** ① [mortal] danger ② **unter Lebensgefahr** at the risk of one's life ③ **Vorsicht! Lebensgefahr!** Caution! Danger! ④ **in Lebensgefahr sein** be in danger of one's life; **außer Lebensgefahr sein** be out of danger **lebensgefährlich** highly dangerous; *Verletzung:* critical **Lebensgefährte, -gefährtin** partner **Lebensgefühl** awareness of life **Lebenshaltungskosten** cost of living ⚠ *singular* **Lebenslage** situation [sɪtju'eɪʃᵊn]; **in jeder Lebenslage** in any situation **lebenslänglich** ① *Kampf etc.:* lifelong ② **er hat lebenslänglich bekommen** he got life **Lebenslauf** (*geschriebener*) curriculum vitae [kəˌrɪkjələm'viːteɪ], CV (GB), résumé ['rezʊmeɪ] (USA) **lebenslustig** lively, fond of life **Lebensmittel** food ⚠ *singular* **Lebensmittelgeschäft** grocer's [shop] (GB); **im Lebensmittelgeschäft** at the grocer's, grocery [store] (USA) **Lebensmittelvergiftung** food poisoning **Lebensraum** environment, habitat **Lebensretter(in)** rescuer ['reskjuəʳ] **Lebensstandard** standard of living, living standards ⚠ *plural* **Lebensunterhalt** living, livelihood ['laɪvlihʊd]; **sich seinen Lebensunterhalt verdienen** earn [*oder* make] a living **Lebensversicherung** life insurance, (GB) *auch* life assurance; **eine Lebensversicherung abschließen** take out life insurance **Lebensweise** way of life, habits ⚠ *plural* **lebenswert** worth living **lebenswichtig** essential, vital ['vaɪtᵊl] **Lebenszeichen** sign of life; **er gab kein Lebenszeichen mehr von sich** he showed no signs of life any more **Lebenszeit** ① lifetime ② **auf Lebenszeit** for life; **Beamter auf Lebenszeit** permanent civil servant

Leber liver ['lɪvəʳ] **Leberfleck** mole [məʊl] **Leberleiden** liver disorder **Leberpastete** liver pâté ['pæteɪ] **Lebertran** cod-liver oil **Leberwurst** liver sausage ['sɒsɪdʒ] (GB), liverwurst ['lɪvəwɜːst] (USA) ▶ IN WENDUNGEN: **spiel doch nicht immer die beleidigte Leberwurst!** must you always get into a huff?

Lebewesen living being [*oder* creature ['kriːtʃəʳ]]

Lebewohl farewell; **jemandem Lebewohl sagen** bid someone farewell

lebhaft ① lively ['laɪvli]; (*temperamentvoll*) vivacious [vɪ'veɪʃəs] ② *Geschäft:* brisk ③ *Interesse:* keen ④ *Verkehr:* heavy, busy ['bɪzi] ⑤ *Phantasie:* vivid

Lebkuchen gingerbread

leblos ① (*ohne Leben*) lifeless ② (*unbeseelt*) inanimate [ɪ'nænɪmət]

Lebzeiten **zu seinen Lebzeiten** (*als er noch lebte*) in his lifetime; (*zu seiner Zeit*) in his day

lechzen thirst, crave (**nach** for)

Lecithin lecithin ['lesɪθɪn]

Leck leak **leck** leaky; **leck sein** leak; **leck**

schlagen hole

lecken[1] (*undicht sein*) leak

lecken[2] ① (*schlecken*) lick ② **seine Wunden lecken** lick one's wounds ③ **leck mich!** *slang* piss off! *umgangsspr* ▶ IN WENDUNGEN: **sich die Finger nach etwas lecken** be dying for something

lecker delicious [dɪ'lɪʃəs] **Leckerbissen** titbit

Leder ① leather ['leðəʳ]; **zäh wie Leder** as tough as old boots *umgangsspr* ② (*der Fußball*) ball ▶ IN WENDUNGEN: **jemandem ans Leder wollen** want to get one's hands on someone; **jemandem das Leder gerben** tan someone's hide **Lederhandschuh** leather glove **Lederjacke** leather jacket

ledern ① (*aus Leder*) leather ② (*zäh*) leathery

Lederwaren leather goods

ledig single

Ledige(r) single man/woman/person

lediglich merely

leer ① empty ② *Wohnung, Haus:* vacant; (*unmöbliert*) unfurnished ③ (*unbeschrieben*) blank ④ **leeres Gerede** idle talk; **leere Versprechungen** vain [*oder* empty] promises ⑤ **mit leeren Händen** empty-handed ⑥ **leer ausgehen** come away empty-handed ⑦ **die Straßen waren wie leer gefegt** the streets were deserted

Leere emptiness; **gähnende Leere** a yawning void

leeren empty

Leergewicht unladen weight **Leergut** empties ⚠ *plural* **Leerlauf** ① (*Gang*) neutral ['nju:trᵊl]; **im Leerlauf** in neutral ② (*Untätigkeit*) period of inactivity, slack **Leertaste** space bar

Leerung **nächste Leerung** *eines Briefkastens:* next collection

legal legal ['li:gᵊl], lawful **legalisieren** legalize ['li:gᵊlaɪz] **Legalität** legality [lɪ'gælɪti]

Legastheniker(in) dyslexic [dɪs'leksɪk]

Legebatterie hen battery

legen ① lay, put; (*an einen bestimmten Platz*) place ② (*verlegen*) lay *Teppich, Kabel* ③ **etwas beiseite legen** put something aside ④ **Wert auf etwas legen** set great store by something ⑤ **Eier legen** lay eggs ⑥ **jemandem das Handwerk legen** put a stop to someone's game ⑦ **die Katze legte sich auf das Sofa** the cat lay down on the sofa ⑧ **sich legen** *Staub:* settle (**auf** on) ⑨ **sich legen** (*aufhören, abklingen*) abate, die down, subside; *Zorn, Begeisterung:* wear off; **das legt sich** that'll sort itself out *umgangsspr*

> **! Vorsicht Falle** **to lay** bedeutet legen: *the dog laid back its ears*; **to lie** bedeutet liegen: *the dog is lying on the couch.*

legendär legendary ['ledʒəndᵊri]

Legende legend ['ledʒənd]

leger casual ['kæʒjuəl]

Legierung alloy

Legion legion ['li:dʒən] **Legionär** legionary ['li:dʒənᵊri]

Legislative legislative ['ledʒɪslətɪv] body, legislature ['ledʒɪslətʃəʳ]

Legislaturperiode parliamentary [ˌpɑ:lə'mentᵊri] term (GB), congressional term (USA), legislative period

legitim legitimate [lə'dʒɪtəmət]

Lehm loam; (*Ton*) clay **lehmig** loamy

Lehne (*Rückenlehne*) back[rest]; (*Armlehne*) arm[rest] **lehnen** ① lean (**an** against) ② **sich aus dem Fenster lehnen** lean out of the window ③ **sich an etwas lehnen** lean against something (**auf** on)

> **? Grammatik** **lean — leant/ leaned — leant/ leaned**: *Mr Smith leant the ladder against the tree; you seem to have leant against some wet paint.*

Lehnsessel, Lehnstuhl easychair, armchair

Lehramt **das Lehramt** the teaching profession; **ein Lehramt** a teaching post **Lehrbeauftragte(r)** assistant lecturer (GB), associate lecturer (USA) **Lehrberuf** ① (*Beruf eines Lehrers*) teaching profession ② (*Beruf mit Lehrzeit*) skilled trade

Lehre apprenticeship [ə'prentɪʃɪp]; **in die Lehre gehen** serve one's apprenticeship (**bei** with)

lehren teach; (*an Universität*) lecture ['lektʃəʳ]

Lehrer(in) teacher; (*Privat-, Nachhilfelehrer*) tutor ['tʃu:təʳ]

Lehrfach subject **Lehrgang** course [kɔ:s] (**für** in); **einen Lehrgang besuchen** take a course **Lehrkörper** teaching staff **Lehrkraft** teacher

Lehrling apprentice [ə'prentɪs]

Lehrmittel teaching materials **Lehrplan** [teaching] curriculum [kəˈrɪkjələm]; *einer Klassenstufe:* syllabus [ˈsɪləbəs] **lehrreich** (*informativ*) instructive [ɪnˈstrʌktɪv] **Lehrstelle** position as an apprentice [əˈprentɪs] **Lehrstuhl** chair (**für** of) **Lehrzeit** apprenticeship [əˈprentɪʃɪp]

Leib ① (*Körper*) body ② (*Unterleib*) abdomen [ˈæbdəmən] ③ **er war mit Leib und Seele bei der Sache** he put his heart and soul into it ▸ IN WENDUNGEN: **halt ihn mir vom Leib!** keep him away from me!

Leibgericht favourite [ˈfeɪvərət] dish

leiblich ① (*körperlich*) bodily, physical [ˈfɪzɪkᵊl] ② *Mutter, Vater:* natural [ˈnætʃᵊrᵊl] ③ **jemandes leibliches Wohl** some body's wellbeing

Leibwächter(in) bodyguard [ˈbɒdigɑːd]

Leiche body, corpse ▸ IN WENDUNGEN: **über Leichen gehen** stop at nothing; **nur über meine Leiche!** over my dead body!

leichenblass deathly pale **Leichenhalle** mortuary [ˈmɔːtʃuᵊri] **Leichenschauhaus** morgue [mɔːg] **Leichenstarre** rigor mortis [ˌrɪgəˈmɔːtɪs]

leicht ① light ② (*einfach*) easy; **leichter gesagt als getan** easier said than done ③ (*geringfügig*) slight; **eine leichte Erkältung** a slight cold ④ **leichte Musik** easy listening; **leichte Unterhaltung** light entertainment ⑤ **man hat's nicht leicht** life isn't easy ⑥ **leicht gekleidet sein** be lightly [*oder* thinly] dressed; **leicht bekleidet** scantily dressed ⑦ (*schnell*) easily ⑧ **jemandem leicht fallen** be easy for someone ⑨ **es sich leicht machen** make things easy for oneself ⑩ **leicht verdaulich** easily digestible; **leicht verderblich** perishable ⑪ **leicht verwundet** slightly wounded ▸ IN WENDUNGEN: **etwas auf die leichte Schulter nehmen** take something too lightly

Leichtathlet(in) athlete [ˈæθliːt] **Leichtathletik** athletics [æθˈletɪks] ⚠ *plural*

Leichtgewicht (*im Boxen*) lightweight [ˈlaɪtweɪt]

leichtgläubig credulous [ˈkredjʊləs]

Leichtigkeit (*Mühelosigkeit*) ease; **mit Leichtigkeit** with no trouble at all

Leichtmetall light metal

Leichtsinn carelessness, recklessness, foolishness **leichtsinnig** careless, reckless, foolish

Leid ① (*Sorge, Betrübnis*) grief, sorrow [ˈsɒrəʊ] ② (*Schaden*) harm ③ **jemandem sein Leid klagen** tell someone one's troubles ④ **Freud und Leid mit jemandem teilen** share one's joys and sorrows with someone ⑤ **es tut mir Leid, dass ...** I'm sorry that ...; I regret that ...; [**das**] **tut mir Leid!** I'm sorry [about that]! ⑥ **jemandem etwas zu Leide tun** do someone harm, harm someone; **er tut keiner Fliege etwas zu Leide** he wouldn't hurt a fly

leid ich bin [*oder* **habe**] **es leid** I'm tired of it

Leiden suffering; (*Krankheit*) illness; (*Beschwerden*) complaint [kəmˈpleɪnt]

leiden ① (*erleiden*) suffer; **Not leiden** suffer hardship ② **leiden können** like; **ich kann ihn nicht leiden** I don't like him, (*stärker*) I can't stand him ③ suffer (**an, unter** from)

Leidenschaft passion [ˈpæʃᵊn] **leidenschaftlich** passionate [ˈpæʃᵊnət]; **etwas leidenschaftlich gern tun** be passionately fond of doing something, love [*oder* adore] doing something **leidenschaftslos** dispassionate [dɪˈspæʃᵊnət]

leider unfortunately [ʌnˈfɔːtʃᵊnətli]; **leider muss ich gehen** I'm afraid I have to go; **leider ja!** I'm afraid so!; **leider lässt sich das nicht machen** unfortunately that can't be done

leidig tiresome [ˈtaɪəsəm]

leidlich reasonable [ˈriːzᵊnəbl̩]; **es geht ihr so leidlich** she is so-so, she's not too bad

Leidtragende(r) the one to suffer

leidvoll grievous [ˈgriːvəs], full of suffering; (*Erfahrung*) painful

Leidwesen [**sehr**] **zu meinem Leidwesen** [much] to my regret

Leierkasten hurdy-gurdy [ˈhɜːdiˌgɜːdi]

Leihbibliothek, Leihbücherei lending library

leihen ① (*ausleihen*) lend ② (*borgen*) borrow; **ich habe es mir geliehen** I've borrowed it ③ **jemandem sein Ohr leihen** lend someone one's ear

> **! Vorsicht Falle** Wenn man etwas von jemandem ausleiht, heißt es **borrow from someone**: *Kim borrowed $20 from her friend.* — Wenn man aber jemandem etwas verleiht, heißt es **lend to someone**: *Jane lent her mobile phone to Jenny; Dad often lends me money.*

Leihgabe loan **Leihhaus** pawnshop **Leihmutter** surrogate ['sʌrəgət] mother **leihweise** on loan

Leim ① glue ② **aus dem Leim gehen** (*auseinander fallen*) fall apart ▸ IN WENDUNGEN: **jemandem auf den Leim gehen** fall for someone's tricks **leimen** ① (*zusammenleimen*) glue [together] ② (*hereinlegen*) take for a ride

Leine ① (*Wäscheleine*) line; (*Schnur*) rope ② (*Hundeleine*) leash, lead [liːd]

Leinen ① linen ['lɪnɪn]; **ein Kleid aus Leinen** a linen dress ② (*Bucheinband*) cloth; **in Leinen gebunden** clothbound

Leinsamen linseed

Leintuch (*Betttuch*) sheet

Leinwand ① canvas ② (*im Kino, für Dias*) screen

leise ① (*still*) quiet ['kwaɪət]; **sei doch leise!** don't make such a noise!; **sprechen Sie doch bitte etwas leiser!** please keep your voice down a bit! ② *Stimme:* soft; *Brise:* gentle ▸ IN WENDUNGEN: **ich habe nicht die leiseste Ahnung** I haven't got the slightest [*oder* faintest] idea

Leiste ① (*Holzleiste*) strip; (*Umrandung*) border ② (*Körperteil*) groin

leisten ① (*vollbringen*) achieve [ə'tʃiːv]; **gute Arbeit leisten** do a good job ② **sich etwas leisten** (*erlauben*) allow oneself something; (*gönnen*) treat oneself to something; **sich etwas leisten können** be able to afford something; **das kann ich mir nicht leisten** I can't afford that ③ **jemandem Hilfe leisten** help someone ④ **Ersatz leisten** provide a replacement

Leistengegend groin

Leistung ① (*Geleistetes*) performance [pə'fɔːməns]; (*geleistete Arbeit*) work; **nach Leistung bezahlt werden** be paid on results ⚠ *plural;* **die Leistungen sind besser geworden** the levels of performance have improved; **schwache Leistung!** poor show! ② *von Versicherung, Krankenkasse:* benefit **Leistungsdruck** pressure [to do well], stress of performance **leistungsfähig** ① (*tüchtig*) efficient [ɪ'fɪʃ(ə)nt] ② (*produktiv*) productive [prə'dʌktɪv]; (*konkurrenzfähig*) competitive [kəm'petətɪv] ③ *Motor:* powerful ['paʊəf(ə)l] ④ (*zahlungskräftig*) solvent ['sɒlvənt]

Leitartikel leader (GB), editorial (USA)

Leitbild model ['mɒd(ə)l]

leiten ① (*führen*) lead [liːd] ② (*lenken*) guide [gaɪd] ③ (*verantwortlich sein*) be in charge of; (*als Manager*) direct [daɪ'rekt], manage ④ (*in der Technik*) conduct [kən'dʌkt] **leitend** ① (*führend*) leading ② *Stellung:* managerial [mænə'dʒɪəriəl]; **leitende(r) Angestellte(r)** executive ③ (*in der Technik, Physik*) conductive; **nicht leitend** non-conductive

Leiter(in) ① leader ② (*Chef*) head [hed]; (*Geschäftsführer*) manager/manageress ③ (*Schulleiter*) headmaster/headmistress (GB), principal (USA)

Leiter[1] der (*elektrisch*) conductor

Leiter[2] die ladder ▸ IN WENDUNGEN: **die Leiter zum Erfolg** the stairway to success

Leitfaden guide [gaɪd]; (*einführendes Handbuch*) introduction **Leitplanke** crashbarrier

Leitung ① (*das Führen*) leading ② (*das Lenken, Steuern*) guiding ③ (*Vorsitz*) leadership; (*Management*) management ④ (*Telefon-, Stromleitung*) wire; (*Gas-, Wasserleitung im Haus*) pipe; (*Zuführungsleitung für Gas und Wasser*) main ⑤ (*Verbindung*) line ⑥ (*Dirigent*) **unter der Leitung von ...** conducted by ... ▸ IN WENDUNGEN: **er hat eine ziemlich lange Leitung** he's rather slow on the uptake **Leitungsrohr** main; (*im Haus*) pipe **Leitungswasser** tap water

Leitzins prime rate, base rate

Lektion lesson; **das wird ihm eine Lektion sein** that'll teach him a lesson

Lektor(in) (*in einem Verlag*) editor

Lektüre (*Lesestoff*) reading matter

Lende loin

Lendenwirbel lumbar vertebra

lenken ① (*führen, leiten*) direct [daɪ'rekt], guide [gaɪd] ② steer [stɪə(r)] *Fahrzeug* ③ direct *Aufmerksamkeit, Schritte, Gespräch* (**auf** to)

Lenker steering wheel; *von Fahrrad:* handlebars ⚠ *plural*

Lenkrad steering wheel

Lenkstange handlebars ⚠ *plural*

Lenz (*Frühling*) springtime

Leopard leopard ['lepəd]

Lerche (*Singvogel*) lark

lernbehindert with learning difficulties

lernen ① learn; **schwimmen lernen** learn to swim; **von ihr kannst du nur lernen!** she could really teach you a thing or two!; **er lernt gut/schlecht** he learns quickly/

L

slowly, he's a good/bad learner ❷ (*in Lehrberuf*) train ❸ (*zur Schule gehen*) go to school; (*studieren*) study; (*für eine Prüfung*)

> **! Vorsicht Falle** Eine Sprache oder z. B. das Schwimmen lernen wird mit **learn** übersetzt: *Did you learn German at school?; Steve learnt to swim when he was four.* Etwas intensiv lernen, studieren, heißt dagegen **study**: *Fred is studying geography; Jane is studying for her German exam.*

Lernerwörterbuch learner's dictionary
Lernfahrausweis (CH) provisional licence (GB), learners' permit (USA)
lesbar (*leserlich*) legible ['ledʒəbl̩]
Lesbe, **Lesbierin** lesbian ['lezbiən] **lesbisch** lesbian ['lezbiən]
Lesebuch reader **Leselampe** reading lamp
lesen ❶ read; **ein Gedicht laut lesen** read a poem out loud ❷ **das Buch liest sich gut** the book is a good real; **bei dem Licht liest es sich nicht gut** this light is not very good for reading

> **? Grammatik** **read** [riːd] — **read** [red] — **read** [red]: *Paul read a story to his little brother; have you read her new novel?*

lesenswert worth reading
Leser(in) reader
Leseratte bookworm
Leserbrief letter to the editor
leserlich legible ['ledʒəbl̩]
Lesesaal reading room **Lesestoff** reading [matter] **Lesezeichen** bookmark
Lesung reading
Lette, **Lettin** Latvian ['lætviən] **lettisch** Latvian ['lætviən] **Lettland** Latvia ['lætviə]
letzte ❶ (*zeitlich, räumlich*) last; **er ging als Letzter** he was the last to go; (*abschließend, endgültig*) final; **letzter Wille** last will and testament ❷ (*äußerste*) extreme [ɪk'striːm] ❸ (*neueste*) latest; **letzte Meldungen** [*oder* **Nachrichten**] latest news ❹ **in letzter Zeit** recently ❺ **bis aufs Letzte** to the last ❻ **das wäre das Letzte, was ich tun würde** that would be the last thing I would do ▶ IN WENDUNGEN: **das ist das Letzte!** that's the limit! **letztendlich** in the end **letztens** recently **letztere** the latter **letztlich** in the end

Leuchtboje light-buoy ['laɪtbɔɪ]
Leuchte ❶ light; (*Lampe*) lamp ❷ (*begabter Mensch*) genius, shining star
leuchten ❶ (*scheinen*) shine; (*glühen*) glow ❷ **jemandem mit einer Lampe leuchten** shine a [*oder* the] lamp for someone (**in** into, **auf** onto) **leuchtend** shining
Leuchter (*Kerzenleuchter*) candlestick; (*Kronleuchter*) chandelier [ʃændə'lɪəʳ] **Leuchtrakete** signal rocket **Leuchtreklame** neon sign [saɪn] **Leuchtstift** highlighter ['haɪˌlaɪtəʳ] **Leuchtturm** lighthouse
leugnen deny [dɪ'naɪ]; **es ist nicht zu leugnen, dass ...** it cannot be denied that ...
Leukämie leukaemia [luː'kiːmiə]
Leute people ['piːpl̩]

> **! Vorsicht Falle** **people** = Leute, ist ein Plural: *Most people like watching TV*; — **a people** = ein Volk, ist Singular. Der Plural heißt **peoples**: *the peoples of Europe.*

Leviten ▶ IN WENDUNGEN: **jemandem die Leviten lesen** read someone the riot act
Lexikon ❶ encyclop[a]edia [ɪnˌsaɪklə'piːdiə] ❷ (*Wörterbuch*) dictionary ['dɪkʃənəri]
Libanese, **Libanesin** Lebanese [ˌlebə'niːz] **libanesisch** Lebanese [ˌlebə'niːz] **Libanon** **der Libanon** the Lebanon ['lebənən]
Libelle ❶ dragonfly ❷ (*an Wasserwaage*) spirit level
liberal liberal ['lɪbərəl] **liberalisieren** liberalize ['lɪbərəlaɪz]
Liberia Liberia [laɪ'bɪəriə]
Libero sweeper
Libyen Libya ['lɪbiə] **Libyer(in)** Libyan ['lɪbiən] **libysch** Libyan ['lɪbiən]
Licht ❶ light; **etwas ans Licht bringen** bring something out into the open; **Licht in eine Situation bringen** clarify a situation ❷ **bei Licht betrachtet** (*am Tage*) in the daylight; (*übertragen*) in the cold light of day ❸ **etwas ins rechte Licht rücken** (*richtig stellen*) show something in its true colours; **etwas in rosigem Licht sehen** look at something through rose-tinted spectacles ❹ **grünes Licht für etwas geben** give permission for something ❺ (*Kerze*) candle ▶ IN WENDUNGEN: **jemanden hinters Licht führen** pull the wool over someone's eyes; **ihm ging ihm ein**

Licht auf it began to dawn on him; **sein Licht unter den Scheffel stellen** hide one's light under a bushel

licht ① (*hell*) light ② *Haar:* thin; *Wald:* sparse [spɑːs] ▸ In Wendungen: **ein lichter Augenblick** a lucid moment

Lichtbild slide **Lichtblick** bright spot **lichtempfindlich** sensitive to light; (*technisch*) photosensitive

lichten[1] ① (*ausdünnen*) thin out ② **sich lichten** thin out; (*schrumpfen*) dwindle ③ **sich lichten** *Nebel:* clear; *Wolken, Dunkel:* lift

lichten[2] **den Anker lichten** weigh anchor [weɪ'æŋkəʳ]

Lichtgeschwindigkeit mit Lichtgeschwindigkeit at the speed of light **Lichtjahr** light year **Lichtquelle** source [sɔːs] of light **Lichtschalter** light switch **Lichtschutzfaktor** protection factor

lichtundurchlässig opaque [əʊ'peɪk]

Lichtung clearing, glade

Lichtverhältnisse light[ing] conditions

Lid eyelid **Lidschatten** eye-shadow **Lidstrich** eye-liner

lieb ① (*geschätzt*) dear; (*geliebt*) beloved [bɪ'ləʊvɪd] ② (*nett*) nice; (*liebenswürdig*) kind ③ (*artig, brav*) good ④ **ich würde lieber nach Hause gehen** I'd rather go home; **am liebsten würde ich ...** what I'd like most would be to ... ⑤ **ach, du liebe Zeit!** goodness me! ⑥ **lieb gewinnen** grow fond of; **lieb haben** be fond of, love

liebäugeln mit etwas liebäugeln have one's eye on something; **mit dem Gedanken liebäugeln, etwas zu tun** be toying with the idea of doing something

Liebe love; **Liebe macht blind** love is blind; **Liebe auf den ersten Blick** love at first sight; **sie ist meine große Liebe** she's the love of my life

lieben love; **etwas nicht lieben** not like something; **das würde ich liebend gern tun** I'd love to do so **liebenswert** lovable

liebenswürdig ① (*liebenswert*) amiable ['eɪmiəbl̩] ② (*freundlich*) kind; **wären Sie wohl so liebenswürdig, ...?** would you be so kind as to ...? **Liebenswürdigkeit** kindness

lieber ① **er mag Techno lieber als Hip-Hop** he prefers techno to hiphop; **nichts lieber als das** there's nothing I'd rather do ② (*eher*) rather; **ich möchte lieber nach Hause gehen** I'd [*oder* I would] rather go home ③ (*besser*) better; **ich bleibe besser im Bett** I'd better stay in bed

Liebesbrief love letter **Liebeserklärung jemandem eine Liebeserklärung machen** declare one's love to someone **Liebeskummer Liebeskummer haben** be lovesick **Liebeslied** love song **Liebesmüh** ▸ In Wendungen: **es ist vergebliche Liebesmüh** it's all futile ['fjuːtaɪl] **Liebespaar** lovers ⚠ *plural,* courting couple

liebevoll loving

Liebhaber(in) ① (*Geliebte(r)*) lover ② (*Enthusiast*) enthusiast [ɪn'θjuːziæst]; (*Kenner*) connoisseur [ˌkɒnə'sɜːʳ]

liebkosen caress

lieblich ① (*anmutig*) lovely ② (*reizend*) charming ③ *Wein:* medium sweet

Liebling ① (*Günstling*) favourite ['feɪvᵊrət] ② (*Geliebte(r)*) darling

lieblos unloving; unfeeling; careless

Lieblosigkeit ① (*Charakterzug*) unkindness ② (*Äußerung, Tat*) unkind remark/act

Liebschaft [love] affair ['lʌvˌəfeəʳ]

Liebste(r) sweetheart

Lied song ▸ In Wendungen: **es ist immer das alte Lied** it's always the same old story **Liedermacher(in)** singer-songwriter

Lieferant(in) supplier

lieferbar (*vorrätig*) available [ə'veɪləbl̩]; **die Ware ist sofort lieferbar** the article can be supplied at once

Lieferbedingungen terms of delivery

liefern ① (*versorgen mit*) supply [sə'plaɪ]; (*ausliefern*) deliver [dɪ'lɪvəʳ] ② (*zur Verfügung stellen*) furnish ['fɜːnɪʃ], provide; produce [prə'djuːs] *Beweis;* yield [jiːld] *Ertrag, Ernte* ③ **ein spannendes Spiel liefern** put on an exciting game ▸ In Wendungen: **wir sind geliefert!** we're done for!

Lieferschein delivery [dɪ'lɪvᵊri] note

Lieferung ① (*Versorgung*) supply [sə'laɪ] ② (*Auslieferung*) delivery [dɪ'lɪvᵊri]; **zahlbar bei Lieferung** payable on delivery; **Lieferung frei Haus** free delivery

Lieferwagen van (GB), panel truck (USA); (*offener*) pick-up

Liege couch [kaʊtʃ]

liegen ① lie; **sich wund liegen** get bedsores; **im Bett liegen bleiben** stay [*oder* remain] in bed ② (*gelegen sein*) be situated ['sɪtju-

L

eɪtɪd]; **wo liegt Herford?** where is Herford situated?; (*sein, sich befinden*) be ③ (*passen*) suit; **er liegt mir nicht** he's not my type; **das liegt mir absolut nicht** that's absolutely not my line [*oder* thing] ④ **mir liegt viel daran** it means a lot to me; **daran liegt mir wenig/nichts** that doesn't matter much/at all to me ⑤ **an mir soll's nicht liegen** it's all right by [*oder* with] me; **es liegt bei Ihnen, ob ...** it rests with you whether ... ⑥ **es liegt mir fern, ihn zu verurteilen** it is not my job to judge him ⑦ **liegen bleiben** remain lying; (*nicht verkauft werden*) not to sell; (*vergessen werden*) be left behind ⑧ **meine Arbeit ist liegen geblieben** my work was left undone ⑨ **liegen lassen** (*vergessen*) leave behind; (*Arbeit unerledigt lassen*) leave; **jemanden links liegen lassen** (*umgangsspr*) ignore [*oder* disregard] someone ⑩ **alles liegen und stehen lassen** leave everything behind

> **? Grammatik** **lie; lying — lay — lain:** *the dog was lying on the couch; Paul lay in the shade on the beach; John got a sunstroke because he had lain in the sun all day.*

Liegeplatz berth [bɜːθ] **Liegestuhl** deckchair

Liegewagen couchette coach [kuːˈʃet ˈkaʊtʃ] (GB), couchette car (USA)

Lift lift (GB), elevator [ˈelɪveɪtəʳ] (USA)

Liga league [liːg]

Likör liqueur [lɪˈkjʊəʳ]

lila purple [ˈpɜːpl̩], lilac [ˈlaɪlək]

Lilie lily [ˈlɪli]

Liliputaner(in) (*kleiner Mensch*) dwarf [dwɔːf]

Limonade ① (*Zitronenlimonade*) lemonade [ˌleməˈneɪd] ② (*Orangenlimonade*) orangeade

Limousine saloon (GB), sedan [sɪˈdæn] (USA)

Linde ① (*Baum*) lime [tree], linden tree ② (*Lindenholz*) limewood

lindern ① (*erleichtern*) ease, alleviate [əˈliːvieɪt], relieve [rɪˈliːv] ② (*mildern*) soothe [suːθ]

Lineal ruler

Linie ① line ② (*Straßenbahnlinie*) number; (*Eisenbahn-, Buslinie*) line ③ **in erster Linie** first of all ④ **auf die schlanke Linie achten** watch one's waistline ▶ IN WENDUNGEN: **eine klare Linie** a clear line **Linienbus** public service bus, regular bus **Linienflug** scheduled [ˈʃedjuːld] flight **Linienrichter(in)** (*beim Fußball*) referee's assistant (*beim Tennis*) line-judge, (*beim Rugby*) touch-judge

liniert ruled

link (*abwertend*) ▶ IN WENDUNGEN: **ein ganz linker Hund** a real shady character

Linke ① (*Hand*) left hand; (*beim Boxen*) left ② (*Seite*) left side ③ (*Politik*) **die Linke** the left

linke ① left ② *Politiker(in)*: left-wing; **der linke Flügel von Labour** Labour's left wing ③ **linke Seite** left-hand side; (*Tuchseite*) wrong [rɒŋ] side

linkisch awkward [ˈɔːkwəd]

links ① left; (*auf der Linken*) on the left; (*nach, zur Linken*) to the left; **sich links einordnen** move into the left-hand lane ② (*in der Politik*) **links sein** be left-wing; ▶ IN WENDUNGEN: **jemanden links liegen lassen** ignore [ɪgˈnɔː] someone; **das mach ich mit links** that's kid's stuff for me

Linksaußen ① (*im Fußball*) outside left ② (*in der Politik*) extreme left-winger [ɪkˈstriːm ˈleftwɪŋəʳ] **Linkshänder(in)** left-hander, left-handed person **linkshändig** left-handed **Linkskurve** left-hand bend

linksradikal extreme left-wing; **sie ist linksradikal** she is a left-wing radical **Linksverkehr** driving on the left

Linse ① (*Hülsenfrucht*) lentil [ˈlentəl] ② (*aus Glas, Kontaktlinse*) lens; (*Objektiv*) objective [əbˈdʒektɪv]

Lippe lip ▶ IN WENDUNGEN: **eine [dicke] Lippe riskieren** boast, brag

Lippenstift lipstick

lispeln lisp

List ① (*Verschlagenheit*) artfulness, cunning ② (*Trick*) ruse [ruːz], trick; **mit etwas List und Tücke** with a little deception

> **! Vorsicht Falle** Im Englischen bedeutet **list** = Liste

Liste ① (*Aufstellung*) list; **eine Liste aufstellen** draw up a list; **etwas in eine Liste eintragen** put something down on a list ② (*Register*) register

listig cunning

Litauen Lithuania [ˌlɪθjuˈeɪniə] **Litauer(in)**

Lithuanian [ˌlɪθju'eɪniən] **litauisch** Lithuanian [ˌlɪθju'eɪniən]
Liter litre [liːtər] GB, liter USA
Literatur literature ['lɪtrətʃər]
Litfaßsäule advertizing column ['ædvətaɪzɪŋˌkɒləm]
live live [laɪv] **Live-Sendung** live broadcast ['laɪvˌbrɔːdkɑːst]
Lizenz licence ['laɪsəns] GB, license USA
Lob praise
loben ① praise ② **das lob' ich mir** that's what I like **lobenswert** praiseworthy ['preɪzˌwɜːði]
Loblied hymn [hɪm] of praise ► IN WENDUNGEN: **ein Loblied auf jemanden anstimmen** sing someone's praises ⚠ *plural*
Loch ① hole; (*im Reifen*) puncture; (*Lücke*) gap; (*beim Billard*) pocket ② (*schlechte Wohnung*) dump *umgangsspr* ③ (*Gefängnis*) nick *slang* ④ **schwarzes Loch** black hole ► IN WENDUNGEN: **auf dem letzten Loch pfeifen** be on one's last legs
lochen ① **etwas lochen** punch a hole into something ② clip *Fahrkarte*
Locher punch
Locke curl [kɜːl], lock; **Locken haben** have curly hair ⚠ *singular*
locken[1] lure, entice [ɪn'taɪs]; **jemanden in einen Hinterhalt locken** lure someone into a trap
locken[2] **sich locken** (*kräuseln*) curl [kɜːl]
Lockenstab curling tongs [ˌkɜːlɪŋ'tɒŋz] ⚠ *plural* **Lockenwickler** curler [kɜːlər]
locker ① (*lose*) loose [luːs]; *Seil:* slack ② (*gelöst, entspannt*) relaxed ③ (*lässig, cool*) cool [kuːl]
lockerlassen **nicht lockerlassen** not let up
lockermachen fork [*oder* shell] out *Geld*
lockern ① (*locker machen*) loosen ['luːsən], slacken ② (*entspannen*) relax ③ **sich lockern** (*im Sport*) loosen up; (*entspannter werden*) get more relaxed
lockig curly ['kɜːli]
Lockvogel decoy [dɪ'kɔɪ], lure
lodern blaze
Löffel ① spoon ② (*Löffelvoll*) spoonful ► IN WENDUNGEN: **er hat die Weisheit nicht gerade mit Löffeln gefressen** he's not exactly the brightest bloke you'll ever meet
Loge ① (*im Theater*) box ② (*Pförtner-, Freimaurerloge*) lodge
Logik logic
logisch ① logical ② (*selbstverständlich*) naturally ['nætʃərəli]; (*natürlich*) of course ③ **logisch denken** think logically
Lohn ① pay, wage, wages ⚠ *plural* ② (*Belohnung*) reward
Lohnabrechnung pay slip
lohnen ① (*belohnen*) reward ② (*wert sein*) be worth [wɜːθ] ③ **sich lohnen** be worth it, be worthwhile [wɜːθwaɪl]; **das lohnt sich doch nicht für dich** it's not really worth your while
lohnend ① (*einträglich*) profitable ['prɒfɪtəbl̩] ② (*nutzbringend*) worthwhile [wɜːθwaɪl]
Lohnerhöhung wage increase ['ɪnkriːs] **Lohnsteuer** income tax **Lohnsteuerkarte** [income] tax card
Loipe cross-country ski [skiː] run [*oder* course]
Lokal ① (*Kneipe*) pub GB, bar USA ② (*Restaurant*) restaurant ['restərɒnt]
Lokalnachrichten local news
Lokomotive engine ['endʒɪn], locomotive [ˌləʊkə'məʊtɪv] **Lokomotivführer(in)** engine driver GB, engineer [ˌendʒɪ'nɪr] USA
Lorbeer (*Gewürz*) bay leaf ► IN WENDUNGEN: [**sich**] **auf seinen Lorbeeren ausruhen** rest on one's laurels ['lɒrəlz]
Los ① (*Schicksal*) lot; **sie hat ein schweres Los** her lot is hard ② (*Lotterielos*) lottery ticket ③ **etwas durch das Los entscheiden** decide something by casting lots; **das große Los** [**ziehen**] [hit] the jackpot
los ① (*locker*) loose [luːs] ② **jemanden/etwas los sein** be [*oder* have got] rid of someone/something ③ **was ist los?** what's up [*oder* wrong]? ④ **hier ist nichts los** there's nothing going on here; **mit ihm ist aber auch gar nichts los!** he's a dead loss, he is! *umgangsspr* ⑤ **los!** (*vorwärts*) come on!; (*weiter, geh*) go on!; (*beweg dich*) get going! ⑥ **nun aber los!** off we go!
losbinden untie [ʌn'taɪ] (**von** from)
losbrechen ① break [breɪk] off ② break out; **gleich bricht ein Gewitter los** a thunderstorm is about to break
Löschblatt sheet of blotting paper
löschen[1] ① extinguish [ɪk'stɪŋgwɪʃ] *Feuer* ② quench *Durst* ③ slake *Kalk* ④ erase [ɪ'reɪz] *Daten, Tonband;* clear [klɪər] *Speicher, Bildschirm;* cancel ['kænsəl] *Information* ⑤ pay off *Schuld* ⑥ *Feuerwehr:* put out a [*oder* the] fire

löschen² (*entladen*) unload **Löschpapier** blotting paper

lose loose [luːs]; (*locker*) slack; **etwas lose verkaufen** sell something loose

Lösegeld ransom ['rænsᵊm]

losen draw [*oder* cast] lots (**um** for)

lösen ① (*entfernen, losmachen*) remove (**von** from) ② (*lockern*) loosen [luːsᵊn] ③ solve [sɒlv] *Problem* ④ buy [baɪ] *Fahrkarte* ⑤ cancel ['kænsᵊl] *Vertrag* ⑥ **sich lösen** come loose (**von** from); **sich von jemandem lösen** break away from someone; **der Umschlag hat sich gelöst** the cover has come off ⑦ **sich lösen** *Schuss:* go off ⑧ **sich lösen** (*locker werden*) loosen

losfahren drive off **losgehen** ① (*sich lösen, abgehen*) come off ② (*aufbrechen*) set off ③ *Gewehr, Bombe:* go off ④ (*anfangen*) start! **gleich geht's los!** it's just about to start ⑤ **auf jemanden losgehen** go for someone **loskommen** get away (**von** from) **loslassen** ① (*nicht mehr festhalten*) let go of; **lass mich los! loslassen!** let me go! let go! ② **jemanden auf jemanden loslassen** *übertragen* let someone loose on someone ③ **die Hunde auf jemanden loslassen** set the dogs on some body

löslich soluble ['sɒljəbl̩]; **löslicher Kaffee** instant coffee

losmachen ① (*lösen*) unfasten [ʌn'fɑːsᵊn] ② (*ablegen*) cast off ③ (*sich beeilen*) get a move on ④ **sich losmachen** get away; *Hund:* get loose (**von** from) **losreißen** ① tear [teəʳ] off ② **sich losreißen** *Hund:* break [breɪk] free ③ (*sich trennen können*) tear oneself away (**von** from)

Lösung solution [sə'luːʃᵊn]

loswerden ① (*sich befreien von*) get rid of ② (*verlieren*) lose [luːz] *Geld* **losziehen** (*aufbrechen*) set out (**nach** for)

Lot ① (*Senkblei*) plumb [plʌm] line ② (*in der Mathematik*) perpendicular [ˌpɜːpᵊn'dɪkjʊləʳ]; **ein Lot fällen** drop a perpendicular

löten solder

Lothringen Lorraine [lə'reɪn] **Lothringer(in)** Lorrainer [lə'reɪnəʳ]

Lotion lotion ['ləʊʃᵊn]

Lötkolben soldering iron [aɪən]

Lotos lotus ['ləʊtəs]

Lotse ① (*Fluglotse*) flight controller; (*Schiffslotse*) pilot ['paɪlət] ② (*Führer*) guide [gaɪd] **lotsen** pilot ['paɪlət]

Lotterie lottery **Lotterielos** lottery ticket

Lotto lottery; **Lotto spielen** play the lottery; **im Lotto gewinnen** win the lottery

Löwe ① lion [laɪən] ② (*Sternzeichen*) Leo ['liːəʊ] **Löwenanteil** lion's share **Löwenzahn** dandelion ['dændɪlaɪən]

Löwin lioness ['laɪənes]

loyal loyal [lɔɪəl]; **jemandem gegenüber loyal sein** be loyal to someone **Loyalität** loyalty ['lɔɪəlti]

Luchs lynx [lɪŋks]

Lücke ① gap ② (*Gesetzeslücke*) loophole

lückenhaft (*unvollständig*) defective, incomplete; (*fragmentarisch*) fragmentary ['frægməntᵊri] **lückenlos** ① (*vollständig*) complete ② (*ununterbrochen*) unbroken

Luft ① air ② (*Atem*) breath [breθ]; **tief Luft holen** take a deep breath ③ **dicke Luft!** a pretty bad atmosphere! ④ **die Luft ist rein!** the coast is clear! *umgangsspr* ⑤ **für mich ist er Luft** he doesn't exist as far as I am concerned ⑥ **sich Luft machen** give vent to one's feelings ⑦ **jetzt halt aber mal die Luft an!** now, come off it! *umgangsspr* ⑧ **da ist die Luft raus** that's off the agenda [ə'dʒendə] *übertragen* ⑨ **in die Luft gehen** hit the roof, explode *übertragen* ⑩ **etwas in die Luft jagen** blow [bləʊ] something up ⑪ **sich in Luft auflösen** disappear [ˌdɪsə'pɪəʳ] into thin air ⑫ **etwas liegt in der Luft** something is in the air ▸ IN WENDUNGEN: **jemanden an die Luft setzen** give someone the push *umgangsspr;* **das ist völlig aus der Luft gegriffen** that's pure invention

Luftangriff airraid ['eəˌreɪd] (**auf** on) **Luftballon** balloon [bə'luːn] **Luftblase** air bubble **luftdicht** airtight ['eətaɪt] **Luftdruck** air pressure

lüften ① air *Betten etc.* ② (*Luft hereinlassen*) let some air in

Luftfahrt aviation [ˌeɪvi'eɪʃᵊn] **Luftfeuchtigkeit** atmospheric humidity [ˌætmə-s'ferɪkˌhjuː'mɪdəti] **Luftgewehr** airgun

luftig ① (*windig*) breezy ② *Kleid:* light [laɪt]

Luftkissenboot hovercraft ['hɒvəkrɑːft] **luftleer** **luftleerer Raum** vacuum ['vækjuːm] **Luftlinie** (*direkte Verbindung*) **Luftlinie 100 km** 100 km as the crow flies **Luftloch** ① (*zum Luftholen*) air hole

❷ (*beim Flug*) air pocket **Luftmatratze** airbed, lilo® ['laɪləʊ] **Luftpost mit Luftpost** by airmail **Luftpumpe** air pump [bicycle] pump, **Luftröhre** windpipe **Luftschiff** airship **Luftschlange** paper streamer **Luftschloss** (*Hirngespinst*) castle in the air **Luftsprung** jump in the air; **er machte vor Freude einen Luftsprung** he jumped for joy

Lüftung airing [eərɪŋ]; (*Ventilation*) ventilation [ˌventɪ'leɪʃᵊn]

Luftverschmutzung air pollution [pə'luːʃᵊn]

Luftwaffe air force **Luftzug** draught [drɑːft] GB, draft USA

Lüge lie; **das ist eine glatte Lüge** that's an outright lie; **nur Lügen erzählen** lie through one's teeth *umgangsspr* ▶ IN WENDUNGEN: **Lügen haben kurze Beine** truth will out

lügen lie; **lügen wie gedruckt** lie like mad *umgangsspr,* lie through one's teeth *umgangsspr;* **ich müsste lügen, wenn ...** I would be lying if ...

> **? Grammatik** **lying — lied — lied.** *Stop lying — just tell me the truth!; he lied about his age; has he lied about his job too?*

Lügendetektor lie detector

Lügner(in) liar ['laɪəʳ]

Luke hatch; (*Dachluke*) skylight

Lulatsch langer Lulatsch beanpole *umgangsspr*

Lümmel so ein Lümmel! what an oaf [*oder* a lout [laʊt]]!; **du Lümmel!** cheeky!

lümmeln sich lümmeln lounge [laʊndʒ] [about]

Lump rogue [rəʊg]

Lumpen rag

lumpen ▶ IN WENDUNGEN: **sich nicht lumpen lassen** splash out *umgangsspr*

Lunge lungs ⚠ *plural;* (*einzelner Lungenflügel*) lung

Lungenbraten Ⓐ loin roast ['lɔɪnˌrəʊst]

Lungenentzündung pneumonia [njuː'məʊniɑ] **Lungenkrebs** lung cancer

Lupe magnifying ['mægnɪfaɪɪŋ] glass ▶ IN WENDUNGEN: **jemanden/etwas unter die Lupe nehmen** scrutinize ['skruːtɪnaɪz] [*oder* examine] someone/something closely

Lust ❶ (*Freude*) joy, pleasure ❷ (*sinnliche Begierde*) desire; (*Sinneslust*) lust [lʌst] ❸ **wenig Lust haben zu etwas** not be keen about something; **die Lust [an etwas] verlieren** lose interest [in something]; **ich habe keine Lust dazu** I don't feel like it; **hast du Lust, ins Kino zu gehen?** do you feel like going to the cinema?; **mir ist die Lust vergangen** I no longer feel like it; **bleib, so lange du Lust hast** stay as long as you like

Luster Ⓐ (*Kronleuchter*) chandelier [ˌʃændə'lɪəʳ]

lustig ❶ funny; **es wurde später noch ganz lustig** later on things got quite merry ❷ **sich über jemanden lustig machen** make fun of someone

lustlos ❶ (*ohne Begeisterung*) unenthusiastic [ˌʌnɪnˌθjuːzi'ætɪk] ❷ *Markt, Börse:* dull, slack

lutschen suck; **an etwas lutschen** suck something

Lutscher lollipop

Luxemburg Luxembourg ['lʌksᵊmbɜːg] **Luxemburger(in)** Luxembourger **luxemburgisch** Luxembourgian

luxuriös luxurious [lʌg'ʒʊəriəs]

Luxus luxury ['lʌkʃᵊri]; (*abwertend*) extravagance [ɪk'strævəgəns] **Luxusausführung** de luxe model [də'lʌksˌmɒdᵊl]

Lymphknoten lymph [lɪmf] node

Lyrik lyric poetry [ˌlɪrɪk'pəʊɪtri]

Mm

machbar doable ['duːəbl̩]

machen ❶ (*tun*) do; **wie macht man das?** how do you do it?; **ich mache das schon** I'll see to that; **gut, mach ich!** O.K., I'll do that!; **was macht sie?** what is she doing?; (*beruflich*) what does she do for a living?; **was macht dein Bruder?** how is your brother? ❷ (*verursachen*) make ❸ (*ausmachen*) matter; **das macht nichts!** that doesn't matter!; **das bisschen Regen macht mir nichts** I don't mind a bit of rain ❹ **mach's gut!** see you!, take care!; **mach mal!** get a move on! *umgangsspr* ❺ **für etwas wie gemacht sein** be made for something ❻ **jemanden zum Klassen-**

sprecher machen make somebody class rep[resentative] ⑦ **das Auto macht's nicht mehr lange** that car is not going to last for much longer ⑧ **der Junge macht sich** the boy is getting on alright ⑨ **die Pflanze macht sich gut in der Ecke** the plant looks good in that corner ⑩ **eine Erfahrung machen** have an experience; **sich an die Arbeit machen** get down to work; **wir müssen uns auf den Weg machen** we must be going [*oder* setting off] [*oder* heading off]

Macho macho ['mætʃəʊ] *umgangsspr*

Macht power [paʊəʳ]; **an die Macht kommen** come [in]to power; **Macht ausüben** exercise ['eksəsaɪz] power; **Macht über jemanden haben** have a hold on someone **Machthaber(in)** ruler

mächtig ① powerful ② *Essen:* heavy; *Hunger:* terrific ③ **sich mächtig anstrengen** make a tremendous effort

Machtkampf struggle for power **machtlos** powerless

Macke ① *eines Menschen:* quirk [kwɜːk] ② (*Fehler*) fault [fɔːlt], defect

Mädchen girl ▸ IN WENDUNGEN: **Mädchen für alles sein** be the general dogsbody **mädchenhaft** girlish **Mädchenname** ① girl's name ② *einer verheirateten Frau:* maiden name

Made maggot ['mægət] **madig** worm-eaten ['wɜːmiːtᵊn] ▸ IN WENDUNGEN: **jemandem etwas madig machen** put someone off something

Magazin ① (*Zeitschrift*) magazine [ˌmægə'ziːn] ② (*Lager*) storeroom **Magaziner(in)** ⒸⒽ (*Lagerist*) storekeeper

Magd maid[servant]; (*auf Bauernhof*) farm girl

Magen stomach ['stʌmək] **Magenbeschwerden** stomach trouble ⚠ *singular* **Magenbitter** bitters ⚠ *plural* **Magengeschwür** gastric ulcer [ˌgæstrɪk'ʌlsəʳ] **Magenschmerzen** stomach-ache ['stʌməkeɪk] ⚠ *singular;* **ich habe Magenschmerzen** I've got [a] stomach-ache ⚠ *singular* **Magenverstimmung** stomach upset

mager ① (*dünn*) lean [liːn], thin ② (*dürftig*) meagre ['miːgəʳ], poor [pɔːʳ] **Magermilch** skimmed milk **Magerquark** low-fat curd cheese [ˌkɜːd'tʃiːz] **Magersucht** anorexia [ˌænᵊr'eksiə]

Magie magic **Magier(in)** magician [mə'dʒɪʃᵊn] **magisch** magic[al]

Magnet magnet ['mægnət] **magnetisch** magnetic [mæg'netɪk]

Mahagoni mahogany [mə'hɒgᵊni]

Mähdrescher combine [harvester] [ˌkɒmbaɪn'hɑːvɪstəʳ]

mähen mow [məʊ] *Rasen;* cut *Gras*

> **? Grammatik** **mow — mowed — mown:** *the gardener mowed the lawn; the grass has been mown.*

Mahl meal

mahlen grind *Korn;* **fein gemahlen** fine[ly] ground [graʊnd]

> **? Grammatik** **grind — ground — ground**: *she ground the pepper in a pepper mill; the coffee has been finely ground.*

Mahlzeit ① meal ② **Mahlzeit!** enjoy [your meal]!

Mähne mane

mahnen ① (*ermahnen*) admonish [əd'mɒnɪʃ] (**wegen** on account of) ② (*an fällige Zahlung erinnern*) **jemanden mahnen** demand payment from someone; (*schriftlich*) send a reminder to someone

Mahnung ① reminder ② (*Ermahnung*) admonition [ˌædmə'nɪʃᵊn]

Mai May; **der Erste May** May Day **Maiglöckchen** lily of the valley **Maikäfer** cockchafer ['kɒkˌtʃeɪfəʳ]

Mailand Milan [mɪ'læn]

Mailbox mailbox

Mais maize [meɪz] ⒼⒷ, corn ⓊⓈⒶ **Maiskolben** corn cob

Majestät majesty ['mædʒəsti] **majestätisch** majestic [mə'dʒestɪk]

Majonäse mayonnaise ['meɪə'neɪz]

Major(in) major ['meɪdʒəʳ]

Majorz ⒸⒽ majority [mə'dʒɒrəti] vote

makaber macabre [mə'kɑːbr]

makellos ① spotless ② (*ohne Fehler*) faultless ['fɔːltləs]; *Benehmen:* immaculate [ɪ'mækjələt]

Make-up make-up ['meɪkʌp]; **Make-up auflegen** put on one's make-up

Makler(in) ① (*Wohnungsmakler*) estate agent ⒼⒷ, realtor ['riːəltəʳ] ⓊⓈⒶ ② (*Börsenmakler*) broker ['brəʊkəʳ]

Makrele mackerel ['mækrᵊl]

mal ① **komm mal her!** come here a minute! **ich bin nun mal so** that's just the way I am ② **eine Zahl mal zwei nehmen** multiply ['mʌltɪplaɪ] a number by two; **das Bild ist 50 mal 20 Zentimeter groß** the picture is 50 centimetres by 20

Mal[1] das ① **ein einziges Mal** once; **das letzte Mal** [the] last time; **beim ersten Mal** the first time; **nächstes Mal** next time ② **das habe ich dir schon x-Mal gesagt** I've already told you that countless times before; **ein für alle Mal** once and for all; **er wird von Mal zu Mal schlechter** he's getting worse every time

Mal[2] das ① (*Zeichen*) mark ② (*Mahnmal*) memorial [mə'mɔːriəl]

Malaria malaria [mə'leəriə]

Malaysia Malaysia [mə'leɪziə]

Malbuch colouring book

malen paint; (*zeichnen*) draw [drɔː]

Maler(in) painter **Malerei** painting

malerisch picturesque [ˌpɪktʃᵊr'esk]

Malta Malta ['mɔːltə] **Malteser(in)** Maltese [ˌmɔːl'tiːz] **maltesisch** Maltese [ˌmɔːl'tiːz]

Malz malt [mɔːlt]

Mama mum[my] (GB), mom [mɑːm] (USA)

man one; **wie sagt man das auf Englisch?** how do you say that in English?; **man hat mir gesagt** I was told; **man kann nie wissen** you never can tell

Manager(in) manager ['mænɪdʒəʳ]

manche(r, s) some, several; **manch einer** many a person; **so manches** (*vieles*) a good many things

mancherlei various ['veəriəs]

manchmal sometimes

Mandarine mandarin, tangerine [ˌtændʒᵊr'iːn]

Mandel ① almond ['ɑːmənd] ② (*Drüse*) tonsil ['tɒnsᵊl]

Mandelentzündung tonsillitis [ˌtɒnsᵊl'aɪtɪs]

Manege arena [ə'riːnə], ring

Mangel[1] die mangle; (*Heißmangel*) rotary iron [aɪən] ▸ IN WENDUNGEN: **jemanden in die Mangel nehmen** give someone a grilling *umgangsspr*

Mangel[2] der ① (*Fehlen*) lack; (*Knappheit*) shortage ['ʃɔːtɪdʒ] (**an** of) ② (*Fehler*) fault [fɔːlt]; (*technisch*) defect ['diːfekt]

mangelhaft ① (*Schulnote*) unsatisfactory [ʌnˌsætɪs'fæktᵊri]; (*unzureichend*) insufficient [ˌɪnsə'fɪʃᵊnt] ② (*fehlerhaft*) defective [dɪ'fektɪv], faulty ['fɔːlti]

mangeln[1] press *Wäsche*

mangeln[2] (*fehlen*) want; **es mangelt an etwas** there is lack of something; **es mangelt ihr an nichts** she lacks for nothing

mangels for lack of

manierlich *Kind:* well-mannered; *Aussehen:* respectable [rɪ'spektəbl̩]

Manifestant(in) (A) demonstrator

Maniküre manicure ['mænɪkjʊəʳ]

manipulieren manipulate [mə'nɪpjəleɪt]

Mann man; (*Ehemann*) husband ['hʌzbənd]

Mannequin fashion model ['mɒdᵊl]

männlich ① male; **ein männliches Meerschweinchen** a male guinea pig ② (*in der Grammatik*) masculine ['mæskjəlɪn] ③ (*mannhaft*) manly ['mænli]

Mannsbild (A) male

Mannschaft team; (*Crew*) crew **Mannschaftsführer(in)** captain ['kæptɪn]

Manöver manoeuvre [mə'nuːvəʳ] (GB), maneuver (USA)

Mansardenwohnung attic flat

Manschettenknopf cufflink ['kʌflɪŋk]

Mantel ① (*Kleidungsstück*) coat [kəʊt] ② (*Rohrmantel*) jacket ③ (*Reifenmantel*) casing ['keɪsɪŋ]

Manuskript manuscript ['mænjəskrɪpt]

Mäppchen (*für Stifte*) pencil case

Mappe ① (*Aktentasche*) briefcase ['briːfkeɪs] ② (*Hefter*) folder

Marathon marathon ['mærəθᵊn]

Märchen ① fairytale ② (*Lüge*) tall story **Märchenprinz** Prince Charming

Marder marten ['mɑːtɪn]

Margarine margarine [ˌmɑːdʒə'riːn]

Marienkäfer ladybird (GB), ladybug (USA)

Marihuana marijuana [ˌmærɪ'wɑːnə]

Marille (A) apricot ['eɪprɪkɒt]

Marine navy

Marionette ① (*Holzpuppe*) puppet, marionette [ˌmæriə'net] ② (*willenloser Mensch*) puppet ['pʌpɪt]

Mark[1] das marrow ['mærəʊ] ▸ IN WENDUNGEN: **das geht mir durch Mark und Bein** that goes right through me

Mark[2] die ① (*Währung*) [Deutsch]mark ② **mit jeder Mark rechnen müssen** have to count every penny

Marke ① (*Automarke*) make ② (*Warensorte*) brand [brænd] ③ (*Briefmarke*) stamp; (*Rabattmarke*) trading-stamp ④ (*Essens-*

M

marke) [luncheon] voucher ['lʌnʃən,vaʊtʃəʳ] **Markenzeichen** trademark

markieren ❶ mark ❷ (*simulieren*) play

Markierstift highlighter ['haɪlaɪtəʳ]

Markierung mark

Markise awning

Markstück one-mark piece

Markt ❶ (*in der Wirtschaft*) market; **auf den Markt bringen** put on the market; **auf dem Markt sein** (*erhältlich sein*) be on the market ❷ (*Marktplatz*) marketplace; **auf dem Markt** at the market **Marktforschung** market research [rɪ'sɜːtʃ] **Marktlücke** gap in the market, opening **Marktplatz** marketplace **Marktwirtschaft** market economy; **freie Marktwirtschaft** free market economy

Marmelade jam [dʒæm]; (*Orangenmarmelade*) marmalade ['mɑːməleɪd]

Marmor marble ['mɑːbl̩]

Marokkaner(in) Moroccan [mə'rɒkən] **marokkanisch** Moroccan [mə'rɒkən] **Marokko** Morocco [mə'rɒkəʊ]

Marone [sweet] chestnut ['tʃesnʌt]

Marotte quirk

Mars Mars

Marsch[1] der march ▶ IN WENDUNGEN: **jemandem den Marsch blasen** give someone a piece of one's mind

Marsch[2] die (*Landschaft*) fen, marsh

Marschall marshal ['mɑːʃəl]

marschieren march

Marschmusik military marches ⚠ *plural*

Marter torture ['tɔːtʃəʳ] **martern** torment [tɔː'ment], torture ['tɔːtʃəʳ] **Marterpfahl** stake

Märtyrer(in) martyr ['mɑːtəʳ]

März March; **Anfang/Mitte/Ende März** at the beginning of/in the middle of/at the end of March

Marzipan marzipan ['mɑːzɪpæn]

Masche ❶ (*Strickmasche*) stitch ❷ (*Netzschlinge*) hole, mesh ▶ IN WENDUNGEN: **immer die alte Masche!** the same old trick!

Maschendraht wire netting

Maschine ❶ (*Gerät*) machine ❷ (*Auto*) engine ❸ (*Flugzeug*) plane ❹ **etwas mit der Maschine schreiben** type something

maschinell mechanical [mɪ'kænɪkəl]

Maschinengewehr machine [mə'ʃiːn] gun

Masern measles ['miːzlz] ⚠ *singular*

Maserung grain

Maske ❶ (*Gesichtsmaske*) mask [mɑːsk]; **sie ließ ihre Maske fallen** (*übertragen*) she let her mask slip ❷ (*im Theater*) make-up ['meɪkʌp] **Maskenbildner(in)** make-up artist

maskieren ❶ disguise [dɪs'gaɪz] ❷ **sich maskieren** disguise oneself

Maskulinum masculine ['mæskjəlɪn]

Maß[1] das ❶ (*Maßeinheit*) measure ['meʒəʳ] (**für** of) ❷ (*Maßband*) tape measure ❸ (*gemessene Größe*) measurement ['meʒəmənt] ❹ (*Ausmaß*) degree [dɪ'griː], extent [ɪk'stent]; **ein gewisses Maß an …** a certain degree of … ❺ **in höchstem Maße** extremely [ɪk'striːmli] ❻ **in Maßen** in moderation [,mɒdəʳ'eɪʃən]; **Maß halten** be moderate ['mɒdəʳrət] ▶ IN WENDUNGEN: **das macht das Maß voll** that does it; **das Maß ist voll!** this takes the biscuit ['bɪskɪt]! *umgangsspr*, enough is enough!

Maß[2] die (*Liter Bier*) litre [liːtəʳ] of beer (GB), liter of beer (USA)

Massage massage ['mæsɑːʒ]

Massaker massacre ['mæsəkəʳ]

Masse ❶ (*ungeformter Stoff*) mass [mæs] ❷ (*Menge*) lots [*oder* heaps] of *umgangsspr*; **eine ganze Masse von …** a great deal of … ❸ (*beim Kochen*) mixture ['mɪkstʃəʳ] ❹ (*Menschenmenge*) crowd [kraʊd] ❺ (*in der Physik*) mass

Massenarbeitslosigkeit mass [mæs] unemployment

massenhaft ❶ on a massive scale ❷ (*sehr viel*) masses of

Massenmedien mass media [,mæs'miːdiə] ⚠ *plural* **Massentierhaltung** intensive livestock farming **Massentourismus** mass tourism ['tʊərɪzəm]

Masseur(in) masseur [mæs'ɜːʳ]; (*Frau*) masseuse [mæs'ɜːz]

Masseuse masseuse [mæs'ɜːz]

maßgebend authoritative [ɔː'θɒrɪtətɪv]; **maßgebende Persönlichkeit** person in authority [ɔː'θɒrəti]; **deine Meinung ist für mich nicht maßgebend** your opinion carries no weight with me

massieren massage ['mæsɑːʒ]

massig ❶ *Möbel:* massive ['mæsɪv] ❷ **massig viel** stacks of

mäßig ① (*gemäßigt*) moderate ['mɒdᵊrət], temperate ['tempᵊrət] ② (*mittelmäßig*) indifferent ③ (*gering*) moderate

massiv ① (*fest, pur*) solid ['sɒlɪd] ② *Beleidigung:* gross [grəʊs]; *Kritik:* heavy [hevi]

maßlos ① (*unmäßig*) immoderate [ɪ'mɒdᵊrət] ② (*gewaltig*) extreme [ɪk'striːm] ③ *Eifer:* boundless ['baʊndləs]

Maßnahme measure ['meʒəʳ]; **Maßnahmen ergreifen, um etwas zu tun** take measures to do something

Maßstab ① (*Richtlinie*) standard ['stændəd]; **Maßstäbe setzen** set standards ② (*Zollstock*) rule ③ (*maßstäbliches Verhältnis*) scale

maßvoll moderate ['mɒdᵊrət]

Mast¹ der ① (*Strommast*) pylon ['paɪlɒn] ② (*Schiffs-, Antennenmast*) mast [mɑːst]

Mast² die (*das Mästen*) fattening

mästen fatten

masturbieren masturbate ['mæstəbeɪt]

Match match [mætʃ] **Matchball** (*beim Tennis*) match point

Material ① (*Substanz*) material [mə'tɪəriəl] ② (*Gerätschaften*) materials ⚠ *plural*

Materialismus materialism [mə'tɪəriəlɪzᵊm]

Materie ① matter ② (*Thema*) subject-matter; **die Materie beherrschen** know one's stuff

Mathematik mathematics [mæθᵊm'ætɪks] ⚠ *mit Singular,* maths [mæθ] ⚠ *mit Singular;* **Mathematik ist mein Lieblingsfach** maths is my favourite subject **Mathematiker(in)** mathematician [mæθᵊmə'tɪʃᵊn] **mathematisch** mathematical [ˌmæθᵊm'ætɪkᵊl]

Matjeshering lightly cured young herring

Matratze mattress ['mætrəs]

Matrose ① (*Seemann*) sailor ② (*Dienstgrad*) rating

Matsch ① (*Brei*) mush ② (*Schlamm*) mud; (*Schneematsch*) slush

matschig ① (*breiig*) mushy ② (*schlammig*) muddy; (*mit Schneematsch*) slushy

matt ① (*glanzlos*) dull ② (*schwach*) weak ③ (*beim Schach*) mate; **jemanden matt setzen** checkmate someone

Matte mat ▸ IN WENDUNGEN: **auf der Matte stehen** be at someone's place; (*bereit sein*) be there and ready for action

Mattscheibe telly GB *umgangsspr,* tube USA *umgangsspr* ▸ IN WENDUNGEN: **Mattscheibe haben** be not quite with it

Maturität CH (*Hochschulreife*) ≈ A Levels *plural* GB, scholastic aptitude test, S.A.T. USA

mau poor [pɔːʳ], bad; *Geschäft:* slack

Mauer wall

mauern build [bɪld], lay bricks

Maul ① mouth; (*Tierrachen*) jaws [dʒɔːz] ⚠ *plural* ② **halt's Maul!** shut your gob! *umgangsspr* ③ **ein großes Maul haben** be a big-mouth *umgangsspr* ④ **ein loses Maul haben** have a cheeky tongue ⑤ **sich über jemanden das Maul zerreißen** dis someone behind their back *umgangsspr* ⑥ **das Maul zu voll nehmen** bite off more than one can chew

Maulesel mule [mjuːl]

Maulkorb muzzle

Maultaschen filled pasta squares

Maultier mule [mjuːl] **Maulwurf** mole [məʊl]

Maurer(in) bricklayer

Maus ① (*auch für Computer*) mouse [maʊs], [*plural* mice] ② **Mäuse** (*Geld*) dough [dəʊ] ⚠ *singular slang*

> **? Grammatik** Die Pluralform von **mouse** ist **mice**: *there were five tiny mice in the attic.*

Mausefalle mousetrap ['maʊstræp]

Mausklick click of the mouse **Mauspad** mouse pad

Maut toll [təʊl]

maximal ① **maximale Geschwindigkeit** maximum ['mæksɪməm] speed ② **zwanzig, maximal dreißig Leute** twenty, at most thirty people

Maximum maximum ['mæksɪməm]

Mayonnaise mayonnaise ['meɪə'neɪz]

Mazedonien Macedonia [ˌmæsɪ'dəʊniə]

Mechanik mechanics [mɪ'kænɪks] ⚠ *mit Singular* **Mechaniker(in)** mechanic [mɪ'kænɪk] **mechanisch** mechanical [mɪ'kænɪkᵊl]

Mechanismus mechanism ['mekənɪzᵊm]

meckern ① *Ziege:* bleat [bliːt] ② (*nörgeln*) bleat *umgangsspr,* grouse [graʊs] *umgangsspr* (**über** at)

Medaille medal ['medᵊl]

Medien media ['miːdiə] ⚠ *mit Singular oder Plural*

Medikament medicine ['medsᵊn]

Meditation meditation [ˌmedɪ'teɪʃᵊn]

meditieren meditate ['medɪteɪt]
Medizin medicine ['medsᵊn]; **Medizin einnehmen** take medicine; **Medizin nehmen müssen** be on medication [ˌmedɪ'keɪʃᵊn]
Mediziner(in) ① (*Arzt*) doctor ['dɒktəʳ] ② (*Medizinstudent*) medic ['medɪk]
Medizinisch-Technischer Assistent, Medizinisch-Technische Assistentin medical laboratory assistant
Medizinmann medicine man ['medsᵊnˌmæn]
Meer sea [siː]; **die Meere** the oceans ['əʊʃᵊnz]; **eine Stadt am Meer** a town by the sea **Meerenge** straits [streɪts] ⚠ *plural* **Meeresfrüchte** seafood ['siːfuːd] ⚠ *singular* **Meeresspiegel** sea-level; **über/unter dem Meeresspiegel** above/below sea-level
Meerrettich horseradish ['hɔːsˌrædɪʃ]
Meerschweinchen guinea pig ['gɪniˌpɪg]
Meerwasser sea water
Mehl ① flour ['flaʊəʳ]; (*grobes*) meal ② (*Pulver*) powder ['paʊdəʳ] **mehlig** ① (*mehlbestäubt*) floury ['flaʊəri] ② *Früchte:* mealy
Mehltau mildew ['mɪldjuː]
mehr ① more; **immer mehr** more and more; **etwas mehr** a little more; **viel[e] mehr** much [many] more; **umso mehr** all the more; **nichts mehr** no more; **noch mehr** even more; **noch mehr?** any more?; **mehr kann man sich doch nicht wünschen** what more could one want?; **zum Kindererziehen gehört mehr als nur ...** there's more to bringing up children than just ... ② **reden wir nicht mehr darüber!** let's say no more about it!; **kein Wort mehr!** not another word!; **es war niemand mehr da** everyone had gone; **nicht mehr lange** not much longer
Mehr (CH) majority [mə'dʒɒrəti] ⚠ *mit Singular oder Plural*
mehrdeutig ambiguous [æm'bɪgjuəs]
mehrere several ['sevᵊrᵊl]
mehrfach ① (*vielfach*) multiple ['mʌltɪpl̩] ② (*wiederholt*) repeated ③ (*mehrere Male*) several times
Mehrfamilienhaus house for several families
mehrfarbig multicoloured [ˌmʌltɪ'kʌləd]
Mehrheit majority [mə'dʒɒrɪti]; **in der Mehrheit sein** be in the majority; **mit knapper Mehrheit** by a small majority
mehrjährig ① of several years; **mehrjährige ...** several years of ...; ② *Pflanze:* perennial [pᵊ'reniəl]
Mehrkosten additional costs
mehrmals several times
Mehrparteiensystem multi-party system **mehrsprachig** multilingual **mehrtägig ein mehrtägiger Aufenthalt** a stay of several days **Mehrwegflasche** deposit [*oder* returnable] bottle **Mehrwertsteuer** value added tax, VAT [ˌviːeɪ'tiː] **Mehrzahl** ① (*Plural*) plural ② (*Mehrheit*) majority [mə'dʒɒrɪti]; **die Mehrzahl der Fälle** the majority of cases
meiden avoid
Meile mile **Meilenstein** milestone
mein my; **ich habe meine eigene Wohnung** I've got a flat of my own
meine, meiner, meines mine; **seine Freunde sind nicht meine** his friends are not mine
Meineid perjury ['pɜːdʒᵊri]; **einen Meineid leisten** commit perjury
meinen ① (*glauben*) think; **meinen Sie?** do you think so?; **was meinen Sie?** what do you think?; **meinen Sie nicht auch?** don't you agree? ② (*sagen wollen*) mean ③ **damit bin ich gemeint** that's meant for me; **so war das nicht gemeint** it wasn't meant like that; **gut gemeint** well-meant
meinetwegen ① (*von mir aus*) for my part; **meinetwegen!** that's okay with me!, I don't mind! ② (*um meinetwillen*) for my sake
Meinung opinion [ə'pɪnjən]; **der Meinung sein, dass ...** be of the opinion that ...; **meiner Meinung nach** in my opinion; **seine Meinung äußern** express an opinion; **seine Meinung ändern** change one's opinion
Meinungsumfrage opinion poll, canvassing ['kænvəsɪŋ] **Meinungsverschiedenheit** disagreement [ˌdɪsə'griːmᵊnt], difference of opinion
Meise (*kleiner Singvogel*) tit[mouse] ▶IN WENDUNGEN: **eine Meise haben** be nuts *umgangsspr*
Meißel chisel ['tʃɪzᵊl] **meißeln** chisel ['tʃɪzᵊl]
meist mostly, most of the time
meiste(r, s) die meisten most people; **die meiste Zeit** most of the time; **die meisten sind Studenten** they are mostly students
meisten am meisten most of all
meistens mostly, most of the time
Meister(in) ① (*im Handwerk*) master ② (*im

Sport) champion
meisterhaft ① masterly ② in a masterly manner
meistern ① master ② **Schwierigkeiten meistern** overcome difficulties
Meisterprüfung examination for the master craftsman's diploma **Meisterschaft** championship
Melancholie melancholy ['melənkəli] **melancholisch** melancholy ['melənkəli]
Melanzani Ⓐ aubergine ['əʊbəʒiːn] GB, eggplant USA
Meldeamt registration office
melden ① (*ankündigen*) announce [ə'naʊns] ② (*benachrichtigen*) report ③ **sich melden** (*in der Schule*) put one's hand up ④ **sich zu etwas melden** put oneself forward for something ⑤ (*am Telefon*) answer ['ɑːnsəʳ]; **er hat sich nicht gemeldet** he didn't answer the phone ⑥ **sich bei jemandem melden** get in touch with someone; **melde dich mal wieder!** keep in touch! ⑦ **sich krankmelden** report [*oder* phone in] sick
Meldung ① (*in den Medien*) report (**über** on) ② (*im Sport*) entry ③ (*dienstlich*) report
Melisse balm [bɑːm]
melken ① milk ② (*anpumpen*) fleece *umgangsspr*
Melodie melody ['melədi] **melodisch** melodic [mə'lɒdɪk], tuneful
Melone ① (*Frucht*) melon ['melən] ② (*Hut*) bowler ['bəʊləʳ] [hat] GB, derby ['dɜːbi] USA
Memoiren memoirs ['memwɑːʳz]
Menge ① (*bestimmte Anzahl*) quantity ['kwɒntɪti] ② **eine Menge** (*viele*) a great many, lots of; **jede Menge** lots and lots ③ **sich eine Menge einbilden** think a lot of oneself ④ (*Menschenmenge*) crowd [kraʊd] ⑤ (*in der Mathematik*) set
Mensa canteen, refectory [rɪ'fektəri]
Mensch ① man, person; **ich bin auch nur ein Mensch** I'm only human after all; **er ist ein guter Mensch** he's a good soul [səʊl]; **kein Mensch war da** nobody was there ② **Menschen** (*Leute*) people ['piːpl̩] ⚠ *plural;* **die Menschen** mankind [mæn'kaɪnd] ③ **Mensch!** (*bewundernd*) wow!
Menschenaffe ape **Menschenfresser** cannibal ['kænɪbəl] **Menschenhandel** slave trade **Menschenkenntnis Menschenkenntnis haben** be a good judge of character ['kærɪktəʳ] **menschenleer** deserted [dɪ'zɜːtɪd] **Menschenmenge** crowd [kraʊd] [of people] **menschenmöglich das Menschenmögliche tun** do all that is humanly possible **Menschenrechte** human rights **Menschenseele keine Menschenseele war da** not a soul [səʊl] was there
Menschenskind Menschenskind! heavens above! **Menschenverstand gesunder Menschenverstand** common sense **Menschenwürde** human dignity
Menschheit die Menschheit humanity [hjuː'mænɪti], mankind [mæn'kaɪnd]
menschlich ① human ['hjuːmən]; **die menschliche Gesellschaft** the society of man ② (*human*) humane [hjuː'meɪn]
Menschlichkeit humanity [hjuː'mænɪti]
Menstruation menstruation [ˌmenstru'eɪʃən]
Mentalität mentality
Menü (*auch in Informatik*) menu ['menjuː]
merci CH thanks
merken ① (*wahrnehmen*) notice ② (*spüren*) feel; **merkst du was?** can you feel anything?; **ich hab nichts gemerkt** I didn't feel a thing ③ **sich etwas merken** remember something
Merkmal characteristic [ˌkærəktə'rɪstɪk]
Merkur Mercury ['mɜːkjəri]
merkwürdig (*seltsam*) curious ['kjʊəriəs], strange
messbar measurable ['meʒərəbl̩]
Messbecher measuring jug ['meʒərɪŋ dʒʌg]
Messe[1] die (*Gottesdienst*) mass [mæs]
Messe[2] die (*Ausstellung*) [trade] fair
Messehalle exhibition [eksɪ'bɪʃən] hall
messen ① measure ['meʒəʳ]; **können Sie mir den Blutdruck messen?** could you take my blood pressure?; **jemandes Zeit messen** time someone ② **er misst 1,70 m** he measures 1.70 metres, his height is 1.70 metres ③ **sich mit jemandem messen** compete with someone
Messer ① knife [naɪf] ② **ein Kampf bis aufs Messer** a fight to the finish ▶ IN WENDUNGEN: **unter's Messer kommen** go under the knife *umgangsspr*

? Grammatik **knives** ist die Pluralform von **knife** = ein Messer: *Jenny put four knives and forks on the table.*

M m

Messerstich stab wound [wu:nd]
Messestand exhibition [eksɪˈbɪʃᵊn] stand ⒼⒷ, booth USA
Messias Messiah [məˈsaɪə]
Messing brass [brɑ:s]
Messwert measurement [ˈmeʒᵊmənt]
Metall metal [ˈmetᵊl]; **aus Metall** made of metal, metallic [meˈtælɪk] **metallisch** ❶ (*aus Metall*) metal [ˈmetᵊl] ❷ *Klang:* metallic [meˈtælɪk]
Metapher metaphor [ˈmetəfɔ:ʳ]
Meteorologe meteorologist [ˌmi:tiᵊˈrɒlədʒɪst], weatherman *umgangsspr*
Meteorologin meteorologist [ˌmi:tiᵊˈrɒlədʒɪst], weatherlady *umgangsspr*
Meter metre ⒼⒷ, meter USA
Methode method [ˈmeθəd]
Metropole metropolis [məˈtrɒpəlɪs]
Metzger(in) butcher [ˈbʊtʃəʳ] **Metzgerei** butcher's [ˈbʊtʃəz]
Meute ❶ (*Jagdhunde*) pack of hounds [haʊndz] ❷ (*Pöbel*) mob
Meuterei mutiny [ˈmju:tɪni] **Meuterer(in)** mutineer [ˌmju:tɪˈnɪəʳ] **meutern** ❶ (*rebellieren*) mutiny [ˈmju:tɪni] ❷ (*aufmucken*) moan *umgangsspr*
Mexikaner(in) Mexican [ˈmeksɪkᵊn] **mexikanisch** Mexican [ˈmeksɪkᵊn] **Mexiko** Mexico [ˈmeksɪkəʊ]
miauen miaow [mi:ˈaʊ]
mich me; (*reflexiv*) myself
mick(e)rig ❶ *Pflanze:* stunted *umgangsspr* ❷ *Betrag:* mingy [ˈmɪndʒi] *umgangsspr* ❸ *Person:* puny [ˈpju:ni] *umgangsspr*
Mief (*muffige Luft*) fug *umgangsspr*
Miene ❶ expression, face ❷ **ohne eine Miene zu verziehen** without turning a hair [ˈmʌsḷ] ▸ IN WENDUNGEN: **gute Miene zum bösen Spiel machen** grin and bear it
mies ❶ lousy [laʊzi] *umgangsspr* ❷ **jemanden/etwas mies machen** run someone/something down
Miesmuschel mussel [ˈmʌsḷ]
Mietauto rental car, hire[d] car ⒼⒷ
Miete rent; **zur Miete wohnen** live in rented accommodation
mieten rent *Wohnung;* rent, hire *Auto, Fahrrad*
Mieter(in) tenant [ˈtenənt]
Mieterhöhung rent increase
Mietshaus tenement [ˈtenəmənt], block of flats ⒼⒷ, apartment house USA
Mietvertrag lease [li:s], tenancy agreement
Mietwagen rental car, hire[d] car ⒼⒷ
Mietwohnung rented flat ⒼⒷ, rented apartment USA
Migräne migraine [ˈmaɪgreɪn]; **Migräne haben** have a migraine
Mikrochip microchip **Mikrofon, Mikrophon** microphone [ˈmaɪkrəfəʊn]
Mikroskop microscope [ˈmaɪkrəskəʊp] **mikroskopisch** microscopic [ˌmaɪkrəˈskɒpɪk]
Mikrowelle microwave [ˈmaɪkrəweɪv]
Milch milk **Milchflasche** milk bottle
Milchkaffee milky coffee
Milchprodukte dairy [*oder* milk] products **Milchpulver** powdered milk **Milchreis** rice pudding [ˈpʊdɪŋ] **Milchsäure** lactic acid **Milchstraße** Milky Way [weɪ] **Milchzahn** milk tooth
mild ❶ (*sanft*) mild [maɪld]; **milde Luft** balmy air ❷ (*nachsichtig*) lenient [ˈli:niənt] ❸ **... und das ist noch milde ausgedrückt** ... to put it mildly
mildern ❶ ease, soothe [su:ð] *Schmerz* ❷ (*mäßigen*) moderate ❸ **mildernde Umstände** extenuating [eksˈtenjueɪtɪŋ] circumstances
Milieu ❶ (*gesellschaftlich*) background; ❷ (*Umwelt*) environment [ɪnˈvaɪrᵊnmənt] ❸ (*Atmosphäre*) atmosphere [ˈætməsfɪəʳ]
Militär armed forces ⚠ *plural*
militärisch military [ˈmɪlɪtri] **Militärstützpunkt** military base
Miliz militia [mɪˈlɪʃə]
Millennium millennium
Milliardär(in) multi-millionaire **Milliarde** billion [bɪliən]
Millimeter millimetre ⒼⒷ, millimeter USA
Million million [ˈmɪliən]

> **? Grammatik** **million** wird nach einer Zahl nicht im Plural gebraucht: *fifty million people watched the World Cup Final.*

Millionär(in) millionaire [mɪljəˈneəʳ] **Millionenstadt** city with over a million inhabitants
Milz spleen
minder less; **mehr oder minder** more or less **minderbemittelt** ❶ (*finanziell*) less well-off ❷ (*geistig*) [mentally] less gifted **Minderheit** minority [maɪˈnɒrəti] **minderjährig** **minderjährig sein** be a minor **Minderjährige(r)** minor

mindern ① (*vermindern*) lessen ② (*beeinträchtigen*) detract from ③ (*herabsetzen*) reduce *Wert*

minderwertig inferior [ɪnˈfɪəriəʳ], low-quality **Minderwertigkeit** inferiority [ɪnˌfɪəriˈɒrɪti]; *von Gütern:* low quality **Minderwertigkeitskomplex** inferiority complex [ɪnˌfɪəriˈɒrɪti ˌkɒmpleks] **Minderzahl** **in der Minderzahl sein** be in the minority [maɪˈnɒrəti]

Mindestalter minimum age

mindeste ① least, slightest; **das wäre ja wohl das Mindeste gewesen!** that's the least you could have done! ② **nicht im Mindesten** not in the least **mindestens** at least **Mindestlohn** minimum wage

Mine ① (*Kriegsgerät*) mine [maɪn] ② (*Bleistiftmine*) lead [led]; (*Kugelschreibermine*) refill ③ (*Bergbau*) mine

Mineral mineral [ˈmɪnᵊrᵊl] **Mineralwasser** mineral water

Minibar (*in Hotel*) mini-bar

Minigolf miniature golf [ˈmɪnɪtʃəʳ], crazy golf (GB)

minimal minimal [ˈmɪnɪmᵊl]

Minimum minimum [ˈmɪnɪməm] **Minirock** miniskirt

Minister(in) minister [ˈmɪnɪstəʳ], secretary

Ministerium ministry [ˈmɪnɪstri] (GB), department (USA)

Ministerpräsident(in) prime minister; **der Ministerpräsident von Hessen** the chief minister [*oder* premier] of Hessen

Minus ① (*Mangel*) deficit [ˈdefɪsɪt] ② (*Minuspunkt*) bad point ③ (*Nachteil*) disadvantage

minus ① **zehn minus vier ist sechs** ten minus four is six ② **bei 20 Grad minus** at 20 degrees below zero

Minute ① minute [ˈmɪnɪt]; **zehn Minuten vor sechs** ten minutes to six ② **in letzter Minute** at the last moment **minutenlang** ① for several minutes ② several minutes of **Minutenzeiger** minute-hand

Minze mint ⚠ *das englische 'mince' bedeutet Gehacktes*

mir ① to me ② **ich habe mir den Arm verletzt** I've hurt my arm ③ **diese Jacke gehört mir** this jacket is mine ④ **ein Freund von mir** a friend of mine ⑤ **von mir aus!** I don't mind! ⑥ **mir nichts, dir nichts** just like that

Mirabelle mirabelle

mischen ① (*vermengen*) mix ② (*Karten mischen*) shuffle ③ **sich mischen** mix ④ **sich unters Volk mischen** mingle [with the crowd]

Mischling ① (*Tier*) half-breed ② (*Mensch*) half-caste [ˈhɑːfkæst] *abwertend*

Mischpult mixing desk

Mischung ① (*Mixtur*) mixture; *von Kaffee, Tee, Tabak:* blend ② (*Kombination*) combination [ˈkɒmbɪˈneɪʃᵊn] (**aus** of)

miserabel (*mies*) lousy [ˈlaʊzi]

Misere plight [plaɪt], dreadful state

missachten ① (*verachten*) despise ② (*ignorieren*) disregard, ignore **Missachtung** ① (*Verachtung*) disdain [of] ② (*Nichtbeachtung*) disregard

missbilligen disapprove of **Missbilligung** disapproval

Missbrauch ① *von Macht, Menschen:* abuse [əˈbjuːs] ② *von Notbremse:* improper use **missbrauchen** ① abuse [əˈbjuːz] ② **jemanden zu** [*oder* **für**] **etwas missbrauchen** use someone for something

missen **ich möchte das nicht missen** I wouldn't [like to] do without it

Misserfolg failure [ˈfeɪljəʳ]

Missfallen **jemandes Missfallen erregen** incur [ɪnˈkɜːʳ] someone's displeasure **missfallen** displease [dɪˈspliːz]

Missgeburt ① deformed child ② (*Schimpfwort*) freak

Missgeschick mishap [ˈmɪshæp]; **ihr ist ein kleines Missgeschick passiert** she's had a slight mishap

missglücken fail [feɪl]; **sein Versuch missglückte** he failed in his attempt

missgönnen **jemandem etwas missgönnen** begrudge someone something

Missgunst resentment, envy [ˈenvi]

misshandeln ill-treat, maltreat [ˈmælˈtriːt] **Misshandlung** maltreatment

Mission mission [ˈmɪʃᵊn] **Missionar(in)** missionary [ˈmɪʃᵊnᵊri]

Misslingen failure [ˈfeɪljəʳ] **misslingen** fail **missmutig** morose [məˈrəʊs] **missraten** go wrong [rɒŋ] **Misstrauen** distrust [dɪˈstrʌst], mistrust [mɪˈstrʌst] (**gegenüber** of); **Misstrauen gegen jemanden hegen** mistrust someone **misstrauen** mistrust

misstrauisch distrustful

M

missverständlich unclear
Missverständnis misunderstanding [ˌmɪsʌndəˈstændɪŋ]
missverstehen misunderstand
Mist 1 (*Dung*) dung [dʌŋ]; (*Dünger*) manure [məˈnjʊəʳ]; (*Misthaufen*) muck heap 2 (*Blödsinn*) rubbish *umgangsspr;* **was soll der Mist!** oh, for crying out loud! *umgangsspr* 3 **Mist!** blast! [blɑːst] 4 **da hast du Mist gemacht!** you've screwed up there! *umgangsspr* ▶ IN WENDUNGEN: **das ist nicht auf seinem Mist gewachsen** he didn't do that off his own bat; that wasn't his doing
Mistel mistletoe [ˈmɪsl̩təʊ]
Misthaufen heap of manure [məˈnjʊəʳ] **Mistkäfer** dung beetle **Miststück** **Miststück!** (*zu einem Mann*) bastard! [ˈbɑːstəd] *umgangsspr;* (*zu einer Frau*) bitch! *umgangsspr*
mit 1 with; **was ist mit dir los?** what's the matter with you? 2 **bring ein Buch mit** bring a book with you; **ich hab mein Scheckheft nicht mit** I haven't got my cheque book with me; **komm mit!** come along [*oder* too]! 3 **mit dem Auto** by car 4 **mit der Zeit** in time 5 (*ebenfalls*) as well; **mit dabeisein** be there too 6 **er ist mit einer der besten Schlagzeuger seiner Generation** he's one of the best drummers of his generation 7 **er liegt mit Kopfschmerzen im Bett** he's in bed with a headache
mitarbeiten 1 (*bei Projekt*) collaborate [kəˈlæbəreɪt] (**an** on); (*mithelfen*) cooperate [kəʊˈɒpəreɪt] (**bei** on) 2 **im Unterricht mitarbeiten** take an active part in lessons **Mitarbeiter(in)** 1 (*Angestellte*) employee [ɪmˈplɔɪiː] 2 (*Kollege*) colleague [ˈkɒliːg]
mitbekommen 1 (*verstehen*) get; **ich hab nichts mitbekommen** I didn't get a thing *umgangsspr* 2 (*als Gabe*) get to take with one 3 **hast du den Unfall mitbekommen?** did you notice [*oder* see] the accident?
mitbenutzen share
mitbestimmen 1 have a say (**bei** in) 2 **etwas mitbestimmen** (*beeinflussen*) have an influence on something
Mitbewohner(in) flatmate
mitbringen 1 bring *Geschenk* 2 bring along *Person* 3 (*besitzen*) have, possess [pəˈzes] 4 **kannst du mir etwas mitbringen?** can you bring something back for me?
Mitbürger(in) fellow citizen [ˌfeləʊˈsɪtɪzən]
miteinander 1 with each other 2 (*gemeinsam*) together; **alle miteinander** one and all 3 **gut miteinander auskommen** get along well
miterleben see, witness
Mitesser blackhead [ˈblækhed]
mitfahren go with; **kann ich mitfahren?** can you give me a lift? **Mitfahrer(in)** [fellow] passenger
mitfühlen **ich kann das mitfühlen** I can feel for you [*oder* sympathize with you] **mitfühlend** sympathetic [ˌsɪmpəˈθetɪk]
mitgeben **jemandem etwas mitgeben** give someone something to take with him/her/them
Mitgefühl sympathy [ˈsɪmpəθi]
mitgehen 1 (*mit jemandem fortgehen*) go along 2 **etwas mitgehen lassen** walk off with something *umgangsspr*
mitgenommen run-down, worn-out [ˌwɔːnˈaʊt]; **du siehst mitgenommen aus** you look the worse for wear
Mitgift dowry [ˈdaʊri]
Mitglied member (**bei** of)
mithalten 1 keep pace 2 (*bei Versteigerung*) stay in the bidding
mithelfen help **mithilfe** with the help (**von** of)
mithören 1 (*belauschen*) listen in on 2 (*zufällig*) overhear [ˌəʊvəˈhɪəʳ] 3 **ich habe alles mitgehört** I heard everything
mitkommen 1 (*begleiten*) come along (**mit** with); **kommst du mit?** are you coming too? 2 (*geistig folgen*) keep up
mitkriegen understand, realize
Mitleid sympathy [ˈsɪmpəθi], compassion [kəmˈpæʃən], pity (**mit** for); **mit jemandem Mitleid haben** have pity on someone; **kein Mitleid zeigen** be pityless
mitmachen 1 **etwas** [*oder* **bei etwas**] **mitmachen** join in [*oder* take part in] something; **einen Kurs mitmachen** do a course 2 (*erleiden*) go through 3 **das mache ich nicht länger mit** I won't put up with that/this any longer
Mitmensch fellow creature [ˌfeləʊˈkriːtʃəʳ]
mitnehmen 1 take along; **kannst du mich mitnehmen?** can you give me a lift? 2 (*erschöpfen*) exhaust [ɪgˈzɔːst], wear [weəʳ]

out ③ (*in Mitleidenschaft ziehen*) affect
mitreden da kann ich natürlich nicht mitreden I wouldn't know anything about that
mitreißen ① (*mitschleppen*) drag along ② (*begeistern*) carry away
mitschicken ① (*auch schicken*) send along ② *einer Sendung beifügen:* enclose [ɪn'kləʊz]
mitschreiben ① take down ② **ich schreibe immer mit** I always take notes
mitschuldig partly to blame (**an** for)
Mitschüler(in) ① (*Klassenkamerad*) class-mate ['klɑːsmeɪt] ② (*Schulkamerad*) schoolmate
mitsingen sing along
mitspielen ① (*mitmachen*) join in ② (*im Sport*) play (**bei** in) ③ (*so tun als ob*) play along ▸ IN WENDUNGEN: **jemandem übel mitspielen** behave maliciously towards someone
Mittag ① midday, noon, lunchtime; **gegen Mittag** at noon ② **zu Mittag essen** have lunch ③ **ich mache jetzt Mittag** I'm having my lunch-break **Mittagessen** lunch
mittags at lunchtime
Mittagspause lunch-hour, lunch-break **Mittagsschlaf** afternoon nap **Mittagszeit** lunchtime
Mittäter(in) accomplice [ə'kʌmplɪs]
Mitte ① middle ② **Mitte Mai** in the middle of May ③ **sie ist Mitte zwanzig** she is in her mid-twenties ④ **Mitte des Jahres** halfway through the year
mitteilen ① tell ② **sich jemandem mitteilen** communicate [kə'mjuːnɪkeɪt] with someone **Mitteilung** notification [ˌnəʊtɪfɪ'keɪʃᵊn]; (*Notiz*) memo ['meməʊ]
Mittel ① (*Präparat, Zubereitung*) preparation; (*Medizin*) medicine ['medsᵊn] ② (*Hilfsmittel*) means ⚠ *singular;* (*Maßnahme, Methode*) method ['meθəd]; **ein Mittel zum Zweck** a means to an end ③ **Mittel und Wege finden** find ways and means; **mir ist jedes Mittel recht** I don't care how I do it; **etwas mit allen Mitteln versuchen** try one's utmost to do something **Mittelalter** Middle Ages ⚠ *plural* **mittelalterlich** medieval [ˌmedi'iːvᵊl] **Mittelamerika** Central America
Mitteleuropa Central Europe ['jʊərəp] **mitteleuropäisch** Central European [ˌjʊərə'piːən] **Mittelfeld** midfield **Mittelfinger** middle finger
mittellos without means
mittelmäßig mediocre [ˌmiːdi'əʊkəʳ]
Mittelmeer Mediterranean [ˌmedɪtᵊr'eɪniən] **Mittelpunkt** centre (GB), center (USA); **im Mittelpunkt stehen** be the centre of attention
mittels by means of
Mittelschule (CH) secondary school (GB), high school (USA)
Mittelstand middle classes ⚠ *plural* **Mittelstreckenrakete** medium-range [*oder* intermediate-range [ɪntə'miːdiətˌreɪndʒ]] missile **Mittelweg** middle course; **einen Mittelweg einschlagen** steer a middle course **Mittelwelle** medium ['miːdiəm] wave
mitten ① **mitten auf/in/unter ...** in the midst of ... ② **mitten durch ...** right across [*oder* through] ... ③ **mitten in der Nacht** in the middle of the night; **mitten im Winter** in the depth [depθ] of winter
Mitternacht midnight
mittlere ① middle; **mittlere Entfernung** middle distance ② (*durchschnittlich*) average ['ævᵊrɪdʒ] ③ (*mittelmäßig*) mediocre [ˌmiːdɪ'əʊkəʳ], middling ④ **von mittlerem Alter** middle-aged
mittlerweile in the meantime, meanwhile
Mittwoch Wednesday ['wenzdeɪ] **mittwochs** on Wednesdays
mitwirken ① (*mitarbeiten*) collaborate [kə'læbᵊreɪt] (**an, bei** on); (*bei einer Zeitung*) contribute [kən'trɪbjuːt] (**bei** to) ② (*beteiligt sein*) be involved (**an, bei** in) ③ (*mitspielen*) take part (**an, bei** in) ④ (*mit im Spiel sein*) play a part (**an, bei** in) ⑤ (*auftreten bei Aufführung*) perform [pə'fɔːm] (**an, bei** in) **Mitwisser(in)** accessory [ək'sesᵊri] [to]
mitwollen willst du mit? do you want to come along?
mitzählen ① (*einrechnen*) count in ② (*eingeschlossen werden*) be included
mixen mix **Mixer** ① (*Barmixer*) cocktail waiter; barman ② (*Mixgerät*) blender; (*zum Rühren*) mixer
Mobbing psychological bulling (*besonders am Arbeitsplatz*)
Möbel ① furniture ['fɜːnɪtʃəʳ] ⚠ *singular* ② (*Möbelstück*) piece of furniture

! Vorsicht Falle **furniture** wird nie im Plural gebraucht: *their furniture was rather old.*

M m

Möbelstück piece of furniture
mobil ❶ (*beweglich*) movable ['muːvəbl̩], mobile ['məʊbaɪl] ❷ (*flink*) nimble ['nɪmbl̩]
Mobiliar furnishings ['fɜːnɪʃɪŋz] ⚠ *plural*
Mobilität mobility [mə'bɪləti]
Mobiltelefon mobile phone [ˌməʊbaɪl'fəʊn]
möblieren furnish ['fɜːnɪʃ]; **möbliertes Zimmer** furnished room
Mode ❶ fashion; **in Mode** modern ['mɒdᵊn]; **es ist große Mode** it's all the fashion; **aus der Mode kommen** go out of fashion; **die neue[ste] Mode** all the latest style ❷ (*Brauch*) custom
Modell ❶ model ['mɒdᵊl] ❷ (*Nachbildung*) mock-up, model ❸ (*Mannequin*) [fashion] model ❹ **jemandem Modell stehen** sit for someone
Modem modem ['məʊdem]
Modenschau fashion parade [pə'reɪd]
Moderator(in) presenter [prɪ'zentəʳ]
moderig musty
modern ❶ (*zeitgemäß*) modern ['mɒdᵊn], up-to-date ❷ (*modisch*) fashionable ['fæʃᵊnəbl̩]
modernisieren modernize
Modeschöpfer(in) fashion designer
modisch fashionable ['fæʃᵊnəbl̩], stylish ['staɪlɪʃ]
Mofa small moped ['məʊped]
mogeln cheat
mögen ❶ (*gern haben*) like; **ich mag ihn nicht** I don't like him; **sie mögen sich** they like each other ❷ **was möchten Sie trinken?** what would you like to drink? ❸ (*können*) may; **da mögen Sie Recht haben** you may be right; **das mag ja sein** that may be so ❹ (*wollen*) want; **ich möchte jetzt allein sein** I wish to be alone now
möglich ❶ possible ['pɒsəbl̩]; (*eventuell*) potential [pə'tenʃᵊl]; **möglich ist alles** anything is possible ❷ **nicht möglich!** never!; **schon möglich** may be ❸ **sein Möglichstes tun** do one's utmost **möglicherweise** possibly ['pɒsəbli]
Möglichkeit ❶ (*das Möglichsein*) possibility [ˌpɒsə'bɪləti] ❷ (*Aussicht*) chance [tʃɑːns]; **es besteht die Möglichkeit, dass …** there is a possibility that … ❸ **ist denn das die Möglichkeit!** that's impossible!
möglichst **möglichst …** as … as possible
Mohn ❶ (*Pflanze*) poppy ❷ (*Samen*) poppy seed
Möhre carrot ['kærət]
Mokka mocha ['mɒkə]
Molch newt [njuːt]
Molekül molecule ['mɒlɪkjuːl]
Molke whey [weɪ] **Molkerei** dairy ['deəri]
Moll minor ['maɪnəʳ]
mollig ❶ (*warm*) cosy ['kəʊzi] ❷ (*dick*) plump
Moment ❶ (*Augenblick*) moment ['məʊmənt] ❷ **einen Moment!** just a moment! ❸ **im Moment** at the moment ❹ **im ersten Moment** for a moment
momentan ❶ **momentane Lage** present situation ❷ **wir haben momentan viel zu tun** we're very busy at the moment
Monarch(in) monarch ['mɒnək] **Monarchie** monarchy ['mɒnəki]
Monat month [mʌnθ]; **im Monat Mai** in the month of May
monatlich monthly
Monatsbinde sanitary towel ['sænɪtᵊri-ˌtaʊəl]
Mönch monk [mʌŋk]
Mond moon ▸ IN WENDUNGEN: **sie lebt hinter dem Mond** she's out of touch
Mondfinsternis eclipse [ɪ'klɪps] of the moon, lunar eclipse **Mondrakete** lunar rocket **Mondschein** moonlight **Mondsichel** crescent ['kresᵊnt] moon
Mongole, -in Mongol ['mɒŋgəl] **Mongolei** **die Mongolei** Mongolia [mɒŋ'gəʊliə] ⚠ *kein Artikel*
Monitor monitor ['mɒnɪtəʳ]
Monolog monologue ['mɒnᵊlɒg]; **einen Monolog halten** hold a monologue
Monopol monopoly [mə'nɒpᵊli] (**auf, für** on)
monoton monotonous [mə'nɒtᵊnəs]
Monster monster
Montag Monday
Montage ❶ (*Aufbau*) installation [ˌɪnstə'leɪʃᵊn] ❷ (*Zusammenbau*) assembly [ə'sembli]; (*Einbau*) fitting ❸ **auf Montage sein** be away on a job
Monteur(in) fitter; (*Mechaniker*) mechanic [mɪ'kænɪk]; (*Elektromonteur*) electrician [ˌelɪk'trɪʃᵊn]
montieren ❶ (*aufbauen*) install [ɪn'stɔːl] ❷ (*zusammenbauen*) assemble ❸ mount [maʊnt] *Schriftsatz*

Monument monument ['mɒnjəmənt]
Moor bog; (*Hochmoor*) moor [mɔːʳ]
Moos moss
Moped moped ['məʊped]
Mops (*Hund*) pug
mopsen **jemandem etwas mopsen** pinch something from someone *umgangsspr*
Moral ① moral ['mɒrᵊl] standards ⚠ *plural* ② *einer Geschichte:* moral ['mɒrᵊl] ③ **eine doppelte Moral** double standards ⚠ *plural* **Moralpredigt** **jemandem eine Moralpredigt halten** give someone a sermon
Mord murder; **einen Mord begehen** commit [a] murder **Mordanschlag** **einen Mordanschlag auf jemanden verüben** carry out an assassination [əˌsæsɪ'neɪʃᵊn] attempt on someone **Morddrohung** murder threat [θret]
morden kill, murder
Mörder(in) murderer; (*Frau*) murderess
mörderisch ① (*grässlich*) murderous ['mɜːdᵊrəs] ② (*rücksichtslos*) cutthroat ['kʌtθrəʊt]
Mordfall murder case (GB), homicide ['hɒmɪsaɪd] [case] (USA) **Mordkommission** murder squad [skwɒd] (GB), homicide division ['hɒmɪsaɪdɪˌvɪʒᵊn] (USA) **Mordskrach** terrible din *umgangsspr*
morgen ① tomorrow [tə'mɒrəʊ]; **morgen früh** tomorrow morning; **bis morgen musst du fertig sein** you've got to have finished by tomorrow ② **morgen in einer Woche** a week tomorrow; **morgen um diese Zeit** this time tomorrow ③ **von morgen an** as from tomorrow ④ **bis morgen!** see you tomorrow!
Morgen (*Tageszeit*) morning; **am Morgen** in the morning; **am frühen Morgen** early in the morning; **am nächsten Morgen** the next morning; **heute/gestern Morgen** this/yesterday morning; **guten Morgen!** good morning!
morgendlich morning
Morgenessen (CH) breakfast [ˌbrekfəst]
Morgengrauen daybreak; **im Morgengrauen** at first light **Morgenmuffel** (*umgangsspr*) **ein Morgenmuffel sein** be terribly grumpy in the morning
morgens in the morning
morgig ① (*von morgen*) tomorrow's ② (*am nächsten Tag*) tomorrow; **unser morgiger Ausflug** our trip tomorrow; **der morgige Tag** tomorrow
morsch rotten, brittle
Morsealphabet Morse code
Mörtel mortar
Mosaik mosaic [mə'zeɪɪk]
Moschee mosque [mɒsk]
Moschus musk
Mosel Moselle
Moskau Moscow ['mɒskəʊ]
Moskito mosquito [mɒs'kiːtəʊ]
Moslem Muslim ['mʊzlɪm] **moslemisch** Muslim
Most ① (*Saft*) fruit juice ② (*Weinmost*) must
Motiv ① (*Beweggrund*) motive ['məʊtɪv] ② (*Gegenstand*) subject ③ (*Malerei*) motif [məʊ'tiːf]; (*Musik*) theme
Motivation motivation [ˌməʊtɪ'veɪʃᵊn]
motivieren motivate ['məʊtɪveɪt]
Motor engine ['endʒɪn] **Motorboot** motorboat
Motorfahrzeugsteuer (CH) motor vehicle tax, road tax (GB) **Motorhaube** bonnet (GB), hood (USA) **Motorrad** motorbike **Motorradfahrer(in)** motorcyclist ['məʊtəˌsaɪklɪst] **Motorroller** [motor] scooter **Motorsport** motor racing
Motte moth **Mottenkugel** mothball
Motto motto; (*in Buch*) epigraph ['epɪgrɑːf]
motzen (*slang*) whinge
Mountainbike mountain bike **Mountainbiker(in)** mountain biker
Möwe seagull
Mozambique Mozambique
Mücke gnat [næt], midge, mosquito
Mückenstich gnat bite, mosquito bite
Mucks (*umgangsspr*) **keinen Mucks sagen** not to make a sound; **ohne einen Mucks** without a murmur **mucksmäuschenstill** (*umgangsspr*) as quiet as a mouse
müde ① (*schläfrig*) tired [taɪəd]; **ich bin müde** I'm tired; **er wird langsam müde** he's getting tired now ② (*überdrüssig*) tired, weary ['wɪəri]; **er wird es nie müde, über Politik zu sprechen** he never tires of talking about politics **Müdigkeit** tiredness ['taɪədnəs]
Muffel (*umgangsspr*) grump, wet blanket
muffig ① *Geruch:* musty ② (*mürrisch*) grumpy
Mühe trouble ['trʌbl]; **sich Mühe geben, etwas zu tun** make an effort to do something; **das ist nicht der Mühe wert** it's not

worth the trouble [*oder* effort]; **jemandem viel Mühe machen** put someone to a lot of trouble; **mit Müh und Not** with great difficulty **mühelos** effortless **mühevoll** laborious [lə'bɔːriəs]

Mühle ❶ mill ❷ (*Kaffeemühle*) grinder ❸ (*Spiel*) nine men's morris

mühsam ❶ arduous ['ɑːdjuəs] ❷ with difficulty

mühselig laborious

Mulatte, **Mulattin** mulatto

Mulde hollow

Müll refuse ['refjuːs], rubbish GB, garbage ['gɑːbɪdʒ] USA **Müllabfuhr** refuse collection GB, garbage collection USA

Mullbinde gauze [gɔːz] bandage

Müllcontainer waste [*oder* rubbish] container GB, garbage container USA **Mülldeponie** waste disposal site GB, sanitary landfill USA **Mülleimer** rubbish bin GB, garbage can USA

Mülltrennung waste separation

> **i Land & Leute** Die Mülltrennung und das Recycling setzen sich auch in Großbritannien immer mehr durch. Heutzutage findet man zum Beispiel überall **bottle banks** (= Altglascontainer). Oft stehen sie zusammen mit Behältern für Blechdosen, Altpapier und manchmal auch für Altkleider. Gebrauchte Kleidung wird jedoch meist den **charity shops** gegeben. Es liegt jedoch an dem einzelnen Bürger, seine Wertstoffe selber zu entsorgen, da diese in Großbritannien nicht von der Müllabfuhr abgeholt werden.

Müllverbrennungsanlage incineration [ɪn'sɪnəreɪʃən] plant **Müllwagen** dustcart GB, garbage truck USA

mulmig (*umgangsspr*) **mir wird ganz mulmig zumute** I'm feeling queasy ['kwiːzi]

multikulturell (*Gesellschaft*) multicultural

multinational multinational

multiple Sklerose multiple sclerosis

multiplizieren (*auch übertragen*) **etwas mit etwas multiplizieren** multiply something by something

Mumie mummy

Mumm (*umgangsspr*) **die hat Mumm** [**in den Knochen**] she's got guts *plural*

Mumps mumps

Mund mouth [maʊθ] ► In Wendungen: **halt den Mund!** shut up!; **da läuft einem ja das Wasser im Munde zusammen!** that looks really mouth-watering!; **sich etwas vom Munde absparen** scrimp and save for something; **den Mund ziemlich vollnehmen** brag

munden **sich etwas munden lassen** savour ['seɪvəʳ] something

münden ❶ *Wasserlauf:* flow (**in** into) ❷ (*auch übertragen*) *Weg:* lead [to]

Mundgeruch bad breath [breθ]

Mundharmonika mouth organ

mündig ❶ of age ❷ (*verantwortungsbewusst*) responsible [rɪ'spɒnsəbl]

mündlich verbal ['vɜːbəl]; **mündliche Prüfung** oral ['ɔːrəl] examination, oral test

Mundpropaganda verbal propaganda

Mündung mouth [maʊθ]; *einer Schusswaffe:* muzzle ['mʌzl]

Mundwasser mouthwash ['maʊθwɒʃ] **Mundwerk** **ein großes Mundwerk haben** have a big mouth **Mund-zu-Mund-Beatmung** mouth-to-mouth resuscitation [rɪˌsʌsɪ'teɪʃən]

Munition (*auch übertragen*) ammunition [ˌæmjə'nɪʃən]

Münster (*Gebäude*) cathedral [kə'θiːdrəl], minster

munter ❶ (*lebhaft*) lively; (*lustig*) cheerful ❷ (*wach*) awake ❸ **gesund und munter** fit as a fiddle, hale and hearty

Münzautomat slot machine

Münze coin **Münzfernsprecher** ❶ (*Gerät*) pay phone ❷ (*Zelle*) callbox

mürbe ❶ *Gebäck:* crumbly ❷ *Fleisch:* tender ❸ *Gestein:* brittle ❹ (*übertragen*) worn-down; **jemanden mürbe machen** wear [weəʳ] someone down **Mürb(e)teig** short pastry

murmeln murmur; (*unverständlich*) mumble, mutter

Murmeltier marmot GB, groundhog USA ► In Wendungen: **wie ein Murmeltier schlafen** (*umgangsspr*) sleep like a log

mürrisch ❶ (*übel gelaunt*) grumpy ❷ (*abweisend*) morose, sullen ['sʌlən]

Muschel ❶ mussel ❷ (*Muschelschale*) shell ❸ (*Telefonmuschel*) mouthpiece ['maʊθpiːs]

Museen museums [mjuː'ziːəmz]

Museum museum [mjuː'ziːəm]

Musik music ['mjuːzɪk]; **Musik machen** play some music

musikalisch musical ['mjuːzɪkəl]
Musiker(in) musician [mjuː'zɪʃən] **Musikinstrument** musical instrument **Musikunterricht** music lessons ⚠ *plural*
musizieren play instruments ⚠ *plural*
Muskatnuss nutmeg
Muskel muscle ['mʌsl] **Muskelkater** (*umgangsspr*) aching ['eɪkɪŋ] muscles *plural;* **Muskelkater haben** be stiff **Muskelprotz** (*umgangsspr*) muscleman ['mʌslmæn] **Muskelzerrung** pulled muscle
Muskulatur muscles *plural*
muskulös muscular ['mʌskjʊlər]
Müsli muesli ['muːzli]
Muss es ist kein Muss it's not a must
Muße leisure ['leʒər]; **dafür habe ich keine Muße** I don't have the time [for it]
müssen ① (*gezwungen sein*) have to, must; **ich muss es nicht tun** I don't have to do it; **ich hätte es tun müssen** I should have done it; **musst du jetzt unbedingt gehen?** have you got to go now?; **das muss leider sein** I'm afraid it has to be ② (*eigentlich sollen*) ought [ɔːt] to, should; **sein Gesicht hätten Sie sehen müssen** you ought to have seen his face ③ (*Vermutung*) **ich muss es wohl verloren haben** I must have lost it; **das müsste eigentlich reichen** this should be enough [ɪ'nʌf]; **das Haus muss hier irgendwo sein** the house has got to be somewhere around here ④ **das musst du wissen** you have to decide that
müßig ① (*untätig*) idle ['aɪdl] ② (*überflüssig*) pointless
Muster ① (*Probestück*) sample ② *eines Stoffes:* pattern
mustern ① (*kritisch betrachten*) scrutinize ['skruːtɪnaɪz] ② (*beim Militär*) **jemanden mustern** give someone his medical
Musterung (*Wehrdienst*) medical [examination] [for military service]
Mut ① (*Tapferkeit*) courage ['kʌrɪdʒ]; **den Mut verlieren** lose heart [hɑːt]; **nur Mut!** take courage!; **jemandem Mut machen** encourage someone ② (*Gefühl*) **mir ist nicht zum Lachen zu Mute** I am not in the mood for laughing ['lɑːfɪŋ]; **wie ist dir zu Mute?** how do you feel?
mutig brave, courageous [kə'reɪdʒəs]
mutlos discouraged [dɪ'skʌrɪdʒd]; **jemanden mutlos machen** discourage someone **Mutlosigkeit** despondency, dejection

Mutter[1] die *einer Schraube:* nut
Mutter[2] die (*Elternteil*) mother ['mʌðər]
Mutter Gottes Mother of God
mütterlich maternal, motherly **Muttermal** birthmark, mole
Muttersöhnchen (*umgangsspr, abwertend*) mummy's boy **Muttersprache** mother tongue **Muttertag** Mother's Day
Mutti (*umgangsspr*) mummy (GB), mommy (USA)
Mütze cap
MwSt *Abkürzung von* **Mehrwertsteuer** VAT
mysteriös mysterious [mɪ'stɪəriəs]
Mystik mysticism ['mɪstɪsɪzəm] **mystisch** mystic[al]
Mythos ① (*Gerücht*) myth [mɪθ] ② (*Sage*) story, legend

Nn

na (*umgangsspr*) well; **na also/bitte!** there you are!; **na und?** so what?; **na, und ob!** you bet!; **na warte!** just you wait!; **na so was!** well, I never!; **na endlich!** at last!; **na, siehst du!** well, there you are!
Nabel navel, umbilicus [ʌm'bɪlɪkəs] **Nabelschnur** umbilical [ʌm'bɪlɪkl] cord
nach ① (*zeitlich*) after; **nach zwanzig Minuten** after twenty minutes; **zwei Minuten nach eins** two minutes past one (GB), two minutes after one (USA); **einer nach dem anderen** one after the other ② (*die Richtung angebend*) to; **gehen Sie bitte nach hinten/vorn** please go [*oder* move] to the back/front; **der Zug nach Manchester** the train for [*oder* to] Manchester; **nach Hause** home ③ (*gemäß*) according [ə'kɔːdɪŋ] to; **nach dem Gesetz** according to the law; (*in Anlehnung an*) after **nach einem Roman von Bowles** after a novel by Bowles ④ **nach und nach** little by little; **nach wie vor** still ⑤ **wir müssen ihm nach** we must follow him
nachahmen imitate ['ɪmɪteɪt] **Nachahmung** imitation
Nachbar(in) neighbour ['neɪbər] **Nachbarhaus** neighbouring house, house next door

Nachbarschaft neighbourhood ['nəɪbəhʊd]
nachbeten (*umgangsspr*) parrot
nachdem after; **je nachdem** it [all] depends; **je nachdem, wie ...** depending on how ...
nachdenken think (**über** about)
nachdenklich pensive, thoughtful ['θɔːtfəl]
Nachdruck (*Betonung*) emphasis ['emfəsɪs], stress
nachdrücklich emphatic [ɪm'fætɪk]
nacheifern **jemandem nacheifern** emulate ['emjəleɪt] someone
nacheinander ❶ (*räumlich*) one after another ❷ (*zeitlich*) in succession [sək'seʃᵊn]
nachempfinden feel; **das kann ich Ihnen nachempfinden** I can understand your feelings
nacherzählen retell
nachfahren follow [on]
Nachfolge succession [sək'seʃᵊn]; **jemandes Nachfolge antreten** succeed someone **Nachfolger(in)** successor
Nachforschung enquiry [ɪn'kwaɪəri] (GB), inquiry [ɪn'kwaɪəri] (USA); (*polizeiliche Nachforschung*) investigation; **Nachforschungen anstellen** make enquiries
Nachfrage (*Verlangen*) demand (**nach** for) **nachfragen** ask, enquire [ɪn'kwaɪəʳ] (GB), inquire (USA)
nachfühlen feel; **das kann ich dir nachfühlen** I can understand your feelings
nachfüllen ❶ refill ❷ (*nachschenken*) top up
Nachfüllpackung refill [pack]
nachgeben ❶ (*federn*) give ❷ (*übertragen*) **jemandem/einer Sache nachgeben** give way to someone/something ❸ *Börsenkurse:* drop, fall
nachgehen ❶ (*folgen*) follow ❷ (*ausüben*) practise; *Studium, Interessen:* pursue [pə'sjuː] ❸ (*erforschen*) investigate, look into ❹ **jemandem nachgehen** *Ereignisse, Tod:* haunt [hɔːnt] someone ❺ *Uhr:* be slow
nachgiebig ❶ (*weich*) soft; (*entgegenkommend*) compliant [kəm'plaɪənt] ❷ (*biegsam*) pliable ['plaɪəbl]
nachgucken (*umgangsspr*) check, have a look
nachhaltig lasting, sustained [sə'steɪnd]
nachhelfen **jemandem/einer Sache nachhelfen** give someone/something a helping hand
nachher ❶ (*später*) later ❷ (*womöglich*) **nachher sagt er noch, dass...** he might just claim that... ❸ **bis nachher!** so long! see you later!
Nachhilfe extra [*oder* private] tuition **Nachhilfestunde** private lesson
nachholen ❶ (*Versäumtes aufholen*) make up for ❷ (*nachkommen lassen*) **jemanden nachholen** let someone [*oder* get someone to] join one
nachjagen ❶ chase after ❷ (*übertragen*) **einer Sache nachjagen** pursue [pə'sjuː] something
nachkaufen ❶ (*zeitlich*) buy later ❷ (*als Ersatz*) buy replacements [for]
Nachkomme descendant [dɪ'sendənt] **nachkommen** ❶ (*später kommen*) come later; (*folgen*) follow ❷ (*Schritt halten*) keep up (**mit** with)
Nachkriegszeit postwar period
Nachlass ❶ (*Preisnachlass*) discount, reduction (**auf** on) ❷ (*Erbschaft*) estate **nachlassen** ❶ reduce *Preis* ❷ (*abnehmen*) decrease [dɪ'kriːs] ❸ (*sich abschwächen*) ease off; *Sturm:* abate ❹ *Preise:* drop, fall
nachlässig careless, negligent ['neglɪdʒənt] **Nachlässigkeit** carelessness ['keələsnəs], negligence ['neglɪdʒəns]
nachlaufen **jemandem/einer Sache nachlaufen** (*auch übertragen*) run after someone/something
nachlösen buy [a ticket] on the train
nachmachen ❶ (*nachahmen*) copy, imitate [ɪmɪteɪt] ❷ (*fälschen*) forge [fɔːdʒ]; (*kopieren*) copy ❸ (*parodieren*) mimic ►IN WENDUNGEN: **das soll mir mal jemand nachmachen!** I'd like to see anybody else do that!
nachmessen check
Nachmittag afternoon; **am Nachmittag** in the afternoon; **am Nachmittag des 10. März** on the afternoon of March 10th; **heute Nachmittag** this afternoon; **gestern Nachmittag** yesterday afternoon **nachmittags** in the afternoon
Nachnahme cash on delivery (GB), collect on delivery (USA) **Nachnahmegebühr** COD charge
Nachname last name, surname ['sɜːneɪm]
nachprüfen (*überprüfen*) check; (*auf Richtigkeit*) verify ['verɪfaɪ]
nachreichen hand in later
Nachricht ❶ (*Mitteilung*) message ['mesɪdʒ] ❷ (*Meldung*) news ❸ (*Bestätigung*) con-

firmation [ˌkɒnfə'meɪʃᵊn] ❹ **die Nachrichten** the news

! Vorsicht Falle **news** wird meist im Singular gebraucht: *the news is good; is there any news of Norman?* aber: *here are today's news.*

Nachrichtensprecher(in) newsreader ['nju:zˌri:dəʳ] GB, newscaster ['nju:zkɑ:stəʳ] USA

nachrüsten ❶ refit *Gerät, Auto* ❷ *Armee:* rearm [ˌri:'ɑ:m], deploy new arms

nachsagen ❶ (*wiederholen*) repeat [rɪ'pi:t] ❷ **jemandem etwas nachsagen** (*behaupten*) say something of someone

Nachsaison off-season, low season GB

nachschauen ❶ (*prüfen*) have a look ❷ **jemandem/einer Sache nachschauen** gaze after something/someone ❸ look up *Wort*

nachschicken forward ['fɔ:wəd] *Briefe*

nachschlagen ❶ look up *Wort* ❷ (*ähneln*) **jemandem nachschlagen** take after someone

Nachschub ❶ (*Verstärkung*) reinforcements [ˌri:ɪn'fɔ:smənts] ⚠ *plural* ❷ (*Verpflegung*) supplies ⚠ *plural* (**an** of)

nachschwätzen Ⓐ parrot

Nachsehen das Nachsehen haben be left standing **nachsehen** ❶ look up *Information* ❷ **jemandem etwas nachsehen** forgive [fə'gɪv] someone for something ❸ (*überprüfen*) check ❹ **jemandem/einer Sache nachsehen** gaze after someone/something ❺ (*prüfen*) have a look

nachsenden forward *Briefe*

Nachsicht forbearance [fɔ:'beərəns], leniency ['li:niənsi]; **Nachsicht üben** be lenient, be forbearing **nachsichtig** ❶ (*geduldig*) forbearing [fɔ:'beərɪŋ] (**mit** with) ❷ (*mild*) lenient ['li:niənt] (**mit** towards)

nachsitzen be kept in, get detention

Nachspeise dessert [dɪ'zɜ:t]

Nachspiel ❶ (*im Theater*) epilogue ['epɪlɒg] ❷ (*eines Musikstücks*) closing section ❸ (*übertragen*) sequel ['si:kwəl]

nachspielen ❶ play *Musikstück* ❷ *Fussballspiel:* play extra time

nachsprechen jemandem etwas nachsprechen repeat [rɪ'pi:t] something after someone; **jemandem nachsprechen** repeat what someone says

Nächste(r) ❶ next one ❷ (*Mitmensch*) neighbour ['neɪbəʳ]

nächste ❶ nearest ❷ (*zeitlich oder räumlich folgend*) next; **nächsten Mittwoch** next Wednesday ❸ *Verwandte:* closest ❹ **aus nächster Nähe** from close by

nachstellen ❶ (*neu justieren*) readjust; put back *Uhr* ❷ **jemandem nachstellen** (*ihn verfolgen*) pursue [pə'sju:] someone; (*ihn belästigen*) pester someone

Nächstenliebe (*Barmherzigkeit*) compassion; **praktizierte Nächstenliebe** brotherly love

Nächstliegendste (*übertragen*) most obvious ['ɒbviəs] thing

Nacht (*auch übertragen*) night [naɪt]; **bei** [*oder* **in der**] **Nacht** at night; **bei Nacht und Nebel** (*umgangsspr*) at dead of night; **die ganze Nacht hindurch** all night [long]; **über Nacht** (*auch übertragen*) overnight; **diese Nacht** tonight [tə'naɪt]; **über Nacht bleiben** stay the night; **gute Nacht!** good night; **Dienstagnacht** Tuesday night

Nachtarbeit nightwork

Nachteil ❶ disadvantage [ˌdɪsəd'vɑ:ntɪdʒ] ❷ (*Schaden*) detriment **nachteilig** ❶ (*von Nachteil*) disadvantageous [ˌdɪsˌædvən'teɪdʒəs] ❷ (*ungünstig*) unfavourable [ʌn'feɪvᵊrəbl]

nächtelang for nights on end

nachten CH grow dark

Nachtessen CH supper, evening meal

Nachteule (*umgangsspr*) night-bird ['naɪtˌbɜ:d] **Nachthemd** (*für Damen*) nightdress ['naɪtdres]; (*umgangsspr*) nightie ['naɪti]; (*für Herren*) nightshirt ['naɪtʃɜ:t]

Nachtigall nightingale ['naɪtɪŋgeɪl]

Nachtisch dessert [dɪ'zɜ:t]

Nachtklub night [naɪt] club **Nachtleben** night life

Nachtlokal night [naɪt] spot

Nachtrag ❶ (*zu einem Buch*) supplement ['sʌplɪmənt]; (*zu einem Manuskript*) addendum [ə'dendəm] ❷ (*zu einem Brief*) postscript ['pəʊstskrɪpt]

nachtragen ❶ (*hinterhertragen*) carry after ❷ (*hinzufügen*) add ❸ **jemandem etwas nachtragen** (*übertragen*) bear someone a grudge for something **nachtragend** unforgiving [ˌʌnfə'gɪvɪŋ]

N n

nachträglich ① (*zusätzlich*) additional [əˈdɪʃᵊnᵊl] ② (*später*) later ③ (*verspätet*) belated [bɪˈleɪtɪd]; **nachträglich herzlichen Glückwunsch** belated best wishes *plural*
nachtrauern **jemandem/einer Sache nachtrauern** mourn [mɔːn] the loss of someone/something
nachts at night [naɪt] GB, nights USA; **bis 2 Uhr nachts** till two in the morning
Nachtschicht nightshift; **Nachtschicht haben** be on nightshift **Nachtschwester** night nurse
nachvollziehbar comprehensible [ˌkɒmprɪˈhensɪbl]
nachvollziehen comprehend [ˌkɒmprɪˈhend]
nachweinen **jemandem/einer Sache nachweinen** shed tears [tɪəz] over someone/something
Nachweis ① (*Beweis*) proof (**für, über** of) ② (*Bescheinigung*) certificate [səˈtɪfɪkət] **nachweisbar** ① (*beweisbar*) provable [ˈpruːvəbl] ② (*auffindbar*) detectable **nachweisen** ① (*beweisen*) prove [pruːv] ② detect *Fehler*
nachwerfen **jemandem etwas nachwerfen** throw [θrəʊ] something after someone; (*umgangsspr*) give someone something on the cheap
Nachwirkung ① (*spätere Wirkung*) aftereffect ② (*Auswirkung*) consequence [ˈkɒnsɪkwəns]
Nachwuchs ① (*beruflich*) young [jʌŋ] people *plural* ② (*humorvoll: Nachkommen*) offspring *plural*
nachzahlen ① (*mehr zahlen*) pay extra ② (*später zahlen*) pay later
nachziehen ① drag behind one *Bein* ② pencil over *Augenbrauen* ③ tighten [ˈtaɪtᵊn] up *Schraube* ④ (*hinterherziehen*) follow
Nachzügler(in) (*auch übertragen*) latecomer
Nacken neck
nackt ① *Person:* naked [ˈneɪkɪd], nude [njuːd] ② *Körperteil:* bare [beəʳ]; **die nackte Wahrheit** the naked truth **Nacktheit** ① (*von Mensch*) nakedness [ˈneɪkɪdnəs], nudity [ˈnjuːdɪti] ② (*Kahlheit*) bareness [ˈbeənəs]
Nadel needle; (*Anstecknadel*) pin **Nadelbaum** conifer
Nagel nail; (*großer*) spike; (*hölzerner*) peg ▶ IN WENDUNGEN: **den Nagel auf den Kopf treffen** hit the nail on the head; **Nägel mit Köpfen machen** do the job properly; **etwas an den Nagel hängen** chuck something in *umgangsspr;* **sich etwas unter den Nagel reißen** pinch something *umgangsspr* **Nagelfeile** nailfile **Nagellack** nail varnish **Nagellackentferner** nail polish [*oder* varnish] remover **nageln** nail (**an, auf** [on]to) **nagelneu** (*umgangsspr*) brand-new
nagen ① (*auch übertragen*) gnaw [nɔː] (**an** at); (*knabbern*) nibble (**an** at) ② (*zerfressen*) eat (**an** into) **nagend** ① *Hunger:* gnawing [nɔːɪŋ] ② *Zweifel:* nagging **Nagetier** rodent
nah ① (*räumlich*) close, near (**an, bei** to), nearby; **von Nahem** from close up ② **nahe der Kirche** close to [*oder* near] the church ③ (*zeitlich*) approaching [əˈprəʊtʃɪŋ], near; **die nahe Zukunft** the near future ④ **ich war den Tränen nahe** I was on the verge [vɜːdʒ] of tears ⑤ (*eng, befreundet*) close; **einander** [*oder* **sich**] **nahe kommen** become close ▶ IN WENDUNGEN: **jemandem zu nahe treten** offend someone; **jemandem etwas nahe bringen** bring something home to someone; **jemandem nahe gehen** upset someone; **jemandem etwas nahe legen** suggest [səˈdʒest] something to someone; **nahe liegend** obvious [ˈɒbviəs]; **der Nahe Osten** the Middle East
Nähe ① (*räumlich*) nearness, proximity; (*Nachbarschaft*) neighbourhood [ˈneɪbəhʊd], vicinity [vəˈsɪnəti]; **es ist ganz in der Nähe** it is quite near; **in unmittelbarer Nähe** in close proximity; **in der/unserer Nähe** close by [us]; **aus der Nähe** from close up ② (*zeitlich*) closeness
nahebei nearby
nahen approach [əˈprəʊtʃ]
nähen sew [səʊ]

> **? Grammatik** **sew — sewed — sewn:**
> *Jenny sewed the badge on to her jeans;*
> *have you sewn my button on yet?*

näher ① (*räumlich*) nearer [nɪərəʳ]; **einer Sache näher sein** be closer [*oder* nearer] to something ② (*zeitlich*) closer ③ (*eingehender*) more detailed; **können Sie das näher beschreiben?** could you describe that in more detail? ④ (*enger*) closer; **nähere**

Umgebung immediate vicinity [vəˈsɪnəti] ⑤ (*räumlich, zeitlich*) closer, nearer; **bitte treten Sie näher!** please step up!; **näher kommen** come nearer; **jemandem näher kommen** get closer to someone ⑥ (*genauer*) more closely; **näher kennen lernen** get to know better ⑦ (*eingehender*) in more detail

Nähere details *plural;* **ich möchte Näheres darüber erfahren** I would like to know more about it

Näherin seamstress

nähern sich jemandem/einer Sache nähern approach someone/something, get closer to someone/something

nahezu almost, nearly

Nähgarn [sewing] thread [θred]

Nahkampf ① (*im Krieg*) close combat ② (*im Sport*) clinch

Nähmaschine sewing machine **Nähnadel** [sewing] needle

nähren ① (*ernähren*) feed ② (*übertragen*) cherish, foster ③ (*nahrhaft sein*) be nourishing [ˈnʌrɪʃɪŋ]

nahrhaft ① *Essen:* nourishing [ˈnʌrɪʃɪŋ], nutritious [njuːˈtrɪʃᵊs] ② *Boden:* fertile [ˈfɜːtaɪl]

Nährstoff nutrient [ˈnjuːtriənt]

Nahrung food **Nahrungsmittel** foodstuff **Nahrungsmittelvergiftung** food poisoning

Naht ① (*Saum*) seam ② (*in der Chirurgie*) suture [ˈsuːtʃəʳ] ③ (*in der Technik*) joint

Nahverkehr local traffic

Nahverkehrszug local train, commuter train

naiv naive [naɪˈiːv] **Naivität** naivety [naɪˈiːvəti]

Name ① (*Benennung*) name; **unter dem Namen xy** under the name of xy; **seinen Namen nennen** give one's name; **dem Namen nach** by name; **im Namen der Gerechtigkeit** in the name of justice ② (*Ruf*) name, reputation [ˌrepjəˈteɪʃᵊn] ▸ IN WENDUNGEN: **in Gottes Namen, ja!** (*umgangsspr*) for heaven's sake, yes!

namenlos ① (*ohne Namen*) nameless; (*anonym*) anonymous [əˈnɒnɪməs] ② (*äußerst*) unutterably

namens ① (*genannt*) by the name of, named ② (*im Auftrag von*) in the name of, on behalf [bɪˈhɑːf] of

Namenstag name day, Saint's day

nämlich ① (*und zwar*) namely ② (*umgangsspr: weil*) because; **ich kann nicht kommen, ich habe nämlich noch zu tun** I can't come because I've still got some work to do

Napf bowl

Narbe ① (*auch übertragen*) scar [skɑːʳ] ② (*Ledernarbe*) grain ③ *einer Pflanze:* stigma

Narkose an[a]esthesia [ˌænəsˈθiːziə]

Narr ① fool ② (*Hofnarr*) jester ▸ IN WENDUNGEN: **jemanden zum Narren halten** make a fool of someone; **einen Narren an jemandem/etwas gefressen haben** dote on someone/something

Närrin fool **närrisch** foolish, crazy

Narzisse narcissus [nɑːˈsɪsəs]

naschen ① (*Süßigkeiten essen*) eat sweet things [secretly] ② (*verstohlen probieren*) pinch a bit ③ **etwas naschen** nibble something **Naschkatze** (*umgangssprr*) **eine Naschkatze sein** have a sweet tooth

Nase (*auch übertragen*) nose ▸ IN WENDUNGEN: **auf der Nase liegen** (*umgangsspr: hingefallen sein*) be flat on one's face; (*krank sein*) be laid up; **jemanden vor die Nase gesetzt bekommen** (*umgangsspr*) have someone put above one; **jemandem etwas unter die Nase reiben** (*umgangsspr*) rub someone's nose in something; **jemandem auf der Nase herumtanzen** (*umgangsspr*) play someone up; **seine Nase in anderer Leute Angelegenheiten stecken** poke one's nose into other people's business; **jemanden an der Nase herumführen** lead someone by the nose; **jemandem die Tür vor der Nase zuschlagen** slam the door in someone's face; **die Nase voll haben von …** (*umgangsspr*) be fed up with …

Nasenbluten nosebleed; **er hat Nasenbluten** his nose is bleeding

Nashorn rhinoceros [raɪˈnɒsᵊrəs]

nass wet; **nass bis auf die Haut** soaked to the skin

Nässe wetness; **vor Nässe schützen** keep dry

nasskalt chilly and damp

Nastuch (CH) handkerchief [ˈhæŋkətʃiːf]

Natel (CH) ① mobile [ˈməʊbaɪl] [tele]phone, cellphone (USA) ② (*Mobilfunknetz*) cellular network

Nation nation [ˈneɪʃᵊn] **national** national [ˈnæʃᵊnᵊl] **Nationalhymne** national anthem

Nationalität nationality [ˌnæʃᵊnˈæləti] **Nationalmannschaft** national team

Nationalrat (CH) National Council, (A) National Assembly **Nationalrat, -rätin** (CH) Member of the National Council, (A) Deputy to the National Assembly

Nationalsozialismus National Socialism [ˈsəʊʃᵊlɪzᵊm]

Natter (*auch übertragen*) adder, viper

Natur 1 (*auch Naturzustand*) nature [ˈneɪtʃəʳ] 2 (*freie Natur, Land*) countryside [ˈkʌntrɪsaɪd] 3 **von Natur aus schüchtern** shy by nature; **das geht mir wider die Natur** that goes against the grain [with me] **naturgetreu** lifelike, true to life **Naturheilkunde** naturopathy **Naturkatastrophe** natural disaster **Naturkostladen** health [helθ] food shop **Naturkunde** natural history

natürlich 1 natural 2 (*selbstverständllich*) of course; **natürlich!** of course! sure! **Natürlichkeit** naturalness

Naturprodukt natural product **Naturschutz** nature conservation **Naturschutzgebiet** nature reserve [rɪˈzɜːv] **Naturwissenschaften** natural sciences [ˈsaɪənsɪz] *plural* **Naturwissenschaftler(in)** natural scientist [ˈsaɪəntɪst] **naturwissenschaftlich** scientific [ˌsaɪənˈtɪfɪk]

Navigation navigation [nævɪˈgeɪʃᵊn]

Nazi Nazi

Nebel 1 fog; (*dünn*) mist 2 (*übertragen*) haze 3 *eines Sterns:* nebula [ˈnebjələ] **neb(e)lig** foggy, misty **Nebelscheinwerfer** fog lamp (GB), fog light (USA)

neben 1 (*örtlich*) beside, next to ... 2 (*außer*) apart from ... (GB), aside from ... (USA) 3 (*im Vergleich zu*) compared with ... **nebenan** next door

nebenbei 1 (*zu gleicher Zeit*) at the same time 2 (*außerdem*) besides [bɪˈsaɪdz], moreover [mɔːʳˈəʊvəʳ] 3 (*beiläufig*) incidentally [ˌɪnsɪˈdentᵊli]; **nebenbei bemerkt** by the way

nebeneinander 1 (*räumlich*) side by side 2 (*zeitlich*) at the same time

Nebeneingang side entrance **Nebenfach** subsidiary [səbˈsɪdiᵊri] subject (GB), minor (USA) **Nebenfluss** tributary [ˈtrɪbjətᵊri]

nebenher 1 (*gleichzeitig*) at the same time 2 (*zusätzlich*) in addition **Nebenrolle** minor part **Nebensache** minor matter, trifle [ˈtraɪfl] **nebensächlich** minor, unimportant

nebenstehend in the margin [ˈmɑːdʒɪn]; **nebenstehende Abbildung** illustration opposite **Nebenstelle** 1 (*Telefon*) extension 2 (*Vertretung*) agency [ˈeɪdʒᵊnsi]; (*Filiale*) branch **Nebenstraße** 1 (*innerhalb einer Stadt*) side street 2 (*außerhalb der Stadt*) minor road **Nebenverdienst** additional income **Nebenwirkung** side effect **Nebenzimmer** next [*oder* adjoining] room [əˈdjɔɪnɪŋ]

nebst together [təˈgeðəʳ] with

necken 1 **jemanden mit etwas necken** tease someone about something 2 **sich necken** have a tease

Neffe nephew [ˈnefjuː]

Negativ negative

negativ negative

nehmen 1 (*ergreifen*) take 2 (*wegnehmen*) take; take away *Schmerz* 3 (*benutzen*) **man nehme ...** take ...; **sich einen Anwalt nehmen** get a lawyer [ˈlɔɪəʳ] 4 (*einnehmen*) **etwas zu sich nehmen** take [*oder* have] something 5 (*annehmen*) **jemanden zu sich nehmen** take someone in; **etwas auf sich nehmen** take something upon oneself; **wie viel nehmen Sie dafür?** how much do you take for that? 6 (*auffassen*) **die Dinge nehmen, wie sie kommen** take things as they come; **sie weiß ihn zu nehmen** she knows how to take him; **wie man's nimmt** (*umgangsspr*) that depends [on your point of view] 7 **etwas in die Hand nehmen** take something in hand; **eine Hürde nehmen** take a hurdle; **es sich nicht nehmen lassen, etwas zu tun** insist on doing something; **etwas schwer nehmen** take something hard

Neid envy (**auf** of) **neiden jemandem etwas neiden** envy someone something **Neider(in)** envious [ˈenviəs] person **neidisch** envious, jealous [ˈdʒeləs] (**auf** of)

Neige bis zur bitteren Neige right to the bitter end; **zur Neige gehen** draw to an end

neigen 1 (*beugen*) bend; (*senken*) lower; (*kippen*) tilt 2 **zu etwas neigen** tend [*oder* have a tendency] to something 3 **sich neigen** *Ebene:* slope; *Person:* bend 4 (*sich verneigen*) bow [baʊ]

Neigung 1 (*Gefälle*) incline [ˈɪnklaɪn] 2 (*Tendenz*) tendency; (*Hang*) inclination [ˌɪnklɪˈneɪʃᵊn]

nein no; **da sage ich nicht Nein/nein** I wouldn't say no; **nein und nochmals nein!** for the last time: no!; **nein, so was!** well I never!

Nektar nectar

Nektarine nectarine

Nelke 1 (*Blume*) pink; (*gefüllt*) carnation 2 (*Gewürz*) clove

nennen 1 call 2 (*aufzählen, angeben*) name 3 (*erwähnen*) mention 4 **jemanden/etwas nach jemandem nennen** name someone/something after [*oder* USA for] someone 5 **und der nennt sich Musiker!** and he calls himself a musician! **Nenner** denominator [dɪˈnɒmɪneɪtəʳ]; **etwas auf einen gemeinsamen Nenner bringen** (*auch übertragen*) reduce something to a common denominator

Neofaschismus neo-fascism

Neon neon

Neonazi neo-Nazi **Neonazismus** neo-Nazi[i]sm **neonazistisch** neo-Nazi

Neonlicht neon light

Nerv nerve [nɜːv]; **jemandem auf die Nerven gehen** (*umgangsspr*) get on someone's nerves; **die Nerven verlieren** lose control; **Sie haben Nerven!** (*umgangsspr*) you've got a nerve!

nerven (*umgangsspr*) irritate; **jemanden nerven** get on someone's nerves

nervenaufreibend nerve-racking **Nervenbündel** (*umgangsspr*) bundle of nerves *plural* **Nervensäge** (*umgangsspr oder abwertend*) pain in the neck

nervös nervous [ˈnɜːvəs] **Nervosität** nervousness [ˈnɜːvəsnəs]

Nerz mink

Nessel nettle ▸ IN WENDUNGEN: **sich in die Nesseln setzen** put oneself in a [tight] spot

Nest nest; (*abwertend: Kleinstadt*) little place; (*Dorf*) dump

Netikette (*Internet-Benimmregeln*) netiquette [ˈnetɪkət]

nett 1 (*freundlich*) nice 2 (*hübsch*) cute, pretty

netto net

Netz 1 net; (*Spinnennetz*) web 2 (*Telefon, Computer*) network; (*elektrisch*) grid 3 (*Gepäcknetz*) rack **Netzanschluss** mains connection

Netzhaut retina [ˈretɪnə]

Netzstecker power plug

neu 1 new; **neueste Nachrichten** latest news; **das ist mir neu** that's new[s] to me 2 (*frisch*) fresh, recent 3 **aufs Neue, von neuem** anew [əˈnjuː] 4 **jemandem ein gutes Neues Jahr wünschen** wish someone a Happy New Year

Neuankömmling newcomer [ˈnjuːˌkʌməʳ]

neuartig new

Neubau new building

neuerdings recently

Neuerung 1 innovation 2 (*Reform*) reform

Neufundland Newfoundland

neugeboren newborn; **ich fühle mich wie neugeboren** I feel like a new man [*oder* woman] [ˈwʊmən] **Neugier(de)** curiosity [ˌkjʊəriˈɒsəti]; **aus Neugierde** out of curiosity **neugierig** curious [ˈkjʊəriəs] (**auf** about) **Neuheit** novelty

Neuigkeit [piece of] news *plural*

Neujahr New Year; **Prost Neujahr!** here's to the New Year!

Neukaledonien New Caledonia

neulich recently, the other day

Neuling newcomer [ˈnjuːˌkʌməʳ] **neumodisch** (*umgangsspr*) new-fangled **Neumond** new moon

neun nine **Neuntel** ninth **neunzehn** nineteen **neunzehnte** nineteenth **neunzig** ninety

Neurodermitis neurodermitis

Neurose neurosis [njʊəˈrəʊsɪs] **neurotisch** neurotic [njʊəˈrɒtɪk]

Neuschnee fresh snow

Neuseeland New Zealand [ˌnjuːˈziːlənd] **Neuseeländer(in)** New Zealander **neuseeländisch** New Zealand

neutral neutral [ˈnjuːtrəl] **Neutralität** neutrality [njuːˈtræləti]

Neutrum (*auch übertragen*) neuter [ˈnjuːtəʳ]

neuwertig as [good as] new

Newbie (*Neuling im Internet*) newbie

Newsgroup (*im Internet*) newsgroup

nicht 1 (*Verneinung*) not; **ich komme nicht** I'm not coming; **er tanzt nicht** (*nie*) he doesn't dance; **sie wohnt nicht mehr** [*oder* **länger**] **hier** he no longer lives here, he doesn't live here anymore; **nicht mehr als …** no more than …; **noch nicht** not yet; **nicht einmal das** not even that; **durchaus nicht/ganz und gar nicht** not at all/by no means; **nicht, dass ich wüsste** not that I know of 2 **du kommst nicht? — ich auch nicht!** you're not coming? — me neither!;

ich rauche auch nicht I don't smoke either ③ (*rhetorisch*) **schön, nicht?** nice, isn't it?; **du kommst/liebst mich doch, nicht wahr?** you're coming, aren't you?/you love me, don't you?; **es ist nicht zu glauben** it is unbelievable [ˌʌnbɪ'liːvəbl]; **was du nicht sagst!** you don't say! ④ **nicht essbar** non-edible; **nicht rostend** stainless; **nicht Zutreffendes streichen** delete where non-applicable

Nichte niece [niːs]

nichtig ① invalid [ɪn'vælɪd], void ② (*leer*) empty; (*unbedeutend*) trifling **Nichtigkeit** ① (*Ungültigkeit*) invalidity [ˌɪnvə'lɪdəti], voidness ['vɔɪdnəs] ② (*Leere, Eitelkeit*) emptiness, vanity; (*Kleinigkeit*) trifle ['traɪfl]

Nichtraucher(in) non-smoker

Nichts ① nothingness ['nʌθɪŋnəs] ② (*Geringfügigkeit*) trifle ['traɪfl] ③ (*unbedeutender Mensch*) nobody

nichts ① nothing; **ganz und gar nichts, überhaupt nichts** nothing at all; **nichts zu machen!** nothing doing!; **so viel wie nichts** next to nothing ② (*in fragenden oder bedingenden Sätzen*) not anything; **nichts als ...** nothing [*oder* not anything] but ...; **haben Sie nichts anderes?** don't you have anything else?; **er hatte nichts bei sich** he didn't have anything on him ▶ IN WENDUNGEN: **es macht nichts** it doesn't matter; **nichts zu danken!** don't mention it!; **nichts da!** (*nichts zu machen*) no chance!; **das ist nichts für mich** that's not my kind of thing; **wenn es weiter nichts ist!** if that's all there is to it!; **nichts sagend** meaningless

Nichtschwimmer(in) non-swimmer

nichtsdestoweniger nevertheless

Nichtsnutz good-for-nothing

Nichtzutreffende, nicht Zutreffende Nichtzutreffendes [**bitte**] **streichen** delete where non-applicable

Nickel nickel

nicken ① (*auch übertragen*) nod ② (*umgangsspr: schlafen*) snooze **Nickerchen** (*umgangsspr*) nap, snooze; **ein Nickerchen machen** have a nap

nie never; **fast nie** hardly ever; **nie und nimmer** never ever; **nie wieder** never again

nieder low; *Triebe:* base; *Herkunft:* humble; *Arbeiten:* menial; **der niedere Adel** the lesser nobility

niederdrücken ① press down ② (*bedrücken*) depress **niederfallen** fall down

Niedergang decline

niedergehen ① *Regen:* fall ② *Lawine:* descend [dɪ'send] *Gewitter:* break

Niedergelassene(r) (CH) official resident

niedergeschlagen dejected, depressed

niederknien kneel [niːl] down

Niederlage (*auch übertragen*) defeat [dɪ'fiːt]; **eine Niederlage erleiden** suffer a defeat

Niederlande die Niederlande the Netherlands ['neðələnds] ⚠ *singular oder plural* **Niederländer(in)** Dutch **niederländisch** Dutch

niederlassen ① (*gehoben: sich setzen*) sit down ② (*seinen Wohnsitz nehmen*) settle down ③ (*Geschäft eröffnen*) establish oneself ④ *Arzt, Anwalt:* set up a practice

Niederlassung ① *eines Rechtsanwalts:* establishment ② (*Geschäftsniederlassung*) registered ['redʒɪstəd] office; (*Zweigstelle*) branch **Niederlassungsbewilligung** (CH) residence permit [pɜːmɪt]

niederlegen ① (*hinlegen*) lay down ② resign [rɪ'zaɪn] *Amt* ③ **die Arbeit niederlegen** (*übertragen*) stop work

Niederschlag (*Regen, Schnee*) precipitation [prɪˌsɪpɪ'teɪʃᵊn] **niederschlagen** ① knock down *Gegner* ② cast down *Augen* ③ suppress [sə'pres] *Aufstand* ④ dismiss [dɪs'mɪs] *Gerichtsverfahren* ⑤ **sich in etwas niederschlagen** result [rɪ'zʌlt] in something

niederschmetternd (*übertragen*) shattering

niederstrecken ① lay low ② **sich niederstrecken** stretch out

Niedertracht despicableness [dɪ'spɪkəblnəs], vileness **niederträchtig** despicable [dɪ'spɪkəbl], vile, mean

niedertreten trample down

niedlich sweet (GB), cute [kjuːt] (USA)

niedrig (*auch übertragen*) low

niemals never

niemand nobody, no-one; **ich sehe niemanden** I don't see anybody; **niemand anders** nobody else; **niemand außer ihm** nobody but him **Niemandsland** no man's land

Niere kidney ['kɪdni] **Nierenstein** kidney stone

nieseln drizzle **Nieselregen** drizzle

niesen sneeze

Niete ❶ (*Los*) blank ❷ (*umgangsspr: Versager*) dead loss, failure ['feɪljəʳ]; (*Reinfall*) flop ❸ (*Stift*) rivet; (*an Hosen*) stud
nieten rivet **niet- und nagelfest** (*umgangsspr*) nailed down
Nikolaus ❶ (*Name*) Nicholas ['nɪkᵊləs] ❷ (*Heiliger*) St. Nicholas; (*Fest*) St. Nicholas' Day (⚠ *wird aber in Großbritannien nicht gefeiert*)
Nikotin nicotine **nikotinarm** low-nicotine
Nilpferd hippopotamus [ˌhɪpə'pɒtəməs]
nimmer never **Nimmersatt** glutton (GB), grab-all (USA)
nippen sip (**an** at)
nirgends nowhere, not … anywhere
nirgendwo nowhere, not … anywhere
Nische niche [niːʃ]
nisten ❶ nest ❷ (*übertragen*) lodge **Nistplatz** nesting site
Nitrat nitrate ['naɪtreɪt]
Niveau ❶ (*auch übertragen*) level ❷ **das Theaterstück hat Niveau** the play is of a high standard; **das ist unter meinem Niveau** that's beneath me **niveaulos** mediocre [ˌmiːdi'əʊkəʳ] **niveauvoll** high-class
Nixe water-sprite
nobel ❶ (*edelmütig*) noble ['nəʊbl] ❷ *Geste:* generous ['dʒenᵊrəs]; (*elegant, kostspielig*) posh
Nobelpreis Nobel prize
noch ❶ **weder A, noch B** neither A nor B ❷ (*weiterhin*) still; **bist du noch da?** are you still there?; **noch immer, immer noch** still; **noch nicht** not yet; **er ist noch nicht da** he's not here yet, he hasn't arrived yet ❸ **ich möchte gerne noch bleiben** I'd like to stay on longer ❹ **noch am selben Tag** on the very same day; **noch heute** this very day ❺ **noch nie** never [before] ❻ (*außerdem, sonst*) else; [**wünschen Sie**] **noch etwas?** [do you wish] anything else? ❼ **noch einen Kaffee bitte** another cup of coffee please; **Geld noch und noch** (*umgangsspr*) heaps and heaps of money ❽ (*bei Steigerungsformen*) **noch besser** even better; **noch mehr** even more; **noch jetzt** even now ❾ **noch vor zwei Tagen** no more than two days ago ❿ **noch am selben Tag** that same day; **ich werde noch heute damit anfangen** I'll get started on it today ⓫ **gerade noch** [only] just; **da haben wir noch Glück gehabt** we were lucky there ⓬ **nur noch** only; **ich habe nur noch einen Freund** I have only one friend left ⓭ **wie war doch noch Ihr Name?** what was your name again? ⓮ **noch obendrein** on top of everything **nochmalig** renewed [rɪ'njuːd] **nochmals** again
Nomade, -in nomad
Nominativ nominative
nominieren nominate
Nonne nun **Nonnenkloster** convent ['kɒnvənt]
Nordamerika North America
Nordatlantisches Verteidigungsbündnis NATO Alliance
Norden north; **von Norden** from the north; **nach Norden** to the north
Nordeuropa northern Europe
Nordhalbkugel Northern Hemisphere ['hemɪsfɪəʳ]
Nordirland Northern Ireland ['aɪələnd]
nordisch ❶ (*nördlich*) northern ❷ (*skandinavisch*) nordic
nördlich ❶ northern; **nördlicher Polarkreis** Arctic Circle ❷ north (**von** of) ❸ **nördlich der Stadt** to the north of the town
Nordosten north-east **nordöstlich** ❶ north-eastern ❷ north-east (**von** of) ❸ **nordöstlich der Kirche** to the north-east of the church **Nordpol** North Pole **Nordsee** North Sea **Nordwesten** north-west **nordwestlich** ❶ north-western ❷ north-west (**von** of) ❸ **nordwestlich der Straße** to the north-west of the street **Nordwind** north wind
Nörgelei grumbling **nörgeln** ❶ (*murren, knurren*) grumble ❷ (*herumnörgeln, kritisieren*) carp (**an** about)
Norm standard; **die Norm sein** be the usual thing
normal normal; *Maß, Gewicht:* standard **Normalbenzin** regular [petrol]
Normalverbraucher average ['ævᵊrɪdʒ] consumer ▶ IN WENDUNGEN: **Otto Normalverbraucher** (*umgangsspr*) Mr Average
Norwegen Norway ['nɔːweɪ] **Norweger(in)** Norwegian [nɔː'wiːdʒᵊn] **norwegisch** Norwegian
Nostalgie nostalgia [nɒs'tældʒə] **nostalgisch** nostalgic [nɒs'tældʒɪk]
Not ❶ (*Mangel*) want; **aus Not** out of poverty; (*Elend*) neediness ❷ (*Notwendigkeit*) necessity [nə'sesəti] ❸ (*Schwierig-*

N n

keit) difficulty, trouble ['trʌbl] ④ (*Bedrängnis*) distress; **ich bin in großer Not** I'm in dire straits ⑤ **zur Not** (*falls nötig*) if necessary ['nesəsᵊri]; (*so eben noch*) at a pinch ▶ IN WENDUNGEN: **seine liebe Not haben mit …** have a hard time with …; **aus der Not eine Tugend machen** make a virtue ['vɜːtjuː] of necessity; **Not macht erfinderisch** necessity is the mother of invention

Notar(in) notary **Notariat** notary's office

Notarzt, **Notärztin** emergency [ɪ'mɜːdʒᵊnsi] doctor **Notaufnahme** casualty ['kæʒjuəlti] [unit] **Notausgang** emergency exit **Notbremse** emergency brake **Notdienst** **Notdienst haben** (*Apotheke*) be open 24 hours; (*Arzt*) be on call

Note ① mark ② (*Musik*) note; **nach Noten singen/spielen** sing/play from music

Notebook notebook

Notenschlüssel clef

Notfall emergency [ɪ'mɜːdʒᵊnsi]; **im Notfall** if needs be; **bei einem Notfall** in case of emergency **notfalls** if need be

Notfallstation (CH) accident [*oder* emergency] ward **notgedrungen** ① imperative [ɪm'perətɪv] ② perforce [pə'fɔːs]

notieren ① (*Notizen machen*) make a note of, note [down] ② (*an der Börse*) quote [kwəʊt] (**mit** at)

nötig ① (*notwendig*) necessary ['nesəsᵊri]; **etwas [bitter] nötig haben** need something [badly]; **nur das Nötigste** only the bare necessities [nə'sesətiz] *plural* ② (*dringend*) urgently; **ich muss mal ganz nötig** I'm dying to go ▶ IN WENDUNGEN: **Sie haben's gerade nötig, sich zu beschweren!** (*umgangsspr*) you're a fine one to complain!

Notiz ① (*Zeitungsnotiz*) item ② (*Vermerk*) note ③ **[keine] Notiz nehmen von** take [no] notice of **Notizblock** notepad, memo pad

Notlage (*Elend*) plight; **in einer Notlage sein** be in serious ['sɪəriəs] difficulties *plural* **Notlandung** forced [*oder* emergency] landing **Notlösung** temporary ['tempᵊrᵊri] solution

notorisch notorious [nə'tɔːriəs]

Notruf emergency call **Notwehr** self-defence (GB), self-defense (USA)

notwendig necessary ['nesəsᵊri]; **notwendig brauchen** need urgently; **das Notwendigste** (*das Nötigste*) the bare necessities [nə'sesətiz] *plural;* (*das Wesentliche*) the essentials *plural* **Notwendigkeit** necessity [nə'sesəti]

Nougat nougat

November November

Nu **im Nu** in a flash [*oder* a jiffy]

nüchtern ① (*nicht betrunken*) sober ② (*vernünftig*) down-to-earth, rational ③ (*fade, trocken*) dry, insipid ④ **auf nüchternen Magen** on an empty stomach ['stʌmək]

Nudel ① noodle ② **Nudeln** Pasta ⚠ *singular;* (*in einer Suppe*) noodles ③ (*umgangsspr*) **komische Nudel** funny character

Nugat nougat

nuklear nuclear

Null ① (*Ziffer*) nought [nɔːt]; (*auf Skalen, Thermometer*) zero ② (*bei Telefonnummern*) O (GB), zero (USA) ③ (*umgangsspr: Versager*) wash-out

null ① zero ② (*bei Telefonnummern*) O [əʊ] (GB), zero ③ (*im Sport*) nil; (*beim Tennis*) love [lʌv] ④ **es ist null Uhr zwanzig** it's twenty past [*oder* (USA) after] midnight ▶ IN WENDUNGEN: **null und nichtig** null and void; **in null Komma nichts** (*umgangsspr*) in no time at all; **null Ahnung haben von etwas** (*slang*) not have a clue [kluː] about something **Nullpunkt** ① zero ② **die Stimmung sank unter den Nullpunkt** the atmosphere ['ætməs'fɪəʳ] froze; **den Nullpunkt erreicht haben** have reached rockbottom

Nummer ① *auch von Zeitung:* number ② (*Größe*) size ③ (*umgangsspr oder humorvoll: Typ*) character ▶ IN WENDUNGEN: **auf Nummer Sicher gehen** (*umgangsspr*) play it safe **Nummernschild** number plate (GB), license ['laɪsəns] plate (USA)

nun ① (*jetzt*) now; **nun, da …** now that …; **was nun?** what now?; **von nun an** from now on; **nun erst recht!** just for that! ② (*dann*) then; **nun gut** all right then ③ (*also*) well ④ **nun ja, aber …** all right, but …; **das habe ich nun davon** serves me right; **hat sich das nun gelohnt?** was that supposed to be worth it?

nur ① (*einschränkend*) only; **wenn nur …** if only …; **nicht nur …, sondern auch …** not only …, but also … ② (*nichts außer*) nothing but; **immer nur Ärger** nothing but trouble ['trʌbl] ③ (*mit Verneinung*) **alle kommen, nur er nicht** everyone's coming except for him ④ (*bloß*) just; **nur weil** just because; **nur einmal** just once; **du brauchst es nur zu sagen** just say the word ⑤ (*fragend*) **warum tut er das nur?** why on earth [ɜːθ] does he do that?; **was hat er nur?** I wonder ['wʌndəʳ] what's wrong with him?

! Vorsicht Falle **only** steht meistens vor dem Verb: *I only wanted to help; I've only got three pills left.* **Only** kann auch direkt vor dem Wort, auf das es sich bezieht, stehen: *Only Emma saw the dog* bedeutet: nur Emma sah den Hund — sonst sah ihn niemand; *Emma only saw the dog* bedeutet: Emma hat den Hund nur gesehen — sie hat ihn nicht gestreichelt; *Emma saw only the dog* bedeutet: Emma sah nur den Hund — sonst nichts.

nuscheln (*umgangsspr*) mumble

Nuss nut ▸ IN WENDUNGEN: **eine harte Nuss zu knacken haben** have a tough [tʌf] nut to crack; **er ist eine harte Nuss** he's a tough nut to crack

Nussbaum ① walnut ['wɔːlnʌt] tree ② (*Holz*) walnut

Nüster nostril ['nɒstrəl]

Nutte (*slang oder abwertend*) whore [hɔːʳ] (GB), hooker (USA)

Nutz **sich etwas zu Nutze machen** (*verwenden*) utilize ['juːtɪlaɪz] something; (*ausnutzen*) take advantage [əd'vɑːntɪdʒ] of something

nütze **zu etwas/nichts nütze sein** be useful for something/be of no use for anything

Nutzen ① (*Vorteil*) advantage [əd'vɑːntɪdʒ], benefit; (*Gewinn*) profit ② (*Nützlichkeit*) usefulness ['juːsfəlnəs]; **jemandem von Nutzen sein** be useful ['juːsfəl] to someone

nutzen, **nützen** ① (*gebrauchen*) make use [juːs] of, use ② **jemandem nützen** be of use to someone; **zu etwas nützen** be of use for something ③ **es nützt nichts** it's no use; **das nützt wenig** that's not much use

nützlich ① useful ['juːsfəl] ② (*hilfreich*) helpful **Nützlichkeit** usefulness

nutzlos useless ['juːsləs] **Nutzlosigkeit** uselessness ['juːsləsnəs]

Nutzung ① (*Gebrauch*) use ② (*das Ausnutzen*) exploitation

Nylon nylon

Nymphe nymph

O o

o oh!

Oase (*auch übertragen*) oasis [əʊ'eɪsɪs]

ob ① (*Frage einleitend*) if, whether ['weðəʳ]; **frage sie einfach, ob sie Lust hat** just ask her whether [*oder* if] she feels like it ② (*vergleichend*) **als ob** as if ③ **ob sie mich wohl liebt?** I wonder ['wʌndəʳ] if she loves me ④ **ich weiß nicht, ob sie kommen** I don't know whether [or not] they're coming ⑤ (*umgangsspr*) **und ob!** you bet! **obdachlos** homeless **Obdachlose(r)** homeless person **Obdachlosenasyl** shelter [*oder* hostel] for the homeless

O-Beine (*umgangsspr*) bandy [*oder* bow] legs

oben ① (*in der Höhe*) up; **hier/dort oben** up here/there ② (*hoch oben, am oberen Ende*) at the top; **ganz oben** (*auch übertragen*) right [raɪt] at the top; **von oben herab** [down] from above; (*übertragen*) condescendingly [ˌkɒndɪ'sendɪŋli] ③ (*im oberen Stock*) upstairs; **nach oben** upwards; (*im Haus*) upstairs ④ (*an der Oberfläche*) on the surface ['sɜːfɪs] ⑤ (*vorher: im Brief*) above [ə'bʌv]; **oben erwähnt** above-mentioned; **siehe oben** see above; **wie oben erwähnt** as mentioned above ⑥ **von oben bis unten** from top to bottom; (*bei Person*) from head [hed] to toe ⑦ **oben ohne** (*umgangsspr*) topless **obenan** at the top **obenauf** on the top; **wieder obenauf sein** (*umgangsspr: wieder gesund sein*) be back on form **obendrein** (*umgangsspr*) on top of everything

Ober waiter; **Herr Ober!** waiter!

Oberarm upper arm

obere ① upper ② **die oberen Zehntausend** (*umgangsspr*) the upper crust

Oberfläche ❶ (*auch übertragen*) surface ['sɜːfɪs]; **an die Oberfläche kommen** [come to the] surface; (*übertragen*) emerge [ɪ'mɜːdʒ] ❷ *eines Körpers:* surface area
oberflächlich (*auch übertragen*) superficial [ˌsuːpə'fɪʃᵊl] **Oberflächlichkeit** superficiality [ˌsuːpəˌfɪʃi'æləti]
Obergeschoss upper floor; **im dritten Obergeschoss** on the third Ⓖⓑ/fourth ⓊⓈⒶ floor
oberhalb above [ə'bʌv]
Oberhaupt head [hed]
oberirdisch above ground; *Leitungen:* overhead
Oberkörper upper part of the body **Oberlippe** upper lip
Obers Ⓐ cream
Oberschenkel thigh [θaɪ]
Oberseite top side
oberste ❶ topmost, uppermost ❷ (*übertragen*) supreme [suː'priːm]; **Oberster Gerichtshof** High Court of Justice Ⓖⓑ, Supreme Court ⓊⓈⒶ
Oberstufe ≈ sixth [sɪksθ] form
obgleich although [ɔːl'ðəʊ], even though
obige above [ə'bʌv]
Objekt object ['ɒbdʒekt]
Objektiv lens [lenz], objective
objektiv objective [əb'dʒektɪv]
Objektivität objectivity [ˌɒbdʒɪk'tɪvəti]
Oblate wafer ['weɪfəʳ]
obligatorisch obligatory [ə'blɪgətᵊri]; *Schulfächer:* compulsory [kəm'pʌlsᵊri]
Obst fruit [fruːt]

> **! Vorsicht Falle** **fruit** wird in der Einzahl gebraucht: *I like fresh fruit with my muesli; the old pear tree still produces fruit* — **fruits** wird für verschiedene Obstsorten gebraucht: *Kate likes apples, bananas, cherries and other fruits.*

Obstbaum fruit tree
Obstkuchen fruit tart [*oder* cake] **Obstsalat** fruit-salad
obszön obscene [əb'siːn]
obwohl [al]though
Ochse bullock ['bʊlək], ox
öde ❶ (*leer, verlassen*) abandoned [ə'bændənd], empty; (*unbewohnt*) bleak, desolate ['desᵊlət]; (*unbebaut*) waste ❷ (*langweilig*) dreary ['drɪəri], dull
oder ❶ or; **entweder ... oder** either ... or; **oder aber** or else ❷ **Sie kommen doch, oder?** you're coming, aren't you?; **sie kommt nicht, oder doch?** she won't come, or will she?
Ofen ❶ (*Herd*) stove [stəʊv]; (*Backofen*) oven ['ʌvən] ❷ (*Brennofen*) kiln; (*Heizofen*) heater ▸ IN WENDUNGEN: **jetzt ist der Ofen aus!** (*umgangsspr*) that does it!
offen ❶ open; **Tag der offenen Tür** open day ❷ **offen halten** (*auch übertragen*) keep open; **die Ohren offen halten** keep one's ear to the ground; **offen lassen** (*auch übertragen*) leave open ❸ **offen stehen** *Tür, Fenster:* be open; *Rechnung:* be outstanding; **jemandem offen stehen** (*zugänglich sein*) be open to someone ❹ (*frei*) vacant ['veɪkənt]; **offene Stelle** vacant post, vacancy ['veɪkᵊnsi] ❺ (*unerledigt*) *Rechnung:* outstanding ❻ (*unentschieden*) **es ist noch alles offen** nothing's been decided as yet; **offen bleiben** remain [rɪ'meɪn] open; **wir haben das noch offen gelassen** we left the matter open ❼ (*aufrichtig*) **zu jemandem offen sein** be open with someone; **ein offenes Wort mit jemandem reden** have a frank talk [tɔːk] with someone; **seine Meinung offen sagen** speak one's mind; **offen gesagt ...** to tell you the truth ..., to be honest ... ❽ **ich bin offen für alles** I'm open to everything ❾ **auf offener See** on the open sea ❿ **offener Wein** wine by the carafe [kə'ræf]
offenbar ❶ obvious ['ɒbviəs] ❷ (*vermutlich*) apparently
Offenheit candour ['kændəʳ], frankness, openness
offenherzig ❶ (*freimütig*) candid, frank, open-hearted ❷ (*humorvoll*) *Kleid, Bluse:* revealing
offenkundig clear, obvious ['ɒbviəs]
offensichtlich obvious ['ɒbviəs]
öffentlich public; **etwas öffentlich bekannt machen** make something public; **öffentliche Toilette** public toilet Ⓖⓑ, public comfort station ⓊⓈⒶ; **öffentliche Verkehrsmittel** public transport; **die öffentliche Meinung** public opinion **Öffentlichkeit** public; **in aller Öffentlichkeit** in public; **an die Öffentlichkeit gelangen** become known; **die Öffentlichkeit scheuen** shun publicity
offiziell official [ə'fɪʃᵊl]

Offizier officer ['ɒfɪsəʳ]; **Dienst habender Offizier** officer on duty

Offlinebetrieb off-line mode

öffnen open **Öffnung** opening **Öffnungszeiten** hours [aʊəz] of business

oft ① frequently ['fri:kwəntli], often ② **des Öfteren** quite often

öfter (*gelegentlich*) [every] once in a while

oftmals frequently, often

oh oh!

ohne ① without [wɪ'ðaʊt]; **sei ohne Sorge** don't worry; **ohne mich!** count me out! ② **ohne weiteres** just like that; **so ohne weiteres geht das nicht** it doesn't work that easily ③ **die Sache ist nicht ohne** (*umgangsspr*) it's not quite that easy; **er ist gar nicht so ohne** (*umgangsspr*) he's got what it takes ④ **ohne etwas zu tun** without doing anything; **ohne dass ich es bemerkte, …** without my noticing it …

Ohnmacht ① (*Bewusstlosigkeit*) faint, swoon; **in Ohnmacht fallen** faint (**vor** from) ② (*Machtlosigkeit*) powerlessness ['paʊələsnəs] **ohnmächtig** ① (*bewusstlos*) unconscious [ʌn'kɒnʃəs]; **ohnmächtig werden** faint (**vor** from) ② (*machtlos*) powerless ③ **ohnmächtige Wut** helpless rage

Ohr ear [ɪəʳ]; **jemandem zu Ohren kommen** reach someone's ears ▸ IN WENDUNGEN: **sich aufs Ohr legen** have a nap; **viel um die Ohren haben** have a lot on one's plate; **jemanden übers Ohr hauen** pull a fast one on someone; **bis über beide Ohren in jemanden verliebt sein** be head over heels in love with someone; **die Ohren steif halten** keep one's chin up; **die Ohren spitzen** prick up one's ears

ohrenbetäubend deafening ['defᵊnɪŋ]

Ohrfeige box on the ears; **jemandem eine Ohrfeige geben** slap someone's face **ohrfeigen** slap **Ohrläppchen** [ear]lobe **Ohrring** earring ['ɪərɪŋ]

Öko- eco- **ökologisch** ecological [ˌi:kə'lɒdʒɪkᵊl]

Ökosystem eco-system

Oktober October

Öl ① oil ② **in Öl malen** paint in oils *plural* **Ölbild** oil painting

Oldtimer veteran car

ölen oil

Ölfarbe oil paint [*oder* colour] ['kʌləʳ]

ölig (*auch übertragen*) oily

Olive olive **Olivenöl** olive oil **olivgrün** olive-green

Ölleitung pipeline **Ölpest** oil pollution

Ölsardine sardine [sɑ:'di:n] **Öltanker** oil tanker

Olympiade Olympics [ə'lɪmpɪks] *plural*

Olympiamannschaft Olympic team **Olympiastadion** Olympic stadium ['steɪdiəm]

olympisch **die Olympischen Spiele** the Olympic Games

Oma (*umgangsspr*) grandma, granny

Omelette omelet[te] ['ɒmlət]

Omnibus bus; **mit dem Omnibus fahren** go by bus

Onkel uncle ['ʌnkl]

Onlinebetrieb online mode **Onlinedienst** online service **Onlinelernen** internet-based learning **Onlineshopping** teleshopping ['telɪˌʃɒpɪŋ]

Opa (*umgangsspr*) grandad, grandpa

Oper ① opera ['ɒpᵊrə] ② (*Opernhaus*) opera house **Operation** operation [ˌɒpᵊr'eɪʃᵊn] **Operationssaal** operating theatre ['θɪ:ətəʳ] (GB), operating room (USA)

Operette operetta

operieren (*auch übertragen*) operate; **jemanden am Magen operieren** operate on someone's stomach

Opernsänger(in) opera singer

Opfer ① (*auch übertragen*) sacrifice ['sækrɪfaɪs]; **ein Opfer [für jemanden] bringen** make a sacrifice [for someone]; **kein Opfer scheuen** consider [kən'sɪdəʳ] no sacrifice too great ② (*Geschädigter*) victim; **jemandem/einer Sache zum Opfer fallen** fall a victim to someone/something **opfern** ① (*auch übertragen*) sacrifice ② **sich opfern** sacrifice oneself; (*humorvoll*) be a martyr

Opium opium ['əʊpiəm]

Opposition opposition [ˌɒpə'zɪʃᵊn] **Optiker(in)** optician [ɒp'tɪʃᵊn]

optimal optimal **Optimismus** optimism ['ɒptɪmɪzᵊm] **Optimist(in)** optimist ['ɒptɪmɪst] **optimistisch** optimistic [ˌɒptɪ'mɪstɪk]

optisch visual ['vɪʒuəl]; *Täuschung:* optical

Orakel oracle ['ɒrəkl]

Orange[1] die (*Frucht*) orange ['ɒrɪndʒ]

Orange[2] das (*Farbe*) orange

orangefarben orange
Orangenmarmelade marmalade **Orangensaft** orange juice [dʒuːs]
Orang-Utan orang-utan
Orchester orchestra ['ɔːkɪstrə]
Orchidee orchid
Orden ① (*Mönchsorden*) order ② (*Auszeichnung*) decoration [ˌdekəˈreɪʃən]; **jemandem einen Orden für etwas verleihen** decorate someone for something
ordentlich ① (*aufgeräumt*) orderly, tidy ② *Verhältnisse, Familie:* respectable [rɪ'spektəbl] ③ *Preis, Leistung:* reasonable ['riːzənəbl] ④ (*umgangsspr: tüchtig, gehörig*) proper, real; **eine ordentliche Tracht Prügel** a proper hiding
ordinär ① (*vulgär*) vulgar ② (*alltäglich*) ordinary ['ɔːdənəri]
ordnen ① (*organisieren*) order, organize ② (*in Ordnung bringen*) put in order ③ (*sortieren*) arrange [ə'reɪndʒ] ④ **sich ordnen** get into order ⑤ **sich zu etwas ordnen** form something
Ordner file
Ordnung ① order; **Ordnung halten** keep things in order; **Ordnung muss sein!** we must have order! ② (*Regelung*) rules *plural* ③ (*Gesetzmäßigkeit*) routine [ruː'tiːn] ④ (*Rang*) order ⑤ **in Ordnung** all right, OK; **das bringen Sie wieder in Ordnung!** you'll sort this out!; **können Sie diese Maschine wieder in Ordnung bringen?** can you fix this machine [mə'ʃiːn]?; **die Maschine ist [wieder] in Ordnung** the machine is fixed [again]; **mit meinem CD-Spieler ist etwas nicht in Ordnung** there's something wrong with my CD-player; **klar, geht in Ordnung!** (*umgangsspr*) sure, that's OK!
Organ ① organ ② (*Zeitung*) organ ③ (*Amt, Stelle*) instrument, organ
Organhandel trade in human organs
Organisation organization [ˌɔːgənaɪ'zeɪʃən] **Organisationstalent** organizing ability **organisatorisch** organizational [ˌɔːgənaɪ'zeɪʃənəl]; **organisatorisches Talent besitzen** have a gift for organization
organisch ① organic ② (*körperlich*) physical ['fɪzɪkəl]
organisieren ① organize ['ɔːgənaɪz] ② **sich organisieren** organize
Organismus organism ['ɔːgənɪzəm]
Organist(in) organist ['ɔːgənɪst]
Orgasmus orgasm ['ɔːgæzəm]
Orgel organ
Orgie orgy ['ɔːdʒi]
Orient Orient ['ɔːriənt] **Orientale, -in** man/woman from the Middle East **orientalisch** Middle Eastern
orientieren ① **sich orientieren** orientate oneself (**an, nach** by) ② (*auch übertragen*) orientate ['ɔːriənteɪt] (**auf, nach** towards)
Orientierung orientation [ˌɔːriən'teɪʃən]; **die Orientierung verlieren** lose one's bearings *plural*
Original ① original [ə'rɪdʒənəl] ② (*origineller Mensch*) character, original
original original
Originalfassung original [version]; **in der englischen Originalfassung** in the original English version
originell ① (*geistvoll*) witty ② (*neu*) novel
Orkan ① hurricane ② (*übertragen*) storm **orkanartig** hurricane-force
Ornament ornament
Ort ① (*Platz, Stelle*) place; **am Ort des Verbrechens** at the scene of the crime; **Ort der Handlung** scene [siːn] of the action ② (*Ortschaft*) place ▸ IN WENDUNGEN: **an Ort und Stelle** on the spot; **an Ort und Stelle ankommen** arrive at one's destination
Orthographie, **Orthografie** orthography [ɔː'θɒgrəfi]
örtlich local
Ortschaft (*Stadt*) town; (*Dorf*) village; **geschlossene Ortschaft** built-up area ['eəriə]
ortsfremd non-local
Ortsgespräch local call **Ortsname** place name **Ortsteil** district **Ortszeit** local time
Öse eyelet ['aɪlət]
Ost East
Ostafrika East Africa **Ostasien** Eastern Asia **Ostdeutschland** ① (*Region*) Eastern Germany ② (*DDR*) East Germany **Osten** ① (*Himmelsrichtung*) East; **im/in den Osten** in/to the east ② **der Nahe/Mittlere/Ferne Osten** the Near/Middle/Far East
Osterei Easter egg **Osterglocke** daffodil ['dæfədɪl] **Osterhase** Easter bunny
österlich [of] Easter **Ostermontag** Easter Monday

Ostern Easter; **frohe Ostern!** Happy Easter!
Österreich Austria ['ɒstriə] **Österreicher(in)** Austrian ['ɒstriən] **österreichisch** Austrian
Ostersonntag Easter Sunday
Osteuropa Eastern Europe
Ostfriese, -in East Frisian ['fri:ʒᵊn] **ostfriesisch** East Frisian **Ostfriesland** East Frisia ['fri:ʒᵊ]
östlich 1 easterly 2 **östlich von ...** [to the] east of ...; **östlich des Turms** [to the] east of the tower
Ostsee die Ostsee the Baltic [Sea]
Otter¹ die (*Schlange*) adder, viper ['vaɪpəʳ]
Otter² der (*Fischotter*) otter
Ouvertüre overture
oval oval
Ozean ocean ['əʊʃᵊn]
Ozelot ocelot
Ozon ozone ['əʊzəʊn] **Ozonloch** hole in the ozone layer

P p

Paar 1 pair; **ein Paar Schuhe** a pair of shoes 2 (*zwei Menschen*) couple ['kʌpl]; **die beiden sind ein ungleiches Paar** the two of them make an odd couple
paar ein paar a few; (*zwei, drei*) a couple of; **vor ein paar Tagen** a few days ago; **ein paar Mal** afew times, a couple of times
paaren *Tiere:* mate
paarweise in pairs *plural*
Pacht 1 (*Pachtverhältnis*) lease [li:s] 2 (*Entgelt*) rent **pachten** 1 lease 2 **etwas für sich gepachtet haben** (*umgangsspr*) have the [*oder* a] monopoly on something **Pächter(in)** tenant
Päckchen 1 package; (*Postpäckchen*) small parcel 2 (*Schachtel*) packet
packeln Ⓐ (*paktieren*) make a deal
packen 1 (*festhalten*) grab, seize [si:z]; **jemanden am Kragen packen** grab someone by the collar 2 (*begeistern*) grip, thrill 3 (*einpacken*) pack; make up *Paket* 4 (*umgangsspr: hinkriegen*) manage; **der Zug geht in zehn Minuten, packen wir das noch?** the train leaves in ten minutes, can we still make it? 5 (*umgangsspr: gehen*) **packen wir's!** let's get going! 6 (*umgangsspr*) **ich pack's nicht** I don't get it **packend** gripping, thrilling **Packpapier** wrapping ['ræpɪŋ] paper
Packung 1 (*Schachtel*) packet; **eine Packung Zigaretten** a packet of cigarettes ⒼⒷ, a pack of cigarettes 2 (*Kompresse*) compress
Paddel paddle
Paddelboot canoe [kə'nu:] **paddeln** canoe, paddle
Page bellboy ⒼⒷ, bellhop ⓊⓈⒶ
Paket 1 parcel 2 (*Packung*) packet 3 (*übertragen*) package
Pakistan Pakistan
Pakt agreement, pact
Palast (*auch übertragen*) palace
Palästina Palestine ['pæləstaɪn] **Palästinenser(in)** Palestinian [ˌpælə'stɪniən] **palästinensisch** Palestinian
Palatschinke Ⓐ stuffed pancake
Palme palm [pɑ:m] [tree] ▸ IN WENDUNGEN: **so etwas bringt mich wirklich auf die Palme!** (*umgangsspr*) things like that really drive me mad!
panieren coat with breadcrumbs *plural* **Paniermehl** breadcrumbs *plural*
Panik panic; **in Panik geraten** get into a panic **panisch** panic-stricken; **eine panische Angst vor etwas haben** be terrified of something
Panne 1 breakdown; (*Reifenpanne*) puncture; **er hatte eine Panne** his car broke down; (*eine Reifenpanne*) he had a puncture 2 (*umgangsspr: Schnitzer*) blunder ⒼⒷ, goof ⓊⓈⒶ
Panther, Panter panther
Pantoffel slipper ▸ IN WENDUNGEN: **unterm Pantoffel stehen** *Mann:* be henpecked **Pantoffelheld** (*umgangsspr*) henpecked husband
pan(t)schen adulterate [ə'dʌltəreɪt] *Wein, Whisky*
Panzer 1 tank 2 *einer Schildkröte:* shell
Papa (*umgangsspr*) dad; (*als Anrede*) Dad, daddy
Papagei parrot
Papi (*umgangsspr*) daddy
Papier 1 (*auch Schriftstück*) paper ['peɪpəʳ]; **ein Blatt Papier** a sheet of paper 2 (*Wertpapier*) security, bond 3 **Papiere**

(*Ausweise*) [identity] papers; (*Dokumente*) documents **Papierkorb** wastepaper [ˌweɪst'peɪpəʳ] basket GB, wastebasket USA
Pappbecher paper cup
Pappe cardboard
Pappel poplar
pappig sticky
Pappkarton cardboard box
Pappteller paper plate
Paprika 1 (*Gewürz*) paprika 2 (*Gemüse*) **eine rote/grüne Paprika** a red/green pepper
Papst pope; (*übertragen*) high priest **päpstlich** papal
Paradeiser A tomato
Paradies (*auch übertragen*) paradise ['pærədaɪs]
paradox paradoxical [ˌpærə'dɒksɪkᵊl]
Paragraph, Paragraf paragraph; *eines Gesetzes:* section
parallel (*auch übertragen*) parallel (**zu** to) **Parallele** (*auch übertragen*) parallel (**zu** to)
Paranuss Brazil nut
parat ready ['redi]; **etwas parat haben/halten** have/keep something ready
Parfum, Parfüm perfume, scent [sent] **Parfümerie** perfumery [pə'fjuːməri] **parfümieren** 1 perfume ['pɜːfjuːm], scent [sent] 2 **sich parfümieren** put perfume on
Pariser Parisian [pə'rɪziən] **Pariserin** Parisienne
Park park
Parka parka
Parkbank park bench
parken 1 park 2 **Parken verboten!** No Parking!
Parkett 1 parquet ['pɑːkeɪ] [flooring] 2 (*im Theater*) stalls GB, parquet USA **Parkhaus** multistor[e]y car park
parkieren CH park **Parkplatz** car park GB, parking lot USA **Parkuhr** parking meter **Parkverbot** parking ban
Parlament parliament ['pɑːləmənt] **Parlamentsmitglied** member of parliament
Parmesan parmesan [cheese]
Partei 1 party; **die Partei wechseln** change parties ⚠ *plural* 2 (*Mieter*) tenant 3 **für jemanden Partei ergreifen** take someone's side **Parteitag** party convention [*oder* conference]
Parterre 1 ground floor GB, first floor USA 2 (*im Theater*) pit GB, parterre USA
Partizip participle [pɑː'tɪsɪpl]; **Partizip Präsens/Perfekt** present/past participle
Partner(in) partner **Partnerschaft** partnership
Party-Service party catering service
Pass 1 passport 2 (*Gebirgspass*) pass 3 (*beim Fußball*) pass
Passage (*Einkaufspassage*) arcade
Passagier passenger ['pæsᵊndʒəʳ]; **blinder Passagier** stowaway
Passant(in) passer-by
Passbild passport photo[graph]
passen 1 (*einpassen*) fit (**in** in[to]) 2 *Fußballspieler:* pass 3 (*von der Größe her*) fit; **das Kleid passt wie angegossen** the dress fits like a glove [glʌv] 4 **zu etwas passen** go with something; **diese Farben passen nicht gut zueinander** these colours don't go together well; **zu jemandem passen** be suited ['suːtɪd] to someone; **sie passen gut zueinander** they are well suited to each other 5 (*angenehm sein*) suit; **wann passt es Ihnen?** what time would suit you? 6 (*beim Quiz, Kartenspiel*) pass **passend** 1 *Größe:* fitting 2 *Farbe, Stil:* matching; **dazu passende Schuhe** shoes to match 3 ([*an*]*genehm*) suitable ['suːtəbl] 4 *Bemerkung, Worte:* appropriate [ə'prəʊpriət], fitting 5 **haben Sie es passend?** *Geldbetrag:* have you got the right money?
passieren 1 (*vorbeifahren*) pass 2 (*durch ein Sieb*) strain 3 (*sich ereignen*) happen; **was ist mit ihr passiert?** what happened to her?
Passionsfrucht passion fruit
Passiv passive [voice] **passiv** passive
Passkontrolle passport control
Passwort password
Paste paste
Pastellfarbe pastel
Pastete pie
Pastor (*anglikanisch*) vicar; (*freikirchlich*) minister
Pate godfather ['gɒdfɑːðəʳ] **Patenkind** godchild ['ɒdtʃaɪld]
Patenschaft (*auch übertragen*) sponsorship ['spɒnsəʃɪp]; (*für Täufling*) godparenthood
Patent 1 patent; **ein Patent anmelden** apply for a patent (**auf** on) 2 CH permit ['pɜːmɪt], licence ['laɪsᵊns]
patent 1 (*glänzend*) ingenious [ɪn'dʒiːniəs]

❷ (*praktisch*) handy ❸ (*prima*) great [greɪt]

Patentamt patent office

patentieren patent; [**sich**] **etwas patentieren lassen** take out a patent on something

Patient(in) patient

Patin godmother ['gɒdmʌðəʳ]

Patriarch (*auch übertragen*) patriarch ['peɪtriɑːk]

Patriot(in) patriot

Patrone cartridge

patsch (*beim Schlag*) smack

Patsche (*umgangsspr*) **in der Patsche sitzen** be in a fix; **jemandem aus der Patsche helfen** get someone out of a jam **patschnass** (*umgangsspr*) soaking wet

Patzer (*umgangsspr*) boob (GB), goof (USA)

patzig (*umgangsspr*) snotty

Pauke kettledrum ▸ IN WENDUNGEN: **mit Pauken und Trompeten durchfallen** fail miserably ['mɪzᵊrəbli]; **auf die Pauke hauen** (*umgangsspr*) paint the town red **pauken** ❶ (*umgangsspr: büffeln*) swot; **etwas pauken** swot up on something ❷ drum **Pauker** ❶ drummer ❷ (*umgangsspr: Lehrer*) teacher

pausbäckig chubby-cheeked

pauschal ❶ (*alles inbegriffen*) inclusive ❷ (*einheitlich*) flat-rate; **jemandem etwas pauschal berechnen** charge someone a flat rate for sth

Pause ❶ break [breɪk]; (*kurzes Innehalten*) pause [pɔːz]; (*Unterbrechung*) interval; (*Rast*) rest; **eine Pause machen** (*zur Erholung, Entspannung*) make [*oder* take] a break; (*rasten*) have a rest; (*innehalten*) pause; **die große Pause** (*in der Schule*) break (GB), recess (USA) ❷ (*in der Musik*) rest

pausenlos incessant [ɪn'sesᵊnt], non-stop; **pausenlos arbeiten** work incessantly [*oder* non-stop]

Pavian baboon [bə'buːn]

Pay-TV Pay TV

Pazifik Pacific

PC *Abkürzung von* **Personalcomputer** PC

Pech ❶ (*Material*) pitch ❷ (*umgangsspr: Missgeschick*) bad luck; **vom Pech verfolgt sein** be dogged by bad luck ▸ IN WENDUNGEN: **wie Pech und Schwefel zusammenhalten** be as thick as thieves [θiːvz] **Pechvogel** (*umgangsspr*) unlucky person

Pedal pedal

Pegel ❶ (*Wasserstand*) waterlevel gauge [geɪdʒ] ❷ (*Radio*) level recorder

peilen (*umgangsspr*) **die Lage peilen** see how the land lies; **über den Daumen peilen** guess [*oder* estimate] roughly ['rʌfli]

peinlich ❶ (*unangenehm*) embarrassing [ɪm'bærəsɪŋ]; **es ist mir sehr peinlich, aber ich muss es Ihnen einmal sagen** I don't know how to put it, but you really ought [ɔːt] to know ❷ (*genau, gewissenhaft*) meticulous [mə'tɪkjələs]; **er vermied es peinlichst, zu …** he was at great pains not to …; **er achtet peinlichst auf sein Äußeres** he takes great pains over his appearance

Peitsche whip [wɪp]

Pelikan pelican

Pelle (*umgangsspr*) skin; **jemandem auf die Pelle rücken** badger [*oder* pester] someone **pellen** ❶ (*umgangsspr*) peel, skin ❷ **sich pellen** peel **Pellkartoffeln** boiled jacket potatoes

Pelz ❶ (*gegerbt*) fur ❷ (*ungegerbtes Fell*) hide, skin ▸ IN WENDUNGEN: **jemandem auf den Pelz rücken** (*umgangsspr*) crowd someone

Pendel pendulum **pendeln** ❶ **hin und her pendeln** swing to and fro, oscillate ['ɒsɪleɪt] ❷ *Personen:* commute

pendent (CH) pending

Pendenz (CH) a pending matter

Pendler(in) commuter

penetrant ❶ *Gestank:* penetrating ['penɪtreɪtɪŋ] ❷ (*aufdringlich*) pushing

peng **Peng!** bang

Penis penis ['piːnɪs]

pennen (*umgangsspr*) doss down, kip **Penner(in)** (*abwertend umgangsspr*) ❶ tramp ❷ (*Schlafmütze*) sleepyhead

Pension ❶ (*Ruhegehalt*) pension ['penʃᵊn] ❷ (*Ruhestand*) retirement [rɪ'taɪəmənt]; **in Pension gehen** retire ❸ (*Gästehaus*) guesthouse ['gesthaʊs] **pensionieren** pension off; **sich pensionieren lassen** retire **pensioniert** retired

Pensum workload; **tägliches Pensum** daily quota ['kwəʊtə]

Peperoni chilli (GB), chili (USA)

peppig (*umgangsspr*) lively, upbeat

per ❶ (*bis, am, mittels*) by; **per Post** by post ❷ (*pro*) per ❸ **sie sind per du** [**miteinander**] (*umgangsspr*) they're on first-name

P p

terms [with each other] ④ **per se** per se [ˌpɜːˈseɪ]
Perfekt perfect [tense]
perfekt ① (*vollkommen*) perfect ② (*abgemacht*) settled
Perfektion perfection [pəˈfekʃᵊn]
Pergamentpapier greaseproof paper
Periode ① (*Zeitabschnitt*) period [ˈpɪəriəd] ② (*Menstruation*) period ③ (*Elektrizität*) cycle [ˈsaɪkl] **periodisch** periodic[al]
Perle ① pearl [pɜːl]; (*aus Holz, Glas*) bead ② (*übertragen*) gem [dʒem] ③ *Wasser, Schweiß:* bead ④ (*Luftblase*) bubble **perlen** ① *Flüssigkeit:* sparkle, effervesce [ˌefəˈves] ② (*rinnen*) trickle **Perlenkette** string of pearls **Perlhuhn** guinea [ˈgɪni] fowl **Perlmutt** mother-of pearl
permanent permanent
perplex dumbfounded [ˌdʌmˈfaʊndɪd]
Perser(in) Persian [ˈpɜːʒən]
Persien Persia [ˈpɜːʒə] **persisch** Persian
Person ① (*Mensch*) person [ˈpɜːsən] ② (*Einzelwesen*) individual; **ich für meine Person** I for my part ③ (*im Film*) character ④ (*Grammatik*) person
Personal ① (*die Angestellten*) personnel, staff ② (*Dienerschaft*) servants ⚠ *plural* **Personalausweis** identity card **Personalcomputer** personal computer
Personalpronomen personal pronoun
persönlich ① personal; (*auf Brief*) private ② personally; **nehmen Sie doch nicht immer alles persönlich!** don't always take everything personally! ③ **ich persönlich meine …** I for my part think … ④ **der Kaiser persönlich** the Emperor himself **Persönlichkeit** ① personality ② **eine Persönlichkeit des öffentlichen Lebens** a public figure
Perspektive ① (*optisch*) perspective [pəˈspektɪv] ② (*Aussichten*) prospects ⚠ *plural* ③ (*Gesichtspunkt*) angle
Peru Peru **Peruaner(in)** Peruvian **peruanisch** Peruvian
Perücke wig
pervers perverted [pəˈvɜːtɪd]
Pessimismus pessimism
Pessimist(in) pessimist **pessimistisch** pessimistic; **da bin ich ziemlich pessimistisch** I'm rather pessimistic about it
Pest plague [pleɪg]
Petersilie parsley [ˈpɑːsli]
Petroleum paraffin (GB), kerosene (USA)
petzen (*umgangsspr*) tell tales
Pfad path **Pfadfinder** boy scout **Pfadfinderin** girl guide [gaɪd] (GB), girl scout (USA)
Pfahl (*Zaunpfahl*) stake; (*Pfosten*) post
Pfalz die Pfalz the Palatinate [pəˈlætɪnət]
Pfand ① (*auch übertragen*) pledge ② (*Flaschenpfand*) deposit; **auf dieser Flasche sind 50 Cent Pfand** there's a deposit of 50 cents on this bottle
pfänden ① (*beschlagnahmen*) distrain upon ② **jemanden pfänden** impound someone's possessions; **jemanden pfänden lassen** get the bailiffs onto someone
Pfandflasche returnable bottle
Pfanne ① pan ② (*Dachpfanne*) pantile ▸ IN WENDUNGEN: **jemanden in die Pfanne hauen** do the dirty [ˈdɜːti] on someone (GB), play a mean trick on someone (USA)
Pfannkuchen pancake
Pfarrei ① (*Gemeinde*) parish ② (*Pfarramt*) priest's office **Pfarrer** (*anglikanisch*) vicar; (*von Freikirchen*) minister; (*katholisch*) parish priest
Pfau peacock
Pfeffer pepper ▸ IN WENDUNGEN: **er kann bleiben, wo der Pfeffer wächst!** (*umgangsspr*) he can take a running jump! **Pfefferminze** peppermint
pfeffern ① (*mit Pfeffer würzen*) add pepper [to] ② (*umgangsspr: schmeißen*) hurl
Pfeife ① whistle [ˈwɪsl]; (*Querpfeife*) fife; *einer Orgel:* pipe ② (*Tabakspfeife*) pipe; **Pfeife rauchen** smoke a pipe ③ (*umgangsspr: Versager*) wash-out ④ **nach jemandes Pfeife tanzen** dance to someone's tune
pfeifen ① whistle [ˈwɪsl]; (*als Schiedsrichter*) ref ② *Wind:* howl ▸ IN WENDUNGEN: **ich pfeife darauf!** (*umgangsspr*) I couldn't care [keəʳ] less!
Pfeil ① arrow; **Pfeil und Bogen** bow and arrow ② (*Wurfpfeil*) dart
Pfeiler (*auch übertragen*) pillar
Pfennig penny
Pferd ① horse; **zu Pferde** on horseback ② (*Schachfigur*) knight [naɪt] ▸ IN WENDUNGEN: **keine zehn Pferde bringen mich dahin** wild horses won't drag me there; **man kann mit ihm Pferde stehlen** he's a real sport!; **aufs falsche Pferd setzen** back the wrong [rɒŋ] horse; **er arbeitet wie ein**

Pferd he works like mad **Pferdeschwanz** horse's tail; (*Frisur*) pony-tail **Pferdestall** stable ['steɪbl]

Pfiff ① (*Pfeifen*) whistle ['wɪsl] ② (*Flair*) flair ['fleəʳ]

Pfifferling ① chanterelle [ˌʃɑ̃tə'rel] ② **keinen Pfifferling wert** (*umgangsspr*) not worth a straw

pfiffig cute, sharp

Pfingsten Whitsun ['wɪtsən]

Pfirsich peach

Pflanze plant

pflanzen plant

pflanzlich vegetable ['vedʒtebl] ⚠ *nur vor dem Substantiv*

Pflaster ① (*Straßenpflaster*) pavement ② (*Heftpflaster*) sticking-plaster ▸ IN WENDUNGEN: **ein teures Pflaster** a pricey ['praɪsi] place; **ein heißes Pflaster** a dangerous ['deɪndʒᵊrəs] place **pflastern** pave *Straße;* (*mit Kopfsteinpflaster*) cobble **Pflasterstein** paving stone; (*Kopfstein*) cobble

Pflaume ① plum; (*getrocknet*) prune ② (*umgangsspr*) twat GB *umgangsspr*

Pflege ① care; **jemanden/etwas in Pflege geben** have someone/something looked after ② (*Krankenpflege*) nursing ③ *von Kunst, Garten:* cultivation ④ (*Instandhaltung*) maintenance ['meɪntᵊnəns] **pflegeleicht** *Kleidung:* easy-care; (*übertragen*) easy to handle

pflegen ① care for, look after; tend *Garten;* nurse *Kranke* ② cultivate *Kunst, Beziehungen* ③ (*in Stand halten*) maintain ④ (*gewohnt sein*) be accustomed [ə'kʌstəmd] (**zu** to) ⑤ **sich pflegen** care about one's appearance [ə'pɪərəns]

Pflicht ① duty; **seine Pflicht [gegenüber jemandem] erfüllen** do one's duty [by someone]; **seine Pflicht verletzen/vernachlässigen** fail in/neglect one's duty ② (*im Sport*) compulsory [kəm'pʌlsᵊri] exercises *plural* **pflichtbewusst** conscious ['kɒnʃəs] of one's duties *plural*

Pflichtfach compulsory subject [kəm'pʌlsᵊri] **Pflichtgefühl** sense of duty

pflücken pick *Obst, Blumen*

Pflug plough [plaʊ] GB, plow USA

pflügen (*auch übertragen*) plough [plaʊ] GB, plow USA

Pforte gate

Pförtner(in) porter; (*in Industriebetrieb*) gateman

Pfosten post

Pfote ① paw ② (*slang: Hand*) mitt ▸ IN WENDUNGEN: **jemandem eins auf die Pfoten geben** (*umgangsspr*) rap someone's knuckles; **sich die Pfoten verbrennen** (*umgangsspr*) burn one's fingers ['fɪŋgəz]; **er hat überall seine Pfoten drin** (*umgangsspr*) he's got a finger in every pie

pfui (*Ausdruck des Ekels*) ugh; (*der Empörung*) boo; (*der Missbilligung*) tut! tut!

Pfund ① pound, lbs [paʊndz] ② **Pfund [Sterling]** pound [sterling]

pfuschen (*umgangsspr*) ① (*in der Schule, beim Spiel*) cheat ② (*schlampen*) **bei etwas pfuschen** bungle something ③ **jemandem ins Handwerk pfuschen** (*umgangsspr*) interfere [ˌɪntə'fɪəʳ] with someone

Pfütze puddle

Phänomen phenomenon [fɪ'nɒmɪnən] **phänomenal** phenomenal [fɪ'nɒmɪnəl]

Phantasie imagination; **sie hat Phantasie** she's got imagination **phantasielos** unimaginative, lacking in imagination **phantasieren** fantasize; *bei Krankheit:* be delirious [dɪ'lɪriəs] **phantasievoll** highly imaginative **phantastisch** fantastic **Phantombild** identikit [picture]

Philippinen **die Philippinen** the Philippines ['fɪlɪpiːnz] **Philippiner** Filipino [ˌfɪlɪ'piːnəʊ] **Philippinerin** Filipina [ˌfɪlɪ'piːnə] **philippinisch** Philippine ['fɪlɪpiːn]

Philosoph(in) philosopher [fɪ'lɒsəfəʳ] **Philosophie** philosophy [fɪ'lɒsəfi] **philosophisch** philosophical [ˌfɪlə'sɒfɪkᵊl]

Phosphat phosphate ['fɒsfeɪt]

Phosphor phosphorus ['fɒsfᵊrəs]

Phrase ① phrase [freɪz] ② **eine abgedroschene Phrase** a hackneyed ['hækniːd] phrase

pH-Wert pH-value

Physik physics ['fɪzɪks] *singular* **physikalisch** physical ['fɪzɪkᵊl] **Physiker(in)** physicist ['fɪzɪsɪst]

physisch physical ['fɪzɪkᵊl]

Pianist(in) pianist ['piːənɪst]

Piano piano [pi'ænəʊ]

Pickel[1] der (*Spitzhacke*) pickaxe

Pickel[2] der (*im Gesicht*) spot GB, pimple USA

pickelig spotty, pimply

picken peck (**nach** at)

P p

Picknick picnic; **Picknick machen** have a picnic

! Vorsicht Falle **picnicking** und **picnicked** werden mit **ck** geschrieben.

piepen ❶ *Vögel:* cheep; *Mäuse, Kinder:* squeak [skwiːk] ❷ **bei dir piept's doch!** you must be off your head! *umgangsspr*

Pigment pigment

Pik (*Kartenfarbe*) spades ⚠ *plural;* **Pik-Ass** ace of spades

pikant piquant ['piːkənt], spicy ['spaɪsi]

pikiert (*umgangsspr*) put out (**über** by); **ein pikiertes Gesicht machen** look put out

piksen (*umgangsspr*) prick

Pilger(in) pilgrim

pilgern go on a pilgrimage

Pille ❶ pill; **ich nehme die Pille** I'm on the pill ❷ **eine bittere Pille** a bitter pill

Pilot(in) pilot

Pils pilsner [beer]

Pilz ❶ mushroom; (*Giftpilz*) toadstool ❷ (*biologisch*) fungus **Pilzvergiftung** fungus poisoning ['pɔɪzᵊnɪŋ]

Pinguin penguin ['peŋgwɪn]

Pinie (*Nadelbaum*) pine [tree]

pink bright pink ⚠ *das englische 'pink' bedeutet ‚rosa'*

Pink bright pink

pinkeln (*umgangsspr*) pee

Pinnwand notice board

Pinscher (*Hunderasse*) pinscher

Pinsel brush; (*zum Malen auch*) paint brush **pinseln** (*umgangsspr*) paint

Pinzette tweezers ⚠ *plural,* a pair of tweezers

Pionier pioneer [ˌpaɪə'nɪəʳ]

Pirat pirate

Pisse piss

pissen ❶ (*urinieren*) piss ❷ (*regnen*) piss down

Pistazie pistachio [pɪ'stæʃiəʊ]

Piste ❶ runway; (*Rennpiste*) circuit ['sɜːkɪt] ❷ (*Skipiste*) piste

Pistole pistol

plädieren plead (**auf, für** for)

Plage ❶ (*Seuche*) plague [pleɪg] ❷ (*übertragen*) nuisance ['njuːsəns]; **es ist wirklich eine Plage mit ihm** he's a real nuisance **plagen** ❶ (*quälen*) harass, plague [pleɪg]; (*belästigen*) bother ❷ (*heimsuchen*) haunt [hɔːnt]; **von Zweifeln geplagt werden** be plagued by doubts ❸ **sich plagen** (*sich herumschlagen*) be bothered (**mit** by); (*sich abmühen*) slog away (**mit** at)

Plakat ❶ (*zum Ankleben*) bill, poster; **Plakate ankleben verboten!** bill posters will be prosecuted! ❷ (*zum Aufstellen*) placard

Plakette ❶ (*Ansteckknopf*) badge ❷ (*amtliche Plakette*) plaque [plæk]

Plan ❶ (*Vorhaben*) plan ❷ (*Fahr-, Stundenplan*) schedule ['ʃedjuːl], timetable ❸ (*Stadtplan*) map ❹ (*Grundriss*) plan

Plane ❶ (*wasserdichter Stoff*) tarpaulin [tɑː'pɔːlɪn] ❷ (*Planendach*) awning ['ɔːnɪŋ] ❸ (*LKW-Plane*) hood [hʊd]

planen plan

Planet planet

planieren level *Erdboden*

Planke plank; (*Leitplanke*) crash barrier ['bæriəʳ]

Plankton plankton

planlos ❶ (*ohne System*) unsystematic [ˌʌnsɪstə'mætɪk] ❷ (*ohne Ziel*) random **planmäßig** ❶ (*wie geplant*) according to plan ❷ (*fahrplanmäßig*) on schedule ['ʃedjuːl]

Plantage plantation

Plan(t)schbecken paddling pool

plan(t)schen splash around

Planung planning; [**noch**] **in Planung sein** be [still] being planned

Plappermaul (*umgangsspr*) babbler **plappern** blab

plärren (*umgangsspr*) ❶ (*heulen, weinen*) howl ❷ (*schlecht singen*) screech ❸ *Radio:* blare

Plastik plastic **Plastiktüte** plastic bag; (*Tragetasche*) carrier ['kæriəʳ] bag

Platin platinum

plätschern *Bach, Quelle:* ripple, splash

platt ❶ (*eben, flach*) flat ❷ (*abgeschmackt*) flat; (*gewöhnlich*) dull ❸ (*umgangsspr: überrascht*) flabbergasted ❹ **einen Platten haben** (*umgangsspr*) have a flat [tire]

plattdeutsch Low German

Platte ❶ (*aus Metall, Glas*) sheet; (*Tischplatte*) [table-]top; (*Steinplatte*) flag[stone]; (*aus Holz*) board [bɔːd]; (*Felsenplatte*) ledge, slab ❷ (*Schallplatte*) record, disc (GB), disk (USA) ❸ (*Essen*) dish; (*Servierteller*) platter; **kalte Platte** cold cuts ⚠ *plural* **Platten-**

label record label **Plattenspieler** record player

Plattform ① platform ② (*Basis*) basis ['beɪsɪs]

Platz ① place; **etwas [wieder] an seinen Platz stellen** put something [back] in its place ② (*freier Raum*) room, space; **Platz machen** make room (**für** for); (*aus dem Weg gehen*) get out of the way ③ (*öffentlicher Platz*) square [skweəʳ] ④ (*Sitzplatz*) seat; **Platz nehmen** take a seat; **ist hier noch ein Platz frei?** is there a free seat here?; **dieser Platz ist besetzt** this seat's taken ⑤ (*Spielfeld*) playing field; (*Tennis-, Handballplatz*) court [kɔːt]; (*Fußballplatz*) field [fiːld], pitch ▸ IN WENDUNGEN: **fehl am Platze sein** be out of place; **auf die Plätze, fertig, los!** ready ['redi], steady, go!; **das erste Haus am Platz** the best hotel in town

Plätzchen [Christmas] biscuit GB, cookie ['kʊki] USA

platzen ① (*bersten*) burst [bɜːst] ② (*aufreißen*) split ③ (*umgangsspr: fehlschlagen*) fall through; *Freundschaft:* break up; **die Party ist geplatzt** the party is off; **einen Termin platzen lassen** call off an appointment [ə'pɔɪntmənt] ④ (*umgangsspr*) *Wechsel, Scheck:* bounce ⑤ (*umgangsspr*) **er platzte ins Zimmer** he burst into the room

platzieren ① (*hinstellen, hinsetzen, hinlegen*) put ② (*zielen*) place ③ **sich platzieren** (*im Sport*) be placed; (*umgangsspr: sich stellen, setzen, legen*) plant oneself

Platzregen downpour ['daʊnpɔːʳ]

platzsparend space-saving, saving space

Platzwunde cut, laceration [ˌlæsəʳ'eɪʃən]

Plauderei chat; (*über Nichtssagendes*) small talk

plaudern ① (*plauschen*) chat (**über, von** about) ② (*ausplaudern*) talk

plausibel plausible ['plɔːzɪbl]

Playback (*bei Schallplattenaufnahme*) double-tracking; (*bei Fernsehaufnahme*) miming

Pleite (*umgangsspr*) ① bankruptcy ['bæŋkrəpsi]; **Pleite machen** go bust ② (*übertragen*) flop **pleite** (*umgangsspr*) broke, bust; **pleite gehen** go bankrupt; **ich bin pleite** I'm broke

Plombe ① (*Verplombung*) lead [led] seal ② (*Zahnplombe*) filling **plombieren** ① (*versiegeln*) seal [siːl] ② fill *Zahn*

plötzlich ① *Tot, Entschluss:* sudden ② all of a sudden, suddenly; **plötzlich krachte es** suddenly there was a bang; **es kam alles so plötzlich** it all happened so suddenly

plump ① (*ungeschickt*) awkward ['ɔːkwəd]; (*unbeholfen*) clumsy ② (*taktlos, roh*) crude ③ (*unschön, unansehnlich*) ungainly

Plunder junk

plündern ① loot, plunder ② (*humorvoll*) raid *Kühlschrank*

Plural plural

Plus ① plus ② (*Mehrumsatz*) increase ['ɪnkriːs]; (*Überschuss*) surplus; (*schwarze Zahlen*) credit ③ (*Pluspunkt*) advantage [əd'vɑːntɪdʒ]

plus plus; **wir haben plus 15 Grad** it's 15 degrees plus

Plüschtier soft toy

Plusquamperfekt past perfect, pluperfect

Pneu CH tyre ['taɪəʳ]

Po bum *umgangsspr*, botty *Kindersprache*

pochen ① (*klopfen*) knock (**an** at); (*leicht, leise*) rap ② *Herz:* pound; *Blut, Schläfen:* throb ③ **auf etwas/sein gutes Recht pochen** insist on something/one's rights

Pocke pock; **die Pocken** smallpox

Podest ① (*Rednerbühne*) platform ② (*Sockel*) pedestal

Poesie poetry ['pəʊɪtri]

poetisch poetic [pəʊ'etɪk]

Pointe ① *von Witz:* punch-line ② (*Hauptsache*) [main] point

Pokal ① goblet ② (*im Sport*) cup **Pokalsieger** cupwinner

Poker poker **pokern** ① play poker ② (*feilschen*) haggle (**um** over)

Polarkreis polar circle ['sɜːkl]; **nördlicher/südlicher Polarkreis** Arctic/Antarctic circle

Pole, Polin Pole [pəʊl]

Polen Poland ['pəʊlənd]

polieren polish ['pɒlɪʃ]

Politesse [woman] traffic warden GB; meter maid USA

Politik ① politics ⚠ *singular* ② (*bestimmte Richtung*) policy ③ (*politischer Standpunkt*) politics ⚠ *plural*

Politiker(in) politician [pɒlɪ'tɪʃən]

politisch ① political ② (*diplomatisch, klug*) politic

Polizei police [pə'liːs] ⚠ *plural*

! Vorsicht Falle **police** wird im Plural gebraucht: *the police are coming.*

Polizeibuße CH fine **Polizeihund** police dog
Polizeiposten CH police station **Polizeirevier** 1 (*Wache*) police station GB, station house USA 2 (*Bezirk*) police district GB, precinct ['pri:sɪŋt] USA
Polizist policeman
Polizistin police woman
Polizze A [insurance] policy
Pollen pollen **Pollenflug** pollen count
polnisch Polish ['pəʊlɪʃ]
Polster 1 upholstery 2 (*Wattierung bei Kleidung*) pad[ding] 3 (*Kissen*) cushion ['kʊʃᵊn] **Polstergarnitur** living room suite
poltern 1 (*laut sein*) bang [about] 2 (*rumpeln*) rumble
Polyester polyester
Polyp 1 (*Nesseltier*) polyp 2 (*medizinisch*) **Polypen** adenoids ['ædᵊnɔɪdz] 3 (*slang: Polizist*) cop
Pommes frites chips GB, French fries USA
Pony pony
Popo bum *umgangsspr*, botty *Kindersprache*
populär popular ['pɒpjələʳ] (**bei** with)
Pore pore [pɔ:ʳ]
Porno porn; **harter Porno** hardcore [porn] **Pornofilm** blue film **Pornografie**, **Pornographie** pornography [pɔ:'nɒgrəfi]
porös 1 (*mit Poren*) porous ['pɔ:rəs] 2 (*brüchig*) perished
Portal portal
Portemonnee, **Portemonnaie** purse
Portier porter
Portion 1 (*beim Essen*) portion ['pɔ:ʃᵊn]; **eine Portion Kaffee** a pot of coffee 2 (*umgangsspr: Anteil*) amount ▸ IN WENDUNGEN: **eine halbe Portion** (*Schwächling*) a half-pint
Porto postage ['pəʊstɪdʒ] (**für** on) **portofrei** postage paid, post free
Portrait portrait ['pɔ:treɪt]
Portugal Portugal **Portugiese**, **-in** Portuguese **portugiesisch** Portuguese
Portwein port [wine]
Porzellan china ['tʃaɪnə]; (*dünnes Porzellan*) porcelain ['pɔ:sᵊlɪn]
Posaune trombone [trɒm'bəʊn]
Pose pose
Position position [pə'zɪʃᵊn]; (*auf einer Liste*) item
positiv positive
Positiv positive
possierlich comical, funny
Post 1 mail, post [pəʊst]; **auf die Post warten** be waiting for the mail to come; **ist die Post schon da?** has the mail [*oder* post] come yet?; **du hast Post** you've got mail; **seine Post lesen** go through one's mail 2 (*Postgebäude*) post office; **zur Post gehen** go to the post office 3 **etwas auf** [*oder* **in**] **die Post geben** post [*oder* mail] something; **jemandem etwas mit der Post schicken** post [*oder* mail] something to somebody; **mit getrennter Post** under separate cover **Postamt** post office **Postbeamte(r)**, **Postbeamtin** post office official **Postbote**, **-botin** postman/postwoman ['pəʊstmən, 'pəʊstˌwʊmən] GB, mailman/mailwoman USA
Posten 1 (*Anstellung*) job, position; **einen Posten neu besetzen** fill a vacancy 2 (*Streikposten*) picket 3 (*Wachtposten*) guard [gɑ:d], sentry ▸ IN WENDUNGEN: **auf verlorenem Posten stehen** be fighting a lost cause; **ich bin heute noch nicht ganz auf dem Posten** I'm not feeling quite up to par today
Postfach post-office box, PO box
Postkarte postcard GB, postal card USA **Postkasten** letterbox GB, pillarbox GB, mailbox USA **postlagernd** 1 to be called for *nachgestellt* 2 **etwas postlagernd schicken** send something poste restante [ˌpəʊst'restɑ:nt] **Postleitzahl** post code GB, zip code USA **Poststempel** postmark
Potenz 1 (*des Mannes*) potency ['pəʊtᵊnsi] 2 *einer Zahl:* power [paʊəʳ]; **zweite/dritte Potenz** square/cube **potenzieren** (*in der Mathematik*) **6 potenziert mit 3** 6 [raised] to the power of 3, cube 6; **6 potenziert mit 4/5** 6 [raised] to the power of 4/5
Pott pot
Poulet CH chicken
Powidl A (*Pflaumenmus*) plum jam
Pracht splendour; **in seiner ganzen Pracht** in all its splendour **Prachtexemplar** [real] beauty
prächtig 1 (*auch als Ausruf*) splendid 2 **wie verstehen uns prächtig** we got on like a house on fire *umgangsspr* **Prachtstück** [real] beauty
Prädikat predicate ['predɪkət]

Präfix prefix ['pri:fɪks]
Prag Prague [prɑ:g]
prägen ① stamp (**auf** on) ② mint *Münze*, coin *Wendung* ③ (*übertragen: formen*) shape *Charakter* ④ (*übertragen: Einfluss haben*) have deep influence on ⑤ (*übertragen: kennzeichnen*) characterize *Landschaft, Stadtbild*
prahlen [**vor jemandem mit etwas**] **prahlen** show off [something to someone] **Prahler(in)** boaster **prahlerisch** boastful, bragging
Praktikant(in) trainee [ˌtreɪ'ni:]
Praktikum work placement, internship (USA); **ein Praktikum machen** do a work placement
praktisch ① *Erfahrung, Rat:* practical; (*nützlich*) handy ② *Beispiel:* concrete ③ **praktischer Arzt** general practitioner, GP ④ **praktisch veranlagt** practically minded ⑤ (*fast, so gut wie*) virtually; **praktisch nie** hardly ever; **ich bin praktisch fertig** I'm as good as ready
Praline chocolate (GB), chocolate candy (USA)
prall ① (*üppig*) *Hüften, Po:* well-rounded; *Brüste:* full; *Arme, Schenkel:* strong ② (*fest*) *Tomaten:* firm ③ *Sonne:* blazing ④ **prall gefüllt mit** bulging [*oder* bursting] with
prallen ① *Ball:* bounce (**gegen** against) ② (*zusammenstoßen*) *Auto:* collide (**gegen** with) ③ *Sonne:* blaze down (**auf** on)
Prämie ① (*Preis*) award, prize ② (*Belohnung*) bonus; (*für Mitgliedswerbung*) reward ③ (*Versicherungsprämie*) premium ['pri:miəm] **prämieren** give an award; **prämiert werden** *Buch, Film:* be given an award
Pranke *von Tier:* paw
Präparat ① (*Substanz*) preparation ② (*für Mikroskop*) slide
Präposition preposition [ˌprepə'zɪʃən]
Prärie prairie ['preəri]
Präsens present ['prezənt] [tense]
Präsenzdiener Ⓐ (*Soldat im Grundwehrdienst*) military service recruit
Präsenzdienst Ⓐ (*Grundwehrdienst*) military service
Präser johnny
Präservativ condom ⚠ *das englische Wort ‚preservative' bedeutet Konservierungsstoff*
Präsident(in) ① *eines Staates:* president ['prezɪdənt]; **Herr Präsident/Frau Präsidentin** Mister President/Madam President ② (*Vorsitzender/Vorsitzende*) chairman/chairwoman ['tʃeəmən, 'tʃeəˌwʊmən]; (*neutral*) chairperson
Präsidium (*Hauptquartier*) headquarters *singular oder plural*
prasseln *Regen:* drum
prassen live it up
Präteritum preterite
Praxis ① **in der Praxis** in practice ['præktɪs]; **etwas in die Praxis umsetzen** put something into practice ② *eines Arztes oder Rechtsanwalts:* practice ③ (*Sprechzimmer eines Arztes*) surgery (GB), doctor's office (USA) ④ (*Sprechzimmer eines Rechtsanwalts*) office
präzis(e) precise [prɪ'saɪs] **Präzision** precision [prɪ'sɪʒən]
predigen ① (*in Kirche*) preach ② **jemandem etwas predigen** (*umgangsspr*) lecture somebody on something **Predigt** sermon ['sɜ:mən]; [**jemandem**] **eine Predigt halten** give somebody a sermon (**über** on, about)
Preis ① (*Kaufpreis*) price (**für** of); **zum halben Preis** at half-price; **zum Preis von ...** at a price of ... ② (*bei Wettbewerb*) prize [praɪz]; (*Auszeichnung*) award ③ (*Belohnung*) reward ▸ IN WENDUNGEN: **um jeden Preis/um keinen Preis** at any price/not at any price
Preisausschreiben competition
Preiselbeere cranberry
Preisempfehlung unverbindliche Preisempfehlung recommended price
preisen praise [preɪz]
Preiserhöhung price increase
Preisfrage ① (*Frage des Preises*) question of price ② (*Quizfrage*) prize question
Preisliste price list **Preisnachlass** price reduction **Preisschild** price-tag **preiswert** ① inexpensive, good value [for money] ② **preiswert einkaufen** get value for money, get one's money's worth; **hier kann man preiswert übernachten** they have rooms [*oder* accommodation] at reasonable prices
prellen ① (*im Ballsport*) bounce [baʊns] ② (*betrügen*) **jemanden um etwas prellen** cheat [*oder* swindle] somebody out of something; **die Zeche prellen** go [*oder* run] off without paying
Prellung bruise [bru:z]

Premiere première ['premieəʳ], opening night
Premierminister(in) prime minister
Presse press **Presseagentur** press [*oder* news] agency **Pressefreiheit** freedom of the press **Pressekonferenz** press conference **Pressemeldung** press report
pressen ❶ press, squeeze ❷ (*zwängen*) force (**in** into) ❸ press *CD*
pressieren (CH), (A) **es pressiert** it's urgent; **mir pressiert's** I'm in a hurry **Pressluftbohrer** pneumatic [nju:i'mætɪk] drill **Presslufthammer** pneumatic [nju:i'mætɪk] hammer
Preuße, Preußin Prussian ['prʌʃᵊn] **Preußen** Prussia ['prʌʃə] **preußisch** Prussian ['prʌʃᵊn]
prickeln (*kribbeln*) tingle **prickelnd** ❶ *Gefühl:* tingling ❷ *Humor:* piquant ['pi:kənt] ❸ (*erregend*) thrilling ❹ *Sekt:* bubbly
Priester priest **Priesterin** priestess
prima ❶ (*erstklassig*) first-class ❷ (*toll*) fantastic, great, swell (USA)
Primaarzt, -ärztin (A) (*leitender Arzt*) [senior] consultant, medical director (USA)
Primarius, Primaria (A) (*Chefarzt*) [senior] consultant, medical director (USA)
Primarschule (CH) primary school (GB), elementary school (USA)
primitiv primitive ['prɪmɪtɪv]
Prinz prince; **Prinz Charles** Prince Charles **Prinzessin** princess [prɪn'ses]; **Prinzessin Anne** Princess Anne
Prinzip ❶ principle ['prɪnsəpl] ❷ **im Prinzip** in principle; **aus Prinzip** as a matter of principle, on principle
Prise eine Prise Salz a pinch of salt
privat ❶ private ['praɪvət] ❷ **privat versichert sein** be privately insured
Privatangelegenheit private ['praɪvət] matter; **das ist meine Privatangelegenheit** that's my business **Privatdetektiv(in)** private detective [dɪ'tektɪv], private eye *umgangsspr* **Privatgrundstück** private property **Privatleben** private life **Privatpatient(in)** private patient **Privatschule** private school
Privileg privilege ['prɪvᵊlɪdʒ]
Pro das Pro und Kontra the pros and cons ⚠ *plural*
pro per; **pro Jahr** a year; (*formeller*) per annum; **pro Kopf** [*oder* **Person**] per capita, per person; **drei Euro pro Stück** three euros each
Probe ❶ (*Prüfung, Versuch*) test; **eine Probe machen** do a test; **die Probe bestehen** pass the test; **jemanden auf die Probe stellen** put someone to the test ❷ (*Beispiel, Kostprobe, Warenprobe*) sample ❸ (*Theaterprobe*) rehearsal [rɪ'hɜ:sᵊl] ▸ IN WENDUNGEN: **die Probe aufs Exempel machen** put it to the test **Probefahrt** test drive; **eine Probefahrt machen** do a test drive [*oder* run]
proben rehearse [rɪ'hɜ:s]
Probezeit probationary period
probieren ❶ try *auch Essen* ❷ **probier's noch mal** try again, have another go [*oder* try]; **ich probier's noch mal** I'll try again
Problem problem ['prɒbləm]; **kein Problem!** no problem! **problematisch** problematic, difficult
problemlos ❶ *Sache:* unproblematic ❷ **problemlos ablaufen** run smoothly
Produkt product ['prɒdʌkt]
Produktion production [prə'dʌkʃᵊn]
produktiv productive [prə'dʌktɪv]
Produzent(in) producer [prə'dju:səʳ]
professionell professional [prə'feʃᵊnᵊl]
Professor(in) professor [prə'fesəʳ]
Profi ❶ (*Experte*) pro *umgangsspr* ❷ (*im Sport*) professional [cyclist/swimmer]
Profil ❶ *vom Gesicht:* profile ['prəʊfaɪl] ❷ *von Reifen, Schuhsohle:* tread
Profit profit ['prɒfɪt]; **Profit machen** make a profit; **Profit aus etwas schlagen** profit from something; **Profit bringend** profitable **profitieren** profit ['prɒfɪt] (**von** from, by)
Prognose ❶ (*in Medizin, Wirtschaft*) prognosis [prɒg'nəʊsɪs] ❷ (*Wettervorhersage*) forecast
Programm ❶ programme ['prəʊgræm] (GB), program (USA) ❷ (*Computerprogramm*) program ❸ (*Theaterveranstaltungen*) bill ❹ (*Sendekanal*) channel; **was kommt im anderen Programm?** what's on the other channel? ❺ (*Programmheft*) program[me] guide ❻ (*Tagesordnung*) agenda ❼ **was steht für heute auf dem Programm?** (*Pläne haben*) what's the program[me] for today?; (*Tagesordnung*) what's on today's agenda?

programmieren (*Computer*) program ['prəʊgræm] **Programmierer(in)** programmer ['prəʊgræməʳ]
Projekt project ['prɒdʒekt]
Projektor projector [prə'dʒektəʳ]
Prolet prole [prəʊl] *umgangsspr*
Promenadenmischung (*humorvoll*) mongrel
Promille ❶ (*Tausendstel*) thousandth ❷ (*Blutalkohol*) alcohol level; **er hatte 2,6 Promille** he had an alcohol level of 260 millilitres
Prominente(r) ❶ (*in Politik etc.*) prominent figure, VIP [ˌviːaɪ'piː] ❷ (*im Showbusiness*) celebrity
prompt ❶ *Antwort:* prompt ❷ **prompt antworten** reply promptly
Pronomen pronoun ['prəʊnaʊn]
Propaganda ❶ (*politisch*) propaganda [ˌprɒpə'gændə] ❷ (*Werbung*) publicity
Propeller propeller [prə'pelə]
Prophet(in) prophet ['prɒfɪt]
Proporz Ⓒⓗ, Ⓐ proportional representation ⚠ *kein Artikel*
Prosa prose [prəʊz]
pros(i)t cheers!, here's to you [*oder* your health]!; **Prosit Neujahr!** here's to the New Year!
Prospekt ❶ (*Werbeprospekt*) brochure ['brəʊʃəʳ] ❷ (*einzelner Zettel*) leaflet
Prostituierte prostitute ['prɒstɪtjuːɪt] **Prostitution** prostitution [ˌprɒstɪ'tjuːʃᵊn]
Protest protest ['prəʊtest]; **aus Protest** in protest; **gegen etwas Protest einlegen** make a protest against something
Protestant(in) Protestant ['prɒtɪstᵊnt]
protestieren protest [prəʊ'test] (**gegen** against)
Prothese ❶ (*künstliches Gliedmaß*) prosthesis ['prɒsθəsɪs], artificial limb ❷ (*Zahnprothese*) dentures ⚠ *plural,* false teeth *umgangsspr*
Protokoll ❶ (*Niederschrift*) record ❷ (*Sitzungsprotokoll*) minutes ['mɪnɪts] ⚠ *plural;* **wer schreibt Protokoll?** who's taking the minutes? ❸ (*Polizeiprotokoll*) **etwas zu Protokoll geben** make a statement
protzen show off; **vor jemandem mit etwas protzen** show something off to someone **protzig** showy, swanky *umgangsspr*
Proviant provisions ⚠ *plural*
Provinz ❶ (*Teil eines Landes*) province ['prɒvɪns] ❷ (*kulturell zweitrangige Gebiete*) **die Provinz** the provinces *plural;* **das ist ja die finsterste Provinz hier** we're out in the sticks here *umgangsspr*
Provinzler(in) provincial [prə'vɪnʃᵊl]
Provision *von Verkäufer, Makler:* commission ⚠ *das englische Wort ‚provision' bedeutet Vorkehrung, Bereitstellung!*
provisorisch provisional [prə'vɪʒᵊnᵊl], temporary
Provokation provocation [ˌprɒvə'keɪʃᵊn] **provozieren** provoke [prə'vəʊk]
Prozent ❶ (*in Mathematik*) per cent [pə'sent]; **wie viel Prozent?** what percentage?; **zehn Prozent** ten per cent ❷ (*Preisnachlass*) **ich bekomme hier Prozente** I get a discount here; **zehn Prozent bekommen** get a ten percent discount ❸ (*Alkoholgehalt*) alcohol content; **wie viel Prozent hat dieser Weinbrand?** how much alcohol does this brandy have?
Prozess ❶ (*Gerichtsverfahren*) trial; (*Rechtsfall*) case; **er hat seinen Prozess gewonnen/verloren** he won/lost his case; **einen Prozess gegen jemanden führen** take legal action against somebody ❷ (*Vorgang, Verfahren*) process ['prəʊses] ▸ IN WENDUNGEN: **mit jemandem/etwas kurzen Prozess machen** make short work of someone/something
Prozession procession [prə'seʃᵊn]
Prozessor processor
prüde ❶ prudish ['pruːdɪʃ] ❷ **sei doch nicht so prüde** don't be such a prude
prüfen ❶ (*Kenntnisse abfragen*) examine [ɪg'zæmɪn] ❷ (*proben, ausprobieren*) test ❸ (*besichtigen, mustern*) inspect ❹ (*nachprüfen, überprüfen*) check *Ölstand etc.* (**auf** for); **prüfen, ob ...** check to see if ... ❺ audit *Bilanz, Bücher* ❻ (*erwägen, betrachten*) consider *Angebot, Vorschlag*
Prüfung ❶ (*Examen*) exam [ɪg'zæm], examination; **eine Prüfung bestehen/machen** pass/take an exam[ination] ❷ (*Musterung*) inspection [ɪn'spekʃᵊn] ❸ (*Nachprüfung, Überprüfung*) check[ing] ❹ (*Wirtschaftsprüfung*) audit ❺ (*Erwägung, Betrachtung*) consideration
Prügel eine Tracht Prügel [**bekommen**] [get] a thrashing **Prügelei** brawl, fight **prügeln** ❶ beat *Mensch, Tier* ❷ **sich** [**mit jemandem**] **prügeln** fight [somebody] (**um** for)

Prunk splendour **Prunkstück** showpiece ['ʃəʊpi:s]
prusten snort; **vor Lachen prusten** snort with laughter ['lɑ:ftəʳ]
PS¹ die *Abkürzung von* **Pferdestärke** hp, horse power
PS² das (*am Briefende*) *Abkürzung von* **Postskript** PS, postscript
Psychiater(in) psychiatrist [ˌsaɪ'kaɪətrɪst], shrink *umgangssprachlich* **psychiatrisch** psychiatric [ˌsaɪki'ætrɪk]
psychisch ① (*psychologisch*) psychological [ˌsaɪkᵊ'lɒdʒɪkᵊl] ② (*übersinnlich*) *Erscheinung, Phänomen:* psychic ['saɪkɪk]
Psychoanalyse psychoanalysis [ˌsaɪkəʊə'næləsɪs] **Psychoanalytiker(in)** psychoanalyst [ˌsaɪkəʊ'ænᵊlɪst] **Psychologe, Psychologin** psychologist [saɪ'kɒlədʒɪst] **psychologisch** psychological [ˌsaɪkᵊ'lɒdʒɪkᵊl] **Psychopath(in)** psychopath ['saɪkəpæθ] **Psychoterror** psychological blackmail; **Psychoterror machen** psychologically blackmail somebody
Psychotherapeut(in) psychotherapist [ˌsaɪkə'θerəpɪst]
Pubertät puberty ['pju:bəti]; **in die Pubertät kommen** reach puberty; **sie ist mitten in der Pubertät** she is going through her adolescence
Publikum ① (*Zuhörerschaft, Zuschauer*) audience ['ɔ:diəns] ② (*im Sport*) spectators ⚠ *plural*
Pudding blancmange [blə'mɒnʒ]; (*zum kalt Anrühren*) instant whip
Pudel poodle ▸IN WENDUNGEN: **was stehst du da wie ein begossener Pudel?** why are you looking so sheepish?
pudelwohl sich pudelwohl fühlen feel on top of the world
Puder powder ['paʊdəʳ] **pudern** powder ['paʊdəʳ]; **sich die Nase pudern** powder one's nose
Puderzucker icing sugar
Puff¹ der ① (*Stoß*) thump ② (*vertraulicher Stoß in die Seite*) nudge
Puff² der (*slang: Bordell*) brothel
Pulli, Pullover jersey, jumper (GB), pullover ['pʊləʊvəʳ], sweater
Puls pulse [pʌls]; **hoher/niedriger Puls** high/low pulse rate; **jemandem den Puls fühlen** feel someone's pulse **Pulsader** artery
Pult desk
Pulver ① powder ['paʊdəʳ] ② (*Schießpulver*) gunpowder
pulverig powdery ['paʊdᵊri]
Pulverkaffee instant coffee
Pulverschnee powder snow
pummelig chubby
Pump etwas auf Pump kaufen buy something on tick *umgangssprachlich*
Pumpe ① (*Wasserpumpe*) pump [pʌmp] ② (*Herz*) ticker *umgangssprachlich* **pumpen** ① pump [pʌmp] *Wasser etc.* ② **jemandem Geld pumpen** lend somebody money; **kann ich mir 10 Euro von dir pumpen?** can I borrow 10 euros off you?
Punker(in) punk
Punkt ① (*zur Bewertung, auch im Sport*) point; **einen Punkt machen** win a point; **Sieger nach Punkten** (*im Sport*) winner on points; (*beim Kartenspiel*) pip ② (*Satzzeichen*) full stop (GB), period ['pɪəriəd] (USA); (*i-Punkt*) dot ③ (*Ort, Zeitpunkt*) point, spot; **an diesem Punkt** at this point ④ (*bei Bericht, Diskussion, Liste*) item, point; **Punkt für Punkt** point by point; **ein strittiger Punkt** a disputed point ⑤ **der springende Punkt** the crucial point ⑥ **bis zu einem gewissen Punkt** up to a certain point ⑦ **Punkt 10 Uhr** at ten sharp ⑧ **nun mach aber mal einen Punkt!** come off it! *umgangssprachlich*
Pünktchen little dot
pünktlich ① *Person:* punctual ② **pünktlich sein** be on time; **nicht pünktlich sein** be late; **pünktlich ankommen** arrive on time
Punktzahl score
Punsch punch [pʌnʃ]
Pupille pupil ['pju:pᵊl]
Puppe ① (*Kinderspielzeug*) doll; (*Marionette*) puppet ['pʌpɪt] ② (*Schaufensterpuppe*) dummy ③ (*Insektenlarve*) pupa ['pju:pə] ④ (*Mädchen*) doll *umgangssprachlich*
pur ① (*rein*) pure [pjʊəʳ] ② (*völlig*) sheer; **purer Unsinn** utter nonsense; **purer Zufall** sheer coincidence
Püree puree ['pjʊəreɪ]
Purpur purple ['pɜ:pl̩] **purpurn, purpurrot** crimson
Purzelbaum somersault; **einen Purzelbaum machen** do a somersault
purzeln tumble (**über** over)

Puste breath; **außer Puste sein** be out of breath
Pustel ❶ (*Pickel*) pimple ❷ (*eitrige Beule*) pustule ['pʌstjuːl]
pusten blow, puff
Pute(r) turkey
Putsch coup d'état [ˌkuːdeɪ'tɑː], revolt **putschen** revolt, organize a coup d'état [ˌkuːdeɪ'tɑː]
Putz (*Verputz*) plaster; (*Rauputz*) roughcast ['rʌfkɑːst] ▶ IN WENDUNGEN: **auf den Putz hauen** (*groß feiern*) have a rave-up; (*prahlen*) show off; (*Krach schlagen*) kick up a fuss
putzen ❶ (*reinigen*) clean; (*abwischen*) wipe; **putzen gehen** work as a cleaner; **ich putze gerade** I'm doing the cleaning ❷ blow, wipe *Nase;* **sich die Nase putzen** blow one's nose ❸ brush *Zähne;* **sich die Zähne putzen** brush one's teeth ❹ polish (GB), shine (USA) *Schuhe* ❺ **sich putzen** *Katze:* clean itself
Putzfrau cleaning lady (GB), cleaner, scrubwoman (USA)
putzig ❶ (*merkwürdig*) funny ❷ (*süß, niedlich*) cute
Putzlappen, **Putzlumpen** [polishing] cloth
Putzmittel cleanser
Puzzle jigsaw ['dʒɪgsɔː] puzzle; **ein Puzzle machen** do a jigsaw [puzzle]
Pyjama pyjamas [pɪ'dʒɑːməz] ⚠ *plural* (GB), pajamas ⚠ *plural* (USA); **wo ist mein Pyjama?** where are my pyjamas?
Pyramide pyramid ['pɪrəmɪd]

Qq

Quadrat square **quadratisch** ❶ (*Gleichung*) quadratic [kwɒd'rætɪk] ❷ (*quadratförmig*) square **Quadratkilometer** square kilometre (GB), square kilometer (USA) **Quadratmeter** square metre (GB), square meter (USA) **Quadratzentimeter** square centimetre (GB), square centimeter (USA)
quaken ❶ *Ente:* quack; *Frosch:* croak ❷ *Mensch:* squawk
quäken screech
Qual ❶ (*körperlich*) pain ❷ (*seelisch*) anguish
quälen ❶ (*peinigen*) torment [tɔː'ment]; torture ['tɔːtʃəʳ] ❷ (*jemandem zusetzen*) pester ❸ **sich quälen** (*sich abmühen*) struggle (**mit** with); (*seelisch*) torture oneself (**mit** over)
quälend *Erinnerung:* tormenting; *Schmerz:* excruciating [ɪk'skruːʃieɪtɪŋ]; *Ungewissheit, Zweifel:* agonizing
Quälerei ❶ (*körperlich*) torture ['tɔːtʃəʳ] ❷ (*seelisch*) torment ['tɔːment] ❸ (*Mühsal*) struggle
Qualifikation qualification [ˌkwɒlɪfɪ'keɪʃᵊn]; (*Abschluss, Kompetenz*) qualifications ⚠ *plural;* **um die Qualifikation für die WM spielen** play to qualify for the World Cup
qualifizieren (*auch im Sport*) qualify ['kwɒlɪfaɪ] (**für** for)
Qualität ❶ (*Güte*) quality ['kwɒləti]; **hervorragende Qualität** excellent [*oder* top] quality; **schlechte Qualität** poor quality ❷ (*gute Seiten*) **er hat auch seine Qualitäten** he does have his good points
Qualle jellyfish
Qualm dense smoke **qualmen** ❶ (*Zigaretten rauchen*) puff away *umgangsspr;* **er qualmt mal wieder eine** he's having another fag *umgangsspr* ❷ *Motor, Ofen, Schornstein:* give off smoke **qualmig** smoky
qualvoll agonizing, painful
Quarantäne quarantine ['kwɒrᵊntiːn]; **unter Quarantäne stellen** put in quarantine; **in Quarantäne kommen** be put into quarantine
Quark ❶ soft curd cheese ❷ (*Quatsch*) rubbish *umgangsspr*
Quartal quarter ['kwɔːtəʳ]
Quartett quartet[te]
Quartier ❶ (*Unterkunft*) accommodation ❷ (*beim Militär*) billet, quarters ['kwɔːtəz] ⚠ *plural;* **Quartier beziehen** take up [one's] quarters ❸ (CH) (*Stadtteil*) district, quarter
Quarz quartz [kwɔːts]
quasseln blether *umgangsspr;* **hör auf zu quasseln!** stop blethering!
Quasselstrippe blether *umgangsspr,* chatterbox *umgangsspr*
Quaste *von Pinsel:* brush
Quatsch ❶ (*Unsinn, dummes Geschwätz*) rubbish *umgangsspr,* twaddle *umgangsspr;*

so ein Quatsch! what a load of rubbish!; **red keinen Quatsch!** stop talking such rubbish! (2) (*Unüberlegtheiten, Dummheiten*) nonsense; **lass den Quatsch!** stop that nonsense!, stop it!; **mach keinen Quatsch!** don't be silly!

quatschen (1) **Blödsinn quatschen** talk twaddle *umgangsspr* (2) (*dumm daherreden*) gab *umgangsspr* (3) (*plaudern, quasseln*) blether *umgangsspr*, have a blether (4) (*sich unterhalten*) have a chat (**über** about) (5) (*slang: etwas ausplaudern*) blab; **hast du wieder mal gequatscht?** have you been blabbing again?

Quatschkopf (1) (*Schwätzer*) bletherer *umgangsspr*, windbag *umgangsspr* (2) (*Blödmann*) fool

Quecksilber mercury, quicksilver ['kwɪkˌsɪlvəʳ]

Quelle (1) *eines Flusses:* spring (2) (*Ölquelle*) well (3) (*Ursprung*) source [sɔːs] ▶ IN WENDUNGEN: **an der Quelle sitzen** have direct access

quellen (1) (*herausquellen*) *Wasser:* well up (2) (*aufquellen*) *Hülsenfrüchte:* swell [up]

quengelig whining; **quengelig sein** whine

quengeln whine

quer crossways, crosswise; **kreuz und quer** [**durchs Land**] all over [the country] ▶ IN WENDUNGEN: **sich quer stellen** be awkward

Quere ▶ IN WENDUNGEN: **jemandem in die Quere kommen** get in someone's way

Querflöte flute

Querschnitt cross-section

querschnitt(s)gelähmt (1) (*vor Substantiv*) paraplegic [ˌpærə'pliːdʒɪk] (2) (*nachgestellt*) paralysed ['pærəlaɪzd] below the waist

Querstraße side street, turning; **bei der zweiten Querstraße** at the second turning; **zwei Querstraßen entfernt wohnen** live two blocks from here; **Queensborough Terrace ist eine Querstraße zur Bayswater Road** Queensborough Terrace runs at right angles to Bayswater Road

quetschen (1) (*drücken*) squeeze (2) (*zerquetschen*) crush, squash (3) (*einklemmen*) crush; **sich den Finger quetschen** squash one's finger (4) (*sich klemmen*) **sich quetschen** be crushed (5) (*sich zwängen*) **sich in etwas quetschen** squeeze into something

quieken *Maus:* squeak; *Schwein:* squeal

quietschen (1) (*knarren*) creak, squeak (2) *Mensch, Reifen:* squeal

Quintett quintet[te]

Quirl (*Küchengerät*) beater, whisk

quirlig lively

quitt **jetzt sind wir quitt** now we're even [*oder* quits]

quittieren (1) (*bescheinigen*) give a receipt [rɪ'siːt] for *Empfang, Sendung* (2) (*kündigen*) quit *Dienst*

Quittung (1) (*Beleg*) receipt [rɪ'siːt]; **eine Quittung ausstellen** give a receipt (**über** for) (2) (*übertragen: Strafe*) penalty, price

Quiz quiz [kwɪz]; **ein Quiz machen** do a quiz

> **? Grammatik** **quizzes** ist die Pluralform von **a quiz** = ein Quiz: *I like to do quizzes.*

Quizmaster(in) quizmaster ['kwɪzmaːstəʳ]

Quote (1) (*Quantum*) quota (2) (*statistischer Anteil*) proportion

R r

Rabatt (*Preisnachlass*) discount ['dɪskaʊnt]; **5 % Rabatt auf etwas geben/bekommen** give/get a 5 % discount on something

Rabbi, Rabbiner rabbi ['ræbaɪ]

Rabe (*Vogel*) raven ▶ IN WENDUNGEN: **stehlen wie ein Rabe** thieve like a magpie **rabenschwarz** pitch-black

rabiat violent, rough [rʌf]; **rabiat werden** get [*oder* turn] violent

Rache (1) revenge [rɪ'vendʒ]; **aus Rache** out of revenge; **Rache an jemandem nehmen** take revenge on somebody (**für** for) (2) (*Vergeltung*) vengeance ['vendʒᵊns]; **Rache schwören** swear vengeance

Rachen (1) *von Mensch:* throat (2) *von Tier:* jaws ⚠ *plural*

rächen (1) avenge [ə'vendʒ] *Toten, Unrecht* (2) **sich** [**an jemandem**] **rächen** take revenge [on somebody] (**für** for)

Rächer(in) avenger [ə'vendʒəʳ]

Rachsucht vindictiveness **rachsüchtig** vindictive

Rad ① wheel ② *(Fahrrad)* bicycle, bike *umgangsspr;* **Rad fahren** ride a bicycle [*oder* bike] ③ *(im Sport)* cartwheel; **ein Rad schlagen** do [*oder* turn] a cartwheel ▸ IN WENDUNGEN: **das fünfte Rad am Wagen sein** be in the way

Radar radar ['reɪdɑːʳ] **Radarkontrolle** radar speed check

Radau din, row [raʊ] *umgangsspr;* **Radau machen** kick up a row

Raddampfer paddle steamer

radeln bike, pedal

Radfahrer(in) cyclist

Radfahrweg cycle track

radieren ① erase, rub out ② *(Grafiktechnik)* etch **Radiergummi** rubber Ⓖⓑ, eraser ⓊⓈⒶ

Radieschen radish

radikal ① *Gegner etc.:* radical ['rædɪkᵊl] ② **etwas radikal ablehnen** reject something categorically; **radikal vorgehen** take drastic action (**gegen** against)

Radio radio ['reɪdiəʊ]; **Radio hören** listen to the radio; **das kam gestern im Radio** that was on the radio yesterday; **im Radio übertragen werden** be broadcast on the radio

radioaktiv radioactive [ˌreɪdiəʊ'æktɪv]; **radioaktiver Niederschlag** fall-out; **radioaktive Strahlung** radiation **Radioaktivität** radioactivity [ˌreɪdiəʊæk'tɪvəti]

Radiowecker radio alarm [clock]

Radius radius ['reɪdiəs]

Radkappe hub cap

Radl Ⓐ radish ['rædɪʃ]

Radler¹ der *(Fahrradfahrer)* cyclist

Radler² das *(Getränk)* shandy

Radrennen cycle race **Radrennfahrer(in)** racing cyclist

Radtour cycle tour **Radwechsel** **einen Radwechsel machen** do a wheel change **Radweg** cycle path

raffen ① **etwas an sich raffen** grab [*oder* snatch] something ② *(verstehen)* **raffst du das jetzt endlich?** do you get it?; **ich raff das nicht** I just don't get it; **ich hab's gerafft!** I've got it!

Raffgier greed **raffgierig** grasping

Raffinerie refinery [rɪ'faɪnᵊri]

raffiniert ① *Öl, Zucker:* refined ② *(schlau)* cunning; **raffiniert!** very clever!, crafty! ③ *(chic)* stylish

ragen loom, tower ['taʊəʳ] (**über** over)

Rahm cream

Rahmen ① *(für Bild)* frame; *(für Dia)* mount ② *(übertragen: Bereich)* framework; **im Rahmen des Möglichen** within the bounds of possibility ▸ IN WENDUNGEN: **aus dem Rahmen fallen** *(anders sein)* be different [from the rest]; *(sich daneben benehmen)* step out of line **rahmen** ① frame *Bild* ② mount *Dia*

Rakete ① *(in Raumfahrt)* rocket ② *(beim Militär)* missile

rammen ① ram *Pfahl* ② hit *Schiff;* **ein Auto rammen** bump into [*oder* hit] a car

Rampe ① *(Verladerampe)* ramp ② *(auf Theaterbühne)* apron ③ *(Raketenrampe)* missile base **Rampenlicht** ▸ IN WENDUNGEN: **im Rampenlicht stehen** be in the limelight

ramponieren ① bash; ruin *Auto, Kleidung* ② **ramponiert aussehen** *auch Mensch:* look the worse for wear

Ramsch junk, rubbish **Ramschladen** junk shop

Rand ① *eines Abgrundes:* brink ② *(Begrenzung)* border; *von Straße:* side, verge; *von Stadt:* outskirts ⚠ *plural;* **am Rande der Stadt** on the outskirts of the city; **am Rande des Waldes** at the edge of the forest ③ *von Hut:* brim, rim ④ *von Tasse:* brim; **voll bis zum Rand** full to the brim ⑤ *von Teller:* edge ⑥ *von Buchseite:* margin; **etwas an den Rand schreiben** write something in the margin ▸ IN WENDUNGEN: **mit etwas zu Rande kommen** cope with something; **mit etwas nicht zu Rande kommen** not be able to manage [*oder* cope with] something; **du treibst mich an den Rand des Wahnsinns!** you're driving me mad!

randalieren go on the rampage

Rande ⒸⒽ beetroot

Randgruppe fringe group [gruːp] **Randstein** kerb

Rang ① *(Rangstufe)* rank; **hohen Ranges** high ranking; **ein Offizier höchsten Ranges** an officer of the highest rank ② *(Stellung)* position; **von hohem Rang** of high standing ③ *(im Theater)* circle ['sɜːkl̩]; **erster/zweiter Rang** dress circle/upper circle;

auf dem obersten Rang in the gallery ❹ (*im Stadion*) **auf den Rängen** in the stands

Rangelei ❶ (*Balgerei*) scrapping ❷ (*übertragen*) wrangling ['ræŋglɪŋ]

rangeln (*übertragen*) wrangle ['ræŋgl̩] (**um** for)

Rangierbahnhof marshalling yard

rangieren ❶ (*übertragen: Stellung einnehmen*) rank; **an erster Stelle rangieren** come first; **etwas rangiert ganz oben** something has top priority ❷ (*manövrieren*) shunt (GB), switch (USA) *Zug*

Rangordnung (*Hierarchie*) hierarchy ['haɪrɑːki]

ranhalten **sich ranhalten** (*eilen*) get a move on

ranken **sich ranken** *Pflanze:* entwine itself (**um** around)

ranklotzen (*schwer arbeiten*) get stuck in *umgangsspr*

Ranzen ❶ (*Schulmappe*) satchel ❷ (*Bauch*) paunch

ranzig rancid

Rap rap

rappelvoll jampacked, choc-a-block *nachgestellt*

Rappen (CH) centime ['sɑ̃ːtiːm]

Raps rape

rar (*selten*) rare, scarce [skeəs] ► IN WENDUNGEN: **sich rar machen** make oneself scarce

rasant ❶ (*sehr schnell*) fast, rapid ['ræpɪd] ❷ *Aufstieg, Erfolg:* meteoric

rasch ❶ speedy, swift ❷ **rasch!** quick!

Rascheln rustling ['rʌslɪŋ]

rascheln rustle ['rʌsl̩]

Rasen ❶ (*Grasfläche*) grass, lawn ❷ (*Sportfeld*) field

rasen ❶ (*sich schnell bewegen*) race, tear [teəʳ]; **gegen einen Laternenpfahl rasen** crash into a lamp post ❷ (*wüten, toben*) rave

rasend ❶ (*sehr schnell*) tearing ['teərɪŋ] ❷ (*sehr wütend*) furious ['fjʊəriəs], raging; **rasend vor Wut sein** be raging with fury ❸ (*intensiv*) *Schmerz:* excruciating [ɪk'skruːʃieɪtɪŋ]; **rasende Kopfschmerzen** a splitting headache ❹ **rasend eifersüchtig** madly jealous ❺ **du machst mich noch rasend!** you'll drive me crazy!

Rasenmäher lawn mower

Raser(in) (*mit Auto*) speed merchant *umgangsspr*

Rasierapparat razor **Rasiercreme** shaving cream

rasieren ❶ shave; **jemanden rasieren** give somebody a shave ❷ **sich rasieren** shave; **sich trocken rasieren** use an electric shaver; **sich nass rasieren** have a wet shave; **sich rasieren lassen** have a shave; **sich die Beine/unter den Armen rasieren** shave one's legs/armpits

Rasierklinge razorblade

Rasiermesser [open [*oder* cut-throat]] razor **Rasierpinsel** shaving brush **Rasierschaum** shaving foam **Rasierwasser** after-shave

Raspel grater

raspeln grate

Rasse ❶ (*Menschenrasse*) race ❷ (*Tierrasse*) breed

rasseln [**mit** [*oder* **an**] **etwas**] **rasseln** rattle [something] ► IN WENDUNGEN: **durch eine Prüfung rasseln** fail an exam *umgangsspr*

Rassenhass racial hatred

rassig ❶ (*heißblütig*) *Frau, Mann:* hot-blooded ❷ *Erscheinung, Gesichtszüge:* striking ❸ (*schnittig*) *Auto, Pferd:* sleek

Rassismus racialism ['reɪʃəlɪsəm], racism ['reɪsɪsəm] **Rassist(in)** racist **rassistisch** racist

Rast rest; **Rast machen** stop; (*beim Wandern*) stop for a rest; (*beim Autofahren*) stop for a break; **ohne Rast** without respite **rasten** rest; **ohne zu rasten** without a rest

Rasthof (*an Autobahn*) service area **rastlos** ❶ (*unermüdlich*) untiring ❷ (*innerlich unruhig*) restless

Rastplatz parking place, picnic area **Raststätte** (*an Autobahn*) service area; (*mit Restaurant*) motorway restaurant

Rasur shave; **eine glatte Rasur** a close shave

Rat ❶ (*Ratschlag*) advice [əd'vaɪs]; **jemandem einen Rat geben** give someone a piece of advice; **jemandem Ratschläge geben** give someone a lot of advice; **jemanden um Rat fragen** ask someone's advice, ask somebody for advice; **jemanden/etwas zu Rate ziehen** consult someone/something ❷ (*Versammlung*) council ❸ (CH) cantonal parliament

Rate ❶ (*Teilzahlung*) instalment (GB), installment (USA); **auf Raten kaufen** buy on instalment terms; **in Raten zahlen** pay in instalments ② *von Inflation etc.:* rate

raten ① *einen Rat geben:* advise [əd'vaɪz], give advice [əd'vaɪs]; **jemandem raten, etwas zu tun** advise somebody to do something; **zu einer Operation raten** recommend an operation ② (*erraten*) guess; **rate mal!** have a guess!; **dreimal darfst du raten** I'll give you three guesses

Ratespiel guessing game, quiz

Rathaus town hall; *von größerer Stadt:* city hall

Ration ration ['ræʃᵊn]; **eiserne Ration** iron rations ⚠ *plural*

rational rational ['ræʃᵊnᵊl]

rationell *Arbeitsweise:* efficient [ɪ'fɪʃᵊnt]

rationieren ration

ratlos ① helpless; **ein ratloses Gesicht machen** look helpless ② **ratlos sein** be at a loss

Rätoromanisch(e) Rhaeto-Romanic

ratsam advisable; **etwas für ratsam halten** believe something advisable

ratschen [have a] blether *umgangsspr*

Ratschlag piece of advice

> **! Vorsicht Falle** **advice** mit c ist ein Substantiv und wird nie im Plural gebraucht: **a piece of advice, some advice**; — **advise** mit s ist ein Verb: *Jane advised him to go to Oxford.*

Rätsel ① (*Denkaufgabe*) riddle ② (*Kreuzworträtsel*) puzzle ③ (*Geheimnis*) mystery ['mɪstri], riddle; **das ist mir ein Rätsel** it baffles me; **sie ist mir ein Rätsel** she is a mystery to me **rätselhaft** ① (*geheimnisvoll*) mysterious [mɪ'stɪəriəs] ② (*undurchschaubar*) enigmatic

rätseln speculate (**über** about, on)

Ratte rat

rattern clatter, rattle

rau ① (*uneben*) rough [rʌf] ② (*wund*) *Hals:* sore; *Hände, Lippen:* chapped; *Haut:* raw ③ *Stimme:* hoarse [hɔːs] ④ *Sitten:* rude ⑤ *Klima, Wetter:* harsh, raw ⑥ **in rauen Mengen** … by the ton, masses of …

Raub ① (*Räuberei*) robbery ② (*Geraubtes*) booty **Raubbau** ① (*an Natur*) overexploitation ② **mit seiner Gesundheit Raubbau treiben** ruin one's health

rauben ① steal *Geld;* **jemandem etwas rauben** rob someone of something ② (*entführen*) abduct; kidnap *Kind*

Räuber(in) robber

Raubkatze big cat **Raubkopie** pirate copy **Raubmord** murder with robbery as a motive **Raubtier** predator **Raubüberfall** robbery (GB), holdup (USA) **Raubvogel** bird of prey [preɪ]

Rauch smoke

Rauchen smoking; **Rauchen verboten!** no smoking!

rauchen ① smoke *Pfeife, Zigarre;* **eine rauchen [gehen]** [go and] have a smoke ② (*dampfen*) *Kamin, Lok:* give off smoke, smoke

Raucher(in) smoker

Raucherabteil smoking compartment

Räucherlachs smoked salmon ['sæmən]

räuchern smoke

rauchig smoky **Rauchverbot** smoking ban; **hier herrscht Rauchverbot** there's no smoking here **Rauchvergiftung** smoke poisoning; **eine Rauchvergiftung erleiden** be overcome by fumes

raufen ① **sich mit jemandem raufen** have a scrap with someone *umgangsspr* (**um** over) ② **sich die Haare raufen** tear [teəʳ] one's hair

Rauferei scrap *umgangsspr,* scuffle

Raum ① (*Weltall*) space ② (*Zimmer*) room ③ (*Gebiet*) area; **im Raum München** in the Munich area; (*größer*) region ④ (*übertragen: Spielraum*) scope

räumen ① vacate *Gebiet, Posten, Stellung;* **das Feld räumen** quit the field ② clear *Gebäude, Lager, Straße* ③ move out of *Wohnung* ④ check out of, vacate *Hotelzimmer* ⑤ clear *Mine* ⑥ **etwas vom Tisch räumen** clear something off the table; **etwas in den Schrank räumen** put something away into the wardrobe ▶ IN WENDUNGEN: **jemanden aus dem Weg räumen** get rid of someone

Raumfähre space shuttle **Raumfahrt** **die [bemannte] Raumfahrt** [manned] space travel

räumlich **räumlich beengt wohnen** live in cramped conditions

Raumschiff space ship **Raumsonde** space probe **Raumstation** space station

Räumung ① *von Warenbestand:* clearance

❷ *einer Wohnung:* vacation ❸ (*Evakuierung*) evacuation

raunen whisper

raunzen grouch [graʊtʃ]

Raupe (*Tier, auch Fahrzeug*) caterpillar

rausbekommen ❶ (*Geld zurückerhalten*) get [some] change; **Sie bekommen noch drei Euro raus** here's three euros change ❷ (*herausfinden*) **etwas rausbekommen** find out something; **haben Sie rausbekommen, wer es war?** have you found out who did it?

Rausch ❶ (*Trunkenheit*) intoxication; **sie hat einen Rausch** she is drunk; **seinen Rausch ausschlafen** sleep it off ❷ (*Ekstase*) ecstasy ['ekstəsi]

rauschen ❶ *Brandung, Wasser:* roar ❷ *Wind:* murmur ['mɜːməʳ] ❸ *Blätter, Stoff:* rustle ['rʌsl̩]

Rauschgift drugs ⚠ *plural;* **Rauschgift nehmen** take drugs **Rauschgifthändler(in)** drug trafficker **rauschgiftsüchtig** **rauschgiftsüchtig sein** be a drug addict **Rauschgiftsüchtige(r)** drug addict

rausekeln freeze out

rausfliegen ❶ (*aus einer Firma*) get one's marching orders ❷ (*aus einem Lokal oder der Schule*) be chucked out *umgangsspr*

rausgeben give change; **Sie haben mir zu wenig rausgegeben!** you've given me too little change!; **auf zwanzig Euro kann ich nicht rausgeben** I haven't got change for twenty euros

raushalten **sich aus etwas raushalten** stay out of something; **halt dich da raus!** stay out of it!

rauskriegen ❶ (*herausfinden*) find out ❷ (*entfernen*) get out *Fleck*

räuspern **sich räuspern** clear one's throat

rausschmeißen ❶ chuck [*oder* sling] out *Gegenstand, Müll* ❷ (*entlassen*) **jemanden rausschmeißen** give somebody the boot *umgangsspr* ❸ **das ist rausgeschmissenes Geld!** that's money down the drain! *umgangsspr*

Raute (*in Geometrie*) rombus

Razzia bust, raid; **eine Razzia durchführen** [*oder* **machen**] carry out a raid

Reagenzglas test tube

reagieren ❶ react (**auf** to); **empfindlich reagieren** be sensitive (**auf** to); **verärgert reagieren** react angrily (**auf** to); **schnell reagieren** react instantly ❷ (*auf Behandlung*) respond (**auf** to)

Reaktion ❶ reaction [ri'ækʃᵊn] (**auf** to) ❷ (*auf Behandlung*) response (**auf** to)

Reaktor reactor [ri'æktəʳ]

realistisch realistic

Realität reality

Realschule secondary modern school (GB)

Rebe ❶ (*Rebstock*) vine ❷ (*Weinranke*) shoot

Rebell(in) rebel ['rebᵊl]

rebellieren rebel [rɪ'bel], revolt **Rebellion** rebellion [rɪ'beliən] **rebellisch** rebellious; **rebellisch werden** become agitated

Rebhuhn partridge

Rechen rake

Rechenaufgabe sum, [arithmetical] problem ['prɒbləm] **Rechenfehler** arithmetical error, miscalculation [mɪskælkjə'leɪʃᵊn]

Rechenschaft **jemanden zur Rechenschaft ziehen** call someone to account; **über etwas Rechenschaft ablegen müssen** be held to account for something

Rechnen ❶ arithmetic, sums ⚠ *plural* ❷ (*als Schulfach*) arithmetic

rechnen ❶ (*berechnen*) calculate, work out; **von heute an gerechnet** counting from today ❷ (*in der Schule*) do sums; **gut rechnen können** be good at sums ❸ (*einkalkulieren*) estimate, reckon; **die Kinder nicht gerechnet** not counting the children ❹ (*erwarten*) **ich hatte mit einer Woche gerechnet** I was reckoning on one week; **ich rechne mit zehn Gästen** I'm expecting ten people; **damit/mit dir hatte ich nicht gerechnet** I wasn't expecting that/you; **kann ich mit dir rechnen?** are you on?, can I count you in?; **du kannst mit mir rechnen!** count me in!; **mit mir brauchst du nicht zu rechnen!** count me out! ❺ (*sparsam sein*) **rechnen müssen** have to economize

Rechner ❶ (*Taschenrechner*) calculator ❷ (*Computer*) computer [kəm'pjuːtəʳ]

Rechnung ❶ (*im Restaurant*) bill (GB), check (USA); **die Rechnung bitte!** can I have the bill, please?; **das geht auf meine Rechnung** (*zum Ober*) I'm paying; (*zum Eingeladenen*) this one's on me ❷ *von Firma:* invoice ['ɪnvɔɪs] ❸ (*Schätzung*) calculation; **nach meiner Rechnung müsste er Sonntag ankommen** by my calculations he

Im Klassenzimmer

In the Classroom

1	Klingel	school bell
2	Wanduhr	wall clock
3	Weltkarte	map of the world
4	Tafel	blackboard
5	Tür	door
6	Wasserhahn	water tap (GB), faucet (USA)
7	Waschbecken	washbasin, sink (USA)
8	Schwamm	sponge
9	Wischer	wiper (GB), eraser (USA)
10	Kreide	chalk
11	Abfalleimer	waste bin (GB), garbage can (USA)
12	Kartenständer	map stand
13	Lehrerpult	teacher's desk
14	Schultasche	school bag
15	Schreibtisch	desk
16	Stuhl	chair

Sportartikel

Sports Equipment

1	Fußball	football (GB), soccer ball (USA)
2	Amerikanischer Fußball	American football (GB), football (USA)
3	Kegel	pins, bowling pin (USA)
4	Tauchermaske	diving mask
5	Tennisschläger	tennis racket
6	Tennisball	tennis ball
7	Federball	shuttlecock (GB), birdie (USA)
8	Badmintonschläger	badminton racket
9	Squashball	squash ball
10	Squashschläger	squash racket
11	Taucheranzug	diving suit
12	Querholz	bail
13	Stab	stump
14	Schlagholz	cricket bat
15	Hockeyschläger	hockey stick
16	Inlineskates	in-line skates, Rollerblades®
17	Schlittschuhe	ice-skates
18	Taucherflossen	flippers
19	Taucherbrille	diving goggles
20	Kricketball	cricket ball
21	Tischtennisschläger	table-tennis bat (GB), ping-pong paddle (USA)
22	Tischtennisball	table-tennis ball, ping-pong ball (USA
23	Boule	boules, boccie-ball (USA)

will [*oder* should] arrive on Sunday

Recht ① (*Anspruch*) right (**auf** to); **das Recht haben, etwas zu tun** have the right to do something; **das ist mein gutes Recht** I'm within my rights ② (*Gesetz*) law; **von Rechts wegen** by rights ⚠ *plural;* **nach französischem Recht** under French law; **Recht und Ordnung** law and order; **gleiches Recht für alle** equal rights for all ③ **im Recht sein** be in the right ④ (*Übereinstimmung*) **Sie haben ganz Recht** you're quite right; **da gebe ich dir Recht** I agree with you there

recht ① (*richtig*) properly; **wenn ich Sie recht verstehe …** if I get you right …; **ich weiß nicht recht** I don't really know; **wenn ich mich recht erinnere …** if I remember correctly … ② (*ziemlich*) quite; **es war recht nett, aber …** it was quite nice but … ③ (*sehr*) very; **recht herzlichen Dank** thank you very much indeed ④ **jetzt erst recht** now more than ever; **jetzt erst recht nicht** now I really won't [do it]; **da war ich erst recht wütend** that really got me angry ⑤ **geschieht dir recht** serves you right! ⑥ (*gelegen*) **ist es dir recht?** do you mind?; **mir ist's recht so** I don't mind; **mir wäre es recht, wenn ihr morgen kommen würdet** I'd rather you came tomorrow; **es war ihr nicht recht** she wasn't at all pleased

rechte(r, s) ① (*Richtung*) right; **das rechte Gebäude** the building on the right; **auf der rechten Straßenseite** on the right-hand side of the street ② (*korrekt, moralisch richtig*) right; **du bist auf dem rechten Weg** you're on the right track; **es ist nur recht und billig …** it's only right … ③ **die rechte Hand des Direktors** the director's right-hand man

Rechte ① (*Hand*) right hand; (*beim Boxen*) right ② (*politisch*) the right

Rechte(r) (*politisch*) right-winger

Rechteck rectangle [ˈrektæŋgl̩] **rechteckig** rectangular [rekˈtæŋgjələʳ]

rechtfertigen ① justify *Entscheidung, Handlung* ② **sich rechtfertigen** justify oneself

rechthaberisch **sie ist so rechthaberisch** she is such a know-all **rechtlich** ① legal ② **jemanden rechtlich belangen** take someone to court **rechtlos** without rights **rechtmäßig** ① *Ehefrau:* lawful; *Anspruch:* legitimate [lɪˈdʒɪtəmət] ② *Besitzer, Erbe, Thronfolger:* rightful

rechts ① on the right; **nach/von rechts** to/from the right; **zweite Straße rechts** second street on your right; **rechts von …** to the right of …; **rechts oben/unten** top/bottom right ② **rechts abbiegen** turn right; **sich rechts halten** keep right; **sich rechts einordnen** move into the right-hand lane ③ (*politisch*) **rechts sein/stehen** be right-wing ④ **rechts stricken** knit plain

Rechtsanwalt, -anwältin lawyer (GB), attorney [əˈtɜːni] (USA); **sich einen Rechtsanwalt nehmen** get a lawyer/attorney

Rechtsaußen ① (*im Sport*) outside right ② *einer Partei:* extreme right-winger

Rechtschreiben spelling

Rechtschreibfehler spelling mistake **Rechtschreibreform** spelling reform **Rechtschreibung** spelling

Rechtsextremismus right-wing extremism [ɪkˈstriːmɪzᵊm] **Rechtsextremist(in)** right-wing extremist [ɪkˈstriːmɪst] **Rechtshänder(in)** right-handed person; **ich bin Rechtshänderin** I am right-handed **rechtsherum** to the right, clockwise

rechtsradikal radical right-wing

Rechtsstaat state under the rule of law

Rechtsverkehr driving on the right; **in Österreich ist Rechtsverkehr** in Austria they drive on the right

rechtswidrig illegal [ɪˈliːgᵊl]

rechtwinklig right-angled

rechtzeitig ① (*früh genug*) timely; (*pünktlich*) punctual ② **rechtzeitig zu Weihnachten** in time for Christmas; **rechtzeitig da sein/ankommen** (*früh genug*) be there/arrive in due [*oder* good] time; **gerade noch rechtzeitig ankommen** arrive just in time

Reck horizontal bar

recken ① **die Glieder recken** stretch one's limbs; **den Hals recken** crane one's neck ② **sich recken und strecken** have a good stretch

recyceln recycle [ˌriːˈsaɪkl̩] **Recycling** recycling [ˌriːˈsaɪklɪŋ]

Redakteur(in) editor [ˈedɪtəʳ] **Redaktion** ① (*die Redakteure*) editorial staff ② (*Büro*) editorial office ③ (*das Redigieren*) editing

Rede ① (*Vortrag*) speech; (*Ansprache*) address [əˈdres]; **eine Rede halten** make a speech ② (*das Reden, Gespräch*) talk; **wovon ist die Rede?** what are you talking about?; **es ist die Rede davon, dass er zurücktreten will** there is some talk [*oder* mention] of him resigning ③ **davon kann keine Rede sein** that's out of the question ④ [**jemandem**] **Rede und Antwort stehen** justify oneself [to somebody]; **jemanden zur Rede stellen** take someone to task ⑤ **nicht der Rede wert!** don't mention it! ⑥ **direkte/indirekte Rede** direct/indirect ['daɪrekt/'ɪndɪrekt] speech

reden ① speak, talk (**mit** with, to, **über** about); **miteinander reden** talk to each other [*oder* one another]; **sie reden nicht mehr miteinander** they're not on speaking terms anymore; **sie hat kein Wort geredet** she didn't say a word ② **du hast gut reden!** it's easy for you to talk!; **wie redest du denn mit mir!** don't talk to me like that!; **reden wir nicht mehr davon!** let's drop it!; **darüber lässt sich reden** that's a possibility; **er lässt nicht mit sich reden** (*ist entschlossen*) he's adamant; (*ist uneinsichtig*) he won't listen ['lɪsᵊn] ③ **lauter reden** speak up

Redensart saying

Redewendung idiomatic expression

Redner(in) speaker

redselig talkative ['tɔːkətɪv]

reduzieren reduce (**auf** to)

Reeder(in) shipowner **Reederei** shipping company

Referat ① (*auf der Uni*) seminar paper; **ein Referat halten** present a paper (**über** on) ② (*in der Schule*) project; **ein Referat halten** present a project (**über** on)

Referendar(in) ① (*Gerichtsreferendar*) articled clerk ② (*Lehranwärter*) trainee teacher

Referent(in) ① (*Sprecher*) speaker ② (*Sachbearbeiter*) consultant

reflektieren ① reflect; **reflektierendes Nummernschild** reflectorized number plate ② (*nachdenken*) reflect (**über** upon)

Reflex ① *von Nerven:* reflex ['riːfleks] ② *von Licht:* reflection

Reflexivpronomen reflexive pronoun

Reform reform [rɪ'fɔːm]

Reformation reformation [ˌrefə'meɪʃᵊn]

reformieren reform [rɪ'fɔːm]

Refrain refrain [rɪ'freɪn], chorus ['kɔːrəs]

Regal (*für Bücher*) shelf; **etwas ins Regal stellen** [*oder* **räumen**] put something on the shelf

> **? Grammatik** **shelves** ist die Pluralform von **a shelf**: *there are two book shelves in my bedroom.*

rege ① (*betriebsam*) active; **rege Beteiligung** lively ['laɪvli] participation; **reger Verkehr** busy traffic ② (*flink*) agile ['ædʒaɪl]

Regel ① (*Vorschrift*) rule ② **in der Regel** as a rule; **sich etwas zur Regel machen** make a habit of something ③ (*Menstruation*) period ['pɪəriəd] **regelbar** adjustable [ə'dʒʌstəbl̩] **regelmäßig** ① regular ② (*immer*) as a rule; **sich regelmäßig treffen** meet regularly; **er kommt regelmäßig zu spät** he is always late

regeln ① (*einstellen*) regulate ② (*in Ordnung bringen*) settle; **ich werde das schon regeln** I'll see to it; **das wird sich schon regeln** it'll sort itself out

regelrecht ① real [rɪəl]; *Beleidigung, Betrug:* downright ['daʊnraɪt] ② (*sehr*) really; **sie wurde regelrecht frech** she was getting downright cheeky

Regelschmerzen period pains

Regelung ① (*Abmachung*) arrangement [ə'reɪndʒmənt]; **eine Regelung treffen** make an arrangement ② (*Vorschrift*) regulation, rule ③ *von Gerät:* controls ⚠ *plural*

Regen rain; **im Regen** in the rain; **bei strömendem Regen** in the pouring rain; **es sieht nach Regen aus** it looks like rain ▸ IN WENDUNGEN: **vom Regen in die Traufe kommen** jump out of the frying pan into the fire

regen ① **sich regen** *Person:* move; **ich kann mich kaum noch regen** I'm hardly able to move ② **sich regen** *Geräusch:* stir; **nichts regte sich** nothing stirred, everything was still ③ **sich regen** (*sich bemerkbar machen*) *Gewissen, Zweifel:* stir

Regenbogen rainbow ['reɪnbəʊ] **Regenmantel** raincoat, mac *umgangsspr* **Regenschauer** shower ['ʃaʊəʳ] **Regenschirm** umbrella

Regent(in) (*Herrscher*) ruler, sovereign ['sɒvᵊrɪn]

Regentropfen raindrop **Regenwald** rainforest **Regenwurm** earthworm ['ɜːθwɜːm]

Regenzeit rainy season

Regie (*im Theater, beim Film*) direction, production; **Regie führen** [**bei einem Film/Theaterstück**] direct [a film/play]; **unter der Regie von …** directed by …

regieren ① *Herrscher:* reign [reɪn] (**über** over) ② (*beherrschen*) govern, rule; **einen Staat regieren** rule over [*oder* govern] a state

Regierung ① (*Kabinett*) government ['gʌvᵊnmənt] *singular oder plural* ② **an die Regierung kommen** come to office; **an der Regierung sein** be in office ③ (*Herrschaft*) rule; *von Monarch:* reign [reɪn] **Regierungschef(in)** head of the government ['gʌvᵊnmənt] **Regierungserklärung** government statement **Regierungssprecher(in)** government spokesman/spokeswoman/spokesperson

Regiment regiment ▸ In Wendungen: **das Regiment führen** be the boss; **ein strenges Regiment führen** be a strict master

Region region ['riːdʒᵊn] **regional** regional ['riːdʒᵊnᵊl]; **regional verschieden** varying from region to region

Regisseur(in) director

Register ① (*Stichwortverzeichnis*) index ② (*amtliche Liste*) register ['redʒɪstəʳ] ③ (*musikalisch*) register ▸ In Wendungen: **alle Register ziehen** pull out all the stops *umgangsspr*

registrieren ① (*verzeichnen*) register ['redʒɪstəʳ] ② (*wahrnehmen*) note [nəʊt]

Reglement (CH) statute ['stætjuːt], rules ⚠ *plural*

Regler ① (*an Fernseher, HiFi*) control ② *von Motor:* governor

reglos motionless

regnen rain; **es regnet** it's raining; **es regnet in Strömen** it's pouring ['pɔːrɪŋ] **regnerisch** rainy

regulär (*normal*) normal ['nɔːmᵊl]

regulieren ① (*technisch einstellen*) adjust ② settle *Rechnung, Schaden*

Regung (*sachte Bewegung*) movement

Reh deer

Rehbock roebuck ['rəʊbʌk]

Rehbraten roast venison **Rehkeule** leg of venison

Reibach **einen** [**kräftigen**] **Reibach machen** make a killing *umgangsspr*

Reibe grater

reiben ① rub; **an etwas reiben** rub something ② grate *Käse, Obst* ③ **sich reiben** rub oneself (**an** on, against); **sich die Augen/Nase reiben** rub one's eyes/nose ▸ In Wendungen: **jemandem etwas unter die Nase reiben** rub someone's nose in something

Reibereien friction ⚠ *singular;* **es gab Reibereien zwischen …** there was friction between …

Reibung (*in Physik*) friction **reibungslos** ① (*in Physik*) frictionless ② (*übertragen*) trouble-free; **das ging ja reibungslos** that went off smoothly ['smuːiðli]

Reich ① (*Kaiserreich*) empire; (*Königreich*) kingdom ② (*übertragen: Bereich*) realm [relm]

reich ① (*wohlhabend, üppig*) rich, wealthy (**an** in) ② **eine reiche Partie** a good catch; **reich heiraten** marry into money ③ (*umfassend*) large; *Auswahl, Kenntnisse:* wide (**an** of) ④ **jemanden reich belohnen** give somebody a rich reward; **jemanden reich beschenken** shower somebody with presents

Reiche(r) a rich [*oder* wealthy] man/woman; **die Reichen** the rich *plural*

reichen ① (*geben*) hand; (*herüberreichen*) pass ② (*genügen*) be enough [ɪ'nʌf], do, suffice [sə'faɪs]; **danke, das reicht!** thanks, that's enough!; **reicht die Milch?** is there enough milk? ③ (*sich erstrecken*) stretch (**bis** to); **bis zu etwas** [**hin**] **reichen** reach something ④ (*es satt haben*) **jetzt reicht's mir aber!** that's the last straw!; **mir reicht's, ich gehe jetzt nach Hause!** I've had enough, I'm going home!

reichlich ① (*groß, umfangreich*) *Vorrat:* ample; *Portion, Trinkgeld:* generous ② (*sehr viel*) amply; (*reichlich vorhanden*) plentiful; **reichlich Zeit haben** have plenty of time; **es gab reichlich zu Essen** there was plenty of food ③ (*ziemlich*) pretty; **er kam reichlich spät** he was rather late

Reichtum ① (*Wohlstand*) wealth [welθ], riches ⚠ *plural* ② (*übertragen: Überfluss*) abundance [ə'bʌndəns] (**an** of)

Reichweite ① *eines Geschosses, Radios:* range; **große Reichweite** long range ② (*nächste Nähe*) **in Reichweite** within reach; **außer Reichweite** out of reach

Reif[1] der (*Raureif*) hoar [hɔːʳ] [*oder* white] frost

Reif² der (*Armreif*) bangle

reif ① *Alter, Früchte:* ripe ② (*gereift*) *auch Mensch:* mature [mə'tʃʊəʳ] ③ **reif für etwas sein** be ready for something; **ich bin reif für die Insel!** I am ready for a holiday! ④ **wenn die Zeit reif ist** when the time is ripe **Reife** ① (*das Reifsein*) ripeness ② **mittlere Reife** General Certificate of Secondary Education, GCSE ⚠ *meist plural* (GB); **ich mache die mittlere Reife** I'm doing my GCSEs ③ *von Mensch:* maturity [mə'tʃʊərəti]

Reifen ① (*Gummireifen*) tyre (GB), tire (USA) ② (*Armreifen*) bangle

reifen ① *Obst:* ripen ② (*übertragen*) mature [mə'tʃʊəʳ] **Reifenpanne** flat, puncture **Reifenwechsel** change of tyres

reiflich ① careful, thorough ['θʌrə] ② **sich etwas reiflich überlegen** give careful consideration [*oder* thought] to something

Reihe ① (*Aufreihung, Reihenfolge*) line, row [rəʊ]; **in einer Reihe** in a line; **sich der Reihe nach aufstellen** line up; **immer der Reihe nach!** one after the other!; **du bist an der Reihe!** it's your turn! ② (*Sitzreihe*) tier [tɪəʳ]; **in der ersten/letzten Reihe** in the front/back row ③ (*Anzahl*) number (**von** of); (*Serie*) series ['sɪəri:z] (**von** of) ▸ IN WENDUNGEN: **aus der Reihe tanzen** step out of line; **etwas auf die Reihe kriegen** put something straight

Reihenfolge order **Reihenhaus** terraced house (GB), row [rəʊ] house (USA) **reihenweise** ① (*in Reihen*) in rows [rəʊz] ② (*in Mengen*) by the dozen

Reim rhyme [raɪm] ▸ IN WENDUNGEN: **kannst du dir einen Reim darauf machen?** can you make sense of it [all]?; **darauf kann ich mir keinen Reim machen** I can't make head or tail of it **reimen** [**sich**] **reimen** rhyme [raɪm] (**auf, mit** with)

Rein (A) (*Topf*) casserole ['kæsᵊrəʊl]

rein¹ (*umgangsspr*) →**herein, hinein**

rein² ① (*sauber*) clean ② (*unschuldig*) pure; **reines Gewissen** clear conscience ['kɒnʃəns] ③ (*völlig*) pure; **der reinste Blödsinn!** sheer nonsense! ④ (*verstärkend*) **reine Bosheit** malice pure and simple; **der reinste Wahnsinn** sheer madness; **die reine Wahrheit** the plain truth ⑤ **reine Wolle** pure wool ⑥ **reiner Zufall** pure coincidence ⑦ (*völlig*) absolutely; **rein gar nichts** absolutely nothing; **rein zufällig** by sheer chance ▸ IN WENDUNGEN: **etwas ins Reine bringen** sort something out; **mit jemandem ins Reine kommen** get things straightened out with somebody

Reindl (A) (*kleiner Topf*) small casserole ['kæsᵊrəʊl]

Reinfall disaster [dɪ'zɑ:stəʳ], flop *umgangsspr* **reinfallen** **auf etwas reinfallen** be taken in by something; **auf jemanden reinfallen** fall for someone's line

reinhauen ① (*viel essen*) **hau rein!** dig in! *umgangssprache* ② (*verprügeln*) **jemandem eine reinhauen** punch [*oder* hit] somebody in the face

reinigen ① clean ② (*chemisch reinigen*) dry-clean ③ **sich reinigen** cleanse [klenz] oneself **Reinigung** ① (*Vorgang*) cleaning ② (*Anstalt*) dry cleaner's; **etwas in die Reinigung bringen** take something to the dry cleaner's

Reinmachefrau cleaning lady

reinrassig ① *Pferd:* thoroughbred ['θʌrəbred] ② *Hund:* pedigree

Reis rice

Reise ① (*mit festem Ziel*) journey ['dʒɜ:ni]; **gute Reise!** have a pleasant journey!; **eine Reise machen** go on a journey; **wohin geht die Reise?** where are you off to? *umgangssprache* ② (*Schiffsreise*) voyage ['vɔɪɪdʒ] ③ (*kurze Reise*) trip; **gute Reise!** have a nice trip! ④ **auf Reisen sein** be away travelling **Reiseapotheke** first aid kit **Reisebüro** travel agency **Reiseführer** (*Buch*) guidebook ['gaɪdbʊk] **Reisegepäck** luggage ['lʌgɪdʒ] (GB), baggage (USA) **Reisekrankheit** travel sickness **Reiseleiter(in)** courier ['kʊriəʳ] **reiselustig** keen on travel[ling] *nachgestellt*

reisen travel; **ins Ausland reisen** go abroad [ə'brɔ:d]

Reisende(r) traveller (GB), traveler (USA)

Reisepass passport ['pɑ:spɔ:t] **Reisescheck** traveller's cheque [tʃek] (GB), traveler's check (USA) **Reisetasche** grip, travelling bag (GB), traveling bag (USA) **Reiseziel** destination

Reisfeld paddy field

Reißaus ▸ IN WENDUNGEN: **Reißaus nehmen** clear off *umgangsspr,* take to one's heels *umgangsspr*

reißen ① (*zerren*) [**an etwas**] **reißen** drag [something] ② (*fortreißen*) pull, tear [teəʳ];

er riss das Blatt vom Kalender he ripped the page off the calendar; **sie riss es mir aus der Hand** she tore it out of my hand ③ (*zerreißen*) tear [teəʳ] ④ **an sich reißen** seize [siːz] hold of, usurp; seize *Macht;* monopolize *Unterhaltung* ⑤ break, tear [teəʳ]; **Seide reißt leicht** silk is easily torn ▸ IN WENDUNGEN: **wenn alle Stricke reißen** if all else fails, if the worst comes to the worst; **sich um etwas reißen** scramble for something

Reißer ① (*Verkaufsschlager*) [top] seller ② (*Film*) cheap thriller

Reißverschluss zip GB, zipper USA **Reißzwecke** drawing-pin

reiten ride; **reiten gehen** go riding, go for a ride; **gut/schlecht reiten** be a good/bad rider; **auf einem Pferd reiten** ride a horse

Reiter(in) horseman/horsewoman, rider **Reitpferd** saddle horse **Reitschule** riding school **Reitstiefel** riding boot **Reitturnier** riding tournament ['tɔːnəmənt], horse show **Reitunterricht Reitunterricht nehmen** take riding lessons **Reitweg** bridle path

Reiz ① (*Anziehung*) attraction; **der Reiz des Neuen** the novelty [appeal]; **einen Reiz auf jemanden ausüben** hold great attraction for someone ② (*optischer*) stimulus **reizbar** sensitive, touchy ['tʌtʃi]

reizen ① irritate *Haut* ② (*verlocken*) appeal to; **reizt es dich nicht, mal was ganz anderes zu tun?** aren't you tempted to do something completely different?; **es reizt mich schon, etwas anderes zu tun** I like the idea of doing something different ③ (*provozieren*) provoke; **jemanden bis aufs Blut reizen** make somebody's blood boil

reizend charming, delightful [dɪ'laɪtfᵊl]

reizlos dull

Reizung (*leichte Entzündung*) irritation **reizvoll** attractive, charming

Reklamation complaint [kəm'pleɪnt]

Reklame ① (*Reklamewesen, Werbung*) advertizing ['ædvətaɪzɪŋ] ② **Reklame machen für …** advertize ['ædvətaɪz] … ③ (*Anzeige*) advertisement [əd'vɜːtɪsmənt] ④ (*im Fernsehen*) advert ['ædvɜːt] GB, commercial [kə'mɜːʃᵊl] USA; **ich hasse Reklame** I hate adverts

reklamieren ① (*bemängeln*) query *Fehler, etc* ② (*sich beschweren*) **[etwas] reklamieren** make a complaint [about something]

Rekord record ['rekɔːd]; **einen Rekord aufstellen/brechen** establish/break a record

Rekrut recruit [rɪ'kruːt]

Rektor(in) ① (*an Universität*) vice-chancellor GB, rector USA ② (*an Schule*) headmaster/headmistress, principal USA

relevant relevant ['reləvənt]

Religion ① religion [rɪ'lɪdʒᵊn] ② (*Glaube*) faith ③ (*Schulfach*) religious instruction [*oder* education] **Religionsunterricht** religious instruction

religiös religious [rɪ'lɪdʒəs]

Remis (*im Schach*) draw

Remoulade tartar sauce [ˌtɑːtəʳ'sɔːs]

rempeln jostle ['dʒɒsl̩]

Renaissance Renaissance [rə'neɪsᵊns]

Rendezvous ① (*Verabredung*) rendezvous ['rɒndeɪvuː] ② (*im Weltall*) docking

Rennbahn racetrack **Rennboot** speedboat

Rennen race; **zum Rennen gehen** (*Pferderennen*) go to the races; (*Autorennen*) go to the racing ▸ IN WENDUNGEN: **gut im Rennen liegen** be well placed; **das Rennen machen** come out on top; **aus dem Rennen sein** be out of the running; **das Rennen ist gelaufen** it's all over

rennen ① (*laufen*) run; **um die Wette rennen** have a race ② **gegen jemanden rennen** (*anrempeln*) bump into someone

Renner (*Verkaufsschlager*) winner

Rennfahrer(in) ① (*auf Fahrrad*) racing cyclist ② (*Auto*) racing driver **Rennpferd** racehorse **Rennrad** racing bike **Rennsport** racing **Rennstrecke** ① (*für Autos, Pferde*) track ② (*für Läufer*) distance **Rennwagen** racing car

renovieren ① renovate ['renəveɪt] ② (*streichen, tapezieren*) redecorate [ˌriː'dekᵊreɪt] **Renovierung** ① renovation [ˌrenə'veɪʃᵊn] ② (*Streichen, Tapezieren*) redecorating [ˌriː'dekᵊreɪtɪŋ]

rentabel profitable ['prɒfɪtəbl̩]; **das ist eine rentable Sache** it will pay off

Rente [old age] pension ['penʃᵊn]; **Rente beziehen** get a pension; **in Rente gehen** retire; **in Rente sein** be retired ⚠ *Das englische Wort ‚rent' bedeutet Miete!* **Rentenalter** retirement age; **im Rentenalter sein** have reached retirement age **Rentenempfänger(in)** pensioner ['penʃᵊnəʳ]

Rentier reindeer ['reɪndɪəʳ]

rentieren das rentiert sich [**nicht**] it's [not] worth it

Rentner(in) [old age] pensioner, OAP

Reparatur repair; **etwas in Reparatur geben** have something repaired

reparieren repair; (*ausbessern*) mend

Reportage report **Reporter(in)** reporter [rɪ'pɔːtəʳ]

Repräsentant(in) representative **Repräsentantenhaus** House of Representatives USA

Reptil reptile ['reptaɪl]

Republik republic [rɪ'pʌblɪk] **Republikaner(in)** republican

Requisiten (*im Theater*) props

resch Ⓐ (*knusprig*) crisp, crunchy

Reservat 1 (*für Menschen*) reservation 2 (*für Tiere und Pflanzen*) [nature] reserve

Reserve 1 reserve [rɪ'zɜːv] (**an** of); **in Reserve haben** have in reserve 2 (*an Geld*) reserve fund 3 (*übertragen: Zurückhaltung*) reserve; **jemanden aus der Reserve locken** bring someone out of his/her shell **Reservebank** substitutes bench **Reservekanister** spare tank **Reserverad** spare wheel **Reservespieler(in)** substitute

reservieren reserve [rɪ'zɜːv]

resignieren give up (⚠ *Das englische Wort ‚resign' bedeutet kündigen!*)

Resonanz 1 (*musikalisch*) resonance ['rezᵊnəns] 2 (*übertragen*) response [rɪ'spɒns]; **große Resonanz finden** get a good response

Respekt respect [rɪ'spekt] (**vor** for); **vor jemandem/etwas Respekt haben** respect somebody/something; **bei allem Respekt** with all due respect **respektieren** respect [rɪ'spekt] **respektlos** disrespectful [ˌdɪs-rɪ'spektfᵊl] **respektvoll** respectful [rɪ'spektfᵊl]

Rest 1 (*Überbleibsel*) rest; **der letzte Rest** the last bit 2 (*Trinkgeld*) **der Rest ist für Sie!** keep the change! 3 *eines Gebäudes:* remains [rɪ'meɪnz] ⚠ *plural* 4 **die Reste** (*vom Essen*) the left-overs ⚠ *plural* 5 *einer Gleichung:* remainder [rɪ'meɪndəʳ] 6 (*Stoffrest*) remnant ▸ IN WENDUNGEN: **jemandem den Rest geben** finish someone off; **das hat ihm den Rest gegeben** that was the final straw for him

Restaurant restaurant ['restᵊrɒnt]

restaurieren restore

restlich remaining; **die restlichen ...** the rest of the ...

restlos restlos ausverkauft/begeistert/erledigt completely sold out/bowled over/knackered

Resultat (*Ergebnis*) result; **zu einem Resultat kommen** arrive at a conclusion

resultieren result (**aus** from)

Retortenbaby test-tube baby

Retourbillet CH (*Rückfahrkarte*) return ticket, round-trip ticket USA

Retourgeld CH (*Wechselgeld*) change

retournieren CH return, give back

retten 1 (*erretten*) save (**vor** from); **jemandem das Leben retten** save somebody's life; **jemanden vor dem Ersticken retten** save somebody from suffocating 2 (*befreien*) rescue ['reskjuː] 3 **sich retten** escape ▸ IN WENDUNGEN: **sich vor etwas nicht retten können** be swamped [*oder* snowed under] with something

Retter(in) rescuer ['reskjuːəʳ], saviour ['seɪvjəʳ]

Rettich radish ['rædɪʃ]

Rettung 1 rescue ['reskjuː] 2 **du bist meine letzte Rettung** you're my last hope **Rettungsboot** lifeboat **Rettungsinsel** inflatable life raft **rettungslos** 1 *Lage:* hopeless 2 **rettungslos verliebt sein** be hopelessly in love (**in** with) **Rettungsring** lifebelt **Rettungsschwimmer(in)** lifeguard **Rettungswagen** ambulance, rescue vehicle

Reue remorse (**über** of); (*religiös*) repentance (**über** of)

reuevoll, reumütig remorseful, contrite, repentant

Revanche 1 (*Rache*) revenge [rɪ'vendʒ] 2 (*im Sport*) return match 3 (*im Spiel*) **ich will eine Revanche** I want a chance to get even

revanchieren 1 **sich** [**bei jemandem**] **revanchieren** take one's revenge [on somebody] (**für** for) 2 **ich werde mich bei Gelegenheit revanchieren** (*sich erkenntlich zeigen*) I'll make it up to you another time

Revier 1 (*humorvoll*) patch 2 *eines Tiers:* territory 3 (*Jagdgründe*) hunting ground 4 (*Polizeiwache*) beat GB, precinct ['priːsɪŋt] USA 5 (*Polizeistation*) police station GB, station house USA

Revolution revolution [revᵊ'luːʃᵊn] **revolu-**

tionär revolutionary [revəˈluːʃənəri]
Revolver gun, revolver [rɪˈvɒlvəʳ] (GB)
Revolverblatt (*Skandalblatt*) scandal sheet
Revue (*Show*) revue [rɪˈvjuː]
Rezept 1 (*für Arznei*) prescription (**für** for); **etwas auf Rezept bekommen** get something on prescription 2 (*Kochrezept*) recipe [ˈresɪpi] (**für** for) 3 (*übertragen*) cure (**für, gegen** for)
rezeptfrei 1 *Medikament:* non-prescription, available without prescription *nachgestellt* 2 **das ist rezeptfrei** you can get this without a prescription
Rezeption (*im Hotel*) reception [rɪˈsepʃən]
rezeptpflichtig available on prescription *nachgestellt*
Rhabarber rhubarb [ˈruːbɑːb]
Rhein Rhine **Rheinland-Pfalz** Rhineland-Palatinate
Rhesusfaktor rhesus factor
Rheuma rheumatism [ˈruːmətɪzəm]
Rhinozeros rhinoceros [raɪˈnɒsərəs]
rhythmisch rhythmical [ˈrɪðmɪkəl]
Rhythmus rhythm [ˈrɪðəm]
Ribisel (A) (*Johannisbeere*) **rote/schwarze Ribisel** redcurrant/blackcurrant
richten[1] 1 (*lenken*) direct [daɪˈrekt] (**auf** towards) 2 turn *Augen, Aufmerksamkeit, Blicke, Lichtstrahl* (**auf** on) 3 (*zielen*) point *Kamera, Waffe* (**auf** at) 4 (*in Ordnung bringen*) fix; **ich richte das schon wieder** I'll fix it 5 (*zubereiten, vorbereiten*) prepare *Essen* 6 **sich richten** (*sich wenden*) *Aufmerksamkeit:* be turned (**auf** towards); *Kritik, Protest:* be directed [*oder* aimed] (**gegen** at, against) 7 **sich richten** (*sich herrichten*) get ready; **sich die Haare richten** do one's hair 8 **sich nach den Regeln richten** comply with the rules 9 **sich an jemanden richten** (*herantreten an*) consult somebody 10 **diese Frage richtet sich an Sie** this question is aimed at you 11 **ich richte mich ganz nach dir** I'll fit in with you
richten[2] (*urteilen*) **über jemanden richten** judge somebody
Richter(in) judge [dʒʌdʒ]
Richter-Skala Richter scale [ˈrɪktəˌskeɪl]
richtig 1 (*nicht falsch*) correct, right; **sehe ich das richtig?** am I right?; **bin ich hier richtig nach Coventry?** is this the right way to Coventry? 2 **richtig!** (*stimmt!*) that's right! 3 (*wirklich*) proper, real 4 (*auf korrekte Weise*) right, correctly; **etwas richtig machen** do something the right way; **geht deine Uhr richtig?** is your watch right?; **wenn ich mich richtig erinnere …** if I remember correctly … 5 (*geradezu*) really; **das ist richtig lecker!** this is really tasty! 6 **du kommst [mir] gerade richtig!** (*gelegen*) you're the very person I need!; (*ironisch*) you're all I need! 7 **etwas richtig stellen** (*berichtigen*) correct something ▶ IN WENDUNGEN: **du bist wohl nicht ganz richtig!** you must be out of your mind!
Richtlinien guidelines [ˈgaɪdlaɪnz]
Richtung 1 direction [dɪˈrekʃən]; **ich fahre Richtung Berlin** I'm heading for Berlin; **in Richtung Norden** towards the north; (*auf Autobahn*) on the northbound carriageway; **in jeder Richtung** each way; (*übertragen*) in every respect; **in alle/allen Richtungen** in all directions 2 *einer Ansicht, Meinung, Tendenz:* trend 3 **etwas in dieser Richtung** something along those lines
riechen smell; **an/nach etwas riechen** smell at/of something; **gut/schlecht riechen** smell good/bad ▶ IN WENDUNGEN: **er kann mich nicht riechen** he hates my guts; **das konnte ich doch nicht riechen!** how was I to know? **riechend übel riechend** evil-smelling
Riecher ▶ IN WENDUNGEN: **einen Riecher für etwas haben** have a good nose for something; **ich hab den richtigen Riecher gehabt** I knew it all along
Riegel 1 (*an Türschloss*) bolt 2 (*Stück*) bar; **ein Riegel Schokolade** a bar of chocolate ▶ IN WENDUNGEN: **einer Sache einen Riegel vorschieben** put a stop to something
Riemen 1 (*Gürtelriemen*) strap; **den Riemen enger schnallen** tighten one's belt 2 (*Treibriemen*) belt ▶ IN WENDUNGEN: **sich am Riemen reißen** get a grip on oneself
Riese giant [dʒaɪənt]
rieseln 1 *Flüssigkeit:* trickle 2 *Schnee:* float down
Riesenfehler huge blunder **riesengroß** gigantic [dʒaɪˈgæntɪk]
Riesenrad Ferris wheel **Riesenslalom** giant slalom
riesig 1 gigantic [dʒaɪˈgæntɪk], enormous 2 **sich riesig freuen** be delighted *umgangsspr* (**über** at) 3 (*super*) brilliant [ˈbrɪliənt]

Riff reef [riːf]
Rille groove
Rind ❶ (*Tier*) cow [kaʊ]; **Rinder** cattle ⚠ *plural* ❷ (*Rindfleisch*) beef
Rinde ❶ *von Käse:* rind [raɪnd] ❷ (*Baumrinde*) bark ❸ (*Brotrinde*) crust
Rinderbraten ❶ (*Bratstück*) joint of beef ❷ (*Braten*) roast beef [ˌrəʊst'biːf] **Rinderwahnsinn** mad cow disease, BSE **Rindfleisch** beef **Rindvieh** ❶ cattle ⚠ *plural* ❷ (*Schimpfwort*) ass
Ring ❶ (*auch im Sport*) ring ❷ (*Straße*) ring road
Ringelspiel Ⓐ (*Karussell*) roundabout ['raʊndəˌbaʊt] GB, merry-go-round
Ringen wrestling ['reslɪŋ]
ringen ❶ (*Ringkampf machen*) wrestle ['resl̩] (**mit** with) ❷ (*kämpfen*) struggle (**um** for); **nach Atem ringen** gasp for breath; **um Fassung ringen** struggle to keep one's composure; **mit den Tränen ringen** struggle to fight back the tears; **nach Worten ringen** struggle for words ❸ [**verzweifelt**] **die Hände ringen** wring one's hands [in despair] **Ringer(in)** wrestler ['resl̩əʳ]
Ringfinger ring finger
Ringkampf wrestling ['reslɪŋ] match
ringsumher around [ə'raʊnd]
Rinne ❶ (*Rille*) groove ❷ (*Abflussrinne*) channel **rinnen** (*fließen*) run
Rinnstein gutter
Rippchen spare ribs ⚠ *plural*
Rippe rib ▸ IN WENDUNGEN: **nichts auf den Rippen haben** be just skin and bones
Risiko risk; **ein Risiko eingehen** take a risk; **auf eigenes Risiko** at one's own risk **Risikogruppe** [high] risk group **riskant** risky
riskieren risk; **sein Leben riskieren** risk one's life; **du musst schon was riskieren** you'll have to take a risk; **du riskierst deine Stelle** you'll risk losing your job
Riss ❶ (*in Stoff*) rip, tear [teəʳ]; **einen Riss bekommen** get ripped [*oder* torn] ❷ (*Sprung*) crack ❸ (*Spalt*) crevice ['krevɪs] ❹ (*übertragen: Kluft*) rift
rissig ❶ *Wand:* cracked; **rissig werden** crack ❷ *Haut, Lippen:* chapped
Ritt ride
Ritter knight [naɪt]; **jemanden zum Ritter schlagen** knight someone **Ritterburg** knight's castle ['kɑːsl̩] **Ritterrüstung** knight's armour ['ɑːməʳ]
Ritual ritual ['rɪtʃuəl]
Ritz (*Spalte*) crack
Ritze ❶ (*Spalte*) crack ❷ (*Fuge*) join, gap
ritzen ❶ (*kratzen*) scratch ❷ (*einritzen*) carve
Rivale, Rivalin rival ['raɪvᵊl] **rivalisieren mit jemandem rivalisieren** compete with someone **Rivalität** rivalry ['raɪvᵊlri]
Robbe seal
Robe ❶ (*Amtsrobe*) robe [rəʊb] ❷ (*Abendkleid*) gown
Roboter robot ['rəʊbɒt]
robust ❶ (*widerstandsfähig*) tough [tʌf] ❷ (*kräftig gebaut*) robust [rəʊ'bʌst]
röcheln groan
Rock ❶ (*Kleidungsstück*) skirt [skɜːt] ❷ (*Musik*) rock
Rockfestival rock festival
rockig rocky
Rodel sleigh [sleɪ], toboggan [tə'bɒgᵊn] **Rodelbahn** toboggan run **rodeln** sledge, toboggan [tə'bɒgᵊn]
Rodung clearing
Roggen rye [raɪ] **Roggenbrot** rye bread
roh ❶ (*ungebraten*) raw; *Schinken:* uncooked ❷ (*unbearbeitet*) rough [rʌf]; *Diamant:* uncut ❸ (*grob*) *Mensch:* rough; **rohe Gewalt** brute force ▸ IN WENDUNGEN: **jemanden wie ein rohes Ei behandeln** handle someone with kid-gloves **Rohbau** shell **Rohfassung** rough [rʌf] draft **Rohheit** ❶ (*Grobheit*) rudeness ❷ (*Brutalität*) brutality **Rohkost** raw fruit and vegetables ⚠ *plural*
Rohöl crude oil
Rohr ❶ (*Röhre*) pipe ❷ (*Schilf*) reed **Rohrbruch** burst pipe
Röhrchen **ich musste ins Röhrchen blasen** I was breathalyzed ['breθᵊlaɪzd]
Röhre ❶ (*Rohr*) tube [tʃuːb] ❷ (*Backofen*) oven ['ʌvᵊn] ▸ IN WENDUNGEN: **in die Röhre gucken** (*leer ausgehen*) be left out; (*fernsehen*) watch telly GB [*oder* USA the tube]
Rohrzucker cane sugar ['ʃʊgəʳ]
Rohstoff raw material
Rollbahn ❶ (*Startbahn*) runway ❷ (*Zubringerbahn*) taxiway
Rolle ❶ (*zusammengerollt*) roll [rəʊl] ❷ (*Garnrolle*) reel ❸ (*Möbelroller*) castor ❹ (*im Sport*) forward roll; **eine Rolle rückwärts machen** do a backward roll ❺ (*im

Film, Theater) part, role [rəʊl] ⑥ **[das] spielt keine Rolle!** never mind!; **das spielt hier keine Rolle!** that doesn't concern us now!; **Geld spielt keine Rolle!** money is no object! ▸ IN WENDUNGEN: **ich bin ganz von der Rolle** I feel like I've been hit over the head

rollen ① (*kugeln*) roll [rəʊl]; **die Augen rollen** roll one's eyes ② (*aufrollen*) roll up ③ *Donner:* rumble ④ **sich in eine Decke rollen** curl up in a blanket ▸ IN WENDUNGEN: **den Stein ins Rollen bringen** start the ball rolling; **etwas kommt ins Rollen** something is gathering momentum

Roller ① (*Spielzeug*) scooter; **Roller fahren** ride a scooter ② (*Motorroller*) motor scooter; **Roller fahren** ride a motor scooter

Rollfeld runway

Rollkragenpulli polo-neck (GB), turtleneck [sweater] (USA)

Rollladen shutter **Rollo** blind

Rollschuh roller skate; **Rollschuh laufen** rollerskate **Rollschuhläufer(in)** roller skater

Rollstuhl wheelchair; **an den Rollstuhl gefesselt** confined to a wheelchair **Rollstuhlfahrer(in)** wheelchair user **rollstuhlgerecht** suitable for wheelchairs *nachgestellt* **Rolltreppe** escalator

ROM *Abkürzung von* **Read Only Memory** ROM

Roma Romany; **die Roma** the Romany [people] *plural*

Roman novel ['nɒvəl]

romanisch ① **romanische Sprachen** Romance [rəʊ'mæns] languages ② **romanisher Stil** Romanesque [ˌrəʊmən'esk] style

Romantik Romanticism [rəʊ'mæntɪsɪzəm] **romantisch** ① *Kunstepoche:* Romantic [rəʊ'mæntɪk] ② *Mensch, Stimmung:* romantic

Römer(in) Roman ['rəʊmən] **römisch** Roman ['rəʊmən]; **römisch 12** 12 in Roman numerals

röntgen X-ray ['eksreɪ] **Röntgenbild** X-ray **Röntgenstrahlen** X-rays

Rosa pink **rosa** pink ▸ IN WENDUNGEN: **etwas durch die rosarote Brille sehen** see something through rose-coloured glasses

Rose rose [rəʊz]

Rosenkohl Brussels sprouts ⚠ *plural* **Rosenkranz** rosary

rosig rosy

Rosine raisin ['reɪzən] ▸ IN WENDUNGEN: **Rosinen im Kopf haben** have big ideas; **sich die Rosinen herauspicken** take the pick of the bunch

Rost^1 der (*auf Metall*) rust; **Rost ansetzen** start to rust

Rost^2 der (*Bratrost*) grill **Rostbraten** ≈ roast

rosten get rusty, rust

rösten ① toast *Brot* ② roast *Fleisch, Kaffee* ③ fry *Kartoffeln*

rostfrei stainless

Rösti (CH) (*Bratkartoffeln nach schweizer Art*) ≈ hash browns ⚠ *plural*

rostig rusty

Röstkartoffeln fried potatoes

Rot ① red ② **die Ampel stand auf Rot** the lights were red; **bei Rot über die Ampel fahren** jump the lights

rot ① red; **rote Rübe** beetroot ② **rot werden** blush ▸ IN WENDUNGEN: **rot sehen** see red

rotblond strawberry blonde; **rotblondes Haar** sandy hair **rotbraun** reddish brown

Röteln German measles ['miːzl̩z] ⚠ *singular*

röten **sich röten** turn red

rothaarig red-haired

rotieren rotate ▸ IN WENDUNGEN: **ich bin voll am Rotieren!** I don't know whether I'm coming or going!

rötlich reddish

Rotlichtviertel red-light district **Rotstift** red pencil ▸ IN WENDUNGEN: **den Rotstift ansetzen** make cutbacks ⚠ *plural* **Rotwein** red wine

Rotz ▸ IN WENDUNGEN: **Rotz und Wasser heulen** cry one's eyes out *umgangsspr*

rotzfrech insolent

Roulade beef olive

Roulette roulette [ruː'let]

Route route [ruːt]

Routine routine [ruː'tiːn] **routiniert** experienced

Rowdy hooligan

rubbeln rub, scratch

Rübe **gelbe Rübe** carrot; **rote Rübe** beetroot; **weiße Rübe** turnip ▸ IN WENDUNGEN: **eins auf die Rübe bekommen** get a bash on the nut *umgangsspr*

Rubel rouble ['ruːbl̩] ▸ IN WENDUNGEN: **da rollt der Rubel** the money [*oder umgangsspr* dosh] is rolling in

Rubin ruby ['ruːbi]

Ruck ① (*Stoß*) jerk, start; **mit einem Ruck** at one go ② *von Fahrzeugen:* jolt ▶ IN WENDUNGEN: **sich einen Ruck geben** make an effort

ruckartig jerky

Rücken back; **mir tut der Rücken weh** I have a sore back, my back is aching ▶ IN WENDUNGEN: **hinter jemandes Rücken** behind someone's back; **jemandem in den Rücken fallen** stab someone in the back; **jemandem den Rücken zuwenden** turn one's back on someone; **es lief mir kalt den Rücken herunter** it sent shivers down my spine **rücken** ① (*Platz machen*) move [over]; **könnten Sie ein bisschen rücken?** could you move over a bit? ② **an etwas rücken** move something ③ **näher rücken** come closer; **in weite Ferne rücken** recede into the distance **Rückenschmerzen Rückenschmerzen haben** have got a backache ['bækeɪk] **Rückenschwimmen** backstroke; **kannst du Rückenschwimmen?** can you do the backstroke? **Rückenwind** tail wind; **wir haben Rückenwind** we've got the wind behind us

Rückfahrkarte return ticket (GB), round-trip ticket (USA) **Rückfahrt** return journey; **auf der Rückfahrt** on the way back

Rückfall (*bei Krankheit*) relapse ['riːlæps]

Rückfenster rear window

Rückflug return flight [flaɪt] **Rückflugticket** return [air] ticket

Rückgang drop, fall (**an** in) **rückgängig rückgängig machen** cancel *Auftrag, Termin;* call off *Verlobung*

Rückgrat backbone, spine ▶ IN WENDUNGEN: **jemandem das Rückgrat brechen** ruin someone; **kein Rückgrat haben** have got no backbone

Rückhand (*beim Tennis*) backhand **Rückkehr** return; **bei seiner Rückkehr** (*in Vergangenheit*) on his return; (*in Zukunft*) when he gets back **Rücklicht** rear light **Rückporto** return postage **Rückreise** return journey

Rucksack backpack, rucksack ['rʌksæk] (GB) **Rucksacktourist(in)** backpacker

Rückschlag ① *von Schusswaffe:* recoil ['riːkɔɪl] ② (*Rückfall*) relapse ['riːlæps]; **einen Rückschlag erleiden** suffer a relapse ③ (*übertragen*) setback; **einen Rückschlag erleiden** suffer a setback

Rückseite ① *von Blatt, Zeitung:* back page ② *von Banknote:* reverse [rɪ'vɜːs] ③ *von Gebäude:* rear [rɪəʳ]; **auf der Rückseite ...** at the rear ...

Rücksicht consideration; **mit Rücksicht auf jemanden** out of consideration for someone; **keine Rücksicht auf jemanden nehmen** show no consideration for someone **rücksichtslos** ① (*unüberlegt*) inconsiderate [ˌɪnkən'sɪdᵊrət]; *Verhalten:* reckless ② (*skrupellos*) ruthless **rücksichtsvoll** considerate [kən'sɪdᵊrət], thoughtful ['θɔːtfᵊl] (**gegenüber** towards)

Rücksitz ① (*im Auto*) backseat ② *von Zweirad:* pillion; **auf dem Rücksitz mitfahren** ride pillion **Rückspiegel** rear[-view] mirror **Rückspiel** return match **Rückstand** ① (*Außenstände*) arrears [ə'rɪəʳz] ⚠ *plural* ② (*Verzug*) delay; **er ist mit der Miete 3 Monate im Rückstand** his rent is 3 months in arrears ③ (*im Sport*) **mit drei Punkten im Rückstand sein** be three points down; **einen Rückstand aufholen** close the gap ④ *von Chemikalien:* residue ['rezɪdjuː] **rückständig** ① (*überfällig*) overdue [ˌəʊvə'djuː] ② (*zurückgeblieben*) backward **Rücktritt** ① (*vom Amt*) resignation [rezɪg'neɪʃᵊn]; **seinen Rücktritt einreichen/erklären** hand in/announce one's resignation ② (*vom Vertrag*) withdrawal [wɪð'drɔːᵊl] **Rücktrittbremse** backpedal [*oder* coaster] brake **Rückumschlag** self-addressed stamped envelope **Rückwand** rear wall

rückwärts backwards; **rückwärts fahren** reverse **Rückwärtsgang** reverse gear; **im Rückwärtsgang** in reverse

Rückweg way back; **auf dem Rückweg** on the way back; **sich auf den Rückweg machen** head back

Rückzieher einen Rückzieher machen climb down, back out

Rückzug retreat [rɪ'triːt]

Rüde (*männl. Hund*) male

Rudel ① (*Hunde, Wölfe*) pack ② (*Wild*) herd [hɜːd]

Ruder ① (*Bootsruder*) oar [ɔːʳ] ② (*Steuerruder*) rudder ['rʌdəʳ] **Ruderboot** rowing-boat ['rəʊɪŋbəʊt] (GB), row boat (USA) **rudern** ① row [rəʊ] ② **mit den Armen rudern** wave one's arms about

Rüebli (CH) (*Karotte*) carrot ['kærət]

Ruf ① call, shout [ʃaʊt]; (*Schrei*) cry; **ein Ruf nach Frieden** a cry for peace ② (*Ansehen*) reputation [repju:ˈteɪʃ(ə)n]; **einen guten Ruf haben** have a good reputation; **ist er wirklich so schlimm wie sein Ruf?** is he really as bad as people make him out to be?

rufen ① (*herbeirufen*) call ② **rufen lassen** send for *Arzt* ③ (*schreien*) cry, shout [ʃaʊt]; **um Hilfe rufen** cry [*oder* call] for help ④ **du kommst mir wie gerufen** you are just what I needed ⑤ **die Arbeit ruft** duty calls

Rufmord character [ˈkærɪktə(r)] assassination

Rufname forename [ˈfɔ:neɪm]

Rufnummer telephone number

Rufzeichen Ⓐ (*Ausrufezeichen*) exclamation [ˌekskləˈmeɪʃ(ə)n] mark

rügen reprimand [ˈreprɪmɑ:nd] (**wegen** for)

Ruhe ① (*Schweigen*) quiet [ˈkwaɪət]; **Ruhe bitte!** quiet please! ② (*Stille*) silence ③ (*innere Ruhe*) calm [kɑ:m], calmness; **er ist immer die Ruhe selbst** he's as cool as a cucumber; **er hat die Ruhe weg!** he's unflappable!; **immer mit der Ruhe!** keep calm!; **zur Ruhe kommen** get some peace ④ (*Erholung*) rest; **viel Ruhe brauchen** need a lot of rest ⑤ (*Frieden*) **in Ruhe lassen** leave alone; **lass mich in Ruhe!** stop bothering me! ⑥ (*Ungestörtheit*) peace, quiet; **ich brauche meine Ruhe** I need a bit of peace

ruhelos restless

ruhen ① rest ② *Antrag:* be suspended

Ruhepause **eine Ruhepause einlegen** take [*oder* have] a break

Ruhestand retirement; **im Ruhestand [sein]** [be] retired; **in den Ruhestand treten** retire; **jemanden in den Ruhestand versetzen** retire someone **Ruhestörung** disturbance of the peace **Ruhetag** ① *von Arbeit:* day off ② *von Restaurant:* closing day; **Montag Ruhetag** closed on Mondays

ruhig ① *auch Meer:* calm [kɑ:m]; **bleib ruhig!** keep calm! ② (*geräuscharm*) quiet [ˈkwaɪət]; **ruhig wohnen** live in a quiet area ③ (*als Verstärkung*) **ihr könnt ruhig dableiben** feel free to stay here; **komm ruhig rein** do come in; **das darfst du mir ruhig glauben!** take my word for it! ④ *Gewissen:* clear [klɪə(r)] ⑤ *Hand:* steady [ˈstedi]

Ruhm glory; **Ruhm erlangen** come to fame

rühmen ① (*loben*) praise [preɪz] ② **sich einer Sache rühmen** boast of something

Rührei scrambled eggs ⚠ *plural*

rühren ① (*umrühren*) stir; **er rührte seinen Kaffee um** his stirred his caffee ② (*innerlich*) move, touch [tʌtʃ]; **jemanden zu Tränen rühren** move somebody to tears; **das rührt mich nicht im Mindesten** that leaves me cold ③ **sich rühren** (*sich bewegen*) stir; **sich nicht vom Fleck rühren** not budge; **sie hat sich seit Jahren nicht gerührt** she hasn't been in touch for years

rührend ① *Film etc.:* touching [ˈtʌtʃɪŋ] ② **das ist rührend von dir!** that's sweet of you!

Rührung emotion [ɪˈməʊʃ(ə)n]; **vor Rührung nicht sprechen können** be choked with emotion

Ruin ruin [ˈru:ɪn]; **jemanden in den Ruin stürzen** ruin somebody; **vor dem Ruin stehen** be on the brink [*oder* verge] of ruin

Ruine ruin [ˈru:ɪn]

ruinieren ① ruin [ˈru:ɪn] *Firma, Menschen* ② spoil *Kleider* ③ **sich ruinieren** ruin oneself

rülpsen belch [beltʃ] *umgangsspr,* burp *umgangsspr*

Rülpser burp *umgangsspr*

Rum rum [rʌm]

Rumäne, Rumänin Romanian [rʊˈmeɪniən]

Rumänien Romania [rʊˈmeɪniə]

rumkriegen **jemanden rumkriegen** talk someone round *umgangsspr*

Rummel ① (*Jahrmarkt*) fair; **auf den Rummel gehen** go to the fair ② (*Betriebsamkeit*) bustle [ˈbʌsl̩] ③ (*Aufhebens*) fuss [fʌs]

Rummelplatz fairground

Rumpf ① (*Körper, Leib*) trunk; (*Torso*) torso ② *eines Schiffs:* hull; *eines Flugzeugs:* fuselage [ˈfju:z(ə)lɑ:ʒ]

rümpfen ▸ In Wendungen: **die Nase rümpfen** turn up one's nose (**über** at)

rund ① *Form, Summe:* round [raʊnd] ② (*rundherum*) [a]round; **rund um die Welt** [a]round the world; **rund um die Uhr** [a]round the clock ③ (*etwa*) about ④ **heute Nacht geht's rund** there'll be a lot happening tonight

Runde ① (*im Rennsport*) lap ② (*beim Boxen*) round ③ **über die Runden kom-**

men (*im Sport*) go the distance ④ (*Polizeirundgang*) round ⑤ (*Runde Bier etc.*) round; **eine Runde ausgeben** stand a round ⑥ (*Leute, Gesellschaft*) company ['kʌmpəni] ▸ IN WENDUNGEN: **über die Runden kommen** pull through

Rundfahrt tour **Rundflug** sightseeing flight

Rundfunk broadcasting; **im Rundfunk** on the radio **Rundfunksender** radio station

Rundgang ① (*Besichtigung*) tour (**durch** of); **einen Rundgang machen** do a tour ② (*Spaziergang*) walk; **einen Rundgang machen** go for a walk ③ (*zur Inspektion*) rounds ⚠ *plural;* **einen Rundgang machen** do one's rounds

rundlich plump

Rundreise tour (**durch** of)

Rundung curve [kɜːv]

runterhauen **jemandem eine runterhauen** give somebody a clip [a]round the ear

runzelig wrinkled ['rɪŋkl̩d] **runzeln** **die Stirn runzeln** frown [fraʊn]

rupfen ① pull up *Unkraut* ② pluck *Huhn*

ruppig gruff

Rüsche (*an Kleidung*) frill, ruche [ruːʃ]

Ruß soot

Russe, Russin Russian ['rʌʃᵊn]

Rüssel ① (*auch übertragen: Nase*) snout [snaʊt] ② *von Elefant:* trunk ③ *von Insekt:* proboscis [prə'bəʊsɪs]

rußig sooty

russisch Russian ['rʌʃᵊn]

Russland Russia ['rʌʃə]

rüsten (*militärisch*) arm

rüstig sprightly ['spraɪtli]

Rüstung[1] die (*Ritterrüstung*) armour ['ɑːməʳ]

Rüstung[2] die (*Aufrüstung*) armament

Rute ① (*Stock*) rod; (*Gerte*) switch ② (*Tierschwanz*) tail; *von Fuchs:* brush ③ (*Penis von Tier*) penis ['piːnɪs]

Rutsch ① (*Abrutsch*) slide ② (*Erdrutsch*) landslide ③ (*politisch*) shift ▸ IN WENDUNGEN: **einen guten Rutsch** [**ins neue Jahr**]! Happy New Year! **Rutschbahn** (*für Kinder*) slide **rutschen** ① (*gleiten*) slide ② (*nicht gut sitzen*) *Hose, Rock, Strumpf:* slip down ③ (*ausrutschen*) *Mensch:* slip; *Auto:* skid ④ **rutsch mal!** move up a bit! **Rutscher** Ⓐ ① (*Ausflug*) short trip; **ich mache mal einen Rutscher zur Maria** I'm just going to pop over to Maria's [house] ② (*kurze Distanz*) a stone's throw away; **es ist doch nur ein Rutscher bis zur Bushaltestelle** the busstop is just a stone's throw away **rutschig** slippery

rütteln **an etwas rütteln** shake something ▸ IN WENDUNGEN: **daran gibt's nichts zu rütteln!** (*ist unbestritten*) there's no doubt about that!; (*ist unabänderlich*) that's the way it is!

S s

Saal ① hall ② (*Theatersaal*) auditorium [ˌɔːdɪ'tɔːrɪəm] ③ (*für Konferenz, Sitzung*) room

Saat ① (*das Säen*) sowing ['səʊɪŋ] ② (*das Ausgesäte*) seed ③ (*Getreide*) young crops ⚠ *plural*

Sabbat Sabbath ['sæbəθ]

sabbern dribble

Säbel sabre ⒼⒷ, saber ⓊⓈⒶ ▸ IN WENDUNGEN: **mit dem Säbel rasseln** rattle one's sabre

Sabotage sabotage ['sæbətɑːʒ]

Sachbuch non-fiction book

Sache ① (*Ding*) thing; (*Gegenstand*) object ② **Sachen** (*Besitz*) things; (*Kleider*) clothes; **seine Sachen packen** pack one's bags ③ (*Angelegenheit*) matter; **kommen wir zur Sache!** let's get to the point!; **das ist Ihre Sache** that's your problem; **das ist meine Sache** that's my business; **das ist nicht deine Sache!** that's none of your business! *umgangssprachlich* ④ (*Frage, Problem*) **das gehört nicht zur Sache** that's beside the point; **das tut nichts zur Sache** it's of no account ⑤ **das ist nicht jedermanns Sache** that's not to everybody's taste ⑥ **bei der Sache sein** be on the ball; **bei der Sache bleiben** keep to the point ⑦ **sich seiner Sache sicher sein** be sure of one's ground ⑧ **seine Sache gut machen** do a good job

Sachgebiet [spezialized] field **Sachkenntniss** expert knowledge ['nɒlɪdʒ]; **Sachkenntnisse haben** have expert knowledge

sachkundig ① well-informed, knowledgeable ['nɒlɪdʒəbl] ② **sich sachkundig machen** inform oneself

sachlich ① (*sachbezogen*) relevant ['reləvənt] ② (*objektiv*) objective [əb'dʒektɪv]; **bleiben Sie mal sachlich!** don't get personal! ③ (*nüchtern*) matter-of-fact ④ (*schmucklos*) functional ['fʌŋkʃ(ə)n(ə)l] ⑤ (*unparteiisch*) impartial

sächlich neuter ['nju:tə(r)]

Sachschaden damage to property; **am Haus entstand großer Sachschaden** there was significant damage to the property; **Sachschaden in Höhe von …** damage amounting to …

Sachse Saxon **Sachsen** Saxony **Sächsin** Saxon **sächsisch** Saxon

sacht(e) ① (*sanft*) gentle; **sachte mit jemandem umgehen** be gentle on somebody ② (*vorsichtig*) cautious; **sachte mit etwas umgehen** be careful with something ③ **sachte, sachte!** easy does it!

Sachverhalt circumstances ['sɜːkəmstænsɪz] ⚠ *plural*, facts ⚠ *plural*

Sachverständige(r) ① expert ['ekspɜːt], specialist ['speʃ(ə)lɪst] ② (*vor Gericht*) expert witness

Sack (*aus Jute*) sack [sæk]; (*aus Papier*) bag ▸ IN WENDUNGEN: **die Katze im Sack kaufen** buy a pig in a poke; **fauler Sack!** lazy bugger!

Sackgasse blind alley, dead end ▸ IN WENDUNGEN: **wir stecken in einer Sackgasse** we've come to a dead end

Sacktuch Ⓐ, ⒸⒽ (*Taschentuch*) handkerchief ['hæŋkətʃiːf]

Sadismus sadism ['seɪdɪz(ə)m] **Sadist(in)** sadist ['seɪdɪst] **sadistisch** sadistic [sə'dɪstɪk]

säen sow [səʊ] *Saat* ▸ IN WENDUNGEN: **dünn gesät** few and far between

Safari safari [sə'fɑːri]

Saft ① (*Obstsaft*) juice [dʒuːs] ② (*Pflanzensaft*) sap ③ (*Flüssigkeit*) liquid ▸ IN WENDUNGEN: **jemanden im eigenen Saft schmoren lassen** let somebody stew in his/her own juice **saftig** ① (*voll von Saft*) juicy ['dʒuːsi] ② (*übertragen*) *Farbe, Wiese:* lush ③ (*übertragen*) *Preise, Rechnung, Strafe:* steep, hefty

Saftladen dump *umgangsspr*

Sage legend ['ledʒənd]

Säge saw

Sagen ▸ IN WENDUNGEN: **das Sagen haben** have the final say

sagen ① (*äußern*) say; **sag mal …** say, …; **was sagst du dazu?** what do you say to that?; **sag bloß!** you don't say!; **das kann man/kannst du wohl sagen!** you can say that again!; **ich sagte mir …** I said to myself … ② (*mitteilen*) tell; **wem sagen Sie das!** you don't need to tell me that!; **das kann man wohl sagen!** you're telling me!; **das sagt mir alles** that tells me all I need to know; **das hab ich dir doch gleich gesagt** I told you so ③ (*bedeuten*) mean; **was hat das zu sagen?** what does that mean?; **das hat nichts zu sagen** it's of no account ④ (*bestimmen*) **sie hat nichts zu sagen** she has no say in the matter; **Sie haben mir nicht zu sagen, was ich tun soll!** don't you tell me what to do! ⑤ **er lässt sich nichts sagen** he won't listen to reason ⑥ **ich habe mir sagen lassen …** I've been told … ⑦ **das sagst du/sagt sich so leicht** easier said than done

> **? Grammatik** **say — said — said:** *Jane said "Yes"; have you said anything?*

sägen ① saw ② (*schnarchen*) snore

sagenhaft ① legendary ['ledʒəndri] ② (*enorm*) fabulous ③ (*super*) fantastic ④ (*sehr*) **sagenhaft schön** incredibly beautiful

Sahne cream

Saison season ['siːz(ə)n]; **außerhalb der Saison** in [*oder* during] the off-season

Saite string ▸ IN WENDUNGEN: **andere Saiten aufziehen** get tough **Saiteninstrument** stringed instrument

Sakko sports jacket ⒼⒷ, sports coat ⓊⓈⒶ

Salami salami [sə'lɑːmi]

Salär Ⓐ, ⒸⒽ (*Lohn*) salary

Salat ① (*Gericht*) salad ['sæləd] ② (*Pflanze*) lettuce ['letɪs] ▸ IN WENDUNGEN: **da haben wir den Salat!** now we're in a right pickle! *umgangsspr* **Salatschüssel** salad bowl **Salatsoße** salad dressing

Salbe ointment

Salmonellenvergiftung salmonella poisoning

Salon ① (*Gesellschaftszimmer*) drawing room ⒼⒷ, parlor ⓊⓈⒶ ② (*Friseursalon*) salon ['sælɒn]

salopp ① (*nachlässig*) sloppy, slovenly ② *Ausdruck, Sprache:* slangy ③ **saloppe Kleidung** casual wear

Salto somersault ['sʌməsɒlt]; **einen Salto [vorwärts/rückwärts] machen** do a [forward/backward] somersault

salü CH ① (*zur Begrüßung*) hi, hello ② (*zum Abschied*) bye[-bye]

Salz salt [sɒlt]

salzen salt [sɒlt]

Salzgehalt salt content

salzig salty ['sɒlti]

Salzkartoffeln boiled potatoes **Salzsäure** hydrochloric [ˌhaɪdrə'klɒrɪk] acid **Salzstange** pretzel ['pretsəl] stick **Salzstreuer** salt-sprinkler GB, salt-shaker USA **Salzwasser** saltwater

Samen ① *von Pflanze:* seed ② *von Tier:* sperm ③ *vom Mann:* semen ['siːmən]

sammeln ① (*auflesen, ernten*) gather ② collect *Briefmarken etc.* ③ **Kräfte sammeln** gather one's strength ④ **Edgar Allan Poe's gesammelte Werke** the collected works of Edgar Allan Poe ⑤ **sich sammeln** (*sich konzentrieren*) collect one's thoughts

Sammler(in) collector

Sammlung ① *von Sammelstücken:* collection ② *von Geld:* **eine Sammlung durchführen** hold a collection (**für** for) ③ *von Gedichten etc.:* anthology

Samstag Saturday ['sætədeɪ]; **bis Samstag!** see you [on] Saturday!; **[am] Samstagabend/Samstagmorgen/Samstagnachmittag** [on] Saturday night [*oder* evening]/morning/afternoon; **samstagabends/samstagsmorgens** on Saturday evenings/mornings [*oder* nights] **samstags** on Saturdays

Samt velvet

samt along [*oder* together] with ▶ IN WENDUNGEN: **samt und sonders** all and sundry

Samthandschuhe ▶ IN WENDUNGEN: **jemanden mit Samthandschuhen anfassen** handle somebody with kid gloves

sämtlich (*alle*) all; **sämtliche Kinder** all the children

Sand sand [sænd] ▶ IN WENDUNGEN: **etwas in den Sand setzen** muck something up; **im Sande verlaufen** come to nothing

Sandale sandal ['sændəl]

Sandbank sandbank, sandbar

sandig sandy

Sandkasten sandpit GB, sand box USA **Sandkorn** grain of sand **Sandkuchen** ≈ Madeira cake **Sandmann** sandman ['sændmæn] **Sandpapier** sandpaper **Sandstrand** sandy beach **Sandsturm** sandstorm

sanft ① (*weich*) soft; **mit sanfter Stimme** softly, in a soft voice; **jemanden mit sanften Augen anschauen** look at somebody tenderly ② (*leicht*) gentle ③ (*mild*) mild ④ **mit sanfter Gewalt** gently but firmly

Sänger(in) singer GB, vocalist USA

sang- und klanglos **sang- und klanglos verschwinden** just simply disappear

sanieren ① redevelop [ˌriːdɪ'veləp] *Stadtgebiet* ② put on it's feet *Firma* ③ clean up *Fluss, Umwelt* **Sanierung** ① *von Stadtgebiet:* redevelopment [ˌriːdɪ'veləpmənt] ② *von Firma:* rescue operation ③ *der Umwelt:* cleaning up

sanitär **sanitäre Verhältnisse** sanitary conditions; **sanitäre Anlagen** sanitation [*oder* sanitary] facilities

Sanität CH, A (*Krankenwagen*) ambulance ['æmbjələns]

Sanitäter(in) first-aid attendant, paramedic USA

Sankt saint [seɪnt], St.; **Sankt Nikolaus** Santa [Claus]

Sardelle anchovy ['æntʃəvi]

Sardine sardine [sɑː'diːn]

Sarg coffin GB, casket USA

Sarkasmus sarcasm **sarkastisch** sarcastic

Satan Satan ['seɪtən]

Satellit satellite ['sætəlaɪt] **Satellitenfernsehen** satellite television **Satellitenschüssel** satellite dish

Satire satire ['sætaɪəʳ] (**auf** on)

satt ① (*gesättigt*) full; **bist du satt [geworden]**? have you had enough to eat?; **ich bin satt** I've had enough to eat; **das macht satt** it is very filling ② **ich kann mich nicht daran satt sehen** I can't see enough of it ③ (*kräftig*) *Farbe:* rich ④ **etwas satt haben** be fed up with something, be sick and tired of something *umgangsspr*

Sattel saddle **Satteltasche** saddle bag

sättigen ① satiate *Person* ② (*stillen*) satisfy *Hunger, Neugierde* ③ **das sättigt** this is filling

Saturn Saturn ['sætɜːn]

Satz ① (*Sprache*) sentence ② (*im Druckwesen: das Gesetzte*) type ③ (*beim Tennis*) set; **Becker gewinnt mit 3:1 Sätzen**

Becker wins 3 sets to 1 ④ **ein Satz Briefmarken** a set of stamps ⑤ (*Sprung*) jump, leap; **einen Satz machen** jump, leap ⑥ (*Gebühr*) charge

Satzball set point

Satzbau syntax ['sɪntæks]

Satzzeichen punctuation mark

Sau ① (*weibliches Schwein*) sow [saʊ] ② (*Schimpfwort*) [dirty] swine!; (*für Mann*) bastard! *umgangsspr;* (*für Frau*) bitch! *umgangsspr* ▶ IN WENDUNGEN: **jemanden zur Sau machen** have a go at someone; **wie eine gesengte Sau fahren** drive like a maniac; **unter aller Sau** lousy ['laʊzi]

sauber ① (*rein*) clean; **ist der Hund auch sauber?** is the dog house-trained? ② (*gut gearbeitet*) accurate ['ækjərət] ③ **etwas sauber halten** keep something clean ▶ IN WENDUNGEN: **du bist wohl nicht ganz sauber!** you must be off your head! **Sauberkeit** ① (*Reinheit*) cleanness ② (*im Hause*) cleanliness ['klenlinəs]

säuberlich **fein säuberlich** neatly and tidily

säubern ① (*reinigen*) clean ② (*übertragen*) **etwas von etwas säubern** purge something of something

saublöd bloody stupid *umgangsspr*

Sauce sauce [sɔːs]

Saudi-Arabien Saudi Arabia [ˌsaʊdiə'reɪbiə] **saudiarabisch** Saudi Arabian [ˌsaʊdiə'reɪbiən]

sauer ① sour ['saʊəʳ]; **saure Gurken** pickled cucumber; **sauer werden** turn sour ② (*chemisch*) acidic; **saurer Regen** acid rain ③ (*übertragen: ärgerlich*) cross (**auf** with); **sauer werden** get annoyed; **sauer auf etwas reagieren** take something amiss ④ **sauer verdientes Geld** hard-earned money

Sauerbraten braised beef (GB), sauerbraten (USA)

Sauerei ① (*Unordnung*) **eine Sauerei machen** make a bloody mess *umgangsspr;* **so eine Sauerei!** what a bloody mess! *umgangsspr* ② (*Gemeinheit*) **so eine Sauerei!** it's a bloody scandal [*oder* disgrace]! *umgangsspr*

Sauerkraut pickled cabbage, sauerkraut

Sauerstoff oxygen ['ɒksɪdʒən]

saufen ① (*slang: Alkohol trinken*) booze *umgangsspr;* **wie ein Loch saufen** drink like a fish *umgangsspr* ② *Tier:* drink

Säufer(in) heavy drinker, boozer *umgangsspr*

Sauferei ① (*Saufgelage*) booze-up *umgangsspr* ② (*Trinkgewohnheit*) boozing *umgangsspr*

saugen ① (*einsaugen*) suck ② (*mit Staubsauger*) vacuum ['vækjuːm], hoover *umgangsspr* ③ **an etwas saugen** suck something ▶ IN WENDUNGEN: **sich etwas aus den Fingern saugen** conjure something

säugen suckle

Säugetier mammal

Säugling baby

saukalt damn [dæm] cold *umgangsspr*

Saukerl bloody bastard *umgangsspr*

Säule column ['kɒləm]

Saum ① (*Nähsaum*) seam ② (*Einfassung*) hem

saumäßig ① (*schlecht*) bloody awful *umgangsspr,* lousy ['laʊzi] *umgangsspr* ② (*sehr, extrem*) bloody [*oder* damn] ... *umgangsspr*

säumen (*einfassen*) hem

Sauna sauna ['sɔːnə]

Säure (*chemische*) acid

Sauregurkenzeit (*für Medien*) silly season

Saures ▶ IN WENDUNGEN: **gib ihr Saures!** let her have it!

Saurier dinosaur ['daɪnəsɔːʳ]

säuseln ① *Wind:* whisper ② *Stimme:* purr

sausen ① *Fahrzeug:* roar [rɔːʳ] ② *Mensch:* tear [teəʳ]; **ich saus mal schnell zum Metzger!** I'll just nip round to the butcher's! *umgangsspr* ③ *Wind:* whistle ['wɪsl̩] ▶ IN WENDUNGEN: **etwas sausen lassen** drop something

Saustall pigsty ['pɪgstaɪ] **Sauwetter** **so ein Sauwetter!** awful [*oder* lousy] weather! *umgangsspr*

sauwohl **sich sauwohl fühlen** feel really great

Saxofon, **Saxophon** saxophone ['sæksəfəʊn]; **Saxofon spielen** play the saxophone

SB- self-service

S-Bahn ① (*System*) suburban railway ② (*Zug*) suburban train **S-Bahnhof** suburban railway station

Schabe cockroach

schaben scrape

Schabernack prank **jemandem einen Schabernack spielen** play a prank on someone

schäbig ① *(unansehnlich)* shabby, tacky (USA); **schäbig aussehen** look shabby ② *(gemein)* mean (GB)

Schablone stencil ▶ IN WENDUNGEN: **jemanden in eine Schablone zwängen** stereotype someone

Schach ① *(Spiel)* chess; **eine Partie Schach** a game of chess; **spielst du Schach?** can you play chess? ② *(Spielstellung: Schach bieten)* check!; **Schach und matt!** checkmate! ▶ IN WENDUNGEN: **jemanden in Schach halten** stall someone; *(mit Waffe)* keep someone covered **Schachbrett** chessboard **Schachfigur** ① chessman ② *(übertragen)* pawn; *(politisch)* figurehead ['fɪgəhed] **schachmatt** ① *(im Spiel)* **schachmatt!** checkmate! ② *(übertragen: erledigt)* knackered ['nækəd] *umgangsspr* **Schachspieler(in)** chessplayer

Schacht ① *(im Bergwerk)* shaft ② *(im Kanal)* drain ③ *(Einstiegsschacht)* manhole

Schachtel ① box ② **eine Schachtel Zigaretten** a packet of cigarettes ③ *(abwertend)* **alte Schachtel!** old bag!

Schachzug *(auch übertragen)* move

schade ① **wie schade!** that's a shame!; **es ist sehr schade** it's a great pity; **schade, dass du nicht bleiben kannst** what [*oder* it's] a pity you can't stay ② **es ist schade um ihn** it is a pity about him; **um die ist es nicht schade** she's no great loss ③ **sich für etwas zu schade sein** consider oneself too good für something

Schädel ① *von Skelett:* skull ② *(Kopf)* head; **mir brummt der Schädel** my head is throbbing; **jemandem den Schädel einschlagen** knock out someone's brains

Schaden ① damage (**durch** caused by, **an** to) ② **Schaden verursachen** cause damage (**an** to); **großen Schaden anrichten** do a lot of damage (**an** to); **jemandem Schaden zufügen** do harm to someone; **den Schaden wiedergutmachen** make good the damage

schaden ① *(Schaden zufügen)* damage ② *(schädlich sein)* harm; **Rauchen schadet der Gesundheit** smoking can damage your health ▶ IN WENDUNGEN: **was kann denn das schaden?** where's the harm in that?; **ein Versuch kann nicht[s] schaden** there's no harm in trying; **das schadet dir gar nichts** *(geschieht dir recht)* it serves you right; *(tut dir gut)* it won't do you any harm [at all]

Schadenersatz compensation **Schadenfreude** malicious [mə'lɪʃəs] joy [*oder* delight]; **voller Schadenfreude** gleefully, gloatingly **schadenfroh** ① gloating ② **schadenfroh lachen** laugh with malicious delight [*oder* glee]

schädlich damaging, harmful (**für** to)

Schädling pest

Schadstoff pollutant **schadstoffarm** *Auto:* low-emission **schadstofffrei** emission-free

Schaf ① *(Tier)* sheep ② **du dummes Schaf!** silly twit! ▶ IN WENDUNGEN: **das schwarze Schaf der Familie** the black sheep of the family

> **! Vorsicht Falle** Die Pluralform von **sheep** ist ebenfalls **sheep**: *a flock of a hundred sheep.*

Schäfer(in) shepherd/shepherdess ['ʃepəd, ʃepə'des] **Schäferhund** Alsatian [æl'seɪʃᵊn] (GB), German shepherd ['ʃepəd] [dog] (USA)

schaffen ① *(erzeugen)* create ② *(erreichen)* manage; pass *Prüfung;* **ich hab's geschafft!** I did it!; **wie hast du das bloß geschafft?** how did you do it?; **es schaffen, etwas zu tun** manage to do something; **das wäre geschafft!** there, that's done! ③ **etwas aus der Welt schaffen** settle something; **schaff mir den Hund fort!** get that dog out! ④ **er macht sich im Garten zu schaffen** he's pottering about in the garden; **sich an etwas zu schaffen machen** fiddle about with something; **damit hatte ich nichts zu schaffen** this had nothing to do with me, I had nothing to do with this ▶ IN WENDUNGEN: **jemandem zu schaffen machen** give someone trouble; **diese Sache macht mir zu schaffen** this is really giving me a headache

Schaffner(in) ① *(im Bus)* conductor ② *(im Zug)* conductor, guard [gɑːd] (GB)

Schafott scaffold

Schafskäse feta, sheep's milk cheese

Schal scarf

> **! Vorsicht Falle** **scarves** ist die Pluralform von **scarf**: *I have four knitted scarves.*

schal *Getränk:* flat; *Geschmack:* stale

Schale ① (*Gefäß*) bowl [bəʊl] ② (*äußere Hülle von Obst*) skin; (*geschälte Hülle von Obst*) peel ③ *von Schalentieren:* shell ▶ IN WENDUNGEN: **sich in Schale werfen** get dressed up

schälen ① pare *Apfel* ② shell *Ei* ③ skin *Kartoffel* ④ peel *Orange* ⑤ **sich schälen** *Haut, Lack:* peel

Schall sound **Schalldämpfer** ① (*am Auto*) silencer (GB), muffler (USA) ② (*an Waffe*) silencer

schallen ① (*tönen*) sound ② (*erschallen*) ring out ③ (*widerhallen*) resound [rɪ'zaʊnd]

schallend ① **schallendes Gelächter** ringing laughter ['lɑːftəʳ]; **eine schallende Ohrfeige** a resounding [rɪ'zaʊndɪŋ] slap ② **schallend lachen** roar [rɔːʳ] with laughter

Schallgeschwindigkeit speed of sound

Schallplatte record ['rekɔːd]

schalten ① (*im KFZ*) change gear; **in den dritten [Gang] schalten** change into third [gear] (GB), shift into third [gear] (USA) ② (*per Schalter*) switch (**auf** to) ③ (*reagieren*) react; **schnell schalten** be quick on the uptake; **ich hab nicht geschaltet** I didn't get the message [*oder* it]

Schalter[1] der (*Hebel*) switch

Schalter[2] der ① (*in Bank, Post*) counter ② (*Fahrkartenschalter*) ticket window **Schalterstunden** business hours ['aʊəʳz] **Schalthebel** gear lever ['gɪəˌliːvəʳ]

Schaltjahr leap year **Schaltknüppel** gear stick

Schaltung ① (*im KFZ*) gear change ② (*Verkabelung*) wiring

Scham shame [ʃeɪm]; **vor Scham rot werden** go red with shame; **nur keine falsche Scham!** no need to be embarrassed!

schämen **sich schämen** be ashamed (**wegen** of); **schäm dich!** you should be ashamed of yourself!, shame on you!; **sich vor jemandem schämen** feel ashamed in front of someone **Schamhaar** pubic ['pjuːbɪk] hair **schamlos** shameless

Schande ① disgrace; **so eine Schande!** this is a disgrace! ② **jemandem Schande machen** put someone to shame; **mach uns keine Schande!** don't disgrace us!; **zu meiner Schande ...** to my shame ...

Schandfleck eyesore

schändlich disgraceful

Schandtat **zu jeder Schandtat bereit sein** (*humorvoll*) be game for anything

Schar ① (*Menge*) crowd [kraʊd]; **in Scharen** in droves ② (*Vögel*) flock ③ (*Gruppe*) band **scharen** **sich um jemanden scharen** gather around someone **scharenweise** in droves

scharf ① (*schneidend*) *auch Zunge, Bemerkung:* sharp ② *Essen:* hot ③ (*beißend*) caustic; *Hund:* fierce [fɪəs] ④ (*streng*) severe [sə'vɪəʳ], tough [tʌf]; **scharf durchgreifen gegen jemanden** get tough with someone ⑤ (*klar*) sharp; *Auge:* keen ⑥ (*slang: geil*) horny *slang*, randy; **jemanden scharf machen** turn somebody on ⑦ (*slang: sexy*) *Film etc.:* hot ⑧ **scharfer Verstand** keen intellect ⑨ **scharf nachdenken** think hard ⑩ **scharf nach links abbiegen** turn sharp left ⑪ **scharf schießen** shoot with live ammunition ⑫ **scharf auf jemanden/etwas sein** be very keen on somebody/something

Schärfe ① *von Messerschneide:* sharpness ② *von Bild:* sharpness ③ (*Strenge*) severity [sə'verɪti] ④ *von Gewürz, Speise:* spiciness

schärfen sharpen

Scharfmacher(in) rabble-rouser **Scharfschütze** marksman **Scharfsinn** acumen ['ækjʊmən], keen perception **scharfsinnig** astute [ə'stjuːt], perceptive

Scharlach ① (*Farbe*) scarlet ② (*Krankheit*) scarlet fever

Scharnier hinge [hɪndʒ]

Schaschlik shashlik

Schatten ① shade; **30° im Schatten** 30 degrees in the shade ② *eines Menschen oder Gegenstandes:* shadow ['ʃædəʊ]; **im Schatten** in the shadow ▶ IN WENDUNGEN: **in jemandes Schatten stehen** be in someone's shadow; **jemanden in den Schatten stellen** put someone in the shade; **über seinen eigenen Schatten springen** force oneself to do something; **niemand kann über seinen eigenen Schatten springen** the leopard cannot change its spots

! Vorsicht Falle **shade** ist der Schatten, in den man geht, wenn es in der Sonne zu heiß ist: *I prefer to sit in the shade rather than in the sun; the tree provided some shade from*

the sun. **Shadow** dagegen ist der Schatten, den jemand oder ein Gegenstand wirft: *just before the sun sets our shadows are very long.*

Schattenseite ❶ shady side ❷ (*Nachteil*) drawback; **die Schattenseite[n] des Lebens** the dark side[s] of life

schattig shady

Schatz ❶ treasure ['treʒəʳ] ❷ **Schätze** (*Reichtümer*) riches; **ein Schatz an Erfahrungen** (*übertragen*) a wealth [welθ] of experience ❸ (*Kosewort*) sweetheart (GB), cutie (USA); [**mein**] **Schatz** (*als Anrede*) love, sweetie

schätzen ❶ (*hoch achten*) think highly of; **etwas zu schätzen wissen** appreciate [ə'pri:ʃieɪt] something; **schätzen lernen** learn to appreciate; **jemanden gering schätzen** (*verachten*) think little of someone; **etwas gering schätzen** (*nicht würdigen*) not properly appreciate something ❷ (*ehren*) respect ❸ (*veranschlagen*) assess, estimate ['estɪmeɪt] (**auf** at); **grob geschätzt** at a rough estimate; **wie alt schätzt du ihn?** how old would you say he is? ❹ (*meinen*) think ❺ **sich glücklich schätzen** count oneself lucky

Schätzung ❶ (*Werteinschätzung*) valuation ❷ (*Veranschlagung*) estimate ['estɪmət]; **meiner Schätzung nach** in my estimation **schätzungsweise** approximately [ə'prɒksɪmətli], roughly ['rʌfli]; **schätzungsweise 3000 Zuschauer** an estimated 3000 viewers; **es wird schätzungsweise länger dauern** I reckon [*oder* think] it'll take longer

Schau ❶ (*Vorführung*) show; **etwas zur Schau stellen** exhibit ['egzɪbɪt] something ❷ (*übertragen*) **das ist nur Schau** it's just for show; **es war alles nur Schau** it was all show; **eine Schau abziehen** put on a show; **etwas zur Schau stellen** display something **Schaubild** diagram ['daɪəgræm]

Schauder shiver, shudder; **ein Schauder überlief sie** a shudder ran through her body

schauen ❶ (*blicken*) look (**auf** at) ❷ (*nachsehen*) have a look; **ich schau mal nach** I'll [go and] have a look ❸ **schau zu, dass ...** see that ...

Schauer shower ['ʃaʊəʳ]; **vereinzelte Schauer** scattered showers

Schauermärchen horror story

Schaufel shovel ['ʃʌvᵊl] **schaufeln** shovel ['ʃʌvᵊl]

Schaufenster shop window **Schaufensterbummel** ▶ IN WENDUNGEN: **einen Schaufensterbummel machen** go window-shopping **Schaufensterpuppe** shop-window dummy

Schaukel swing

schaukeln ❶ (*auf Schaukel*) swing ❷ (*auf Stuhl*) rock ❸ (*pendeln*) sway to and fro ▶ IN WENDUNGEN: **wir werden das Kind schon schaukeln** we'll manage to work it out **Schaukelpferd** rocking horse **Schaukelstuhl** rocking chair

Schaulustige(r) onlooker

Schaum ❶ foam ❷ (*Seifenschaum*) lather ❸ (*Bierschaum*) froth

schäumen ❶ foam, froth ❷ *Seife:* lather ❸ *Sekt, Sprudel:* bubble ▶ IN WENDUNGEN: **vor Wut schäumen** foam with rage **Schaumstoff** foam material

schaurig ❶ (*entsetzlich*) gruesome ['gru:səm] ❷ (*schlimm*) dreadful

Schauspiel ❶ (*Theateraufführung*) drama, play ❷ (*Anblick*) sight, spectacle ['spektəkḷ] **Schauspieler** actor **Schauspielerin** actress **schauspielern** act **Schauspielschule** drama school

Scheck cheque [tʃek] (GB), check (USA) (**über** for); **einen Scheck ausstellen** write a cheque; **jemandem einen Scheck ausstellen** make a check out [*oder* payable] to somebody; **einen Scheck einlösen** cash a cheque; **mit Scheck bezahlen** pay by cheque

Scheckheft chequebook ['tʃekbʊk] (GB), checkbook (USA) **Scheckkarte** cheque [guarantee] card (GB), check cashing card (USA) **Schecknummer** cheque number (GB), check number (USA)

Scheibe ❶ disc ❷ (*Schießscheibe*) target ❸ (*Glasscheibe*) pane ❹ (*Brotscheibe*) slice ▶ IN WENDUNGEN: **von ihr könntest du dir eine Scheibe abschneiden!** you could take a leaf out of her book! **Scheibenwischer** windscreen wiper (GB), windshield wiper (USA)

Scheich sheik[h] [ʃeɪk]

Scheide ❶ *von Messer:* sheath ❷ (*Körperteil*) vagina [və'dʒaɪnə]

scheiden ❶ **sich scheiden lassen** get divorced [dɪ'vɔ:sd]; **sie lassen sich schei-**

den they are getting divorced [*oder* a divorce]; **ich will mich scheiden lassen** I want to get a divorce; **sich von jemandem scheiden lassen** get a divorce from someone, divorce somebody ② **hier scheiden sich die Wege/Geister** here the roads part/opinions differ here

Scheidung divorce [dɪ'vɔːs]; **die Scheidung einreichen** file a petition for divorce

Schein[1] der ① (*Bescheinigung*) certificate [sə'tɪfɪkət] ② (*Geldschein*) note [nəʊt] (GB), bill (USA)

Schein[2] der ① (*Anschein*) appearances [ə'pɪərᵊnsɪz] ⚠ *plural;* **um den Schein zu wahren** for the sake of appearances; **der Schein trügt** appearances are deceptive; **etwas zum Schein tun** pretend to do something ② (*Lichtschein*) light; (*Schimmer*) gleam **scheinbar** ① (*anscheinend*) *Widerspruch:* apparent, seeming ② (*falsch, vorgeblich*) feigned [feɪnd] ③ (*allem Anschein nach*) seemingly, apparently; **es macht dir scheinbar nichts aus** you don't seem to mind

> **? Grammatik** **shine — shone — shone:**
> *the sun shone all morning.*

scheinen ① (*leuchten*) shine ② (*den Anschein haben*) appear, seem; **mir scheint …** it seems to me …; **es scheint mir, dass …** it appears to me that …; **wie es scheint** as it seems; **es scheint fast so, als ob …** it would seem that …; **es schien ihn nicht zu stören** he didn't seem bothered [by it] **scheinheilig** ① hypocritical [ˌhɪpə'krɪtɪkᵊl] ② (*arglos*) **tu nicht so scheinheilig!** stop acting the innocent!

Scheinwerfer ① (*am Auto*) headlamp, light ② (*zur Beleuchtung im Stadion etc.*) floodlight ['flʌdlaɪt]

Scheinwerferlicht headlight ▶ IN WENDUNGEN: **im Scheinwerferlicht stehen** be in the glare of publicity, be [very much] in the public eye

Scheiß ▶ IN WENDUNGEN: **red keinen Scheiß!** don't talk crap! *vulgär;* **mach keinen Scheiß!** stop messing about! *umgangsspr* **Scheiße** ① (*Kot*) shit *vulgär* ② (*als Ausruf*) shit! *vulgär* ▶ IN WENDUNGEN: **in der Scheiße sitzen** be up shit creek *slang*

scheißen shit *vulgär* ▶ IN WENDUNGEN: **auf etwas scheißen** not give a shit about something *vulgär*

Scheitel parting (GB), part (USA) ▶ IN WENDUNGEN: **vom Scheitel bis zur Sohle** from top to toe

scheitern ① (*fehlschlagen*) fail (**an** because of); **sein Versuch scheiterte** he failed in his attempt; **die Verhandlungen sind gescheitert** the negotiations have broken down; **zum Scheitern verurteilt** doomed to failure; **etwas zum Scheitern bringen** make something break down ② (*im Sport*) be defeated (**an** by)

schellen (CH) (*läuten*) **bei jemandem schellen** ring at someone's door; **es hat geschellt** there was a ring at the door

Schelte **Schelte bekommen** get a scolding

Schema ① (*Muster*) pattern ['pætᵊn] ② (*Plan*) scheme [skiːm] ③ (*Diagramm*) diagram ['daɪəgræm] ▶ IN WENDUNGEN: **nach Schema F vorgehen** follow the rules

schematisch schematic [skiː'mætɪk]

Schemel stool

Schenkel ① (*Oberschenkel*) thigh [θaɪ]; **sich auf den** [*oder* **die**] **Schenkel klopfen** slap one's thigh[s] ② (*Griff*) arm ③ *von Winkel:* side

schenken ① give; **was schenkst du ihm zum Geburstag?** what will you get him for his birthday?; **sie hat mir das geschenkt** she gave this to me as a present; **das habe ich geschenkt bekommen** I got it as a present; **wir schenken uns dieses Jahr nichts** we're not giving each other presents this year ② **jemandem** [**keine**] **Aufmerksamkeit schenken** pay [no] attention to somebody ③ **das ist ja geschenkt!** (*sehr billig*) that's a real bargain! ▶ IN WENDUNGEN: **das Museum können wir uns schenken** we can give the museum a miss; **deine Versprechungen kannst du dir schenken** keep your promises

Scherbe fragment; **Glasscherbe/Porzellanscherbe** broken piece of glass/china; **in Scherben gehen** break, shatter; (*übertragen*) *Ehe etc.:* fall to pieces

Schere ① scissors ['sɪzəz] ⚠ *plural;* **eine Schere** a pair *singular* of scissors; **wo <u>ist</u> meine Schere?** where <u>are</u> my scissors? ② (*große Schere*) shears [ʃɪəʳz] ⚠ *plural*

> **! Vorsicht Falle** **scissors** werden immer im Plural gebraucht: *Where are the scissors? —*

S

a pair of scissors wird aber im Singular verwendet: *This is my pair of scissors.*

scheren[1] ① crop *Hecke, etc* ② shear [ʃɪəʳ] *Schaf, Teppich* ③ **kurz geschorenes Haar** hair cropped short

scheren[2] (*umgangsspr: sich kümmern*) **was schert mich/dich das?** what do I/you care?; **scher dich um deinen eigenen Kram!** mind your own business!

scheren[3] (*weggehen*) **scher dich fort!** beat it! *umgangsspr,* get lost! *umgangsspr*

Scherereien trouble ['trʌbḷ] ⚠ *singular;* **nichts als Scherereien** nothing but trouble; **jemandem viel Scherereien machen** cause [*oder* give] someone a lot of trouble

Schermaus Ⓐ, Ⓒⓗ (*Maulwurf*) mole [məʊl]

Scherz ① joke; **zum Scherz** for a joke; **im Scherz** jokily; **ich bin nicht zu Scherzen aufgelegt** I'm not in a joking mood ② **mach keine Scherze!** you're joking!; **Scherz beiseite!** no kidding! *umgangsspr* **scherzen** joke; **Sie scherzen!** you can't be serious!; **ich scherze nicht** I'm not joking; **mit ihr ist nicht zu scherzen** she is not to be trifled with

scheu shy; (*zaghaft*) timid ['tɪmɪd]

scheuen ① (*fürchten*) shy away from ② (*vermeiden*) shun; **keine Mühe scheuen** go to endless trouble; **keine Kosten scheuen** spare no expense ③ (*zurückschrecken*) **sich nicht scheuen, etwas zu tun** not be afraid of doing something ④ (*von Pferden*) shy (**vor** at)

scheuern ① (*putzen*) scour [skaʊəʳ]; (*schrubben*) scrub ② (*reiben*) chafe [tʃeɪf] (**an** at)

Scheune barn

scheußlich ① (*schlimm*) dreadful ② (*ekelhaft*) hideous ['hɪdiəs]; **scheußliches Wetter** awful weather

Schicht[1] die ① (*Lage, Staubschicht*) layer ② (*auf Flüssigkeiten*) film ③ (*Farbschicht*) coat ④ (*Gesellschaftsschicht*) [social] class

Schicht[2] die ① (*Arbeitsabschnitt*) shift ② (*Arbeitsgruppe*) gang [gæŋ] **Schichtwechsel** change of shift

schick (*elegant*) elegant ['elɪgᵊnt]; (*modisch reizvoll*) stylish, chic; **ein schickes Kleid** a smart dress

schicken ① send ② **jemanden einkaufen schicken** send someone to do the shopping

? Grammatik **send — sent — sent:** *my aunt sent me a parcel for my birthday; the parcel was sent by airmail.*

Schicksal ① fate ② **das ist Schicksal!** such is life! ▸ IN WENDUNGEN: **jemanden seinem Schicksal überlassen** leave someone to his fate

Schiebedach sunroof

schieben push; (*mit mehr Kraft*) shove [ʃʌv]

Schiebung (*Begünstigung*) string-pulling; (*im Sport*) rigging; **Schiebung!** fix!

Schiedsrichter(in) ① referee; (*bei Ballspielen, Hockey*) umpire ['ʌmpaɪəʳ] ② (*Preisrichter*) judge

schief ① (*krumm*) crooked ['krʊkɪd] ② (*geneigt*) tilted; **das Bild hängt schief** the picture isn't straight [streɪt] ③ **irgendwas muss schief gegangen sein!** something must have gone wrong [rɒŋ]! ▸ IN WENDUNGEN: **keine Sorge, wird schon schief gehen!** don't worry, it'll turn out OK!; **da bist du [aber] schief gewickelt!** you've got another think coming!

schielen ① squint ② **nach etwas schielen** (*verstohlen*) steal a glance at something; (*offen*) eye something up

Schienbein shin [ʃɪn]

Schiene ① (*Bahnschiene*) rail ② (*für gebrochene Knochen*) splint

schier pure ▸ IN WENDUNGEN: **das ist der schiere Wahnsinn!** that's sheer madness! *umgangsspr*

schießen ① shoot; fire *Kugel;* kick *Ball;* score *Tor* ② shoot (**auf** at); (*mit Schusswaffe*) fire (**auf** at) ③ (*sich schnell bewegen*) shoot *umgangsspr*

? Grammatik **shoot — shot — shot:** *the gangster shot the sheriff; has he been shot in the arm?*

Schießerei shoot-out

Schiff ship; **Schiff ahoi!** ship ahoy! **Schiffbruch** shipwreck ['ʃɪprek]; **Schiffbruch erleiden** be shipwrecked ▸ IN WENDUNGEN: **Schiffbruch erleiden** fail

Schifffahrt ① (*Navigation*) navigation [ˌnævɪ'geɪʃᵊn] ② (*das Schifffahren*) shipping

Schikane ① harassment ['hærəsmənt] ② (*im Sport*) chicane [ʃɪ'keɪn] ③ **eine**

Wohnung mit allen Schickanen a flat with all the modern conveniences [*oder* mod cons (GB)] ④ **das war reine Schickane** it was sheer bloody-mindedness **schikanieren** harass ['hærəs]; (*tyrannisieren*) bully ['bʊli]

Schild[1] der ① (*Schutzschild*) shield ② (*Tierpanzer*) shell ▸ IN WENDUNGEN: **etwas im Schilde führen** be up to something

Schild[2] das ① (*Zeichen*) sign; (*an Tür*) nameplate ② (*Aufkleber*) label; (*Preisschild*) ticket

schildern describe; (*umreißen*) sketch **Schilderung** ① (*Beschreibung*) description ② (*Bericht*) account

Schildkröte (*Seeschildkröte*) turtle; (*Landschildkröte*) tortoise ['tɔːtəs]

Schimmel[1] der (*Pferd*) white horse

Schimmel[2] der (*Schimmelpilz*) mould [məʊld] **schimmelig** ① (*verschimmelt*) mouldy ['məʊldi] ② (*moderig*) mildewed ['mɪldjuːd] **schimmeln** go mouldy ['məʊldi]

Schimmer gleam, glimmer, glitter ▸ IN WENDUNGEN: **keinen [blassen] Schimmer von etwas haben** not have the foggiest idea about something *umgangsspr*

Schimpanse chimpanzee [ˌtʃɪmpᵊn'ziː]

schimpfen curse (**auf** at); **mit jemandem schimpfen** tell someone off **Schimpfwort** swear word

Schinken ham

Schirm umbrella; (*Sonnenschirm*) parasol, sunshade

Schiss ▸ IN WENDUNGEN: **Schiss haben** be in a blue funk *slang;* **Schiss vor etwas haben** be shit scared of something *slang*

Schlacht battle

schlachten ① slaughter ['slɔːtər] ② break into *Sparschwein*

Schlachtfeld battle-field **Schlachthof** slaughterhouse ['slɔːtəhaʊs]

Schlaf sleep; **keinen Schlaf finden** be unable to sleep; **einen festen/leichten Schlaf haben** be a sound/light sleeper **Schlafanzug** pyjamas [pɪ'dʒɑːmə] ⚠ *plural* (GB), pajamas [pə'dʒɑːmə] ⚠ *plural* (USA)

> **! Vorsicht Falle** **pyjamas** wird im Plural gebraucht: *Where are my pyjamas?* — Aber **a pair of pyjamas** wird im Singular gebraucht: *is this my pair of pyjamas?*

Schläfe temple

schlafen ① sleep ② **schlafen wir erst einmal darüber!** let's sleep on it! ③ **bei jemandem schlafen** stay overnight with someone ④ **mit jemandem schlafen** sleep with someone

> **? Grammatik** **sleep — slept — slept:** *I slept very well last night; have you ever slept in a bunk bed?*

schlaff ① (*herabhängend*) slack ② (*welk, matt*) flabby ③ (*kraftlos*) limp ④ (*Grundsätze*) lax [læks]

Schlaflosigkeit sleeplessness, insomnia [ɪn'sɒmniə] **Schlafmittel** sleeping drug

schläfrig drowsy ['draʊzi], sleepy

Schlafsaal dorm[itory] ['dɔːmɪtᵊri] **Schlafsack** sleeping bag **Schlaftablette** sleeping pill **Schlafwagen** sleeping-car, sleeper **Schlafwandler(in)** sleepwalker **Schlafzimmer** bedroom

Schlag ① blow [bləʊ] ② (*übertragen*) **das ist ein harter Schlag** that's a hard blow ③ (*Herzschlag*) beat ④ (*Schlaganfall*) stroke ⑤ (*elektrischer Schlag*) shock ⑥ **ein Schlag ins Gesicht** a slap in the face ⑦ **mit einem Schlag** all at once ⑧ **vom gleichen Schlag sein** be cast in the same mould [məʊld] ▸ IN WENDUNGEN: **einen Schlag haben** have a screw loose *umgangsspr;* **ich dachte, mich trifft der Schlag!** I was thunderstruck! **Schlagader** artery ['ɑːtᵊri] **Schlaganfall** stroke

schlagen ① strike ② (*prügeln*) beat; **jemanden bewusstlos schlagen** beat someone unconcious ③ (*treffen*) hit ④ (*mit Werkzeug*) knock ⑤ (*besiegen*) beat, defeat; **jemanden im Tennis schlagen** beat someone at tennis ⑥ **gegen die Tür schlagen** beat on the door ⑦ *Herz:* beat ⑧ *Turmuhr:* strike ⑨ **ich gebe mich geschlagen** I admit defeat ⑩ **sich mit jemandem schlagen** have a fight with someone ⑪ **sich gut schlagen** do well

Schlager ① (*Lied*) pop song ② (*Hit*) hit ③ (*Buch*) bestseller

Schläger[1] der (*für Tennis*) racquet ['rækɪt] (GB), racket (USA); (*für Hockey*) stick; (*für Tischtennis*) bat

Schläger[2] der (*Raufiustiger*) thug

Schlägerei brawl [brɔːl], fight

S

schlagfertig quick-witted; **schlagfertige Antwort** ready answer

Schlagobers Ⓐ whipped cream **Schlagrahm** ⒸⒽ whipped cream **Schlagsahne** whipped cream

Schlagzeile headline **Schlagzeug** drums ⚠ *plural* **Schlagzeuger(in)** drummer

Schlamassel mess *umgangsspr;* **im Schlamassel stecken** be in a fine mess *umgangsspr*

Schlamm mud

Schlampe (*vulgär*) slut *vulgär* **schlampig** ❶ (*unordentlich*) untidy ❷ *Arbeit, Tätigkeit:* slipshod

Schlange[1] die snake

Schlange[2] die (*Menschenschlange*) queue [kjuː] ⒼⒷ, line ⓊⓈⒶ; **Schlange stehen** queue up ⒼⒷ, stand in line ⓊⓈⒶ

Schlangenbiss snake bite

Schlangenlinie wavy line; **Schlangenlinien fahren** zigzag

schlank ❶ *Wuchs:* slim ❷ *Körperteil, Gegenstand:* slender

schlapp shattered, worn out

Schlaraffenland land of milk and honey

schlau ❶ (*verschlagen*) cunning, wily ❷ (*klug*) clever, smart ❸ **können Sie daraus schlau werden?** what do you make of this?

Schlauch ❶ (*Wasserschlauch*) hose ❷ (*im Reifen*) tube **Schlauchboot** rubber dinghy [ˈdɪŋgi]

schlauchen ❶ fag [*oder* wear] [someone] out *umgangsspr* ❷ **ich bin vielleicht geschlaucht!** I feel so worn out! *umgangsspr*

Schlaumeier smart Alec *umgangsspr*

schlecht ❶ (*nicht gut*) bad; (*ungenügend*) poor ❷ (*verdorben: Milch*) off; **die Milch ist schlecht** the milk is [*oder* has gone] off ❸ **mir ist schlecht** I feel sick ❹ **schlecht abschneiden** do badly ❺ **schlecht für jemanden sein** be bad for someone ❻ **er spielt schlecht Tennis** he's bad at tennis; **ich kann schlecht lügen** I'm very bad at telling lies; **sie war immer schlecht in Sprachen** she was always poor at languages ❼ **mehr schlecht als recht** after a fashion ❽ **schlecht über jemanden reden** speak ill of someone ❾ **das geht schlecht** that's not really possible; **das kann man schlecht machen** one can't very well do that ❿ **schlecht gelaunt** bad-tempered ⓫ **schlecht machen** run down, disparage

schleichen ❶ (*langsam gehen*) creep ❷ (*im Dunkeln herumschleichen*) prowl [praʊl] about ❸ **sich um eine Ecke schleichen** creep [*oder* sneak] [a]round a corner ❺ **schleich dich!** get lost! *umgangsspr*

Schleier veil [veɪl] ► IN WENDUNGEN: **den Schleier lüften** reveal the secret **schleierhaft** mysterious; **das ist mir völlig schleierhaft** it's a complete mystery to me

Schleife bow [bəʊ]; (*Schlaufe*) loop

schleifen[1] ❶ (*ziehen*) drag ❷ **die Kupplung schleifen lassen** slip the clutch ► IN WENDUNGEN: **alles schleifen lassen** let everything slide

schleifen[2] ❶ (*zuschleifen*) cut ❷ (*schärfen*) sharpen, whet

Schleim ❶ slime; (*Körperflüssigkeit*) mucus [ˈmjuːkəs] ❷ (*Haferschleim*) gruel [grʊəl]

schleimig (*auch übertragen*) slimy

schlendern saunter [ˈsɔːntəʳ], stroll

schlenkern dangle, swing

schleppen ❶ (*schwer tragen*) lug ❷ (*hinter sich herschleppen*) drag along; (*abschleppen*) tow [təʊ] ❸ **sich schleppen** drag oneself **schleppend** (*zögernd*) sluggish; **schleppend in Gang kommen** be slow in getting started

Schlepplift ski tow [ˈskiːtəʊ]

Schleuder ❶ (*Steinschleuder*) sling ⒼⒷ, slingshot ⓊⓈⒶ ❷ (*Wäscheschleuder*) spin drier

Schleudergefahr risk of skidding

schleudern ❶ (*werfen, stoßen*) hurl; (*mit Schleuder*) sling ❷ *Auto:* skid; **ins Schleudern kommen** go into a skid

Schleudersitz ❶ ejector seat ❷ (*übertragen*) hot seat

schleunigst right away

Schleuse ❶ (*Kanalschleuse*) lock ❷ (*Wehrschleuse*) sluice [sluːs], gate

schlicht simple; **das ist schlicht und einfach falsch** that is just simply wrong

> **? Grammatik** **shut — shut — shut:** *Paul shut the window; have you shut the front door?*

schließen ❶ (*zumachen*) close, shut ❷ (*beenden*) close ❸ conclude; **Frieden schließen** make peace; **einen Vertrag schließen**

conclude a contract; (*zwischen Staaten*) sign a treaty ④ **eine Lücke schließen** close a gap ⑤ (*zumachen*) close [*oder* shut] down ⑥ (*schlussfolgern*) infer [ɪnˈfɜːʳ] ⑦ **die Tür schließt nicht richtig** the door doesn't close properly ⑧ **die Hunde wurden in den Zwinger geschlossen** the dogs were locked into the kennel ⑨ **der Kongress schloss mit einem Konzert** the convention finished with a concert ⑩ **diese Wunde schließt sich langsam** this wound is closing [up] slowly

Schließfach ① (*Postschließfach*) post-office box, PO Box ② (*Bankschließfach*) safe-deposit box ③ (*Gepäckschließfach*) left-luggage locker

schließlich ① (*endlich*) eventually, finally ② (*immerhin*) after all

schlimm ① (*auch übertragen*) bad ② **es hätte schlimmer kommen können** it could have been worse; **es kommt noch schlimmer** there is worse to come ③ **umso schlimmer!** so much the worse! ④ **es könnte schlimmer sein** worse things happen at sea *umgangsspr* ⑤ **ist doch halb so schlimm** it's not as bad as all that ⑥ **das Schlimmste ist vorbei** the worst is over; **das Schlimmste daran ist …** the worst of it is …

Schlinge ① (*Schleife, Öse*) loop ② (*zum Fangen*) snare ③ (*Binde*) sling

schlingen[1] ① (*binden*) tie [taɪ] ② (*umschlingen*) wrap [ræp] ③ *Pflanze:* **sich um etwas schlingen** coil [kɔɪl] itself around something

schlingen[2] (*herunterschlingen*) **schling nicht so!** don't bolt your food like that!

Schlips tie (GB), necktie [ˈnektaɪ] (USA)

Schlitten ① sledge (GB), sled (USA); **Schlitten fahren** go tobogganing [təˈbɒgᵊnɪŋ] ② (*Wagen*) motor [ˈməʊtəʳ] (GB) *umgangsspr* ▸ IN WENDUNGEN: **mit jemandem Schlitten fahren** give someone a hard time

Schlittschuh [ice-] skate **Schlittschuhbahn** ice rink **Schlittschuhläufer(in)** skater

Schlitz slit; (*Einwurfschlitz*) slot **Schlitzohr** sly fox *umgangsspr*

Schlögel (A) leg; (*vom Wild*) haunch [hɔːnt]

Schloss ① (*Burg*) castle [ˈkɑːsl]; (*Palast*) palace [ˈpælɪs] ② (*Verschluss*) lock; (*Kofferschloss*) fastener [ˈfɑːsᵊnəʳ]

Schlosser(in) locksmith; (*Bauschlosser*) fitter **Schlosserei** metalworking shop

Schlot ① (*Schornstein*) chimney; (*Fabrikschlot*) smokestack ② (*Vulkanöffnung*) vent ▸ IN WENDUNGEN: **rauchen wie ein Schlot** smoke like a chimney *umgangssp*r

Schlucht gorge [gɔːdʒ], ravine [rəˈviːn]

schluchzen sob

Schluck gulp; **ein Schluck Wasser** a mouthful of water **Schluckauf** hiccups [ˈhɪkʌpz] ⚠ *plural*

schlucken ① (*auch übertragen*) swallow [ˈswɒləʊ]; (*herunterwürgen*) gulp down ② swallow; **das schluckt meine ganzen Ersparnisse** that swallows up all my savings

Schlund ① gullet ② (*Abgrund*) abyss [əˈbɪs], chasm [ˈkæzᵊm]

schlüpfen ① slip ② *Tiere:* hatch out

Schlüpfer panties ⚠ *plural*

schlürfen slurp

Schluss ① (*Ende, Halt*) end ② (*Abschluss*) ending ③ **jetzt ist aber Schluss!** that's enough now!; **Schluss damit!** stop it! ④ **Schluss für heute!** that's it for today! ⑤ **Schluss machen** (*mit der Arbeit*) call it a day; (*Selbstmord begehen*) end it all; **mit jemandem Schluss machen** finish with someone ⑥ **zum Schluss** in the end ⑦ **welchen Schluss ziehen Sie daraus?** what conclusion do you draw from this?; **ein voreiliger Schluss** a rash conclusion

Schlüssel ① (*auch übertragen*) key (**zu** to) ② (*Schraubenschlüssel*) spanner [ˈspænəʳ] (GB), wrench [renʃ] (USA) ③ (*Notenschlüssel*) clef [klef]

Schlüsselbein collarbone **Schlüsselbund** bunch of keys **Schlüsselloch** keyhole; **durchs Schlüsselloch gucken** spy through the keyhole

Schlussfolgerung conclusion; **aus etwas Schlussfolgerungen ziehen** draw conclusions from something

Schlusslicht ① rear light ② (*übertragen*) **das Schlusslicht bilden** bring up the rear [rɪəʳ] **Schlussverkauf** sales ⚠ *plural*

schmächtig frail [freɪl], slight [slaɪt]

schmackhaft tasty; **jemandem etwas schmackhaft machen** make something tempting to someone

schmal ① (*eng*) narrow [ˈnærəʊ]; **schmale Lippen** thin lips ② (*schlank*) slender, slim

Schmalz lard

S

schmalzig *Musik, Film:* slushy *umgangsspr,* schmaltzy ['ʃmɔːltsi] *umgangsspr*
Schmarotzer ① (*Mensch*) sponger ['spʌndʒəʳ] GB, freeloader USA ② (*Tiere, Pflanzen*) parasite ['pærəsaɪt]
Schmarren Ⓐ pancake cut up into small pieces ▶ IN WENDUNGEN: **erzähl mir keinen Schmarren** don't give me that rubbish
schmatzen eat noisily
schmecken ① (*Geschmack haben*) taste (**nach** of); **gut schmecken** taste good [*oder* nice] ② **das schmeckt mir nicht** I don't like the taste of it; **das schmeckt nicht schlecht** it tastes all right to me; **das hat geschmeckt!** that was good!; **wie schmeckt's?** how do you like it?
Schmeichelei flattery
schmeichelhaft (*auch übertragen*) flattering
schmeicheln flatter
schmeißen throw [θrəʊ] *Ball* ▶ IN WENDUNGEN: **eine Sache** [*oder* **den Laden**] **schmeißen** run the show
schmelzen melt; **der Schnee schmilzt** the snow is thawing [θɔːɪŋ]
Schmelzpunkt melting point
Schmerz ① pain ② **Schmerzen haben** be in pain; **hast du noch Schmerzen?** is it still hurting? ③ **er schrie vor Schmerzen** he screamed in pain
schmerzen (*wehtun*) hurt; **sein Arm schmerzt noch immer** his arm is still giving him pain
schmerzhaft painful
schmerzlich painful; **ein schmerzlicher Verlust** a severe [sɪ'vɪəʳ] loss **schmerzlos** ① painless ② **kurz und schmerzlos** short and sweet **Schmerztablette** pain-killer
Schmetterling butterfly
Schmied smith
schmiegen **sich an jemanden schmiegen** snuggle up to someone
schmieren ① smear [smɪəʳ] ② lubricate *Maschinen* ③ (*schlecht schreiben*) scrawl [skrɔːl] ④ (*schmierig sein*) smear ⑤ (*bestechen*) **jemanden schmieren** grease someone's palm ▶ IN WENDUNGEN: **es läuft wie geschmiert** it's going like clockwork
Schmiergeld(er) bribe ⚠ *singular;* **Schmiergeld[er] nehmen** take a bribe
Schmierpapier scrap paper
Schmierseife soft soap
Schmierzettel piece of jotting paper
Schminke make-up ['meɪkʌp] **schminken** **sich schminken** put on make-up
Schmirgelpapier sandpaper
schmökern **in einem Buch schmökern** bury ['beri] oneself in a book
schmollen sulk
Schmollmund pout [paʊt]
schmoren braise [breɪs] ▶ IN WENDUNGEN: **jemanden schmoren lassen** leave someone to stew [stjuː]
Schmuck ① (*Juwelen*) jewellery ['dʒuːəlri] GB, jewelry USA, ⚠ *,schmuck' bedeutet im amerikanischen Englisch ,Idiot'!* ② (*Dekoration*) decoration [ˌdekəʳ'reɪʃən]
schmücken ① adorn, decorate ['dekəreɪt] ② **sich schmücken** adorn oneself
schmuddelig messy, dirty
Schmuggel smuggling ['smʌglɪŋ] **schmuggeln** smuggle ['smʌgl̩]; **mit etwas schmuggeln** smuggle something
Schmuggelware contraband, smuggled ['smʌgl̩d] goods **Schmuggler(in)** smuggler ['smʌgləʳ]
schmunzeln grin
schmusen have a cuddle; **mit jemandem schmusen** cuddle someone
Schmutz dirt ▶ IN WENDUNGEN: **jemandes Namen durch den Schmutz ziehen** blacken someone's name **schmutzig** dirty; **etwas schmutzig machen** get something dirty
Schnabel ① beak, bill ② (*Mund*) gob *umgangsspr,* trap *umgangsspr;* **halt den Schnabel!** shut your trap! *umgangsspr*
Schnake gnat [næt], midge
Schnalle buckle
schnallen ① strap (**an** to) ② (*slang*) **etwas schnallen** get something
Schnäppchen bargain ['bɑːgɪn]
schnappen ① (*etwas ergreifen, erwischen*) grab, snatch ② **Luft schnappen gehen** go and get some fresh air ③ (*fangen*) nab *umgangsspr;* **die Polizei hat ihn dabei geschnappt, wie er …** the police nabbed him when he … ④ **nach Luft schnappen** gasp for breath
Schnappschuss snapshot
Schnaps booze GB, liquor ['lɪkəʳ] USA
schnarchen snore
schnattern ① *Gans, Ente:* quack ② (*viel reden*) gabble, prattle
schnauben *Pferd:* snort ▶ IN WENDUNGEN: **vor**

Wut schnauben snort with rage
schnaufen puff, wheeze
Schnauz (CH) moustache [mə'stɑːʃ]
Schnauzbart moustache [mə'stɑːʃ]
Schnauze 1 muzzle 2 (*Mund*) trap *umgangsspr;* **halt die Schnauze!** shut your trap! *umgangsspr* 3 *von Flugzeug:* nose; *von Auto:* front
schnäuzen **sich schnäuzen** blow [bləʊ] one's nose
Schnecke snail ▶ IN WENDUNGEN: **jemanden zur Schnecke machen** give someone a dressing-down **Schneckentempo** ▶ IN WENDUNGEN: **im Schneckentempo** at a snail's pace
Schnee 1 snow [snəʊ] 2 (*Heroin, Kokain*) snow ▶ IN WENDUNGEN: **Schnee von gestern sein** be ancient history **Schneeball** snowball **Schneeballschlacht** snowball fight; **eine Schneeballschlacht machen** have a snowball fight **Schneebesen** whisk **Schneeflocke** snowflake **Schneemann** snowman **Schneeregen** sleet **Schneesturm** snowstorm
Schneewittchen Snow White
schneiden 1 cut 2 **sich die Nägel schneiden** cut one's nails 3 **sich schneiden** cut oneself; **sich am Finger schneiden** cut one's finger 4 **sich die Haare schneiden lassen** have one's hair cut 5 **jdn schneiden** cut someone dead ▶ IN WENDUNGEN: **da hast du dich aber geschnitten!** you're very much mistaken here!

> **? Grammatik** **cut — cut — cut:** *Kate cut the cake into eight pieces; has Tom cut himself?*

schneidend 1 (*beißend*) biting 2 (*durchdringend*) piercing
Schneider(in) tailor; (*Damenschneider*) dressmaker
Schneidezahn incisor [ɪn'saɪzəʳ]
schneien snow [snəʊ]
schnell 1 fast [fɑːst]; (*rasch*) quick 2 **mach schnell!** hurry up!; **schnell, schnell!** quick, quick! 3 quickly, fast; **er arbeitet schnell** he is a fast worker
Schnellhefter loose-leaf binder
Schnelligkeit speed; **mit großer Schnelligkeit** at top speed
Schnellimbiss snack bar
schnellstens as quickly as possible
Schnellzug fast train
schniefen sniffle
Schnippchen ▶ IN WENDUNGEN: **jemandem ein Schnippchen schlagen** outsmart someone
Schnitt 1 cut 2 (*Längs-, Querschnitt*) section ['sekʃᵊn] 3 **im Schnitt** on average ['ævᵊrɪdʒ]
Schnitte **eine Schnitte Brot** a slice of bread **Schnittlauch** chives [tʃaɪvz] ⚠ *plural* **Schnittmenge** intersection **Schnittpunkt** point of intersection
Schnittwunde cut; (*tiefe Schnittwunde*) gash
Schnitzel pork [*oder* veal] cutlet
schnitzen carve
Schnorchel snorkel ['snɔːkᵊl]
schnorren scrounge [skraʊndʒ] *umgangsspr;* **etwas bei jemandem schnorren** cadge [*oder* scrounge] something off someone **Schnorrer(in)** scounger [skraʊndʒəʳ] *umgangsspr,* sponger [spʌndʒəʳ] *umgangsspr*
schnüffeln 1 (*schnuppern*) sniff (**an** at) 2 *Detektiv:* snoop around
Schnuller dummy (GB), pacifier (USA)
Schnulze tearjerker ['tɪəˌdʒɜːkəʳ] *umgangsspr*
Schnupfen cold; **Schnupfen haben** have a cold
schnuppern sniff; **an etwas schnuppern** sniff at something
Schnur string; (*Kordel*) cord; (*Leitungsschnur*) flex
schnurlos cordless
Schnurrbart moustache [mə'stɑːʃ] (GB), mustache [mə'stɑːʃ] (USA)
schnurren 1 (*surren*) whir [wɜːʳ] 2 *Katze:* purr [pɜːʳ]
Schnürsenkel shoelace
Schober (A) (*Scheune*) barn
Schock shock **schockieren** shock
Schokolade chocolate ['tʃɒkᵊlət]
schon 1 (*bereits*) already; **ich lebe schon seit 2 Jahren in Berlin** I have been living in Berlin for 2 years; **das habe ich schon oft gehört** I've heard that often; **ich bin schon lange fertig** I've been ready for ages; **wartest du schon lange?** have you been waiting long?; **schon immer** always 2 (*jemals*) ever; **sind Sie schon mal in Spanien gewesen?** have you ever been to Spain?

3 (*bloß*) just [dʒʌst]; **wenn ich das schon höre!** if I even hear that! 4 **na wenn schon!** so what! 5 **was ist das schon!** that's nothing! 6 **ja, schon ...** yes, well ... 7 **das ist schon möglich** that's quite possible 8 **mach schon!** get a move on! 9 **morgen schon gar nicht** tomorrow least of all

schön 1 (*hübsch*) beautiful, lovely 2 (*angenehm*) nice; **hier ist es schön warm** it's nice and warm here 3 **heute Nachmittag wird es schön** it's going to be fine this afternoon 4 **eines schönen Tages** one fine day 5 **das ist ja eine schöne Ausrede** that's a fine excuse; **du bist mir ein schöner Freund!** a fine friend you are! 6 **das ist ja alles schön und gut, aber ...** that's all very well, but ... 7 (*gut*) well; **schlaf schön!** sleep well! 8 (*ziemlich*) pretty; **ganz schön lange** quite a while 9 **das wäre ja noch schöner!** whatever next!

schonen 1 (*verschonen*) spare 2 (*sorgfältig behandeln*) look after, take care of 3 **sich schonen** take care of oneself

schonend 1 (*vorsichtig*) gentle 2 (*mild*) mild [maɪld] 3 **etwas schonend behandeln** treat something with care; **jemandem etwas schonend beibringen** break something to someone gently

Schönheit 1 beauty 2 (*schöne Frau*) beautiful woman, beauty

Schonkost light diet [daɪət]

Schonung 1 (*vorsichtige Behandlung*) saving [of]; **zur Schonung der Möbel** for the protection of the furniture 2 **sie braucht noch Schonung** she still needs to take it easy **schonungslos** 1 (*ohne Gnade*) merciless 2 bluntly

Schopf shock of hair ▶ IN WENDUNGEN: **die Gelegenheit beim Schopf packen** seize the opportunity

Schöpfer 1 creator [kri'eɪtəʳ] 2 (*Gott*) **der Schöpfer** the Creator

Schöpferin creator [kri'eɪtəʳ]

Schöpfung 1 (*Kreation, Werk*) creation [kri'eɪʃᵊn] 2 (*Erfindung*) invention 3 (*in Bibel*) **die Schöpfung** the Creation

Schöps Ⓐ (*Hammel*) wether ['weðəʳ]

Schorf scab

Schornstein chimney; (*von Schiff*) funnel; (*Fabrikschornstein*) smokestack **Schornsteinfeger(in)** [chimney]sweep

Schoß lap; **auf jemandes Schoß sitzen** sit on someone's lap **Schoßhund** lap-dog

Schotte Scot, Scotsman; **die Schotten** the Scots

Schottin Scotswoman; **die Schottinnen** Scottish women **schottisch** Scottish **Schottland** Scotland

schräg 1 (*ungerade*) oblique [ə'bliːk] 2 (*geneigt*) sloping 3 (*quer laufend*) diagonal [daɪ'ægᵊnᵊl] 4 (*nicht parallel*) obliquely 5 (*diagonal*) diagonally ▶ IN WENDUNGEN: **jemanden schräg ansehen** look askance at someone **Schrägstrich** oblique

Schramme scratch

Schrank cupboard (GB), closet ['klɒzɪt] (USA); (*Kleiderschrank*) wardrobe ['wɔːdrəʊb]

Schranke (*auch übertragen*) barrier

Schraube screw ▶ IN WENDUNGEN: **bei ihm ist eine Schraube locker** he has a screw loose *umgangsspr*

schrauben screw; **etwas fester schrauben** screw something tighter

Schraubenschlüssel spanner **Schraubenzieher** screwdriver

Schraubverschluss screw top [*oder* cap]

Schrebergarten allotment [ə'lɒmənt]

Schreck 1 fright [fraɪt], scare; **einen Schreck bekommen** get a fright; **jemandem einen Schreck[en] einjagen** give someone a fright 2 **mit dem Schrecken davonkommen** escape with no more than a fright

schreckhaft easily startled

schrecklich 1 (*furchtbar*) terrible 2 **du bist wirklich schrecklich!** you're awful! *umgangsspr* 3 (*sehr*) **er ist schrecklich eingebildet** he's awfully conceited

Schrei cry; (*lauter*) shout; (*gellend*) yell [jel]; (*kreischend*) scream [skriːm], shriek [ʃriːk] ▶ IN WENDUNGEN: **der letzte Schrei** the latest thing

Schreibblock writing pad

Schreiben letter

schreiben 1 write [raɪt]; **wie schreibt man das?** how do you spell that? 2 **jemandem schreiben** write to someone

> ? **Grammatik** **write — wrote — written:**
> *Helen wrote her friend a long letter; this book was written by Charles Dickens.*

Schreibmaschine typewriter ['taɪpraɪtəʳ];

Schreibmaschine schreiben type; **mit Schreibmaschine geschrieben** typewritten

Schreibtisch desk

Schreibwarenhandlung stationer's

schreien shout; (*laut schreien*) scream [skri:m] **Schreihals** bawler [bɔ:ləʳ]

Schreiner(in) carpenter **Schreinerei** carpenter's workshop

Schrift 1 (*Handschrift*) handwriting 2 (*in der Typografie*) type [taɪp] 3 (*Bibel*) **die Heilige Schrift** the Holy Scriptures *plural*

schriftlich 1 written [rɪtᵊn]; **schriftliche Prüfung** written exam 2 **jemandem etwas schriftlich geben** to give someone something in writing **Schriftsteller** author ['ɔ:θəʳ], writer ['raɪtəʳ] **Schriftstellerin** authoress ['ɔ:θᵊres], writer [raɪtəʳ]

schrill shrill [ʃrɪl]

Schritt 1 (*auch übertragen*) step; **es sind nur ein paar Schritte** it's only a few steps 2 (*Gang*) gait [geɪt], walk 3 (*einer Hose*) crotch 4 **mit jemandem Schritt halten** keep up with someone 5 **Schritt für Schritt** step by step 6 (*den Anfang machen*) **den ersten Schritt tun** take the first step **Schritttempo im Schritttempo fahren** crawl [krɔ:l] along **schrittweise** gradually ['grædʒuəli]

schroff 1 (*steil abfallend*) steep; (*jäh*) precipitous [prɪ'sɪpɪtəs] 2 (*zerklüftet*) rugged 3 (*barsch*) curt [kɜ:t] 4 (*groß*) **schroffer Gegensatz** sharp contrast

Schrotflinte shotgun

Schrott scrap metal **Schrottplatz** scrap yard **schrottreif** ready for the scrap heap

schrubben 1 (*putzen*) scrub 2 **sich schrubben** scrub oneself

schrullig odd

schrumpfen 1 (*auch übertragen*) shrink 2 *Firma:* decline

> **? Grammatik** **shrink — shrank — shrunk**: *Bob's pullover shrank when he washed it in hot water; these socks are so small — they must have shrunk.*

Schubkarre(n) wheelbarrow ['wi:lˌbærəʊ]

Schublade drawer ['drɔ:ʳ]

Schubs jemandem einen Schubs geben give someone a shove [ʃʌv] **schubsen** push [pʊʃ], shove [ʃʌv]

schüchtern *Versuch:* shy, timid ['tɪmɪd] **Schüchternheit** shyness

schuften slave away *umgangsspr*

Schuh shoe; **die Schuhe putzen** clean the shoes (GB), shine the shoes (USA) ▶ IN WENDUNGEN: **jemandem etwas in die Schuhe schieben** put the blame for something on someone

Schuhcreme shoe polish **Schuhgröße** shoe size **Schuhmacher(in)** shoemaker **Schuhsohle** sole

Schularbeiten, **Schulaufgaben** homework *singular;* **wir haben Schulaufgaben auf** we've got homework to do **Schulausflug** school outing ['aʊtɪŋ] **Schulbuch** school book ['sku:lˌbʊk] **Schulbus** school bus

Schuld 1 (*moralische Schuld*) guilt [gɪlt] 2 **jemandem die Schuld an etwas geben** blame someone for something; **die Schuld auf sich nehmen** take the blame; **ihn trifft keine Schuld** he's not to blame; **sie hat keine Schuld** she's not to blame 3 (*finanziell*) **eine Schuld begleichen** (*auch übertragen*) pay off a debt [det]

schuld 1 **daran bin ich schuld** I'm to blame for this; **wer ist schuld?** whose fault [fɔ:lt] is it?; **er ist schuld** it's his fault; **wer ist schuld an dem Unfall?** who is to blame for this accident?; **du bist schuld, wenn wir den Zug verpassen** it's your fault if we miss the train 2 **ich bin nicht schuld, wenn …** it won't be my fault if … 3 **du bist selbst schuld** that's your own fault

schuldbewusst schuldbewusst sein feel guilty ['gɪlti]

Schulden 1 debts [dets] 2 **er hat Schulden bei mir** he is in my debt; **Schulden machen** get [*oder* run] into debt ▶ IN WENDUNGEN: **sich etwas zu Schulden kommen lassen** do something wrong [rɒŋ]

schulden 1 (*auch übertragen*) owe [əʊ] 2 **jemandem etwas schulden** owe someone something

schuldig 1 (*auch moralisch*) guilty ['gɪlti] 2 **was bin ich [Ihnen] schuldig?** what do I owe [əʊ] you?; **ich bin dir noch ein Essen schuldig** I owe you a meal

Schule school [sku:l]; **in der Schule** at school; **in die Schule gehen** go to school; **die Schule wechseln** change schools; **Schule schwänzen** play truant ['tru:ənt] ▶ IN WENDUNGEN: **durch eine**

harte Schule gehen learn in the hard way; **Schule machen** become the accepted thing

i Land & Leute Im amerikanischen Schulsystem beginnen die Schüler mit der **elementary school** (1.–6./8. Klasse). In manchen Gegenden geht man nach der **sixth grade** (6. Klasse) schon in eine andere Schule, die **junior high school** (7.–9. Klasse) heißt. Danach besuchen die Schüler 3 Jahre lang die **high school**. In Gegenden ohne **junior high school** geht man nach 8 Jahren **elementary school** direkt zur **high school**, die dann mit der **ninth grade** (9. Klasse) anfängt. Die Schule endet für alle Schüler nach der **twelfth grade** (12. Klasse). (*Zu den verschiedenen Arten von Schulen Großbritanniens und der USA siehe auch bei* **school, boarding school, comprehensive school, elementary school, high school, junior school.**)

Schulenglisch **dazu reicht mein Schulenglisch gerade noch** the English I learnt at school is just about good enough for that

Schüler schoolboy; **alle Schüler dieser Schule** all the pupils ['pjuːpᵊl] of this school **Schüleraustausch** school exchange **Schülerausweis** student ['stjuːdᵊnt] card **Schülerin** schoolgirl

Schulferien school holidays (GB), vacation [veɪ'keɪʃᵊn] (USA) **schulfrei** **morgen ist schulfrei** there's no school tomorrow **Schulfreund(in)** school friend **Schulhof** school playground, schoolyard

Schuljahr ① school year [jɪəʳ] ② (*Jahrgang*) year **Schulkind** schoolchild **Schulklasse** class [klɑːs] **Schulleiter** headmaster [ˌhed'mɑːstəʳ] (GB), principal ['prɪnsəpᵊl] (USA) **Schulleiterin** headmistress [ˌhed'mɪstrəs] (GB), principal ['prɪnsəpᵊl] (USA)

Schulter ① shoulder ['ʃəʊldəʳ] ② **mit den Schultern zucken** shrug one's shoulders ▸ IN WENDUNGEN: **etwas auf die leichte Schulter nehmen** take something lightly **schulterlang** *Haare:* shoulder-length ['ʃəʊldəʳ] **Schulweg** way to school **Schulzeit** **während meiner Schulzeit** when I was in school **Schulzeugnis** school report

schummeln cheat [tʃiːt]

Schuppe ① *von Fisch:* scale ② (*auf der Kopfhaut*) **Schuppen haben** have dandruff ['dændrʌf] ▸ IN WENDUNGEN: **es fiel mir wie Schuppen von den Augen** the scales fell from my eyes

Schuppen ① (*Verschlag*) shed (GB), shack (USA) ② (*Lokal*) dive *umgangsspr*

schüren ① poke, rake *Feuer* ② (*übertragen*) stir up *Streit, Zwietracht*

Schürfwunde abrasion, graze

Schurke rascal ['rɑːskᵊl], rogue [rəʊg]

Schürze apron ['eɪprən]; **sich eine Schürze umbinden** put an apron on

Schuss ① (*mit einer Waffe*) shot; **einen Schuss abfeuern** fire a shot ② (*Torschuss*) shot ③ (*kleine Menge einer Flüssigkeit*) dash; **ein Schuss Whisky** a shot of whisky ④ (*Heroininjektion*) fix *umgangsspr,* shot *umgangsspr;* **sich einen Schuss setzen** give oneself a shot ▸ IN WENDUNGEN: **nicht zum Schuss kommen** not get a look in; **weit ab vom Schuss sein** be miles from where the action is; **gut in Schuss sein** be in good shape

Schüssel ① bowl [bəʊl] ② (*Toilettenschüssel*) pan

Schusswunde bullet wound ['bʊlɪtˌwuːnd]

Schuster(in) shoemaker

Schutt rubble

Schüttelfrost shivering fit

schütteln ① shake ② **jemandem die Hand schütteln** shake hands with someone ③ **sich schütteln** shiver; **sich vor Lachen schütteln** shake with laughter

schütten ① (*gießen*) pour [pɔːʳ] ② **es schüttet** it is pouring with rain

Schüttstein (CH) sink

Schutz ① protection (**gegen** from) ② (*Obdach, Zuflucht*) shelter (**gegen, vor** from) ③ **jemanden in Schutz nehmen** stand up for someone ④ **im Schutz des Felsens** in the shelter of the rock; **im Schutz der Dunkelheit** under cover of darkness **Schutzblech** mudguard

Schütze ① marksman ② (*Dienstgrad in der Armee*) private ['praɪvɪt] ③ (*Sternzeichen*) Sagittarius [ˌsædʒɪ'teəriəs] **schützen** ① protect (**gegen** against) ② (*Schutz bieten*) offer protection (**vor, gegen** from, against) ③ **sich schützen** protect oneself

Schutzengel guardian angel **Schutzhelm** safety helmet **Schutzimpfung** vaccination [ˌvæksɪ'neɪʃᵊn], inoculation [ɪˌnɒkjə'leɪʃᵊn]

schutzlos ① (*ungeschützt*) unprotected ② (*wehrlos*) defenceless; **einer Sache schutzlos ausgeliefert sein** be defenceless against something; **jemandem schutzlos ausgeliefert sein** be at the mercy of someone **Schutzumschlag** *von Buch:* dust cover [*oder* jacket] **Schutzweg** Ⓐ (*Fußgängerüberweg*) pedestrian [pɪ'destriən] crossing

Schwabe Swabian ['sweɪbiən] **Schwäbin** Swabian **schwäbisch** Swabian

schwach ① (*körperlich*) weak [wiːk] ② (*gering, schlecht*) poor [pɔːʳ] ③ **ich fühl mich ganz schwach vor Hunger** I feel faint with hunger ④ **mit schwacher Stimme** in a feeble voice ⑤ **ein schwacher Trost** a poor consolation [ˌkɒnsə'leɪʃᵊn]; **eine schwache Ausrede** a lame excuse ⑥ **schwach auf den Beinen sein** feel weak at the knees ⑦ **sie ist schwach in Mathematik** her maths is weak ⑧ **das schwache Geschlecht** the weaker sex ▶ IN WENDUNGEN: **mach mich nicht schwach!** don't tempt me!

Schwäche (*auch übertragen*) weakness; **sie hat eine Schwäche für Schokolade** she's got a weakness for chocolate **schwächen** weaken

Schwachkopf dimwit *umgangsspr*

Schwächling weakling

Schwachsinn mental deficiency ▶ IN WENDUNGEN: **das ist doch Schwachsinn!** that's a mug's game! *umgangsspr* **schwachsinnig** ① *Geisteszustand:* mentally deficient [dɪ'fɪʃᵊnt] ② **das ist doch total schwachsinnig!** that's idiotic! *umgangsspr* **Schwachstelle** weak point

schwafeln blether ['bleðəʳ] on *umgangsspr*

Schwager brother-in-law **Schwägerin** sister-in-law

Schwalbe swallow ['swɒləʊ]

Schwamm ① sponge [spʌndʒ]; **etwas mit dem Schwamm abwischen** sponge something ② (*Hausschwamm*) dry rot ▶ IN WENDUNGEN: **Schwamm drüber!** let's forget it!

Schwan swan [swɒn]

schwanger pregnant; **sie ist im 5. Monat schwanger** she's five months pregnant

Schwangerschaftstest pregnancy ['pregnənsi] test

schwanken ① (*wanken*) stagger ② (*zögern*) hesitate ['hezɪteɪt] ③ (*fluktuieren*) fluctuate ['flʌktʃueɪt]

Schwanz ① *von Tier, Flugzeug:* tail ② (*vulgär*) cock *slang*, dick *slang*

schwänzen skip; **Schule schwänzen** play truant ['truːənt] GB *umgangsspr,* play hooky ['hʊki] USA *umgangsspr*

Schwarm ① swarm [swɔːm] ② (*Person*) heart-throb *umgangsspr;* **Peter ist ihr neuer Schwarm** she's got a crush on Peter now

schwärmen ① *Bienen:* swarm [swɔːm] ② **für jemanden schwärmen** be crazy about someone ③ **ins Schwärmen geraten** go into raptures

schwarz ① (*Farbe*) black ② (*illegal*) illegal [ɪ'liːgᵊl], illicit [ɪ'lɪsɪt]; **etwas schwarz verdienen** earn something on the side ③ **ich habe es schwarz auf weiß** I've got it in black and white ④ **in den schwarzen Zahlen** in the black ⑤ **schwarz werden** blacken ⑥ **ihm wurde schwarz vor Augen** he had a blackout ⑦ (*im Universum*) **schwarzes Loch** black hole ⑧ (*pessimistisch*) **schwarz sehen** be pessimistic ▶ IN WENDUNGEN: **da kannst du warten, bis du schwarz wirst!** you can wait till the cows come home!

Schwarzarbeit illicit work, moonlighting *umgangsspr* **schwarzarbeiten** do illicit work, moonlight *umgangsspr* **Schwarzbrot** black bread **Schwarze(r)** (*Person*) black

schwarzfahren dodge paying one's fare **schwarzhaarig** black-haired **Schwarzhandel** black marketeering

Schwarzmarkt black market **Schwarzwald** ① Black Forest ② **Schwarzwälder Kirschtorte** Black Forest gateau **Schwarzweißfilm** black-and-white film

schwatzen ① (*sich unterhalten*) talk ② (*plappern*) prattle *umgangsspr* ③ **dummes Zeug schwatzen** talk a lot of rubbish **schwatzhaft** ① (*redselig*) talkative ② (*klatschsüchtig*) gossipy *umgangsspr*

Schwebebalken balance beam **schweben** ① (*an etwas schweben*) be suspended; (*hängen*) hang [hæŋ] ② (*in der Luft*) float [fləʊt]; (*auf der Stelle in der Luft*) hover ['hɒvəʳ] ③ (*noch unentschieden*) be undecided ④ **in Lebensgefahr schweben** be in danger of dying; (*im Krankenhaus*) be in a critical condition

Schwede Swede [swiːd] **Schweden** Sweden **Schwedin** Swede, Swedish woman **schwedisch** Swedish

Schwefel sulphur ['sʌlfəʳ] (GB), sulfur ['sʌlfəʳ] (USA)

schweifen ① roam [rəʊm], rove [rəʊv], wander about ② **den Blick schweifen lassen** let one's gaze wander

Schweigegeld hush money **Schweigeminute eine Schweigeminute einlegen** observe a minute of silence

Schweigen silence ['saɪləns] ▸ IN WENDUNGEN: **jemanden zum Schweigen bringen** silence someone

schweigen ① (*still sein*) be silent ② **ganz zu schweigen von …** let alone …, to say nothing of …

schweigsam ① (*still*) quiet ② (*wortkarg*) taciturn ['tæsɪtɜːn] ③ (*verschwiegen*) discreet [dɪ'skriːt]

Schwein ① (*Tier*) pig (GB), hog (USA) ② (*Schimpfwort*) **du Schwein!** you bastard! *umgangsspr* ③ **armes Schwein!** poor sod! *umgangsspr* ▸ IN WENDUNGEN: **Schwein haben** be lucky **Schweinebraten** roast pork **Schweinefleisch** pork **Schweinehund** (*Schimpfwort*) stinker *umgangsspr*, swine *umgangsspr* ▸ IN WENDUNGEN: **seinen inneren Schweinehund überwinden** overcome one's weaker self

Schweinerei ① (*Unordnung*) mess ② (*Gemeinheit*) dirty trick; **so eine Schweinerei!** that's scandalous! **Schweinestall** (*auch übertragen*) pigsty ['pɪgstaɪ] (GB), pig pen (USA)

Schweiß ① sweat [swet], perspiration [ˌpɜːspəʳ'eɪʃən] ② **in Schweiß ausbrechen** break out in a sweat ▸ IN WENDUNGEN: **im Schweiße seines Angesichts** in the sweat of his brow [braʊ]

schweißen weld

Schweißfüße sweaty [sweti] feet **schweißgebadet** bathed in sweat [swet]

Schweiz die Schweiz Switzerland ⚠ *ohne Artikel* **Schweizer** ① Swiss ② **Schweizer Käse** Swiss cheese **Schweizerdeutsch** Swiss German **Schweizerin** Swiss woman [*oder* girl] **schweizerisch** Swiss

schwelgen ① indulge [ɪn'dʌldʒ] oneself (**in** in) ② **im Luxus schwelgen** wallow ['wɒləʊ] in luxury

Schwelle ① (*auch übertragen*) threshold ['θreʃhəʊld]; **an der Schwelle** on the threshold ② (*Bahnschwelle*) sleeper (GB), tie [taɪ] (USA)

Schwellung swelling

Schwemme glut (**an** of)

schwenken ① wave *Fahne* ② (*in Butter etc.*) toss ③ **die Kamera schwenkte auf das Haus** the camera panned in to the house

schwer ① (*von Gewicht*) heavy ['hevi] ② (*drückend, lästig*) oppressive [ə'presɪv] ③ *Situation:* difficult, hard ④ (*schwerwiegend*) serious ⑤ **schweren Herzens** with a heavy heart ⑥ **es ist schwer, mit ihm auszukommen** he is hard to get on with; **es war nicht allzu schwer, ihn zu finden** there was not much difficulty in finding him ⑦ **das dürfte dir doch nicht schwer fallen** you shouldn't find that too difficult; **es fällt mir schwer, das zu glauben** I find it difficult to believe that ⑧ **schwer zu sagen** difficult to say ⑨ **jemandem das Leben schwer machen** make life difficult for someone ⑩ **schwer nehmen** take something hard ⑪ (*sehr*) really; **ich muss schwer aufpassen** I must be very careful; **da hast du dich aber schwer getäuscht!** you are seriously mistaken there!; **ich werd mich schwer hüten!** no way! ⑫ **schwer bewaffnet** heavily armed; **schwer erziehbar** maladjusted [ˌmælə'dʒʌstɪd]; **schwer krank** seriously ill; **schwer verdaulich** indigestible [ˌɪndɪ'dʒestəbl̩]; **schwer verletzt** seriously injured; **schwer verständlich** hard to understand **Schwerbehinderte(r)** seriously handicapped person **Schwerbeschädigte(r)** seriously disabled person

schwerelos weightless **schwerfällig** ① (*körperlich*) heavy ② (*geistig*) dull, slow [sləʊ] **Schwergewicht** (*im Boxen*) heavyweight **schwerhörig** ① hard of hearing ② **bist du schwerhörig oder was?** are you deaf [def] or what? *umgangsspr* ▸ IN WENDUNGEN: **auf dem Ohr ist sie schwerhörig** when it comes to that sort of thing, she doesn't want to know **Schwerkraft** gravity

schwermütig melancholy ['melənkəli] **Schwerpunkt** ① (*in Physik*) centre of gravity (GB), center of gravity (USA) ② (*übertragen*) main emphasis ['emfəsɪs], stress

Schwert sword [sɔːd]

Schwerverbrecher(in) serious offender **Schwerverletzte(r)** serious casualty ['kæʒjuəlti] **schwerwiegend** serious

Schwester ① sister ② (*Nonne*) nun ③ (*Krankenschwester*) nurse

Schwiegereltern parents-in-law **Schwiegermutter** mother-in-law **Schwiegersohn** son-in-law **Schwiegertochter** daughter-in-law **Schwiegervater** father-in-law

schwierig difficult; **es ist schwierig, mit ihm auszukommen** he is difficult to get on with; **das ist nicht schwierig** there's nothing difficult about it **Schwierigkeit** ① difficulty ② **in Schwierigkeiten geraten** get into difficulties; **Schwierigkeiten überwinden** get out of difficulties; **jemanden in Schwierigkeiten bringen** create difficulties for someone; **jemandem Schwierigkeiten machen** make things difficult for someone

Schwimmbad swimming pool **Schwimmbecken** pool

schwimmen ① swim; **schwimmen gehen** go swimming [*oder* for a swim]; **ich geh gern schwimmen** I like a swim ② *Dinge:* drift, float [fləʊt] ③ **mir schwimmt's vor den Augen** I feel dizzy ▸ IN WENDUNGEN: **ins Schwimmen geraten** begin to flounder ['flaʊndəʳ]

> **? Grammatik** **swim — swam — swum:**
> *Mike swam across the river; have you ever swum in the sea?*

Schwimmer(in) swimmer

Schwimmflosse *von Fisch:* fin; *von Taucher, Wal, Robben:* flipper **Schwimmweste** life jacket

Schwindel ① (*Gefühl*) dizziness ② **Schwindel erregend** causing giddiness ③ (*Täuschung*) swindle; (*Betrug, Schwindelei*) fraud [frɔːd]; **das ist ja alles Schwindel!** it's all lies!; **auf den Schwindel falle ich nicht herein!** I'm not falling for that! **Schwindelanfall einen Schwindelanfall haben** have a dizzy turn

schwindelfrei schwindelfrei sein have a good head for heights [haɪts]

schwind(e)lig dizzy, giddy; **mir ist schwindelig** I feel dizzy

schwindeln¹ ① (*aus Schwindelgefühl*) **mir schwindelt** I feel giddy ② **in schwindelnder Höhe** at a dizzy height

schwindeln² (*lügen*) lie

schwingen ① swing ② *Pendel:* swing ③ (*vibrieren*) vibrate [vaɪ'breɪt] ④ **sich aufs Fahrrad schwingen** jump onto one's bike

> **? Grammatik** **swing — swung — swung:**
> *Suddenly the door swung open; have you ever swung on a rope?*

Schwips einen Schwips haben be tipsy

schwirren ① (*sausen*) whizz ② (*surren*) buzz ③ **mir schwirrt der Kopf** my head is buzzing

schwitzen sweat [swet], perspire [pə'spaɪəʳ] ▸ IN WENDUNGEN: **wegen etwas ins Schwitzen geraten** get into a sweat about something

schwören ① swear [sweəʳ] ② **ich könnte schwören, dass ...** I could swear to it that ...; **ich habe mir geschworen, nie wieder zu rauchen** I swore to myself I'd never smoke again

schwul gay *umgangsspr*

schwül close, sultry [sʌltri]

Schwule(r) gay (GB) *umgangsspr,* fag (USA) *umgangsspr*

Schwung ① (*Elan*) zest ② **etwas in Schwung bringen** get something going ③ (*Bewegung*) swing

schwungvoll ① (*mit Bewegung*) sweeping ② *Mensch:* have plenty of drive ③ **schwungvolle Rede** stirring speech

Schwur oath [əʊθ]; **einen Schwur leisten** take an oath

sechs six **Sechseck** hexagon ['heksəgən] **sechshundert** six hundred **sechsjährig** six-year-old; **ein sechsjähriges Kind** a six-year-old child **sechstausend** six thousand **Sechste(r)** **er wurde Sechster** he came sixth **sechste** sixth; **der sechste Dezember** (*gesprochen*) the sixth of December, December sixth **Sechstel** sixth part **sechzehn** sixteen **sechzig** sixty **Sechzigerjahre in den Sechzigerjahren** in the sixties **sechzigste** sixtieth **Sechzigstel** sixtieth part

See¹ der (*Binnensee*) lake

See² die (*Weltmeer*) sea [siː]; **wir leben an der See** we live by the sea **Seefahrer** seafarer **Seehund** seal [siːl] **Seeigel** sea urchin ['ɜːtʃɪn] **seekrank** seasick; **ich werde immer seekrank** I always get seasick

Seele ① soul [səʊl] ② **von ganzer Seele**

with all one's heart ▶ IN WENDUNGEN: **nun hat die arme Seele Ruh!** that'll put him out of his misery!; **du sprichst mir aus der Seele!** that's exactly what I think! **seelenruhig** as cool as a cucumber ['kju:kʌmbəʳ] *umgangsspr*

Seelöwe sea lion

Seelsorger(in) pastor ['pɑ:stəʳ]

Seemann sailor ['seɪləʳ], seaman ['si:mən] **Seenot** distress; **in Seenot geraten** get into distress **Seeräuber** pirate ['paɪrət] **Seerose** water lily **Seestern** starfish **Seetang** seaweed **Seevogel** sea bird

Segel sail [seɪl] ▶ IN WENDUNGEN: **jemandem den Wind aus den Segeln nehmen** take the wind out of someone's sails

Segelboot sailingboat (GB), sailboat (USA) **Segelflugzeug** glider

segeln sail [seɪl]

Segelohren flappy ears *umgangsspr* **Segelschiff** sailing ship [*oder* vessel]

Segen blessing; **das war ein wahrer Segen** that was a real godsend ▶ IN WENDUNGEN: **jdm seinen Segen erteilen** give someone one's blessing

segnen bless

Sehen ich kenne sie nur vom Sehen I know her only by sight

> **? Grammatik** **see — saw — seen:** *I saw you in the park yesterday; Emma has seen this film before.*

sehen (1) see (2) **ich habe gesehen, wie es passiert ist** I saw it happen (3) **es war nichts zu sehen** there was nothing to be seen (4) **sie will mich nicht mehr sehen** she doesn't want to see me anymore (5) **seh ich richtig, ist das nicht ...?** am I seeing things or is ...? (6) **ich sehe mich nicht in der Lage, das zu tun** I can't see my way to doing that; **ich sah mich gezwungen, ...** I saw myself obliged [ə'blaɪdʒd] to ... (7) **mal sehen, ob wir helfen können** we'll see if we can help; **wollen wir mal sehen, was passiert** let's just see what happens (8) **er sah kurz auf die Uhr** he had a quick look at his watch (9) **darf ich mal sehen?** can I have a look?; **lass mal sehen!** let's have a look! (10) **sieh mal!** just look! (11) **so gesehen** seen [*oder* looked at] in this way (12) **sich sehen lassen** appear [ə'pɪəʳ]; **lass dich mal wieder sehen!** do come again! (13) **so kannst du dich sehen lassen** like that you're presentable [prɪ'zentəbl̩]; **diese Arbeit kann sich sehen lassen** this piece of work is not bad at all (14) **nach jemandem sehen** come [*oder* go] to see someone **sehenswert** (1) (*interessant*) worth seeing (2) (*bemerkenswert*) remarkable **Sehenswürdigkeit** sight

Sehne (1) sinew ['sɪnju:], tendon (2) (*Bogensehne*) string

sehnen sich nach etwas/jemandem sehnen long for something/someone

Sehnsucht (1) longing; (*stärker*) yearning [jɜ:nɪŋ] (**nach** for) (2) **Sehnsucht haben** have a longing [*oder* yearning] **sehnsüchtig** (1) longing; (*stärker*) yearning [jɜ:nɪŋ] (2) **sehnsüchtig auf jemanden warten** long for someone

sehr (1) very; **ich mag ihn sehr** I like him very much; **sie mag ihn so sehr** she likes him so much (2) **das ist sehr gut möglich** that's very possible (3) **ihr Haus ist sehr viel größer als unseres** their house is very much bigger than ours (4) **ich bin nicht sehr musikalisch** I'm not much of a musician (5) **sie war sehr verlegen** she was very embarassed (6) **wie sehr er sich auch bemüht, ...** however much he tries, ... (7) **danke sehr!** thank you very much! (8) **das ist wirklich sehr nett von dir** that's really very kind of you

Sehtest eye test

seicht (1) (*flach, nicht tief*) shallow ['ʃæləʊ] (2) *Film, Buch:* trivial ['trɪviəl]

Seide silk; **aus reiner Seide sein** made of pure silk

Seife soap [səʊp]; **ein Stück Seife** a cake of soap **Seifenoper** soap opera *umgangsspr*

Seil rope; (*Kabel*) cable **Seilbahn** cable railway **seilhüpfen**, **seilspringen** skip **Seiltänzer(in)** tightrope walker ['taɪtrəʊp,wɔ:kəʳ]

sein (1) be; **ich bin ja so müde!** I'm so tired!; **du bist ja betrunken!** you're drunk!; **er ist Deutscher** he is German (2) **ist was?** is something wrong?; **was ist?** what's the matter? (3) **wer ist das?** who is that?; **ich bin's** it's me (4) **sei so nett und ...** be so kind as to ... (5) **das kann schon sein** that may well be (6) **sie ist jetzt wer** she's made it now (7) **danke, mir ist jetzt nicht nach**

Alkohol thanks, but I don't feel like drinking right now ⑧ **wie wär's mit einem Spaziergang?** how about going for a walk? ⑨ **wann ist die Prüfung noch mal?** when is the exam again? ⑩ (*in Vergangenheit*) **sie ist schon gegangen** she's already gone ⑪ **wie lange bist du schon da?** how long have you been here?

sein (*männlich*) his; **er liegt in seinem Bett** he's laying in his bed; (*bei Mädchen*) her; **das Mädchen sucht seinen Schirm** the girl is looking for her umbrella; (*bei Tieren*) its, his, her; **der Hund kaut auf seinem Knochen** the dog is chewing on his bone; (*bei Sachen*) its; **der Baum hat seine Blätter verloren** the tree has lost its leaves; (*allgemeines ‚man'*) one's, his, their; **jeder hat seine Sorgen** everybody has his [*oder* their] problems **seinerseits** **er seinerseits** he for his part **seinetwegen** ① (*wegen ihm*) on account of him, on his account ② (*für ihn*) on his behalf [bɪ'hɑːf]

seit ① (*Zeitpunkt*) since; **ich bin seit 3 Uhr hier** I've been here since 3 o'clock; **ich komme schon seit 1997 hierher** I've been coming here since 1997 ② (*Zeitraum*) for; **wir leben seit 5 Jahren in Bonn** we've been living in Bonn for 5 years now; **ich habe sie seit 2 Jahren nicht gesehen** I haven't seen her for 2 years; **ich kenne ihn schon seit Jahren** I've known him for years ③ **ich jogge erst seit kurzem** I only recently started jogging; **sie kennen sich schon seit langem** they've known each other for a long while; **seit neuestem steht er auf Klassik** he's become a classic fan lately ④ **seit wann?** (*von wann an?*) since when?; (*wie lange?*) how long?

> **! Vorsicht Falle** **since** wird bei genauen Zeitangaben gebraucht: *Vivian has been waiting since two o'clock; we have lived here since 1998*; — **for** wird dagegen für Zeiträume gebraucht: *Vivian has been waiting for two hours; we have lived here for three years.*

seitdem ① **seitdem er auf die Schule geht, er ist ganz brav geworden** since he's been at school, he has become very good ② **seitdem war sie nicht mehr im Kino** she hasn't gone to the cinema since [then]

Seite ① side ② (*Flanke*) flank ③ (*Richtung*) direction; **er kam von dieser Seite** he came from that direction [dɪ'rekʃᵊn] ④ *von Buch etc:* page; **auf Seite 17** on page 17 ⑤ *von Kleidungsstück:* **rechte/linke Seite** right/wrong side ⑥ **er trat zur Seite** he moved [*oder* stood] to one side ⑦ **Seite an Seite** side by side ⑧ **jemandem zur Seite stehen** stand by someone ⑨ **von väterlicher Seite** from the paternal [pə'tɜːnᵊl] side ⑩ **alles hat seine zwei Seiten** there are always two sides to every story ⑪ **er ist auf unserer Seite** he's on our side ⑫ **die Seiten wechseln** change sides ⑬ **von meiner Seite aus** as far as I'm concerned ⑭ **Schokolade ist meine schwache Seite** I have a weakness for chocolate; **Fremdsprachen sind nicht gerade meine starke Seite** I'm pretty useless at foreign languages ▸ IN WENDUNGEN: **jemanden auf die Seite schaffen** get rid of someone **Seitenausgang** side exit **Seiteneingang** side entrance **Seitenhieb** **jemandem einen Seitenhieb geben** sideswipe somebody **Seitenlinie** (*Fußball*) touchline; (*Tennis*) sideline **Seitensprung** **einen Seitensprung machen** have a bit on the side *umgangsspr* **Seitenstechen** **Seitenstechen haben** have a stitch [in one's side] **Seitenstraße** side street [*oder* road] **Seitenzahl** ① (*Zahl auf der Seite*) page number ② (*Gesamtzahl*) number of pages

seither since then; **seither war ich nicht mehr im Schwimmbad** I haven't been to the swimming pool since

Sekretär ① male secretary ['sekrətᵊri] ② (*Möbelstück*) bureau ['bjʊərəʊ]

Sekretariat office

Sekretärin secretary ['sekrətᵊri]

Sekt sparkling wine

Sekte sect

Sekundarlehrer(in) (CH) secondary [*oder* (USA) high] school teacher

Sekundarschule (CH) secondary [*oder* (USA) high] school

Sekunde second ['sekᵊnd]; **auf die Sekunde genau** to the second; **im Bruchteil einer Sekunde** in a split second **Sekundenzeiger** second hand

selbst ① **ich selbst habe es gesehen!** I saw it myself!; **ich selbst habe nicht mit ihr gesprochen** I haven't spoken to her personally ② (*statt jemand anders*) **okay, ich mache es selbst** ok, I'll do it myself ③ (*Handarbeit*) **die habe ich selbst gemacht** I made it myself; **selbst gestrickt** hand-knitted; **selbst gemachte Marmelade** home-made jam ④ **das muss sie selbst entscheiden** she's got to decide that by herself; **das muss sie selbst wissen** that's her business ⑤ (*sogar*) **selbst Peter war da** even Peter was there ⑥ **selbst wenn ich Lust hätte, …** even if I wanted to, … ⑦ **das versteht sich von selbst** that goes without saying

Selbstauslöser (*beim Fotoapparat*) delay timer, delayed-action shutter release **Selbstbedienung** self-service **Selbstbefriedigung** masturbation [ˌmæstəˈbeɪʃən] **Selbstbeherrschung** **die Selbstbeherrschung verlieren/wahren** lose/keep one's self-control **selbstbewusst** self-assured [ˌselfəˈʃʊəd], self-confident [ˌselfˈkɒnfɪdənt] **Selbstbewusstsein** self-confidence [ˌselfˈkɒnfɪdəns]; **kein Selbstbewusstsein haben** have no self-confidence **Selbstgespräch** **Selbstgespräche führen** talk to oneself **Selbsthilfegruppe** self-help group **selbstklebend** self-adhesive [ədˈhiːsɪv] **Selbstkritik** self-criticism **Selbstlaut** vowel [vaʊəl] **selbstlos** unselfish **Selbstmitleid** self-pity

Selbstmord suicide [ˈsuːɪsaɪd]; **Selbstmord begehen** commit suicide **Selbstmörder(in)** suicide [ˈsuːɪsaɪd] **selbstmordgefährdet** suicidal [ˌsuːɪˈsaɪdəl] **Selbstmordversuch** suicide attempt **selbstsicher** self-confident **selbstständig** ① independent ② (*nicht angestellt*) **sich selbständig machen** start up one's own business, set up on one's own ▶ IN WENDUNGEN: **sich selbständig machen** grow legs *humorvoll*

selbstverständlich ① **jemandem zu helfen, das ist doch selbstverständlich** it's perfectly natural to help other people ② **es ist doch selbstverständlich!** it goes without saying ③ **etwas für selbstverständlich halten** take something for granted ④ **kommst du? — selbstverständlich!** are you coming? — of course! **Selbstverständlichkeit** **das war doch eine Selbstverständlichkeit!** that was only natural; (*nach Hilfe*) not at all!

Selbstverteidigung self-defence **Selbstvertrauen** self-confidence; **kein Selbstvertrauen haben** have no self-confidence

selig ① (*in der Religion*) blessed [ˈblesɪd] ② (*wonnig*) blissful ③ (*gestorben*) **meine seelige Mutter** my late mother ▶ IN WENDUNGEN: **wer's glaubt, wird selig!** tell me another! *umgangsspr*

Sellerie ① (*Sellerieknolle*) celeriac [səˈleriæk] ② (*Stangensellerie*) celery [ˈseləri]

selten ① *Tiere, Pflanzen, Vorkommnisse:* rare [reər] ② (*knapp*) scarce [skeərs] ③ (*ungewöhnlich*) unusual; **seltenes Exemplar** (*eines Buches*) scarce copy ④ **das ist ein selten guter Wein** this wine is exceptionally good ⑤ (*nicht oft*) rarely, seldom; **ich gehe selten ins Theater** I rarely go to the theatre; **wir sehen uns höchst selten** we hardly ever meet ▶ IN WENDUNGEN: **selten so gelacht!** what a laugh [lɑːf]! *umgangsspr*

seltsam strange; (*sonderbar*) odd, queer [kwɪər]

Semester term GB, semester [səˈmestər] USA; **im 10. Semester sein** be in one's fifth year **Semesterferien** vacation [vəˈkeɪʃən] ⚠ *singular*

Semikolon semicolon [ˌsemɪˈkəʊlən]

Seminar ① (*Fakultätsabteilung*) department ② (*Kurs*) seminar [ˈsemɪnɑːr] ③ (*Priesterseminar*) seminary [ˈsemɪnəri] ④ (*Studienseminar*) teacher training college

Semmel roll [rəʊl]

Senat senate [ˈsenɪt] **Senator(in)** senator [ˈsenətər]

senden[1] (*schicken*) send (**an** to); **jemandem etwas senden** send someone something

senden[2] (*Radio, TV*) broadcast [ˈbrɔːdkɑːst]; (*Funksignal*) transmit **Sendepause** intermission **Sender** ① (*Anlage*) transmitter ② (*Fernsehen*) channel [ˈtʃænəl] GB, station [ˈsteɪʃən] USA **Sendeschluss** close-down, end of broadcasts

Sendung ① (*von Gütern*) consignment ② (*im Fernsehen*) programme [ˈprəʊgræm]; **auf Sendung** on air

Senf mustard [ˈmʌstəd] ▶ IN WENDUNGEN: **seinen Senf dazu geben** have one's say

senil senile [ˈsiːnaɪl]

Senior ① **der Senior einer Gruppe** the eldest of a group ② (*umgangsspr: Chef*) boss ③ (*älterer Mitbürger*) senior citizen; **Senioren** senior citizens **Seniorenheim** old people's home **Seniorin** senior citizen

senken ① lower [ləʊər] *Stimme, Preise* ② (*in

der Technik) sink ❸ **sich senken** (*sinken*) sink; (*absacken*) sag; *Nacht, Nebel:* fall

senkrecht vertical ['vɜːtɪkəl], perpendicular [ˌpɜːpən'dɪkjʊləʳ]

Sensation sensation [sen'seɪʃən]

sensationell sensational [sen'seɪʃənəl]

sensibel sensitive ['sensɪtɪv]

sentimental sentimental [ˌsentɪ'mentəl]

September September [sep'tembəʳ]

Serbe Serbian ['sɜːbiən] **Serbien** Serbia ['sɜːbiə] **Serbin** Serbian ['sɜːbiən] **serbisch** Serbian ['sɜːbiən]

Serie ❶ (*im Fernsehen, Radio*) series ['sɪəriːz] ❷ (*von Briefmarken etc.*) set ❸ **in Serie hergestellt werden** be mass-produced

> **! Vorsicht Falle** **series** wird zusammen mit einem Verb im Singular gebraucht: *a new television series begins today.*

seriös ❶ serious ['sɪəriəs] *Angebot* ❷ **seriöse Firma** sound [saʊnd] firm ❸ (*anständig*) **er ist sehr seriös** he's very respectable

Service¹ der (*Dienstleistung*) service

Service² das (*Geschirr*) dinner service; (*Gläserservice*) set

servieren serve; **das Abendessen servieren** serve dinner **Serviererin** waitress **Serviertochter** (CH) waitress

Serviette napkin, serviette [ˌsɜːvi'et]

Servolenkung power-assisted steering

Servus (A) (*zur Begrüßung*) hello!; (*beim Abschied*) [good] bye!

Sessel easy chair; (*Lehnstuhl*) armchair **Sessellift** chairlift

setzen ❶ **sich setzen** sit down; *Vogel:* perch [pɜːtʃ]; *Schwebestoffe:* settle ❷ **darf ich mich zu Ihnen setzen?** may I join you?; **setz dich zu mir/neben mich** sit by/with me!; **sich auf einen Stuhl setzen** sit down in a chair ❸ plant [plɑːnt] *Pflanze* ❹ (*in Setzerei*) set ❺ **jemandem eine Frist von drei Tagen setzen** set someone a time limit of three days ❻ **Geld auf etwas setzen** bet on something ❼ **sich den Hut auf den Kopf setzen** put one's hat on one's head ❽ **seine Unterschrift unter ein Schriftstück setzen** put one's signature to a document ❾ **etwas auf die Tagesordnung setzen** put something on the agenda; **etwas in die Zeitung setzen** put something in the paper ❿ (*springen*) jump (**über** over) ⓫ **auf jemanden setzen** put one's money on someone ⓬ **sich etwas in den Kopf setzen** take something into one's head

Seuche epidemic [ˌepɪ'demɪk]

seufzen sigh [saɪ] (**vor** with); **seufzend** with a sigh **Seufzer** groan, sigh [saɪ]; **einen Seufzer ausstoßen** heave a sigh

Sex sex

Sexualität sexuality [ˌsekʃu'æləti] **Sexualkunde** sexual education

sexuell sexual

Shampoo shampoo [ʃæm'puː]

Shorts shorts *plural,* a pair of shorts

> **! Vorsicht Falle** **shorts** werden im Englischen immer im Plural gebraucht: *where are my blue shorts?* — **a pair of shorts** wird aber im Singular verwendet: *this is Peter's pair of shorts.*

Showbusiness show business

siamesisch **siamesische Zwillinge** Siamese [ˌsaɪə'miːz] twins

Sibirien Siberia [saɪ'bɪəriə]

sich ❶ (*im Akkusativ: männlich*) himself; (*weiblich*) herself; (*sächlich*) itself; (*in Mehrzahl*) themselves; **sie hat sich geschnitten** she's cut herself; **er hat sich das Bein gebrochen** he has broken his leg ❷ (*im Dativ*) **er nahm die Schuld auf sich** he took the blame upon himself; **sie denkt nur an sich** she only thinks of herself ❸ **außer sich sein** be beside oneself ❹ **wieder zu sich kommen** regain consciousness ['kɒnʃəsnəs] ▸ IN WENDUNGEN: **an sich ist die Sache ganz einfach** basically it's no problem at all; **an sich ist er ganz nett** he's quite nice really *umgangsspr;* **an und für sich** on the whole; **das ist eine Sache für sich** that is another story

Sichel ❶ sickle ❷ (*Mondsichel*) crescent ['kresənt]

sicher ❶ (*vor Gefahr*) safe; (*geborgen*) secure ❷ (*gewiss*) certain, sure; **sie sind sicher bald wieder zurück** I'm sure they'll be back soon ❸ (*selbstbewusst*) self-assured [ˌselfə'ʃʊəd] ❹ **sind Sie sich [dessen] sicher?** are you certain of that?; **ganz sicher** for certain; **ich bin mir nicht ganz sicher, aber ...** I don't know for certain, but ...; **es ist absolut sicher, dass ...** it's an absolute certainty that …; **ich bin mir da ganz sicher** I'm perfectly sure; **da bin ich nicht so sicher** I'm not so sure about that; **das ist sicher** that's for sure ⑤ **sich seiner Sache sicher sein** be sure of what one is doing/saying ⑥ **das meinst du doch sicher nicht so, oder?** surely you don't mean it? ⑦ **aber sicher!** take it from me! ⑧ **vor etwas sicher sein** be safe from something; **etwas sicher aufbewahren** keep something safe ⑨ **es ist so gut wie sicher** it's a safe guess ⑩ **ich weiß aus sicherer Quelle, dass …** I'm reliably informed that … ⑪ **sicher ist sicher** better safe than sorry

Sicherheit ① (*vor Gefahr*) safety; **sich in Sicherheit bringen** get oneself to safety ② (*bei der Bank*) security ③ (*Gewissheit*) certainty ['sɜːtᵊnti]; **mit Sicherheit wissen, dass …** know for certain that …; **wird das passieren? – ja, mit Sicherheit** will it happen? – yes, for sure; **das ist mit Sicherheit richtig** that's definitely right ④ **zur Sicherheit** for security **Sicherheitsgurt** safety [*oder* seat] belt **sicherheitshalber** to be on the safe side **Sicherheitsnadel** safety pin

sicherlich certainly (GB), sure (USA)

sichern ① (*sicher machen*) secure [sɪ'kjʊəʳ] ② (*schützen*) safeguard ③ save *Software* ④ put the safety catch on *Gewehr* ⑤ **sich etwas sichern** secure something for oneself ⑥ **sich gegen etwas sichern** guard oneself against something

sicherstellen (*garantieren*) guarantee [ˌgærᵊn'tiː]; *Polizei:* take possession of

Sicherung ① fuse [fjuːz]; **die Sicherung ist durchgebrannt** I've fused the lights ② (*Sicherstellung*) safeguarding ③ (*Vorrichtung*) safety mechanism ['mekənɪzᵊm] ④ (*beim Computer*) backup **Sicherungskopie** (*beim Computer*) backup copy

Sicht ① (*Aussicht*) view [vjuː] ② (*Sichtverhältnisse*) visibility [ˌvɪzə'bɪləti]; **gute/schlechte Sicht** good/poor visibility; **die Sicht beträgt nur 100 Meter** visibility is down to only 100 metres ③ **in Sicht sein** be within sight [saɪt]; **die Küste kam in Sicht** we came in sight of the coast ④ **auf lange Sicht** in the long run **sichtbar** ① visible ['vɪzəbl̩]; **sichtbar werden** appear [ə'pɪəʳ] ② (*deutlich werden*) **sichtbar werden** become apparent

sichten ① (*sehen*) sight [saɪt] ② (*durchsehen*) examine [ɪg'zæmɪn] ③ (*aussuchen*) sift, sort out

sichtlich obvious ['ɒbviəs]; **sie war sichtlich beeindruckt** she was visibly impressed

Sichtverhältnisse visibility [ˌvɪzə'bɪləti] ⚠ *singular;* **die Sichtverhältnisse waren sehr schlecht** visibility was very bad ⚠ *ohne Artikel und im Singular*

Sichtweite **außer Sichtweite** out of sight [saɪt]; **in Sichtweite kommen** come into sight

sickern seep

Sie ① you; **was möchten Sie trinken?** what would you like to drink? ② **gehen Sie schon!** go!

sie ① (*als Subjekt*) she; **sie mag gerne Schokolade** she loves chocolate; **sie war's nicht, ich war's** it wasn't her, it was me ② (*als Objekt*) her; **ich mag sie** I like her; **kann ich sie bitte sprechen?** can I talk to her please? ③ **ich bin größer als sie** I'm taller than her ④ (*für Objekte*) it; **wo ist die Vase? — sie ist auf dem Tisch** where's the vase [vɑːz]? — it's on the table ⑤ (*im Plural*) they; **sie sind im Urlaub** they are on holiday; **ich kann sie nicht sehen** I can't see them

Sieb sieve [sɪv]; (*Teesieb*) strainer; (*für Salat*) colander ['kʌləndəʳ]

sieben[1] sieve [sɪv], sift *Speisen*

sieben[2] seven ['sevᵊn] **siebenhundert** seven hundred **siebenjährig** seven-year-old

siebte seventh ▸ IN WENDUNGEN: **im siebten Himmel sein** be in seventh heaven **Siebtel** seventh part **siebtens** in the seventh place

siebzehn seventeen [ˌsevᵊn'tiːn] **siebzehnte** seventeenth **Siebzehntel** seventeenth

siebzig seventy ['sevᵊnti] **Siebzigerjahre** **in den Siebzigerjahren** in the seventies **siebzigste** seventieth ['sevᵊntiəθ]

Siedepunkt boiling-point

Siedlung ① (*Ansiedlung*) settlement ② (*Wohnsiedlung*) housing estate

Sieg victory (**über** over); **den Sieg erringen** be victorious

Siegel seal [siːl]

siegen win; (*im Krieg*) be victorious [vɪk'tɔːriəs]

Sieger(in) ① victor ② (*bei Wettkampf*) winner; **zweiter Sieger** runner-up **Siegerehrung** presentation ceremony ['serɪməni]

siegreich victorious [vɪk'tɔːriəs]
Signal ① (*für Bahn etc.*) signal ['sɪgnᵊl] ② (*Zeichen*) sign [saɪn]
signieren sign [saɪn]
Silbe syllable ['sɪləbl̩] **Silbentrennung** syllabification [sɪˌlæbɪ'keɪʃᵊn]
Silber ① silver ② (*Silberzeug*) silverware **Silberhochzeit** silver wedding **Silbermedaille** silver medal [ˌsɪlvə'medᵊl]
Silhouette silhouette [ˌsɪlu'et]
Silvester New Year's Eve
simpel ① (*einfach*) plain, simple ② (*dumm*) stupid
Sims (*Fenstersims*) sill; (*vorspringender Rand*) ledge; (*Kaminsims*) mantelpiece
Sinfonie symphony ['sɪmfəni] **Sinfoniekonzert** symphony concert
Singapur Singapore [ˌsɪŋə'pɔːʳ]
singen ① sing ② (*slang: gestehen*) squeal [skwiːl] *umgangsspr*

> ? **Grammatik** **sing — sang — sung**: *Tom sang on old Welsh song; have you sung this song before?*

Singular singular ['sɪŋgjələʳ]
Singvogel song-bird
sinken ① sink; *Preise:* drop, fall ② **in jemandes Achtung sinken** sink in someone's estimation
Sinn ① (*Sinnesesorgan*) sense; **die fünf Sinne** the five senses ② (*Verstand*) mind; **sich etwas aus dem Sinn schlagen** put something out of one's mind; **das geht mir nicht aus dem Sinn** I can't get it out of my mind; **was hast du im Sinn?** what do you have in mind? ③ (*Bedeutung*) meaning; **im übertragenen Sinn** in the figurative sense ④ **das hat keinen Sinn** that's pointless ⑤ **in gewissem Sinne** in a sense ⑥ **mein Leben hat keinen Sinn** my life is meaningless ▸ IN WENDUNGEN: **von Sinnen sein** be out of one's senses
Sinnesorgan sense organ **Sinnestäuschung** illusion [ɪ'luːʒᵊn] **Sinneswandel** change of mind
sinngemäß **etwas sinngemäß wiedergeben** give the gist [dʒɪst] of something
sinnlich ① (*auf die Sinne bezüglich*) sensuous ['sensjʊəs] ② (*den Sinnengenuss betreffend*) sensual ['sensjʊəl]; **ein sinnlicher Mensch** a sensualist ['sensjʊəlɪst]
Sinnlichkeit sensuality [ˌsensju'æləti]
sinnlos ① (*zwecklos*) useless ② (*absurd, verrückt*) absurd [əb'zɜːd] ③ (*ohne Bedeutung*) meaningless ④ **sinnlos betrunken** dead [ded] drunk ⑤ **es ist einfach sinnlos** (*unverständlich*) it just doesn't make sense; (*zwecklos*) it's totally pointless **sinnvoll** ① (*zweckmäßig*) convenient [kən'viːniənt] ② (*klug*) ingenious [ɪn'dʒiːniəs] ③ **es wäre sinnvoll, jetzt darüber zu reden** it would be a good idea to talk about it now
Sintflut ① (*in Bibel*) Flood [flʌd] ② (*übertragen*) deluge ['deljuːdʒ]
Sippe ① (*von Menschen*) family ② (*Art*) species ['spiːʃiːz]
Sirene (*auch übertragen*) siren ['saɪrən]
Sirup (*Zuckersaft*) treacle ['triːkl̩]; (*Fruchtsaft mit Zucker*) syrup ['sɪrəp]
Sitte custom ['kʌstəm]
Sittich parakeet [ˌpærə'kiːt]
Sittlichkeitsverbrechen sex crime
Situation situation [ˌsɪtju'eɪʃᵊn]
Sitz ① seat; **verstellbarer Sitz** adjustable seat ② (*Wohnsitz*) residence ['rezɪdᵊns]; *Firma:* **mit Sitz in Berlin** with headquarters [ˌhed'kwɔːtəz] in Berlin ③ *von Kleidern:* fit

> ? **Grammatik** **sit — sat — sat**: *David sat on a wall; he had sat there for two hours.*

sitzen ① sit; **bleib [doch] sitzen!** don't get up!; **sitzen bleiben** remain seated ② **die Firma sitzt in Hamburg** the company has its headquarters in Hamburg ③ *Kleider:* fit; **das Kleid sitzt nicht** the dress doesn't fit properly ④ (*im Gefängnis*) be doing time *umgangsspr;* **im Gefängnis sitzen** be in prison; **er musste fünf Jahre sitzen** he had to do five years *umgangsspr* ⑤ (*in der Schule*) **sitzen bleiben** repeat a year ⑥ **auf einer Ware sitzen bleiben** be left with a product ⑦ **diese Beleidigung lasse ich nicht auf mir sitzen!** I am not going to take that insult lying down! ⑧ **jemanden sitzen lassen** (*im Stich lassen*) leave somebody in the lurch (GB) ⑨ **das hat gesessen!** that hit home!; **die Bemerkung saß** the remark was very apt ▸ IN WENDUNGEN: **einen sitzen haben** have had one too many
Sitzplatz seat
Sitzung ① (*Konferenz*) meeting ② (*Gericht*) session ['seʃᵊn]

Sizilien Sicily ['sɪsɪli]
Skala 1 scale [skeɪl] 2 (*übertragen*) range
Skandal 1 scandal ['skændᵊl] 2 (*Lärm*) fuss, row [raʊ] **skandalös** scandalous ['skændᵊləs]
Skandinavien Scandinavia [ˌskændɪ'neɪviə] **skandinavisch** Scandinavian [ˌskændɪ'neɪviən]
Skat skat [skæt]
Skateboard skateboard **Skateboardfahrer(in)** skateboarder
Skelett skeleton ['skelɪtᵊn]
Skepsis scepticism ['skeptɪsɪzᵊm] **skeptisch** sceptical ['skeptɪkᵊl]
Ski ski [skiː]; **Ski fahren** [*oder* **laufen**] ski **Skifahrer(in)** skier **Skilaufen** skiing **Skiläufer(in)** skier **Skilehrer(in)** skiing instructor **Skilift** ski lift
Skinhead skinhead
Skizze 1 (*Abriss*) sketch 2 (*Entwurf*) draft; (*Plan*) outline **skizzieren** 1 (*umreißen*) sketch 2 outline *Plan*
Sklave slave **Sklavenhandel** slave trade **Sklaventreiber(in)** (*auch übertragen*) slave driver **Sklaverei** slavery **Sklavin** slave
Skorpion 1 scorpion ['skɔːpiən] 2 (*Sternzeichen*) Scorpio ['skɔːpiəʊ]
Skrupel 1 scruple ['skruːpḷ] 2 **ohne jeden Skrupel** without the slightest scruple; **keine Skrupel haben** have no scruples **skrupellos** unscrupulous [ʌn'skruːpjələs]
Skulptur sculpture ['skʌlptʃəʳ]
Slalom slalom ['slɑːləm]
Slawe, **Slawin** Slav [slɑːv] **slawisch** Slavonic [slə'vɒnɪk]
Slip 1 briefs ⚠ *plural* 2 (*für Frauen*) panties ⚠ *plural* **Slipeinlage** panty liner
Slowake, **Slowakin** Slovak ['sləʊvæk] **Slowakei** Slovakia [slə'vækɪə] **slowakisch** Slovak[ian] [slə'vækiən]
Slowenien Slovenia [slə'viːniə]
Slum slum
Smog smog [smɒg] **Smogalarm** smog alert
Smoking dinner jacket (GB), tuxedo [tʌk'siːdəʊ] (USA)
SMS *Abkürzung von* **Short Message Service** sms; **eine SMS[-Nachricht] senden** send a text-message [*oder* an SMS]
so 1 so 2 (*auf diese Art*) like this, thus 3 **so!** (*da!*) there you are! 4 (*ja?*) **so?** is that so? 5 **ach so!** oh, I see! 6 **so oder so** one way or another 7 **heute ist es nicht mehr so warm wie gestern** it's colder than yesterday; **er ist so alt wie mein Bruder** he's the same age as my brother; **ich bin noch nicht so weit** I'm not ready yet 8 **na so was!** well! *umgangsspr* 9 **ich will mal nicht so sein** all right, but just this once 10 **er war so dumm und hat es ihnen gesagt** he was so stupid as to tell them 11 **ich bin ja so müde** I'm so very tired; **ich wünsche es mir so sehr** I want it so much; **er redet immer so viel!** he's always talking so much! 12 **so kam es, dass ...** so it was that ... 13 **der so genannte ...** the so-called ... 14 **und was machst du so?** and what are you up to these days? *umgangsspr* 15 **so dass ...** so that ... 16 **so reich er auch ist** however rich he may be
sobald as soon as; **ich komme sobald ich fertig bin!** I'll come as soon as I'm finished
Socke sock
Sockel base; (*von Statue*) pedestal ['pedɪstᵊl]
Sodbrennen heartburn ['hɑːtbɜːn]
Sofa sofa ['səʊfə]; (*kleines Sofa*) settee
sofern provided [that]
sofort at once, immediately [ɪ'miːdiətli]; **sofort!** (*komme sofort!*) coming!
sogar even; **sie ist sogar allein gekommen** she even came on her own
Sohle sole [səʊl]
Sohn son [sʌn]
solang(e) so long as; **solange ich lebe** for the rest of my life; **solange du hier bist, ist alles gut** as long as you're here, everything is fine
Solarenergie solar ['səʊləʳ] energy
Solarium solarium [sə'leəriəm]
solch 1 such; **solch ein Glück** such luck; **sie mag solche Filme nicht** she doesn't like that kind of film 2 **ich hab solchen Durst!** I'm so thirsty!
Soldat(in) soldier ['səʊldʒəʳ]
solide 1 (*fest gebaut*) solid ['sɒlɪd] 2 **er hat solide Kenntnisse in Geschichte** he's got a sound knowledge of history 3 (*anständig*) respectable [rɪ'spektəbḷ]
Solist soloist ['səʊləʊɪst]
sollen 1 **was soll ich mit ihm machen?** what shall I do with him?; **soll ich dir helfen?** shall I help you? 2 (*bei Ratschlägen*) **du solltest das nicht tun!** you shouldn't do that! 3 (*bei Anweisungen*) **du sollst deine**

Mutter anrufen you are to call your mother; **ich soll hier aufräumen** I'm supposed to clean up here ④ (*angeblich*) **sie soll ihn verlassen haben** she's supposed to [*oder* said to] have left him; **er soll sehr reich sein** he is said to be very rich; **hier soll bald ein Einkaufszentrum entstehen** they're planning to build a shopping mall here ⑤ **was soll das [bedeuten]?** what's that supposed to mean? ⑥ **was soll [denn] das?** what do you think you're doing?; **[he], was soll das?** (*Ausruf*) [hey], what's that all about?; (*Vorwurf*) what's the point of that? ⑦ **was soll ich hier?** what am I here for?; **was soll ich dazu sagen?** what am I supposed to say? ⑧ **was soll's?** so what?, what the heck! *umgangsspr* ⑨ **was soll das heißen?** what does that mean? ⑩ **was soll ich tun?** what am I to do? ⑪ **man sollte meinen, …** one would think … ⑫ **sollte er es vergessen haben?** can he have forgotten it? ⑬ **das hätten Sie nicht glauben sollen** you shouldn't have believed it ⑭ **sie weiß nicht, was sie tun soll** she doesn't know what to do ⑮ **so etwas soll es geben** these things happen

Solo solo ['səʊləʊ]

somit consequently ['kɒnsɪkwəntli], therefore

Sommer summer; **im Sommer** in [the] summer; **im nächsten Sommer** next summer **sommerlich** ① (*sommerlich warm*) summery ② **sommerlicher Tag** summer day **Sommersprossen** freckles

Sonderangebot special offer

sonderbar odd, strange

Sondermüll hazardous ['hæzədəs] waste

sondern ① **das ist nicht schwarz, sondern blau** it's not black but blue ② **sondern was?** what then? ③ **das ist nicht nur dumm, sondern auch gefährlich** it's not only stupid but also dangerous

Sonderpreis special price **Sonderschule** special school

Sonett sonnet ['sɒnɪt]

Sonnabend Saturday **sonnabends** on Saturdays

Sonne sun

sonnen **sich sonnen** sun oneself ► IN WENDUNGEN: **sich in etwas sonnen** bask [bɑːsk] in something

Sonnenaufgang sunrise; **bei Sonnenaufgang** at sunrise **Sonnenblume** sunflower **Sonnenbrand** sunburn; **ich habe mir einen Sonnenbrand geholt** I've got sunburn **Sonnenbrille** sunglasses ⚠ *plural;* **wo ist meine Sonnenbrille?** where are my sunglasses? **Sonnenenergie** solar ['səʊləʳ] energy **Sonnenfinsternis** eclipse [ɪ'klɪps] of the sun **Sonnenlicht** sunlight **Sonnenmilch** suntan lotion **Sonnenöl** suntan oil **Sonnenschein** sunshine **Sonnenschirm** (*für Garten*) sunshade; (*für Straße*) parasol ['pærəsɒl] **Sonnenschutzmittel** sunscreen agent ['eɪdʒᵊnt] **Sonnenstich** sunstroke **Sonnenstrahl** sunbeam **Sonnensystem** solar ['səʊlə] system **Sonnenuntergang** sunset (GB), sundown (USA); **bei Sonnenuntergang** at sunset

sonnig sunny

Sonntag Sunday

sonntags on Sundays **Sonn- und Feiertage** Sundays and public holidays

sonst ① (*im Übrigen*) otherwise; **mach schon, sonst kommen wir zu spät!** hurry up or we'll be late! ② (*außerdem*) else; **sonst noch Fragen?** any other questions?; **sonst noch etwas?** anything else?; **sonst nichts** nothing else ③ (*gewöhnlich, üblicherweise*) usually ['juːʒᵊli]; **sonst essen wir immer um zwölf** we usually have lunch at twelve ④ **sonst nirgends** nowhere else ⑤ **wenn es sonst nichts ist** if that is all ⑥ **wie sonst** as usual ['juːʒᵊl] ⑦ **wer sonst soll schuld sein?** who's fault could it have been otherwise?

sonstig other

Sopran soprano [sə'prɑːnəʊ]

Sorge ① (*Kummer*) care ② (*quälende Sorge*) worry ['wʌri] ③ **keine Sorge!** don't worry! ④ **Sorgen haben** have problems ⑤ **jemandem Sorgen machen** worry someone ⑥ **sich um jemanden Sorgen machen** worry about someone; **sich über etwas keine Sorgen machen** not bother ['bɒðəʳ] about something ⑦ **lass das mal meine Sorge sein!** leave that to me! **sorgen** ① (*sich kümmern um*) **für jemanden sorgen** look after someone; **ich sorge fürs Essen** I'll take care of the food ② **bitte sorgen Sie dafür, dass …** please see that … ③ **dafür werde ich schon sorgen!** I'll see to that! ④ **sich sorgen** worry ['wʌri];

S

sich um jemanden sorgen be worried about someone
Sorgerecht custody ['kʌstədi]
Sorgfalt care; **mit großer Sorgfalt** with great care **sorgfältig** careful **sorglos** ❶ (*unachtsam*) careless ❷ (*unbekümmert*) carefree **sorgsam** careful ['keəfᵊl]
Sorte ❶ (*Art*) kind [kaɪnd], sort; (*Klasse*) grade ❷ (*Marke*) brand [brænd] ❸ (*Währungen*) **Sorten** foreign currency ['fɒrɪn'kʌrᵊnsi] ⚠ *singular* ❹ **erste Sorte** best quality ['kwɒləti], A 1
sortieren sort
Soße sauce [sɔːs]; (*Bratensauce*) gravy
Souvenir souvenir [ˌsuːvᵊn'ɪəʳ]
souverän ❶ (*selbständig*) sovereign ['sɒvᵊrɪn] ❷ (*überlegen*) superior [suː'pɪəriəʳ]
Souverän CH voting public
soviel ❶ **soviel ich weiß, …** as far as I know … ❷ **soviel er auch arbeitete, …** however much he worked …
soweit as [*oder* so] far as; **soweit ich weiß …** as [*oder* so] far as I know …
sowie ❶ (*sobald als*) as soon as; **sowie er gegangen war, …** as soon as he had left, … ❷ (*und auch*) as well as
sowieso ❶ anyhow, in any case, anyway; **ich wollte sowieso nicht kommen** I didn't want to come anyway ❷ **sowieso!** (*geht klar*) that's understood! *umgangsspr*
sowohl **ich mag sowohl Peter als auch Ralf** I like both Peter and Ralf

> **! Vorsicht Falle** **sowohl … als auch …**
> heißt im Englischen **both … and …**,
> und nicht **as well as**: *Lisa is both nice and intelligent.*

sozial social ['səʊʃᵊl] **Sozialamt** social welfare office **Sozialarbeiter(in)** social worker **Sozialdemokrat(in)** social democrat ['deməkræt] **sozialdemokratisch** social-democratic **Sozialhilfe** income support GB, welfare [aid] USA; **von der Sozialhilfe leben** live off social security
Sozialismus socialism ['səʊʃᵊlɪzᵊm] **Sozialist(in)** socialist **sozialistisch** socialist
Sozialleistungen social security benefits **Sozialstaat** welfare state **Sozialwohnung** council flat [*oder* house]
sozusagen so to speak
Spaghetti, Spagetti spaghetti [spə'geti] ⚠ *singular oder plural*
Spalt ❶ (*Felsspalt*) crevice ['krevɪs], fissure ['fɪʃəʳ] ❷ (*Riss*) crack ❸ (*Öffnung*) opening ❹ **die Tür einen Spalt öffnen** open the door slightly
Spalte ❶ (*in Zeitung*) column ['kɒləm] ❷ (*Gletscherspalte*) crevasse [krɪ'væs] ❸ (*in Holz, Wand*) crack **spalten** ❶ split, chop, cleave *Holz* ❷ crack *Chemikalien* ❸ **die Meinungen über diese Frage sind gespalten** opinions are divided on this question **Spaltung** ❶ (*auch übertragen*) splitting ❷ (*von Atom*) fission ['fɪʃᵊn] ❸ (*von Partei*) split
Spanferkel sucking pig
Spange ❶ (*Schließe*) clasp [klɑːsp] ❷ (*Haarspange*) hair slide GB, barrette [bə'ret] USA
Spanien Spain [speɪn] **Spanier(in)** Spaniard ['spænjəd] **spanisch** Spanish ['spænɪʃ]
spannen ❶ (*strecken*) stretch ❷ tighten ['taɪtᵊn] *Saiten* ❸ draw [drɔː] *Bogen* ❹ cock *Flinte* ❺ *Kleider:* be too tight, fit tightly **spannend** exciting [ɪk'saɪtɪŋ]; (*aufregend*) thrilling **Spanner** peeping Tom *umgangsspr*
Spannteppich CH [fitted] carpeting
Spannung ❶ tension ❷ (*elektrische Spannung*) tension voltage ['vəʊltɪdʒ]; **unter Spannung stehen** be live ❸ (*Erregung*) excitement [ɪk'saɪtmənt]; (*Ungewissheit*) suspense [sə'spens]; **voller Spannung warten** wait in suspense ❹ **Spannungen** tension ⚠ *singular*
Spanplatte chip board
Sparbuch savings book **Sparbüchse** piggy bank
sparen ❶ save *Geld* ❷ (*sparsam sein*) economize [ɪ'kɒnəmaɪz] ❸ **an etwas sparen** be sparing with something ❹ **auf etwas sparen** save up for something ▶ IN WENDUNGEN: **das kannst du dir sparen!** save your breath [breθ]! *umgangsspr*
Spargel asparagus [ə'spærəgəs]
Sparheft CH bankbook, passbook
Sparkasse savings bank
spärlich ❶ *Einkünfte, Ausbeute:* scanty ['skænti] ❷ *Haarwuchs, Vegetation:* sparse [spɑːs] ❸ **spärlich bekleidet** scantily dressed ❹ **spärlich bevölkert** sparsely populated ❺ **spärlicher Gewinn** meagre

['mi:gə] profit ❻ **spärliche Nachrichten** meagre news ❼ **spärlich vorhanden** scarce [skeəs]

sparsam ❶ *Mensch:* thrifty [θrɪfti] ❷ (*haushaltend*) economical [ˌi:kə'nɒmɪkəl] ❸ **sparsam mit etwas umgehen** use something sparingly **Sparsamkeit** ❶ *von Mensch:* thrift [θrɪft] ❷ (*sparsame Lebensführung*) economizing [ɪ'kɒnəmaɪzɪŋ]

Sparschwein piggy bank *umgangsspr*

Spaß ❶ (*Scherz*) joke; **ich hab doch nur Spaß gemacht** [I was] only joking; **er versteht keinen Spaß** he can't take a joke; **ich bin nicht zu Späßen aufgelegt** I'm not in a joking mood; **Spaß beiseite!** joking apart! ❷ (*Vergnügen*) fun; **aus Spaß** for fun; **Schwimmen macht mir Spaß** I enjoy swimming; **viel Spaß!** enjoy yourself!; **es macht Spaß** it's fun; **du hast mir den ganzen Spaß verdorben** you've spoilt my fun!

spaßen ❶ jest [dʒest], joke ❷ **du spaßt wohl!** you must be joking! ❸ **er lässt nicht mit sich spaßen** he is not to be trifled ['traɪfld] with; **damit ist nicht zu spaßen** that is no joking matter

spaßig droll [drəʊl], funny **Spaßverderber(in)** spoilsport **Spaßvogel** joker

spät ❶ late ❷ **zu spät kommen** be late; **ich kam zu spät fürs Kino** I was late for the cinema ❸ **ich bin heute Morgen zu spät aufgestanden** I was late in getting up this morning ❹ **er bezahlt seine Miete immer zu spät** he is always late with his rent ❺ **es ist schon spät** it's getting late ❻ **er geht sehr spät ins Bett** he keeps very late hours ❼ **spät zu Abend essen** have a late dinner ▸ IN WENDUNGEN: **besser spät als nie** better late than never

Spaten spade

später ❶ later ❷ **bis später!** see you later! ❸ **früher oder später** sooner or later ❹ **komm um sechs und keine Minute später** come at six and no later

spätestens at the latest

Spätschicht late shift **Spätvorstellung** late show

Spatz sparrow

spazieren ❶ stroll [strəʊl] ❷ **spazieren gehen** go for a walk ❸ **spazieren fahren** (*im Auto*) go for a drive; (*auf Zweirad*) go for a ride

Spaziergang stroll [strəʊl], walk [wɔ:k]; **einen Spaziergang machen** go for a stroll [*oder* walk] **Spaziergänger(in)** stroller [strəʊəʳ]

Specht woodpecker

Speck (*Schweinespeck*) bacon ['beɪkən]; **geräucherter Speck** smoked bacon

Spediteur(in) ❶ (*Fuhrunternehmer*) haulage contractor ❷ (*Schiffsfracht*) shipping agent ❸ (*Möbel*) furniture ['fɜ:nɪtʃəʳ] remover

speditiv (CH) swift, speedy

Speerwerfen javelin ['dʒævəlɪn] [throwing]

Speiche spoke

Speichel spittle, saliva ['sælviə]

Speicher ❶ (*Lager*) storehouse; (*Boden*) attic ['ætɪk], loft; **auf dem Speicher** in the loft ❷ (*Wasserspeicher*) reservoir ['rezəvwɑ:ʳ] ❸ (*Computer*) memory ['meməri] **speichern** ❶ store *Waren* ❷ (*beim Computer*) save (**auf** onto) **Speicherplatz** (*Computer*) storage ['stɔ:rɪdʒ] space

Speise ❶ (*Nahrung*) food [fu:d] ❷ (*Gericht*) dish **Speisekarte** menu ['menju:]; **Herr Ober, bitte die Speisekarte!** excuse me, may I have the menu, please! **speisen** ❶ (*essen*) eat ❷ charge *Akku* **Speiseröhre** oesophagus [i:'sɒfəgəs] **Speisewagen** dining ['daɪnɪŋ] car (GB), diner ['daɪnəʳ] (USA)

spektakulär spectacular [spek'tækjələʳ]

Spektakulation speculation [ˌspekjə'leɪʃən]; **das sind reine Spekulationen** that's pure speculation

spendabel open-handed

Spende donation [də'neɪʃən] **spenden** donate; **für einen guten Zweck spenden** give to a good cause **Spender(in)** ❶ donator ❷ (*Blut-, Organspender*) donor ['dəʊnəʳ] **spendieren** **jemandem etwas spendieren** buy something for someone; **er spendierte seinen Freunden eine Runde Bier** he treated his friends to a round of beer

Sperma sperm [spɜ:m]

Sperre ❶ (*Straßensperre*) roadblock ❷ (*Bahnhofssperre*) barrier ['bæriəʳ] (GB), gate (USA) ❸ (*Blockierung*) blockade [blɒk'eɪd]

sperren ❶ cut off *Licht, Gas* ❷ close *Straße* ❸ disqualify [dɪ'skwɒlɪfaɪ] *Sportler* ❹ **einen Scheck sperren** stop a cheque [tʃek] ❺ **sich gegen etwas sperren** jib [dʒɪb] at something

sperrig bulky

Sperrmüll bulky refuse **Sperrstunde** ① (*im Lokal*) closing time GB ② (*Armee*) curfew [ˈkɜːfjuː]

Spesen expenses [ɪkˈspensɪz] **spezialisieren sich auf etwas spezialisieren** specialize [ˈspeʃəlaɪz] in something

Spezialist(in) specialist [ˈspeʃəlɪst]

Spezialität speciality [ˌspeʃiˈæləti] GB, specialty [ˈspeʃəlti] USA

speziell special

spicken ① lard *Braten* ② (*abschreiben*) **bei jemandem spicken** crib from somebody *umgangsspr*

Spiegel mirror [ˈmɪrəʳ] **Spiegelbild** ① mirror image ② (*übertragen*) reflection [rɪˈflekʃən]

Spiegelei fried egg

spiegeln ① reflect [rɪˈflekt] ② **sich spiegeln** be reflected

Spiel ① (*das Spielen*) play ② (*Karten, Billard, Sport*) game; (*sportlicher Wettkampf*) match ③ (*Schach-, Kegelspiel*) set ④ **das Spiel abbrechen** abandon [əˈbændən] play ▸IN WENDUNGEN: **jemanden aus dem Spiel lassen** keep someone out of it; **auf dem Spiel stehen** be at stake; **etwas aufs Spiel setzen** risk something; **jemandem das Spiel verderben** ruin someone's plans; **leichtes Spiel mit jemandem haben** have an easy job of it with someone; **das Spiel ist aus!** the game's up! **Spielautomat** slot machine **Spielbank** casino [kəˈsiːnəʊ]

spielen ① play ② *Schauspieler:* act, play ③ **der Film spielt in Amerika** the film is set in America ④ **spiel doch nicht immer den Idioten!** stop playing the idiot! ⑤ **sie spielte mit dem Gedanken, ins Ausland zu gehen** she toyed [tɔɪd] with the idea of going abroad ⑥ **seine Freude war nur gespielt** he was only pretending to be happy ⑦ **um Geld spielen** play for money ⑧ **er spielt nur mit dir** he is just playing you along **spielend** ① playing ② **das schaffen wir spielend!** we'll manage easily

Spieler(in) ① player ② (*Glücksspieler*) gambler **spielerisch** ① (*verspielt*) playful ② (*mit Leichtigkeit*) **er tat es mit spielerischer Leichtigkeit** he did it with the greatest of ease ③ (*im Sport*) **die spielerische Leistung** the playing ④ **er meisterte die Aufgabe spielerisch** he managed the task with the greatest of ease

Spielfeld field, court [kɔːt] **Spielfilm** feature film **Spielkasino** casino [kəˈsiːnəʊ] **Spielplatz** ① (*von Schule*) playground ② (*Sport*) playing field **Spielregel** ① rule [of a game] ② **sich an die Spielregeln halten** stick to the rules *auch übertragen* **Spielsachen** playthings, toys [tɔɪz] **Spielverderber(in)** spoilsport **Spielzeug** toy [tɔɪ]

Spieß ① (*Waffe*) spear [spɪəʳ] ② (*für Essen*) spit ▸IN WENDUNGEN: **den Spieß umdrehen** turn the tables

spießbürgerlich narrow-minded *abwertend*

Spießer(in) petit bourgeois [ˌpetiˈbɔːʒwɑː] **spießig** narrow-minded *abwertend*

Spinat spinach [ˈsɪnɪtʃ]

Spinne spider

spinnen ① spin *Garn* ② (*verrückt sein*) be mad *umgangsspr;* **spinnst du?** are you crazy?; **du spinnst wohl!** you must be kidding!

Spinner(in) nutcase GB, screwball USA

Spinn(ge)webe cobweb

Spion ① spy ② (*Türspion*) spy-hole **Spionage** espionage [ˈespiənɑːʒ] **spionieren** ① spy ② (*übertragen*) snoop [snuːp] about

Spirale ① spiral [ˈspaɪərəl] ② (*für Verhütung*) coil [kɔɪl]

Spirituosen spirits

Spital CH hospital [ˈhɒspɪtəl]

spitz ① pointed ② **spitzer Winkel** acute [əˈkjuːt] angle **Spitzbart** goatee [gəʊˈtiː] GB **spitzbekommen etwas spitzbekommen** get wise to something **Spitzbube** ① (*Schurke*) knave [neɪv], rascal [ˈrɑːskəl], rogue [rəʊg] ② (*frecher Bengel*) scamp *umgangsspr*

Spitze[1] die ① (*von Gegenständen*) point; (*von Finger*) tip; (*von Gebäuden*) top ② (*Führungsschicht*) leaders ⚠ *plural;* (*führende Persönlichkeit*) head [hed]; **an der Spitze eines Unternehmens stehen** be at the head of a company ③ (*Zigarettenspitze*) holder ▸IN WENDUNGEN: **etwas auf die Spitze treiben** carry something too far; **das ist ja Spitze!** that's great!

Spitze[2] die (*an Geweben*) lace [leɪs]

Spitzel ① (*Schnüffler*) snooper [snuːpəʳ] *umgangsspr* ② (*Polizeispitzel*) police-informer

spitzen ① sharpen *Bleistift* ② **die Lippen spitzen** pucker one's lips ▶ IN WENDUNGEN: **die Ohren spitzen** prick up one's ears

Spitzenkandidat favourite ['feɪvᵊrɪt] candidate **Spitzenqualität** top quality **Spitzenreiter** ① (*Hit*) hit ② (*im Sport*) leader ['li:dəʳ] ③ (*Verkaufshit*) top seller

spitzfindig over-subtle ['sʌtl] **Spitzname** nickname

Splitter ① (*aus Holz, Metall*) splinter ② (*Bruchstück*) fragment

Sponsor(in) sponsor ['spɒnsəʳ]

spontan spontaneous [spɒn'teɪniəs]

sporadisch sporadic [spə'rædɪk]; **ich gehe nur sporadisch aus** I don't go out very often

Sport sport [spɔ:t]; **Sport treiben** go in for sport; **sie treibt sehr viel Sport** she does a lot of sport ▶ IN WENDUNGEN: **sich einen Sport aus etwas machen** get a kick out of something **Sportart** kind of sport; **ich liebe alle Sportarten** I like all kinds of sport **Sportgeschäft** sports shop (GB), sports store (USA) **Sporthalle** sports hall **Sportlehrer(in)** ① (*in der Schule*) PE [*oder* physical ['fɪzɪkᵊl] education] teacher ② (*in Verein*) sports instructor

Sportler sportsman **Sportlerin** sportswoman

sportlich ① (*trainiert*) athletic [æθ'letɪk] ② *Erfolg:* sporting ③ *Auto:* sporty ④ **sportliche Kleidung** casual wear ['kæʒjuəl-ˌweəʳ]

Sportnachrichten (*in Zeitung*) sports news **Sportplatz** sports field (GB), sporting ground (USA); (*in der Schule*) playing field **Sportveranstaltung** sport[ing] event **Sportverein** sports club **Sportwagen** sports car; (*Zweisitzer*) open two-seater (GB), roadster ['roʊdstəʳ] (USA)

Spott ① mockery ② (*Verachtung ausdrückend*) derision [dɪ'rɪʒᵊn]

spotten mock **spöttisch** ① (*spottend*) mocking ② (*satirisch*) satirical [sə'tɪrɪkᵊl]

sprachbegabt **sprachbegabt sein** be good at languages

Sprache ① language ['læŋgwɪdʒ] ② (*Sprechweise*) speech ③ **etwas zur Sprache bringen** mention something ④ **wir sprechen die gleiche Sprache** we speak the same language ▶ IN WENDUNGEN: **mir verschlug es die Sprache** it took my breath away

Sprachfehler speech defect **Sprachkenntnisse** linguistic proficiency [lɪŋ'gwɪstɪkˌ-prə'fɪʃᵊnsi] *singular;* **Bewerber mit deutschen Sprachkenntnissen** applicants with a knowledge of German **Sprachkurs** language course **Sprachlehre** grammar **Sprachlehrer(in)** language teacher

sprachlos ① **einfach sprachlos sein** be simply speechless ② **jemanden sprachlos machen** strike someone dumb [dʌm] **Sprachwissenschaft** linguistics [lɪŋ'gwɪstɪks] ⚠ *mit Singular*

sprechen ① speak [spi:k] (**mit** to, with, **über** of, about); **sprichst du Deutsch?** do you speak German?; **mit dir spreche ich nicht mehr!** I'm not speaking to you!; **antworte, wenn man mit dir spricht!** speak when you're spoken to!; **kann ich bitte Herrn X. sprechen?** could I talk to Mr X please? ② (*sich unterhalten*) talk [tɔ:k] (**mit** with, to, **von** about, of) ③ **es spricht vieles dafür, dass ...** there's every reason to believe that ...; **was spricht dagegen?** what's there to be said against it?; **das spricht für sich** that speaks for itself ④ **kann ich dich einen Moment sprechen?** can I see you for a moment? ⑤ **er hat davon gesprochen, dass er ins Ausland fahren will** he's been talking of going abroad ⑥ **er ist nicht zu sprechen** he's not in ▶ IN WENDUNGEN: **schlecht auf jemanden zu sprechen sein** be on bad terms with someone; **wir sprechen uns noch!** you haven't heard the last of this!

> **? Grammatik** **speak — spoke — spoken**: *the teacher spoke to Mrs Brown yesterday; have you spoken to Bill about that?*

Sprecher(in) ① (*Redner*) speaker ② *einer Firma:* spokesperson ③ (*Ansager*) announcer [ə'naʊnsəʳ] **Sprechstunde** consulting hours [aʊəz] ⚠ *plural;* **Sprechstunde samstags von ... bis ...** there will be a surgery from ... to ... on Saturdays **Sprechstundenhilfe** doctor's receptionist [rɪ'sepʃᵊnɪst] **Sprechzimmer** consulting room (GB), doctor's office (USA)

spreizen spread [spred]

sprengen[1] ① (*mit Sprengstoff*) blow [bləʊ] up ② **die Bank sprengen** break [breɪk] the bank

sprengen[2] (*besprengen*) sprinkle; water *Rasen*

Sprengkörper explosive device [ɪk'spləʊsɪvˌdɪ'vaɪs] **Sprengstoff** explosive [ɪk'spləʊsɪv] **Sprengstoffanschlag** bomb [bɒm] attack

Sprichwort proverb ['prɒvɜːb]

sprießen 1 *Triebe:* sprout [spraʊt] 2 (*aus dem Boden sprießen*) shoot, spring up

Springbrunnen fountain ['faʊntɪn] **springen** 1 jump; **die Lokomotive sprang aus den Schienen** the engine jumped the track 2 (*ins Wasser*) dive 3 (*mit einem Satz*) leap [liːp] 4 *Ball:* bounce [baʊns] 5 (*platzen*) burst [bɜːst]; (*Risse bekommen*) crack; **dünnes Glas springt leicht** thin glass cracks easily **springend der springende Punkt** the crucial ['kruːʃᵊl] [*oder* salient ['seɪliənt]] point **Springer** (*beim Schach*) knight [naɪt] **Springer(in)** 1 jumper 2 (*beim Stabhochsprung*) vaulter [vɔːltəʳ] **Springflut** spring tide

Spritze 1 (*Instrument*) syringe [sɪ'rɪnʒ] 2 **jemandem eine Spritze geben** give someone an injection [ɪn'dʒekʃᵊn]; **eine Spritze bekommen** get [*oder* have] an injection 3 (*Feuerspritze*) hose [həʊz]

spritzen 1 inject [ɪn'dʒekt] *Medikament* 2 **jemanden spritzen** give an injection to someone 3 (*lackieren*) spray 4 splash *Wasser* 5 (*slang*) shoot *Heroin* 6 (*herausspritzen*) spurt [spɜːt]

Spritzer splash

spritzig 1 (*lebendig*) lively 2 tangy ['tæŋi]; *Wein:*

Spritztour spin *umgangsspr;* **eine Spritztour machen** go for a spin *umgangsspr*

spröde 1 (*brüchig*) brittle 2 *Haut:* rough [rʌf] 3 (*verschlossen*) aloof [ə'luːf]

Spross 1 (*bei Pflanze*) shoot, sprout [spraʊt] 2 (*Nachkomme*) scion [saɪən]

Sprosse (*Leitersprosse*) rung, step

Sprössling (*humorvoll: Abkömmling*) offspring

Spruch 1 (*Ausspruch*) saying; (*Lehrspruch*) aphorism ['æfᵊrɪzᵊm] 2 **das sind doch alles nur Sprüche!** that's just talk! ▶ IN WENDUNGEN: **Sprüche klopfen** talk fancy *umgangsspr*

Sprudel 1 (*Mineralwasser*) sparkling mineral water 2 (*süß*) fizzy drink

sprudeln 1 *Wasser:* bubble 2 (*durch Kohlensäure*) fizz ▶ IN WENDUNGEN: **vor Begeisterung sprudeln** bubble with enthusiasm [ɪn'θjuːziæzᵊm]

Sprühdose aerosol ['eərəsɒl]

sprühen 1 (*auch lackieren*) spray 2 *Funken:* fly

Sprung 1 jump; (*ins Wasser*) dive 2 (*Riss*) crack **Sprungbrett** (*auch übertragen*) springboard **sprunghaft** 1 *Mensch:* volatile ['vɒlətaɪl] 2 *Anstieg:* rapid ['ræpɪd] **Sprungschanze** ski jump [skiː] **Sprungtuch** (*von Feuerwehr*) jumping sheet GB, life net USA

Spucke spittle **spucken** 1 (*speien*) spit 2 (*sich erbrechen*) puke [pjuːk] *umgangsspr* ▶ IN WENDUNGEN: **große Töne spucken** talk big

spuken 1 haunt [hɔːnt] 2 **hier spukt's** this place is haunted

Spüle sink unit

spülen 1 flush *WC* 2 wash up *Geschirr* 3 *Waschmaschine:* rinse **Spülkasten** (*bei Toilette*) cistern ['sɪstən] **Spülmaschine** dishwasher **Spülmittel** washing-up liquid ['lɪkwɪd] **Spülung** *von Toilette:* flush **Spülwasser** dishwater

Spur 1 (*Bodenabdruck*) trace; (*Fährte*) track; **jemandem auf der Spur sein** be on someone's track 2 (*winzige Menge*) trace; *von Gewürz:* touch [tʌtʃ] 3 (*Fahrbahnspur*) lane; **die Spur wechseln** change lanes; **auf der rechten Spur fahren** drive in the right-hand lane ▶ IN WENDUNGEN: **auf der falschen Spur sein** be on the wrong track; **nicht die Spur!** not at all!

spürbar noticeable ['nəʊtɪsəbl̩]; **heute ist es spürbar wärmer als gestern** it's noticeably warmer than yesterday

spüren 1 (*fühlen*) feel 2 **etwas zu spüren bekommen** feel the effects of something

Spürhund 1 (*für Drogen*) sniffer dog 2 (*für Verschüttete*) tracker dog

spurlos 1 **spurlos verschwinden** disappear [ˌdɪsə'pɪəʳ] without trace 2 **spurlos an jemandem vorübergehen** have no effect on someone

Spurt spurt

spurten *Sportler:* spurt [spɜːʳ]

Staat 1 (*Staatswesen*) state 2 (*Land*) country ['kʌntri] 3 **zum Wohle des Staates** in the national interest

staatlich 1 (*staatsbezüglich*) state; (*natio-

nal) national ['næʃᵊnᵊl] ② (*öffentlich*) public ['pʌblɪk] ③ **staatlich anerkannt** state-approved [ə'pruːvd]; **staatlich geprüft** state-certified ['sɜːtɪfaɪd] ④ **staatliches Hoheitsgebiet** state territory ['terɪtᵊri] ⑤ **staatliche Unterstützung** state allowance [ə'laʊəns] **Staatsangehörige(r) ein deutscher Staatsangehöriger sein** be a German national ['næʃᵊnᵊl] **Staatsangehörigkeit** nationality [ˌnæʃᵊn'æləti] **Staatsanwalt** public prosecutor [ˌpʌblɪk'prɒsɪkjuːtəʳ] GB, district attorney [ə'tɜːrni] USA **Staatsbeamte(r), Staatsbeamtin** civil servant [ˌsɪvᵊl 'sɜːvᵊnt] **Staatsbesuch** state visit ['vɪzɪt] **Staatsbürger(in)** citizen ['sɪtɪzᵊn] **Staatseigentum** state property **Staatsexamen** state exam[ination] **Staatsgeheimnis** state secret ▸ IN WENDUNGEN: **ein Staatsgeheimnis aus etwas machen** be very secretive ['siːkrətɪv] about something **Staatsminister(in)** state minister **Staatsoberhaupt** head [hed] of state **Staatspräsident(in)** president ['prezɪdᵊnt]

Stab[1] der (*leitende Gruppe*) panel ['pænᵊl]

Stab[2] der (*Stange*) rod; (*Stock*) stick **Stäbchen mit Stäbchen essen** eat with chopsticks ['tʃɒpstɪks] **Stabhochsprung** pole vault ['pəʊlvɔːlt]

stabil ① (*nicht schwankend*) stable ② (*fest*) firm ③ *Mensch:* sturdy **stabilisieren** ① stabilize ['steɪbᵊlaɪz] ② consolidate [kən'sɒlɪdeɪt] *Macht* **Stabilität** stability [stə'bɪləti]

Stachel ① *von Pflanzen:* prickle ② (*Dorn*) thorn [θɔːn] ③ *von Insekten:* sting ④ (*des Igels*) spine **Stachelbeere** gooseberry ['gʊzbᵊri] **Stacheldraht** barbed wire [ˌbɑːbd'waɪəʳ] **Stacheldrahtzaun** barbed-wire fence [ˌbɑːbd'waɪəʳ]

stachelig ① *Pflanzen:* prickly, thorny [θɔːni] ② *Tiere:* spiny

Stachelschwein porcupine ['pɔːkjəpaɪn]

Stadel CH, A (*Scheune*) barn; CH, A (*Schuppen*) shed

Stadion stadium ['steɪdiəm]

Stadium stage; **in diesem Stadium** at this stage

Stadt (*kleinere*) town; (*Großstadt*) city; **in die Stadt ziehen** move into town/the city; **in die Stadt gehen** go into town; **in der Stadt wohnen** live in town/in the city; **die Stadt München** the city of Munich

Stadtammann CH mayor [meəʳ] **Stadtautobahn** urban motorway **Stadtbevölkerung** urban population [ˌpɒpjə'leɪʃᵊn] **Stadtbibliothek** city library

Städtebau urban development [dɪ'veləpmənt] **Städtepartnerschaft** town twinning

Städter(in) city dweller

Stadtflucht exodus ['eksədəs] from the cities

Stadtführer(in) ① (*Buch*) city guidebook [gaɪdbʊk] ② (*Person*) city guide **Stadtgebiet** ① *von Kleinstadt:* municipal area ② *von Großstadt:* city zone

städtisch ① town *vor Substantiv*, city *vor Substantiv* ② **städtische Bevölkerung/Lebensweise** urban population/way of life

Stadtmauer city wall **Stadtmitte** town [*oder* city] centre **Stadtplan** [street] map **Stadtrand** outskirts ⚠ *plural* of a town/city **Stadtrat** (*Gremium*) town/city council; **sie ist im Stadtrat** she's a member of the town council **Stadtrat, -rätin** town/city councillor ['kaʊnsᵊləʳ] **Stadtrundfahrt** sightseeing tour [of a/the city/town]; **eine Stadtrundfahrt machen** go on a sightseeing tour of the town/city **Stadtstreicher(in)** town/city tramp **Stadtteil** ① part of town/the city ② (*Verwaltungsbezirk*) district **Stadttor** town/city gate **Stadtverwaltung** municipal authority [mjuːˌnɪsɪpᵊlɔː'θɒrəti], town council **Stadtviertel** ① part of town ② (*Verwaltungsbezirk*) district **Stadtwerke** town's/city's department of works ⚠ *singular* **Stadtzentrum** town/city centre

Staffel ① (*Flugstaffel*) squadron ['skwɒdrᵊn] ② (*im Sport*) relay; **Staffel laufen** run in a relay

Staffelei easel ['iːzᵊl]

Staffellauf relay race ['riːleɪˌreɪs] **Staffelläufer(in)** relay runner

staffeln ① graduate ['grædʒueɪt] GB; grade USA *Gehälter, Preise, Tarife* ② stagger *Arbeitszeiten, Mieten* **stagnieren** stagnate

Stahl steel; **so hart wie Stahl** as hard as steel ▸ IN WENDUNGEN: **Nerven aus Stahl** iron [aɪən] nerves, nerves of steel **Stahlbeton** reinforced [ˌriːɪn'fɔːst] concrete **stahlhart** ① *Muskeln:* as hard as steel ② *Blick:* steely **Stahlhelm** steel helmet ['helmɪt] **Stahlindustrie** steel industry

staken pole; punt *Stechkahn*

staksen ① stalk [stɔːk] ② (*unsicher gehen*) totter

S

staksig gawky [gɔːki]

Stall ❶ (*für Pferde*) stable ❷ (*für Kühe*) cowshed ['kaʊʃed] GB, cow barn USA ❸ (*für Schweine*) pigsty ['pɪgstaɪ] GB, pen USA **Stallknecht** stableman

Stamm ❶ (*Baumstamm*) trunk ❷ (*Kundschaft*) regulars ['regjələz] ⚠ *plural* ❸ (*Volksstamm*) tribe ❹ *eines Wortes:* root **Stammbaum** ❶ (*Abstammung*) family [*oder* genealogical] tree [ˌdʒiːniəlɒdʒɪkəl] ❷ *von Zuchttieren:* pedigree

stammeln stammer

stammen ❶ (*abstammen*) come [kʌm], stem (**aus, von** from); **woher stammen Sie?** where do you come from? ❷ (*zeitlich*) date (**aus, von** from); **das Bild stammt aus den frühen 70er Jahren** the picture goes [*oder* dates] back to the early seventies ❸ **das Rezept stammt von meiner Tante** I've got this recipe from my aunt ❹ **das Bild stammt von mir** this painting is by me

Stammgast regular ['regjələʳ] **Stammhalter** son and heir [eəʳ]

stämmig (*kräftig*) sturdy GB, husky USA **Stammkneipe** local **Stammkunde, -kundin** regular customer **Stammlokal** favourite café/restaurant **Stammplatz** usual ['juːʒuəl] seat **Stammtisch** ❶ (*Runde*) group of regulars ❷ **er ist zum Stammtisch gegangen** he's gone off for a drink with his mates [to the local]; **montags hat er seinen Stammtisch** every Monday he meets up with his mates at their local *umgangsspr*

stampfen ❶ (*mit dem Fuß*) stamp; (*stapfen*) trudge ❷ (*feststampfen*) stamp; **Kartoffeln stampfen** mash potatoes **Stampfer** pounder

Stand ❶ (*das Stehen*) standing position ❷ (*Halt für Fuß*) foothold, footing ❸ (*Bude, Marktstand*) booth [buːð], stand ❹ (*Wasserstand*) level ❺ (*der Sterne*) position [pə'zɪʃən]; (*der Sonne*) height [haɪt] position ❻ *von Barometer:* level; *von Thermometer:* reading ['riːdɪŋ] ❼ (*im Sport*) score; (*Tabellenstand*) standings ⚠ *plural* ❽ (*Lage, Zustand*) condition [kən'dɪʃən], state ❾ (*Entwicklungsstufe*) stage; **beim jetzigen Stand der Dinge** the way things stand at the moment ❿ (*Beruf, Gewerbe*) profession [prə'feʃən], trade ⓫ (*soziale Stellung*) status ⓬ **einen schweren Stand haben** have a tough [tʌf] job ⓭ **etwas auf den neuesten Stand bringen** bring something up to date

Standard standard ['stændəd] **Standardausführung** basic model

Standbein (*beim Sport*) pivot leg

Ständchen serenade [ˌserə'neɪd]; **jemandem ein Ständchen bringen** serenade someone

Ständer ❶ (*Gestell*) stand ❷ (*Erektion*) hard-on

Ständerat CH upper chamber of the swiss parliament

Standesamt registry office ['redʒɪstriˌɒfɪs] **standesamtlich** **standesamtliche Trauung** registry office wedding GB, civil wedding USA; **standesamtlich heiraten, sich standesamtlich trauen lassen** get married in a registry office **Standesbeamte, -beamtin** registrar [ˌredʒɪ'strɑːʳ]

standfest ❶ (*stabil*) stable ['steɪbl] ❷ (*übertragen*) steadfast ['stedfɑːst] **standhaft** steadfast; **sich standhaft weigern** staunchly ['stɔːnʃli] refuse **Standhaftigkeit** ❶ steadfastness ['stedfɑːstnəs] ❷ (*Entschlossenheit*) resolution [ˌrezəl'uʃən] **standhalten** ❶ *Bauwerk:* hold ❷ (*widerstehen*) stand firm; **der Versuchung standhalten** resist temptation

ständig ❶ (*dauernd*) permanent; **ständiger Wohnsitz** permanent address ❷ (*laufend*) constant, continual [kən'tɪnjuəl]; **ständiges Einkommen** regular income ❸ (*immer*) constantly

Standl A stand **Standort** ❶ (*Aufenthalt*) location, site ❷ (*Position*) position [pə'zɪʃən] ❸ *von Pflanzen:* habitat **Standpauke** **jemandem eine Standpauke halten** give somebody a telling-off **Standpunkt** standpoint, point of view [vjuː]; **auf dem Standpunkt stehen, dass …** take the view that …; **von meinem Standpunkt aus …** from my point of view … **Standspur** hard shoulder ['ʃəʊldəʳ] **Standuhr** grandfather clock

Stange ❶ (*Stab*) pole ❷ (*Gardinenstange, Gitterstange*) bar, rod ❸ **ein Anzug von der Stange** a suit off the peg ❹ **eine Stange Geld** a tidy sum ❺ **eine Stange Zigaretten** a carton of cigarettes ▶ IN WENDUNGEN: **jemandem die Stange halten** stand up for someone; **bei der Stange bleiben** stick at it *umgangsspr*

Stängel stalk [stɔːk], stem

Stangenbrot French loaf

stänkern stir [stɜːʳ] things up

Stanniolpapier silver paper

stanzen ① (*ausstanzen*) punch ② (*einstanzen*) stamp

Stapel ① (*Haufen*) pile, stack ② **vom Stapel laufen** *Schiff:* be launched [lɔːnʃt] ③ **etwas vom Stapel lassen** (*von sich geben*) come out with something **stapeln** stack up; **sich stapeln** pile up

stapelweise piles [*oder* heaps] *plural* of …

stapfen plod, trudge

Star[1] der (*Singvogel*) starling

Star[2] der (*Augenkrankheit: grauer Star*) cataract ['kætərækt]; **grüner Star** glaucoma [glaʊ'kəʊmə]

Star[3] der (*Filmstar*) star

stark ① *Mensch, Kaffee, Tabak:* strong ② *Staat, Stimme:* powerful ['paʊəfəl] ③ (*beleibt*) large ④ *Raucher, Regen:* heavy ['hevi] ⑤ (*slang: großartig*) great [greɪt]; **ein starker Typ** a great guy ⑥ (*beträchtlich*) greatly; **er hat mich stark beeindruckt** I was greatly impressed by him ⑦ (*mit Verb*) … a lot; **stark rauchen** smoke a lot [*oder* heavily] ['hevɪli] ⑧ (*mit Adjektiv*) very; **stark gesalzen** very salty; **stark befahrene Straße** busy road; **ich bin stark erkältet** I have got a bad cold; **stark gefragt** *Ware:* in great demand ⑨ (*slang: hervorragend*) **stark singen** be a great singer

Stärke[1] die (*Speisestärke*) starch

Stärke[2] die ① (*Kraft*) strength [streŋθ] ② (*Intensität*) intensity ③ (*Macht*) power ④ *von Werkstoffen:* thickness ⑤ *einer Mannschaft, Truppe:* size ⑥ **Englisch gehört nicht [gerade] zu meinen Stärken** English is not [exactly] one of my strong points **stärken** ① (*kräftigen*) strengthen ['streŋθən]; **jemandes Selbstvertrauen stärken** give a boost to someone's confidence ② (*zu Kräften bringen*) fortify ③ starch *Wäsche* ④ **sich stärken** (*zu Kräften kommen*) fortify oneself; **komm, stärk dich erst mal** come and have a bite [*oder* something] to eat

Starkstrom power [*oder* heavy] current

Stärkung (*Erfrischung*) refreshment [rɪ'freʃmənt]; **eine kleine Stärkung zu sich nehmen** have a light [laɪt] snack

starr ① (*steif*) stiff (**vor** with) ② (*unbeweglich*) rigid ['rɪdʒɪd] (**vor** with) ③ (*bewegungslos*) motionless ['məʊʃənləs] (**vor** with); *Blick:* fixed; **starr vor Schrecken** paralysed ['pærəlaɪzd] with terror ④ (*unbeugsam*) *Haltung:* intransigent

starren (*starr blicken*) stare (**auf** at)

starrsinnig stubborn

Start ① (*auch beim Sport*) start; **ein guter Start ins Leben** a good start in life; **einen guten/schlechten Start haben** get off to a good/bad start ② *von Flugzeug:* take-off ③ *von Rakete:* launch [lɔːnʃ] **Startbahn** runway **startbereit** ① (*beim Sport*) ready ['redi] to start ② *von Flugzeug:* ready for take-off ③ **bist du startbereit?** are you all set [*oder* ready] to go?

starten ① (*auch beim Sport*) start; (*teilnehmen*) take part; **drei Läufer/Schwimmer starteten für Deutschland** three athletes ran/swam for Germany ② *Auto, Motor, Unternehmen:* start ③ *Flugzeug:* take off ④ *Rakete:* lift off ⑤ (*abreisen*) set off (**nach** for) ⑥ launch *Rakete, Satellit* ⑦ (*in Gang setzen*) start *Auto*

Starterlaubnis ① (*beim Sport*) permission [pə'mɪʃən] to take part ② (*für Flugzeug*) clearance [for take-off] ['klɪərəns] **Startkapital** starting capital **Startlinie** starting line **Startschuss** starting signal; **den Startschuss geben** fire the [starting] pistol **Startsignal** start signal *auch übertragen* (**zu** for) ▸ IN WENDUNGEN: **das Startsignal geben** give the green light (**zu** for)

Station ① (*Abschnitt*) stage; (*des Lebens*) phase [feɪz] ② (*Haltestelle*) stop; **Station machen** stop over ③ (*im Krankenhaus*) ward [wɔːd]; **auf Station zwei** in ward two **stationär** ① *Abteilung:* in-patient ② **stationär behandeln** treat in hospital **stationieren** station **Stationsschwester** ward sister

Statist ① (*beim Theater*) supernumerary [ˌsuːpə'njuːmərəri] ② (*beim Film*) extra

Statistik statistics ⚠ *plural* **statistisch** statistical; **statistische Angaben** statistical returns

Stativ tripod ['traɪpɒd]

Statt **jemanden an Kindes Statt annehmen** adopt somebody

statt instead of; **statt zur Schule zu gehen …** instead of going to school …

stattdessen instead [ɪn'sted]

Stätte place

stattfinden *Spiel, Treffen:* take place; *Konzert:* be held

stattlich ❶ (*ansehnlich*) *Gebäude:* stately ❷ *Erscheinung, Frau, Mann:* imposing ❸ (*prächtig*) magnificent [mæg'nɪfɪsᵊnt] ❹ (*beträchtlich*) *Summe:* considerable [kən'sɪdᵊrebl]

Statue statue ['stætʃuː]

Statur build, stature ['stætʃəʳ]

Status status ['steɪtəs] **Statussymbol** status symbol ['steɪtəsˌsɪmbᵊl]

Stau ❶ (*Verkehrsstau*) traffic jam ❷ (*Wasserstau*) build-up

Staub dust; **Staub wischen** dust; **Staub saugen** vacuum ['vækjuːm], hoover *umgangsspr* ▸ IN WENDUNGEN: **sich aus dem Staub machen** make off, do a runner

Staubecken reservoir ['rezəvwɑːʳ]

stauben ❶ (*staubig sein*) be dusty ❷ (*Staub aufwirbeln*) make dust

staubig dusty

staubsaugen vacuum ['vækjuːm], hoover *umgangsspr* **Staubsauger** vacuum cleaner, Hoover® *umgangsspr* **Staubtuch** duster **Staubwolke** cloud of dust

Stauchung compression [kəm'preʃᵊn]

Staudamm dam

stauen ❶ dam up *Wasser* ❷ **sich stauen** *Verkehr:* become congested; *Menschenmenge:* crowd; *Wasser:* build [bɪld] up; **der Verkehr staut sich an der Ampel** there is a tailback at the traffic lights ⚠ *plural*

Staugefahr risk of congestion [kən'dʒestʃᵊn]

Staumauer dam wall

Staunen astonishment [ə'stɒnɪʃmənt], amazement; **jemanden in Staunen versetzen** amaze [*oder* astonish] somebody; **wir sind aus dem Staunen nicht mehr herausgekommen** we could scarcely believe our ears/eyes ⚠ *plural*

staunen ❶ be astonished [*oder* amazed] (**über** at) ❷ **sie sah mich staunend an** she looked at me in astonishment ❸ **da staunst du, was?** you didn't expect that, did you?; **da hat sie nicht schlecht gestaunt** she was gobsmacked *umgangsspr* (GB)

Stausee reservoir ['rezəvwɑːʳ]

Stauung ❶ *von Verkehr:* traffic jam, tailback; (*das Aufstauen*) build-up

Stechen (*Schmerz*) sharp [*oder* stabbing] pain

> **? Grammatik** **sting — stung — stung:**
> *the bee stung Kate; David was stung by a wasp.*

stechen ❶ *Dorn:* prick ❷ *Biene:* sting; *Mücke:* bite ❸ (*mit Waffe*) stab (**nach** at) ❹ (*im Kartenspiel*) take, trump; **mit der Dame den Buben stechen** take the jack with the queen ❺ **Torf stechen** cut peat ❻ **in See stechen** put to sea ❼ **sich stechen** prick oneself (**an** on); **ich hab mich in den Daumen gestochen!** I've pricked my thumb!

stechend ❶ *Blick:* piercing ['pɪəsɪŋ] ❷ *Geruch:* pungent ❸ *Schmerz:* sharp **Stechginster** furze, gorse **Stechmücke** gnat [næt], mosquito [məs'kiːtəʊ] **Stechpalme** holly

Steckbrief ❶ (*Poster*) 'wanted' poster ❷ (*Beschreibung*) description [of the wanted person] **steckbrieflich** **steckbrieflich gesucht werden** be on the wanted list

Steckdose socket

stecken ❶ (*hineintun*) put ❷ (*befestigen*) pin (**an** onto) ❸ (*feststecken*) be stuck; **steckt der Schlüssel?** is the key in the lock? ❹ **was steckt dahinter?** what's behind it? ❺ **es steckt viel Arbeit dahinter** there's a lot of work in it ❻ **stecken bleiben** get stuck, stick fast; (*in einer Rede*) falter ['fɔːltəʳ] ❼ **die Kugel blieb stecken** the bullet was lodged ❽ **den Schlüssel stecken lassen** leave the key in the lock

Stecken (*Stock*) stick

Stecker plug

Stecknadel pin **Steckrübe** swede [swiːd], turnip

Steg ❶ (*Laufbrett*) gangplank ❷ (*Fußgängerbrücke*) footbridge ❸ (*Landesteg*) jetty ['dʒeti] ❹ (*an Instrument*) bridge

Stegreif **aus dem Stegreif** off the cuff; **aus dem Stegreif reden** make an impromptu speech [ɪm'prɒmtjuː], make an ad-lib [speech] **aus dem Stegreif spielen** improvise ['ɪmprəvaɪz]

Stehen **im Stehen** standing; [**zu viel**] **Stehen ist ungesund** standing up [for too long] is not good for you

> **? Grammatik** **stand — stood — stood:**
> *a big dog stood at the door. I have stood here for over an hour*

stehen ❶ stand; (*sich befinden*) *Buch im Regal:* be; **wo stehst du?** (*mit dem Auto*) where have you parked? ❷ *von Kleidern:* suit [suːt]; **das steht dir** that suits you ❸ **Wache stehen** stand guard ❹ **sich gut**

stehen be well-off ❺ **darauf steht Gefängnis** that's punishable by imprisonment; **darauf steht eine Belohnung** there's a reward for it ❻ **wie stehst du dazu?** what's your opinion on that? ❼ **wie steht's?** how's things? *plural;* **es steht nicht gut für ihn** things don't look too bright for him ❽ **wo steht das?** where does it say that?; **was steht im Brief?** what does the letter say? ❾ **mir steht's bis hier** I'm sick and tired of it ❿ **stehen bleiben** *Fahrzeuge, Kolonne:* come to a standstill; *Person:* stop; (*nicht umfallen*) remain standing; *Motor:* cut out ⓫ **stehen lassen** (*dalassen*) leave; (*vergessen*) leave behind; **er ließ die Suppe stehen** he left the soup untouched ⓬ **jemanden draußen stehen lassen** leave someone standing outside

stehend *Wasser:* stagnant

Stehimbiß snack bar

Stehkragen stand-up collar **Stehlampe** standard lamp (GB), floor lamp (USA) **Stehleiter** stepladder

stehlen ❶ steal ❷ **jemandem die Zeit stehlen** waste someone's time ❸ **sich in das/aus dem Haus stehlen** sneak into/out of the house

> **? Grammatik** **steal — stole — stolen:**
> *the thief stole all their money from their hotel room; somebody must have stolen his wallet.*

Stehplatz ❶ (*in Bus etc.*) standing room; **einen Stehplatz haben** have to stand ❷ (*für Konzert*) standing ticket

Steiermark Styria ['stɪrɪə]

steif ❶ (*unbeweglich*) stiff; (*erstarrt*) numb [nʌm] ❷ (*geziert*) strained; (*förmlich*) formal ❸ **steif gefroren** frozen stiff ❹ **steif und fest behaupten, dass ...** insist stubbornly that ... ❺ **halt die Ohren steif!** keep your chin up! *umgangsspr* **Steifheit** ❶ (*Unbeweglichkeit*) stiffness ❷ (*Starrheit*) numbness [nʌmnəs] ❸ (*übertragen*) formality

Steigbügel stirrup ['stɪrəp] **Steigeisen** (*zum Klettern*) crampon

steigen ❶ (*hinaufklettern*) climb (**auf** onto); **Treppen steigen** climb stairs; **auf einen Baum/Berg/eine Leiter steigen** climb [up] a tree/mountain/ladder ❷ **aufs Pferd steigen** mount the [*oder* one's] horse; **aufs Fahrrad/Motorrad steigen** get on[to] the [*oder* one's] bicyle/motorbike ❸ *Preise, Temperatur:* rise ❹ *Chancen, Gehalt, Ungeduld:* increase [ɪn'kriːs] ❺ *Flugzeug, Straße:* climb [klaɪm] ❻ **einen Drachen steigen lassen** fly a kite ❼ **die Spannung steigt** the tension is mounting; **die Stimmung stieg** the mood improved ❽ **aus dem Bett steigen** climb out of bed; **auf die Bremse steigen** slam on the brakes ⚠ *plural* ❾ (*umgangsspr: stattfinden*) **wann steigt deine Fete?** when are you having your party? **steigend** ❶ *Inflation, Preise:* rising ❷ *Tendenz:* upward

steigern ❶ increase [ɪn'kriːs] ❷ (*intensivieren*) intensify ❸ (*bei Auktionen*) bid (**um** for) ❹ **sich steigern** increase; (*sich verbessern*) improve [ɪm'pruːv]; **du kannst dich/er kann sich noch steigern** there's room for improvement **Steigerung** ❶ increase ['ɪnkriːs] (**um** of) ❷ (*Intensivierung*) intensification ❸ (*Verbesserung*) improvement

Steigung ❶ (*Hang*) slope ❷ *einer Straße:* gradient ['greɪdiənt] (GB), grade (USA)

steil steep; **steil abfallen** plunge

Steilhang steep slope

Steilküste steep coast **Steilufer** steep bank

Stein ❶ stone ❷ (*Spielstein*) piece [piːs] ❸ *von Obst:* stone ▸ IN WENDUNGEN: **da fällt mir ein Stein vom Herzen!** that's a load off my mind!; **jemandem Steine in den Weg legen** put obstacles ['ɒbstəklz] in someone's way; **den Stein ins Rollen bringen** start the ball rolling; **ich hab bei ihr einen Stein im Brett** I'm well in with her **Steinadler** golden eagle **Steinbock** ❶ (*Tier*) ibex ['aɪbeks] ❷ (*Sternzeichen*) Capricorn **Steinbruch** quarry ['kwɒri] **Steinbutt** turbot ['tɜːbət]

Steingut stoneware [''stəʊnweəʳ]

steinhart [as] hard as a rock *nachgestellt*

steinig stony ['stəʊni]

steinigen stone **Steinkohle** hard coal **Steinkohlenbergwerk** coal mine, colliery ['kɒljəri] **Steinpilz** boletus [bə'liːtəs] edulis **steinreich** stinking [*oder* filthy] rich, loaded *nachgestellt* **Steinschlag** rockfall; **Achtung Steinschlag!** Beware of falling rocks! ⚠ *plural* **Steinzeit** Stone Age **Steinzeitmensch der Steinzeitmensch** Stone Age man

S

Steißbein coccyx ['kɒksɪks] **Steißlage** (*medizinisch*) breech presentation

Stellage Ⓐ shelves [ʃelvz] ⚠ *plural,* shelving

Stelle ❶ (*Ort*) place ❷ (*Fleck*) spot ❸ (*Anstellung*) job; **sich um eine Stelle bewerben** apply for a vacancy ['veɪkənsi]; **offene** [*oder* **freie**] **Stelle** vacancy ❹ (*Buchstelle*) passage; (*Zitat*) quotation [kwə'teɪʃᵊn] ❺ (*Behörde*) authority [ɔːθɒrəti] GB, agency ['eɪdʒᵊnsi] USA ❻ (*in Mathematik*) digit ❼ **an erster Stelle** in the first place; **an meiner Stelle** in my place; **an dieser Stelle** in this place; **wenn ich an Ihrer Stelle wäre …** if I were you … ❽ **an Stelle von …** in place of …, instead of … ❾ **zur Stelle sein** be at hand, be present; **sie war sofort zur Stelle** she was there like a shot ❿ **auf der Stelle** at once; **auf der Stelle tot sein** be dead on the spot ⓫ **auf der Stelle treten** not get anywhere

stellen ❶ (*setzen, hinstellen*) put ❷ (*besorgen, zur Verfügung stellen*) provide [prə'vaɪd] ❸ (*regulieren, einstellen*) set (**auf** at); **das Radio leiser/lauter stellen** turn the radio down [up]; **eine Uhr stellen** set a watch/clock (**auf** for) ❹ **etwas kalt/warm stellen** keep something refrigerated/heated ❺ **eine Frage stellen** ask a question ❻ **sich schlafend stellen** pretend to be asleep ❼ **auf sich selbst gestellt sein** have to fend for oneself ❽ **sich in die Ecke stellen** [go and] stand in the corner ❾ **sich der Polizei stellen** give oneself up to the police ❿ **sich gut mit jemandem stellen** get on someone's good side

Stellenabbau reduction [*oder* shedding] of staff **Stellenangebot** job offer **Stellenanzeige** job advertisement, job ad *umgangsspr* **Stellensuche** job search; **auf Stellensuche sein** be looking for a job, be job-hunting *umgangsspr* **Stellenvermittlung** employment [ɪm'plɔɪmənt] agency

stellenweise in places *plural;* **stellenweise Regen** rain in places *plural,* scattered rain; **stellenweise** [**gibt es**] **Nebel** there is some patchy fog

Stellplatz (*für Auto*) parking space

Stellung ❶ (*Körperstellung*) position [pə'zɪʃᵊn] ❷ (*Ansehen*) standing ❸ (*Rang*) status ❹ (*Posten*) job, position ❺ **Stellung nehmen zu …** express one's opinion on …; **möchten Sie dazu Stellung nehmen?** would you like to comment on that?

stellvertretend ❶ (*vorübergehend*) acting; **stellvertretend für** in place of, on behalf [bɪ'hɑːf] of ❷ *von Amts wegen:* deputy [dɪ'pjuːt]; **stellvertretende Geschäftsführerin** deputy managing director; **stellvertretender Vorsitzender** vice-chairman **Stellvertreter(in)** ❶ (*vorübergehender*) representative [ˌreprɪ'zentətɪv] ❷ (*für Arzt*) locum ❸ (*amtlicher*) deputy ❹ (*militärischer*) second in command

Stemmeisen crowbar

stemmen ❶ (*hochstemmen*) lift ❷ (*stützen*) press

Stempel ❶ stamp ❷ (*Stempelabdruck*) stamp ❸ (*Poststempel*) postmark ❹ (*Echtheitsstempel*) hallmark **stempeln** ❶ stamp ❷ (*postalisch*) postmark

Stenographie shorthand **stenographieren** ❶ **stenographieren** do shorthand ❷ **etwas stenographieren** take something down in shorthand **Stenotypist(in)** shorthand typist

Steppdecke quilt [kwɪlt] GB, comforter USA

Steppe steppe [step]

steppen (*tanzen*) tap-dance

Stepptanz tap dancing

Steppweste quilted ['kwɪltɪd] waistcoat

Sterbefall death [deθ] **Sterbehilfe** (*Euthanasie*) euthanasia [ˌjuːθə'neɪziə]; **jemandem Sterbehilfe geben** help someone to die

Sterben death; **die Angst vorm Sterben** fear of death; **im Sterben liegen** be dying

sterben ❶ die [daɪ] (**an** of); **eines gewaltsamen/natürlichen Todes sterben** die a violent/natural death ❷ (*übertragen*) **daran wirst du nicht sterben!** it won't kill you!; **ich bin vor Langeweile fast gestorben** I was bored to tears *plural;* **die ist für mich gestorben!** I'm through with her!, I've had it with her!

sterbenselend **mir ist sterbenselend** I feel wretched ['retʃɪd]

sterbenskrank mortally ['mɔːtᵊli] ill

Sterberate death [deθ] [*oder* mortality] rate [mɔː'tæləti] **Sterbesakramente** last rites **Sterbeurkunde** death certificate

sterblich mortal; **ihre sterblichen Überreste** her mortal remains

Sterbliche(r) mortal **Sterblichkeit** mortality **Sterblichkeitsrate** mortality rate

DIE 12 STERNZEICHEN (TIERKREISZEICHEN) – THE 12 SIGNS OF THE ZODIAC

Widder	21. März – 20. April
Stier	21. April – 20. Mai
Zwillinge	21. Mai – 21. Juni
Krebs	22. Juni – 22. Juli
Löwe	23. Juli – 23. August
Jungfrau	24. August – 23. September
Waage	24. September – 23. Oktober
Skorpion	24. Oktober – 22. November
Schütze	23. November – 21. Dezember
Steinbock	22. Dezember – 20. Januar
Wassermann	21. Januar – 19. Februar
Fische	20. Februar – 20. März

Stereo stereo ['steriəʊ] **Stereoanlage** stereo [system]

stereotyp (*übertragen*) *Antwort, Bild:* stereotypical, stereotyped

steril sterile ['steraɪl] **Sterilisation** sterilization [ˌsterəlaɪ'zeɪʃən] **sterilisieren** sterilize ['sterəlaɪz]

Stern (*Himmelskörper*) star ▸ IN WENDUNGEN: **unter einem guten Stern geboren sein** be born under a lucky star; **es steht in den Sternen** it's in the lap of the Gods; **das steht noch in den Sternen** it's still written in the stars; **nach den Sternen greifen** reach for the stars **Sternbild** ① (*in Astronomie*) constellation [ˌkɒnstə'leɪʃən] ② (*in Astrologie*) sign

Sternchen (*im Text*) asterisk ['æstərɪsk] **Sternenbanner** Star-Spangled Banner, Stars and Stripes *plural* **sternenklar** starlit; *Himmel, Nacht:* starry ['stɑːri] **sternförmig** star-shaped **sternhagelvoll** plastered ['plɑːstəd], legless **sternhell** starlit **Sternschnuppe** shooting star **Sternsinger** carol singers **Sternstunde** (*übertragen*) ① (*Erfolgsmoment*) great moment [in one's life] ② **die Mondlandung war eine wahre Sternstunde der Menschheit** landing on the moon was a real turning point in the history of mankind **Sternwarte** observatory [əb'zɜːvətri] **Sternzeichen** star sign, sign of the zodiac ['zəʊdiæk]; **was bist du für ein Sternzeichen?** what star sign are you?; **im Sternzeichen Fische geboren** born under the sign of pisces

Stethoskop stethoscope ['steθəskəʊp]

stetig steady [stedi] **stets** (*immer*) always ['ɔːlweɪz]; **stets zu Diensten** ever at your service

Steuer[1] das ① *von Auto:* steering wheel; **am Steuer sitzen** be at [*oder* behind] the wheel ② *von Flugzeug:* controls [kən'trəʊlz] ⚠ *plural;* **am Steuer sitzen** be at the controls ⚠ *plural* ③ *von Schiff:* helm; **am Steuer stehen** be at the helm ④ **das Steuer übernehmen** take over *auch übertragen;* **das Steuer [fest] in der Hand haben** be [firmly] in control *übertragen*

Steuer[2] die ① tax; **nach/vor Abzug der Steuern** after/before tax; **Steuern zahlen** pay tax ⚠ *singular;* **Steuern eintreiben/erheben/hinterziehen** collect/levy/evade taxes ② (*umgangsspr: Behörde*) the tax people; **sie arbeitet bei der Steuer** she works at the Inland Revenue **Steuerberater(in)** tax consultant

steuerbord starboard

Steuereinnahmen tax revenue ['revənjuː] ⚠ *singular* **Steuererhöhung** tax increase ['ɪnkriːs] **Steuererklärung** tax return [*oder* declaration] [ˌeklə'reɪʃən]; **die Steuererklärung abgeben** submit one's tax return **Steuerfahndung** investigation of tax evasion **steuerfrei** exempt [ɪg'zempt] from tax *nachgestellt* **Steuerfreibetrag** tax-free allowance [*oder* amount]

Steuerfuß Ⓒⓗ rate of taxation **Steuergelder** taxes **Steuerhinterziehung** tax evasion [ɪ'veɪʒən] **Steuerklasse** tax category

Steuerknüppel control column ['kɒləm] Ⓖⓑ, control stick Ⓤⓢⓐ

Steuermann ① helmsman ['helmzmən] ② (*Schiffsoffiziersrang*) first mate ③ (*im

Rudersport) cox[swain]
steuern ❶ drive *Auto* ❷ pilot *Flufzeug* ❸ steer *Schiff* ❹ (*regulieren*) control
Steuerparadies tax haven **steuerpflichtig** liable ['laɪəbl] to tax *nachgestellt* **Steuerprüfer(in)** tax inspector
Steuerpult control [kən'trəʊl] desk
Steuerrad [steering] wheel **Steuerruder** rudder
Steuersatz rate of taxation **Steuersenkung** tax cut
Steuerung (*im Flugzeug etc.*) controls [kən'trəʊlz] ⚠ *plural*
Steuerzahler(in) taxpayer
Steuerzeichen (*in der Informatik*) control [kən'trəʊl] character
Steward steward
Stewardess stewardess
stibitzen nick, pinch
Stich ❶ (*Nadelstich*) prick; (*Messerstich*) stab ❷ *einer Mücke:* bite; *einer Biene:* sting ❸ (*Nähstich*) stitch ❹ (*Schmerz*) piercing ['pɪəsɪŋ] pain; **Stiche in der Seite haben** have a stitch ⚠ *singular* ❺ (*Kupferstich*) engraving ❻ **die Milch hat einen Stich** the milk's gone off ▶ IN WENDUNGEN: **jemanden im Stich lassen** let someone down; **du hast wohl einen Stich!** you must be nuts!
sticheln (*übertragen*) make sneering remarks *plural* (**gegen** about)
Stichentscheid (*in der Politik*) casting vote
Stichfrage tiebreak question
stichhaltig ❶ *Argument, Grund:* sound, valid ❷ *Beweis:* conclusive [kən'klu:sɪv]
stichhältig Ⓐ sound, valid
Stichprobe spot check; **Stichproben machen** do [*oder* carry out] spot checks **Stichpunkt** note, keyword **Stichtag** qualifying ['kwɒlɪfaɪɪŋ] date **Stichwaffe** stabbing weapon ['wepən] **Stichwort** ❶ (*im Wörterbuch*) headword ['hedwɜ:d] ❷ (*schriftliches*) keyword; **sich ein paar Stichworte aufschreiben** jot down [*oder* take] a few notes ❸ (*im Theater*) cue [kju:] **Stichwunde** stab wound
sticken embroider [ɪm'brɔɪdəʳ]
stickig (*muffig*) close, stuffy
Sticknadel embroidery needle [ɪm'brɔɪdəri]
Stickoxid nitric oxide [ˌnaɪtrɪk'ɒksaɪd]
Stickstoff nitrogen ['naɪtrədʒən]
Stiefbruder stepbrother
Stiefel boot ▶ IN WENDUNGEN: **das sind zwei Paar Stiefel** they are quite different
Stiefeltern step-parents **Stiefkind** stepchild **Stiefmutter** stepmother
Stiefmütterchen (*Pflanze*) pansy ['pænzi]
Stiefschwester stepsister **Stiefsohn** stepson **Stieftochter** stepdaughter ['stepˌdɔ:təʳ] **Stiefvater** stepfather
Stiege (*schmale Treppe*) narrow flight of stairs ⚠ *plural*
Stiegenhaus Ⓐ staircase
Stieglitz goldfinch
Stiel ❶ (*Griff*) handle ❷ (*Besenstiel*) broomstick ❸ *von Glas:* stem ❹ *von Pflanze:* stalk [stɔ:k]; (*Stängel*) stem ❺ **Eis am Stiel** ice lolly
Stielaugen **Stielaugen bekommen** [*oder* **machen**] gape, gawk, goggle; **er hat vielleicht Stielaugen gemacht!** his eyes nearly popped out of his head!
Stier ❶ (*Rind*) bull ❷ (*Sternzeichen*) Taurus ['tɔ:rəs] ▶ IN WENDUNGEN: **den Stier bei den Hörnern packen** take the bull by the horns
stieren stare (**auf** at)
Stierkampf bullfight
Stierkämpfer(in) bullfighter
Stift¹ der ❶ (*Bleistift*) pencil; (*Kugelschreiber*) pen; (*Malstift*) crayon ['kreɪɒn] ❷ (*Holzstift*) peg; (*Nagel*) tack
Stift² das (*Theologiestift*) seminary ['semɪnᵊri]
stiften ❶ (*geben, schenken*) donate [də'neɪt] ❷ (*gründen*) found ❸ (*verursachen*) bring about, cause [kɔ:z]; **Frieden stiften** make peace; **Unfrieden stiften** sow discord
Stifter(in) ❶ (*Schenkender*) donator ❷ (*Gründer*) founder
Stiftskirche collegiate [kə'li:dʒiət] church
Stiftung ❶ (*Schenkung*) donation [də'neɪʃᵊn] ❷ (*Gründung*) foundation
Stil style [staɪl]; **alles in großem Stil tun** do everything on a grand scale
stilgetreu in the original style **stilistisch** stylistic [staɪ'lɪstɪk]; **dein Aufsatz ist stilistisch gut** your essay is stylistically very good
still ❶ (*ruhig*) quiet, silent; **sei still!** be quiet!; **still werden** go quiet, fall silent ❷ (*unbewegt*) still [stɪl]; **bleib/halt still!** keep still!, don't move! ❸ **stiller Teilhaber** sleeping partner (GB), silent partner (USA) ❹ **sich im Stillen denken** think to oneself
Stille ❶ (*Ruhe*) quietness ['kwaɪətnəs]; **er**

wurde in aller Stille begraben he was given a quiet burial ② *(Schweigen)* silence ③ *von Luft:* stillness

stillen ① *(befriedigen)* satisfy ['sætɪsfaɪ] ② quench [kwenʃ] *Durst* ③ satisfy *Hunger, Neugierde, Verlangen* ④ ease [iːz] *Schmerz* ⑤ staunch [stɔːnʃ] *Blut* ⑥ breast-feed *Baby*

stillhalten ① keep still ② *(schweigen)* keep quiet [kwaɪət]

Stillleben *(in Malerei)* still life

stilllegen ① close [*oder* shut] down *Betrieb* ② lay up *Fahrzeug* **stillliegen** ① *Verkehr:* have come to a standstill ② *Fabrik:* be closed [*oder* shut] down

stillschweigend stillschweigendes Einvernehmen/Übereinkommen tacit ['tæsɪt] understanding/agreement

Stillstand ① *(Halt)* standstill ② **zum Stillstand kommen** *Verkehr, Wirtschaft:* come to a standstill; *Blutung, Maschine, Motor:* come to a stop ③ **zum Stillstand bringen** bring to a stop [*oder* standstill] *Verkehr, Wirtschaft;* **die Produktion zum Stillstand bringen** bring production to a standstill ④ *(Unterbrechung)* interruption [ɪntəˈrʌpʃᵊn] **stillstehen** ① be at a standstill ② *(stehen bleiben)* stop; **die Zeit schien stillzustehen** time seemed to be standing still

Stilmöbel period ['pɪəriəd] furniture ⚠ *singular*

Stimmabgabe die Stimmabgabe voting **Stimmbänder** vocal cords **stimmberechtigt** entitled to vote *nachgestellt;* **nicht stimmberechtigt** non-voting **Stimmberechtigte(r)** person entitled to vote

Stimmbeteiligung (CH) poll **Stimmbruch er ist im Stimmbruch** his voice is breaking

Stimmbürger(in) (CH) person entitled to vote

Stimme ① voice; **mit tiefer Stimme** in a deep voice ② *(Wahlstimme)* vote; **jemandem seine Stimme geben** give one's vote to a person; **er gewann mit einer Mehrheit von 150 Stimmen** he won by 150 votes ③ *(in Musik)* part ④ *(Pressestimme)* comment

stimmen ① *(richtig sein)* be right; *(wahr sein)* be true; **stimmt das?** is that true [*oder* right]? [*oder* correct]; **stimmt's?** right?; **stimmt!** right!; **stimmt's oder hab ich Recht?** is it true or am I right? ② **stimmt so!** *(beim Geben von Trinkgeld)* keep the change! ③ **das stimmt nicht** that's wrong ④ *(abstimmen)* vote (**für, gegen** for, against); **mit Ja/Nein stimmen** vote for/against ⑤ **ein Instrument [höher/niedriger] stimmen** tune an instrument [up/down] ⑥ **bei dem stimmts wohl nicht!** he's got a screw loose!

Stimmgabel tuning fork

stimmhaft *Konsonant:* voiced **stimmig** *Argument:* coherent [kəˈhɪərᵊnt] **Stimmlage** register ['redʒɪstəʳ] **stimmlos** *Konsonant:* unvoiced **Stimmrecht** right to vote

Stimmung ① *(Gemütsstimmung)* mood; **in guter/schlechter Stimmung sein** be in a good/bad mood; **ich bin nicht in der richtigen Stimmung [dazu]** I'm not in the mood [for it] ② *(Atmosphäre)* atmosphere ['ætməsfɪəʳ]; **Stimmung machen** get things *plural* going ③ *(der Truppe)* morale [məˈrɑːl] ④ *(öffentliche Meinung)* public opinion **Stimmungskanone jemand ist eine echte Stimmungskanone** somebody is the life and soul of the party **Stimmungsumschwung** ① change of atmosphere ② *(politisch)* swing ③ *von Börse, Markt:* change of tendency **stimmungsvoll** *(idyllisch)* idyllic [ɪˈdɪlɪk]

Stimmzettel ballot paper

stinkbesoffen legless, sloshed

Stinkbombe *(umgangsspr)* stink bomb [bɒm]

stinken stink *auch übertragen* (**nach** of); **hier stinkt's!** what a smell [*oder* pong]! *umgangsspr* ▸ IN WENDUNGEN: **die ganze Sache stinkt!** the whole business stinks!; **mir stinkt's!** I'm fed up [*oder slang* pissed off]!; **mir stinkt es, dass …** it pisses me off that … *slang*

> **? Grammatik** **stink — stank — stunk:**
> *he hadn't washed for days, and he stank; the harbour area had always stunk of fish.*

stinkfaul bone idle **stinkig** ① smelly ② *(übertragen: verärgert)* pissed off *slang;* **sei doch nicht so stinkig!** don't be like that! **stinklangweilig** dead boring **stinknormal** perfectly ordinary ['ɔːdᵊnᵊri] **stinkreich** stinking rich **stinksauer** fuming **Stinktier** skunk **stinkvornehm** posh **Stinkwut eine Stinkwut haben** be livid (**auf** with)

Stipendium ① *(als Auszeichnung)* scholarship ['skɒləʃɪp] ② *(Studienbeihilfe)* grant

S

Stirn forehead ['fɔːhed], brow; **hohe/niedrige Stirn** high/low forehead; **die Stirn runzeln** frown ▶IN WENDUNGEN: **jemandem/etwas die Stirn bieten** defy somebody/something
Stirnband headband
Stirnhöhle frontal sinus **Stirnhöhlenvereiterung** sinusitis [ˌsaɪnə'saɪtɪs] **Stirnrunzeln** frown[ing]
stöbern rummage (**nach** for)
stochern ① poke (**in** at) ② **im Essen stochern** pick at one's food ③ **im Feuer stochern** poke the fire
Stock ① stick; (*Spazierstock*) cane; **am Stock gehen** walk with a stick ② (*Billardstock*) cue [kjuː] ③ (*Stab*) staff ④ (*Stockwerk*) floor [flɔːʳ] storey GB, story USA; **im ersten Stock** on the first floor GB, on the second floor USA; **einen Stock höher/tiefer** one floor up/down ▶IN WENDUNGEN: **am Stock gehen** (*umgangsspr*) be on one's last legs
Stockbett bunk bed
stockbesoffen pissed *slang* **stockdunkel** pitch-dark
Stöckelschuh stiletto [stɪ'letəʊ]
stocken ① (*zögern*) hesitate ['hezɪteɪt] ② (*innehalten*) break off, stop short; **mir stockte das Herz** my heart skipped a beat ③ (*nicht weitergehen*) make no progress; *Verkehr:* be halted ['hɔːltɪd] ④ **ins Stocken geraten** begin to flag **stockend** hesitant ['hezɪtənt]
Stockerl Ⓐ (*Hocker*) stool
Stockfisch dried cod
stockkonservativ archconservative [ˌɑːtʃkən'sɜːvətɪv], ultra conservative
stocknüchtern stone-cold sober ['səʊbəʳ]
stocksauer pissed off *slang* (**auf** with), dead mad *umgangsspr* (**auf** at)
stocksteif stiff as a poker
Stockung ① *von Verhandlungen:* break-down ② (*Unterbrechung*) interruption ③ *von Verkehr:* traffic-jam
Stockwerk floor [flɔːʳ] storey GB, story USA; **im oberen Stockwerk** upstairs; **ein Stockwerk höher/tiefer** one floor up/down
Stockzahn Ⓐ, CH (*Backenzahn*) molar ['məʊləʳ], back tooth
Stoff ① (*Gewebe*) fabric, material [mə'tɪəriəl]; **aus was für einem Stoff ist das Kleid?** in what material is the dress? ② (*Materie, Unterrichtsstoff*) [subject] matter; (*Thema*) topic ③ (*Gesprächsstoff*) subject ④ (*slang: Rauschgift*) dope, stuff; **sich Stoff beschaffen** score some stuff ⑤ (*Substanz*) substance ['sʌbstəns]
Stofftier soft toy
Stoffwechsel metabolism [mə'tæbəlɪzəm]
stöhnen groan
Stollen[1] der (*Kuchen*) fruit [fruːt] loaf GB, stollen USA
Stollen[2] der (*Bergbau*) gallery
stolpern stumble, trip (**über** over) ▶IN WENDUNGEN: **über etwas stolpern** (*etwas entdecken*) stumble across something
Stolz pride; **ihr ganzer Stolz** her pride and joy
stolz ① proud (**auf** of); **zu stolz sein, etwas zu tun** have too much pride to do something; **darauf kannst** [*oder* **darfst**] **du stolz sein** that's something to be proud of; **das ist nichts, worauf man stolz sein kann** that's nothing to be proud of ② (*imposant*) majestic [mə'dʒestɪk], stately ③ *Preis, Summe:* princely
stolzieren ① (*hochmütig*) stalk [stɔːk] ② (*angeberisch*) strut
Stopfen stopper; (*Korken*) cork
stopfen ① fill *Loch, Lücke, Pfeife* ② (*hineinstopfen*) stuff ③ darn; mend *Strümpfe* ④ (*zustopfen*) plug; stop up *auch Leck* ⑤ *Essen:* be filling ▶IN WENDUNGEN: **jemandem den Mund stopfen** silence ['saɪləns] someone **Stopfgarn** darning cotton [*oder* thread] [θred] **Stopfnadel** darning needle
Stopp (*Halt*) halt, stop
Stoppelbart stubbly beard **Stoppelfeld** stubble-field
stoppelig stubbly
stoppen ① (*anhalten*) stop; **stopp!** stop right there! ② (*mit der Stoppuhr*) time; **jemanden stoppen** time somebody
Stoppschild stop sign
Stopptaste stop button
Stoppuhr stopwatch
Stöpsel ① (*Pfropfen*) stopper ② (*für Wasserbecken*) plug ③ (*übertragen: kleiner Junge*) runt GB, shortie USA
Stör sturgeon ['stɜːdʒən]
Storch stork
stören ① disturb *Frieden, Schlaf;* spoil *Harmonie, Verhältnis* ② (*unangenehm berühren*) disturb; **was mich an ihr stört, ist …** what I don't like about her is … ③ (*lästig sein*)

bother; **störe ich?** am I intruding?; **ich hoffe, ich störe** [**Sie**] **nicht** I hope I'm not bothering you; **stört es Dich, wenn ich rauche?** do you mind if I smoke?; **das stört** this is annoying ④ (*unterbrechen*) interrupt; (*stärker*) *Schüler:* disrupt; **darf ich kurz stören?** may I interrupt you for a moment? ⑤ (*im Weg sein*) be in the way; **du störst** you're in the way ⑥ **Bitte nicht stören** please do not disturb ⑦ **etwas als störend empfinden** find something bothersome ['bɒðəsᵊm]

Störenfried troublemaker ['trʌblˌmeɪkəʳ]

stornieren einen Auftrag stornieren cancel an order; **eine Buchung stornieren** reverse [rɪ'vɜːs] an entry

Stornierung *eines Auftrags:* cancellation; *einer Buchung:* reversal [rɪ'vɜːsᵊl]

Storno reversal

störrisch ① obstinate ['ɒbstɪnət], stubborn ② *Kind:* refractory [rɪ'fræktᵊri] ③ *Pferd:* restive ④ **störrische Haare** unmanageable [ʌn'mænɪdʒəbl] hair ⚠ *singular*

Störung ① (*Beeinträchtigung*) disturbance [dɪ'stɜːbᵊns] ② (*Unterbrechung*) disruption [dɪs'rʌpʃᵊn]; **entschuldigen Sie bitte die Störung!** pardon the intrusion! ③ (*im Radio*) interference [ˌɪntə'fɪərᵊns] ④ (*in Gerät, Maschine*) trouble ['trʌbl]; (*Fehler*) fault [fɔːlt]; **eine Störung beseitigen** remove a fault

Störungsdienst faults service ⒼⒷ **störungsfrei** trouble-free; *Radio:* free from interference *nachgestellt*

Stoß ① push, shove [ʃʌv]; **jemandem einen Stoß versetzen** give someone a push ② (*leichter Schlag*) nudge ③ (*Erschütterung*) shock ④ (*Stich*) stab ⑤ (*Fechtstoß*) thrust ⑥ (*Schwimmstoß*) stroke ⑦ (*Haufen*) pile; (*größerer Haufen*) stack; (*Aktenstoß*) file [of deeds]; (*Papierstoß*) bundle **Stoßdämpfer** shock absorber

stoßen ① *einen Stoß geben:* push; (*leicht*) poke; (*mit der Faust*) punch; (*mit dem Fuß*) kick ② (*mit einer Waffe*) thrust ③ (*Stich versetzen*) stab ④ **sich stoßen** (*anstoßen*) bump [*oder* knock] oneself [nɒk]; **sich den Kopf stoßen** hit one's head; **sich an etwas stoßen** bump against something ⑤ **an etwas stoßen** hit something; **gegen etwas stoßen** run into something ⑥ **an etwas stoßen** (*angrenzen an*) border on ⑦ **auf Widerstand stoßen** meet with resistance [rɪ'zɪstᵊns] ▶ IN WENDUNGEN: **sich an etwas stoßen** take offence at [*oder* exception [ɪk'sepʃᵊn] to] something **Stoßstange** bumper **Stoßzeit** (*im Verkehr*) rush hour

stottern ① *Mensch:* stutter ② *Auto:* splutter

Strafanstalt penal ['piːnᵊl] institution **Strafanzeige Strafanzeige gegen jemanden erstatten** bring a charge against someone **Strafarbeit** homework given as a punishment ['pʌnɪʃmənt], lines ⚠ *plural umgangsspr* ⒼⒷ, extra work ⓊⓈⒶ **Strafbank** penalty bench, sin bin *umgangsspr*

strafbar punishable ['pʌnɪʃəbl]; **strafbare Handlung** offence ⒼⒷ, offense ⓊⓈⒶ; **strafbar sein** be an offence; **sich strafbar machen** commit an offence

Strafe ① (*Bestrafung*) punishment ['pʌnɪʃmənt]; **zur Strafe** as a punishment; **das ist die Strafe dafür, dass ...** that's the penalty you pay for ...; **seine gerechte Strafe bekommen** get one's just deserts [dɪ'zɜːts] ⚠ *plural* ② (*Geldstrafe*) fine; **sie musste 50 Dollar Strafe dafür zahlen** she had to pay a 50 dollar fine for it ③ (*Gefängnisstrafe*) sentence ④ (*im Sport*) penalty

strafen ① punish (**für** for) ② **jemanden mit Verachtung strafen** treat someone with contempt

Straferlass ① (*Amnestie*) amnesty ['æmnəsti] ② (*Strafnachlass*) remission [of a sentence]

straff ① *Seil:* taut [tɔːt] ② *Haut:* firm ③ (*eng sitzend*) close-fitting, tight [taɪt] ④ *Disziplin, Kontrolle, Organisation:* tight, strict

straffällig straffällig werden commit a criminal offence

straffen ① (*enger machen*) tighten [taɪtᵊn] ② tauten [tɔːtᵊn] *Seil* ③ **sich straffen** (*sich spannen*) become taut

straffrei straffrei ausgehen [*oder* **bleiben**] go unpunished **Strafgefangene(r)** prisoner ['prɪzᵊnəʳ] **Strafgesetzbuch** Criminal Code

sträflich ① (*zu bestrafend*) criminal ② (*unverzeihlich*) unpardonable [ʌn'pɑːdᵊnəbl]

Sträfling ① prisoner ['prɪzᵊnəʳ] ② (*Zuchthäusler*) convict

Strafmaß sentence **strafmildernd** extenuating [ɪk'stenjueɪtɪŋ] **Strafminute fünf Strafminuten erhalten** be sent off for five minutes **Strafpredigt jemandem eine**

S

Strafpredigt halten give somebody a dressing-down [*oder* lecture] **Strafprozess** criminal case, criminal proceedings ⚠ *plural* **Strafpunkt** penalty point **Strafraum** penalty area **Strafrecht** criminal law **strafrechtlich** criminal **Strafstoß** penalty kick **Straftat** criminal offence (GB), criminal offense (USA) **Strafverteidiger(in)** counsel for the defence [dɪ'fens] **Strafwurf** penalty throw **Strafzettel** ticket

Strahl ❶ (*Lichtstrahl*) ray ❷ (*Elektronenstrahl*) beam ❸ (*Wasserstrahl*) jet

strahlen ❶ *Wärme:* radiate ['reɪdieɪt] ❷ *Sonne:* shine ❸ *Uran:* be radioactive [ˌreɪdiəʊ'æktɪv] ❹ *Gesicht:* beam; **sie strahlte übers ganze Gesicht** her face was beaming with joy

Strahlenbelastung radiation exposure

strahlend ❶ *Braut:* radiant [*oder* glowing]; *Gesicht:* beaming; *Lächeln:* bright [braɪt], radiant ❷ *Tag:* bright [*oder* glorious] ['glɔːriəs] ❸ **strahlender Abfall** radioactive waste

Strahlendosis dose of radiation [ˌreɪdi'eɪʃᵊn] **Strahlenrisiko** radiation risk **Strahlenschutz** radiation protection **strahlensicher** radiation-proof **Strahlentherapie** radiotherapy **strahlenverseucht** contaminated [kən'tæmɪneɪtɪd] [with radiation]

Strahlung radiation [ˌreɪdi'eɪʃᵊn] **strahlungsarm** *Bildschirm:* low-radiation

Strähne ❶ (*Haarsträhne*) strand ❷ (*gefärbte Haarsträhne*) streak, highlights ['haɪlaɪts] ⚠ *plural;* **sich Strähnen [ins Haar] machen lassen** have highlights ⚠ *plural* put in[to one's hair]

stramm ❶ (*eng sitzend*) close-fitting, tight [taɪt]; **stramm sitzen** *Kleidung:* fit tightly ❷ *Seil:* taut [tɔːt] ❸ *Beine:* sturdy ['stɜːdi] **strammstehen** stand at attention

Strampelhöschen rompers ⚠ *plural*

strampeln ❶ *Baby:* thrash about; **das Baby strampelte mit den Beinen** the baby was kicking its feet ❷ (*auf dem Fahrrad*) pedal

Strand ❶ (*Ufer*) seashore; **am Strand** on the shore ❷ (*sandiger Strand, Badestrand*) beach; **am Strand** on the beach **Strandcafé** seaside café **stranden** *Schiff:* be stranded, run aground [ə'graʊnd] **Strandkorb** canopied ['kɒnəpiːd] beach-chair **Strandläufer** (*Vogel*) sandpiper **Strandwache** **er/sie ist bei der Strandwache** he/she is a lifeguard

strangulieren strangle

Strapaze hardship, strain; **die Strapazen des Alltags** the strain ⚠ *singular* of everyday life **strapazieren** ❶ (*abnützen*) wear [weəʳ] out *Möbel, Schuhe;* **das Sofa sieht sehr strapaziert aus** the sofa looks really worn ❷ (*belasten*) strain *Augen;* be hard on *Haare, Haut;* **seine Nerven strapazieren** strain one's nerves ❸ **strapazier nicht meine Geduld!** don't test my patience to the limit! **strapazierfähig** ❶ *Kleidung, Teppich:* hard-wearing ❷ *Schuhe:* sturdy shoes **strapaziert** ❶ *Kleidung, Schuhe, Teppich:* worn ❷ *Beziehung, Nerven:* strained ❸ *Haare, Haut:* damaged ❹ **strapaziert aussehen** look worn out [*oder* exhausted] [ɪg'zɔːstɪd] **strapaziös** tiring ['taɪərɪŋ], wearing ['weərɪŋ]

Straps suspender [se'spendəʳ] belt (GB), garter belt (USA)

Straße ❶ street; **die Straßen von München** the streets of Munich; **auf der Straße spielen** play in the streets ⚠ *plural;* **durch die Straßen fahren** drive through the streets; **über die Straße gehen** cross the street ❷ (*Verkehrsstraße*) road; **auf der Straße** on the road; **die Straße zur Post** the road to the post office; **die Straße nach London** the London road, the road to London; **über die Straße gehen** cross the road; **eine stark befahrene Straße** a busy ['bɪzi] road ❸ (*Meerenge*) straits ⚠ *plural;* **die Straße von Dover/Gibraltar** the Straits ⚠ *plural* of Dover/Gibraltar ❹ **der Mann auf der Straße** the man in the street

> **! Vorsicht Falle** **road** wird für Verkehrsstraßen außerhalb der Städte und Dörfer gebraucht: *we were on the road to London;* — **street** wird für Straßen mit Häusern und Geschäften in Städten und Dörfern gebraucht: *John met his friend in the street.*

Straßenarbeiten road works

Straßenarbeiter(in) road worker

Straßenbahn tram (GB), streetcar (USA); **mit der Straßenbahn fahren** go by tram/streetcar **Straßenbahnhaltestelle** tram stop (GB), streetcar stop (USA) **Straßenbahnlinie** tram route [ruːt] (GB), streetcar line (USA) **Straßenbahnnetz** tramway system ['sɪstəm] (GB), streetcar system (USA)

Straßenbau road construction **Straßenbelag** road surfacing ['sɜːfəsɪŋ] ⚠ *kein Plural* **Straßenbeleuchtung** street lighting ['laɪtɪŋ] **Straßenbenutzungsgebühr** toll **Straßencafé** street cafe **Straßenecke** street corner; **eine Straßenecke weiter** one block [further] up **Straßenfeger(in)** road sweeper **Straßengraben** [road] ditch **Straßenjunge** street urchin ['ɜːtʃɪn] (GB), dead-end kid (USA) **Straßenkampf** street fight **Straßenkarte** road map **Straßenkreuzung** crossroads ⚠ *singular oder plural;* **an einer Straßenkreuzung** at a crossroads **Straßenlärm** road noise **Straßenmarkierung** (*Mittellinie*) road marking **Straßenmusikant(in)** street musician [mjuː'zɪʃᵊn], busker **Straßenrand** kerb [kɜːb], curb (USA) **Straßenräuber** mugger **Straßenreinigung** street cleaning **Straßenschild** street sign **Straßenschlacht** street riot ['raɪət] **Straßensperre** roadblock **Straßenüberführung** 1 (*für Fahrzeuge*) flyover (GB), overpass (USA) 2 (*für Fußgänger*) pedestrian [pə'destriən] bridge, viaduct ['vaɪədʌkt] **Straßenunterführung** underpass, subway **Straßenverhältnisse** road conditions [kən'dɪʃᵊns] **Straßenverkehr** traffic **Straßenverkehrsordnung** Highway Code **Straßenverzeichnis** street directory [dɪ'rektᵊri]

Strategie strategy ['strætədʒi] **strategisch** strategical [strə'tiːdʒɪkᵊl]

sträuben 1 *Fell, Haare:* stand on end; **mir sträubten sich die Haare** my hair stood on end 2 **sich sträuben** *Mensch:* be reluctant; **sich gegen etwas sträuben** fight against something

Strauch shrub; (*Busch*) bush

Strauß¹ der (*Blumenstrauß*) bunch of flowers *plural*

Strauß² der (*Laufvogel*) ostrich

strawanzen (A) (*sich herumtreiben*) hang around

Strebe 1 (*Stütze, Pfeiler*) prop 2 (*Verstrebung*) strut

streben (*sich mühen um*) strive (**nach** for, after)

Streber(in) swot (GB), grind (USA) **strebsam** (*fleißig*) industrious [ɪn'dʌstriəs], ambitious [æm'bɪʃᵊs]

Strecke¹ die 1 (*Distanz*) distance; **eine Strecke zurücklegen** cover a distance; **es ist noch eine ganze Strecke** it's quite a long way yet 2 (*in Geometrie*) line 3 (*Streckenabschnitt*) stretch 4 (*Route*) route [ruːt]; **die Strecke Stuttgart-Hamburg** the Stuttgart-Hamburg route; **es hat auf der ganzen Strecke geregnet** it rained all the way there 5 **der Zug hielt auf freier Strecke an** the train stopped between stations ⚠ *plural* 6 (*im Sport*) track ▶ IN WENDUNGEN: **auf der Strecke bleiben** fall by the wayside

Strecke² die **zur Strecke bringen** bag *Tier;* hunt down *Menschen*

strecken 1 (*dehnen*) stretch; **die Beine strecken** stretch one's legs 2 (*verlängern*) eke out *Geld, Vorräte;* (*Speisen verdünnen*) thin down 3 **die Zunge aus dem Mund strecken** stick out one's tongue 4 **sich strecken** have a stretch **streckenweise** 1 (*räumlich*) here and there 2 (*zeitlich: ab und zu*) at times

Streckmuskel extensor [ɪk'stensəʳ] [muscle] **Streckverband** traction bandage

Streich trick; **jemandem einen Streich spielen** play a trick on someone ▶ IN WENDUNGEN: **auf einen Streich** in one go

Streicheleinheit (*Zärtlichkeit*) **ich brauche ein paar Streicheleinheiten** I need some tender loving care ⚠ *singular* [*oder umgangsspr* t.l.c. [tiːelsiː]]

streicheln 1 (*liebkosen*) caress [kə'res] 2 (*streichen*) stroke; **jemandem die Hände streicheln** stroke somebody's hands

streichen 1 (*mit Hand, Gegenstand*) stroke; **über etwas streichen** (*mit der Hand*) stroke something; **sich die Haare aus der Stirn streichen** brush one's hair out of one's face 2 (*mit Farbe*) paint 3 spread [spred] *Butter etc.* 4 (*löschen*) delete; **von einer Liste streichen** cross [*oder* scratch] off a list 5 cancel *Auftrag, Flug, Programm, Veranstaltung* 6 cut *Gelder, Subventionen* 7 (*umherstreichen*) ramble; *Verbrecher:* prowl; **durch die Gegend streichen** stroll around

Streichholz match **Streichholzschachtel** matchbox **Streichinstrument** string[ed] instrument

Streichkäse cheese spread [spred]

Streichquartett string quartet [kwɔː'tet]

Streichwurst meat paste, pâté

Streifen 1 stripe; (*breiter*) streak [striːk] 2 (*Stück*) strip 3 (*Klebestreifen*) tape

streifen 1 (*leicht berühren*) brush, touch

S

[tʌtʃ]; (*mit Auto, Flugzeug*) scrape; **die Kugel streifte ihn nur [am Kopf]** the bullet only grazed him [his head] ② (*hinwegstreifen*) glide (**über** over) ③ (*im Gespräch*) touch upon ④ **den Ring vom Finger streifen** slip the ring off one's finger ⑤ (*angrenzen*) border (**an** upon) ⑥ (*umherstreifen*) ramble, roam; **durch die Wälder streifen** roam the woods

Streifendienst patrol duty **Streifenwagen** patrol car GB, squad [skwɒd] car USA

Streifschuss graze; **einen Streifschuss abbekommen** be grazed by a bullet

Streik strike; **wilder Streik** wildcat strike; **einen Streik abbrechen** call off a strike; **einen Streik ausrufen** call a strike; **in den Streik treten** go on strike **Streikbrecher(in)** strike-breaker **streiken** ① be on strike, strike ② (*humorvoll*) **ich streike!** I'm out!, count me out! ③ *Gerät:* pack up; **der Fernseher streikt mal wieder** the telly has packed up again *umgangsspr*

Streikende(r) striker **Streikposten** picket; **Streikposten aufstellen** set up a picket line; **Streikposten stehen** picket **Streikrecht** freedom to strike

Streit ① (*Wortstreit*) dispute [dɪ'spjuːt], argument ['ɑːgjəmənt]; **Streit haben** have an argument [*oder* a row]; **ich habe Streit mit meinem Freund** my boyfriend and I are having an argument; **sie haben Streit** they're having an argument; **Streit anfangen** start an argument; **einen Streit vom Zaun brechen** kick up a row ② (*Gezänk*) squabble ['skwɒbl] ③ (*heftiger, auch handgreiflich*) fight [faɪt]

streiten ① (*zanken*) quarrel ['kwɒrᵊl]; (*mit Worten*) argue (**über, wegen** about, over); **mit jemandem über etwas streiten** have an argument with somebody over something ② **darüber lässt sich streiten** this is open to argument ③ **sich streiten** quarrel; (*mit Worten*) argue; **sie streiten sich ständig** they're constantly arguing; **wir wollen uns nicht darüber streiten** let's not have a quarrel about it **Streiterei** ① (*Zank*) quarrelling ② (*Wortgefecht*) arguing ③ (*Auseinandersetzung*) argument

streitig ① (*juristisch*) **streitig sein** be under dispute ② **jemandem ein Recht streitig machen** contest someone's right to do something

Streitkräfte forces ['fɔːsɪz] **streitlustig** (*aggressiv*) aggressive [ə'gresɪv] **streitsüchtig** quarrelsome

streng ① (*unnachsichtig*) severe [sɪ'vɪəʳ]; **jemanden streng bestrafen** punish someone severely ② (*unnachgiebig, ernst*) stern; **mit strenger Miene** with a stern face ③ *Kälte:* intense ④ (*bestimmt*) strict; **es wird streng auf Pünktlichkeit geachtet** they are very strict about punctuality ⑤ *Regeln:* stringent ['strɪndʒənt] ⑥ *Charakter, Sitten:* austere [ɒːs'tɪəʳ] ⑦ *Geschmack:* sharp ⑧ **streng geheim** top secret; **streng genommen** strictly speaking; **streng verboten!** strictly forbidden! ⑨ CH, A (*anstrengend*) strenuous, exhausting

Strenge ① (*Unnachsichtigkeit*) severity [sɪ'verɪti] ② (*Ernst*) sternness ③ (*von Sitten, Charakter*) austerity [ɒs'terəti] ④ (*Bestimmtheit*) strictness

Stress stress [stres]; **Stress haben** be under [a lot of] stress; **das ist so ein Stress!** this is really stressful!; **ich bin schwer im Stress** I'm really stressed out **stressen** ① **jemanden stressen** stress somebody, put somebody under stress ② **gestresst sein** be under a lot of pressure; **die Arbeit stresst mich** my work's putting me under stress **stressfrei** stress-free **stressig** stressful

streuen ① (*verstreuen*) scatter ② (*bestreuen*) sprinkle *Salz, Zucker* ③ grit *Straße;* (*mit Salz*) salt [sɒlt] ▶ IN WENDUNGEN: **jemandem Sand in die Augen streuen** throw dust in someone's eyes

Streufahrzeug gritter

streunen ① *Mensch:* roam ② *Tier:* stray; **ein streunender Hund** a stray dog

Streusalz road salt **Streusand** grit

Streusel crumble mixture **Streuselkuchen** crumble-topped cake

Strich ① (*Pinselstrich*) stroke ② (*Linie*) line ③ (*kurzer Strich, Gedankenstrich*) dash ▶ IN WENDUNGEN: **jemanden nach Strich und Faden betrügen** sell someone down the river; **jemandem einen Strich durch die Rechnung machen** put a spoke in someone's wheel; **keinen Strich machen** not lift a finger; **es geht mir gegen den Strich** it goes against the grain; **auf den Strich gehen** go on the game

Strichcode bar code

stricheln **eine gestrichelte Linie** a dotted

line

Stricher rent boy **Strichjunge** rent boy **Strichmädchen** streetwalker ['striːtˌwɔːkəʳ]

Strichmännchen stick figure

Strichpunkt semicolon [ˌsemɪ'kəʊlən]

strichweise here and there

Strick cord; (*dicker*) rope ▸ IN WENDUNGEN: **jemandem einen Strick aus etwas drehen** trip someone up with something; **wenn alle Stricke reißen** if all else fails

stricken knit [nɪt]

Strickgarn knitting ['nɪtɪŋ] wool **Strickjacke** cardigan **Strickleiter** rope ladder **Stricknadel** knitting needle **Strickwaren** knitwear ['nɪtweəʳ] ⚠ *singular* **Strickzeug** knitting

striegeln curry *Pferd*

Strieme(n) weal

strikt strict [strɪkt]; **etwas strikt einhalten** be strict about something

strippen [do a] strip

Stripper(in) stripper ['strɪpəʳ]

Strippteaselokal strip joint *umgangsspr*

strittig controversial [ˌkɒntrə'vɜːʃᵊl], debatable [dɪ'beɪtəbl]

Stroh straw [strɔː]; **aus Stroh** made of straw **strohblond** straw-coloured; **sie ist strohblond** she is flaxen-haired **Strohblume** strawflower **Strohdach** thatched roof **Strohhalm** straw ▸ IN WENDUNGEN: **sich an einen Strohhalm klammern** clutch at straws ⚠ *plural* **Strohhut** straw hat

Strohmann (*übertragen*) front man (GB), stooge (USA) **Strohsack** palliasse ['pæliæs] **Strohwitwe** grass widow (GB), sod widow (USA) **Strohwitwer** grass widower ['wɪdəʊəʳ]

Strolch scamp (GB), rogue [rəʊg] (USA), bum **Strolchenfahrt** (CH) joyride ['dʒɔɪraɪd]

Strom[1] der ① (*Fluss*) large river ② (*Strömung*) current; **mit/gegen den Strom** with/against the current ③ (*Menschenstrom*) stream ▸ IN WENDUNGEN: **gegen den Strom schwimmen** go against the tide [of opinion/fashion/etc.]; **es gießt in Strömen** it's pouring ['pɔːrɪŋ] [with rain]

Strom[2] der (*Elektrizität*) current; **mit Strom versorgen** provide electricity; **etwas steht unter Strom** something is live; **Strom führendes Kabel** live wire

stromabwärts downstream **stromaufwärts** upstream

Stromausfall power failure ['feɪljəʳ]

strömen ① stream ② **strömender Regen** pouring rain

Stromerzeugung power generation [dʒenᵊ'reɪʃᵊn]

Stromkabel power cable **Stromkreis** circuit ['sɜːkɪt]

Stromnetz power supply system **Stromquelle** source [sɔːs] of power **Stromrechnung** electricity [ˌelɪk'trɪseti] bill

Stromstärke strength of the electric [ɪ'lektrɪk] current **Stromstoß** electric shock

Strömung ① (*in Wasser, Luft*) current ② (*Tendenz, Richtung*) trend

Stromverbrauch power consumption [kən'sʌmʃᵊn] **Stromversorgung** power supply **Stromzähler** electricity [ˌelɪk'trɪseti] meter

Strophe ① (*in Lied*) verse [vɜːs] ② (*in Gedicht*) stanza

strotzen abound (**vor** with); **vor Gesundheit/Kraft strotzen** be bursting with health/strength; **vor Fehlern nur so strotzen** be peppered with [*oder* teeming with] mistakes

strubbelig *Fell, Haar:* tousled ['taʊzld]

Strudel ① (*Wasser*) whirlpool ② (*übertragen*) whirl ③ (*Gebäck*) strudel

Struktur ① structure ['strʌktʃəʳ] ② *von Gewebe:* texture ['tekstʃəʳ]

Strumpf ① (*Herrenstrumpf*) sock ② (*Damenstrumpf*) stocking **Strumpfhalter** suspender [sə'spendəʳ] (GB), garter (USA) **Strumpfhose** tights [taɪts] ⚠ *plural* (GB), pantyhose (USA); **eine Strumpfhose** a pair of tights (GB), a pantyhose (USA) **Strumpfwaren** hosiery ['həʊziəri] ⚠ *singular*

struppig ① *Bart, Haare:* unkempt ② *Tier:* shaggy

Stube living room; (*gute Stube*) parlour ['pɑːləʳ] **Stubenhocker(in)** stay-at-home **stubenrein** *Hund:* house-trained (GB), house-broken (USA)

Stuck stucco

Stück ① piece [piːs]; **ein Stück Brot** a piece of bread; **zwei Stück Kuchen** two pieces of cake; **ich möchte drei Stück von diesen/davon** I'll take three of these; **ein Stück Seife** a bar of soap; **Stück für Stück** piece by piece ② (*Streckenabschnitt*) part; **er kam ein Stück mit** he came along part of the way; **jemanden ein Stück im Wagen mitnehmen** give someone a lift; **ein Stück**

S

spazieren gehen go for a walk ③ (*Bruchstück*) fragment; **in Stücke gehen** break into pieces; **in Stücke schlagen** smash to pieces ④ (*Theaterstück*) play ⑤ (*musikalisch*) piece ⑥ **2 Euro das Stück** 2 euros each ⑦ **ein schönes Stück Geld** a pretty penny; **ein ganzes Stück größer** quite a bit taller ⑧ **ein freches Stück sein** be a cheeky devil; **du mieses Stück!** (*für Mann*) you rotten bastard!; (*für Frau*) you bitch! **Stückchen** ① little piece [*oder* bit] ② (*des Weges*) part of the way

Stückpreis price for one **Stückzahl** number of pieces ⚠ *plural*

Student(in) student **Studentenausweis** student card **Studentenfutter** nuts and raisins *plural* **Studenten(wohn)heim** halls *plural* of residence (GB), dormitory ['dɔːmɪtᵊri] (USA) **studentisch** student *vor dem Substantiv*

Studie ① (*Abhandlung*) essay (**über** on) ② (*Untersuchung*) report (**über, zu** on)

Studienanfänger(in) first year student **Studienbeihilfe** educational grant **Studiendirektor** deputy head, vice principal **Studienfach** subject ['sʌbdʒekt] **Studienfahrt** (*in Schule*) educational trip **Studiengebühr** tuition [tjuˈɪʃᵊn] fee **Studienplatz** place at university **Studienrat, -rätin** teacher at a secondary school **Studienreise** study trip

studieren study; **Medizin studieren** study medicine; **sie studiert noch** she's still a student

Studio studio ['stjuːdiəʊ]

Studium study ['stʌdi]; **ein Studium aufnehmen** begin one's studies ⚠ *plural;* **sein Studium abschließen** finish one's studies *plural* [*oder* degree *singular*]; **was macht dein Studium?** how are you getting on at university?, how are your studies coming along?

Stufe ① (*Treppenstufe*) step; **Vorsicht Stufe!** Mind the step! ② (*Stadium*) stage ③ (*Rang*) grade ▸ IN WENDUNGEN: **sich mit jemandem auf eine Stufe stellen** place oneself on a level with someone **Stufenbarren** asymmetric [ˌeɪsɪˈmetrɪk] bars ⚠ *plural* **stufenlos** **stufenlos verstellbar** fully adjustable [əˈdʒʌstəbl] **Stufenschnitt** (*Haarschnitt*) layered ['leɪəd] cut **stufenweise** step by step

Stuhl[1] der (*Stuhlgang*) stool

Stuhl[2] der ① chair ['tʃeəʳ]; **ist der Stuhl noch frei?** is this chair taken? ② **der Heilige Stuhl** the Holy See ③ **der elektrische Stuhl** the electric chair; **jemanden auf dem elektrischen Stuhl hinrichten** electrocute somebody (USA) ▸ IN WENDUNGEN: **das haut dich glatt vom Stuhl!** it knocks you sideways!

Stuhlbein chair leg

Stuhllehne back of a chair

Stulle sandwich ['sænwɪdʒ], sarnie *umgangsspr*

stülpen **etwas über etwas stülpen** put something over something; **nach außen stülpen** turn inside out

stumm ① (*sprechunfähig*) dumb [dʌm] ② (*schweigend*) silent ['saɪlənt]; **stumm dasitzen** sit in silence

Stummel stub

Stummfilm silent movie ['muːvi]

Stümper(in) botcher, bungler **stümperhaft** bungled; **stümperhafte Arbeit** a botched job

Stumpf stump

stumpf ① *Bleistift, Messer:* blunt ② *Winkel:* obtuse [əbˈtjuːs] ③ (*geistig abgestumpft*) dull

Stumpfsinn **so ein Stumpfsinn!** how tedious ['tiːdiəs]

stumpfsinnig ① (*geistig*) mindless ② (*elend langweilig*) tedious ['tiːdiəs]

Stunde ① hour [aʊəʳ]; **eine halbe Stunde** half an hour; **eine dreiviertel Stunde** three quarters ⚠ *plural* of an hour; **jede volle Stunde** every hour on the hour; **er kriegt 30 Euro die Stunde** he is paid 30 euros an hour ② (*Unterrichtsstunde*) lesson; **in der ersten Stunde habe ich Mathe** my first lesson is maths ⚠ *singular* ▸ IN WENDUNGEN: **die Stunde der Wahrheit** the moment of truth

stunden **jemandem etwas/eine Schuld stunden** give someone time to pay something/his/her debt

Stundenkilometer kilometers per hour **stundenlang** lasting for hours; **er telefoniert stundenlang** he's on the phone for hours **Stundenlohn** hourly wage **Stundenplan** timetable (GB), schedule ['ʃedjuːl] (USA); **ein voller Stundenplan** a heavy timetable; **wie sieht dein Stundenplan aus?** what's your timetable like? **stundenweise** ① *ein paar Stunden lang:* for a few hours at a time ② (*pro Stunde*) **stundenweise bezahlt werden**

be paid by the hour ❸ **stundenweise Beschäftigung** casual ['kæʒjuəl] job **Stundenzeiger** hour hand

stündlich ❶ *Bus, Zug:* hourly ['aʊəli] ❷ **stündlich fahren** run every hour

Stunk **Stunk machen** kick up a row; **es gab Stunk** all hell broke loose

stupide (*geistlos*) mindless

stupsen nudge **Stupsnase** snub nose

stur ❶ (*eigensinnig*) stubborn; **ein sturer Bock sein** be pig-headed ❷ (*unnachgiebig*) obdurate ['ɒbdjᵊrət] **Sturheit** ❶ (*Eigensinn*) stubborness ❷ (*Unnachgiebigkeit*) obdurateness ['ɒbdjᵊrətnəs]

Sturm ❶ (*Unwetter*) storm; **die Ruhe vor dem Sturm** (*auch übertragen*) the calm before the storm *auch übertragen* ❷ (*Angriff*) assault [ə'sɔːlt] ❸ (*beim Fußball*) forward line ▸ IN WENDUNGEN: **Sturm läuten** keep one's finger on the doorbell **Sturmangriff** assault (**auf** on)

stürmen ❶ *Wind:* blow; *Orkan:* rage; **es stürmt!** it's blowing a gale! ❷ (*eilen*) storm ❸ invade *Geschäft, Museum* ❹ storm *Bühne, Feindesstellung, Feld*

Stürmer(in) forward

Sturmflut storm tide

sturmfrei **sturmfreie Bude haben** have got the place to oneself

stürmisch ❶ *Überfahrt, Wetter:* stormy; **stürmische See** rough [rʌf] sea ❷ (*ungestüm*) impetuous [ɪm'petʃuəs]; *Liebhaber:* ardent, passionate ['pæʃᵊnət]; **nicht so stürmisch!** take it easy! ❸ (*unausgeglichen*) *Beziehung, Ehe:* turbulent ['tɜːbjələnt]

Sturmschaden storm damage

Sturmvogel petrel ['petrᵊl] **Sturmwarnung** gale warning

Sturz ❶ (*Hinfallen*) fall ❷ *einer Regierung:* overthrow; *eines Politikers:* downfall ❸ *einer Währung:* collapse [kə'læps]

stürzen ❶ (*kippen*) turn upside down ❷ overthrow *Regierung* ❸ (*fallen*) fall [down], tumble; **sie ist gestürzt** she fell [*oder* had a fall]; **ins Meer stürzen** *Auto, Flugzeug:* crash into the sea ❹ (*rennen*) **er kam ins Zimmer gestürzt** he came bursting into the room ❺ *Regierung:* fall ❻ **sich auf jemanden stürzen** rush upon someone ❼ **sich auf die Arbeit stürzen** throw oneself into work; **sich auf die Zeitung stürzen** grab the newspaper; **sich in Schulden stürzen** plunge into debt ⚠ *singular;* **sich ins Unglück stürzen** plunge into misery; **sich in Unkosten stürzen** go to great expense ⚠ *singular*

Sturzflug nose-dive **Sturzhelm** crash helmet

Stuss (*umgangsspr*) rubbish; **so ein Stuss!** what a load of rubbish!

Stute mare [meəʳ]

Stutz Ⓒⓗ (*steiles Wegstück*) steep slope

Stütze ❶ support; (*Pfeiler*) pillar ❷ (*Hilfe*) aid, help; **er ist mir eine große Stütze** he is my mainstay ❸ (*slang: Arbeitslosenunterstützung*) dole money; **von der Stütze leben** be on the dole

Stutzen connecting piece

stutzen[1] (*beschneiden*) trim; clip *Flügel, Hecke*

stutzen[2] ❶ (*zögern*) hesitate ['hezɪteɪt] ❷ (*stehen bleiben*) stop short ❸ (*zweimal hinschauen*) do a double take

stützen ❶ support; (*abstützen*) shore up ❷ (*finanziell*) back ❸ (*übertragen*) back up ❹ **sich stützen** lean (**auf** on) ❺ **sich stützen** *Verdacht etc.:* be based (**auf** on)

stutzig **jemanden stutzig machen** make someone suspicious [sə'spɪʃᵊs]; **stutzig werden** begin to wonder

Stützmauer supporting wall

Stützpunkt base

Styropor® polystyrene [ˌpɒlɪ'staɪriːn]

Subjekt subject ['sʌbdʒekt] **subjektiv** subjective [səb'dʒektɪv]

Subkultur subculture ['sʌbˌkʌltʃəʳ]

Substantiv noun

Substanz ❶ (*Stoff*) substance ['sʌbstəns] ❷ (*innerer Gehalt*) essence ❸ **seine ewige Kritik geht mir langsam an die Substanz** his constant criticism is beginning to get to me

subtrahieren subtract **Subtraktion** subtraction [səb'trækʃᵊn]

subtropisch subtropical

Subunternehmer(in) subcontractor

Subvention (*vom Staat*) subsidy ['sʌbsɪdi] **subventionieren** subsidize ['sʌbsɪdaɪz]; **staatlich subventioniert** state-subsidized

Suchaktion search [sɜːtʃ]; **eine Suchaktion durchführen** carry out a search

Suche search (**nach** for); **auf der Suche sein** be looking (**nach** for); **auf die Suche gehen nach …** go in search of …; **sich auf die Suche nach etwas machen** start looking for something; **vergebliche Suche** wild goose chase

suchen ❶ look; (*intensiver*) search (**nach** for) ❷ (*humorvoll*) **du wirst gesucht** you're wanted; **da kannst du lange suchen!** you'll never find it! ❸ **Streit suchen** be looking for trouble; **Abenteuer suchen** go out in search of adventure ❹ **sein Recht/seinen Vorteil suchen** seek redress/look out for oneself; **Schutz/Zuflucht suchen** seek shelter/refuge ❺ **was suchst du hier?** what are you doing here?; **du hast hier nichts zu suchen** you've got no business being here **Sucher** *von Kamera:* view finder **Suchlauf** (*bei Hi-fi-Geräten*) search **Suchmaschine** (*im Internet*) search engine

Sucht ❶ (*medizinisch*) addiction [ə'dɪkʃən] (**nach** to) ❷ (*übertragen*) obsession [əb'seʃən] (**nach** with); **es wird bei ihm zur Sucht** it is becoming an obsession with him **Suchtgefahr** danger of addiction

süchtig ❶ addicted (**nach** to), hooked *umgangsspr* (**nach** on) ❷ **etwas macht süchtig** something is addictive; **davon wirst du süchtig** that's addictive **Süchtige(r)** addict ['ædɪkt] **Suchtklinik** addiction clinik **Suchtkranke(r)** addict **Suchtmittel** addictive substance

Süd south [saʊθ]; **Köln Süd** South Cologne **Südafrika** South Africa **Südafrikaner(in)** South African **südafrikanisch** South African **Südamerika** South America **Südamerikaner(in)** South American **südamerikanisch** South American

Sudan Sudan [suː'dɑːn]

Süddeutsch South German **Süddeutsche(r)** South German **Süddeutschland** South Germany

Süden ❶ (*Himmelsrichtung*) south; **im Süden von** in the south of; **aus dem** [*oder* **von**] **Süden** from the south; **nach Süden** south; *von Verkehr:* southbound ❷ (*Landesteil*) South; **im Süden Deutschlands** in the South of Germany, in Southern Germany; **ich komme aus dem Süden** I'm from the South

Südengland the South of England **Südeuropa** Southern Europe **Südfrüchte** citrus ['sɪtrəs] and tropical fruit ⚠ *singular* **Südhalbkugel** southern hemisphere ['hemɪsfɪəʳ]; **auf der Südhalbkugel** in the southern hemisphere **Südkorea** South Korea **Südküste** south coast

südlich ❶ southern ['sʌðən] *vorangestellt;* **Wind aus südlicher Richtung** southerly wind; **in südlicher Richtung** southwards; *Verkehr:* southbound ❷ **südlich von …** to the south of …; **weiter südlich sein** be further south

südlichst der südlichste Punkt Großbritanniens Britain's southernmost point

Südost(en) south-east **südöstlich** south-east; **südöstlich von …** to the south-east of … **Südpol** South Pole **Südsee** South Pacific **Südstaaten** Southern States **Südtirol** South Tyrol **Südtiroler(in)** South Tyrolean **südwärts** southward[s] **Südwesten** south-west; **aus Südwesten** from the south-west **südwestlich** ❶ *Gegend:* southwestern ❷ *Wind:* south-west **Südwind** south wind

Suff im Suff wird er böse when he's had a few he turns nasty; **das hat sie im Suff getan** she was drunk when she did that

süffig light [laɪt] and sweet; **der Wein ist süffig** this wine is going down well

suhlen sich suhlen wallow

sühnen ein Verbrechen sühnen atone for a crime

Sultan sultan ['sʌltən]

Sultanine sultana [səl'tɑːnə] (GB), seedless raisin (USA)

Sülze brawn

Sümmchen ein hübsches Sümmchen a tidy little sum

Summe ❶ (*beim Rechnen*) sum ❷ (*Gesamtsumme*) total ❸ (*Betrag*) amount

summen ❶ hum; **vor sich hin summen** be humming away to oneself ❷ *Insekt, Motor:* buzz

summieren sich summieren auf … amount to …, come to …; **es summiert sich** it all adds up

Sumpf ❶ marsh; (*in den Tropen*) swamp [swɒmp] ❷ (*Ölsumpf im Motor*) sump **Sumpffieber** malaria [mə'leəriə] **Sumpfgebiet** marshland; (*in den Tropen*) swampland **sumpfig** marshy; (*in den Tropen*) swampy **Sumpfpflanze** marsh plant

Sünde ❶ sin; **eine Sünde begehen** sin ❷ (*übertragen*) **das ist noch lange keine Sünde!** that's no crime, by any means! **Sündenbock** scapegoat ['skeɪpgəʊt]; **jemanden zum Sündenbock machen** use somebody as a scapegoat, make somebody a scapegoat **Sünder(in)** sinner **sündhaft** 1 *Leben:* sinful 2 **sündhaft teuer** prohibitively [prəˈhɪbətɪvli] expensive **sündig** sinful **sündigen** 1 sin (**gegen** against) 2 (*humorvoll: essen*) indulge [ɪnˈdʌldʒ]

super great [greɪt], super **Super(benzin)** four-star petrol GB, premium [ˈpriːmiəm] USA **Superfrau** superwoman; **ich bin doch keine Superfrau!** I'm no superwoman! **Supergescheite(r)** know-all **Superlativ** superlative [suːˈpɜːlətɪv] **superleicht** dead easy **Supermacht** superpower **Supermann** superman [ˈsuːpəmæn]; **ich bin doch kein Supermann!** I'm no superman! **Supermarkt** supermarket; **im Supermarkt** at the supermarket

Suppe (*dünne Suppe*) soup [suːp]; (*dicke Suppe*) broth ▸ IN WENDUNGEN: **da hast du dir eine schöne Suppe eingebrockt** you've got yourself into a right pickle; **die Suppe auslöffeln müssen** have to face the music; **jemandem die Suppe versalzen** queer [ˈkwɪəʳ] someone's pitch **Suppenfleisch** meat for making soup **Suppengrün** herbs and vegetables ⚠ *plural* for making soup **Suppenhuhn** boiling fowl **Suppenschüssel** tureen [təˈriːn] **Suppenteller** soup plate

Surfbrett surfboard **surfen** surf **Surfer(in)** (*auch im Internet*) surfer

surren buzz

suspekt suspicious [səˈspɪʃəs], dodgy *umgangsspr;* **das ist mir suspekt** that seems suspicious to me; **sie ist mir suspekt** she seems a bit dodgy to me *umgangsspr*

suspendieren suspend

süß 1 (*im Geschmack*) sweet 2 (*goldig*) sweet, cute [kjuːt]; **süß aussehen** look sweet [*oder* cute] 3 **er ist ein Süßer** (*ist lieb*) he's a sweetie; (*isst gern Süßes*) he's got a sweet tooth **süßen** sweeten **Süßigkeiten** sweets GB, candy ⚠ *singular* USA **Süßkirsche** sweet cherry **süßlich** 1 (*im Geschmack*) sweetish 2 (*widerlich*) mawkish [ˈmɔːkɪʃ] 3 (*rührseelig*) maudlin [ˈmɔːdlɪn] GB, sugar-coated USA

süßsauer 1 *Gericht:* sweet-and-sour; **süßsaure Gurken** pickled gherkins [ˈgɜːkɪnz] 2 *Lächeln:* forced **Süßspeise** sweet GB, dessert [dɪˈzɜːt] USA **Süßstoff** sweetener **Süßwasser** freshwater

Swimmingpool [swimming] pool

Symbol symbol [ˈsɪmbəl] **symbolisch** symbolic [sɪmˈbɒlɪk] (**für** of) **symbolisieren** symbolize [ˈsɪmbəlaɪz]

Symmetrie symmetry [ˈsɪmətri]

symmetrisch symmetrical [sɪˈmetrɪkəl]

Sympathie 1 (*Zuneigung*) liking 2 (*Mitgefühl*) sympathy [ˈsɪmpəθi] **Sympathisant(in)** sympathizer [ˌsɪmpəˈθaɪzəʳ] **sympathisch** 1 *Lächeln:* pleasant [ˈplezənt], lovely [ˈlʌvli]; *Mensch:* nice 2 **er ist mir sympathisch** I think he's nice, I like him; **sie ist mir nicht sehr sympathisch** I don't really like her ⚠ *Im Englischen bedeutet ‚sympathetic' mitfühlsam!*

Symphonie symphony [ˈsɪmfəni]

Symptom symptom [ˈsɪmtəm]

Synagoge synagogue [ˈsɪnəgɒg]

synchronisieren 1 synchronize [ˈsɪŋkrənaɪz] *auch übertragen* 2 dub *Film;* **synchronisiert** dubbed **Synchronsprecher(in)** dubber **Synchronstimme(in)** dubbing voice

Synonym synonym [ˈsɪnənɪm] **synthetisch** synthetic [sɪnˈθetɪk]

Syphilis syphilis

Syrien Syria **Syrier(in)** Syrian **syrisch** Syrian

System 1 (*Anlage*) system [ˈsɪstəm] 2 (*Methode*) method; **das hat alles kein System!** there's no system to it! **systematisch** systematic **Systemkritiker(in)** (*politisch*) critic of the system

Szene 1 (*Bühne*) stage 2 (*auch übertragen: Auftritt*) scene [siːn]; **jemandem eine Szene machen** make a scene; **sich in Szene setzen** draw attention to oneself 3 (*umgangsspr*) scene; **sich in der Szene auskennen** know the scene **Szeneladen** trendy bar **Szenenwechsel** change of scene

Tt

Tabak tobacco [təˈbækəʊ] **Tabaksteuer** duty on tobacco **Tabakwaren** tobacco ⚠ *singular*

tabellarisch tabular [ˈtæbjələʳ]

Tabelle table; (*als Grafik*) chart **Tabellenform** **in Tabellenform** in tabular form

Tabellenführer league [liːg] leaders ⚠ *plural;* **Tabellenführer sein** be at the top of the league [table] **Tabellenletzter Tabellenletzter sein** be at the bottom of the league [table] **Tabellenplatz** place [*oder* position] in the league **Tabellenstand** league situation

Tabernakel tabernacle ['tæbəˌnækl]

Tablar (CH) shelf

Tablett tray

Tablette pill, tablet

tabu taboo; **das ist tabu** that is taboo **Tabuwort** taboo word

Tacho(meter) speedo[meter]

Tadel ❶ (*Vorwurf*) reproach [rɪ'prəʊtʃ] ❷ (*Kritik*) censure ['sensʃəʳ] ❸ (*Verweis*) reprimand ['reprɪmɑːnd] **tadellos** ❶ *Benehmen:* irreproachable [ˌɪrə'prəʊtʃəbl]; *Deutsch:* faultless ['fɔːltləs]; *Manieren:* impeccable [ɪm'pekəbl] ❷ (*vollkommen*) perfect; **was willst du denn, das ist doch tadellos** what are you on about, there's nothing wrong with it **tadeln** ❶ (*zurechtweisen*) rebuke, reprimand ❷ (*kritisieren*) criticize ['krɪtɪsaɪz] **tadelnd** *Blick:* reproachful [rɪ'prəʊtʃfəl]

Tafel ❶ (*Schultafel*) blackboard; **an die Tafel schreiben** write on the blackboard ❷ **eine Tafel Schokolade** a bar of chocolate ❸ (*Tabelle*) index, list ❹ (*festlicher Tisch*) [dinner-] table

Tafelrunde Round Table

Täfelung panelling, wainscoting ['weɪnskətɪŋ]

Tafelwasser table water

Taft taffeta ['tæfɪtə]

Tag ❶ day; **Tag für Tag** day after day; **auf den Tag [genau]** to the day; **in acht Tagen** a week today, in a week's time; **er kommt in 3 Tagen** he's coming in 3 days; **er muss jeden Tag kommen** he will arrive any day now; **welcher Tag ist heute?** what day is it today?; **zweimal am Tag** twice a day; **von dem Tag an** from that day on; **den ganzen Tag** all day; **irgendwann im Laufe des Tages** some time during the day; **am folgenden Tag** the next day; **eines Tages** one day; **eines schönen Tages** one fine day ❷ **Tags darauf** the next day; **Tags zuvor** the day before ❸ (*als Gruß*) **guten Tag!** (*morgens*) good morning!; (*nachmittags*) good afternoon!; (*beim Vorstellen*) how do you do?; **jemandem guten Tag sagen** say hello to somebody; **schönen Tag noch!** have a nice day! ❹ **heute ist nicht mein Tag** it's not my day today; **seinen guten/schlechten Tag haben** be in a good/bad mood ❺ (*Tageslicht*) daylight ['deɪlaɪt]; **es ist Tag** it is light; **es wird Tag** it is getting light; **bei Tage** in the daytime ❻ **zu Tage fördern** unearth [ʌn'ɜːθ]; **zu Tage kommen** [*oder* **treten**] come to light ❼ **Tag der offenen Tür** open day ❽ (*übertragen: Periode*) **sie hat ihre Tage** she has got her period; **wann kriegst du deine Tage?** when will you get your period? ▸ IN WENDUNGEN: **ein Unterschied wie Tag und Nacht** as different as chalk and cheese; **man soll den Tag nicht vor dem Abend loben** don't count your chickens before they're hatched; **zu Tage fördern** (*enthüllen*) bring to light

tagaus **tagaus, tagein** day in, day out

Tagebau open-cast mining **Tagebuch** diary ['daɪəri]; **Tagebuch führen** keep a diary **tagelang** [lasting] for days [on end] *nachgestellt;* **tagelanges Schuften** slogging for days on end *umgangsspr* **Tagelöhner(in)** day-labourer

tagen *Gericht, Parlament:* sit

Tagesablauf course [kɔːs] of the day **Tagesanbruch** **bei Tagesanbruch** at daybreak **Tagescreme** day cream **Tagesgeschehen** events of the day ⚠ *plural* **Tageskarte** ❶ (*für Bus, Straßenbahn*) day ticket ❷ (*Speisekarte*) menu of the day, today's menu **Tageskurs** current rate **Tageslicht** daylight ['deɪlaɪt]; **bei Tageslicht** in [the] daylight ▸ IN WENDUNGEN: **ans Tageslicht bringen/kommen** bring/come to light **Tagesmutter** child minder **Tagesordnung** agenda [ə'dʒendə]; **was steht heute auf der Tagesordnung?** what's today's agenda? **Tagesration** daily rations ['ræʃᵊnz] ⚠ *plural* **Tagesschau** [television] news ⚠ *singular;* **die Tagesschau kommt um 8 Uhr** the news is on at 8 o'clock **Tagesstätte** day-care centre **Tagestour** day trip **Tageszeit** time of day; **um diese Tageszeit** at this time of day; **zu jeder Tageszeit** at any hour **Tageszeitung** daily paper

täglich ❶ *Arbeit, Brot, Pflichten:* daily ❷ **etwas täglich tun** do something every day; **einmal/zweimal/dreimal täglich** once/

Unser Haus

Our House

1	Schornstein, Kamin	chimney
2	Dachfenster	skylight
3	Dach	roof
4	Dachboden	attic, loft (GB)
5	Kinderzimmer	childrens' bedroom
6	Badezimmer	bathroom
7	Toilette	toilet, bathroom (USA)
8	Schlafzimmer	bedroom
9	Arbeitszimmer	study
10	Garage	garage
11	Wohnzimmer	living room, lounge (GB)
12	Haustüre	front door
13	Türklingel	door bell
14	Briefkasten	letter box (GB), mailbox (USA)
15	Flur	hall, hallway
16	Abstellraum	storeroom
17	Treppe	stairs, staircase
18	Esszimmer	dining room
19	Küche	kitchen
20	Fenster	window
21	Terrasse	terrace, patio (USA)
22	Keller	cellar, basement (USA)

Am Bahnsteig

At the Platform

1	Gleisnummer	platform number
2	Gleisanzeige	destination board
3	Wagen	carriage (GB), car (USA)
4	Zugbegleiter	conductor
5	Überseekoffer	trunk
6	Rucksack	rucksack (GB), backpack (USA)
7	Aktentasche	briefcase
8	Kleidersack	suit bag
9	Kofferkuli	trolley (GB), baggage cart (USA)
10	Schultertasche	shoulder bag
11	Handtasche	(hand)bag (GB), purse (USA)
12	Kosmetikkoffer	vanity case
13	Koffer	suitcase
14	Rolle	wheel
15	Reisetasche	travel bag
16	Aktenkoffer	briefcase
17	Wochenendkoffer	weekend case
18	Flugtasche	flight bag

twice/three times a day
tagsüber during the day
tagtäglich (*jeden Tag*) every single day
Tagung ❶ conference ❷ *von Ausschuss, Gericht:* sitting
Taifun typhoon [taɪˈfuːn]
Taille waist [weɪst]
Takt ❶ (*Rhythmus*) time ❷ (*Takteinheit*) bar ❸ *von Auto:* stroke ❹ (*Taktgefühl*) tact; **sie hat überhaupt keinen Takt** she hasn't got an ounce of tact ▶ IN WENDUNGEN: **ein paar Takte mit jemandem reden** give somebody a piece of one's mind **Taktgefühl** [sense of] tact
taktieren manoeuvre [məˈnuːvəʳ] **Taktik** tactics ⚠ *plural;* **eine gute Taktik** good tactics ⚠ *plural* **Taktiker(in)** tactician [tækˈtɪʃᵊn] **taktisch** tactical; **taktisch vorgehen** use tactics *plural*
taktlos tactless **Taktlosigkeit** tactlessness; **so eine Taktlosigkeit!** what a tactless thing to say!
Taktstock baton
taktvoll tactful
Tal valley; (*poetisch*) vale
Talent gift, talent [ˈtælənt] (**zu** for); **großes** [*oder* **viel**] **Talent haben** be very talented; **ein echtes Talent sein** have real talent
Talfahrt ❶ (*beim Skifahren*) descent [dɪˈsent] ❷ *von Aktien, Währung:* decline [dɪˈklaɪn]
Talisman [lucky] charm
Talkshow chat show, talk show
Talsperre ❶ (*Staumauer*) river dam ❷ (*Speichersee*) storage reservoir [ˈrezəvwɑːʳ] **Talstation** *von Skilift:* station at the bottom end **talwärts** down into the valley
Tampon tampon [ˈtæmpɒn]
Tandem tandem [ˈtændəm]; **Tandem fahren** ride a tandem
Tandler(in) Ⓐ (*Trödler*) junk dealer
Tang seaweed
Tangente tangent [ˈtændʒᵊnt]
tangieren das tangiert mich nicht it's got nothing to do with me
Tango tango [ˈtæŋgəʊ]; **Tango tanzen** do [*oder* dance] the tango
Tank (*Behälter, auch Panzer*) tank [tæŋk] **Tankdeckel** filler cap
tanken ❶ tank [*oder* fill] up *Benzin;* **voll tanken** fill up with petrol; **wo kann man hier tanken?** where can I get petrol round here? ❷ **Sonne/frische Luft tanken** get some sunshine/fresh air ❸ (*slang: viel trinken*) **sie hat ganz schön getankt** she's really tanked up
Tanker tanker [ˈtæŋkəʳ] **Tankstelle** service [*oder* filling] [*oder* petrol] station ⒼⒷ, gas station ⓊⓈⒶ **Tankwart(in)** petrol pump attendant ⒼⒷ, gas station attendant ⓊⓈⒶ
Tanne fir [fɜːʳ], pine **Tannenbaum** ❶ fir tree, pine tree ❷ (*Weihnachtsbaum*) Christmas tree **Tannenzapfen** fir [*oder* pine] cone
Tansania Tanzania **Tansanier(in)** Tanzanian **tansanisch** Tanzanian
Tante aunt [ɑːnt], auntie [ɑːnti] *umgangsspr*
Tante-Emma-Laden corner shop
Tanz dance
tanzen dance; **Walzer tanzen** do a waltz [wɒlts]; **tanzen gehen** go dancing
Tänzer(in) dancer
Tanzfläche dance floor **Tanzkurs** dancing course **Tanzlokal** café with dancing **Tanzmusik** dance music **Tanzpartner(in)** [dancing] partner **Tanzschule** dancing school **Tanzstunde** dancing lesson **Tanzturnier** dancing contest
Tapete wallpaper [ˈwɔːlˌpeɪpəʳ] **Tapetenwechsel** change of scenery [ˈsiːnəri]
tapezieren paper
tapfer ❶ (*beherrscht*) brave; **etwas tapfer ertragen** put on a brave front ❷ (*mutig*) bold, courageous [kəˈreɪdʒəs] **Tapferkeit** (*Mut*) boldness, courage [ˈkʌrɪdʒ]
tappen (*tapsen*) go [*oder* come] falteringly ▶ IN WENDUNGEN: **im Dunkeln tappen** grope in the dark
Tarantel tarantula
Tarif ❶ (*Lohntarif*) rate ❷ (*Zolltarif*) tariff [ˈtærɪf] **tariflich** agreed **Tariflohn** standard wage **Tarifverhandlungen** salary [*oder* wage] negotiations [nɪˌgəʊʃiˈeɪʃᵊnz] **Tarifvertrag** wage agreement **Tarifzone** (*im öffentlichen Verkehr*) fare zone
tarnen ❶ camouflage [ˈkæməflɑːʒ] ❷ disguise [dɪsˈgaɪz] *Absichten*
Tarnung ❶ (*militärisch*) camouflage [ˈkæməflɑːʒ] ❷ *von Agenten:* disguise [dɪsˈgaɪz]
Tasche ❶ (*bei Kleidungsstücken*) pocket; [**sich**] **etwas in die Tasche stecken** pocket something, put something into one's pocket ❷ (*Beutel*) pouch [paʊtʃ] ❸ (*Handtasche*)

bag (GB), purse [pɜːs] (USA) ④ (*Aktentasche*) briefcase ⑤ (*übertragen*) **etwas aus eigener Tasche bezahlen** pay for something out of one's own pocket; **tief in die Tasche greifen** dig deep into one's pockets ▶ IN WENDUNGEN: **sich in die eigene Tasche lügen** kid oneself **Taschenbuch** paperback **Taschendieb** pickpocket **Taschengeld** pocket-money **Taschenkrebs** common crab **Taschenlampe** torch (GB), flashlight (USA) **Taschenmesser** pocket-knife (GB), jackknife (USA); (*kleines*) penknife **Taschenrechner** pocket calculator ['kælkjəleɪtər] **Taschenschirm** collapsible umbrella **Taschenspiegel** pocket mirror **Taschentuch** handkerchief ['hæŋkətʃiːf] **Taschenuhr** pocket watch **Taschenwörterbuch** pocket dictionary ['dɪkʃənəri]

Tasse cup; **eine Tasse Tee** a cup of tea ▶ IN WENDUNGEN: **sie hat nicht alle Tassen im Schrank** (*umgangsspr*) she's not quite the full shilling

Tastatur keyboard ['kiːbɔːd]

Taste ① *von Klavier, Computer:* key; **eine Taste drücken** press a key ② *von Telefon, Radio:* button

tasten ① feel; **nach etwas tasten** grope for something ② **sich tasten** feel one's way

Tastentelefon push-button telephone

Tastsinn sense of touch

Tat ① (*das Handeln*) action; **ein Mann der Tat** a man of action; **in die Tat umsetzen** put into action ② (*Heldentat, Untat*) act, deed ③ **gute Tat** good deed ④ (*Leistung*) feat ⑤ **auf frischer Tat ertappen** catch in the act ⑥ **in der Tat** indeed **tatenlos ich konnte nur tatenlos zusehen** I could only stand and watch

Täter(in) perpetrator ['pɜːpɪtreɪtər]; **unbekannte Täter** persons unknown

tätig ① active; **in einer Sache tätig werden** take action in a matter ② **als Journalist tätig sein** work as a journalist; **sie ist an der Börse tätig** she's in stockbroking **Tätigkeit** ① (*Aktivität*) activity; (*Beschäftigung*) occupation ② (*Arbeit*) work; (*Beruf*) job

Tatkraft drive, energy ['enədʒi], vigour ['vɪgər] **tatkräftig** energetic [ˌenə'dʒetɪk]

Tatort scene [siːn] of the crime

tätowieren tattoo; **sich tätowieren lassen** have oneself tattooed **Tätowierung** tattooing

Tatsache fact; **Tatsache ist, …** the fact is, …; **den Tatsachen ins Auge blicken** face the facts **Tatsachenbericht** documentary [ˌdɒkjə'mentəri] **tatsächlich** ① *Wert etc.:* actual, real ② (*in Wirklichkeit*) actually, really; **er ist es tatsächlich** it really is him; **tatsächlich?** really?

tätscheln pat; **jemandem die Wange tätscheln** pat somebody on the cheek

Tatze paw [pɔː]

Tau[1] das (*Seil*) rope

Tau[2] der (*Niederschlag*) dew [djuː]

taub ① (*ohne Gehör*) deaf [def]; **auf einem Ohr/dem rechten Ohr taub** deaf in one ear/the right ear ② **sich taub stellen** pretend not to hear ③ (*gefühllos*) numb [nʌm]; **meine Hände waren taub vor Kälte** my hands were numb with cold

Taube ① dove [dʌv], pigeon ['pɪdʒən] ② (*als Symbol*) dove

Taubheit ① (*Gehörlosigkeit*) deafness ['defnəs] ② (*Erstarrung von Körperteil*) numbness ['nʌmnəs]

taubstumm deaf and dumb **Taubstumme(r)** deaf-mute

tauchen ① dive (**nach** for) ② (*mit Tauchgerät*) scuba-dive (**nach** for) ③ **die Hand ins Wasser tauchen** dip one's hand into the water

Taucher(in) diver

Taucheranzug diving suit **Taucherausrüstung** diving equipment [ɪ'kwɪpmənt] **Taucherbrille** diving goggles ⚠ *plural* **Taucherflossen** fins **Taucherkrankheit** diver's paralysis [pə'ræləsɪs] **Tauchermaske** diving mask

Tauchsieder portable immersion [ɪ'mɜːʃən] heater

tauen melt, thaw [θɔː]; **es taut** it is thawing

Taufbecken font

Taufe ① (*das Sakrament*) baptism ② (*Vorgang*) christening **taufen** ① baptize *Gläubigen;* **sich taufen lassen** be baptized ② (*nennen*) christen *Kind, Schiff, Hund;* **jemanden/ein Schiff auf den Namen … taufen** christen somebody/a ship …

Taufpate godfather; **meine Taufpaten** my godparents

Taufpatin godmother

taugen ① (*wert sein*) be good; **taugt es was?** is it any good?; **es taugt nichts** it's no good; **zu etwas taugen** be fit for something;

er taugt nichts he is no good ② (*geeignet sein*) be suitable (**zu, für** for); **sie taugt zu nichts** she's useless

Taugenichts good-for-nothing

tauglich ① (*geeignet*) suitable ['suːtəbl] (**zu, für** for) ② (*für's Militär*) fit [for service]

Taumel ① (*Schwindel*) giddiness ['gɪdinəs] ② (*übertragen: Rausch*) frenzy; **im Taumel der Gefühle** in the whirl of emotions **taumeln** stagger

Tausch ① exchange [ɪks'tʃeɪndʒ], swop [swɒp] *umgangsspr;* **im Tausch gegen ...** in exchange for ...; **einen guten Tausch machen** get a good deal ② (*Tauschhandel*) barter

tauschen ① (*umtauschen*) exchange [ɪks'tʃeɪndʒ] (**gegen** for) ② barter *Güter* ③ exchange *Blicke, Worte* ④ **mit jemandem tauschen** do a swop with somebody; **mit dir möchte ich nicht tauschen** I wouldn't want [*oder* like] to be in your shoes *plural*

täuschen ① (*hintergehen*) deceive [dɪ'siːv]; **so leicht können Sie mich nicht täuschen!** you won't fool me so easily! ② (*irreführend sein*) be deceptive [dɪ'septɪv]; **es täuscht** it's deceptive; **sich täuschen lassen** let oneself be deceived [*oder* fooled] ③ **sich täuschen** be wrong [rɒŋ], be mistaken (**über** about); **da täuschst du dich [aber gewaltig]** you're [very] wrong there; **wenn mich nicht alles täuscht** if I'm not [very much] mistaken ④ **sich in jemandem täuschen** (*positiv*) be wrong [*oder* mistaken] about somebody; (*negativ*) be disappointed in somebody; **wir haben uns in ihr sehr getäuscht** she was a great disappointment to us **täuschend** ① *Ähnlichkeit:* striking ② **jemandem täuschend ähnlich sehen** bear a striking resemblance to somebody, look just like somebody

Täuschung ① (*das Täuschen*) deception [dɪ'sepʃᵊn] ② (*Irrtum*) mistake

tausend a [*oder* one] thousand; **viele Tausende** thousands of; **tausend Dank** thanks a million

> **! Vorsicht Falle** Nach Zahlen verwendet man **thousand** ohne ein s am Ende: *five thousand inhabitants.*

Tausendfüß(l)er millipede ['mɪlɪpiːd]

tausendmal a thousand times *plural* **Tausendstel** thousandth; **eine Tausendstel Sekunde** one thousandth of a second

Tauwetter thaw [θɔː]; **es herrscht Tauwetter** it's thawing

Tauziehen tug-of-war *auch übertragen*

Taxcard (CH) phonecard

Taxi cab, taxi[cab] ['tæksi]; **mit dem Taxi fahren** go by taxi

Taxifahrer(in) taxi driver, cab driver **Taxistand** taxi rank

Team team; **im Team arbeiten** work as part of a team, work in a team **Teamarbeit** teamwork

Technik ① (*Technologie*) technology [tek'nɒlədʒi] ② (*Funktionsweise eines Geräts*) mechanics [mɪ'kænɪks] ⚠ *plural* ③ (*auch als Fach: Ingenieurwissenschaft*) engineering [ˌendʒɪ'nɪərɪŋ] ④ (*Verfahren, auch in Kunst oder im Sport*) technique [tek'niːk] ⑤ **verstehst du etwas von Technik?** are you any good at [*oder* do you know anything about] technical matters? *plural;* **ich verstehe nichts von Technik** I am hopeless when it comes to technical matters **Techniker(in)** ① [technical] engineer [ˌendʒɪ'nɪəʳ] ② (*im Sport*) technician [tek'nɪʃᵊn]

technisch ① (*technologisch*) technological [ˌteknə'lɒdʒɪkᵊl]; **technische Hochschule** institute of technology ② (*die Ausführung betreffend*) technical; **technische Daten** specifications ③ **er ist technisch begabt** he is technically minded; **technischer Zeichner/technische Zeichnerin** engineering draughtsman ['drɑːftsmən]/draughtswoman, engineering draughtsperson **Technischer Überwachungsverein** →**TÜV** Technical Control Board

Technologie technology [tek'nɒlədʒi]

Tee tea; **eine Tasse Tee** a cup of tea **Teebeutel** tea bag **Tee-Ei** infuser (GB), tea ball (USA) **Teefilter** tea filter **Teekanne** teapot **Teelöffel** teaspoon; **zwei Teelöffel Milch** two teaspoons of milk

Teeny teeny bopper

Teepause teabreak

Teer tar

Teeservice tea-set **Teesieb** tea-strainer

Teich pond

Teig ① (*Brot- oder Nudelteig*) dough [dəʊ] ② (*Blätter- oder Mürbteig*) pastry ['peɪstri] **teigig** doughy ['dəʊi] **Teigwaren** pasta ['pæstə] ⚠ *singular*

Teil ❶ (*Bruchteil, Teil von etwas*) part; **in zwei Teile zerschneiden** cut in two ❷ (*Anteil*) share ❸ **ein Teil der Leute** some of the people ❹ **5 Teile Sand auf einen Teil Zement** 5 parts of sand to 1 of cement ❺ **zum Teil** partly; **zum größten Teil** for the most part; **zum Teil war es recht gut** there were some quite good bits ⚠ *plural;* **ich war zum Teil selbst schuld** it was partly my fault ❻ **ich für meinen Teil** I, for my part; **sich seinen Teil denken** draw one's own conclusions ⚠ *plural* **Teilabschnitt** section, segment **teilbar** divisible [dɪ'vɪzəbl] (**durch** by)

Teilchen (*auch in Physik*) particle ['pɑːtɪkl]

teilen ❶ (*in Teile zerlegen*) divide [dɪ'vaɪd] (**in** into, **unter** among) ❷ **10 durch 5 teilen** divide 10 by 5 ❸ (*aufteilen*) share [ʃeəʳ] (**unter** amongst, **mit** with); **du teilst wohl nicht gern?** you don't like sharing, do you? ❹ (*teilhaben*) share *Erfahrung, Freude* ❺ **sich teilen** *Fluß, Straße:* fork; *Vorhang:* part ❻ **sich [in Gruppen] teilen** split up [into groups] ❼ **die Meinungen teilen sich [in diesem Punkt]** opinions are divided [*oder* differ] [on this point]; **geteilter Meinung sein** be of different opinions ⚠ *plural*

Teilerfolg partial ['pɑːʃəl] success

Teilhaber(in) (*Gesellschafter*) partner; **stiller Teilhaber** sleeping partner (GB), silent partner (USA)

Teilnahme ❶ (*Beteiligung*) participation [pɑːˌtɪsɪ'peɪʃən] (**an** in) ❷ (*Anwesenheit*) attendance (**an** at) ❸ (*Mitgefühl*) sympathy ['sɪmpəθi] **teilnahmslos** (*gleichgültig*) apathetic, indifferent (**gegenüber** towards) **teilnahmsvoll** sympathetic (**gegenüber** towards)

teilnehmen ❶ (*sich beteiligen*) participate [pɑː'tɪsɪpeɪt], take part (**an** in) ❷ **an einem Lehrgang teilnehmen** do a course; **an einem Wettbewerb teilnehmen** take part in a competition, enter a competition ❸ (*anwesend sein*) attend; **am Unterricht teilnehmen** attend class[es] ❹ (*sich interessieren*) take an interest (**für** in) **Teilnehmer(in)** ❶ (*Beteiligte(r)*) participant [pɑː'tɪsɪpənt] ❷ (*im Sport*) competitor

teils partly; **wie geht's dir? — teils, teils** how are you? — so-so

Teilung division [dɪ'vɪʒən]

teilweise ❶ partly; (*manchmal*) sometimes; **der Roman ist teilweise sehr schlecht** the novel is very bad in parts *plural* ❷ *Besserung etc.:* partial ['pɑːʃəl]

Teilzahlung ❶ (*Teilzahlungskauf*) hire-purchase ❷ (*Rate*) instal[l]ment; **auf Teilzahlung kaufen** buy on hire-purchase

Teilzeitarbeit part-time employment **Teilzeitkraft** part-time worker

Teint complexion [kəm'plekʃən]

Telebanking (*im Internet*) homebanking

Telefon [tele]phone; **ans Telefon gehen** answer the phone; **am Telefon sein** be on the phone **Telefonanruf** phone call

Telefonat telephone call

Telefonauskunft directory enquiries [dɪˌrektəriɪn'kwaɪəriz] ⚠ *plural* (GB), directory information (USA) **Telefonbuch** [tele]phone book **Telefongespräch** ❶ (*Anruf*) [telephone] call; **ein Telefongespräch führen** make a call ❷ (*Unterhaltung am Telefon*) telephone conversation

telefonieren make a telephone call; **sie telefoniert den ganzen Tag** she's on the phone all day long; **mit jemandem telefonieren** speak to someone on the phone; **er telefoniert gerade mit Edgar** he's on the phone to Edgar; **telefonieren gehen** make a phone call

telefonisch **telefonisch anfragen** inquire [ɪn'kwaɪəʳ] by telephone; **er ist telefonisch erreichbar** he can be contacted by phone

Telefonist(in) (*in Firma*) switchboard operator

Telefonkarte phonecard **Telefonleitung** telephone line **Telefonnummer** [tele]phone number; **eine Telefonnummer wählen** dial a number **Telefonrechnung** [tele]phone bill **Telefonseelsorge** crisis line, Samaritans *plural* **Telefonzelle** [tele]phone box (GB), [tele]phone booth (USA) **Telefonzentrale** switchboard; **über die Telefonzentrale** through the switchboard

telegrafieren telegraph, wire [waɪəʳ], cable

Telegramm telegram ['telɪgræm] (GB), wire [waɪəʳ] (USA)

Telekommunikation telecommunications ⚠ *plural*

Teleobjektiv telephoto lens

Telepathie telepathy [tɪ'lepəθi]

Teleskop telescope ['telɪskəʊp]

Telex telex ['teləks]

Teller plate; **ein Teller/zwei Teller Suppe** a plate of/two plates of soup; **ein Teller/zwei Teller** [**voll**] **Lasagne** a plateful of/two platefuls of lasagne

Tempel temple

Temperament ① (*Wesensart*) temper, temperament ['tempᵊrəmənt]; **mein Temperament ist mit mir durchgegangen** I lost my temper [*oder* cool] *umgangsspr* ② (*Lebhaftigkeit*) vivacity [vɪ'væsəti]; **Temperament haben** (*anerkannend*) be very vivacious [vɪ'veɪʃᵊs] **temperamentvoll** lively, vivacious

Temperatur temperature ['temprətʃəʳ]; **jemandes Temperatur messen** take someone's temperature; **erhöhte Temperatur haben** have a temperature

Tempo ① speed ② **Tempo!** hurry up! **Tempolimit** speed limit

temporär temporary ['tempᵊrᵊri]

Temposünder(in) speeder

Tempo(taschentuch)® paper handkerchief

Tendenz ① (*in Wirtschaft*) trend ② (*Neigung*) tendency; **die Tendenz haben zu ...** tend to ..., have a tendency to ...

tendieren tend (**zu** towards)

Teneriffa Tenerife [ˌtenᵊr'iːf]

Tennis tennis

Tennishalle indoor tennis centre

Tennisplatz tennis court

Tennisschläger tennis racket

Tennisspiel game of tennis

Tenor tenor ['tenəʳ]

Teppich carpet; **etwas unter den Teppich kehren** sweep something under the carpet *auch übertragen* **Teppichboden** fitted carpet

Termin ① (*für Fertigstellung*) date, deadline ['dedlaɪn]; **einen Termin einhalten** meet a deadline ② (*Liefertag*) delivery [dɪ'lɪvᵊri] date ③ (*bei Arzt, Besprechung*) appointment ④ **schon einen anderen Termin haben** have a prior [praɪəʳ] engagement ⑤ (*bei Gericht*) hearing

Terminal terminal

Terminbörse futures ⚠ *plural* market **Terminkalender** [appointments] diary

Terminplan [time] schedule ['ʃedjuːl] **Terminplanung** time scheduling

Termite termite ['tɜːmaɪt], white ant

Terpentin turpentine

Terrain ① land, terrain [tə'reɪn] ② (*übertragen*) territory

Terrasse terrace ['terɪs]

Terrine tureen [tə'riːn]

Territorium territory

Terror ① terror ['terəʳ] ② (*slang*) **Terror machen** raise hell *umgangsspr;* **mach keinen Terror!** lay off the pressure, will you! *umgangsspr*

Terroranschlag terrorist attack

terrorisieren terrorize ['terᵊraɪz]

Terrorismus terrorism ['terᵊrɪzᵊm] **Terrorist(in)** terrorist ['terᵊrɪst] **terroristisch** terrorist; **terroristische Vereinigung** terrorist organization

Terzett trio ['triːəʊ]

Tesafilm® Sellotape® (GB), Scotch tape® (USA)

Test test

Testament ① (*Nachlass*) will; **sein Testament machen** make a will ② **Altes/Neues Testament** Old/New Testament ③ (*übertragen: Vermächtnis*) legacy

Testbild (*im Fernseher*) test card

testen test (**auf** for)

Testergebis test results ⚠ *plural*

Tetanusschutzimpfung tetanus vaccination

teuer ① (*kostspielig*) expensive; **wie teuer ist es?** how much is it?; **das Heizöl ist schon wieder teurer geworden!** fuel oil has gone up again! ② (*lieb*) dear ▶ IN WENDUNGEN: **das wird ihn teuer zu stehen kommen** that will cost him dear; **da ist guter Rat teuer** it's hard to know what to do

Teufel ① devil; **der Teufel** the Devil, Satan ② (*zur negativen Verstärkung*) **wer/wo/was zum Teufel ...?** who/where/what the devil ...?; **weiß der Teufel!** God knows!; **pfui Teufel!** how disgusting! ③ (*beschimpfend*) **jemanden zum Teufel wünschen** wish someone in hell; **den Teufel werd ich tun!** I'll be damned if I will! ▶ IN WENDUNGEN: **in Teufels Küche kommen** get into a hell of a mess; **wenn man vom Teufel spricht** talk of the devil; **etwas auf Teufel komm raus tun** be doing something like mad [*oder* crazy] **Teufelskreis** vicious ['vɪʃᵊs] circle

teuflisch ① *Plan etc.:* devilish, diabolical [ˌdaɪə'bɒlɪkᵊl], fiendish ['fiːndɪʃ] ② (*umgangsspr: sehr*) **es tut teuflisch weh** it hurts like hell

Text ① *von Buch etc.:* text ② *von Lied:* words ⚠ *plural; von Schlager:* lyrics ['lɪrɪks] ⚠ *plural* ③ (*unter Bild*) caption **Texter(in)** ① ad writer, copywriter ['kɒpiˌraɪtəʳ] ② (*für Lieder*) lyricist ['lɪrɪsɪst] **Textilgeschäft** clothes shop

Textilien textiles ['tekstaɪlz]

Textstelle passage **Textverarbeitungsprogramm** word processing program, word processor **Textverarbeitungssystem** word processing system

Theater ① theatre ['θɪətəʳ] GB, theater USA; **im Theater** at the theatre; **ins Theater gehen** go to the theatre; **ich bin beim Theater** I work for the theatre ② (*übertragen*) fuss; **Theater spielen** put on an act; **mach kein Theater!** don't make a fuss!; **es ist immer das gleiche Theater!** it's always the same old story **Theateraufführung** performance [pəˈfɔːməns] **Theaterbesuch** visit to the theatre **Theaterbesucher(in)** theatregoer ['θɪətəˈgəʊəʳ] **Theaterkasse** box-office GB, ticket-office, window USA **Theaterprobe** rehearsal [rɪ'hɜːsəl] **Theaterstück** [stage] play

theatralisch theatrical [θiːˈætrɪkəl]

Theke ① (*im Lokal*) bar ② (*im Laden*) counter

Thema ① *eines Gesprächs:* subject, topic; **Thema Nummer eins** the number one topic; **kommen wir zum Thema!** let's get to the point!; **kein Thema sein** be no subject for discussion; **das Thema wechseln** change the subject; **zum Thema werden** become an issue ② (*Leitgedanke*) theme ③ (*in Schule*) **das Thema verfehlen** not answer the question

Themse Thames [temz]

Theologe, Theologin theologian [ˌθiːəˈləʊdʒən] **Theologie** theology [θiˈɒlədʒi] **theologisch** theological

theoretisch ① theoretical [θɪəˈretɪkəl] ② **theoretisch stimmt das** that's right in theory

Theorie theory ['θɪəri]; **in der Theorie** in theory

Therapeut(in) therapist

Therapie therapy **therapieren** give therapy to, treat

Thermalbad thermal bath ['θɜːməl] **Thermalquelle** thermal spring [ˌθɜːməl'sprɪŋ]

thermisch thermal ['θɜːməl]

Thermometer thermometer [θəˈmɒmɪtəʳ] **Thermometerstand** thermometer reading

Thermosflasche thermos ['θɜːməs] [*oder* vacuum] flask

Thermostat thermostat ['θɜːməstæt]

These thesis ['θiːsɪs]

Thon CH tuna ['tjuːnə]

Thrombose thrombosis [θrɒm'bəʊsɪs]

Thron throne; **den Thron besteigen** ascend to the throne

thronen ① (*auf dem Thron sitzen*) sit enthroned ② (*übertragen*) sit in state

Thronfolge line of succession **Thronfolger(in)** heir [eəʳ] to the throne

Thunfisch tuna[fish]

Thüringen Thuringia **Thüringer(in)** Thuringian **thüringisch** Thuringian

Thymian thyme [taɪm]

Tibet Tibet

Tick ① (*Angewohnheit*) tic ② (*Schrulle*) quirk [kwɜːk]; **der Kerl hat doch einen Tick!** that fellow's just crazy!

ticken *Uhr:* tick ▶ IN WENDUNGEN: **du tickst wohl nicht richtig!** you're off your rocker [*oder* head]! [hed]

Tie-Break (*im Tennis*) tiebreak[er]

Tief ① (*Wettertief*) depression [dɪ'preʃən] ② (*Stimmungstief*) low; **ich bin in einem echten Tief** I've hit a real low, I'm feeling quite low right now; **er hat gerade ein Tief** he's feeling quite low right now

tief ① deep; **der Teich war 3 Meter tief** the pond was 3 metres deep; **ein Stock tiefer** one floor down ② (*tiefgründig*) profound [prəˈfaʊnd]; **tief schürfend** profound ③ (*niedrig*) low; **die tief stehende Sonne** the sun low down on the horizon ④ (*dunkel*) deep ⑤ *Schlaf:* deep, sound ⑥ **im tiefsten Winter** in the depths *plural* of winter ⑦ **tief [durch]atmen** draw a deep breath ⑧ (*sehr*) **tief betrübt** deeply distressed; **tief bewegt** deeply moved; **tief greifend** far reaching; **tief in Gedanken** deep in thought ⚠ *singular* ▶ IN WENDUNGEN: **bis tief in die Nacht** until the small hours ⚠ *plural;* **tief im Innern** in one's heart of hearts *plural;* **tief in jemandes Schuld stehen** be deeply indebted to someone; **das läßt tief blicken** this is very revealing

Tiefbau civil engineering [ˌendʒɪ'nɪərɪŋ] **tiefblau** deep blue **Tiefdruckgebiet** low-pressure area

Tiefe ① depth; **in hundert Meter Tiefe** at a depth of a hundred meters ② (*Tiefgründigkeit*) deepness, profundity [prəˈfʌndɪti]

Tiefebene lowlands ⚠ *plural,* plain

Tiefflieger low-flying aircraft **Tiefgang** (*übertragen*) depth **Tiefgarage** underground car park **tiefgekühlt** frozen [ˈfrəʊzᵊn] **tiefgründig** deep, profound **Tiefkühlfach** deep-freeze compartment **Tiefkühlkost** frozen food **Tiefkühltruhe** freezer **Tiefland** lowlands ⚠ *plural* **Tiefpunkt** low point; **ich bin auf einem Tiefpunkt** I've reached [*oder* hit] a low **tiefschwarz** jet-black **Tiefsee** deep sea **tiefsinnig** profound **Tiefstand** low *auch übertragen* **Tiefsttemperatur** minimum temperature

Tier ① animal; (*großes Tier*) beast ② (*brutale Person*) brute ▸ IN WENDUNGEN: **ein hohes Tier** a big shot **Tierart** animal species [ˈspiːʃiːz] **Tierarzt, -ärztin** veterinary surgeon [ˌvetᵊrɪnᵊriˈsɜːdʒən], veterinarian [ˌvetᵊrɪˈneəriən] (USA), vet (GB) *umgangsspr* **Tierheim** animal shelter

tierisch ① *Fett:* animal ② (*roh*) bestial [ˈbestiəl] ③ (*slang: unerträglich*) beastly; **es tut tierisch weh** it hurts like mad ④ (*slang: sehr, riesig*) **ich hab mich tierisch gelangweilt** I was bored out of my mind; **ich hab mich tierisch gefreut** I was dead pleased; **ich hatte tierisch Angst** I was dead scared ⑤ (*slang: super*) **tierisch!** brill[iant]!

Tierklinik animal hospital **Tierkreis** zodiac [ˈzəʊdiæk] **Tierkreiszeichen** sign of the zodiac **Tierkunde** zoology [zuˈɒlədʒi] **tierlieb(end)** fond of animals *plural nachgestellt* **Tiermedizin** veterinary science [ˌvetᵊrɪnᵊriˈsaɪəns] **Tiernahrung** pet food **Tierpark** zoo **Tierquälerei** cruelty [ˈkruːəlti] to animals *plural* **Tierschutz** protection of animals **Tierschützer(in)** animal conservationist **Tierschutzverein** Royal Society for the Prevention of Cruelty to Animals *plural,* RSPCA (GB)

Tierversuch animal experiment **Tierzucht** stockbreeding

Tiger(in) tiger [ˈtaɪgəʳ]/tigress **Tigerbaby(in)** baby tiger, tiger cub

tigern **durch die Gegend/Straßen tigern** mooch about the place/around town

tilgen pay off *Schulden*

Tilgung *von Schulden:* repayment [rɪˈpeɪmənt]

Timing timing

Tinktur tincture [ˈtɪŋktʃəʳ]

Tinte ink ▸ IN WENDUNGEN: **in der Tinte sitzen** be in the soup **Tintenfisch** cuttlefish, octopus, squid [skwɪd] **Tintenkiller** ink eraser pen **Tintenstrahldrucker** ink-jet [printer]

Tipp ① (*Rat*) tip ② (*Andeutung*) hint ③ (*an Polizei*) tip-off ④ (*im Lotto*) bet

Tippelbruder gentleman [ˈdjentlmən] of the road

tippeln ① (*kurze Schritte machen*) trip ② *Kind:* patter

tippen ① (*auf Schreibmaschine*) type [taɪp] ② (*leicht berühren*) tap, touch [tʌtʃ] lightly; **jemandem auf die Schulter tippen** tap someone on the shoulder ③ (*raten*) bet, guess; **auf jemanden/eine Mannschaft tippen** put one's money on somebody/a team ④ (*Tippzettel ausfüllen*) fill in the pools [*oder* lottery] coupon; **ich tippe im Lotto** I do the lottery

Tippfehler typing [ˈtaɪpɪŋ] error

tipptopp ① (*ausgezeichnet*) first-class ② **tipptopp sauber** spotless ③ **er hat tipptopp ausgeschaut** he was immaculately [ɪˈmækjələtli] dressed

Tirol the Tyrol **Tiroler(in)** Tyrolese, Tyrolean

Tisch table; **am Tisch** at the table; **sich zu Tisch setzen** sit down at table; **wer saß bei Ihnen am Tisch?** who was at your table?; **den Tisch decken** set [*oder* lay] the table; **bitte zu Tisch!** dinner/lunch is served! ▸ IN WENDUNGEN: **etwas unter den Tisch fallen lassen** drop something; **reinen Tisch machen** get things straight [streɪt] **Tischdecke** tablecloth **Tischgebet** grace; **das** [*oder* **ein**] **Tischgebet sprechen** say grace **Tischlampe** table lamp

Tischler(in) joiner; (*Möbeltischler*) cabinetmaker; (*Bautischler*) carpenter **Tischlerei** joiner's workshop

Tischnachbar(in) fellow diner **Tischplatte** tabletop **Tischrede** after-dinner speech **Tischtennis** table tennis **Tischtennisplatte** table-tennis table **Tischtennisschläger** table-tennis bat **Tischtuch** tablecloth

Titel title; **einen Titel führen** have a title **Titelbild** cover [ˈkʌvəʳ] picture **Titelmusik** theme music **Titelrolle** lead role **Titelsong**

title song, title track **Titelverteidiger(in)** title holder
Titten tits, boobs
tja hm, well
Toast[1] der (*Trinkspruch*) toast; **einen Toast auf jemanden ausbringen** propose a toast to someone
Toast[2] der (*Toastbrot*) toast; **Toast machen** make some toast **Toaster** toaster
Tobel Ⓐ, ⒸⒽ (*Schlucht*) ravine [rəviːn]
toben ① (*wüten*) rage ② *Kind:* rollick about
tobsüchtig raving mad
Tobsuchtsanfall maniacal [mə'naɪəkᵊl] fit; **einen Tobsuchtsanfall bekommen** throw a fit [*oder* tantrum]
Tochter daughter ['dɔːtəʳ] **Tochtergesellschaft** subsidiary [səb'sɪdiᵊri] company
Tod ① death [deθ]; [**bei einem Unfall**] **zu Tode kommen** die [in an accident]; **sich vor dem Tod fürchten** be afraid of death; **zum Tode verurteilen** sentence to death ② **zu Tode** to death *auch übertragen;* **sich zu Tode schämen** be utterly ashamed of oneself; **jemanden zu Tode erschrecken** scare the [living] daylights out of someone; **zu Tode erschrocken sein** be frightened to death, get the fright of a lifetime; **zu Tode betrübt** in the depths of despair ③ **sich den Tod holen** (*vor Kälte*) catch one's death of cold **todernst** ① **mit todernster Mine** looking dead serious ['sɪəriəs] ② **ich meine es todernst** I am dead serious
Todesangst ① mortal agony ② **Todesängste ausstehen** be scared to death, be frightened out of one's mind **Todesanzeige** obituary [ə'bɪtʃʊəri] **Todesfall** death [deθ] **Todesgefahr** mortal danger ['deɪndʒəʳ]; **sich in Todesgefahr begeben** put one's life at risk **Todeskampf** death throes [θrəʊz] ⚠ *plural* **Todeskandidat** (*Verurteilter*) condemned [kən'demd] man **Todesopfer** casualty ['kæʒjuəlti], death [deθ] **Todesstrafe** ① (*als Urteil*) death penalty ② **die Todesstrafe** [**abschaffen/wiedereinführen**] [abolish/reintroduce] capital punishment **Todestag** ① (*Sterbetag*) day of someone's death ② (*Jahrestag*) anniversary [ˌænɪ'vɜːsᵊri] of someone's death **Todesursache** cause [kɔːz] of death **Todesurteil** death sentence
todkrank dangerously ['deɪndʒᵊrəsli] ill **todlangweilig** dead boring
tödlich ① *Gefahr:* deadly ['dedli], mortal; *Dosis, Gift, Waffe:* lethal ['liːθᵊl]; *Unfall:* fatal ['feɪtᵊl] ② **tödlich verunglücken** be killed in an accident ③ (*übertragen: übel*) **es war tödlich!** it was the pits! *plural*
todmüde dead tired **Todsünde** mortal sin **todtraurig** miserably unhappy
Töff ⒸⒽ (*Motorrad*) motorbike, motorcycle
Toilette (*WC*) lavatory, toilet ['tɔɪlət], loo *umgangsspr;* **auf die Toilette gehen** go to the toilet; **auf der Toilette sein** be in the toilet **Toilettenpapier** toilet paper
Tokio Tokyo
tolerant tolerant ['tɒlərənt] (**gegen** of) **Toleranz** tolerance ['tɒlərəns] (**gegen** of)
tolerieren tolerate
toll ① (*super*) groovy, terrific ② (*verrückt*) crazy, mad ③ **das Tollste dabei ist …** the most incredible part about it is …
Tolle quiff [kwɪf]
Tollkirsche belladonna [ˌbelə'dɒnə], deadly ['dedli] nightshade
tollkühn recklessly daring ['deərɪŋ], daredevil (*vorgestellt*)
Tollpatsch clumsy creature ['kriːtʃəʳ] **tollpatschig** clumsy
Tollwut rabies ['reɪbiːz]
Tölpel fool
Tomate tomato [tə'mɑːtəʊ] ▶ IN WENDUNGEN: **rot wie eine Tomate** red as a beetroot

> **? Grammatik** **tomatoes** ist die Pluralform von **a tomato**: *I like tomatoes and potatoes.*

Tomatenketschup tomato ketchup **Tomatenmark** tomato puree
Tombola tombola
Tomographie, Tomografie tomography [tə'mɒgrəfi]
Ton[1] der (*Erdart*) clay
Ton[2] der ① (*Laut*) sound; **lass keinen Ton darüber verlauten!** don't say a word about it!; **sie hat keinen Ton herausgebracht** she couldn't say a word; **keinen Ton von sich geben** not utter a sound; **jemanden in den höchsten Tönen loben** praise somebody to the skies ② (*Umgangston*) tone; **das gehört zum guten Ton** that's how the best people do it; **der Ton macht die Musik** it's not what you say but the way you say it; **ich verbitte mir diesen Ton!** I won't

be spoken to like that!; **sich im Ton vergreifen** hit the wrong note ③ (*Farbton*) tone **tonangebend tonangebend sein** set the tone **Tonarm** *von Plattenspieler:* pick-up arm **Tonart** ① (*in Musik*) key [kiː] ② (*Tonfall*) tone ► IN WENDUNGEN: **eine andere Tonart anschlagen** change one's tune **Tonband** ① (*Magnetband*) tape ② (*Tonbandgerät*) tape recorder **Tonbandaufnahme** tape recording

tönen ① (*erklingen*) sound ② (*großspurig reden*) hold forth, sound off ③ tint *Haare;* **sich die Haare tönen** tint one's hair ⚠ *singular*

Tonfall ① tone of voice ② (*Intonation*) intonation [ˌɪntəˈneɪʃᵊn] **Tonfilm** sound film

Tongeschirr earthenware [ˈɜːðᵊnweəʳ]

Tonhöhe pitch **Tonlage** pitch [level] **Tonleiter** scale **tonlos** ① (*ohne einen Laut*) toneless ② *Stimme:* flat; **mit tonloser Stimme** in a flat voice

Tonne ① (*Behälter*) cask, barrel ② (*Mülleimer*) bin ③ (*dicker Mensch*) fatty **Tonstudio** recording [rɪˈkɔːdɪŋ] studio

Tonsur tonsure [ˈtɒnʃəʳ]

Tontechniker(in) sound technician [tekˈnɪʃᵊn] **Tonträger** sound carrier [ˈkæriəʳ]

Tönung ① (*das Tönen*) tinting; **sich eine Tönung ins Haar machen lassen** have one's hair tinted ② (*Farbton*) shade, tone **Tönungscreme** colouring [ˈkʌlᵊrɪŋ] cream

Topas topaz

Topf pot; (*Kochtopf*) saucepan [ˈsɔːspən] ► IN WENDUNGEN: **alles in einen Topf werfen** lump everything together

Topfen Ⓐ (*Quark*) curd cheese, quark [kwaːk]

Töpferei pottery **Töpferscheibe** potter's wheel **Töpferwaren** earthenware [ˈɜːðᵊnweəʳ] ⚠ *singular*

topfit topfit sein be in top form

Topflappen ovencloth [ˈʌvənklɒθ] **Topfpflanze** potted plant

Tor[1] der (*Narr*) fool

Tor[2] das ① gate *auch übertragen* ② (*Durchfahrt*) gateway ③ (*beim Fußball*) goal; **ein Tor erzielen** score a goal; **immer noch kein Tor** no score yet; **im Tor stehen** keep goal

Torbogen archway [ˈɑːtʃweɪ]

Torchance scoring chance

Torf peat; **Torf stechen** cut peat

Torhüter(in) goalkeeper, goalie *umgangsspr*

Torjäger striker

torkeln reel, stagger

Torlatte crossbar

Torlinie goal-line

torlos goalless; **torlos enden** end in a goalless draw

Törn cruise [kruːz]; **einen Törn machen** go on a cruise

Tornado tornado [tɔːˈneɪdəʊ]

torpedieren torpedo *auch übertragen* **Torpedo** torpedo [tɔːˈpiːdəʊ]

Torpfosten ① gatepost ② (*im Sport*) goalpost

Torraum goal area **Torschlusspanik** fear of being left on the shelf **Torschütze, -schützin** scorer

Torso torso [ˈtɔːsəʊ]

Torte ① (*Sahnetorte*) gâteau [ˈgætəʊ] ② (*Obsttorte*) flan

Torwart(in) goalkeeper

tosen ① *Meer:* roar ② *Sturm:* rage

tot ① *Mensch, auch Leitung etc.:* dead [ded]; **sie war sofort tot** she died instantly; **tot geboren** stillborn; **tot umfallen** drop dead *auch übertragen* ② **das Tote Meer** the Dead Sea

total (*völlig*) total [ˈtəʊtᵊl]; **ich war total überrascht** it came [to me] as a complete surprise; **total falsch** all wrong; **ich hab alles total falsch gemacht** I did it all wrong; **total betrunken** plastered; **total pleite** flat [*oder* stony] broke

totalitär totalitarian [teˌtælɪˈteəriən]

Totalschaden write-off [ˈraɪtɒf]; **Totalschaden haben** be a [complete] write-off

totärgern sich totärgern be livid (**über** at); **ich könnte mich totärgern!** (*über sich selber*) I could kick myself!

Tote(r) ① deceased [dɪˈsiːst], dead person; (*Leiche*) corpse ② (*bei Krieg, Unfall*) casualty [ˈkæʒjuəlti]; **es gab 50 Tote** fifty people were killed

töten ① (*umbringen*) kill ② deaden [ˈdedᵊn] *Nerv*

Totenfeier funeral [ˈfjuːnᵊrəl] ceremony **Totengräber** grave-digger **Totenkopf** ① skull ② (*zur Warnung*) skull and crossbones ⚠ *singular* **Totenschein** death certificate [səˈtɪfɪkət] **Totenstille** deathly [ˈdeθli] silence; **es herrschte Totenstille** there wasn't a sound

Tt

totfahren knock [nɒk] down and kill
totkriegen **er ist nicht totzukriegen** there's no stopping him
totlachen **ich lach mich tot** you're so funny; **ich hab mich fast totgelacht** I nearly killed [*oder* wet] myself laughing
Toto (*Fußballtoto*) football pools ⚠ *plural;* **Toto spielen** play the [football] pools ⚠ *plural;* **im Toto gewinnen** win the [football] pools ⚠ *plural*
totschießen **jemanden totschießen** shoot somebody dead **Totschlag** manslaughter ['mænˌslɔːtəʳ] (GB), homicide ['hɒmɪsaɪd] (USA) **totschlagen** kill *auch übertragen* **totschweigen** hush up
Tötung ① (*das Töten*) killing ② **fahrlässige Tötung** (*juristisch*) manslaughter ['mænˌslɔːtəʳ] through culpable negligence
Toupet toupée ['tuːpeɪ] **toupieren** backcomb
Tour ① (*Ausflug*) tour [tʊəʳ]; (*Fahrt*) trip ② **komm mir ja nicht auf die Tour!** don't you try that one on me!; **in einer Tour** non-stop ③ (*Motorenumdrehung*) revolution
Tourismus tourism ['tɔːrɪzᵊm] **Tourist(in)** tourist ['tɔːrɪst] **Touristenklasse** tourist class **Touristenvisum** tourist visa
Tournee tour [tʊəʳ]; **auf Tournee gehen/sein** go/be on tour
toxisch toxic
Trab (*Gangart*) trot; **im Trab** at a trot ▸ IN WENDUNGEN: **jemanden auf Trab bringen** get somebody moving, make somebody get a move on; **auf Trab sein** be on the move
Trabantenstadt satellite ['sætəlaɪt] town
traben trot
Tracht ① (*Kleidung*) dress, garb ② (*Schwesterntracht*) uniform ['juːnɪfɔːm] ▸ IN WENDUNGEN: **eine Tracht Prügel** a good hiding
trachten (*streben*) strive (**nach** for, after); **jemandem nach dem Leben trachten** seek to kill someone
trächtig pregnant
Tradition tradition [trə'dɪʃᵊn] **traditionell** traditional
Traffic (*Nachfrage des Online-Angebots*) traffic
Trafik (A) tobbaconist's [tə'bækənɪsts] shop
Trafikant(in) (A) tobbaconist [tə'bækənɪst]
Tragbahre stretcher **tragbar** ① *Gerät:* portable ② (*erträglich*) bearable ['beərəbl] (**für** to)
träge sluggish
tragen ① carry *Kind, Last, Rucksack;* **in der Hand tragen** carry in one's hand; **auf dem Rücken tragen** carry on one's back; **etwas bei sich tragen** carry something [with one]; **trägst du deinen Ausweis bei dir?** do you carry yoour identity card around with you? ② bear *Kosten, Namen, Schulden* ③ produce [prə'djuːs] *Ernte;* bear [beəʳ] *Früchte;* yield [jiːld] *Zinsen* ④ (*anhaben*) have on; wear [weəʳ] *Kleidung* ⑤ **die Haare kurz/lang tragen** wear one's hair short/long; **einen/keinen Bart tragen** have a/no beard ⑥ **die Verantwortung tragen** bear the responsibility ⑦ (*erdulden*) endure [ɪn'djʊəʳ] ⑧ (*stützen*) support ⑨ *Eis:* bear [beəʳ] ⑩ *Acker, Baum:* crop ⑪ **sich tragen** *Kleid, Stoff:* wear [weəʳ]; **Kaschmir trägt sich himmlisch gut** cashmere ['kæʃmɪəʳ] feels heavenly to wear ⑫ **sich mit dem Gedanken tragen, etwas zu tun** entertain the idea of doing something

> **? Grammatik** **wear — wore — worn:**
> Susy wore a red dress at the party; *Mrs Cook has never worn glasses.*

Träger ① (*Gepäckträger*) porter ② *von Namen:* bearer ['beərəʳ] ③ *von Kleidung:* wearer ['weərəʳ] ④ (*Balken*) beam; (*Eisenträger*) girder ['gɜːdəʳ] ⑤ (*an Kleidung*) strap ⑥ (*Hosenträger*) braces ['breɪsɪz] ⚠ *plural* ⑦ (*Kulturträger, Staat*) representative; (*Veranstaltungsträger*) sponsor **trägerlos** *BH, Kleid:* strapless
Tragetasche carrier ['kæriəʳ] bag **Tragfläche** wing
Trägheit ① (*Antriebslosigkeit*) sluggishness ② (*Faulheit*) idleness ['aɪdlnəs], laziness ['leɪzinəs]
Tragik tragedy ['trædʒədi]
tragisch tragic ['trædʒɪk]; **das ist nicht so tragisch** that's not the end of the world; **nimm's nicht so tragisch** don't take it to heart like that
Tragödie tragedy ['trædʒədi] *auch übertragen*
Tragweite ① (*Reichweite*) range ② (*Ausmaß*) scope ③ (*Konsequenzen*) consequences ['kɒnsɪkwənsɪz] ⚠ *plural*
Trainer(in) coach, trainer

trainieren ① *(üben)* train, practise (**zu** for); **Hochsprung trainieren** practise the highjump; **da musst du schon noch etwas trainieren!** you'll have to practise that a bit more! ② coach *Mannschaft* (**zu** for)

Training ① *(im Sport)* training; **zum Training gehen** go training ② *(Übung)* practice **Trainingsanzug** tracksuit [træksu:t] **Trainingshose** tracksuit trousers [*oder* bottoms] ⚠ *plural* **Trainingsjacke** tracksuit top

Trakt *(Gebäudetrakt)* part, wing

Traktandenliste CH agenda [ə'dʒendə], order of the day

Traktandum CH item on the agenda

Traktor tractor ['træktəʳ]

Tram CH tram[way] [træm]

trampeln trample, stamp one's feet

Trampeltier du Trampeltier! clumsy beggar!

trampen hitchhike

Trampolin trampoline [ˌtræmpəˈli:n]

tranchieren carve

Träne tear ['tɪəʳ]; **in Tränen ausbrechen** burst into tears; **Tränen lachen** laugh till one cries; **den Tränen nah** on the verge of tears ▶IN WENDUNGEN: **mir kommen [gleich] die Tränen** *(ironisch)* my heart bleeds for you/him

tränen mir tränen die Augen my eyes are watering **Tränengas** tear gas

Trank beverage ['bevərɪdʒ], drink

Tränke watering-place **tränken** ① water *Tier* ② *(durchnässen)* soak

Transaktion transaction [træn'zækʃən]

transatlantisch transatlantic

transchieren carve

Transfer transfer ['trænsfəʳ] **Transfersumme** transfer fee

Transformator transformer

Transfusion transfusion [ˌtræns'fju:ʒən]

Transistor transistor [træn'zɪstəʳ]

Transit transit **Transitgüter** transit goods

transitiv transitive

Transitverkehr ① transit traffic ② *(Handel)* transit trade **Transitvisum** transit visa

transparent transparent [ˌtræn'spærənt]

transpirieren perspire [pə'spaɪəʳ]

Transport transport ['trænspɔ:t] **transportabel** transportable [ˌtræn'spɔ:təbl] **Transportband** conveyor [kən'veɪəʳ] belt **Transporter** ① *(Schiff)* cargo ship ② *(Flugzeug)* transport plane ③ *(Fahrzeug)* van **transportfähig** moveable ['mu:vəbl] **transportieren** ① transport *Güter* ② move [mu:v] *Patient* ③ *Förderband:* move ④ *Kamera:* wind on **Transportmittel** means of transport

Transuse slowcoach

Transvestit transvestite [trænz'vestaɪt]

Trapez ① *(im Zirkus)* trapeze [trə'pi:z] ② *(in Geometrie)* trapezium [trə'pi:ziəm]

tratschen gossip

Traube ① *(Fruchtstand)* bunch of grapes *einzelne Beere:* grape ② *(Haufen, Gruppe)* bunch, cluster **Traubensaft** grape juice [dʒu:s] **Traubenzucker** dextrose, glucose

trauen ① *(verheiraten)* marry; **sich trauen lassen** get married ② *(vertrauen)* trust; **ich traute meinen Ohren nicht** I couldn't believe my ears ③ **sich trauen** *(wagen)* dare; **du traust dich ja sowieso nicht!** you wouldn't dare anyway!

Trauer ① *(Gram)* grief [gri:f], sorrow ② *(um einen Verstorbenen)* mourning ['mɔ:nɪŋ] (**um** over); **in tiefer Trauer …** *(in Traueranzeige)* much loved and sadly missed by … **Traueranzeige** death [deθ] notice

Traueressen CH funeral meal

Trauerfall death [deθ], bereavement [bɪ'ri:vmənt]

Trauerfamilie CH mourners [mɔ:nəʳz] ⚠ *plural* **Trauerkleidung** mourning ['mɔ:nɪŋ] **Trauerkloß** *(umgangsspr)* wet blanket

trauern mourn [mɔ:n] (**um** for)

Trauerweide weeping willow

Trauerzirkular CH letter announcing somebody's death

Traum dream *auch übertragen;* **mein Traum ging in Erfüllung** my dream came true; **ich denke nicht im Traum daran!** I wouldn't dream of it!

Trauma trauma ['trɔ:mə] *auch übertragen* **traumatisch** traumatic *auch übertragen*

träumen ① dream *auch übertragen;* **schlecht träumen** have a bad dream; **von etwas träumen** dream about something; **etwas Schönes/Schlimmes träumen** have a pleasant/nasty dream ② **ich träume davon, Schriftstellerin zu werden** it is my dream to be a writer ③ **das hätte ich mir nicht träumen lassen** I'd never have thought it possible ④ *(nicht aufpassen)* daydream; **träum nicht!** wake up!

? Grammatik **dream — dreamt/dreamed — dreamt:** *Lisa dreamt about a* *red dragon; I have never dreamt about a dragon.*

Träumer(in) [day]dreamer **träumerisch** ① (*verträumt*) dreamy ② (*schwärmerisch*) wistful

Traumfrau **meine Traumfrau** the woman of my dreams *plural* **traumhaft** ① (*wunderbar*) fantastic ② **traumhaft schön** absolutely beautiful **Traummann** **mein Traummann** the man of my dreams **Traumnote** perfect mark; **mit der Traumnote Eins abschließen** achieve a perfect score of straight As *plural* **Traumpaar** perfect couple **Traumwelt** dream world

traurig ① sad (**über** at) ② (*beklagenswert*) sorry **Traurigkeit** sadness

Trauring wedding ring

Trauung marriage ['mærɪdʒ] ceremony, wedding; **kirchliche Trauung** church wedding; **standesamtliche Trauung** registry office wedding **Trauzeuge**, **-zeugin** witness

Treck trek

Treff ① (*Treffen*) meeting ② (*Treffpunkt*) haunt [hɔːnt] **Treffen** ① meeting; **ein Treffen ausmachen** arrange to meet ② (*im Sport*) encounter [ɪn'kaʊntəʳ]

treffen ① (*schlagen*) hit, strike (**an** in, on) ② (*begegnen*) meet; (*stoßen auf*) hit upon, run into ③ (*kränken*) hurt; **das hat dich sehr getroffen, nicht?** you took it very hard, didn't you? ④ take *Maßnahmen* ⑤ **das Richtige treffen** choose just the right thing; **du bist gut getroffen** (*auf Foto*) that's a really nice picture of you ⑥ *Schlag:* hit; **nicht treffen** miss ⑦ **auf etwas/jemanden treffen** meet something/someone ⑧ **sich treffen** (*geschehen*) happen; **es hat sich so getroffen, dass …** it so happened that …; **es trifft sich gut, dass …** it is convenient [*oder* good] that … ⑨ **sich** [**mit jemandem**] **treffen** meet [up with somebody]; **wir trafen uns zufällig** we met [*oder* ran into each other] by chance

? Grammatik **meet — met — met**: *Terry met Fred in the cinema; have you met him before?*

treffend (*passend*) apt

Treffer ① hit; **einen Treffer erzielen** score a hit ② (*Tor*) goal; **einen Treffer erzielen** shoot a goal ③ (*in der Lotterie*) winner

Treffpunkt meeting place; (*auf Flughafen, Bahnhof*) meeting point; **sollen wir einen Treffpunkt ausmachen?** shall we arrange a place to meet?

Treibeis drift-ice

Treiben activity; **ein buntes Treiben** hustle ['hʌsl] and bustle

treiben ① (*in Bewegung setzen*) drive ② do *Geschäfte, Handel, Sport* ③ bud *Blüten, Knospen* ④ **du treibst mich noch zum Wahnsinn!** you're driving me mad!; **etwas auf die Spitze treiben** carry something too far; **es zu weit treiben** go too far; **jemanden zur Verzweiflung treiben** drive somebody to despair ⑤ (*im Wasser*) drift ⑥ **sich treiben lassen** drift; **die Dinge treiben lassen** allow things to drift, let things drift ⑦ *Baum, Pflanze:* sprout ⑧ (*harntreibend sein*) have a diuretic [ˌdaɪjʊ'retɪk] effect ⑨ **na, was treibt er denn so?** well, what's he been up to lately?; **was hat dich dazu getrieben?** what made you do that? ⑩ **es** [**mit jemandem**] **treiben** have it off with somebody; **sie treiben es** [**miteinander**] they're doing it **treibend** **die treibende Kraft** the driving force (**hinter** behind)

Treibgut flotsam **Treibhaus** hothouse **Treibhauseffekt** greenhouse effect **Treibsand** quicksand **Treibstoff** fuel ['fjuːəl] **Treibstoffverbrauch** fuel consumption

Trend trend (**zu** toward[s])

trennbar separable ['sepᵊrəbl]

trennen ① separate ['sepᵊreɪt] (**von** from) ② undo *Naht* ③ disconnect; interrupt *Leitung* ④ (*unterscheiden*) distinguish [dɪ'stɪŋgwɪʃ] (**zwischen** between) ⑤ (*auseinanderbringen*) come between; **uns kann nichts trennen** nothing can come between us ⑥ **sich von jemandem trennen** (*Abschied nehmen*) part with [*oder* from] somebody; **sich von etwas trennen** part with something, give something up; **von der Uhr kann ich mich nicht trennen** I can't bear to part with this watch/clock ⑦ **sich** [**von jemandem**] **trennen** (*für immer auseinander gehen*) split up [with somebody]; **sie haben sich getrennt** they separated [*oder* split up]

Trennung ① *auch von Paar:* separation

[ˌsepᵊrˈeɪʃᵊn]; **sie entschlossen sich zur Trennung** they decided to split up [*oder* separate] [ˈsepᵊreɪt] ② (*Abschied*) parting ③ (*Auflösung*) dissolution **Trennungsstrich** hyphen [ˈhaɪfən]

Trennwand partition wall

Treppe staircase [ˈsteəkeɪs] (GB), stairs ⚠ *plural,* stairway (USA); **eine Treppe** a flight [flaɪt] of stairs ⚠ *plural;* **die Treppe heraufgehen** come upstairs, come up the stairs ⚠ *plural;* **die Treppe hinuntergehen** go downstairs, go down the stairs ⚠ *plural;* **eine Treppe höher/tiefer** one floor up/down **Treppengeländer** banister **Treppenhaus** ① stairwell [ˈsteəwel], staircase [ˈsteəkeɪs] ② (*Eingangsbereich*) hall[way] **Treppenstufe** stair [steəʳ], step

Tresen ① (*Theke*) bar ② (*Ladentisch*) counter

Tresor ① safe ② (*Raum in einer Bank etc.*) vault [vɔːlt]

Tretboot pedal boat, pedalo

treten ① (*in Kuhfladen, Pfütze etc.*) step, tread [tred] ② **in die Pedale treten** pedal hard ③ (*mit Fuß anstoßen*) kick; **gegen etwas treten** kick something; **nach etwas treten** kick out at something; (*Fußtritt geben*) kick; **nach jemandem/etwas treten** take a kick at someone/something; **gegen das Bein getreten werden** get kicked in the leg ④ **in den Streik treten** go on strike ▶ IN WENDUNGEN: **ich glaub, mich tritt ein Pferd!** well, I'll be blown!

treu ① *Ehepartner:* faithful [ˈfeɪθfəl] ② (*loyal*) *Freund, Kunde:* loyal [lɔɪəl] ③ (*ergeben*) *Diener:* devoted [dɪˈvəʊtɪd] ④ **seinem Vorsatz treu bleiben** keep to one's resolution

Treue ① (*eheliche Treue*) fidelity, faithfulness [ˈfeɪθfəlnəs] ② (*Ergebenheit*) loyalty [ˈlɔɪəlti]

Treuhänder fiduciary [fɪˈdjuːʃiəri], trustee **treuherzig** innocent [ˈɪnəsənt]; (*vertrauensselig*) trusting **treulos** ① faithless [ˈfeɪθləs], disloyal [dɪsˈlɔɪəl] ② **du treulose Tomate!** some friend you are!

Triathlon triathlon [traɪˈæθlɒn]

Tribüne ① (*Rednertribüne*) platform, rostrum ② (*Zuschauertribüne*) gallery, stand

Trichter funnel

Trick ① (*Kniff*) trick; **ein ganz gemeiner Trick** a dirty trick; **da ist ein Trick dabei** there's a special trick to it; **den Trick heraushaben** have got the knack [næk] ② (*im Film, Theater*) special [ˈspeʃᵊl] effect **Trickbetrüger(in)** confidence trickster **Trickfilm** (*Zeichentrickfilm*) cartoon **Trickfilmzeichner(in)** catroonist **Trickkiste** (*übertragen*) bag of tricks ⚠ *plural;* **in die Trickkiste greifen** resort [rɪˈzɔːt] to tricks ⚠ *plural*

Trieb ① (*Naturtrieb*) drive; (*Geschlechtstrieb*) sex drive ② (*Drang, Verlangen*) desire [dɪˈzaɪəʳ], urge [ɜːdʒ] ③ (*Selbsterhaltungstrieb*) instinct ④ *einer Pflanze:* shoot **triebhaft** ① *Handlung:* compulsive [kəmˈpʌlsɪv] ② *Mensch:* ruled by one's physical urges *plural nachgestellt* **Triebtäter(in)** sex[ual] offender **Triebwerk** engine [ˈendʒɪn]

triefen ① **ich triefe!** I'm dripping wet!; **vor Nässe triefen** be soaking wet ② (*rinnen*) drip; **meine Nase trieft** I've got a runny nose ③ **vor Selbstmitleid nur so triefen** ooze [*oder* gush with] self-pity

triftig ① *Argument:* convincing [kənˈvɪnsɪŋ] ② *Grund:* good

Trikot ① (*Sporthemd*) jersey [ˈdʒɜːzi]; **das gelbe Trikot** the yellow jersey ② (*enger Turnanzug*) leotard [ˈliːətɑːd] ③ *eines Fußballspielers:* shirt

trillern ① trill ② *Vögel:* warble [ˈwɔːbl] **Trillerpfeife** whistle [ˈwɪsl]

trimmen ① trim *auch Hund* ② **sich trimmen** do keep-fit exercises *plural* ③ **sich auf alt/jung trimmen** do oneself up to look old/young

trinkbar drinkable

trinken ① drink; **jemandem etwas zu trinken geben** give someone a drink; **möchtest du etwas zu trinken?** would you like something to drink? ② **Kaffee/Tee trinken** have a cup of coffee/tea, have some coffee/tea; **einen Saft trinken** have a glass of juice, have some juice ③ **zu trinken anfangen** (*Alkohol*) take to drink; **einen trinken gehen** go out drinking

> **? Grammatik** **drink — drank — drunk:**
> *Peter drank five glasses of water; he had never drunk alcohol before.*

Trinker(in) drinker

Trinkgeld tip; **jemandem ein Trinkgeld**

geben tip someone **Trinkspruch** toast; **einen Trinkspruch auf jemanden ausbringen** propose a toast to someone **Trinkwasser** drinking water **Trinkwasserversorgung** drinking water supply

Tritt ❶ (*Schritt*) step; **Tritte hören** hear footsteps ❷ (*Gang*) tread [tred] ❸ (*Fußtritt*) kick; **jemandem einen Tritt geben** [*oder* **versetzen**] give someone a kick; **ein Tritt in den Hintern** a kick up the backside **Trittleiter** stepladder

Triumph triumph ['traɪəmf] **Triumphbogen** triumphal arch **triumphieren** (*frohlocken*) exult [ɪg'zʌlt] **triumphierend** triumphant

trivial trivial ['trɪviəl]

Trivialliteratur light [laɪt] fiction

trocken ❶ dry [draɪ] ❷ (*dürr*) arid ❸ *Husten:* hacking ▸ IN WENDUNGEN: **auf dem Trockenen sitzen** be broke

Trockenheit ❶ dryness ['draɪnəs] ❷ (*Dürre*) drought [draʊt] **trockenlegen** ❶ drain *Land* ❷ change *Baby* **Trockenmilch** dried [draɪd] milk **Trockenobst** dried fruit **Trockenzeit** ❶ *von Wäsche:* drying ['draɪɪŋ] time ❷ (*Jahreszeit*) dry season

trocknen dry

Trockner [tumble] drier ['draɪəʳ]

Trödel (*umgangsspr*) junk **Trödelmarkt** flea [fliː] market

trödeln dawdle [dɔːdl]; **trödel nicht so rum!** stop dawdling!

Trödler(in) ❶ (*Händler*) junk-dealer ❷ (*Bummler*) dawdler ['dɔːdləʳ]

Trommel ❶ drum; **Trommel spielen** play the drums ⚠ *plural* ❷ *von Waschmaschine:* barrel ❸ *von Revolver:* revolving [rɪ'vɒlvɪŋ] breech **Trommelfell** eardrum ['ɪədrʌm] **trommeln** drum

Trommler drummer

Trompete trumpet ['trʌmpɪt]; **Trompete spielen** play the trumpet **Trompeter** trumpeter ['trʌmpɪtəʳ]

Tropen tropics **Tropenhelm** sun-helmet **Tropenkrankheit** tropical disease [dɪ'ziːz]

Tropf[1] der (*Infusion*) drip; **am Tropf hängen** be on a drip

Tropf[2] der **armer Tropf!** poor devil!

Tropfen ❶ (*auch als Medikament*) drop; **ein Tropfen Wasser** a drop of water ❷ (*Schweißtropfen*) bead

tropfen drip; **deine Nase tropft!** your nose is running!

tropfnass dripping wet **Tropfsteinhöhle** stalactite ['stæləktaɪt] cave

Trophäe trophy ['trəʊfi]

tropisch tropical

Trost ❶ comfort ['kʌmfət]; **jemandem Trost spenden** comfort somebody; **jemand sucht Trost** somebody is looking for a shoulder to cry on ❷ (*Entschädigung*) consolation [ˌkɒnsə'leɪʃᵊn]; **zum Trost** as a consolation; **das ist ein schöner Trost!** some consolation that is! ▸ IN WENDUNGEN: **du bist wohl nicht ganz bei Trost!** you must be out of your mind!

trösten ❶ comfort ['kʌmfət], console [kən'səʊl] ❷ (*aufmuntern*) cheer up; **sich trösten** cheer up, console oneself (**mit** with); **trösten Sie sich!** never mind!; **tröste dich, ich hab auch nichts gewonnen** if it's any consolation, I didn't win anything either **tröstlich** comforting ['kʌmfətɪŋ]

trostlos ❶ (*hoffnungslos*) hopeless ❷ (*freudlos*) cheerless ❸ (*elend*) wretched ['retʃɪd] ❹ (*öde*) dreary ['drɪəri] **Trostlosigkeit** ❶ (*Elend*) wretchedness ['retʃɪdnəs] ❷ (*Hoffnungslosigkeit*) hopelessness **Trostpreis** consolation [ˌkɒnsə'leɪʃᵊn] prize

Trott ❶ (*Gangart*) trot ❷ (*übertragen*) routine [ruː'tiːn], rut; **der alte Trott** the same old rut

Trottel fool, idiot ['ɪdiət], dope

trotten trot along

Trottinett (CH) (*Roller*) scooter

Trottoir (*Bürgersteig*) pavement (GB), sidewalk ['saɪdwɔːk] (USA)

Trotz ❶ defiance [dɪ'faɪəns]; **aus Trotz** out of spite ❷ (*Trotzköpfigkeit*) contrariness [kən'treərinəs]

trotz despite [dɪ'spaɪt], in spite of; **trotz alledem** for all that

Trotzalter **er befindet sich gerade im Trotzalter** he's going through a defiant phase

trotzdem nevertheless [ˌnevəðə'les]; **sie tat es trotzdem** she did it anyway

trotzen ❶ **jemandem trotzen** defy [dɪ'faɪ] somebody ❷ (*trotzig sein*) be awkward ['ɔːkwəd] [*oder* contrary] [kən'treəri]; **er trotzt mal wieder** he's going through one of his awkward phases *plural* again **trotzig** ❶ (*die Stirne bietend*) defiant [dɪ'faɪənt]

2 *Kind:* awkward ['ɔːkwəd] 3 (*trotzköpfig*) contrary [kən'treəri] **Trotzkopf** **sei doch nicht so ein Trotzkopf!** don't be so stubborn! **Trotzreaktion** act of defiance [dɪ'faɪəns]

trübe 1 (*glanzlos*) dim, dull 2 *Flüssigkeit:* muddy 3 *Himmel:* cloudy ['klaʊdi], overcast 4 *Stimmung:* gloomy, pretty bleak ▸ IN WENDUNGEN: **trübe Tasse** drip [*oder* wet] blanket

Trubel hurly-burly

trüben 1 dull *Glas, Metall* 2 (*übertragen*) mar; spoil *Freude, Verhältnis* 3 strain *Beziehungen;* **sie sieht aus, als könnte sie kein Wässerchen trüben** she looks as if butter wouldn't melt in her mouth 4 **sich trüben** *Flüssigkeit:* go cloudy ['klaʊdi] 5 **sich trüben** *Beziehungen, Verhältnis:* become strained

trübselig 1 (*betrübt*) gloomy 2 (*trostlos*) bleak, depressing [dɪ'presɪŋ]

trübsinnig gloomy, melancholy ['melənkəli]

Trüffel truffle ['trʌfl]

Trugbild delusion [dɪ'luːʒən]

trügen 1 **wenn mich nicht alles trügt** unless I am very much mistaken 2 **der Schein trügt** appearances are deceptive [dɪ'septɪv]

Truhe chest, trunk

Trümmer 1 *von Gebäude:* ruins ['ruːɪnz]; **in Trümmern liegen** be in ruins 2 *von Flugzeug etc.:* wreckage ['rekɪdʒ] ⚠ *singular* **Trümmerfeld** (*übertragen*) scene of devastation [ˌdevə'steɪʃən]

Trumpf trump, trump-card; **was ist Trumpf?** what's trumps?

Trunkenheit [**wegen**] **Trunkenheit am Steuer** [for] drunken driving

Trunksucht alcoholism ['ælkəhɒlɪzəm]

Truppe 1 (*beim Theater*) company ['kʌmpəni], troupe 2 (*Armee*) troops ⚠ *plural;* (*Einheit*) unit ['juːnɪt] ▸ IN WENDUNGEN: **er ist nicht gerade** [**einer**] **von der schnellen Truppe** he's pretty slow on the uptake **Truppenabzug** withdrawal [wɪð'drɔːəl] of troops

Trute CH (*Truthenne*) turkey ['tɜːki]

Truthahn turkey[-cock] **Truthenne** turkey[-hen]

Tschad Chad

Tscheche, Tschechin Czech [tʃek]

Tschechien Czech Republic **tschechisch** Czech

Tschechische Republik Czech Republic

Tschechoslowakei (*ehemalige*) Czechoslovakia [ˌtʃekəslə'vækiə]

T-Shirt T-Shirt

Tube tube [tjuːb]; **eine Tube Zahnpasta/Tomatenmark** a tube of toothpaste/tomato puree ▸ IN WENDUNGEN: **auf die Tube drücken** (*umgangsspr*) get a move on; (*im Auto*) put one's foot down

Tuberkulose tuberculosis [tjuːˌbɜːkjə'ləʊsɪs]

Tuch cloth

tüchtig 1 (*fähig*) capable ['keɪpəbl]; (*leistungsfähig*) efficient [ɪ'fɪʃənt] 2 (*fleißig*) good 3 (*umgangsspr: sehr*) **tüchtig arbeiten** work hard; **tüchtig essen** eat heartily

Tücke 1 (*Gefahr*) peril 2 **so seine Tücken haben** be tricky

tuckern *Fahrzeug:* chug along

tückisch 1 (*boshaft*) malicious [mə'lɪʃəs] 2 (*gefährlich*) treacherous ['tretʃərəs] 3 (*unberechenbar*) pernicious [pə'nɪʃəs]

tüfteln **an etwas tüfteln** fiddle about with something; (*an Denkaufgabe*) try to work out something

Tüftler(in) tinkerer; **er ist ein Tüftler** he likes to fiddle about with things

Tugend virtue ['vɜːtjuː]; **aus der Not eine Tugend machen** make a virtue of necessity **tugendhaft** virtuous ['vɜːtʃuəs]

Tüll tulle [tjuːl]

Tulpe tulip

tummeln **sich tummeln** (*umhertollen*) romp about

Tumor tumor [tjuːməʳ]; **gutartiger/bösartiger Tumor** benign [bɪ'naɪn] /malign tumor

Tümpel pool

Tumult 1 (*Bewegung in Menschenmenge*) commotion [kə'məʊʃən] 2 (*innerer Aufruhr*) tumult ['tjuːmʌlt], turmoil

Tun conduct ['kɒndʌkt], doings ⚠ *plural;* **mein ganzes Tun** everything I do

tun 1 (*machen*) do; **es gibt** [**noch**] **viel zu tun** there's a lot [still] to be done; **wir müssen da etwas tun** we'll have to do something about it; **und was soll ich da tun?** and what do you want me to do about it?; **sein Möglichstes tun** do one's best [*oder* utmost] ['ʌtməʊst]; **sie tut es gern** she loves doing it; **er tut es ungern** he hates doing it 2 **zu tun haben** have things to do; **alle Hände voll zu tun haben** have one's

Tt

hands full (**mit** with) ③ **jemandem etwas tun** touch [tʌtʃ] somebody; (*stärker*) hurt somebody; **ich tu dir nichts** I won't hurt/touch you; **jemandem Unrecht tun** do someone an injustice ④ (*legen, stellen*) put [pʊt]; **tu's da hin** put it over there ⑤ **nichts mit jemandem zu tun haben wollen** want nothing to do with somebody ⑥ **es mit jemandem zu tun bekommen** get into trouble with somebody ⑦ **was hat das damit zu tun?** what's that got to do with it?; **das hat damit nichts zu tun** it's got nothing to do with it ⑧ **das tut's auch** this will do; **20 Euro tun's auch!** 20 euros should do! ⑨ **es tut mir sehr Leid** I am very sorry; **er tut mir Leid** I am sorry for him; **tut mir Leid!** sorry! ⑩ **tut das weh?** does it hurt?; **es tut** [**mir**] **weh** it hurts ⑪ **tut das gut?** does that feel good?; **das tut gut** that feels good ⑫ **es tut sich was** something is going on ⑬ **so tun als ob** pretend [prɪ'tend]; **sie tut nur so** she's only pretending; **tu doch nicht so!** stop pretending!; **er tut sehr überlegen** he acts very aloof; **tu doch nicht so doof!** stop acting such a fool! ▶ IN WENDUNGEN: **gesagt, getan** no sooner said than done

tünchen whitewash

Tuner tuner-amplifier

Tunesien Tunisia [tjuː'nɪziə] **Tunesier(in)** Tunisian [tjuː'nɪziən] **tunesisch** Tunisian [tjuː'nɪziən]

Tunfisch tuna ['tjuːnə]

Tunichtgut good-for-nothing

tunken dip

tunlichst ich werde es tunlichst vermeiden … I'll do my best to avoid …

Tunnel tunnel ['tʌnəl]

Tunte poof[ter]

Tüpfelchen dot ▶ IN WENDUNGEN: **das Tüpfelchen auf dem „i"** the icing on the cake

tüpfeln dot, spot

Tupfen spot; (*kleiner Tupfen*) dot **tupfen** dab **Tupfer** swab [swɒb]

Tür ① door [dɔːʳ]; **es ist jemand an der Tür** there's somebody at the door; **gehst du bitte an die Tür?** would you answer the door?; **ich komme gerade zur Tür rein** I've just this minute come [*oder* got] in; **vor der Tür stehen** be on the doorstep; **jemandem die Tür vor der Nase zuschlagen** slam the door in someone's face ② **Tür an Tür mit jemandem leben** live next door to someone; **zwei Türen weiter wohnen** live two doors further down; **Tag der offenen Tür** open day ▶ IN WENDUNGEN: **Ostern steht vor der Tür** Easter is just around the corner; **mit der Tür ins Haus fallen** blurt it out; **zwischen Tür und Angel** in passing **Türangel** door hinge [hɪndʒ]

Turbinenantrieb turbine drive

turbulent turbulent ['tɜːbjələnt]

Türgriff door handle

Türke, Türkin Turk **Türkei** Turkey ['tɜːki]

Türkis turquoise ['tɜːkwɔɪz]

türkisch Turkish ['tɜːkɪʃ]; **türkischer Honig** white nougat ['nuːgɑː]

Türkisch das Türkische Turkish

Türklinke door handle

Turm ① tower ['taʊəʳ] ② (*Kirchturm*) steeple ③ (*Schachfigur*) castle ['kæsl], rook

türmen sich türmen tower ['taʊəʳ]; *Rechnungen, Bücher:* pile up

Turmspringen high diving

Turnen ① (*Sportart*) gymnastics [dʒɪm'næstɪks] ⚠ *plural* ② (*Schulfach*) physical ['fɪzɪkl] education, PE, PT **turnen** ① do gymnastics ⚠ *plural* ② (*herumturnen*) climb [klaɪm] about; *Kinder:* romp **Turner(in)** gymnast ['dʒɪmnæst] **Turnhalle** gym[nasium] [dʒɪm'neɪziəm] **Turnhose** gym shorts ⚠ *plural*

Turnier ① (*Sportturnier*) tournament ['tɔːnəmənt] ② (*Tanzturnier*) competition **Turnierpferd** competition horse **Turnierreiter(in)** competition rider

Turnlehrer(in) gym [*oder* PE] [*oder* PT] teacher **Turnschuhe** ① gym-shoes ② (*auch für Straße*) trainers ③ (*aus Stoff*) sneakers **Turnstunde** gym [*oder* PE] [*oder* PT] lesson **Turnübung** gymnastic exercise **Turnunterricht** gymnastic instruction; (*Turnstunde*) gym, PE, PT **Turnverein** gymnastics club **Turnzeug** gym kit

Türöffner buzzer **Türrahmen** door [dɔːʳ] frame **Türschild** doorplate **Türschnalle** Ⓐ (*Türgriff*) door handle

Tusch (*musikalischer*) flourish ['flʌrɪʃ]

Tusche Indian ['ɪndiən] ink

tuscheln whisper ['wɪspəʳ]; **hinter jemandes Rücken tuscheln** talk behind someone's back

Tüte bag; **in Tüten verpacken** put in bags ▶ IN WENDUNGEN: **kommt nicht in die**

Tüte! no way [José]!

tuten toot

TÜV *Abkürzung von* **Technischer Überwachungsverein** MOT; **mein Auto muss zum TÜV** I need to take my car for its MOT

Twen twentysomething *umgangsspr*

Twist (*Tanz*) twist; **Twist tanzen** do the twist

Typ ① (*Modell*) model ② (*Menschenart*) type; **sie sind vom Typ her völlig verschieden** they are totally different types *plural* of people ③ **nicht mein Typ** not my type; **sie ist mein Typ** she's my type ④ (*Kerl*) bloke; **der Typ da** the guy over there; **kaputter Typ** bum

Typhus typhoid ['taɪfɔɪd] fever

typisch typical ['tɪpɪkᵊl] (**für** of); **typisch deutsch** typically German

Typografie, **Typographie** typography [taɪ'pɒgrəfi] **typografisch**, **typographisch** typographic[al] [taɪpə'græfɪkᵊl]

Tyrann tyrant ['taɪrənt] **tyrannisch** tyrannical [taɪ'rænɪkᵊl] **tyrannisieren** tyrannize ['tɪrənaɪz]

U u

U-Bahn ① underground, tube (GB) *umgangsspr*, subway (USA); **mit der U-Bahn fahren** go by underground [*oder* subway] ② (*U-Bahnwagen*) **wann kommt die nächste U-Bahn?** when is the next tube?; **hier kommt meine U-Bahn** there's my tube **U-Bahnhof** underground [*oder* (GB) tube] station

Übel (*Missstand*) evil ['iːvᵊl]; **ein notwendiges Übel** a necessary evil; **das kleinere Übel sein** be the lesser evil; **zu allem Übel ...** to make matters ⚠ *plural* worse ...

übel ① bad; *Krankheit, Wunde, Trick:* nasty; **das schmeckt gar nicht so übel** it doesn't taste bad at all ② (*Befinden*) **mir ist übel** I feel sick; **davon kann einem ja übel werden!** it's enough to make you feel sick! ③ *Person, Charakter:* wicked; **ein übler Bursche** a bad lot ④ **nicht übel** not bad; **das wäre gar nicht so übel** that wouldn't be such a bad thing ⑤ **in eine üble Lage geraten** fall on evil ['iːvᵊl] days ⑥ **übel dran sein** be in a bad way ⑦ (*schlecht, schlimm*) badly ⑧ **übel gelaunt** ill-humoured [ˌɪl'hjuːməd] ▶ IN WENDUNGEN: **nehmen Sie es mir nicht übel, aber ...** don't take it the wrong way but ...; **ich nehme es Ihnen nicht übel** I do not blame you for it; **jemandem etwas übel auslegen** take something amiss; **er wird es wohl oder übel tun müssen** he'll have to do it whether he likes it or not; **ich hätte nicht übel Lust ...** I wouldn't mind ...

Übelkeit nausea [nɔːʒə]

Übeltäter(in) offender

üben ① practise, practice (USA); **Kritik an etwas/jemandem üben** criticize ['krɪtɪsaɪz] something/someone ② practise

über ① (*räumlich*) over; (*oberhalb*) above [ə'bʌv], on top of; **über Bord** overboard; (*darüber hinaus*) across, beyond; (*auf*) on, upon ② (*zeitlich*) over; **über Mittag bleiben** stay over lunch; **über Nacht** during the night ③ (*betreffend*) about, on; **ein Buch über ...** a book on ... ④ (*bei Zahlenangaben*) for; **ein Scheck über 2.000 Euro** a cheque for 2,000 euros ⑤ (*mehr als*) over; **über fünfzig Jahre alt** over [*oder* past] fifty ⑥ via; **über München fliegen** fly via Munich ⑦ **es geht nichts über ...** there is nothing better than ... ⑧ **über den Dingen stehen** be above it all ⑨ **über und über** all over

überall everywhere (GB), all over (USA)

überängstlich over-anxious [ˌəʊvᵊr'æŋʃəs]

überanstrengen overexert, overstrain

überarbeiten ① go over; revise *Buch* ② **sich überarbeiten** overwork [oneself]

überaus exceedingly [ɪk'siːdɪŋli], extremely

überbelichten overexpose *Film*

überbevölkert overpopulated

überbieten ① (*übertragen*) outdo [ˌaʊt'duː]; **das ist nicht mehr zu überbieten!** (*umgangsspr*) that beats everything! ② **sich überbieten** surpass oneself

Überbleibsel (*Rest*) remnant ['remnənt]; (*Speiserest*) leftover

Überblick ① (*freie Sicht*) view [vjuː] ② **sich einen Überblick verschaffen über ...** get a general idea of ...; **den Überblick verlieren** lose track; **ihm fehlt der Überblick** he doesn't know what's going on

überbrücken **die Zeit mit Lesen überbrü-**

cken fill the time by reading
überdenken consider [kən'sɪdəʳ], think over; **etwas noch einmal überdenken** reconsider [ˌriːkᵊn'sɪdəʳ] something
überdimensional oversize
Überdosis overdose; **eine Überdosis Schlaftabletten nehmen** take an overdose of sleeping pills; **sich eine Überdosis Heroin verpassen** overdose on heroin
überdreht (*umgangsspr*) wound [waʊnd] up
überdurchschnittlich above-average
übereifrig overzealous [ˌəʊvə'zeləs], overenthusiastic
übereinander ① (*räumlich*) on top of each other; **übereinander legen** put on top of each other; **die Beine übereinander schlagen** cross one's legs ② (*einander betreffend*) about each other
übereinstimmen ① *Personen:* agree; **mit jemandem in etwas übereinstimmen** agree with someone on something ② *Messdaten, Rechnungen:* correspond; (*zusammenpassen*) match
überempfindlich oversensitive (**gegen** to); *Haut:* hypersensitive [ˌhaɪpə'sensətɪv]
überfahren ① run over *Tier* ② go through *Ampel* ③ (*umgangsspr: übertölpeln*) stampede [stæm'piːd]; **jemanden überfahren** walk all over someone
Überfahrt crossing
Überfall (*Angriff*) attack (**auf** on); *einer Bank:* holdup; *einer Person:* mugging; **keine Bewegung, dies ist ein Überfall!** freeze, this is a holdup! **überfallen** ① (*angreifen*) attack; hold up *Bank;* mug *Person* ② *Schlaf:* come over
überfliegen ① fly over ② (*übertragen*) glance over
Überfluss ① abundance, plenty (**an** of); **im Überfluss leben** live in luxury ['lʌkʃᵊri]; **im Überfluss vorhanden** in plentiful supply ② **zu allem Überfluss** superfluously [suː'pɜːfluəsli]; (*obendrein*) into the bargain
überflüssig superfluous [suː'pɜːfluəs]; (*unnötig*) unnecessary [ʌn'nesəsᵊri]; **überflüssig zu sagen, dass …** it goes without saying that …
überfluten (*auch übertragen*) flood
überfordern overtax; **damit ist er überfordert** that's asking too much of him
überführen **jemanden einer Sache überführen** convict someone of something **Überführung** ① flyover, overpass (USA); (*für Fußgänger*) footbridge ② *eines Täters:* conviction
überfüllt *Zug:* overcrowded; *Schublade:* crammed; *Kurs:* oversubscribed
Übergangszeit transitional [trænzɪʃᵊnəl] period
übergeben ① (*abliefern*) hand over ② hand over *Amt, Würde* (**an** to) ③ **eine Sache einem Anwalt übergeben** place a matter in the hands of a lawyer ④ **sich übergeben** vomit
übergehen ① (*zu einer Partei*) go over ② (*sich verändern*) change [*oder* turn] [into]; *Farben:* merge [mɜːdʒ] [into] ③ **zum nächsten Punkt übergehen** go on to the next point ④ **jemandes Einwände übergehen** ignore someone's objections
Übergepäck excess [ɪk'ses] baggage
Übergewicht ① overweight [ˌəʊvə'weɪt]; **an Übergewicht leiden** be overweight ② (*übertragen*) predominance [prɪ'dɒmɪnəns]
überglücklich overjoyed [ˌəʊvə'dʒɔɪd]
Übergröße *von Kleidung:* outsize; *von Reifen:* oversize
überhäufen ① overwhelm [ˌəʊvə'welm] (**mit** with); **jemanden mit Geschenken überhäufen** shower someone with gifts ② **jemanden mit Vorwürfen überhäufen** heap reproaches upon someone's head
überhaupt ① (*sowieso*) in general ② **woher weißt du das überhaupt?** where did you get that from anyway? ③ **überhaupt nicht** not at all ④ **hast du dir darüber überhaupt Gedanken gemacht?** did you actually think it through? ⑤ **ich denke überhaupt nicht daran …** I've no intention whatsoever of …; **weißt du überhaupt, …?** do you realize …?; **weißt du überhaupt, ob sie kommt?** do you even know if she's coming?
überhöht *Preise:* excessive [ɪk'sesɪv]
überholen ① (*auch übertragen*) overtake, pass (USA) ② overhaul ['əʊvəhɔːl] *Gegenstände;* recondition *Motor* ③ **überholen verboten!** no overtaking!, no passing! (USA) **Überholspur** overtaking lane (GB), passing lane (USA)
überholt out-dated
überhören ① **das letzte Wort habe ich**

überhört I didn't catch the last word; (*absichtlich*) ignore ② **also das will ich ja wohl überhört haben!** I can't believe I heard that! ⚠ *Das Englische 'overhear' bedeutet ‚zufällig mitbekommen'.*

überkochen boil over ▸ IN WENDUNGEN: **das brachte sie zum Überkochen** that made her blow her top

überladen ① *Fahrzeug:* overloaded ② *Stil:* ornate ③ *Bild:* cluttered

überlassen ① **jemandem etwas überlassen** let someone have something; (*übertragen*) leave it up to someone ② **jemanden sich selbst überlassen** leave someone to his own devices

Überlastung *eines Menschen:* overtaxing; (*zu großer Stress*) overstress; (*Zustand*) strain

Überlauf overflow **überlaufen**[1] (*sehr überfüllt*) overcrowded; **völlig mit Touristen überlaufen** totally overrun with tourists *umgangsspr*

überlaufen[2] *Wasser:* overflow; *kochende Milch:* boil over; **zum Überlaufen voll** full to overflowing ▸ IN WENDUNGEN: **das Fass zum Überlaufen bringen** be the last straw

überleben ① (*länger leben als*) outlive, survive (**um** by) ② (*durchstehen*) live through ③ **das überlebe ich nicht!** (*umgangsspr*) that'll be the death of me!; **du wirst es schon überleben** (*humorvoll*) it won't kill you **Überlebende(r)** survivor

überlegen[1] ① (*nachdenken*) think ② (*durchdenken*) think over [*oder* about]; **das werde ich mir überlegen** I'll give it some thought ③ **sie hat es sich anders überlegt** she's changed her mind

überlegen[2] **jemandem überlegen sein** be superior [suːˈpɪəriəʳ] to someone (**an** in)

überlegt **wohl überlegt** well-considered **Überlegung** consideration, reflection

überlisten outwit

übermorgen the day after tomorrow

übermüdet overtired

Übermut high spirits ⚠ *plural* **übermütig** high-spirited

übernächste(r, s) next … but one; **übernächste Woche** the next week but one, the week after next; **am übernächsten Tag** two days later

übernachten sleep; **bei jemandem übernachten** stay at someone's place **Übernachtung** overnight stay; **vier Übernachtungen mit Frühstück** for nights with breakfast; **was berechnen Sie für die Übernachtung?** what do you charge for the night?

übernehmen ① (*fortführen*) take over ② (*annehmen*) take on; undertake *Arbeit;* assume *Amt, Verantwortung* ③ **sich übernehmen** overdo it; **sich mit Arbeit übernehmen** take on too much work

überprüfen check (**auf** for); screen *Person;* inspect *Maschine*

überqueren cross

überraschen ① surprise ② **sie wurden vom Sturm überrascht** they were caught [kɔːt] in the rain ③ **lass dich überraschen!** wait and see! **überraschend** surprising; (*unerwartet*) unexpected **Überraschung** surprise

überreden persuade [pəˈsweɪd]

überreichen hand over; (*feierlich*) present

überrumpeln **jemanden überrumpeln** take someone by surprise

Überschallflugzeug supersonic jet **Überschallgeschwindigkeit** supersonic speed

überschätzen ① **sein Beitrag wird überschätzt** his contribution is overrated ② overestimate *Entfernung*

überschlagen ① (*berechnen*) estimate roughly ② **sich überschlagen** *Person:* do a somersault [ˈsʌməsɔːlt]; *Fahrzeug:* turn over; *Stimme:* crack ③ **sie überschlägt sich immer vor Freundlichkeit** she's always falling over herself to be friendly

überschneiden **sich überschneiden** *Linien:* intersect; (*übertragen*) overlap

überschreiten ① (*überqueren*) cross ② exceed *Maß;* transgress *Grenze* ③ **er hat die Sechzig schon überschritten** he's past sixty already

Überschrift heading; *einer Zeitung:* headline

überschwänglich effusive

überschwemmen (*auch übertragen*) flood [flʌd] **Überschwemmung** flood **übersehen** ① look over *Gegend;* **die Lage übersehen** be in full command of the situation ② (*ignorieren*) overlook; (*nicht bemerken*) fail to notice

übersetzen translate; **aus dem Englischen ins Deutsche übersetzen** translate from English into German ⚠ *kein Artikel*

Übersetzer(in) translator **Übersetzung** translation

Übersicht ① (*Überblick*) overall view; **die Übersicht verlieren** lose track of things

U

❷ (*Zusammenfassung*) survey ['sɜːveɪ]; (*in Tabellenform*) table **übersichtlich** ❶ clear ❷ *Gelände:* open

überspannt *Ideen:* eccentric [ɪk'sentrɪk], extravagant

überspitzt ❶ *Bemerkung:* oversubtle [ˌəʊvə'sʌtl] ❷ (*übertrieben*) exaggerated [ɪg'zædʒəreɪtɪd]

überspringen ❶ jump *Hindernis* ❷ (*auslassen*) skip

überstehen ❶ (*durchstehen*) get through; **ich habe das Schlimmste jetzt überstanden** I'm over the worst now ❷ (*überwinden*) overcome ❸ (*überleben*) survive [sə'vaɪv] *auch übertragen* ❹ **das wäre überstanden!** thank heavens that's over!

übersteigen ❶ exceed [ɪk'siːd] *Erwartungen* ❷ **das Projekt übersteigt seine Fähigkeiten** the project is beyond him [*oder* his abilities]

überstimmen outvote

Überstunden overtime ⚠ *singular;* **Überstunden machen** work overtime; **fünf Überstunden machen** (*umgangsspr*) do five hours overtime

überstürzen ❶ rush into ❷ **sich überstürzen** *Ereignisse:* happen in a rush **überstürzt** overhasty [ˌəʊvə'heɪsti], rash

übertölpeln **jemanden übertölpeln** dupe someone, take someone in **übertragen** ❶ transfer (**auf** to) ❷ **das kann man auch auf andere Situationen übertragen** you can equally apply that to other situations ❸ **seine Zuversicht hat sich auf das ganze Team übertragen** his confidence has spread throughout the team ❹ *Radio, TV:* broadcast ❺ **das Virus überträgt sich durch Blut** the virus is passed on [*oder* transmitted] through blood

übertreffen ❶ surpass [sə'pɑːs] (**an** in) ❷ **alle Erwartungen bei weitem übertreffen** exceed all expectations by far; **das übertrifft alles** that beats everything; **nicht zu übertreffen sein** be unsurpassable

übertreiben ❶ exaggerate ❷ (*zu weit treiben*) overdo; **man kann's auch übertreiben** you can overdo things; **er übertreibt's mit seinen Bemerkungen** he goes too far with his comments **Übertreibung** exaggeration **übertrieben** ❶ exaggerated ❷ (*unmäßig*) excessive [ɪk'sesɪv]

überwachen ❶ (*kontrollieren*) supervise ❷ (*beobachten*) keep under surveillance ❸ (*auf Monitor*) monitor ['mɒnɪtəʳ] **Überwachung** ❶ (*Kontrolle*) supervision ❷ (*Beobachtung*) observation; *eines Verdächtigen:* surveillance

überwältigen ❶ overpower ❷ overcome *Angst* ❸ **von Hass überwältigt werden** be overwhelmed [ˌəʊvə'welmd] by hate

überwältigend ❶ (*überragend*) overwhelming [ˌəʊvə'welmɪŋ]; *Schönheit:* stunning ❷ **seine Leistung war nicht gerade überwältigend** his performance was nothing to write home about

überweisen ❶ transfer *Geld;* **die Firma hat uns das Geld überwiesen** the company has transferred the money to our account ❷ refer *Patienten* (**an** to) **Überweisungsauftrag** bank giro credit, transfer order

überwiegend ❶ predominant; **überwiegende Mehrheit** vast majority ❷ **es waren überwiegend Rentner** it was mainly pensioners

überwinden ❶ overcome; get over *Schwierigkeiten* ❷ (*hinter sich lassen*) outgrow ❸ **sich überwinden, etwas zu tun** bring oneself to do something

überwintern winter; *Tiere:* hibernate ['haɪbəneɪt]

überwuchern overgrow

überzeugen ❶ convince [kən'vɪns] ❷ (*überreden*) persuade [pə'sweɪd] ❸ **überzeugen können** be convincing [kən'vɪnsɪŋ] ❹ **überzeugen Sie sich selbst davon!** go and see for yourself! **überzeugend** convincing **Überzeugung** conviction [kən'vɪkʃən]; **es ist meine feste Überzeugung** it's my firm conviction; **der Überzeugung sein, dass …** be convinced that …

Überzeugungskraft persuasivenesss, persuasive powers

überziehen[1] ❶ (*bedecken*) cover; (*mit Belag*) coat ❷ overdraw *Konto* (**um** by) ❸ **sich überziehen** become overcast

überziehen[2] ❶ (*anziehen*) put on ❷ **sie hätte mir fast eins übergezogen** she almost whacked me *umgangsspr*

üblich ❶ usual; **wie üblich** as usual ❷ (*herkömmlich*) customary; **allgemein üblich sein** be common practice ❸ (*normal*) normal; **nicht üblich** unusual ❹ **das ist bei uns so üblich** that's normal for us

U-Boot submarine

übrig ① left, remaining; **übrig bleiben** be left [over]; **jemandem etwas übrig lassen** leave something for someone ② **das Übrige** the remainder; **im Übrigen** by the way ③ **hast du eine Zigarette übrig?** could you spare me a cigarette? ④ **für jemanden etwas übrig haben** (*umgangsspr*) have a soft spot for someone; **für jemanden nichts übrig haben** (*umgangsspr*) have no time for someone ⑤ **es bleibt ihm nichts anderes übrig** he has no other choice ⑥ **zu wünschen übrig lassen** leave something to be desired

übrigens by the way, incidentally

Übung ① exercise ② (*praktische Ausübung*) practice ['præktɪs]; **aus der Übung** out of practice ⚠ *ohne Artikel*

Ufer *eines Flusses:* bank; (*Meeresufer*) shore [ʃɔː(r)]; **direkt am Ufer** right on the waterfront; **etwas ans Ufer spülen** wash something ashore; **das rettende Ufer erreichen** reach terra firma [ˌterə'fɜːmə]

Ufo *Abkürzung von* **unbekanntes Flugobjekt** Ufo

Uhr ① (*Wand-, Standuhr*) clock; (*Armband-, Taschenuhr*) watch [wɒtʃ]; **meine Uhr geht vor/nach** my watch is fast/slow; **meine Uhr geht genau** my watch keeps exact time ② (*Anzeigeinstrument*) gauge [geɪdʒ] ③ (*bei Zeitangaben*) **wie viel Uhr ist es?** what time is it?; **es ist zehn Uhr** it's ten o'clock; **um wie viel Uhr?** at what time?; **der Laden ist rund um die Uhr geöffnet** the shop is open 24 hours **Uhrzeiger** hand **Uhrzeigersinn** **im Uhrzeigersinn** clockwise; **im entgegengesetzten Uhrzeigersinn** anti-clockwise, counterclockwise (USA) **Uhrzeit** time; **haben sie die genaue Uhrzeit?** do you have the correct time?

> **! Vorsicht Falle** Im Englischen unterscheidet man zwischen **clock** — *there's a clock above the sideboard* und **watch** — *let me have a look on my watch*; und **time** — *what time is it?*

ulkig (*umgangsspr*) funny

Ulme elm

Ultrakurzwelle ultra-high frequency, ultra-short wave **Ultraschall** ultrasound

um ① (*räumlich*) round; **um die Ecke** round the corner; **um die Welt** round the world ② (*ungefähr*) about, around ③ (*Maße*) at; **um 6 Uhr** at six [o'clock]; **um einen Kopf größer** taller by a head; **um diese Zeit** at this time; **etwa um 6 Uhr** round about six ④ **um jeden Preis** at any price; **um keinen Preis** not at any price; **um alles in der Welt** for anything in the world; **um ein Haar** by a hair ⑤ (*um ... willen*) because of ..., for ...; (*wegen*) for the sake of ...; **um Himmels willen!** for heaven's sake!; **es tut mir Leid um ihn!** I'm sorry for him! ⑥ **um zu** [in order] to ⑦ (*ungefähr*) about; **so um Ostern** about Easter; **so um acht [Uhr]?** around about eight [o'clock]? ⑧ **deine Zeit ist um** your time is up

umarmen embrace [ɪm'breɪs]; (*fester*) hug

umbauen rebuild [ˌriː'bɪld] *Gebäude;* change *Kulissen*

umbenennen **etwas in etwas umbenennen** rename something something

umbiegen ① bend ② (*umkehren*) turn round

umblättern turn [over] the page

umbringen kill

umbuchen ① transfer *Betrag* (**auf** to) ② **eine Reise umbuchen** change one's booking (**auf** for)

umdrehen ① (*auf andere Seite*) turn over; **sich im Bett umdrehen** turn over in bed; (*auf den Kopf stellen*) turn upside down ② (*um die Achse*) turn round; turn *Schlüssel* ③ **sich nach etwas umdrehen** turn round to look at something ④ wring [rɪŋ] *Hals;* twist *Arm* ►IN WENDUNGEN: **den Spieß umdrehen** turn the tables

umeinander about each other; (*räumlich*) round each other

umfahren (*niederfahren*) run down

Umfahrung (CH), (A) by-pass, beltway (USA)

umfallen ① fall down (GB); *Gerüst:* collapse [kə'læps], fall over (USA) ② **tot umfallen** drop dead ③ **ich bin zum Umfallen müde** I'm knackered *umgangsspr*

Umfang ① (*Größe*) size; *der Erde:* circumference [sə'kʌmf(ə)r(ə)ns] ② (*Anzahl*) amount [ə'maʊnt] ③ (*Ausmaß*) extent; *von Arbeit:* scope; **in großem Umfang** on a large scale; **in vollem Umfang** fully ④ **solchen Umfang annehmen, dass ...** assume such proportions that ... **umfangreich** extensive [ɪk'stensɪv]

umfassen ① clasp, grasp ② (*enthalten*) contain; cover *Zeitperiode* ③ (*bestehen aus*) consist [kən'sɪst] of, comprise [kəm'praɪz] **umfassend** ① *Lexikon:* comprehensive [ˌkɒmprɪ'hensɪv] ② *Suche:* extensive [ɪk'stensɪv] ③ (*vollständig*) complete, full

Umfeld environment [ɪn'vaɪrᵊnmənt]

Umfrage survey ['sɜːveɪ], poll; **eine Umfrage machen** carry out a survey

Umgang ① company; **sie ist wirklich kein Umgang für dich** she's really no fit company for you, hanging out with her really won't do you any good *umgangsspr* ② (*Bekanntenkreis*) acquaintances [ə'kweɪntᵊnsɪz] ⚠ *plural* **umgänglich** ① (*verträglich*) affable ['æfəbl] ② (*entgegenkommend*) obliging [ə'blaɪdʒɪŋ] **Umgangsformen** manners **Umgangssprache** colloquial [kə'ləʊkwiəl] speech

umgeben surround **Umgebung** ① surroundings ⚠ *plural;* **London und Umgebung** London and surroundings ② (*Nachbarschaft*) neighbourhood ['neɪbəhʊd] ③ (*Milieu*) background

umgehen[1] ① *Gerücht:* circulate ['sɜːkjəleɪt] ② *Gespenst:* walk [wɔːk] ③ **mit jemandem umgehen** handle someone; **er weiß mit ihr umzugehen** he knows how to handle her ④ **mit etwas umgehen** use something

umgehen[2] ① go round *Hindernis* ② bypass *Ansiedlung* ③ evade [ɪ'veɪd]; circumvent [ˌsɜːkəm'vent] *Verordnung*

Umgehungsstraße bypass

umgekehrt ① reversed; *Reihenfolge:* reverse ② (*gegenteilig*) contrary ③ (*anders herum*) the other way round ④ (*am Satzanfang: dagegen*) conversely ⑤ (*anders herum*) the other way round; **gerade umgekehrt!** quite the contrary!

umgucken (*umgangsspr*) **sich nach etwas umgucken** look about for something

umhängen **sich etwas umhängen** put something on

umher about, around; **rings umher** all around

umhören ask around **umkehren** turn back

umkippen ① tip over; knock over *Vase* ② tip over; *Getränk:* be spilled

umklammern clasp; **sie umklammerte ihre Tasche fest mit den Fingern** she clutched her bag tightly

Umkleideraum changing room

umkommen be killed, die; **ich komme um vor Hitze!** (*umgangsspr*) the heat is killing me!; **vor Langeweile umkommen** (*umgangsspr*) be bored to death

Umkreis (*Umgebung*) surroundings ⚠ *plural;* **im Umkreis von …** within a radius of …

umkreisen circle ['sɜːkl] *Tier, Mensch;* revolve round *Gegenstand;* orbit *Planet*

umkrempeln turn up *Hose, Ärmel*

Umlaut umlaut, vowel mutation

umlegen **jemanden umlegen** bump someone off *umgangsspr*

umleiten divert [daɪ'vɜːt] *Verkehr* **Umleitung** detour, diversion

umlernen ① retrain ② (*Ansichten ändern*) change one's views

umpacken repack

umräumen ① (*anders anordnen*) rearrange; (*an anderen Platz bringen*) shift ② *Möbel:* rearrange the furniture

Umrechnungskurs exchange rate

umrennen knock down

Umriss outline; (*Kontur*) contour ['kɒntʊəʳ]

umrühren stir [stɜːʳ]

Umsatz turnover

umschalten ① switch over ② *Radio, TV:* change over (**auf** to) ③ *Auto:* shift (**in** to) **Umschalttaste** (*Computer*) shift-key

umschauen **sich umschauen** look around (**nach** for); (*nach hinten*) look back

Umschlag ① envelope; (*Hülle*) cover ['kʌvə] ② *eines Buches:* jacket ['dʒækɪt] ③ **kalter Umschlag** cold compress **umschlagen** ① turn over *Seite;* turn down *Kragen* ② *Wetter:* change; *Wind:* veer round

umschulen ① (*auf andere Schule*) transfer to another school ② (*auf etwas Neues*) retrain **Umschulungskurs** retraining course

umschütten ① (*ausschütten*) spill ② (*in ein anderes Gefäß*) decant

Umschwung ① (*plötzliche Veränderung*) drastic change ② (*ins Gegenteil*) reversal [rɪ'vɜːsᵊl] ③ (CH) estate

umsehen look around (**nach** for); (*zurück*) look back; **sich in der Stadt umsehen** have a look around the town

umsetzen ① turn over *Waren* ② **etwas in die Tat umsetzen** translate something into action ③ **sich umsetzen** change seats

Umsiedler(in) resettler

umso ① **umso besser** all the better, so much the better ② **je mehr ..., umso weniger ...** the more ... the less ...; **umso mehr, als ...** all the more considering ...

umsonst ① (*vergeblich*) in vain ② (*erfolglos*) without success ③ (*ohne Bezahlung*) for nothing, free of charge

Umstände ① (*Situation*) circumstances ['sɜːkəmstænsɪz]; **es geht ihr den Umständen entsprechend gut** she is as well as can be expected under the circumstances ② **unter Umständen** under certain circumstances; **unter keinen Umständen** under no circumstances; **unter allen Umständen** at all costs ③ (*Förmlichkeiten*) fuss ⚠ *singular;* **ohne große Umstände** without much fuss; **machen Sie sich meinetwegen keine Umstände!** don't trouble ['trʌbl] yourself on my account! ④ (*Schwierigkeiten*) trouble ⚠ *singular*

umständlich ① *Arbeitsweise:* awkward ['ɔːkwəd] and involved ② *Vorbereitungen:* elaborate ③ *Erklärung:* long-winded

umsteigen ① *Bahn, Bus:* change (**nach** for) ② (*umgangsspr*) switch (**auf** to)

umstellen ① rearrange [ˌriːə'reɪndʒ] *Möbel* ② switch over *Betrieb, Hebel* ③ **sich auf etwas umstellen** adjust to something **Umstellung** ① rearrangement [ˌriːə'reɪndʒmənt] ② (*Anpassung*) adjustment [ə'dʒʌstmənt] (**auf** to) ③ **das wird eine große Umstellung für ihn sein** it will be a big change for him ④ **Umstellung auf Computer** computerization [kəmˌpjuːtᵊraɪ'zeɪʃᵊn]; **Umstellung auf Erdgas** conversion [kən'vɜːʃᵊn] to natural gas

umstimmen **jemanden umstimmen** change someone's mind; **er lässt sich nicht umstimmen** he's not to be persuaded [pə'sweɪdɪd]

umstoßen knock over [*oder* down]; upset *Pläne*

umstritten ① (*noch nicht ausdiskutiert*) disputed [dɪ'spjuːt] ② (*fraglich*) controversial [ˌkɒntrə'vɜːʃᵊl]

Umsturz overthrow **umstürzen** ① overthrow *Regierung* ② (*umfallen*) fall over; *Fahrzeug:* overturn

umtauschen ① exchange; **kann ich das umtauschen?** is it possible to exchange this? ② change *Geld* (**in** into)

umtriebig dynamic, go-getting

Umwälzung radical change

umwandeln change, convert (**in** into); commute *Strafe*

umwechseln change *Geld* (**in** into)

Umweg ① detour ['diːtʊəʳ]; **einen Umweg machen** (*unabsichtlich*) go the long way round; (*absichtlich*) make a detour ② (*übertragen*) roundabout way; **auf Umwegen** indirectly

Umwelt environment [ɪn'vaɪrᵊnmənt] **umweltfreundlich** non-polluting, ecologically friendly **Umweltkatastrophe** ecological disaster **Umweltpolitik** environment[al] policy **Umweltschutz** environmental conservation **Umweltschützer(in)** environmentalist [ɪnˌvaɪrᵊn'mentᵊlɪst], conservationist Umweltverschmutzung pollution of the environment

umweltverträglich *Produkte, Stoffe:* ecologically compatible

umwerfen ① overturn ② (*ändern*) upset ③ **das hat mich völlig umgeworfen!** that really threw me *umgangsspr*

umziehen ① move [to] ② **sich umziehen** change one's clothes

Umzug ① (*Festzug*) procession ② (*Wohnungswechsel*) move, removal

unabhängig ① independent (**von** of) ② **unabhängig davon, was Sie meinen** irrespective [ˌɪrɪ'spektɪv] of what you think **Unabhängigkeit** independence

unabsichtlich unintentional

unachtsam ① (*unaufmerksam*) inattentive ② (*nicht sorgsam*) careless ['keələs]

unangemeldet unannounced; *Besucher:* unexpected

unangenehm ① unpleasant [ʌn'plezᵊnt] ② **er kann unangenehm werden** he can get quite nasty ③ **es wäre mir unangenehm zu fragen** I'd feel awkward ['ɔːkwəd] about asking

Unannehmlichkeit trouble ['trʌbl] ⚠ *singular;* **Unannehmlichkeiten haben/bekommen** be in/get into trouble

unanständig ① *Kleidung:* indecent ② (*obszön*) dirty

unappetitlich (*auch übertragen*) unappetizing **unartig** naughty ['nɔːti]

unauffällig ① inconspicuous [ˌɪnkən'spɪkjuəs] ② (*unscheinbar*) unobtrusive ③ *Kleidung:* nondescript ④ **er verhielt sich**

unauffällig he kept a low profile
unaufgefordert ❶ unsolicited ❷ without being asked
unaufhörlich incessant [ɪn'sesᵊnt]
unaufmerksam ❶ inattentive ❷ **das war wirklich unaufmerksam von dir!** that was really thoughtless of you!
unausstehlich intolerable
unbeabsichtigt unintentional
unbedenklich completely harmless
unbedeutend ❶ (*unwichtig*) insignificant, unimportant ❷ (*geringfügig*) minor
unbedingt ❶ (*absolut*) absolute ❷ (*bedingungslos*) unconditional ❸ (*auf jeden Fall*) really ❹ (*erforderlich*) absolutely; **das ist nicht unbedingt nötig** that's not absolutely necessary ['nesəsᵊri] ❺ **Sie müssen unbedingt kommen!** you really must come!
unbefangen uninhibited [ˌʌnɪn'hɪbɪtɪd]
unbefriedigend unsatisfactory [ʌnˌsætɪs'fæktᵊri]
unbegabt untalented
unbegreiflich ❶ (*unverständlich*) incomprehensible [ɪnˌkɒmprɪ'hensəbl] ❷ (*unergründlich*) inscrutable [ɪn'skru:təbl] ❸ **das ist mir unbegreiflich** I can't understand that
unbegrenzt unlimited
unbegründet groundless, unfounded
unbehaglich ❶ (*körperlich*) uncomfortable [ʌn'kʌmftəbl] ❷ (*gefühlsmäßig*) uneasy
unbeholfen awkward ['ɔ:kwəd], clumsy
unbekannt unknown; *Gegend:* unfamiliar [ˌʌnfə'mɪljəʳ]
Unbekannte(r) unknown person, stranger ['streɪndʒə]
unbekümmert ❶ (*unbesorgt*) unconcerned (**über** about) ❷ (*sorglos*) happy-go-lucky
unbelastet unencumbered [ˌʌnɪŋ'kʌmbəd]
unbeleuchtet *Staße:* unlit
unbeliebt unpopular (**bei** with); **er ist ziemlich unbeliebt bei den Studenten** he's quite unpopular with the students
unbemannt *Rakete:* unmanned
unbemerkt unnoticed
unbenutzt unused [ʌn'ju:zd]; *Taschentuch:* clean
unbeobachtet unobserved; **in einem unbeobachteten Augenblick** when nobody was looking
unbequem ❶ (*lästig*) awkward ['ɔ:kwəd] ❷ (*ungemütlich*) uncomfortable [ʌn'kʌmftəbl]
unberechenbar unpredictable [ˌʌnprɪ'dɪktəbl]
unberührt ❶ untouched [ʌn'tʌtʃt] ❷ **die unberührte Natur** unspoilt [ʌn'spɔɪlt] nature ⚠ *ohne Artikel*
unbeschädigt undamaged [ʌn'dæmɪdʒd]
unbeschränkt ❶ unrestricted ❷ *Macht:* absolute ❸ **jemandem unbeschränkte Vollmacht geben** give someone carte blanche
unbeschreiblich ❶ indescribable [ˌɪndɪ'skraɪbəbl] ❷ **unbeschreiblich schön** unbelievably [*oder* incredibly] beautiful
unbeschwert (*sorglos*) carefree ['keəfri:]
unbesiegbar invincible [ɪn'vɪnsəbl]
unbesorgt ❶ unconcerned ❷ **seien Sie unbesorgt!** don't worry!; **Sie können ganz unbesorgt sein** you can set your mind at ease
unbeständig *Wetter:* changeable ['tʃeɪndʒəbl]
unbestechlich *Person:* incorruptible
unbestimmt ❶ (*ungewiss*) uncertain ❷ (*unklar*) vague [veɪg] ❸ *Artikel:* indefinite ❹ **auf unbestimmte Zeit** for an indefinite period
unbestritten ❶ undisputed ❷ **es ist unbestritten, dass …** nobody denies that …
unbeteiligt ❶ (*gleichgültig*) indifferent, unconcerned ❷ (*nicht teilnehmend*) uninvolved (**an, bei** in)
unbetont unstressed
unbewacht unguarded [ʌn'gɑ:dɪd]; *Parkplatz:* unattented
unbewaffnet unarmed
unbeweglich ❶ (*nicht bewegbar*) immovable [ɪ'mu:vəbl] ❷ (*still stehend*) motionless ❸ *Körper:* stiff ❹ (*geistig unbeweglich*) inflexible
unbewohnt *Gegend:* uninhabited [ˌʌnɪn'hæbɪtɪd]; *Haus:* unoccupied
unbewusst ❶ unconscious [ʌn'kɒnʃəs] ❷ (*nicht gewollt*) involuntary [ɪn'vɒləntᵊri]
unbezahlbar ❶ (*zu teuer*) unaffordable ❷ (*sehr nützlich*) invaluable [ɪn'væljuəbl] ❸ **ihr Humor ist unbezahlbar** nothing beats her sense of humor *umgangsspr*
unbezahlt ❶ unpaid ❷ *Rechnung:* unsettled

unbrauchbar useless; (*nicht zu verwenden*) unusable

und 1 and 2 **und so weiter** and so forth [*oder* so on] 3 **und das tat ich auch** which I did 4 **seien Sie so gut und …** be so kind as to … 5 **und wenn …** even if …; **und wenn du noch so bettelst** no matter how much you beg 6 **und?** so what? 7 **und dann?** (*danach*) and then?; (*was dann*) then what?

undankbar 1 *Mensch:* ungrateful (**gegen** to) 2 *Aufgabe:* thankless

undefinierbar indefinable

undenkbar unthinkable

undeutlich 1 indistinct 2 **er spricht undeutlich** he mumbles

undicht 1 (*gegen Luft*) not air-tight; (*gegen Wasser*) not water-tight 2 **undicht sein** leak; **undichte Stelle** (*auch übertragen*) leak

Unding absurdity [əb'sɜːdəti]

undiszipliniert undisciplined [ʌn'dɪsɪplɪnd]

undurchsichtig 1 opaque [ə'peɪk] 2 (*obskur*) obscure [əb'skjʊəʳ] 3 **er ist ein undurchsichtiger Typ** he's a shady character *umgangsspr*

uneben uneven; (*rau*) rough [rʌf]

unecht 1 *Diamanten:* fake; *Haare:* artificial [ˌɑːtɪ'fɪʃəl] 2 false; *Freundlichkeit:* insincere

unehelich illegitimate

unehrlich dishonest **Unehrlichkeit** dishonesty

uneinig 1 divided 2 **mit jemandem uneinig sein** disagree with someone **Uneinigkeit** disagreement

unempfindlich 1 insensitive (**gegen** to) 2 (*strapazierfähig*) hard-wearing; *Pflanzen:* hardy

unendlich 1 infinite 2 (*zeitlich*) endless, never-ending 3 **unendlich viele Blumen** countless flowers 4 **unendlich traurig** incredibly sad 5 **auf unendlich eingestellt** *Kamera:* focused on infinity 6 **unendlich viele Bestellungen** no end of orders **Unendlichkeit die Unendlichkeit** infinity ⚠ *ohne Artikel;* (*zeitlich*) endlessness

unentbehrlich 1 indispensable (**für** to) 2 *Wissen:* essential

unentschieden 1 undecided; *Frage:* open 2 *Spiel:* drawn; **unentschieden enden** end in a draw; **unentschieden spielen** draw

Unentschlossenheit indecision

unerfahren inexperienced

unerfreulich unpleasant [ʌn'plezənt]

unerhört 1 (*empörend*) outrageous [ˌaʊt'reɪdʒəs] 2 **unerhört!** bloody cheek! *umgangsspr;* **das ist ja unerhört!** that's the limit! 3 **unerhört groß** incredibly big; **unerhört viel** an incredible amount [of]

unerklärlich inexplicable

unerlaubt without permission; (*ungesetzlich*) illegal

unermüdlich tireless ['taɪələs], untiring

unerreichbar 1 (*übertragen*) unattainable 2 (*unzugänglich*) inaccessible

unersättlich insatiable [ɪn'seɪʃəbl]

unerschwinglich exorbitant [ɪg'zɔːbɪtənt], prohibitive; **für jemanden unerschwinglich sein** be beyond someone's means

unersetzlich irreplaceable [ˌɪrɪ'pleɪsəbl]

unerträglich unbearable [ʌn'beərəbl]; *Frechheit:* insufferable

unerwartet unexpected

unerwünscht 1 unwelcome; *Kind:* unwanted 2 **Hunde sind hier nicht erwünscht** dogs aren't welcome here

unfähig 1 (*untüchtig*) incompetent 2 (*nicht fähig*) incapable [of]

unfair unfair; **das war wirklich unfair** that really wasn't fair

Unfall accident; **er hat seinen Finger bei einem Unfall verloren** he lost his finger in an accident

unfassbar 1 incomprehensible [ɪnˌkɒmprɪ'hensəbl] 2 **es war für ihn unfassbar** he just couldn't believe it [*oder umgangsspr* take it in]

unfreiwillig 1 (*unbeabsichtigt*) unintentional 2 (*gezwungen*) compulsory [kəm'pʌlsəri]

unfreundlich 1 *Person:* unfriendly 2 *Wetter:* inclement

unfruchtbar infertile; (*fruchtlos*) fruitless

Unfug nonsense; **Unfug treiben** get up to mischief ['mɪstʃɪf]; **lass den Unfug!** stop that nonsense!

Ungar(in) Hungarian [hʌŋ'geəriən]

ungarisch Hungarian

Ungarn Hungary ['hʌŋgəri]

ungebildet uneducated; (*unkultiviert*) uncultured

ungeboren unborn

ungebräuchlich uncommon

ungebunden **frei und ungebunden** footloose and fancy-free
Ungeduld impatience [ɪmˈpeɪʃəns]; **vor Ungeduld** with impatience **ungeduldig** impatient
ungeeignet unsuitable [ʌnˈsuːtəbl] (**für** for); **sie ist für diesen Beruf ungeeignet** she's unsuited to this profession
ungefähr 1 approximately [əˈprɒksɪmətli], roughly [rʌfli] 2 **ungefähr um zehn** around ten 3 **das kommt schon nicht von ungefähr** that's certainly no accident 4 approximate [əˈprɒksɪmət]; **nach ungefähren Schätzungen** at a rough [rʌf] guess ⚠ *singular*
ungefährlich 1 (*sicher*) safe 2 (*harmlos*) harmless
Ungeheuer monster *auch übertragen*
ungeheuer 1 (*riesig*) enormous, immense; **ungeheuere Ausmaße annehmen** take on enormous dimensions 2 (*genial, kühn*) tremendous 3 (*vermessen*) outrageous [ˌaʊtreɪdʒəs] 4 (*monströs*) monstrous 5 (*sehr*) enormously 6 (*negativ*) terribly
ungehorsam disobedient (**gegenüber** to)
Ungehorsam disobedience (**gegenüber** to)
ungeklärt *Frage, Verbrechen:* unsolved
ungelegen inconvenient [ˌɪnkənˈviːniənt]; **das kommt mir ungelegen** that's inconvenient for me; **komme ich ungelegen?** is this an inconvenient time for you?
ungelernt unskilled
ungeliebt unloved
ungemütlich 1 uncomfortable [ʌnˈkʌmftəbl] 2 *Person:* uncomfortable to be with 3 *Wetter:* unpleasant [ʌnˈplezᵊnt]
ungenau 1 imprecise; (*nicht fehlerlos*) inaccurate 2 (*nicht wahrheitsgetreu*) inexact
Ungenauigkeit 1 inaccuracy 2 (*durch Abweichung von Tatsachen*) inexactitude
ungenießbar 1 (*nicht essbar*) inedible [ɪˈnedɪbl]; (*nicht trinkbar*) undrinkable 2 (*umgangsspr*) *Angelegenheit:* unpalatable [ʌnˈpælətəbl] 3 (*umgangsspr*) *Mensch:* unbearable [ʌnˈbeərəbl]
ungenügend insufficient [ˌɪnsəˈfɪʃᵊnt]; *Schulnote:* unsatisfactory
ungenutzt unused; **ungenutzte Energien** unexploited energies
ungepflegt *Rasen:* neglected; *Mensch:* untidy
ungerade *Zahl:* odd *vor Substantiv*
ungerecht unfair, unjust **Ungerechtigkeit** injustice
ungern unwillingly, reluctantly; **das tue ich nur höchst ungern** I really dislike doing it
ungeschickt *Person:* clumsy; *Bemerkung:* tactless
ungeschliffen 1 *Edelstein:* uncut; *Messer:* blunt 2 *Benehmen:* uncouth [ʌnˈkuːθ]
ungeschminkt 1 without make-up 2 (*übertragen*) unvarnished; **die ungeschminkte Wahrheit** the plain truth
ungeschoren 1 **jemanden ungeschoren lassen** spare someone 2 **jemanden ungeschoren davonkommen lassen** let someone off scot-free; **ungeschoren davonkommen** escape unscathed
ungesellig unsociable [ʌnˈsəʊʃəbl]
ungesetzlich illegal, unlawful
ungestört undisturbed
ungestraft with impunity
ungesund unhealthy [ʌnˈhelθi]
ungeübt unpracticed
ungewiss uncertain; **die haben mich ganz schön im Ungewissen gelassen** they really kept me in the dark **Ungewissheit** uncertainty
ungewöhnlich unusual
ungewohnt 1 (*fremd*) unfamiliar; **das ist ungewohnt für mich** I am not used to it 2 (*unüblich*) unusual
ungewollt unintentional; *Schwangerschaft:* unwanted
Ungeziefer pests *plural*, vermin *plural*
ungezogen naughty [ˈnɔːti]
ungezwungen relaxed; **sich ungezwungen bewegen** feel quite free
unglaublich incredible
unglaubwürdig 1 *Sache:* implausible [ɪmˈplɔːzəbl] 2 *Zeuge:* unreliable; **sich unglaubwürdig machen** lose credibility
ungleich 1 (*nicht gleichwertig*) unequal 2 (*unähnlich*) dissimilar, unlike; **ungleiches Paar** odd couple 3 (*verschieden*) different; *Strümpfe:* odd **ungleichmäßig** uneven
Unglück 1 (*Unheil*) misfortune; **das bringt Unglück!** that's unlucky! 2 (*Unfall*) accident; (*Missgeschick*) mishap 3 (*Schicksalsschlag*) disaster; **sich ins Unglück stürzen** rush headlong into disaster; **so ein Unglück!** what a disaster! 4 (*Pech*) bad luck 5 (*seelisch*) unhappiness 6 **zu allem Unglück** to top it all **unglücklich** 1 (*bedau-*

erlich) unfortunate ② (*glücklos*) unlucky ③ (*traurig*) unhappy ④ *Liebe:* unrequited [ˌʌnrɪˈkwaɪtɪd]; **unglücklich verliebt** crossed in love ⑤ **unglücklich ausgehen** turn out badly **unglücklicherweise** unfortunately [ʌnˈfɔːtʃənətli]

ungültig ① (*nichtig*) void; **etwas für ungültig erklären** declare something null and void ② (*nicht gültig*) invalid; *Tor:* disallowed ③ **ungültig werden** *Pass:* expire

ungünstig ① *Situation:* unfavourable [ʌnˈfeɪvərəbl] ② *Termin:* inconvenient [ˌɪnkənˈviːniənt] ③ *Wetter:* bad

ungut **ein ungutes Gefühl haben** have an uneasy feeling; **nichts für ungut!** no offence!

unhandlich unwieldy [ʌnˈwiːldi]

unheilbar incurable; **unheilbar krank sein** have a terminal illness

unheimlich ① (*beängstigend*) frightening [ˈfraɪtənɪŋ]; (*nicht geheuer*) uncanny ② (*umgangsspr: hervorragend*) tremendous ③ **mir ist unheimlich** I have an uncanny feeling; **er ist mir unheimlich** he gives me the creeps ④ **mir ist unheimlich kalt** I'm incredibly cold

unhöflich impolite **Unhöflichkeit** impoliteness

unhygienisch unhygienic [ˌʌnhaɪˈdʒiːnɪk]

Uniform uniform

uninteressant uninteresting; **das ist doch völlig uninteressant!** that's of absolutely no interest!

uninteressiert ① (*nicht interessiert*) uninterested (**an** in) ② (*gleichgültig*) disinterested

Universität university

Universum universe

unklar ① (*unverständlich*) unclear [ʌnˈklɪəʳ] ② (*ungeklärt*) unclarified ③ (*undeutlich*) indistinct ④ **über etwas im Unklaren sein** be in the dark about something ⑤ **es war ihm völlig unklar, woher die Katze kam** he didn't have the faintest idea where the cat had come from

unklug unwise

unkompliziert straightforward, uncomplicated

unkonzentriert lacking in concentration; **unkonzentriert arbeiten** lack concentration in one's work

Unkosten costs, expenses; **laufende Unkosten** running costs

Unkraut weed *meist plural*

unleserlich unreadable [ʌnˈriːdəbl]

unlogisch illogical

unlösbar ① *Problem:* insoluble ② (*untrennbar*) indissoluble

unlöslich *Substanz:* insoluble

Unmensch brute

unmenschlich inhuman

unmissverständlich unequivocal [ˌʌnɪˈkwɪvəkəl]

unmittelbar ① (*direkt*) direct ② *Nachbarschaft:* immediate [ɪˈmiːdiət]

unmöglich ① *Mensch, Benehmen:* impossible ② **jemanden/sich unmöglich machen** make someone/oneself look ridiculous; **sie hat sich auf der Party unmöglich gemacht** she made a fool of herself at the party

unmoralisch immoral

unmündig under age

unmusikalisch unmusical

unnachgiebig ① *Material:* inflexible ② (*übertragen*) intransigent [ɪnˈtrænsɪdʒənt], unyielding [ʌnˈjiːldɪŋ]

unnachsichtig severe [sɪˈvɪəʳ]; (*gnadenlos*) unrelenting (**gegenüber** towards)

unnahbar unapproachable [ˌʌnəˈprəʊtʃəbl]

unnatürlich unnatural

unnötig unnecessary; **sich unnötig aufregen** get unnecessarily excited

unordentlich ① *Lebenswandel:* disorderly ② *Zimmer:* untidy **Unordnung** disorder; (*Durcheinander*) mess

unparteiisch impartial

unpassend inappropriate [ˌɪnəˈprəʊpriət], unsuitable [ʌnˈsuːtəbl]; *Zeitpunkt auch:* inopportune

unpersönlich impersonal

unpraktisch ① *Mensch:* unpractical ② *Maschine:* impractical

unpünktlich *Mensch:* unpunctual; *Zug:* not on time

unrasiert unshaven

Unrecht ① injustice, wrong [rɒŋ]; **zu Unrecht** unjustly; **nicht zu Unrecht** not without good reason; **ihr ist viel Unrecht geschehen** she has been deeply wronged [rɒŋd] ② **im Unrecht sein** be wrong

unregelmäßig irregular

unreif ① unripe ② *Mensch:* immature

unrichtig incorrect

Unruhe ① (*innere Unruhe*) restlessness

② (*Krach*) noise ③ **Unruhe stiften** make trouble ['trʌbl] *übertragen,* create [kri'eɪt] unrest ④ **politische Unruhen** political unrest ⚠ *singular* **unruhig** ① restless ② (*laut*) noisy ③ *Meer, Schlaf, Zeit:* troubled [trʌbld] ④ (*nervös*) fidgety ['fɪdʒɪti]

uns ① (*im Akkusativ*) us; **lass uns da raus!** leave us out of it! ② (*im Dativ*) [to] us; **sie haben es uns geschenkt** they gave it [to] us ③ (*in Verbindung mit reflexivem Verb*) [to] ourselves; **wir haben uns einen Urlaub geleistet** we have treated ourselves to a holiday

unsauber dirty

unschädlich harmless, innocuous [ɪ'nɒkjuəs]

unscharf *Foto:* blurred

unscheinbar inconspicuous [ˌɪnkən'spɪkjuəs]; (*unattraktiv*) unprepossessing

unschlagbar unbeatable

unschlüssig undecided; **sich über etwas unschlüssig sein** be undecided about something

Unschuld innocence **unschuldig** ① innocent ② **an etwas unschuldig sein** not to be guilty ['gɪlti] of something; **an dem Unfall bin ich völlig unschuldig** I am completely without blame in the accident

unselbstständig dependent

unser ① our ② (*1. Person plural*) of us **unsereiner, unsereins** (*umgangsspr*) the likes of us **unseresgleichen** people like us **uns(e)rige** ① ours ② **die Unsrigen** our people; **wir haben das Unsrige getan** we have done our part **unsertwegen** ① for our sake ② **unsertwegen haben sie jetzt das Konzert verpasst** because of us they've missed the concert now

unsicher ① (*gefährlich*) unsafe ② (*verunsichert*) shaky, unsure ③ (*zweifelhaft*) uncertain [ʌn'sɜːtᵊn] ④ **unsicher auf den Beinen** unsteady [ʌn'stedi] on one's feet ⑤ **er ist sich unsicher, ob er kommen kann** he's not sure whether he'll be able to come **Unsicherheit** ① (*Ungeübtheit*) unsureness ② (*Ungewissheit*) uncertainty ③ *Mensch:* self-conciousness [ˌself'kɒnʃəsnəs]

Unsinn ① nonsense, rubbish; **Unsinn reden** talk nonsense; **Unsinn!** nonsense! ② **lass den Unsinn!** stop fooling about! **unsinnig** ① (*sinnlos*) nonsensical ② (*ungerechtfertigt*) absurd [əb'sɜːd]

unsozial *Maßnahme:* unsocial [ʌn'səʊʃᵊl]; *Einstellung:* antisocial

unsportlich unathletic

unsterblich immortal **Unsterblichkeit** immortality

unsympathisch disagreeable [ˌdɪsə'griːəbl], unpleasant [ʌn'plezᵊnt]; **der ist mir unsympatisch** I don't like him

untauglich unfit (**für** for)

unteilbar indivisible

unten ① (*unterhalb*) below, underneath ② **von oben bis unten** from top to bottom ③ **hier unten** down here ④ (*im Haus*) downstairs ⑤ (*am unteren Ende, im unteren Teil*) at the bottom ⑥ **unten am Fluss** down by the river; **unten im Keller** down in the cellar

unter ① under; (*unterhalb*) below, underneath ② (*zwischen*) among, amongst, between; **unter Freunden** among friends [frendz]; **unter uns gesagt** between you and me ③ **wir sind unter uns** we are by ourselves [ˌaʊə'selvz] ④ (*weniger als*) below, under; **unter dem Durchschnitt** below average ⑤ **unter anderem** among other things ⑥ **unter der Woche** during the week

Unterarm forearm ['fɔːʳɑːm]

unterbelichtet *Foto:* underexposed

Unterbewusstsein subconscious [sʌb'kɒnʃəs]; **im Unterbewusstsein** subconsciously

unterbrechen ① interrupt ② **wir sind unterbrochen worden** we've been cut off ③ **verzeihen Sie, dass ich Sie unterbreche** forgive me for interrupting

unterbringen ① (*verstauen*) put ② (*beherbergen*) accommodate; (*bei sich zu Hause*) put up *Gast*

Unterbruch (CH) interruption

unterdrücken ① (*beherrschen*) oppress; suppress *Aufstand, Freiheit* ② hold back *Bemerkung, Gefühl, Tränen;* suppress *Lachen, Neugierde*

untereinander ① (*räumlich*) one below the other ② (*gegenseitig*) each other; (*miteinander*) among one another

unterernährt malnourished [ˌmæl'nʌrɪʃt]

Unterführung underpass

Untergang ① **Untergang der Sonne** setting of the sun ② *eines Schiffs:* sinking ③ (*Zugrundegehen*) decline, ruin

untergehen ① *Sonne:* set ② *Schiff:* sink ③ (*zugrunde gehen*) decline, be ruined; *Menschen:* perish ④ **im Lärm untergehen** be drowned out by the noise ▸ IN WENDUNGEN: **davon geht die Welt nicht unter!** that isn't the end of the world!

Untergeschoss basement

Untergewicht **Untergewicht haben** be underweight [ˌʌndəˈweɪt]

Untergrund ① (*Farbschicht*) undercoat ② (*politisch*) underground

unterhalb below

unterhalten ① entertain *Gäste* ② (*ein Gespräch führen*) **sie haben sich unterhalten** they were talking to each other; **sich mit jemandem über etwas unterhalten** talk with [*oder* to] someone about something; **ich würde mich gern mal mit dir unterhalten** I should like to have a little talk with you ③ **sich unterhalten** (*sich vergnügen*) amuse oneself, enjoy oneself; **ich hoffe, dass Sie sich gut unterhalten** I hope you'll have a good time **unterhaltsam** entertaining

Unterhaltung ① (*Amüsement*) entertainment ② (*Gespräch*) conversation

Unterhaus Lower House; (*in GB*) House of Commons; **im Unterhaus** in the Commons ⚠ *plural;* **Mitglied des Unterhauses** (*in GB*) member of parliament, MP

Unterhemd vest (GB), undershirt (USA)

Unterhose ① underpants ⚠ *plural,* briefs [bri:fs] ⚠ *plural* ② (*für Damen*) pants ⚠ *plural,* panties ⚠ *plural* (USA)

unterirdisch underground, subterranean [ˌsʌbtᵊrˈeɪniən]

Unterkiefer lower jaw

unterkriegen (*umgangsspr*) ① **er lässt sich nicht unterkriegen** he doesn't give in ② **lass dich nicht unterkriegen** don't let it get you down

Unterkunft accommodation; **Unterkunft und Verpflegung** board and lodging

Unterlage ① (*zum Schreiben*) pad ② (*Schriftstück*) document

unterlassen ① (*versäumen*) omit ② (*nicht durchführen*) not carry out; (*nicht tun*) refrain from ③ **unterlassen Sie das!** stop that!

unterlegen ① (*schwächer*) inferior [ɪnˈfɪəriəʳ]; **jemandem unterlegen sein** be inferior to someone ② (*im Kampf*) defeated

Unterleib abdomen **Unterleibsschmerzen** abdominal pain ⚠ *singular*

Unterlippe lower lip

Untermiete **zur Untermiete wohnen** be a subtenant [*oder* lodger] **Untermieter(in)** lodger (GB), roomer (USA)

Unternehmen ① (*Firma*) company ② (*Vorhaben*) enterprise

unternehmen ① (*tun*) do; (*durchführen*) undertake ② **Schritte gegen jemanden unternehmen** take steps against someone; **dagegen müssen wir etwas unternehmen** we must take some action against that

Unternehmensberater(in) management consultant **Unternehmer(in)** entrepreneur [ˌɒntrəprəˈnɜːʳ]; (*Arbeitgeber*) employer

Unternehmung (CH) company

unternehmungslustig enterprising; **sie ist ziemlich unternehmenslustig** she's pretty adventurous

Unteroffizier non-commissioned officer, N.C.O, non-com (USA)

unterordnen ① subordinate to ② **sich jemandem unterordnen** subordinate oneself to someone

unterprivilegiert underprivileged [ˌʌndəˈprɪvᵊlɪdʒd]

Unterricht ① classes ⚠ *plural,* lessons ⚠ *plural;* **am Unterricht teilnehmen** attend classes; **theoretischer Unterricht** theoretical [θɪəˈretɪkᵊl] instruction; **Unterricht geben** teach; **während des Unterrichts** in [*oder* during] class ② (*Lehren*) teaching

unterrichten ① **jemanden in etwas unterrichten** teach someone something; **er unterrichtet in einer Grundschule** he teaches in a primary school ② (*informieren*) inform (**von, über** about); **sich von jemandem über etwas unterrichten lassen** be informed by someone about something; **gut unterrichtete Kreise** well-informed circles **Unterrichtsstunde** lesson (GB), period [ˈpɪəriˈɒdɪk] (USA)

Unterrock slip, petticoat

Untersatz mat; (*für Blumentopf*) saucer [ˈsɔːsə]

unterschätzen underestimate

unterscheiden ① distinguish (**zwischen** between) ② (*auseinander halten*) tell apart; **können Sie die beiden unterscheiden?** can you tell which is which?; **man kann**

U u

John einfach nicht von Paul unterscheiden you simply can't tell John from Paul ❸ **sich unterscheiden** differ (**von** from); **worin unterscheiden sich die beiden?** what is the difference between the two of them?

Unterschenkel lower leg

unterschieben (*unterstellen*) **jemandem etwas unterschieben** falsely attribute something to someone

Unterschied ❶ difference; **das ist kein großer Unterschied** that makes no difference ❷ (*Unterscheidung*) distinction; **einen Unterschied machen zwischen … und …** make a distinction between … and … ❸ **im Unterschied zu jemandem/etwas** unlike someone/something **unterschiedlich** ❶ different ❷ (*veränderlich*) variable ['veəriəbl]; **das ist sehr unterschiedlich** it varies a lot; **Beiträge von unterschiedlicher Qualität** contributions of varying quality

unterschlagen embezzle *Geld;* withhold *Briefe, Beweise;* suppress *Testament*

unterschreiben sign **Unterschrift** signature; **seine Unterschrift unter etwas setzen** put one's signature to something

Unterseite underside

unterste(r, s) lowest; **die unterste Schublade** the bottom drawer

unterstellen[1] ❶ (*unterbringen*) keep ❷ **sich unterstellen** take shelter

unterstellen[2] ❶ (*unterschieben*) insinuate [ɪn'sɪnjueɪt]; **wollen Sie mir Fahrlässigkeit unterstellen?** are you insinuating that I was negligent ? ❷ **14 Mitarbeiter sind mir unterstellt** I'm in charge of 14 employees

unterstreichen (*auch übertragen*) underline

Unterstufe lower grade

unterstützen (*auch übertragen*) support (**bei, in** in); (*finanziell*) subsidize; (*fördern*) sponsor **Unterstützung** ❶ (*Tätigkeit*) support ❷ (*Zuschuss*) aid, assistance; (*Beihilfe*) benefit payment

Untersuch (CH) examination [ɪɡˌzæmɪ'neɪʃᵊn]

untersuchen ❶ examine (**auf** for); (*genau prüfen*) scrutinize ['skru:tɪnaɪz] ❷ investigate *Verbrechen* ❸ survey ['sɜ:veɪ] *Thema* ❹ test *Blut* (**auf** for) ❺ (*überprüfen*) check; verify *Angaben*

Untersuchung ❶ examination ❷ *eines Verbrechens:* investigation (**über** into) ❸ *eines Themas:* survey ['sɜ:veɪ] ❹ *einer Substanz:* test ❺ **ärztliche Untersuchung** medical examination

Untertasse saucer ['sɔ:sə]

untertauchen ❶ immerse [ɪ'mɜ:s] *Gegenstand;* duck *Person* ❷ dive; *U-Boot:* submerge [səb'mɜ:dʒ] ❸ (*verschwinden*) disappear

Untertitel ❶ subtitle ❷ *eines Films:* caption

Untertreibung understatement

Unterwäsche underwear ['ʌndəweəʳ]

unterwegs ❶ on the way ❷ (*außer Haus*) out ❸ **geschäftlich unterwegs** away on business

Unterwelt (*auch übertragen*) underworld

unterzeichnen sign [saɪn]

untrennbar inseparable

untreu unfaithful; **bin ich dir jemals untreu gewesen?** have I ever been unfaithful to you?; **sich selbst untreu werden** be untrue to oneself **Untreue** unfaithfulness; (*in Partnerschaft*) infidelity

untröstlich inconsolable (**über** about)

untypisch atypical (**für** of)

unübersichtlich ❶ *Kurve:* blind ❷ *Organisation:* confused

unübertroffen unsurpassed

ununterbrochen ❶ (*nicht unterbrochen*) uninterrupted ❷ (*unaufhörlich*) continuous [kən'tɪnjuəs], incessant; **sie kichert ununterbrochen** she never stops giggling

unverantwortlich irresponsible [ˌɪrɪ'spɒnsəbl]

unverbesserlich incorrigible

unverbleit lead-free, unleaded

unverdaulich indigestible [ˌɪndɪ'dʒestəbl]

unverdorben (*auch übertragen*) unspoilt

unvereinbar incompatible; **miteinander unvereinbar sein** be incompatible

unvergesslich unforgettable

unvergleichlich incomparable [ɪn'kɒmpᵊrəbl]

unverhältnismäßig ❶ disproportionately [ˌdɪsprə'pɔ:ʃᵊnətli] ❷ (*übermäßig*) excessively

unverheiratet unmarried

unverhofft unexpected; **völlig unverhofft** out of the blue

unverkäuflich ❶ unmarketable ❷ **unverkäufliches Muster** free sample ❸ **„unverkäuflich“** “not for sale”

unverletzt unhurt, uninjured [ʌn'ɪndʒəd]; *Körperteil:* undamaged [ʌn'dæmɪdʒd]
unvermeidlich inevitable [ɪ'nevɪtəbl]; (*nicht zu umgehen*) unavoidable
unvermutet unexpected
unvernünftig ① unreasonable ② (*töricht*) stupid
unverschämt ① impertinent; *Benehmen:* impudent; **die sind vielleicht unverschämt!** the bloody nerve they've got! *umgangsspr;* **grins nicht so unverschämt!** take that cheeky grin off your face! ② *Lüge:* blatant ['bleɪtənt] ③ *Preis:* exorbitant [ɪg'zɔːbɪtənt] ④ **unverschämt gut aussehen** be incredibly good looking **Unverschämtheit** ① (*Benehmen*) impertinence [ɪm'pɜːtɪnəns], impudence ['ɪmpjədəns] ② **die Unverschämtheit haben zu …** have the nerve [*oder* face] to …; **so eine Unverschämtheit!** it's outrageous [aʊt'reɪdʒəs]!
unverschuldet ① (*ohne Schulden*) free from debt; *Grundstück:* unencumbered ② (*ohne Schuld*) through no fault of one's own
unverständlich ① (*unbegreifbar*) incomprehensible [ɪnˌkɒmprɪ'hensəbl] ② (*kaum zu hören*) inaudible [ɪ'nɔːdəbl]
unverträglich ① (*streitsüchtig*) quarrelsome ['kwɒrəlsəm] ② (*unbekömmlich*) intolerable; *Essen:* indigestible [ˌɪndɪ'dʒestəbl]
unverwechselbar unmistakable [ˌʌnmɪ'steɪkəbl]
unverwundbar invulnerable [ɪn'vʌlnərəbl]
unverwüstlich indestructible [ɪndɪ'strʌktəbl]; *Gesundheit:* robust
unverzeihlich unpardonable
unvollständig incomplete
unvorbereitet unprepared (**auf** for)
unvoreingenommen unbiased [ʌn'baɪəst], unprejudiced
unvorhergesehen unforeseen [ˌʌnfɔː'siːn]; *Besuch:* unexpected
unvorsichtig careless ['keələs]; (*voreilig*) rash
unvorstellbar inconceivable [ˌɪnkən'siːvəbl]
unwahr untrue
unwahrscheinlich ① improbable, unlikely ② **unwahrscheinliches Glück** incredible luck ③ **unwahrscheinlich kalt** incredibly cold
unweigerlich ① inevitable ② (*grundsätzlich*) invariably [ɪn'veəriəbli] ③ (*unvermeidlich*) inevitably
Unwesen **sein Unwesen treiben** be up to one's tricks
Unwetter storm
unwichtig unimportant; (*unbedeutend*) insignificant; (*ohne Belang*) irrelevant
unwiderstehlich irresistible **unwillkommen** unwelcome **unwillkürlich** ① (*spontan*) spontaneous [spɒn'teɪniəs] ② (*instinktiv*) instinctive ③ **ich musste unwillkürlich lachen** I couldn't help laughing
unwirklich unreal [ʌn'rɪəl]
unwirksam ineffective
unwirtschaftlich uneconomical
Unwissenheit ignorance; **Unwissenheit schützt vor Strafe nicht** ignorance is no excuse
unwohl ① (*unpässlich*) indisposed, unwell; **ich fühle mich unwohl** I don't feel well ② (*unbehaglich*) uneasy ③ **sich bei jemandem unwohl fühlen** feel uncomfortable with someone [ʌn'kʌmftəbl]
unzählig countless, innumerable [ɪ'njuːmərəbl]
Unze ounce
unzerbrechlich unbreakable [ʌn'breɪkəbl]
unzertrennlich inseparable
unzufrieden discontented, dissatisfied; (*unglücklich*) unhappy **Unzufriedenheit** discontent, dissatisfaction
unzugänglich ① *Gebäude:* inaccessible [ˌɪnək'sesəbl] ② *Person:* unapproachable [ˌɪnə'prəʊtʃəbl]
unzumutbar unreasonable
unzurechnungsfähig not responsible for one's actions; **er wurde für unzurechnungsfähig erklärt** he was certified insane
unzusammenhängend disjointed, incoherent [ˌɪnkə'hɪərənt]
unzuverlässig unreliable
unzweifelhaft ① undoubted [ʌn'daʊtɪd] ② undoubtedly, without doubt
üppig ① *Lebensstil:* luxurious [lʌg'jʊəriəs] ② *Fantasie:* rich ③ *Ausstattung, Essen:* sumptuous ['sʌmtʃuəs] ④ *Frau:* voluptuous [və'lʌptʃuəs] ⑤ *Vegetation, Wachstum:* luxuriant [lʌg'ʒʊəriənt]
Urabstimmung strike ballot
uralt ancient ['eɪnʃənt], very old
Uran uranium
Uraufführung first night [*oder* performance], premiere ['premieəʳ]; *eines Films:* first showing

Ureinwohner(in) native, original inhabitant
Urenkel great-grandson **Urenkelin** great-granddaughter
Urgeschichte prehistory
Urgroßeltern great-grandparents **Urgroßmutter** great-grandmother **Urgroßvater** great-grandfather
Urin urine ['jʊərɪn]
Urkunde ① document; *eines Kaufes:* deed ② (*Bescheinigung*) certificate
Urlaub holiday (GB), vacation (USA); **drei Wochen Urlaub** three weeks' holiday (GB), three weeks' vacation (USA); **im Urlaub** on holiday (GB), on vacation (USA); **in Urlaub fahren** go on holiday (GB), go on vacation (USA); **Urlaub haben** be on holiday (GB), be on vacation (USA); **Urlaub nehmen** take a holiday (GB), take a vacation (USA); **einen Tag Urlaub nehmen** take a day off
Urlauber(in) holidaymaker (GB), vacationer (USA)
Urlaubszeit holiday season
Ursache ① cause [kɔːz] ② (*Grund*) reason; **ohne jede Ursache** for no reason at all ③ (*Beweggrund*) motive; **ich habe dazu keine Ursache** I have no reason for that ④ **keine Ursache!** (*nach Dank*) don't mention it! (GB), you're welcome! (USA); (*nach Entschuldigung*) that's all right!
Ursprung ① origin ② (*übertragen*) source [sɔːs] ③ (*Herkunft*) extraction ④ **seinen Ursprung haben in** originate in
ursprünglich ① original ② (*anfänglich*) initial [ɪ'nɪʃᵊl] ③ *Natur:* unspoilt ④ originally ⑤ (*anfänglich*) at first
Urteil ① judgement ['dʒʌdʒmənt]; **ein Urteil fällen** pass judgement (**über** on); **darüber können Sie sich überhaupt kein Urteil erlauben!** you're in no position to judge that! ② (*Ansicht*) opinion [ə'pɪnjən]; **sich ein Urteil bilden** form an opinion (**über** about) ③ (*Strafmaß*) sentence **urteilen** ① **über etwas/jemanden urteilen** judge something/someone; **urteilen Sie nicht zu hart über ihn** don't judge him too harshly ② **man sollte nie vorschnell urteilen** one should never jump to conclusions
Urwald jungle ['dʒʌŋgl]
urwüchsig ① (*ursprünglich*) native, original ② (*unverbildet*) natural, unspoilt ③ (*derb*) sturdy
Urzeit ① primeval times ⚠ *plural* ② **seit Urzeiten** (*umgangsspr*) for donkey's years; **vor Urzeiten** ages ago
Urzustand original state
Utopie utopia
UV-Strahlen UV rays

V v

vage vague [veɪg]
Vagina vagina
vakuumverpackt vacuum-packed
Valentinstag Valentine's Day
Vampir vampire
Vandale vandal, hooligan **Vandalismus** vandalism
Vanille vanilla **Vanilleeis** vanilla ice-cream
variieren vary
Vase vase [vɑːz]
Vater father **Vaterland** fatherland, native [*oder* mother] country ['mʌðəʳ]; **mein Vaterland** my country **väterlicherseits** on one's father's side; **meine Großmutter väterlicherseits** my paternal grandmother **Vaterunser** **das Vaterunser** the Lord's Prayer ['preəʳ]
Vati (*umgangsspr*) dad[dy], (USA) auch pop
V-Ausschnitt **ein Pullover mit V-Ausschnitt** a V-neck [ˌviː'nek] sweater
Vegetarier(in) vegetarian [ˌvedʒɪ'teəriən] **vegetarisch** vegetarian
Vegetation vegetation [ˌvedʒɪ'teɪʃᵊn] **vegetieren** ① vegetate ② (*kümmerlich leben*) eke out a miserable existence
Veilchen ① violet ['vaɪələt] ② (*umgangsspr: blaues Auge*) shiner, black eye
Velo (CH) bicycle ['baɪsɪkl], bike
Velours velours
Vene vein [veɪn]
Ventil ① valve ② (*übertragen*) outlet
Ventilator fan, ventilator
verabreden ① (*arrangieren*) arrange [ə'reɪndʒ]; fix *Zeitpunkt;* **verabredet sein** have a date ② **sich mit jemandem verabreden** arrange to meet someone **Verabredung** ① appointment ② (*Vereinbarung*) arrangement [ə'reɪndʒmənt] ③ (*Treffen*)

engagement; (*mit Freund/in*) date; **ich habe heute Abend eine Verabredung** I've got a date tonight

verabschieden ① **sich von jemandem verabschieden** say good-by[e] to someone ② pass *Gesetz*

verachten ① despise [dɪ'spaɪz] ② (*ironisch*) **ein Kaffee wäre jetzt nicht zu verachten** I wouldn't mind a cup of coffee now **verächtlich** contemptuous [kən'temtʃuəs]; *Blick:* scornful **Verachtung** contempt [kən'temt], disdain [dɪs'deɪn], scorn; **sie strafen ihn mit Verachtung** they treat him with contempt

verallgemeinern generalize

veraltet ① (*ungebräuchlich*) obsolete ② *Ansichten:* antiquated ['æntɪkweɪtɪd] ③ (*aus der Mode*) out-of-date *vor Substantiv;* **das ist veraltet** that is out of date

Veranda porch, veranda **verändern** ① change ② **sich beruflich verändern** change one's job

veranlagt ① **künstlerisch veranlagt sein** have an artistic bent ② **er ist eben so veranlagt** that's just the way he is ③ **ich bin überhaupt nicht praktisch veranlagt** I'm not practically minded at all **Veranlagung** ① (*charakterlich*) disposition ② (*körperlich*) predisposition ③ (*Hang*) tendency ④ (*Talent*) bent

veranlassen **jemanden dazu veranlassen, etwas zu tun** cause [kɔːz] someone to do something; **dieser Artikel veranlasst mich dazu, Ihnen zu schreiben** this article has made me want to write to you

veranschaulichen illustrate

veranstalten ① arrange [ə'reɪndʒ], organize ② **eine Sammlung veranstalten** take up a collection **Veranstalter(in)** organizer; *von Konzerten, Shows:* promoter

Veranstaltung event

verantworten ① accept the responsibility [rɪˌspɒnsə'bɪləti] for ② **etwas vor jemandem verantworten** answer ['ɑːnsəʳ] for something to someone **verantwortlich** ① responsible ② (*haftbar*) liable ['laɪəbl] ③ **jemanden für etwas verantwortlich machen** hold someone responsible for something **Verantwortung** responsibility (**für** for); **die volle Verantwortung für etwas übernehmen** take full responsibility for something; **zur Verantwortung ziehen** call to account; **auf Ihre Verantwortung!** you take the responsibility! **verantwortungsbewusst** responsible [rɪ'spɒnsəbl] **verantwortungslos** irresponsible [ˌɪrɪ'spɒnsəbl]

verarbeiten ① **Leder zu Schuhen verarbeiten** make leather into shoes ② process *Rohstoffe, Daten* (**zu** into) ③ (*verbrauchen*) consume ④ (*geistig verarbeiten*) assimilate, digest

verärgern annoy, vex

verarschen (*umgangsspr*) **jemanden verarschen** take the piss out of someone

verarzten (*umgangsspr: versorgen*) fix up

Verätzung burn

Verb verb [vɜːb]

Verband ① (*für Verletzung*) dressing; (*mit Binden*) bandage ['bændɪdʒ] ② (*Einheit*) unit ③ (*Vereinigung*) association [əˌsəʊʃi'eɪʃᵊn], federation **Verbandskasten** first-aid box **Verbandszeug** first-aid kit

Verbannung exile

verbauen ① spoil *Stadtteil* ② **sich/jemandem den Weg verbauen** bar one's/someone's way (**zu** to)

verbergen ① conceal, hide (**vor** from) ② **sich verbergen** conceal [*oder* hide] oneself (**vor** from)

verbessern ① improve [ɪm'pruːv] *Lage;* **sie konnte ihren Rekord verbessern** she was able to improve on her record ② correct *Fehler* ③ **sich verbessern** *Lage:* get better, improve; *Schüler:* do better ④ (*sich berichtigen*) correct oneself **Verbesserung** ① improvement ② *eines Fehlers:* correction

verbeugen bow [baʊ] (**vor** to)

verbiegen ① bend ② **sich verbiegen** bend; *Holz:* warp [wɔːp]

verbieten ① forbid [fə'bɪd]; **viele Ärzte verbieten ihren Patienten das Rauchen** many doctors forbid their patients to smoke ② (*besonders amtlicherseits*) prohibit ③ **jemandem den Mund verbieten** forbid someone to speak

? Grammatik **forbid — forbade — forbidden**: *Mrs Lee forbade her son to play with matches; his mother had forbidden him to shout but he did so nevertheless.*

verbilligt reduced

verbinden ① (*auch übertragen: verknüpfen*)

V

connect, link ② (*gefühlsmäßig*) join together, unite [juː'naɪt] ③ (*am Telefon*) **jemanden mit jemandem verbinden** put someone through to someone; **Sie sind leider falsch verbunden!** I'm sorry you've got the wrong number! ④ dress *Wunde;* (*mit Binden*) bandage ['bændɪdʒ] ⑤ (*kombinieren*) combine [kəm'baɪn] ⑥ **sich zu einer Gruppe verbinden** join together to form a group

verbindlich ① (*entgegenkommend*) obliging [ə'blaɪdʒɪŋ] ② (*verpflichtend*) obligatory [ə'blɪgətᵊri]; (*bindend*) binding; **verbindlich zusagen** accept definitely ③ **verbindlichsten Dank!** my best thanks!, thank you ever so much!

Verbindung ① (*Kombination*) combination ② (*Vereinigung*) association [əˌsəʊʃi'eɪʃᵊn]; **studentische Verbindung** fraternity [frə'tɜːnɪti] ③ (*Beziehung, Kontakt*) contact (**zu, mit** with); **ich werde meine Verbindungen spielen lassen** I'll use my connections ④ **sich in Verbindung setzen mit …** get in touch with … (GB), contact … (USA); **in Verbindung stehen mit jemandem/etwas** be in touch with someone/something; **mit jemandem in Verbindung bleiben** keep in touch with someone ⑤ (*Telefon*) connection (**nach** to); **eine Verbindung herstellen zwischen …** (*auch übertragen*) establish a connection between … ⑥ (*Chemie*) compound (**aus** of) ⑦ **Ihr Name wird mit dem Skandal in Verbindung gebracht** your name is mentioned in connection with the scandal

verbissen dogged ['dɒgɪd], grim

verbittert embittered, bitter

verbleit *Benzin:* leaded ['ledɪd]

verblöden (*umgangsspr*) become a zombie

verblüffen ① (*erstaunen*) amaze, stun ② (*verwirren*) baffle, stupefy ['stjuːpɪfaɪ]

verblühen (*auch übertragen*) fade, wither [wɪðəʳ]

verbluten bleed to death **verbohrt** ① (*eigensinnig*) obdurate ['ɒbdjᵊrət], stubborn ② (*unflexibel*) inflexible

verborgen hidden; **im Verborgenen** secretly; **sich verborgen halten** hide

Verbot ban, prohibition [ˌprəʊɪ'bɪʃᵊn]

verboten ① forbidden [fə'bɪdᵊn]; **das ist hier verboten** you're not allowed to do that here ② (*amtlich*) prohibited [prə'hɪbɪtɪd]; (*ungesetzlich*) illegal [ɪ'liːgᵊl] ③ **Zutritt verboten!** keep out!, no admittance!; **Rauchen verboten** no smoking

Verbrauch ① consumption (**von, an** of) ② **sparsam im Verbrauch** economical **verbrauchen** consume [kən'sjuːm]; (*aufbrauchen*) use up

Verbraucher(in) consumer [kən'sjuːməʳ] **verbraucherfreundlich** consumer-friendly

Verbrauchsgüter consumer goods

verbraucht ① used up, finished ② *Luft:* stale ③ *Mensch:* worn-out

Verbrechen (*auch übertragen*) crime (**gegen, an** against) **Verbrecher(in)** criminal

verbreiten ① spread [spred] ② **sich verbreiten** spread

verbreitet common ['kɒmən], widespread ['waɪdspred]

verbrennen ① burn [bɜːn]; **ich habe mir die Finger verbrannt** I've burnt my fingers; **sich an etwas die Finger verbrennen** (*übertragen*) burn one's fingers in something ② cremate [krɪ'meɪt] *Leiche* ③ (*versengen*) scorch ④ **er verbrannte** he burned to death ⑤ **sich verbrennen** burn oneself **Verbrennung** ① burning; (*Leichenverbrennung*) cremation ② (*Verletzung*) burn; **sie trug nur leichte Verbrennungen davon** she was not seriously ['sɪəriəsli] burned

verbrühen ① scald [skɔːld] ② **sich verbrühen** scald oneself

verbummeln (*umgangsspr*) ① (*vertrödeln*) idle ['aɪdl] away ② (*verlieren*) lose [luːz] ③ (*verpassen*) miss ④ (*vergessen*) forget

verbunden ① (*verknüpft*) connected ② **damit sind Gefahren/Kosten verbunden** that involves dangers/costs ③ **falsch verbunden!** sorry, wrong number!

Verbündete(r) ally ['ælaɪd]

Verdacht ① suspicion [sə'spɪʃᵊn]; **Verdacht erregen** arouse suspicion; **in Verdacht haben** suspect [sə'spekt]; **ich habe den Verdacht, dass …** I have a suspicion that …; **mein Verdacht hat sich bestätigt** I was right in my suspicion; **unter Verdacht stehen** be under suspicion; **der Verdacht fiel auf ihn** suspicion fell on him ② **auf Verdacht** (*umgangsspr*) on spec **verdächtig** ① suspicious [sə'spɪʃəs] ② **sich verdächtig machen** lay oneself open to suspicion ③ **der Verdächtige** the suspect ['sʌspekt] **verdächtigen** suspect; **der**

Schiedsrichter wird verdächtigt, Bestechungsgelder angenommen zu haben the referee is suspected of having taken bribes

verdammt ① **verdammt** [**nochmal**]! damn [dæm] [it all]!, blast! ② **die verdammte Tür geht nicht auf** the bloody ['blʌdi] door won't open *umgangsspr* ③ **das war verdammtes Pech** that was damn unlucky ④ **mir tun die Füsse verdammt weh** my feet hurt like hell *umgangsspr*

verdampfen evaporate [ɪ'væpəreɪt], vaporize

verdanken ① **jemandem etwas zu verdanken haben, jemandem etwas verdanken** owe something to someone ② **das haben wir nur dir zu verdanken** (*als Vorwurf*) we've got you to thank for it; **das hat er sich selbst zu verdanken** he's got himself to blame

Verdankung (CH), (A) thanks ⚠ *plural* (**an** to)

verdattert (*umgangsspr*) flabbergasted ['flæbəgɑːstɪd]

verdauen ① (*auch übertragen*) digest; come to terms with *Schicksalsschlag* ② digest one's food verdaulich ① digestible [daɪ'dʒestəbl] ② **leicht verdaulich** easy to digest, easily digestible; (*übertragen*) light [laɪt]; **schwer verdaulich** hard to digest, indigestible [ˌɪndɪ'dʒestəbl]; (*übertragen*) heavy-going Verdauung digestion; **schlechte/gute Verdauung** poor/good digestion verdecken cover ['kʌvə] up *Absichten* verderben ① spoil *Geschäft, Spaß;* **jemandem die Freude an etwas verderben** spoil someone's enjoyment of something ② (*ruinieren*) ruin ['ruːɪn] ③ **sich den Magen verderben** upset one's stomach; **sich die Augen verderben** ruin one's eyesight ④ **es sich mit jemandem verderben** fall out with someone ⑤ *Nahrungsmittel:* go off ⑥ *Ernte:* be ruined ['ruːɪnd] ⑦ *Material:* become spoiled

verdeutlichen ① show clearly ② (*klar machen*) clarify ③ (*erklären*) explain

verdienen ① (*einnehmen*) earn [ɜːn]; (*Gewinn machen*) make ② (*wert sein*) deserve [dɪ'zɜːv]; **er verdient es, bestraft zu werden** he deserves to be punished; **er bekam, was er verdiente** he got what he deserved ③ **er hat daran Millionen verdient** he has made millions from this

verdoppeln ① double ['dʌbl]; redouble *Anstrengungen* ② **sich verdoppeln** double

verdorben ① *Laune, Freude, Party:* spoilt ② **der Fisch ist verdorben** the fish has gone off ③ upset *Magen* ④ corrupt *Charakter*

verdrängen ① (*vertreiben*) drive out; **jemanden aus dem Amt verdrängen** oust someone from office ② drive away *Sorgen;* (*ins Unterbewusstsein*) suppress

verdrehen ① twist ② roll *Augen;* contort *Glieder* ③ distort *Tatsache* ④ **jemandem den Kopf verdrehen** turn someone's head

verdreifachen triple

verdrücken (*umgangsspr*) ① polish off *Essen* ② **sich verdrücken** slink away; **verdrücken wir uns!** let's beat it!

verdunkeln ① darken ② black out *Theater* ③ obscure [əb'skjʊəʳ] *Beweggründe* ④ **sich verdunkeln** get dark

verdünnen ① dilute; (*mit Wasser verdünnen*) water down ② thin down *Farbe* Verdünner (*für Farben*) thinner

verdunsten evaporate [ɪ'væpəreɪt]

verdursten die of thirst

verdutzt (*umgangsspr*) ① (*erstaunt*) taken aback ② (*verwirrt*) baffled

verehren ① (*anbeten*) honour ['ɒnəʳ] ② (*bewundern*) admire [əd'maɪəʳ] ③ **verehrte Anwesende!** Ladies and Gentlemen!

Verein ① association [əˌsəʊʃi'eɪʃən]; **eingetragener Verein** registered society ② (*Sport*) club

vereinbar compatible [kəm'pætɪbl]; (*logisch*) consistent [kən'sɪstənt] vereinbaren ① (*absprechen*) agree ② arrange [ə'reɪndʒ] *Termin, Treffen* ③ **etwas mit etwas vereinbaren** reconcile something with something Vereinbarung agreement, arrangement [ə'reɪndʒmənt]; **eine Vereinbarung treffen** make an agreement

vereinfachen simplify

vereinheitlichen standardize

vereinigen ① unite [juː'naɪt] ② (*verbinden*) combine [kəm'baɪn] ③ (*fusionieren*) merge [mɜːdʒ] (**zu** into, **mit** with) vereinigt united [juː'naɪtɪd]; **die Vereinigten Staaten** [**von Amerika**] the United States [of America] vereinsamt isolated ['aɪsəleɪtɪd], lonely

vereint united [juː'naɪtɪd]; **die Vereinten Nationen** the United Nations

vereinzelt occasional [ə'keɪʒənəl] ⚠ *vor Sub-*

stantiv, sporadic

vereisen ❶ freeze ❷ *Straße:* freeze over ❸ *Scheibe:* ice over ❹ *Tragfläche:* ice up

vereitern go septic; **vereitert sein** be septic

vererben ❶ **jemandem etwas vererben** leave [*oder* bequeath] something to someone [bɪ'kwiːð] ❷ transmit *Krankheit* ❸ pass on *Eigenschaften* ❹ **diese Krankheit vererbt sich** this illness is hereditary [hɪ'redɪtᵊri]; **diese Krankheit vererbt sich von der Mutter auf den Sohn** this illness is passed on from mother to son **vererblich** hereditary

verewigen ❶ (*unsterblich machen*) immortalize ❷ **sich auf einer Wand verewigen** scrawl one's name on a wall

Verfahren ❶ (*Methode*) method ❷ (*Gericht*) proceedings ❸ (*technisch*) process, technique [tek'niːk]

verfahren[1] (*umgangsspr*) **eine verfahrene Angelegenheit** a bungle, a muddle

verfahren[2] ❶ (*vorgehen*) proceed ❷ **sich verfahren** lose [luːz] one's way

verfallen[1] ❶ (*zerfallen*) decay [dɪ'keɪ], go to ruin [ruːɪn]; (*körperlich, geistig, kulturell*) decline ❷ *Scheck, Fahrkarte:* expire ❸ **jemandem verfallen** become a slave to someone; **dem Alkohol verfallen** become addicted to alcohol

verfallen[2] ❶ *Häuser:* dilapidated ❷ *Scheck:* expired [ɪk'spaɪəd]

Verfallsdatum best-before date

verfälschen falsify; **die Wahrheit verfälschen** distort the truth

verfärben ❶ change colour ❷ **die Wäsche hat sich verfärbt** something in the washing has run and stained it **Verfasser(in)** author [ɔːθəʳ], writer

Verfassung ❶ *eines Staates:* constitution ❷ (*Zustand*) state; **ich bin nicht in der Verfassung, zu …** I'm in no fit state to …

verfaulen decay, rot

verfehlen ❶ miss *Ziel* ❷ **sich verfehlen** miss each other

verfeinden **sich mit jemandem verfeinden** make an enemy of someone

verfeinern ❶ refine; (*verbessern*) improve [ɪm'pruːv] ❷ round off *Essen* ❸ **sich verfeinern** become refined; (*sich verbessern*) improve [ɪm'pruːv]

Verfilmung ❶ (*Vorgang*) filming ❷ (*Ergebnis*) film version

verfilzt ❶ (*übertragen*) entangled ❷ *Wolle:* felted; *Haare:* matted

verfluchen curse [kɜːs]

verfolgen ❶ pursue [pə'sjuː] *Person, Ziel, Idee* ❷ follow *Entwicklung, Spur, Unterricht* ❸ (*politisch*) persecute; (*gerichtlich*) prosecute ❹ **diese Ereignisse verfolgen mich noch immer** these events still haunt me

Verfolgungsjagd chase, pursuit [pə'sjuːt]

Verfolgungswahn persecution complex

verfressen (*umgangsspr oder abwertend*) greedy

verfügbar available; *Einkommen:* disposable

Verfügung ❶ **sich zur Verfügung halten** be available ❷ **jemandem zur Verfügung stehen** be at someone's disposal; **jemandem etwas zur Verfügung stellen** put something at someone's disposal

verführen ❶ (*in Versuchung führen*) tempt; **jemanden zu etwas verführen** encourage someone to do something ❷ (*sexuell*) seduce **verführerisch** ❶ enticing ❷ *Person:* seductive

vergammelt (*umgangsspr oder abwertend*) scruffy

vergangen ❶ (*früher*) bygone, past; **in längst vergangenen Zeiten** in times long past ❷ (*letzte*) last; **vergangenes Jahr** last year **Vergangenheit** ❶ past ❷ (*Grammatik*) past tense ❸ (*Geschichte*) history **vergänglich** transient, transitory

vergeben ❶ award [ə'wɔːd] *Auftrag, Preis* (**an** to); **ist die Stelle schon vergeben?** has the vacancy been filled already? ❷ **jemandem etwas vergeben** forgive someone for something ❸ throw away *Chancen* ❹ **er würde sich nichts vergeben, wenn er sich einmal bedanken würde** it wouldn't hurt him to say thank you once in a while ❺ **der Sitz ist schon vergeben** this seat has been taken already; **nein, ich glaube sie ist noch nicht vergeben** no, I don't think she's spoken for, yet

> **? Grammatik** **forgive — forgave — forgiven**: *Mrs Lee forgave her son for telling lies; our teacher has forgiven us for being naughty.*

vergebens in vain, vainly

vergeblich ❶ futile ❷ in vain **vergehen** ❶ (*vorbeigehen*) pass; *Liebe:* die; **wie die**

Zeit vergeht! how time flies! ② (*dahinschwinden*) fade, waste away ③ (*nachlassen*) wear [weəʳ] off; **das vergeht!** (*umgangsspr*) it'll pass! ④ **dem wird das Lachen schon noch vergehen** he'll be laughing on the other side of his face in the end ⑤ **sich an jemandem vergehen** (*sexuell*) indecently assault [ə'sɔːlt] someone

vergessen ① forget ② (*liegen lassen*) leave [behind] ③ **das werde ich Ihnen nie vergessen** I won't ever forget that; **das kannst du vergessen!** forget it! ④ **sich vergessen** forget oneself

> **? Grammatik** **forget — forgot — forgotten**: *Anna forgot to ring me yesterday; Mandy has forgotten his name.*

vergesslich forgetful

vergewaltigen ① rape ② violate *Sprache* **Vergewaltigung** rape; (*übertragen*) violation

vergewissern **sich vergewissern, ob …** make sure that …

vergiften (*auch übertragen*) poison **Vergiftung** poisoning

vergilbt yellowed

Vergissmeinnicht forget-me-not

Vergleich ① comparison ② **das ist ja wirklich kein Vergleich!** there's really no comparison! ③ **im Vergleich zu …** compared to …, in comparison with …

vergleichbar comparable ['kɒmpᵊrəbl] (**mit** to, with)

vergleichen ① compare (**mit** to, with) ② **sich mit jemandem vergleichen** compare oneself with [*oder* to] someone; **wollen Sie sich etwa mit ihm vergleichen?** don't tell me you mean to compare yourself to him!

vergleichsweise comparatively; **es schneidet vergleichsweise schlecht/gut ab** it compares fairly badly/well

Vergnügen ① (*Genuss*) pleasure ['pleʒəʳ]; **mit Vergnügen** with pleasure ② (*Freude*) joy; **das macht mir Vergnügen** I enjoy it ③ (*Amüsement*) amusement; **viel Vergnügen!** enjoy yourself!, have a good time!; **etwas zu seinem Vergnügen tun** do something for one's own amusement; **ich mache das nicht zu meinem Vergnügen** I'm not doing it for the fun of it ④ (*Spaß*) fun; [**nur**] **zum Vergnügen** [just] for fun ⑤ **das wird ein teures Vergnügen** that's going to be an expensive bit of fun

vergnügen **sich vergnügen** amuse oneself, enjoy oneself; **sich mit jemandem/etwas/einer Tätigkeit vergnügen** amuse oneself with someone/something/by doing something **vergnügt** cheerful **Vergnügungspark** amusement park

vergöttern (*übertragen*) idolize ['aɪdᵊlaɪz]

vergraben ① bury ['beri] ② **sich vergraben** (*sich zurückziehen*) hide oneself away ③ **sie vergräbt sich in ihren Büchern** she buries herself in her books

vergriffen *Ware:* out of stock; *Buch:* out of print

vergrößern ① enlarge ② increase [ɪn'kriːs] *Anzahl, Umfang* ③ (*ausdehnen*) extend; expand *Absatzmärkte, Unternehmen* ④ (*technisch*) magnify; blow up *Negativ* ⑤ **sich vergrößern** grow; (*anwachsen*) increase; (*sich ausdehnen*) expand; *Pupille:* dilate [daɪ'leɪt] **Vergrößerung** ① (*auch Foto*) enlargement ② (*zahlenmäßig*) increase ['ɪnkriːs] **Vergrößerungsglas** magnifying glass

verhaften arrest [ə'rest]; **Sie sind verhaftet!** you are under arrest! **Verhaftung** arrest

Verhalten ① (*Benehmen*) behaviour [bɪ'heɪvjəʳ] ② (*Haltung*) attitude ③ (*Vorgehen*) conduct

verhalten ① **sich verhalten** (*sich benehmen*) behave [bɪ'heɪv]; (*handeln*) act; **er wusste nicht, wie er sich verhalten sollte** he didn't know what to do ② **sich ruhig verhalten** keep quiet [kwaɪət] ③ **die Sache verhält sich folgendermaßen …** the matter is as follows … **verhaltensgestört** disturbed, maladjusted [ˌmælə'dʒʌstɪd]

Verhältnis ① proportion [prə'pɔːʃᵊn], relation; **in keinem Verhältnis zu etwas stehen** be out of all proportion to something ② [love-]affair [ə'feəʳ]; **mit jemandem ein Verhältnis haben** have an affair with someone ③ **Verhältnisse** (*Lage*) conditions *plural,* situation ⚠ *singular;* **bei den derzeitigen Verhältnissen** under present conditions ④ **Verhältnisse** (*Umstände*) circumstances ['sɜːkəmstænsɪz]; **in gesicherten Verhältnissen** in easy circumstances; **er lebt über seine Verhältnisse** he

V

lives beyond his means ⑤ (*menschliche Beziehung*) relationship [rɪ'leɪʃənʃɪp] (**zu** with) ⑥ **wir müssen klare Verhältnisse schaffen** we must get things straight; **ich bin für klare Verhältnisse** I want to know how we stand **verhältnismäßig** ① (*proportional*) proportionally [prə'pɔːʃənəli] ② (*ziemlich*) relatively

verhandeln negotiate [nɪ'gəʊʃieɪt] (**über** about) **Verhandlungen** negotiations [nɪˌgeʊʃi'eɪʃənz]; **Verhandlungen aufnehmen** enter into negotiations (**mit** with) **verhängnisvoll** ① fatal, fateful ② (*katastrophal*) disastrous [dɪ'zɑːstrəs]

verharmlosen belittle, play down

verhaspeln **sich verhaspeln** get into a tangle

verhasst hated

verhätscheln pamper; (*verderben*) spoil

verhauen (*umgangsspr*) ① (*prügeln*) beat up ② **ich hab den Aufsatz verhauen** I've made a mess of the essay

verheddern **sich verheddern** get into a tangle

verheerend ① devastating ['devəsteɪt] ② (*umgangsspr: schrecklich*) frightful ['fraɪtfəl], ghastly ['gɑːstli]

verheimlichen conceal [kən'siːl]; **sie hat es ihr verheimlicht** she kept it a secret from her

verheiratet married (**mit** to)

verhelfen **jemandem zu etwas verhelfen** help someone to [get] something

verhexen bewitch; **das ist doch wie verhext!** (*umgangsspr*) there must be a jinx [dʒɪnks] on it!

verhindern prevent [prɪ'vent]; avert [ə'vɜːt] *Unheil*

verhöhnen deride [dɪ'raɪd], scoff at

Verhör ① (*Befragung*) interrogation, questioning ② (*vor Gericht*) examination

verhüllen cover ['kʌvər], veil [veɪl]

verhungern die of starvation, starve; **jemanden verhungern lassen** let someone starve to death

verhüten ① prevent [prɪ'vent]; **das möge Gott verhüten!** God forbid! ② (*beim Geschlechtsverkehr*) use contraception; **sie verhüten nicht** they don't use any contraception **Verhütung** ① (*Verhinderung*) prevention [prɪ'venʃən] ② (*Empfängnisverhütung*) contraception [ˌkɒntrəsepʃən] **Verhütungsmittel** contraceptive [ˌkɒntrə'septɪv]

verinnerlichen internalize

verirren **sich verirren** lose [luːz] one's way, get lost; (*übertragen*) go astray

verjagen (*auch übertragen*) chase away

verkabeln ① cable *Drähte* ② connect up *Apparate* ③ link up to the cable network *TV*

verkalken ① (*Kalk ansetzen*) calcify ['kælsɪfaɪ]; *Arterien:* get hardened; *Wasserleitung:* fur up ② (*umgangsspr*) *Person:* become senile

Verkalkung ① (*das Kalkansetzen*) calcification [ˌkælsɪfɪ'keɪʃən]; *einer Wasserleitung:* furring ② (*umgangsspr: Vergreisung*) senility

verkatert (*umgangsspr*) hung-over

Verkauf ① sale; **etwas zum Verkauf anbieten** put something up for sale ② (*das Verkaufen*) selling ③ (*Verkaufsabteilung*) sales department

verkaufen ① (*auch übertragen*) sell (**für** for) ② **zu verkaufen** for sale; **gegen bar verkaufen** sell for cash; **dieses Produkt lässt sich nicht verkaufen** there's just no market for this produkt ③ **sich verkaufen** *Ware:* sell; *Person:* sell oneself

> **? Grammatik** **sell — sold — sold:**
> *Mr Cole sold his motorbike; has Paul sold all his computer games?*

Verkäufer(in) ① seller ② (*im Ladengeschäft*) shop assistant (GB), salesclerk (USA) **verkäuflich** ① for sale ② **leicht/schwer verkäuflich** easy/hard to sell

Verkehr ① traffic; **den Verkehr umleiten** divert [daɪ'vɜːt] the traffic ② (*Umlauf*) circulation [ˌsɜːkjə'leɪʃən]; **etwas aus dem Verkehr ziehen** withdraw something from circulation; (*aus dem Straßenverkehr*) withdraw something from service ③ (*Geschlechtsverkehr*) intercourse

Verkehrsampel traffic lights ⚠ *plural* **verkehrsberuhigt** traffic-calmed **Verkehrschaos** traffic chaos [ˌkeɪɒs] **Verkehrsfunk** radio traffic service **Verkehrsinsel** traffic island (GB), safety isle (USA) **Verkehrskontrolle** traffic control; **bei jemandem eine Verkehrskontrolle machen** stop someone **Verkehrsmittel** ① means of transport (GB), means of transportation (USA) ② **öffentliche Verkehrsmittel** public transport ⚠ *singular* (GB), public transportation ⚠ *singular* (USA)

Verkehrspolizist traffic policeman (GB), speed-cop (USA) **Verkehrspolizistin** traffic policewoman (GB), [female] speed-cop (USA) **Verkehrsregel** traffic regulation **verkehrsreich** *Gegend:* busy ['bɪzi]; **verkehrsreiche Zeit** peak time **Verkehrsschild** road sign **Verkehrstote** road casualties ['kæʒjuəltiz]; **die Zahl der Verkehrstoten** the toll of the road **Verkehrsunfall** road accident **Verkehrsverbindung** [transport] link **Verkehrszeichen** road sign, traffic sign

verkehrt ① (*falsch*) wrong [rɒŋ] ② wrongly [rɒŋli] ③ **etwas verkehrt machen** do something the wrong way ④ **etwas verkehrt herum anhaben** (*umgangsspr*) have something on back to front; (*innen nach außen*) inside out ⑤ **du hältst das Bild verkehrt herum** you're holding the picture the wrong way round ⑥ **das Verkehrteste, was du tun konntest** the worst thing you could do

verklagen sue [suː] (**wegen** for); **jemanden auf etwas verklagen** take someone to court for something

verkleben ① (*zusammenkleben*) stick together ② (*zukleben*) cover ['kʌvəʳ] (**mit** with)

verkleiden **sich verkleiden** disguise [dɪs'gaɪz] oneself, dress up **Verkleidung** disguise

verkleinern ① make smaller ② scale down *Maßstab;* reduce *Foto* ③ (*optisch*) make everything [seem] smaller ④ **sich verkleinern** become smaller ⑤ (*sich verringern*) decrease [dɪ'kriːs]; (*übertragen*) become less

verklemmt *Person:* inhibited

verkneifen (*umgangsspr*) **sich etwas verkneifen** stop oneself from doing [*oder* saying] something

verkniffen ① (*angestrengt*) *Gesicht:* strained ② (*verbissen*) *Gesicht:* pinched

verknittern crumple

verknoten ① knot [nɒt] *Schnur* ② tie up *Paket*

verkohlen char [tʃɑːʳ]; *Braten:* burn to a cinder ['sɪndəʳ] ▸IN WENDUNGEN: **du willst mich wohl verkohlen?** you're trying to have me on, aren't you?

verkommen[1] ① (*zugrunde gehen*) go to the dogs; (*sittlich*) become dissolute ② *Gebäude:* become dilapidated ③ *Lebensmittel:* go off

verkommen[2] ① *Person:* depraved [dɪ'preɪvd] ② *Gebäude:* dilapidated

verkorkst (*umgangsspr*) ① *Magen:* upset; *Mensch:* screwed up ② **die Sache ist völlig verkorkst** it's a real mess

verkrachen (*umgangsspr*) **sich mit jemandem verkrachen** fall out with someone

verkraften come to terms with, cope with

verkrampft ① *Sitzhaltung:* cramped; *Lächeln:* forced [fɔːst] ② (*übertragen*) tense

verkriechen ① **sich verkriechen** hide oneself away ② **verkriech dich!** get lost! *umgangsspr*

verkrüppelt crippled

verkrustet ① *Wunde:* scabby ② *Strukturen:* decrepit

verkühlen **sich verkühlen** catch a chill

verkümmern ① *Instinkt:* become stunted ② *Person:* waste away ③ *Talent:* go to waste ④ *Glieder:* atrophy ['ætrəfi]

verkürzen ① shorten ② (*beschränken, herabsetzen*) cut down, reduce ③ **sich die Zeit mit Lesen verkürzen** pass the time reading

Verlag publishing house, publisher's ⚠ *plural*

Verlangen ① (*Forderung*) demand ② (*Wunsch*) desire [dɪ'zaɪəʳ]; **ich habe kein Verlangen, ihn zu sehen** I have no desire [*oder* wish] to see him ③ request; **auf Verlangen der Lehrer** at the request of the teachers ④ (*Sehnsucht*) longing, yearning ['jɜːnɪŋ] ⑤ (*Begierde*) craving ['kreɪvɪŋ] (**nach** for) **verlangen** ① (*fordern*) demand, insist on; **er verlangte nach einer Erklärung** he demanded [*oder* insisted on] an explanation ② (*wünschen*) desire [dɪ'zaɪəʳ] ③ (*haben wollen*) ask for, want ④ (*erfordern*) require [rɪ'kwaɪəʳ] ⑤ (*beanspruchen*) claim [kleɪm] ⑥ **am Telefon verlangt werden** be wanted ['wɒntɪd] on the phone ⑦ ask (**nach** for) ⑧ (*sich sehnen*) long (**nach** for) ⑨ **das ist zu viel verlangt** that's asking too much

verlängern ① (*länger machen*) lengthen ② extend, prolong *Frist* ③ **sich verlängern** (*räumlich*) be lengthened; (*zeitlich*) be prolonged **Verlängerung** ① *einer Frist:* prolongation ② *von Spielzeit:* extra time (GB), overtime (USA) **Verlängerungskabel** extension lead

verlassen[1] ① leave ② (*im Stich lassen*) abandon, desert, forsake [fə'seɪk] ③ **sich verlassen auf …** count [*oder* rely] on … [rɪ'laɪ]; **Sie können sich darauf verlassen** you can count on it

verlassen² ❶ (*im Stich gelassen*) deserted, forsaken [fə'seɪkᵊn] ❷ (*einsam*) lonely ❸ (*öde*) desolate

verlässlich reliable [rɪ'laɪəbl] **verlaufen** ❶ *Zeit:* pass ❷ (*vor sich gehen*) proceed, run; **alles ist gut verlaufen** everything went well ❸ (*auseinander fließen*) run ❹ (*sich erstrecken*) run ❺ **im Sande verlaufen** peter out ❻ **sich verlaufen** (*sich verlieren*) disappear; (*sich verirren*) get lost, lose one's way

verlegen¹ ❶ (*an falschen Platz legen*) mislay, misplace ❷ move [mu:v]; **sie haben ihre Firmenzentrale nach Paris verlegt** they have moved their company headquarters to Paris ❸ (*zeitlich*) postpone (**auf** until) ❹ publish *Buch* ❺ lay *Kabel, Fliesen*

verlegen² embarrassed **Verlegenheit** ❶ embarrassment ❷ **jemanden in Verlegenheit bringen** embarrass someone

verleiden **jemandem etwas verleiden** put someone off something **verleihen** ❶ (*verborgen*) lend [out] (GB), loan (USA); (*gegen Entgelt*) rent [out] ❷ bestow *Titel;* confer *Amt* ❸ award [ə'wɔ:d] *Auszeichnung*

verleiten ❶ (*verlocken*) tempt [tempt] ❷ (*verführen*) lead astray ❸ **du hast sie dazu verleitet mitzugehen** you've talked her into coming along

verlernen forget, unlearn [ʌn'lɜ:n]

verletzbar (*auch übertragen*) vulnerable ['vʌlnᵊrəbl] **verletzen** ❶ **sich verletzen** get hurt [hɜ:t] ❷ hurt, injure ['ɪndʒəʳ]; **sich am** [*oder* **das**] **Bein verletzen** injure one's leg ❸ (*übertragen*) hurt [someone's] feelings, wound [wu:nd]; **es verletzte ihn sehr** it was very hurtful ['hɜ:tfᵊl] to him ❹ **seine Pflicht verletzen** fail in one's duty **verletzend** *Bemerkung:* hurtful, offending **Verletzte(r)** injured person; (*bei Unfall*) casualty ['kæʒjuəlti] **Verletzung** ❶ (*Wunde*) injury; (*das Verletzen*) injuring, wounding ['wu:ndɪŋ] ❷ (*übertragen*) hurting, wounding

verleugnen deny [dɪ'naɪ]; **sich verleugnen lassen** pretend not to be there

verleumden slander; (*schriftlich*) libel ['laɪbᵊl] **Verleumdung** ❶ (*das Verleumden*) slandering ❷ (*Wort, Bemerkung*) slander; (*in Schriftform*) libel

verlieben **sich verlieben** fall in love (**in** with) **verliebt** ❶ **in jemanden verliebt sein** be in love with someone ❷ **bis über beide Ohren verliebt** head over heels in love

verlieren ❶ lose [lu:z] ❷ shed *Blätter, Haare* ❸ **den Verstand verlieren** get out of one's mind ❹ **wir wollen kein Wort mehr darüber verlieren** let's not waste [weɪst] another word on it ❺ **du kannst nichts verlieren** you can't lose

> **? Grammatik** **lose — lost — lost:** *Tim lost his key; have you lost my address?*

Verlierer(in) loser ['lu:zəʳ]; **ein schlechter Verlierer sein** be a bad loser

verloben **sich mit jemandem verloben** become engaged to someone **Verlobte** fiancée [fi'ɑ̃seɪ] **Verlobter** fiancé [fi'ɑ̃seɪ] **Verlobung** engagement

verlogen ❶ *Person:* mendacious [men'deɪʃᵊs] ❷ *Moral:* hypocritical [ˌhɪpə'krɪtɪkᵊl] **Verlogenheit** ❶ *einer Person:* mendacity [men'dæsəti] ❷ *von Moral:* hypocrisy [hɪ'pɒkrəsi]

verloren ❶ lost ❷ (*hilflos*) forlorn ❸ **verloren gehen** be lost **Verlosung** draw, raffle

verlottert (*umgangsspr*) ❶ (*moralisch*) dissolute ❷ *Erscheinung:* scruffy ❸ (*heruntergewirtschaftet*) run-down

Verlust loss; **mit Verlust verkaufen** sell at a loss

vermachen **jemandem etwas vermachen** bequeath [bɪ'kwi:ð] something to someone

vermarkten ❶ market ❷ (*übertragen*) commercialize [kə'mɜ:ʃᵊlaɪz]

vermasseln (*umgangsspr*) mess up

vermehren increase [ɪn'kri:s]; (*fortpflanzen*) breed

vermeiden avoid; **es lässt sich nicht vermeiden** it cannot be helped

Vermerk note, remark

vermessen ❶ measure ['meʒəʳ] ❷ survey *Land*

vermieten ❶ let (GB), rent (USA) ❷ **Zimmer zu vermieten** rooms to let (GB), rooms for rent (USA) **Vermieter** landlord **Vermieterin** landlady

vermischen ❶ mix; blend *Whisky, Tee, Tabak* ❷ **sich vermischen** mix; (*übertragen*) mingle

vermissen ❶ miss; **vermisst werden** be missing ❷ **jemanden als vermisst melden**

report someone missing ❸ **er wurde sehr vermisst** his absence was a real lack **Vermisste(r)** missing person

Vermögen ❶ fortune; **ein Vermögen kosten** cost a fortune ❷ (*Fähigkeit*) capability **vermögend** (*reich*) wealthy ['welθi], well-off

vermummt ❶ (*verkleidet*) cloaked, disguised [dɪs'gaɪzd] ❷ (*eingemummt*) muffled-up

vermuten ❶ (*annehmen*) presume [prɪ'zjuːm] (GB), suppose, reckon (USA) ❷ (*mutmaßen*) suspect (GB), guess [ges] (USA) **vermutlich** ❶ presumed; *Täter:* suspected; **sie ist vermutlich unschuldig** she is presumed innocent; **es war vermutlich ein Tumor** presumably it was a tumor ❷ **vermutlich ist er zu Tisch** I presume [*oder* presumably] he's gone to lunch **Vermutung** ❶ (*Annahme*) assumption, supposition [ˌsʌpə'zɪʃᵊn]; (*Mutmaßung*) conjecture ❷ (*Verdacht*) suspicion [sə'spɪʃᵊn]

vernachlässigen ❶ neglect ❷ (*nicht berücksichtigen*) ignore ❸ **sich vernachlässigt fühlen** feel neglected ❹ **sich vernachlässigen** (*äußerlich*) neglect one's appearance **Vernachlässigung** neglect

vernähen stitch up *Wunde*

vernarben heal up

vernarrt infatuated (**in** with), crazy (**in** about)

vernaschen (*umgangsspr*) **er hat sie vernascht** he managed to get her into bed

vernehmen ❶ (*hören*) hear; **hast du das vernommen?** did you hear that? ❷ (*erfahren*) learn, understand ❸ (*vor Gericht*) examine ❹ (*verhören*) question

Vernehmlassung (CH) ❶ (*Bekanntmachung*) notice, announcement ❷ (*Stellungnahme*) opinion **Vernehmung** ❶ (*vor Gericht*) examination ❷ (*Verhör*) questioning

verneigen sich verneigen bow (**vor** to)

verneinen ❶ (*leugnen*) deny ❷ **etwas verneinen** answer in the negative **Verneinung** ❶ (*Leugnung*) denial ❷ **die Verneinung einer Frage** answering a question in the negative

vernetzen ❶ connect (**mit** up to) ❷ (*in Informatik*) network, integrate into a network **Vernetzung** (*in Informatik*) networking

vernichten ❶ (*ausrotten*) exterminate ❷ (*zerstören*) destroy **vernichtend** ❶ *Blick:* withering; **jemandem einen vernichtenden Blick zuwerfen** give someone a devastating look ❷ *Kritik:* scathing ['skeɪðɪŋ] ❸ *Niederlage, Schlag:* crushing ❹ *Urteil:* devastating ❺ **jemanden vernichtend schlagen** (*im Sport*) beat someone hollow ❻ **eine Armee vernichtend schlagen** destroy an armee utterly **Vernichtung** ❶ (*Ausrottung*) extermination ❷ (*Zerstörung*) destruction **Vernichtungswaffe** weapon of annihilation

verniedlichen play down

Vernunft good sense, reason; **Vernunft annehmen** see reason; **nimm doch endlich Vernunft an!** won't you see reason!; **jemanden zur Vernunft bringen** bring someone to his/her senses ⚠ *plural* **vernünftig** ❶ (*einsichtig*) sensible; **sei doch vernünftig!** be reasonable [*oder* sensible]! ❷ (*rational*) rational ❸ (*akzeptabel*) *Preis, Vorschlag:* reasonable ❹ (*ordentlich*) decent ❺ (*einigermaßen*) **vernünftig kochen** cook reasonably well

veröden ❶ *Landschaft:* become desolate ❷ atrophy; obliterate *Krampfadern*

veröffentlichen publish **Veröffentlichung** publication

verordnen jemandem ein Medikament verordnen prescribe some medication for somebody

verpachten lease (**an** to); **verpachtet sein** be under lease (**an** to)

verpacken ❶ (*in Karton, Paket*) pack ❷ (*einwickeln*) wrap

Verpackung ❶ packing; (*aus Papier*) wrapping ❷ (*übertragen*) packaging **Verpackungsmaterial** packaging

verpäppeln pamper, mollycoddle

verpassen ❶ (*versäumen*) miss *Bus, Gelegenheit* ❷ **jemandem eine verpassen** clout somebody one

verpennen ❶ (*verschlafen*) oversleep; **ich hab den Tag total verpennt** I slept right through the day ❷ forget *Geburtstag, Termin, Verabredung;* **ich hab's total verpennt** I totally forgot

verpesten contaminate, pollute

verpetzen sneak [*oder* tell] on (**bei** to)

verpfänden ❶ pawn ❷ (*in Rechtssprache*) mortgage *Hypothek*

verpfeifen jemanden [**bei der Polizei**] **verpfeifen** grass on somebody *umgangsspr*

verpflanzen transplant *auch übertragen*

verpflegen ❶ feed; **sich selbst verpflegen**

cook for oneself ② ration *Armee* **Verpflegung** ① (*das Verpflegen*) catering ② *einer Armee:* rationing ③ (*Essen*) food; (*bei Armee*) rations ⚠ *plural*

verpflichten ① **sich verpflichtet fühlen, etwas zu tun** feel obliged to do something; **sich jemandem verpflichtet fühlen** feel under an obligation to someone; **jemandem zu Dank verpflichtet sein** be obliged to someone ② (*einstellen*) engage *Mitarbeiter, Schauspieler* ③ **sich verpflichten** (*vertraglich*) commit oneself **Verpflichtung** ① (*moralische*) obligation ② **dienstliche Verpflichtungen haben** have official duties; **seinen Verpflichtungen nachkommen** fulfil one's obligations ③ (*Einstellung*) *eines Mitarbeiters, Schauspielers:* engagement

verpfuschen make a mess of, bungle

verpissen **verpiss dich!** piss off!

verplant **das Wochenende hab ich schon verplant** I have already planned the weekend

verplappern **sich verplappern** open one's mouth too wide

verplempern **ich verplempere hier nur meine Zeit** I'm just wasting my time here

verplomben seal

verpönt frowned on (**bei** by)

verprassen dissipate, squander (**für** on)

verprügeln thrash

Verputz plasterwork **verputzen** ① plaster; (*Rauhputz*) roughcast ② (*essen*) polish off

verqualmen **verqualm mir ja nicht die Wohnung!** don't pollute my flat with your cigarettes!

verqualmt filled with [*oder* full of] smoke

verquollen ① *Gesicht:* bloated ② *Augen:* puffy

verrammeln barricade *Tür*

verramschen (*billig abgeben*) flog

Verrat ① betrayal (**an** of); **an jemandem Verrat begehen** betray somebody ② (*in Rechtssprache*) treason (**an** against); **an seinem Land Verrat begehen** commit treason against one's country **verraten** ① betray *Geheimnis, Freund, Land* ② **verraten und verkauft sein** have been sold down the river ③ (*ausplaudern*) tell; **nichts verraten!** don't say a word!; **hast du das etwa verraten?** have you given it away? ④ **verrate mir mal, wie das gehen soll!** just tell me how that's supposed to work! ⑤ **sich verraten** give oneself away **Verräter(in)** traitor (**an** to)

verrechnen ① (*gegeneinander aufrechnen*) set off against ② (*Scheck einziehen*) clear ③ **sich verrechnen** miscalculate; (*sich täuschen*) be mistaken; **da hast du dich aber schwer verrechnet!** you're very much mistaken there!

Verrechnungsscheck crossed cheque (GB), voucher check (USA)

verrecken ① *Tier:* die ② *Mensch:* **die kann von mir aus verrecken** she can go to hell as far as I'm concerned ③ **nicht um's Verrecken!** not on your life!

verregnet ① (*regnerisch*) *Tag, Wochenende:* rainy ② *Urlaub:* spoiled by rain

verreisen go out of town [*oder* away [*oder* on a journey]]; **verreist sein** be away

verrenken ① **sich die Schulter verrenken** dislocate one's shoulder ② **sich den Hals verrenken** crane one's neck **Verrenkung** (*der Schulter etc.*) dislocation

verrennen **sich in etwas verrennen** get stuck on something

verrichten perform

verriegeln bolt

verringern ① reduce ② **sich verringern** (*abnehmen*) decrease **Verringerung** ① reduction ② (*Abnahme*) decrease ③ (*Verschlechterung*) deterioration

verrinnen *Zeit:* elapse

verrohen **brutale Filme verrohen die Menschen** violent films have a brutalizing effect on people; **die Menschen verrohen** people become brutalized (**durch** by)

verrosten rust **verrostet** rusty

verrotten ① (*verfaulen*) rot ② (*zu Kompost werden*) decompose **verrottet** rotten

verrucht despicable, loathsome

verrücken (*verschieben*) shift

verrückt ① (*geisteskrank*) insane, mad ② (*umgangsspr*) **wie verrückt** like mad; **jemanden verrückt machen** drive someone mad; **ich werd verrückt!** I'll be blowed!; **du bist wohl verrückt!** you must be crazy!; **bist du total verrückt geworden?** have you gone raving mad? ③ **verrückt spielen** be acting up; **der Fernseher spielt verrückt** the telly is acting up ④ **ich bin verrückt nach ihr** I'm crazy about her **Verrücktheit** ① (*Zustand*) craziness ② (*Handlung*) crazy thing ③ (*Geisteskrank-*

heit) madness **Verrücktwerden** **es ist zum Verrücktwerden!** it's enough to drive you round the bend!

Verruf **in Verruf geraten/bringen** fall/bring into disrepute **verrufen** disreputable

verrühren mix

verrußt sooty

verrutschen slip

Vers ❶ (*Lied, Strophe*) verse ❷ (*Zeile*) line

Versagen ❶ (*Fehlschlag*) failure ❷ *von Maschine:* breakdown (GB), slip-up (USA) ❸ **menschliches Versagen** human error **versagen** ❶ (*verweigern*) refuse; **jemandem etwas versagen** deny someone something ❷ *Person:* fail; **ich hab versagt** I failed ❸ (*nicht funktionieren*) *Bremse:* fail; *Gewehr:* fail to go off; *Maschine:* break down **Versager(in)** failure

versalzen ❶ oversalt *Speise;* **die Suppe ist versalzen** there's too much salt in the soup ❷ **jemandem etwas versalzen** spoil something for somebody

versammeln **sich versammeln** *Klasse:* assemble; *Parlament:* sit; *Mitglieder:* meet **Versammlung** ❶ (*Veranstaltung*) meeting; **eine Versammlung abhalten** hold a meeting; **eine Versammlung einberufen/vertagen** convene/adjourn a meeting ❷ (*versammelte Menschen*) assembly

Versand dispatch **Versandhaus** mail order company **Versandhauskatalog** mail order catalogue **Versandkosten** delivery [*oder* shipping] costs

versauen mess up; **jemandem den Tag versauen** ruin someone's day

versäumen ❶ (*vernachlässigen*) neglect ❷ **[es] versäumen, etwas zu tun** fail to do something ❸ miss *Unterricht* ❹ **da hast du nichts versäumt!** you didn't miss much! ❺ lose *Zeit*

verschaffen ❶ **jemandem etwas verschaffen** procure something for somebody, provide somebody with something ❷ **sich etwas verschaffen** get [*oder* obtain] something ❸ **sich Klarheit verschaffen** clarify the/a matter

Verschalung casing, panelling

verschämt embarrassed

verschanzen **sich verschanzen** (*Deckung suchen*) entrench oneself (**hinter** behind)

verschärfen ❶ (*erhöhen*) increase; (*intensivieren*) intensify *Krise* ❷ (*verschlimmern*) aggravate *Lage* ❸ tighten up *Vorschriften* ❹ **sich verschärfen** (*sich steigern*) increase ❺ **sich verschärfen** (*sich verschlimmern*) become aggravated

verschaukeln **du willst mich wohl verschaukeln?** are you taking me for a ride?

verschenken ❶ give away *auch übertragen* ❷ **sein Herz an jemanden verschenken** give someone one's heart

verscherbeln flog

verscherzen **sich etwas verscherzen** forfeit [*oder* lose] something; **sich [die] Sympathien verscherzen** lose popularity

verscheuchen frighten [*oder* scare] away

verschicken (*versenden*) dispatch

verschieben ❶ (*verrücken*) move, shift ❷ (*aufschieben*) defer, postpone, put off (**um** for) ❸ traffic in *Devisen, Waren* ❹ **sich verschieben** *Möbel etc.:* move out of place ❺ **sich verschieben** *Feier, Termin:* be postponed (**um** for) **Verschiebung** (*Aufschiebung*) postponement

verschieden ❶ (*unterschiedlich*) different (**von** from); **verschieden sein** differ, vary; **verschieden groß sein** differ in size; *von Kleidern, Schuhen:* be a different size ❷ (*auseinander gehend*) differing; **verschiedener Meinung sein** differ, disagree; **wir waren verschiedener Meinung** we disagreed (**über** on, about) ❸ (*mehrere, einige*) several, various ❹ **Verschiedenes** several things ⚠ *plural,* miscellaneous ⚠ *singular* ❺ **das ist verschieden** (*hängt davon ab*) that depends **verschiedenartig** ❶ (*unterschiedlich*) different ❷ (*mannigfaltig*) various **Verschiedenheit** ❶ (*Unterschiedlichkeit*) difference ❷ (*Unähnlichkeit*) dissimilarity; (*in der Meinung*) discrepancy ❸ (*Mannigfaltigkeit*) diversity, variety

verschießen ❶ use up *Munition* ❷ miss *Ball*

verschiffen ship

verschimmeln get mouldy

verschlafen[1] ❶ (*verpassen*) miss by oversleeping *Termin* ❷ (*vertrödeln*) sleep through *Tag* ❸ (*vergeuden*) sleep away *Leben* ❹ **ich hab verschlafen** I overslept

verschlafen[2] ❶ (*beim Aufwachen*) drowsy, sleepy ❷ (*trottelig*) dozy

verschlagen sly, wily

verschlampen (*verlieren*) go and lose

verschlechtern ❶ make worse *Lage, Zustand* ❷ impair *Qualität* ❸ (**sich verschlechtern**

Lage, Zustand: deteriorate, get worse ❺ **ich will mich nicht verschlechtern** (*finanziell*) I don't want to be worse off financially **Verschlechterung** deterioration

verschleiern ❶ (*mit Schleier*) veil ❷ cover up *Absichten* ❸ **sich verschleiern** *Mensch:* veil oneself ❹ **ihr Blick verschleierte sich** her gaze became blurred; **der Himmel verschleierte sich** the sky became hazy **verschleiert** ❶ *Mensch:* veiled ❷ *Blick:* blurred ❸ *Himmel:* hazy

Verschleiß ❶ (*Abnutzung*) wear and tear ❷ (*Verbrauch*) consumption; **einen hohen Verschleiß an Klopapier haben** go through an awful lot of toilet paper **verschleißen** wear out

verschleppen ❶ abduct *Menschen* ❷ (*verzögern*) draw out ❸ protract *Krankheit*

verschleudern ❶ (*vergeuden*) squander ❷ sell dirt cheap *Ware*

verschließbar ❶ *Flasche:* closeable ❷ *Tür, Zimmer:* lockable **verschließen** ❶ (*abschließen*) lock ❷ (*wegschließen*) lock away ❸ (*zumachen*) close ❹ **sich verschließen** *Person:* shut oneself off (**vor** from)

verschlimmern ❶ aggravate; make worse *Situation etc.* ❷ **sich verschlimmern** get worse, worsen **Verschlimmerung** worsening

verschlingen ❶ (*verknoten*) entwine ❷ (*herunter schlucken*) devour, swallow; (*gierig*) gobble up

verschlissen *Kleider:* worn

verschlossen ❶ (*zu*) closed, shut ❷ (*mit Schlüssel*) locked; **vor verschlossener Tür stehen** be left standing on the doorstep ❸ (*übertragen: reserviert*) reserved **Verschlossenheit** reserve

verschlucken ❶ swallow ❷ **sich verschlucken** swallow the wrong way, choke over one's food

verschlungen entwined

Verschluss ❶ (*Schloss*) lock; **unter Verschluss** under lock and key ❷ (*Deckel*) top; *von Flasche:* stopper ❸ *von Kamera:* shutter ❹ (*an Waffe*) breechblock

verschlüsseln [en]code

Verschlüsselung (*in Informatik*) encryption

verschmähen spurn

verschmelzen fuse *Metalle*

verschmerzen get over; **das wirst du doch noch verschmerzen** you'll get over it

verschmieren ❶ fill in *Loch, Riss* ❷ (*verstreichen*) spread (**in** over) ❸ (*schmierig machen*) smear; **wie siehst du denn aus, du bist ja ganz verschmiert!** look at you, you've got stuff smeared all over you *umgangsspr*

verschmitzt mischievous

verschmort ❶ *Fleisch:* burned ❷ *Leitung:* charred

verschmust **meine Tochter ist sehr verschmust** my daughter likes being cuddled; **du bist aber verschmust!** you do like cuddling, don't you?

verschmutzen ❶ dirty, soil ❷ pollute *Umwelt* ❸ *Gegenstand, Person:* get dirty ❹ *Umwelt:* become polluted **verschmutzt** ❶ *Gegenstand, Person:* dirty, soiled ❷ *Umwelt:* polluted

verschnaufen draw a breath **Verschnaufpause** breather

verschneit snow-covered

verschnörkelt ornate

verschnupft **verschnupft sein** (*erkältet*) have a cold

verschnüren tie up

verschollen ❶ *Flugzeug, Mensch:* missing ❷ (*in Rechtssprache*) presumed dead

verschonen **jemanden von etwas verschonen** spare somebody something; **verschon mich mit deinem Geschwätz!** no more of your nonsense!; **von etwas verschont bleiben** be spared something

verschönern brighten up, embellish

verschränken ❶ fold *Arme* ❷ cross *Beine*

verschreiben ❶ (*verordnen*) prescribe ❷ **sich verschreiben** (*falsch schreiben*) make a slip of the pen ❸ **sich einer Sache [ganz] verschreiben** dedicate oneself [wholly] to something **verschreibungspflichtig** only available on prescription

verschroben eccentric, odd

verschrotten scrap

verschüchtert intimidated, timid

Verschulden fault; **ohne mein Verschulden** through no fault of mine **verschulden** ❶ **das hast du verschuldet** you're to blame for this ❷ **sich verschulden** get [*oder* run] into debt **verschuldet** **bei jemandem verschuldet sein** be indebted to someone **Verschuldung** indebtedness

verschütten ❶ spill *Flüssigkeit* ❷ **er war drei Tage lang verschüttet** he had been trapped for three days

? Grammatik **spill — spilt/ spilled — spilt/ spilled**: *Steve spilt milk over his jacket; Daisy has just spilt all the orange juice on the floor.*

verschwägert related by marriage (**mit** to)

verschweigen **jemandem etwas verschweigen** conceal [*oder* hide] something from somebody

verschweißen weld together

verschwenden ① waste ② squander *Geld* (**an, für** on) **Verschwender(in)** spendthrift, squanderer **verschwenderisch** ① spendthrift, wasteful ② (*extravagant*) extravagant **Verschwendung** wastefulness; **so eine Verschwendung!** what a waste! **Verschwendungssucht** extravagance

verschwiegen *Person:* discreet **Verschwiegenheit** *von Person:* discretion

verschwimmen (*undeutlich werden*) become blurred

Verschwinden disappearance **verschwinden** ① disappear, vanish ② **verschwinde!** clear off! **verschwitzen** **ich hab's total verschwitzt!** I completely forgot about it!

verschwitzt sweaty

verschwommen ① (*vage*) vague [veɪg] ② *Sicht:* blurred; **ich sehe alles nur verschwommen** everything looks hazy to me

verschwören **sich verschwören** conspire, plot (**mit** with, **gegen** against) **Verschwörung** conspiracy, plot

Versehen ① (*unabsichtlich*) mistake, slip; **aus Versehen** by mistake ② (*Irrtum*) error

versehen ① (*ausstatten*) provide, supply (**mit** with) ② **das Kleid ist mit Schleifen versehen** the dress has bows on it ③ **sich versehen** be mistaken

versehentlich ① (*unabsichtlich*) inadvertent; (*irrtümlich*) erroneous ② (*irrtümlicherweise*) by mistake, inadvertently

versenden ① send ② forward *Ware* ③ (*verfrachten*) ship

versenken ① send to the bottom; sink *Schiff* ② **sich ganz in etwas versenken** become absorbed in something **Versenkung** **in der Versenkung verschwinden** (*vergessen werden*) sink into oblivion; **aus der Versenkung auftauchen** re-emerge on the scene

versessen **auf etwas versessen sein** be cosy [*oder* mad] about something; **darauf versessen sein, etwas zu tun** be desperate to do something **Versessenheit** keenness (**auf** on)

versetzen ① *von einer Stelle zu einer andern:* move, shift ② transplant *Pflanze* ③ transfer *Mitarbeiter* ④ (*in höhere Schulklasse*) move up; **Bernhard wird nicht versetzt** Bernhard won't be moved up ⑤ **jemandem einen Schlag versetzen** deal somebody a blow ⑥ **jemanden versetzen** (*nicht erscheinen*) stand somebody up; **ihr Freund hat sie versetzt** her friend stood her up ⑦ **jemanden in die Lage versetzen, etwas zu tun** put someone in a position to do something ⑧ **versetzen Sie sich in meine Lage!** put yourself in my place! ⑨ **jemanden in den vorzeitigen Ruhestand versetzen** pension somebody off ⑩ **jemanden in Angst versetzen** terrify somebody; **jemanden in Wut versetzen** send someone into a rage **Versetzung** ① (*beruflich*) transfer ② (*in Schule*) moving up

verseuchen ① (*infizieren*) infect ② (*vergiften*) contaminate **Verseuchung** ① (*Infektion*) infection ② (*mit Giftstoff*) contamination

versichern ① (*beteuern*) affirm; (*bestätigen*) assure; **ich versichere dir, dass ...** I can assure you that ... ② assure *Leben;* insure *Eigentum;* **sich versichern** insure oneself ③ **sich [einer Sache] versichern** (*sich vergewissern*) make sure [of something] **Versicherte(r)** insured [*oder* assured] party **Versicherung** ① *von Eigentum:* insurance; *von Leben:* assurance ② (*Bekräftigung*) affirmation; (*Bestätigung*) assurance **Versicherungspolice** insurance policy **Versicherungsprämie** insurance premium **Versicherungssumme** sum insured [*oder* assured] **Versicherungsvertreter(in)** insurance agent

versickern seep away

versieben (*verpatzen*) blow it

versiegeln seal

versilbern silver-plate

versinken ① (*untergehen*) sink; *Schiff:* founder ② **die Sonne versank am Horizont** the sun sank beneath the horizon ③ (*übertragen*) lose oneself; **in Gedanken versunken sein** be lost in thought

versklaven enslave *auch übertragen*

Versmaß metre
versöhnen ❶ reconcile *auch übertragen* (**mit** to) ❷ **sich versöhnen** become reconciled (**mit** to) **Versöhnung** reconciliation
versorgen ❶ (*sich kümmern um*) look after, take care of ❷ (*finanziell oder materiell unterhalten*) provide for ❸ (*beliefern*) provide, supply (**mit** with) ❹ **sich mit Proviant versorgen** provide oneself with food ❺ **sich selbst versorgen** take care of oneself **Versorgung** ❶ (*das Sichkümmern*) care ❷ (*Belieferung*) supply; **Versorgung mit Energie** power supply ❸ **die Versorgung seiner Familie** providing for his family **Versorgungsnetz** ❶ *von Strom:* supply grid ❷ *von Waren:* supply network
verspachteln fill in
verspannen **sich verspannen** *Muskel:* tense up; **du bist ja ganz verspannt** you're all tensed up
Verspannung tenseness
verspäten **sich verspäten** (*zu spät kommen*) be late; (*aufgehalten werden*) be delayed **verspätet** ❶ belated, late ❷ *Zug, Flug:* delayed **Verspätung** ❶ delay; **alle Züge haben Verspätung** there are delays ⚠ *plural* to all trains; [**15 Minuten**] **Verspätung haben** be [15 minutes] late ❷ *von Person:* late arrival
verspekulieren ❶ **sich verspekulieren** (*finanziell*) ruin oneself by speculation ❷ **sich verspekulieren** (*übertragen*) be out in one's calculations *plural*
versperren ❶ (*blockieren*) bar, block; **Sie versperren mir die Sicht!** you're obstructing my view! ❷ (*verschließen*) lock up
verspielen ❶ gamble away *auch übertragen* ❷ **der hat bei mir verspielt!** I've had quite enough of him! ❸ **sich verspielen** (*beim Musizieren*) make a mistake
verspielt playful
verspotten mock
versprechen ❶ promise; **versprochen?** promise? ❷ **was versprichst du dir davon?** what do you expect to gain by it? ❸ (*sich verplappern*) make a slip of the tongue **Versprechen** promise
verspritzen ❶ (*versprühen*) spray ❷ (*durch Planschen*) spatter, splash
verstaatlichen nationalize **Verstaatlichung** nationalization

Verstädterung urbanization
Verstand ❶ (*Intellekt*) intellect, mind; **ein scharfer Verstand** a keen mind ❷ (*Denkfähigkeit*) reason ❸ **den Verstand verlieren** go out of one's mind; **hast du den Verstand verloren?** have you gone mad?, are you out of your mind? ❹ (*Vernunft*) [common] sense; **der Verstand sagt uns, ...** common sense tells us ..., it is common sense ... ❺ (*Urteilsfähigkeit*) judgement ❻ **ohne** [**Sinn und**] **Verstand** mindlessly **verstandesmäßig** rational, intellectual **Verstandesmensch** rational person
verständig ❶ (*einsichtig*) understanding ❷ (*vernünftig*) reasonable, sensible **verständigen** ❶ (*informieren*) inform, notify (**von** of) ❷ **sich** [**mit jemandem**] **verständigen** (*kommunizieren*) communicate [with somebody] **Verständigung** ❶ (*Informieren*) information, notification ❷ (*Kommunikation*) communication ❸ (*Übereinkunft*) agreement, understanding
verständlich ❶ (*einsichtig, deutlich*) *Aussprache:* intelligible ❷ (*begreiflich*) understandable; **schwer verständlich** difficult to understand ❸ (*begreifbar*) comprehensible ❹ (*hörbar*) audible; **kaum verständlich** barely audible ❺ **sich verständlich machen** make oneself heard **verständlicherweise** understandably
Verständnis ❶ (*Begreifen*) comprehension, understanding (**für** of) ❷ (*Mitgefühl*) sympathy (**für** for) ❸ (*Sinn für etwas*) appreciation (**für** of) ❹ **dafür/für solche Leute habe ich kein Verständnis** I have no time for that kind of thing/people **verständnislos** ❶ (*nicht verstehend*) uncomprehending ❷ (*ohne Einfühlungsvermögen*) unsympathetic (**für** towards) **verständnisvoll** ❶ (*verstehend*) understanding ❷ (*mitfühlend*) sympathetic (**für** towards)
verstärken ❶ reinforce *auch übertragen*, strengthen *auch übertragen* ❷ (*durch Lautsprecher*) amplify ❸ (*steigern*) intensify ❹ (*vermehren*) increase ❺ **sich verstärken** (*sich vermehren*) increase ❻ **sich verstärken** (*intensiver werden*) intensify, strengthen **Verstärker** amplifier **Verstärkung** ❶ reinforcement, support ❷ (*Intensivierung*) intensification ❸ (*Vermehrung*) increase ❹ (*durch Truppen*) reinforcements ⚠ *plural*

verstaubt dusty

verstauchen sprain; **ich habe mir die Hand/den Knöchel verstaucht** I've sprained my hand/my ankle

verstauen pack *Gepäck* (**in** into)

Versteck (1) hiding-place (2) **Versteck spielen** play hide-and-seek **verstecken** (1) conceal, hide (**vor** from) (2) **sich verstecken** conceal oneself (GB), hide, hide up (USA) (**vor** from)

> **? Grammatik** **hide — hid — hidden:** *Sandra hid in the loft; where have you hidden your report?*

versteckt (1) (*verborgen*) concealed, hidden (2) (*verstohlen*) furtive

verstehen (1) (*begreifen*) understand; **verstanden?** do you understand me?, got the idea? (GB), O.K.? (USA); **ich verstehe!** I see! (2) (*deuten*) interpret (3) (*einsehen*) see (4) **was verstehen Sie unter „exzentrisch"?** what do you understand by "eccentric"?; **wie verstehen Sie seine Bemerkungen?** what do you understand by his remarks?; **jemandem zu verstehen geben, dass ...** give someone to understand that ... (5) **ich verstehe nichts!** (*vor Lärm*) I can't hear a word! (6) **falsch verstehen** misunderstand (7) **sie verstehen sich** they understand each other; (*kommen miteinander aus*) they get along with each other (8) **das versteht sich von selbst** that goes without saying

> **? Grammatik** **understand — understood — understood:** *Tim understood the foreigners; sorry, I haven't understood your question.*

versteifen (1) (*verstärken*) reinforce, strengthen (2) **sich versteifen** *Gelenk:* become stiff (3) **sich auf etwas versteifen** become set on something

versteigern auction [off]; **etwas versteigern lassen** put something up for auction **Versteigerung** auction

versteinert **wie versteinert dastehen** be rooted to the spot

Versteinerung (1) (*Vorgang*) petrifaction (2) (*Fossil*) fossil ['fɒsəl]

verstellbar adjustable **verstellen** (1) (*in Unordnung bringen*) misplace, put in the wrong place (2) shift *Möbel* (3) (*versperren*) block; **das Sofa verstellt mir den Weg** the settee is in [*oder* is blocking] my way (4) **wer hat den Fernseher verstellt?** who's been fiddling with the television? (5) disguise *Handschrift, Stimme* (6) **sich verstellen** (*vorgeben*) dissemble, hide one's true feelings *plural*

versteuern pay duty [*oder* tax] on **Versteuerung** taxation

verstimmt (1) *Klavier:* out of tune (2) (*verärgert*) put out (3) *Magen:* upset

verstockt obstinate, stubborn

verstohlen *Blick:* furtive, surreptitious

verstopfen (1) stop up *Loch* (2) block *Abfluss;* jam *Straße* **verstopft** (1) *Abfluss:* blocked (2) *Darm:* constipated (3) *Nase:* blocked [up] **Verstopfung** (1) (*Blockierung*) blockage (2) *von Darm:* constipation; **Verstopfung haben** be constipated

verstorben deceased, late *vorangestellt*

verstört disturbed; (*vor Angst*) distraught; **einen verstörten Eindruck machen** look distraught

Verstoß offence (**gegen** against), violation (**gegen** of) **verstoßen** (1) (*vertreiben*) expel (**aus** from) (2) (*sich vergehen*) offend (**gegen** against); **das verstößt gegen die Regel** this is against the rule

verstrahlt contaminated by radiation

verstreichen (1) *Zeit:* elapse, pass [by]; *Frist:* expire (2) (*auftragen*) put on; spread *Farbe, Salbe* (**auf** to)

verstreuen scatter

Verstümmelung mutilation

verstummen fall silent

Versuch (1) attempt; **ein Versuch, etwas zu tun** an attempt at doing [*oder* to do] something; **es ist einen Versuch wert** it's worth a try; **beim ersten Versuch** at the first try; **er unternahm keinen Versuch, uns zu helfen** he made no attempt to help us; **alle Versuche scheiterten** all attempts failed (2) (*Experiment*) experiment; (*Test*) test; **einen Versuch durchführen** carry out an experiment

versuchen (1) attempt, try; **es versuchen** have a try; **versuch's doch mal!** have a go!; **versuch's noch mal!** have another try!; **versuch's mal mit Geduld** try a little patience; **versuchen, etwas zu tun** attempt [*oder* try] to do something; **lass mich mal versuchen!** let me have a try!; **ich werd es mal versuchen** I'll give it a try ② (*sich sehr bemühen*) strive ③ (*kosten, probieren*) taste; **versuch mal!** have a taste! ④ **sich an etwas versuchen** try one's hand at something

> **? Grammatik** **try — tried — tried:**
> *Florence tried to answer all the questions; have you ever tried surfing?*

Versuchskaninchen guinea-pig *übertragen* **Versuchsperson** test person; **die Versuchspersonen** the test group ⚠ *singular* **Versuchsreihe** series *singular* of experiments **Versuchstier** laboratory animal **versuchsweise** (*als Versuch*) on a trial basis **Versuchung** temptation; **in Versuchung führen** lead into temptation; **in Versuchung kommen** be tempted

versumpfen (*übertragen: zechen*) go to the dogs

versunken ① *Schiff:* sunken ② *Kultur:* submerged ③ (*vertieft*) absorbed, immersed; **in Gedanken versunken** lost in thought

versüßen **jemandem etwas versüßen** make something more pleasant for somebody

vertagen ① adjourn *Sitzung, Verhandlung* (**auf** until, till) ② (*verschieben*) postpone (**auf** until, till) ③ **sich vertagen** be adjourned; *Gericht:* adjourn (**auf** until, till) **Vertagung** ① *von Sitzung, Verhandlung:* adjournment ② (*im Parlament*) prorogation

vertauschen (*verwechseln*) mix up; **man hat unsere Jacken vertauscht!** they got our jackets mixed up!

verteidigen defend; **sich verteidigen** defend oneself; **sich selbst verteidigen** (*vor Gericht*) conduct one's own defence **Verteidiger(in)** ① (*auch beim Sport*) defender ② (*Befürworter*) advocate ③ (*Anwalt*) counsel for the defence (GB), attorney for the defense (USA) **Verteidigung** (*auch im Fußball*) defence (GB), defense (USA) **Verteidigungsminister(in)** Minister of Defence **Verteidigungsministerium** Ministry of Defence

verteilen ① distribute (**an** to, **unter** among) ② (*ausstreuen*) spread (**über** over) ③ **sich verteilen** *Personen:* spread out ④ **sich verteilen** (*zeitlich*) be spread (**über** over)

Verteilung ① (*Austeilung*) distribution ② (*Zuteilung*) allocation

verteuern ① make dearer ② **sich verteuern** become dearer

verteufelt ① *Angelegenheit:* devilish ② **verteufeltes Glück haben** be damned lucky ③ **verteufelt weh tun** hurt like mad

vertiefen ① deepen *auch übertragen* ② **sich in etwas vertiefen** become absorbed in something

vertikal vertical ['vɜːtɪkəl]

vertippen **sich vertippen** (*mit Schreibmaschine*) make a typing error

vertrackt tricky; **so eine vetrackte Sache** what an awkward business

Vertrag ① (*Arbeitsvertrag*) contract ② (*Abkommen*) agreement; (*politisch*) treaty

vertragen ① (*aushalten*) endure, stand, tolerate; **ich kann alles vertragen, nur keine Schlamperei** I can tolerate anything except sloppiness ② (*bekömmlich sein*) **er kann keinen Fisch vertragen** fish does not agree with him; **ich kann keine Sonne vertragen** I can't take the sun; **er kann keinen Spaß vertragen** he can't take a joke; **sie kann nichts vertragen** (*Alkohol*) she can't take her drink ③ (*brauchen*) **ich könnte einen vertragen** (*Alkohol*) I could do with a drink ④ **sich [mit jemandem] vertragen** get along [with somebody]; **wir vertragen uns wieder** we've made up, we're friends again **vertraglich** ① *Regelung:* contractual ② **vertraglich gebunden** bound by contract

verträglich ① (*umgänglich*) *Mensch:* easy-going, amicable, peaceable ② (*bekömmlich*) wholesome; *Speisen:* digestible

Vertragsabschluss completion of a contract **Vertragsbedingungen** terms [*oder* conditions] of a contract

Vertragsbruch breach of contract

Vertragsdauer contractual period

Vertragspartner(in) partner to a contract [*oder* treaty]

vertragswidrig ① *Handlung etc.:* contrary to the agreement ② **jemandem vertragswidrig kündigen** make someone redundant contrary to the terms of contract

Vertrauen ① confidence, trust (**zu, in, auf** in) ② **im Vertrauen [gesagt]** strictly in confidence; **zu jemandem Vertrauen haben** be confident in somebody, trust somebody;

jemanden ins Vertrauen ziehen admit [*oder* take] someone into one's confidence; **er ist ein Vertrauen erweckender Mensch** he is a person who inspires confidence

vertrauen ① **jemandem** [*oder* **auf jemanden**] **vertrauen** trust [*oder* have confidence] in somebody ② **auf die Zukunft vertrauen** have faith in the future **Vertrauensbruch** breach of trust **vertrauensvoll** trusting **vertrauenswürdig** trustworthy

vertraulich ① (*geheim*) confidential ② (*freundschaftlich*) familiar

verträumt ① (*träumerisch*) dreamy ② (*idyllisch*) sleepy

vertraut ① (*intim*) intimate ② *Freund:* close ③ *Gesicht:* familiar ④ **sich mit dem Gedanken vertraut machen, dass …** get used to the idea that …; **sich mit etwas vertraut machen** acquaint oneself with something **Vertraute(r)** intimate friend **Vertrautheit** ① (*Intimität*) intimacy ② (*Bekanntheit*) familiarity

vertreiben ① drive away; (*aus Land*) expel [from]; **Menschen aus ihrer Heimat vertreiben** drive people out of their native land ② (*handeln mit*) sell ③ **sich die Zeit** [**mit etwas**] **vertreiben** while [*oder* pass] away one's time [doing something] **Vertreibung** expulsion

vertretbar justifiable; **nicht vertretbar** (*unhaltbar*) untenable

vertreten ① (*als Bevollmächtigter*) represent; **er vertritt die Firma in Edinburgh** he represents the firm in Edinburgh ② (*zeitweilig ersetzen*) replace ③ (*einstehen*) answer for ④ **jemanden** [**vor Gericht**] **vertreten** plead somebody's case ⑤ attend to *Interessen* ⑥ **ich vertrete die Ansicht …** I take the view … ⑦ **sich die Beine vertreten** stretch one's legs

Vertreter(in) ① (*Repräsentant*) representative ② (*Stellvertreter*) deputy; (*für Arzt oder Geistlichen*) locum [tenens] ③ (*Fürsprecher*) advocate ④ (*Handelsvertreter*) sales representative, sales rep *umgangsspr*

Vertretung ① (*in Schule*) supply teacher ② (*Ersatz*) replacement; **die Vertretung übernehmen für …** take the place of … ③ (*Agentur*) agency

Vertrieb sales, marketing

vertrocknen ① *Quelle:* dry up ② *Pflanze:* wither ③ *Lebensmittel:* go dry

vertrösten **jemanden von einem Tag auf den nächsten vertrösten** put someone off from day to day

vertrottelt dopy

vertun **ich hab mich** [**schwer**] **vertan** I've made a [big] mistake

vertuschen hush up

verübeln **jemandem etwas verübeln** take something amiss; **ich kann's dir nicht verübeln** I can't blame you [for that]

verulken make fun of, tease

verunfallen (CH) have an accident

verunglücken ① *Auto, Person:* have an accident; *Flugzeug:* crash; **mit dem Auto verunglücken** have a car accident; **mit dem Flugzeug verunglücken** be in a plane crash; **tödlich verunglücken** be killed in an accident ② (*misslingen*) go wrong; **der Kuchen ist mir verunglückt** I fluffed the cake *umgangsspr*

verunmöglichen (CH) make impossible

verunsichern make uncertain (**in** of) **verunsichert** uncertain

verunstalten disfigure

veruntreuen embezzle

verursachen cause; **Beschwerden verursachen** give rise to trouble ⚠ *singular* **Verursacher(in)** culprit

verurteilen ① condemn *auch übertragen* ② **jemanden zu drei Jahren Gefängnis verurteilen** sentence somebody to three years imprisonment; **jemanden zu einer Geldstrafe verurteilen** impose a fine on someone **Verurteilung** ① condemnation *auch übertragen* ② (*Schuldspruch*) conviction

vervielfältigen duplicate

vervollständigen complete

verwackeln blur *Foto*

verwählen **sich verwählen** dial the wrong number; **Verzeihung, ich habe mich verwählt!** sorry, [I've dialled] wrong number!

verwahren (*aufheben*) have in safekeeping, keep [safe]; **etwas an einem sicheren Ort verwahren** put something away safely

verwahrlost ① (*vernachlässigt*) neglected ② *Äußeres einer Person:* unkempt ③ (*moralisch*) decadent **Verwahrlosung** ① *von Person: Vernachlässigung:* neglect of oneself ② *von Gebäude:* dilapidation ③ (*moralisch*) depravity

verwaist ① (*ohne Eltern*) orphaned ② (*verlassen*) deserted

verwalten ① administer *Erbe, Vermögen* ② manage; run *Firma* ③ (*leiten*) govern *Gebiet, Staat* ④ hold *Amt* **Verwalter(in)** administrator

Verwaltung ① (*Administration*) administration ② (*Firmenleitung*) management **Verwaltungsapparat** administrative machinery **Verwaltungsbeamte, -beamtin** civil servant **Verwaltungsbezirk** administrative district

verwandeln ① change ② **sich verwandeln** turn (**in** into) ③ **einen Elfmeter/Eckball verwandeln** score from a penalty/corner **Verwandlung** change, transformation

verwandt related (**mit** to)

> **! Vorsicht Falle** **related** wird zusammen mit **to** gebraucht: *Peter is not related to Paul; they are just friends.*

Verwandte(r) relation, relative **Verwandtschaft** ① (*das Verwandtsein*) relationship ② (*die Verwandten*) relations ⚠ *plural* **verwandtschaftlich** family

Verwarnung caution, warning; **jemandem eine Verwarnung erteilen** give someone a warning; (*gebührenpflichtig*) fine somebody; (*im Fußball*) give somebody the yellow card

verwechseln mix up; **ich hab eure Mäntel verwechselt** I got your coats mixed up; **jemanden mit jemand anderem verwechseln** take someone for someone else; **zum Verwechseln ähnlich** as like as two peas **Verwechslung** ① confusion; **es gab eine Verwechslung** there's been a mixup ② (*Irrtum*) mistake

verwegen daring, bold

verwehen drift *Schnee*

Verwehung *von Schnee, Sand:* drift

Verweichlichung softness

verweigern ① **jemandem etwas verweigern** deny [*oder* refuse] somebody something ② **das Essen verweigern** refuse to eat ③ **den Wehrdienst verweigern** refuse to do one's military service **Verweigerung** denial, refusal

verweint ① *Gesicht:* tear-stained ② *Augen:* tear-swollen

Verweis ① (*Rüge*) rebuke, reprimand; **jemandem einen Verweis erteilen** reprimand [*oder* rebuke] someone ② (*Hinweis in Buch etc.*) reference (**auf** to)

verweisen ① (*hinweisen*) refer; **auf etwas verweisen** refer to something; **jemanden auf etwas/an jemanden verweisen** refer someone to something/someone ② **jemanden des Landes/von der Schule verweisen** expel someone from the country/from school

verwelken ① *Blume:* wilt ② *Schönheit:* fade

verwendbar usable (**zu** for)

verwenden ① use; (*benutzen*) employ; **viel Zeit verwenden auf …** spend a lot of time on … ② (*verwerten*) utilize **Verwendung** ① employment, use ② *von Geld, Zeit:* expenditure (**auf** on) **Verwendungszweck** purpose, use

verwerten ① make use of, utilize ② exploit *Rohstoff* **Verwertung** using, utilization

verwesen ① (*in Fäulnis übergehen*) *Blätter, Leichnam:* decay ② *Fleisch:* rot **Verwesung** decomposition; **in Verwesung übergehen** start to decay

verwickeln ① tangle up *Fäden* ② **jemanden in etwas verwickeln** involve someone in something ③ **sich verwickeln** become tangled **verwickelt** (*übertragen*) complicated, intricate **Verwicklung** involvement (**in** in)

verwildert ① *Tier:* wild ② *Garten:* overgrown ③ *Aussehen:* unkempt

verwinkelt full of corners *plural*

verwirklichen ① realize ② **sich verwirklichen** (*in Erfüllung gehen*) *Traum, Wunsch:* be realized, come true ③ **sich [selbst] verwirklichen** fulfil oneself

verwirren (*durcheinander bringen*) confuse; **verwirrt dich das?** does that confuse you? **verwirrt** ① (*durcheinander*) confused ② (*verlegen*) embarrassed **Verwirrung** (*Durcheinander*) confusion; **Verwirrung stiften** cause confusion; **jemanden in Verwirrung bringen** confuse someone

verwittert weathered

verwitwet widowed; **Frau Braun, verwitwete Rot** Mrs Braun, the widow of Mr Rot

verwöhnen ① spoil; **ich lass mich gern verwöhnen** I like to be spoilt ② (*verzärteln*) pamper **verwöhnt** ① *Kind:* spoiled ② *im Geschmack:* discriminating ③ **vom Schicksal verwöhnt** smiled upon by fate

verworren ① *Lage:* complicated, intricate ② *Gedanken:* confused

verwundbar vulnerable *auch übertragen* **verwunden** injure, wound

verwunderlich ❶ (*erstaunlich*) amazing, surprising; **es ist nicht verwunderlich, dass …** it is no wonder that …; **das ist kaum verwunderlich** it's hardly to be wondered at ❷ (*sonderbar*) strange **Verwunderung** astonishment; **zu meiner Verwunderung** to my astonishment

verwundet wounded *auch übertragen;* **leicht verwundet** slightly wounded **Verwundete(r)** wounded [*oder* injured] person **Verwundung** wound, injury

verwünschen ❶ (*verzaubern*) cast a spell on ❷ (*verfluchen*) curse

verwurzelt (*übertragen*) deeply rooted (**in, mit** in)

verwüsten devastate, ravage **Verwüstung** devastation

verzagt despondent, disheartened

verzählen **sich verzählen** count wrong[ly], miscount

verzaubern ❶ put a spell on; **jemanden in etwas verzaubern** turn someone into something ❷ (*bezaubern*) enchant

verzehnfachen increase ten-fold

Verzehr consumption **verzehren** ❶ consume *auch übertragen* ❷ **sich verzehren** eat one's heart out (**vor** with); **sich vor Kummer verzehren** be consumed with grief; **sich vor Sehnsucht nach jemandem verzehren** pine for somebody

Verzeichnis ❶ (*Liste*) list ❷ (*Register*) register ['redʒɪstəʳ] ❸ (*Telefonverzeichnis*) directory

verzeigen (CH) **jemanden verzeigen** report somebody to the police

verzeihen ❶ (*vergeben*) forgive ❷ (*entschuldigen*) excuse, pardon ❸ (*vor Frage, Störung*) **verzeihen Sie!** excuse me!, I beg your pardon! ❹ (*bei Anrempelung*) **verzeihen Sie!** sorry! **verzeihlich** ❶ forgivable ❷ (*entschuldbar*) excusable, pardonable **Verzeihung** ❶ (*Vergebung*) forgiveness; **jemanden um Verzeihung bitten** apologize to someone ❷ (*wie bitte?*) pardon?; (*vor Frage, Störung*) excuse me!; (*bei Anrempelung*) sorry!

verzerren ❶ (*auch übertragen*) distort *Klang, Tatsachen* ❷ contort *Gesicht* ❸ **sich verzerren** become contorted [*oder* distorted] (**zu** in) **verzerrt** **ein verzerrtes Bild von der Wirklichkeit** a distorted view of life **Verzerrung** distortion *auch übertragen*

Verzicht renunciation (**auf** of); **Verzicht auf etwas üben** renounce [*oder* forego] something **verzichten** ❶ (*auskommen ohne*) do without; **danke, ich verzichte!** thanks, but no thanks! ❷ **auf eine Erbschaft/ein Eigentum verzichten** renounce an inheritance/a possession; **auf einen Anspruch verzichten** waive a right

verziehen ❶ spoil *Kind* ❷ **den Mund verziehen** twist one's mouth (**zu** into); **das Gesicht verziehen** pull a face; **keine Miene verziehen** not bat an eyelid ❸ **sich verziehen** *Holz:* warp ❹ **sich verziehen** (*verschwinden*) disappear; *Gewitter:* pass; *Wolken:* disperse ❺ **los, verzieh dich!** shove off!

verzieren decorate **Verzierung** decoration; **die Verzierungen** the decoration ⚠ *singular*

verzinsen pay interest on …; **mit 8% verzinst sein** bear interest at 8%; **verzinstes Darlehen** loan with interest **verzinslich** **verzinsliches Darlehen** loan with interest

verzogen ❶ *Holz:* warped ❷ *Kind:* spoiled ❸ (*aus Wohnung*) moved away; **„Empfänger verzogen"** "no longer at this address"

verzögern ❶ delay; (*verlangsamen*) slow down ❷ **sich verzögern** be delayed **Verzögerung** ❶ delay ❷ (*das Verzögern*) delaying ❸ (*Verlangsamung*) slowing down

verzollen **etwas verzollen** pay duty on something; **haben Sie etwas zu verzollen?** have you anything to declare? **verzollt** duty-paid

Verzückung **in Verzückung über etwas geraten** go into raptures ⚠ *plural* over something

Verzug ❶ (*Aufschub*) delay; **ohne Verzug** without delay; **in Verzug geraten** fall behind (**mit** with) ❷ **es ist Gefahr im Verzug** there is danger ahead

verzweifeln despair (**an** of); **nur nicht gleich verzweifeln!** hang in there! *umgangsspr;* **es ist zum Verzweifeln!** it's maddening! **verzweifelt** ❶ *Situation:* despairing ❷ *Lage:* desperate ❸ **er ist verzweifelt** he is in despair; **ich bin völlig verzweifelt!** I just don't know what to do! ❹ **verzweifelt kämpfen** fight desperately **Verzweiflung** ❶ (*als Gemütszustand*) despair; **in Ver-**

zweiflung geraten despair ② (*Ratlosigkeit*) desperation ③ **aus reiner Verzweiflung** in sheer desperation; **jemanden zur Verzweiflung bringen** be the despair of someone **Verzweiflungstat** act of desperation; **sich zu einer Verzweiflungstat hinreißen lassen** do something desperate **verzweigt** ramified *auch übertragen*

Verzweigung CH ① (*Autobahndreieck*) motorway junction ② *einer Straße:* branching [off]

verzwickt knotty, tricky, complicated

Veteran veteran ['vetᵊrᵊn] *auch übertragen*

Veto veto ['viːtəʊ]; **sein Veto gegen etwas einlegen** veto something **Vetorecht** power of veto; **das Vetorecht haben** have a veto

Vetter cousin **Vetternwirtschaft** nepotism

VHS *Abkürzung von* **Volkshochschule** adult education centre

via via [vaɪə]

Viadukt viaduct ['vaɪədʌkt]

Vibration vibration [vaɪ'breɪʃᵊn]

vibrieren vibrate

Videoaufzeichnung video recording **Videogerät** video set **Videokamera** video camera **Videokassette** video cassette **Videorecorder** video recorder **Videoschocker** video nasty **Videothek** video-tape library; (*Laden*) video shop [*oder* store]

Vieh livestock ⚠ *singular oder plural;* (*Rinder*) cattle *plural;* **500 Stück Vieh** 500 head of cattle ▶ IN WENDUNGEN: **jemanden wie ein Stück Vieh behandeln** treat somebody like dirt

> **! Vorsicht Falle** **cattle** ist im Englischen ein Plural: *the cattle are in the field.*

Viehfutter fodder **Viehzucht** cattle [*oder* stock] breeding

viel ① a great deal, a lot of, much; **so viel** so much; **so viel du willst** as much as you like; **halb so viel** half as much; **so viel wie gestern** as much as yesterday; **wie viel** how much; **zu viel** too much; **noch einmal so viel** as much again; **viel besser** much better; **ziemlich viel** a good deal [of] ② **viel Vergnügen!** have a good time!; **viel Glück!** good luck!; **vielen Dank!** thanks a lot! ③ **viele** a lot of, many; **so viele** so many; **wie viele** how many; **sehr viel[e]** very much, a great many; **davon gibt es nicht mehr viele** there aren't a lot left; **ziemlich viele** a good many ④ **die Straße ist viel befahren** this street is very busy; **viel beschäftigt** very busy; **viel gekauft** much-purchased; **viel geliebt** much-loved; **viel gereist** much-travelled; **viel geschmäht** much-maligned; **ein viel sagender Blick** a meaningful look; **viel versprechend** [very] promising ⑤ **sich nicht viel aus etwas machen** not to make much of something

> **! Vorsicht Falle** **many** wird für zählbare Dinge, Tiere und Personen gebraucht: *many people make that mistake.* — **much** wird für nicht zählbare Dinge und Mengen gebraucht: *Norman has eaten too much ice-cream.*

vieldeutig ambiguous

vielerlei *Dinge:* all sorts of, various

vielfach ① **vielfacher Millionär** multi-millionaire ② **auf vielfache Weise** in many ways ⚠ *plural;* **auf vielfachen Wunsch** at the request of many people

Vielfalt great variety **vielfältig** diverse, varied

vielleicht ① (*möglicherweise*) maybe, perhaps; **könnten Sie mir vielleicht behilflich sein?** could you by any chance be able to help? ② (*ungefähr*) **er war vielleicht um die 30** he may have been about thirty ③ **glaubst du mir vielleicht nicht?** you do believe me, don't you?; **kannst du mir vielleicht sagen, wie das gehen soll?** (*aggressiv*) do you think you could tell me how that's supposed to work, then? ④ (*wirklich*) really; **der ist vielleicht ein Idiot!** he really is an idiot!; **das war vielleicht gut/peinlich!** it was so good/embarrassing!; **die hat vielleicht [doof] geguckt!** you should have seen her [stupid] face!

vielmal(s) ① (*viele Male*) many times *plural;* **ich danke Ihnen vielmals** many thanks *plural* ② (*sehr*) a lot, very much; **ich bitte vielmals um Entschuldigung** I'm awfully sorry

vielmehr **er ist, vielmehr war, Soldat** he is, or rather was, a soldier

vielseitig ① *Bildung, Können:* all-round ② *Interessen:* varied ③ *Mensch:* versatile ④ **auf vielseitigen Wunsch** by popular request **Vielzahl** ① (*Menge*) multitude ② (*Fülle*) abundance

vier ❶ four; **wir sind zu viert** there are four of us ❷ **unter vier Augen** face to face; **jemanden unter vier Augen sprechen** speak to someone privately ❸ **auf allen vieren** on all fours ❹ (*Schulnote*) D; **eine Vier schreiben** get a D ❺ (*Verkehrsmittel*) **der Vierer/die Vier** the number four bus/tube **Viereck** quadrangle, square **viereckig** quadrangular, square

Vierer (*Ruderboot*) four

vierfach ❶ *Mord:* fourfold, quadruple ❷ **die vierfache deutsche Meisterin** the four time German champion ❸ **in vierfacher Ausfertigung** in quadruplicate

vierhändig **vierhändig spielen** play something for four hands

vierhundert four hundred

vierjährig ❶ (*vier Jahre alt*) four-year-old ❷ (*vier Jahre lang*) four-year

Vierlinge quadruplets

viermal four times; **viermal so viele** four times as many

Vierradantrieb four-wheel drive **vierspurig** *Straße:* four-lane **vierstellig** **eine vierstellige Zahl** a four-figure number **Viersternehotel** 4-star hotel

vierte fourth; **am 4. Januar** on January 4th; **im vierten Gang fahren** drive in fourth

Vierte(r) ❶ fourth; **Vierter werden** come in fourth ❷ **heute ist der Vierte** today is the fourth ❸ **Heinrich IV.** Henry IV, Henry the Fourth

vierteilig ❶ **ein vierteiliger Roman/Film** a four-part novel/film ❷ **ein vierteiliges Service** a four piece set

viertel quarter; **ein viertel Pfund** a quarter of a pound

Viertel[1] das ❶ (*Maß*) fourth [part] ❷ **Viertel nach elf** [a] quarter past eleven; **Viertel vor zwölf** [a] quarter to twelve ❸ **ein Viertel[e]** (*Wein*) a glass of wine

Viertel[2] das (*Stadtteil*) district, quarter

Vierteljahr quarter [of a year], three months *plural;* **in einem Vierteljahr** in three month's *plural* time **vierteljährlich** ❶ *Rechnung etc.:* quarterly ❷ **vierteljährlich erscheinen** be published every three months *plural* [*oder* quarterly] **Viertelliter** quarter of a litre **Viertelstunde** quarter of an hour (GB), quarter hour (USA); **in einer Viertelstunde** in quarter of an hour **viertelstündlich** **der Bus/die Bahn fährt viertelstündlich** the bus/train runs every quarter of an hour

Viertürer four-door model

vierzehn fourteen; **vierzehn Tage** a fortnight; **in vierzehn Tagen** in a fortnight's time (GB), two weeks (USA) **vierzehntägig** fortnightly **vierzehnte** fourteenth **Vierzehntel** fourteenth

vierzig forty **vierzigste** fortieth

Vierzimmerwohnung four-room flat (GB), four-room apartment (USA)

Vietnam Vietnam **Vietnamese**, **Vietnamesin** Vietnamese **vietnamesisch** Vietnamese

Vikar curate

Villa villa

violett violet ['vaɪələt]

Violine violin; **Violine spielen** play the violine

V.I.P. *Abkürzung von* **Very Important Person** VIP

Viper (*Giftschlange*) adder, viper ['vaɪpəʳ]

virtuell **virtuelles Einkaufszentrum** virtual shopping mall; **virtuelle Realität** virtual reality

Virus virus ['vaɪrəs] **Viruskrankheit** viral disease

Visagist(in) make-up artist

Visier ❶ *von Helm:* visor ❷ *von Gewehr:* sight

visieren (CH) (*abzeichnen*) certify

Vision vision ['vɪʒᵊn]

Visite ❶ (*im Krankenhaus*) round; **wann ist hier auf Station Visite?** when are the doctors going on their round on this ward? ❷ (*zu Hause*) house call, visit **Visitenkarte** (*auch übertragen*) visiting card (GB), calling card (USA)

Viskose viscose ['vɪskəʊs]

visuell visual

Visum visa

vital vigorous

Vitalität vitality

Vitamin vitamin ['vɪtəmɪn] **Vitaminmangel** vitamin deficiency **vitaminreich** rich in vitamins *plural* **Vitamintabletten** vitamin tablets

Vitrine ❶ (*Schaukasten*) show-case ❷ (*Glasschrank*) glass cabinet

Vize ❶ (*in Firma oder Politik*) number two ❷ (*im Sport*) runner-up; (*Mannschaft*) runners-up ⚠ *plural*

Vizemeister(in) ❶ (*Einzelathlet*) runner-up ❷ (*Mannschaft*) runners-up ⚠ *plural*

Vizepräsident(in) ❶ (*in Politik*) vice-president ❷ (*in Firma*) deputy chairman/chairwoman/chairperson

Vizeweltmeister(in) ❶ (*Einzelathlet*) runner-up in the World Cup ❷ (*Mannschaft*) runners-up ⚠ *plural* in the World Cup

V-Mann contact

Vogel bird *auch übertragen* ▶ IN WENDUNGEN: **ein seltsamer Vogel** a strange customer; **jemandem den Vogel zeigen** tap one's forehead; **einen Vogel haben** have a screw loose **Vogelbauer** birdcage

Vogelfutter bird-seed

Vogelnest bird's nest **Vogelscheuche** (*auch übertragen umgangsspr*) scarecrow **Vogelwarte** ornithological station

Vogerlsalat Ⓐ lamb's lettuce

Vogesen Vosges

Vokabel word ⚠ *Das englische Wort 'vocabulary' bedeutet ‚Wortschatz'* **Vokabelheft** vocabulary book **Vokabular** vocabulary

Vokal vowel

Volk ❶ (*Nation*) people ⚠ *singular*, nation; **das litauische Volk** the Lithuanian people; **ein Mann aus dem Volk** a man of the people; **die Stimme des Volkes** the voice of the nation; **zum Volk sprechen** address the nation ❷ (*Volksmenge*) crowd ❸ (*die unteren Schichten*) the lower classes ⚠ *plural* ❹ **das ist ein Volk für sich** they're a race apart

Völkerkunde ethnology

Völkermord genocide

Volksabstimmung plebiscite **Volksbefragung** public opinion poll **Volksentscheid** referendum **Volksfest** funfair **Volksheld(in)** popular hero/heroine **Volkshochschule** adult education centre

Volksinitiative Ⓒⓗ petition for a referendum **Volkskunde** folklore **Volkslied** folk song **Volksrepublik** people's republic; **die Volksrepublik China** the People's Republic of China **Volksstamm** tribe **Volkstanz** folk dance **Volkstracht** national costume **volkstümlich** ❶ traditional ❷ (*beim Volk beliebt*) popular **Volkswirt(in)** economist **Volkswirtschaft** ❶ (*Nationalökonomie*) national economy ❷ (*Studienfach*) economics ⚠ *plural* **Volkszählung** census

voll ❶ (*angefüllt*) full (**von** of); **der Saal ist voll[er Leute]** the hall is full of people ❷ (*gedrängt*) crowded ❸ (*ganz*) complete, entire, whole; **die volle Summe** the entire sum; **die volle Wahrheit** the whole truth; **drei volle Jahre** three whole years ❹ (*vollzählig*) complete ❺ (*gefüllt*) filled; **mit vollem Mund sprechen** speak with one's mouth full ❻ (*betrunken*) plastered ❼ (*satt*) full ❽ **mit vollem Mund** with one's mouth full ❾ **aus dem Vollen schöpfen** draw on unlimited resources *plural* ❿ **etwas voll verstehen** understand something completely ⓫ **voll dahinter stehen** be fully behind something ⓬ **jemanden für voll nehmen** take somebody seriously ⓭ **voll füllen** fill [up] ⓮ **den Hals nicht voll kriegen können** (*umgangsspr*) be a greedy get ⓯ **voll machen** *Gefäß:* fill up; (*vervollständigen*) complete; **die Windeln voll machen** fill the nappies ⓰ **voll pumpen** fill with air; **voll schreiben** fill with writing ⓱ **voll stopfen** cram full; **sich den Bauch voll stopfen** stuff oneself ⓲ **voll tanken** fill up ⓳ **voll gepfropft/gestopft** crammed, packed

vollautomatisch fully automatic **Vollbad** [proper] bath **Vollbart** [full] beard **Vollblut** (*Pferd*) thoroughbred [horse] ⒼⒷ, blooded horse ⓊⓈⒶ **Vollbremsung** emergency stop; **eine Vollbremsung machen** do an emergency stop **vollbringen** accomplish, achieve; **ein Wunder vollbringen** perform a miracle **vollbusig** full-bosomed **Volldampf** **mit Volldampf** full steam ahead

Völlegefühl satiety

vollenden ❶ (*abschließen*) complete ❷ (*vervollkommnen*) make complete **vollendet** ❶ (*vollkommen*) completed ❷ *Schönheit:* perfect

Vollendung ❶ completion; **vor Vollendung des 30. Lebensjahres** before completion of the 30th year of one's life ❷ (*Vervollkommnung, Vollkommenheit*) perfection

Volleyball volleyball

vollführen execute, perform

Vollgas **mit Vollgas** at full throttle, full tilt *umgangsspr*; **Vollgas geben** open it right up, step on the gas *umgangsspr*

Vollglatze **eine Vollglatze haben** be entirely bald

völlig complete; **völliger Blödsinn!** utter nonsense!

volljährig of age; **volljährig werden** come of age **Volljährigkeit** majority

Vollkaskoversicherung fully comprehensive insurance
vollklimatisiert fully air-conditioned
vollkommen ① (*perfekt*) perfect ② (*völlig*) complete **Vollkommenheit** perfection
Vollkornbrot wholemeal bread
Vollmacht ① power, authority ② (*juristisch*) power of attorney; **jemandem eine Vollmacht ausstellen** [*oder* **erteilen**] give someone power of attorney
Vollmilch full-cream milk **Vollmilchschokolade** milk chocolate
Vollmond full moon
Vollpension full board
vollschlank (*füllig*) full-figured
vollständig ① complete, entire ② **etwas vollständig machen** complete something **Vollständigkeit** completeness; **der Vollständigkeit halber** to complete the picture
Vollstreckung execution
Volltreffer bull's eye *auch übertragen*
Vollversammlung plenary meeting
Vollwaschmittel detergent
vollwertig *Ersatz:* fully adequate **Vollwertkost** whole-foods ⚠ *plural*
vollzählig ① *Versammlung etc.:* complete ② **wir sind vollzählig erschienen** everyone of us came **Vollzugsanstalt** penal institution
Volontär(in) trainee
Volontariat unpaid internship; **ein Volontariat bei der Zeitung machen** to do an unpaid internship with a newspaper
Volt volt
Volumen volume *auch übertragen*
von ① of; **das ist lieb von dir** that's kind of you; **eine Freundin von mir** a friend of mine ② (*durch*) by ③ (*räumlich*) from; **von rechts/links** from the right/left; **von oben/unten** from the top/bottom; **von hinten/vorne** from behind/the front ④ (*zeitlich*) **von ... an** from ... on; **von ... bis** from ... until; **von nun an** henceforth; **von morgen an** from tomorrow; **von Zeit zu Zeit** from time to time; **von vornherein** from the [very] beginning ⑤ **von klein auf** from childhood ⑥ **von selbst** automatically ⑦ **von wegen!** no way!; **von mir aus!** I don't mind! ⑧ **dieses Gedicht ist von Milton** this poem is by Milton; **das hab ich von dir** I got that from you ⑨ **das hängt vom Wetter ab** that depends on the weather ⑩ **grüßen Sie ihn von mir** my best regards to him
voneinander from [*oder* of] each other
vor ① (*örtlich*) before; **vor dem Hause** in front of the house; **das tut man nicht vor Leuten** it's not done in front of people ② (*zeitlich*) **vor ihrer Ankunft** before [*oder* prior to] her arrival; **vor zwei Jahren** two years ago ③ (*bei Uhrzeit*) **fünf [Minuten] vor zehn** five [minutes] to ten (GB), five minutes of ten; **nicht vor ...** not till ...; **vor der Zeit** before time (GB), ahead of time (USA) ④ **vor allem** above all, first of all ⑤ (*ursächlich*) **vor Angst** with fear; **vor lauter Arbeit** with all this work; **vor Lachen** for laughing ⑥ **vor Aufregung** for excitement ⑦ **vor Zeugen** in presence of witnesses ⑧ **vor sich hin** to oneself ⑨ **vor und zurück** backwards and forwards ⑩ **nach wie vor** still **vorab** first of all, to begin with
Vorabend (*der vorhergehende Abend*) evening before
Vorahnung premonition, presentiment
voran ① (*vorn*) first, in front of ② (*vorwärts*) forwards **vorangehen** ① go in front; **jemandem vorangehen** go ahead of someone ② **mit gutem Beispiel vorangehen** set a good example ③ **es geht gut voran mit der Arbeit** work is coming along well **vorankommen** ① **im Beruf/Leben vorankommen** get on in one's job [*oder* career]/in life; **wie kommst du voran?** how are you getting on? ② (*Fortschritte erzielen*) make progress
Voranschlag estimate
Voranzeige ① (*für Theaterstück*) advance notice ② (*für Film*) trailer (GB), preview (USA)
Vorarbeiter(in) foreman/forewoman
voraus ① (*voran*) in front; **jemandem [weit] voraus sein** be [streets] ahead of someone; **Joyce war seiner Zeit voraus** Joyce was ahead of his time ② **im Voraus** in advance
vorausahnen anticipate
vorausgehen go in front
vorausgesetzt vorausgesetzt, dass ... provided [that] ...
Voraussage prediction; (*für Wetter*) forecast **voraussagen jemandem etwas voraussagen** predict something for someone
voraussehbar foreseeable
voraussetzen presuppose; **als selbstverständlich voraussetzen** take for granted **Voraussetzung** ① (*Vorbedingung*) prerequi-

V

site; **unter der Voraussetzung, dass ...** on condition that ... ❷ (*Annahme*) premise

Voraussicht foresight; **aller Voraussicht nach** in all probability **voraussichtlich** ❶ (*vorauszusehend*) *Ankunft etc.:* expected ❷ (*wahrscheinlich*) probably

Vorauszahlung advance payment; [**nur**] **gegen Vorauszahlung!** cash in advance!

Vorbau porch; (*Balkon*) balcony

Vorbehalt reservation; **große Vorbehalte haben** have grave reservations; **unter dem Vorbehalt, dass ...** with the reservation that ... **vorbehaltlos** unconditional

Vorbehandlung pretreatment

vorbei ❶ (*räumlich*) past; **kommst du vorbei?** can you get part?/will you drop by? ❷ (*zeitlich*) gone, over; **es ist vier [Uhr] vorbei** it's past [*oder* gone] four [o'clock]; **das ist jetzt alles vorbei** all that is over now; **was vorbei ist, ist vorbei** what's past, is past; **die Traurigkeit ist vorbei** the sadness is gone

vorbeifahren [**an jemandem/etwas**] **vorbeifahren** go/drive/sail past [somebody/something]

vorbeigehen ❶ **an jemandem vorbeigehen** (*auch übertragen*) go past [*oder* pass by] somebody; **im Vorbeigehen** in passing *auch übertragen* ❷ (*kurz besuchen*) **ich gehe nachher mal bei ihm vorbei** I'll look in on him later in the day ❸ (*aufhören*) pass; **das geht schon wieder vorbei** it'll pass

vorbeikommen (*besuchen*) **bei jemandem vorbeikommen** drop in on somebody; **komm doch mal vorbei** why don't you drop in [*oder* come round] some time

vorbeilassen let pass

vorbeireden aneinander vorbeireden talk at cross purposes *plural*

vorbeischießen ❶ (*vorbeisausen*) [**an jemandem/etwas**] **vorbeischießen** shoot past [somebody/something] ❷ [**am Ziel**] **vorbeischießen** miss the target

vorbelastet handicapped; **da ist er/sie erblich vorbelastet** it runs in his/her family

vorbereiten ❶ prepare ❷ **sich vorbereiten** prepare [oneself] (**auf** for); **sich auf eine Prüfung vorbereiten** prepare for an exam ❸ **vorbereitet sein** be ready [*oder* prepared] (**auf** for) **Vorbereitung** preparation

Vorbesitzer(in) previous owner

vorbestellen ❶ order in advance *Ware* ❷ book *Tisch, Zimmer* **Vorbestellung** ❶ *von Ware:* advance order ❷ *von Zimmer:* booking ⒼⒷ, reservation ⓊⓈⒶ

vorbestraft previously convicted; **vorbestraft sein** have a criminal record

vorbeugen ❶ (*vermeiden*) prevent; **vorbeugen ist besser als heilen** prevention is better than cure ❷ **sich vorbeugen** bend forward **vorbeugend** preventive, prophylactic **Vorbeugung** ❶ prevention (**von, gegen** of); **zur Vorbeugung gegen ...** for the prevention of ... ❷ (*medizinisch*) prophylaxis; **zur Vorbeugung gegen ...** as a prophylaxis against

Vorbild ❶ model; **jemanden als Vorbild hinstellen** hold someone up as a model; **sich jemanden zum Vorbild nehmen** model oneself on someone ❷ (*Beispiel*) example; **sich jemanden zum Vorbild nehmen** take somebody as an example

vorbildlich exemplary; **ein vorbildlicher Schüler** a model pupil

Vorbildung (*schulische*) educational background

Vorbote harbinger

vorbringen ❶ (*sagen*) say; express *Forderung, Meinung* ❷ bring forward *Beweise*

vorchristlich pre-Christian

Vorderachse front axle

Vorderansicht front view

Vorderasien Near East

Vorderbein foreleg

vordere front

Vorderfront frontage **Vordergrund** ❶ foreground; **im Vordergrund** in the foreground ❷ (*übertragen*) **sich in den Vordergrund schieben** push oneself to the fore

Vordermann person in front **Vorderrad** front wheel **Vorderradantrieb** front-wheel drive

Vorderschinken shoulder ham

Vorderseite front

Vordersitz front seat

vorderste frontmost; **die vorderste Reihe** the front row

Vorderteil front, front part

Vordiplom intermediate exam

vordrängen sich vordrängen push to the front; **sich in einer Schlange vordrängen** jump a queue ⒼⒷ, push to the front of a line ⓊⓈⒶ **vordringen** advance; **in den Weltraum vordringen** penetrate into space

Vordruck (*Formular*) form ⒼⒷ, blank ⓊⓈⒶ

vorehelich premarital

voreilig rash; **voreilige Schlüsse ziehen** jump to conclusions

voreingenommen biased, prejudiced (**für, gegen** in favour of, against)

Vorentscheidung preliminary decision

vorerst for the time being

Vorfahr ancestor, forefather

Vorfahrt right of way; **die Vorfahrt beachten/nicht beachten** observe/ignore the right of way **vorfahrtsberechtigt ich war/war nicht vorfahrtsberechtigt** I had/didn't have the right of way **Vorfahrtsstraße** major road **Vorfahrtsschild** give way sign (GB), yield sign (USA)

Vorfall ① (*Geschehnis*) incident, occurrence ② *von Bandscheibe:* prolapse **vorfallen** (*geschehen*) happen, occur; **es ist etwas vorgefallen** something has happened

vorfinden discover, find

Vorfreude anticipation (**auf** of)

vorführen ① show; **jemandem etwas vorführen** show something to somebody *auch Film* ② (*präsentieren*) present ③ model *Kleidung* ④ demonstrate *Gerät* ⑤ bring forward *Angeklagten* **Vorführung** ① *von Film:* show ② *von Theaterstück, Show:* performance ③ *von Mode:* presentation

Vorgang ① (*Ereignis*) event ② (*Hergang*) course of events ③ (*Prozess*) process

Vorgänger(in) predecessor

Vorgarten front garden (GB), dooryard (USA)

vorgeben ① (*im Sport*) give ② (*vortäuschen*) pretend

Vorgebirge foothills ⚠ *plural*

vorgefasst vorgefasste Meinung prejudice

vorgefertigt prefabricated

vorgeheizt preheated

Vorgehen ① (*Verfahren*) procedure ② **gemeinsames Vorgehen** concerted action **vorgehen** ① (*nach vorn gehen*) go forward; **sie ging vor zur Anmeldung/zur Lehrerin** she went right up to the reception desk/the teacher ② (*früher gehen*) go on ahead; (*als Erster gehen*) go first; **wir gehen schon vor und treffen euch dann am Bahnhof** we'll leave now and we'll see you at the station ③ (*handeln*) act, proceed ④ (*juristisch*) take legal proceedings (**gegen** against) ⑤ (*wichtiger sein*) have priority; **die Arbeit geht vor** work comes first ⑥ (*sich ereignen*) go on, happen; **was geht hier vor?** what's going on here? ⑦ **meine Uhr geht [drei Minuten] vor** my watch is [three minutes] fast

Vorgeschichte ① (*Urgeschichte*) prehistory ② *einer Person, eines Falles:* antecedents ⚠ *plural*

Vorgeschmack foretaste

Vorgesetzte(r) superior

vorgestern the day before yesterday

vorgreifen einer Sache vorgreifen anticipate something; **jemandem vorgreifen** forestall someone

Vorhaben ① (*Plan*) plan ② (*Absicht*) intention **vorhaben** ① (*beabsichtigen*) have in mind, intend; **ich habe vor, mit ihr zu sprechen** I intend to speak to her; **mit jemandem Großes vorhaben** have great plans for someone ② (*geplant haben*) have planned; **was hast du heute vor?** what do you have planned for today?, what are you up to today? *umgangsspr;* **wenn Sie nichts anderes vorhaben** unless you are otherwise engaged; **ich habe vor, nach Schottland zu fahren** I am planning to go to Scotland; **haben Sie morgen [schon] etwas vor?** do you have any plans for tomorrow?; **was hast du damit vor?** what are you going to do with that?

Vorhalle entrance hall, vestibule; (*im Parlament*) lobby

vorhalten ① (*als Beispiel*) **er hält ihr ständig ihren Bruder vor** he keeps holding up her brother as an example to her ② (*vorwerfen*) **jemandem etwas vorhalten** reproach somebody with something ③ **die Hand vor den Mund halten** put one's hand in front of one's mouth ④ (*ausreichen*) last; **das hält noch lange vor** this will last for a good while longer **Vorhaltungen** reproaches; **jemandem Vorhaltungen machen** reproach someone; **jemandem Vorhaltungen dafür machen, dass er/sie etwas getan hat** reproach someone for having done something

Vorhand (*im Tennis*) forehand

vorhanden ① (*verfügbar*) available ② (*existierend*) existing; **ein Bad war nicht vorhanden** there was no bathroom

Vorhang curtain (GB), shade (USA); **den Vorhang zu-/aufziehen** draw/draw back the curtain

Vorhängeschloss padlock

Vorhaut foreskin, prepuce

vorher (*früher*) before now; **am Tag vorher** the day before, the previous day; **kurz vorher** a short time before

vorherbestimmt predestined

vorhergehen (*übertragen*) precede

vorherig ① (*früher*) previous ② (*ehemalig*) former

Vorherrschaft ① predominance ② (*politische*) hegemony **vorherrschend** ① (*tonangebend*) predominant ② (*weit verbreitet*) prevailing

Vorhersage ① prediction ② *von Wetter:* forecast

vorhersagen ① foretell, predict ② forecast *Wetter*

vorhersehbar foreseeable **vorhersehen** foresee

> **? Grammatik** **foresee — foresaw — foreseen**: *she foresaw what would happen; the problems had been foreseen.*

vorheucheln **jemandem etwas vorheucheln** feign [*oder* pretend] something

vorhin just now

Vorhof ① forecourt ② *von Herz:* vestibule

vorig ① (*früher*) previous ② (*vergangen*) last

Vorjahr previous year

Vorkehr (CH) precaution [prɪˈkɔːʃᵊn]

Vorkehrung precaution [prɪˈkɔːʃᵊn]; **die nötigen Vorkehrungen treffen** take the necessary precautions

Vorkenntnisse ① (*Wissen*) previous knowledge ⚠ *singular* (**in** of) ② (*Erfahrung*) previous experience ⚠ *singular* (**in** in); **Vorkenntnisse nicht erforderlich** no previous experience ⚠ *singular* necessary

Vorkommen ① (*das Auftreten*) occurrence ② *von Bodenschätzen:* deposit **vorkommen** ① (*geschehen*) happen; **so was soll vorkommen!** that's life!; **das kann schon mal vorkommen** that can happen to anybody ② **so etwas ist mir noch nicht vorgekommen** I've never heard of such a thing ③ (*auftreten*) be found; **Bären kommen nur im Waldland vor** bears are only to be found in woodlands ⚠ *plural* ④ (*den Anschein haben*) seem; **es kommt mir so vor** so it seems to me; **das kommt dir nur so vor** you're just imagining it ⑤ (*sich fühlen*) **ich komme mir dumm vor** I feel stupid; **du kommst dir wohl sehr klug vor?** I suppose you think you're very clever?

Vorkriegszeit prewar days *plural*

Vorladung summons ⚠ *singular*

Vorlage ① (*das Vorlegen*) presentation ② (*Muster*) model, pattern; **etwas als Vorlage nehmen** copy something from something ③ (*Gesetzesvorlage*) bill

vorlassen (*vorgehen lassen*) let go in front

Vorläufer (*übertragen*) precursor

vorläufig ① *Regelung etc.:* temporary ② (*provisorisch*) provisional ③ (*vorerst*) temporarily; (*fürs Erste*) for the time being

vorlaut cheeky (GB), fresh (USA); **vorlautes Wesen** pertness; **werd mir nur nicht vorlaut!** don't get fresh with me!

vorlegen ① (*bei Tisch*) serve ② (*zeigen*) produce, show ③ submit *Schriftstück* ④ present *Vorschlag*

vorlesen read aloud (GB), read out loud (USA); **jemandem etwas vorlesen** read something to someone **Vorlesung** lecture

vorletzt last but one, penultimate; **vorletztes Jahr** the year before last

Vorliebe preference; **ich habe eine Vorliebe für Gorgonzola** I like Gorgonzola a lot; **sie redet mit Vorliebe über Politik** she loves talking politics

vorliegen ① (*eingereicht sein*) be in; *Gesetzesvorlage:* be before the house ② (*vorhanden sein*) be, exist; **da muss ein Irrtum vorliegen** there must be some mistake ③ **was liegt vor?** what's up? **vorliegend** ① *Akten:* on hand ② *Gründe:* existing ③ **im vorliegenden Fall** in the present case

vorlügen **jemandem etwas vorlügen** tell someone lies *plural*

vormachen ① **jemandem etwas vormachen** (*zeigen*) show someone how to do something; **machst du mir das mal vor?** can you show me [how to]? ② **jemandem etwas vormachen** (*täuschen*) fool someone; **machen Sie sich nichts vor!** don't fool [*oder* kid] yourself!; **ich lass mir nichts vormachen!** I won't be taken for a ride!

Vormacht(stellung) supremacy (**gegenüber** over)

vormalig former **vormals** formerly

Vormann foreman

Vormarsch advance; **auf dem Vormarsch sein** be on the advance

vormerken ① make a note of, note down ② **einen Platz vormerken** book [*oder* reserve] a seat ③ **sich vormerken lassen** have one's name put down

Vormittag morning **vormittags** in the morning; [**um**] **11 Uhr vormittags** [at] 11 am

Vormund guardian **Vormundschaft** guardianship, tutelage

vorn ① in front; (*am Vorderende*) at the front; **nach vorn** forward; **ganz vorn** right in the front; **vorn in ...** at the front of ...; **weit vorn** a long way ahead; **vorn liegen** be ahead; (*im Rennen*) lead, be in the lead ② (*am Anfang*) at the beginning; **von vorn** from the beginning; **noch einmal von vorn** all over again; **von vorn anfangen** (*neues Leben*) start afresh ③ **das ist von vorn bis hinten erstunken und erlogen!** this is all a pack of lies!

Vorname Christian name (GB), first name (USA)

vornehm ① (*kultiviert*) distinguished ② (*edel*) noble; **vornehme Gesinnung** high mind ③ (*sozial hochgestellt*) high-ranking; (*adlig*) aristocratic ④ (*elegant*) fashionable ⑤ **vornehm tun** act posh

vornehmen ① (*durchführen*) carry out; make *Änderungen* ② **sich etwas vornehmen** (*in Angriff nehmen*) get to work on something ③ **sich etwas vornehmen** (*planen*) intend to do something ④ **sich jemanden vornehmen** have a word with someone

vornherein **von vornherein** from the start

vornüber forwards

Vor-Ort- (*in Zusammensetzungen*) on-site ...; **Vor-Ort-Montage** on-site assembly

Vorort suburb

Vorplatz forecourt

vorprogrammiert ① (*automatisch*) automatic ② (*vorbestimmt*) predetermined

Vorrang ① (*Vordringlichkeit*) priority (**vor** over) ② (*Reihenfolge*) precedence (**gegenüber** over) ③ **den Vorrang vor jemandem haben** have precedence over someone **vorrangig** primary, [having] priority

Vorrat stock, supply; **einen Vorrat anlegen** lay in stocks ⚠ *plural;* **auf Vorrat haben** keep in stock; **auf Vorrat kaufen** buy in supplies ⚠ *plural* **vorrätig** ① (*auf Lager*) in stock; **nicht vorrätig** out of stock ② (*verfügbar*) available **Vorratsraum** store room; (*im Laden*) stock room

Vorraum (*Foyer*) foyer

Vorrecht prerogative

Vorredner(in) previous speaker; **mein Vorredner** the previous speaker

Vorreiter(in) forerunner

Vorrichtung device, gadget

vorrücken ① move forward; move on *Schachfigur* ② *mit Auto, etc:* move forward ③ *Armee:* advance

Vorruhestand early retirement; **in den Vorruhestand treten** take early retirement; **jemanden in den Vorruhestand versetzen** retire someone early

Vorrunde preliminary round

vorsagen **jemandem etwas vorsagen** tell someone something

Vorsaison early season

Vorsatz ① intention; **mit guten Vorsätzen** with good intentions; **mit dem Vorsatz zu ...** with the intention of ...; **den Vorsatz fassen, etwas zu tun** resolve to do something ② (*in Rechtssprache*) **mit Vorsatz** with intent

vorsätzlich ① deliberate, intentional; (*willentlich*) wilful; **etwas vorsätzlich tun** do something deliberately ② (*in Rechtssprache*) premeditated; **etwas vorsätzlich tun** do something with intent

vorschicken send forward

vorschieben ① (*davor schieben*) push in front ② (*nach vorn schieben*) push forward; stick out *Kinn, Kopf* ③ (*vorschützen*) put forward as a pretext *Ausrede, Grund* ④ **sich vorschieben** *Person:* press forward; *Wolken:* move forward

vorschießen advance *Geld*

Vorschlag ① proposal (GB), proposition (USA); [**jemandem**] **einen Vorschlag machen** propose something [to somebody] ② (*Anregung*) suggestion; **auf meinen Vorschlag** at my suggestion; **mein Vorschlag lautet ...** my suggestion is ... **vorschlagen** ① propose, suggest; **ich schlage vor, wir gehen** I suggest going; **was schlagen Sie vor?** what do you suggest we do? ② (*nominieren*) **jemanden für etwas vorschlagen** nominate someone for something

vorschnell rash

vorschreiben ① (*anordnen*) stipulate ② (*diktieren*) dictate; **ich lasse mir nichts vorschreiben!** I won't be told what to do! ③ prescribe *Dosis*

Vorschrift 1 (*Bestimmung*) regulation; **laut Vorschrift** according to regulation; **das verstößt gegen die Vorschriften** that is contrary to the regulations 2 (*Anweisung*) instruction, order; **ich lasse mir von niemandem Vorschriften machen** I don't take orders from anyone **vorschriftsmäßig** 1 regulation; **die vorschriftsmäßige Kleidung** regulation clothing 2 (*korrekt*) correct 3 *Dosis:* prescribed 4 **etwas vorschriftsmäßig tun** do something according to [the] regulations [*oder* as instructed]

Vorschulalter pre-school age; **im Vorschulalter** at pre-school age; **er ist jetzt im Vorschulalter** he has reached pre-school age **Vorschule** nursery school

Vorschuss advance (**auf** on)

vorschweben mir schwebt ... vor I have ... in my mind

vorschwindeln jemandem etwas vorschwindeln lie to someone

vorsehen 1 **der Vertrag sieht vor, dass ...** the contract [*oder* treaty] stipulates that ... 2 **wie vorgesehen** according to plan; **so war das nicht vorgesehen** it wasn't planned to happen that way 3 **sich vorsehen** beware (**vor** of), take care; **sieh dich vor, was du sagst!** watch what you say!

Vorsehung Providence

vorsetzen 1 (*nach vorn*) put forward 2 (*davor setzen*) put in front 3 (*anbieten*) **jemandem etwas vorsetzen** offer someone something

Vorsicht 1 care; **Vorsicht walten lassen** take care 2 (*Umsicht*) prudence; **Vorsicht walten lassen** be prudent 3 (*Behutsamkeit*) wariness 4 (*bei Gefahr*) caution; **Vorsicht walten lassen** be cautious; **Vorsicht!** beware!, take care!, watch out!; **Vorsicht!** (*auf Kisten*) [handle] with care!; **Vorsicht Stufe!** mind the step!; **Vorsicht bissiger Hund!** beware of the dog! **vorsichtig** careful; (*besonnen*) cautious **vorsichtshalber** as a precaution; **etwas vorsichtshalber tun** take the precaution of doing something **Vorsichtsmaßnahme** precaution; **es ist eine reine Vorsichtsmaßnahme** it's purely precautionary; **Vorsichtsmaßnahmen treffen** take precautions

Vorsilbe prefix

vorsingen 1 **jemandem etwas vorsingen** sing something to someone 2 (*beim Theater*) audition

Vorsitz chairmanship; (*Präsidentenamt*) presidency **Vorsitzende(r)** 1 chairman/chairwoman/chairperson; **der Vorsitzende Deng** Chairman Deng 2 *von Verein:* president

Vorsorge Vorsorge treffen take precautions ⚠ *plural;* (*fürs Alter*) make provisions ⚠ *plural* **vorsorgen** [**für etwas**] **vorsorgen** provide [or something], make provisions [for something] **Vorsorgeuntersuchung** preventive medical check-up

Vorspeise starter

Vorspiegelung unter Vorspiegelung falscher Tatsachen under false pretences

Vorspiel 1 (*musikalisches*) prelude 2 (*beim Theater*) prologue 3 (*beim Geschlechtsverkehr*) foreplay

vorspielen 1 (*musikalisch*) **jemandem etwas vorspielen** play something for someone 2 (*beim Theater*) **jemandem etwas vorspielen** act something for someone 3 (*übertragen*) **jemandem etwas vorspielen** act out a sham of something in front of someone; **spiel mir doch nichts vor!** don't bother putting on an act for me! 4 *von Musik:* play 5 (*als Theater- oder Musikprobe*) audition; **jemanden vorspielen lassen** audition somebody

vorspringen 1 leap forward 2 (*hervorragen*) *Kinn, Nase:* jut out, project, protrude **vorspringend** 1 projecting 2 *Kinn, Nase:* prominent

Vorsprung 1 (*Vorteil*) advantage (**über** of) 2 (*im Sport*) lead (**vor** over); **er hat 10 m Vorsprung** he is in the lead by ten meters; **sie hat eine Sekunde Vorsprung** she leads by one second; **jemandem Vorsprung geben** give someone a head-start; **jemandem 15 Minuten Vorsprung geben** give someone a 15-minute start

Vorstadt suburb

Vorstand 1 (*Gremium*) board 2 *von Verein:* committee 3 (*Person*) chairman/chairwoman/chairperson [of the board], managing director **Vorstandssitzung** board meeting **Vorstandsvorsitzende(r)** chairman/chairwoman/chairperson of the board of directors *plural*

vorstehend *Ecken, Zähne:* prominent, protruding

Vorsteher(in) ① (*Bürovorsteher*) [office] manager ② (*Bahnhofsvorsteher*) stationmaster

vorstellen ① **die Uhr [um eine Stunde] vorstellen** put on one's watch/clock [by one hour] ② **jemandem etwas vorstellen** present [*oder* show] someone something ③ **darf ich Ihnen Herrn X vorstellen?** allow me to introduce Mr X (GB), I'd like you to meet Mr. X (USA) ④ **sich jemanden/etwas vorstellen** (*in der Phantasie*) imagine somebody/something; **ich hab dich mir anders vorgestellt** I had a different picture of you, I imagined you looked different; (*sich ausmalen*) picture somebody/something ⑤ **stell dir vor!** fancy that!; **wie stellst du dir das vor?** how do you think that's going to work?; **du kannst dir nicht vorstellen wie …** you can't imagine how …; **was stellst du dir darunter vor?** what do you mean by that?; **ich kann mir nicht viel darunter vorstellen** it doesn't mean much to me ⑥ **sich [jemandem] vorstellen** introduce oneself [to somebody] ⑦ **sich vorstellen** (*bei Bewerbung*) go for an interview **Vorstellung** ① *von Theaterstück:* performance; *von Film:* showing ② (*Gedanke*) idea, notion; **sich eine Vorstellung von etwas machen** form an idea of something; **du hast vielleicht Vorstellungen!** you've got funny ideas!, you don't know a thing! ⚠ *singular;* **du machst dir keine Vorstellung!** you wouldn't believe it!, you have no idea! ③ (*Vorstellungskraft*) imagination; **bei der Vorstellung allein schaudert mich** the thought alone [*oder* just thinking about it] makes me shudder ④ *von Person:* introduction; *von Produkt:* presentation **Vorstellungsgespräch** interview **Vorstellungskraft** imagination

Vorstrafe previous conviction

Vortag day before; **am Vortag** [on] the previous day

vortäuschen feign **Vortäuschung** pretence; **unter Vortäuschung falscher Tatsachen** under false pretences

Vorteil ① advantage; **Vorteile bringen** be advantageous; **für jemanden von Vorteil sein** be advantageous to someone; **es hat den Vorteil, dass es billig ist** it has the advantage of being cheap ② **die Vor- und Nachteile** the pros and cons ③ **damit sind Sie mir gegenüber im Vorteil** that gives you an advantage over me; **jemandem gegenüber im Vorteil sein** have the advantage over someone ④ **Vorteile aus etwas ziehen** benefit from something; **du bist ja nur auf den eigenen Vorteil bedacht** you're only after your own interests ⚠ *plural* **vorteilhaft** advantageous; **es ist [nicht] vorteilhaft für mich …** it is [not] to my advantage to …; **es wirkte sich vorteilhaft für uns aus** it worked out to our advantage

Vortrag ① (*Lesung*) lecture; **einen Vortrag halten** give a lecture ② (*Standpauke*) **jemandem einen Vortrag halten** give somebody a good talking-to **vortragen** ① (*berichten*) report ② (*darlegen*) present ③ **ein Gedicht vortragen** recite a poem

vortrefflich excellent, splendid

vortreten ① step forward ② (*hervorragen*) *Klippe, Kinn, Nase:* jut out, project

Vortritt ① precedence; **jemandem den Vortritt lassen** let someone go first ② (CH) (*Vorfahrt*) right of way

vorüber over, past **vorübergehen** ① (*vorbeigehen*) **an jemandem/etwas vorübergehen** go past [*oder* pass by] someone/something ② (*zeitlich*) pass ③ (*zu Ende gehen*) be over; **das geht vorüber** it'll pass **vorübergehend** ① (*momentan*) momentary ② (*zeitweilig*) temporary

Vorübung preliminary exercise

Vor- und Zuname first and surname

Voruntersuchung preliminary investigation

Vorurteil bias, prejudice; **ein Vorurteil haben** be prejudiced, have a prejudice (**gegen** against); **keine Vorurteile haben** be unbiased (**gegen** against); **es gibt eine Menge Vorurteile** there's a lot of prejudice ⚠ *singular* (**hinsichtlich** about) **vorurteilsfrei** ① *Mensch:* unprejudiced; *Entscheidung:* unbiased ② **vorurteilsfrei handeln/denken** act/think without prejudice [*oder* bias]

Vorverkaufsstelle advance booking office

vorverlegen ① bring forward *Termin* ② push forward *Front*

Vorverstärker pre-amplifier

vorwagen **sich vorwagen** venture forward

Vorwahl ① (*politische*) preliminary election (GB), primary (USA) ② (*Telefonvorwahl*) dialling code (GB), area code (USA)

Vorwand pretext; **unter dem Vorwand,**

dass … under the pretext that …; **sie sucht nur nach einem Vorwand** she's only making excuses ⚠ *plural*

vorwärts ❶ forward, onward; **vorwärts!** let's go!, forward march! ❷ **vorwärts bringen** advance; **jemanden vorwärts bringen** help someone to get on; **vorwärts gehen** come on, progress ❸ **in/mit etwas vorwärts kommen** make progress in/with something; **wir kamen im Schlamm nur langsam vorwärts** we made slow progress through the mud ❹ (*übertragen*) **in/mit etwas vorwärts kommen** get on with something; **im Leben vorwärts kommen** get on in life **Vorwärtsgang** forward gear

Vorwäsche prewash

vorwegnehmen anticipate

vorweisen ❶ produce, show ❷ (*übertragen*) **etwas vorweisen können** have something to show for

vorwerfen ❶ (*hinwerfen*) **jemandem etwas vor die Füße werfen** chuck something in front of someone's feet *umgangsspr* ❷ (*tadeln*) **jemandem etwas vorwerfen** reproach someone for something ❸ (*beschuldigen*) **jemandem etwas vorwerfen** accuse someone of something; **er hat mir vorgeworfen, dass ich unehrlich sei** he accused me of being dishonest ❹ **sich nichts vorzuwerfen haben** have nothing to reproach oneself with

vorwiegend ❶ *Meinung:* predominant ❷ (*vor allem*) chiefly, mainly, predominantly

vorwitzig ❶ (*vorlaut*) forward, pert ❷ (*keck*) cheeky

Vorwort foreword, preface

Vorwurf ❶ (*Vorhaltung*) reproach; **jemandem etwas zum Vorwurf machen** reproach someone with something ❷ (*Beschuldigung*) accusation; **jemandem etwas zum Vorwurf machen** accuse someone of something **vorwurfsvoll** reproachful

Vorzeichen ❶ (*Omen*) omen; **kein gutes Vorzeichen** a bad omen ❷ *von Krankheit:* preliminary symptom ❸ (*musikalisch*) key signature

vorzeigbar presentable **vorzeigen** produce, show **Vorzeigeobjekt** showpiece

Vorzeit ❶ (*Urzeit*) prehistoric times ⚠ *plural* ❷ (*weit zurückliegende Zeit*) dim and distant past **vorzeitig** ❶ (*zu früh*) early ❷ *Altern, Tod:* premature **Vorzeitmensch** prehistoric man

vorziehen ❶ (*hervorziehen*) pull out; draw *Vorhang* ❷ (*lieber mögen*) prefer; **was ziehen Sie vor?** which do you prefer?; **ich ziehe Kaffe [Tee] vor** I prefer coffee [to tea]; **ich ziehe das Leben auf dem Land vor** my preference is for country life ❸ (*bevorzugen*) favour; **sie wird immer vorgezogen** she's always the favourite ❹ (*bevorzugt abfertigen*) give priority to … *Gepäck, Passagier*

Vorzimmer *von Büro:* outer office

Vorzug ❶ (*Vorteil*) advantage; **den Vorzug haben, dass …** have the advantage that … ❷ (*Vorrang geben*) give precedence (**über** over); **einer Sache den Vorzug geben** prefer something

vorzüglich excellent, superb; *Qualität:* exquisite

Vorzugsbehandlung special treatment **Vorzugspreis** special price

Votum (CH) (*Diskussionsbeitrag im Parlament*) contribution to the debate

Voyeur voyeur, peeping Tom *umgangsspr*

vulgär vulgar

Vulkan volcano **Vulkanausbruch** volcanic eruption **vulkanisch** volcanic

Ww

Waage ❶ (*Gerät*) balance, scales ⚠ *plural,* pair of scales *singular;* **sich auf die Waage stellen** step on the scales ⚠ *plural* ❷ (*Sternbild*) Libra

waagerecht horizontal, level

wabbelig *Person:* flabby

Wabe honeycomb **wabenförmig** honeycombed

wach ❶ awake; **wach liegen** lie awake; **wach werden** wake up; **ist er schon wach?** has he woken up yet? ❷ (*wachsam, aufgeweckt*) alert, wide-awake

Wache ❶ (*Polizeiwache*) police station ❷ (*Wachdienst*) guard ❸ (*Posten*) sentinel, sentry ❹ **Wache haben** be on watch [*oder* guard duty]; **die Wache ablösen** relieve the guard

wachen ① (*aufpassen*) watch (**über** over) ② (*Wache halten*) keep watch
Wacholder juniper
wachrufen call to mind, evoke
Wachs wax
wachsam ① vigilant, watchful ② (*vorsichtig*) on one's guard
wachsen[1] ① (*größer werden*) grow; **du bist aber gewachsen!** have you grown! ② (*zunehmen*) increase, mount ③ **sich einen Bart wachsen lassen** grow a beard; **sich die Haare wachsen lassen** let one's hair grow ④ (*übertragen*) **jemandem gewachsen sein** be a match for someone ⑤ **wild wachsend** wild[-growing]

> **? Grammatik** **grow — grew — grown:** *She grew roses in her garden; you have grown tall since I last saw you.*

wachsen[2] (*mit Wachs*) wax
Wachsfigurenkabinett waxworks ⚠ *plural*
Wachstuch oilcloth
Wachstum ① growth ② (*übertragen*) increase **wachstumsfördernd** growth-promoting **wachstumshemmend** growth-inhibiting **Wachstumsrate** growth rate
Wächter(in) (*Aufseher*) attendant
Wachtmeister constable (GB), patrolman (USA)
Wachturm watchtower
wack(e)lig ① *Zahn:* wobbly ② *Stuhl, Treppe:* rickety ③ *Unternehmen:* shaky ④ **wackelig auf den Beinen sein** be shaky on one's legs
Wackelkontakt loose connection
wackeln ① wobble; **der Stuhl wackelt** the chair wobbles ② (*zittern*) shake ③ *Zahn:* be loose ④ **mit dem Kopf wackeln** wag one's head
wacker ① **sich wacker halten** hold one's ground ② (*tüchtig*) upright
Wade calf
Wadenkrampf cramp in the [*oder* one's] calf
Wadenwickel leg compress
Waffe weapon *auch übertragen;* (*Schusswaffe*) gun; **Waffen tragen** bear arms
Waffel ① waffle ② (*Eiswaffel*) wafer
Waffengewalt **mit Waffengewalt** by force of arms ⚠ *plural* **Waffenhandel** arms traffic **Waffenschein** fire-arms licence (GB), gun-license (USA) **Waffenstillstand** armistice
Wagemut daring **wagemutig** daring
Wagen ① (*PKW*) car ② (*Wagon*) carriage (GB), car (USA) ③ (*Sternbild*) **der Große/Kleine Wagen** the Big/Little Dipper
wagen ① venture; **sich vor die Tür wagen** venture out of doors ⚠ *plural* ② (*aufs Spiel setzen*) risk; **wer nicht wagt, der nicht gewinnt** nothing ventured, nothing gained ③ (*sich getrauen*) dare; **wie wagst du es!** how dare you!; **das wagt er nicht!** he daren't do it! ④ **es wagen** take a chance; **ich hab es nicht gewagt** I didn't have the nerve

> **! Vorsicht Falle** **to dare (to) do something** = wagen etwas zu tun: *how dare you tell me I'm a liar!* — Die verneinte Form von **to dare** ist **dare not** oder kurz **daren't** und wird immer ohne **to** gebraucht: *Bart daren't tell the truth; he doesn't dare disobey his father.*

Wagenheber jack **Wagenladung** (*von Lastwagen*) truckload
Waggon ① (*Bahn*) wag[g]on (GB), freight car (USA) ② (*Ladung*) wag[g]onload (GB), carload (USA); **ein Waggon [voll] Kohlen** a wag[g]onload of coal
waghalsig daredevil
Wagnis ① (*Risiko*) risk ② (*waghalsiges Unternehmen*) hazardous business
Wagon → **Waggon**
Wahl ① (*politische*) election; **zur Wahl gehen** go to the polls ⚠ *plural;* **in die engere Wahl kommen** be shortlisted ② (*Auswahl, Möglichkeit*) choice; **ich habe keine andere Wahl** I have no choice; **keine andere Wahl haben, als ...** have no alternative but ...; **wenn ich die Wahl hätte ...** if I could choose ...; **es stehen vier Themen zur Wahl** there are four topics to choose from [*oder* you can choose from four topics] ③ (*Qualität*) **erste/zweite Wahl** top/second quality
wählbar eligible
wahlberechtigt entitled to vote
Wahlberechtigte(r) person entitled to vote
Wahlbeteiligung poll; **eine hohe/niedrige Wahlbeteiligung** a high/low turnout **Wahlbetrug** electoral fraud **Wahlbezirk** ward
wählen ① (*Stimme abgeben*) vote ② (*Wahl abhalten*) hold elections *plural;* **wählen gehen** go to the polls *plural* ③ **jemanden**

wählen elect [*oder* vote for] somebody; **sie wurde zur Vorsitzenden/Präsidentin gewählt** she was elected chairwoman/ president ❹ (*auswählen*) **jemanden/ etwas wählen** choose somebody/something ❺ dial *Telefonnummer*

Wähler(in) voter

Wahlergebnis election result

wählerisch discriminating, particular, choosy

Wahlfach (*in Schule*) optional subject **Wahlheimat** country of one's choice **Wahlhelfer(in)** electoral assistant **Wahlkabine** polling booth **Wahlkampf** election campaign; **einen Wahlkampf führen** fight an election campaign **Wahlkreis** constituency (GB), district (USA) **Wahllokal** polling station

wahllos ❶ (*gedankenlos*) indiscriminate ❷ (*ohne zu überlegen*) indiscriminately ❸ (*zufälligerweise*) at random, haphazardly

Wahlniederlage election defeat **Wahlplakat** election poster **Wahlrecht** right to vote; **allgemeines Wahlrecht** universal suffrage **Wahlsieg** electoral victory **Wahlspruch** motto

Wählton dialling tone

Wahlurne ballot box

wahlweise alternatively

Wahn (*Manie*) mania **Wahnsinn** ❶ insanity ❷ (*umgangsspr*) madness; **das ist reiner Wahnsinn!** this is sheer madness! ❸ **Wahnsinn!** wow!, that's incredible! **wahnsinnig** ❶ (*als Krankheit*) insane ❷ (*umgangsspr*) crazy, mad (**vor** with); **jemanden wahnsinnig machen** drive someone crazy [*oder* mad]; **du machst mich noch wahnsinnig!** you're driving me mad!, you're driving me round the bend!; **wahnsinnig werden** go crazy [*oder* mad] (**vor** with); **wie wahnsinnig** like mad ❸ (*super*) terrific ❹ (*arg*) awful, dreadful; **wahnsinnige Schmerzen** awful pain ❺ (*sehr*) incredibly; **sich wahnsinnig freuen** be as happy as mad; **es ist mir wahnsinnig peinlich** I feel dreadful about it **Wahnsinnige(r)** lunatic

wahr ❶ (*nicht falsch*) true; **nicht wahr?** right?; **echt wahr?** really?; **wie wahr!** too true! ❷ **das darf doch nicht wahr sein!** you're joking!, I don't believe it!; **da hast du ein wahres Wort gesprochen** you're not wrong there! ❸ (*echt, wirklich*) real; **der wahre Grund** the real reason; **die wahre Liebe** true love ❹ **das ist das Wahre!** that's the genuine article!; **das ist nicht das Wahre** it's not the real thing ❺ **so wahr ich hier stehe** as God is my witness

währen last

während ❶ **während der Schulstunde** during the lesson ❷ (*vor Nebensatz*) while; **während wir Pause hatten, ...** while we were on our break, ... ❸ (*bei Gegensätzen*) whereas; **sie ging, während ich dablieb** she went off, while I stayed on

wahrhaben **etwas nicht wahrhaben wollen** not want to admit something

wahrhaft *Freund:* real, true **wahrhaftig** ❶ (*wahr*) really ❷ (*tatsächlich*) actually

Wahrheit truth; **die Wahrheit sagen** tell the truth; **in Wahrheit** in reality; **sie nimmt es mit der Wahrheit nicht so genau** she's not the most honest of people **wahrheitsgetreu** truthful

wahrnehmbar noticeable, perceptible; **nicht wahrnehmbar** imperceptible **wahrnehmen** ❶ (*sinnlich*) perceive; (*bemerken*) be aware of ❷ take *Gelegenheit;* observe *Frist, Termin* ❸ look after *Interessen* **Wahrnehmung** (*sinnlich*) perception

wahrsagen ❶ [**jemandem**] **wahrsagen** predict the future [to somebody] ❷ (*aus Karten*) **sie kann wahrsagen** she can tell fortunes *plural;* **jemandem wahrsagen** tell someones's fortune **Wahrsager(in)** fortune-teller **Wahrsagung** prediction

währschaft (CH) ❶ *Mensch:* down to earth ❷ *Material, Ware:* reliable ❸ *Essen:* wholesome

wahrscheinlich ❶ *Kandidat etc.:* likely, probable; **das ist [nicht] sehr wahrscheinlich** that is very [un]likely ❷ (*wie es scheint*) probably; **es ist nicht sehr wahrscheinlich, dass er kommt** he is not very likely to come **Wahrscheinlichkeit** likelihood, probability; **aller Wahrscheinlichkeit nach** in all probability; **wie groß ist die Wahrscheinlichkeit, dass ...?** how likely is it that ...? **Wahrscheinlichkeitsrechnung** probability calculus

Währung currency **Währungsunion** monetary union

Wahrzeichen ❶ emblem ❷ (*Gebäude*) symbol

Waise orphan; **sie ist Waise** she's an orphan **Waisenhaus** orphanage

Wal whale

Wald wood; (*Forst*) forest ▸ IN WENDUNGEN: **den Wald vor lauter Bäumen nicht sehen** miss the wood for the trees **Waldbrand** forest fire **Walderdbeere** wild strawberry **Waldhorn** French horn

Waldlehrpfad nature trail **Waldmeister** woodruff **Waldrand** edge of the forest **waldreich** densely wooded **Waldsterben** dying of the forests ⚠ *plural*

Waldweg forest path

Wales Wales

Walfang whaling

Waliser(in) Welshman/Welsh woman; **die Waliser** the Welsh *plural* **walisisch** Welsh

Wall ① (*Erdwall*) embankment ② (*Schutzwall*) rampart

wallend *Haar:* flowing

Wallfahrer(in) pilgrim **Wallfahrt** pilgrimage; **eine Wallfahrt machen** go on a pilgrimage

Walnuss walnut

Walross walrus

walten **über etwas walten** rule over something; **Vernunft walten lassen** let reason prevail

Walze ① (*Rolle*) roller ② (*in Spieluhr*) cylinder, drum

walzen roll

wälzen ① (*rollen*) roll ② pore over *Akten, Bücher;* **Probleme wälzen** turn over problems in one's mind ③ **sich [im Schlamm] wälzen** roll [*oder* wallow] [in the mud] ④ **sich vor Schmerzen wälzen** writhe with pain ⚠ *singular* ⑤ **die Schuld auf jemanden wälzen** put the blame on somebody

Walzer waltz; **[einen] Walzer tanzen** dance the waltz

Wälzer (*dickes Buch*) heavy tome

Wampe paunch

Wand ① (*auch von Zelle*) wall; **eine Wand hochziehen** put up a wall ② (*Scheidewand*) partition ③ *von Gefäß:* side ▸ IN WENDUNGEN: **weiß wie die Wand sein** be as white as a sheet; **die Wände haben Ohren** walls have ears; **die Wände hochgehen** go up the wall; **da redet man gegen eine Wand!** it's like talking to a brick wall! **Wandbehang** wall hanging

Wandel (*Änderung*) change; **im Wandel der Zeiten** throughout the ages **wandelbar** changeable

wandeln[1] stroll, walk

wandeln[2] **sich wandeln** change

Wanderausstellung touring [*oder* travelling] exhibition

Wanderer, **Wanderin** hiker

Wanderkarte trail map

wandern ① (*gehen*) roam, wander ② (*als Freizeitgestaltung*) hike, ramble; **ich wandere gern** I like hiking [*oder* hillwalking] ③ **in den Müll wandern** end up in the bin

Wanderpokal challenge cup **Wanderschaft** travels ⚠ *plural;* **auf Wanderschaft gehen** go off on one's travels ⚠ *plural*

Wanderung (*Ausflug*) walk; **eine Wanderung machen** go on a walk [*oder* hike]

Wandkarte wall map

Wandschrank wall cupboard **Wandteppich** tapestry **Wanduhr** wall clock **Wandverkleidung** (*aus Holz*) panelling

Wange cheek

wankelmütig fickle, inconstant

wanken (*schwanken*) sway; **ins Wanken geraten** begin to rock [*oder* sway]

wann ① when; **von wann bis wann?** from when till when? ② **seit wann?** (*zeitlich*) how long?; (*entrüstet oder bezweifelnd*) since when?; **seit wann weißt du das?** how long have you known?

Wanne ① (*Badewanne*) tub ② (*Ölwanne*) sump (GB), oil pan (USA)

Wanst paunch

Wanze (*auch Minispion*) bug

Wappen ① (*Familienwappen*) [coat of] arms ② (*auf Münze*) heads ⚠ *plural;* **Wappen oder Zahl?** heads or tails? ⚠ *plural*

wappnen **sich wappnen** prepare [oneself] (**gegen** for)

Ware ① (*als Produkt*) product ② (*Artikel*) article ③ (*als Verkaufsware*) merchandise; **Waren** goods **Warenangebot** range of goods for sale **Warenhaus** [department] store **Warenprobe** trade sample

Warenumsatzsteuer (CH) value-added tax **Warenzeichen** trade-mark

warm ① warm *auch übertragen; Essen, Trinken, Wetter:* hot; **warm werden** get hot; **komm rein ins Warme** come into the warm ② **das Essen warm stellen** keep the food warm; **warm werden** warm up ③ **sich warm laufen** *Auto, Sportler:* warm up ④ **sich jemanden warm halten** keep in with someone; **mit jemandem warm**

werden warm to somebody

Wärme ① warmth *auch übertragen* ② (*in Physik*) heat

wärmen ① warm ② **sich wärmen** warm oneself; **sich die Hände wärmen** warm one's hands ③ *Kleidung:* be warm; **der Schal wärmt schön** this scarf keeps you nice and warm

Wärmeregler thermostat

Wärmflasche hot-water bottle

warmherzig warm-hearted

Warmluft warm air **Warmstart** (*in Informatik*) warm start **Warmwasserspeicher** hot-water tank

Warnblinkanlage warning flasher device **Warndreieck** warning triangle

warnen warn; **sie hat mich davor gewarnt** she warned me against it; **jemanden davor warnen, etwas zu tun** warn someone not to do something; **ich warne dich!** I'm warning you!

Warnlicht warning light **Warnschild** warning sign **Warnschuss** warning shot **Warnstreik** token strike

Warnung warning (**vor** about)

Warschau Warsaw

Wartehalle departure lounge **Warteliste** waiting list

warten[1] ① wait (**auf** for); **warte mal** wait a minute; **worauf wartest du denn noch?** well, what are you waiting for?; **darauf habe ich schon lange gewartet** I've been waiting for that [to happen]; **ich warte schon seit einer Ewigkeit!** I've been waiting for ages! ② **da kannst du lange warten!** I wouldn't dream of it!; **na warte!** just you wait!

warten[2] (*pflegen*) service, maintain

Wärter(in) ① attendant ② (*Gefängniswärter*) warder/wardress (GB), guard (USA)

Warteraum waiting room **Warteschlange** queue **Warteschleife** **Warteschleifen ziehen** circle **Wartezeit** waiting period **Wartezimmer** waiting-room

Wartung ① *von Gerät:* maintenance ② *von Auto:* servicing

warum why; **warum auch nicht!** and why not!; **warum nicht gleich so?!** that's more like it!; **das Warum und Weshalb** the whys and wherefores ⚠ *plural*

Warze wart

was[1] ① (*als Frage*) what; **was?** what?; **was ist denn?** what is it now?; **was ist los?** what's the matter?, what's going on?; **was für ein ...?** what kind of ...?; **was weiß ich?** how should I know?; **ist gut, was?** good, isn't it?; **nicht schlecht, was?** not bad, is it?; **schmeckt gut, was?** tastes good, doesn't it? ② **weißt du was, ...** tell you what, you know what ...; **und was weiß ich** and what have you; **was du nicht sagst!** you don't say!; **was auch immer!** whatever! ③ **alles, was ich habe** everything I've got; **das, was ich dir gesagt habe** what I told you; **du weißt, was ich meine** you know what I mean

was[2] →**etwas** ① (*als Frage*) **is[t] was?** something the matter?; **weißt du was?** do you know anything? ② **na, so was!** well, I never! ③ **ich will dir mal was sagen, ...** I'll tell you what ..., I'll tell you something ...

Waschanlage ① (*für Auto*) car wash ② (*für Scheiben*) windscreen wiper (GB), windshield washer (USA)

waschbar washable

Waschbär raccoon **Waschbecken** washbasin **Waschbeton** exposed aggregate concrete

Wäsche ① (*Bettwäsche*) linen ② (*das Waschen*) washing; **in der Wäsche sein** be in the wash; **Wäsche waschen** do the washing ▶IN WENDUNGEN: **schmutzige Wäsche waschen** wash one's dirty linen in public; **da hat er aber dumm aus der Wäsche geschaut!** you should have seen the look on his face!

waschecht ① *Farbe:* fast ② (*typisch*) genuine, pukka; **sie ist eine waschechte Schwäbin** she's a born and bred Swabian

Wäscheklammer clothes-peg **Wäschekorb** dirty-clothes basket **Wäscheleine** [clothes-]line

waschen ① wash *Auto etc.* ② **Wäsche waschen** do the washing; **sie hat mir die Haare gewaschen** she washed my hair ③ **sich waschen** have a wash; **sich die Haare/Hände waschen** wash one's hair ⚠ *singular*/hands

Wäscherei laundry

Wäscheschleuder spin-drier **Wäscheständer** clothes-horse **Wäschetrockner** tumble-drier

Waschküche ① laundry ② (*Nebel*) pea-souper **Waschlappen** ① flannel (GB), wash-rag (USA) ② (*abwertend: Schwächling*) sissy, softy **Waschmaschine** washing machine **Waschmittel** detergent **Waschpulver** washing powder **Waschraum** washroom **Waschsalon** launderette (GB), laundromat (USA) **Waschstraße** car-wash plant **Waschweib** (*abwertend: Tratschtante*) gossip **Waschzeug** toilet things ⚠ *plural*

Wasser 1 water; **unter Wasser stehen** be under water, be flooded 2 **mir lief das Wasser im Munde zusammen** my mouth watered ▶ IN WENDUNGEN: **der Ausflug ist ins Wasser gefallen** the excursion is off; **sich über Wasser halten** stay above water; **jemandem das Wasser abgraben** steal someone's thunder; **er kann ihr nicht das Wasser reichen** he doesn't measure up to her **Wasseranschluss** water connection **Wasseraufbereitungsanlage** water treatment plant **Wasserball** 1 (*Ball*) beach ball 2 (*Spiel*) water polo **Wasserbett** water bed

Wasserdampf steam **wasserdicht** 1 *Alibi, Kleidung:* waterproof 2 *Uhr, Zelt:* watertight **Wasserfall** waterfall ▶ IN WENDUNGEN: **reden wie ein Wasserfall** talk nineteen to the dozen **Wasserfarbe** water-colour **Wasserflugzeug** seaplane **Wasserglas** tumbler, water glass **Wasserhahn** water tap (GB), faucet (USA)

wässerig 1 watery 2 (*übertragen*) **jemandem den Mund wäss[e]rig machen** make someone's mouth water

Wasserkessel 1 (*im Heizraum*) boiler 2 (*im Haushalt*) kettle **Wasserkraft** water-power **Wasserkraftwerk** hydro-electric power station **Wasserleitung** 1 (*Rohr*) water pipe 2 (*Anlagen*) plumbing **Wassermann** (*Sternzeichen*) Aquarius; **Astrid ist Wassermann** Astrid is an Aquarian **Wassermelone** water-melon

wässern 1 soak *Sardellen* 2 (*bewässern*) water

Wasserpflanze aquatic plant **Wasserpistole** water-pistol **Wasserratte** 1 (*Mensch, der gerne schwimmt*) water baby 2 (*Tier*) water rat **Wasserrohr** water-pipe **wasserscheu** scared of water **Wasserschutzgebiet** protected water gathering grounds ⚠ *plural* **Wasserski** water-ski; **Wasserski fahren** go [*oder* do] water-skiing **Wasserspeicher** reservoir **Wassersport** water sports ⚠ *plural* **Wasserstand** water-level; **hoher/niedriger Wasserstand** high/low water

Wasserstoff hydrogen **Wasserstoffbombe** hydrogen bomb, H-bomb

Wasserstrahl jet of water **Wasserturm** water-tower **Wasseruhr** water meter

Wasserverbrauch water consumption **Wasserversorgung** water supply **Wasserwaage** spirit-level **Wasserweg** waterway; **auf dem Wasserweg** by water [*oder* sea] **Wasserwerk** waterworks ⚠ *mit Singular* **Wasserzeichen** watermark

waten wade

watscheln waddle

Watschen (A) (*Ohrfeige*) slap on the face

Watt[1] das (*Wattlandschaft*) mud-flats ⚠ *plural*

Watt[2] das (*elektrische Einheit*) watt; **500 Watt** 500 watts

Watte cotton wool (GB), cotton (USA) **Wattebausch** cotton-wool ball **Wattestäbchen** cotton bud

wattieren 1 (*füttern*) line with padding 2 (*absteppen*) quilt

weben weave **Weberei** 1 (*Betrieb*) weaving-mill 2 (*das Weben*) weaving

Webseite web page

Website web site

Webstuhl loom

Wechsel 1 (*Änderung*) change 2 **ein Wechsel zwischen … und …** an alternation between … and …; **im Wechsel** alternately 3 (*Geldwechsel*) exchange 4 (*im Bankwesen*) bill [of exchange]; **einen Wechsel ausstellen** draw a draft 5 (*Spielerwechsel*) substitution; (*beim Staffellauf*) baton change **Wechselbeziehung** correlation, interrelation; **in Wechselbeziehung zueinander stehen** be correlated **Wechselgeld** change **wechselhaft** changeable **Wechseljahre** menopause ⚠ *singular;* **in die Wechseljahre kommen** to start the menopause ⚠ *singular;* **in den Wechseljahren sein** be in one's menopause ⚠ *singular* **Wechselkurs** rate of exchange

wechseln 1 **die Arbeit/das Zimmer wechseln** change jobs ⚠ *plural*/rooms ⚠ *plural;* **die Wohnung wechseln** move house; **das T-Shirt/die Kleider wechseln** change into a clean t-shirt/some clean clothes 2 **sie hat den Freund gewechselt** she's got a new boyfriend 3 (*umwechseln*) change (**in** into); **können Sie mir einen Euro wechseln?** can you give me change

W

for an euro?; **Euro in Dollar wechseln** exchange euros for dollars ④ (*austauschen*) exchange *Ersatzteil etc.* **wechselnd** ① changing; (*abwechselnd*) alternating ② (*unterschiedlich*) variable

wechselseitig (*gegenseitig*) mutual

Wechselspiel interplay **Wechselstrom** alternating current, A.C.

Wechselstube bureau de change **wechselweise** alternately, in turn **Wechselwirkung** interaction

Wecken Ⓐ ① (*Brot*) loaf ② (*Gebäck*) Viennese roll

wecken wake [up], waken; **jemanden wecken** wake somebody up; **hab ich dich geweckt?** did I wake you up?; **sich wecken lassen** have someone wake one up **Wecker** alarm-clock; **sich den Wecker auf 7 Uhr stellen** set one's alarm[-clock] for 7 o' clock ▶ IN WENDUNGEN: **jemandem auf den Wecker gehen** get on someone's nerves ⚠ *plural*

wedeln ① **mit etwas wedeln** (*winken*) wave something ② **der Hund wedelt mit dem Schwanz** the dog wags its tail ③ (*beim Skifahren*) wedel

weder **weder … noch …** neither … nor; **weder in dem einen, noch in dem anderen Fall** in neither case

Weg ① path *auch übertragen* ② (*Richtung, Route*) way; **auf dem Weg hierher** on the way here; **ich bin [schon] auf dem Weg!** I'm on my way!; **wir müssen uns auf den Weg machen** we must be making tracks ⚠ *plural,* we must get going; **jemanden nach dem Weg nach … fragen** ask somebody the way to … ③ (*Art und Weise*) way; **es gibt viele Wege, das Problem zu lösen** there are many ways of solving this problem ④ **aus dem Weg!** out of my way!; **geh mir aus dem Weg!** get out of my way!; **du bist mir im Weg!** you're in my way! ⑤ **jemanden aus dem Weg räumen** get someone out of the way; **jemandem aus dem Weg gehen** keep out of someone's way; **jemanden nicht über den Weg trauen** not trust somebody an inch ⑥ **etwas zu Wege bringen** manage [*oder* accomplish] something

weg ① **ich muss weg** I must be off; **ich kann jetzt nicht weg** I can't leave now; **er ist schon weg** he has already gone ② **weg da!** out of the way!; **weg mit euch!** scram!; **los, weg von hier!** let's scarper!; **Hände** [*oder* **Finger**] **weg!** hands off! ③ **ich war [hin und] weg** (*begeistert*) I loved it ④ **bist du über ihn weg?** (*verkraftet*) are you [*oder* have you got] over him?

Wegbereiter(in) forerunner, precursor; **Wegbereiter für etwas sein** pave the way for something; **Wegbereiter für jemanden sein** prepare the way for someone

wegblasen blow away

wegbleiben ① stay away ② (*nicht mehr kommen*) stop coming ③ (*ausgelassen werden*) be omitted

wegbringen ① take away ② (*zur Reparatur*) take in ③ (*entfernen*) get off *Fleck* (**von** from)

wegdürfen be allowed [to go] out

wegen ① because of, on account of; **wegen seiner Mutter** on account of his mother; **jemanden wegen etwas bestrafen** punish someone for something ② **wegen was?** why? ③ **von wegen!** nothing of the sort!

wegfahren ① (*abfahren*) *Zug:* leave ② (*mit Auto*) drive away ③ (*verreisen*) go away ④ drive away *Auto*

wegfallen (*überflüssig werden*) become no longer necessary

wegfegen sweep away *auch übertragen*

wegfliegen ① *Vogel:* fly away ② *Flugzeug:* fly out (**von** of)

wegführen ① lead away ② *vom Thema:* lead off

weggeben ① (*verschenken*) give away ② (*in Pflege geben*) have looked after ③ (*zum Reparieren bringen*) take in

weggehen ① (*sich entfernen*) go, leave; **geh weg!** [just] go away! ② (*ausgehen*) go out ③ *Fleck:* come off ④ *Waren:* sell; **die Roller gehen weg wie warme Semmeln** the scooters are selling like hot cakes ⑤ *Schmerz, Trauer:* go away; **das geht so schnell nicht weg** this will take time

weghaben ① (*erledigt haben*) have got done; **was ich weg hab, hab ich weg** what's done is done ② **einen weghaben** (*betrunken sein*) be tight; (*verrückt sein*) be off one's head

wegjagen chase [*oder* drive] away

wegkommen ① (*weggehen können*) get away ② (*abhanden kommen*) disappear, get lost ③ **mach, dass du wegkommst!** make

yourself scarce! 4 **gut bei etwas wegkommen** come off well with something
weglassen 1 (*gehen lassen*) let go 2 (*auslassen*) leave out
weglaufen run away (**vor** from)
weglegen put away; (*zur Seite*) put aside
wegmüssen (*fortgehen müssen*) have to be off
wegnehmen take away
wegräumen clear away
wegschaffen 1 (*beseitigen*) get rid of 2 (*wegräumen*) clear away
wegscheren **sich wegscheren** shove off
wegschicken 1 (*um etwas zu holen*) send off 2 (*abschicken*) send away
wegschmeißen chuck away
wegschütten pour away
wegsehen look away
wegstecken put away
wegstellen (*fortstellen*) put away
wegstoßen push away; (*mit Fuß*) kick away
wegtragen carry away
wegtun (*fortlegen*) put away
Wegweiser sign[post]
wegwerfen throw away
Wegwerfwindel disposable nappy [*oder* USA diaper]
wegwischen 1 wipe off 2 dismiss *Einwand, Kritik*
wegziehen 1 (*fortziehen*) pull away 2 (*beiseite ziehen*) draw back 3 (*umziehen*) move away
weh 1 **o weh!** oh dear! 2 (*wund*) sore; **mir tut alles weh** I'm aching all over; **es tut mir weh, zu …** it grieves me to …
Wehen 1 labour pains; **die Wehen fangen bei ihr an** she's going into labour 2 (*übertragen*) birth pangs
wehen 1 *Fahne:* wave 2 *Haare:* blow about 3 *Geruch, Klang:* drift 4 *Wind:* blow
wehklagen lament (**über** over)
wehleidig 1 (*überempfindlich*) oversensitive to pain; **sei nicht so wehleidig!** don't be such a sissy! 2 (*voller Selbstmitleid*) self-pitying **wehmütig** 1 (*melancholisch*) melancholy 2 (*sehnsüchtig*) wistful
Wehrdienst military service; **jemanden zum Wehrdienst einberufen** call someone up GB, draft someone USA
wehren 1 **sich wehren** (*sich widersetzen*) [put up a] fight; **sich gegen etwas wehren** fight something; **sich mit Händen und Füßen wehren** put up a real fight 2 (*sich verteidigen*) defend oneself (**gegen** against)
wehrlos 1 defenceless 2 (*hilflos*) helpless
Wehrmann CH, A soldier **Wehrpflicht** **allgemeine Wehrpflicht** conscription **wehrpflichtig** liable for military service **Wehrpflichtige(r)** 1 (*vor der Erfassung*) person liable for military service 2 (*Eingezogener*) conscript GB, draftee USA
wehtun hurt; **es tut weh** it hurts; **mein Kopf/Rücken tut weh** I have a sore head/back; **mir tut alles weh** I'm aching all over
Weib woman **Weibchen** (*Tierweibchen*) female, mate **Weiberheld** lady-killer, womanizer **weibisch** effeminate **weiblich** 1 (*das Geschlecht bezeichnend*) female 2 (*feminin*) feminine **Weiblichkeit** (*feminine Eigenschaft*) femininity
weich 1 soft *auch übertragen;* **ein weich gekochtes Ei** a soft-boiled egg 2 *Fleisch:* tender 3 **weich werden** soften; (*nachgeben*) give in; **du wirst doch wohl nicht weich werden?** you're not going to give in, are you!; (*gerührt werden*) be moved 4 **ich bekam weiche Knie** my knees turned to jelly
Weichen points GB, switch ⚠ *singular* USA; **die Weichen stellen** switch the points ▸ IN WENDUNGEN: **die Weichen stellen** set the course
weichen 1 give way *auch übertragen* 2 (*zurückweichen*) retreat (**vor** from) 3 (*nachlassen*) ease 4 (*verschwinden*) go
weichherzig soft-hearted **Weichkäse** soft cheese
weichlich 1 (*weich*) soft 2 (*schwächlich*) weak 3 (*verweichlicht*) effeminate **Weichling** softy, weakling
Weichsel[1] die (*Strom*) Vistula
Weichsel[2] die A, CH sour cherry
Weichspüler softener
Weide[1] die (*Pflanze*) willow
Weide[2] die (*Viehweide*) pasture **weiden** 1 *Tier:* graze 2 put out to pasture *Vieh* 3 **sich an etwas weiden** revel in something; (*schadenfroh*) gloat over something
Weidengeflecht wicker-work
weigern **sich weigern** refuse **Weigerung** refusal
Weihe (*kirchliche*) consecration **weihen** consecrate
Weiher pond

Weihnachten Christmas; **fröhliche Weihnachten!** merry Christmas!; **etwas zu Weihnachten bekommen** get something for Christmas; **was hast du ihr zu Weihnachten geschenkt?** what did you get her for Christmas? **weihnachtlich** *Stimmung:* Christmassy **Weihnachtsabend** Christmas Eve **Weihnachtsbaum** Christmas tree **Weihnachtsfeier** Christmas party **Weihnachtsfeiertag erster Weihnachtsfeiertag** Christmas Day; **zweiter Weihnachtsfeiertag** Boxing Day **Weihnachtsfest** Christmas; **das Weihnachtsfest** Christmas **Weihnachtsgeld** Christmas money **Weihnachtsgeschenk** Christmas present, Christmas gift (USA) **Weihnachtslied** carol **Weihnachtsmann** Father Christmas, Santa Claus **Weihnachtsmarkt** Christmas fair

Weihrauch incense **Weihwasser** holy water

weil because

Weile eine Weile a [little] while; **eine ganze Weile** a good while

weilen (*bleiben*) stay

Weiler hamlet

Wein wine ► IN WENDUNGEN: **jemandem reinen Wein einschenken** tell someone the plain truth **Weinbeere** (A), (CH) (*Rosine*) raisin **Weinberg** vineyard **Weinbergschnecke** 1 (*Tier*) snail 2 (*als Speise*) escargot **Weinbrand** brandy

weinen cry; (*bitterlich*) weep (**um** for, **über** over, **aus, vor** with); **jemanden zum Weinen bringen** make somebody cry

> **? Grammatik** **weep — wept — wept:**
> *Mrs Lee wept when she heard the sad news; she had not wept so much since she was a child.*

weinerlich whining **Weinflasche** wine bottle **Weinglas** wineglass **Weingut** wine-growing estate **Weinhandlung** wine shop **Weinkarte** wine list **Weinlese** grape harvest, vintage **Weinprobe** wine-tasting **Weinrebe** vine **weinrot** wine-red **Weinstock** vine **Weinstube** wine bar **Weintraube** grape

Weise 1 (*Art, Verfahren*) manner, way; **die Weise wie …** the way in which … 2 **auf diese Weise** that way; **auf irgendeine Art und Weise** in one way or another; **in gewisser Weise** in a way; **in keinster Weise!** under no circumstances! ⚠ *plural,* no way! *umgangsspr* 3 (*Melodie*) melody, tune

weise wise

weisen jemandem den Weg weisen show someone the way

Weisheit wisdom **Weisheitszahn** wisdom tooth

weismachen jemandem etwas weismachen make someone believe something; **lassen Sie sich nichts weismachen!** don't be taken in!

weiß 1 white; **weiß werden** turn white 2 **sie ist ganz weiß geworden** she turned white as a sheet 3 **das Weiße Haus** the White House 4 **weiß glühend** incandescent, white-hot

Weissagung prophecy

Weißblech tinplate **Weißbrot** white bread **Weißglut jemanden zur Weißglut bringen** make someone livid **Weißgold** white gold

Weißkohl (A) white cabbage

Weißwein white wine

weit 1 (*lang gezogen*) wide 2 (*breit*) broad 3 (*lang*) long 4 (*Entfernung*) far; **von weitem** from a long way off 5 **weit gefehlt!** far from it!; **bei weitem** by far 6 **wie weit bist du?** how far have you got?; **ich bin gleich so weit** I'm almost ready [*oder* done] *umgangsspr;* **es ist gleich so weit** it'll soon be time; **so weit fertig sein** be more or less ready 7 **das geht zu weit** that's going too far 8 **weit blickend** far-sighted 9 **das ist weit gehend richtig** this is largely true, this is true to a large extent 10 **weit gereist** widely travelled; **weit hergeholt** far-fetched 11 **weit reichend** *Waffen:* long-range; *Konsequenzen:* far-reaching 12 **weit verbreitet** widespread; **weit verzweigt** with many branches *plural*

weitab far away (**von** from) **weitaus** far; **weitaus der beste …** by far the best … **Weitblick** (*übertragen*) far-sightedness

Weite[1] die (*Entfernung*) distance ► IN WENDUNGEN: **das Weite suchen** take to one's heels ⚠ *plural*

Weite[2] die 1 (*als Maß*) width 2 (*Größe*) expanse **weiten** 1 widen; stretch *Schuhe* 2 **sich weiten** widen, broaden *auch übertragen*

weiter 1 (*Steigerungsform von weit*) farther 2 (*zusätzlich*) further 3 (*zudem*) furthermore 4 (*noch hinzu*) further 5 (*sonst*) otherwise; **weiter nichts?** is that all? 6 **immer weiter** on and on; **und so weiter** and so on

weiterbilden **sich weiterbilden** continue one's education Weiterbildung continuation of one's education, further education

weiterbringen advance, take further

Weitere 1 **das Weitere** the rest; **alles Weitere** everything else 2 (*Genaueres*) **Weiteres** further details ⚠ *plural* 3 **ohne weiteres** just like that; **bis auf weiteres** for the time being

weiterempfehlen recommend

weiterführen 1 (*fortsetzen*) carry on, continue 2 **das führt uns nicht weiter** that doesn't get us anywhere weitergeben 1 (*weiterreichen*) pass on 2 (*übermitteln*) transmit *Nachricht*

weitergehen 1 go on 2 **so kann es nicht weitergehen** things can't go on like this; **wie soll es nun weitergehen?** what's going to happen now?

weiterhelfen **jemandem weiterhelfen** help someone along

weiterhin furthermore

weiterkommen 1 (*auf dem Weg*) get further 2 (*Fortschritte machen*) make headway

weitermachen 1 [**etwas**] **weitermachen** carry on [with something] 2 **mach weiter so!** (*als Ermutigung*) keep it up!; **mach nur weiter so!** (*als Warnung*) just see where it'll get you!

Weiterreise **gute Weiterreise!** hope the rest of your journey goes well!

weitersagen pass on; **jemandem etwas weitersagen** pass something on to somebody

Weiterverarbeitung processing

weither from far away

weithin **weithin bekannt/beliebt** widely known/popular

weitläufig 1 *Gebäude:* spacious 2 (*verzweigt*) rambling

weitsichtig 1 long-sighted (GB), far-sighted (USA) 2 (*übertragen*) far-sighted

Weitsprung long jump (GB), broad jump (USA)

Weitwinkelobjektiv wide-angle lens

Weizen wheat

welch **welch ein Glück/Anblick** what luck/a sight

welche(r, s) 1 (*als Frage*) which 2 (*Ding*) that, which; **ich habe verschiedene Kuchen, welchen möchtest du?** I've got different kinds of cake, which one would you like? 3 (*Mensch*) who; **siehst du den Mann? — welchen meinst du?** do you see that man? — who do you mean?; **welcher von den beiden?** which of the two?

welk 1 *Blume:* faded, wilted 2 *Blatt:* dead 3 *Haut:* flaccid welken fade *auch übertragen*, wilt *auch übertragen*

Wellblech corrugated iron

Welle 1 (*auch in Physik*) wave 2 (*Radiowelle*) wavelength 3 (*für Maschine*) shaft ▸ IN WENDUNGEN: **Wellen schlagen** create a stir ⚠ *singular;* **grüne Welle** traffic pacer, linked traffic lights ⚠ *plural* (GB), synchronized traffic lights ⚠ *plural* (USA)

wellen **sich wellen** become wavy

Wellenbrecher breakwater wellenförmig wave-like, wavy Wellenlänge 1 (*in Physik*) wavelength 2 (*übertragen*) **auf gleicher** [*oder* **einer**] **Wellenlänge liegen** be on the same wavelength Wellenlinie wavy line Wellenreiten surfing

Wellensittich budgerigar, budgie *umgangsspr*

wellig 1 *Oberfläche:* undulating 2 *Haar:* wavy

Wellpappe corrugated cardboard

Welpe whelp

Wels (*Fisch*) catfish

welsch (CH) Swiss-French

Welschschweiz (CH) French Switzerland

Welschschweizer(in) (CH) French Swiss

welschschweizerisch (CH) Swiss-French

Welt 1 world; **auf der Welt** on earth; **in aller Welt** all over the world; **die Welt ist klein!** it's a small world!; **du bist in der Welt herumgekommen** you've travelled about a fair bit; **der schnellste Läufer der Welt** the fastest runner in [all] the world 2 **zur Welt bringen** bring into the world, give birth to; **zur Welt kommen** be born 3 **aus der Welt schaffen** do away with, eliminate 4 **alle Welt** all the world, everybody 5 **das kostet doch nicht die Welt!** it won't cost the earth!; **davon geht die Welt nicht unter!** it's not the end of the world!; **nicht um alles in der Welt!** not for a million dollars! *plural,* not on your life! Weltall universe; **im Weltall** in space Weltanschauung philosophy of life Weltausstellung world exhibition Weltbank World Bank weltberühmt world-famous Weltbeste(r) *Sportler:* world record holder (GB),

W

world's record holder (USA) **Weltbevölkerung** world population **Weltbild** view of life **Weltenbummler(in)** globetrotter

weltfremd unworldly **Weltgeschichte** universal history **Weltkarte** map of the world **Weltkrieg der Erste/Zweite Weltkrieg** World War One/Two; **während des zweiten Weltkriegs** during the Second World War

weltlich ❶ mundane, worldly ❷ (*nicht kirchlich*) secular

Weltliteratur world literature **Weltmacht** world power **weltmännisch** sophisticated, urbane **Weltmarkt** world market **Weltmeer** ocean **Weltmeister(in)** world champion (GB), world's champion (USA) **Weltmeisterschaft** world championship (GB), world's championship (USA) **Weltrang von Weltrang** world-famous **Weltrangliste** world ranking

Weltraum space; **im Weltraum** in space **Weltraumfähre** space shuttle **Weltraumfahrt** space travel **Weltraumforschung** space research

Weltreise journey round the world; **eine Weltreise machen** go on a trip around the world **Weltrekord** world record (GB), world's record (USA) **Weltsicherheitsrat** U.N. Security Council **Weltstadt** metropolis **Welttournee** world tour **Weltuntergang** end of the world *auch übertragen* **weltweit** global, worldwide **Weltwirtschaft** world economy **Weltwunder die sieben Weltwunder** the Seven Wonders of the World

wem ❶ to whom; **wem glaubst du, ihr oder mir?** who[m] do you believe, her or me?; **wem hast du es gegeben?** who[m] did you give it to? ❷ **von wem hat er das?** (*bekommen*) who gave him that?; (*gehört*) who told him that?

wen whom; **wen meinst du?** who do you mean?; **an wen hast du das geschickt?** who did you send it to?; **wen auch immer …** whoever …

Wende (*Wandel*) change

Wendeltreppe spiral staircase

wenden ❶ turn; (*in entgegengesetzte Richtung*) turn round; (*auf die andere Seite*) turn over; **bitte wenden!** [please] turn over!, P.T.O. ❷ (*umkehren*) turn round ❸ **sich an jemanden wenden** (*um Hilfe*) turn to somebody; (*um Auskunft*) consult somebody ❹ **sich gegen jemanden wenden** come out against somebody

Wendepunkt turning point

wendig ❶ (*behende*) agile, nimble ❷ *Auto:* manoeuvrable ❸ *Person:* agile

Wendung ❶ turn ❷ (*Änderung*) change ❸ (*Redewendung*) expression, phrase

wenig ❶ (*ein bisschen*) little; **ein wenig Salz** a little salt ❷ **ich habe wenig Zeit** I haven't got much time; **zu wenig** not enough ❸ **wenige** few, some, not many

! Vorsicht Falle **less** = weniger wird für Mengen gebraucht: *In your glass there is less juice than in my glass; Lisa has eaten less than her brother;* — **fewer** wird für zählbare Dinge oder Personen gebraucht: *there are fewer pages in this book than in that one.*

weniger ❶ (*unzählbar*) *Zeit:* less; **es wird immer weniger** it's getting less and less; **noch weniger** even less ❷ (*zählbar*) *Leute:* fewer ❸ **du wirst ja immer weniger!** you're fading away!

wenigste ❶ (*unzählbar*) least *plural;* **und das ist noch das wenigste!** and that's the least of it! ❷ (*zählbar*) fewest; **am wenigsten** fewest

wenigstens at least; **du könntest dich wenigstens entschuldigen** at the very least you could apologize, the least you could do is apologize

wenn ❶ (*falls*) if, in case; **na, wenn das so ist!** well, in that case! ❷ (*zeitlich*) when; **immer wenn …** whenever … ❸ **wenn man bedenkt, dass …** considering … ❹ **außer wenn** unless ❺ **na, wenn schon!** so, what of it! **wenngleich** although, even though

wer ❶ (*relativ*) **wer das glaubt, …** he who [*oder* anyone who] believes that … ❷ (*als Frage*) who?; (*auswählend: welcher*) which?; **wer von den beiden?** which of the two? ❸ (*umgangsspr: jemand*) somebody, someone; **da ist wer [für dich]** there's somebody [*oder* someone] [to see you]; **wer sein** be somebody ❹ (*in Fragen oder Bedingungssätzen*) anybody, anyone; **ist da wer?** is anybody there? ❺ **wer auch immer …** whoever …

Werbeagentur advertising agency **Werbebanner** (*im Internet*) banner **Werbebran-**

che advertising industry **Werbefernsehen** television commercials ⚠ *plural* **Werbefilm** advertising film; (*Werbespot*) commercial **Werbefläche** advertising space **Werbegeschenk** [promotional] gift **Werbekampagne** advertising campaign **Werbematerial** advertising material

werben ❶ (*kommerziell*) **[für etwas] werben** advertise something ❷ **neue Leser werben** attract new readers

Werbeprospekt advertising leaflet **Werbeslogan** advertising slogan **Werbespot** commercial **Werbetext** advertising copy **werbewirksam** effective [for advertising purposes]

Werbung ❶ (*Reklame*) advertising; **für etwas Werbung machen** advertise something ❷ (*Werbeabteilung*) publicity department

Werdegang (*beruflicher*) career

werden ❶ **wir werden sehen** we shall [*oder* will] [*oder* we'll] see ❷ **es wird schon richtig sein** it'll be okay; **es wird schon gut gehen** it'll be all right ❸ **das Abendessen wird kalt** dinner is getting cold ❹ **Schreiner/Lehrerin werden** become a carpenter/teacher ❺ **alt/müde werden** get old/tired; **blind/grau werden** go blind/grey ❻ (*sich verwandeln in*) turn into; **vom Frosch zum Prinzen werden** turn from a frog into a prince ❼ **anders werden** change ❽ **was soll das werden?** what's that going to be?; **was willst du mal werden?** what would you like to become later?; **ich werde mal Schriftstellerin** I'll be [*oder* I'm going to be] a writer ❾ **Erster werden** come in first

werfen ❶ throw (**nach** at); **mit etwas werfen** throw something ❷ (*Junge kriegen*) have, throw ❸ **einen Blick auf etwas werfen** cast one's eyes ⚠ *plural* over something

Werft (*Schiffswerft*) shipyard

Werk ❶ (*Buch, Kunstwerk*) work; **ein literarisches Werk** a work of literature ❷ (*Gesamtwerk*) works ⚠ *plural* ❸ (*Fabrik*) works *plural;* **ab Werk** ex works *plural* ❹ **am Werk sein** be at work

Werkbank workbench

Werksangehörige(r) works [*oder* factory] employee

Werksarzt, -ärztin company doctor **werkseigen** company

Werkstatt ❶ workshop ❷ (*Autowerkstatt*) garage ❸ *eines Künstlers:* studio **Werkstoff** material **Werkstück** workpiece

Werktag work[ing] day **werktags** on workdays

werktätig working; **er ist werktätig** he works [*oder* has got a job]; **werktätige Bevölkerung** working population

Werkzeug tool *auch übertragen;* **mein ganzes Werkzeug** all my tools ⚠ *plural* **Werkzeugkasten** toolbox **Werkzeugmacher(in)** toolmaker

Wermut ❶ (*Pflanze*) wormwood ❷ (*Wein*) vermouth

Wert ❶ (*Geldwert, Bedeutung*) value; **Werte** values; **Juwelen im Wert von einer Million Euro** jewels worth a million euros ❷ (*Wertgegenstand*) article of value ❸ (*Ergebniswert, Testwert*) results ❹ **sittliche Werte** moral standards ❺ **wenn Sie Wert auf meine Meinung legen ...** if you value my opinion ... ❻ **hat das einen Wert?** (*Sinn*) is there a point?; **das hat keinen Wert** this is pointless

wert es ist sein Geld wert it's good value!; **was ist das wert?** what's this worth?; **das ist nichts wert** this is worthless; **ob es der Mühe wert ist?** is it worth the trouble?

werten ❶ (*beurteilen*) judge ❷ (*einstufen*) rate (**als** as) ❸ (*Punkte geben*) give a score ❹ (*benoten*) grade

wertfrei unbiased, without prejudice

Wertgegenstände valuables

wertlos ❶ valueless, worthless ❷ (*nutzlos*) useless **Wertpapier** bond, security **Wertpapierhandel** securities ⚠ *plural* trading **Wertsachen** valuables **Wertschätzung** esteem, high regard

Wertschrift (CH) security, bond

Wertung ❶ assessment, evaluation ❷ (*Beurteilung*) judging ❸ (*im Sport*) scoring

wertvoll ❶ precious, valuable ❷ (*ethisch*) worthy

Wertvorstellung moral concept

wesentlich ❶ (*essenziell*) essential [ɪ'senʃᵊl] ❷ (*grundlegend*) fundamental; **das macht keinen wesentlichen Unterschied** that doesn't make a big difference; **das Wesentliche** the essential part; (*Kern*) the gist; **im Wesentlichen** essentially [ɪ'senʃᵊli] ❸ (*beträchtlich*) considerably ❹ (*grundlegend*) fundamentally ❺ **es ist mir wesentlich**

lieber, wenn wir ... I'd much rather we ...

weshalb ① (*Frage*) why [waɪ] ② (*relativ*) for which reason

Wespe wasp

wessen ① (*von wem*) whose [hu:z] ② (*wovon*) of what

Weste ① (*Herrenweste*) waistcoat (GB), vest (USA) ② (*Strickweste*) cardigan

Westen ① west ② **im Westen von ...** to the west of ...; **der Fluss fließt nach Westen** the river flows west [*oder* westwards]; **nach Westen unterwegs** westbound ③ **der Wilde Westen** the Wild West

Westentasche waistcoat pocket (GB), vest pocket (USA) ▸ IN WENDUNGEN: **etwas wie seine Westentasche kennen** (*umgangsspr*) know something like the back of one's hand

Western western

Westfalen Westphalia

westlich ① western ⚠ *nur vor Substantiv* ② *Regierungen etc.:* Western ⚠ *nur vor Substantiv* ③ *Wind:* westerly ④ **das Dorf liegt westlich vom Fluss** the village lies to the west of the river ⑤ **westlich des Dorfes** west of the village

westwärts westward[s], [to the] west

weswegen ① (*Frage*) why ② (*relativ*) for which reason

Wettbewerb competition

Wette bet; **ich gehe jede Wette ein, dass ...** I'll bet you anything that ...; **was gilt die Wette?** what will you bet me?; **mit dir renne ich nicht um die Wette** I'm not going to race you

wetten ① bet (**auf** on) ② **ich habe mit ihm gewettet, dass ...** I have a bet with him that ...; **ich habe mit ihm um 10 Euro gewettet** I bet him 10 euros ③ **wetten, dass ich das tue!** bet you I do!; **ich wette, es schneit** I bet it's going to snow

> **? Grammatik** **bet — bet(ted) — bet(ted):** *he bet/betted all his money on one horse.*

Wetter ① weather ['weðəʳ] ② **bei** [**diesem**] **kalten Wetter** in [this] cold weather; **bei jedem Wetter** in all weathers ⚠ *plural*

Wetteraussichten weather outlook ['weðəʳ] ⚠ *singular,* weather prospects *plural* **Wetterbericht** weather report **Wetterkarte** weather chart [*oder* map]

wettern curse and swear [sweəʳ]; **gegen** [*oder* **auf**] **etwas wettern** rail against something

Wettersatellit weather satellite ['weðəʳ] **Wettervorhersage** weather forecast

Wettkampf competition [ˌkɒmpə'tɪʃᵊn] **Wettlauf** ① race; **einen Wettlauf machen** run a race ② **das Projekt war ein unglaublicher Wettlauf mit der Zeit** the project was an unbelievable race against the clock

Wettrennen race

wetzen ① (*schärfen*) sharpen, whet ② (*umgangsspr: rennen*) scoot

wichsen ① jerk [dʒɜ:k] off, wank (GB) ② **seine Schuhe wichsen** polish one's shoes (GB), shine one's shoes (USA)

wichtig ① important; **nicht** [**besonders**] **wichtig sein** be of no [great] importance ② **sie will sich nur wichtig machen** she's just giving herself airs; **sich wichtig vorkommen** be full of oneself

wickeln ① (*einwickeln*) wrap [ræp] (**in** in) ② (*schlingen*) wind [waɪnd] (**um** round) ③ coil *Spule* ④ **jemanden um den Finger wickeln** twist someone round one's finger ⑤ **einen Säugling wickeln** put on a baby's nappy (GB), put on a baby's diaper ['daɪpəʳ] (USA) ⑥ **sich wickeln** wrap [ræp] oneself [*oder* itself] (**in** in, **um** around)

Widder ① (*Schafbock*) ram ② (*Sternzeichen*) Aries ['eəri:z]

wider ① **wider Erwarten** contrary to expectations ② **das Für und Wider** the pros and cons ⚠ *plural* ③ **er hat die Aufgabe wider Willen übernommen** he accepted the job against his will

widerlich ① (*eklig*) disgusting ② *Person:* repulsive

widerspiegeln ① (*auch übertragen*) reflect ② **sich widerspiegeln** be reflected

widersprechen ① contradict ② **sich selbst widersprechen** contradict oneself; **sie widersprachen einander** they contradicted each other; **diese Aussagen widersprechen sich** these statements are inconsistent

Widerspruch ① contradiction; **im Widerspruch zu etwas stehen** be contradictory to something ② **keine Widersprüche!** no arguments!

Widerstand ❶ (*Widersetzung*) resistance; **jemandem/gegen etwas keinen Widerstand leisten** offer no resistance to someone/something ❷ **auf Widerstand stoßen** meet with resistance ❸ (*im Stromkreis*) resistor

widerstehen resist; (*standhalten*) withstand

widerstreben **es widerstrebt mir, so etwas zu tun** I am reluctant to do anything like that **widerwillig** ❶ reluctant, unwilling ❷ **sie ging widerwillig mit** she went along reluctantly

widmen ❶ **jemandem etwas widmen** dedicate something to someone ❷ **jemandem/etwas seine Aufmerksamkeit widmen** devote one's attention to someone/something ❸ **sich seinen Gästen widmen** attend to one's guests **Widmung** dedication (**an** to)

wie ❶ (*fragend*) how; **wie geht's?** how are you?; **wie geht's im Betrieb?** how are things at the office?; **wie viele?** how many?; **wie viel** how much; **um wie viel größer** how much bigger; **wie kommt es, dass ...?** how is it that ...?; **wie ist das möglich?** how can that be?; **wie wäre es damit?** how about it? ❷ (*welcher Art, was*) what; **wie ist er?** what's he like?; **wie sind die Zimmer?** what are the rooms like? ❸ (*vergleichend bei Adjektiv/Adverb*) as; (*vergleichend bei Substantiv*) like; **wie verrückt** (*umgangsspr*) like anything ❹ (*als*) **er sah, wie sie runterfiel** he saw her fall down ❺ **wie z.B.** such as ▸ IN WENDUNGEN: **wie bitte?** pardon?; **na, und wie!** and how!; **wie man's nimmt** that depends

wieder ❶ again ❷ **immer wieder** time and again; **schon wieder!** not again!; **da bin ich wieder** it's me again ❸ **wieder einführen** reintroduce [ˌriːɪntrə'djuːs]; **wieder gutmachen** make good, compensate for

wiederbekommen get back

wiederbeleben revive **Wiederbelebungsversuch** ❶ attempt at resuscitation [rɪˌsʌsɪ'teɪʃən] ❷ (*übertragen*) attempt at revival

wiederbringen bring back

wiedererkennen recognize

wiedereröffnen reopen

wiederfinden find again

Wiedergabe ❶ *eines Bildes:* reproduction ❷ (*übertragen*) rendering

wiedergeben ❶ (*zurückgeben*) give back ❷ (*beschreiben*) describe ❸ (*reproduzieren*) reproduce

wiedergewinnen (*auch übertragen*) regain; win back *Person*

wiederhaben ❶ **er hat es wieder** he's got it back ❷ **etwas wiederhaben wollen** want something back

wiederholen ❶ (*noch einmal tun*) repeat [rɪ'piːt]; (*mehrmals*) reiterate [ri'ɪtəreɪt] ❷ **sich wiederholen** *Person:* repeat oneself; *Ereignis:* recur **wiederholt** repeated; **wiederholte Male** repeatedly **Wiederholung** ❶ repetition [ˌrepɪ'tɪʃən]; (*mehrmalige Wiederholung*) reiteration [riˌɪtə'reɪʃən] ❷ (*im Radio/TV*) repeat ❸ *von Lernstoff:* revision ❹ *von Spiel:* replay; *von Strafstoß:* retake

Wiederhören **auf Wiederhören!** goodbye!

wiederkommen come back; **komm doch mal wieder vorbei!** you must come round again!

wiedersehen see again; **sich wiedersehen** meet again

Wiedersehen **Auf/auf Wiedersehen!** goodbye!, see you again! (USA)

Wiedervereinigung (*in Deutschland*) [German] reunification [ˌriːjuːnɪfɪ'keɪʃən]

Wiege cradle ['kreɪdl]

wiegen[1] weigh [weɪ]; **Gepäck wiegen lassen** weigh in luggage; **was wiegt er jetzt?** how much does he weigh now?

wiegen[2] ❶ (*schaukeln*) rock ❷ shake slowly *Kopf* ❸ **sich wiegen** *Boot:* rock gently; *Bäume, Personen:* sway

wiehern ❶ neigh [neɪ] ❷ (*abwertend: lachen*) bray

Wien Vienna [vi'enə] **Wiener(in)** ❶ Viennese [ˌviə'niːz]; **er ist Wiener** he is from Vienna ❷ **Wiener Schnitzel** veal cutlet, Wiener schnitzel; **Wiener Würstchen** frankfurter ['fræŋkfɜːtər] (GB), wiener (USA)

Wiese meadow

Wiesel weasel ['wiːzəl]

wieso why; **wieso weißt du das?** how do you know that?

wievielt ❶ **den Wievielten haben wir heute?** what day of the month [mʌnθ] is it?; **am Wievielten hat er Geburtstag?** when is his birthday exactly? ❷ **zum wievielten Mal ist die Vase jetzt schon umgefallen?** how many times has that vase [vɑːz] fallen down now? ❸ **zu wievielt wart ihr auf der Weihnachtsfeier?** how

W

many of you were there at the Christmas do?

Wild ① game; (*Rotwild*) deer [dɪəʳ] ② (*Fleisch*) venison

wild ① wild; **wild wachsend** wild[-growing] ② (*unzivilisiert*) savage ▸ IN WENDUNGEN: **das ist doch halb so wild!** (*umgangsspr*) it's not all that bad!; **er ist ganz wild auf Eis** he's crazy about ice cream; **es macht ihn wild, wenn er angelogen wird** he gets mad when he is lied to; **sie hüpfte wie wild durch die Gegend** she jumped around like crazy

wildfremd (*umgangsspr*) **ein wildfremder Mann/eine wildfremde Frau** a complete stranger ['streɪndʒəʳ]

Wildleder suede [sweɪd]

Wildnis wilderness

Wildschwein wild boar [ˌwaɪld'bɔːʳ]

Wille ① will ② **seinen Willen durchsetzen** get one's own way ③ (*Absicht*) intention ④ **beim besten Willen nicht** not with the best will in the world; **das geschah gegen meinen Willen** that was done against [ə'genst] my will; **ich kann mich beim besten Willen nicht erinnern** I can't for the life of me remember ⑤ **letzter Wille** [last] will [and testament]

willig willing **willkommen** welcome; **herzlich willkommen!** welcome!; **jemanden bei sich willkommen heißen** welcome someone to one's house

wimmeln swarm [swɔːm], teem (**von** with)

wimmern whimper ['wɪmpəʳ]

Wimper eyelash; **ohne mit der Wimper zu zucken** without batting an eyelid **Wimperntusche** mascara [mə'skɑːrə]

Wind wind [wɪnd] ▸ IN WENDUNGEN: **jemandem den Wind aus den Segeln nehmen** take the wind out of someone's sails; **von etwas Wind bekommen** get wind of something; **mach nicht so viel Wind!** (*umgangsspr*) don't make such a fuss!

Windel nappy (GB), diaper ['daɪpəʳ] (USA)

winden ① (*wickeln*) wind [waɪnd] ② **sich winden** *Pflanze, Schlange:* wind [itself]; *Fluss:* meander [mi'ændəʳ]; *Weg:* wind ③ **sich vor Schmerz winden** writhe [raɪð] with [*oder* in] pain

Windenergie wind power **Windhund** ① greyhound ['greɪhaʊnd] ② (*abwertend: Luftikus*) careless ['keələs] and unreliable sort, jack the lad

windig ① windy [wɪndi] ② (*abwertend: unsicher*) dubious ['djuːbiəs]

Windjacke windcheater

Windmühle windmill

Windpocken chickenpox ⚠ *mit Singular*

Windschutzscheibe windscreen (GB), windshield ['wɪnʃiːld] (USA)

Winkel ① angle; **spitzer/stumpfer/rechter Winkel** acute/obtuse/right angle ② (*Werkzeug*) square [skweəʳ] ③ (*Stelle, Ecke*) corner ④ **toter Winkel** dead angle [*oder* space]

winken ① **jemandem winken** wave to someone; **jemandem zum Abschied winken** wave someone goodbye ② **mit etwas winken** wave something ③ (*in Aussicht stehen*) be in store

winklig *Gässchen:* twisty; *Altstadt:* full of winding ['waɪndɪŋ] streets

winseln *Hund:* whine [waɪn]; (*abwertend*) *Mensch:* whimper [wɪmpəʳ]; (*um Gnade*) grovel

Winter winter; **der Winter** winter ⚠ *ohne Artikel;* **es wird Winter** winter is coming; **im Winter** in winter; **mitten im Winter** in the depth of winter **winterlich** wintry **Winterschlaf** hibernation [ˌhaɪbə'neɪʃᵊn]; **Winterschlaf halten** hibernate **Winterschlussverkauf** winter [clearance] sales **Wintersport** winter sports ⚠ *plural;* **Schlittschuhlaufen ist ein Wintersport** ice skating is a winter sport

Winzer(in) winegrower

winzig ① (*sehr klein*) tiny ['taɪni]; **winzig klein** minute [maɪ'njuːt] ② (*unbedeutend*) petty

Winzling (*abwertend*) mite

Wippe seesaw **wippen** ① seesaw ② (*auf und ab*) bob up and down; (*hin und her*) teeter

wir ① we ② **wir beide/drei** the two/three of us; **wer ist da? — wir sind's!** who's there? — it's us!

Wirbel ① (*auch übertragen*) whirl [wɜːl] ② (*im Wasser*) eddy, whirlpool ③ (*Rückenwirbel*) vertebra, *plural* vertebrae ④ (*am Scheitel*) crown ⑤ (*umgangsspr*) commotion [kə'məʊʃᵊn]

wirbeln whirl [wɜːl]; *Staub, Laub:* swirl; *Trommel:* roll [rəʊl]

Wirbelsäule spine

Wirbelsturm whirlwind ['wɜːlwɪnd]

Wirbeltier vertebrate ['vɜːtɪbreɪt]

wirken ① (*wirksam sein*) have an effect (**auf** on) ② **und das soll wirken?** and that's going to work, is it? ③ **er wirkt jünger** he appears [*oder* seems] younger ④ (*am Werk sein*) be at work ⑤ **Wunder wirken** work wonders

wirklich ① really ② **ach wirklich?** (*als Antwort*) [what,] really?; **hat er das wirklich gesagt?** did he actually say that? ③ **ein wirklicher Löwe!** a real lion! **Wirklichkeit** ① reality [ri'æləti]; **die Wirklichkeit** reality ⚠ *ohne Artikel* ② **in Wirklichkeit war es ganz anders** the reality was quite different

wirksam effective; **wirksam werden** take effect; **wirksam bleiben** remain in effect

Wirkung ① effect (**bei, auf** on) ② **seine Wirkung verfehlen** not have the desired effect

wirkungslos ineffective

wirr ① (*durcheinander*) confused ② (*unordentlich*) tangled ③ *Geschichten:* weird [wɪəd]; *Ideen:* wild [waɪld] ④ **er ist ein wirrer Kopf** he has crazy ideas **Wirrwarr** confusion

Wirt landlord **Wirtin** landlady

Wirtschaft ① (*Volkswirtschaft*) economy ② (*Gastwirtschaft*) pub (GB), bar (USA)

wirtschaftlich (*sparsam*) economical

Wirtshaus (*Lokal*) pub (GB), bar (USA); (*Gasthof*) inn

Wisch (*abwertend*) bumf *umgangssprachlich*

wischen wipe; (*reinigen*) wipe clean ► IN WENDUNGEN: **von jemandem eine gewischt bekommen** get a clout from someone; **einen gewischt bekommen** (*einen Stromschlag bekommen*) get a shock

wispern whisper [wɪspə^r]

wissen ① know (**von** about); **woher weiß sie das?** how does she know? ② (*sich erinnern*) **weißt du noch?** do you remember? ③ **Bescheid wissen** be well informed ④ (*rhetorisch*) **was weiß ich?** who knows?; **weiß ich doch nicht!** how should I know!; **nicht, das ich wüsste** not that I know of; **soviel ich weiß** as far as I know; **man kann nie wissen …** you never know … ⑤ **jemanden etwas wissen lassen** tell someone something, let someone know something ⑥ **ich will von ihm nichts mehr wissen** I don't want anything more to do with him

Wissen knowledge ['nɒlɪdʒ]; **meines Wissens** to the best of my knowledge

Wissenschaft science ['saɪəns] **Wissenschaftler(in)** scientist ['saɪəntɪst]; (*Geisteswissenschaftler*) academic **wissenswert** worth knowing

Witfrau (CH) widow ['wɪdəʊ]

wittern (*auch übertragen*) scent [sent]

Witwe widow ['wɪdəʊ]; **Witwe werden** be widowed **Witwer** widower [wɪdəʊə^r]

Witz ① joke; **einen Witz über etwas machen** make a joke about something; **das soll wohl ein Witz sein!** you must be joking!; **mach keine Witze!** you're joking! ② (*geistvolle Schärfe*) wit

witzig ① (*spaßig*) funny ② (*geistreich*) witty

wo ① where; **wo seid ihr?** where are you? ② **… wo doch alles so schön gelaufen ist** … when everything was running so smoothly ['smuːðli] ③ **wo er nun schon mal da ist …** since he's here already ④ **jetzt, wo sie in Rente geht …** now that she's going to retire …

woanders elsewhere [ˌels'weə^r], somewhere else

wobei ① (*Frage*) how; (*bei was*) at what ② **wobei mir gerade einfällt, dass …** which reminds [rɪ'maɪndz] me now that … ③ **wobei ich denke, dass …** although I think that …

Woche week; **in einer Woche** in a week; **Woche für Woche** week in, week out; **dreimal die Woche** three times a week; **morgen in einer Woche** a week tomorrow **Wochenende** weekend; **am Wochenende** at (GB), on (USA) the weekend; **schönes Wochenende!** have a nice weekend!; **übers Wochenende verreisen** go away for the weekend; **ein langes Wochenende machen** take a long weekend

wochenlang for weeks; **nach wochenlanger Warterei** after weeks of waiting

Wochentag ① weekday ② (*bestimmter*) day of the week

wöchentlich weekly; **einmal wöchentlich** once a week; **sich wöchentlich abwechseln** take turns every week

wodurch ① (*Frage*) how; **wodurch kam das?** how did it come about? ② (*Relativpronomen*) through which; **wodurch ich Probleme bekam** which caused me problems

wofür ❶ (*Frage*) for what, what ... for; **wofür halten Sie mich?** what do you take me for? ❷ (*relativ*) for which, which ... for; **wofür er sich interessiert** what he's interested in; **wofür ich dir sehr dankbar bin** for which I'm very grateful to you
wogegen ❶ (*gegen was*) against [ə'geɪnst] what ❷ (*relativ*) against which, which ... against
woher ❶ (*Frage*) from where, where ... from; **woher wissen Sie das?** how do you know that? ❷ (*wie*) how ❸ (*relativ*) from which, where ... from ❹ **ach, woher!** (*umgangsspr*) nonsense!
wohin ❶ (*Frage*) where [to]; **wohin gehst du?** where are you going to? ❷ (*relativ*) where; **der Ort, wohin ich gehe** the place where I'm going ❸ **ich muss mal wohin** (*umgangsspr*) I'll be back in a minute
Wohl ❶ well-being ❷ **auf Ihr Wohl!** here's to you! your health!; **zum Wohl!** cheers!
wohl ❶ (*gut, gesund*) well; **ich fühle mich nicht wohl** I don't feel well ❷ (*zwar, freilich*) all right, it is true, to be sure; **ich habe es wohl gewusst, aber was konnte ich machen?** it's true that I knew but what could [kʊd] I have done? ❸ (*wahrscheinlich*) probably; **sie ist wohl krank** she's probably ill; **das ist wohl das Beste** I suppose [sə'pəʊz] it's the best thing; **du bist wohl verrückt!** you must be mad! ❹ (*gut*) **wohl durchdacht** well thought [θɔːt] out; **wohl geordnet** well-ordered; **wohl tun** do good; **jemandem wohl tun** (*angenehm sein*) do someone good; **wohl überlegt** well-considered ▶ IN WENDUNGEN: **wohl bekomm's!** your health [helθ]!; **wohl oder übel** like it or not
Wohlergehen welfare
Wohlfahrtsstaat welfare ['welfeəʳ] state
wohlgemerkt mind [maɪnd] [you]; **die waren wohlgemerkt die Ersten** they were the first ones, mind you; mind you, they were the first ones
wohlhabend prosperous ['prɒspᵊrəs], well-to-do
wohlig pleasant ['plezᵊnt]; (*heimelig*) cosy ['kəʊzi]
Wohlstand affluence ['æfluəns], prosperity
Wohltat **das ist eine wahre Wohltat!** oh, that feels good! **wohltätig** charitable; **für einen wohltätigen Zweck** for a good cause [kɔːz] **Wohltätigkeitsveranstaltung** charity performance **Wohnblock** block of flats
wohnen ❶ live [lɪv] ❷ (*vorübergehend*) stay (**bei** with); **im Hotel wohnen** stay at a hotel
Wohngebiet residential area [ˌrezɪ'denʃᵊl] **Wohngemeinschaft** flat share **Wohnheim** ❶ (*für Rentner*) residential [ˌrezɪ'denʃᵊl] home ❷ (*für Obdachlose*) hostel ❸ (*für Studenten*) hall [of residence] GB, dorm[itory] USA **Wohnküche** kitchen-cum-living room
wohnlich cosy ['kəʊzi]
Wohnmobil camper, motor caravan, recreation [ˌrekri'eɪʃᵊn] vehicle USA
Wohnort [place of] residence ['rezɪdᵊns]
Wohnung flat GB, apartment USA **Wohnungssuche** **auf Wohnungssuche sein** be flat-hunting
Wohnwagen caravan GB, trailer USA **Wohnzimmer** living-room
Wolf wolf [wʊlf] ▶ IN WENDUNGEN: **ein Wolf im Schafspelz** a wolf in sheep's clothing

> **? Grammatik** **wolves** ist die Pluralform von **wolf**: *the ten wolves hunted in a pack.*

Wolke (*auch übertragen*) cloud [klaʊd] ▶ IN WENDUNGEN: **aus allen Wolken fallen** be flabbergasted ['flæbəgɑːstɪd]
Wolkenbruch cloudburst ['klaʊdbɜːst]
Wolkenkratzer skyscraper **wolkenlos** cloudless [klaʊdləs]
wolkig cloudy ['klaʊdi]
Wolldecke [woollen] blanket
Wolle wool; **reine Wolle** pure wool ▶ IN WENDUNGEN: **sich in die Wolle kriegen** be at each other's throats
wollen¹ (*aus Wolle*) woollen
wollen² ❶ (*beabsichtigen*) want; **ich will später Medizin studieren** I want to study medicine ['medsᵊn] ❷ **ich wollte dich mal was fragen** I just wanted ['wɒntɪd] to ask you something ❸ **was ich damit sagen wollte, ist, ...** what I meant [ment] to say is ... ❹ **er wollte nur helfen** he only meant to help ❺ **der Knopf will nicht zugehen** the button won't do up; **das Kind will nicht hören** the child won't listen ❻ **na, dann wollen wir mal!** all right, let's get started!

wollen[3] ① (*wünschen*) want; **sie will ein Fahrrad** she wants a bike ② **ich will nicht ins Kino** I don't want to go to the cinema ③ **mach, was du willst** do what you like ④ **was will er von mir?** what does he want from me? ⑤ **du kannst sagen, was du willst …** (*umgangsspr*) you can say what you like …

Wolljacke cardigan

womit ① (*Frage*) with what, what … with; **womit hat er das gemacht?** what did he do that with?; **womit kann ich dienen?** what can I do for you? ② (*relativ*) with which; **womit ich** (*bei Bezug auf ganzen Satz*) by which

womöglich possibly

wonach ① (*Frage*) **wonach ist dir?** what do you feel like?; **wonach suchst du?** what are you looking for? ② (*relativ: zufolge*) according to which

woran ① what; **woran arbeiten Sie?** what are you working on? ② **woran kann man das erkennen?** how can you tell? ③ **sie weiß nicht genau, woran sie mit ihrer Chefin ist** she doesn't know where exactly [ɪgˈzæktli] she stands with her boss ④ (*relativ, mit Bezug auf vorausgehenden Satz*) by which

worauf ① (*Frage*) what; **worauf wartest du?** what are you waiting for? ② (*relativ: zeitlich*) whereupon [ˌweərəˈpɒn]; **worauf sie ging** whereupon she left; **worauf du dich verlassen kannst!** just you wait and see!

woraus ① (*Frage*) [out of] what, what … of ② (*relativ*) out of which, from which

worin ① (*Frage*) in what, what … in ② (*relativ*) in which

Wort ① word [wɜːd]; **Wort für Wort** word for word ② (*Versprechen*) word; **sein Wort halten** keep one's word; **ich gebe dir mein Wort darauf** I give you my word on it; **sein Wort brechen** break [breɪk] one's word ③ (beim *Sprechen*) **mir fehlen die Worte** words fail me; **jemandem ins Wort fallen** interrupt someone; **zu Wort kommen** get a chance to speak ④ (*Formulierung*) **mit einem Wort** in a word; **mit anderen Worten** in other words ⑤ **für jemanden ein gutes Wort einlegen** put in a word for someone

Wortart part of speech

Wörterbuch dictionary [ˈdɪkʃᵊnᵊri]

wörtlich ① literal; **etwas wörtlich übersetzen** translate something literally ② *Wiedergabe:* word-for-word ③ **wörtliche Rede** direct speech

wortlos ① silent [ˈsaɪlənt] ② **sie ging wortlos aus dem Zimmer** she left the room without saying a word **Wortschatz** vocabulary [vəˈkæbjəlᵊri] **Wortspiel** pun, play on words **wortwörtlich** ① word for word, verbatim [vɜːˈbeɪtɪm] ② **er nimmt einfach alles wortwörtlich** he absolutely takes everthing literally ③ **das habe ich wortwörtlich so gehört** that was exactly what I heard

worüber ① (*Frage*) about what, what … about; **worüber habt ihr gesprochen?** what did you talk about? ② (*relativ*) about which, which … about

worum ① about what, what … about; **worum handelt es sich?** what's it about? ② (*relativ*) about which, which … about

worunter **worunter leidet sie?** what does she suffer from?

wovon ① from what, what … from; **wovon lebst du?** what do live on? ② **wovon redet er?** what is he talking [ˈtɔːkɪŋ] about?; **wovon handelt der Film?** what is the film about? ③ (*relativ*) from which, which … from; (*bei Bezug auf vorausgehenden Satz*) about which, which … about

wovor ① before what, what … before; **wovor fürchtest du dich?** what are you afraid of? ② (*relativ*) before which, which … before

wozu ① to what, what … to; **wozu soll das gut sein?** what is that supposed to be good for? ② (*warum*) why; **wozu denn?** why?; (*warum sollte ich?*) why should I? ③ (*relativ*) to which, which … to

Wrack (*auch übertragen*) wreck [rek]

Wucht ① force [fɔːs]; (*Stoßkraft*) momentum [məˈmentəm] ② **das Auto ist mit voller Wucht gegen den Baum gefahren** the car crashed into the tree at full throttle [ˈθrɒtl] ③ **du bist eine Wucht!** you're a star! *umgangsspr* **wuchtig** massive

wühlen ① *Nager:* burrow [ˈbʌrəʊ] ② (*stöbern*) **nach etwas wühlen** root [*oder* rummage [ˈrʌmɪdʒ]] for something ③ **sich durch etwas wühlen** burrow one's way through something

Wühltisch bargain counter ['bɑːgɪn] **wulstig** bulged [bʌldʒd]; *Lippen:* thick [θɪk]

wund ❶ sore [sɔːʳ]; **wunder Punkt** sore point ❷ **sich wund reiben** rub oneself sore; **sich wund liegen** get bedsores; **sie hat sich gestern die Füsse wund gelaufen** her feet are sore from all that walking she did yesterday

Wunde (*auch übertragen*) wound [wuːnd]

Wunder ❶ (*überraschendes Ereignis*) wonder ['wʌndəʳ] ❷ (*Übernatürliches*) miracle ['mɪrəkl] ❸ (*Person*) marvel ❹ **das ist kein Wunder** no wonder ['wʌndəʳ]; **er wird sein blaues Wunder erleben** (*umgangsspr*) he won't know what's hit him

wunderbar ❶ marvellous ['mɑːvᵊləs], wonderful ['wʌndəfᵊl] ❷ (*übernatürlich*) miraculous [mɪ'rækjələs] **Wunderkind** child prodigy ['prɒdɪdʒi]

wundern ❶ **es würde mich nicht wundern, wenn …** I wouldn't be surprised [sə'praɪzd] if …; **das wundert mich jetzt wirklich** now that really surprises [sə'praɪzɪz] me ❷ **ich hab mich gewundert, was das sollte** I wondered what all that was about ❸ **sich wundern** be surprised [*oder* astonished] [ə'stɒnɪʃd] (**über** at)

wunderschön lovely ['lʌli], wonderful ['wʌndəfᵊl]

Wunsch ❶ wish; (*sehnliches Verlangen*) desire [dɪ'zaɪəʳ] ❷ (*Bitte*) request [rɪ'kwest]; **haben Sie noch einen Wunsch?** is there anything else you'd like?; **dein Wunsch sei mir Befehl** your wish is my command ❸ **es ging alles nach Wunsch** everything was going smoothly **Wunschdenken** wishful thinking

wünschen ❶ wish; **was wünscht er sich zu Weihnachten?** what does he want for Christmas?; **er wünscht sich ein Fahrrad** he would like [*oder* wants] a bike ❷ **sie wünscht sich, dass ihr Vater wieder gesund wird** she wishes her father would recover from his illness ❸ **sie hat alles, was man sich nur wünschen kann** she has everything she could wish for ❹ **jemandem alles Gute wünschen** wish someone all the best; **jemandem frohe Weihnachten wünschen** wish someone a happy Christmas ❺ **das lässt zu wünschen übrig** that leaves something to be desired

Wunschzettel wish list; (*an Weihnachten auch*) letter to Santa Claus

Würde dignity; **unter jemandes Würde** beneath someone's dignity **würdevoll** dignified

würdig ❶ (*wert*) worthy ['wɜːði] ❷ (*würdevoll*) dignified

würdigen ❶ **etwas zu würdigen wissen** appreciate [ə'priːʃieɪt] something ❷ **sie haben uns keines Blickes gewürdigt** they didn't deign [deɪn] to look at us

Wurf ❶ throw [θrəʊ]; (*beim Handball*) shot ❷ (*das Werfen*) throwing ❸ **ein Wurf Welpen** a litter of puppies

Würfel ❶ dice, *plural* dice; **Würfel spielen** play [at] dice ❷ (*in der Mathematik*) cube **Würfelbecher** shaker **Würfelspiel** ❶ dice game ❷ (*eine Partie*) game of dice ❸ (*Brettspiel*) board game **Würfelzucker** cube sugar, lump sugar; **zwei Stück Zucker** two lumps [of sugar] **Wurfsendung** ❶ circular ['sɜːkjələʳ] ❷ **Wurfsendungen** junk mail ⚠ *singular*

würgen ❶ (*gewaltsam*) strangle, throttle ❷ (*beim Essen*) choke (**an** on) ❸ (*hochwürgen*) retch ▶ IN WENDUNGEN: **mit Hängen und Würgen** by the skin of one's teeth

Wurm ❶ worm [wɜːm]; (*Made, Larve*) maggot ❷ (*umgangsspr: Kind*) [little] mite ▶ IN WENDUNGEN: **da ist der Wurm drin!** (*umgangsspr*) there's something wrong [rɒŋ] somewhere!

wurmen (*umgangsspr*) **es wurmt mich** it's getting to me

wurmstichig (*Holz*) full of worm-holes

Wurst sausage ['sɒsɪdʒ] ▶ IN WENDUNGEN: **das ist mir Wurst** (*umgangsspr*) it is all the same to me (GB) *umgangsspr,* I don't give a hang (USA) *umgangsspr;* **jetzt geht's um die Wurst!** (*umgangsspr*) it's now or never!

Würstchen ❶ [small] sausage ❷ (*abwertend: ein Niemand*) squirt [skwɜːt] ❸ **armes Würstchen** poor devil

wursteln (*umgangsspr*) muddle along

Würze seasoning ['siːzᵊnɪŋ], spice *auch übertragen*

Wurzel ❶ root ❷ **Wurzeln schlagen** take root; (*sich einleben*) put down roots; **der will wohl hier Wurzeln schlagen!** looks like he intends to hang around here all day!

würzen ① season ['siːzᵊn] ② (*übertragen*) add spice to

würzig ① *Speisen:* tasty; (*scharf*) spicy ② (*aromatisch*) aromatic ③ *Luft:* fragrant ['freɪgrənt]

Wust[1] der ① (*unordentlicher Haufen*) heap ② (*Menge*) pile (**an** of)

Wust[2] die (CH) *Abkürzung von* **Warenumsatzsteuer** VAT, value-added tax

wüst chaotic [keɪ'ɒtɪk]; **wüst aussehen** look a real mess; **ein wüstes Durcheinander** complete chaos

Wüste ① desert ['dezət] ② (*Öde*) wilderness ③ **jemanden in die Wüste schicken** (*umgangsspr*) send someone packing

Wut ① fury ['fjʊəri], rage; **jemanden in Wut bringen** infuriate [ɪn'fjʊərieɪt] someone; **in Wut geraten** fly into a rage; **eine Wut auf jemanden haben** be mad at someone ② **er kochte vor Wut** (*umgangsspr*) he was boiling with rage; **er sieht so aus, als würde er gleich vor Wut platzen** he looks like he's going to hit the roof any minute now ③ **ich hab vielleicht eine Wut im Bauch!** I'm absolutely fuming! **wütend** ① enraged, furious ['fjʊriəs] ② **wütend sein** be in a rage; **auf jemanden wütend sein** be mad at someone; **über etwas wütend sein** be furious about something ③ **wütende Menschenmenge** angry [*oder* rioting] mob

WWU *Abkürzung von* **Wirtschafts- und Währungsunion** EMU

WWW *Abkürzung von* **World Wide Web** the Web

Xx

X ① (*unbekannt*) **Herr X** Mr X ② (*viele*) **x Leute/Anfragen/Briefe** umpteen people/requests/letters

x-Achse x-axis

X-Beine knock-knees ['nɒkniːz]; **X-Beine haben** be knock-kneed

x-beliebig (*umgangsspr*) any [old]

x-mal (*umgangsspr*) **ich hab' dir schon x-mal gesagt ...** I've told you umpteen times ...

Xylophon, **Xylofon** xylophone ['zaɪləfəʊn]

Yy

y-Achse y-axis

Yacht yacht [jɒt]

Ypsilon ① (*Buchstabe*) y ② (*griechischer Buchstabe*) upsilon

Zz

Zack (*umgangsspr*) **auf Zack sein** be on the ball; **er hat das Auto wieder auf Zack gebracht** he knocked the car back into shape again **zack zack, zack!** chop, chop!; **zack, schon war sie da** snap, and there she was **zackig** ① (*gezackt*) jagged ['dʒægɪd]; *Blätter:* serrated [sɪ'reɪtɪd] ② (*umgangsspr*) *Mensch:* smart ③ (*umgangsspr*) *Rhythmus:* brisk **zaghaft** timid

zäh ① tough [tʌf] ② **er ist ein zäher Hund** he ist pretty damn [tʌf] tough *umgangsspr*

Zahl ① number; **dreistellige Zahl** three-figure number ② (*Ziffer*) figure ['fɪgəʳ], numeral ['njuːmᵊrᵊl] ③ (*Zahlzeichen*) cipher ['saɪfəʳ] ④ **eine große Zahl von Leuten** large numbers of people ⑤ **der Zahl nach** in number

zahlen ① pay; **bar zahlen** pay cash; **auf Rechnung zahlen** pay on account ② **dieses Mal zahle ich!** this is on me! ③ **Herr Ober, bitte zahlen!** waiter, the bill [*oder* (USA) check] please! ④ **die Firma zahlt gut** the company pays well

zählen ① count [kaʊnt]; **bis zehn zählen** count to ten ② (*dazugehören*) **er zählt zu den bekanntesten Malern unserer Zeit** he ranks as one of the best-known painters of our time; **Spinnen zählen nicht zu den Insekten** spiders don't belong to the class of insects ③ (*gültig sein*) **komm, das zählt nicht!** come on, that doesn't count! ④ (*wichtig sein*) **für sie zählt nur ihre Arbeit** her work is all she cares about ⑤ (*sich verlassen*) **du kannst auf mich zählen** you can count on me **Zahlenschloss** combination lock

Zähler ① (*in der Mathematik*) numerator ['nju:məreɪtər] ② (*Ablesegerät*) meter ['mi:tər]

zahllos countless, innumerable [ɪ'nju:mər-əbl]

zahlreich numerous ['nju:mərəs]

Zahlung ① payment ['peɪmənt] ② **etwas in Zahlung geben** trade something in; **in Zahlung nehmen** take as a trade-in

zahm (*auch übertragen*) tame

zähmen ① tame ② control *Leidenschaft*

Zahn ① tooth [tu:θ], *plural* teeth; **sich einen Zahn ziehen lassen** have a tooth out; **sich die Zähne putzen** brush one's teeth [ti:θ] ② **falsche Zähne** false [fɔ:ls] teeth ▶ IN WENDUNGEN: **jemandem auf den Zahn fühlen** (*scharf befragen*) grill someone; **Haare auf den Zähnen haben** (*abwertend*) be a Tartar; **bis an die Zähne bewaffnet sein** be armed to the teeth; **die Zähne zeigen** show one's teeth; **der Zahn der Zeit** the ravages ['rævɪdʒɪz] of time; **einen Zahn zulegen** (*slang*) get a move on

Zahnarzt, Zahnärztin dentist **Zahnbürste** tooth brush **Zahnfleisch** gum ▶ IN WENDUNGEN: **auf dem Zahnfleisch gehen** (*umgangsspr*) be on one's last legs **Zahnfleischbluten** bleeding of the gums **Zahnpasta** tooth paste **Zahnschmerzen** toothache ['tu:θeɪk] ⚠ *singular;* **ich habe Zahnschmerzen** I have a toothache **Zahnseide** dental floss **Zahnspange** brace **Zahnstocher** tooth pick

Zange ① pliers ['plaɪəz] ⚠ *plural,* a pair of pliers ② (*Krebs*) pincers ['pɪnsəz] ⚠ *plural* ▶ IN WENDUNGEN: **jemanden in die Zange nehmen** put the screws [skru:z] on someone

zanken sich zanken quarrel ['kwɒrəl], row [raʊ], squabble ['skwɒbl]; **sich mit jemandem zanken** have a row with someone

Zäpfchen suppository [səpɒzɪtəri]

Zapfen *eines Nadelbaums:* cone

zappelig fidgety ['fɪdʒɪti], wriggly ['rɪgli]; **zappelig werden** get the fidgets

zappeln *Kind:* fidget; *Fisch:* wriggle ['rɪgl] ▶ IN WENDUNGEN: **jemanden zappeln lassen** keep someone on tenterhooks

zart ① tender ② *Haut:* soft ③ *Farbe:* pale

zärtlich ① *Mutter:* loving ② *Kuss:* tender **Zärtlichkeit** ① (*Zärtlichsein*) tenderness ② (*Liebkosung*) caress [kə'res] ③ (*Gefühl*) affection [ə'fekʃən]

Zauber ① magic ['mædjɪk] ② (*Reiz*) charm ③ (*Bann*) spell ▶ IN WENDUNGEN: **fauler Zauber** humbug **Zauberei** magic, sorcery ['sɔ:səri]; **wie durch Zauberei** as if by magic

Zauberer ① (*Magier*) magician [mə'dʒɪʃən]; (*Hexer*) sorcerer ['sɔ:sərər], wizard ② (*Zauberkünstler*) conjurer ['kʌndʒərər]

Zauberin sorceress ['sɔ:sərɪs] **Zauberkünstler(in)** conjurer ['kʌndʒərər]

zaubern ① (*Magie ausüben*) do magic ② (*Zauberkunststücke zeigen*) do magic tricks ③ **ich kann doch nicht zaubern!** (*umgangsspr*) I'm not a magician [mə'dʒɪʃən]! ④ **sie hat aus Resten ein tolles Abendessen gezaubert** she conjured up a great [greɪt] dinner out of leftovers

Zauberspruch [magic] spell **Zauberstab** [magic] wand [wɒnd] **Zaubertrank** magic potion

Zaum bridle ['braɪdl]; **im Zaum halten** keep a tight [taɪt] rein on

Zaun fence

z. B. *Abkürzung von* **zum Beispiel** e.g.

Zebra zebra ['zebrə] **Zebrastreifen** zebra crossing (GB), crosswalk (USA)

Zecke tick

Zehe ① toe [təʊ]; **große Zehe** big toe ② *Knoblauch:* clove ③ **jemandem auf die Zehen treten** (*umgangsspr*) tread [tred] on someone's toes **Zehennagel** toe nail **Zehenspitze** tip of the toe; **auf [den] Zehenspitzen gehen** [walk on] tiptoe

zehn ten

Zehner ① (*in der Mathematik*) ten ② (*umgangsspr: Geldschein*) tenner **zehnjährig** ten-year-old **Zehnkampf** decathlon [dɪ'kæθlɒn] **zehnmal** ten times

zehntausend ① ten thousand ② **die oberen Zehntausend** the upper crust

zehnte(r, s) tenth; **am 10. Mai** on 10th May, on May 10th; (*gesprochen*) on the tenth of May **Zehntel** tenth

Zeichen 1 sign [saɪn] 2 (*Hinweis, Signal*) signal; **ein Zeichen geben** give a sign [*oder* signal] 3 **als Zeichen der Verehrung** as a token of respect; **zum Zeichen, dass ...** to show that ... 4 (*Anzeichen*) indication 5 (*Schriftzeichen*) character ['kærəktəʳ]

Zeichenblock drawing-pad **Zeichenerklärung** (*auf Landkarte*) legend ['ledʒənd]; (*auf Fahrplänen*) key to the symbols **Zeichensetzung** die **Zeichensetzung** punctuation [pʌŋktʃu'eɪʃᵊn] ⚠ *ohne Artikel* **Zeichensprache** sign language ['saɪnˌlæŋgwɪdʒ] **Zeichentrickfilm** [animated] cartoon

zeichnen draw

Zeichnung drawing ['drɔːɪŋ]

Zeigefinger forefinger ['fɔːˌfɪŋgəʳ], index finger

zeigen 1 show; **er zeigte uns die Wohnung** he showed us around the flat; **zeig mal, was du geschrieben hast** let me see what you have been writing [raɪtɪŋ] 2 **dir werd ich's zeigen!** (*umgangsspr*) I'll show you! 3 (*anzeigen, deuten*) point (**auf** at); **kannst du mir zeigen, wer von ihnen Mark ist?** could you point Mark out to me? 4 **es zeigt den Luftdruck an** it shows the air pressure 5 **sich zeigen** (*sichtbar werden*) appear [ə'pɪəʳ]; (*sich herausstellen*) prove [pruːv], turn [tɜːn] out 6 **da zeigt sich mal wieder, dass ...** it all goes to prove that ... 7 **sich dankbar zeigen** show one's gratitude 8 **so kannst du dich nicht zeigen** you can't go out like that

> **? Grammatik** **show — showed — shown**: *Sandra showed her friend her new bicycle; the movie was shown on television.*

Zeiger 1 indicator, pointer 2 (*Uhrenzeiger*) hand

Zeile 1 line 2 **du solltest ihm ein paar Zeilen schreiben** you should drop him a line

Zeit 1 time; **morgen um diese Zeit** this time tomorrow; **wie die Zeit vergeht!** how time flies! 2 **das hat Zeit** there's no hurry about it; **sich bei etwas Zeit lassen** take one's time over something 3 **von Zeit zu Zeit** from time to time; **die ganze Zeit** all the time; **eine Zeit lang** [for] a while [waɪl]; **in letzter Zeit** lately; **Zeit raubend** time-consuming; **Zeit sparend** time-saving 4 **alles zu seiner Zeit!** there's a time and a place for everything! 5 **das wird aber auch Zeit!** about time too!; **es wird langsam Zeit, dass sie kommt** it's about time she was here 6 (*Ära, Epoche*) age; **zur Zeit Kaiser Wilhelms I.** at the time of Emperor William I; **das waren noch Zeiten!** those were the days! 7 (*in der Grammatik*) tense 8 (*beim Sport*) **jemandes Zeit auf 100 m stoppen** time someone over 100 metres

Zeitalter age [eɪdʒ], era [ɪərə] **Zeitansage** 1 (*im Radio*) time check 2 (*Telefon*) speaking clock **Zeitarbeit** temporary ['tempᵊrᵊri] work **Zeitbombe** time bomb [bɒm] **Zeitdruck** time pressure ['preʃəʳ]; **unter Zeitdruck** under pressure **zeitgemäß** up-to date **Zeitgenosse**, **Zeitgenossin** 1 contemporary [kən'tempᵊrᵊri] 2 **seltsamer Zeitgenosse** (*abwertend*) oddball **zeitgenössisch** contemporary

zeitig early ['ɜːli]

Zeitkarte season ['siːzᵊn] ticket (GB), commutation ticket (USA)

zeitlich 1 temporal ['tempᵊrᵊl] 2 timewise 3 **passt dir das zeitlich?** is the time convenient for you? 4 **zeitlich zusammenfallen** coincide [ˌkəʊɪn'saɪd] 5 **Dinge zeitlich aufeinander abstimmen** synchronize ['sɪŋkrənaɪz] things

zeitlos timeless

Zeitlupe **etwas in Zeitlupe zeigen** show something in slow motion **Zeitlupentempo** 1 slow motion 2 **im Zeitlupentempo** at a snail's pace **Zeitplan** schedule ['ʃedjuːl] **Zeitpunkt** 1 (*Termin*) time 2 (*Augenblick*) moment **Zeitraum** period ['pɪəriəd] of time

Zeitschrift magazine; (*wissenschaftlich*) journal ['dʒɜːnᵊl], periodical [ˌpɪəri'ɒdɪk]

Zeitung [news]paper; **eine Zeitung abonnieren** subscribe [səb'skraɪb] to a newspaper; **das steht aber in der Zeitung!** but it's in the paper! **Zeitungsanzeige** newspaper advertisement **Zeitungsartikel** newspaper article; (*kurzer Artikel*) item **Zeitungsausschnitt** newspaper cutting **Zeitungsausträger(in)** newspaper carrier ['kæriəʳ] **Zeitungspapier** newsprint; (*als Altpapier, zum Einwickeln*) newspaper **Zeitungsverkäufer(in)** newsvendor

Zeitverschiebung time lag **Zeitverschwen-**

dung waste [weɪst] of time **Zeitvertreib** ① (*Hobby*) pastime ['pɑːstaɪm] ② **zum Zeitvertreib** to pass the time

Zeitwort verb **Zeitzeichen** time signal

Zelle ① cell [sel] ② (*Telefonzelle*) telephone box (GB), booth [buːð] (USA)

Zellophan® cellophane ['seləfeɪn]

Zelt ① tent ② (*Indianerzelt*) teepee ['tiːpiː], wigwam ③ (*Zirkuszelt*) big top ▸ IN WENDUNGEN: **seine Zelte abbrechen** pack one's bags **zelten** camp **Zeltlager** camp

Zement cement [sɪ'ment]

zensieren ① censor ② (*benoten*) mark

Zensur ① (*Kontrolle*) censorship; **der Zensur unterliegen** be censored ② (*Note*) mark; **gute Zensuren** good marks

zensurieren (A), (CH) censor

Zentimeter centimetre ['sentɪˌmiːtəʳ] (GB), centimeter (USA)

Zentner hundredweight **zentnerweise** by the hundredweight

zentral (*auch übertragen*) central

Zentrale ① *einer Firma:* head office ② *Taxi-, Firmenzentrale:* headquarters [ˌhed'kwɔːtəʳz] ⚠ *plural* ③ (*Amt*) exchange [ɪks'tʃeɪndʒ]; (*in Firma*) switchboard

Zentraleinheit central processing unit, CPU

Zentralheizung central heating

zentrieren centre (GB), center (USA)

Zentrum (*auch übertragen*) centre (GB), center (USA); **im Zentrum New Yorks** in the centre of N.Y. (GB), in downtown N.Y. (USA)

zerbeißen **etwas zerbeißen** chew [tʃuː] something to pieces

zerbombt bombed out

zerbrechen ① break into pieces ['piːsɪz] ② **sich den Kopf zerbrechen** rack one's brains **zerbrechlich** fragile ['frædʒaɪl]; **Vorsicht, zerbrechlich** fragile, handle with care

zerbröckeln crumble

zerdrücken crush; (*zerquetschen*) mash

Zeremonie ceremony ['serɪməni]

zerfallen[1] ① *Häuser:* decay, fall into ruin ② (*übertragen*) decline ③ **zu Staub zerfallen** crumble into dust

zerfallen[2] *Gebäude:* tumbledown

zerfetzen (*auch übertragen*) tear to pieces ['piːsɪz] **zerfetzt** tattered; *Kleidung:* ragged

zerfleischen ① tear [teəʳ] to pieces *Tier* ② **sich zerfleischen** (*sich quälen*) torment oneself; (*einander fertig machen*) tear each other apart

zerfressen ① (*übertragen*) consume ② **von Motten zerfressen** moth-eaten; **von Würmern zerfressen** worm-eaten ['wɜːmˌiːtᵊn]

zergehen ① (*sich auflösen*) dissolve ② **auf der Zunge zergehen** melt in the mouth

zerhacken chop up

zerkleinern (*zerhacken*) chop up

zerknittern crease [kriːs], crumple

zerknüllen crumple [*oder* scrunch] up

zerkratzen scratch

zerlegbar that can be dismantled

zerlegen ① (*auseinander nehmen*) take apart ② **etwas in seine Einzelteile zerlegen** take something to pieces

zerlumpt (*abwertend*) ragged ['rægɪd], tattered

zermalmen (*auch übertragen*) crush

zermartern **sich den Kopf zermartern** rack one's brains (**über** over) **zermürbend** trying

zerquetschen crush, squash

zerreiben (*auch übertragen*) crumble, crush; (*im Mörser*) grind

zerreißen ① (*versehentlich*) tear [teəʳ]; (*absichtlich*) tear up ② (*in Stücke*) dismember ③ *Papier, Stoff:* tear; *Faden, Seil:* break ▸ IN WENDUNGEN: **ich kann mich doch nicht zerreißen!** I can't be in two places at once!

zerren ① (*reißen*) tear (**an** at); **an etwas zerren** tug at something ② **sich einen Muskel zerren** pull [*oder* strain] a muscle

Zerrung strain, pulling

zerschlagen[1] ① smash; (*zerschmettern*) shatter ② **sich zerschlagen** (*übertragen*) fall through, come to nothing

zerschlagen[2] (*erschöpft*) washed [wɒʃd] out

zerschmettern (*auch übertragen*) shatter

zerschneiden cut up

zersetzen **sich zersetzen** decompose

zersplittern shatter; *Holz:* splinter

zerspringen ① (*in Stücke gehen*) shatter ② (*Sprünge bekommen*) crack

zerstampfen ① pound; mash *Kartoffeln* ② (*zertrampeln*) trample on

zerstechen **von Mücken zerstochen** bitten all over by midges

zerstören ① (*auch übertragen*) destroy ② (*ruinieren*) ruin ['ruːɪn] ③ **jemandes Hoffnungen zerstören** wreck [rek] someone's hopes **Zerstörung** ① destruction ② (*Ruin*) ruin

zerstreuen ① scatter *Asche* ② (*auflösen, vertreiben*) disperse ③ **jemandes Zweifel zerstreuen** dispel someone's doubts **zerstreut** (*übertragen*) absent-minded

zerstückeln ① cut up ② dismember *Leiche*

zerteilen (*aufteilen*) split up

zertrampeln trample on

zertreten crush

zertrümmern smash [up], destroy, wreck [rek]

zerzaust *Haar:* dishevelled

zetern ① (*schreien*) clamour ['klæməʳ]; (*keifen*) nag ② (*jammern*) moan

Zettel piece [piːs] of paper; (*beschrieben*) note

Zeug (*umgangsspr*) ① stuff ② (*Kleider, Dinge*) things ⚠ *plural* ③ (*Quatsch*) rubbish; **red kein dummes Zeug!** don't talk drivel! ▸ IN WENDUNGEN: **das Zeug zu etwas haben** have got what it takes to be something; **sich ins Zeug legen** put one's shoulder to the wheel

Zeuge (*auch übertragen*) witness; **als Zeuge aussagen** [bear] witness

Zeugnis ① (*Schulzeugnis*) report ② (*Arbeitszeugnis*) reference; **jemandem ein Zeugnis ausstellen** give someone a reference

Zickzack ① zigzag ② **im Zickzack fahren** [*oder* **gehen**] zigzag

Ziege ① goat ② **blöde Ziege!** (*abwertend*) stupid cow!

Ziegel ① brick ② (*Dachziegel*) tile

Ziegenbock billy goat

Ziegenpeter (*umgangsspr*) mumps ⚠ *singular*

ziehen ① pull; **nach oben ziehen** pull up ② (*zerren*) tug ③ grow *Pflanzen;* breed *Tiere* ④ **einen Zahn ziehen** pull out a tooth ⑤ **es zieht** there's a draught [drɑːft]; **zieht's dir?** are you in a draught? ⑥ **sich in die Länge ziehen** drag ⑦ **etwas nach sich ziehen** lead to [*oder* entail] something ⑧ **an seiner Zigarette ziehen** pull at one's cigarette ⑨ (*zu einem Wohnort*) move [muːv]; **er zieht nach München** he's moving to Munich; **zu jemandem ziehen** move in with someone ⑩ **was zieht dich denn nach Chicago?** what is it which draws you to Chicago?; **da zieht's mich gar nicht hin** I wouldn't want to go there at all ▸ IN WENDUNGEN: **das zieht bei mir nicht!** (*umgangsspr*) that doesn't wash [wɒʃ] with me!; **so was zieht immer!** that sort of thing always goes down well!; **den Kürzeren ziehen** (*umgangsspr*) come off worst [wɜːst], get the worst of it

Ziehharmonika concertina

Ziel ① (*Reiseziel*) destination ② (*Zweck, Absicht*) aim, goal [gəʊl], objective; **sein Ziel verfehlen** miss one's aim; **sich hohe Ziele setzen** aim high ③ (*im Rennsport*) finish; **durchs Ziel gehen** cross the finishing line ④ (*Zielscheibe*) target

zielen ① aim (**auf** at) ② *Bemerkung:* be aimed (**auf** at) **Zielgerade** home straight **Zielgruppe** target group **ziellos** aimless, purposeless **Zielort** destination **Zielscheibe** ① target ② (*von Angriffen*) object

ziemlich ① quite; **ziemlich groß** quite big; **ziemlich viele Leute** quite a few people ② **das ist so ziemlich dasselbe** it's pretty much the same ③ **eine ziemliche Enttäuschung** quite a disappointment

zieren ① (*schmücken*) adorn ② **sich zieren** (*Umstände machen*) make a fuss; (*beim Essen*) need a lot of pressing

zierlich *Hand:* delicate; *Frau:* petite

Zierpflanze ornamental plant

Ziffer ① figure ['fɪgəʳ], number ② **vier Ziffern hinter dem Komma** four digits behind the point ③ **römische Ziffern** Roman numerals **Zifferblatt** ① dial ['daɪəl], [clock]face ② *einer Armbanduhr:* [watch]face

zig (*umgangsspr*) umpteen; **ich habe dir zigmal gesagt …** I've told you umpteen times …

Zigarette cigarette [ˌsɪgəʳ'et] **Zigarettenautomat** cigarette machine **Zigarettenpackung** cigarette packet [*oder* (USA) pack]

Zigarre cigar

Zigeuner(in) gipsy ['dʒɪpsi]

Zimmer room; **Zimmer frei** vacancies ['veɪkənsiz] *plural* **Zimmerantenne** indoor aerial ['eəriəl] **Zimmermädchen** chambermaid ['tʃeɪmbəmeɪd] **Zimmermann** carpenter

Zimmerpflanze indoor plant

Zimmertemperatur room temperature ['temprətʃəʳ] **Zimmervermittlung** accommodation [əˌkɒmə'deɪʃən] agency

zimperlich ① (*zart besaitet*) squeamish ['skwiːmɪʃ] ② (*geziert*) affected ③ **sei**

nicht so zimperlich! don't make such a fuss!

Zimt cinnamon

Zink zinc

zinken (*umgangsspr*) mark *Karten*

Zinn tin **Zinnbecher** pewter [ˈpjuːtəʳ] tankard

Zinnsoldat tin soldier

Zinsen interest ⚠ *singular;* **Zinsen tragen** bear interest; **ein Darlehen zu 5 % Zinsen** a loan at 5% interest **zinslos** interest-free **Zinssatz** interest rate, rate of interest

Zipfel ① (*Stoffzipfel*) corner ② (*Wurstzipfel*) end **Zipfelmütze** pointed cap

zirka about, circa

Zirkel ① (*Gerät*) compasses ⚠ *plural* ② (*Personenkreis*) circle

Zirkus ① circus ② (*umgangsspr: Getue*) to-do; **der macht wieder einen Zirkus!** he's kicking up such a fuss again! **Zirkuszelt** big top

zischeln whisper [ˈwɪspəʳ]

zischen ① (*sprechen*) hiss ② *Fett:* sizzle; *Limonade:* fizz ③ (*umgangsspr*) **er zischte durch die Gegend** he whizzed around; **die Kugel zischte durch die Luft** the bullet whizzed [wɪzd] through the air

Zitat quotation

Zither zither [ˈzɪðəʳ]

zitieren ① (*Zitat angeben*) quote [kwəʊt] (**aus** from) ② (*vorladen*) summon (**vor** before)

Zitrone lemon **Zitronenschale** lemon peel

Zitrusfrucht citrus fruit [fruːt]

zittern ① (*vor Wut, Furcht*) tremble [ˈtrembl] (**vor** with); (*vor Kälte*) shiver (**vor** with) ② (*vibrieren*) quiver [ˈkwɪvəʳ] ③ **am ganzen Körper zittern** tremble all over; **mit zitternder Stimme** with a shaky voice ④ **er zittert vor ihr** he's terrified of her

zittrig shaky

Zitze teat

Zivil in Zivil in plain clothes; **ein Polizist in Zivil** a plain clothes policeman **zivil** ① (*nicht militärisch*) civilian [sɪˈvɪliən] ② (*umgangsspr: anständig, angemessen*) civil; *Preise:* reasonable [ˈriːzᵊnəbl] **Zivilbevölkerung** civilian population **Zivildienst** community service for conscientious [ˌkɒnʃiˈenʃəs] objectors

Zivilisation civilization [ˌsɪvᵊlaɪˈzeɪʃᵊn]

zivilisiert civilized [ˈsɪvᵊlaɪzd]

Zivilist(in) civilian [sɪˈvɪliən]

zocken (*slang*) gamble

Zoff (*slang*) trouble [ˈtrʌbl], strife; **sie hat Zoff mit ihrer Mutter** she quarrels with her mother

zögern ① hesitate ② **er hat ohne zu zögern ja gesagt** he said yes without hesitating

Zölibat celibacy [ˈseləbəsi]; **im Zölibat leben** be celibate

Zoll[1] der (*altes Längenmaß*) inch

Zoll[2] der ① customs duty [ˈdjuːti]; **Zoll auf etwas zahlen** pay duty on something ② (*Amt, Behörde*) customs ⚠ *plural* **zollfrei** duty-free **Zollkontrolle** customs check **zollpflichtig** dutiable [ˈdjuːtiəbl] (GB), customable (USA)

Zollstock folding rule

Zombie (*auch übertragen*) zombie [ˈzɒmbi]

Zone zone

Zoo zoo [zuː] **Zoologie** zoology [zuˈɒlədʒi]

Zoom zoom lens

Zopf ① plait [plæt] ② (*nicht geflochten*) pigtail ③ (*Gebäck*) plaited loaf

Zorn anger; (*Wut*) rage; **seinen Zorn an jemandem auslassen** vent one's anger on someone

Zote smutty joke

zottelig *Haar:* shaggy

zu[1] ① (*hin*) to [tuː]; **zur Bank gehen** go to the bank; **zur Schule gehen** go to school ② (*in Richtung*) towards [təˈwɔːdz]; **er kam zu mir herüber** he walked [wɔːkt] over towards me ③ (*daneben*) **setz dich zu mir** come and sit with me; **darf ich mich zu dir setzen?** can I sit next to you? ④ (*Lage*) at; **zu Hause** at home ⑤ (*zeitlich*) at; **zu Beginn** at the beginning; **zu Weihnachten** at Christmas; **was wünschst du dir zu Weihnachten?** what would [wʊd] you like for Christmas? ⑥ (*um etwas zu tun*) **zum Reiten/Schwimmen gehen** go horse riding/swimming ⑦ (*für*) for; **ein Buch zum Lesen** a book [bʊk] to read ⑧ (*mit*) **was sollen wir zum Essen trinken?** what shall we drink with our meal? ⑨ (*als*) **zur Belohnung** as a reward; **zur Probe** on approval [əˈpruːvᵊl] ⑩ (*mittels*) **zu Fuss** on foot ⑪ **es steht 3 : 1** the score is three-one ⑫ **zu Ende gehen** come to a close ⑬ (*mit Infinitiv*) to; **das ist noch zu prüfen** that's still to be checked ⑭ **es ist**

zum Verrücktwerden! it's enough to drive you mad! ⑮ **sie waren zu fünft** there were five of them

zu[2] (*allzu*) too; **es ist zu heiß/kalt** it's too hot/cold

zu[3] (*geschlossen*) **die Tür ist zu** the door is closed [*oder* shut]

zuallererst first [fɜːst] of all

zuallerletzt last of all

Zubehör accessories [ək'sesəriz] ⚠ *plural*

zubeißen bite; *Hund:* snap

zubereiten prepare; mix *Getränk* **Zubereitung** preparation

zubinden tie up; lace up *Schuhe*

zubleiben (*umgangsspr*) stay shut

zubringen ① pass, spend *Zeit* ② (*umgangsspr: zumachen können*) get shut

Zubringer ① (*Straße*) feeder road ② (*Bus*) airport bus

Zucchini courgettes [kɔː'ʒets] ⚠ *plural* (GB), zucchini *singular und plural* (USA)

züchten ① breed *Tiere;* keep *Bienen* ② grow *Pflanzen*

zucken ① (*nervös, krampfhaft*) twitch; (*vor Schmerz*) wince ② (*zusammenfahren*) start ③ *Blitz:* flash ④ **die Achseln zucken** shrug one's shoulders

zücken ① draw *Messer* ② (*umgangsspr*) pull [*oder* whip] out *Brieftasche*

Zucker sugar ['ʃʊgər]; **wie viele Löffel Zucker möchtest du?** how many spoons of sugar would you like? **Zuckerguss** icing (GB), frosting (USA) **zuckerig** sugary ['ʃʊgəri]

zuckerkrank diabetic [ˌdaɪə'betɪk] **Zuckerkranke(r)** diabetic

Zuckerrohr sugar [ʃʊgər] cane **Zuckerrübe** sugar beet **zuckersüß** (*auch übertragen*) sugar-sweet, [as] sweet as sugar

zudecken cover ['kʌvər] [up]

zudem in addition, moreover [mɔː'rəʊvər]

zudrehen ① turn [tɜːn] off *Wasserhahn* ② (*zuwenden*) turn ③ **jemandem den Rücken zudrehen** turn one's back on someone

zudringlich ① intrusive ② **zudringlich werden** make advances

zudrücken press shut ▸ IN WENDUNGEN: **ein Auge zudrücken** (*umgangsspr*) turn a blind eye

zueinander ① (*gegenseitig*) to each other ② (*zusammen*) together ③ **zueinander passen** *Farben:* go together; *Personen:* suit [suːt] each other

zuerst ① (*als erster*) first [fɜːst] ② (*zunächst*) at first ③ (*als nächstes*) **zuerst gehe ich schwimmen** first of all I'm going swimming ④ (*zum ersten Mal*) first, for the first time ⑤ **wer zuerst kommt, mahlt zuerst** first come, first served

Zufall ① accident ['æksɪdənt], chance; **durch Zufall** by chance; **es war reiner Zufall, dass …** it was pure [pjʊər] coincidence that … ② **welch [ein] Zufall!** what a coincidence!

zufallen ① *Tür:* close, shut ② **jemandem zufallen** *Aufgabe, Rolle:* fall to someone

zufällig ① *Ergebnis, Zusammentreffen:* chance, accidental ② by chance ③ **das war rein zufällig** it was pure chance; **ich war zufällig da** I happened to be there ④ **haben Sie zufällig ihre Telefonnummer?** have you got her phone number by any chance?

Zufallstreffer ① fluke, lucky goal

zufliegen ① (*umgangsspr*) *Tür:* slam shut ② *Vogel:* fly to

Zuflucht (*auch übertragen*) refuge, shelter (**vor** from)

zuflüstern whisper [wɪspər]

zufolge ① (*gemäß*) according to ② (*aufgrund*) as a consequence of ['kɒnsɪkwəns]

zufrieden ① satisfied; **mit etwas zufrieden sein** be satisfied with something ② **sich mit etwas zufrieden geben** be content with something; **er ist damit zufrieden** he's happy with it *umgangsspr* ③ **zufrieden lassen** let alone, leave in peace ④ **zufrieden stellen** satisfy; **schwer zufrieden zu stellen** difficult to please; **zufrieden stellend** satisfactory

Zufriedenheit ① contentedness ② (*Befriedigtsein*) satisfaction

zufrieren freeze up [*oder* over]

zufügen (*antun*) cause [kɔːz], do; inflict [upon] *Böses*

Zug[1] der train; **mit dem Zug fahren** go by train; **im Zug** on the train; **jemanden zum Zug bringen** see someone off at the station

Zug[2] der ① (*Charakterzug*) characteristic, trait ② (*Gesichtszug*) feature ['fiːtʃər] ③ **das war kein schöner Zug von ihm** that wasn't very nice of him

Zug[3] der ① (*Zugluft*) draught [drɑːft] (GB), draft (USA) ② (*an Zigarette*) drag, pull; **einen Zug machen** take a pull ③ **ich gehe vor dem Abendessen noch ein paar Züge**

schwimmen I'm off for a quick swim before dinner ❹ (*beim Spiel*) **du bist am Zug!** it's your move! ▸IN WENDUNGEN: **Zug um Zug** step by step; **in einem Zug** in one go; [**nicht**] **zum Zug kommen** [not] get a look-in; **in den letzten Zügen liegen** be at one's last gasp; **etwas in vollen Zügen genießen** enjoy something to the full

Zugabe ❶ (*im Theater*) encore ❷ (*zusätzlich zu etwas*) **als Zugabe** into the bargain ['bɑːgɪn]

Zugabteil train compartment

Zugang ❶ (*auch übertragen: Zutritt*) access; **zu etwas Zugang haben** have access to something; **kein Zugang!** no entry, no admittance ❷ (*Eingang, Einfahrt*) entrance ❸ *von Waren:* receipt [rɪ'siːt]; *von Schülern:* intake; *von Patienten:* admission **zugänglich** ❶ (*erreichbar*) accessible [ək'sesəbl] ❷ (*benutzbar*) available; *Bibliotheken:* open; **der Allgemeinheit zugänglich** open to the public ❸ *Personen:* approachable [ə'prəʊtʃəbl]

zugeben (*eingestehen*) admit; **gib's zu!** admit it!

zugehen (*umgangsspr*) ❶ (*schließen*) shut ❷ **auf jemanden/etwas zugehen** approach [*oder* go towards] someone/something ❸ **es geht auf den Winter zu** winter is drawing [drɔːɪŋ] near ❹ **er geht auf die 50 zu** he's coming on for 50 ❺ **hier geht es nicht mit rechten Dingen zu** there's something fishy around here; **dort ging's sehr lustig zu** we had a great time there

zugeknöpft (*abwertend*) reserved [rɪ'zɜːvd], uncommunicative

Zügel (*auch übertragen*) rein [reɪn]; **die Zügel anziehen** draw in the reins; (*übertragen*) keep a tighter rein (**bei** on)

zugelassen ❶ *Auto, Arzt:* licensed [laɪ'sənst] ❷ **amtlich zugelassen** authorized ['ɔːθəraɪzd] ❸ **für Jugendliche nicht zugelassen** adults only

zügeln ❶ rein in *Pferd* ❷ (*übertragen*) check, curb ❸ **sich zügeln** restrain oneself **zugestehen** ❶ (*einräumen*) concede [kən'siːd], grant ❷ (*zugeben*) admit

zugetan *einer Person:* fond [of]; *dem Essen:* partial ['pɑːʃəl] to

Zugfahrkarte train ticket

zugig draughty ['drɑːfti] (GB), drafty (USA)

zugkräftig (*übertragen*) catchy, eye-catching

zugleich ❶ (*ebenso*) both ❷ (*zur gleichen Zeit*) at the same time

Zugluft draught [drɑːft] (GB), draft (USA)

Zugpferd (*übertragen*) crowd puller

zugreifen ❶ (*schnell nehmen*) grab it [*oder* them]; *Angebot:* go for it ❷ (*bei Tisch*) help oneself; **greifen Sie zu!** help yourself!

Zugrestaurant dining car

zugrunde, zu Grunde ❶ **etwas zugrunde legen** base something on something ❷ **zugrunde richten** ruin, destroy

Zugschaffner(in) train conductor

zugunsten, zu Gunsten in favour ['feɪvəʳ] of; (*für Hilfsbedürftige*) in aid of

zugute ❶ **jemandem etwas zugute halten** make allowances for something ❷ **jemandem zugute kommen** be of benefit to someone

Zugverbindung train connection

Zugvogel migratory [maɪ'greɪtəri] bird

zuhalten ❶ keep closed [*oder* shut]; **sich die Ohren zuhalten** put one's hands over one's ears ❷ **auf etwas zuhalten** make straight for something

Zuhälter pimp, ponce

zuhauen (*umgangsspr*) ❶ slam *Tür* ❷ (*jemanden schlagen*) strike out

Zuhause home

zuhause (A), (CH) ❶ at home ❷ **er ist in Paris zuhause** he is [*oder* comes] from Paris ❸ **fühl dich wie zuhause!** make yourself at home!

zuhören ❶ **jemandem zuhören** listen ['lɪsən] to someone ❷ **nun hören Sie mal zu!** now listen! ❸ **ich höre sehr genau zu!** I'm all ears [ɪəʳz]! ❹ **da hast du eben schon wieder nicht zugehört!** well, you just weren't listening again! **Zuhörer(in)** listener ['lɪsənəʳ]; **die Zuhörer** the audience ['ɔːdiəns] ⚠ *singular*

zukehren **jemandem den Rücken zukehren** (*auch übertragen*) turn one's back [up]on someone

zuknöpfen button up

zukommen ❶ **auf jemanden zukommen** come towards [tə'wɔːdz] someone ❷ **jemandem etwas zukommen lassen** let someone have something ❸ **etwas auf sich zukommen lassen** wait and see ❹ **sie wusste nicht, was mit diesem Projekt auf sie zukam** she didn't know what she was in for with this project

Zukunft ① future ['fju:tʃəʳ]; **in Zukunft** in future; **in naher Zukunft** in the near future ② (*in der Grammatik*) future tense

zukünftig ① future ② **mein[e] Zukünftige[r]** (*humorvoll*) my intended ③ in future; **zukünftig machst du deine Hausaufgaben gewissenhafter** you'll make more effort with your homework in future

Zukunftsaussichten future prospects **Zukunftsmusik** (*umgangsspr*) pie [paɪ] in the sky

zulangen ① (*bei Tisch*) help oneself ② (*aushelfen*) lend a hand

zulassen ① leave shut *Tür* ② (*Zugang gewähren*) admit ③ (*dulden*) allow, permit [pə'mɪt] ④ (*amtlich*) authorize ['ɔ:θəraɪz]; register ['redʒɪstəʳ] *Arzt, Heilpraktiker;* license ['laɪsəns] *Kraftfahrzeug* ⑤ **sie ist zum Studium zugelassen worden** she got a place at university

Zulauf großen Zulauf haben be very popular; *Film, Ausstellung:* draw large crowds

zulegen ① (*hinzufügen*) add ② **einen Zahn zulegen** (*umgangsspr*) get a move [mu:v] on ③ *Gewicht:* put on weight [weɪt] ④ (*umgangsspr*) **sich etwas zulegen** get oneself something, treat oneself to something; **sich einen Bart zulegen** grow a beard

zuleide, zu Leide jemandem etwas zuleide tun do someone harm, harm someone; **er tut keiner Fliege etwas zuleide** he wouldn't hurt a fly

zuletzt ① (*als Letzter*) last; **bis zuletzt** till the very end ② (*endlich*) in the end

zuliebe jemandem zuliebe for someone's sake

zum (*zu dem*) **zum Beispiel** for instance [*oder* example]; **zum Glück** fortunately; **zum Teil** partially

zumachen ① (*umgangsspr: schließen*) close, shut; stop up *Loch;* seal *Brief* ② (*umgangsspr: sich beeilen*) get a move on ③ (*umgangsspr: den Laden zumachen*) close down

zumeist for the most part, mostly

zumindest at least

zumute, zu Mute mir ist nicht zum Lachen zumute I am not in the mood for laughing ['lɑ:fɪŋ]; **wie ist dir zumute?** how do you feel?

zumuten jemandem etwas zumuten expect [ɪk'spekt] something of someone; **jemandem zu viel zumuten** expect too much of someone **Zumutung** unreasonable [ʌn'ri:zənəbl] demand; **das ist eine Zumutung!** that's a bit much!

zunächst ① (*vor allem*) first of all ② (*vorläufig*) for the time being ③ (*anfangs*) at first

zünden ① (*Feuer fangen*) catch fire [faɪəʳ] ② *Pulver:* ignite; *Streichholz:* light [laɪt] ③ detonate *Bombe* ④ **na, hat's gezündet?** well, has the penny dropped? *umgangsspr* **zündend** *Rede:* stirring ['stɜ:rɪŋ]; *Vorschlag:* exciting; *Idee:* ingenious [ɪn'dʒi:niəs]

Zündholz match **Zündholzschachtel** matchbox **Zündkerze** sparking-plug (GB), sparkplug (USA) **Zündschlüssel** ignition key **Zündstoff** (*übertragen*) dynamite ['daɪnəmaɪt] **Zündung** ignition

zunehmen ① gain weight [weɪt]; **5 Kilo zunehmen** gain 5 kilos ② (*anwachsen*) increase [ɪn'kri:s] (**an** in) ③ **zunehmender Mond** waxing moon **Zuneigung** affection; **Zuneigung für jemanden empfinden** feel affection for someone

Zunge ① tongue [tʌŋ]; **jemandem die Zunge herausstrecken** stick one's tongue out at someone ② **eine scharfe Zunge haben** have a sharp tongue ③ **ich hab's auf der Zunge!** (*umgangsspr*) it's on the tip of my tongue! **Zungenbrecher** tongue-twister **Zungenkuss** French kiss

zunutze, zu Nutze sich etwas zunutze machen (*verwenden*) utilize something

zupacken (*umgangsspr*) ① (*bei einer Gelegenheit*) grasp ② (*bei der Arbeit*) get down to it ③ (*helfen*) lend a hand

zupfen ① pluck *Saite, Augenbraue* ② **jemanden am Ärmel zupfen** tug at someone's sleeve

zur (*zu der*) **zur See fahren** go to sea

zurechnungsfähig of sound mind

zurechtfinden sich zurechtfinden find one's way (**in** around)

zurechtkommen ① (*auskommen*) manage ['mænɪdʒ] (**mit** on) ② (*bewältigen*) cope (**mit** with) ③ **mit jemandem auskommen** get on with someone

zurechtlegen ① get ready ['redi] ② **sich etwas zurechtlegen** (*übertragen*) work [wɜ:k] something out

zurechtmachen ① prepare [prɪ'peəʳ] (GB), fix (USA) *Zimmer* ② **sich zurechtmachen** get dressed; (*sich schminken*) put on one's

Z

make-up **zureden** **jemandem zureden** (*überreden*) keep on at someone; (*ermutigen*) encourage [ɪn'kʌrɪdʒ] someone

zurichten 1 (*beschädigen*) make a mess of 2 (*verletzen*) injure; **jemanden übel zurichten** beat someone up

zurück 1 back; **hin und zurück** there and back; **München hin und zurück, bitte** a return to Munich, please 2 (*im Rückstand*) behind 3 **zurück!** back off!

zurückbekommen get back

zurückbezahlen pay back, repay

zurückbleiben 1 stay [*oder* remain] behind 2 (*auch übertragen: nicht Schritt halten*) fall behind 3 (*übrig bleiben*) be left [behind] 4 *Schaden:* remain

zurückblicken look back (**auf** to)

zurückbringen 1 (*wieder herbringen*) bring back 2 (*wieder wegbringen*) take back

zurückdenken think back (**an** to)

zurückdrängen 1 drive [*oder* force [fɔːs]] back [*oder* push] 2 (*übertragen*) repress

zurückerstatten refund; reimburse [ˌriːɪm'bɜːs] *Ausgabe*

zurückfahren 1 drive [*oder* go] back 2 (*plötzlich zurückweichen*) start back

zurückfallen 1 (*in einen Fehler, in ein Laster*) relapse ['riːlæps] (**in** into) 2 (*im Sport*) drop back 3 (*an Besitzer*) revert [rɪ'vɜːt] (**an** to) 4 (*leistungsmäßig*) fall behind

zurückfinden find one's way back

zurückfordern demand back

zurückgeben 1 give back 2 (*erwidern*) return [rɪ'tɜːn]

zurückgeblieben retarded

zurückgehen 1 go back (**nach, in** to) 2 (*zurückweichen*) retreat 3 *Geschäft:* fall off 4 **zurückgehen auf …** go back to … 5 **zurückgehen lassen** return, send back

zurückgezogen 1 *Leben:* secluded 2 *Person:* withdrawn 3 in seclusion [sɪ'kluːʒᵊn]

zurückgreifen fall back (**auf** upon)

zurückhalten 1 (*nicht fortlassen*) hold [*oder* keep] back 2 (*aufhalten*) hold up 3 (*übertragen: unterdrücken*) repress 4 (*hindern*) keep 5 (*verheimlichen*) **etwas zurückhalten** hold something back 6 **sich zurückhalten** (*sich beherrschen*) contain oneself; (*bescheiden sein*) keep in the background **zurückhaltend** 1 (*beherrscht*) restrained 2 (*vorsichtig*) cautious ['kɔːʃəs] 3 (*reserviert*) reserved [rɪ'zɜːvd]

zurückholen 1 fetch back 2 **jemanden zurückholen** (*übertragen*) ask someone to come back

zurückkehren come back, return (**von, aus** from)

zurückkommen (*auch übertragen*) come back, return

zurücklassen 1 (*hinterlassen*) leave 2 (*liegen lassen*) leave behind

zurücklegen 1 (*an seinen Platz*) put back 2 lay back *Kopf* 3 (*aufbewahren, reservieren*) put aside 4 lay aside *Geld* 5 cover ['kʌvəʳ] *Stecke*

zurückliegen 1 (*örtlich*) be behind 2 (*zeitlich*) be … ago; **das liegt zehn Jahre zurück** that was ten years ago

zurücknehmen take back *auch Behauptung, Vorwurf*

zurückrufen 1 call back 2 (*zurückbeordern*) recall [rɪ'kɔːl]

zurückschauen (*auch übertragen*) look back (**auf** at, on)

zurückschicken send back

zurückschlagen 1 beat back; repulse *Angriff, Feind* 2 return *Ball* 3 (*auch übertragen*) hit back, strike back 4 *Pendel:* swing back

zurückschrecken 1 shrink [*oder* start] back (**vor** from) 2 **vor nichts zurückschrecken** stop at nothing

zurückstecken 1 lower one's expectations; (*weniger ausgeben*) cut back 2 (*nachgeben*) backtrack

zurückstehen (*hintanstehen*) take second place

zurückstellen 1 put back *auch Uhr* 2 (*beiseite stellen*) put aside 3 (*hintanstellen*) defer [dɪ'fɜːʳ]

zurückstufen downgrade

zurücktreiben drive back

zurücktreten 1 step back; **bitte zurücktreten!** stand back, please! 2 (*beim Fußball*) kick back 3 (*übertragen*) *Regierung:* resign [rɪ'zaɪn] 4 (*von einem Vertrag*) withdraw (**von** from)

zurückverlangen demand back

zurückweichen 1 (*erschrocken*) shrink back (**vor** from) 2 (*übertragen*) retreat

zurückweisen (*auch übertragen*) reject [rɪ'dʒekt]

zurückwerfen (*wirtschaftlich*) set back (**um** by)

zurückzahlen pay back, repay

zurückziehen ❶ (*zurücknehmen*) withdraw ❷ **sich zurückziehen** retire [rɪ'taɪəʳ]; (*auch übertragen*) withdraw (**von, aus** from)

zurufen **jemandem zurufen** call [out to] someone; **jemandem etwas zurufen** shout something to someone

zurzeit at the moment

Zusage ❶ (*Versprechen*) promise ❷ (*Bestätigung*) confirmation [ˌkɒnfə'meɪʃᵊn] ❸ (*Annahme*) acceptance **zusagen** ❶ (*versprechen*) promise ['prɒmɪs] ❷ (*auf Einladung*) accept, promise to come ❸ (*behagen, gefallen*) appeal [ə'piːl]

zusammen ❶ together ❷ **zusammen sein** be together ❸ **sollen wir den Vorspeisenteller zusammen bestellen?** shall we order the starter platter between us?

Zusammenarbeit ❶ co-operation ❷ (*mit dem Feind*) collaboration ❸ (*einer Gemeinschaft*) team work **zusammenarbeiten** ❶ co-operate, work together ❷ (*mit dem Feind*) collaborate

zusammenbauen put together, assemble; **etwas wieder zusammenbauen** reassemble something

zusammenbeißen **die Zähne zusammenbeißen** grit one's teeth

zusammenbleiben stay together

zusammenbrechen ❶ (*zusammenfallen*) cave in ❷ *Wirtschaft:* collapse ❸ *Mensch:* break [breɪk] down ❹ **der Verkehr ist völlig zusammengebrochen** traffic has come to a complete standstill

zusammenbringen ❶ bring together [*oder* into contact with each other] *Leute* ❷ (*umgangsspr: zustande bringen*) manage; put together *Gedanken, Sätze* ❸ raise *Geld*

Zusammenbruch breakdown, collapse [kə'læps]

zusammendrücken press together; (*verdichten*) compress

zusammenfahren ❶ (*erschrecken*) start ❷ *Person:* run over ❸ *Fahrzeuge:* collide [kə'laɪd]

zusammenfallen ❶ (*einstürzen*) collapse ❷ (*sich decken*) coincide [ˌkəʊɪn'saɪd]

zusammenfalten ❶ fold [up] ❷ **sie faltete ihre Hände zusammen** she folded her hands

zusammenfassen ❶ (*vereinigen*) unite [juː'naɪt] ❷ (*in Bericht*) summarize ❸ (*als Fazit*) sum up; **lassen Sie mich [kurz] zusammenfassen ...** just to sum up ...
Zusammenfassung ❶ (*Vereinigung*) union ['juːnjən] ❷ (*Abriss, Auszug*) *eines Textes:* abstract, summary

zusammenfügen fit together

zusammengehören ❶ belong together ❷ *Einzelteile:* go together

zusammengesetzt composed [kəm'pəʊzd]
zusammenhalten ❶ hold together ❷ hold on to *Geld* ❸ *Freunde:* stick together

Zusammenhang ❶ connection [kə'nekʃᵊn] (**von, zwischen** between); **im Zusammenhang mit etwas** in connection with something ❷ (*Textzusammenhang*) context ❸ (*Wechselbeziehung*) correlation (**von, zwischen** between) ❹ **etwas aus dem Zusammenhang reißen** detach something from its context; **in diesem Zusammenhang** in this context **zusammenhängen** ❶ (*übertragen*) be connected ❷ **das hängt nicht damit zusammen** that has got nothing to do with it

zusammenhängend coherent [kə'hɪərᵊnt]; (*ununterbrochen*) continuous [kən'tɪnjuəs]

zusammenklappbar ❶ folding ❷ *Tisch, Stuhl:* collapsible [kə'læpsɪbl] **zusammenklappen** ❶ fold up *Messer, Stuhl;* shut *Schirm* ❷ (*umgangsspr*) *Person:* (*kollabieren*) collapse; (*durch Ermüdung*) flake out

zusammenkleben stick together; **die Buchseiten kleben ja zusammen!** look, the pages of the book are stuck together!

zusammenknüllen crumple up

zusammenkommen ❶ come together ❷ (*sich treffen*) meet ❸ *Umstände:* combine; **da kommt mal wieder alles zusammen** and everything is happening at the same time again ❹ (*umgangsspr: sich ansammeln*) accumulate [ə'kjuːmjəleɪt]

zusammenkrachen ❶ (*umgangsspr*) *Gebäude:* come crashing down ❷ (*umgangsspr*) *Fahrzeuge:* crash into each other
zusammenlegen ❶ (*zusammenfalten*) fold ❷ *Geld:* club together

zusammennehmen ❶ (*sich anstrengen*) make an effort ❷ (*im Benehmen*) control oneself, pull oneself together; **nimm dich zusammen!** pull yourself together! ❸ **alles zusammengenommen** all in all ❹ **er nahm seinen ganzen Mut zusammen** he mustered all his courage

zusammenpacken 1 pack up 2 (*umgangsspr: aufgeben*) pack it all in

zusammenpassen 1 *Personen:* suit [suːt] each other 2 *Dinge:* go together **zusammenprallen** 1 collide [kəˈlaɪd] 2 (*übertragen*) clash

zusammenpressen squeeze [skwiːz] together; (*verdichten*) compress

zusammenrechnen add [*oder* total] up; **alles zusammengerechnet** all together; (*übertragen*) all in all

zusammenreißen **sich zusammenreißen** pull oneself together

zusammenrücken 1 *Personen:* move [muːv] up closer 2 *Dinge:* move together

zusammenschlagen 1 (*zerschlagen*) smash up 2 clap *die Hände* 3 (*verprügeln*) beat up

zusammenschreiben 1 write [raɪt] together *Wörter* 2 **völligen Mist zusammenschreiben** write a lot of nonsense

zusammenschrumpfen 1 shrivel [ˈʃrɪvᵊl] up 2 (*übertragen*) dwindle (**auf** to)

zusammensetzen 1 put together; (*aus Teilen*) assemble 2 (*Personen nebeneinander setzen*) seat together 3 **sich zusammensetzen** sit together; (*bestehen aus*) consist of, be composed of **Zusammensetzung** 1 (*Aufbau*) composition 2 (*Kombination*) combination

zusammenstellen 1 put together 2 (*arrangieren*) arrange 3 draw up *Liste* 4 assemble *Gruppe;* **eine Mannschaft zusammenstellen** assemble a team

Zusammenstoß (*auch übertragen*) collision [kəˈlɪʒᵊn], crash

zusammenstoßen 1 knock [nɒk] together 2 *Autos:* collide

zusammenstürzen collapse [kəˈlæps], tumble down

zusammentreffen 1 meet 2 (*gleichzeitig geschehen*) coincide [ˌkəʊɪnˈsaɪd]

zusammentun 1 (*umgangsspr*) put together 2 **sich zusammentun** combine forces, get together

zusammenzählen add [*oder* sum] up

zusammenziehen 1 draw together 2 (*in eine Wohnung*) move in together 3 *Muskel:* contract 4 **ein Gewitter zieht sich zusammen** (*auch übertragen*) a storm is brewing [bruːɪŋ]

zusätzlich 1 additional [əˈdɪʃᵊnᵊl]; (*ergänzend*) supplementary [ˌsʌpləˈmentᵊri] 2 **das hat er noch zusätzlich gekauft** he bought [bɔːt] that in addition to the other things

zuschauen **jemandem bei etwas zuschauen** watch someone doing something

Zuschauer(in) 1 spectator 2 (*im Theater*) member of the audience 3 (*Fernsehzuschauer*) viewer [ˈvjuːəʳ] 4 (*neugieriger Zuschauer*) bystander, onlooker

zuschicken 1 **jemandem etwas zuschicken** send something to someone 2 **sich etwas zuschicken lassen** send for something

zuschießen (*beitragen*) contribute

Zuschlag (*im Zug*) supplement **zuschlagen** 1 slam *Tür;* shut *Buch* 2 **die Tür schlug zu** the door banged shut 3 (*schlagen*) strike 4 (*umgangsspr: zugreifen*) get in quickly

zuschließen lock

zuschneiden 1 cut to size 2 **auf jemanden/etwas genau zugeschnitten sein** be tailor-made for someone/something

zuschulden, zu Schulden **sich etwas zuschulden kommen lassen** do something wrong

Zuschuss 1 grant, subsidy 2 **dafür habe ich von meinen Eltern einen Zuschuss bekommen** my parents gave me something towards it

zusehen 1 (*beobachtend*) watch [wɒtʃ] 2 (*unbeteiligt*) look on 3 **zusehen, dass ...** see to it that ... 4 **ich kann doch nicht [einfach] zusehen, wie sie...** I can't sit back and watch her ...

zusperren lock; **vergiss nicht zuzusperren** don't forget to lock up

zuspielen pass [to] *Ball;* **jemandem etwas zuspielen** play something on to someone

zuspitzen **die Lage spitzt sich zu** the situation is coming [ˌsɪtjuˈeɪʃᵊn] to a head [*oder* getting critical]

Zustand 1 (*Beschaffenheit*) condition, state 2 **der gegenwärtige Zustand** the status quo 3 **in gutem/schlechtem Zustand** in good/bad shape; *Gebäude:* in good/bad repair 4 **in angetrunkenem Zustand** under the influence of alcohol 5 **Zustände kriegen** (*umgangsspr*) hit the roof *umgangsspr*

zustande, zu Stande ① **zustande bringen** achieve [əˈtʃiːv], manage ② **zustande kommen** (*geschehen*) come about; (*erreicht werden*) be achieved

zuständig ① (*verantwortlich*) responsible ② **dafür bin ich nicht zuständig** that's not in my department

zustecken **jemandem etwas** [**heimlich**] **zustecken** slip someone something

zustehen **etwas steht jemandem zu** someone is entitled to something; **es steht ihm nicht zu, darüber zu urteilen** he has no right to judge that

zustimmen ① agree ② (*einwilligen*) consent **Zustimmung** ① (*Einverständnis*) agreement, assent ② **allgemeine Zustimmung finden** meet with general approval [əˈpruːvᵊl]

zustoßen ① (*heftig schließen*) push shut ② **jemandem zustoßen** happen to someone

zutage, zu Tage ① **zutage fördern** unearth [ʌnˈɜːθ]; (*übertragen*) bring to light [laɪt] ② **zutage kommen** [*oder* **treten**] (*auch übertragen*) come to light

Zutaten ingredients [ɪnˈgriːdiənts]

zuteilen (*zuweisen*) allocate [ˈæləkeɪt], allot

zutiefst deeply

Zutrauen ① confidence (**zu** in) ② **Zutrauen zu jemandem haben** trust someone; **Zutrauen zu jemandem fassen** begin to trust someone

zutrauen ① **jemandem etwas zutrauen** credit someone with something; (*für fähig halten*) believe someone capable of something ② **sich zu viel zutrauen** (*sich übernehmen*) take on too much ③ **dem ist alles zuzutrauen!** I can well believe it of him! ④ **das trau ich mir zu** I think I can manage it **zutraulich** *Mensch:* trusting; *Tier:* friendly [frendli]

zutreffen ① (*richtig sein*) be correct; **das trifft genau auf mich zu** that's me spot on ② (*gelten*) apply (**für** to) **zutreffend** ① (*richtig*) correct, right [raɪt] ② (*auf etwas zutreffend*) applicable ③ **Zutreffendes bitte ankreuzen** mark with a cross where applicable

Zutritt ① access; **kein Zutritt!, Zutritt verboten!** no admittance! no entry! ② **sich zu einem Raum Zutritt verschaffen** gain admission to a room

zutun **kein Auge zutun** not sleep a wink

zuverlässig ① reliable [rɪˈlaɪəbl] ② **sie ist zuverlässig** she is reliable ③ **ich weiß aus zuverlässiger Quelle, dass …** I am reliably informed that … **Zuverlässigkeit** reliability [rɪˌlaɪəˈbɪləti]

Zuversicht confidence **zuversichtlich** confident; **ich bin ganz zuversichtlich, dass …** I have every confidence that …

zuvor ① before ② (*zuerst*) beforehand ③ **kurz zuvor** shortly before ④ **am Tag zuvor** the day before

zuvorkommen ① anticipate [ænˌtɪsɪˈpeɪt] ② (*verhindern*) forestall ③ **er ist mir schon wieder zuvorgekommen** he beat me to it again

Zuwachs ① increase [ˈɪnkriːs] (**an** of) ② **Zuwachs bekommen** (*umgangsspr*) have an addition to the family **zuwachsen** *Wunde:* heal up, close

zuwege, zu Wege **zuwege bringen** manage; (*erreichen*) accomplish [əˈkʌmplɪʃ]

zuwenden ① (*auch übertragen*) turn towards ② **sich jemandem zuwenden** turn to face someone; (*sich widmen*) devote oneself to someone

zuwerfen ① slam *Tür* ② **jemandem einen Blick zuwerfen** cast a glance at someone ③ **jemandem den Ball zuwerfen** throw someone the ball

zuwider **das ist mir zuwider** I detest that

zuzahlen **20 Euro zuzahlen** pay another 20 euros

zuziehen ① draw *Vorhang* ② (*schließen*) close ③ **sich eine Krankheit zuziehen** contract an illness; **sich Verletzungen zuziehen** sustain [səˈsteɪn] injuries ④ (*in Ortschaft*) move in

zuzüglich plus

Zwang ① (*Notwendigkeit*) compulsion [kəmˈpʌlʃᵊn] ② (*moralischer*) constraint ③ (*Gewalt*) force [fɔːs] ④ **tu dir keinen Zwang an!** feel free! ⑤ **etwas unter Zwang tun** be forced to do something

zwängen squeeze [skwiːz] (**in, durch** into, through)

zwanglos ① (*locker*) casual [ˈkæʒjuəl] ② (*ungezwungen*) free and easy ③ (*ohne Förmlichkeit*) informal **Zwangsjacke** (*auch übertragen*) straitjacket

zwangsläufig inevitable; **dazu musste es ja**

zwangsläufig kommen it was inevitable that that would happen

zwanzig twenty **zwanzigfach** twentyfold **zwanzigjährig** twenty-year-old **zwanzigste** twentieth

zwar 1 (*erklärend*) it is true [tru:], to be sure [ʃʊəʳ] 2 **und zwar** namely [*oder* that is] 3 **ich hab zwar keine Lust, aber …** I don't really feel like it, but … 4 **komm her, und zwar sofort!** come here – right now!

Zweck 1 (*Verwendung*) purpose ['pɜ:pəs] 2 (*Sinn, Nutzen*) point; **es hat keinen Zweck!** it's no use!; **es hat keinen Zweck zu bleiben** there's no point in staying; **zu welchem Zweck?** to what end?; **Sinn und Zweck ist …** the point is that …; **jemandes Zwecken dienen** serve someone's purposes

Zwecke drawing-pin (GB), thumbtack (USA)

zwecklos 1 (*unnütz*) useless 2 (*sinnlos*) pointless

zwecks for the purpose of

zwei 1 two 2 **zu zweien** in twos, two by two 3 [**nur**] **wir zwei** [just] the two of us

Zweibettzimmer twin room

zweideutig 1 ambiguous [æm'bɪgjuəs], equivocal [ɪ'kwɪvəkᵊl] 2 (*obszön*) suggestive [sə'dʒestɪv]

zweidimensional two-dimensional

Zweier (*umgangsspr: Schulnote*) good, B (GB)

zweierlei two kinds of; **zweierlei Sorten** two different kinds

zweifach 1 (*doppelt*) double ['dʌbl] 2 (*zweimal*) twice [twaɪs] 3 **in zweifacher Ausfertigung** in duplicate ['dju:plɪkət]

Zweifamilienhaus two-family house (GB), duplex ['dju:pleks] house (USA)

zweifarbig two-colour, two-tone

Zweifel doubt [daʊt] (**an** about); **etwas in Zweifel ziehen** cast doubt on something; **es steht außer Zweifel, dass …** it's beyond doubt that …; **ohne jeden Zweifel** without question; **jemandem gegenüber Zweifel hegen** be dubious about someone

zweifelhaft 1 doubtful ['daʊtfəl] 2 (*verdächtig*) dubious ['dju:biəs]

zweifellos 1 undisputed 2 without doubt [daʊt]; (*als Antwort*) undoubtedly

zweifeln 1 doubt [daʊt] 2 **ich zweifle nicht daran** I don't doubt it 3 **an sich selbst zweifeln** lose faith in oneself

Zweifelsfall 1 doubtful [daʊtfəl] case 2 **im Zweifelsfall** in case of doubt; (*gegebenenfalls*) if necessary ['nesəsᵊri]

Zweig (*auch übertragen*) branch; (*kleiner*) twig ▸ IN WENDUNGEN: **auf keinen grünen Zweig kommen** (*umgangsspr*) get nowhere **Zweigstelle** branch

zweihundert two hundred

zweijährig 1 (*zwei Jahre alt*) two-year-old 2 *Pflanze:* biennial [baɪ'eniəl]

zweimal 1 twice 2 **sich etwas nicht zweimal sagen lassen** not have to be told something twice

zweireihig 1 (*in zwei Reihen*) double-row 2 *Jacke:* double-breasted

zweisprachig *Wörterbuch, Land:* bilingual [baɪ'lɪŋgwᵊl]; *Vertrag:* in two languages ['læŋgwɪdʒəz]

zweit 1 **zu zweit** in twos 2 **das Leben zu zweit** living with someone 3 **wir sind zu zweit** there are two of us 4 **gehen wir doch zu zweit hin** let's go there together

zweitbeste(r, s) second best

zweite(r, s) 1 second 2 (*nächster*) next 3 **Zweite[r]** runner-up 4 **an zweiter Stelle** in second place 5 **zweiter Klasse fahren** go second class 6 **2. Januar** 2nd January [dʒænjuᵊri], January 2nd; (*gesprochen*) the second of January **zweiteilig** 1 *Kleidungsstück:* two-piece 2 *Fernsehserie:* two-part

zweitens secondly

zweitklassig (*übertragen*) second-rate **zweitletzte** last but one **zweitrangig** second-rate

Zwerchfell diaphragm ['daɪəfræm]

Zwerg(in) 1 dwarf [dwɔ:f]; (*Gartenzwerg*) gnome [nəʊm] 2 (*Knirps*) midget 3 (*abwertend*) squirt [skwɜ:t]

Zwetschge plum

zwicken 1 (*kneifen*) pinch; **sie hat mich ins Ohr gezwickt** she pinched my ear 2 **das zwickt mich** that's pinching me

Zwicker (A) pince-nez [pɛ̃s'neɪ] **Zwickmühle in der Zwickmühle sitzen** be in a dilemma [dɪ'lemə]

Zwieback rusk (GB), cracker (USA)

Zwiebel 1 onion ['ʌnjən] 2 (*Blumenzwiebel*) bulb **Zwiebelsuppe** onion soup **Zwiebelturm** onion dome

Zwiegespräch dialogue ['daɪəlɒg] **Zwielicht** 1 twilight ['twaɪlaɪt] 2 (*abends*) dusk; (*morgens*) half-light **zwielichtig**

(*abwertend*) shady ['ʃeɪdi] **Zwiespalt** conflict; **in einen Zwiespalt geraten** get into a conflict

Zwilling ① twin; **eineiige Zwillinge** identical twins ② (*Sternzeichen*) **Zwillinge** Gemini ['dʒemɪnaɪ] **Zwillingsbruder** twin brother **Zwillingsschwester** twin sister

zwingen ① compel, force [fɔːs]; **sie haben mich zum Reden gezwungen** they forced me to talk ② **sich zwingen** force oneself; **sich zwingen, etwas zu tun** force oneself to do something

Zwinger kennels ⚠ *plural*

zwinkern ① blink ② (*als Zeichen*) wink

zwischen ① between [bɪ'twiːn] ② (*unter einer Anzahl*) among, amongst [ə'mʌŋst] **Zwischenbilanz** ① interim balance ② (*übertragen*) provisional appraisal [prəˌvɪʒənələ'preɪzəl]; **eine Zwischenbilanz ziehen** take stock provisionally [prə'vɪʒənəli] **Zwischending** cross; **ein Zwischending sein zwischen …** be halfway between …

zwischendurch ① in between [bɪ'twiːn] ② **etwas zwischendurch machen** (*nebenher*) fit something in

Zwischenergebnis ① provisional [*oder* interim] result ② (*im Sport*) latest score **Zwischenfall** incident; **ohne Zwischenfälle** without incidents, smoothly ['smuːðli] **Zwischengröße** in-between size

Zwischenhalt (CH) intermediate stop **Zwischenhändler** middleman **Zwischenlandung** stopover; **ohne Zwischenlandung** non-stop **Zwischenmahlzeit** snack

zwischenmenschlich ① between people ['piːpl] ② **zwischenmenschliche Beziehungen** interpersonal relations

Zwischenprüfung intermediate [ˌɪntə'miːdiət] examination **Zwischenraum** ① (*zeitlich*) interval ['ɪntəvəl] ② (*Lücke*) gap **Zwischenruf** interruption; **Zwischenrufe** heckling **Zwischenspiel** (*auch übertragen*) interlude ['ɪntəluːd] **Zwischenstation** intermediate stop; **Zwischenstation machen** stop off **Zwischenzeit** ① (*Zeitraum*) interval ② (*im Sport*) intermediate time ③ **in der Zwischenzeit** in the meantime **Zwischenzeugnis** interim report

zwitschern chirp [tʃɜːp], twitter

Zwitter hermaphrodite [hɜː'mæfrədaɪt]

zwölf ① twelve ② **zwölf Uhr** [**mittags**] twelve noon ▸ IN WENDUNGEN: **fünf Minuten vor zwölf** at the eleventh hour

Zwölfkampf twelve-exercise event **zwölfte**(**r**, **s**) ① twelfth [twelfθ] ② **12. Juli** 12th July, July 12th; (*gesprochen*) the twelfth of July **Zwölftonmusik** twelve-tone music

Zyankali potassium cyanide [pəˌtæsiəm'saɪənaɪd]

Zyklon cyclone ['saɪkləʊn]

Zyklus cycle ['saɪkl]

Zylinder ① cylinder ['sɪlɪndər] ② (*Hut*) top-hat; (*umgangsspr*) topper

Zyniker(**in**) cynic ['sɪnɪk] **zynisch** cynical ['sɪnɪkəl]

Zypern Cyprus ['saɪprəs]

Zypresse cypress ['saɪprəs]

Zypriot(**in**) Cypriot ['sɪpriət]

Zyste cyst [sɪst]